Michael Buschhüter / Andreas Striegel (Hrsg.)

Internationale Rechnungslegung IFRS

Michael Buschhüter
Andreas Striegel (Hrsg.)

Kommentar Internationale Rechnungslegung IFRS

GABLER

Bibliografische Information der Deutschen Nationalbibliothek
Die Deutsche Nationalbibliothek verzeichnet diese Publikation in der
Deutschen Nationalbibliografie; detaillierte bibliografische Daten sind im Internet über
<http://dnb.d-nb.de> abrufbar.

1. Auflage 2011

Alle Rechte vorbehalten
© Gabler Verlag | Springer Fachmedien Wiesbaden GmbH 2011

Lektorat: Andreas Funk

Gabler Verlag ist eine Marke von Springer Fachmedien.
Springer Fachmedien ist Teil der Fachverlagsgruppe Springer Science+Business Media.
www.gabler.de

Das Werk einschließlich aller seiner Teile ist urheberrechtlich geschützt. Jede Verwertung außerhalb der engen Grenzen des Urheberrechtsgesetzes ist ohne Zustimmung des Verlags unzulässig und strafbar. Das gilt insbesondere für Vervielfältigungen, Übersetzungen, Mikroverfilmungen und die Einspeicherung und Verarbeitung in elektronischen Systemen.

Die Wiedergabe von Gebrauchsnamen, Handelsnamen, Warenbezeichnungen usw. in diesem Werk berechtigt auch ohne besondere Kennzeichnung nicht zu der Annahme, dass solche Namen im Sinne der Warenzeichen- und Markenschutz-Gesetzgebung als frei zu betrachten wären und daher von jedermann benutzt werden dürften.

Druck und buchbinderische Verarbeitung: AZ Druck und Datentechnik, Berlin
Gedruckt auf säurefreiem und chlorfrei gebleichtem Papier
Printed in Germany

ISBN 978-3-8349-1989-2

Vorwort

Die IFRS sind in aller Munde. Eine Vielzahl von Publikationen versucht die häufigen Änderungen zu vermitteln. Der Leser und Anwender ist dabei kaum in der Lage, die Standards in ihrer Systematik und Detailtiefe zu erfassen – geschweige denn all diejenigen Probleme, die in den Standards selbst nicht explizit adressiert sind oder gar durch die Standards aufgeworfen werden. Nicht zuletzt muss der Anwender schließlich die Ebene der rechtlich unverbindlichen IFRS des IASB von denjenigen unterscheiden, die von der EU übernommen wurden.

Was kann eine Kommentierung hierzu beitragen? Die Herausgeber und Autoren wollen eine Systematik vermitteln, die das Verständnis der IFRS erleichtert und hierauf aufbauend die Beantwortung von Bilanzierungsfragen im Einzelfall ermöglicht. Aus diesem Grunde gibt der vorliegende Kommentar zunächst einen detaillierten Überblick über die rechtlichen und konzeptionellen Grundlagen der IFRS.

Die Kommentierung der Standards erfolgt in zwei Abschnitten, von denen der erste sich mit den für alle Unternehmen relevanten Standards beschäftigt und der zweite einen Überblick über weitere besondere Bilanzierungssachverhalte gibt. Der Kommentierung der Standards sind Textauszüge der veröffentlichten deutschen Übersetzung der IFRS vorangestellt. Die Textauszüge sollen durch die jeweilige Kommentierung ihrem Sinn und Zweck nach erschlossen und erläutert werden. Wichtige Einzelprobleme werden ebenso besonders dargestellt, wie die stets in Bewegung befindliche Zukunft der jeweiligen Vorschrift.

Der vorstehend erläuterte Rahmen soll in einem Kommentar münden, der dem Anwender die wesentlichen Bilanzierungsvorschriften der Standards auf verständliche Art und Weise erläutert und das Handwerkszeug an die Hand gibt, über die in diesem Kommentar adressierten zentralen Fragestellungen hinaus aufgrund des Verständnisses des Sinn und Zwecks der Vorschriften die Lösung weiterer Probleme zu bewältigen.

London und Frankfurt am Main

Die Herausgeber

Inhaltsübersicht

Vorwort	1
Bearbeiterverzeichnis	9
Rechtliche Grundlagen	11
Arbeitsweise des IASB	38
Rahmenkonzept	58
IFRS 1 – First-time Adoption of International Financial Reporting Standards	68
IFRS 2 – Share-based Payment	83
IFRS 3 – Business Combinations	137
IFRS 5 – Non-current Assets Held for Sale and Discontinued Operations	206
IFRS 7 – Financial Instruments: Disclosures	236
IFRS 8 – Operating Segments	237
IFRS 9 – Financial Instruments	255
IAS 1 – Presentation of Financial Statements	256
IAS 2 – Inventories	286
IAS 7 – Statement of Cash Flows	308
IAS 8 – Accounting Policies, Changes in Accounting Estimates and Errors	324
IAS 10 – Subsequent Events	354
IAS 11 – Construction Contracts	374
IAS 12 – Income Tax	392
IAS 16 – Property, Plant and Equipment	454
IAS 17 – Leases	481
IAS 18 – Revenue	515
IAS 19 – Employee Benefits	568
IAS 20 – Accounting for Government Grants and Disclosure of Government Assistance	622
IAS 21 – The Effects of Changes in Foreign Exchange Rates	632
IAS 23 – Borrowing Costs	671
IAS 24 – Related Parties	684
IAS 27 – Consolidated and Separate Financial Statements	705
IAS 28 – Investments in Associates	747
IAS 31 – Investments in Joint Ventures	803

IAS 32 – Financial Instruments: Presentation	821
IAS 33 – Earnings per Share	847
IAS 34 – Interim Financial Reporting	882
IAS 36 – Impairment of Assets	888
IAS 37 – Provisions, Contingent Liabilities and Contingent Assets	955
IAS 38 – Intangible Assets	975
IAS 39 – Financial Instruments: Recognition and Measurement	1020
IAS 40 – Investment Property	1159
IFRS 4 – Insurance Contracts	1196
IFRS 6 – Exploration for and Evaluation of Mineral Ressources	1203
IAS 26 – Retirement and Benefit Plans	1209
IAS 29 – Financial Reporting in Hyperinflationary Economies	1213
IAS 41 – Agriculture	1217
Stichwortverzeichnis	1224

Literaturverzeichnis

Adler/Düring/Schmaltz (Hrsg.) Rechnungslegung und Prüfung der Unternehmen, 6. Auflage, Stuttgart 1986

Baetge/Kirsch/Thiele Konzernbilanzen, 7. Auflage, Düsseldorf 2004

Baetge/Wollmert/Kirsch/Oser/Bischof (Hrsg.) Rechnungslegung nach IFRS – Kommentar auf der Grundlage des deutschen Bilanzrechts, (Rechnungslegung nach IFRS), Suttgart, Loseblatt Dezember 2010

Ballwieser/Beine/Hayn/Peemueller/Schruff/Weber Wiley - Handbuch IFRS 2011, Weinheim 2011 (Wiley)

Bieg/Hoßfeld/Kussmaul/Waschbusch Handbuch der Rechnungslegung nach IFRS, Düsseldorf 2006

Bohl/Riese/Schlueter (Hrsg.) Beck'sches IFRS-Handbuch 2. Auflage, München 2006

Buschhüter/Striegel (Hrsg.) Internationale Rechnungslegung – IFRS Praxis, Wiesbaden 2008 (IFRS Praxis)

Busse von Colbe/Ordelheide/Gebhardt/Pellens Konzernabschlüsse, 9. Auflage, Wiesbaden 2009

Deloitte (Hrsg.) Assets held for sale and discontinued Operations, London 2008

Deloitte (Hrsg.) Business combinations and changes in ownership interests, London 2008

Deloitte (Hrsg.) iGAAP - IFRS Reporting in the UK, London 2009 (iGAAP)*

Deloitte LLP (Hrsg.) iGAAP – Financial Instruments: IAS 32, IAS 39, IFRS 7 and IFRS 9 explained, 6. Aufl., London 2009 (iGAAP Financial Instruments)

von Eitzen/Dahlke Bilanzierung von Steuerpositionen nach IFRS - Latente Steuern im Einzel- und Konzernabschluss, Steuerrisiken, Zwischenberichterstattung, Wiesbaden 2008

Ellrott/Förschle/Kozikowski/Winkeljohann (Hrsg.) Beck'scher Bilanzkommentar, 7. Auflage, München 2010

Ernst & Young (Hrsg.) International GAAP, Chichester 2008 (International GAAP)*

Ernst & Young (Hrsg.) Praktische Hinweise zur Umsetzung der Vorschriften des IFRS 8 Operating Segments, London 2007

Gelhausen/Pape/Schruff (Hrsg.) Adler/Düring/Schmaltz: Rechnungslegung nach internationalen Standards, Loseblatt Stuttgart 2007

Handlbauer et al.(Hrsg.) Perspektiven im Strategischen Management: Festschrift anläßlich des 60. Geburtstages von Prof. Hans H. Hinterhuber, Berlin/New York 1998

Hayn/Graf Waldersee IFRS/US-GAAP/HGB im Vergleich - Synoptische Darstellung für den Einzel- und Konzernabschluss, 6. Auflage, Stuttgart 2009

He Joint Venture im Lichte der Theorie der Unternehmung, Herzogenrath 1998

Heuser/Theile/Pawelzik IAS/IFRS Handbuch, 3. Auflage, Köln 2007

Hirschböck/Kerschbaumer/Schurbohm IFRS für Führungskräfte, Wien 2007

Hommel/Wüstemann Synopse der Rechnungslegung nach HGB und IFRS, München 2006

Keitz Praxis der IASB-Rechnungslegung, 2. Auflage, Stuttgart 2005

Kolvenbach/Sartoris (Hrsg.) Bilanzielle Auslagerung von Pensionsverpflichtungen, Stuttgart, 2004

KMPG (Hrsg.) IFRS a visual approach, London 2008

KPMG (Hrsg.) IFRS compared to US GAAP, London 2008

KPMG (Hrsg.) Insights into IFRS 5. Auflage, London 2008 (Insights)*

KPMG (Hrsg.) Insurance Accounting under IFRS, London 2004

KPMG (Hrsg.) Die Umsetzung von IFRS 4 in den Konzernabschlüssen deutscher Versicherungsunternehmen, Berlin 2004

KPMG (Hrsg.) IFRS aktuell, 1. Auflage., Stuttgart 2004.

KPMG (Hrsg.) First Impressions IFRIC 12, London 2007

KPMG (Hrsg.) Eigenkapital versus Fremdkapital nach IFRS, Stuttgart 2008

Kessler/Sauter (Hrsg.) Handbuch Stock Options: Rechtliche, steuerliche und bilanzielle Darstellung von Mitarbeiterbeteiligungen, München 2003 (Handbuch Stock Options)

Küting/Weber Der Konzernabschluss - Praxis der Konzernrechnungslegung nach HGB und IFRS, 10. Auflage, Stuttgart 2008 (Konzernabschluss)

Kuhn/Scharpf Rechnungslegung von Financial Instruments nach IFRS, 3. Auflage, Stuttgart 2006

Lane, Clark & Peacock LLP (Hrsg.) Accounting for Pensions 2010, London 2010

Lienau Bilanzierung latenter Steuern im Konzernabschluss nach IFRS, Düsseldorf 2006

Lüdenbach/Hoffmann (Hrsg.) Haufe IFRS-Kommentar, 6. Auflage, Freiburg im Breisgau 2008 (Haufe-Kommentar)*

Meyer/Loitz/Linder/Zerwas Latente Steuern, 2. Auflage, Wiesbaden 2010

Nguyen Rechnungslegung von Versicherungsunternehmen, Karlsruhe 2008

Paul Praxishandbuch der Unternehmensbewertung, 4. Auflage, Berlin 2009

Pellens/Fülbier/Gassen/Sellhorn Internationale Rechnungslegung, 7. Auflage, Stuttgart 2008.

Pfaff/Nagel/Wittkowski Lizenzverträge, München 2010

Picot (Hrsg.) Vertragsrecht, Unternehmenskauf und Restrukturierung, 3. Auflage München 2004

Plock Ertragsrealisation nach IFRS, Düsseldorf 2004

Poerschke Die Bilanzierung von zur Veräußerung gehaltenem Vermögen nach IFRS, Düsseldorf 2006.

PwC (Hrsg.) A practical guide to segment reporting, London 2008

PwC (Hrsg.) IFRS Manual of Accounting 2009, London 2008 (IFRS Manual)*

PwC (Hrsg.) Reporting under the new regime: A survey of 2005 IFRS insurance annual reports London 2006

PwC (Hrsg.) Understanding IAS, 3. Auflage, London 2003

Respondek IFRS 5: Die Bilanzierung zur Veräußerung gehaltener Vermögenswerte und aufgegebener Geschäftsbereiche, Hamburg 2009

Rockel/Helten/Loy/Ott/Sauer Versicherungsbilanzen, Stuttgart 2007

Schmotz Pro-forma-Abschlüsse – Herstellung der Vergleichbarkeit von Rechnungslegungsinformationen, Wiesbaden 2004

Siegel/Klein/Schneider/Schwintowsky (Hrsg.) Unternehmungen, Versicherungen und Rechnungswesen: Festschrift zur Vollendung des 65. Lebensjahres von Dieter Rückle, Berlin 2006 (Unternehmungen, Versicherungen und Rechnungswesen)

Thiele/von Keitz/Brücks (Hrsg.) Internationales Bilanzrecht – Rechnungslegung nach IFRS, Bonn, Loseblatt Februar 2008 (Internationales Bilanzrecht)

Vater et al. (Hrsg.) IFRS Änderungskommentar, Stuttgart 2009

Weber/ Lorson/Pfitzer /Kessler/Wirth (Hrsg.) Berichterstattung für den Kapitalmarkt Festschrift für Karlheinz Küting zum 65. Geburtstag, Stuttgart 2008

Winnefeld Bilanzhandbuch, 4. Auflage, München 2006

Zülch/Hendler Bilanzierung nach International Financial Reporting Standards (IFRS), Weinheim 2009 (Bilanzierung nach IFRS)

* Die Autoren haben zum Teil aktuellere Auflagen als die hier zitierte verwendet.

Bearbeiterverzeichnis

Dr. Christian Back
Wirtschaftsprüfer, Steuerberater, MAZARS GmbH

Jens Berger
Certified Public Accountant, Deloitte & Touche GmbH Wirtschaftsprüfungsgesellschaft

Michael Buschhüter
Certified Public Accountant International Accounting Standards Board

Dr. Gabi Ebbers
Allianz SE, European Financial Reporting Advisory Group

Dr. Elke Focken
Bertelsmann Business Consulting GmbH

Martin Friedhoff
International Accounting Standards Board

Dr. Markus Fuchs,
Wirtschaftsprüfer, Certified Public Accountant, KPMG AG Wirtschaftsprüfungsgesellschaft

Jörg Hammen
Wirtschaftsprüfer, Steuerberater, Certified Public Accountant

Marc Hansmann
Bertelsmann Business Consulting GmbH

Uwe Harr
Wirtschaftsprüfer, Steuerberater, Ebner Stolz Mönning Bachem

Dr. Felix Hoehne
Steuerberater, Warth & Klein Grant Thornton AG

Sonja Horn
IFRS Foundation

Prof. Dr. Helga Kampmann
SRH-Hochschule Berlin

Hermann Kleinmanns
Wirtschaftsprüfer, Steuerberater, Deutsches Rechnungslegungs Standards Comittee e.V.

Oliver Köster
Wirtschaftsprüfer, Steuerberater, Deloitte AG

Jörg Maas
 Wirtschaftsprüfer, Steuerberater, MAZARS GmbH

Dr. Stephanie Meyer

Dr. Ulf Meyer
 Bertelsmann Business Consulting GmbH

Wolfgang A. Münchow
 Rechtsanwalt, HFK Rechtsanwälte LLP

Holger Obst
 International Accounting Standards Board

Dr. Thomas Schmotz
 Daimler Financial Services AG

Christoph Schwager
 EADS AG

Kristina Schwedler
 Deutsches Rechnungslegungs Standards Comittee e.V.

Carsten Schween
 EADS AG

Dr. Thomas Senger
 Wirtschaftsprüfer, Steuerberater, Warth & Klein Grant Thornton AG

Klaus Singer
 Wirtschaftsprüfer, MAZARS GmbH

Dr. Nikolaus Starbatty
 Siemens AG

Dr. Andreas Striegel
 LL.M., Rechtsanwalt, Steuerberater, Attorney at Law (New York), mainfort Rechtsanwälte

Burkhard Völkner
 Wirtschaftsprüfer, Steuerberater, Ebner Stolz Mönning Bachem

Dr. Robert Walter
 ProSiebenSat.1 Media AG

A. Einführung

Rechtliche Grundlagen[1]

Übersicht

	Rn
I. Einleitung	1 – 4
II. IAS-Verordnung, HGB und Komitologiebeschluss	4 – 48
1. Ziel der IAS-Verordnung	5
2. Maßgebliche Regelungen der IAS-Verordnung im einzelnen	6 – 48
a) Konsolidierter IFRS-Abschluss für kapitalmarktorientierte Gesellschaften, Art. 4	6 – 17
b) IFRS für Einzelabschlüsse und nicht kapitalmarktorientierte Gesellschaften	18 – 30
c) Übernahme von IFRS in Europäisches Recht	31 – 48

I. Einleitung. Die IFRS werden von dem privat organisierten International Accounting Standards Board (IASB) entwickelt und sind – ähnlich wie DIN-Normen – zunächst nicht verbindlich. Sie werden nur verbindlich, wenn und soweit sie in Rechtsakten für verbindlich erklärt werden.

Rechtliche Grundlage für die Verbindlichkeit der IFRS in Deutschland ist zunächst die Verordnung (EG) Nr. 1606/2002 des Europäischen Parlaments und des Rates vom 19. Juli 2002 betreffend die Anwendung internationaler Rechnungslegungsstandards (IAS-Verordnung), die mit Verordnung (EG) Nr. 297/2008 des Europäischen Parlaments und des Rates vom 11. März 2008 geändert wurde.

Als EG-Verordnung hat die IAS-Verordnung gemäß Art. 288 Abs. 2 AEUV (bisher Art. 249 Abs. 2 EGV) allgemeine Geltung. Sie ist gemäß Art. 288 Abs. 2 Satz 2 AEUV in allen Teilen verbindlich und gilt unmittelbar in jedem Mitgliedstaat. Besonderer Umsetzungsakte bedarf es nicht. Die Rechtsgrundlage für den Erlass der IAS-Verordnung war der EGV (jetzt AEUV), insbesondere Art. 95 Abs. 1 EGV (jetzt Art. 114 Abs. 1 AEUV) i.V.m. Art. 14 EGV (jetzt Art. 26 AEUV). Weitere (nationale) Ausführungs- und Anwendungsregeln sind in §§ 315a und 325 Abs. 2a HGB enthalten.

---

[1] Rechtsstand: 31.08.2010

3   Die IAS-Verordnung selbst enthält keine Bestimmung, welche der zahlreichen Standards anzuwenden sind. Hierfür gibt die IAS-Verordnung lediglich ein Verfahren vor, das sog. Komitologie-Verfahren (Ausschuss-Verfahren), nach dem entschieden wird, welche Standards in europäisches Recht übernommen und damit verbindlich werden.[2]

4   **II. IAS-Verordnung.** Die IAS-Verordnung wurde ursprünglich am 19. Juli 2002 erlassen und zuletzt am 11. März 2008 geändert.

Die Erläuterungen erheben nicht den Anspruch einer vollständigen Kommentierung der IAS-Verordnung, sondern vielmehr einer Erläuterung derjenigen Bestimmungen, die zur Herleitung der rechtlichen Verbindlichkeit der IFRS erforderlich sind.

5   **1. Ziele der IAS-Verordnung.** Die mit dem Erlass der IAS-Verordnung verfolgten Ziele ergeben sich aus den Begründungserwägungen und Art. 1 der IAS-Verordnung, deren Text nachfolgend wiedergegeben ist:

**DAS EUROPÄISCHE PARLAMENT UND
DER RAT DER EUROPÄISCHEN UNION**

– gestützt auf den Vertrag zur Gründung der Europäischen Gemeinschaft, insbesondere auf Artikel 95 Absatz 1, auf Vorschlag der Kommission[3], nach Stellungnahme des Wirtschafts- und Sozialausschusses[4], gemäß dem Verfahren des Artikels 251 des Vertrags[5], in Erwägung nachstehender Gründe:

(1) Auf der Tagung des Europäischen Rates vom 23./24. März 2000 in Lissabon wurde die Notwendigkeit einer schnelleren Vollendung des Binnenmarktes für Finanzdienstleistungen hervorgehoben, das Jahr 2005 als Frist für die Umsetzung des Aktionsplans der Kommission für Finanzdienstleistungen gesetzt und darauf gedrängt, dass Schritte unternommen werden, um die Vergleichbarkeit der Abschlüsse kapitalmarktorientierter Unternehmen zu verbessern.

(2) Um zu einer Verbesserung der Funktionsweise des Binnenmarkts beizutragen, müssen kapitalmarktorientierte Unternehmen dazu verpflichtet werden, bei der Aufstellung ihrer konsolidierten Abschlüsse ein einheitliches Regelwerk internationaler Rechnungslegungsstandards von hoher Qualität anzuwenden. Überdies ist es von großer Bedeutung, dass an den Finanzmärkten teilnehmende Unternehmen der Gemeinschaft Rechnungslegungsstandards anwenden, die international anerkannt sind und wirkliche Weltstandards darstellen. Dazu bedarf es einer zunehmenden Konvergenz der derzeitig international angewandten Rechnungslegungsstandards, mit dem Ziel, letztlich zu einem einheitlichen Regelwerk weltweiter Rechnungslegungsstandards zu gelangen.

(3) Die Richtlinie 78/660/EWG des Rates vom 25. Juli 1978 über den Jahresabschluss von

---

2   Vgl. hierzu auch *Buschhüter* IFRS-Praxis, §3 Rn 18.
3   ABl. C 154 E vom 29. Mai 2001, 285.
4   ABl. C 260 vom 17. September 2001, 86.
5   Stellungnahme des Europäischen Parlaments vom 12. März 2002 und Beschluss des Rates vom 7. Juni 2002.

II. IAS-Verordnung

Gesellschaften bestimmter Rechtsformen[6], die Richtlinie 83/349/EWG des Rates vom 13. Juni 1983 über den konsolidierten Abschluss[7], die Richtlinie 86/635/EWG des Rates vom 8. Dezember 1986 über den Jahresabschluss und den konsolidierten Abschluss von Banken und anderen Finanzinstituten[8] und die Richtlinie 91/674/EWG des Rates vom 19. Dezember 1991 über den Jahresabschluss und den konsolidierten Abschluss von Versicherungsunternehmen[9] richten sich auch an kapitalmarktorientierte Gesellschaften in der Gemeinschaft. Die in diesen Richtlinien niedergelegten Rechnungslegungsvorschriften können den hohen Grad an Transparenz und Vergleichbarkeit der Rechnungslegung aller kapitalmarktorientierten Gesellschaften in der Gemeinschaft als unabdingbare Voraussetzung für den Aufbau eines integrierten Kapitalmarkts, der wirksam, reibungslos und effizient funktioniert, nicht gewährleisten. Daher ist es erforderlich, den für kapitalmarktorientierte Gesellschaften geltenden Rechtsrahmen zu ergänzen.

(4) Diese Verordnung zielt darauf ab, einen Beitrag zur effizienten und kostengünstigen Funktionsweise des Kapitalmarkts zu leisten. Der Schutz der Anleger und der Erhalt des Vertrauens in die Finanzmärkte sind auch ein wichtiger Aspekt der Vollendung des Binnenmarkts in diesem Bereich. Mit dieser Verordnung wird der freie Kapitalverkehr im Binnenmarkt gestärkt und ein Beitrag dazu geleistet, dass die Unternehmen in der Gemeinschaft in die Lage versetzt werden, auf den gemeinschaftlichen Kapitalmärkten und auf den Weltkapitalmärkten unter gleichen Wettbewerbsbedingungen um Finanzmittel zu konkurrieren.

(5) Für die Wettbewerbsfähigkeit der gemeinschaftlichen Kapitalmärkte ist es von großer Bedeutung, dass eine Konvergenz der in Europa auf die Aufstellung von Abschlüssen angewendeten Normen mit internationalen Rechnungslegungsstandards erreicht wird, die weltweit für grenzübergreifende Geschäfte oder für die Zulassung an allen Börsen der Welt genutzt werden können.

(6) Am 13. Juni 2000 hat die Kommission ihre Mitteilung mit dem Titel „Rechnungslegungsstrategie der EU: Künftiges Vorgehen" veröffentlicht, in der vorgeschlagen wird, dass alle kapitalmarktorientierten Gesellschaften in der Gemeinschaft ihre konsolidierten Abschlüsse spätestens ab dem Jahr 2005 nach einheitlichen Rechnungslegungsstandards, den „International Accounting Standards" (IAS), aufstellen.

(7) Die „International Accounting Standards" (IAS) wurden vom „International Accounting Standards Committee" (IASC) entwickelt, dessen Zweck darin besteht, ein einheitliches Regelwerk weltweiter Rechnungslegungsstandards aufzubauen. Im Anschluss an die Umstrukturierung des IASC hat der neue Board als eine seiner ersten Entscheidungen am 1. April 2001 das IASC in „International Accounting Standards Board" (IASB) und die IAS mit Blick auf künftige internationale Rechnungslegungsstandards in „International Financial Reporting Standards" (IFRS) umbenannt. Die Anwendung dieser Standards sollte, so weit wie irgend möglich und sofern sie einen hohen Grad an Transparenz und Vergleichbarkeit der Rechnungslegung in der Gemeinschaft gewährleisten, für alle kapitalmarktorientierten Gesellschaften in der Gemeinschaft zur Pflicht gemacht werden.

(8) Die zur Durchführung dieser Verordnung erforderlichen Maßnahmen sollten gemäß dem Beschluss 1999/468/EG des Rates vom 28. Juni 1999 zur Festlegung der Modalitäten für

---

6 ABl. L 222 vom 14. August 1978, 11. Richtlinie zuletzt geändert durch Richtlinie 2001/65/EG des Europäischen Parlaments und des Rates (ABl. L 283 vom 27. Oktober 2001, 28).
7 ABl. L 193 vom 18. Juli 1983, 1. Richtlinie zuletzt geändert durch Richtlinie 2001/65/EG des Europäischen Parlaments und des Rates.
8 ABl. L 372 vom 31. Dezember 1986, 1. Richtlinie zuletzt geändert durch Richtlinie 2001/65/EG des Europäischen Parlaments und des Rates.
9 ABl. L 374 vom 31. Dezember 1991, 7.

die Ausübung der der Kommission übertragenen Durchführungsbefugnisse[10] erlassen werden; beim Erlass dieser Maßnahmen sollte die Erklärung zur Umsetzung der Rechtsvorschriften im Bereich der Finanzdienstleistungen, die die Kommission am 5. Februar 2002 vor dem Europäischen Parlament abgegeben hat, gebührend berücksichtigt werden.

(9) Die Übernahme eines internationalen Rechnungslegungsstandards zur Anwendung in der Gemeinschaft setzt voraus, dass er erstens die Grundanforderung der genannten Richtlinien des Rates erfüllt, dh dass seine Anwendung ein den tatsächlichen Verhältnissen entsprechendes Bild der Vermögens-, Finanz- und Ertragslage eines Unternehmens vermittelt — ein Prinzip, das im Lichte der genannten Richtlinien des Rates zu verstehen ist, ohne dass damit eine strenge Einhaltung jeder einzelnen Bestimmung dieser Richtlinien erforderlich wäre; zweitens, dass er gemäß den Schlussfolgerungen des Rates vom 17. Juli 2000 dem europäischen öffentlichen Interesse entspricht und drittens, dass er grundlegende Kriterien hinsichtlich der Informationsqualität erfüllt, die gegeben sein muss, damit die Abschlüsse für die Adressaten von Nutzen sind.

(10) Ein Technischer Ausschuss für Rechnungslegung wird die Kommission bei der Bewertung internationaler Rechnungslegungsstandards unterstützen und beraten.

(11) Der Anerkennungsmechanismus sollte sich der vorgeschlagenen internationalen Rechnungslegungsstandards unverzüglich annehmen und auch die Möglichkeit bieten, über internationale Rechnungslegungsstandards im Kreise der Hauptbetroffenen, insbesondere der nationalen standardsetzenden Gremien für Rechnungslegung, der Aufsichtsbehörden in den Bereichen Wertpapiere, Banken und Versicherungen, der Zentralbanken einschließlich der EZB, der mit der Rechnungslegung befassten Berufsstände sowie der Adressaten und der Aufsteller von Abschlüssen, zu beraten, nachzudenken und Informationen dazu auszutauschen. Der Mechanismus sollte ein Mittel sein, das gemeinsame Verständnis übernommener internationaler Rechnungslegungsstandards in der Gemeinschaft zu fördern.

(12) Entsprechend dem Verhältnismäßigkeitsprinzip sind die in dieser Verordnung getroffenen Maßnahmen, welche die Anwendung eines einheitlichen Regelwerks von internationalen Rechnungslegungsgrundsätzen für alle kapitalmarktorientierten Gesellschaften vorsehen, notwendig, um das Ziel einer wirksamen und kostengünstigen Funktionsweise der Kapitalmärkte der Gemeinschaft und damit die Vollendung des Binnenmarktes zu erreichen.

(13) Nach demselben Grundsatz ist es erforderlich, dass den Mitgliedstaaten im Hinblick auf Jahresabschlüsse die Wahl gelassen wird, kapitalmarktorientierten Gesellschaften die Aufstellung nach den internationalen Rechnungslegungsstandards, die nach dem Verfahren dieser Verordnung angenommen wurden, zu gestatten oder vorzuschreiben. Die Mitgliedstaaten können diese Möglichkeit bzw. diese Vorschrift auch auf die konsolidierten Abschlüsse und/oder Jahresabschlüsse anderer Gesellschaften ausdehnen.

(14) Damit ein Gedankenaustausch erleichtert wird und die Mitgliedstaaten ihre Standpunkte koordinieren können, sollte die Kommission den Regelungsausschuss für Rechnungslegung regelmäßig über laufende Vorhaben, Thesenpapiere, spezielle Recherchen und Exposure Drafts, die vom IASB veröffentlicht werden, sowie über die anschließenden fachlichen Arbeiten des Technischen Ausschusses unterrichten. Ferner ist es wichtig, dass der Regelungsausschuss für Rechnungslegung frühzeitig unterrichtet wird, wenn die Kommission die Übernahme eines internationalen Rechnungslegungsstandards nicht vorschlagen will.

(15) Bei der Erörterung der vom IASB im Rahmen der Entwicklung von internationalen

---

10 ABl. L 184 vom 17. Juli 1999, 23.

II. IAS-Verordnung

Rechnungslegungsstandards (IFRS und SIC/IFRIC) veröffentlichten Dokumente und Papiere und bei der Ausarbeitung diesbezüglicher Standpunkte sollte die Kommission der Notwendigkeit Rechnung tragen, Wettbewerbsnachteile für die auf dem Weltmarkt tätigen europäischen Unternehmen zu vermeiden; ferner sollte sie, so weit wie irgend möglich die von den Delegationen im Regelungsausschuss für Rechnungslegung zum Ausdruck gebrachten Ansichten berücksichtigen. Die Kommission wird in den Organen des IASB vertreten sein.

(16) Angemessene und strenge Durchsetzungsregelungen sind von zentraler Bedeutung, um das Vertrauen der Anleger in die Finanzmärkte zu stärken. Die Mitgliedstaaten müssen aufgrund von Artikel 10 des Vertrags alle geeigneten Maßnahmen zur Gewährleistung der Einhaltung internationaler Rechnungslegungsstandards treffen. Die Kommission beabsichtigt, sich mit den Mitgliedstaaten insbesondere über den Ausschuss der europäischen Wertpapierregulierungsbehörden (CESR) ins Benehmen zu setzen, um ein gemeinsames Konzept für die Durchsetzung zu entwickeln.

(17) Ferner muss den Mitgliedstaaten gestattet werden, die Anwendung bestimmter Vorschriften bis 2007 zu verschieben, und zwar für alle Gemeinschaftsunternehmen, deren Wertpapiere sowohl in der Gemeinschaft als auch in einem Drittland zum Handel in einem geregelten Markt zugelassen sind und die ihren konsolidierten Abschlüssen bereits primär andere international anerkannte Rechnungslegungsgrundsätze zugrunde legen, sowie für Gesellschaften, von denen ausschließlich Schuldtitel zum Handel in einem geregelten Markt zugelassen sind. Es ist jedoch unverzichtbar, dass bis spätestens 2007 die IAS als einheitliches Regelwerk globaler internationaler Rechnungslegungsstandards für alle Gemeinschaftsunternehmen gelten, deren Wertpapiere zum Handel in einem geregelten Gemeinschaftsmarkt zugelassen sind.

(18) Um den Mitgliedstaaten und Gesellschaften die zur Anwendung internationaler Rechnungslegungsstandards erforderlichen Anpassungen zu ermöglichen, ist es notwendig, dass bestimmte Vorschriften erst im Jahr 2005 Anwendung finden. Für die erstmalige Anwendung der IAS durch die Gesellschaften infolge des Inkrafttretens dieser Verordnung sollten geeignete Vorschriften erlassen werden. Diese Vorschriften sollten auf internationaler Ebene ausgearbeitet werden, damit die internationale Anerkennung der festgelegten Lösungen sichergestellt ist.

HABEN FOLGENDE VERORDNUNG ERLASSEN:

Artikel 1
Ziel

Gegenstand dieser Verordnung ist die Übernahme und Anwendung internationaler Rechnungslegungsstandards in der Gemeinschaft, mit dem Ziel, die von Gesellschaften im Sinne des Artikels 4 vorgelegten Finanzinformationen zu harmonisieren, um einen hohen Grad an Transparenz und Vergleichbarkeit der Abschlüsse und damit eine effiziente Funktionsweise des Kapitalmarkts in der Gemeinschaft und im Binnenmarkt sicherzustellen.

Ausweislich der Begründungserwägungen der IAS-Verordnung, insbesondere Nr. 1, 2, 4 und 12, und Art. 1 IAS-Verordnung verfolgte die EG beim Erlass der IAS-Verordnung das Ziel, die Vollendung des Binnenmarktes zu beschleunigen, insbesondere auf dem Bereich der Kapitalmärkte. Die Absicht war, die Funktionsweise der Kapitalmärkte zu verbessern, indem alle kapitalmarktorientierten Unternehmen ihre Konzernabschlüsse nach einem einheitlichen Regelwerk aufstellen.

6 **2. Maßgebliche Regelungen der IAS-Verordnung im einzelnen. a) Konsolidierter IFRS-Abschluss für kapitalmarktorientierte Gesellschaften, Art. 4**

Artikel 4
Konsolidierte Abschlüsse von kapitalmarktorientierten Gesellschaften

Für Geschäftsjahre, die am oder nach dem 1. Januar 2005 beginnen, stellen Gesellschaften, die dem Recht eines Mitgliedstaates unterliegen, ihre konsolidierten Abschlüsse nach den internationalen Rechnungslegungsstandards auf, die nach dem Verfahren des Artikels 6 Absatz 2 übernommen wurden, wenn am jeweiligen Bilanzstichtag ihre Wertpapiere in einem beliebigen Mitgliedstaat zum Handel in einem geregelten Markt im Sinne des Artikels 1 Absatz 13 der Richtlinie 93/22/EWG des Rates vom 10. Mai 1993 über Wertpapierdienstleistungen[11] zugelassen sind.

7 **aa) Kapitalmarktorientierte Gesellschaften** Art. 4 IAS-Verordnung richtet sich an sog. kapitalmarktorientierten Gesellschaften. Unter kapitalmarktorientierten Gesellschaften versteht der Verordnungsgeber Gesellschaften, die dem Recht eines Mitgliedsstaates unterliegen und deren Wertpapiere in einem Mitgliedsstaat zum Handel in einem geregelten Markt zugelassen sind.

8 Die Frage, **welchem Recht eine Gesellschaft unterliegt**, bestimmt sich nach den kollisionsrechtlichen Bestimmungen der Mitgliedsstaaten. Im Grundsatz gibt es zwei unterschiedliche kollisionsrechtliche Anknüpfungspunkte für die Bestimmung des auf eine Gesellschaft anwendbaren Rechts: Das Recht, nach dem die Gesellschaft gegründet wurde bzw. richtiger das Recht am Ort ihres statutarischen Sitzes (sog. Gründungstheorie) und das Recht am Ort der Verwaltung der Gesellschaft (sog. Sitztheorie). Die Bezeichnungen der beiden Theorien sind irreführend, da es nach der „Gründungstheorie" eben nicht auf die Gründung, sondern auf den statutarischen Sitz ankommt, der nach einem kollisionsrechtlich evtl. möglichen Statutenwechsel einer anderen Rechtsordnung unterliegt, als der Ort der Gründung und nach der „Sitztheorie" kommt es eben gerade nicht auf den Sitz, sondern auf den Ort der Verwaltung an. In Kontinentaleuropa herrschte früher die sog. Sitztheorie vor, während das Vereinigte Königreich seit jeher der „Gründungstheorie" folgt. Seit der Centros-Entscheidung des EuGH[12], verstärkt durch die Entscheidungen Überseering[13] und Inspire Art[14] ist die sog. Gründungstheorie auch in Deutschland im Vordringen, hat sich allerdings noch nicht restlos durchgesetzt. Der Wille des Gesetzgebers ist möglicherweise jetzt vorhanden: Seit Januar 2008 existiert ein Referentenentwurf des BMJ zum Internationalen Gesellschaftsrecht, der die sog. Gründungstheorie im EGBGB

---

11 ABl. L 141 vom 11. Juni 1993, 27. Richtlinie zuletzt geändert durch die Richtlinie 2000/64/EG des Europäischen Parlaments und des Rates (ABl. L 290 vom 17. November 2000, 27).
12 EuGH v. 9. März 1999 – Rs. C-212/97 (Centros), EuGHE 1999, I-01459.
13 EuGH v. 5. November 2002 – Rs. C-208/00 (Überseering), EuGHE 2002, I-09919.
14 EuGH v. 30. September 2003 – Rs. C-167/01 (Inspire Art), EuGHE 2003, I-10755.

II. IAS-Verordnung

verankern und sogar einen Statutenwechsel zulassen soll.[15] Ob, wann und wie der Referentenentwurf in der laufenden Legislaturperiode in ein Gesetzgebungsverfahren umgesetzt wird, ist allerdings unklar. Gesellschaften, die nach dem Recht eines anderen Staates dessen Recht unterliegen, müssen dann auch als Gesellschaften nach dem Recht dieses anderen Staates behandelt werden, mögen sie auch ihre Verwaltung in Deutschland haben. Im Verhältnis zu EU-Mitgliedsstaaten gebietet dies bereits die Niederlassungsfreiheit gemäß Art. 49 und 54 AEUV. Zwischen Deutschland und den USA gilt bereits aufgrund Art. XXV Abs. 5 des Freundschafts-, Handels- und Schifffahrtsvertrages vom 29. Oktober 1954 (Freundschaftsvertrag USA)[16] generell die „Gründungstheorie".

Beispiel:

Eine in den USA gegründete in einem regulierten Markt börsennotierte Gesellschaft, deren Verwaltung sich ausschließlich in Deutschland befindet, unterliegt damit nicht der IAS-Verordnung, da sie nach dem auf sie anwendbaren Kollisionsrecht nicht dem Recht eines EU-Mitgliedsstaates, sondern dem Recht desjenigen US-Bundesstaates unterliegt, nach dem sie gegründet wurde.

Umgekehrt würde eine in einem regulierten Markt börsennotierte deutsche AG, deren Verwaltung sich in den USA befindet, der IAS-Verordnung unterliegen, da nach dem Freundschaftsvertrag USA auf die Gesellschaft weiterhin deutsches Recht anwendbar wäre.

Zur Beantwortung der Frage der anwendbaren Rechtsordnung und damit der Frage, ob eine Gesellschaft in den Anwendungsbereich der IAS-Verordnung fällt, ist zunächst zu untersuchen, ob der Sachverhalt überhaupt kollisionsrechtlich zu beurteilen ist: Handelt es sich um eine in Deutschland gegründete Gesellschaft, deren Verwaltung in Deutschland ansässig ist, ist das Kollisionsrecht nicht berührt; vielmehr kommt unmittelbar deutsches Recht zur Anwendung. Handelt es sich um eine im Ausland (außerhalb der EU) gegründete Gesellschaft, deren Verwaltung in Deutschland ansässig ist, würde das deutsche Kollisionsrecht als maßgebliche *lex fori* nach der wohl noch angewandten „Sitztheorie" zur Anwendbarkeit des deutschen materiellen Rechts kommen. Ist die Gesellschaft in Deutschland gegründet und befindet sich ihre Verwaltung im Ausland (außerhalb der EU), verweist die lex fori, das deutsche Kollisionsrecht, auf das Recht des Landes, in dem sich die Verwaltung der Gesellschaft befindet, einschließlich des Kollisionsrechts dieses Landes. Für die weitere Beurteilung kommt es darauf an, ob diese Rechtsordnung der „Sitztheorie" oder der „Gründungstheorie" folgt. Die „Sitztheorie" würde zur Anwendbarkeit des materiellen Rechts dieses Landes führen und die Gesellschaft wäre keine Gesellschaft

9

---

15 http://bmj.de/files/-/2751/RefE%20Gesetz%20zum%20Internationalen%20Privatrecht%20der%20Gesellschaften,%20Vereine%20und%20juristischen%20Personen.pdf (12. Januar 2010)
16 Freundschafts-, Handels- und Schifffahrtsvertrag zwischen der Bundesrepublik Deutschland und den Vereinigten Staaten von Amerika vom 29. Oktober 1954, BGBl. 1956 II, 488.

nach deutschem Recht. Die „Gründungstheorie" hingegen würde auf Deutschland zurückverweisen. Gemäß Art. 4 Abs. 1 Satz 2 EGBGB bezieht sich diese Rückverweisung nur auf das materielle Recht und es kommt zur Anwendung deutschen Rechts auf die Gesellschaft.

10 Art. 4 IAS-Verordnung verwendet den allgemeinen Begriff **Wertpapiere**. Die IAS-Verordnung unterscheidet damit nicht zwischen Gesellschaften, deren Aktien börsennotiert sind und Gesellschaften, die ggf. lediglich börsennotierte Anleihen ausgegeben haben. Alle Gesellschaften, die Wertpapiere ausgegeben haben, die in einem regulierten Markt gehandelt werden, sind damit von Art. 4 der IAS-Verordnung erfasst und müssen ihre konsolidierten Abschlüsse nach IFRS aufstellen.

11 Diese Pflicht gilt grundsätzlich erstmals für den Konzernabschluss für das Geschäftsjahr, welches am 1. Januar 2005 oder im Laufe des Jahres 2005 begonnen hat.

Allerdings enthält Art. 9 der IAS-Verordnung eine Übergangsregelung für bestimmte Fälle. Diese gestattete den Mitgliedsstaaten, für bestimmte Gesellschaften die erstmalige Anwendung auf das Geschäftsjahr zu verschieben, das am 1. Januar 2007 oder im Laufe des Jahres 2007 begonnen hat.

Die Übergangsregelung betrifft Gesellschaften,
- von denen lediglich Schuldtitel im geregelten Markt zugelassen sind, oder
- deren Wertpapiere zum öffentlichen Handel außerhalb der EU zugelassen sind und die für diesen Zweck bereits vor Veröffentlichung der IAS-Verordnung im Amtsblatt der EG (11. September 2002) international anerkannte Standards angewandt haben.

Letzteres zielte vor allem auf eine Entlastung derjenigen Unternehmen ab, die auch in den USA börsennotiert waren und daher ihre Abschlüsse nach US-GAAP aufgestellt hatten.

Von dieser Übergangsregelung hat der deutsche Gesetzgeber in Art 57 EGHGB Gebrauch gemacht.

12 Für alle seit dem 1. Januar 2007 begonnenen Geschäftsjahre gilt Art. 4 IAS-Verordnung jedoch uneingeschränkt für alle Arten von Wertpapieren und auch für Gesellschaften, die bislang nach anderen international anerkannten Rechnungslegungsvorschriften bilanziert hatten.

13 Art. 4 IAS-Verordnung richtet sich damit an Gesellschaften, die dem (kollisionsrechtlich zu bestimmenden) Recht eines Mitgliedsstaates unterliegen und deren Wertpapiere zum Handel in einem regulierten Markt gemäß § 2 Abs. 5 WpHG zugelassen sind. Eine Zulassung zum privatrechtlich organisierten Freiverkehr hingegen führt nicht zur Anwendbarkeit der IAS-Verordnung. Für die Anwendbarkeit von Art. 4 IAS-Verordnung kommt es auf den Zulassungsstatus am jeweiligen Bilanzstichtag an.

II. IAS-Verordnung

bb) Konsolidierte Abschlüsse Art. 4 IAS-Verordnung verlangt, dass die kapitalmarktorientierten Gesellschaften „ihre konsolidierten Abschlüsse" nach den internationalen Standards aufstellen. Art. 4 IAS-Verordnung begründet damit keine Pflicht zur Aufstellung konsolidierter Abschlüsse, sondern setzt diese Pflicht voraus und bestimmt bei bestehender Aufstellungspflicht die Regelungen, nach denen diese Abschlüsse aufzustellen sind. Art. 4 IAS-Verordnung regelt damit nicht das „ob", sondern nur das „wie" der Aufstellung konsolidierter Abschlüsse.[17] Ob eine Gesellschaft einen konsolidierten Abschluss aufstellen muss, bestimmt sich für Gesellschaften mit Sitz in Deutschland nach §§ 290 bis 293 HGB.[18]

cc) Pflicht zur Anwendung der übernommenen Standards. Während die Tatbestandsvoraussetzungen des Art. 4 IAS-Verordnung nach nationalem Recht zu beurteilen sind, ist die Rechtsfolge direkt aus der IAS-Verordnung zu entnehmen: Die betreffenden Gesellschaften müssen die in europäisches Recht übernommenen Standards anwenden. Weitere nationale Regelungen sind nicht erforderlich.

dd) Ergänzende Bestimmungen im nationalen Recht, § 315a Abs. 1 HGB

§ 315a HGB
(Konzernabschluss nach internationalen
Rechnungslegungsstandards) (Auszug)

(1) Ist ein Mutterunternehmen, das nach den Vorschriften des Ersten Titels einen Konzernabschluss aufzustellen hat, nach Artikel 4 der Verordnung (EG) Nr. 1606/2002 des Europäischen Parlaments und des Rates vom 19. Juli 2002 in der jeweils geltenden Fassung verpflichtet, die nach den Artikeln 2, 3 und 6 der genannten Verordnung übernommenen internationalen Rechnungslegungsstandards anzuwenden, so sind von den Vorschriften des Zweiten bis Achten Titels nur § 294 Abs. 3, § 297 Abs. 2 Satz 4, § 298 Abs. 1, dieser jedoch nur in Verbindung mit den §§ 244 und 245, ferner § 313 Abs. 2 und 3, § 314 Abs. 1 Nr. 4, 6, 8 und 9, Abs. 2 Satz 2 sowie die Bestimmungen des Neunten Titels und die Vorschriften außerhalb dieses Unterabschnitts, die den Konzernabschluss oder den Konzernlagebericht betreffen, anzuwenden.

Ergänzend zu Art. 4 IAS-Verordnung bestimmt § 315a Abs. 1 HGB, dass nur bestimmte Vorschriften des HGB auf die Art. 4 IAS-Verordnung unterliegenden Gesellschaften weiter anwendbar bleiben. Hierbei handelt es sich um Regelungen zu Sachverhalten, die in den IFRS nicht geregelt sind. Die Bestimmung stellt klar, dass die übrigen Vorschriften des HGB über den Konzernabschluss für die konzernabschlusspflichtigen Unternehmen, die Art. 4 IAS-Verordnung unterliegen, nicht gelten. Dies vermeidet Zweifelsfragen über eine ggf. kollidierende Anwendung von IFRS und HGB-Vorschriften.

---

17 Vgl. *Baumbach* HGB-Kommentar, §315a Rn 5.
18 Vgl. *Buschhüter* ReitG-Kommentar, §12 Rn 11 mwN.

18 **b) IFRS für Einzelabschlüsse und nicht kapitalmarktorientierte Gesellschaften**
aa) Regelung in der IAS-Verordnung, Art. 5

Artikel 5
Wahlrecht in Bezug auf Jahresabschlüsse und hinsichtlich nicht kapitalmarktorientierter Gesellschaften

Die Mitgliedstaaten können gestatten oder vorschreiben, dass

a) Gesellschaften im Sinne des Artikels 4 ihre Jahresabschlüsse,

b) Gesellschaften, die nicht solche im Sinne des Artikels 4 sind, ihre konsolidierten Abschlüsse und/oder ihre Jahresabschlüsse

nach den internationalen Rechnungslegungsstandards aufstellen, die nach dem Verfahren des Artikels 6 Absatz 2 angenommen wurden.

Mit dieser Bestimmung erlaubt es die IAS-Verordnung den Mitgliedsstaaten, auch für andere Gesellschaften IFRS-Abschlüsse zu gestatten oder zwingend vorzusehen. Dies betrifft die folgenden Fallgruppen:

- Einzelabschlüsse kapitalmarktorientierter Gesellschaften;
- konsolidierte Abschlüsse von Gesellschaften, die nicht kapitalmarktorientiert sind und
- Einzelabschlüsse von Gesellschaften, die nicht kapitalmarktorientiert sind.

19 Der deutsche Gesetzgeber hat in unterschiedlichem Umfang von dieser Möglichkeit Gebrauch gemacht. Die entsprechenden Bestimmungen finden sich in § 315a Abs. 2 und 3 HGB sowie etwas versteckt in § 325 Abs. 2a und 2b HGB sowie § 12 Abs. 1 REITG.

20 **bb) IFRS-Konzernabschluss bei beantragter Börsenzulassung, § 315a Abs. 2 HGB**

§ 315a HGB
(Konzernabschluss nach internationalen Rechnungslegungsstandards) (Auszug)

(2) Mutterunternehmen, die nicht unter Absatz 1 fallen, haben ihren Konzernabschluss nach den dort genannten internationalen Rechnungslegungsstandards und Vorschriften aufzustellen, wenn für sie bis zum jeweiligen Bilanzstichtag die Zulassung eines Wertpapiers im Sinne des § 2 Abs. 1 Satz 1 des Wertpapierhandelsgesetzes zum Handel an einem organisierten Markt im Sinne des § 2 Abs. 5 des Wertpapierhandelsgesetzes im Inland beantragt worden ist.

Mit § 315a Abs. 2 HGB hat der deutsche Gesetzgeber in teilweiser Ausnutzung der nach Art. 5 lit. b) der IAS-Verordnung eingeräumten Möglichkeiten die Pflicht zur Aufstellung von Konzernabschlüssen nach IFRS auf solche Unternehmen ausgedehnt, von denen zwar am Bilanzstichtag keine Wertpapiere zum Handel in einem regulierten Markt zugelassen waren, für die jedoch am Bilanzstichtag ein Zulassungsantrag anhängig war. Die in § 264d HGB enthaltene Legaldefiniton des Begriffes „kapitalmarktorientierte Kapitalgesellschaft" umfasst denn auch sowohl die von Art. 4 der IAS-Verordnung erfassten Unternehmen, als auch die in § 315a Abs. 2 HGB genannten.

cc) **Freiwilliger IFRS-Konzernabschluss für nicht kapitalmarktorientierte Unternehmen, § 315a Abs. 3 HGB** 21

§ 315a HGB
(Konzernabschluss nach internationalen Rechnungslegungsstandards) (Auszug)

(3) Mutterunternehmen, die nicht unter Absatz 1 oder 2 fallen, dürfen ihren Konzernabschluss nach den in Absatz 1 genannten internationalen Rechnungslegungsstandards und Vorschriften aufstellen. Ein Unternehmen, das von diesem Wahlrecht Gebrauch macht, hat die in Absatz 1 genannten Standards und Vorschriften vollständig zu befolgen.

In weiterer teilweiser Ausnutzung der Öffnungsklausel in Art. 5 lit. b) der IAS-Verordnung hat der deutsche Gesetzgeber in § 315a Abs. 3 Satz 1 HGB konzernabschlusspflichtigen Unternehmen, die nicht kapitalmarktorientiert sind und für die am Bilanzstichtag auch kein Antrag auf Zulassung ihrer Wertpapiere zum Handel in einem regulierten Markt anhängig ist, ein Wahlrecht eingeräumt, ihre Konzernabschlüsse nach IFRS oder nach HGB aufzustellen.

Gemäß § 315a Abs. 3 Satz 2 HGB handelt es sich bei dieser Wahl um ein „alles oder nichts": Entscheidet sich das Unternehmen für die IFRS, muss es sämtliche in europäisches Recht übernommenen Standards anwenden. Ein Konzernabschluss, der nur teilweise IFRS anwendet, ist ausgeschlossen. 22

dd) **Freiwilliger IFRS-Einzelabschluss, § 325 Abs. 2a und 2b HGB** 23

§ 325 HGB
Offenlegung (Auszug)

(2a) Bei der Offenlegung nach Absatz 2 kann an die Stelle des Jahresabschlusses ein Einzelabschluss treten, der nach den in § 315a Abs. 1 bezeichneten internationalen Rechnungslegungsstandards aufgestellt worden ist. Ein Unternehmen, das von diesem Wahlrecht Gebrauch macht, hat die dort genannten Standards vollständig zu befolgen. Auf einen solchen Abschluss sind § 243 Abs. 2, die §§ 244, 245, 257, 264 Abs. 2 Satz 3, § 285 Nr. 7, 8 Buchstabe b, Nr. 9 bis 11a, 14 bis 17, § 286 Abs. 1, 3 und 5 sowie § 287 anzuwenden. Der Lagebericht nach § 289 muss in dem erforderlichen Umfang auch auf den Abschluss nach Satz 1 Bezug nehmen. Die übrigen Vorschriften des Zweiten Unterabschnitts des Ersten Abschnitts und des Ersten Unterabschnitts des Zweiten Abschnitts gelten insoweit nicht. Kann wegen der Anwendung des § 286 Abs. 1 auf den Anhang die in Satz 2 genannte Voraussetzung nicht eingehalten werden, entfällt das Wahlrecht nach Satz 1.

(2b) Die befreiende Wirkung der Offenlegung des Einzelabschlusses nach Absatz 2a tritt ein, wenn

statt des vom Abschlussprüfer zum Jahresabschluss erteilten Bestätigungsvermerks oder des Vermerks über dessen Versagung der entsprechende Vermerk zum Abschluss nach Absatz 2a in die Offenlegung nach Absatz 2 einbezogen wird, der Vorschlag für die Verwendung des Ergebnisses und gegebenenfalls der Beschluss über seine Verwendung unter Angabe des Jahresüberschusses oder Jahresfehlbetrags in die Offenlegung nach Absatz 2 einbezogen werden und

der Jahresabschluss mit dem Bestätigungsvermerk oder dem Vermerk über dessen Versagung nach Absatz 1 Satz 1 bis 4 offen gelegt wird.

24 Obwohl Art. 5 der IAS-Verordnung diese Möglichkeit vorsieht, kennt das HGB keine Pflicht zur Aufstellung von Einzelabschlüssen nach IFRS. Dies ist folgerichtig, würde eine solche Pflicht doch die betroffenen Unternehmen zu einer doppelten Bilanzierung zwingen, denn auf den Jahresabschluss nach HGB kann das Unternehmen nach wie vor nicht verzichten. Dieser ist nach deutschem Recht die Grundlage für die Gewinnermittlung und -verwendung und bildet nach deutschem Recht auch die Basis für die Steuerbilanz und damit für die Steuererklärung der Gesellschaft. Der Einzelabschluss nach IFRS dient in Deutschland hingegen nur der Befriedigung von Informationsbedürfnissen.

25 Allerdings macht das HGB in seinem § 325 Abs. 2a und 2b indirekt von Art. 5 Gebrauch, indem es anstelle der Offenlegung des Jahresabschlusses (dieser Begriff ist im HGB für den Einzelabschluss nach HGB reserviert[19]) die Offenlegung eines Einzelabschlusses nach IFRS gestattet. Dies setzt die Annahme eines Rechts auf Aufstellung eines Einzelabschlusses nach IFRS voraus. Da der Jahresabschluss aber nach wie vor unverzichtbar ist, befreit der IFRS-Einzelabschluss nicht von der Aufstellung des Jahresabschlusses, sondern nur von dessen (vollständiger) Veröffentlichung.

26 § 325 Abs. 2a Satz 1 HGB ist missverständlich formuliert: Die Formulierung „kann an die Stelle des Jahresabschlusses ein Einzelabschluss treten" legt nahe, dass der Jahresabschluss nicht veröffentlicht werden muss, wenn die Gesellschaft einen IFRS-Einzelabschluss veröffentlicht. Dies ist indes nicht der Fall, wie § 325 Abs. 2b Nr. 3 HGB zeigt. Danach tritt die „Befreiung" u.a. nur ein, wenn der Jahresabschluss mit Bestätigungs- bzw. Versagungsvermerk zumindest beim elektronischen Bundesanzeiger elektronisch eingereicht wurde. Der Jahresabschluss wird allerdings nicht gemäß § 325 Abs. 2 HGB bekannt gemacht.

27 **ee) IFRS-Einzelabschluss für REITs, § 12 Abs. 1 REITG**

§ 12 REITG
Vermögens- und Ertragsanforderungen (Auszug)

(1) Ist die REIT-Aktiengesellschaft zur Aufstellung eines Konzernabschlusses gemäß § 315a des Handelsgesetzbuchs verpflichtet, ist für Zwecke dieser Vorschrift oder der §§ 14 und 15 auf den Konzernabschluss abzustellen, anderenfalls auf den Einzelabschluss gemäß § 325 Abs. 2a des Handelsgesetzbuchs. Dabei ist für Zwecke dieser Vorschrift oder der §§ 14 und 15 für als Finanzinvestition gehaltenes unbewegliches Vermögen der beizulegende Zeitwert im Sinne des IAS 40 maßgebend. Beteiligungen an Immobilienpersonengesellschaften gelten für Zwecke dieser Vorschrift und der §§ 14 und 15 als unbewegliches Vermögen und sind mit

---

19 Vgl. *Hopt* HGB-Kommentar, §325 Rn 7.

II. IAS-Verordnung

dem beizulegenden Zeitwert zu bewerten.

Das REITG geht zutreffend davon aus, dass eine REIT AG in der Regel konzernrechnungslegungspflichtig sein wird und dann aufgrund ihrer kapitalmarktorientierung (§§ 1 Abs. 1, 10 REITG) nach Art. 4 der IAS-Verordnung und § 315a Abs. 1 HGB verpflichtet sind, ihren Konzernabschluss nach IFRS aufzustellen. Nach bisherigem Recht konnte eine Konzernrechnungslegungspflicht für REIT AGs ausscheiden, wenn das Unternehmen entweder auf kein anderes Unternehmen einen beherrschenden Einfluss ausüben konnte oder wenn eine größenabhängige Befreiung gemäß § 293 HGB eingriff. Durch das BilMoG wurde allerdings ein neuer Abs. 5 in § 293 HGB eingefügt, nach dem die größenabhängigen Befreiungen nicht für kapitalmarktorientierte Kapitalgesellschaften im Sinne des § 264d HGB gelten. Da eine REIT AG zwingend börsennotiert ist, ist sie kapitalmarktorientiert und damit greifen die größenabhängigen Befreiungen des § 293 HGB nicht mehr. Ein REIT ist damit immer dann konzernrechnungslegungspflichtig (und zwar nach IFRS), wenn er auch nur auf eine andere Gesellschaft einen beherrschenden Einfluss ausüben kann.

Sollte der REIT ausnahmsweise nicht verpflichtet sein, einen Konzernabschluss aufzustellen, soll gemäß § 12 Abs. 1 Satz 1 REITG der IFRS-Einzelabschluss für Zwecke der §§ 12, 14 und 15 REITG maßgeblich sein. Grundsätzlich besteht jedoch keine Pflicht, einen Einzelabschluss nach IFRS aufzustellen. § 325 Abs. 2a und 2b HGB gewähren lediglich ein Wahlrecht zur Offenlegung eines IFRS-Einzelabschlusses, nicht aber eine Pflicht zur Aufstellung desselben. Auch das REITG enthält keine ausdrückliche Pflicht für nicht konzernabschlusspflichtige REITs, einen IFRS-Einzelabschluss aufzustellen. Eine solche Pflicht ergibt sich aber durch Auslegung: Nur anhand eines IFRS-Abschlusses kann überprüft werden, ob die REIT AG die Bestimmungen der §§ 12, 14 und 15 REITG einhält. Auch ausweislich der Gesetzesbegründung[20] des Bundestagsfinanzausschusses vom 21. März 2007 ist in solchen Fällen zwingend ein Einzelabschluss nach IFRS aufzustellen.

ff) IFRS-Abschlüsse zur Anwendung der Zinsschranke nach § 4h EStG

§ 4h Betriebsausgabenabzug für Zinsaufwendungen (Zinsschranke)

(1) ¹Zinsaufwendungen eines Betriebs sind abziehbar in Höhe des Zinsertrags, darüber hinaus nur bis zur Höhe des verrechenbaren EBITDA. ²Das verrechenbare EBITDA ist 30 Prozent des um die Zinsaufwendungen und um die nach § 6 Absatz 2 Satz 1 abzuziehen, nach § 6 Absatz 2a Satz 2 gewinnmindernd aufzulösen und nach § 7 abgesetzten Beträge erhöhten und um die Zinserträge verminderten maßgeblichen Gewinns. ³Soweit das verrechenbare EBITDA die um die Zinserträge geminderten Zinsaufwendungen des Betriebs übersteigt, ist es in die folgenden fünf Wirtschaftsjahre vorzutragen (EBITDA-Vortrag); ein EBITDA-Vortrag entsteht nicht in Wirtschaftsjahren, in denen Absatz 2 die Anwendung von Absatz 1 Satz 1 ausschließt. ⁴Zinsaufwendungen, die nach Satz 1 nicht abgezogen werden können, sind bis zur Höhe der EBITDA-Vorträge aus vorangegangenen

---
20 http://dipbt.bundestag.de/dip21/btd/16/047/1604779.pdf, 32 (14. Januar 2010).

Wirtschaftsjahren abziehbar und mindern die EBITDA-Vorträge in ihrer zeitlichen Reihenfolge. [5]Danach verbleibende nicht abziehbare Zinstaufwendungen sind in die folgenden Wirtschaftsjahre vorzutragen (Zinsvortrag). [6]Sie erhöhen die Zinsaufwendungen dieser Wirtschaftsjahre, nicht aber den maßgeblichen Gewinn.

(2) [1]Absatz 1 Satz 1 ist nicht anzuwenden, wenn

der Betrag der Zinsaufwendungen, soweit er den Betrag der Zinserträge übersteigt, weniger als drei Millionen Euro beträgt,

der Betrieb nicht oder nur anteilmäßig zu einem Konzern gehört oder

der Betrieb zu einem Konzern gehört und seine Eigenkapitalquote am Schluss des vorangegangenen Abschlussstichtages gleich hoch oder höher ist als die des Konzerns (Eigenkapitalvergleich). [2]Ein Unterschreiten der Eigenkapitalquote des Konzerns bis zu einem Prozentpunkt ist unschädlich.

[3]Eigenkapitalquote ist das Verhältnis des Eigenkapitals zur Bilanzsumme; sie bemisst sich nach dem Konzernabschluss, der den Betrieb umfasst, und ist für den Betrieb auf der Grundlage des Jahresabschlusses oder Einzelabschlusses zu ermitteln. [4]Wahlrechte sind im Konzernabschluss und im Jahresabschluss oder Einzelabschluss einheitlich auszuüben; bei gesellschaftsrechtlichen Kündigungsrechten ist insoweit mindestens das Eigenkapital anzusetzen, das sich nach den Vorschriften des Handelsgesetzbuchs ergeben würde. [5]Bei der Ermittlung der Eigenkapitalquote des Betriebs ist das Eigenkapital um einen im Konzernabschluss enthaltenen Firmenwert, soweit er auf den Betrieb entfällt, und um die Hälfte von Sonderposten mit Rücklagenanteil (§ 273 des Handelsgesetzbuchs) zu erhöhen sowie um das Eigenkapital, das keine Stimmrechte vermittelt – mit Ausnahme von Vorzugsaktien –, die Anteile an anderen Konzerngesellschaften und um Einlagen der letzten sechs Monate vor dem maßgeblichen Abschlussstichtag, soweit ihnen Entnahmen oder Ausschüttungen innerhalb der ersten sechs Monate nach dem maßgeblichen Abschlussstichtag gegenüberstehen, zu kürzen. [6]Die Bilanzsumme ist um Kapitalforderungen zu kürzen, die nicht im Konzernabschluss ausgewiesen sind und denen Verbindlichkeiten im Sinne des Absatzes 3 in mindestens gleicher Höhe gegenüberstehen. [7]Sonderbetriebsvermögen ist dem Betrieb der Mitunternehmerschaft zuzuordnen, soweit es im Konzernvermögen enthalten ist.

[8]Die für den Eigenkapitalvergleich maßgeblichen Abschlüsse sind einheitlich nach den International Financial Reporting Standards (IFRS) zu erstellen. [9]Hiervon abweichend können Abschlüsse nach dem Handelsrecht eines Mitgliedstaats der Europäischen Union verwendet werden, wenn kein Konzernabschluss nach den IFRS zu erstellen und offen zu legen ist und für keines der letzten fünf Wirtschaftsjahre ein Konzernabschluss nach den IFRS erstellt wurde; nach dem Generally Accepted Accounting Principles der Vereinigten Staaten von Amerika (US-GAAP) aufzustellende und offen zu legende Abschlüsse sind zu verwenden, wenn kein Konzernabschluss nach den IFRS oder dem Handelsrecht eines Mitgliedstaats der Europäischen Union zu erstellen und offen zu legen ist. [10]Der Konzernabschluss muss den Anforderungen an die handelsrechtliche Konzernrechnungslegung genügen oder die Voraussetzungen erfüllen, unter denen ein Abschluss nach den §§ 291 und 292 des Handelsgesetzbuchs befreiende Wirkung hätte. [11]Wurde der Jahresabschluss oder Einzelabschluss nicht nach denselben Rechnungslegungsstandards wie der Konzernabschluss aufgestellt, ist die Eigenkapitalquote des Betriebs in einer Überleitungsrechnung nach den für den Konzernabschluss geltenden Rechnungslegungsstandards zu ermitteln. [12]Die Überleitungsrechnung ist einer prüferischen Durchsicht zu unterziehen. [13]Auf Verlangen der Finanzbehörde ist der Abschluss oder die Überleitungsrechnung des Betriebs durch einen Abschlussprüfer zu prüfen, der die Voraussetzungen des § 319 des Handelsgesetzbuchs erfüllt.

[14]Ist ein dem Eigenkapitalvergleich zugrunde gelegter Abschluss unrichtig und führt der

zutreffende Abschluss zu einer Erhöhung der nach Absatz 1 nicht abziehbaren Zinsaufwendungen, ist ein Zuschlag entsprechend § 162 Absatz 4 Satz 1 und 2 der Abgabenordnung festzusetzen. [15]Bemessungsgrundlage für den Zuschlag sind die nach Absatz 1 nicht abziehbaren Zinsaufwendungen. [16]§ 162 Absatz 4 Satz 4 bis 6 der Abgabenordnung gilt sinngemäß.

[2] Ist eine Gesellschaft, bei der der Gesellschafter als Mitunternehmer anzusehen ist, unmittelbar oder mittelbar einer Körperschaft nachgeordnet, gilt für die Gesellschaft § 8a Absatz 2 und 3 des Körperschaftsteuergesetzes entsprechend

(3) [1]Maßgeblicher Gewinn ist der nach den Vorschriften dieses Gesetzes mit Ausnahme des Absatzes 1 ermittelte steuerpflichtige Gewinn. [2]Zinsaufwendungen sind Vergütungen für Fremdkapital, die den maßgeblichen Gewinn gemindert haben. [3]Zinserträge sind Erträge aus Kapitalforderungen jeder Art, die den maßgeblichen Gewinn erhöht haben.

[4]Die Auf- und Abzinsung unverzinslicher oder niedrig verzinslicher Verbindlichkeiten oder Kapitalforderungen führen ebenfalls zu Zinserträgen oder Zinsaufwendungen. [5]Ein Betrieb gehört zu einem Konzern, wenn er nach dem für die Anwendung des Absatzes 2 Satz 1 Buchstabe c zugrunde gelegten Rechnungslegungsstandard mit einem oder mehreren anderen Betrieben konsolidiert wird oder werden könnte. [6]Ein Betrieb gehört für Zwecke des Absatzes 2 auch zu einem Konzern, wenn seine Finanz- und Geschäftspolitik mit einem oder mehreren anderen Betrieben einheitlich bestimmt werden kann.

(4) [1]Der Zinsvortrag ist gesondert festzustellen. [2]Zuständig ist das für die gesonderte Feststellung des Gewinns und Verlusts der Gesellschaft zuständige Finanzamt, im Übrigen das für die Besteuerung zuständige Finanzamt. [3]§ 10d Absatz 4 gilt sinngemäß. [4]Feststellungsbescheide sind zu erlassen, aufzuheben oder zu ändern, soweit sich der nach Satz 1 festzustellende Betrag ändert.

(5) [1]Bei Aufgabe oder Übertragung des Betriebs geht ein nicht verbrauchter Zinsvortrag unter. [2]Scheidet ein Mitunternehmer aus einer Gesellschaft aus, geht der Zinsvortrag anteilig mit der Quote unter, mit der der ausgeschiedene Gesellschafter an der Gesellschaft beteiligt war. [3]§ 8c des Körperschaftsteuergesetzes ist auf den Zinsvortrag einer Gesellschaft entsprechend anzuwenden, soweit an dieser unmittelbar oder mittelbar eine Körperschaft als Mitunternehmer beteiligt ist.

Eine unmittelbare Auswirkung der IFRS entsteht im Rahmen der sog. **Zinsschranke** nach § 4h EStG. Zinsaufwendungen eines Betriebs sind nach § 4h Abs. 1 Satz 1 EStG in Höhe des Zinsertrags, darüber hinaus nur bis zur Höhe von 30 Prozent des maßgeblichen Gewinns abziehbar. Soweit der maßgebliche Gewinn die Nettozinsen übersteigt, kann der Überschuß im Rahmen des sog. verrechenbaren EBITDAs vorgetragen werden. Die Begrenzung des Zinsabzugs durch § 4h Abs. 1 Satz 1 EStG ist nach § 4h Abs. 2 EStG nicht anzuwenden, wenn 30

a) der Netto-Zinsaufwand weniger als drei Millionen Euro beträgt,

oder

b) der Betrieb nicht oder nur anteilmäßig zu einem Konzern gehört,

oder

c) der Betrieb zu einem Konzern gehört und seine Eigenkapitalquote am Schluss des vorangegangenen Abschlussstichtages gleich hoch oder höher ist als die des Konzerns (Eigenkapitalvergleich).

Ein Betrieb gehört gemäß § 4h Abs. 3 Satz 5 EStG zu einem **Konzern**, wenn er nach dem für die Anwendung des Absatzes 2 Satz 1 Buchstabe c zugrunde gelegten Rechnungslegungsstandard mit einem oder mehreren anderen Betrieben konsolidiert wird oder werden könnte[21]. Eine Konsolidierung erfolgt nach den IFRS auf der Basis des so genannten Control-Konzeptes, wonach die Kontrolle über ein anderes Unternehmen zur der Pflicht zur Einbeziehung in den Konzernabschluss führt.

§ 4h Abs. 2 lit. c Satz 8 EStG sieht für die Ermittlung des Eigenkapitalvergleichs Abschlüsse nach den International Financial Reporting Standards (IFRS) vor. Nur nachrangig können Abschlüsse nach dem Handelsrecht eines Mitgliedstaats der Europäischen Union verwendet werden; nach den Generally Accepted Accounting Principles der Vereinigten Staaten von Amerika (US-GAAP) aufzustellende und offen zu legende Abschlüsse sind zu verwenden, wenn kein Konzernabschluss nach den IFRS oder dem Handelsrecht eines Mitgliedstaats der Europäischen Union zu erstellen und offen zu legen ist.

Die **Eigenkapitalquote** ist in § 4h Abs. 2 lit. c Satz 3 EStG als das Verhältnis des Eigenkapitals zur Bilanzsumme definiert, die sich nach dem Konzernabschluss richtet, der auch den Betrieb umfasst. Diesem Eigenkapital ist das Eigenkapital des Betriebes gegenüberzustellen, dass für diesen auf der Grundlage des Jahresabschlusses oder Einzelabschlusses zu ermitteln ist.

Die Anwendung der IFRS zur Bestimmung der Eigenkapitalquote hat nach folgenden Maßgaben zu erfolgen:
- Wahlrechte sind im Konzernabschluss und im Jahresabschluss oder Einzelabschluss einheitlich auszuüben.
- Bei gesellschaftsrechtlichen Kündigungsrechten ist mindestens das Eigenkapital anzusetzen, das sich nach den Vorschriften des Handelsgesetzbuchs ergeben würde.
- Bei der Ermittlung der Eigenkapitalquote des Betriebs ist das Eigenkapital um einen im Konzernabschluss enthaltenen Firmenwert, soweit er auf den Betrieb entfällt, und um die Hälfte von Sonderposten mit Rücklagenanteil zu erhöhen sowie um das Eigenkapital, das keine Stimmrechte vermittelt – mit Ausnahme von Vorzugsaktien –, die Anteile an anderen Konzerngesellschaften und um Einlagen der letzten sechs Monate vor dem maßgeblichen Abschlussstichtag, soweit ihnen Entnahmen oder Ausschüttungen innerhalb der ersten sechs Monate nach dem maßgeblichen Abschlussstichtag gegenüberstehen, zu kürzen.
- Die Bilanzsumme ist um zu eliminierende Kapitalforderungen zu kürzen, die nicht im Konzernabschluss ausgewiesen sind und denen Verbindlichkeiten in mindestens gleicher Höhe gegenüberstehen.

---

[21] Als dynamischer Verweis auf das Konzernrechnungslegungsrecht, IFRS, vgl. Hageböke, Stangl, Zur Konzernfreiheit von assoziierten Unternehmen im Rahmen der Zinsschranke, DB 2006, 200.

II. IAS-Verordnung

- Sonderbetriebsvermögen ist dem Betrieb der Mitunternehmerschaft zuzuordnen, soweit es im Konzernvermögen enthalten ist.
- Wurde der Jahresabschluss oder Einzelabschluss nicht nach denselben Rechnungslegungsstandards wie der Konzernabschluss aufgestellt, ist die Eigenkapitalquote des Betriebs in einer Überleitungsrechnung nach den für den Konzernabschluss geltenden Rechnungslegungsstandards zu ermitteln. Auf Verlangen der Finanzbehörde ist der Abschluss oder die Überleitungsrechnung des Betriebs durch einen Abschlussprüfer zu prüfen.
- Ist ein dem Eigenkapitalvergleich zugrunde gelegter Abschluss unrichtig und führt der zutreffende Abschluss zu einer Erhöhung der nach Absatz 1 nicht abziehbaren Zinsaufwendungen, ist ein Zuschlag festzusetzen. Bemessungsgrundlage für den Zuschlag sind die nach Absatz 1 nicht abziehbaren Zinsaufwendungen.

c) Übernahme von IFRS in Europäisches Recht, Art. 2 und 6. aa) Überblick. 31
Die IFRS sind in der EU dann anwendbar, wenn sie von der Europäischen Kommission in Rahmen eines Endorsement-Verfahrens anerkannt werden.

Nach Verabschiedung eines Standards durch das IASB prüft die European Financial Reporting Advisory Group (EFRAG), ob die Voraussetzungen der IAS-Verordnung erfüllt werden. Innerhalb der EFRAG ist die EFRAG-TEG (Technical Expert Group) zuständig. Die Übernahmeempfehlung der EFRAG erstellt die aus Sachverständigen bestehende Standards Advice Review Group (SARG) eine Stellungnahme für die Europäische Kommission, die Grundlage für einen Übernahmevorschlag der Europäischen Kommission ist. Der Übernahmebeschluss der Europäischen Kommission wird dem Accounting Regulatory Committee (ARC) zugeleitet. Das ARC repräsentiert die Mitgliedsstaaten und fällt über den Übernahmevorschlag einen Beschluss, bevor dieser dem Europäischen Parlament und dem Rat der Wirtschafts- und Finanzminister vorgelegt wird. Mit deren Zustimmung und der Veröffentlichung wird das Endorsement Verfahren abgeschlossen und der Standard ist in der EU wirksam geworden. Dieses Verfahren ist nicht bloß formaler Natur. Bei der Umsetzung des IAS 39 kam es zB zu keiner vollständigen Übernahme des Standards, sondern vielmehr zu Einschränkungen bzw. Carve Outs im Hinblick auf die Fair Value Option beim Hedge Accounting.

bb) Grundsätze des Übernahmeverfahrens, Art. 3 Abs. 1 und 4 und Art. 6 IAS- 32
Verordnung

Artikel 3
Übernahme und Anwendung internationaler
Rechnungslegungsstandards
(Auszug)

(1) Die Kommission beschließt über die Anwendbarkeit von internationalen Rechnungslegungsstandards in der Gemeinschaft. Diese Maßnahmen zur Änderung nicht wesentlicher

Bestimmungen dieser Verordnung durch Ergänzung werden nach dem in Artikel 6 Absatz 2 genannten Regelungsverfahren mit Kontrolle erlassen. [...]

(4) Übernommene internationale Rechnungslegungsstandards werden als Kommissionsverordnung vollständig in allen Amtssprachen der Gemeinschaft im *Amtsblatt der Europäischen Gemeinschaften* veröffentlicht.

Artikel 6
Ausschussverfahren

(1) Die Kommission wird durch einen Regelungsausschuss für Rechnungslegung (im Folgenden „Ausschuss" genannt) unterstützt.

(2) Wird auf diesen Absatz Bezug genommen, so gelten Artikel 5a Absätze 1 bis 4 und Artikel 7 des Beschlusses 1999/468/EG unter Beachtung von dessen Artikel 8.

Die IAS-Verordnung selbst bestimmt lediglich, dass bestimmte Unternehmen verpflichtet sind, ihren Konzernabschluss nach IFRS aufzustellen. Sie erklärt aber nicht die privatrechtlich entwickelten Standards pauschal oder einzeln für verbindlich. Vielmehr sieht die IAS-Verordnung in ihrem Art. 3 Abs. 1 und 4 vor, dass die Kommission durch Verordnung über die Übernahme der Standards in europäisches Recht beschließt.

33 Hintergrund der Anwendung dieses besonderen Verfahrens ist, dass das reguläre Verfahren zum Erlass von Verordnungen durch den Rat und das Europäische Parlament für die Übernahme des IFRS zu schwerfällig und langwierig wäre. Stattdessen wird dies als Durchführungsmaßnahme der Kommission übertragen, die gemäß Art. 6 Abs. 1 der IAS-Verordnung von einem Ausschuss unterstützt wird (daher der Begriff Ausschussverfahren oder Komitologieverfahren). Die rechtliche Einordnung ist etwa vergleichbar mit dem Erlass von Durchführungsbestimmungen im nationalen Recht per Rechtsverordnung aufgrund einer im Gesetz enthaltenen Verordnungsermächtigung.

34 Bis zur Änderung der IAS-Verordnung durch die Verordnung (EG) Nr. 297/2008 vom 11. März 2008 verwies Art. 6 Abs. 2 der IAS-Verordnung noch auf Art. 5 des dort genannten Ratsbeschlusses 1999/468/EG und damit auf das sog. Regelungsverfahren (ohne Kontrolle). Nachdem dieses Verfahren aufgrund seiner hohen Intransparenz immer stärker in die Kritik geriet, haben Rat und Europäisches Parlament durch die vorgenannte Änderungsverordnung nunmehr das sog. Regelungsverfahren mit Kontrolle für anwendbar erklärt.

35 **cc) Verfahren der Übernahme, Art. 5a Abs. 1 bis 4, Art. 7 und 8 Komitologiebeschluss.**

Beschluss des Rates vom 28. Juni 1999
zur Festlegung der Modalitäten für die Ausübung der der Kommission
übertragenen Durchführungsbefugnisse (1999/468/EG)
(Komitoligiebeschluss - Auszug)

Artikel 5a
Regelungsverfahren mit Kontrolle (Auszug)

(1) Die Kommission wird von einem Regelungskontrollausschuss unterstützt, der sich aus Vertretern der Mitgliedstaaten zusammensetzt und in dem der Vertreter der Kommission den Vorsitz führt.

(2) Der Vertreter der Kommission unterbreitet dem Ausschuss einen Entwurf der zu ergrei-

fenden Maßnahmen. Der Ausschuss gibt seine Stellungnahme zu diesem Entwurf innerhalb einer Frist ab, die der Vorsitzende unter Berücksichtigung der Dringlichkeit der betreffenden Frage festsetzen kann. Die Stellungnahme wird mit der Mehrheit abgegeben, die in Artikel 205 Absätze 2 und 4 des Vertrags für die Annahme der vom Rat auf Vorschlag der Kommission zu fassenden Beschlüsse vorgesehen ist. Bei der Abstimmung im Ausschuss werden die Stimmen der Vertreter der Mitgliedstaaten gemäß dem vorgenannten Artikel gewogen. Der Vorsitzende nimmt an der Abstimmung nicht teil.

(3) Stehen die von der Kommission beabsichtigten Maßnahmen mit der Stellungnahme des Ausschusses im Einklang, so findet folgendes Verfahren Anwendung:

a) Die Kommission unterbreitet dem Europäischen Parlament und dem Rat unverzüglich den Entwurf von Maßnahmen zur Kontrolle.

b) Der Erlass dieses Entwurfs durch die Kommission kann vom Europäischen Parlament mit der Mehrheit seiner Mitglieder oder vom Rat mit qualifizierter Mehrheit abgelehnt werden, wobei diese Ablehnung darin begründet sein muss, dass der von der Kommission vorgelegte Entwurf von Maßnahmen über die im Basisrechtsakt vorgesehenen Durchführungsbefugnisse hinausgeht oder dass dieser Entwurf mit dem Ziel oder dem Inhalt des Basisrechtsakts unvereinbar ist oder gegen die Grundsätze der Subsidiarität oder Verhältnismäßigkeit verstößt.

c) Spricht sich das Europäische Parlament oder der Rat innerhalb von drei Monaten nach seiner Befassung gegen den Entwurf von Maßnahmen aus, so werden diese nicht von der Kommission erlassen. In diesem Fall kann die Kommission dem Ausschuss einen geänderten Entwurf von Maßnahmen unterbreiten oder einen Vorschlag für einen Rechtsakt auf der Grundlage des Vertrags vorlegen.

d) Hat sich nach Ablauf dieser Frist weder das Europäische Parlament noch der Rat gegen den Entwurf von Maßnahmen ausgesprochen, so werden sie von der Kommission erlassen.

(4) Stehen die von der Kommission beabsichtigten Maßnahmen nicht mit der Stellungnahme des Ausschusses im Einklang oder liegt keine Stellungnahme vor, so findet folgendes Verfahren Anwendung:

a) Die Kommission unterbreitet dem Rat unverzüglich einen Vorschlag für die zu ergreifenden Maßnahmen und übermittelt diesen Vorschlag gleichzeitig dem Europäischen Parlament.

b) Der Rat befindet innerhalb von zwei Monaten nach seiner Befassung mit qualifizierter Mehrheit über diesen Vorschlag.

c) Spricht sich der Rat innerhalb dieser Frist mit qualifizierter Mehrheit gegen die vorgeschlagenen Maßnahmen aus, so werden diese nicht erlassen. In diesem Fall kann die Kommission dem Rat einen geänderten Vorschlag unterbreiten oder einen Vorschlag für einen Rechtsakt auf der Grundlage des Vertrags vorlegen.

d) Beabsichtigt der Rat den Erlass der vorgeschlagenen Maßnahmen, so unterbreitet er diese unverzüglich dem Europäischen Parlament. Befindet der Rat nicht innerhalb der genannten Frist von zwei Monaten, so unterbreitet die Kommission dem Europäischen Parlament unverzüglich die Maßnahmen.

e) Der Erlass dieser Maßnahmen kann vom Europäischen Parlament innerhalb einer Frist von vier Monaten ab Übermittlung des Vorschlags gemäß Buchstabe a mit der Mehrheit seiner Mitglieder abgelehnt werden, wobei diese Ablehnung darin begründet sein muss, dass die vorgeschlagenen Maßnahmen über die im Basisrechtsakt vorgesehenen Durchführungsbefugnisse hinausgehen oder dass diese Maßnahmen mit dem Ziel oder dem Inhalt des Basisrechtsakts unvereinbar sind oder gegen die Grundsätze der Subsidiarität oder Verhältnismäßigkeit verstoßen.

f) Spricht sich das Europäische Parlament innerhalb dieser Frist gegen die vorgeschlagenen Maßnahmen aus, so werden diese nicht erlassen. In diesem Fall kann die Kommission dem Ausschuss einen geänderten Entwurf von Maßnahmen unterbreiten oder einen Vorschlag für einen Rechtsakt auf der Grundlage des Vertrags vorlegen.

g) Hat sich das Europäische Parlament nach Ablauf der genannten Frist nicht gegen die vorgeschlagenen Maßnahmen ausgesprochen, so werden sie je nach Fall vom Rat oder von der Kommission erlassen.

36 Art. 5a des Komitologiebeschlusses regelt den Ablauf des Regelungsverfahrens mit Kontrolle, das ua auch für die Übernahme von IFRS in europäisches Recht anzuwenden ist. Die Mitgliedsstaaten entsenden je ein Mitglied in den Ausschuss. Die Kommission entsendet ebenfalls ein Mitglied, das den Vorsitz im Ausschuss führt. Der Kommissionsvertreter im Ausschuss schlägt dem Ausschuss die Übernahme des Standards XY vor und der Ausschuss entscheidet über seine Stellungnahme zu diesem Vorschlag. Die in Art. 5a Abs. 2 Satz 3 des Komitologiebeschlusses genannte Mehrheit ist die qualifizierte Mehrheit. Nachdem die Verträge durch den Vertrag von Lissabon umfassend geändert wurden, ist die erforderliche Mehrheit für die Annahme der vom Rat auf Vorschlag der Kommission zu fassenden Beschlüsse nunmehr in Art. 16 Abs. 4 EUV (für die Zeit ab dem 1. November 2014) und in Art. 3 des Protokolls (Nr. 36) über die Übergangsbestimmungen (für die Zeit bis zum 31. Oktober 2014 einerseits, Abs. 3, und vom 1. November 2014 bis zum 31. März 2017 andererseits, Abs. 2) geregelt. Bis zum 31. Oktober 2014 wird die qualifizierte Mehrheit danach wie folgt berechnet.

37 Die Stimmen der Mitglieder werden gemäß der nachstehenden Übersicht gewichtet.

Belgien	12	Frankreich	29	Österreich	10
Bulgarien	10	Italien	29	Polen	27
Tschechische Republik	12	Zypern	4	Portugal	12
		Lettland	4	Rumänien	14
Dänemark	7	Litauen	7	Slowenien	4
Deutschland	29	Luxemburg	4	Slowakei	7
Estland	4	Ungarn	12	Finnland	7
Irland	7	Malta	3	Schweden	10
Griechenland	12	Niederlande	13	Vereinigtes Königreich	29
Spanien	27				

Die qualifizierte Mehrheit ist erreicht, wenn 255 Stimmen und die Mehrheit der Ausschussmitglieder zustimmen; der Kommissionsvertreter hat dabei kein Stimmrecht. Als zusätzliches Korrektiv kann ein Mitglied des Europäischen Rates oder des

Rates beantragen, zu überprüfen, ob die diese qualifizierte Mehrheit bildenden Mitgliedstaaten mindestens 62% der gesamten Bevölkerung der EU vertreten. Ist dies nicht der Fall, gilt die qualifizierte Mehrheit als verfehlt.

Ab dem 1. November 2014 ist die qualifizierte Mehrheit erreicht, wenn mindestens 55% der Mitglieder des Rates, bestehend aus mindestens 15 Mitgliedern zustimmen und die von den zustimmenden Mitgliedern vertretenen Mitgliedsstaaten mindestens 65% der gesamten Bevölkerung der EU ausmachen. 38

Etwas unklar erscheint die Bestimmung in Art. 16 Abs. 4 Unterabs. 2 EUV, wonach eine Sperrminorität mindestens vier Ratsmitglieder erfordert. Bei den derzeit vorhandenen 27 Ratsmitgliedern und dem Erfordernis einer qualifizierten Mehrheit von 15 Mitgliedern liegt eine Sperrminorität erst vor, wenn 13 Mitglieder gegen die Vorlage stimmen. Die Bestimmung kann nur als Reservebestimmung für den Fall aufgefasst werden, dass der Rat weniger als 19 Mitglieder hat. Insgesamt kann die Regelung zur qualifizierten Mehrheit nur als verunglückt bezeichnet werden, jedoch ist diese wohl das Beste, was nach den gerade über dieses Thema geführten kontroversen Verhandlungen erreichbar war.

Als weitere Übergangsregelung sieht Art. 3 Abs. 2 des Protokolls (Nr. 36) über die Übergangsbestimmungen für die Zeit vom 1. November 2014 bis zum 31. März 2017 vor, dass auf Verlangen eines Mitgliedes weiterhin die für die Zeit bis zum 31. Oktober 2014 geltende Regelung anzuwenden ist. 39

Stimmt der Ausschuss dem Kommissionsvorschlag zu, schlägt die Kommission die Übernahme des betreffenden IFRS dem Europäischen Parlament und dem Rat zur Kontrolle vor. Innerhalb von drei Monaten kann das Europäische Parlament den Vorschlag mit der Mehrheit der Mitglieder, der Rat mit qualifizierter Mehrheit, ablehnen. Haben weder Europäisches Parlament noch Rat innerhalb von drei Monaten den Vorschlag der Kommission abgelehnt, erlässt die Kommission eine Kommissionsverordnung zur Übernahme des betroffenen IFRS in europäisches Recht. Lehnt das Europäische Parlament und/oder der Rat den Kommissionsvorschlag innerhalb von drei Monaten ab, erlässt die Kommission die entsprechende Verordnung nicht, kann aber dem Ausschuss einen geänderten Entwurf vorlegen oder den Erlass eines Rechtsaktes auf Grundlage des EUV und des AEUV vorschlagen, im Regelfall also eine Verordnung oder Richtlinie. Das Europäische Parlament und der Rat müssen eine etwaige Ablehnung des Kommissionsvorschlages damit begründen, dass der von der Kommission vorgelegte Entwurf über die in der IAS-Verordnung vorgesehenen Durchführungsbefugnisse hinausgeht oder dass dieser Entwurf mit dem Ziel oder dem Inhalt der IAS-Verordnung unvereinbar ist oder gegen die Grundsätze der Subsidiarität oder Verhältnismäßigkeit verstößt. 40

A

Rechtliche Grundlagen

41 Stimmt der Ausschuss dem Kommissionsvorschlag nicht zu, schlägt die Kommission die Maßnahmen unverzüglich dem Rat vor und übermittelt den Vorschlag gleichzeitig dem Europäischen Parlament. Der Rat entscheidet hierüber innerhalb von zwei Monaten mit qualifizierter Mehrheit. Lehnt der Rat den Vorschlag ab, erlässt die Kommission die entsprechende Verordnung nicht, kann aber dem Rat einen geänderten Entwurf vorlegen oder den Erlass eines Rechtsaktes auf Grundlage des EUV und des AEUV vorschlagen.

42 Stimmt der Rat dem Vorschlag zu, schlägt er diese dem Europäischen Parlament vor. Das Europäische Parlament kann innerhalb von vier Monaten den Vorschlag mit der Mehrheit seiner Mitglieder ablehnen. Lehnt das Europäische Parlament den Vorschlag ab, erlässt die Kommission die beabsichtigte Verordnung nicht, kann aber dem Ausschuss einen geänderten Entwurf vorlegen oder den Erlass eines Rechtsaktes auf Grundlage des EUV und des AEUV vorschlagen. Lehnt das Europäische Parlament den Vorschlag nicht ab, wird die beabsichtigte Verordnung vom Rat erlassen. Der Rat zieht damit das Verfahren an sich.

43 Wenn der Rat innerhalb der Zweimonatsfrist nicht über den Vorschlag der Kommission entscheidet, schlägt die Kommission die Maßnahmen dem Europäischen Parlament vor. Für das weitere Verfahren gilt Rn 36 entsprechend mit der Maßgabe, dass die Verordnung bei unterbliebener Ablehnung durch das Europäische Parlament von der Kommission erlassen wird und nicht vom Rat.

44 Der Ablauf des Komitologieverfahrens ist im Folgenden noch einmal graphisch dargestellt.

In der ersten Phase beschließt der Ausschuss über den Vorschlag der Kommission.

II. IAS-Verordnung

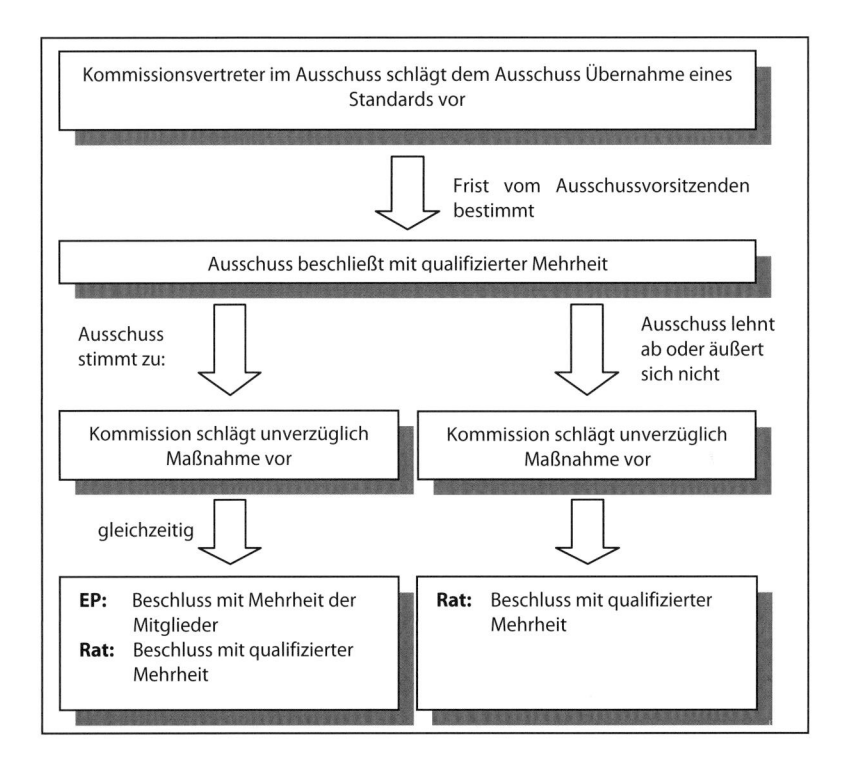

```
┌─────────────────────────────────────────────────────────────┐
│ Kommissionsvertreter im Ausschuss schlägt dem Ausschuss     │
│              Übernahme eines Standards vor                  │
└─────────────────────────────────────────────────────────────┘
                          ⬇ Frist vom Ausschussvorsitzenden
                            bestimmt
┌─────────────────────────────────────────────────────────────┐
│         Ausschuss beschließt mit qualifizierter Mehrheit    │
└─────────────────────────────────────────────────────────────┘
   Ausschuss    ⬇                              ⬇   Ausschuss lehnt
   stimmt zu:                                      ab oder äußert
                                                   sich nicht
┌──────────────────────────┐     ┌──────────────────────────┐
│ Kommission schlägt       │     │ Kommission schlägt       │
│ unverzüglich Maßnahme vor│     │ unverzüglich Maßnahme vor│
└──────────────────────────┘     └──────────────────────────┘
   gleichzeitig ⬇                              ⬇
┌──────────────────────────┐     ┌──────────────────────────┐
│ EP: Beschluss mit Mehrheit│    │ Rat: Beschluss mit       │
│     der Mitglieder       │     │      qualifizierter      │
│ Rat: Beschluss mit       │     │      Mehrheit            │
│     qualifizierter Mehrheit│   │                          │
└──────────────────────────┘     └──────────────────────────┘
```

Wie die vorstehende Zeichnung schon andeutet, kommt es für den weiteren Ablauf des Verfahrens darauf an, ob der Ausschuss der von der Kommission vorgeschlagenen Maßnahme zustimmt oder nicht. Zur Verbesserung der Übersichtlichkeit wird der weitere Ablauf entsprechend getrennt dargestellt. Stimmt der Ausschuss innerhalb der vom Ausschussvorsitzenden gesetzten Frist zu, wird das Verfahren wie folgt fortgesetzt:

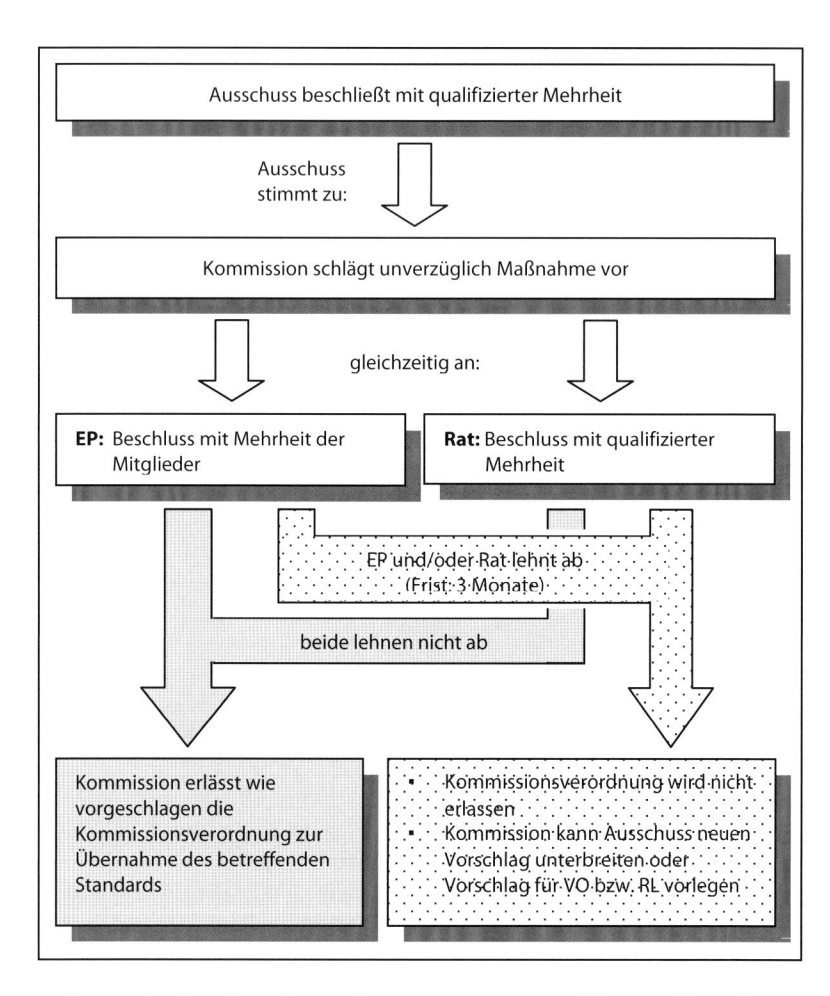

Rechtliche Grundlagen

```
┌─────────────────────────────────────────────────────────┐
│      Ausschuss beschließt mit qualifizierter Mehrheit   │
└─────────────────────────────────────────────────────────┘
                    Ausschuss
                    stimmt zu:   ⬇
┌─────────────────────────────────────────────────────────┐
│         Kommission schlägt unverzüglich Maßnahme vor    │
└─────────────────────────────────────────────────────────┘
         ⬇             gleichzeitig an:         ⬇
┌───────────────────────────┐  ┌──────────────────────────┐
│ EP: Beschluss mit Mehrheit│  │ Rat: Beschluss mit       │
│     der Mitglieder        │  │      qualifizierter      │
│                           │  │      Mehrheit            │
└───────────────────────────┘  └──────────────────────────┘

              ┌──────────────────────────────┐
              │  EP und/oder Rat lehnt ab    │
              │      (Frist: 3 Monate)       │
              └──────────────────────────────┘
                    beide lehnen nicht ab

┌───────────────────────────┐  ┌──────────────────────────┐
│ Kommission erlässt wie    │  │ • Kommissionsverordnung  │
│ vorgeschlagen die         │  │   wird nicht erlassen    │
│ Kommissionsverordnung zur │  │ • Kommission kann        │
│ Übernahme des betreffenden│  │   Ausschuss neuen        │
│ Standards                 │  │   Vorschlag unterbreiten │
│                           │  │   oder Vorschlag für VO  │
│                           │  │   bzw. RL vorlegen       │
└───────────────────────────┘  └──────────────────────────┘
```

Stimmt der Ausschuss der von der Kommission vorgeschlagenen Übernahme eines Standards nicht zu, oder nimmt er nicht innerhalb der vom Ausschussvorsitzenden gesetzten Frist Stellung, setzt sich das Verfahren wie folgt fort.

II. IAS-Verordnung

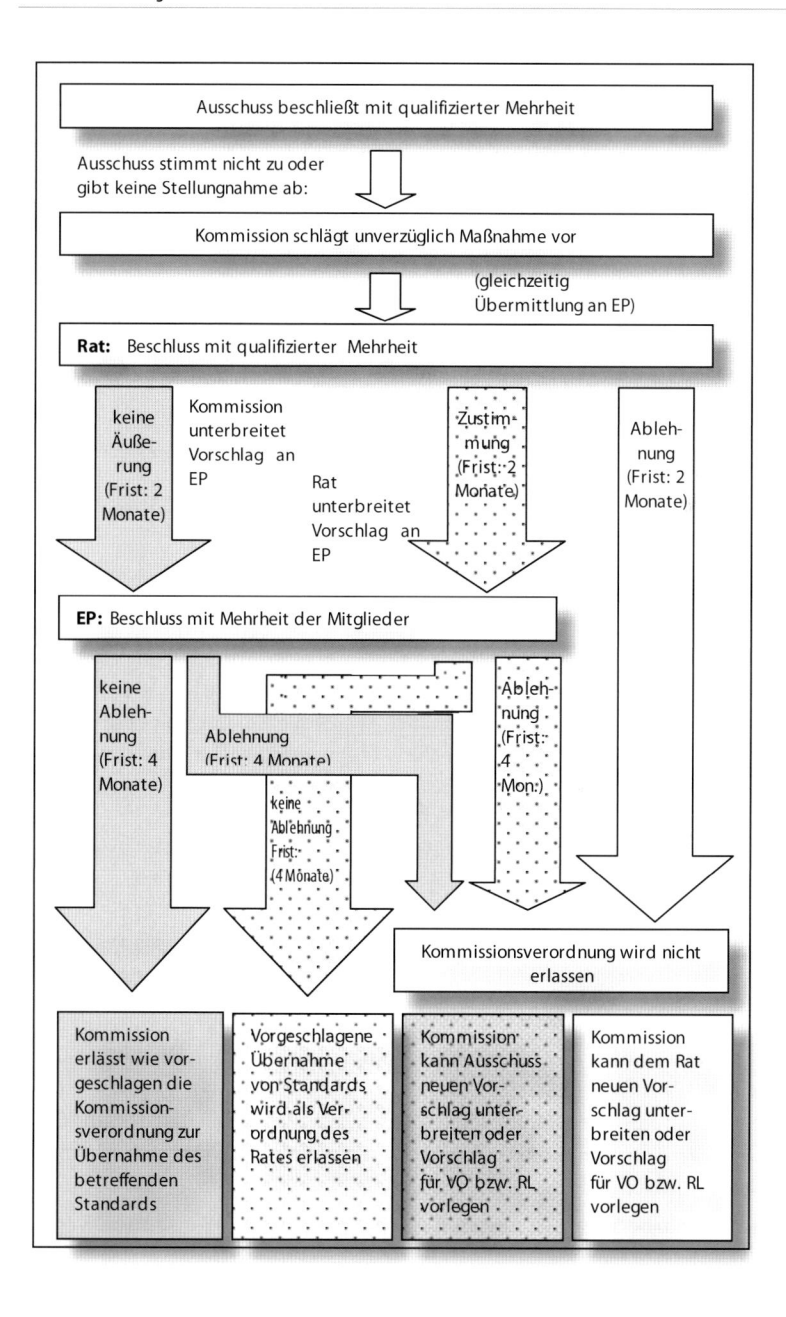

```
                    Ausschuss beschließt mit qualifizierter Mehrheit

Ausschuss stimmt nicht zu oder
gibt keine Stellungnahme ab:  ⇩

                    Kommission schlägt unverzüglich Maßnahme vor
                                                    (gleichzeitig
                                              ⇩     Übermittlung an EP)

Rat: Beschluss mit qualifizierter Mehrheit
```

| keine Äußerung (Frist: 2 Monate) | Kommission unterbreitet Vorschlag an EP / Rat unterbreitet Vorschlag an EP | Zustimmung (Frist: 2 Monate) | Ablehnung (Frist: 2 Monate) |

EP: Beschluss mit Mehrheit der Mitglieder

| keine Ablehnung (Frist: 4 Monate) | Ablehnung (Frist: 4 Monate) | keine Ablehnung (Frist: 4 Monate) | Ablehnung (Frist: 4 Mon.) |

Kommissionsverordnung wird nicht erlassen

| Kommission erlässt wie vorgeschlagen die Kommissionsverordnung zur Übernahme des betreffenden Standards | Vorgeschlagene Übernahme von Standards wird als Verordnung des Rates erlassen | Kommission kann Ausschuss neuen Vorschlag unterbreiten oder Vorschlag für VO bzw. RL vorlegen | Kommission kann dem Rat neuen Vorschlag unterbreiten oder Vorschlag für VO bzw. RL vorlegen |

45   Art. 7 des Komitologiebeschlusses, auf den Art. 6 Abs. 2 der IAS-Verordnung ebenfalls verweist, enthält Verfahrensvorschriften sowie Bestimmungen zur Kontrolle der Ausschüsse durch das Europäische Parlament.

Artikel 8

Erklärt das Europäische Parlament in einer mit Gründen versehenen Entschließung, daß ein Entwurf für Durchführungsmaßnahmen, dessen Annahme beabsichtigt ist und der auf der Grundlage eines nach dem Verfahren des Artikels 251 des Vertrags erlassenen Basisrechtsakts einem Ausschuss vorgelegt wurde, über die in dem Basisrechtsakt vorgesehenen Durchführungsbefugnisse hinausgehen würde, so wird dieser Entwurf von der Kommission geprüft. Die Kommission kann unter Berücksichtigung dieser Entschließung und unter Einhaltung der Fristen des laufenden Verfahrens dem Ausschuss einen neuen Entwurf für Maßnahmen unterbreiten, das Verfahren fortsetzen oder dem Europäischen Parlament und dem Rat einen Vorschlag auf der Grundlage des Vertrags vorlegen.

Die Kommission unterrichtet das Europäische Parlament und den Ausschuss über die Maßnahmen, die sie aufgrund der Entschließung des Europäischen Parlaments zu treffen beabsichtigt, und über die Gründe für ihr Vorgehen.

46   Art. 6 Abs. 2 der IAS-Verordnung verweist außerdem auf Art. 8 des Komitologiebeschlusses. Dieser betrifft den Fall, dass das Europäische Parlament der Auffassung ist, dass der Vorschlag der Kommission den Rahmen der Ermächtigung zum Erlass von Durchführungsbestimmungen überschreitet, etwa weil es sich in Wahrheit nicht um eine Durchführungsmaßnahme handelt. Würde die Kommission beispielsweise beabsichtigen, statt der bloßen Übernahme bestimmter Standards in europäisches Recht eigene Rechnungslegungsvorschriften zu bestimmen, wäre dies von der in der IAS-Verordnung enthaltenen Ermächtigung nicht gedeckt.

47   Nach einer solchen Entschließung des Europäischen Parlaments hat die Kommission drei Möglichkeiten. Sie kann
- dem Ausschuss einen neuen Entwurf unterbreiten,
- das Verfahren fortsetzen, oder
- dem Europäischen Parlament und dem Rat einen Vorschlag für eine Verordnung oder Richtlinie vorlegen.

In allen Varianten muss die Kommission die Entschließung des Europäischen Parlaments berücksichtigen und die Fristen des laufenden Komitologieverfahrens beachten. Ferner muss die Kommission das Europäische Parlament und den Ausschuss informieren, wie sie aufgrund der Entschließung weiter vorzugehen beabsichtigt und die Gründe hierfür darlegen.

48   **dd) Sachliche Voraussetzungen der Übernahme, Art. 3 Abs. 2 IAS-Verordnung.**

II. IAS-Verordnung

Artikel 3
Übernahme und Anwendung internationaler Rechnungslegungsstandards
(Auszug)

(2) Die internationalen Rechnungslegungsstandards können nur übernommen werden, wenn sie

> dem Prinzip des Artikels 2 Absatz 3 der Richtlinie 78/660/EWG und des Artikels 16 Absatz 3 der Richtlinie 83/349/EWG nicht zuwiderlaufen sowie dem europäischen öffentlichen Interesse entsprechen und

> den Kriterien der Verständlichkeit, Erheblichkeit, Verlässlichkeit und Vergleichbarkeit genügen, die Finanzinformationen erfüllen müssen, um wirtschaftliche Entscheidungen und die Bewertung der Leistung einer Unternehmensleitung zu ermöglichen.

In Art. 3 Abs. 2 der IAS-Verordnung ist bestimmt, nach welchen sachlichen Voraussetzungen die IFRS in europäisches Recht übernommen werden können. Bei den dort genannten Richtlinien handelt es sich um die Vierte Richtlinie des Rates vom 25. Juli 1978 aufgrund von Artikel 54 Absatz 3 Buchstabe g) des Vertrages über den Jahresabschluss von Gesellschaften bestimmter Rechtsformen (78/660/EWG) und die Siebente Richtlinie des Rates vom 13. Juni 1983 aufgrund von Artikel 54 Absatz 3 Buchstabe g) des Vertrages über den konsolidierten Abschluss (83/349/EWG). Die zitierten Bestimmungen der beiden Richtlinien schreiben vor, dass der Jahresabschluss und der konsolidierte Abschluss ein den tatsächlichen Verhältnissen entsprechendes Bild der Vermögens-, Finanz- und Ertragslage der betreffenden Gesellschaft bzw. der Gesamtheit der in die Konsolidierung einbezogenen Unternehmen zu vermitteln haben.

Arbeitsweise des IASB

Übersicht

	Rn
I. Einführung	1 – 23
1. Geschichte des IASB und der IFRS Foundation	7 – 11
2. US GAAP und IFRS im Rahmen weltweiter Konvergenz	12 – 18
3. IFRS und die Finanzkrise	19 – 23
II. Struktur der IFRS Foundation	24 – 40
1. Aufgaben und Arbeitsweise der IFRS Foundation und ihrer Treuhänder	27 – 36
2. Struktur und Aufgaben des IASB	37 – 40
III. Das Standardsetzungsverfahren	41 – 59
1. Entscheidungen über IASB Projekte	44
2. Projektplanung	45 – 46
3. Entwicklung und Publikation von Diskussionsentwürfen	47 – 49
4. Entwicklung und Publikation von Standardentwürfen	50 – 55
5. Entwicklung und Publikation eines IFRS	56 – 58
6. Aktivitäten nach Veröffentlichung eines IFRS	59
IV. Das IFRS Interpretationskommittee	60 – 63
V. Das IFRS Beratungsgremium	64 – 67

1   **I. Einleitung.** Innerhalb von nur neun Jahren haben sich die International Financial Reporting Standards (IFRS) von einer Reihe best-practice Regeln der internationalen Bilanzierung zu der internationalen Bilanzierungssprache überhaupt entwickelt. Seit Gründung der Organisation im Jahre 2001 verlangen oder erlauben die meisten Länder der G20 von kapitalmarktorientierten Unternehmen die Bilanzierung nach IFRS oder haben zumindest Zeitpläne für die Annahme dieser bekanntgegeben[1]. Diese schnelle weltweite Verbreitung der IFRS ist nicht nur das Ergebnis einer globalen Weltwirtschaft, sondern sie ist auch ein Indikator für die weltweite Anerkennung der Qualität der Standards, wie sie vom International Accounting Standards Board (IASB) entwickelt werden.

2   Mit der weltweiten Verbreitung internationaler Bilanzierungsstandards stellen sich der Organisation und der internationalen Gemeinschaft neue **Herausforderungen**. So wurden während der Finanzkrise von mancher Seite Rufe nach einer Reform

---

1   Vgl. http://www.ifrs.org/Use+around+the+world/Use+around+the+world.htm.

I. Einleitung

der Strukturen der IFRS Foundation laut. Kritisiert wurde beispielsweise eine mangelnde Rechenschaftspflicht der Organisation und die vielfältig als nicht ausreichend angesehene geografische und professionelle Zusammensetzung des IASB (kurz: des Boards).

Diesen Bedenken hat die IFRS Foundation mit der Anregung der Gründung eines Aufsichtsgremiums (*Monitoring Board*) und der Erweiterung des IASB von 14 auf 16 Mitglieder unter Berücksichtigung einer angemessenen, wenn auch nicht verpflichtenden, geografischen Verteilung, im Jahre 2009 als Bestandteil ihrer regulären Verfassungsreform Rechnung getragen[2].

Die Organisation bemüht sich zudem konstant Wege und Formen zu finden, die das Rechnungslegungsverfahren mit seinem bereits sehr ausführlichen Konsultationsprozess weiterhin so zu gestalten, dass sich auch in Zukunft all die Länder, in denen börsennotierte Unternehmen nach IFRS bilanzieren, ausreichend in den Standardsitzungsprozess eingebunden fühlen. Dies ist zweifelsfrei keine leichte Aufgabe, denn die Organisation muss den verschiedenen Sichtweisen Rechnung tragen, ohne die Qualität der Standards und die Unabhängigkeit des Standardisierungsprozesses zu gefährden.

Die Organisation hat in den letzten Jahren eine Reihe von Maßnahmen getroffen, um dieser Herausforderung gerecht zu werden. Dazu zählt insbesondere die verstärkte Einbeziehung der Investorengemeinschaft in den Konsultationsprozess, beispielsweise durch die Neuaufstellung des ständigen Beratungsgremiums der Organisation (*IFRS Advisory Council*, ehemals Standards Advisory Council[3]) und die Ernennung eines speziellen *Investor Liaison Managers*. Um das formale Medium der Kommentarbriefe mit weiteren, informellen, Möglichkeiten der Kommentierung von Projekten zu ergänzen, und um die interessierte Öffentlichkeit besser und zeitgnäher über den Verlauf der verschiedenen Projekte zu informieren, nutzt die Organisation in den letzten Jahren auch verstärkt moderne Kommunikationstechnologien.

Eine weitere Herausforderung betrifft die Sicherstellung einer einheitlichen **Übernahme und Durchsetzung der Standards**, denn nicht immer werden IFRS buchstabengetreu in nationales Gesetz oder Regelwerk übernommen. Die Möglichkeiten der Einflussnahme der IFRS Foundation und des IASB sind diesbezüglich jedoch begrenzt. Die Organisation entwickelt zwar die Standards, hat jedoch kein Mandat, die Art der Annahme und die Umsetzung der IFRS auf nationaler Ebene zu überprüfen, geschweigedenn zu verlangen. Die Annahme von IFRS ist eine freiwillige Verpflichtung, die von einer Jurisdiktion eingegangen werden kann. Auf Individualebene jedoch muss eine Firma, die vollständig nach den vom IASB entwickelten

---

2 Vgl. Pressemitteilung der IFRS Foundation vom 29 Januar 2009, 'Trustees enhance public accountability through new Monitoring Board, complete first part of Constitution Review'.
3 Vgl. Pressemitteilung der IFRS Foundation vom 18 Juli 2008, 'Trustees announce conclusions from July meeting in Washington D.C'.

IFRS bilanziert, dies in ihren Bilanzberichten konstatieren (IAS 1.16). Trotz dieser Verpflichtung ist es im Interesse aller, auf internationaler Ebene und in Zusammenarbeit mit der IFRS Foundation, Mechanismen zu entwickeln, die sicherstellen, dass die vollständige und unveränderte Annahme der Bilanzierungsstandards in den einzelnen Jurisdiktionen flächendeckend die Regel bleibt. Nur so kann langfristig der Gefahr einer Verwässerung der Standards entgegengewirkt und damit die angestrebte Transparenz in der Bilanzierung erreicht und erhalten werden.

5   Die Treuhänder haben ihrerseits in der im Januar 2010 vollendeten zweiten **Verfassungsreform** klargestellt, dass Konvergenzvereinbarungen mit einzelnen Jurisdiktionen immer mit dem Ziel der vollständigen Annahme von IFRS betrieben werden. Zudem sucht die Organisation auch verstärkt die Kooperation mit anderen internationalen und nationalen Organisationen. In diesen Anstrengungen wird die IFRS Foundation auch auf politischer Ebene unterstützt. Die Gemeinschaft der G20-Länder hat wiederholt die Bedeutung einer einheitlichen Bilanzierungssprache für ein gutes Funktionieren der internationalen Kapitalmärkte betont.[4]

6   Die wachsende Bedeutung von IFRS macht Kenntnisse der Entstehungsgeschichte der Organisation, einschließlich ihrer Prozesse zur Standardlegung, unabdingbar.

Wichtige Abkürzungen der IFRS Foundation	
IASC Foundation / IFRS Foundation	2001 gegründete Dachorganisation, die von den Treuhändern der Organisation (den Trustees) geleitet wird. Im Zuge der zweiten Überarbeitung ihrer Satzung beschlossen die Treuhänder 2010 eine Vereinfachung der Namen der Organisation. Im Juli 2010 wurde die IASC Foundation offiziell zur IFRS Foundation umbenannt.
IASC / IASB	International Accounting Committee Foundation: Rechnungslegungsgremium aus dem 2001 das International Accounting Standards Board (IASB) hervorging.
IFRIC / IFRS Interpretations Committee	International Financial Reporting Interpretations Committee: Nachfolgekomitee des Standing Interpretations Committee; verantwortlich für die Entwicklung von offiziellen Interpretationen der Standards (IFRICs). Im Zuge der zweiten Satzungsrevision wurde das IFRIC im Januar 2010 zum IFRS Interpretations Committee (deutsch: IFRS Interpretationskomitee) umbenannt.

---

4   Die G20 haben in ihren Treffen im Rahmen der Finanzkrise wiederholt die Bedeutung internationaler Rechnungslegungsstandards diskutiert. Auf dem Pittsburgh Summit im September 2009 appellierten die G20 an die internationalen Standardsetzer, signifikante Fortschritte in der Erreichung weltweit einheitlicher Bilanzierungsstandards zu erreichen; vgl. http://www.pittsburghsummit.gov/resources/125091.htm, 'Accounting Standards'.

I. Einleitung

SAC / IFRS Advisory Council	Ständiges Beratungsgremium, das insbesondere für die strategische Beratung des IASB verantwortlich ist; der Rat wurde im Zuge der zweiten Satzungsrevision im Januar 2010 zum IFRS Advisory Council (deutsch: IFRS Beratungsgremium) umbenannt.
IFRS	International Financial Reporting Standards: vom IASB veröffentlichte Bilanzierungsstandards.
IAS	International Accounting Standards: Bilanzierungsstandards, die von der Vorgängerorganisation, dem IASC, geschaffen wurden.
SICs	SICs sind die offiziellen Interpretationen der IAS, die von dem IASC entwickelt wurden.

1. Geschichte des IASB und der IFRS Foundation. Das IASB ging 2001 aus dem **International Accounting Standards Committee (IASC)** hervor, welches 1973 als privates Rechnungslegungsgremium von den Wirtschaftsprüfungsverbänden aus neun Ländern gegründet wurde. Damalige Gründungsmitglieder waren die Berufsverbände Australiens, Deutschlands, Frankreichs, Japans, Kanadas, Mexikos, der Niederlande, des Vereinigten Königreichs gemeinsam mit Irland und der Vereinigten Staaten von Amerika[5].

Die vom IASC geschaffenen Standards, die International Accounting Standards (IAS), glichen in ihrer Anfangsphase eher einer Zusammenstellung der in den Mitgliedsstaaten üblichen Rechnungslegungspraktiken. Die Folge war unter anderem eine Vielzahl von Wahlrechten in den IAS. Auf Drängen des **Weltverbandes der Börsenaufsichtsbehörden, der** *International Organization of Securities Commissions* **(IOSCO)**, entschied sich das IASC daher im Rahmen des mehrjährigen Comparability Projektes zu einer Überarbeitung der Standards. Dies honorierte IOSCO im Jahr 2000 mit der Empfehlung an die Mitgliedsorganisationen, die IAS als Rechnungslegungsstandards bei der Börsenzulassung zu akzeptieren. Die US-amerikanische Wertpapier- und Börsenaufsichtsbehörde, die *Securities and Exchange Commission* (SEC), folgte dieser Empfehlung der IOSCO zunächst nicht, da sie die IAS im Vergleich zu dem US-amerikanischen Rechnungslegungssystem (US GAAP) als qualitativ unterlegen ansah.

---

5 Für Details zur Entwicklungsgeschichte der internationalen Standardlegung, siehe beispielsweise Nicolas Verón, *The Global Accounting Experiment*, Bruegel 2007.

Wichtige Meilensteine in der Geschichte von IFRS (Quelle: www.ifrs.org)	
2009	Die IFRS Foundation regt die Gründung eines Monitoring Boards an und beschließt die Erweiterung des IASB auf 16 Mitglieder bis 2012; die Ernennung der Mitglieder soll nunmehr unter Berücksichtigung der geografischen Verteilung der Mitglieder erfolgen. Nach sechs-jähriger Entwicklungszeit wird der IFRS für kleine und mittlere Unternehmen (IFRS for SMEs) veröffentlicht. Die G20 mahnen eine Beschleunigung der internationalen Konvergenz an, woraufhin das IASB und das FASB ihr Ziel zur Konvergenz von IFRS und US GAAP in den als wesentlich identifizierten Bereichen, bis 2011 bestärken.
2008	Israel, Malaysia und Mexiko übernehmen IFRS; die Arbeit des IASB konzentriert sich auf die Bereiche in der Bilanzierung, die sich in der Finanzkrise als überarbeitungswürdig erwiesen haben.
2007	Die SEC erlaubt Nicht-US-Unternehmen, die an einer US-Börse gelistet sind, entsprechend den IFRS zu bilanzieren; Brasilien, Chile, Kanada, Korea, Indien und Japan veröffentlichen Zeitpläne für die Annahme oder Konvergenz mit IFRS.
2006	Das IASB und das FASB konkretisieren ihre Konvergenzpläne in einem Arbeitsabkommen (*Memorandum of Understanding*, kurz: MoU); China erlässt einen neuen Satz an nationalen Bilanzierungsstandards, die weitestgehend den IFRS entsprechen.
2005	Die IFRS werden in der EU für kapitalmarktorientierte Unternehmen Pflicht.
2003	Australien, Hong Kong, Neuseeland und Südafrika verpflichten sich zur Übernahme von IFRS bis 2005.
2002	Die EU Kommission entscheidet sich zur Übernahme von IFRS für kapitalmarktorientierte Unternehmen ab Januar 2005 und das IASB und das FASB einigen sich auf ihr Konvergenzvorhaben und koordinieren erstmalig ihre Arbeitspläne im sogenannten *Norwalk Agreement*.
2001	Aus dem IASC wird das IASB; die IASC Foundation wird als unabhängige, privatrechtliche Dachorganisation gegründet.

9 Mit der zunehmenden Internationalisierung der Märkte wuchs das Verlangen und Interesse an internationalen Bilanzierungsstandards kontinuierlich. Um diesen wachsenden Ansprüchen auch organisatorisch gerecht zu werden, unterzog sich das IASC im Jahre 2001 einer Reorganisation. Ziel war es, die Qualität der eigenen Fach-

I. Einleitung

arbeit und die Unabhängigkeit des Rechnungslegungsgremiums von einzelnen Berufsgruppen zu stärken. Im Rahmen der Reorganisation wurde daher die Standardsatzung dem neugegründete **International Accounting Standards Board (IASB)** übertragen und von den verwaltungstechnischen Aufgaben sowie der strategischen und organisatorischen Leitung getrennt. Diese Aufgaben wurden von der neugegründeten Dachorganisation, der IASC Foundation, mit ihren 22 Trustees, übernommen. Bedeutenderweise wurde mit der Einsetzung der Trustees (mehr dazu unten) ein Gremium geschaffen, demgegenüber das IASB von nun an Rechenschaftspflicht hatte.

Nach seiner Gründung begann das IASB zunächst, im Rahmen des sogenannten Improvement Projektes, die vom IASC übernommenen 34 IAS zu überarbeiten. Von diesen 34 Standards hatte IOSCO 14 als unzureichend kritisiert. Zeitgleich schlug die Europäische Kommission im Juni 2001 vor, eine innereuropäische Harmonisierung der **Rechnungslegung von börsennotierten Unternehmen in Europa** durch die Einführung von IFRS als verpflichtende Bilanzierungssprache zu erreichen. Der Vorschlag wurde schließlich mit EU-Verordnung vom 19. Juli 2002 in europäisches Recht umgesetzt. Die Verordnung schreibt vor, dass ab dem 1. Januar 2005 kapitalmarktorientierte Unternehmen einen Konzernabschluss nach IFRS aufstellen müssen. Zusätzlich gewährt die Verordnung den Mitgliedstaaten das Wahlrecht, die Aufstellung von IFRS-Konzernabschlüssen auch auf nicht börsennotierten Unternehmen auszuweiten, oder sogar die Aufstellung von IFRS-Einzelabschlüssen zu verlangen. Mit dieser Entscheidung verblieben dem IASB nur drei Jahre, um die zu überarbeitenden 14 Standards zu revidieren und so fristgemäß eine **stabile Plattform** für die Annahme von IFRS in Europa zu schaffen[6].

Diese Arbeit war Ende 2004 weitestgehend abgeschlossen. Im Jahre 2005 wurde die Anwendung der IFRS in Europa für alle kapitalmarktorientierten Unternehmen verpflichtend. Die Bedeutung der Annahme von IFRS in Europa ist nicht zu unterschätzen. Sie löste international eine ganze Welle an Übernahme- und Konvergenzprogrammen aus. Mit Ausnahme einiger weniger Länder nutzen die Länder der G20 beispielsweise bereits IFRS oder haben zumindest konkrete Konvergenzpläne zur Annahme der Standards veröffentlicht[7].

2. US GAAP und IFRS im Rahmen weltweiter Konvergenz. Für die Durchsetzung einer einheitlichen Sprache in der Rechnungslegung ist die Übernahme von den IFRS in den USA, als dem weltweit größtem Kapitalmarkt, von zentraler Bedeutung.

Grundsätzlich wird ein weltweiter Konvergenzprozess in der Rechnungslegung von den USA unterstützt. Bereits im Jahr 2002 verständigten sich das IASB und das US-amerikanische Rechnungslegungsgremium (FASB) im sogenannten **Norwalk**

---

6 Vgl. http://www.iasb.org/News/Announcements+and+Speeches/The+IASB+Chairman+Addresses+European+Parliament+-+read+the+full+address.htm.
7 Vgl. http://www.ifrs.com/Use+around+the+world/Use+around+the+world.htm.

Agreement[8] auf eine intensivierte Zusammenarbeit, um die Konvergenz zwischen IFRS und US GAAP zu erhöhen. Aufgrund des intensiven Arbeitspensums des IASB zwischen 2001 und 2005 in Vorbereitung auf die Annahme der IFRS in Europa, rückte diese Zusammenarbeit jedoch zeitweise in den Hintergrund. Zudem hatten sich auch eine Reihe der sogenannten Short-term Convergence Projekte, Bereiche von denen man ursprünglich annahm, durch relativ kleine Projekte kurzfristig Konvergenz zwischen US GAAP und IFRS herstellen zu können, als deutlich zeitintensiver und komplexer erwiesen, als ursprünglich angenommen.

14 Dennoch konkretisierten beide Boards im Jahre 2006 ihre Pläne mit der Verabschiedung des **Memorandum of Understanding - A Roadmap for Convergence (kurz MoU)**. Dieses MoU legte erstmals einen konkreten Zeit- und Arbeitsplan für die Konvergenzbemühungen beider Seiten fest. Nach diesem Zeitplan wollte man bis 2008 in elf Bereichen durch gemeinsame Projekte substantielle Fortschritte erreichen und die Arbeit in allen kurzfristigen Konvergenzprojekten abschließen. Seit Erfüllung dieses Zeitplanes erneuerten das IASB und die FASB wiederholt ihr Bekenntnis zur Konvergenz von US GAAP und IFRS und kündigten an, die Arbeit in allen wesentlichen Projekten bis 2011 abschließen zu wollen.[9]

15 Wenngleich die Konvergenzbemühungen des IASB und das FASB von europäischer und auch von amerikanischer Seite zeitweise mit Skepsis begleitet werden, so haben doch beide Seiten wiederholt anerkannt, dass es langfristig keine Alternative zu einheitlichen Bilanzierungsstandards gibt. Beispielsweise entschied die SEC im Jahre 2007, ausländischen Emittenten einen Konzernabschluß nach den IFRS zu erlauben, und diese damit von der Pflicht zur Erstellung einer **Überleitungsrechnung nach US-GAAP** zu entbinden.[10]

16 Darüber hinaus veröffentlichte die US-amerikanische Securities Exchange Commission (SEC) nach einer verlängerten Konsultationsphase im Februar 2010 ihre Beschlüsse bezüglich eines vorgeschlagenen Fahrplans zur Annahme von IFRS für börsennotierte Unternehmen in den USA. Darin bestätigt sie ihre grundsätzliche Unterstützung für einheitliche Bilanzierungsstandards und bekundet ihre Intention, 2011 endgültig über eine Annahme von IFRS und den möglichen Zeitplan der Umstellung zu entscheiden. Als möglicher Übergangszeitpunkt nennt sie 2015 oder 2016. Laut SEC wird die Entscheidung über eine Annahme von IFRS von der substanziellen

---

8 Alle Details und Abkommen zu den Konvergenzbemühungen, sowie die Abkommen zur Zusammenarbeit zwischen dem IASB und der FASB sind auf der IFRS Website unter http://www.ifrs.org/Use+around+the+world/Global+convergence/Convergence+with+US+GAAP/ einsehbar.
9 Vgl. 'FASB and IASB reaffirm commitment to Memorandum of Understanding', 5 November 2009, http://www.ifrs.org/NR/rdonlyres/0AE63429-BCF3-461A-8B5D-3948732CDDC2/0/JointCommunique_October2009FINAL4.pdf.
10 Vgl. 'Acceptance from foreign private issuers of financial statements prepared in accordance with International Financial Reporting Standards without reconciliation to US GAAP', http://www.sec.gov/rules/final/2007/33-8879.pdf .

I. Einleitung

Vollendung der Konvergenzbemühungen abhängig gemacht werden. Die SEC hat zudem ihren Stab beauftragt, vor ihrer Entscheidung einen Arbeitsplan zur Übernahme zu erstellen[11].

Nicht nur auf Grund der bevorstehenden Entscheidung über die Einführung von IFRS in den USA für börsennotierte Unternehmen, und die damit verbundene notwendige Vollendung der wesentlichen Konvergenzprojekte, ist das Jahr 2011 entscheidend Jahr für die internationale Standardsetzung. Die bevorstehende Entscheidung der SEC muss auch vor dem Hintergrund der fortschreitenden Verbreitung von IFRS in der Welt gesehen werden. So haben für 2011 und 2012 eine Reihe weiterer Länder die Übernahme der IFRS angekündigt. Zu diesen Ländern gehören beispielsweise Argentinien, Kanada, Süd-Korea und Mexico. Japan wird voraussichtlich im Jahr 2012 über eine verpflichtende Annahme von IFRS entscheiden.

Zudem endet im Juni 2011 auch die Amtszeit des derzeitigen IASB Vorsitzenden Sir David Tweedie, der dem Board seit seiner Gründung vorsteht und dessen charismatische Persönlichkeit die Arbeit des IASB stark geprägt hat. Im Oktober 2010 haben die Trustees nach fast einjähriger öffentlicher Suche Hans Hoogervorst als Nachfolger von Sir David Tweedie bestimmt und Ian Mackintosh (ehemaliger Vorsitzender von Großbritanniens Standardsitzungsgremium) zum Vize-Chairman ernannt.[12] Hans Hoogervorst ist unter anderem ehemaliger niederländischer Finanzminister und gegenwärtig Leiter der niederländischen Finanzaufsicht. Als einer der zwei Vorsitzenden der Financial Crisis Advisory Group - ein Gremium, deren Bildung während der Finanzkrise von dem IASB und der FASB angeregt wurde - und als Vorsitzender des Technischen Komitees der IOSCO, ist er mit den Fragen und der Komplexität internationaler Bilanzierung wohl vertraut. Dass das Monitoring Board (mehr dazu weiter unten) der Nominierung des Chairmans durch die Trustees zustimmen muss[13], sollte dazu beitragen, dass die Arbeit des IASB auch in Zukunft ausreichende politische Rückendeckung hat.

3. IFRS und die Finanzkrise. Die Finanzkrise der letzten Jahre hatte für das IASB und die IFRS Foundation tiefgreifende Konsequenzen. Zum ersten Mal erweckte das Thema internationale Bilanzierung weltweit politische und mediale Aufmerksamkeit. Auf der einen Seite wurde die Bedeutung internationaler Rechnungslegungsstandards für funktionierende Kapitalmärkte international politisch anerkannt, auf der anderen Seite wurde die Rechnungslegung dadurch verstärkt zum Gegenstand politischer Diskussionen. So wurden auf der Höhe der Krise die IFRS, insbesondere die Bewertung

---

11 Vgl. Pressemitteilung der US SEC, 27.2.2010, http://www.sec.gov/news/press/2010/2010-27.htm; siehe http://www.iasplus.de/pastnews/2010feb.php#sec für eine deutsche Zusammenfassung der Beschlüsse.
12 Vgl. Pressemitteilung vom 12 Oktober 2010, http://www.ifrs.org/News/Press+Releases/chairman+appointment.htm.
13 Vgl. Memorandum of Understanding, Trustee Selection, 8E, http://www.iosco.org/monitoring_board/pdf/Monitoring_Board_Mou.pdf.

zum beizulegenden Zeitwert von Finanzinstrumenten, von so manchem Journalisten und Politiker als Mitverursacher der Krise gebrandmarkt. Erstmalig musste das IASB mit großem **politischen und öffentlichen Druck** fertig werden.

19 Die Krise offenbarte, dass es trotz der Anerkennung der Notwendigkeit von weltweit einheitlichen Rechnungslegungsstandards auf politischer Ebene – sicher auch historisch und kulturell bedingt - unterschiedliche Sichtweisen bezüglich der Funktion von Bilanzierungsstandards und bezüglich der Arbeitsweise der Organisation gibt. Während beispielsweise eine Seite mangelnde Transparenz und eine mangelnde politische Einbindung des IASB beklagt, so befürchten Andere eine zu große Einflussnahme der Politik auf die Arbeit des IASB und sehen dessen Unabhängigkeit gefährdet.

20 Da die Krise mit der regulären, alle fünf Jahre stattfindenden, Überarbeitung der Satzung der Organisation (*Constitution Review*) zusammenfiel, bot sich für die IFRS Foundation die Möglichkeit, die Satzung unter Einbeziehung aller Interessengruppen im Rahmen eines öffentlichen Konsultationsprozesses - wo notwendig - zu überarbeiten. Die **Satzungsrevision** begann im Frühjahr 2008 und wurde im Januar 2010 abgeschlossen. In der ersten Phase der Revision regten die Treuhänder die Gründung eines internationalen Aufsichtsgremiums (*Monitoring Board*) an, das aus Vertretern öffentlicher Kapitalmarktbehörden zusammengesetzt ist. Mit der Anregung der Gründung eines solchen internationalen Gremiums wurde eine Instanz geschaffen, die erstmalig die Treuhänder rechenschaftspflichtig macht aber auch eine formelle Plattform für politische Diskussionen im Rahmen der Rechnungslegung bietet, ohne die Unabhängigkeit des IASB zu gefährden.

21 Trotz dieser und einer Reihe weiterer Veränderungen, die die Trustees im Rahmen der Satzungsrevision unternommen haben[14], wird es sicher noch einige Jahre dauern, bis die Diskussionen um die Organisation komplett verstummen, denn dazu gehört auch ein politischer Konsens darüber, was von der Organisation und ihren Bilanzierungsstandards erwartet wird. Die Finanzkrise hat diesbezüglich eine lebhafte aber notwendige Diskussion auf internationaler Ebene eingeleitet. Diese basiert jedoch auf dem geteilten politischen Bewusstsein der Notwendigkeit von internationalen Bilanzierungsstandards, wie dies nicht nur die wiederholten Äußerungen der G20 deutlich gemacht haben.

22 **II. Die Struktur der Organisation.**[15] Die IFRS Foundation ist die rechtliche, gemmeinnützige Trägerorganisation ihres unabhängigen Rechnungslegungsgremiums, dem International Accounting Standards Bord (IASB), sowie dessen Interpeta-

---

14 Vgl. 'Report of the IASC Foundation Trustees on Part 2 of their Constitution Review', http://www.ifrs.org/NR/rdonlyres/44908350-84DF-4949-84D1-DE9584CE407B/0/ConstitutionReviewApril2010.pdf.
15 Die folgenden Angaben beziehen sich auf die Satzung (Constitution) der IFRS Foundation vom März 2010, http://www.ifrs.org/NR/rdonlyres/B611DD9A-F4FB-4A0D-AEC9-0036F6895BEF/0/Constitution2010.pdf.

II. Die Struktur der Organisation

tionskomitee (IFRS Interpretations Committee), und dem ständigen IFRS Beratungsgremium (IFRS Advisory Council). Ziele, Aufgaben, und die Struktur der Organisation sind in der Satzung (Constitution) der IFRS Foundation festgelegt, während der Ablauf des Rechnungslegungs- und des Interpretationsprozesses in den operativen Verfahrensprozessen (Due Process) definiert sind.

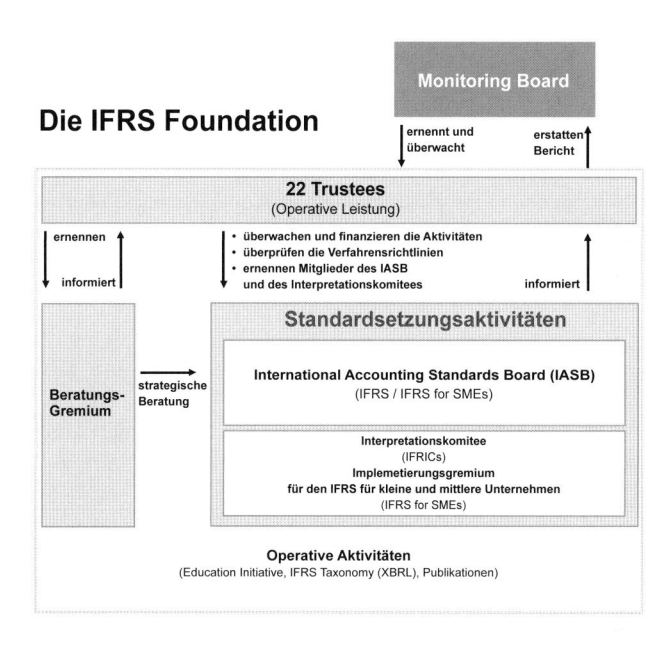

Die IFRS Foundation

- Monitoring Board — ernennt und überwacht / erstatten Bericht
- **22 Trustees** (Operative Leistung)
  - überwachen und finanzieren die Aktivitäten
  - überprüfen die Verfahrensrichtlinien
  - ernennen Mitglieder des IASB und des Interpretationskomitees
- ernennen / informiert
- informiert
- **Standardsetzungsaktivitäten**
  - Beratungs-Gremium — strategische Beratung
  - **International Accounting Standards Board (IASB)** (IFRS / IFRS for SMEs)
  - Interpretationskomitee (IFRICs)
  - Implemetierungsgremium für den IFRS für kleine und mittlere Unternehmen (IFRS for SMEs)
- **Operative Aktivitäten** (Education Initiative, IFRS Taxonomy (XBRL), Publikationen)

Es ist das satzungsmäßige **Ziel der Organisation**, im öffentlichen Interesse auf Prinzipien basierende einheitliche Rechnungslegungsstandards, International Financial Reporting Standards (IFRS), zu entwickeln, welche technisch hochwertig, verständlich, durchsetzungsfähig und global akzeptiert sind. Diese Standards sollen sicherstellen, dass Unternehmensabschlüsse hochwertige, transparente und vergleichbare Informationen enthalten, die Investoren und anderen Nutzern von Finanzinformationen dienlich sind. 23

Weiterführendes Ziel ist es, die Verbreitung sowie die einheitliche und rigorose Anwendung dieser Standards sicherzustellen, und die Zusammenführung (*Convergence*) von nationalen Rechnungslegungsstandards mit IFRS zu fördern. 24

1. Die Aufgaben und Arbeitsweise der IFRS Foundation und ihrer Treuhänder. Alle rechtlichen, politischen, und verwaltungstechnischen Angelegenheiten des IASB, des ständigen Beratungsgremiums (IFRS Advisory Council) der Organisation 25 und des IFRS Interpretationskommittes (IFRS Interpretations Committee), sowie alle weiteren unterstützenden Funktionen, die die IFRS Foundation mit dem Ziel der Erstellung, Verbreitung und einheitlichen Anwendung von IFRS betreibt, werden von den Treuhändern der IFRS Foundation bestimmt, geleitet und verwaltet. So wird beispielsweise die Finanzierung der Arbeit des IASB und seiner Mitarbeiter durch die Treuhänder bestimmt und sichergestellt. Zu den Kernaufgaben der Treuhänder der IFRS Foundation gehören unter anderem die Strategiesetzung, Finanzierung und die operative Leitung der Organisation.

26 Die 22 Treuhänder führen ihre Arbeit gemäß der Satzung (Consitution) der Organisation aus. Sie werden in der Regel für drei Jahre mit einfacher Mehrheit gewählt und können einmalig wieder ernannt werden. Seit Schaffung des Monitoring Boards muss jede Neuernennung die Zustimmung dieses unabhängigen Überwachunsgremiums erhalten. Die Satzung verlangt außerdem eine ausgewogene Verteilung der Treuhänder bezüglich ihres beruflichen und geografischen Hintergrundes.[16]

Die Satzung verlangt, dass:

a) 6 Treuhänder aus Asien bzw. der pazifischen Region,

b) 6 Treuhänder aus Europa,

c) 6 aus Nordamerika.

d) 1 Treuhänder aus Afrika.

e) 1 Treuhänder aus Südamerika und

f) 2 Treuhänder aus einer beliebigen Region kommen, wobei jedoch darauf geachtet werden muss, dass weiterhin eine geografisch ausgewogenen Verteilung besteht.

27 **a) Die Strategiesetzung:** Die Treuhänder setzen, fördern, und überprüfen die Strategie der IFRS Foundation und ihrer Gremien im Sinne der allgemeinen Ziele der Organisation, sind jedoch nicht befugt, direkt Einfluss auf die technischen Angelegenheiten des Standardisierungsprozesses zu nehmen.[17]

28 **b) Die Finanzierung:** Es obliegt den Treuhändern der Organisation, alle finanziellen Angelegenheiten der Organisation zu regeln. Dazu gehört es, die Form der Finanzierung der Organisation festzulegen und falls nötig zu ändern, sowie eine ausreichende Finanzierung aller Aktivitäten sicherzustellen.

29 **c) Die operative Leitung:** Den Treuhändern obliegt die operative Leitung der Aktivitäten der IFRS Foundation und ihrer Gremien. Dazu gehört unter anderem die Ernennung der Mitglieder des IASB, des Interpretationskomitees und des ständigen Beratungsgremiums. Die Treuhänder stellen sicher, dass das IASB, sowie die anderen beiden Gremien in der Ausübung ihrer Tätigkeiten die satzungsmäßigen Vorgaben

---

16 Vgl. Con. 6(c) und 15(e).
17 Vgl. Con. 13(c).

II. Die Struktur der Organisation

erfüllen und dass diese Verfahrensvorgaben angemessen und ausreichend sind. Die Verfahrensvorgaben können, wenn nötig, von den Trustees geändert werden.[18] Das IASB ist verpflichtet, den Treuhändern in den mindestens zweimal jährlich stattfindenden öffentlichen Sitzungen, Bericht über seine Aktivitäten zu erstatten.

d) Das Monitoring Board: Im Zuge ihrer zweiten Satzungsrevision im Jahre 2009 regte die IFRS Foundation die Bildung eines Aufsichtsgremiums (**Monitoring Board**) an. Die Mitglieder dieses Gremiums setzen sich aus Vertretern öffentlicher Kapitalmarktaufsichtsbehörden zusammen. Das Gremium soll die Beziehungen, die auf nationaler Ebene zwischen den lokalen Standardlegungsgremien und den Kapitalmarktaufsichtsbehörden bestehen, auf internationaler Ebene widerspiegeln und eine formelle Grundlage der Zusammenarbeit schaffen.[19] Ziel dieser Änderung ist es, die öffentliche Rechenschaftspflicht der Organisation zu verbessern, ohne die Unabhängigkeit des Rechnungslegungsprozesses einzuschränken. 30

Die Verantwortlichkeiten des Aufsichtsgremiums konzentrieren sich im Wesentlichen auf zwei Bereiche: 31

Nominierung der Treuhänder: Das Aufsichtsgremium nimmt, unter Einhaltung der Satzung der IFRS Foundation, am Nominierungsprozess für Treuhänder teil und muss die Ernennungen von Treuhändern bestätigen.[20] 32

Rechenschaftspflicht der Treuhänder: Die IFRS Foundation hat eine Rechenschaftspflicht gegenüber dem Monitoring Board, das den Treuhändern auch beratend zur Seite steht. Mindestens einmal jährlich findet ein Treffen zwischen dem Monitoring Board und den Treuhändern statt und die Treuhänder müssen mindestens einmal pro Jahr schriftlich an das Monitoring Board Bericht erstatten. Das Monitoring Board hat zudem das Recht, zu jedem Zeitpunkt ein Treffen mit den Treuhändern oder ihrem Chairman einzuberufen.[21] 33

Da das Monitoring Board ein unabhängiges Gremium ist, ist es selbst für seine Zusammensetzung verantwortlich. Zurzeit setzt sich das Monitoring Board aus folgenden Mitgliedsorganisation zusammen: 34
- Europäische Kommission,
- Finanzdienstleistungsbehörde von Japan (JFSA),
- US-amerikanische Wertpapier- und Börsenaufsicht (US SEC),
- IOSCO-Ausschuss für aufstrebende Märkte (IOSCO Emerging Markets Committee),
- IOSCO-Fachausschuss (IOSCO Technical Committee).

Der Vorsitzende des Basel-Komitees ist nicht-stimmberechtigter Beobachter.

---
18 Vgl. Con. 15(f).
19 Vgl. Con. 18.
20 Vgl. http://www.iosco.org/monitoring_board/.
21 Vgl. Con. 19.

35   **2. Struktur und Aufgaben des IASB.** Das IASB ist das unabhängige Rechnungslegunsorgan der IFRS Foundation. Die vom IASB entwickelten Standards werden in öffentlichen Sitzungen und im Rahmen eines formell festgelegten Verfahrens (Due Process) entwickelt.[22] Zudem ist das Board für die Verabschiedung von offiziellen Interpretationen der Standards, wie sie vom Interpretationskomitee (IFRS Interpretations Committee) entwickelt werden, verantwortlich. In seiner Arbeit berät sich das IASB regelmäßig mit dem ständigen Beratungsgremium (IFRS Advisory Council) der Organisation. Seit der Neuaufstellung des Beratungsgremiums im Jahre 2009 setzt sich dieses Gremium nicht mehr aus Einzelpersonen, sondern aus Vertretern von Organisationen mit einem besonderen Interesse an der Standardsatzung zusammen.

36   Als Ergebnis der zweiten Satzungsrevision der IFRS Foundation entschieden die Treuhänder im Jahre 2009, die **Anzahl der Boardmitglieder** bis 2012 schrittweise von 14 auf 16 zu erhöhen. Zum Zeitpunkt der Veröffentlichung hat das IASB 15 Mitglieder. Außerdem wurde eine angestrebte geografische Verteilung der Mitglieder festgelegt[23].

Empfohlene geographische Verteilung des IASB

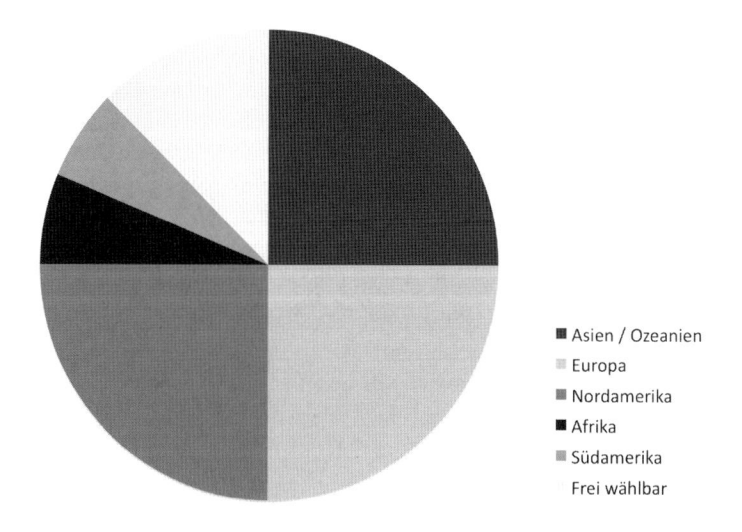

- Asien / Ozeanien
- Europa
- Nordamerika
- Afrika
- Südamerika
- Frei wählbar

---

22 Vgl. http://www.ifrs.org/How+we+develop+standards/How+we+develop+standards.htm.
23 Vgl. Pressemitteilung vom 29 Januar 2009, http://www.ifrs.org/NR/rdonlyres/6A31C6E6-423D-4C6D-A18C-D82DFEBE8FD9/0/PRTrusteesenhancepublicaccountability.pdf.

Die Hauptkriterien für die **Auswahl von neuen Boardmitgliedern** bleiben jedoch weiterhin die technische Qualifikation und die praktische Erfahrung der Kandidaten in relevanten Bereichen der Bilanzierung. Mit dieser Änderung reagierten die Treuhänder auch auf die Empfehlungen der G20 Staaten, die im Zuge der Finanzkrise Verbesserungen in der Zusammensetzung des Boards angemahnt hatten.[24]

37

Die Verfassung der IFRS Foundation verlangt vom IASB nicht nur in Bezug auf die geografische Herkunft, sondern auch in Bezug auf den beruflichen Hintergrund seiner Mitglieder eine **ausgewogenen Zusammensetzung**.[25] So muss sichergestellt sein, dass im Board Wirtschaftsprüfer, Bilanzersteller, Jahresabschlussadressaten, sowie Akademiker in ausgewogenem Maße vertreten sind. Einer der hauptamtlichen Mitglieder des Boards wird von den Treuhändern als Chairman und als Chief Executive Officer (CEO) der IFRS Foundation bestellt. Im Jahre 2010 wurde zudem die Möglichkeit der Bestellung von bis zu zwei Vice-Chairmen eingeführt, um den gestiegenen Anforderungen des Chairmans und des Boards Rechnung zu tragen. Auch bei deren Ernennung müssen satzungsgemäß geografische Kriterien Beachtung finden.

38

Ein Board Mitglied wird für die Dauer von fünf Jahren gewählt, wobei die Amtszeit einmal um drei, bzw. fünf Jahre, für den Chairman und die beiden Vice-Chairmen, verlängert werden kann.

III. Das Standardsetzungsverfahren. Die Annahme und die langfristige Nutzung von IFRS ist eine freiwillige Entscheidung der einzelnen Jurisdiktionen und kann nicht vom Board erzwungen werden. Einen Einfluss auf die Annahme von IFRS hat das IASB nur indirekt: die IFRS müssen durch die mit ihnen verbundenen Vorteile, ihre hohe Qualität und internationale Anwendbarkeit und die Glaubwürdigkeit ihres unabhängigen Entwicklungsprozesses überzeugen.

39

Die Arbeit des IASB fußt daher maßgeblich auf drei Elementen:
- **Unabhängigkeit:** Die satzungsmäßig verfasste Unabhängigkeit des IASB bezüglich der Festlegung seines Arbeitsprogrammes und der technischen Arbeit ist die unabdingbare Grundlage für die Entwicklung von Rechnungslegungsstandards, die durch ihre technische Hochwertigkeit überzeugen sollen. Die Struktur der Organisation ist darauf ausgelegt, diese Unabhängigkeit zu erhalten.
- **Transparenz:** Größtmöglicher Transparenz in der Entwicklung der Standards ist ein weiterer Eckpfeiler für die weltweite Anerkennung der IFRS. Ohne Transparenz würde es der Organisation an Glaubwürdigkeit mangeln. Der Transparenzgedanke zieht sich daher durch die gesamte Aufstellung der Organisation. Im Standardisierungsverfahren materialisiert sich der Transparenzanspruch in den Verfahrensvorgaben (Due Process) für die Erstellung von IFRS und deren Inter-

---

24 Vgl. Washington Action Plan, 15 November 2008, http://www.pittsburghsummit.gov/resources/125137.htm.
25 Vgl. Con 25.

pretationen.[26] Beispielsweise verlangen diese, dass alle technischen Sitzungen des Boards, des Interpretationskomitees und anderer offizieller Beratungsgremien öffentlich stattfinden und via Internet übertragen werden und dass die dazugehörigen Beratungsdokumente öffentlich zugänglich sind.
- **Konsultation:** In der Entwicklung der Standards muss das IASB einem ausführlichen Konsultationsprozess folgen, der die hohe Qualität sowie die Einbeziehung aller Interessengruppen in den Rechungslegungsprozess gewährleistet[27].

40   Der Due Process bestimmt den Ablauf des gesamten Standardsatzungsprozesses und der Entwicklung von Interpretationen. Um größtmögliche Transparenz und weitreichende und ausführliche Beratung sicherzustellen, kann der Due Process von den Treuhändern zu jedem Zeitpunkt nachgebessert werden.

Das übergreifende Ziel bei der Entwicklung eines jeden neuen oder überarbeiteten IFRS ist es, auf **Prinzipien basierende Standards** zu entwickeln. Dahinter steht die Überzeugung, dass klar formulierte Prinzipien, anders als Regeln, langfristig kaum zusätzlicher Regelungen und Interpretationen bedürfen. Regeln schaffen Ausnahmen und ungeregelte Freiräume, die (aus)genutzt werden können, wohingegen klare und starke Prinzipien, deren sinngemäße Anwendung im Zweifelsfall gerechtfertigt werden muss, diesen Spielraum nicht bieten.

41   Der Standardsetzungsprozess des IASB umfasst sechs Kernabschnitte:[28]

42   **1. Entscheidungen über IASB Projekte.** Ein wesentlicher Bestandteil der Unabhängigkeit des Boards ist die **alleinige Entscheidungsgewalt** über seinen Arbeitsplan (*Work Plan*). Trotz dieser grundsätzlichen Unabhängigkeit muss sich das Board vor Entscheidungen bezüglich des Arbeitsplanes mit dem Advisory Council beraten und den Arbeitsplan den Treuhändern vorlegen. Zusätzlich wird das IASB von 2011 an alle drei Jahre einen öffentlichen Konsultationsprozess zu der grundsätzlichen strategischen Ausrichtung und Gewichtung ihres Arbeitsplans durchlaufen. Ziel ist es, eine Art Stimmungsbild über die zukünftige Ausrichtung und Gewichtung des Arbeitsplanes des IASB von all denen zu erhalten, die ein Interesse an internationaler Rechnungslegung haben. Das IASB wird die Ergebnisse des Konsultationsprozesses dann in seine Agendadiskussionen miteinbeziehen. Mit der Einführung dieser regulären Konsultation soll dem Transparenzgedanken auch in Bezug auf den Arbeitsplan des IASB noch besser Rechnug getragen werden.

---

26   Vgl. IASB Due Process Handbook, Transparency and accessibility, 10 und 11, http://www.ifrs.org/NR/rdonlyres/1E8D75B7-927F-495B-BE4A-04C9BE967097/0/DueProcess09.pdf.
27   Siehe oben, Extensive consultation and responsiveness, 12 -15. Vgl. auch: How we consult, Encouraging broad participation in the development of IFRS, http://www.ifrs.org/NR/rdonlyres/A9708702-32FA-49A9-B469-FC6BAF6136E9/0/HOWWECONSULTFINALvb.PDF.
28   Vgl. How we develop IFRSs, http://www.ifrs.org/How+we+develop+standards/How+we+develop+standards.htm.

2. Projektplanung.[29] In seiner Arbeit wird das IASB von seinen **technischen** **43**
Mitarbeitern unterstützt und profitiert von einer engen Zusammenarbeit mit den nationalen Rechnungslegungsorganen. Beispielsweise kann das IASB die anfängliche Bearbeitung bestimmter Projekte an internationale Projektteams übertragen. So wurden beispielsweise die Grundsatzüberlegungen zu einem möglicherweise neuen Standard zum Thema Extractive Industries von einem internationalen Projektteam mit Mitarbeitern der australischen, kanadischen, norwegischen und südafrikanischen Rechnungslegungsgremien entworfen.[30]

Die **Planungsphase** eines Projektes besteht im Wesentlichen aus einer Situationsanalyse, einem ersten Austauch mit Interessenvertretern und der Revision wesentlicher, bereits existierender Rechnungslegungsstandards. Gegebenenfalls kann das Board zusätzlich die Gründung einer technischen Arbeitsgruppe (*Working Group*) veranlassen. Dies ist in der Regel für alle größeren Projekte der Fall. Solche Arbeitsgruppen setzen sich aus praxisnahen Vertretern des betroffenen Bereiches zusammen und stehen dem Board mit ihrer praktischen Erfahrung beratend zur Seite. Die Mitglieder solcher Arbeitsgruppen werden in einem öffentlichen Ausschreibungsverfahren gesucht und müssen von den Treuhändern bestätigt werden. Alle Treffen solcher Arbeitsgruppen finden in öffentlichen Sitzungen statt. **44**

3. Entwicklung und Publikation von Diskussionsentwürfen. Die Entwicklung **45**
von Diskussionsentwürfen (*Discussion Papers*) ist kein zwingender Bestandteil des Standardsetzungsprozesses, wird aber für größere Projekte von der Satzung empfohlen.[31] Die Veröffentlichung eines Diskussionsentwurfs kann dabei vor oder nach einer Entscheidung des Boards über die offizielle Aufnahme eines Projektes in seinen Arbeitsplan erfolgen. Eine einfache Mehrheit des Boards genügt, um über die Veröffentlichung eines Diskussionspapieres abzustimmen.

Ziel eines Diskussionsentwurfes ist es in der Regel, grundsätzliche Fragen zu dem **46**
betroffen Themengebiet zu klären, das genaue Problemfeld zu umreißen, sowie möglicherweise bereits bevorzugte Herangehensweisen an die Thematik zu diskutieren. Die **Kommentierungsfrist** beträgt in der Regel 120 Tage, kann aber bei Bedarf ausgeweitet werden. Vor und während der Veröffentlichung eines offiziellen Entwurfes ist es eine Kernaufgabe des IASB, sich mit den nationalen Rechnungslegungsgremien und mit anderen Anwender- und Nutzergruppen, sowie weiteren interessierten Parteien zu beraten und deren Meinungen einzuholen. Bei Bedarf kann das IASB zu diesem Zweck zusätzlich öffentliche Diskussionsrunden oder Feldstudien veranstalten.

---

29   Alle Angaben in dem folgenden Abschnitt basieren auf den Richtlinien des IASB zum Rechnungslegungsprozess, nachzulesen auf der IFRS Website unter: http://www.ifrs.org/How+we+develop+standards/How+we+develop+standards.htm.
30   Vgl. Pressemitteilung vom 6 April 2010, http://www.ifrs.org/News/Press+Releases/extractive+activities+DP.htm.
31   Vgl. Con. 37 (b).

47 Die erhaltenen Stellungnahmen werden nach Ende der Konsultationsphase von den technischen Mitarbeitern ausgewertet und vom IASB in seinen öffentlichen Sitzungen diskutiert. Die Ergebnisse der Konsultationsphase können dabei in Extremfällen auch zum „Einstampfen" oder der zeitlichen Verschiebung von Projekten führen.

48 **4. Entwicklung und Publikation von Standardentwürfen.** Die Entwicklung eines Standardentwurfs (*Exposure Draft*) ist ein vorgeschriebener Schritt im Due Process und ein wichtiger Schritt für das IASB, um die größtmögliche Einbeziehung aller Sichtweisen in den Entscheidungsprozess sicherzustellen und um den vorgeschlagenen Standard auf seine Anwendbarkeit zu prüfen. Zu diesem Zweck kann das IASB im Vorfeld die Durchführung von Feldstudien, sowie ggf. die Gründung eines Expertengremiums zur Klärung bestimmter technischer Fragen anregen.

49 Alle Entscheidungen des Boards sind bis zur formellen Abstimmung, dem *Balloting*, nicht bindende Entscheidungen, sondern sogenannte *tentative decisions*, die das Board im Laufe seiner Beratungen jederzeit ändern kann. Eine formelle Abstimmung erfolgt erst nach Ende der Beratungen. Für die Veröffentlichung eines vorgeschlagenen Standards ist eine **Mehrheit von neun bzw. zehn Stimmen** (ab 15 Board Mitgliedern) notwendig.[32] Ablehnungen müssen als Anhang zu dem vorgeschlagenen Standard mit Begründung, bzw. Alternativvorschlag veröffentlicht werden.

50 In der Regel gilt auch für vorgeschlagene Standards eine mindestens 120-tägige **Kommentierungsfrist**. Wie bei Diskussionspapieren kann diese, wenn nötig, verlängert oder in Ausnahmefällen verkürzt werden. Während die Kommentierungsfrist traditionell in erster Linie den Zeitrahmen für die Übermittlung von schriftlichen Kommentaren setzt, so wird diese Zeit vom Board und vom technischen Team immer intensiver zur Vorstellung und weiteren Diskussion des Projektes genutzt, beispielsweise auch durch die Veranstaltung von öffentlichen Diskussionsrunden (*Round Tables*), Telefonkonferenzen und Internetpräsentationen. Nur so kann letztendlich größtmögliche Perfektion und breite Anerkennung erreicht werden.

51 Stellungnahmen zu Diskussionspapieren und Standardentwürfen werden von interessierten Unternehmen, Organisationen, Wissenschaftlern und auch Einzelpersonen weltweit übermittelt. Alle Kommentare werden auf der Webseite der Organisation veröffentlicht. Jeder Kommentar wird in die Kommentaranalyse, die von den technischen Mitarbeitern für das Board erstellt wird, mit einbezogen. In der Regel dient die erste Diskussionsrunde des Boards nach Ende einer Kommentarfrist zu einem Projekt dazu, die erhaltenen Kommentare zusammenfassend darzustellen, und den weiteren groben Verlauf des Projektes zu bestimmen.

---

32 Vgl. IASB Due Process Handbook 76-83.

III. Das Standardsetzungsverfahren

Die Projektdauer, die sich oft über mehrere Jahre erstrecken kann, sowie die technische Komplexität der Projekte machen es interessierten Parteien oft nicht einfach, Schritt mit den Projektentwicklungen zu halten und sich gezielt in den Standardisierungsprozess einzubringen. Dies und die Tatsache, dass sehr verschiedenen Sichtweisen im Standardisierungsprozess aufeinandertreffen – beispielsweise die Perspektive von Analysten mit der von Unternehmen, die die Jahresabschlussberichte zusammenstellen müssen - mag erklären, warum von Zeit zu Zeit eine scheinbar unzureichende Berücksichtigung der verschiedenen Sichtweisen beklagt wird. Dass es nicht immer möglich ist, diese unterschiedlichen Interessenlagen in den Standards zu vereinbaren, ist ein inhärentes Problem des Standardsetzungsverfahrens und letztlich wesentlicher Grund warum die Entwicklung unabhängiger Standards notwendig ist. Für das IASB ist die hohe Qualität der Informationen, die durch die Standards in den Finanzberichten erreicht werden soll, maßgeblich.[33] Dennoch bemüht sich das IASB verstärkt, die Einbringung in den Projektverlauf für alle interessierten Gruppen zu erleichtern. Beispielsweise werden für viele Projekte seit einiger Zeit relativ **einfach gehaltene Zusammenfassungen (Snapshots)** erstellt, die die Problematik und die vorgeschlagenen Lösungen des Boards allgemein verständlich darstellen und auf den Projektwebseiten zum freien Download zur Verfügung stehen. Sie sollen den Zugang zu den technischen Dokumenten vereinfachen und den verschiedenen Interessengruppen bei der Entscheidungsfindung darüber, welches Projekt für sie von wesentlicher Bedeutung ist, behilflich sein. Darüber hinaus werden bei der Veröffentlichung von Diskussionspapieren oder vorgeschlagenen Standards live Webpräsentationen gehalten, bei dem die Zuhörer Fragen an das Projektteam stellen können. Zudem werden die wesentliche Beschlüsse der regelmäßigen Versammlungen des Boards in kurzen Podcasts zusammengefasst. Erst vor einiger Zeit hat das IASB zudem einen *Investor Liaison Manager* ernannt, der die Zusammenarbeit insbesondere mit Investorengruppen und Analysten weiter verstärken soll.

Trotz dieses intensiven Beratungsprozesses, der oft länger als sechs Monate in Anspruch nimmt, muss dem vorgeschlagenen Standard nicht zwingend die Veröffentlichung eines Standards folgen. Das IASB kann als Resultat seiner Beratungen ebenso zu dem Schluss kommen, dass eine **nochmalige Veröffentlichung überarbeiteter Vorschläge** notwendig ist. Dies kann beispielsweise der Fall sein, wenn die erhaltenen Rückmeldungen neue Aspekte und Problematiken zu Tage gebracht haben, die eine weitere wesentliche Veränderung der Vorschläge nötig erscheinen lassen.

5. Entwicklung und Publikation eines IFRS. Der Prozess, der letztendlich zur Entwicklung eines neuen IFRS führt, folgt dem gleichen Ablauf wie die Entwicklung eines Standardentwurfs. Die Mitarbeiter des IASB werten die erhaltenen Kommen-

---

33 Die Satzung der IFRS Foundation besagt, dass die Standards hochwertige, transparente und vergleichbare Informationen in den Bilanzen verlangen, die Investoren und anderen Akteuren in den Kapitalmärkten in ihren ökonomischen Entscheidungen zur Seite stehen.

tare aus. Die Ergebnisse und Schlussfolgerungen werden sodann vom IASB beraten und, falls als notwendig erachtet, wird das technische Team instruiert, weitere Verbesserungen des Standards vorzunehmen.

55 Bei der Veröffentlichung eines neuen Standards ist das IASB bei größeren Projekten verpflichtet, eine Zusammenfassung und eine Kosten/Nutzen-Analyse der erwarteten Auswirkungen des neuen Standards zu erstellen, sowie Rechenschaft über die wesentlichen Kritikpunkte in einem sogenannten **Feedback Statement** abzugeben. Diese Dokumente werden zeitgleich mit dem neuen Standard veröffentlicht.

56 Normalerweise liegt zwischen der Veröffentlichung eines neuen IFRS und seiner verpflichtenden Anwendung eine „Schonfrist" von mindestens einem Jahr, wobei die sofortige Anwedung auf freiwilliger Basis oft möglich ist. Letztendlich hängt die Anwendungspflicht jedoch auch von den individuellen nationalen Verfahren zur Implementierung von IFRS ab.

57 **6. Aktivitäten nach Veröffentlichung eines IFRS.** Seit einer Verbesserung des formellen Prozesses durch die Treuhänder im Jahre 2007 ist das IASB nunmehr verpflichtet, die kritischen Punkte eines neuen Standards oder einer umfassenden Interpretationen zwei Jahre nach ihrer Einführung einer Revision zu unterziehen. Dies soll sicherstellen, dass sich die Anwendung des Standards oder der Interpretation auch in diesen Aspekten bewährt hat.

58 **IV. Das Interpetationskomitee.** Das **Interpretationskomitee** (*IFRS Interpretations Committee*) ist für die Entwicklung von offiziellen Interpretationen der Standards verantwortlich. Es wird grundsätzlich dann tätig, wenn die Anwendung eines Standards in der Praxis zeigt, dass dieser in vielen Fällen unterschiedlich oder falsch interpretiert wird, bzw. neue Sachverhalte in den bisherigen Standards nicht ausreichend gewürdigt wurden.[34]

59 Die Mitglieder des 14-köpfigen ehrenamtlich agierenden Komitees werden von den Treuhändern basierend auf ihre Praxiserfahrung mit den IFRS ernannt. Als Vorsitzender des Komitees fungiert entweder ein Mitglied des IASB oder aber auch ein leitender technischer Mitarbeiter. Der Vorsitzende des Komitees hat kein Stimmrecht.[35]

60 Das Interpretationskomitee berät sich in der Regel alle zwei Monate in öffentlichen Sitzungen. Beschlüsse erfordern eine **Mehrheit von 10 Stimmen**, alle offiziellen Interpretationen bedürfen zudem der offiziellen Zustimmung des IASB mittels einfachen Mehrheitsbeschlusses. Einmal beschlossen haben Interpretationen (IFRICs) den gleichen verpflichtenden Stellenwert wie die Standards.

---

34 Vgl. IFRS Interpretations Committee Due Process, Identification of issues, http://www.ifrs.org/How+we+develop+Interpretations/Identification+of+issues.htm.
35 Vgl. Constitution 39ff.

V. Das ständige Beratungsgremium

61 Der Entwicklungsprozess von Interpretationen folgt weitestgehend dem Due Process der Standardsatzung. Dabei gibt es für Interpretationen jedoch keine Diskussionsvorschläge, sondern nur vorgeschlagene Interpretationen. Die typische **Kommentarzeit** beläuft sich auf 60 Tage, kann aber in dringenden Fällen verkürzt werden.

62 **V. Das ständige Beratungsgremium.** Das ständige Beratungsgremium (*IFRS Advisory Council*) hat mindestens 30 Mitglieder, die ehrenamtlich in dieser Funktion für die IFRS Foundation und das IASB tätig sind. Die Mitglieder des Gremiums setzen sich seit Neuaufstellung des Gremiums im Jahre 2009, hauptsächlich aus **Vertretern von Organisationen mit einem klaren Interesse an Bilanzierungsfragen** zusammen. Anliegen der Treuhänder war es, durch diese Neuaufstellung mehr Organisationen formal in den Standardsetzungsprozess einzubinden und die Bedeutung des Gremiums zu erhöhen.[36]

63 Die Mitglieder des Gremiums werden durch einen öffentlichen Ausschreibungsprozess gesucht und unter Beachtung einer ausgewogenen Bandbreite an verschiedenen Interessenvertretern und geografische Vielfalt von den Treuhändern für eine erneuerbare Amtszeit von drei Jahren ernannt.

64 Das Beratungsgremium trifft sich mindestens dreimal im Jahr. Hauptzweck des Gremiums ist es, dem IASB in allen technischen Fragen beratend zur Seite zu stehen, und eine Art Testforum für Vorschläge des IASB zu sein. Sollte das IASB dabei in seinen Entschlüssen den Empfehlungen des Gremiums nicht folgen, so muss es sich dafür gegenüber dem Gremium rechtfertigen.

65 Zudem berät das Gremium auch in Ausnahmefällen die Treuhänder in ihren Entscheidungen. Der Chairman des Beratergremiums ist außerdem zu allen Treuhändersitzungen geladen. Alle Sitzungen sowie Sitzungsdokumente werden der Öffentlichkeit zugänglich gemacht.[37]

---

36 Vgl. 'Trustees announce details of new SAC', http://www.ifrs.org/The+organisation/Advisory+bodies/The+SAC/Standards+Advisory+Council.htm.
37 Vgl. Constitution 44-46.

Rahmenkonzept

Übersicht

	Rn
I. Einführung	1 – 7
II. Funktion und Status des Rahmenkonzepts	8 – 14
III. Ziele der Rechnungslegung	15 – 21
IV. Qualitative Anforderungen an die Rechnungslegung	22 – 34
V. Grundlegende Annahmen	35
VI. Definitionen und Bilanzansatz	36 – 38
VII. Bewertungsmaßstäbe	39
VIII. Kapitalerhaltungskonzeptionen	40
IX. Ausblick	41

1 **I. Einführung.** Die „International Financial Reporting Standards" (IFRS) stellen ein **standardbasiertes Rechnungslegungssystem** dar. Anders als ein Gesetz, dessen allgemein gehaltene Regelungen grundsätzlich auf alle einschlägigen Lebenssachverhalte anwendbar sein sollen, kann ein solches System von vorneherein keine „Vollständigkeit" beanspruchen. Die einzelnen Rechnungslegungsstandards werden in einer Abfolge, die nicht auf einem vorab entwickelten Plan beruht, sondern auch von der Dringlichkeit der jeweiligen Fragestellungen beeinflusst wird, entwickelt. Daraus ergibt sich die Reihenfolge der einzelnen IAS und, seit 2001, der IFRS, in der sich Regelungen zu einzelnen Bilanzposten mit Bewertungsgrundsätzen und Ausweisfragen in eher loser Folge abwechseln.

2 Da zudem die einzelnen Standards Regelungen wesentlich detaillierter ausführen als ein Gesetzestext, besteht die Gefahr von Überschneidungen und Widersprüchen zwischen Einzelregelungen in verschiedenen Standards. Um trotzdem die **Konsistenz** des gesamten Systems zu fördern, wurde 1989 – 14 Jahre nach Veröffentlichung des ersten „International Accounting Standard" (IAS) – ein Rahmenkonzept eingeführt, das die Adressaten und Ziele der Rechnungslegung, allgemeine Rechnungslegungsgrundsätze und grundlegende Definitionen thematisiert.

3 Seit der Einführung des Rahmenkonzepts haben die IFRS immens an Bedeutung gewonnen, und die veröffentlichten Standards wurden umfassend überarbeitet und weiterentwickelt. Das ursprüngliche Rahmenkonzept kann seine Funktion als Basis für das gesamte System nur noch eingeschränkt erfüllen, da es auf grundlegende Bilanzierungsfragen, die sich inzwischen gestellt haben, noch nicht eingegangen ist. So wird z.B. der „Fair Value" als Bewertungsmaßstab nicht angesprochen.

I. Einführung

Die weit fortgeschrittene **Annäherung der IFRS und der US-GAAP** hat zudem auch ein **Projekt zur Entwicklung eines gemeinsamen Rahmenkonzepts** hervorgerufen. FASB und IASB führen derzeit gemeinsam ein noch auf mehrere Jahre angelegtes Projekt zur Überarbeitung ihrer Rahmenkonzepte durch. Das Ziel besteht in der Schaffung eines einheitlichen Rahmenkonzepts, das die Basis für prinzipienbasierte, konsistente und international konvergente Rechnungslegungsstandards bilden soll.[1]

4

Das Projekt wurde in **Phasen** aufgeteilt, in denen jeweils Abschnitte des künftigen Rahmenkonzepts bearbeitet werden[2]

5

Phase	Thema
A	Objectives and qualitative characteristics
B	Definitions of elements, recognition and derecognition
C	Measurement
D	Reporting entity concept
E	Boundaries of financial reporting, and presentation and disclosure
F	Purpose and status of the framework
G	Application of the framework to not-for-profit entities
H	Remaining issues, if any

Die Bearbeitung der Phasen erfolgt nicht der dargestellten Reihenfolge, sondern berücksichtigt u.a. Bezüge zu weiteren Projekten des IASB.[3] Phase A ist abgeschlossen und hat zur Veröffentlichung von Kapitel 1 „The objective of general purpose financial reporting" und Kapitel 3 „Qualitative characteristics of useful financial information" des neuen Rahmenkonzepts im September 2010 geführt. Für Phase D, in der Kapitel 2 „The reporting entity", entwickelt wird, liegen bereits ein Exposure Draft und Stellungnahmen vor – weitere Schritte sind jedoch erst für die zweite Jahreshälfte 2011 angekündigt. Für die anderen Projektphasen (B, C) liegen noch keine Diskussionspapiere vor bzw. die Bearbeitung der entsprechenden Themen wurde noch nicht begonnen (E – H).[4] Aus dem Blickwinkel einer deduktiven Vorgehensweise ist nicht nachvollziehbar, dass der Themenbereich F zu Zweck und Status des Rahmenkonzepts erst nach wesentlichen inhaltlichen Fragestellungen behandelt werden soll.

6

---

1 Vgl. zu den in diesem und dem vorangehenden Absatz angesprochenen Entwicklungen z.B. *Wiedmann/ Schwedler* FS Baetge, 683ff; *McGregor/Street* JIFMA 2007, 39ff.
2 http://www.ifrs.org/Current+Projects/IASB+Projects/Conceptual+Framework/Conceptual+ Framework.htm (01.02.11)
3 Siehe hierzu z.B. *Kampmann/Schwedler* KoR 2006, 521f; *Wiedmann/Schwedler* FS Baetge, 693ff.
4 Zum aktuellen Projektstand siehe die Website des IASB http://www.ifrs.org/Current+Projects/IASB +Projects/IASB+Work+Plan.htm (01.02.11).

7 Sobald eine Projektphase mit der Veröffentlichung des oder der dazugehörigen Kapitel/s abgeschlossen wurde, wird der entsprechende Teil aus dem alten Rahmenkonzept ersetzt, das im Übrigen aber weiterhin Bestand hat. In der aktuellen Fassung des Rahmenkonzepts (September 2010) wurden die neuen und die übernommenen alten Abschnitte wie folgt zusammengestellt:

1. The objective of general purpose financial reporting (neu)
2. The reporting entity (dieser Abschnitt fehlt noch)
3. Qualitative characteristics of useful financial information (neu)
4. The Framework (1989): (der derzeit noch fortbestehende alte Text)
   - Underlying assumption
   - The elements of financial statements
   - Recognition of the elements of financial statements
   - Measurement of the elements of financial statements
   - Concepts of capital and capital maintenance

Die Randkennzeichnungen der neuen Abschnitte setzen sich aus einem Buchstabenkürzel für das jeweilige Kapitel und einer Ziffer zusammen, z.B. „OB3". Die einbezogenen Teile des alten Rahmenkonzepts sind abweichend von ihrer bisherigen Nummerierung neu durchnummeriert worden.[5] Die weiteren Ausführungen beziehen sich schwerpunktmäßig auf die Kapitel 1 und 3 des neu gefassten Rahmenkonzepts.

8 **II. Funktion und Status des Rahmenkonzepts.** In der aktuellen Version des Rahmenkonzepts sind dem ersten Kapitel eine Einführung sowie eine Darstellung von Zweck und Status und Anwendungsbereich des Rahmenkonzepts vorangestellt. Diese entsprechen dem Vorwort sowie den Absätzen F.1-5 des alten Rahmenkonzepts. Eine Aktualisierung dieses Teils soll später erfolgen.

9 Mit dem Rahmenkonzept sollen folgende **Ziele** erreicht werden (F.1):
- das IASB bei der Entwicklung weiterer Standards und der Überarbeitung bestehender Standards zu unterstützen,
- ebenfalls zur Unterstützung des IASB inhaltliche Grundlagen im Hinblick auf die Einheitlichkeit der Bilanzierungsmethoden innerhalb der IFRS zu legen,
- die nationalen Standardsetzer bei der Entwicklung nationaler Rechnungslegungsstandards zu unterstützen,
- den Bilanzerstellern bei der Anwendung bestehender IFRS und dem Umgang mit noch nicht geregelten Fragen Hilfestellung zu geben,
- Abschlussprüfer bei der Beurteilung der IFRS-Konformität von Abschlüssen zu unterstützen,

---

5 Obwohl die alte Nummerierung überholt ist, werden zur leichteren Bezugnahme im Folgenden Absätze aus dem alten Rahmenkonzept jeweils mit der alten und – soweit vorhanden – der neuen Absatznummer angegeben.

II. Funktion und Status des Rahmenkonzepts

- den Adressaten der Rechnungslegung die Interpretation von IFRS-Abschlüssen zu erleichtern und
- alle Interessierten über das Vorgehen bei der Entwicklung neuer IFRS zu informieren.

Zusammenfassend wird für das Rahmenkonzept damit insbesondere der Anspruch erhoben, **Deduktionsbasis für die Ableitung neuer Standards** sowie für den **Schluss von Regelungslücken** zu sein. Eine solche Basis ist erforderlich, damit einzelne Rechnungslegungsstandards zusammen überhaupt ein konsistentes System von Rechnungslegungsregeln ergeben können. Konsistenz wird im Idealfall erreicht, indem ausgehend von den Zielen des Rechnungslegungssystems zunehmend konkretere, widerspruchsfreie Regeln abgeleitet werden.

Das Rahmenkonzept hat selbst nicht den Rang eines Standards. Die Regeln in den einzelnen Standards sind stets vorrangig gegenüber denen im Rahmenkonzept (F.3). Damit hat das IASB zum einen auf das Problem schon bei Einführung des Rahmenkonzepts bestehender Konfliktfälle reagiert und zum anderen Vorsorge getroffen für Weiterentwicklungen der Standards, die sich im Zeitablauf von den Grundsätzen des Rahmenkonzepts entfernen können. Zudem wird auf die Möglichkeit der Überarbeitung des Rahmenkonzepts durch den Standardsetzer hingewiesen (F.4).

Da das Rahmenkonzept keinen Standard darstellt, ist es auch **nicht Gegenstand des Endorsements der IFRS in EU-Recht**; gleichwohl wird seine Bedeutung innerhalb des Systems der IFRS gesehen.[6] Materiell ist ein tatsächlich als Deduktionsbasis verwendetes Rahmenkonzept ein wesentlicher Bestandteil eines Rechnungslegungssystems. Aufgrund der Nachrangigkeit des Rahmenkonzepts gegenüber den Standards werden wesentliche Regelungen aus dem Rahmenkonzept in den einzelnen Standards wiederholt und damit verbindlich gemacht. Anweisungen zum Vorgehen bei Regelungslücken finden sich in IAS 8.10-12. Der Rückgriff auf das Rahmenkonzept ist dabei wiederum nachrangig gegenüber Regelungen ähnlicher Sachverhalte in anderen Standards.

Innerhalb des neuen Kapitels 1 zur Zielsetzung wird erläutert, dass das Rahmenkonzept die Idealvorstellung des IASB für eine wünschenswerte Rechnungslegung umreißt, der nachgestrebt wird, die aber aufgrund der Dynamik der tatsächlichen Entwicklungen und ihrer Rezeption in Konzepten der Rechnungslegung niemals als ein endgültiger Zustand erreicht werden wird (OB11).

Der **Anwendungsbereich** des Rahmenkonzepts wird durch die Übernahme des Absatzes F.5 aus dem alten Text umrissen; er erstreckt sich demnach auf

---

6 So dargelegt in einem erläuternden Papier zur sog. EU-Verordnung: "Comments concerning certain Articles of the Regulation (EC) No 1606/2002 of the European Parliament and of the Council of 19 July 2002 on the application of international accounting standards and the Fourth Council Directive 78/660/EEC of 25 July 1978 and the Seventh Council Directive 83/349/EEC of 13 June 1983 on accounting", Abschnitt 2.1.5.

- die Zielsetzung von Abschlüssen,
- die qualitativen Anforderungen an die Rechnungslegungsinformationen,
- die Festlegung von Definitionen sowie Ansatz- und Bewertungsgrundsätzen sowie
- Kapital- und Kapitalerhaltungskonzeptionen.

Für den tatsächlich angestrebten Inhalt des neuen Rahmenkonzepts am Ende der Überarbeitung ist diese Aufzählung zu eng, da z.B. auch ein Kapitel über die rechnungslegende Einheit („The reporting entity") vorgesehen ist.

15 **III. Ziele der Rechnungslegung.**[7] Eigentliche Deduktionsbasis für die Entwicklung von Rechnungslegungsnormen und somit auch Ausgangspunkt für die Bestimmung der Inhalte eines Rahmenkonzepts sind die Ziele, die dem Rechnungslegungssystem beigelegt werden. Dies stellt auch der erste Absatz zur Zielsetzung der Rechnungslegung im neuen Rahmenkonzept heraus (OB1).

16 Das IASB bezieht sich dabei auf ein **„general purpose financial reporting"**. Der Begriff „financial reporting" (**Finanzberichterstattung**) ist weiter gefasst als der im alten Rahmenkonzept verwendete Begriff „financial statements", mit dem Jahres- und Konzernabschlüsse angesprochen sind. Inwieweit die im Rahmenkonzept festgelegten Anforderungen und Konzepte sich später auf eine umfassende Finanzberichterstattung des Unternehmens auswirken können, bleibt abzuwarten; dies ist auch Gegenstand der Phase E. „General purpose" verdeutlicht, dass keine nutzergruppenspezifischen Informationspflichten verfolgt werden sollen.

17 Die **Zielsetzung** der Rechnungslegung wird in OB2-4 konkretisiert: Es geht um die **Vermittlung entscheidungsnützlicher Informationen, die aktuelle und potenzielle Eigen- und Fremdkapitalgeber** („existing and potential investors, lenders and other creditors") bei ihren Entscheidungen, dem Unternehmen Kapital zur Verfügung zu stellen, entsprechende Titel zu halten oder zu veräußern, unterstützen können (OB2). Mit der gesonderten Erwähnung von „other creditors" werden neben Fremdkapitalgebern, die bewusst eine längerfristige Finanzinvestition in das Unternehmen tätigen, auch andere Anspruchsinhaber, wie z.B. bestimmte Lieferanten, einbezogen.

18 Es kann **weitere Personengruppen** mit berechtigten Informationsinteressen geben – die bereits genannten Gruppen werden jedoch als vorrangig angesehen; entsprechend ist die Rechnungslegung nach IFRS vor allem auf sie auszurichten (OB5). Das Management wird nicht als Adressat der externen Rechnungslegung angesehen, da es unmittelbaren Zugang zu Finanzinformationen über das Unternehmen hat (OB9).

---

7 Vgl. zu den folgenden Ausführungen auch *Kampmann/Schwedler* KoR 2006, 521ff. Zur Diskussion auf Basis des Diskussionspapiers bzw. Exposure Drafts siehe auch *Dobler/Hettich* IRZ 2007, 29ff; *Coenenberg/Straub* KoR 2008, 17, und *Gassen/Fischkin/Hill* WPg 2008, 874.

IV. Qualitative Anforderungen an die Rechnungslegung

Die festgestellte Informationsaufgabe wird in OB3-4 konkretisiert. Da das Hauptinteresse der Adressaten den Rückflüssen aus dem Unternehmen zur Verfügung gestellten Mitteln gilt, wird ihr wesentliches Informationsinteresse darin gesehen, **zukünftige Einzahlungsüberschüsse** des Unternehmens abschätzen zu können (OB3). Hierzu sollen Informationen über Ressourcen und Verpflichtungen des Unternehmens sowie die Managementleistung bereitgestellt werden (OB4). Ausdrücklich wird festgestellt, dass es nicht Aufgabe der Finanzberichterstattung sei, den Unternehmenswert der berichtenden Einheit darzustellen. Allerdings seien die vermittelten Informationen geeignet, zu einer Bewertung durch die Nutzer der Rechnungslegung beizutragen (OB7).

19

Die **Rechenschaftsfunktion** (stewardship) wird nicht neben der Informationsaufgabe als weitere Aufgabe der Rechnungslegung nach IFRS genannt, was – auch innerhalb des IASB – eine größere Diskussion hervorgerufen hat.[8] In der „Basis for conclusions" wird ausgeführt, dass die Rechenschaftsfunktion inhaltlich berücksichtigt worden sei, auf die Verwendung des Begriffs aber verzichtet wurde, um Probleme bei Übersetzungen in andere Sprachen zu vermeiden (BC1.28).

20

Als konkrete Inhalte der bereitzustellenden Informationen werden Angaben zu den Ressourcen des Unternehmens, den gegen das Unternehmen gerichteten Ansprüchen und Veränderungen der Ressourcen und Verpflichtungen genannt (OB12-21). In diesem Abschnitt wird auch erläutert, dass die Rechnungslegung nach IFRS mit periodisierten Größen arbeitet (accrual accounting), da hiermit die dargestellten Informationswünsche besser erfüllt werden können als mit einer rein zahlungsorientierten Rechnung (OB17).

21

IV. Qualitative Anforderungen an die Rechnungslegung.[9] Das Rahmenkonzept unterscheidet zwischen zwei Gruppen qualitativer Anforderungen, grundlegenden (fundamental qualitative characteristics) und verstärkenden (enhancing qualitative characteristics), die z.T. durch nachgeordnete Prinzipien noch konkretisiert werden. Im Einzelnen werden folgende Anforderungen genannt (QC5-32):

22

Grundlegende Anforderungen:
- Relevanz
  - Wesentlichkeit
- glaubwürdige Darstellung
  - Vollständigkeit
  - Neutralität
  - Fehlerfreiheit

---

8 Siehe hierzu *Coenenberg/Straub* KoR 2008, 17ff; *Gassen/Fischkin/Hill* WPg 2008, 76ff; ferner *Kampmann/Schwedler* KoR 2006, 524f.
9 Vgl. zu den folgenden Ausführungen auch *Kampmann/Schwedler* KoR 2006, 521ff. Zur Diskussion auf Basis des Diskussionspapiers bzw. Exposure Drafts siehe auch *Dobler/Hettich* IRZ 2007, 29ff; *Coenenberg/Straub* KoR 2008, 17, und *Gassen/Fischkin/Hill* WPg 2008, 874.

Verstärkende Anforderungen:
- Vergleichbarkeit
- Nachprüfbarkeit
- Zeitnähe
- Verständlichkeit

23 An erster Stelle der qualitativen Anforderungen steht das Kriterium der **Relevanz** (relevance). Sie wird umschrieben als Eigenschaft einer Information, Entscheidungen der Nutzer beeinflussen zu können (QC6). Es kommt also nicht auf die tatsächliche Beeinflussung, sondern auf die Möglichkeit der Beeinflussung von Entscheidungen an (BC3.11-13). Relevanz kann eine Information aufgrund ihres Prognosewerts oder ihrer Eignung zur Bestätigung früherer Annahmen haben, da beides zur Entscheidungsbeeinflussung geeignet ist. Manchmal erfüllt dieselbe Information beide Funktionen gleichzeitig (QC7-8). **Wesentlichkeit** (materiality) wird der Relevanz als Kriterium zugeordnet. Dabei werden keine quantitativen Wesentlichkeitsschwellen definiert, sondern argumentiert, dass die Einschätzung der Wesentlichkeit und damit Relevanz eines Sachverhalts von seiner Natur und Größenordnung im Gesamtzusammenhang der berichtenden Einheit abhänge (QC11).

24 Das im alten Rahmenkonzept als primäre Anforderung genannte Kriterium der **Verlässlichkeit** (reliability) wurde im neuen Rahmenkonzept durch das Kriterium der **glaubwürdigen Darstellung** (faithful representation) ersetzt, das früher als konkretisierender Grundsatz der Verlässlichkeit angesehen wurde. Als Grund hierfür wird angegeben, dass der Begriff der Verlässlichkeit mit vielen unterschiedlichen Vorstellungen verbunden werde (BC3.20-25). Entscheidend ist, dass die Darstellung in der Rechnungslegung nicht als von den realen Grundlagen weitgehend abgelöste Rechengröße zustande kommt. Die Ableitung aus den zugrundeliegenden Sachverhalten soll nachvollziehbar sein. Idealerweise werden dafür die Anforderungen der Vollständigkeit (completeness), Neutralität (neutrality) und Fehlerfreiheit erfüllt – praktisch sollen sie immerhin soweit wie möglich erfüllt werden, während eine vollständige Umsetzung als kaum erreichbar angesehen wird (QC12).

25 **Vollständigkeit** verlangt dabei die Angabe aller Informationen, insbesondere Beschreibungen und Erläuterungen, ggf. weiterer Hinweise auf Besonderheiten, die der Nutzer braucht, um den dargestellten Sachverhalt zu verstehen (QC13).

26 **Neutralität** erfordert wie bisher, dass Rechnungslegungsinformationen nicht im Hinblick auf ein bestimmtes erwünschtes Ergebnis oder erwünschte Entscheidungen geformt werden. Zwar soll Rechnungslegung insgesamt entscheidungsunterstützend und damit verhaltensbeeinflussend wirken (QC14). Dabei soll jedoch eine unverzerrte Darstellung zugrunde gelegt werden. Die Einhaltung eines Vorsichtsprinzips (prudence/conservatism) wird als Störung der Neutralität angesehen und deshalb im neuen Rahmenkonzept nicht mehr als qualitative Anforderung genannt (BC3.27-28).

IV. Qualitative Anforderungen an die Rechnungslegung

Die geforderte **Fehlerfreiheit** bezieht sich vordergründig nicht auf das Ergebnis der Abbildung eines Sachverhalts im Abschluss, sondern auf die fehlerfreie Anwendung der Verfahren, die dorthin führen. Es wird eingeräumt, dass z.b. Schätzungen erforderlich sein können, die naturgemäß nicht zur exakt richtigen Bewertung führen, aber dennoch eine glaubwürdige Darstellung bieten, wenn ihr Zustandekommen nachvollziehbar ist und keine Verfahrensfehler aufgetreten sind (QC15). 27

Im Gegensatz zum bisherigen Rahmenkonzept wird die Notwendigkeit, zwischen den verschiedenen Anforderungen abzuwägen, nicht mehr als „Beschränkung" (constraint) angeführt. Stattdessen werden Hinweise zur Anwendung der grundlegenden (wie später auch der verstärkenden) Kriterien gegeben. Entscheidungsnützlichkeit von Informationen wird nur gesehen, wenn sowohl Relevanz wie auch eine glaubwürdige Darstellung gegeben sind (QC17). In zeitlicher Folge ist zunächst die Anforderung der **Relevanz** zu berücksichtigen, womit eine Auswahl der abzubildenden realen Sachverhalte aus allen in Frage kommenden Sachverhalten getroffen wird. Für einen relevanten Sachverhalt ist dann festzustellen, welche Art von Information dazu die relevanteste ist. Falls sie verfügbar und glaubwürdig darstellbar ist, wird sie herangezogen. Ansonsten ist mit der nächstrelevanten möglichen Information die gleiche Prüfung anzustellen (QC18). 28

Die verstärkenden Anforderungen der **Vergleichbarkeit** (comparability) und **Verständlichkeit** (understandability) wurden inhaltlich im Wesentlichen unverändert übernommen. Vergleichbarkeit fördert die Entscheidungsnützlichkeit von Informationen (QC20-21); dabei soll **Stetigkeit** (consistency) die Vergleichbarkeit gleichartiger Sachverhalte sowie im Zeitablauf sicherstellen. Vergleichbarkeit erfordert aber nicht, z.b. auf die Einführung neuer, geeigneterer Rechnungslegungsregeln zu verzichten (QC22-23). 29

Nachprüfbarkeit (verifiability) wird als gegeben angesehen, wenn verschiedene jeweils qualifizierte Beobachter im Wesentlichen darin übereinstimmen, dass eine Information frei von erheblichen Fehlern und Verzerrungen ist (direkte Nachprüfbarkeit) oder, bei nicht direkt beobachtbaren Sachverhalten, unter weitgehend fehlerfreier Anwendung der einschlägigen Methoden zustande gekommen ist (indirekte Nachprüfbarkeit). Ausdrücklich wird darauf hingewiesen, dass nicht nur Punktschätzungen, sondern ggf. auch Bandbreiten von Werten nachprüfbar sein können (QC26-27). 30

Die **zeitnahe Informationsvermittlung** (timeliness) wird als eine Anforderung im Rahmen der Relevanz gesehen, da eine Information mit zunehmender zeitlicher Entfernung zwischen Ereignis und Berichterstattung weniger relevant werden kann. Verständlichkeit (understandability) zielt auf eine klare und präzise Darstellung ab, wobei unterstellt werden darf, dass der Nutzer mit dem Umgang entsprechender Informationen vertraut ist (QC30-32). 31

32 Für die Anwendung der vier verstärkenden Kriterien wird keine bestimmte Reihenfolge oder Gewichtung vorgegeben, sondern darauf hingewiesen, dass diese jeweils vom Einzelfall abhängen und ggf. schrittweise angepasst werden müssen (QC33).

33 Der **Grundsatz der wirtschaftlichen Betrachtungsweise** (substance over form) wird unter den qualitativen Anforderungen nicht mehr explizit aufgeführt, da nach Ansicht des IASB eine glaubwürdige Darstellung bereits eine Abbildung entsprechend dem wirtschaftlichen Gehalt erfordert (BC3.26). Erörtert, jedoch nicht in den Entwurf aufgenommen wurden auch die Anforderungen der Transparenz (transparency), der Vermittlung eines „true and fair view", Vertrauenswürdigkeit (credibility) sowie der inneren Konsistenz des Gesamtsystems. Diese Anforderungen stuft das IASB jedoch lediglich als andere Umschreibungen für in den grundlegenden und verstärkenden qualitativen Anforderungen bereits enthaltene Aspekte ein (BC3.44).

34 Als mögliche Beschränkungen einer entscheidungsnützlichen Rechnungslegung werden nur noch die Kosten hierfür angeführt. Die verursachten Kosten sollen den Nutzen nicht übersteigen (QC35).

35 **V. Grundlegende Annahme.** Während im alten Rahmenkonzept unter F.22-23 noch die grundlegenden Annahmen der Periodenabgrenzung und der Unternehmensfortführung angegeben waren, findet sich als vorübergehend fortgeltender Teil aus dem alten Rahmenkonzept nur noch die **Fortführungsannahme** (F.23 bzw. 4.1)[10]. Anstelle der bisherigen Grundannahme der Periodenabgrenzung wurde unter den Zielsetzungen in OB17 dargelegt, dass mit periodisierten statt reinen Zahlungsgrößen gearbeitet wird. Die Fortführungsannahme bewirkt, dass keine Posten angesetzt oder Bewertungen durchgeführt werden, die nur bei Aufgabe des Unternehmens realistisch und relevant wären.

36 **VI. Definitionen und Bilanzansatz.** Abschlussposten nach dem Rahmenkonzept sind **Vermögenswerte, Schulden** und **Eigenkapital** sowie **Aufwendungen** und **Erträge** (F.47 bzw. 4.2). Ein **Vermögenswert** wird definiert als eine Ressource, die auf Grund von Ereignissen der Vergangenheit in der Verfügungsmacht des Unternehmens steht, und von der erwartet wird, dass sie dem Unternehmen künftigen wirtschaftlichen Nutzen bringt (F.49 (a) bzw. 4.4 (a)). Komplementär dazu ist eine **Schuld** eine aus Ereignissen der Vergangenheit entstandene gegenwärtige Verpflichtung des Unternehmens, deren Erfüllung voraussichtlich mit einem Abfluss von Ressourcen mit wirtschaftlichem Nutzen verbunden ist (F.49 (b) bzw. 4.4 (b)). **Eigenkapital** ist die Restgröße, die nach Abzug der Schulden von den Vermögenswerten verbleibt ((F.49 (c) bzw. 4.4 (c)).

---

[10] Hier und im Folgenden bezieht sich die erste Angabe jeweils auf den Absatz im alten Rahmenkonzept, die zweite nennt die Absatznummer für den übernommenen Text in der neuen Zusammenstellung.

IX. Ausblick

Ein **Bilanzansatz** kommt allerdings nicht bereits dann zustande, wenn ein Sachverhalt die Definition eines Vermögenswerts oder einer Schuld erfüllt, sondern erfordert zusätzlich die Erfüllung der **Ansatzkriterien** gemäß F.83 bzw. 4.38. Demnach muss der Nutzenzufluss oder -abfluss wahrscheinlich sein und der Sachverhalt zuverlässig bewertet werden können. Diese Konzeption wird in den älteren Standards wie IAS 2, 16 und 38, z.T. unter wörtlicher Wiederholung der Vorgaben aus dem Rahmenkonzept, umgesetzt, passt aber z.b. nicht zu den Ansatzfragen nach IAS 39.

Aufwendungen und Erträge sind – grundsätzlich passend zu den Definition der Vermögenswerte und Schulden – als Abnahme bzw. Zunahme an Nutzen definiert, die sich auf das Nettovermögen auswirken und nicht auf Transaktionen mit den Eigenkapitalgebern beruhen (F. 70 bzw. 4.25).

VII. Bewertungsmaßstäbe. Die Ausführungen zur Bewertung (F.99-101 bzw. 4.54-56) beschränken sich im Wesentlichen auf eine Charakterisierung verschiedener Wertansätze. Insbesondere in diesem Bereich ist eine **Überarbeitung des Rahmenkonzepts** überfällig, da die z.t. komplexen Bewertungsvorschriften in den einzelnen Standards bereits weit über die ursprünglich durch das Rahmenkonzept gesteckten Grundlagen hinausgehen.

VIII. Kapitalerhaltungskonzeptionen. Im letzten Abschnitt des alten Rahmenkonzepts (F.102-110 bzw. 4.57-65) werden eine sog. **finanzwirtschaftliche (nominelle) und eine leistungswirtschaftliche (auf Tageswerten basierende) Kapitalerhaltungskonzeption** in Grundzügen beschrieben und einander gegenübergestellt.

IX. Ausblick. Der Abschluss des Rahmenkonzept-Projekts ist noch nicht absehbar. Der Zeitaufwand für die abgeschlossene Phase A und die laufenden Phasen B, C und D hat sich als wesentlich größer herausgestellt als zunächst angenommen. Die übrigen Projektphasen stehen noch vollständig aus. Weitere Schritte sind für die **zweite Jahreshälfte 2011** angekündigt.

B. Kommentierung der IFRS

IFRS 1 – First-time Adoption of International Financial Reporting Standards

Rn	Textauszüge aus IFRS 1
1.7	Ein Unternehmen hat in seiner IFRS-Eröffnungsbilanz und für alle innerhalb seines ersten IFRS-Abschlusses dargestellten Perioden einheitliche Rechnungslegungsmethoden anzuwenden. Diese Rechnungslegungsmethoden müssen allen IFRS entsprechen, die am Abschlussstichtag für seinen ersten IFRS-Abschluss gelten (mit Ausnahme der in IFRS 1.13-34B und 37 genannten Fälle).
1.37	Zum Zeitpunkt des Übergangs auf IFRS müssen nach IFRS vorgenommene Schätzungen eines Unternehmens mit Schätzungen nach vorherigen Rechnungslegungsgrundsätzen zu demselben Zeitpunkt (nach Anpassungen zur Berücksichtigung unterschiedlicher Rechnungslegungsmethoden) übereinstimmen, es sei denn, es liegen objektive Hinweise vor, dass diese Schätzungen fehlerhaft waren.

Übersicht

	Rn
I. Regelungsgehalt	1 – 2
II. Normzweck und Anwendungsbereich	3 – 9
III. Begriffe	10 – 14
IV. Persönlicher und sachlicher Anwendungsbereich	15 – 23
V. Grundsätzliche Regelungen	24 – 31
VI. Verbote der retrospektiven Anwendung	32 – 42
1. Schätzungen und Annahmen	32 – 34
2. Ausbuchung von Finanzinstrumenten	35 – 37
3. Bilanzierung von Sicherungsbeziehungen	38 – 40
4. Anteile nicht beherrschender Gesellschafter	41 – 42
VII. Ausnahmen von der retrospektiven Anwendung	43 – 72
1. Unternehmenszusammenschlüsse	43 – 49
2. Aktienbasierte Vergütung	50 – 53
3. Beizulegender Zeitwert oder Neubewertung als Ersatz für Anschaffungskosten	54 – 59
4. Leasing	60 – 61
5. Leistungen an Arbeitnehmer	62 – 63
6. Kumulierte Währungsumrechnungsdifferenzen	64 – 66
7. Klassifizierung von zuvor bereits angesetzten Finanzinstrumenten	67 – 68

II. Normzweck und Anwendungsbereich

    8. Rückstellungen für Entsorgungs-, Wiederherstellungs-
       und ähnlichen Verpflichtungen... 69 – 70
    9. Zinsaufwendungen .... 71 – 72
VIII. Anhangsangaben .... 73 – 77
 IX. Inkrafttreten und Übergangsvorschriften 78
  X. IFRS für kleine- und mittelgroße Unternehmen........................ 79
 XI. Ausblick... 80

I. Regelungsgehalt. *First time adoption of IFRS 1* gibt Regeln für die erstmalige Aufstellung eines IFRS-Abschlusses durch ein Unternehmen vor. Unter erstmaliger Anwendung ist der Übergang von einer anderen, in der Regel der jeweiligen nationalen Rechnungslegungsnorm, auf die IFRS-Rechnungslegung zu verstehen. Hiervon sind insbesondere Unternehmen betroffen, die eine Kapitalmarktnotierung für Ihre Eigen- oder Fremdkapiteltitel anstreben. Darüber hinaus steht es in Deutschland gemäß § 315 Abs. 3 HGB auch nicht kapitalmarktorientierten Unternehmen frei ihren Konzernabschluss nach den IFRS aufzustellen. § 325 Abs. 2a HGB eröffnet den Unternehmen dieses Wahlrecht auch für den zur Offenlegung bestimmten Jahresabschluss.

Der Regelungsgehalt von IFRS 1 umfasst folgende Fragestellungen:
- Wer ist Erstanwender der IFRS?
- Auf welchen Abschluss bzw. auf welche Abschlüsse sind die Regeln anzuwenden?
- Welche Standards sind der Abschlusserstellung zu Grunde zu legen?
- Welche Ausnahmen gibt es vom Grundsatz der retrospektiven Anwendung?
- Welche Verbote von der retrospektiven Anwendung gibt es?
- Welche Angaben sind bei erstmaliger Anwendung der IFRS im Anhang zu machen?

II. Normzweck und Anwendungsbereich. Ziel des Standards ist gemäß IFRS 1.1, dass der erste IFRS-Abschluss eines Unternehmens sowie die sich auf eine Periode innerhalb des Berichtszeitraums beziehenden Zwischenberichte hochwertige Informationen enthalten. Darunter subsumiert das IASB insbesondere die interperiodische Vergleichbarkeit der dargestellten Finanzinformationen. Von besonderer Bedeutung ist darüber hinaus die Transparenz für den Abschlussadressaten. Als wichtiges Ziel wird vom Standardsetzer aber auch erkannt, dass die Kosten der Erstellung der Informationen nicht den Nutzen für die Abschlussadressaten übersteigen.

IFRS 1 in der vorausgehenden Fassung von 2003 hatte **SIC-8** abgelöst. **SIC-8** enthielt bis dahin die Vorschriften für den Übergang zur IFRS-Bilanzierung. Nach **SIC-8** musste ein Abschlussersteller, der erstmalig vollständig die IFRS anwendete, grundsätzlich die IFRS vollständig retrospektiv anwenden. Dies bedeutete ua, dass auf die bilanzielle Behandlung von Sachverhalten in der Vergangenheit die Standards und Interpretationen in ihrer jeweiligen seinerzeit gültigen Fassung anzuwenden waren. Dies hatte in der Regel einen in der Relation zum Nutzen unverhältnismäßig hohen Aufwand zur Folge.

5 **SIC-8** verlangte zwar keine retrospektive Anwendung, wenn dies impraktikabel war. Allerdings enthielt **SIC-8** keine Vorgaben oder Leitlinien dafür, ob die Anforderung im Hinblick auf eine möglicherweise gegebene Impraktikabilität eher hoch oder niedrig waren. Dies führte wiederum dazu, dass verschiedene Abschlussersteller unterschiedliche Anforderungen an die Verwendung der Ausnahme von der retrospektiven Anwendung der IFRS stellten. Dies führte dazu, dass die IFRS von unterschiedlichen IFRS-Erstanwendern gerade nicht einheitlich verwendet wurden. Die Zielsetzung der Vergleichbarkeit der Abschlüsse von IFRS-Erstanwendern mit Abschlüssen solcher Ersteller, die die IFRS bereits in der Vergangenheit angewandt hatten, wurde somit konterkariert.

6 Mit der Einführung von **IFRS 1** wurde zwar grundsätzlich an der retrospektiven Anwendung der IFRS festgehalten. Allerdings wurden in den Standard klar definierte Ausnahmen und Verbote von der retrospektiven Anwendung aufgenommen. Die Zielsetzung der Vergleichbarkeit zwischen Erstanwendern und Anwendern, die die IFRS bereits in der Vergangenheit angewandt hatten, wurde aufgegeben. Anstatt dessen verfolgt IFRS 1 die Vergleichbarkeit
- zwischen verschiedenen Abschlüssen eines Unternehmens im Zeitablauf;
- zwischen den Abschlüssen verschiedener Erstanwender, die zum selben Zeitpunkt die IFRS erstmalig anwenden.

Die Vergleichbarkeit zwischen Erstanwendern und Unternehmen, die die IFRS schon in der Vergangenheit angewandt haben, ist nur noch von nachrangiger Bedeutung.

7 Ein wichtiges Ziel, welches das IASB mit IFRS 1 verfolgt, ist ferner die Vermeidung von unnötigen Kosten.

8 Im Laufe der Zeit wurde IFRS 1 (2003) in Folge der Veröffentlichung neuer bzw. der Ergänzung bestehender Standards immer komplexer und somit weniger verständlich. Daher wurde in 2008 die bestehende Fassung von IFRS 1 mit einer geänderten Struktur veröffentlicht. Inhaltlich haben die Regelungen im Rahmen der Veröffentlichung von IFRS 1 (2008) keine Änderungen erfahren. Zur Verbesserung der Übersichtlichkeit wurden die Verbote der und die Ausnahmen von der retrospektiven Anwendung in die Anhänge A bis E ausgegliedert.

9 Begleitet wird der Standard nach wie vor von Grundlagen für die Schlussfolgerung (Basis for conclusion) sowie den Umsetzungshinweisen (Implementation Guidance). Auch diese blieben im Vergleich zur Vorgängerfassung des Standards inhaltlich im Wesentlichen unverändert.

III. Begriffe. Einige der wesentlichen Begriffe des IFRS 1 werden in Anhang A erläutert.

Das **date of transition** ist der Beginn des ersten Geschäftsjahres, für welches ein Unternehmen in seinem erstmaligen IFRS-Abschluss vollständige Vergleichsinformationen präsentiert. In der Regel umfasst der Abschluss lediglich zwei Jahre. Bei einer erstmaligen Erstellung eines Konzernabschlusses nach IFRS auf den 31. Dezember 2011 wäre entsprechend der 1. Januar 2010 das *date of transition*. In Ausnahmefällen kann der erstmalige IFRS-Abschluss auch mehr als ein Vorjahr enthalten. Dies ist insbesondere dann denkbar, wenn der erstmalige IFRS-Abschluss vor dem Hintergrund einer Börsenzulassung erfolgt. Hierfür werden i.d.R. Finanzinformationen für mehrere Jahre verlangt.

In dem zuvor beschriebenen Beispielsachverhalt wäre der 31. Dezember 2011 das sog. *reporting date*. Hiebei handelt es sich um den Abschlussstichtag der ersten IFRS *reporting period*. Dies ist das letzte Geschäftsjahr, welches in einem erstmaligen IFRS-Abschluss enthalten ist.

Die **deemed cost** sind ein Betrag der als Ersatz für Anschaffungskosten bzw. fortgeführten Anschaffungskosten zu einem bestimmten Stichtag angesetzt und der erstmaligen Bilanzierung nach IFRS zu Grunde gelegt werden kann.

Der **fair value** ist in IFRS 1 eigenständig definiert als jener Betrag, zu dem zwischen unterrichteten und willentlichen Personen in einer fremdvergleichsüblichen Transaktion ein Vermögenswert ausgetauscht oder eine Verbindlichkeit beglichen werden kann.

IV. Persönlicher und sachlicher Anwendungsbereich. Von grundlegender Bedeutung ist die Frage, von wem und auf welchen Abschluss die Regelungen von IFRS 1 anzuwenden sind. Oder anders ausgedrückt: wer ist Erstanwender im Sinne des Standards. Diese Fragestellung ist vorangestellt zu beantworten, da nur für einen Erstanwender die Ausnahmen und Verbote, die von IFRS 1 geregelt werden, gelten.

IFRS 1 ist gemäß IFRS 1.3 von Unternehmen nur auf solche Abschlüsse anzuwenden, in denen der Abschlussersteller **eine ausdrückliche und unbeschränkte Aussage dazu abgibt, dass der Abschluss mit den IFRS übereinstimmt**.

Diese Voraussetzung stellt das übergeordnete Prüfungskriterium für die Anwendbarkeit von IFRS 1 dar. Dies gilt selbst dann, wenn der Abschluss einen oder mehrere Fehler im Sinne einer Abweichung von den Regelungen der IFRS enthält und infolgedessen möglicherweise nur einen eingeschränkten Bestätigungsvermerk des Abschlussprüfers trägt[1]. Diese Grundregel stellt eine erhebliche Erleichterung für die praktische Umsetzung der IFRS-Erstanwendung dar. Ohne diese Grundregel

---

[1] Vgl. *Driesch* Beck'sches IFRS-Handbuch, §44 Rn 23; *KPMG (Hrsg.)* Insights, 1541.

wäre stets die Frage zu beantworten, ob der Fehler so erheblich ist bzw. mehrere Fehler in Summe so erheblich sind, dass man zu der Qualifikation kommt, der Abschluss sei nicht in Übereinstimmung mit den IFRS aufgestellt.

18 IFRS 1.3 gibt folgende Fälle vor, in denen ein Abschluss in Übereinstimmung mit den IFRS ein erstmaliger IFRS-Abschluss ist. Dies gilt dann, wenn der letzte zurückliegende Abschluss des Unternehmens,
- nach nationalen Regelungen aufgestellt wurde, welche nicht mit den IFRS im Einklang stehen;
- in Übereinstimmung mit allen IFRS aufgestellt wurde, aber keine uneingeschränkte und ausdrückliche Entsprechungserklärung enthält;
- eine ausdrückliche Entsprechungserklärung enthält, dass der Abschluss mit einigen aber nicht mit allen IFRS übereinstimmt;
- in Übereinstimmung mit den jeweiligen nationalen Rechnungslegungsvorschriften erstellt wurde und nur für einige Sachverhalte die IFRS angewandt wurden, für die eine nationale Regelung fehlt;
- in Übereinstimmung mit den jeweiligen nationalen Rechnungslegungsvorschriften erstellt wurde und eine Überleitung einiger Beträge zu den Beträgen, die sich nach IFRS ergäben, enthält;
- in Übereinstimmung mit den IFRS erstellt wurde, ohne aber diesen Abschluss den Eigentümern oder anderen externen Adressaten zugänglich zu machen.

19 Der letztgenannte Fall ist insbesondere bei einem geplanten Börsengang relevant. Es würde demnach nicht ausreichen, wenn das Management des Unternehmens für interne Zwecke einen IFRS-Abschluss unter Anwendung von IFRS 1 erstellt, ohne diesen den Eigentümern oder anderen externen Adressaten zugänglich zu machen. Dies hätte zur Folge, dass die Regeln der IFRS auf den falschen Abschluss angewendet würden. Der eigentliche IFRS-Erstabschluss wäre dann in der Regel ein nachfolgender, so dass die Ausgangsbasis fehlerhaft ermittelt würde. Als Minimalanforderung sollte daher in solchen Fällen der Abschluss zumindest den Eigentümern zugänglich gemacht werden.

20 Als erstmaliger IFRS-Abschluss gilt auch ein Abschluss in Übereinstimmung mit den IFRS, wenn das Unternehmen zuvor lediglich ein IFRS-Konzernreportingpackage in Übereinstimmung mit den IFRS, aber keinen vollständigen IFRS-Abschluss erstellt hat.

21 Als Erstanwender gilt auch ein Unternehmen, welches einen IFRS-Abschluss aufstellt und für vorangehende Perioden keinen Abschluss erstellt hat.

22 Ein Unternehmen, welches in der Vergangenheit sowohl einen Abschluss nach den nationalen Rechnungslegungsvorschriften als auch parallel einen Abschluss nach IFRS erstellt hat und nun die Rechnungslegung nach den nationalen Normen einstellt, gilt nicht als Erstanwender im Sinne von IFRS 1.

V. Grundsätzliche Regelungen

Ebenso gilt ein Unternehmen, welches bereits im vorangehenden Jahr einen Abschluss mit einer uneingeschränkten und ausdrücklichen Übereinstimmungserklärung aufgestellt hat, der einen eingeschränkten Bestätigungsvermerk des Abschlussprüfers trägt, im Folgejahr nicht mehr als Erstanwender im Sinne der IFRS.

V. Grundsätzliche Regelungen. Ein IFRS-Erstanwender hat auf das *date of transition* eine **IFRS-Eröffnungsbilanz** aufzustellen. Diese IFRS-Eröffnungsbilanz ist gemäß IFRS 1.21 auch in den erstmaligen IFRS-Abschluss aufzunehmen. Technisch wird dies in der Art und Weise umgesetzt, dass die Bilanz in einer 3-Spalten-Darstellung erfolgt.

Diese Eröffnungsbilanz bildet die Grundlage für die Rechnungslegung des Unternehmens nach IFRS. Gemäß IFRS 1.7 hat ein Unternehmen auf diese Bilanz und auf alle im erstmaligen IFRS-Abschluss enthaltenen Rechenwerke und Angaben über alle Perioden dieselben Regelungen anzuwenden. Maßgeblich sind hierbei für alle enthaltenen Stichtage jene IFRS, die am Abschlussstichtag, also dem Ende der ersten IFRS-Berichtsperiode, gültig sind. Dies wird als **Grundsatz der retrospektiven Umstellung** bezeichnet.

Dies bedeutet, dass ein Unternehmen auf den Abschluss nicht verschiedene Versionen der Standards anwenden darf, welche zu einem früheren Zeitpunkt gültig waren. Hierin besteht einer der wesentlichen Unterschiede im Vergleich zu den vorangehenden Regelungen in SIC-8.

Den Unternehmen ist es gemäß IFRS 1.8 gestattet, neu verabschiedete IFRS anzuwenden, deren Anwendung zum *date of transition* zwar noch nicht verpflichtend ist, deren Vorzeitigung Anwendung jedoch durch die Standards selbst erlaubt ist.

Bei der praktischen Umsetzung besteht die Herausforderung in der Regel darin, dass das Unternehmen, sofern es zeitnah zum *date of transition* mit den Arbeiten an der IFRS-Umstellung beginnt, den Standardsetzungsprozess bis zum eigentlich *reporting date* soweit als möglich antizipieren muss, um unnötige Doppelarbeiten zu vermeiden. Dies erfordert eine intensive Beobachtung des Standardsetzungsprozesses und der einzelnen vom IASB verfolgten Projekte.

Ein weiterer wichtiger Praxishinweis ist, dass für berichtende Unternehmen mit Sitz in der EU die jeweils in der EU anzuwendenden IFRS maßgeblich sind. Dies sind in der Regel jene Standards, die zu dem Stichtag von der EU endorsed sind.[2]

Von den in IFRS 1 festgelegten Verboten und Ausnahmen abgesehen sind grundsätzlich gemäß IFRS 1.10 bei der erstmaligen Anwendung der IFRS
- alle Vermögenswerte und Schulden anzusetzen, deren Ansatz von den IFRS verlangt wird;

---

2 Vgl. *Theile* IFRS, 855.

- keine Vermögenswerte und Schulden anzusetzen, deren Ansatz von den IFRS verboten ist;
- alle Vermögenswerte und Schulden entsprechend den Vorgaben der IFRS zu qualifizieren und auszuweisen;
- alle Vermögenswerte und Schulden in Anwendung der Regelungen der IFRS zu bewerten.

29 Im Rahmen der Erstanwendung der IFRS kann es insbesondere in Folge der Anwendung der Regelungen in IAS 32 zur Umqualifizierung von nach bisheriger Rechnungslegungsnorm als Eigenkapital qualifizierten Finanzinstrumenten zu Fremdkapital kommen.

30 Der sich in Folge der Erstanwendung per saldo ergebenden **Eigenkapitaleffekt** ist gemäß IFRS 1.11 am *transition date* mit den sog. *retained earnings* zu verrechnen. Die *retained earnings* umfassen nach handelsrechtlicher Diktion sowohl die Gewinnrücklagen als auch den Bilanzgewinn bzw. den Konzerngewinn. Sofern dies zutreffender ist kann die Verrechnung auch mit einem anderen Posten des Eigenkapitals erfolgen.

31 Bei der Umstellung gilt es auch, die Folgeauswirkungen der geänderten Ansatz- und Bewertungsvorschriften im Vergleich zu den bislang angewandten Rechnungslegungsnormen auf die Bilanzierung von latenten Steuern entsprechend den Vorgaben von IAS 12 zu beachten. Auch diese Änderungen gehen in den Nettoeffekt zum *date of transition* ein und werden entsprechend mit den *retained earnings* verrechnet.

VI. Verbot der retrospektiven Anwendung. IFRS 1. Schätzungen und Annahmen.
32 Die Verbote der retrospektiven Anwendung bei der erstmaligen Anwendung der IFRS sind grundsätzlich in Appendix C wiedergeben. Eine übergeordnete Fragestellung bei der erstmaligen Bilanzierung nach IFRS ist, welcher Erkenntnisstand bei der Bilanzierung bezüglich der zugrunde liegenden Schätzungen und Annahmen zu berücksichtigen ist. Die Tragweite dieser Fragestellung ergibt sich daraus, dass bei einer Umstellung der Bilanzierung auf IFRS zwischen dem *date of transition* und dem Aufstellungszeitpunkt des erstmaligen IFRS-Abschlusses in der Regel ein Zeitraum von mehr als zwei Jahren liegt.

33 IFRS 1.15 verbietet die rückwirkende Berücksichtigung von Erkenntnissen, die der Abschlussersteller nach dem Zeitpunkt der Aufstellung des Abschlusses auf Basis der vormaligen Rechnungslegungsvorschriften erlangt hat. Die IFRS-Umstellung führt somit nicht zu einer Ausweitung des Wertaufhellungszeitraums.

34 Dieser Grundsatz gilt für die IFRS-Eröffnungsbilanz und gemäß IFRS 1.17 für die im erstmaligen Abschluss enthaltenen Vorjahresvergleichszahlen. Hierbei hat der Abschlussersteller lediglich den Informationsstand zu berücksichtigen, den er zum Zeitpunkt der Aufstellung des letztmaligen Abschlusses nach der vorangehenden Rechnungslegungsnorm hatte.

VI. Verbot der retrospektiven Anwendung

2. Ausbuchung von Finanzinstrumenten. Grundsätzlich enthält IFRS 1.B2 ein Verbot der Rückgängigmachung der Ausbuchungen nicht-derivativer finanzieller Vermögenswerte sowie nicht-derivativer finanzieller Schulden, die vor dem 1. Januar 2004 auf der Grundlage der vormals angewandten Rechnungslegungsnormen erfolgten. Mit dieser Regelung trägt das IASB den Schwierigkeiten der Informationsbeschaffung für weit in der Vergangenheit liegende Transaktionen Rechnung (IFRS 1.BC20).

Basierend auf dieser Begründung gestattet IFRS 1.B3 dem Abschlussersteller, die ab einem beliebigen Zeitpunkt entsprechend den vormaligen Rechnungslegungsnormen vorgenommene Ausbuchung der zuvor genannten finanziellen Vermögenswerte und Schulden rückgängig zu machen, sofern die dafür erforderlichen Informationen bereits zum Zeitpunkt der erstmaligen Erfassung der Transaktion vorgelegen haben. Dieses Wahlrecht kann allerdings nur einheitlich für alle Ausbuchungen ab einem bestimmten Zeitpunkt ausgeübt werden. Sofern also für irgendeine Transaktion im Zeitraum zwischen dem vom Unternehmen anvisierten Stichtag und dem 1. Januar 2004 entsprechende Informationen nicht verfügbar waren, hindert dies eine entsprechend weitreichendere retrospektive Anwendung.

Derivative Finanzinstrumente sind von der Einschränkung der retrospektiven Anwendung der Vorschriften zur Ausbuchung ausgenommen. Entsprechend sind derivative Finanzinstrumente stets zwingend im IFRS-Abschluss zu bilanzieren.

3. Bilanzierung von Sicherungsbeziehungen. Gemäß IFRS 1.B4 sind derivative Finanzinstrumente entsprechend den Vorgaben von IAS 39 stets zum *fair value* zu bilanzieren.

Abgegrenzte Verluste und Gewinne aus Derivaten, die im vorangehenden Rechnungslegungssystem so bilanziert wurden, als seien es Schulden oder Vermögenswerte, sind zu eliminieren. Hierunter fallen insbesondere in der Vergangenheit gebildete Rückstellungen für Derivate. Diese sind, sofern die Bewertung nach IFRS und bisherigen Rechnungslegungsnormen gleich sind, für Zwecke des IFRS-Abschlusses umzuqualifizieren und als finanzielle Schuld auszuweisen.

Im bisherigen Abschluss bilanzierte Sicherungsbeziehungen sind zu beenden, sofern diese nicht die Voraussetzungen für *hedge accounting* nach IAS 39 erfüllen. Dies dürfte für HGB-Bilanzierer häufig auf Grund mangelnder Effektivitätstests und Dokumentationen der Fall sein.

4. Anteile nicht beherrschender Gesellschafter. IFRS 1.B7 enthält einige Verbote der retrospektiven Anwendung, die mit Änderungen in Folge der Veröffentlichung von IAS 27 (2008) im Zusammenhang stehen.

Ein IFRS-Erstanwender soll die folgenden Regelungen von IAS 27 (2008) prospektiv vom *date of transition* anwenden:

- die Regelegungen von IAS 27.28, dass das Gesamtergebnis auf die Gesellschafter des Mutterunternehmen und die nicht-beherrschenden Gesellschafter aufzuteilen ist, auch wenn der Anteil der nicht-beherrschenden Gesellschafter dadurch negativ wird;
- die Regelungen zur Bilanzierung von Anteilsveränderungen, die nicht zu einem Verlust der Beherrschung führen;
- die Regelungen zur Bilanzierung von Anteilsveränderungen, die zu einem Verlust der Kontrolle führen.

VII. Ausnahmen von der retrospektiven Anwendung. 1. Unternehmenszusammenschlüsse. IFRS 1.C1 gewährt dem IFRS-Erstanwender ein Wahlrecht, auf die rückwirkende Anwendung von IFRS 3 zu verzichten. Dieses Wahlrecht kann in verschiedenen Ausprägungen in Anspruch genommen werden. Die weitestgehende Befreiung sieht vor, dass der Erstanwender IFRS 3 nur prospektiv auf alle Unternehmenszusammenschlüsse anwendet, die nach dem *date of transition* stattfinden bzw. stattgefunden haben.

In einer abgemilderten Form kann der Erstanwender IFRS 3 auf alle Unternehmenszusammenschlüsse anwenden, die nach einem beliebig wählbaren Stichtag stattgefunden haben. Von diesem Stichtag an sind allerdings alle Unternehmenszusammenschlüsse einheitlich entsprechend den Regelungen von IFRS 3 zu bilanzieren.

Wenn auch die Einschränkungen der freiwilligen vorzeitigen Anwendung von IFRS 3 (2008) gemäß IFRS 3.64 auf Geschäftsjahre, die nach dem 30. Juni 2007 beginnen, entsprechend IFRS 1.9 nicht explizit gelten, so bringt die retrospektive Anwendung auf weiter zurückliegende Unternehmenszusammenschlüsse praktische Probleme mit sich. Auf diese Unternehmenszusammenschlüsse müssen dann auch retrospektiv die Regelungen zum Good-Will-Impairmenttest gemäß IAS 36 angewendet werden. Die dafür entsprechend notwendigen Informationen müssten dann bereits zu den jeweiligen Abschlussstichtagen verfügbar gewesen sein. Anderenfalls könnte darin ein Verstoß gegen die Regelungen zu den Schätzungen und Annahmen gemäß IFRS 1.14 ff. gesehen werden.

Sofern sich ein Erstanwender für die freiwillige vorzeitige Anwendung von IFRS 3 entscheidet, so hat er ab dem gewählten Stichtag auch die Regelungen von IAS 27 (2008) retrospektiv anzuwenden. Die Ausnahmen gemäß IFRS 1.B7 gelten dann nicht.

Wenn ein IFRS-Erstanwender IFRS 3 nicht retrospektiv auf Unternehmenszusammenschlüsse anwendet und diese somit entsprechend der vormaligen Bilanzierung in den erstmaligen IFRS-Abschluss übernimmt, so ist gemäß IFRS 1.C4 (g) zwingend ein Good-Will-Impairmenttest gemäß IAS 36 auf das *date of transition* durchzuführen.

VII. Ausnahmen von der retrospektiven Anwendung

Bei der Inanspruchnahme des Wahlrechts bezüglich der Bilanzierung von Unternehmenszusammenschlüssen kommt es im Wesentlichen lediglich zu den beiden folgenden Anpassungen:
- Der Erstanwender muss alle Vermögenswerte und Schulden ansetzen, die im Rahmen des Unternehmenszusammenschlusses erworben bzw. übernommen worden sind und die im Einzelabschluss des übernommenen Unternehmens nach IFRS anzusetzen wären.
- Der Erstanwender darf keine Vermögenswerte und Schulden ansetzen, für die ein Ansatz unter Anwendung der IFRS nicht erfolgen darf.

48

Die Änderungen sind grundsätzlich gegen die *retained earnings* zu erfassen. Eine Ausnahme gilt für den erstmaligen Ansatz bzw. die Eliminierung von immateriellen Vermögenswerten. Diese Veränderungen sind gegen den *Goodwill* zu erfassen.

Die vorgenannten Regelungen gelten gemäß IFRS 1.C5 analog auch für die Bilanzierung von assoziierten Unternehmen und von Joint Ventures. Mag die verpflichtende Anwendung des Goodwill-Impairmenttests unabhängig vom Vorliegen einer Indikation im Hinblick auf die at-equity-Bilanzierung zwar systemfremd erscheinen, so kann dem Erstanwender nur dringend hierzu geraten werden, um ein ansonsten erfolgswirksam zu erfassendes *Goodwill-Impairment* in der Zukunft zu vermeiden.

49

2. Aktienbasierte Vergütung. Dem IFRS-Erstanwender wird die rückwirkende Anwendung der Regelungen des IFRS 2 auf aktienbasierte Vergütungen empfohlen.

50

Für aktienbasierte Vergütungen in Form von Eigenkapitalinstrumenten gewährt IFRS 1.D3 dem Erstanwender ein Wahlrecht, die Vorschriften von IFRS 2 auf die folgenden gewährten Vergütungen nicht anzuwenden:
- vor dem 7. November 2002 gewährte Eigenkapitalinstrumente;
- nach dem 7. November 2002 gewährte Vergütungen, die vor dem 1. Januar 2005 bzw. dem *date of transition* ausübbar wurden.

51

Die freiwillige vorzeitige Anwendung wird zwar vom Standardsetzer empfohlen. Andererseits ist die vorzeitige Anwendung jedoch gemäß IFRS 1.D2 daran geknüpft, dass der Erstanwender den *fair value* des jeweiligen Eigenkapitalinstruments bereits bei der Gewährung des Instruments ermittelt und öffentlich erläutert hat. Dies dürfte insbesondere für bisherige US-GAAP-Bilanzierer gelten, jedoch nicht für solche Unternehmen, die ihren Abschluss bis zur Erstanwendung nach HGB aufgestellt haben.

52

Die freiwillige vorzeitige Anwendung der Regelungen von IFRS 2 auf gewährte Eigenkapitalinstrumente kann auch auf einzelne Vergütungsprogramme individuell erfolgen.[3]

53

---

3 Vgl. *Driesch* Beck'sches IFRS-Handbuch, §44 Rn 120.

3. Beizulegender Zeitwert oder Neubewertung als Ersatz für Anschaffungskosten. IFRS 1.D5ff. beinhaltet drei verschiedene Wahlrechte, um die fortgeführten Anschaffungskosten durch alternative Wertansätze zu ersetzen. Hierbei handelt es sich im Einzelnen um:

a) die Möglichkeit, die Vermögenswerte zum *date of transition* mit ihrem *fair value* zu bewerten;

b) die Möglichkeit, die Wertansätze der Vermögenswerte aus einer erfolgten Neubewertung nach den bisherigen Rechnunglegungsnormen herzuleiten oder

c) die Möglichkeit, die Wertansätze der Vermögenswerte aus einer zuvor vorgenommenen ereignisorientierten Bewertung herzuleiten.

Die Möglichkeiten a) und b) können für Vermögenswerte des Sachanlagevermögens, für immaterielle Vermögenswerte und für als Finanzinvestitionen gehaltene Immobilien, die zu fortgeführten Anschaffungskosten bilanziert werden, angewendet werden. Im Hinblick auf immaterielle Vermögenswerte ist die Anwendung jedoch an die Voraussetzung geknüpft, dass die Bedingungen für eine Neubewertung im Sinne von IAS 38 erfüllt sind. Dies bedeutet insbesondere, dass ein aktiver Markt existieren muss, auf dem der Vermögenswert gehandelt wird.

Für die Anwendung des Fall c) bestehen die zuvor genannten Einschränkungen nicht.

Aus Sicht eines HGB-Bilanzierers scheidet die Möglichkeit zur Ableitung aus einer zuvor erfolgten Neubewertung de facto aus.

Die genannten Wahlrechte bieten besondere bilanzpolitische Spielräume, da deren Anwendung seitens des Erstanwenders auf einzelne Vermögenswerte beschränkt werden kann. Eine Anwendung auf gesamte Anlagenklassen, wie sie die Neubewertungen nach IAS 16 und IAS 38 vorsehen, ist hier nicht erforderlich.

Die Werte gemäß den Methoden b) und c) werden auf Basis der Werte hergeleitet, die sich am Stichtag der Neubewertung bzw. der ereignisorientierten Bewertung ergeben. Sie gelten als Ersatz der Anschaffungs- oder Herstellungskosten. Zur Wertermittlung auf das *transition date* sind diese noch unter Berücksichtigung von Abschreibungen fortzuführen. Beim Ansatz des *fair values* erfolgt dieser Schritt aus der Natur der Sache selbstverständlich nicht.

4. Leasing. IFRIC 4 regelt die Bilanzierung sog. verdeckter Leasingverhältnisse. Dies sind solche Vertragsverhältnisse, die wirtschaftlich zur Nutzung eines Vermögenswertes führen, jedoch nicht in der Form eines Leasingvertrages geschlossen sind.

VII. Ausnahmen von der retrospektiven Anwendung

IFRS 1.D9 schränkt die retrospektive Anwendung von IFRIC 4 insoweit ein, dass die zum *date of transition* bestehenden Vereinbarungen auf Basis der Verhältnisse zu diesem Zeitpunkt zu qualifizieren sind und nicht, wie es grundsätzlich vorgesehen ist, auf Basis der Verhältnisse zum Zeitpunkt des Abschlusses der jeweiligen Vereinbarung. 61

5. Leistungen an Arbeitnehmer. Sofern der Erstanwender leistungsorientierte Pensionspläne zukünftig unter Anwendung der Korridormethode gemäß IAS 19 bilanzieren will, würde dies die rückblickende Ermittlung der versicherungsmathematischen Gewinne und Verluste auf jeden seit der Auflegung des Plans verstrichenen Abschlussstichtag und somit die komplett retrospektive Anwendung von IAS 19 erfordern. 62

Um den Aufwand für den Erstanwender in einem vertretbaren Rahmen zu halten, gewährt IFRS 1.D10 ein Wahlrecht, alle bestehenden versicherungsmathematischen Gewinne und Verluste in der IFRS-Eröffnungsbilanz zu erfassen. De facto bedeutet dies, dass zu diesem Zeitpunkt der volle Verpflichtungsbetrag passiviert wird. Die Korridormethode wird somit im Ergebnis erst vom *date of transition* an prospektiv angewendet. Diese Methode wird analog zur Bilanzierung von Pensionsplänen bei der Abbildung von Unternehmenszusammenschlüssen auch als sog. freshstart Methode bezeichnet. 63

6. Kumulierte Währungsumrechnungsdifferenzen. Grundsätzlich sind gemäß IAS 21.39 die Differenzen aus der Umrechnung der Abschlüsse selbständiger ausländischer Teileinheiten in die Berichtswährung des Mutterunternehmens erfolgsneutral in einer gesonderten Position des Eigenkapitals auszuweisen und erst bei einem späteren Abgang der jeweiligen Einheit erfolgswirksam zu erfassen. 64

Gemäß IFRS 1.D13 braucht ein IFRS-Erstanwender diese Regelungen zur Behandlung von kumulierten Fremdwährungsumrechnungsdifferenzen nicht zu beachten. Die entsprechende Position des Eigenkapitals hat somit einen Wert von null. Durch die prospektive Anwendung vom *date of transition* an, entstehen in Folge der Fremdwährungsumrechnung in den Bilanzen zum *reporting date* sowie zum Vorjahresvergleichsstichtag entsprechende kumulierte Fremdwährungsumrechnungsdifferenzen. 65

Eine Folge der Anwendung der Erleichterungsregelung gemäß IFRS 1.D10 ist, dass bei Abgang einer ausländischen Teileinheit, die bis zum *date of transition* entstandenen kumulierten Fremdwährungsumrechnungsdifferenzen nicht in das Abgangsergebnis eingehen. 66

7. Klassifizierung von zuvor bereits angesetzten Finanzinstrumenten. Finanzielle Vermögenswerte können gemäß IAS 39 bei ihrer erstmaligen Erfassung unter bestimmten Voraussetzungen *als zur Veräußerung verfügbare finanzielle Vermögens-* 67 *werte* eingestuft werden. Ferner sieht IAS 39 die Möglichkeit vor, finanzielle Vermögenswerte und Schulden bei Erfüllungen der entsprechenden Voraussetzungen in die Kategorie *erfolgswirksam zum beizulegenden Zeitwert bewertete Finanzinstrumente* einzuordnen. Diese Qualifikationen sind gemäß IAS 39.9 nur einmalig im Zeitpunkt der erstmaligen Erfassung möglich.

68 IFRS 1.D19 gewährt dem IFRS-Erstanwender die Möglichkeit diese Wahlrechte zum *date of transition* auszuüben und entsprechend zu diesem Zeitpunkt die Finanzinstrumente zu designieren.

8. Rückstellungen für Entsorgungs-, Wiederherstellungs- und ähnlichen
69 **Verpflichtungen.** IFRIC 1 enthält die Regelungen zur Anpassung von bestehenden Rückstellungen für Entsorgungs-, Wiederherstellungs- und ähnliche Verpflichtungen in Folge von geänderten Kostenschätzungen und Diskontierungszinssätzen. Die Regelungen sind grundsätzlich für Geschäftsjahre anzuwenden, die am oder nach dem 1. Januar 2004 beginnen. Insoweit haben IFRS-Erstanwender IFRIC 1 grundsätzlich retrospektiv anzuwenden. Dies hätte zur Folge, dass retrospektiv eine Neubeurteilung der Kostenschätzung und des Diskontierungszinssatzes zu jedem vorangegangenen Abschlussstichtag durchzuführen wäre und entsprechend die Rückstellung und die Anschaffungskosten des zu Grunde liegenden Vermögenswertes anzupassen wären.

70 Zur Vermeidung dieses aufwendigen Procederes enthält IFRS 1.D21 ein Wahlrecht. Demnach ist die Rückstellung zum *date of transition* einmalig zu bewerten. Der Barwert der Rückstellung, welcher sich unter Anwendung des aus Sicht des Zeitpunkts der Entstehung der Verpflichtung maßgeblichen Diskontierungszinssatzes ergibt, ist in die Anschaffungskosten des Vermögenswertes einzubeziehen.

71 **9. Zinsaufwendungen.** IAS 23 (2007) schreibt eine Aktivierung der Fremdkapitalzinsen im Zusammenhang mit dem Erwerb, Bau oder der Herstellung qualifizierter Vermögenswerte vor. Diese geänderte Fassung von IAS 23 ist für Geschäftsjahre anzuwenden, die am oder nach dem 1. Januar 2009 beginnen. Entsprechend den Regelungen in IFRS 1.9 gelten diese Übergangsregelungen jedoch nicht für einen IFRS-Erstanwender. Dies hätte zur Folge, dass ein Unternehmen bei erstmaliger Anwendung der IFRS IAS 23 (2007) vollständig retrospektiv auf alle Sachverhalte in der Vergangenheit anwenden müsste.

72 Dies wäre unpraktikabel und mit einem unverhältnismäßig hohen Aufwand verbunden. Daher gewährt IFRS 1.D23 dem Erstanwender ein Wahlrecht, die Übergangsregelungen des IAS 23 (2007) anzuwenden. Danach hat das Unternehmen Fremdkapitalzinsen vom späteren der beiden Stichtage aus 1. Januar 2009 oder dem *date of transition* an prospektiv zu aktivieren.

VIII. Anhangsangaben. IFRS 1.23 verlangt von einem Unternehmen, welches die IFRS erstmalig anwendet, dass es erläutert, wie der Wechsel von den vormaligen Rechnungslegungsnormen auf IFRS seine Bilanz, die Gesamtergebnisrechnung und die Cash-Flow-Rechnung beeinflusst hat.

Zu diesem Zweck muss der erstmalige IFRS-Abschluss folgende Überleitungen enthalten:

- des Eigenkapitals am *date of transition*;
- des Eigenkapitals am Ende der letzten Berichtsperiode, für die nach den bisherigen Rechnungslegungsnormen bilanziert wurde;
- des Ergebnisses der letzten Berichtsperiode, für die nach den bisherigen Rechnungslegungsnormen bilanziert wurde.

Sofern ein Unternehmen nach den zuvor angewendeten Rechnungslegungsnormen eine Cash-Flow-Rechnung aufgestellt hat, sind gemäß IFRS 1.25 auch die wesentlichen Anpassungen derselben in Folge der IFRS-Erstanwendung zu erläutern.

Gemäß IFRS 1.29 hat ein Unternehmen, welches das Wahlrecht zur Einstufung von bisher bereits bilanzierten Finanzinstrumenten als *erfolgswirksam zum fair value bewertete Finanzinstrumente* in Anspruch genommen hat, die *fair values*, den bilanziellen Ausweis sowie den bisherigen Buchwert anzugeben.

Ferner sind gemäß IFRS 1.30 Angaben zu machen, sofern ein Unternehmen in Anwendung des Wahlrechts in IFRS 1.D5 und D7 den *fair value* als Ersatz für die Anschaffungs- oder Herstellungskosten angesetzt hat. Für diesen Fall sind für jeden Bilanzposten die Summe der *fair values* sowie die Summe der Anpassungsbeträge zur Bewertung nach den vormaligen Rechnungslegungsnormen anzugeben.

IX. Inkrafttreten und Übergangsvorschriften. IFRS 1 in der aktuellen Fassung ist gemäß IFRS 1.34 zwingend auf Geschäftsjahre anzuwenden, die am oder nach dem 1. Juli 2009 beginnen. Maßgeblich für diese Betrachtung ist der Beginn der ersten Berichtsperiode und nicht der Beginn der Vergleichsperiode. Dies ergibt sich unmittelbar aus dem Wortlaut der Formulierung.

X. IFRS für kleine und mittelgroße Unternehmen. Vergleichbare, wenn auch stark vereinfachte Vorschriften für die erstmalige Anwendung der IFRS für kleine und mittelgroße Unternehmen finden sich in IFRS-SMEs Abschnitt *35 Transition to the IFRS for SMEs*.

XI. Ausblick. Mit Datum vom 1. Dezember 2010 hat der IASB Erleichterungen für IFRS-Erstanwender veröffentlicht (Amendments to IFRS 1: Severe Hyerinflation and Removal of Fixed Dates for First-time Adopters). Mit dieser Änderung wird das Datum 1. Januar 2004 auf den transition date bei der Ausbuchung von Finanzinstrumenten geändert. Diese Regelung ist noch nicht durch die EU endorsed. Zukünftige Änderungen von Standards sowie die Veröffentlichung von neuen Standards werden im Wesentlichen über eine Ergänzung der Anhänge zum Standard selbst berücksichtigt werden. Die meisten Änderungen dürften in näherer Zukunft die Bilanzierung von Finanzinstrumenten betreffen. Hierbei gilt es für Unternehmen mit Sitz in der EU allerdings zu berücksichtigen, dass die EU die entsprechenden Standards erst nach Abschluss des Gesamtprojekts des IASB zu den Finanzinstrumenten in EU-Recht übernehmen will. Daraus ergeben sich dann im Einzelfall möglicherweise auch Implikationen auf die IFRS-Erstanwendung.

IFRS 2 – Share-based Payment

Rn	Textauszüge aus IFRS 2
2.7	Die gegen eine anteilsbasierte Vergütung erhaltenen oder erworbenen Güter oder Dienstleistungen sind zu dem Zeitpunkt anzusetzen, zu dem die Güter erworben oder die Dienstleistungen erhalten wurden. Das Unternehmen hat eine entsprechende Eigenkapitalerhöhung darzustellen, wenn die Güter oder
	Dienstleistungen gegen eine anteilsbasierte Vergütung mit Ausgleich durch Eigenkapitalinstrumente erhalten wurden, oder eine Schuld anzusetzen, wenn die Güter oder Dienstleistungen gegen eine anteilsbasierte Vergütung mit Barausgleich erworben wurden.
2.8	Kommen die gegen eine anteilsbasierte Vergütung erhaltenen oder erworbenen Güter oder Dienstleistungen nicht für einen Ansatz als Vermögenswert in Betracht, sind sie als Aufwand zu erfassen.
2.10	Bei anteilsbasierten Vergütungen, die durch Eigenkapitalinstrumente beglichen werden, sind die erhaltenen Güter oder Dienstleistungen und die entsprechende Erhöhung des Eigenkapitals direkt mit dem beizulegenden Zeitwert der erhaltenen Güter oder Dienstleistungen anzusetzen, es sei denn, dass
	dieser nicht verlässlich geschätzt werden kann. Kann der beizulegende Zeitwert der erhaltenen Güter oder Dienstleistungen nicht verlässlich geschätzt werden, ist deren Wert und die entsprechende Eigenkapitalerhöhung indirekt unter Bezugnahme auf den beizulegenden Zeitwert der gewährten Eigenkapitalinstrumente zu ermitteln.
2.30	Bei anteilsbasierten Vergütungen, die in bar abgegolten werden, sind die erworbenen Güter oder Dienstleistungen und die entstandene Schuld mit dem beizulegenden Zeitwert der Schuld zu erfassen. Bis zur Begleichung der Schuld ist der beizulegende Zeitwert der Schuld zu jedem Abschlussstichtag und am
	Erfüllungstag neu zu bestimmen und sind alle Änderungen des beizulegenden Zeitwerts im Gewinn oder Verlust zu erfassen.
2.34	Bei anteilsbasierten Vergütungen, bei denen das Unternehmen oder die Gegenpartei vertraglich die Wahl haben, ob die Transaktion in bar (oder in anderen Vermögenswerten) oder durch die Ausgabe von Eigenkapitalinstrumenten abgegolten wird, ist die Transaktion bzw. sind deren Bestandteile als anteilsbasierte Vergütung mit Barausgleich zu bilanzieren, sofern und soweit für das Unternehmen eine Verpflichtung zum Ausgleich in bar oder in anderen Vermögenswerten besteht, bzw. als anteilsbasierte Vergütung mit Ausgleich durch Eigenkapitalinstrumente, sofern und soweit keine solche Verpflichtung vorliegt.

Übersicht

	Rn
I. Regelungsinhalt und Entwicklung	1 – 4
II. Normzweck und Anwendungsbereich	5 – 29
1. Zielsetzung	5 – 10
2. Anteilsbasierte Vergütungen	11 – 28
a) Grundlagen	11 – 15
b) Abgrenzungsfragen	16 – 23
c) Unternehmenszusammenschlüsse	24 – 26
d) Konzernpläne	27 – 29
III. Begriffe	30 – 37
IV. Grundprinzipien der Bilanzierung	38 – 100
1. Vorüberlegungen	38 – 40
2. Klassifizierung	41 – 56
a) Grundlagen	41 – 51
b) Konzernpläne	52 – 56
3. Bewertung	57 – 94
a) Direkte und indirekte Bewertung	57 – 61
b) Bewertungskonzeptionen	62 – 66
c) Bewertungsstichtag	67 – 73
d) Ermittlung des Zeitwerts	74 – 88
e) Ermittlung des Mengengerüsts	89 – 94
4. Aufwandsverteilung	95 – 100
V. Besonderheiten der Bilanzierung von Vergütungssystemen bei Ausgleich durch Eigenkapitalinstrumente	101 – 126
1. Gegenbuchung im Eigenkapital	101 – 105
2. Bilanzierung nach Eintritt der Unverfallbarkeit	106 – 108
3. Planänderungen	109 – 126
a) Planmodifikation	112 – 117
b) Annullierung und Abwicklung mit Abfindung	118 – 126
VI. Vergütungssysteme mit Barausgleich	127 – 134
1. Ansatz einer Schuld	127 – 132
VIII. Ausweis und Anhangangaben	142 – 144
IX. Inkrafttreten und Übergangsvorschriften	145 – 146
X. IFRS für kleine und mittelgroße Unternehmen	147 – 150
XI. Ausblick	151

I. Regelungsinhalt und Entwicklung

I. Regelungsinhalt und Entwicklung. Mit der Verbreitung des **Shareholder-Value-Ansatzes** hat auch in Deutschland die Bedeutung der anteilsbasierten Vergütungsformen seit Mitte der neunziger Jahre erheblich zugenommen.[1] Damit stellte sich auch die Frage der Bilanzierung dieser Vergütungsmodelle. Insbesondere die Erfassung solcher Vergütungsmodelle, bei denen keine Zahlungsmittel aus dem Unternehmen abfließen, sondern Eigenkapitalinstrumente (Aktien, Optionen) des Unternehmens gewährt werden, wurden lange kontrovers diskutiert.[2] Während der amerikanische Standardsetter mit APB 25 bereits sehr frühzeitig Regelungen für diesen Bereich erlassen hat, die im Jahr 1995 durch SFAS 123 wesentlich ausgeweitet wurden, hat das IASB erst im Jahr 2001 ein entsprechendes Projekt auf seine Agenda genommen. Bis dato enthielt IAS 19 lediglich einige Offenlegungsvorschriften in Bezug auf anteilsbasierte Vergütungssysteme. Mit der Veröffentlichung des IFRS 2 im Jahr 2004, enthielten die IFRS erstmals umfassende Bilanzierungs- und Bewertungsvorschriften für diesen Bereich. Das IASB hat sich in diesem Zusammenhang für eine aufwandswirksame Erfassung auch solcher Vergütungssysteme ausgesprochen, bei denen eigene Eigenkapitalinstrumente des Unternehmens gewährt werden. Zur Kontroverse vgl. Rn 8. Seither ist IFRS 2 mehrfach überarbeitet und ergänzt worden:

- im Jahr 2008: Ergänzung zu IFRS 2 *Vesting Conditions and Cancellations*, erstmalig anzuwenden für Berichtsperioden, die am oder nach dem 1. Januar 2009 beginnen und
- im Jahr 2009: Ergänzung zu IFRS 2 *Group cash-settled share based payments*, erstmalig anzuwenden für Berichtsperioden, die am oder nach dem 1. Januar 2010 beginnen. Im Zuge dieser Änderung wurden auch die zwischenzeitlich erlassenen IFRIC 8 und IFRIC 11 zurückgenommen.
- im Jahr 2009: Klarstellung bezüglich des Anwendungsbereichs in Abgrenzung zu IFRS 3 (2008) im Rahmen des zweiten *annual improvments process*, erstmalig anzuwenden für Berichtsperioden, die am oder nach dem 1. Juli 2009 beginnen.

Durch die Finanzmarktkrise sind die anteilsbasierten Vergütungsmodelle zunehmend in den Blickpunkt der Öffentlichkeit geraten. Insbesondere wurde bei ihnen die überwiegend kurzfristige Ausrichtung und die niedrigen Ausübungsschwellen und damit verbundene Anreizwirkung zum Eingehen unverhältnismäßiger Risiken kritisiert. Als Reaktion darauf folgten verschiedene Initiativen seitens der Gesetz- und Richtliniengeber sowohl auf europäischer als auch auf nationaler Ebene. Gemäß der Empfehlung der EU-Kommission vom 30. April 2009[3] soll die Struktur der Vergütung der Mitglieder der Unternehmensleitung der langfristigen Unternehmensentwicklung dienen. Variable Vergütungskomponenten, zu denen die anteilsbasierten Vergütungssysteme zählen, sollen an im Voraus festgelegte, messbare Leistungskrite-

---
1 Vgl. *Sauber/Babel* Handbuch Stock Options, Rn 1.
2 Vgl. m.w.N. *Vater* Internationales Bilanzrecht, IFRS 2, Rn 164.
3 Vgl. ABl. L 120 vom 15.5.2009, 28.

rien geknüpft sein. Der Deutsche Gesetzgeber hat darauf mit der Verabschiedung des **Gesetzes zur Angemessenheit der Vorstandsvergütung** (VorstAG) reagiert, das eine Ausrichtung der Vergütungsstruktur an der langfristigen Unternehmensentwicklung vorsieht und die Haltefrist für Aktienoptionen von mindestens zwei auf vier Jahre ausdehnt. Der **Deutsche Corporate Governance Codex** i.d.F. vom 18.6.2009 stellt darüber hinaus klar, dass variable Vergütungsbestandteile sowohl den positiven als auch den negativen Entwicklungen Rechnung tragen sollen und Aktienoptionsprogramme sollen auf „anspruchsvolle, relevante Vergleichsparameter" bezogen sein sollen.[4] Nachträgliche Änderungen der Erfolgsziele oder der Vergleichsparameter sollen ausgeschlossen sein.

3   Trotz der vielfältigen neuen Regelungen und den teilweise damit verbundenen Einschränkungen bei der Gestaltung anteilsbasierter Vergütungsprogramme, dürfte diese Vergütungskomponente auch in Zukunft weiterhin eine hohe Bedeutung haben. Sie sind ein probates Mittel um sicherzustellen, dass die Unternehmensführung bzw. bestimmte Mitarbeiter ihr Handeln an der Zielsetzung der Unternehmenseigner orientieren, nämlich der Steigerung des Unternehmenswerts. Sie stellen somit im Sinne einer shareholder-value-orientierten Unternehmensführung ein Instrument zur Lösung des **Principal-Agent-Konflikts** zwischen Anteilseignern und angestellter Unternehmensleitung dar.[5] Darunter versteht man Kontrolldefizite, die sich aus der Separation von Eigentums- und Kontrollrechten ergeben. Durch die Einbeziehung des Aktienkurses bzw. von Aktienkurssteigerungen in die Bemessungsgrundlage der variablen Vergütung soll die Motivationslage und Risikopräferenz der angestellten Unternehmensleitung (Agenten) an die der Anteilseigner (Prinzipale) zumindest teilweise angenähert werden. Die Ausgestaltung optionsbasierter Vergütungsprogramme und die mit ihnen verbundene Bewertungskomplexität können zu beträchtlichen Kosten führen. Zur Bewertungskomplexität vgl. Rn 62ff. Daher ist diese Form der anteilsbasierten Vergütung häufig auf die obersten Hierarchiestufen eines Unternehmens beschränkt. An das mittlere Management und die sonstigen Mitarbeiter werden indes häufig Mitarbeiteraktien zu einem unter dem aktuellen Börsenwert (Marktwert) liegenden Preis ausgegeben, die mit bestimmten Verfügungsbeschränkungen versehen sind. Zu den einzelnen Formen der anteilsbasierten Vergütungen vgl. Rn 41ff.

4   Aus Sicht des Unternehmens ist ein wesentlicher Vorteil anteilsbasierter Vergütungen, dass diese, je nach Ausgestaltung und Umsetzung, **nicht zu Zahlungsmittelabflüssen** führen müssen. Die Ansprüche aus Optionsrechten der berechtigten Mitarbeiter können, entsprechende Ausgestaltung vorausgesetzt, durch die Ausgabe junger Aktien befriedigt werden. Damit tragen letztlich die bestehenden Aktionäre durch die Verwässerung ihrer Anteile die Kosten dieser Vergütungssysteme.[6]

---

4 Vgl. Deutscher Corporate Governance Codex, Rn 4.2.3.
5 Vgl. *Müller/Reinke* IRZ 2008, 359ff.
6 Vgl. *Ernst & Young (Hrsg.)* International GAAP, 1811.

II. Normzweck und Anwendungsbereich

II. Normzweck und Anwendungsbereich. 1. Zielsetzung. Die Zielsetzung von IFRS 2 ist die Regelung der Bilanzierung von anteilsbasierten Vergütungssystemen (IFRS 2.1). Sprach die amtliche Übersetzung zunächst von „aktienbasierten" Vergütungssystemen, wurde aus dem Gesamtkontext deutlich, dass der Anwendungsbereich sämtliche **„anteilsbasierten" Vergütungssysteme** umfasst und nicht nur solche, die auf Aktien beruhen.[7] Inzwischen wurde auch die amtliche Übersetzung entsprechend angepasst.

Der Standard regelt die Erfassung von anteilsbasierten Vergütungssystemen bei der Darstellung der Vermögens-, Finanz- und Ertragslage und sieht eine **aufwandswirksame Erfassung** der Ausgabe von Aktienoptionen an Mitarbeiter vor (IFRS 2.1). In welchen Perioden der Aufwand zu erfassen ist hängt von der Klassifizierung der anteilsbasierten Vergütungstransaktion, der erhaltenen Gegenleistung und der Existenz von Ausübungsbedingungen ab. Im Einzelnen vgl. Rn 38ff.

Bis zur erstmaligen Verabschiedung des IFRS 2 im Jahr 2004 war die Bilanzierung von anteilsbasierten Vergütungen in den IFRS nicht geregelt. Ziel des IASB war daher eine abschließende Regelung sämtlicher anteilsbasierter Vergütungssysteme und eine **systematische Gleichbehandlung** sämtlicher Transaktionen, die im Zusammenhang mit der Ausgabe von Eigenkapitalinstrumenten stehen, unabhängig davon, ob diese mit Mitarbeitern oder mit anderen Parteien eingegangen werden. Dies führte zu dem Ergebnis, dass das Unternehmen zunächst den Zufluss an Ressourcen durch die Ausgabe von Eigenkapitalinstrumenten und ggf. zu einem späteren Zeitpunkt den Verbrauch dieser Ressourcen als Aufwand zu erfassen hat (IFRS 2.BC31). Sofern der Verbrauch direkt im Zeitpunkt der Ausgabe der Eigenkapitalinstrumente erfolgt, ist dem entsprechend ein Buchung „Aufwand an Eigenkapital" zu erfassen.

Diese Schlussfolgerung war bei der Entwicklung des Standards hoch **kontrovers**. Vielfach wurde in der Gewährung von Mitarbeiteroptionen **kein Aufwand des Unternehmens** gesehen, da sie nicht zu einem Ressourcenabfluss des Unternehmens führen. Das IASB hat dem auf der Grundlage der angestrebten Gleichbehandlung sämtlicher Eigenkapitaltransaktionen entgegen gehalten, dass der Aufwand durch den Verbrauch der durch die Eigenkapitaltransaktion erhaltenen Ressourcen entsteht (IFRS 2.BC41(a)). Bezieht das Unternehmen bspw. eine Maschine gegen Ausgabe von Aktien, so resultiert der Aufwand aus der Abschreibung der Maschine, die gegen eine Erhöhung des Eigenkapitals in der Bilanz des Unternehmens anzusetzen ist. Der einzige Unterschied zu der Arbeitsleistung eines Mitarbeiters besteht nach Auffassung des IASB folglich darin, dass die Ressourcen ggf. unmittelbar bei Ausgabe der Eigenkapitalanteile verbraucht werden (IFRS 2.BC44), was nicht zu einer abweichenden Bilanzierung berechtigen sollte.

---

7 Vgl. *Roß/Simons* Rechnungslegung nach IFRS, IFRS 2 Rn 5.

Aus der gleichen Logik heraus sieht das IASB auch keine **Doppelbelastung des EPS**, wie einige Kommentatoren zum Standardentwurf angemerkt haben. Ihrer Auffassung nach wird das EPS zunächst durch die Berücksichtigung des Verwässerungseffekts (vgl. die Ausführung zu IAS 33 in diesem Band) der ausgegebenen Eigenkapitalinstrumente (Berücksichtigung im Nenner der EPS Formel) und anschließend durch die Ergebnisminderung des Aufwands (Zähler der EPS-Formal) belastet. Nach Auffassung des IASB liegt hierbei aber keine doppelte Berücksichtigung eines Sachverhalts, sondern vielmehr die einmalige Berücksichtigung der beiden Sachverhalte Ausgabe von Eigenkapitalinstrumenten und Verbrauch der dadurch erlangten Ressourcen (IFRS 2.BC57).

9   Auch dem Argument, dass nicht das Unternehmen, sondern die **Anteilseigner** des Unternehmens, **Vertragspartner** einer anteilsbasierten Vergütung sind, konnte sich das IASB nicht anschließen. Letztlich ist das Unternehmen Empfänger der Arbeitsleistung und bereits von daher Vertragspartei der Vereinbarung (IFRS 2.BC35). Dies gilt auch dann, wenn durch die Mitarbeiter bzw. Führungskräfte keine „zusätzlichen" Arbeitsleistungen als Gegenleistungen für die anteilsbasierte Vergütung vereinbart werden. Das IASB geht davon aus, dass die Geschäftsführungsmitglieder im Rahmen ihrer Gesamtverantwortung für das Unternehmen davon ausgehen müssen, dass dem Wert der anteilsbasierten Vergütung eine entsprechende Gegenleistung gegenübersteht, da sie sonst einen Veruntreuungstatbestand realisieren würden (IFRS 2.BC37).

10   Der Anwendungsbereich des IFRS 2 ist allerdings nicht auf die Ausgabe von Aktienoptionen an **Mitarbeiter** beschränkt, auch wenn diese in der Bilanzierungspraxis deutlich im Vordergrund stehen.[8] Vielmehr erstreckt sich der Anwendungsbereich auf sämtliche Transaktionen, bei denen das Unternehmen originäre (z.B. Aktien oder GmbH-Anteile) bzw. derivative (z.B. Optionen) Eigenkapitalinstrumente an andere Parteien überträgt, die Güter oder Dienstleistungen an das Unternehmen geliefert haben. Dies gilt auch, wenn die empfangenen Güter und Dienstleistungen nicht eindeutig identifiziert werden können (IFRS 2.2). Insofern fallen sämtliche anteilsbasierte Transaktionen, die **nicht eindeutig für einen anderen Zweck** als die Bezahlung der gelieferten Güter und Dienstleistungen bestimmt sind, unter den Anwendungsbereich von IFRS 2. Damit wird auch bspw. die Lieferung von Vorräten gegen Ausgabe von Aktien von IFRS 2 erfasst. Weitere typische Beispiele sind die Beratungsleistungen einer Venture Capital-Gesellschaft, die als Gegenleistung eine vorab definierte Anzahl von Aktien und/oder Optionen des beratenden Unternehmens erhält oder einer Investmentbank für ihre Beratungsleistungen im Vorfeld einer Börsenplatzierung des Unternehmens.[9]

---

8   Vgl. *Roß/Simons* Rechnungslegung nach IFRS, IFRS 2 Rn 7.
9   Vgl. *Vater* Internationales Bilanzrecht, IFRS 2 Rn 132.

II. Normzweck und Anwendungsbereich

2. Anteilsbasierte Vergütungen. a) Grundlagen. IFRS 2 ist anzuwenden auf sämtliche **anteilsbasierte Vergütungstransaktionen** (IFRS 2.2). Diese sind gemäß IFRS 2 Appendix A definiert als Transaktionen, bei denen das Unternehmen Güter oder Dienstleistungen im Zusammenhang mit einer anteilsbasierten Vergütungsvereinbarung erhält. Eine **anteilsbasierte Vergütungsvereinbarung** ist definiert als eine Vereinbarung zwischen dem Unternehmen und einer anderen Partei, einschließlich der Mitarbeiter des Unternehmens, die zum Bezug von Eigenkapitalinstrumenten (Aktien oder Aktienoptionen) oder zum Bezug von Zahlungsmitteln oder anderen Vermögenswerten berechtigt, deren Höhe vom Wert der Eigenkapitalinstrumente des Unternehmens abhängig ist.

Darunter fallen zunächst die klassischen **Mitarbeiteraktien**, bei denen Mitarbeiter zum vergünstigten Bezug von Aktien des Unternehmens berechtigt sind. Häufig sind diese Aktien mit bestimmten Verfügungsbeschränkungen versehen, um sicherzustellen, dass die damit vom Unternehmen intendierte Gegenleistung auch erbracht wird. So ist eine Veräußerung durch den Mitarbeiter i.d.R. nur nach einer bestimmten Verweildauer im Unternehmen oder nach Erreichung bestimmter Leistungsziele möglich. Zu den Ausübungsbedingungen im Einzelnen vgl. Rn 32.

Auch die **Aktienoptionspläne**, bei denen i.d.R. ausgewählte Führungskräfte zum Bezug von Aktien zu einem bei Optionsgewährung festgelegten Preis berechtigt sind, zählen zu den anteilsbasierten Vergütungen i.S.d. IFRS 2. Die ökonomische Anreizwirkung bei der Gewährung von Aktienoptionen besteht darin, dass der Bezugsberechtigte bei steigenden Aktienkursen einen wirtschaftlichen Vorteil in Höhe der Differenz zwischen dem Kurswert der Anteile bei Ausübung und dem (niedrigerem) Bezugskurs erzielt.[10] Auch die Gewährung von Aktienoptionen hängt häufig von weiteren Bedingungen, wie z.b. eine Mindestverbleibensfrist im Unternehmen und/oder dem Erreichen anderer ökonomischer und nicht-ökonomischer Zielsetzungen ab.

Darüber hinaus zählen solche Vergütungsvereinbarungen, bei denen zwar keine Eigenkapitalinstrumente (Anteile bzw. Optionen) ausgegeben werden, sondern eine Barzahlung, deren Höhe an den Preis dieser Eigenkapitalinstrumente gekoppelt ist, zu den anteilsbasierten Vergütungen und damit zum Anwendungsbereich des IFRS 2. Diese häufig als **virtuelle Optionen** oder **Wertsteigerungsrechte** (share appreciation rights, SARs) bezeichneten Instrumente gewähren dem Inhaber einen Anspruch auf Barausgleich in der Höhe der Differenz zwischen dem Zeitwert der Anteile zum Zeitpunkt der Ausübung und dem vorher festgelegten Bezugskurs. Gleiches gilt, wenn entweder das Unternehmen oder der Bezugsberechtigte ein Wahlrecht hat, ob der Ausgleich in bar oder gegen die Ausgabe von Eigenkapitalinstrumenten erfolgen soll. Bezüglich der Klassifizierung der Vereinbarungen und der Auswirkungen auf Ansatz und Bewertung vgl. Rn 41ff.

---

10 Vgl. Köster IFRS Praxis, §5 Rn 544.

14 Hinsichtlich der konkreten **rechtlichen Ausgestaltung** der anteilsbasierten Vergütungsprogramme unterliegen die Vertragsparteien auf Grund der Vertragsfreiheit grundsätzlich keinen Einschränkungen. Bei Vergütungsprogrammen für Mitarbeiter sind indes die arbeitsrechtlichen Grenzen und Risiken solcher Vereinbarungen zu beachten.[11] Bei der Gewährung von anteilsbasierten Vergütungen an Vorstands- und Aufsichtsratsmitglieder sind außerdem die sich aus dem VorstAG ergebenen Beschränkungen zu beachten.[12]

15 Getrennt von der eigentlichen Erfassung und Bewertung der anteilsbasierten Vergütungsprogramme ist die **Bedienung** der Verpflichtung durch Ausgabe von Eigenkapitalinstrumenten zu beurteilen. Hierfür stehen deutschen Unternehmen nach Verabschiedung des KontraG grundsätzlich drei Durchführungswege zur Verfügung:[13] (1) bedingte Kapitalerhöhung, (2) Rückkauf eigener Aktien und (3) Kauf eines Aktienoptionsplans von einem Dritten (Programmkauf). Der Vorteil der bedingten Kapitalerhöhung für das Unternehmen liegt im Wesentlichen in dem Zufluss flüssiger Mittel. Diesem Vorteil stehen allerdings die Verwässerungseffekte auf Ebene der bisherigen Anteilseigener und die Verschlechterung der auf das Eigenkapital bezogenen Renditekennziffern gegenüber. Diese Nachteile treten bei den anderen beiden Durchführungswegen nicht auf, führen allerdings zum Abfluss flüssiger Mittel auf der Unternehmensebene.[14]

16 **b) Abgrenzungsfragen.** Auf Grund der Zielsetzung des IASB sämtliche anteilsbasierten Vergütungstransaktionen in IFRS 2 zu regeln und nicht nur auf die Bilanzierung von Aktienoptionspläne für Mitarbeiter zu beschränken (IFRS 2.BC31), ist die Umschreibung des Anwendungsbereichs in IFRS 2 recht offen gehalten. Die daraus resultierenden Abgrenzungsfragen können komplex sein und haben wegen der unterschiedlichen Bilanzierungsweisen materielle Bedeutung.

17 Von den übrigen **erfolgsabhängigen Vergütungen** i.S.d. IAS 19.17 unterscheiden sich die anteilsbasierten Vergütungen dadurch, dass ihre Höhe in einem direkten Zusammenhang mit dem Wert der Anteile des Unternehmens steht. Ist die Höhe hingegen an Gewinn- oder andere Erfolgsgrössen des Unternehmens gekoppelt, handelt es sich um eine erfolgsabhängige Vergütung, die nach den Vorschriften des IAS 19 zu bilanzieren ist. In der Praxis kann die Abgrenzung allerdings schwierig sein, insbesondere, wenn die Leistungen wegen fehlender Marktgängigkeit der Anteile an bestimmte Kennzahlen geknüpft werden. Erhalten Mitarbeiter z.B. Geldleistungen, die an die Entwicklung des Nettovermögens (bilanziertes Eigenkapital) geknüpft sind, ist fraglich, ob die Höhe der Leistung von dem Wert der Eigenkapitalanteile des Unternehmens abhängt und eine anteilsbasierte Vergütungsvereinbarung (IFRS2 Appendix

---

11 Für einen Überblick vgl. Müller-Bonanni/Nieroba Der Konzern, 2010, 143ff.
12 Im Einzelnen dazu vgl. *Dauner-Lieb* Der Konzern 2009, 583ff.
13 Vgl. *Vater* Internationale Rechnungslegung, IFRS 2 Rn 115.
14 Vgl. *Vater* Internationale Rechnungslegung, IFRS 2, Rn 116.

II. Normzweck und Anwendungsbereich

A) vorliegt. Sofern im Nettovermögen im Wesentlichen nur Gewinne und Verluste aus der Geschäftstätigkeit des Unternehmens erfasst werden, dürfte die Vereinbarung grundsätzliche eine erfolgsabhängige Vergütung sein und in den Anwendungsbereich von IAS 19 fallen.[15] Werden hingegen auch die wesentlichen Zeitwertänderungen der Vermögenswerte (und Schulden) des Unternehmens im bilanziellen Eigenkapital erfasst, kann die Vereinbarung eine anteilsbasierte Vergütung darstellen.[16] In Betracht kommen hier insbesondere Immobilienunternehmen, die ihren als Finanzinvestition gehaltenen Immobilienbestand zum Zweitwert bilanzieren (vgl. Kap. C, IAS 40).

Vereinbarungen, bei denen die Leistung an einen **EBIT oder EBITDA mutiple** geknüpft sind, fallen i.d.R. unter die erfolgsabhängigen Vergütungen, auch wenn diese Kennzahlen von den Vertragsparteien als Ersatz für die Zeitwertentwicklung des Unternehmens angesehen werden. Obwohl der verwendete **multiple** im Zeitpunkt des Abschlusses der Vereinbarung eine gute Annäherung an den tatsächlichen Zeitwert des Unternehmens darstellen kann, ist dies während der gesamten Laufzeit der Vereinbarung nicht sichergestellt, da Änderungen des Diskontierungs- und der Steuersätze sowie materielle Wertminderungen zu einem Auseinanderfallen von EBITDA **multiple** und Unternehmenswert führen können.[17]

Transaktionen mit Mitarbeitern und anderen Parteien **in ihrer Eigenschaft als Anteilseigner** stellen keine anteilsbasierten Vergütungen dar und fallen damit nicht in den Anwendungsbereich von IFRS 2 (IFRS 2.4). Die im Rahmen einer allgemeinen Kapitalerhöhung allen Anteilseignern gewährten Bezugsrechte fallen damit nicht unter IFRS 2, wenn Mitarbeitern (und anderen Parteien) dieses Recht auf Basis ihres bisherigen Anteilsbesitzes gewährt wird. Auch hier kann es im Einzelfall zu Abgrenzungsproblemen kommen, wenn bspw. Mitarbeitern im Rahmen eines IPO oder spin-offs zusätzliche Anteile gewährt werden. Hängt die Gewährung zusätzlicher Anteile von der Entwicklung der Geschäftstätigkeit oder von einer bestimmten Verweildauer im Unternehmen ab, spricht dies für das Vorhanden sein von Ausübungsbedingungen und damit für eine Qualifizierung als anteilsbasierte Vergütung.[18]

Eine Ausweitung des Anwendungsbereichs hat IFRS 2 durch IFRIC 8 erfahren, der im Jahr 2006 verabschiedet und zwischenzeitlich in IFRS 2 aufgenommen wurde (vgl. Rn 1). Bis dato war nicht klar, ob IFRS 2 auch anzuwenden ist, wenn anteilsbasierte Vergütungsvereinbarungen entweder **ohne erkennbare Gegenleistung** waren oder wertmässig in einem klaren **Missverhältnis** zu den erkennbaren Gegenleistungen gestanden haben.

---

15 Vgl. *Freiberg* PiR 2010, 85f.
16 Vgl. *KPMG (Hrsg.)* Insights, 1005.
17 Vgl. *Ernst & Young (Hrsg.)*, 1029.
18 Vgl. *PwC (Hrsg.)* IFRS Manual, 12015ff.

Durch IFRIC 8 bzw. die nachfolgende Ergänzung des IFRS 2.2 sollte dies nunmehr klargestellt werden. Allerdings ist der Wortlaut hinsichtlich der Regel-Ausnahmevermutung etwas unklar. Während IFRS 2.2 Satz 1 die Vermutung nahe legt, dass bei der Ausgabe von Eigenkapitalinstrumenten i.d.R. davon auszugehen ist, dass eine gleichwertige Gegenleistung zu erwarten und mithin IFRS 2 anzuwenden ist, lässt IFRSs 2.2 Satz 2 vermuten, dass dies nur der Fall ist, wenn „andere Umstände" darauf hinweisen, dass dies der Fall ist. M.a.W. IFRS 2 wäre nur bei Vorliegen zusätzlicher Voraussetzungen Umstände anzuwenden. Erst ein Blick in die Entstehungsgeschichte des IFRIC 8 sowie in die Basis for Conclusions (IFRS 2.BC18D) offenbart, dass der IFRS 2 grundsätzlich anzuwenden ist, wenn keine identifizierbaren Güter oder Dienstleistungen empfangen werden oder die ausgegebenen Anteile die identifizierbaren Güter und Dienstleistungen wertmässig übersteigen (Regel), es sei denn, die Gründe für die Transaktion legen den Schluss nahe, dass kein Leistungsaustausch gewollt ist bzw. vorliegt (Ausnahme). Die Basis for Conclusions führten hier das Beispiel einer Schenkung bzw. Erbschaft im familiären Umfeld an.

Die herrschende Literaturmeinung schliesst sich dieser Schlussfolgerung an,[19] wobei dies im Kontext des europäischen Bilanzrechts nicht ganz unproblematisch ist, da lediglich der Standardtext und die integralen Bestandteile des Standards den formalen Übernahmeprozess der Europäischen Kommission durchlaufen, nicht aber die Basis for Conclusions und die Anwendungshinweise.[20]

Als Beispiel für eine Transaktion ohne identifizierbare Gegenleistung führen die Anwendungshinweise des IFRS 2 die Ausgabe von Eigenkapitalinstrumenten an eine gemeinnützige Organisation zur allgemeinen Imageverbesserung an (IFRS 2.IG5D). Bedeutung hat die Feststellung, dass nicht identifizierbare Güter und Dienstleistungen vorliegen neben dem Anwendungsbereich auch für die Bewertung. Im Einzelnen dazu vgl. Rn 60.

21 Grundsätzlich erfüllen anteilsbasierte Vergütungstransaktionen auch die Definition von **Finanzinstrumenten** gemäß IAS 32.11. IFRS 2 steht daher in einem engen inhaltlichen Zusammenhang mit den Regelungen der IAS 32 und IAS 39. IFRS 2 enthält aber von IAS 39 abweichende Bewertungsvorschriften, wie z.B. die Verteilungsregeln des IFRS 2.15 bzw. IFRS 2.32. Im Einzelnen dazu vgl. Rn 95ff. Darüber hinaus enthält IFRS 2 von IAS 32 abweichende Klassifizierungsregeln für Eigenkapitalinstrumente und Schulden. Während IFRS 2 alle Vereinbarungen, die in der Ausgabe von Eigenkapitaltiteln resultieren als Eigenkapitalinstrument einstuft (IFRS 2 Appendix A), ist dies nach IAS 32 nur der Fall, wenn der Vertrag auf die Ausgabe einer festen Anzahl von Eigenkapitalinstrumenten gerichtet ist (IAS 32.11). Würde IFRS 2 derselben Klassifizierungslogik wie IAS 32 folgen, hätte dies zur Folge, dass Aktienopti-

---

19 Vgl. stellvertretend *Ernst & Young* (Hrsg.) International GAAP, 1825; *Roß/Simons* Rechnungslegung nach IFRS, IFRS 2 Rn 8; DRSC KoR 2006, 330.
20 Grundlegend zu dieser Problematik vgl. *Köster* Internationale Rechnungslegung, IAS 8 Rn 115ff.

II. Normzweck und Anwendungsbereich

onspläne, bei der die Anzahl der Optionen beispielsweise noch von bestimmten Leistungszielen abhängt als Schuld einzustufen wären und anders als feste Optionspläne zu bilanzieren wären. Dieses Ergebnis war bei Entwicklung des IFRS 2 ausdrücklich nicht gewünscht (IFRS 2.BC109).

Insofern ist es notwendig, die anteilsbasierten Vergütungssysteme aus dem Anwendungsbereich der IAS 32 und IAS 39 auszuschliessen (IAS 32.4(f), IAS 39.2(i)). Andererseits ist IFRS 2 nicht anzuwenden, wenn das Unternehmen Eigenkapitalinstrumente ausgibt bzw. eine Verpflichtung zur Geldleistung eingeht, die vom Wert der Eigenkapitalinstrumente des Unternehmens abhängig ist und dafür im Gegenzug **finanzielle Vermögenswerte** erhält (IFRS 2.5). Diese Vereinbarungen sind weiterhin nach IAS 32 zu klassifizieren und nach IAS 39 zu bewerten.

Ist die anteilsbasierte Vergütung zwar auf den Bezug von nicht finanziellen Vermögenswerten gerichtet, aber erfüllt der Vertrag die Voraussetzungen der IAS 32.8-10 bzw. IAS 39.5-7, so sind diese nicht nach IFRS 2, sondern weiterhin als Finanzinstrumente nach IAS 32 und IAS 39 zu bilanzieren. Dies betrifft den Bezug von nicht finanziellen Vermögenswerten primär mit dem Ziel der Ausnutzung von Preisschwankungen anstelle der Verwendung im eigenen Unternehmen. Das IASB war wohl wegen Nähe zu einer Handelsaktivität bei dieser Art von Verträgen der Ansicht, dass der Ansatz zum beizulegenden Zeitwert die vorzugswürdige Bilanzierungsmethode ist (IFRS 2.BC28).

c) Unternehmenszusammenschlüsse. Grundsätzlich ist IFRS 2 auch auf solche anteilsbasierten Vergütungsvereinbarungen anzuwenden, bei denen das Unternehmen eine Gruppe von nicht finanziellen Vermögenswerten (und ggf. Schulden) erhält. Lediglich dann, wenn diese Gruppe einen **Geschäftsbetrieb** bilden, hat die Bilanzierung nach den Vorschriften des IFRS 3 *Business Combinations* zu erfolgen (IFRS 2.5). Damit hängt die Klassifizierung und folglich auch die Bilanzierung dieser Vereinbarungen von der u.U. nicht ganz unproblematischen Einschätzung ab, ob die im Gegenzug übertragenen Vermögenswerte (und Schulden) einen Geschäftsbetrieb bilden oder nicht.[21] Die wesentlichen Unterschiede einer Bilanzierung nach IFRS 3 liegen darin, dass ein evtl. Unterschiedsbetrag zwischen dem Zeitwert der ausgegebenen Eigenkapitalinstrumente und dem Zeitwert des erhaltenen Nettovermögens als Geschäfts- oder Firmenwert auszuweisen ist, während nach IFRS 2 nicht identifizierbare Güter oder Dienstleistungen angenommen werden, die ggf. sofort aufwandswirksam zu erfassen sind. Darüber hinaus sieht IFRS 3 keine den IFRS 2.15 und IFRS 2.32 entsprechende Verteilungsregel vor.

---

21 Zur grundsätzlichen Problematik ausführlich vgl. *Köster/Mißler*, Internationale Rechnungslegung, IFRS 3 Rn 131ff.

25 Der Anwendungsausschluss im Rahmen von Unternehmenszusammenschlüssen gilt allerdings nur soweit die anteilsbasierte Vergütung als Gegenleistung für die Kontrollerlangung über den erworbenen Geschäftsbetrieb gewährt wurde. Eigenkapitalinstrumente, die den Mitarbeitern des erworbenen Geschäftsbetriebs **in ihrer Eigenschaft als Mitarbeiter** gewährt werden, um diese z.b. zum Verbleib im Unternehmen zu bewegen, fallen indes in den Anwendungsbereich des IFRS 2. Gleiches gilt für Aufhebungen, Ersetzungen oder andere Abänderungen der anteilsbasierten Vergütungsvereinbarungen anlässlich eines Unternehmenszusammenschlusses. Weitere Hinweise zu Abgrenzung der Ausgabe von Eigenkapitalinstrumenten als Gegenleistung für die Kontrollerlangung und einer künftigen Arbeitsleistungen enthalten die IFRS 3.51-52 und IFRS 3.B56-B62). Zu den Einzelheiten vgl. die Ausführungen zu IFRS 3 in diesem Band.

26 Über den Anwendungsbereich von IFRS 3 hinaus sind auch Unternehmenszusammenschlüsse unter gemeinsamer Beherrschung (so genannte *common control* Transkationen)[22] und bei der Errichtung eines Joint Venture nicht nach IFRS 2 zu bilanzieren (IFRS 2.5). Stellen die eingebrachten Vermögenswerte indes keinen Geschäftsbetrieb dar, sind auch diese Transaktionen nach IFRS 2 zu bilanzieren.

27 **d) Konzernpläne.** In einem Konzernverbund existieren häufig konzerneinheitliche anteilsbasierte Vergütungspläne. Dies führt dazu, dass in vielen Fällen **Leistungsempfänger und Vergütungsschuldner auseinanderfallen**, wenn bspw. das Mutterunternehmen mit Mitarbeitern eines Tochterunternehmens direkt eine anteilsbasierte Vergütungsvereinbarung abschließt. Anteilsbasierte Vergütungen mit Barausgleich werden häufig an den Kurs der Anteile des (börsennotierten) Mutterunternehmens gekoppelt. In diesem Zusammenhang stellt sich die Frage, wie diese Fälle in den separaten Einzelabschlüssen des Mutter- und Tochterunternehmens darzustellen sind. Darüber hinaus ist es denkbar, dass nicht zum Konzernverbund gehörende Anteilseigner des Mutterunternehmens mit den Mitarbeitern des Konzernverbundes anteilsbasierte Vergütungsvereinbarungen abschließen. In der ursprünglichen Fassung wurden all diese Fälle nicht vom Anwendungsbereich erfasst, da die Definition darauf abzielte, dass Eigenkapitalinstrumente des leistungsempfangenen Unternehmens ausgegeben werden bzw. die Höhe der Vergütung an dessen Eigenkapital geknüpft ist.

28 Dies hat kurz nach Inkraftsetzung des IFRS 2 das IFRIC auf den Plan gerufen, das nach langwieriger Beratung im November 2007 den IFRIC 11 verabschiedet hat. Die Regelungen des IFRIC 11 sind anschliessend im Juni 2009 in den IFRS 2 übernommen worden. Dem entsprechend umfasst der Anwendungsbereich des IFRS 2 nach der Änderung auch solche anteilsbasierten Vergütungssysteme, bei denen der Ausgleich von einem anderen Unternehmen der Gruppe oder einem Anteilseigner eines Unternehmens der Gruppe vorgenommen wird (IFRS 2.3A(a)) bzw. das Un-

---

22 Zur Definition und Bilanzierung vgl. *Köster/Mißler* Internationale Rechnungslegung, IFRS 3 Rn 114ff.

III. Begriffe

ternehmen zum Ausgleich verpflichtet ist, aber ein anderes Unternehmen der Gruppe die Leistungen erhält (IFRS 2.3A(b)). Die Definitionen im Appendix A wurden entsprechend angepasst und umfassen auch solche Fälle, bei denen der Barausgleich vom Wert der Eigenkapitalinstrumente eines anderen Unternehmens der Gruppe abhängt. Damit ist klargestellt, dass auch in diesen Fällen in einem separaten Einzelabschluss des Mutter- und Tochterunternehmens eine Bilanzierung gemäß IFRS 2 zu erfolgen hat. Gleiches gilt für einen Konzernabschluss, bei dem Vergütungsschuldner ein nicht zum Konzernverbund gehörender Anteilseigner ist. Bezüglich der Klassifizierung dieser Vereinbarungen vgl. Rn 52ff.

Transaktionen, bei denen ein Investor Mitarbeitern (oder anderen Parteien) eines **assoziierten Unternehmens** oder eines **Joint Ventures** eine anteilsbasierte Vergütung in Eigenkapitalinstrumenten des Investors gewährt, werden streng genommen nicht vom erweiterten Anwendungsbereich des IFRS 2 erfasst. Die Definition einer anteilsbasierten Vergütungsvereinbarung von IFRS 2 Appendix A verlangt, dass die gewährten Eigenkapitalinstrumente entweder solche des leistungsempfangenen Unternehmens oder eines anderen Gruppenunternehmens sein müssen. Als Gruppe ist hier in Übereinstimmung mit IAS 27 das Mutterunternehmen mit seinen Tochterunternehmen zu verstehen, was das IASB eindeutig klargestellt hat (IFRS 2.BC22E). Letztlich kommt in diesen Fällen aber die gleiche Einlagefiktion zum Tragen, wie dies für einen Anteilseigner gilt, der zum Konzernverbund gehört.[23] Aus diesem Grund wird teilweise für eine Einbeziehung von anteilsbasierten Vergütungen mit assoziierten Unternehmen und Joint Ventures plädiert.[24] Dies ist vor dem Hintergrund des eindeutigen Wortlauts der Definition von anteilsbasierten Vergütungsvereinbarungen im Anhang A und der klaren Intention des IASB, den erweiterten Anwendungsbereich auf Konzerne i.S.d. IAS 27 zu beschränken (IFRS 2.BC22G) nicht unproblematisch.

III. Begriffe. Eine **anteilsbasierte Vergütungsvereinbarung** ist eine Vereinbarung zwischen dem Unternehmen, einem Unternehmen der Gruppe oder einem Anteilseigner eines Unternehmens der Gruppe, die eine andere Partei einschließlich eines Mitarbeiters dazu berechtigt, Zahlungsmittel oder andere Vermögenswerte des Unternehmens zu erhalten, deren Höhe vom Kurs (oder Wert) der Eigenkapitalinstrumente des Unternehmens oder eines anderen Unternehmens der Gruppe abhängt, oder Eigenkapitalinstrumente des Unternehmens oder eines anderen Unternehms der Gruppe zu erhalten (IFRS 2.Appendix A). Nach dem Wortlaut der Definition stellen daher Vereinbarungen, bei denen ein anderes als das leistungsempfangene Unternehmen einen Barausgleich gewährt und Vereinbarungen über die Gewährung von Eigenkapitalinstrumenten eines Anteilseigners, der nicht zur Gruppe gehört, wie

---
23 Vgl. *Freiberg* PiR 2010, 25f.
24 Vgl. *Ernst & Young (Hrsg.)* International GAAP, 1982ff.

z.B. ein Investor bei einem assoziierten Unternehmen, keine anteilsbasierten Vergütungsvereinbarungen im Sinne des IFRS 2 dar. Während der erste Fall wegen der detaillierten Regelungen in IFRS 2.B56ff. durchaus als Formulierungsfehler angesehen werden kann[25] ist dies für den zweiten Fall wegen des eindeutigen Bezugs auf die Gruppe gemäß IAS 27.4 nicht so klar (vgl. Rn 29).

31   Eine **anteilsbasierte Vergütung** ist dem entsprechend definiert als eine Transaktion, bei der das Unternehmen im Rahmen einer anteilsbasierten Vergütungsvereinbarung von einem Lieferanten bzw. einem Mitarbeiter Güter oder Leistungen erhält, oder die Verpflichtung eingeht, im Rahmen einer anteilsbasierten Vergütungsvereinbarung beim Lieferanten den Ausgleich für die Transaktion vorzunehmen, ein anderes Unternehmen aber die betreffenden Güter oder Dienstleistungen erhält. Damit richtet sich die Bilanzierung der Vereinbarung sowohl bei dem leistungsempfangenden Unternehmen als auch bei dem Unternehmen, das die anteilsbasierte Vergütung gewährt nach IFRS 2. Unterschieden werden anteilsbasierte Vergütungen mit Barausgleich und solche mit Ausgleich durch Eigenkapitalinstrumente. Zur Klassifizierung im Einzelnen vgl. Rn 41ff.

32   Anteilsbasierte Vergütungen werden häufig mit **Ausübungsbedingungen** versehen. Dies sind die Bedingungen, die die Gegenpartei erfüllen muss, um im Rahmen einer anteilsbasierten Vergütungsvereinbarung einen Rechtsanspruch auf den Erhalt der mit der Vergütungsvereinbarung zugesagten Leistungen zu erwerben. Unterschieden werden Dienstbedingungen und Leistungsbedingungen. **Dienstbedingungen** verlangen von der Gegenpartei die Ableistung einer bestimmten Dienstzeit. **Leistungsbedingungen** verlangen von der Gegenpartei die Ableistung einer bestimmten Dienstzeit und die Erfüllung bestimmter Erfolgsziele, wie z.B. persönlicher Erfolgsziele oder die Steigerung des Unternehmensgewinns innerhalb eines bestimmten Zeitraums. Eine Leistungsbedingung kann auch eine Marktbedingung sein (vgl. Rn 33). Dienstzeitbedingungen und Leistungsbedingungen sind maßgeblich für die Bestimmung des Zeitraums innerhalb dessen die Leistungen dem Unternehmen zufließen (vgl. Rn 95ff.).

33   Eine **Marktbedingung** ist eine Bedingung in Bezug auf den Ausübungspreis, den Rechtsanspruch auf Erhalt der vereinbarten anteilsbasierten Vergütung oder die Ausübungsmöglichkeit der gewährten Eigenkapitalinstrumente, die mit dem Marktpreis der Eigenkapitalinstrumente im Zusammenhang stehen. Eine Bedingung, dass eine Aktienoption (oder virtuelle Option) nur ausgeübt werden kann, wenn der Aktienkurs innerhalb eines bestimmten Zeitraums um x-% gestiegen ist oder um x-% die Performance eines Vergleichsindex übersteigt, stellt eine Marktbedingung dar. Die Unterscheidung von Markt- und Nicht-Marktbedingungen ist wichtig wegen ihrer unterschiedlichen Berücksichtigung im Rahmen der Bilanzierung (vgl. Rn 84).

---

25   *Ernst & Young (Hrsg.)* International GAAP, 1825.

Alle anderen Bedingungen stellen **Nicht-Ausübungsbedingungen** dar. Bedingungen, die den Erwerb vergünstigter Aktien von der Höhe einer bestimmten Einzahlung abhängig machen, oder an die Voraussetzung geknüpft sind, dass der Mitarbeiter nach dem Ausscheiden aus dem Unternehmen keine Tätigkeit bei einem Wettbewerber aufnimmt, sind Nicht-Ausübungsbedingungen. Bezüglich ihrer Berücksichtigung bei der Bilanzierung vgl. Rn 84.

Der **Tag der Gewährung** ist der Tag, an dem das Unternehmen und die andere Partei eine anteilsbasierte Vergütungsvereinbarung treffen. Damit ist nicht der rechtsgültige Abschluss eines Vertrags gemeint, der sämtliche Details regelt, sondern der Zeitpunkt, zu dem sich die Parteien auf die wesentlichen Inhalte der Vereinbarung geeinigt haben. Hängt die Vereinbarung noch von einer Genehmigung, bspw. des Aufsichtsrats ab, ist der Tag an dem die Genehmigung erteilt wurde, der Tag der Gewährung.

Der **Bewertungsstichtag** ist der Tag, an dem der beizulegende Zeitwert der gewährten Eigenkapitalinstrumente bestimmt wird. Bei Transaktionen mit Mitarbeitern und anderen, die ähnliche Leistungen erbringen, ist dies der Tag der Gewährung. Bei Transaktionen mit anderen Parteien ist dies der Tag, an dem das Unternehmen die Güter erhält bzw. die Gegenpartei die Leistung erbringt.

Wegen des unterschiedlichen Bewertungsstichtages (vgl. Rn 33) sind Mitarbeiter und ähnliche Personen von den anderen Parteien zu unterscheiden. **Mitarbeiter und andere, die ähnliche Leistungen erbringen,** i.S.d. IFRS 2 sind Personen, die persönliche Leistungen für das Unternehmen erbringen und die entweder (a) rechtlich oder steuerlich als Mitarbeiter gelten, (b) für das Unternehmen auf dessen Anweisung wie Mitarbeiter tätig sind, oder (c) ähnliche Leistungen wie Mitarbeiter erbringen. Damit wird klar, dass der „Mitarbeiterbegriff" in IFRS 2 eher funktional und nicht nur rein formal auszulegen ist und somit einen weiteren Kreis von Personen umfassen kann.

IV. Grundprinzipien der Bilanzierung. 1. Vorüberlegungen. Ausgangspunkt für die Entwicklung des Standards waren zunächst die anteilsbasierten Vergütungssysteme, bei denen die Gegenpartei originäre oder derivative Eigenkapitalinstrumente des Unternehmens als Vergütung erhält (IFRS 2.BC29). Anteilsbasierte Vergütungssysteme, bei denen ein Ausgleich durch eine Barzahlung erfolgt unterscheiden sich zwar in vielerlei Hinsicht von den eigenkapitalgedeckten Vergütungssystemen. Während die eigenkapitalgedeckten Vergütungssysteme zu einer Eigenkapitalzuführung in Form der erhaltenen Gegenleistung führen, stellen die barzahlungsgedeckten Vergütungssysteme eine Schuld des Unternehmens dar. Daraus ergeben sich **unterschiedliche Konsequenzen für die Folgebilanzierung** der beiden Vergütungssysteme: Während die Höhe der Vergütung bei eigenkapitalgedeckten Vergütungssystemen nur einmal festgestellt wird, ist sie bei bargedeckten Vergütungssystemen laufend an den tatsächlich (erwarteten) Zahlungsmittelabfluss anzupassen. Zu den Einzelheiten der Bewertung bei eigenkapitalgedeckte Vergütungen vgl. Rn 101ff. und für barzahlungsgedeckte Vergütungen Rn 127ff. Insofern ist die Klassifizierung der Vergütungssysteme wegen der unterschiedlichen Auswirkungen auf Periodenergebnis, Eigenkapitalquote und Rentabilitätskennzahlen von materieller Bedeutung und sollte bei der Gestaltung des Vergütungssystems Berücksichtigung finden.[26]

39 Auf der anderen Seite sind die grundlegen **Prinzipien** der Bilanzierung für beide Vergütungssysteme **identisch**: Die im Rahmen einer anteilsbasierten Vergütung erlangten Güter oder Leistungen sind zu dem Zeitpunkt anzusetzen, zu dem die Güter erworben oder die Dienstleistungen erhalten wurden (IFRS 2.7) und nach den für sie geltenden Bestimmungen zu bewerten (IFRS 2.9). Die entsprechende Gegenbuchung hat bei anteilsbasierten Vergütungen mit Ausgleich durch Eigenkapitalinstrumente im Eigenkapital zu erfolgen und bei anteilsbasierten Vergütungen mit Barausgleich ist eine Schuld anzusetzen.

40 Handelt es sich um eine Leistung, ist ein Aufwand zu erfassen, soweit keine weiteren Bedingungen für den Anspruch der Gegenpartei existieren. Ist die Gewährung der anteilsbasierten Vergütungssysteme an **Ausübungsbedingungen** geknüpft, ist der Aufwand über den Erdienungszeitraum zu verteilen. Nicht-Ausübungsbedingungen sind bei der Bewertung zu berücksichtigen. Die Ermittlung der Höhe der anteilsbasierten Vergütungssysteme hat mittels von Optionspreismodellen zu erfolgen. Zu Einzelheiten der Bewertung vgl. Rn 57ff.

41 **2. Klassifizierung. a) Grundlagen.** Ausgangspunkt der Bilanzierung ist die Einordnung der Vergütungssysteme in eine der drei von IFRS 2 vorgesehenen Kategorien (IFRS 2.2):
- anteilsbasierte Vergütungstransaktion mit Ausgleich durch Eigenkapitalinstrumente,
- anteilsbasierte Vergütungstransaktion mit Barausgleich oder
- anteilsbasierte Vergütungstransaktion, bei denen das Unternehmen oder der Lieferant die Wahl hat, ob der Ausgleich durch Ausgabe von Eigenkapitalinstrumenten oder in bar erfolgen soll.

42 Anteilsbasierte Vergütungen mit Ausgleich durch **Eigenkapitalinstrumente** sind definiert als anteilsbasierte Vergütungen, bei denen das Unternehmen (a) Güter oder Leistungen erhält und im Gegenzug eigene Eigenkapitalinstrumente hingibt oder (b) Güter oder Leistungen erhält, aber nicht dazu verpflichtet ist, beim Lieferanten den Ausgleich vorzunehmen (IFRS 2 Appendix A).

43 Eigenkapitalinstrumente werden in IFRS 2 nur allgemein definiert als ein Vertrag, der einen Residualanspruch an den Vermögenswerten nach Abzug aller Schulden begründet. Weiterführende Bestimmungen für die Klassifizierung als Eigenkapitalins-

---

26 Zu den unterschiedlichen Auswirkungen der beiden Vergütungssysteme auf Bilanzstruktur und Rentabilitätskennzahlen vgl. *Richter/Rogler* IRZ 2010, 333ff.

trument enthält IAS 32. Allerdings ist nicht ganz klar, ob ein Instrument **sämtliche Kriterien des IAS 32** erfüllen muss, um als eigenkapitalgedeckte Vergütungstransaktion eingestuft zu werden. Fraglich ist dies z.b. bei so genannten mezzaninen Instrumenten, die einen eigenkapitalähnlichen Charakter haben, aber nach IAS 32 als Schuldinstrumente zu qualifizieren sind. Noch drängender wird diese Fragestellung bei Instrumenten die (gesellschafts)rechtlich als Eigenkapitalinstrumente anzusehen sind, aber nicht die strengen Kriterien des IAS 32 erfüllen. Die Bestimmung, dass auch variable Optionspläne in den Anwendungsbereich des IFRS 2 fallen (vgl Rn 20) lässt auf eine weitergehende Auslegung von Eigenkapitalinstrumenten nach IFRS 2 schließen. Die Tatsache, dass diese Problemstellung bislang weder vom IASB bzw. IFRIC noch von der weiterführenden Literatur aufgegriffen wurde, lässt den Schluss zu, dass hinsichtlich der Eigenkapitalabgrenzung anteilsbasierter Vergütungen in der Praxis kein allzu großes Problem besteht. Es sind wohl im Wesentlichen (börsennotierte) Aktiengesellschaften, die eigenkapitalgedeckte Vergütungen gewähren.

Klar ist jedenfalls, dass die Gewährung von Instrumenten, die eindeutig als Schuldinstrumente einzustufen sind, keine anteilsbasierten Vergütungspläne darstellen. 44

Beispiel:

Ein Unternehmen gewährt seinen Mitarbeitern als Teil ihrer Vergütungen Anteile an Genussrechten. Da Genussrechte i.d.R. eindeutig als Finanzschuld zu qualifizieren sind, ist dies kein Anwendungsfall von IFRS 2. Hängt die Anzahl der Ausgabe der Genussrechte bzw. kündbaren Aktien indes von dem Kurs bzw. Wert echter Eigenkapitalinstrumente ab, handelt es sich um eine anteilsbasierte Vergütung mit Barausgleich.[27]

Grundsätzlich zählen auch **Aktien mit einem Rückgaberecht** des Inhabers nicht zu den Eigenkapitalinstrumenten nach IAS 32. Die Ausgabe solcher Aktien an Mitarbeiter oder andere Parteien wäre demnach ebenfalls kein Anwendungsfall von IFRS 2. Werden hingegen normale Stammaktien bspw. an Mitarbeiter (vergünstigt) abgegeben und besteht die Verpflichtung diese Aktien an das Unternehmen gegen einen Zahlung eines Geldbetrags zurückzugeben, wenn der entsprechende Mitarbeiter das Unternehmen innerhalb einer festgelegten Frist verlässt, soll dies eine anteilsbasierte Vergütung mit Ausgleich durch Eigenkapitalinstrumente darstellen.[28] Die Zeitspanne, über die die Aktien mit einer Rückgabeverpflichtung belegt sind wären dann als Dienstbedingung einzustufen. Zu den Dienstbedingungen im Einzelnen vgl. Rn 32. 45

Anteilsbasierte Vergütungen mit **Barausgleich** sind definiert als anteilsbasierte Vergütungen, bei denen das Unternehmen Güter oder Leistungen erhält und im Gegenzug die Verpflichtung eingeht, dem Lieferanten dieser Güter oder Leistungen 46

---

27 *Ernst & Young (Hrsg.)* International GAAP, 1828.
28 Vgl. *PwC (Hrsg.)* IFRS Manual, 12016; *Ernst & Young (Hrsg.)* International GAAP, 1826.

Zahlungsmittel oder andere Vermögenswerte zu übertragen, deren Höhe vom Kurs (oder Wert) der Eigenkapitalinstrumente des Unternehmens oder eines anderen Unternehmens der Gruppe abhängt. Bereits durch die Definition wird ersichtlich, dass der Begriff „Barausgleich" eigentlich zu eng ist, da auch die Verpflichtungen zur Abgabe anderer finanzieller oder nicht finanzieller Vermögenswerte darunter fallen. So stellt auch die im obigen Beispiel angesprochene Ausgabe eigener Schuldinstrumente in Abhängigkeit des Kurses (oder Wertes) von Eigenkapitalinstrumenten des Unternehmens, eine anteilsbasierte Vergütung mit Barausgleich dar.

47 Durch die Verpflichtung zur Abgabe von flüssigen Mitteln bzw. anderen Vermögenswerten stellt die anteilsbasierte Vergütung mit Barausgleich eine **Schuld** des Unternehmens dar und ist auch prinzipiell als eine solche zu bilanzieren, allerdings unter Beachtung der besonderen Bewertungsregeln des IFRS 2. Zu den Einzelheiten der Bewertung vgl. Rn 57ff.

48 Der klassische Anwendungsfall der anteilsbasierten Vergütungen mit Barausgleich sind die virtuellen Eigenkapitalinstrumente, die echte Eigenkapitalinstrumente rechentechnisch nachbilden. Bei den so genannten **virtuellen Optionen** oder **Aktienwertsteigerungsrechten** (*share appreciation rights, SARs*), erhält der Inhaber das Recht auf eine Barzahlung in Höhe der Differenz des Zeitwertes des zugrunde liegenden Eigenkapitalinstruments im Zeitpunkt der Ausübung und dem vorher festgelegten Bezugskurs. Die Wertsteigerungsrechte enthalten i.d.R. keinen Ausgleich für Dividendenzahlungen. Erhält der Inhaber neben der Barzahlung für die fiktiven Kurssteigerungen auch die während der vertraglichen Laufzeit des virtuellen Programms angefallenen Dividenden, spricht man von **virtuellen Aktien** bzw. *phantom stocks*.[29]

49 Insofern hängt die Klassifizierung der Vergütungsvereinbarung stark an der formalen Ausgestaltung, wie an dem Beispiel der eigenen Aktien, die vom Unternehmen bei Ausübung am Markt zurückgekauft werden, deutlich wird. Obwohl das Unternehmen einen identischen Abfluss von flüssigen Mitteln, wie bei einem virtuellen Programm, zu verzeichnen hat, liegt wegen der fehlenden Verpflichtung zum Barausgleich keine bargedeckte, sondern eine eigenkapitalgedeckte Vergütungstransaktion vor. Dieser teilweise als Umkehrung des *substance over form* Prinzips bezeichnete Umstand[30] hat für das Unternehmen wegen der unterschiedlichen Auswirkungen der anteilsbasierten Vergütungssysteme auf Bilanzbild und Ergebnisentwicklung erhebliche Bedeutung, der bereits bei der Ausgestaltung der Programme zu berücksichtigen ist.

50 Als Mischform zwischen den beiden vorgenannten Vergütungssystemen stehen die **Kombinationsmodelle**, bei denen das Unternehmen und/oder der Lieferant die Wahl hat, ob der Ausgleich in bar bzw. anderen Vermögenswerten oder durch die

---

29 Vgl. *Roß/Simons* Rechnungslegung nach IFRS, IFRS 2 Rn 190.
30 So etwa *Roß/Simons* Rechnungslegung nach IFRS, IFRS 2 Rn 188a.

Ausgabe von Eigenkapitalinstrumenten erfolgen soll (IFRS 2.2c)). Dies gilt unabhängig davon, ob die Höhe der Barzahlungskomponente an den Wert der Eigenkapitalinstrumente geknüpft ist oder nicht. Dies gilt sogar dann, wenn selbst die Anzahl der ggf. zu liefernden Aktien von einem festen Geldbetrag abhängen.[31]

Beispiel:

Das Unternehmen gewährt ausgewählten Führungskräften in Abhängigkeit von der persönlichen Zielerreichung (X%) einen Bonus in Höhe von T€ 500 x X%.

Der Empfänger hat die Wahl zwischen Auszahlung des Bonus in bar oder gegen Gewährung von Aktien, wobei der Zeitwert der zu gewährenden Aktien dem Bonusbetrag im Auszahlungszeitpunkt entspricht.

Obwohl der Geldbetrag feststeht und nicht an die Wertentwicklung eines Eigenkapitalinstruments gekoppelt ist und die eigenen Aktien lediglich als eine Art Währung eingesetzt werden, handelt es sich nach Auffassung des IFRIC um eine anteilsbasierte Vergütung mit wahlweisem Ausgleich durch Eigenkapitalinstrumente oder Barausgleich i.S.d. IFRS 2.2(c).

Sofern die Gegenpartei das Wahlrecht zur Ausübung hat, handelt es sich aus Sicht des Unternehmens um ein **zusammengesetztes Finanzinstrument** mit einer Schuld- und einer Eigenkapitalkomponente und ist entsprechend zu bilanzieren. Hat das Unternehmen hingegen das Erfüllungswahlrecht ist zunächst zu prüfen, ob seitens des Unternehmens eine faktische Verpflichtung zum Barausgleich besteht, bspw. weil das Unternehmen in der Ausgabe von Aktien rechtlich beschränkt ist (IFRS 2.41). Ist dies der Fall, erfolgt die Bilanzierung nach den Regeln für anteilsbasierte Vergütungen mit Barausgleich, andernfalls nach den für eigenkapitalgedeckte Vergütungen. Zu den Einzelheiten der Bilanzierung von anteilsbasierten Vergütungen mit Erfüllungswahlrecht vgl. Rn 135ff.

b) Konzernpläne. Ein besonderes Klassifizierungsproblem besteht bei Konzernplänen, da die Klassifizierung aus Sicht der Gruppe, des Mutterunternehmens oder des Tochterunternehmens jeweils unterschiedlich ausfallen können. Nach der Erweiterung der Definitionen im Zuge der Änderung des IFRS 2 im Jahr 2009 ist klargestellt, dass nur solche anteilsbasierte Vergütungen als eigenkapitalgedeckt zu klassifizieren sind, bei denen das Unternehmen selbst Empfänger der Leistung ist und entweder eigene Eigenkapitalinstrumente hingibt oder keine Verpflichtung zur Gegenleistung gegenüber dem Lieferanten hat. Im letzten Fall muss die Verpflichtung entweder von einem Anteilseigner des Unternehmens oder einem anderen Unternehmen des Konzerns i.S.v. IAS 27 übernommen werden. Dies geht eindeutig aus der Definition von anteilsbasierten Vergütungsvereinbarungen in IFRS 2 Appendix A hervor.

---

31 Vgl. IFRIC Update, März 2006, 8.

53 Damit wird automatisch eine gesellschaftsrechtliche Veranlassung unterstellt, wenn die Vergütungsverpflichtung nicht vom leistungsempfangenden Unternehmen selbst, sondern von einem Anteilseigner bzw. einem anderen Konzernunternehmen übernommen wird. Hier unterstellt IFRS 2 eine unmittelbare Einlage des Anteilseigners bzw. mittelbare Einlage durch Schwesterunternehmen in das Eigenkapital und die Verwendung der erlangten Mittel durch das Unternehmen zum Bezug der entsprechenden Leistungen. Dies muss aber nicht immer den tatsächlichen Gegebenheiten entsprechen. Dies gilt insbesondere bei Vereinbarungen mit nicht beherrschenden Gesellschaftern, die möglicherweise eigene Partikularinteressen verfolgen.[32] Dennoch erfordert IFRS 2 auch in diesen Fällen eine Bilanzierung als (eigenkapitalgedeckte) anteilsbasierte Vergütung und dem entsprechend einen (erzwungenen) Aufwand auf Ebene des leistungsempfangenden Unternehmens.

Beispiel:

Ein Minderheitsgesellschafter gewährt einem Vorstand der X-AG einen Anteil an der Kurssteigerung für die Dauer seiner Vorstandstätigkeit.

Obwohl der Aufsichtsrat rechtlich für die Vergütung von Vorstandsmitgliedern zuständig ist (§§ 87, 112 AktG), unterstellt IFRS 2 eine fiktive verdeckte Einlage in das Eigenkapital der Gesellschaft. Der von IFRS 2.3A geforderte Nachweis, dass die aktienbasierte Leistung eindeutig einem anderen Zweck als der Vergütung vom Unternehmen empfangener Leistungen dient, dürfte in der Praxis schwer zu erbringen sein.[33]

54 Anteilsbasierte Vergütungstransaktionen, bei denen das leistungsempfangende Unternehmen die Verpflichtung eingeht, als Gegenleistung Eigenkapitalinstrumente eines anderen Gruppenunternehmens zu gewähren, sind aus Sicht des leistungsempfangenden Unternehmens anteilsbasierte Vergütungen mit Barausgleich, da diese Instrumente aus dessen Perspektive finanzielle Vermögenswerte darstellen. Aus Konzernsicht und aus Sicht des Unternehmens, dass die Eigenkapitalinstrumente gewährt, sind dies jedoch anteilsbasierte Vergütungen mit Ausgleich durch Eigenkapitalinstrumente. Umgekehrt sind Vergütungstransaktionen, bei denen ein anderes Gruppenunternehmen eine direkte Verpflichtung gegenüber dem Lieferanten des empfangenden Unternehmens übernommen hat, Eigenkapitalinstrumente des leistungsempfangenden Unternehmens zu gewähren, sowohl aus Konzernsicht als auch aus Sicht des leistungsempfangenden Unternehmens als anteilsbasierte Vergütungen mit Ausgleich durch Eigenkapitalinstrumente einzustufen. Aus der Perspektive des die Vergütung gewährenden Unternehmens handelt es sich jedoch um eine anteilsbasierte Vergütung mit Barausgleich, da aus dessen Sicht die Eigenkapitalinstrumente des anderen Gruppenunternehmens finanzielle Vermögenswerte darstellen.

---

32 *Freiberg* PiR 2010, 25ff.
33 *Freiberg* PiR 2010, 25ff.

IV. Grundprinzipien der Bilanzierung

Diese unterschiedliche Behandlung derselben Transaktion im Konzernabschluss und/oder in den separaten Einzelabschlüssen der beteiligten Konzernunternehmen ist im Rahmen der Standardsetzung durchaus kritisiert worden. So wurde insbesondere das Abstellen auf den rein formalen Aspekte, welches Unternehmen der Gruppe letztlich die Vergütung schuldet, und der damit verbundene Gestaltungsspielraum kritisch gesehen.[34]

55

IFRS 2

Die folgende Tabelle[35] fasst die unterschiedlichen Klassifizierung von Konzernplänen, bei dem Tochterunternehmen (TU), Mutterunternehmen (MU) und/oder nicht beherrschende Gesellschafter des Mutterunternehmens (nbG MU) involviert sind, zusammen:

56

Leistungs-empfänger	Vergü-tungs-schuldner	Vergü-tung	Klassifizierung im		
			Einzelab-schluss TU	Einzelab-schluss MU	Konzernab-schluss
TU	MU	Anteile MU	*equity settled*	*equity settled*	*equity settled*
		Anteile TU	*equity-settled*	*cash-settled*	*equity-settled*
		bar	*equity-settled*	*cash-settled*	*cash-settled*
TU	nbG MU	Anteile MU	*equity-settled*	*n/a*	*equity-settled*
		Anteile TU	*equity-settled*	*n/a*	*equity-settled*
		bar	*equity-settled*	*n/a*	*cash-settled*
MU	nbG MU	Anteile MU	*n/a*	*equity-settled*	*equity-settled*
		Anteile TU	*n/a*	*equity-settled*	*equity-settled*
		bar	*n/a*	*equity-settled*	*equity-settled*

3. Bewertung. a) Direkte und indirekte Bewertung. Die Gewährung von Eigenkapitalinstrumenten gegen den Empfang von Gütern oder Dienstleistungen stellt wirtschaftlich einen tauschähnlichen Vorgang dar. Die im Rahmen von Tauschtrans-

57

---

34 Vgl. *Schreiber/Beiersdorf* KoR 2005, 338ff.
35 In Anlehnung an *Freiberg* PiR 2010, 25f.

aktionen erworbenen Güter sind auf Basis der Regelungen des F.100(a) bzw. für Vermögenswerte des Sachanlagevermögens entsprechend IAS 16.26 grundsätzlich mit dem Zeitwert der hingegebenen Vermögenswerte anzusetzen. Da aber das Eigenkapital eine Residualgröße darstellt, kehrt IFRS 2.10 diesen Grundsatz für anteilsbasierte Vergütungen mit Ausgleich durch Eigenkapitalinstrumente um.[36] Danach sind Güter und Leistungen, die durch Ausgabe von Eigenkapitalinstrumenten erworben wurden, mit ihren beizulegenden Zeitwerten anzusetzen (**direkte Methode**). Lediglich dann, wenn eine verlässliche Schätzung des beizulegenden Zeitwertes der empfangenen Güter und Dienstleistungen nicht möglich ist, erfolgt die Ermittlung des Wertansatzes indirekt über den Zeitwert der gewährten Eigenkapitalinstrumente (**indirekte Methode**).

58 Bei anteilsbasierten Vergütungen mit **Mitarbeitern und solchen Personen, die ähnliche Leistungen** erbringen, stellt IFRS 2.11 die unwiderlegbare Vermutung auf, dass der Zeitwert der empfangenen Leistungen nicht zuverlässig ermittelt werden kann. Dies liegt nach Einschätzung des IASB vor allem daran, dass anteilsbasierte Vergütungen i.d.R. im Rahmen eines Gesamtvergütungspaketes vereinbart werden und es schwierig ist, den einzelnen Vergütungsbestandteilen spezifische Leistungen zuzuordnen (IFRS 2.12). Aus diesem Grund erfolgt der Wertansatz von anteilsbasierten Vergütungen mit Eigenkapitalausgleich für Mitarbeiter und Parteien, die ähnliche Leistungen erbringen, grundsätzlich auf Basis der Zeitwerte der gewährten Eigenkapitalinstrumente.

59 Für alle anderen Parteien besteht die **widerlegbare Vermutung**, dass der beizulegende Zeitwert der erhaltenen Güter oder Dienstleistungen verlässlich geschätzt werden kann. Insofern stellt die direkte Bewertung bei anderen Parteien als Mitarbeitern den Regelfall dar. Der beizulegende Zeitwert ist an dem Tag zu ermitteln, an dem das Unternehmen die Güter erhält oder die Vertragspartei ihre Leistung erbringt (IFRS 2.13). Der **Zugangszeitpunkt** von Gütern bestimmt sich dem entsprechend nach den für Vorräte bzw. Sachanlagen geltenden Grundsätzen. Hinweise für den Zeitpunkt des Empfangs von Leistungen enthält IAS 38.69A. Danach erbringt eine Partei ihre Leistung, wenn sie vertragsgemäß geleistet hat und nicht, wenn das Unternehmen die Leistungen für eigene Zwecke verwendet.

60 Lediglich wenn **nicht identifizierbare Güter und Leistungen** Bestandteil der anteilsbasierten Transaktion sind, ist neben dem Zeitwert der identifizierbaren Güter und Leistungen auch der Zeitwert der gewährten Eigenkapitalinstrumente zu bestimmen (IFRS 2.13A). Die Differenz entfällt dann auf die nicht identifizierten Güter und Leistungen, die mithin ebenfalls indirekt bewertet werden.[37] Fraglich ist, ob sich daraus eine Verpflichtung des Unternehmens ableitet, bei sämtlichen anteilsbasierten

---

36 Vgl. *Köster* IFRS Praxis, §5 Rn 556.
37 Vgl. *Roß/Simons* Rechnungslegung nach IFRS, IFRS 2 Rn 58.

IV. Grundprinzipien der Bilanzierung

Vergütungen mit anderen Parteien als Mitarbeitern, das Vorhandensein nicht identifizierbarer Güter und Leistungen zu prüfen. Dies betrifft insbesondere Fälle, in denen nicht bereits ein offensichtliches Ungleichgewicht zwischen den gewährten Eigenkapitalinstrumenten und den empfangenen identifizierbaren Gütern und Leistungen besteht, wie z.B. bei aktienbasierten Spenden (IFRS 2.IG5). Während eine solche Pflicht z.T. gesehen wird,[38] lehnen andere diese mit Verweis auf IFRS 2.BC128C ab.[39]

Im Gegensatz zu den anteilsbasierten Vergütungen mit Ausgleich durch Eigenkapitalinstrumente werden anteilsbasierte Vergütungen mit Barausgleich grundsätzlich indirekt, d.h. zum Zeitwert der entsprechenden Schuld ohne Rückgriff auf den Zeitwert der empfangenen Güter und Leistungen bewertet (IFRS 2.30). Zu den Einzelheiten der Bewertung von anteilsbasierten Vergütungen mit Barausgleich vgl. Rn 127ff.

b) Bewertungskonzeptionen. Während für die Fälle der direkten Bewertung der Wert der anteilsbasierten Vergütung aus dem beizulegenden Zeitwert der empfangenen Güter und Dienstleistungen abgeleitet wird, sind für alle Formen der anteilsbasierten Vergütungen, die eine indirekte Bewertung vorsehen, also insbesondere Transaktionen mit Mitarbeitern und anteilsbasierte Vergütungen mit Barausgleich, die entsprechenden Wertansätze anhand der gewährten Eigenkapitalinstrumente bzw. der eingegangenen Schulden zu ermitteln.

Die wesentlichen in diesem Zusammenhang mit der Bewertung von Aktienoptionen diskutierten Bewertungskonzepte sind der **innere Wert** und der **beizulegende Zeitwert**. Der einfach zu ermittelnde innere Wert ergibt sich aus der Differenz zwischen dem aktuellen Aktienkurs und dem Bezugskurs der Aktie gemäß den Optionsbedingungen und entspricht somit dem Gewinn des Optionsinhabers bei sofortiger Ausübung.[40] Da eine Option ein Recht, aber keine Pflicht, zum Bezug von Aktien darstellt, kann der innere Wert einer Option nicht negativ werden. Die mögliche Teilnahme des Optionsinhabers an künftigen Wertsteigerungen der Aktie bei gleichzeitigem Schutz gegen Kursrückgänge schlägt sich in der Optionsprämie nieder. Optionsprämie und innerer Wert bilden zusammen den Gesamtwert bzw. den beizulegenden Zeitwert der Option. Die Höhe der Optionsprämie hängt im Wesentlichen von dem Ausübungspreis, der Laufzeit der Option, dem aktuellen Marktpreis der zugrunde liegenden Aktien, deren erwartete Volatilität und Dividendenrendite sowie dem risikolosen Zinsfuß ab. Grundsätzlich gilt, je länger (kürzer) die Laufzeit, je höher (niedriger) die erwartete Volatilität und je niedriger (höher) die erwartete Dividendenrendite und der risikolose Zinsfuß sind, desto höher ist die Optionsprämie.

---

38 Vgl. *Vater* Internationale Rechnungslegung, IFRS 2 Rn 138.
39 Vgl. *Schreiber* KoR 2006, 298ff.
40 Vgl. *Köster* IFRS Praxis, § 5 Rn 559.

64 Obgleich der innere Wert insbesondere bei anteilsbasierten Vergütungen mit Barausgleich letztlich dem Zahlungsmittelabfluss der Unternehmens entspricht, hat sich das IASB gegen den Ansatz anteilsbasierter Vergütungen zum inneren Wert und für einen **Zeitwertansatz** ausgesprochen. Seiner Auffassung nach spiegelt nur dieser Wert die gesamte Tauschtransaktion zuverlässig wieder, da eine Beschränkung auf den inneren Wert eine wesentliche Wertkomponente der Aktienoptionen ausschließen würde (IFRS 2.BC85).

65 Im Hinblick auf anteilsbasierte Vergütungen mit Barausgleich sieht dies das IASB genauso. Der Wert der virtuellen Eigenkapitalinstrumente enthält neben dem inneren Wert auch eine Optionsprämie, die Bestandteil der Tauschtransaktion ist. Dies stellt eine wesentliche Abweichung von den Bewertungsgrundsätzen anderer ungewisser Verbindlichkeiten dar, die gem. IAS 37 mit der besten Schätzung des Erfüllungsbetrags anzusetzen sind. Zu den Einzelheiten der Rückstellungsbewertung vgl. die Ausführung zu IAS 37 in diesem Buch. Wegen der Notwendigkeit anteilsbasierte Vergütungen mit Barausgleich bis zu ihrem Erfüllungstag zu jedem Abschlussstichtag neu zu bewerten (vgl. Rn 73), entspricht der Wertansatz am Erfüllungstag dem inneren Wert der virtuellen Eigenkapitalinstrumente. So wird sichergestellt, dass anders als bei eigenkapitalgedeckten Vergütungen, lediglich der Ausübungsgewinn des Mitarbeiters, also der tatsächliche Mittelabfluss aus dem Unternehmen aufwandswirksam wird.[41]

66 Nur in den seltenen Ausnahmefällen, in denen das Unternehmen bei indirekt zu bewertenden Transaktionen nicht in der Lage ist, den Zeitwert verlässlich zu bestimmen, ist ein Wertansatz auf Basis des **inneren Wertes** geboten (IFRS 2.24). In diesen Fällen gelten auch Besonderheiten hinsichtlich der Folgebewertung (vgl. Rn 72). Wann ein solcher Ausnahmefall vorliegen soll, darüber gibt der Standard keine weiteren Auskünfte. Klar ist jedoch, dass die notwendige und mitunter schwierige Schätzung einzelner für die Bewertung notwendiger Parameter, wie z.B. die erwartete Volatilität (vgl. Rn 80), oder die Tatsache, dass das Unternehmen nicht börsennotiert ist, kein hinreichender Grund für die Heranziehung des inneren Wertes ist.[42] Nur bei äußerst ungewöhnlichen und komplexen Eigenschaften einer Option (bzw. virtuellen Option), kann das Abstellen auf den inneren Wert geboten sein (IFRS 2.BC195). Ein späterer Wechsel auf den beizulegenden Zeitwert ist auch bei Wegfall der Ausnahmegründe nicht möglich.[43]

67 **c) Bewertungsstichtag.** Während die empfangenen Güter und Leistungen bei direkt zu bewertenden anteilsbasierten Vergütungen im Zugangszeitpunkt der entsprechenden Güter bzw. Leistungen zu bewerten sind (vgl. Rn 59), stellen sich bei der indirekten Bewertung auf Basis der gewährten Eigenkapitalinstrumente bzw. der

---

41 Vgl. *Pellens/Crasselt* KoR 2004, 113ff.
42 Vgl. *KPMG (Hrsg.)* Insights, 1037.
43 Vgl. *Hasenburg/Seidler* Der Konzern 2005, 159ff.

IV. Grundprinzipien der Bilanzierung

eingegangenen Schulden zunächst zwei grundlegende Fragestellungen: Zu welchem Zeitpunkt ist die Wertermittlung der ausgegebenen realen oder virtuellen Eigenkapitalinstrumente als Wertmaßstab für die empfangenen Güter und Leistungen vorzunehmen und erfolgt die Wertermittlung einmalig oder fortlaufend?

aa) Erstmalige Bewertung. Im Hinblick auf den **Zeitpunkt der erstmaligen Bewertung** differenziert der Standard danach, ob es sich um eine anteilsbasierte Vergütung mit Mitarbeitern und ähnliche Parteien (vgl. Rn 37) oder um andere Parteien handelt. Für erstere gilt der Zeitpunkt der Gewährung (vgl. Rn 35) als erstmaliger Bewertungsstichtag und für letztere der Zeitpunkt des Zugangs der Güter bzw. Leistungen. Die Begründung des IASB für die unterschiedliche Behandlung von Mitarbeitern und anderen Parteien vermag nicht vollständig zu überzeugen. Da der Wertmaßstab der gewährten Eigenkapitalinstrumente als Ersatzwert (*surrogate*) für die empfangenen Leistungen dient, sah das IASB den Zeitpunkt der Gewährung als den Zeitpunkt an, in dem die Vertragsparteien davon ausgehen, dass Leistungen und Gegenleistungen in einem ausgeglichenen Verhältnis stehen (IFRS 2.BC96). Wertschwankungen der gewährten Eigenkapitaltitel bis zum Ausübungszeitpunkt haben mithin keine Auswirkungen auf den Wert der empfangenen Leistungen (IFRS 2.BC 93). Obwohl dies m.E. auch bei anderen Parteien als Arbeitnehmern zutrifft, sieht das IASB hier eine engere Korrelation zwischen dem Wert der Eigenkapitalinstrumente und der empfangenen Güter und Leistungen im Zugangszeitpunkt. Dies insbesondere vor dem Hintergrund, dass der Zugangszeitpunkt bei Gütern i.d.R. punktuell und bei Leistungen über einen kürzeren Zeitraum erfolgt, als bei Mitarbeitern (IFRS 2.BC126), deren Gegenleistung bereits ab dem Tag der Gewährung kontinuierlich erbracht wird. Darüber hinaus sah das IASB die Gefahr von Strukturierungsmöglichkeiten bei einer Wertermittlung zum Gewährungszeitpunkt anteilsbasierter Vergütungen mit anderen Parteien (IASB 2.BC127).

Während der Zugangszeitpunkt der Güter und Leistungen i.d.R. relativ unproblematisch zu bestimmen ist, lässt sich der **Tag der Gewährung** mitunter nicht ohne weiteres bestimmen. Insbesondere bei revolvierenden Vergütungsplänen ist häufig fraglich, ob ein einheitlicher oder verschiedene Gewährungszeitpunkte vorliegen. In diesen Fällen kommt es darauf an, wie präzise die jeweiligen Optionsbedingungen formuliert sind.[44]

Beispiel:

Zu Beginn des Jahres x1 werden die Mitarbeiter informiert, dass sie über die nächsten drei Jahre jeweils 1.000 Aktionoptionen beziehen können, wenn sie (a) zum Ende des jeweiligen Geschäftsjahres noch in einem ungekündigten Arbeitsverhältnis stehen und (b) bestimmte Umsatzziele, die zu Beginn des entsprechenden Jahres kommuniziert werden, erreicht wurden.

---

44 Vgl. *Ernst & Young* (Hrsg.) International GAAP, 1844.

Gem. Definition (vgl. Rn 35) muss zum Gewährungszeitpunkt ein Einverständnis über die wesentlichen Vertragsbestandteile bestehen. Da die Ausübungsbedingungen einen wesentlichen Vertragsbestandteil darstellen, dürften in diesem Fall drei separat zu bilanzierende Tranchen vorliegen, deren Gewährungszeitpunkt jeweils der Jahresbeginn mit der Kommunikation der Umsatzziele ist.

Variante:

Die Umsatzziele für alle drei Jahre werden zu Beginn des Jahres x1 kommuniziert.

In diesem Fall liegt zu Beginn des Jahres x1 ein Verständnis über die wesentlichen Vertragsbestandteile aller drei Tranchen vor. Der Gewährungszeitpunkt ist daher für alle drei Tranchen einheitlich der Beginn des Geschäftsjahres x1.

70 **bb) Fortlaufende Bewertung.** Die Frage, ob eine fortlaufende Bewertung der gewährten realen oder virtuellen Eigenkapitalinstrumente bis zum Ausübungszeitpunkt erforderlich ist, lässt sich konzeptionell eindeutig beantworten: da reale Eigenkapitalinstrumente eine Residualgröße i.S.d. *Framework* darstellen, kommt eine fortlaufende Bewertung nicht in Betracht. Der Ausübungsgewinn bzw. die Nichtausübung der gewährten Optionen liegt in der ökonomischen Sphäre des Optionsinhabers und berührt dem entsprechend weder den Wert der empfangenen Güter und Leistungen, noch den Wert der Residualgröße „Eigenkapital". Bei virtuellen Eigenkapitalinstrumenten indes liegt eine Verpflichtung des Unternehmens zur Abgabe von flüssigen Mitteln oder anderen Vermögenswerten vor. Insofern berührt der Ausübungsgewinn des Mitarbeiters auch die ökonomische Sphäre des Unternehmens.

71 Diesen konzeptionellen Grundsätzen entsprechend bestimmt IFRS 2.16, dass bei anteilsbasierten Vergütungen mit Ausgleich durch Eigenkapitalinstrumente, diese grundsätzlich nur zum entsprechenden Bewertungsstichtag (vgl. Rn 63ff.) zu bewerten sind. Weder Änderungen der in die Bewertung eingehenden Parameter noch die Änderung von Marktbedingungen oder die Nichtausübung nach Unverfallbarkeit führen zu **Anpassungen** an den Wertansatz der erfassten Güter bzw. Aufwendungen für Leistungen und dem Eigenkapital (IFRS 2.21 und 23).

72 Etwas anderes gilt nur für solche Eigenkapitalinstrumente, die zum **inneren Wert** zu bewerten sind. Zu den Voraussetzungen vgl. Rn 66. Der innere Wert ist zu jedem Abschlussstichtag bis zur endgültigen Erfüllung durch Ausübung, Verwirkung oder Verfall zu ermitteln. Zwischenzeitliche Änderungen sind erfolgswirksam zu erfassen (IFRS 2.24(c)). Anders als bei zum beizulegenden Zeitwert bewerteten Vergütungen findet ein hier also ein vollständiger *true-up* der gebuchten Aufwendungen, statt, d.h. dass der erfasste Aufwand den tatsächlich ausgeübten Optionen angepasst wird. Der Verstoß gegen den konzeptionellen Grundsatz, dass der Ausübungsgewinn bei echten Eigenkapitalinstrumenten nicht die Sphäre des Unternehmens berührt (vgl. Rn 70),

IV. Grundprinzipien der Bilanzierung

wird wohl damit begründet, dass der innere Wert lediglich einen aus Sicht des IASB unvollkommenen Ersatzmaßstab für den beizulegenden Zeitwert darstellt. Da der innere Wert zum Gewährungszeitpunkt häufig Null beträgt, würde der Verzicht auf eine fortlaufende Bewertung bei Inanspruchnahme der Ausnahmeregelung in vielen Fällen dazu führen, dass die anteilsbasierten Vergütungen zu keinem Aufwand führen.

Virtuelle Eigenkapitalinstrumente indes führen zu einer Verpflichtung des Unternehmens zur Abgabe flüssiger Mittel oder anderer Vermögenswerte und zwar in Höhe des (fiktiven) Ausübungsgewinns des Rechteinhabers. Dem entsprechend verlangt IFRS 2.30 die fortlaufende Bewertung bis zur endgültigen Erfüllung durch Ausübung, Verwirkung oder Verfall. Auch bei **anteilsbasierten Vergütungen mit Barausgleich** findet daher ein vollständiger *true-up* (vgl. Rn 72) der erfassten Aufwendungen statt. Zur Kritik der unterschiedlichen Behandlung vgl. Rn 49. 73

d) Ermittlung des Zeitwertes. Grundsätzlich ist bei indirekter Bewertung der beizulegende Zeitwert der gewährten Eigenkapitalinstrumente entsprechend der allgemeinen *fair value* Hierarchie anhand von **Marktpreisen** zu bewerten (IFRS 2.18). Bei der Ausgabe von Aktien ist dies zumindest bei börsennotierten Unternehmen i.d.R. problemlos möglich. Bei gewährten Anteilen, die nicht an einer öffentlichen Börse gehandelt werden, ist der Zeitwert der Anteile anhand geeigneter Bewertungsmodelle zu schätzen (IFRS 2.17). Dabei sind unabhängig davon, ob die Anteile börsennotiert sind oder nicht, Vertragsbedingungen, die einen Einfluss auf den Marktwert haben, wie z.B. Verfügungsbeschränkungen oder Gewinnbezugsrechte, zu berücksichtigen (IFRS 2.B2). Dies gilt allerdings nicht für Ausübungsbedingungen, die keine Marktbedingungen sind. Zum Begriff von Ausübungsbedingungen und deren Berücksichtigung vgl. Rn 32. Bei der Beurteilung, ob die Vertragsbedingungen einen Einfluss auf den Marktwert haben, ist aus Sicht eines potentiellen sachverständigen, vertragswilligen Marktteilnehmers zu beurteilen (IFRS 2.B3). 74

Wesentlich komplexer ist die Bewertung von Optionsrechten, da ein Rückgriff auf Marktpreise auch bei börsennotierten Unternehmen i.d.R. nicht möglich ist. Dies liegt insbesondere daran, dass sich die Optionsbedingungen bei anteilsbasierten Vergütungssystemen auf Grund ihrer spezifischen Ausgestaltung als Anreizsystem von börsengehandelten Optionsrechten stark unterscheiden. So verfügen die im Rahmen von anteilsbasierten Vergütungen gewährten **Optionsrechte** i.d.R. über längere Laufzeiten als börsengehandelte Optionen. Dies gilt umso mehr nach der Verabschiedung des VorstAG, das die Sperrfristen für Aktienoptionen auf mindestens vier Jahre ausgedehnt hat. Darüber hinaus sehen vergütungshalber gewährte, anders als börsengehandelte Optionen, häufig Dienst- und Leistungsbedingungen vor. Der beizulegende Zeitwert von Optionen aus anteilsbasierten Vergütungen ist daher im Regelfall mittels geeigneter Bewertungsverfahren zu schätzen. Dies gilt auch für die aus **anteils-** 75 basierten Vergütungen mit Barausgleich resultierenden Verpflichtungen. Hier sieht der Standard nur eine Schätzung des Zeitwertes anhand eines Bewertungsmodells vor, da davon auszugehen ist, dass vergleichbare gehandelte Instrumente nicht existieren (IFRS 2.33).

76 Der Standard schreibt nicht die Verwendung eines bestimmten Modells vor, legt sich aber fest, dass es sich um ein **Optionspreismodell** handeln muss (IFRS 2.B4) und macht detaillierte Vorgaben für die zu berücksichtigenden Parameter (IFRS 2.B5-41). Das verwendete Optionspreismodell muss mindestens die folgenden Faktoren berücksichtigen (IFRS 2.B6):
- Ausübungspreis der Option,
- Laufzeit der Option,
- aktueller Kurs der zugrunde liegenden Aktie,
- die erwartete Volatilität des Aktienkurses,
- die erwartete Dividendenrendite und
- der laufzeitadäquate risikolose Zinssatz.

77 **aa) Bewertungsparameter.** Bei der Schätzung **erwarteter Parameter** gilt es einen Näherungswert zu ermitteln, wie er sich in einem aktuellen Marktkurs oder einer verhandelten Tauschtransaktion widerspiegeln würden (IFRS 2.B11). Bei einer möglichen Bandbreite von Werten ist ein nach Eintrittswahrscheinlichkeit gewichteter Erwartungswert in das Modell zu übernehmen (IFRS 2.B12). Bei der Ableitung von Zukunftserwartungen stellen Erfahrungen aus der Vergangenheit eine wichtige Ausgangsbasis dar, die aber nicht ohne weiteres übernommen werden dürfen (IFRS 2.B15). Sie sind vielmehr anzupassen, wenn sich die Zukunft voraussichtlich anders als die Vergangenheit entwickeln wird (IFRS 2.B14). In einigen Fällen stehen auch keine historischen Daten zur Verfügung, wie z.b. die historische Volatilität eines nicht börsennotierten oder eines erst kürzlich an die Börse eingeführten Unternehmens (IFRS 2.B14). Dies stellt aber für sich genommen keinen Grund dar, auf eine Zeitbewertung zu verzichten (vgl. Rn 66.).

78 Der **Ausübungspreis** der Option ist häufig ein fest vorgegebener Wert, kann aber auch durch die Verknüpfung mit Erfolgszielen anhand eines festen Berechnungsschemas vorgegeben werden (**variabler Ausübungspreis**). **Der aktuelle Kurs** der zugrunde liegenden Aktien ist bei börsennotierten Unternehmen ein Marktdatum und ist andernfalls ebenfalls durch geeignete Bewertungsmodelle zu ermitteln.

79 Die **Laufzeit** der Option ist ein bedeutender Werttreiber einer Option, da diese einen wesentlichen Einfluss auf die Optionsprämie hat.[45] Die Laufzeit der Option erstreckt sich dabei grundsätzlich über den Erdienungszeitraum und den sich häufig daran anschließenden Ausübungszeitraums (**vertragliche Optionslaufzeit**). Wegen des in der Praxis zu beobachtenden Phänomens, dass Mitarbeiteroptionen

---

[45] Vgl. *Vater* Internationale Rechnungslegung, IFRS 2 Rn 225.

IV. Grundprinzipien der Bilanzierung

häufig kurze Zeit nach Ablauf des Erdienungszeitraums, d.h. erheblich vor Ablauf der vertraglichen Optionslaufzeit ausgeübt werden, verlangt IFRS 2.B17 die Berücksichtigung der möglichen vorzeitigen Ausübung bei der Zeitwertermittlung.[46] Entgegen dem in IAS 2.B11 postulierten Grundsatz gibt IFRS 2.B17 in diesem Fall die Marktperspektive zugunsten der Mitarbeitersicht auf.[47] Dabei sollte aber nicht auf das Ausübungsverhalten individueller Mitarbeiter abgestellt werden.[48] Die Unterteilung in Gruppen, die sich hinsichtlich des Ausübungsverhaltens unterscheiden, kann aber einer systematischen Überbewertung von Optionsrechten entgegenwirken (IFRS 2.B19-B21).[49] Wie die erwartete Laufzeit bei der Bewertung konkret zu berücksichtigen ist, hängt von dem verwendeten Modell ab. Während einwertige Modelle, wie das Black-Scholes-Modell (vgl. Rn 86) die Verwendung eines gewichteten Durchschnitts erfordert, kann das unterschiedliche Ausübungsverhalten bei der Verwendung von Binominalmodellen (Vgl. Rn 87) explizit modelliert werden. Zu beachten ist dabei aber, dass eine vorzeitige Ausübungsmöglichkeit nur dann für die Bewertung relevant ist, sofern die erwartete Dividendenrendite größer Null ist. Wird für die Laufzeit der Option keine Dividendenzahlung des Unternehmens erwartet, kann die vertragliche Laufzeit bei der Ermittlung des beizulegenden Zeitwertes unterstellt werden.

Die **erwartete Volatilität** ist ein Maß für die erwartete Schwankungsbreite eines Aktienkurses innerhalb eines bestimmten Zeitraums. Hier ist regelmäßig ein Rückgriff auf Schätzungen notwendig. Sofern es öffentlich gehandelte Optionen des Unternehmens mit vergleichbaren Laufzeiten unter Berücksichtigung der vorzeitigen Ausübungsmöglichkeit der Mitarbeiteroptionen gibt, kann die erwartete Volatilität aus der impliziten Volatilität der gehandelten Instrumente abgeleitet werden. Ist dies nicht der Fall, muss die erwartete Volatilität aus der historischen Volatilität des Aktienkurses des Unternehmens im jüngsten Zeitraum, der der erwarteten Optionslaufzeit entspricht, abgeleitet werden (IFRS 2.B25). Dabei sind aber Ereignisse, die eine über- oder unterdurchschnittliche Volatilität im beobachteten Zeitraum hervorgerufen haben (z.B. ein Übernahmeangebot, Finanzkrisen etc.) entsprechend zu korrigieren. Voraussetzung für die Ableitung der erwarteten aus der historischen Volatilität ist, dass das Unternehmen über einen entsprechenden Zeitraum börsennotiert ist bzw. war. Ist diese Voraussetzung nicht erfüllt, weil es nicht bzw. erst seit kurzer Zeit börsennotiert ist, kann der Rückgriff auf die historische Volatilität vergleichbarer Unternehmen erforderlich sein (IFRS 2.B26, B29).

Sofern die Inhaber der Aktienoptionen bzw. Aktienanwärter während der Erdienungsphase nicht dividendengeschützt sind, müssen die **erwarteten Dividenden** in die Schätzung des beizulegenden Zeitwertes der gewährten realen oder virtuellen

---

46 Zu möglichen Gründen vgl. IFRS 2.B16.
47 Vgl. *Vater* Internationale Rechnungslegung, IFRS 2 Rn 227.
48 Vgl. *Ernst & Young (Hrsg.)* International GAAP, 1905.
49 Im Einzelnen dazu vgl. *Vater* Internationale Rechnungslegung, IFRS 2 Rn 231ff.

Eigenkapitalinstrumente einbezogen werden (IFRS 2.B31). Bei der Bestimmung der erwarteten Dividenden ist auf öffentlich verfügbare Informationen abzustellen. Unternehmen, die in der Vergangenheit keine Dividenden ausgeschüttet haben und dies auch für die Zukunft nicht planen, müssen eine Dividendenrendite von null ansetzen (IFRS 2.B36).

82   Der für alle Bewertungsmodelle benötigte **risikolose Zinssatz** entspricht der impliziten Rendite der Nullupon-Staatsanleihen des Landes, in dessen Währung der Ausübungspreis bestimmt wird. Deren Restlaufzeit muss der (erwarteten) Restlaufzeit der zu bewertenden Optionen im Wesentlichen entsprechen (IFRS 2.B37). Eine Anpassungsnotwendigkeit ergibt sich, wenn zu erwarten ist, dass die Marktteilnehmer nicht auf Staatsanleihen zurückgreifen, um den risikolosen Zinssatz abzuleiten, weil z.b. erhöhte Ausfallrisiken bestehen, oder Anzeichen dafür vorliegen, dass der implizite Zinssatz nicht dem risikolosen Zinssatz entspricht (z.B. bei Hochinflationsländern).

83   Anders als bei gehandelten Optionen unterliegen die Anteilseigner bei der Gewährung realer Mitarbeiteroptionen einem tatsächlichen (Ausgabe neuer Aktien) bzw. einem ökonomischen (Kauf eigener Aktien) **Verwässerungseffekt**. Dieser Verwässerungseffekt wirkt über einen verringerten Aktienkurs auch auf den potenziellen Ausübungsgewinn der Optionsinhaber. Die Anpassung erfolgt, indem der beizulegende Zeitwert ohne Verwässerungseffekt mit $1/(1+\lambda)$ multipliziert wird, wobei λ dem Verhältnis der neu zu emittierenden Aktien zu den bestehenden Aktien entspricht.[50] Die Berücksichtigung solcher Kapitalstruktureffekte ist aber nur erforderlich, soweit der erwartete Verwässerungseffekt wesentlich ist und dieser sich noch nicht im aktuellen Börsenkurs niedergeschlagen hat (IFRS 2.B40).

84   Darüber hinaus sind ggf. andere Faktoren, die sachkundige, vertragswillige Parteien bei der Preisfestsetzung berücksichtigen würden, einzubeziehen, insbesondere marktabhängige Ausübungsbedingungen und Nicht-Ausübungsbedingungen. Bezüglich der Definition vgl. Rn 33f. Marktunabhängige Ausübungsbedingungen sind nicht bei der Ermittlung des beizulegenden Zeitwertes, sondern bei der Schätzung des Mengengerüstes zu berücksichtigen. Im Einzelnen vgl. Rn 89ff.

85   **bb) Optionspreismodelle.** Welches Optionspreismodell der Bewertung zugrunde zu legen ist, hängt im Wesentlichen von den wichtigen Optionsparametern, wie Laufzeit und Optionsbedingungen ab. Die gängigsten Modelle zur Optionspreisbewertung sind das Black-Scholes-Merton Modell, das Bi- bzw. Trinominalmodell und die Monte Carlo Simulation. Während die ersten beiden zu den analytischen Modellen zählen, ist die Monte Carlo Simulation ein numerisches Modell, d.h. dessen Ergebnisse sind nicht reproduzierbar. Zur **Auswahl des konkreten Optionspreismodells** ist ein detailliertes Verständnis der obigen Parameter auf den Optionspreis und

---

50 Vgl. *Vater* Internationale Rechnungslegung, IFRS 2 Rn 253.

deren Abbildung im jeweiligen Modell notwendig. Zum Einen ist nur damit sichergestellt, dass ein den wesentlichen Optionsbedingungen adäquat widerspiegelndes Modell gewählt wird. Zum Anderen wird so verhindert, dass kein über die Maßen komplexes Modell verwendet wird und somit dem Kosten-Nutzen-Aspekt Rechnung getragen wird.

Das in der Anwendungspraxis am häufigsten verwendete Optionspreismodell ist das **Black-Scholes-Modell**.[51] Dies liegt vermutlich insbesondere an dessen relativ einfacher Handhabung, da es sich bei diesem Modell um ein Einperiodenmodell mit geschlossener Bewertungsgleichung handelt.[52] Dies führt allerdings zu erheblichen Einschränkungen der Flexibilität und der Anwendbarkeit. Das Modell ist nur auf vergleichsweise einfache Optionen ohne komplexe Bedingungen anwendbar. So kann beispielsweise die vorzeitige Ausübbarkeit der Option vor Ende der Laufzeit nicht durch das Black-Scholes-Modell abgebildet werden. Darüber hinaus geht die erwartete Volatilität mit einem konstanten Wert in das Modell ein. Empirische Untersuchungen zeigen aber, dass die implizite Volatilität bei der Optionspreisbildung davon beeinflusst wird, ob die Option im Geld, d.h. ob bei einer Kaufoption der Bezugskurs unter dem aktuellen Börsenkurs der Aktie ist, oder aus dem Geld ist.[53] Außerdem ist die Volatilität häufig pfadabhängig, d.h. sie ist oftmals niedriger (höher) nach gestiegenen (gesunkenen) Aktienkursen. Sofern die Optionen aber eine relativ kurze Laufzeit haben bzw. kurz nach Ablauf des Erdienungszeitraums ausgeübt werden müssen, haben die o.g. Faktoren aber unter Umständen keinen wesentlichen Einfluss auf den beizulegenden Zeitwert, so dass das Black-Scholes-Modell auch in diesen Fällen zuverlässige Ergebnisse produzieren kann (IFRS 2.B5). In der Praxis wird die Anwendung des Black-Scholes-Modells durch verschiedene Excel-Funktionalitäten oder über fest programmierte Berechnungsprogramme unterstützt.

Deutlich flexibler, aber dennoch verhältnismäßig einfach in der Anwendung sind **Binominalmodelle**, die genau wie die Black-Scholes Formel einen arbitragefreien Kapitalmarkt mit reproduzierbarer risikoloser Anlage unterstellt.[54] Ihr Ansatz empfiehlt sich insbesondere bei Vorliegen marktabhängiger Leistungsbedingungen, da diese Modelle die Veränderbarkeit der Bewertungsparameter während der Laufzeit verarbeiten können. Die Flexibilität wird ermöglicht durch das iterative Vorgehen, bei dem zunächst ein „Entscheidungsbaum" hinsichtlich der Entwicklung des zugrunde liegenden Aktienkurses über frei wählbare Zeitschreite „Entscheidungsknoten" entwickelt wird. Mit jedem Zeitschritt kann sich der Aktienkurs um einen von der Volatilität abhängigen Faktor erhöhen oder reduzieren. In Abhängigkeit von der Volatilität und der Rendite der risikolosen Anlage ergeben sich risikolose Wahrscheinlich-

---

51 Vgl. *Müller/Reinke*, IRZ 2008, 359ff.
52 Vgl. *Freiberg/Lüdenbach* Haufe-Kommentar, § 23 Rn 203.
53 Vgl. *Köster* IFRS Praxis, § 5 Rn 569.
54 Im Einzelnen vgl. *Roß/Simons* Rechnungslegung nach IFRS, IFRS 2 Rn 88ff.

keiten für die zwei möglichen Ausprägungen der Aktienkursentwicklung. In jedem Entscheidungsknoten bestimmt sich der Wert aller Ausprägungen anhand des Ausübungsgewinns (innerer Wert) der Option. Anschließend wird der Optionswert zu jedem Zeitpunkt zwischen Zusage und Ausübungszeitpunkt rekursiv ermittelt und zu einem abgezinsten Erwartungswert verdichtet.[55] Die Güte der Aussagefähigkeit steigt, je kürzer das Zeitintervall zwischen den einzelnen Entscheidungsknoten gewählt werden. Allerdings nimmt auch der Modellierungsaufwand exponentiell zu, wobei der Gewinn an zusätzlicher Aussagegüte mit jedem zusätzlichen Schritt abnimmt. Als Untergrenze werden im Schrifttum 100 Zwischenschritte für eine hinreichende Genauigkeit genannt.[56] Das Binominalmodell erfordert die Erstellung optionsspezifischer Modelle, die in der Praxis häufig mit programmierten Excel-Lösungen umgesetzt werden.

88 Komplexere marktabhängige Ausübungsbedingungen, insbesondere solche, bei denen der Aktienkurs selbst maßgeblich für die Bestimmung der Anzahl der unverfallbar werdenden Optionen ist, so genannte *total shareholder return* Bedingungen,[57] können auch in Binominalmodellen nicht mehr abgebildet werden. Sie erfordern den Einsatz von **Monte Carlo Simulationen**, bei denen für alle identifizierbaren Einflussgrößen des Optionspreises aus einem zuvor als plausibel bestimmten Intervall per Zufallszahl mögliche Ausprägungen bestimmt werden. Davon ausgehend kann dann der Optionswert für jede simulierte Ausprägung wieder mittels Black-Scholes Formel oder Binominalmodell ermittelt werden. Durch eine hinreichend häufige Wiederholung des Simulationsprozesses ergibt sich eine Verteilung der Zufallsvariable „Optionswert", der zu einem Erwartungswert verdichtet wird. Als Untergrenze wird im Schrifttum eine Anzahl von 10.000 Simulationsläufen genannt, wobei in Einzelfällen auch bis zu 1.000.000 Berechnungsdurchläufe erforderlich sein können.[58] Die praktische Umsetzung des Modells erfordert einen hohen Programmieraufwand und eine Vielzahl an Berechnungsschritten, die über einfache Excel-Lösungen häufig nicht mehr realisierbar sind. Zur Nachvollziehbarkeit der Ergebnisse müssen die einzelnen Simulationsläufe und die dazu gehörenden Berechnungen aufgezeichnet und entsprechend dokumentiert sein.

89 **e) Ermittlung des Mengengerüsts.** Zur Ermittlung der absoluten Höhe des zu verrechnenden Aufwands der erhaltenen Leistungen bzw. des zu aktivierenden Betrags der empfangenen Güter bei der indirekten Bewertung stellt sich die Frage, auf welches Mengengerüst der nach den oben dargestellten Grundsätzen ermittelte Zeitwert angewendet werden soll. Diese Frage stellt sich insbesondere im Zusammenhang mit Mitarbeiteroptionen, die i.d.R. mit verschiedenen Ausübungsbedingungen

---

55 Für ein einfaches Anwendungsbeispiel vgl. *Ernst & Young (Hrsg.)* International GAAP, 1896.
56 *Freiberg/Lüdenbach* Haufe-Kommentar, §23 Rn 204.
57 Vgl. *Ernst & Young (Hrsg.)* International GAAP, 1902.
58 Vgl. *Freiberg/Lüdenbach* Haufe-Kommentar, §23 Rn 205.

versehen sind und mithin die Anzahl der tatsächlich zu gewährenden Optionen im Gewährungszeitpunkt noch nicht bekannt ist. In diesem Zusammenhang sind prinzipiell zwei verschiedene Vorgehensweisen denkbar:

(i) Berücksichtigung der Ausübungsbedingungen bei der Ermittlung des Zeitwertes der Optionen und Berechnung des insgesamt zu berücksichtigen Betrags auf der Basis der gewährten Optionsrechte oder

(ii) Ermittlung des Zeitwertes der Optionen ohne Berücksichtigung von Ausübungsbedingungen und Berechnung des zu berücksichtigenden Aufwands bzw. des zu aktivierenden Betrags auf Basis der geschätzten Anzahl der unverfallbar werdenden Optionsrechte.

Ausgehend von dem Gedanke der Ausgewogenheit von Leistung und Gegenleistung wäre Ansatz (i) bei der indirekten Bewertung von anteilsbasierten Vergütungen mit Ausgleich durch Eigenkapitalinstrumente eigentlich der theoretisch richtige: maßgeblich für die Aufwandsbestimmung ist der Wert der Eigenkapitalinstrumente zu deren Ausgabe sich das Unternehmen verpflichtet hat unabhängig vom konkreten Verhalten der Gegenpartei. Wegen der hohen Anforderung, die mit einer Einbeziehung sämtlicher Ausübungsbedingungen in das Optionspreismodelle verbunden wären, hat sich das IASB für eine Art Zwischenlösung, der **modifizierten Gewährungszeitpunktmethode** (*modified grant date approach*) entschieden (IFRS 2.BC177). Während Marktbedingungen, die einfacher in Optionspreismodelle zu implementieren sind, bei der Ermittlung des beizulegenden Zeitwertes zu berücksichtigen sind, gehen die übrigen Ausübungsbedingungen in die Schätzung des Mengengerüsts ein. Der so ermittelte Zeitwert wird dem entsprechend mit der Anzahl der gewährten Optionsrechte multipliziert, die voraussichtlich unverfallbar werden (IFRS 2.19-20).

Beispiel:

Ein Unternehmen gewährt seinen Führungskräften zu Beginn des Jahres x1 insgesamt 50.000 Aktienoptionen. Voraussetzung für die Ausübung ist, dass zum Ende des Jahres x3 noch ein Anstellungsverhältnis besteht. Der Zeitwert der Optionen beträgt zu Beginn des Jahres x1 (Gewährungszeitpunkt) 5€ pro Option. Das Unternehmen geht davon aus, dass innerhalb der nächsten drei Jahre ca. 10% der Führungskräfte das Unternehmen verlassen werden.

Zum Gewährungszeitpunkt beträgt der zu verrechnende Aufwand aus Mitarbeiteroptionen:

50.000 Stck x 0,9 x 5€/Stck. = 225.000€

Während nach dem oben geschilderten Grundsatz Änderungen von Marktbedingungen ohne Auswirkung auf die mit den Eigenkapitalinstrumenten vergüteten Güter oder Dienstleistungen bleiben, ist die Schätzung der Anzahl der in Abhängigkeit marktunabhängiger Bedingungen erwarteten unverfallbar werdenden Optionsrechte nach dem Tag der Gewährung entsprechend deren Entwicklung laufend anzupassen (IFRS 2.20).

Beispiel:

Anknüpfend an das obige Beispiel geht das Unternehmen am Ende des Jahres x2 davon aus, dass nur 5% der Führungskräfte das Unternehmen verlassen.

Der insgesamt zu verrechnende Aufwand ist daher auf:

50.000 Stck x 0,95 x 5€/Stck. = 237.500€

zu korrigieren

92 Ziel dieser Regelung ist, dass nach Ablauf des Erdienungszeitraums kumuliert über alle Perioden ein Aufwand auf Basis der Anzahl der auf Grund der Erfüllung der marktunabhängigen Ausübungsbedingungen unverfallbar werdenden Optionsrechte erfasst wird. Sofern sämtliche Optionsrechte wegen Nichterfüllung der Dienst- oder marktunabhängigen Leistungsbedingungen verfallen, wird auf kumulierter Ebene auch kein Aufwand erfasst (IFRS 2.19). Bestehen indes marktabhängige Leistungsbedingungen wird auch dann ein Aufwand erfasst, wenn sämtliche Optionsrechte wegen Nichterreichung dieser Bedingungen verfallen.

93 Etwas Vergleichbares gilt prinzipiell für **Nicht-Ausübungsbedingungen**. Da sie Bestandteil der Wertkomponente sind, haben Schätzungsänderungen nach dem Gewährungszeitpunkt keinen Einfluss auf den Wertansatz der als Gegenleistung erhaltenen Güter und Aufwendungen. Eine Korrektur des zu erfassenden Aufwands auf Grund verfallener Optionen wegen Nichterreichung der Nicht-Ausübungsbedingungen ist nicht vorzunehmen. In Abhängigkeit der Ausprägung der Nicht-Ausübungsbedingung kann es allerdings zu einem abweichenden zeitlichen Anfall der Aufwandserfassung kommen (vgl. Rn 126).

94 Aus der unterschiedlichen Bilanzierungsweise der verschiedenen Bedingungen und den damit verbundenen unterschiedlichen Ergebnisauswirkungen bestehen in der Praxis signifikante **Gestaltungsanreize** bei der Formulierung der Ausübungsbedingungen. So kann durch die Verknüpfung einer marktabhängigen Bedingung mit einer eng mit dieser korrelierenden marktunabhängigen Bedingung im Ergebnis eine Aufwandserfassung bei Verfehlen der marktabhängigen Bedingung vermieden werden. Wird z.B. erwartet, dass die Entwicklung des Ergebnisses je Aktie eng mit der Kurssteigerung der Aktie korreliert, kann die Aufwandserfassung des Aktienoptionsplans wie folgt gestaltet werden.[59]

---

59 Vgl. *Ernst & Young (Hrsg.)* International GAAP, 1861f.

IV. Grundprinzipien der Bilanzierung

Beispiel:

Ein Aktienoptionsplan soll nur unverfallbar werden, wenn neben der Erfüllung der Dienstzeit (z.b. vier Jahre) auch eine Mindestkurssteigerung innerhalb des Erdienungszeitraums erzielt wurde (z.B. mindestens 20%). Erfüllen die Anspruchsberechtigten die Dienstbedingungen ist der volle Aufwand zu erfassen, auch wenn die Leistungsbedingung verfehlt wird und keine Optionen zugeteilt werden. Wird indes anstelle oder zusätzlich zu der marktabhängigen Leistungsbedingung eine marktunabhängige Leistungsbedingung eingeführt, die eng mit der Kurssteigerung korreliert, wie z.b. eine 20%-ige Steigerung des Ergebnisses je Aktie, ist effektiv kein Aufwand zu erfassen, wenn diese Bedingung am Ende des Erdienungszeitraums verfehlt wird. Bereits in Vorperioden erfasster Aufwand ist zu stornieren.

4. Aufwandsverteilung. Besteht die Gegenleistung für die anteilsbasierte Vergütung nicht in aktivierbaren Vermögenswerten, sondern aus Leistungen, sind die daraus resultierenden Aufwendungen zu erfassen, wenn das Unternehmen die entsprechenden Leistungen empfängt (IFRS 2.7). Insbesondere im Zusammenhang mit Arbeitsleistungen ist dieser Zeitraum aber i.d.R. nicht feststellbar. Anteilsbasierte Vergütungen sind Bestandteil eines Vergütungspakets für die insgesamt erbrachte Arbeitsleistung. Eine separierbare Gegenleistung besteht hier i.d.R. nicht. Aber auch bei externen Dienstleistern ist denkbar, dass eigenständige Leistungen für die anteilsbasierte Vergütungen gewährt werden, nicht identifiziert werden können.

Sofern anteilsbasierte Vergütungen im Zusammenhang mit Leistungen gewährt werden, enthalten die IFRS 2.14-15 daher konkretisierende Kriterien für den Zeitraum, über den die entsprechenden Aufwendungen zu erfassen sind. Dabei stellt der Standard die widerlegbare Vermutung auf, dass es einen unmittelbaren Zusammenhang zwischen dem Zeitraum der Leistung und dem Erdienungszeitraum gibt: er stellt sicher, dass die mit der Gewährung der Eigenkapitalinstrumente erwartete Gegenleistung durch den Begünstigten auch tatsächlich erbracht wird (IFRS 2.BC171). Sofern also **keine weiteren marktunabhängigen Ausübungsbedingungen** an die Gewährung der anteilsbasierten Vergütung geknüpft sind, ist daher grundsätzlich der Aufwand für die empfangene Leistung im Gewährungszeitpunkt zu erfassen (IFRS 2.14). Lediglich wenn konkrete Hinweise für einen anderen Leistungszeitraum vorliegen, kann die Vermutung widerlegt werden. Ein solcher Hinweis könnte bspw. sein, wenn die Optionen zwar bereits zum Gewährungszeitpunkt ausübbar sind, sie aber soweit „aus dem Geld" sind, dass eine Ausübung wirtschaftlich unsinnig wäre.[60]

Ist hingegen die Gewährung der Eigenkapitalinstrumente an marktunabhängige Ausübungsbedingungen geknüpft, unterstellt IFRS 2, dass das Unternehmen die entsprechende Leistung über den Erdienungszeitraum erhält und der damit verbundene

---

60 Vgl. *Roß/Simons* Rechnungslegung nach IFRS, IFRS 2 Rn 143.

Aufwand entsprechend über diesen Zeitraum **abzugrenzen** ist (IFRS 2.15). Im einfachsten Fall sehen anteilsbasierte Vergütungen in der Regel Dienstbedingungen vor. Der Begünstigte erwirbt nur dann einen unverfallbaren Anspruch auf die gewährten Eigenkapitalinstrumente, wenn er während einer festgelegten Mindestdauer im Unternehmen verbleibt (vgl. Rn 32). Dieser Erdienungszeitraum entspricht dann auch grundsätzlich dem Zeitraum, über die der Aufwand aus der anteilsbasierten Vergütung zu verteilen ist (IFRS 2.15(a)).

98 **Startzeitpunkt** für die Aufwandverteilung ist grundsätzlich der Gewährungszeitpunkt (vgl. Rn 35). Hängt allerdings die rechtsgültige Vereinbarung von der Zustimmung z.b. der Hauptversammlung oder eines Vergütungskomitees ab, ist denkbar, dass das Unternehmen schon vor dem Gewährungszeitpunkt die Leistungen empfängt. In diesen Fällen ist entsprechend dem Grundsatz, dass der Leistungszeitraum maßgeblich für die Aufwandsverteilung sein soll (IFRS 2.7), bereits vor dem Gewährungszeitpunkt mit Empfang der Leistung durch das Unternehmen ein anteiliger Aufwand zu erfassen (IFRS 2.IG4). Hinsichtlich des Bewertungszeitpunkts bleibt es aber beim Gewährungszeitpunkt, so dass mit Leistungsbeginn zunächst eine Schätzung des Zeitwerts im Gewährungszeitpunkts vorzunehmen ist. Diese Schätzung ist dann ggf. im Gewährungszeitpunkt anzupassen (IFRS 2.IG4).

Beispiel:

Zum 1. Januar x1 gewährt die X-AG ihren vier Vorstandsmitgliedern je 1.000 Optionen. Voraussetzung für die Gewährung ist eine Mindestdienstzeit von drei Jahren und das Erreichen bestimmter Erfolgsziele, die durch den Vergütungsausschuss des Aufsichtsrates festgelegt werden. Die nächste Ausschusssitzung ist am 15. April x1, auf der die Erfolgsziele für die Vorstände festgelegt werden.

Der Gewährungszeitpunkt der Optionen ist der 15. April x1, da erst in diesem Zeitpunkt sämtliche wesentliche Bedingungen des Optionsplans vereinbart sind. Andererseits ist davon auszugehen, dass die entsprechende Arbeitsleistung bereits mit Abschluss der Vergütungsvereinbarung am 1. Januar vom Unternehmen empfangen wird. Der Aufwand ist über den Zeitraum 1. Januar x1 bis 31. Dezember x3 zu verteilen. Am 1. Januar ist eine Schätzung des Zeitwertes der Optionen zum 15. April (Gewährungszeitpunkt) vorzunehmen. Die Schätzung führt zu einem Zeitwert von 15€ je Option. Am 15. April wird dieser Zeitwert auf 18 € je Option korrigiert. Das Unternehmen geht davon aus, dass alle vier Vorstandsmitglieder die Dienst- und Leistungsbedingungen erfüllen.

Das Unternehmen erfasst im 1. Quartal x1 einen Aufwand in Höhe von:

1.000 Stck x 4 x 15€/Stck x 3/36 = 5.000 €

Im 2. Quartal ist der Aufwand an den revidierten Zeitwert anzupassen:

1.000 Stck x 4 x 18€/Stck x 6/36 = 12.000

IV. Grundprinzipien der Bilanzierung

Im zweiten Quartal ist daher eine Aufwand von 12.000€ - 5.000€ = 7.000€ zu erfassen.

Ein nach Ablauf des Erdienungszeitraums weiterlaufender **Ausübungszeitraum** ist für die Aufwandsverteilung grundsätzlich unbeachtlich. Dies kann aber insbesondere in Deutschland, wo die Beendigung des Arbeitsverhältnisses während des Ausübungszeitraums häufig zu einem Verfall bzw. Zwangsausübung der Eigenkapitalinstrumente nach sich zieht, zu in einem Verstoß gegen das *matching principle* führen.[61]

Nicht in allen Fällen ist die Dauer des Erdienungszeitraums bereits zum Zeitpunkt der Gewährung bekannt. Vielmehr führen Leistungsbedingungen häufig zu einem variablen Erdienungszeitraum. Dies ist schon dann der Fall, wenn die Leistungsbedingungen den Zeitraum der Mindestdienstzeit verkürzen und zu einer vorgezogenen Unverfallbarkeit führen. Sofern es sich bei dieser Leistungsbedingung um eine marktunabhängige Bedingung handelt, ist der erwartete Erdienungszeitraum im Gewährungszeitpunkt zu schätzen. Dabei ist, anders als bei den Inputparametern des Opionspreismodells (vgl. Rn 75) nicht vom Erwartungswert, sondern von dem wahrscheinlichsten Szenario auszugehen (IFRS 2.15(b)). In den folgenden Abschlussperioden, ist die Schätzung zu überprüfen und ggf. anzupassen. Ist die Leistungsbedingung hingegen eine Marktbedingung ist der voraussichtliche Erdienungszeitraum zum Gewährungszeitraum zu schätzen und konsistent zum verwendeten Wert im Optionspreismodell anzusetzen. Spätere Schätzungsänderungen sind bei anteilsbasierten Vergütungen mit Ausgleich durch Eigenkapitalinstrumente nicht zu revidieren.

Beispiel:

Die X-AG gewährt ihren 50 Führungskräften am 1. Januar x1 je 100 Optionen. Der Optionsplan für die Führungskräfte der X-AG sieht vor, dass die Optionen nur ausgeübt werden können, wenn innerhalb der nächsten fünf Jahre eine kumulierte EBIT-Steigerung von 25% eingetreten ist und die Führungskräfte zu diesem Zeitpunkt noch in einem aktiven Anstellungsverhältnis stehen. Bei früherer Zielerreichung werden die Aktien bereits zu diesem Zeitpunkt unverfallbar. Der Marktwert der Optionen beträgt 5€. Das Unternehmen geht zunächst davon aus, dass das Leistungsziel bereits in 4 Jahren erreicht wird und bis dahin 5 Führungskräfte das Unternehmen verlassen haben.

Da es sich bei dem EBIT-Ziel um eine marktunabhängige Leistungsbedingung handelt, ist der Aufwand über den geschätzten Erdienungszeitraum zu verteilen.

Jahr 1: (50-5) x 100 Stck x 5€/Stck x 1/4 = 5.625 €

---

61 Vgl. *Vater* Internationale Rechnungslegung, IFRS 2 Rn 186.

Zum Ende des ersten Jahres haben bereits 3 Führungskräfte das Unternehmen verlassen, so dass das Unternehmen nunmehr davon ausgeht, dass bis zum Ende des Erdienungszeitraums 4 weitere Führungskräfte das Unternehmen verlassen.

Jahr 2: (50-7) x 100 Stck x 5€/Stck x 2/4 = 10.750€ Aufwand: 10.750€ - 5.625€ = 5.125€

Bis Ende Jahr 3 beträgt die kumulierte EBIT-Steigerung nur 15%. Das Unternehmen geht nunmehr davon aus, dass das Leistungsziel erst nach fünf Jahren erreicht wird:

Jahr 3: (50-7) x 100 Stck x 5€/Stck x 3/5 = 12.900€ Aufwand: 12.900€-10.750€ = 2.150€

V. Besonderheiten der Bilanzierung bei Ausgleich durch Eigenkapitalinstrumente. 1. Gegenbuchung im Eigenkapital. Werden anteilsbasierte Vergütungen durch die Ausgabe von Eigenkapitalinstrumenten ausgeglichen, ist korrespondierend zu den erfassten Aufwendungen bzw. angesetzten Vermögenswerten eine Erhöhung des Eigenkapitals vorzunehmen (IFRS 2.7). Der Standard legt aber nicht fest, in welcher **Komponente** des Eigenkapitals die Gegenbuchung zu erfassen ist. Eine solche Festlegung wäre angesichts der Vielzahl der unterschiedlichen länderspezifischen rechtlichen Rahmenbedingungen hinsichtlich der Aufteilung und Dotierung des Eigenkapitals nicht zielführend. Vor dem Hintergrund des deutschen Gesellschaftsrechts wird insbesondere die Dotierung in der Kapitalrücklage und in der Gewinnrücklage diskutiert.

Für die **Kapitalrücklage** spricht im Wesentlichen der Einlagecharakter anteilsbasierter Vergütungen. Problematisch ist in diesem Zusammenhang die fehlende Einlagefähigkeit von Dienstleistungen, so dass ein Gleichklang mit der gesellschaftsrechtlichen Kapitalrücklage insbesondere bei Mitarbeitertransaktionen nicht aufrecht erhalten werden kann (§ 27 Abs. 2 S.2 AktG).[62] Dem wird teilweise entgegen gehalten, bei der Ausgabe von Anteilen im Rahmen anteilsbasierter Vergütungen handele es sich nicht um eine (Dienstleistungs-)Einlage der potenziellen neuen Gesellschafter, sondern vielmehr um eine Einlage des Bezugsrechts der Altaktionäre.[63] Dem steht aber entgegen dass, sofern junge Aktien im Wege bedingten Kapitalerhöhung gem. §§ 192 Abs. 2 Nr. 2, 193 Abs. 2 Nr. 4 AktG ausgegeben werden, kein einlagefähiger Vermögenswert „Bezugsrecht" entsteht.[64]

---

62 Vgl. in Bezug auf die handelsrechtliche Bilanzierung *Ekkenga* DB 2004, 1897ff.
63 Vgl. *Pellens/Crasselt* DB 1998, 217ff.
64 Vgl. *Ekkenga* DB 2004, 1897ff.

Teilweise wird daher die Erfassung der Gegenbuchung in den **Gewinnrücklagen** vorgezogen.[65] Hierzu ist kritisch anzumerken, dass die Zuführung gerade nicht aus thesaurierten Ergebnissen des Unternehmens stammt, sondern aus einer, wie auch immer gearteten, Zuführung von außen.

Insofern erscheint aus Transparenzgründen gem. IAS 1.55 die Einstellung in einen gesonderten Posten des Eigenkapitals mit entsprechender Bezeichnung, z.b. **Rücklage aus anteilsbasierten Vergütungen**, geboten.

Unabhängig davon, welcher der oben beschriebenen Methoden der Vorzug gegeben wird, ist bei einer tatsächlichen Ausübung der gewährten Optionsrechte, der dem Unternehmen zufließende Betrag nach den normalen Regeln auf das gezeichnete Kapital und die Kapitalrücklage aufzuteilen.[66]

2. Bilanzierung nach Eintritt der Unverfallbarkeit. Mit Eintritt der Unverfallbarkeit der Optionen hat das Unternehmen die in Bezug auf die erhaltenen Güter bzw. Leistungen fällige Gegenleistung vollständig erbracht. **Verwirken** daher z.B. die Optionen auf Grund der Nichterfüllung einer Nicht-Ausübungsbedingung nach Ablauf des Erdienungszeitraums oder **Verfallen** die Optionen durch Nichtausübung sind keine Änderungen hinsichtlich des zuvor erfassten Aufwands vorzunehmen (IFRS 2.23). Die Verwirkung bzw. der Verfall der Option hat lediglich einen positiven Einfluss auf die Vermögenssphäre der bestehenden Gesellschafter, da die Verwässerung endgültig nicht eintritt. Die Nettovermögensposition des Unternehmens wird hierdurch nicht beeinflusst. Lediglich eine Umgliederung innerhalb des Eigenkapitals ist möglich, um einen ggf. gebildeten besonderen Rücklageposten (vgl. Rn 104) aufzulösen.

In gleicher Weise ist auch bei **Ausübung** der Option keine Aufwandskorrektur mehr vorzunehmen. Der mit der Ausübung erzielte Gewinn (Ausgabepreis niedriger als Zeitwert der Anteile) betrifft lediglich die Vermögenssphäre des Optionsberechtigten und nicht die der Gesellschaft. Im Falle der Ausübung ist aber i.d.R. eine Umgliederung des Eigenkapitals erforderlich, um den zuvor ggf. in einer gesonderten Rücklage erfassten Betrag auf das Stammkapital und die Kapitalrücklage aufzuteilen.

Werden die anteilsbasierten Vergütungen allerdings nach der Ausnahmeregelung zum inneren Wert bewertet (vgl. Rn 66), sind bis zur endgültigen Erfüllung durch Ausübung, Verfall oder Verwirkung Anpassungen des erfassten kumulierten Aufwands vorzunehmen. Die Methode führt im Ergebnis zu einem kumulierten Aufwand in Höhe des tatsächlichen Ausübungsgewinns des Optionsinhabers.

---

65 Vgl. *Roß/Simons* Rechnungslegung nach IFRS, IFRS 2 Rn 51; *Hasenburg/Seidler*, Der Konzern 2005, 159ff.; *Rossmanith/Funk/Alber*, WPg 2006, 664ff.
66 Vgl. *Lüdenbach* IFRS Kommentar, §20 Rn 74.

109 **3. Planänderungen.** Durch die relativ lange Laufzeit von Optionsplänen kann es während der Laufzeit u.U. notwendig werden, die Optionsbedingungen anzupassen, z.B. weil die anteilsbasierte Vergütung durch externe Einflussfaktoren an Anreizwirkung verloren hat. Denkbar ist in diesem Zusammenhang insbesondere die Absenkung bzw. Erhöhung des Ausübungspreises. Aber auch die notwendige Dienstzeit kann verlängert oder verkürzt werden, zusätzliche Leistungsbedingungen eingeführt, gestrichen oder abgeändert werden. Ebenso ist denkbar, dass der gesamte anteilsbasierte Vergütungsplan vollständig oder teilweise gekündigt wird oder durch einen neuen ersetzt oder einvernehmlich gegen eine Kompensationszahlung aufgehoben wird. Planmodifikationen, insbesondere die nachträgliche Herabsetzung von Erfolgszielen, sind in Deutschland wegen der Empfehlungen des Deutschen Corporate Governance Kodex eher die Ausnahme.[67]

110 Hinsichtlich der Bilanzierung ist zunächst zu unterscheiden, ob eine Planmodifikation oder eine Annullierung bzw. Aufhebung vorliegt, da sie zu unterschiedlichen bilanziellen Konsequenzen führen. Allerdings verzichtet der Standard auf eine allgemeingültige Definition zur Abgrenzung der verschiedenen Planänderungen. Obgleich rechtlich eindeutig, kann die wirtschaftliche Beurteilung, um welche Art der Planänderung es sich konkret handelt, durchaus unterschiedlich ausfallen. Eine **Planmodifikation** liegt nach allgemeinem Sprachgebrauch dann vor, wenn einzelne Planbedingungen modifiziert werden, ohne dass es sich dabei um einen gänzlich neuen Plan handelt. Eine Verschärfung der Ausübungsbedingungen dahingehend, dass die Erfüllung der Ausübungsbedingungen äußerst unwahrscheinlich wird, hat wirtschaftlich eher eine **Annullierung** als eine Planmodifikation zur Folge.[68] Bei Annullierung eines bestehenden Plans und zeitgleicher Verabschiedung eines neuen Plans, kann es sich im Ergebnis um die Modifikation eines bestehenden Plans handeln. Auch hier schreibt IFRS 2 keine konkreten Abgrenzungskriterien vor, sondern schafft in IFRs 2.28(c) ein quasi faktisches Bilanzierungswahlrecht (vgl. Rn 123).

111 Die Bilanzierung von Planänderungen ist umfassend in IFRS 2.26-29 sowie IFRS 2.B42-44 geregelt. Sie gelten für sämtliche anteilsbasierte Vergütungen mit Ausgleich durch Eigenkapitalinstrumente, die zum beizulegenden Zeitwert der Eigenkapitalinstrumente bilanziert werden (vgl. Rn 57), unabhängig davon, ob es sich bei den Anspruchsberechtigten um Mitarbeiter handelt oder nicht (IFRS 2.26). Die Bilanzierung von Planänderungen bei anteilsbasierten Vergütungen, die zum beizulegenden Zeitwert der erhaltenen Güter oder Leistungen bilanziert werden, ist nicht explizit geregelt. Da im Zeitpunkt der Gewährung die Ausgeglichenheit von Leistung und Gegenleistung unterstellt werden muss, ist bei einer Planänderung zu prüfen, ob zusätzliche Güter und Leistungen empfangen wurden bzw. begründete Zweifel an der

---

67 Vgl. Deutscher Corporate Governance Codex, Rn 4.2.3.
68 Vgl. *Ernst & Young (Hrsg.)* International GAAP, 1880.

V. Besonderheiten der Bilanzierung bei Ausgleich durch Eigenkapitalinstrumente

Werthaltigkeit der empfangenen Güter eingetreten sind. Ggf. sind die Vorschriften über nicht identifizierbare Güter und Leistungen anzuwenden (vgl. Rn 60), wobei die IFRS 2.26-29 dann insoweit anzuwenden sind.

a) Planmodifikation. Bei einer Planmodifikation ist gem. IFRS 2.26-27 grundsätzlich eine **Neubewertung** des beizulegenden Zeitwerts der anteilsbasierten Vergütung im Zeitpunkt der Planmodifikation sowohl des bisherigen, als auch des modifizierten Vergütungsplans notwendig. Sofern die Modifikation zu einer Zunahme des beizulegenden Zeitwertes führt, ist die Zeitwertdifferenz als zusätzlicher Aufwand vom Tag der Modifikation über den ggf. neu festgesetzten Erdienungszeitraum zu berücksichtigen (IFRS 2.27, B43(a)). Der bisherige Plan wird weiterhin mit dessen beizulegenden Zeitwert am ursprünglichen Gewährungszeitraum erfasst und über den originären Erdienungszeitraum verteilt. Ursprünglicher und modifizierter Plan werden im Ergebnis als zwei separate Vergütungspläne behandelt.[69] Planmodifikationen nach Ablauf des Erdienungszeitraums, die zu einer Erhöhung des beizulegenden Zeitwertes führen, sind sofort aufwandswirksam zu erfassen (IFRS 2.B43(a)).

112

Führen die Planänderungen zu einer Verringerung des beizulegenden Zeitwertes der anteilsbasierten Vergütung, sind unverändert die Aufwendungen aus dem ursprünglichen, unmodifizierten Vergütungsplan anzusetzen (IFRS 2.27, B42). Begründet wird diese Regelung mit den grundlegenden Prämissen der modifizierten Gewährungszeitpunktmethode: der beizulegende Zeitwert der ausgegebenen Eigenkapitalinstrumente stellt ein Surrogat für die nicht separat zu bewertenden empfangenen Leistungen dar. Daher ist mindestens ein Aufwand in Höhe des beizulegenden Zeitwerts der anteilsbasierten Vergütungen im Gewährungszeitpunkt anzusetzen. Andernfalls bestünde die Möglichkeit durch Modifizierung z.B. einer aus-dem-Geld liegenden Option die Aufwandserfassung zu verringern bzw. zu vermeiden (IFRS 2.BC237).

113

Beispiel:

Unternehmen A gewährt seinen Führungskräften Optionsrechte zum Bezug von Aktien mit einem Ausübungskurs von € 30. Der aktuelle Kurs im Gewährungszeitunkt beträgt € 20. Der beizulegende Zeitwert der Optionen mit einer dreijährigen Dienstbedingung beträgt € 10. Nach Ablauf des ersten Jahres sinkt der Aktienkurs auf € 10. Das Unternehmen geht nicht davon aus, dass sich der Kurs bis zum Ende des Jahres 3 signifikant erholt.

In diesem Beispiel sind die Optionsrechte für die Führungskräfte wertlos geworden und eine Ausübung ist nicht sinnvoll. Trotzdem muss das Unternehmen einen entsprechenden Personalaufwand bis zum Ende des Erdienungszeitraums

---

69 Vgl. *Vater* Interntionales Bilanzrecht, IFRS 2 Rn 294.

erfassen. Ohne die Minimum-Regelung des IFRS 2.27 könnte das Unternehmen durch eine Erhöhung des Ausübungsübungspreises den zu erfassenden Aufwand vermindern oder gar vermeiden.

114 Bei dem Vergleich der beizulegenden Zeitwerte am Modifikationsstichtag ist die gesamte anteilsbasierte Vergütung in die Betrachtung einzubeziehen, d.h. Modifikationen der Anzahl gewährter Optionen stehen reinen Zeitwertänderungen gleich (IFRS 2.B42(b)). Diesen Umstand können sich Unternehmen gestalterisch zu Nutze machen, wenn wertlos gewordene Optionen durch Absenkung des Ausübungspreises angepasst werden. Durch gleichzeitige Verringerung der Zahl der gewährten Optionen kann ein Zusatzaufwand u.U. vermieden werden (so genannte give-and-take modification).[70]

115 Die **Modifizierung nicht marktabhängiger Leistungsbedingungen** wirkt sich nicht auf den beizulegenden Zeitwert der anteilsbasierten Vergütung aus, da sie im Rahmen der modifizierten Gewährungszeitpunktmethode nicht in die Bewertung der Eigenkapitalinstrumente eingehen (vgl. Rn 90). Werden daher im Rahmen einer Planmodifikation die Ziele nicht marktabhängiger Leistungsbedingungen heruntergesetzt, weil sie bspw. wegen externer Einflüsse unerreichbar geworden sind und somit keine Motivationswirkung mehr entfalten, sind diese verringerten Leistungsbedingungen bei der Schätzung der unverfallbar werdenden Eigenkapitalinstrumente zu berücksichtigen (IFRS 2.B43(c)). Insofern kommt es ggf. zu zusätzlichen Aufwendungen durch eine größere Anzahl unverfallbar werdender Instrumente. Eine Verschärfung nicht marktabhängiger Leistungsbedingungen hat hingegen keine Anpassungen zur Folge und der Vergütungsplan ist auf Basis der ursprünglichen Bedingungen fortzuführen. Bei der Schätzung der unverfallbar werdenden Instrumente sind dem entsprechend die ursprünglichen Leistungsbedingungen zugrunde zu legen (was-wäre-wenn).

116 Etwas Vergleichbares gilt im Prinzip für **Modifikationen des Erdienungszeitraums**. Bei einer möglichen **Verlängerung** des Erdienungszeitraums ist der ursprüngliche Plan über den ursprünglichen Erdienungszeitraum fortzuführen (IFRS 2.B44(c)). Bei der Schätzung der unverfallbar werdenden Eigenkapitalinstrumente ist vom ursprünglichen Erdienungszeitraum auszugehen. Schätzungsänderungen nach Ablauf des ursprünglichen und innerhalb des verlängerten Erdienungszeitraums führen dann nicht mehr zu Anpassungen der erfassten Aufwendungen, d.h. im Ergebnis werden Aufwendungen für nicht unverfallbar gewordene Instrumente erfasst.[71] Gleichzeitig ist zu beachten, dass Verlängerungen des Erdienungszeitraums zu einer Erhöhung des Zeitwerts der Option im Modifizierungszeitpunkt führen können. Die-

---

70 Mit Zahlenbeispiel vgl. *Ohlund/Gwerder* Schweizer Treuhänder 2009, 830ff.; zur Zulässigkeit der Saldierung vgl. *KPMG (Hrsg.)* Insights, 1045.
71 Vgl. *PwC (Hrsg.)* IFRS Manual, 12058.

ser zusätzliche beizulegende Zeitwert ist als eigenständiger Plan nach den Regelungen des IFRS 2.27 und IFRS2.B43 zu bilanzieren und über den verlängerten Erdienungszeitraum ab dem Tag der Modifikation zu verteilen.[72]

Eine **Verkürzung** des Erdienungszeitraums führt hingegen in der Regel zu einer Verringerung des beizulegenden Zeitwerts, der nach IFRS 2.27 nicht zu berücksichtigen ist. Allerdings ist der verkürzte Erdienungszeitraum wegen der damit verbundenen geringeren Leistungsverpflichtung vorteilhaft für die Berechtigten. Dieser Vorteil ist bei der Schätzung der unverfallbar werdenden Eigenkapitalinstrumente zu berücksichtigen (IFRS 2.B43(c)) und führt u.U. zu einer höheren Zahl voraussichtlich unverfallbar werdender Instrumente. Der so neu geschätzte Gesamtaufwand ist dann über den verkürzten Erdienungszeitraum zu verteilen.[73]

b) Annullierung und Abwicklung mit Abfindung. Werden anteilsbasierte Vergütungen vorzeitig, d.h. vor Ende der Laufzeit, innerhalb des Erdienungszeitraums **annulliert**, können Leistungen im Zusammenhang mit der anteilsbasierten Vergütung von den Mitarbeitern bzw. den externen Dienstleistern nicht mehr erbracht werden. Bilanziell unterstellt IFRS 2.28(a) den vorzeitigen Eintritt der Unverfallbarkeit der gewährten Eigenkapitalinstrumente. In Folge dessen ist der gesamte bisher nicht erfasste Aufwand aus der anteilsbasierten Vergütung im Zeitpunkt der Annullierung zu erfassen. Aus Sicht des IASB folgt diese Vorgehensweise konsequent aus der Umsetzung der modifizierten Gewährungszeitpunktmethode, nach der ein Aufwand in Höhe des beizulegenden Zeitwerts der gewährten Eigenkapitalinstrumente im Gewährungszeitpunkt über den Erdienungszeitraum zu erfassen ist, es sei denn, die Dienst- oder marktunabhängigen Leistungsbedingungen werden nicht erfüllt. Würde auf eine volle Aufwandsverrechnung verzichtet, könnte bspw. bei auf Grund gefallener Aktienkurse wertlos gewordenen Optionen, durch eine Annullierung die Erfassung weiterer Aufwendungen vermieden werden und so im Falle sinkender Kurse eine Art *service date measurement* erreicht werden (IFRS 2.BC232).

Im Ergebnis ist in Folge dessen der kumulierte Aufwand bei einer Annullierung im Wesentlichen gleich wie bei der Nichtausübung durch den Optionsberechtigten. Allerdings wird bei der Nichtausübung der Aufwand über den gesamten Erdienungszeitraum gestreckt und im Falle der Annullierung sofort erfasst. Fraglich ist in diesem Zusammenhang aber, wie das Mengengerüst im Falle der Annullierung anzusetzen ist, nämlich entsprechend (1) der Anzahl der im Zeitpunkt der Annullierung ausstehenden Eigenkapitalinstrumente oder (2) der Schätzung der Anzahl der bis zum Ablauf des ursprünglichen Erdienungszeitraums unverfallbar werdenden Eigenkapitalinstrumente. Der Wortlaut des IFRS 2.28(a) ist in dieser Hinsicht widersprüchlich: während der erste Halbsatz eher für die erste Interpretation spricht, scheint der 2.

---

72 Vgl. *Roß/Simons* Rechnungslegung nach IFRS, IFRS 2 Rn 174.
73 Vgl. *KPMG (Hrg.)* Insights, 1044.

Halbsatz die zweite Möglichkeit zu stützen. In der Literatur werden sowohl Interpretation (1)[74] und Interpretation (2)[75] als auch ein Bilanzierungswahlrecht für vertretbar gehalten.[76]

120 Ganz erheblich unterscheiden sich die bilanziellen Konsequenzen jedoch im Vergleich zu einer Verwirkung, d.h. der Nichterfüllung der Dienst- oder marktunabhängigen Leistungsbedingungen. Während die Annullierung keinen Einfluss auf die Höhe, sondern lediglich auf die zeitliche Abgrenzung des zu verrechnenden Aufwand hat, werden für verwirkte Eigenkapitalinstrumente im Ergebnis keine Aufwendungen erfasst (vgl. Rn 90). Bereits in Vorperioden erfasste Aufwendungen für verwirkte Eigenkapitalinstrumente sind im Falle der Verwirkung ertragswirksam zu stornieren. Die Abgrenzung dieser beiden Tatbestände ist daher von großer materieller Bedeutung, wobei der Standard selbst keinerlei weiteren Hinweise dazu gibt. So ist z.B. nicht klar, ob im Rahmen von betrieblichen Kündigungen durch den Arbeitgeber von einer Annullierung oder einer Verwirkung auszugehen ist. Zum einen spricht für eine Verwirkung, dass die mit der Gewährung vereinbarten Leistungen vom Unternehmen nicht mehr empfangen werden können. Andererseits sind insbesondere durch das Unternehmen veranlasste Kündigungen in größerer Zahl wirtschaftlich eher mit einer Annullierung zu vergleichen. Darauf deutet auch hin, dass betriebliche Kündigungen häufig auch mit Kompensationszahlungen verbunden sind, auch wenn diese nicht explizit einzelnen Vergütungsbestandteilen zuzuordnen sind. In der Literatur wird in diesem Zusammenhang ein Bilanzierungswahlrecht für zulässig erachtet.[77]

121 Werden im Zusammenhang mit der Annullierung eines Plans **Abfindungszahlungen (Abwicklung)** geleistet, ist diese wie ein Rückerwerb der gewährten Eigenkapitalinstrumente zu bilanzieren. Anders als nach den Regeln des IAS 32 für einen gewöhnlichen Rückerwerb von Eigenkapitalinstrumenten (vgl. die Ausführung zu IAS 32 in diesem Band) sind im Falle des „Rückerwerbs" von Optionen, die im Zusammenhang mit anteilsbasierten Vergütungen gewährt wurden, nicht die gesamten „Anschaffungskosten" vom Eigenkapital abzuziehen, sondern nur soweit sie dem beizulegenden Zeitwert der ausstehenden Optionen im Abwicklungszeitpunkt entsprechen. Ein übersteigender Betrag ist im Zeitpunkt der Abwicklung als Aufwand zu erfassen. Zusätzlich ist die Planannullierung nach den oben genannten Grundsätzen (vgl. Rn 118ff.) zu berücksichtigen, d.h. die vollständige Erfassung des noch ausstehenden Aufwands aus dem abgewickelten Plan zum Abwicklungszeitpunkt. Der durch die Abwicklung insgesamt entstehende Aufwand steht daher nur indirekt in einem Zusammenhang mit der hierfür geleisteten Kompensationszahlung und kann diese deutlich übertreffen.

---

74 Vgl. *PwC (Hrsg.)* IFRS Manual, 12064.
75 Vgl. *Lüdenbach* Haufe-Kommentar, §23 Rn 114.
76 Vgl. *Ernst & Young (Hrsg.)* International GAAP, 1881.
77 Vgl. *KPMG (Hrsg.)* Insights, 1022; *Ernst & Young (Hrsg.)* International GAAP, 1879.

V. Besonderheiten der Bilanzierung bei Ausgleich durch Eigenkapitalinstrumente

Eine Planmodifikation, wie z.b. die Herabsetzung des Ausübungspreises, kann formalrechtlich auch durch Kündigung (Annullierung) des bestehenden und gleichzeitige Verabschiedung eines neuen Plans mit herabgesetztem Ausübungspreis erreicht werden. Die konkrete Ausgestaltung hängt häufig von rechtlichen und steuerlichen Erwägungen ab, wobei das wirtschaftliche Ergebnis der beiden Durchführungswege letztlich identisch ist. Hinsichtlich der bilanziellen Konsequenzen unterscheiden sich die beiden Durchführungswege aber beträchtlich. Während bei einer Planmodifikation der ursprüngliche Plan unverändert fortzuführen und die aus der Modifikation resultierende Zunahme des Zeitwerts auf die ggf. neu geschätzte Erdienungszeit zu verteilen ist (vgl. Rn 112ff.), wird bei der Annullierung grds. die vorzeitige Unverfallbarkeit unterstellt und der neue Plan ist vollständig zu seinem beizulegenden Zeitwert im Gewährungszeitpunkt des neuen Plans über den Erdienungszeitraum zu verteilen.

122

Da aber wirtschaftlich gleichwertige Transaktionen nach dem *substance-over-form* Grundsatz nicht zu unterschiedlichen bilanziellen Konsequenzen führen sollen, erlaubt IFRS 2.28(c) „die als Ersatz gewährten Eigenkapitalinstrumente" wie bei einer Planmodifikation zu bilanzieren, d.h. sie nur mit einer ggf. positiven Zeitwertdifferenz anzusetzen. Die Klassifizierung einer Annullierung mit neuem Plan als Planmodifikation hängt davon ab, ob das Unternehmen im Gewährungszeitpunkt der neuen anteilsbasierten Vergütungen erklärt, dass es sich bei dem neuen Plan um einen **Ersatzplan** (*replacement award*) handelt. Unabhängig davon, muss aber zusätzlich ein gewisser objektiver Zusammenhang zwischen altem und neuen Plan bestehen, insbesondere hinsichtlich des Kreises der Berechtigten.[78] Damit schafft das IASB ein faktisches Bilanzierungswahlrecht, da die Klassifizierung allein auf der Absicht des Managements im Zeitpunkt der Gewährung des Ersatzplans beruht. Damit soll wohl eine opportunistische nachträgliche Klassifizierung auf Basis weicher Kriterien vermieden werden.[79]

123

Umstritten ist in diesem Zusammenhang allerdings die Reichweite der Regelung, d.h. ob die Transaktion einschließlich des bisherigen Plans als Planmodifikation zu bilanzieren ist oder sie sich lediglich auf die neu gewährten Eigenkapitalinstrumente bezieht. Während die Begründung in IFRS 2.BC233 eher für die erste Interpretation spricht, legt der Wortlaut und die Stellung der Regelung eher die zweite Auslegung nahe. Wegen des unklaren Wortlaut wird in der Literatur teilweise ein Bilanzierungswahlrecht für zulässig erachtet,[80] mehrheitlich aber die erste Interpretation gestützt.[81] Folgendes Beispiel verdeutlicht den Unterschied.

124

---

78 Vgl. *Ernst & Young (Hrsg.)* International GAAP, 1882.
79 Vgl. *Ernst & Young (Hrsg.)* International GAAP, 1883.
80 Vgl. *Ernst & Young (Hrsg.)* International GAAP, 1885; *Roß/Simons* Rechnungslegung nach IFRS, IFRS 2 Rn 182.
81 Vgl. *KPMG (Hrsg.)* Insights, 1048; *Freiberg/Lüdenbach* Haufe-Kommentar, §23 Rn 113; *PwC (Hrsg.)* IFRS Manual, 12054.

Beispiel:

Im Jahr x1 gewährt die X-AG ihren 100 Führungskräften je 100 Optionen. Einzige Bedingung ist eine vierjährige Dienstbedingung. der Zeitwert beträgt im Gewährungszeitpunkt €10 je Option. Das Unternehmen geht davon aus, dass sämtliche Optionen unverfallbar werden.

Während des Jahres x2 sinkt der Aktienkurs der X-AG auf Grund allgemeiner Marktbedingungen und die Optionen gehen dadurch weit aus dem Geld. Ende des Jahres x2 entschließt sich die X-AG zu einer Annullierung des bestehenden Plans und der Gewährung eines Ersatzplans mit deutlich vermindertem Ausübungspreis. Der Ersatzplan hat ebenfalls eine vierjährige Dienstbedingung. Im Zeitpunkt der Annullierung und Neugewährung beträgt der Zeitwert des bisherigen Plans € 2 und des neuen Plans €5.

Interpretation 1:

Die Bilanzierung der gesamten Transaktion als Planmodifikation würde dazu führen, dass der alte Plan über die Jahre x3 und x4 unverändert fortzuführen wäre und ein Aufwand von 100 Mitarbeiter x 100 Stck x 10€/Stck x 1/4 = € 25.000 jährlich zu erfassen wäre. Darüber hinaus ist für den Zeitraum x3 bis x7 ein jährlicher Aufwand aus dem Ersatzplan in Höhe von 100 Mitarbeiter x 100 Stck. x (€5 - €2) x 1/4 = €7.500 jährlich zu erfassen.

Interpretation 2:

Durch die Annullierung des bisherigen Plans ist im Jahr x2 der noch nicht erfasste Aufwand vollständig zu erfassen:

100 Mitarbeiter x 100 Stck. x 10€/Stck. x 2/4 = €50.000

Ab dem Jahr x3 ist der Aufwand aus der Gewährung der neuen Optionen in Höhe der Zeitwertdifferenz zu erfassen, d.h. €7.500 pro Jahr.

125 Eine besondere Form von Ersatzplänen tritt im Zusammenhang mit **Unternehmenserwerben** auf, wenn der Erwerber verpflichtet ist, den anteilsbasierten Vergütungsplan des erworbenen Unternehmens zu ersetzen. Die Bilanzierung dieser Sonderform ist in IFRS 3.52(b), IFRS 3.B56-62 geregelt. Im Einzelnen dazu vgl. die Ausführung zu IFRS 3 in diesem Band.

126 Wie eine Annullierung zu bilanzieren ist die **Nichterfüllung von Nicht-Ausübungsbedingungen**, wenn die Erfüllung oder Nichterfüllung im Ermessen des Unternehmens oder des Berechtigten steht (IFRS 2.28A). Diese Regelung, die im Rahmen des Amendment *Vesting Conditions and Cancellations* im Juli 2008 in den Standard aufgenommen wurde, resultiert insbesondere aus der Problematik so genannter *save-as-you-earn* Pläne, bei denen die Arbeitnehmer neben einer Dienstbedingung und ggf. weiteren Leistungsbedingungen über die Laufzeit der Option einen bestimmten Betrag auf ein Sparkonto einzahlen müssen. Das IASB sah sich außerstande in diesen

VI. Vergütungssysteme mit Barausgleich

und ähnlich gelagerten Fällen trennscharfe Kriterien für eine Unterscheidung zwischen der Entscheidung der Vertragsparteien, diese Nicht-Ausübungsbedingungen nicht zu erfüllen und einer Annullierung der anteilsbasierten Vergütung zu entwickeln (IFRS 2.BC237A). In Folge dessen führt die Nicht-Erfüllung beeinflussbarer Nicht-Ausübungsbedingung, die grundsätzlich bei der Zeitwertermittlung der Eigenkapitalinstrumente einzubeziehen sind (vgl. Rn 84), zu einer sofortigen Erfassung des noch nicht verteilten Aufwands.

VI. Vergütungssysteme mit Barausgleich. 1. Ansatz einer Schuld. Obwohl in ihrer wirtschaftlichen Anreizwirkung aus Sicht der Berechtigten recht ähnlich unterscheiden sich virtuelle von realen Eigenkapitalinstrumenten aus Sicht des Unternehmens in einem entscheidenden Punkt: anders als reale führen virtuelle Eigenkapitalinstrumente zum Abfluss flüssiger Mittel bzw. sonstiger Vermögenswerte. Anteilsbasierte Vergütung mit Barausgleich begründen daher eine **Verpflichtung** des Unternehmens und führen somit zum Ansatz einer Schuld (IFRS 2.30). Obwohl in der Praxis nahezu ausnahmslos auf Mitarbeiter beschränkt, sind die Vorschriften für virtuelle Eigenkapitalinstrumente grundsätzlich auch auf externe Dienstleister anzuwenden.

Die Schuld ist zu dem **Zeitpunkt** anzusetzen, zu dem das Unternehmen die entsprechenden Güter und Leistungen erhält. Wie bei realen Eigenkapitalinstrumenten (vgl. Rn 96), ist auch bei virtuellen Eigenkapitalinstrumenten, die zur Abgeltung einer Leistung gewährt werden und sofort ausübbar sind, ohne weitere substanzielle Hinweise davon auszugehen, dass die entsprechende Leistung durch den Mitarbeiter bzw. den Dienstleister erbracht wurde. Das Unternehmen hat daher in diesen Fällen die erhaltene Leistung und die daraus entstehende Schuld sofort zu erfassen (IFRS 2.32).

Ist die Ausgabe der virtuellen Eigenkapitalinstrumente an bestimmte Ausübungsbedingungen geknüpft, wie. z.B. die Ableistung einer Mindestdienstzeit, ist eine Rückstellung für den Erfüllungsrückstand anzusetzen, d.h. der entsprechende Aufwand ist über den Erdienungszeitraum zu verteilen. Zwar entsteht bis zur Erfüllung sämtlicher Ausübungsbedingungen keine rechtliche Verpflichtung, sondern lediglich eine Eventualverpflichtung. Gleichwohl liegt aus Sicht des IASB bereits während der Erdienungsphase eine bilanzrechtliche Verpflichtung vor, da sich während der Erdienungsphase die Rechtsstellung des Bezugsberechtigten kontinuierlich verbessert (IFRS 2.BC244).

Güter und Dienstleistungen, die im Rahmen von anteilsbasierten Vergütungen mit Barausgleich bezogen werden, sind ausschließlich **indirekt**, d.h. mit dem Zeitwert der Leistungsschuld des Unternehmens zu bewerten (IFRS 2.30).[82] Zwar besteht die Zahlungsverpflichtung im Ausübungszeitpunkt letztlich in Höhe des inneren Wertes der virtuellen Optionen. Eine Bewertung zum inneren Wert hätte aber zur

---
82 Vgl. *Hasenburg/Seidler* Der Konzern 2005, 159ff.

Folge, dass die im Gegenzug erhaltenen Güter nicht in Höhe des Zeitwerts angesetzt würden. Bei Leistungen, die eine Aufwandsverteilung über den Erdienungszeitraum erfordern, würde eine Bewertung der Schuld zum inneren Wert, steigende Aktienkurse unterstellt, zu einer progressiven Aufwandsbelastung späterer Berichtsperioden führen, da neben der Zunahme der Schuld durch den Erfüllungsrückstand auch die Zunahme des inneren Wertes zu berücksichtigen wäre. Daher stellt aus Sicht des IASB die Bewertung der Schuld zum beizulegenden Zeitwert den zutreffenderen Bewertungsmaßstab dar (IFRS 2.BC246). Für die Ermittlung des beizulegenden Zeitwertes der Schuld und die Berücksichtigung von Dienst- und Leistungsbedingungen sowie von Nicht-Ausübungsbedingungen, gelten die gleichen Grundsätze wie bei realen Eigenkapitalinstrumenten (vgl. Rn 74ff.).

131 Damit unterliegen virtuelle Eigenkapitalinstrumente den gleichen Bewertungsunsicherheiten, wie reale Eigenkapitalinstrumente. Allerdings sieht der Standard bei anteilsbasierten Vergütungen mit Barausgleich, anders als bei anteilsbasierten Vergütungen mit Ausgleich durch Eigenkapitalinstrumente, weder die Möglichkeit einer direkten Bewertung noch einer vereinfachten Bewertung zum inneren Wert vor. Offensichtlich sah das IASB wegen der Verpflichtung zur regelmäßigen Neubewertung der Schuld und der kontinuierlichen Annäherung des beizulegenden Zeitwerts an den inneren Wert der Option, keinen Bedarf für einen ggf. zuverlässigeren Bewertungsmaßstab im Gewährungszeitpunkt noch für eine Vereinfachungsregel. M.E. kann aber in vergleichbaren Konstellationen, die eine Bewertung von realen Eigenkapitalinstrumenten zum inneren Wert erlauben würden, auch bei anteilsbasierten Vergütungen mit Barausgleich im Wege der Analogie auf das vereinfachte Bewertungsverfahren zurückgegriffen werden.

132 Die Schuld ist erstmalig zum Gewährungszeitpunkt und dann fortlaufend zu jedem Abschlussstichtag und am Tag der Erfüllung **neu zu bewerten** (IFRS 2.30, 2.33). Wertänderungen sind unmittelbar in der Gewinn- und Verlustrechnung zu erfassen, d.h. der Wertansatz der als Gegenleistung erhaltenen Vermögenswerte bleibt von den Zeitwertänderungen unbeeinflusst. Nicht geregelt ist allerdings, ob bei Leistungen die Zeitwertänderungen in einem gesonderten Aufwandsposten und damit getrennt von dem Aufwand auf Basis des Zeitwertes im Gewährungszeitpunkt gesondert darzustellen sind. Dadurch wäre eine bessere Vergleichbarkeit mit eigenkapitalgedeckten Vergütungssystemen gewährleistet. ED 2 hatte noch eine getrennte Angabe zumindest im Anhang gefordert. Im endgültigen Standard wurde dieses Erfordernis aber aus Komplexitätsgründen nicht umgesetzt (IFRS 2.BC255), so dass ein gesonderter Ausweis nicht erforderlich ist. Bei der Neubewertung sind sämtliche Bewertungsparameter des verwendeten Optionspreismodells neu zu schätzen und an die Stichtagsverhältnisse anzupassen. Dies gilt auch für sämtliche Ausübungsbedingungen, die über den beizulegenden Zeitwert zu berücksichtigen sind. Damit führen anteilsba-

VI. Vergütungssysteme mit Barausgleich

sierte Vergütungen mit Barausgleich bei Verfehlen von Marktbedingungen insgesamt nicht zu einem Aufwand. Hierin unterscheiden sie sich ganz wesentlich von anteilsbasierten Vergütungen mit Ausgleich durch Eigenkapitalinstrumente, bei denen das Nichterreichen von Marktbedingungen keinen Einfluss auf die Höhe des kumulierten Aufwands hat.

Beispiel:

Die X-AG gewährt zu Beginn des Jahres x1 ihren 50 Führungskräften je 100 Wertsteigerungsrechte. Die Wertsteigerungsrechte sind nach vier Jahren ausübbar. Einzige Bedingung ist, dass im Zeitpunkt der Ausübung noch ein aktives Dienstverhältnis besteht. Der mit Hilfe von Optionspreisverfahren bestimmte Zeitwert beträgt zum Ende des Jahres x1 €5, Ende x2 €8, Ende x3 €6. Der innere Wert im Ausübungszeitpunkt sei €4.

Das Unternehmen geht zunächst davon aus, dass 3 Führungskräfte das Unternehmen innerhalb der Sperrfrist verlassen.

Der zu erfassende Aufwand für x1 ergibt sich demnach zu:

50-3 x 100 Stck. x 5 €/Stck. x 1/4 = 5.875 €

Bis Ende x2 haben bereits 2 Führungskräfte das Unternehmen verlassen. Die X-AG geht davon aus, dass innerhalb der nächsten 2 Jahre 3 weitere Führungskräfte das Unternehmen verlassen.

Für x2 beträgt der zu erfassende Aufwand:

kumuliert: 50-5 x 100 Stck. x 8 €/Stück x 2/4 = 18.000 €

erfolgswirksam in x2: 18.000 € - 5.875 € = 12.125

Die Abnahme des Mengengerüsts hat zunächst zu einer Aufwandsminderung von 2 x 100 Stck. x 5 €/Stck x 2/4 = 500 € auf kumulierter Basis geführt. Die Zunahme des Zeitwertes jedoch hat die kumulierten Aufwendungen um 45 x 100 Stck. x 3€/Stck x 2/4 = 6.750€ steigen lassen. Insgesamt hat sich der kumulierte Aufwand im Vergleich zu x1 daher um € 6.250 erhöht.

In x3 haben keine weiteren Führungskräfte das Unternehmen verlassen. Die X-AG hält unverändert an der Schätzung der ausübbar werdenden Wertsteigerungsrechte fest.

45 x 100 Stck. x 6 €/Stck. x 3/4 = 20.250 €

erfolgswirksam: 20.250 € - 18.000 € = 2.250 €

Bis Ende x4 haben insgesamt 8 Führungskräfte das Unternehmen verlassen. Der kumulierte zu erfassende Aufwand ergibt sich demnach zu:

42 x 100 x 4€/Stck = 16.800

In x4 hat das Unternehmen daher einen Ertrag in Höhe von € 3.450 zu erfassen

133 **2. Weitere Besonderheiten.** Außer dem Verweis auf Dienstbedingungen, enthält der Standardabschnitt zu den anteilsbasierten Vergütungen mit Barausgleich keine weiteren Einzelheiten bezüglich der Berücksichtigung von **Ausübungs- und Nicht-Ausübungsbedingungen.** Aus der expliziten Analogie hinsichtlich der Dienstbedingungen wird allerdings ersichtlich, dass wohl auch bei den anteilsbasierten Vergütungen mit Barausgleich die vollständige Anwendung der modifizierten Gewährungszeitpunktmethode gewollt war.[83] Folgerichtig sind m.E. auch bei anteilsbasierten Vergütungen mit Barausgleich die marktbezogenen Leistungsbedingungen sowie sämtliche Nicht-Ausübungsbedingungen bei der Ermittlung des beizulegenden Zeitwertes und damit auch fortlaufend bei jeder Neubewertung zu berücksichtigen. Sämtliche leistungs- und nicht marktbezogenen Ausübungsbedingungen sind indes bei der Ermittlung des Mengengerüstes zu berücksichtigen. Allerdings verliert die Unterscheidung zwischen Bedingungen, die bei der Ermittlung des Mengengerüstes und solchen, die bei der Ermittlung des beizulegenden Zeitwertes zu berücksichtigen sind etwas an Gewicht. Wegen der fortlaufenden Neubewertung haben sie keinen Einfluss auf die insgesamt über den Erdienungszeitraum zu erfassenden Aufwendungen sondern lediglich auf die periodische Verteilung der Aufwendungen.[84]

134 Die fortlaufende Neubewertung macht detaillierte Bestimmungen hinsichtlich der Bilanzierung von **Planänderungen** entbehrlich. Führen Modifikationen zu einer Änderung des beizulegenden Zeitwertes der Verbindlichkeit sind diese in Höhe des erdienten Anteils am Modifikationsstichtag erfolgswirksam zu erfassen. Die Annullierung einer anteilsbasierten Vergütung mit Barausgleich führt zum Wegfall der Verpflichtung mit der Folge, dass die entsprechende Schuld ertragswirksam aufzulösen ist. Erfolg die Annullierung gegen Abfindungszahlungen ist ein daraus resultierender Gewinn oder Verlust ebenfalls in der entsprechenden Periode im Periodenergebnis zu erfassen. Bei einer Annullierung eines Vergütungsplans und gleichzeitiger Verabschiedung eines neuen Plans, dürfte eine Saldierung der entsprechenden Aufwendungen und Erträge geboten sein, wenn die Voraussetzungen für einen Ersatzplan i.S.d. IFRS 2.28(c) gegeben sind (vgl. Rn 122). So wäre auch für anteilsbasierte Vergütungen mit Barausgleich sichergestellt, dass die Verabschiedung eines Ersatzplans die gleichen bilanziellen Auswirkungen wie eine Planmodifikation hätte.

135 **VII. Vergütungssysteme mit Erfüllungswahlrecht.** Gelegentlich werden anteilsbasierte Vergütungen mit einem **Erfüllungswahlrecht** versehen, d.h. der Bezugsberechtigte, das Unternehmen oder beide können wählen, ob die Erfüllung in Eigenkapitalinstrumenten oder in bar (bzw. in Form anderer Vermögenswerte) erfolgen soll. Für die bilanzielle Behandlung ist zunächst zu unterscheiden, wem das Erfüllungswahlrecht zusteht. Danach richtet sich, ob die anteilsbasierte Vergütung ein zusam-

---

83 Gl.A. *Ernst & Young (Hrsg.)* International GAAP, 1925.
84 Vgl. *Lüdenbach/Freiberg* PiR 2008, 107ff.

VII. Vergütungssysteme mit Erfüllungswahlrecht

mengesetztes Finanzinstrument darstellt und dem entsprechend eine Schuld- und eine Eigenkapitalkomponente nach den Vorschriften über anteilsbasierte Vergütungen mit Barausgleich bzw. mit Ausgleich durch Eigenkapitalinstrumente zu bilanzieren ist (IFRS 2.34).

1. Wahlrecht beim Bezugsberechtigten. Sofern dem Bezugsberechtigten das Erfüllungswahlrecht zusteht, hat das Unternehmen ein zusammengesetztes Finanzinstrument gewährt, ähnlich der Ausgabe Wandelanleihe. Die Schuldkompomente ist als anteilsbasierte Vergütung mit Barausgleich und die Eigenkapitalkomponente als anteilsbasierte Vergütung mit Ausgleich durch Eigenkapitalinstrumente zu bilanzieren (IFRS 2.35).

Bei **direkt zu bewertenden Transaktionen** ist der beizulegende Zeitwert der Eigenkapitalkomponente im Gewährungszeitpunkt als Differenz zwischen dem beizulegenden Zeitwert der erhaltenen Güter und Leistungen und dem beizulegenden Zeitwert der Schuldkomponente zu ermitteln (IFRS 2.25). Bezüglich der Schuldkomponente bleibt es damit auch bei zusammengesetzten Finanzinstrumenten bei der indirekten Bewertung.

Für **indirekt zu bewertende Transaktionen**, insbesondere solchen mit Mitarbeitern (vgl. Rn 58ff.) ist der beizulegende Zeitwert des zusammengesetzten Instruments als Summe der beiden Einzelkomponenten zu bestimmen (IFRS 2.36). Dabei ist zunächst der beizulegende Zeitwert der Schuldkomponente und im Anschluss daran der beizulegende Zeitwert der Eigenkapitalkomponente zu ermitteln. Bei der Bewertung der Eigenkapitalkomponente ist zu berücksichtigen, dass das Recht auf Barausgleich aufgegeben werden muss, um in den Genuss der Eigenkapitalinstrumente zu kommen. Sind die beiden Komponenten gleich ausgestaltet, ist der Zeitwert der beiden Komponenten identisch. In diesen Fällen ist die Eigenkapitalkomponente mit dem Wert Null anzusetzen.

Im Erfüllungszeitpunkt ist die Schuldkomponente neu zu bewerten. Wählt der Bezugsberechtigte die **Erfüllung in Eigenkapitalinstrumenten**, ist die Verbindlichkeit direkt ins Eigenkapital umzubuchen (IFRS 2.39). Entscheidet sich der Bezugsberechtigte indes für den Barausgleich, dient die Barzahlung vollständig der Erfüllung der Schuldkomponente (IFRS 2.40). Mit der Wahl des Barausgleichs verfällt das Recht auf Bezug von Eigenkapitalinstrumenten. Die ggf. vorher erfasste Eigenkapitalkomponente verbleibt im Eigenkapital, wobei eine Umbuchung zwischen verschiedenen Eigenkapitalkomponenten zulässig ist. Zur Notwendigkeit der Umbuchung vgl. Rn 107.

2. Wahlrecht beim Unternehmen. Hat das Unternehmen die Wahl, die anteilsbasierten Vergütungen in bar (bzw. in anderen Vermögenswerten) oder in eigenen Eigenkapitalinstrumenten zu erfüllen, hat es zunächst zu prüfen, ob ggf. auf Grund rechtlicher Beschränkungen, auf Basis bestehender Richtlinien oder vergangener betrieblicher Übung **faktisch eine Verpflichtung** zum Barausgleich besteht. In diesen Fällen richtet sich die Bilanzierung nach den Vorschriften für anteilsbasierte Vergütungen mit Barausgleich (IFRS 2.41-42).

141 Besteht eine solche (faktische) Verpflichtung nicht, sind die Vorschriften für anteilsbasierte Vergütungen mit Ausgleich durch Eigenkapitalinstrumente anzuwenden (IFRS 2.43). Entschließt sich das Unternehmen zur **Erfüllung** in bar, ist dies wie ein Rückkauf der ausgegebenen Optionen zu bilanzieren (IFRS 2.43(a) vgl. Rn 121). Übersteigt im Erfüllungszeitpunkt die Barzahlung den beizulegenden Zeitwert der Eigenkapitalinstrumente, ist in Höhe der Differenz ein zusätzlicher Aufwand zu erfassen (IFRS 2.43(c)). Unterstellt wird, dass dem Unternehmen zusätzliche Dienstleistungen zugeflossen sind (IFRS 2.BC268), wenn es sich freiwillig für den höherwertigen Erfüllungsweg entscheidet. Entschließt sich das Unternehmen hingegen zur Erfüllung in Eigenkapitalinstrumenten, sind abgesehen von möglichen Umbuchungen innerhalb des Eigenkapitals, keine weiteren Buchungen vorzunehmen. Lediglich wenn der beizulegende Zeitwert der Eigenkapitalinstrumente im Erfüllungszeitpunkt die mögliche Barzahlung übersteigt, ist auch in diesem Fall ein zusätzlicher Aufwand in Höhe der Differenz zu erfassen (IFRS 2.43(c)).

142 **VIII. Ausweis und Anhangangaben.** Der aus der anteilsbasierten Vergütung resultierende Aufwand ist entsprechend des gewählten Formats entweder in den entsprechenden Primärkostenarten (Gesamtkostenverfahren) **auszuweisen**, also z.B. Personalaufwand bei Mitarbeitervergütungen, bzw. den entsprechenden Funktionsbereichen (Umsatzkostenverfahren) zuzuordnen. Die Gegenbuchung erfolgt für anteilsbasierte Vergütungen mit Ausgleich durch Eigenkapitalinstrumente im Eigenkapital und für anteilsbasierte Vergütungen mit Barausgleich in den Schulden. Nähere Ausweisvorschriften enthält IFRS nicht. Bezüglich der Ausweisfrage im Eigenkapital vgl. Rn 102. Die Verbindlichkeiten sind wegen der mit ihnen verbundenen Unsicherheit sinnvollerweise unter den Rückstellungen auszuweisen.[85]

143 Die notwendigen **Anhangangaben** sollen dem Adressaten ein Verständnis bezüglich Art und Ausmaß der in der Berichtsperiode bestehenden anteilsbasierten Vergütungen vermitteln (IFRS 2.44). Strukturell unterscheidet der Standard dabei drei wesentliche Themenblöcke, zu denen detaillierte Angaben gefordert werden:

a) Angaben zu Art und Inhalt der bestehenden anteilsbasierten Vergütungen (IFRS 2.45) und Beschreibung der wesentlichen Optionsbedingungen,

---

[85] Vgl. *Freiberg/Lüdenbach* Haufe-Kommentar, §23 Rn 178.

b) Angaben zur Ermittlung der beizulegenden Zeitwerte der verschiedenen Transaktionen (IFRS 2.46-49), wie z.b. das verwendete Optionspreismodell und die Ermittlung der wesentlichen Parameter. Dazu gehört auch die Angabe von Gründen, falls mangels direkter Bewertbarkeit der erhaltenen Güter und Dienstleistungen die indirekte Bewertung angewendet wurde (IFRS 2.49),

c) Angaben zu den Auswirkungen der anteilsbasierten Vergütungen auf das Periodenergebnis und die Vermögens- und Finanzlage (IFRS 2.50-51).

Darüber hinaus sind weitere Angaben erforderlich, wenn die kodifizierten Angabepflichten nicht für die Vermittlung eines Verständnisses gem. dem Grundsatz nach IFRS 2.44 genügen (IFRS 2.52). Daneben ergeben sich für deutsche Unternehmen ggf. weitere Angabepflichten aus dem Vorschriften des HGB[86] und bei Beachtung des deutschen Corporate Governance Codex.

IX. Inkrafttreten und Übergangsvorschriften. Der Standard in seiner gegenwärtig vorliegenden Form war erstmals auf Geschäftsjahre, die am oder nach dem 1. Januar 2005 beginnen anzuwenden (IFRS 2.60). Die erstmalige Anwendung erfolgte grundsätzlich rückwirkend, war jedoch bei anteilsbasierten Vergütungen mit Ausgleich durch Eigenkapitalinstrumente auf solche begrenzt, die nach dem 7. November 2002 gewährt wurden und die bis zum Inkrafttreten des Standards noch nicht ausübbar geworden sind (IFRS 2.53). Bezüglich der Verbindlichkeiten war eine volle Rückwirkung für sämtliche Informationen vorgesehen, die sich auf Zeiträume nach dem 7. November 2002 beziehen (IFRS 2.58). Das die Rückwirkung begrenzende Datum ist die Veröffentlichung des Standardentwurfs ED 2.

Die **Ergänzungen** bezüglich der Abgrenzung und der Behandlung von **Nicht-Ausübungsbedingungen** waren erstmalig retrospektiv für Geschäftsjahre anzuwenden, die am oder nach dem 1. Januar 2009 beginnen (IFRS 2.62). Die Ergänzungen des Standards mit den Regelungen zu den **Konzernplänen mit Barausgleich** waren erstmalig retrospektiv für Geschäftsjahre anzuwenden, die am oder nach dem 1. Januar 2010 beginnen (IFRS 2.63). In diesem Zusammenhang wurden die IFRIC 8 und IFRIC 11 außer Kraft gesetzt (IFRS 2.64).

X. IFRS für kleine und mittelgroße Unternehmen. Ursprünglich hatte das IASB vorgesehen, keine weiteren Erleichterungen für kleine und mittelständische Unternehmen im Hinblick auf anteilsbasierte Vergütungen im IFRS-SMEs zu gewähren. Das IASB war der Ansicht, dass IFRS 2 mit der Möglichkeit der Bewertung zum inneren Wert bereits ausreichende Erleichterungen für kleine und mittelständische Unternehmen enthält. In den Stellungnahmen zum Entwurf wurde aber deutlich, dass die Bewertung zum inneren Wert für kleine und mittelständische Unternehmen keine wesentliche Erleichterung darstellen. Dies vor allem deshalb, weil bei der Be-

---

86 Vgl. *Strieder* DB 2005, 957.

wertung zum inneren Wert der beizulegender Zeitwert der zugrunde liegenden Aktie (bzw. Anteilen) zu jedem Berichtsstichtag bekannt sein muss. Da kleine und mittelständische Unternehmen, die im Anwendungsbereich des IFRS- SMEs sind, nicht börsennotiert sind, wäre daher folglich zu jedem Abschlussstichtag eine Bewertung der Aktien bzw. der Anteile vorzunehmen, mithin eine vollständige Unternehmensbewertung durchzuführen.

148   Zwar fordert auch IFRS-SMEs Abschnitt 26.7 grundsätzlich die Berücksichtigung von Aufwendungen aus anteilsbasierten Vergütungen, die durch die Ausgabe von Eigenkapitalinstrumenten ausgeglichen werden. Für Mitarbeiter und ähnliche Parteien ist dabei der beizulegende Zeitwert im Gewährungszeitpunkt maßgeblich (IFRS-SMEs Abschnitt 26.8). Bezüglich der Wertermittlung sieht der IFRS-SMEs jedoch grundsätzlich den Ansatz mit beobachtbaren Marktpreisen vor. Falls diese nicht vorhanden sind, soll die Bewertung zum *director's best estimate* erfolgen, ohne diesen näher zu präzisieren. Die Anwendung von komplexen Optionspreismodellen ist damit für kleine und mittelständische Unternehmen nicht obligatorisch.

149   Weitere **Bewertungserleichterungen** sieht der IFRS-SMEs hinsichtlich (der eher seltenen) anteilsbasierten Vergütungen mit Erfüllungswahlrecht vor. Hier schreibt IFRS-SMEs Abschnitt 26.15 vor, dass diese grundsätzlich als anteilsbasierte Vergütung mit Barausgleich zu bilanzieren sind, es sei denn, der Barauszahlungsalternative fehlt die wirtschaftliche Substanz. Das IASB geht offensichtlich davon aus, dass die Bilanzierung von anteilsbasierten Vergütungen mit Barausgleich weniger komplex ist. Im Hinblick darauf, dass auch die resultierende Verpflichtung zum beizulegenden Zeitwert anzusetzen ist und dieser auf der selben Grundlage wie für eigenkapitalbasierte Vergütungen zu ermitteln ist und darüber hinaus zu jedem Abschlussstichtag und am Erfüllungstag eine Neubewertung erforderlich ist, sind erhebliche Zweifel angebracht.

150   In Bezug auf die **Offenlegungsvorschriften** fordert der IFRS-SMEs grundsätzlich die gleichen Grundinformationen zu Art der anteilsbasierten Vergütung, Ermittlung des beizulegenden Zeitwertes und zum Ausmaß auf das Periodenergebnis und die Vermögenslage, verlangt allerdings erheblich weniger Detailangaben.

151   **XI. Ausblick.** Gegenwärtig stehen keine grösseren Projekte zur Überarbeitung des IFRS 2 auf der Agenda des IASB. Ebenso hat das IFRIC beschlossen, sämtliche bisherigen Anfragen zum IFRS 2 nicht im Rahmen einer Interpretation abzuhandeln. Inwieweit IFRS 2 von anderen anhängigen Projekten tangiert wird (z.B. IFRS 9, IAS 37, Eigenkapitalabgrenzung) wird sich zeigen.

IFRS 3 – Business Combinations

Rn	Textauszüge aus IFRS 3
3.3	Zur Klärung der Frage, ob eine Transaktion oder ein anderes Ereignis einen Unternehmenszusammenschluss darstellt, muss ein Unternehmen die Definition aus IFRS 3 anwenden, die verlangt, dass die erworbenen Vermögenswerte und übernommenen Schulden einen Geschäftsbetrieb darstellen. Stellen die erworbenen Vermögenswerte keinen Geschäftsbetrieb dar, hat das berichtende Unternehmen die Transaktion oder das andere Ereignis als einen Erwerb von Vermögenswerten zu bilanzieren.
3.4	Jeder Unternehmenszusammenschluss ist anhand der Erwerbsmethode zu bilanzieren.
3.6	Bei jedem Unternehmenszusammenschluss ist eines der beteiligten Unternehmen als der Erwerber zu identifizieren.
3.8	Der Erwerber hat den Erwerbszeitpunkt zu bestimmen, dh den Zeitpunkt, an dem er die Beherrschung über das erworbene Unternehmen erlangt.
3.10	Zum Erwerbszeitpunkt hat der Erwerber die erworbenen identifizierbaren Vermögenswerte, die übernommenen Schulden und alle nicht beherrschenden Anteile an dem erworbenen Unternehmen getrennt vom Geschäfts- oder Firmenwert anzusetzen.
3.15	Zum Erwerbszeitpunkt hat der Erwerber die erworbenen identifizierbaren Vermögenswerte und übernommenen Schulden – soweit erforderlich – einzustufen oder zu bestimmen, so dass anschließend andere IFRS angewendet werden können. Diese Einstufungen oder Bestimmungen basieren auf den Vertragsbedingungen, wirtschaftlichen Bedingungen, der Geschäftspolitik oder den Rechnungslegungsmethoden und anderen zum Erwerbszeitpunkt gültigen einschlägigen Bedingungen.
3.18	Die erworbenen identifizierbaren Vermögenswerte und übernommenen Schulden sind zu ihrem beizulegenden Zeitwert zum Erwerbszeitpunkt zu bewerten.

3.32 Der Erwerber hat den Geschäfts- oder Firmenwert zum Erwerbszeitpunkt anzusetzen, der sich aus dem Betrag ergibt, um den (a) (b) übersteigt:

(a) die Summe aus:

(i) der übertragenen Gegenleistung, die gemäß IFRS 3 im Allgemeinen zu dem im Erwerbszeitpunkt geltenden beizulegenden Zeitwert bestimmt wird [...];

(ii) dem Betrag aller nicht beherrschenden Anteile an dem erworbenen Unternehmen, die gemäß diesem IFRS bewertet werden; und

(iii) dem zu dem im Erwerbszeitpunkt geltenden beizulegenden Zeitwert des zuvor vom Erwerber gehaltenen Eigenkapitalanteils an dem erworbenen Unternehmen, wenn es sich um einen sukzessiven Unternehmenszusammenschluss handelt.

(b) der Saldo der zum Erwerbszeitpunkt bestehenden und gemäß IFRS 3 bewerteten Beträge der erworbenen identifizierbaren Vermögenswerte und der übernommenen Schulden.

3.45 Wenn die erstmalige Bilanzierung eines Unternehmenszusammenschlusses am Ende der Periode, in der der Zusammenschluss stattfindet, unvollständig ist, hat der Erwerber für die Posten mit unvollständiger Bilanzierung vorläufige Beträge in seinem Abschluss anzugeben. Während des Bewertungszeitraums hat der Erwerber die vorläufigen zum Erwerbszeitpunkt angesetzten Beträge rückwirkend zu korrigieren, um die neuen Informationen über Fakten und Umstände widerzuspiegeln, die zum Erwerbszeitpunkt bestanden und die die Bewertung der zu diesem Stichtag angesetzten Beträge beeinflusst hätten, wenn sie bekannt gewesen wären. Während des Bewertungszeitraums hat der Erwerber auch zusätzliche Vermögenswerte und Schulden anzusetzen, wenn er neue Informationen über Fakten und Umstände erhalten hat, die zum Erwerbszeitpunkt bestanden und die zum Ansatz dieser Vermögenswerte und Schulden zu diesem Stichtag geführt hätten, wenn sie bekannt gewesen wären. Der Bewertungszeitraum endet, sobald der Erwerber die Informationen erhält, die er über Fakten und Umstände zum Erwerbszeitpunkt gesucht hat oder erfährt, dass keine weiteren Informationen verfügbar sind. Der Bewertungszeitraum darf jedoch ein Jahr vom Erwerbszeitpunkt an nicht überschreiten.

3.51 Der Erwerber und das erworbene Unternehmen können eine vorher bestehende Beziehung oder eine andere Vereinbarung vor Beginn der Verhandlungen bezüglich des Unternehmenszusammenschlusses haben oder sie können während der Verhandlungen eine Vereinbarung unabhängig von dem Unternehmenszusammenschluss eingehen. In beiden Situationen hat der Erwerber alle Beträge zu identifizieren, die nicht zu dem gehören, was der Erwerber und das erworbene Unternehmen (oder seine früheren Eigentümer) bei dem Unternehmenszusammenschluss austauschten, dh Beträge die nicht Teil des Austauschs für das erworbene Unternehmen sind. Der Erwerber hat bei Anwendung der Erwerbsmethode nur die für das erworbene Unternehmen übertragene Gegenleistung und die im Austausch für das erworbene Unternehmen erworbenen Vermögenswerte und übernommenen Schulden anzusetzen. Separate Transaktionen sind gemäß den entsprechenden IFRS zu bilanzieren.

3.54 Im Allgemeinen hat ein Erwerber die erworbenen Vermögenswerte, die übernommenen oder eingegangenen Schulden sowie die bei einem Unternehmenszusammenschluss ausgegebenen Eigenkapitalinstrumente zu späteren Zeitpunkten gemäß ihrer Art im Einklang mit anderen anwendbaren IFRS zu bewerten und zu bilanzieren. IFRS 3 sieht jedoch Leitlinien für die Folgebewertung und Folgebilanzierung der folgenden erworbenen Vermögenswerte, übernommenen oder eingegangenen Schulden und der bei einem Unternehmenszusammenschluss ausgegebenen Eigenkapitalinstrumente vor:
(a) zurückerworbene Rechte;
(b) zum Erwerbszeitpunkt angesetzte Eventualverbindlichkeiten;
(c) Vermögenswerte für Entschädigungsleistungen; und
(d) bedingte Gegenleistungen.

Übersicht

	Rn
I. Regelungsgehalt	1 – 11
II. Normzweck und Anwendungsbereich	12 – 36
III. Begriffe	37 – 49
VI. Identifizierung eines Unternehmenszusammenschlusses	50 – 51
V. Erwerbsmethode	52 – 138
1. Identifizierung des Erwerbers	54 – 70
2. Bestimmung des Erwerbszeitpunktes	71
3. Ansatz und Bewertung der erworbenen identifizierbaren Vermögenswerte und Schulden	72 – 105
4. Ansatz und Bewertung der Anteile nicht beherrschender Gesellschafter	106 – 116
5. Ansatz und Bewertung des Geschäfts- oder Firmenwertes	117 – 128

6. Bilanzierung von Unternehmenszusammenschlüssen in
   Sonderfällen .... 129 – 133
7. Bewertungszeitraum .... 134 – 135
8. Bestimmung des Umfangs
   des Unternehmenszusammenschlusses .... 136 – 138
VI. Folgebilanzierung .... 139 – 151
VII. Ausweis und Angaben .... 152 – 175
VIII. Inkrafttreten und Übergangsvorschriften .... 176 – 184
IX. IFRS für kleine und mittelgroße Unternehmen .... 185 – 200
X. Ausblick .... 201 – 206

1   **I. Regelungsgehalt.** IFRS 3 *Business Combinations* regelt die Bilanzierung von Unternehmenszusammenschlüssen. Als **Unternehmenszusammenschluss** gilt dabei jede Transaktion oder anderes Ereignis, durch das ein Erwerber die Beherrschung über einen oder mehrere Geschäftsbetriebe erlangt. Auf den Unternehmenszusammenschluss ist die **Erwerbsmethode** (acquisition method) anzuwenden, dh die Erstkonsolidierung muss unter Aufdeckung der stillen Reserven des erworbenen Unternehmens erfolgen. Die Fortführung der Buchwerte des erworbenen Unternehmens (pooling-of-interest method) ist nicht erlaubt.

2   Die Erwerbsmethode setzt sich aus den folgenden Schritten zusammen:

3   **Bestimmung des Erwerbers**: Erwerber ist die Partei, die die Beherrschung (control) über das andere Unternehmen oder den Geschäftsbetrieb erhält. Zur Bestimmung des Erwerbers ist insofern zunächst auf die Vorschriften zum Beherrschungsbegriff in IAS 27 *Consolidated and Separate Financial Statements* Bezug zu nehmen. IFRS 3 enthält aber weitere Anwendungshinweise zur Bestimmung des Erwerbers.

4   **Bestimmung des Erwerbszeitpunktes**: Stichtag des Unternehmenszusammenschlusses ist der Zeitpunkt, an dem der Erwerber die Beherrschung über das erworbene Unternehmen bzw. den erworbenen Geschäftsbetrieb erhält. Der Erwerbszeitpunkt kann in Einzelfällen vom Zeitpunkt des Übergangs des rechtlichen Eigentums abweichen. Dies ist zB dann der Fall, wenn dem Erwerber bereits vor Übergang des rechtlichen Eigentums aufgrund vertraglicher Vereinbarung das Recht zusteht, die Mehrheit der Mitglieder des Aufsichts- oder Leitungsorgans zu benennen.

5   **Bilanzierung der identifizierbaren Vermögenswerte und Schulden sowie der Anteile nicht beherrschender Gesellschafter**: Der Erwerber bilanziert zum Erwerbszeitpunkt alle erworbenen Vermögenswerte und Schulden sowie die Anteile nicht beherrschender Gesellschafter. Der Ansatz der Vermögenswerte und Schulden erfolgt unabhängig von der Frage, ob diese bereits vom erworbenen Unternehmen bilanziert wurden. Im Rahmen der Bilanzierung des Unternehmenszusammenschlusses kann es daher insbesondere zur erstmaligen Erfassung immaterieller Vermögenswerte

I. Regelungsgehalt

kommen, die beim erworbenen Unternehmen aufgrund des Ansatzverbotes für selbst geschaffene immaterielle Vermögenswerte bisher nicht bilanziert werden durften. Umgekehrt ergibt sich aus der Vorschrift ein Bilanzierungsverbot für Restrukturierungsrückstellungen. IFRS 3 sieht eine Reihe von Sonderregelungen für die Erst- und Folgebilanzierung ausgewählter Vermögenswerte und Schulden vor.

Die **Anteile nicht beherrschender Gesellschafter** (non-controlling interest) bezeichnen den Anteil des Eigenkapitals des Tochterunternehmens, der weder direkt noch indirekt dem Mutterunternehmen zurechenbar ist. Sie können zum Erwerbszeitpunkt wahlweise mit dem beizulegenden Zeitwert oder mit dem Saldo des den nicht beherrschenden Gesellschaften zustehenden Anteils an den identifizierbaren Vermögenswerten und Schulden des erworbenen Unternehmens bewertet werden. Im Ergebnis ergibt sich hieraus ein Wahlrecht, die Anteile nicht beherrschender Gesellschafter mit oder ohne Berücksichtigung des auf sie entfallenden Geschäfts- oder Firmenwertes zu bewerten.

Bilanzierung eines Geschäfts- oder Firmenwertes: Der Geschäfts- oder Firmenwert (goodwill) ist nur indirekt als Residualgröße definiert. Er repräsentiert den künftigen wirtschaftlichen Nutzen aus Vermögenswerten, die nicht einzeln identifiziert und separat angesetzt werden können. Er ermittelt sich als Differenz zwischen:

(a) der Summe aus

   (i) dem beizulegenden Zeitwert der entrichteten Kaufpreiszahlung,

   (ii) dem Wert der Anteile der nicht beherrschenden Gesellschafter und

   (iii) ggf. dem beizulegenden Zeitwert einer bereits vor dem Unternehmenszusammenschluss gehaltenen Beteiligung an dem übernommenen Geschäftsbetrieb

und

(b) den den erworbenen Vermögenswerten und übernommenen Verbindlichkeiten beizulegenden Werten im Erwerbszeitpunkt.

Ergibt sich aus der Berechnung ein negativer Unterschiedsbetrag, sind zunächst die vorgenommenen Berechnungsschritte einer nochmaligen Prüfung zu unterziehen. Erst dann wird der verbleibende negative Unterschiedsbetrag als sofort realisierter Gewinn aus dem Unternehmenszusammenschluss verbucht.

Die im Rahmen der Bestimmung des Geschäfts- oder Firmenwertes anzusetzende **Kaufpreiszahlung** umfasst alle für den Erwerb des Geschäftsbetriebes geleisteten Barzahlungen, übertragenen Vermögenswerte, übernommenen Schulden und ausgegebenen Eigenkapitalinstrumente. Zur Kaufpreiszahlung gehören auch bedingte Kaufpreiszahlungen (contingent consideration). IFRS 3 spricht von bedingten Kaufpreiszahlungen, wenn Veräußerer und Erwerber die Entrichtung zusätzlicher Zahlungen bzw. Rückerstattungen vereinbaren, falls bestimmte zuvor festgelegte Ereignisse eintreten oder Bedingungen erfüllt sind. Die Bewertung der Kaufpreiszahlung erfolgt zum beizulegenden Zeitwert im Erwerbszeitpunkt. Transaktionskosten werden in der Regel als Aufwand erfasst.

9   Besaß der Erwerber bereits vor dem Unternehmenszusammenschluss Anteile an dem erworbenen Geschäftsbetrieb, gehen diese in die Bestimmung des Geschäfts- oder Firmenwerts mit dem beizulegenden Zeitwert ein. Wurden die Anteile bisher nicht mit dem beizulegenden Zeitwert bewertet, ergibt sich ein Bewertungsgewinn oder –verlust.

10   Die Identifizierung und Bewertung der erworbenen Vermögenswerte und Schulden ist zeitintensiv und kann leicht mehrere Monate dauern. Ist dieser Prozess bis zur Aufstellung des nächsten Abschlusses noch nicht abgeschlossen, erlaubt IFRS 3 den Ansatz provisorischer Werte, die dann später angepasst werden müssen.

11   IFRS 3 verpflichtet den Erwerbe, schließlich, **Anhangangaben** zu machen, die den Abschlussadressaten in die Lage versetzen, die Art und die finanziellen Auswirkungen des Unternehmenszusammenschlusses zum Erwerbszeitpunkt und in den Folgeperioden zu beurteilen.[1]

12   **II. Normzweck und Anwendungsbereich.** Zielsetzung des Standards ist es gemäß IFRS 3.1, die Relevanz, Verlässlichkeit und Vergleichbarkeit der Informationen zu verbessern, die ein berichtendes Unternehmen über einen Unternehmenszusammenschluss liefert. IFRS 3 enthält zu diesem Zweck Vorschriften zum Ansatz und zur Bewertung der erworbenen identifizierbaren Vermögenswerte und Schulden, der Anteile nicht beherrschender Gesellschafter sowie des Geschäfts- oder Firmenwertes. Zusätzlich schreibt der Standard eine Reihe von Anhangangaben vor, die die Bilanzadressaten in die Lage versetzen sollen, die Art und die finanziellen Auswirkungen eines Unternehmenszusammenschlusses beurteilen zu können.

13   Es handelt sich bei IFRS 3 um einen transaktionsbasierten Standard, dessen Schwerpunkt auf der erstmaligen Erfassung der im Rahmen eines Unternehmenszusammenschlusses erworbenen Vermögenswerte, Schulden und Anteile nicht beherrschender Gesellschafter liegt. Die Vorschriften zur laufenden Konsolidierung von Tochterunternehmen sind nicht Gegenstand von IFRS 3, sondern in IAS 27 geregelt.[2]

14   Die folgenden Transaktionen sind gemäß IFRS 3.2 vom **Anwendungsbereich** ausgenommen:

---

1   Einen Überblick über die Regelungen in IFRS 3 geben ua: *Beyhs/Wagner* DB 2008, 73ff; *Buschhüter* Internationale Rechnungslegung, §6 Rn. 1ff; *Schwedler* KoR 2008, 135ff; *Quiring/Teixeira* Accountancy 2008, 72ff und 78ff.
2   Vgl *Lüdenbach* Haufe-Kommentar, Rn 1ff; *Deloitte (Hrsg.)* iGAAP, 1931f; *Ernst & Young (Hrsg.)* International GAAP, 535.

II. Normzweck und Anwendungsbereich

(1) **Die Gründung eines Gemeinschaftsunternehmens.** Die Gründung eines Gemeinschaftsunternehmens (joint venture) ist von den Vorschriften in IFRS 3 ausgenommen. Stattdessen sollen die besonderen Vorschriften für Gemeinschaftsunternehmen, in IAS 31 *Investments in Joint Ventures* zur Anwendung kommen. Die Vorschrift in IFRS 3.2(a) hat dabei lediglich klarstellenden Charakter, da bei Gründung eines Gemeinschaftsunternehmens schon die Definition eines Unternehmenszusammenschlusses nicht erfüllt ist. Ein Unternehmenszusammenschluss setzt den Erwerb der Beherrschung über ein anderes Unternehmen oder einen anderen Geschäftsbetrieb voraus. Dies ist aber bei Gründung eines Gemeinschaftsunternehmens gerade nicht der Fall. Vielmehr verständigt sich hier das berichtende Unternehmen mit weiteren Investoren auf die gemeinschaftliche Beherrschung des Gemeinschaftsunternehmens.[3]

15

IFRS 3

(2) **Der Erwerb einer Gruppe von Vermögenswerten.** Soweit eine Gruppe von Vermögenswerten nicht die Definition eines Geschäftsbetriebs erfüllt, ist deren Erwerb gemäß IFRS 3.2(b) vom Anwendungsbereich des Standards ausgenommen. Stattdessen muss der Erwerber die Anschaffungskosten der Gruppe von Vermögenswerten nach Maßgabe der beizulegenden Zeitwerte der einzelnen Vermögenswerte und Schulden im Erwerbszeitpunkt den Vermögenswerten und Schulden zuordnen. Ein Geschäfts- oder Firmenwert wird dabei ebenso wenig erfasst wie die Anteile nicht beherrschender Gesellschafter[4].

16

Erscheint die Vorschrift zunächst eindeutig, kann deren praktische Anwendung erhebliche Schwierigkeiten bereiten. Eine Bewertung zum beizulegenden Zeitwert ist nicht für alle Vermögenswerte und Schulden möglich oder sinnvoll. IFRS 3 verzichtet daher für Unternehmenszusammenschlüsse beispielsweise auf die Bewertung im Rahmen eines Unternehmenszusammenschlusses übernommener Pensionsverbindlichkeiten zum beizulegenden Zeitwert und schreibt eine Bewertung nach den Vorschriften in IAS 19 *Employee Benefits* vor. IFRS 3.2(b) sieht keine vergleichbaren Sonderregelungen für den Erwerb einer Gruppe von Vermögenswerten vor, so dass sich hier nach dem Wortlaut immer eine Pflicht zur Bewertung der erworbenen Vermögenswerte und Schulden mit dem beizulegenden Zeitwert ergibt. Ob diese Interpretation der Intention des IASB entspricht, ist indes fraglich. U.E. sollte eine analoge Anwendung der besonderen Bewertungsvorschriften in IFRS 3 zumindest kritisch geprüft werden.

17

(3) **Zusammenschlüsse von Unternehmen oder Geschäftsbetrieben unter gemeinsamer Beherrschung**: IFRS 3.2(c) schließt Zusammenschlüsse, an denen Unternehmen oder Geschäftsbetriebe unter gemeinsamer Beherrschung (combination

18

---

3 Vgl *KPMG (Hrsg.)* Handbook Business Combinations, 6; *PwC (Hrsg.)* Global Guide to Business Combinations, 19.
4 Vgl *KPMG (Hrsg.)* Handbook Business Combinations, 6; *PwC (Hrsg.)* Global Guide to Business Combinations, 18 und 493ff; *Ernst & Young* (Hrsg.) International GAAP, 634

of entities or businesses under common control) beteiligt sind, vom Anwendungsbereich des Standards aus. IFRS 3.B1 beschreibt eine solche Transaktion als einen Zusammenschluss, bei dem letztendlich alle sich zusammenschließenden Unternehmen oder Geschäftsbetriebe von derselben Partei oder denselben Parteien sowohl vor als auch nach dem Unternehmenszusammenschluss beherrscht werden und diese Beherrschung nicht nur vorübergehender Natur ist.

19 Der Begriff des Unternehmenszusammenschlusses unter gemeinsamer Beherrschung bringt zahlreiche Anwendungsfragen mit sich. Schwierigkeiten bereitet der Begriff zunächst, wenn die gemeinsame Beherrschung nicht von einer Partei, sondern einer **Gruppe von Unternehmen oder Personen** ausgeübt wird. IFRS 3.B2 nimmt bei einer Gruppe von Personen an, dass sie ein Unternehmen beherrscht, wenn sie aufgrund vertraglicher Vereinbarungen gemeinsam die Möglichkeit hat, dessen Finanz- und Geschäftspolitik zu bestimmen, um aus dessen Geschäftstätigkeiten Nutzen zu ziehen. Der Rückgriff auf das Vorliegen einer vertraglichen Vereinbarung dient der Objektivierung der Vorschrift. Die Regelung bedeutet aber auch, dass Personen, die ohne vertragliche Vereinbarung koordiniert handeln, bei strenger Auslegung des Wortlautes in IFRS 3.B2 keine gemeinsame Beherrschung ausüben. Diese Schlussfolgerung ist insbesondere bei Familienverhältnissen fraglich. Es ist wahrscheinlich, dass enge Familienmitglieder ihre Stimmrechte an dem Unternehmen gemeinsam ausüben. In Abhängigkeit von den Umständen des Einzelfalls kann es daher angebracht sein, das Vorliegen eines mündlichen Vertragsverhältnisses zu unterstellen.[5]

20 Anwendungsschwierigkeiten ergeben sich auch im Zusammenhang mit **Unternehmen der öffentlichen Hand**. Bei strenger Auslegung des Wortlautes ergibt sich die Schlussfolgerung, dass alle Unternehmenszusammenschlüsse zwischen Unternehmen der öffentlichen Hand die Definition eines Unternehmenszusammenschlusses unter gemeinsamer Beherrschung erfüllen und somit vom Anwendungsbereich des IFRS 3 ausgeschlossen sind. Diese Interpretation bedeutet bereits in den westlichen Marktwirtschaften, dass zahlreiche Unternehmenstransaktionen aus dem Anwendungsbereich fallen. Das Problem verschärft sich aber erheblich in Wirtschaftsräumen, in denen die Mehrzahl der Unternehmen im Staatsbesitz steht. Zum Teil wird daher die Meinung vertreten, dass Unternehmenszusammenschlüsse von Staatsbetrieben nur dann als Unternehmenszusammenschlüsse unter gemeinsamer Beherrschung behandelt werden, wenn sie in ein und demselben Zuständigkeitsbereich (zB innerhalb desselben Ministeriums) stattfinden.[6]

21 Eine weitere begriffliche Unklarheit konnte zwischenzeitlich durch das IFRIC gelöst werden. Nach IFRS 3.B1 darf ein gemeinsames Beherrschungsverhältnis nicht nur **vorübergehender Natur** sein. Das IFRIC diskutierte im Jahr 2006 Situationen, in

---

5 Vgl *KPMG (Hrsg.)* Insights, 165f; *PwC (Hrsg.)* IFRS Manual, Rn 25.124ff; *Ernst & Young (Hrsg.)* International GAAP, 761ff.
6 Vgl PwC (Hrsg.), A Global Guide to Business Combinations, 479.

II. Normzweck und Anwendungsbereich

denen zur Vorbereitung der späteren Veräußerung ein Geschäftsbereich zunächst in eine eigene Rechtseinheit ausgegliedert wurde. Das IFRIC stellte in diesem Zusammenhang klar, dass ein Beherrschungsverhältnis nicht schon alleine deshalb vorübergehender Natur ist, weil eine spätere Veräußerungsabsicht besteht.[7]

Unternehmenszusammenschlüsse unter gemeinsamer Beherrschung sind vom Anwendungsbereich des Standards ausgeschlossen. Andere IFRS, in denen sich explizite Regelungen zur Bilanzierung derartiger Transaktionen finden, gibt es ebenfalls nicht. Es besteht daher eine **Regelungslücke** bezüglich der bilanziellen Abbildung von Unternehmenszusammenschlüssen unter gemeinsamer Beherrschung, die einen Rückgriff auf die allgemeinen Grundsätze in IAS 8 *Accounting Policies, Changes in Accounting Estimates and Errors* zur Ausfüllung von Regelungslücken notwendig macht. IAS 8.10ff legen es bei Fehlen eines Standards oder einer Interpretation in das Entscheidungsermessen der Geschäftsleitung welche Bilanzierungs- und Bewertungsmethoden zur Anwendung gelangen. Die angewendeten Methoden müssen aber zu zuverlässigen und an den Informationsbedürfnissen der Abschlussadressaten ausgerichteten Informationen führen.

22

Die Geschäftsleitung muss sich nach IAS 8.11(a) zunächst an den Vorschriften anderer Standards und Interpretationen, die sich mit ähnlichen Fragestellungen beschäftigen, orientieren. Zu denken wäre hier insbesondere an die analoge Anwendung von IFRS 3. Des Weiteren sieht IAS 8.12 vor, dass sich die Geschäftsleitung bei Regelungslücken der IFRS auf Verlautbarungen anderer Rechnungslegungsgremien, denen ein ähnliches Rahmenkonzept zugrunde liegt, auf weiterführende Fachliteratur sowie auf anerkannte Branchenpraktiken stützen kann. Hiernach besteht insbesondere die Möglichkeit, sich bei der Bilanzierung von Unternehmenszusammenschlüssen unter gemeinsamer Beherrschung an US GAAP anzulehnen. Aus dem im Rahmenkonzept geregelten Stetigkeitsgrundsatz ergibt sich, dass Unternehmenszusammenschlüsse unter gemeinsamer Beherrschung nach der gleichen Methode zu bilanzieren sind (sog. Grundsatz der Methodenstetigkeit).

23

Der Hauptfachausschuss des Instituts der Wirtschaftsprüfer hat in **IDW RS HFA 2** zur Bilanzierung von Unternehmenszusammenschlüssen unter gemeinsamer Beherrschung Stellung genommen. Hierbei gibt er mit dem separate reporting entity approach und dem sog. predecessor accounting zwei mögliche Vorgehensweisen bei der Bilanzierung vor.

24

Nach dem **separate reporting entity approach** sind Unternehmenszusammenschlüsse unter gemeinsamer Beherrschung, wie andere Unternehmenszusammenschlüsse auch, entsprechend den Vorschriften in IFRS 3 zu bilanzieren. Diese In-

25

---

[7] Zur genauen Formulierung der IFRIC Agenda Rejection vgl IASB Update March 2006, S 6; KPMG (Hrsg.) Insights, 166ff; PwC (Hrsg.) IFRS Manual, Rn 25.376; Ernst & Young (Hrsg.) International GAAP, 764ff.

Buschhüter   145

terpretation ist auf IAS 8.11(a) zurückzuführen, wonach bei Fehlen einer konkreten Bilanzierungsvorschrift auf einen Standard zurückzugreifen ist, der einen ähnlich gelagerten Sachverhalt regelt. Nach IFRS 3.4 sind Unternehmenszusammenschlüsse mittels der Erwerbsmethode, also unter Aufdeckung stiller Reserven, zu bilanzieren.[8]

26   Als weitere Möglichkeit einer Abbildung von Unternehmenszusammenschlüssen unter gemeinsamer Beherrschung nennt IDW RS HFA 2 das sog. **predecessor accounting**, dem das Verständnis zugrunde liegt, ein Teilkonzernabschluss stelle lediglich einen Ausschnitt des Gesamtkonzernabschlusses dar. Dieser Ansatz sieht die Fortführung der Konzernbuchwerte der veräußernden Partei im Zeitpunkt der Transaktion vor. Der Unterschiedsbetrag zwischen den Nettobuchwerten des erworbenen Unternehmens und den Anschaffungskosten des Unternehmenserwerbers wird mit dem Eigenkapital verrechnet.

27   Der Gedanke des Predecessor Accounting liegt den **US-amerikanischen Vorschriften** zugrunde. Wie in Rn 23 dargestellt, ist über die Vorschrift des IAS 8.12 im Falle von Regelungslücken auch ein Rückgriff auf Regelungen anderer Rechnungslegungsgremien zulässig. Ähnlich wie in IFRS 3, sind Unternehmenserwerbe zwischen Unternehmen unter gemeinsamer Beherrschung vom Anwendungsbereich von Topic 805 *Business Combinations* ausgeschlossen. Topic 805 enthält allerdings einige weiterführende Vorschriften zur Bilanzierung solcher Transaktionen. Der Erwerber setzt danach bei einem Unternehmenszusammenschluss unter gemeinsamer Beherrschung die Vermögenswerte und Schulden des erworbenen Unternehmens mit den im Abschluss des Veräußerers bilanzierten Buchwerten an. Für den Fall, dass die beim letztendlich beherrschenden Unternehmen bilanzierten historischen Anschaffungskosten von den Buchwerten im Abschluss des Veräußerers abweichen, bilanziert der Erwerber in seinem Abschluss die erworbenen Vermögenswerte und Schulden zu den historischen Anschaffungskosten des Mutterunternehmens.

28   IAS 8.12 sieht allerdings keinen zwangsweisen Rückgriff auf U.S. GAAP vor, sondern lässt ebenso den Rückgriff auf Verlautbarungen anderer Rechnungslegungsgremien zu, denen ein ähnliches Rahmenkonzept zugrunde liegt (zB UK GAAP). Das Predecessor Accounting wird daher in der Bilanzierungspraxis nicht immer einheitlich angewendet. Abweichungen ergeben sich insbesondere bezüglich der Wahl der verwendeten Buchwerte. Hier kann einerseits die Ansicht vertreten werden, dass die Fortführung der bisherigen Konzernbuchwerte des veräußernden Unternehmens dem wirtschaftlichen Gehalt eines Unternehmenszusammenschlusses unter gemeinsamer Beherrschung am ehesten entspricht, soweit diese nur ein Mittel zum Zweck einer konzerninternen Umstrukturierung darstellt. In diesem Fall findet lediglich eine Verschiebung der Bilanzierung von Vermögenswerten und Schulden, jedoch

---

8   KPMG (Hrsg.) Insights, 171; PwC (Hrsg.) IFRS Manual, Rn 25.381; Ernst & Young (Hrsg.) International GAAP, 772ff.

II. Normzweck und Anwendungsbereich

keine Veränderung der letztendlichen Beherrschungsverhältnisse statt. Andererseits ist aber auch eine Übernahme der Buchwerte der Vermögenswerte und Schulden aus dem Einzelabschluss des erworbenen Unternehmens nicht zu beanstanden. Diese Alternative betrachtet Unternehmenszusammenschlüsse unter gemeinsamer Beherrschung aus der Perspektive des Erwerbers unabhängig von deren Einbindung in den Gesamtkonzern.[9]

Gelegentlich wird **Fresh-Start Accounting** als eine weitere Methode zur Bilanzierung von Unternehmenszusammenschlüssen unter gemeinsamer Beherrschung angeführt. Fresh-Start Accounting beruht auf dem Grundgedanken, dass sich zwei gleichberechtigte Partner zu einem neuen Unternehmen zusammenschließen. Im Gegensatz zum Predecessor Accounting werden die Vermögenswerte und Schulden beider Parteien einer vollständigen Neubewertung unterzogen. Die Bilanzierung von Unternehmenszusammenschlüssen unter gemeinsamer Beherrschung nach dem Fresh-Start Accounting kommt u.E. nicht in Betracht, da es zur Zeit von keinem Rechnungslegungsgremium als Bilanzierungsmethode angewendet wird und daher eine analoge Anwendung der Vorschriften nicht möglich ist. Zu Beginn ihres gemeinsamen Projektes zur Bilanzierung von Unternehmenszusammenschlüssen hatten das FASB und das IASB zwar in Erwägung gezogen, in bestimmten Fällen Fresh-Start Accounting zuzulassen. Letztlich haben aber beide Gremien von einer Einführung dieser Bilanzierungsmethode abgesehen.[10]

Beispiel

Mutterunternehmen A beherrscht die Tochterunternehmen B und C. Aufgrund einer geplanten Neuordnung der konzerninternen Strukturen veranlasst A, dass seine 100%-Beteiligung an C von B erworben wird. A hält in der Folge keine direkte Beteiligung mehr an C, kann C jedoch aufgrund des Beteiligungsverhältnisses zu B weiterhin beherrschen.

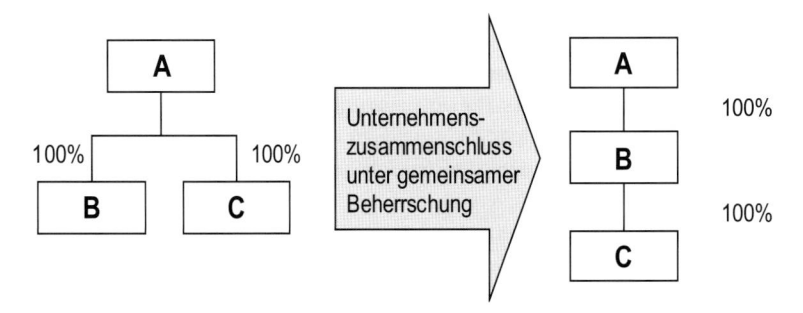

---

[9] Vgl *KPMG (Hrsg.)* Insights, 170f; *PwC (Hrsg.)* IFRS Manual, Rn 25.382ff; *Ernst & Young (Hrsg.)* International GAAP, 774ff.
[10] Vgl *Ernst & Young (Hrsg.)* International GAAP, 767.

Der Erwerb von 100% der Anteile an C durch B stellt einen Unternehmenszusammenschluss unter gemeinsamer Beherrschung dar. Stellt B einen Teilkonzernabschluss auf, so ergibt sich für B ein Wahlrecht zur analogen Anwendung der Erwerbsmethode in IFRS 3. Ersatzweise kann ua auf die Vorschriften in Topic 805 zurückgegriffen werden, nach denen B die Buchwerte der erworbenen Vermögenswerte und Schulden im Konzernabschluss von A übernimmt.

30 Das Unternehmen muss die gewählte Vorgehensweise bei der bilanziellen Abbildung von Unternehmenszusammenschlüssen unter gemeinsamer Beherrschung im Anhang entsprechend IAS 1.103(a) und IAS 1.108 darstellen. Es stellt sich aber die Frage, inwieweit die vom Unternehmen gewählte Bilanzierungsmethode weitere Angabepflichten begründet. So erscheint bei Rückgriff auf die Erwerbsmethode eine analoge Anwendung der Angabepflichten in IFRS 3 angemessen. Zum Teil wird die analoge Anwendung der Angabepflichten in IFRS 3 auch bei Anwendung des Predecessor Accounting befürwortet.

31 Von hoher praktischer Bedeutung ist bei Anwendung des Predecessor Accounting auch die Frage, ob die analoge Anwendung der Vorschriften in Topic 805 eine Anpassung der Vorjahreszahlen bedingt. Nach U.S. GAAP enthält der Konzernabschluss des Erwerbers für die den Zusammenschluss umfassende Periode die Ergebnisse bzw. Vermögenswerte und Schulden des erworbenen Unternehmens, als ob der Zusammenschluss zu Beginn der Periode stattgefunden hätte. **Vorjahresperioden sind anzupassen**, soweit sie Zeiträume betreffen, in denen die Unternehmen unter gemeinsamer Beherrschung gestanden haben. Konzerninterne Transaktionen sind zu eliminieren. Der Erwerber hat außerdem den Namen und eine kurze Beschreibung des erworbenen Unternehmens sowie die für den Erwerb angewandte Bilanzierungsmethode anzugeben. Der Erwerber muss ferner die Vorschriften in Topic 850 *Related Party Disclosures* beachten. Die analoge Anwendung der in U.S. GAAP vorgeschriebenen Angabepflichten ist strittig und deren Anwendung in der Praxis uneinheitlich.[11]

32 **Exkurs: Unternehmenszusammenschlüsse unter gemeinsamer Beherrschung im separaten Einzelabschluss** Die Bilanzierung separater Einzelabschlüsse ist in IAS 27 geregelt. IAS 27.38 sieht für Anteile an Tochterunternehmen, die nicht gemäß IFRS 5 *Non-current Assets Held for Sale and Discontinued Operations* als zur Veräußerung gehalten klassifiziert werden, ein Wahlrecht vor, die Anteile zu Anschaffungskosten oder in Übereinstimmung mit den Vorschriften in IAS 39 *Financial Instruments: Recognition and Measurement* bzw. IFRS 9 *Financial Instruments* zu bilanzieren. Unternehmensanteile müssen nach IAS 39 entweder als zur Veräußerung verfügbare finanzielle Vermögenswerte oder als erfolgswirksam zum beizulegenden Zeitwert bewertete finanzielle Vermögenswerte klassifiziert werden. Während die

---

11 Vgl *KPMG (Hrsg.)* Insights, 175; *Ernst & Young (Hrsg.)* International GAAP, 777.

II. Normzweck und Anwendungsbereich

Erstbewertung solcher Vermögenswerte zu Anschaffungskosten stattfindet, erfolgt die Folgebewertung zum beizulegenden Zeitwert. Die Wertänderungen werden im Fall von zur Veräußerung verfügbaren finanziellen Vermögenswerten erfolgsneutral in den sonstigen Eigenkapitaländerungen bzw. für erfolgswirksam zum beizulegenden Zeitwert bewertete finanzielle Vermögenswerte erfolgswirksam in der Gewinn- und Verlustrechnung erfasst. Zu den Vorschriften in IFRS 9 siehe die entsprechenden Kommentierungen in diesem Buch.

Es ist strittig, ob die Vorschriften in IAS 27 auch auf im Rahmen von Unternehmenszusammenschlüssen unter gemeinsamer Beherrschung erworbene Unternehmensanteile Anwendung finden. IAS 27 nimmt solche Transaktionen nicht ausdrücklich von seinem Anwendungsbereich aus, daher wird teilweise die Ansicht vertreten, dass IAS 27 auf solche Transaktionen uneingeschränkt Anwendung findet. Das IASB lehnt die **analoge Anwendung von Ausnahmeregelungen** in den IFRSs auf ähnliche Sachverhalte grundsätzlich ab. Zum Teil wird aber trotzdem die Ansicht vertreten, dass die Ausnahme vom Anwendungsbereich des IFRS 3 für Unternehmenszusammenschlüsse unter gemeinsamer Beherrschung auch analog auf IAS 27 angewendet werden darf. Folgt man dieser Auffassung erscheint insbesondere die Abbildung von Unternehmenszusammenschlüsse unter gemeinsamer Beherrschung im separaten Einzelabschluss zum Buchwert oder zum beizulegenden Zeitwert des übernommenen Unternehmens sachgerecht.[12]

IAS 27.42(c) enthält eine Angabepflicht für die bei der Bewertung des Anteilsbesitzes im separaten Einzelabschluss angewendeten Bilanzierungs- und Bewertungsmethoden. Eine entsprechende Angabe erscheint uE auch dann angebracht, wenn das bilanzierende Unternehmen, davon ausgeht, dass Unternehmenszusammenschlüsse unter gemeinsamer Beherrschung vom Anwendungsbereich des IAS 27 ausgeschlossen sind.[13]

Das IASB hat im Jahr 2008 einen **Sonderfall** der Bilanzierung von Unternehmenszusammenschlüssen unter gemeinsamer Beherrschung im separaten Einzelabschluss geregelt. IAS 27.38B schreibt nunmehr vor, dass eine Konzernrestrukturierung, die die Gründung einer neuen Holdinggesellschaft zum Gegenstand hat, immer dann zu Buchwerten bilanziert werden muss, wenn:

1. die Restrukturierung ausschließlich durch die Ausgabe von Eigenkapitalinstrumenten erfolgt,
2. die Vermögenswerte und Schulden nach der Restrukturierung mit denen vor der Restrukturierung übereinstimmen und
3. die Anteilseigner vor und nach der Restrukturierung absolut und im Verhältnis zu einander den gleichen Anteil am Konzernnettovermögen halten.

---
12 Vgl *KPMG (Hrsg.)* Insights, 171ff.
13 Vgl *KPMG (Hrsg.)* Insights, 175.

Das IASB misst IAS 27.38B jedoch ausdrücklich keine über den Einzelfall hinausgehende Bedeutung zu. IAS 27.BC66Q stellt klar, dass das IASB mit der Regelung nicht beabsichtigte, den laufenden Beratungen seines Projektes zur Bilanzierung von Unternehmenszusammenschlüssen unter gemeinsamer Beherrschung vorwegzugreifen. Das Projekt ist bislang nicht abgeschlossen.

(4) Unternehmenszusammenschlüsse von Unternehmen auf Gegenseitigkeit und Unternehmenszusammenschlüsse auf rein vertraglicher Basis: Während Unternehmen auf Gegenseitigkeit (mutual entities), wie zB Genossenschaften, noch vom Anwendungsbereich der Vorgängerfassung IFRS 3 (2004) ausgenommen waren, sind seit Inkrafttreten von IFRS 3 (2008) auf solche Unternehmen die allgemeinen Regeln zur Bilanzierung von Unternehmenszusammenschlüssen vollumfänglich anzuwenden. IFRS 3.B47-B49 enthalten daher weiterführende Hinweise zur Anwendung der Erwerbsmethode auf Unternehmen auf Gegenseitigkeit. Insbesondere erkennt der Standard an, dass der beizulegende Zeitwert des Eigenkapital- oder Geschäftsanteils des erworbenen Unternehmens auf Gegenseitigkeit verlässlicher bestimmbar sein kann als der beizulegende Zeitwert des erwerbenden Unternehmens auf Gegenseitigkeit. In die Ermittlung des Geschäfts- oder Firmenwertes soll dann anstelle der als Kaufpreis übertragenen Eigenkapital- oder Geschäftsanteile des erwerbenden Unternehmens auf Gegenseitigkeit der beizulegende Zeitwert der Eigenkapital- oder Geschäftsanteile des erworbenen Unternehmens auf Gegenseitigkeit eingehen. Das erwerbende Unternehmen auf Gegenseitigkeit weist das Nettovermögen des erworbenen Unternehmens auf Gegenseitigkeit als unmittelbare Hinzufügung zum Kapital oder Eigenkapital aus. Die Vorschriften sind auf Unternehmenszusammenschlüsse auf rein vertraglicher Basis, also ohne Zahlung eines Kaufpreises, entsprechend anzuwenden.[14]

III. Begriffe. IFRS 3 Appendix A definiert einen **Unternehmenszusammenschluss** als eine Transaktion oder anderes Ereignis, durch das ein **Erwerber** (acquirer) die Beherrschung über einen oder mehrere Geschäftsbetriebe erlangt. Das Unternehmen, über welches der Erwerber die Beherrschung erwirbt, wird als das **erworbene Unternehmen** (acquiree) bezeichnet. Unternehmenszusammenschlüsse können eine Vielzahl rechtlicher Gestaltungsformen annehmen, zB den Erwerb der Mehrheit der Anteile an einem anderen Unternehmen (share deal), den Erwerb einer Gruppe von Vermögenswerten und Schulden, die einen Geschäftsbetrieb begründet (asset deal) oder die Verschmelzung eines Unternehmens auf ein anderes Unternehmen (Verschmelzung durch Aufnahme). Die Definition eines Unternehmenszusammenschlusses kann aber auch im Falle der Verschmelzung zweier Unternehmen auf ein neu gegründetes Unternehmen (Verschmelzung durch Neugründung) erfüllt sein.

---

14 *Vgl* Deloitte (Hrsg.) iGAAP, 1938; *PwC (Hrsg.)* IFRS Manual, Rn 25.50ff; *Ernst & Young (Hrsg.)* International GAAP, 683ff.

III. Begriffe

Das erworbene Unternehmen, nicht aber der Erwerber, muss die Definition eines **Geschäftsbetriebes** erfüllen. IFRS 3 Appendix A definiert einen Geschäftsbetrieb als eine integrierte Gruppe von Tätigkeiten und Vermögenswerten, die mit dem Ziel geführt und geleitet werden kann, Erträge zu erwirtschaften, die in Form von Dividenden, niedrigeren Kosten oder sonstigem wirtschaftlichem Nutzen den Anteilseignern oder anderen Eigentümern, Gesellschaftern oder Teilnehmern zugehen. IFRS 3.B7 erläutert hierzu weiter, dass normalerweise (a) der Einsatz von Ressourcen, (b) darauf anzuwendende Verfahren und (c) daraus resultierende Leistungen, die gegenwärtig oder zukünftig genutzt werden, um Erträge zu erwirtschaften, Kennzeichen eines Geschäftsbetriebes sind.

38

Die Definition verlangt in erheblichem Umfang die Ausübung von Ermessen und bereitet in der Praxis oft Auslegungsschwierigkeiten. So kommt es beispielsweise nicht darauf an, dass ein Geschäftsbetrieb im Einzelfall immer alle Indikatoren eines Geschäftsbetriebes erfüllt. Entscheidend ist das Gesamtbild aller mit einer Gruppe von Vermögenswerten und Schulden zusammenhängenden Sachverhalte. Ein Unternehmen, das sich noch in der Gründungsphase befindet, kann daher beispielsweise schon die Definition eines Geschäftsbetriebes erfüllen, obwohl es noch keine Leistungen erbringt. Umgekehrt muss der Erwerber nicht jede Komponente des bestehenden Geschäftsbetriebes übernehmen, sondern kann einzelne betriebliche Funktionen durch eigene Ressourcen oder Verfahren ersetzen.

39

Die Vorschrift soll insbesondere sicherstellen, dass die Definition eines Geschäftsbetriebes und damit die Anwendbarkeit der Vorschriften zur Bilanzierung von Unternehmenszusammenschlüssen auch in bestimmten Sonderfällen, wie etwa bei Unternehmen in der Gründungsphase oder bestimmten Forschungs- und Entwicklungseinrichtungen gegeben ist. Fraglich ist aber, wie weit die Vorschrift ausgelegt werden muss. So könnte aus der Vorschrift beispielsweise auch geschlussfolgert werden, dass die Übertragung eines Grundstücks die Definition eines Unternehmenszusammenschlusses erfüllt, wenn das Grundstück im Geschäftsbetrieb des Erwerbers verwendet werden kann. Eine so weite Auslegung der Vorschrift ist uE abzulehnen, da dies zur Folge hätte, dass faktisch jeder Erwerbstatbestand als Unternehmenszusammenschluss bilanziert werden müsste und somit die Vorschriften zur Erstbilanzierung in anderen Standards ins Leere liefen. Vielmehr ist die Vorschrift in IFRS 3 eng auszulegen und soll lediglich verhindern, dass das Fehlen einzelner Prozesse nicht automatisch gegen das Bestehen eines Geschäftsbetriebes spricht.[15]

40

Besteht ein Geschäfts- oder Firmenwert, so vermutet IFRS 3.B12 widerlegbar das Vorliegen eines Geschäftsbetriebes.

41

---

15 Vgl *KPMG* (Hrsg.) Handbook Business Combinations, 9ff; *PwC* (Hrsg.) Global Guide to Business Combinations, 9ff; *Deloitte* (Hrsg.) iGAAP, 1942ff; *Ernst & Young* (Hrsg.) International GAAP, 636ff.

42 Erfüllt eine Transaktion die Definition eines Unternehmenszusammenschlusses muss diese nach der **Erwerbsmethode** bilanziert werden. IFRS 3 verzichtet dabei auf eine Definition der Erwerbsmethode und zählt stattdessen die Schritte auf, aus denen sich die Erwerbsmethode zusammensetzt. Dies sind:

(a) die Identifizierung des Erwerbers;

(b) die Bestimmung des Erwerbszeitpunkts;

(c) der Ansatz und die Bewertung der erworbenen identifizierbaren Vermögenswerte, der übernommenen Schulden und der Anteile nicht beherrschender Gesellschafter an dem erworbenen Unternehmen und

(d) der Ansatz und die Bewertung des Geschäfts- oder Firmenwertes oder eines Gewinns aus einem Erwerb zu einem vorteilhaften Kaufpreis.

43 **Erwerbszeitpunkt** ist gemäß IFRS 3 Appendix A der Zeitpunkt, an dem der Erwerber die Beherrschung über das erworbene Unternehmen erlangt. Dies ist normalerweise der Tag, an dem die Gegenleistung für den Unternehmenserwerb im Austausch für die erworbenen Vermögenswerte und Schulden rechtlich übertragen wird. Im Einzelfall kann der Erwerbszeitpunkt aber auch vor oder nach dem Tauschzeitpunkt liegen, zB wenn eine schriftliche Vereinbarung vorliegt, nach der der Übergang der Beherrschung schon vor dem Tauschzeitpunkt stattfindet. Zu beachten ist hierbei, dass der faktische Übergang der Beherrschung entscheidend ist, insbesondere ist eine rückwirkende Übertragung der Beherrschung nicht möglich.

44 Tausch- und Erwerbszeitpunkt fallen auch bei sukzessiven Unternehmenszusammenschlüssen, also bei Unternehmenserwerben, die in mehreren Erwerbsschritten erfolgen, auseinander. Der Tauschzeitpunkt ermittelt sich hier gesondert für jeden Erwerbsschritt. Der Erwerber erlangt die Beherrschung über das andere Unternehmen aber erst mit Abschluss des letzten Erwerbsschrittes. Dies ist der Erwerbszeitpunkt.

45 Von besonderer Bedeutung bei der Bilanzierung von Unternehmenszusammenschlüssen ist der Begriff des **Geschäfts- oder Firmenwertes**. IFRS 3 Appendix A definiert den Geschäfts- oder Firmenwert als den künftigen wirtschaftlichen Nutzen aus Vermögenswerten, die nicht einzeln identifiziert und separat angesetzt werden können. Die in IFRS 3 vorgeschriebene Erwerbsmethode ermittelt den Geschäfts- oder Firmenwert aber nur indirekt als den Differenzbetrag zwischen den Anschaffungskosten und dem erworbenen Nettovermögenswert des erworbenen Unternehmens. Im Ergebnis ist der Geschäfts- oder Firmenwert daher eine Residualgröße, auf die sich neben dem künftigen wirtschaftlichen Nutzen aus Vermögenswerten, die nicht einzeln und separat angesetzt werden können, auch andere Einflussfaktoren, wie etwa Schätzungsfehler oder überhöhte Kaufpreiszahlungen des Erwerbers auswirken können.

III. Begriffe

Zu den Anschaffungskosten des Unternehmens gehören auch sog. **bedingte** **Kaufpreiszahlungen** (contingent consideration). Gemäß IFRS 3 Appendix A ist dies normalerweise eine Verpflichtung des Erwerbers, zusätzliche Vermögenswerte oder Eigenkapitalanteile den ehemaligen Eigentümern eines erworbenen Unternehmens als Teil des Austauschs für die Beherrschung des erworbenen Unternehmens zu übertragen, wenn bestimmte künftige Ereignisse auftreten oder Bedingungen erfüllt werden. Eine bedingte Gegenleistung kann dem Erwerber aber auch das Recht auf Rückgabe der zuvor übertragenen Gegenleistung einräumen, falls bestimmte Bedingungen erfüllt werden.

46

IFRS 3

Die Neufassung von IFRS 3 schließt erstmalig **Unternehmen auf Gegenseitigkeit** (mutual entities) in den Anwendungsbereich mit ein. Hierbei handelt es sich gemäß IFRS 3 Appendix A um Unternehmen, bei denen es sich nicht um Unternehmen im Besitz der Anleger handelt, die ihren Eigentümern, Gesellschaftern oder Teilnehmern Dividenden, niedrigere Kosten oder sonstigen wirtschaftlichen Nutzen direkt zukommen lassen. Beispiele für Unternehmen auf Gegenseitigkeit sind Genossenschaften und Versicherungsvereine auf Gegenseitigkeit.

47

Die Einbeziehung von Unternehmen auf Gegenseitigkeit bedingt eine weite Auslegung der Begriffe **Eigentümer** (owner) und **Eigenkapitalanteile** (equity interests). Der Begriff Eigentümer steht daher in IFRS 3 allgemein für Inhaber von Eigenkapitalanteilen von Unternehmen im Besitz der Anleger sowie für Eigentümer oder Gesellschafter von oder Teilnehmer an Gegenseitigkeitsunternehmen. Eigenkapitalanteile im Sinne von IFRS 3 umfassen Eigentumsanteile von Unternehmen im Besitz der Anleger sowie Anteile von Eigentümern, Gesellschaftern oder Teilnehmern an Gegenseitigkeitsunternehmen, vgl IFRS 3 Appendix A.

48

Die folgenden Begriffe sind den Definitionen anderer Standards entnommen:

49

Anteile nicht beherrschender Gesellschafter	Das Eigenkapital eines Tochterunternehmens, das einem Mutterunternehmen weder unmittelbar noch mittelbar zugeordnet wird (IAS 27.4)
Beherrschung	Die Möglichkeit, die Finanz- und Geschäftspolitik eines Unternehmens zu bestimmen, um aus dessen Tätigkeit Nutzen zu ziehen (IAS 27.4)

Beizulegender Zeitwert	Der Betrag, zu dem zwischen sachverständigen, vertragswilligen und von einander unabhängigen Geschäftspartnern unter marktüblichen Bedingungen ein Vermögenswert getauscht oder eine Schuld beglichen werden könnte (zB IAS 39.9)
Immaterieller Vermögenswert	Ein identifizierbarer nicht-monetärer Vermögenswert ohne physische Substanz (IAS 38.8)

50 **IV. Identifizierung eines Unternehmenszusammenschlusses.** Voraussetzung für die Anwendung der besonderen Bilanzierungsvorschriften zur Abbildung von Unternehmenszusammenschlüssen in IFRS 3 ist, dass die Definition eines Unternehmenszusammenschlusses vollumfänglich erfüllt ist. Ein Unternehmenszusammenschluss ist nach IFRS 3 Appendix A eine Transaktion oder ein anderes Ereignis, durch das ein Erwerber die Beherrschung über einen Geschäftsbetrieb oder mehrere Geschäftsbetriebe erlangt. Voraussetzung für das Vorliegen eines Unternehmenszusammenschlusses ist somit insbesondere das Vorliegen eines Geschäftsbetriebes und der Übergang der Beherrschung über den Geschäftsbetrieb auf den Erwerber. Zur Auslegung dieser Begriffe vgl Rn 38 und 49.

51 Für die Durchführung eines Unternehmenszusammenschlusses ist nach IFRS 3.B5 und B6 eine **Vielzahl rechtlicher Gestaltungsmöglichkeiten** denkbar. So kann der Erwerber die Beherrschung beispielsweise durch Übertragung von Zahlungsmitteln oder anderen Vermögenswerten, die Übernahme von Schulden oder die Ausgabe von Eigenkapitalinstrumenten erwerben. Es ist auch denkbar, dass der Erwerber die Beherrschung ohne Entrichtung einer Kaufpreiszahlung aufgrund vertraglicher Vereinbarung erhält. Ein Unternehmensabschluss kann durch Erwerb der Mehrheit der Anteile an einem anderen Unternehmen oder durch Erwerb der einen Geschäftsbetrieb ausmachenden Vermögenswerte und Schulden erfolgen. Auch die Verschmelzung zweier oder mehrerer Unternehmen durch Aufnahme oder Neugründung stellt einen Unternehmenszusammenschluss dar.[16]

52 **V. Erwerbsmethode.** Der Vorgängerstandard IAS 22 *Business Combinations* sah abhängig von der Frage, ob bestimmte Voraussetzungen erfüllt waren, die Abbildung von Unternehmenszusammenschlüssen entweder nach der Erwerbsmethode oder nach der **Interessenzusammenführungsmethode** (uniting-of-interest bzw. pooling-of-interest method) vor. Die Interessenzusammenführungsmethode unterscheidet sich von der Erwerbsmethode dadurch, dass die Vermögenswerte und Schulden der an der Transaktion beteiligten Parteien zu Buchwerten, dh ohne Aufdeckung stiller Reserven und ohne Aktivierung eines Geschäfts- oder Firmenwertes, zusammen-

---

16 Vgl *Senger/Brune/Diersch/Eprana* Beck'sches IFRS Handbuch, 12ff; *PwC (Hrsg.)* Global Guide to Business Combinations, 15ff; *Deloitte (Hrsg.)* iGAAP, 1940ff; *Ernst & Young (Hrsg.)* International GAAP, 63f.

V. Erwerbsmethode

gefasst werden. Im Gegensatz hierzu verlangt die Erwerbsmethode die Aufdeckung aller stillen Reserven. Mit der Verabschiedung von IFRS 3 (2004) wurde die Interessenzusammenführungsmethode abgeschafft. Die Erwerbsmethode ist nunmehr die einzig zulässige Methode zur Abbildung von Unternehmenszusammenschlüssen, vgl IFRS 3.4 und BC22-BC57.

Die **Erwerbsmethode** kann nach IFRS 3.5 in die folgenden Schritte unterteilt werden: — 53 — IFRS 3

(a) Bestimmung des Erwerbers,

(b) Bestimmung des Erwerbszeitpunktes,

(c) Ansatz und Bewertung der identifizierbaren Vermögenswerte und Schulden sowie der Anteile nicht beherrschender Gesellschafter und

(d) Ansatz und Bewertung des Geschäfts- oder Firmenwertes bzw. des Gewinns aus einem vorteilhaften Unternehmenszusammenschluss.

Im Folgenden sollen alle Schritte der Erwerbsmethode kurz dargestellt werden.

1. Identifizierung des Erwerbers. Erwerber ist gemäß IFRS 3 Appendix A die Partei, die die Beherrschung über das andere Unternehmen oder den Geschäftsbetrieb erhält. Zur Bestimmung des Erwerbers ist insofern zunächst auf die Vorschriften zum Beherrschungsbegriff in IAS 27 Bezug zu nehmen. IAS 27.4 definiert Beherrschung als die Möglichkeit, die Finanz- und Geschäftspolitik eines Unternehmens zu bestimmen, um aus dessen Tätigkeit Nutzen zu ziehen. Beherrschung kann normalerweise angenommen werden, wenn ein Unternehmen die **Mehrheit der Stimmrechte** an einem anderen Unternehmen hält. Die einem Unternehmen zustehenden Stimmrechte ergeben sich gemäß IAS 27.13 aus der Summe aller direkt gehaltenen Stimmrechte zuzüglich der über Tochterunternehmen oder Dritte indirekt gehaltenen Stimmrechte. — 54

Ein Beherrschungsverhältnis kann aber auch **ohne Stimmrechtsmehrheit** vorliegen. IAS 27.13 sieht ein Beherrschungsverhältnis auch dann als gegeben an, wenn ein Unternehmen die Möglichkeit hat: — 55

(a) über mehr als die Hälfte der Stimmrechte kraft einer mit anderen Anteilseignern abgeschlossenen Vereinbarung zu verfügen,

(b) die Finanz- und Geschäftspolitik eines Unternehmens gemäß einer Satzung oder Vereinbarung zu bestimmen,

(c) die Mehrheit der Mitglieder der Geschäftsführungs- beziehungsweise Aufsichtsorgane oder eines gleichwertigen Leitungsorgans zu ernennen oder abzuberufen und die Verfügungsgewalt über das andere Unternehmen bei diesen Organen liegt oder

(d) die Mehrheit der Stimmen bei Sitzungen der Geschäftsführungs- beziehungsweise Aufsichtsorgane oder eines gleichwertigen Leitungsorgans zu bestimmen und die Verfügungsgewalt über das andere Unternehmen bei diesen Organen liegt.[17]

56 Handelt es sich bei dem erworbenen Unternehmen um eine **Zweckgesellschaft** (special purpose entity) sind zusätzlich die Vorschriften in SIC-12 *Consolidation— Special Purpose Entities* zu beachten. Zweckgesellschaften zeichnen sich gemäß SIC-12.1 durch ein enges und genau definiertes Ziel aus. Sie können die Rechtsform einer Kapitalgesellschaft, einer Stiftung, einer Personengesellschaft oder jede andere Rechtsform haben. Zweckgesellschaften erfüllen normalerweise nicht die Definition eines Geschäftsbetriebes, dies ist aber nicht zwingend der Fall. Zweckgesellschaften werden beispielsweise bei der Verbriefung von Finanzinstrumenten, bei Leasingtransaktionen oder im Bereich der Forschung- und Entwicklung eingesetzt.

57 Zweckgesellschaften zeichnen sich nach SIC-12.9 oft dadurch aus, dass aufgrund vertraglicher oder satzungsmäßiger Vereinbarung der Entscheidungsmacht der Geschäftsführung strenge und manchmal dauerhafte Schranken auferlegt werden, die unter normalen Umständen nicht geändert werden können (Autopilot).

58 SIC-12 schreibt vor, dass eine Zweckgesellschaft dann zu konsolidieren ist, wenn die **wirtschaftliche Betrachtung** des Verhältnisses zwischen dem bilanzierenden Unternehmen und der Zweckgesellschaft zeigt, dass die Zweckgesellschaft durch das Unternehmen beherrscht wird. Ein Beherrschungsverhältnis kann sich gemäß SIC-12.8 und 9 insbesondere aus der Gestaltung der vertraglichen und satzungsmäßigen Vereinbarungen ergeben. SIC-12.10 benennt die folgenden zusätzlichen Indikatoren zur Bestimmung eines Beherrschungsverhältnisses bei Zweckgesellschaften:

59 **Geschäftstätigkeit**: Bei wirtschaftlicher Betrachtung wird die Geschäftstätigkeit der Zweckgesellschaft zu Gunsten des Unternehmens entsprechend seiner besonderen Geschäftsbedürfnisse geführt, so dass das Unternehmen Nutzen aus der Geschäftstätigkeit der Zweckgesellschaft zieht. Dies ist beispielsweise dann gegeben, wenn die Zweckgesellschaft im Wesentlichen der Finanzierung des bilanzierenden Unternehmens oder dessen Versorgung mit Gütern und Dienstleistungen dient.

60 **Entscheidungsmacht**: Bei wirtschaftlicher Betrachtung verfügt das Unternehmen über die Entscheidungsmacht, die Mehrheit des Nutzens aus der Geschäftstätigkeit der Zweckgesellschaft zu ziehen, oder das Unternehmen hat durch die Einrichtung eines Autopiloten-Mechanismus diese Entscheidungsmacht delegiert. Beispiele sind die Möglichkeit die Zweckgesellschaft eigenständig aufzulösen oder den Gesellschaftsvertrag beziehungsweise die Satzung zu ändern oder Änderungen zu untersagen.

---

17 Vgl *KPMG (Hrsg.)* Insights, 64ff; *Deloitte (Hrsg.)* iGAAP, 1872ff *PwC (Hrsg.)* IFRS Manual, Rn 24.25ff; *Ernst & Young (Hrsg.)* International GAAP, 395ff.

V. Erwerbsmethode

Nutzen: Bei wirtschaftlicher Betrachtung verfügt das Unternehmen über das Recht, die Mehrheit des Nutzens aus der Zweckgesellschaft zu ziehen, und ist deshalb unter Umständen Risiken ausgesetzt, die mit der Geschäftstätigkeit der Zweckgesellschaft verbunden sind. Der Begriff Nutzen ist weit auszulegen und umfasst, neben Ausschüttungen auch Residualansprüche bei der Auflösung der Zweckgesellschaft. 61

Risiken: Bei wirtschaftlicher Betrachtung behält das Unternehmen die Mehrheit der mit der Zweckgesellschaft verbundenen Residual- oder Eigentumsrisiken oder Vermögenswerte, um Nutzen aus ihrer Geschäftstätigkeit zu ziehen. Garantiert ein Unternehmen anderen Investoren etwa die Rendite deren Beteiligung an der Zweckgesellschaft kann sich hieraus ein Hinweis auf das Vorliegen eines Beherrschungsverhältnisses ergeben.[18] 62 **IFRS 3**

Für den Fall, dass eine eindeutige Bestimmung des Erwerbers auf Grundlage der Kriterien in IAS 27 und SIC-12 nicht möglich ist, enthalten IFRS 3.B14-B18 weitere Anwendungshinweise. Erwerber ist hiernach normalerweise die **Partei, die den Kaufpreis entrichtet**. Dieser kann aus einer Barzahlung oder der Hingabe von Vermögenswerten, der Übernahme von Schulden oder der Emission von Eigenkapitalinstrumenten bestehen. Der Erwerber ist normalerweise **das größere der an dem Unternehmenszusammenschluss beteiligten Unternehmen**. Ein weiteres Kriterium, das die im Rahmen der Bestimmung des Erwerbers zu untersuchen sind, ist die Frage, ob eine der Parteien eine Prämie für Eigenkapitalinstrumente der anderen Partei bezahlt hat. Daneben kann die Verteilung der Stimmrechte, die Zusammensetzung des Aufsichts- oder Leitungsorgans sowie weiterer Angestellter in Schüsselpositionen nach dem Unternehmenszusammenschluss Indizien dafür liefern, welche der Vertragsparteien der Erwerber ist. 63

Sind mehrere Unternehmen an dem Unternehmenszusammenschluss beteiligt, ist zusätzlich zu berücksichtigen, welches Unternehmen den Unternehmenszusammenschluss veranlasst hat und welche relative Größe die sich zusammenschließenden Unternehmen haben. Zu beachten ist schließlich, dass ein zur Durchführung des Unternehmenszusammenschlusses neu gegründetes Unternehmen, nicht immer auch automatisch der Erwerber ist. Vielmehr kann es sein, dass eines der bereits vor der Transaktion bestehenden Unternehmen der Erwerber ist. Dies ist insbesondere dann der Fall, wenn das neugegründete Unternehmen nur zum Zweck der Ausgabe von Eigenkapitalanteilen gegründet wurde.[19] 64

Exkurs: Umgekehrte Unternehmenszusammenschlüsse. Der nach IFRS 3 bestimmte wirtschaftliche Erwerber kann vom rechtlichen Erwerber abweichen; dh dass manchmal das rechtlich erworbene Unternehmen für Zwecke der Rechnungsle- 65

---

18 Vgl *KPMG (Hrsg.)* Insights, 75ff; *Deloitte (Hrsg.)* iGAAP, 1880ff *PwC (Hrsg.)* IFRS Manual, Rn 24.84ff; *Ernst & Young (Hrsg.)* International GAAP, 404ff.
19 Vgl *KPMG (Hrsg.)* Handbook Business Combinations, 18ff; *PwC (Hrsg.)* Global Guide to Business Combinations, 34ff; *Deloitte (Hrsg.)* iGAAP, 1947ff; *Ernst & Young (Hrsg.)* International GAAP, 638ff.

gung als wirtschaftlicher Erwerber identifiziert werden kann. IFRS 3.B19 bezeichnet dies als **umgekehrten Unternehmenserwerb** (reverse acquisition). Umgekehrte Unternehmenserwerbe zeichnen sich oft dadurch aus, dass die größere Transaktionspartei sich von der kleineren erwerben lässt. Der rechtliche Erwerber bezahlt den Erwerb der größeren Transaktionspartei durch Ausgabe eigener Aktien an deren Eigentümer. Dies hat zur Folge, dass die Eigentümer des rechtlich erworbenen Unternehmens nach dem Unternehmenszusammenschluss die Mehrheit der Stimmrechte am rechtlichen Erwerber halten. Umgekehrte Unternehmenserwerbe können beispielsweise im Zusammenhang mit **Börsengängen** beobachtet werden. Börsengänge sind kostspielig und zeitintensiv. Diese Nachteile können umgangen werden, wenn sich ein börsennotiertes Unternehmen bereit erklärt, den Börsenkandidaten gegen Ausgabe neuer Aktien rechtlich zu erwerben, und dem Übergang der Stimmrechtsmehrheit auf die neuen Aktionäre zustimmt.

66   IFRS 3 wendet auf umgekehrte Unternehmenserwerbe eine **wirtschaftliche Betrachtungsweise** an und stellt klar, dass für Zwecke der Rechnungslegung das rechtlich erworbene Unternehmen der wirtschaftliche Erwerber ist und der rechtliche Erwerber das wirtschaftlich erworbene Unternehmen. Die bilanzielle Abbildung des Unternehmenszusammenschlusses folgt der wirtschaftlichen Betrachtungsweise, nicht der rechtlichen. Hieraus ergibt sich, dass für einen umgekehrten Unternehmenserwerb nicht das rechtlich erworbene Unternehmen sondern der rechtliche Erwerber, also das wirtschaftlich erworbene Unternehmen, die Definition eines Geschäftsbetriebs erfüllen muss. Diese Voraussetzung kann uU bei Holding-Strukturen nicht gegeben sein, bei denen sich die Geschäftstätigkeit der Holding auf das bloße Halten von Beteiligungen beschränkt. Ist eine solche Holding zwar der rechtliche Erwerber, aber bei wirtschaftlicher Betrachtung das erworbene Unternehmen, liegt kein Unternehmenszusammenschluss vor. Vielmehr kann die Transaktion nach den Grundsätzen zur Bilanzierung von Sacheinlagen bzw. zum Erwerb einer Gruppe von Vermögenswerten abzubilden sein.

67   Für den wirtschaftlichen Erwerber in einem umgekehrten Unternehmenserwerb wird die Entrichtung eines **hypothetischen Kaufpreises** angenommen. Dieser ergibt sich aus der Anzahl der Aktien die der wirtschaftliche Erwerber hätte ausgeben müssen, um die gleichen Beteiligungsverhältnisse zu erhalten, wie sie nach dem Unternehmenszusammenschluss bestehen. Das weitere Verfahren folgt der in diesem Abschnitt dargestellten Erwerbsmethode.

68   Zu beachten ist, dass der rechtliche Erwerber normalerweise das Unternehmen ist, das zur Aufstellung des Konzernabschlusses verpflichtet ist. Dies bedingt eine entsprechende **Anpassung des Eigenkapitalausweises**, dh obwohl es sich faktisch um den Konzernabschluss des wirtschaftlichen Erwerbers handelt, wird gemäß IFRS 3.B21 und B22 das gezeichnete Kapital des rechtlichen Erwerbers ausgewiesen. Im

V. Erwerbsmethode

Ergebnis enthält der IFRS-Abschluss des Erwerbers somit (a) die zu Buchwerten bilanzierten Vermögenswerte und Schulden des wirtschaftlichen Erwerbers, (b) die beizulegenden Zeitwerte der Vermögenswerte und Schulden des rechtlichen Erwerbers, (c) das Eigenkapital des wirtschaftlichen Erwerbers, aber (d) innerhalb des Eigenkapitals das gezeichnete Kapital des rechtlichen Erwerbers. Die hierfür notwendige Anpassungsbuchung des gezeichneten Kapitals erfolgt erfolgsneutral im Eigenkapital.[20]

Beispiel

Unternehmen B erwirbt 100% der Anteile an Unternehmen A gegen Ausgabe 150 eigener Aktien. Nach der Transaktion halten die ehemaligen Anteilseigner von A, 75% der Anteile an Unternehmen B (150 von insgesamt 200 Aktien). Die Bilanzen von A und B vor der Transaktion stellen sich wie folgt dar:

	A	A	B	B
	Buchwert	Stille Reserven	Buchwert	Stille Reserven
	€	€	€	€
Vermögenswerte	500	100	200	50
Schulden	400	50	150	20
Eigenkapital				
- gezeichnetes Kapital	10		20	
- Gewinnrücklage	90		30	

Die Anteilseigner von A halten nach der Transaktion die Mehrheit der Anteile an B. Es handelt sich daher um einen umgekehrten Unternehmenserwerb. Nach Abschluss der Transaktion sind in der Bilanz von B die folgenden Vermögenswerte und Schulden auszuweisen:

Vermögenswerte:

€750 = €500 (Buchwert A) + €200 (Buchwert B) + €50 (Stille Reserven B)

Schulden:

€570 = €400 (Buchwert A) + €150 (Buchwert B) + €20 (Stille Reserven B)

---

20 Vgl. *KPMG (Hrsg.)* Handbook Business Combinations, 152ff; *PwC (Hrsg.)* Global Guide to Business Combinations, 80ff; *Deloitte (Hrsg.)* iGAAP, 2027ff; *Ernst & Young (Hrsg.)* International GAAP, 710ff.

Das Eigenkapital beträgt €180 = €750 (Vermögenswerte) – €570 (Schulden). Das gezeichnete Kapital beträgt €20 und die Gewinnrücklagen €160.

69 Eine weitere Komplikation ergibt sich, wenn nicht alle Anteilseigner des rechtlich erworbenen Unternehmens ihre Anteile gegen Anteile des rechtlichen Erwerbers austauschen. Die nicht umgetauschten Anteile des rechtlich erworbenen Unternehmens sind als **Anteile nicht beherrschender Gesellschafter** auszuweisen, obwohl es sich ja um Anteilseigner des wirtschaftlichen Erwerbers handelt. Grund für diese zunächst verblüffende Regel ist, dass die nicht in den Unternehmenszusammenschluss einbezogenen Anteilseigner des rechtlich erworbenen Unternehmens nach wie vor auch nur am Gewinn- oder Verlust des rechtlich erworbenen Unternehmens beteiligt sind und nicht etwa am Gewinn- oder Verlust des zusammengeschlossenen Unternehmens. Da die Vermögenswerte und Schulden des rechtlich erworbenen Unternehmens auch nach dem Unternehmenszusammenschluss zu Buchwerten bilanziert werden, müssen die Anteile nicht beherrschender Gesellschafter mit dem anteiligen Buchwert des Nettovermögens des rechtlich erworbenen Unternehmens bilanziert werden. Eine Bewertung der Anteile zum beizulegenden Zeitwert ist nicht möglich.[21]

70 Zu Besonderheiten der Berechnung des Ergebnisses je Aktie bei einem umgekehrten Unternehmenserwerb vgl IFRS 3.B25-B27.

71 **2. Bestimmung des Erwerbszeitpunktes.** Stichtag des Unternehmenszusammenschlusses ist gemäß IFRS 3 Appendix A der Zeitpunkt, an dem der Erwerber die Beherrschung über den erworbenen Geschäftsbetrieb erhält. Der Bestimmung des Erwerbszeitpunktes kommt im Rahmen der Erwerbsmethode große Bedeutung zu, da der entrichtete Kaufpreis, die erworbenen Vermögenswerte und Schulden sowie die Anteile nicht beherrschender Gesellschafter für diesen Zeitpunkt anzusetzen und zu bewerten sind. Der Erwerbszeitpunkt kann nach IFRS 3.9 in Einzelfällen vom Zeitpunkt des Übergangs des rechtlichen Eigentums abweichen. Dies ist zB dann der Fall, wenn dem Erwerber bereits vor Übergang des rechtlichen Eigentums aufgrund vertraglicher Vereinbarung das Recht zusteht, die Mehrheit der Mitglieder des Aufsichts- oder Leitungsorgans zu benennen.[22]

72 **3. Ansatz und Bewertung der erworbenen identifizierbaren Vermögenswerte und Schulden.** IFRS 3.10 verpflichtet den Erwerber im Erwerbszeitpunkt zum Ansatz aller erworbenen identifizierbaren Vermögenswerte und Schulden. Paragraph F.49 des Conceptual Framework definiert einen **Vermögenswert** als eine Ressource, die aufgrund von Ereignissen der Vergangenheit in der Verfügungsmacht des Unternehmens steht, und von der erwartet wird, dass dem Unternehmen aus ihr künftiger wirtschaftlicher Nutzen zufließt. Eine **Schuld** ist gemäß F.49 eine gegenwärtige Ver-

---

21 Vgl *KPMG (Hrsg.)* Handbook Business Combinations, 27ff; *PwC (Hrsg.)* Global Guide to Business Combinations, 40; *Ernst & Young (Hrsg.)* International GAAP, 716ff.
22 Vgl *Deloitte (Hrsg.)* iGAAP, 1950f *PwC (Hrsg.)* IFRS Manual, Rn 25.90ff; *Ernst & Young (Hrsg.)* International GAAP, 643f.

V. Erwerbsmethode

pflichtung des Unternehmens, die aus Ereignissen der Vergangenheit entsteht und deren Erfüllung für das Unternehmen erwartungsgemäß mit einem Abfluss von Ressourcen mit wirtschaftlichem Nutzen verbunden ist.

IFRS 3.11 stellt klar, dass **Restrukturierungsrückstellungen**, den Schuldbegriff normalerweise nicht erfüllen, da im Erwerbszeitpunkt keine sich aus einem Ereignis der Vergangenheit ergebende Verpflichtung besteht. Als Restrukturierungsrückstellungen werden üblicherweise solche Rückstellungen bezeichnet, die für sich im Anschluss an den Unternehmenserwerb ergebende Reorganisationsmaßnahmen gebildet werden. Beispiele hierfür sind etwa Kosten für im Anschluss an den Unternehmenserwerb vorgenommene Personalreduzierungen oder die Schließung von Produktionsstätten. Restrukturierungsrückstellungen, die bereits beim erworbenen Unternehmen passiviert waren, sind von der Vorschrift nicht betroffen, da in diesem Fall die Definition einer Schuld erfüllt ist. Die Vorschrift kann aber nicht dadurch umgangen werden, dass der Veräußerer sich auf Veranlassung des Erwerbers noch vor dem Erwerbszeitpunkt zur Durchführung der Restrukturierungsmaßnahmen verpflichtet. 73

Die Bedingung, dass die erworbenen Vermögenswerte und Schulden identifizierbar sein müssen, dient der Abgrenzung der erworbenen **immateriellen Vermögenswerte** vom Geschäfts- oder Firmenwert, der einen nicht identifizierbaren Vermögenswert darstellt und gesonderten Ansatz- und Bewertungsvorschriften unterliegt. Nach IAS 38.12 ist ein immaterieller Vermögenswert **identifizierbar**, wenn: 74

(a) er **separierbar** ist, dh er kann vom Unternehmen getrennt und somit verkauft, übertragen, lizenziert, vermietet oder getauscht werden. Dies kann einzeln oder in Verbindung mit einem Vertrag, einem Vermögenswert oder einer Schuld erfolgen oder

(b) er aus **vertraglichen oder anderen gesetzlichen Rechten** entsteht, unabhängig davon, ob diese Rechte vom Unternehmen oder von anderen Rechten und Verpflichtungen übertragbar oder separierbar sind.

IFRS 3.B31-B40 enthalten detaillierte Anwendungshinweise zur Beantwortung der Frage, ob ein immaterieller Vermögenswert identifizierbar ist und daher getrennt von einem Geschäfts- oder Firmenwert bilanziert werden muss. Es gelten insbesondere die folgenden Grundsätze: 75

(a) ein immaterieller Vermögenswert kann aufgrund vertraglicher oder gesetzlicher Rechte auch dann identifizierbar sein, wenn der Vermögenswert weder übertragbar noch separierbar von dem erworbenen Unternehmen oder anderen Rechten ist, vgl IFRS 3.B32.

Beispiel

Unternehmen A hält ein Technologiepatent. A hat Unternehmen B eine Lizenz zur Verwertung des Technologiepatentes im Ausland erteilt. Sowohl das Technologiepatent als auch die Lizenz sind aufgrund vertraglicher oder gesetzlicher Rechte identifizierbar. Dies gilt selbst dann, wenn Technologiepatent und Lizenz nur gemeinsam veräußert oder anderweitig übertragen werden dürfen.

(b) Ein immaterieller Vermögenswert kann aufgrund des Separierbarkeitskriteriums auch dann identifizierbar sein, wenn der Vermögenswert nur gemeinsam mit einem Vertrag, einem anderen Vermögenswert oder einer anderen Schuld veräußert oder übertragen werden kann, vgl IFRS 3.B33 und B34.

Beispiel

Unternehmen A besitzt ein eingetragenes Warenzeichen und das nicht-patentierte Fachwissen zur Herstellung des Markenproduktes. Warenzeichen und Fachwissen können nur gemeinsam übertragen werden. Das nicht-patentierte Fachwissen erfüllt das Separierbarkeitskriterium, da es gemeinsam mit dem Patent übertragen werden muss.

(c) Eine immaterieller Vermögenswert für die Belegschaft ist nicht identifizierbar und darf daher nicht angesetzt werden, vgl IFRS 3.B37-B40.

Die Beispiele zu IFRS 3, enthalten in IE16ff eine umfangreiche Liste immaterieller Vermögenswerte, die identifizierbar sind.[23]

76 Die Ansatzpflicht besteht unabhängig davon, ob die Vermögenswerte und Schulden bereits beim erworbenen Unternehmen bilanziert wurden. Der Erwerber ist daher beispielsweise zum Ansatz solcher immaterieller Vermögenswerte verpflichtet die beim erworbenen Unternehmen bislang einem Ansatzverbot unterlagen, da es sich um selbsterstellte immaterielle Vermögenswerte handelt, die gemäß IAS 38.51ff einem Ansatzverbot unterliegen.

77 Die erworbenen Vermögenswerte und Schulden sind nach IFRS 3.18 zum beizulegenden Zeitwert im Erwerbszeitpunkt zu bewerten. Der **beizulegende Zeitwert** (fair value) ist der Betrag, zu dem zwischen sachverständigen, vertragswilligen und voneinander unabhängigen Geschäftspartnern unter marktüblichen Bedingungen ein Vermögenswert getauscht oder eine Schuld beglichen werden könnte, vgl IFRS 3 Appendix A.

---

23 Vgl *Senger/Brune/Diersch/Eprana* Beck'sches IFRS Handbuch, 102ff; *Lüdenbach* Haufe-Kommentar, Rn 56ff; *KPMG (Hrsg.)* Handbook Business Combinations, 70ff und 81ff; *PwC (Hrsg.)* Global Guide to Business Combinations, 133ff; *Deloitte (Hrsg.)* iGAAP, 1940ff; *Ernst & Young (Hrsg.)* International GAAP, 761ff.

V. Erwerbsmethode

Das IASB überarbeitet gegenwärtig im Rahmen seines Fair Value Measurement-Projektes die Vorschriften zur Ermittlung des beizulegenden Zeitwertes.[24] IFRS 3 soll dem nicht vorweggreifen und enthält daher nur sehr begrenzt Anwendungshinweise zur Ermittlung des beizulegenden Zeitwertes. In der Zwischenzeit hat das IDW diese Regelungslücke teilweise mit Verabschiedung der Stellungnahme **IDW RS HFA 16** *Bewertungen bei der Abbildung von Unternehmenserwerben und bei Werthaltigkeitsprüfungen nach IFRS* geschlossen. Für die Bewertung einzelner Vermögenswerte und Schulden kommen hiernach insbesondere drei Bewertungsmethoden in Frage: 78

(a) **Marktpreisorientierte Verfahren:** Bei diesen Verfahren sind die auf aktiven Märkten feststellbaren Preise für die zu bewertenden Vermögenswerte oder Schulden zu ermitteln. Können keine Preise auf einem aktiven Markt gefunden werden, ist zu prüfen, ob vergleichbare Markttransaktionen unter Berücksichtigung entsprechender Anpassungen zur Bewertung der Vermögenswerte und Schulden herangezogen werden können. Der Rückgriff auf vergleichbare Markttransaktionen wird auch als Analogiemethode bezeichnet.[25] 79

(b) **Kapitalwertorientierte Verfahren**: Diese Verfahren ermitteln den beizulegenden Zeitwert anhand des Barwertes der den Vermögenswerten und Schulden zuzurechnenden Zahlungsströme. Im Zentrum der kapitalwertorientierten Verfahren steht daher die Prognose der zukünftigen Zahlungsströme sowie die Bestimmung des Kapitalisierungszinssatzes.[26] Kapitalwertorientierte Verfahren sind im Rahmen der Unternehmensbewertung weit verbreitet. Eine Schwierigkeit bei der Anwendung dieses Verfahrens bei der Bilanzierung von Unternehmenszusammenschlüssen liegt aber in der Notwendigkeit, einzelnen Vermögenswerten und Schulden Zahlungsströme zuzuordnen. Die Bewertungspraxis hat daher zur Bewertung immaterieller Vermögenswerte die folgenden Abwandlungen der klassischen kapitalwertorientierten Verfahren entwickelt: 80

i) **Methode der Lizenzpreisanalogie**: Im Rahmen der Methode der Lizenzpreisanalogie (relief-from-royalty method) wird der Wert eines immateriellen Vermögenswertes als Barwert der ersparten Lizenzzahlungen berechnet, die für den Gebrauch des Vermögenswertes zu entrichten wären, wenn sich der Vermögenswert nicht im Eigentum des Unternehmens befinden würde.[27]

ii) **Residualwertmethode**: Immaterielle Vermögenswerte generieren Zahlungsströme normalerweise im Verbund mit anderen Vermögenswerten. Im Rahmen der Residualwertmethode (multi-period excess earnings method) werden bei der Ermittlung der dem immateriellen Vermögenswert zuzurechnenden

---

24 Zum Stand des Fair Value Projektes vgl http://www.ifrs.org/Current+Projects/IASB+Projects/Fair+Value+Measurement/Fair+Value+Measurement.htm (15. August 2010).
25 Vgl IDW RS HFA 16, 8.
26 Vgl IDW RS HFA 16, 8ff.
27 Vgl IDW RS HFA 16, 14.

Zahlungsströme fiktive Auszahlungen für unterstützende Vermögenswerte (contributory asset charges) angenommen. Der Wert des immateriellen Vermögenswertes entspricht dem Barwert der dem immateriellen Vermögenswert zuzuordnenden Nettozahlungsströme.[28]

iii) **Mehrgewinnmethode**: Die Mehrgewinnmethode (incremental cash-flow method) vergleicht die zukünftig zu erwartenden Zahlungsströme des Unternehmens einschließlich des zu bewertenden immateriellen Vermögenswertes mit einem fiktiven Vergleichsunternehmen ohne den Vermögenswert. Die Differenz der beiden Zahlungsströme wird dem zu bewertenden Vermögenswert zugeordnet. Der Wert des immateriellen Vermögenswertes entspricht wiederum dem Barwert der dem immateriellen Vermögenswert zuzuordnenden Nettozahlungsströme.[29]

81 (c) **Kostenorientierte Verfahren**: Bei diesen Verfahren werden die Kosten ermittelt, die notwendig wären, um ein exaktes Duplikat des Vermögenswertes (Reproduktionskostenmethode) oder um einen nutzungsäquivalenten Vermögenswert (Wiederbeschaffungskostenmethode) anzuschaffen oder herzustellen.[30]

82 Keine der hier vorgestellten Methoden kann pauschal auf alle erworbenen Vermögenswerte und Schulden angewendet werden. Die Ermittlung der beizulegenden Zeitwerte erfordert regelmäßig die Anwendung gleich mehrerer Bewertungsmethoden. Die IFRS geben in diesem Zusammenhang den marktpreisorientierten Verfahren den Vorrang. Können diese nicht angewendet werden, weil beispielsweise kein Markt für die zu bewertenden Vermögenswerte existiert, soll auf kapitalwertorientierte Verfahren zurückgegriffen werden. Zur Anwendung kostenorientierter Verfahren dürfte es nur in Ausnahmefällen kommen.

83 Im Folgenden soll auf eine Reihe von Sonderfragen beim Ansatz und der Bewertung bestimmter Vermögenswerte und Schulden eingegangen werden.

84 **(1) Zurückerworbene Rechte**: Im Rahmen des Unternehmenszusammenschlusses kann es dazu kommen, dass der Erwerber ein Recht zurückerwirbt, das er zuvor selbst dem erworbenen Unternehmen eingeräumt hat. Das zurückerworbene Recht stellt einen immateriellen Vermögenswert dar, der in der Bilanz des Erwerbers zu aktivieren ist. IFRS 3.29 enthält eine besondere Bewertungsvorschrift für zurückerworbene Rechte, nach der bei der Bewertung eines zurückerworbenen Rechtes mögliche Vertragsverlängerungen nicht berücksichtigt werden dürfen, ansonsten richtet sich die Bewertung nach den allgemeinen Grundsätzen zur Ermittlung des beizulegenden Zeitwertes.[31]

---

28 Vgl IDW RS HFA 16, 14f.
29 Vgl IDW RS HFA 16, 15f.
30 Vgl IDW RS HFA 16, 12.
31 Vgl *KPMG (Hrsg.)* Handbook Business Combinations, 39ff; *PwC (Hrsg.)* Global Guide to Business Combinations, 44ff; *Deloitte (Hrsg.)* iGAAP, 1981f; *Ernst & Young (Hrsg.)* International GAAP, 663f und 672f.

V. Erwerbsmethode

Eng verbunden mit der Bilanzierung zurückerworbener Rechte ist die allgemeine Frage, wie die **Erfüllung vor dem Unternehmenszusammenschluss bestehender Beziehungen** zwischen dem Erwerber und dem erworbenen Unternehmen abgebildet werden soll. Eine solche vorher bestehende Beziehung kann vertraglicher Natur sein, muss es aber nicht. Ein Beispiel für eine vertragliche Beziehung ist eine Lieferbeziehung. Ein Beispiel für eine nicht-vertragliche Beziehung ist das Verhältnis zwischen Kläger und Beklagtem in einem Gerichtsverfahren.

85

Die Erfüllung der vorher bestehenden Beziehung zwischen Erwerber und erworbenen Unternehmen ist gemäß IFRS 3.52(a) getrennt vom Unternehmenszusammenschluss zu bilanzieren. Aus der Erfüllung der vor dem Unternehmenszusammenschluss bestehenden Beziehung kann sich daher ein Gewinn- oder Verlust für den Erwerber ergeben. Dieser ermittelt sich gemäß IFRS 3.B52 wie folgt:

86

(a) für eine zuvor bestehende nicht vertragliche Beziehung ergibt sich ein Gewinn oder Verlust in Höhe des beizulegenden Zeitwertes der Beziehung;

(b) für eine zuvor bestehende vertragliche Beziehung, ergibt sich ein Gewinn oder Verlust in Höhe des niedrigeren der folgenden beiden Beträge:

(i) der Betrag, zu dem der Vertrag aus der Sicht des Erwerbers vorteilhaft oder nachteilig im Vergleich mit den Bedingungen für vergleichbare aktuelle Markttransaktionen ist und

(ii) der in den Erfüllungsbedingungen des Vertrags genannte Betrag, der für die andere Partei durchsetzbar ist.

Ist der unter (ii) ermittelte Betrag geringer als der unter (i) ermittelte Betrag, ist der Unterschied Bestandteil der Bilanzierung des Unternehmenszusammenschlusses.

Der letztendlich auszuweisende Gewinn- oder Verlust hängt zusätzlich von der Frage ab, ob der Erwerber zuvor im Zusammenhang mit der Beziehung einen Vermögenswert oder eine Schuld bilanziert hat, die nunmehr auszubuchen ist.[32]

87

Beispiel

Unternehmen A hat einen mehrjährigen Liefervertrag mit Unternehmen B abgeschlossen, aufgrund dessen B Automobilkomponenten an A liefert. Der Lieferpreis liegt über dem Marktpreis der Komponenten. Die verbleibende Vertragslaufzeit beläuft sich auf 2 Jahre. Im Falle einer Kündigung des Vertrags ist A verpflichtet eine Vertragsstrafe von €10 Mio. an B zu leisten. A erwirbt B im Rahmen eines Unternehmenszusammenschlusses. Der beizulegende Zeitwert des Vertrages im Erwerbszeitpunkt beläuft sich auf €8 Mio.

---

[32] Vgl *KPMG (Hrsg.)* Handbook Business Combinations, 36ff; *PwC (Hrsg.)* Global Guide to Business Combinations, 72ff; *Deloitte (Hrsg.)* iGAAP, 1982ff.

Der Erwerber erfasst einen Gewinn in Höhe von €8 Mio. (der niedrigere Wert aus der Vertragsstrafe von €10 Mio. und dem für den Erwerber nachteiligen Betrag von €8 Mio.). Der Erwerber hatte zuvor keine Drohverlustrückstellung gebildet, da der Vertrag zwar im Vergleich zu den aktuellen Marktbedingungen nachteilig war, aber nicht zu einem Verlust für den Erwerber führte.

88 **(2) Vermögenswerte für Entschädigungsleistungen**: Es ist nicht unüblich, dass der Veräußerer dem Erwerber im Rahmen des Unternehmenszusammenschlusses die Höhe bestimmter Vermögenswerte und Schulden garantiert. Beispiele hierfür sind etwa die sachgerechte Bewertung von Steuerschulden oder Prozessrückstellungen, bei denen sich der Veräußerer ab einer bestimmten Höhe zur Entrichtung aller weiteren Zahlungen verpflichtet. Der Erwerber bilanziert in diesen Fällen einen Vermögenswert für Entschädigungsleistungen (indemnification asset). Die Bilanzierung des Vermögenswertes erfolgt nicht notwendigerweise zum beizulegenden Zeitwert sondern folgt den Bilanzierungsregeln des abgesicherten Vermögenswertes bzw der Schuld, vgl IFRS 3.27 und 28.[33]

89 **(3) Finanzinstrumente**: Die Bilanzierungsvorschriften für Finanzinstrumente befinden sich in IFRS 9, IAS 32 und IAS 39. Übernimmt der Erwerber im Rahmen des Unternehmenszusammenschlusses Finanzinstrumente, folgt deren erstmalige Erfassung und Bewertung beim Erwerber den allgemeinen Vorschriften zur Bilanzierung von Unternehmenszusammenschlüssen, dh insbesondere dass die übernommenen finanziellen Vermögenswerte und Schulden mit dem beizulegenden Zeitwert im Erwerbszeitpunkt bewertet werden müssen. Dies bedeutet auch das Korrekturposten zur **Wertberichtigung von Forderungen** des erworbenen Unternehmens nicht in den Abschluss des Erwerbers übernommen werden dürfen. Es ist vielmehr eine Neubewertung der Forderung vorzunehmen, vgl IFRS 3.B41.[34] Der Erwerber ist allerdings nach IFRS 3.B64(h) verpflichtet den Zeitwert der erworbenen Forderungen, die Bruttobeträge der vertraglichen Forderungen und die zum Erwerbszeitpunkt bestmögliche Schätzung der vertraglichen Zahlungsströme anzugeben, die voraussichtlich uneinbringlich sein werden.

90 IFRS 3.16 stellt ferner klar, dass für die Klassifizierung von Finanzinstrumenten einzig die Verhältnisse zum Erwerbszeitpunkt ausschlaggebend sind. Das heißt insbesondere dass:

(a) die **Einstufung finanzieller Vermögenswerte oder Verbindlichkeiten** als erfolgswirksam zum beizulegenden Zeitwert bewertet, als zur Veräußerung verfügbar, als bis zur Endfälligkeit gehalten oder als Kredite und Forderungen entspre-

---

33 Vgl *KPMG (Hrsg.)* Handbook Business Combinations, 78; *PwC (Hrsg.)* Global Guide to Business Combinations, 53; *Deloitte (Hrsg.)* iGAAP, 1986ff; *Ernst & Young (Hrsg.)* International GAAP, 671f.
34 Vgl *KPMG (Hrsg.)* Handbook Business Combinations, 74ff; *PwC (Hrsg.)* Global Guide to Business Combinations, 49; *Deloitte (Hrsg.)* iGAAP, 1955f; *Ernst & Young (Hrsg.)* International GAAP, 666.

V. Erwerbsmethode

chend den Verhältnissen im Erwerbszeitpunkt vorgenommen werden muss. Die Vorschrift ist entsprechend auf die Vorschriften zur Einstufung von Finanzinstrumenten in IFRS 9 anzuwenden.

(b) das **Vorliegen eines Sicherungszusammenhangs** nach den Verhältnissen im Erwerbszeitpunkt überprüft werden muss. Kritisch ist hierbei insbesondere, dass die Effektivität des Sicherungsgeschäftes im Erwerbszeitpunkt nicht mehr gegeben sein könnte und daher Sicherungsbeziehungen des erworbenen Unternehmens nicht übernommen werden können. Umgekehrt können im Erwerbszeitpunkt aber auch neue Sicherungsbeziehungen, mit Vermögenswerten, Schulden oder Geschäften des Erwerbers, designiert werden.

(c) die **Beurteilung der Separierbarkeit eines eingebetteten Derivates** nach den Verhältnissen im Erwerbszeitpunkt vorgenommen werden muss.[35]

(4) **Leasingverträge**: Die Bilanzierung von Leasingverträgen ist in IAS 17 *Leases* geregelt. IAS 17.4 unterscheidet zwischen Finanzierungs- und Operating-Leasingverhältnissen. Die **Einstufung** eines Leasingverhältnisses als Finanzierungs- oder Operatinglease wird zu Beginn des Leasingverhältnisses vorgenommen, vgl IAS 17.13. IFRS 3.17 stellt in diesem Zusammenhang klar, dass die ursprüngliche Einstufung des Leasingverhältnisses im Rahmen des Unternehmenszusammenschlusses beibehalten wird.[36] Die Bewertung eines **Finanzierungsleases** richtet sich nach den allgemeinen Grundsätzen und erfolgt zum beizulegenden Zeitwert im Erwerbszeitpunkt und zwar unabhängig davon, ob der Erwerber in die Position eines Leasingnehmers oder eines Leasinggebers eintritt.

Handelt es sich um einen Operatinglease setzt der Leasingnehmer normalerweise auch im Unternehmenszusammenschluss keine Vermögenswerte oder Schulden an, die sich auf das Leasingverhältnis beziehen, vgl IFRS 3.B28. Eine Ausnahme besteht jedoch für solche **Operatingleases**, die am Erwerbsstichtag vorteilhaft oder nachteilig für den **Leasingnehmer** sind, da sich zB die Marktbedingungen seit Abschluss des Leasingvertrages geändert haben. In diesem Fall erfasst der Erwerber gemäß IFRS 3.B29 einen immateriellen Vermögenswert für das vorteilhafte oder nachteilige Vertragsverhältnis, der zum beizulegenden Zeitwert bewertet wird. Ausnahmsweise können auch Leasingverträge, die den Marktbedingungen im Erwerbszeitpunkt entsprechen, einen eigenen Wert haben. Dies ist dann der Fall, wenn andere Marktteilnehmer bereit wären, eine Prämie für den Abschluss des gleichen Leasingverhältnisses zu zahlen. Der Standard führt in diesem Zusammenhang Zugangsrechte zu Flughafengates und Ladenlokalmieten in erstklassigen Einkaufsvierteln als Beispiele an, vgl IFRS 3.B30.

---

35 Vgl *KPMG (Hrsg.)* Handbook Business Combinations, 73ff; *PwC (Hrsg.)* Global Guide to Business Combinations, 56; *Deloitte (Hrsg.)* iGAAP, 1954f; *Ernst & Young (Hrsg.)* International GAAP, 646ff.
36 Vgl *KPMG (Hrsg.)* Handbook Business Combinations, 98f; *PwC (Hrsg.)* Global Guide to Business Combinations, 56; *Deloitte (Hrsg.)* iGAAP, 1955; *Ernst & Young (Hrsg.)* International GAAP, 646f.

93 Der **Leasinggeber** in einem Operatinglease bilanziert gemäß IAS 17.49 den Vermögenswert, der Gegenstand des Leasingverhältnisses ist. Die Bewertung des Vermögenswertes ist entsprechend den allgemeinen Grundsätzen zum beizulegenden Zeitwert im Erwerbszeitpunkt vorzunehmen. IFRS 3.B42 stellt klar, dass der gesonderte Ansatz eines immateriellen Vermögenswertes für Leasingkonditionen, die im Vergleich zu den Marktbedingungen vorteilhaft oder nachteilig sind, nicht erforderlich ist. Die abweichenden Vertragsbedingungen werden bereits bei der Bewertung des Vermögenswertes berücksichtigt.[37]

94 **(5) Zur Veräußerung gehaltene langfristige Vermögenswerte**: Die Bewertung von zur Veräußerung gehaltenen langfristigen Vermögenswerten richtet sich nach den Vorschriften in IFRS 5 *Non-current Assets held for Sale and Discontinued Operations*. Nach IFRS 5.6 wird ein langfristiger Vermögenswert (oder eine Veräußerungsgruppe) als zur Veräußerung gehalten klassifiziert, wenn der zugehörige Buchwert überwiegend durch ein Veräußerungsgeschäft und nicht durch die fortgesetzte Nutzung des Vermögenswertes realisiert wird. Die Bewertung im Rahmen eines Unternehmenszusammenschlusses erworbener zur Veräußerung gehaltener langfristiger Vermögenswerte erfolgt gemäß IFRS 3.31 in Übereinstimmung mit IFRS 5.15 zum beizulegenden Zeitwert abzüglich Veräußerungskosten. Die Vorschrift soll die Notwendigkeit einer Wertberichtigung unmittelbar im Anschluss an den Unternehmenserwerb vermeiden, die sich ergeben würde, wenn zur Veräußerung gehaltene langfristige Vermögenswerte im Erwerbszeitpunkt gemäß dem allgemeinen Bewertungsgrundsatz in IFRS 3 zum beizulegenden Wert und danach gemäß IFRS 5.15 zum beizulegenden Wert abzüglich Veräußerungskosten zu bewerten wären.[38]

95 **(6) Leistungen an Arbeitnehmer**: Leistungen an Arbeitnehmer sollen gemäß IFRS 3.26 nach den in IAS 19 *Employee Benefits* enthaltenen Vorschriften bilanziert werden. Danach sind **kurzfristig fällige Leistungen** an Arbeitnehmer entsprechend IAS 19.10 mit dem nicht abgezinsten Betrag der kurzfristig fälligen Leistung zu erfassen, der erwartungsgemäß im Austausch für diese Arbeitsleistung gezahlt wird. **Leistungen nach Beendigung des Arbeitsverhältnisses** können in Form beitrags- oder leistungsorientierter Pläne vorliegen. IAS 19.7 definiert **beitragsorientierte Pläne** als Pläne für Leistungen nach Beendigung des Arbeitsverhältnisses, bei denen ein Unternehmen festgelegte Beiträge an eine eigenständige Einheit (einen Pensionsfonds) entrichtet und weder rechtlich noch faktisch zur Zahlung darüber hinausgehender Beiträge verpflichtet ist, wenn der Fonds nicht über ausreichende Vermögenswerte

---

37 Vgl *KPMG (Hrsg.)* Handbook Business Combinations, 99ff; *PwC (Hrsg.)* Global Guide to Business Combinations, 150ff; *Deloitte (Hrsg.)* iGAAP, 1960ff; *Ernst & Young (Hrsg.)* International GAAP, 648f.
38 Vgl *KPMG (Hrsg.)* Handbook Business Combinations, 79f; *PwC (Hrsg.)* Global Guide to Business Combinations, 47; *Deloitte (Hrsg.)* iGAAP, 1986; *Ernst & Young (Hrsg.)* International GAAP, 673.

V. Erwerbsmethode

verfügt, um alle Leistungen in Bezug auf Arbeitsleistungen der Arbeitnehmer in der Berichtsperiode und früheren Perioden zu erbringen. Die Bewertung beitragsorientierter Pläne erfolgt gemäß IAS 19.44 und 45 zu den ggf. abzuzinsenden Beiträgen.

Leistungsorientierte Pläne sind gemäß IAS 19.7 Pläne für Leistungen nach Beendigung des Arbeitsverhältnisses, die nicht unter die Definition der beitragsorientierten Pläne fallen. IAS 19.108 schreibt vor, dass der Erwerber Vermögenswerte und Schulden aus Plänen für Leistungen nach Beendigung des Arbeitsverhältnisses mit dem Barwert der zugesagten Leistungen abzüglich des beizulegenden Zeitwertes des vorhandenen Planvermögens anzusetzen hat. Der Barwert der Leistungsverpflichtung beinhaltet dabei die folgenden Elemente, selbst wenn diese zum Zeitpunkt des Erwerbs vom erworbenen Unternehmen noch nicht erfasst worden waren: (a) versicherungsmathematische Gewinne und Verluste, die vor dem Erwerbszeitpunkt entstanden sind (ungeachtet dessen, ob sie innerhalb des 10 %-Korridors liegen oder nicht), (b) nachzuverrechnender Dienstzeitaufwand als Folge der Änderung oder Einführung eines Planes vor dem Erwerbszeitpunkt, und (c) Beträge, die den Übergangsvorschriften aus IAS 19.155(b) folgend vom erworbenen Unternehmen noch nicht erfasst waren. Die **Bewertung anderer langfristig fälliger Leistungen** an Arbeitnehmer richtet sich nach IAS 19.128-30 und die Bewertung von **Leistungen aus Anlass der Beendigung eines Arbeitsverhältnisses** nach IAS 19.139 und 140.[39]

(7) **Eventualverbindlichkeiten**: Die Bilanzierung von Eventualverbindlichkeiten (contingent liabilities) ist in IAS 37 *Provisions, Contingent Liabilities and Contingent Assets* geregelt. IAS 37.10 definiert eine Eventualverbindlichkeit als:

(a) eine mögliche Verpflichtung, die aus vergangenen Ereignissen resultiert und deren Existenz durch das Eintreten oder Nichteintreten eines oder mehrerer unsicherer künftiger Ereignisse erst noch bestätigt wird, die nicht vollständig unter der Kontrolle des Unternehmens stehen; oder

(b) eine gegenwärtige Verpflichtung, die auf vergangenen Ereignissen beruht, jedoch nicht angesetzt wird, weil (i) ein Abfluss von Ressourcen unwahrscheinlich ist oder (ii) die Höhe der Verpflichtung nicht ausreichend verlässlich geschätzt werden kann.

Eventualverbindlichkeiten werden gemäß IAS 37.27 nicht bilanziert. Es kann aber eine Anhangangabepflicht nach IAS 37.86 bestehen. Die Regelungen in IAS 37 können zum Nichtansatz solcher Eventualverbindlichkeiten führen, die die Definition einer Schuld im Rahmen des Conceptual Framework erfüllen.[40] Das IASB hat sich daher entschlossen, für die Bilanzierung von Unternehmenszusammenschlüssen

---

39 Vgl *KPMG (Hrsg.)* Handbook Business Combinations, 79; *PwC (Hrsg.)* Global Guide to Business Combinations, 48; *Deloitte (Hrsg.)* iGAAP, 1986; *Ernst & Young (Hrsg.)* International GAAP, 670.
40 F.49(b) definiert eine Schuld al seine gegenwärtige Verpflichtung des Unternehmens, die aus Ereignissen der Vergangenheit entsteht und deren Erfüllung für das Unternehmen erwartungsgemäß mit dem Abfluss von Ressourcen mit wirtschaftlichem Nutzen verbunden ist.

von der Vorschrift in IAS 37.27 abzuweichen und den Ansatz aller im Rahmen eines Unternehmenszusammenschlusses übernommenen Eventualverbindlichkeiten zu verlangen, die die Definition einer Schuld im Conceptual Framework erfüllen. Dies bedeutet, dass mögliche Verpflichtungen im Sinne von IAS 37.10(a) auch im Rahmen eines Unternehmenszusammenschlusses nicht bilanziert werden. Umgekehrt sind aber alle gegenwärtigen Verpflichtungen in Sinne von IAS 37.10(b) unabhängig davon, ob der Abfluss von Ressourcen wahrscheinlich ist oder nicht, ansatzpflichtig. Das IASB geht davon aus, dass der Erwerber übernommenen Eventualverbindlichkeiten im Rahmen der Kaufpreisverhandlungen einen Wert zuordnet und sieht dies als Indiz, dass eine ausreichend verlässliche Schätzung der Höhe der Eventualverbindlichkeit in der Regel möglich ist. Die Bewertung der Eventualverbindlichkeit erfolgt entsprechend dem allgemeinen Bewertungsgrundsatz zum beizulegenden Zeitwert. Zur Folgebilanzierung vgl Rn 146ff.[41]

99 IAS 37.10 definiert **Eventualforderungen** als einen möglichen Vermögenswert, der aus vergangenen Ereignissen resultiert und dessen Existenz durch das Eintreten oder Nichteintreten eines oder mehrerer unsicherer künftiger Ereignisse erst noch bestätigt wird, die nicht vollständig unter der Kontrolle des Unternehmens stehen. Eventualforderungen dürfen nach IAS 37.27 nicht angesetzt werden. Dies gilt auch für im Rahmen eines Unternehmenszusammenschlusses erworbene Eventualforderungen, da die Definition eines Vermögenswertes nicht erfüllt ist.[42]

100 **(8) Latente Steuern**: IFRS 3.24 und 25 verweisen für die Bilanzierung latenter Steuern auf die Vorschriften in IAS 12 *Income Taxes*. IAS 12.19 führt hierzu aus, dass sich temporäre Differenzen im Rahmen eines Unternehmenszusammenschlusses ergeben können, wenn die steuerliche Basis der erworbenen identifizierbaren Vermögenswerte oder übernommenen identifizierbaren Schulden vom Unternehmenszusammenschluss nicht oder anders beeinflusst wird als die Ansätze im IFRS-Abschluss. Temporäre Differenzen ergeben sich daher beispielsweise, wenn ein im Rahmen eines Unternehmenszusammenschlusses erworbener Vermögenswert mit dem beizulegenden Zeitwert angesetzt wird, in der Steuerbilanz aber der Buchwert des erworbenen Vermögenswertes beibehalten wird.

101 Ein **latenter Steueranspruch** ist gemäß IAS 12.24 für alle abzugsfähigen temporären Differenzen in dem Maße zu bilanzieren, wie es wahrscheinlich ist, dass ein zu versteuernder Gewinn verfügbar sein wird, gegen den die abzugsfähige temporäre Differenz verwendet werden kann. Die Wahrscheinlichkeit der Realisierung eines latenten Steueranspruches kann sich im Rahmen eines Unternehmenszusammen-

---

41 Vgl *KPMG (Hrsg.)* Handbook Business Combinations, 76ff; *PwC (Hrsg.)* Global Guide to Business Combinations, 53; *Deloitte (Hrsg.)* iGAAP, 1979f; *Ernst & Young (Hrsg.)* International GAAP, 667f.
42 F.49(a) definiert eine Vermögenswert als eine in der Verfügungsgewalt des Unternehmens stehende Ressource, die ein Ergebnis von Ereignissen der Vergangenheit darstellt und von der erwartet wird, dass dem Unternehmen aus ihr künftiger wirtschaftlicher Nutzen zufließt.

schlusses ändern. Beispielsweise kann der Erwerber aufgrund des Unternehmenszusammenschlusses zu der Schlussfolgerung kommen, dass ein bisher nicht bilanzierter latenter Steueranspruch aus einem Verlustvortrag nunmehr realisiert werden kann. In solchen Fällen bilanziert der Erwerber gemäß IAS 12.67 erfolgswirksam eine Änderung des latenten Steueranspruchs in der Periode des Unternehmenszusammenschlusses. Die Anpassung des latenten Steueranspruchs ist nicht Bestandteil des Unternehmenszusammenschlusses und wirkt sich daher nicht auf die Ermittlung des Geschäfts- oder Firmenwertes aus.

Es ist möglich, dass der Erwerb latenter Steueransprüche zunächst nicht bilanziert wird, da der Erwerber eine Realisierung des latenten Steueranspruchs für unwahrscheinlich hält. Ändert sich diese Einschätzung in Folgeperioden, kann gemäß IAS 12.68 eine Anpassung des latenten Steueranspruchs erforderlich werden. Ergibt sich die Anpassungspflicht innerhalb des Bewertungszeitraums (measurement period), ergibt sich hieraus eine Anpassung des Geschäfts- oder Firmenwertes. Anpassungen außerhalb des Bewertungszeitraums müssen erfolgswirksam vorgenommen werden, soweit die Vorschriften in IAS 12 nicht ausnahmsweise eine erfolgsneutrale Behandlung verlangen.

Latente Steuern wirken sich auf die Berechnung des **Geschäfts- oder Firmenwertes** aus. Gleichzeitig ergibt sich aus dem Ansatz eines Geschäfts- oder Firmenwertes selbst eine temporäre Differenz, soweit der Ansatz in der Steuerbilanz nicht nachvollzogen wird. Um diesem Rekursionsproblem vorzubeugen, verbietet IAS 12.15(a) den Ansatz latenter Steuern für einen Geschäfts- oder Firmenwert. Das Ansatzverbot bezieht sich auch auf nachträgliche Änderungen des Geschäfts- oder Firmenwertes, etwa aufgrund einer Wertminderung, vgl IAS 12.21A. Latente Steuern werden gemäß IAS 12.21B aber in dem Maße angesetzt, in dem sie nicht aus dem erstmaligen Ansatz des Geschäfts- oder Firmenwertes hervorgehen. Dies ist beispielsweise der Fall, wenn der Geschäfts- oder Firmenwert steuerlich in Folgeperioden planmäßig abgeschrieben wird. Liegt der Buchwert des im IFRS-Abschluss angesetzten Geschäfts- oder Firmenwertes unter dem Betrag, mit dem er in der Steuerbilanz angesetzt wurde, ergibt sich hieraus ein latenter Steueranspruch, der nach IAS 12.32A ansatzpflichtig sein kann.[43]

(9) Versicherungsverträge: Die Bilanzierung von Versicherungsverträgen ist in IFRS 4 *Insurance Contracts* geregelt. IFRS 4 Appendix A definiert einen Versicherungsvertrag als einen Vertrag, bei dem eine Partei (der Versicherer) ein signifikantes Versicherungsrisiko von einer anderen Partei (dem Versicherungsnehmer) übernimmt, indem sie vereinbart, dem Versicherungsnehmer eine Entschädigung zu leisten, wenn ein spezifiziertes ungewisses künftiges Ereignis (das versicherte Ereignis)

---

43 Vgl *Senger/Brune/Diersch/Eprana* Beck'sches IFRS Handbuch, 163ff; *KPMG (Hrsg.)* Handbook Business Combinations, 78; *PwC (Hrsg.)* Global Guide to Business Combinations, 165ff; *Deloitte (Hrsg.)* iGAAP, 1986.; *Ernst & Young (Hrsg.)* International GAAP, 669f.

den Versicherungsnehmer nachteilig betrifft. IFRS 3.17 stellt klar, dass das Vorliegen eines Versicherungsvertrages nicht zum Erwerbszeitpunkt sondern basierend auf den Vertragsbedingungen und anderen Faktoren bei Vertragsabschluss (oder ggf. zum Zeitpunkt der späteren Änderung der Vertragsbedingungen) geprüft werden muss.[44]

105 Auf Versicherungsverträge sind die allgemeinen Vorschriften zur Bilanzierung von Unternehmenszusammenschlüssen anzuwenden. Versicherungsverträge sind daher mit dem beizulegenden Zeitwert im Erwerbszeitpunkt zu bilanzieren. IFRS 4.31 erlaubt dem Erwerber jedoch den beizulegenden Zeitwert in die beiden folgenden Komponenten aufzuteilen:

(a) eine Verbindlichkeit, die gemäß den Rechnungslegungsmethoden des Versicherers für von ihm gehaltene Versicherungsverträge bewertet wird, und

(b) einen **immateriellen Vermögenswert**, der die Differenz zwischen (i) dem beizulegenden Zeitwert der erworbenen vertraglichen Rechte und übernommenen vertraglichen Verpflichtungen aus Versicherungsverträgen und (ii) dem in (a) beschriebenen Vertrag darstellt.

106 **4. Ansatz und Bewertung der Anteile nicht beherrschender Gesellschafter.** Das Eigenkapital eines Tochterunternehmens, das einem Mutterunternehmen weder unmittelbar noch mittelbar zugeordnet wird, wird gemäß IAS 27.4 als Anteile nicht beherrschender Gesellschafter (non-controlling interest) bezeichnet. Zu den Anteilen nicht beherrschender Gesellschafter gehören neben von Dritten gehaltenen Stamm- und Vorzugsaktien von Tochterunternehmen des berichtenden Unternehmens auch Aktienoptionen (stock options) und andere Derivate auf Aktien eines Tochterunternehmens. Aus der Definition ergibt sich, dass Anteile nicht beherrschender Gesellschafter im Eigenkapital des berichtenden Unternehmens auszuweisen sind.

107 Die Anteile nicht beherrschender Gesellschafter können aufgrund des **Wahlrechtes** in IFRS 3.19 im Erwerbszeitpunkt wahlweise mit dem beizulegenden Zeitwert oder mit dem Saldo des den nicht beherrschenden Gesellschaftern zustehenden Anteils an den identifizierbaren Vermögenswerten und Schulden des erworbenen Unternehmens bewertet werden. Im Ergebnis ergibt sich hieraus ein Wahlrecht, die Anteile nicht beherrschender Gesellschafter mit oder ohne Berücksichtigung des auf sie entfallenden Geschäfts- oder Firmenwertes zu bewerten. Das Wahlrecht darf für jeden Unternehmenszusammenschluss neu ausgeübt werden.[45]

108 IFRS 3.B44 und B45 enthalten weitere Anwendungshinweise, falls sich der Erwerber für eine **Bewertung** der Anteile nicht beherrschender Gesellschafter zum beizulegenden Zeitwert entscheidet. Werden die Anteile des erworbenen Unternehmens

---

44 Vgl *KPMG (Hrsg.)* Handbook Business Combinations, 73; *PwC (Hrsg.)* Global Guide to Business Combinations, 56; *Deloitte (Hrsg.)* iGAAP, 1955; *Ernst & Young (Hrsg.)* International GAAP, 646f.
45 Vgl *Senger/Brune/Diersch/Eprana* Beck'sches IFRS Handbuch, 217ff; *KPMG (Hrsg.)* Handbook Business Combinations, 127ff; *PwC (Hrsg.)* Global Guide to Business Combinations, 210; *Deloitte (Hrsg.)* iGAAP, 1957ff; *Ernst & Young (Hrsg.)* International GAAP, 686ff.

V. Erwerbsmethode

an einer Börse oder anderem Markt aktiv gehandelt, kann zur Bewertung der Anteile nicht beherrschender Gesellschafter auf die dort festgestellten Kurse zurückgegriffen werden. Ist ein solcher Rückgriff nicht möglich, da die Anteile des erworbenen Unternehmens entweder nicht aktiv oder vielleicht überhaupt nicht gehandelt werden, sind alternative Bewertungsverfahren zur Bestimmung des beizulegenden Zeitwertes heranzuziehen. Die Anwendung alternativer Bewertungsverfahren erfordert oft die Bewertung des gesamten erworbenen Unternehmens zum beizulegenden Zeitwert, der dann auf die Anteile des Erwerbers und der nicht beherrschenden Gesellschafter verteilt werden muss. Eine Ableitung des beizulegenden Zeitwertes aus der vom Erwerber im Unternehmenszusammenschluss entrichteten Kaufpreiszahlung ist nicht unangepasst möglich, da die entrichtete Kaufpreiszahlung in der Regel einen Zuschlag für den Erwerb der Beherrschung (control premium) enthält, die für den beizulegenden Zeitwert der Anteile nicht beherrschender Gesellschafter nicht angesetzt werden darf. IFRS 3.B64(o)(ii) verpflichtet den Erwerber, Anhangangaben zur Bewertung der Anteile nicht beherrschender Gesellschafter zum beizulegenden Zeitwert zu machen.[46]

Schon kurz nach Veröffentlichung der Neufassung von IFRS 3 ergaben sich Anwendungsfragen, die eine nochmalige Überarbeitung der Vorschrift im Rahmen des **Annual Improvements Projektes** notwendig machten. Zu den Anteilen nicht beherrschender Gesellschafter zählen auch Aktienoptionen, die nicht zum beizulegenden Zeitwert sondern entsprechend den Vorschriften in IFRS 2 (market-based measure) bewertet werden. Das IASB hat daher im Rahmen des Annual Improvements Projektes klargestellt, dass soweit sich der Erwerber für eine Bewertung der Anteile nicht beherrschender Gesellschafter zum **beizulegenden Zeitwert** entscheidet, Aktienoptionen nicht zum beizulegenden Zeitwert sondern nach den Vorschriften in IFRS 2 bewertet werden sollen. Die Regel gilt entsprechend für andere Eigenkapitalinstrumente, für die die IFRS besondere Bewertungsvorschriften vorsehen.

Weiter reichende Probleme ergaben sich jedoch aus dem Wahlrecht, die Anteile nicht beherrschender Gesellschafter mit dem **Saldo des den nicht beherrschenden Gesellschaftern zustehenden Anteils an den identifizierbaren Vermögenswerten und Schulden** des erworbenen Unternehmens zu bewerten. Aktienoptionen geben ihrem Inhaber das Recht zukünftig an den identifizierbaren Vermögenswerten und Schulden des Unternehmens teilzuhaben. Es besteht hierauf aber kein gegenwärtiges Recht. Theoretisch wäre daher die Schlussfolgerung möglich, dass die Aktienoptionen mit einem Wert von Null angesetzt werden müssen. Um dieser Interpretation vorzubeugen, hat das IASB im Annual Improvements Projekt klargestellt, dass nur solche Eigenkapitalinstrumente mit dem Saldo des den Inhabern zustehenden Anteils der

---

46 Vgl *PwC (Hrsg.)* Global Guide to Business Combinations, 290ff; *Deloitte (Hrsg.)* iGAAP, 1959f; *Ernst & Young (Hrsg.)* International GAAP, 686f.

identifizierbaren Vermögenswerten und Schulden des erworbenen Unternehmens bewertet werden, die ihrem Inhaber gegenwärtig und im Falle der Liquidation einen proportionalen Anteil an den Vermögenswerten und Schulden verschaffen. Alle anderen Eigenkapitalinstrumente müssen entweder zum beizulegenden Zeitwert oder nach den Vorschriften anderer IFRS bewertet werden.[47]

111 Im Ergebnis ergibt sich hieraus, dass Stammaktien und die meisten deutschen Vorzugsaktien mit dem Saldo des den nicht beherrschenden Gesellschaften zustehenden Anteils an den identifizierbaren Vermögenswerten und Schulden des erworbenen Unternehmens bewertet werden dürfen. Vorzugsaktien nach dem Recht anderer Länder können insbesondere dann zum beizulegenden Zeitwert zu bewerten sein, wenn deren Inhaber, wie im angloamerikanischen Raum üblich, im Falle der Liquidation des erworbenen Unternehmens nicht proportional am Wert der Vermögenswerte und Schulden teilhaben. Aktienoptionen sind wiederum nach den Vorschriften in IFRS 2 und nicht etwa zum beizulegenden Zeitwert zu bewerten.

112 Die Änderungen durch das Annual Improvements Projekt sind erstmals für am oder nach dem 1. Juli 2010 beginnende Berichtsperioden prospektiv anzuwenden. Die freiwillige frühere Anwendung der Vorschriften ist zulässig, aber angabepflichtig.

113 Es ist nicht unüblich, dass nicht beherrschenden Gesellschaftern das Recht eingeräumt wird, ihre Anteile an dem erworbenen Unternehmen bei Eintritt bestimmter Voraussetzungen dem Erwerber **anzudienen** (puts on non-controlling interests). IAS 32.11 definiert eine finanzielle Verbindlichkeit als:

(a) eine vertragliche Verpflichtung, (i) einem anderen Unternehmen flüssige Mittel oder einen anderen finanziellen Vermögenswert zu liefern oder (ii) mit einem anderen Unternehmen finanzielle Vermögenswerte oder finanzielle Verbindlichkeiten zu potenziell nachteiligen Bedingungen auszutauschen; oder

(b) einen Vertrag, der in eigenen Eigenkapitalinstrumenten des Unternehmens erfüllt wird oder werden kann und bei dem es sich um Folgendes handelt: (i) ein nicht derivatives Finanzinstrument, das eine vertragliche Verpflichtung des Unternehmens enthält oder enthalten kann, eine variable Anzahl von Eigenkapitalinstrumenten des Unternehmens zu liefern oder (ii) ein derivatives Finanzinstrument, das nicht durch Austausch eines festen Betrags an flüssigen Mitteln oder anderen finanziellen Vermögenswerten gegen eine feste Anzahl von Eigenkapitalinstrumenten des Unternehmens erfüllt wird oder werden kann.

114 Aus der Definition einer **finanziellen Verbindlichkeit** ergibt sich, dass Andienungsrechte eine Umklassifizierung der Anteile nicht beherrschender Gesellschafter als Fremdkapital mit sich bringen können. Nach IAS 32.23 ist dann die finanzielle Verbindlichkeit in Höhe des Barwertes des Rückkaufbetrags einzubuchen. Bei Ablauf

---

[47] Zum Annual Improvements Projekt vgl: http://www.ifrs.org/Current+Projects/IASB+Projects/Annual+Improvements/Annual+Improvements+Process.htm (15. August 2009).

V. Erwerbsmethode

des Andienungsrechtes ist eine erneute Umklassifizierung aus dem Fremdkapital in die im Eigenkapital ausgewiesenen Anteile nicht beherrschender Gesellschafter notwendig.

Die Umklassifizierung der Anteile nicht beherrschender Gesellschafter als finanzielle Verbindlichkeiten bringt zahlreiche **Anwendungsfragen** mit sich, die sich das IFRIC derzeit zu klären bemüht. Dies sind ua die folgenden Fragen:

(a) Aus welchen Eigenkapitalposten soll die Umklassifizierung vorgenommen werden? Ist die Umbuchung unmittelbar aus den Anteilen nicht beherrschender Gesellschafter vorzunehmen oder erfolgt die Bildung eines negativen Ausgleichspostens?

(b) Wie soll die Folgebewertung der umklassifizierten Anteile nicht beherrschender Gesellschafter erfolgen? Richtet sich die Folgebewertung nach den Vorschriften in IAS 39 bzw. IFRS 9 und erfordert den erfolgswirksamen Ausweis von Wertänderungen der Anteile in der Gewinn- und Verlustrechnung oder sollen die Wertänderungen in Anlehnung an die Vorschriften in IAS 27 erfolgsneutral im Eigenkapital erfasst werden?

(c) Sind Dividenden auf als finanzielle Verbindlichkeiten umklassifizierte Anteile nicht beherrschender Gesellschafter erfolgswirksam in der Gewinn und Verlustrechnung oder erfolgsneutral im Eigenkapital zu erfassen?

(d) Ergeben sich Besonderheiten, wenn Andienungsrechte auf Anteile nicht beherrschender Gesellschafter die Definition einer bedingten Kaufpreiszahlung in IFRS 3 Appendix A erfüllen?

Mit einer endgültigen Klärung dieser Fragestellungen durch das IFRIC ist nicht vor 2011 zu rechnen.[48]

5. Ansatz und Bewertung des Geschäfts- oder Firmenwertes oder eines Gewinns aus einem Erwerb zu einem Preis unter dem Marktwert. Der Geschäfts- oder Firmenwert ist in IFRS 3 Appendix A nur indirekt als Residualgröße definiert. Er repräsentiert den künftigen wirtschaftlichen Nutzen aus Vermögenswerten, die nicht einzeln identifiziert und separat angesetzt werden können. Er ermittelt sich gemäß IFRS 3.32 als Differenz:

(a) der Summe aus

(i) dem beizulegenden Zeitwert der entrichteten Kaufpreiszahlung

(ii) dem Wert der Anteile der nicht beherrschenden Gesellschafter und

---

48 Das Projekt wurde bisher im Mai und Juli 2010 diskutiert, vgl IFRIC Update July 2010, 2f und Observer Notes 4A-4E der IFRIC Sitzung sowie IFRIC Update May 2010, 2f und Observer Note 11 der IFRIC Sitzung. Zum weiteren Projektfortschritt vgl: http://www.ifrs.org/Current+Projects/IFRIC+Projects/IFRIC+Projects.htm (15. August 2010)

(i) dem beizulegenden Zeitwert einer bereits vor dem Unternehmenszusammenschluss gehaltenen Beteiligung an dem übernommenen Geschäftsbetrieb und

(b) den den erworbenen Vermögenswerten und übernommenen Verbindlichkeiten beizulegenden Zeitwerten im Erwerbszeitpunkt.[49]

Beispiel

Unternehmen A erwirbt 80% der Anteile an Unternehmen B. A gibt an die Veräußerer von B Aktien mit einem beizulegenden Zeitwert von € 3 Mio. aus und zahlt zusätzlich € 1 Mio. in bar. Der beizulegende Zeitwert der erworbenen Vermögenswerte und Schulden beläuft sich auf € 4 Mio. A bewertet die Anteile nicht beherrschender Gesellschafter zum beizulegenden Zeitwert von € 1 Mio.

Der Geschäfts- oder Firmenwert berechnet sich wie folgt:

	€
Kaufpreiszahlung:	
Aktien	*3 Mio.*
Barzahlung	*1 Mio.*
Anteile nicht beherrschender Gesellschafter	*1 Mio.*
Zwischensumme	*5 Mio.*
Abzgl. Vermögenswerte und Schulden	*- 4 Mio.*
Geschäfts- oder Firmenwert	*1 Mio.*

A aktiviert einen Geschäfts- oder Firmenwert in Höhe von € 1 Mio.

118 IFRS 3.33 stellt fest, dass bei einem Unternehmenszusammenschluss, bei dem der Erwerber und der Veräußerer oder das erworbene Unternehmen nur Eigenkapitalanteile tauschen, der zum Erwerbszeitpunkt geltende beizulegende Zeitwert der Eigenkapitalanteile des erworbenen Unternehmens eventuell verlässlicher bestimmt werden kann als der zum Erwerbszeitpunkt geltende beizulegende Zeitwert der Eigenkapitalanteile des Erwerbers. Der Erwerber muss dann den Betrag des Geschäfts- oder Firmenwerts ermitteln, indem er den zum Erwerbszeitpunkt geltenden beizulegenden Zeitwert der Eigenkapitalanteile des erworbenen Unternehmens anstatt den zum Erwerbszeitpunkt geltenden beizulegenden Zeitwert der übertragenen Eigenkapitalanteile verwendet. Zu Besonderheiten bei Unternehmenszusammenschlüssen auf rein vertraglicher Basis, also ohne Entrichtung einer Kaufpreiszahlung, oder von Unternehmen auf Gegenseitigkeit vgl Rn 134f.

---

49 Vgl *KPMG (Hrsg.)* Handbook Business Combinations, 105; *PwC (Hrsg.)* Global Guide to Business Combinations, 58; *Deloitte (Hrsg.)* iGAAP, 2012ff; *Ernst & Young (Hrsg.)* International GAAP, 674f..

V. Erwerbsmethode

119 Ergibt sich aus der Berechnung ein negativer Unterschiedsbetrag, sind zunächst die vorgenommenen Berechnungsschritte einer nochmaligen Prüfung zu unterziehen. Erst dann wird der verbleibende negative Unterschiedsbetrag als sofort realisierter Gewinn aus dem Unternehmenszusammenschluss verbucht, vgl IFRS 3.34-36. Die Bildung eines passivischen Ausgleichspostens ist nicht möglich.[50]

120 Die Bewertung der erworbenen Vermögenswerte und Schulden sowie der Anteile nicht beherrschender Gesellschafter wurde in Rn 73ff dargestellt. Bereits vor dem Unternehmenszusammenschluss gehaltene Beteiligungen an dem übernommenen Geschäftsbetrieb werden in Rn 132ff behandelt. Im Folgenden soll daher nur auf die Ermittlung der Kaufpreiszahlung eingegangen werden.

121 Die im Rahmen der Bestimmung des Geschäfts- oder Firmenwertes anzusetzende **Kaufpreiszahlung** umfasst alle für den Erwerb des Geschäftsbetriebes geleisteten Barzahlungen, übertragenen Vermögenswerte, übernommenen Schulden und ausgegebenen Eigenkapitalinstrumente. Die Bewertung der Kaufpreiszahlung erfolgt gemäß IFRS 3.37 zum beizulegenden Zeitwert im Erwerbszeitpunkt. Eine Ausnahme hierzu besteht allerdings für anteilsbasierte Vergütungen, die nach den Vorschriften in IFRS 2 bewertet werden müssen.

122 Werden im Rahmen der Kaufpreiszahlung Vermögenswerte des Erwerbers auf die Veräußerer übertragen, ergibt sich hieraus für den Erwerber ein Bewertungsgewinn, soweit der Buchwert unter dem beizulegenden Zeitwert liegt, vgl IFRS 3.38. Eine Besonderheit ergibt sich jedoch, wenn solche Vermögenswerte nicht an den Veräußerer sondern an das erworbene Unternehmen übertragen werden. Da in diesem Fall der übertragene Vermögenswert weiterhin im Konsolidierungskreis des Erwerbers verbleibt, ist eine Gewinnrealisation nicht möglich.[51]

123 Zur Kaufpreiszahlung gehören auch bedingte Kaufpreiszahlungen (contingent consideration). IFRS 3 Appendix A definiert bedingte Kaufpreiszahlungen als Verpflichtung des Erwerbers zusätzliche Vermögenswerte oder Eigenkapitalinstrumente für die Erlangung der Beherrschung über den erworbenen Geschäftsbetrieb an den Veräußerer zu übertragen, wenn zuvor festgelegte Ereignisse eintreten oder Bedingungen erfüllt sind. Bedingte Kaufpreiszahlungen können alternativ auch die Rückzahlung bereits geleisteter Kaufpreiszahlungen vorsehen, wenn bestimmte Bedingungen erfüllt sind. Die Definition bedingter Zahlungen bringt es mit sich, dass diese Eigenkapital- oder Fremdkapitalcharakter haben können. Besteht ein Recht auf die Rückzahlung bereits geleisteter Kaufpreiszahlungen kann auch ein Vermögenswert anzusetzen sein.

---

50 Vgl *KPMG (Hrsg.)* Handbook Business Combinations, 106; *PwC (Hrsg.)* Global Guide to Business Combinations, 59; *Deloitte (Hrsg.)* iGAAP, 2016ff; *Ernst & Young (Hrsg.)* International GAAP, 695ff.
51 Vgl *Senger/Brune/Diersch/Eprana* Beck'sches IFRS Handbuch, 176ff; *Lüdenbach* Haufe-Kommentar, Rn 33ff; *KPMG (Hrsg.)* Handbook Business Combinations, 31ff; *PwC (Hrsg.)* Global Guide to Business Combinations, 60ff; *Deloitte (Hrsg.)* iGAAP, 1988ff; *Ernst & Young (Hrsg.)* International GAAP, 676ff.

Beispiel

Unternehmen A erwirbt alle Anteile an Unternehmen B. Der Kaufpreis teilt sich in eine sofort fällige Barzahlung von €5 Mio. und eine weitere in einem Jahr fällige Zahlung von €2 Mio., falls B bis zu diesem Zeitpunkt das budgetierte Umsatzziel von €6 Mio. erreicht.

Die Vereinbarung über die zusätzliche Zahlung von €2 Mio. erfüllt die Definition einer bedingten Zahlung, die zum beizulegenden Zeitwert zu bewerten ist. Der beizulegende Zeitwert der bedingten Kaufpreiszahlungen geht in die Ermittlung des Geschäfts- oder Firmenwertes ein.

124 Ebenso wie im Rahmen des Unternehmenszusammenschlusses nur die Vermögenswerte und Schulden angesetzt werden sollen, die auch tatsächlich Bestandteil der Transaktion sind, werden bei der Ermittlung der Kaufpreiszahlung nur die Zahlungen berücksichtigt, die für die Erlangung der Beherrschung des Geschäftsbetriebs geleistet werden. Hieraus ergeben sich die folgenden Besonderheiten:

125 **(1) Transaktionskosten**: Zu den Transaktionskosten gehören alle Aufwendungen, die der Erwerber eingeht, um die Beherrschung über einen Geschäftsbetrieb zu erlangen. Hierzu gehören die Kosten der wirtschaftlichen, steuerlichen, rechtlichen und bilanziellen Beratung, Kosten der Due Diligence, Gebühren der Investmentbanken sowie interne Kosten, die im Zusammenhang mit dem Unternehmenszusammenschluss angefallen sind. Soweit es sich bei den Transaktionskosten um Kosten der Kapitalbeschaffung handelt, sind diese nach den Vorschriften in IAS 32 und 39 zu bilanzieren. Kosten der Ausgabe von Fremdkapital gehen danach in die Bewertung der Verbindlichkeit ein. Kosten der Ausgabe von Eigenkapital werden vom Emissionserlös abgezogen. Alle anderen Transaktionskosten werden als Aufwand erfasst, vgl IFRS 3.52.[52]

126 **(2) Bedingte Zahlungen an den Veräußerer oder Mitarbeiter des erworbenen Unternehmens**: Bei bedingten Zahlungen an den Veräußerer oder Mitarbeiter des erworbenen Unternehmens kann es sich entweder um bedingte Kaufpreiszahlungen im Rahmen des Unternehmenszusammenschlusses oder um Vergütungen für Dienstleistungen außerhalb des Unternehmenszusammenschlusses handeln. IFRS 3.B54 stellt daher klar, dass es zur Beurteilung der Art der Vereinbarung insbesondere hilfreich ist, die Gründe zu verstehen, warum ein Vertrag eine Bestimmung für bedingte Zahlungen enthält, wer den Vertrag eingeleitet hat und wann die Vertragsparteien den Vertrag abgeschlossen haben. IFRS 3.B54 und B55 stellen eine Reihe von Indikatoren zur Verfügung, die die sachgerechte Einordnung der bedingten Zahlungen ermöglichen sollen. Hierzu gehören:

---

[52] Vgl *KPMG (Hrsg.)* Handbook Business Combinations, 62ff; *PwC (Hrsg.)* Global Guide to Business Combinations, 75; *Deloitte (Hrsg.)* iGAAP, 2007f; *Ernst & Young (Hrsg.)* International GAAP, 683.

V. Erwerbsmethode

(a) Bedingte Zahlungen, die von der weiteren Mitarbeit des Veräußerers im erworbenen Unternehmen abhängen;

Beispiel

Eine bedingte Zahlung, die unabhängig von der weiteren Mitarbeit des Veräußerers im erworbenen Unternehmen geleistet wird, macht es wahrscheinlich, dass es sich um eine bedingte Kaufpreiszahlung handelt. Umgekehrt ergibt sich aus bedingten Zahlungen, die an eine bestimmte Verweildauer des Veräußerers im erworbenen Unternehmen geknüpft sind, ein Hinweis darauf, dass es sich bei der bedingten Zahlung zumindest teilweise um eine Mitarbeitervergütung handelt.

(b) Vergütungen des Veräußerers oder von Mitarbeitern des erworbenen Unternehmens, die einem Drittvergleich nicht standhalten;

(c) Bedingte Zahlungen, die in unterschiedlicher Höhe an eine Gruppe von Veräußerern geleistet werden;

(d) Die Höhe der vom Veräußerer zurückbehaltenen Anteile an dem erworbenen Unternehmen;

Beispiel

Befand sich das erworbene Unternehmen vor dem Unternehmenszusammenschluss im alleinigen Besitz des Veräußerers und behält der Veräußerer auch nach dem Unternehmenszusammenschluss einen hohen Minderheitenanteil der Anteile an dem erworbenen Unternehmen zurück, kann sich hieraus ein Hinweis darauf ergeben, dass bedingte Zahlungen für die weitere Mitarbeit des Veräußerers im erworbenen Unternehmen bei wirtschaftlicher Betrachtung eine Gewinnbeteiligungsvereinbarung zwischen dem Erwerber und dem Veräußerer darstellen.

(e) Die Formel, nach der sich die bedingte Zahlung ermittelt;

Beispiel

Basiert die Formel auf dem gleichen Bewertungsverfahren, das auch zur Bestimmung des Unternehmenskaufpreises angewendet wurde, ergibt sich hieraus ein Hinweis auf das Vorliegen einer bedingten Kaufpreiszahlung. Eine bedingte Kaufpreiszahlung ist auch wahrscheinlich, wenn eine bedingte Zahlung vom Erreichen bestimmter Umsatz- oder Ertragsziele abhängt.

(f) Andere vertragliche Vereinbarungen und sonstige Sachverhalte, wie beispielsweise Wettbewerbsbeschränkungen, Miet- oder Beraterverträge.[53]

---

53 Vgl *KPMG* (Hrsg.) Handbook Business Combinations, 42ff; *PwC* (Hrsg.) Global Guide to Business Combinations, 72 und 99; *Deloitte* (Hrsg.) iGAAP, 1955ff; *Ernst & Young* (Hrsg.) International GAAP, 702ff.

127 (3) **Anteilsbasierte Vergütungen:** Erwirbt der Erwerber ein Unternehmen, das seinen Mitarbeitern oder anderen Parteien Aktienoptionen oder ähnliche anteilsbasierte Vergütungen gewährt hat, hat der Erwerber drei Möglichkeiten:

(a) **Der Erwerber lässt das bestehende Aktienoptionsprogramm unverändert weiterlaufen:** Die 2008 veröffentlichte Fassung von IFRS 3 enthielt hierzu keine besonderen Anwendungshinweise. Diese Lücke wurde aber mittlerweile durch das 2010 abgeschlossene Annual Improvements Projekt geschlossen. IFRS 3.B62A und B62B stellen nunmehr eindeutig fest, dass ausstehende Aktienoptionen des erworbenen Unternehmens nach den Vorschriften in IFRS 2 bewertet werden müssen. Bewertungsstichtag ist der Erwerbszeitpunkt. Sind die Aktienoptionen am Erwerbsstichtag noch nicht unverfallbar (unvested share-based payments), ergibt sich die Notwendigkeit, den Wert der Aktienoptionen zwischen der Kaufpreiszahlung und zukünftigen Aufwendungen für Mitarbeitervergütungen aufzuteilen. Die Aufteilung erfolgt im Verhältnis des bereits erdienten Dienstzeitraums (vested period) zum größeren Wert aus dem gesamten zu erdienenden Dienstzeitraum (total vesting period) und dem ursprünglichen Dienstzeitraum (original vesting period).[54]

(b) **Der Erwerber ersetzt das bestehende Aktienoptionsprogramm des erworbenen Unternehmens durch ein eigenes Aktienoptionsprogramm**: IFRS 3.B56 unterscheidet zwischen zwangsweise und auf freiwilliger Basis ausgetauschten Aktienoptionsprogrammen. Eine Verpflichtung zum Austausch des Aktienoptionsprogramms kann sich insbesondere aus den vertraglichen Bedingungen des Aktienoptionsprogramms bzw. des Unternehmenskaufvertrags oder aufgrund gesetzlicher Regelung ergeben. Besteht eine Verpflichtung zum Austausch des Aktienoptionsprogramms, ist der Umtausch entsprechend den Vorschriften in IFRS 2 wie eine Modifikation des bestehenden Aktienoptionsprogramms zu bilanzieren.

IFRS 3.B57-B62 enthalten detaillierte Vorschriften zur Aufteilung des Aktienoptionsprogramms auf den Unternehmenskaufpreis und zukünftige Aufwendungen für Mitarbeitervergütungen. Hiernach sind zunächst die nach den Vorschriften in IFRS 2 ermittelte Werte des alten und des neuen Aktienoptionsprogramms im Erwerbszeitpunkt festzustellen. Übersteigt der Wert des neuen Aktienoptionsprogramms den Wert des alten handelt es sich hierbei in jedem Fall um zukünftige Aufwendungen für Mitarbeitervergütungen. Der Wert des alten Aktienoptionsprogramms ist im Verhältnis des bereits erdienten Dienstzeitraums (vested period) zum größeren Wert aus dem gesamten zu erdienenden Dienstzeitraum (total vesting period) und dem ursprünglichen Dienstzeitraum (original vesting period) Bestandteil des Kaufpreises für den Unternehmenszusammenschluss. Die verbleibende Wertdifferenz stellt wiederum künftigen Personalaufwand dar.

---

54 Zum Annual Improvements Projekt vgl http://www.ifrs.org/Current+Projects/IASB+Projects/Annual+Improvements/Annual+Improvements+Process.htm (15 August 2010).

V. Erwerbsmethode

Beispiel

Unternehmen A erwirbt die Mehrheit der Stimmrechte an Unternehmen B. B hat seinen Mitarbeitern Aktienoptionen gewährt, die nach zweijähriger Mitarbeit bei B unverfallbar werden. A erwirbt B ein Jahr nach Gewährung der Aktienoptionen. A entscheidet sich die Aktienoptionen von B durch eigene zu ersetzen. Der Wert der Aktienoptionen von B im Erwerbszeitpunkt ist €100. Der Wert der neu ausgegebenen Aktienoptionen von A ist €150. Die Ausgabebedingungen sehen vor, dass die begünstigten Mitarbeiter ab dem Erwerbszeitpunkt zwei Jahre im Unternehmen verbleiben müssen bevor die Aktienoptionen unverfallbar werden.

Der folgende Wert geht in den Kaufpreis für den Unternehmenszusammenschluss ein: €33 = €100 (Wert der Aktienoptionen von B) x 1 Jahr (bereits erdienter Dienstzeitraum) / 3 Jahre (gesamter Dienstzeitraum)

Der folgende Wert stellt zukünftigen Personalaufwand dar: €117 (€150 Wert Aktienoptionen von A − €33 Kaufpreiszahlung)

IFRS 3 enthält in der 2008 veröffentlichten Fassung nur Vorschriften zum freiwilligen Umtausch von Aktienoptionsprogrammen, soweit die Aktienoptionen des erworbenen Unternehmens aufgrund des Unternehmenszusammenschlusses verfallen. IFRS 3.56 stellt klar, dass für diesen Fall der gesamte Wert des vom Erwerber neu ausgegebenen Aktienoptionsprogramms zukünftigen Personalaufwand darstellt. Das in 2010 abgeschlossene Annual Improvements Projekt des IASB ergänzt die Vorschrift um Anwendungshinweise für die Bilanzierung anderer auf freiwilliger Basis ausgetauschter Aktienoptionsprogramme. Die Neufassung von IFRS 3.B56 besagt, dass der freiwillige Austausch von Aktienoptionsprogrammen, die nicht aufgrund des Unternehmenszusammenschlusses verfallen, genauso wie der oben beschriebene zwangsweise Austausch eines Aktienoptionsprogramms behandelt wird.[55]

(c) Der Erwerber beendet das Aktienoptionsprogramm des erworbenen Unternehmens: Es handelt sich um einen Spezialfall der unter b) dargestellten Vorschriften zum Austausch von Aktienoptionsprogrammen, die entsprechend anzuwenden sind.[56]

Die Änderungen durch das Annual Improvements Projekt sind erstmals für am oder nach dem 1. Juli 2010 beginnende Berichtsperioden prospektiv anzuwenden. Die freiwillige frühere Anwendung der Vorschriften ist zulässig, aber angabepflichtig.

---

55 Zum Annual Improvements Projekt vgl http://www.ifrs.org/Current+Projects/IASB+Projects/Annual+Improvements/Annual+Improvements+Process.htm (15 August 2010).
56 Vgl *KPMG (Hrsg.)* Handbook Business Combinations, 48ff; *PwC (Hrsg.)* Global Guide to Business Combinations, 105ff; *Deloitte (Hrsg.)* iGAAP, 1998ff; *Ernst & Young (Hrsg.)* International GAAP, 682.

129 6. **Bilanzierung von Unternehmenszusammenschlüssen in Sonderfällen.** Im Folgenden soll kurz auf die Sonderfälle eines sukzessiven Unternehmenszusammenschlusses und eines Unternehmenszusammenschlusses ohne Entrichtung einer Kaufpreiszahlung eingegangen werden.

130 **(1) Sukzessive Unternehmenszusammenschlüsse:** Besaß der Erwerber bereits vor dem Unternehmenszusammenschluss Anteile an dem erworbenen Geschäftsbetrieb, gehen diese nach IFRS 3.42 in die Bestimmung des Geschäfts- oder Firmenwertes mit dem beizulegenden Zeitwert ein. Wurden die Anteile im Abschluss des Erwerbers bisher nicht mit dem beizulegenden Zeitwert bewertet, ergibt sich hieraus ein Bewertungsgewinn oder –verlust. Im Zusammenhang mit den Anteilen zuvor erfolgsneutral verbuchte sonstige Eigenkapitalveränderungen müssen zum Erwerbszeitpunkt erfolgswirksam erfasst werden.[57]

Beispiel

Unternehmen A erwirbt im Jahr 01 40% der Anteile am Unternehmen B. Der Kaufpreis der Anteile beläuft sich auf €4 Mio. Die Anteile geben A keinen wesentlichen Einfluss über B, sondern werden nach den Vorschriften in IAS 39 als zur Veräußerung verfügbare finanzielle Vermögenswerte eingeordnet. Der beizulegende Zeitwert der Anteile steigt im Jahr 02 auf €5 Mio. an. Die Wertsteigerung wird erfolgsneutral als sonstige Eigenkapitalveränderung erfasst. Zum Ende des Jahres 2 erwirbt A für € 2,5 Mio. weitere 20% der Anteile an B und erhält somit die Beherrschung. Der Erwerb erfüllt die Definition eines Unternehmenszusammenschlusses. Der beizulegende Wert der identifizierbaren Vermögenswerte und Schulden von B beläuft sich im Erwerbszeitpunkt auf € 10 Mio. A bewertet die Anteile nicht beherrschender Gesellschaft an B mit dem beizulegenden Zeitwert von € 5 Mio.

Der Geschäfts- oder Firmenwert berechnet sich wie folgt:

	€
Kaufpreiszahlung:	*2,5 Mio.*
Anteile nicht beherrschender Gesellschafter	*5,0 Mio.*
Vor dem Unternehmenszusammenschluss gehaltene Anteile	*5,0 Mio.*
Zwischensumme	*12,5 Mio.*
Abzgl. Vermögenswerte und Schulden	*- 10,0 Mio.*
Geschäfts- oder Firmenwert	*2,5 Mio.*

---

57 Vgl. *Senger/Brune/Diersch/Eprana* Beck'sches IFRS Handbuch, 253ff;*KPMG (Hrsg.)* Handbook Business Combinations, 143ff; *PwC (Hrsg.)* Global Guide to Business Combinations, 214ff; *Deloitte (Hrsg.)* iGAAP, 2024ff; *Ernst & Young (Hrsg.)* International GAAP, 689ff.

V. Erwerbsmethode

A aktiviert einen Geschäfts- oder Firmenwert in Höhe von € 2,5 Mio. und realisiert einen Bewertungsgewinn für die vor dem Unternehmenszusammenschluss gehaltenen Anteile in Höhe von € 1 Mio.

(2) Unternehmenszusammenschluss ohne Entrichtung einer Kaufpreiszahlung: U.U. kann ein Unternehmenszusammenschluss vorliegen, obwohl der Erwerber keine Kaufpreiszahlung für das erworbene Unternehmen entrichtet. Dies ist beispielsweise der Fall, wenn das erworbene Unternehmen zuvor so viele eigene Anteile zurückerworben hat, dass der Erwerber die Beherrschung über das Unternehmen erhält oder wenn Veto-Rechte anderer Gesellschafter auslaufen, die bis dahin eine Beherrschung des erworbenen Unternehmens durch den Erwerber verhindert haben. Denkbar ist auch, dass die Beherrschung über das erworbene Unternehmen durch Abschluss eines Unternehmensvertrages auf den Erwerber übergeht. Im letzten Fall, kann es vorkommen, dass der Erwerber auch nach dem Unternehmenszusammenschluss keine Anteile an dem erworbenen Unternehmen hält. IFRS 3.44 bestätigt für diesen Fall die Schlussfolgerung, dass das gesamte Eigenkapital des erworbenen Unternehmens als Anteile nicht beherrschender Gesellschafter ausgewiesen werden muss.

Die Vorschriften zur Ermittlung des Geschäfts- oder Firmenwertes können auf einen Unternehmenszusammenschluss ohne Entrichtung einer Kaufpreiszahlung nicht unangepasst angewendet werden. IFRS 3.B46 stellt daher klar, dass an Stelle der Kaufpreiszahlung der anteilige beizulegende Zeitwert des Anteils des Erwerbers an dem erworbenen Unternehmen in die Formel zur Ermittlung des Geschäfts- oder Firmenwertes eingesetzt werden muss.

Zu Besonderheiten bei der Anwendung der Erwerbsmethode auf Unternehmen auf Gegenseitigkeit, wie etwa Genossenschaften, vgl IFRS 3.B47-B49.[58]

7. Bewertungszeitraum. Die Identifizierung und Bewertung der erworbenen Vermögenswerte und Schulden ist zeitintensiv und kann leicht mehrere Monate dauern. Ist dieser Prozess bis zur Aufstellung des nächsten IFRS-Abschlusses noch nicht abgeschlossen, erlaubt IFRS 3.45 den Ansatz **provisorischer Werte** im Abschluss. Die provisorischen Werte sind später anzupassen, wenn sich neue Erkenntnisse ergeben, die einen abweichenden Ansatz oder Bewertung der erworbenen Vermögenswerte und Schulden, der Kaufpreiszahlung oder zuvor gehaltener Anteile am erworbenen Geschäftsbetrieb bedingen. Die erforderliche Anpassungsbuchung wirkt sich normalerweise auf die Höhe des ausgewiesenen Geschäfts- oder Firmenwertes aus. In Abhängigkeit von den Umständen des Einzelfalls sind aber auch Korrekturbuchungen bei anderen erworbenen Vermögenswerten und Schulden denkbar. Die Anpassung

---

[58] Vgl *KPMG (Hrsg.)* Handbook Business Combinations, 146ff und 162ff; *PwC (Hrsg.)* Global Guide to Business Combinations, 70; *Deloitte (Hrsg.)* iGAAP, 2014f; *Ernst & Young (Hrsg.)* International GAAP, 683ff.

erfolgt retrospektiv, dh unter Berichtigung der ausgewiesenen Vorjahresvergleichszahlen. Anpassungen der provisorischen Werte können in einem Zeitraum von maximal einem Jahr nach dem Erwerbszeitpunkt vorgenommen werden. Der Anpassungszeitraum endet aber schon früher, wenn der Erwerber die noch ausstehenden Informationen erhält oder es klar wird, dass die fehlenden Informationen nicht beschafft werden können. Nach Ablauf der Anpassungsperiode können weitere Korrekturen nur nach den allgemeinen Vorschriften in IAS 8 vorgenommen werden.[59]

Beispiel

Unternehmen A erwirbt zum 1. November 01 alle Anteile an Unternehmen B. Zu den Vermögenswerten von B gehört unter anderem ein Grundstück. A beauftragt einen externen Gutachter mit der Bewertung des Grundstückes. Der Gutachter kann zum Jahresende nur eine vorläufige Wertindikation in Höhe von €1 Mio. geben. Das endgültige Wertgutachten wird nicht vor April 02 fertig gestellt. Das Gutachten gibt den Grundstückswert mit €1,2 Mio. an.

A bewertet das Grundstück im Abschluss 01 mit dem vorläufigen Wert von €1 Mio. Der vorläufige Wert wird im Abschluss 02 korrigiert und das Grundstück mit €1,2 Mio. bewertet. Der bilanzierte Geschäfts- oder Firmenwert mindert sich um €0,2 Mio. A nimmt eine entsprechende Anpassung der Vorjahresvergleichszahlen im Abschluss 02 vor.

135 Die Anpassung der provisorischen Werte ist auf neue Erkenntnisse über Tatsachen, die bereits im Erwerbszeitpunkt vorlagen begrenzt. Ereignisse, die den Ansatz oder Wert der erworbenen Vermögenswerte und Schulden beeinflussen, aber erst nach dem Erwerbszeitpunkt stattgefunden haben, führen nicht zu einer Anpassung der provisorisch bilanzierten Vermögenswerte oder Schulden.

136 **8. Bestimmung des Umfangs des Unternehmenszusammenschlusses.** IFRS 3.51 verdeutlicht, dass die Bilanzierung des Unternehmenszusammenschlusses von anderen Geschäften zwischen dem Erwerber und dem erworbenen Unternehmen bzw. dem Veräußerer abgegrenzt werden muss. In die Bilanzierung des Unternehmenszusammenschlusses sollen nur die für das erworbene Unternehmen entrichtete Kaufpreiszahlung und die im Gegenzug erworbenen Vermögenswerte, Schulden und Anteile nicht beherrschender Gesellschafter eingehen. Alle anderen Geschäftsbeziehungen zwischen den an dem Unternehmenszusammenschluss beteiligten Parteien müssen nach den Vorschriften in anderen IFRS abgebildet werden.

137 Die Abgrenzung des Unternehmenszusammenschlusses von anderen Geschäftsvorfällen kann im Einzelfall schwierig sein. IFRS 3.B50 enthält daher weitere Anwendungshinweise, wie eine solche Abgrenzung vorgenommen werden soll. Danach sind insbesondere die folgenden Gesichtspunkte zu beachten:

---

59 Vgl *KPMG (Hrsg.)* Handbook Business Combinations, 109ff; *Deloitte (Hrsg.)* iGAAP, 2019ff; *Ernst & Young (Hrsg.)* International GAAP, 705ff.

V. Erwerbsmethode

a) **Was die Gründe für die Transaktion sind**: Profitieren von einem bestimmte Geschäft beispielsweise in erster Linie nur der Erwerber oder das zusammengeschlossene Unternehmen, nicht aber der Veräußerer, ist es unwahrscheinlich, das das Geschäft Bestandteil des Unternehmenszusammenschlusses ist.

b) **Wer die Transaktion eingeleitet hat**: Wurde beispielsweise ein bestimmtes Geschäft vom Erwerber eingeleitet, ist es möglicherweise mit dem Ziel eingegangen worden, in erster Linie dem Erwerber oder dem zusammengeschlossenen Unternehmen zu nutzen. Es ist in diesem Fall wiederum unwahrscheinlich, dass das Geschäft Bestandteil des Unternehmenszusammenschlusses ist.

c) **Wann die Transaktion vorgenommen wurde**: Eine Geschäft, das zeitnah zum Unternehmenszusammenschluss abgeschlossen wurde, ist möglicherweise mit der Absicht abgeschlossen worden, primär dem Erwerber oder dem zusammengeschlossenen Unternehmen zu nutzen, so dass es unwahrscheinlich ist, dass das Geschäft Bestandteil des Unternehmenszusammenschlusses ist.

IFRS 3.52 und 53 diskutieren die hier beschriebenen Grundsätze für vier Sonderfälle:

a) **Transaktionen, die vorher bestehende Geschäftsbeziehungen abwickeln**, sind nicht Bestandteil des Unternehmenszusammenschlusses, sondern führen unter Umständen zur Erfassung eines Abwicklungsgewinns oder –verlusts. Für Einzelheiten vgl Rn 86ff.

b) **Vereinbarungen über Mitarbeitervergütungen** müssen darauf untersucht werden, ob sie im Zusammenhang mit bestehenden Verpflichtungen gegenüber Mitarbeitern des erworbenen Unternehmens (einschließlich den Veräußerern) stehen oder ob sie Vergütungen für zukünftige Leistungen der Mitarbeiter darstellen. Vgl Rn 130ff.

c) **Transaktionskosten** sind nicht Bestandteil des Unternehmenszusammenschlusses, sondern stellen eine Vergütung für im Zusammenhang mit dem Unternehmenszusammenschluss erbrachte Dienstleistungen dar. Transaktionskosten sind daher, mit Ausnahme von Emissionskosten, im Aufwand zu erfassen. Vgl Rn 128.

d) **Geschäfte, durch die dem erworbenen Unternehmen oder den Veräußerern die mit dem Unternehmenszusammenschluss verbundenen Kosten des Erwerbers erstattet werden.** Die Vorschrift dient in erster Linie zur Vermeidung von Umgehungsstrukturen. Transaktionskosten des Erwerbers sollen wie zuvor beschrieben normalerweise im Aufwand erfasst werden. Die Vorschrift soll nicht dadurch umgangen werden können, dass der Veräußerer die Transaktionskosten des Erwerbers übernimmt und im Gegenzug ein höherer Kaufpreis vereinbart wird.[60]

---

60 Vgl *KPMG (Hrsg.)* Handbook Business Combinations, 31ff; *PwC (Hrsg.)* Global Guide to Business Combinations, 70ff; *Deloitte (Hrsg.)* iGAAP, 1993ff; *Ernst & Young (Hrsg.)* International GAAP, 698ff.

139 **VI. Folgebilanzierung.** Die Vorschriften in IFRS 3 beziehen sich grundsätzlich auf die erstmalige Erfassung und Bewertung der in einem Unternehmenszusammenschluss erworbenen Vermögenswerte, und Schulden. Der Standard enthält abgesehen von wenigen Ausnahmen keine Vorschriften zur Folgebilanzierung. Die Folgebilanzierung der in einem Unternehmenszusammenschluss erworbenen Vermögenswerte und Schulden richtet sich daher normalerweise nach anderen IFRS.

140 Hat der Erwerber im Rahmen des Unternehmenszusammenschlusses beispielsweise Produktionsmaschinen erworben, werden diese gemäß IFRS 3.18 im Erwerbszeitpunkt mit ihrem beizulegenden Zeitwert angesetzt. Auf alle nachfolgenden Berichtsperioden müssen die Vorschriften zur Bilanzierung von **Sachanlagen** in IAS 16 *Property, Plant and Equipment* angewendet werden. Sachanlagen werden gemäß IAS 16.29 entweder nach dem Anschaffungskostenmodell oder nach dem Neubewertungsmodell bewertet. Entscheidet sich der Erwerber für eine Bilanzierung nach dem Anschaffungskostenmodell, werden die Sachanlagen zu um plan- und außerplanmäßige Abschreibungen verminderten Anschaffungs- oder Herstellungskosten bilanziert. Als Anschaffungskosten der Produktionsmaschinen gelten die ihnen im Rahmen der Aufteilung des Unternehmenskaufpreises zugewiesenen beizulegenden Zeitwerte. Abschreibungsmethode und -zeitraum müssen im Erwerbszeitpunkt bestimmt werden. Die unreflektierte Übernahme der vom erworbenen Unternehmen angewendeten Abschreibungsmethoden und -zeiträume ist nicht zulässig. Nach dem Neubewertungsmodell werden die Sachanlagen in Folgeperioden zum beizulegenden Zeitwert bilanziert.

141 IFRS 3.B63 zählt die folgenden weiteren Beispiele für Standards auf, die Regeln zur Folgebewertung im Rahmen eines Unternehmenszusammenschlusses erworbener Vermögenswerte und Schulden enthalten können:

(a) IFRS 2 für Aktienoptionen

(b) IFRS 4 für Versicherungsverträge

(c) IAS 12 für latente Steuern

(d) IAS 27 für spätere Änderungen der Eigentumsverhältnisse an einem erworbenen Unternehmen bzw. den Verlust der Beherrschung über das Unternehmen.

(e) IAS 38 zur Folgebewertung des Geschäfts- oder Firmenwertes

IFRS 3 enthält allerdings **Sonderregeln** zur Folgebilanzierung solcher Vermögenswerte, Schulden oder Eventualverbindlichkeiten, bei denen ein Rückgriff auf die Vorschriften zur Folgebilanzierung in anderen IFRS nicht ohne weiteres möglich ist.

142 **(1) Zurückerworbene Rechte:** Zurückerworbene Rechte sind im Rahmen des Unternehmenszusammenschlusses gemäß IFRS 3.29 nach den Vorschriften zur Ermittlung des beizulegenden Zeitwertes aber ohne Berücksichtigung möglicher Vertragsverlängerungen zu bilanzieren, vgl Rn 85ff. IFRS 3.55 schreibt nunmehr für

VI. Folgebilanzierung

die Folgebewertung eines zurückerworbenen Rechts vor, dass es über die restliche vertragliche Dauer der Vereinbarung, also wiederum ohne Berücksichtigung von Vertragsverlängerungsoptionen, abgeschrieben werden muss. Veräußert der Erwerber das zurückerworbene Recht in Folgeperioden an Dritte, muss der Buchwert des zurückerworbenen Rechtes in die Ermittlung eines Veräußerungsgewinns bzw. -verlustes einbezogen werden. Das Geschäft darf also nicht einfach als die Ausgabe eines neuen Rechts ohne Berücksichtigung der vorherigen Transaktionen abgebildet werden.[61]

(2) **Eventualverbindlichkeiten:** Wie in Rn 98ff erläutert, umfassen Eventualverbindlichkeiten Verbindlichkeiten, deren Bestehen unsicher ist, und Verbindlichkeiten, für die ein Ressourcenabfluss entweder unwahrscheinlich ist oder für die die Höhe des Ressourcenabflusses nicht verlässlich geschätzt werden kann. IAS 37.27 verbietet den Ansatz von Eventualverbindlichkeiten. IFRS 3.23 sieht hierzu jedoch eine Ausnahme für im Rahmen eines Unternehmenszusammenschlusses erworbene Eventualverbindlichkeiten vor und verlangt deren Ansatz, wenn es sich um eine gegenwärtige Verpflichtung handelt, die aus früheren Ereignissen entstanden ist und deren beizulegender Zeitwert verlässlich bestimmt werden kann.

Die besonderen Ansatzvorschriften für in einem Unternehmenszusammenschluss erworbene Eventualverbindlichkeiten machen weitere Vorschriften zur Folgebilanzierung erforderlich. Ansonsten müssten in einem Unternehmenszusammenschluss erstmalig angesetzte Eventualverbindlichkeiten in Folgeperioden wieder ausgebucht werden, weil die Ansatzkriterien in IAS 37 nicht erfüllt sind. IFRS 3.56 schreibt daher vor, dass im Rahmen eines Unternehmenszusammenschlusses angesetzte Eventualverbindlichkeiten in Folgeperioden mit dem höheren der folgenden beiden Beträge angesetzt werden müssen:

(a) **dem nach IAS 37 anzusetzenden Betrag.** Aufgrund des Ansatzverbotes für Eventualverbindlichkeiten in IAS 37.27 ist dieser Wert normalerweise Null. Die Gründe für das Ansatzverbot der Eventualverbindlichkeit können in Folgeperioden aber wegfallen, wenn beispielsweise später die Unsicherheit über das Bestehen einer Verpflichtung wegfällt oder der Eintritt der Verpflichtung später als wahrscheinlich eingeschätzt wird bzw. die Höhe der Verpflichtung verlässlich geschätzt werden kann. Muss die Verpflichtung in Folgeperioden nach den Vorschriften in IAS 37 als Schuld bilanziert werden, ist diese mit der bestmöglichen Schätzung der zur Erfüllung der gegenwärtigen Verpflichtung zum Abschlussstichtag erforderlichen Ausgaben zu bewerten.

---

61 Vgl *KPMG (Hrsg.)* Handbook Business Combinations, 119; *Deloitte (Hrsg.)* iGAAP, 1985; *Ernst & Young (Hrsg.)* International GAAP, 672f.

(b) dem im Rahmen des Unternehmenszusammenschlusses angesetzten Betrag. Dies ist der beizulegende Zeitwert der Eventualverbindlichkeit im Erwerbszeitpunkt. Der Betrag ist gegebenenfalls um eine nach IAS 18 zu erfassende kumulative Abschreibung zu kürzen.[62]

Beispiel

Ein Kunde verklagt Unternehmen A für Schäden, die ein fehlerhaftes Produkt von A verursacht hat. A bestreitet jede Schuld, da sich der Kunde bei der Verwendung des Produktes nicht an die Gebrauchsanweisung gehalten hat. Die Rechtsanwälte von A halten eine Verurteilung von A in einem gerichtlichen Verfahren für unwahrscheinlich. A macht in seinem Abschluss umfassende Anhangangaben zu der Eventualverbindlichkeit, aber erfasst keine Rückstellung in der Bilanz.

Unternehmen B erwirbt im nächsten Jahr alle Anteile an Unternehmen A. Der beizulegende Zeitwert der Eventualverbindlichkeit wird zum Erwerbszeitpunkt mit €100 bewertet und eine Rückstellung in dieser Höhe in der Bilanz von B angesetzt.

Ein halbes Jahr nach dem Unternehmenszusammenschluss gelingt es dem Kläger erhebliche Konstruktionsmängel an dem Produkt nachzuweisen. B's Rechtsanwälte erachten einen Schuldspruch nunmehr für wahrscheinlich. Die Rechtsanwälte schätzen die Höhe der Schadensersatzzahlung auf a) €50 bzw. b) €150.

Variante a) Die Rückstellung in B's Abschluss wird weiterhin mit €100 bewertet.

Variante b) B erfasst einen Aufwand in Höhe von € 50 und weist eine Rückstellung von €150 aus.

(3) Vermögenswerte für Entschädigungsleistungen: Garantiert der Veräußerer dem Erwerber das Bestehen oder die Höhe spezifischer im Rahmen des Unternehmenszusammenschlusses erworbener Vermögenswerte oder Schulden, erfasst der Erwerber hierfür gemäß IFRS 3.27 einen Vermögenswert für Entschädigungsleistungen. Die erstmalige Bewertung des Vermögenswertes richtet sich nach den Bewertungsvorschriften des Vermögenswertes oder der Schuld, auf die sich die Entschädigungsleistung bezieht. Dies ist normalerweise der beizulegende Zeitwert. IFRS 3.24-31 sehen aber eine Reihe von Ausnahmen von diesem Bewertungsgrundsatz vor, vgl Rn 89.

IFRS 3.57 behält den Bewertungsgrundsatz für Vermögenswerte für Entschädigungsleistungen auch für die Folgebewertung bei und stellt klar, dass sich die Bewertung des Vermögenswertes in Folgeperioden, vorbehaltlich vertraglich vereinbarter Höchst- oder Mindestbeträge, nach der Bewertung des der Entschädigungsleistung

---

62 Vgl *KPMG (Hrsg.)* Handbook Business Combinations, 119f; *Deloitte (Hrsg.)* iGAAP, 1980f; *Ernst & Young (Hrsg.)* International GAAP, 668f.

zugrunde liegenden Vermögenswertes oder Schuld richtet. Erfolgt die Bewertung des Vermögenswertes für Entschädigungsleistungen nicht zum beizulegenden Zeitwert, sind bei der Bewertung auch Annahmen über die Einbringbarkeit des Vermögenswertes zu berücksichtigen. Der Erwerber darf den Vermögenswert für Entschädigungsleistungen nur dann ausbuchen, wenn er den Vermögenswert vereinnahmt, veräußert oder anderweitig den Anspruch darauf verliert.[63]

(4) **Bedingte Kaufpreiszahlungen**: IFRS 3 Appendix A definiert bedingte Kaufpreiszahlungen als Verpflichtung des Erwerbers, zusätzliche Vermögenswerte oder Eigenkapitalanteile den ehemaligen Eigentümern eines erworbenen Unternehmens als Teil des Austauschs für die Beherrschung des erworbenen Unternehmens zu übertragen, wenn bestimmte künftige Ereignisse auftreten oder Bedingungen erfüllt werden. Eine bedingte Gegenleistung kann dem Erwerber jedoch auch das Recht auf Rückgabe der zuvor übertragenen Gegenleistung einräumen, falls bestimmte Bedingungen erfüllt werden. Bedingte Kaufpreiszahlungen werden im Erwerbszeitpunkt mit dem beizulegenden Zeitwert bewertet.

Verpflichtungen zur Zahlung bedingter Kaufpreiszahlungen werden im Erwerbszeitpunkt gemäß IFRS 3.40 nach den allgemeinen Grundsätzen entweder als Eigenkapital oder Fremdkapital eingestuft. Rechte auf bedingte Kaufpreiszahlungen stellen Vermögenswerte dar. Die Folgebilanzierung bedingter Kaufpreiszahlungen hängt dann von der Einstufung als Vermögenswert, Fremdkapital oder Eigenkapital ab. IFRS 3.58 stellt in diesem Zusammenhang klar, dass sich spätere Änderungen des beizulegenden Zeitwertes der bedingten Kaufpreiszahlungen zunächst aus neuen Informationen über bereits im Erwerbszeitpunkt vorliegende Tatsachen oder Umstände ergeben können. Solche Wertänderungen sollen nach den Vorschriften über den Bewertungszeitraum in IFRS 3.45-49 erfasst werden, dh dass während des Bewertungszeitraums festgestellte Wertänderungen aufgrund neuer Erkenntnisse über bereits im Erwerbszeitpunkt vorliegende Tatsachen oder Umstände erfolgsneutral durch Anpassung der für den Unternehmenszusammenschluss erfassten Vermögenswerte und Schulden, insbesondere des Geschäfts- oder Firmenwertes, erfasst werden können. Ergibt sich eine solche Wertänderung nach Ablauf des Wertberichtigungszeitraums, müssen die Vorschriften zur Fehlerkorrektur in IAS 8 angewendet werden, vgl Rn 137ff.

Ändert sich der beizulegende Wert einer bedingten Kaufpreiszahlungen aufgrund neuer Tatsachen oder Umstände, die im Erwerbszeitpunkt noch nicht vorgelegen haben, etwa bei Eintritt bestimmter Ertragsziele, kommt ein Rückgriff auf die Vorschriften über den Bewertungszeitraum nicht in Betracht. Vielmehr sind die besonderen Vorschriften zur Folgebilanzierung in IFRS 3.58 anzuwenden. Wertänderungen von

---

63 Vgl *KPMG (Hrsg.)* Handbook Business Combinations, 121ff; *Deloitte (Hrsg.)* iGAAP, 1988.; *Ernst & Young (Hrsg.)* International GAAP, 672.

als Eigenkapital eingestuften bedingten Kaufpreiszahlungen führen in Folgeperioden nicht zu Anpassungen des Bilanzansatzes. Die Vorschrift ergibt sich aus dem Prinzip, dass eine Folgebewertung des Eigenkapitals in den IFRS grundsätzlich nicht vorgesehen ist. Als finanzielle Vermögenswerte oder Verbindlichkeiten eingestufte bedingte Kaufpreiszahlungen sind nach den Vorschriften in IAS 39 zu bilanzieren. IFRS 3.58 stellt dabei klar, dass die Folgebewertung zum beizulegenden Zeitwert erfolgen muss. Die Vorschrift erlaubt aber die Erfassung der Wertänderungen entweder im Gewinn oder Verlust oder im Sonstigen Ergebnis (other comprehensive income) des Erwerbers.

150 IFRS 3 enthält keine Vorschriften dazu, als welche Klasse von Finanzinstrument eine bedingte Kaufpreiszahlung einzustufen ist. Aus der Vorschrift, die bedingte Kaufpreiszahlung zum beizulegenden Zeitwert zu bewerten, ergibt sich aber implizit, dass eine bedingte Kaufpreiszahlung in der Form eines Vermögenswertes nur als erfolgswirksam zum beizulegenden Zeitwert bewertetes Finanzinstrument oder als zur Veräußerung verfügbaren Vermögenswert eingeordnet werden kann. Handelt es sich um eine finanzielle Verbindlichkeit, erscheint eine Einstufung als erfolgswirksam zum beizulegenden Zeitwert bewertetes Finanzinstrument zwingend. Zur Überarbeitung der Vorschriften zur Bilanzierung von Finanzinstrumenten, vgl. die Ausführungen in diesem Buch zu IFRS 9 *Financial Instruments*.

151 Erfüllt die bedingte Kaufpreiszahlung ausnahmsweise nicht die Definition eines Finanzinstrumentes, richtet sich die Folgebewertung nach den Vorschriften in anderen einschlägigen IFRS. IFRS 3.58 gibt hier beispielhaft die Vorschriften zur Folgebewertung nicht-finanzieller Verbindlichkeiten in IAS 37 an.[64]

152 **VII. Ausweis und Angaben.** IFRS 3.59-63 begründen Anhangangabepflichten für:

(a) in der laufenden Berichtsperiode abgeschlossene Unternehmenszusammenschlüsse

(b) Unternehmenszusammenschlüsse, die nach dem Ende der Berichtsperiode, jedoch vor der Genehmigung zur Veröffentlichung des Abschlusses erfolgten und

(c) in Vorperioden erfolgte Unternehmenszusammenschlüsse.

153 Ziel der **Anhangangabepflichten für in der laufenden Berichtsperiode abgeschlossene Unternehmenszusammenschlüsse** ist es gemäß IFRS 3.59, Informationen offen zu legen, durch die die Abschlussadressaten die Art und finanziellen Auswirkungen von Unternehmenszusammenschlüssen beurteilen können. Zur Erfüllung dieses Zieles enthalten IFRS 3.B64-B66 eine Vielzahl detaillierter Anhangangabevorschriften:

154 **(1) allgemeine Angaben zum Unternehmenserwerb:** Der Erwerber muss den Namen und eine Beschreibung des erworbenen Unternehmens, den Erwerbszeitpunkt, den Prozentsatz der erworbenen Eigenkapitalanteile mit Stimmrecht sowie

---

64 Vgl. *KPMG (Hrsg.)* Handbook Business Combinations, 125ff; *PwC (Hrsg.)* Global Guide to Business Combinations, 303ff; *Deloitte (Hrsg.)* iGAAP, 1991f; *Ernst & Young (Hrsg.)* International GAAP, 680ff.

VII. Ausweis und Angaben

die Hauptgründe für den Unternehmenszusammenschluss und eine Beschreibung der Art und Weise, wie der Erwerber die Beherrschung über das erworbene Unternehmen erlangt hat, angeben, vgl IFRS 3.B64(a)-(d).

(2) Angaben zu den erworbenen Vermögenswerten und Schulden: Der Erwerber muss zunächst gemäß IFRS 3.64(i) für jede Hauptgruppe erworbener Vermögenswerte bzw. übernommener Schulden die im Erwerbszeitpunkt erfassten Beträge angeben. Für ausgewählte Vermögenswerte und Schulden bestehen allerdings weitergehende Anhangangabepflichten. So muss der Erwerber gemäß IFRS 3.64(h) für alle erworbenen **Forderungen** den beizulegenden Zeitwert, die Bruttobeträge der vertraglichen Forderungen und die zum Erwerbszeitpunkt bestmögliche Schätzung der vertraglichen Zahlungsströme, die voraussichtlich uneinbringlich sein werden, angeben. Diese Angaben müssen für unterschiedliche Forderungskategorien, wie Kredite, direkte Finanzierungs-Leasingverhältnisse und alle sonstigen Gruppen von Forderungen, gesondert gemacht werden.

Ferner verlangt IFRS 3.B64(j) für alle im Rahmen des Unternehmenszusammenschlusses angesetzten **Eventualverbindlichkeiten** die in IAS 37.85 vorgeschriebenen Angaben. Falls eine Eventualverbindlichkeit nicht angesetzt wurde, da ihr beizulegender Zeitwert nicht verlässlich bestimmt werden konnte, muss der Erwerber die in IAS 37.86 geforderten Angaben machen und die Gründe angeben, warum die Verbindlichkeit nicht verlässlich bewertet werden konnte. IAS 37.86 verpflichtet das berichtende Unternehmen, zu einer kurzen Beschreibung der Eventualverbindlichkeit und, falls praktikabel, zu den folgenden Angaben:

(a) eine Schätzung der finanziellen Auswirkungen, bewertet nach IAS 37.36-52,

(b) die Angabe von Unsicherheiten hinsichtlich des Betrags oder der Fälligkeiten von Abflüssen und

(c) die Möglichkeit einer Erstattung.

(3) Angaben zum entrichteten Kaufpreis: Gemäß IFRS 3.64(f) ist der Erwerber verpflichtet, den beizulegenden Zeitwerts des Gesamtkaufpreises im Erwerbszeitpunkt anzugeben. Der Gesamtkaufpreis muss dabei in die folgenden Komponenten aufgeteilt werden:

(a) Zahlungsmittel,

(b) sonstige materielle oder immaterielle Vermögenswerte, einschließlich eines Geschäftsbetriebs oder Tochterunternehmens des Erwerbers,

(c) eingegangene Schulden, zB eine Schuld für eine bedingte Gegenleistung und

(d) Eigenkapitalanteile des Erwerbers, einschließlich der Anzahl der ausgegebenen oder noch auszugebenden Instrumente oder Anteile sowie der Methode zur Ermittlung des beizulegenden Zeitwerts dieser Instrumente und Anteile.

158 Vereinbaren Veräußerer und Erwerber bedingte Kaufpreiszahlungen, muss für diese nach IFRS 3.64(g) der zum Erwerbszeitpunkt erfasste Betrag, eine Beschreibung der Vereinbarung und die Grundlage für die Ermittlung des Zahlungsbetrags; sowie eine Schätzung der Bandbreite der Ergebnisse (nicht abgezinst) oder, falls eine Bandbreite nicht geschätzt werden kann, die Tatsache und die Gründe, warum eine Bandbreite nicht geschätzt werden kann, angegeben werden. Wenn der Höchstbetrag der Zahlung unbegrenzt ist, hat der Erwerber diese Tatsache anzugeben.

159 **(4) Besondere Angaben zum Geschäfts- oder Firmenwert:** IFRS 3.64(e) verlangt eine qualitative Beschreibung der Faktoren, die den Geschäfts- oder Firmenwerts begründen, wie beispielsweise Synergieeffekte, nicht bilanzierte immaterielle Vermögenswerte oder sonstige Faktoren. Nach IFRS 3.64(k) muss der Erwerber ferner die Gesamtsumme des Geschäfts- oder Firmenwerts, der erwartungsgemäß für Steuerzwecke abzugsfähig ist, angeben.

160 **(5) Angaben zu Geschäften, die nicht Bestandteil des Unternehmenszusammenschlusses sind**: IFRS 3.B64(l) verlangt für Transaktionen, die gemäß IFRS 3.51 getrennt vom Unternehmenszusammenschluss bilanziert werden, eine Beschreibung des Geschäftsvorfalls, eine Erläuterung wie der Geschäftsvorfall bilanziert wurde sowie die für den Geschäftsvorfall ausgewiesenen Beträge und die Posten im Abschluss, in denen die Beträge erfasst sind, sowie, falls eine Transaktion die tatsächliche Erfüllung einer zuvor bestehenden Beziehung darstellt, die für die Ermittlung des Erfüllungsbetrags eingesetzte Methode. IFRS 3.B64(m) schreibt in diesem Zusammenhand den Ausweis der Transaktionskosten unter gesonderter Angabe des als Aufwand erfassten Betrags sowie des Postens der Gewinn- und Verlustrechnung vor, in den der Aufwand eingegangen ist. Wurden Kosten für die Ausgabe von Eigen- oder Fremdkapitalinstrumenten nicht als Aufwand erfasst, müssen der Betrag und dessen bilanzielle Abbildung angegeben werden.

161 **(6) Angaben zu den Auswirkungen des Unternehmenszusammenschlusses auf die Gesamtergebnisrechung:** IFRS 3.B64(q) verpflichtet den Erwerber:

(a) die Erlöse sowie die Gewinne oder Verluste des erworbenen Unternehmens seit dem Erwerbszeitpunkt, welche in der Gesamtergebnisrechnung für die betreffende Periode enthalten sind und

(b) die Erlöse sowie die Gewinne oder Verluste des zusammengeschlossenen Unternehmens für die aktuelle Periode anzugeben, als ob der Erwerbszeitpunkt für alle Unternehmenszusammenschlüsse, die während des Geschäftsjahres stattfanden, am Anfang der Periode des laufenden Geschäftsjahres gewesen wäre.

IFRS 3 äußert sich allerdings nicht zu der Fragestellung, wie für die Anhangangabe erforderlichen Pro-Forma Werte ermittelt werden sollen. Es liegt insofern im Ermessen des Bilanzierenden, welche Anpassungen zur Ermittlung der Pro-Forma

VII. Ausweis und Angaben

Werte in Übereinstimmung mit der allgemeinen Zielsetzung der Anhangangabepflichten vorgenommen werden sollen. Kann den Anhangangabepflichten auch nach erheblichen Bemühungen nicht nachgekommen werden (impracticable), muss der Erwerber dies angeben und erklären, warum die Angaben nicht bereitgestellt werden können.[65]

IFRS 3.B64 enthält ferner Anhangangabepflichten für die folgenden Sonderfälle von Unternehmenszusammenschlüssen:

(1) **Angaben zu Erwerben unter dem Marktwert:** IFRS 3.64(n) verlangt die Angabe des gemäß IFRS 3.34 erfassten Gewinns sowie des Postens der Gesamtergebnisrechnung, in dem der Gewinn erfasst wurde und eine Beschreibung der Gründe, weshalb die Transaktion zu einem Gewinn führte.

(2) **Angaben zu Unternehmenszusammenschlüssen, bei denen der Erwerber weniger als 100 Prozent der Eigenkapitalanteile an dem erworbenen Unternehmen erwirbt:** IFRS 3.64(o) verlangt die Angabe des zum Erwerbszeitpunkt angesetzten Betrages der Anteile nicht beherrschender Gesellschafter an dem erworbenen Unternehmen und die Bewertungsgrundlage für diesen Betrag. Ferner sollen für Anteile nicht beherrschender Gesellschafter an dem erworbenen Unternehmen, die zum beizulegenden Zeitwert bestimmt wurden, die Bewertungstechniken und die Bewertungsparameter zur Ermittlung dieses Werts angegeben werden.

(3) **Angaben zu sukzessiven Unternehmenszusammenschlüssen:** Gemäß IFRS 3.B64(p) muss der Erwerber im Falle eines sukzessiven Unternehmenszusammenschlusses die folgenden Angaben machen:

(a) den zum Erwerbszeitpunkt geltenden beizulegenden Zeitwert des Eigenkapitalanteils an dem erworbenen Unternehmen, der unmittelbar vor dem Erwerbszeitpunkt vom Erwerber gehalten wurde,

(b) den Gewinn oder Verlust, der sich aufgrund der Neubewertung des Eigenkapitalanteils an dem erworbenen Unternehmen, das vor dem Unternehmenszusammenschluss vom Erwerber gehalten wurde, mit dem beizulegenden Zeitwert ergibt und

(c) den Posten der Gesamtergebnisrechnung, in dem dieser Gewinn oder Verlust erfasst wurde.

Die Anhangangabepflichten müssen nur für als wesentlich geltende Unternehmenszusammenschlüsse gemacht werden. IFRS 3.B65 schreibt aber vor, dass für Unternehmenszusammenschlüsse der Periode, die einzeln betrachtet unwesentlich, zusammen betrachtet jedoch wesentlich sind, mit Ausnahme der allgemeinen Angaben zum Unternehmenserwerb, zusammengefasste Angaben gemacht werden müssen.[66]

---

65 Vgl *PwC (Hrsg.)* Global Guide to Business Combinations, 307ff; *Deloitte (Hrsg.)* iGAAP, 2044.
66 Vgl *Deloitte (Hrsg.)* iGAAP, 2036ff *PwC (Hrsg.)* IFRS Manual, Rn 25.330ff.

167 Die dargestellten Anhangangabepflichten bestehen gemäß IFRS 3.B66 grundsätzlich auch für **Unternehmenszusammenschlüsse, die zwar nach dem Ende der Berichtsperiode jedoch vor der Genehmigung zur Veröffentlichung des Abschlusses erfolgen.** Auf die Anhangangabepflichten kann allerdings verzichtet werden, soweit die bilanzielle Erfassung eines nach dem Ende der Berichtsperiode erfolgten Unternehmensabschlusses noch nicht abgeschlossen ist. In diesem Fall muss der Erwerber angeben, welche Anhangangabepflichten nicht erfüllt werden konnten und warum.[67]

168 Neben den vorstehend beschriebenen einmaligen Anhangangabepflichten im Zeitpunkt des Jahresabschlusses schreibt IFRS 3.61 auch in **Folgeperioden** Anhangangaben zu Unternehmenszusammenschlüssen vor. Ziel der Vorschrift ist es, den Abschlussadressaten die Beurteilung der finanziellen Auswirkungen der in der laufenden Berichtsperiode erfassten Effekte zu ermöglichen, die sich aus entweder in der laufenden Berichtsperiode oder in Vorperioden erfolgten Unternehmenszusammenschlüssen ergeben. Im Einzelnen schreibt IFRS 3.B67 die folgenden Anhangangaben vor:

169 **(1) Bewertungszeitraum:** Konnte zum Abschlussstichtag die erstmalige Bilanzierung eines Unternehmenszusammenschlusses nicht abgeschlossen werden und wurden deshalb vorläufige Vermögenswerte und Schulden angesetzt, muss der Erwerber gemäß IFRS 3.B67(a) die folgenden Angaben machen:

(a) die Gründe, weshalb die erstmalige Bilanzierung des Unternehmenszusammenschlusses unvollständig ist,

(b) die Vermögenswerte, Schulden, Eigenkapitalanteile oder andere zu berücksichtigende Tatbestände, für welche die erstmalige Bilanzierung unvollständig ist und

(c) die Art und der Betrag aller Anpassungen der provisorischen Werte, die in der Berichtsperiode erfasst wurden.

170 **(2) Bedingte Kaufpreiszahlungen:** Vereinbaren Veräußerer und Erwerber im Rahmen des Unternehmenszusammenschlusses bedingte Kaufpreiszahlungen, muss der Erwerber vom Erwerbszeitpunkt an für jede Berichtsperiode bis zur Erfüllung bzw. Auslaufen der bedingten Kaufpreiszahlung die folgenden Angaben machen:

a) alle Änderungen der angesetzten Beträge, einschließlich der Differenzen, die sich aus der Erfüllung ergeben,

b) alle Änderungen der Bandbreite der Ergebnisse (nicht abgezinst) sowie die Gründe für diese Änderungen und

c) die Bewertungstechniken und Bewertungsparameter zur Bewertung der bedingten Gegenleistung.

---

67 Vgl *Deloitte (Hrsg.)* iGAAP, 2044.

VII. Ausweis und Angaben

(3) Eventualverbindlichkeiten: Der Erwerber muss gemäß IFRS 3.B67(c) für jede Gruppe anlässlich eines Unternehmenszusammenschlusses bilanzierter Eventualverbindlichkeiten die in IAS 37.84 und 85 vorgeschriebenen Angaben machen. Dies sind:

(a) der Buchwert zu Beginn und zum Ende der Berichtsperiode.

(b) zusätzliche, in der Berichtsperiode gebildete Rückstellungen, einschließlich der Erhöhung von bestehenden Rückstellungen.

(c) während der Berichtsperiode verwendete (dh entstandene und gegen die Rückstellung verrechnete) Beträge.

(d) nicht verwendete Beträge, die während der Berichtsperiode aufgelöst wurden.

(e) die Erhöhung des während der Berichtsperiode aufgrund des Zeitablaufs abgezinsten Betrags und die Auswirkung von Änderungen des Abzinsungssatzes.

(f) eine kurze Beschreibung der Art der Verpflichtung sowie der erwarteten Fälligkeiten resultierender Abflüsse von wirtschaftlichem Nutzen.

(g) die Angabe von Unsicherheiten hinsichtlich des Betrags oder der Fälligkeiten dieser Abflüsse. Falls erforderlich muss der Erwerber hierbei auf die wesentlichen Annahmen im Hinblick auf die Beurteilung künftiger Ereignisse eingehen.

(h) die Höhe aller erwarteten Erstattungen unter Angabe der Höhe der Vermögenswerte, die für die jeweilige erwartete Erstattung angesetzt wurden.

(4) Geschäfts- oder Firmenwert: Der Erwerber muss eine Überleitungsrechnung des Geschäfts- oder Firmenwertes zu Beginn und Ende der Berichtsperiode unter Angabe der folgenden Posten angeben:

(a) des Bruttobetrags und der kumulierten Wertminderungsaufwendungen zu Beginn der Periode.

(b) des zusätzlichen Geschäfts- oder Firmenwerts, der während der Periode angesetzt wird, mit Ausnahme des Geschäfts- oder Firmenwerts, der in einer Veräußerungsgruppe enthalten ist, die beim Erwerb die Kriterien zur Einstufung „als zur Veräußerung gehalten" gemäß IFRS 5 erfüllt.

(c) der Berichtigungen aufgrund nachträglich gemäß IFRS 3.67 erfasster latenter Steueransprüche während der Periode.

(d) des Geschäfts- oder Firmenwerts, der in einer gemäß IFRS 5 als „zur Veräußerung gehalten" eingestuften Veräußerungsgruppe enthalten ist, und des Geschäfts- oder Firmenwerts, der während der Periode ausgebucht wurde, ohne vorher zu einer als „zur Veräußerung gehalten" eingestuften Veräußerungsgruppe gehört zu haben.

(e) der Wertminderungsaufwendungen, die während der Periode gemäß IAS 36 erfasst wurden. (IAS 36 verlangt zusätzlich zu dieser Anforderung Angaben über den erzielbaren Betrag und die Wertminderung des Geschäfts- oder Firmenwerts.)

(f) der Nettoumrechnungsdifferenzen, die während der Periode gemäß IAS 21 *The Effects of Changes in Foreign Exchange Rates* entstanden.

(g) aller anderen Veränderungen des Buchwerts während der Periode.

(h) des Bruttobetrags und der kumulierten Wertminderungsaufwendungen zum Ende der Berichtsperiode.

173 **(5) Gewinne oder Verluste in Folge eines Unternehmenszusammenschlusses:** IFRS 3.B67(e) verpflichtet den Erwerber zur Angabe und Erläuterung solcher Gewinne oder Verluste, die sich auf im Rahmen eines Unternehmenszusammenschlusses erworbene Vermögenswerte und Schulden beziehen und von solchem Umfang, Art oder Häufigkeit sind, dass die Angabe für das Verständnis des Abschlusses des zusammengeschlossenen Unternehmens erforderlich sind.

174 Die Angaben sind wiederum zunächst für alle wesentlichen Unternehmenszusammenschlüsse zu machen. Zusätzlich besteht die Anhangangabepflicht aber wiederum für Unternehmenszusammenschlüsse, die einzeln betrachtet unwesentlich, zusammen betrachtet jedoch wesentlich sind.[68]

175 Das IASB räumt ein, dass in Einzelfällen die spezifischen Anhangangabepflichten in IFRS 3.B64 und B67, den Informationsbedürfnissen der Bilanzadressaten nicht vollständig gerecht werden können. IFRS 3.63 enthält daher eine **Generalklausel**, die den Erwerber zur Bereitstellung weiterer Angaben verpflichtet, falls dies für das Verständnis für Art und Auswirkung von Unternehmenszusammenschlüssen notwendig ist.[69]

176 **VIII. Inkrafttreten und Übergangsvorschriften.** Die Neufassung von IFRS 3 ist nach IFRS 3.64 verpflichtend auf Unternehmenszusammenschlüsse anzuwenden, deren Erwerbszeitpunkt zu Beginn der ersten Berichtsperiode oder danach des Geschäftsjahres liegt, das am oder nach dem 1. Juli 2009 beginnt. Stichtag des Unternehmenszusammenschlusses ist gemäß IFRS 3.8 der Zeitpunkt, an dem der Erwerber die Beherrschung über das erworbene Unternehmen erhält. Entspricht das Geschäftsjahr dem Kalenderjahr, bedeutet dies, dass IFRS 3 erstmalig für das Geschäftsjahr 2010 anzuwenden ist.

177 Die **freiwillige frühere Anwendung** der Vorschriften ist zulässig, jedoch auf Geschäftsjahre, die am oder nach dem 30. Juni 2007 beginnen, beschränkt. Die im Rahmen des Projektes zur Überarbeitung der Vorschriften zur Bilanzierung von Un-

---

68 Vgl *PwC (Hrsg.)* Global Guide to Business Combinations, 309ff; *Deloitte (Hrsg.)* iGAAP, 2045ff.
69 Vgl *PwC (Hrsg.)* Global Guide to Business Combinations, 303; *Ernst & Young (Hrsg.)* International GAAP, 727.

VIII. Inkrafttreten und Übergangsvorschriften

ternehmenszusammenschlüssen verabschiedete Neufassung von IAS 27 muss dann ebenfalls früher angewendet werden.[70] Die freiwillige frühere Anwendung der Vorschriften kann beispielsweise empfehlenswert sein, um in den Genuss der einfacheren Regelungen zur Bilanzierung sukzessiver Unternehmenszusammenschlüsse zu kommen. Die Entscheidung zur freiwilligen früheren Anwendung der Vorschriften muss dabei nicht zwingend zu Beginn des Geschäftsjahres erfolgen, sondern kann jederzeit während des Geschäftsjahres getroffen werden. Entscheidet sich das Unternehmen aber für die frühere Anwendung von IFRS 3, müssen alle Unternehmenszusammenschlüsse des Geschäftsjahres nach den neuen Vorschriften bilanziert werden. Dies kann im Einzelfall auch eine Pflicht zur Korrektur bereits veröffentlichter Zwischenberichte bedeuten.[71]

Beispiel

Unternehmen A erwirbt im Januar 2009 allen Anteile an Unternehmen B und im Oktober 2009 alle Anteile an Unternehmen C. Geschäftsjahr ist das Kalenderjahr. A darf sich zu jedem Zeitpunkt innerhalb des Geschäftsjahres für die freiwillige frühere Anwendung von IFRS 3 entscheiden. A muss dann aber die neuen Regeln auf beide Unternehmenszusammenschlüsse anwenden. Dies gilt selbst dann, wenn die Entscheidung erst nach Durchführung eines oder beider Unternehmenszusammenschlüsse getroffen wurde.

IFRS 3 ist **prospektiv** anzuwenden. Eine Anpassung im Rahmen von Unternehmenszusammenschlüssen vor Inkrafttreten von IFRS 3 erworbener Vermögenswerte und Schulden ist nicht notwendig, vgl IFRS 3.65.

Im Folgenden soll darauf eingegangen werden, was der Grundsatz der prospektiven Anwendung von IFRS 3 für die Bilanzierung von Transaktionskosten, bedingten Kaufpreiszahlungen, latenten Steuern und Unternehmenszusammenschlüssen, die außerhalb des Anwendungsbereichs von IFRS 3 alter Fassung lagen, bedeutet.

(1) Transaktionskosten: Transaktionskosten fallen nicht nur im Erwerbszeitpunkt sondern während des gesamten Transaktionszeitraumes an. Es stellt sich daher die Frage, ob Transaktionskosten, die sich zwar auf einen Unternehmenszusammenschluss mit einem Erwerbszeitpunkt nach Inkrafttreten von IFRS 3 beziehen aber bereits vor Inkrafttreten von IFRS 3 entstanden sind, nach den Vorschriften in IFRS 3 (2004) oder IFRS 3 (2008) bilanziert werden müssen. Das IFRIC stellte in seiner Sitzung im Mai 2009 fest, dass mehr als eine Interpretation des Sachverhaltes möglich ist. Danach kann der Erwerber Transaktionskosten ua entsprechend der Neuregelung in IFRS 3 (2008) direkt als Aufwand verbuchen. Es ist aber auch nicht zu beanstan-

---

70 Die Beschränkung gilt nicht bei der erstmaligen Aufstellung eines IFRS-Abschlusses gemäß IFRS 1 *First-time Adoption of IFRSs*. Die Vorschriften in IFRS 3 dürfen hier auf alle in der IFRS-Eröffnungsbilanz dargestellten Geschäftsjahre angewendet werden. Vgl IASB Update May 2009, S 5 und Observer Note 13G des IASB Meetings.
71 Vgl IFRIC Update May 2009, 3 und Observer Note 6B der IFRIC Sitzung.

den, wenn der Erwerber die Transaktionskosten zunächst entsprechend der Regelung in IFRS 3 (2004) aktiviert. Bei Inkrafttreten von IFRS 3 (2008) hat der Erwerber dann die Wahl, die zuvor aktivierten Transaktionskosten entweder aufwandswirksam abzuschreiben oder erfolgsneutral mit dem Eigenkapital zu verrechnen. Das IFRIC hat auf eine abschließende Klärung der Fragestellung verzichtet, da es sich um ein einmaliges Problem beim Übergang auf die neuen Vorschriften handelt, das mittelfristig keine Rolle mehr spielen wird.[72]

Beispiel

Unternehmen A beginnt im Juni 2009 mit den Verhandlungen zum Erwerb aller Anteile an Unternehmen B. Die Verhandlungen gestalten sich schwierig und der Erwerbsvorgang kann erst im März 2010 abgeschlossen werden. A hat ein Methodenwahlrecht zur Bilanzierung von Transaktionskosten, die im Jahr 2009 angefallen sind. Die Transaktionskosten können beispielsweise in 2009 als Aufwand erfasst werden oder als Rechnungsabgrenzungsposten aktiviert werden. Im letzten Fall besteht für A ein weiteres Wahlrecht den Rechnungsabgrenzungsposten in 2010 aufwandswirksam aufzulösen oder in der Eröffnungsbilanz mit dem Eigenkapital zu verrechnen.

181 (2) **Bedingte Kaufpreiszahlungen**: Laufen vertragliche Vereinbarungen über bedingte Kaufpreiszahlungen von Unternehmenszusammenschlüssen, die nach IFRS 3 (2004) bilanziert wurden, in Geschäftsjahren nach Inkrafttreten von IFRS 3 (2008) weiter, sind nachträgliche Anpassungen der Kaufpreiszahlung nach den Vorschriften in IFRS 3 (2004) und nicht nach IFRS 3 (2008) vorzunehmen. Diese Interpretation ergibt sich unmittelbar aus den Übergangsvorschriften in IFRS 3 (2008). Das IASB hat im Mai 2009 aber zusätzlich eine Klarstellung in den Vorschriften zum Anwendungsbereich von IAS 32, IAS 39 und IFRS 7 beschlossen, da die bedingte Kaufpreiszahlung sonst nach diesen Vorschriften zu bilanzieren wäre.[73]

182 (3) **Latente Steuern**: Die Bilanzierung latenter Steuern bei Unternehmenszusammenschlüssen ist nicht in IFRS 3 sondern in IAS 12 *Income Taxes* geregelt. Erfüllt ein latenter Steueranspruch des erworbenen Unternehmens die Ansatzkriterien zwar nicht im Erwerbszeitpunkt aber an nachfolgenden Abschlussstichtagen, weil sich etwa die Realisationswahrscheinlichkeit eines Verlustvortrages erhöht hat, schrieb die alte Version von IAS 12 außerhalb des Bewertungszeitraums die erfolgswirksame Erfassung des Steuerertrages vor. Zusätzlich war der Buchwert des Geschäfts- oder Firmenwertes auf den Betrag zu verringern, der angesetzt worden wäre, wenn der latente Steueranspruch schon im Rahmen des Unternehmenszusammenschlusses bilanziert worden wäre. Die Verringerung des Nettobuchwertes des Geschäfts- oder Firmenwertes musste als Aufwand erfasst werden. Die im Rahmen des Projektes zur Über-

---

72 Vgl IFRIC Update May 2009, 3 und Observer Note 6A der IFRIC Sitzung.
73 Vgl IASB Update May 2009, 4 und Observer Note 13C der IASB Sitzung.

arbeitung der Bilanzierung von Unternehmenszusammenschlüssen vorgenommenen Änderungen in IAS 12 erlauben es dem Erwerber wiederum, zunächst die Vorschriften zum Bewertungszeitraum in IFRS 3 anzuwenden. Danach hat der Erwerber einen Bewertungszeitraum von bis zu einem Jahr zur Ermittlung der endgültigen Wertansätze der Vermögenswerte und Verbindlichkeiten. Bis dahin müssen provisorische Werte verwendet werden, die bei Gewinnung neuer Erkenntnisse unter gleichzeitiger Anpassung des Geschäfts- oder Firmenwertes angepasst werden müssen. Änderungen der Wertansätze latenter Steueransprüche nach Ablauf des Bewertungszeitraums müssen erfolgswirksam erfasst werden. Eine Korrektur des Geschäfts- oder Firmenwertes ist in diesen Fällen nicht zulässig, vgl IAS 12.68 und IFRS 3.68.

IFRS 3 sieht die prospektive Anwendung der Neuregelung vor. Für latente Steuern, die sich aus Unternehmenszusammenschlüssen vor Inkrafttreten der Neuregelung ergeben, bedeutet dies, dass eine Anpassung der Vorperioden nicht erforderlich ist. Der Erwerber muss aber gemäß IFRS 3.67 die neuen Regeln auf die latenten Steueransprüche in Folgeperioden anwenden.

(4) **Unternehmen auf Gegenseitigkeit**: IFRS 3 enthält schließlich besondere Übergangsvorschriften für Unternehmenszusammenschlüsse, bei denen nur Unternehmen auf Gegenseitigkeit (mutual entities) beteiligt sind oder die auf **rein vertraglicher Basis** erfolgen. Diese Unternehmenszusammenschlüsse waren bisher gemäß IFRS 3.3 vom Anwendungsbereich von IFRS 3 ausgenommen. Liegt der Erwerbszeitpunkt vor dem Inkrafttreten von IFRS 3 (2008), dürfen die Einstufung des Unternehmenserwerbes (zB als Erwerb oder als Interessenzusammenführung) sowie die Wertansätze der erworbenen Vermögenswerte und Schulden fortgeführt werden. Insbesondere dürfen auch die Wertansätze des Geschäfts- oder Firmenwertes fortgeführt werden. Eine planmäßige Abschreibung ist künftig jedoch nicht mehr zulässig. Vielmehr erfolgt die Folgebilanzierung unter Anwendung des sog. Impairment-Only Approach, der nur außerordentliche Abschreibungen des Geschäfts- oder Firmenwertes zulässt. Wurde ein Geschäfts- oder Firmenwert in der Vergangenheit nicht aktiviert sondern mit dem Eigenkapital verrechnet, sind keine weiteren Anpassungen erforderlich. Hat der Erwerber zuvor einen passiven Unterschiedsbetrag ausgewiesen, muss dieser mit Inkrafttreten von IFRS 3 (2008) ausgebucht und mit dem Eigenkapital verrechnet werden, vgl IFRS 3.B68 und B69.[74]

IX. IFRS für kleine und mittelgroße Unternehmen. Der IFRS-SMEs regelt in Abschnitt 19 *Business Combinations* die Bilanzierung von Unternehmenszusammenschlüssen kleiner oder mittelständischer Unternehmen. Der Abschnitt übernimmt dabei nur zum Teil die Vorschriften in IFRS 3 (2008), während sich ein wesentlicher

---

74 Vgl zu den Übergangsvorschriften allgemein *Senger/Brune/Diersch/Eprana* Beck'sches IFRS Handbuch, 300ff; *KPMG (Hrsg.)* Handbook Business Combinations, 226f; *Deloitte (Hrsg.)* iGAAP, 2048ff; *Ernst & Young (Hrsg.)* International GAAP, 730ff; *Buschhüter*, IRZ 2009, 297ff.

Teil der Vorschriften weiterhin am Vorgängerstandard IFRS 3 (2004) orientiert. Andere Regelungen sind in keinem der beiden Standards zu finden und stellen individuelle Vereinfachungsregelungen für kleine und mittelgroße Unternehmen dar.

186 IFRS-SMEs Abschnitt 19.1 und 2 regeln den **Anwendungsbereich** der Vorschriften analog zu IFRS 3 (2008). Die Vorschriften müssen also grundsätzlich auf alle Unternehmenszusammenschlüsse angewendet werde. Ausgenommen vom Anwendungsbereich sind jedoch Zusammenschlüsse von Unternehmen oder Geschäftsbetrieben unter gemeinsamer Beherrschung, Joint Ventures und der Erwerb einer Gruppe von Vermögenswerten. Die Vorschriften des IFRS-SMEs Abschnitt 19 müssen auf Zusammenschlüsse von Unternehmen auf Gegenseitigkeit vollumfänglich angewendet werden.

187 Die **Definition** eines Unternehmenszusammenschlusses (business combination) ist IFRS 3 (2004) entnommen. IFRS-SMEs Abschnitt 19.3 definiert einen Unternehmenszusammenschluss ähnlich IFRS 3 (2004) Appendix A als die Zusammenführung von separaten Unternehmen oder Geschäftsbetrieben in ein berichtendes Unternehmen.

188 Auch die Vorschriften zur **Erstkonsolidierung** des erworbenen Unternehmens orientieren sich an den Vorschriften in IFRS 3 (2004), dh anstelle der in IFRS 3 (2008) vorgeschriebenen direkten Bewertung der erworbenen Vermögenswerte und Schulden erfolgt eine indirekte Bewertung mittels **Kaufpreisallokation**. In einem ersten Schritt muss hierbei der auf die erworbenen Vermögenswerte und Schulden zu verteilende Kaufpreis ermittelt werden. Gemäß IFRS-SMEs Abschnitt 19.11 setzt sich der zu verteilende Kaufpreis aus dem beizulegenden Zeitwert der im Gegenzug für das erworbene Unternehmen ausgegebenen Eigenkapitalinstrumente oder abgegebenen Vermögenswerte bzw. übernommenen Schulden zuzüglich direkt zurechenbarer **Transaktionskosten** zusammen.

189 Vereinbaren Veräußerer und Erwerber **bedingte Kaufpreiszahlungen** (contingent consideration), sieht der Kaufvertrag also Anpassungen des Kaufpreises in Abhängigkeit von zukünftigen Ereignissen vor, gehen diese nach IFRS-SMEs Abschnitt 19.12 und 13 mit einem Schätzwert in die Bemessung der Kaufpreiszahlung ein. Voraussetzung hierfür ist allerdings, dass die Auszahlung der bedingten Kaufpreiszahlung wahrscheinlich ist und verlässlich gemessen werden kann. Spätere Anpassungen des Schätzwertes werden erfolgsneutral mit dem Kaufpreis verrechnet und bedingen in der Regel eine Anpassung des Geschäfts- oder Firmenwertes.

190 Die Vorschriften unterscheiden sich von der Neuregelung in IFRS 3 (2008) in zweierlei Hinsicht:

(a) IFRS 3.53 schreibt in der Regel eine Erfassung unmittelbar dem Unternehmenszusammenschluss zurechenbarer Transaktionskosten im Aufwand vor.

(b) Bedingte Kaufpreiszahlungen werden gemäß IFRS 3.39 im Erwerbszeitpunkt mit dem beizulegenden Zeitwert bewertet. Spätere Wertänderungen werden nach den Vorschriften anderer Standards, wie zB IFRS 9/IAS 39 erfasst. Eine spätere Anpassung der Kaufpreiszahlung und damit des Geschäfts- oder Firmenwertes ist nicht möglich.

Die nach den Vorschriften in IFRS-SMEs Abschnitt 19.11-13 ermittelte Kaufpreiszahlung muss in einem zweiten Schritt auf die erworbenen **Vermögenswerte, Schulden und Eventualverbindlichkeiten** aufgeteilt werden. Alle erworbenen materiellen Vermögenswerte und Schulden werden gemäß IFRS-SMEs Abschnitt 19.14 und 15 im Erwerbszeitpunkt mit dem beizulegenden Zeitwert angesetzt, soweit ein Ressourcenzufluss bzw. -abfluss wahrscheinlich ist und der beizulegende Zeitwert zuverlässig ermittelt werden kann. Im Gegensatz hierzu müssen immaterielle Vermögenswerte und Eventualschulden immer schon dann angesetzt werden, wenn der beizulegende Zeitwert verlässlich ermittelt werden kann. Auf die Wahrscheinlichkeit des Ressourcenzuflusses oder -abflusses kommt es nicht an.

Im Rahmen eines Unternehmenszusammenschlusses erworbene **immaterielle Vermögenswerte** müssen die Definition eines Vermögenswertes in IFRS-SMEs Abschnitt 18.2 erfüllen. Ein immaterieller Vermögenswert darf also nur angesetzt werden soweit er identifizierbar ist, dh soweit er entweder separierbar ist oder aus einem gesetzlichen oder vertraglichen Recht resultiert. Die Folgebilanzierung der identifizierbaren immateriellen Vermögenswerte richtet sich nach IFRS-SMEs Abschnitt 18 *Intangible Assets other than Goodwill*.

Außerhalb eines Unternehmenszusammenschlusses entstandene **Eventualverbindlichkeiten** unterliegen gemäß Paragraph 12 in IFRS-SMEs Abschnitt 21 *Provisions and Contingencies* einem Ansatzverbot. Die besonderen Ansatzvorschriften für in einem Unternehmenszusammenschluss erworbene Eventualverbindlichkeiten machen weitere Vorschriften zur Folgebilanzierung erforderlich, da ansonsten in einem Unternehmenszusammenschlusses erstmalig angesetzte Eventualverbindlichkeiten in Folgeperioden wieder ausgebucht werden müssten, weil die Ansatzkriterien in Abschnitt 21 nicht erfüllt sind. Abschnitt 19.21 schreibt daher vor, dass im Rahmen eines Unternehmenszusammenschlusses angesetzte Eventualverbindlichkeiten in Folgeperioden mit dem höheren der folgenden beiden Beträge angesetzt werden müssen:

(a) dem nach Abschnitt 21 anzusetzenden Betrag und

(b) dem ggf. um Erträge gemäß IFRS-SMEs Abschnitt 23 *Revenues* angepassten im Rahmen des Unternehmenszusammenschlusses angesetzten Betrag.

Unterschiede zur Bilanzierung der erworbenen Vermögenswerte und Schulden nach IFRS 3 (2008) ergeben sich insbesondere aufgrund des höheren Detaillierungsgrades in IFRS 3 (2008), der zahlreiche **Sonderregeln** für einzelne Vermögenswerte und Schulden vorsieht. Inwiefern diese Detailregelungen auch auf Unternehmenszusammenschlüsse kleiner und mittelgroßer Unternehmen angewendet werden können ist derzeit Gegenstand der Fachdiskussion.

195 Soweit sich eine positive Differenz zwischen der entrichteten Kaufpreiszahlung und dem Wert der erworbenen Vermögenswerte, Schulden und Eventualverbindlichkeiten ergibt, muss diese gemäß IFRS SMEs Abschnitt 19.22 als **Geschäfts- oder Firmenwert** bilanziert werden. Der Geschäfts- oder Firmenwert repräsentiert den künftigen wirtschaftlichen Nutzen aus anderen bei einem Unternehmenszusammenschluss erworbenen wirtschaftlichen Vorteilen, die nicht einzeln identifiziert und separat angesetzt werden.

196 Die Vorschriften zur erstmaligen Erfassung des Geschäfts- oder Firmenwertes in IFRS-SMEs Abschnitt 19 entsprechen somit bei oberflächlicher Betrachtung den Regelungen in IFRS 3 (2008). Tatsächlich bestehen jedoch wesentliche Unterschiede. Diese ergeben sich aus der unterschiedlichen Vorgehensweise zur Bilanzierung der erworbenen Vermögenswerte und Schulden. Die Ermittlung des Geschäfts- oder Firmenwertes als Residualgröße der Kaufpreisallokation bedingt, dass nur der dem Erwerber zuzurechnende Geschäfts- oder Firmenwert im Rahmen des Unternehmenszusammenschlusses aufgedeckt wird. Im Gegensatz hierzu besteht in IFRS 3 (2008) ein Wahlrecht den gesamten Geschäfts- oder Firmenwert einschließlich des den nicht beherrschenden Gesellschafter zustehenden Anteils aufzudecken.

197 Der nach IFRS SMEs Abschnitt 19.22 ermittelte Wertansatz muss gemäß IFRS-SMEs Abschnitt 19.23 in Folgeperioden planmäßig abgeschrieben werden. Auf die **Abschreibungen** müssen die Vorschriften in den Paragraphen 19ff von IFRS-SMEs Abschnitt 18 *Intangible Assets and Goodwill* angewendet werden. Die Abschreibungen sollen danach über die voraussichtliche wirtschaftliche Nutzungsdauer des Geschäfts- oder Firmenwerts vorgenommen werden. Sieht sich die Geschäftsleitung nicht in der Lage, eine verlässliche Schätzung vorzunehmen, muss der Geschäfts- oder Firmenwert nach IFRS-SMEs Abschnitt 19.23 über zehn Jahre abgeschrieben werden.

198 Auf den Geschäfts- oder Firmenwert sind auch die Vorschriften zur **Wertminderung** von Vermögenswerten in IFRS-SMEs Abschnitt 27 *Impairment of Assets* anzuwenden. IFRS-SMEs Abschnitt 27.5 schreibt eine außerordentliche Abschreibung des Geschäfts- oder Firmenwerts vor, wenn der Buchwert über dem erzielbaren Betrag liegt. Der erzielbare Betrag bezeichnet dabei gemäß IFRS-SMEs Abschnitt 27.11 den höheren Wert der beiden Beträge aus dem beizulegenden Zeitwert abzüglich der Verkaufskosten und dem Nutzungswert. Der Nutzungswert entspricht nach IFRS-SMEs Abschnitt 27.15 dem Barwert der künftigen Zahlungsmittelzuflüsse, die mit dem Vermögenswert erzielt werden können.

X. Ausblick

Die Vorschriften zur Folgebewertung des Geschäfts- oder Firmenwerts im IFRS-SMEs unterscheiden sich von denen in IAS 38, die keine planmäßige Abschreibungen des Geschäfts- oder Firmenwerts vorsehen, so dass hier nur die Vorschriften zur Wertminderung zur Anwendung kommen (sog Impairment-only Approach). 199

Wenn der Anteil des Erwerbers an der Summe der beizulegenden Zeitwerte der gemäß IFRS-SMEs Abschnitt 19.14 angesetzten identifizierbaren Vermögenswerte, Schulden und Eventualschulden die Anschaffungskosten des Zusammenschlusses übersteigt, ergibt sich ein **negativer Unterschiedsbetrag**. Ähnlich IFRS 3 (2008) schreibt IFRS-SMEs Abschnitt 19.24 die erfolgswirksame Erfassung des negativen Unterschiedsbetrages in der Gewinn- und Verlustrechnung vor, nachdem die Bemessung der Anschaffungskosten sowie Ansatz und Bewertung der übernommenen Vermögenswerte, Schulden und Eventualschulden des erworbenen Unternehmens nochmals kritisch überprüft wurden. 200

X. Ausblick. Mit Veröffentlichung der Neufassung von IFRS 3 im Januar 2008 hat der IASB sein Projekt zur Überarbeitung der Bilanzierung von Unternehmenszusammenschlüssen vorläufig abgeschlossen. Doch schon kurz nach dem Veröffentlichungstermin wurde klar, dass zahlreiche Neuregelungen weiterer Klarstellungen und Anwendungshinweise durch IASB und IFRIC bedürfen. Beide Gremien haben sich mittlerweile dieser Aufgabe angenommen. Das IASB hat im Rahmen des 2010 verabschiedeten **Annual Improvements** Standards die folgenden Änderungen in IFRS 3 vorgenommen: 201

(a) Klarstellung der Behandlung bedingter Kaufpreiszahlungen die vor Inkrafttreten von IFRS 3 (2008) vereinbart wurden. Das IASB untersucht gegenwärtig, ob weitere Änderungen der Vorschriften zur Behandlung bedingter Kaufpreiszahlungen notwendig sind.

(b) Überarbeitung der Regeln zur Bewertung der Anteile nicht beherrschender Gesellschafter. Das IASB untersucht zur Zeit, ob sich aus der Vorschrift ein weiterer Anpassungsbedarf für die Vorschriften zur Ermittlung von Wertminderungen ergibt.

(c) Klarstellung und Erweiterung der Anwendungshinweise zur Behandlung von Aktienoptionsprogrammen im Unternehmenszusammenschluss.

Das IASB hat die Behandlung der folgenden Fragen im Rahmen des Annual Improvements Projektes abgelehnt: 202

(a) Eine Überarbeitung der Definition des Geschäftsbetriebes, vgl Rn 38ff.

(b) Weitere Klarstellungen zur Bilanzierung von im Unternehmenszusammenschluss übernommenen Kundenbeziehungen.

(c) Die Bilanzierung im Rahmen eines Unternehmenszusammenschlusses übernommener bedingter Kaufpreiszahlungen des erworbenen Unternehmens aus vorherigen Unternehmenszusammenschlüssen.

(d) Die Einordnung von Vermögenswerten für Entschädigungsleistungen (indemnification assets) als Bestandteil des Unternehmenszusammenschlusses oder Transaktion außerhalb des Unternehmenszusammenschlusses.

(e) Das Zusammenwirken der Regeln zum Stichtag des Inkrafttretens von IFRS 3 mit den Vorschriften in IFRS 1 *First-time Adoption of International Financial Reporting Standards*.[75]

203 Zusätzlich has sich das IASB zu einer grundlegenden Überprüfung aller Vorschriften in IFRS 3 verpflichtet, sobald das zweite Jahr nach Inkrafttreten des Standards abgelaufen ist (post-implementation review). Da der Standard am 1. Juli 2009 in Kraft getreten ist, wäre Stichtag für den Projektbeginn der 1. Juli 2011.

204 Das IFRIC hat im Juli 2010 die Erstellung einer **Interpretation zur Bilanzierung von Andienungsrechten auf Anteile nicht beherrschender Gesellschafter** (puts on non-controlling interests) in sein Arbeitsprogramm aufgenommen. Eine Interpretation der folgenden weiteren Fragestellungen wurde durch das IFRIC abgelehnt:

(a) Die Behandlung von Transaktionskosten, die vor Inkrafttreten von IFRS 3 angefallen sind.

(b) Einzelfragen zur freiwilligen früheren Anwendung von IFRS 3.[76]

205 Weitere Änderungen können sich aus anderen Projekten des IASB ergeben. Das IASB hat bereits im Dezember 2007 ein eigenes **Projekt zur Bilanzierung von Zusammenschlüssen von Unternehmen oder Geschäftsbetrieben unter gemeinsamer Beherrschung** ins Leben gerufen, die bisher vom Anwendungsbereich von IFRS 3 ausgenommen sind. Ziel des Projektes ist es, die in Rn 16-31 beschriebenen Regelungslücken zu schließen und verbindliche Regelungen zur Bilanzierung von Zusammenschlüssen von Unternehmens oder Geschäftsbetrieben unter gemeinsamer Beherrschung im Konzernabschluss und separaten Einzelabschluss zu entwickeln. Zusätzlich soll sich das Projekt auch mit den wesensgleichen Fragestellungen bei der Bilanzierung von Spaltungsvorgängen beschäftigen. Das Projekt wurde im Sommer 2008 unterbrochen, um Ressourcen für mit der damaligen Finanzkrise verbundene IASB-Projekte freizusetzen. Mit der Wiederaufnahme des Projektes ist gegenwärtig nicht vor Sommer 2011 zu rechnen.[77] Inzwischen hat EFRAG unter Führung des italienischen Rechnungslegungsgremiums (Organismo Italiano di Contabilitá) ein

---

75 Zum aktuellen Stand des Annual Improvements Projektes vgl http://www.ifrs.org/Current+Projects/IASB+Projects/Annual+Improvements/Annual+Improvements+Process.htm (15. August 2009)
76 Zur Arbeit des IFRIC vgl http://www.ifrs.org/Current+Projects/IFRIC+Projects/IFRIC+Projects.htm (15. August 2010).
77 Zum IASB Projekt vgl http://www.ifrs.org/Current+Projects/IASB+Projects/Common+Control+Transactions/Common+Control+Transactions.htm (15. August 2010).

X. Ausblick

PAAinE-Projekt zur Erarbeitung der konzeptionellen Grundlagen der Bilanzierung von Zusammenschlüssen von Unternehmen oder Geschäftsbetrieben unter gemeinsamer Beherrschung begonnen. Der Abschlussbericht des PAAinE-Projektes wird in die IASB-Beratungen einfließen.[78]

Auch die IASB Projekte zur Bilanzierung von Finanzinstrumenten und nichtfinanziellen Verbindlichkeiten machen **Folgeänderungen** (consequential amendments) in IFRS 3 wahrscheinlich.[79]

---

78 Vgl Zum PAAinE-Projekt vgl http://www.efrag.org/projects/detail.asp?id=157 (15. August 2010)
79 Vgl hierzu den aktuellen Arbeitsplan des IASB: http://www.ifrs.org/Current+Projects/IASB+Projects/IASB+Work+Plan.htm (15. August 2010).

IFRS 5 – Non-current Assets Held for Sale and Discontinued Operations

Rn	Textauszüge aus IFRS 5
5.6	Ein langfristiger Vermögenswert (oder eine Veräußerungsgruppe) ist als zur Veräußerung gehalten einzustufen, wenn der zugehörige Buchwert überwiegend durch ein Veräußerungsgeschäft und nicht durch fortgesetzte Nutzung realisiert wird.
5.15	Langfristige Vermögenswerte (oder Veräußerungsgruppen), die als zur Veräußerung gehalten eingestuft werden, sind zum niedrigeren Wert aus Buchwert und beizulegendem Zeitwert abzüglich Veräußerungskosten anzusetzen.
5.30	Ein Unternehmen hat Informationen darzustellen und anzugeben, die es den Abschlussadressaten ermöglichen, die finanziellen Auswirkungen von aufgegebenen Geschäftsbereichen und der Veräußerung langfristiger Vermögenswerte (oder Veräußerungsgruppen) zu beurteilen.

Übersicht

	Rn
I. Regelungsgehalt	1 – 7
II. Normzweck und Anwendungsbereich	8 – 16
III. Begriffe	17
1. Langfristiger Vermögenswert	18 – 19
2. Veräußerungsgruppe	20 – 23
3. Aufgegebener Geschäftsbereich	24 – 30
IV. Klassifizierung	31
1. Klassifizierungsgrundsatz	32
2. Erstmalige Klassifizierung	33 – 42
3. Beibehaltung der Klassifizierung	43 – 48
V. Bewertung	49
1. Bewertungsgrundsatz	50 – 52
2. Erstbewertung	53 – 63
3. Folgebewertung	64 – 68
VI. Ausweis und Anhangangaben	69
1. Bilanzausweis	70
2. Ausweis in der Gewinn- und Verlustrechnung	71 – 73
3. Pflichtangaben im Anhang und Reklassifizierung	74 – 78
VII. Inkrafttreten und Übergangsvorschriften	79 – 80
VIII. IFRS für kleine und mittelgroße Unternehmen	81
VIII. Ausblick	83 – 84

I. Regelungsgehalt

I. Regelungsgehalt. Strategien von Unternehmen ändern sich im Zeitablauf, so folgen oftmals auf Phasen der Risikodiversifikation durch Zukauf von Geschäftsfeldern oder ganzen Unternehmen Phasen der Konzentration auf das ursprüngliche oder neu definierte Kerngeschäft.[1] Aufgrund der Fokussierung auf Kerngeschäftsfelder kommt es zu Umstrukturierungen, die dazu führen, dass ganze Segmente oder Gruppen von Vermögenswerten zum Verkauf bereit gestellt, Aktivitäten stillgelegt oder Betriebsteile abgespalten werden. Die Bedeutung von Desinvestitionen und die damit verbundene bilanzielle Abbildung von zum Verkauf bereitgestellten Vermögenswerten und des Abgangs von Unternehmensteilen ist seit Ende der achtziger Jahre des gewachsen.[2] In den offengelegten Konzernabschlüssen der DAX 30-Unternehmen für das Geschäftsjahr 2008 sind in über 50 % der Abschlüsse Angaben gemäß IFRS 5 enthalten. Die Allianz AG hat bspw. den geplanten Verkauf der Dresdner Bank AG, die Lufthansa AG den geplanten Abgang der Thomas Cook AG und die Deutsche Post World Net den Abgang der Deutsche Postbank Gruppe gemäß IFRS 5 als zum Verkauf bestimmt (*held for sale*) dargestellt.

Die sachgerechte Darstellung von nicht gewöhnlichen Geschäftsvorfällen in der Rechnungslegung beschäftigt die Standardsetter IASB (vormals International Accounting Standards Committee – IASC) und FASB schon seit längerer Zeit.[3] Als außergewöhnliche Geschäftsvorfälle werden neben Restrukturierungen vor allem Desinvestitionen gesehen.[4]

Das IASB reagierte auf die steigende Bedeutung der Desinvestitionen und die damit verbundenen Probleme bei der Abbildung in den Abschlüssen der betroffenen Unternehmen im Jahre 1998 mit der Herausgabe des Standards IAS 35 *Discontinuing Operation*. Der Standard regelte erstmals für Unternehmen, die nach IFRS bilanzieren, den Ausweis von Geschäftsbereichen, die zum Abgang oder zur endgültigen Stilllegung bestimmt waren.[5] Der IAS 35 wurde zum **01. Januar 2005** durch den IFRS 5 *Non-current assets held for sale and discontinued operations* ersetzt, der zusätzlich auch Vorschriften zur Bewertung von zur Veräußerung bestimmten Vermögenswerten enthält.

---

1 Vgl. *Böcking/Dietz/Kiefer* WPg 2001, 373.
2 Zur Entwicklung und der strategischen Bedeutung von Desinvestitionen vgl. *Friedrich*, Die Zeiten ändern sich und das Desinvestieren mit Ihnen, FS Hinterhuber, Berlin et al. 1998, 41, 46ff.
3 Vgl. *Pejic/Meiisel* DB 1998, 2229f.
4 FASB statement No. 121 „Accounting for the impairment of long-lived assets and for long-lived assets to be disposed of" und APB opinion 30 "reporting the effects of disposal of a segment of a business, and Extraordinary, unusual and infrequently occurring events and transactions for segments of a business to be disposed of". Beide Standards wurden im August 2001 durch den SFAS 144 "Accounting for the impairment or disposal of long-lived assets" ersetzt.
5 Vgl. *PwC (Hrsg.)* Understanding IAS, 3, Rn 35.1ff.

3   IFRS 5 war der erste Standard, der durch das IASB im Rahmen des **Konvergenzprojektes** mit dem FASB zwischen US-GAAP und IFRS verabschiedet wurde.[6] Der Standard beseitigt die wesentlichen Differenzen zwischen IAS 35 und SFAS 144 *Accounting for Impairment or Disposal of Long-Lived Assets* und leistet damit einen Beitrag zur Vereinheitlichung zwischen den zwei vorherrschenden Rechnungslegungssystemen.[7] IFRS 5 verlangt, ebenso wie SFAS 144, die separate Darstellung von zum Verkauf bestimmten langfristigen Vermögenswerten, abgehenden Reportingeinheiten oder Geschäftsbereichen. Prägnantester verbleibender **Unterschied zwischen IFRS 5 und SFAS 144** ist, dass SFAS 144 nicht auf einen Geschäfts- oder Firmenwert und immaterielle Vermögenswerte mit unendlicher Nutzungsdauer anzuwenden ist.[8] Der Anwendungsbereich des IFRS 5 wird durch die Einbeziehung von nicht regelmäßig abzuschreibenden Vermögenswerten somit weiter gefasst als das SFAS 144.

4   Ein weiterer Unterschied liegt in der Definition und Abgrenzung eines abgehenden Geschäftsbereichs (*discontinued operations*). Ein nicht weitergeführter Geschäftsbereich liegt nach US-GAAP nur vor, wenn die Cashflows des zu verkaufenden Bereichs klar vom Unternehmen abgehen und nach dem Verkauf nicht mehr zur Verfügung stehen. Das Unternehmen darf zusätzlich nach dem Abgang keinen signifikanten Einfluss auf den Bereich ausüben (*involvement*). Die Anwendung der Klassifizierungsgrundsätze für abgehende Geschäftsbereiche nach IFRS 5 kann im Einzelfall zu unterschiedlichen Ergebnissen im Vergleich zur Anwendung der Regelungen des SFAS 144.41f. führen.

5   Im September 2008 veröffentlichte das IASB den **ED *Discontinued Operations: Proposed Amendments to IFRS 5***. Der Entwurf, der aus dem gemeinsamen Projekt zwischen IASB und FASB stammt, schlägt Änderungen der Definition des aufgegebenen Geschäftsbereichs sowie zusätzliche Angabepflichten vor. Beim aufgegebenen Geschäftsbereich soll ein Rückgriff auf IFRS 8 und die darin enthaltenen Begriffsbestimmung eines operativen Segments erfolgen. Die vorherrschende, teilweise als sehr subjektiv bezeichnete Definition eines aufgegebenen Geschäftsbereichs soll dadurch objektiviert werden.[9] Die Stellungnahmefrist zu diesem Entwurf endete bereits am 23. Januar 2009. Mit der Verabschiedung der Änderungen wird nicht vor Ende des ersten Quartals 2010 gerechnet.

6   In den handelsrechtlichen Grundsätzen existieren keine Vorschriften, die mit dem IFRS 5 vergleichbar sind.. Der Ausweis von Gewinnen und Verlusten von Sachverhalten, die im IFRS 5 geregelt sind, können jedoch gegebenenfalls separat als außerordentliches Ergebnis gemäß §275 Abs. 1 Nr. 15 und Nr. 16 HGB dargestellt

---

6   Zum Konvergenzprojekt vgl. Memorandum of Understanding „The Norwalk Agreement", verfügbar unter: http://www.fasb.org/news/memorandum.pdf (Stand: 21. Dezember 2009).
7   Vgl. *FASB/IASB*, Memorandum of Understanding, verfügbar unter: http://www.iasb.org/NR/rdonlyres/874B63FB-56DB-4B78-B7AF-49BBA18C98D9/0/MoU.pdf (Stand: 21. Dezember 2009).
8   Vgl. SFAS 144.5.
9   Vgl. *Zülch/Nellesen* PiR 2008, 407.

II. Normzweck und Anwendungsbereich

werden. Es sind dann die Erläuterungspflichten im Sinne von §277 Abs. 4 HGB zu beachten. Weiterhin besteht durch §265 Abs. 5 HGB die Möglichkeit eine weitere Untergliederung vorzunehmen, um auf diesem Wege weitergehende Informationen zu zeigen und den Jahresabschluss an individuelle Gegebenheiten anzupassen.[10]

In den folgenden Gliederungspunkten wird die aktuelle Fassung des IFRS 5 (Amtsblatt der Europäischen Union vom 29.11.2008) und gegebenenfalls auf die vorgeschlagenen oder beschlossenen Änderungen mit Stand Januar 2010 eingegangen.

II. Normzweck und Anwendungsbereich. Entsprechend dem primären Zweck der IFRS Rechnungslegung dient die Anwendung der Vorschriften des IFRS 5 der Vermittlung von entscheidungsrelevanten Informationen an die Jahresabschlussadressaten (*decision usefulness*).[11] Die Anwendung des Standards soll eine bessere Einschätzung der Auswirkungen der anstehenden Veräußerungen von Vermögenswerten auf die aktuelle und zukünftige Vermögens-, Finanz- und Ertragslage des bilanzierenden Unternehmens ermöglichen. Die Anwendung der besonderen Bilanzierungsvorschriften von Desinvestitionen zeigt das Nutzenpotential der entsprechenden Vermögenswerte deutlicher und macht damit auch die Auswirkungen und Tragweite der Entscheidung des Managements zur Trennung von Vermögenswerten transparenter.

IFRS 5 enthält Vorschriften zur **Klassifizierung, zur Bewertung und zum Ausweis langfristiger Vermögenswerte und Gruppen von Vermögenswerten (***disposal group***)**, die „zur Veräußerung gehalten" werden. Des Weiteren regelt IFRS 5 den **Ausweis von aufgegebenen Geschäftsbereichen (***discontinued operations***)**, die „zur Veräußerung gehalten" werden oder bereits in der Berichtsperiode abgegangen sind sowie die Rechnungslegung bei Stilllegung von Geschäftsfeldern (*abandonment*). Ebenfalls schreibt IFRS 5 Anhangabgaben vor.[12]

IFRS 5 verlangt, dass Vermögenswerte, die als zur Veräußerung gehalten eingestuft werden, als gesonderter Posten in der Bilanz angegeben werden. Die Ergebnisse aufgegebener Geschäftsbereiche sind zusätzlich als gesonderte Posten in der Gewinn- und Verlustrechnung auszuweisen[13]. Hier wird ersichtlich, dass für aufgegebene Geschäftsbereiche die umfangreichsten Vorschriften bestehen, da sowohl die abgehenden Vermögenswerte in der Bilanz, wie auch in der Gewinn- und Verlustrechnung, separat dargestellt werden müssen. Das IASB sieht dagegen für zur Veräußerung bestimmter langfristige Vermögenswerte und bei der Veräußerung einer Gruppe von Vermögenswerten eine separate Offenlegung in der Bilanz als ausreichend an, da für diese Vermögenswerte und Gruppen, die kein Geschäftsfeld bilden, im Allgemeinen keine separaten Cashflows ermittelbar sind.

---
10 Vgl. *Winkeljohann/Büssow* Beck'scher Bilanzkommentar, § 265 Rn 14f.
11 Vgl. F.12ff.
12 Vgl. *Poerschke* Die Bilanzierung von zur Veräußerung gehaltenem Vermögen nach IFRS, 3f.
13 IFRS 5.1 (b).

11 IFRS 5.14 nimmt explizit die **vorübergehende Stilllegung von Vermögenswerten** (zB bei temporärem Nachfragerückgang) vom Anwendungsbereich des IFRS 5 aus. Zur Stilllegung bestimmte oder stillgelegte langfristige Vermögenswerte werden gemäß IFRS 5.13 nicht gesondert in der Bilanz ausgewiesen. Nur bereits stillgelegte Geschäftsfelder werden in der Gewinn- und Verlustrechung separat ausgewiesen.

12 IFRS 5 regelt zusätzlich die **Bewertungsvorschriften** der zum Verkauf bestimmten Vermögenswerte.

13 Im Rahmen der *Improvements to IFRS* **vom Mai 2008** erweitert das IASB den IFRS 5 um die Randnummern 8A und 36A und stellt klar, dass ein Unternehmen, welches an einen Verkaufsplan gebunden ist, der den Verlust der Beherrschung über ein Tochterunternehmen zur Folge hat, alle Vermögenswerte und Schulden des Tochterunternehmens als zur Veräußerung bestimmt einzustufen hat. Diese Einstufung hat unabhängig davon zu erfolgen, ob nach dem Verkaufsabschluss eine nicht beherrschende Beteiligung bestehen bleibt. Am 23. Januar 2009 übernahm die EU in der Verordnung Nr. 70/2009 diese vom IASB vorgeschlagenen Verbesserungen.

14 Im Rahmen der *Improvements to IFRS* **vom April 2009** ergänzt das IASB den IFRS 5 mit den Randnummern 5B und 44E, indem es die Angabepflichten (*notes*) für langfristige Vermögenswerte bzw. Veräußerungsgruppen die „zur Veräußerung gehalten" werden oder als aufgegebene Geschäftsbereiche klassifiziert sind, deutlicher umschreibt. Das IASB stellt klar, dass Angabepflichten anderer Standards nicht für die genannten Vermögenswerte gelten, es sei denn der jeweilige Standard sieht explizit Angaben dafür vor.[14] Zusätzlichen Angaben können jedoch unter Wesentlichkeitsgesichtspunkten oder zur Vermittlung eines den tatsächlichen Verhältnissen entsprechenden Bildes notwendig sein.[15]

15 Ebenfalls im Rahmen der *Improvements to IFRS* schlug das IASB im August 2009 **weitere Verbesserungen** für den IFRS 5 vor. Diese betreffen insbesondere den im selben Jahr von der EU übernommenen Paragraphen 8A (vgl. Rn 12). Es wird damit klargestellt, dass IFRS 5 auch auf assoziierte Unternehmen oder Gemeinschaftsunternehmen und nicht nur auf Tochtergesellschaften anzuwenden ist. Unternehmen, die an einen Verkaufsplan mit Verlust der Beherrschung über ein assoziiertes Unternehmen oder Gemeinschaftsunternehmen gebunden sind, müssen alle Vermögenswerte und Schulden des assoziierten Unternehmens oder Gemeinschaftsunternehmens als *held for sale* einstufen.

---

14 Vgl. *IASB*, Press Release vom 7. August 2008, abrufbar unter: http://www.iasb.org/NR/rdonlyres/97162529-7CFF-4E90-A6ED-79D9D7F6CFD2/0/PRAnnualim provementsEDfinal.pdf (Stand: 21. Dezember 2009).
15 Vgl. *IASB*, Press Release vom 7. August 2008, abrufbar unter: http://www.iasb.org/NR/rdonlyres/97162529-7CFF-4E90-A6ED-79D9D7F6CFD2/0/PRAnnualimprovementsEDfinal.pdf (Stand: 21. Dezember 2009).

III. Begriffe

Im Amtsblatt der Europäischen Union wurde am 27. November 2009 der IF- 16
RIC 17 „*Distributions of Non-cash Dividends to Owners*" veröffentlicht. Die Interpretation gibt eine Leitlinie wie mit Ausschüttungen von Sachdividenden an Eigentümer zu verfahren ist. IFRIC 17 ändert auch IFRS 5. Die Klassifizierungs-, Ausweis- und Bewertungsvorschriften werden auf Sachausschüttungen ausgedehnt. Langfristige Vermögenswerte oder Veräußerungsgruppen, werden als zur Ausschüttung an Eigentümer gehalten klassifiziert, wenn das Unternehmen verpflichtet ist, die Vermögenswerte an die Eigentümer auszuschütten. Ein Unternehmen ist verpflichtet, wenn die Vermögenswerte im gegenwärtigen Zustand zur sofortigen Ausschüttung verfügbar sind und die Ausschüttung eine hohe Eintrittswahrscheinlichkeit hat. Die Eintrittswahrscheinlichkeit soll hierbei unter Berücksichtigung der Wahrscheinlichkeit der Genehmigung der Ausschüttung durch die Gesellschafter ermittelt werden. Daneben müssen alle eingeleiteten Maßnahmen gewürdigt werden und die Ausschüttung innerhalb von zwölf Monaten nach Erstklassifizierung vollendet sein.

Die Bewertung der zur Ausschüttung gehaltenen Vermögenswerte erfolgt gemwäß IFRS 5.15A zum niedrigeren Wert aus Buchwert und beizulegendem Zeitwert (abzüglich Ausschüttungskosten).

III. Begriffe. In den folgenden drei Gliederungspunkten werden die im IFRS 5 17 verwendeten Begriffe langfristiger Vermögenswert (*non-current asset*), Veräußerungsgruppe (*disposal group*) sowie aufgegebener Geschäftsbereich (discontinued operation) dargestellt. Die Abgrenzung dieser Bergriffe ist relevant, da durch sie unterschiedliche Rechtsfolgen ausgelöst werden.

1. Langfristiger Vermögenswert: Aufgrund der Anwendung des IFRS 5, insbe- 18 sondere in Bezug auf langfristige Vermögenswerte, gilt es zunächst, langfristige von kurzfristigen Vermögenswerten abzugrenzen. Der Begriff des langfristigen Vermögenswerts wird weder originär in IFRS 5 noch in anderen IFRS oder im Framework definiert. IFRS 5 Appendix A grenzt langfristige Vermögenswerte lediglich negativ zum kurzfristigen Vermögenswert ab und definiert kurzfristige Vermögenswerte über vier Kriterien. Ein Vermögenswert ist gemäß dieser Kriterien, die dem IAS 1.57 entsprechen, als kurzfristig einzustufen, wenn mindestens eines der nachfolgenden Kriterien erfüllt ist:

- Der Verbrauch oder Verkauf des Vermögenswerts wird innerhalb des normalen Verlaufs des Geschäftszyklusses des Unternehmens erwartet (bspw. Rohstoffe oder Fertigerzeugnisse).
- Die Realisation wird innerhalb von zwölf Monaten nach dem Bilanzstichtag oder innerhalb des normalen Geschäftszyklus erwartet (bspw. Forderungen aus Lieferung und Leistungen).
- Es handelt sich um Zahlungsmittel oder Zahlungsmitteläquivalente (gemäß der Definition in IAS 7 *Statement of Cash flows*).

- Der Vermögenswert wird primär zu Handelszwecken gehalten (bspw. Handelswaren oder zu Handelszwecken gehaltene finanzielle Vermögenswerte).[16]

Alle anderen Vermögenswerte, die nicht eines der eben genannten Kriterien erfüllen, sind somit als langfristige Vermögenswerte zu klassifizieren, zu denen IAS 1.58 folgend sowohl materielle als auch immaterielle Vermögenswerte gehören.[17]

19 Bei der wortgenauen Auslegung der Definition von kurz- und langfristigen Vermögenswerten kann ein Widerspruch hinsichtlich der Klassifikation in Verbindung mit der Beschränkung auf langfristiges Vermögen gesehen werden.[18] Nach IAS 1.57 ist ein Vermögenswert langfristig einzustufen, sofern sein Buchwert nicht innerhalb von zwölf Monaten realisiert wird. Dem IFRS 5.8 folgend darf jedoch ein langfristiger Vermögenswert grundsätzlich nur dann als „zur Veräußerung gehalten" klassifiziert werden, wenn er innerhalb von zwölf Monaten (Einjahresfrist) verkauft wird. Demzufolge würde eine enge, am Wortlaut orientierte Interpretation die Vorschriften des IFRS 5 ins Leere laufen lassen und es könnten keine Vermögenswerte gemäß IFRS 5 klassifiziert werden.[19] Aufgrund dieses **Konflikts** kann die eigentliche Definition des IAS 1.57 nicht zur Abgrenzung zwischen kurzfristigen und langfristigen Vermögenswerten im Rahmen des IFRS 5 herangezogen werden, weshalb sich das IASB einer definitorischen Ergänzung bedient.[20] Demzufolge ist der IFRS 5 nur auf solche Vermögenswerte anzuwenden, sofern diese üblicherweise langfristig dem Geschäftsbetrieb des Unternehmens dienen oder beim Unternehmen typischerweise im Anlagevermögen enthalten sind.[21]

20 **2. Veräußerungsgruppe.** Der Begriff Veräußerungsgruppe wird in IFRS 5 Appendix A definiert. Sie stellt demzufolge eine Gruppe von Vermögenswerten dar, die gemeinsam „in einer einzigen Transaktion"[22], einschließlich der zugehörigen Schulden, vom Unternehmen abgehen. Die Veräußerungsgruppen können sowohl langfristige als auch kurzfristige Vermögenswerte enthalten. Folglich können Vermögenswerte, die gemäß IFRS 5.5 von den Bewertungsvorschriften des IFRS 5 ausgenommen sind, wie finanzielle Vermögenswerte, die in die Anwendungsbereiche von IAS 39 fallen, in einer Veräußerungsgruppe enthalten sein.[23]

21 Die Definition der Veräußerungsgruppe zielt darauf ab, dass möglicherweise mehrere Vermögenswerte zusammen mit Schulden in einer einzigen Transaktion (*together in a single transaction*) abgehen (*dispose of*). Am relevantesten für die Praxis,

---

16 Vgl. *Lüdenbach* Haufe-Kommentar, §29 Rn 6.
17 Vgl. *Pellens/Fülbier/Gassen/Sellhorn* Internationale Rechnungslegung, 831.
18 Vgl. *Lüdenbach* Haufe-Kommentar, §29 Rn 6.
19 Vgl. *Schildbach* WPg 2005, 556.
20 Vgl. IFRS 5.BC12.
21 Vgl. *Respondek*, IFRS 5: Die Bilanzierung zur Veräußerung gehaltener Vermögenswerte und aufgegebener Geschäftsbereiche, 24f.
22 IFRS 5 Appendix A.
23 Vgl. *Kessler/Leinen* KoR 2006, 559.

III. Begriffe

im Zusammenhang mit zur Veräußerung gehaltenem Vermögen, sind die **Abgänge durch Verkauf oder Tausch**.[24] Es bleibt jedoch zu klären, wie die Formulierung „gemeinsam in einer einzigen Transaktion"[25] zu deuten ist. Von vornherein auszuschließen ist der Fall von Transaktionen, bei denen Vermögenswerte bzw. Gruppen an mehrere Erwerber verkauft werden. Für eine weitere Auslegung des Begriffs der einzigen Transaktion muss auf die Kriterien der Definition „zur Veräußerung gehalten", auf welche im folgenden Abschnitt noch näher eingegangen wird, zurückgegriffen werden. Der zu veräußernde Vermögenswert bzw. die Veräußerungsgruppe muss aktiv zu einem Gesamtpreis angeboten werden. Dieser Gesamtpreis sollte des Weiteren dem beizulegenden Zeitwert der einzelnen Vermögenswerte entsprechen.[26]

Bei einer Veräußerungsgruppe kann es sich auch um eine Gruppe, einen Teil oder eine **zahlungsmittelgenerierende Einheit** selbst, handeln.[27] Können einzelnen Vermögenswerten, zum Zwecke der Werthaltigkeitsprüfung nach IAS 36, keine eigenständigen Zahlungsflüsse zugeordnet werden, ist eine zahlungsmittelgenerierende Einheit zu bilden.[28] Demzufolge ist diese als kleinste identifizierbare Gruppe von Vermögenswerten, die Cashflows generiert und weitestgehend unabhängig von den Cashflows anderer Vermögenswerte und Gruppen ist, definiert.

Grundsätzlich sind einer zahlungsmittelgenerierenden Einheit nur solche Vermögenswerte zuzurechnen, deren Zahlungsmittelzuflüsse zum Nutzungswert beitragen.[29] Dies können einerseits Vermögenswerte, die sich der zahlungsmittelgenerierenden Einheit unmittelbar zurechnen lassen und andererseits Anteile von Vermögenswerten, wie ein Geschäfts- oder Firmenwert oder gemeinschaftliche Vermögenswerte, sein.[30]

3. Aufgegebener Geschäftsbereich. Ein zentraler **Begriff** des IFRS 5 ist der aufgegebene Geschäftsbereich (*discontinued operation*). Für aufgegebene Geschäftsbereiche sieht der IFRS 5 die umfangreichsten Ausweise und Angaben vor, da nur für die abgehenden Geschäftsfelder eine separate Darstellung in Bilanz und Gewinn- und Verlustrechnung erforderlich ist. Die Abgrenzung eines aufgegebenen Geschäftsbereichs von einer Vermögensgruppe ist daher von hoher Bedeutung.

Eine **notwendige Bedingung** ist nach IFRS 5.32, dass ein aufgegebener Geschäftsbereich ein Unternehmensbestandteil ist, der entweder in der Berichtsperiode abgegangen ist oder als „zur Veräußerung gehalten" klassifiziert wurde.[31]

---

24 Zum Tausch vgl. *Poerschke*, Die Bilanzierung von zur Veräußerung gehaltenem Vermögen nach IFRS, 57f.
25 Vgl. IFRS 5 Anhang A.
26 Vgl. *Zülch/Lienau* KoR 2004, 442f.
27 Vgl. *Lüdenbach* Haufe-Kommentar, §29 Rn 7.
28 Vgl. IAS 36.66.
29 Vgl. IAS 36.76f.
30 Vgl. *Poerschke* Die Bilanzierung von zur Veräußerung gehaltenem Vermögen nach IFRS, 29ff.
31 Vgl. *IDW RS HFA 2*, WPg 2008, 486.

Zusätzlich muss **mindestens eines der folgenden Kriterien** gemäß Appendix A des IFRS 5 erfüllt sein:
- Der Unternehmensbestandteil (*component of an entity*) ist ein gesonderter wesentlicher Geschäftszweig oder geografischer Bereich (*major line of business or geographical area of operations*).
- Der Unternehmensbestandteil ist Teil eines einzelnen, abgestimmten Plans über den Abgang eines gesonderten, wesentlichen Geschäftszweigs oder geografischen Geschäftsbereichs.
- Der Unternehmensbestandteil ist ein Tochterunternehmen, das ausschließlich mit der Absicht der Weiterveräußerung erworben wurde.[32]

26 IFRS 5.31 folgend ist ein Unternehmensbestandteil (*component of an entity*) ein Geschäftsbereich sowie die dem Geschäftsbereich zugehörigen Cashflows, die sowohl operativ als auch für die Bilanzberichterstattung eindeutig vom restlichen Unternehmen getrennt werden können. Daraus ist abzuleiten, dass ein Geschäftsbereich während seiner Nutzung mindestens eine zahlungsmittelgenerierende Einheit gemäß IAS 36 gewesen sein muss. Kleinere Einheiten unterhalb einer zahlungsmittelgenerierenden Einheit können damit nicht einen abgehenden Geschäftsbereich bilden.[33]

Beispiel

Der Sportartikelhersteller A entwickelt, produziert und vertreibt neben Sportkleidung auch Fitnessgeräte. Die Fitnessgerätesparte stellt ein eigenes Segment dar, welches auch die kleinste zahlungsmittelgenerierende Einheit ist. Das Segment ist nachhaltig defizitär, basierend auf den hohen Pro-duktionskosten. Daher beschließt der Sportartikelhersteller A das Segment als Ganzes zu verkaufen oder alternativ die Produktion zu veräußern.

Der Verkauf des ganzen Segments erfüllt die Anforderungen an einen aufgegebenen Geschäftsbereich, da es ein gesonderter wesentlicher Geschäftszweig ist, dessen zugehörige Cashflows eindeutig vom restlichen Unternehmen getrennt werden können. Der Verkauf der Produktion dagegen erfüllt die Anforderungen an einen aufgegebenen Geschäftsbereich nicht, da keine Trennung der Cashflows vom übrigen Segment, basierend auf dem Berichtswesen des Unternehmens, erfolgen kann. Der Verkauf der Pro-duktion führt nicht zur Eliminierung sämtlicher Cashflows des Segments Fitnessgeräte

Abwandlung

Der Sportartikelhersteller A entwickelt, produziert und vertreibt neben Sportkleidung auch Fitnessgeräte. Die Fitnessgerätesparte stellt ein eigenes Segment dar, welches sich in die getrennten Bereiche Design, Produktion und Vertrieb

---

32 Vgl. *Blom/Baur* ST 2006, 896.
33 Vgl. *Respondek* IFRS 5: Die Bilanzierung zur Veräußerung gehaltener Vermögenswerte und aufgegebener Geschäftsbereiche, 31f.

III. Begriffe

teilt. Diese Segmentteile stellen die kleinsten zahlungsmittelgenerierenden Einheiten dar. Das Segment ist nachhaltig defizitär, basierend auf den hohen Produktionskosten. Daher beschließt der Sportartikelhersteller A den Segmentteil Produktion als Ganzes zu verkaufen.

Der Verkauf des Segmentteils erfüllt die Anforderungen an einen aufgegebenen Geschäftsbereich, da es ein gesonderter wesentlicher Geschäftszweig ist, dessen zugehörige Cashflows eindeutig vom restlichen Unternehmen getrennt werden können. Der Verkauf der Produktion führt zur Eliminierung sämtlicher Cashflows des Segmentteils Produktion von Fitnessgeräten.

Die eben dargestellte aktuell gültige Abgrenzung des Begriffs aufgegebener Geschäftsbereich wird in der Literatur wegen der **Unschärfe und Subjektivität** kritisiert.[34] Die Unschärfe in der Abgrenzung zwischen Unternehmensbestandteilen, die als abgehender Geschäftsbereich und Abgänge, die lediglich als Gruppe von Vermögenswerten, anzusehen sind, führt zu einem Spielraum, der durch den Bilanzierenden ausgenutzt werden kann. Auf diese Art und Weise können Gewinne und Verluste eines zum Abgang bestimmten Bereichs durch Sachverhaltsgestaltung separat (*discontinued operations*) oder im laufenden Ergebnis (*continuing operations*) ausgewiesen werden (implizites Wahlrecht).[35]

Im **Standardentwurf des IASB vom September 2008** zu den d*iscontinued operations (proposed amendments to IFRS 5)* wurde neben neuen verpflichtenden Anhangangaben auch die **Definition eines aufgegebenen Geschäftsbereichs** neu gefasst. Die neue Definition wurde in Abstimmung mit dem FASB getroffen und beseitigt einen verbliebenen Unterschied zum SFAS 144.[36]

Die Veräußerung eines Unternehmensbestandteils soll nur noch dann als aufgegebener Geschäftsbereich klassifiziert werden, sofern das bilanzierende Unternehmen durch diese Veränderung einen strategischen Wechsel im operativen Geschäft (*strategic shift*) vorgenommen hat.[37] Ein aufgegebener Geschäftsbereich im Sinne des Standardentwurfs ist als ein Unternehmensbestandteil zu klassifizieren, sofern er eines der folgenden Kriterien erfüllt:

- Der Unternehmensbestandteil ist ein Geschäftssegment gemäß IFRS 8 (operating segments), der entweder bereits abgegangen ist oder als „zur Veräußerung gehalten" klassifiziert wurde.

---

34 Vgl. *Kümpel* Bilanz & Buchhaltung 2005, 142; *Heuser/Theile/Pawelzik*, IAS/IFRS Handbuch, Rn 2306.
35 Vgl. *Ernst & Young (Hrsg.)*, International GAAP, 158.
36 Vgl. *FASB*, Staff Position (FSP) FAS 14-d, Amending the Criteria for Reporting a Discontinued Operation sowie *IDW* WPg 2009 179f.
37 Vgl. *Zülch/Nellessen* PiR 2008, 407.

- Der Unternehmensbestandteil ist Geschäftsbetrieb im Sinne von IFRS 3, der die Bedingungen für eine Klassifizierung als „zur Veräußerung gehalten" beim Erwerb erfüllt.[38]

Somit wird die bisherige Definition des aufgegebenen Geschäftsbereichs stärker auf die eben dargestellten zwei wesentlichen Sachverhalte begrenzt. Zum einen wird durch die **Bezugnahme auf IFRS 8** die Identifikation eines aufgegebenen Geschäftsbereichs objektiviert. Zum anderen dehnt der Standardentwurf den Definitionsbereich auf in Veräußerungsabsicht erworbene Geschäftsbetriebe aus. Es ist zu beachten, dass der Rückgriff auf die Definition des Geschäftssegments nach IFRS 8 auch dann zu erfolgen hat, wenn das Unternehmen ansonsten den IFRS 8 nicht anwenden muss.[39] Dies bedeutet, dass auch Gesellschaften, die keine Schuld- oder Eigenkapitalinstrumente an einem öffentlichen Markt platziert haben oder keine Emission planen, Segmente gemäß IFRS 8 definieren müssen.

30 Die neue Abgrenzung des aufgegebenen Geschäftsbereichs hat in der Literatur, insbesondere beim DRSC, keine Zustimmung gefunden. Gegen die Definition eines abgehenden Geschäftsbereichs als strategischen Wechsel, der sich durch den Abgang eines Reporting Segment ausdrückt, wurden zahlreiche Argumente vorgebracht. Die Definition führe dazu, dass ein Abgang eines wesentlichen Teils einer Gesellschaft unterhalb der Segmentebene keine Berichtspflicht auslöst, und dass die Anlehnung an den IFRS 8 lediglich eine **Scheinobjektivierung** sei. Das IASB sieht den Abgang eines Geschäftsbereichs als eine Objektivierung einer strategischen Neuausrichtung. Dies führt aber im Ergebnis dazu, dass entscheidungsrelevante Informationen, im Speziellen zukünftige Ertragsaussichten unterhalb der Segmente, nicht offengelegt werden.[40]

Der DRSC fordert die Anwendung von qualitativen und quantitativen Aspekten zur Abgrenzung, nur der zukünftige Abgang wesentlicher Geschäftsbereiche, die aber kleiner als ein Geschäftssegment sein können, soll separat in der Gewinn- und Verlustrechung dargestellt werden.[41]

31 **IV. Klassifizierung.** Der Buchwert langfristiger Vermögensgegenstände wird im allgemeinen Fall durch die Nutzung im Unternehmen und den dadurch erzielten zukünftigen Mittelzufluss realisiert. Liegen bestimmte Vorraussetzungen vor, die der Realisierung des Buchwerts durch eine weitere Nutzung im Unternehmen entgegen-

---

38 Vgl. *IASB*, ED zu IFRS 5, abrufbar unter: http://www.iasb.org/NR/rdonlyres/B47D08C2-A78A-49E8-92A7-63A9DE737629/0/ED_Discontinued_Operations_IFRS_5.pdf (Stand: 21. Dezember 2009).
39 Vgl. *Zülch/Nellessen* PiR 2009, 407.
40 Vgl. *DRSC*, Stellungnahme zum Standardentwurf, abrufbar unter: http://www. Standardset ter.de/drsc/docs/press_releases/090116_cl_GASB_ED_IFRS5amend.pdf (Stand 21. Dezember 2009).
41 Vgl. *DRSC*, Stellungnahme zum Standardentwurf, abrufbar unter: http://www. Standardset ter.de/drsc/docs/press_releases/090116_cl_GASB_ED_IFRS5amend.pdf (Stand 21. Dezember 2009).

IV. Klassifizierung

stehen, so muss der langfristige Vermögenswert in eine speziellen Kategorie (*held for sale*) umklassifiziert werden. Im Folgenden werden die Klassifizierungsgrundsätze sowie die Regeln bei erstmaliger und Beibehaltung der Klassifizierung erörtert.

1. Klassifizierungsgrundsatz. Wird der Buchwert eines Vermögenswertes oder einer Vermögensgruppe nicht durch weitere Nutzung im Unternehmen, sondern durch die **Veräußerung** realisiert, so ist der Vermögenswert als „zur Veräußerung gehalten" zu klassifizieren.[42] Zur Veräußerung gehaltene langfristige Vermögenswerte bzw. Veräußerungsgruppen sind gemäß IFRS 5.38 in separaten Bilanzpositionen auszuweisen. Es ist dabei darauf zu achten, dass Vermögenswerte und Schulden einer Veräußerungsgruppe einem Saldierungsverbot unterliegen.

32

IFRS 5

2. Erstmalige Klassifizierung. Nach IFRS 5.6 sind einzelne langfristige Vermögenswerte und Veräußerungsgruppen und somit auch aufgegebene Geschäftsbereiche als „zur Veräußerung gehalten" zu klassifizieren, sofern ihr Buchwert überwiegend (*principially*) durch ein Verkaufsgeschäft und nicht durch Nutzung im Unternehmen erzielt wird.[43] Für die Klassifizierung als zum Verkauf bestimmt ist die Erfüllung von zwei weiteren Nebenbedingungen, die kumulativ erfüllt werden müssen, notwendig:

33

- Der Verkauf soll sofort vollziehbar sein (available for immediate sale).
- Die Veräußerung soll höchstwahrscheinlich sein (highly probable).[44]

Zur Erfüllung der **notwendigen Bedingung der sofortigen Veräußerbarkeit** muss sowohl die Absicht als auch die Möglichkeit der sofortigen Veräußerung gegeben sein. Dies bedeutet, dass die Bedingungen bzw. Maßnahmen, die für einen sofortigen Verkauf getroffen werden müssen, gängig und verkaufsüblich sein sollen. In Anlehnung an die Beispiele des IASB (*Guidance on Implementing IFRS 5*) sollen die relativ problematisch abgrenzbaren Bedingungen erläutert werden.

34

Beispiel 1

Der Sportartikelhersteller A hat beschlossen seine zwei Verwaltungshauptsitze zusammenzulegen und im Rahmen dessen ein Verwaltungsgebäude zu verkaufen. Das zum Verkauf stehende Gebäude ist noch nicht geräumt, es ist aber bereits ein Käufer zu marktüblichen Konditionen gefunden.

Die Anforderungen des IFRS 5.7 sind damit erfüllt und die Klassifizierung als zum Verkauf bestimmt geboten. Aus diesem Beispiel ergibt sich auch durch Negativabgrenzung, dass eine ungewöhnlich lange Zeit zur Räumung eines zum Verkauf bereitgestellten Gebäudes die sofortige Veräußerbarkeit (immediate sale) gefährdet.

---

42 Vgl. IFRS 5.6.
43 Vgl. *Poerschke*, Die Bilanzierung von zur Veräußerung gehaltenem Vermögen nach IFRS, 64.
44 Vgl. IFRS 5.7 sowie *Blom/Baur* ST 896.

Beispiel 2

Der Sportartikelhersteller A hat beschlossen einen neuen Verwaltungshauptsitz zu bauen und den alten Verwaltungssitz zu veräußern. Das alte Verwaltungsgebäude wird noch bis zur Fertigstellung des Neubaus genutzt. Der Verkauf des alten Hauptgebäudes soll nach dem Neubezug erfolgen.

Die Anforderungen des IFRS 5.7 sind eindeutig nicht erfüllt und die Klassifizierung als „zur Veräußerung gehalten" ist somit verboten. Die Bedingung der sofortigen Vollziehbarkeit der Veräußerung ist auch nicht erfüllt, wenn der Verkauf des Gebäudes erst nach der Fertigstellung erfolgen soll und bereits eine Verkaufsverpflichtung besteht.

Beispiel 3

Der Maschinenbauer B hat beschlossen, sich auf seine Kernkompetenz im Bereich Automobilbau zu konzentrieren und das Segment „Motorradbau" zu verkaufen. Ein potentieller Käufer ist bereits identifiziert und die ersten Gespräche sind erfolgreich verlaufen. Zum Zeitpunkt des Beschlusses des Verkaufsplans hat das zum Verkauf stehende Segment einen nicht bearbeiteten Auftragsbestand von 1000 GE. Der potentielle Käufer will entweder das Segment als Ganzes (einschließlich des noch nicht angearbeiteten Auftragsbestandes) oder nur die Produktionskapazitäten mit Gebäude erwerben.

Die Anforderungen des IFRS 5.7 sind für den Fall des Verkaufs einschließlich des Auftragsbestandes erfüllt, da das Segment im bestehenden Zustand verkauft wird. Der Verkauf ohne Auftragsbestand erfüllt dagegen das Kriterium der sofortigen Vollziehbarkeit nicht, da die Abarbeitung des Auftragsbestandes einen Verzug im Verkauf bedeutet. Eine Klassifizierung als zum Verkauf bestimmt ist daher verboten.

Das Beispiel verdeutlicht, dass der Verkaufsgegenstand im aktuellen Zustand **unmittelbar übertragbar** sein muss. Wird die Produktionsstätte inklusive der Aufträge veräußert, so gilt sie als unmittelbar übertragbar. Werden hingegen die restlichen Produktionsaufträge noch abgearbeitet, ist deren Veräußerbarkeit so lange beeinträchtigt bis die Produktion abgeschlossen ist. Die Verkaufsgestaltung kann nicht als gewöhnlich oder üblich bei solchen Verkäufen bezeichnet werden. In einem weiteren Beispiel verdeutlicht das IASB, dass geplante Renovierungsarbeiten zur Steigerung des Marktwertes einer sofortigen Veräußerbarkeit eines Gebäudes entgegenstehen.[45]

35   Zur Erfüllung der **höchstwahrscheinlichen Veräußerbarkeit** müssen die Bedingungen des IFRS 5.8 erfüllt sein. Die Begriffe wahrscheinlich (*probable*) und höchstwahrscheinlich (*highly probable*) sind in IFRS 5 Appendix A definiert. Unter wahr-

---

[45] Vgl. *Respondek*, IFRS 5: Die Bilanzierung zur Veräußerung gehaltener Vermögenswerte und aufgegebener Geschäftsbereiche, 20.

IV. Klassifizierung

scheinlich versteht das IASB, dass mehr für als gegen den Eintritt des Ereignisses spricht. Als höchstwahrscheinlich deutet das IASB die Steigerung von wahrscheinlich *(significantly more likely than probable.)*. Folglich ist die Bedingung erst dann erfüllt, wenn die Verkaufswahrscheinlichkeit signifikant über 51 % liegen würde.[46] Das IASB stellt jedoch auf einen objektiven Kriterienkatalog ab. Somit ist IFRS 5.8 zufolge ein Verkauf als höchstwahrscheinlich zu qualifizieren, sofern folgende Merkmale **kumulativ** erfüllt sind:

- Das Management muss aktiv einen Plan für den Verkauf beschlossen haben.
- Mit der Suche nach dem Käufer und der Durchführung des Plans ist aktiv begonnen worden.
- Der Vermögenswert bzw. die Vermögensgruppe wird aktiv zum Erwerb angeboten.
- Der hierbei angegebene Erwerbspreis steht in angemessenem Verhältnis zum beizulegenden Zeitwert des Vermögenswertes bzw. der Vermögensgruppe.
- Die Veräußerung wird innerhalb eines Jahres ab dem Zeitpunkt der Klassifizierung als „zur Veräußerung gehalten" erwartet.
- Eine Änderung bzw. Aufhebung des Verkaufsplans muss unwahrscheinlich sein.[47]

An die Bedingung der Verpflichtung seitens des Managements zur Aufstellung eines **Verkaufsplanes** stellt das IASB weder formale noch inhaltliche Anforderungen, es ist nicht einmal erforderlich diesen Verkaufsplan bekannt zu geben.[48] Das Kriterium wird bereits als erfüllt angesehen, wenn lediglich eine Dokumentation des Beschlusses der Verkaufsabsicht im Rahmen der allgemeinen Dokumentationsanforderungen erstellt wurde. Maßnahmen zur Realisierung eines Verkaufsplans müssen eingeleitet worden sein, um einen Verkauf als höchstwahrscheinlich zu qualifizieren. Dies erfordert einerseits das Vorhandensein bereits eingeleiteter Umstrukturierungen von internen Prozessen und rechtlichen Verhältnissen, so dass der Abgang des Vermögenswertes bzw. der Gruppe kurzfristig möglich ist, sowie andererseits die Existenz des weiteren wesentlichen Merkmals der aktiven Käufersuche.[49] Dazu zählt bspw. die Beauftragung einer Investmentgesellschaft, die ausschließliche Befragung eines Maklers wird hingegen als sehr zweifelhaft angesehen, da dies ein Alibi zur Erfüllung des Kriteriums sein könnte.[50]

---

46 Vgl. *Zülch/Lienau* DStR 2005, 392.
47 Vgl. *Richter* BBK 2005, 516.
48 IAS 35 Discontinued Operations enthielt eine explizite Regelung zur Bekanntgabe des Verkaufsplanes, welche in IFRS 5 nicht weiter enthalten ist. Vgl. aber auch *Thiel/Peters* BB 2003, 2001f.
49 Vgl. *Picot (Hrsg)*, Vertragsrecht, Unternehmenskauf und Restrukturierung, 71.
50 Vgl. *Respondek*, IFRS 5: Die Bilanzierung zur Veräußerung gehaltener Vermögenswerte und aufgegebener Geschäftsbereiche, 21f.

Beispiel

Der Maschinenbauer B hat beschlossen, eine nicht mehr genutzte stillgelegte standardisierte Produktionsmaschine zu veräußern. Für solche Maschinen besteht ein aktiver Sekundärmarkt, so dass sich der Marktpreis leicht ermitteln lässt. Die Maschine wurde von B in ein spezielles Internetportal und über einen Makler zum Verkauf bereit gestellt. Der Maschinenbauer B will einen Preis von 20% über Marktpreis erzielen.

Der Verkaufpreis ist in Bezug auf den objektiv ermittelbaren Marktpreis zu hoch. Es bestehen daher Zweifel an der Verkaufsabsicht bzw. an der Möglichkeit des Verkaufs innerhalb der Einjahresfrist. Die stillgelegte Maschine wird weiter als Anlagevermögen ausgewiesen.

Das Beispiel verdeutlicht, dass zur Qualifizierung eines Verkaufs als höchstwahrscheinlich es als erforderlich angesehen wird, dass der angestrebte **Vermarktungspreis** des Verkäufers angemessen in Bezug auf den **beizulegenden Zeitwert** des Verkaufsobjektes ist. Ein zu hoch angesetzter Verkaufspreis lässt an einer ernsthaften Verkaufsabsicht zweifeln und führt dazu, dass eine Klassifizierung als „zur Veräußerung gehalten" ausgeschlossen ist.

37 Nicht als „zur Veräußerung gehalten" klassifiziert, werden nach IFRS 5.13 **Stilllegungen**, denn bei solchen wird der dazugehörige Buchwert überwiegend durch die fortgeführte Nutzung im Unternehmen und nicht durch den Verkauf realisiert. Wird jedoch ein stillgelegter Unternehmensbestandteil als aufgegebener Geschäftsbereich (*discontinued operations*) qualifiziert, so ist dessen Ergebnis als gesonderter Betrag von den fortzuführenden Geschäftsbereichen auszuweisen. Die Rechtsfolgen treten erst bei vollzogener Stilllegung ein, eine beschlossene Stilllegung ist nicht hinreichend.

Eine temporäre Außerbetriebnahme eines Geschäftsbereichs ist nicht mit einer endgültigen Stilllegung vergleichbar und führt daher nicht zu einem separaten Ausweis in der Gewinn- und Verlustrechnung.[51]

38 Die geforderte **Einjahresfrist zum Verkauf des langfristigen Vermögensgegenstands** beginnt mit dem Klassifikationszeitpunkt. Der Verkaufsplan des Managements muss den Schluss zulassen, dass der Abschluss des Geschäfts innerhalb der zwölf Monate nach dem Klassifizierungszeitpunkt erwartet wird und möglich ist (bspw. durch einen *Letter of Intent* oder vergleichbare in der Vergangenheit abgewickelte Verkäufe).[52] Der Standard lässt jedoch offen, ob unter Beginn der Zwölfmonatsfrist die Erfüllung der übrigen Voraussetzungen oder der erste Bilanzstichtag nach Erfüllung der Voraussetzungen zu verstehen ist.

---

51 Vgl. *Richter* BBK 2005, 516.
52 Vgl. *Wolff/Robinson* Beck'sches-IFRS Handbuch, §28 Rn 26.

IV. Klassifizierung

Damit von vornherein eine Aufhebung oder wesentliche Änderung des Verkaufsplans als unwahrscheinlich gilt, muss ein Verkauf prinzipiell die beste Alternative darstellen,[53] folglich muss das Management sämtliche Risiken des Verkaufs einschätzen und entsprechend dokumentieren.

In der am 23. Januar 2009 veröffentlichten Verordnung Nr. 1126/2008 der EU-Kommission wird der Standard um den Paragraphen IFRS 5.8A ergänzt, der neue Regelungen hinsichtlich der Klassifizierung als „zur Veräußerung gehalten" enthält. Ist ein Unternehmen an einen Verkaufsplan gebunden, der den Verlust der Beherrschung eines Tochterunternehmens zur Folge hat, so hat das Unternehmen alle Vermögenswerte und Schulden dieses Tochterunternehmens als „zur Veräußerung gehalten" einzustufen, und zwar unabhängig davon, ob das Unternehmen auch nach dem Verkauf eine nichtbeherrschende Beteiligung am ehemaligen Tochterunternehmen behalten wird. Dieser Ergänzung gilt jedoch nur, sofern die anderen Klassifikationskriterien aus den Absätzen IFRS 5.6 bis IFRS 5.8 erfüllt sind. Analog gilt, dass die Informationspflichten des Unternehmens weiter zu erfüllen sind (IFRS 5.36A). Wie bereits in Rn 19 dargestellt, schlug das IASB im August 2009 eine Ergänzung im Rahmen des ED der *Improvements to IFRS* vor, die die Anwendung des IFRS 5 auf assoziierte Unternehmen und Gemeinschaftsunternehmen erweitert. Unternehmen, die an einen Verkaufsplan mit Verlust der Beherrschung über ein assoziiertes Unternehmen oder Gemeinschaftsunternehmen gebunden sind, müssen somit ebenfalls alle Vermögenswerte und Schulden des assoziierten Unternehmens oder Gemeinschaftsunternehmens als *held for sale* einstufen.

Langfristige Vermögenswerte oder Vermögensgruppen, die zum einmaligen Handelszweck erworben werden, sind nicht dem Umlaufvermögen zuzuordnen. Sie sind als „zur Veräußerung gehalten" zu klassifizieren, wenn das eben genannte Zwölfmonats-kriterium zur Veräußerung erfüllt ist. Sollten bei Erwerb des Vermögenswertes bzw. der Vermögensgruppe die restlichen Kriterien zur Klassifizierung als „zur Veräußerung gehalten" nicht erfüllt sein, müssen diese innerhalb kurzer Zeit (in der Regel innerhalb von drei Monaten) erfüllt sein.[54]

Die eben dargestellten Kriterien, von denen die Klassifizierung als „zur Veräußerung gehalten" abhängt, müssen gemäß IFRS 5.12 bereits zum **Bilanzstichtag** erfüllt sein. Eine nach dem Bilanzstichtag eingetretene Kriterienerfüllung entfaltet keine Rückwirkung auf den Stichtag bzw. ist nicht aufhellend. Werden die Kriterien nach dem Bilanzstichtag, aber vor der Freigabe durch die gesetzlichen Vertreter erfüllt, so sind zusätzliche Informationen in den Anhang aufzunehmen (IFRS 5.41(a), (b) und (d)).

---

53 Vgl. *Küting/Garttung/Wirth* KoR 2007, 350f.
54 Vgl. IFRS 5.11 sowie *Zülch/Lienau*, KoR 2004, 442f.

42 Sollten die Kriterien nach zu Recht erfolgter Klassifizierung zu einem späteren Zeitpunkt ganz oder teilweise nicht mehr erfüllt sein, ist eine **Umklassifizierung** zum regulären Ausweis hin vorzunehmen (Rückklassifizierung). Der Ansatz der langfristigen Vermögenswerte und Schulden erfolgt dabei mit dem niedrigeren Wert aus erzielbarem Betrag und dem Buchwert vor Klassifizierung als „zur Veräußerung gehalten" unter Berücksichtigung aller Abschreibungen und Neubewertungen, die ohne eine solche Klassifizierung erfolgt wären.[55] Diese Rückklassifizierung kann daher bei Vorliegen bestimmter Umstände zu einer hohen Belastung des laufenden Ergebnisses durch die Nachholung der Abschreibung führen.[56]

43 **3. Beibehaltung der Klassifizierung.** Kann der geplante Abgang eines Vermögenswerts oder einer Gruppe von Vermögenswerten nicht innerhalb von **zwölf Monaten** realisiert werden, so ist keine Klassifizierung als zum Verkauf bestimmt möglich und es muss eine **Rückklassifizierung** erfolgen. Die Implementation Guidance zu IFRS 5 zeigt Ausnahmen auf, die eine Rückklassifizierung bei Überschreitung der Zwölfmonatsfrist (Einjahresfrist) unter gewissen Umständen ausschließt. Im Falle einer Überschreitung der Einjahresfrist müssen nach IFRS 5.9 zwei Merkmale vorliegen, damit eine weitere Klassifizierung als „zur Veräußerung gehalten" möglich ist:
- Die Verzögerung ist auf Ereignisse oder Umstände zurückzuführen, die das verkaufende Unternehmen nicht zu verantworten hat.
- Es müssen genügend Hinweise vorliegen, dass das Unternehmen weiterhin an dem erstellten Verkaufsplan festhält.[57]

44 In Anlehnung an die vom IASB beispielhaft aufgeführten konkreten Situationen, die eine Verzögerung üblicherweise rechtfertigen, ist das nächste Beispiel formuliert.

Beispiel

Die Luftfahrtgesellschaft L hat beschlossen ein altes, kaum mehr genutztes Transportflugzeug aus dem Anlagevermögen zu verkaufen. Das Flugzeug wird aktiv am Markt zu einem marktüblichen Preis angeboten. Der Verkauf innerhalb eines Jahres ist zum Zeitpunkt der erstmaligen Klassifizierung höchstwahrscheinlich. Durch das unerwartete Einsetzen der Finanz- und Wirtschaftskrise fallen die Preise für Transportflugzeuge innerhalb eines halben Jahres nach der erstmaligen Klassifizierung um ca. 30 %. Die Luftfahrtgesellschaft hat zwei Szenarien für die Reaktion auf die geänderten Marktbedingungen entwickelt. Im ersten Szenario wird von einer relativ schnellen Erholung der Weltwirtschaft ausgegangen, die auch zu einer Erholung der Marktpreise für Transportflugzeuge führt. Entsprechend soll der Verkaufspreis nicht an die aktuellen Marktgege-

---

55 Vgl. IFRS 5.27.
56 Vgl. *Poerschke*, Die Bilanzierung von zur Veräußerung gehaltenem Vermögen nach IFRS, Düsseldorf 2006, 132f.
57 Vgl. IFRS 5.9 i.V.m. Anhang B1.

IV. Klassifizierung

benheiten angepasst werden. Das zweite Szenario geht von einer länger anhaltenden strukturellen Krise aus, folglich soll der Verkaufspreis an die aktuellen Marktpreise angepasst werden.

Die Beibehaltung des ursprünglichen Verkaufspreises führt dazu, dass die Luftfahrtgesellschaft L das Transportflugzeug ins Anlagevermögen umgliedern muss. Im zweiten Szenario wird der Preis auf die aktuellen Marktgegebenheiten angepasst und damit die Bedingung, dass der Vermögenswert unmittelbar zum Verkauf bereitstehen muss, erfüllt. Das Transportflugzeug darf daher weiterhin als zum Verkauf bestimmt klassifiziert werden, obwohl der Verkauf in der Einjahresfrist unwahrscheinlich ist.

IFRS 5

45 Ein langfristiger Vermögenswert bzw. eine Veräußerungsgruppe wird somit weiterhin als „zur Veräußerung gehalten" klassifiziert, wenn während der Zwölfmonatsfrist Umstände eintreten, die zuvor für unwahrscheinlich erachtet wurden, und den Abschluss des Verkaufs nicht wie geplant, während dieser Frist ermöglichen. Weiterhin wird zur Beibehaltung der Klassifizierung verlangt, dass das Management die erforderlichen Maßnahmen ergriffen hat, um den neuen Umständen zu entsprechen, und der Verkaufspreis ebenfalls an die neuen Umstände angepasst wurde. Das obige Beispiel verdeutlicht, welche Maßnahmen bei einer Verschlechterung der Rahmenbedingungen notwendig sind, um den Verkauf auch weiterhin für höchstwahrscheinlich einzustufen.[58]

46 Ein weiteres Szenario könnte sein, dass nach dem Abschluss einer verbindlichen Verkaufsvereinbarung der Käufer oder ein Dritter unerwartete Bedingungen an die Transaktion stellt. Denkbar wäre die Forderung zur Beseitigung zuvor nicht erkannter Umweltschäden, die von einer Produktionsmaschine verursacht wurden. Eine Überschreitung der Zwölfmonatsfrist bleibt ohne Reklassifizierungsfolgen, sofern der Verkäufer zeitnah auf die Bedingungen reagiert (*timely actions necessary to respond to the conditions have been taken*). Dies bedeutet, dass die Maßnahmen unmittelbar nach Bekanntwerden der Bedingungen eingeleitet werden müssen. Außerdem sollte man erwarten, dass diese erfolgreich durchgeführt werden können, und der Verkauf, wenn auch mit Verspätung, vollzogen werden kann.[59]

47 Ein weiteres Beispiel für einen eingetretenen Umstand, der den Verkauf verhindern oder verzögern könnte, ist, dass Dritte Bedingungen an den Verkauf stellen, die jedoch erst nach einer verbindlichen Verkaufsvereinbarung erfüllt werden können. Es kann sich hierbei bspw. um die Genehmigung einer Regulierungsbehörde handeln, die erst dann erteilt werden kann, wenn der Käufer und die Bedingungen der Transaktion feststehen und demzufolge eine verbindliche Verkaufsvereinbarung vorliegt.

---

58 Vgl. IFRS 5 IG Example 7.
59 Vgl. IFRS 5 IG Example 6.

48　　Im eben genannten Beispiel ist eine Überschreitung der Zwölfmonatsfrist unbedeutsam für die Beurteilung der Klassifizierung, sofern der Abschluss einer verbindlichen Verkaufsvereinbarung innerhalb eines Jahres erwartet wird.[60]

49　　**V. Bewertung.** Zur Veräußerung bestimmte Vermögenswerte, Vermögensgruppen und Geschäftsfelder unterliegen besonderen Bewertungsvorschriften welche in IFRS 5.15-29 dargestellt werden. Die Randnummern IFRS 5.18, 19 und 23 gelten insbesondere für einzelne Vermögenswerte und Schulden innerhalb einer Veräußerungsgruppe. Ausnahmen von den speziellen Bewertungsvorschriften der zur Veräußerung gehaltenen langfristigen Vermögenswerte enthält IFRS 5.5.

50　　**1. Bewertungsgrundsatz.** Langfristige Vermögenswerte sowie Veräußerungsgruppen sind ab dem Zeitpunkt ihrer Umklassifizierung als „zur Veräußerung gehalten" **zum niedrigeren Wert aus dem Buchwert und dem beizulegendem Zeitwert abzüglich etwaiger Veräußerungskosten** (dh mit dem Nettozeitwert) zu bewerten.[61] Vermögenswerte, die als „zur Veräußerung gehalten" eingestuft werden, dürfen nicht planmäßig abgeschrieben werden. Die planmäßige Abschreibung wird durch die spezielle Bewertungsvorschrift des IFRS 5.15, dem Niederstwerttest, ersetzt. Diese Bewertungsvorschrift basiert auf dem Grundsatz, dass der Buchwert von den zur Veräußerung gehaltenen Vermögenswerten und Gruppen überwiegend durch den Verkauf und nicht mehr durch die weitere Nutzung im Unternehmen realisiert wird. Die Vorschrift stellt eine Einengung des IAS 36.18 dar, da die Ermittlung des Nutzungswertes eines zum Verkauf bestimmten Vermögenswertes nicht relevant ist. Die Ermittlung des beizulegenden Zeitwerts entspricht IAS 36.25f. Die Bewertungsregeln sind auf den Anwendungsbereich des IFRS 5, unter besonderer Berücksichtigung der in IFRS 5.5 genannten Ausnahmen, anzuwenden. Ebenfalls gelten die Bewertungsvorschriften implizit für aufgegebene Geschäftsbereiche, die „zur Veräußerung gehalten" werden, da diese als Veräußerungsgruppe anzusehen sind.

---

60 Vgl. IFRS 5 IG Example 5.
61 Vgl. IFRS 5.15 sowie IDW RS HFA 2, Zur Veräußerung gehaltene langfristige Vermögenswerte und aufgegebene Geschäftsbereiche nach IFRS 5, WPg 2008, 483.

V. Bewertung

Folgende Vermögenswerte sind von den besonderen Bewertungsvorschriften des IFRS 5 **ausgenommen**:
- latente Steuern (IAS 12 *Income Taxes*),
- Vermögenswerte, die aus Leistungen an Arbeitnehmer resultieren (IAS 19 *Employee Benefits*),
- finanzielle Vermögenswerte, die in den Anwendungsbereich von IAS 39 *Financial Instruments: Recognition and Measurements* fallen,
- langfristige Vermögenswerte, die nach dem Modell des beizulegenden Zeitwertes in IAS 40 *Investment for Property* bilanziert werden,
- langfristige Vermögenswerte, die mit dem beizulegenden Zeitwert abzüglich geschätzter Verkaufskosten gemäß IAS 41 *Agriculture* angesetzt werden,
- vertragliche Rechte im Rahmen von Versicherungsverträgen laut Definition in IFRS 4 *Insurance Contracts*.[62]

Die Bewertungsausnahmen führen dazu, dass die besonderen Bewertungsvorschriften des IFRS 5 im Wesentlichen für **immaterielles Anlagevermögen** und **Sachanlagen** einschlägig sind.

Veräußert ein Unternehmen in nur einer einzigen Transaktion (*single transaction*) eine Gruppe von Vermögenswerten, welche aus Vermögenswerten aller Art bestehen können, entweder einzeln oder gemeinsam mit Schulden, die direkt mit diesen Vermögenswerten in Verbindung stehen, so gelten analog die Bewertungsvorschriften des IFRS 5, sofern die Veräußerungsgruppe mindestens einen langfristigen Vermögenswert, der in den Anwendungsbereich des IFRS 5 fällt, enthält. Damit führt schon der Verkauf einer Gruppe mit nur einem langfristigen Vermögenswert dazu, dass die gesamte Gruppe zum niedrigeren Wert aus Buchwert oder beizulegenden Zeitwert (abzüglich Veräußerungskosten) anzusetzen ist und dabei der Bewertungsvorbehalt des IFRS 5.5 beachtet werden muss.[63]

2 Erstbewertung. Die Erstbewertung lässt sich in drei aufeinander aufbauende Schritte gliedern:
- Bewertung der Vermögenswerte unmittelbar vor der erstmaligen Klassifizierung nach einschlägigen IFRS Standards (Ermittlung des Buchwerts),
- Ermittlung des beizulegenden Zeitwerts abzüglich der erwarteten Veräußerungskosten (Ermittlung des Nettozeitwertes),
- Ermittlung des Abwertungsbedarfs durch Gegenüberstellung der beiden ermittelten Werte Buchwert und Nettozeitwert (Ermittlung eines etwaigen Abwertungsbedarfs).

---

62 Vgl. *Richter*, Die Bilanzierung zur Veräußerung gehaltener langfristiger Vermögenswerte und aufgegebener Geschäftsbereiche gemäß IFRS 5, BBK 2005, 513.
63 Vgl. *IDW RS HFA 2*, Zur Veräußerung gehaltene langfristige Vermögenswerte und aufgegebene Geschäftsbereiche nach IFRS 5, WPg 2008, 483f.

54 Im **ersten Bewertungsschritt** werden die Buchwerte der einzelnen langfristigen Vermögenswerte (oder einer Veräußerungsgruppe) vor der Erstklassifizierung als „zur Veräußerung gehalten" ermittelt. Dabei sind die Buchwerte dem IFRS 5.18 folgend unter Beachtung der einschlägigen IFRS Standards und unter Berücksichtigung des Stetigkeitsprinzips festzustellen.[64] Zusätzlich ist unmittelbar vor Umklassifizierung zu prüfen, ob Hinweise vorliegen, dass der Vermögenswert bzw. die Vermögenswerte wertgemindert sind. Der Buchwert einer Gruppe von Vermögenswerten ergibt sich durch Addition der Buchwerte der einzelnen Vermögenswerte und Schulden in der Gruppe nach Bewertung gemäß der IFRS Standards. Sofern das Kriterium als „zur Veräußerung gehalten" erfüllt ist, gilt selbiges auch für zur Veräußerung gehaltene Tochterunternehmen. Es ist dabei zu berücksichtigen, dass konzerninterne Schuldbeziehungen bei der Ermittlung des Buchwertes zu beachten sind und folglich in der Konzernbilanz zu eliminieren sind.[65] Eine Ausnahme vom eben dargestellten Grundsatz der Anwendung der einschlägigen IFRS Standards ergibt sich bei Differenzen aus der Umrechung von Vermögenswerten und Schulden ausländischer Tochterunternehmen (IAS 21.32), bei Vorliegen einer vom Mutterunternehmen abweichenden funktionalen Währung. Diese Differenzen werden erfolgsneutral als separater Bestandteil des Eigenkapitals (*other comprehensive income*) erfasst.[66]

55 Der erste Bewertungsschritt bei Erstbewertung soll am Fall einer Veräußerungsgruppe verdeutlicht werden.

Beispiel

Die Bank P plant den Verkauf einer Gruppe von Vermögenswerten. Die Bilanzierung der Gruppe erfolgte zum 31.12. mit einem Bilanzwert von 400 GE. Die Gruppe besteht aus immateriellen Vermögenswerten (€100), Sachanlagevermögen (€100), Vorräten (€100) und Forderungen aus Lieferungen und Leistungen (€100). Der Klassifizierungszeitpunkt ist der 30.06 des Folgejahres. Die Abschreibung für die immateriellen Vermögenswerte und des Sachanlagevermögens beläuft sich auf jeweils 10 € für die abgelaufenen sechs Monate. Seit dem letzten Bilanzstichtag sind durch Insolvenzfälle 25 % der Forderungen nicht mehr werthaltig. Die in den Vorräten enthaltenen Fertigprodukte sind aufgrund eines Marktpreisverfalls nur noch mit 15 € statt 40 € zu veräußern. Die Anforderungen an die Klassifizierung als zum Verkauf bestimmt sind als erfüllt anzusehen.

Gemäß IFRS 5.18 sind Vermögenswerte der Gruppe unmittelbar vor der Klassifizierung als „zur Veräußerung gehalten" nach den einschlägigen IFRS zu bewerten. Eine zwischen dem letzten Bilanzstichtag und dem Zeitpunkt der Klas-

---
64 Vgl. *KPMG (Hrsg.)*, IFRS aktuell, 1. Auflage., Stuttgart 2004, 186.
65 Vgl. *Baetge/Kirsch/Thiele*, Konzernbilanzen, 7. Auflage, Düsseldorf 2004, 274ff.
66 Vgl. *KPMG (Hrsg.)*, IFRS aktuell, 1. Auflage., Stuttgart 2004, 187.

V. Bewertung

sifizierung eingetretene Wertänderung ist zu erfassen. Für die Bank P bedeutet dies, dass unmittelbar vor der Klassifizierung der Wertverlust der Forderungen aus Lieferungen und Leistungen und der Fertigprodukte erfolgswirksam erfasst werden muss. Der Buchwert der Abgangsgruppe reduziert sich damit um 70 € und beträgt nur noch 330 €.

Im **zweiten Bewertungsschritt** wird der beizulegende Zeitwert abzüglich der Veräußerungskosten der Vermögenswerte bzw. der Vermögensgruppen ermittelt. IFRS 5 interpretiert den beizulegenden Zeitwert als den Betrag, zu dem ein Vermögenswert bzw. eine Gruppe zwischen sachverständigen, vertragswilligen und voneinander unabhängigen Geschäftspartnern unter marktüblichen Bedingungen getauscht werden könnte. Folglich ist der beizulegende Marktwert als hypothetischer Marktpreis unter idealen Bedingungen zu verstehen und kann lediglich auf vollkommen Märkten eindeutig bestimmt werden.[67]

56

Die bestmögliche Annäherung an den beizulegenden Wert abzüglich der Verkaufskosten ist ein unterschriebener bindender Verkaufsvertrag zwischen unabhängigen Geschäftspartnern. Im allgemeinen Fall wird es zum Zeitpunkt der Erstklassifizierung keinen bindenden Verkaufsvertrag geben. Die Ermittlung des Zeitwertes kann sich jedoch alternativ an einem aktiven Markt orientieren. Liegt kein bindender Verkaufsvertrag vor und gibt es keinen aktiven Markt, so muss der beizulegende Wert auf Grundlage der besten verfügbaren Informationen erfolgen. Für Unternehmensteile oder Vermögensgruppen ist im Allgemeinen kein aktiver Markt vorhanden, so dass sich der Werte aus dem geplanten Verkaufspreis ableitet.[68] Der geplante Verkaufspreis gilt als starke Indikation für den beizulegenden Zeitwert. Diese Ableitung korrespondiert zu den Anforderungen an die erstmalige Klassifizierung (vgl. Rn 33ff.) die ein angemessenes Verkaufsangebot verlangt. Der Verkaufspreis muss für die Erfüllung der Klassifizierungsvoraussetzung zumindest in einer engen Bandbreite vorliegen und dem beizulegenden Wert entsprechen. Das Bewertungskonzept sieht eine Ermittlung des beizulegenden Zeitwerts abzüglich Veräußerungskosten nicht für einzelne Bestandteile einer Gruppe von Vermögenswerten vor, sondern wird nur aggregiert auf Ebene der Veräußerungsgruppe ermittelt.

Der beizulegende Zeitwert gemäß IFRS 5 ist ein Nettozeitwert, dh er wird unter Abzug der Veräußerungskosten ermittelt. **Veräußerungskosten** werden im Anhang A des IFRS 5 als zusätzliche Kosten definiert, „die der Veräußerung (oder einer Veräußerungsgruppe) direkt zugeordnet werden können, mit Ausnahme der Finanzierungskosten und des Ertragsteueraufwands"[69]. Genauere Angaben zu den zusätzlichen Kosten enthält IFRS 5 nicht. In Anlehnung an die US-amerikanischen

57

---

67 Vgl. *Poerschke*, Die Bilanzierung von zur Veräußerung gehaltenem Vermögen nach IFRS, Düsseldorf 2006, 99.
68 Vgl. *Schildbach*, Was leistet der IFRS 5?, WPg 2005, 554.
69 IFRS 5, Anhang A.

Regelungen zählen hierzu Maklergebühren, Rechts- und Beratungskosten, Kosten der Eigentumsübertragung sowie unabwendbare Schließungskosten, ohne die eine Übertragung nicht möglich ist.[70] Weitere denkbare zusätzliche Kosten sind *Due Dilligence*-Aufwendungen sowie Reisekosten von Managern, die im Zusammenhang mit dem Verkauf anfallen.[71] Nicht in die zusätzlichen Kosten mit einzubeziehen sind zu zahlende Arbeitnehmerabfindungen oder andere rückstellungspflichtige Sachverhalte.[72] Die engere Auslegung der Veräußerungskosten verhindert damit die Doppelerfassung von Aufwendungen.

58 Führen Ereignisse und Umstände dazu, dass der Verkauf von Vermögenswerten erst nach einem Jahr erwartet wird und die Ausnahmeregelung des IFRS 5.9 erfüllt ist, müssen die Veräußerungskosten mit ihrem Barwert vom beizulegenden Zeitwert abgezogen werden. Ergibt sich im Zeitablauf ein Anstieg des Barwerts der Veräußerungs-kosten, so ist der Differenzbetrag zum ursprünglichen Barwert in den Finanzierungskosten auszuweisen.

59 Der IFRS 5 definiert den beizulegenden Zeitwert, in Übereinstimmung mit IAS 36.25f. und IAS 41.30, unter Abzug der noch anstehenden Veräußerungskosten. Dieser so ermittelte Betrag steht im Gegensatz zur Zeitwertdefinition des IAS 39.48A, des IAS 40.5 bzw. des IAS 40.36, welche keine Veräußerungskosten bei der Ermittlung des Zeitwerts zum Abzug bringen.

60 In einem letzten und **dritten Bewertungsschritt** bei der Erstbewertung wird ein eventueller außerplanmäßiger Abschreibungsbedarf ermittelt. Die Vermögenswerte oder die Veräußerungsgruppe werden mit dem niedrigeren Wert aus Buchwert und beizulegendem Zeitwert abzüglich der anfallenden Veräußerungskosten (Nettozeitwert) bewertet. Übersteigt der beizulegende Zeitwert abzüglich der Veräußerungskosten den Buchwert des einzustellenden Geschäftsbereichs, so wird der Buchwert in der Bilanz angesetzt. Im Falle, dass der Buchwert den beizulegenden Zeitwert abzüglich der Veräußerungskosten übersteigt, ist eine außerplanmäßige Abschreibung auf den niedrigeren Nettozeitwert durchzuführen. Die Differenz zwischen Buchwert und beizulegendem Nettozeitwert ist erfolgswirksam zu erfassen.[73]

Beispiel

Die Bank P plant den Verkauf einer Gruppe von Vermögenswerten. Der Verkaufsprozess ist soweit fortgeschritten, dass ein Angebot für die Gruppe zum fair value von 500 € vorliegt. Weiter führt der Vollzug der Veräußerung zu damit verbundenen Aufwendungen in Höhe von 25 GE. In einem Alternativszenario ist die Gruppe nur zu einem fair value von 350 € zu veräußern.

---

70 Vgl. SFAS 144.
71 Vgl. *Wolff/Robinson*, Beck'sches IFRS Handbuch, 2. Auflage, München 2006, § 28 Rn 40.
72 Vgl. *Lüdenbach/Hoffmann* (Hrsg.), IFRS Kommentar, 7. Auflage, Freiburg 2009 (Haufe Kommentar), § 29, Rn 29ff.
73 Vgl. Ebenda, Rn 28ff.

V. Bewertung

Würdigung: Der im obigen Fall ermittelte Buchwert der Abgangsgruppe beläuft sich auf 330 €. Dieser Buchwert ist gemäß IFRS 5.4 dem beizulegenden Zeitwert abzüglich Veräußerungskosten gegenüberzustellen. Der niedrigere Wert aus diesem Test ist als neuer Buchwert der Gruppe anzusetzen. In der Alternative 1 beträgt der Buchwert 330 €, der höhere Nettozeitwert von 475 € kommt nicht zum Ansatz. In der Alternative 2 ergibt sich auf Ebene der Gesamtgruppe ein Bedarf für eine außerplanmäßige Abschreibung. Die außerplanmäßige Abschreibung beläuft sich auf 5 € und ergibt sich aus der Differenz zwischen dem Buchwert der Gruppe (330 €) und dem Nettoveräußerungswert (325 €).

Ergibt sich ein Abschreibungsbedarf bei einer Veräußerungsgruppe, so stellt sich die Frage, wie die zu erfassende **Wertminderung** auf die einzelnen Vermögenswerte und Schulden der Gruppe aufgeteilt werden soll. Die Wertminderungen bei Veräußerungsgruppen sind auf die einzelnen Vermögenswerte innerhalb der Gruppe zu verteilen, wobei auf die Zurechnungsregel nach IAS 36.104 (a) und (b) abgestellt wird.[74] Die Wertminderung wird zunächst einem in der Gruppe enthaltenen Geschäfts- oder Firmenwert zugeordnet und anschließend auf die übrigen langfristigen Vermögenswerte in der Gruppe verteilt. Maßgeblich für die Verteilung ist das Verhältnis der Buchwerte zueinander.[75] Zu beachten ist, dass keine Aufteilung der außerplanmäßigen Abschreibung auf Vermögenswerte erfolgt, die von den Bewertungsvorschriften des IFRS 5.5 ausgenommen sind.[76]

Die allgemeinen Regelungen des IAS 36.104f verlangen bei Zuordnung einer Wertminderung auf Vermögenswerte, dass der Buchwert nicht unter seinem beizulegenden Nettozeitwert, seinem Nutzungswert und Null liegen darf. Bei der Allokation des Wertminderungsbedarfs auf die Vermögenswerte gemäß den Regelungen des IFRS 5 kann es im Gegensatz zum IAS 36.105 dazu kommen, dass der Buchwert des Vermögenswerts unter dem beizulegenden Nettozeitwert liegt. Es besteht für die Allokation des Wertminderungsbedarfs demnach keine Wertuntergrenze.[77]

Besondere Probleme ergeben sich beim **Erwerb von langfristigen Vermögenswerten oder Veräußerungsgruppen mit Weiterveräußerungsabsicht**. Werden langfristige Vermögenswerte zur Weiterveräußerung erworben, so ist von Relevanz, ob sie bereits im Zeitpunkt des Erwerbes die Kriterien zur Klassifizierung als „zur Veräußerung gehalten" erfüllen. Sind die Kriterien nicht erfüllt, so erfolgt die Bewertung nach einschlägigen Standards. Der Regelungskreis des IFRS 5 ist nicht betroffen.

---

74 Vgl. IFRS 5.BC41.
75 Vgl. IFRS 5.23 i.V.m. IAS 36.104(b).
76 Vgl. zu den Vermögenswerten die aus den Bewertungsvorschriften des IFRS 5 ausgenommen sind Rn 53.
77 Vgl. *IDW RS HFA 2*, Zur Veräußerung gehaltene langfristige Vermögenswerte und aufgegebene Geschäftsbereiche nach IFRS 5, WPg 2008, 483, 485.

Im Falle der erfüllten Anforderungen ist weiter zu prüfen, ob die Vermögenswerte durch einen Unternehmenszusammenschluss erworben wurden oder nicht. Erfolgte der Erwerb im Rahmen eines Unternehmenszusammenschlusses, so sind die Vermögenswerte zu ihrem beizulegenden Zeitwert abzüglich der Veräußerungskosten zu bewerten.[78] Weiter sind hierbei die Vorschriften des IFRS 3 zu berücksichtigen. Erfolgte der Erwerb nicht im Rahmen eines Unternehmenszusammenschluss, so ist analog wie bei langfristigen Vermögenswerten und Veräußerungsgruppen, die nicht zur Weiterveräußerung erworben wurden, zu verfahren und der niedrigere Wert aus den Anschaffungskosten und dem Nettozeitwert zu ermitteln.[79]

64 **3. Folgebewertung.** In der Folgeperiode ist der bei der Erstbewertung ermittelte Buchwert der Vermögenswerte oder einer Vermögensgruppe darauf hin zu überprüfen, ob Wertminderungen vorliegen. Die Folgebewertung der zur Veräußerung gehaltenen langfristigen Vermögenswerte und Veräußerungsgruppen erfolgt analog den zuvor dargestellten aufeinander aufbauenden Bewertungsschritten der Erstbewertung. Bei der Ermittlung des Buchwertes wird der am vorausgegangenen Stichtag angesetzte Wert herangezogen, da nach IFRS 5.25 langfristige Vermögenswerte und Veräußerungsgruppen nach IFRS 5 nicht planmäßig abgeschrieben werden. Die unmittelbar vor der Erstbewertung durchgeführte Bewertung der Vermögenswerte nach den einschlägigen IFRS-Standards wird nicht wiederholt.

65 Übersteigt der Buchwert des vorherigen Stichtags den beizulegenden Zeitwert abzüglich der Veräußerungskosten (Nettozeitwert), ist der Buchwert nach IFRS 5.20 außerplanmäßig **auf den niedrigeren Wert abzuschreiben**.[80] Wertminderungen von Veräußerungsgruppen werden analog der Erstbewertung zuerst auf den Geschäfts- und Firmenwert und anschließend auf die übrigen langfristigen Vermögenswerte der Gruppe verteilt.

66 Steigt zwischen Erstbewertung und Folgebewertung der beizulegende Zeitwert, so ist eine Wertaufholung geboten. Liegt der Buchwert über dem beizulegenden Zeitwert abzüglich der Veräußerungskosten, darf bei einzelnen zur Veräußerung gehaltenen Vermögenswerten eine **Wertaufholung** bis maximal in Höhe der bisher vorgenommenen Abschreibungen nach IFRS 5 und IAS 36 erfolgen.[81]

---

78 *Poerschke*, Die Bilanzierung von zur Veräußerung gehaltenem Vermögen nach IFRS, Düsseldorf 2006, 112f.
79 Vgl. IFRS 5.16.
80 Vgl. *Richter*, Die Bilanzierung zur Veräußerung gehaltener langfristiger Vermögenswerte und aufgegebener Geschäftsbereiche gemäß IFRS 5, BBK 2005, 520f.
81 Vgl. *Lüdenbach* Haufe-Kommentar, §29 Rn 30.

Bei Veräußerungsgruppen ist die zulässige Wertaufholung nach IAS 36.122 auf alle langfristigen Vermögenswerte, die den Bewertungsvorschriften des IFRS 5 unterliegen, vorzunehmen. Zu beachten ist weiterhin, dass eine Wertaufholung auf einen Geschäfts- oder Firmenwert nicht zulässig ist und sich somit die Wertaufholung im Wesentlichen auf Sachanlagen und immaterielle Vermögenswerte bezieht.[82]

67

Wird der Verkauf der Vermögenswerte nicht mehr angestrebt, da bspw. der erzielbare Betrag zu gering ist, wird eine Bewertung entsprechend dem IFRS 5.27 durchgeführt. Dieser Vorschrift zufolge ist der Vermögenswert mit dem niedrigeren Wert aus um die planmäßige Abschreibung reduzierten ursprünglichen Buchwert und dem erzielbaren Betrag zum Zeitpunkt der Aufgabe der Verkaufsabsicht anzusetzen. IFRS 5 greift für die Definition des erzielbaren Betrags auf den IAS 36 zurück. Die Bewertungsunterschiede aus der **Reklassifizierung** zwischen Buchwert und erzielbarem Betrag nach IFRS 5.27 sind erfolgswirksam zu erfassen. Die planmäßige Abschreibung wird gegebenenfalls wieder fortgeführt.

68

VI. Ausweis und Anhangsangaben. IFRS 5 regelt den **Ausweis** in der Bilanz und Gewinn- und Verlustrechnung von langfristigen Vermögenswerten, Vermögensgruppen sowie zur Veräußerung gehaltenen aufgegebenen Geschäftsbereichen. Der IFRS 5.41 enthält explizite Vorschriften für Anhangsangaben.

69

1. Bilanzausweis. Nach IFRS 5.30 hat ein Unternehmen, dem Ziel der IFRS Rechnungslegung folgend, Informationen bereitzustellen, die es den Adressaten ermöglichen, die finanziellen Auswirkungen aus der Veräußerung langfristiger Vermögenswerte (ggf. Veräußerungsgruppe) oder aus der Aufgabe von Geschäftsbereichen zu beurteilen.[83] IFRS 5 enthält daher spezielle Ausweisvorschriften für sämtliche, inklusive der von den Bewertungsvorschriften ausgenommenen, langfristigen Vermögenswerte, Veräußerungsgruppen sowie zur Veräußerung gehaltene aufgegebene Geschäftsbereiche.

70

Nach IFRS 5.38 sind langfristige Vermögenswerte, sowie alle Vermögenswerte innerhalb einer Vermögensgruppe, getrennt vom übrigen, nicht zum Verkauf bestimmten, Vermögen darzustellen. Analog sind die entsprechenden Schulden von den Verbindlichkeiten zu trennen. Eine Saldierung von Passivposten mit Aktivposten ist dabei unzulässig. Weiter verlangt IFRS 5.38, dass die Hauptgruppen der Vermögenswerte und Schulden entweder in der Bilanz oder im Anhang gesondert angegeben werden.[84] Ein zur Weiterveräußerung erworbenes Tochterunternehmen unterliegt jedoch nicht der Pflicht der Untergliederung.[85] Eine Anpassung sowie eine Neugliederung der Bilanzpositionen vorausgegangener Perioden sind gemäß IFRS 5.40 untersagt.

---

82 Vgl. IAS 36.124.
83 Vgl. *Winnefeld* Bilanzhandbuch, 4f.
84 Vgl. *Kessler/Leinen*, KoR 2006, 561.
85 Vgl. IFRS 5.39.

71   **2. Ausweis in der Gewinn- und Verlustrechnung.** Neben den Ausweisvorschriften für die Bilanz existieren für abgehende Geschäftsbereiche Vorschriften für den Ausweis von Erträgen und Aufwendungen. Es ist daher zwischen Erfolgskomponenten aus der Nutzung und dem Abgang aufgegebener Geschäftsbereiche, welche gesondert in der Gewinn und Verlustrechnung ausgewiesen werden, und Erfolgen aus der Nutzung und dem Abgang von zur Veräußerung gehaltenen Vermögenswerten und Veräußerungsgruppen, welche kein aufgegebener Geschäftsbereich sind und deshalb in der Gewinn- und Verlustrechnung unter den fortlaufenden Geschäftstätigkeiten ausgewiesen werden, zu unterscheiden.[86]

Dies führt zu einer Unterteilung der Gewinn- und Verlustrechnung in die Bereiche „Fortlaufende Geschäftstätigkeiten" (*continuing operations*) und „Aufgegebene Geschäftsbereiche" (*discontinued operations*) nach IFRS 5.33. Das Gesamtergebnis der aufgegebenen Geschäftsbereiche ist nach Steuern auszuweisen und enthält die Ergebniskomponenten aus der Geschäftstätigkeit, aus der Bewertung oder aus der Veräußerung des aufgegebenen Geschäftsbereichs. Dem aktuellen IFRS 5.33(b) folgend sind weitere Untergliederungen vorzunehmen:

- Erlöse, Aufwendungen und Ergebnis vor Steuern des aufgegebenen Geschäftsbereichs,
- den zugehörigen Ertragsteueraufwand gemäß IAS 12 .81(h),
- den Gewinn oder Verlust, der bei der Bewertung mit dem beizulegenden Zeitwert abzüglich Veräußerungskosten oder bei der Veräußerung der Vermögenswerte oder Veräußerungsgruppe(n), die den aufgegebenen Geschäftsbereich darstellen, erfasst wurde,
- den zugehörigen Ertragsteueraufwand gemäß IAS 12.81(h).

72   Nach dem ED von September 2008 zu den *discontinued operations* soll der Abschnitt 33b teilweise neu formuliert und erweitert werden. Das Ergebnis des aufgegebenen Geschäftsbereichs soll künftig weitergehend aufgegliedert werden. So sind vom Unternehmen alle wesentlichen Beträge zu nennen, die zum Erfolgsbeitrag des Geschäftsbereichs geführt haben. Dies umfasst auch die zugewiesenen Abschreibungen, Wertminderungen und Zinsaufwendungen.

73   Nach IFRS 5.33(c) sind die Netto-Cashflows, die der laufenden Geschäftstätigkeit sowie der Investitions- und Finanzierungstätigkeit des aufgegebenen Geschäftsbereichs zuzurechnen sind, anzugeben. Diese Angaben können sowohl in der Gewinn- und Verlustrechnung als auch im Anhang erfolgen.[87]

---

86 Vgl. *Poerschke*, Die Bilanzierung von zur Veräußerung gehaltenem Vermögen nach IFRS, 156f.
87 Vgl. *Lüdenbach* Haufe-Kommentar, §29 Rn 39.

VI. Ausweis und Anhangsangaben

3. Pflichtangaben im Anhang und Reklassifizierung. IFRS 5 verlangt umfangreiche Angaben im **Anhang**, um alle notwendigen Informationen für die Adressaten bereitzustellen. Im Anhang sind folgende Informationen anzugeben, wenn ein langfristiger Vermögenswert oder eine Veräußerungsgruppe in der Berichtsperiode „zur Veräußerung gehalten" wird:[88]

- eine Beschreibung des langfristigen Vermögenswertes (oder der Veräußerungsgruppe) (IFRS 5.41(a)),
- eine Beschreibung der Sachverhalte und Umstände der Veräußerung oder der Sachverhalte und Umstände, die zu der erwarteten Veräußerung führen sowie die voraussichtliche Art und Weise des voraussichtlichen Zeitpunkts dieser Veräußerung (IFRS 5.41 (b)),
- der gemäß den Paragraphen 20-22 erfasste Gewinn oder Verlust, falls dieser nicht gesondert in der Gewinn- und Verlustrechnung ausgewiesen wird, in welcher Kategorie der Gewinn- und Verlustrechnung dieser Gewinn oder Verlust berücksichtigt wurde (IFRS 5.41 (c)),
- gegebenenfalls das berichtspflichtige Segment, in dem der langfristige Vermögenswert (oder die Veräußerungsgruppe) gemäß IFRS 8 „Geschäftssegmente" ausgewiesen wird (IFRS 5.41 (d)).

Erfüllt ein langfristiger Vermögenswert oder eine Veräußerungsgruppe die Kriterien einer Klassifizierung als „zur Veräußerung gehalten" nach dem Bilanzstichtag, jedoch vor der Feststellung des Abschlusses, so sind nach IFRS 5.12 lediglich die Informationen entsprechend a, b und d des IFRS 5.41 anzugeben.

Nach dem **ED von September 2008** zu den *discontinued operations* ist eine Überleitungsrechnung bei der Aufschlüsselung des Ergebnisbeitrags des aufgegebenen Geschäftsbereichs im Anhang zu erstellen. Aus dieser Überleitungsrechnung muss für den Bilanzleser ein Abgleich der in der Erfolgsrechnung ausgewiesenen Beträge zu den Beträgen im Anhang möglich sein.

Im Rahmen des *Improvements to IFRS* **vom April 2009** ergänzt das IASB IFRS 5 um die Randnummern 5B und 44E und stellt damit klar, dass Angabepflichten anderer Standards nicht für die unter IFRS 5 fallenden Vermögenswerte gelten, es sei denn die jeweiligen Standards sehen explizite Angaben vor.[89] So verlangt der IAS 33.68 zusätzlich die Angabe eines unverwässerten und verwässerten Ergebnisses je Aktie für aufzugebende Geschäftsbereiche. Über die Anhangangaben des IFRS 5 hinausgehende Angaben können jedoch zur Erfüllung der grundlegenden Anforderungen des IAS 1 zur fair presentation oder materiality geboten sein.[90]

---

88 Vgl. IFRS 5.41 sowie *Richter*, BBK 2005, 523.
89 Vgl. *IASB*, Press Release vom 7. August 2008, abrufbar unter: http://www.iasb.org/NR/rdonlyres/97162529-7CFF-4E90-A6ED-79D9D7F6CFD2/0/PRAnnualim provementsEDfinal.pdf (Stand: 21. Dezember 2009).
90 Vgl. *IASB*, Press Release vom 7. August 2008, abrufbar unter: http://www.iasb.org/NR/ rdonlyres/97162529-7CFF-4E90-A6ED-79D9D7F6CFD2/0/PRAnnualimprovementsEDfinal.pdf (Stand: 21. Dezember 2009).

78 Sollten die Klassifizierungskriterien für einen langfristigen Vermögenswert oder eine Veräußerungsgruppe zu einem späteren Zeitpunkt nicht mehr erfüllt sein, hat unverzüglich eine Reklassifizierung zu erfolgen. Hierüber ist im Anhang zu berichten. Gleiches gilt, wenn eine Veräußerungsgruppe nur teilweise aufgrund einer möglichen Zerschlagung oder eines Teilverkaufes reklassifiziert werden muss. Nach IFRS 5.42 sind folgende Informationen anzugeben: Der Sachverhalt und die Umstände, die zur Änderung des ursprünglichen Verkaufsplans geführt haben, sowie die Auswirkungen, die sich auf das Ergebnis der Berichtsperiode und auf das Ergebnis der im Abschluss dargestellten Vorperioden ergeben.[91]

79 **VII. Inkrafttreten und Übergangsvorschriften.** Der IFRS 5 ist rückwirkend für Geschäftsjahre verpflichtend anzuwenden, die am oder nach dem **1. Januar 2005** beginnen. Gemäß IFRS 1 muss bei der erstmaligen Umstellung auf die IFRS der Erstanwender den IFRS 5 rückwirkend berücksichtigen, es sei denn, der Zeitpunkt des Übergangs auf die internationale Rechnungslegung liegt vor dem 1. Januar 2005. In diesem Fall kommen die Übergangsregelungen entsprechend IFRS 5.43-44 zur Anwendung.

80 Die Änderungen aus der Verordnung Nr. 70/2009 veröffentlicht am 23. Januar 2009, betreffend die neuen Randnummern 8A und 36A, gelten für Geschäftsjahre, die nach dem **1. Juli 2009** beginnen. Eine frühere Anwendung ist zulässig. Hinsichtlich der erneuten Verbesserung des IFRS 5.8A kann noch keine abschließende Aussage bezüglich der Übernahme in die EU-Verordnung getroffen werden.

81 Des Weiteren konnte bei Redaktionsschluss hinsichtlich des Inkrafttretens des ED von September 2008 zur Neudefinition der discontinued operations noch keine verbindliche Information gegeben werden. Es wird mit einer Veröffentlichung seitens des IASB frühestens am Ende des ersten Quartals 2010 gerechnet.

82 **VIII. IFRS für kleine und mittelgroße Unternehmen.** Der IFRS für kleine und mittelgroße Unternehmen enthält keine IFRS 5 vergleichbaren Vorschriften.

83 **IX. Ausblick.** Eine größere Konvergenz zwischen den zwei vorherrschenden Rechnungslegungsstandards IFRS und US-GAAP wird weiter angestrebt. Die Definition des abgehenden Geschäftsbereichs und seine geplante Einengung sorgen dabei für Diskussionsstoff. Nach der Übernahme des ED *Proposed Amendments to IFRS 5* in unveränderter Form, würden nur noch der Abgang von Segmenten gemäß IFRS 8 eine Berichtspflicht in der Gewinn- und Verlustrechnung auslösen. In der Bilanzierungspraxis sind die Segmente sehr hoch aggregiert, was unseres Erachtens dazu führt, dass der Abgang eines Segmentes selten stattfinden wird und die Rege-

---

91 Vgl. *Lüdenbach* Haufe-Kommentar, §29 Rn 63ff.

IX. Ausblick

lungen des IFRS 5 ins Leere laufen würden. IASB/FASB geben mit ihrer Definition eines aufgegebenen Geschäftsbereichs der Objektivierung dem Vorrang vor der Informationsfunktion.

Im aktuellen IFRS 5 werden Stilllegung und Abgang von Vermögenswerten nicht gleichwertig behandelt. Nur die erfolgte Stilllegung eines aufgegebenen Geschäftsfeldes führt zu einem separaten Ausweis in der Gewinn- und Verlustrechnung. Die Ungleichbehandlung von Stilllegungen und zum Verkauf stehenden Vermögenswerten ist nicht zufriedenstellend und wird in der weiteren Entwicklung des IFRS 5 diskutiert werden.

IFRS 7 – Financial Instruments: Disclosures

1   IFRS 7 *Financial Instuments*: Disclosure regelt die Angabepflichten für Finanzinstrumente. Die Vorschriften werden im Rahmen der Ausführungen zu IAS 39 *Financial Instruments: Recognition and Measurement* erläutert.

I. Regelungsgehalt

IFRS 8 – Operating Segments

Rn	Textauszüge aus IFRS 8
IFRS 8.1	Ein Unternehmen hat Informationen anzugeben, anhand derer Abschlussadressaten die Art und finanziellen Auswirkungen der von ihm ausgeübten Geschäftstätigkeiten sowie das wirtschaftliche Umfeld, in dem es tätig ist, beurteilen können.

Übersicht

	Rn
I. Regelungsgehalt	1 – 8
II. Normzweck und Anwendungsbereich	9 – 13
III. Operating Segments (Geschäftssegmente)	14 – 26
IV. Berichtspflichtige Segmente	27 – 46
1. Überblick	27 – 29
2. Schritte zur Bestimmung	30 – 42
a) Freiwillige Zusammenfassung	30 – 35
b) 10%-Test	36 – 40
c) 75%-Test	41
d) Verbleibende Segmente und Geschäftsaktivitäten	42
3. Änderungen der Segmentierung	43 – 46
V. Ausweis und Angaben	47 – 70
1. Überblick und allgemeine Angaben	47 – 49
2. Segmentinformationen	50 – 62
a) Umfang	50 – 55
b) Bewertung	56 – 62
3. Überleitungsrechnungen	63 – 65
4. Angaben auf Unternehmensebene	66 – 70
VI. Inkrafttreten und Übergangsvorschriften	71
VII. IFRS für kleine und mittelgroße Unternehmen	72
VIII. Ausblick	73

I. Regelungsgehalt. Die aggregierten Daten in Jahres- und Konzernabschlüssen lassen nicht erkennen, inwieweit sich die Vermögens-, Finanz- und Ertragslage des berichtenden Unternehmens oder Konzerns z.B. in verschiedenen Geschäftsfeldern oder geographischen Regionen unterschiedlich entwickeln. Zur Beurteilung geplanter Aktivitäten und damit zur Abschätzung künftiger Gewinne und Zahlungsüberschüsse sind derartige Informationen jedoch von Bedeutung. Gegenstand der **Segmentberichterstattung** nach IFRS 8 ist im Wesentlichen die Darstellung entsprechend disaggregierter Daten; hinzu kommen verbale Erläuterungen zum vertieften Verständnis der Geschäftstätigkeit des Unternehmens.

2   IFRS 8 *Operating Segments* (Geschäftssegmente) ist verpflichtend anzuwenden auf Geschäftsjahre, die am 01.01.2009 oder später beginnen. Der Standard ersetzt IAS 14 und wurde im Zuge des Kurzfristprojekts zur Harmonisierung der IFRS und der US-GAAP eingeführt. Im Gegensatz zu IAS 14, der dem sog. Risks and Rewards-Ansatz folgte, ist IFRS 8 entsprechend dem Vorbild der US-GAAP am sog. **Management-Ansatz** ausgerichtet – in doppelter Hinsicht: Zum einen folgt die Abgrenzung der in die Berichterstattung eingehenden Segmente der internen Strukturierung des Unternehmens; zum anderen werden die Zahlen berichtet, die auch intern der sog. verantwortlichen Unternehmensinstanz zur Beurteilung der jeweiligen Einheit vorgelegt werden. Daher ist die Segmentberichterstattung um eine Überleitungsrechnung zu ergänzen, in der die internen Bewertungsregeln folgenden Daten der Segmentberichterstattung auf die Daten des IFRS-Abschlusses übergeleitet werden.

3   Von der Neuausrichtung des Konzepts auf den Management-Ansatz werden relevantere Informationen erwartet, da den Adressaten jetzt Daten zur Verfügung gestellt werden, die auch intern Entscheidungsgrundlagen darstellen. Auf der anderen Seite werden Vorteile für die Unternehmen gesehen, die nicht mehr zusätzlich zu ihrer internen Berichterstattung eine weitere Strukturierung der Daten allein für Zwecke der externen Berichterstattung vornehmen müssen. Als nachteilig wird vor allem angesehen, dass die zwischenbetriebliche Vergleichbarkeit der Segmentberichte gemessen an IAS 14 vermindert wird.[1] Abhilfe sollen hier die Angaben auf Unternehmensebene gemäß IFRS 8.31-34 schaffen, denen zudem die Regeln der IFRS zugrunde zu legen sind. Damit werden in einem Mindestumfang standardisierte, vergleichbare Segmentdaten bereitgestellt.[2]

4   Ferner wird diskutiert, inwiefern Gestaltungsmöglichkeiten und -absichten durch die Ausrichtung am Management-Ansatz eingeräumt oder gefördert werden. Zum einen kann nicht für jedes Unternehmen unterstellt werden, dass eine weitgehende Veröffentlichung von Daten entsprechend der internen Berichterstattung erwünscht ist; vielmehr wird häufig angestrebt, die Informationen aus Gründen des Schutzes vor Konkurrenten eher zu beschränken. Andererseits kann das allgemeine Interesse einer möglichst positiven Darstellung in der externen Berichterstattung bestehen.[3]

---

1   Vgl. z.B. *Fink/Ulbrich* KoR 2007, 3; ausführlich *Trapp/Wolz* IRZ 2008, 89f und *Grottke/Krammer* KoR 2008, 677f. Eben dieser Einwand führte auch zur Verzögerung des Endorsement durch die EU; siehe die Erläuterungen bei *Heintges/Urbanczik/Wulbrand* DB 2008, 2773, mwN.
2   Ähnlich *Fink/Ulbrich* DB 2007, 984; *Rogler* KoR 2009, 504.
3   Siehe weitergehend *Grottke/Krammer* KoR 2008, 670ff; *Rogler* KoR 2009, 500ff und 576ff.

I. Regelungsgehalt

Als nachteilig wird daher auch ein – bereits früher allgemein hinsichtlich der Konvergenz von internem und externem Rechnungswesen gesehener – „Zirkularitätseffekt" beschrieben[4], indem nun verstärkte Anreize für eine Gestaltung bereits der internen Strukturen bestehen könnten, um dies auf die externe Berichterstattung durchschlagen zu lassen. Allerdings treten Art und Umfang einer von den IFRS abweichenden Bewertung für interne Zwecke im Rahmen der Überleitungsrechnung für externe Verwender der Rechnungslegung, wie insbesondere Analysten, in Erscheinung. Spätestens hierin kann auch ein Anreiz für das Management gesehen werden, sinnvolle und damit auch gegenüber Externen begründbare interne Gestaltungen zu wählen.[5] Zunächst ist aber vor allem davon auszugehen, dass das Management nicht allein aufgrund der externen Präsentation intern als nicht optimal angesehene Maßstäbe einführen wird.[6] Gestaltungen werden insoweit eher auf den Detaillierungsgrad der Informationen abzielen. 5

Möglichkeiten zur Gestaltung bietet IFRS 8 z.T. durch explizite, vor allem aber durch faktische Wahlrechte. Der Umfang der anzugebenden Daten hängt im Detail von dem in der internen Berichterstattung ab, die frei gestaltet werden kann. Außerdem knüpfen die Regeln in IFRS 8 vielfach an auslegungsbedürftige Begriffe an. 6

Ansatzpunkte für gestaltende Maßnahmen sind die **interne Organisations- und Leitungsstruktur** und der **Aufbau des internen Berichtswesens**. Zur Vermeidung einer unerwünscht detaillierten Preisgabe von Informationen zur internen Steuerung könnte die interne Berichterstattung z.B. auf einer stark aggregierten Basis erfolgen. Eine Beschränkung der Informationstiefe allein zur Vermeidung weitergehender Berichtspflichten erscheint allerdings i.d.R. kontraproduktiv. Alternativ könnten generell zwei Arten von Informationen zur Steuerung herangezogen werden, von denen eine allein für interne Zwecke definiert, die andere IFRS-näher ausgestaltet ist. Sofern beide Grundlage für die interne Steuerung sind, ist nur die IFRS-nähere zu berichten. 7

Aufgrund der vielfältigen, ineinander greifenden Gestaltungsmöglichkeiten und einiger expliziter Wahlrechte kann nicht verallgemeinernd festgestellt werden, ob IFRS 8 im Verhältnis zum Vorgängerstandard IAS 14 eine Ausweitung oder eine Verringerung der Angabepflichten mit sich bringt. Der Umfang der anzugebenden Segmentinformationen kann deutlich unter oder deutlich über dem nach IAS 14 gebotenen liegen, da er unmittelbar den entsprechenden Daten des internen Berichtswesens folgt.[7] 8

---

4   Vgl. *Rogler* KoR 2009, 500, mit Nachweisen für die frühere Diskussion.
5   Vgl. hierzu *Grünberger* IFRS, 315.
6   Siehe insoweit auch *Trapp/Wolz* IRZ 2008, 92.
7   Siehe auch *Fink/Ulbrich* DB 2007, 985. Für eine weitergehende Einschätzung der Gestaltungsmöglichkeiten sowie der Aussagekraft der Segmentberichterstattung auf der Basis von IFRS 8 siehe auch *Rogler* KoR 2009, 500ff und 576ff.

9 **II. Normzweck und Anwendungsbereich.** Nach dem in IFRS 8.1 formulierten **Grundprinzip** des Standards fordert dieser Zusatzangaben der Unternehmen, die den Abschlussadressaten die Beurteilung der finanziellen Auswirkungen der geschäftlichen Aktivitäten des Unternehmens sowie des wirtschaftlichen Umfeldes, in dem es tätig ist, ermöglichen.

10 Der Standard ist verpflichtend **anzuwenden** auf die Einzel- und Konzernabschlüsse nach IFRS bilanzierender Unternehmen, deren Eigenkapital- oder Schuldinstrumente an einem öffentlichen Markt gehandelt werden. Gleiches gilt für Unternehmen, die den öffentlichen Handel durch Vorlage ihrer Abschlüsse bei einer Wertpapieraufsichts- oder Regulierungsbehörde vorbereiten (IFRS 8.2)[8]. Der Begriff des öffentlichen Marktes („a domestic or foreign stock exchange or an over-the-counter market, including local and regional markets") umfasst in Deutschland den regulierten Markt und den Freiverkehr. Da die Kapitalmarktorientierung i.S.d. EU-Verordnung 1606/2002 nur auf den regulierten Markt abstellt, sind Unternehmen, die in diesem Sinne nicht kapitalmarktorientiert sind und die IFRS freiwillig anwenden, gleichwohl nicht automatisch aus dem Anwendungsbereich von IFRS 8 ausgeschlossen.[9]

11 Ein Konzern unterliegt nur dann IFRS 8, wenn Eigen- oder Fremdkapitaltitel des Mutterunternehmens selbst öffentlich gehandelt werden. Der Handel mit Titeln eines Tochterunternehmens führt hingegen nicht zu einer Berichterstattungspflicht nach IFRS 8.

12 In Geschäftsberichten von Konzernen, die den Einzelabschluss und den Konzernabschluss des Mutterunternehmens enthalten, brauchen die Segmentinformationen nur für den **Konzernabschluss** angegeben zu werden (IFRS 8.4). Nicht zur Anwendung verpflichtete Unternehmen, die ohne vollständige Berücksichtigung der Anforderungen des IFRS 8 freiwillig über Segmente berichten, dürfen diese Informationen gemäß IFRS 8.3 nicht als Segmentinformationen bezeichnen. Allerdings bleibt die Möglichkeit unbenommen, entsprechend aufbereitete Informationen außerhalb des Jahres- oder Konzernabschlusses in den Geschäftsbericht aufzunehmen.[10]

13 Für Pflichtanwender von IFRS 8 sind bestimmte Segmentinformationen auch in Zwischenberichten erforderlich. Art und Umfang sind in IAS 34.16(g) angegeben.

14 **III. Operating Segments (Geschäftssegmente).** Die Einheiten, für die grundsätzlich gesonderte Informationen bereitzustellen sind, werden als „Operating Segments" (Geschäftssegmente) bezeichnet. IFRS 8.5 sowie die (gleichlautende) Definition in IFRS 8 Appendix A umschreiben ein Geschäftssegment als einen Unternehmensbestandteil,

---

8 Zum Beginn der Vorbereitungsphase siehe die Ausführungen zu IAS 33.2.
9 Vgl. *Grünberger* IFRS, 309.
10 So *Hütten/Fink* Haufe-Kommentar, §36, Rn 11.

III. Operating Segments (Geschäftssegmente)

- der Geschäftstätigkeiten betreibt, mit denen Umsatzerlöse erwirtschaftet werden und bei denen Aufwendungen anfallen können (wobei Geschäftsvorfälle mit anderen Einheiten des Unternehmens zu berücksichtigen sind),
- dessen Betriebsergebnisse regelmäßig von der verantwortlichen Unternehmensinstanz zum Zwecke der Beurteilung der Ertragskraft und für Entscheidungen über die Ressourcenallokation herangezogen werden und
- für den gesonderte Finanzinformationen vorliegen.

Entsprechend dem ersten Punkt ist es nicht erforderlich, dass ein Bereich tatsächlich **Umsatzerlöse** erwirtschaftet und Aufwendungen verursacht – die Möglichkeit reicht aus. Damit können auch neu aufgebaute Bereiche, deren Geschäftsbetrieb erst anläuft, Geschäftssegmente darstellen (IFRS 8.5). Häufig werden sie jedoch wegen Unwesentlichkeit noch aus der Berichtspflicht herausfallen.[11]

Andererseits stellen Unternehmensbereiche, die keine oder nur gelegentlich Umsatzerlöse erzielen können, keine Geschäftssegmente dar. Nicht jeder Bereich eines Unternehmens muss notwendigerweise von einem Segment im Sinne von IFRS 8 erfasst werden (IFRS 8.6). Als Beispiele nennt der Standard die Unternehmenszentrale sowie – ohne nähere Bestimmung – einige funktionelle Bereiche („some functional departments"). Hier ist z.B. zu denken an Rechnungswesen, Datenverarbeitung, Personalabteilung oder Interne Revision.[12]

Ausschlaggebend ist aber auch in diesen Fällen jeweils, ob die Kriterien nach IFRS 8.5(a)–(c) erfüllt sind. Selbst ein als „cost center" geführter Bereich, dem also keine Erlöse zugewiesen werden, kann ein Geschäftssegment darstellen, wenn er grundsätzlich geeignet ist, Erlöse zu erwirtschaften und gesonderte Finanzinformationen vorliegen, die zudem regelmäßig von der verantwortlichen Unternehmensinstanz herangezogen werden.[13] Auch eine entsprechend organisierte Forschungs- und Entwicklungsabteilung kann daher ein Geschäftssegment darstellen.

Sog. **vertikal integrierte Segmente**, also Segmente, die ihre Erträge zu mehr als 50% aus Transaktionen mit anderen Segmenten erzielen[14], können ebenfalls Geschäftssegmente darstellen, da die Erzielung von Intersegmenterlösen insoweit der Erzielung externer Erlöse gleichsteht. Bei vertikal integrierten Segmenten kann es sich z.B. um konzerninterne Lieferanten oder zentrale Serviceeinheiten handeln; es kommen aber auch funktionelle Bereiche, wie unter Rn. 16-17 angesprochen, in Frage, die als Profit Center organisiert sind, für ihre Leistungsabgaben also ggf. nach Ver-

---

11 Vgl. *Fink/Ulbrich* DB 2007, 981; *Hütten/Fink* Haufe-Kommentar, §36, Rn 19.
12 Siehe *PwC (Hrsg.)* A practical guide, Rn 1.3.
13 Vgl. *PwC (Hrsg.)* A practical guide, Rn 1.6.
14 Vgl. *Fink/Ulbrich* DB 2007, 982.

rechnungspreisen bestimmte Erlöse erzielen. Auch hier gilt wieder, dass gesonderte Finanzinformationen jeweils vorliegen und von der relevanten Unternehmensinstanz zur Steuerung herangezogen werden müssen.[15]

19 Auch für **Joint Ventures, Anteile an assoziierten Unternehmen sowie nicht fortgeführte Aktivitäten i.s.v. IFRS 5** kommt die Eigenschaft eines Geschäftssegments grundsätzlich in Frage. Zu prüfen ist jeweils anhand der allgemeinen Kriterien nach IFRS 8.5.[16] Ausdrücklich festgestellt wird hingegen, dass Versorgungspläne keine Geschäftssegmente darstellen können (IFRS 8.6).

20 Mit der „**verantwortlichen Unternehmensinstanz**" („the entity's chief operating decision maker", CODM) wird auf eine Funktion Bezug genommen, die von einer oder von mehreren Personen wahrgenommen werden kann. Grundsätzlich ist diese Funktion auf der höchsten Leitungsebene angesiedelt[17] – hierbei geht es um die Zuweisung von Ressourcen und die Beurteilung der Ertragskraft der verschiedenen Bereiche. IFRS 8.7 nennt als typische verantwortliche Instanzen in diesem Sinne den „chief executive officer" (CEO), bei Aktiengesellschaften nach deutschem Recht also der Vorstandsvorsitzende, oder den „chief operating officer" (COO). Es kann sich aber auch um ein Gremium handeln, das entsprechende Entscheidungen gemeinsam trifft.

21 Die Feststellung der verantwortlichen Unternehmensinstanz hat wesentlichen Einfluss auf die Frage der Segmentabgrenzung, da diese der Strukturierung – nach Art und Detaillierungsgrad – der Daten folgt, die von dem Entscheidungsträger herangezogen werden. Nimmt z.B. der Gesamtvorstand die Beurteilung der Ertragskraft und die Ressourcenzuweisung tatsächlich gemeinsam vor, ist entscheidend, welche Berichte dieses Gremium hierfür heranzieht. Liegen diese Entscheidungen hingegen z.B. bereichsweise aufgeteilt in den Händen einzelner Vorstandsmitglieder, ist auf die Berichte abzustellen, die der jeweilige Entscheidungsträger tatsächlich heranzieht. Erhält er detailliertere Informationen als der Gesamtvorstand, sind diese für die Segmentabgrenzung ausschlaggebend.[18]

22 Abzustellen ist auf die **tatsächlichen Verhältnisse im Einzelfall**, wie sie sich in den internen Berichten und Protokollen des Unternehmens widerspiegeln.[19] Allerdings ergibt sich aus der internen Berichterstattung oft nicht unmittelbar ein eindeutiges Bild, da unterschiedlich stark detaillierte und auf unterschiedliche Kriterien (z.B. Produktbereiche, Regionen) ausgerichtete Berichte an die verantwortliche Unternehmensinstanz nebeneinander Verwendung finden können.

---

15 Vgl. zu diesem Absatz *PwC (Hrsg.)* A practical guide, Rn 1.6; *Heintges/Urbanczik/Wulbrand* DB 2008, 2775.
16 Siehe hierzu *PwC (Hrsg.)* A practical guide, Rn 1.8f, ausführlich *Heintges/Urbanczik/Wulbrand* DB 2008, 2776.
17 So auch *Heintges/Urbanczik/Wulbrand* DB 2008, 2773.
18 Vgl. hierzu die Ausführungen und das Beispiel bei *Heintges/Urbanczik/Wulbrand* DB 2008, 2774.
19 Vgl. auch *Hütten/Fink* Haufe-Kommentar, §36 Rn 18.

IV. Berichtspflichtige Segmente

Anders als in IAS 14 gibt es keine Festlegung für ein vorrangig heranzuziehendes inhaltliches Segmentierungskriterium; die Vorgaben in IFRS 8.5 sind insofern „neutral". Konkret kommen also die in der Praxis nach wie vor vorherrschenden Segmentierungen nach Produktgruppen oder Regionen, aber auch nach Risiken, Kundengruppen, rechtlichen Einheiten und ggf. weitere in Betracht.[20] Auch eine gemischte Segmentierung ist möglich.[21]

23

Sofern intern mehrere Segmentierungen parallel verwendet werden, ist den Hinweisen in IFRS 8.8-10 zu folgen. Zu beachten sind dann insbesondere

24

- die Wesensart der Geschäftstätigkeiten eines Bereichs,
- das Vorhandensein eines Segmentmanagements und
- die der verantwortlichen Instanz vorgelegten Informationen.

Wie schon der Begriff der „verantwortlichen Unternehmensinstanz" ist auch der Begriff des **Segmentmanagements** funktional zu verstehen. Als Regelfall sieht IFRS 8.9 die Existenz eines Segmentmanagements an, das der verantwortlichen Instanz berichtet. Ggf. können aber auch beide Funktionen bei derselben Person oder Gruppe von Personen zusammenfallen.[22] Entscheidend ist der Aspekt des gesonderten Managements für die betrachtete Einheit, unabhängig davon, ob derselbe Funktionsträger ggf. auch noch andere Einheiten entsprechend führt oder zugleich die oberste Entscheidungsebene, also die verantwortliche Unternehmensinstanz, verkörpert.

Existieren **mehrere Reihen von Kriterien**, die eine Feststellung von Geschäftssegmenten i.S.v. IFRS 8.5 möglich machen, ist für die Segmentberichterstattung diejenige heranzuziehen, für die ein gesondertes Segmentmanagement besteht.

25

Sind für mehrere Reihen von Kriterien sowohl die Voraussetzungen nach Abs. 5 erfüllt wie auch Segmentmanager vorhanden, liegt eine Matrixorganisation vor. In diesem Fall ist der Segmentberichterstattung diejenige Dimension zugrunde zu legen, die dem Prinzip nach IFRS 8.1 – die Beurteilung der Geschäftstätigkeiten des Unternehmens und ihres Umfeldes zu ermöglichen – besser entspricht.

26

IV. Berichtspflichtige Segmente. 1. Überblick. Die Identifizierung der Geschäftssegmente eines Unternehmens nach den Kriterien gemäß IFRS 8.5-10 kann u.U. zu einer großen Zahl von Segmenten führen. Eine sehr weit aufgegliederte Segmentberichterstattung wäre jedoch unübersichtlich und damit im Hinblick auf das Ziel der Informationsvermittlung kontraproduktiv. IFRS 8.19 gibt als Richtschnur für eine noch als übersichtlich empfundene Segmentierung die Zahl 10 vor; eine größere Zahl von Segmenten wird nicht ausgeschlossen, allerdings soll zuvor noch einmal fallbezogen geprüft werden, ob diese Zahl nicht jenseits einer praktikablen Darstellung liegt. Bevor es ggf. zu einer solchen Überprüfung kommt, ist jedoch eine Reihe

27

---

20 Vgl. *Richter/Rogler* KoR 2009, 76; *Hütten/Fink* Haufe-Kommentar, §36, Rn 16, mwN.
21 Vgl. *Hütten/Fink* Haufe-Kommentar, §36, Rn 23 ff.
22 Zur Identifikation der relevanten Berichtsebene in diesem Fall siehe oben Rn 21.

von expliziten Regelungen im Standard zu berücksichtigen, anhand derer eine nach Inhalt und Größe informative Bildung berichtspflichtiger Segmente erreicht werden soll. Beschränkungen der Anzahl gemäß der Empfehlung in IFRS 8.19 können nur im Rahmen der gegebenen Wahlrechte durchgeführt werden. Die Zahl verpflichtend einzeln auszuweisender Segmente kann nicht unter Berufung hierauf vermindert werden.[23]

28 Für den entgegengesetzten Extremfall – ein Unternehmen umfasst nur ein Geschäftssegment i.S.v. IFRS 8 – entfallen zwar die Segmentinformationen; die unternehmensweiten Angaben werden jedoch auch von **Ein-Segment-Unternehmen** gefordert (IFRS 8.31).

29 Die für die Segmentberichterstattung festgelegte Strukturierung in Geschäftssegmente hat Auswirkungen auch für den Wertminderungstest nach IAS 36. IAS 36.80 (b) legt fest, dass eine zahlungsmittelgenerierende Einheit höchstens so groß sein darf, wie ein Geschäftssegment i.S.v. IFRS 8.5 vor einer eventuellen Zusammenfassung von Segmenten.[24]

30 **2. Schritte zur Bestimmung. a) Freiwillige Zusammenfassung.** Über ein gemäß IFRS 8.5-10 identifiziertes Geschäftssegment ist grundsätzlich gesondert zu berichten, wenn es die Größenkriterien gemäß IFRS 8.13 erfüllt (IFRS 8.11). Bevor diese Größenkriterien geprüft werden, ist allerdings die freiwillige Zusammenfassung von zwei oder mehr Geschäftssegmenten für Zwecke der Berichterstattung möglich. Die Kriterien nach IFRS 8.13 werden danach auf das durch Zusammenfassung gebildete Segment angewendet.

31 Die **Zusammenfassung von Segmenten** zu einem einzigen Geschäftssegment ist gestattet, wenn:
- die Zusammenfassung mit dem Grundprinzip des IFRS 8 zu vereinbaren ist,
- die Segmente vergleichbare wirtschaftliche Merkmale aufweisen und
- die Segmente vergleichbar sind im Hinblick auf jedes der folgenden Kriterien:
    - die Art der Produkte und Dienstleistungen,
    - die Art der Produktionsprozesse,
    - die Art oder Gruppe der Kunden für die Produkte und Dienstleistungen,
    - die Methoden für den Vertrieb von Produkten oder die Erbringung von Dienstleistungen und
    - ggf. die Art der regulatorischen Rahmenbedingungen, z.B. im Bank- oder Versicherungswesen.

---

23 So auch *Fink/Ulbrich* KoR 2007, 2.
24 Diese Regelung wurde klarstellend mit dem Annual Improvements Project 2009 eingeführt. Zur Erläuterung siehe *Heintges/Urbanczik/Wulbrand* DB 2008, 2778.

IV. Berichtspflichtige Segmente

Bei **vergleichbaren wirtschaftlichen Merkmalen** geht IFRS 8.12 davon aus, dass auch die langfristige Ertragsentwicklung ähnlich verläuft. Damit besteht die Vermutung, dass das Berichtsziel der Ermöglichung der Abschätzung der Ertragslage für die Zukunft nicht behindert wird, während die Zusammenfassung ggf. gleichzeitig für mehr Übersichtlichkeit sorgen kann. Diese Anforderung kommt in der erstgenannten Voraussetzung – Vereinbarkeit mit dem Grundprinzip des Standards – zum Ausdruck.

32

Nicht eindeutig ist das Verständnis von den „wirtschaftlichen Merkmalen". Als Konsequenz aus deren Vorliegen werden vergleichbare langfristige Ertragsentwicklungen, konkretisiert als vergleichbare langfristige Bruttogewinnmargen, genannt. Vergleichbare wirtschaftliche Merkmale können durch ähnliche Entwicklungen verschiedener Posten und Kennzahlen angezeigt werden. In Betracht kommen z.B. Umsätze, EBITDA und Kapitalrendite.[25]

33

Fraglich ist auch, welche **quantitativen Abweichungen** noch die Anforderung der Vergleichbarkeit erfüllen und auf welche Zeiträume sich die vergleichende Betrachtung erstrecken soll. In Anlehnung an die Handhabung der SEC würden z.B. Abweichungen der Bruttomargen von mehr als 5% als nicht mehr gegebene Vergleichbarkeit interpretiert werden. In die Betrachtung einzubeziehen sind dabei vergangene Zeiträume und die prognostizierte Entwicklung. Diese Vorgehensweise kann als Anhaltspunkt auch für die Prüfung gemäß IFRS 8.12 herangezogen werden, sollte aber nicht schematisch gehandhabt, sondern jeweils einzelfallbezogen interpretiert werden.[26]

34

Die neben den vergleichbaren wirtschaftlichen Merkmalen vollständig zu erfüllenden Vergleichbarkeitskriterien verdeutlichen, dass eine freiwillige Zusammenfassung von Segmenten nur im Hinblick auf Produkte und Dienstleistungen, nicht jedoch z.B. als Bündelung ähnlicher Regionen in Frage kommt.[27]

35

b) 10 % Test. Gesondert berichtspflichtig ist ein Geschäftssegment – das ggf. auch gemäß IFRS 8.12 aus der Zusammenfassung mehrerer einzelner Segmente entstanden sein kann – nach IFRS 8.13 dann, wenn mindestens einer der nachfolgend genannten drei Schwellenwerte erreicht wird:

36

- Der **Segmenterlös** – aus Umsätzen mit externen Kunden oder mit anderen Segmenten des Unternehmens – beträgt mindestens 10% der gesamten internen und externen Erlöse aller Geschäftssegmente.

---

25 Vgl. *Ernst & Young (Hrsg.)*, Praktische Hinweise, 11.
26 Vgl. zu diesem Absatz *Heintges/Urbanczik/Wulbrand* DB 2008, 2776, mwN.
27 Hierzu *Fink/Ulbrich* DB 2007, 982.

- Der **absolute Betrag des Gewinns oder Verlusts** des Segments entspricht mindestens 10% des höheren Werts aus dem absoluten Betrag der Summe der Gewinne aller einen Gewinn ausweisenden Segmente und dem absoluten Betrag der Summe der Verluste aller einen Verlust ausweisenden Segmente.
- Die **Segmentaktiva** umfassen mindestens 10% der Summe der Aktiva aller Segmente.

37 Hierbei wird die Basis für die Ermittlung der jeweiligen Vergleichsgröße von 10% aus der Zusammenfassung über alle im ersten Schritt identifizierten Geschäftssegmente abgeleitet, ausgenommen die Anforderung nach IFRS 8.13(b), bei der nach positiven und negativen Ergebnissen unterschieden wird.

38 Die **Bewertung** folgt dabei grundsätzlich der für die interne Berichterstattung vorgenommenen Bewertung. Problematisch kann dies insbesondere hinsichtlich des 10%-Tests für die Ergebnisgröße sein, da verschiedene Segmente intern u.U. auf der Basis unterschiedlich definierter Ergebnisgrößen gesteuert werden.[28] Es besteht Einigkeit darüber, dass für den 10%-Test keine uneinheitlich definierten Größen addiert werden sollen. Eine einheitliche Definition kann erreicht werden, indem entweder einheitliche Zwischenergebnisgrößen aus der internen Berichterstattung herangezogen oder, in Anlehnung an die Handhabung nach US-GAAP, für den Zweck des Tests eine besondere einheitliche Größe definiert wird.[29] Sofern aussagekräftige Zwischengrößen gefunden werden können – d.h. der Umfang der Abweichungen zwischen den verschiedenen verwendeten Definitionen eher gering ist, sollte dieser Lösung der Vorzug gegeben werden, da er die geringere Abweichung von der internen Berichterstattung darstellt. Bei erheblichen Unterschieden kann hingegen der Weg über eine weitere, einheitlich definierte Größe die einzige Lösungsmöglichkeit darstellen.

39 Entsprechende Überlegungen gelten, wenn der für Vermögenswerte anzusetzende Betrag in verschiedenen Segmenten unterschiedlich ermittelt wird.[30] Für die auszuweisenden Segmentdaten wird jedoch entsprechend dem Management-Ansatz wieder auf die intern tatsächlich berichteten Werte zurückgegriffen.

40 Ist ein Geschäftssegment nach dem 10%-Test als unwesentlich anzusehen, kann die Geschäftsleitung entscheiden, es dennoch gesondert auszuweisen, wenn sie diese Informationen als nützlich für die Adressaten ansieht. Ferner können mehrere nach den Größenkriterien für sich jeweils **unwesentliche Segmente** zur Schaffung eines berichtspflichtigen Segments zusammengefasst werden. Hierbei ist zu beachten, dass die in IFRS 8.12 genannten Vergleichskriterien – die für die freiwillige Zusammenfassung vollständig gegeben sein müssen – in diesem Fall nur überwiegend vorliegen müssen (IFRS 8.14). Diese Abschwächung der Anforderungen ist Ergebnis einer

---

28 So *Baetge/Haenelt* IRZ 2008, 46; *Heintges/Urbanczik/Wulbrand* DB 2008, 2778.
29 Vgl. zu diesen Alternativen und ihren Begründungen insbesondere *Heintges/Urbanczik/Wulbrand* DB 2008, 2778; ähnlich *Baetge/Haenelt* IRZ 2008, 46f.
30 Vgl. *Heintges/Urbanczik/Wulbrand* DB 2008, 2778.

IV. Berichtspflichtige Segmente

Abwägung zwischen der Anforderung der Homogenität eines gesondert berichteten Segments und der Absicht, mit der Segmentberichterstattung einen möglichst großen Anteil aller Geschäftssegmente zu erfassen.

c) 75% Test. Sofern auf die bis hierher als berichtspflichtig eingestuften oder für die freiwillige Berichterstattung vorgesehenen Geschäftssegmente zusammen nicht mindestens 75% der externen Umsatzerlöse des Unternehmens oder Konzerns entfallen, sind gemäß IFRS 8.15 **weitere Segmente** – nun auch solche, die die Schwellenwerte gemäß IFRS 8.13 nicht überschreiten – hinzuzufügen, bis mindestens 75% des Gesamtumsatzes erfasst werden („additional operating segments shall be identified as reportable segments"). Für die Auswahl der zusätzlich ausgewiesenen Segmente existieren keine Vorgaben. Sie ist daher durch das Management unter Berücksichtigung des Grundprinzips des Standards vorzunehmen. Es bietet sich an, in Fortführung des Wesentlichkeitsgedankens, der Reihe nach die jeweils nächstgrößeren Segmente hinzuzunehmen. Zwingend ist dies jedoch nicht. 41

d) Verbleibende Segmente und Geschäftsaktivitäten. Informationen zu den Bereichen, die in der Periode endgültig nicht in einzeln ausgewiesene Segmente einbezogen werden, sind gemäß IFRS 8.16 in der Kategorie „Alle sonstigen Segmente" zu zeigen. Entgegen der wörtlichen Bezeichnung umfasst dieser Posten nicht nur die nicht gesondert ausgewiesenen unwesentlichen Segmente, sondern auch Geschäftsaktivitäten aus nicht als Geschäftssegment identifizierten Bereichen des Unternehmens. Der Ausweis in dem Sammelposten soll auch eine eindeutige Abgrenzung zu den Informationen in den Überleitungsrechnungen bewirken.[31] Die Zusammensetzung der dem Sammelsegment zugewiesenen Umsatzerlöse ist zu erläutern. 42

3. Änderungen in der Struktur der berichtspflichtigen Segmente. Welche Segmente als berichtspflichtig eingestuft werden, kann sich von einer Periode zur nächsten ändern. **Gründe** hierfür können insbesondere sein: 43
- Änderungen in der internen Organisation,
- das Verfehlen oder erstmalige Erreichen der Wesentlichkeitskriterien.

Ferner kommen Änderungen bei den freiwillig zusammengefassten oder trotz Unwesentlichkeit gesondert ausgewiesenen Segmenten in Frage. Fraglich ist, ob insoweit ein Stetigkeitsgrundsatz einzuhalten ist.

Änderungen aufgrund des Erreichens oder Verfehlens der Wesentlichkeitskriterien sind zwingend vorzunehmen und können nicht durch den Stetigkeitsgrundsatz ausgehebelt werden. Für die interne Organisation und das Berichtswesen existiert kein Stetigkeitsgrundsatz[32]; entsprechend dem Management-Ansatz schlagen derartige Änderungen dann jeweils auf die Segmentberichterstattung durch.[33] Die Zusam- 44

---
31 Siehe auch *Heintges/Urbanczik/Wulbrand* DB 2008, 2775.
32 Vgl. auch *Fink/Ulbrich* KoR 2007, 4; *Baetge/Haenelt* IRZ 2008, 47.
33 Zu den Konsequenzen für den Ausweis siehe Rn 65.

menfassung und ggf. der freiwillige Ausweis bestimmter Segmente beruhen jedoch auf der Ausübung expliziter Wahlrechte im Standard. In Verbindung mit dem Grundprinzip des Standards, das einen möglichst guten Einblick in die Geschäftstätigkeiten des Unternehmens vermitteln soll, kann hier die Vorgabe einer grundsätzlich stetigen Anwendung begründet werden.

45 Ein nach den Kriterien des IFRS 8.13 in der aktuellen Periode eigentlich **nicht mehr berichtspflichtiges Segment** ist gemäß IFRS 8.17 dennoch gesondert auszuweisen, wenn es vom Management als nach wie vor signifikant eingeschätzt wird. Unter Signifikanz ist eine positive Prognose der Wesentlichkeit im folgenden Jahr zu verstehen.[34] Bei Verfehlung der Wesentlichkeitskriterien in zwei aufeinander folgenden Jahren entfällt die Ausweispflicht unabhängig von weiteren Prognosen.[35]

46 Ist ein **Segment erstmals gesondert auszuweisen**, sind die Vergleichszahlen im Abschluss anzupassen, sofern hieraus kein unverhältnismäßiger Ermittlungsaufwand entsteht (IFRS 8.18). Festzuhalten ist, dass die Anforderung, Vergleichbarkeit durch Anpassung von Vorperioden herzustellen, sich nur auf die Segmentierung selbst bezieht, nicht aber auf die Segmentdaten. Wenn sich deren Umfang ändert, sind ggf. lediglich Erläuterungen gemäß IFRS 8.27(e) erforderlich.[36]

47 **V. Ausweis und Angaben. 1. Überblick und allgemeine Angaben.** Der Bereich der Angaben zu den berichtspflichtigen Segmenten wird in IFRS 8.2 mit einer wörtlichen Wiederholung des Grundprinzips gemäß IFRS 8.1 eingeleitet. Konkretisierend fordert IFRS 8.21:
- allgemeine Informationen,
- spezifische Informationen über bestimmte Segmentposten sowie die Grundlagen von deren Bewertung,
- Überleitungsrechnungen bestimmter kumulierter Segmentposten auf die entsprechenden Posten des Abschlusses.

Darüber hinaus sind gemäß IFRS 8.31 bestimmte auf das gesamte Unternehmen bezogene Angaben zu machen.

48 Zusammenfassend sollen damit Nutzer der Rechnungslegung in die Lage versetzt werden, die geschäftlichen Aktivitäten des Unternehmens nachvollziehen und die weitere Entwicklung prognostizieren zu können. Im Einzelnen bedeutet dies, dass den aus der internen Berichterstattung übernommenen quantitativen Angaben eine Reihe von Erläuterungen beizufügen ist und Mängeln der zwischenbetrieblichen Vergleichbarkeit durch eine Reihe standardisierter unternehmensweiter Angaben begeg-

---

34 Vgl. *Fink/Ulbrich* DB 2007, 982, mwN; *Hütten/Fink* Haufe-Kommentar, §36, Rn 55.
35 So *Fink/Ulbrich* KoR 2007, 1f; siehe zur Erläuterung auch *Hütten/Fink* Haufe-Kommentar, §36, Rn 55.
36 Vgl. *Trapp/Wolz* IRZ 2008, 88.

V. Ausweis und Angaben

net wird. Die Angaben sind für jede Periode, für die eine Gesamtergebnisrechnung erstellt wurde, bzw., soweit Überleitungen von Bestandsgrößen verlangt werden, zu jedem Stichtag, für den eine Bilanz erstellt wurde, erforderlich (IFRS 8.21).

Die geforderten **allgemeinen Informationen** umfassen nach IFRS 8.22 49
- eine Erläuterung der Vorgehensweise bei der Segmentabgrenzung und ggf. Erläuterungen zur Zusammenfassung von Segmenten sowie
- Angaben zu den Arten der Produkte und Dienstleistungen, auf denen die Umsatzerlöse der Segmente beruhen.

Bei den Angaben zur Segmentabgrenzung ist auf die interne Organisationsstruktur einzugehen, die ja die Grundlage für die Identifizierung der Geschäftssegmente darstellt. Dabei ist anzugeben, an welchen inhaltlichen Kriterien sich die Bildung der für die interne Steuerung verwendeten Segmente ausrichtet, z.B. an Produkten und Dienstleistungen, geographischen Regionen oder anderen Kriterien.

2. Segmentinformationen. a) Umfang. Bei den einzelnen Segmentposten kann 50 unterschieden werden zwischen einer eng gefassten unbedingten Angabepflicht, die gemäß IFRS 8.23 allein für das Segmentergebnis gilt, und weiteren bedingten Anforderungen hinsichtlich Erläuterungen zu der berichteten Ergebnisgröße sowie bezüglich Angaben zum Segmentvermögen und den -schulden.

Die folgenden Angaben sind nur erforderlich, soweit sie in die Bewertung des 51 Ergebnisses eingeflossen sind oder, ohne dass dies der Fall ist, der verantwortlichen Unternehmensinstanz regelmäßig übermittelt werden:
- Umsatzerlöse mit externen Kunden,
- Umsatzerlöse mit anderen Geschäftssegmenten,
- Zinserträge,
- Zinsaufwendungen,
- planmäßige Abschreibungen,
- wesentliche Ertrags- und Aufwandsposten i.S.v. IAS 1.97,
- Anteil des Unternehmens am Periodenergebnis von at equity einbezogenen Beteiligungen,
- Ertragsteueraufwand oder -ertrag und
- wesentliche zahlungsunwirksame Posten (außer Abschreibungen).

Zinserträge und -aufwendungen sind, wie in der Aufzählung dargestellt, i.d.R. unsaldiert auszuweisen. Der Nettozinsertrag ist anzugeben bei Segmenten, deren Umsatzerlöse im Wesentlichen aus Zinserträgen bestehen, falls die verantwortliche Instanz ebenfalls auf Basis der saldierten Größen ihre Beurteilungen und Entscheidungen vornimmt.

52 Angaben zu den Segmentvermögenswerten und -schulden sind nur dann zu machen, wenn diese Beträge der verantwortlichen Instanz regelmäßig gemeldet werden (IFRS 8.23).

53 Schließlich sind zu at equity bewerteten Beteiligungen sowie zu bestimmten langfristigen Vermögenswerten ebenfalls Angaben zu machen, sofern diese entweder in die Bewertung des Vermögens eingegangen sind oder, unabhängig davon, der verantwortlichen Instanz übermittelt wurden (IFRS 8.24).

54 Soweit es für die Angabepflichten darauf ankommt, dass Daten, ohne in andere Größen einbezogen zu sein, tatsächlich an die relevante Unternehmensinstanz berichtet werden, ist deren Kenntnisnahme auf regelmäßiger Basis erforderlich. Allein die Verfügbarkeit der Daten auf Abruf reicht nicht aus.[37]

55 Z.T. berühren auch **andere Standards** die Segmentberichterstattung. In erster Linie ist hier IAS 36 zu nennen. Aus IAS 36.129 folgt die Verpflichtung, für jedes Segment den Umfang von erfolgswirksam oder erfolgsneutral erfassten Wertminderungen und Wertaufholungen anzugeben. Gemäß IAS 36.130 ist außerdem anzugeben, zu welchem Segment der jeweils betroffene Vermögenswert gehört. IAS 7.50 (d) enthält die Empfehlung, die Teil-Cashflows der Kapitalflussrechnung auch aufgegliedert nach Segmenten anzugeben.

56 **b) Bewertung.** Entsprechend dem Konzept, für die externe Berichterstattung der internen zu folgen, existieren **keine Definitionen** für die in die Segmentberichterstattung eingehenden Größen wie z.b. Segmentergebnisse, -erlöse und aufwendungen. Die berichtspflichtigen Größen sind daher so anzugeben, wie sie auch für die interne Berichterstattung verwendet werden (IFRS 8.25). Dies gilt sowohl für den Umfang der einbezogenen Posten wie auch für die heranzuziehenden Wertmaßstäbe. Als Segmentergebnis ist der intern berichtete Wert anzugeben. Es kommen also Ergebnisgrößen wie z.b. das EBT, EBIT, EBITDA, aber auch unterschiedlich definierte Cashflows in Frage. Denkbar sind ferner Größen, die kalkulatorische Werte mit einbeziehen oder z.b. inflationsbereinigt sind.[38] Dabei ist es auch möglich, für verschiedene Segmente unterschiedliche Ergebnisgrößen zu verwenden, wenn dies der internen Handhabung entspricht.[39]

57 Wenn die interne Steuerung auf der Basis wertorientierter Kennzahlen wie z.b. EVA oder CFROI erfolgt, ist die zu berichtende Ergebnisgröße grundsätzlich diejenige, die in die Bildung der Kennzahl eingeflossen ist. Im Sinne des Grundprinzips des Standards ist zu empfehlen, die wertorientierte Kennzahl selbst ebenfalls anzugeben.[40]

---

37 Vgl. auch *Hütten/Fink* Haufe-Kommentar, §36, Rn 75.
38 Vgl. hierzu *Baetge/Haenelt* IRZ 2008, 45.
39 Vgl. *Heintges/Urbanczik/Wulbrand* DB 2008, 2779.
40 Siehe hierzu auch *Heintges/Urbanczik/Wulbrand* DB 2008, 2779.

V. Ausweis und Angaben

Zu fragen ist auch, inwieweit Angaben zum Vermögen und zu den Schulden zu machen sind, wenn die interne Steuerung nicht direkt an (Brutto-)Vermögen und/oder Schulden, sondern an eine saldierte Größe anknüpft und nur diese auch an die verantwortliche Instanz berichtet wird. Wörtlich genommen entfiele damit die Berichtspflicht, da Vermögen und Schulden jeweils gesondert angesprochen werden. Allerdings würde eine so enge Auslegung dem Grundprinzip des Standards – die internen Entscheidungsgrundlagen nachvollziehbar zu machen – zuwiderlaufen. Es erscheint daher sinnvoll, auch für aufbereitete saldierte Vermögens- und Schuldgrößen eine Berichtspflicht anzunehmen, wenn die interne Steuerung hieran anknüpft.[41] Für Vermögens- und Schuldgrößen, die in zur Steuerung verwendete wertorientierte Kennzahlen eingehen, gilt Entsprechendes. 58

Falls intern für ein Segment z.B. mehrere unterschiedlich definierte Ergebnisgrößen oder Bewertungsmaßstäbe für Vermögenswerte und Schulden verwendet werden, ist für die Segmentberichterstattung die Ergebnisgröße oder z.B. der Betrag für das Vermögen heranzuziehen, die nach der Einschätzung des Managements der Bewertung nach den übrigen IFRS am nächsten kommen (IFRS 8.26). 59

Für die **Zurechnung** von Vermögenswerten und Aufwendungen zu den Segmenten wird lediglich eine „vernünftige Basis" gefordert (IFRS 8.25). Die Unternehmen sind aber nicht dazu verpflichtet, generell einer sog. symmetrischen Allokation zu folgen, d.h. Vermögenswerte und zugehörige Aufwendungen und Erträge stets in gleicher Weise bestimmten Segmenten zuzuordnen. Eine asymmetrische Allokation ist möglich, muss allerdings erläutert werden. So kann z.B. Abschreibungsaufwand auch auf Segmente verrechnet werden, denen kein Anteil an den entsprechenden Vermögenswerten zugerechnet wurde (IFRS 8.27(f)). Asymmetrische Allokationen dieser Art können zu Inkonsistenzen bei der Kennzahlenbildung führen.[42] Sie sind insofern auch für die interne Steuerung nachteilig und werden schon deshalb nicht in größerem Umfang zu erwarten sein.[43] 60

Die Anforderung einer Allokation „auf vernünftiger Basis" verlangt **intersubjektiv nachvollziehbare Aufteilungsmaßstäbe**; willkürliche, bilanzpolitisch motivierte Allokationen sollen damit ausgeschlossen sein. Als Beispiel für eine nicht zulässige Allokation wird die Zurechnung von Pensionsaufwand auch zu Segmenten, für die kein Altersversorgungsplan vorliegt, genannt.[44] 61

Zu der Bewertung der Segmentposten müssen die folgenden erläuternden Angaben gemacht werden: 62

---

41 Zur Argumentation vgl. auch *Heintges/Urbanczik/Wulbrand* DB 2008, 2780 (diese jedoch ohne Feststellung einer Berichtspflicht).
42 Vgl. auch *Baetge/Haenelt* IRZ 2008, 47.
43 Vgl. *Baetge/Haenelt* IRZ 2008, 47; *Fink/Ulbrich* DB 2007, 985; *Heintges/Urbanczik/Wulbrand* DB 2008, 2781, mwN.
44 Siehe IFRS 8.BC App. A.88.

- die Rechnungslegungsgrundlagen für Geschäfte zwischen den Segmenten, d.h. Verrechnungspreise für intersegmentäre Leistungen,
- Bewertungsunterschiede hinsichtlich Ergebnis, Vermögen und Schulden zwischen der Segmentberichterstattung und der Bewertung im Jahres- oder Konzernabschluss, jeweils soweit diese sich nicht bereits aus der Überleitungsrechnung ergeben,
- Änderungen der Bewertungsmethoden im Vergleich zu früheren Berichtsperioden sowie deren Ergebnisauswirkungen,
- Art und Auswirkung vorgenommener asymmetrischer Allokationen.

63 **3. Überleitungsrechnungen.** Überleitungsrechnungen enthalten nach IFRS 8.28 jeweils die Überleitung von den Summen der folgenden Posten über alle einzeln ausgewiesenen Segmente, einschließlich des Sammelsegments „Alle sonstigen Segmente", auf die entsprechenden Posten des Abschlusses:

- Umsatzerlöse,
- Ergebnis (die Überleitung erfolgt auf das Ergebnis vor Steuern und aufgegebenen Geschäftsbereichen, es sei denn, dass diese Posten im Segmentergebnis berücksichtigt wurden),
- Vermögenswerte,
- Schulden,
- weitere aufgeführte Posten.

64 Für die **Detaillierung** schreibt IFRS 8.28 dabei vor, dass alle wesentlichen Abstimmungsposten gesondert anzugeben und zu erläutern sind; dies gilt allerdings nicht pro Segment, sondern zusammenfassend über alle berichteten Segmente. Im Einzelnen können zu berücksichtigen sein[45]:

- Abweichungen zwischen der Bewertung nach internen Grundsätzen und der nach IFRS,
- Effekte aus der Konsolidierung – die Segmentdaten enthalten die intersegmentären Transaktionen, die für den Konzernabschluss eliminiert werden;
- Transaktionen, die weder den Geschäftssegmenten noch dem Sammelsegment zugerechnet werden konnten, z.B. Aufwendungen und gelegentlich erzielte Erträge der Konzernzentrale[46].

Bei Änderungen in der Struktur der berichteten Segmente sind auch die Überleitungsrechnungen für ausgewiesene Vorjahre anzupassen, sofern der Aufwand nicht unverhältnismäßig wäre (IFRS 8.21 i.V.m. .29-30).

65 Bei Umorganisationen im Unternehmen mit Auswirkungen für die Segmentberichterstattung sind die Angaben für die ausgewiesenen früheren Perioden anzupassen, sofern dies nicht undurchführbar oder wirtschaftlich unangemessen ist (IFRS

---

45 Siehe auch *Hütten/Fink* Haufe-Kommentar, §36, Rn 101.
46 Vgl. hierzu auch *PwC (Hrsg.)* A practical guide, Rn 1.3.

V. Ausweis und Angaben

8.29). Unterbleibt diese Anpassung, hat das Unternehmen stattdessen nebeneinander Angaben nach Maßgabe der alten und nach Maßgabe der neuen Segmentierung zu machen (IFRS 8.30).

4. Angaben auf Unternehmensebene.

Nach IFRS 8.32-34 sind ggf. Angaben 66 über Produkte und Dienstleistungen, geografische Bereiche und wichtige Kunden bereitzustellen, sofern sich diese nicht bereits aus den Segmentinformationen ergeben. Die Angaben sind in jedem Fall zu machen; die Berichtspflicht folgt hier nicht der intern tatsächlich erfolgten Berichterstattung. Hierin sowie in der den IFRS folgenden Bewertung (IFRS 8.32-33) liegt eine Durchbrechung des Management-Ansatzes.[47]

Zur Begründung führt IFRS 8.31 aus, dass nicht alle Unternehmen die Geschäftssegmente intern entweder nach Produkten und Dienstleistungen oder nach geografischen Regionen abgrenzen. In einer abweichend hiervon gebildeten Segmentstruktur tauchen dann z.B. in einer bestimmten Region erzielte Umsatzerlöse verteilt über mehrere verschiedene Segmente auf. Die Informationen über die Erlöse, die mit bestimmten Produkten oder in bestimmten Regionen erzielt werden, sind jedoch, entsprechend der Einschätzung, die auch der Berichtsstruktur in IAS 14 zugrunde lag, von Bedeutung für das Verständnis von Geschäftstätigkeit und wirtschaftlichem Umfeld des Unternehmens, so dass die in den Segmentinformationen ggf. fehlenden Angaben hierzu durch die gesonderte Angabepflicht „geheilt" werden. Hinzu treten Informationen über den Anteil der Umsätze mit bestimmten Kunden. 67

Im Einzelnen sind gemäß IFRS 8.32 die Umsatzerlöse mit externen Kunden, aufgegliedert nach Produkten und Dienstleistungen, anzugeben. Die Angaben können bei übergroßem Ermittlungsaufwand unterbleiben. Hierauf ist dann hinzuweisen. 68

IFRS 8.33 fordert, ebenfalls nur für die Umsatzerlöse mit externen Kunden, eine Aufgliederung in die im Herkunftsland des Unternehmens und die in „allen Drittländern" erzielten Umsatzerlöse. Bei wesentlicher Bedeutung der Erlöse aus einem einzelnen Drittland sind diese gesondert auszuweisen. Ferner ist die Zurechnung der Erlöse zu den verschiedenen Ländern zu erläutern. In entsprechender Aufteilung sind Angaben zu langfristigen Vermögenswerten (außer Finanzinstrumenten, latenten Steueransprüchen, Vermögenswerten aus Pensionsplänen und Ansprüchen aus Versicherungsverträgen) zu machen. 69

Um ggf. den Grad der Abhängigkeit von einzelnen Kunden zu verdeutlichen, ist gemäß IFRS 8.34 darauf hinzuweisen, wenn mindestens 10% der Umsatzerlöse mit nur einem Kunden erzielt werden. Unternehmen unter einheitlicher Beherrschung eines Konzernmutterunternehmens oder einer staatlichen Stelle gelten dabei als ein 70

---

47 Vgl. *Grünberger* IFRS, 315; *Hütten/Fink* Haufe-Kommentar, §36 Rn, 118f.

Kunde. Auch die Höhe der Umsatzerlöse und die betroffenen Segmente sind anzugeben, nicht jedoch die Identität des Kunden und die quantitative Aufteilung der Umsatzerlöse auf die einzelnen Segmente.

71 **VI. Inkrafttreten und Übergangsvorschriften.** IFRS 8 *Operating Segments* ist verpflichtend anzuwenden für Geschäftsjahre, die am **01.Januar 2009** oder später begonnen haben. Die Übernahme in EU-Recht erfolgte im November 2007.[48] Durch die „Annual Improvements" wurde der Standardtext noch einmal geändert, um klarzustellen, dass keine unbedingten Angabepflichten für das Segmentvermögen beabsichtigt waren. Bei erstmaliger Anwendung sind die Vergleichsinformationen für frühere Geschäftsjahre anzupassen, wenn dadurch kein übermäßiger Aufwand verursacht wird.

72 **VII. IFRS für kleine und mittelgroße Unternehmen.** Der IFRS für kleine und mittelgroße Unternehmen enthält keine IFRS 5 vergleichbaren Vorschriften.

73 **VIII. Ausblick.** Änderungsvorhaben für IFRS 8 liegen zurzeit nicht vor.

---

48 Für eine ausführliche Darstellung der Änderungen im Verhältnis zum Standardentwurf siehe *Fink/Ulbrich* KoR 2007, 4f.

IFRS 9 – Financial Instruments

IFRS 9 *Financial Instuments* enthält umfangreiche Neuregelungen zur Bilanzierung von Finanzinstrumenten. Die Änderungen werden im Rahmen der Ausführungen zu IAS 39 *Financial Instruments: Recognition and Measurement* erläutert.

1

IAS 1 – Presentation of Financial Statements

Rn	Textauszüge aus IAS 1
1.2	Ein Unternehmen hat diesen Standard anzuwenden, wenn es Abschlüsse für allgemeine Zwecke in Übereinstimmung mit den International Financial Reporting Standards (IFRS) aufstellt und darstellt.
1.7	Bezieht sich ein IFRS ausdrücklich auf einen Geschäftsvorfall oder auf sonstige Ereignisse oder Bedingungen, so ist bzw. sind die Rechnungslegungsmethode(n) für den entsprechenden Posten zu ermitteln, indem der IFRS unter Berücksichtigung aller relevanten Anwendungsleitlinien des IASB für den IFRS angewandt wird.
1.10	Ein vollständiger Abschluss besteht aus: (a) einer Bilanz zum Abschlussstichtag; (b) einer Gesamtergebnisrechnung für die Periode; (c) einer Eigenkapitalveränderungsrechnung für die Periode; (d) einer Kapitalflussrechnung für die Periode; (e) dem Anhang, der eine zusammenfassende Darstellung der wesentlichen Rechnungslegungsmethoden und sonstige Erläuterungen enthält; und (f) einer Bilanz zu Beginn der frühesten Vergleichsperiode, wenn ein Unternehmen eine Rechnungslegungsmethode rückwirkend anwendet oder Posten im Abschluss rückwirkend anpasst oder umgliedert. Ein Unternehmen kann für die Aufstellungen andere Bezeichnungen als die in diesem Standard vorgesehenen Begriffe verwenden.
1.11	Ein Unternehmen hat alle Bestandteile des Abschlusses in einem vollständigen Abschluss gleichwertig darzustellen.
1.12	Bei seiner Entscheidungsfindung gemäß IAS 1.10 kann das Management außerdem die jüngsten Verlautbarungen anderer Standardsetter, die ein ähnliches konzeptionelles Rahmenkonzept zur Entwicklung von Rechnungslegungsmethoden einsetzen, sowie sonstige Rechnungslegungs- Verlautbarungen und anerkannte Branchenpraktiken berücksichtigen, sofern sie nicht mit den in IAS 1.11 enthaltenen Quellen in Konflikt stehen.
1.13	Ein Unternehmen hat seine Rechnungslegungsmethoden für ähnliche Geschäftsvorfälle, sonstige Ereignisse und Bedingungen stetig auszuwählen und anzuwenden, es sei denn, ein IFRS erlaubt bzw. schreibt die Kategorisierung von Sachverhalten vor, für die andere Rechnungslegungsmethoden zutreffend sind. Sofern ein IFRS eine derartige Kategorisierung vorschreibt oder erlaubt, ist eine geeignete Rechnungslegungsmethode auszuwählen und stetig für jede Kategorie anzuwenden.

1.14   Ein Unternehmen darf eine Rechnungslegungsmethode nur dann ändern, wenn die Änderung
(a) aufgrund eines IFRS erforderlich ist; oder
(b) dazu führt, dass der Abschluss zuverlässige und relevantere Informationen über die Auswirkungen von Geschäftsvorfällen, sonstigen Ereignissen oder Bedingungen auf die Vermögens-, Finanz- oder Ertragslage oder die Cashflows des Unternehmens vermittelt.

1.15   Abschlüsse haben die Vermögens-, Finanz- und Ertragslage sowie die Cashflows eines Unternehmens den tatsächlichen Verhältnissen entsprechend darzustellen. Eine den tatsächlichen Verhältnissen entsprechende Darstellung erfordert, dass die Auswirkungen der Geschäftsvorfälle sowie der sonstigen Ereignisse und Bedingungen übereinstimmen mit den im *Rahmenkonzept* enthaltenen Definitionen und Erfassungskriterien für Vermögenswerte, Schulden, Erträge und Aufwendungen glaubwürdig dargestellt werden. Die Anwendung der IFRS, gegebenenfalls um zusätzliche Angaben ergänzt, führt annahmegemäß zu Abschlüssen, die ein den tatsächlichen Verhältnissen entsprechendes Bild vermitteln.

1.16   Ein Unternehmen, dessen Abschluss mit den IFRS in Einklang steht, hat diese Tatsache in einer ausdrücklichen und uneingeschränkten Erklärung im Anhang anzugeben. Ein Unternehmen darf einen Abschluss nicht als mit den IFRS übereinstimmend bezeichnen, solange er nicht sämtliche Anforderungen der IFRS erfüllt.

1.17   Die erstmalige Anwendung einer Methode zur Neubewertung von Vermögenswerten nach IAS 16 Sachanlagen oder IAS 38 Immaterielle Vermögenswerte ist eine Änderung einer Rechnungslegungsmethode, die als Neubewertung im Rahmen des IAS 16 bzw. IAS 38 und nicht nach Maßgabe dieses Standards zu behandeln ist.

1.19   In den äußerst seltenen Fällen, in denen das Management zu dem Ergebnis gelangt, dass die Einhaltung einer in einem IFRS enthaltenen Anforderung so irreführend wäre, dass sie zu einem Konflikt mit dem im *Rahmenkonzept* dargestellten Zweck führen würde, hat ein Unternehmen von dieser Anforderung unter Beachtung der Vorgaben des IAS 1.20 abzuweichen, sofern die geltenden gesetzlichen Rahmenbedingungen eine solche Abweichung erfordern oder ansonsten nicht untersagen.

1.21   Ist ein Unternehmen in einer früheren Periode von einer in einem IFRS enthaltenen Bestimmung abgewichen und wirkt sich eine solche Abweichung auf Beträge im Abschluss der aktuellen Periode aus, sind die in IAS 1.20(c) und (d) vorgeschriebenen Angaben zu machen.

1.22 Wenn gemäß Paragraph 23 eine Rechnungslegungsmethoden in Übereinstimmung mit IAS 1.19(a) oder (b) rückwirkend geändert wird, hat das Unternehmen den Eröffnungsbilanzwert eines jeden Bestandteils des Eigenkapitals für die früheste dargestellte Periode sowie die sonstigen vergleichenden Beträge für jede frühere dargestellte Periode so anzupassen, als ob die neue Rechnungslegungsmethode stets angewandt worden wäre.

1.23 In den äußerst seltenen Fällen, in denen das Management zu dem Ergebnis gelangt, dass die Einhaltung einer in einem IFRS enthaltenen Anforderung so irreführend wäre, dass sie zu einem Konflikt mit der Zielsetzung des Abschlusses im Sinne des *Rahmenkonzepts* führen würde, aber die geltenden gesetzlichen Rahmenbedingungen ein Abweichen von der Anforderung verbieten, hat das Unternehmen die für irreführend erachteten Aspekte bestmöglich zu verringern, indem es Folgendes angibt:

(a) die Bezeichnung des betreffenden IFRS, die Art der Anforderung und den Grund, warum die Einhaltung der Anforderung unter den gegebenen Umständen so irreführend ist, dass sie nach Ansicht des Managements zu einem Konflikt mit der Zielsetzung des Abschlusses im Sinne des *Rahmenkonzepts* führt; und

(b) für jede dargestellte Periode die Anpassungen, die bei jedem Posten im Abschluss nach Ansicht des Managements zur Vermittlung eines den tatsächlichen Verhältnissen entsprechenden Bildes erforderlich wären.

1.24 Wenn die Ermittlung der periodenspezifischen Effekte einer Änderung der Rechnungslegungsmethoden bei vergleichbaren Informationen für eine oder mehrere ausgewiesene Perioden undurchführbar ist, so hat das Unternehmen die neue Rechnungslegungsmethode auf die Buchwerte der Vermögenswerte und Schulden zum Zeitpunkt der frühesten Periode, für die die rückwirkende Anwendung durchführbar ist – dies kann auch die Berichtsperiode sein – anzuwenden und die Eröffnungsbilanzwerte eines jeden betroffenen Eigenkapitalbestandteils für die entsprechende Periode entsprechend zu berichten.

1.25 Bei der Aufstellung eines Abschlusses hat das Management die Fähigkeit des Unternehmens, den Geschäftsbetrieb fortzuführen, einzuschätzen. Ein Abschluss ist solange auf der Grundlage der Annahme der Unternehmensfortführung aufzustellen, bis das Management entweder beabsichtigt, das Unternehmen aufzulösen oder das Geschäft einzustellen oder bis das Management keine realistische Alternative mehr hat, als so zu handeln.

1.27 Ein Unternehmen hat seinen Abschluss, mit Ausnahme der Kapitalflussrechnung, nach dem Konzept der Periodenabgrenzung aufzustellen.

1.29 Ein Unternehmen hat jede wesentliche Gruppe gleichartiger Posten gesondert darzustellen. Posten einer nicht ähnlichen Art oder Funktion werden gesondert dargestellt, sofern sie nicht unwesentlich sind.

1.32	Ein Unternehmen darf Vermögenswerte und Schulden sowie Erträge und Aufwendungen nicht miteinander saldieren, sofern nicht die Saldierung von einem IFRS vorgeschrieben oder gestattet wird.
1.36	Ein Unternehmen hat mindestens jährlich einen vollständigen Abschluss (einschließlich Vergleichsinformationen) aufzustellen.
1.37	Soweit eine Änderung einer rechnungslegungsbezogenen Schätzung zu Änderungen der Vermögenswerte oder Schulden führt oder sich auf einen Eigenkapitalposten bezieht, hat die Erfassung dadurch zu erfolgen, dass der Buchwert des entsprechenden Vermögenswerts oder der Schuld oder Eigenkapitalposition in der Periode der Änderung angepasst wird.
1.38	Sofern die IFRS nichts anderes erlauben oder vorschreiben, hat ein Unternehmen für alle im Abschluss der aktuelle Periode enthaltenen quantitativen Informationen Vergleichsinformationen hinsichtlich der vorangegangenen Periode anzugeben. Vergleichsinformationen sind in die verbalen und beschreibenden Informationen einzubeziehen, wenn sie für das Verständnis des Abschlusses der aktuellen Periode von Bedeutung sind.
1.41	Ändert ein Unternehmen die Darstellung oder Gliederung von Posten im Abschluss, hat es, außer wenn undurchführbar, auch die Vergleichsbeträge umzugliedern.
1.42	Gemäß IAS 1.43 hat ein Unternehmen wesentliche Fehler aus früheren Perioden im ersten vollständigen Abschluss, der zur Veröffentlichung nach der Entdeckung der Fehler genehmigt wurde, rückwirkend zu korrigieren, indem (a) die vergleichenden Beträge für die früher dargestellten Perioden, in denen der Fehler auftrat, angepasst werden; oder (b) wenn der Fehler vor der frühesten dargestellten Periode aufgetreten ist, die Eröffnungssalden von Vermögenswerten, Schulden und Eigenkapital für die früheste dargestellte Periode angepasst werden.
1.43	Ein Fehler aus einer früheren Periode ist durch rückwirkende Anpassung zu korrigieren, es sei denn, die Ermittlung der periodenspezifischen Effekte oder der kumulierten Auswirkung des Fehlers ist undurchführbar.
1.44	Wenn die Ermittlung der periodenspezifischen Effekte eines Fehlers auf die Vergleichsinformationen für eine oder mehrere frühere dargestellte Perioden undurchführbar ist, so hat das Unternehmen die Eröffnungssalden von Vermögenswerten, Schulden und Eigenkapital für die früheste Periode anzupassen, für die eine rückwirkende Anpassung durchführbar ist (es kann sich dabei um die Berichtsperiode handeln).

IAS 1   Presentation of Financial Statements

1.45   Ein Unternehmen hat die Darstellung und den Ausweis von Posten im Abschluss von einer Periode zur nächsten beizubehalten, es sei denn,

(a) aufgrund einer wesentlichen Änderung des Tätigkeitsfelds des Unternehmens oder einer Überprüfung der Darstellung seines Abschlusses zeigt sich, dass eine Änderung der Darstellung oder der Gliederung unter Berücksichtigung der in IAS 8 enthaltenen Kriterien zur Auswahl bzw. zur Anwendung der Rechnungslegungsmethoden zu einer besser geeigneten Darstellungsform führt; oder

(b) ein IFRS schreibt eine geänderte Darstellung vor.

1.49   Ein Unternehmen hat einen Abschluss eindeutig als solchen zu bezeichnen und von anderen Informationen, die im gleichen Dokument veröffentlicht werden, zu unterscheiden.

1.51   Ein Unternehmen hat jeden Bestandteil des Abschlusses und die Anhangangaben eindeutig zu bezeichnen. Zusätzlich sind die folgenden Informationen deutlich sichtbar darzustellen und zu wiederholen, falls es für das Verständnis der dargestellten Informationen notwendig ist:

(a) der Name des berichtenden Unternehmens oder andere Mittel der Identifizierung sowie etwaige Änderungen dieser Angaben gegenüber dem vorangegangenen Abschlussstichtag;

(b) ob es sich um den Abschluss eines einzelnen Unternehmen oder einer Unternehmensgruppe handelt;

(c) der Abschlussstichtag oder die Periode, auf die sich der Abschluss oder die Anhangangaben beziehen;

(d) die Darstellungswährung laut Definition in IAS 21 und

(e) wie weit bei der Darstellung von Beträgen im Abschluss gerundet wurde.

1.60   Ein Unternehmen hat gemäß IAS 1.66-76 kurzfristige und langfristige Vermögenswerte sowie kurzfristige und langfristige Schulden als getrennte Gliederungsgruppen in der Bilanz darzustellen, sofern nicht eine Darstellung nach der Liquidität zuverlässig und relevanter ist. Trifft diese Ausnahme zu, sind alle Vermögenswerte und Schulden nach ihrer Liquidität darzustellen.

1.66   Ein Unternehmen hat einen Vermögenswert in folgenden Fällen als kurzfristig einzustufen:

(a) die Realisierung des Vermögenswerts wird innerhalb des normalen Geschäftszyklus erwartet, oder der Vermögenswert wird zum Verkauf oder Verbrauch innerhalb dieses Zeitraums gehalten;

(b) der Vermögenswert wird primär für Handelszwecke gehalten;

(c) die Realisierung des Vermögenswerts wird innerhalb von zwölf Monaten nach dem Abschlussstichtag erwartet; oder

(d) es handelt sich um Zahlungsmittel oder Zahlungsmitteläquivalente (gemäß der Definition in IAS 7), es sei denn, der Tausch oder die Nutzung des Vermögenswerts zur Erfüllung einer Verpflichtung sind für einen Zeitraum von mindestens zwölf Monaten nach dem Abschlussstichtag eingeschränkt.

Alle anderen Vermögenswerte sind als langfristig einzustufen.

1.69 Ein Unternehmen hat eine Schuld in folgenden Fällen als kurzfristig einzustufen:

(a) die Erfüllung der Schuld wird innerhalb des normalen Geschäftszyklus erwartet;

(b) die Schuld wird primär für Handelszwecke gehalten;

(c) die Erfüllung der Schuld wird innerhalb von zwölf Monaten nach dem Abschlussstichtag erwartet; oder

(d) das Unternehmen hat kein uneingeschränktes Recht, die Erfüllung der Verpflichtung um mindestens zwölf Monate nach dem Abschlussstichtag zu verschieben.

Alle anderen Schulden sind als langfristig einzustufen.

1.87 Ein Unternehmen darf weder in der Gesamtergebnisrechnung noch in der gesonderten Gewinn- und Verlustrechnung (falls erstellt) noch im Anhang Ertrags- oder Aufwandsposten als außerordentliche Posten darstellen.

1.88 Ein Unternehmen hat alle Ertrags- und Aufwandsposten der Periode im Gewinn oder Verlust zu erfassen, es sei denn, ein IFRS schreibt etwas anderes vor.

1.122 Ein Unternehmen hat in der zusammenfassenden Darstellung der wesentlichen Rechnungslegungsmethoden oder in den sonstigen Erläuterungen anzugeben, welche Ermessensentscheidungen – mit Ausnahme solcher, bei denen Schätzungen einfließen (siehe IAS 1.125) – das Management bei der Anwendung der Rechnungslegungsmethoden getroffen hat und welche Ermessensentscheidungen die Beträge im Abschluss am wesentlichsten beeinflussen.

IAS 1 — Presentation of Financial Statements

Übersicht

	Rn
I. Allgemeines zum Abschluss nach IFRS	1 – 2
II. Zielsetzung und Bestandteile eines Abschlusses nach IFRS	3
1. Zielsetzung	3 – 4
2. Bestandteile des Abschlusses	5 – 6
III. Merkmale der Abschlusserstellung	7 – 27
1. Häufigkeit der Berichterstattung	7
2. Fair presentation	8 – 13
3. Prämisse der Unternehmensfortführung	14 – 15
4. Grundsatz der Periodenabgrenzung	16
5. Wesentlichkeit und Aggregation	17 – 19
6. Saldierung von Abschlussposten	20 – 21
7. Vergleichbarkeit von Abschlussinformationen	22 – 24
8. Darstellungsstetigkeit	25 – 27
IV. Inhalt des Abschlusses	28 –
1. Bilanz	28 – 42
a) Umfang der Aufstellung	30 – 31
b) Darstellungsformen	32 – 37
c) Untergliederung	38 – 42
2. Gesamtergebnisrechnung	43 – 58
a) Umfang der Aufstellung	46 – 49
b) Single vs. two statement approach	50 – 51
c) Ausweis nach dem Gesamt- oder Umsatzkostenverfahren	52 – 53
d) Untergliederung	54 – 55
e) Sonstiges Ergebnis	56 – 57
3. Eigenkapitalveränderungsrechnung	58 – 61
4. Anhangangaben	62 – 70
a) Angaben zu Bilanzierungs- und Bewertungsmethoden	65 – 66
b) Angaben zu Schätzunsicherheit	67 – 68
c) Kapitalmanagment	69
V. Inkrafttreten und Übergangsvorschriften	70
VI. IFRS für kleine und mittelgroße Unternehmen	71
VI. Ausblick	72 – 75

II. Zielsetzung und Bestandteile eines Abschlusses nach IFRS

I. Allgemeines zum Abschluss nach IFRS. Die wesentlichen Vorgaben zum Inhalt von Abschlüssen nach IFRS werden im Gefüge der IFRSs in IAS 1 *Presentation of Financial Status* konkretisiert. Vor diesem Hintergrund finden sich in IAS 1 keine Vorgaben zu einzelnen Bilanzierungssachverhalten für Ansatz, Bewertung und Ausweispflichten spezifischer Geschäftsvorfälle, sondern weitgehend allgemeine Anforderungen an Zweck, Inhalt und Struktur eines IFRS Abschlusses. Die Konkretisierung zur Bilanzierung von spezifischen Geschäftsvorfällen findet sich in den entsprechenden Einzelstandards.

Die Regelungen nach IAS 1 sind allgemeingültig und nicht branchen- oder industriespezifisch ausgerichtet. Im Mittelpunkt stehen die zugrunde liegenden Annahmen einer Berichterstattung nach IFRS, die sowohl für den Konzern- als auch für den Einzelabschluss bindend sind. Vom Regelungsumfang ausgenommen ist die Zwischenberichterstattung, welche gemäß den Vorgaben in IAS 34 erfolgt.

II. Zielsetzung und Bestandteile eines Abschlusses nach IFRS. 1. Zielsetzung. Die Zielsetzung des Standards deckt sich mit den Vorgaben des Rahmenkonzeptes für die Aufstellung und Darstellung von Abschlüssen, wonach es Aufgabe der Berichterstattung ist, Informationen über die Vermögens, Finanz- und Ertragslage sowie den Zahlungsströmen (*cash flows*) eines Unternehmens bereitzustellen, die einem breiten Adressatenkreis nützlich sind, um wirtschaftliche Entscheidungen zu treffen (*decision usefulness*). Ebenso soll der Abschluss Rechenschaft (*stewardship*) über die Ergebnisse des dem Management anvertrauten Vermögens ablegen. Die strukturierte Aufbereitung dieser Information durch die Berichterstattung über:

- Vermögenswerte,
- Schulden,
- Eigenkapital,
- Erträge und Aufwendungen, einschließlich Gewinne und Verluste aus eräusserungen lagfristiger Vermögenswerte und aus Wertänderungen,
- Kapitalzuführungen von Eigentümern und Ausschüttungen an Eigentümer, die jeweils in ihrer Eigenschaft als Eigentümer handeln und
- Cashflows eines Unternehmens

soll in Kernkonsequenz dem Adressaten helfen, zusammen mit anderen Anhangangaben, Abschätzungen über die künftig anfallenden cash flows des Unternehmens, insbesondere deren Zeitpunkt und verbundene (Un)Sicherheit bei der Generierung, zu ermöglichen (IAS 1.9).

2. Bestandteile des Abschlusses. Für einen vollständigen Abschluss hat ein Unternehmen folgende, gleich gewichtete Bestandteile gemäß IAS 1.10 zu berichten:
- eine **Bilanz** (*Statement of financial position*) zum Abschlussstichtag;
- eine **Gesamtergebnisrechnung** (*Statement of comprehensive income*) für die Berichtsperiode;

- eine **Eigenkapitalveränderungsrechnung** (*Statement of changes in equity*) für die Berichtsperiode;
- eine **Kapitalflussrechnung** (*Statement of cash flows*) für die Berichtsperiode;
- dem **Anhang** (*Notes*), der eine zusammenfassende Darstellung der wesentlichen Rechnungslegungsmethoden und sonstige Erläuterungen enthält und
- einer Bilanz zu Beginn der frühesten Vergleichsperiode, wenn ein Unternehmen eine Rechnungslegungsmethode rückwirkend anwendet; oder Posten im Abschluss rückwirkend anpasst; oder Posten umgliedert.

6 **Größenabhängige Erleichterungen** bei der Berichterstattung sind im Standard nicht vorgesehen. Ein Abschluss, der mit den IFRS in Einklang steht, hat nach IAS 1.16 demnach alle Anforderungen der IFRS zu erfüllen. Der IFRS Abschluss ist als solcher klar zu identifzieren und von möglichen anderen Berichtsformen (z.b. Umwelt- oder Nachhaltigkeitsberichten) eindeutig abzugrenzen. In diesem Kontext ist gemäß IAS 1.51 deutlich erkennbar anzugeben:
- der Name des berichtenden Unternehmens;
- ob es sich um einen Einzel- oder Konzernabschluss handelt;
- der Zeitpunkt des Endes der Berichtsperiode oder die Periode, auf die sich der Abschluss oder die Anhangangaben beziehen;
- die Darstellungswährung gem. IAS 21; und
- wie weit bei der Darstellung von Beträgen im Abschluss gerundet wurde.

III. Merkmale der Abschlusserstellung. 1. Häufigkeit der Berichterstattung.
7 Der Abschluss ist, dem Wortlaut in IAS 1.36 folgend, mindestens jährlich aufzustellen. Eine konkrete Zeitraumvorgabe für die vollständige Abschlusserstellung ist der Wortwahl nicht zu entnehmen. Der Standard verweist explizit auf gängige und zulässige Praxis in bestimmten Branchen, den Abschluss über eine Periode von 52 Wochen aufzustellen (IAS 1.37). Eine weiterführende Konkretisierung der Häufigkeit der Berichterstattung kann sich für ein Unternehmen gleichwohl aus nationaler Gesetzgebung oder anderen regulatorischen Vorschriften hinsichtlich der Aufstellung von Abschlüssen konkretisieren. Jegliche Änderungen vom jährlichen Turnus sind unter Angabe der Ursache und Verweis auf die nicht vollständigen Vergleichbarkeit dem Adressaten kenntlich zu machen.[1]

8 **2. Fair presentation.** Die Aufstellung des Abschlusses hat nach dem im Rahmenkonzept verankerten Grundsatz der fair presentation zu erfolgen. Danach muss der Abschluss die Vermögens, Finanz- und Ertragslage sowie die Zahlungsströme eines Unternehmens den tatsächlichen Verhältnissen entsprechend darstellen. In kausaler Sicht gewährleistet grundsätzlich die Anwendung der einzelnen IFRS, gegebenenfalls ergänzt um weitere Angaben, die fair presentation (IAS 1.16 und 17). Eine

---

[1] Vgl. *Deloitte (Hrsg.)* iGAAP, 60f.; Vgl. *PwC (Hrsg.)* IFRS Manual Rn 4.41.; *Ernst & Young (Hrsg.)* International GAAP, 177f.

III. Merkmale der Abschlusserstellung

Beschränkung auf einzelne Rechnungslegungsstandards steht nicht im Einklang mit dem Grundsatz der fair presentation. Ein Unternehmen kann demnach nicht den Abschluss als in Einklang mit IFRS proklamieren, wenn nur selektiv und gerade nicht alle Anforderungen innerhalb der IFRSs erfüllt wurden.[2] Eine ausdrückliche und uneingeschränkte Erklärung, dass der Abschluss mit den IFRS in Einklang steht, hat das Unternehmen im Anhang anzugeben. Unterlässt ein Unternehmen eine entsprechende Erklärung, so ist der Abschluss für sich nicht im Einklang mit IFRS, selbst wenn all anderen Anforderungen erfüllt wurden.

Der Standard stellt zudem fest, dass die Anwendung ungeeigneter Bilanzierungs- und Bewertungsmaßnahmen der *fair presentation* entgegen steht und auch nicht durch Zusatzangaben richtig gestellt werden kann. Z.B. würde die Bewertung von Vorratsvermögen durch ein unzulässiges Verbrauchsfolgeverfahren im Grundsatz nicht im Einklang mit den IFRS stehen und kann auch nicht durch den Umstand geheilt werden, dass umfangreiche Erläuterung zum angewandten Verfahren im Anhang dem Adressaten bereit gestellt werden. Anhangangaben stellen keinen Ersatz bei Anwendung ungeeigneter Rechnungslegungsmethoden dar. 9

Zusatzangaben können gleichwohl im Sinne der fair presentation notwendig werden, wenn diese zum Verständnis der angewandten Rechnungslegungsmethoden beim Abschlussadressaten beitragen. In welchem Umfang zusätzlichen Angaben erfolgen, ist gleichwohl ermessensbehaftet und auf den Einzelfall auszulegen. 10

Ermessensspielräume bei der Auslegung der fair presentation sind der Abschlusserstellung inhärent, insbesondere dann, wenn Bilanzierungs- und Ausweisvorschriften innerhalb der IFRS eine Auslegung durch den Abschlussersteller erfordern. Für die Auslegung sind zudem alle verfügbaren Quellen heranzuziehen, die der Auslegung dienlich sind. Neben dem Rahmenkonzept stellen insbesondere die Begründungen des IASB zum jeweiligen IFRS (*basis for conclusions*) weiterführende Erläuterungen bereit und geben zusätzliche Erkenntnisse, die einer Auslegung dienlich sein können. 11

Ein Abweichen von IFRS Vorschriften ist nach IAS 1.20 nur dann zulässig, wenn das Management zu dem Schluss gelangt, dass die Einhaltung einer im IFRS enthaltenen Vorschrift so irreführend (*misleading*) für den Adressaten wäre, dass es zu einem Konflikt mit der Zielsetzung gemäß dem Rahmenkonzept kommen würde. Ein konkretes Beispiel für ein solches Hinwegsetzen (*overriding principle*) von IFRS Vorschriften zur Wahrung der fair presentation führt der Standard nicht auf. Zudem wird ausdrücklich betont, dass nur in äußerst seltenen Fällen eine solche Abweichung erforderlich ist. In Ermessensausübung, inwiefern die Anwendung von IFRS Vorschriften irreführend wäre, ist das Management dazu angehalten zu klären, 12

---

2   Vgl. *KMPG (Hrsg.)* Insights, Rn. 1.1.130f.; *Deloitte (Hrsg.)* iGAAP, 60ff.; *PwC (Hrsg.)* IFRS Manual Rn 4.18; *Ernst & Young (Hrsg.)* International GAAP, 211ff.

Obst

in welchem Umfang sich die Umstände des eigenes Unternehmens im Vergleich zu anderen Unternehmen, die die Vorschriften einhalten, in besonderem Maße unterscheiden. Sofern andere Unternehmen unter ähnlichen Umständen nicht von den IFRS Vorschriften abweichen, besteht die widerlegbare Vermutung nach IAS 1.24, dass die Einhaltung der Vorschriften nicht irreführend ist und im Einklang mit der fair presentation steht.

13   In Rechtfertigung einer Abweichung hat das Management in ausführlichem Umfang zu berichten, warum von einer spezifischer Vorschrift abgesehen wurde und welche finanziellen Auswirkung sich für die betroffenen Abschlussposten ergeben.³ Die Ausführungen müssen es dem Adressaten insbesondere ermöglichen, den Umfang der Anpassungen rechnerisch nachzuvollziehen, um gegebenenfalls ein Abschluss abzuleiten zu können, der sich ohne ein Hinwegsetzen von IFRS Vorschriften ergeben hätte.⁴ Verbieten gesetzliche Rahmenbedingung die Anwendung des overriding principle, so ist vom Management im Anhang Auskunft darüber zu geben, welche Anpassungen notwendig wären, um der fair presentation zu entsprechen.

14   **3. Prämisse der Unternehmensfortführung.** Der Abschluss ist grundsätzlich unter der Annahme der Unternehmensfortführung (*going concern*) aufzustellen. Bestehen erhebliche Zweifel am Fortbestand des Unternehmens, ist darüber vom Management zu berichten. Alleinige Zweifel am Fortbestand des Unternehmens begründen gleichwohl keine Abkehr von der Annahme der Unternehmensfortführung. Vom Regelfall der Unternehmensfortführung ist nur dann abzuweichen, sofern das Management die Absicht hat, das Unternehmen aufzulösen oder das Geschäft einzustellen bzw. das Management keine realistische Alternative hat, als so zu handeln. Bei der Einschätzung hinsichtlich der Annahme der Unternehmensfortführung sind alle verfügbaren Informationen über die Zukunft heranzuziehen. Dabei ist mindestens auf die nächsten zwölf Monate nach dem Abschlussstichtag abzustellen, grundsätzlich sind die Einschätzungen aber nicht auf diesen Zeitraum beschränkt.

15   Sofern der Abschluss nicht unter der Annahme der Unternehmensfortführung aufgestellt wird, ist dieser Sachverhalt anzugeben. Ebenso sind die Grundlagen anzugeben, auf denen der Abschluss basiert, zusammen mit einer entsprechenden Begründung, warum von der Fortführung des Unternehmens nicht ausgegangen wird.

16   **4. Grundsatz der Periodenabgrenzung.** Mit Ausnahme der Kapitalflussrechnung ist der Abschluss nach dem Grundsatz der Periodenabgrenzung (*accrual accounting*) aufzustellen. Danach werden Vermögenswerte, Schulden, Eigenkapital, Erträge und Aufwendungen dann erfasst, wenn sie entsprechende Defintionen und

---

3   Vgl. zu den ausführlichen Informationsvorschriften IAS 1.20 (a) – (d).
4   Vgl. *KMPG (Hrsg.)* Insights, Rn 1.1.130f.; *Deloitte (Hrsg.)* iGAAP, 62ff.; *PwC (Hrsg.)* IFRS Manual Rn 4.22; *Ernst & Young (Hrsg.)* International GAAP, 212f.

III. Merkmale der Abschlusserstellung

Ansatzkriterien des Rahmenkonzpets erfüllen. Entsprechende Konretisierungen der im Rahmenkonzept aufgeführten Definitionen und Ansatzkriterien finden sich in den entsprechenden Einzelstandards wider.

5. Wesentlichkeit und Aggregation. IAS 1 stellt erläuternd fest, dass die Abschlusserstellung im Allgemeinen ein Mechanismus der Komplexitätsreduktion darstellt, indem eine Vielzahl an Geschäftsvorfällen und sonstigen Ereignissen der Berichtsperiode sich in quantitativen und qualitativen Informationen komprimiert im Abschluss widerspiegelt. Wichtiger Bestandteil in diesem Zusammenhang ist die **Komprimierung von Informationen** durch Aggregation nach Maßgabe ihrer Wesentlichkeit. Demnach sind grundsätzlich einzelne Posten und Informationen innerhalb des Abschlusses zusammenzufassen und summiert auszuweisen, die für sich alleine nicht wesentlich sind. Nach IAS 1.7 definiert sich Wesentlichkeit wie folgt

„Auslassungen oder fehlerhafte Darstellungen eines Postens sind wesentlich, wenn sie einzeln oder insgesamt die auf der Basis des Abschlusses getroffenen wirtschaftlichen Entscheidungen der Adressaten beeinflussen könnten. Wesentlichkeit hängt vom Umfang und von der Art der Auslassung oder fehlerhaften Darstellung ab, wobei diese unter den gegebenen Begleitumständen beurteilt werden. Der Umfang oder die Art des Postens bzw. eine Kombination dieser beiden Aspekte, könnte dabei der entscheidende Faktor sein."

In Abschätzung, ob ein Auslassen oder eine fehlerhafte Darstellung eines Postens wirtschaftliche Entscheidungen der Adressaten beinflussen könnte, ist auch auf die Eigenschaften des Adressaten abzustellen. Mit Verweis auf das Rahmenkonzept betont IAS 1 die Annahme, dass der Addressat über eine angemessene Kenntnis geschäftlicher und wirtschaftlicher Tätigkeiten und der Rechnungslegung aufweist, sowie die Bereitschaft besitzt, die Informationen mit entsprechender Sorgfalt zu lesen.

Allgemeingültig stellt IAS 1.31 heraus, dass die Angabe unwesentlicher Information im Abschluss nicht erforderlich ist. Dies erstreckt sich ausdrücklich auch auf geforderte Anhangangaben in den jeweiligen IFRS. Insbesondere qualitative Angaben müssen demnach nicht erfolgen, wenn diese vom Management als nicht wesentlich erachtet werden.[5] Inwiefern Wesentlichkeit eine differenzierte Betrachtung hinsichtlich des Umfangs der notwendigen qualitativen und quantitativen Angaben bedarf, wird in den Vorgaben nach IAS 1 nicht konkret dargelegt. IAS 1.30 verweist gleichwohl darauf, dass aggregierte Abschlussposten gegebenfalls einen getrennten Ausweis im Anhang erfordern.

6. Saldierung von Abschlussposten. Grundsätzlich ist eine Saldierung von Vermögenswerten und Verbindlichkeiten sowie Aufwands- und Ertragspositionen **nicht zulässig.** Eine Saldierung ist nur dann nach IAS 1.33 vorzunehmen, wenn diese den

---

5 Vgl. *KMPG (Hrsg.)* Insights, Rn 4.1.80ff.; *Deloitte (Hrsg.)* iGAAP, 52f.; *PwC (Hrsg.)* IFRS Manual Rn 4.33; *Ernst & Young (Hrsg.)* International GAAP, 216ff.

witschaftlichen Gehalt eines Geschäftsvorfalls wiederspiegelt. Beispielhaft führt der Standard etwaige Gewinne oder Verluste aus der Veräußerung langfristiger Vermögenswerte einschließlich Finanzinvestitionen und betrieblicher Vermögenswerte auf, wonach eine Saldierung von Veräußerungserlösen auf Basis des Buchwerts der Vermögenswerte und verbundener Veräußerungskosten erfolgt. Ebenso sind Gewinne und Verluste, die aus einer Gruppe von ähnlichen Geschäftsvorfällen entstehen, saldiert darzustellen. IAS 1.35 verweist hierbei exemplarisch auf mögliche Gewinne und Verluste aus der Währungsumrechnung oder solche, die aus zu Handelszwecken gehaltenen Finanzinstrumenten resultieren. Nach Maßgabe der Wesentlichkeit gilt jedoch zu prüfen, inwiefern Gewinne und Verluste einen gesonderten Ausweis erfordern.

21 Neben den generellen Vorgaben finden sich Konkretisierungen zu Saldierungsvorgaben in den einzelnen Standards wieder. So regelt beispielhaft IAS 12.74 die Saldierung latenter Steueransprüche und latenter Steuerschulden; IAS 32 konkretisierend den getrennten Ausweis von finanziellen Vermögenswerten und finanziellen Verbindlichkeiten. Ein Abweichen vom Saldierungsgebot ist somit immer dann gegeben, wenn Einzelregelungen die Vorgaben konkretisieren.

22 **7. Vergleichbarkeit von Abschlussinformationen.** Für die Berichtsperiode sind im Abschluss nach IAS 1.38 grundsätzlich für quantitative Angaben Vergleichsinformationen der Vorperiode zu berichten. Von dieser Vorgabe kann nur abgewichen werden, wenn konkrete Einzelregelungen anderes erlauben oder vorschreiben. Für verbale und beschreibende Angaben sind Vergleichsinformationen der Vorperiode mit einzubeziehen, wenn diese für das Verständnis des Abschlusses notwendig sind (IAS 1.38). Die Vorgaben zur Angabe von Vergleichsinformationen erstrecken sich grundsätzlich auch auf nicht verpflichtende Angaben, die ihm Rahmen des Abschlusses vom Unternehmen berichtet wurden.

23 Die **Mindestanforderung** zur Angabe von Vergleichsinformationen wird in IAS 1.38ff erweitert, sofern ein Unternehmen im Abschluss:
- rückwirkende eine Rechnungslegungsmethode anwendet,
- rückwirkend einen Abschlussposten anpasst oder
- ein Abschlussposten umgegliedert wird.

In diesen Fällen ist eine dritte, zusätzliche Bilanz aufzustellen, die neben der Vergleichsperiode auch den Beginn der frühesten Vergleichsperiode darstellt. Die Umgliederung von Abschlussposten schließt nicht Umgliederungsbeträge ein, die gemäß IAS 1.92 aus der Umgliederung von sonstigen Ergebnis innerhalb der Gesamtergebnisrechnung erwachsen. Während der Wortlaut in IAS 1.39 auf eine generelle Notwendigkeit zur Aufstellung einer dritten Bilanz hindeutet, findet sich in der Literatur

III. Merkmale der Abschlussersstellung

auch die Auffassung, dass nach Maßgabe der Wesentlichkeit auf die Aufstellung einer dritten Bilanz verzichtet werden kann, sofern sind uns aus den oben aufgeführten Fällen sich keine Auswirkungen auf die dritte Bilanz ergeben.[6]

Für den Fall, dass ein Unternehmen die Darstellung oder Gliederungsstruktur von Abschlussposten umgliedert, sind jeweils die Vergleichsbeträge umzugliedern. Zusäztlich erfordert IAS 1.41 Angaben hinsichtlich:
- der Art der Umgliederung,
- des Betrags jedes umgegliederten Postens bzw. jeder umgegliederten Postengruppe und
- des Grunds für die Umgliederung.

Sofern die Umgliederung der Vergleichsbeträge undurchführbar ist, sind vom Unternehmen Angaben darüber zu machen, warum die Untergliederung unterlassen wurde und welche Art von Anpassungen bei einer Umgliederung erfolgt wären (IAS 1.42).

8. Darstellungsstetigkeit. Eng verbunden mit der Anforderung an Vergleichbarkeit von Abschlussangaben stellt IAS 1 auf die notwendige Stetigkeit entsprechender Angaben ab. Danach sind gemäß IAS 1.45 grundsätzlich die Darstellung und der Ausweis von einer Periode zur nächsten Periode beizubehalten. Abweichungen vom stetigen Ausweis sind nur dann zulässig, wenn:
- ein IFRS eine geänderte Darstellung vorschreibt oder
- sich unter Berücksichtigung der in IAS 8 enthaltenen Kriterien zur Auswahl bzw. zur Anwendung der Rechnungslegungsmethoden eine **besser** geeignete Darstellungsform ergibt, resultierend aus wesentlicher Änderungen des Tätigkeitsfelds des Unternehmens, bzw. einer Überprüfung der Darstellung des Abschlusses

Wesentliche Änderungen des Tätigkeitsfeldes können sich etwa aus einem bedeutenden Erwerb oder einer bedeutenden Veräußerung in der Berichtsperiode ergeben. Für eine Abweichung von der Darstellung ist zusätzlich zu prüfen, inwiefern die geänderte Darstellungsform wahrscheinlich Bestand haben wird.

Im Falle einer Änderung der Darstellung sind erläuternde Angaben hinsichtlich der Art der Umgliederung, die Umgliederungsbeträge, sowie der Grund für die Umgliederung anzugeben. In Anlehung an IAS 1.42. sind für den Fall, dass eine Umgliederung undurchführbar ist, Angaben darüber zu machen, warum die Umgliederung nicht möglich ist und in welcher Form Umgliederungen notwendig wären.

---

6 Vgl. *Ernst & Young (Hrsg.)* International GAAP, 180f.

28 **IV. Inhalt des Abschlusses. 1. Bilanz.** Inhalt der Bilanz ist der Ausweis von Vermögenswerten, Schulden und Eigenkapital zum Einblick in die Vermögens- und Finanzlage eines Unternehmens. Die Bilanz spiegelt generell die Kapitalherkunft (Eigen- und Fremdkapital) sowie die Verwendung des Kapitals im Unternehmen durch strukturierte Darstellung der Vermögenswerte, wider.

29 Mit der Neufassung von IAS 1 (2007) überarbeitet der IASB die begriffliche Abfassung der einzelnen Jahresabschlusskomponenten. Der bis dahin geführte Begriff „Balance sheet" wurde durch „Satement of financial position" ersetzt. Die englische Neufassung wird insbesondere mit Konsistenzüberlegungen zu den Ausführungen im Rahmenkonzept begründet.[7] Gleichwohl stellt der Board klar, dass Alternativebezeichnungen zulässig sind.[8] Die deutsche Übersetzung von IAS 1 hat die neue Nahmensgebung nicht durch eine geänderte Begriffsführung reflektiert, so dass Statement of financial position ebenso mit dem Begriff der „Bilanz" übersetzt wird.

30 **a) Umfang der Aufstellung.** Der Umfang der zu berichtenden Bilanzpositionen ergibt sich innerhalb der IFRS nicht durch eine konkrete Norminierung und Hierarchie berichtspflichtiger Positionen. Vielmehr führt IAS 1.54 für die Bilanz eine Liste von Bilanzpositionen auf, die sich als **Mindestumfang** verstehen und sich aus folgenden Posten zusammensetzt:[9]
- Sachanlagen,
- als Finanzinvestitionen gehaltene Immobilien,
- immaterielle Vermögenswerte,
- finanzielle Vermögenswerte,
- nach der Equity-Methode bilanzierte Finanzanlagen,
- biologische Vermögenswerte,
- Vorräte,
- Forderungen aus Lieferungen und Leistungen und sonstige Forderungen,
- Zahlungsmittel und Zahlungsmitteläquivalente,
- die Summe der Vermögenswerte, die gemäß IFRS 5 *Non-current Assets Held for Sale and Discontinued Operations* als zur Veräußerung gehalten eingestuft werden, und der Vermögenswerte, die zu einer als zur Veräußerung gehalten eingestuften Veräußerungsgruppe gehören,
- Verbindlichkeiten aus Lieferungen und Leistungen und sonstige Verbindlichkeiten,
- Rückstellungen,
- finanzielle Verbindlichkeiten,
- Steuerschulden und -erstattungsansprüche gemäß IAS 12 Income Taxes,

---

7 Vgl. zur Begründung IAS 1.BC16.
8 Vgl. auch IAS 1.BC21.
9 Vgl. *KMPG (Hrsg.)* Insights, Rn 3.1.10ff.; *Deloitte (Hrsg.)* iGAAP, 64f.; *PwC (Hrsg.)* IFRS Manual Rn. 4.60f.; *Ernst & Young (Hrsg.)* International GAAP, 184ff.

IV. Inhalt des Abschlusses

- latente Steueransprüche und -schulden gemäß IAS 12,
- die Schulden, die den Veräußerungsgruppen zugeordnet sind, die gemäß IFRS 5 als zur Veräußerung gehalten eingestuft werden,
- nicht beherrschende Anteile, die im Eigenkapital dargestellt werden und
- gezeichnetes Kapital und Rücklagen, die den Eigentümern der Muttergesellschaft zuzuordnen sind.

Darüber hinaus komplettiert sich die Auflistung durch weitere, konkrete Ausweisvorgaben innerhalb einzelner IFRSs. So erfordert beispielsweise IAS 20.24 den gesonderten Ausweis von Zuwendungen der öffentlichen Hand (*government grants*) als passiven Abgrenzungsposten (*deferred income*), sofern nicht die Zuwendungen alternativ zulässig bei der Feststellung des Vermögenswertes abgezogen werden. IAS 1.57 stellt klärend fest, dass die Reihenfolge der einzelnen Posten sowie mögliche Präsentationsformate in Tabellen- oder Staffelform nicht vorgeschrieben sind und obliegen dem bilanzierenden Unternehmen. 31

Weitere Posten, Überschriften und Zwischensummen sind zudem verpflichtend dann der Aufstellung über die Vermögens- und Finanzlage hinzuzufügen, wenn es für das Verständnis des Abschlusses relevant ist. Mögliche Anhaltspunkte zur Angabe zusätzlicher Posten ergeben sich nach der Art und Liquidität von Vermögenswerten, der Funktion der Vermögenswerte innerhalb eines Unternehmens sowie für Schulden nach der Höhe der Beträge, der Art und dem Fälligkeitszeitpunkt. Zur Verständlichkeit können darüber hinaus beschreibende Zusätze herangezogen werden, um den Charakter einzelner Posten besser abzugrenzen.[10] 32

b) Darstellungsformen. Für die Aufstellung der Vermögens- und Finanzlage in der Bilanz ist grundsätzlich eine Klassifizierung aller Vermögenswerte und Schulden in kurz- und langfristige Posten vorzunehmen. Eine entsprechende Untergliederung soll dem Adressaten nützliche Informationen bereitstellen, indem Auskunft darüber gegeben wird, in welcher Höhe sich fortlaufend kurzfristiges Nettobetriebskapital (*working capital*) im Umlauf befindet sowie in welchem Umfang Kapital für langfristige Tätigkeiten im Unternehmen gebunden ist. 33

Als **kurzfristig** (*current*) gelten grundsätzlich alle Vermögens- und Schuldpositionen, deren Realisierung bzw. Erfüllung innerhalb von zwölf Monaten nach Ende der Berichtsperiode oder im Rahmen des normalen Geschäftszyklus (*operating cycle*) erwartet wird (IAS 1.66 u. 69). Kurzfristigen Charakter haben ebenso alle Posten, die vorwiegend zu Handelszwecken gehalten werden. Auf der Seite der Vermögenswerte sind ferner alle Zahlungsmittel und Zahlungsmitteläquivalente (gem. der Abgrenzung in IAS 7 *Statement of Cash Flows*) als kurzfristig einzustufen, abgesehen von 34

---

10 Zur Abgrenzung von Eigen- und Fremdkapital siehe IAS 32.

dem Teil, der innerhalb der nächsten zwölf Monate nach Ende der Berichtsperiode nur eingeschränkt zum Tausch oder zur Begleichung einer Verpflichtung zur Verfügung steht (IAS 1.66 (d)).

35 Für Schulden ergibt sich weiterhin Kurzfristigkeitscharakter, sofern kein uneingeschränktes Recht zur Verschiebung der Erfüllung der Verpflichtung um mindestens zwölf Monate nach dem Ende der Berichtsperiode besteht[11]. Die Schulden sind selbst dann als kurzfristig zu klassifizieren, wenn:
- die ursprüngliche Laufzeit einen Zeitraum von mehr als zwölf Monaten umfasst; und
- eine Vereinbarung zur langfristigen Refinanzierung bzw. Umschuldung der Zahlungsverpflichtungen nach dem Abschlussstichtag, jedoch vor der Genehmigung zur Veröffentlichung des Abschlusses abgeschlossen wird.

Massgeblich sind demnach die Verhältnisse zum Abschlussstichtag. Gemäß IAS 1.73 sind Schulden als **langfristig** zu klassifizieren, wenn das Unternehmen erwartet **und** verlangen kann, dass eine Verpflichtung im Rahmen einer bestehenden Kreditvereinbarung für mindestens zwölf Monate nach dem Abschlussstichtag refinanziert oder verlängert wird, selbst wenn sie sonst innerhalb eines kürzeren Zeitraums fällig wäre.

36 In Negativabgrenzung sind alle nicht kurzfristigen Vermögens- und Schuldposition als langfristig (*non-current*) zu klassifizieren. Latente Steueransprüche (*deferred tax assets*) und latente Steuerschulden (*deferred tax liabilities*) sind generell als langfristig zu klassifizieren und dürfen nicht als kurzfristige Vermögenswerte bzw. Schulden ausgewiesen werden.

37 Alternativ zur Gruppierung nach Fristigkeiten ist nach IAS 1.60 eine **Darstellung** nach **Liquiditätskriterien** zulässig, wenn diese verlässlich ist und eine höhere Relevanz für den Abschluss aufweist. Eine auf- oder absteigende Anordnung nach Liquidität der Vermögens- und Schuldposten wird beispielhaft für Unternehmen im Finanzsektor aufgeführt, die keine Waren oder Dienstleistungen innerhalb eines eindeutig identifizierbaren Geschäftszyklus anbieten. Eine strikte Trennung zwischen beiden Darstellungsmethoden wird nicht vorgegeben, so dass gemäß IAS 1.64 vor allem für Unternehmen mit stark diversifizierten Geschäftsbereichen auch eine Kombination beider Ansätze denkbar ist.

---

11 Zur Diskussion der Klassifizierung von kurz- vs. langfristigen Verbindlichkeiten vgl. *KMPG (Hrsg.)* Insights, Rn 3.1.20ff.; *Deloitte (Hrsg.)* iGAAP, 65ff.; *PwC (Hrsg.)* IFRS Manual Rn 4.65; *Ernst & Young (Hrsg.)* International GAAP, 189f.; siehe auch Basic for Conclusion IAS 1.BC39-BC48;

IV. Inhalt des Abschlusses

Für den Fall, dass eine Vermögens- oder Schuldposition Beträge zusammenfasst, deren erwartete Realisierung oder Erfüllung in weniger respektive mehr als zwölf Monaten nach Ende der Berichtsperiode liegt, so ist unabhängig von der gewählten Darstellungsmethode der Betrag gesondert anzugeben, von dem erwartete wird, dass er nach mehr als zwölf Monaten realisiert oder erfüllt wird (IAS 1.61).

c) **Untergliederung.** Ein Unternehmen hat in geeigneter Form eine Untergliederung der einzelnen Posten nach Maßgabe der Größe, Art und Funktion der einbezogenen Beträge vorzunehmen. Ein Mindestmaß zur Aufgliederung in Unterposten von bilanzierten Vermögenswerten und Schulden lässt sich IAS 1 nicht entnehmen und verbleibt im Ermessen des Unternehmens. Gleichwohl finden sich in den einzelnen IFRSs Mindestangaben, z.b. die Untergliederung von Finanzinstrumenten nach IFRS 7 oder Empfehlungen zur Untergliederung, z.b. gängige Untergruppen für immaterieller Vermögenswerte und Sachanlagen gem. IAS 38 und IAS 16.[12]

Dem Unternehmen ist es freigestellt, den aus Wesentlichkeitserwägungen notwendigen Aufriss von Sammelposten innerhalb der Bilanz oder im Anhang des Abschlusses vorzunehmen. Sofern die Untergliederung im Anhang erfolgt, ist nach dem Grundsatz der Verständlichkeit eine Form zu wählen, die es dem Adressaten ermöglicht, eine Überleitungsrechnung zu den ausgewiesenen Posten innerhalb der Bilanz herzustellen.

Für das **Eigenkapital** konkretisiert der Standard zusätzliche, berichtspflichtige Angaben, die neben einer Untergliederung – beispielsweise eingezahltes Kapital, Agio und Rücklagen – vorzunehmen sind. So hat ein Unternehmen für jede Klasse von Eigenkapitalanteilen gemäß IAS 1.79 und 80 anzugeben:

- die Zahl der genehmigten Anteile,
- die Zahl der ausgegebenen und voll eingezahlten Anteile und die Anzahl der ausgegebenen und nicht voll eingezahlten Anteile,
- den Nennwert der Anteile oder die Aussage, dass die Anteile keinen Nennwert haben,
- eine Überleitungsrechnung der Zahl der im Umlauf befindlichen Anteile am Anfang und am Abschlussstichtag,
- die Rechte, Vorzugsrechte und Beschränkungen für die jeweilige Kategorie von Anteilen einschließlich Beschränkungen bei der Ausschüttung von Dividenden und der Rückzahlung des Kapitals,
- Anteile an dem Unternehmen, die durch das Unternehmen selbst, seine Tochterunternehmen oder assoziierte Unternehmen gehalten werden und
- Anteile, die für die Ausgabe aufgrund von Optionen und Verkaufsverträgen zurückgehalten werden, unter Angabe der Modalitäten und Beträge.

---

12 Eine weitere exemplarische Auflistung findet sich in IAS 1.78.

Obst

| | IAS 1 | Presentation of Financial Statements |

41 Zusätzlich ist für jede Klasse von Eigenkapitalanteilen auch eine Beschreibung von Art und Zweck jeder Rücklage innerhalb des Eigenkapitals anzugeben. Gleichwertige Information sind auch von Unternehmen bereitzustellen, die kein gezeichnetes Kapitel aufweisen. Die Angaben erstrecken sich auf die Veränderung während der Periode in jeder Eigenkapitalkategorie sowie die Rechte, Vorzugsrechte und Beschränkungen jeder Eigenkapitalkategorie (IAS 1.80).

42 Für Eigenkapitalpositionen erwachsen weitere Angabepflichten sofern ein Unternehmen Reklassifizierungen zwischen finanziellen Verbindlichkeiten und Eigenkapital vorgenommen hat. Nach IAS 1.80A sind bei einer Reklassifierungen von:
- als Eigenkapitalinstrument klassifiziertes kündbares Finanzinstrument oder
- als Eigenkapitalinstrument klassifiziertes Instrument, das das Unternehmen dazu verpflichtet, einer anderen Partei im Falle der Liquidation einen proportionalen Anteil an seinem Nettovermögen zu liefern statt

Angaben bereitzustellen, welche die Beträge in und aus eine Kategorie überleiten. Zudem ist der Zeitpunkt und der Grund der Reklassifierung anzugeben.

Bilanz (in €'000)	20X2	20X1
Vermögenswerte		
Langfristige Vermögenswerte:		
Sachanlagen	1000	1100
Firmenwert	70	70
Immaterielle Vermögenswerte	100	130
Equity-Methode bilanzierte Finanzanlagen	100	120
Latente Steuern	120	80
	1390	1500
Kurzfristige Vermögenswerte:		
Vorräte	350	240
Forderungen aus Lieferung & Leistung	1200	800
Sonstige finanzielle Vermögenswerte	160	160
Zahlungsmittel und -äquivalente	1000	900
	2710	2100
Zur Veräußerung gehaltene langfristige Vermögenswerte	-	100
	2710	2200
	4100	3700

IV. Inhalt des Abschlusses

Eigenkapital und Verbindlichkeiten:

Eigenkapital		
Gezeichnetes Kapital	1300	1300
Gewinnrücklagen	500	300
Sonstige Rücklagen	40	40
	1840	1640
Anteil nicht berrschender Gesellschafter	80	60
	1920	1700
Verbindlichkeiten		
Langfristige Verbindlichkeiten:		
Langfristige Darlehen	1480	1400
Latente Steuern	100	100
	1580	1500
Kurzfristige Verbindlichkeiten:		
Kurzfristige Darlehen	150	100
Verbindlichkeiten aus Lieferung & Leistung	450	400
	600	500
	4100	**3700**

2. Gesamtergebnisrechnung. Mit der Überarbeitung von IAS 1 wurde als wesentliche Neuerung eine Gesamtergebnisrechnung für den IFRS Abschluss eingeführt. Hauptunterschied zu den bis dahin geltenden Regelungen ist die **Ergänzung der Gewinn- und Verlustrechnung um Ertrags- und Aufwandskomponenten, die aufgrund von Bilanzierungsvorschriften in den IFRS bisher „erfolgsneutral" direkt im Eigenkapital zu erfassen waren.** In diesem Sinne handelt es sich nicht um eine grundsätzliche Neuausrichtung in der Darstellung und Berichterstattung über die Ertragslage eines Unternehmens, vielmehr findet eine Verlagerung des Ausweises bestimmter Posten, von der Aufstellung über die Veränderung im Eigenkapital hin zum Ausweis als sonstiges Ergebnis (*Other comprehensive income*) als Teilergebniskomponente des Gesamtergebnis (*Total comprehensive income*) für die Berichtsperiode, statt. 43

In Konsequenz der eingeführten Änderungen reflektiert das Gesamtergebnis definitionsgemäß (IAS 1.7) jegliche Veränderungen im Eigenkapital einer Periode infolge von Geschäftsvorfällen und anderen Ereignissen, mit Ausnahme von Veränderungen, die sich aus Geschäftsvorfällen mit Eigentümern ergeben, die in ihrer Eigenschaft als Eigentümer handeln. 44

Obst

45 Der Ausweis von Gewinn- und Verlust, aufgegliedert in einzelne Erfolgsbestandteile, dient dem Adressaten nicht nur zum Verständnis der erreichten Ertragskraft des Unternehmen, sondern zugleich als wichtiger Indikator für die Prognostizierung künftiger Ertragskraft des Unternehmens und dem Potenzial, *cash flows* zu generieren.

46 **a) Umfang der Aufstellung.** Vergleichbar mit den Vorgaben für die Bilanz enthält IAS 1.82-83 eine Mindestanforderung von Posten, die in der Gesamtergebnisrechnung zu berichten sind. Eine spezifische Darstellungsform wird nicht konkret vorgeschrieben. Die Gesamtergebnisrechnung umfasst mindestens folgende Positionen:

- Umsatzerlöse,
- Gewinne und Verluste aus der Ausbuchung finanzieller Vermögenswerte, die zu fortgeführten Anschaffungskosten bewertet werden,
- Finanzierungsaufwendungen,
- Gewinn- und Verlustanteile an assoziierten Unternehmen und Gemeinschaftsunternehmen, die nach der Equity-Methode bilanziert werden,
- wenn ein finanzieller Vermögenswert in die Kategorie „zum beizulegenden Zeitwert bewertet" reklassifiziert wird, Gewinne oder Verluste, die sich aus einer Differenz zwischen dem früheren Buchwert und seinem beizulegenden Zeitwert zum Zeitpunkt der Reklassifizierung (wie in IFRS 9 definiert) ergeben,
- Steueraufwendungen,
- ein gesonderter Betrag, welcher der Summe entspricht aus: dem Ergebnis nach Steuern des aufgegebenen Geschäftsbereichs und
- dem Ergebnis nach Steuern, das bei der Bewertung zum beizulegenden Zeitwert abzüglich Veräußerungskosten oder bei der Veräußerung der Vermögenswerte oder Veräußerungsgruppe(n), die den aufgegebenen Geschäftsbereich darstellen, erfasst wurde.
- Gewinn oder Verlust,
- jeder Bestandteil des sonstigen Ergebnisses nach Art unterteilt,
- Anteil am sonstigen Ergebnis, der auf assoziierte Unternehmen und
- Gemeinschaftsunternehmen entfällt, die nach der Equity-Methode
- bilanziert werden und
- Gesamtergebnis.

47 Klärend im Rahmen des Annual Improvements Projektes des IASB wurde 2007 festgestellt, dass Zinserträge und Zinsaufwendungen, die aus Finanzierungstätigkeiten dem Unternehmen erwachsen, nicht in den Finanzierungsaufwendungen saldiert auszuweisen sind.[13]

---

13 IASB, Improvements to IFRSs, May 2008.

IV. Inhalt des Abschlusses

Zusätzlichen Posten, Überschriften und Zwischensummen sind darüber hinaus der Gesamtergebnisrechnung hinzuzufügen, wenn sie für das Verständnis hinsichtlich der Ertragskraft des Unternehmens relevant sind (IAS 1.85-86). Eine Klassifizierung von Posten als außerordentlichen Aufwand oder Ertrag ist gemäß IAS 1.87 im Rahmen eines IFRS Abschlusses nicht zulässig. Zusätzlich findet sich in der Begründung zum Standard der explizite Verweis, dass die IFRS keine Unterscheidung von operativen und nicht-operativen Geschäftstätigkeiten in der Gewinn- und Verlustrechnung vorsehen.[14] Es ist jedoch im Rahmen der IFRS zulässig, dass ein Unternehmen eine eigene Abgrenzung hinsichtlich operativen und nicht operativen Geschäftstätigkeiten, etwa durch Ausweis von operativen Ergebnis als Zwischensumme, vornimmt. 48

Zusätzlich ist innerhalb der Gesamtergebnisrechnung für den Gewinn oder Verlust sowie für das Gesamtergebnis eine Zuordnung vorzunehmen auf: 49
- nicht beherrschenden Anteilen und
- den Anteil, der den Eigentümern des Mutterunternehmens zuzurechnen ist.

b) Single vs. two statement approach. Dem berichtenden Unternehmen wird ein Darstellungswahlrecht eingeräumt. Neben einer einzigen Gesamtergebnisrechnung ist es auch zulässig, eine gesonderte Gewinn- und Verlustrechnung (*Separate income statement*) in Kombination mit einer Überleitung auszuweisen – *Two statement approach*. Die Überleitungsrechnung stellt in diesem Falle die Gesamtergebnisrechnung dar und leitet Gewinn oder Verlust der gesonderten Gewinn- und Verlustrechnung unter Ausweis des sonstigen Ergebnisses zum Gesamtergebnis über. 50

Der Unterschied zwischen beiden Varianten basiert in Konsequenz auf einer rein visuellen Trennung der Ergebniskomponenten. Beschränkt wird diese Trennung durch die verbindliche Vorgabe in IAS 1.12, dass im Falle einer gesonderten Gewinn- und Verlustrechnung, als vollständiger Bestandteil des Abschlusses, diese der Gesamtergebnisrechnung unmittelbar voran zustellen ist. 51

c) Ausweis nach dem Gesamt- oder Umsatzkostenverfahren. Unabhängig von der Wahlmöglichkeit zur Darstellung einer gesonderten Gewinn- und Verlustrechnung, hat das Unternehmen nach IAS 1.99 eine Gliederung des im Ergebnis erfassten Aufwands vorzunehmen. Die Untergliederung der einzelnen Aufwandsposten kann nach funktionaler Zugehörigkeit als Teil der Umsatzkosten = **Umsatzkostenverfahren** (*by function of expense*) oder nach ihrer Art im Rahmen des **Gesamtkostenverfahren** (*by nature of expense*) erfolgen. Entsprechende Angaben können grundsätzlich im Anhang berichtet werden, allerdings empfiehlt der Standard die Aufgliederung in der Gesamtergebnisrechnung bzw. der Gewinn- und Verlustrechnung auszuweisen. 52

---

14 Vgl. *KMPG (Hrsg.)* Insights, Rn 4.1.90f; *Deloitte (Hrsg.)* iGAAP, 87; *PwC (Hrsg.)* IFRS Manual Rn. 4.113ff.; *Ernst & Young (Hrsg.)* International GAAP, 206f.

53 Welche der beiden Darstellungsformen für den Abschluss heranzuziehen ist, obliegt dem bilanzierenden Unternehmen bei seiner Einschätzung, auf welcher Basis relevantere und zuverlässigere Informationen dem Adressatenkreis bereitgestellt werden können (IAS 1.104). Sofern der Ausweis nach dem Umsatzkostenverfahren erfolgt, sind zusätzlichen Angaben über die Art der Aufwendung inklusive der Höhe des Aufwands für planmäßige Abschreibungen sowie Leistungen an Arbeitnehmer (Personalaufwand) anzugeben.

54 **d) Untergliederung.** Neben einer Aufgliederung der Aufwandsposten resultieren weitere Ausweisvorgaben auf Basis einzelner IFRS Vorgaben. So ist z.b. der Sammelposten Umsatzerlöse nach IAS 18 in geeignete Umsatzklassen aufzugliedern. Allgemein ergibt sich die Pflicht einer gesonderten Angabe für Positionen der Gesamtergebnisrechnung immer dann, wenn entsprechende Ertrags- und Aufwandsposten von wesentlicher Bedeutung für das Verständnis zur Einschätzung der Ertragskraft des Unternehmens sind. In IAS 1.98 werden exemplarisch Posten aufgeführt, die eine gesonderte Angabe erforderlich machen könnten:

- eine außerplanmäßige Abschreibung der Vorräte auf den Nettoveräußerungswert oder der Sachanlagen auf den erzielbaren Betrag sowie die Wertaufholung solcher außerplanmäßigen Abschreibungen;
- eine Umstrukturierung der Tätigkeiten eines Unternehmens und die Auflösung von Rückstellungen für Umstrukturierungsaufwand;
- die Veräußerung von Posten der Sachanlagen;
- die Veräußerung von Finanzanlagen;
- die aufgegebene Geschäftsbereiche;
- die Beendigung von Rechtsstreitigkeiten; und
- sonstige Auflösungen von Rückstellungen.

55 **e) Sonstiges Ergebnis.** Innerhalb des sonstigen Ergebnisses sind definitionsgemäß Aufwands- und Ertragsposten auszuweisen, die nach den Regelungen anderer IFRS nicht im Gewinn oder Verlust erfasst werden dürfen oder ein entsprechendes Wahlrecht einräumen. Die Bestandteile des sonstigen Ergebnisses stellen somit konkrete Einzelfallregelungen für Aufwands- und Ertragspositionen dar. IAS 1.7 führt eine Liste mit Bilanzierungssachverhalten, die zu einer Erfassung im sonstigen Ergebnis führen:

- Veränderungen der Neubewertungsrücklage (siehe IAS 16 *Property, Plant and Equipment* und IAS 38 *Intangible Assets*);
- versicherungsmathematische Gewinne und Verluste aus leistungsorientierten Plänen, die gemäß Paragraph 93A von IAS 19 *Employee Benefits* erfasst werden;
- Gewinne und Verluste aus der Umrechnung des Abschlusses eines ausländischen Geschäftsbetriebs (siehe IAS 21 *The effects of Changes in Foreign Exchange rates*);

IV. Inhalt des Abschlusses

- Gewinne und Verluste aus Finanzinvestitionen in Eigenkapitalinstrumente, die gemäß Paragraph 5.4.4 von IFRS 9 *Financial Instruments* zum beizulegenden Zeitwert erfolgsneutral im sonstigen Ergebnis bewertet werden;
- der effektive Teil der Gewinne und Verluste aus Sicherungsinstrumenten bei einer Absicherung von Zahlungsströmen (siehe IAS 39).

Ebenso spezifisch bestehen für die einzelne Bestandteile des sonstigen Ergebnisses konkrete Vorschriften darüber, ob bei entsprechender Realisation von in Vorperioden im sonstigen Ergebnis erfassten Erträge und Aufwendungen eine Umgliederung und Ausweis im Gewinn oder Verlust erfolgt. Entsprechende Umgliederungen zwischen sonstigen Ergebnis und Gewinn oder Verlust sind als „Umgliederungsbeträge" (*reclassification adjustments*) für die einzelnen Bestandteile des sonstigen Ergebnisses auszuweisen.

Zudem sind im sonstigen Ergebnis die auf die einzelnen Bestandteile verbundenen steuerlichen Auswirkungen anzugeben. Hierbei besteht ein Ausweiswahlrecht, die verbundenen Steuerauswirkungen kumuliert für alle Komponenten des sonstigen Ergebnisses in einer Position auszuweisen, oder die Komponenten nach steuerlichen Auswirkungen zur berichten (IAS 1.91)

Beispiel

Gesamtergebnisrechnung (in €'000)	20X2	20X1
Bruttogewinn		
Umsatzerlöse	4800	3800
Umsatzkosten	(3700)	(3000)
	1100	800
Sonstige Erträge	200	120
Vertriebskosten und Verwaltungsaufwendungen	(350)	(240)
Finanzierungsaufwendungen	(150)	(100)
Steueraufwendungen	(200)	(160)
Gewinn	600	420
Anteil am Ergebnis von Eigentümern des Mutterunternehmens	400	380
Anteil am Ergebnis nicht beherrschender Gesellschafter	200	400

Sonstige Ergebnis

Obst

Gewinne und Verluste aus der Umrechnung des Abschlusses eines ausländischen Geschäftsbetriebs	140	240
Steueraufwand sonstiger Eigenkapitalveränderungen	(40)	(80)
	100	160
Gesamtergebnis	**700**	**580**
Anteil am Gesamtergebnis von Eigentümern des Mutterunternehmens	550	460
Anteil am Gesamtergebnis nicht beherrschender Gesellschafter	150	120

Gewinn- und Verlustrechnung (in €'000)	20X2	20X1
Umsatzerlöse	4800	3800
Sonstige Erträge	200	120
Veränderung an Fertigerzeugnissen	(1600)	(1400)
Roh-, Hilfs- und Betriebsstoffe	(450)	(400)
Personalaufwand	(700)	(640)
planmäßige Abschreibungen	(720)	(700)
Sonstige Aufwendungen	(580)	(100)
Gesamtaufwendungen	(4050)	(3240)
Finanzierungsaufwendungen	(150)	(100)
Steueraufwendungen	(200)	(160)
Gewinn	600	420
Anteil am Ergebnis von Eigentümern des Mutterunternehmens	400	360
Anteil am Ergebnis nicht beherrschender Gesellschafter	200	40

Gesamtergebnisrechnung (in €'000)	20X2	20X1
Ergebnis	600	420
Gewinne und Verluste aus der Umrechnung des Abschlusses eines ausländischen Geschäftsbetriebs	140	240
Steueraufwand sonstiger Eigenkapitalveränderungen	(40)	(80)

	100	160
Gesamtergebnis	700	580
Anteil am Gesamtergebnis von Eigentümern des Mutterunternehmens	550	460
Anteil am Gesamtergebnis nicht beherrschender Gesellschafter	150	120

3. **Aufstellung über die Veränderungen im Eigenkapital.** Die Überleitung des Eigenkapitals zwischen dem Beginn und dem Ende der Berichtsperiode ist Aufgabe der Aufstellung über die Veränderungen im Eigenkapital. Die Veränderung ist für jeden Eigenkapitalbestandteil gesondert auszuweisen, einschließlich der gesonderten Darstellung von Veränderungen für den Anteil nicht beherrschender Gesellschafter. Für jeden Eigenkapitalbestandteil sind folgenden Änderungen anzugeben:

- DasGesamtergebnis untergliedert in:
  - Gewinn oder Verlust,
  - jeder Posten des sonstigen Ergebnisses und
  - Geschäftsvorfälle mit Eigentümern, die in ihrer Eigenschaft als Eigentümer handeln, wobei Kapitalzuführungen von und Ausschüttungen an Eigentümer sowie Änderungen der Eigentumsanteile an Tochterunternehmen, die nicht zu einem Verlust der Beherrschung führen, separat ausgewiesen werden.

In die Aufstellung über die Veränderungen im Eigenkapital sind auch rückwirkende Anpassungen und rückwirkende Fehlerberichtigungen gemäß IAS 8 aufzunehmen. IAS 1.110 stellt fest, dass rückwirkende Anpassungen und rückwirkende Fehlerberichtigungen keine Eigenkapitalveränderungen darstellen und entsprechend im Anfangssaldo der Eigenkapitalbestandteile berücksichtigt werden.

Kapitalzuführungen von und **Ausschüttungen** an die Eigentümer sind im Eigenkapitalspiegel gesondert auszuweisen. Dividendenzahlungen, die als Ausschüttungen an die Eigentümer in der betreffenden Periode erfasst werden, sind wahlweise im Eigenkapitalspiegel oder im Anhang anzugeben (IAS 1.106 und 107).

4. **Anhangangaben.** Anhangangaben dienen im Wesentlichen dazu, erläuternde, qualitative und quantitative Informationen zum Verständnis des Abschlusses und enthaltener Zahlen- und Mengengerüste jeweiliger Abschlusskomponenten bereitzustellen. Nicht zuletzt das Einräumen von konkreten Wahlrechten bei Ansatz, Bewertung und Ausweis für einzelne Bilanzierungssachverhalte in den IFRSs machen eine klärende Beschreibung für den Adressaten unabdingbar, um die bereitgestellten Informationen interpretieren zu können sowie mit Informationen anderer Unterneh-

Obst

men zu vergleichen. Ebenso bedarf es der Kenntnis darüber, welche notwendigen Ermessensentscheidungen und (Schätz)Unsicherheiten das Management bei der Aufstellung des Abschlusses unterlegen hat.

63 Als erforderliche Anhangangaben ergeben sich nach IAS 1.112:
- Informationen über die Grundlagen der Aufstellung des Abschlusses und die spezifischen Rechnungslegungsmethoden, die gemäß den Paragraphen IAS 1.117-124 angewandt worden sind, darlegen,
- die nach IFRS erforderlichen Informationen geben, die nicht in den anderen Abschlussbestandteilen ausgewiesen sind und
- Informationen liefern, die nicht in anderen Abschlussbestandteilen ausgewiesen werden, für das Verständnis derselben jedoch relevant sind.

64 Die Darstellung der Anhangangaben sollte, soweit möglich, einer strukturierten Form folgen. Verbindlich ist zudem vorgeschrieben, dass für einzelne Posten in der, der Gesamtergebnisrechnung, der Kapitalflussrechnung und der Aufstellung über die Veränderungen im Eigenkapital Querverweise zu den zugehörigen Informationen im Anhang angegeben werden.

65 **a) Angaben zu Bilanzierungs- und Bewertungsmethoden.** Bei der Zusammenfassung der maßgeblichen Bilanzierungs- und Bewertungsmethoden sind insbesondere Informationen darüber zu berichten, welche Bewertungsgrundlagen bei der Aufstellung des Abschlusses herangezogen wurden bzw. für das Verständnis des Abschlusses relevant sind. Die Angaben über verwendete Wertkonzeptionen (z.B. Tageswerte, historische Anschaffungs- oder Herstellungskosten, beizulegender Zeitwert)[15] müssen dabei nicht für jede einzelne Position erfolgen, sondern können sich auch auf bestimmte Gruppen von Vermögenswerten und Schulden mit gleicher Bewertungsgrundlage beziehen. In Ergänzung der allgemeinen Zusammenfassung finden sich konkrete Angabevorschriften über Bilanzierungs- und Bewertungsmethoden in den einzelnen IFRSs.

66 Weiterhin sind Informationen dem Adressaten bereitzustellen, die Erkenntnisse darüber liefern, in welchem Umfang notwendige Ermessensausübungen des Managements die Beträge im Abschluss erheblich beeinflussen (IAS 1.122-124). Die Angaben konkretisieren sich zusätzlich durch weitere Anhangangaben in den einzelnen IFRS.

67 **b) Angaben zu Schätzunsicherheiten.** Das Management hat im Anhang ebenso über wichtige, zukunftsbezogene Annahmen und wesentliche Quellen von Schätzunsicherheiten am Ende der Berichtsperiode zu berichten, durch die ein beträchtliches Risiko besteht, dass innerhalb des nächsten Geschäftsjahres wesentliche Anpassun-

---

15 Vgl. *KMPG (Hrsg.)* Insights, Rn 2.4.180f.; *Deloitte (Hrsg.)* iGAAP, 120ff.; *PwC (Hrsg.)* IFRS Manual Rn. 4.224ff.; Ernst & Young (Hrsg.) International GAAP, 210f.

VII. Ausblick

gen an ausgewiesenen Vermögenswerten und Schulden erforderlich werden. Die Angaben erfolgen hierbei über Art der Annahme bzw. Quelle der Schätzunsicherheit und den zugehörigen Buchwerten am Ende der Berichtsperiode.

Der Standard gibt explizit an, dass eine Angabepflicht über zukunftsbezogene Annahmen und Schätzunsicherheiten nur dann verlangt ist, wenn es sich um besonders schwierige, subjektive oder komplizierte Ermessensausübung des Managements handelt. Routinemäßige Schätzungen, etwa über die Nutzungsdauer von gängigen Sachanlagevermögen zur Bestimmung der Höhe planmäßiger Abschreibungen, fallen nicht unter die Berichtspflicht über wesentliche Quellen von Schätzunsicherheiten. Ebenso liegt in diesem Kontext keine Berichtspflicht vor, wenn ein beträchtliches Risiko besteht, dass sich der Buchwert innerhalb des nächsten Geschäftsjahres wesentlich ändern wird, die Bewertung am Ende der Berichtsperiode jedoch auf der Basis von vor kurzem festgestellter Marktpreise erfolgt; die wesentlichen Änderungen somit nicht auf zukünftige Annahmen oder auf Schätzunsicherheiten des Managements beruhen.[16] Berichtspflichtige Angaben können sich z.b. ergeben aus wesentlichen Rückstellungen für Gerichtsverfahren, die in ihrer Höhe vom Ausgang des Verfahrens abhängen; oder zukunftbezogenen Annahmen für versicherungsmathematische Modelle zur Bestimmung der Buchwerte langfristiger Pensionszusagen. 68

c) **Kapitalmanagement.** Der Abschlussadressat ist im Anhang ebenfalls darüber zu informieren, in welcher Form das Unternehmen Mindestkapitalanforderungen unterliegt sowie generell Kapitalmanagement betrieben wird. Im Mittelpunkt stehen erläuternde Angaben über Ziele, Methoden und Prozesse beim Kapitalmanagement, die es ermöglichen sollen, einen Einblick in die Kapitalressourcen des Unternehmens zu erlangen (IAS 1.134-136). Neben qualitativen Informationen dienen quantitative Angabe, was als Kapital gesteuert wird, sowie Informationen darüber, welche Konsequenzen sich aus einer Verfehlung der Ziele, etwa bei Nichterfüllung der Mindestkapitalanforderungen, für das Unternehmen ergeben. 69

V. Inkrafttreten und Übergangsvorschriften. IAS 1 (2008) war erstmals auf am oder nach dem 1. Januar 2009 beginnende Geschäftsjahre anzuwenden. Der Standard wurde letztmalig mit Veröffentlichung von IFRS 9 Financial Instruments im November 2009 geändert. 70

VI. IFRS für kleine und mittelgroße Unternehmen. Vergleichbare, wenn auch stark vereinfachte Vorschriften für die erstmalige Anwendung der IFRS für kleine und mittelgroße Unternehmen finden sich in IFRS-SMEs Abschnitte 3 bis 8. 71

VII. Ausblick. Gegenwärtig hat der IASB zwei Projekte auf seiner Agenda mit unmittelbarer Auswirkung auf IAS 1 und der Darstellung des Abschlusses. Die Projekte umfassen: 72

---

16 Vgl. IAS 1.128.

- Darstellung der Bestandteile des sonstigen Ergebnisses innerhalb der Gesamtergebnisrechnung;[17] sowie
- Grundsätzliche Überarbeitung der Darstellung von Jahresabschlussinformationen nach IAS 1 und IAS 7[18].

73 Hinsichtlich der Darstellung des sonstigen Ergebnisses der Periode wird insbesondere eine Unterscheidung von sonstigen Ergebnisbestandteilen diskutiert. Angedacht ist eine Unterscheidung zwischen Bestandteilen, die nach Vorgaben der einzelnen IFRSs:
- nicht aufwands- oder ertragswirksam umgegliedert werden; bzw.
- eine entsprechende Umgliederung vorschreiben.

74 Neben der Darstellungsfrage für das sonstige Ergebnis führen der IASB und FASB gemeinschaftlich Überlegungen hinsichtlich einer grundsätzlichen Überarbeitung der Darstellung des Abschlusses. Im Vordergrund stehen insbesondere Überlegungen hinsichtlich einer stärker standardisierten Darstellungsform von Bilanz, Ergebnis- und Kapitalflussrechnung mit Zielsetzung einer verbesserten Vergleichbarkeit von Abschlüssen. Zudem werden grundsätzliche Anforderungen diskutiert hinsichtlich:
- Untergliederung (*disaggregation*) von Positionen innerhalb der Bilanz, Ergebnis- und Kapitalflussrechnung
- Überleitung von Bilanzposten und Darstellung der Veränderung zwischen Anfang und Ende der Berichtsperiode

75 Kernpunkt der Reformbestrebungen sind Überlegungen, den **Zusammenhang unternehmerischer Aktivitiäten** in den einzelnen Abschlusskomponenten herauszuarbeiten und gegenüberzustellen. Dem sogenannten Grundsatz der Cohesiveness folgend wird vorgeschlagen, die Bilanz, Gesamtergebnisrechnung sowie die Kapitalflussrechnung einheitlich in Abschnitte (*sections*), Kategorien und Unterkategorien zu untergliedern. Die Untergliederung von Aufwands- und Ertragsposten, sowie korrespondierender Zahlungsströme richtet sich dabei grundsätzlich an der Klassifizierung entsprechender Vermögenswerte und Schulden aus. Die nachfolgende Abbildung illustriert die angedachte Untergliederung.

---

17 Zum aktuellen Stand siehe, vgl. http://www.ifrs.org/Current+Projects/IASB+Projects/Financial+Statement+Presentation/Phase+B+OCI/Presentation+of+items+of+OCI.htm (10. Juni 2010).
18 Zum aktuellen Stand siehe, vgl. http://www.ifrs.org/Current+Projects/IASB+Projects/Financial+Statement+Presentation/Phase+B/Phase+B+-+Replacement+of+IAS+1+and+IAS+7.htm (10. Juni 2010).

VII. Ausblick

Statement of Financial Position	Statement of Comprehensive Income	Statement of Cash Flows
Business section	Business section	Business section
Operating category	Operating category	Operating category
Operating finance subcategory	Operating finance subcategory	
Investing category	Investing category	Investing category
Financing section	Financing section	Financing section
Debt category	Debt category	Debt and equity
Equity category		
	Multi-category transaction section	Multi-category transaction section
Income tax section	Income tax section	Income tax section
Discontinued operation section	Discontinued operation section, net of tax	Discontinued operation section
	Other comprehensive income, net of tax	

Obst

IAS 2 – Inventories

Rn   Textauszüge aus IAS 2

9   Vorräte sind mit dem niedrigeren Wert aus Anschaffungs- oder Herstellungskosten und Nettoveräußerungswert zu bewerten.

10   In die Anschaffungs- oder Herstellungskosten von Vorräten sind alle Kosten des Erwerbs und der Herstellung sowie sonstige Kosten einzubeziehen, die angefallen sind, um die Vorräte an ihren derzeitigen Ort und in ihren derzeitigen Zustand zu versetzen.

23   Die Anschaffungs- oder Herstellungskosten solcher Vorräte, die normalerweise nicht austauschbar sind, und solcher Erzeugnisse, Waren oder Leistungen, die für spezielle Projekte hergestellt und ausgesondert werden, sind durch Einzelzuordnung ihrer individuellen Anschaffungs- oder Herstellungskosten zu bestimmen.

25   Die Anschaffungs- oder Herstellungskosten von Vorräten, die nicht in IAS 2.23 behandelt werden, sind nach dem First-in-First-out-Verfahren (FIFO) oder nach der Durchschnittsmethode zu ermitteln. Ein Unternehmen muss für alle Vorräte, die von ähnlicher Beschaffenheit und Verwendung für das Unternehmen sind, das gleiche Kosten-Zuordnungsverfahren anwenden. Für Vorräte von unterschiedlicher Beschaffenheit oder Verwendung können unterschiedliche Zuordnungsverfahren gerechtfertigt sein.

34   Wenn Vorräte verkauft worden sind, ist der Buchwert dieser Vorräte in der Berichtsperiode als Aufwand zu erfassen, in der die zugehörigen Erträge realisiert sind. Alle Wertminderungen von Vorräten auf den Nettoveräußerungswert sowie alle Verluste bei den Vorräten sind in der Periode als Aufwand zu erfassen, in der die Wertminderungen vorgenommen wurden oder die Verluste eingetreten sind. Alle Wertaufholungen bei Vorräten, die sich aus einer Erhöhung des Nettoveräußerungswerts ergeben, sind als Verminderung des Materialaufwands in der Periode zu erfassen, in der die Wertaufholung eintritt.

Übersicht

	Rn
I. Regelungsgehalt	1 – 3
II. Normzweck und Anwendungsbereich	4 – 7
III. Begriffe	8 – 11
IV. Bewertung von Vorräten	12 – 74
1. Kosten des Erwerbs	15 – 23
2. Herstellungskosten	24 – 41
3. Sonstige Kosten	42 – 47
4. Herstellungskosten der Vorräte eines Dienstleistungsunternehmens	48 – 49
5. Kosten der landwirtschaftlichen Erzeugnisse in Form von Ernten biologischer Vermögenswerte	50 – 51
6. Verfahren zur Bewertung der Anschaffungs- oder	

Herstellungskosten	52 – 58
7. Kosten-Zuordnungsverfahren	59 – 65
8. Nettoveräußerungswert	66 – 73
V. Erfassung als Aufwand	74 – 76
VI. Ausweis und Angaben	77 – 82
VII. Inkrafttreten und Übergangsvorschriften	83 – 84
VIII. IFRS für kleine und mittelgroße Unternehmen	85
IX. Ausblick	86

I. Regelungsgehalt. Unternehmen stellen Produkte her bzw. bieten Dienstleistungen an. Am Ende eines Geschäftsjahres werden sich dabei regelmäßig Vorräte auf Lager befinden. Die Aufwendungen für diese sollen entsprechend des „matching principle" des Framework (F.95) solange **erfolgsneutral** erfasst werden, bis die Erträge aus dem Verkauf der Ware in der GuV erfasst werden. F.95 führt diesbezüglich aus, dass die unterschiedlichen Komponenten der Umsatzkosten zur gleichen Zeit wie die Erträge aus dem Verkauf der Waren angesetzt werden. Das bedeutet, dass alle Kosten der Anschaffung oder Herstellung zu aktivieren sind, bis die korrespondierenden Erträge aus der Veräußerung in der GuV erfasst werden.[1]

1

IAS 2

Vor diesem Hintergrund regelt IAS 2 *Inventories* die Bilanzierung von Vorräten. Dabei liegt der Hauptaugenmerk aus o.g. Gründen auf der Feststellung der **Höhe** der Anschaffungs- oder Herstellungskosten, die als Vermögenswert anzusetzen und fortzuschreiben sind, bis die korrespondierenden Erlöse erfasst werden. IAS 2 enthält hingegen **keine** spezifischen **Ansatznormen**.[2]

2

Aus diesem Grund führt IAS 8 *Accounting Policies, Changes in Accounting Estimates and Errors* aus, dass beim Fehlen eines Standards, der ausdrücklich auf einen Geschäftsvorfall oder sonstige Ereignisse oder Bedingungen zutrifft, das **Management** darüber zu entscheiden hat, welche Bilanzierungs- und Bewertungsmethode zu entwickeln und anzuwenden ist, damit es zu Informationen kommt, die zuverlässig und für die Bedürfnisse der wirtschaftlichen Entscheidungsfindung der Adressaten von Bedeutung sind (IAS 8.10). Dabei hat sich das Management auf die Anforderungen und Anwendungsleitlinien in Standards und Interpretationen, die ähnliche und verwandte Fragen behandeln (dies könnten beispielsweise die Ansatzvorschriften von Sachanlagevermögen (IAS 16) sein) sowie das Rahmenkonzept (Framework) zu beziehen. Darüber hinaus können die Ansatzvorschriften anderer Standardsetter herangezogen werden (IAS 8.12).

3

---

1 Vgl. *v.Keitz* Internationales Bilanzrecht, IAS 2 Rn 4.
2 Vgl. *Riese*, Beck'sches IFRS-Handbuch, §8 Rn 11.

II. Normzweck und Anwendungsbereich. Ausweislich IAS 2.1 gibt der Standard Anwendungsleitlinien für die Ermittlung der Anschaffungs- oder Herstellungskosten und deren nachfolgende Erfassung als Aufwand einschließlich etwaiger Abwertungen auf den Nettoveräußerungspreis. Er enthält weiterhin Anleitungen zu den Verfahren, wie Anschaffungs- oder Herstellungskosten den Vorräten zugeordnet werden.

Grundsätzlich ist IAS 2 auf das **gesamte Vorratsvermögen** anzusetzen. Für bestimmte Arten von Vorräten gelten jedoch vorrangig andere Standards. Diese Ausnahmen betreffen nach IAS 2.2:

- unfertige Erzeugnisse im Rahmen von Fertigungsaufträgen einschließlich damit unmittelbar zusammenhängender Dienstleistungsverträge (IAS 11),
- Finanzinstrumente (IAS 32) und
- biologische Vermögenswerte, die mit landwirtschaftlicher Tätigkeit in Zusammenhang stehen, und landwirtschaftliche Erzeugnisse zum Zeitpunkt der Ernte (IAS 41).[3]

Darüber hinaus ist IAS 2 nicht auf die **Bewertung** folgender Vorräte anzuwenden (IAS 2.3):

- Vorräte von Erzeugern land- und forstwirtschaftlicher Erzeugnisse, landwirtschaftlichen Produktionen nach der Ernte sowie Mineralien und mineralischen Stoffen jeweils insoweit, als diese Erzeugnisse in Übereinstimmung mit der gut eingeführten Praxis ihrer Branche mit dem Nettoveräußerungswert bewertet werden. Werden solche Vorräte mit dem Nettoveräußerungswert bewertet, werden Wertänderungen in der Gewinn- und Verlustrechnung in der Berichtsperiode der Änderung erfasst.
- Vorräte von Warenmaklern/-Händlern, die ihre Vorräte mit dem Nettoveräußerungswert abzüglich der Vertriebsaufwendungen bewerten. Werden solche Vorräte mit dem Nettoveräußerungswert abzüglich der Vertriebsaufwendungen bewertet, werden die Wertänderungen in der Gewinn- und Verlustrechnung in der Berichtsperiode der Änderung erfasst.

Zu beachten ist, dass es sich bei IAS 2.3 um die Nichtanwendung von **Bewertungsvorschriften** handelt. Die übrigen Regelungen des IAS 2 finden hingegen Anwendung, wobei diese überwiegend die Erfüllung von Angabepflichten betreffen.

---

3 Im Falle der Weiterverarbeitung landwirtschaftlicher Erzeugnisse nach der Ernte findet IAS 2 hingegen wieder Anwendung (vgl. *v.Keitz* Internationales Bilanzrecht, IAS 2 Rn 120 mit einem Beispiel).

III. Begriffe

III. Begriffe. IAS 2 gilt für das **gesamte** Vorratsvermögen. Dabei definiert IAS 2.6 Vorräte als Vermögenswerte, 8
- die zum Verkauf im **normalen Geschäftsgang** gehalten werden (zB Handelswaren und Fertigerzeugnisse; Vermögenswerte mit Weiterveräußerungsabsicht, die nicht zum normalen Absatzprogramm des Unternehmens gehören, werden hingegen nicht nach IAS 2 bilanziert),
- die sich in der Herstellung für einen solchen Verkauf befinden (zB unfertige Erzeugnisse und Leistungen) oder
- die als Roh-, Hilfs- und Betriebsstoffe dazu bestimmt sind, bei der Herstellung oder der Erbringung von Dienstleistungen verbraucht zu werden. Das bedeutet, dass Betriebsstoffe, die beispielsweise **nicht** bei der Herstellung von Waren benötigt werden (zB Büromaterial für die Verwaltung) auch nicht unter das Vorratsvermögen nach IAS 2 fallen. Da es für diese Art von Betriebsstoffen keine spezifischen Bilanzierungsnormen gibt, kommt auch hier die Anwendung von IAS 8 (vgl. Rn 3) in Betracht. Demnach können diese fertigungsfremden Betriebsstoffe analog den Vorschriften des IAS 2 bilanziert werden.[4]

Auch bereits geleistete Anzahlungen auf Vorräte, die nach §266 Abs. 2 HGB unter der Bilanzposition „Vorräte" bilanziert werden, fallen nicht in den Anwendungsbereich von IAS 2. Hinsichtlich des **Ausweises** von Anzahlungen führt IAS 1.75 aus, dass diese im Rahmen einer Untergliederung der **Forderungen** ausgewiesen werden können. Trotzdem wird die Einbeziehung der geleisteten Anzahlungen in die Vorräte in Teilen der Literatur als vertretbar erachtet.[5] 9

Im Falle von **Dienstleistungsunternehmen** enthalten Vorräte die Kosten der erbrachten Leistungen (in erster Linie Löhne und Gehälter sowie sonstige Kosten des Personals, das unmittelbar für die Leistungserbringung eingesetzt ist (IAS 2.8 i.V.m. IAS 2.19)). 10

Ein weiterer in IAS 2 verwendeter Begriff, ist der des **Nettoveräußerungswertes** (net realisable value). Dieser ist der geschätzte, im normalen Geschäftsgang erzielbare Verkaufserlös abzüglich der geschätzten Kosten bis zur Fertigstellung und der geschätzten notwendigen Vertriebskosten (IAS 2.6). Demgegenüber definiert IAS 2.6. den **beizulegenden Zeitwert** (fair value) als den Betrag, zu dem zwischen sachverständigen, vertragswilligen und voneinander unabhängigen Geschäftspartner ein Vermögenswert getauscht oder eine Schuld beglichen werden könnte. Der Nettoveräußerungswert kann von dem beizulegenden Zeitwert abzüglich Vertriebskosten abweichen, da erster ein unternehmensspezifischer Wert ist und der letztere nicht (IAS 2.7). 11

---

4 Vgl. *v.Keitz* Internationales Bilanzrecht, IAS 2 Rn 111 mwN
5 Vgl. *Riese* Beck'sches IFRS-Handbuch, §8 Rn 118 mwN Restriktiver . *v.Keitz* Internationales Bilanzrecht, IAS 2 Rn 110.

IAS 2 — Inventories

12   **IV. Bewertung von Vorräten.** Grundsätzlich gilt nach IAS 2.9, dass Vorräte mit dem **niedrigeren Wert** aus **Anschaffungs-** oder **Herstellungskosten** und **Nettoveräußerungspreis** zu bewerten sind.

Anschaffungs- oder Herstellungskosten	<	Nettoveräußerungspreis	=	Bewertung zu Anschaffungs- oder Herstellungskosten
Anschaffungs- oder Herstellungskosten	>	Nettoveräußerungspreis	=	Bewertung zum Nettoveräußerungspreis

13   Es besteht also eine **Wertminderungspflicht**, wenn der Nettoveräußerungspreis **niedriger** ist als die Anschaffungs- oder Herstellungskosten. Diese Wertminderung ist dann im Jahr der Wertminderung **erfolgswirksam** in der GuV zu erfassen (s. Rn 76). Damit ergibt sich, dass zu jedem Bilanzstichtag die (bekannten) Anschaffungs- oder Herstellungskosten mit dem (zu ermittelnden) Nettoveräußerungspreis zu vergleichen sind.

14   Dabei sind zur Ermittlung der Anschaffungs- oder Herstellungskosten von Vorräten alle **Kosten des Erwerbs** und der **Herstellung** sowie **sonstige Kosten** einzubeziehen, die angefallen sind, um die Vorräte an ihren derzeitigen Ort und in ihren derzeitigen Zustand zu versetzen (IAS 2.10).

15   **1. Kosten des Erwerbs.** Die Kosten des Erwerbs betreffen alle **fremdbezogenen** Vermögenswerte, wie zB Handelswaren oder Roh-, Hilfs- und Betriebsstoffe, die dazu bestimmt sind, bei der Herstellung oder der Erbringung von Dienstleistungen verbraucht zu werden.

16   IAS 2.11 bestimmt diesbezüglich, dass die Kosten des Erwerbs von Vorräten den
- Erwerbspreis
- Einfuhrzölle und andere Steuern (sofern es sich nicht um solche handelt, die das Unternehmen später von den Steuerbehörden zurückerlangen kann),
- Transport- und Abwicklungskosten sowie
- sonstige Kosten, die dem Erwerb von Fertigerzeugnissen, Materialien und Leistungen unmittelbar zugerechnet werden können, umfassen.

Skonti, Rabatte und andere vergleichbare Beträge werden bei der Ermittlung der Kosten des Erwerbs abgezogen.

IV. Bewertung von Vorräten

Ausgangspunkt für die Bestimmung der Kosten des Erwerbs ist also der Erwerbspreis ggf. abzüglich der abziehbaren Vorsteuer. Im Falle von branchenunüblich langen Zahlungszielen, enthalten die Kosten des Erwerbs ein Finanzierungselement (IAS 2.18). Ist dieser Zinseffekt wesentlich, so ist der Barkaufpreis Bestandteil der Kosten des Erwerbs.[6]

17

IAS 2 normiert nicht den Fall, dass Vorräte in **Fremdwährung** angeschafft werden. In diesem Fall greift die Fremdwährungsumrechnung nach IAS 21. Danach sind die entsprechenden Kosten des Erwerbs mit dem Kassakurs in die funktionale Währung umzurechnen (IAS 21.21).

18

Zu dem Erwerbspreis bzw. dem Barkaufpreis werden die direkt zurechenbaren Einfuhrzölle und andere Steuern (sofern diese vom Unternehmen später nicht von der Steuerbehörde zurückgefordert werden können) hinzugerechnet. Darüber hinaus sind die Transport- und Abwicklungskosten sowie sonstige Kosten, die dem Erwerb von Fertigerzeugnissen, Materialien und Leistungen **unmittelbar** zugerechnet werden können, hinzu zu addieren. Beispiele für diese sonstigen Kosten sind Vermittlungsgebühren oder Kosten der Zwischenlagerung.[7]

19

Neben den bisher überwiegend angesprochenen Einzelkosten, werden auch **Gemeinkosten** in die Kosten des Erwerbs eingerechnet, sofern sie durch den Anschaffungsvorgang veranlasst wurden. Das bedeutet, dass **fixe** Gemeinkosten nicht eingerechnet werden dürfen. Demgegenüber sind durch einen Anschaffungsvorgang ausgelöste Gemeinkosten wie zB Kosten für einen angestellten Rechtsanwalt, der für die rechtliche Gestaltung von Anschaffungsvorgängen verantwortlich ist, einbeziehungspflichtig.[8]

20

Da nur solche Kosten in die Ermittlung der Kosten des Erwerbs einbezogen werden können, die anschaffungsbezogen sind, ist der **Anschaffungszeitraum** zu klären. Dieser beginnt mit der Kaufentscheidung und endet im Zeitpunkt, wenn sich die Vorräte an dem Ort und in dem Zustand befinden, an dem sie verkauft werden.[9] Danach anfallende Kosten (zB erneute Transportkosten) sind nicht mehr dem Anschaffungsvorgang zuzuordnen.

21

Schließlich werden zur Ermittlung der Kosten des Erwerbs noch die Skonti, Rabatte und andere vergleichbare Beträge abgezogen, wenn diese direkt zurechenbar sind.

22

---

6 Vgl. *v.Keitz* Internationales Bilanzrecht, IAS 2 Rn 142 und 198. Weiterführend auch ADS International, Abschn. 15 Rn 40.
7 Vgl. *Riese* Beck'sches IFRS-Handbuch, §8 Rn 21 mwN
8 Beispiel aus ADS International, Abschn. 15 Rn 42. Eine ausführlichere Diskussion des Kriteriums der direkten Zurechenbarkeit findet sich in *v.Keitz* Internationales Bilanzrecht, IAS 2 Rn 144ff. Anderer Ansicht *Riese*, Beck'sches IFRS-Handbuch, §8 Rn 22.
9 Vgl. ausführlicher *v.Keitz* Internationales Bilanzrecht, IAS 2 Rn 149ff.

23 Um die Anschaffungskosten nach IAS 2.10 zu erhalten, müssen zu den Kosten des Erwerbs noch die sonstigen Kosten nach IAS 2.15-18 (siehe Rn 42ff.) hinzugerechnet werden:

Kosten des Erwerbs
+ Sonstige Kosten nach IAS 2.15-18
= Anschaffungskosten

24 **2. Herstellungskosten.** IAS 2.12 normiert, dass die **Herstellungskosten** von Vorräten die Kosten umfassen, die den Produktionseinheiten **direkt** zuzurechnen sind. Als Beispiel werden explizit die Fertigungslöhne genannt. Darüber hinaus umfassen sie systematisch zugerechnete **fixe** und **variable Produktionsgemeinkosten**, die bei der Verarbeitung der Ausgangsstoffe zu Fertigerzeugnissen anfallen. Dabei sind **fixe Produktionsgemeinkosten** solche nicht direkt der Produktion zurechenbare Kosten, die unabhängig vom Produktionsvolumen relativ konstant anfallen. Als Beispiele werden Abschreibungen und Instandhaltungskosten von Betriebsgebäuden und -einrichtungen sowie die Kosten des Managements und der Verwaltung genannt. Im Gegensatz dazu sind **variable Produktionsgemeinkosten** solche, nicht direkt der Produktion zurechenbare Kosten, die (nahezu) unmittelbar mit dem Produktionsvolumen variieren. Dazu zählen beispielsweise Materialgemeinkosten und Fertigungsgemeinkosten.

25 Damit ergeben sich die Herstellungskosten nach IAS 2.10 wie folgt:

Produktionseinzelkosten
+ fixe Produktionsgemeinkosten
+ variable Produktionsgemeinkosten
= **Produktionskosten**
+ sonstige Kosten nach IAS 2.15-18
= **Herstellungskosten** nach IAS 2.10

26 IAS 2.10 i.V.m. IAS 2.12 führt also zu einem **Vollkostenansatz der Vorräte**, da alle Kosten der Herstellung sowie sonstige Kosten verpflichtend anzusetzen sind, die angefallen sind, um die Vorräte an ihren derzeitigen Ort und in ihren derzeitigen Zustand zu versetzen.[10] Dieser Vollkostenansatz der Vorräte ist Ausfluss des oben bereits ausgeführten „matching principle", wonach alle Kosten der Anschaffung oder Herstellung zu aktivieren sind, bis die korrespondierenden Erträge aus der Veräußerung in der GuV erfasst werden.

---

10 Vgl. *Riese* Beck'sches IFRS-Handbuch, §8 Rn 31 und *v.Keitz* Internationales Bilanzrecht, IAS 2 Rn 159. Hier auch eine ausführliche Diskussion zur Frage, wann der Produktionsprozess beginnt und wann er endet.

IV. Bewertung von Vorräten

Nachfolgend werden nun die o.g. Bestandteile der Produktionskosten weitergehend erläutert. 27

a) Produktionseinzelkosten. Die Herstellungskosten von Vorräten umfassen die Kosten, die den Produktionseinheiten **direkt** zuzurechnen sind (Einzelkosten). Darunter fallen die **Fertigungseinzelkosten**, die **Materialeinzelkosten** sowie die **Sondereinzelkosten der Fertigung**.[11] 28

Fertigungseinzelkosten werden der Produktionseinheit verursachungsgerecht (direkt) zugerechnet. Dazu zählen insbesondere die Personalkosten der mit der Herstellung der Produktionseinheit beschäftigten Mitarbeiter in Form von Bruttolöhnen sowie den dazugehörigen Lohnnebenkosten und der betrieblichen Altersversorgung sowie der freiwilligen sozialen Leistungen.[12] Auch Akkordlöhne stellen aktivierungspflichtige Einzelkosten dar.[13] 29

Materialeinzelkosten sind Materialkosten, die der Produktionseinheit verursachungsgerecht (direkt) zugerechnet werden. Dies sind beispielsweise in die Produktionseinheit eingehende Rohstoffe. Diese gehen mit ihren aktivierten Anschaffungskosten in die Herstellungskosten der Produktionseinheit ein. Ein durchschnittliches Maß an technisch bedingtem Ausschuss von Materialien zählt zu den aktivierungspflichtigen Einzelkosten.[14] 30

Sondereinzelkosten der Fertigung fallen beispielsweise durch Spezialwerkzeuge, Schablonen, Lizenzen oder Konstruktionspläne an und sind ebenfalls aktivierungspflichtige Bestandteile der Herstellungskosten. 31

b) Produktionsgemeinkosten. Neben den oben erläuterten Produktionseinzelkosten fallen bei der Herstellung von Vorräten auch **Produktionsgemeinkosten** an. Diese werden den Produktionseinheiten nicht direkt zugerechnet. Vielmehr handelt es sich um systematisch zugerechnete **fixe** und **variable** Produktionsgemeinkosten, die bei der Verarbeitung der Ausgangsstoffe zu Fertigerzeugnisse anfallen (IAS 2.12). Voraussetzung für ihre Einbeziehung ist, dass sie -im Sinne des Vollkostenansatzes von IAS 2- produktionsbezogen und während der Herstellung angefallen sind. 32

Fixe Produktionsgemeinkosten sind solche nicht direkt der Produktion zurechenbare Kosten, die **unabhängig** vom Produktionsvolumen relativ konstant anfallen. Als Beispiele werden Abschreibungen und Instandhaltungskosten von Betriebsgebäuden und -einrichtungen sowie Kosten des Managements und der Verwaltung genannt. Die genannten **Verwaltungskosten** sind jedoch nur dann aktivierungspflichtig, wenn sie die Produktion betreffen. Dabei ist es unerheblich, ob es sich um fixe oder variable Produktionsgemeinkosten handelt, da beide aktivierungspflichtig 33

---
11 ADS International, Abschn. 15 Rn 74.
12 Vgl. *Riese* Beck'sches IFRS-Handbuch, §8 Rn 46.
13 Vgl. *v.Keitz* Internationales Bilanzrecht, IAS 2 Rn 166.
14 Vgl. *v.Keitz* Internationales Bilanzrecht, IAS 2 Rn 165. Übersteigt der technisch bedingte Ausschuss von Materialien hingegen das übliche Maß, so stellen diese sonstige Kosten nach IAS 2.16 dar (siehe Rn 42).

sind. Kosten der allgemeinen Verwaltung müssen -unter Berücksichtigung von Wesentlichkeitsaspekten- danach aufgeschlüsselt werden, ob sie einen Bezug zum Produktionsbereich aufweisen. Diejenigen Kosten, die der Produktion zugerechnet werden können, sind aktivierungspflichtig; die restlichen Kosten dürfen nicht aktiviert werden. In der Literatur findet sich auch die Ansicht, dass auf Grund des Wesentlichkeitsgrundsatzes eine Schlüsselung der Verwaltungskosten beispielsweise nach dem Verhältnis von Produktivkräften zur Zahl sonstiger Arbeitnehmer möglich sei.[15]

34   **Die Zurechnung fixer Produktionsgemeinkosten zu den Herstellungskosten** basiert auf einer **Normalauslastung** der Produktionskapazitäten (IAS 2.13). Dabei ist die normale Kapazität das Produktionsvolumen, das im **Durchschnitt** über eine Anzahl von Perioden unter **normalen Umständen** und unter Berücksichtigung von **Ausfällen** aufgrund planmäßiger Instandhaltungen erwartet werden kann. In der Regel wird die Normalauslastung kleiner sein als die Vollauslastung. Hierbei wird für den Fall, dass die tatsächliche Produktionsmenge **unter** der Normalkapazität liegt, die Normalauslastung zugrunde gelegt, da ansonsten Leerkosten aktiviert würden. Liegt die tatsächliche Produktionsmenge hingegen **über** der Normalauslastung, so wird auf die Ist-Beschäftigung abgestellt, da ansonsten „Kosten aktiviert würden, die gar nicht tatsächlich angefallen sind".[16]

| Ist-Beschäftigung | < | Normalbeschäftigung | = | Zugrundelegung der Normalbeschäftigung |
| Ist-Beschäftigung | > | Normalbeschäftigung | = | Zugrundelegung der Ist-Beschäftigung |

35   **Beispiel**[17]

Die Teuto GmbH stellt Werkzeuge her. Folgende Rahmendaten sind gegeben:
- *Normalbeschäftigung: 1.000 Stk.*
- *Einzelkosten: € 100/Stk.*
- *Produktionsgemeinkosten:*
- *1. Fall: €120.000/Periode (variabel)*
- *2. Fall: €165.000/Periode (variabel)*
- *Abschreibungen auf die Produktionsanlagen (fix): € 40.000*

---

15 Vgl: ADS International, Abschn. 15 Rn 21 mwN
16 v.Keitz, Thiele/v.Keitz/Brücks, Internationales Bilanzrecht, Rn 180.
17 In Anlehung an *Hammen*, IFRS-Praxis, § 5, Rn 356.

IV. Bewertung von Vorräten

- *Produzierte Einheiten der Periode:*
1. *Fall: 800 Stk.*
2. *Fall: 1.100 Stk.*

1. Fall

Hier liegt die Anzahl produzierter Einheiten (800 Stück) **unter** der Normalauslastung von 1.000 Stück. Das heißt, dass in diesem Fall bei den fixen Produktionsgemeinkosten auf die Normalauslastung abgestellt wird. Der Wertansatz nach IAS 2 errechnet sich demnach wie folgt:

Einzelkosten pro Stk.: € **100**.

+   Var. Produktionsgemeinkosten pro Stk.: € 120.000/800 Stk. = € **150**
+   Fixe Produktionsgemeinkosten pro Stk.: € 40.000/1.000 Stk. = € **40**
=   € **290 Herstellungskosten**

Da in diesem Fall die Ist-Beschäftigung (800 Stück) kleiner als die Normalbeschäftigung (1.000 Stück) ist, wird bei den fixen Produktionsgemeinkosten auf die Normalauslastung abgestellt. Würde auf die Ist-Beschäftigung abgestellt, so wären die fixen Produktionskosten pro Stück (€ 40.000/800 Stück = € 50) und damit die Herstellungskosten auf € 300 gestiegen. Je weniger ein Unternehmen also produzieren würde, desto höher wären die aktivierungspflichtigen Herstellungskosten pro Stück. Durch das Abstellen auf die Normalauslastung wird ein Bilanzansatz der Leerkosten vermieden.

2. Fall

Hierbei liegt die Anzahl produzierter Einheiten (1.100 Stück) **über** der Normalauslastung (1.000 Stück). In diesem Fall wird bei den fixen Produktionsgemeinkosten auf die Ist-Beschäftigung abgestellt. Die Herstellungskosten nach IAS 2 errechnen sich demnach wie folgt:

Einzelkosten pro Stück: € **100**

+   Var. Produktionsgemeinkosten pro Stk.: € 165.000/1.100 Stk. = € **150**
+   Fixe Produktionsgemeinkosten pro Stk.: € 40.000/1.100 Stk. = € **36**
=   € **286 Herstellungskosten**

In diesem Fall übersteigt die Ist-Beschäftigung die Normalauslastung. Deshalb wird auf die Ist-Beschäftigung abgestellt. Anderenfalls würden Kosten in Höhe von € 4 pro Stück aktiviert werden, die tatsächlich gar nicht angefallen sind.

Variable Produktionsgemeinkosten sind solche nicht direkt der Produktion zurechenbare Kosten, die (nahezu) unmittelbar mit dem Produktionsvolumen variieren. Als Beispiele werden hier die Material- und Fertigungsgemeinkosten aufgeführt.

Variable Produktionsgemeinkosten werden –im Gegensatz zu den fixen Produktionsgemeinkosten- den einzelnen Produktionseinheiten auf der Grundlage des tatsächlichen Einsatzes der Produktionsmittel zugerechnet (IAS 2.13).

37 **Lagerkosten** und **Transportkosten** gehören dann zu den aktivierungspflichtigen Produktionsgemeinkosten, wenn sie dazu dienen, ein Fertigerzeugnis in seinen derzeitigen Zustand sowie an seinen derzeitigen Ort zu versetzen. Damit gehören die zum üblichen Produktionsprozess zählenden Transportkosten von einem Zwischen- zum Endlager zu den Produktionskosten. Dies gilt ebenso für anfallende Kosten der Zwischenlagerung.[18] Die Lagerkosten für die Fertigerzeugnisse hingegen dürfen nicht in die Herstellungskosten einbezogen werden, da diese der Produktion nachgelagert sind (vgl. Rn 42f. (IAS 2.16)).

38 **Kosten des sozialen Bereichs** (zB eine Kantine, die von Mitarbeitern der Fertigung und des Vertriebs gleichermaßen genutzt werden) werden dann anteilig den Herstellungskosten zugerechnet, sofern sie der Fertigung zugeordnet werden können. Kosten, die nicht der Produktion zugeordnet werden können, werden in der Periode als Aufwand erfasst.

39 **Verpackungskosten** werden nur dann in die Herstellungskosten einbezogen, wenn sie dazu dienen das Produkt in einen verkaufsbereiten Zustand zu versetzen. Individuelle Verpackungskosten für den (End-)Kunden hingegen stellen Vertriebskosten dar und unterliegen nach IAS 2.16(d) einem Aktivierungsverbot.[19]

40 **c) Besonderheiten bei Kuppelproduktion.** Ein Produktionsprozess kann dazu führen, dass mehr als ein Produkt gleichzeitig hergestellt wird (Kuppelproduktion) (IAS 2.14). In der Regel handelt es sich um die Produktion eines Haupt- und eines oder mehrerer Nebenprodukte. Aber auch die Produktion von zwei Hauptprodukten ist denkbar. Im Fall von Kuppelproduktionen besteht die Schwierigkeit in der Zuordnung der Herstellungskosten auf die einzelnen Kuppelprodukte. IAS 2.14 verlangt für den Fall, dass die Herstellungskosten jedes Produkts nicht einzeln feststellbar sind, dass diese den Produkten auf einer **vernünftigen** und **stetigen** Basis zugerechnet werden. Eine verpflichtende Methode, wie diese Zurechnung zu erfolgen hat, gibt IAS 2.14 indes nicht. IAS 2.14 führt jedoch exemplarisch aus, dass eine Zurechnung auf den jeweiligen Verkaufswerten der Produkte basieren kann (**Marktwertmethode**). Dies setzt jedoch voraus, dass es sich um zwei Hauptprodukte mit gleichen Bruttogewinnspannen handelt. Die Zurechnung kann entweder in der Produktionsphase, in der die Produkte einzeln identifizierbar werden erfolgen oder nach Beendigung der Produktion. Im ersten Fall werden die bis dahin angefallenen Herstellungskosten

---

18 Vgl. *Riese* Beck'sches IFRS-Handbuch, §8 Rn 51.
19 Vgl. *v.Keitz* Internationales Bilanzrecht, IAS 2 Rn 179.

IV. Bewertung von Vorräten

im Verhältnis der zustandsentsprechenden Verkaufspreise aufgeteilt. Nachfolgend bis zur Fertigstellung der Kuppelprodukte anfallende Herstellungskosten werden dem jeweiligen Kuppelprodukt separat zugerechnet.[20]

Handelt es sich bei der Kuppelproduktion jedoch um ein Haupt- und ein oder mehrere Nebenprodukte, so können die Nebenprodukte zum Nettoveräußerungspreis bewertet werden. Dieser Wert wird dann von den Herstellungskosten des Hauptproduktes abgezogen (**Restwertmethode**).

3. Sonstige Kosten. Nach IAS 2.15 werden sonstige Kosten nur insoweit in die Anschaffungs- oder Herstellungskosten der Vorräte einbezogen, als sie angefallen sind, um die Vorräte an ihren derzeitigen Ort und in ihren derzeitigen Zustand zu versetzen. Beispielsweise kann es sachgerecht sein, nicht produktionsbezogene Gemeinkosten oder die Kosten der Produktentwicklung für bestimmte Kunden in die Herstellungskosten der Vorräte einzubeziehen. Diese Art Kosten stellen **Pflichtbestandteile** der Anschaffungs- oder Herstellungskosten dar. IAS 2.16 enthält in Abgrenzung zu diesen Pflichtbestandteilen Beispiele für Kosten, die aus den Anschaffungs- oder Herstellungskosten von Vorräten **ausgeschlossen** sind und in der Periode ihres Anfalls als Aufwand zu behandeln sind:

- Anormale Beträge für Materialabfälle, Fertigungslöhne oder andere Produktionskosten,
- Lagerkosten, es sei denn, dass diese im Produktionsprozess vor einer weiteren Produktionsstufe erforderlich sind,
- Verwaltungsgemeinkosten, die nicht dazu beitragen, die Vorräte an ihren derzeitigen Ort und in ihren derzeitigen Zustand zu versetzen und
- Vertriebskosten.

Während ein **durchschnittliches** Maß an technisch bedingtem Ausschuss von Materialien zu den aktivierungspflichtigen Materialeinzelkosten zählt, sind die anormalen Beträge von der Aktivierung ausgeschlossen und werden in der Periode ihres Anfalls als Aufwand behandelt.

Hinsichtlich der Lagerkosten gilt, dass diese nicht mehr aktivierbar sind, wenn der Produktionsprozess abgeschlossen ist. Allerdings fordern sowohl IAS 2.10 als auch IAS 2.15, dass alle Kosten einzubeziehen sind, die angefallen sind, um die Vorräte an ihren **derzeitigen Ort** und in ihren derzeitigen Zustand zu versetzen. Insofern zählen die Kosten der Zwischenlagerung (zB Reifezeit von Käse) sowie des Transportes von einem Zwischenlager zum Endlager zu den aktivierungspflichtigen Kosten, sofern diese Prozesse produktionsüblich sind. Die Kosten für die Endlagerung hingegen sind nicht aktivierungsfähig.[21]

---

20 Vgl. ADS International, Abschn. 15 Rn 108.
21 Vgl. *v.Keitz* Internationales Bilanzrecht, IAS 2 Rn 174.

44 **Verwaltungsgemeinkosten**, die **keinen** Bezug zum Produktionsprozess haben, sind in der Periode ihres Anfalls als Aufwand zu behandeln.

45 **Vertriebskosten** dürfen nicht aktiviert werden. Dazu zählen beispielsweise individuelle Verpackungskosten für einen Kunden (vgl. Rn 39).

46 Hinsichtlich der Aktivierung von **Borrowing costs** verweist IAS 2.17 auf IAS 23 „Fremdkapitalkosten". Demnach bestimmt IAS 23.1, dass Fremdkapitalkosten, die direkt dem Erwerb, dem Bau oder der Herstellung eines **qualifizierten Vermögenswertes** zugeordnet werden können, zu den Anschaffungs- oder Herstellungskosten dieses Vermögenswertes gehören. Andere Fremdkapitalkosten sind in der Periode ihres Anfalls als Aufwand zu erfassen. Hinsichtlich der Definition eines qualifizierten Vermögenswertes wird auf die Kommentierung des IAS 23 verwiesen.

47 Erwirbt ein Unternehmen Vorräte, so wird dem Erwerber häufig ein Zahlungsziel eingeräumt. Handelt es sich dabei um ein **branchenunübliches** (längeres) Zahlungsziel, so ist ein Finanzierungselement enthalten. Dieses Finanzierungselement ist **nicht** Bestandteil der Anschaffungskosten, sondern wird vielmehr während des Finanzierungszeitraumes als Zinsaufwand erfasst (IAS 2.18). Bestandteil der Anschaffungskosten ist also der Kaufpreis, der bei üblichen Zahlungszielen zu leisten ist (Barkaufpreis).[22]

48 **4. Herstellungskosten der Vorräte eines Dienstleitungsunternehmens.** Sofern Dienstleistungsunternehmen Vorräte haben, werden sie mit den Herstellungskosten bewertet. Diese Kosten bestehen in erster Linie aus Löhnen und Gehältern sowie sonstigen Kosten des Personals, das unmittelbar für die Leistungserbringung eingesetzt ist, einschließlich der Kosten für die leitenden Angestellten und der zurechenbaren Gemeinkosten (IAS 2.19). Löhne und Gehälter sowie sonstige Kosten des Vertriebspersonals und des Personals der allgemeinen Verwaltung werden nicht einbezogen, sondern in der Periode ihres Anfalls als Aufwand erfasst. Es sind jedoch nur dann unfertige Leistungen zu aktivieren, wenn noch keine entsprechenden Umsatzerlöse nach IAS 18 realisiert wurden.[23]

49 In IAS 2.19 finden sich keine Hinweise auf andere einzubeziehende Kostenbestandteile, als diejenigen, die auch für Produktionsunternehmen aktivierungspflichtig sind. Damit hat IAS 2.19 lediglich **klarstellenden** Charakter und betont den hohen Lohnkostenanteil in der Dienstleistungsbranche.[24] Für die Ermittlung der Herstellungskosten von Vorräten eines Dienstleistungsunternehmens gelten damit die bereits ausgeführten allgemeinen Regelungen.

---

22 Vgl. *v.Keitz* Internationales Bilanzrecht, IAS 2 Rn 189.
23 Vgl. dazu ausführlicher ADS International, Abschn. 15 Rn 114.
24 Vgl. *Hoffmann*, Haufe-Kommentar, §17 Rn 19.

IV. Bewertung von Vorräten

5. Kosten der landwirtschaftlichen Erzeugnisse in Form von Ernten biologischer Vermögenswerte. Nach IAS 41 *Agriculture* werden Vorräte, die landwirtschaftliche Erzeugnisse umfassen und die ein Unternehmen von seinen biologischen Vermögenswerten geerntet hat, beim **erstmaligen** Ansatz zum **Zeitpunkt der Ernte** zum **beizulegenden Zeitwert** abzüglich der geschätzten Kosten zum Verkaufszeitpunkt bewertet. Dies sind die Kosten der Vorräte zum Zeitpunkt der Anwendung dieses Standards. 50

IAS 2.20 i.V.m. IAS 2.2(c) bestimmt also, dass IAS 2 für die **Zugangsbewertung** landwirtschaftlicher Erzeugnisse zum Erntezeitpunkt **nicht anwendbar** ist. Vielmehr findet IAS 41 Anwendung, der bestimmt, dass die Zugangsbewertung zum **beizulegenden Zeitwert** abzüglich der geschätzten Kosten zum Verkaufszeitpunkt (Händlerprovisionen) zu erfolgen hat. Für die **Folgebewertung** sowie die **Angabepflichten** findet IAS 2 hingegen wieder Anwendung, es sei denn, es handelt sich um landwirtschaftliche Erzeugnisse, die unter die Vorschriften von IAS 2.3 und 4 fallen. 51

6. Verfahren zur Bewertung der Anschaffungs- oder Herstellungskosten. Nach IAS 2.10 gilt der Grundsatz, dass zur Ermittlung der Anschaffungs- oder Herstellungskosten von Vorräten deren Ist-Kosten herangezogen werden. Aus Wirtschaftlichkeitsüberlegungen heraus erlaubt IAS 2.21 und 22 jedoch **alternative Verfahren** zur Bewertung der Anschaffungs- oder Herstellungskosten. Zum einen sind dies die sog. **Standardkostenmethode** und zum anderen die **retrograde Methode**. Voraussetzung für deren Anwendung ist, dass die Ergebnisse den tatsächlichen Anschaffungs- oder Herstellungskosten nahe kommen. Welche Abweichung zwischen den tatsächlichen Anschaffungs- oder Herstellungskosten und den durch ein Bewertungsvereinfachungsverfahren ermittelten Anschaffungs- oder Herstellungskosten der IASB noch akzeptiert, ist in IAS 2 nicht normiert. Die Standardkostenmethode und die retrograde Methode sind indes nicht die einzig nach IAS 2 erlaubten Bewertungsvereinfachungsverfahren. Es sind weitere Verfahren denkbar, sofern die Ergebnisse den tatsächlichen Anschaffungs- oder Herstellungskosten nahe kommen.[25] 52

a) Standardkostenmethode. Standardkosten berücksichtigen nach IAS 2.21 die **normale Höhe** des Materialeinsatzes und der Löhne sowie die **normale Leistungsfähigkeit** und **Kapazitätsauslastung**. Sie werden regelmäßig überprüft und ggf. an die aktuellen Gegebenheiten angepasst. Damit stellt die Standardkostenmethode eine Methode zur vereinfachten Ermittlung der Herstellungskosten dar. 53

Was der IASB unter einer „regelmäßigen" Überprüfung versteht, ist in IAS 2 jedoch nicht normiert. Es ist jedoch sicherzustellen, dass die Standardkosten den tatsächlichen Herstellungskosten nahe kommen. Insofern ist eine Anpassung der Standardkosten dann angeraten, wenn Hinweise dahingehend vorliegen, dass sich 54

---

25 Vgl. *KPMG (Hrsg.)*, Insights, 593.

einzelne Kostenbestandteile geändert haben.[26] Darüber hinaus ist eine allzu häufige Überprüfung der Standardkosten (zB vierteljährig) nicht angeraten, da dies dem Zweck des Bewertungsvereinfachungsverfahrens –nämlich die vereinfachte Ermittlung der Herstellungskosten- entgegenlaufen würde.

55 Ähnlich wie bei der Zurechnung fixer Produktionsgemeinkosten zu den Herstellungskosten (vgl. Rn 34) wird bei Anwendung der Standardkostenmethode die normale Höhe des Materialeinsatzes und der Löhne sowie die normale Leistungsfähigkeit und Normalauslastung angenommen. Auf diese Weise werden Kosten auf Grund ineffizienter Produktion oder Leerkosten nicht in die Herstellungskosten einbezogen. Bei Überbeschäftigung wird dann auf die Ist-Kosten abgestellt.[27]

56 **b) Retrograde Methode.** Nach IAS 2.22 ist die im Einzelhandel übliche Methode (**retrograde Methode**) ein weiteres zulässiges Bewertungsvereinfachungsverfahren. Sie wird angewandt, um eine große Anzahl rasch wechselnder Vorratsposten mit ähnlichen Bruttogewinnmargen zu bewerten, für die ein anderes Verfahren zur Bemessung der Anschaffungskosten nicht durchführbar oder wirtschaftlich nicht vertretbar ist. Das bedeutet, dass die retrograde Methode eine Methode zur vereinfachten Ermittlung der **Anschaffungskosten** darstellt.

57 Ausgehend vom Verkaufspreis der Vorräte wird von diesem eine **angemessene** prozentuale Bruttogewinnmarge abgezogen, um zu den Anschaffungskosten der Vorräte zu gelangen.

58 IAS 2.22 gibt jedoch keinen Hinweis auf welcher **Aggregationsebene** (beispielsweise auf Ebene von Waren, Warengruppen oder Abteilungen) die Anwendung der retrograden Methode konkret zu erfolgen hat. Einen Anhaltspunkt liefert lediglich die Forderung, dass die Vorräte eine **ähnliche Bruttogewinnmarge** haben müssen. Die Aggregationsebene ist damit unternehmensindividuell zu bestimmen und unterliegt einem gewissen Ermessensspielraum. Weiterhin klärt IAS 2.22 nicht, was unter „Ähnlichkeit" der Bruttogewinnmarge verstanden bzw. welche Bandbreite unterschiedlicher Bruttogewinnmargen noch akzeptiert werden kann. Darüber hinaus ist unklar, welche Bruttogewinnmarge anzuwenden ist, wenn innerhalb einer Aggregationsebene unterschiedliche Margen vorhanden sind.[28] Einen Hinweis gibt IAS 2.22 letzter Satz, der darauf verweist, dass „häufig" ein Durchschnittsprozentsatz für jede Einzelhandelsabteilung verwendet wird. Auf Grund der vom IASB gewählten Formulierung, ist aber davon auszugehen, dass von dieser Vorgehensweise auch abgewichen werden darf.

---

26 Vgl. *v.Keitz* Internationales Bilanzrecht, IAS 2 Rn 201.
27 Vgl. ADS International Abschn. 15 Rn 106.
28 Zu den Ausführungen des Absatzes siehe auch *v.Keitz* Internationales Bilanzrecht, IAS 2 Rn 204-206.

IV. Bewertung von Vorräten

7. Kosten-Zuordnungsverfahren. Nach IAS 2.23 ist das grundsätzliche Verfahren zur Ermittlung der Anschaffungs-oder Herstellungskosten das der Einzelzuordnung (Einzelbewertung). Für am Ende einer Berichtsperiode im Bestand befindliche Vorräte bedeutet dies, dass sie grundsätzlich mit ihren individuell zu bestimmenden Anschaffungs- oder Herstellungskosten anzusetzen sind. Dies gilt verbindlich für solche Vorräte, die normalerweise nicht austauschbar sind (zB Antiquitäten) und für solche Erzeugnisse, Waren oder Leistungen, die für spezielle Projekte hergestellt und ausgesondert werden. 59

Eine Einzelzuordnung ist nach Auffassung von IAS 2.24 jedoch ungeeignet, wenn es sich um eine große Anzahl von Vorräten handelt, die normalerweise untereinander austauschbar sind (**Massengeschäft**). Darüber hinaus ist aus IAS 2.23 abzuleiten, dass eine Einzelzuordnung auch dann ungeeignet ist, wenn die Vorräte keinem speziellen Projekt zuordenbar sind. In diesen Fällen bestimmt IAS 2.25, dass der Bilanzierende ein Wahlrecht hat, die Anschaffungs- oder Herstellungskosten nach dem First-in-first-out (**FIFO**) oder nach der **Durchschnittsmethode** zu ermitteln. Dabei muss ein Unternehmen für alle Vorräte, die von ähnlicher Beschaffenheit und Verwendung für das Unternehmen sind, das gleiche Kosten-Zuordnungsverfahren anwenden. Für Vorräte von unterschiedlicher Beschaffenheit oder Verwendung können unterschiedliche Zuordnungsverfahren gerechtfertigt sein (IAS 2.25). So können beispielsweise Rohstoffe, die in verschiedenen Geschäftssegmenten verarbeitet werden mit unterschiedlichen Zuordnungsverfahren bewertet werden, wenn sie unterschiedlich verwendet werden. Jedoch reicht ein Unterschied im **geografischen** Standort von Vorräten nicht aus, um die Anwendung unterschiedlicher Zuordnungsverfahren zu rechtfertigen (IAS 2.26). 60

a) FIFO-Methode. Beim FIFO-Verfahren als Verbrauchsfolgeverfahren wird davon ausgegangen, dass die **zuerst** erworbenen bzw. erzeugten Vorräte **zuerst** verkauft werden. Damit verbleiben diejenigen Vorräte am Ende einer Berichtsperiode im Unternehmen, die unmittelbar vorher gekauft oder erzeugt wurden. Damit wird unterstellt, dass die Vorräte mit der längsten Lagerdauer zuerst entnommen werden. Dadurch wird der Vorratsbestand also zu vergleichsweise aktuellen Preisen bewertet. 61

Beispiel 62

Ein Unternehmen kauft während des Geschäftsjahres Rohstoffe ein, um diese der Produktion zuzuführen. Zukäufe und Verkäufe des Geschäftsjahres stellen sich wie folgt dar:

Vorgang	Datum	Stück	AK/Stück in €	Gesamtwert
Anfangsbestand	1.1.10	1.000	1,50	1.500
+ Zugang	15.3.10	+ 200	1,30	260
- Abgang	19.4.10	- 600		
+ Zugang	26.7.10	+ 300	1,70	510
Endbestand	31.12.10	900		

Der Endbestand von 900 wird wie folgt bewertet:

300 Stück x 1,70 = €510
200 Stück x 1,30 = €260
400 Stück x 1,50 = €600
900 Stück   €1.370

63 **b) Durchschnittsmethode.** Bei der Durchschnittsmethode werden die Anschaffungs- oder Herstellungskosten von Vorräten als **durchschnittlich gewichtete** Kosten ähnlicher Vorräte zu **Beginn der Periode** und der Anschaffungs- oder Herstellungskosten ähnlicher, **während der Periode** gekaufter oder hergestellter Vorratsgegenstände ermittelt (IAS 2.27). Dabei kann zwischen der **periodischen** und der **permanenten** gewogenen Durchschnittsmethode unterschieden werden, die nach IAS 2.27 gleichermaßen gestattet sind.

64 **Periodische, gewogene Durchschnittsmethode** Bei dieser Methode wird zunächst die Summe aus Anfangsbestand und Zukäufen der Vorräte ermittelt. In Anschluss daran werden die Anschaffungskosten inkl. Anfangsbestand durch die zuvor ermittelte Summe geteilt.

Beispiel

Summe der Stückzahlen inkl. Anfangsbestand: 1.500 Stück
Durchschnittswert (1.500+260+510)/1.500   € 1,51
Wert des Endbestands von 900 Stück   **€ 1.362**

Sowohl der **Endbestand** als auch die **Abgänge** werden mit dem gewogenen Durchschnittswert von € 1,51 bewertet.

65 **Permanente, gewogene Durchschnittsmethode** Bei dieser Methode wird vor jedem Abgang von Vorräten ein Durchschnittswert ermittelt.

IV. Bewertung von Vorräten

8. Nettoveräußerungspreis Der **Nettoveräußerungswert** ist der geschätzte, im normalen Geschäftsgang erzielbare Verkaufserlös abzüglich der geschätzten Kosten bis zur Fertigstellung und der geschätzten notwendigen Vertriebskosten (zB Verpackungs- und Versandkosten) (IAS 2.6). 66

Schätzungen des Nettoveräußerungswertes basieren auf den verlässlichsten substanziellen Hinweisen, die zum Zeitpunkt der Schätzung zu Verfügung stehen. (IAS 2.30). Dabei sind **werterhellende** Informationen bei der Schätzung des Nettoveräußerungswertes zu berücksichtigen, **wertbegründende** Informationen hingegen nicht. Zudem berücksichtigen Schätzungen des Nettoveräußerungswerts den **Zweck**, zu dem die Vorräte gehalten werden (IAS 2.31). Bei **Festpreisvereinbarungen** beispielsweise basiert der Nettoveräußerungspreis auf den vertraglich vereinbarten Preisen. Wenn die Verkaufsverträge nur einen Teil der Vorräte betreffen, basiert der Nettoveräußerungspreis für den darüber hinaus gehenden Teil auf **allgemeinen** Verkaufspreisen. Das bedeutet, dass für die gleichen Vorräte unterschiedliche Nettoveräußerungswerte gelten können. 67

Der **Nettoveräußerungswert** wird immer dann relevant, wenn er **unter** den Anschaffungs- oder Herstellungskosten liegt. Vorräte werden nämlich gemäß IAS 2.9 mit dem **niedrigeren** Wert aus Anschaffungs- oder Herstellungskosten und Nettoveräußerungswert bewertet (vgl. Rn 12). Als Grund für einen niedrigeren Nettoveräußerungspreis benennt IAS 2.28 beispielsweise Beschädigung oder Veralterung der Vorräte oder einen Rückgang der Verkaufspreise. Die Anschaffungs- oder Herstellungskosten von Vorräten können auch nicht zu erzielen sein, wenn die geschätzten Kosten der Fertigstellung oder die geschätzten, bis zum Verkauf anfallenden Kosten gestiegen sind. 68 IAS 2

Die Abwertung der Vorräte auf den niedrigeren Nettoveräußerungswert folgt der Ansicht, dass Vermögenswerte nicht mit höheren Beträgen angesetzt werden dürfen, als bei ihrem Verkauf oder Gebrauch voraussichtlich zu realisieren sind. Eine über den Nettoveräußerungspreis hinausgehende Abwertung der Vorräte (zB auf darunter liegende Wiederbeschaffungskosten) ist nicht zulässig. 69

Nach IFRS wird der Nettoveräußerungswert im Regelfall über den **Absatzmarkt** ermittelt, obwohl der Beschaffungswert am Bilanzstichtag zuverlässiger ermittelbar ist. Hintergrund dieser Bestimmung ist die höhere **Relevanz** einer absatzmarktorientierten Bewertung für einen Abschlussadressaten.[29] Eine Ausnahme bildet ggf. die Behandlung von **Roh-, Hilfs- und Betriebsstoffen**, die für die Herstellung von Vorräten bestimmt sind (IAS 2.32). Diese werden **nicht** auf einen unter ihren Anschaffungs- oder Herstellungskosten liegenden Wert abgewertet, wenn die **Fertigerzeugnisse**, in die sie eingehen, **mindestens zu deren Herstellungskosten** verkauft werden können. Damit ist der **Absatzmarkt** des **Fertigerzeugnisses** relevant für die Frage, ob eine 70

---
29 Vgl. v.Keitz Internationales Bilanzrecht, IAS 2 Rn 223.

Abwertung der in sie eingehenden Roh-, Hilfs- und Betriebsstoffe vorzunehmen ist. Deutet jedoch ein Preisrückgang für diese Stoffe darauf hin, dass die Herstellungskosten der Fertigerzeugnisse **über** dem Nettoveräußerungspreis liegen, werden die Roh-, Hilfs- und Betriebsstoffe auf den Nettoveräußerungspreis abgewertet. In diesem Fall erlaubt IAS 2.32, dass die **Wiederbeschaffungskosten** und damit der Beschaffungsmarkt Bewertungsgrundlage für den Nettoveräußerungspreis ist.

71 Wertminderungen von Vorräten auf den Nettoveräußerungswert erfolgen i.d.R. in Form von **Einzelwertberichtigungen**. IAS 2.29 betont darüber hinaus, dass es jedoch auch sinnvoll sein kann, ähnliche oder miteinander zusammenhängende Vorräte zusammenzufassen. Dies kann beispielsweise bei Vorräten der Fall sein, die derselben Produktlinie angehören und eine ähnlichen Zweck haben, in demselben geografischen Gebiet produziert und vermarktet werden und praktisch nicht unabhängig von anderen Gegenständen aus dieser Produktlinie bewertet werden können. Trotz dieser Konkretisierung verbleibt dem Bilanzierenden ein gewisser Ermessensspielraum bei der Wahl der Aggregationsebene.[30]

72 Bei Dienstleistungsunternehmen erfassen diese im Allgemeinen die Herstellungskosten für jede mit einem gesonderten Verkaufspreis abzurechnende Leistung.

73 Der Nettoveräußerungspreis wird in jeder **Folgeperiode** neu ermittelt (IAS 2.33). Wenn die Umstände, die früher zu einer Wertminderung der Vorräte geführt haben nicht länger bestehen, ist eine **Werterhöhung** bis maximal zu den ursprünglichen Anschaffungs- oder Herstellungskosten vorzunehmen. Dies ist beispielsweise der Fall, wenn sich Vorräte, die auf Grund eines Rückgangs ihres Verkaufspreises zum Nettoveräußerungspreis angesetzt waren, in einer Folgeperiode noch im Bestand befinden und sich ihr Verkaufspreis wieder erhöht hat. Im Falle einer **Einzelzuordnung** bei der Ermittlung der Anschaffungs- oder Herstellungskosten ist dies möglich, da sich beispielsweise nachvollziehen lässt, ob die Vorräte noch auf Lager sind. Problematisch kann eine Wertaufholung jedoch dann werden, wenn Vorräte mit Hilfe eines fiktiven **Zuordnungsverfahrens** bewertet wurden.[31]

74 **V. Erfassung als Aufwand.** Wie bereits dargestellt, sind die **Aufwendungen** für die Anschaffung oder Herstellung von Vorräten entsprechend des „matching principle" des Framework solange durch Aktivierung erfolgsneutral zu erfassen, bis die **Erträge** aus dem Verkauf der Ware in der GuV erfasst werden. IAS 2.34 führt dazu aus, dass der Buchwert verkaufter Vorräte in der Berichtsperiode als Aufwand zu erfassen ist, in der die zugehörigen Erträge (als Umsatz) realisiert wurden. Relevant für die **Umsatzrealisierung** ist IAS 18; er bestimmt den Zeitpunkt der Ertragserfassung. Da die Erfassung als Aufwand an die Ertragsrealisierung gebunden ist, normiert IAS 18 indirekt auch den Zeitpunkt der Aufwandserfassung.

---

30 Vgl. v.Keitz Internationales Bilanzrecht, IAS 2 Rn 231.
31 Siehe dazu ausführlicher mit Beispielen verdeutlicht in v.Keitz Internationales Bilanzrecht, IAS 2 Rn 245.

VI. Ausweis und Angaben

Eine aufwandswirksame Erfassung aktivierter Aufwendungen kann jedoch auch auf Grund einer **Wertminderung** von Vorräten erfolgen. IAS 2.34 führt dazu aus, dass alle Wertminderungen von Vorräten auf den Nettoveräußerungswert sowie alle Verluste bei den Vorräten in der Periode als Aufwand zu erfassen sind, in der die Wertminderungen vorgenommen wurden oder die Verluste eingetreten sind. Damit ist die Wertminderung **unabhängig** von der Ertragserfassung nach IAS 18 vorzunehmen. Unrealisierte Gewinne werden also erst bei Ertragsrealisierung erfasst, unrealisierte Verluste bereits bei ihrem Eintritt (Imparitätsprinzip). Alle **Wertaufholungen** bei Vorräten, die sich aus einer Erhöhung des Nettoveräußerungswertes ergeben (bis maximal zu den ursprünglichen Anschaffungs- oder Herstellungskosten), sind als Verminderung des Materialaufwands in der Periode zu erfassen, in der die Wertaufholung eintritt.

75

Für den Fall, dass Vorräte anderen Vermögenswerten zugeordnet werden (zB wenn Vorräte in selbst erstellter Sachanlagen eingehen), werden diese über die Nutzungsdauer des entsprechenden Vermögenswertes als Aufwand erfasst. Die Aufwandserfassung erfolgt also im Rahmen der Abschreibung des aktivierten Vermögenswertes.[32]

76

VI. Ausweis und Angaben. IAS 2 selbst gibt für Vorräte **kein verbindliches Gliederungsschema** vor. IAS 2.37 führt jedoch aus, dass sich eine Unterteilung der Vorräte in:
- Handelswaren,
- Roh-, Hilfs- und Betriebsstoffe,
- Unfertige Erzeugnisse und
- Fertigerzeugnisse

77

bewährt habe. Die Vorräte eines Dienstleistungsunternehmens können dabei als unfertige Erzeugnisse bezeichnet werden. Diese Aufgliederung ist nach IAS 1.74 entweder in der Bilanz oder im Anhang zur Bilanz vorzunehmen. Wie in Rn 8 bereits ausgeführt, dürfen Betriebsstoffe, die **nicht** bei der Herstellung von Waren benötigt werden (zB Büromaterial für die allgemeine Verwaltung) auch nicht im Vorratsvermögen ausgewiesen werden. Auch geleistete Anzahlungen auf Vorräte werden nicht unter den Vorräten ausgewiesen. Vielmehr werden diese im Rahmen einer Untergliederung der **Forderungen** ausgewiesen.[33]

Von dieser exemplarischen Untergliederung ist nach IAS 2.36(b) ggf. abzuweichen, wenn die Besonderheiten der Geschäftstätigkeit des Bilanzerstellers dies erforderlich machen.[34]

78

---

32 Vgl. v.Keitz Internationales Bilanzrecht, IAS 2 Rn 254.
33 So v.Keitz Internationales Bilanzrecht, IAS 2 Rn 110. Anders Riese Beck'sches IFRS-Handbuch, §8 Rn 118 mwN
34 Vgl. auch ADS International, Abschn. 15 Rn 148.

Meyer

79 Nach IAS 2.36-39 haben Abschlüsse im Bereich der Vorräte zusätzliche Angaben zu enthalten. Dabei normiert IAS 2 **nicht**, in welchem Bestandteil des Abschlusses diese Angaben zu machen sind. In Frage kämen die Bilanz, die GuV oder der Anhang, wobei die Angabe im Anhang am zweckmäßigsten erscheint.[35]

80 Im Einzelnen haben Abschlüsse nach IAS 2.36 folgende Angaben zu enthalten:
- die angewandten Bilanzierungs- und Bewertungsmethoden für Vorräte einschließlich der Zuordnungsverfahren;
- den Gesamtbuchwert der Vorräte und die Buchwerte in einer unternehmensspezifischen Untergliederung;
- den Buchwert der zum beizulegenden Zeitwert abzüglich Vertriebsaufwendungen angesetzten Vorräte;
- den Betrag der Vorräte, die als Aufwand in der Berichtsperiode erfasst worden sind;
- den Betrag von Wertminderungen von Vorräten, die gemäß Paragraph 34 in der Berichtsperiode als Aufwand erfasst worden sind;
- den Betrag von vorgenommenen Wertaufholungen, die gemäß Paragraph 34 als Verminderung des Materialaufwandes in der Berichtsperiode als Aufwand erfasst worden sind;
- die Umstände oder Ereignisse, die zu der Wertaufholung der Vorräte gemäß Paragraph 34 geführt haben; und
- den Buchwert der Vorräte, die als Sicherheit für Verbindlichkeiten verpfändet sind.

81 Der **Buchwert der Vorräte**, der während der Periode als Aufwand erfasst worden ist (Umsatzkosten beim UKV), umfasst die Kosten, die zuvor Teil der Bewertung der verkauften Vorräte waren, sowie die nicht zugeordneten Produktionsgemeinkosten und anormale Produktionskosten der Vorräte (IAS 2.38). Dabei können unternehmensspezifische Umstände dazu führen, dass weitere Kosten einzubeziehen sind.

82 Auch auf Grund anderer Standards können sich Angabepflichten für Vorräte ergeben. Dies ist beispielsweise bei vorgenommener Aktivierung von Fremdkapitalkosten nach IAS 23 der Fall.

83 **VII. Inkrafttreten und Übergangsvorschriften.** Durch die Verordnung (EG) Nr. 2238/2004 der Kommission vom 29.12.2004 wurde IAS 2 in geltendes EU-Recht übernommen. IAS 2 (2003) ist für Geschäftsjahre, die am 1.1.2005 oder danach beginnen, verbindlich anzuwenden. IAS 2 (2003) ersetzte IAS 2 (1993) und SIC-1 *Consistency – Different Cost Formulas for Inventories*.

84 IAS 2 enthält keine spezifischen Übergangsvorschriften.

---

35 So auch *Riese* Beck'sches IFRS-Handbuch, §8 Rn 121.

VIII. IFRS für kleine und mittelständische Unternehmen. Die bilanzielle Behandlung von Vorräten wird in IFRS-SMEs Abschnitt 13 *Inventories* normiert. Die Maßgaben des Abschnittes entsprechen im Wesentlichen den Regelungen des IAS 2. Eine Ausnahme stellt dabei die Tatsache dar, dass auch die Fremdkapitalkosten die direkt dem Erwerb, dem Bau oder der Herstellung eines qualifizierten Vermögenswertes zugeordnet werden können, nicht als sonstige Kosten in die Herstellungskosten der Vorräte mit einbezogen werden dürfen. Vielmehr stellen sie Aufwand der Periode dar.

IX. Ausblick. Nach der Überarbeitung von IAS 2 im Rahmen des Improvements Project wurde dieser Ende 2004 in geltendes EU-Recht übernommen. Das IASB sieht eine Überarbeitung von IAS 2 derzeit nicht vor. Ob sich aus der Überarbeitung des Framework Änderungen für IAS 2 ergeben ist derzeit noch nicht absehbar.

IAS 7 – Statement of Cash Flows

Rn	Textauszüge aus IAS 7
7.10	Die Kapitalflussrechnung hat Cashflows der Periode zu enthalten, die nach betrieblichen Tätigkeiten, Investitions- und Finanzierungstätigkeiten gegliedert werden.
7.18	Ein Unternehmen hat Cashflows aus der betrieblichen Tätigkeit in einer der beiden folgenden Formendarzustellen: (a) direkte Methode, wobei die Hauptgruppen der Bruttoeinzahlungen und Bruttoauszahlungen angegeben werden; oder (b) indirekte Methode, wobei der Gewinn oder Verlust um Auswirkungen nicht zahlungswirksamer Geschäftsvorfälle oder Abgrenzungen von vergangenen oder künftigen betrieblichen Ein- oder Auszahlungen (einschließlich Rückstellungen) sowie um Ertrags- oder Aufwandsposten, die dem Investitions- oder Finanzierungsbereich zuzurechnen sind, berichtigt wird.
7.21	Ein Unternehmen hat die Hauptgruppen der Bruttoeinzahlungen und Bruttoauszahlungen separat auszuweisen, die aus Investitions- und Finanzierungstätigkeiten entstehen. Ausgenommen sind die Fälle, in denen die in den Paragraphen 22 und 24 beschriebenen Cashflows saldiert ausgewiesen werden.
7.22	Für Cashflows, die aus den folgenden betrieblichen Tätigkeiten, Investitions- oder Finanzierungstätigkeiten entstehen, ist ein saldierter Ausweis zulässig: (a) Einzahlungen und Auszahlungen im Namen von Kunden, wenn die Cashflows eher auf Tätigkeiten des Kunden als auf Tätigkeiten des Unternehmens zurückzuführen sind; und (b) Einzahlungen und Auszahlungen für Posten mit großer Umschlagshäufigkeit, großen Beträgen und kurzen Laufzeiten.
7.24	Für Cashflows aus einer der folgenden Tätigkeiten eines Finanzinstituts ist eine saldierte Darstellung möglich: (a) Einzahlungen und Auszahlungen für die Annahme und die Rückzahlung von Einlagen mit fester Laufzeit; (b) Platzierung von Einlagen bei Finanzinstituten und Rücknahme von Einlagen anderer Finanzinstitute; und (c) Kredite und Darlehen für Kunden und die Rückzahlung dieser Kredite und Darlehen..
7.25	Cashflows, die aus Geschäftsvorfällen in einer Fremdwährung entstehen, sind in der funktionalen Währung des Unternehmens zu erfassen, indem der Fremdwährungsbetrag mit dem zum Zahlungszeitpunkt gültigen Umrechnungskurs zwischen der funktionalen Währung und der Fremdwährung in die funktionale Währung umgerechnet wird.
7.26	Die Cashflows eines ausländischen Tochterunternehmens sind mit dem zum Zahlungszeitpunkt geltenden Wechselkurs zwischen der funktionalen Währung und der Fremdwährung in die funktionale Währung umzurechnen.
7.31	Cashflows aus erhaltenen und gezahlten Zinsen und Dividenden sind jeweils gesondert anzugeben. Jede Ein- und Auszahlung ist stetig von Periode zu Periode entweder als betriebliche Tätigkeit, Investitions oder Finanzierungstätigkeit einzustufen.

7.35 Cashflows aus Ertragsteuern sind gesondert anzugeben und als Cashflows aus der betrieblichen Tätigkeit einzustufen, es sei denn, sie können bestimmten Finanzierungs- und Investitionsaktivitäten zugeordnet werden.

7.39 Die Summe der Cashflows aus der Übernahme und dem Verlust der Beherrschung über Tochterunternehmen oder sonstige Geschäftseinheiten sind gesondert darzustellen und als Investitionstätigkeit einzustufen.

7.40 Ein Unternehmen hat im Hinblick auf die Übernahme oder den Verlust der Beherrschung über Tochterunternehmen oder sonstige Geschäftseinheiten, die während der Periode erfolgten, die folgenden zusammenfassenden Angaben zu machen: (a) das gesamte gezahlte oder erhaltene Entgelt; (b) den Teil des Entgelts, der aus Zahlungsmitteln und Zahlungsmitteläquivalenten bestand; (c) den Betrag der Zahlungsmittel und Zahlungsmitteläquivalente der Tochterunternehmen oder sonstigen Geschäftseinheiten, über welche die Beherrschung erlangt oder verloren wurde; und (d) die Beträge der nach Hauptgruppen gegliederten Vermögenswerte und Schulden mit Ausnahme der Zahlungsmittel und Zahlungsmitteläquivalente der Tochterunternehmen oder sonstigen Geschäftseinheiten, über welche die Beherrschung erlangt oder verloren wurde.

7.43 Investitions- und Finanzierungstransaktionen, für die keine Zahlungsmittel oder Zahlungsmitteläquivalente eingesetzt werden, sind nicht Bestandteil der Kapitalflussrechnung. Solche Transaktionen sind an anderer Stelle im Abschluss derart anzugeben, dass alle notwendigen Informationen über diese Investitions- und Finanzierungstransaktionen bereitgestellt werden.

7.45 Ein Unternehmen hat die Bestandteile der Zahlungsmittel und ahlungsmitteläquivalente anzugeben und eine Überleitungsrechnung zu erstellen, in der die Beträge der Kapitalflussrechnung den entsprechenden Bilanzposten gegenübergestellt werden.

Übersicht

	Rn
I. Regelungsgehalt...	1 – 2
II. Normzweck und Anwendungsbereich............................	3 – 8
III. Begriffe	9 – 16
1. Zahlungsmittel und Zahlungsmitteläquivalente	10 – 12
2. Klassifizierung von Cash Flows	13 – 16
IV. Darstellung der Kapitalflussrechnung............................	17 – 37
V. Beurteilung von Einzelfragen...	38 – 56
1. Auswirkungen von Fremdwährungen.........................	39 – 43
2. Zinsen und Dividenden	44 – 46
3. Ertragsteuern	47
4. Termingeschäfte, Optionen und Swaps......................	48

5. Einbeziehung sowie Erwerb und Veräußerung
   von Beteiligungen .... 49 – 53
6. Nicht fortgeführte Aktivitäten.. 54
7. Außerordentliche Posten... 55
8. Zwischenberichterstattung... 56
VI. IFRS für kleine und mittelgroße Unternehmen .... 57 – 58
VII. Ausblick.. 59 – 62

I. Regelungsgehalt. In einem nach IFRS erstellten Einzel- oder Konzernabschluss stellt die Kapitalflussrechnung neben Bilanz, Gewinn- und Verlustrechnung, Eigenkapitalveränderungsrechnung und Anhang einen obligatorischen Bestandteil dar. Die für alle IFRS-Anwender relevante Norm zur Erstellung einer Kapitalflussrechnung im Einzel- und Konzernabschluss ist der 1977 verabschiedete und seit 1992 im Wesentlichen unverändert gültige IAS 7.

Die in Bilanz und Gewinn- und Verlustrechnung ausgewiesenen Beträge unterliegen bei Anwendung der IFRS weitgehend der (Fair Value) Bewertung und sind damit auch das Ergebnis von Interpretationen und Annahmen. Durch die nach IFRS geforderte Periodenabgrenzung (Accrual Principle) fallen Aufwendungen und Auszahlungen sowie Erträge und Einzahlungen nicht zwingend in die gleiche Periode. Zur Abbildung der Zahlungsströme einer Berichtsperiode bedarf es somit einer separaten Darstellung. Aufgrund der nach IAS 7.4 ausdrücklich für die Kapitalflussrechnung nicht geforderten Einhaltung des Accrual Principle ist die Kapitalflussrechnung einer der wenigen sogar normenübergreifend auch international weitgehend vergleichbaren Abschlussbestandteile. Lediglich die Verzögerung von Zahlungen (zB das Begleichen in der Folgeperiode) oder die Nutzung von Assets gegen Mietzahlung (Leasing) reduzieren die Kongruenz einer Einzahlungs-/Auszahlungsbetrachtung.

II. Normzweck und Anwendungsbereich. Die Kapitalflussrechnung soll dem Abschlussadressaten einen Eindruck vermitteln, wie das Unternehmen / der Konzern in der Vergangenheit Zahlungsmittel und Zahlungsmitteläquivalente erwirtschaftet und verwendet hat. Dabei sollen Zahlungsströme aufgrund der Durchführung der betrieblichen Tätigkeit, der Finanzierung sowie aus Investitionstätigkeit unterschieden werden. Da derartige Zahlungsströme bei allen Unternehmen / Konzernen vorkommen, wird die Kapitalflussrechnung mit IAS 7.3 von allen Unternehmen / Konzernen (inkl. Banken und Versicherungen) einheitlich eingefordert.

III. Begriffe

In Verbindung mit den weiteren genannten Bestandteilen sollen dem Abschlussadressaten mit der Kapitalflussrechnung laut IAS 7.3 Informationen vermittelt werden, die es erlauben, einen Einblick in die Solvenz (Finanzlage) eines Unternehmens / Konzerns zu erhalten. Die Kapitalflussrechnung ist das Hauptinstrument zur Beurteilung der Finanzlage.[1]

Zwar liefert die Kapitalflussrechnung lediglich Informationen zu historischen Zahlungsströmen. Allerdings lässt sich durch Extrapolation der Cash Flows vergangener Perioden die Einschätzung von Zeitpunkt und Höhe zukünftiger Zahlungsmittelströme plausibilisieren. Durch die Gegenüberstellung mit dem zu erwartenden Liquiditätsbedarf ergibt sich ein Eindruck von der zu erwartenden Solvenz. Darüber hinaus soll nach IAS 7.4 die Beurteilung der Fähigkeit des Unternehmens / Konzerns erleichtert werden, den Zeitpunkt und die Höhe zukünftiger Cash Flows gestalten zu können. Aus Investorensicht hilft die Kapitalflussrechnung abzuschätzen, inwiefern das Unternehmen / der Konzern in der Lage sein wird, Zahlungen an Aktionäre zu leisten.

Zur Steuerung von Unternehmen / Konzernen tritt die Relation aus operativem Ergebnis (zB gemessen anhand der Earnings before Interests and Taxes – EBIT) und Cash Flow aus betrieblicher Tätigkeit hinzu. Anhand einer derartigen, als Cash Conversion bezeichneten Kennzahl wird die Dauer bemessen, die zwischen Ergebnisrealisierung und Zahlungseingang liegt. Aus betriebswirtschaftlichen Erwägungen sollte eine (branchenspezifisch abweichende) möglichst niedrige Cash Conversion angestrebt werden.

Des Weiteren liefern zukünftige (Free) Cash Flows heute in der Regel die Basis für die Bewertung von Unternehmen oder Unternehmensbereichen. Mit Hilfe von Discounted Cash Flow Methoden besteht somit über die Beurteilung der Finanzlage hinaus auch die Möglichkeit, erste Hinweise auf Unternehmenswerte aus der Kapitalflussrechnung abzuleiten. Aufgrund oft fehlender vergleichbarer Marktwerte sind diskontierte zukünftige Cash Flows in der Regel auch die Basis für die Durchführung von Impairment Tests nach IAS 36.

Somit hat die Kapitalflussrechnung sowohl eine statische, als auch eine dynamische Aussage. Aus dem Vergleich der Liquidität zu Beginn mit dem Stand am Ende einer Periode lassen sich statische Aspekte analysieren (komparativ-statisch). Von größerer Bedeutung ist allerdings die dynamische Analyse. Also die Beurteilung der wesentlichen Zahlungsströme während der betrachteten Periode.[2]

III. Begriffe. IAS 7 als Norm zur Regelung der Kapitalflussrechnung kommt im Vergleich zu anderen Normen mit relativ wenigen Begriffen aus.[3]

---

1 Vgl. *Freiberg* Haufe-Kommentar, §3 Rn 6.
2 Vgl. *Freiberg* Haufe-Kommentar, §3 Rn 9.
3 Vgl. *Freiberg* Haufe-Kommentar, §3 Rn 10.

10   **1. Zahlungsmittel und Zahlungsmitteläquivalente.** Barmittel und Sichteinlagen werden unter dem Begriff der **Zahlungsmittel** zusammengefasst.

11   Zur Tilgung kurzfristiger Zahlungsverpflichtungen gehaltene hochliquide finanzielle Vermögenswerte, werden als **Zahlungsmitteläquivalente** bezeichnet. Voraussetzung für die Beurteilung als Zahlungsmitteläquivalent ist, dass der finanzielle Vermögenswert unmittelbar in ein Zahlungsmittel getauscht werden kann und nur unwesentlichen Wertschwankungsrisiken unterliegt. Zur Erfüllung dieses Kriteriums sollten Finanzinvestitionen gerechnet vom Erwerbszeitpunkt in der Regel eine Restlaufzeit von weniger als drei Monaten aufweisen. Kapitalbeteiligungen gehören nicht zu den Zahlungsmitteläquivalenten, es sei denn, sie genügen den beschriebenen Anforderungen (zB Vorzugsaktien mit kurzer Restlaufzeit und festgelegtem Einlösungszeitpunkt).

12   **Cash Flows** sind nach IAS 7.6-9 Zu- und Abflüsse von Zahlungsmitteln und Zahlungsmitteläquivalenten innerhalb einer Periode. Bewegungen zwischen Zahlungsmitteln und Zahlungsmitteläquivalenten sind nicht als Cash Flow zu beurteilen. Ebenso sind Geschäftsvorfälle, die keine Zahlungsströme generieren nicht als Cash Flow zu zeigen. Zur Herstellung der Vergleichbarkeit mit anderen Abschlüssen sind derartige bargeldlose Transaktionen nach IAS 7.43f. (zB der Erwerb von Vermögenswerten gegen Übernahme direkt damit verbundener Schulden) separat im Abschluss auszuweisen.

13   **2. Klassifizierung von Cash Flows.** Cash Flows einer Periode sollen in Veränderungen aus betrieblicher Tätigkeit, Investitions- oder Finanzierungstätigkeit gegliedert werden. Die Einstufung erfolgt der jeweiligen Geschäftstätigkeit des Unternehmens / Konzerns entsprechend. Einzelne Geschäftsvorfälle klärt IAS 7.10-12 können dabei mehr als einen Cash Flow darstellen (zB Aufteilung der Rückzahlung eines Darlehns in den zur Finanzierungstätigkeit zählenden Tilgungsanteil sowie den als Cash Flow aus betrieblicher Tätigkeit zu zeigenden Zinsanteil).

14   Der Cash Flow mit der größten Bedeutung ist der aus **betrieblicher Tätigkeit** erwirtschaftete Zahlungsstrom. Dieser Schlüsselindikator zeigt an, inwiefern ein Unternehmen / Konzern in der Lage ist Zahlungsmittelüberschüsse zu erwirtschaften. Überschüsse ergeben sich, wenn Zahlungen rechtzeitig und in hinreichender Höhe eingehen, um die Tilgung von Verbindlichkeiten zu ermöglichen, Dividenden zu zahlen und Investitionen zu tätigen. Bei hinreichendem Zahlungsmittelüberschuss wird eine Außenfinanzierung nicht benötigt. Cash Flows aus betrieblicher Tätigkeit resultieren vor allem aus erlöswirksamen Geschäftsvorfällen. Hierzu gehören zB Zahlungseingänge aufgrund des Verkaufs von Gütern, der Erbringung von Dienstleistungen oder Nutzungsentgelte, Honorare und Provisionen. Mindernd wirken nach IAS 7.13-15 Auszahlungen an Lieferanten von Gütern und Dienstleistungen sowie Auszahlungen an Beschäftigte. Mit dem Annual Improvements-Project 2008 wurde

vom IASB klargestellt, dass ebenfalls der Erlös aus dem Verkauf von Sachanlagen dem Cash Flow aus betrieblicher Tätigkeit zuzuordnen ist, sofern die Sachanlagen zuvor regelmäßig vermietet wurden (zB bei Autovermietung).

Auszahlungen zur Anschaffung von Vermögenswerten, die der späteren Generierung von Cash Flows aus betrieblicher Tätigkeit dienen sollen, werden als Cash Flows aus **Investitionstätigkeit** ausgewiesen. Hierzu gehören Auszahlungen für die Beschaffung von Sachanlagen, immateriellen und anderen langfristigen Vermögenswerten oder aktivierte Eigenleistungen und selbst erstellte Anlagen. Wird Eigenkapital oder werden Schuldinstrumente von anderen nicht konsolidierten Unternehmen erworben, wird der Zahlungsausgang aus der Kaufpreiszahlung ebenfalls als Cash Flow aus Investitionstätigkeit gezeigt. Umgekehrt wirkt der Zahlungseingang aus dem Verkauf von Vermögenswerten nach IAS 7.16 mindernd auf den Cash Flow aus Investitionstätigkeit. Mit dem Annual Improvement Project 2009 wurde hierzu klargestellt, dass Cash Flows aus Investitionstätigkeit zwingend mit dem Ansatz eines Vermögenswertes verbunden sind. Aufwandswirksame Auszahlungen sind hingegen dem Cash Flow aus betrieblicher Tätigkeit zuzuordnen (zB Werbemaßnahmen oder nicht aktivierte Forschungsaufwendungen).

Positive Cash Flows aus **Finanzierungstätigkeit** ergeben sich aus der Ausgabe von Eigen- oder Fremdkapital. So wird der Zahlungseingang aus dem Verkauf neuer Anteile oder Fremdkapital wie Schuldverschreibungen, Schuldscheinen, Anleihen hier gezeigt. Ebenso gehört der Zahlungseingang aus der Auszahlung von Darlehen und Hypotheken zum positiven Cash Flow aus Finanzierungstätigkeit. Rückzahlungen entsprechender Positionen wie die Tilgung von Darlehen oder dem Rückkauf von Anteilen mindern als Zahlungsausgang laut IAS 7.17 den Cash Flow aus Finanzierungstätigkeit.

IV. Darstellung der Kapitalflussrechnung. Die Kapitalflussrechnung besteht aus einer **Ursachenrechnung** und einem **Finanzmittelnachweis**. Die Kapitalflussrechnung ist in Staffelform unter Angabe der Vorjahreswerte darzustellen.

Dabei werden als Ursachenrechnung nacheinander die Cash Flows aus betrieblicher Tätigkeit, aus Investitionstätigkeit sowie aus Finanzierungstätigkeit ausgewiesen. Diese Form der Ursachenrechnung wird als Aktivitätsformat bezeichnet. In jeder dieser Klassen ist eine tiefergehende Untergliederung vorgesehen. IAS 7 legt allerdings keine verbindliche Mindestgliederung fest, um so eine unternehmens- oder branchenspezifische Darstellung zu ermöglichen.

19 Mit dem Finanzmittelnachweis (auch Fondsänderungsnachweis) werden die Finanzmittel zu Beginn und am Ende der Berichtsperiode gegenübergestellt. Hier werden insb. die Effekte aus Währungsumrechnungen sowie die Effekte aus Änderungen des Konsolidierungskreises zwischen den Stichtagen ausgewiesen.[4]

20 Cash Flows sind nach IAS 7.22-24 grundsätzlich **nicht zu saldieren**, sondern brutto zu zeigen. Lediglich in ausdrücklichen benannten Ausnahmen sind Cash Flows **saldiert** auszuweisen. Zu diesen Ausnahmen gehört die Einzahlung und Auszahlung **im Namen von Kunden** (sofern die Zahlungen auf die Aktivität des Kunden zurückzuführen sind) sowie die Annahme und Rückzahlung von Sichteinlagen einer Bank, von einer Anlagegesellschaft für Kunden gehaltene Finanzmittel sowie Mieten, die für Grundstückseigentümer eingezogen und an diese weitergeleitet werden. Den zweiten zu saldierende Sachverhalt liefern Einzahlungen und Auszahlungen für **Posten mit großer Umschlagshäufigkeit** (zB Darlehensbeträge gegenüber Kreditkartenkunden) sowie große Beträge mit kurzen Laufzeiten (zB Kauf und Verkauf von Finanzinvestitionen oder kurzfristige Ausleihungen wie Kredite mit einer Laufzeit von bis zu drei Monaten).

21 Darüber hinaus unterliegt die Kapitalflussrechnung dem Stetigkeitspostulat. Demnach sind bestehende Wahlrechte zB bzgl. der Definition des Finanzmittelfonds sowie des Ausweises von Zinsaufwendungen stetig auszuüben. Darüber hinaus ist auch das Wesentlichkeitsprinzip anzuwenden.

22 Der Cash Flow aus betrieblicher Tätigkeit kann wahlweise nach der direkten oder indirekten Methode dargestellt werden. Bei der **direkten Methode** (nach IAS 7.19 empfohlen, da hier ein höherer Informationsgehalt gesehen wird) werden die Bruttoeinzahlungen und Bruttoauszahlungen jeder Hauptgruppe angeben. Der Begriff der Hauptgruppe wird dabei nicht weiter definiert. Folgende Gliederungsalternativen würden sich anbieten:

- Wesentliche Personengruppen und Organisationen (zB Kunden, Lieferanten, Mitarbeiter etc.).
- Auszahlungen nach Kostenarten analog zur Darstellung der Gewinn- und Verlustrechnung nach dem Umsatzkostenverfahren (Roh-, Hilfs-, Betriebsstoffe, bezogene Leistungen und Waren, Personal etc.).
- Anhand von Funktionsbereichen analog zur Darstellung der Gewinn- und Verlustrechnung nach dem Umsatzkostenverfahren (Produktions-, Verwaltungs- oder Vertriebsbereich etc.).[5]

23 Die Informationen können dabei entweder direkt aus der Buchhaltung abgeleitet werden oder durch Korrekturen der Umsatzerlöse, Umsatzkosten sowie anderer Posten der Ergebnisrechnung ermittelt werden. Eine Ableitung der Informationen di-

---

4   Vgl. *Freiberg* Haufe-Kommentar, §3 Rn 30.
5   Vgl. *Freiberg* Haufe-Kommentar, §3 Rn 48.

IV. Darstellung der Kapitalflussrechnung

rekt aus der Buchhaltung kann dadurch erschwert sein, dass die Buchungen hier üblicherweise mit dem Ziel der Ableitung von Aufwendungen und Erträgen, nicht aber zur Ableitung von Auszahlungen und Einzahlungen systematisiert wurden. Auch die Ausnutzung der Wahlmöglichkeit zur direkten oder indirekten Darstellung der Cash Flows aus betrieblicher Tätigkeit hat stetig zu erfolgen.

Die weitaus meisten Unternehmen / Konzerne stellen die Cash Flows aus betrieblicher Tätigkeit aufgrund des Vorgenannten nach der **indirekten Methode** dar. Die indirekte Methode hat über die leichtere Bereitstellung der Informationen hinaus den Vorteil, einer besseren Vergleichbarkeit der Kapitalflussrechnung mit der Gewinn- und Verlustrechnung. Dem Abschlussadressaten wird die Beurteilung erleichtert, warum evtl. bei einer positiven Ergebnislage die Auszahlungen überwiegen oder umgekehrt.[6] Bei der indirekten Methode wird (wie in IAS 7.18-20 beschrieben) ausgehend von einer Ergebnisgröße der Gewinn- und Verlustrechnung (zB dem EBIT) auf den Cash Flow zurück gerechnet. Dabei werden Aufwendungen, die in der Periode keinen Zahlungsausgang darstellten sowie Erträge, denen kein Zahlungseingang gegenüberstand, korrigiert. Zu den Aufwendungen, die das EBIT gemindert haben, aber denen kein Zahlungsausgang gegenüber steht, gehören zB die Abschreibungen auf Sachanlagen oder die Zuführung zu Rückstellungen. Darüber hinaus ist die Bestandsveränderung über die Berichtsperiode im Umlaufvermögen (Vorräte, Forderungen und Verbindlichkeiten aus Lieferungen und Leistungen) zu berücksichtigen. Ein Rückgang der Forderungen aus Lieferungen und Leistungen erhöht so zB den Cash Flow aus betrieblicher Tätigkeit.

---

6   Vgl. *Freiberg* Haufe-Kommentar, §3 Rn 51.

25

Konzern-Kapitalflussrechnung in Mio. €	2010	2009
EBIT (Ergebnis vor Finanzergebnis und Steuern)	694	777
Gezahlte Ertragsteuern	-230	-231
Ab-/Zuschreibungen langfristiger Vermögenswerte	1.103	1.138
Gewinne/Verluste aus Beteiligungsverkäufen und Anteilstausch	-13	1
Veränderung der Rückstellungen für Pensionen und ähnliche Verpflichtungen	-65	-46
Veränderung der sonstigen Rückstellungen	41	22
Sonstige Effekte	-3	36
Veränderung des Nettoumlaufvermögens	250	92
Cash Flow aus betrieblicher Tätigkeit	**1.777**	**1.789**
– davon aus nicht fortgeführten Aktivitäten	–	83

26   Die Cash Flows aus Investitions- und Finanzierungstätigkeit sind zwingend nach der direkten Methode darzustellen.

27   Auszahlungen aufgrund des Erwerbs von langfristigen Vermögenswerten, die der Erzielung von Cash Flows aus betrieblicher Tätigkeit dienen sollen, werden als **Cash Flow aus Investitionstätigkeit** gezeigt. Ebenso werden Einzahlungen aus dem Verkauf hier Cash Flow erhöhend ausgewiesen. Darüber hinaus werden Ein- und Auszahlungen aufgrund von Finanzinvestitionen (die nicht zu den Zahlungsmitteläquivalenten gehören oder zu Handelszwecken gehalten werden) hier gezeigt. Für den Abschlussadressaten liefert der Cash Flow aus Investitionstätigkeit wertvolle Hinweise bzgl. Zukunftsvorsorge (Schaffung oder Ausbau von Erfolgspotenzialen) des Unternehmens / Konzerns. Desinvestitionen liefern einen Einblick auf Restrukturierungen oder Portfolioänderungen.[7]

28   Cash Flows aus **Veränderungen des Konsolidierungskreises mit Übernahme oder Verlust der Beherrschung** sind nach IAS 7.39-42 als Cash Flow aus Investitionstätigkeit zu zeigen. Die aus Übernahme und Verlust resultierenden Beträge sind unsaldiert zu zeigen. Werden Tochterunternehmen gegen Entgelt erworben, mindern die in der rechtlichen Einheit enthaltenen Zahlungsmittel und Zahlungsmitteläquivalente den Kaufpreis / Cash Flow aus Investitionstätigkeit.

---

7   Vgl. *Meyer* Internationales Bilanzrecht, IAS 7 Rn 139.

IV. Darstellung der Kapitalflussrechnung

Konzern-Kapitalflussrechnung in Mio. €	2010	2009
Investitionen in:		
– Immaterielle Vermögenswerte	-199	-238
– Sachanlagen	-249	-389
– Finanzanlagen	-57	-158
– Kaufpreiszahlungen für konsolidierte Beteiligungen (abzüglich liquider Mittel)	-157	-310
Erlöse aus dem Verkauf von Beteiligungen	-18	608
Erlöse aus dem Verkauf von langfristigen Vermögenswerten	125	110
Einzahlungen in/Entnahmen aus den Pensionsplänen	10	-39
Cash Flow aus Investitionstätigkeit	-545	-416
– davon aus nicht fortgeführten Aktivitäten	-22	581

Einzahlungen und Auszahlungen im Zusammenhang mit Eigen- und Fremdkapitalgebern eines Unternehmens / Konzerns werden als **Cash Flow aus Finanzierungstätigkeit** gezeigt. Für den Abschlussadressaten und hierunter insb. den Eigen- und Fremdkapitalgeber sind diese Informationen wertvoll, da sie Prognosen zur zukünftigen Fähigkeit zur Zahlung von Dividenden und Zinsen zulässt.

Cash Flows aus **Veränderungen des Konsolidierungskreises ohne Übernahme oder Verlust der Beherrschung** sind nach IAS 7.42A und 42B als Cash Flow aus Finanzierungstätigkeit zu zeigen. Sind mit der Ausgabe von Eigen- und Fremdkapital Transaktionskosten verbunden, reduzieren diese den Cash Flow aus Finanzierungstätigkeit.

IAS 7 — Statement of Cash Flows

32

Konzern-Kapitalflussrechnung in Mio. €	2009	2008
Einzahlungen aus der Emission von Anleihen/Schuldscheindarlehen	806	599
Auszahlungen für Tilgung von Anleihen/Schuldscheindarlehen	-875	-96
Veränderung der übrigen Finanzschulden	-67	-791
Gezahlte Zinsen	-339	-365
Erhaltene Zinsen	62	87
Veränderung des Eigenkapitals	-2	-14
Dividenden an Bertelsmann-Aktionäre und Minderheitsgesellschafter	-270	-288
Weitere Auszahlungen an Gesellschafter (IAS 32.18b)	-56	-49
Cash Flow aus Finanzierungstätigkeit	-741	-917
– davon aus nicht fortgeführten Aktivitäten	–	-34

33   Der Summe der Cash Flows wird nach IAS 7.45-47 die Entwicklung der Zahlungsmittel und Zahlungsmitteläquivalente gegenüber gestellt. **Wechselkursänderungen** bei Zahlungsmitteln und Zahlungsmitteläquivalenten werden nach IAS 7.28 separat ausgewiesen, um die Überleitung vom Anfangs- zum Endstand zu erklären.

34

Zahlungswirksame Veränderung der liquiden Mittel	491	456
Wechselkursbedingte und sonstige Veränderungen der liquiden Mittel	11	-4
Liquide Mittel am 01.01.	1.583	1.131
Liquide Mittel am 31.12.	2.085	1.583

35   IAS 7 fordert über die Darstellung der Kapitalflussrechnung an sich hinaus weitere **Zusatzangaben im Anhang**. Diese Zusatzangaben sind zum Teil freiwillig und zum Teil Pflichtangaben.

36   Zu nennen sind laut IAS 7.43 und 44. Angaben zu **nicht zahlungswirksamen Transaktionen**, wie zB der Tausch von Waren, Umschuldungen oder der Erwerb von Vermögenswerten gegen gleichzeitige und unmittelbar verbundene Übernahme von Schulden. Darüber hinaus sind nach IAS 7.45-47 die **Bestandteile des Finanzmittel-**

V. Beurteilung von Einzelfragen

fonds aufzugliedern und (sofern Bilanzausweis und Finanzmittelfonds nicht unmittelbar auch vom Betrag nachvollziehbar ist) durch eine Überleitung den entsprechenden Bilanzpositionen zuzuordnen. Zahlungsmittel und Zahlungsmitteläquivalente die vom Unternehmen gehalten werden, über die am Abschlussstichtag allerdings **nicht frei verfügt** werden können, sind nach IAS 7.48 im Anhang mit dem hierauf entfallenden Betrag offen zu legen.

Freiwillig kann das Unternehmen zur Verbesserung der Aussagekraft bzgl. finanzwirtschaftlicher Lage eingeräumte, aber nicht in Anspruch genommene Kreditlinien offen legen. Ebenso ist die Offenlegung der in der Kapitalflussrechnung aus quotenkonsolidierten Beteiligungen einbezogenen Zahlungen freiwillig möglich. Des Weiteren können die Zahlungen aus Investitionstätigkeit in Ersatz- und Erweiterungsinvestitionen konkretisiert werden. Im Rahmen der Segmentberichterstattung ist laut IAS 7.50 (a) – (d) die Nennung des Cash Flows auf Bereichsebene möglich.

V. Beurteilung von Einzelfragen. Im Folgenden werden Wechselwirkungen mit anderen IFRS sowie relevante Einzelfragen erörtert.

1. Auswirkungen von Fremdwährungen. Umrechnungsdifferenzen aus Wechselkursänderungen führen zu keinen Zahlungswirkungen. Wechselkurseffekte sind gesondert im Finanzmittelnachweis zu zeigen.

Umrechnungsdifferenzen lassen sich auf folgende drei Ursachen zurückführen:
- Fremdwährungstransaktionen.
- In Fremdwährung gehaltene Finanzmittel, die zum Abschlussstichtag zu bewerten sind.
- Einbeziehung von Tochterunternehmen, deren funktionale Währung von der Konzernwährung abweicht.

Fremdwährungstransaktionen sind grundsätzlich mit dem zum Zeitpunkt des Zahlungsvorgangs gültigen Wechselkurs umzurechnen (Transaktionskurs). Aus Vereinfachungsgründen ist die Umrechnung zum gewichteten Durchschnittskurs zulässig, sofern Fremdwährungstransaktionen kontinuierlich anfallen und der sich daraus ergebende Fehler unwesentlich bleibt. Dies ist vorwiegend im Cash Flow aus betrieblicher Tätigkeit gegeben, wohingegen Cash Flows aus Investitions- und Finanzierungstätigkeit i. d. R. nicht gleichverteilt über die Berichtsperiode anfallen.[8]

In **Fremdwährung gehaltene Finanzmittel** als monetäre Bilanzpositionen sind nach IAS 21.23a mit dem Stichtagskurs in den Abschluss einzubeziehen.

Cash Flows von **Tochterunternehmen** eines Konzerns, deren funktionale Währung von der Konzernwährung abweichen, sind ebenfalls mit dem zum Zahlungszeitpunkt gültigen Wechselkurs in die funktionale Währung umzurechnen. Verein-

---

8   Vgl. *Meyer* Internationales Bilanzrecht, IAS 7 Rn 165.

fachend kann auch hier mit einem Durchschnittskurs umgerechnet werden, sofern der daraus resultierende Fehler unwesentlich ist. Eine Umrechnung zum Kurs des Abschlussstichtags ist laut IAS 7.26-28 unzulässig.

43 Wird der Cash Flow aus betrieblicher Tätigkeit für die Konzernkapitalflussrechnung nach der indirekten Methode ermittelt, so ergeben sich aus der Anwendung der modifizierten Stichtagskursmethode weitere zahlungsunwirksame Wechselkurseffekte, die Konzernbilanz- und Konzernerfolgsrechnung zu bereinigen sind.

44 **2. Zinsen und Dividenden.** Zur Zuordnung von gezahlten und erhaltenen **Zinsen** sowie **Dividenden** gibt IAS 7 keine eindeutige Vorgabe. Eine Zuordnung zu allen drei Hauptgruppen wird als sachgerecht erachtet. Allerdings ist der Ausweis nach IAS 7.31-34 im Zeitablauf stetig beizubehalten. Bei der Entscheidung der Zuordnung von Zinsen zum Cash Flow aus betrieblicher Tätigkeit kann ein Unternehmen / Konzern sich daran orientieren, ob das Zinsergebnis in den internen Steuerungsgrößen (zB Earning before Tax – EBT) enthalten ist. Ist dies gegeben, liefert dies ein Argument für die Zuordnung von Zinsen zur Hauptgruppe der betrieblichen Aktivitäten.

45 Die folgende Tabelle stellt die nach IAS 7 vorhanden Wahlmöglichkeiten zur Zuordnung von Zinsen und Dividenden zusammenfassend dar.[9]

46

Zahlungsströme	Betriebliche Tätigkeit	Investitionstätigkeit	Finanzierungstätigkeit
Erhaltene Zinsen	Ertrag	Zinsertrag aus Finanzinvestitionen	-
Gezahlte Zinsen	Aufwand	-	Fremdkapitalkosten
Erhaltene Dividenden	Ertrag	Dividendenertrag aus Finanzinvestitionen	-
Gezahlte Dividenden	Dividendendeckungsfähigkeit bzw. Ausschüttungskraft	-	Eigenkapitalkosten

47 **3. Ertragsteuern.** Bezahlte Ertragsteuern sind separat als Cash Flow aus betrieblicher Tätigkeit zu zeigen. Eine saldierte Darstellung von gezahlten und erhaltenen Ertragsteuern (Nettoausweis) ist zulässig. Lassen sich Investitions- oder Finanzie-

---

[9] Siehe: *Meyer* Internationales Bilanzrecht, IAS 7 Tab. 3, Rn 175.

V. Beurteilung von Einzelfragen

rungsvorgänge eindeutig identifizieren, sind die darauf zuzuordnenden Ertragsteuern nach IAS 7.35 und 36. als Cash Flow aus Investitions- oder Finanzierungstätigkeit zu zeigen.

4. Termingeschäfte, Optionen und Swaps. Zahlungen aus standardisierten Termingeschäften, Optionen sowie Swaps werden i.d.r. als Cash Flow aus Investitionstätigkeit klassifiziert. Dienen derartige Geschäfte der Absicherung von Geschäfts- oder Handelstransaktionen ist der Ausweis im Cash Flow aus betrieblicher Tätigkeit sachgerecht. Wird hingegen eine konkrete Bilanzpositionen durch diese Geschäfte abgesichert, so ist laut IAS 7.16(g) und (h) der Ausweis der Zahlung aus dem Termin-, Options- oder Swap-Geschäft in der gleichen Kategorie wie der Cash Flow des Grundgeschäfts / der Bilanzposition vorzunehmen.

5. Einbeziehung sowie Erwerb und Veräußerung von Beteiligungen. In der Kapitalflussrechnung werden direkte Zahlungen wie Dividenden und Kredite zwischen Konzernunternehmen und Beteiligungen, die nach der **Equity-Methode** konsolidiert werden (assoziierte oder at equity bilanzierte Gemeinschaftsunternehmen) gezeigt. Werden **Gemeinschaftsunternehmen** quotenkonsolidiert, so werden Cash Flows mit diesen Beteiligungen laut IAS 7.37 und 38. proportional ausgewiesen.

Die Kaufpreiszahlung aus dem Erwerb (Auszahlung) oder dem Verkauf (Einzahlung) einer Beteiligung ist als Cash Flow aus Investitionstätigkeit gesondert auszuweisen. Im Anhang sind der Kaufpreis sowie der in Zahlungsmitteln und Zahlungsmitteläquivalenten geleistete Teil des Kaufpreises offen zu legen. Darüber hinaus sind nach IAS 7.39 und 40. der mit der Beteiligung abgegebene/erworbene Finanzmittelfonds der Beteiligung sowie der Betrag der übernommenen Vermögenswerte und Schulden zu nennen.

Werden Beteiligungen vollkonsolidiert bei gleichzeitiger Beteiligung von Minderheiteneignern hat der **Minderheitenausweis** in der Kapitalflussrechnung dem Ausweis in Bilanz sowie Gewinn- und Verlustrechnung zu entsprechen. Grundsätzlich werden also Cash Flows mit vollkonsolidierten Tochterunternehmen in der Kapitalflussrechnung vollständig eliminiert. In der Konzernkapitalflussrechnung sind lediglich Zahlungen an und von Konzernfremden, zu denen auch die Minderheiten gehören, auszuweisen.

Relevant sind diesbezüglich zB an Minderheiten gezahlte **Dividenden**, die grds. als Cash Flow aus Finanzierungstätigkeit zu zeigen sind.[10]

Erhöht ein vollkonsolidiertes Tochterunternehmen das **Eigenkapital** und die neuen Anteile werden pro rata auf den Konzern sowie den Minderheitengesellschafter verteilt, so wird die auf den Minderheitengesellschafter entfallende Einzahlung als

---

10 Ausnahme hierzu: IAS 32.AG29.

Cash Flow aus Finanzierungstätigkeit gezeigt. Leistet allerdings der Minderheitengesellschafter die Eigenkapitalerhöhung alleine, so ist die Einzahlung (Reduzierung der Minderheiten) als Cash Flow aus Investitionstätigkeit zu zeigen.[11]

54   **6. Nicht fortgeführte Aktivitäten.** Cash Flows aus **nicht fortgeführten Aktivitäten** wie zB bei geplanter Stilllegung oder Veräußerung sind nach IFRS 5.33, (c) von fortlaufenden Cash Flows separat auszuweisen. Das gilt für die Ursachenrechnung (Cash Flow aus betrieblicher Tätigkeit, Invesitions- und Finanzierungstätigkeit), nicht aber für den Finanzmittelnachweis. Für die Vorjahreswerte sind entsprechende Anpassungen vorzunehmen. Die Separierung kann in drei alternativen Darstellungsformen erfolgen:
- Als sogenannter „davon-Vermerk".
- In drei Spalten: Fortgeführte Cash Flows, Cash Flows aus nicht fortgeführten Aktivitäten sowie Summe der Cash Flows.
- Aufteilung der Cash Flows im Anhang.

55   **7. Außerordentliche Posten.** Mit der Überarbeitung von IAS 8 im Rahmen des Improvement Projects wurden IAS 7.29 und 30. gestrichen. Demnach ist der separate Ausweis von außerordentlichen Posten auch in der Kapitalflussrechnung seit dem Geschäftsjahr 2005 nicht mehr zulässig.

56   **8. Zwischenberichterstattung.** Im Rahmen der **Zwischenberichterstattung** nach IAS 34.8 ist eine verkürzte Kapitalflussrechnung obligatorischer Bestandteil. Die nach IAS 34.10 zulässige Verkürzung erlaubt, die Cash Flows aus betrieblicher Tätigkeit, aus Investitionstätigkeit sowie Finanzierungstätigkeit jeweils in einer Zeile auszuweisen. Ggf. ist zu beurteilen, ob einzelne wesentliche Sachverhalte aufgrund ihrer Größe oder besonderen Bedeutung dennoch gesondert darzustellen sind.[12]

57   **VI. IFRS für kleine und mittelgroße Unternehmen.** Während der Diskussion zur Gestaltung eines IFRS für nicht börsennotierte Einheiten (Small and Midsized Entities – SME) wurde die Frage, ob eine Kapitalflussrechnung obligatorischer Bestandteil sein solle kontrovers diskutiert. Es wurde abgewogen, ob der Informationsgewinn einer Kapitalflussrechnung den Erstellungsaufwand rechtfertigt. Am Ende folgte das Board der Auffassung, dass bei vorliegender Bilanz und Gewinn- und Verlustrechnung die Erstellung einer Kapitalflussrechnung keinen erheblichen Mehraufwand darstellt, die Adressaten eines Abschlusses von nicht börsennotierten Unternehmen hingegen an Angaben zur Kapitalflussrechnung interessiert sind. Vor dem Hintergrund ist eine Kapitalflussrechnung **auch in Abschlüssen von nicht börsennotierten Unternehmen obligatorischer Bestandteil.**[13]

---

11   Vgl. *PricewaterhouseCoopers (Hrsg.)* IFRS-Manual, Rn 30.108.
12   *Rahe* Internationales Bilanzrecht, IAS 34 Rn 127.
13   IFRS for SMEs, Basis for conclusions, BC 138f.

VI. IFRS für kleine und mittelgroße Unternehmen

Aus dem Vergleich der Anforderungen an eine Kapitalflussrechnung nach IAS 7 mit den entsprechenden Regelungen nach IFRS-SMEs ergeben sich keine wesentlichen Unterschiede.

VII. Ausblick. Im Rahmen des Projektes „Financial Statement Presentation" wird ua die grundlegende Überarbeitung von IAS 1 und IAS 7 diskutiert. Das Projekt ist Gegenstand des „Memorandum of Understanding (MoU)" zwischen dem IASB und dem FASB.

In Rahmen der Phase B des MoU-Projekts wurde im Oktober 2008 ein Discussion Paper veröffentlicht. Demnach sollen die Hauptbestandteile des Abschlusses, also Bilanz (Statement of Financial Position), Gewinn- und Verlustrechnung (Statement of Comprehensive Income) sowie auch die Kapitalflussrechnung (Statement of Cash Flows) zukünftig in die **Kategorien Business sowie Financing** aufgeteilt werden. Die Kategorie Business umfasst dabei die Unterkategorien Operating und Investing.[14]

Damit nähert sich die Darstellung der Bilanz und Gewinn- und Verlustrechnung an die bisherige Darstellung der Kapitalflussrechnung an.

Jedoch ist auch die Kapitalflussrechnung Gegenstand von Veränderungen. So sollen zukünftig **ausschließlich** die Entwicklung von **Zahlungsmitteln** und nicht mehr die Entwicklung von Zahlungsmitteläquivalenten Gegenstand der Darstellung in einer Kapitalflussrechnung sein. Darüber hinaus soll die Darstellung aller Kategorien **ausschließlich** nach der **direkten Methode** erfolgen (Abschaffung des Wahlrechts zur indirekten Methode zur Darstellung des Cash Flow aus betrieblicher Tätigkeit).[15]

---

14 Vgl. *IASB (Hrsg.)* Financial Statement Presentation Project, Phase B: Summary of Tentative Preliminary Views as of June 30, 2008, Rn 4.
15 Vgl. *IASB (Hrsg.)* Financial Statement Presentation Project, Phase B: Summary of Tentative Preliminary Views as of June 30, 2008, Rn 25-27.

IAS 8 – Accounting Policies, Changes in Accounting Estimates and Errors

Rn	Textauszüge aus IAS 8

8.7 Bezieht sich ein IFRS ausdrücklich auf einen Geschäftsvorfall oder auf sonstige Ereignisse oder Bedingungen, so ist bzw. sind die Rechnungslegungsmethode(n) für den entsprechenden Posten zu ermitteln, indem der IFRS unter Berücksichtigung aller relevanten Anwendungsleitlinien des IASB für den IFRS angewandt wird.

8.10 Beim Fehlen eines IFRS, der ausdrücklich auf einen Geschäftsvorfall oder sonstige Ereignisse oder Bedingungen zutrifft, hat das Management darüber zu entscheiden, welche Rechnungslegungsmethode zu entwickeln und anzuwenden ist, um zu Informationen zu führen, die

(a) für die Bedürfnisse der wirtschaftlichen Entscheidungsfindung der Adressaten von Bedeutung sind und

(b) zuverlässig sind, in dem Sinne, dass der Abschluss (i) die Vermögens-, Finanz- und Ertragslage sowie die Cashflows des Unternehmens den tatsächlichen Verhältnissen entsprechend darstellt; (ii) den wirtschaftlichen Gehalt von Geschäftsvorfällen und sonstigen Ereignissen und Bedingungen widerspiegelt und nicht nur deren rechtliche Form; (iii) neutral ist, das heißt frei von verzerrenden Einflüssen; (iv) vorsichtig und (v) in allen wesentlichen Gesichtspunkten vollständig ist.

8.11 Bei seiner Entscheidungsfindung im Sinne von IAS 8.10 hat das Management sich auf folgende Quellen – in absteigender Reihenfolge – zu beziehen und deren Anwendung zu berücksichtigen:

(a) die Anforderungen und Anwendungsleitlinien in IFRS, die ähnliche und verwandte Fragen behandeln; und

(b) die im Rahmenkonzept enthaltenen Definitionen, Erfassungskriterien und Bewertungskonzepte für Vermögenswerte, Schulden, Erträge und Aufwendungen.

8.12 Bei seiner Entscheidungsfindung gemäß IAS 8.10 kann das Management außerdem die jüngsten Verlautbarungen anderer Standardsetter, die ein ähnliches konzeptionelles Rahmenkonzept zur Entwicklung von Rechnungslegungsmethoden einsetzen, sowie sonstige Rechnungslegungs- Verlautbarungen und anerkannte Branchenpraktiken berücksichtigen, sofern sie nicht mit den in IAS 8.11 enthaltenen Quellen in Konflikt stehen.

8.13 Ein Unternehmen hat seine Rechnungslegungsmethoden für ähnliche Geschäftsvorfälle, sonstige Ereignisse und Bedingungen stetig auszuwählen und anzuwenden, es sei denn, ein IFRS erlaubt bzw. schreibt die Kategorisierung von Sachverhalten vor, für die andere Rechnungslegungsmethoden zutreffend sind. Sofern ein IFRS eine derartige Kategorisierung vorschreibt oder erlaubt, ist eine geeignete Rechnungslegungsmethode auszuwählen und stetig für jede Kategorie anzuwenden.

8.14 Ein Unternehmen darf eine Rechnungslegungsmethode nur dann ändern, wenn die Änderung

(a) aufgrund eines IFRS erforderlich ist; oder

(b) dazu führt, dass der Abschluss zuverlässige und relevantere Informationen über die Auswirkungen von Geschäftsvorfällen, sonstigen Ereignissen oder Bedingungen auf die Vermögens-, Finanz- oder Ertragslage oder die Cashflows des Unternehmens vermittelt.

8.16 Die folgenden Fälle sind keine Änderung der Bilanzierungs- oder Bewertungsmethoden:

(a) die Anwendung einer Rechnungslegungsmethode auf Geschäftsvorfälle, sonstige Ereignisse oder Bedingungen, die sich grundsätzlich von früheren Geschäftsvorfällen oder sonstigen Ereignissen oder Bedingungen unterscheiden; und

(b) die Anwendung einer neuen Rechnungslegungsmethode auf Geschäftsvorfälle oder sonstige Ereignisse oder Bedingungen, die früher nicht vorgekommen sind oder unwesentlich waren.

8.17 Die erstmalige Anwendung einer Methode zur Neubewertung von Vermögenswerten nach IAS 16 Sachanlagen oder IAS 38 Immaterielle Vermögenswerte ist eine Änderung einer Rechnungslegungsmethode, die als Neubewertung im Rahmen des IAS 16 bzw. IAS 38 und nicht nach Maßgabe dieses Standards zu behandeln ist.

8.19 Gemäß IAS 8.23

(a) hat ein Unternehmen eine Änderung der Rechnungslegungsmethoden aus der erstmaligen Anwendung eines IFRS nach den ggf. bestehenden spezifischen Übergangsvorschriften für den IFRS zu berücksichtigen; und

(b) sofern ein Unternehmen eine Rechnungslegungsmethode nach erstmaliger Anwendung eines IFRS ändert, der keine spezifischen Übergangsvorschriften zur entsprechenden Änderung enthält, oder aber die Rechnungslegungsmethoden freiwillig ändert, so hat es die Änderung rückwirkend anzuwenden.

8.22 Wenn gemäß IAS 8.23 eine Rechnungslegungsmethoden in Übereinstimmung mit Paragraph 19(a) oder (b) rückwirkend geändert wird, hat das Unternehmen den Eröffnungsbilanzwert eines jeden Bestandteils des Eigenkapitals für die früheste dargestellte Periode sowie die sonstigen vergleichenden Beträge für jede frühere dargestellte Periode so anzupassen, als ob die neue Rechnungslegungsmethode stets angewandt worden wäre.

8.23 Ist eine rückwirkende Anwendung nach IAS 8.19(a) oder (b) erforderlich, so ist eine Änderung der Rechnungslegungsmethoden rückwirkend anzuwenden, es sei denn, dass die Ermittlung der periodenspezifischen Effekte oder der kumulierten Auswirkung der Änderung undurchführbar ist.

IAS 8 Accounting Policies, Changes in Accounting Estimates and Errors

8.24 Wenn die Ermittlung der periodenspezifischen Effekte einer Änderung der Rechnungslegungsmethoden bei vergleichbaren Informationen für eine oder mehrere ausgewiesene Perioden undurchführbar ist, so hat das Unternehmen die neue Rechnungslegungsmethode auf die Buchwerte der Vermögenswerte und Schulden zum Zeitpunkt der frühesten Periode, für die die rückwirkende Anwendung durchführbar ist – dies kann auch die Berichtsperiode sein – anzuwenden und die Eröffnungsbilanzwerte eines jeden betroffenen Eigenkapitalbestandteils für die entsprechende Periode entsprechend zu berichten.

8.25 Wenn die Ermittlung des kumulierten Effekts der Anwendung einer neuen Rechnungslegungsmethode auf alle früheren Perioden am Anfang der Berichtsperiode undurchführbar ist, so hat das Unternehmen die vergleichbaren Informationen dahingehend anzupassen, dass die neue Rechnungslegungsmethode prospektiv vom frühest möglichen Zeitpunkt an angewandt wird.

8.36 Die Auswirkung der Änderung einer rechnungslegungsbezogenen Schätzung, außer es handelt sich um eine Änderung im Sinne des von IAS 8.37, ist prospektiv im Gewinn oder Verlust zu erfassen in:

(a) der Periode der Änderung, wenn die Änderung nur diese Periode betrifft; oder

(b) der Periode der Änderung und in späteren Perioden, sofern die Änderung sowohl die Berichtsperiode als auch spätere Perioden betrifft.

8.37 Soweit eine Änderung einer rechnungslegungsbezogenen Schätzung zu Änderungen der Vermögenswerte oder Schulden führt oder sich auf einen Eigenkapitalposten bezieht, hat die Erfassung dadurch zu erfolgen, dass der Buchwert des entsprechenden Vermögenswerts oder der Schuld oder Eigenkapitalposition in der Periode der Änderung angepasst wird.

8.42 Gemäß IAS 8.43 hat ein Unternehmen wesentliche Fehler aus früheren Perioden im ersten vollständigen Abschluss, der zur Veröffentlichung nach der Entdeckung der Fehler genehmigt wurde, rückwirkend zu korrigieren, indem

(a) die vergleichenden Beträge für die früher dargestellten Perioden, in denen der Fehler auftrat, angepasst werden; oder

(b) wenn der Fehler vor der frühesten dargestellten Periode aufgetreten ist, die Eröffnungssalden von Vermögenswerten, Schulden und Eigenkapital für die früheste dargestellte Periode angepasst werden.

8.43 Ein Fehler aus einer früheren Periode ist durch rückwirkende Anpassung zu korrigieren, es sei denn, die Ermittlung der periodenspezifischen Effekte oder der kumulierten Auswirkung des Fehlers ist undurchführbar.

8.44 Wenn die Ermittlung der periodenspezifischen Effekte eines Fehlers auf die Vergleichsinformationen für eine oder mehrere frühere dargestellte Perioden undurchführbar ist, so hat das Unternehmen die Eröffnungssalden von Vermögenswerten, Schulden und Eigenkapital für die früheste Periode anzupassen, für die eine rückwirkende Anpassung durchführbar ist (es kann sich dabei um die Berichtsperiode handeln).

8.45 Wenn die Ermittlung der kumulierten Auswirkung eines Fehlers auf alle früheren Perioden am Anfang der Berichtsperiode undurchführbar ist, so hat das Unternehmen die Vergleichsinformationen dahingehend anzupassen, dass der Fehler prospektiv ab dem frühest möglichen Zeitpunkt korrigiert wird.

Übersicht

	Rn
I. Regelungsgehalt	1 – 4
II. Normzweck und Anwendungsbereich	5 – 7
III. Begriffe	8
IV. Rechnungslegungsmethoden	9
1. Auswahl und Anwendung der Rechnungslegungsmethoden	10 – 14
2. Vorgehensweise bei bestehenden Regelungslücken	15 – 19
3. Stetigkeit der Rechnungslegungsmethoden	20 – 21
a) Geltungsbereich des Stetigkeitsgebots	22 – 25
b) Ausweitung des Stetigkeitsgebots auf Wahlrechte	26 – 28
4. Änderungen von Rechnungslegungsmethoden	
a) Zulässigkeit der Stetigkeitsdurchbrechung	29 – 38
b) Fälle, die keine Änderung der Rechnungslegungsmethode darstellen	39 – 41
c) Durchführung der Methodenänderung	42 – 49
V. Änderung von Schätzungen	50 – 55
1. Abgrenzung zu Fehlern	50 – 52
2. Prospektive Anpassung	53 – 55
VI. Behandlung von Fehlern	56 – 62
1. Was sind Bilanzierungsfehler	56 – 57
2. Retrospektive Anpassung	58 – 62
VII. Undurchführbarkeit einer rückwirkenden Anpassung	63 – 64
VIII. Angaben	65 – 68
1. Rechnungslegungsmethoden	65 – 66
2. Änderungen von Schätzungen	67
3. Fehler	68
IX. Zeitpunkt des Inkrafttretens	69
X. IFRS für kleine und mittelgroße Unternehmen	70
XI. Ausblick	71

IAS 8 — Accounting Policies, Changes in Accounting Estimates and Errors

1 **I. Regelungsgehalt.** Im Framework wird im Rahmen der qualitativen Anforderungen an einen Jahresabschluss nach IFRS neben anderen Anforderungen auf die **Vergleichbarkeit** abgestellt (F.39). Dabei können Jahresabschlüsse einem Adressaten nur dann **entscheidungsnützliche Informationen** liefern, wenn diese im Zeitablauf vergleichbar sind.

2 Vergleichbarkeit bezieht sich dabei nicht nur auf die bereits erwähnte Vergleichbarkeit im Zeitablauf, sondern auch auf die Vergleichbarkeit mit anderen Unternehmen, zumindest mit denen aus der gleichen Branche.

3 **Verzerrungen** durch die Änderung von Bilanzierungs- und Bewertungsmethoden oder durch nicht korrigierte, wesentliche Fehler **beeinträchtigen den Informationsgehalt** von Jahresabschlüssen und können bei einem Investor zu einer falschen Entscheidung führen.

4 Vor diesem Hintergrund will IAS 8 *Accounting Policies, Changes in Accounting Estimates and Errors* auf die folgenden Fragen eine Antwort geben:
- Was sind Rechnungslegungsmethoden und wodurch unterscheiden sie sich von Schätzungen?
- Wie sind Rechnungslegungsmethoden und Schätzungen auszuwählen?
- Wie können Regelungslücken in den Standards geschlossen werden?
- In welchen Fällen können die Rechnungslegungsmethoden geändert werden?
- Wie ist bei der Änderung von Rechnungslegungsmethoden und Schätzungen vorzugehen?
- Was ist unter dem Begriff Fehler zu verstehen und wie sind diese zu korrigieren?
- Unter welchen Umständen gilt eine Fehlerkorrektur als undurchführbar?

5 **II. Normzweck und Anwendungsbereich.** Nach IAS 8.1 wird die Aufgabe des Standards dahingehend konkretisiert, dass dieser die **Relevanz** (darin auch enthalten die Maßgabe der Wesentlichkeit) und die **Zuverlässigkeit** des Abschlusses eines Unternehmens **verbessern** soll. Dies sind Merkmale, die bereits im Framework innerhalb der qualitativen Merkmale eines Abschlusses genannt werden (F. 26 und F. 31).

6 Unter Zuverlässigkeit ist dabei zu verstehen, dass ein Abschluss **frei von wesentlichen Fehlern** und Verzerrungen ist. Insbesondere können sich Verzerrungen durch eine Änderung von Rechnungslegungsmethoden ergeben. Verzerrungen haben damit Auswirkungen auf die Vergleichbarkeit von Jahresabschlüssen.

7 IAS 8.3 legt den Anwendungsbereich des Standards wie folgt fest:
- Auswahl und Anwendung von Rechnungslegungsmethoden
- Berücksichtigung von Änderungen der Rechnungslegungsmethoden
- Änderungen von rechnungslegungsbezogenen Schätzungen
- Korrekturen von Fehlern aus früheren Perioden

III. Begriffe

- Steuerliche Auswirkungen der Korrekturen werden nach IAS 12 Ertragsteuern berücksichtigt (IAS 8.4)

III. Begriffe. IAS 8.5 definiert die nachfolgend genannten wichtigen Begriffe, wie sie im Verlauf des Standards verwendet werden:

Rechnungslegungsmethoden	Prinzipien und grundlegende Überlegungen, Konventionen, Regeln und Praktiken, die bei der Aufstellung des Jahresabschlusses Anwendung finden
Änderung einer rechnungslegungsbezogenen Schätzung	Berichtigung des Buchwerts eines Vermögenswerts bzw. einer Schuld oder der betragsmäßige, periodengerechte Verbrauch eines Vermögenswerts aus der Einschätzung des derzeitigen Status der Positionen auf Basis neuer Informationen.
IFRS	Die vom IASB verabschiedeten Standards und Interpretationen.
Wesentlich	Auslassungen oder fehlerhafte Darstellung von Posten führen einzeln oder zusammen zu einer Beeinflussung der wirtschaftlichen Entscheidung des Adressaten[1]
Fehler aus früheren Perioden	Auslassungen oder fehlerhafte Darstellungen in den Abschlüssen von Unternehmen, die sich aus einer Nicht- oder Fehlanwendung von zuverlässigen Informationen ergeben haben.
Rückwirkende Anwendung	Anwendung einer neuen Rechnungslegungsmethode auf Geschäftsvorfälle und sonstige Ereignissen / Bedingungen in einer Art und Weise, als wäre die Rechnungslegungsmethode stets angewendet worden.

---

[1] bei der Auslegung des Begriffs Wesentlichkeit ist nach IAS 8.6 zu berücksichtigen, dass bei dem Abschlussadressaten eine angemessene Kenntnis geschäftlicher und wirtschaftlicher Tätigkeiten unterstellt werden kann. Auch ist zu unterstellen, dass er eine grundsätzliche Bereitschaft hat, die in dem Abschluss enthaltenen Informationen mit einer entsprechenden Sorgfalt zu lesen. Konkret bedeutet dies, dass Fehler immer dann eine gewisse Bedeutung haben, wenn Sie sich auf die Darstellung der Vermögens-, Finanz- oder Ertragslage auswirken.

Rückwirkende Anpassung	Korrektur einer Erfassung, Bewertung und Angabe von Beträgen aus Bestandteilen eines Abschlusses in einer Art und Weise, als wäre der Fehler in einer früheren Periode nie aufgetreten.
Undurchführbar	Die Anwendung einer Vorschrift gilt dann als undurchführbar, wenn sie trotz aller angemessenen Anstrengungen des Unternehmens nicht angewandt werden kann.
Prospektive Anwendung	Änderung einer Rechnungslegungsmethode bzw. die Erfassung der Auswirkung der Änderung einer rechnungslegungsbezogenen Schätzung erfolgt im Zeitpunkt der Änderung der Rechnungslegungsmethode bzw. bei Schätzungsänderungen in der Berichtsperiode und ggf. in zukünftigen Perioden.

9   **IV. Rechnungslegungsmethoden.** Der Ansatz von Vermögenswerten und Schulden sowie deren Bewertung im Rahmen einer Erst- und Folgebewertung sind für die Darstellung der Vermögens- und Finanzlage von allergrößter Bedeutung. Letztendlich resultiert aus der Differenz zwischen Vermögenswerten und Schulden eine ganz besondere Größe: das Eigenkapital (F. 49 c). Insoweit schreibt IAS 8 vor, aus welchen Quellen die Bilanzierungs- und Bewertungsmethoden abzuleiten sind.

10   **1. Auswahl und Anwendung der Rechnungslegungsmethoden.** Nach IAS 8.7 sind auf die unterschiedlichen Sachverhalte und Geschäftsvorfälle die in den jeweils einschlägigen Standards (IAS / IFRS) und Interpretationen (IFRIC / SIC) genannten Rechnungslegungsmethoden anzuwenden.

Da die **Interpretationen** Spezialregelungen darstellen, sind diese gegenüber den Standards als **vorrangig** zu erachten.

11   Die Standards und Interpretationen sind einschließlich ihrer integralen Bestandteile zu beachten. Was zu den integralen Bestandteilen gehört wird in dem jeweiligen Standard bzw. in der jeweiligen Interpretation genannt. Dazu gehören regelmäßig auch die Anhänge.

12   Mit der Änderung des IAS 8 im Rahmen des jährlichen Verbesserungsstandards wurde die bisherige Handhabe der Anwendungsleitlinien geändert. Aufgabe der Leitlinien ist es den Unternehmen bei der Umsetzung der Vorschriften zu helfen. In der alten Fassung des IAS 8 waren diese noch bei der Auswahl der Rechnungslegungsmethoden und bei der Lückenfüllung zu beachten.

IV. Rechnungslegungsmethoden

Nach IAS 8.8 (2009) sind die **Anwendungsleitlinien** nur noch dann als **obligatorisch** zu beachten, **wenn** diese **integraler Bestandteil** der IFRS sind.

Nach derzeitigem Kenntnisstand gibt es jedoch keine Anwendungsleitlinien, die integraler Bestandteil des IFRS sind, so dass diese keinen Verbindlichkeitscharakter haben.

Beispiel

Der Ansatz nicht-vertraglicher Kundenbeziehungen bei der Kaufpreisallokation im Rahmen von Unternehmenserwerben nach IFRS 3 ist nur in den Anwendungsleitlinien des IFRS 3 geregelt.

Ohne Verbindlichkeitscharakter sind ferner: 13
- Non-IFRICS (Entscheidungen des IFRIC eine herangetragene Fragestellung nicht zu beantworten, da sich diese nach Auffassung des IFRIC aus dem Regelwerk beantworten lässt)
- IASB / IFRIC Updates (Äußerungen, die keinen due Process durchlaufen haben)

Unter dem Gesichtspunkt der Wesentlichkeit gibt das IASB in IAS 8.8 die Möglichkeit von den **Regeln eines IFRS abzuweichen**. Dies wäre immer dann möglich, wenn die **Auswirkung** der Anwendung dieses IFRS **unwesentlich** ist und nicht zu einem Informationsdefizit für den Abschlussadressaten führt, dass seine Investitionsentscheidung beeinflusst. Vorstellbar könnte das sein, wenn ein Unternehmen bspw. regelmäßig nur in sehr geringem Umfang einen Vorratsbestand ausweist und man in Abweichung zu den Regeln im IAS 2 auf die Verbrauchsfolgefiktion LIFO abstellt. Hintergrund wäre dann, das man keine Abweichungen zum Handelsrecht und zum Steuerrecht haben will. 14

2. Vorgehensweise bei bestehenden Regelungslücken. Sollte der Fall eintreten, 15 dass ein Geschäftsvorfall nach den vorstehend genannten Standards und Interpretationen bilanziell nicht abgebildet werden kann, ist nach IAS 8.10 das **Management** gefordert, eine **Entscheidung** bezüglich der Bilanzierung zu treffen. Das Management **entwickelt** eine **Rechnungslegungsmethode** und lässt sich dabei von dem Grundgedanken leiten, dem Adressaten eine verlässliche und zuverlässige Information über den Geschäftsvorfall zu geben. Diese Information soll:
- für die wirtschaftliche Entscheidungsfindung des Adressaten alle relevanten Aspekte enthalten und
- zuverlässig sein.

Zuverlässigkeit leitet sich dabei aus den allgemeinen Kriterien ab und daher soll 16 die bilanzielle Abbildung des Geschäftsvorfalls
- die Vermögens-, Finanz- und Ertragslage sowie die Cashflows des Unternehmens den tatsächlichen Verhältnissen entsprechend darstellen

- den **wirtschaftlichen Gehalt** von Geschäftsvorfällen und sonstigen Ereignissen und Bedingungen widerspiegeln und nicht nur deren rechtliche Form (substance over form)
- neutral sein, das heißt **frei** von **verzerrenden Einflüssen**
- **vorsichtig**
- in allen wesentlichen Gesichtspunkten **vollständig** sein.

17 IAS 8.11 gibt dem Management die **Quellen** vor, die es bei seiner **Entscheidungsfindung** heranziehen soll, wobei diese in absteigender Reihenfolge zu beachten sind:
- Heranziehung von Standards und Interpretationen des IASB bzw. IFRIC, die ähnliche Sachverhalte regeln und
- **Berücksichtigung** der Definitionen sowie der Ansatz- und Bewertungskriterien des **Rahmenkonzepts**.

18 Darüber hinaus kann das Management nach IAS 8.12 auch auf die jüngsten **Verlautbarungen anderer Standardsetter** zurückgreifen, die ein ähnliches Ziel wie die IFRS verfolgen. Konkret kann es sich dabei bspw. um Verlautbarungen vom FASB oder vom DRSC handeln.

19 Einsetzbar wären danach auch sonstige Rechnungslegungs-Verlautbarungen aus der **Literatur** und **anerkannte Branchenpraktiken**, sofern diese nicht mit den vorher genannten Quellen in Konflikt stehen.

20 **3. Stetigkeit der Rechnungslegungsmethoden**. Ein wichtiges Anliegen des IAS 8 ist die Stetigkeit der angewendeten Rechnungslegungsmethoden. Abweichungen von bisher angewandten Rechnungslegungsmethoden bedeuten aus Sicht des Abschlussadressaten trotz ergänzender Erläuterungen und Darstellungen immer einen Bruch zu den bisherigen Abschlüssen und soll daher nur in Ausnahmefällen zulässig sein.

21 Daher fordert IAS 8.13, dass für ähnliche Geschäftsvorfälle, sonstige Ereignisse und Bedingungen die Bilanzierungs- und Bewertungsmethoden **stetig auszuwählen** und **anzuwenden** sind.

22 a) **Geltungsbereich des Stetigkeitsgebots**. Will man den Geltungsbereich des Stetigkeitsgebots umreißen, dann muss zunächst eine Unterscheidung getroffen werden, was unter einer Rechnungslegungsmethode und einer Schätzung zu verstehen ist.

23 In Rn 8 wurde der Begriff Rechnungslegungsmethode definiert (IAS 8.5). Ergänzend kann auf IAS 1.117 verwiesen werden, der besagt, dass Bilanzierungsmethoden bestehen aus
- **Bewertungsgrundlagen** (Anschaffungs- und Herstellungskosten, Wiederbeschaffungskosten, erzielbarem Betrag, Zeitwert etc)
- **anderen Rechnungslegungsmethoden**, die für das Verständnis des Abschlusses relevant sind (zB Vorratsbewertung → FIFO-Fiktion oder Durchschnittsmethode; Gemeinschaftsunternehmen → Konsolidierung at equity oder quotal)

IV. Rechnungslegungsmethoden

Der Begriff der Schätzung selbst wird in IAS 8 nicht definiert. Allerdings könnte die folgende Abgrenzung nützlich sein:

Schätzungen (zB Nutzungsdauer, Abschreibungsverlauf) zur **Ausfüllung** von in den Standards **vorgegebenen Regelungen** (zB Festlegung von Abschreibungen nach dem Nutzungsverlauf) gehören nicht mehr zu den Bilanzierungsmethoden. Zu den vorgegebenen Regelungen gehören auch solche, bei denen ein Ermessen erforderlich ist; das Ermessen selbst ist aber eine Schätzung.

Allerdings kann von einer ursprünglichen Schätzung ohne neue Erkenntnisse ebenfalls aus dem Stetigkeitsgedanken heraus nicht abgewichen werden. Auch hier würde sonst die Vergleichbarkeit leiden.

Beispiel 1

*Die Nutzungsdauer einer Maschine bewegt sich in Bandbreite zwischen 8 und 12 Jahren. Bei Anschaffung wird die Nutzungsdauer mit 10 Jahren festgelegt. Ein Jahr später will das Unternehmen die Nutzungsdauer ohne neue Erkenntnisse auf 12 Jahren erhöhen, mit dem Argument, dass die Nutzungsdauer ja von Anfang an auch auf 12 Jahre hätte festgelegt werden können. Da Schätzungen und Schätzungsänderungen **willkürfrei** vorzunehmen sind, ist eine Änderung nicht möglich.*

Beispiel 2

Alle Maschinen wurden bisher bei entsprechendem Nutzungsverlauf linear abgeschrieben. Eine neue Maschine soll nunmehr degressiv abgeschrieben werden, obwohl sich der Nutzungsverlauf nicht von den bisherigen Maschinen unterscheidet. Eine Änderung ist auch in diesem Fall nicht möglich.

b) Ausweitung des Stetigkeitsgebots auf Wahlrechte. In den Fällen, wo eindeutig nur eine Bilanzierungsweise zugelassen ist, bedarf es keiner besonderen Regelung. Dieser Sichtweise ist immanent, dass eine Abweichung davon eine unzulässige Bilanzierung darstellt. Insofern handelt es sich dann um eine Bilanzkorrektur, in dem ein Fehler beseitigt wird.

Anders sieht es jedoch aus, wenn aus den Standards heraus **Wahlrechte** eingeräumt werden. Um auch in diesem Fall den Vergleich im Zeitablauf herstellen zu können, ist das Unternehmen zunächst an die **Wahlrechtsausübung gebunden.**

Beispiele solcher Wahlrechte sind
- *Anwendung der FIFO-Methode auf Vorräte*
- *Zeitbewertung von als Finanzinvestition gehaltene Immobilien*
- *Neubewertung von Sachanlagen*
- *Passivischer Ausweis von Investitionszuschüssen*
- *Equity-Konsolidierung von Gemeinschaftsunternehmen*

- Sofortige erfolgsneutrale Erfassung versicherungsmathematischer Gewinne und Verluste bei Pensionen.

28 In der Literatur wird die Meinung vertreten, dass das Stetigkeitsgebot auch sogenannte **unechte Wahlrechte** ebenfalls umfassen soll, die grundsätzlich **Ermessensentscheidungen** voraussetzt.

Darunter ist folgendes zu verstehen:
- Auslegung **unbestimmter Begriffe** (zB „überwiegender Teil der Nutzungsdauer" bei der Klassifizierung von Leasingverträgen)
- Auswahl von **Schätzverfahren** bei Unsicherheit (zB Verfahren zur Ermittlung des Fertigstellungsgrads bei Fertigungsaufträgen)
- Auswahl **konkreter Prämissen** für Schätzungen im Einzelfall (zB Kriterien für die Bildung von Risikoklassen für die Ermittlung von Wertberichtigungen bei Forderungen)

Beispiel

Ein Unternehmen hat bisher dem Komponentenansatz keine ausreichende Beachtung geschenkt. Bei einer neuen Großanlage werden erstmals wesentliche Komponenten mit unterschiedlichen Abschreibungsdauern identifiziert. Im Falle der Umsetzung des Komponentenansatzes bei der neuen Maschine bedeutet dies auch eine Anwendung für die bereits angeschafften Maschinen. Das Stetigkeitsgebot bezieht sich auch auf die Auslegung dieses unechten Wahlrechts.

29 **4. Änderungen von Rechnungslegungsmethoden. a) Zulässigkeit der Stetigkeitsdurchbrechung.** In IAS 8.14 benennt das IASB Gründe, die eine Abweichung von den bisherigen Rechnungslegungsmethoden zulassen. Die Gründe sind:
- die Änderung ist aufgrund eines IFRS erforderlich
- die Änderung führt für den Abschlussadressaten zu einer zuverlässigen und relevanteren Information bezüglich der Auswirkung des Geschäftsvorfalles auf die Vermögens-, Finanz- und Ertragslage oder die Cashflows des Unternehmens.

Die Begründung für die **restriktive Vorgehensweise** bei der Änderung von Rechnungslegungsmethoden liefert IAS 8.15 mit dem Hinweis auf die sonst mangelnde Vergleichbarkeit von Abschlüssen im Zeitablauf.

30 **aa) Anwendung neuer Standards und Interpretationen** Eine Durchbrechung der Stetigkeit kommt in diesem Fall in Betracht bei Abschaffung von Wahlrechten oder wenn in Abwesenheit einer Regelung das Management bisher nach vernünftiger kaufmännischer Beurteilung unter Beachtung der bereits beschriebenen Anforderungen bilanziert, der IASB aber nunmehr eine spezielle Regelung veröffentlicht hat.

IV. Rechnungslegungsmethoden

Neue Standards oder überarbeitete Standards sind in aller Regel mit einer **Übergangsvorschrift** versehen. Diese regelt den **Zeitpunkt** der **Anwendung** der neuen Regelung. Nach IAS 8.19a hat ein Unternehmen die spezifischen Übergangsregeln zu berücksichtigen. So weist zB **IAS 23** die folgende Übergangsvorschrift auf: 31

„Sofern die Anwendung dieses Standards zu einer Änderung der Bilanzierungs- und Bewertungsmethoden führt, ist der Standard auf die Fremdkapitalkosten für qualifizierte Vermögenswerte anzuwenden, deren Anfangszeitpunkt für die Aktivierung am oder nach dem Tag des Inkrafttretens liegt.

Ein Unternehmen kann jedoch einen beliebigen Tag vor dem Zeitpunkt des Inkrafttretens bestimmen und den Standard auf die Fremdkapitalkosten für alle qualifizierten Vermögenswerte anwenden, deren Anfangszeitpunkt für die Aktivierung am oder nach diesem Tag liegt."

In diesem Fall liegt der Zeitpunkt des Inkrafttretens am 1. Januar 2009. Die Regelung zeigt jedoch, dass dem Unternehmen ein gewisser Spielraum für eine frühere Anwendung eingeräumt wird. 32

Fehlt es jedoch an einer spezifischen **Übergangsregelung**, dann bestimmt IAS 8.19b, dass die **Anwendung** der neuen bzw. überarbeiteten Vorschrift **rückwirkend** erfolgt (zur Technik der Durchführung vgl. Rn 60). 33

Wird das **IFRS-Normenwerk** überhaupt zum **ersten Mal** angewendet, greift IFRS 1 (IAS 8.19a). Grundsätzlich sind die IFRS-Regeln **retrospektiv** anzuwenden. Jedoch bestehen nach IFRS 1 für bestimmte Sachverhalte Wahlrechte bzw. sogar Verbote.

bb) Methodenänderung zur Verbesserung der Darstellung. Die hier eingeräumte Möglichkeit einer Änderung der Rechnungslegungsmethode orientiert sich ausschließlich an einer verbesserten **entscheidungsnützlichen Information** für den Adressaten. 34

Damit verbunden ist aber eine **Ermessensentscheidung** des Management, wann eine solche **Informationsverbesserung** vorliegt. Die im Guidance on Implementing IAS 8 genannten Beispiele und Illustrationen lassen den Schluss zu, dass die Verbesserung der Lagedarstellung mehr behauptet als im Detail belegt werden muss. Ein Verweis auf Zuverlässigkeit, Relevanz, Branchenpraxis, Detailgenauigkeit etc. reicht regelmäßig aus. 35

Damit wird einem Unternehmen ein **erheblicher Gestaltungsspielraum** eingeräumt. Zwar sind mit einer Änderung der Rechnungslegungsmethode nicht unerhebliche Zusatzangaben zu machen, dennoch stellt dies eine leicht überwindbare Hürde dar.

Grundsätzlich sollte eine Methodenänderung nur vor dem Hintergrund begründbar und durchführbar sein, wenn es in der **Langfristperspektive** zu einer **Informationsverbesserung** für den Abschlussadressaten kommt. 36

37   Im Falle einer **freiwilligen Änderung** der **Rechnungslegungsmethode** ist die Änderung nach IAS 8.19(b) ebenfalls **rückwirkend** vorzunehmen.

38   IAS 8.20 stellt klar, dass die im Rahmen der Übergangsregelung eines Standards möglicherweise vorgesehene frühere Anwendung des Standards keine freiwillige Methodenänderung darstellt. Damit ist der Zwang zu einer rückwirkenden Änderung nicht gegeben und den sonst damit verbundenen Konsequenzen.

39   **b) Fälle, die keine Änderung der Rechnungslegungsmethode darstellen.** Eine Durchbrechung des Stetigkeitsgrundsatzes liegt nicht vor, wenn eine (andere) Rechnungslegungsmethode gewählt wird, die sich auf **veränderte Ereignisse** oder **Geschäftsvorfälle** bezieht und diese sich grundlegend von früheren Geschäftsvorfällen oder sonstige Ereignisse unterscheiden (IAS 8.16(a)). ZB könnte ein Unternehmen ein neues Produkt entwickeln, was sich klar von den bisherigen Produkten abgrenzt, die am Bilanzstichtag bisher mit dem gewogenen Durchschnitt bewertet wurden. Für das neue Produkt könnte aber die FiFo-Methode sinnvoller sein.

Beispiele

Änderung der Abschreibungsmethode. Grundsätzlich könnte es sich bei der Änderung der Abschreibungsmethode um einen Sachverhalt nach IAS 8.16(a) handeln, mit der Maßgabe, dass keine Änderung einer Bilanzierungs- oder Bewertungsmethode vorliegt. Insbesondere wenn es sich um ein neues Anlagegut handelt, dessen Werteverzehr nach einer anderen Abschreibungsmethode realistischer dargestellt werden kann. Wurden aber bereits vorhandene Anlagegüter einer Gruppe bisher linear abgeschrieben und werden neue Anlagegüter dieser Gruppe jedoch nunmehr degressiv abgeschrieben, dann liegt eine Bilanzierungs- oder Bewertungsänderung vor. Jedoch bleibt diese Tatsache ohne die Konsequenz des IAS 8.19(b), da es sich hierbei nach IAS 16.61 um eine Schätzungsänderung handelt, die prospektiv, also in der aktuellen Berichtsperiode und zukünftigen Berichtsperioden anzupassen ist. Eine rückwirkende Anpassung unterbleibt daher.

__Umgliederung von Finanzinstrumenten__, die der Kategorie held for sale zugeordnet waren in die Kategorie available for sale, weil ein wesentlicher Teil dieser Finanzinstrumente vor Fälligkeit veräußert wurden. Die dadurch verursachte Bilanzierungsmethodenänderung stellt keine Stetigkeitsdurchbrechung dar, sondern ist auf Grund einer anderen Kategoriezuordnung vorzunehmen.

Werden __Entwicklungskosten__ nunmehr erstmals aktiviert, wenn nach Projekteinschätzung dieses voraussichtlich erfolgreich zum Abschluss gebracht werden wird, dann sind dies neue Erkenntnisse. Für eine Stetigkeitsdurchbrechung ist in diesem Fall kein Raum, sofern dies Willkürfrei geschieht (verdecktes Wahlrecht).

IV. Rechnungslegungsmethoden

Ist nicht eindeutig feststellbar, ob es sich um eine Änderung einer Bilanzierungs- und Bewertungsmethode handelt, dann regelt IAS 8.35, dass die Änderung als eine Schätzungsänderung anzusehen ist.

Darüber hinaus liegt ebenfalls eine Änderung nicht vor,
- wenn auf neue oder bislang unwesentliche Sachverhalte erstmals IFRS-konforme Rechnungslegungsmethoden angewendet werden (IAS 8.16b) und
- bei **erstmaliger Wahl der Neubewertungsmethode** für immaterielle Vermögenswerte oder Sachanlagen (IAS 8.17).

c) Durchführung der Methodenänderung.

aa) Rückwirkende Anwendung. Wie bereits erwähnt führt eine freiwillige Methodenänderung sowie die Anwendung eines neuen Standards ohne Übergangsregelung zu einer rückwirkenden Anwendung der neuen Rechnungslegungsmethode.

Konkret bedeutet dies: Das Unternehmen hat so zu bilanzieren, als wäre diese neue Rechnungslegungsmethode schon immer angewendet worden.

Um dieser Forderung Rechnung zu tragen sind die Auswirkungen in der **aktuellen Berichtsperiode** sowie in der **Vergleichsperiode** darzustellen. Damit sind die Bilanz- und GuV-Werte des Vorjahres anzupassen. Die **kumulierten Effekte** aus im aktuellen Abschluss nicht mehr dargestellten Perioden sind mit dem Eröffnungsbilanzwert des Eigenkapitals der frühesten im aktuellen Abschluss dargestellten Berichtsperiode zu verrechnen (Vorjahres-Eröffnungsbilanzwert). Ergebniswirksam werden damit nur solche Änderungen, die die aktuelle und die Vorjahres-Periode betreffen. Nach IAS 8.26 erfolgt die **erfolgsneutrale Anpassung** des Eigenkapitals über die **Gewinnrücklagen**.

Die Vorgehensweise lässt sich am besten an konkreten Daten darstellen. Unterstellt, ein Unternehmen wechselt in 04 insgesamt im Vorratsbereich von der FiFo-Methode auf die Durchschnittsmethode, dann sind die folgenden Schritte zu berücksichtigen:

1. Schritt: Ermittlung der neuen Eröffnungsbilanzwerte (Vorräte, Steuern) zum 1. Januar 03; Differenzen zu den bisherigen Werten sind **erfolgsneutral** gegen die Gewinnrücklage einzubuchen

2. Schritt: Änderung der Vergleichszahlen im Jahresabschluss 04, also Anpassung der Werte zum 31. Dezember 03 bzw. Jahreszahlen 03 bei:
- Bilanz (Vorräte, Steuern)
- GuV (Materialaufwand bzw. Umsatzkosten, Steueraufwand)
- Eigenkapitalveränderungsrechnung (Änderung der Werte zum 1.1.03 sowie der Bewegungen in 03)

3. Schritt: Ermittlung des Bilanzwertes und damit der GuV-Werte zum 31.12.04 auf Basis der Durchschnittsmethode

4. Schritt: Darstellung von 3 Bilanzen im Jahresabschluss 04

5. Schritt: Angaben im Anhang (Offenlegung der Anpassungsbeträge)

Eine Darstellung in Zahlen erfolgt im Rahmen eines Beispiels bei der Fehlerkorrektur, die die gleiche Auswirkung entfaltet.

45 Auswirkungen einer rückwirkenden Anpassung bleiben aber nicht nur auf Bilanz und GuV beschränkt sondern betreffen unter Umständen auch die nachfolgend genannten **Berichtsinstrumente**:
- Eigenkapitalspiegel (regelmäßig betroffen)
- Anlagenspiegel
- Ergebnis je Aktie
- Segmentberichterstattung
- Kapitalflussrechnung.

46 **bb) Ausnahmen von der retrospektiven Anpassung**.

So konsequent eine Orientierung an den Informationsbedürfnissen des Adressaten erfolgt und die Auswirkungen durch Anpassung des Jahresabschlusses für ihn ersichtlich sein sollen, so erkennt der IASB doch an, dass nicht immer eine rückwirkende Anpassung so ohne weiteres möglich ist.

47 Insbesondere wenn **Aufbewahrungsfristen** für Geschäftsunterlagen **abgelaufen** sind, kann eine rückwirkende Anpassung unter Umständen recht schwierig werden.

48 Daher regelt IAS 8.23, dass von einer **rückwirkenden Änderung** abgesehen werden kann, wenn diese **undurchführbar** ist.

Undurchführbarkeit liegt nach IAS 8.5 dann vor, wenn
- der **Anpassungseffekt nicht bestimmbar** wäre,
- Annahmen über die **Intentionen** des **Managements** früherer Perioden zur Bestimmung des Anpassungsbetrags nötig wären (IAS 8.53),
- zur retrospektiven Anpassung in erheblichem Umfang **Schätzungen notwendig** wären, wobei deren Informationsgrundlagen bis zur Veröffentlichung der damaligen Abschlüsse entweder **nicht bekannt** waren oder von anderen Informationsquellen nicht klar zu trennen sind. Im Klartext: Bei retrospektiver Anpassung sollen für die früheren Perioden auch nur solche Schätzungen verwendet werden, die damals bekannt waren.

49 In diesen Fällen ist eine **prospektive Anpassung** vorzunehmen. IAS 8.24-27 regeln die Vorgehensweise:
- es ist jene Periode zu bestimmen, bis zu der die rückwirkende Anwendung, undurchführbar ist (das ist die Periode, in der die oben genannten Ausnahmen greifen)
- für die Periode, für die rückwirkende Anwendung durchführbar ist, sind die vergleichbaren Informationen anzupassen,

V. Änderungen von Schätzungen

- Durchführbarkeit bei einer Periode wird daran festgemacht, dass die kumulierten Auswirkungen sowohl in der Eröffnungsbilanz als auch in der Schlussbilanz der Periode ermittelt werden können (IAS 8.26).

V. Änderungen von Schätzungen. 1. Abgrenzung zu Fehlern. Trotz den mit Schätzungen verbundenen Unsicherheiten, stellen diese nach IAS 8.33 einen unverzichtbaren Bestandteil bei der Aufstellung eines Jahresabschlusses da. IAS 8 enthält zwar keine Definition, was unter einer Schätzung zu verstehen ist, jedoch enthält IAS 8.32 Beispiele für Bilanzpositionen, bei denen Schätzungen eine Rolle spielen, wie zB bei risikobehafteten Forderungen oder Überalterung von Forderungen.

Unsicherheiten sind **Schätzungen** immanent und sind bei Vorliegen neuer Informationen zu **überarbeiten** (IAS 8.34).

Genau hier grenzen sich Schätzungsänderungen von Fehlerkorrekturen ab. Solange Schätzungen auf Basis der **besten**, zum Schätzungszeitpunkt **vorgelegenen Informationen** vorgenommen wurden, ist die Anpassung der Schätzung keine Fehlerkorrektur. Mitunter kann es jedoch zu Abgrenzungsproblemen kommen. Diese entstehen immer dann, wenn es um die Frage geht, ob das Unternehmen eine **Ermessensentscheidung fehlerhaft** getroffen hat und die Entscheidung somit nicht frei von einer gewissen Willkür ist. Insbesondere bei Abwägung aller objektiv vorliegender Informationen hätte die Ermessensentscheidung anders ausfallen müssen.

Stellt sich zum Beispiel bei einer Forderung zu einem späteren Zeitpunkt heraus, dass diese nichtig ist, dann wäre zu prüfen, ob im Zeitpunkt der Einbuchung der Forderung objektiv erkennbar war, dass Nichtigkeitsgründe vorlagen. Waren diese erkennbar, dann liegt ein Fehler vor. Waren diese objektiv nicht erkennbar, dann liegt eine Fehleinschätzung vor.

2. Prospektive Anpassung Nach IAS 8.36 sind Schätzungsänderungen prospektiv vorzunehmen, dh die Auswirkungen der Änderung betrifft entweder

- nur die **Periode der Änderung** (zB Anpassung des Wertberichtigungsbedarfs einer Forderung),
- die Periode der Änderung (Berichtsperiode) und spätere Perioden (zB Änderung der ursprünglich geschätzten Nutzungsdauer von Gegenständen des Anlagevermögens).

IAS 8.36 weist somit klar auf eine **erfolgswirksamen Erfassung** in der GuV hin und zwar in der Berichtsperiode und ggf. in nachfolgenden Perioden.

Beispiel

Die X-AG erwirbt eine Maschine zum 1.1.04 zu 200.000 € und schätzt die Nutzungsdauer auf 10 Jahre. Durch eine stärkere als ursprünglich geplante Inanspruchnahme verkürzt sich die Nutzungsdauer Ende 07 auf 8 Jahre.

Die prospektive Anpassung ermittelt sich wie folgt:

Restbuchwert zum 1.1.07:   *140.000 €*
Restnutzungsdauer zum 1.1.07:   *5 Jahre*
Bisherige Abschreibungshöhe: *20.000 €*
Abschreibung ab 07 und Folgejahre: *140.000/5Jahre = 28.000 €*
Folge: *Die prospektive Anpassung der Schätzungsänderung durch höhere Abschreibungen erfolgt für 07 und die Folgejahre*

55   IAS 8.37 stellt noch einmal explizit klar, dass, soweit sich die Änderung einer rechnungslegungsbezogenen Schätzung auf die Änderung von Vermögenswerten, Schulden oder Eigenkapitalposten bezieht, der Buchwert der entsprechenden Positionen in der Periode der Änderung angepasst wird.

Grundsätzlich wirkt sich eine Schätzungsänderung sowohl auf Bilanzposten und GuV-Positionen aus. In Ausnahmefällen kann es jedoch sein, dass eine **Schätzungsänderung** die **GuV nicht berührt**, sondern der Effekt erfolgsneutral zu erfassen ist.

Beispiel

- *Neueinschätzung von Rückbaukosten nach IFRIC 1 (Buchungssatz: Anlagevermögen an Rückstellungen),*
- *Neubeurteilung des Zeitwertes von available-for-sale-Wertpapieren (Buchungssatz: Finanzinstrument an Rücklage Zeitbewertung Finanzinstrument).*

56   **VI. Behandlung von Fehlern. 1. Was sind Bilanzierungsfehler?** IAS 8.5 definiert Fehler als fehlende oder **falsche Angaben im Jahresabschluss**, die aus einer Nicht- oder **Fehlanwendung von zuverlässigen Informationen** resultieren, die entweder dem Unternehmen zur Verfügung standen oder hätten eingeholt werden und bei der Aufstellung des Jahresabschlusses hätten berücksichtigt werden können. Kennzeichnend ist weiterhin, dass Fehler aus früheren Perioden herrühren und dort unentdeckt blieben. Sofern es sich dabei um wesentliche Fehler handelt, steht der Jahresabschluss nach IAS 8.41 nicht im Einklang mit den IFRS. Aber auch **unwesentliche Fehler** können zu einer Korrektur des Abschlusses führen, wenn diese **absichtlich herbeigeführt** wurden, um eine bestimmte Darstellung der Vermögens-, Finanz- oder Ertragslage oder Cashflows des Unternehmens zu erreichen.

57   Fehler können nach IAS 8.5 entstanden sein durch:
- Rechenfehler
- Anwendungsfehler bei Bilanzierungs- und Bewertungsmethoden
- Flüchtigkeitsfehler
- Fehlinterpretationen von Sachverhalten oder
- Betrugsfälle.

VI. Behandlung von Fehlern

2. Retrospektive Anpassung. Der Fehler ist gemäß IAS 8.42 im ersten vollständigen Jahresabschluss, der nach dessen Entdeckung genehmigt wurde **rückwirkend** zu **korrigieren**. Dabei ist die Bilanz und GuV der Vergleichsperiode anzupassen sowie die Eröffnungsbilanzwerte (Vermögenswerte, Schulden und Eigenkapital) der Vergleichsperiode, wenn der Fehler bereits davor entstanden war.

Grundsätzlich ergibt sich der folgende Umgang mit Fehlern:
- Unwesentliche Fehler, die während der Aufstellung eines Jahresabschlusses entdeckt werden und die nicht absichtlich herbeigeführt wurden, werden unabhängig von ihrem Entstehungszeitpunkt in der aktuellen Berichtsperiode korrigiert
- Wesentliche Fehler, die sich in der laufenden Berichtsperiode ereignet haben und entdeckt werden, sind in der laufenden Berichtsperiode zu korrigieren
- Wesentliche Fehler, die in einer früheren Periode verursacht wurden, sind in dieser früheren Periode zu korrigieren

Die **Methodik der Fehlerkorrektur** wird anhand des nachfolgenden Beispiels dargestellt.

Beispiel

Die X-AG erwirbt eine Maschine zum 1.1.04 mit Anschaffungskosten in Höhe von 1.000.000 € und aktiviert Zinsen im Rahmen des IAS 23 in Höhe von 100.000 €. In 08 wird vor Veröffentlichung des Jahresabschlusses 07 festgestellt, dass das Kriterium eines „qualifying assets" nicht vorlag und somit ein Fehler vorliegt. Die Nutzungsdauer der Maschine beträgt 8 Jahre; die Abschreibung erfolgt linear.

Die Bilanzen und GuV's der Jahre 05 – 07 haben folgendes, vereinfachtes Aussehen:

AKTIVA	*31.12.07*	*31.12.06*	*31.12.05*
Maschine	*550.000 €*	*687.500 €*	*825.000 €*
Umlaufvermögen	*2.450.000 €*	*2.312.500 €*	*2.175.000 €*
Bilanzsumme	*3.000.000 €*	*3.000.000 €*	*3.000.000 €*
PASSIVA			
Gezeichnetes Kapital	*400.000 €*	*400.000 €*	*400.000 €*
Gewinnrücklagen	*930.000 €*	*580.000 €*	*300.000 €*
Jahresüberschuss	*420.000 €*	*350.000 €*	*280.000 €*

Verbindlichkeiten	1.235.000 €	1.651.250 €	1.997.500 €
Latente Steuern	15.000 €	18.750 €	22.500 €
Bilanzsumme	3.000.000 €	3.000.000 €	3.000.000 €

GuV	07	06	05
Umsatzerlöse	4.000.000 €	4.000.000 €	4.000.000 €
Umsatzkosten - Abschreibung - Sonstige	137.500 € 1.862.500 €	137.500 € 1.962.500 €	137.500 € 2.062.500 €
Vertriebsaufwand	600.000 €	600.000 €	600.000 €
Verwaltungs- aufwand	800.000 €	800.000 €	800.000 €
Ergebnis vor Steuern	600.000 €	500.000 €	400.000 €
Ertragsteuern - tatsächlich - latent	-183.750 € 3.750 €	-153.750 € 3.750 €	-123.750 € 3.750 €
Jahresüberschuss	**420.000 €**	**350.000 €**	**280.000 €**

Der Fehler ist retrospektiv zu korrigieren. Die Zinsen wären in 04 als Aufwand zu behandeln gewesen. Gleichzeitig wäre durch die dann verringerten Anschaffungskosten auch die Abschreibung in 04 und den Folgejahren niedriger ausgefallen. Ferner wäre es nicht zu einer passiven latenten Steuerabgrenzung gekommen, die zum 31.12.05 folgendermaßen ermittelt wurde:

IFRS-Wert:	825.000 €
Steuerwert:	750.000 €
Differenz:	75.000 €
Steuersatz 30%:	22.500 €

Die Korrektur stellt sich wie folgt dar:

1. Schritt: Anpassung der Eröffnungsbilanzwerte zum 1.1.06

- der korrekte Restbuchwert der Maschine lautet dann:

  1.000.000 € – 250.000 € (Afa 04 und 05) = 750.000 €

VI. Behandlung von Fehlern

- der latente Steuerposten entfällt, da in der Steuerbilanz eine Aktivierung von Zinsaufwand nicht erfolgt
- die Korrekturen sind erfolgsneutral gegen die Gewinnrücklage zu erfassen

Buchungssatz:	Gewinnrücklage	52.500 €
	Latente Steuern	22.500 €
	an Maschine	75.000 €

2. Schritt: Anpassung der Bilanzwerte zum 31.12.06
- der korrekte Restbuchwert der Maschine lautet dann:

  750.000 € − 125.000 € (Afa 2006) = 625.000 €
- Korrektur der Verkehrszahlen von 06

Buchungssatz:	Maschine	12.500 €
	Steueraufwand	3.750 €
	an Afa	12.500 €
	an latente Steuern	3.750 €

Somit ergibt sich ein geänderter Jahresüberschuss in Höhe 358.750 €.

3. Schritt: Änderung der Bilanzwerte zum 31.12.07
- der korrekte Restbuchwert der Maschine lautet dann:

  625.000 € − 125.000 € (Afa 07) = 500.000 €
- Korrektur der Verkehrszahlen von 07

Buchungssatz:	Maschine	12.500 €
	Steueraufwand	3.750 €
	an Afa	12.500 €
	an latente Steuern	3.750 €

Somit ergibt sich ein geänderter Jahresüberschuss in Höhe von 428.750 €.

4. Schritt: Darstellung des Jahresabschlusses 07 mit geänderten Vergleichszahlen und 3 Bilanzen

AKTIVA	31.12.07	31.12.06	1.1.06
Maschine	500.000 €	625.000 €	750.000 €
Umlaufvermögen	2.450.000 €	2.312.500 €	2.175.000 €
Bilanzsumme	2.950.000 €	2.937.500 €	2.925.000 €

PASSIVA			
Gezeichnetes Kapital	400.000 €	400.000 €	400.000 €
Gewinnrücklagen	886.250 €	527.500 €	527.500 €
Jahresüberschuss	428.750 €	358.750 €	0 €
Verbindlichkeiten	1.235.000 €	1.651.250 €	1.997.500 €
Latente Steuern	0 €	0 €	0 €
Bilanzsumme	2.950.000 €	2.937.500 €	2.925.000 €

GuV	07	06
Umsatzerlöse	4.000.000 €	4.000.000 €
Umsatzkosten • Abschreibung • Sonstige	125.000 € 1.862.500 €	125.000 € 1.962.500 €
Vertriebsaufwand	600.000 €	600.000 €
Verwaltungsaufwand	800.000 €	800.000 €
Ergebnis vor Steuern	612.500 €	512.500 €
Ertragsteuern • tatsächlich • latent	-183.750 € 0 €	-153.750 € 0 €
Jahresüberschuss	428.750 €	358.750 €

61 Darüber hinaus ist in der **Eigenkapitalveränderungsrechnung** die Auswirkung der Fehlerkorrektur zum 1.1.06 zu zeigen (IAS 1.106). Dies geschieht durch Einfügung einer separaten Zeile, die den Anpassungsbetrag ausweist und damit das Eigenkapital zum 1.1.06 überleitet. Im Beispielsfall wäre dies ein Betrag von 52.500 €.

62 Wie bereits bei den Änderungen von Rechnungslegungsmethoden dargestellt, findet eine retrospektive Änderung auch im Falle von Fehlern dann ihre Grenzen, wenn diese undurchführbar ist (IAS 8.43 – 8.47).

63 **VII. Undurchführbarkeit einer rückwirkenden Anpassung.** Obwohl die Vergleichbarkeit der Jahresabschlüsse einen sehr hohen Stellenwert innerhalb des Regelungswerks der IFRS einnehmen, hat das IASB aber auch eingesehen, dass eine

VII. Undurchführbarkeit einer rückwirkenden Anpassung

rückwirkende Anpassung in manchen Fällen sehr schwierig und teilweise sogar unmöglich ist. IAS 8.23 (Bilanzierungs- und Bewertungsänderungen) und IAS 8.43 (Fehlerkorrekturen) sehen von einer Rückwirkung ab, wenn diese undurchführbar ist. Wann eine Undurchführbarkeit vorliegt, wird in IAS 8.50-53 i. V. m. IAS 8.5 näher spezifiziert. Danach kann diese vorliegen, wenn

a) die Erfassung des Datenmaterials der Vorjahre eine rückwirkende Durchführung nicht zulässt bzw. wenn notwendige Informationen nicht wieder hergestellt werden können

b) die rückwirkende Anwendung bzw. Anpassung Annahmen über die mögliche Absicht des Managements in den entsprechenden Perioden erfordert

c) zur retrospektiven Anpassung in erheblichem Umfang Schätzungen notwendig wären, wobei deren Informationsgrundlagen bis zur Veröffentlichung der damaligen Abschlüsse entweder nicht bekannt waren oder von anderen Informationsgrundlagen nicht klar zu trennen sind. Im Klartext: Es sollen nur solche Schätzungen bei einer retrospektiven

Anpassung verwendet werden, die damals bekannt waren und nicht durch mittlerweile neue Erkenntnisse beeinflusst werden.

Beispiel

Notwendige Bestimmung vergangener fair values, die schon damals wegen der Abwesenheit von Marktpreisen und Schätzgrundlagen nicht bestimmt werden konnten.

Ist eine rückwirkende Anpassung für frühere Perioden und auch zu Beginn der Berichtsperiode nicht möglich, dann erfolgt nach IAS 8.25 und 8.45 eine prospektive Anpassung.

65 **VIII. Angaben. 1. Rechnungslegungsmethoden.** Die notwendigen Angaben ergeben sich aus der nachfolgenden Übersicht:

Erstmalige Anwendung eines Standards (IAS 8.28)	Freiwillige Änderung der Bilanzierungs- und Bewertungsmethoden (IAS 8.29)
1. Titel des Standards oder der Interpretation 2. Angabe, dass Änderung der Methode mit den Übergangsvorschriften übereinstimmen* 3. Art der Änderung der Bilanzierungs- und Bewertungsmethoden 4. Beschreibung der Übergangsvorschriften[2] 5. Übergangsvorschriften, die eventuell eine Auswirkung auf zukünftige Methoden haben könnten* 6. Anpassungsbetrag für die Berichtsperiode und jede frühere dargestellte Periode[3] • für jeden einzelnen betroffenen Abschlussposten • Ergebnis pro Aktie nach IAS 33* 7. Anpassungsbetrag für Perioden vor den ausgewiesenen Perioden** 8. Gründe für die Undurchführbarkeit einer rückwirkenden Änderung sowie Angabe, wie und ab wann die Methodenänderung angewendet wurde	1. Art der Änderung der Methode 2. Gründe, warum die Methodenänderung zuverlässige und relevante Informationen liefert 3. Anpassungsbetrag für die Berichtsperiode und jede frühere dargestellte Periode** • für jeden einzelnen betroffenen Abschlussposten • Ergebnis pro Aktie nach IAS 33* 4. Anpassungsbetrag für Perioden vor den ausgewiesenen Perioden** 5. Gründe für die Undurchführbarkeit einer rückwirkenden Änderung sowie Angabe, wie und ab wann die Methodenänderung angewendet wurde

66 Wendet ein Unternehmen einen bereits herausgegebenen neuen Standard oder eine neue Interpretation, die aber noch nicht in Kraft getreten sind, nicht an, so sind nach IAS 8.30 die folgenden Angaben zu machen:
- diese Tatsache

---

[2] falls zutreffend
[3] soweit durchführbar

VIII. Angaben

- bekannte bzw. einigermaßen zuverlässig einschätzbare Informationen über die zukünftige Auswirkung einer Anwendung des neuen Standards/Interpretation auf den Jahresabschluss (eine weitergehende Konkretisierung befindet sich in IAS 8.31).

  2. **Änderung von Schätzungen.** Nach IAS 8.39 sind anzugeben: 67
- die Art der Schätzungsänderung
- den Betrag der Schätzungsänderung
- Angabe der Auswirkungen auf die Berichtsperiode und auf zukünftige Perioden
- sofern eine Angabe für zukünftige Perioden nicht möglich ist, muss darauf hingewiesen werden (IAS 8.40)

  3. **Fehler.** Gemäß IAS 8.49 sind die nachfolgenden Angaben zu machen: 68
- Art des Fehlers
- soweit durchführbar die betragsmäßige Korrektur für jede frühere dargestellte Periode
  - für jeden Abschlussposten
  - für das Ergebnis je Aktie (verwässert und unverwässert), sofern IAS 33 angewendet wird
- die betragsmäßige Korrektur am Anfang der frühesten dargestellten Methode
- Angabe der Umstände, wenn eine rückwirkende Korrektur undurchführbar ist sowie eine Angabe darüber, wie und ab wann der Fehler beseitigt wurde

  VIII. Zeitpunkt des Inkrafttretens. Gemäß IAS 8.54 ist der Standard in der ersten Berichtsperiode eines am 1. Januar 2005 oder danach beginnenden Geschäftsjahres anzuwenden. Eine frühere Anwendung wird empfohlen. 69

  IX. Regelungen nach dem Standard für kleine und mittelgroße Unternehmen. 70
  Das IASB will mit dem im Juli 2009 verabschiedeten Standard für kleine und mittlere Unternehmen (**IFRS for small and medium-sized entities, kurz IFRS-SME's**) die internationalen Rechnungslegungsnormen auch für den Mittelstand interessant machen und hat daher in diesem Standard zum Teil eigene Regeln aufgestellt und zum Teil auf die Anwendung der bisher gültigen Standards verwiesen. Die in Abschnitt 10 in IFRS-SMEs Abschnitt 10 enthaltene Regelung im Hinblick auf Rechnungslegungsmethoden, Schätzungen und Fehler wird nachfolgend in einer Übersicht dargestellt.

Vorschrift	Regelung	Inhalt der Regelung	Abweichung zu IAS 8
10.1	Anwendungsbereich	Leitlinie für die Auswahl und Anwendung von Rechnungslegungsmethoden sowie Änderungen von rechnungslegungsbezogenen Schätzungen und Fehlern	**Keine Abweichung** zu den Regeln des IAS 8
10.2 – 10.6	Auswahl und Anwendung von Rechnungslegungsmethoden	- **10.2:** Definition was unter Rechnungslegungsmethoden zu verstehen ist - **10.3:** Anwendung von IFRS-Regeln, sofern für den Geschäftsvorfall zutreffend; keine zwingende Anwendung der IFRS-Regel, wenn die Auswirkung nicht wesentlich ist - **10.4:** Fehlen IFRS-Regeln für einen Geschäftsvorfall, dann hat das Management über eine Rechnungslegungsmethode zu entscheiden, die für den Adressaten entscheidungsnützlich ist; Kriterien: Relevanz und Verlässlichkeit (wird analog IAS 8 weiter spezifiziert) - **10.5:** Quellen in absteigender Reihenfolge: a. Ableitung aus anderen IFRS-Vorschriften, die sich mit ähnlichen Geschäftsvorfällen beschäftigen; b. Ableitung aus den Grundgedanken des Abschnitts 2 des Standards (Konzepte) - **10.6:** Das Management kann Lösungsansätze auch aus den „full IFRS" ableiten	**Keine Abweichung** zu den Regeln des IAS 8 **Keine Abweichung** zu den Regeln des IAS 8 **Keine Abweichung** zu den Regeln des IAS 8 **Keine Abweichung** zu den Regeln des IAS 8 Nicht relevant

VIII. Angaben

10.7	Stetigkeit	Grundsätzlich sollen Rechnungslegungsmethoden stetig angewendet werden. **Ausnahme:** Standard erlaubt bzw. schreibt die Kategorisierung von Sachverhalten vor, für die andere Rechnungslegungsmethoden zutreffend sind.	**Keine Abweichung** zu den Regeln des IAS 8
10.8 – 10.10	Änderungen von Rechnungslegungsmethoden	• 10.8: Eine Änderung der Rechnungslegungsmethode ist nur zulässig, wenn a) dieser Standard es notwendig macht oder b) die Änderung relevantere und verlässlichere Information für den Adressaten bedeuten	**Keine Abweichung** zu den Regeln des IAS 8
		• 10.9: Eine Änderung einer Rechnungslegungsmethode liegt nicht vor wenn a) sich die Geschäftsvorfälle von vorhergehenden Geschäftsvorfällen grundlegend unterscheiden oder b) die Geschäftsvorfälle früher noch nicht vorgekommen bzw. unwesentlich sind oder c) der Übergang zum Anschaffungskostenmodell, wenn ein Zeitwert nicht mehr verlässlich ermittelt werden kann	Grundsätzlich **keine Abweichung** zu den Regeln des IAS 8, allerdings wird Punkt c) so explizit nicht genannt
		• 10.10: Wird ein zulässiges Wahlrecht nach diesem Standard später anders ausgeübt, dann stellt dies eine Änderung der Rechnungsmethode dar	**Keine Abweichung** zu den Regeln des IAS 8

10.11	Anwendung von Änderungen von Rechnungslegungsmethoden	Als Änderung von Rechnungslegungsmethoden gelten: 1. Die Änderungen sind entsprechend spezifischer Vorschriften in den einzelnen Abschnitten dieses Standards vorzunehmen 2. Bei Anwendung von IAS 39 entsprechend den Wahlrechten in den Abschnitten 11 und 12 und späterer Änderung der Anforderungen von IAS39, dann erfolgt die Behandlung entsprechend den Übergangsregelungen in IAS 39 3. In allen anderen Änderungsfällen erfolgt eine retrospektive Änderung	**Keine Abweichung** zu den Regeln des IAS 8 Nicht relevant **Keine Abweichung** zu den Regeln des IAS 8
10.12	Retrospektive Anwendung	1. Rückwirkende Anwendung auf die Vergleichszeiträume des Jahresabschlusses, soweit dies durchführbar ist 2. Soweit eine rückwirkende Anwendung nicht durchführbar ist, auf den frühesten Zeitpunkt an dem die Durchführbarkeit gegeben ist	**Keine Abweichung** zu den Regeln des IAS 8 **Keine Abweichung** zu den Regeln des IAS 8
10.13 – 10.14	Angaben	▪ **10.13**: Angaben bei Änderungsverursachung durch den Standard (grundsätzlich vergleichbar mit den Angaben nach IAS 8.28) ▪ **10.14**: Angaben bei freiwilliger Änderung der Rechnungslegungsmethode (grundsätzlich vergleichbar mit den Angaben nach IAS 8.29)	**Abweichung** zu den Regeln des IAS 8: geringere Angaben **Abweichung** zu den Regeln des IAS 8: geringere Angaben

VIII. Angaben

10.15 – 10.17	Änderung von rechnungslegungsbezogenen Schätzungen	• **10.15**: Schätzungsänderungen sind Änderungen, die auf Basis neuer Informationen vorgenommen werden und sind daher keine Fehlerkorrekturen • **10.16**: Schätzungsänderungen sind prospektiv und erfolgswirksam zu erfassen a) in der Periode, in der die Schätzungsänderung festgestellt wird und b) ggf. in nachfolgenden Perioden • **10.17**: Änderungen von Bilanzposten sind in der Periode der Schätzungsänderung zu berücksichtigen	**Keine Abweichung** zu den Regeln des IAS 8 **Keine Abweichung** zu den Regeln des IAS 8 **Keine Abweichung** zu den Regeln des IAS 8
10.18	Angaben	• Angabe der Art der Schätzungsänderung • Angabe der Auswirkung der Veränderung bezogen auf die betroffenen Bilanzposten • Sofern durchführbar, Angabe der Auswirkungen in nachfolgenden Perioden	**Grundsätzlich keine Abweichung** zu den Regeln des IAS 8, allerdings muß nach IAS 8.39 noch der Grund für eine mögliche Undurchführbarkeit angegeben werden

10.19 – 10.22	Korrektur von Fehlern aus früheren Perioden	- **10.19**: Fehler entstehen durch die fehlerhafte Anwendung verlässlicher Informationen, die a) zum Zeitpunkt der Genehmigung des Abschlusses zur Veröffentlichung vorlagen und b) von denen erwartet werden kann, dass diese bei der Aufstellung des Jahresabschlusses berücksichtigt worden wären - **10.20**: Fehler umfassen Rechenfehler, falsche Anwendung einer Rechnungslegungsmethode, Fehlinterpretation von Fakten - **10.21**: Korrektur des Fehlers erfolgt im aktuellsten, zur Veröffentlichung genehmigten Abschluss der durch a) Anpassung der Vergleichszahlen oder b) falls der Fehler in einer noch früheren Periode entstanden ist, die entsprechenden Bilanzposten (Eröffnungsbilanzwerte) in der frühesten präsentierten Periode - **10.22**. Ist eine retrospektive Änderung nicht durchführbar, dann ist die erste Periode zu ändern, in der dies durchführbar ist; dies kann auch die Berichtsperiode sein	**Keine Abweichung** zu den Regeln des IAS 8 **Keine Abweichung** zu den Regeln des IAS 8 **Keine Abweichung** zu den Regeln des IAS 8 **Keine Abweichung** zu den Regeln des IAS 8
10.23	Angaben	Angaben entsprechen den Regeln des IAS 8.49	**Keine Abweichung** zu den Regeln des IAS 8

X. Ausblick.

Eine Überarbeitung des IAS 8 ist derzeit nicht geplant.

IAS 10 – Subsequent Events

Rn	Textauszüge aus IAS 10
10.8	Ein Unternehmen hat die in seinem Abschluss erfassten Beträge anzupassen, damit berücksichtigungspflichtige Ereignisse nach der Berichtsperiode abgebildet werden.
10.10	Ein Unternehmen darf die im Abschluss erfassten Beträge nicht anpassen, um nicht zu berücksichtigende Ereignisse nach der Berichtsperiode abzubilden.
10.12	Wenn ein Unternehmen nach dem Abschlussstichtag Dividenden für Inhaber von Eigenkapitalinstrumenten (wie in IAS 32 Finanzinstrumente: Darstellung definiert) beschließt, darf das Unternehmen diese Dividenden zum Abschlussstichtag nicht als Schulden ansetzen.
10.14	Ein Unternehmen darf seinen Abschluss nicht auf der Grundlage der Annahme der Unternehmensfortführung aufstellen, wenn das Management nach dem Abschlussstichtag entweder beabsichtigt, das Unternehmen aufzulösen, den Geschäftsbetrieb einzustellen oder keine realistische Alternative mehr hat, als so zu handeln.

Übersicht

	Rn
I. Regelungsgehalt	1
II. Normzweck und Anwendungsbereich	2 – 5
III. Begriffe	6 – 8
IV. Bestimmung der Betrachtungsperiode (Wertaufhellungszeitraum)	9 –15
V. Arten von Ereignissen nach dem Bilanzstichtag	16 – 25
V.1 Berücksichtigungspflichtige Ereignisse (wertaufhellende Tatsachen)	16 – 21
V.2 Nicht berücksichtigungspflichtige Ereignisse (wertbeeinflussende Tatsachen)	22 –25
VI. Einzelfragen	26 – 38
VI.1 Bilanzielle Behandlung von Dividenden- und Gewinnverwendungsbeschlüssen.	26 – 34
VI.2 Unternehmensfortführung	35 – 38
VII. Angaben im Anhang	39 – 44
VIII. Inkrafttreten und Übergangsvorschriften	45
IX. IFRS für kleine und mittelständische Unternehmen	46 – 47
X. Ausblick	48

I. Regelungsgehalt. Für die Erstellung von Einzel- und Konzernabschlüssen nach IFRS sind gemäß des Abschlussstichtagsprinzips die Verhältnisse am Bilanzstichtag maßgeblich. Aus praktischen Gründen kann aber eine Abschlusserstellung am Bilanzstichtag nicht erfolgen, da die hierfür wesentlichen Informationen vielfach erst später verfügbar sind. Im Zeitraum zwischen dem Bilanzstichtag und der Fertigstellung und Freigabe des Jahresabschlusses (sog. Betrachtungsperiode) treten typischerweise Ereignisse (*subsequent events*) ein, die – wären sie zum Bilanzstichtag bekannt gewesen – möglicherweise zu einer anderen bilanziellen Abbildung eines Sachverhalts geführt hätten. Diese Probleme bestehen insbesondere bei sog. fast-close-Abschlüssen, da aufgrund der zeitlichen Enge bis zur Abschlusserstellung eine Vielzahl von rechnungslegungsrelevanten Informationen noch nicht verfügbar war und folgerichtig nicht berücksichtigt werden konnte.

II. Normzweck und Anwendungsbereich. Vor diesem Hintergrund regelt IAS 10 *Subsequent Events*, wie die relevante Betrachtungsperiode festzulegen ist, welche Ereignisse Rückwirkungen auf die bilanzielle Abbildung von Sachverhalten am Bilanzstichtag haben (IAS 10.8ff) und welche Ereignisse lediglich zusätzliche Anhangangaben erforderlich machen (IAS 10.10f).

Neben einer nicht abschließenden Aufzählung möglicher berücksichtigungspflichtiger und nicht-berücksichtigungspflichtiger Ereignisse geht IAS 10 darüber hinaus explizit auf die bilanzielle Behandlung von nach dem Abschlussstichtag beschlossenen Dividenden ein (IAS 10.12f). Ferner enthält IAS 10 Vorgaben für den Fall, dass nach dem Bilanzstichtag Indikatoren auftreten, die dem Grundsatz der Unternehmensfortführung die Grundlage entziehen.

IAS 10 ist von sämtlichen IFRS-Anwendern unabhängig von größen-, branchen- und rechtsformspezifischen Merkmalen bei der Berichterstattung über Ereignisse nach dem Bilanzstichtag anzuwenden. Für die Zwischenberichterstattung gelten die Regelungen ebenfalls uneingeschränkt (IAS 34.28).

Ergänzt wird IAS 10 durch entsprechende einzelfallbezogene Regelungen zu Ereignissen nach dem Bilanzstichtag in anderen Standards (zB IAS 2.30, IAS 19.20 (b), IFRS 5.12).

III. Begriffe. Zunächst werden in IAS 10.3 die zentralen Begriffe des Standards definiert. Danach sind als **Ereignisse nach dem Abschlussstichtag** sämtliche vorteilhaften oder nachteiligen Ereignisse zu verstehen, die zwischen dem Abschlussstichtag und dem Tag eintreten, an dem der Abschluss zur Veröffentlichung genehmigt wird. Diese Ereignisse sind anschließend danach zu unterscheiden, ob und in welcher Form sie innerhalb des Abschlusses zu berücksichtigen sind.

7 Treten in dem zuvor abgegrenzten Zeitraum nach dem Bilanzstichtag Ereignisse ein, die substanzielle Hinweise zu Gegebenheiten darstellen, die bereits am Abschlussstichtag vorgelegen haben, handelt es sich um **berücksichtigungspflichtige Ereignisse** (sog. *adjusting events*). Diese beeinflussen Ansatz und Höhe von Bilanz- oder Erfolgsposten.

8 Dagegen haben Ereignisse, die sich auf Gegebenheiten beziehen, die nach dem Abschlussstichtag eingetreten sind, keinen Einfluss auf die Posten des Abschlusses. Es handelt sich um **nicht zu berücksichtigende Ereignisse** (sog. *non-adjusting events*).

9 **IV. Bestimmung der Betrachtungsperiode (Wertaufhellungszeitraum).** Die für IAS 10 **relevante Betrachtungsperiode** beginnt mit dem Bilanzstichtag und **endet am Tag der Freigabe des Jahresabschlusses zur Veröffentlichung** (IAS 10.3). Infolgedessen sind gemäß IAS 10.7 sämtliche wertaufhellende Informationen bis zu dem Tag, an dem der Abschluss freigegeben wird, im Zuge der Abschlusserstellung zu berücksichtigen. Dies ist unerheblich davon, ob bereits vor Freigabe des Abschlusses Finanzinformationen veröffentlicht wurden – bspw. in Form einer vorzeitigen Berichterstattung über das Ergebnis oder Finanzkennzahlen. Informationen, die nach dem Zeitpunkt der Freigabe erlangt werden, dürfen keine Berücksichtigung mehr im Abschluss des vergangenen Geschäftsjahres finden. Auch wenn diese wesentlich sind, müssen sie gemäß IAS 10.18 zwingend im Folgeabschluss erfasst werden.

10 Das Unternehmen hat gemäß IAS 10.18 den Zeitpunkt anzugeben, an dem der Abschluss zur Veröffentlichung freigegeben wurde und wer diese Freigabe genehmigt hat. Ferner muss es darüber Bericht erstatten, wenn die Eigentümer des Unternehmens oder andere die Möglichkeit besitzen, den Abschluss nach der Veröffentlichung zu ändern.

11 Der Jahresabschluss gilt im Allgemeinen als freigegeben, wenn das dafür zuständige Unternehmensorgan den entsprechenden Beschluss gefasst hat. Konkret bestimmt sich der Zeitpunkt der Freigabe des Abschlusses in Abhängigkeit von der Managementstruktur, den länderspezifischen gesetzlichen Vorschriften sowie den Abläufen der Abschlusserstellung (IAS 10.4). Das IASB hat in IAS 10 die **zwei möglichen Board-Strukturen** aus unterschiedlichen Unternehmensverfassungen berücksichtigt. IAS 10.5 bezieht sich auf das im angloamerikanischen Rechtskreis übliche **monistische System**, bei dem interne und externe Mitglieder im Board of Directors sitzen. Die bei deutschen Unternehmen vorherrschende **dualistische Organisationsstruktur** mit einer Trennung von Geschäftsführungs- und Aufsichtsorgan (sog. „two-tier-system") ist Inhalt des IAS 10.6.[1]

---

[1] Vgl. *Kirsch/Koelen* Münchener Kommentar, IAS 10 Rn. 8; *ADS International* Abschnitt 2 Rn. 30.

IV. Bestimmung der Betrachtungsperiode

Für den Zeitpunkt der Freigabe i.S. von IAS 10 sind weder der Vorgang der Aufstellung des Abschlusses noch dessen tatsächliche Offenlegung nach §325 HGB von Bedeutung. **Entscheidend** ist nach IAS 10.5-6 allein der **Beschluss des Managements zur Weiterleitung des Abschlusses** an das im Verfahrensablauf nächste Unternehmensorgan.[2] Folglich bestimmen konkrete gesellschaftsrechtliche Rahmenbedingungen, wie die Rechtsform des jeweiligen Unternehmens und die Existenz eines Aufsichtsrates, das Ende des Wertaufhellungszeitraums.

12

Bei **Aktiengesellschaften**, bei einer **mitbestimmenden GmbH** sowie bei einer **GmbH mit einem fakultativen Aufsichtsrat** ist der Freigabezeitpunkt nach IAS 10.6 durch den Zeitpunkt bestimmt, an dem der Vorstand bzw. die Geschäftsführung dem Aufsichtsrat den (Konzern-)Abschluss zur Prüfung bzw. Billigung vorlegt. Im deutschen Rechtskreis bedarf es hierzu jedoch keines separaten Beschlusses (anders die Regelungen im angelsächsischen „one tier-system", auf die IAS 10.5 Bezug nimmt). Die Pflicht zur unverzüglichen Weiterleitung erfolgt vielmehr kraft Gesetzes (für die AG: §170 Abs. 1 AktG; entsprechend für die GmbH gemäß §52 Abs. 1 GmbHG).[3] Der Abschluss wird demnach mit Fassung des Aufstellungsbeschlusses freigegeben. Gleiches gilt für **Personengesellschaften mit Aufsichtsrat**.

13

Bei einer **Gesellschaft ohne Aufsichtsrat** (oder vergleichbarem Aufsichtsorgan) ist sinngemäß IAS 10.5 anzuwenden. Dementsprechend endet der Wertaufhellungszeitraum bei einer GmbH ohne Aufsichtsrat regelmäßig mit dem Zeitpunkt, zu dem der Geschäftsführer den Beschluss fasst, den Abschluss an die Gesellschafterversammlung weiterzuleiten. Bei einer Personenhandelsgesellschaft wird das Ende des Wertaufhellungszeitraums allerdings unabhängig davon bestimmt, ob ein Aufsichtsrat besteht oder nicht. Maßgebend ist immer der Aufstellungsbeschluss der geschäftsführenden Gesellschafter.[4] Materiell ergibt sich in diesem Fall demnach kein Unterschied zwischen IAS 10.5 und IAS 10.6.[5]

14

Bei prüfungspflichtigen deutschen Unternehmen geht das Datum der Freigabe der Veröffentlichung regelmäßig mit dem **Datum des Bestätigungsvermerks** einher, da das Management i.d.R. erst zu diesem Zeitpunkt dem Aufsichtsrat oder den Gesellschaftern den Abschluss weiterleitet.[6] In diesem Zusammenhang ist jedoch zu beachten, dass in der Praxis allerdings auch Sachverhalte auftreten können, an denen der Zeitpunkt der Vorlage des Abschlusses an den Aufsichtsrat bzw. die Gesellschafter und somit das Datum der Freigabe des Abschlusses zeitlich vor dem Erteilen des Be-

15

---

2 Vgl. hierzu exemplarisch *Kirsch/Koelen* Münchener Kommentar, IAS 10 Rn. 6ff.; *Bischof/Doleczik* Rechnungslegung nach IFRS, IAS 10 Rn. 6ff.
3 Vgl. *ADS International* Abschnitt 2 Rn. 31.
4 Vgl. *ADS International* Abschnitt 2 Rn. 52ff.; *Kirsch/Koelen* Münchener Kommentar, IAS 10 Rn. 16f..
5 Vgl. dazu weitergehend *Kirsch/Koelen* Münchener Kommentar, IAS 10 Rn. 18.
6 Vgl. *Wawrzinek* Beck'sches IFRS-Handbuch, §2 Rn. 51; *Heuser/Theile* IFRS Handbuch, 95ff.

stätigungsvermerks liegt. Dies ist bspw. der Fall, wenn den Gesellschaftern bzw. dem Aufsichtsorgan ein Jahresabschluss vorgelegt wird, der mit einem angekündigten Bestätigungsvermerk i.S. von IDW PS 400.103 versehen wurde.[7]

Beispiel[8]

Am 18. März 20X2 gibt der Vorstand einer AG den Jahresabschluss zur Weitergabe an den Aufsichtsrat frei. Der Aufsichtsrat genehmigt den Abschluss am 26. März 20X2. Der Abschluss wird den Anteilseignern und anderen Personen am 1. April 20X2 zugänglich gemacht. Die Anteilseigner genehmigen den Abschluss auf ihrer Jahreshauptversammlung am 15. Mai 20X2 und der Abschluss wird darauffolgend am 17. Mai bei einer Aufsichtsbehörde eingereicht.

Im vorliegenden Sachverhalt wird der Abschluss am 18. März 20X2 zur Veröffentlichung i.s. von IAS 10 freigegeben. Die Freigabe des Abschlusses zur Vorlage an den Aufsichtsrat durch das Management bestimmt somit das Ende des Wertaufhellungszeitraums.

16 **V. Arten von Ereignissen nach dem Bilanzstichtag. V.1 Berücksichtigungspflichtige Ereignisse (wertaufhellende Tatsachen).** Hinsichtlich der nach dem Bilanzstichtag eintretenden Ereignisse differenziert IAS 10.3 zwischen berücksichtigungspflichtigen Ereignissen (adjusting events) und nicht zu berücksichtigenden Ereignissen (non-adjusting events). In beiden Fällen handelt es sich um Ereignisse bzw. Informationen, die nach dem Abschlussstichtag innerhalb des Wertaufhellungszeitraum eintreten bzw. bekannt werden. Dabei liefern berücksichtigungspflichtige Ereignisse Hinweise zu Gegebenheiten, die bereits am Bilanzstichtag vorgelegen haben.[9] In der deutschen Rechungslegungssprache werden sie als **wertaufhellende Ereignisse** bezeichnet. Hierunter sind solche Sachverhalte zu verstehen, die vor dem Abschlussstichtag entstanden sind, allerdings erst nach dem Ende der Berichtsperiode bekannt werden. In der Literatur wird in diesem Zusammenhang zwischen einer subjektiven und einer objektiven Wertaufhellungskonzeption unterschieden. Die subjektive Wertaufhellungskonzeption zielt auf den Kenntnisstand eines gewissenhaften Kaufmanns zum Bilanzstichtag ab. Demnach sind nur solche Sachverhalte in den Abschluss einzubeziehen, die der Kaufmann bei angemessener Sorgfalt hätte erkennen können. Gemäß der objektiven Wertaufhellungskonzeption müssen indes

---

7   Ein angekündigter Bestätigungsvermerk gilt nach IDW PS 400.103 i.V.m. IDW PS 400.14 als noch nicht erteilt.
8   Vgl. IAS 10.6.
9   In der deutschsprachigen Literatur wird hierbei auch von der sog. „Wurzeltheorie" gesprochen. Infolgedessen sind Ereignisse nur dann als wertaufhellend zu bezeichnen, wenn ihre Wurzel – i.S. von Ursachen – bereits am oder vor dem Bilanzstichtag existierten. Vgl. hierzu exemplarisch *Baetge/Zülch* HdJ, Abt. I/2 Rn. 298; *Kirsch/Koelen* Münchener Kommentar, IAS 10 Rn. 24.

V. Arten von Ereignissen nach dem Bilanzstichtag

sämtliche nachträgliche Erkenntnisse im Abschluss berücksichtigt werden, die sich aus einem *ex-post*-Blickwinkel konkretisieren lassen. Für die IFRS-Rechnungslegung unterstellt IAS 10 grundsätzlich die objektive Wertaufhellungskonzeption.[10]

Liegen wertaufhellende Sachverhalte vor, so führen sie zu **Anpassungen des Ansatzes und der Bewertung von Abschlussposten** der vorangegangenen Berichtsperiode und erfordern u.U. eine Aktualisierung der Anhangangaben. IAS 10.3 weist explizit darauf hin, dass es unerheblich sei, ob die Ereignisse vorteilhaft oder nachteilig für das Unternehmen sind. Um eine willkürliche Auslegung der eingetretenen Ereignisse seitens des Unternehmens als berücksichtigungspflichtig zu vermeiden, muss für Dritte der Zusammenhang zwischen den neuen Erkenntnissen und den Verhältnissen am Bilanzstichtag eindeutig erkennbar sein.

17

Das IASB hat darauf verzichtet, systematische Abgrenzungskriterien für die Unterscheidung von berücksichtigungspflichtigen und nicht berücksichtigungspflichtigen Ereignissen in IAS 10 einzuführen. Vielmehr enthält **IAS 10.9** eine nichtabschließende **Aufzählung von wertaufhellenden Ereignissen** nach dem Bilanzstichtag, die ein Unternehmen dazu verpflichten, die im Abschluss erfassten Beträge anzupassen oder Sachverhalte zu erfassen, die bislang keine Berücksichtigung fanden.[11]

18

Praxishinweis
Aufgrund fehlender trennscharfer Abgrenzungskriterien hinsichtlich der Frage, ob es sich bei einem Ereignis nach dem Bilanzstichtag um einen wertaufhellenden oder wertbegründenden Sachverhalt handelt, hat sich der Anwender bei Auslegungsfragen in der Praxis an den Musterbeispielen des IAS 10.9 zu orientieren.

IAS 10

Als **Beispiele** für berücksichtigungspflichtige (wertaufhellende) Ereignisse werden in IAS 10.9 exemplarisch folgende Sachverhalte genannt:

19

a) Entscheidung in einem **Gerichtsverfahren**, die klarstellt, dass bereits am Abschlussstichtag für das Unternehmen eine gegenwärtige Verpflichtung bestanden hat. Zu unterscheiden ist hierbei zwischen Gerichtsurteilen, die den Bilanzierenden belasten und solchen, die zu einer Begünstigung führen:[12]
- Ein belastendes Gerichtsurteil innerhalb des Wertaufhellungszeitraums erfordert ggf. die Anpassung einer bereits gebildeten Rückstellung oder den Ansatz einer Schuld anstatt einer Eventualschuld (sog. **Passivprozess**).

---

10 Vgl. *Kirsch/Koelen* Münchener Kommentar, IAS 10 Rn. 23; *Bischof/Doleczik* Rechnungslegung nach IFRS, IAS 10 Rn. 4; *ADS International* Abschnitt 2 Rn. 72 sowie grundlegend *Moxter* BB 2003, S. 2559ff.
11 Vgl. *Hoffmann* Haufe-Kommentar, §4 Rn. 18.
12 In der Literatur wird in diesem Zusammenhang von sog. Aktiv- und Passivprozessen gesprochen. Vgl. hierzu ausführlich *Hoffmann* Haufe-Kommentar, §4 Rn. 22f.; *Bischof/Doleczik* Rechnungslegung nach IFRS, IAS 10 Rn. 18; *Kirsch/Koelen* Münchener Kommentar, IAS 10 Rn. 26ff.; *ADS International* Abschnitt 2 Rn. 77f.

Es wird der Grundsatz vertreten, dass ein Gerichtsurteil kein neues Recht schafft, sondern bereits bestehendes Recht bestätigt bzw. feststellt und somit wertaufhellenden Charakter aufweist.

- Sofern der umgekehrte Fall vorliegt und das bilanzierende Unternehmen einen von ihm gerichtlich geltend gemachten Anspruch durchsetzen kann (begünstigendes Gerichtsurteil), sollte analog hierzu auch ein aus dem Anspruch resultierender Vermögenswert in der zurückliegenden Berichtsperiode angesetzt werden (sog. **Aktivprozess**).[13]

b) Erlangen der Erkenntnis nach dem Bilanzstichtag, dass ein Vermögenswert am Bilanzstichtag wertgemindert war, oder dass der Betrag einer bereits erfassten **Wertminderung für einen Vermögenswert** angepasst werden muss. Als Wertminderungsindikatoren gelten bspw.:

- ein nach dem Bilanzstichtag eingeleitetes **Insolvenzverfahren** eines Kunden, das als Bestätigung für den Wertverlust einer Forderung aus Lieferungen und Leistungen zum Bilanzstichtag aufzufassen ist. Folgerichtig ist der Buchwert der betroffenen Forderung zum Stichtag der abgelaufenen Berichtsperiode wertzuberichtigen.

Praxishinweis

Im Umkehrschluss stellen Zahlungseingänge auf Forderungen der vorangegangenen Berichtsperiode im neuen Geschäftsjahr wertaufhellende Ereignisse dar mit der Folge, dass für solche Forderungen keine außerplanmäßigen Abschreibungen im abgeschlossenen Geschäftsjahr vorzunehmen sind.

- **Verkauf von Vorräten** nach dem Bilanzstichtag als Nachweis des Nettoveräußerungspreises am Bilanzstichtag (zB der Verkauf von sog. „Ladenhütern" oder Saisonware zu einem niedrigeren Preis).

c) nach dem Bilanzstichtag erfolgte **Ermittlung der Anschaffungskosten** für vor dem Stichtag erworbene Vermögenswerte oder der **Veräußerungserlöse** für vor dem Stichtag verkaufte Vermögenswerte.

d) nach dem Stichtag erfolgte betragsmäßige Ermittlung für Zahlungen aus **Gewinn- oder Erfolgsbeteiligungen**, sofern am Abschlussstichtag eine gegenwärtige rechtliche oder faktische Verpflichtung hierzu bestand. Als mögliche Beispiele hierfür können zB gewinnabhängige Leistungen an Arbeitnehmer genannt werden. Von Dividendenzahlung ist an dieser Stelle abzugrenzen.[14]

---

13 So auch *Bischof/Doleczik* Rechnungslegung nach IFRS, IAS 10 Rn. 18 oder *Kirsch/Koelen* Münchener Kommentar, IAS 10 Rn. 27ff. In der Literatur werden indes auch Argumente gegen einen wertaufhellenden Charakter von Ansprüchen aus Aktivprozessen aufgeführt. Zu einer Darstellung der Gegenargumente vgl. exemplarisch *Hoffmann* Haufe-Kommentar, §4 Rn. 23.
14 Zur bilanziellen Erfassung von Dividenden vgl. ausführlich Kapitel IV.1.

V. Arten von Ereignissen nach dem Bilanzstichtag

e) **Aufdeckung eines Betrugsfalls** oder eines **Fehlers** mit Auswirkungen auf die Gegebenheiten am Bilanzstichtag. Dies kann zB die Aufdeckung zu Unrecht eingebuchter Forderungen aufgrund gefälschter Rechnungen, tatsächlich nicht vorhandene Vermögenswerte oder einzubuchende Rückstellungen aufgrund deliktischer Handlungen betreffen.

Praxishinweis
Auf Fehler, die nach dem Aufhellungszeitraum entdeckt werden, finden die Korrekturvorschriften des IAS 8.41ff Anwendung.

Neben den in IAS 10.9 genannten Sachverhalten ergeben sich folgende **weitere praxisrelevante Sonderfälle**: 20

a) Eine AG **erhöht** nach dem Bilanzstichtag die Anzahl der im Umlauf befindlichen **Stammaktien** durch die Ausgabe von Gratisaktien. Dieser Sachverhalt stellt grundsätzlich ein wertbegründendes Ereignis dar, da kein Rückbezug auf Gegebenheiten vor dem Bilanzstichtag besteht. Dennoch ist das Ereignis – solange es in der Wertaufhellungsperiode eingetreten ist – im Abschluss des Vorjahres dergestalt zu berücksichtigen, dass eine Zu- bzw. Abnahme der Stammaktien eines Unternehmens nach IAS 33.64 in der Berechnung des Ergebnisses je Aktie zu erfassen ist. Bei dieser Spezialvorschrift handelt es sich somit um eine Durchbrechung der Regelungen des IAS 10.[15]

b) Ergeht nach dem Bilanzstichtag eine **behördliche Entscheidung**, so ist hinsichtlich einer bilanziellen Berücksichtigung im Abschluss der vorangegangenen Berichtsperiode dahingehend zu unterscheiden, ob sich die Entscheidung auf die Sach- und Rechtslage am Bilanzstichtag bezieht oder ob die Entscheidung im Ermessen der Behörde stand. Behördliche Entscheidungen können somit sowohl wertaufhellenden als auch wertbegründenden Charakter haben:[16]

- Existieren bereits am Bilanzstichtag sämtliche relevanten Tatbestandsmerkmale und wurde durch die Behördenentscheidung lediglich eine bestehende objektive Rechtslage bestätigt, so liegt ein wertaufhellendes Ereignis vor.
- Anders stellt sich der Sachverhalt indes bei einem Urteil nach dem Bilanzstichtag dar, welches auf Grundlage einer freien Entscheidung der Behörde gefällt wird. Liegt die Entscheidungsfindung im Ermessen der Behörde und sind zum Bilanzstichtag noch keine belastbaren Erkenntnisse über eine eventuelle Entscheidung bekannt, so handelt es sich bei dem nach dem Stichtag ergangenen Urteil um ein wertbegründendes Ereignis.

---

15 Vgl. hierzu auch *Kirsch/Koelen* Münchener Kommentar, IAS 10 Rn. 36; *Bischof/Doleczik* Rechnungslegung nach IFRS, IAS 10 Rn. 17.
16 Vgl. *ADS International* Abschnitt 2 Rn. 87; *Hoffmann* Haufe-Kommentar, §4 Rn. 38; *Bischof/Doleczik* Rechnungslegung nach IFRS, IAS 10 Rn. 21.

Beispiel[17]

Als Beispiel für eine wertaufhellende behördliche Entscheidung kann die Zustimmung im Rahmen eines Fusionskontrollverfahrens innerhalb der Betrachtungsperiode gewertet werden, da die Behörde hierbei eine gesetzlich vorgeschriebene Entscheidung trifft, ohne Ermessensspielräume auf der Tatbestands- bzw. Rechtsfolgeseite zu besitzen. Die Beteiligung würde demnach im Jahresabschluss der vergangenen Berichtsperiode bilanziert werden müssen; aufgrund fehlender Beherrschungsmöglichkeit zum Bilanzstichtag käme eine Vollkonsolidierung allerdings nicht in Betracht.

Abwandlung

Im vergangenen Geschäftsjahr wurde die Fusion von der Kartellbehörde abgelehnt. Daraufhin wurde ein Antrag auf Ministererlaubnis nach §42 GWB gestellt. Hiernach kann der Bundesminister für Wirtschaft auf Antrag des Unternehmen einen vom Kartellamt untersagten Zusammenschluss dennoch erlauben. Der Ministerentscheid wurde im Februar des Folgejahres (innerhalb der Betrachtungsperiode) positiv für das Unternehmen entschieden. Der Ministerentscheid stellt aufgrund seiner besonderen Voraussetzungen allerdings eine nicht vorhersehbare (subjektive) Entscheidung dar, so dass dieser ein nicht zu berücksichtigendes wertbegründendes Ereignis nach dem Bilanzstichtag darstellt.

c) **Zuwendungen der öffentlichen Hand** dürfen gemäß IAS 20.7 erst dann im Abschluss erfasst werden, wenn eine angemessene Sicherheit dafür besteht, dass das Unternehmen die damit verbundenen Bedingungen erfüllen wird und dass die Zuwendungen gewährt werden. Erlangt das Unternehmen erst in der Wertaufhellungsperiode die hierfür notwendigen Nachweise (bspw. ein Sachverständigengutachten, welches sich auf den Bilanzstichtag bezieht) und steht einer Gewährung der Zuwendungen somit nichts mehr entgegen, so ist dieser Sachverhalt i.S. eines wertaufhellenden Ereignisses zu berücksichtigen. Steht die Entscheidung über die Gewährung der Subvention allerdings im Ermessen der jeweiligen Behörde (bspw. bei Sanierungsmaßnahmen), so darf ein positiver Zuwendungsbescheid innerhalb der Wertaufhellungsperiode nicht rückwirkend erfasst werden.[18]

d) **Die Änderung von Steuergesetzen** sowie **Steuersatzänderungen** in der Wertaufhellungsperiode dürfen grundsätzlich nicht berücksichtigt werden. Eine rückwirkende Erfassung ist nur zulässig, wenn diese zum Bilanzstichtag bereits ange-

---

17 Vgl. hierzu *ADS International* Abschnitt 2 Rn. 87; *ADS* § 246 HGB Rn. 247.
18 Vgl. ausführlich *ADS International* Abschnitt 2 Rn. 88.

V. Arten von Ereignissen nach dem Bilanzstichtag

kündigt und mit hinreichender Sicherheit rechtsverbindlich werden. In Deutschland ist das grundsätzlich der Fall, wenn der Bundesrat seine Zustimmung zum Gesetzesvorschlag gegeben hat.

Weitere praktische **Beispiele** für berücksichtigungspflichtige Ereignisse stellen sich wie folgt dar: 21

- Im Außenlager eines Unternehmens kommt es am 30.12.10 zu einem Brand, bei dem sämtliche auf Lager liegende Bestände einer speziellen Beschichtungsfolie vernichtet werden. Der Bilanzierende erlangt von diesem Ereignis erst am 02.01.11 Kenntnis. Obgleich dem Bilanzierenden die Informationen erst in 11 zugehen, ist in der Bilanz zum 31.12.2010 eine Abschreibung auf die zerstörten Folienbestände zu erfassen, da die Informationen substanzielle Hinweise zu Gegebenheiten liefern, die bereits am Bilanzstichtag vorgelegen haben.
- Im November 2010 hat das Unternehmen pünktlich zum Weihnachtsgeschäft eine größere Menge an Fertigerzeugnissen an eine Warenhauskette geliefert. Nachdem bereits im Dezember 2010 vereinzelte Produkte reklamiert wurden, ist im Januar 2011 der Großteil der verkauften Ware mit Mängeln zurückgegeben worden. Eine Nachuntersuchung der Produkte hat einen Produktionsfehler aufgezeigt. Die Reklamationen im Januar 2011 weisen somit wertaufhellenden Charakter auf. Das produzierende Unternehmen hat infolgedessen eine Gewährleistungsrückstellung im Jahresabschluss zum 31.12.2010 zu erfassen.
- Zu Beginn des Jahres 2011 hat ein Sportartikelhändler Schwimmshorts für die kommende Sommersaison zum Preis von 50 € pro Stück gekauft. Bis zum Bilanzstichtag am 30.06.2011 konnte der Sportartikelhändler allerdings nur 40 % der Ware zum angedachten Preis von 75 €/Stück absetzen. Im Rahmen des Sommerschlussverkaufs, der zeitlich noch in der Wertaufhellungsperiode gelegen hat, konnte der verbleibende Bestand an Sommershorts zu einem Preis von 40 €/Stück verkauft werden. Im Jahresabschluss zum 30.06.2011 sind die auf Lager befindlichen Sommershorts gemäß IAS 2.28 auf den niedrigeren Nettoveräußerungspreis in Höhe von 40 € wertzuberichtigen. Die im Wertaufhellungszeitraum erzielten Verkaufspreise dienen in diesem Zusammenhang als Nachweis für den Nettoveräußerungspreis zum Bilanzstichtag. Die Sommershorts waren bereits zum Bilanzstichtag 30.06.2011 nicht mehr werthaltig.
- Ein Abfallentsorgungsbetrieb hat den Zuschlag für den Bau einer städtischen Müllverbrennungsanlage bekommen. Der Auftrag ist allerdings nur aufgrund der Zahlung von hohen Bestechungsgeldern zustande gekommen. Zum Geschäftsjahresende geht die Geschäftsführung davon aus, dass die dolose Handlung unentdeckt bleibt. Anfang Februar des Folgejahres wird der Korruptionsfall allerdings durch die Abschlussprüfer aufgedeckt. Die Entdeckung der betrügerischen

Handlung stellt somit ein wertaufhellendes Ereignis dar. Dementsprechend ist für das abgelaufene Geschäftsjahr eine Rückstellung für Schadensersatzverpflichtungen im Jahresabschluss zu erfassen.

V.2 Nicht berücksichtigungspflichtige Ereignisse (wertbeeinflussende Tatsachen). Bei den nicht zu berücksichtigenden Ereignissen handelt es sich um solche, die zwar im Aufhellungszeitraum eintreten, jedoch Gegebenheiten anzeigen, die nicht am Abschlussstichtag vorgelegen haben, sondern erst nach dem Abschlussstichtag eingetreten sind (**sog. wertbeeinflussende Ereignisse**[19]). Derartige Ereignisse modifizieren lediglich die Gegebenheiten im neuen Geschäftsjahr, ihnen fehlt jedoch der Rückbezug auf die Verhältnisse im abgelaufenen Geschäftsjahr. Auch hierbei spielt es – korrespondierend zu den wertaufhellenden Ereignissen – gemäß IAS 10.3 keine Rolle, ob es sich aus Unternehmenssicht um vorteilhafte oder nachteilige Ereignisse handelt. Wertbeeinflussende Ereignisse **wirken sich nicht auf die Ansätze und die Bewertung von Abschlussposten** des Abschlusses der abgelaufenen Berichtsperiode aus. Wertbegründende Ereignisse dürfen auch dann nicht im Jahresabschluss der vorangegangenen Periode erfasst werden, wenn beide Vertragsparteien einer Rückwirkung zustimmen (bspw. rückwirkende Sanierung durch Forderungsverzicht im Wertaufhellungszeitraum).[20] Ggf. sind jedoch Angaben im Anhang des Abschlusses des vorangegangenen Geschäftsjahres erforderlich. Eine Ausnahme vom Berücksichtigungsverbot des IAS 10.10 kann nur durch Gegebenheiten begründet werden, die dem Grundsatz der Unternehmensfortführung entgegenstehen.[21]

Eine trennscharfe Abgrenzung von wertbeeinflussenden Ereignissen wird in IAS 10 nicht gegeben. IAS 10.10 weist lediglich darauf hin, dass ein Unternehmen die im Abschluss erfassten Beträge nicht anpassen darf, um nicht zu berücksichtigende Ereignisse nach dem Bilanzstichtag abzubilden. Als **mögliches Beispiel** für ein nicht zu berücksichtigendes Ereignis nennt IAS 10.11 das **Absinken des Marktwerts einer Finanzinvestition** (Anleihen, Anteile an verbundenen Unternehmen etc.) nach dem Bilanzstichtag. Das Absinken des Marktwertes hängt nach der Argumentation der IFRS i.d.R. nicht mit der Beschaffenheit der Finanzinvestition am Bilanzstichtag zusammen, sondern spiegelt nachträglich eingetretene Umstände wider. Aus diesem Grund sind diese neuen Umstände dem neuen Geschäftsjahr zuzuordnen und erfordern keine Anpassung des Abschlusses der vergangenen Periode. Gleiches gilt für Wechselkursänderungen. U.U. sind jedoch Anhangangaben nach IAS 10.21 zu machen.

Praxishinweis

---

19 In der Literatur wird hierbei auch von wertbegründenden Ereignissen gesprochen. Die Begrifflichkeiten *wertbeeinflussende* und *wertbegründende* Ereignisse werden in diesem Kapitel synonym verwendet.
20 Vgl. *Hoffmann* Haufe IFRS Kommentar, §4 Rn. 37; *ADS International* Abschnitt 2 Rn. 110; *Kirsch/Koelen* Münchener Kommentar, IAS 10 Rn. 41.
21 Vgl. hierzu ausführlich Kapitel IV.2.

V. Arten von Ereignissen nach dem Bilanzstichtag

Finanzinstrumente der Kategorien „fair value through profit or loss" und „available for sale" sind zum Bilanzstichtag mit ihrem beizulegenden Zeitwert zu bewerten. Kursveränderungen im Aufhellungszeitraum wirken sich jedoch unter Berücksichtigung der vorherigen Ausführungen gem. IAS 10.11 nicht auf den Wertansatz der Finanzinstrumente am Bilanzstichtag aus, sondern bleiben unberücksichtigt.

Weist ein wertbegründendes Ereignis nach dem Bilanzstichtag einen wesentlichen Einfluss auf die Vermögens-, Finanz- und Ertragslage des Unternehmens auf und könnte deren Nichtberücksichtigung die wirtschaftliche Entscheidung des Jahresabschlussadressaten beeinflussen, so ist nach IAS 10.19 über die Art dieses nicht berücksichtigten Ereignisses sowie dessen finanziellen Auswirkungen gesondert im Anhang zu berichten. **IAS 10.22** nennt eine Reihe **weiterer Beispiele** für wertbeeinflussende Ereignisse nach dem Bilanzstichtag, die regelmäßig eine materielle Bedeutung für den Jahresabschlussadressaten besitzen und daher eine **gesonderte Angabepflicht** auslösen. Dazu gehören bspw. folgende Ereignisse nach dem Bilanzstichtag:

- ein **umfangreicher Unternehmenszusammenschluss** nach dem Bilanzstichtag, wobei diesbzgl. entsprechende Anhangangaben nach IFRS zu beachten sind, oder die **Veräußerung eines bedeutenden Tochterunternehmens**.
- Bekanntgabe eines **Plans zur Aufgabe eines Geschäftsbereichs**. Sind die Voraussetzungen des IFRS 5 erst nach dem Bilanzstichtag kumulativ erfüllt, darf eine Umklassifizierung zum Bilanzstichtag nicht vorgenommen werden (IFRS 5.12). Diese Informationen sind lediglich im Anhang anzugeben.
- **signifikante Verkäufe** von Vermögenswerten, die **Klassifizierung** von Vermögenswerten als zur Veräußerung gehalten i.S.v. **IFRS 5**, andere Veräußerungen von Vermögenswerten oder die **Enteignung** von wesentlichen Vermögenswerten durch die öffentliche Hand.
- **Zerstörung** einer wesentlichen Produktionsstätte durch einen Brand nach dem Bilanzstichtag.
- Bekanntgabe oder der Beginn der Durchführung einer umfangreichen **Restrukturierungsmaßnahme**. Ein Restrukturierungsplan, der nach dem Abschlussstichtag innerhalb des Wertaufhellungszeitraums bekannt gegeben wird, führt nicht zu einer Rückstellung in der abgelaufenen Berichtsperiode.
- umfangreiche **Transaktionen** in Bezug auf Stammaktien und potenzielle Stammaktien nach dem Bilanzstichtag, wobei auch die in diesem Zusammenhang in IAS 33 kodifizierten Angaben zu beachten sind (vgl. Rn 17).
- ungewöhnlich große **Änderungen der Preise** von Vermögenswerten oder der Wechselkurse nach dem Bilanzstichtag.

- **Änderungen der Steuersätze oder Steuervorschriften**, die nach dem Bilanzstichtag in Kraft treten oder angekündigt werden und wesentliche Auswirkungen auf die tatsächlichen und latenten Steueransprüche und -schulden haben (vgl. auch IAS 12). Abzugrenzen hiervon sind die Änderung von Steuervorschriften oder Steuersätzen die zum Bilanzstichtag *substantively enacted* waren (vgl. Rn 17).
- **Eingehen wesentlicher Verpflichtungen oder Eventualschulden**, zum Beispiel durch Zusage beträchtlicher Gewährleistungen.
- Anfang wesentlicher **Rechtsstreitigkeiten**, die ausschließlich auf Ereignisse nach dem Bilanzstichtag zurückzuführen sind.

Praxishinweis

Ist ein Unternehmen nach §289 HGB bzw. §315 HGB verpflichtet, einen Lagebericht aufzustellen, so sind auch in diesem Jahresabschlusselement wesentliche Ereignisse nach dem Bilanzstichtag zu erläutern.[22] *Somit besteht für deutsche IFRS-Bilanzierer die Pflicht, sowohl im Anhang gemäß IAS 10.22 als auch im Lagebericht über wertbegründende Ereignisse zu berichten, die einen wesentlichen Einfluss auf die VFE-Lage des Unternehmens haben.*

25 Ereignisse, die erst nach Ende der Wertaufhellungsperiode eintreten, dürfen in keinem Fall Auswirkungen auf den Abschluss der abgelaufenen Berichtsperiode haben. Erfüllt das Ereignis allerdings die Definitionskriterien eines Fehlers i.S. des IAS 8.5, so ist der aufgetretene Fehler aus dem vorangegangenen Berichtsjahr in der Periode, in der er festgestellt worden ist, durch eine Anpassung der Vergleichszahlen zu korrigieren (IAS 8.42).[23]

26 **VI. Einzelfragen. 1. Bilanzielle Behandlung von Dividenden- und Gewinnverwendungsbeschlüssen. a) Grundlagen.** Eine separate Regelung zur bilanziellen Behandlung von nach dem Bilanzstichtag beschlossenen Dividendenzahlungen findet sich in IAS 10.12-13. Danach dürfen **nach dem Bilanzstichtag** zur Ausschüttung an die Anteilseigner **beschlossene Dividenden** zum Abschlussstichtag nicht als Schulden in der Bilanz des Unternehmens erfasst werden (**explizites Passivierungsverbot**). Dies gilt auch, wenn der Beschluss zur Dividendenzahlung vor der Freigabe des Abschlusses zur Veröffentlichung, dh innerhalb des Wertaufhellungszeitraums, erfolgte. Begründet wird diese Vorgehensweise in IAS 10.BC4 damit, dass am Bilanzstichtag noch keine gegenwärtige Verpflichtung i.S. von IAS 37 vorliegt. Nach IAS 1.137 besteht jedoch für im Aufhellungszeitraum beschlossene Dividendenzahlungen eine betragsmäßige Angabepflicht im Anhang.

---

22 Vgl. §§ 289 Abs. 2 Nr. 1, 315 Abs. 2 Nr. 1 HGB sowie exemplarisch m.w.N. *Ellrott* Beck'scher Bilanzkommentar, § 289 HGB, Rn. 62.
23 Vgl. hierzu auch *ADS International* Abschnitt 2 Rn. 127.

VI. Einzelfragen

Ferner begründen weder regelmäßige Ausschüttungen in der Vergangenheit noch der Vorschlag zur Dividendenausschüttung eine rechtliche oder faktische Verpflichtung des Unternehmens i.S. von IAS 37. Eine Verpflichtung ergibt sich i.d.R. erst durch den Gewinnverwendungsbeschluss. Eine Berücksichtigung der Dividendenschuld scheidet infolgedessen auch hierbei aus.[24] Wird der Dividendenbeschluss jedoch bereits vor dem Bilanzstichtag rechtsverbindlich gefasst, so liegt eine gegenwärtige Verpflichtung nach IAS 37 vor. Die Dividendenverpflichtung wäre demnach zu passivieren.[25]

27

Spiegelbildlich zum Passivierungsverbot einer Dividendenverpflichtung nach IAS 10.12-13 existiert auch hinsichtlich der Erfassung von **Dividendenansprüchen** gemäß IAS 18.30(c) solange ein Aktivierungsverbot, bis ein **Rechtsanspruch** auf Zahlung besteht. Ein Rechtsanspruch wird üblicherweise zum Zeitpunkt des Gewinnverwendungsbeschlusses begründet. Daher kann sich auch ein Dividendenbeschluss innerhalb der Wertaufhellungsperiode grundsätzlich nicht wertaufhellend auswirken und somit auch **keine phasengleiche Gewinnvereinnahmung** herbeiführen.[26]

28

Maßgeblich für die Aktivierung und Passivierung eines Dividendenanspruchs bzw. einer -schuld ist somit der Zeitpunkt des Gewinnverwendungsbeschlusses und somit die Entstehung des rechtlichen Anspruchs. Eine Gesellschaft kann allerdings auch unabhängig von ihrer Rechtsform aufgrund eines **Ergebnisabführungsvertrags** dazu verpflichtet sein, ihre Gewinne an ein anderes Unternehmen abzuführen. Das Vorliegen eines solchen Ergebnisabführungsvertrags führt dazu, dass der Rechtsanspruch auf den Gewinn bereits mit Ablauf des Geschäftsjahres entsteht. Für die bilanzielle Erfassung eines Dividendenanspruchs bzw. einer -verpflichtung ist daher kein Gewinnverwendungsbeschluss mehr erforderlich. **Dividenden** sind in diesem Fall **phasengleich zu vereinnahmen**.[27] Durch einen Ergebnisabführungsvertrag wird somit die einschränkende Regelung des IAS 10.12 aufgehoben.[28]

29

b) Dividendenbeschluss bei Aktiengesellschaften. Bei Aktiengesellschaften ergeht der Gewinnverwendungsbeschluss und demnach das Recht bzw. die Pflicht zur Erfassung eines Dividendenanspruchs bzw. einer -verbindlichkeit erst nach dem Bilanzstichtag. Dieser Tatbestand resultiert daraus, dass gemäß §174 Abs. 1 Satz 1 AktG in der Hauptversammlung einer AG über die Gewinnverwendung und damit eine mögliche Dividendenausschüttung entschieden wird. Die Hauptversammlung ist hierbei an den zuvor festgestellten Gewinn gebunden (§174 Abs. 1 Satz 2 AktG).

30

---

24 Vgl. IAS 10.BC4.
25 Vgl. hierzu exemplarisch *Kirsch/Koelen* Münchener Kommentar, IAS 10 Rn. 45.
26 Vgl. *Watrin/Hoehne/Lammert* Münchener Kommentar, IAS 27 Rn. 188; *Wüstemann/Wüstemann/Neumann* Rechnungslegung nach IFRS, IAS 18, Rn. 108f.
27 Gleiches gilt für die Ausgleichszahlungen an Minderheitsgesellschafter nach § 304 Abs. 1 AktG.
28 Vgl. *Kirsch/Koelen* Münchener Kommentar, IAS 10 Rn. 48; *Watrin/Hoehne/Lammert* Münchener Kommentar, IAS 27 Rn. 188; *ADS International* Abschnitt 2 Rn. 151; *Wüstemann/Wüstemann/Neumann* Rechnungslegung nach IFRS, IAS 18 Rn. 110; *Bischof/Doleczik* Rechnungslegung nach IFRS, IAS 10 Rn. 24a.

Da die Feststellung des Gewinns sachlogisch erst nach dem Bilanzstichtag erfolgen kann, erfolgt konsequenterweise auch der Gewinnverwendungsbeschluss erst nach dem Stichtag.[29] Infolgedessen ist bei einer AG – die keinen Ergebnisabführungsvertrag besitzt – regelmäßig die Vorschrift des IAS 10.12 anzuwenden. Der **Gewinnverwendungsbeschluss** der Hauptversammlung hat **wertbegründenden Charakter**, so dass zum Bilanzstichtag keine Dividendenverbindlichkeit bzw. -forderung angesetzt werden darf.[30]

31 c) **Gewinnverwendungsbeschluss bei GmbH**. Bei einer GmbH haben die Gesellschafter gemäß §42a Abs. 2 Satz 1 GmbHG den Jahresabschluss festzustellen und über die Ergebnisverwendung zu beschließen. Der Beschluss zur Ergebnisverwendung bei einer GmbH folgt somit zeitlich der Feststellung des Jahresergebnisses. Da das Jahresergebnis – korrespondierend zur AG – zwangsläufig erst nach dem Bilanzstichtag festgestellt werden kann, stellt der nach dem Bilanzstichtag getroffene **Ergebnisverwendungsbeschluss** ein **wertbegründendes Ereignis** dar, das gemäß IAS 10.12 nicht im Abschluss der Vorperiode berücksichtigt werden darf.[31]

32 Anders als bei einer AG besteht bei einer GmbH die **Möglichkeit**, eine **vorzeitige Dividendenerfassung** in Form von Mindestausschüttungen oder Vorabausschüttungen zu erreichen, wenn diese bspw. durch gesellschaftsvertragliche Regelungen oder durch einen vor dem Bilanzstichtag getroffenen Gesellschafterbeschluss festlegt wurden. In diesen Fällen wird eine Verpflichtung i.S. von IAS 37.14 begründet, was zu einer Passivierung der Dividendenverbindlichkeit führt. Infolgedessen ist das in IAS 10.12 enthaltene Passivierungsverbot nicht mehr einschlägig. Dies trifft grundsätzlich auf alle Ergebnisverwendungsbeschlüsse zu, die vor dem Bilanzstichtag geschlossen wurden. Die Einbuchung einer Verbindlichkeit im Rahmen von vorgezogenen Gesellschafterbeschlüssen steht aber unter dem Vorbehalt der Wertmäßigkeit der beschlossenen Gewinnausschüttung. Es dürfen demnach nur diejenigen Gewinnanteile passiviert werden, die voraussichtlich auch in Form von ausschüttungsfähigem Jahresüberschuss vorliegen.[32]

33 d) **Gewinnverwendungsbeschluss bei Personengesellschaften**. Werden die Gesellschaftereinlagen einer Personengesellschaft als **Fremdkapital** i.S. von IAS 32 klassifiziert, ist die Frage nach der bilanziellen Erfassung von Gewinnverwendungsbeschlüssen redundant, weil Fremdkapitalvergütungen stets nach IAS 32.35 als Aufwand der abgelaufenen Periode zu betrachten sind. IAS 10.12 wäre in diesem Fall

---

29 Gleiches gilt für Vorabausschüttungen bzw. Abschlagszahlungen, die § 59 Abs. 2 AktG nur nach Ablauf des Geschäftsjahres zulässt.
30 Vgl. hierzu ausführlich *ADS International* Abschnitt 2 Rn. 132ff.; *Bischof/Doleczik* Rechnungslegung nach IFRS, IAS 10 Rn 24a; *Kirsch/Koelen* Münchener Kommentar, IAS 10 Rn. 49.
31 Vgl. hierzu ausführlich *Kirsch/Koelen* Münchener Kommentar, IAS 10 Rn. 50; *ADS International* Abschnitt 2 Rn. 136f.; *Bischof/Doleczik* Rechnungslegung nach IFRS), IAS 10 Rn 24b.
32 Hierzu ausführlich m.w.N. *ADS International* Abschnitt 2 Rn. 140 und 143; *Kirsch/Koelen* Münchener Kommentar, IAS 10 Rn. 50.

nicht einschlägig. Anders stellt sich der Sachverhalt indes dar, wenn das Kapital der Gesellschafter als **Eigenkapital** klassifiziert werden kann. Durch die überarbeitete Fassung von IAS 32 (2008) ist dies aufgrund der neu eingeführten Ausnahmeregelung des IAS 32.16Aff zukünftig möglich.[33] Wurden die Kapitaleinlagen der Gesellschafter als Eigenkapital klassifiziert, stellt sich auch die Frage nach der bilanziellen Behandlung von Gewinnanteilen i.S. von IAS 10.12.

Für die Frage, inwieweit bei Personengesellschaften die Vorschrift des IAS 10.12 anzuwenden ist und demnach ggf. eine Schuld vorliegt, ist entscheidend, ob die Gesellschafter gesonderte Vereinbarungen im Gesellschaftsvertrag oder anderweitig über die Gewinnverwendung getroffen haben. Liegen keine besonderen Vereinbarungen vor, so besteht der Entnahmeanspruch der Gesellschafter dem Grunde nach per Gesetz zum Bilanzstichtag.[34] Eine gesonderte Beschlussfassung ist daher nicht mehr notwendig, so dass grundsätzlich eine entsprechende Schuld zum Abschluss der Periode im IFRS-Abschluss zu passivieren ist. Demgegenüber kann aber auch eine von der gesetzlichen Gewinnverteilung abweichende Regelung im Gesellschaftsvertrag vorliegen. So wird in der Praxis häufig die Entstehung des Auszahlungsanspruchs der in der Berichtsperiode erwirtschafteten Gewinne durch eine gesonderte Regelung im Gesellschaftsvertrag von der Beschlussfassung der Gesellschafter abhängig gemacht. Wird der nun erforderliche Gewinnverwendungsbeschluss erst nach dem Bilanzstichtag gefasst, so gilt der Gewinn im Abschluss der vergangenen Berichtsperiode als unverteilt. Ist dies der Fall, darf folgerichtig auch keine Schuld zum Bilanzstichtag bilanziert werden.[35] 34

2. Unternehmensfortführung. Im Rahmenkonzept ist die bei der Abschlusserstellung grundsätzlich zugrunde zu legende Annahme der Unternehmensfortführung verankert (F.23). IAS 1.25 konkretisiert in diesem Zusammenhang, dass der Abschluss solange auf dem Grundsatz der Unternehmensfortführung aufzustellen ist bis die Unternehmensleitung beabsichtigt, das Unternehmen aufzulösen oder keine realistische Alternative zu einer Unternehmensfortführung mehr besteht. Die beabsichtigte Aufgabe bzw. Auflösung des Geschäftsbetriebs kann folglich auf einer freiwilligen Entscheidung beruhen oder durch rechtliche oder wirtschaftliche Gegebenheiten erzwungen sein. Diese Regelungen sind jedoch allgemeiner Natur und lassen offen, bis zu welchem Zeitpunkt sich auf den Grundsatz der Unternehmensfortführung auswirkende Ereignisse im Abschluss zu berücksichtigen sind. Daher stellt IAS 10.14 klar, dass auf die Einschätzung der Unternehmensfortführung auch Ereignisse nach 35

---

33 Vgl. hierzu RIC 3; *Mentz* Münchener Kommentar, IAS 32 Rn. 157ff.; *Barckow* Rechnungslegung nach IFRS, IAS 10 Rn. 62ff.; *Lüdenbach* Haufe-Kommentar, §20 Rn. 27ff.
34 Vgl. §§ 120-122, 161 Abs. 2, 167 und 169 HGB sowie weiterführend IDW RS HFA 18.14. Hinsichtlich der Konkretisierung der Verpflichtung der Höhe nach vgl. die hierzu korrespondierenden Ausführungen in der Kommentierung zu IAS 18, Rn. 104.
35 Zu dieser Problematik vgl. ausführlich m.w.N. *ADS International* Abschnitt 2 Rn. 146ff.; *Kirsch/Koelen* Münchener Kommentar, IAS 10 Rn. 52; *Bischof/Doleczik* Rechnungslegung nach IFRS, IAS 10 Rn 24c.

dem Bilanzstichtag Einfluss nehmen. Berücksichtigungspflichtige (wertaufhellende) Ereignisse mit Auswirkungen auf die *going-concern*-Prämisse sind in jedem Fall im Abschluss der vorangegangenen Berichtsperiode zu berücksichtigen. Des Weiteren sind bei der Beurteilung der Annahme der Unternehmensfortführung auch die nicht zu berücksichtigenden (wertbegründenden) Ereignisse mit einzubeziehen. Diese dürfen sich jedoch nicht auf das Zahlenwerk des abgeschlossenen Berichtsjahres auswirken. Die Verschlechterung der Vermögens-, Finanz- und Ertragslage im Aufhellungszeitraum kann auf die Notwendigkeit der Nachprüfung des Grundsatzes der Unternehmensfortführung hindeuten.

36 Trifft die Annahme der Unternehmensfortführung nicht weiter zu, fordert IAS 10.15 eine fundamentale Änderung der Rechnungslegungsprämisse. Daneben ist eine betragsmäßige Anpassung der unter der Fortführungsprämisse bilanzierten Bilanzposten erforderlich. Zusätzlich kann die Abkehr vom Grundsatz der Unternehmensfortführung zu einem Ansatz weiterer Posten insbesondere im Bereich der Restrukturierungsrückstellungen führen.

Beispiel

In der Praxis kann der Fall vorliegen, dass die Unternehmensfortführung einer Gesellschaft von externen Faktoren abhängt, die zum Zeitpunkt des Bilanzstichtags bzw. der Jahresabschlussprüfung jedoch noch ungewiss waren. Hierbei handelt es sich regelmäßig um die Ungewissheit über das Zustandekommen einer überlebensrelevanten Unternehmensfinanzierung, ohne die kein going-concern testiert werden kann. Dieser Fall tritt in der Praxis vermehrt bei Unternehmen ein, die zB in der Grundlagenforschung (bspw. Pharma- oder Biotechunternehmen) tätig sind und noch keine Produkte zur Marktreife gebracht haben. Liegt ein solcher Sachverhalt vor, dass die Erteilung eines Bestätigungsvermerks von der Entscheidung einer unternehmensfortführungsrelevanten Finanzierung abhängt, so kann folgerichtig kein Bestätigungsvermerk durch den Abschlussprüfer erteilt werden. Vielmehr besteht aber die Möglichkeit einen „angekündigten Bestätigungsvermerk" i.S. von IDW PS 400.103 zu erteilen. Dieser gilt nach IDW PS 400.14 als noch nicht erteilt, wird allerdings sobald das going-concernsichernde Ereignis eintritt vom Wirtschaftsprüfer erteilt.

37 Des Weiteren enthält **IAS 1 Angabepflichten** für den Fall, dass der Jahresabschluss nicht unter der Annahme der Unternehmensfortführung erstellt wird oder dem Management wesentliche Unsicherheiten in Verbindung mit Ereignissen und Gegebenheiten bekannt werden, die erheblichen Zweifel an der Fortführbarkeit des Unternehmens aufkommen lassen. Nach IAS 1.25 sind anzugeben:
- wesentliche Unsicherheiten in Verbindung mit Ereignissen und Gegebenheiten, die erhebliche Zweifel an der Fortführung des Unternehmens aufwerfen;

VI. Einzelfragen

- die Tatsache, dass ein Abschluss nicht auf der Grundlage der Unternehmensfortführung erstellt wird und die Grundlagen, auf denen der Abschluss stattdessen basiert, sowie die Gründe, warum nicht von der Unternehmensfortführung ausgegangen werden kann.

Es ist zu beachten, dass sich IAS 10.14 lediglich auf Ereignisse bezieht, die einer Fortführung des Unternehmens im Ganzen entgegenstehen. Die **Aufgabe von einzelnen Geschäftsbereichen** fällt in den Anwendungsbereich des **IFRS 5** und wirkt sich nicht auf die Bilanzierung des Unternehmens in seiner Gesamtheit aus. Im Zusammenhang mit dem Vorliegen eines Konzerns ist festzuhalten, dass eine Auflösung des Konzerns als wirtschaftliche Einheit nicht aus rechtlichen Gründen möglich ist. Von einer Liquidation oder Insolvenz können lediglich das Mutterunternehmen bzw. die einzelnen Tochterunternehmen selbst betroffen sein. Eine Absicht zur Beteiligungsveräußerung durch das Mutterunternehmen führt noch nicht dazu, dass die Annahme der Unternehmensfortführung nicht mehr vorliegt. Die Abkehr von der *going-concern*-Prämisse bei der Erstellung eines Konzernabschlusses besteht lediglich für den Fall, dass die Fortführungsprämisse sowohl für das Mutterunternehmen als auch für sämtliche Tochterunternehmen nicht mehr besteht. Bei der Beurteilung der Unternehmensfortführung sind ebenfalls die nicht zu berücksichtigenden Ereignisse einzubeziehen, jedoch wirken sich diese nicht auf das Zahlenwerk des Abschlusses aus.

Praxishinweis

*IAS 10.15 nennt keine beispielhaften Sachverhalte, die eine derartige Verschlechterung der VFE-Lage herbeiführen, so dass von der Annahme der Unternehmensfortführung nach F.23 i.V.m. IAS 1.25 f abgewichen werden muss. Hierauf übertragbar sind allerdings die in **IDW PS 270** enthaltenen **praxisrelevanten Beispiele**, die als Anzeichen für eine fehlende going-concern-Prämisse herangezogen werden können.*[36] *Konkret zählt IDW PS 270.11 eine Reihe von Umständen auf, die einzeln oder zusammen mit anderen daran zweifeln lassen, ob die Fortführung des Unternehmens noch weiter möglich ist. Bspw. sind dies: der Verlust des Hauptabsatzmarktes; sehr kurzfristige Finanzierung langfristiger Vermögenswerte bei angespannter Liquiditätslage; erhebliche Zahlungsschwierigkeiten gegenüber Gläubigern; anhängige Gerichtsverfahren, die zu Ansprüchen führen, welche nicht erfüllbar sind; u.v.m.*

VII. Angaben im Anhang. Aus IAS 10 folgen eine Reihe von Angabepflichten, die nachfolgend kurz dargestellt werden.

Angaben zum Zeitpunkt der Freigabe des Abschlusses zur Veröffentlichung:
- Angabe, zu welchem Zeitpunkt das Unternehmen den Abschluss zur Veröffentlichung freigegeben hat;
- Angabe, wer den Abschluss zur Veröffentlichung freigegeben hat;

---
36 Vgl. *Kirsch/Koelen* Münchener Kommentar, IAS 10 Rn. 57.

- ggf. Angabe der Tatsache, dass die Anteilseigner oder andere die Möglichkeit haben, den Abschluss nach der Veröffentlichung zu ändern.

41 **Aktualisierung der Angaben über Gegebenheiten am Bilanzstichtag:**

Sofern ein Unternehmen Informationen über Gegebenheiten, die bereits am Bilanzstichtag vorgelegen haben, nach dem Bilanzstichtag erhält, hat es die betreffenden Angaben auf der Grundlage der neuen Informationen zu aktualisieren (IAS 10.19).

42 In einigen Fällen ist es notwendig, dass ein Unternehmen die Angaben im Abschluss aktualisiert, um die nach dem Bilanzstichtag erhaltenen Informationen widerzuspiegeln, auch wenn die Informationen nicht die Beträge betreffen, die im Abschluss erfasst sind. Als mögliches Beispiel für die Notwendigkeit der Aktualisierung von Angaben nennt IAS 10.20 den substanziellen Hinweis nach dem Bilanzstichtag über das Vorliegen einer Eventualschuld nach IAS 37.

43 **Angaben zu den nicht zu berücksichtigenden Ereignissen:**

Sind nicht zu berücksichtigende (wertbegründende) Ereignisse nach dem Bilanzstichtag wesentlich, könnte deren unterlassene Angabe die auf der Grundlage des Abschlusses getroffenen wirtschaftlichen Entscheidungen der Adressaten beeinflussen. Demzufolge hat ein Unternehmen nach IAS 10.21 folgende Informationen über jede bedeutende Art von wertbegründenden Ereignissen nach dem Bilanzstichtag anzugeben:

- die Art des Ereignisses und
- eine Schätzung der finanziellen Auswirkungen oder eine Aussage darüber, dass eine solche Schätzung nicht vorgenommen werden kann.

44 Hinsichtlich der nicht zu berücksichtigenden Ereignisse nach dem Bilanzstichtag, die Angaben nach IAS 10.21 erfordern, enthält IAS 10.22 eine nicht abschließende Liste möglicher Beispielsachverhalte. In diesem Zusammenhang wird auf die Ausführungen in Rn 21 verwiesen.

45 **VIII. Inkrafttreten und Übergangsvorschriften.** IAS 10 ist verpflichtend für alle Berichtsperioden anzuwenden, die am oder nach dem 1. Januar 2005 beginnen.

46 **IX. IFRS für kleine und mittelgroße Unternehmen.** Der im Juli 2009 veröffentlichte IFRS-SMEs, in dem der IASB Rechnungslegungsvorschriften für kleine und mittler Unternehmen zusammengefasst hat, enthält in Abschnitt 32 Regelungen zu Ereignissen nach dem Bilanzstichtag, die **konzeptionell weitgehend identisch** zu denen in IAS 10 sind.

47 Der **Umfang der Darstellung** des IFRS-SMEsAbschnitts 32 *Events after the End of the Reporting Period* weicht hingegen deutlich von dem des IAS 10 ab. Gemäß der Arbeitsprämisse des IASB, für kleine und mittlere Unternehmen einen komprimier-

ten Text in einfacher englischer Sprache zu entwickeln,[37] umfassen die Regelungen zu Ereignissen nach dem Ende der Berichtsperiode in IFRS-SMEs Abschnitt 32 lediglich 11 Textziffern. Neben einer Kürzung des Regelungstextes wurde dabei auch auf die in IAS 10 enthaltenen Beispiele verzichtet. Diese finden sich vielmehr in dem von der *IASC Foundation* veröffentlichten Trainingsmaterial, das jedoch kein integraler Bestandteil des Standards ist.

X. Ausblick Eine Änderung der derzeit in IAS 10 enthaltenen Regelungen ist nach Maßgabe des IASB-Projektplans in absehbarer Zukunft nicht geplant. 48

---

37 Vgl. *IASC Foundation* Training Material for IFRS for SMEs, Module 32 – Events after the End of the Reporting Period, S. 14

IAS 11 – Construction Contracts[1]

Rn	Textauszüge aus IAS 11
11.8	Umfasst ein Vertrag mehrere Vermögenswerte, so ist jede Fertigung als eigener Fertigungsauftrag zu behandeln, wenn
	(a) getrennte Angebote für jeden Vermögenswert unterbreitet wurden;
	(b) über jeden Vermögenswert separat verhandelt wurde und der Auftragnehmer sowie der Kunde die Vertragsbestandteile, die jeden einzelnen Vermögenswert betreffen, separat akzeptieren oder ablehnen konnten; und
	(c) Kosten und Erlöse jedes einzelnen Vermögenswerts getrennt ermittelt werden können.
11.9	Eine Gruppe von Verträgen mit einem einzelnen oder mehreren Kunden ist als ein einziger Fertigungsauftrag zu behandeln, wenn
	(a) die Gruppe von Verträgen als ein einziges Paket verhandelt wird;
	(b) die Verträge so eng miteinander verbunden sind, dass sie im Grunde Teil eines einzelnen Projekts mit einer Gesamtgewinnmarge sind; und
	(c) die Verträge gleichzeitig oder unmittelbar aufeinander folgend abgearbeitet werden.
11.10	Ein Vertrag kann einen Folgeauftrag auf Wunsch des Kunden zum Gegenstand haben oder kann um einen Folgeauftrag ergänzt werden. Der Folgeauftrag ist als separater Fertigungsauftrag zu behandeln, wenn
	(a) er sich hinsichtlich Design, Technologie oder Funktion wesentlich von dem ursprünglichen Vertrag unterscheidet; oder
	(b) die Preisverhandlungen für den Vertrag losgelöst von den ursprünglichen Verhandlungen geführt werden.
11.11	Die Auftragserlöse umfassen:
	(a) den ursprünglich im Vertrag vereinbarten Erlös; und
	(b) Zahlungen für Abweichungen im Gesamtwerk, Ansprüche und Anreize,
	(i) sofern es wahrscheinlich ist, dass sie zu Erlösen führen; und
	(ii) soweit sie verlässlich ermittelt werden können.
11.16	Die Auftragskosten umfassen:
	(a) die direkt mit dem Vertrag verbundenen Kosten;
	(b) alle allgemein dem Vertrag zurechenbaren Kosten; und
	(c) sonstige Kosten, die dem Kunden vertragsgemäß gesondert in Rechnung gestellt werden können.

---

[1] in Anlehnung an *Hammen* IFRS-Praxis, §5H Rn 399ff.

11.22	Ist das Ergebnis eines Fertigungsauftrags verlässlich zu schätzen, so sind die Auftragserlöse und Auftragskosten in Verbindung mit diesem Fertigungsauftrag entsprechend dem Leistungsfortschritt am Abschlussstichtag jeweils als Erträge und Aufwendungen zu erfassen. Ein erwarteter Verlust durch den Fertigungsauftrag ist gemäß IAS 11.36 sofort als Aufwand zu erfassen.
11.23	Im Falle eines Festpreisvertrags kann das Ergebnis eines Fertigungsauftrages verlässlich geschätzt werden, wenn alle folgenden Kriterien erfüllt sind: (a) die gesamten Auftragserlöse können verlässlich bewertet werden; (b) es ist wahrscheinlich, dass der wirtschaftliche Nutzen aus dem Vertrag dem Unternehmen zufließt; (c) sowohl die bis zur Fertigstellung des Auftrags noch anfallenden Kosten als auch der Grad der erreichten Fertigstellung können am Abschlussstichtag verlässlich bewertet werden; und (d) die Auftragskosten können eindeutig bestimmt und verlässlich bewertet werden, so dass die bislang entstandenen Auftragskosten mit früheren Schätzungen verglichen werden können.
11.24	Im Falle eines Kostenzuschlagsvertrags kann das Ergebnis eines Fertigungsauftrags verlässlich geschätzt werden, wenn alle folgenden Kriterien erfüllt sind: (a) es ist wahrscheinlich, dass der wirtschaftliche Nutzen aus dem Vertrag dem Unternehmen zufließt; und (b) die dem Vertrag zurechenbaren Auftragskosten können eindeutig bestimmt und verlässlich bewertet werden, unabhängig davon, ob sie gesondert abrechenbar sind.
11.32	Sofern das Ergebnis eines Fertigungsauftrags nicht verlässlich geschätzt werden kann, (a) ist der Erlös nur in Höhe der angefallenen Auftragskosten zu erfassen, die wahrscheinlich einbringbar sind; und (b) sind die Auftragskosten in der Periode, in der sie anfallen, als Aufwand zu erfassen. Ein erwarteter Verlust durch den Fertigungsauftrag ist gemäß IAS 11.36 sofort als Aufwand zu erfassen.
11.35	Wenn die Unsicherheiten, die eine verlässliche Schätzung des Ergebnisses des Auftrags behinderten, nicht länger bestehen, sind die zu dem Fertigungsauftrag gehörigen Erträge und Aufwendungen gemäß IAS 11.22 statt gemäß IAS 11.32 zu erfassen.
11.36	Ist es wahrscheinlich, dass die gesamten Auftragskosten die gesamten Auftragserlöse übersteigen werden, sind die erwarteten Verluste sofort als Aufwand zu erfassen.

Übersicht

	Rn
I. Regelungsgehalt	1
II. Normzweck und Anwendungsbereich	2 – 6
III. Begriffe	7 – 9
IV. Zusammenfassung und Segmentierung von Fertigungsaufträgen	10 – 13
V. Erfassung von Auftragserlösen und Auftragskosten	14 – 31
1. Verlässliche Schätzbarkeit des Ergebnisses	16 – 17
2. Verlässlichkeit der Schätzung nach Vertragsarten	18 – 21
3. Auftragserlöse	22 – 23
4. Auftragskosten	24 – 25
5. Ermittlung des Fertigstellungsgrads	26 – 29
6. Berücksichtigung von Schätzfehlern	30 – 31
VI. Erfassung erwarteter Verluste	32 – 36
VII. Anhangangaben	37
VIII. IFRS für kleine und mittelgroße Unternehmen	38
IX. Ausblick	39

1   **I. Regelungsgehalt.** Bei Unternehmen im Großanlagenbau (z.B. Schiffsbau) vergehen teilweise Jahre bis ein Projekt beendet wird. Würde das Projektgeschäft solcher Unternehmen erst bei Auslieferung des fertigen Produkts am Projektende zu Umsatz führen, hätte dies zur Folge, dass über einen Großteil der Projektlaufzeit die betrieblichen Aktivitäten des Unternehmens keinen Niederschlag in der Erfolgsrechnung fänden. Stattdessen würden die zwischenzeitlich anfallenden Aufwendungen in Form von z.B. Material- oder Personalkosten als angefangene Arbeiten aktiviert, und erst mit der Auslieferung an den Kunden käme es zu einem Umsatz- und Gewinnausweis. Es ist durchaus fraglich, ob eine solche Bilanzierung den in IAS 1.7 genannten Zweck von Abschlüssen erfüllt, „Informationen über die Vermögens-, Finanz- und Ertragslage [...] eines Unternehmens bereitzustellen, die für eine breite Palette von Adressaten nützlich sind, um wirtschaftliche Entscheidungen zu treffen". Vor diesem Hintergrund trifft IAS 11 *Construction Contracts* im Sinne einer engeren Kopplung von Betriebsaktivität und Umsatzausweis Regelungen, unter welchen Umständen und mithilfe welcher Zurechnungsvorschriften bei bestimmten periodenübergreifenden Verträgen Auftragserlöse und Auftragskosten auf die Bilanzierungsperioden zu verteilen sind, in denen die Fertigungsleistung erbracht wird.

II. Normzweck und Anwendungsbereich. Der explizite Normzweck des Standards besteht darin, anhand der im IFRS Framework definierten Ansatzkriterien festzulegen, wann Auftragserlöse und Auftragskosten aus einem periodenübergreifenden Fertigungsauftrag in der Erfolgsrechnung zu berücksichtigen sind. Zudem soll IAS 11 Anleitungen zur Anwendung der im Standard festgelegten Kriterien in der Praxis geben.

IAS 11 ist auf die Bilanzierung von Fertigungsaufträgen bei Auftragnehmern anzuwenden. Als **Fertigungsaufträge** im Sinne des Standards gelten laut IAS 11.3 Verträge über die kundenspezifische Fertigung einzelner Gegenstände oder einer Anzahl von Gegenständen, die hinsichtlich Design, Technologie und Funktion oder hinsichtlich ihrer endgültigen Verwendung aufeinander abgestimmt oder voneinander abhängig sind.

In der Praxis mag die Bestimmung, ob ein Vertrag die ‚**kundenspezifische Fertigung** einzelner Gegenstände oder einer Anzahl von Gegenständen zum Zweck hat, gelegentlich Schwierigkeiten bereiten. Beispielsweise wird in der Immobilienbranche gelegentlich mit dem Verkauf einzelner Wohneinheiten begonnen, obwohl die Immobilie noch im Bau ist oder mit dem Bau noch nicht einmal begonnen wurde. Bei einigen solcher Verträge, und insbesondere wenn der Käufer nur begrenzt Möglichkeiten zur Änderung des Bauplans oder des Basisdesigns hat, stellt sich die Frage, ob eine kundenspezifische Fertigung im Sinne des IAS 11 vorliegt.

IFRIC 15 *Agreement for the Construction of Real Estate* legt diesbezüglich fest, dass von einer kundenspezifizischen Fertigung auszugehen (und IAS 11 damit anzuwenden) ist, wenn der Vertrag über die Errichtung einer Immobilie dem Käufer die Möglichkeit einräumt, vor Baubeginn die strukturellen Hauptelemente des Bauplans zu bestimmen oder nach Baubeginn die strukturellen Hauptelemente zu ändern (unabhängig davon, ob er von dieser Möglichkeit Gebrauch macht).

Obwohl IFRIC 15 nur für die Wohnungswirtschaft gedacht ist, findet sich in der *Basis for Conclusions* der ausdrückliche Hinweis, dass die IFRIC 15 Kriterien zur Klärung des kundenspezifischen Charakters auch auf andere Verträge und Industrien analog anwendbar sein können (IFRIC 15.BC6). Bei analoger Anwendung wäre immer dann von einer kundenspezischen Fertigung auszugehen (und somit IAS 11 anzuwenden), wenn der Auftraggeber so eng in den Fertigungsprozess eingebunden ist, dass er die strukturellen Hauptelemente des anzufertigenden Gegenstandes bestimmen oder im Verlauf der Fertigung ändern kann.

III. Begriffe. Ein **Fertigungsauftrag** ist ein Vertrag über die kundenspezifische Fertigung einzelner Gegenstände oder einer Anzahl von Gegenständen, die hinsichtlich Design, Technologie und Funktion oder hinsichtlich ihrer endgültigen Verwendung aufeinander abgestimmt oder voneinander abhängig sind. Ein Fertigungsauftrag kann für die Fertigung eines einzelnen Gegenstands (z.B. einer Brücke, eines

Gebäudes, eines Dammes, einer Pipeline, einer Straße, eines Schiffes oder eines Tunnels) oder aber über den Bau komplexer Anlagen (z.b. einer Raffinerie) geschlossen werden.

8 Ein **Festpreisvertrag** ist ein Fertigungsauftrag, für den der Auftragnehmer einen festen Preis bzw. einen festgelegten Preis pro Outputeinheit vereinbart, wobei diese an eine Preisgleitklausel gekoppelt sein können.

9 Ein **Kostenzuschlagsvertrag ist** ein Fertigungsauftrag, bei dem der Auftragnehmer abrechenbare oder anderweitig festgelegte Kosten zuzüglich eines vereinbarten Prozentsatzes dieser Kosten oder eines festen Entgelts vergütet bekommt.

10 **IV. Zusammenfassung und Teilung von Aufträgen.** Nach IAS 11.7 ist der Standard auf jeden einzelnen Fertigungsauftrag separat anzuwenden. Der Standard folgt damit dem Grundsatz der Einzelbewertung. Ausnahmsweise verlangt IAS 11 jedoch die Zusammenfassung verschiedener rechtlich selbständiger Verträge zu einem Fertigungsauftrag oder umgekehrt die Aufsplittung eines Vertrages in mehrere Fertigungsegmente, wenn die wirtschaftliche Betrachtungsweise dies gebietet

11 Bei der Zusammenfassung von Aufträgen kann es zu einer Saldierung von Auftragsverlusten (aus einem Vertrag) mit Auftragsgewinnen (aus einem anderen) kommen. Hingegen kann die Anwendung von IAS 11 auf einzelne Fertigungssegmente gegenüber einer Anwendung des Standards auf den Gesamtvertrag einen anderen zeitlichen Ergebnisverlauf nach sich ziehen.

12 Sowohl die Zusammenfassung als auch die Segmentierung von Verträgen kann somit je nach Projektumfang signifikante Auswirkungen auf das Jahresergebnis haben. Der Standard legt daher jeweils fest, unter welchen **Voraussetzungen** Fertigungsaufträge zusammenzufassen bzw. zu segmentieren sind. Diese Voraussetzungen sehen wie folgt aus:

Segmentierung des Fertigungsauftrags (IAS 11.8)	Zusammenfassung rechtlich selbständiger Verträge (IAS 11.9)
1. Für jede Einzelleistung wird ein separates Angebot unterbreitet.	1. Die Gruppe von Verträgen wird als ein einziges Paket verhandelt.
2. Jede Teilleistung wird einzeln verhandelnt und kann von beiden Parteien separat akzeptiert oder abgelehnt werden.	2. Die Verträge sind derart eng miteinander verbunden, dass sie im Grunde Teil eines einzelnen Projektes mit einer Gesamtgewinnspanne sind.
3. Kosten und Erlöse jeder einzelnen Leistung können getrennt ermittelt werden.	3. Die Verträge werden gleichzeitig oder unmittelbar aufeinander folgend abgearbeitet.

Beispiel	Beispiel
Vertrag über die Erstellung eines Hauses mit dazugehörigem Schwimmbad sowie eines Tennisplatzes	Abschluss separater Verträge über den Bau eines Kraftwerks und des dazugehörenden Kühlturms

Die Voraussetzungen sind kumulativ zu erfüllen.

Nach IAS 11.10 ist auch bei einem Folgeauftrag zu untersuchen, inwieweit dieser als separater Fertigungsauftrag zu behandeln ist oder den ursprünglichen Vertrag nur ergänzt. Der Folgeauftrag ist als separater Fertigungsauftrag zu behandeln, wenn
- er sich hinsichtlich Design, Technologie oder Funktion wesentlich von dem ursprünglichen Vertrag unterscheidet oder
- die Preisverhandlungen für den Vertrag losgelöst von den ursprünglichen Verhandlungen geführt werden.

Beispiel

Nach Fertigstellung eines Hauses überlegt sich der Eigentumer, dass er zusätzlich noch ein Schwimmbad gebaut haben mochte. Er verhandelt mit demselbem Bauunternehmer, aber losgelöst vom Hausbauvertrag darüber und erteilt ihm schlieslich den Auftrag. Das Projekt ist als separater Fertigungsauftrag zu werten.

V. Erfassung von Auftragserlösen und Auftragskosten. Wie bereits eingangs skizziert, werden bei Fertigungsaufträge im Anwendungsbereich des IAS 11 Auftragserlöse und Auftragskosten nicht erst mit Auslieferung am Projektende, sondern (jeweils anteilig) bereits dann erfasst, wenn die Fertigungsleistung erbracht wird. Die Erfassung der Auftragserlöse und –kosten und damit die Gewinnrealisierung je Periode richten sich nach dem am Bilanzstichtag erreichten **Leistungsfortschritt bzw. Fertigstellungsgrad** (IAS 11.22 und 11.25).

Als Voraussetzung für eine Erfassung von Auftragserlösen und Auftragskosten gemäß Leistungsfortschritt verlangt IAS 11.22 jedoch, dass sich das (Gesamt-) Ergebnis des Fertigungsauftrags verlässlich schätzen lässt.

1. Verlässliche Schätzbarkeit des Ergebnisses. IAS 11.29 geht davon aus, dass bei Vorliegen bestimmter Bedingungen eine verlässliche Schätzung im Allgemeinen möglich ist. Die Bedingungen beziehen sich zum einen auf vertragliche Regelungen und zum anderen auf unternehmensinterne **Voraussetzungen**. Im einzelnen sind es folgende:

Vertragliche Regelungen	Vertrag räumt jeder Vertragspartei durchsetzbare Rechte und Pflichten bezüglich der zu erbringenden Leistung ein; Vertrag legt die zu erbringende Gegenleistung fest; Vertrag legt die Art und Bedingungen der Erfüllung fest.
Unternehmensinterne Voraussetzungen	Unternehmen verfügt über ein wirksames Budgetierungs- und Berichtssystem; Unternehmen überprüft in jeder Periode seine Schätzungen und passt diese ggf. an die geänderten Rahmenbedingungen an.

17 Bei den unternehmensinternen Voraussetzungen wird die verlässliche Schätzbarkeit an ein funktionierendes Budgetierungs- und Berichtssystem geknüpft, wie es typischerweise im Projektcontrolling eingesetzt wird. Dieses System muss rollierend sein, um Schätzungen von Auftragserlösen und Auftragskosten im zeitlichen Verlauf des Fertigungsauftrags an veränderte Gegebenheiten anzupassen. Die Tatsache, dass anfängliche Schätzungen im Laufe des Projekts korrigiert werden müssen, ist, wie IAS 11.29 hervorhebt, nicht unbedingt ein Hinweis darauf, dass sich das Ergebnis eines Fertigungsauftrags nicht verlässlich schätzen lässt.

18 **2. Verlässlichkeit der Schätzung nach Vertragsart.** In der Praxis werden Fertigungsaufträge je nach Auftrag und Branche als Festpreisverträge, als Kostenzuschlagsverträge oder als eine Kombination von beiden abgeschlossen. Die Identifizierung der Vertragsart ist in sofern von Bedeutung, als IAS 11 je nach Vertragsart unterschiedliche Kriterien festgelegt, anhand deren das Ergebnis eines Fertigungsauftrags als verlässlich ermittelbar eingestuft wird.

19 Laut IAS 11.23 und IAS 11.24 kann das Ergebnis eines Fertigungsauftrags verlässlich geschätzt werden, wenn folgende **Kriterien** erfüllt sind:

V. Erfassung von Auftragserlösen und Auftragskosten

	Festpreisvertrag	Kostenzuschlagsvertrag
Kriterien	1. Die gesamten Auftragserlöse können verlässlich ermittelt werden. 2. Es ist wahrscheinlich, dass der wirtschaftliche Nutzen aus dem Vertrag dem Unternehmen zufließt zufließt. 3. Die bis zur Auftragsfertigstellung noch anfallenden Kostensowie der erreichte Fertigstellungsgrad können am Bilanzstichtag verlässlich bestimmt werden. 4. Die dem Vertrag zurechenbaren Auftragskosten lassen sich eindeutig bestimmen und deren Höhe lässt sich verlässlich ermitteln. (IAS 11.23)	1. Es ist wahrscheinlich, dass der wirtschaftliche Nutzen aus dem Vertrag dem Unternehmen zufließt. 2. Die dem Vertrag zurechenbaren Auftragskosten lassen sich eindeutig bestimmen und deren Höhe lässt sich verlässlich ermitteln. (IAS 11.24)

Die Kostenzuschlagsverträge unterliegen weniger strengen Kriterien. Hintergrund ist, dass der Gewinn als Zuschlag auf die Kostenbasis relativ sicher ermittelt werden kann, sofern die Kostenbasis eindeutig und verlässlich bestimmbar ist.

Bei so genannten Mischverträgen, die eine Kombination der o.g. beiden Vertragstypen darstellen, z.B. Kostenzuschlagsverträge mit Höchstpreisvereinbarung sind nach IAS 11.6 im Ergebnis die strengeren Regeln für Festpreisverträge zu erfüllen.

3. Auftragserlöse. Das Ergebnis eines Fertigungsauftrag ergibt sich als **Differenz aus Auftragserlösen und Auftragskosten**. Bei vielen Projektverträgen hängen bestimmte Erlöskomponenten vom Eintritt zukünftiger Ereignisse ab oder sind sonstwie mit Unsicherheiten behaftet. Die nachfolgende Übersicht zeigt verschiedene Erlöskomponenten und den Zeitpunkt, an dem sie für Zwecke der Ergebnisermittlung als Teil der Auftragserlöse anzusehen sind.

Komponente	Basis	Kriterien für Erfassung	Vorschrift
Vereinbarter Erlös	Vertrag	Nutzenzufluss wahrscheinlich	IAS 11.12a
Preisgleitklausel	Vertrag	dito	IAS 11.12b
Vereinbarung Abweichung	Kundenanweisung	Anspruch wird erfasst, wenn: Wahrscheinlichkeit, dass Kunde die Abweichung und den Erlös daraus akzeptiert (schriftliche Genehmigung); Erlös kann verlässlich ermittelt werden.	IAS 11.12a IAS 11.13a IAS 11.13b
Nachforderung Auftragnehmer	Vertragsklausel: Anspruch durch Verzögerung, Fehler oder strittige Abweichungen des Kunden	Anspruch wird erfasst, wenn: Verhandlungen so weit fortgeschritten, dass Kunde wahrscheinlich akzeptiert (ursprünglicher Vertrag wird schriftlich ergänzt oder geändert); Betrag kann verlässlich bewertet werden.	IAS 11.12a IAS 11.14a IAS 11.14b
Prämien (Leistungsanreiz)	Vertrag	Anspruch wird erfasst, wenn: • Projekt soweit fortgeschritten ist, dass eine Erfüllung der Voraussetzungen wahrscheinlich ist; • Betrag kann verlässlich bewertet werden.	IAS 11.12a IAS 11.15a IAS 11.15b
Vertragstrafen für Auftragnehmer	Vertrag	Verzug bei Vertragserfüllung; Vertragsstrafe reduziert die Auftragserlöse	IAS 11.12c
Abnehmer verlangt mehr als die ursprünglichen Einheiten	Kundenanweisung	Nutzenzufluss wahrscheinlich	IAS 11.12d

V. Erfassung von Auftragserlösen und Auftragskosten

Auftragserlöse sind nach IAS 11.12 zum Fair Value des erhaltenen oder zu erhaltenden Entgelts bewertet. Für den Fall längerfristiger Zahlungsziele impliziert diese Vorschrift, dass eine Diskontierung der Erlöse mit dem marktüblichen Zinssatz für vergleichbare Kredite vorzunehmen ist. Für den in der Praxis sicherlich nicht allzu häufigen Fall, dass die Gegenleistung in Sachwerten besteht, bestimmt IAS 11.12 die Bewertung der Auftragserlöse zum Fair Value der Gegenleistung.

23

4. Auftragskosten. Der zweite wichtige Parameter für die Bestimmung eines anteiligen Gewinns sind die mit der Fertigung in Zusammenhang stehenden Kosten. Diese umfassen nach IAS 11.21 alle dem Vertrag zurechenbaren Kosten und zwar vom Zeitpunkt der Auftragserlangung bis zur Auftragsfertigstellung. Neben der korrekten Erfassung der bisherigen Auftragskosten kommt dabei den geschätzten Auftragskosten bis zur Fertigstellung eine ganz entscheidende Bedeutung zu. Denn eine falsche Ermittlung führt während des Zeitraums der Auftragserstellung unweigerlich zu einem falschen Gewinnausweis, der erst im Jahr der Fertigstellung für die Fertigungsperioden kumuliert korrigiert werden würde.

24

Die Komponenten der Auftragskosten ergeben sich aus der folgenden Übersicht:

25

Komponenten	Beispiele	Vorschrift
Direkte Kosten des Fertigungsauftrags	• Fertigungslöhne u. Gehälter für die Auftragsüberwachung; • Kosten für Fertigungsmaterial; • planmäßige Abschreibung für eingesetzte Maschinen und Anlagen; • Transportkosten von Maschinen, Anlagen und Material zum und vom Erfüllungsort; • Mietaufwendungen für Maschinen und Anlagen; • Kosten der Ausgestaltung und technischen Projektunterstützung; • geschätzte Nachbesserungskosten und Garantieleistungen sowie erwarteten Gewährleistungsaufwand; • Kosten Nachforderungen Dritter; • Kosten für die Durchsetzung von Nachforderungen.	IAS 11.17

Komponenten	Beispiele	Vorschrift
Reduktion durch zusätzliche Erträge	• Verkaufserträge aus überschüssigem Material; • Verkaufserträge aus nicht mehr benötigten Anlagen nach Projektbeendigung. *Hinweis*: Die geforderte Konkretisierung ergibt sich in der Regel erst durch einen tatsächlichen Verkauf	IAS 11.17
Indirekte Kosten (Gemeinkosten) des Auftrags (Zurechnung erfolgt auf Basis einer normalen Kapazitätsauslastung)	• Versicherungsprämien; • Kosten der Ausgestaltung und technischen Projektunterstützung, soweit nicht direkt im Zusammenhang stehend; • Fertigungsgemeinkosten; • Fremdkapitalkosten, sofern die alternativ zulässige Methode nach IAS 23 gewählt wurde; Kosten der allgemeinen Überwachung und Qualitätskontrolle.	IAS 11.18
Kosten, die vertragsgemäß gesondert in Rechnung gestellt werden können	Kosten müssen vertraglich eindeutig spezifiziert sein: • Teile der allgemeinen Verwaltungskosten • Entwicklungskosten	IAS 11.19
Keine Berücksichtigung nicht zuordenbarer Kosten	• Kosten der allgemeinen Verwaltung*; • Vertriebskosten; • Forschungs- und Entwicklungskosten*; • planmäßige Abschreibungen ungenutzter Maschinen und Anlagen. * *sofern keine Erstattung vereinbart wurde*	IAS 11.20

V. Erfassung von Auftragserlösen und Auftragskosten

Komponenten	Beispiele	Vorschrift
Komponenten Beispiele Vorschrift Kosten zur konkreten Auftragserlangung, wenn diese • identifizierbar; • verlässlich bewertbar und die Auftragserteilung wahrscheinlich ist	• Rechtsanwaltshonorare; • Beratungshonorare; • Kosten Angebotserstellung einer Marketinggesellschaft; • Sondereinzelkosten des Vertriebs. **Hinweis:** *in zeitlicher Hinsicht kommen nur die Kosten solcher Aufträge in Betracht, die bei der Bilanzerstellung sicher oder sehr wahrscheinlich sind; ansonsten liegt Periodenaufwand vor.*	IAS 11.21

5. Ermittlung des Fertigstellungsgrads. Nachdem die Parameter „Auftragserlöse" und „Auftragskosten" festgelegt wurden, entscheidet der dritte Parameter, der „Fertigstellungsgrad", über den in den Fertigungsperioden auszuweisenden anteiligen Gewinn. Nach IAS 11.30 kann der Fertigstellungsgrad nach verschiedenen Verfahren bestimmt werden. Es wird jedoch klargestellt, dass Abschlagzahlungen bzw. Anzahlungen eines Kunden keine geeigneten Messgrößen sind. Danach sind die folgenden Verfahren möglich:

Inputorientierte Methoden (nach den eingesetzten Faktoren)	Definition	Anwendungsbereich
Efforts-expended-Methode	Verhältnis der zum Bilanzstichtag kumulierten, bisherigen Arbeitszeit zu der am Bilanzstichtag geschätzten gesamten Arbeitszeit.	Anwendung bei reinen Planungs- und Überwachungsaufgaben sowie Organisations und Softwareprojekten.

Cost-to-cost-Methode	Verhältnis der zum Bilanzstichtag kumulierten, bisherigen Auftragskosten zu den am Bilanzstichtag geschätzten gesamten Auftragskosten.	Anwendung bei Fertigungsunternehmen, bei dem neben dem Faktor Zeit auch der Faktor Materialaufwand eine nicht unerhebliche Rolle spielt.
Outputorientierte Methoden **(nach der erbrachten Leistung)**		
Begutachtung der erbrachten Leistung	Fertigstellungsgrad wird durch Gutachten ermittelt.	Anwendung bei komplexen, technisch aufwendigen Projekten.
Vollendung eines physischen Teils des Fertigungsauftrags	Methode stellt auf die mengenmäßige physische Fertigstellung ab.	Anwendung bei einer über den gesamten Auftrag gleich bleibenden Leistungsart, z.B. im Straßenbau.

27 Als Ergebnis der Festlegung des Fertigunstellungsgrads und der verlässlichen Schätzung der Auftragserlöse und Auftragskosten erfolgt nach IAS 11.26 deren anteilige Erfassung als Ertrag bzw. Aufwand in der Gewinn- und Verlustrechnung der jeweiligen Fertigungsperiode. Diese Erfassungsmethoden nach Leistungsfortschritt bzw. Fertigstellungsgrad wird auch als „**percentage-of-completion-Methode**" (kurz PoC-Methode) bezeichnet.

28 Können der Fertigstellungsgrad, die Auftragskosten oder die Auftragserlöse und damit das Ergebnis des Fertigungsauftrags nicht zuverlässig geschätzt werden, dann findet nach IAS 11.32 die so genannte „**zero-profit-margin-Methode**" Anwendung. Danach wird ein Ertrag nur in Höhe der angefallenen Auftragskosten in der Gewinn- und Verlustrechnung abgebildet. Ein Gewinnausweis entfällt.

29 Der Unterschied zu der „**completed-contract-Methode**" nach HGB liegt darin begründet, dass das HGB in der Gewinn- und Verlustrechnung nur eine Bestandsveränderung ausweist, aber kein Erträge in Form von Erlösen.

Beispiel

Das nachfolgende Beispiel soll die PoC-Methode illustrieren. Dabei sind die nachfolgenden Schritte zu beachten:

V. Erfassung von Auftragserlösen und Auftragskosten

1. Schritt	Ermittlung der Auftragserlöse anhand des Vertragstyps
2. Schritt	Ermittlung der gesamten Auftragskosten
3. Schritt	Ermittlung der bis zum Bilanzstichtag kumulierten, angefallenen Auftragskosten
4. Schritt	Ermittlung des Fertigstellungsgrades (hier: cost-to-cost-Methode)
5. Schritt	Anwendung des Prozentsatzes auf die Auftragserlöse
6. Schritt	Subtraktion der bereits zum letzen Bilanzstichtag erfassten, kumulierten Auftragserlöse
7. Schritt	Subtraktion der Aufragskosten pro Periode

Ein Unternehmen erhält am 1.1.01 einen Auftrag zum Bau einer Brücke. Vereinbart ist ein Festpreis in Höhe von 20.000 T€. Die geplante Bauzeit beträgt 4 Jahre; die gesamten Auftragskosten werden mit 17.500 T€ veranschlagt. Im Jahr 03 werden diese auf 18.200 T€ geschätzt. In den Jahren 01 – 04 ergeben sich die folgenden Auftragskosten:

d) 01: 6.000 T€
e) 02: 5.500 T€
f) 03: 4.500 T€
g) 04: 2.200 T€

		Periode 01	Periode 02	Periode 03	Periode 04
1. Schritt	Gesamtauftragserlöse	20.000 T€	20.000 T€	20.000 T€	20.000 T€
2. Schritt	Gesamtauftragskosten	17.500 T€	17.500 T€	18.200 T€	18.200 T€
3. Schritt	kumul. Auftragskosten	6.000 T€	11.500 T€	16.000 T€	18.200 T€
4. Schritt	Fertigstellungsgrad	34,29 %	65,71 %	87,91 %	100,00 %
5. Schritt	anteilige Auftragserlöse	6.858 T€	13.142 T€	17.582 T€	20.000 T€

		Periode 01	Periode 02	Periode 03	Periode 04
6. Schritt	Subtraktion Auftragserlöse	0 T€	- 6.858 T€	- 13.142 T€	- 17.582 T€
Ergebnis	**Umsatzerlöse**	**6.858 T€**	**6.284 T€**	**4.440 T€**	**2.418 T€**
7. Schritt	Auftragskosten	- 6.000 T€	- 5.500 T€	- 4.500 T€	- 2.200 T€
	Periodenergebnis	858 T€	784 T€	- 60 T€	218 T€

Durch die Änderung der Schätzung der Gesamtauftragskosten in 03, hat sich der Gesamtgewinn des Fertigungsauftrags von ursprünglich 2.500 T€ auf 1.800 T€ reduziert. Dies hatte zur Folge, dass in der Periode 03 ein Verlust entstanden ist, da der in 01 und 02 zu hoch ausgewiesene Gewinn 03 in einer Summe korrigiert wurde.

30   **6. Berücksichtigung von Schätzfehlern.** Wie das zuvor dargestellte Beispiel zeigt, kann es gerade bei Fertigungsaufträgen mit einer mehrjährigen Fertigungsdauer zu **Gewinnreduzierungen** gegenüber dem bei Projektbeginn kalkulierten Gewinn kommen. Im obigen Beispiel wären damit aber streng genommen die Jahresabschlüsse 01 und 02 insoweit fehlerhaft, als ein zu hoher Gewinnausweis erfolgt ist. Nach IAS 11.38 handelt es sich dabei um einen Schätzfehler, der in der Berichtsperiode berücksichtigt wird, in der die Änderung der Schätzung vorgenommen wird, also in der Periode 03. Die Schätzfehlerkorrektur erfolgt damit „prospektiv" entsprechend den Regeln des IAS 8 in der Berichtsperiode und in den nachfolgenden Berichtsperioden. Die Vorjahreszahlen werden nicht mehr geändert.

31   Etwas anderes gilt nur, wenn der Schätzfehler hätte vermieden werden können. Dann erfolgt die Fehlerkorrektur „retrospektiv" und führt im Jahresabschluss der Berichtsperiode zu einer Änderung der Vergleichsperiode.

32   **VI. Erfassung erwarteter Verluste.** Mitunter können Schätzfehler derart gravierend sein, dass unter Umständen schon sehr früh bemerkt wird, dass der Fertigungsauftrag mit einem Verlust enden wird. Nach IAS 11.36 besteht dafür die Verpflichtung, den wahrscheinlich eintretenden Verlust sofort als Aufwand zu erfassen. Im Gegensatz zur anteiligen Gewinnerfassung wird eine anteilige Verlusterfassung nicht zugelassen. Unerheblich ist auch, ob mit dem Fertigungsauftrag bereits begonnen wurde (IAS. 11.37).

VI. Erfassung erwarteter Verluste

Beispiel

Das obige Beispiel wird nun dahingehend verändert, dass am Ende der Periode 2 mit Gesamtauftragskosten in Höhe von 21.000 T€ gerechnet wird. Insgesamt entsteht also ein Auftragsverlust in Höhe von 1.000 T€. Die Auftragskosten für die nachfolgenden Perioden stellen sich wie folgt dar:

a) 03: 5.000 T€
b) 04: 4.500 T€

		Periode 01	Periode 02	Periode 03	Periode 04
1. Schritt	Gesamtauftragserlöse	20.000 T€	20.000 T€	20.000 T€	20.000 T€
2. Schritt	Gesamtauftragskosten	17.500 T€	21.000 T€	21.000 T€	21.000 T€
3. Schritt	kumul. Auftragskosten	6.000 T€	11.500 T€	16.500 T€	21.000 T€
4. Schritt	Fertigstellungsgrad	34,29 %	57,50 %*	82,50 %**	100,00 %
5. Schritt	anteilige Auftragserlöse	6.858 T€	11.500 T€	16.500 T€	20.000 T€
6. Schritt	Subtraktion Auftragserlöse	0 T€	- 6.858 T€	- 11.500 T€	- 16.500 T€
Ergebnis	**Umsatzerlöse**	**6.858 T€**	**4.642 T€**	**5.000 T€**	**3.500 T€**
7. Schritt	Auftragskosten	- 6.000 T€	- 5.500 T€	- 5.000 T€	- 4.500 T€
8. Schritt	Erfassung Auftragsverlust sowie Zuschreibung Ford PoC bzw. Auflösung Rückstellung	0 T€	- 1.000 T€	0 T€	1.000 T€
	Periodenergebnis	858 T€	-1.858 T€	0 T€	0 T€

* 11.500 T€ / 20.000 T€ / ** 16.500 T€ / 20.000 T€

33 Die kumulierten Auftragskosten werden bezüglich der Berechnung des Fertigstellungsgrads auf die Gesamtauftragskosten abzüglich des Auftragsverlusts bezogen.

34 Bei Fertigungsaufträgen mit einem Gesamtverlust ergibt sich noch ein Schritt 8:
- Berücksichtigung des Gesamtverlusts im Berichtsjahr der Verlusterkenntnis durch Herabsetzung einer Forderung aus PoC bzw. durch Bildung einer Drohverlustrückstellung, falls der zu bilanzierende Verlust den Buchwert der Forderung aus PoC übersteigt.

35 Die Rückstellung wird in den Folgeperioden in dem Maße aufgelöst bzw. die Forderung wieder zugeschrieben, wie die anfallenden Auftragskosten die Umsatzerlöse übersteigen. Im Beispiel erfolgt sowohl die Zuschreibung der Forderung aus PoC als auch die Auflösung der Rückstellung vollständig in der Periode 04.

Beispiel

36 *Die bilanziellen Auswirkungen sowie die Ergebnisauswirkungen des Beispiels werden nachfolgend dargestellt. Dabei wird weiterhin unterstellt, dass der Auftragnehmer folgende Anzahlungen geleistet hat:*

a) 01: 5.000 T€

b) 02: 6.000 T€

c) 03: 4.000 T€

d) 04: 3.700 T€

AKTIVA	*Periode 01*	*Periode 02*	*Periode 03*	*Periode 04*
Forderungen aus PoC	1.858 T€	0 T€	1.000 T€	0 T€
Forderungen aus Lief. u. Leistg.	0 T€	0 T€	0 T€	1.300 T€
Bank (Anzahlung minus Auftragskosten)	-1.000 T€	-500 T€	-1.500 T€	-2.300
PASSIVA				
Ergebnisvortrag	0 T€	858 T€	- 1.000 T€	- 1.000 T€
Ergebnis	858 T€	- 1.858 T€	0 T€	0 T€
Rückstellung	0 T€	500T€	500 T€	0 T€
Kumulierte Auftragserlöse	6.858 T€	11.500 T€	16.500 T€	20.000 T€
Anzahlungen	- 5.000 T€	- 11.000 T€	-15.000 T€	-18.700 T€
Auftragsverlust	0 T€	- 1.000 T€	- 1.000 T€	*0 T€

IX. Ausblick

Umb. auf Forderungen aus Lief. und Leistg.	0 T€	0 T€	0 T€	- 1.300 T€
Forderung poc	1.858 T€	0 T€	500 T€	0 T€
Verbindlichkeit poc	0 T€	500 T€	0 T€	0 T€

* Der Auftragsverlust wurde in Periode 02 bereits abgebildet und wird nun im Jahr der Auftragsbeendigung gegen das Periodenergebnis 04 verrechnet. Dies geschieht durch Auflösung der Rückstellung (500 T€) und Zuschreibung der in Periode 02 herabgesetzten Forderung aus PoC (500 T€).

	Periode 01	Periode 02	Periode 03	Periode 04
Umsatzerlöse	6.858 T€	4.642 T€	5.000 T€	3.500 T€
Auftragskosten	- 6.000 T€	- 5.500 T€	- 5.000 T€	- 4.500 T€
Auftragsverlust	0 T€	- 1.000 T€	0 T€	1.000 T€
Ergebnis	858 T€	- 1.858 T€	0 T€	0 T€

VII. Anhangangaben. Nach IAS 11.39ff sind die folgenden Angaben im Anhang zu machen:
- die in der Berichtsperiode erfassten Auftragserlöse;
- die Methoden zur Ermittlung der in der Berichtsperiode erfassten Auftragserlöse;
- die Methoden zur Ermittlung des Fertigstellungsgrades laufender Projekte;
- die Summe der angefallenen und ausgewiesenen Gewinne (abzüglich etwaiger ausgewiesener Verluste) für am Bilanzstichtag noch laufende Projekte;
- der Betrag der erhaltenen Anzahlungen für am Bilanzstichtag noch laufende Projekte;
- der Betrag von Einbehalten für am Bilanzstichtag noch laufende Projekte;
- Fertigungsaufträge mit aktivischem Saldo gegenüber Kunden als Vermögenswert;
- Fertigungsaufträge mit passivischem Saldo gegenüber Kunden als Schulden.

VIII. IFRS für kleine und mittelgroße Unternehmen. Der IFRS-SMEs enthält in Abschnitt 23 *Revenue* auch Vorschriften zur Bilanzierung der Auftragsfertigung. Vgl. hierzu die Ausführungen zu IAS 18 *Revenue*.

IX. Ausblick. Das IASB überarbeitet derzeit im Rahmen seines Projektes zur Erfassung von Umsatzerlösen auch die Vorschriften zur Bilanzierung langfristiger Auftragsfertigung. Zum IASB Projekt vgl. die Ausführungen zu IAS 18 *Revenue*.

IAS 12 – Income Tax

Rn	Textauszüge aus IAS 12
12.12	Die tatsächlichen Ertragsteuern für die laufende und frühere Perioden sind in dem Umfang, in dem sie noch nicht bezahlt sind, als Schuld anzusetzen. Falls der auf die laufende und frühere Perioden entfallende und bereits bezahlte Betrag den für diese Perioden geschuldeten Betrag übersteigt, so ist der Unterschiedsbetrag als Vermögenswert anzusetzen.
12.13	Der in der Erstattung tatsächlicher Ertragsteuern einer früheren Periode bestehende Vorteil eines steuerlichen Verlustrücktrags ist als Vermögenswert anzusetzen.
12.15	Für alle zu versteuernden temporären Differenzen ist eine latente Steuerschuld anzusetzen, es sei denn, die latente Steuerschuld erwächst aus: (a) dem erstmaligen Ansatz des Geschäfts- oder Firmenwerts; oder (b) dem erstmaligen Ansatz eines Vermögenswerts oder einer Schuld bei einem Geschäftsvorfall, der: (i) kein Unternehmenszusammenschluss ist; und (ii) zum Zeitpunkt des Geschäftsvorfalls weder den bilanziellen Gewinn vor Steuern noch den zu versteuernden Gewinn (steuerlichen Verlust) beeinflusst. Bei zu versteuernden temporären Differenzen in Verbindung mit Anteilen an Tochterunternehmen, Zweigniederlassungen und assoziierten Unternehmen sowie Anteilen an Gemeinschaftsunternehmen ist jedoch eine latente Steuerschuld gemäß IAS 12.39 zu bilanzieren.
12.24	Ein latenter Steueranspruch ist für alle abzugsfähigen temporären Differenzen in dem Maße zu bilanzieren, wie es wahrscheinlich ist, dass ein zu versteuernder Gewinn verfügbar sein wird, gegen das die abzugsfähige temporäre Differenz verwendet werden kann, es sei denn, der latente Steueranspruch stammt aus dem erstmaligen Ansatz eines Vermögenswerts oder einer Schuld zu einem Geschäftsvorfall, der (a) kein Unternehmenszusammenschluss ist; und (b) zum Zeitpunkt des Geschäftsvorfalls weder den bilanziellen Gewinn vor Steuern noch den zu versteuernden Gewinn (steuerlichen Verlust) beeinflusst. Für abzugsfähige temporäre Differenzen in Verbindung mit Anteilen an Tochterunternehmen, Zweigniederlassungen und assoziierten Unternehmen sowie Anteilen an Gemeinschaftsunternehmen ist ein latenter Steueranspruch jedoch gemäß IAS 12.44 zu bilanzieren.
12.34	Ein latenter Steueranspruch für den Vortrag noch nicht genutzter steuerlicher Verluste und noch nicht genutzter Steuergutschriften ist in dem Umfang zu bilanzieren, in dem es wahrscheinlich ist, dass ein zukünftiger zu versteuernder Gewinn zur Verfügung stehen wird, gegen den die noch nicht genutzten steuerlichen Verluste und noch nicht genutzten Steuergutschriften verwendet werden können.

12.39 Ein Unternehmen hat eine latente Steuerschuld für alle zu versteuernden temporären Differenzen in Verbindung mit Anteilen an Tochterunternehmen, Zweigniederlassungen und assoziierten Unternehmen und Anteilen an Gemeinschaftsunternehmen zu bilanzieren, ausgenommen in dem Umfang, in dem beide der im Folgenden beschriebenen Bedingungen erfüllt sind:

(a) das Mutterunternehmen, der Anteilseigner oder das Partnerunternehmen ist in der Lage, den zeitlichen Verlauf der Auflösung der temporären Differenz zu steuern; und

(b) es ist wahrscheinlich, dass sich die temporäre Differenz in absehbarer Zeit nicht auflösen wird.

12.44 Ein Unternehmen hat einen latenten Steueranspruch für alle abzugsfähigen temporären Differenzen aus Anteilen an Tochterunternehmen, Zweigniederlassungen und assoziierten Unternehmen sowie Anteilen an Gemeinschaftsunternehmen ausschließlich in dem Umfang zu bilanzieren, in dem es wahrscheinlich ist,

(a) dass sich die temporäre Differenz in absehbarer Zeit auflösen wird; und

(b) dass der zu versteuernde Gewinn zur Verfügung stehen wird, gegen den die temporäre Differenz verwendet werden kann.

12.46 Tatsächliche Ertragsteuerschulden (Ertragsteueransprüche) für die laufende Periode und für frühere Perioden sind mit dem Betrag zu bewerten, in dessen Höhe eine Zahlung an die Steuerbehörden (eine Erstattung von den Steuerbehörden) erwartet wird, und zwar auf der Grundlage von Steuersätzen (und Steuervorschriften), die am Abschlussstichtag gelten oder in Kürze gelten werden.

12.47 Latente Steueransprüche und latente Steuerschulden sind anhand der Steuersätze zu bewerten, deren Gültigkeit für die Periode, in der ein Vermögenswert realisiert wird oder eine Schuld erfüllt wird, erwartet wird. Dabei werden die Steuersätze (und Steuervorschriften) verwendet, die zum Abschlussstichtag gültig oder angekündigt sind.

12.51 Die Bewertung latenter Steuerschulden und latenter Steueransprüche hat die steuerlichen Konsequenzen zu berücksichtigen, die daraus resultieren, in welcher Art und Weise ein Unternehmen zum Abschlussstichtag erwartet, den Buchwert seiner Vermögenswerte zu realisieren oder seiner Schulden zu erfüllen.

12.56 Der Buchwert eines latenten Steueranspruchs ist zu jedem Abschlussstichtag zu überprüfen. Ein Unternehmen hat den Buchwert eines latenten Steueranspruchs in dem Umfang zu mindern, in dem es nicht mehr wahrscheinlich ist, dass ein ausreichender zu versteuernder Gewinn zur Verfügung stehen wird, um sich den latenten Steueranspruch entweder teilweise oder insgesamt zu Nutze zu machen. Alle derartigen Minderungen sind in dem Umfang wieder aufzuheben, in dem es wahrscheinlich wird, dass ein ausreichender zu versteuernder Gewinn zur Verfügung stehen wird.

IAS 12

12.58 Tatsächliche und latente Steuern sind als Ertrag oder Aufwand zu erfassen und in den Gewinn oder Verlust der Periode einzubeziehen, ausgenommen in dem Umfang, in dem die Steuer herrührt aus:

(a) einem Geschäftsvorfall oder Ereignis, der bzw. das in der gleichen oder einer anderen Periode außerhalb des Gewinns oder Verlusts entweder im sonstigen Ergebnis oder direkt im Eigenkapital angesetzt wird (siehe IAS 12.61A bis 65); oder

(b) einem Unternehmenszusammenschluss (siehe IAS 12.66 bis 68).

12.61A Tatsächliche Ertragsteuern und latente Steuern sind außerhalb des Gewinns oder Verlusts zu erfassen, wenn sich die Steuer auf Posten bezieht, die in der gleichen oder einer anderen Periode außerhalb des Gewinns oder Verlusts erfasst werden. Dementsprechend sind tatsächliche Ertragsteuern und latente Steuern in Zusammenhang mit Posten, die in der gleichen oder einer anderen Periode:

(a) im sonstigen Ergebnis erfasst werden, im sonstigen Ergebnis zu erfassen (siehe IAS 12.62).

(b) direkt im Eigenkapital erfasst werden, direkt im Eigenkapital zu erfassen (siehe IAS 12.62A).

12.71 Ein Unternehmen hat tatsächliche Steuererstattungsansprüche und tatsächliche Steuerschulden dann, und nur dann zu saldieren, wenn ein Unternehmen

(a) einen Rechtsanspruch hat, die erfassten Beträge miteinander zu verrechnen; und

(b) beabsichtigt, entweder den Ausgleich auf Nettobasis herbeizuführen, oder gleichzeitig mit der Verwertung des betreffenden Vermögenswertes die dazugehörige Verbindlichkeit abzulösen.

12.74 Ein Unternehmen hat latente Steueransprüche und latente Steuerschulden dann, und nur dann zu saldieren, wenn

(a) das Unternehmen ein einklagbares Recht zur Aufrechnung tatsächlicher Steuererstattungsansprüche gegen tatsächliche Steuerschulden hat; und

(b) die latenten Steueransprüche und die latenten Steuerschulden sich auf Ertragsteuern beziehen, die von der gleichen Steuerbehörde erhoben werden für

(i) entweder dasselbe Steuersubjekt; oder

(ii) unterschiedliche Steuersubjekte, die beabsichtigen, in jeder künftigen Periode, in der die Ablösung oder Realisierung erheblicher Beträge an latenten Steuerschulden bzw. Steueransprüchen zu erwarten ist, entweder den Ausgleich der tatsächlichen Steuerschulden und Erstattungsansprüche auf Nettobasis herbeizuführen oder gleichzeitig mit der Realisierung der Ansprüche die Verpflichtungen abzulösen.

12.77 Der dem Gewinn oder Verlust aus gewöhnlicher Tätigkeit zuzurechnende Steueraufwand (Steuerertrag) ist in der Gesamtergebnisrechnung gesondert darzustellen.

12.77A Wenn ein Unternehmen die Ergebnisbestandteile in einer gesonderten Gewinn- und Verlustrechnung gemäß Paragraph 81 des IAS 1 *Darstellung des Abschlusses* (überarbeitet 2007) darstellt, so hat es den auf den Gewinn oder Verlust aus gewöhnlicher Geschäftstätigkeit entfallenden Steueraufwand (Steuerertrag) in diesem Abschlussbestandteil auszuweisen.

Übersicht

	Rn
I. Regelungsgehalt	1 – 10
II. Normzweck und Anwendungsbereich	11
III. Begriffe	12 – 31
IV. Bilanzierung von tatsächlichen Steuerschulden und Steuererstattungsansprüchen	32 – 34
V. Bilanzierung von latenten Steuerschulden und Steuerstattungsansprüchen	35 – 85
1. Erfassung latenter Steuern	35 – 38
2. Passivierung von zu versteuernden temporären Differenzen	39 – 59
a) Zu versteuernde temporäre Differenzen durch zeitliche Divergenz	44
b) Zu versteuernde temporäre Differenzen bei Unternehmenszusammenschlüssen	45 – 52
c) Zu versteuernde temporäre Differenzen bei Anteilen an Tochterunternehmern, Zweigniederlassungen, assoziierten Unternehmen sowie Anteile an Gemeinschaftsunternehmen	52 – 54
d) Zu versteuernde temporäre Differenzen bei Differenzen aus ergebnisneutralen Ansatz- Differenzen außerhalb eines Unternehmenszusammenschlusses	55 – 56
e) Zu versteuernde temporäre Differenzen durch Minderung der Basis bei steuerfreien Zuschüssen	57 – 58
f) Zu versteuernde temporäre Differenzen bei Finanzinstrumenten	59
3. Aktivierung von abzugsfähigen temporäre Differenzen	60 – 85
a) Übersicht über die Fallgestaltungen	61
b) Wahrscheinlichkeit der künftigen Steuerminderung	62 – 70
c) Jährliche Überprüfung von latenten Steueransprüchen	72
d) Einzelfälle latenter Steueransprüche	73 – 85

V. Bewertung		86 – 93
1. Bewertung tatsächlicher Steuern		87 – 88
2. Bewertung latenter Steuern		89 – 92
a) Maßgebende Steuersätze		89
b) Berücksichtigung besonderer Steuersätze und Einkünfteermittlung		90
c) Thesaurierungs- oder Ausschüttungssteuersatz		91
d) Abzinsungsverbot		92
3. Jährliche Überprüfung		93
VI. Ansatz bzw. Realisierung tatsächlicher und latenter Steuern		94 – 108
1. Ergebnisauswirkung der Steuern		94 – 98
a) Ergebnisauswirkung im Allgemeinen		94 – 97
b) Ergebnisauswirkungen durch Betriebsprüfungen		98
2. Ergebniswirksame Steuern		99 – 101
a) Steuern aus anteilsbasierten Vergütungen		100 – 100
3. Nicht ergebniswirksame Steuern		102 – 107
a) Ergebnisneutrale Erfassung von Positionen im sonstigen Ergebnis oder im Eigenkapital		103 – 105
b) Ergebnisneutrale Erfassung von Steuern aus Unternehmenszusammenschlüssen		106 – 107
4. Ermittlung und Aufteilung der nicht- und der ergebniswirksame Steuern		108
VII. Ausweis und Angaben (Presentation)		109 – 122
1. Ausweis von Steuern		109
2. Saldierung tatsächlicher Steuern		110 – 111
a) Aufrechnungsrecht		111
3. Ausweis der Steuerergebnisse		112
4. Angaben		113 – 122
a) Hauptangaben		114
b) Angaben im Übrigen		115 – 121
c) Angaben bei Unternehmen mit Verlusthistorie und ohne ausreichenden zu versteuernden Gewinn		122
VIII. Inkrafttreten		123 – 125
IX. IFRS für kleine und mittelgroße Unternehmen		126
X. Ausblick		127

I. Regelungsgehalt

I. Regelungsgehalt. IAS 12 *Income Taxes* befasst sich ausschließlich mit der Bilanzierung von Ertragsteuern, insbesondere also der vom Einkommen abhängigen Körperschafts- und Gewerbesteuer (inkl. Kapitalertragsteuer und Solidaritätszuschlag). Andere Steuerarten sind explizit ausgenommen.

Die Ertragsteuern können dabei gegenwärtig (*current*) bestehen und zum Ende des Wirtschaftsjahres zu einer tatsächlichen Ertragsteuerverbindlichkeit führen oder künftig (latent; deferred) entstehen. Künftige Steuern entstehen bei Differenzen zwischen dem IAS Buchwert eines Vermögensgegenstandes und seinem steuerlichen WertansaRn Ein niedriger steuerlicher Wertansatz führt bei Realisierung des Vermögensgegenstandes zu latenten Steuerschulden, ein höherer steuerlicher Wertansatz zu latenten Steuerminderungen. Solche Differenzen können durch unterschiedliche Wertansätze und Bewertungen, aber auch durch abweichende Realisierung von Aufwendungen und Erträgen entstehen. Korrespondierende stille Reserven oder stille Lasten von Vermögensgegenständen oder Schulden oder begründen dagegen keine Differenz und keine latente Steuer.

Übersicht über die von IAS 12 erfassten Steuern:

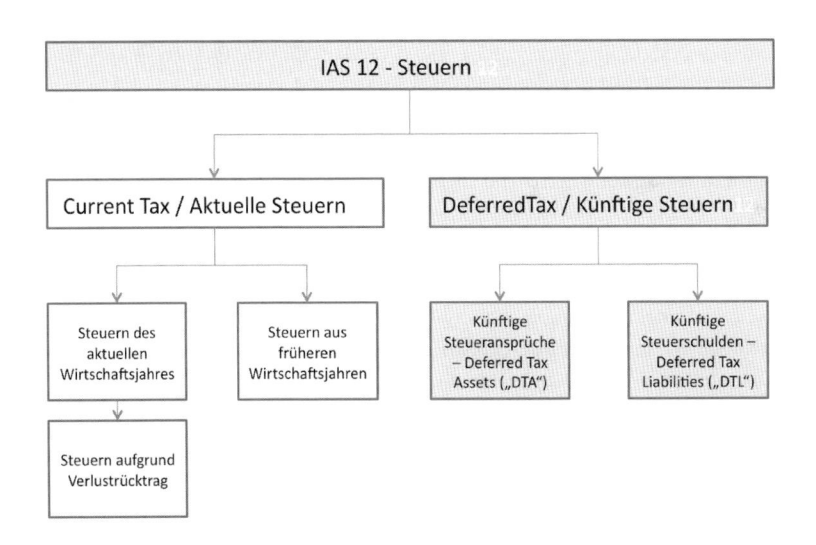

```
                    IAS 12 - Steuern
                    ┌───────┴───────┐
        Current Tax / Aktuelle Steuern    DeferredTax / Künftige Steuern
        ┌───────┴───────┐                 ┌───────┴───────┐
   Steuern des    Steuern aus       Künftige              Künftige
   aktuellen     früheren         Steueransprüche      Steuerschulden –
 Wirtschaftsjahres Wirtschaftsjahren – Deferred Tax     Deferred Tax
                                   Assets („DTA")    Liabilities („DTL")
   Steuern aufgrund
   Verlustrücktrag
```

Eine künftige Ertragsteuerverbindlichkeit wird als latente Steuerschuld (*deferred tax liability*, DTL) bezeichnet. Die künftige Ertragsteuerforderung oder – minderung als latenter Ertragsteueranspruch (*deferred tax asset*, DTA) bezeichnet. Die künftige Ertragssteuerdifferenz ist dabei durch Gegenüberstellung des IFRS-Buchwertes (*carrying amount*) zur steuerlichen Basis (*tax base*) zu ermitteln (bilanzorientierter Ansatz[1]).

Die Differenzen der Wertansätze werden unterschieden in abzugsfähige Differenzen und in zu versteuernde Differenzen.

Zu versteuernde Differenzen führen zu einer latenten Steuerschuld, wohingegen abzugsfähige Differenzen zu einem latenten Steueranspruch bzw. einer Steuerminderung führen. Für die Werthaltigkeit und Aktivierung latenter Steueransprüche gelten strengere Bestimmungen.

4   Ereignisse, die im Gewinn oder Verlust erfasst werden, führen grundsätzlich auch zur gewinnwirksamen Erfassung der korrespondierenden steuerlichen Auswirkungen. Die Steuern korrigieren das Ergebnis eines Ereignisses oder einer Transaktion.

5   Aus dem Ansatz latenter Steuern folgt i.d.R. eine periodengerechte Steuerabgrenzung,[2] da die in den Vermögensgegenstände bereits angelegten steuerlichen Folgen durch den Ansatz einer latenten Steuer zeitgleich – und nicht erst bei Realisierung – abgebildet werden.

6   Ereignisse, die außerhalb des Gewinns oder Verlusts (entweder im sonstigen Ergebnis oder direkt im Eigenkapital) erfasst werden, führen zur korrespondierenden und damit einer nicht gewinnwirksamen Erfassung der damit verbundenen steuerlichen Auswirkungen (wiederum entweder im sonstigen Ergebnis oder direkt im Eigenkapital). Nur so wird das Ereignis durch die angelegten steuerlichen Folgen bei Realisierung insgesamt zutreffend abgebildet.

7   Der Ansatz latenter Steueransprüche und latenter Steuerschulden aus einem Unternehmenszusammenschluss (*Business Combination*) korrigiert den Wertansatz der erworbenen Vermögensgegenstände und beeinflusst damit unmittelbar den aus diesem Unternehmenszusammenschluss entstandenen Geschäfts- oder Firmenwert. Der Geschäfts- und Firmenwert entspricht schließlich der Differenz zwischen Gegenleistung und den Werten der erworbenen Vermögensgegenstände (IAS 12.21).

8   Latente Steueransprüche können weiterhin als Folge bislang ungenutzter steuerlicher Verluste entstehen. Verlustvorträge können in künftigen Wirtschaftsjahren zu einer Minderung der Steuerbelastung führen, die mit den verbundenen Geschäftsvorfällen sonst zu erwarten wäre. Dieser Vorteil kann ein DTA darstellen.

Schließlich befasst sich IAS mit der Darstellung von Ertragsteuern im Abschluss. IAS 12.79ff. normiert die Angabepflichten von Informationen zu den Ertragsteuern.

---

1   Zum Temporary Konzept vgl. *ADS International* IAS 12 Rn 50.
2   Vgl. *ADS International* IAS 12 Rn 45.

Zuwendungen der öffentlichen Hand sind ebenso wie Steuergutschriften auf Investitionen vom Anwendungsbereich des IAS 12 ausgenommen. IAS 12.33 befasst sich mit der Bedeutung dieser Zuschüsse auf das Ansatzverbot der Initial Recognition Exemption.

Der IAS 12 wird ergänzt durch 9
- SIC-21 *Income Taxes – Recovery of Revalued Non-Depreciable Assets*
- SIC-25 *Income Taxes – Changes in the Tax Status of an Entity or its Shareholdes.*

IAS 12 enthält keine Regelungen für die Abbildung von **Organschaften**³. Die Organgesellschaft ist nicht Steuerschuldner, so dass latente Steuern **nur beim Organträger** eintreten können.⁴ Nur der Organträger ist Unternehmer und Steuerschuldner, der nach IAS 12.5 vorausgesetzt wird.⁵ **Umlagevereinbarungen** sind aus diesem Grunde im Gesellschaftsverhältnis veranlasst und unbeachtlich.⁶ Bei Begründung sind die Differenzen bei der Organgesellschaft außerplanmäßig aufzulösen, soweit die Wirkungen in Folge der Organschaft beim Organträger eintreten werden. Im Übrigen sind die Differenzen und latenten Steuern bei der Organgesellschaft fortzuführen.⁷ **Vororganschaftliche Verluste** verbleiben bei der Organgesellschaft und können erst nach Aufhebung der Organschaft wieder steuerlich genutzt werden. Die hieraus entstehenden aktiven latenten Steuern verbleiben daher bei der Organgesellschaft. Im Hinblick auf die Wahrscheinlichkeit der Nutzung der Verlustvorträge nach Auflösung der Organschaft soll eine vollständige Ausbuchung zulässig sein.⁸ 10

II. Normzweck. Zentrales Ziel des IAS 12 ist der zutreffende Ausweis von Vermögensgegenständen und Schulden (bilanzorientierte Abgrenzung⁹). Daher sind Vermögensgegenstände und Schulden mit einem abweichenden Steuerwert (steuerliche Basis) auf latente Steuerwirkungen hin zu überprüfen, die bei einer Realisierung des Vermögensgegenstandes zum IFRS-Buchwert zu einer steuerlichen Gewinnerhöhung oder –minderung führen. Die latenten Steuern ergänzen daher den Wertansatz des Vermögenswertes bzw. der Schuld, der im *IFRS-Buchwert* des Vermögensgegenstandes bereits angelegt ist. 11

Aufgrund der fehlenden Maßgeblichkeit zwischen den IFRS und der nationalen Steuerbilanz sind Differenzen zwischen dem IFRS- und dem Steueransatz häufig. Den korrigierenden Ansätzen der latenten Steuern kommt mithin eine große Bedeutung zu.¹⁰

---

3 Vgl. ADS International IAS 12, Rn 151.
4 Mit der Ausnahme von Ausgleichszahlungen an aussenstehende Gesellschafter nach §16 KStG, vgl. ADS, IAS 12 Rn 152.
5 A.A. *Wehrheim/Adrian* APg 2003, 1058.
6 Vgl. ADS International IAS 12. Rn 155.
7 In Folge der Prognoseproblematik besteht nach *ADS International* IAS 12 Rn 157 eine Wahlrecht, die Differenzen vollständig auszubuchen.
8 Vgl. *ADS International* IAS 12 Rn 158.
9 Vgl. *ADS International* IAS 12, Rn 47, 51; *bilanzorientiertes Temporary Konzept* vgl. Rn 57.
10 Vgl. *ADS International* IAS 12, Rn 47.

Führen die Differenzen zwischen den Wertansätzen nach IAS und dem Steuerwert zu keinen steuerlichen Folgen, entsteht bei Realisierung des Vermögensgegenstandes zum IAS Buchwert auch keine steuerliche Folge. Die Differenz ist ohne steuerliche Konsequenz. Eine Korrektur des Wertansatzes des Vermögenswertes bzw. der Schuld ist nicht notwendig.[11] Die Korrektur ist vielmehr auf „vorübergehende" Differenzen beschränkt (temporary Konzept). Ohne Steuerwirkung der Differenz ist aber von einer permanenten Differenz auszugehen.[12]

III. Begriffe. Abzugsfähige temporäre Differenzen (deductible temporary differences). Abzugsfähige temporäre Differenzen sind steuerwirksame „temporäre Differenzen" zwischen *IFRS-Buchwert* und steuerlicher Basis, die bei Realisierung des Vermögensgegenstandes zum *IFRS-Buchwert* in der Zukunft abzugsfähig sind und das zu versteuernde Einkommen mindern. Mit anderen Worten führt die künftige Realisierung eines Vermögenswertes zum *IFRS-Buchwert* zu einem steuerlichen Verlust, weil die steuerliche Basis höher ist. Der **nur steuerliche Verlust** kann die künftige Steuerlast mindern. Die Differenz, also der höhere steuerliche Buchwert ist eine abzugsfähige (weil steuerwirksame) Differenz.

Bei einem Vermögenswert kann ein höherer steuerlicher Buchwert durch geringere Abschreibung, einen weiteren Anschaffungs- oder Herstellungsbegriff oder strengere Abwertungsvorschriften entstehen. Bei Realisierung des Vermögensgegenstandes zum (geringeren) *IFRS-Buchwert* entsteht ein steuerlicher Verlust. Der *IFRS-Buchwert* ist durch Ansatz einer latenten Steuer zu ergänzen. Die latente Steuer ist im Wertansatz des Vermögensgegenstandes angelegt.

Bei einer Schuld entsteht eine abzugsfähige temporäre Differenz, wenn der steuerliche Buchwert des Passivpostens niedriger als sein *IFRS-Buchwert* ist. Wird der Passivposten mit seinem *IFRS-Buchwert* realisiert oder ausgeglichen, entsteht ein steuerlicher Verlust, weil mehr aufgewandt werden muss, als steuerlich passiviert war. Die Differenz zum *IFRS-Buchwert* begründet eine abzugsfähige temporäre Differenz, wenn sie steuerwirksam ist und zu einer Steuerminderung führen kann.

Bei einer Schuld kann niedrigerer Buchwert insbesondere bei der Realisierung steuerlich nicht passivierbarer Verpflichtungen entstehen. Die künftige Realisierung führt zum Abzug des bereits im *IFRS-Buchwert* erfassten Aufwandes für steuerliche Zwecke. Der *IFRS-Buchwert* ist daher um künftige und latente Steuern zu ergänzen. Es kann sich hierbei z.B. um steuerlich in Deutschland nicht ansetzbare Drohverlustrückstellungen nach §5 EStG handeln oder aber um Verbindlichkeiten, die nur aus künftigen Gewinnen zu tilgen und daher nach §5 Abs. 2 a EStG steuerlich nicht ansetzbar sind.

---
11 Vgl. *ADS International* IAS 12, Rn 52. IAS 12.7 Beispiel 4 für DTL sowie IAS 12.8 Beispiel 4 für DTA.
12 Vgl. IAS 12.7 Beispiel 4 für DTL sowie IAS 12.8 Beispiel 4 für DTA, die entweder eine Differenz bei fehlender steuerlicher Basis und damit keine Differenz annehmen, oder aber die Differenz in Folge der fehlenden steuerlichen Wirkung als permanent ansehen, weil ein ergebniswirksamer Ausgleich der Differenz nie geschehen kann.

III. Begriffe

Bilanzieller Gewinn vor Steuern (Accounting profit). Bilanzieller Gewinn vor Steuern ist definiert als der Gewinn vor Steuern (IAS 12.5). Mit Steuern sind nur Ertragsteuern gemeint, die als Steueraufwand oder Steuerertrag qualifizieren.

Ertragsteuern. Ertragsteuern sind alle gewinnabhängigen in- und ausländischen Steuern, inklusive der auf Gewinnausschüttungen einzubehaltender Quellensteuer von Tochterunternehmen, assoziierten Unternehmen oder Gemeinschaftsunternehmen aufgrund von Ausschüttungen (IAS 12.2).

In Deutschland ist die Körperschafts- und Gewerbesteuer sowie der Solidaritätszuschlag erfasst.[13] Die Kapitalertragsteuer ist lediglich eine besondere Erhebungsform der Körperschaftsteuer.[14]

Dagegen fällt die Einkommensteuer des Gesellschafters einer Personengesellschaft nicht unter den Begriff der Ertragsteuern.[15]

Steuerliche Nebenleistungen wie Zinsen, Zuschläge oder Strafen sind keine Ertragsteuern und daher als anderer Aufwand zu erfassen.

Latente Steueransprüche (DTA). Latenten Steueransprüche (IAS 12.5) sind Vermögenswerte[16] in Form geminderter Ertragsteuern aus künftigen Perioden, deren Verwertung wahrscheinlich ist.

Sie sind in abzugsfähigen temporären Differenzen, Verlustvorträgen und ungenützten Steuergutschriften begründet.

Abzugsfähige temporäre Differenzen führen bei Realisierung eines Vermögensgegenstandes zum *IFRS-Buchwert* zu einem nur steuerlichen Verlust und können die künftige Steuerbelastung mindern. Bei Vermögenswerten kann dies in einer gegenüber dem *IFRS-Buchwert* höherer steuerlichen Buchwert begründet sein. Bei den Passiva ist dagegen eine gegenüber dem *IFRS-Buchwert* niedrigere steuerliche Basis nötig, um bei einer Realisierung zum *IFRS-Buchwert* einen nur steuerlichen Verlust zu bewirken.

Verlustvorträge können künftige steuerpflichtige Erträge mindern und damit die künftige Steuerbelastung senken. **Ungenützte Steuergutschriften** können sich etwa aus vortragsfähigen Anrechnungsüberhängen bei der Quellensteuer ergeben.

Dem Verlustvortrag für Ertragssteuerzwecke entsprechen andere Vorträge von Steuerattributen wie z.B. der Vortrag der nach der **Zinsschranke** beschränkten Zinsaufwendungen nach §4h EStG oder aber die nur eingeschränkt **verrechenbaren**

---

13 Vgl. *ADS International IAS* 12 Rn 2.
14 Vgl. *ADS International IAS* 12 Rn 2.
15 Vgl. *ADS International IAS* 12 Rn 2, 19; a.A. *Meyer/Jahn* StuB 2003, 481 mit der Begründung, dass IAS 12 nicht auf Steuern des Unternehmens beschränkt sei.
16 Vgl. *ADS International* IAS 12, Rn 85.

Striegel

Verluste bei beschränkter Haftung als Kommanditist nach §15a EStG, nach §2a EStG bei Verlusten aus Drittstaaten oder nach §15 Abs. 4 EStG für Verluste aus stillen Gesellschaften.

16 **Latente Steuerschulden** (DTL). Latente Steuerschulden (IAS 12.5) sind die Ertragsteuern, die in zukünftigen Perioden aus temporären Differenzen entstehen. Es muss sich hierbei um zu versteuernde temporäre Differenzen handeln. Dabei muss die Realisierung eines Vermögensgegenstandes zu seinem *IFRS-Buchwert* zu einer Steuerlast führen.

Bei einem Vermögenswert ist dies der Fall, wenn die steuerliche Basis geringer als der *IFRS-Buchwert* ist. Durch die Realisierung des Vermögenswertes zum *IFRS-Buchwert* entsteht dann ein steuerlicher Gewinn, der zu einer Erhöhung des Steueraufwandes führt. Die Differenz zwischen *IFRS-Buchwert* und steuerlicher Basis war damit eine „zu versteuernde" (weil steuerpflichtige) Differenz, die zu einer latenten – im *IFRS-Buchwert* des Vermögenswertes angelegten – künftigen Steuerbelastung führt.

Bei einem Passiv-Posten ist dies der Fall, wenn die steuerliche Basis höher als der *IFRS-Buchwert* ist. Wird der Passiv-Posten durch Mittel in Höhe des *IFRS-Buchwert* ausgeglichen, entsteht ein steuerlicher Gewinn, da der Steuerpflichtige von der höheren Passiv-Summe befreit wird. Die Differenz ist eine zu versteuernde (weil steuerpflichtige) temporäre Differenz, die zu einer latenten – im *IFRS-Buchwert* des Passiv-Postens angelegten – künftigen Steuerbelastung führt.

Die latente Steuer soll diese – im Vermögensgegenstand und seinem *IFRS-Buchwert* angelegte – Belastung darstellen und den *IFRS-Buchwert* insoweit ergänzen.

17 **Permanente Differenzen.** Permanente Differenzen zwischen *IFRS-Buchwert* und steuerlicher Basis führen zu keiner künftigen steuerlichen Folge und rechtfertigen keine Ergänzung des *IFRS-Buchwertes* um – in diesem angelegte – künftige steuerliche Folgen bzw. latente Steuern.

Bei einem Vermögenswert mit steuerlich niedrigerer Basis entsteht bei einer späteren Realisierung zum *IFRS-Buchwert* ein **nur** steuerlicher Gewinn. Ist dieser steuerliche Gewinn jedoch steuerfrei, entsteht keine Steuerbelastung.

Diese Erkenntnis kann dadurch umgesetzt werden, dass die maßgebende steuerliche Basis „künstlich" an den *IFRS-Buchwert* angeglichen wird, wie es IAS 12.7 in Beispiel 4 tut. Es liegt dann keine Differenz vor. Die Tatbestandsvoraussetzung für eine latente Steuer ist entfallen.

Andererseits kann die Differenz belassen werden und bei der Ermittlung der Höhe der latenten Steuer ausgeschieden werden. Bei einer Steuerbefreiung beträgt der Steuersatz 0%, so dass die Differenz ohne Folgen für den Ansatz einer DTL bleibt. Diese Variante vermerkt IAS 12.7 Beispiel 4 (a).

Letztlich kann festzustellen sein, dass im vorliegenden Fall die Differenz zwischen *IFRS-Buchwert* und steuerlicher Basis aufgrund der Steuerfreiheit nie zu einem Ausgleich führt. Daher liegt keine temporäre Differenz, sondern eine permanente Differenz vor. Die Tatbestandsvoraussetzung der latenten Steuer einer **temporären** Differenz ist nicht gegeben.

Bei einem Passiv-Posten mit steuerlich höherer Basis entsteht bei einem späteren Ausgleich mit Mitteln in Höhe des *IFRS-Buchwertes* ebenfalls ein **nur** steuerlicher Gewinn. Der Steuerpflichtige wird schließlich von einem Teil seiner Passiva befreit. Ein steuerpflichtiger Gewinn wäre in einer latenten Steuerlast umzusetzen. Ein steuerfreier Gewinn führt zu keiner Steuerlast und rechtfertigt keinen Ansatz einer latenten Steuerlast. Im *IFRS-Buchwert* ist schließlich keine latente Steuerlast angelegt, die durch den Ansatz einer latenten Steuerlast zu korrigieren wäre. Dies kann korrespondierend durch den künstlichen Angleich der steuerlichen Basis an den *IFRS-Buchwert*, die Ermittlung der steuerlichen Konsequenz der Differenz durch Ansatz eines Steuersatzes von 0% oder aber durch das Ausscheiden einer temporären Differenz zugunsten einer permanenten Differenz geschehen.

18

Bei einem Vermögenswert mit steuerlich höherer Basis entsteht bei späterer Realisierung zum *IFRS-Buchwert* ein **nur** steuerlicher Verlust. Der steuerlich abzugsfähige Verlust kann zu einer Steuerminderung führen und den Ansatz eines latenten Steueranspruches rechtfertigen. Ist der Verlust jedoch steuerlich nicht abzugsfähig, entsteht kein latenter Steueranspruch.

19

Diese Erkenntnis kann wiederum durch eine künstliche Angleichung der maßgebenden steuerlichen Basis auf die Höhe des *IFRS-Buchwertes* umgesetzt werden. Es besteht dann keine Differenz mehr, die für die Bildung eines latenten Steueranspruches vorausgesetzt wird. Dies Vorgehensweise setzt IAS 12.8 Beispiel 4 um.

Andererseits kann die steuerliche Auswirkung der Differenz ermittelt werden. Ein steuerlich nicht abzugsfähiger Verlust entspricht einem Steuersatz von 0%, so dass keine steuerliche Auswirkung eintritt und damit der dem Grunde nach gerechtfertigte latente Steueranspruch der Höhe nach auf 0 beschränkt ist. Diese Lösung erkennt IAS 12.7 Beispiel 4 (a) als gleichwertig an.

Schließlich ist festzustellen, dass die Differenz im vorstehenden Fall niemals zu einer Umkehr führt, da die Differenz eben keine steuerlichen Folgen hat. Mithin liegt eine permanente Differenz vor; die Tatbestandsvoraussetzung für einen latenten Steueranspruch in Form einer temporären Differenz ist nicht gegeben.

Bei einem Passiv-Posten mit steuerlich niedrigerer Basis entsteht bei einem Ausgleich mit Mitteln in Höhe des *IFRS-Buchwertes* ebenfalls ein **nur** steuerlicher Verlust. Der steuerliche Verlust kann künftiges steuerpflichtiges Einkommen mindern und insoweit einen latenten Steueranspruch rechtfertigen. Ist der steuerliche

20

Verlust jedoch nicht abzugsfähig, ist kein latenter Steueranspruch zu rechtfertigen. Dies kann korrespondierend durch den künstlichen Angleich der steuerlichen Basis an den *IFRS-Buchwert*, die Ermittlung der steuerlichen Konsequenz der Differenz durch Ansatz eines Steuersatzes von 0% oder aber durch das Ausscheiden einer temporären Differenz zugunsten einer permanenten Differenz geschehen.

21 **Permanente Differenzen** können insbesondere entstehen bei:
- steuerlich nicht abzugsfähigen Betriebsausgaben, insbesondere
  - nach §8b Abs. 3 KStG für Aufwendungen im Zusammenhang mit der Verwertung von Anteilen an Kapitalgesellschaften,
  - nicht abzugsfähige Betriebsausgaben nach §4 Abs. 5 EStG,
  - Steuern vom Einkommen und Ertrag, §12 EStG,
  - Gewerbesteuer, §4 Abs. 5a EStG.
- außerbilanziellen Hinzurechnungen oder Kürzungen[17] (z.B. verdeckte Gewinnausschüttungen nach §8 Abs. 3 Satz 3 KStG),
- steuerfreie Einnahmen, insbesondere Steuerbefreiungen
  - nach Doppelbesteuerungsabkommen,
  - für Dividenden und anderen Einkünfte gemäß §20 Abs. 1 Nr. 1 EStG nach §8b Abs. 1 KStG[18] bzw.
  - für Veräußerungsgewinne bei Anteilen an Gesellschaften, deren Ausschüttungen zu Erträgen nach §20 Abs. 1 Nr. 1 EStG führen, dort allerdings wegen der Fiktion von anteiligen nicht abzugsfähigen Betriebsausgaben nach §8b Abs, 2 und 5 KStG nur in Höhe von 95%.[19] Für Zwecke der Gewerbesteuer ist grundsätzlich das ertragssteuerliche Ergebnis wegen §7 Satz 1 GewStG zu übernehmen; Änderungen können sich insbesondere aus den Kürzungen und Hinzurechnungen nach §§8, 9 GewStG ergeben,
  - für Dividenden und Veräußerungsgewinne im Teileinkünfteverfahren nach §3 Nr. 40ff. EStG.
- bei nicht abziehbaren Aufwendungen, insbesondere
  - die Steuern vom Einkommen und Ertrag, §10 Nr. 2 EStG,
  - Geldstrafen und sonstige Rechtsfolgen vermögensrechtlicher Art, §10 Nr. 3 KStG,
  - Ausgaben im Zusammenhang mit steuerfreien Einnahmen, §3c EStG.
- steuerlich nicht abzugsfähigen Verlusten, insbesondere
  - negative Einkünfte mit Bezug zu Drittstaaten, §2a EStG,
  - Verluste aus gewerblicher Tierzucht, §15 Abs. 4 Satz 1 EStG,
  - Verluste aus Termingeschäften, §15 Abs. 4 Satz 3 EStG,
  - Verluste aus (typisch) stillen Gesellschaften, §15 Abs. 4 Satz 6 EStG,

---

17 Vgl. *ADS International* IAS 12, Rn 52.
18 Vgl. hierzu z.B. *Ernsting* WPg 2001, 11.
19 Vgl. *Dötsch/Pung* DB 2004, 151.

III. Begriffe

- Verluste bei beschränkter Haftung, §15a Abs. 2 EStG,
- Verluste im Zusammenhang mit Steuerstundungsmodellen, §15 Abs. 1 Satz 2 EStG.

Steueraufwand. Steueraufwand (IAS 12.5 und IAS 12.6) ist die gewinnwirksam zu erfassende Summe der tatsächlichen und latenten Steuern. Nicht einzubeziehen sind Vorgänge, die im Eigenkapital oder sonstigen Ertrag (other comprehensive income) abzubilden sind. 22

Steuerertrag. Steuerertrag (IAS 12.5 und IAS 12.6) ist die gewinnwirksam zu erfassende Summe der tatsächlichen und latenten Steuern. Nicht einzubeziehen sind Vorgänge, die im Eigenkapital oder sonstigen Ertrag (other comprehensive income) abzubilden sind. 23

Steuerliche Basis. Steuerliche Basis (IAS 12.5 und IAS 12.7) eines Vermögenswerts oder einer Schuld ist der diesem Vermögenswert oder dieser Schuld für steuerliche Zwecke beizulegende Betrag. Die steuerliche Basis ergibt sich regelmäßig aus der Steuerbilanz. 24

Die von den Einzelstaaten vorgegebene Besteuerung führt insbesondere bei international tätigen Steuerpflichtigen häufig zu Abweichung bzw. **Differenzen zum IFRS-Buchwert**. Die Differenzen zum *IFRS-Buchwert* können zu latenten Steueransprüchen oder –schulden führen, wenn die Differenz temporär ist.

Ein **latenter Steueranspruch** kann entstehen, wenn eine abzugsfähige temporäre Differenz gegeben ist, die bei einer Realisierung des Vermögensgegenstandes zum *IFRS-Buchwert* zu einem **nur** steuerlichen Verlust und mithin einer künftigen Steuerminderung führt.

Eine **latente Steuerschuld** kann entstehen, wenn eine zu versteuernde temporäre Differenz vorliegt, die bei einer Realisierung des Vermögensgegenstandes zum *IFRS-Buchwert* zu einem **nur** steuerlichen Gewinn und mithin einer künftigen Steuerbelastung führt.

Im Falle einer Beteiligung an einer **gewerblichen Personengesellschaft** ist auf die Steuerwerte des Gesamthandsvermögens unter Einbeziehung der Ergänzungsbilanz abzustellen.[20] Dagegen sind die Steuerwerte in der Sonderbilanz der Gesellschaftersphäre zuzuordnen und nicht in die Steuerbilanz der Personengesellschaft für Zwecke der Ermittlung von Differenzen einzustellen.[21] Statt dessen ist das Sonderbetriebsvermögen in der Steuerbilanz des Gesellschafters zu erfassen.

Gewerbesteuerliche Effekte des Sonderbetriebsvermögens sind in der Überleitungsrechnung der Personengesellschaft darzustellen.[22]

---

20 Vgl. *ADS International* IAS 12, Rn 76.
21 Vgl. *Ring* FR 2003, 1053, *ADS International* IAS 12, Rn 77.
22 Vgl. *ADS International* IAS 12, Rn 77, 232f.

25 **Steuerliche Basis eines Vermögenswertes.** Die steuerliche Basis eines Vermögenswerts ist nach IAS 12.5 der steuerliche Buchwert, also der für steuerliche Zwecke zuzuordnende Wert. Die steuerliche Basis ist zur Ermittlung des (steuerpflichtigen) Veräußerungsgewinnes vom Veräußerungserlös heranzuziehen. IAS spricht von einer abziehbaren Basis, wenn der steuerliche Buchwert den Veräußerungserlös in vollem Umfang mindert.

Eine (vorübergehende bzw. temporäre) Differenz zum *IFRS-Buchwert* führt grundsätzlich zum Ansatz einer latenten Steuer. Schließlich ist die spätere Realisierung des *IFRS-Buchwertes* mit zusätzlichen (latenten) Steuerauswirkungen verbunden, die seinen Wert verändern. Diese Wertveränderung des Vermögenswertes soll durch den Ansatz einer latenten Steuer korrigiert werden.

Der **Ansatz einer latenten Steuerschuld** kommt bei temporären zu versteuernden Differenzen in Betracht. Dies ist der Fall, wenn der steuerliche Buchwert eines Vermögenswertes **geringer** als der *IFRS-Buchwert* ist. Die Realisierung zum *IFRS-Buchwert* führt dann zu einem **nur** steuerlichen Gewinn. Diese im *IFRS-Buchwert* angelegte steuerliche Last ist in einer latenten Steuerschuld abzubilden.

Der **Ansatz eines latenten Steueranspruches** kommt bei temporären abzugsfähigen Differenzen in Betracht. Dies ist der Fall, wenn der steuerliche Buchwert eines Vermögenswertes **höher** als der *IFRS-Buchwert* ist. Die Realisierung zum *IFRS-Buchwert* führt dann zu einem **nur** steuerlichen Verlust. Diese im *IFRS-Buchwert* angelegte Steuerminderung kann in einen latenten Steueranspruch umzusetzen sein.

Sind die Differenzen zum *IFRS-Buchwert* dagegen nicht zu versteuern und daher permanent, entspricht ist die steuerliche Basis des Vermögenswerts dem *IFRS-Buchwert*, IAS 12.7.[23] Der *IFRS-Buchwert* ist daher nicht um eine latente Steuer zu korrigieren oder ergänzen. Dasselbe Ergebnis wird erreicht, wenn entweder die Differenz als permanente Differenz vom Anwendungsbereich des IAS 12 ausgeschieden wird oder aber – z.B. wegen einer Steuerbefreiung – mit einem Steuersatz von 0% multipliziert wird.

26 **Steuerliche Basis eines Passiv-Postens.** Die steuerliche Basis einer Schuld ist deren steuerlicher Buchwert abzüglich aller künftig für steuerliche Zwecke abzugsfähigen Beträge. Eine temporäre Abweichung des steuerlichen Buchwertes zum *IFRS-Buchwert* führt in der Regel zum Ansatz latenter Steuern. Schließlich ist die Realisierung der Verbindlichkeit mit dieser zusätzlichen, künftigen und daher latenten Steuerfolge verbunden.

---

23 Vgl. *ADS International* IAS 12 Rn 65.

III. Begriffe

Der **Ansatz einer latenten Steuerschuld** kommt bei temporären zu versteuernden Differenzen in Betracht. Dies ist der Fall, wenn der steuerliche Buchwert des Passiv-Postens **höher** als der *IFRS-Buchwert* ist. Die Realisierung zum *IFRS-Buchwert* führt dann zu einem **nur** steuerlichen Gewinn. Diese im *IFRS-Buchwert* angelegte steuerliche Last ist in einer latenten Steuerschuld abzubilden.

Der **Ansatz eines latenten Steueranspruches** kommt bei temporären abzugsfähigen Differenzen in Betracht. Dies ist der Fall, wenn der steuerliche Buchwert des Passiv-Postens **geringer** als der *IFRS-Buchwert* ist. Die Realisierung zum *IFRS-Buchwert* führt dann zu einem **nur** steuerlichen Verlust. Diese im *IFRS-Buchwert* angelegte Steuerminderung kann in einem latenten Steueranspruch umzusetzen sein.

Führt z.B. erst die Zahlung einer Verbindlichkeit oder Rückstellung zu einer steuerlichen Erfassung des Aufwandes, entsteht erst in diesem Zeitpunkt eine Steuerminderung. Der *IFRS-Buchwert* muss um diese latente Steuerminderung ergänzt werden, um ein zutreffende Bilanzbild zu vermitteln.

Ist der Zahlungsbetrag dagegen steuerlich nicht abzugsfähig (z.B. nicht abzugsfähige Betriebsausgaben), entsteht eine permanente Differenz zwischen IFRS- und steuerlichem Buchwert. Der *IFRS-Buchwert* ist daher nicht um künftige und latente Steuerwirkungen zu ergänzen.

Im Falle von Anzahlungen auf Umsatzerlöse ist die steuerliche Basis ihr Buchwert abzüglich aller Beträge aus diesen Umsatzerlösen, die in Folgeperioden nicht besteuert werden (IAS 12.8).

Steuerliche Basis von bilanziell nicht ausgewiesenen Sachverhalten. Die steuerliche Basis nicht in den IAS ausgewiesener Sachverhalte entstehen z.B. wenn
- Kosten (z.B. Forschungskosten nach IAS 38 *Intangible Assets*) als Aufwand erfasst werden, aber für Zwecke der Ermittlung der Ertragsteuern erst in einer späteren Periode abgezogen werden können,
- Veräußerungsgewinne beispielsweise durch eine Rücklage nach §6b EStG verlagert werden;
- aktienbasierte Vergütungen nach IFRS *2 Share-based Payment* im Erdienungszeitraum als Ausgaben erfasst werden, die steuerliche Abzugsfähigkeit dagegen an die Ausübung z.B. der Aktienoption gebunden ist.[24]

Ein **latenter Steueranspruch** kann entstehen, wenn Kosten steuerlich nachgelagert abzugsfähig sind. Der Unterschiedsbetrag zwischen der steuerlichen Basis der Kosten und dem *IFRS-Buchwert* von Null ist eine abzugsfähige temporäre Differenz, die einen latenten Steueranspruch zur Folge haben kann

27

---

[24] Das deutsche Steuerrecht sieht keinen Betriebsausgabenabzug vor, so dass eine nicht zu berücksichtigenden permanente Differenz vorliegt oder aber eine Differenz nach der Systematik des 12.7 dadurch zu vermeiden ist, dass die steuerliche Basis dem *IFRS-Buchwert* von 0 € angeglichen wird. Vgl. hierzu auch *ADS International* IAS 12, Rn 80; *Herzig/Lochmann* WPg 2003, 325.

Eine **latente Steuerlast** kann entstehen, wenn Erträge steuerlich nachgelagert erfasst werden. So ist nach der IFRS der volle Veräußerungsgewinn im Entstehungsjahr zu erfassen, was zu einer Basis von €0 führt. Die steuerliche Rücklage begründet jedoch eine Differenz, die zu einer latenten Steuerlast führt.

28 **Tatsächliche Ertragsteuern.** Tatsächliche Ertragsteuern (IAS 12.5) sind die im laufenden Veranlagungszeitraum geschuldeten Ertragsteuern.

Zu den tatsächlichen Steuern gehören auch die Erstattungsansprüche, die im Verlustentstehungsjahr[25] aus der Rücktragsmöglichkeit in die Vorjahre entsteht. Daher sind Steueransprüche aus Verlustrückträgen nicht den Tatbestandsvoraussetzungen für aktive latente Steueransprüche zu unterwerfen, die strengen Werthaltigkeitsprüfungen unterliegen.

29 **Temporäre Differenzen.** Temporäre Differenzen (IAS 12.5, IAS 12.15) sind vorübergehende, nicht permanente Differenzen zwischen *IFRS-Buchwert* und der steuerlichen Basis des Vermögenswerts oder der Schuld in der Bilanz. Die Differenzen bilden die Bemessungsgrundlage für die Berechnung der latenten Steuern.

Temporäre Differenzen werden unterteilt in **zu versteuernde temporäre Differenzen und abzugsfähige temporäre Differenzen**.

Zu versteuernde temporäre Differenzen führen zu künftigen Steuerbe- und abzugsfähige temporäre Differenzen zu künftigen Steuerentlastungen. Die Steuerbe- oder -entlastung wird dabei an der Realisierung des Vermögensgegenstandes zum IFRS-Buchwert gemessen.

Nur **temporäre bzw. vorübergehende Differenzen** erfordern eine Ergänzung des *IFRS-Buchwertes* um künftige steuerliche Wirkungen.

Permanente Differenzen, also Differenzen ohne steuerliche Folgen, machen keine Ergänzung des *IFRS-Buchwertes* eines Vermögenswertes oder einer Schuld notwendig. Eine künftige Steuerfolge tritt eben nicht ein.[26] Diese Rechtsfolge ergibt sich aus IAS 12.7f, wobei dort zur Vermeidung einer Differenz schon die steuerliche Basis an den *IFRS-Buchwert* angeglichen wird.

Als **quasi-permanente Differenzen** werden Fälle bezeichnet, in denen sich die Differenz nur bei einer entsprechenden Disposition aufhebt, die ggfs. erst im Rahmen der Liquidation des Unternehmens realisiert wird – nicht aber bei Unternehmensfortführung. Solche Differenzen werden nach dem Timing Konzept wie permanente Differenzen behandelt. IAS 12 beruht auf dem bilanzorientierten Temporary Konzept und kennt nur permanente oder nicht permanente Differenzen. Da sich quasi permanente Differenzen ausgleichen, stellt sie IAS 12 den temporären Differenzen gleich.[27]

---

25 Vgl. ADS International IAS 12 Rn 22.
26 Vgl. ADS International IAS 12, Rn 57.
27 Vgl. ADS International IAS 12, Rn 57.

III. Begriffe

Die Ursache für die Entstehung einer temporären Differenz ist für die Erfassung der latenten Steuer i.d.R. nicht relevant und kann die unterschiedlichsten Ursachen haben:
- Abweichende Nutzungsdauern bei der Abschreibung,
- Unterschiedliche Abschreibungsmethoden,
- Unterschiedliche Bewertung und dem Imparitätsprinzip (insbesondere Neubewertungen u.a. bei Financial Assets, die steuerlich nicht nachvollzogen werden),
- Steuerwirksame Rücklagen z.b. nach §6b EStG,
- Unterschiedliche Aktivierungsvorschriften, insbesondere bei immateriellen Wirtschaftsgütern,
- Unterschiedliche Bewertung von Rückstellungen, insbesondere Pensionsrückstellungen nach §6a EStG,
- Unterschiedliche Passivierungsvorschriften, insbesondere das Passivierungsverbot:
  - für Drohverlustrückstellungen nach §5 Abs. 4a EStG,
  - für Verpflichtungen, die nur aus künftigen Einnahmen oder Gewinnen zu leisten sind, nach §5 Abs. 2a EStG,
- Unterschiedliche Abzinsungsvorschriften, insbesondere die steuerliche Abzinsung:
  - von Verbindlichkeiten nach §6 Abs. 1 Nr. 3 EStG auf der Basis eines Zinssatzes von 5,5 %,
  - von Pensionsrückstellungen nach §6a EStG.

Zu versteuernder Gewinn. Zu versteuernder Gewinn ist der nach den steuerlichen Vorschriften ermittelte Gewinn (IAS 12.5). Durch die nationale Steuererhebung ergeben sich insbesondere bei international tätigen Steuerpflichtigen häufig Abweichungen zu den Ansätzen nach IFRS. Die sich hierdurch ergebenden Differenzen zwischen Steuerbilanz und IFRS sind die Ausgangsbasis für die Ermittlung und den Ansatz der latenten Steuern.

Zu versteuernde temporäre Differenzen. Zu versteuernde temporäre Differenzen sind steuerpflichtige temporäre Differenzen zwischen *IFRS-Buchwert* und steuerlicher Basis, die bei Realisierung eines Vermögenswertes oder einer Schuld zu ihrem *IFRS-Buchwert* künftig entstehen. Im *IFRS-Buchwert* sind daher steuerliche Folgen angelegt, die durch den Ansatz von latenten Steuern abgebildet werden sollen.

Bei einem Vermögenswert entsteht eine zu versteuernde temporäre Differenz, wenn der steuerliche Buchwert geringer als der *IFRS-Buchwert* ist. Bei der Realisierung des Vermögenswertes zum *IFRS-Buchwert* entsteht ein **nur** steuerlicher Gewinn. Die hieraus entstehende künftige Steuerbelastung wird als latente Steuerschuld ausgewiesen und ergänzt insoweit den *IFRS-Buchwert* des Vermögenswertes.

Bei einem **Passiv-Posten** entsteht eine zu versteuernde temporäre Differenz, wenn der steuerliche Buchwert höher als der *IAS Buchwert* ist. Wird der Passiv-Posten durch Mittel in Höhe des *IFRS-Buchwertes* ausgeglichen, entsteht ein **nur** steuerlicher Gewinn. Schließlich wird der Steuerpflichtige teilweise von einer Verpflichtung in Höhe der Differenz befreit. Die hieraus entstehende künftige Steuerbelastung wird als latente Steuerschuld ausgewiesen und ergänzt insoweit den *IFRS-Buchwert* des Vermögenswertes.

Liegt dagegen keine steuerbare Differenz vor, besteht keine Notwendigkeit für die Ergänzung des *IFRS-Buchwertes*. Es liegt vielmehr eine permanente Differenz vor, die zu keinen latenten Steuern führt.

IV. Bilanzierung von tatsächlichen Steuerschulden und Steuererstattungsansprüchen. Tatsächliche Ertragsteuern sind entweder als Schuld oder als Vermögenswert anzusetzen (IAS 12.12). Schließlich besteht zum Bilanzstichtag eine Verpflichtung oder eine Forderung über Steuern, die bis zum Bilanzstichtag entstanden sind. Dagegen betreffen latente Steuern nur solche, die nach dem Bilanzstichtag und mithin künftig entstehen.

Ebenfalls als Vermögenswert des Verlustjahrs (IAS 12.14) ist der **aus einem Verlustrücktrag resultierende Erstattungsanspruch** anzusetzen (IAS 12.13). Auch dieser Erstattungsanspruch besteht zum Bilanzstichtag. Für die Bewertung und den Ansatz der aus einem Verlustrücktrag entstehenden Steueransprüche sind folglich nicht die Restriktionen zu beachten, die für die Bewertung eines Verlustvortrages und seiner künftigen Steuerauswirkungen notwendig sind (vgl. hierzu IAS 12. 34ff.) Schließlich ist die Werthaltigkeit durch den Verlustrücktrag bereits am Bilanzstichtag ermittelbar.

Für Zwecke der Körperschaftsteuer sind die Rücktragsbeschränkungen nach §10d EStG iVm. §8 Abs. 1 KStG zu beachten. Nach §10d Abs. 1 Satz 1 EStG sind negative Einkünfte, die bei der Ermittlung des Gesamtbetrags der Einkünfte nicht ausgeglichen werden, sind bis zu einem Betrag von € 511.500 vom Gesamtbetrag der Einkünfte des unmittelbar vorangegangenen Veranlagungszeitraums vorrangig vor Sonderausgaben, außergewöhnlichen Belastungen und sonstigen Abzugsbeträgen abzuziehen (Verlustrücktrag).

Auch der Verlustrücktrag kann nach §8a KStG entfallen. Dies ist – auch unterjährig – der Fall, mittelbar oder unmittelbar mehr als 50% des gezeichneten Kapitals, der Mitgliedschaftsrechte, Beteiligungsrechte oder der Stimmrechte an einer Körperschaft an einen Erwerber oder diesem nahe stehenden Personen übertragen oder liegt ein vergleichbarer Sachverhalt vorliegt (schädlicher Beteiligungserwerb). Bei einem schädlichen Beteiligungserwerb von mittelbar oder unmittelbar mehr als 25% des gezeichneten Kapitals, der Mitgliedschaftsrechte, Beteiligungsrechte oder der Stimmrechte an einer Körperschaft an einen Erwerber oder diesem nahe stehende Personen oder einem vergleichbaren Sachverhalt gehen die für einen Verlustrücktrag zur Verfügung stehenden unterjährigen Verluste anteilig unter.

Die Gewerbesteuer ist nach §10a GewStG auf einen Verlustvortrag beschränkt. Der Gewerbeverlust kann daher nicht zu einem Steueranspruch im Wege des Rücktrages führen.

Nicht fällige tatsächliche Steuern sind grundsätzlich mit dem **Barwert** zu bewerten,[28] soweit nicht eine Verzinsung tatsächlicher Steuern wie z.B. nach §233a AO oder bei Stundungen nach §222 AO gesetzlich vorgesehen ist und zu einem ausreichenden Ausgleich führt.

§233a Abs. 1 AO gilt für die Festsetzung der Einkommen-, Körperschaft-, Umsatz- oder Gewerbesteuer. Ein Unterschiedsbetrag, ist mit 6% p.a. zu verzinsen. Der Zinslauf beginnt 15 Monate nach Ablauf des Kalenderjahrs, in dem die Steuer entstanden ist.

Nach §222 AO sind für die Dauer einer gewährten **Stundung** von Ansprüchen aus dem Steuerschuldverhältnis Zinsen zu erheben. Die Zinsen betragen nach §238 AO für jeden Monat 0,5%. Das Abzinsungsverbot für Steuern gilt nach IAS 12.53 nur für latente Steuern.

Eine Abzinsung kommt für die **Körperschaftsteuerminderung** nach §37 Abs. 5 Satz 1 KStG in Betracht, die von 2008 bis 2017 anteilig auszuzahlen ist.[29] Die Körperschaft hat hiernach innerhalb eines Auszahlungszeitraums von 2008 bis 2017 einen Anspruch auf Auszahlung des Körperschaftsteuerguthabens in zehn gleichen Jahresbeträgen. Der Anspruch entsteht mit Ablauf des 31. Dezember 2006 und wird für den gesamten Auszahlungszeitraum festgesetzt. Der Anspruch ist jeweils am 30. September auszuzahlen. Auf den Schluss des Wirtschaftsjahrs, das dem in §36 Abs. 1 genannten Wirtschaftsjahr folgt, wird ein Körperschaftsteuerguthaben ermittelt. Das Körperschaftsteuerguthaben beträgt nach §37 Abs. 1 Satz 1 KStG 1/6 des Endbestands des mit einer Körperschaftsteuer von 40% belasteten Teilbetrags. Vor Umstellung auf das Halbeinkünfteverfahren, kam es bei Gewinnausschüttungen zur Herstellung einer Ausschüttungsbelastung in Höhe von 30%. Die Differenz zur Vorbelastung mit 40% Körperschaftsteuer in Höhe von 10% war der Körperschaft im Rahmen der Körperschaftsteuerminderung zu erstatten. Die Ausschüttungsbelastung konnte der Dividendenempfänger grundsätzlich auf seine Ertragssteuerschuld anrechnen (Anrechnungsverfahren).

V. Bilanzierung von latenten Steuerschulden und Steuererstattungsansprüchen. 1. Erfassung latenter Steuern. Eine latente Steuerschuld (DTL) ist bei allen „zu versteuernden temporären Differenzen", also allen Ansatzdifferenzen zwischen IFRS-

---

28 Vgl. *ADS International* IAS 12 Rn 31.
29 Vgl. *ADS International* IAS 12 Rn 33; *HFA/IDW* FN 2007, 107.

Buchwert und steuerlicher Basis, anzusetzen, wenn die Differenzen steuerpflichtig zu realisieren sind (IAS 12.15). In diesem Fall ist im *IFRS-Buchwert* bereits eine Steuerschuld angelegt, selbst wenn der Vermögensgegenstand nur zu diesem IFRS-Buchwert realisiert wird.

Eine latente Steuerschuld unterbliebt dennoch:
- beim **erstmaligen Ansatz eines Geschäfts- oder Firmenwertes** (IAS 12.15 l (a)), da sonst die latente Steuerschuld den Geschäftswert als Residualgröße erhöhen und eine Intransparenz entstehen würde. Die Vorschrift ist auf ein Ansatzverbot für latente Steuerschulden beschränkt; latente Steueransprüche können sich aus IAS 12.32a ergeben.

oder

- dem erstmaligen, gewinn- und steuerneutralen Ansatz eines Vermögenswertes außerhalb eines Unternehmenszusammenschlusses (IAS 12.15 (b)), da diese erfolgsneutralen Anschaffungsvorgänge sonst um die latente Steuerlast erhöht werden müssten und wiederum eine Intransparenz zu befürchten wäre.

36 Für **Differenzen bei Anteilen an Tochterunternehmen**, Zweigniederlassung, in assoziierten Unternehmen und Anteilen an Gemeinschaftsunternehmen gelten für die Erfassung von latenten Steuerschulden die Sonderregelungen nach IAS 12.38ff (IAS 12.15). Differenzen entstehen insbesondere in Dividendenausschüttungen bzw. Thesaurierungen (IAS 12.40) und Währungsdifferenzen (IAS 12.41).

37 Nach IAS 12.39 sollen solche Differenzen nur dann **als latente Steuerschuld** (DTL) erfasst werden, solange nicht
- der Zeitpunkt der Realisierung der Differenz kontrolliert werden kann und
- die Realisierung in der absehbaren Zukunft wahrscheinlich ist.

Damit soll sich das Unternehmen die komplexe Berechnung der latenten Steuerschulden ersparen.

38 **Latente Steueransprüche im Zusammenhang mit Anteilen** sind in IAS 12.44 geregelt.

Ein latenter Steueranspruch (DTA) ist für alle abzugsfähigen temporären Differenzen zu bilden (IAS 12.24). Die in künftigen Perioden abzugsfähigen Beträge mindern schließlich den künftigen zu versteuernden Gewinn. Die Differenz ist bereits im *IFRS-Buchwert* des Vermögensgegenstandes angelegt, so der latente Steueranspruch diesen Wertansatz ergänzen soll.

Die abzugsfähige temporäre Differenz kann einer höheren steuerlichen Basis eines Vermögenswertes (IAS 12.26(d)) oder aus einer steuerlich niedrigeren Basis eins Passiv-Postens ergeben (IAS 12.25). In diesem Fall ist die steuerliche Basis der Schuld höher als ihr Buchwert.

V. Bilanzierung von latenten Steuerschulden und Steuererstattungsansprüchen

Ein latenter Steueranspruch kann sich weiterhin aus der Wirkung eines **Verlustvortrages ergeben** (vgl. IAS 12.34).

Latente Steueransprüche können nur angesetzt werden, soweit es wahrscheinlich (*probable*) ist, dass sich diese künftigen Vorteile auch auswirken. Hierzu sind Werthaltigkeitsprüfungen nach Maßgabe der IAS 12.28ff. sowie nach IAS 12.35 im Falle einer Verlusthistorie.

Übersicht über die Ansatzpflichten latenter Steuerschulden und −Ansprüche:

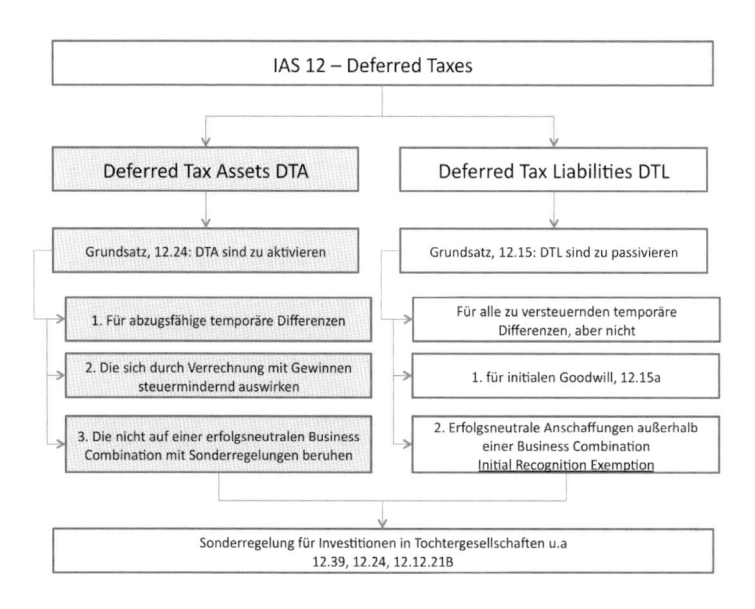

```
                        IAS 12 – Deferred Taxes
                                  │
                  ┌───────────────┴───────────────┐
                  ▼                               ▼
         Deferred Tax Assets DTA         Deferred Tax Liabilities DTL
                  │                               │
      Grundsatz, 12.24: DTA sind zu aktivieren   Grundsatz, 12.15: DTL sind zu passivieren
                  │                               │
   1. Für abzugsfähige temporäre Differenzen    Für alle zu versteuernden temporäre
                                                 Differenzen, aber nicht
   2. Die sich durch Verrechnung mit Gewinnen
      steuermindernd auswirken                   1. für initialen Goodwill, 12.15a

   3. Die nicht auf einer erfolgsneutralen       2. Erfolgsneutrale Anschaffungen außerhalb
      Business Combination mit Sonderregelungen     einer Business Combination
      beruhen                                       Initial Recognition Exemption

              Sonderregelung für Investitionen in Tochtergesellschaften u.a
                              12.39, 12.24, 12.21B
```

Grund für den Ansatz latenter Steuern sind temporäre Differenzen im Bilanzansatz zur Steuerbilanz. Eine abzugsfähige temporäre Differenz mindert in der Zukunft den steuerlichen Gewinn und führt zu einer Steuerminderung, mithin einem Steueranspruch. Eine zu versteuernde Differenz führt dagegen zu einer künftigen Steuermehrbelastung, mithin zu einer latenten Steuerschuld. Die *IFRS-Buchwerte* sind durch den Ansatz latenter Steuern zu korrigieren. In der Übersicht können diese Differenzen wie folgt dargestellt werden:

```
                        IAS 12 – Deferred Taxes
                   ┌────────────┴────────────┐
         Deferred Tax Assets DTA      Deferred Tax Liabilities DTL
                    │                            │
         Abzugsfähige temporäre Differenzen   Zu versteuernde temporäre Differenzen

         Steuerliche Basis > Buchwert         Steuerliche Basis < Buchwert

         1. Steuerlich nachgelagerter Abzug von      1. Steuerlich nachgelagerte Erfassung von
            Pensionen erst bei Zahlung, 12.26a          Betriebseinnahmen, 12.17a

         2. Steuerlich nachgelagerte Abzug von F&E-   2. Steuerlich höhere Abschreibung, 12.17b
            Aufwendungen, 12.26b
                                                     3. Steuerlich vorgelagerte Abzugsfähigkeit von
         3. Steuerlich nachgelagerte Abzug              Betriebsausgaben, 12.17c
            Anschaffungsnebenkosten bei Business
            Combinations, 12.26c                     4. Steuerlich nicht erfasster Step-Up bei
                                                        Business Combinations, 12.18a
         4. Steuerlich nicht anerkannte Abwertung,   5. Steuerlich nicht erfasster Step-Up bei
            12.26d                                      Revaluations, 12.20

                                                     6. Steuerlich nicht erfasster Goodwill bei
                                                        Business Combinations, 12.18c, 12.21, 12,21A,
                                                        12,21B

                                                     7. Steuerlich geringere Anschaffungskosten,
                                                        12.18d

                    Sonderregelung für Investitionen in Tochtergesellschaften u.a
                                  12.39, 12.24, 12.12.21B
```

40   **2. Passivierung von zu versteuernden temporären Differenzen** (DTL). Eine „temporäre zu versteuernde Differenz" entsteht bei Vermögenswerten, wenn der *IFRS-Buchwert* höher als seine steuerliche Basis ist (IAS 12.16). Bei Realisierung des Vermögenswertes zum *IFRS-Buchwert* müssen die in der steuerlichen Basis gegenüber dem Buchwert enthaltenen stillen Reserven aufgedeckt und versteuert werden.

Diese Situation einer zu versteuernden temporären Differenz entsteht **bei Vermögenswerten** insbesondere, wenn die steuerliche Abschreibung höher ist (IAS 12.17 (b)) oder aber die IFRS eine (Neu-)Bewertung über die Anschaffungskosten hinaus vorsehen.[30]

41   **Eine temporäre zu versteuernde Differenz entsteht bei einem Passiv-Posten**, wenn der *IFRS-Buchwert* niedriger als seine steuerliche Basis ist. Bei Realisierung des Passiv-Postens mit Mitteln in Höhe des IFRS-Buchwertes entsteht ein nur steuerlicher Gewinn, weil der Steuerpflichtige in Höhe der Differenz steuerlich von einer Verpflichtung frei wird.

---

30   Insbesondere im Falle von Vermögensgegenständen des Umlaufvermögens (available for sale oder held-for-trading financialinstruments) oder financial instruments through profit or loss).

V. Bilanzierung von latenten Steuerschulden und Steuererstattungsansprüchen

Eine solche Differenz zwischen *IFRS-Buchwert* und steuerlicher Basis kann **bei Passiva** z.b. auf Grund eines abgezinsten Buchwertes (z.b. bei Pensionsverpflichtungen an Arbeitnehmer nach IAS *19 Employee Benefits*) entstehen; das Abzinsungsverbot für latente Steuern steht nicht entgegen (IAS 12.55).

Eine latente Steuerschuld ist auch dann anzusetzen, wenn etwa in Folge von Verlustvorträgen oder Verlustsituationen **mit keiner Steuerzahlung** zu rechnen ist. Im Gegensatz zum Ansatz von latenten Steueransprüchen ist es nicht erforderlich, dass eine Steuerzahlung wahrscheinlich (probable) ist.[31] Im Übrigen ist die Werthaltigkeit von latenten Steueransprüchen bzw. Verlustvorträgen als Tatbestandsmerkmal für den Ansatz latenter Steueransprüche zu überprüfen. Mit anderen Worten können latente Steuerschulden den Ansatz eines latenten Steueranspruches (durch abzugsfähige temporäre Differenzen oder Verlustvorträge) rechtfertigen (vgl. IAS 12.28ff. und 34ff.).

Eine Passivierung einer DTL unterbleibt: 42
- nach IAS 12.15(a) bei Differenzen in Bezug auf den erstmaligen Ansatzes eines Geschäfts- oder Firmenwertes, weil sonst die latente Steuerschuld den Geschäfts- oder Firmenwert als Residualgröße erhöhen würde und die Darstellung intransparent würde.
- nach IAS 12.15(b) bei Differenzen aus ergebnisneutralen Ansatzdifferenzen außerhalb eines Unternehmenszusammenschlusses (Initial Recognition Exemption), weil sonst die Anschaffungskosten durch Ansatz einer latenten Steuerschuld erhöht und die Transparenz damit gemindert würde.
- nach IAS 12.39 bei Differenzen aus Anteilen an Tochterunternehmen, Zweigniederlassungen, assoziierten Unternehmen oder Anteilen an Gemeinschaftsunternehmen, wenn die Auflösung der Differenz gesteuert werden kann und unwahrscheinlich ist. Andernfalls würde dem Unternehmen einer komplexe Ermittlung der latenten Steuerbelastung zugemutet werden müssen.

Übersicht über den Ansatz von latenten Steuerschulden (DTL): 43

---

31 Vgl. *Köster/Pratter* BB 2009, 1688

```
                    ┌─────────────────────────────────────┐
                    │     Deferred Tax Liabilities DTL    │
                    └─────────────────────────────────────┘
                                       │
    ┌──────────────────────────────────┤
    │    Grundsatz, 12.15: DTL sind zu passivieren        │
    └──────────────────────────────────┘
         │
    ┌────────────────────────────────┐       ┌──────────────────────────────────┐
    │  Für alle zu versteuernden     │──────▶│  12.21: Definition               │
    │  temporäre Differenzen, aber   │       └──────────────────────────────────┘
    │  nicht                         │       ┌──────────────────────────────────┐
    └────────────────────────────────┘──────▶│  12.21A: Kein Ansatz nachfolgender Änderungen │
         │                                   └──────────────────────────────────┘
    ┌────────────────────────────────┐       ┌──────────────────────────────────┐
    │  1. für initialen Goodwill,    │──────▶│  12.21B: Ansatz nachfolgender Änderungen, │
    │     12.15a                     │       │  wenn keine initiale Differenz beim Goodwill │
    └────────────────────────────────┘       │  entstanden ist, weil dieser steuerlich gebildet │
                                             │  und abzugsfähig ist             │
                                             └──────────────────────────────────┘
                                             ┌──────────────────────────────────┐
                                       ┌────▶│  Außerhalb einer Business Combination, 12.19 │
    ┌────────────────────────────────┐ │     └──────────────────────────────────┘
    │  2. Erfolgsneutrale Anschaffungen │     ┌──────────────────────────────────┐
    │  außerhalb einer Business       │────▶│  Im Rahmen einer gewinnneutralen Transaktion, │
    │  Combination, 12.15b            │     │  12.15b, 12.18d, 12.22            │
    │  Initial Recognition Exemption  │     └──────────────────────────────────┘
    └────────────────────────────────┘      ┌──────────────────────────────────┐
                                       ────▶│  Keine Anwendung auf Financial Instruments, da │
                                             │  die Differenz dort auf der Aufspaltung des │
                                             │  Equity-Anteils und nicht dem    │
                                             │  Anschaffungsvorgang beruht, 12.23 │
                                             └──────────────────────────────────┘
    ┌──────────────────────────────────────────────────────┐
    │  Sonderregelung für Investitionen in Tochtergesellschaften u.a │
    │  12.39, 12.24, 12.21B, 12.61A, 12.58, 12.18c, 12.49 │
    └──────────────────────────────────────────────────────┘
```

44 a) **Zu versteuernde temporäre Differenzen durch zeitliche Divergenz.** Temporäre **zu versteuernde Differenzen** entstehen häufig als Folge von so genannten Timing Differences (der frühere Standardfall für latente Steuerlasten, vgl. IAS 12.IN2), also durch eine divergierende zeitliche Erfassung von Erträgen oder Aufwendungen (IAS 12.17).[32]

- Eine **spätere steuerliche Erfassung von Einnahmen** führt im Falle der Realisierung zu einer Steuerschuld (IAS 12.17(a)). Da die Einnahmen in den IAS bereits erfasst waren, besteht kein IFRS-Buchwert. Die steuerliche Basis entfällt erst mit der nachgelagerten Realisierung. Eine Differenz der Buchwerte besteht und hat eine nur steuerlich nachgelagerte Realisierung zur Folge.
- Eine **höhere steuerliche Abschreibung** führt zu einem niedrigeren steuerlichen Buchwert. Die Realisierung der Differenz in Höhe des IFRS-Buchwertes führt zu einer latenten Steuerbelastung (DTL), IAS 12.17(b).
- Korrespondierend führt z.b. **eine Rücklage nach §6b EStG** zu einer höheren Passivposition, die im Zeitpunkt ihrer Auflösung zu steuerpflichtigen Erträgen führen kann und daher in einer DTL abzubilden ist.[33]

---

32 Vgl. *ADS International* IAS 12, Rn 45.
33 Bei Übertragung der Rücklage auf ein neues Wirtschaftsgut wird die Differenz auf dieses Wirtschaftsgut übertragen und deren Auflösung auf die Abschreibung oder den Verkauf verlagert, vgl. *ADS International* IAS 12 Rn 113, 200.

V. Bilanzierung von latenten Steuerschulden und Steuererstattungsansprüchen

- Ein niedriger steuerlicher Buchwert kann ebenso **bei sofortiger Abzugsfähigkeit etwa von Forschungs- oder Entwicklungskosten** entstehen, wenn eine Aktivierung nach IAS erfolgt (IAS 12.17 (c)). Das steuerliche Ergebnis ist niedriger als das IAS Ergebnis. Die steuerliche Realisierung des *IFRS-Buchwertes* führt zu einer Steuerbelastung und mithin einer latenten Steuerschuld.
- Eine Timing Differenz entsteht ebenfalls, wenn Vermögenswerte **neu bewertet oder ihrem Fair Market Value angepasst** werden, ohne dass steuerliche eine korrespondierende Erhöhung erfolgt (IAS 12.18 (b) und 20). Auch in diesem Fall führt die Realisierung eines Vermögenswertes zu seinem *IFRS-Buchwert* zu einem **nur** steuerlichen Gewinn und daher zu einer latenten Steuerschuld. Korrespondierend führt die Realisierung eines Passivposten mit einem geringeren – abgewerteten – *IFRS-Buchwert* zu einem **nur** steuerlichen Gewinn. Auch insoweit ist der IAS Buchwert durch eine latente Steuerschuld zu ergänzen.
- **Steuerfreie Zuschüsse** können zu unterschiedlichen Buchwerten und damit Differenzen führen (IAS 12.18 (d), 22, und 33). IAS 12.33 verbietet den Ansatz einer latenten Steuer (vgl. IV.2.3).
- Der steuerliche Buchwert von Investitionen in **Tochtergesellschaften, Betriebsstätten oder Joint-Ventures** kann – insbesondere sowohl im Rahmen eines Einzelabschlusses als auch im Rahmen eines konsolidierten Konzernabschlusses zu Differenzen zum *IFRS-Buchwert* führen (IAS 12.18(e) und 38 – 45). Im Einzelabschluss kann insbesondere an eine abweichende Ermittlung von Anschaffungskosten, eine unterschiedliche Behandlung von Einlagen und Auszahlungen oder aber unterschiedliche Bewertungsvorschriften gedacht werden.
- Steuerlich abweichende Definitionen von Anschaffungs- oder Herstellungskosten können ebenfalls zu geringeren steuerlichen Buchwerten bei Vermögenswerten führen und eine latente Steuerschuld begründen (IAS 12.22).

Der Ansatz latenter Steuern nimmt die Steuereffekte aus der künftigen Auflösung der temporären Differenz vorweg[34] und korrigiert insoweit den *IFRS-Buchwert*, damit der Adressat die Werthaltigkeit der Vermögenswerte umfassend beurteilen kann.

b) Zu versteuernde temporäre Differenzen" bei Unternehmenszusammenschlüssen. Temporäre Differenzen könnten bei Unternehmenszusammenschlüssen insbesondere in folgenden Situationen entstehen:

- Nach IFRS *3 Business Combinations* werden die erworbenen Vermögenswerte bei einem Unternehmenszusammenschluss im Erwerbszeitpunkt zu **Zeitwerten** bewertet. Eine darüber hinausgehende Gegenleistung führt zu einem **Geschäfts- und Firmenwert**. Erfolgt keine steuerliche Wertaufstockung, entsteht eine Differenz (IAS 12.18(a) und 19). Hieraus resultierende latente Steuerschulden beeinflussen den Geschäfts- oder Firmenwert (IAS 12.19 und 66).

---

34 Vgl.*Loitz* KoR 2003, 516.

- Auch im Falle einer auch steuerlichen Aufwertung im Erwerbszeitpunkt, kann es zu einer Differenz bei der Erfassung eines Firmenwertes kommen (IAS 12.18(c), 21, 18(c) und 21; siehe aber Ansatzverbot des erstmaligen Ansatzes eines Geschäfts- und Firmenwertes nach IAS 12.15).
- Differenzen entstehen im Konzernabschluss durch die Aufdeckung stiller Reserven und Lasten im Rahmen der Erstkonsolidierung.[35]

46 **Eine zu versteuernde temporäre Differenz** entsteht, wenn der *IFRS-Buchwert* – wie bei einem Step Up üblich – den steuerlichen Buchwert einer Vermögenswertes übersteigt. Die Realisierung des Vermögenswertes zum *IFRS-Buchwert* führt dann zu einem **nur** steuerlichen Gewinn, der zu einer **latenten Steuerschuld** führt.

Die latente Steuerschuld hat wiederum zur Folge, dass eine weitere Passiv-Position mit der Übernahme der Vermögensgegenstände verbunden war. Dadurch **erhöht sich der Geschäfts- oder Firmenwert**, der die Residualgröße darstellt (vgl. IAS 12.19)

IAS 12.15(a) verbietet den Ansatz einer latenten Steuerschuld auf den initialen Geschäfts- oder Firmenwert, da sonst die Transparenz des Abschlusses und seiner Wertansätze gefährdet wäre (vgl. IAS 12.15(a) und 66). Das Ansatzverbot gilt gleicher maßen für den im Rahmen der Erstkonsolidierung entstehenden Firmenwert.

47 Übersicht zur Entstehung und Behandlung von temporären Differenzen im Zusammenhang mit einem Unternehmenszusammenschluss:

---

35 Vgl. hierzu *ADS International* IAS 12. Rn 166ff.

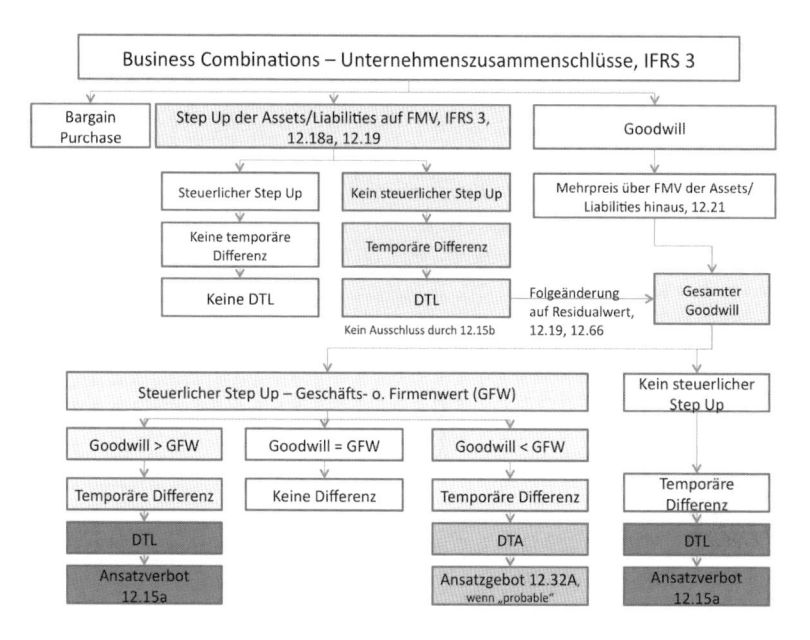

V. Bilanzierung von latenten Steuerschulden und Steuererstattungsansprüchen

```
Business Combinations – Unternehmenszusammenschlüsse, IFRS 3
    │
    ├── Bargain Purchase
    ├── Step Up der Assets/Liabilities auf FMV, IFRS 3, 12.18a, 12.19
    │       ├── Steuerlicher Step Up
    │       │       └── Keine temporäre Differenz
    │       │               └── Keine DTL
    │       └── Kein steuerlicher Step Up
    │               └── Temporäre Differenz
    │                       └── DTL (Kein Ausschluss durch 12.15b)
    │                               └── Folgeänderung auf Residualwert, 12.19, 12.66
    └── Goodwill
            ├── Mehrpreis über FMV der Assets/Liabilities hinaus, 12.21
            │       └── Gesamter Goodwill
            ├── Steuerlicher Step Up – Geschäfts- o. Firmenwert (GFW)
            │       ├── Goodwill > GFW → Temporäre Differenz → DTL → Ansatzverbot 12.15a
            │       ├── Goodwill = GFW → Keine Differenz
            │       └── Goodwill < GFW → Temporäre Differenz → DTA → Ansatzgebot 12.32A, wenn „probable"
            └── Kein steuerlicher Step Up → Temporäre Differenz → DTL → Ansatzverbot 12.15a
```

aa) Differenzen aus dem erstmaligen Ansatz eines Geschäfts- oder Firmenwertes. Der Geschäfts- oder Firmenwert entspricht dem Unterschiedsbetrag aus der Gegenleistung zum Erwerbszeitpunkt und dem Betrag aller nicht beherrschenden Anteile an dem erworbenen Unternehmen, die gemäß IFRS 3 ausgewiesen werden (IAS 12.21(a)), und dem Saldo der zum Erwerbszeitpunkt erworbenen identifizierbaren Vermögenswerte und Schulden.

48

Ein steuerlich nicht ansetzbarer und damit nicht abzugsfähiger Geschäfts- oder Firmenwert führt zu einer Differenz zwischen *IFRS-Buchwert* und steuerlicher Basis. IAS 12.15(a) verbietet den Ansatz einer latenten Steuerschuld auf diesem initialen Geschäfts- und Firmenwert (vgl. auch IAS 12.66).

Solche Fälle eines steuerlich **nicht ansetzbaren und abzugsfähigen Geschäfts- oder Firmenwert** können in deutscher Sicht insbesondere entstehen bei:

49

- Unternehmenszusammenschlüssen, die sich für eine Buchwertverknüpfung nach dem Umwandlungssteuergesetz qualifizieren. Verschmelzungen sind so z.B. nach IAS 3.14 als Unternehmenszusammenschlüsse abzubilden. Nach der Finanzverwaltung dürfen originäre Geschäfts- oder Firmenwerte nicht beim übernehmenden Rechtsträger aktiviert werden.[36]

---

36 BMF vom 25.03.1998 sowie vom 21.08.2001, Rn 03.02 und 03.07.

- Erwerb von Anteilen an einer Kapitalgesellschaft (Share Deal), welcher die Bilanzierung auf der Ebene der erworbenen Kapitalgesellschaft unverändert lässt.

Nachträgliche Veränderungen von Differenzen, die sich auf den erstmaligen Ansatz eines Geschäfts- oder Firmenwerts beziehen, werden auf den erstmaligen Ansatz des Geschäfts- oder Firmenwerts zurückbezogen. Latente Steuerschulden sind auf solche „neuen" Differenzen daher nicht zu erfassen.

Ist der **IFRS Geschäfts- oder Firmenwert höher als die steuerliche Basis**, entsteht eine temporäre Differenz, die zu einer DTL führt, die ebenfalls nicht angesetzt werden darf (IAS 12.15(a) und 21). Ansonsten würde eine Erfassung der latenten Steuer wiederum den Buchwert des Geschäfts- oder Firmenwertes als Residualgröße verändern. Der Abschluss würde hierdurch unklarer (IAS 12.22(c) und 24).[37] Diese Fallgestaltung tritt insbesondere im Falle eines Asset-Deals oder des Erwerbes von Anteilen an Personengesellschaften ein.[38]

50 **Latente Steuerschulden** sind zu bilden für temporäre Differenzen aus dem Geschäfts oder Firmenwert, der nicht aus dem erstmaligen Ansatz des Geschäfts- oder Firmenwerts hervorgeht (IAS 12.21B). Dies kann etwa der Fall sein, wenn ein Unternehmen erworben wird, dass bereits über einen Geschäfts- oder Firmenwert aus einer anderen Transaktion verfügt.

Im Übrigen führt der steuerlich z.B. beim Asset-Deal abzugsfähige Geschäfts- oder Firmenwert zu latenten Steuerverbindlichkeiten bei der **Folgebewertun.**[39] Es liegt schließlich auch keine latente Steuerschuld aus Differenzen aus einem initialen Ansatz eines Geschäfts- oder Firmenwertes vor.

Ebenfalls schließt IAS 12.15(a) auch den **Ansatz eines latenten Steueranspruches** nicht aus, der bei einem Geschäfts- und Firmenwert zu einem *IFRS-Buchwert* zum Ansatz kommen kann, der niedriger als der steuerliche Buchwert ist.

51 **bb) Differenzen aus dem erstmaligen Ansatz eines Vermögenswertes oder einer Schuld.** Weiterhin kann beim erstmaligen Ansatz eines Vermögenswerts oder einer Schuld ein temporärer Unterschied entstehen, wenn steuerlich – etwa bei einer Buchwertverknüpfung oder einem Sharedeal – kein Step Up möglich ist oder aber die Anschaffungskosten steuerlich nicht abzugsfähig sind (IAS 12.22).

Der hiernach höhere *IFRS-Buchwert* eines Vermögenswertes führt zu einer zu versteuernden Differenz. Schließlich kann bei Realisierung des Vermögenswertes ein **nur** steuerlicher Gewinn entstehen, der zu einer latenten Steuerschuld führt.

---

37 Vgl. *ADS International* IAS 12 Rn 115; kritisch *Küting/Wirth* BB 2003, 623.
38 Vgl. *ADS International* IAS 12 Rn 118.
39 Vgl. *ADS International* IAS 12 Rn 118.

V. Bilanzierung von latenten Steuerschulden und Steuererstattungsansprüchen

IAS 12.15(b) verbietet den Ansatz von latenten Steuerschulden bei erfolgsneutralen Anschaffungsvorgängen (Initial Recognition Exemption). Dieses Ansatzverbot ist im Rahmen von Unternehmenszusammenschlüssen nicht anwendbar.

Daher sind auf temporäre Differenzen der im Rahmen von Unternehmenszusammenschlüssen erworbenen Vermögenswerte und Schulden latente Steuern zu bilden.

Die latenten Steuern verändern den Geschäfts- oder Firmenwert, der die Residualgröße zwischen Gegenleistung und Wertansatz der Vermögensgegenstände ist.

Soweit bei dem sich hiernach ergebenden Geschäfts- oder Firmenwert sich eine zu versteuernde Differenz mit der Folge einer latenten Steuerschuld ergibt, schließt IAS 12.15(a) den Ansatz nur der latenten Steuerschuld aus. Der Ansatz von latenten Steueransprüchen ist nicht betroffen.

c) Zu versteuernde temporäre Differenzen bei Anteilen an Tochterunternehmen, Zweigniederlassungen und assoziierten Unternehmen sowie Anteile an Gemeinschaftsunternehmen. Temporäre Differenzen an Anteilen können entstehen, wenn die steuerliche – meist zu Anschaffungskosten ermittelte – Basis vom *IFRS-Buchwert* abweicht. Eine solche Differenz entsteht, wenn der *IFRS-Buchwert* durch geänderte Bewertungsansätze von der Kostenbasis abweicht (IAS 12.18(e), 38 und 45).

Im Konzernabschluss entsteht die Differenz unvermeidlich schon durch den Ersatz des Anteilsansatzes durch die anteiligen Vermögensgegenstände und Schulden.

Temporäre Differenzen entstehen insbesondere in folgenden typischen Situationen:
- bei thesaurierten Gewinnen;
- bei Veränderungen der Wechselkurse und
- bei Verminderung des Buchwerts der Anteile an einem assoziierten Unternehmen auf seinen erzielbaren Betrag.

Keine latente Steuerschuld für Differenzen aus Anteilen muss nach IAS 12.39 angesetzt werden, wenn:
- der zeitliche Verlauf der Auflösung der temporären Differenz kontrolliert werden kann und
- sich die temporäre Differenz in absehbarer Zeit nicht auflösen wird.

Durch die Kontrolle (auch) der Dividendenpolitik kann der Zeitpunkt der Auflösung der temporären Differenzen in Bezug auf thesaurierte Gewinne wie auch der Unterschiedsbeträge bei der Währungsumrechnung gesteuert werden, IAS 12.40. Eine latente Steuerschuld muss daher nicht bilanziert werden, wenn diese Gewinne in absehbarer Zeit nicht ausgeschüttet werden sollen. Die gleichen Überlegungen gelten für Anteile an Zweigniederlassungen.

Ein Unternehmen weist die nicht monetären Vermögenswerte und Schulden nach IAS 21 in seiner **funktionalen Währung** aus. Änderungen im Wechselkurs führen zu temporären Differenzen, wenn der zu versteuernde Gewinn in der Fremdwährung ermittelt wird (IAS 12.41) und eine latente Steuerschuld oder ein latenter Steueranspruch (IAS 12.24) entsteht. Die sich ergebende latente Steuer wird ergebnisneutral erfasst (IAS 12.58), da Ergebnisse aus Währungsänderungen nach 21.39 ebenfalls neutral erfasst werden.

Ein Investor an einem **assoziierten Unternehmen** beherrscht dieses Unternehmen nicht. Der Investor erfasst latente Steuerschulden, sofern er nicht besondere Umstände vorliegen, wie z.b. eine vertragliche Ausschüttungssperre, vgl. IAS 12.42.

Bei einem **Gemeinschaftsunternehmen** scheidet eine latente Steuerschuld aus, wenn der Investor die Gewinnausschüttung auf Basis dieser Vereinbarung und der dort vereinbarten Mehrheitsverhältnisse steuern kann, vlg IAS 12.43.

54 In der Übersicht kann die Abbildung temporärer Differenzen bei Investitionen in Tochtergesellschaften u.a. wie folgt dargestellt werden:

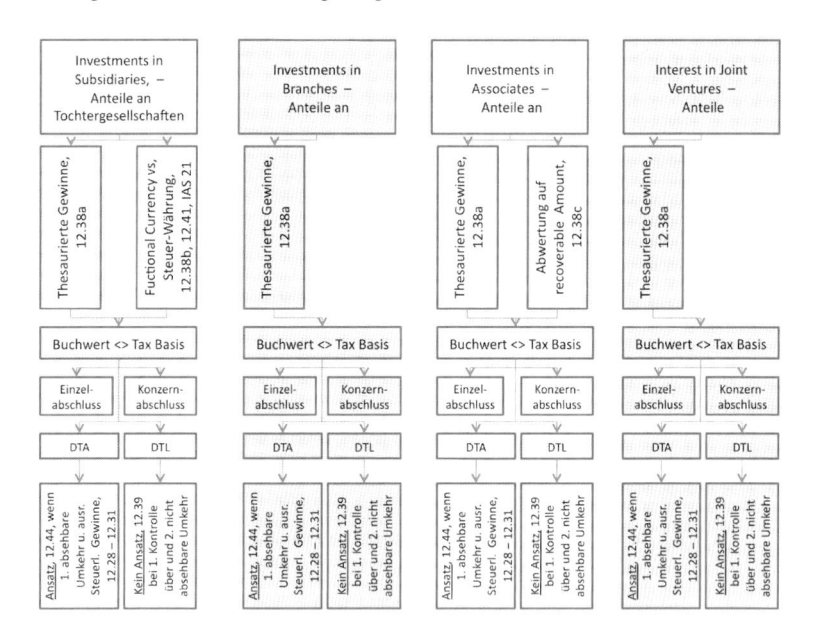

d) Zu versteuernde temporäre Differenzen bei Differenzen aus ergebnisneutralen Ansatzdifferenzen außerhalb eines Unternehmenszusammenschlusses.

55 Eine Differenz kann bei Anschaffung eines Vermögenswertes entstehen, wenn der *IFRS-Buchwert* höher als die steuerliche Basis ist.

IAS 12.15(b) normiert für diesen Fall ein Ansatzverbot latenter Steuerlasten. Das Ansatzverbot vermeidet, dass sich der *IFRS-Buchwert* durch die korrespondierende Erfassung latenter Steuerlasten erhöht[40] und zugleich die Transparenz mindert. Letzteres war der Grund für das Ansatzverbot.

Eine Differenz kann insbesondere beim **Finanzierungsleasing** entstehen, wenn ein Vermögenswert nach IAS 17 dem Leasingnehmer, dagegen steuerlich dem Leasinggeber zuzurechnen ist. Es handelt sich dabei um eine Differenz, bei der Ersterfassung eines Vermögenswertes, der zudem ergebnisneutral ist. Der Wortlaut des IAS 12.15(b) ist erfüllt, so dass ein Ansatzverbot für latente Steuern besteht.[41]

Korrespondierend normiert IAS 12.24 und .33 ein Ansatzverbot von latenten Steueransprüchen.

Die Neubewertung eines Vermögenswertes ist nicht von den Wirkungen des IAS 12.15(b) erfasst.[42]

In der Übersicht kann die **Initial Recognition Exemption** wie folgt dargestellt werden:

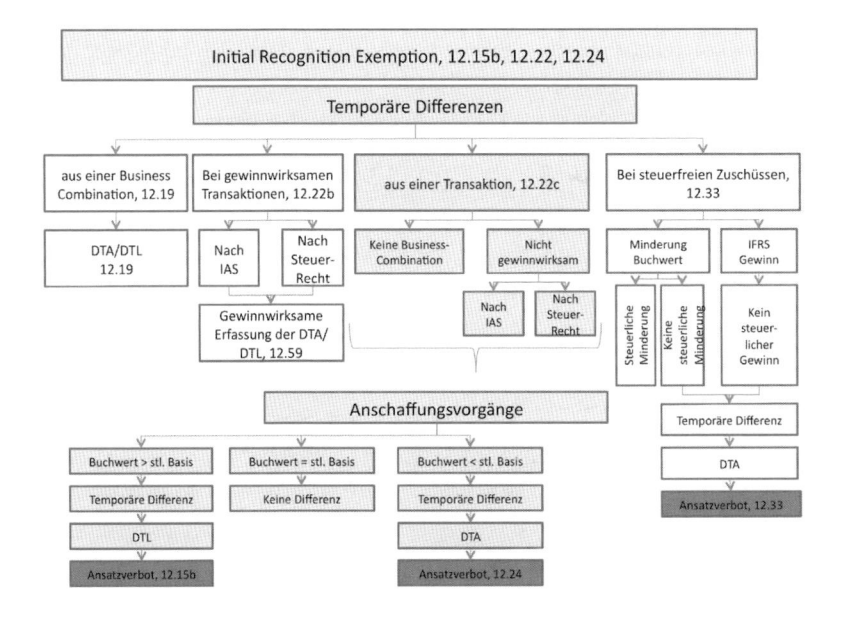

---

40 Vgl. *ADS International* IAS 12 Rn 120.
41 Vgl. *ADS International* IAS 12 Rn 143.
42 Vgl. *ADS International* IAS 12 Rn 121.

57   e) **Zu versteuernde temporäre Differenzen bei Neu- oder Zeitbewertung.** Die **Neubewertung** von Vermögenswerten ohne steuerlich korrespondierende Veränderungen führt zu Differenzen (IAS 12.18(b) und 20).

Ein Zeitwertansatz oder eine Neubewertung ist z.b. vorgesehen bei
- IAS 16 *Property, Plant and Equipment,*
- IAS 38 *Intangible Assets,*
- IAS 39 *Financial Instruments: Recognition and Measurement* und
- IAS 40 *Investment Property.*

Der Erfassung als Latenz steht nicht entgegen, dass
- eine Realisierung der Differenz **nicht beabsichtigt ist** (IAS 12.20(a), da sich die Differenz durch steuerlich geringere Abzugsbeträge (Abschreibungsbeträge) letztlich ausgleichen wird.
- die Steuerpflicht einer Realisierung durch Reinvestitionsrücklagen vermieden werden kann, IAS 12.20 lit. b. Auch in diesem Fall löst sich die Differenz durch geringere steuerliche Abschreibungsbeträge aus.

Nach IAS 12.61A wird die zusätzliche latente Steuer, die aus der Neubewertung erwächst, direkt **im sonstigen Ergebnis** erfasst.

Umgliederungen von der Neubewertungsrücklage in die Gewinnrücklage nach 16.41 sind zum Nettobetrag vorzunehmen, IAS 12.64.[43]

58   In der Übersicht können die Konsequenzen aus der Neubewertung wie folgt dargestellt werden:

---

43   Vgl. *ADS International* IAS 12 Rn 141.

V. Bilanzierung von latenten Steuerschulden und Steuererstattungsansprüchen

| IAS 16 – Property, Plant and Equipment | IAS 38 – Intangible Assets | IFRS 9 – Financial Instruments | IAS 40 – Investment Property |

↓

Revaluation- Neubewertung, 12.20

↓ ↓

| Step Up | Step Down |

Steuerlicher Step Up	Kein steuerlicher Step Up	Steuerlicher Step Down	Kein steuerlicher Step Down
Keine temporäre Differenz	Temporäre Differenz	Keine temporäre Differenz	Temporäre Differenz
	DTL		DTA

f) **„Zu versteuernde temporäre Differenzen" bei Finanzinstrumenten.** Nach IAS 32 teilt der Emittent zusammengesetzte Finanzinstrumente in eine Schuld- und Eigenkapitalkomponente auf. Die steuerliche Basis der Schuldkomponente entspricht oft der Summe aus Schuld- und Eigenkapitalkomponente.[44]

Die Aufteilung in Komponenten stellt keinen Anschaffungsvorgang der, so dass die in IAS 12.15(b) dargestellte Ansatzausnahme für latente Steuerverbindlichkeiten nicht anwendbar ist. Demzufolge sind die sich ergebenden latenten Steuerschuld (IAS 12.23 und .61A) zu passivieren.

Nachfolgende Veränderungen der latenten Steuerschuld werden gewinnwirksam erfasst (IAS 12.58).

3. **Aktivierung von „abzugsfähigen temporären Differenzen" (DTA).** Ein latenter **Steueranspruch** ist für alle „abzugsfähigen temporären Differenzen" zu bilden (IAS 12.24). Die in künftigen Perioden abzugsfähigen Beträge mindern schließlich den künftigen „zu versteuernden Gewinn" und damit die künftige Ertragsteuer.

Aktivierungsverbote bestehen für die Anschaffungsvorgänge, die Initial Recognition Exemption nach IAS IAS 12.24, sowie nach IAS IAS 12.44 für Differenzen aus Anteilen an Tochterunternehmen, die sich nicht in absehbarer Zukunft ausgleichen.

---

44 Zur entsprechenden Einordnung der Wandelschuldverschreibung vgl. *ADS International* IAS 12 Rn 126.

IAS 12 — Income Tax

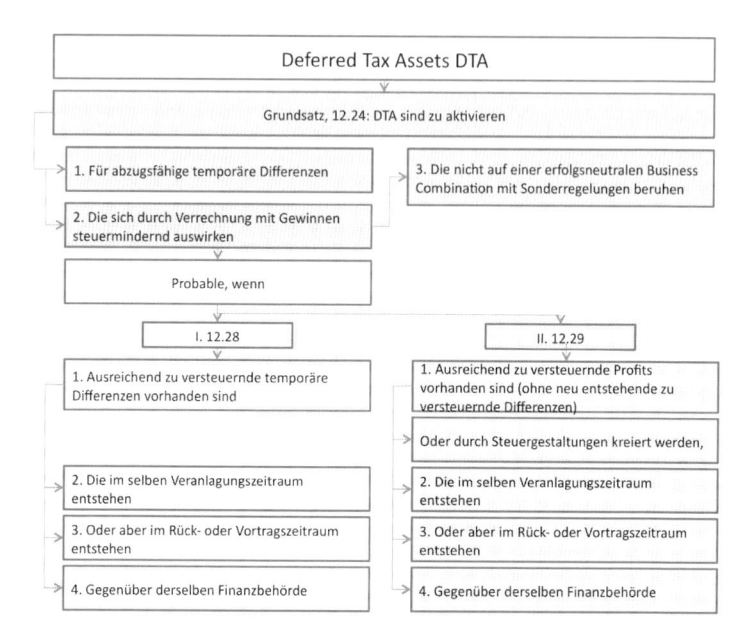

Übersicht über den Ansatz aktiver latenter Steuern (DTA):

```
                    Deferred Tax Assets DTA
                Grundsatz, 12.24: DTA sind zu aktivieren

  1. Für abzugsfähige temporäre Differenzen   →   3. Die nicht auf einer erfolgsneutralen Business
                                                     Combination mit Sonderregelungen beruhen
  2. Die sich durch Verrechnung mit Gewinnen
     steuermindernd auswirken

                    Probable, wenn

        I. 12.28                              II. 12.29

  1. Ausreichend zu versteuernde temporäre    1. Ausreichend zu versteuernde Profits
     Differenzen vorhanden sind                  vorhanden sind (ohne neu entstehende zu
                                                 versteuernde Differenzen)

                                              → Oder durch Steuergestaltungen kreiert werden,

  2. Die im selben Veranlagungszeitraum       2. Die im selben Veranlagungszeitraum
     entstehen                                   entstehen

  3. Oder aber im Rück- oder Vortragszeitraum 3. Oder aber im Rück- oder Vortragszeitraum
     entstehen                                   entstehen

  4. Gegenüber derselben Finanzbehörde        4. Gegenüber derselben Finanzbehörde
```

61   a) **Übersicht über die Fallgestaltungen.** Eine **abzugsfähige temporäre Differenz** kann z.B. in folgenden Situation ergeben:

- **Bei einem Passivposten** muss die steuerliche Basis der Schuld geringer als ihr IAS Buchwert sein. Die Realisierung des Passiv-Postens zum *IFRS-Buchwert* ist gewinnneutral, während der höhere steuerliche Buchwert zu einem **nur** steuerlichen Verlust führt (IAS 12.25). Diese Situation tritt z.B. ein, wenn Gewährleistungsrückstellungen steuerlich erst bei Zahlung abzugsfähig sind, wohingegen nach IAS sofort eine Passivierung vornimmt. Die steuerliche Basis der Rückstellung ist Null und damit geringer als der IAS –Buchwert. Die Realisierung führt damit nur zu einem steuerlichen Verlust – einer abzugsfähigen Differenz. Dieselbe Situation entsteht
  - bei Kosten der Altersvorsorge, wenn der steuerliche Abzug von der Auszahlung etwa an den Berechtigten abhängig gemacht werden, aber nach IAS als Entlohnung unmittelbar gewinnwirksam werden, IAS 12.26(a).
  - bei Research Kosten, die steuerlich abweichend von der IAS Behandlung erst mit Zahlung und damit nachgelagert abzugsfähig sind, IAS 12.26(b).

V. Bilanzierung von latenten Steuerschulden und Steuererstattungsansprüchen

- **Bei einem Aktivposten** muss die steuerliche Basis größer als der *IFRS-Buchwert* sein. Die Realisierung des Aktivpostens zum *IFRS-Buchwert* ist gewinnneutral; dagegen führt die höhere steuerliche Basis zu einem **nur** steuerlichen Verlust – einer abzugsfähigen Differenz. Steuerlich abweichende **Definitionen von Anschaffungs- oder Herstellungskosten** können zu höheren steuerlichen Buchwerten führen und einen latenten Steueranspruch begründen (IAS 12.26 (d)).

b) Wahrscheinlichkeit der künftigen Steuerminderung. Die Steuerminderung muss wahrscheinlich sein („probable"). Dies setzt voraus, dass ein ausreichender „zu versteuernder Gewinn" verfügbar sein wird (IAS 12.24 und .27), der durch die künftige Steuerminderung reduziert wird.

Die Steuerminderung ist wahrscheinlich, wenn sie mit einem Wahrscheinlichkeitsgrad von mehr als 50% eintritt und mithin – entsprechend 37.23 more likely than not ist.[45] Nach anderer Auffassung ist eine sachverhaltsbezogene Festlegung der Wahrscheinlichkeitsgrenze notwendig,[46] die zumeist eine höhere Quote notwendig machen[47] und für alle Sachverhalte einheitlich festgelegt werden soll.[48]

Zur Beurteilung dieser Wahrscheinlichkeit sieht IAS 12.28ff. eine abgestufte Prüfung vor.[49]

- Vorrangig ist zu prüfen, ob sich latente Steueransprüche schon allein durch **Verrechnung mit latenten Steuerschulden** auswirken (IAS 12.28).
- Reichen die latenten Steuerschulden nicht aus oder sind sie nicht kongruent, ist auf **den zu erwartenden zu versteuernden Gewinn** abzustellen (IAS 12.29(a)).
- Ausreichend zu versteuernder Gewinn kann schließlich unter eingeschränkten Voraussetzungen durch **Steuergestaltungsmöglichkeiten** erreicht werden (IAS 12.29(b)).

Die Beurteilung der Wahrscheinlichkeit ist für den Ansatz latenter Steueransprüche aus abzugsfähigen temporären Differenzen genauso zu prüfen, wie für den Ansatz von Steueransprüchen aus Verlustvorträgen.[50]

In der Übersicht kann die Prüfung der Wahrscheinlichkeit der steuerlichen Auswirkung der DTA wie folgt dargestellt werden:

---

45 Vgl. *Loitz* WPg 2007, 778; *Köster/Pratter* BB 2009, 1688.
46 Vgl. *ADS International* IAS 12 Rn 87.
47 Vgl. *Epstein/Mirza* IAS 2003, 577; *Küting/Zwirner/Reuter* BuW 2003, 441; *Loitz/ Rössel* DB 2002, 645.
48 Vgl. *ADS International* IAS 12 Rn 87.
49 Vgl. *Köster/Pratter* BB 2009, 1688.
50 Vgl. *Lienau/Erdmann/Zülch* DStR 2007, 1094; *Küting/Zwirner* WPg 2007, 555.

64   **aa) Steuerminderung durch Verrechnung mit latenten Steuerschulden.** Zu versteuernde temporäre Differenzen führen zu künftigen Steuerlasten, die sich durch latente Steueransprüche mindern lassen. In dieser Fallgestaltung werden die latenten Steueransprüche „wirksam" und ihre Nutzung ist wahrscheinlich.

Die korrespondierenden Steuerlatenzen müssen nach IAS 12.28
- in Bezug auf die **gleiche Steuerbehörde** und
- das **gleiche Steuersubjekt** vorhanden sein (IAS 12.28) und
- entweder **in der gleichen Periode** wie die erwartete Auflösung der abzugsfähigen temporären Differenz entstehen (IAS 12.28 (a)) oder
- in Perioden, in die steuerliche Verluste aus dem latenten Steueranspruch **zurückgetragen oder vorgetragen** werden können (IAS 12.28 (b)).

Die **zeitliche Kongruenz** der unterschiedlichen temporären Differenzen muss festgestellt werden[51].

Bei der Beurteilung der Wahrscheinlichkeit ist bei latenten Steueransprüchen aus Verlustvorträgen eine eventuelle **Mindestbesteuerung nach §10d EStG** zu berücksichtigen, die einer vollständigen Verwertung entgegenstehen kann.[52]

---

51   Vgl. von *Eitzen* BB 2002, 823.
52   Vgl. *Köster/Pratter* BB 2009, S. 1688f., ADS, IAS 12 Rn. 102.

bb) **Alternative Steuerminderung durch Verrechnung mit künftigen zu versteuernden Gewinnen.** Liegen keine kongruenten zu versteuernden temporären Differenzen (1) der gleichen Steuerbehörde und (2) des gleichen Steuersubjekts vor, kann sich der latente Steueranspruch nur auswirken, wenn und soweit **ausreichende zu versteuernde Gewinne** (1) bei der gleichen Steuerbehörde und (2) dem gleichen Steuersubjekt wie der abzugsfähigen temporären Differenz vorhanden sind, IAS 12.29.

Die zu versteuernden Gewinne müssen dabei in der Periode der Auflösung des latenten Steueranspruchs oder in den Perioden anfallen, in die ein steuerlicher Verlust infolge eines latenten Steueranspruches zurückgetragen oder vorgetragen werden kann (IAS 12.29).

Die künftigen zu versteuernden Gewinne sind aus der **Steuerplanung**[53] abzuleiten. Der Planungszeitraum ist nicht beschränkt und wird nur durch die Verlässlichkeit bzw. Planbarkeit beschränkt.[54] Nach anderer Ansicht ist der Planungszeitraum in analoger Anwendung von 36.33 auf 5 Jahre beschränkt.[55]

Bei der **Schätzung des zu versteuernder Gewinnes** sind keine künftigen zu erwartenden abzugsfähige temporären Differenzen zu berücksichtigen. Schließlich setzt der hieraus resultierende latente Steueranspruch aus diesen abzugsfähigen temporären Differenzen selbst einen zukünftigen zu versteuernden Gewinn voraus.[56]

cc) **Alternative Steuerminderung durch Verrechnung mit gestaltetem zu versteuernden Gewinnen.** Alternativ kann ein Ansatz nach IAS 12.29(b). bei **Steuergestaltungsmöglichkeiten** erfolgen, wenn hierdurch ein zu versteuernden Gewinns in geeigneten Perioden erreicht werden kann, der eine steuerliche Auswirkung der latenten Steueransprüche ermöglicht. Die Steuergestaltungsmöglichkeiten müssen (1) bestehen, (2) vom Unternehmen wahrscheinlich umgesetzt werden[57] und (3) nicht jedoch bereits in der Umsetzung sein.[58]

Eine Steuergestaltungsmöglichkeit besteht dann, wenn sie in der alleinigen Entscheidungsmacht des Unternehmens steht, nicht jedoch, wenn sie von einem Vertragsschluss mit einem Dritten abhängt.[59]

Steuergestaltungsmöglichkeiten sind nach IAS 12.30 Gestaltungen,[60] die
- ein zu versteuerndes Ergebnis erzeugen,

---

53 Die Steuerplanung hat dabei insbesondere die aktuelle Wirtschaftslage zu berücksichtigen und steht daher in Zeiten einer Finanzmarktkrise vor besonderen Herausforderungen, vgl. *Köster/Pratter* BB 2009, 1688.
54 Vgl. *Hauck/Prinz* DB 2007, 412; *Köster/Pratter* BB 2009, 1688ff; *ADS International* IAS 12 Rn 100.
55 Vgl. *Berger* DB 2006, 2474; nunmehr aber DB 2007, 412 für den Fall langfristiger Verträge.
56 Vgl. *Köster/Pratter* BB 2009, 1688ff; *ADS International* IAS 12 Rn 95.
57 Vgl. *ADS International* IAS 12 Rn 94.
58 Vgl. *Loitz* WPg 2007, 778ff.
59 Vgl. *ADS International* IAS 12, Rn 95.
60 Zu den Gestaltungsansätzen vgl. auch von *Eitzen/Dahlke*, Bilanzierung von Steuerpositionen nach IFRS, 26.

- auf dieser Basis eine Auswirkung eines latenten Steueranspruches ermöglichen,
- und ggfs. mit einem späteren, korrespondierenden Ausgleich verbunden sind.

68 Diese Effekte können z.b. **durch folgende Strukturen** erreicht werden:
- Ausnutzen von Gewinnermittlungsdifferenzen (IAS 12.30(a)), um damit die Erfassung von Erträgen vorzuverlagern,
- Ausnutzen eines nachgelagerten Abzugs von Aufwendungen (IAS 12.30(b)), z.b. durch späteren Antrag auf Abzug, wodurch das aktuelle Ergebnis zu Lasten des künftigen Ergebnisses verbessert wird,
- Sale- und Lease-Back-Gestaltungen (IAS 12.30(c)), wodurch das Ergebnis durch die Aufdeckung stiller Reserven zu Lasten einer Refinanzierung verbessert wird,
- durch Realisierung steuerfreier Erträge und Ersetzen mit Vermögensgegenständen mit steuerpflichtigen Erträgen (IAS 12.30(d)).

69 Wenn durch die Ausnutzung von Steuergestaltungsmöglichkeiten **ein zu versteuernder Gewinn von einer späteren Periode in eine frühere Periode vorverlagert wird** (vgl. Rn. 107), ist die steuerliche Auswirkung des latenten Steueranspruchs nur gesichert, wenn
- künftig ein zu versteuernder Gewinn entsteht,
- der nicht nur aus künftig noch entstehenden temporären Differenzen gespeist wird.[61]

Dieser Einschränkung liegt der Gedanke zugrunde, dass ein vorgezogener Gewinn mit einem späteren Verlust korrespondiert und hiermit die Verwertung eines latenten Steueranspruches mit der Entstehung eines späteren – durch diesen späteren Verlust – entstehenden latenten Steueranspruches ersetzt wird.

70 **dd) Schätzung des zu versteuernden Gewinnes bei Verlusthistorie.** Weist ein Unternehmen in der näheren Vergangenheit[62] eine Folge von Verlusten auf, müssen nach IAS 12.31 bei der Schätzung des zu versteuernden Gewinnes weitere Aspekte berücksichtigt werden. Steuerlich nicht genutzte Verluste begründen ein Indiz gegen einen zukünftigen zu versteuernder Gewinn.

Bei einer Verlusthistorie in der näheren Vergangenheit können latente Steueransprüche nach IAS 12.35 **nur bilanziert werden**, soweit
- ausreichende **zu versteuernde temporäre Differenzen** vorliegen, oder
- **überzeugende substanzielle Hinweise für einen ausreichenden zu versteuernden Gewinn** vorliegen. Nach IAS 12.82 ist Betrag des latenten Steueranspruches und die substanziellen Hinweise anzugeben.

71 Nach IAS 12.36 sind bei der Beurteilung der Wahrscheinlichkeit eines künftigen zu versteuernden Gewinnes folgenden **Kriterien** zu beachten, ob

---

61 Vgl. ADS International IAS 12 Rn 89.
62 Der Zeitraum der Verlustperiode ist nicht bestimmt und wir in Anlehnung an die US-GAAP oft auf einen Zeitraum von 3 Jahren bezogen, vgl. *Bösser/Pilhofer* KoR 2008, 296.

- ausreichende zu versteuernde temporäre Differenzen in Bezug auf (1) die gleiche Steuerbehörde und (2) das gleiche Steuersubjekt bestehen;
- es wahrscheinlich ist, dass zu versteuernde Gewinne erzielen wird, bevor die Verluste verfallen;
- die noch nicht genutzten steuerlichen **Verluste aus identifizierbaren Ursachen**[63] stammen, welche aller Wahrscheinlichkeit[64] nach nicht wieder auftreten; und
- ob dem Unternehmen **Steuergestaltungsmöglichkeiten** nach IAS 12.30 zur Verfügung stehen, die einen zu versteuernden Gewinn in der Periode erzeugen, in der die noch nicht genutzten steuerlichen Verluste oder noch nicht genutzten Steuergutschriften verwendet werden können.

Der latente Steueranspruch wird nicht bilanziert, soweit es unwahrscheinlich erscheint, dass ausreichende zu versteuernde Gewinne zur Verfügung stehen.

c) **Jährliche Überprüfung von latenten Steueransprüchen.** Nach IAS 12.37 müssen latente Steueransprüche an jedem Abschlussstichtag erneut beurteilt werden.

Ein bislang nicht bilanzierter latenter Steueranspruch ist nach zu aktivieren, soweit es wahrscheinlich geworden ist, dass ausreichender zu versteuernder Gewinn entsteht, um den latenten Steueranspruch zu realisieren.

Der **Grund für die geänderte Wahrscheinlichkeit** ist irrelevant und kann z.B. im verbesserten Geschäftsumfeldes begründet sein.

Die Änderung latenter Steuern führt zu einer Änderung der Steuerquote, die wegen der Bedeutung der **Konzernsteuerquote** als Analysegröße zu kommunizieren ist.[65]

d) **Einzelfälle latenter Steueransprüche (DTA). aa) Abzugsfähige temporäre Differenzen durch zeitliche Divergenz.**

Eine Differenz kann im Falle von **Timing-Differenzen** entstehen:

Bei Verbindlichkeiten können Differenzen entstehen, wenn zurückgestellte Gewährleistungskosten steuerlich erst bei Ausführung und damit später abzugsfähig werden (IAS 12.24). Die steuerliche Basis der Schuld ist mangels Passivierung Null. Der zu erwartende Steuervorteil aus dem Abzug dieser temporären Differenz ist als latenter Steueranspruch zu erfassen, wenn die künftige Steuerminderung wahrscheinlich ist (IAS 12.25). Die steuerlich nachgelagerte Abzugsfähigkeit führt zu künftigen Steuerminderungen beispielsweise im Falle von Kosten der betrieblichen Altersversorgung, die für Zwecke der IAS entsprechend der Leistungserbringung durch den Arbeitnehmer abgezogen werden konnten (IAS 12.26(a)). Die steuerliche Basis der Schuld ist Null ist und hat einen latenten Steueranspruch zur Folge, da die

---

63 Die Finanzmarktkrise ist dabei regelmäßig keine identifizierbare Ursache in diesem Sinne, vgl. *Köster/Pratter* BB 2009, 1688ff.
64 Im Sinne einer hohen Wahrscheinlichkeit, vgl. *ADS International* IAS 12 Rn 96.
65 Vgl. *Herzig* WPg Sonderheft 2003, 80.

Verminderung des zu versteuernden Gewinns durch die Bezahlung von Beiträgen oder Versorgungsleistungen für das Unternehmen einen Zufluss an wirtschaftlichem Nutzen bedeutet.

Eine steuerlich nachgelagerte Abzugsfähigkeit kann bei **Vermögensgegenständen** dadurch entstehen, dass steuerlich eine Aktivierung vorgeschrieben ist. (IAS 12.26(b)). Der Unterschiedsbetrag zwischen der steuerlichen Basis der aktivierten Kosten und dem IFRS-Buchwert von Null ist eine abzugsfähige temporäre Differenz, die einen latenten Steueranspruch zur Folge hat.

74 **bb) Abzugsfähige temporäre Differenzen bei Unternehmenszusammenschlüssen.** Abzugsfähige temporäre Differenzen können bei Unternehmenszusammenschlüssen entstehen

- bei divergierender Bewertung der erworbenen Vermögenswerte und der übernommenen Schulden
- bei divergierendem Ansatz des Geschäfts- und Firmenwertes
- bei divergierendem Ansatz von Anteilen.

75 **a) Divergierende Bewertung erworbener Vermögenswerte und Schulden.** Bei einem Unternehmenszusammenschluss werden die erworbenen identifizierbaren Vermögenswerte und übernommenen Schulden mit den Zeitwerten zum Erwerbszeitpunkt angesetzt. Eine Differenz entsteht, wenn eine übernommene **Schuld** für steuerliche Zwecke erst in einer späteren Periode in Abzug gebracht wird. Diese abzugsfähige temporäre Differenz begründet nach IAS 12.26(c) einen latenten Steueranspruch. Ein latenter Steueranspruch entsteht ebenfalls, wenn der Zeitwert eines erworbenen identifizierbaren **Vermögenswerts** geringer als seine steuerliche Basis ist. In beiden Fällen beeinflusst der sich ergebende latente Steueranspruch den Geschäftsoder Firmenwert (siehe IAS 12.66), der als Residualgröße fungiert.

76 **b) Divergierender Ansatz des Geschäfts- und Firmenwertes.** Der steuerlich abzugsfähige Geschäfts- oder Firmenwert begründet einen latenten Steueranspruch, soweit er den *IFRS-Buchwert* übersteigt (IAS 12.32A).

Das **Ansatzverbot des IAS 12.15(a)** bezieht sich nur auf die passiven latenten Steuern.[66] IAS 12.24 schließt latente Steueransprüche auf den initialen Ansatz eines Geschäfts- und Firmenwertes nicht aus.[67]

Der Ansatz einer aktiven latenten Steuer mindert den Geschäfts- und Firmenwert (maximal auf Null[68]), der wiederum den latenten Steueranspruch mindert. Die latente Steuer ist daher im Wege der Iteration zu ermitteln.[69]

---

66 Vgl. *ADS International* IAS 12 Rn 108.
67 Vgl. *ADS International* IAS 12 Rn 108.
68 von *Eitzen/Dahlke/Kromer* DB 2005, 509.
69 Vgl. *ADS International* IAS 12 Rn 108.

V. Bilanzierung von latenten Steuerschulden und Steuererstattungsansprüchen

cc) Abzugsfähige temporäre Differenzen bei Anteilen an Tochterunternehmen, Zweigniederlassungen und assoziierten Unternehmen sowie Anteile an Gemeinschaftsunternehmen.

Outside Basis Differenzen[70] sind Differenzen zwischen
- dem höheren Steuerwert eines Anteils
- und dem niedrigeren Netto-Vermögens der Beteiligung,
- die in Folge des höheren Steuerwertes zu aktiven latenten Steuern führen.[71]

Schließlich kann sich eine höhere steuerliche Basis ertragssteuermindernd auswirken.[72]

Temporäre Differenzen nach IAS 12.38 entstehen, wenn der (konsolidierte) Buchwert von Anteilen am Nettovermögen des Tochterunternehmens, der Zweigniederlassung, des assoziierten Unternehmens oder des Unternehmens, sich anders als die steuerliche Basis entwickelt. Dies kann in folgenden Situationen entstehen:
- bei thesaurierten Gewinnen;
- bei Änderungen der Wechselkurse, und
- bei Verminderung des Buchwerts der Anteile an einem assoziierten Unternehmen auf seinen erzielbaren Betrag.

Der **Ansatz im Konzernabschluss** unterscheidet sich vom Ansatz in der Einzelbilanz, die nach IAS 27.37 zu den Anschaffungskosten oder dem beizulegenden Zeitwert erfolgt. Der Buchwert im Konzernabschluss entspricht dagegen dem Buchwert des bilanzierten Vermögens abzüglich der Schulden des Tochterunternehmens; ein assoziiertes Unternehmen ist nach der Equity-Methode anzusetzen.

Der **latente Steueranspruch** ist nach IAS 12.44 zur zu bilanzieren, wenn es wahrscheinlich ist,
- dass sich die temporäre Differenz in absehbarer Zeit[73] auflöst, und
- dass der zu versteuernde Gewinn zur Verfügung stehen wird, um den Steueranspruch zu verwerten. Nach IAS 12.45 sind zur Beurteilung dieser Wahrscheinlichkeit die IAS 12.28 bis IAS 12.31 anzuwenden.

Keine latente Steuerschuld für Differenzen aus Anteilen ist nach IAS 12.39 anzusetzen, wenn (a) das Mutterunternehmen, der Anteilseigner oder das Partnerunternehmen den zeitlichen Verlauf der Auflösung der temporären Differenz steuert und (b) sich die temporäre Differenz in absehbarer Zeit nicht auflösen wird. Durch die Be-

---

70 Als Inside Basis Differenzen werden demgegenüber Differenzen zwischen dem Ansatz eines Vermögensgegenstandes in der *IFRS-Bilanz* zum steuerlichen Buchwert bezeichnet; vgl. *ADS International* IAS 12 Rn 128.
71 Vgl. *ADS International* IAS 12 Rn 109.
72 §8b Abs. 3 KStG normiert im Regelfall ein Abzugsverbot von Verlusten, wohingegen §8b Abs. 2 KStG den Veräußerungsgewinn unter Berücksichtigung des §8b Abs. 5 KStG zu 95% steuerfrei stellt; nur zu 5% kann daher ein Steueranspruch im Falle eines „geminderten" Veräußerungsgewinnes entstehen.
73 Die absehbare Zeit ist im Einzelfall zu würdigen und umfasst zunächst einen Zeitraum von 12 Monaten ab dem Abschlussstichtag, vgl. *ADS International* IAS 12 Rn 110.

herrschung der Dividendenpolitik kann der Zeitpunkt der Auflösung der temporären Differenzen in Bezug auf thesaurierten Gewinnen und Unterschiedsbeträgen durch Währungsumrechnung gesteuert werden, IAS 12.40. **Eine latente Steuerschuld** ist daher nicht zu bilanzieren, wenn diese Gewinne in absehbarer Zeit nicht ausgeschüttet werden sollen. Die gleichen Überlegungen gelten für Anteile an Zweigniederlassungen. Für latente Steueransprüche gilt IAS 12.39 nicht.

81   Ein Unternehmen weist die nicht monetären Vermögenswerte und Schulden nach IAS 21 in seiner funktionalen Währung aus. Änderungen im Wechselkurs führen zu temporären Differenzen, wenn der zu versteuernde Gewinn in der Fremdwährung ermittelt wird (IAS 12.41). Eine latente Steuerschuld oder **ein latenter Steueranspruch** (IAS 12.24) entsteht. Die sich ergebende latente Steuer wird im Gewinn oder Verlust erfasst (IAS 12.58).

dd) „Abzugsfähige temporäre Differenzen" bei Neu- oder Zeitbewertung.
82   Bestimmte Vermögenswerte können zum beizulegenden Zeitwert bilanziert oder neubewertet sein, ohne dass eine entsprechende Bewertungsanpassung für steuerliche Zwecke durchgeführt wird (IAS 12.20). Es entsteht eine abzugsfähige temporäre Differenz, wenn die steuerliche Basis des Vermögenswerts seinen *IFRS-Buchwert* übersteigt.

ee) „Abzugsfähige temporäre Differenzen" bei steuerfreien Zuschüssen. Ein
83   latenter Steueranspruch kann aus dem erstmaligen Ansatz eines Vermögenswerts entstehen, wenn eine steuerfreie Zuwendung der öffentlichen Hand den *IFRS-Buchwert*, nicht aber die steuerliche Basis mindert, IAS 12.33.

Zuwendungen der öffentlichen Hand dürfen ebenfalls als passivischer Abgrenzungsposten angesetzt werden. In diesem Fall ergibt der Unterschiedsbetrag zwischen dem passivischen Abgrenzungsposten und seiner steuerlichen Basis von Null eine abzugsfähige temporäre Differenz.

Eine Aktivierung des latenten Steueranspruchs ist in den in IAS 12.22 dargestellten Konstellationen, der initial recognition exemption für Anschaffungsvorgänge, ausgeschlossen.

**ff) „Abzugsfähige temporäre Differenzen" durch nicht genutzte Verluste und
84   Steuergutschriften.** Ein latenter Steueranspruch setzt voraus, dass ein ausreichender zu versteuernder Gewinn zur Verfügung stehen wird, damit sich die Vorteile auswirken bzw. realisieren können, IAS 12.34. Die Kriterien für die Bilanzierung latenter Steueransprüche entsprechen denjenigen für die Bilanzierung latenter Steueransprüche aus abzugsfähigen temporären Differenzen.

V. Bilanzierung von latenten Steuerschulden und Steuererstattungsansprüchen

Verlustvorträge indizieren künftige Verluste. Im Falle einer Verlusthistorie müssen ausreichende (1) zu versteuernde temporäre Differenzen oder aber (2) überzeugende substanzielle Hinweise für einen ausreichenden zu versteuernden Gewinn vorliegen, IAS 12.35. Die latenten Steuern sind mitsamt der substanziellen Hinweise anzugeben, IAS 12.82.

Zur Beurteilung der *Wahrscheinlichkeit* eines ausreichenden zu versteuernden Gewinnes sind nach IAS 12.36 heranzuziehen: 85
- zu versteuernde temporäre Differenzen gegenüber (1) der gleichen Steuerbehörde bezüglich (2) desselben Steuersubjektes;
- die Wahrscheinlichkeit, dass **Verlustvorträge nicht zuvor verfallen**;
- inwieweit die indizielle Bedeutung der Verlusthistorie **auf identifizierbare Ursachen** zurückzuführen ist, welche aller Wahrscheinlichkeit nach nicht wieder auftreten; und
- inwieweit **Steuergestaltungsmöglichkeiten** nach IAS 12.30 einen zu versteuernden Gewinn erzeugen können, solange die steuerlichen Verluste oder noch nicht genutzten Steuergutschriften noch genutzt werden können.

Der latente Steueranspruch wird nicht bilanziert, wenn die Verwertung unwahrscheinlich erscheint.

V. Bewertung. Das Measurement beschäftigt sich mit den Fragen, in welcher Höhe die Steuer anzusetzen ist. Bei der künftigen Realisierung latenter Steuern ist insoweit insbesondere nach der Art der Realisierung zu differenzieren sowie die Steuersätze abzuschätzen. In der Übersicht kann die Bewertung wie folgt dargestellt werden: 86

IAS 12 — Income Tax

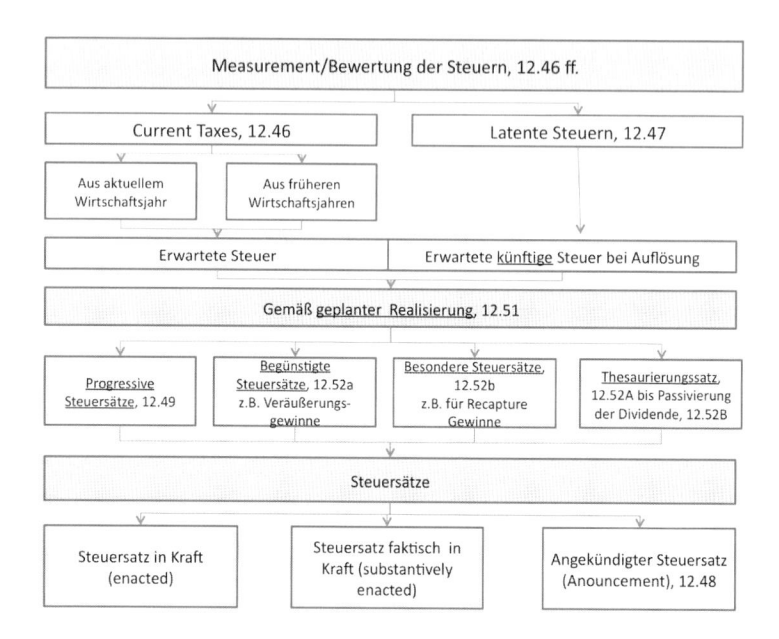

```
Measurement/Bewertung der Steuern, 12.46 ff.
├── Current Taxes, 12.46
│   ├── Aus aktuellem Wirtschaftsjahr
│   └── Aus früheren Wirtschaftsjahren
│       → Erwartete Steuer
└── Latente Steuern, 12.47
    → Erwartete künftige Steuer bei Auflösung

Gemäß geplanter Realisierung, 12.51
├── Progressive Steuersätze, 12.49
├── Begünstigte Steuersätze, 12.52a (z.B. Veräußerungsgewinne)
├── Besondere Steuersätze, 12.52b (z.B. für Recapture Gewinne)
└── Thesaurierungssatz, 12.52A bis Passivierung der Dividende, 12.52B

Steuersätze
├── Steuersatz in Kraft (enacted)
├── Steuersatz faktisch in Kraft (substantively enacted)
└── Angekündigter Steuersatz (Anouncement), 12.48
```

87 **1. Bewertung tatsächlicher Ertragsteuern.** Tatsächliche Ertragsteuern das aktuellen und der früheren Wirtschaftsjahre sind in Höhe des erwarteten Betrages auf Basis der zum Ende des Wirtschaftsjahres geltenden Steuersätze anzusetzen, IAS 12.46.

Geltende Steuersätze sind die im Gesetz für das aktuelle oder vergangene Jahr enthaltenen Steuersätze.

Der **gesetzlich vorgesehene geänderte Steuersatz** ist maßgebend, sofern dieses Gesetz am Ende des Wirtschaftsjahrs „substantively" in Kraft ist. Nach deutschem Verständnis kann es hier nur um eine ausstehende Verkündigung durch den Bundespräsidenten gehen, der nach Art. 58 GG nur ein formales Prüfungsrecht hat.

88 **Angekündigte Steuersätze** sind nach IAS 12.48 maßgeblich, wenn sie die Wirkung einer tatsächlichen Inkraftsetzung haben, wozu in Deutschland jedenfalls die Unterzeichnung des Gesetzes durch den Bundespräsidenten nicht gehört.[74] Die Inkraftsetzung kann dann erst mehrere Monate nach der Ankündigung erfolgen. Hierzu muss das Gesetzgebungsverfahren am Abschlussstichtag jedenfalls faktisch abgeschlossen sein, wovon in Deutschland bei zuverlässigen Aussagen der beteiligten politischen Gremien auszugehen sein soll.[75]

---

[74] Vgl. *ADS International* IAS 12. Rn 25, soweit nicht Widerstände des Bundespräsidenten angekündigt sind.
[75] Vgl. *ADS International* IAS 12 Rn 25; *Ernsting* WPg 2001, 11; *Klein* DStR 2001, 1450.

2. Bewertung latenter Ertragsteuern. a) Maßgebende Steuersätze. Latente 89
Steuern sind mit den erwarteten Steuersätzen zu ermitteln, die im Zeitpunkt der Realisierung gelten werden (IAS 12.47).

Die Steuersätze müssen zum Abschlussstichtag gültig oder bis zum Ende des Wirtschaftsjahres „substantively" in Kraft sein (IAS 12.47).

Angekündigte Steuersätze können nach IAS 12.48 verwendet werden, wenn sie die Wirkung einer tatsächlichen Inkraftsetzung haben, vgl. Rn 1.

Bei progressiven Steuersätzen sind latente Steuern mit den Durchschnittssätzen zu bewerten, die sich auf den künftigen bei Realisierung erwartenden zu versteuernden Gewinn ergeben (IAS 12.49).

b) Berücksichtigung besonderer Steuersätze und Einkünfteermittlung. Die 90
Bewertung latenter Steuern erfolgt **in der erwarteten Höhe** und hängt somit von der beabsichtigten Art und Weise der Realisierung ab (IAS 12.51).

Es können besondere, **begünstigte Steuersätze** gelten (IAS 12.52(a)), wie es z.B in §34 EStG für Veräußerungsgewinne in Form des halben Steuersatzes (nunmehr 56%) der Fall ist.

Ebenfalls kann eine **begünstigende Gewinnermittlung** einschlägig sein (IAS 12.52 lit. b). Dies kann z.B. durch Ansatz inflationsbereinigter steuerlicher Basiswerte oder Freibeträge geschehen.

In diesen Fällen sind latente Steuern auf Basis des Steuersatzes und des Gewinnes zu ermitteln, die bei der geplanten Realisierung entstehen.

c) Thesaurierungs- oder AusschüttungssteuersaRn Der Thesaurierungssteu- 91
ersatz ist nach IAS 12.52A auch dann maßgebend, wenn ein anderer Ausschüttungssteuersatz gilt.

Die steuerlichen Auswirkungen einer Dividende sind erst dann zu erfassen, wenn die Dividendenverbindlichkeit zu passivieren ist, IAS 12.52B.

Die sich aus einer Ausschüttung ergebende **Steuerminderung** auf die Ausschüttungsbelastung ist nach IAS 12.52B erst mit der Passivierung der Dividendenverpflichtung zu erfassen.

d) Abzinsungsverbot für latente Steuern. Latente Steuern sind nicht abzuzin- 92
sen (IAS 12.53). Dies wird mit der Komplexität der Ermittlung bei unterschiedlichen zeitlichen Verläufen begründet (IAS 12.54). Jede Latenz gleicht sich möglicherweise zu einem anderen Zeitpunkt aus und erfordert damit unterschiedliche Abzinsungskalkulationen.

Ein Wahlrecht würde die Vergleichbarkeit der Abschlüsse gefährden (IAS 12.54).

Dem Abzinsungsverbot steht nicht entgegen, dass die Differenz zwischen Buchwert und steuerlicher Basis auf Grund eines abgezinsten Buchwertes (z.b. bei Pensionsverpflichtungen an Arbeitnehmer nach IAS 19) ermittelt werden (IAS 12.55). Das Abzinsungsverbot betrifft schließlich nur die latente Steuer, nicht aber die Bemessungsgrundlagen für die Differenz, die durchaus auf Barwerten beruhen kann.

93   **3. Jährliche Überprüfung von latenten Steueransprüchen.** Der Buchwert eines latenten Steueranspruchs ist nach IAS 12.56 zu jedem Abschlussstichtag zu überprüfen.

Der Buchwert eines latenten Steueranspruchs ist zu mindern, wenn kein ausreichender zu versteuernder Gewinn zur Verfügung stehen wird, damit sich der latente Steueranspruch auswirkt.

Minderungen sind in dem Umfang wieder aufzuheben, in dem es wahrscheinlich wird, dass ein ausreichender zu versteuernder Gewinn zur Verfügung stehen wird.

94   **VI. Ansatz bzw. Realisierung tatsächlicher und latenter Steuern. 1. Ergebnisauswirkung der Steuern. a) Ergebnisauswirkung im Allgemeinen.** Die Auswirkungen der Steuern eines Geschäftsvorfalls oder eines anderen Ereignisses entsprechen im Grundsatz der Bilanzierung des Geschäftsvorfalls (IAS 12.57). Die Steuern ergänzen schließlich den Ansatz dieses Geschäftsvorfalles um die (künftigen) steuerlichen Wirkungen, die sich nicht aus dem IFRS-Buchwert ergeben.

In den typischen Fällen latenter Steuern ergibt sich eine Gewinnauswirkung. Latente Steuern entstehen oft aus Timing Differenzen (IAS 12.59), wenn Aufwendungen oder Erträge steuerlich nach- oder vorgelagert erfasst werden. Eine nachgelagerte Veränderung der latenten Steuern kann sich nach IAS 12.60 auch ohne Geschäftsvorfall bei unveränderter temporärer Differenz ergeben, wenn

- sich die Steuersätze oder Steuervorschriften und damit die Steuerauswirkungen der Differenz ändern,
- sich die mögliche Realisierbarkeit latenter Steueransprüche verändert, oder
- sich die erwartete Art und Weise der Realisierung eines Vermögenswerts und damit wiederum die Bewertung der latenten Steuer ändert.

95   Steuern sind nach IAS 12.58 regelmäßig erfolgswirksam zu erfassen, mit Ausnahme von

- Steuern auf Geschäftsvorfälle, die **im sonstigen Ergebnis** oder **im Eigenkapital** zu erfassen sind (IAS 12.58 (a)) oder
- Steuern, die aus einem Unternehmenszusammenschluss (IAS 12.58(b); IAS 12.66-IAS 12.68 entstehen.

96   **SIC-25** stellt die Auswirkungen von Steuersatzänderungen dar, die in Änderungen des Steuer-Status der Gesellschaft oder der Gesellschafter begründet sind. Dies führt nicht zu einer Veränderung von außerhalb erfolgsneutral erfassten Beträgen.

VI. Ansatz bzw. Realisierung tatsächlicher und latenter Steuern

Die Konsequenzen sind im Wirtschaftsjahr der Änderung **erfolgswirksam** zu erfassen, wenn kein Zusammenhang mit Positionen besteht, die unmittelbar im Eigenkapital oder im sonstigen Ergebnis erfasst werden.

In der Übersicht kann die Ergebniswirkung der Steuern wie folgt dargestellt werden: 97

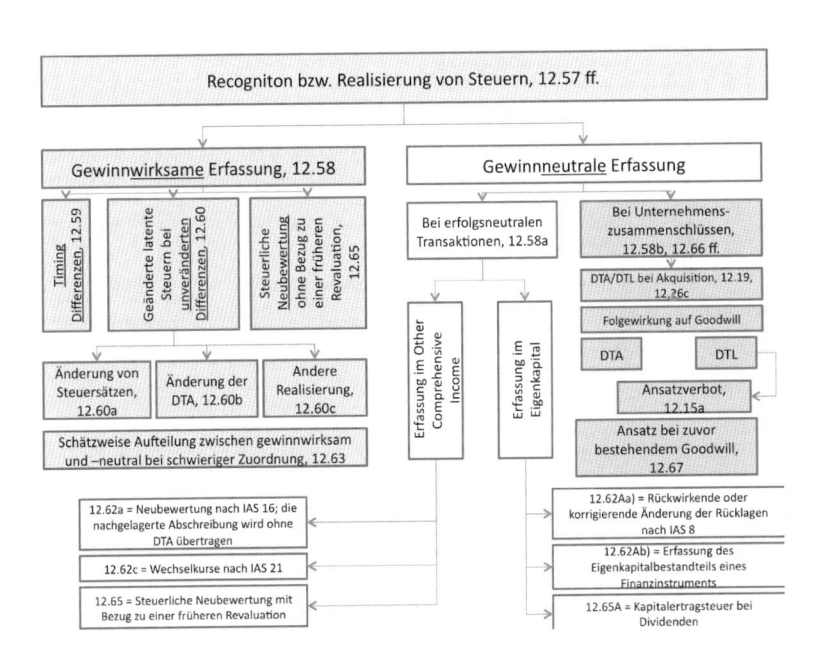

Recogniton bzw. Realisierung von Steuern, 12.57 ff.

- **Gewinnwirksame Erfassung, 12.58**
  - Timing Differenzen, 12.59
  - Geänderte latente Steuern bei unveränderten Differenzen, 12.60
  - Steuerliche Neubewertung ohne Bezug zu einer früheren Revaluation, 12.65
  - Änderung von Steuersätzen, 12.60a
  - Änderung der DTA, 12.60b
  - Andere Realisierung, 12.60c
  - Schätzweise Aufteilung zwischen gewinnwirksam und -neutral bei schwieriger Zuordnung, 12.63
  - 12.62a = Neubewertung nach IAS 16; die nachgelagerte Abschreibung wird ohne DTA übertragen
  - 12.62c = Wechselkurse nach IAS 21
  - 12.65 = Steuerliche Neubewertung mit Bezug zu einer früheren Revaluation

- **Gewinnneutrale Erfassung**
  - Bei erfolgsneutralen Transaktionen, 12.58a
    - Erfassung im Other Comprehensive Income
    - Erfassung im Eigenkapital
  - Bei Unternehmenszusammenschlüssen, 12.58b, 12.66 ff.
    - DTA/DTL bei Akquisition, 12.19, 12.26c
    - Folgewirkung auf Goodwill
      - DTA
      - DTL
        - Ansatzverbot, 12.15a
    - Ansatz bei zuvor bestehendem Goodwill, 12.67
  - 12.62Aa) = Rückwirkende oder korrigierende Änderung der Rücklagen nach IAS 8
  - 12.62Ab) = Erfassung des Eigenkapitalbestandteils eines Finanzinstruments
  - 12.65A = Kapitalertragsteuer bei Dividenden

b) Ergebnisauswirkung durch Betriebsprüfungen. Soweit Änderungen durch eine Betriebsprüfung lediglich zu Timing Differenzen führen, wird die Steuerlast durch eine korrespondierende Korrektur der latenten Steuern neutralisiert. Schließlich hat sich die Differenz zwischen *IFRS-Buchwert* und steuerlicher Basis entsprechend verändert. Im Regelfall kann bei zeitlichen Verschiebungen kein Risiko zusätzlicher Steuern entstehen,[76] sofern nicht etwa unterschiedliche Steuersätze zu einer geänderten Gesamtsteuerbelastung führen. 98

Erfolgt zugleich eine Korrektur des IAS Buchwertes erfolgt eine ergebnisneutrale Anpassung.[77]

Im Übrigen sind Steuern auch aus Betriebsprüfungsrisiken von IAS 12 erfasst,[78]

---
76 Vgl. *ADS International* IAS 12 Rn 15.
77 Vgl. *ADS International* IAS 12 Rn 15.
78 Vgl. *ADS International* IAS 12 Rn 16.

99 **2. Ergebniswirksame Steuern.** Steuern sind in der Regel ergebniswirksam (IAS 12.58).

Typische Beispiele für Timing-Differenzen sind Zinsen, Nutzungsentgelte oder Dividenden, die gemäß IAS 18 *Umsatzerlöse* erfasst werden, steuerlich aber erst bei Zahlung (IAS 12.59(a)). Aufwendungen für immaterielle Vermögenswerte werden gemäß IAS 38 *Immaterielle Vermögenswerte* aktiviert abgeschrieben, der Abzug für steuerliche Zwecke erfolgt aber bereits bei Entstehung (IAS 12.59(b)).

Nach IAS 12.58 sind Steuern als Ertrag oder Aufwand zu erfassen und in den Gewinn oder Verlust der Periode einzubeziehen sind, soweit die Steuer nicht

- aus einer Transaktion oder einem Ereignis herrührt, die bzw. das in der gleichen oder einer unterschiedlichen Periode außerhalb des Gewinns oder Verlusts erfasst wird oder
- aus einem Unternehmenszusammenschluss (vgl. hierzu nachfolgend 3.2) stammt.

100 **a) Steuern aus anteilsbasierten Vergütungen.** Steuerlich als Aufwand abziehbare Vergütungen in Form von Eigenkapitalinstrumenten können sich vom kumulativen Vergütungsaufwand unterscheiden und in einer späteren Bilanzierungsperiode anfallen, IAS 12.68A.

Die nach IFRS 2 gewährte Aktienoption kann als Entgelt für erhaltene Arbeitsleistungen gewinnwirksam erfasst werden. Der Steuerabzug ist oft an die Ausübung der Aktienoption und dem dann geltenden Aktienkurs geknüpft.

Zwischen dem Steuerwert der erhaltenen Arbeitsleistungen und dem *IFRS-Buchwert* von Null entsteht eine abzugsfähige temporäre Differenz, die einen latenten Steueranspruch zur Folge hat (IAS 12.68B). Schließlich führt die künftige steuerliche Abzugsfähigkeit zu einer Steuerminderung.

101 Der steuerlich abzugsfähige Betrag ist zu schätzen. Bei einer Abhängigkeit vom Aktienkurs muss der Kurs zum Ausübungszeitpunkt geschätzt werden. Der steuerlich absetzbare (geschätzte) Betrag kann sich von dem dazugehörigen kumulativen Bezugsaufwand unterscheiden (IAS 12.68C).

Wenn der steuerlich absetzbare Betrag den dazugehörigen kumulativen Bezugsaufwand übersteigt, weist dies drauf hin, dass sich der Steuerabzug nicht nur auf den Bezugsaufwand, sondern auch auf einen Eigenkapitalposten bezieht. In dieser Situation ist der Überschuss der verbundenen tatsächlichen und latenten Steuern direkt im Eigenkapital zu erfassen.

102 **3. Nicht ergebniswirksame Steuern.** Steuern sind nicht ergebniswirksam, wenn sich die Steuer auf Posten bezieht, die ebenfalls außerhalb des Gewinns oder Verlusts erfasst werden (IAS 12.61A).

Ergebnisneutrale Positionen sind

- im sonstigen Ergebnis (IAS 12.62) oder

VI. Ansatz bzw. Realisierung tatsächlicher und latenter Steuern

- direkt im Eigenkapital zu erfassen (IAS 12. 62A).

a) Ergebnisneutrale Erfassung von Positionen im sonstigen Ergebnis oder im Eigenkapital. Die Erfassung bestimmter Posten **im sonstigen Ergebnis** erfolgt z.B. bei

103

- einer Änderung des Buchwerts durch eine Neubewertung von Sachanlagevermögen (IAS 16); oder
- bei Währungsdifferenzen bei Umrechnung des Abschlusses (IAS 21).

Die Erfassung bestimmter Posten **im Eigenkapital** erfolgt z.B. bei

- einer Berichtigung des Anfangssaldos der Gewinnrücklagen infolge einer Änderung der Bilanzierungsmethode, oder infolge einer Korrektur eines Fehlers (IAS 8 *Accounting Policies, Changes in Accounting Estimates and Errors*); und
- beim erstmaligen Ansatz der Eigenkapitalkomponente eines zusammengesetzten Finanzinstruments (IAS 12.23).

Beträge aus einer **steuerlichen Neubewertung** sind nach IAS 12.65 im sonstigen Ergebnis zu erfassen, wenn sie sich auf eine Neubewertung bezieht, die ein früheres oder späteres IFRS-Wirtschaftsjahr betrifft. Andernfalls sind die latenten Steuern ergebniswirksam zu erfassen.

104

Kapitalertragsteuern, die von Dividenden einzubehalten sind, sind im Eigenkapital als Teil der Dividenden zu erfassen, IAS 12.65A.

Nach IAS 32.33 ist die **Veräußerung eigener Anteile** unmittelbar im Eigenkapital abzubilden. Latente Steuern sind ergebnisneutral.[79] Dementsprechend sind die Kosten einer Eigenkapitaltransaktion nach Korrektur um latente Steuern ergebnisneutral zu erfassen, IAS 32.37.

105

b) Ergebnisneutrale Erfassung von Steuern aus Unternehmenszusammenschlüssen. Bei einem Unternehmenszusammenschluss können sich Differenzen ergeben, weil und insoweit latente Steuern für alle nach IFRS 3 identifizierbaren Vermögenswerte und Schulden zum Erwerbszeitpunkt gemäß IAS 12.66 anzusetzen sind. Die latenten Steuern beeinflussen damit den Geschäfts- oder Firmenwerts als Residualbetrag. Vor diesem Hintergrund schließt IAS 12.15(a) den Ansatz einer latenten Steuerschuld bei einem erstmaligen Ansatz eines Geschäfts oder Firmenwerts aus.

106

IAS 12

Der Unternehmenszusammenschluss kann jedoch die latenten Steuern beim Erwerber beeinflussen (IAS 12.67):
- Ein Erwerber kann seine **ungenutzten Verluste** nunmehr gegen das „erworbene" Einkommen verrechnen und somit verwerten. Der Ansatz eines latenten Steueranspruchs könnte dann gerechtfertigt sein.

---

79 Vgl. *ADS International* IAS 12 Rn 14.

- Ein Unternehmenszusammenschlusses könnte im Falle „erworbener" **Verluste** der Verwertung eines bestehenden latenten Anspruch entgegenstehen oder dessen Wahrscheinlichkeit „senken". Der bestehende latente Steueranspruch könnte dadurch entfallen.

Der Erwerber erfasst solche Änderungen der latenten Steuern im Zeitpunkt des Unternehmenszusammenschlusses. Er schließt diesen jedoch nicht als Teil der Bilanzierung des Unternehmenszusammenschlusses ein, IAS 12.67. Das Ansatzverbot für latente Steuern auf den initialen Firmenwert nach IAS 12.15(a) gilt hier nicht.

Auf der Seite des erworbenen Unternehmens kann die Beurteilung der mit erworbenen latenten Steuern **sich nach dem Zeitpunkt des Erwerbes** verändern. Nach IAS 12.68 sind diese erworbenen latenten Steuern wie folgt zu behandeln:

- Erworbene latente Steuervorteile führen im Falle wertaufhellender Umstände zunächst zur Minderung des Geschäfts- oder Firmenwertes und sind hiernach ergebniswirksam zu erfassen.
- Alle anderen realisierten erworbenen latenten Steuervorteile sind ohne Beachtung der Sonderregelung im Gewinn oder Verlust, im sonstigen Ergebnis oder im Eigenkapital zu erfassen.

107 IAS 12.68 ist prospektiv auf die Bilanzierung latenter Steueransprüche, die bei einem Unternehmenszusammenschluss erworben wurden, vom Zeitpunkt des Inkrafttretens des IFRS 3 (überarbeitet 2008) anzuwenden. Eine Anpassung der Bilanzierung für frühere Unternehmenszusammenschlüsse unterbleibt nach IAS 12.94. Die Bilanzierung früherer Unternehmenszusammenschlüsse wird nicht angepasst, wenn Steuervorteile die Kriterien für eine gesonderte Erfassung zum Erwerbszeitpunkt nicht erfüllten und nach dem Erwerbszeitpunkt erfasst werden. Anders ist es nur, wenn die Steuervorteile innerhalb des Bewertungszeitraums erfasst und in neuen –wertaufhellenden – Informationen begründet sind. Sonstige bilanzierte Steuervorteile sind im Gewinn oder Verlust zu erfassen.

4. Ermittlung und Aufteilung der nicht- und der ergebniswirksamen Steuern.

108 Die Aufteilung der Steuer auf nicht ergebniswirksame Posten ist insbesondere komplex (IAS 12.63), wenn

- die Ertragsteuersätze abgestuft sind und die Zuordnung eines Einkommensteils zu einer Steuerstufe notwendig ist;
- eine Änderung des Steuersatzes oder anderer Steuervorschriften eine nicht ergebniswirksame latente Steuer beeinflusst; oder
- eine nicht wirksame latente Steuer zu bilanzieren oder zu reduzieren ist.

In solchen Fällen sind tatsächliche und latente Steuer anteilig zu ermitteln oder aber ein anderes sachgerechtes Verfahren anzuwenden (IAS 12.64).

VII. Ausweis und Angaben

IAS 16 läßt es offen, ob der Betrag aus der Neubewertungsrücklage in die Gewinnrücklagen zu übertragen ist. Eine Einstellung in die Gewinnrücklagen erfolgt ohne die Berücksichtigung der damit verbundenen latenten Steuern, IAS 12.64.

VII. Ausweis und Angaben. 1. Ausweis von Steuern. Tatsächliche Steuern sind neben den anderen Vermögenswerten und Schulden und damit auch nicht als Rückstellungen auszuweisen.[80]   109

2. Saldierung tatsächlicher Steuern. Tatsächliche Steuererstattungsansprüche und tatsächliche Steuerschulden sind zu saldieren, wenn   110
- eine Aufrechnungsmöglichkeit besteht (IAS 12.74(a)) und
- und die Aufrechnung auch beabsichtigt ist (IAS 12.71).

a) Aufrechnungsrecht. Das Aufrechnungsrecht muss durchsetzbar sein, IAS 12.74. Nur dann ist die Aufrechnung nach IAS 12.75 zwingend. Die Steuern müssen hierzu grundsätzlich   111
- vom **gleichen Steuergläubiger** erhoben werden,
- **dasselbe Steuersubjekt** betreffen, oder
- unterschiedliche Steuersubjekte betreffen und dabei einen Ausgleich der Steuern auf Nettobasis zulassen.[81]

§226 AO setzt für eine Aufrechnung ebenfalls (1) die Gegenseitigkeit (§387 BGB), (2) die Gleichartigkeit, (3) die Erfüllbarkeit der Hauptforderung und (4) die Fälligkeit der Gegenforderung voraus. §226 Abs. 3 AO beschränkt das Aufrechnungsrecht **auf unbestrittene oder rechtskräftig festgestellte Gegenansprüche**. Die **Gegenseitigkeit** der Forderungen ist nach §226 Abs. 4 AO gegeben, wenn die Forderung gegen die Behörde gerichtet ist, deren Träger entweder die Ertrags- oder aber die Verwaltungshoheit hat. Die Ertragshoheit beschränkt die Aufrechnung auf dieselbe Steuerart, während bei der Verwaltungshoheit die Aufrechnung mit allen verwalteten Steuern möglich ist.[82]

Eine Saldierung von latenter Gewerbesteuer mit latenter Körperschaftsteuer scheidet mangels identischem Steuergläubiger daher regelmäßig aus.

Eine **detaillierte Aufstellung** ist notwendig, wenn nur für einige Wirtschaftsjahre ein Ausgleich erfolgt (IAS 12.76). Hierzu muss die latente Steuerschuld eines Steuersubjekts im selben Wirtschaftsjahr zu erhöhten Steuerzahlungen führen, in der der latente Steueranspruch eines anderen Steuersubjekts zu Minderungen führt.

Nach IAS 12.72 erfolgt eine Saldierung in der Bilanz auch dann, wenn die Kriterien für **Finanzinstrumente** in IAS 32 erfüllt sind.

---

80 Vgl. *ADS International* IAS 12 Rn 34.
81 Dies liegt allenfalls im Rahmen von Organschaftsverhältnissen vor, im übrigen nicht, vgl. *ADS International* IAS 12 Rn 38.
82 Vgl. *ADS International* IAS 12 Rn 37.

Ein Unternehmen wird im Regelfall ein einklagbares Recht zur Aufrechnung haben, wenn die Steuern von derselben Steuerbehörde erhoben werden, und die Steuerbehörde dem Unternehmen eine Aufrechnung gestattet.

Zwischen **Konzernunternehmen** wird nach IAS 12.73 saldiert, wenn die betreffenden Unternehmen verrechnen können und nur eine einzige Nettozahlung leisten müssen.

112   3. **Ausweis der Steuerergebnisse.** Das Steuerergebnis aus gewöhnlicher Tätigkeit ist nach IAS 12.77 in der Gesamtergebnisrechnung gesondert darzustellen.

In einer gesonderten Gewinn- und Verlustrechnung nach 1.81 ist der Steuerertrag aus gewöhnlicher Geschäftstätigkeit in diesem Abschlussbestandteil auszuweisen (IAS 12.77A).

Währungsdifferenzen bei ausländischen Steuern sind nach IAS 21 ggfs. als Aufwand oder Ertrag auszuweisen. In der Gesamtergebnisrechnung sind auch Unterschiedsbeträge auch als Steuerergebnis ausgewiesen werden, wenn dieser Ausweis für die Informationsinteressen der Abschlussadressaten am geeignetsten ist (IAS 12.78).

113   4. **Angaben.** IAS 12.79ff. sieht umfangreiche Angaben vor, die dem Leser eine zutreffende Beurteilung der Steuersituation ermöglichen sollen. Die Beurteilung der Steuersituation umfasst als Kernelemente insbesondere das Nachvollziehen des Steuerergebnisses durch Ableitung aus dem Accounting Profit sowie die Wertansätze bzw. Risiken und Potentiale aus dem Ansatz der latenter Steuerschulden und –ansprüche. In der Übersicht können die Disclosure-Pflichten wie folgt dargestellt werden:

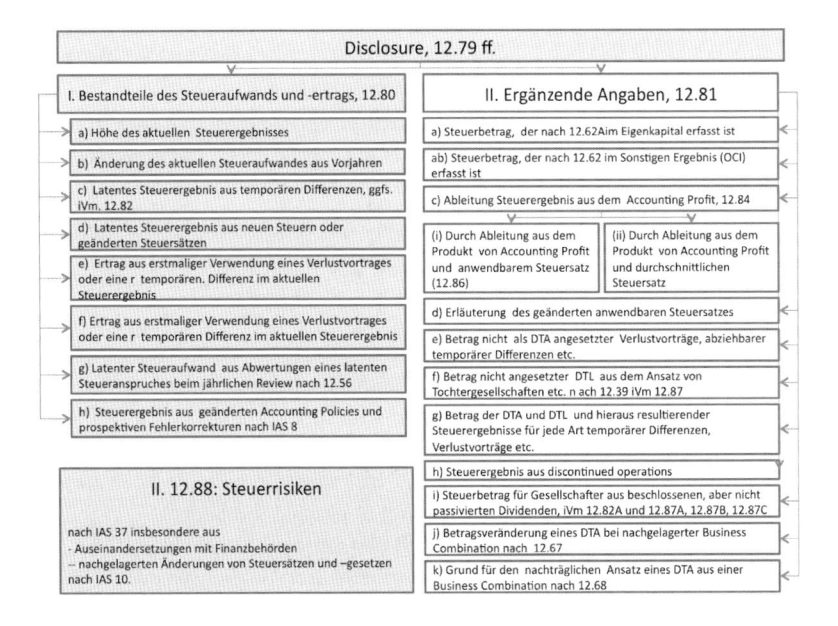

VII. Ausweis und Angaben

```
                    Disclosure, 12.79 ff.
         ┌──────────────────┴──────────────────┐
I. Bestandteile des Steueraufwands und -ertrags, 12.80    II. Ergänzende Angaben, 12.81
```

I. Bestandteile des Steueraufwands und -ertrags, 12.80:
- a) Höhe des aktuellen Steuerergebnisses
- b) Änderung des aktuellen Steueraufwandes aus Vorjahren
- c) Latentes Steuerergebnis aus temporären Differenzen, ggfs. iVm. 12.82
- d) Latentes Steuerergebnis aus neuen Steuern oder geänderten Steuersätzen
- e) Ertrag aus erstmaliger Verwendung eines Verlustvortrages oder einer temporären Differenz im aktuellen Steuerergebnis
- f) Ertrag aus erstmaliger Verwendung eines Verlustvortrages oder einer temporären Differenz im aktuellen Steuerergebnis
- g) Latenter Steueraufwand aus Abwertungen eines latenten Steueranspruches beim jährlichen Review nach 12.56
- h) Steuerergebnis aus geänderten Accounting Policies und prospektiven Fehlerkorrekturen nach IAS 8

II. Ergänzende Angaben, 12.81:
- a) Steuerbetrag, der nach 12.62Aim Eigenkapital erfasst ist
- ab) Steuerbetrag, der nach 12.62 im Sonstigen Ergebnis (OCI) erfasst ist
- c) Ableitung Steuerergebnis aus dem Accounting Profit, 12.84
  - (i) Durch Ableitung aus dem Produkt von Accounting Profit und anwendbarem Steuersatz (12.86)
  - (ii) Durch Ableitung aus dem Produkt von Accounting Profit und durchschnittlichen Steuersatz
- d) Erläuterung des geänderten anwendbaren Steuersatzes
- e) Betrag nicht als DTA angesetzter Verlustvorträge, abziehbarer temporärer Differenzen etc.
- f) Betrag nicht angesetzter DTL aus dem Ansatz von Tochtergesellschaften etc. n ach 12.39 iVm 12.87
- g) Betrag der DTA und DTL und hieraus resultierender Steuerergebnisse für jede Art temporärer Differenzen, Verlustvorträge etc.
- h) Steuerergebnis aus discontinued operations
- i) Steuerbetrag für Gesellschafter aus beschlossenen, aber nicht passivierten Dividenden, iVm 12.82A und 12.87A, 12.87B, 12.87C
- j) Betragsveränderung eines DTA bei nachgelagerter Business Combination nach 12.67
- k) Grund für den nachträglichen Ansatz eines DTA aus einer Business Combination nach 12.68

II. 12.88: Steuerrisiken

nach IAS 37 insbesondere aus
- Auseinandersetzungen mit Finanzbehörden
- nachgelagerten Änderungen von Steuersätzen und –gesetzen nach IAS 10.

a) **Hauptangaben.** Die Hauptbestandteile des Steuerergebnisses sind nach IAS 12.79 getrennt anzugeben. Zu den Bestandteilen gehören nach IAS 12.80:

- die tatsächliche Steuer,
- Anpassungen für periodenfremde tatsächliche Steuern;
- die latenten Steuern auf temporäre Differenzen. Ein Unternehmen mit Verlusthistorie und keinem ausreichenden zu versteuernden Gewinn hat nach IAS 12.82 den Betrag, und die substanziellen Hinweise für seinen Ansatz anzugeben
- die latenten Steuern durch Änderungen der Steuersätze oder der Einführung neuer Steuern;
- die Minderung **tatsächlicher** Steuern durch die Nutzung bisher nicht berücksichtigter steuerlicher Verluste, aufgrund von Steuergutschriften oder infolge einer bisher nicht berücksichtigten temporären Differenz einer früheren Periode;
- die Minderung **latenter** Steuern durch der Nutzung bisher nicht berücksichtigter steuerlicher Verluste, aufgrund von Steuergutschriften oder infolge einer bisher nicht berücksichtigten temporären Differenz einer früheren Periode;
- der Steueraufwand durch Abwertung oder Aufhebung einer früheren Abwertung eines latenten Steueranspruchs nach IAS 12.56. Danach ist der Buchwert eines latenten Steueranspruchs zu jedem Abschlussstichtag zu überprüfen. Der Buchwert ist zu mindern, wenn kein ausreichender zu versteuernder Gewinn zur Verfü-

114

gung stehen wird, damit der latente Steueranspruch sich auswirkt. Abwertungen sind in wieder aufzuheben, wenn wahrscheinlich ein ausreichender zu versteuernder Gewinn zur Verfügung stehen wird.
- die Steuer aus Änderungen der Rechnungslegungsmethoden und Fehlern resultiert, die – mangels rückwirkender Änderungsmöglichkeit – nach IAS 8 im Gewinn oder Verlust erfasst wurden.

115 **b) Angaben im Übrigen.** Folgende ergänzende Angaben sind nach IAS 12.81 erforderlich:
- der **Steuerbetrag, der im Eigenkapital erfasst ist** (IAS 12.62A iVm. IAS 12.81.(a). Die Erfassung im Eigenkapital erfolgt bei Berichtigungen des Anfangssaldos von Gewinnrücklagen nach Änderung der Bilanzierungsmethode oder zur Fehlerkorrektur (vgl. IAS 8) oder bei erstmaligen Ansatz der Eigenkapitalkomponente eines zusammengesetzten Finanzinstruments nach IAS 12.23. Weiterhin sind Kapitalertragsteuern bei Dividenden im Eigenkapital als Teil der Dividenden zu erfassen, vgl. IAS 12.65A. Nicht zuletzt ist nach IAS 32.33 die Veräußerung eigener Anteile unmittelbar im Eigenkapital abzubilden.
- der **Steuerbetrag für jeden Bestandteil des sonstigen Ergebnisses**, IAS 12.62 und IAS 1. Im sonstigen Ergebnis sind insbesondere Änderungen durch Neubewertung von Sachanlagevermögen (IAS 16) und Währungsdifferenzen bei Umrechnung des Abschlusses nach IAS 21 zu erfassen.
- eine **Ableitung von Steuerergebnis zum bilanziellen Gewinn vor Steuern** (IAS 12.81(c), vgl hierzu nachfolgend Rn 4.2.1).
- **Änderungen im angewandten Steuersatz** (IAS 12.81(d)).
- die Höhe der abzugsfähigen temporären Differenzen (IAS 12.81 l(e)) der noch nicht genutzten steuerlichen Verluste und der noch nicht genutzten Steuergutschriften, für welche **kein latenter Steueranspruch angesetzt** wurde, weil etwa die Auswirkung der abzugsfähigen Differenz nicht „probable" ist und damit nach IAS 12.24 kein latenter Steueranspruch angesetzt werden darf, vgl. zur Wahrscheinlichkeit der steuerlichen Auswirkung auch IAS 12.28, zur Verrechnung mit entsprechenden zu versteuernden temporären Differenzen, IAS 12.29, zu Steuergestaltungsmöglichkeiten IAS 12.30 sowie zur Auswirkung einer Verlusthistorie, IAS 12.34ff.
- die Summe der temporärer Differenzen im Zusammenhang mit **Anteilen an Tochterunternehmen, Zweigniederlassungen und assoziierten Unternehmen sowie Anteilen an Gemeinschaftsunternehmen**, für die keine latenten Steuerschulden bilanziert worden sind (IAS 12.39 iVm IAS 12.81(f).
- **die latente Steuer (DTA und DTL) in Bezug auf jede Art von temporären Unterschieden**, steuerlicher Verluste und noch nicht genutzter Steuergutschriften (IAS 12.81(g)).

VII. Ausweis und Angaben

- der **Steueraufwand für aufgegebene Geschäftsbereiche** (discontinued operations) aufgegliedert in das Steuerergebnis, das durch die Aufgabe bzw. der gewöhnlichen Tätigkeit entstanden ist. (IAS 12.81(h)).
- die **Steuern bei nachgelagerten Dividendenzahlungen** an die Anteilseigner des Unternehmens, die vorgeschlagen oder beschlossen wurden, bevor der Abschluss zur Veröffentlichung genehmigt wurde, die aber nicht als Verbindlichkeit im Abschluss bilanziert wurden. Nach IAS 12.52A ist die Art der ertragsteuerlichen Konsequenzen von Dividenden anzugeben. Zusätzlich sind die Beträge anzugeben und nicht bestimmbaren Konsequenzen zu beschreiben (IAS 12.82A iVm IAS 12.81(i).
- die **Änderungen des latenten Steueranspruches (pre-acquisition DTA)** beim Erwerber durch einen nachgelagerten Unternehmenszusammenschluss nach IAS 12.67. Danach kann ein Unternehmenszusammenschluss die latenten Steuern beim Erwerber beeinflussen, weil der Erwerber seine ungenutzten Verluste nunmehr gegen das „erworbene" Einkommen verrechnen und somit verwerten kann. Der Erwerber erfasst solche Änderungen der latenten Steuern im Zeitpunkt des Unternehmenszusammenschlusses, jedoch nicht als Teil der Bilanzierung des Unternehmenszusammenschlusses. Das Ansatzverbot für latente Steuern auf den initialen Firmenwert nach IAS 12.15a gilt daher nicht.
- Beschreibung des Ereignisses, das zur **nachgelagerten Erfassung erworbener latenter Steuern eines Unternehmenszusammenschlusses** führt (IAS 12.68 iVm. IAS 12.81(k)). Danach erfolgt die Bilanzierung latenter Steueransprüche, die bei einem Unternehmenszusammenschluss erworben wurden, vom Zeitpunkt des Inkrafttretens des IFRS 3 (überarbeitet 2008) prospektiv. Eine Anpassung der Bilanzierung für frühere Unternehmenszusammenschlüsse unterbleibt nach IAS 12.94. Die Bilanzierung früherer Unternehmenszusammenschlüsse wird nicht angepasst, wenn Steuervorteile die Kriterien für eine gesonderte Erfassung zum Erwerbszeitpunkt nicht erfüllten und nach dem Erwerbszeitpunkt erfasst werden. Anders ist es nur bei werterhellenden Umständen.
- Alle steuerbezogenen Eventualverbindlichkeiten und Eventualforderungen – gemäß IAS 37 Rückstellungen, Eventualverbindlichkeiten und Eventualforderungen – IAS 12.88.

aa) Ableitung von Steuerergebnis zum bilanziellen Gewinn vor Steuern. IAS 12.81(c) erfordert eine **Ableitung des bilanziellen Gewinnes zum Steuerergebnis.** Der Adressat soll nach IAS 12.84 durch diese Ableitung in die Lage versetzt werden, zu beurteilen, ob das Steuerergebnis auf ungewöhnlichen Umständen beruht. Hierzu sind die Gründe zu analysieren, die zu einem Steuerergebnis führen, das von einem (zu erwartenden) Steuerergebnis in Höhe des anwendbaren Steuersatzes

(IAS 12.81(c) (i) und (ii)) abweicht. Diese Erkenntnis kann der Adressat zur Abschätzung künftiger Steuerergebnisse verwenden, was IAS 12.84 als zweites Ziel hervorhebt.

IAS 12.81(c) (i) sieht eine Überleitungsrechnung[83] zwischen **Steuerergebnis und dem Produkt aus bilanziellen Gewinn** vor Steuern und anwendbarem Steuersatz vor. Der anwendbare Steuersatz ergibt sich nach IAS 12.84 aus der Steuerbelastung des Sitzstaates des Unternehmens und bezieht dabei lokale Steuern mit ein. Im Fall von Multinationals sieht IAS 12.84 einen aggregierten Steuersatz aller betroffenen Jurisdiktionen vor, ohne auf Details der Ermittlung einzugehen.

IAS 12.81(c) (ii) sieht eine Überleitungsrechnung zwischen dem **durchschnittlichen effektiven Steuersatz und dem anzuwendenden Steuersatz** vor. Der durchschnittliche Steuersatz ergibt sich nach IAS 12.86 aus dem Verhältnis von Steuerergebnis zum bilanziellen Gewinn.

Beide Ableitungsmethoden erfordern, dass die **maßgeblichen Faktoren** dargelegt werden. Das Verhältnis zwischen Steuerergebnis und bilanziellem Gewinn vor Steuern kann beeinflusst sein z.B.
- durch **steuerfreie Umsatzerlöse** (z.B. Beteiligungserträge, die nach §8b KStG befreit sind; Steuerbefreiungen nach Doppelbesteuerungsabkommen; etc.)
- durch **nicht abzugsfähige Aufwand** (z.B. Verlustabzugsverbote für Verluste aus dem Drittland nach §2a EStG, für Verluste aus gewerblicher Tierzucht nach §15 Abs. 4 Satz 1 EStG, für Verluste aus Termingeschäften nach §15 Abs. 4 Satz 3 EStG, für Verluste aus (typischen) stillen Gesellschaften nach §15 Abs. 4 Satz 6 EStG, für Verluste bei beschränkter Haftung z.B. eine Kommanditisten für seine Kommanditeinlage nach §15a Abs. 1 EStG, für Verluste im Zusammenhang mit Steuerstundungsmodellen nach §15b EStG; nicht abzugsfähiger Zinsaufwand nach den Grundsätzen der Zinsschranke in §4h EStG, etc.)
- durch **nicht abzugsfähige Betriebsausgaben** (z.B. Aufwendungen im Zusammenhang mit steuerfreien Erträgen nach §3c EStG, nicht abzugsfähige Betriebsausgaben wie Bewirtungsaufwendungen, Gewerbesteuer, Geschenke etc. nach §4 Abs. 5 EStG, Gewinnminderungen im Zusammenhang mit nach §8b KStG begünstigten Anteilen gemäß §8b Abs. 3 Satz 3 KStG, Darlehensverluste eines wesentlich beteiligten Anteilseigners nach §8b Abs. 3 Satz 4 KStG etc.),
- durch die Auswirkungen steuerlicher **Verlustvorträge**,
- durch die Beeinflussung durch ausländische Steuersätze.

117 In der Übersicht kann die Ableitung des Steuerergebnisses vereinfacht wie folgt dargestellt werden:

---

83 Vgl. die Mustergliederung für die Überleitungsrechnung nach *Kirsch* DStR 2003, 703.

VII. Ausweis und Angaben

```
┌─────────────────────────────────────────────────────────────────┐
│      Ableitung des Steuerergebnisses, 12.81c iVm. 12.84 – 12.87 │
└─────────────────────────────────────────────────────────────────┘
                                ▼
┌─────────────────────────────────────────────────────────────────┐
│   Ergänzende Angabe zum Verhältnis Steuerergebnis – bilanzieller Gewinn (12.81c) │
└─────────────────────────────────────────────────────────────────┘
                    ▼                                ▼
┌──────────────────────────────────┐  ┌──────────────────────────────────┐
│ 12.81c (i): Ableitung von        │  │ 12.81c (ii): Ableitung von        │
│ 1. bilanziellem Gewinn x         │  │ 1. Durchschnittlichen Steuersatz  │
│    anwendbarem Steuersatz (12.85)│  │    (12.86)                        │
│              Zum                  │  │              Zum                  │
│ 2. Steuerergebnis                │  │ 2. Anwendbaren Steuersatz (12.85) │
└──────────────────────────────────┘  └──────────────────────────────────┘
                                ▼
                        Mit dem Ziel (12.84)
                    ▼                                ▼
┌──────────────────────────────────┐  ┌──────────────────────────────────┐
│ Der Charakterisierung als        │  │ Der Abschätzung künftiger        │
│ gewöhnliches oder ungewöhnliches │  │ Steuerergebnisse                 │
│ Steuerergebnis durch             │  │                                   │
│ Ursachenfeststellung in Form z.B.│  │                                   │
│ von                              │  │                                   │
└──────────────────────────────────┘  └──────────────────────────────────┘
```

Temporäre Differenzen im Zusammenhang mit Anteilen / Aggregierter Steuersatz / Multinationals – siehe Schema.

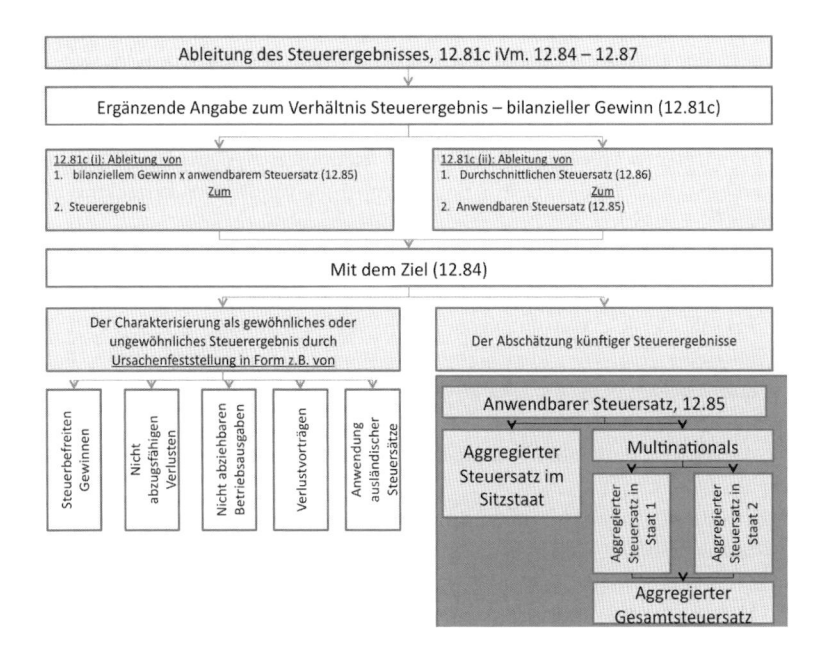

bb) Temporäre Differenzen im Zusammenhang mit Anteilen. IAS 12.81f verlangt die Angabe **der Summe der temporären Differenzen** im Zusammenhang mit Anteilen an Tochterunternehmen, Zweigniederlassungen und assoziierten Unternehmen sowie Anteilen an Gemeinschaftsunternehmen, für die **keine latenten Steuerschulden** bilanziert worden sind. 118

Für zu versteuernde temporäre Differenzen und daraus folgenden latenten Steuerschulden gelten für Anteile an Tochterunternehmen die Sonderregelungen nach IAS 12.38ff erfolgen (IAS 12.15). Solche Differenzen entstehen insbesondere bei Dividendenausschüttungen bzw. Thesaurierungen (IAS 12.40) und Währungsdifferenzen (IAS 12.41).

Nach IAS 12.39 sollen solche Differenzen **nicht als latente Steuerschuld** erfasst werden, wenn
- der Zeitpunkt der Realisierung der Differenz (z.B. Ausschüttung) kontrolliert werden kann, **und**
- die Realisierung in der absehbaren Zukunft nicht wahrscheinlich ist.

Das Unternehmen soll die komplexe Berechnung der latenten Steuerschulden in diesem Fall nicht durchführen müssen (IAS 12.87), da sonst getrennte Berechnungs-Schemata für jede einzelne Differenz für jedes Tochterunternehmen mit jeweils unterschiedlichen Laufzeiten und Auswirkungen vorgehalten werden müsste.

119 **cc) Angabe der ertragsteuerlichen Konsequenzen von Dividenden.** IAS 12.81(i) verlangt die Angabe der steuerlichen Konsequenzen von Dividendenzahlungen, die noch nicht als Verbindlichkeit erfasst sind. Damit sollen steuerliche Konsequenzen erfasst werden, die z.b. darin begründet sind, dass eine Ausschüttung – wie im Rahmen des früheren Anrechnungsverfahrens – einem anderen Ausschüttungssteuersatz unterliegen. Auch können Jurisdiktionen den Abzug von Dividendenzahlungen gestatten.

Die Angabepflicht umfasst
- die möglichen Steuerfolgen der Dividendenzahlung, IAS 12.82A iVm IAS 12.52A. Im Falle der Rückerstattung von Steuern bei Ausschüttung, z.b. durch Herstellung eine geringeren Ausschüttungsbelastung, ist der erstattungsfähige Betrag anzugeben.
- die Bestandteile des Steuersystems, IAS 12.87A iVm. IAS 12.82A;
- die Fakoren, die die Besteuerung der Dividenden beeinflussen, IAS 12.87A iVm. IAS 12.82A,
- den Betrag, soweit er bestimmbar ist bzw. die Mitteilung, dass im Übrigen kein Betrag bestimmt werden kann, IAS 12.82A iVm. IAS 12.87B. Eine rechnerische Ermittlung kann nach IAS 12.87B insbesondere dann unmöglich sein, wenn eine Vielzahl von ausländischen Tochtergesellschaften mit unterschiedlichen, ggfs. voneinander abhängenden Steuersystemen, vorhanden sind. Der bestimmbare Steuerbetrag muss jedoch angegeben werden.

120 **dd) Änderung latenter Steueransprüche beim Erwerber aus Anlass eines Unternehmenszusammenschlusses.** Nach IAS 12.81(j) sind die Änderungen des Ansatzes eines latenten Steueranspruchs anzugeben, die durch einen Unternehmenszusammenschluss, beim Erwerber verursacht sind. Es handelt sich hierbei um bereits vor dem Unternehmenszusammenschluss bestehende latente Steueransprüche des Unternehmenserwerbers, die nur der Höhe nach durch den Unternehmenszusammenschluss beeinflusst werden (IAS 12.67).

Danach kann der Unternehmenszusammenschluss die latenten Steuern beim Erwerber beeinflussen, weil der Erwerber seine ungenutzten Verluste nunmehr gegen das „erworbene" Einkommen verrechnen und somit verwerten kann. Der Erwerber erfasst solche Änderungen der latenten Steuern im Zeitpunkt des Unternehmenszusammenschlusses, jedoch nicht als Teil der Bilanzierung des Unternehmenszusammenschlusses. Das Ansatzverbot für latente Steuern auf den initialen Firmenwert nach IAS 12.15(a) gilt daher nicht.

Die Angabe beschränkt sich auf den Betrag der Änderung.

121 **ee) Steuerbezogene Eventualverbindlichkeiten und Eventualforderungen, IAS 12.88.** Alle steuerbezogenen Eventualverbindlichkeiten und Eventualforderungen sind nach IAS 12.88 im Anhang darzustellen.

Eventualverbindlichkeiten sind in IAS 37 *Provisions, Contingent Liabilities and Contingent Assets* beschrieben.

Eventualverbindlichkeiten können sich ergeben aus
- offenen Streitigkeiten mit den Steuerbehörden,
- Betriebsprüfungsrisiken,[84]
- aus Änderungen von Steuergesetzen nach der Berichtsperiode mit Folgewirkungen gemäß IAS 10 Ereignisse nach der Berichtsperiode.

c) Angaben bei Unternehmen mit Verlusthistorie und ohne ausreichenden zu versteuernden Gewinn. Ein Unternehmen mit Verlusthistorie und keinem ausreichenden zu versteuernden Gewinn hat nach IAS 12.82
- den Betrag und
- die substanziellen Hinweise anzugeben, die den Ansatz eines latenten Steueranspruchs rechtfertigen.

Verluste in der näheren Vergangenheit[85] müssen nach IAS 12.31 bei der Schätzung des zu versteuernden Gewinnes stellen eine **Indiz gegen einen zukünftigen zu versteuernden Gewinn** dar. Latente Steueransprüche dürfen nach IAS 12.35 daher nur bilanziert werden, soweit
- ausreichende zu versteuernde temporäre Differenzen vorliegen oder
- überzeugende substanzielle Hinweise für einen ausreichenden zu versteuernden Gewinn vorliegen.

Nach IAS 12.82 ist der Betrag des latenten Steueranspruches und die substanziellen Hinweise anzugeben.

Nach IAS 12.36 sind bei der Beurteilung der Wahrscheinlichkeit eines künftigen zu versteuernden Gewinnes folgenden Kriterien zu beachten, ob
- ausreichende zu versteuernde temporäre Differenzen in Bezug auf die gleiche Steuerbehörde und das gleiche Steuersubjekt bestehen;
- es wahrscheinlich ist, dass zu versteuernde Gewinne erzielen wird, bevor die Verluste verfallen;
- die noch nicht genutzten steuerlichen Verluste aus identifizierbaren Ursachen[86] stammen, welche aller Wahrscheinlichkeit[87] nach nicht wieder auftreten; und
- ob dem Unternehmen Steuergestaltungsmöglichkeiten nach IAS 12.30 zur Verfügung stehen, die einen zu versteuernden Gewinn in der Periode erzeugen, in der die noch nicht genutzten steuerlichen Verluste oder noch nicht genutzten Steuergutschriften verwendet werden können.

---
84 Vgl. *ADS International* IAS 12 Rn 17.
85 Der Zeitraum der Verlustperiode ist nicht bestimmt und wird in Anlehnung an die US-GAAP oft auf einen Zeitraum von 3 Jahren bezogen, vgl. *Bösser/Pilhofer* KoR 2008, 296.
86 Die Finanzmarktkrise ist dabei regelmäßig keine identifizierbare Ursache in diesem Sinne, vgl. *Köster/Pratter* BB 2009, 1688ff.
87 Im Sinne einer hohen Wahrscheinlichkeit, vgl. *ADS International* IAS 12 Rn 96.

123 VIII. **Inkrafttreten.** Der Standard ist nach IAS 12.89 erstmals in der ersten Berichtsperiode eines am 1. Januar 1998 oder danach beginnenden Geschäftsjahres anzuwenden. Ausnahmen sind in IAS 12.91 vorgesehen. Eine frühere Anwendung ist zu vermerken.

124 Dieser Standard ersetzt den 1979 genehmigten IAS 12 (IAS 12.90). Wesentliche Änderungen bestanden in:
- Einführung der **Balance Sheet Liability Methode** an Stelle der Income Statement Liability Methode (IN2),[88] die auf ergebniswirksame Timing Differenzen und nicht auf Temporary Differences im Bilanzansatz fokussiert war.
- **Umfassende Erfassung von Differenzen**, auch wenn die Umkehrung in absehbarer Zeit nicht zu erwarten ist (IN3)
- Latente Steueransprüche können erfasst werden, wenn deren Nutzung nur „**probable**" ist (IN4). Eine sichere Nutzung (beyond any doubt) ist nicht mehr erforderlich.
- Steuern auf Dividenden sind nicht mehr zu erfassen, wenn die Ausschüttung kontrolliert werden kann und ein zeitnaher Ausgleich unwahrscheinlich ist (IN6).
- **Kein Ansatz latenter Steueransprüche aus dem initialen Ansatz eines Geschäfts- oder Firmenwertes** (IN7) und damit die Vermeidung der Veränderung des Geschäfts- und Firmenwertes durch verbundene latente Steuern.
- Ansatzpflicht statt Ansatzwahlrecht latenter Steuern bei **Neubewertungen** (IN8).
- Erläuterungen über die Ermittlung latenter Steuern auf Basis der **erwarteten Realisierung** und der dann geltenden Steuersätze/Freibeträge, etc., IN9.
- Normierung eines **Abzinsungsverbots** für latente Steuern, IN10.
- Engere Grenzen für die Verrechnung latenter Steuerschulden mit latenten Steueransprüchen, INIAS 12.
- Konkretisierung der Überleitung des Steuerergebnisses zum IFRS-Ergebnisses (IN13).
- Aufnahme weiterer Angabepflichten (IN14).

125 IAS 12.68 ist prospektiv auf die Bilanzierung latenter Steueransprüche, die bei einem Unternehmenszusammenschluss erworben wurden, vom Zeitpunkt des Inkrafttretens des IFRS 3 (überarbeitet 2008) anzuwenden. Eine Anpassung der Bilanzierung für frühere Unternehmenszusammenschlüsse unterbleibt nach IAS 12.94.

126 **IX. IFRS für kleine und mittelständische Unternehmen (KMU).** Das KMU wurde am 9. Juli 2009 herausgegeben. Abschnitt 29 des Standards regelt die Ertragsteuern. Danach erfolgt der Ansatz von temporären Differenzen, die allerdings von Sonderfällen befreit sind. Keine latenten Steuern sind z.B für nicht ausgeschüttete Ergebnisse ausländischer Tochtergesellschaften zu bilden. Für die zum Ansatz eines

---

[88] Zum Timing Konzept vgl. *ADS International* IAS 12 Rn 48.

X. Ausblick

latenten Steueranspruches notwendige Wahrscheinlichkeit der Auswirkung genügt eine Wahrscheinlichkeit von mehr als 50% (more likely than not). Ebenso wurden die Angabepflichten reduziert.

X. Ausblick. Im Jahre 2002 einigten sich das FASB mit dem IASB im Norwalk Agreement auch auf eine Vereinheitlichung der FAS 109 mit den IAS 12 im Rahmen des so genannten Konvergenzprojektes.[89] Die Konvernzbemühungen führten am 31.03.2009 zur Veröffentlichung der Fortschreibung des IAS 12 des ED/2009/2 Income Taxes durch das IASB.[90] Die verbleibenden Differenzen zu den US-GAAP sind in einem gesonderten Papier „Basis for Conclusions on Exposure Draft Income Tax" dargelegt.[91] Der ED wird durch Flow Chartes und Beispiele ergänzt.[92]

127

Folgende Änderungen sind geplant:

Definition des Tax Credits als Vorteil, der den Ertragsteuerzahlbetrag mindert.

Definition des Investment Tax Credits als Vorteil, der mit der Anschaffung abschreibbarer Vermögensgegenstände verbunden ist.

Ansatz von latenten Steueransprüchen nach Maßgabe der Verwertbarkeit.[93]

Steuersatz:
- Maßgebend für die Bemessung des Steuersatzes ist der Steuersatz, der bei der erwarteten Realisierung gültig sein wird. Dieser Steuersatz hat auch zu berücksichtigen, ob die Ausschüttung erwartet wird und damit ein eventueller Ausschüttungssteuersatz anzuwenden ist. In diesem Fall muss nicht mehr der Thesaurierungssteuersatz angewandt werden.
- Der **Steuersatz bei erwarteter Veräußerung** (Veräußerungssteuersatz) soll maßgeblich sein bei Vermögensgegenständen, deren Buchwert erst bei Veräußerung in Abzug kommt (B29, IN8a).
- Bei anderen Vermögensgegenständen soll nach B29 der Steuersatz maßgebend sein, der sich bei der erwarteten Realisierung ergibt.
- Konkretisierung der geltenden Steuersätze, dass auch Steuersätze in Änderungsgesetzen erfasst werden, deren ordnungsgemäße Inkraftsetzung in der Vergangenheit wahrscheinlich war.

---

89 Vgl. u.a. *Meyer/Loitz/Linder/Zerwass*, Latente Steuern - Bewertung, Bilanzierung, Beratung, 42ff.
90 http://www.ifrs.org/NR/rdonlyres/8A6D0AC9-B6BE-4B87-BD02-B058B5F12148/0/EDIncomeTaxes-Standard.pdf (20.12.2010).
91 http://www.ifrs.org/NR/rdonlyres/A119DC06-B150-49FF-B60B-88CD8ED5FB20/0/EDIncomeTaxes-BC.pdf (20.12.2010).
92 http://www.ifrs.org/NR/rdonlyres/C963254D-D0B4-4BAD-B840-BBA932F8C84A/0/EDIncomeTaxIG.pdf (20.12.2010).
93 Vgl. *ADS International* IAS 12, Rn 87, 213.

IAS 16 – Property, Plant and Equipment

Rn	Textauszüge aus IAS 16
16.7	Die Anschaffungs- oder Herstellungskosten einer Sachanlage sind als Vermögenswert anzusetzen, ausschließlich wenn, (a) es wahrscheinlich ist, dass ein mit der Sachanlage verbundener künftiger wirtschaftlicher Nutzen dem Unternehmen zufließen wird, und
	(b) die Anschaffungs- oder Herstellungskosten der Sachanlage verlässlich bewertet werden können.
16.15	Eine Sachanlage, die als Vermögenswert anzusetzen ist, ist bei erstmaligem Ansatz mit ihren Anschaffungs- oder Herstellungskosten zu bewerten.
16.29	Ein Unternehmen wählt als Rechnungslegungsmethoden entweder das Anschaffungskostenmodell nach IAS 16.30 oder das Neubewertungsmodell nach IAS 16. 31 aus und wendet dann diese Methode auf eine gesamte Gruppe von Sachanlagen an.
16.30	Nach dem Ansatz als Vermögenswert ist eine Sachanlage zu ihren Anschaffungskosten abzüglich der kumulierten Abschreibungen und kumulierten Wertminderungsaufwendungen anzusetzen.
16.31	Eine Sachanlage, deren beizulegender Zeitwert verlässlich bestimmt werden kann, ist nach dem Ansatz als Vermögenswert zu einem Neubewertungsbetrag anzusetzen, der seinem beizulegenden Zeitwert am Tage der Neubewertung abzüglich nachfolgender kumulierter planmäßiger Abschreibungen und nachfolgender kumulierter Wertminderungsaufwendungen entspricht. Neubewertungen sind in hinreichend regelmäßigen Abständen vorzunehmen, um sicherzustellen, dass der Buchwert nicht wesentlich von dem abweicht, der unter Verwendung des beizulegenden Zeitwerts zum Abschlussstichtag ermittelt werden würde.
16.36	Wird eine Sachanlage neu bewertet, ist die ganze Gruppe der Sachanlagen, zu denen der Gegenstand gehört, neu zu bewerten.
16.39	Führt eine Neubewertung zu einer Erhöhung des Buchwerts eines Vermögenswerts, ist die Wertsteigerung im sonstigen Ergebnis zu erfassen und im Eigenkapital unter der Position Neubewertungsrücklage zu kumulieren. Allerdings wird der Wertzuwachs in dem Umfang im Gewinn oder Verlust erfasst, wie er eine in der Vergangenheit im Gewinn oder Verlust erfasste Abwertung desselben Vermögenswerts aufgrund einer Neubewertung rückgängig macht.
16.40	Führt eine Neubewertung zu einer Verringerung des Buchwerts eines Vermögenswerts, ist die Wertminderung im Gewinn oder Verlust zu erfassen. Eine Verminderung ist jedoch direkt im sonstigen Ergebnis zu erfassen, soweit sie das Guthaben der entsprechenden Neubewertungsrücklage nicht übersteigt. Durch die im sonstigen Ergebnis erfasste Verminderung reduziert sich der Betrag, der im Eigenkapital unter der Position Neubewertungsrücklage kumuliert wird.

16.43 Jeder Teil einer Sachanlage mit einem bedeutsamen Anschaffungswert im Verhältnis zum gesamten Wert des Gegenstands wird getrennt abgeschrieben.

16.48 Der Abschreibungsbetrag für jede Periode ist im Gewinn oder Verlust zu erfassen, soweit er nicht in die Buchwerte anderer Vermögenswerte einzubeziehen ist.

16.50 Der Abschreibungsbetrag eines Vermögenswerts ist planmäßig über seine Nutzungsdauer zu verteilen.

16.51 Der Restwert und die Nutzungsdauer eines Vermögenswerts sind mindestens zum Ende jedes Geschäftsjahres zu überprüfen, und wenn die Erwartungen von früheren Einschätzungen abweichen, sind Änderungen als Änderungen rechnungslegungsbezogener Schätzungen gemäß IAS 8 *Rechnungslegungsmethoden, Änderungen von rechnungslegungsbezogenen Schätzungen und Fehler* darzustellen.

16.60 Die Abschreibungsmethode hat dem erwarteten Verlauf des Verbrauchs des künftigen wirtschaftlichen Nutzens des Vermögenswertes durch das Unternehmen zu entsprechen.

16.61 Die Abschreibungsmethode für Vermögenswerte ist mindestens am Ende eines jeden Geschäftsjahres zu überprüfen. Sofern erhebliche Änderungen in dem erwarteten künftigen wirtschaftlichen Nutzenverlauf der Vermögenswerte eingetreten sind, ist die Methode anzupassen, um den geänderten Verlauf widerzuspiegeln. Solch eine Änderung wird als Änderung einer rechnungslegungsbezogenen Schätzung gemäß IAS 8 dargestellt.

16.65 Entschädigungen von Dritten für Sachanlagen, die wertgemindert, untergegangen oder außer Betrieb genommen wurden, sind im Gewinn oder Verlust zu erfassen, wenn die Entschädigungen zu Forderungen werden.

16.67 Der Buchwert einer Sachanlage ist auszubuchen (a) bei Abgang; oder (b) wenn kein weiterer wirtschaftlicher Nutzen von seiner Nutzung oder seinem Abgang zu erwarten ist.

16.68 Die aus der Ausbuchung einer Sachanlage resultierenden Gewinne oder Verluste sind im Gewinn oder Verlust zu erfassen, wenn der Gegenstand ausgebucht ist (sofern IAS 17 nichts anderes bei Sales-and leaseback-Transaktionen vorschreibt). Gewinne sind nicht als Erlöse auszuweisen.

16.71 Der Gewinn oder Verlust aus der Ausbuchung einer Sachanlage ist als Differenz zwischen dem Nettoveräußerungserlös, sofern vorhanden, und dem Buchwert des Gegenstands zu bestimmen.

IAS 16

Übersicht

	Rn
I. Regelungsgehalt	1 – 8
II. Normzweck und Anwendungsbereich	9 – 12
III. Begriffe	13 – 21
IV. Ansatz	22 – 24
V. Bewertung bei Ansatz	26 – 33
VI. Folgebewertung	34 – 56
VII. Ausbuchung	57 – 59
VIII. Ausweis und Angaben	60 – 65
IX. Inkrafttreten und Übergangsvorschriften	66 – 68
X. IFRS für kleine und mittelgroße Unternehmen	69 – 70
XI. Ausblick	71 – 72

1 **I. Regelungsgehalt.** IAS 16 *Property, Plant and Equipment* regelt die Methoden zur Bilanzierung von **Sachanlagen**. Das Sachanlagevermögen wird den materiellen Vermögenswerten zugeordnet. Des Weiteren gibt es neben den materiellen Vermögenswerten immaterielle Vermögenswerte. Diese umfassen Entwicklungskosten, verschiedene geistige Eigentumswerte sowie den Geschäfts- und Firmenwert.

2 Materielle und immaterielle Vermögenswerte dienen in der Regel längerfristig dem wirtschaftlichen Nutzen eines Unternehmens; dementsprechend erfolgt eine Aktivierung dieser Vermögenswerte sowie die Verteilung der Kosten in Form einer Abschreibung über die geplanten Nutzungsperioden. Die Bilanzierung der materiellen Vermögenswerte in Form von Sachanlagen wird im IAS 16 geregelt. Darüber hinaus enthalten die folgenden International Financial Reporting Standards (IFRS) Regelungen in Bezug auf Sachanlagen: IAS 20 *Accounting for Government Grants and Disclosure of Government Assistance*; IAS 21 *The Effect of Changes in Foreign Exchange Rates*; IAS 23 *Borrowing Costs*; IAS 36 *Impairment of Assets*; IAS 40 *Investment Property*.

3 Die Regelungen des IAS 16 umfassen die Ermittlung der zu aktivierenden Anschaffungs- oder Herstellungskosten, die Verteilung dieser Kosten über die Perioden der geplanten Nutzung sowie die Folgebewertung. Im Bereich der Folgebewertung lässt IAS 16 neben der Fortführung der historischen Anschaffungs- oder Herstellungskosten unter bestimmten Voraussetzungen auch die Neubewertung zum beizulegenden Zeitwert zu.

4 Bei Sachanlagen handelt es sich um Vermögenswerte mit physischer Substanz, die nach den folgenden Merkmalen eingeteilt werden können.[1]

(a) Abschreibbare Vermögenswerte

---

[1] Vgl. *Peemöller* Wiley IFRS, Abschnitt 8 Rn 3.

I. Regelungsgehalt

(b) Abbaubare Vermögenswerte
(c) andere materielle Vermögenswerte

Abgegrenzt von den Sachanlagen werden die **immateriellen Vermögenswerte**, die in IAS 38 *Intangible Assets* geregelt werden und bei denen es sich um identifizierbare, nicht monetäre Vermögenswerte ohne physische Substanz handelt. IAS 16 sieht keinen gesonderten Ausweis von Anlagen im Bau oder von Anzahlungen für Sachanlagen vor.[2] Der Ausweis erfolgt in den entsprechenden Gruppen von Sachanlagen.

IAS 23 *Borrowing Costs* beinhaltet Vorschriften für die Behandlung von **Fremdkapitalzinsen**. Zinsaufwendungen, die einem Unternehmen in Zusammenhang mit der Finanzierung von Sachanlagen (zB mit dem Bau eines Fabrikgebäudes) entstehen, sind den Anschaffungs- oder Herstellungskosten des Vermögenswertes hinzuzurechnen.

Für den Fall, dass Sachanlagen im Zuge **nicht-monetärer Transaktionen** erworben werden, zB im Rahmen eines Tauschs, sind diese Geschäftsvorfälle nach IAS 16 zum fair value zu bewerten. Voraussetzung hierfür ist, dass der Tausch wirtschaftliche Substanz hat. Ein Tauschgeschäft hat wirtschaftliche Substanz (IAS 16.25), wenn

(a) die Spezifikationen (Risiko, Timing, Betrag) des Cashflows des erhaltenen Vermögenswertes sich von den Spezifikationen des übertragenen Vermögenswertes unterscheiden oder

(b) der unternehmerische Wert des Teils der Geschäftstätigkeit des Unternehmens, der von der Transaktion betroffen ist, sich auf Grund des Tauschgeschäfts ändert bzw.

(c) die Differenz in (a) oder (b) bedeutsam ist im Vergleich zum beizulegenden Zeitwert der getauschten Vermögenswerte.

IAS 36 *Impairment of Assets*, der sowohl für immaterielle als auch für materielle Vermögenswerte anzuwenden ist, gibt Vorschriften für den Fall von **Wertminderungen** vor. Eine Wertminderung eines Vermögenswertes liegt vor, wenn der erzielbare Betrag (höherer Betrag aus Nutzungswert und Nettoveräußerungspreis) den ausgewiesenen Buchwert unterschreitet.

IAS 16 war Gegenstand des Annual Improvements Projekts 2008 des IASB. (siehe Rn 61ff.)

II. Normzweck und Anwendungsbereich. IAS 16 enthält Vorschriften für den Ansatz, die Bewertung, den Ausweis und die Anhangangaben für Sachanlagen. In Bezug auf **Immobilien** des Sachanlagevermögens umfassen die Regelungen des IAS 16 uneingeschränkt nur die Immobilien, die vom Eigentümer selbst genutzt werden. Auf Immobilien, die als Finanzinvestitionen gehalten werden, findet IAS 40 Anwen-

---

2 Vgl. *Scheinpflug* Beck'sches IFRS-Handbuch, §5 Rn 4.

dung. Eine Immobilie gilt als Finanzinvestition, wenn sie fremd vermietet wird oder für Wertsteigerungszwecke gehalten wird. Für Immobilien, die nach Fertigstellung oder Entwicklung als Finanzinvestitionen gehalten werden sollen, ist hinsichtlich der Bewertungs- und Ausweisvorschriften wie folgt zu unterscheiden: Für Geschäftsjahre, die vor dem 1. Januar 2009 beginnen ist bis zur Fertigstellung IAS 16 anzuwenden. Für Geschäftsjahre, die nach dem 1. Januar 2009 beginnen, können diese als Finanzinvestitionen bilanziert werden.

10 Biologische Vermögenswerte im Zusammenhang mit land- oder forstwirtschaftlicher Tätigkeit werden nicht in IAS 16 geregelt, sondern fallen in den Regelungsbereich des IAS 41 *Agriculture*. Die Bilanzierung von Abbau- und Schürfrechten sowie von Rohstoffvorkommen, wie beispielsweise Öl und Gas, wird in IFRS 6 *Exploration for and Evaluation of Mineral Resources* geregelt. Allerdings ist IAS 16 für Sachanlagen anzuwenden, die für landwirtschaftliche Tätigkeiten bzw. für Aktivitäten im Bereich der Abbau- und Schürfrechte sowie im Bereich der Rohstoffvorkommen genutzt werden und separat dargestellt werden können.

11 Bezüglich der bilanziellen Behandlung von **Ersatzteilen und Hilfsmitteln** sehen die IAS in der Regel einen Ausweis unter den Vorräten vor. Allerdings können Ersatzteile und Hilfsmittel bei Verwendung innerhalb eines Zeitraums von mehr als einem Jahr bzw. wenn diese Ersatzteile nur in Verbindung mit einem Vermögenswert genutzt werden (IAS 16.8) unter den Sachanlagen ausgewiesen werden.

12 Für den Fall, dass Sachanlagen, bei Vorlage der entsprechenden Voraussetzungen, als „**zur Veräußerung gehalten**" klassifiziert werden, ist IFRS 5 *Non-current Assets Held for Sale and Discontinued Operations* anzuwenden. Werden Sachanlagen im Rahmen von Unternehmenszusammenschlüssen erworben, ist für die Ersterfassung IFRS 3 *Business Combinations* maßgeblich.

13 **III. Begriffe Abschreibung.** Abschreibung ist die systematische Verteilung des Abschreibungsvolumens eines Vermögenswertes über dessen Nutzungsdauer.

14 **Anschaffungs- oder Herstellungskosten.** Anschaffungs- oder Herstellungskosten sind der zum Erwerb oder zur Herstellung eines Vermögenswertes entrichtete Betrag an Zahlungsmitteln oder Zahlungsmitteläquivalenten oder der beizulegende Zeitwert einer andern Entgeltform zum Zeitpunkt des Erwerbs oder der Herstellung oder, falls zutreffend, der Betrag, der diesem Vermögenswert beim erstmaligen Ansatz gemäß den besonderen Bestimmungen anderer IFRS beigelegt wird.

15 **Beizulegender Zeitwert (fair value).** der beizulegende Zeitwert ist der Betrag, zu dem ein Vermögenswert zwischen sachverständigen, vertragswilligen und voneinander unabhängigen Geschäftspartnern getauscht werden könnte.

IV. Ansatz

Buchwert. Der Buchwert ist der Betrag, mit dem ein Vermögenswert nach Abzug aller kumulierten Abschreibungen und kumulierten Wertminderungsaufwendungen erfasst wird. 16

Erzielbarer Betrag. Der erzielbare Betrag ist der höhere der beiden Beträge aus beizulegendem Zeitwert abzüglich Verkaufskosten einerseits und Nutzungswert eines Vermögenswertes andererseits (vgl. auch Rn 64). 17

Nutzungsdauer. Die Nutzungsdauer ist: 18

(a) der Zeitraum, in dem ein Vermögenswert voraussichtlich von einem Unternehmen nutzbar ist oder

(b) die voraussichtlich durch den Vermögenswert im Unternehmen zu erzielende Anzahl an Produktionseinheiten oder ähnlichen Maßgrößen

Restwert. der Restwert eines Vermögenswertes ist der geschätzte Betrag, den ein Unternehmen derzeit bei Abgang des Vermögenswertes nach Abzug des bei Abgang voraussichtlich anfallenden Aufwands erhalten würde. 19

Sachanlagen. Sachanlagen umfassen materielle Vermögenswerte, die: 20

(a) für Zwecke der Herstellung oder der Lieferung von Gütern und Dienstleistungen, zur Vermietung an Dritte oder für Verwaltungszwecke gehalten werden; und die

(b) erwartungsgemäß länger als eine Periode genutzt werden.

Wertminderungsaufwand. Wertminderungsaufwand ist der Betrag, um den der Buchwert eines Vermögenswertes seinen erzielbaren Betrag überschreitet. 21

IV. Ansatz. Sachanlagen sind als Vermögenswerte zu erfassen, ausschließlich dann, wenn die folgenden beiden Voraussetzungen kumulativ erfüllt sind (IAS 16.7): 22

(a) Es ist **wahrscheinlich**, dass ein mit dem Vermögenswert verbundener künftiger wirtschaftlicher Nutzen dem Unternehmen zufließen wird und

(b) die Anschaffungs- oder Herstellungskosten **zuverlässig ermittelt** werden können.

Diese beiden Voraussetzungen für den Ansatz von Sachanlagen sind hierbei aus dem IASB Framework ableitbar (F.83). Für die Voraussetzung, dass dem Unternehmen künftig ein wirtschaftlicher Nutzen zufließt, hat der Vermögenswert in der Verfügungsmacht des Unternehmens zu stehen, hierbei steht das wirtschaftliche Eigentum und nicht das rechtliche Eigentum im Vordergrund. Zudem soll die Nutzungsdauer im Regelfall eine Periode überschreiten.

Des Weiteren sieht IAS 16 unter bestimmten Umständen vor, komplexe Vermögenswerte bzw. Sachanlagen, die aus mehreren einzeln identifizierbaren Anlageteilen, wie Motoren, Triebwerke Innenausstattungen oder Außenhülle bestehen, in ihre Bestandteile zu zerlegen und die einzelnen Komponenten jeweils als Vermögenswert 23 anzusetzen bzw. separat zu bilanzieren und anschließend separat abzuschreiben. Der **Komponentenansatz**, dh die Aufteilung eines Vermögenswertes in seine Bestandteile, ist dann vorzunehmen wenn:

(a) ein Vermögenswert aus Bestandteilen mit unterschiedlichen Nutzungsdauern besteht, die im Laufe der Gesamtnutzungsdauer mehrmals, ggf. auch regelmäßig, ausgetauscht werden und

(b) die einzelnen Bestandteile einen wesentlichen Anteil der Anschaffungs- oder Herstellungskosten ausmachen.

Der Komponentenansatz kommt insbesondere bei der Bilanzierung von technischen Anlagen sowie Gebäuden zur Anwendung. Allerdings nennt IAS 16 keine klaren Kriterien zur Aufteilung einer Sachanlage. Es soll der Grundsatz der Wesentlichkeit beachtet werden, dh eine Aufteilung hat nur für wesentliche Komponenten zu erfolgen. Hierbei kann durch das Management eine Wesentlichkeitsgrenze festgelegt werden, um eine unnötige Atomisierung der Vermögenswerte zu vermeiden.[3] Als Orientierung hierzu kann sich die Wesentlichkeit aus der Relation der Kosten der entsprechenden Komponente zu den Gesamtkosten des Vermögenswertes ergeben. Zudem sollten die technischen Voraussetzungen bei der Bildung der einzelnen Komponente in Betracht gezogen werden. Die Aufteilung einer Sachanlage soll am Beispiel eines Schienenfahrzeugs dargestellt werden.

Beispiel

Eine Bahngesellschaft hat am 1. Januar 2009 einen fabrikneuen Triebwagen erworben (Kaufpreis: M€2,2). Als wesentliche Teile des Kaufpreises (Komponenten) wurden vom Management Wagenkasten, Drehgestell, E-Motor/Getriebe und die regelmäßige Hauptuntersuchung identifiziert. Vom Kaufpreis wird zunächst der enthaltene Anteil für die alle 8 Jahre vorzunehmende Hauptuntersuchung herausgerechnet (M€0,2). Die restlichen Anschaffungskosten (M€2,0) werden fiktiv auf die einzelnen Komponenten verteilt.[4]

a) Wagenkasten: 60% (M€1,2; Nutzungsdauer: 24 Jahre)

b) Drehgestell: 20% (M€0,4; Nutzungsdauer: 20 Jahre)

c) E-Motor/Getriebe: 20% (M€0,4; Nutzungsdauer: 18 Jahre)

Diese als eigenständige Vermögenswerte erfassten Komponenten sind über ihre individuelle Nutzungsdauer planmäßig abzuschreiben.

Die Aufteilung der Komponenten ist im besten Fall im Zeitpunkt des jeweiligen Zugangs durchzuführen. Im Falle von nachträglichen Kosten ist zu prüfen, ob ggf. ein gesonderter Vermögenswert vorliegt; trifft dies zu, ist dieser als eigenständige Komponente zu aktivieren.

---

3 Vgl. *Engel-Ciric*, BC 2005, Rn 27.
4 Vgl. *Engel-Ciric*, BC 2005, Rn 28.

IV. Ansatz

Kosten für **Großinspektionen oder Generalüberholungen**, die in regelmäßigen Zeitabständen notwendig sind, um den Vermögenswert in einem betriebsbereiten Zustand zu erhalten und seine weitere Nutzung zu gewährleisten sind zu aktivieren, sofern,[5]

(a) diese Großinspektion oder Generalüberholung in regelmäßigen Abständen durchgeführt wird,

(b) die Anlage nur nach der Generalüberholung weiter betrieben werden kann,

(c) die zuvor aktivierten Kosten abgeschrieben werden,

(d) die allgemeinen Ansatzkriterien erfüllt sind (IAS 16.7).

Die Kosten einer Generalüberholung oder Großinspektion sind somit wie ein eigener Vermögenswert zu behandeln. Wird die Generalüberholung oder Großinspektion erneut durchgeführt, führt dies zum Abgang der verbrauchten Komponenten. Dies ist ebenso der Fall, wenn ein Austausch bzw. der Ersatz einer Komponente stattfindet. Auch hier ist ein entsprechender Abgang der Komponente darzustellen und der Einbau der neuen Komponente als Zugang zu aktivieren.

Beispiel

Eine Sachanlage bzw. Maschine wird zu Anschaffungskosten in Höhe von M€1,5 aktiviert; es wird von einer Nutzungsdauer von 15 Jahren ausgegangen und linear abgeschrieben: T€100 pro Jahr.

Alle 5 Jahre muss eine Großinspektion durchgeführt werden; die Kosten liegen hierfür bei ca. T€100. Im Jahr 5 liegt der Restbuchwert der Anlage bei T€1.000, hierzu werden die Kosten der Großinspektion in Höhe von T€100 aktiviert, somit ergibt sich ein Gesamtrestbuchwert in Höhe von T€1.100. Die Abschreibung beträgt nun T€120 (T€100 für die Anlage und T€20 für die Großinspektion, T€100 abgeschrieben über 5 Jahre). Im Jahr 10, bei Durchführung der 2. Großinspektion beträgt der Buchwert der Maschine zunächst T€500, nach Aktivierung der 2. Großinspektion T€600.

Wird die 2. Großinspektion aber bereits im 7. Jahr der Nutzungsdauer notwendig, so ist in einem ersten Schritt der Restbuchwert der 1. Großinspektion abzuschreiben (T€60), daraus ergibt sich ein Restbuchwert der Sachanlage nach Abschreibung der 1. Großinspektion in Höhe von T€800; hierzu sind anschließend die Kosten der 2. Großinspektion zu aktivieren (T€100).

---

5   Vgl. *Wiecher* BBK 2006, 892.

Zudem muss in regelmäßigen Abständen (alle 3 Jahre) der Motor der Anlage ausgetauscht werden; die Kosten hierfür liegen bei ca. T€60. Diese Kosten für den Motor werden separat zu den Anschaffungskosten der Maschine aktiviert. Die Abschreibung erfolgt linear über die Nutzungsdauer des Motors von 3 Jahren, die Abschreibung beträgt somit T€20 pro Jahr.

Nachfolgendes Schema gibt eine Zusammenfassung der entsprechenden Voraussetzungen.[6]

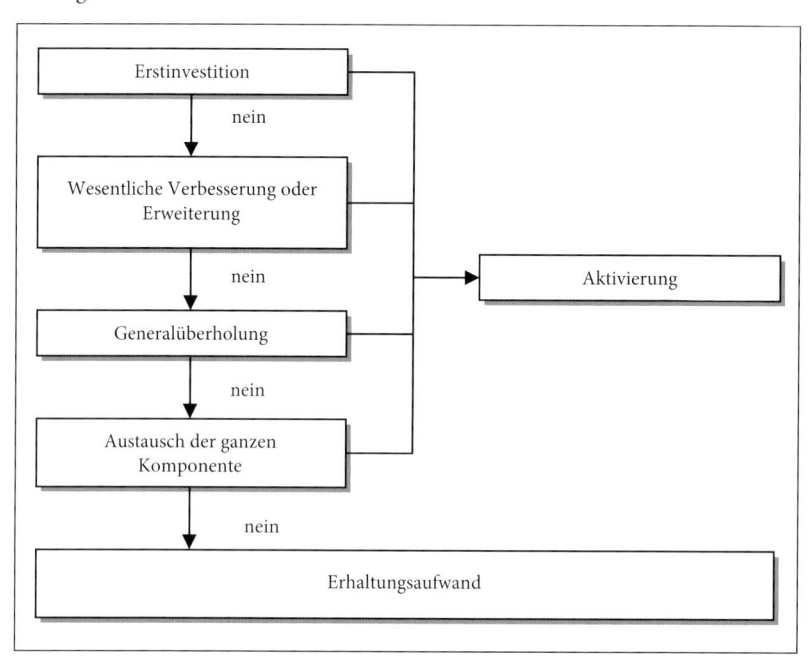

```
┌─────────────────────────────┐
│      Erstinvestition        │
└─────────────┬───────────────┘
              │ nein
              ▼
┌─────────────────────────────┐
│ Wesentliche Verbesserung    │
│ oder Erweiterung            │
└─────────────┬───────────────┘        ┌──────────────┐
              │ nein      ───────────▶ │  Aktivierung │
              ▼                        └──────────────┘
┌─────────────────────────────┐
│     Generalüberholung       │
└─────────────┬───────────────┘
              │ nein
              ▼
┌─────────────────────────────┐
│ Austausch der ganzen        │
│ Komponente                  │
└─────────────┬───────────────┘
              │ nein
              ▼
┌─────────────────────────────────────────────────────┐
│             Erhaltungsaufwand                       │
└─────────────────────────────────────────────────────┘
```

24 Gemäß IAS 16.9 ist es erlaubt, einzelne unwesentliche Vermögenswerte zusammenzufassen. Beispielhaft werden hierfür Press-, Gussformen sowie Werkzeuge genannt. Der Standard schreibt hierfür keine Wesentlichkeitsgrenze vor, es ist hierbei auf die unternehmensspezifischen Gegebenheiten abzustellen.

25 Sachanlagen, die aus Gründen der Sicherheit oder des Umweltschutzes erworben werden, sind als Vermögenswerte zu aktivieren, auch wenn aus ihnen kein eigenständiger wirtschaftlicher Nutzen hervorgeht, diese aber für den Betrieb vorhandener Sachanlagen notwendig sind.

---

6 Vgl. *Wiecher* BBK 2006, 893.

V. Bewertung bei Ansatz

V. Bewertung bei Ansatz. Maßgeblich für die Bewertung von Sachanlagen sind nach IAS 16.15 die Anschaffungs- oder Herstellungskosten. Hierbei wird zwischen Kauf, Herstellung und Tausch unterschieden. 26

Die **Anschaffungskosten** als Wertmaßstab beim Kauf von Dritten enthalten die folgenden Hauptbestandteile (IAS 16.16):

(a) Kaufpreis (vertragliches Hauptentgelt) einschließlich Einfuhrzölle und nicht erstattungsfähiger Verbrauchsteuer. Nachlässe und Erstattungen, wie Rabatte, Boni und Skonti sind hierbei vom Kaufpreis bzw. den Anschaffungsnebenkosten abzuziehen.

(b) Alle direkt zurechenbaren Kosten, die anfallen, um den Vermögenswert in einen betriebsbereiten Zustand für seine vorgesehene Verwendung zu bringen (u. a. Kosten der Standortvorbereitung, Transportkosten, Installations- und Montagekosten, Kosten für Testläufe sowie mit der Anschaffung/Herstellung verbundene Honorare, etwa für Architekten oder Ingeniere).

(c) Kosten für den Abbruch, den Abbau und die Beseitigung der Sachanlage sowie für die Wiederherstellung des Standorts.

(d) Fremdkapitalkosten (IAS 23).

(e) Aktivierungsverbote gelten u. a. für Anlaufverluste, Schulungskosten sowie Markteinführungskosten.

Insgesamt ist zu beachten, dass der beizulegende Zeitwert des aktivierten Vermögenswertes jedoch nicht durch die aktivierten Kosten überschritten werden darf.

Die **Kosten für den Abbruch und die Demontage** des Vermögenswertes sowie die Wiederherstellung des Standorts sind in die Anschaffungskosten als aktivische Gegenbuchung zur Rückstellung nach IAS 37 einzubeziehen. Diese Kosten sind in die Anschaffungs- oder Herstellungskosten unter der Voraussetzung einzubeziehen, dass sie verlässlich geschätzt werden können und zudem eine rechtliche, dh eine vertragliche oder faktische Verpflichtung (vgl. hierzu die Anforderungen des IAS 37 *Provisions, Contingent Liabilities and Contingent Assets*) besteht. Als Beispiel sei ein Kohlewerk genannt, für dessen Errichtung eine behördliche Genehmigung erforderlich ist, die als Auflage die Demontage des Werks nach Ende der Nutzung sowie die Sanierung des Grundstücks beinhaltet. Diese Bedingungen stellen gemäß IAS 37 eine gegenwärtige Verpflichtung dar, die aus einem vergangenen Ereignis resultiert und wahrscheinlich zu einem zukünftigen Abfluss von Ressourcen mit wirtschaftlichem Nutzen führen wird. Eine zuverlässige Kostenschätzung ist möglich. IAS 37 sieht eine Abzinsung der geschätzten Kosten auf den Barwert vor; dieser ist als zusätzliche Anschaffungskosten zu aktivieren und im Rahmen der Abschreibung über die Nutzungsdauer des Vermögenswertes zu verteilen. 27

28 IAS 23 enthält Vorschriften für die Erfassung von **Finanzierungskosten** in Zusammenhang mit der Anschaffung und Herstellung von Vermögenswerten. Mit der Neufassung des IAS 23 besteht nun für Geschäftsjahre, die am oder nach dem 1. Januar 2009 beginnen, eine Pflicht zur Aktivierung der Zinskosten für qualifizierte Vermögenswerte. Bis dato waren die Zinskosten grundsätzlich als Periodenaufwand zu befassen (bevorzugte Methode); alternativ war eine Aktivierung der Zinskosten für qualifizierte Vermögenswerte zulässig. Qualifizierte Vermögenswerte sind solche Vermögenswerte, für die es eines längeren Zeitraums der Anschaffung oder Herstellung bedarf. Die Aktivierung umfasst sowohl die Zinskosten für speziell für die Anschaffung oder Herstellung aufgenommene Darlehen als auch durchschnittliche Zinskosten. Die Zinskosten bemessen sich nach IAS 39 (Effektivzinsaufwendungen). Eigenkapitalkosten oder kalkulatorische Kosten sind nicht zu aktivieren.

29 Die Bilanzierung in Zusammenhang mit **Zuwendungen der öffentlichen Hand** ist in IAS 20 *Accounting for Government Grants and Disclosure of Government Assistance* geregelt. IAS 20 definiert u. a. Zuwendungen für Vermögenswerte (Investitionszuschüsse), die an die Bedingung des Kaufs, der Herstellung oder des anderweitigen Erwerbs langfristiger Vermögenswerte geknüpft sind. Eine bilanzielle Abbildung setzt voraus, dass mit hinreichender Sicherheit davon ausgegangen werden kann, dass das Unternehmen die Bedingungen erfüllen wird und dass die Zuwendungen erteilt werden. Es besteht ein Wahlrecht die Zuwendungen für Vermögenswerte entweder als passivischen Abgrenzungsposten in der Bilanz darzustellen (Bruttomethode) oder bei der Feststellung des Buchwertes der Vermögenswerte aktivisch abzusetzen (Nettomethode).

Der Ausweis hat hierbei stetig zu erfolgen. Die Erträge aus der Auflösung des passivischen Abgrenzungspostens über die Nutzungsdauer des entsprechenden Vermögenswertes sind als sonstige betriebliche Erträge in der Gewinn- und Verlustrechung auszuweisen.

30 Wird ein Vermögenswert im Rahmen eines **Tauschs** erworben, so ist nach IAS 16.24 vorgesehen, den beizulegenden Zeitwert des hingegebenen Vermögenswertes als Anschaffungskosten anzusetzen. Es sein denn, dem Tauschgeschäft fehlt es an wirtschaftlicher Substanz oder weder der beizulegende Zeitwert des erhaltenen Vermögenswertes noch des hingegebenen Vermögenswertes ist verlässlich messbar. In diesem Fall bildet der Buchwert des hingegebenen Vermögenswertes die Anschaffungskosten. Wirtschaftliche Substanz liegt vor, wenn sich die Spezifikationen (Risiko, Timing und Betrag) der Cashflows der getauschten Vermögensgegenstände wesentlich unterscheiden und sich durch den Tausch der Wert des von dem Tausch betroffenen Geschäftszweigs ändert.

Sobald die **Betriebsbereitschaft** einer Sachanlage besteht, dürfen keine weiteren Kosten aktiviert werden, außer es handelt sich um nachträgliche Anschaffungskosten (IAS 16.20 und IAS 16.12). Nachträgliche Anschaffungs- oder Herstellungskosten sind dann dem Buchwert einer Sachanlage hinzuzurechnen, wenn mit hinreichender Wahrscheinlichkeit zusätzlicher zukünftiger Nutzen generiert werden kann. Dies geschieht beispielsweise durch Verbesserungen zur Steigerung von Qualitätsstandards, Kapazitätserweiterungen, Verlängerungen der Nutzungsdauern ua. Allerdings sind Kosten im Zusammenhang mit regelmäßig wiederkehrenden Reparatur- und Instandhaltungsaufwendungen, die regelmäßig keine Substanzerweiterung nach sich ziehen, als Aufwand der Periode zu erfassen. 31

Die **Herstellungskosten** für selbst erstellte Vermögenswerte sind zwar nicht in IAS 16 geregelt; für deren Ermittlung verweist IAS 16 aber auf die entsprechenden Vorschriften zur Bestimmung der Herstellungskosten in IAS 2 *Inventories*. In Ergänzung dazu besagt IAS 16.22, dass interne Gewinne zu eliminieren sind und Kosten für ungewöhnliche Mengen an Ausschuss, unnötigen Arbeitsaufwand oder andere Faktoren keine Bestandteile der Herstellungskosten für selbst erstellte Vermögenswerte sind. Hinsichtlich der Aktivierung der Fremdkapitalkosten sind die Vorschriften des IAS 23 zu beachten. 32

Gemäß IAS 16 sind die Kosten, die nicht im direkten Zusammenhang mit der Versetzung des Vermögenswertes in dessen **betriebsbereiten Zustand** bestehen, als Aufwand der Periode in der Gewinn- und Verlustrechnung zu erfassen. Hierzu zählen beispielsweise Schulungskosten oder Verluste durch den Betrieb vor Erreichen der Normalkapazität. Sie sind mit den Erträgen während der Installationsphase zu verrechnen, wie zB Erträge aus dem Verkauf von Prototypen. Erträge aus Nebengeschäften, die vor oder während den Herstellungs- oder Entwicklungstätigkeiten auftreten und nicht im Zusammenhang mit der Versetzung in die Betriebsbereitschaft stehen, sind nach IAS 16.21 erfolgswirksam in der Gewinn- und Verlustrechung zu erfassen. Als Beispiel hierfür führt IAS 16.21 die Nutzung eines Bauplatzes als Parkplatz vor Beginn der Bauaktivitäten auf.[7] 33

VI. Folgebewertung. Für die Folgebewertung des Sachanlagevermögens sieht IAS 16.29 die folgenden beiden Alternativen vor: 34

(a) Anschaffungskostenmethode, dh die Bewertung zu fortgeführten Anschaffungs- oder Herstellungskosten

(b) Neubewertungsmethode.

---

[7] Vgl. *Peemöller* Wiley IFRS, Abschnitt 8 Rn 14.

35 Im Rahmen der **Bewertung zu fortgeführten Anschaffungs- oder Herstellungskosten** ist nach IAS 16.30 ein Vermögenswert nach dem erstmaligen Ansatz zu Anschaffungs- oder Herstellungskosten abzüglich der kumulierten planmäßigen Abschreibungen und kumulierten außerplanmäßigen Wertminderungsaufwendungen anzusetzen.

Mittels von Abschreibungen werden die Anschaffungs- oder Herstellungskosten eines Vermögenswertes aufwandswirksam auf die Perioden der voraussichtlichen Nutzungsdauer verteilt. Ziel hierbei ist eine systematische Verteilung. Folgende Faktoren sind dabei festzulegen:

(a) das Abschreibungsverfahren bzw. die Abschreibungsmethode,

(b) das Abschreibungsvolumen sowie

(c) der Abschreibungszeitraum.

36 Hinsichtlich des Abschreibungsverfahrens bzw. der **Abschreibungsmethode** bestehen folgende Alternativen:

(a) linear,

(b) degressiv oder

(c) leistungs- oder verbrauchsabhängig.

Allerdings ist die Anwendung von anderen systematischen Abschreibungsverfahren nicht ausgeschlossen. Die gewählte Methode ist hierbei stetig anzuwenden. Nach IAS 16.60 hat die Abschreibungsmethode dem erwarteten Verlauf des Verbrauchs des zukünftigen wirtschaftlichen Nutzens des Vermögenswertes zu entsprechen. Die Methode ist mindestens am Ende eines Jahres zu überprüfen und ggf. anzupassen, sofern sich erhebliche Änderungen in dem erwarteten künftigen Nutzungsverlauf des Vermögenswertes ergeben haben (IAS 16.61). Eine sich hieraus ergebende Änderung der Abschreibungsmethode ist nach IAS 8 *Accounting Policies, Changes in Accounting Estimates and Errors* als Änderung einer Schätzung zu behandeln.

37 Bei der linearen Abschreibung erfolgt eine Verteilung des Abschreibungsvolumens über die einzelnen Perioden des Nutzungszeitraums in gleich bleibenden konstanten Beträgen. Die **lineare Abschreibungsmethode** dürfte vor allem für Sachanlagen und Komponenten, die produktionsmengenunabhängig eingesetzt werden oder die geringe Instandhaltungskosten verursachen (wie beispielsweise Betriebs- und Geschäftsausstattung) zur Anwendung kommen.[8] Neben der linearen zählt auch die **degressive Abschreibung** zu den nutzungsdauerbezogenen Abschreibungsmethoden. Bei der degressiven Abschreibung fallen die jährlichen Abschreibungsbeträge im Laufe der Nutzungsdauer des Vermögenswertes (IAS 16.62). Aufgrund der oben ge-

---

8 Vgl. *Scheinpflug* Beck'sches IFRS-Handbuch, §5 Rn 112.

VI. Folgebewertung

nannten Regelung des IAS 16.60, wonach die gewählte Abschreibungsmethode den erwarteten Nutzenverbrauch abzubilden hat, dürfte die Anwendung der degressiven Abschreibung in der IFRS-Praxis von untergeordneter Bedeutung sein.

Die **leistungs- oder verbrauchsabhängige Abschreibungsmethode** ergibt einen Abschreibungsbetrag auf der Grundlage der voraussichtlichen Nutzung oder Leistung des Vermögenswertes. Die Abschreibungsrate ermittelt sich hierbei aus den Anschaffungs- oder Herstellungskosten abzüglich Restwert bspw. dividiert durch die Anzahl der Einheiten, die im Laufe der Nutzungsdauer produziert werden. 38

Der **Beginn der Abschreibung** ist nach IAS 16.55 der Zeitpunkt, ab dem sich der Vermögenswert in einem betriebsbereiten Zustand befindet, dh ab dem Zeitpunkt wenn der Vermögenswert genutzt werden kann. Dies soll an folgendem Beispiel verdeutlicht werden:[9] Ein Unternehmen erwirbt eine neue Computeranlage und lässt sie von einem Serviceunternehmen anschließen. Zur tatsächlichen Nutzung kommt es vorerst nicht, weil im Zuge eines unvorhergesehenen Unternehmenserwerbs das gesamte IT-Umfeld neu konfiguriert werden soll. Die Abschreibung beginnt allerdings schon mit der Nutzungsmöglichkeit. Grundsätzlich ist im Jahr des Zugangs des Vermögenswertes eine zeitanteilige Abschreibung (pro rata temporis) zu Grunde zu legen. 39

Die Vorschriften für **geringwertige Wirtschaftsgüter** nach deutschem Recht, dh die Sofortabschreibung bei Anschaffungskosten bis zu €150 bzw. die Sammelabschreibung für Anschaffungskosten bis zu €1.000 vorsehen, dürfen aufgrund des Wesentlichkeitsgrundsatzes entsprechend angewandt werden. 40

Das Abschreibungsvolumen bemisst sich nach den Anschaffungs- oder Herstellungskosten unter Berücksichtigung eines etwaigen Restwerts der Sachanlage. In der Praxis ist dieser Restwert meist als unwesentlich zu betrachten. Der Restwert wird nach IAS 16.6 definiert als der geschätzte Betrag, den ein Unternehmen derzeit bei Abgang des Vermögenswertes nach Abzug des bei Abgang voraussichtlich anfallenden Aufwands erhalten würde. Allerdings ist der Restwert, sofern er angesetzt wird, am Ende eines Geschäftsjahres zu überprüfen. In der Praxis ist der Schrottwert eines Schiffes oder Flugzeuges ein Beispiel für einen zu berücksichtigenden Restwert für die Abschreibungsbemessung.[10] 41

Der **Abschreibungszeitraum** bestimmt sich nach der Nutzungsdauer der Sachanlage. IAS 16 gibt keine fest definierten Nutzungsdauern vor. Maßgeblich hierfür ist die unternehmensspezifische wirtschaftliche Nutzungsdauer. Nach IAS 16.56 sind die folgenden Faktoren bei der Schätzung der Nutzungsdauer zu berücksichtigen: 42

(a) die Nutzung des Vermögenswertes unter Berücksichtigung der geplanten Kapazität bzw. der Ausbringungsmenge,

---

9 Vgl. *Hoffmann* Haufe-Kommentar, §10 Rn 36.
10 Vgl. *Hoffmann* Haufe-Kommentar, §10 Rn 20.

(b) der erwartete physische Verschleiß in Abhängigkeit von Betriebsfaktoren (Anzahl von Schichten, etc) sowie das Reparatur- und Instandhaltungsprogramm,

(c) die technische oder gewerbliche Überholung auf Grund von Änderungen oder Verbesserungen in der Produktion oder von Änderungen in der Marktnachfrage nach Gütern oder Leistungen,

(d) rechtliche oder ähnliche Nutzungsbeschränkungen.

Nach IAS 16.58 haben Grundstücke in der Regel eine unbegrenzte Nutzungsdauer und werden daher nicht abgeschrieben. Die Nutzungsdauer ist nach IAS 16.51 mindestens zum Ende eines jeden Geschäftsjahres zu überprüfen. Eine hieraus sich ergebende Änderung ist in der laufenden sowie den zukünftigen Perioden vorzunehmen.

43 Als alternative Bewertungsmethode für die Folgebewertung des Sachanlagevermögens sieht IAS 16.31 das **Neubewertungs-Modell** vor, bei dem die Bewertung zum beizulegenden Zeitwert (festgestellt in der letzten durchgeführten Neubewertung) abzüglich zwischenzeitlicher planmäßiger Abschreibungen und Wertminderungen vorgenommen wird. Der beizulegende Zeitwert wird nach IAS 16.6 definiert als der Betrag, zu dem zwischen sachkundigen, vertragsbereiten und unabhängigen Geschäftspartnern ein Vermögenswert getauscht werden könnte.

44 IAS 16.36 schreibt vor, dass für den Fall, dass die Neubewertungsmethode für eine Sachanlage angewendet wird, diese dann für die ganze Gruppe der Sachanlagen anzuwenden ist, zu denen die Sachanlage gehört. In der Praxis zeigt sich, dass die Neubewertungsmethode insbesondere bei Grundstücken Anwendung findet. IAS 16.37 versteht unter einer Gruppe von Sachanlagen, die Zusammenfassung von Vermögenswerten, die sich durch ähnliche Art und ähnliche Verwendung auszeichnen; hierfür werden beispielhaft genannt: unbebaute Grundstücke, Grundstücke und Gebäude, Maschinen und technische Anlagen, Schiffe, Flugzeuge, Kraftfahrzeuge, Betriebsaustattung und Büroausstattung. Hierdurch soll zum einen eine selektive Neubewertung sowie die Mischung aus fortgeführten Anschaffungs- oder Herstellungskosten einerseits und Neubewertungsbeträgen andererseits innerhalb einer Gruppe ähnlicher Sachanlagen vermieden werden. Die Neubewertung muss hierbei innerhalb einer Gruppe grundsätzlich gleichzeitig erfolgen, IAS 16.38 erlaubt jedoch ein rollierendes System, also beispielsweise ein Drittel aller Maschinen pro Jahr.[11]

45 Der **beizulegende Zeitwert** bemisst sich in der Regel nach dem Marktwert eines Vermögenswertes (IAS 16.32). Lassen sich die Marktwerte nicht direkt ermitteln, ist ein auf Basis von Schätzungen ermittelter Marktwert für die Neubewertung auch zulässig. Der Schätzung sind hierbei beispielsweise Marktwerte ähnlicher Vermögenswerte oder zurückliegende Transaktionspreise zu Grunde zu legen.[12] Für den Fall,

---
11 Vgl. *Hoffmann* Haufe-Kommentar, §8 Rn 68.
12 Vgl. *Peemöller* Beck'sches IFRS-Handbuch, § 5 Rn 125.

VI. Folgebewertung

dass ein Marktwert weder direkt noch auf der Basis von Schätzungen zu ermitteln ist, sieht IAS 16.33 vor, die Neubewertung basierend auf den Wiederbeschaffungskosten durchzuführen.

Der beizulegende Zeitwert für die Neubewertung von Grundstücken und Gebäuden wird in der Regel von einem Gutachter ermittelt. Auch für Maschinen, technische Anlagen und Betriebs- und Geschäftsausstattung ist der durch Schätzung eines Gutachters zu ermittelnde Marktpreis maßgebend. Alternativ lässt sich der Marktpreis für Sachanlagen unter Zuhilfenahme von beispielsweise Angebotsbörsen, o. ä. schätzen.[13] Ist eine Schätzung des Marktwertes nicht möglich, ist auf die fortgeführten Wiederbeschaffungskosten abzustellen.

Nach IAS 16.34 ist die **Häufigkeit der Durchführung** einer Neubewertung abhängig von der Änderung des beizulegenden Zeitwertes. Eine jährliche Neubewertung ist für Sachanlagen erforderlich, bei denen es zu wesentlichen Schwankungen des beizulegenden Zeitwertes kommt. Neubewertungen im Zyklus von durchschnittlich drei bis fünf Jahren sind für Sachanlagen vorgesehen, deren beizulegender Zeitwert sich nur geringfügig ändert.

46

Eine Zusammenfassung hinsichtlich der Neubewertungsmethode zeigt das nachfolgende Schaubild.[14]

---

13 Vgl. *Peemöller* Beck'sches IFRS-Handbuch, § 5 Rn 127.
14 *Mailer*, BBK 2003, 455.

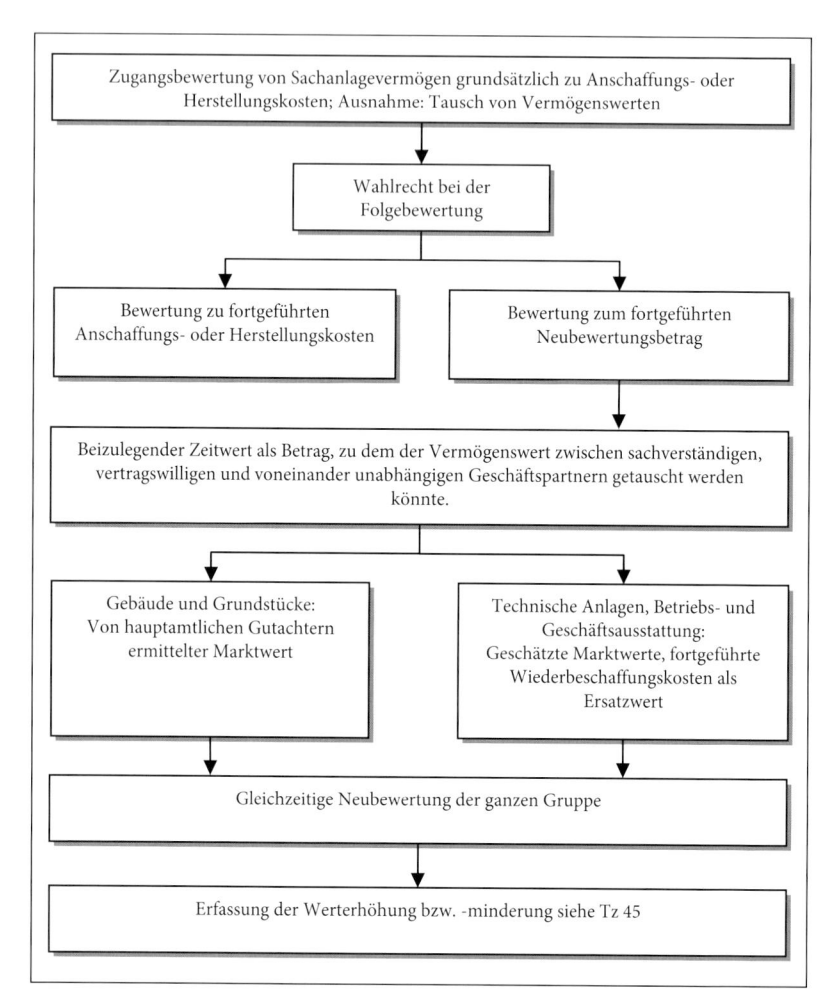

```
┌─────────────────────────────────────────────────────────────────────┐
│   Zugangsbewertung von Sachanlagevermögen grundsätzlich zu          │
│   Anschaffungs- oder Herstellungskosten; Ausnahme: Tausch von       │
│   Vermögenswerten                                                   │
└─────────────────────────────────────────────────────────────────────┘
                                   │
                                   ▼
                   ┌───────────────────────────────┐
                   │    Wahlrecht bei der          │
                   │    Folgebewertung             │
                   └───────────────────────────────┘
                          │                │
                          ▼                ▼
        ┌──────────────────────────┐   ┌──────────────────────────┐
        │ Bewertung zu fortgeführten│   │ Bewertung zum fortgeführten│
        │ Anschaffungs- oder        │   │ Neubewertungsbetrag       │
        │ Herstellungskosten        │   │                           │
        └──────────────────────────┘   └──────────────────────────┘
                                              │
                                              ▼
        ┌────────────────────────────────────────────────────────────┐
        │ Beizulegender Zeitwert als Betrag, zu dem der Vermögenswert│
        │ zwischen sachverständigen, vertragswilligen und voneinander│
        │ unabhängigen Geschäftspartnern getauscht werden könnte.    │
        └────────────────────────────────────────────────────────────┘
                          │                │
                          ▼                ▼
        ┌──────────────────────────┐   ┌──────────────────────────┐
        │ Gebäude und Grundstücke: │   │ Technische Anlagen,       │
        │ Von hauptamtlichen        │   │ Betriebs- und             │
        │ Gutachtern ermittelter    │   │ Geschäftsausstattung:     │
        │ Marktwert                 │   │ Geschätzte Marktwerte,    │
        │                           │   │ fortgeführte              │
        │                           │   │ Wiederbeschaffungskosten  │
        │                           │   │ als Ersatzwert            │
        └──────────────────────────┘   └──────────────────────────┘
                                   │
                                   ▼
        ┌────────────────────────────────────────────────────────────┐
        │    Gleichzeitige Neubewertung der ganzen Gruppe            │
        └────────────────────────────────────────────────────────────┘
                                   │
                                   ▼
        ┌────────────────────────────────────────────────────────────┐
        │   Erfassung der Werterhöhung bzw. -minderung siehe Tz 45   │
        └────────────────────────────────────────────────────────────┘
```

47   Hinsichtlich der Abbildung der kumulierten Abschreibung lässt IAS 16.35 die folgenden beiden Alternativen zu:

(a) die kumulierte Abschreibung wird proportional zur Änderung des Buchwertes (Markt- oder Wiederbeschaffungswert) angepasst; diese Vorgehensweise ist insbesondere für den Fall vorgesehen, wenn die Neubewertung zu fortgeführten Wiederbeschaffungskosten erfolgt;

(b) die kumulierte Abschreibung wird gegen den Bruttobuchwert verrechnet; dies wird insbesondere bei Gebäuden durchgeführt.

VI. Folgebewertung

Beispiel

Ein Unternehmen erwirbt eine Maschine für €2 Mio, diese wird über ihre Nutzugsdauer von 10 Jahren linear abgeschrieben. Eine Neuwertung wird alle drei Jahre durchgeführt.

Die Maschine wird mit Anschaffungskosten von €2 Mio aktiviert, nach drei Jahren beträgt die kumulierte Abschreibung €600.000 und der Buchwert €1.400.000, aufgrund der Neubewertung ergibt sich ein beizulegender Zeitwert von €2.200.000 (+10%; Bruttoertrag aus der Neubewertung €200.000), die proportional angepasste kumulierte Abschreibung würde hiernach €660.000 (+10%) betragen, ein sich hieraus ergebender Buchwert €1.540.000. Die Anpassung der kumulierten Abschreibung von €60.000 ist mit dem Ertrag aus der Neubewertung in Höhe von €200.000 zu verrechnen, es ergibt sich somit ein Nettoertrag aus der Neubewertung in Höhe von €140.000.

	Fortgeführte AHK in €	*Neubewertung in €*
Anschaffungskosten brutto	2.000.000	2.200.000
Neubewertungssatz		10%
Kumulierte Abschreibung	600.000	660.000
Buchwert vor Anpassung	1.400.000	
Buchwert nach Anpassung		1.540.000
Neubewertungsertrag brutto		200.000
Anpassung kumulierte Abschreibung		60.000
Neubewertungsertrag netto		140.000

Angenommen das Unternehmen erwirbt ein Gebäude mit Anschaffungskosten in Höhe von €2Mio; welches über 10 Jahre abgeschrieben wird, auch hier wird die Neubewertung alle drei Jahre durchgeführt.

IAS 16

Das Gebäude wird mit Anschaffungskosten von €2 Mio aktiviert, nach drei Jahren beträgt die kumulierte Abschreibung €600.000 und der Buchwert €1.400.000, aufgrund eines Gutachtens wird der beizulegende Zeitwert mit €1.540.000 (+10%) festgelegt. Hieraus ergibt sich ein Nettoertrag aus der Neubewertung in Höhe von €140.000.

	Fortgeführte AHK in €	*Neubewertung in €*
Anschaffungskosten	2.000.000	2.000.000
Neubewertungssatz		10%
Kumulierte Abschreibung	600.000	600.000
Buchwert vor Anpassung	1.400.000	
Buchwert nach Anpassung (beizulegender Wert)		1.540.000
Neubewertungsertrag netto		140.000

48 Entsprechend der Folgebewertung zu fortgeführten Anschaffungs- oder Herstellungskosten ist auch beim Neubewertungsmodell gemäß IAS 16.51 die Nutzungsdauer sowie die Abschreibungsmethode mindestens zum Ende eines jeden Geschäftsjahres zu überprüfen. Die Erfassung eventueller Anpassungen hat separat von der Neubewertung zu erfolgen.

49 Nach IAS 16.39 ist die Erhöhung des Buchwertes eines Vermögenswertes aufgrund einer Neubewertung grundsätzlich im **other comprehensive income (OCI)** abzubilden. Der Ausweis erfolgt in einer Neubewertungsrücklage im Eigenkapital. Wurden in der Vergangenheit jedoch außerplanmäßige Wertminderungen eines Vermögenswertes als Aufwand in der Gewinn- und Verlustrechung erfasst, so ist eine Erhöhung des Buchwertes eines Vermögenswertes aufgrund der Neubewertung erfolgswirksam als sonstiger betrieblicher Ertrag darzustellen, bis zur Höhe der zuvor als Aufwand erfassten Wertminderungen. Ein die erfassten Wertminderungen übersteigender Betrag ist erfolgsneutral im other comprehensive income zu erfassen.

Die im Zuge der Neubewertung gebildete Neubewertungsrücklage kann entweder unverändert fortgeführt oder anteilig gemäß der Abschreibungsmethode in die Gewinnrücklagen umgebucht werden. Im Falle einer Umbuchung führen spätere potentielle Wertminderungen früher zu Aufwand in der Gewinn- und Verlustrechnung.

Beispiel

Die Neubewertung für einen Vermögensgegenstand beträgt zum 31. Dezember 2009 T€500 (Buchwert T€350); die Neubewertungsrücklage beträgt ohne Umbuchung T€150 und mit Umbuchung in die Gewinnrücklagen T€100 (dh es

VI. Folgebewertung

werden T€50 in die Gewinnrücklagen umgebucht). Im Fall ohne Umbuchung muss eine erfolgswirksame Buchung in der Gewinn- und Verlustrechung erst erfolgen, wenn der beizulegende Zeitwert (fair value) unter den Buchwert von T€350 sinkt, im Fall mit Umbuchung muss bereits bei einem fair value unterhalb T€400 erfolgswirksam gebucht werden.

Verminderungen des Buchwerts eines Vermögenswertes aufgrund einer Neubewertung sind gemäß IAS 16.40 im other comprehensive income abzubilden; allerdings nur bis Höhe der entsprechenden Neubewertungsrücklagen, der darüber hinausgehende Betrag ist erfolgswirksam in der Gewinn und Verlustrechung zu erfassen. 50

Das nachfolgende Schaubild soll die zuvor beschriebene Vorgehensweise verdeutlichen.[15] 51

```
                    Wertänderung
        Beizulegender Zeitwert im Verhältnis zum Buchwert
                    /              \
           Werterhöhung         Wertminderung
           /         \           /         \
   Keine frühere  Frühere   Keine frühere  Frühere
   erfolgs-      erfolgs-   erfolgs-      erfolgs-
   wirksame      wirksame   neutrale      neutrale
   Wert-         Wert-      Wert-         Wert-
   minderung     minderung  erhöhung      erhöhung
      |            |           |             |
   Erfolgs-     Erfolgs-    Erfolgs-      Erfolgs-
   neutral gegen wirksam    wirksam       neutral gegen
   Neu-                                   Neu-
   bewertungs-                            bewertungs-
   rücklage                               rücklage
```

Die **Neubewertungsrücklage** kann gemäß IAS 16.41 direkt den Gewinnrücklagen zugeführt werden, sofern der Vermögenswert aufgrund von planmäßiger Abschreibung, Stilllegung, Verkauf oder Verschrottung ausgebucht ist. Eine stufenweise Übertragung bzw. Umgliederung in die Gewinnrücklagen bei Nutzung des Vermö- 52

---

15 Vgl. *Hoffmann* Haufe-Kommentar § 8 Rn 80.

genswertes ist zulässig, hierbei bemisst sich die zu übertragende Rücklage als Differenz zwischen der Abschreibung auf den neu bewerteten Buchwert und der Abschreibung aus Basis historischer Anschaffungs- oder Herstellungskosten.

53 Im Falle der Durchführung des Neubewertungsmodells sind **latente Steuern** entsprechend zu berücksichtigen. Hierbei sind nach IAS 16.42 die Vorschriften von IAS 12 *Income Taxes* zu beachten. Grundsätzlich hat die Erfassung von Steuerlatenzen im Zusammenhang mit der Durchführung der Neubewertung erfolgsneutral zu erfolgen, wenn die entsprechenden Wertminderungen bzw. Werterhöhungen erfolgsneutral erfasst wurden, dh die Veränderung der Neubewertungsrücklagen sind grundsätzlich um die Effekte aus latenten Steuern zu korrigieren.[16]

54 **Wertminderungen**, die aufgrund ungewöhnlicher Umstände unvorhersehbar eintreten, bedingen die Vornahme außerplanmäßiger Abschreibungen, die im Unterschied zu planmäßigen Abschreibungen auch für zeitlich unbegrenzt nutzbare Sachanlagen wie Grundstücke relevant werden können. Für die Ermittlung und Erfassung von Wertminderungen für Sachanlagen verweist IAS 16.63 auf die Anwendung des IAS 36 *Impairment of Assets*.

Gemäß IAS 36 ist an jedem Bilanzstichtag zu prüfen, ob Anhaltspunkte für eine Wertminderung von Vermögenswerten bzw. Sachanlagen vorliegen. Gibt es hierfür Anzeichen, wie beispielsweise fallende Marktwerte, technischen Fortschritt, Schäden oder eine abnehmende Ertragskraft der Sachanlage, ist ein Wertminderungstest durchzuführen. Die Abbildung von außerplanmäßigen Wertminderungen bzw. Abschreibungen erfolgt bei Anwendung der Anschaffungskostenmethode erfolgswirksam durch die Gewinn- und Verlustrechnung. Bei Anwendung des Neubewertungsmodells sind Wertminderungen ggf. zunächst mit einer Neubewertungsrücklage zu verrechnen; nur ein darüber hinausgehende Betrag ist erfolgswirksam zu erfassen.

55 Wertaufholungen können sich auf Basis der Aufhebung vorhergehender außerplanmäßiger Abschreibungen ergeben. Gemäß IAS 36 ist an jedem Bilanzstichtag zu prüfen, ob die Gründe für eine frühere außerplanmäßige Wertminderung des Vermögenswertes bzw. der Sachanlage noch bestehen. Indizien hierfür können gestiegene Marktwerte oder eine bessere bzw. längere Nutzungsdauer der Sachanlage sein. Die Wertobergrenze für die Zuschreibung bildet bei Anwendung des Anschaffungskostenmodells der Buchwert, der sich unter Berücksichtigung planmäßiger Abschreibungen ergeben hätte, wäre die vorangegangene Wertminderung nicht gebucht worden. Die Wertaufholung wird erfolgswirksam in der Gewinn- und Verlustrechung erfasst. Im Falle der Neuwertungsmethode ist die Wertaufholung erfolgswirksam vorzunehmen, wenn die frühere Abwertung aufwandswirksam in der Gewinn- und Verlustrechung vorgenommen wurde, ansonsten ist die Wertaufholung im Eigenkapital (OCI) zu erfassen.

---

16 Vgl. *Küting/Reuter* KoR 2009, 173.

Einzelheiten zur Durchführung von Wertminderungs- bzw. Impairment Tests sind im Kapitel zu IAS 36 ausführlich dargestellt.

VII. Ausbuchung. Die Ausbuchung von Sachanlagevermögen ist in IAS 16.67 ff geregelt. Demnach ist eine Sachanlage bei **Abgang** oder wenn **kein zukünftiger wirtschaftlicher Nutzen** aus der Nutzung der Sachanlage gegeben ist, auszubuchen.

Für die Bilanzierung von langfristigen Vermögenswerten, die zum **Verkauf** stehen, ist IFRS 5 *Non-current Assets Held for Sale and Discontinued Operations* maßgeblich. Diese Vermögenswerte sind gesondert in der Bilanz auszuweisen. Hinsichtlich der Bewertung gilt, dass der Vermögenswert mit dem niedrigeren Wert aus Buchwert und beizulegendem Zeitwert abzüglich Veräußerungskosten angesetzt wird. Einzelheiten hierfür sind im Kapitel zu IFRS 5 dargestellt.

Das Ergebnis (Gewinn oder Verlust) aus einem Anlagenabgang berechnet sich als Differenz zwischen dem Buchwert und dem Veräußerungserlös zum Zeitpunkt des Abgangs und ist erfolgswirksam in der Gewinn- und Verlustrechung zu erfassen. Veräußerungskosten oder Verschrottungskosten sind hierbei zu berücksichtigen.

VIII. Ausweis und Angaben. Gemäß IAS 1 *Presentation of Financial Statements* ist eine getrennte **Darstellung** im Bereich des Anlagevermögens für die folgenden Posten vorgesehen (IAS 1.54):

(a) Sachanlagen

(b) Als Finanzinvestitionen gehaltene Immobilien

(c) Immaterielle Vermögenswerte

Eine weitere Untergliederung kann gemäß IAS 16.37 wie folgt aussehen; hiernach können Vermögenswerte, die sich durch ähnliche Art und Verwendung in einem Unternehmen auszeichnen, zu einer Gruppe zusammengefasst werden:

(a) Unbebaute Grundstücke

(b) Grundstücke und Gebäude

(c) Maschinen und technische Anlagen

(d) Schiffe

(e) Flugzeuge

(f) Kraftfahrzeuge

(g) Betriebsausstattung und

(h) Büroausstattung.

Weitergehende Untergliederungen sind unter dem Grundsatz der Wesentlichkeit zulässig. Zudem kann eine weitere Untergliederung notwendig sein, wenn eine solche Darstellung zum Verständnis der Vermögens- und Finanzlage notwendig ist (IAS 1).

61　Nach IAS 16.73 sind für jede Gruppe von Sachanlagen die folgenden **Angaben** erforderlich:

(a) Die Bewertungsgrundlagen für die Bestimmung des Bruttobuchwertes der Anschaffungs- oder Herstellungskosten

(b) Die verwendeten Abschreibungsmethoden

(c) Die verwendeten Nutzungsdauern oder Abschreibungssätze

(d) der Bruttobuchwert und die kumulierten Abschreibungen (zusammengefasst mit den kumulierten Wertminderungsaufwendungen) zu Beginn und zum Ende der Periode

(e) eine Überleitung des Buchwertes von Anfang bis Ende der Periode unter Angabe der:

(f) Zugänge

(g) Abgänge

(h) Erwerbe durch Unternehmenszusammenschlüsse

(i) Erhöhungen und Verminderungen aus Neubewertungen und von direkt im Eigenkapital erfassten oder aufgehobenen Wertminderungsaufwendungen

(j) Nach IAS 36 in der Gewinn- und Verlustrechnung erfasste und aufgehobenen Wertminderungsaufwendungen

(k) Abschreibungen

(l) Nettoumrechnungsdifferenzen aus Währungsumrechnungen

(m) Sonstige Änderungen.

62　Zudem schreibt IAS 16.74 die folgenden Angaben vor:

(a) Das Vorhandensein und die Beträge von Beschränkungen von Verfügungsrechten sowie als Sicherheiten für Schulden verpfändete Sachanlagen

(b) Der Betrag an Ausgaben für Anlagen im Bau

(c) Der Betrag für vertragliche Verpflichtungen für den Erwerb von Sachanlagen.

Wird die Neubewertungsmethode vom Unternehmen angewendet, sind nach IAS 16.77 die folgenden Angaben vorzunehmen:

(a) Der Stichtag der Neubewertung

(b) Ob für die Neubewertung ein unabhängiger Gutachter hinzugezogen wurde

(c) Die Methoden und wesentlichen Annahmen, die bei der Schätzung des beizulegenden Zeitwerts zugrunde gelegt wurden

(d) In welchem Umfang der beizulegende Zeitwert aus Marktpreisen, Transaktionspreisen oder anderen Bewertungsmethoden ermittelt wurde

IX. Inkrafttreten und Übergangsvorschriften

(e) Die Buchwerte für jede Gruppe von Sachanlagen, die sich auf der Basis der Fortführung des Anschaffungskostenmodells ergeben hätten

(f) Der Stand der Neubewertungsrücklage sowie die entsprechenden Änderungen in der Periode sowie eventuell bestehender Ausschüttungssperren.

IAS 16.79 empfiehlt zudem die Darstellung folgender Angaben: 63

(a) Den Buchwert vorübergehend ungenutzter Sachanlagen

(b) Den Bruttobuchwert voll abgeschriebener, aber noch genutzter Sachanlagen

(c) Den Buchwert von Sachanlagen, die nicht mehr genutzt werden und die nicht nach IFRS 5 als zur Veräußerung klassifiziert werden

(d) Bei Anwendung des Anschaffungskostenmodells, den beizulegenden Zeitwert, sofern dieser wesentlich vom Buchwert abweicht.

Weitere Anhangangaben ergeben sich wie folgt: 64

(a) Im Fall von Wertminderungen bzw. Wertaufholungen sind Anhangangaben nach IAS 36 darzustellen

(b) Im Falle von wesentlichen Schätzungsänderungen (beispielsweise bei Änderungen von Restwerten, Änderungen der Nutzungsdauern oder Abschreibungsmethode, etc.), sind die Auswirkungen hieraus im Anhang anzugeben (IAS 16.76; IAS 8)

(c) Bei der Aktivierung von Fremdkapitalkosten sind die vorgeschriebenen Angaben des IAS 23 zu beachten

(d) Ebenso bei der Bilanzierung von Zuwendungen der öffentlichen Hand, hier sieht IAS 20 entsprechende Anhangangaben vor

(e) Anhangangaben im Zusammenhang mit der Darstellung von zur Veräußerung gehaltenen langfristigen Vermögenswerten und aufgegebenen Geschäftsbereichen sind im IFRS 5 geregelt.

Abschreibungen auf Sachanlagen sind grundsätzlich in der Gewinn- und Verlustrechnung bzw. dem erfolgswirksamen Teil der Gesamtergebnisrechnung zu erfassen. Zudem sind Wertminderungsaufwendungen, Erträge aus Wertaufholungen, Neubewertungserträge oder Gewinne und Verluste aus dem Abgang von Sachanlagen, sofern sie für die Einschätzung der Ertragslage des Unternehmens wesentlich sind, gesondert in der Gewinn- und Verlustrechnung bzw. dem ergebniswirksamen Teil der Gesamtergebnisrechnung auszuweisen.[17] 65

IX. Inkrafttreten und Übergangsvorschriften.
IAS 16 *Property, Plant and Equipment* ist für Geschäftsjahre, die am oder nach dem **1. Januar 2005** beginnen, verpflichtend anzuwenden. Durch die *Improvements to IFRS 2008* (Mai 2008) ergaben 66

---

17 Vgl. *Peemöller* Beck'sches IFRS-Handbuch, §5 Rn 219.

sich auch Änderungen im Bereich des IAS 16. Diese sind für Berichtsperioden verpflichtend anzuwenden, die am oder nach dem 1. Januar 2009 beginnen. Das Endorsement durch die EU fand im Januar 2009 statt. Durch diese *Improvements to IFRS 2008* ergeben sich insbesondere Änderungen beim Verkauf von vermieteten Sachanlagen. Speziell im Bereich der Auto-, Flugzeug-, Schiffsbau- oder Maschinenbauindustrie sind diese Modelle anzutreffen. Bis dato erfolgte der Ausweis von Gewinnen und Verlusten aus dem Verkauf von vermieteten Sachanlagen, die nicht als Finanzinvestitionen gehaltene Immobilien bilanziert wurden, unter den sonstigen betrieblichen Erträgen. Dies galt auch für Sachanlagen, die im Rahmen der regulären Geschäftstätigkeit vermietet und im Anschluss an die Vermietung veräußert werden. Gemäß der Neuregelung auf Basis der *Improvement to IFRS 2008* sind Sachanlagen, die im Rahmen der regulären Geschäftstätigkeit vermietet werden und anschließend veräußert werden, bei Beendigung der Vermietung in Höhe ihres Buchwertes in das Vorratsvermögen umzugliedern. Der Erlös hieraus ist als Umsatzerlöse zu klassifizieren. Eine Anwendung des IFRS 5 auf den genannten Sachverhalt wird ausgeschlossen (IAS 16.68A). **Beispiel** hierfür sind die PKWs von Autovermietern.[18] Für diese Vermögenswerte ist zum Zeitpunkt der Beendigung der Vermietung eine Umgliederung in das Vorratsvermögen vorzunehmen und eine Erfassung der Einnahmen aus einem anschließenden Verkauf als Umsatzerlöse nach IAS 18 *Revenue* vorgesehen. In der Kapitalflussrechung sind die Zahlungsströme im Zusammenhang mit diesen Geschäftsvorfällen entsprechend als solche aus betrieblicher Tätigkeit auszuweisen. Der IAS 7 *Statement of Cash Flows* wurde ua durch die *Annual Improvements 2008* für diesen Sachverhalt angepasst.[19]

67 Zudem erfolgt eine Anpassung der Definition des erzielbaren Betrags. Bei der Definition des erzielbaren Betrages wird der Nettoveräußerungspreis durch den auch im Rahmen von IAS 36 und IFRS 5 verwendeten Begriff des beizulegenden Zeitwertes abzüglich Verkaufskosten ersetzt (IAS 16.6).

68 Auswirkungen auf die Bilanzierung von Sachanlagen ergeben sich zudem aus dem überarbeiteten IAS 1 hinsichtlich der Änderung der Bezeichnung und der Bestandteile eines Jahresabschlusses, insbesondere mit Blick auf die Gesamtergebnisrechnung, sowie aus dem überarbeiteten IAS 23 im Hinblick auf die Pflicht zur Aktivierung von Fremdkapitalkosten, die direkt dem Erwerb, Bau oder der Herstellung von qualifizierten Vermögenswerten zugeordnet werden können. Mit der Änderung des IAS 23 im Zusammenhang mit der Aktivierung von Fremdkapitalzinsen ist auch einer der Hauptunterschiede zwischen IFRS und US GAAP im Zuge des bestehenden Konvergenzprojektes der beiden Standardsetter IASB und FASB eliminiert worden.

---

18 Vgl. *Fink* PiR 2008, 283.
19 Vgl. *Morich/Oversberg*, WPg 2009, 352.

X. IFRS für kleine und mittelgroße Unternehmen

X. IFRS für kleine und mittelgroße Unternehmen. Der IFRS für kleine und mittelständische Unternehmen sieht unverändert zum IAS 16 die folgende Definition für Sachanlagevermögen vor:

Sachanlagen: Sachanlagen umfassen materielle Vermögenswerte, die für Zwecke der Herstellung oder der Lieferung von Gütern und Dienstleistungen, zur Vermietung an Dritte oder für Verwaltungszwecke gehalten werden; und die erwartungsgemäß länger als eine Periode genutzt werden.

Ein **Ansatz** als Vermögenswert hat zu erfolgen, wenn: es wahrscheinlich ist, dass ein mit dem Vermögenswert verbundener künftiger wirtschaftlicher Nutzen dem Unternehmen zufließen wird und die Anschaffungs- oder Herstellungskosten zuverlässig ermittelt werden können.

Auch die Anwendung des **Komponentenansatzes** ist im IFRS-SMEs vorgesehen (IFRS-SMEs, Abschnitt 17.6).

Hinsichtlich des Umfangs der **Anschaffungs- oder Herstellungskosten**, die maßgeblich für die Bewertung des Vermögenswertes sind, ergibt sich im Vergleich zu IAS 16 für kleine und mittelständische Unternehmen die Abweichung, dass Fremdkapitalkosten nicht zu aktivieren sind, sondern dass diese in der entsprechenden Periode, in der sie anfallen, erfolgswirksam in der Gewinn- und Verlustrechung abzubilden sind.

Für die **Folgebewertung** im Bereich der Sachanlagen sieht der IFRS für kleine und mittelständische Unternehmen nur die Anschaffungskostenmethode vor, eine Neubewertung ist somit als Folgebewertung unzulässig.

Zudem sieht der IFRS-SMEs eine deutliche Reduzierung der **Anhangangaben** im Bereich des Sachanlagevermögens vor. Es sind folgende Angaben zu machen:

(a) die Bewertungsgrundlagen für die Bestimmung des Bruttobuchwertes der Anschaffungs- oder Herstellungskosten

(b) die verwendeten Abschreibungsmethoden

(c) die verwendeten Nutzungsdauern oder Abschreibungssätze

(d) der Bruttobuchwert und die kumulierten Abschreibungen (zusammengefasst mit den kumulierten Wertminderungsaufwendungen) zu Beginn und zum Ende der Periode

(e) eine Überleitung des Buchwertes von Anfang bis Ende der Periode unter Angabe der:

(f) Zugänge

(g) Abgänge

(h) Erwerbe durch Unternehmenszusammenschlüsse

(i) Umbuchungen zu als Finanzinvestitionen gehaltene Immobilien

(j) Nach IFRS-SMEs Abschnitt 27 in der Gewinn- und Verlustrechnung erfasste und aufgehobenen Wertminderungsaufwendungen

(k) Abschreibungen

(l) Sonstige Änderungen.

Diese Überleitung braucht nicht für Vorjahre dargestellt zu werden.

(a) Zudem sind folgende Angaben zu machen:

(b) das Vorhandensein und die Beträge von Beschränkungen von Verfügungsrechten sowie als Sicherheiten für Schulden verpfändete Sachanlagen

(c) der Betrag für vertragliche Verpflichtungen für den Erwerb von Sachanlagen.

71 **XI. Ausblick** .Die im April 2009 veröffentlichten Improvements to IFRS sowie der im August 2009 veröffentliche Exposure Draft Improvements to IFRS sehen keine Änderungen im bestehenden IAS 16 vor.

72 Derzeit sind im Zuge des Konvergenzprojektes zwischen IASB und FASB im Bereich der Bilanzierung von Sachanlagen keine Änderungen bzw. Anpassungen geplant.

IAS 17 – Leases

Rn	Textauszüge aus IAS 17

17.8 Ein Leasingverhältnis wird als Finanzierungsleasing eingestuft, wenn es im Wesentlichen alle Risiken und Chancen, die mit dem Eigentum verbunden sind, überträgt. Ein Leasingverhältnis wird als Operating-Leasingverhältnis eingestuft, wenn es nicht im Wesentlichen alle Risiken und Chancen, die mit dem Eigentum verbunden sind, überträgt.

17.20 Leasingnehmer haben Finanzierungs-Leasingverhältnisse zu Beginn der Laufzeit des Leasingverhältnisses als Vermögenswerte und Schulden in gleicher Höhe in ihrer Bilanz anzusetzen, und zwar in Höhe des zu Beginn des Leasingverhältnisses beizulegenden Zeitwerts des Leasinggegenstandes oder mit dem Barwert der Mindestleasingzahlungen, sofern dieser Wert niedriger ist. Bei der Berechnung des Barwerts der Mindestleasingzahlungen ist der dem Leasingverhältnis zugrunde liegende Zinssatz als Abzinsungssatz zu verwenden, sofern er in praktikabler Weise ermittelt werden kann. Ist dies nicht der Fall, ist der Grenzfremdkapitalzinssatz des Leasingnehmers anzuwenden. Dem als Vermögenswert angesetzten Betrag werden die anfänglichen direkten Kosten des Leasingnehmers hinzugerechnet.

17.25 Die Mindestleasingzahlungen sind in die Finanzierungskosten und den Tilgungsanteil der Restschuld aufzuteilen. Die Finanzierungskosten sind so über die Laufzeit des Leasingverhältnisses zu verteilen, dass über die Perioden ein konstanter Zinssatz auf die verbliebene Schuld entsteht. Eventualmietzahlungen werden in der Periode, in der sie anfallen, als Aufwand erfasst.

17.27 Ein Finanzierungsleasing führt in jeder Periode zu einem Abschreibungsaufwand bei abschreibungsfähigen Vermögenswerten sowie zu einem Finanzierungsaufwand. Die Abschreibungsgrundsätze für abschreibungsfähige Leasinggegenstände haben mit den Grundsätzen übereinzustimmen, die auf abschreibungsfähige Vermögenswerte angewandt werden, die sich im Eigentum des Unternehmens befinden; die Abschreibungen sind gemäß IAS 16 *Sachanlagen* und IAS 38 *Immaterielle Vermögenswerte* zu berechnen. Ist zu Ende des Leasingverhältnisses nicht hinreichend sicher, dass das Eigentum auf den Leasingnehmer übergeht, so ist der Vermögenswert über den kürzeren der beiden Zeiträume, Laufzeit des Leasingverhältnisses oder Nutzungsdauer, vollständig abzuschreiben.

17.33 Leasingzahlungen innerhalb eines Operating-Leasingverhältnisses sind als Aufwand linear über die Laufzeit des Leasingverhältnisses zu erfassen, es sei denn, eine andere systematische Grundlage entspricht eher dem zeitlichen Verlauf des Nutzens für den Leasingnehmer.

17.36 Leasinggeber haben Vermögenswerte aus einem Finanzierungsleasing in ihren Bilanzen anzusetzen und sie als Forderungen darzustellen, und zwar in Höhe des Nettoinvestitionswerts aus dem Leasingverhältnis.

17.39 Die Finanzerträge sind auf eine Weise zu erfassen, die eine konstante periodische Verzinsung der Nettoinvestition des Leasinggebers in das Finanzierungs-Leasingverhältnis widerspiegelt.

17.42 Hersteller oder Händler als Leasinggeber haben den Verkaufsgewinn oder -verlust nach der gleichen Methode im Gewinn oder Verlust zu erfassen, die das Unternehmen bei direkten Verkaufsgeschäften anwendet. Werden künstlich niedrige Zinsen verwendet, so ist der Verkaufsgewinn auf die Höhe zu beschränken, die sich bei Berechnung mit einem marktüblichen Zinssatz ergeben hätte. Kosten, die Herstellern oder Händlern als Leasinggeber im Zusammenhang mit den Verhandlungen und dem Abschluss eines Leasingvertrags entstehen, sind bei der Erfassung des Verkaufsgewinns als Aufwand zu berücksichtigen.

17.49 Leasinggeber haben Vermögenswerte, die Gegenstand von Operating-Leasingverhältnissen sind, in ihrer Bilanz entsprechend der Eigenschaften dieser Vermögenswerte darzustellen.

17.50 Leasingerträge aus Operating-Leasingverhältnissen sind als Ertrag linear über die Laufzeit des Leasingverhältnisses zu erfassen, es sei denn, eine andere planmäßige Verteilung entspricht eher dem zeitlichen Verlauf, in dem sich der aus dem Leasinggegenstand erzielte Nutzenvorteil verringert.

17.52 Die anfänglichen direkten Kosten, die dem Leasinggeber bei den Verhandlungen und dem Abschluss eines Operating-Leasingverhältnisses entstehen, werden dem Buchwert des Leasinggegenstandes hinzugerechnet und über die Laufzeit des Leasingverhältnisses auf gleiche Weise wie die Leasingerträge als Aufwand erfasst.

17.53 Die Abschreibungsgrundsätze für abschreibungsfähige Leasinggegenstände haben mit den normalen Abschreibungsgrundsätzen des Leasinggebers für ähnliche Vermögenswerte übereinzustimmen; die Abschreibungen sind gemäß IAS 16 und IAS 38 zu berechnen.

17.59 Wenn eine Sale-and-leaseback-Transaktion zu einem Finanzierungs-Leasingverhältnis führt, darf ein Überschuss der Verkaufserlöse über den Buchwert nicht unmittelbar als Ertrag des Verkäufer-Leasingnehmers erfasst werden. Stattdessen ist er abzugrenzen und über die Laufzeit des Leasingverhältnisses erfolgswirksam zu verteilen.

17.61 Wenn eine Sale-and-leaseback-Transaktion zu einem Operating-Leasingverhältnis führt und es klar ist, dass die Transaktion zum beizulegenden Zeitwert getätigt wird, so ist jeglicher Gewinn oder Verlust sofort zu erfassen. Liegt der Veräußerungspreis unter dem beizulegenden Zeitwert, so ist jeder Gewinn oder Verlust unmittelbar zu erfassen, mit der Ausnahme, dass ein Verlust abzugrenzen und im Verhältnis zu den Leasingzahlungen über den voraussichtlichen Nutzungszeitraum des Vermögenswertes erfolgswirksam zu verteilen ist, wenn dieser Verlust durch künftige, unter dem Marktpreis liegende Leasingzahlungen ausgeglichen wird. Für den Fall, dass der Veräußerungspreis den beizulegenden Zeitwert übersteigt, ist der den beizulegenden Zeitwert übersteigende Betrag abzugrenzen und über den Zeitraum, in dem der Vermögenswert voraussichtlich genutzt wird, erfolgswirksam zu verteilen.

17.63 Liegt bei einem Operating-Leasingverhältnis der beizulegende Zeitwert zum Zeitpunkt der Sale-and-leaseback-Transaktion unter dem Buchwert des Vermögenswerts, so ist ein Verlust in Höhe der Differenz zwischen dem Buchwert und dem beizulegenden Zeitwert sofort zu erfassen.

Übersicht

	Rn
I. Regelungsgehalt	1 – 4
II. Normzweck und Anwendungsbereich	5 – 13
III. Begriffe	14 – 37
IV. Klassifizierung von Leasingverhältnissen	38 – 56
1. Finanzierungsleasing	47 – 53
2. Operating-Leasingverhältnisse	54 – 56
V. Ansatz und Bewertung von Leasingverhältnissen	57 – 72
1. Finanzierungsleasing	57 – 65
2. Operating-Leasingverhältnisse	66 – 72
VI. Anhangangaben	73 – 77
1. Finanzierungsleasing	74 – 75
2. Operating-Leasingverhältnisse	76 – 77
VII. Besondere Sachverhalte	78 – 106
1. Sale-and-Leaseback Transaktionen	78 – 81
2. Hersteller- und Händlerleasing	82 – 87
3. Identifizierung von Leasingverhältnissen	88 – 101
4. Subleasing	102 – 106
VIII. Inkrafttreten und Übergangsvorschriften	107 – 108
IX. IFRS für kleine und mittelgroße Unternehmen	109 – 117
X. Ausblick	118 – 120

1　**I. Regelungsgehalt.** IAS 17 *Leases* regelt die Bilanzierung von Leasingverhältnissen. Der Standard umfasst sowohl Vorschriften für den Leasinggeber als auch für den Leasingnehmer.

2　Im Zuge einer Leasingtransaktion wird vom Leasinggeber ein Nutzungsrecht an dem Leasinggegenstand an den Leasingnehmer übertragen. Für die Dauer des Leasingverhältnisses bleibt der Leasinggeber in jedem Fall zivilrechtlicher Eigentümer des Leasinggegenstandes. Die Gründe für derartige Konstruktionen reichen von der Bilanzpolitik (Verkürzung der Bilanz beziehungsweise Verzicht auf Verlängerung der Bilanz des Leasingnehmers) über Finanzierungsaspekte bis hin zu Steuervorteilen.

3　Neben den Regelungen des IAS 17, werden in den einschlägigen Interpretationen IFRIC 4 *Determining whether an Arrangement contains a Lease* und SIC-27 *Evaluating the Substance of Transactions Involving the Legal Form of a Lease* jene Fälle geregelt, in denen entweder das Leasingverhältnis nicht eindeutig zu identifizieren ist (IFRIC 4) oder umgekehrt, in denen eine „Leasing" genannte Vereinbarung unter Umständen wirtschaftlich nicht als Leasingverhältnis im Sinne des IAS 17 zu behandeln ist (SIC-27).[1]

4　Ferner ist SIC-15 *Operating Leases – Incentives* zu berücksichtigen. Diese Interpretation gilt als Anwendungshilfe, wenn zu beurteilen ist, wie Anreize (beispielsweise für den Vertragsabschluss), die der Leasinggeber dem Leasingnehmer gewährt, zu bilanzieren sind.

5　**II. Normzweck und Anwendungsbereich.** Ziel des Standards ist es laut IAS 17.1 Vorschriften, sowohl für den Leasingnehmer als auch für den Leasinggeber, zu Bilanzierung und Anhangangaben im Zusammenhang mit Leasingverhältnissen vorzugeben.

6　IAS 17 ist gemäß IAS 17.2 grundsätzlich auf alle Leasingverhältnisse anzuwenden. Es gelten jedoch Ausnahmen.

7　Vom Anwendungsbereich des Standards ausgeschlossen sind Leasingverhältnisse, die in die Anwendungsbereiche von IFRS 6 *Exploration for and Evaluation of Mineral Resources* oder IAS 38 *Intangible Assets* fallen.

8　Im Fall von IFRS 6 bedeutet dies konkret, dass auf Leasingverhältnisse, die im Bezug zur Exploration und/oder Nutzung von Mineralien, Öl, Erdgas und ähnlichen nicht-regenerativen Ressourcen stehen, IAS 17 nicht anzuwenden ist.

9　Leasingverhältnisse, die Filme, Videoaufnahmen, Theaterstücke, Manuskripte, Patente oder Urheberrechte zum Gegenstand haben, mithin also in den Anwendungsbereich von IAS 38 fallen, sind laut IAS 17.2 gleichfalls nicht nach IAS 17 zu bilanzieren.

1　Vgl. Rn 88ff.

III. Begriffe

Leasingverhältnisse über Vermögenswerte, die in die Anwendungsbereiche von IAS 40 *Investment Properties* oder IAS 41 *Agriculture* fallen, sind nicht vollständig vom Anwendungsbereich des IAS 17 ausgeschlossen. Für sie gelten jedoch gegebenenfalls nicht die Bewertungsvorschriften des IAS 17, sondern die des IAS 40 beziehungsweise IAS 41. Dies bezieht sich auf Immobilien (sofern sie nach IAS 40 bilanziert werden) und biologische Vermögenswerte, die entweder im Rahmen eines Finanzierungsleasings vom Leasingnehmer gehalten oder im Rahmen eines Operating-Leasingverhältnisses vom Leasinggeber vermietet werden.

10

Nach IAS 17.41A sind zudem Vermögenswerte aus einem Finanzierungsleasing, die gemäß IFRS 5 *Non-current Assets Held for Sale and Discontinued Operations* als zur Veräußerung gehalten klassifiziert werden, beim Leasinggeber nach IFRS 5 zu bilanzieren.

11

Im Rahmen eines Leasingvertrages wird zuweilen nicht nur das Nutzungsrecht an dem Leasinggegenstand übertragen. Über das Nutzungsrecht hinaus erbringt der Leasinggeber gegebenenfalls Dienstleistungen im Zusammenhang mit dem Leasinggegenstand. So wird eine geleaste Maschine zum Beispiel regelmäßig vom Leasinggeber gewartet und repariert. IAS 17 ist laut IAS 17.3 jedoch nicht auf Verträge anzuwenden, die ausschließlich derartige Dienstleistungen beinhalten, ohne dabei ein Nutzungsrecht zu übertragen.

12

Gemäß IAS 17.6 gilt der Standard auch für so genannte Mietkaufverträge (hire purchase contracts). Bei diesen Verträgen hat der Mieter, abhängig von bestimmten Vorbedingungen, die Option, das Eigentum am Leasinggegenstand zu erwerben.

13

III. Begriffe. Ein **Leasingverhältnis** ist in IAS 17.4 als eine Vereinbarung im Rahmen derer ein Leasinggeber einem Leasingnehmer das Nutzungsrecht an einem Vermögenswert für einen vereinbarten Zeitraum und gegen eine einmalige Zahlung beziehungsweise eine Reihe von Zahlungen überträgt definiert. Neben Kraftfahrzeugen und Maschinen fällt also insbesondere auch die Miete von Räumlichkeiten unter diese Definition und damit in den Anwendungsbereich des IAS 17.

14

Ein **Finanzierungsleasing** wird in IAS 17.4 und IAS 17.8 definiert als ein Leasingverhältnis, in dem die wesentlichen Chancen und Risiken, die mit dem Besitz des Leasinggegenstandes verbunden sind, vom Leasinggeber auf den Leasingnehmer übergehen.[2]

15

Das **Operating-Leasingverhältnis** ist negativ definiert: Jedes Leasingverhältnis, das kein Finanzierungsleasing darstellt, ist als Operating-Leasingverhältnis zu klassifizieren.

16

---

2 Vgl. Rn 47ff.

17   Ein Leasingverhältnis ist dann im Sinne des IAS 17 **unkündbar** (non-cancellable), wenn die Kündigung durch den Leasingnehmer nur unter einer der folgenden Voraussetzungen möglich ist:
a) Eine unwahrscheinliche Bedingung tritt ein,
b) der Leasinggeber erlaubt die Kündigung,
c) der Leasingnehmer tritt in ein neues Leasingverhältnis mit demselben Leasinggeber und demselben oder einem vergleichbaren Vermögensgegenstand oder
d) der Leasingnehmer muss zur Kündigung einen derart hohen Betrag zahlen, dass eine Fortsetzung des Leasingverhältnisses bei dessen Beginn (inception of the lease) hinreichend sicher erscheint.

18   Der **Beginn des Leasingverhältnisses** (inception of the lease) kann, muss aber nicht mit dem eigentlichen Beginn der Laufzeit des Leasingverhältnisses (commencement of the lease term) übereinstimmen. Das Leasingverhältnis beginnt an dem Tag, an dem sich die Parteien über die wesentlichen Bestimmungen der Transaktion einig wurden. Sofern kein früherer Zeitpunkt in Frage kommt, beginnt das Leasingverhältnis spätestens mit der Vertragsunterzeichnung durch beide Parteien. Diesem Zeitpunkt kommt für viele Fragen der Bewertung eine hohe Bedeutung zu.

19   Der **Beginn der Laufzeit des Leasingverhältnisses** (commencement of the lease term) ist relevant für den erstmaligen Ansatz. Erst ab diesem Datum werden die Vermögenswerte, Schulden, Erträge oder Aufwendungen in den jeweiligen Abschlüssen erfasst.

20   Gegebenenfalls enthalten die Vereinbarungen zu einem Leasingverhältnis Vorgaben, nach denen die Leasingzahlungen angepasst werden, sollte sich im Zeitraum zwischen dem Beginn des Leasingverhältnisses (inception of the lease) und dem Beginn der Laufzeit des Leasingverhältnisses (commencement of the lease) beispielsweise die Herstellkosten des Leasinggegenstandes oder das allgemeine Preisniveau verändern. In diesem Fall sind laut IAS 17.5 die Auswirkungen dieser Änderungen so zu behandeln, als hätten sie bereits zu Beginn des Leasingverhältnisses stattgefunden. Das heißt, dass die Effekte aus diesen Änderungen bereits bei der erstmaligen Bilanzierung des Leasingverhältnisses berücksichtigt werden.

21   Unter der **Laufzeit eines Leasingverhältnisses** (lease term) ist zunächst der Zeitraum zu verstehen, in dem laut Vertrag eine Kündigung nicht möglich ist. Weiterhin zählen zur Laufzeit des Leasingverhältnisses alle weiteren Zeiträume, über die der Leasingnehmer das Leasingverhältnis verlängern kann, sofern es bei Beginn des Leasingverhältnisses (inception of the lease) hinreichend sicher ist, dass der Leasingnehmer von dieser Option Gebrauch machen wird. Es spielt keine Rolle, ob der Leasingnehmer für die Ausübung dieser Option(en) eine Zahlung leisten muss oder nicht.

III. Begriffe

Allerdings kann von der Höhe einer solchen Zahlung abhängen, ob die Verlängerung zu diesen Konditionen für den Leasingnehmer zum Beginn des Leasingverhältnisses sinnvoll erscheint.

Die **Mindestleasingzahlungen** (minimum lease payments) sind für den Leasinggeber und den Leasingnehmer jeweils abweichend definiert.[3] In beiden Fällen gehören allerdings bedingte Mietzahlungen (contingent rent)[4], Kosten für Dienstleistungen sowie Steuern, die der Leasinggeber zahlen muss und die ihm erstattet werden nicht zu den Mindestleasingzahlungen.

22

Für den Leasinggeber setzen sich die Mindestleasingzahlungen zusammen aus den der Höhe nach fixierten Zahlungen, die der Leasingnehmer über die Laufzeit des Leasingverhältnisses zu leisten hat, sowie jeglichen Restwerten, die ihm entweder vom Leasingnehmer, einer mit dem Leasingnehmer in Beziehung stehender Partei oder einer vom Leasingnehmer unabhängigen Partei, die jedoch finanziell in der Lage wäre, den Verpflichtungen nachzukommen, garantiert werden.

23

Der Leasingnehmer berechnet die Mindestleasingzahlungen, indem er zu den der Höhe nach fixierten Zahlungen, die er über die Laufzeit des Leasingverhältnisses zu leisten hat, jegliche von ihm oder einer mit ihm verbundenen Partei garantierten Beträge hinzurechnet.

24

Unter Umständen wird dem Leasingnehmer eine Option eingeräumt, nach der er den Vermögensgegenstand zu einem Preis erwerben kann, der deutlich unter dem Fair Value des Vermögenswertes zum Ausübungszeitpunkt der Option liegt. Sofern zum Beginn des Leasingverhältnisses (inception of the lease) hinreichend sicher ist, dass der Ausübungspreis der Option unter dem Fair Value des Vermögenswertes im Ausübungszeitpunkt liegt und die Option daher ausgeübt werden wird, gehört auch dieser Ausübungspreis zu den Mindestleasingzahlungen. Sollte zu Beginn des Leasingverhältnisses hingegen hinreichend sicher sein, dass die Option nicht ausgeübt werden wird, so sind umgekehrt die gegebenenfalls für diesen Fall vorgesehenen Vertragsstrafen Bestandteil der Mindestleasingzahlungen.[5]

25

Bedingte Mietzahlungen (contingent rent) sind solche Zahlungen, die der Höhe nach nicht im Vorfeld fixiert sind, da sie von der zukünftigen Änderung eines weiteren Faktors abhängig sind (wobei dieser Faktor nicht der Zeitablauf ist). Solche Faktoren können laut IAS 17.4 beispielsweise zukünftige Umsätze, zukünftige Nutzungsintensität, zukünftige Preisindizes oder zukünftige Marktzinssätze sein. Auch vertraglich vorgesehene Anpassungen an die Inflationsrate sind daher als bedingte

26

IAS 17

---

3 Vgl. *PwC (Hrsg.)* IFRS Manual, Rn 19.69 und 19.103; *Ernst & Young (Hrsg.)* International GAAP, 1765; *KPMG (Hrsg.)* Insights, Rn 5.1.30.10.
4 Vgl. Rn 26.
5 Vgl. *PwC (Hrsg.)* IFRS Manual, Rn 19.69; *KPMG (Hrsg.)* Insights, Rn 5.1.190.10.

Mietzahlungen zu behandeln. Bedingte Mietzahlungen sind kein Bestandteil der Mindestleasingzahlungen. Stattdessen werden sie in der Periode, in der sie anfallen, als Aufwand gebucht.[6]

27 Hinsichtlich der Fair Value-Definition greift IAS 17 grundsätzlich auf die allgemein verwendete Definition zurück: Es ist der Betrag, zu dem zwischen sachverständigen, vertragswilligen und voneinander unabhängigen Geschäftspartnern ein Vermögenswert getauscht oder eine Schuld beglichen werden könnte. In der Praxis wird dies regelmäßig der Kaufpreis des Leasinggegenstandes sein.[7]

28 Als **wirtschaftliche Nutzungsdauer** (economic life) definiert IAS 17.4 entweder eine Zeit- oder eine Mengeneinheit: Entweder ist es der Zeitraum, über den ein Vermögenswert erwarteter Weise für einen oder mehrere Nutzer wirtschaftlich nutzbar ist, oder es ist die Anzahl an (Produktions)Einheiten, von der erwartet werden kann, dass sie mit dem Vermögenswert für einen oder mehrere Nutzer erzielt werden kann.

29 Im Gegensatz zur wirtschaftlichen Nutzungsdauer, ist die **Nutzungsdauer** (useful life) ein Zeitraum der mit dem Beginn der Laufzeit des Leasingverhältnisses (commencement of the lease) einsetzt. Er endet, wenn der wirtschaftliche Nutzen aus dem Vermögenswert durch das jeweilige Unternehmen aufgezehrt ist (dies wird regelmäßig der Abschreibungszeitraum sein). Die Nutzungsdauer (useful life) umfasst also einen unternehmensspezifischen Zeitraum und ist kürzer oder maximal gleich der wirtschaftlichen Nutzungsdauer (economic life) des Vermögenswertes.[8]

30 Der **garantierte Restwert** (guaranteed residual value) des Leasinggegenstandes wird wiederum aus Leasinggeber- und Leasingnehmersicht leicht unterschiedlich definiert. Für den Leasingnehmer ist es der Teil des Restwertes, der durch ihn oder eine mit ihm verbundene Partei garantiert wird. Für den Leasinggeber ist der garantierte Restwert der Teil des Restwertes, der durch den Leasingnehmer oder eine vom Leasinggeber unabhängigen Partei, die finanziell in der Lage wäre, den Verpflichtungen nachzukommen, garantiert wird.

31 Der **nicht garantierte** Restwert (unguaranteed residual value) des Leasinggegenstandes ist der Teil des Restwertes, dessen Realisierung durch den Leasinggeber entweder gar nicht oder nur durch eine mit dem Leasinggeber verbundene Partei gesichert ist.

32 **Anfängliche direkte Kosten** (initial direct costs) sind diejenigen inkrementellen Kosten, welche direkt mit den Verhandlungen und Arrangements, die zu dem Leasingverhältnis führen, in Verbindung gebracht werden können. Ausgenommen hiervon sind solche Kosten, wenn sie einem Hersteller oder Händler als Leasinggeber entstehen. Da nur inkrementelle Kosten angesetzt werden dürfen, dürfen generelle

---

6 Vgl. *PwC (Hrsg.)* IFRS Manual, Rn 19.75.
7 Vgl. *Ernst & Young (Hrsg.)* International GAAP, 1765.
8 Vgl. *PwC (Hrsg.)* IFRS Manual of Accounting, Rn 19.53.2; *KPMG (Hrsg.)* Insights, Rn 5.1.60.10.

IV. Klassifizierung von Leasingverhältnissen

interne Verwaltungskosten nicht aktiviert werden. Im Gegensatz dazu können beispielsweise externe Kommissionen oder Gebühren für Broker als anfängliche direkte Kosten in Frage kommen, ebenso wie interne Bonuszahlungen für neue Abschlüsse, die sich nach bestimmten Umsatzvolumen richten.[9] Anfängliche direkte Kosten dürfen nicht sofort als Aufwand erfasst werden.[10]

Als **Bruttoinvestition in das Leasingverhältnis** (gross investment in the lease) wird die Summe aus den Mindestleasingzahlungen, die dem Leasinggeber in einem Finanzierungsleasing zufließen, und dem nicht garantierten Restwert aus Sicht des Leasinggebers bezeichnet. 33

Die **Nettoinvestition in das Leasingverhältnis** (net investment in the lease) entspricht der diskontierten Bruttoinvestition in das Leasingverhältnis. Als Abzinsungssatz ist der dem Leasingverhältnis zugrunde liegende Zinssatz (interest rate implicit in the lease) zu verwenden. 34

IAS 17.4 definiert den noch **nicht realisierten Finanzertrag** (unearned finance income) als Differenzbetrag aus der Bruttoinvestition in das Leasingverhältnis und der Nettoinvestition in das Leasingverhältnis. 35

Der **dem Leasingverhältnis zugrunde liegende Zinssatz** (interest rate implicit in the lease) ist der **interne Zinsfuß** (internal rate of return). In diesem Zusammenhang handelt es sich um den Abzinsungssatz, der zum Beginn des Leasingverhältnisses (inception of the lease) den Barwert von Mindestleasingzahlungen und nicht garantiertem Restwert der Summe aus dem Fair Value des Leasinggegenstandes und den anfänglichen direkten Kosten des Leasinggebers gleichsetzt. Während diese Informationen dem Leasinggeber bekannt sind, dürfte der Leasingnehmer in der Regel nicht über alle notwendigen Angaben verfügen. Er muss daher aus den ihm zur Verfügung stehenden Informationen eine Schätzung des dem Leasingverhältnis zugrunde liegende Zinssatzes ableiten.[11] 36

Als weiterer relevanter Zinssatz ist in IAS 17.4 der Grenzfremdkapitalzinssatz des Leasingnehmers (lessee's incremental borrowing rate of interest) definiert. Grundsätzlich soll dies der Zinssatz sein, den der Leasingnehmer für ein vergleichbares Leasingverhältnis zahlen müsste. Sollte dieser nicht ermittelbar sein, so ist es der Zinssatz, den der Leasingnehmer zahlen müsste, würde er zum Beginn des Leasingverhältnisses (inception of the lease) Fremdkapital mit ähnlicher Laufzeit und ähnlichen Sicherheiten aufnehmen, um den Vermögensgegenstand zu kaufen. 37

IV. Klassifizierung von Leasingverhältnissen. Für die Klassifizierung eines Leasingverhältnisses als Finanzierungsleasing oder Operating-Leasingverhältnis ist gemäß IAS 17.10 und IAS 17.21 nicht die zivilrechtliche, sondern die wirtschaftliche 38

---

9 Vgl. *PwC (Hrsg.)* IFRS Manual, Rn 19.116.
10 Vgl. *PwC (Hrsg.)* IFRS Manual, Rn 19.119.
11 Vgl. *PwC (Hrsg.)* IFRS Manual, Rn 19.67; *Ernst & Young (Hrsg.)* International GAAP, 1767f.

Betrachtung entscheidend. Das Leasingverhältnis wird ausgehend von der Übertragung der mit dem Besitz des Leasinggegenstandes verbundenen Chancen und Risiken bewertet. Chancen und Risiken beziehen sich hierbei auf wirtschaftlich vor- oder nachteilige Auswirkungen des Besitzes (nicht: des zivilrechtlichen Eigentums).

39 Eine vorteilhafte Auswirkung (Chance) kann in einem Wertzuwachs des Leasinggegenstandes selbst bestehen. Auch zusätzliche Kapazitäten durch eine geleaste Maschine stellen eine Chance dar, die mit dem Besitz des Leasinggegenstandes verbunden ist. Nachteilige Auswirkungen (Risiken) umfassen beispielsweise einen Wertverlust des Leasinggegenstandes oder den Ausfall von Produktionskapazitäten aufgrund einer defekten Maschine. Für die Klassifizierung des Leasingverhältnisses ist ausschlaggebend, ob der Leasinggeber oder der Leasingnehmer die Folgen dieser Chancen und Risiken zu tragen hat – mithin also die Frage, ob und zu welchem Grad Chancen und Risiken vom Leasinggeber an den Leasingnehmer übertragen werden. Jedoch wird in IAS 17 (vermutlich bewusst) keine konkrete Prozentzahl für einen solchen Grad genannt.[12]

40 Die Klassifizierung ist nicht erst zum vertraglich festgelegten Beginn der Laufzeit des Leasingverhältnisses (commencement of the lease term) vorzunehmen. Vielmehr ist laut IAS 17.4 und IAS 17.13 der **Beginn des Leasingverhältnisses** (inception of the lease) ausschlaggebend.

41 Der Beginn des Leasingverhältnisses ist der Zeitpunkt, zu dem im Falle eines Finanzierungsleasings die anzusetzenden Beträge bestimmt werden. Das bedeutet, dass die zum Beginn der Laufzeit des Leasingverhältnisses anzusetzenden Beträge mit Blick auf dieses (gegebenenfalls frühere) Datum zu ermitteln sind.

42 IAS 17.13 unterscheidet zwei Fälle von **Änderungen**, die nach dem Beginn des Leasingverhältnisses eintreten, ohne dass ein neues Leasingverhältnis verhandelt wird. Der erste Fall betrifft Änderungen an bestimmten Parametern des Leasingverhältnisses, die Leasingnehmer und Leasinggeber nach dem Beginn des Leasingverhältnisses vereinbaren. Sofern dies dazu führt, dass das Leasingverhältnis anders zu klassifizieren wäre, als dies zum Beginn des Leasingverhältnisses geschehen ist, gilt die überarbeitete Vereinbarung als neues Leasingverhältnis. Der zweite Fall bezieht sich auf Änderungen von Annahmen, beispielsweise über die wirtschaftliche Nutzungsdauer oder den Restwert des Leasinggegenstandes, oder Änderungen der Umstände (als Beispiel wird der Ausfall des Leasingnehmers gegeben). Derartige Änderungen konstituieren kein neues Leasingverhältnis. Die Änderung der Wahrscheinlichkeit, dass der Leasingnehmer das Leasingverhältnis erneuert, führt für sich genommen ebenso wenig zu einer Neuklassifizierung.[13]

---

12 Vgl. *Ernst & Young (Hrsg.)* International GAAP, 1755.
13 Vgl. *KPMG (Hrsg.)* Insights, Rn 5.1.270.20.

IV. Klassifizierung von Leasingverhältnissen

Bei Leasingverhältnissen, die sowohl **Gebäude** als auch das **Land** auf dem diese stehen, beinhalten, sind gemäß IAS 17.15A das Gebäude und das Land separat zu klassifizieren. Dabei gilt es zu berücksichtigen, dass Land normaler Weise über eine unendliche wirtschaftliche Nutzungsdauer verfügt. Dies könnte ein Hinweis auf das Vorliegen eines Operating-Leasingverhältnisses sein. Jedoch wird in IAS 17.BC8A ff darauf hingewiesen, dass Leasingverhältnisse, die Land zum Gegenstand haben, oftmals sehr lange Laufzeiten aufweisen. Daraus kann folgen, dass der Leasingnehmer in so einem Leasingverhältnis die wesentlichen Chancen und Risiken, die mit dem Landbesitz verbunden sind, trägt. Ob das Eigentum am Ende eines Leasingverhältnisses über mehrere Jahrzehnte auf den Leasingnehmer übergeht oder nicht, kann auf Grund der sehr langen Laufzeit irrelevant sein. Auch könnte der Barwert des Restwerts bei sehr langer Laufzeit zu vernachlässigen sein. Der Leasingnehmer kann bei solchen Leasingverhältnissen also in einer Position sein, die der eines Eigentümers gleichkommt, womit das Leasingverhältnis über das Land dann als Finanzierungsleasing zu klassifizieren wäre. **43**

Um die oben beschriebene separate Klassifizierung von Leasingverhältnissen über Land und Gebäude vorzunehmen, kann es notwendig sein, die Mindestleasingzahlungen zwischen Land und Gebäude aufzuteilen. Laut IAS 17.16 soll dies im Verhältnis der relativen Fair Values der Anteile des Leasingnehmers an Land und Gebäude zu Beginn des Leasingverhältnisses (inception of the lease) geschehen. Sollte dies nicht zuverlässig möglich sein, dann ist das gesamte Leasingverhältnis als Finanzierungsleasing zu klassifizieren, es sei denn, sowohl Gebäude als auch Land sind eindeutig als Operating-Leasingverhältnisse einzustufen. **44**

Sollte das Land in einem Leasingverhältnis über Land und Gebäude nur mit einem unwesentlichen Wert anzusetzen sein, dann dürfen Land und Gebäude gemäß IAS 17.17 als Einheit betrachtet und gemeinsam entweder als Finanzierungsleasing oder Operating-Leasingverhältnis klassifiziert werden. Als wirtschaftliche Nutzungsdauer dieser Einheit wird in diesem Fall die wirtschaftliche Nutzungsdauer des Gebäudes angenommen. **45**

Besonderheiten gelten für Leasingverhältnisse über Land und Gebäude, die nach IAS 40 bilanziert werden. Wenn sowohl Land und Gebäude als Finanzinvestitionen gehaltene Immobilien im Sinne des IAS 40 sind und das Fair Value-Modell angewendet wird, entfällt laut IAS 17.18 die separate Bewertung von Land und Gebäuden. Nur wenn Zweifel an der Klassifizierung entweder des Landes oder der Gebäude bestehen, sind genaue Berechnungen hierfür vorgeschrieben. Zudem räumt IAS 40 dem Leasingnehmer die Möglichkeit ein, seinen Anteil an einer Immobilie, den er im Rahmen eines Operating-Leasingverhältnisses hält, als Finanzinvestition zu klassifizieren. In einem solchen Fall, ist gemäß IAS 17.9 der Anteil an der Immobilie wie ein Finan- **46** zierungsleasing zu bilanzieren. Zudem ist das Fair Value-Modell anzuwenden. Die Bilanzierung als Finanzierungsleasing ist beizubehalten, selbst wenn auf Grund späterer Ereignisse die Klassifizierung als Finanzinvestition im Sinne des IAS 40 entfällt.

47   1. **Finanzierungsleasing.** Ein Leasingverhältnis bei dem die wesentlichen Chancen und Risiken, die mit dem Besitz des Leasinggegenstandes verbunden sind, vom Leasinggeber auf den Leasingnehmer übergehen, wird gemäß IAS 17.10 als Finanzierungsleasing klassifiziert.

48   IAS 17 gibt sowohl Beispiele für Situationen, die auf das Vorliegen eines Finanzierungsleasings hindeuten (IAS 17.10), als auch weitere Indikatoren für eine solche Klassifizierung (IAS 17.11). **Beispiele** für Situationen, die entweder für sich genommen oder in Kombination dazu führen, dass ein Leasingverhältnis als Finanzierungsleasing klassifiziert würde, sind:

(a) Am Ende der Laufzeit des Leasingverhältnisses (lease term) geht das Eigentum an dem Vermögenswert auf den Leasingnehmer über.

(b) Dem Leasingnehmer wird eine Option eingeräumt, nach der er den Vermögensgegenstand zu einem Preis erwerben kann, der voraussichtlich deutlich unter dem Fair Value des Vermögenswertes zum Ausübungszeitpunkt der Option liegen wird, so dass zum Beginn des Leasingverhältnisses (inception of the lease) hinreichend sicher ist, dass die Option ausgeübt werden wird.[14]

(c) Die Laufzeit des Leasingverhältnisses erstreckt sich über den Großteil der wirtschaftlichen Nutzungsdauer, auch wenn das zivilrechtliche Eigentum nicht auf den Leasingnehmer übergeht.

(d) Bei Beginn des Leasingverhältnisses (inception of the lease) beläuft sich der Barwert der Mindestleasingzahlungen mindestens auf annähernd den gesamten Fair Value des Leasinggegenstandes und

(e) Der Leasinggegenstand ist derart speziell auf die Bedürfnisse des Leasingnehmers zugeschnitten, dass nur dieser den Gegenstand ohne größere Modifikationen nutzen kann (Spezialleasing).

49   Den in IAS 17.10 gegebenen Beispiele ist gemein, dass sie Sachverhalte beschreiben, die der Finanzierung eines Kaufgegenstandes gleichkommen. Die Beispiele IAS 17.10 (a), (c) und (e) stellen darauf ab, dass der Leasinggegenstand aller Wahrscheinlichkeit nach ausschließlich vom Leasingnehmer genutzt werden wird; sei es, weil diesem vertraglich zugesichert ist, dass er den Vermögenswert über die Laufzeit des Leasingverhältnisses hinaus im Besitz haben wird oder weil der Vermögenswert faktisch nur vom Leasingnehmer genutzt werden kann. Damit gehen also Chancen und

---

14   Vgl. Rn 25.

IV. Klassifizierung von Leasingverhältnissen

Risiken auf den Leasingnehmer über; die Intention des Leasinggebers ist es, seine Investitionen in den Leasinggegenstand durch dieses eine Leasingverhältnis zu amortisieren.

Bei der praktischen Anwendung von Beispiel IAS 17.10(c) ist zu beachten, dass der Standard von der wirtschaftlichen Nutzungsdauer spricht.[15] Diese muss nicht der physischen Verwendbarkeit des Vermögenswertes entsprechen, sondern kann auch kürzer ausfallen. Wenn ein Leasinggegenstand zum Beispiel auf Grund von Substitution durch neue Technologien oder gesetzlichen Rahmenbedingungen nicht über sein komplettes physisches Leben wirtschaftlich nutzbar ist, so ist für die Klassifizierung nur der Zeitraum relevant, in der ein wirtschaftlicher Nutzen generiert werden kann. Was genau dem Großteil der wirtschaftlichen Nutzungsdauer entspricht, wird in IAS 17 nicht konkretisiert. Hier bedarf es einer gesamtheitlichen Betrachtung aller relevanten Faktoren.[16]

Die Beispiele IAS 17.10(b) und (d) zielen auf monetäre Kriterien ab. Beispiel (b) beschreibt Situationen, in denen alles außer der Ausübung der Option wirtschaftlich nicht sinnvoll wäre. Dem Wortlaut des Standards nach ist hierbei nicht entscheidend, ob der Leasingnehmer die Intention hat, die Option tatsächlich auszuüben. Es wird vielmehr von der konkreten Absicht des Leasingnehmers abstrahiert – ausschlaggebend ist, ob die Option „im Geld" ist beziehungsweise ob es andere zwingende wirtschaftliche Argumente für oder gegen eine Ausübung der Option gibt.[17]

IAS 17.10(d) verlangt die Beurteilung, welcher Betrag annähernd den gesamten (at least substantially all) Fair Value des Leasinggegenstandes ausmacht. Dies wird im Standard nicht konkretisiert. Daher ist hier im Einzelfall zu beurteilen, ab welchem Anteil am Fair Value dieses Beispiel erfüllt wäre. Für den Bilanzierenden eröffnen sich an dieser Stelle entsprechende Freiheitsgrade.[18]

Über die genannten Beispielsachverhalte hinaus, gibt IAS 17.11 folgende **Indikatoren** (einzeln oder kumulativ zu sehen) für eine Klassifizierung als Finanzierungsleasing:

(a) Für den Fall, dass der Leasingnehmer das Leasingverhältnis auflöst, müssten die Verluste, die dem Leasinggeber dadurch entstehen, vom Leasingnehmer getragen werden;

b) dem Leasingnehmer fließen die Gewinne oder Verluste zu, die aus Schwankungen des Fair Values des Restwertes entstehen; und

---
15 Vgl. Rn 28.
16 Vgl. *KPMG (Hrsg.)* Insights, Rn 5.1.150.20.
17 Vgl. *KPMG (Hrsg.)* Insights, Rn 5.1.140.10; *PwC (Hrsg.)* IFRS Manual, Rn 19.51.
18 Jedoch würden diese Freiheitsgrade in der Praxis auch bei Nennung einer konkreten Prozentzahl bestehen – nur wären sie in die Barwert- und Fair Value-Berechnung verlagert.

(c) der Leasingnehmer hat die Möglichkeit, das Leasingverhältnis über einen zusätzlichen Zeitraum fortzuführen, wobei die Mietzahlungen deutlich niedriger als marktüblich sind.

Auch diese Indikatoren sollen Anhaltspunkte für Situationen geben, in denen Chancen und Risiken beim Leasingnehmer liegen. Die Bezeichnung „Indikator" anstelle von „Beispiel" zeigt an, dass die Kriterien in IAS 17.11 weniger eindeutig auf ein Finanzierungsleasing schließen lassen.

Beispiel

A least von B eine Maschine. Die Laufzeit des Leasingverhältnisses beträgt 10 Jahre. Es werden jährliche Leasingraten in Höhe von € 13.500 vereinbart, zahlbar am Jahresende. Darüber hinaus werden keine weiteren Beträge garantiert, es werden keine Kauf- oder Verlängerungsoptionen vereinbart.

Der Fair Value der Maschine zu Beginn des Leasingverhältnisses beträgt € 100.000. Da A keine weiteren Informationen zum Kaufpreis oder Restwert der Maschine vorliegen, ist zur Ermittlung des Barwertes der Mindestleasingzahlungen der Grenzfremdkapitalzinssatz von A zu verwenden. Dieser beträgt 6,5%.

Der Barwert der Mindestleasingzahlungen beläuft sich somit auf € 97.049,21. Die vertragliche Vereinbarung ist gemäß IAS 17.10d als Finanzierungsleasingverhältnis zu klassifizieren.

54   **2. Operating-Leasingverhältnis.** Da Operating-Leasingverhältnisse nur in Abgrenzung zum Finanzierungsleasing definiert sind, ist bei der Klassifizierung zunächst zu prüfen, ob es sich um ein Finanzierungsleasing handelt. Die hierbei heranzuziehenden Beispiele und Indikatoren (siehe oben) sind jedoch nicht zwangsläufig ausschlaggebend. Vielmehr stellt IAS 17.12 klar, dass der Übergang oder Nicht-Übergang aller wesentlichen Chancen und Risiken, die mit dem Besitz des Leasinggegenstandes verbunden sind, das maßgebliche Kriterium ist.

55   IAS 17.12 räumt ein, dass die Klassifizierungsbeispiele und -indikatoren nicht immer zu einem eindeutigen Ergebnis führen müssen. So können Operating-Leasingverhältnisse vorliegen, obwohl beispielsweise am Ende der Laufzeit des Leasingverhältnisses das Eigentum an dem Leasinggegenstand auf den Leasingnehmer übergeht. Entspricht die variable Zahlung am Ende der Laufzeit dem Fair Value des Leasinggegenstandes, gehen Chancen und Risiken erst zu diesem Zeitpunkt, das heißt mit dem Erwerb, auf den ehemaligen Leasingnehmer über. Während der Laufzeit des Leasingverhältnisses liegen diese jedoch unverändert beim Leasinggeber.

V. Ansatz und Bewertung von Leasingverhältnissen

Neben dem Eigentumsübergang sind Restwerte von besonderer Bedeutung bei der Klassifizierung von Leasingverhältnissen. Zu berücksichtigen sind der Barwert des Restwertes zum Beginn des Leasingverhältnisses und die Verteilung der Restwertgarantie zwischen Leasingnehmer und Leasinggeber. 56

Verteilt sich die Restwertgarantie nicht gleichmäßig zwischen Leasingnehmer und Leasinggeber, kann dies anzeigen, welche Partei die Chancen und Risiken trägt. Wenn beispielsweise der Leasingnehmer den Restwert nur garantiert, sollte dieser unter einen bestimmten Betrag fallen, es aber unwahrscheinlich ist, dass der Wert des Leasinggegenstandes derart abfällt, kann eine Klassifizierung als Operating-Leasingverhältnis unbeschadet der Restwertgarantie erfolgen.

V. Ansatz und Bewertung von Leasingverhältnissen.V.1 Finanzierungsleasing.

Der **Leasinggeber** gibt bei einem Finanzierungsleasing die Chancen und Risiken an den Leasingnehmer ab. Da er (vorerst) zivilrechtlicher Eigentümer bleibt, jedoch das wirtschaftliche Eigentum auf den Leasingnehmer übergeht, setzt er gemäß IAS 17.36 in der Bilanz nicht den Leasinggegenstand an, sondern eine Forderung. Die Höhe dieser Forderung entspricht der Nettoinvestition in das Leasingverhältnis.[19] Diese Forderung hat, wie in IAS 17.37 beschrieben, einen doppelten Charakter: Zum einen spiegelt sie den Anspruch auf Tilgung wider, zum anderen stellt sie die Vergütung für die Investition und Dienstleistungen durch den Leasinggeber, mithin also einen Finanzertrag, dar. 57

Anfängliche direkte Kosten (sofern sie nicht einem Hersteller oder Händler entstehen) sind, wie in IAS 17.38 dargelegt, durch die Definition des dem Leasingverhältnis zugrunde liegenden Zinssatzes bereits automatisch in der Forderung enthalten und dürfen daher nicht (erneut) hinzuaddiert werden.[20] 58

Die **Folgebewertung** beim Leasinggeber baut auf dem oben beschriebenen Doppelcharakter der Forderung auf. Während die Tilgung den Buchwert der Forderung mindert, ist der Finanzertrag gemäß IAS 17.39 derart über die Laufzeit des Leasingverhältnisses zu verteilen, dass sich eine konstante Verzinsung ergibt. Daraus folgt, dass die Tilgung der Forderung als Differenz aus Leasingrate und Finanzertrag der Periode berechnet wird. 59

Ändert sich die Einschätzung hinsichtlich der Höhe der nicht garantierten Restwerte, was laut IAS 17.41 regelmäßig zu überprüfen ist, so ist die Aufteilung der Erträge über die Laufzeit des Leasingverhältnisses entsprechend zu korrigieren. Eine sich ergebende Minderung der abgegrenzten Beträge ist sofort zu verbuchen. 60

Der **Leasingnehmer** wird im Rahmen eines Finanzierungsleasings wirtschaftlicher Eigentümer des Leasinggegenstandes. Daher hat er den Leasinggegenstand in seiner Bilanz anzusetzen. Zugleich besteht für den Leasingnehmer die Verpflichtung 61

---
19 Vgl. Rn 34.
20 Vgl. Rn 36.

zur Zahlung der Leasingraten, wofür eine Verbindlichkeit anzusetzen ist. Im Zeitpunkt des erstmaligen Ansatzes entsprechen sich diese beiden Positionen (wenn man von den anfänglichen direkte Kosten absieht), da für sie beide die Berechnungsvorschrift des IAS 17.20 gilt. Der anzusetzende Betrag für den Vermögenswert und die Verbindlichkeit ist der niedrigere der folgenden Werte zum Beginn des Leasingverhältnisses (inception of the lease): Entweder der Fair Value des Leasinggegenstandes oder der Barwert der Mindestleasingzahlungen. Letzterer berechnet sich durch Abzinsung mittels des dem Leasingverhältnisses zugrunde liegenden Zinssatzes. Für den Fall, dass der Leasingnehmer diesen Zinssatz nicht kennt (was in der Praxis regelmäßig der Fall sein dürfte) und mangels Informationen nicht selber berechnen kann, hat er seinen eigenen Grenzfremdkapitalzinssatz zu verwenden.[21] Sind jedoch in Ausnahmefällen die Kosten des Leasinggegenstandes und der Restwert am Ende der Laufzeit des Leasingverhältnisses bekannt, so kann der Leasingnehmer den dem Leasingverhältnis zugrunde liegenden internen Zinsfuß schätzen.[22] Anfängliche direkte Kosten des Leasingnehmers werden gemäß IAS 17.20, IAS 17.22 und IAS 17.24 zu dem Vermögenswert hinzuaddiert.

62 IAS 17.23 spricht ein ausdrückliches Saldierungsverbot für den Vermögenswert und die Verbindlichkeit aus. Zudem fordert der Standard an dieser Stelle, dass die Verbindlichkeiten aus Leasingverhältnissen nach lang- und kurzfristigen Verbindlichkeiten aufgeschlüsselt werden, wenn auch die übrigen Verbindlichkeiten in der Bilanz auf diese Weise gezeigt werden.

63 Die **Folgebewertung** beim Leasingnehmer erfolgt analog zur Folgebewertung beim Leasinggeber. Die Verbindlichkeit enthält gedanklich zwei Komponenten: Zum einen die Verpflichtung zur Tilgung, zum anderen den Finanzierungsaufwand. Entsprechend fordert IAS17.25 eine Aufteilung in diese beiden Bestandteile. Der Tilgungsanteil mindert die Verbindlichkeit, der Finanzierungsaufwand ist derart über die Laufzeit des Leasingverhältnisses zu verteilen, dass sich eine konstante Verzinsung der Verpflichtung ergibt. IAS 17.26 gesteht dem Bilanzierenden zu, Näherungsverfahren zu verwenden, um die Aufteilung des Finanzierungsaufwandes über die Laufzeit des Leasingverhältnisses zu vereinfachen. Fallen in einer Periode bedingte Mietzahlungen an, sind diese direkt als Aufwand zu erfassen.

Beispiel

Die Maschine, die A von B geleast hat, wird mit € 97.049,21 in der Bilanz angesetzt, da dieser Barwert der Mindestleasingzahlungen niedriger ist, als der Fair Value der Maschine.

---

21 Vgl. Rn 37.
22 Vgl. *PwC (Hrsg.)* IFRS Manual, Rn 19.68.

V. Ansatz und Bewertung von Leasingverhältnissen

Es ergibt sich folgende Aufteilung in Finanzierungsaufwand und Tilgung:

Jahr (Ende)	Verbindlichkeit	Finanzierungsaufwand	Tilgung	Leasingrate
	€ 97.049,21			
1	€ 89.857,41	€ 6.308,20	€ 7.191,80	€ 13.500,00
2	€ 82.198,14	€ 5.840,73	€ 7.659,27	€ 13.500,00
3	€ 74.041,02	€ 5.342,88	€ 8.157,12	€ 13.500,00
4	€ 65.353,69	€ 4.812,67	€ 8.687,33	€ 13.500,00
5	€ 56.101,68	€ 4.247,99	€ 9.252,01	€ 13.500,00
6	€ 46.248,28	€ 3.646,61	€ 9.853,39	€ 13.500,00
7	€ 35.754,42	€ 3.006,14	€ 10.493,86	€ 13.500,00
8	€ 24.578,46	€ 2.324,04	€ 11.175,96	€ 13.500,00
9	€ 12.676,06	€ 1.597,60	€ 11.902,40	€ 13.500,00
10	€ 0,00	€ 823,94	€ 12.676,06	€ 13.500,00
Summe		€ 97.049,21		

Der beim Leasingnehmer angesetzte Leasinggegenstand ist gemäß IAS 17.27 und IAS 17.28 nach denselben Grundsätzen abzuschreiben, wie Vermögenswerte im Eigentum des Leasingnehmers. Hinsichtlich der Berechnung der Abschreibungen verweist IAS 17 auf die jeweils einschlägigen Standards IAS 16 *Property, Plant and Equipment* und IAS 38. Werthaltigkeitstests sind laut IAS 17.30 unter Anwendung von IAS 36 *Impairment of Assets* durchzuführen. Der Abschreibungszeitraum richtet sich nach der Wahrscheinlichkeit dafür, dass das Eigentum am Leasinggegenstand nach der Laufzeit des Leasingverhältnisses auf den Leasingnehmer übergeht. Wenn dies wahrscheinlich ist, dann erstreckt sich der Abschreibungszeitraum über die Nutzungsdauer (useful life) des Leasinggegenstandes; andernfalls läuft die Abschreibung über den kürzeren Zeitraum aus Nutzungsdauer oder Laufzeit des Leasingverhältnisses.

IAS 17.29 weist ausdrücklich darauf hin, dass der Leasinggegenstand und die zugehörige Verbindlichkeit sich höchstwahrscheinlich nur im Ansatzzeitpunkt wertmäßig entsprechen (wenn man von den anfänglichen direkten Kosten absieht). Der Grund ist, dass die Summe aus Abschreibungen und Finanzierungsaufwand einer Periode bestenfalls zufällig der Leasingrate derselben Periode wertmäßig entspricht. Folglich können die Leasingzahlungen nicht vereinfachend direkt als Aufwand gebucht werden.

66 **2. Operating-Leasingverhältnis.** Der **Leasinggeber** bleibt bei einem Operating-Leasingverhältnis der wirtschaftliche und zivilrechtliche Eigentümer des Leasinggegenstandes. Folglich verbleibt der Vermögenswert in der Bilanz des Leasinggebers. Zu dessen Anschaffungs- oder Herstellkosten hinzuzurechnen sind laut IAS 17.52 jegliche anfänglichen direkten Kosten, die dem Leasinggeber entstehen.

67 Die **Folgebewertung** eines Operating-Leasingverhältnisses beim Leasinggeber umfasst einerseits die Abschreibung des Leasinggegenstandes und andererseits die Erfassung von Aufwendungen und Erträgen in der Gewinn- und Verlustrechnung. Die Abschreibungen werden in IAS 17 selber nicht genauer geregelt, vielmehr verweist IAS 17.53 für die Berechnung der Abschreibungen auf die jeweils einschlägigen IAS 16 und IAS 38. Dabei soll bei der Festlegung der Abschreibungsmethode kein Unterschied zwischen den Leasinggegenständen und anderen, ähnlichen Vermögensgegenständen gemacht werden. Werthaltigkeitstests sind gemäß IAS 17.54 unter Anwendung von IAS 36 durchzuführen.

68 Erträge des Leasinggebers sollen gemäß IAS 17.5 grundsätzlich linear erfasst werden, es sei denn, eine andere Methodik entspricht dem Nutzenverbrauch des Leasinggegenstandes besser. Insbesondere Erträge aus Leasingobjekten mit unbegrenzter Nutzungsdauer sind linear zu erfassen.[23] Solche Erträge stammen aus den Leasingeinnahmen. IAS 17.51 stellt klar, dass auch hier der tatsächliche Zeitpunkt des Zahlungseingangs für den Ansatz in der Gewinn- und Verlustrechnung nicht relevant ist.[24] Entsprechend sind gegebenenfalls Abgrenzungsposten zu bilden. Von dieser Verteilung über die Laufzeit werden in IAS 17.51 Einnahmen aus Versicherungs- oder Wartungsdienstleistungen ausgenommen; entsprechend sind diese unmittelbar als Ertrag zu erfassen, sobald sie entstanden sind. Die Verteilung der anfänglichen direkten Kosten über die Laufzeit des Leasingverhältnisses richtet sich nach der Vereinnahmung der Erträge. Das bedeutet, wenn die Erträge beispielsweise linear verteilt werden, sind auch die anfänglichen direkten Kosten linear zu verteilen, auch wenn der Vermögenswert selber nach einer anderen Methode abgeschrieben wird.[25]

69 Gewährt der Leasinggeber Anreize für ein neues (beziehungsweise die Fortführung eines bestehenden) Operating-Leasingverhältnisses, so hat er gemäß SIC-15.4 die Kosten hierfür als Abzug von den Erträgen aus dem Leasingverhältnis über die Laufzeit des Leasingverhältnisses zu verteilen. Dies soll linear geschehen, sofern eine andere Methodik dem Nutzenverbrauch des Leasinggegenstandes nicht besser entspricht. Die Begründung hierfür ist laut SIC-15.10, dass derartige Kosten mit der Gegenleistung für die Nutzung des Leasinggegenstandes in Verbindung stehen. Die Zahlungswirksamkeit, Zeitpunkte oder Art der Anreize spielen gemäß SIC-15.3 keine Rolle.

---

23 Vgl. *Zülch/Hendler* Bilanzierung nach IFRS, 498.
24 Vgl. *PwC (Hrsg.)* IFRS Manual, Rn 19.111.
25 Vgl. *Ernst & Young (Hrsg.)* International GAAP, 1781.

VI. Anhangangaben

Der **Leasingnehmer** wird bei einem Operating-Leasingverhältnis weder zivilrechtlicher noch wirtschaftlicher Eigentümer des Leasinggegenstandes. Entsprechend findet in der Bilanz kein Ansatz eines Vermögenswertes statt. Lediglich die Leasingzahlungen tauchen als Aufwand in der Gewinn- und Verlustrechnung auf. Wie auch beim Leasinggeber im Rahmen eines Operating-Leasingverhältnisses, ist der tatsächliche Zahlungseingang gemäß IAS 17.33 und IAS 17.34 nicht relevant für die Erfassung der Aufwendungen. Vielmehr ist wiederum grundsätzlich eine lineare Verteilung zu wählen, sofern eine andere Methodik dem Nutzenverbrauch des Leasinggegenstandes nicht besser entspricht. Von dieser Verteilung über die Laufzeit werden in IAS 17.34 Ausgaben für Versicherungs- oder Wartungsdienstleistungen ausgenommen; entsprechend sind diese unmittelbar als Aufwand zu erfassen, sobald sie entstanden sind.

70

Werden dem Leasingnehmer Anreize für ein neues (beziehungsweise die Fortführung eines bestehenden) Operating-Leasingverhältnisses gewährt, so hat er sie laut SIC-15.5 als Abzug von den Aufwendungen für das Leasingverhältnis über die Laufzeit des Leasingverhältnisses zu verteilen. Dies soll linear geschehen, sofern eine andere Methodik dem Nutzenverbrauch des Leasinggegenstandes nicht besser entspricht. Die Zahlungswirksamkeit, Zeitpunkte oder Art der Anreize spielen dabei gemäß SIC-15.3 keine Rolle.

71

Auch dem Leasingnehmer können zusätzliche Kosten im Zusammenhang mit einem bestehenden Leasingverhältnis entstehen. SIC-15.6 führt als Beispiele Kosten für die Kündigung des Leasingverhältnisses, Umzugskosten und Kosten für Verbesserungen des Leasinggegenstandes an. Auch wenn diese Kosten durch gewährte Anreize erstattet werden, sind sie nach den jeweils einschlägigen Standards zu bilanzieren. SIC-15.11 führt als Begründung an, dass derartige Kosten des Leasingnehmers nicht mit den Gegenleistungen für die Nutzung des Leasinggegenstandes im Zusammenhang stehen. Dies gilt nicht, wenn derartige Kosten die Kriterien für anfängliche direkte Kosten erfüllen.[26]

72

VI. Anhangangaben. Die Anhangangaben gestalten sich für Leasinggeber und Leasingnehmer in Teilen identisch, da der Standard auch die Angabepflichten je nach wirtschaftlicher Eigentumslage vorschreibt. Zu beachten ist weiterhin, dass über die Angabepflichten des IAS 17 hinaus teilweise weitere Standards einschlägig sind. Insbesondere betrifft dies Forderungen und Verbindlichkeiten, welche die Definition von Finanzinstrumenten erfüllen und daher Angabepflichten gemäß IFRS 7 *Financial Instruments: Disclosures* nach sich ziehen (siehe unten).

73

1. Finanzierungsleasing. Der **Leasinggeber** hat aus IAS 17.47 verpflichtend die folgenden Anhangangaben zu leisten:

74

---

26 Vgl. *PwC (Hrsg.)* IFRS Manual, Rn 19.84.

(a) Eine Überleitung von der Bruttoinvestition in das Leasingverhältnis zum Barwert der ausstehenden Mindestleasingzahlungen (jeweils am Ende der Berichtsperiode) und zusätzlich die Bruttoinvestition in das Leasingverhältnis und den Barwert der ausstehenden Mindestleasingzahlungen für die Zeiträume „kleiner als 1 Jahr", „zwischen 1 und 5 Jahre" und „größer als 5 Jahre",

(b) den noch nicht realisierten Finanzertrag,

(c) die dem Leasinggeber zustehenden, nicht garantierten Restwerte,

(d) die kumulierten gebildeten Wertberichtigungen für uneinbringliche Mindestleasingzahlungen,

(e) die als Ertrag vereinnahmten bedingten Mietzahlungen der Berichtsperiode und

(f) eine grundsätzliche Beschreibung der wesentlichen Leasingvereinbarungen.

Zudem sind für die entstehenden Forderungen die Angabepflichten des IFRS 7 zu berücksichtigen. IAS 17.48 empfiehlt, schreibt aber nicht vor, zudem den Betrag der Bruttoinvestition abzüglich der noch nicht realisierten Erträge aus neuen Abschlüssen, vermindert um gekündigte Leasingverhältnisse, anzugeben.[27]

75   Der **Leasingnehmer** hat laut IAS 17.31 die nachfolgenden Anhangangaben zu machen:

(a) den Nettobuchwert (also unter Berücksichtigung jeglicher Abschreibungen) jeder Gruppe von aus Leasingverhältnissen angesetzten Vermögenswerten am Ende der Berichtsperiode,

(b) eine Überleitung von den gesamten zukünftigen Mindestleasingzahlungen zu deren Barwert (jeweils am Ende der Berichtsperiode) und zusätzlich die gesamten zukünftigen Mindestleasingzahlungen und deren Barwert für die Zeiträume „kleiner als 1 Jahr", „zwischen 1 und 5 Jahre" und „größer als 5 Jahre",

(c) die als Aufwand erfassten bedingten Mietzahlungen der Berichtsperiode,

(d) die gesamten zukünftigen Mindestleasingzahlungen aus unkündbaren Subleasing-Verhältnissen am Ende der Berichtsperiode und

(e) eine grundsätzliche Beschreibung der wesentlichen Leasingvereinbarungen, die mindestens beschreiben soll, auf welcher Grundlage die Mindestleasingzahlungen sich berechnen, ob es Verlängerungs- oder Preisanpassungsklauseln gibt (und woraus diese bestehen) sowie Einschränkungen, die sich aus Leasingvereinbarungen ergeben (zum Beispiel ob dadurch Dividendenzahlungen eingeschränkt werden, mehr Schulden aufgenommen werden müssen oder ob die Fähigkeit weitere Leasingverhältnisse einzugehen betroffen ist).

---

27 Vgl. *PwC (Hrsg.)* IFRS Manual, Rn 19.127; *Ernst & Young (Hrsg.)* International GAAP, 1793.

Zudem sind die Angabepflichten des IFRS 7 zu berücksichtigen. Da der Leasingnehmer den Leasinggegenstand in seine Bilanz zu übernehmen hat, sind darüber hinaus Angabepflichten gemäß der jeweils einschlägigen Standards (IAS 16, IAS 36, IAS 38, IAS 40 und IAS 41) notwendig.

2. Operating-Leasingverhältnisse. Der **Leasinggeber** hat für Operating-Leasingverhältnisse folgende Anhangangaben nach IAS 17.56 darzustellen: 76

(a) Die gesamten zukünftigen Mindestleasingzahlungen aus unkündbaren Operating-Leasingverhältnissen, sowie eine Aufteilung derselben auf die Zeiträume „kleiner als 1 Jahr", „zwischen 1 und 5 Jahre" und „größer als 5 Jahre",

(b) die als Ertrag erfassten bedingten Mietzahlungen der Berichtsperiode und

(c) eine grundsätzliche Beschreibung der Leasingvereinbarungen.

Zudem sind die Angabepflichten des IFRS 7 zu berücksichtigen. Da der Leasinggeber das wirtschaftliche Eigentum behält und somit auch den Leasinggegenstand bilanziert, sind darüber hinaus Angabepflichten gemäß der jeweils einschlägigen Standards (IAS 16, IAS 36, IAS 38, IAS 40 und IAS 41) zu erfüllen.

Laut IAS 17.35 hat der **Leasingnehmer** folgende Angaben zu leisten: 77

(a) Die gesamten zukünftigen Mindestleasingzahlungen aus unkündbaren Operating-Leasingverhältnissen für die Zeiträume „kleiner als 1 Jahr", „zwischen 1 und 5 Jahre" und „größer als 5 Jahre",

(b) die gesamten zukünftigen Mindestleasingzahlungen aus unkündbaren Subleasing-Verhältnissen am Ende der Berichtsperiode,

(c) die Leasing- und Subleasing-Zahlungen, die in der Periode als Aufwand erfasst wurden, jeweils mit separater Aufführung der Mindestleasingzahlungen, der bedingten Mietzahlungen und der Subleasing-Zahlungen und

(d) eine grundsätzliche Beschreibung der wesentlichen Leasingvereinbarungen, die mindestens beschreiben soll, auf welcher Grundlage die Mindestleasingzahlungen sich berechnen, ob es Verlängerungs- oder Preisanpassungsklauseln gibt (und woraus diese bestehen) sowie Einschränkungen, die sich aus Leasingvereinbarungen ergeben (zum Beispiel ob dadurch Dividendenzahlungen eingeschränkt werden, mehr Schulden aufgenommen werden müssen oder ob die Fähigkeit weitere Leasingverhältnisse einzugehen betroffen ist).

Zudem sind die Angabepflichten des IFRS 7 zu berücksichtigen.

VII. Besondere Sachverhalte. 1. Sale-and-Leaseback Transaktionen. IAS 17.58 78 – IAS 17.66 enthalten Vorschriften für spezielle Sachverhalte, in denen ein Vermögenswert zunächst verkauft und im nächsten Zug zurück geleast wird. Der Verkäufer tritt als Leasingnehmer auf, der Käufer als Leasinggeber. Für den Käufer / Leasinggeber resultieren keine abweichenden Vorschriften, wohl aber für den Verkäufer / Leasingnehmer. Wie IAS 17.58 darlegt, ist für die weitere Bilanzierung die Klassifizierung des Leasingverhältnisses ausschlaggebend.[28]

79 Wird das Leasingverhältnis als Finanzierungsleasing klassifiziert, so ist in der Transaktion ein reiner Finanzierungsvorgang zu sehen: Effektiv verlässt der Vermögenswert den Einflussbereich des Unternehmens nicht, er dient vielmehr dazu, zusätzliche liquide Mittel zu erlangen. Zunächst ist zu prüfen, ob die Konditionen der Transaktion eine Wertminderung des Vermögenswertes erfordert. Ein sehr niedriger Verkaufspreis kann ein Hinweis darauf sein. In einem solchen Fall schreibt IAS 17.64 die Anwendung von IAS 36 vor. Nachdem der Wertansatz gegebenenfalls angepasst wurde, ist zuerst der Verkauf des Vermögenswertes abzubilden, das heißt, der Vermögenswert ist zunächst auszubuchen. Der Teil des Verkaufspreises, der den Buchwert übersteigt, ist laut IAS 17.59f abzugrenzen und über die Laufzeit des Leasingverhältnisses zu verteilen. Es wird also kein Verkaufserfolg unmittelbar erfolgswirksam erfasst, da begründet wird, dass effektiv gar kein Verkauf vorliegt. In einem zweiten Schritt ist dann der Vermögenswert als Leasinggegenstand in der Bilanz mit dem niedrigeren Wert aus Fair Value des Leasinggegenstandes oder Barwert der Mindestleasingzahlungen zu aktivieren.[29] In der Folge wird der Abgrenzungsposten erfolgswirksam über die Laufzeit des Leasingverhältnisses aufgelöst.

80 Bei einer Einstufung als Operating-Leasingverhältnis ist die Transaktion als Verkaufsvorgang zu werten. Auch hier ist zunächst der Wertansatz des Leasinggegenstandes zu überprüfen. Laut IAS 17.63 ist eine erfolgswirksame Anpassung des Buchwertes erforderlich, wenn dieser zum Zeitpunkt der Sale-and-Leaseback Transaktion über dem Fair Value des Leasinggegenstandes liegt. Danach wird der Verkauf des Vermögenswertes abgebildet. Es sind drei Situationen denkbar, die in IAS 17.61 beschrieben werden:

(a) Der Fair Value des Vermögenswertes entspricht dem Verkaufspreis: In diesem Fall wird die Transaktion gemäß IAS 17.62 als üblicher Verkaufsvorgang bewertet. Die Differenz von Fair Value / Verkaufspreis und Buchwert ist direkt erfolgswirksam zu erfassen.

(b) Der Fair Value des Vermögenswertes ist größer als der Verkaufspreis: Grundsätzlich ist in diesem Fall die Differenz von Verkaufspreis und Buchwert unmittelbar erfolgswirksam zu buchen. Es kann sein, dass sich ein Verlust ergibt, weil der Verkaufspreis unter dem Buchwert liegt. Dieser ist nur dann unmittelbar erfolgswirksam zu buchen, wenn er nicht durch Leasingzahlungen, die ebenfalls unter den marktüblichen Sätzen liegen, kompensiert wird. Wird der Verlust (teilweise)

---

28 Vgl. *Ernst & Young* (Hrsg.) International GAAP, 1782; *KPMG* (Hrsg.) Insights, Rn 5.1.470.40.
29 Vgl. *PwC* (Hrsg.) IFRS Manual, Rn 19.88; *Zülch/Hendler* Bilanzierung nach IFRS, 503; *Lüdenbach/Freiberg* Haufe-Kommentar, §15 Rn 158.

VII. Besondere Sachverhalte

kompensiert, so ist ein Abgrenzungsposten in Höhe des kompensierten (Teils des) Verlustes erfolgsneutral zu bilden und anschließend über den Zeitraum, in dem der Vermögenswert genutzt wird, aufzulösen. In den Fällen, in denen der Fair Value unter dem Buchwert liegt, ist diese Differenz gemäß IAS 17.63 erfolgswirksam zu erfassen.

(c) Der Fair Value des Vermögenswertes ist kleiner als der Verkaufspreis: Eine Differenz von Buchwert und Fair Value ist direkt erfolgswirksam zu buchen. Der Unterschiedsbetrag von Fair Value und Verkaufspreis hingegen ist erfolgsneutral abzugrenzen und anschließend über den Zeitraum, in dem der Vermögenswert genutzt wird, erfolgswirksam aufzulösen.

Bezüglich der Anhangangaben gelten gemäß IAS 17.65 dieselben Vorgaben für Sale-und-Leaseback Transaktionen, die sich generell aus IAS 17 ergeben.[30] IAS 17.66 weißt darauf hin, dass gegebenenfalls zudem Vorgaben des IAS 1 *Presentation of Financial Statements* zu beachten sind.

2. Hersteller- und Händlerleasing. Bei Finanzierungs-Leasingverhältnissen, in denen ein Hersteller oder Händler als Leasinggeber fungiert, gelten für diesen teilweise abweichende Regelungen. Hintergrund ist, dass in derartigen Transaktionen aus wirtschaftlicher Betrachtungsweise ein Verkaufsgeschäft mit Finanzierungskomponente vorliegt. Für Operating-Leasingverhältnisse gibt es keine derartigen Sonderregelungen. Vielmehr stellt IAS 17.55 klar, dass bei Operating-Leasingverhältnissen mit einem Leasinggeber, der zugleich Hersteller oder Händler ist, kein Verkaufsgeschäft vorliegt.

Die Klassifizierungskriterien gelten unverändert auch bei einem Hersteller- oder Händlerleasing.[31] Der erste Unterschied ergibt sich beim Ansatz der Forderung in Höhe der Nettoinvestition in das Leasingverhältnis durch den Leasinggeber. IAS 17.38 schreibt vor, dass Kosten der Verhandlung und des Abschlusses des Leasingverhältnisses, die einem Hersteller oder Händler entstehen, kein Bestandteil der anfänglichen direkten Kosten sind. Folglich werden diese Kosten gemäß IAS 17.42 und IAS 17.46 zu Beginn der Laufzeit des Leasingverhältnisses direkt als Aufwand erfasst. Dies wird regelmäßig zu Beginn der Laufzeit des Leasingverhältnisses der Fall sein. Derartige Kosten sind bei einem Hersteller- oder Händlerleasing im Zusammenhang mit dem Verkaufsgeschäft zu sehen und stehen insofern mit dem Veräußerungsgewinn im Zusammenhang.

Für die Folgebewertung eines Hersteller- oder Händlerleasings sind IAS 17.42-46 einschlägig. IAS 17.43 zeigt die beiden Ergebniskomponenten auf, die es zu unterscheiden gilt:

---
30 Vgl. Rn 73ff.
31 Vgl. Rn 38ff.

(a) Der Veräußerungsgewinn oder -verlust aus dem Verkaufsgeschäft; und
(b) der Finanzertrag, der aus der Finanzierungskomponente resultiert.

Der Veräußerungsgewinn oder -verlust berechnet sich gemäß IAS 17.44 als Differenz aus Umsatzerlösen und Umsatzkosten. Er ist nach denselben Grundsätzen zu erfassen, die das Unternehmen für direkte Verkaufsgeschäfte anwendet.

85 Die Umsatzerlöse werden zu Beginn der Laufzeit des Leasingverhältnisses erfasst und entsprechen dem niedrigeren Wert aus dem Fair Value des Vermögenswertes und dem Barwert der Mindestleasingzahlungen, die dem Leasinggeber zufließen. Für diese Barwertermittlung ist ein Marktzinssatz heranzuziehen. Hintergrund hierfür ist, dass in der Praxis oftmals besonders niedrige Zinssätze vertraglich vereinbart werden. Zöge man diese für die Barwertermittlung heran (im Sinne des dem Leasingverhältnis zugrunde liegenden Zinssatzes), würde der Barwert entsprechend höher ausfallen und einen künstlich gesteigerten Veräußerungsgewinn nach sich ziehen.

86 Die Umsatzkosten entsprechen den Anschaffungs- oder Herstellkosten (beziehungsweise dem Buchwert, sofern abweichend) des Leasinggegenstandes, abzüglich des Barwertes der nicht garantierten Restwerte. Auch für diese Barwertberechnung sollte ein Marktzinssatz herangezogen werden.[32]

87 Der Finanzertrag errechnet sich aus der Bruttoinvestition in das Leasingverhältnis abzüglich des Barwertes derselben (mit anderen Worten, abzüglich der Nettoinvestition in das Leasingverhältnis). Auch hier ist ein Marktzinssatz heranzuziehen. Der Finanzertrag ist mit der üblichen Vorgehensweise über die Laufzeit des Leasingverhältnisses zu verteilen.

88 **3. Identifizierung von Leasingverhältnissen.** Aus den vertraglichen Vereinbarungen lassen sich Leasingverhältnisse mitunter nicht eindeutig identifizieren. Daher beinhalten die Interpretationen **SIC-27** und **IFRIC 4** Regelungen, die bei der Beurteilung von Zweifelsfällen Anwendung finden sollen. So gibt es Fälle, in denen ein Unternehmen eine Reihe von Transaktionen tätigt, die zwar rein formal einen Leasingvertrag beinhalten. SIC-27.1 erörtert jedoch das Beispiel einer Vereinbarung, im Laufe derer ein Vermögenswert an einen Investor verleast und umgehend wieder zurück geleast wird. Motivation hierfür können Steuerersparnisse sein, die der Investor realisiert und in Form eines Entgelts mit dem Unternehmen teilt.[33] Im Rahmen solcher Vereinbarungen werden oftmals Depotkonten eingerichtet, aus denen der Investor die Leasingzahlungen bezieht. SIC-27.2 zeigt die Kernfragen auf, die es in solchen Fällen zu beantworten gilt: Ist eine solche Reihe von Transaktionen als ein einziger Sachverhalt zu betrachten und entsprechend zu bilanzieren? Erfüllt eine

---

32 Vgl. *Zülch/Hendler* Bilanzierung nach IFRS, 500.
33 Vgl. *KPMG (Hrsg.)* Insights, Rn 5.1.500.10.

VII. Besondere Sachverhalte

Vereinbarung die Definition eines Leasingverhältnisses? Wie sind derartige Entgelte und Depotkonten zu behandeln? Und wie sind weitere Verpflichtungen aus solchen Vereinbarungen zu bilanzieren?

SIC-27.3 stellt klar, dass grundsätzlich eine Reihe von Transaktionen als eine einzige Transaktion zu bilanzieren ist, wenn der gesamte wirtschaftliche Effekt nur zu verstehen ist, betrachtet man alle Transaktionen gemeinsam. Die Aufgabe ist es, das wird auch aus den Appendices zu SIC-27 deutlich, zu ergründen, was das eigentliche Ziel dieser Reihe von Transaktionen ist. Als Indikatoren nennt die Interpretation, dass alle Transaktionen sehr eng miteinander verbunden sind, als eine Transaktion ausgehandelt wurden und entweder gleichzeitig oder unmittelbar nacheinander erfolgen. 89

In SIC-27.5 werden darüber hinaus Hinweise aufgeführt, dass eine Vereinbarung wirtschaftlich betrachtet kein Leasingverhältnis nach IAS 17 enthält: 90

(a) Das Unternehmen behält die Chancen und Risiken, die mit dem Besitz des Leasinggegenstandes verbunden sind, und hat vor und nach der Vereinbarung im Wesentlichen dieselben Rechte diesen zu nutzen,

(b) die Vereinbarung ist hauptsächlich steuerlich motiviert, es geht nicht in erster Linie um die Übertragung eines Nutzungsrechtes und

(c) die Vereinbarung enthält eine Option, deren Konditionen ihre Ausübung sehr wahrscheinlich (beziehungsweise sogar „almost certain") machen.

Zunächst mag der Eindruck entstehen, dass diese Sachverhalte einer sale-and-leaseback Transaktion ähneln.[34] Jedoch behält in den Fällen, die SIC-27 beschreibt, das Unternehmen deutlich mehr Rechte zurück, als dies bei einer sale-and-leaseback Transaktion für gewöhnlich der Fall ist (vergleiche hierzu auch SIC-27.B2(d)).[35]

Im Zuge einer oben beschriebenen Vereinbarung werden teilweise separate Depotkonten eingerichtet. SIC-27.6 beschreibt Indikatoren, die zusammenwirkend anzeigen, dass weder ein solches Depotkonto einen Vermögenswert noch eine Leasingverpflichtung eine Schuld des Unternehmens darstellen und dementsprechend nicht angesetzt werden dürfen: 91

(a) Das Unternehmen hat keinen Einfluss auf das Depotkonto und muss die Leasingverpflichtungen nicht selber übernehmen,

(b) die Wahrscheinlichkeit, dass das Unternehmen ein vom Investor erhaltenes Entgelt zurückzahlen muss, ist sehr gering. Alternativ sei die Wahrscheinlichkeit, dass das Unternehmen zusätzliche Beträge (gegebenenfalls beispielsweise aus einer Garantie) zahlen muss, sehr gering.

---

34 Vgl. Rn 78ff.
35 Vgl. *Ernst & Young (Hrsg.)* International GAAP, 1752.

(c) Die einzigen Zahlungsströme aus der Vereinbarung, von den Zahlungsströmen zu Beginn der Vereinbarung abgesehen, sind Leasingzahlungen, die vollständig aus dem separaten Depotkonto beglichen werden.

92 Jegliche weitere Verpflichtungen, die aus einer solchen Vereinbarung resultieren, sind laut SIC-27.7 nach den jeweils einschlägigen Standards IAS 37 *Provisions, Contingent Liabilities and Contingent Assets*, IAS 39 *Financial Instruments: Recognition and Measurement* oder IFRS 4 *Insurance Contracts* zu bilanzieren.

93 Zuletzt klärt SIC-27.8 unter welchen Umständen das Entgelt, welches das Unternehmen von dem Investor erhält, nicht direkt als Ertrag zu vereinnahmen ist:

(a) Das Entgelt muss „verdient" werden, indem das Unternehmen bestimmte Aktivitäten unternimmt oder unterlässt. Das heißt, die Unterzeichnung einer rechtsverbindlichen Vereinbarung ist nicht der wesentlichste geforderte Aspekt;[36]

(b) Das Unternehmen ist nicht frei in der Nutzung des zugrunde liegenden Vermögenswertes, weil bestimmte Beschränkungen es davon abhalten beziehungsweise die Möglichkeit der Nutzung stark verändern. So könnten etwa der Verbrauch, die Entscheidung über einen Verkauf oder die Nutzung des Vermögenswertes als Sicherheit eingeschränkt sein;

(c) Die Wahrscheinlichkeit dafür, dass das Unternehmen das Entgelt zurückerstatten muss (und gegebenenfalls noch einen Betrag darüber hinaus) ist nicht gering. Dies ist beispielsweise der Fall, wenn der Vermögenswert nicht so beschaffen ist, dass das Unternehmen ihn zwingend für seine Geschäftstätigkeit benötigt, so dass es sich das Unternehmen möglicher Weise leisten kann, die Vereinbarung zu kündigen (und daher das Entgelt zurückerstatten muss). Ein anderes Beispiel besteht darin, dass das Unternehmen einen vorausgezahlten Betrag in Vermögenswerte investieren kann oder sogar muss, die Wertschwankungen (nach unten) unterliegen können. Auch hier besteht die Wahrscheinlichkeit, dass das Unternehmen einen Betrag zahlen muss, da die Investition bei einem eventuellen Wertverlust die Zahlungsverpflichtung nicht decken könnte.

94 Hinsichtlich der Darstellung und der Anhangangaben machen SIC-27.9 und 11 Vorgaben. Das Entgelt soll demnach in der Gewinn- und Verlustrechnung auf Grundlage seines wirtschaftlichen Gehalts und seiner Beschaffenheit dargestellt werden. Zudem sind in jeder Berichtsperiode, in der eine Vereinbarung existiert, folgende Angaben zu machen (für jede einzelne Vereinbarung oder zusammengefasst für eine Gruppe von Vereinbarungen):

---

36 Vgl. *Ernst & Young (Hrsg.)* International GAAP, 1752.

VII. Besondere Sachverhalte

(a) Eine Beschreibung der Vereinbarung inklusive Angabe des zugrunde liegenden Vermögenswertes, jeglicher Nutzungseinschränkungen desselben, der Dauer der Vereinbarung, weiterer wesentlicher Konditionen, der verbundenen Transaktionen mit allen Optionen und

(b) Angaben zu der Bilanzierungsweise für jedes erhaltene Entgelt, dem Betrag, der als Ertrag in der Periode erfasst wurde sowie zu der Position in der Gewinn- und Verlustrechnung, in welcher der Betrag enthalten ist.

Während SIC-27 für Sachverhalte einschlägig ist, die zwar als Leasingverhältnis vereinbart wurden, bei wirtschaftlicher Betrachtungsweise jedoch anders zu beurteilen sind, werden in IFRIC 4 Leitlinien für Sachverhalte gegeben, in denen ein Leasingverhältnis gegebenenfalls verdeckt ist, aber bei wirtschaftlicher Betrachtungsweise dennoch vorliegt. IFRIC 4.2 und IFRIC 4.4 schränken ein, dass in dieser Interpretation allerdings einerseits nur geklärt wird, ob ein Leasingverhältnis gemäß IAS 17 vorliegt (nicht, wie es zu klassifizieren ist) und dass andererseits IFRIC 4 nicht einschlägig ist für Leasingverhältnisse, die außerhalb des Anwendungsbereiches von IAS 17 oder im Anwendungsbereich von IFRIC 12 liegen.[37] Zu klären ist laut IFRIC 4.5:

a) Ob eine Vereinbarung ein Leasingverhältnis enthält,

b) wann eine solche Beurteilung durchgeführt werden soll und

c) wie Leasingzahlungen von den übrigen Zahlungen aus der Vereinbarung zu trennen sind.

Zur Klärung, ob eine Vereinbarung ein Leasingverhältnis enthält, bezieht sich IFRIC 4.6 auf die Definition eines Leasingverhältnisses in IAS 17.4.[38] Demnach muss zum einen ein spezifischer Vermögenswert zur Erfüllung der Vereinbarung vorliegen, zum anderen muss im Zuge der Vereinbarung ein Nutzungsrecht an diesem Vermögenswert übertragen werden.

Ein Vermögenswert muss laut IFRIC 4.7 nicht nur spezifiziert sein, die Erfüllung der Vereinbarung muss zudem von der Nutzung dieses spezifizierten Vermögenswertes abhängen. Das liegt vor, wenn beispielsweise ein Lieferant zur Erfüllung seiner Liefer- oder Dienstleistungsverpflichtung nur in der Vereinbarung spezifizierte Vermögenswerte einsetzen darf. IFRIC 4.8 führt aus, dass der Vermögenswert auch nur implizit spezifiziert sein kann, wenn nämlich nur ein einziger solcher Vermögenswert zur Verfügung steht und es wirtschaftlich nicht möglich oder praktikabel ist, diesen zur Erfüllung gegen einen anderen Vermögenswert zu ersetzen. Sollte der spezifizierte Vermögenswert zu einem späteren Zeitpunkt aufgrund von Garantieverpflichtungen oder vertraglichen Bestimmungen ausgetauscht werden können / müssen, schließt dies eine Einstufung als Leasingverhältnis nicht aus.

---

37 Vgl. Rn 7ff.
38 Vgl. Rn 14.

98 Hinsichtlich des zweiten Kriteriums (Übertragung eines Nutzungsrechtes an dem Vermögenswert) macht IFRIC 4.9 deutlich, dass ein Recht zur Kontrolle der Nutzung des Vermögenswertes gemeint ist. Dieses Recht gilt als übertragen, wenn eine der folgenden Bedingungen erfüllt ist:

(a) Das Unternehmen kann den Vermögenswert betreiben (beziehungsweise Dritte dazu beauftragen) und ihm fließt ein mehr als nur geringfügiger Teils des Nutzens aus dem Vermögenswert zu;

(b) das Unternehmen kann den Zugang zum Vermögenswert kontrollieren und ihm fließt ein mehr als nur geringfügiger Teils des Nutzens aus dem Vermögenswert zu; oder

(c) es ist unwahrscheinlich, dass während der Laufzeit der Vereinbarung Parteien außer dem Unternehmen einen mehr als nur geringfügigen Teil des Nutzens aus dem Vermögenswert erhalten. Zudem darf der Preis, den das Unternehmen für den Nutzen bezahlt, weder vertraglich pro Einheit fixiert sein, noch dem aktuellen Marktpreis pro Einheit zum Leistungszeitpunkt entsprechen. Gemeint ist hier ein fest fixierter Preis pro Einheit – schwankt der Preis abhängig vom Volumen oder der Inflationsrate, gilt er nicht als fixiert im Sinne dieser Interpretation.[39]

Wenn also das Unternehmen einen mehr als nur geringfügigen Teil des Nutzens aus dem Vermögenswert zum Marktpreis abnimmt, würde zunächst keine Kontrolle über die Nutzung des Vermögenswertes unterstellt, es sei denn, eine der anderen beiden Bedingungen (Betrieb des Vermögenswertes oder Kontrolle des Zugangs zum Vermögenswert) sind gegeben.[40]

99 Die Beurteilung der Vereinbarung hinsichtlich eines verdeckten Leasingverhältnisses hat zum Beginn der Vereinbarung zu erfolgen. Gemäß IFRIC 4.10 ist dies entweder der Tag der Vereinbarung oder der Tag, an dem sich die Parteien über die wesentlichen Bestimmungen der Vereinbarung einig wurden, je nachdem, welcher Tag früheren Datums ist. Eine erneute Beurteilung ist in IFRIC 4.10 für die folgenden Fälle vorgeschrieben:

(a) Die Bestimmungen der Vereinbarung ändern sich (abgesehen von einer reinen Erneuerung oder Verlängerung derselben);

(b) eine Option zur Erneuerung wird ausgeübt beziehungsweise eine Verlängerung wird vereinbart, es sei denn, diese Zeiträume waren bereits in der Laufzeit eines Leasingverhältnisses gemäß IAS 17.4 berücksichtigt. Sofern sich die Bedingungen der Vereinbarung erst ab dem neu vereinbarten Zeitraum ändern, ist eine erneute Beurteilung nur für diesen neuen Zeitraum vorzunehmen;

---

39 Vgl. *Ernst & Young* (Hrsg.) International GAAP, 1746; *PwC* (Hrsg.) IFRS Manual, Rn 19.32.10.
40 Vgl. *Ernst & Young* (Hrsg.) International GAAP, 1744.

(c) die Bestimmungen hinsichtlich der Frage, ob die Erfüllung der Vereinbarung von einem spezifizierten Vermögenswert abhängt, ändern sich; oder

(d) der Vermögenswert wird wesentlich verändert.

Die erneute Beurteilung soll laut IFRIC 4.11 auf den Gegebenheiten zum Zeitpunkt der Neubeurteilung basieren. Das heißt, eine reine Änderung von Erwartungen oder Schätzungen löst noch keine erneute Beurteilung aus. Sollte als Folge der Neubeurteilung ein Leasingverhältnis identifiziert werden, so ist die entsprechende Bilanzierung ab dem Zeitpunkt durchzuführen, ab dem die Änderung der Bedingungen, die eine erneute Beurteilung ausgelöst haben, eingetreten ist, beziehungsweise im oben beschriebenen Fall b) ab dem Beginn des neuen Zeitraumes. Entsprechendes gilt, wenn umgekehrt die Neubeurteilung ergibt, dass eine Vereinbarung kein Leasingverhältnis (mehr) enthält und die Leasingbilanzierung folglich eingestellt wird.

Zur Klärung der Frage, wie Leasingzahlungen von den übrigen Zahlungen aus der Vereinbarung zu trennen sind, führt IFRIC 4.13 aus, dass dies auf Grundlage der relativen Fair Values von Leasingverhältnis und übrigen Elementen der Vereinbarung geschehen soll. Zu beachten ist, dass die Mindestleasingzahlungen gemäß IAS 17.4 sich nur auf Zahlungen für das Recht, den Vermögenswert zu nutzen, erstrecken. IFRIC 4.14 gesteht dem Bilanzierenden zu, hierzu Schätzungen zu verwenden, etwa, indem er vergleichbare Leasingverhältnisse heranzieht. Sofern eine zuverlässige Trennung dennoch nicht praktikabel ist, führt IFRIC 4.15 folgende Vorgaben aus:

(a) Wird ein Finanzierungsleasing identifiziert, so erfolgt der Ansatz von Vermögenswert und Verbindlichkeit in Höhe des Fair Values des spezifizierten Vermögenswertes. Der Finanzierungsaufwand wird ausdrücklich mittels des Grenzfremdkapitalzinssatz des Käufers errechnet (der dem Leasingverhältnis zugrunde liegende Zinssatz wird nicht erwähnt, da dieser wohl nicht bestimmbar sein dürfte, wenn die Trennung grundsätzlich nicht möglich ist);[41]

(b) wird hingegen ein Operating-Leasingverhältnis identifiziert, sind vereinfachend alle Zahlungen aus der Vereinbarung als Leasingzahlungen zu behandeln. Um jedoch die Anhangangaben des IAS 17 zu erfüllen, sind diese Zahlungen separat von solchen Mindestleasingzahlungen zu zeigen, die keine Zahlungen aus Nicht-Leasing Elementen enthalten und es ist auf die Tatsache hinzuweisen, dass diese Zahlungen auch teilweise aus Nicht-Leasing Elementen stammen.

4. Subleasing. In der Unternehmenspraxis von besonderer Relevanz ist die Behandlung von Subleasingverhältnissen. Oftmals werden insbesondere Gebäude zentral von einer Konzerngesellschaft angemietet und dann an mehrere Konzerngesellschaften weitervermietet. Diese Konzerngesellschaft tritt dann folglich zugleich als Leasingnehmer und als Leasinggeber desselben Leasinggegenstandes auf. Grundsätz-

---

41 Vgl. *Ernst & Young (Hrsg.)* International GAAP, 1749.

lich gibt es drei Parteien: Den ursprünglichen Leasinggeber (A), einen Leasingnehmer der gleichzeitig Leasinggeber ist (B), und den letztendlichen Leasingnehmer (C). Für die Parteien (A) und (C) ergeben sich aus der Subleasing-Konstruktion keine Abweichungen von der oben beschriebenen Klassifizierung, dem Ansatz oder der Bewertung des Leasinggegenstandes. Die Bilanzierung beim ursprünglichen Leasinggeber wird nicht davon tangiert, dass es noch eine Partei (C) gibt – ebenso wird die Bilanzierung des letztendlichen Leasingnehmers nicht von der Existenz der Partei (A) beeinflusst.[42]

103 Die Bilanzierung beim Leasingnehmer der gleichzeitig Leasinggeber ist (B), hängt von der Klassifizierung der beiden Leasingverhältnisse mit (A) und (C) ab. Drei verschiedene Konstellationen können auftreten:

(a) Der ursprüngliche Leasinggeber und Partei (B) gehen ein Operating-Leasingverhältnis ein. In den allermeisten Fällen wird dann Partei (B) ein Operating-Leasingverhältnis mit dem letztendlichen Leasingnehmer eingehen, schließlich kann Partei (B) im Regelfall nicht mehr Chancen und Risiken an (C) übergeben, als sie von (A) zuvor erhalten hat;

(b) Der ursprüngliche Leasinggeber und Partei (B) gestalten ein Finanzierungsleasing während Partei (B) und der letztendliche Leasingnehmer ein Operating-Leasingverhältnis eingehen; oder

(c) Der ursprüngliche Leasinggeber und Partei (B) gestalten ein Finanzierungsleasing und Partei (B) und der letztendliche Leasingnehmer gehen gleichfalls ein Finanzierungsleasing ein.

Zu beachten ist, dass Partei (B) gegebenenfalls nur als Vermittler des Leasingverhältnisses auftritt und faktisch keine Chancen und Risiken trägt.

104 Bei der Konstellation (a) bilanziert Partei (B) beide Operating-Leasingverhältnisse getrennt und hat entsprechend als Leasingnehmer Aufwendungen gegenüber Partei (A) und als Leasinggeber Erträge gegenüber Partei (C).

105 Bei der Konstellation (b) gehen die Chancen und Risiken vom ursprünglichen Leasinggeber auf Partei (B) über. Entsprechend sind der Leasinggegenstand und eine Verbindlichkeit in der Bilanz anzusetzen.[43] Dazu treten Erträge aus dem Operating-Leasingverhältnis mit dem letztendlichen Leasingnehmer.

106 Bei Konstellation (c) übernimmt Partei (B) Chancen und Risiken vom ursprünglichen Leasinggeber, tritt diese jedoch wiederum an den letztendlichen Leasingnehmer ab. Je nach zeitlicher Abfolge beider Transaktionen ist der Leasinggegenstand also entweder wieder auszubuchen oder gar nicht erst zu erfassen. Die Verbindlichkeit gegenüber dem ursprünglichen Leasinggeber verbleibt in der Bilanz. Hinzu kommt

---

42 Vgl. *Ernst & Young (Hrsg.)* International GAAP, 1809; *PwC (Hrsg.)* IFRS Manual, Rn 19.142 und 19.146.
43 Vgl. Rn 57.

eine Forderung gegenüber dem letztendlichen Leasingnehmer. Gegebenenfalls kann die Verbindlichkeit ausgebucht werden, wenn die speziellen Vorschriften des IAS 39 diesbezüglich zum Tragen kommen können.[44]

VIII. Inkrafttreten und Übergangsvorschriften. IAS 17 musste erstmals für Geschäftsjahre angewendet werden, die am oder nach dem **1. Januar 2005** begannen. Diese Version des IAS 17 ersetzte seinerzeit den alten IAS 17 in der Überarbeitung von 1997. Zuletzt geändert wurde IAS 17 durch die *Improvements to IFRSs* vom April 2009. Hierdurch wurden speziell die Vorschriften für die Bilanzierung von Leasingverhältnissen über Land und Gebäude angepasst.[45] Diese neuen Vorschriften sind anzuwenden für Geschäftsjahre, die am oder nach dem 1. Januar 2010 beginnen.

Als Übergangsvorschrift sieht IAS 17.68A vor, dass Leasingverhältnisse über Land und Gebäude auf Basis der neuen Vorschriften sowie der Verhältnisse zum Beginn des Leasingverhältnisses neu beurteilt werden. Sollte daraus eine Klassifizierung als Finanzierungsleasing resultieren, ist dies in Übereinstimmung mit IAS 8 *Accounting Policies, Changes in Accounting Estimates and Errors* rückwirkend zu bilanzieren. Für den Fall, dass eine rückwirkende Anwendung für ein Unternehmen nicht möglich sein sollte, weil ihm die benötigten Informationen fehlen, soll es die neue Beurteilung auf Basis der Verhältnisse zu dem Zeitpunkt, in dem es die neuen Vorschriften erstmalig anwendet, vornehmen. Entsprechend soll der Ansatz von Vermögenswert und Verbindlichkeit zu den Fair Values an diesem Zeitpunkt erfolgen, wobei eine Differenz zwischen diesen Fair Values in den Gewinnrücklagen zu erfassen ist.

IX. IFRS für kleine und mittelgroße Unternehmen. Das Pendant zu IAS 17 in den IFRS für kleine und mittelständische Unternehmen ist IFRS-SMEs Abschnitt 20 *Leases*. Die Struktur orientiert sich dabei an IAS 17 und viele Passagen sind wortgleich übernommen. Im Wesentlichen werden Teile des IAS 17, die eher erklärenden als regelnden Charakter haben, ausgelassen. Inhaltlich sind insbesondere die Vorschriften zu Anhangangaben speziell beim Leasingnehmer weniger umfangreich gestaltet. Zudem sind die einschlägigen Definitionen nicht, wie im IAS 17, alle am Anfang der Sektion zu finden, sondern verteilen sich auf die Sektion beziehungsweise den Glossar des IFRS-SMEs.

In IFRS-SMEs Abschnitt 20.1 – 20.3 wird der Anwendungsbereich der Sektion definiert. Dieser ist inhaltlich fast deckungsgleich mit dem des IAS 17, zudem werden in IFRS-SMEs Abschnitt 20.3 Verträge eingeschlossen, die verdeckte Leasingverhältnisse darstellen. Damit werden Verträge, die Gegenstand von IFRIC 4 sind, auch in den Anwendungsbereich von Abschnitt 20 einbezogen. Nicht in diesen Anwendungsbereich fallen jedoch Leasingverträge, die zu einem Verlust bei dem Leasing-

---

44 Vgl. *Ernst & Young (Hrsg.)* International GAAP, 1810f; *PwC (Hrsg.)* IFRS Manual, Rn 19.145; *KPMG (Hrsg.)* Insights, Rn 5.1.410.10.
45 Vgl. Rn 43ff.

geber oder dem Leasingnehmer führen könnten (der nicht durch Preisänderungen des Leasinggegenstandes, Währungskursänderungen oder Leistungsverzug einer der beiden Parteien hervorgerufen wird), die in den Anwendungsbereich der von IFRS-SMEs Abschnitt 12 *Other financial instruments issues* fallen. Ebenso sind belastende Verträge ausgenommen, die nach IFRS-SMEs Abschnitt 21 *Provisions and Contingencies* zu bilanzieren sind.

111 Die Klassifizierung von Leasingverhältnissen, die in IFRS-SMEs 20.4-8 besprochen wird, weißt dieselben Kriterien auf, die auch nach IAS 17 zur Anwendung kommen. Unter beiden Standards würde dasselbe Leasingverhältnis somit einheitlich klassifiziert werden. Es fehlen im IFRS for SMEs jedoch gesonderte Vorschriften für Leasingverhältnisse über Land und Gebäude. Zudem schreibt der Standard, anders als IAS 17.13 dies tut, nicht vor, dass eine nachträgliche Änderung der Klassifizierung ein neues Leasingverhältnis konstituiert.

112 Hinsichtlich der Bilanzierung eines Finanzierungsleasings beim Leasinggeber decken sich die Anforderungen des IFRS-SMEs 20.17-19 mit den jeweiligen Vorschriften des IAS 17.36ff. Auch die in IFRS-SMEs 20.23 vorgesehenen Anhangangaben sind mit denen des IAS 17.47 weitgehend übereinstimmend, mit dem einzigen Unterschied, dass der Hinweis auf erweiterte Anhangangaben für Finanzinstrumente entfällt.

113 Für die Bilanzierung eines Operating-Leasingverhältnisses beim Leasinggeber macht IFRS-SMEs 20.24 – 20.28 Vorgaben, die ebenso analog zu denen des IAS 17.49ff sind. Der Wortlaut im Bezug auf die Verteilung der Erträge über die Laufzeit des Leasingverhältnisses weicht etwas ab: Grundsätzlich soll dies auch laut des IFRS for SMEs linear geschehen, es sei denn, eine andere Methodik spiegele den Nutzen des Leasingnehmers aus dem Leasinggegenstand besser wider. Anstelle des Nutzenverbrauchs des Leasinggegenstandes wird also auf den Nutzenzufluss abgestellt. In der Praxis dürfte hieraus aber regelmäßig derselbe Rhythmus für die Ertragsvereinnahmung folgen. Zusätzlich wird ausdrücklich von einer linearen Erfassung abgesehen, wenn die Zahlungen an die Inflationsrate angepasst werden. Auch die in IFRS- SMEs 20.30 bestimmten Anhangangaben stimmen beinahe mit denen des IAS 17.56 überein, mit den zwei Ausnahmen, dass wiederum der Hinweis auf erweiterte Anhangangaben für Finanzinstrumente entfällt und dass keine Summe der zukünftigen Mindestleasingzahlungen aus unkündbaren Operating-Leasingverhältnissen verlangt wird (sondern nur die Aufteilung dieser Zahlungen).

114 Ansatz und Bewertung eines Finanzierungsleasings beim Leasingnehmer sind in IFRS-SMEs 20.9-12 analog zu IAS 17.20ff vorgesehen. Deutlich erleichtert sind hingegen die Anhangangaben: Es werden die Angaben des IAS 17.31 gefordert, jedoch

X. Ausblick

ohne Hinweis auf erweiterte Anhangangaben für Finanzinstrumente, ohne Überleitungsrechnungen, Angaben des Barwertes, Angaben zu bedingten Mietzahlungen oder zu Subleasing-Verhältnissen.

Operating-Leasingverhältnisse beim Leasingnehmer sind laut IFRS-SMEs 20.15 analog zu IAS 17.33f zu bilanzieren. Wiederum wird auch hier darauf hingewiesen, dass von einer linearen Erfassung abgesehen wird, wenn die Zahlungen an die Inflationsrate angepasst werden. Bezüglich der Anhangangaben deckt sich IFRS-SMEs 20.16 mit IAS 17.35, wiederum mit den Ausnahmen, dass der Hinweis auf erweiterte Anhangangaben für Finanzinstrumente fehlt, dass keine Angaben zu Subleasing-Verhältnissen verlangt werden sowie dass die Leasingzahlungen nicht nach Mindestleasingzahlungen, bedingten Mietzahlungen und Subleasing-Zahlungen aufgeteilt werden müssen.

115

Sale- und Leaseback-Transaktionen behandelt der Standard in IFRS-SMEs 20.32-.35. Die Regelungen sind analog zu denen des IAS 17.58ff., mit dem Unterschied, dass eine Entsprechung zum IAS 17.63 fehlt. Hier erscheint es sachgerecht, auf die Bestimmungen des IAS 17.63 zurückzugreifen und eine erfolgswirksame Anpassung des Buchwertes vorzunehmen, wenn dieser zum Zeitpunkt der Sale-and-Leaseback Transaktion über dem Fair Value des Leasinggegenstandes liegt.

116

Hersteller- oder Händlerleasing wird in IFRS- SMEs 20.20-22 geregelt (zudem macht IFRS-SMEs 20.29 Vorgaben für Operating-Leasingverhältnisse bei Herstellern oder Händlern). Die Vorschriften decken sich mit den Bestimmungen des IAS 17.

117

X. Ausblick. Im März 2009 veröffentlichte das IASB das **Discussion** Paper DP/2009/1 *Leases Preliminary Views.* Der darin vorgeschlagene Weg der Leasingbilanzierung stellt eine Abkehr vom aktuellen Chancen und Risiken-Ansatz dar: Künftig würden demnach Leasingverhältnisse nicht mehr in Finanzierungsleasing und Operating-Leasingverhältnisse unterteilt. Stattdessen soll der Leasingnehmer für alle Leasingverhältnisse ein Vermögenswert (für das Recht, den Leasinggegenstand zu nutzen) und eine Schuld (für die Verpflichtung, Leasingzahlungen zu leisten) ansetzen. Der IFRS-SMEs spricht in IFRS-SMEs 20.9 bereits von einem Nutzungsrecht (right of use). Der Leasinggeber würde einen Vermögenswert für sein Recht auf Leasingzahlungen ansetzen sowie eine Schuld für seine Leistungsverpflichtung.[46]

118

Zur Begründung wird im Discussion Paper unter anderem angeführt, dass eine solche Bilanzierung konsistenter mit den Kriterien für Vermögenswerte und Schulden im Framework sei und dass die Klassifizierung eines Leasingverhältnisses teilweise schwierig eindeutig vorzunehmen sei. Mit dem neuen Modell sollen die damit

119

---

46 Vgl. http://www.fasb.org/cs/ContentServer?c=FASBContent_C&pagename=FASB%2FFASBContent_C%2FProjectUpdatePage&cid=900000011123 (18. April 2010).

einhergehenden bilanzpolitischen Möglichkeiten eingeschränkt werden. Weiterhin wären alle Leasingverhältnisse in der Bilanz ersichtlich, was die Verständlichkeit und Vergleichbarkeit der Finanzberichte erhöhe.[47]

120 Das Projekt wird gemeinsam vom IASB und dem FASB durchgeführt, wobei das Discussion Paper noch in einigen Punkten ausdrücklich abweichende Ansichten des IASB und des FASB enthält. Ein finaler Standard ist für das zweite Quartal 2011 geplant.[48]

---

47 Vgl. *IASB (Hrsg.)* Discussion Paper DP/2009/1, Rn 1.12 – 1.14.
48 Der aktuelle Stand dieser Information ist auf der Webseite des IASB unter http://www.iasb.org/Current+Projects/IASB+Projects/Leases/Leases.htm abrufbar.

IAS 18 – Revenue

Rn	Textauszüge aus IAS 18
18.9	Umsatzerlöse sind zum beizulegenden Zeitwert des erhaltenen oder zu beanspruchenden Entgelts zu bemessen.
18.14	Erlöse aus dem Verkauf von Gütern sind zu erfassen, wenn die folgenden Kriterien erfüllt sind:

(a) das Unternehmen hat die maßgeblichen Risiken und Chancen, die mit dem Eigentum der verkauften Waren und Erzeugnisse verbunden sind, auf den Käufer übertragen;

(b) dem Unternehmen verbleibt weder ein weiter bestehendes Verfügungsrecht, wie es gewöhnlich mit dem Eigentum verbunden ist, noch eine wirksame Verfügungsgewalt über die verkauften Waren und Erzeugnisse;

(c) die Höhe der Umsatzerlöse kann verlässlich bestimmt werden;

(d) es ist wahrscheinlich, dass der wirtschaftliche Nutzen aus dem Geschäft dem Unternehmen zufließt; und

(e) die im Zusammenhang mit dem Verkauf angefallenen oder noch anfallenden Kosten können verlässlich bestimmt werden.

18.20 Wenn das Ergebnis eines Dienstleistungsgeschäfts verlässlich geschätzt werden kann, sind Umsatzerlöse aus Dienstleistungsgeschäften nach Maßgabe des Fertigstellungsgrads des Geschäfts am Abschlussstichtag zu erfassen. Das Ergebnis derartiger Geschäfte kann dann verlässlich geschätzt werden, wenn die folgenden Bedingungen insgesamt erfüllt sind:

(a) die Höhe der Umsatzerlöse kann verlässlich bestimmt werden;

(b) es ist wahrscheinlich, dass der wirtschaftliche Nutzen aus dem Geschäft dem Unternehmen zufließt;

(c) der Fertigstellungsgrad des Geschäftes am Abschlussstichtag kann verlässlich bestimmt werden; und

(d) die für das Geschäft angefallenen Kosten und die bis zu seiner vollständigen Abwicklung zu erwartenden Kosten können verlässlich bestimmt werden.

18.26 Ist das Ergebnis eines Dienstleistungsgeschäfts nicht verlässlich schätzbar, sind Umsatzerlöse nur in dem Ausmaß zu erfassen, in dem die angefallenen Aufwendungen wiedererlangt werden können.

18.29 Umsatzerlöse aus der Nutzung solcher Vermögenswerte des Unternehmens durch Dritte, die Zinsen, Nutzungsentgelte oder Dividenden erbringen, sind nach den Maßgaben in IAS 18.30 zu erfassen, wenn:

(a) es ist wahrscheinlich, dass der wirtschaftliche Nutzen aus dem Geschäft dem Unternehmen zufließt; und

(b) die Höhe der Umsatzerlöse verlässlich bestimmt werden kann.

18.30 Umsatzerlöse sind nach folgenden Maßgaben zu erfassen:

(a) Zinsen sind unter Anwendung der Effektivzinsmethode gemäß der Beschreibung in IAS 39, Paragraphen 9 und A5-A8, zu erfassen;

(b) Nutzungsentgelte sind periodengerecht in Übereinstimmung mit den Bestimmungen des zugrunde liegenden Vertrages zu erfassen; und

(c) Dividenden sind mit der Entstehung des Rechtsanspruchs des Anteileigners auf Zahlung zu erfassen.

Übersicht

	Rn
I. Regelungsgehalt	1
II. Normzweck und Anwendungsbereich	2 – 10
III. Begriffe	11 – 12
IV. Allgemeine Grundsätze der Erlöserfassung und Erlösbewertung	13 – 27
1. Voraussetzungen für die Erlösrealisation	13 – 14
2. Bewertungsmaßstäbe	15 – 19
3. Erlösrealisation bei Tauschgeschäften	20 – 23
4. Erlösrealisation bei Mehrkomponentengeschäften	24 – 27
V. Erlösrealisierung beim Verkauf von Gütern	28 – 58
1. Anwendungsbereich	28 – 29
2. Erlösvereinnahmungskriterien	30 – 45
3. Ausgewählte Geschäftsvorfälle bei Abweichen des Realisationszeitpunkts vom Zeitpunkt des physischen Übergangs	46 – 58
VI. Ertragsrealisierung bei der Erbringung von Dienstleistungen	59 – 89
1. Anwendungsbereich	59 – 63
2. Ertragsverinnahmung nach Maßgabe des Fertigstellungsgrads	64 – 89
VII. Realisation von Zinsen, Nutzungsentgelten und Dividenden	90 – 108
1. Zinsen	93 – 96
2. Nutzungsentgelte	97 – 102
3. Dividenden	103 – 108
VIII. Relevante IFRIC- und SIC-Interpretationen	109 – 132
1. SIC-31: Erträge aus dem Tausch von Werbeleistungen	109 – 112

II. Normzweck und Anwendungsbereich

2. IFRIC 12: Erträge aus Dienstleistungskonzessionen .... 113 – 116
3. IFRIC 13: Erträge aus Kundentreueprogrammen .... 117 – 124
4. IFRIC 15: Verträge über die Errichtung
   von Immobilien... 125 – 132
IX. Ausweis und Angaben.. 133 – 134
X. Inkrafttreten und Übungsvorschriften 135
XI. Exkurs: Regelungen zur Erlösrealisation nach US-GAAP .... 136 – 150
XII. IFRS für kleine und mittelgroße Unternehmen .... 151 – 153
XIII. Ausblick.. 154 – 157

I. Regelungsgehalt. „Fehlerhafte Ertragsrealisierungen zählen zu den Spitzenreitern bei Bilanzierungsfehlern und betrügerischer Finanzberichterstattung".[1] Daher stellen die Regelungen des IAS 18, welche Zeitpunkt und Höhe von Ertragsrealisierungen regeln, einen zentralen Bereich der IFRS dar. Anders als die US-GAAP enthält IAS 18 keine branchenspezifischen oder auf Einzelsachverhalte bezogenen Regelungen. Statt dessen wird anhand von allgemein gehaltenen Kriterien versucht, ein Grundgerüst von Entscheidungskriterien aufzuzeigen, das zur Entscheidungsfindung im Einzelfall hinsichtlich der Ertragsrealisierung anzuwenden ist.

II. Normzweck und Anwendungsbereich. IAS 18 regelt den **Realisierungszeitpunkt von Umsatzerlösen** für den Einzel- und Konzernabschluss sowie für die Zwischenberichterstattung nach IAS 34.28. Dabei besteht das primäre Ziel des Standards in einer Konkretisierung der Voraussetzungen für die Erlösrealisierung gegenüber den bereits im Rahmenkonzept verankerten allgemeinen Realisierungsgrundsätzen.[2]

Der Standard definiert Erlöse (*revenue*) als einen aus der gewöhnlichen Geschäftstätigkeit eines Unternehmens resultierenden Bruttozufluss des wirtschaftlichen Nutzens während der Berichtsperiode, der zu einer nicht auf Einlagen der Anteilseigner basierenden Eigenkapitalerhöhung führt.[3] Damit knüpft IAS 18 unmittelbar an die Definition von Erträgen (*income*) als eine Zunahme des wirtschaftlichen Nutzens in der Berichtsperiode in Form von Zuflüssen oder Werterhöhungen von Vermögenswerten bzw. einer Abnahme von Schulden, die zu einer nicht durch die Einlagen der Anteilseigner bedingten Kapitalerhöhung führen, im Framework an.[4] Eine Differenzierung des Begriffs „*income*" in „*revenue*" (Erlöse) als Erlöse aus der gewöhnlichen Geschäftstätigkeit des Unternehmens und „*gains*" (andere Erträge) als nicht unbedingt aus dem Kerngeschäft resultierende Erlöse (zB Erlöse aus der Veräußerung von langfristigen Vermögenswerten oder aus der Neubewertung von Vermögenswerten

---
1 *Hirschböck/Kerschbaumer/Schurbohm* IFRS für Führungskräfte, 114.
2 Vgl. F.82ff. sowie F.92 f.
3 Vgl. IAS 18.7.
4 Vgl. F.70(a).

zB nach IAS 39), nimmt F.74 vor.[5] Bei den Erlösen aus der gewöhnlichen Geschäftstätigkeit kann es sich in Abhängigkeit von den Kernaktivitäten des Unternehmens um Umsatzerlöse, Dienstleistungsentgelte, Zinsen, Mieten, Dividenden sowie Lizenzerträge handeln.

4   Vor dem Hintergrund einer terminologisch korrekten Abgrenzung der Begriffe „Erlöse" und „Erträge" erscheint die offizielle deutsche Übersetzung von IAS 18, die vor dem Hintergrund der lokalen Rechnungslegungsterminologie erfolgte, indes inkonsistent. Denn der englische Begriff *revenues* wird in IAS 18 uneinheitlich sowohl als „Erlös" als auch als „Ertrag" übersetzt.[6] Da der Standardtext eine verbindliche Rechtsgrundlage darstellt, werden in den folgenden Ausführungen die Begriffe Erlös und Ertrag auch synonym für den Begriff *revenue* verwendet.

5   Die Erlösdefinition des IAS 18.7 verdeutlicht, dass in den **Anwendungsbereich** des IAS 18 unmittelbar nur Erlöse aus der gewöhnlichen Geschäftstätigkeit des Unternehmens fallen. Besondere Einzelregelungen zur Erlösrealisation sind aber auch in vielen verschiedenen Einzelstandards enthalten, so dass der Anwendungsbereich des IAS 18 als subsidiär bezeichnet werden kann. Sofern andere Standards aber keine speziellen Regelungen vorsehen, sind bei der Erfassung der Erlöse sowie anderen Erträge die Vorschriften des IAS 18 zu beachten.[7]

6   Liegen definitionsgemäß Erlöse i.S.d. IFRS vor, ist in einem zweiten Schritt ihre Realisierung zu prüfen. Die im Framework allgemein gefassten Kriterien sehen eine Erlösrealisierung vor, wenn es zu einer Zunahme des künftigen wirtschaftlichen Nutzens in Verbindung mit einer Zunahme bei einem Vermögenswert oder einer Abnahme bei einer Schuld gekommen ist, die verlässlich bewertet werden kann.[8] Hieran anknüpfend formuliert IAS 18 im Folgenden noch näher zu erläuternde spezielle Voraussetzungen für die Realisierung von Erträgen aus

- dem **Verkauf von Gütern** (siehe Rn 28-58);
- der **Erbringung von Dienstleistungen** (siehe Rn 59-89) sowie
- der Nutzungsüberlassung von Vermögenswerten gegen **Zinsen, Nutzungsentgelte** und **Dividenden** (siehe Rn 90-108).

7   Explizit **nicht anzuwenden** sind die Vorschriften des IAS 18 gemäß IAS 18.6 auf Erträge aus:

- Leasingverträgen (IAS 17);
- Dividenden für Anteile, die nach der Equity-Methode bilanziert werden (IAS 28);
- Versicherungsverträgen im Anwendungsbereich des IFRS 4;

---

5   Zu einer trennscharfen terminologischen Differenzierung zwischen *revenues* und *gains* vgl. ausführlich Schlüter Beck'sches IFRS-Handbuch, §15 Rn. 67ff. oder *PWC (Hrsg.)* Manual of Accounting, 9003ff.
6   Zu den uneinheitlichen Übersetzungen von *revenue* in IAS 18 vgl. exemplarisch IAS 18.9; IAS 18.14; IAS 18.16; IAS 18.20.
7   Vgl. exemplarisch *Kuhner* Münchener Kommentar, IAS 18 Rn. 14.
8   Vgl. F.92.

II. Normzweck und Anwendungsbereich

- Änderungen des beizulegenden Zeitwerts finanzieller Vermögenswerte oder Schulden bzw. deren Abgang (IAS 39);
- Wertänderungen bei anderen kurzfristigen Vermögenswerten;
- dem erstmaligen Ansatz und aus Änderungen des beizulegenden Zeitwertes der biologischen Vermögenswerte, die mit landwirtschaftlicher Tätigkeit in Zusammenhang stehen (IAS 41);
- dem erstmaligen Ansatz landwirtschaftlicher Erzeugnisse (IAS 41) und
- dem Abbau von Bodenschätzen.

Ferner weist IAS 18.4 explizit darauf hin, dass **Fertigungsaufträge** einschließlich sämtlicher damit verbundener Dienstleistungsaufträge nach **IAS 11** aus dem Anwendungsbereich des IAS 18 ausgenommen sind. Als mögliche Dienstleistungen, die nicht unter IAS 18 zu subsumieren sind, sondern in den Regelungsbereich des IAS 11 fallen, werden in IAS 18.4 bspw. die Leistungen von Projektmanagern und Architekten genannt, die direkt mit langfristigen Auftragsfertigungen verbunden sind.[9]

8

In den oben aufgeführten Fällen gehen die Spezialvorschriften zur Erlösrealisierung in einzelnen Standards den allgemeinen Regelungen des IAS 18 vor. Gleiches gilt für die bilanzielle Behandlung von *sale-and-lease-back*-Transaktionen, zu denen sich separate Vorschriften in IAS 17.58ff finden, obgleich sie von IAS 18.6 nicht explizit vom Anwendungsbereich des IAS 18 ausgeschlossen werden.[10] Eine Umsatzrealisation bei *sale-and-buy-back*-Transaktionen kann nur dann erfolgen, wenn die maßgeblichen Chancen und Risiken des Vermögenswerts auf den Käufer übergegangen sind (IAS 18.A5).[11]

9

Die Erlöse nach IAS 18 umfassen lediglich die Bruttozuflüsse wirtschaftlichen Nutzens, die ein Unternehmen für eigene Rechnung erhält und die zu einer Erhöhung des Eigenkapitals führen. So konstatiert IAS 18.8 beispielsweise, dass Beträge, die im Interesse Dritter eingezogen werden, wie Umsatzsteuern oder andere Verkehrsteuern, für das Unternehmen keinen wirtschaftlichen Nutzen entfalten und folglich nicht bei der Bemessung der Erlöse einzubeziehen sind. Gleiches gilt bei Vermittlungsgeschäften für Dritte (**sog. Kommissionsgeschäfte**). Die erhaltenen (durchlaufenden) Beträge, die für den Auftraggeber erhoben werden und zu keiner Erhöhung des Eigenkapitals des vermittelnden Unternehmens führen, sind folgerichtig nicht als Erlös i.S. des IAS 18 anzusehen. Als Erlös ist lediglich die für das Vermittlungsgeschäft erhaltene Provision einzuordnen.[12]

10

---

9 Zur Abgrenzung zwischen dem Anwendungsbereich von IAS 18 und IAS 11 vgl. weiterführend Rn. 26-27.
10 Hierbei handelt es sich auch um eine Durchbrechung des sog. Asset-Liability-Approach der IFRS-Rechnungslegung.
11 Zur Ertragsrealisation im Rahmen von *sale-and-buy-back*-Geschäften vgl. ausführlich *Zülch/Hoffmann/Siggelkow* KoR 2010, 40ff.; *Wenk/Jagosch* KoR 2010, 33ff.
12 Vgl. IAS 18.8. Vgl. hierzu ausführlich sowie weiterführend zu den Abgrenzungskriterien von Umsatzerlösen aus Vermittlungsgeschäften *KPMG* (Hrsg.), Insights, 792ff.; *Ernst & Young* (Hrsg.), International GAAP, 1566f.

11 III. **Begriffe.** Der Standard umschreibt vorab lediglich zwei zentrale Begriffe der Erlösrealisierung. Dabei werden zunächst in IAS 18.7 **Umsatzerlöse** als die aus der gewöhnlichen Tätigkeit des Unternehmens resultierende Bruttozuflüsse wirtschaftlichen Nutzens während der Berichtsperiode definiert, die zu einer Erhöhung des Eigenkapitals führen und nicht aus Einlagen der Anteilseigner resultieren. Damit umfasst der Begriff mehr als die Umsatzerlöse i.e.s., auch die im deutschen Sprachgebrauch unter „sonstige Erlöse" subsumierten Mittelzuflüsse. Der Umfang dieser Abgrenzung wird durch die Regelung des IAS 18.8 weiter präzisiert, indem der Begriff auf jene Bruttozuflüsse wirtschaftlichen Nutzens beschränkt wird, die ein Unternehmen auf eigene Rechnung erhalten hat oder beanspruchen kann. Hingegen sind Beträge, die lediglich für Dritte einbehalten werden und deshalb kein Nutzenpotenzial für das Unternehmen aufweisen, nicht durch den Begriff der Erlöse i.S.v. IAS 18.7f abgedeckt. Dies betrifft bspw. einbehaltene und abzuführende Steuern wie die Umsatzsteuer sowie sämtliche Posten, die auf Rechnung Dritter dem Unternehmen zufließen, ohne dessen Eigenkapital zu erhöhen.

12 Darüber hinaus enthält IAS 18.7 eine Definition des **beizulegenden Zeitwerts** (fair value), die jedoch lediglich eine allgemeine Begriffsabgrenzung darstellt. Danach handelt es sich dabei um den Betrag, zu dem zwischen Sachverständigen, vertragswilligen und voneinander unabhängigen Geschäftspartnern ein Vermögenswert getauscht oder eine Schuld beglichen werden könnte.

13 **IV. Allgemeine Grundsätze der Erlöserfassung und Erlösbewertung. 1. Voraussetzungen für die Erlösrealisation.** Die allgemeine Bedingung für die Erlösrealisation nach IAS 18 ist, dass ein **wirtschaftlicher Nutzen mit hinreichender Wahrscheinlichkeit** zufließt sowie dieser **verlässlich gemessen** werden kann.[13] Unzureichend wahrscheinliche Erträge dürfen demnach i.S. von IAS 18 nicht „vorübergehend" realisiert und anschließend wertberichtigt werden. Eine Umsatzrealisation ist dann ausgeschlossen. Etwas anderes gilt hingegen, wenn zu einem späteren Zeitpunkt Zweifel an der Werthaltigkeit entstehen. In diesem Fall ist eine Wertberichtigung in Form einer separaten Aufwandserfassung vorzunehmen; die Korrektur des zuvor erfassten Erlöses ist nicht erlaubt.[14] Im Wesentlichen entsprechen die Ansatzkriterien des IAS 18 somit den allgemeinen Definitionskriterien des Frameworks in F.83.[15] Die allgemeine Regelung zur Erlöserfassung wird im weiteren Standard durch die Vorschriften der drei Transaktionstypen (Verkauf von Gütern/Erbringung von Dienstlei-

---

13 Vgl. hierzu die „Zielsetzung" von IAS 18 sowie weiterführend IAS 18.14, IAS 18.20 und IAS 18.29.
14 Vgl. IAS 18.18 sowie IAS 18.A6 oder auch *Schlüter*, Beck'sches IFRS-Handbuch, 3. Auflage 2009, §15 Rn. 8.
15 Vgl. ausführlich *Kuhner*, Münchener Kommentar, IAS 18 Rn. 26ff.; *Wüstemann/Wüstemann/Neumann* Rechnungslegung nach IFRS, IAS 18 Rn. 12ff.

stungen/Zinsen, Nutzungsentgelte und Dividenden) näher konkretisiert, daher wird auch an dieser Stelle hinsichtlich konkreter Realisationskriterien auf die nachfolgenden Ausführungen verwiesen.

Die in IAS 18 formulierten Ansatzkriterien für Erlöse sind gemäß IAS 18.13 grundsätzlich **auf jeden einzelnen Geschäftsvorfall gesondert anzuwenden**. Einige Sachverhaltskonstellationen erfordern jedoch die Zerlegung des Gesamtgeschäfts in seine einzeln abgrenzbaren Leistungskomponenten, um auf diese Weise das der Transaktion zugrunde liegende Vertragsverhältnis wirtschaftlich sachgerecht abzubilden (sog. Mehrkomponentenverträge).[16] Im Umkehrschluss kann es allerdings auch sachgerecht erscheinen, die Erlösrealisierungskriterien auf mehrere Geschäftsvorfälle zusammen anzuwenden, wenn diese in einer Art und Weise miteinander verbunden sind, dass die wirtschaftlichen Auswirkungen ohne Bezugnahme auf die Gesamtheit der Geschäftsvorfälle nicht verständlich zu erfassen sind. So kann ein Unternehmen zum Beispiel Waren veräußern und gleichzeitig in einer getrennten Absprache einen späteren Rückkauf vereinbaren, der die wesentlichen Auswirkungen der Veräußerung wieder rückgängig macht; in einem solchen Fall wären beide Geschäfte zusammen zu behandeln.[17]

2. Bewertungsmaßstäbe. Die Bemessung der Erlöse erfolgt gemäß IAS 18.9 anhand des **beizulegenden Zeitwerts** der erhaltenen oder zu beanspruchenden Gegenleistung. Dieser bemisst sich dabei zumeist auf Grundlage der vertraglichen Vereinbarungen der jeweiligen Vertragsparteien (Nominalwert), wobei Preisnachlässe wie Mengenrabatte oder Treueboni zum Abzug zu bringen sind.[18]

Bei der Bewertung von Erlösen sind nach IAS 18.10 Preisnachlässe und Mengenrabatte zum Abzug zu bringen. Werden dem Kunden **Mengen- bzw. Umsatzrabatte** gewährt, die entsprechend der Höhe eines bestimmten Jahresumsatzes oder Jahresmenge eingeräumt werden, ergibt sich das praktische Problem, dass bei unterjährigen Bestellungen eventuell später gewährte Rabatte noch nicht verlässlich abzuschätzen sind. Sofern die tatsächlich zu gewährenden Rabatte verlässlich geschätzt werden können, ist die zu erwartende Erlösschmälerung zum Transaktionszeitpunkt über eine Rückstellung zu Lasten der Erlöse zu erfassen.[19] Kann das Rabattvolumen indes nicht verlässlich geschätzt werden, so darf der Erlös nur unter Annahme der erwarteten Erlösschmälerung realisiert werden.[20] In diesem Zusammenhang ist nicht auf den

---

16 Vgl. hierzu weiterführend Rn. 22-25.
17 Vgl. IAS 18.13 oder auch *Ernst & Young* (Hrsg.) International GAAP, 1568.
18 Vgl. IAS 18.10.
19 Vgl. *Kuhner* Münchener Kommentar, IAS 18 Rn. 36; *ADS International* Abschnitt 4 Rn. 49.
20 Vgl. *Wüstemann/Wüstemann/Neumann*, Rechnungslegung nach IFRS, IAS 18 Rn. 15; *KPMG* (*Hrsg.*) Insights, 809.

maximal denkbaren Rabatt, sondern den wahrscheinlichsten abzustellen.[21] Wurde dem Kunden ein **Skonto** eingeräumt, welches jedoch noch nicht in Anspruch genommen worden ist, ist entsprechend der Bilanzierung von Mengen- und Umsatzrabatten eine Rückstellung in Höhe der gewährten Preisnachlässe zu bilden.[22] Zum Sonderfall einer bilanziellen Erfassung von **Kundenbindungsprogrammen** soll an dieser Stelle auf die Ausführungen zu IFRIC 13 in Rn 117ff verwiesen werden.

Beispiel

Das Familienunternehmen Wooli produziert Decken für den Heimtextilbereich. Seinem größten Abnehmer gewährt Wooli einen gestaffelten Rabatt. Bis zu einer Abnahmemenge von 250.000 wird dem Großkunden ein Rabatt von 1,5% gewährt, ab einer Menge von 500.000 Stück 1,75% und ab 1.000.000 Stück 2,0%. Der Rabatt bezieht sich jeweils auf die Abnahmemenge des Gesamtjahrs. Im August des laufenden Geschäftsjahres liefert Wooli 250.000 Decken an den Abnehmer. Zu diesem Zeitpunkt wurden vom Kunden im Geschäftsjahr bereits 300.000 Decken abgenommen. Da das Wintergeschäft noch aussteht ist davon auszugehen, dass eine Gesamtabnahmemenge von 1.000.000 Stück erreicht wird. Dies wurde einerseits durch den Abnehmer signalisiert, andererseits kann der Schätzwert durch Erfahrungswerte belegt werden. Da die zu gewährenden Rabatte in Höhe von 2,0% verlässlich geschätzt werden können, ist von den Erlösen aus dem Verkauf der 250.000 Decken im Beispielsachverhalt ein Rabatt von 2,0% in Abzug zu bringen.

Abwandlung

Zum Zeitpunkt der Lieferung der 250.000 Decken kann indes noch nicht abgeschätzt werden, ob der Großkunde im Laufe des Geschäftsjahres insgesamt 1.000.000 Decken abnimmt und demnach einen Rabatt von 2% erhält. Daher ist im Zuge der Erlösrealisierung der maximal erwartete Rabatt zugrunde zu legen. Im Sachverhalt sind dies 1,75%, da der Großkunde zum Zeitpunkt August bereits über 500.000 Decken abgenommen hat und somit bereits Anspruch auf einen Rabatt dieser Höhe hat.

17 Der beizulegende Zeitwert der Gegenleistung kann gemäß IAS 18.11 bei **zeitlichen Verzögerungen** des Zuflusses der Zahlungsmittel oder Zahlungsmitteläquivalente unter dem Nominalwert der erhaltenen oder zu beanspruchenden Zahlungsmittel liegen. Unter zeitlichen Verzögerungen sind dabei bspw. längere Zahlungsziele zu verstehen. In diesem Zusammenhang ist zu prüfen, ob die Transaktion neben der zu erbringenden Sach- bzw. Dienstleistung zusätzlich eine **Finanzierungsleistung**

---

21 Andere Auffassung *ADS International*, Abschnitt 4 Rn. 49. Nach der dort vertretenen Ansicht ist der Erlös zunächst unter Berücksichtigung einer maximalen Erlösschmälerung zu realisieren. Eine mögliche Korrektur, d.h. eine Nacherfassung der Resterlöse, soll erst dann erfolgen, sobald eine verlässliche Schätzung möglich ist.

22 Vgl. *Wüstemann/Wüstemann/Neumann*, Rechnungslegung nach IFRS, IAS 18 Rn. 15; *ADS International* Abschnitt 4 Rn. 62.

IV. Allgemeine Grundsätze der Erlöserfassung und Erlösbewertung

enthält. Dies ist zB der Fall, wenn ein von den gewöhnlichen Branchenbedingungen abweichendes Zahlungsziel gewährt wird und das Unternehmen für die Stundung der Gegenleistung keinen oder einen geringeren Zins als den Marktzins erhält, dh der Anspruch des Gläubigers unverzinslich oder unterverzinslich ist. Infolgedessen liegen ein Absatz- und ein Finanzierungsgeschäft vor, die getrennt voneinander zu behandeln sind. Stellt sich dieser Fall dar, so ist der Nominalwert um den Zinsanteil zu korrigieren. Der beizulegende Zeitwert des Absatzgeschäftes bestimmt sich aus dem abgezinsten Wert der künftigen Zahlung. Der hierdurch separierte Zinsanteil der späteren Zahlung darf nicht als Umsatzerlös, sondern muss als Zinsertrag in der GuV gezeigt werden.[23]

Umfasst das Geschäft einen Finanzierungsvorgang, so ist der beizulegende Zeitwert der Gegenleistung nach IAS 18.11 durch **Abzinsung** aller zukünftigen Einnahmen mittels eines **kalkulatorischen Zinssatzes** zu bestimmen. Als Zinssatz ist in Abhängigkeit von einer verlässlicheren Bestimmbarkeit entweder

(a) ein der Bonität des Schuldner entsprechender Zinssatz für eine vergleichbare Finanzierung oder

(b) ein Zinssatz, mit dem der Nominalbetrag der Einzahlungen auf den gegenwärtigen Barzahlungspreis für die verkauften Erzeugnisse, Waren oder Dienstleistungen diskontiert wird, anzuwenden.

Bezogen auf den jeweiligen Einzelfall ist gemäß IAS 18.11 der verlässlicher bestimmbare der o.g. Zinssätze zugrunde zu legen. Werden dem Kunden allerdings unterverzinsliche bzw. unverzinsliche Finanzierungen angeboten, so darf der Diskontierung der zukünftigen Zuflüsse konsequenterweise nicht der interne Zinsfuß des Finanzierungsgeschäfts zugrunde gelegt werden, sondern muss auf einem adäquaten Marktzinssatz basieren.[24]

Die **Differenz** zwischen dem beizulegenden Zeitwert und dem Nominalwert ist nach IAS 18.11 gemäß den Vorschriften in IAS 18.29-30 sowie IAS 39 als Zinsertrag zu erfassen. Der zu erfassende Zinsertrag ist hierbei i.S. von IAS 18.30(a) mittels der **Effektivzinsmethode** gemäß IAS 39 zu bestimmen.[25] Inwieweit auch kurzfristige Finanzforderungen mit einer Laufzeit von bis zu einem Jahr zum Zweck der Bereitstellung von Zahlen für Quartals- bzw. Halbjahresabschlüssen mittels der Effektivzinsmethode aufgezinst werden müssen, muss vor dem Hintergrund des Wesentlichkeitsgrundsatzes jeweils im Einzelfall beurteilt werden.

---

23 Vgl. *Kuhner* Münchener Kommentar, IAS 18 Rn. 46; *ADS International* Abschnitt 4 Rn. 37.
24 Vgl. *Heuser/Theile* IFRS-Handbuch Rn. 614; *Kuhner* Münchener Kommentar, IAS 18 Rn. 49.
25 Vgl. IAS 18.11; *Ernst & Young (Hrsg.)* International GAAP, 1568; *ADS International* Abschnitt 4 Rn. 37; *Kuhner* Münchener Kommentar, IAS 18 Rn. 46.

Beispiel
Ein Elektrogroßmarkt verkauft zum 31. Dezember 2010 einen Kühlschrank zu einem Preis von 1.000 € an einen Kunden. Zu Verkaufsförderungszwecken bietet der Elektromarkt seinen Kunden eine „Nullprozent-Finanzierung" für ein Jahr an. Ein marktüblicher Zins liegt bei 6%. Dieses Angebot hat der Kunde in Anspruch genommen, so dass er den Kaufpreis für den Kühlschrank in Höhe von 1.000 € – ohne Verzinsung – erst am 31. Dezember 2011 bezahlen muss.

Aus Sicht des Elektrogroßmarkts liegt i.S. von IAS 18.11 neben dem Absatzgeschäft nunmehr auch ein Finanzierungsgeschäft vor. Der beizulegende Zeitwert des Absatzgeschäfts, das zum Zeitpunkt des Verkaufs als Erlös zu vereinnahmen ist, berechnet sich gemäß IAS 18.11 aus dem diskontierten Nominalwert. Zum 31. Dezember 2010 ist somit ein Erlös aus dem Verkauf des Kühlschranks in Höhe von 943,40 € (1.000 € / 1,06) zu erfassen. Zahlt der Kunde den Rechnungsbetrag in Höhe von 1.000 € zum 31. Dezember 2011, so ist die Differenz von 56,60 € als Zinsertrag in der GuV zu berücksichtigen.

Wäre der Elektrogroßmarkt verpflichtet, einen Halbjahresabschluss zum 30. Juni 2011 aufzustellen, müsste dieser theoretisch eine aus dem Finanzierungsgeschäft resultierende anteilige Zinsforderung sowie einen anteiligen Zinsertrag für den 6-monatigen Zeitraum im Zwischenabschluss erfassen. Die Berechnung hätte gemäß IAS 18.11 i.V.m. IAS 18.30(a) nach der Effektivzinsmethode i.S. von IAS 39 zu erfolgen. Inwieweit dieser Rechenschritt in der Praxis notwendig ist, muss im Einzelfall vor dem Hintergrund des Wesentlichkeitsgrundsatzes beurteilt werden.

3. Erlösrealisation bei Tauschgeschäften. Tauschgeschäfte liegen vor, wenn die Gegenleistung nicht (in vollem) Umfang in Zahlungsmitteln oder Zahlungsmitteläquivalenten besteht. Dabei kann es sich zum einen um Tauschgeschäfte handeln, bei denen Leistung und Gegenleistung in Form von Gütern oder Dienstleistungen **gleichartig und gleichwertig** sind. Solche Transaktionen haben den Charakter eines Aktivtauschs mit der Folge, dass aus ihnen kein Umsatzvorgang resultiert.[26] Folglich fallen bei diesen Tauschvorgängen **keine** zu verbuchenden **Umsatzerlöse** an, da es sich um kein echtes Absatzgeschäft handelt. Besondere Relevanz besitzt diese Art von Geschäftsvorfall nach IAS 18.12 im Bereich von Rohstoffen und sonstigen Bedarfsgütern, wie Öl oder Milch, um an verschiedenen Standorten entstehende Engpässe kurzfristig ausgleichen zu können.[27]

---

26 Vgl. IAS 18.12.
27 Vgl. hierzu auch *Pellens/Fülbier/Gassen* Internationale Rechnungslegung, 229; *Wüstemann/Wüstemann/Neumann* Rechnungslegung nach IFRS, IAS 18 Rn. 113.

Beispiel

Zwei Mineralölfirmen tauschen ihre an verschiedenen Standorten gelagerten Ölvorräte identischer Spezifikation untereinander, um auf diese Weise die Nachfrage an einem bestimmten Standort zu erfüllen und dadurch Logistikkosten einzusparen.

Da IAS 18 dem Anwender keinerlei Anwendungskriterien für die **Auslegung von Gleichartigkeit und Gleichwertigkeit** an die Hand gibt, wird eine objektive Beurteilung in der Praxis jedoch regelmäßig schwierig sein. Es ist daher stets zwischen einer wirtschaftlichen und einer bilanzpolitischen Motivation zur Durchführung des Geschäfts zu unterscheiden. Nach der hier vertretenen Auffassung ist insbesondere bei bilanzpolitisch motivierten Tauschgeschäften die Auslegung des Begriffs „Gleichartigkeit" besonders eng auszulegen, um missbräuchlichen Gestaltungen vorzubeugen.[28]

Demgegenüber sind zum anderen Tauschvorgänge möglich, bei denen Waren oder Dienstleistungen gegen **art- und wertmäßig unterschiedliche Waren** bzw. Dienstleistungen getauscht werden. Aus diesen Transaktionen kann ein Ertrag generiert werden, der sich an der Höhe des beizulegenden Zeitwerts der erhaltenen Vermögenswerte u.U. korrigiert um zusätzliche erhaltene oder geleistete Zahlungen bemisst. Sofern der beizulegende Zeitwert der erhaltenen Vermögenswerte nicht hinreichend verlässlich bestimmt werden kann, ist bei der Erlöserfassung der beizulegende Zeitwert der hingegebenen Vermögenswerte unter Berücksichtigung möglicher Zahlungen anzusetzen. Nicht in IAS 18 geregelt ist die Vorgehensweise, wenn weder der beizulegende Zeitwert der Leistung noch der Gegenleistung verlässlich bestimmt werden kann. Dieses Beurteilungsproblem ergibt sich regelmäßig beim Tausch von Dienstleistungen. In solchen Fällen erscheint es sachgerecht, einen Ertrag in Höhe der Kosten für die erbrachten Dienstleistungen zu erfassen.[29]

Ein Spezialfall stellt der **Tausch von Werbeleistungen** dar, welcher vor allem zu Zeiten des neuen Marktes aus bilanzpolitischen Motiven erhöhte praktische Relevanz besaß. Dieser Problembereich wird durch **SIC-31** geregelt. Hierzu wird auf die Ausführungen in Rn 109ff verwiesen.

4. Erlösrealisation bei Mehrkomponentengeschäften. Ein **Mehrkomponentengeschäft** stellt ein Geschäft dar, in dem mit dem Kunden eine Gesamtleistung vereinbart wird, die jedoch aus verschiedenen einzelnen, identifizierbaren Teilleistungen (Komponenten) besteht.[30] Die (Teil-)Leistungen sind in der Praxis regelmäßig eng miteinander verbunden und werden daher häufig in einem einzigen Vertrag mit einem einzigen Gesamtpreis vereinbart.[31] Die in IAS 18 formulierten Ansatzkriterien

---
28 So auch *Schlüter* Beck'sches IFRS-Handbuch, §15 Rn. 35 oder *Lüdenbach* Haufe-Kommentar, §25 Rn. 39.
29 Vgl. *Pellens/Fülbier/Gassen*, Internationale Rechnungslegung, 230.
30 Vgl. *ADS International* Abschnitt 4 Rn. 141; *Pilhofer/Bösser/Düngen* WPg 2010, 80.
31 Vgl. *Lüdenbach/Hoffmann* DStR 2006, 153.

für Erlöse sind gemäß IAS 18.13 grundsätzlich auf jeden einzelnen Geschäftsvorfall gesondert anzuwenden. Einige Sachverhaltskonstellationen erfordern jedoch die Zerlegung des Gesamtgeschäfts in seine einzeln abgrenzbaren Leistungskomponenten, um auf diese Weise das der Transaktion zugrunde liegende Vertragsverhältnis wirtschaftlich sachgerecht abzubilden (sog. Mehrkomponentenverträge). Zu denken ist in diesem Zusammenhang bspw. an im IT-Bereich abgeschlossene Kaufverträge, die gleichzeitig Wartungsleistungen für die erworbenen Geräte nach dem Kauf vorsehen. Der für die Wartungsleistung erbrachte Betrag ist i.S.v. IAS 18.13 passivisch abzugrenzen und über den Zeitraum, in dem die Leistung tatsächlich erbracht wird, als Ertrag zu erfassen.[32] Derartige Transaktionen enthalten somit Elemente eines Verkaufs- und eines Dienstleistungsgeschäfts mit der Folge, dass für jede Teilleistung eine gesonderte Beurteilung der Erlösrealisierung erfolgen muss. Des Weiteren sind Mehrkomponentengeschäfte vielfach in der Telekommunikationsbranche anzutreffen, die aus absatzpolitischen Erwägungen eine Vielzahl von Leistungen in einem Packet am Markt anbieten (zB Telefonie, SMS-Service, Datenaustausch sowie Internet in Kombination mit einem Mobilfunkgerät, einem DSL-Modem etc.).

25   Im Umkehrschluss hierzu kann es nach IAS 18.13 allerdings auch notwendig sein, mehrere zivilrechtlich getrennte Geschäfte aufgrund einer wirtschaftlichen Betrachtungsweise aus bilanzieller Sicht als einen Geschäftsvorfall zu interpretieren. Hierbei handelt es sich de facto um eine Ausprägung des im Rahmenkonzept enthaltenen Grundsatzes der wirtschaftlichen Betrachtungsweise (substance over form, F.35)[33] In diesem Zusammenhang kann es sich zB um den Verkauf eines Anlagegegenstandes mit gleichzeitiger Vereinbarung handeln, diesen vor Ablauf der Nutzungsdauer wieder zurück zu erwerben. Zivilrechtlich liegen zwei unterschiedliche Geschäfte vor, die aus bilanzieller sowie wirtschaftlicher Sicht ggf. als ein Geschäft zu würdigen sind, nämlich die entgeltliche Nutzenüberlassung von Vermögenswerten.[34]

26   Die Aufteilung eines Mehrkomponentengeschäfts kommt aus konzeptioneller Sicht in Frage, wenn die Komponenten **dem Grunde** (sachliche Trennbarkeit) und **der Höhe nach** (wertmäßige Trennung) **voneinander abgrenzbar** sind.[35] Eine sachliche Trennbarkeit dem Grunde nach liegt vor, wenn die identifizierbaren Teilleistungen für sich genommen einen eigenen Wert für den Kunden besitzen oder der Kunde muss sie separat von verschiedenen Anbietern beziehen können. Eine wertmäßige Trennung der Höhe nach kann als gegeben angesehen werden, wenn das Gesamtent-

---

32   Vgl. IAS 18.13.
33   Vgl. z.B. *Pilhofer/Bösser/Düngen* WPg 2010, 81.
34   Vgl. *Lüdenbach/Hoffmann* DStR 2006, 153.
35   Vgl. hierzu ausführlich *Lüdenbach/Hoffmann* DStR 2006, 154ff.

gelt objektiv auf die einzelnen Komponenten verteilt werden kann.³⁶ Ist eine derartige **Abgrenzung** indes **nicht möglich**, so ist der Geschäftsvorfall **als Einheit zu bilanzieren**.³⁷

Beispiel 1

Eine Telekommunikationsfirma hat als erstes Unternehmen die Technik entwickelt, über das Internet die Fernsehprogramme des Kabelfernsehens zu empfangen und auf den Fernseher zu übertragen. Hierfür ist ein gesonderter Receiver notwendig. Im Zuge der Markteinführung bietet das Telekommunikationsunternehmen seinen Kunden das neue Produkt in Form eines Bundles an. Zu einem Preis von 150 € erhält der Endkunde das Jahresabonnement für das Kabelfernsehen sowie den Digitalreceiver. Der Digitalreceiver geht mit Abschluss des Vertrags in den Besitz des Kunden über. Eine Verlängerung des Abos kostet 100 € p.a. Der Receiver ist anderweitig nicht zu verwenden.

Da der Receiver ohne Abonnement keinen Wert für den Kunden besitzt – das Gerät ist nur in Kombination mit dem Abo nutzbar –, stellen der Absatz von Jahresabo und Receiververkauf eine sachliche Einheit i.S. der Erlösrealisation dar. Eine Aufteilung des Geschäfts i.S. eines Mehrkomponentengeschäfts in abgrenzbaren Umsatz für das Abo in Höhe von 100 € und einem sofort zu vereinnahmenden Erlös aus der Veräußerung des Receivers in Höhe von 50 € scheidet demnach aus. Das Absatzgeschäft ist dem Grunde nach nicht trennbar, da der Receiver in einer stand-alone-Betrachtung für den Kunden nicht nutzbar ist. Infolgedessen ist der Gesamtumsatz von 150 € über die Laufzeit des Vertrags zu verteilen.

Beispiel 2

Ein Mobilfunkunternehmen verkauft einem Endkunden neben einem 24-monatigem Nutzungsvertrag zusätzlich ein Handy. Da das Handy aber vertragsunabhängig genutzt werden kann, ist das Geschäft dem Grunde nach sachlich trennbar. Der Erlös aus dem Verkauf des Mobilfunkgeräts kann somit zum Zeitpunkt des Vertragsabschlusses direkt als Erlös erfasst werden.

Praxishinweis

Besondere praktische Relevanz hinsichtlich der Abgrenzung einzelner Vertragskomponenten im Zusammenhang mit der Erlösrealisation stellt sich bei der Bilanzierung von sog. subscriber acquisition costs, welche vor allem bei Internetprovidern sowie Telekommunikationsunternehmen auftreten. Hierbei handelt es sich um Maßnahmen der Kundengewinnung, wie bspw. die kostenlose bzw. subventionierte Abgabe von Hardware oder die Erstattung von Bereitstellungsentgelten. Hierbei stellt sich die zentrale Frage, ob das Unternehmen die subscri-

---

36 Vgl. *Lüdenbach/Hoffmann* DStR 2006, 154.
37 Vgl. *Kuhner* Münchener Kommentar, IAS 18 Rn. 57; *Pilhofer/Bösser/Düngen* WPg 2010, 80f.

ber acquisition costs direkt vom Erlös absetzen muss und demnach direkt als Aufwand zu behandeln hat oder ob die subscriber acquisition costs als Vermögenswert aktiviert und anteilig über die Laufzeit aufgelöst werden.[38]

27 Obwohl in IAS 18.13 die zentrale Vorschrift enthalten ist, die einzelnen Bestandteile eines Mehrkomponentengeschäfts separat zu behandeln, so gibt das IASB dem Anwender keine konzeptionelle Grundlage darüber, wann ein Vertrag dem Grunde nach aufzuteilen ist und wie die einzelnen Bestandteile der Höhe nach bewertet werden müssen. Zur Auslegung dieser **Regelungslücke** i.S. der Regelungshierarchie des IAS 8.12 können daher die US-amerikanischen Vorschriften der US-GAAP (EITF 00-21 bzw. EITF 08-1) zur Erlösvereinnahmung bei Grenzfragen zur Hilfestellung herangezogen werden.[39]

28 **V. Erlösrealisierung beim Verkauf von Gütern. 1. Anwendungsbereich.** Nach IAS 18.3 sind unter dem Begriff „Güter" sowohl Erzeugnisse zu verstehen, die von einem Unternehmen für den Verkauf hergestellt worden sind, als auch Waren, die zum Zwecke des Weiterverkaufs erworben wurden, wie bspw. Handelswaren, die von einem Einzelhändler gekauft worden sind, oder Grundstücke und andere Sachanlagen, die für den Weiterverkauf bestimmt sind. Ausgenommen aus diesem **Anwendungsbereich** sind allerdings Verträge über die Veräußerung kundenspezifisch zu erstellender Gegenstände, welche gesondert nach den Vorschriften des IAS 11 zu behandeln sind. In Abgrenzung zum Regelungskreis des IAS 11 fallen in den Anwendungsbereich des IAS 18 somit lediglich der Verkauf kundenunspezifisch hergestellter Güter.[40]

29 Eine Abgrenzung zwischen kundenspezifischer und kundenunspezifischer Herstellung wird in der Praxis allerdings in Grenzfällen schwer fallen und der Einzelfallwürdigung obliegen. Als mögliches Abgrenzungskriterium wird im Schrifttum das Merkmal eines standardisierten Produktionsprozesses bzw. eines Serienprodukts angeführt, bei dem der Kunde lediglich hinsichtlich zuvor angebotener Ausstattungsmerkmale oder Auswahlmöglichkeiten auf die Herstellung einwirken kann. Derartige Produkte erfüllen nicht die Definitionsvoraussetzungen des IAS 11 und sind somit als Anwendungsfall des IAS 18 zu würdigen. Ferner wird es nicht als ausreichend für die Klassifizierung als kundenspezifischer Auftrag i.S. von IAS 11 erachtet, dass über einen Auftrag bzw. dessen Konditionen lediglich umfangreiche Verhandlungen geführt worden sind.[41]

---

38 Zur Bilanzierung von *subscriber acquisition costs* vgl. umfassend *Nebe/Elprana* KoR 2006, 477ff.
39 Vgl. *Lüdenbach* Haufe-Kommentar, §25 Rn. 70; *Wüstemann/Kierzek* BB 2005, 429; *Kuhner*, Münchener Kommentar, IAS 18 Rn. 54f.; *Wüstemann/Wüstemann/Neumann* Rechnungslegung nach IFRS, IAS 18 Rn. 89f. sowie ausführlich zu dieser Fragestellung mit ergänzenden Beispielsachverhalten *Pilhofer/Bösser/Düngen* WPg 2010, 81ff.
40 Vgl. *Wüstemann/Wüstemann/Neumann* Rechnungslegung nach IFRS, IAS 18 Rn. 19.
41 Vgl. hierzu ausführlich *ADS International* Abschnitt 16 Rn. 8f.; *Buhleier* Münchener Kommentar, IAS 11 Rn. 13ff. und 19f.; *Wüstemann/Wüstemann/Neumann* Rechnungslegung nach IFRS, IAS 18 Rn. 20.

V. Erlösrealisierung beim Verkauf von Gütern

Praxishinweis
Das IDW nennt in **IDW RS HFA 2.1** *eine Reihe von Anhaltspunkten für das Vorliegen eines* **kundenspezifischen Auftrags i.S. von IAS 11**. *In Abgrenzung zu IAS 18 sprechen demnach für die Einordnung eines Vertrags über die Veräußerung noch herzustellender Vermögenswerte als Fertigungsauftrag i.S. von IAS 11 folgende Sachverhalte:*
- *begrenzte Anzahl der insgesamt gefertigten Vermögenswerte;*
- *Komplexität der gefertigten Vermögenswerte (geringer Standardisierungsgrad);*
- *Exklusivität der gefertigten Vermögenswerte (beschränkter Abnehmerkreis);*
- *kundenspezifische und aufwändige Planung sowie Entwicklung.*

2. Erlösvereinnahmungskriterien. Ein Erlös aus dem Verkauf von Gütern gilt nach IFRS als realisiert, sofern die in IAS 18.14 vorgegebenen **Voraussetzungen kumulativ erfüllt sind**:
- Übertragung der **maßgeblichen Chancen und Risiken**, die mit dem Eigentum an den verkauften Waren und Erzeugnissen verbunden sind, vom bilanzierenden Unternehmen auf den Käufer (IAS 18.14(a)),
- keine Zurückbehaltung eines noch weiter bestehenden **Verfügungsrechts**, wie es gewöhnlich mit dem Eigentum verbunden ist, oder einer wirksamen **Verfügungsmacht** über die verkauften Waren und Erzeugnisse beim bilanzierenden Unternehmen (IAS 18.14(b)),
- **verlässliche Bestimmbarkeit** der Höhe der **Erlöse** (IAS 18.14(c)),
- **hinreichende Wahrscheinlichkeit** eines wirtschaftlichen Nutzenzuflusses aus dem Verkauf (IAS 18.14(d)) und
- **verlässliche Bestimmbarkeit** der mit dem Verkauf angefallenen oder noch anfallenden **Kosten** (IAS 18.14(e)).

Der Prüfung der oben genannten Erlösrealisierungskriterien ist stets eine **wirtschaftliche Betrachtungsweise** zugrunde zu legen. Dabei ist zunächst – falls erforderlich – eine Separierung von Teilgeschäften vorzunehmen, deren Erlöse nicht dem Verkauf von Gütern zuzuordnen sind und aufgrund dessen nicht nach den Kriterien des IAS 18.14ff erfasst werden.

Praxishinweis
Transportleistungen *im Rahmen von Güterverkäufen stellen grundsätzlich Dienstleistungen dar, deren Erlöse nach den Regelungen des IAS 18.20ff zu realisieren sind. Da jedoch die Transportleistungen zumeist keinen wesentlichen Teil gemessen an der Gesamtleistung darstellen, kann aus Praktikabilitätsgründen auf eine gesonderte Erfassung verzichtet werden.*[42] *Die Transporterlöse werden*

---
42 Vgl. *ADS International* Abschnitt 4 Rn. 75.

somit dem Verkaufserlös der Güter in Form von Nebenleistungen zugeordnet. Gleiches gilt bspw. für **Verpackungen** *von Gütern, die einen unwesentlichen Anteil an der Verkaufstransaktion ausmachen.*

32 a) **Übertragung von Chancen und Risiken.** Als entscheidendes Kriterium für die Erlösrealisierung gilt als **Voraussetzung** die **Übertragung von Chancen und Risiken** am Eigentum der Ware seitens des Verkäufers auf den Käufer. Ausgehend von einer wirtschaftlichen Betrachtungsweise sind dabei die Gesamtumstände des Verkaufs in die Beurteilung mit einzubeziehen. Aus wirtschaftlicher Betrachtungsweise findet der Zeitpunkt des Übergangs von Chancen und Risiken dann statt, wenn künftige eintretende Schäden und das Recht auf *usus fructus* nicht mehr das Reinvermögen des Verkäufers verringern bzw. erhöhen.[43] Implizit setzt IAS 18.14(a) voraus, dass der Veräußerer vor dem Verkauf der Waren die Stellung des wirtschaftlichen Eigentümers einnimmt. Nur unter dieser Grundvoraussetzung können die mit dem Eigentum des Guts verbundenen Chancen und Risiken von Seiten des Verkäufers übertragen werden. Liegt das wirtschaftliche Eigentum nicht beim Veräußerer, hat er unter diesen Bedingungen keine Erlöse aus Verkaufstransaktionen zu realisieren.

Beispiel

Bei sog. **Kommissionsgeschäften** *agiert der Verkäufer nur als Vermittler zwischen dem Käufer und seinem Auftraggeber und nimmt nicht die Position des wirtschaftlichen Eigentümers der zu vermittelnden Ware ein. Folglich kommt es beim Verkäufer zu keiner Erlösrealisierung aus dem Verkauf von Gütern.*

33 Der **Zeitpunkt der Erlöserfassung** bestimmt sich gemäß IAS 18.15 nach dem Zeitpunkt, zu dem das Unternehmen die maßgeblichen Chancen und Risiken aus dem Eigentum auf den Käufer überträgt. Als unproblematisch erweisen sich diejenigen Fälle, bei denen die Übertragung von Chancen und Risiken mit der rechtlichen Eigentumsübertragung oder dem Besitzübergang auf den Käufer zusammenfällt. Dies ist regelmäßig bei Verkaufsgeschäften im Einzelhandel der Fall. In anderen Fällen vollzieht sich die Übertragung der Risiken und Chancen aber zu einem von der rechtlichen Eigentumsübertragung oder dem Besitzübergang abweichenden Zeitpunkt.

Hinweis

Der Übergang von Chancen und Risiken orientiert sich nach IAS 18 an einer wirtschaftlichen Betrachtungsweise des Sachverhalts. In Deutschland existiert eine Vielzahl **bürgerlich rechtlicher Vorschriften** *zur Bestimmung des Gefahren- und Nutzenübergangs – zB §446 BGB (Kaufvertrag), §651 (Werkvertrag) oder §447 BGB (Versand). Diese rechtlichen Regelungen besitzen aber keinen overruling Charakter gegenüber der wirtschaftlichen Betrachtungsweise nach IFRS, können allerdings als starke Indikatoren für die Bestimmung des Über-*

---

43 Vgl. hierzu exemplarisch *Kuhner* Münchener Kommentar, IAS 18 Rn. 63.

V. Erlösrealisierung beim Verkauf von Gütern

gangszeitpunkts herangezogen werden. Eine Beurteilung darüber, zu welchem Zeitpunkt Chancen und Risiken übergegangen sind, erfordert in jedem Fall die Untersuchung der Gesamtumstände des Verkaufs.

Verbleiben wesentliche Eigentumsrisiken beim Verkäufer, kommt es nach IAS 18.16 zunächst noch nicht zu einer Erfassung von Umsatzerlösen.[44] IAS 18.16 nennt beispielhaft die folgenden Sachverhalte, in denen der Verkäufer maßgebliche Risiken und Chancen zurückbehält:

- Fälle, in denen das Unternehmen Verpflichtungen aus Schlechterfüllung übernimmt, die über die geschäftsüblichen Garantie- und Gewährleistungsverpflichtungen hinausgehen (IAS 18.16(a)),
- Fälle, in denen der Erhalt eines bestimmten Verkaufserlöses von den Erlösen aus dem Weiterverkauf der Waren oder Erzeugnisse durch den Käufer abhängig ist (IAS 18.16(b)),
- Fälle, in denen die Gegenstände einschließlich Aufstellung und Montage geliefert werden und diese Leistungen einen wesentlichen Vertragsbestandteil darstellen, der vom Verkäufer noch nicht erbracht wurde (IAS 18.16(c)),
- Fälle, in denen der Verkäufer die Wahrscheinlichkeit der Inanspruchnahme eines im Kaufvertrag vereinbarten Rücktrittsrechts nicht einschätzen kann (IAS 18.16(d)).

Verbleiben demgegenüber lediglich **unmaßgebliche Eigentumsrisiken** beim Verkäufer, ist seinerseits eine Erlösrealisierung vorzunehmen; es wird somit als zu realisierendes Absatzgeschäft angesehen. Dies trifft bspw. dann zu, wenn sich der Verkäufer zur Sicherung seiner Forderungen das rechtliche Eigentum an den verkauften Gegenständen vorbehält. Auch ist von einem Übergang der maßgeblichen Eigentumsrisiken beim Vorliegen von Rückgaberechten, wie sie typischerweise im Einzelhandel auftreten, auszugehen. Die Bedingung hierfür besteht in einer hinreichend genauen Bestimmbarkeit der Wahrscheinlichkeit der Rückgabe auf Basis historischer Daten, so dass der Bilanzierer eine entsprechende Schuld passivieren kann.

b) Bestehende Verfügungsrechte und Verfügungsmacht. Als eine weitere **Voraussetzung** hinsichtlich einer Erlösrealisierung aus Güterverkäufen schreibt IAS 18.14 (b) vor, dass der Verkäufer kein weiter bestehendes **Verfügungsrecht** oder eine wirksame **Verfügungsmacht** über die verkauften Waren und Erzeugnisse zurückbehalten darf. Diese Voraussetzung beschreibt den Übergang des wirtschaftlichen Eigentums auf der Ebene der Verfügungsrechte.[45] Detaillierte Erläuterungen zur Auslegung dieses Kriteriums gibt IAS 18 nicht vor. Es lässt sich jedoch ein enger

---

44 Vgl. IAS 18.16.
45 Vgl. exemplarisch *Kuhner* Münchener Kommentar, IAS 18 Rn. 62.

Zusammenhang zwischen der Übertragung von Verfügungsrechten bzw. der Verfügungsmacht und dem Übergang der maßgeblichen Chancen und Risiken am Eigentum der verkauften Waren konstatieren.

37 Der Begriff des Verfügungsrechts umfasst im allgemeinen Rechte zur Nutzung, Veränderung, Gestaltung sowie zur Veräußerung eines Guts.[46] Eine explizite Definition enthalten die IFRS nicht. Für eine Auslegung des Begriffs der Verfügungsmacht (*control*) kann auf die Definition in IAS 38.13 zurückgegriffen werden, wonach ein Unternehmen einen Vermögenswert beherrscht, wenn es die Macht hat, sich den künftigen wirtschaftlichen Nutzen, der aus der zugrunde liegenden Ressource zufließt, zu verschaffen und es Dritte hiervon ausschließen kann.[47]

38 Die Beurteilung einer Übertragung der Verfügungsrechte bzw. der Verfügungsmacht setzt eine Orientierung am Gesamtbild der Transaktion voraus. Im Zentrum der Würdigung steht dabei die Frage, ob dem Veräußerer nach dem Verkauf noch ein vom veräußerten Vermögenswert generierter wirtschaftlicher Nutzen zufließt. Trifft dies zu, ist nicht von einer Übertragung der Verfügungsrechte/Verfügungsmacht auf den Käufer auszugehen.

39 **c) Verlässliche Bestimmbarkeit der Erlöse.** Die **verlässliche Bestimmbarkeit** der Erlöse bildet das dritte Kriterium für die Erlösrealisierung bei Güterverkäufen. Sichere Kenntnisse hinsichtlich der Höhe der Erlöse bestehen, sofern Käufer und Verkäufer im Rahmen der Kaufverhandlungen einen eindeutigen und festen Preis vereinbart haben. Bei einer variablen Ausgestaltung des Kaufpreises kann zumeist eine verlässliche Schätzung der Erlöse auf der Grundlage von Erfahrungswerten erfolgen. Führt eine solche Schätzung zu keinen hinreichend verlässlichen Ergebnissen, bedeutet dies zunächst zwingend einen Verzicht auf eine Erlöserfassung im Abschluss. Als denkbaren Sachverhalt hierfür führt F.86 das Beispiel eines Rechtsstreits auf. So können zB die erwarteten Erlöse aus einem Rechtstreit sowohl den Definitionen eines Vermögenswerts sowie die eines Ertrags entsprechen und auch das Kriterium der Wahrscheinlichkeit erfüllen. Kann die Höhe des Anspruchs jedoch nicht verlässlich bewertet werden, so ist der Anspruch nicht als Vermögenswert und Ertrag zu erfassen. Es käme gem. F.86 ggf. lediglich eine Erläuterung im Anhang in Betracht.[48]

40 **d) Wahrscheinlichkeit des wirtschaftlichen Nutzenzuflusses.** Die Möglichkeit der Erlösrealisierung hängt darüber hinaus von der **Wahrscheinlichkeit des wirtschaftlichen Nutzenzuflusses** aus dem Verkauf ab. Der wirtschaftliche Nutzenzufluss konkretisiert sich dabei beim Verkäufer zumeist in einem Cashflow-Zufluss. Erlöse,

---

46 Vgl. *ADS International* Abschnitt 4 Rn 87.
47 Vgl. hierzu auch *Wüstemann/Wüstemann/Neumann* Rechnungslegung nach IFRS, IAS 18 Rn. 29.
48 Vgl. F.86.

V. Erlösrealisierung beim Verkauf von Gütern

bei denen keine hinreichende Wahrscheinlichkeit für den Nutzenzufluss besteht, sind bis zur Beseitigung dieser Unsicherheiten nicht zu realisieren. In einigen Fällen kann gem. IAS 18.18 die Unsicherheit bis zur Erfüllung der Gegenleistung bestehen.[49]

Unsicherheiten im Bezug auf den Nutzenzufluss können durch eindeutige und konkrete Zweifel an der Bonität des Kunden hervorgerufen werden. Bestehen diese Zweifel bereits zum Zeitpunkt des Verkaufs, scheidet eine Erlösrealisierung zunächst aus, da es nicht hinreichend wahrscheinlich ist, dass dem Verkäufer ein wirtschaftlicher Nutzen aus dem Verkauf zufließen wird. Das allgemeine Ausfallrisiko von Forderungen steht einer Erlösrealisierung jedoch nicht entgegen. Des Weiteren ist es denkbar, dass bei Auslandstransaktionen staatliche Kapitaltransferbeschränkungen bestehen.[50] Die Unsicherheit hinsichtlich der Wahrscheinlichkeit des Nutzenzuflusses ist in einem solchen Fall erst dann nicht mehr gegeben, wenn die Beschränkung aufgehoben bzw. von staatlicher Seite eine Genehmigung erteilt wurde, so dass es in diesem Zeitpunkt zu einer Erlösrealisierung kommt.

41

Treten bei bereits erfassten Erlösen im Nachhinein Unsicherheiten hinsichtlich der Einbringlichkeit des entsprechenden Betrags auf, ist keine nachträgliche Korrektur der Erlöse vorzunehmen, sondern es hat in Höhe des uneinbringlichen oder zweifelhaften Betrags eines gesonderte Aufwandserfassung zu erfolgen.

42

e) Verlässliche Bestimmbarkeit der Kosten. Ferner fordert IAS 18.14(e), dass das bilanzierende Unternehmen zum Zeitpunkt der Erfassung von Erlösen auch die im Zusammenhang mit dem Verkauf angefallenen oder noch anfallenden **Kosten verlässlich bestimmen kann**. Dieses Definitionskriterium lässt sich aus dem *matching principle* ableiten, was eine Ausprägung des Basisgrundsatzes einer periodengerechten Gewinnermittlung nach F.22 i.V.m. IAS 1.25 darstellt. Der Zweck der Voraussetzung zur verlässlichen Schätzung der Kosten kann darin gesehen werden, den Gesamterfolg aus dem Geschäft hinreichend genau ermitteln zu können, um zu gewährleisten, dass sich der erwartete Gewinn in Zukunft nicht durch überhöhte Aufwendungen in einen Verlust umkehrt.[51]

43

Die Kosten i.S. des IAS 18.18(e) umfassen neben den Anschaffungs- oder Herstellungskosten des Guts auch die beim Verkauf entstehenden Nebenkosten, wie bspw. die Vertriebskosten. Des Weiteren sind im Zeitpunkt der Erlöserfassung auch eventuelle Gewährleistungskosten und weitere nach der Lieferung der Ware bzw. des Erzeugnisses anfallende Kosten zu berücksichtigen. Kalkulatorische Kosten fließen in die Berechnung der Verkaufskosten nicht mit ein.[52]

44

---

49 Vgl. IAS 18.18.
50 Vgl. IAS 18.18.
51 Vgl. *Wüstemann/Wüstemann/Neumann* Rechnungslegung nach IFRS, IAS 18 Rn. 33; *ADS International* Abschnitt 4 Rn. 102.
52 Vgl. auch *ADS International* Abschnitt 4 Rn. 104.

Praxishinweis

Zu den Verpflichtungen im Rahmen des Güterverkaufs zählen auch Rücknahmeverpflichtungen wie sie für Elektro- und Elektronikaltgeräte bestehen.

45 Eine verlässliche Bestimmbarkeit der Kosten ist i.d.r. gegeben, sofern die weiteren Voraussetzungen für die Erlöserfassung vorliegen. Bei einer **nicht verlässlich ermittelbaren Kostenstruktur** muss jedoch zunächst von der Erlösrealisierung abgesehen werden, bis eine verlässliche Schätzung sichergestellt ist. Bereits für den Verkauf der Waren erhaltene Gegenleistungen sind gem. IAS 18.19 dann als Verbindlichkeit zu passivieren.[53]

46 **3. Ausgewählte Geschäftsvorfälle bei Abweichen des Realisationszeitpunkts vom Zeitpunkt des physischen Übergangs.** Das IASB führt im Appendix zu IAS 18 mögliche Beispiele auf, in denen der Ertragsrealisationszeitpunkt bei Verkaufsgeschäften vom Zeitpunkt des physischen Übergangs des Vermögenswerts auf den Kunden abweicht. Die Beispiele sollen die allgemeinen Vorschriften des IAS 18 konkretisieren und dem Abschlussersteller eine Hilfestellung zur bilanziellen Umsetzung derartiger Geschäftsvorfälle geben. Die thematisierten Sachverhalte werden im nachfolgenden aufgegriffen und diskutiert.

Praxishinweis

Praktische Schwierigkeiten bei der Auslegung einzelner Sachverhalte können dann auftreten, wenn lokale Rechnungslegungsvorschriften, die unter den Wortlaut des IAS 18 zu subsumieren wären, im Vergleich zu den Regelungen des IAS 18.A zu unterschiedlichen Lösungsansätzen hinsichtlich der bilanziellen Behandlung eines Geschäftsvorfalls führen. Da der Appendix zu IAS 18 keinen Bestandteil von IAS 18 darstellt, wurde er auch nicht von der EU endorsed und stellt daher grundsätzlich keine verpflichtend anzuwendende Vorschrift dar.

47 IAS 18.A1 thematisiert die Erlösrealisation von sog. **bill-and-hold-sales**. Bill-and hold-sales liegen dann vor, wenn der Kunde die Rechnung der Transaktion akzeptiert hat, die veräußerten Vermögenswerte aber auf seinen Wunsch hin noch beim Verkäufer verbleiben.[54] Liegt ein derartiger Sachverhalt vor, so ist der Erlös bereits mit Übergang des rechtlichen Eigentums realisiert. IAS 18.A1(a)-(d) nennt hierfür vier wesentliche Voraussetzungen:

- die Lieferung der Ware ist wahrscheinlich;
- die Ware ist zum Realisationszeitpunkt verfügbar, versandfertig und für den bestimmten Käufer gesondert gelagert;
- der Käufer hat der dem Übergang des rechtlichen Eigentums nachgelagerten Liefervereinbarung zugestimmt und

---

53 Vgl. IAS 18.19.
54 Vgl. *Kuhner* Münchener Kommentar, IAS 18 Rn. 76; *Wüstemann/Wüstemann/Neumann* Rechnungslegung nach IFRS, IAS 18 Rn. 44.

V. Erlösrealisierung beim Verkauf von Gütern

- es gelten die üblichen Zahlungsbedingungen.

Ein Ertrag ist allerdings dann nicht zu realisieren, wenn zum Zeitpunkt des Verkaufs lediglich die Absicht des Unternehmens besteht, die verkauften Waren zu beschaffen bzw. herzustellen.

Beispiel
Ein Sportartikelhersteller schließt am 12.03.2010 einen Vertrag über die Lieferung von 200.000 Tennisschlägern mit einem Kunden ab. Die Tennisschläger haben einen Wert von 200 € pro Stück. Der Vertrag beinhaltet spezielle Anweisungen des Kunden bezüglich Zeit und Ort der Lieferung. Demnach muss das Unternehmen die Tennisschläger im Laufe des Jahres 2011 an Herrn K liefern. Das genaue Datum wird vom Kunden noch festgelegt. Es gelten die üblichen Zahlungsbedingungen. In diesem Sachverhalt dürfen die Erträge gemäß IAS 18. A1 realisiert werden.

IAS 18.A2 regelt Sachverhalte, in denen die Erlösrealisation erst nach dem Zeitpunkt des physischen Übergangs des Vermögenswerts auf den Kunden erfolgen darf. So regelt IAS 18.A2(a) die Erlösrealisation, wenn die **Montage und Abnahme** eines Vermögenswerts durch den Kunden vereinbart sind. Eine Erlösvereinnahmung hat demnach erst nach erfolgreicher Montage und Abnahme zu erfolgen. Ausnahmsweise kann nach IAS 18.A2(a) der Erlös bereits bei Annahme der Lieferung durch den Käufer realisiert werden, wenn es sich bei der Montage um eine äußerst einfache Routinearbeit handelt oder wenn die Abnahme lediglich der Qualitätsfeststellung und damit der endgültigen Festlegung des Verkaufspreises dient.

48

Beispiel
Ein Telekommunikationsunternehmen verkauft eine Telefonanlage an den Kunden. Das Unternehmen geht zwei eindeutige und getrennte Verpflichtungen in einem Vertrag ein. Diese beinhalten die Lieferung der Anlage selbst und darüber hinaus ihrer Installation. Die Installation stellt eine einfache Tätigkeit dar und könnte sowohl vom Kunden selbst, als auch durch ein drittes Unternehmen durchgeführt werden. In diesem Fall ist die Installation als eine Routinearbeit zu werten, so dass die Risiken mit der Lieferung auf den Kunden übergegangen sind. Der Ertrag darf somit realisiert werden.

In IAS 18.A2(b) wird die Erlösrealisation bei Verkäufen mit **vereinbarten Rückgaberecht** geregelt. Liegt Unsicherheit über eine mögliche Rückgabe vor, so ist der Erlös nach IAS 18.A2(b) erst dann zu realisieren, wenn der Käufer die Lieferung akzeptiert hat oder wenn das Rückgaberecht nach erfolgter Lieferung erloschen ist.

49 IAS 18

Praxishinweis
Liegt eine Vielzahl gleichartiger Geschäfte vor – wie bspw. im Versandhandel –, so kann die Wahrscheinlichkeit von Rückgabequoten auf Grundlage von statistischen Erfahrungswerten berechnet werden. Eine Erlöserfassung kann dann auf Basis dieser Werte erfolgen.

50   In der Praxis kann der Fall vorliegen, dass Güter auch **ohne Rücknahmeverpflichtung** zum Bilanzstichtag wieder vom Verkäufer zurückgenommen werden. Ziel des Kunden ist es hierbei, durch die Rückgabe der Güter vor dem Bilanzstichtag die eigenen Bilanzkennzahlen aufbessern zu können (zB Working-Capital-Kennzahlen). Kurz nach dem Bilanzstichtag werden die Güter dann wieder an den Kunden verkauft. Zur Aufrechterhaltung der bestehenden Kundenbeziehung ist der Verkäufer – vor allem bei Großkunden – faktisch dazu verpflichtet, einer derartigen Transaktion zuzustimmen. Bilanziell handelt es sich aus Sicht des Verkäufers bei dem Geschäftsvorfall vor Jahresende aber um ein Scheingeschäft. Eine Erlösrealisation kommt demnach in der abgelaufenen Berichtsperiode nicht in Betracht, da das Geschäft erst im nächsten Jahr wirtschaftlich vollzogen wird.

51   Im Fall von **Kommissionsgeschäften**, in denen sich der Käufer verpflichtet, die Ware für den Verkäufer an Dritte zu veräußern, realisiert der Verkäufer den Erlös nach IAS 18.A2(c) erst dann, wenn der Abnehmer die Ware tatsächlich an Dritte veräußert hat. Bis zu diesem Zeitpunkt bleibt der Verkäufer wirtschaftlicher Eigentümer.

52   Bei **Lieferungen gegen Nachnahme** wird gemäß IAS 18.A2(d) der Erlös realisiert, wenn die Lieferung erfolgt und der vereinbarte Geldbetrag durch den Verkäufer oder einen von ihm beauftragten Dritten vereinnahmt wurde.

53   IAS 18.A3 regelt die bilanzielle Behandlung sog. *lay away sales*. Bei diesen erfolgt die Lieferung von Waren erst dann, wenn der Käufer die letzte Ratenzahlung geleistet hat. In der Regel erfolgt bei solchen Vereinbarungen die Erlösrealisation bei Lieferung. Wenn der Verkäufer jedoch aufgrund seiner Erfahrungen darlegen kann, dass ein Großteil dieser Vereinbarungen zur Lieferung führt, ist die Realisierung des Erlöses möglich, wenn der Käufer bereits eine betragsmäßig bedeutende Anzahlung geleistet hat, die Ware verfügbar und versandfertig ist sowie getrennt gelagert wird.

Beispiel
Ein Unternehmen vertreibt hochwertige Hi-Fi-Geräte und bietet seinen Kunden Ratenzahlungen an. Der Kunde kauft in dem Unternehmen eine Stereoanlage. Er leistet eine Anzahlung und vereinbart Ratenzahlung über den restlichen Kaufpreis. Das Unternehmen hält die Stereoanlage in den Geschäftsräumen bereit und liefert diese erst bei vollständiger Zahlung des Kaufpreises. In der Vergangenheit sind sämtliche Kunden des HiFi-Unternehmers ihren Zahlungs-

V. Erlösrealisierung beim Verkauf von Gütern

verpflichtungen nachgekommen. Aufgrund dieser Erfahrungswerte ist gemäß IAS 18.A3 eine Erlösrealisation erlaubt, da das Unternehmen die Ware nach erfolgter Anzahlung gesondert lagert und zum Versand bereit hält.

Bei **vereinbarter Vorauszahlung oder Anzahlung** ist eine Erlösrealisierung nach IAS 18.A4 vor erfolgter Lieferung unzulässig, wenn der Verkäufer die Ware nicht verfügbar hält, bspw. wenn diese erst produziert oder von einem Dritten direkt an den Kunden geliefert werden muss. 54

Eine Regelung zu **Rückkaufsverpflichtungen oder -optionen** nichtfinanzieller Vermögenswerte enthält IAS 18.A5. Sie gilt dann, wenn der Verkäufer zeitgleich mit dem Verkauf einem späteren Rückkauf zustimmt, wenn der Verkäufer das Recht zu einem späteren Rückkauf hat oder wenn der Käufer das Recht hat, vom Verkäufer einen späteren Rückkauf zu verlangen. In diesen Fällen ist zunächst festzustellen, ob der Verkäufer die Chancen und Risiken aus dem Eigentum an den Käufer übertragen hat. Für den Fall, dass der Verkäufer diese behält, stellt die Transaktion wirtschaftlich eine Finanzierungsvereinbarung dar, auch wenn das juristische Eigentum übergegangen ist. Eine Erlösrealisierung ist deshalb nicht zulässig. 55

Beispiel

Ein Maschinenbauunternehmen verkauft Industrieanlagen an verschiedene Kunden der Automobilindustrie. Das Unternehmen schließt einen Kaufvertrag mit einem Kunden ab und verpflichtet sich zum Rückkauf der Anlage nach zwei Jahren zu einem festgelegten Preis. Der Kunde zahlt den Kaufpreis in Höhe von 1.200.000 € in 24 Raten zu je 50.000 €. Im Vertrag ist festgelegt, dass die Nutzung der Anlage gewissen Beschränkungen unterliegt und der Kunde die Anlage zu warten hat. In diesem Fall ist die Transaktion als sichere Nutzungsüberlassung anzusehen, was demzufolge einer Erlösrealisation entgegensteht.

Die Erlösrealisierung bei **Verkäufen an Zwischenhändler**, die im Auftrag des Verkäufers tätig werden, regelt IAS 18.A6. Auch hier erfolgt die Erlösrealisierung, wenn die Chancen und Risiken des Eigentums übertragen wurden. Wenn jedoch der Käufer als Agent des Verkäufers tätig wird, handelt es sich wirtschaftlich betrachtet um ein **Kommissionsgeschäft**. In diesem Fall darf der Kommissionär lediglich die Provision als Ertrag realisieren.[55] 56

Im Fall von **Abonnements von Zeitschriften und ähnlichen Produkten** ist gemäß IAS 18.A7 eine lineare Erlösrealisierung über den Vertragszeitraum zulässig, wenn die einzelnen Produkte einen gleichbleibenden Wert aufweisen. Weichen die einzelnen Werte ab, so erfolgt die Erlösrealisierung auf Basis des jeweiligen Verkaufspreises im Verhältnis zum Gesamtwert des Abonnements. 57

---

55 Zu Kommissionsgeschäften vgl. ausführlich *Lüdenbach* Haufe-Kommentar, §25 Rn. 98f.

58 Bei Teilzahlungsvereinbarungen wird der Erlös abzüglich der Zinskomponente zum Zeitpunkt der Lieferung realisiert. Dabei handelt es sich um den Barwert der einzelnen Zahlungen, der durch Diskontierung mit dem internen Zinssatz berechnet wird. Der Differenzbetrag zwischen der jeweiligen Ratenzahlung und ihrem Barwert wird zum jeweiligen Zahlungszeitpunkt als Zinsertrag vereinnahmt.

59 **VI. Ertragsrealisierung bei der Erbringung von Dienstleistungen. 1. Anwendungsbereich.** Gesonderte Kriterien für die Ertragsrealisierung bei der **Erbringung von Dienstleistungen** formuliert IAS 18.20ff. Der Begriff der Dienstleistung lässt sich gemäß IAS 18.4 als die Ausführung vertraglich vereinbarter Aufgaben über einen vereinbarten Zeitraum definieren. Die Dienstleistungen können innerhalb einer einzelnen Periode oder auch über mehrere Perioden hinweg erbracht werden. Dienstleistungen i.S. von IAS 18 umfassen sowohl Dienst- als auch Werkverträge.[56]

60 In der Praxis treten vielfach Vertragskonstellationen auf, die neben einer Verkaufskomponente eine Dienstleistungskomponente enthalten (zB Lieferung eines Guts mit nachfolgenden Wartungsdienstleistungen). Stellen die vereinbarten Dienstleistungen einen wesentlichen Teil im Verhältnis zur Gesamtleistung dar, handelt es sich bei ihnen um einen abgrenzbaren Bestandteil eines Geschäftsvorfalls mit der Folge, dass die Erlöse aus den Dienstleistungen entsprechend den Regelungen des IAS 18.20ff zu realisieren sind (Mehrkomponentengeschäfte).[57]

61 Ferner stellt IAS 18.4 fest, dass Verträge für das Erbringen von Dienstleistungen oftmals direkt mit **langfristigen Fertigungsaufträgen** verbunden sind (zB Leistungen von Projektmanagern und Architekten). Diese Art von Dienstleistungen werden aber explizit vom **Anwendungsbereich** des IAS 18 **ausgenommen**. Hierbei sind die Regelungen des IAS 11 einschlägig, so dass bei Dienstleistungsgeschäften zunächst differenziert werden muss, ob es sich bei dem getätigten Geschäft um eine Dienstleistung i.S. von IAS 18 oder eine auftragsbezogene und kundenindividuelle Herstellung handelt. Trifft der letztgenannte Fall ein, sind die Regelungen zur Erlösrealisation aus IAS 11 einschlägig. Unabhängig von der Zuordnung zu IAS 18 oder IAS 11 werden in der Praxis aber kaum Unterschiede zu erwarten sein, da – korrespondierend zu IAS 11 – auch nach IAS 18 die Realisierung von Erlösen aus Dienstleistungsgeschäften nach Maßgabe des Fertigstellungsgrads (*stage-of-completion*) am Bilanzstichtag ermittelt wird.[58] Das IASB weist in IAS 18.21 ebenfalls explizit auf diese Parallele zur Erlösrealisierung bei Fertigungsaufträgen nach IAS 11 hin. In diesem Zusammenhang wird ausdrücklich festgestellt, dass die Anforderungen von IAS 11 im Allgemeinen auch auf die Erfassung von Umsatzerlösen und die Erfassung zugehöriger Aufwendungen aus Dienstleistungsgeschäften anwendbar sind. Aufgrund dieses ex-

---

56 Vgl. *Wüstemann/Wüstemann/Neumann* Rechnungslegung nach IFRS, IAS 18 Rn. 59.
57 Vgl. IAS 18.13 sowie ausführlich zu Mehrkomponentengeschäften Rn. 22-25.
58 Vgl. IAS 18.20. So auch *ADS International* Abschnitt 4 Rn. 191; *Wüstemann/Kierzek* BB 2005, 429.

VI. Ertragsrealisierung bei der Erbringung von Dienstleistungen

pliziten Bezugs in IAS 18.21 ist es nach der hier vertretenen Auffassung als vertretbar zu erachten, wenn bei Auslegungsproblemen auf die einschlägigen Vorschriften zu Umsatzrealisation des IAS 11 zurückgegriffen wird.

Die Erbringung von Dienstleistungen i.S. von IAS 18 stellt regelmäßig auf die Erstellung immaterieller Werke ab, wie zB Beratungstätigkeiten oder Wartungsarbeiten. Dienstleistungen, die in den Anwendungsbereich von IAS 11 fallen, erfordern indes die Herstellung materieller Werke.[59] In Abgrenzung zu IAS 11 lassen sich folgende Tätigkeiten als **Beispiel für Dienstleistungen** aufführen, die nach **IAS 18** zu erfassen sind:[60]

- Projektmanagementtätigkeiten (außer es handelt sich um solche Dienstleistungen, die im Rahmen von IAS 11 Aufträgen anfallen);
- Reinigungstätigkeiten;
- Wartungstätigkeiten;
- Beratungsdienstleistungen.

Demgegenüber fallen bspw. folgende **Dienstleistungen** unter den Anwendungsbereich von **IAS 11**:[61]

- auftragsbezogene Softwareentwicklung;
- Architektenverträge im Zusammenhang mit auftragsbezogenem Immobilienbau oder
- sonstige Dienstleistungen, die in direktem Zusammenhang mit einem Fertigungsauftrag stehen.

Ferner ist zu beachten, dass auch Bestandteile eines Leasingvertrags als Erlös i.S. von IAS 18 anzusehen sein können. In der Praxis enthalten Leasingverträge neben der eigentlichen Nutzungsüberlassung des Leasinggegenstands vielfach auch Vertragskomponenten über die Erbringung von Zusatzleistungen in Form von Dienstleistungen. Bspw. umfassen solche Vertragsbestandteile die Wartung, Reinigung oder Reparatur des Leasinggegenstands. Solche Verträge stellen Mehrkomponentenverträge dar, die in die unterschiedlichen Leistungen aufzuteilen sind. Folgerichtig ist auch eine **Abgrenzung zwischen IAS 17 und IAS 18** notwendig.[62]

---

59 Vgl. *Wüstemann/Wüstemann/Neumann* Rechnungslegung nach IFRS, IAS 18 Rn. 62; *Plock*, Ertragsrealisation nach IFRS,163.
60 Vgl. *ADS International* Abschnitt 4 Rn. 193.
61 Vgl. *ADS International* Abschnitt 4 Rn. 192.
62 Vgl. hierzu ausführlich *ADS International* Abschnitt 4 Rn. 194.

64 2. Ertragsvereinnahmung nach Maßgabe des Fertigstellungsgrads. a) Grundlagen. Wenn das Ergebnis eines Dienstleistungsgeschäfts verlässlich geschätzt werden kann, sind Erträge aus Dienstleistungsgeschäften gemäß IAS 18.20 **nach Maßgabe des Fertigstellungsgrads** des Geschäfts am Bilanzstichtag zu erfassen. Nach IAS 18.20 kann das Ergebnis der Dienstleistungsgeschäfte dann verlässlich geschätzt werden, wenn die folgenden **Bedingungen kumulativ erfüllt** sind:
- **verlässliche Bestimmbarkeit** der Höhe der **Erträge**;
- **hinreichende Wahrscheinlichkeit** eines wirtschaftlichen **Nutzenzuflusses** aus dem Geschäft;
- **verlässliche Bestimmbarkeit** des **Fertigstellungsgrads** des Geschäfts am Bilanzstichtag und
- **verlässliche Bestimmbarkeit** der mit dem Geschäft angefallenen und bis zu einer vollständigen Abwicklung zu erwartenden **Kosten**.

65 Erträge werden somit nur dann im Abschluss erfasst, wenn es hinreichend wahrscheinlich ist, dass dem Unternehmen der mit dem Geschäft verbundene wirtschaftliche Nutzen auch zufließt.[63] Ergeben sich später Zweifel an der Einbringlichkeit bereits erfasster Erträge, so ist dieser zweifelhafte Betrag als Wertberichtigung in Form von Aufwand in der GuV zu erfassen. Eine Korrektur des zuvor vereinnahmten Ertrags ist nach IAS 18.22 nicht gestattet.

Praxishinweis
Die Anforderungen an eine Ertragsrealisation bei Dienstleistungsverträgen nach dem Fertigstellungsgrad sind nach der hier vertretenen Auffassung eng auszulegen. Nur so kann gewährleistet werden, dass eine Ertragsrealisation anhand der stage-of-completion-Methode dem Grunde und der Höhe nach nicht in das Ermessen des Bilanzierenden gestellt wird.

66 b) **Verlässliche Bestimmbarkeit der Erträge.** Eine **verlässliche Bestimmbarkeit der Erträge** aus Dienstleistungsgeschäften kann im Allgemeinen nach IAS 18.23 dann angenommen werden, wenn mit den einzelnen Vertragsparteien
- gegenseitige, durchsetzbare Rechte bzgl. der zu erbringenden und zu empfangenden Leistung bestehen;
- Leistung und Gegenleistung hinreichend genau bestimmt sind und
- Abwicklungs- und Erfüllungsmodalitäten vereinbart wurden.

Ändert ein Unternehmen in diesem Rahmen seine Erlöseinschätzung ist dies kein Hinweis darauf, dass das Ergebnis des Geschäfts nicht verlässlich bestimmt werden kann.[64]

---

63 Vgl. IAS 18.22.
64 Vgl. IAS 18.23.

VI. Ertragsrealisierung bei der Erbringung von Dienstleistungen

Praxishinweis
Zur verlässlichen Bestimmbarkeit des Projektergebnisses kann es praktisch als notwendig erachtet werden, dass das Unternehmen über ein **effektives Budgetierungs- und Berichtssystem** *verfügt, mit dem eine Überprüfung der Ertragschätzungen während der Leistungserbringung möglich ist.*

Kann der Ertrag aus einem Dienstleistungsvertrag nicht verlässlich geschätzt werden, so dürfen die Erträge auch nur insoweit realisiert werden, als dazugehörige Aufwendungen angefallen und erzielbar sind. 67

c) Wahrscheinlichkeit des wirtschaftlichen Nutzenzuflusses. Die Beurteilung der Wahrscheinlichkeit des Nutzenzuflusses zum Zeitpunkt der Leistungserbringung basiert auf einer Einschätzung des Forderungsausfallrisikos. Ergeben sich bereits bei der Leistungserbringung Zweifel an der Werthaltigkeit der Forderung, ist eine Erlösrealisierung nicht zulässig. Im Nachhinein aufkommende Unsicherheiten hinsichtlich der Einbringlichkeit des Betrags dürfen nicht zu einer Korrektur bereits erfasster Erlöse führen, sondern sind gemäß IAS 18.22 durch eine aufwandswirksame Erfassung des uneinbringlichen bzw. zweifelhaften Betrags zu berücksichtigen. 68

d) Bestimmbarkeit des Fertigstellungsgrads. Als ein weiteres Erfordernis für eine Erlösrealisierung aus Dienstleistungsgeschäften muss der **Fertigstellungsgrad** am Bilanzstichtag verlässlich bestimmt werden können. Der Fertigstellungsgrad stellt in diesem Zusammenhang den **zentralen Maßstab für die Realisation von Erträgen aus Dienstleistungsgeschäften** dar. 69

Diese Art von Ertragserfassung eines Geschäfts wird häufig als Methode der Gewinnrealisierung nach dem Fertigstellungsgrad bezeichnet. Allgemein impliziert eine derartige Ertragserfassung, dass die Erlöse und die entsprechenden Aufwendungen in der Periode zu erfassen sind, in denen die jeweilige Dienstleistung erbracht wurde (sog. *matching principle*). 70

Bei Dienstleistungsverträgen, die auf Grundlage von **Zeithonoraren** abrechnet werden, ergibt sich grundsätzlich kein bilanzielles Problem der Bestimmung des Fertigstellungsgrads. Soweit die Ordnungsmäßigkeit der erbrachten Zeiten sowie die Zahlungsfähigkeit des Leistungsempfängers gewährleistet sind, erfolgt die Ertragsrealisation auf Basis der angefallenen Zeiten (bspw. Stunden oder Tage). In **anderen Fällen** erfolgt die Ertragserfassung entsprechend des jeweiligen Fertigstellungsgrads. In diesem Zusammenhang stellt IAS 18.21 fest, dass die Anforderungen an eine Bestimmung des Fertigstellungsgrad von Dienstleistungen i.S. von IAS 18 im Allgemeinen mit den entsprechenden Regelungen bei **Fertigungsaufträgen nach IAS 11** über- 71 einstimmen. Infolgedessen können die Grundsätze zur Bestimmung des Fertigstellungsgrads nach IAS 11 auch auf die Ertragsrealisation von Dienstleistungsgeschäften nach IAS 18 übertragen werden.[65]

72 Zur **Ermittlung des Fertigstellungsgrads** stehen **verschiedene Methoden** zur Verfügung. Einzelfallbezogen ist für jede Dienstleistung diejenige Methode zu wählen, die den Fertigstellungsgrad am besten widerspiegelt. In IAS 18.24 werden beispielhaft die folgenden Methoden genannt:

- **Feststellung der erbrachten Arbeitsleistung** (IAS 18.24(a)). Diese Bedingung ist regelmäßig erfüllt, wenn eine Vergütung auf Basis der geleisteten Arbeitsstunden vertraglich vereinbart wird (zB Beratungsleistungen).
- **Bestimmung eines prozentualen Verhältnisses der bereits zum Stichtag erbrachten Leistung zur Gesamtleistung** (IAS 18.24(b)). Mittels dieser Methode wird der Fertigstellungsgrad direkt gemessen. Der zu realisierende Ertrag berechnet sich durch Multiplikation des Fertigstellungsgrads mit der Gesamtvertragssumme. Liegen verlässlich identifizierbare und abgrenzbare Einzelleistungen zum Stichtag vor, ist diese direkte Berechnungsmethodik anderen indirekten Verfahren vorzuziehen.[66]
- **Bestimmung des Verhältnisses der zum Stichtag angefallenen Kosten zu den geschätzten Gesamtkosten des Geschäfts** (sog. *cost-to-cost*-Methode) (IAS 18.24(c)). In der Praxis wird dieses Verfahren oftmals bei Werkverträgen angewandt, weil eine andere Aufteilungsmethode aufgrund der besonderen Eigenschaften der zu erbringenden (Teil-)Leistung i.d.R. nicht zu verlässlichen Ergebnissen führt.[67]

Praxishinweis

Abschlagszahlungen oder erhaltene Anzahlungen des Kunden geben die erbrachten Leistungen i.d.R. nicht wieder.

73 Die Bestimmung des Fertigstellungsgrads erfordert die Implementierung eines **effektiven Budgetierungs- und Berichtssystems** auf Unternehmensebene. Detaillierte Anforderungen stellen die IFRS daran jedoch nicht, so dass die Ausgestaltung sich grundsätzlich am Einzelfall auszurichten hat.

74 Falls Dienstleistungen durch eine unbestimmte Zahl von Teilleistungen über einen bestimmten Zeitraum erbracht wurden, kann aus Praktikabilitätsgründen nach IAS 18.25 von einer linearen Ertragserfassung innerhalb des bestimmten Zeitraumes ausgegangen werden (***pro rata temporis***). Als Beispiel hierfür lässt sich zB ein

---

65 Siehe Rn. 59 sowie *Schlüter* Beck'sches IFRS-Handbuch, §15, Rn. 18f.; *Kuhner*, Münchener Kommentar, IAS 18 Rn. 95f.; *Lüdenbach*, Haufe-Kommentar, §25 Rn. 45.
66 Bei werkvertraglichen Dienstleistungen wird diese Berechnungsmethode aber regelmäßig keine Anwendung finden, da das immaterielle Werk grundsätzlich nicht verlässlich in Teilleistungen zu untergliedern ist. Vgl. *Wüstemann/Wüstemann/Neumann* Rechnungslegung nach IFRS, IAS 18 Rn. 69.
67 Vgl. *Hommel/Wüstemann* Synopse der Rechnungslegung nach HGB und IFRS, 163; *Wüstemann/Wüstemann/Neumann* Rechnungslegung nach IFRS, IAS 18 Rn. 71.

Wartungsvertrag darstellen, der über eine festgelegte Dauer abgeschlossen wurde und dessen einzelnen Teilleistungen zu Beginn nicht quantifizierbar sind.[68] Eine *pro rata temporis* Ertragsvereinnahmung scheidet indes aus, wenn eine andere Methode den Fertigstellungsgrad besser widerspiegelt. Ist eine Teilleistung des Vertrags von erheblich größerer Bedeutung bzw. Umfang als die übrigen, so wird eine eventuelle Ertragserfassung bis zu deren Erfüllung verschoben.

e) Verlässliche Bestimmbarkeit der Kosten. An die Erlösrealisation anhand des Fertigstellungsgrads ist letztlich auch die verlässliche Bestimmbarkeit der Kosten des Dienstleistungsgeschäfts geknüpft. Eine Schätzung der Erträge und der Aufwendungen der Transaktion führt dazu, dass das Gesamtergebnis des Geschäftsvorfalls hinreichend genau taxiert werden kann. Für die verlässliche Ermittlung der Kosten des Dienstleistungsgeschäfts gelten grundsätzlich die identischen Ausführungen wie bei den Erlösen aus dem Güterverkauf.[69] Schätzungen stehen dabei einer verlässlichen Ermittlung solange nicht entgegen wie sie auf Erfahrungswerten basieren. Ist eine hinreichend verlässliche Schätzung der Gesamtkosten indes nicht möglich, so sind Erträge lediglich in Höhe der angefallenen Aufwendungen zu realisieren, was dann folgerichtig zu einer erfolgsneutralen Abbildung des Geschäftsvorfalls führt.[70]

3. Ertragsvereinnahmung in Höhe der wahrscheinlich einbringlichen Kosten. Ist das **Ergebnis** eines Dienstleistungsgeschäfts **nicht verlässlich schätzbar**, scheidet eine Ertragsrealisation auf Basis des Fertigstellungsgrads aus. In diesem Fall sind die Erträge gemäß IAS 18.26 nur in dem Ausmaß zu erfassen, in dem die angefallenen Aufwendungen abgerechnet werden können. Da sich Aufwendungen und Erträge dann in gleicher Höhe gegenüberstehen wird der Geschäftsvorgang quasi erfolgsneutral abgebildet. Im Schrifttum wird in diesem Zusammenhang auch von der sog. *zero-profit-margin*-**Methode** gesprochen, wie es zwar zu einer Erlöserfassung in der GuV kommt, nicht aber zu einer vorzeitigen Gewinnvereinnahmung.[71]

Insbesondere in frühen Phasen eines Geschäfts können Ergebnisse aus einem Dienstleistungsvertrag gemäß IAS 18.27 häufig nicht verlässlich geschätzt werden. Dennoch kann es hinreichend wahrscheinlich sein, dass das Unternehmen die für das Geschäft angefallenen Kosten zurückerhält. In diesem Fall werden Erträge nur insoweit erfasst, als eine Kostenerstattung zu erwarten ist. Da das Ergebnis des Gewinns nicht verlässlich geschätzt werden kann, darf folgerichtig auch kein Gewinn erfasst werden. Wird allerdings ein Verlust aus dem Geschäft erwartet, ist eine Drohverlustrückstellung für den belastenden Vertrag gemäß IAS 37.66ff zu erfassen.[72]

---

68 Vgl. *Kuhner*, Münchener Kommentar, IAS 18 Rn. 99.
69 Vgl. Rn. 41-43.
70 Vgl. IAS 18.26-27.
71 Vgl. IAS 18.27 sowie ausführlich *ADS International* Abschnitt 4 Rn. 214 und 239; *Wüstemann/Wüstemann/Neumann* Rechnungslegung nach IFRS, IAS 18 Rn. 68.
72 Zu Drohverlustrückstellungen nach IAS 37 vgl. ausführlich *Senger/Brune*, Münchener Kommentar, IAS 37 Rn. 116ff.

78 Wenn weder das Ergebnis des Geschäfts verlässlich geschätzt werden kann, noch eine hinreichende Wahrscheinlichkeit hinsichtlich der Kostenerstattung besteht, werden gemäß IAS 18.28 keinerlei Erträge erfasst, sondern nur die angefallenen Kosten als Aufwand angesetzt. Liegt jedoch zu einem späteren Zeitpunkt eine verlässliche Schätzgrundlage für das Ergebnis vor, so kann eine Ertragsrealisation nach IAS 18.20 gemäß dem Fertigstellungsgrad nachgeholt werden, ggf. auch für Dienstleistungen, die bereits in Vorperioden erbracht und abgerechnet worden sind.[73]

79 **4. Ausgewählte Geschäftsvorfälle.** Im Anhang zu IAS 18 (**IAS 18.A10-A19**) werden verschiedene **praxisrelevante Einfallvarianten** von Dienstleistungen vorgestellt und mögliche Lösungsansätze zur Ertragsrealisation diskutiert. Ziel dieser Beispiele ist es, die abstrakten Regelungen zur Ertragsrealisation von Dienstleistungsgeschäften anhand von einzelnen Beispielsachverhalten zu konkretisieren. Sie werden im Folgenden vorgestellt:

80 Erträge aus Dienstleistungen zur Versetzung von Gütern in den betriebsbereiten Zustand (**Installations- und Montagedienstleistungen**) sind gemäß **IAS 18.A10** nach Maßgabe des jeweiligen Fertigstellungsgrads zu realisieren, wenn die zu erbringende Leistung wesentlich ist. Ist die Dienstleistungskomponente nur unwesentlich, ist der Ertrag – entsprechend einer Veräußerung von Gütern – zum Zeitpunkt der Warenübergabe zu erfassen.

Praxishinweis
Nach IAS 18.16(c) behält der Verkäufer wesentliche Chancen und Risiken an dem verkauften Vermögenswert zurück, wenn Güter einschließlich Aufstellung und Montage geliefert werden und diese einen wesentlichen Bestandteil ausmachen. Eine Erlösrealisierung aus dem Verkaufsgeschäft scheidet somit bis zur endgültigen Abnahme aus. Gemäß IAS 18.A10 darf der Ertrag aus der Dienstleistung „Installation und Montage" aber entsprechend dem Fertigstellungsgrad realisiert werden. Infolgedessen bedarf es in der Praxis zum Zweck der ordnungsmäßigen Ertragsrealisation einer Aufteilung des Vertrags in eine Verkaufs- und eine Dienstleistungskomponente.

81 **IAS 18.A11.** regelt den Sachverhalt, wenn künftige **Dienstleistungen mit dem Verkaufspreis von Gütern abgegolten** werden. Dies ist bspw. bei einer *after-sale-*Kundenbetreuung oder bei Produkterweiterungen im Rahmen von Softwarekäufen der Fall. Ist der Teilbetrag der Dienstleistung von dem Verkaufsgeschäft separierbar, so ist dieser Anteil gemäß IAS 18.A11 getrennt abzugrenzen und zeitanteilig – entsprechend der Laufzeit der Dienstleistung – als Ertrag zu realisieren. Es wird in IAS 18.A11 explizit darauf hingewiesen, dass der abgegrenzte Betrag die anfallenden Kosten für die Erbringung der Dienstleistung inklusive eines angemessenen Gewinnaufschlags umfassen soll.

---

73 Vgl. IAS 18.28; *ADS International* Abschnitt 4 Rn. 241.

VI. Ertragsrealisierung bei der Erbringung von Dienstleistungen

Werbeprovisionen, dh Erträge aus der Verbreitung von Werbung, sind nach IAS 18.A12 zum Zeitpunkt der Veröffentlichung der jeweiligen Werbung zu realisieren. Entgelte für die Herstellung einer Werbeleistung dürfen allerdings nach Maßgabe des Fertigstellungsgrads des Projekts vereinnahmt werden.

82

Versicherungsprovisionen, die ein Versicherungsvertreter für die Vermittlung einer Police im Voraus erhalten hat, sind nach **IAS 18.A13** zu Beginn des Versicherungszeitraums dann als Ertrag zu erfassen, wenn bei dem Versicherungsmakler keine weiteren – über die Vermittlungsleistung hinweg gehende – Verpflichtungen verbleiben. Bestehen allerdings weitere Leistungsverpflichtungen während der Laufzeit der Versicherung (bspw. Schadensabwicklungen), so ist der auf diese Zusatzleistungen entfallende Teilbetrag passivisch abzugrenzen und über die Laufzeit des Vertrags zu verteilen.

83

Im Zusammenhang mit der Vergabe von Krediten, der Aufnahme von Geldern, etc. können in der Praxis eine Vielzahl von entgeltpflichtigen Serviceleistungen anfallen. Hinsichtlich der Ertragsrealisation von derartigen **Gebühren und Provisionen für Finanzdienstleistungen** ist nach **IAS 18.A14** ist folgende Unterscheidung erforderlich:[74]

84

(a) Entgelte, die **Bestandteil der Effektivzinsverzinsung** sind, werden grundsätzlich als Korrektur des Effektivzinssatzes bilanziert. Sie werden passivisch abgegrenzt und entsprechend in der Periode realisiert, in der sie wirtschaftlich verdient werden. Wird das Finanzinstrument aber als erfolgswirksam zu bewertendes Finanzinstrument klassifiziert, sind die Erträge zu dem Zeitpunkt des erstmaligen Ansatzes des Finanzinstruments zu vereinnahmen. In IAS 18.A14(a) werden die 3 folgenden Unterfälle beschrieben:

(i) **Bearbeitungsgebühren,** die dem Unternehmen für die **Begebung oder den Erwerb** eines finanziellen Vermögenswerts zufließen, der nicht der Kategorie *fair value through profit and loss* zugeordnet wurde, sind passivisch abzugrenzen und zeitanteilig als Anpassung der Effektivverzinsung zu realisieren. Der Effektivzinsberechnung ist infolgedessen nicht der Bruttobetrag der Gebühr, sondern der nach Abzug der eigenen Dienstleistungskosten verbleibende Nettobetrag zugrunde zu legen. Hierbei kann es sich bspw. um Entgelte für die Erstattung von Bearbeitungsgebühren für Bonitätsprüfungen, der Verwaltung von Sicherheiten oder Vertragsanbahnungs- und -abschlusskosten handeln (IAS 18.A14(a)(i)).

---

74 Vgl. hierzu ausführlich *Scharpf/Kuhn* KoR 2005, S. 158f.; *Wüstemann/Wüstemann/Neumann*, Rechnungslegung nach IFRS, IAS 18 Rn. 80; *Kuhner* Münchener Kommentar, IAS 18 Rn. 106; *Schlüter* Beck'sches IFRS-Handbuch, §15 Rn. 25; *Lüdenbach* Haufe-Kommentar, §25 Rn. 56ff.

(ii) **Bereitstellungs- bzw. Zusageprovisionen** für die Begründung eines **Kreditgeschäfts**, das nicht in den Anwendungsbereich von IAS 39 fällt, sind passivisch abzugrenzen und *pro rata temporis* als Korrektur des Effektivzinssatzes über den Zeitraum der Kreditgewähr zu vereinnahmen. Hierbei handelt es sich bspw. um Provisionen für die Bereitstellung von Kreditlinien. Sind die zur Verfügung gestellten Fremdkapitalmittel bis zum Ende der Bereitstellungsfrist nicht beansprucht worden, wird die Provision zu diesem Zeitpunkt vollständig als Ertrag vereinnahmt. Kreditvereinbarungen, die in den Anwendungsbereich von IAS 39 fallen, sind als Derivate zum Fair Value zu bilanzieren (IAS 18.A14(a)(ii)).

(iii) **Bearbeitungsgebühren**, die zu Beginn eines Schuldverhältnisses für die **Begebung** einer nicht erfolgswirksam zum Fair Value zu bewertenden **finanziellen Verbindlichkeit** gezahlt werden, sind als Anpassung des Buchwerts der Verbindlichkeit und als Korrektur des Effektivzinssatzes zu erfassen. In diesem Zusammenhang ist zwischen Entgelten zu unterscheiden, die Bestandteil des Effektivzinssatzes sind, und solchen, die für bestimmte Dienstleistungen gezahlt werden (zB Vermögensverwaltung) (IAS 18.A14(a)(iii)).

(b) Entgelte, die über den **Zeitraum der Leistungserbringung erzielt** werden, sind gemäß IAS 18.A14(b) wie folgt als Ertrag zu realisieren:

(i) Entgelte für **kreditbegleitende Bearbeitungs- und Abwicklungsleistungen** für eine Fremdkapitalvergabe werden entsprechend der Leistungserbringung über die Laufzeit vereinnahmt (IAS 18.A14(b)(i)).

(ii) Ist es unwahrscheinlich, dass ein zur Verfügung gestellter Kredit in Anspruch genommen wird, ist die hierfür gezahlte **Bereitstellungsprovision** für diese **Kreditzusage** zeitanteilig über den Bereitstellungszeitraum zu erfassen. Voraussetzung ist, dass der betreffende Kredit nicht in den Anwendungsbereich von IAS 39 fällt. Ist dies doch der Fall, sind diese als Derivate zu bilanzieren und zum Fair Value zu bewerten (IAS 18.A14(b)(ii)).

(iii) Entgelte, die für die für die **Verwaltung von Kapitalanlagen** (zB Vermögensverwaltung oder Depotgebühren) anfallen, sind nach Maßgabe der Leistungserbringung als Ertrag zu vereinnahmen. Zusätzliche Kosten, die durch den Abschluss eines direkt zurechenbaren Vermögensverwaltungsvertrags entstehen, sind als Vermögenswerte zu aktivieren. Das Asset wird durch die künftigen Erträge des Vertrags amortisiert (IAS 18.A14(b)(ii)).

(c) Entgelte, die mit der **Ausführung einer bestimmten Tätigkeit** verdient werden, sind dann zu vereinnahmen, wenn diese Tätigkeit beendet ist. In diesem Zusammenhang nennt IAS 18.A14(c) folgende Beispiele:

(i) Der Ertrag aus der **Provision von Aktienzuteilungen** an einen Kunden ist zum Zeitpunkt der Zuteilung zu erfassen (IAS 18.A14(c)(i)).

(ii) **Kreditvermittlungsprovisionen** sind zum Zeitpunkt des Abschlusses des Kreditvertrags zu realisieren (IAS 18.A14(c)(ii)).

(iii) Entgelte für die **Syndizierung eines Konsortialkredits**, bei dem das Unternehmen keinen eigenen Teilkredit in Anspruch nimmt oder bei dem der Teilkredit des Unternehmens einen Effektivzins aufweist, der unter der Annahme gleicher Risikobeteiligung auch für die anderen Konsortialteilnehmer gilt, sind zum Zeitpunkt der Platzierung des Konsortialkredits als Ertrag zu erfassen (IAS 18.A14(c)(iii)). Hierbei handelt es sich bspw. um Gebühren für eine Konsortialführerschaft.

Eintrittsgelder aus künstlerischen Veranstaltungen sind nach **IAS 18.A15** grundsätzlich zum Zeitpunkt der Veranstaltung zu vereinnahmen. Im Fall eines Abonnements für verschiedene Veranstaltungen ist der Ertrag entsprechend des Anteils der bislang besuchten Veranstaltungen zum Gesamtumfang des Abonnements zu realisieren.

Einnahmen aus Lehrtätigkeit sind gemäß **IAS 18.A16** über den Zeitraum der Lehrtätigkeit anteilig zu erfassen.

Die Ertragsrealisation von **Aufnahme-, Einlass- und Mitgliedsbeiträgen** orientiert sich gemäß **IAS 18.A17** nach dem Umfang der Leistungsverpflichtung, die für den gezahlten Beitrag bereitgestellt wird. Wird das Entgelt lediglich für eine Mitgliedschaft oder ein Teilnahmerecht bezahlt, wobei sämtliche darüber hinausgehende Leistungen separat vergütet werden müssen, so ist der Betrag zu dem Zeitpunkt als Ertrag zu realisieren, an dem keine Inkassorisiken mehr bestehen. Dies ist regelmäßig zum Zeitpunkt des Zahlungseingangs des Beitrags der Fall. Werden dem Kunden aufgrund der Entgeltzahlung allerdings fortlaufende Leistungen oder Vergünstigungen gewährt, wird der Ertrag nach Maßgabe des zeitlichen Anfalls, der Art und des Werts der eingeräumten Vorteile vereinnahmt.

Die Ertragsrealisation von Gegenleistungen aus **Franchisevereinbarungen** wird in IAS 18.A18 geregelt. Gemäß IAS 18.A18 sind folgende Unterscheidungen zu treffen:

(a) **Bereitstellung von Einrichtungs- und Ausrüstungsgegenständen sowie sonstigen materiellen Vermögenswerten:** Der Ertrag wird zu dem Zeitpunkt realisiert, an dem die Waren ausgeliefert werden oder das zivilrechtliche Eigentum übergeht (IAS 18.A18(a)).

(b) **Leistungen zu Beginn des Franchisevertrags sowie während der Laufzeit des Vertrags erbrachte Leistungen:** Leistungen zu Beginn des Franchisevertrags (*initial fees*) sind erst dann als Ertrag zu realisieren, wenn der wesentliche Teil der damit verbundenen Verpflichtungen und Dienstleistungen des Franchisegebers erfüllt sind. Decken die im Franchisevertrag vereinbarten Entgelte allerdings nicht die zukünftigen Kosten einer fortlaufenden Leistung ab, dh, es wurde ein Preis unterhalb des Marktpreises vereinbart (zB vergünstigter Preis oder fehlender Gewinnaufschlag), ist die Einstandszahlung in der Höhe passivisch abzugrenzen, in der die Kosten der Vertragsleistung inklusive eines angemessenen Gewinnaufschlags gedeckt werden. Die Ertragsrealisation erfolgt dann in den kommenden Perioden anteilig nach Maßgabe der Erbringung der jeweiligen Leistungen. Gleiches gilt nach IAS 18.A18(b) sinngemäß für den Fall, wenn der Franchisegeber sich verpflichtet hat, Einrichtungsgegenstände oder Vorräte zu einem Preis unterhalb des Marktpreises zu liefern (IAS 18.A18(b)).

Hängt der Umfang der *initial fees* von der Anzahl der vom Franchisenehmer innerhalb eines Gebiets errichteten Niederlassungen ab (sog. *area franchise arrangement*), erfolgt die Ertragserfassung der Einstandsleistung anteilig nach Maßgabe der Anzahl der Niederlassungen, für die die *initial fees* im Wesentlichen erbracht wurden.

Ist die *initial fee* in Raten über einen längeren Zeitraum zu zahlen und bestehen maßgebliche Unsicherheiten hinsichtlich der vollständigen Einbringlichkeit der noch ausstehenden Zahlungen, darf die Ertragsrealisation gemäß IAS 18.A18(b) erst mit Zahlungseingang erfolgen:

- **Fortlaufende Franchisevergütungen:** Erträge aus Entgelten für ein andauerndes vertragliches Nutzungsrecht oder für eine fortlaufend erbrachte Leistung werden gemäß IAS 18.A18(c) nach Maßgabe des Gebrauchs des Nutzungsrechts bzw. der Leistung vereinnahmt.
- **Vermittlungstransaktionen:** Handelt der Franchisegeber lediglich als Vermittler (*agent*) zwischen dem Franchisenehmer und einem Dritten, wird durch dieses Geschäft nach IAS 18.A18(d) kein Ertrag begründet.

IAS 18.A19 thematisiert die Ertragserfassung von Vergütungen für die Entwicklung von **kundenspezifischer Software**. Hierfür gezahlte Entgelte sind nach Maßgabe des Entwicklungsstands bzw. des Fertigstellungsrads zu vereinnahmen. Bei der Bestimmung des Fertigstellungsgrads sind i.S. von IAS 18.A19 auch die Kosten für vertraglich vereinbarte Serviceleistungen nach Lieferung der Software zu berücksichtigen.

Praxishinweis
Wird die Software allerdings nicht kundenspezifisch sondern im Zuge eines standardisierten Herstellungsprozesses produziert, so ist der Ertrag gemäß den Realisationsvorschriften zum Verkauf von Gütern (IAS 18.14-19) zu vereinnahmen.

VII. Realisation von Zinsen, Nutzungsentgelten und Dividenden. Eine Nutzungsüberlassung von Vermögenswerten eines Unternehmens an Dritte kann zu Erträgen in der Form von Zinsen, Nutzungsentgelten oder Dividenden führen. Diese sind gem. IAS 18.29 nach den allgemeinen Erfassungskriterien des Framework (F.83) zu realisieren, wenn

- es **hinreichend wahrscheinlich** ist, dass dem Unternehmen der wirtschaftliche Nutzen aus dem Geschäft zufließen wird und
- die Höhe der Erträge **verlässlich bestimmt** werden kann.

Sind Ansprüche auf Zahlungen aus Zinsen, Nutzungsentgelten oder Dividenden noch nicht gezahlt, setzt das Kriterium der hinreichenden Wahrscheinlichkeit insbesondere das Fehlen maßgeblicher Zweifel an der Zahlungsfähigkeit des Schuldners voraus. Liegen allerdings Zweifel an einem bereits gebuchten Ertrag vor, ist der nicht erwartete Zahlungseingang als Aufwand zu korrigieren. Eine Korrektur des bereits gebuchten Ertrags kommt nicht in Frage.[75]

Erträge aus Zinsen, Nutzungsentgelten oder Dividenden sind im Allgemeinen gemäß IAS 18.30 nach den folgenden Maßnahmen zu erfassen. Auf Einzelheiten der Ertragsrealisation wird in den nachfolgenden Kapiteln näher eingegangen:
- **Zinsen** sind unter Anwendung der Effektivzinsmethode gemäß IAS 39.5 sowie IAS 39.A5-A8 zu erfassen;
- **Nutzungsentgelte** sind periodengerecht in Übereinstimmung mit den Bestimmungen des zugrunde liegenden Vertrags zu erfassen und
- **Dividenden** sind mit der Entstehung des Rechtsanspruchs auf Zahlung zu erfassen.

1. Zinsen. Zinsen sind gemäß IAS 18.5(a) Entgelte für die von Zahlungsmitteln oder Zahlungsmitteläquivalenten oder für die Stundung von Zahlungsansprüchen. Sie sind nach IAS 32.35 als Erträge bzw. Aufwendungen im Periodenergebnis zu erfassen.

Hinsichtlich der **Ertragserfassung von Zinsen** gibt IAS 18.30(a) dem Bilanzierenden ein konkretes Vorgehen an die Hand. Danach sind Zinsen proportional über die Laufzeit der Kapitalüberlassung unter **Anwendung der Effektivzinsmethode**[76] zeitproportional zu verteilen. Dies gilt grundsätzlich unabhängig von der Klassifizierung des zugrundeliegenden Finanzinstruments in eine Bewertungskategorie nach

---
75 Vgl. IAS 18.34; *Scharpf/Kuhn* KoR 2005, 155; *Kuhner* Münchener Kommentar, IAS 18 Rn. 108.
76 Vorschriften zur Anwendung der Effektivzinsmethode ergeben sich aus IAS 39.9 sowie IAS 39.AG5-AG8.

IAS 39.[77] Der **Effektivzins** ist derjenige Kalkulationszins, mit dem die geschätzten künftigen Einzahlungen über die erwartete Laufzeit der Transaktion auf den Buchwert des Vermögenswertes diskontiert werden. Er bezeichnet eine über die Laufzeit hinweg konstante Verzinsung des jeweiligen Buchwerts, sozusagen den internen Zinsfuß der Investition.[78]

95 In die **Ermittlung des Effektivzinssatzes** fließen sämtliche Differenzbeträge zwischen den Anschaffungskosten des Vermögenswertes und dem Rückzahlungsbetrag zum Ende der Laufzeit mit ein, wie bspw. Agien und Disagien. Ferner hat das Unternehmen bei der Bestimmung des Effektivzinssatzes alle gezahlten oder erhaltenen Gebühren sowie vertraglichen Bedingungen, wie zB Vorauszahlungen oder Kauf- oder andere Optionen, bei der Effektivzinsberechnung mit einzubeziehen, nicht jedoch mögliche Kreditausfälle. Mögliche Gebühren und Entgelte, die Bestandteil der Effektivverzinsung sind, werden in IAS 18.A14 exemplarisch aufgezählt.[79] Die sich aus den Korrekturen ergebene Differenz zwischen den korrigierten Anschaffungskosten und dem Nominalwert (Rückzahlungsbetrag) ist nachfolgend gemäß der Effektivzinsmethode über die relevante Laufzeit anteilig zu verteilen. Weiterführende Erläuterungen zur Effektivzinsmethode finden sich in IAS 39.9 sowie insbesondere in IAS 39.AG5-AG8.[80]

96 Bei der Erlösrealisierung von Zinsen ist zu beachten, dass lediglich diejenigen Zinsen, die auf die Zeit nach dem Erwerb einer verzinslichen Finanzinvestition entfallen, als Zinserträge mittels der Effektivzinsmethode zeitanteilig zu erfassen sind.[81] Gezahlte Stückzinsen, dh Zinsen, die auf den Zeitraum vor dem Erwerb fallen, sind nicht als Bestandteil der Anschaffungskosten anzusehen. Sie stellen einen anderen Vermögenswert dar, der bei Geldeingang wieder erfolgsneutral auszubuchen ist.[82]

Praxishinweis
In der Praxis werden Zinsen vielfach für einen Zeitraum nach dem Bilanzstichtag gezahlt. Ist dies der Fall, so dürfen folgerichtig auch nur diejenigen Zinserträge im Abschluss realisiert werden, die wirtschaftlich dem Geschäftsjahr zuzuordnen sind. Für diese Beträge ist ein Abgrenzungsposten zu bilden, um den erzielten Zins periodengerecht abzubilden (sog. Zinsabgrenzung).

97 **2. Nutzungsentgelte.** Nutzungsentgelte sind nach IAS 18.5(b) als Entgelte für die Überlassung langlebiger immaterieller Vermögenswerte des Unternehmens zu verstehen. Hierbei handelt es sich bspw. um Patente, Warenzeichen, Urheberrechte oder

---
77 Vgl. *Scharpf/Kuhn* KoR 2005, 156; *Kuhner* Münchener Kommentar, IAS 18 Rn. 109.
78 Vgl. *Kuhner* Münchener Kommentar, IAS 18 Rn. 110.
79 Vgl. hierzu ausführlich Rn. 81.
80 Zu möglichen Einflüssen auf den Effektivzins bei Zinserträgen sowie dessen Berechnung vgl. ausführlich *Scharpf/Kuhn* KoR 2005, 156ff.
81 Vgl. IAS 18.32.
82 Vgl. *ADS International* Abschnitt 4 Rn. 256.

VII. Realisation von Zinsen, Nutzungsentgelten und Dividenden

Computersoftware. Bei der Ertragsrealisation von Entgelten aus der Nutzungsüberlassung ist insbesondere eine Abgrenzung zu Leasinggeschäften i.S. von IAS 17 sowie zu Verkaufstransaktionen von Bedeutung.[83]

Gemäß IAS 18.30(b) sind Nutzungsentgelte periodengerecht in Übereinstimmung mit den Bestimmungen des zugrunde liegenden Vertrags zu erfassen. Sie fallen nach IAS 18.33 in Übereinstimmung mit den zugrunde liegenden Vertragsbestimmungen an und werden normalerweise auf dieser Grundlage erfasst. Werden Erträge aus der Nutzungsüberlassung bestimmter Vermögenswerte für einen vertraglich abgegrenzten Zeitraum verdient, so ist es unter Praktikabilitätsüberlegungen gerechtfertigt, die Erträge linear über die Laufzeit der Vereinbarung zu vereinnahmen.[84] In IAS 18.A20 werden als mögliche Beispiele für eine lineare Lizenzerfassung Markenrechte, Patente, Softwarelizenzen, Copyright auf Musiktitel oder Filmlizenzen genannt.

98

Nach IAS 18.33 kann es aber unter Berücksichtigung der vertraglichen Vereinbarung auch wirtschaftlich sinnvoll erscheinen, eine andere systematisch sachgerechte Methodik der Ertragsrealisation zugrunde zu legen. Dies ist bspw. bei nicht zeitraumbezogenen Stücklizenzen der Fall, bei denen der Lizenznehmer eine Vergütung entsprechend den produzierten Stücken zu zahlen hat. Bei diesen variablen stück- bzw. umsatzabhängigen Nutzungsentgelten ist der Ertrag dann zu realisieren, wenn die zugrunde liegenden Bedingungen erfüllt sind und die Erträge mit hinreichender Wahrscheinlichkeit zufließen.[85]

99

Wird für einen unbegrenzten und nicht-kündbaren Lizenzvertrag eine einmalige Nutzungsgebühr erhoben und bestehen nach Abschluss des Vertrags keine weiteren Leistungsverpflichtungen seitens des Lizenzgebers, erfolgt die Ertragsvereinnahmung gemäß IAS 18.A20 nach der Maßgabe einer einfachen Verkaufstransaktion.[86] Als mögliche Beispiele hierfür werden in IAS 18.A20 einerseits Softwarelizenzvereinbarungen angeführt, bei denen dem Lizenzgeber nach Lieferung keine weiteren Verpflichtungen verbleiben. Andererseits fallen Verwertungsrechte für Filme auf Märkten, in denen der Lizenzgeber keinen Einfluss auf den Filmverleiher hat oder Einnahmen aus dem Verkauf von Eintrittsgeldern erwarten kann, unter diese Regelung.[87]

100

IAS 18

---

83 Vgl. *ADS International* Abschnitt 4 Rn. 250; *Wüstemann/Wüstemann/Neumann* Rechnungslegung nach IFRS, IAS 18 Rn. 101.
84 Vgl. IAS 18.A20; *Kuhner* Münchener Kommentar, IAS 18 Rn. 119; *ADS International* Abschnitt 4 Rn. 258; *Schlüter* Beck'sches IFRS-Handbuch, §15 Rn. 30f.
85 Vgl. *ADS International* Abschnitt 4 Rn. 250 und 258 m.w.N; *Pfaff/Nagel/Wittkowski* Lizenzverträge, Rn. 451.
86 Vgl. hierzu auch *Kuhner*, Münchener Kommentar, IAS 18 Rn. 120.
87 Hierzu auch *Wüstemann/Wüstemann/Neumann* Rechnungslegung nach IFRS, IAS 18 Rn. 102.

101 Hängt die Entgeltzahlung für ein Nutzungsrecht von einem bestimmten zukünftigen Ereignis ab, so ist der Ertrag erst dann zu realisieren, wenn das Ereignis tatsächlich eintritt und die Gebühr mit hinreichender Wahrscheinlichkeit zufließen wird (sog. bedingte Lizenzvereinbarung).[88]

102 IAS 18 enthält lediglich allgemeine Vorschriften zur Ertragsrealisation von Lizenzentgelten i.S. eines kasuistischen, prinzipienorientierten Normensystems; auf die Regelung von Branchenspezifika wie sie in den US-GAAP bekannt sind (bspw. Film- oder Softwareindustrie) wurde in den IFRS verzichtet.[89] Aufgrund einer Vielzahl von praktischen Auslegungsproblemen im Einzelfall kann daher bei Vorliegen einer IFRS-Regelungslücke über die Regelungshierarchie des IAS 8.12 auf die speziellen branchenspezifischen Vorschriften der US-GAAP zurückgegriffen werden.[90]

103 **3. Dividenden.** Dividenden sind gemäß IAS 18.5(c) als Gewinnausschüttungen an die Inhaber von Kapitalbeteiligungen im Verhältnis zu den von ihnen gehaltenen Anteilen einer bestimmten Kapitalgattung zu verstehen. Sie sind nach IAS 18.30(c) erst mit der **Entstehung des Rechtsanspruchs auf Zahlung** als Ertrag erfassen.

104 Bei der Frage, wann ein Rechtsanspruch auf Zahlung der Dividende entsteht, sind die zivil- und gesellschaftsrechtlichen Verhältnisse zugrunde zu legen. Bei **deutschen Kapitalgesellschaften** entsteht der Ausschüttungsanspruch mit dem **Gewinnverwendungsbeschluss** der Hauptversammlung (§174 AktG) bzw. mit dem **Beschluss über die Ergebnisverwendung** bei einer GmbH (§42a Abs. 2 GmbHG).

105 Eine **phasengleiche Gewinnvereinnahmung** ist nach den Vorschriften des IAS 18 nur bei Vorliegen eines **Ergebnisabführungsvertrags** gestattet. Das Vorliegen eines solchen Ergebnisabführungsvertrags führt dazu, dass der Rechtsanspruch auf den Gewinn bereits mit Ablauf des Geschäftsjahres entsteht. Für die bilanzielle Erfassung eines Dividendenanspruchs ist daher kein Gewinnverwendungsbeschluss mehr erforderlich. Während nach den Vorschriften des deutschen Handelsrechts auch bei Vorliegen bestimmter Tatbestände eine phasengleiche Vereinnahmung von Beteiligungserträgen vorgesehen ist,[91] darf die Realisation von Dividendenansprüchen in der IFRS-Rechnungslegung nach IAS 18.30(c) aber erst mit dessen rechtlicher Entstehung erfolgen, dh mit Gewinnverwendungsbeschluss oder bei Vorliegen eines Ergebnisabführungsvertrags.[92] Hinsichtlich der Frage der Dividendenerfassung wird

---

88 Vgl. IAS 18.A20; *Wüstemann/Wüstemann/Neumann*, Rechnungslegung nach IFRS, IAS 18 Rn. 102; *Kuhner* Münchener Kommentar, IAS 18 Rn. 120.
89 Zu den relevanten US-GAAP-Vorschriften vgl. Rn. 141-144.
90 Vgl. hierzu ausführlich *Lüdenbach* Haufe-Kommentar, §25 Rn. 86ff.; *Schlüter* Beck'sches IFRS-Handbuch, §15 Rn. 31f.
91 Vgl. hierzu BGH v. 12.1.1998, II ZR 82/93; EuGH v. 27.6.1996, Rs. C-234/94 (sog. Tomberg-Urteil) sowie ausführlich *Ellrott/Krämer* Beck'scher Bilanzkommentar, §266 HGB Rn. 120 oder *ADS* §246 HGB Rn. 215-216.
92 Vgl. *ADS International* Abschnitt 4 Rn. 264; *Watrin/Hoehne/Lammert* Münchener Kommentar, IAS 27 Rn. 188; *Wüstemann/Wüstemann/Neumann* Rechnungslegung nach IFRS, IAS 18 Rn. 108f.; *Scharpf/Kuhn* KoR 2005, 164f.

eine – sonst die IFRS beherrschende – wirtschaftliche Betrachtungsweise abgelehnt. Entgegen dem Grundsatz der Periodenabgrenzung nach F.22 werden Dividenden somit erst mit dem Gewinnverwendungsbeschluss der Gesellschafter in der Periode nach Ertragsentstehung vereinnahmt.[93]

Praxishinweis
Eine phasengleiche Dividendenvereinnahmung vor dem Gewinnverwendungsbeschluss scheidet bei einer Kapitalgesellschaft nach IFRS grundsätzlich aus, da in IAS 18 eindeutig auf den Zeitpunkt des Entstehens des Rechtsanspruches auf Ausschüttung abgestellt wird und es sich hierbei um den Zeitpunkt des Ausschüttungsbeschlusses handelt. Eine Ausnahme besteht allerdings dann, wenn ein Ergebnisabführungsvertrag geschlossen wurde.

Bei einer **Personengesellschaft** entsteht nach den gesetzlichen Bestimmungen (§§ 120-122, 161 Abs. 2, 167 und 169 HGB) der **individuelle Rechtsanspruch auf den Gewinnanteil** – sofern keine abweichende Regelung im Gesellschaftsvertrag getroffen wurde – dem Grunde nach **bereits zum Abschlussstichtag**. Anders als bei Kapitalgesellschaften steht der Gewinnanteil den Gesellschaftern einer Personenhandelsgesellschaft an deren Abschlussstichtag somit unmittelbar zu, weil eine gesonderte Beschlussfassung nicht mehr notwendig ist.[94] Kann nunmehr innerhalb der Wertaufhellungsperiode der Gewinnanteil auch der Höhe nach verlässlich bestimmt bzw. konkretisiert werden (zB durch Aufstellung, Prüfung oder Feststellung des Jahresabschlusses) sind die Gewinnansprüche beim Gesellschafter phasengleich zu realisieren.[95] Eine hiervon abweichende Meinung im Schrifttum lehnt eine phasengleiche Gewinnvereinnahmung von Gewinnanteilen an einer Personengesellschaft mit dem Argument ab, dass der Rechtsanspruch auf Gewinnauszahlung bzw. -gutschrift erst mit Feststellung des Jahresabschlusses vorliegt. Da dieser Rechtsakt sachlogisch erst zu einem Zeitpunkt nach dem Bilanzstichtag erfolgen kann, scheidet eine phasengleiche Gewinnvereinnahmung bei Personengesellschaften bereits mit Ablauf des Geschäftsjahres folgerichtig aus.[96] Nach der hier vertretenen Auffassung ist dieser Ansicht nicht zu folgen, da der Rechtsanspruch auf Auszahlung des Gewinnanteils an den Gesellschafter einer Personengesellschaft kraft Gesetz bereits mit Abschluss des abgelaufenen Geschäftsjahres entstanden und somit auch dann zu erfassen ist.

106

---

93 Vgl. *Wüstemann/Kierzek* BB 2005, 429; *Wüstemann/Wüstemann/Neumann*, Rechnungslegung nach IFRS, IAS 18 Rn. 109; *Hoffmann* Haufe-Kommentar, § 4 Rn. 34.
94 Vgl. IDW RS HFA 18.14; *ADS International* Abschnitt 4 Rn. 262 und 268 sowie *ADS* § 246 HGB Rn. 224 m.w.N.
95 Vgl. auch *ADS International* Abschnitt 4 Rn. 262; *Scharpf/Kuhn* KoR 2005, 165 sowie analog zur HGB-Rechnungslegung *ADS* § 246 HGB Rn. 224ff. Vgl. korrespondierend hierzu auch die Kommentierung zu IAS 10 Rn. 31. Zu möglichen Schwierigkeiten der Bewertung des Gewinnanspruchs vgl. exemplarisch *ADS International* Abschnitt 4 Rn. 266.
96 Vgl. *Hoffmann* Haufe IFRS-Kommentar, § 4 Rn. 35; *Wüstemann/Wüstemann/Neumann* Rechnungslegung nach IFRS, IAS 18 Rn. 111.

107 Demgegenüber kann aber bei Personengesellschaften auch eine von der gesetzlichen Gewinnverteilung abweichende Regelung im Gesellschaftsvertrag vorliegen. So wird in der Praxis häufig die Entstehung des Auszahlungsanspruchs der in der Berichtsperiode erwirtschafteten Gewinne durch eine gesonderte Regelung im Gesellschaftsvertrag von der Beschlussfassung der Gesellschafter abhängig gemacht. Wird der nun erforderliche Gewinnverwendungsbeschluss erst nach dem Bilanzstichtag gefasst, so gilt der Gewinn im Abschluss der vergangenen Berichtsperiode solange als unverteilt, bis die Gesellschafter einen Gewinnverteilungsbeschluss gefasst haben. Ist dies der Fall, besteht zum Ende der Berichtsperiode folgerichtig kein Anspruch auf Auszahlung des Gewinns und es darf somit auch kein Anspruch zum Bilanzstichtag bilanziert werden.[97]

108 Dividendenansprüche, die sich auf den **Gewinn aus der Zeit vor dem Erwerb** entsprechender Eigenkapitalinstrumente beziehen, sind nicht bei der Ermittlung der Anschaffungskosten der Beteiligung zu berücksichtigen. Derartige Ansprüche sind als separater Vermögenswert (Anspruch) in der Bilanz anzusetzen, der bei der Vereinnahmung der Dividende ergebnisneutral ausgebucht wird. Folglich sind erst die Dividenden, die auf die Zeit nach dem Erwerb von Eigenkapitaltitel entfallen, ergebniswirksam zu berücksichtigen. Kann eine zeitliche Zuordnung lediglich willkürlich vorgenommen werden, sind die gesamten Dividenden erfolgswirksam zu erfassen, sofern sie nicht eindeutig als Rückzahlung eines Teils der Anschaffungskosten des Eigenkapitalinstruments anzusehen sind.[98] Letzteres ist bspw. der Fall, wenn dem Alt-Anteilseigner im Zuge des Anteilserwerbs ein Ausgleich für die abgetretenen Dividendenansprüche gewährt wurde.

Praxishinweis
Dividenden aus Anteilen an assoziierten Unternehmen sind gemäß IAS 18.6(b) explizit aus dem Anwendungsbereich von IAS 18 ausgeschlossen. IAS 1.82(c) sieht in diesem Zusammenhang für Gewinn- und Verlustanteile an assoziierten Unternehmen innerhalb der Gewinn- und Verlustrechnung einen separaten Posten vor.

109 **VIII. Relevante IFRIC- und SIC-Interpretationen. 1. SIC-31: Erträge aus dem Tausch von Werbeleistungen.** Der Tausch von Werbeleistung besaß vor allem zu Zeiten des neuen Marktes erhöhte praktische Relevanz, da zahlreiche Unternehmen versuchten, durch den bilanzpolitisch motivierten Tausch von Werbeleistungen ihre Umsätze zu steigern. In 2001 hat das IASB diesen Problembereich durch SIC-31 geregelt. SIC-31 ergänzt somit die Vorschriften zur Ertragsvereinnahmung bei Tauschgeschäften nach IAS 18.12.

---

97 Vgl. hierzu ausführlich m.w.N. die Kommentierung zu IAS 10 Rn. 31.
98 Vgl. IAS 18.32.

VIII. Relevante IFRIC- und SIC-Interpretationen

SIC-31 behandelt Sachverhalte, in denen ein Unternehmen ein Tauschgeschäft abschließt, in dem es Werbedienstleistungen erbringt und dafür von einem Kunden andere Werbedienstleistungen erhält. Mögliche Formen dieser Dienstleistung sind nach SIC-31.1 zB die Schaltung von Anzeigen auf Internetseiten, Plakatanschläge, Sendung von Werbung im Radio oder Fernsehen oder die Veröffentlichung von Werbung in Zeitschriften oder Zeitungen. SIC-31 ist lediglich auf den Tausch nicht gleichartiger und gleichwertiger Werbeleistungen anwendbar, weil der Tausch von gleichartigen und -wertigen Werbedienstleistungen *per definitionem* nicht zu einem Ertrag i.S. von IAS 18.12 führt und somit auch kein praktisches Bilanzierungsproblem darstellt.[99]

Das IASB hat in SIC-31.5 beschlossen, dass ein Ertrag aus dem Tauschgeschäft einer Werbedienstleistung – entgegen dem Vorgehen bei gewöhnlichen Tauschgeschäften nach IAS 18.12 – **nicht verlässlich** zum beizulegenden Zeitwert der **erhaltenen Werbedienstleistung** bewertet werden kann. Stattdessen ist eine **Ertragsrealisation auf Grundlage** der Ermittlung des Zeitwerts der **eigenen Leistung** möglich, wenn diese nach den in SIC-31.5(a)-(e) genannten Kriterien verlässlich bewertbar ist. Als Vergleichsmaßstab für die eigene Werbedienstleistung dürfen in diesem Zusammenhang ausschließlich Geschäfte herangezogen werden, die kein Tauschgeschäft sind und die:

(a) Werbung betreffen, die der Werbung des zu beurteilenden Tauschgeschäfts gleicht (SIC-31.5(a)),

(b) häufig vorkommen (SIC-31.5(b)),

(c) im Verhältnis zu allen abgeschlossenen Werbegeschäften des Unternehmens, die der Werbung des zu beurteilenden Tauschgeschäfts gleichen, nach Anzahl und Wert überwiegen (SIC-31.5(c)),

(d) eine Barzahlung bzw. eine andere Form der Gegenleistung (zB marktfähige Wertpapiere, nicht-monetäre Vermögenswerte und andere Dienstleistungen) enthalten, deren beizulegender Wert verlässlich bestimmt werden kann (SIC-31.5(d)) und

(e) bei denen der Vertragspartner nicht derselbe ist wie bei dem zu beurteilenden Tauschgeschäft (SIC-31.5(e)).

Sind die Kriterien für ein wechselseitiges Tauschgeschäft von Werbedienstleistungen nach SIC-31.5 nicht gegeben, darf aus Gründen der mangelnden Verlässlichkeit aus dem Tausch kein Ertrag erfasst werden.

2. IFRIC 12: Erträge aus Dienstleistungskonzessionen. IFRIC 12 Dienstleistungskonzessionsvereinbarungen behandelt Vereinbarungen zwischen einem Unternehmen aus der Privatwirtschaft (Konzessionsnehmer) und der öffentlichen Hand

---
99 Vgl. SIC-31.3.

(Konzessionsgeber), in deren Rahmen das private Unternehmen Infrastruktureinrichtungen für die öffentliche Nutzung errichtet und diese über einen bestimmten Zeitraum betreibt. Die Interpretation geht auf die Frage ein, wie der Konzessionsnehmer Erlöse aus der Fertigungsphase einerseits und der Betriebsphase andererseits bilanziell zu behandeln hat und wie Ansprüche aus der Errichtung zu klassifizieren sind.

114 Der **Anwendungsbereich** des IFRIC 12 erstreckt sich gem. IFRIC 12.5 auf Dienstleistungskonzessionsvereinbarungen im Rahmen von *Public-Private-Partnerships*, bei denen:

- der Konzessionsgeber bestimmt oder festlegt, welche Dienstleistungen der Konzessionsnehmer welchem Personenkreis gegenüber und zu welchem Preis zu erbringen hat, und
- der Konzessionsgeber einen wesentlichen Residualanspruch an der Infrastruktureinrichtung am Ende der Vertragslaufzeit kontrolliert.

115 Die vereinbarte Gesamtvergütung ist gemäß IFRIC 12.13 auf die Errichtungs- und Betriebphase aufzuteilen. Erlöse und Kosten aus der **Errichtungsphase** sind nach der *percentage-of-completion-Methode* gemäß **IAS 11** zu bilanzieren.[100] Der Anspruch ist dann als finanzieller Vermögenswert im Sinne des IAS 39 (in der Regel als Forderung) zu bilanzieren, wenn die Höhe der vereinbarten Vergütung feststeht bzw. bestimmbar ist und damit das Nachfragerisiko beim Konzessionsgeber liegt. Wird hingegen dem Betreiber das Recht übertragen, von den Nutzern Gebühren zu erheben, stellt der Anspruch auf Vergütung ein Recht (eine Lizenz) dar und dieser ist somit als immaterieller Vermögenswert zu bilanzieren.[101] Die Aktivierung und damit auch die Erlösrealisierung erfolgt in beiden Fällen nach Maßgabe des Fertigstellungsgrades. Der immaterielle Vermögenswert ist über seine Nutzungsdauer abzuschreiben.[102]

116 Die Erlösrealisierung während der **Betriebsphase** erfolgt nach den für Dienstleistungen relevanten Bestimmungen in **IAS 18.20ff**[103] Hat der Betreiber einen festen, nutzungsunabhängigen Vergütungsanspruch, so wird der Ertrag proportional über den Zeitraum der Betriebsphase vereinnahmt. Wurde dem Betreiber hingegen das Recht zur Erhebung von Nutzungsgebühren übertragen, so erfolgt die Ertragsrealisierung mit dem Zufluss der Gebühren.[104]

117 **3. IFRIC 13: Erträge aus Kundentreueprogrammen.** IFRIC 13 behandelt das Sonderproblem, inwieweit Kundenbindungsprogramme die Bilanzierung von Umsatzerlösen hinsichtlich deren Realisationszeitpunkt beeinflussen. Im Rahmen von

---

100 Vgl. IFRIC 12.14 sowie hierzu weiterführend zu Fragestellungen der Errichtungsphase *Wüstemann/Wüstemann/Neumann* Rechnungslegung nach IFRS, IAS 18 Rn. 135ff. oder *Fuhrländer* KoR 2009, 675ff.
101 Vgl. IFRIC 12.17.
102 Vgl. IFRIC 12.BC63ff.
103 Vgl. IFRIC 12.20. Vgl. weiterführend zu Fragestellungen der Betriebsphase *Fuhrländer* KoR 2009, 677ff.
104 Vgl. hierzu weiterführend *Wüstemann/Wüstemann/Neumann* Rechnungslegung nach IFRS, IAS 18 Rn. 139f.

VIII. Relevante IFRIC- und SIC-Interpretationen

Kundenbindungsprogrammen bietet ein Unternehmen seinen Kunden bestimmte Anreize, die Produkte oder Dienstleistungen eines Unternehmens zu erwerben. Beispiele für derartige Programme sind Bonusmeilen, Payback-Karten oder sonstige Formen von Treuepunkten.[105]

Die **zentrale Fragestellung** bei der Bilanzierung von Kundenbonusprogrammen ist nach IFRIC 13.4(a) diejenige, ob im Rahmen der bilanziellen Abbildung eine Umsatzabgrenzung der Prämienkomponente vom Vertragshauptteil nach IAS 18.13 in Frage kommt oder ob das Geschäft gemäß IAS 18.19 als einheitlicher Geschäftsvorfall zu würdigen ist mit der Folge, für die gewährte Prämie eine Rückstellung in Höhe der erwarteten Aufwendungen bilden zu müssen.[106] Vor IFRIC 13 konnte die Bilanzierung je nach individueller Auslegung des Sachverhalts entweder nach IAS 18.13 oder nach IAS 18.19 erfolgen; es bestand somit eine Regelungslücke. IFRIC 13 hat die bilanzielle Abbildung nunmehr vereinheitlicht.[107] Ferner werden in IFRIC 13 die Fragen adressiert, wie im Falle einer Umsatzabgrenzung der Prämie der abzugrenzende Umsatz zu bewerten ist, wann dieser zu realisieren ist und wie Prämien zu bewerten sind, die von einem fremden Unternehmen bereitgestellt bzw. dort eingelöst werden.[108]

118

IFRIC 13 regelt die bilanzielle Erfassung von Erträgen und Aufwendungen für Verpflichtungen, die aus Kundenbindungsprogrammen resultieren. In den **Anwendungsbereich** der Interpretation fallen nach IFRIC 13.3 sämtliche Kundenbindungsprogramme, die dem Kunden im Rahmen einer Verkaufstransaktion oder dem Erbringen von Dienstleistungen gewährt werden und die erst bei Erfüllung weiterer Voraussetzungen eingelöst werden können. Als Prämie i.S. von IFRIC 13.3 zählt lediglich der unentgeltliche bzw. vergünstigte Bezug von Waren oder Dienstleistungen. Kundenprämien in Form von Bargeld sind somit aus dem Anwendungsbereich des IFRIC 13 ausgeschlossen.[109] Auch Rabatte oder einlösbare Kupons, die nicht im Zuge einer Verkaufstransaktion (freiwillig) gewährt werden, fallen infolgedessen nicht unter IFRIC 13.[110]

119

Hinsichtlich der Frage, ob für die Bilanzierung von Kundenbindungsprogrammen IAS 18.13 oder IAS 18.19 einschlägig ist, stellt IFRIC 13.5 eindeutig klar, dass **Kundenbindungsprogramme** nach IAS 18.13 i.S. eines **Mehrkomponentengeschäfts** zu interpretieren sind und demnach der gewährte Prämienanspruch als

120

---

105 Vgl. *Schlüter* Beck'sches IFRS-Handbuch, §15 Rn. 40; *Kühne/Schreiber* KoR 2006, 573f.; *Lühn* PiR 2010, 97.
106 Vgl. exemplarisch *Driesch* WPg 2007, 1060; *Lühn* PiR 2010, 99.
107 Vgl. *Schlüter* Beck'sches IFRS-Handbuch, §15 Rn. 40.
108 Vgl. IFRIC 13.4(b) sowie weiterführend *Driesch* WPg 2007, 1060f.
109 Vgl. *Wüstemann/Wüstemann/Neumann* Rechnungslegung nach IFRS, IAS 18 Rn. 142.
110 Vgl. *Driesch* WPg 2007, 1060; *Lühn* PiR 2010, 100.

getrennter Transaktionsbestandteil vom Umsatzgeschäft separat abzugrenzen ist.[111] Hintergründe sowie weiterführende Erläuterungen zu dieser Entscheidung des IASB sind in den *basis for conclusions* zu IFRIC 13 enthalten.

121 Nach IAS 18.13 ist der Fair Value der erhaltenen bzw. zu erhaltenen Gegenleistung (i.d.R. der Kaufpreis) aus dem Geschäftsvorfall in zwei Komponenten aufzuteilen: einerseits den Verkauf des Produkts bzw. die Erbringung der Dienstleistung sowie andererseits die gewährte Prämie. Die **Bewertung** der auf den Prämienanspruch entfallenden Gegenleistung hat gemäß IFRIC 13.6 zum Fair Value des Prämienanspruchs zu erfolgen, dh zu dem Preis, zu dem die Prämie einzeln veräußert werden könnte. Ferner ist hinsichtlich der Behandlung von Sonderproblemen bei der Bewertung auf die Ausführungen des IASB in IFRIC 13.AG1-AG3 zu verweisen.[112]

122 Wird die **Prämienverpflichtung durch das Unternehmen selbst erfüllt**, ist der anteilige **Ertrag**, der auf die Hauptleistung entfällt, zum Zeitpunkt des Geschäftsvorfalls zu **realisieren**. Der Ertragsanteil, der auf die Prämie entfällt, ist zum Zeitpunkt des ursprünglichen Geschäfts passivisch abzugrenzen. Er darf gemäß IFRIC 13.7 erst dann realisiert werden, wenn die Prämie durch den Kunden tatsächlich eingelöst wird.[113] Des Weiteren ist der Abgrenzungsposten aufzulösen und der Ertrag zu realisieren, wenn die Prämie verfallen ist.[114] Der Anteil der zu realisierenden Erträge ergibt sich gemäß IFRIC 13.7 aus dem Verhältnis der Anzahl der in der Periode eingelösten Prämien zur Gesamtzahl aller Prämien, deren Einlösung erwartet wird.[115]

123 Wird die **Prämienleistung jedoch durch ein fremdes drittes Unternehmen** erbracht, ist zu unterscheiden, ob das bilanzierende Unternehmen die Vergütungskomponente für die Prämie auf eigene Rechnung oder als Vermittler auf Rechnung Dritter erhält. Erhält das Unternehmen die Vergütungskomponente für die Prämie auf **eigene Rechnung**, ist der **Ertrag** nach IFRIC 13.8(b) zu dem Zeitpunkt zu **realisieren**, an dem das Unternehmen seine **Verpflichtung zur Bedienung des Prämienanspruchs auf das fremde Unternehmen überträgt**. Erhält das prämiengewährende Unternehmen die Erlöskomponente der Prämie jedoch nur auf Rechnung des dritten prämieneinlösenden Unternehmens, so hat die Umsatzrealisation nach den Vorgaben des IFRIC 13.8(a) zu erfolgen.[116]

---

111 Vgl. hierzu auch *Wüstemann/Wüstemann/Neumann* Rechnungslegung nach IFRS, IAS 18 Rn. 145; *Driesch* WPg 2007, 1061; *Schlüter* Beck'sches IFRS-Handbuch, §15 Rn. 40; *Unkelbach* PiR 2009, 271.
112 Zur Bewertung des Prämienanspruchs vgl. weiterführend *Wüstemann/Wüstemann/Neumann*, Rechnungslegung nach IFRS, IAS 18 Rn. 147ff.; *Driesch* WPg 2007, 1062f.; *Lühn* PiR 2010, 100.
113 Vgl. auch *Driesch* WPg 2007, 1063; *Wüstemann/Wüstemann/Neumann* Rechnungslegung nach IFRS, IAS 18, Rn. 150.
114 Vgl. hierzu IFRIC 13.BC15.
115 Vgl. *Wüstemann/Wüstemann/Neumann* Rechnungslegung nach IFRS, IAS 18 Rn. 152.
116 Vgl. hierzu ausführlich *Driesch* WPg 2007, 1063.

VIII. Relevante IFRIC- und SIC-Interpretationen

Schätzungsänderungen hinsichtlich der Einlösewahrscheinlichkeit von Prämien können bspw. dazu führen, dass die unvermeidbaren Kosten aus der Einlösung der Prämien die für den bilanzierten Prämienanspruch erhaltenen Gegenleistungen übersteigen. Ist dies der Fall, ist nach IFRIC 13.9 eine Rückstellung i.S. von IAS 37 zu passivieren.

4. IFRIC 15: Verträge über die Errichtung von Immobilien. Bei Immobiliengroßprojekten ist es in der Praxis nicht unüblich, dass die Vermarktung sowie der Verkauf von Immobilien bereits begonnen bzw. schon abgeschlossen sind, bevor mit dem eigentlichen Bauprojekt begonnen wird.[117] Vor diesem Hintergrund behandelt IFRIC 15 das Problem der Abgrenzung des Anwendungsbereichs von IAS 11 und IAS 18. Es stellt sich hierbei die Frage, ob ein Vertrag über die Veräußerung künftig zu erstellender Immobilien dem Verkauf von Gütern nach IAS 18 zuzuordnen ist oder ob dieser als Fertigungsauftrag i.S. von IAS 11 einzuordnen und somit nach Maßgabe des Fertigstellungsgrads zu realisieren ist.[118] Eine ordnungsgemäße Zuordnung ist aus bilanzieller Sicht von großer Bedeutung, da die Erlösrealisation beim Verkauf von Gütern nach IAS 18 (*completed-contract*-Methode) zu signifikant unterschiedlichen Ergebnissen als die Anwendung der *stage-of-completion*-Methode nach Maßgabe von IAS 11 führt.

IFRIC 15 behandelt die Aufwands- und Ertragserfassung bei Immobilienbauunternehmen. Die Interpretation ist unabhängig davon anzuwenden, ob der Bau der Immobilie durch die Vertragsgesellschaft selbst oder durch Subunternehmer durchgeführt wird. In den **Anwendungsbereich** von IFRIC 15 fallen grundsätzlich alle Immobilienbauverträge. Zusätzlich zum eigentlichen Bauprojekt sind auch dazugehörige Güterverkäufe oder Dienstleistungen unter den Anwendungsbereich von IFRIC 15 zu subsumieren.[119]

Enthalten Immobilienbauverträge neben der eigentlichen Bauleistung noch weitere Dienstleistungen (zB Immobilienverwaltung) oder den Verkauf von Gütern (zB Grundstücksverkäufe), so ist der Vertrag gemäß IFRIC 15.8 i.S. eines **Mehrkomponentengeschäfts** nach IAS 18.13 in die einzelnen identifizierbaren sowie bewertbaren Komponenten aufzuteilen. Die Segmentierung der einzelnen Komponenten in Sachverhalte des IAS 18 bzw. IAS 11 hat gemäß den Vorschriften von IFRIC 15.10-12 zu erfolgen.[120]

---

117 Vgl. IFRIC 15.1-3.
118 Vgl. IFRIC 15.6.
119 Vgl. IFRIC 15.4-5. Sowie weiterführend *Oversberg*, IRZ 2009, S. 393; *Oversberg* PiR 2009, 248.
120 Vgl. IFRIC 15.8.

128 Hinsichtlich einer Zuordnung des Vertrags zum Anwendungsbereich von IAS 18 oder IAS 11 gibt IFRIC 15.10-11 dem Anwender **Abgrenzungskriterien** an die Hand. IFRIC 15.10 macht in diesem Zusammenhang deutlich, dass für eine abschließende Beurteilung des Sachverhalts die individuellen Vertragsbedingungen unter Berücksichtigung des wirtschaftlichen Gesamtumfeldes zu würdigen sind.

129 Ein **Immobilienbauvertrag** ist nach IFRIC 15.11 nur dann als *construction contract* i.s. von **IAS 11** anzusehen, wenn der Käufer vor und während der Konstruktionsphase die Möglichkeit besitzt, einen **Einfluss** auf **die wesentlichen Strukturelemente** des Bauvorhabens zu nehmen. Dies gilt unabhängig davon, ob von dem Recht zur Einflussnahme tatsächlich Gebrauch gemacht wird. Ist der Immobilienbauvertrag als Fertigungsauftrag i.s. von IAS 11 zu klassifizieren, werden auch sämtliche direkt mit diesem Auftrag im Zusammenhang stehenden Dienstleistungen dem Anwendungsbereich von IAS 11 zugeordnet.[121] Im Umkehrschluss hierzu liegt kein Fertigungsauftrag sondern ein **Anwendungsfall des IAS 18** vor, wenn der Käufer lediglich einen **geringen Einfluss** auf die Veränderung der **strukturellen Hauptelemente** der Immobile hat. Dies ist bspw. der Fall, wenn er lediglich aus unterschiedlichen, standardisierten Optionen auswählen darf.[122]

130 Die **Ertragserfassung von Immobilienbauverträgen** wird in IFRIC 15.13-18 geregelt. So stellt IFRIC 15.13 fest, dass, wenn ein Immobilienbauvertrag in den Anwendungsbereich des IAS 11 fällt, eine Ertragsrealisation nach Maßgabe des Fertigstellungsgrads zu erfolgen hat (*stage-of-completion*-Methode), sofern die erforderlichen Schätzungen des Baufortschritts sowie der Kosten verlässlich erfolgen können. Erfüllt der Immobilenbauvertrag indes nicht die Definitionskriterien eines Fertigungsauftrags, fällt die Ertragsrealisation in den Anwendungsbereich von IAS 18. Hinsichtlich einer möglichen Ertragserfassung nach IFRIC 15.14ff ist zu unterscheiden, ob eine Dienstleistung erbracht wird oder ein Verkauf von Gütern vorliegt.[123]

131 Ist das Unternehmen gemäß Vertrag ausschließlich dazu verpflichtet, **Dienstleistungen** im Zusammenhang mit dem Immobilienbauvertrag zu erbringen,[124] erfolgt die Ertragserfassung gemäß den allgemeinen Vorschriften aus IAS 18.20ff, was – entsprechend IAS 11 – eine Ertragsrealisation nach Maßgabe des Fertigstellungsgrads impliziert.[125] Werden gemäß Immobilienbauvertrag allerdings **Güter verkauft**, sind auf den Geschäftsvorfall die Vorschriften aus IAS 18.14ff anzuwenden.[126] Es lassen sich in diesem Zusammenhang gemäß IFRIC 15.BC21 zwei Fälle unterscheiden:[127]

---

121 Vgl. IFRIC 15.11 i.V.m. IAS 11.5(a).
122 Vgl. IFRIC 15.11-12 sowie weiterführend *Oversberg* IRZ 2009, 394.
123 Vgl. auch IFRIC 15.BC21; *Schlüter* Beck'sches IFRS-Handbuch, §15 Rn. 41.
124 Dies ist z.B. der Fall, wenn das Unternehmen nicht für die Materialbeschaffung verantwortlich ist und im wesentlichen lediglich den Zusammenbau des Gebäudes erbringt. Vgl. IFRIC 15.BC22 sowie *Oversberg* IRZ 2009, 394.
125 Vgl. IFRIC 15.15. Zur Ertragsrealisation von Dienstleistungen nach IAS 18 vgl. ausführlich Rn. 57ff.
126 Vgl. IFRIC 15.16.
127 Vgl. hierzu ausführlich *Oversberg* IRZ 2009, 394f.

IX. Ausweis und Angaben

- Gehen laut Vertrag Kontrolle sowie Chancen und Risiken der im Bau befindlichen Immobilie nach Maßgabe des Leistungsfortschritt an den Erwerber über, sind gemäß IFRIC 15.17 die Vorschriften aus IAS 11 zur Anwendung der *percentage-of-completion*-Methode analog anzuwenden.
- Gehen laut Vertragsgestaltung Kontrolle sowie Chancen und Risiken der im Bau befindlichen Immobilie zu einem bestimmten Zeitpunkt auf den Erwerber über (zB nach Schlussabnahme), sind die Erträge aus dem Immobilienbauvertrag gemäß IFRIC 15.18 erst zu diesem Zeitpunkt zu realisieren (*completed-contract*-Methode).

Stehen noch Arbeiten an einer bereits an den Käufer übergebenen Immobilie aus, so ist gemäß IAS 18.19 eine Rückstellung für die noch ausstehenden Kosten zu passivieren. Die Bewertung hat gemäß IAS 37 zu erfolgen. Stehen aber noch klar abgrenzbare und identifizierbare Güter oder Dienstleistungen aus, so wurden diese bereits nach IFRIC 15.8 als separate Komponenten der Transaktion berücksichtigt und bilanziert.[128]

IX. Ausweis und Angaben. Im Zusammenhang mit der Erlösrealisierung verlangt IAS 18.35 die folgenden **Anhangangaben**:

(a) Beschreibung der bei der Erlöserfassung angewandten Bilanzierungs- und Bewertungsmethoden sowie der Methoden zur Ermittlung des Fertigstellungsgrads bei Dienstleistungsgeschäften,

(b) den Betrag jeder wesentlichen Erlöskategorie, die während der Berichtsperiode erfasst worden sind, wie Erträge aus

   (i) dem Verkauf von Gütern,

   (ii) der Erbringung von Dienstleistungen,

   (iii) Zinsen,

   (iv) Nutzungsentgelten,

   (v) Dividenden und

(c) den Betrag von Erträgen aus Tauschgeschäften mit Waren oder Dienstleistungen, der in jeder wesentlichen Erlöskategorie enthalten ist.

---

128 Vgl. IFRIC 15.19; *Oversberg* PiR 2008, 249.

Praxishinweis
Bei Mehrkomponentenverträgen, deren Vertragsgegenstand sowohl Güter- als auch Dienstleistungsgeschäfte einschließt, hat eine Zuordnung der verschiedenen Leistungskomponenten zu den entsprechenden Erlöskategorien zu erfolgen.

134   Des Weiteren verweist IAS 18.36 auf die Angabe von Eventualschulden und -forderungen, die auf zu einer Erlösrealisierung führenden Transaktionen beruhen. Die Angabepflicht kann somit durch Gewährleistungen, Klagen, Vertragsstrafen oder mögliche Verluste ausgelöst werden.

135   **X. Inkrafttreten und Übergangsvorschriften.** IAS 18 in der vorliegenden Form ist verpflichtend auf IFRS-Abschlüsse anzuwenden, die Rechnungslegungsperioden umfassen, welche am oder nach dem 1. Januar 1995 beginnen. Die Ergänzung von IAS 18.32 als Folgeänderung der Standards IFRS 1 und IAS 27 im Jahr 2008 ist erstmals pflichtmäßig auf Rechnungslegungsperioden anzuwenden, die am oder nach dem 1. Januar 2009 beginnen. Die durch die Veröffentlichung von IFRIC 9 vorgenommene Ergänzung von IAS 18.6(d) und IAS 18.11 ist zeitlich parallel mit der Anwendung von IFRIC 9 vorzunehmen.

136   **XI. Regelungen zur Erlösrealisation nach US-GAAP.** Neben allgemeinen Grundsätzen zur Erlösrealisierung, welche sowohl im US-amerikanischen Framework (SFAC) als auch im Abschnitt „Revenue" der Accounting Standards Codification des FASB (FASB ASC)[129] geregelt sind, finden sich in den US-GAAP weitere einzelfallbezogene branchenspezifische und branchenübergreifende Regelungen zu speziellen Sachverhalten in anderen Abschnitten des FASB ASC – bspw. zur Leasingbilanzierung oder spezielle Regelungen zur Ertragsvereinnahmung in der Film- oder Softwareindustrie.

137   Im US-amerikanischen Rahmenkonzept SFAC 6.78 *Elements of Financial Statements* werden Erlöse (*revenues*) als Einzahlungen oder Werterhöhungen von Vermögenswerten oder als Begleichung einer Verbindlichkeit aus der Lieferung von Produkten oder der Erbringung von Dienstleistungen im Rahmen der gewöhnlichen Geschäftstätigkeit des Unternehmens definiert. In Abgrenzung hierzu definiert SFAC 6.82 andere Erträge (*gains*) als Erhöhungen des Nettovermögens, die weder Erlöse noch Transaktionen mit Eigenkapitalgebern darstellen.

138   Die **allgemeinen Grundsätze zur Erlösrealisierung** werden in SFAC 5 *Recognition and Measurement in Financial Statements of Business Enterprises* beschrieben. Nach SFAC 5.83 sind Erträge dann anzusetzen, wenn die Gegenleistung realisiert bzw. realisierbar (*realized or realizable*) ist und verdient (*earned*) wurde. Das erste Kriterium gilt als erfüllt, wenn das Unternehmen durch einen Leistungsaustausch

---

[129] Im FASB ASC sind seit 01. Juli 2009 sämtliche verbindlich anzuwendenden US-GAAP integriert. Die FASB ASC ersetzen das bislang bekannte „House of GAAP". Vgl. hierzu ausführlich *Unrein* IRZ 2009, 381ff.

XI. Regelungen zur Erlösrealisation nach US-GAAP

Zahlungsmittel oder einen Anspruch darauf erwirbt. Das zweite Kriterium ist erfüllt, wenn das Unternehmen seine Leistung im wesentlichen erbracht hat. Die beiden Voraussetzungen sind nach SFAC 5.84(a) in der Regel zum Zeitpunkt der Lieferung bzw. Erbringung der Dienstleistung erfüllt. Für die nachstehenden **Sachverhalte** werden Erlöse wie folgt realisiert:

- Im Fall von Vorauszahlungen werden die Erlöse erst realisiert, wenn die Leistung durch Produktion und Lieferung erbracht wurde.[130]
- Bei langfristiger Auftragsfertigung erfolgt die Erlösrealisierung auf Basis der *percentage-of-completion*-Methode nach Produktionsfortschritt, sofern eine realistische Einschätzung des Gesamtergebnisses vorgenommen und der Produktionsfortschritt verlässlich gemessen werden kann.[131]
- Wenn sich die Erbringung von Dienstleistungen oder das Recht zur Nutzung eines Vermögenswertes über einen längeren Zeitraum erstreckt (zB Zins- oder Mietzahlungen), erfolgt die Erlösrealisierung anteilig über den Zeitablauf.[132]
- Wenn Vermögenswerte kurzfristig zu verlässlich bestimmbaren Preisen und mit geringem Aufwand veräußert werden können (zB bestimmte landwirtschaftliche Produkte oder Edelmetalle), kann die Erlösrealisierung bei Abschluss des Produktionsprozesses erfolgen.[133]
- Eine Erlösrealisierung im Falle von Tauschtransaktionen setzt voraus, dass die Fair Values der Tauschobjekte verlässlich bestimmt werden können.[134]
- Bestehen Zweifel an der Einbringlichkeit der Zahlung, erfolgt die Erlösrealisierung erst bei Eingang der Zahlung; im Falle von Teilzahlungen wird der Gewinn entsprechend ratierlich vereinnahmt (*installment method*).[135] Eine alternative Vorgehensweise besteht darin, dass der Gewinn erst realisiert wird, wenn alle Kosten gedeckt sind (*cost recovery method*).[136]

Allgemeine Kriterien zur Umsatzrealisation finden sich in dem von der SEC formulierten SAB 104 *Revenue Recognition*, welcher die an verschiedenen Stellen innerhalb der US-GAAP zu findenden Regelungen zusammenfasst und konkretisiert. Grundsätzlich müssen für eine Umsatzrealisation die folgenden Voraussetzungen kumulativ gegeben sein:

- Vorliegen einer wirksamen Vereinbarung zu einer Transaktion;
- die Lieferung ist erfolgt bzw. die Leistung ist erbracht;
- der Kaufpreis ist fest oder bestimmbar und
- die Einbringlichkeit der Zahlung ist hinreichend sicher.

---

130 Vgl. SFAC 5.84(b).
131 Vgl. SFAC 5.84(c).
132 Vgl. SFAC 5.84(d).
133 Vgl. SFAC 5.84(e).
134 Vgl. SFAC 5.84(f).
135 Vgl. SFAC 5.84(g).
136 Vgl. FASB ASC 605-10-25-4.

Diese Kriterien sind abweichend von IAS 18.14ff formuliert; konzeptionelle Unterschiede bestehen allerdings nicht.

140 In SAB 104 wird unter anderem geregelt, dass ein Eigentumsvorbehalt der Umsatzrealisierung nicht entgegensteht. Ferner wird konkretisiert, dass nicht-rückzahlbare Anfangszahlungen in dem Zeitraum, in denen Güter geliefert bzw. Dienstleistungen erbracht werden, verdient werden und somit über diese Periode und nicht zum Zahlungszeitpunkt als Erlös zu erfassen sind. Für rückzahlbare Zahlungen gilt, dass diese während des Zeitraums, in denen eine Rückzahlung möglich ist, nicht als Erlös erfasst werden dürfen, da es an der Bestimmbarkeit des Kaufpreises fehlt; eine Ausnahme besteht allerdings dann, wenn die voraussichtlichen Rückerstattungen verlässlich geschätzt werden können. Wenn eine Abnahmeverpflichtung seitens des Käufers vereinbart wurde, ist eine Erlösrealisierung nur nach erfolgter Abnahme zulässig.

141 Bei *bill-and-hold*-Vereinbarungen ist die Umsatzrealisierung nur möglich, wenn folgende Kriterien kumulativ erfüllt sind:
- Der Gefahrenübergang hat stattgefunden;
- der Kunde hat sich zum Kauf verpflichtet;
- der Käufer muss die *bill-and-hold*-Vereinbarung aufgrund eines nachvollziehbaren geschäftlichen Interesses gefordert haben;
- es liegt ein fester Lieferzeitplan vor;
- die Leistung des Verkäufers muss erbracht worden sein;
- die Waren werden von anderen Vorräten des Verkäufers separiert gelagert und
- die Waren müssen lieferbereit sein.

142 Die Accounting Standards Codification des FASB (FASB ASC), in der die verbindlich anzuwendenden US-GAAP integriert sind, enthält weitere Regelungen zur Umsatzrealisierung. So wird festgelegt, dass eine Erlösrealisierung im Falle eines Rückgaberechtes nur dann zulässig ist, wenn die in SAB 104 definierten Kriterien erfüllt sind, der Gefahrenübergang stattgefunden hat, der Käufer unabhängig vom Weiterverkauf zur Zahlung verpflichtet ist und der Betrag der erwarteten Rückgaben zuverlässig geschätzt werden kann.[137]

143 **Mehrkomponentenverträge** sind in einzelne Bewertungseinheiten aufzuteilen[138]; in einem nächsten Schritt erfolgt die Allokation des Verkaufspreises und damit die Erlösrealisierung auf Basis der relativen Fair Values der einzelnen Einheiten.[139]

144 Für einzelne Branchen bzw. Transaktionstypen enthält die FASB ASC die folgenden speziellen Regelungen: Die Erlösrealisierung im Falle der **Lizenzierung von Filmen** ist nur dann zulässig, wenn die in SAB 104 definierten Kriterien erfüllt sind

---

137 Vgl. FASB ASC 605-15-25-1.
138 Vgl. FASB ASC 605-25-25-5.
139 Vgl. FASB ASC 605-25-30-2.

und die Lizenzperiode begonnen hat.[140] Wenn eine variable Lizenzgebühr vereinbart wurde, die beispielsweise von den Umsätzen des Lizenznehmers abhängt, fehlt es zu Lizenzbeginn an der Bestimmbarkeit des Kaufpreises. Die Erlösrealisierung erfolgt in diesen Fällen über den Zeitablauf, in denen das Nutzungsrecht vermarktet wird.[141]

Die Anfangszahlung eines **Franchisenehmers** wird als Erlös realisiert, wenn der Franchisegeber alle dafür zu erbringenden Leistungen im wesentlichen erfüllt hat.[142] Für den Fall, dass die laufenden Gebühren nicht kostendeckend kalkuliert sind, wird ein Teil der Anfangszahlung, der zur Kostendeckung und zur Erzielung eines Gewinn beiträgt, abgegrenzt und über die Vertragslaufzeit realisiert.[143]

145

Ein **Leasinggeber** erfasst einen Anreiz (*Lease Incentive*) als Erlösschmälerung linear über die Vertragslaufzeit.[144]

146

Die Erlösrealisierung bei **Software-Anbietern** ist abhängig vom jeweiligen Geschäftsmodell. Bei Anbietern von Standardsoftware, die keine weiteren Modifikationen erfordert, entspricht die Erlösrealisierung den Grundsätzen des Liefervertrages; somit müssen die in SAB 104 genannten Bedingungen erfüllt sein.[145] Wird jedoch kundenspezifische Software entwickelt und produziert, so sind bei Vorliegen der Voraussetzungen die Grundsätze der langfristigen Auftragsfertigung anzuwenden.[146] Bei Mehrkomponentenverträgen wird für die einzelnen Bewertungseinheiten zunächst jeweils der Fair Value auf Basis der *vendor specific objective evidence* bestimmt; ausschlaggebend ist damit der Preis, der beim separaten Verkauf der Leistung bzw. der Ware erzielt wird und nicht der möglicherweise abweichende Preis, der im Zuge des Mehrkomponentengeschäftes vereinbart wurde. Der Gesamterlös wird dann auf Basis der relativen Fair Values aufgeteilt und bei Erbringung der jeweiligen Leistung realisiert.[147] Bei Erbringung von Customer Support-Leistungen erfolgt die Erlösrealisierung linear über die Vertragslaufzeit, es sei denn, der Verkäufer kann aus der Historie nachweisen, dass die dafür aufzuwendenden Kosten nicht gleichmäßig anfallen.[148]

147

Anschlussgebühren, die **Anbieter von Kabelfernsehen** vereinnahmen, werden zunächst nur in Höhe der damit verbundenen Kosten realisiert. Darüber hinausgehende Beträge müssen abgegrenzt und über die Vertragslaufzeit realisiert werden.[149]

148

IAS 18

---

140 Vgl. FASB ASC 926-605-25-1.
141 Vgl. FASB ASC 926-605-25-18.
142 Vgl. FASB ASC 952-605-25-1.
143 Vgl. FASB ASC 952-605-25-4.
144 Vgl. FASB ASC 840-20-25-6.
145 Vgl. FASB ASC 985-605-25-3.
146 Vgl. FASB ASC 985-605-25-2.
147 Vgl. FASB ASC 985-605-25-6.
148 Vgl. FASB ASC 985-605-25-67f.
149 Vgl. FASB ASC 922-605-25-3f.

149 Die allgemeinen SEC-Regelungen zur Erlöserfassung finden sich in ähnlicher Weise in den von IAS 18.14ff genannten Voraussetzungen für die Erfassung von Erlösen aus dem Güterverkauf wieder.

150 Auch bei den allgemeinen Vorschriften zur Bewertung der Erlöse ergeben sich grundsätzlich keine konzeptionellen Unterschiede zu IFRS, wobei nach US-GAAP aufgrund der Vielzahl von einzelfallbezogenen Regelungen Abweichungen im Detail gegenüber den IFRS bestehen.

151 **XII. IFRS für kleine und mittelgroße Unternehmen.** Die Regelungen des 2009 veröffentlichten Standards **„IFRS for SMEs"**, der Rechnungslegungsregelungen für kleine und mittlere Unternehmen enthält, entsprechen hinsichtlich der Vorschriften zur Erlöserfassung weitestgehend den Regelungen des IAS 18. Dies gilt sowohl für die grundsätzlichen Prinzipien der Erfassung von Erlösen als auch für die Unterscheidung in die Bereiche

- Erlöse aus dem Verkauf von Gütern.
- Erlöse aus der Bereitstellung von Dienstleistungen,
- Erlöse aus Zinsen, Nutzungsentgelten und Dividenden.

152 Der **Umfang der Darstellung** des IFRS-SMEs Abschnitt 23 weicht hingegen deutlich von dem des IAS 18 ab. Gemäß der Arbeitsprämisse des IASB, für kleine und mittlere Unternehmen einen komprimierten Text in einfacher englischer Sprache zu entwickeln,[150] umfassen die Regelungen zur Erlösrealisation in IFRS-SMEs Abschnitt 23 lediglich 32 Textziffern. Allerdings wurde in den Standard ein Anhang zu Abschnitt 23 aufgenommen, der anhand 26 ausgewählter Beispiele die Erlösrealisation in den verschiedenen Bereichen verdeutlicht. Durch diese Illustration innerhalb des Standards, zusätzlich zu der sonst üblichen Verlagerung von Beispielen in das von der IASC Foundation herausgegebene Trainingsmaterial zum IFRS for SMEs, wird der besonderen Bedeutung dieses Regelungsbereichs Rechnung getragen.

153 Einen entscheidenden Unterschied hinsichtlich des Regelungsbereichs stellen die **Regelungen zu Fertigungsaufträgen** dar. Während innerhalb der Full-IFRS hierzu mit IAS 11 ein eigenständiger Standard existiert, wurden die entsprechenden Regelungen – allerdings in extrem komprimierter Form – in den Regelungsbereich der IFRS-SMEs Abschn. 23 integriert. Ziel dieser Integration ist eine zusammenfassende Darstellung sämtlicher Regelungen zur Erlösrealisation in einem Abschnitt der IFRS for SMEs. Diese konzeptionell zu befürwortende Vorgehensweise entspricht systematisch bereits der durch das IASB angestrebten[151] einheitlichen Regelung der Erlösrealisation auch innerhalb der Full-IFRS.

---

150 Vgl. *IASC Foundation*, Training Material for IFRS for SMEs, Module 23 – Revenue, 59
151 Vgl. Rn. 154.

XIII. Ausblick. Die Regelungen zur Erlösrealisation in IAS 18 werden derzeit vom IASB im Rahmen des **Projekts „Revenue Recognition"** grundsätzlich überarbeitet und inhaltlich neu gefasst. Mit dem Projekt sollen insbesondere folgende Ziele erreicht werden:[152]

- Beseitigung von Inkonsistenzen mit anderen Standards
- Gesamtheitliche Darstellung sämtlicher Regelungen zur Erlösrealisation
- Verbesserung der Vergleichsmöglichkeiten zwischen Unternehmen, Branchen und Kapitalmärkten
- Verbesserung der Information in den Anhangangaben
- Aufnahme von Regelungen zu Auftragskosten

Der neue Standard soll zukünftig IAS 18 und IAS 11 ersetzen. Es handelt sich um ein **gemeinsam** mit dem US-amerikanischen Standardsetzer FASB **durchgeführtes Projekt**, sodass im Ergebnis inhaltsgleiche Regelungen innerhalb der IFRS wie auch der US-GAAP Geltung erlangen sollen. Insbesondere im Bereich der US-GAAP soll dies zu einer erheblichen Reduzierung der Detailvorschriften und damit verbundener Redundanzen führen.

Nach der Veröffentlichung eines Diskussionspapiers im Dezember 2008 wurde im Rahmen des Projekts im Juni 2010 vom IASB ein **Standardentwurf** mit dem Titel „Revenue from Contracts with Customers"[153] verabschiedet. Das Kernprinzip des Entwurfs beruht darauf, dass Unternehmen Erlöse dann erfassen soll, wenn Güter an Kunden übertragen bzw. Dienstleistungen erbracht wurden. Dazu wird der Begriff der „Leistungsverpflichtung" eingeführt, deren Erfüllung ausschlaggebend für den Zeitpunkt und die Höhe der Erlösrealisation ist. Der zu erfassende Betrag entspricht dabei der Gegenleistung, die das berichtende Unternehmen von dem Kunden erhält oder zu erhalten erwartet.

Der IASB wird die eingehenden Kommentierungen auf die Veröffentlichung des Standardentwurfs auswerten und anschließend einen endgültigen Standard formulieren. Derzeit wird die Verabschiedung dieses Standards für das 2. Quartal 2011 angestrebt.

---

152 Vgl. *IASB* Press Release 24.06.2010
153 *IASB* ED/2010/6 „Revenue from Contracts with Customers", veröffentlicht am 24. Juni 2010, Ende der Kommentierungsfrist: 22. Oktober 2010

IAS 19 – Employee Benefits

Rn	Textauszüge aus IAS 19
19.10	Hat ein Arbeitnehmer im Verlauf der Bilanzierungsperiode Arbeitsleistungen für ein Unternehmen erbracht, ist von dem Unternehmen der nicht diskontierte Betrag der kurzfristig fälligen Leistung zu erfassen, der erwartungsgemäß im Austausch für diese Arbeitsleistung gezahlt wird, und zwar

(a) als Schuld (abzugrenzender Aufwand) nach Abzug bereits geleisteter Zahlungen. Übersteigt der bereits gezahlte Betrag den nicht diskontierten Betrag der Leistungen, so hat das Unternehmen den Unterschiedsbetrag als Vermögenswert zu aktivieren (aktivische Abgrenzung), sofern die Vorauszahlung beispielsweise zu einer Verringerung künftiger Zahlungen oder einer Rückerstattung führen wird; und

(b) als Aufwand, es sei denn, ein anderer Standard verlangt oder erlaubt die Einbeziehung der Leistungen in die Anschaffungs- oder Herstellungskosten eines Vermögenswerts (siehe z.B. IAS 2 Vorräte und IAS 16 Sachanlagen).

IAS 19.11, 14 und 17 erläutern, wie diese Vorschrift von einem Unternehmen auf kurzfristig fällige Leistungen an Arbeitnehmer in Form von vergüteter Abwesenheit und Gewinn- und Erfolgsbeteiligung anzuwenden ist.

19.11	Die erwarteten Kosten für kurzfristig fällige Leistungen an Arbeitnehmer in Form von vergüteten Abwesenheiten sind gemäß IAS 19.10 wie folgt zu erfassen:

(a) im Falle ansammelbarer Ansprüche, sobald die Arbeitsleistungen durch die Arbeitnehmer erbracht werden, durch die sich ihre Ansprüche auf vergütete künftige Abwesenheit erhöhen; und

(b) im Falle nicht ansammelbarer Ansprüche in dem Zeitpunkt, in dem die Abwesenheit eintritt.

19.14	Ein Unternehmen hat die erwarteten Kosten ansammelbarer Ansprüche auf vergütete Abwesenheit mit dem zusätzlichen Betrag zu bewerten, den das Unternehmen aufgrund der zum Abschlussstichtag angesammelten, nicht genutzten Ansprüche voraussichtlich zahlen muss.

19.17	Ein Unternehmen hat die erwarteten Kosten eines Gewinn- oder Erfolgsbeteiligungsplanes gemäß IAS 19.10 dann, und nur dann, zu erfassen, wenn

(a) das Unternehmen aufgrund von Ereignissen der Vergangenheit gegenwärtig eine rechtliche oder faktische Verpflichtung hat, solche Leistungen zu gewähren; und

(b) die Höhe der Verpflichtung verlässlich geschätzt werden kann.

Eine gegenwärtige Verpflichtung besteht dann, und nur dann, wenn das Unternehmen keine realistische Alternative zur Zahlung hat.

19.29 Ein gemeinschaftlicher Plan mehrerer Arbeitgeber ist von einem Unternehmen nach den Regelungen des Plans (einschließlich faktischer Verpflichtungen, die über die formalen Regelungsinhalte des Plans hinausgehen) als beitragsorientierter Plan oder als leistungsorientierter Plan einzuordnen. Wenn ein gemeinschaftlicher Plan mehrerer Arbeitgeber ein leistungsorientierter Plan ist, so hat das Unternehmen

(a) seinen Anteil an der leistungsorientierten Verpflichtung, dem Planvermögen und den mit dem Plan verbundenen Kosten genauso zu bilanzieren wie bei jedem anderen leistungsorientierten Plan; und

(b) die gemäß IAS 19.120A erforderlichen Angaben im Abschluss zu machen.

19.30 Falls keine ausreichenden Informationen zur Verfügung stehen, um einen leistungsorientierten gemeinschaftlichen Plan mehrerer Arbeitgeber wie einen leistungsorientierten Plan zu bilanzieren, hat das Unternehmen

(a) den Plan wie einen beitragsorientierten Plan zu bilanzieren, d.h. gemäß den IAS 19.44-46;

(b) im Abschluss Folgendes anzugeben: (i) die Tatsache, dass der Plan ein leistungsorientierter Plan ist; und (ii) aus welchem Grund keine ausreichenden Informationen zur Verfügung stehen, um den Plan als leistungsorientierten Plan zu bilanzieren; und

(c) soweit eine Vermögensüber- oder -unterdeckung des Plans Auswirkungen auf die Höhe der künftigen Beitragszahlungen haben könnte – im Abschluss zusätzlich anzugeben (i) alle verfügbaren Informationen über die Vermögensüber- oder -unterdeckung; (ii) die zur Bestimmung der Vermögensüber- oder -unterdeckung verwendeten Grundlagen; und (iii) etwaige Auswirkungen für das Unternehmen.

19.36 Ein Unternehmen hat einen staatlichen Plan genauso zu behandeln wie einen gemeinschaftlichen Plan mehrerer Arbeitgeber (siehe IAS 19.29 und 30).

19.39 Ein Unternehmen kann einen Plan für Leistungen nach Beendigung des Arbeitsverhältnisses durch die Zahlung von Versicherungsprämien finanzieren. Ein solcher Plan ist als beitragsorientierter Plan zu behandeln, es sei denn, das Unternehmen ist (unmittelbar oder mittelbar über den Plan) rechtlich oder faktisch verpflichtet,

(a) die Leistungen bei Fälligkeit unmittelbar an die Arbeitnehmer zu zahlen; oder

(b) zusätzliche Beträge zu entrichten, falls die Versicherungsgesellschaft nicht alle in der laufenden oder in früheren Perioden erdienten Leistungen zahlt.

Wenn eine solche rechtliche oder faktische Verpflichtung zur Zahlung von Leistungen aus dem Plan beim Unternehmen verbleibt, ist der Plan als leistungsorientierter Plan zu behandeln.

IAS 19 — Employee Benefits

19.44 Wurden durch einen Arbeitnehmer im Verlauf einer Periode Arbeitsleistungen erbracht, hat das Unternehmen den im Austausch für die Arbeitsleistung zu zahlenden Beitrag an einen beitragsorientierten Plan wie folgt zu erfassen:

(a) als Schuld (abzugrenzender Aufwand) nach Abzug bereits entrichteter Beiträge. Übersteigt der bereits gezahlte Beitrag denjenigen Beitrag, der der bis zum Abschlussstichtag erbrachten Arbeitsleistung entspricht, so hat das Unternehmen den Unterschiedsbetrag als Vermögenswert zu aktivieren (aktivische Abgrenzung), sofern die Vorauszahlung beispielsweise zu einer Verringerung künftiger Zahlungen oder einer Rückerstattung führen wird; und

(b) als Aufwand, es sei denn, ein anderer Standard verlangt oder erlaubt die Einbeziehung des Beitrags in die Anschaffungs- oder Herstellungskosten eines Vermögenswerts (siehe z.B. IAS 2 Vorräte und IAS 16 Sachanlagen).

19.45 Soweit Beiträge an einen beitragsorientierten Plan nicht in voller Höhe innerhalb von zwölf Monaten nach Ende der Periode, in der die Arbeitnehmer die damit im Zusammenhang stehende Arbeitsleistung erbracht haben, fällig werden, sind sie unter Anwendung des in IAS 19.78 spezifizierten Zinssatzes abzuzinsen.

19.52 Ein Unternehmen ist nicht nur zur Erfassung der aus dem formalen Regelungswerk eines leistungsorientierten Plans resultierenden rechtlichen Verpflichtungen verpflichtet, sondern auch zur Erfassung aller faktischen Verpflichtungen, die aus betriebsüblichen Praktiken resultieren. Betriebliche Praxis begründet faktische Verpflichtungen, wenn das Unternehmen keine realistische Alternative zur Zahlung der Leistungen an Arbeitnehmer hat. Eine faktische Verpflichtung ist beispielsweise dann gegeben, wenn eine Änderung der üblichen betrieblichen Praxis zu einer unannehmbaren Schädigung des sozialen Klimas im Betrieb führen würde.

19.54 Der als Schuld aus einem leistungsorientierten Plan zu erfassende Betrag entspricht dem Saldo folgender Beträge:

(a) dem Barwert der leistungsorientierten Verpflichtung am Abschlussstichtag (siehe IAS 19.64);

(b) zuzüglich etwaiger versicherungsmathematischer Gewinne (abzüglich etwaiger versicherungsmathematischer Verluste), die aufgrund der in den IAS 19.92 und 93 dargestellten Behandlung noch nicht ergebniswirksam erfasst wurden;

(c) abzüglich eines etwaigen, bisher noch nicht erfassten nachzuverrechnenden Dienstzeitaufwands (siehe IAS 19.96);

(d) abzüglich des am Abschlussstichtag beizulegenden Zeitwerts von Planvermögen (sofern ein solches vorliegt), aus dem die Verpflichtungen unmittelbar erfüllt werden (siehe IAS 19.102-104).

19.56 Die Barwerte leistungsorientierter Verpflichtungen und die beizulegenden Zeitwerte von Planvermögen sind vom Unternehmen mit einer ausreichenden Regelmäßigkeit zu bestimmen, um zu gewährleisten, dass die im Abschluss erfassten Beträge nicht wesentlich von den Beträgen abweichen, die sich am Abschlussstichtag ergeben würden.

19.58 Der nach IAS 19.54 ermittelte Betrag kann negativ sein (ein Vermögenswert). Ein sich ergebender Vermögenswert ist vom Unternehmen zum niedrigeren der beiden folgenden Beträge zu bewerten:

(a) dem gemäß IAS 19.54 ermittelten Betrag; und

(b) der Summe aus (i) allen kumulierten, nicht erfassten, saldierten versicherungsmathematischen Verlusten und (ii) nachzuverrechnendem Dienstzeitaufwand (siehe IAS 19.92, 93 und 96); und dem Barwert eines wirtschaftlichen Nutzens in Form von Rückerstattungen aus dem Plan oder Minderungen künftiger Beitragszahlungen an den Plan. Der Barwert dieses wirtschaftlichen Nutzens ist unter Verwendung des in IAS 19.78 beschriebenen Abzinsungssatzes zu ermitteln.

19.58A Die Anwendung des IAS 19.58 darf nicht dazu führen, dass ein Gewinn lediglich als Resultat eines während der Berichtsperiode anfallenden versicherungsmathematischen Verlusts oder nachzuverrechnenden Dienstzeitaufwands sowie ein Verlust lediglich als Resultat eines innerhalb der Berichtsperiode anfallenden versicherungsmathematischen Gewinns erfasst werden. Ein Unternehmen muss folgende Fälle gemäß IAS 19.54 sofort ergebniswirksam erfassen, soweit sie aus einer in Übereinstimmung mit IAS 19.58(b) erfolgten Ermittlung des Vermögenswerts des leistungsorientierten Plans resultieren:

(a) saldierte versicherungsmathematische Verluste und nachzuverrechnender Dienstzeitaufwand der Berichtsperiode, soweit diese eine Verringerung des Barwerts des in IAS 19.58(b)(ii) bezeichneten wirtschaftlichen Nutzens übersteigen. Wenn keine Änderung oder ein Zuwachs des Barwerts dieses wirtschaftlichen Nutzens vorliegt, sind alle während der Berichtsperiode angefallenen saldierten versicherungsmathematischen Verluste und der nachzuverrechnende Dienstzeitaufwand nach IAS 19.54 sofort zu erfassen;

(b) saldierte versicherungsmathematische Gewinne der Berichtsperiode nach Abzug des in der Berichtsperiode entstandenen nachzuverrechnenden Dienstzeitaufwands, soweit diese eine Erhöhung des Barwertes des in IAS 19.58(b)(ii) bezeichneten wirtschaftlichen Nutzens übersteigen. Wenn keine Änderung oder eine Verringerung des Barwerts des wirtschaftlichen Nutzens vorliegt, sind alle während der Berichtsperiode angefallenen saldierten versicherungsmathematischen Gewinne nach Abzug des nachzuverrechnenden Dienstzeitaufwands nach IAS 19.54 sofort zu erfassen.

19.61 Der Saldo folgender Beträge ist im Gewinn oder Verlust zu erfassen, es sei denn, ein anderer Standard verlangt oder erlaubt deren Einbeziehung in die Anschaffungs- oder Herstellungskosten eines Vermögenswerts:

(a) laufender Dienstzeitaufwand (siehe IAS 19.63-91),

(b) Zinsaufwand (siehe IAS 19.82),

(c) erwarteter Ertrag aus etwaigem Planvermögen (siehe IAS 19.105-107) und aus anderen Erstattungsansprüchen (siehe IAS 19.104A),

(d) versicherungsmathematische Gewinne und Verluste gemäß den Rechnungslegungsmethoden des Unternehmens (siehe IAS 19.92-93D),

(e) nachzuverrechnender Dienstzeitaufwand (siehe IAS 19.96),

(f) die Auswirkungen von etwaigen Plankürzungen oder Abgeltungen (siehe IAS 19.109 und 110) und

(g) die Auswirkungen der Obergrenze in IAS 19.58(b), es sei denn, sie werden gemäß IAS 19.93C außerhalb des Gewinns oder Verlusts erfasst.

19.64 Zur Bestimmung des Barwerts einer leistungsorientierten Verpflichtung, des damit verbundenen Dienstzeitaufwands und, falls zutreffend, des nachzuverrechnenden Dienstzeitaufwands hat ein Unternehmen die Methode der laufenden Einmalprämien anzuwenden.

19.67 Bei der Bestimmung des Barwerts seiner leistungsorientierten Verpflichtungen, des damit verbundenen Dienstzeitaufwands und, sofern zutreffend, des nachzuverrechnenden Dienstzeitaufwands hat das Unternehmen die Leistungen den Dienstjahren so zuzuordnen, wie es die Planformel vorgibt. Falls jedoch die in späteren Dienstjahren erbrachte Arbeitsleistung der Arbeitnehmer zu einem wesentlich höheren Leistungsniveau führt als die in früheren Dienstjahren erbrachte Arbeitsleistung, so ist die Leistungszuordnung linear vorzunehmen, und zwar

(a) vom Zeitpunkt, ab dem die Arbeitsleistung des Arbeitnehmers erstmalig zu Leistungen aus dem Plan führt (unabhängig davon, ob die Gewährung der Leistungen vom Fortbestand des Arbeitsverhältnisses abhängig ist oder nicht); bis

(b) zu dem Zeitpunkt, ab dem die weitere Arbeitsleistung des Arbeitnehmers die Leistungen aus dem Plan, von Erhöhungen wegen Gehaltssteigerungen abgesehen, nicht mehr wesentlich erhöht.

19.72 Versicherungsmathematische Annahmen sind unvoreingenommen zu wählen und aufeinander abzustimmen.

19.77 Annahmen zu finanziellen Variablen haben auf den am Abschlussstichtag bestehenden Erwartungen des Marktes für den Zeitraum zu beruhen, über den die Verpflichtungen zu erfüllen sind.

19.78   Der Zinssatz, der zur Diskontierung der Verpflichtungen für die nach Beendigung des Arbeitsverhältnisses zu erbringenden Leistungen (finanziert oder nicht-finanziert) herangezogen wird, ist auf der Grundlage der Renditen zu bestimmen, die am Abschlussstichtag für erstrangige, festverzinsliche Industrieanleihen am Markt erzielt werden. In Ländern ohne liquiden Markt für solche Industrieanleihen sind stattdessen die (am Abschlussstichtag geltenden) Marktrenditen für Regierungsanleihen zu verwenden. Währung und Laufzeiten der zugrunde gelegten Industrie- oder Regierungsanleihen haben mit der Währung und den voraussichtlichen Fristigkeiten der nach Beendigung der Arbeitsverhältnisse zu erfüllenden Verpflichtungen übereinzustimmen.

19.83   Bei der Bewertung von Verpflichtungen für nach Beendigung des Arbeitsverhältnisses zu erbringende Leistungen, sind folgende Faktoren zu berücksichtigen:

(a) erwartete künftige Gehaltssteigerungen;

(b) die aufgrund der Regelungen des Plans (oder aufgrund einer faktischen Verpflichtung auch über die Planregeln hinaus) am Abschlussstichtag zugesagten Leistungen; und

(c) die geschätzten künftigen Änderungen des Niveaus staatlicher Leistungen, die sich auf die nach Maßgabe des leistungsorientierten Plans zu zahlenden Leistungen auswirken, jedoch nur dann, wenn entweder: (i) diese Änderungen bereits vor dem Abschlussstichtag in Kraft getreten sind; oder (ii) die Erfahrungen der Vergangenheit, oder andere substanzielle Hinweise, darauf hindeuten, dass sich die staatlichen Leistungen in einer einigermaßen vorhersehbaren Weise ändern werden, z.B. in Anlehnung an künftige Veränderungen der allgemeinen Preis- oder Gehaltsniveaus.

19.88   Bei den Annahmen zu den Kosten medizinischer Versorgung sind erwartete Kostentrends für medizinische Dienstleistungen aufgrund von Inflation oder spezifischer Anpassungen der medizinischen Kosten zu berücksichtigen.

19.92   Bei der Bewertung der Schuld aus einer leistungsorientierten Zusage gemäß IAS 19.54 hat ein Unternehmen, vorbehaltlich IAS 19.58A, den (in IAS 19.93 spezifizierten) Teil seiner versicherungsmathematischen Gewinne und Verluste als Ertrag bzw. Aufwand zu erfassen, wenn der Saldo der kumulierten, nicht erfassten versicherungsmathematischen Gewinne und Verluste zum Ende der vorherigen Berichtsperiode den höheren der folgenden Beträge überstieg:

(a) 10% des Barwertes der leistungsorientierten Verpflichtung zu diesem Zeitpunkt (vor Abzug des Planvermögens); und

(b) 10% des beizulegenden Zeitwerts eines etwaigen Planvermögens zu diesem Zeitpunkt.

Diese Grenzen sind für jeden leistungsorientierten Plan gesondert zu errechnen und anzuwenden.

19.93 Die für jeden leistungsorientierten Plan anteilig zu erfassenden versicherungsmathematischen Gewinne und Verluste entsprechen dem gemäß IAS 19.92 ermittelten Betrag außerhalb des Korridors, dividiert durch die erwartete durchschnittliche Restlebensarbeitszeit der vom Plan erfassten Arbeitnehmer. Ein Unternehmen kann jedoch jedes systematische Verfahren anwenden, das zu einer schnelleren Erfassung der versicherungsmathematischen Gewinne und Verluste führt, sofern das gleiche Verfahren sowohl auf Gewinne als auch auf Verluste und stetig von Periode zu Periode angewandt wird. Ein Unternehmen kann solche systematischen Verfahren auch auf versicherungsmathematische Gewinne und Verluste innerhalb der in IAS 19.92 spezifizierten Grenzen anwenden.

19.93A Wenn ein Unternehmen gemäß IAS 19.93 beschließt, die Erfassung versicherungsmathematischer Gewinne und Verluste in der Periode vorzunehmen, in der sie anfallen, kann es diese im sonstigen Ergebnis gemäß IAS 19.93B-93D erfassen, sofern dies für

(a) alle leistungsorientierten Pläne und

(b) alle versicherungsmathematischen Gewinne und Verluste durchgeführt wird.

19.96 Bei der Bemessung seiner Schuld aus einem leistungsorientierten Plan gemäß IAS 19.54 hat das Unternehmen, vorbehaltlich IAS 19.58A, nachzuverrechnenden Dienstzeitaufwand linear über den durchschnittlichen Zeitraum bis zum Eintritt der Unverfallbarkeit der Anwartschaften zu verteilen. Soweit Anwartschaften sofort nach Einführung oder Änderung eines leistungsorientierten Plans unverfallbar sind, ist der nachzuverrechnende Dienstzeitaufwand sofort ergebniswirksam zu erfassen.

19.104A Nur dann, wenn es so gut wie sicher ist, dass eine andere Partei die Ausgaben zur Erfüllung der leistungsorientierten Verpflichtung, teilweise oder ganz erstatten wird, hat ein Unternehmen den Erstattungsanspruch als einen gesonderten Vermögenswert zu bilanzieren. Das Unternehmen hat den Vermögenswert mit dem beizulegenden Zeitwert zu bewerten. In jeder anderen Hinsicht hat das Unternehmen den Vermögenswert wie Planvermögen zu behandeln. In der Gesamtergebnisrechnung kann der Aufwand, der sich auf einen leistungsorientierten Plan bezieht, nach Abzug der Erstattungen netto präsentiert werden.

19.109 Gewinne oder Verluste aus der Kürzung oder Abgeltung eines leistungsorientierten Planes sind zum Zeitpunkt der Kürzung oder Abgeltung zu erfassen. Gewinne oder Verluste aus der Kürzung oder Abgeltung eines leistungsorientierten Plans haben zu beinhalten:

(a) jede daraus resultierende Änderung des Barwerts der leistungsorientierten Verpflichtung;

(b) jede daraus resultierende Änderung des beizulegenden Zeitwerts des Planvermögens;

(c) alle etwaigen, damit verbundenen versicherungsmathematischen Gewinne und Verluste und etwaigen nachzuverrechnenden Dienstzeitaufwand, soweit diese nicht schon nach IAS 19.92 bzw. 96 erfasst wurden.

19.110 Bevor die Auswirkung einer Plankürzung oder -abgeltung bestimmt wird, sind die leistungsorientierten Verpflichtungen (und das Planvermögen, sofern vorhanden) unter Verwendung aktueller versicherungsmathematischer Annahmen (einschließlich aktueller Marktzinssätze und sonstiger aktueller Marktwerte) neu zu bewerten.

19.116 Ein Unternehmen hat einen Vermögenswert aus einem Plan dann, und nur dann, mit der Schuld aus einem anderen Plan, zu saldieren, wenn das Unternehmen:

(a) ein einklagbares Recht hat, die Vermögensüberdeckung des einen Plans zur Ablösung von Verpflichtungen aus dem anderen Plan zu verwenden; und

(b) beabsichtigt, entweder den Ausgleich der Verpflichtungen auf Nettobasis herbeizuführen, oder gleichzeitig mit der Verwertung der Vermögensüberdeckung des einen Plans seine Verpflichtung aus dem anderen Plan abzulösen.

19.128 Der als Schuld für andere langfristig fällige Leistungen an Arbeitnehmer anzusetzende Betrag entspricht dem Saldo der folgenden Beträge:

(a) dem Barwert der leistungsorientierten Verpflichtung am Abschlussstichtag (siehe IAS 19.64);

(b) abzüglich des am Abschlussstichtag beizulegenden Zeitwerts von Planvermögen (sofern ein solches vorliegt), aus dem die Verpflichtungen unmittelbar erfüllt werden (siehe IAS 19.102-104).

Für die Bewertung der Schuld hat ein Unternehmen IAS 19.49-91 mit Ausnahme der IAS 19.54 und 61 anzuwenden. Für Ansatz und Bewertung aller Erstattungsansprüche hat ein Unternehmen den IAS 19.104A anzuwenden.

19.129 Im Hinblick auf andere langfristig fällige Leistungen an Arbeitnehmer ist der Saldo folgender Beträge als Aufwand bzw. (vorbehaltlich der Regelungen des IAS 19.58) als Ertrag zu erfassen, ausgenommen jedoch der Beträge, deren Einbeziehung in die Anschaffungs- oder Herstellungskosten eines Vermögenswerts ein anderer Standard verlangt oder erlaubt:

(a) laufender Dienstzeitaufwand (siehe IAS 19.63-91);

(b) Zinsaufwand (siehe IAS 19.82);

(c) erwartete Erträge aus etwaigem Planvermögen (siehe IAS 19.105-107) und aus etwaigen Erstattungsansprüchen, die als Vermögenswert erfasst wurden (siehe IAS 19.104A);

(d) sofort und in voller Höhe, versicherungsmathematische Gewinne und Verluste;

(e) sofort und in voller Höhe, nachzuverrechnender Dienstzeitaufwand; und

(f) die Auswirkungen von etwaigen Plankürzungen oder Abgeltungen (siehe IAS 19.109 und 110).

19.133　Leistungen aus Anlass der Beendigung des Arbeitsverhältnisses sind dann, und nur dann, als Schuld und Aufwand zu erfassen, wenn das Unternehmen nachweislich verpflichtet ist:

(a) entweder das Arbeitsverhältnis eines Arbeitnehmers oder einer Arbeitnehmergruppe vor dem Zeitpunkt der regulären Pensionierung zu beenden; oder

(b) Leistungen bei Beendigung des Arbeitsverhältnisses aufgrund eines Angebots zur Förderung eines freiwilligen vorzeitigen Ausscheidens zu erbringen.

19.134　Ein Unternehmen ist dann, und nur dann, nachweislich zur Beendigung eines Arbeitsverhältnisses verpflichtet, wenn es für die Beendigung des Arbeitsverhältnisses einen detaillierten formalen Plan besitzt und keine realistische Möglichkeit hat, sich dem zu entziehen. Der detaillierte Plan muss wenigstens folgende Angaben enthalten:

(a) Standort, Funktion und ungefähre Anzahl der Arbeitnehmer, deren Arbeitsverhältnis beendet werden soll;

(b) die Leistungen aus Anlass der Beendigung des Arbeitsverhältnisses, die für jede Arbeitsplatzkategorie oder Funktion vorgesehen sind; und

(c) den Zeitpunkt der Umsetzung des Plans. Die Umsetzung hat so schnell wie möglich zu beginnen, und die Zeitspanne bis zur vollständig erfolgten Durchführung ist so zu bemessen, dass wesentliche Planänderungen unwahrscheinlich sind.

19.139　Sind Leistungen aus Anlass der Beendigung des Arbeitsverhältnisses mehr als 12 Monate nach dem Abschlussstichtag fällig, sind sie unter Verwendung des nach IAS 19.78 abgeleiteten Zinssatzes zu diskontieren.

19.140　Im Falle eines Angebots zur Förderung des freiwilligen vorzeitigen Ausscheidens sind die Leistungen aus Anlass der Beendigung von Arbeitsverhältnissen auf der Basis der Anzahl von Arbeitnehmern, die das Angebot voraussichtlich annehmen werden, zu bewerten.

I. Regelungsgehalt

Übersicht

	Rn
I. Regelungsgehalt	1
II. Normzweck und Anwendungsbereich	2
III. Begriffe	3
IV. Kurzfristige Leistungen an Arbeitnehmer	4 – 9
V. Leistungen nach Beendigung des Arbeitsverhältnisses	10 – 37
VI. Sonstige langfristige Leistungen an Arbeitnehmer	38 – 39
VII. Leistungen aus Anlass der Beendigung des Arbeitsverhältnisses	40 – 41
VIII. Leistungen an Arbeitnehmer bei der Umstellung auf IFRS	42
IX. Ausweis und Angaben	43 – 48
X. Inkrafttreten und Übergangsvorschriften	49
XI. IFRS für kleine und mittelgroße Unternehmen	50
XII. Ausblick	51 – 56

I. Regelungsgehalt. Betriebliche Leistungen, die von Unternehmen an ihre Arbeitnehmer im Gegenzug für deren Arbeitsleistung erbracht werden, haben oftmals erheblichen Einfluss sowohl auf das kurzfristige operative Ergebnis sowie die Vermögens-, Finanz- und Ertragslage von Unternehmen.[1] Die bilanzielle Erfassung und Darstellung fast sämtlicher derartiger Leistungen ist in IAS 19 *Employee Benefits* geregelt: Löhne und Gehälter, Boni und Gratifikationen, Altervorsorge- und medizinische Versorgungsleistungen sowie Abfindungsleistungen bei (vorzeitiger) Beendigung des Arbeitsverhältnisses. Die einzige Ausnahme hiervon bilden anteilsbasierte Vergütungsregelungen (zB Aktienoptionsprogramme). Diese sind in IFRS 2 *Share-based Payment* geregelt. Der Schwerpunkt von IAS 19 liegt auf der Erfassung und Darstellung von Verpflichtungen aus betrieblichen Altersvorsorgeplänen (im Wesentlichen Pensionsleistungen) in der Bilanz sowie den in diesem Zusammenhang entstehenden Aufwendungen und Erträgen in der Gesamtergebnisrechnung. Nicht unter IAS 19 geregelt sind die Erfassung von Arbeitgeberbeiträgen zu Betriebskrankenkassen (gesetzliche Krankenversicherung), zur gesetzlichen Rentenversicherung und Berufsgenossenschaftsbeiträgen.[2] Deren Erfassung richtet sich nach den allgemeinen Kriterien von IAS 37 *Provisions, Contingent Liabilities and Contingent Assets*. Die vom

1

---

[1] Es wird geschätzt, dass allein die betrieblichen Pensionsverpflichtungen der im britischen FTSE-100 vertretenen Unternehmen im Jahre 2009 im Durchschnitt etwa 54% ihrer Marktkapitalisierung entsprachen (2008: 45%). Bei einigen der untersuchten Unternehmen betrugen die Netto-Pensionsverpflichtungen sogar ein Vielfaches der Marktkapitalisierung. Vgl. *Lane, Clark & Peacock LLP (Hrsg.)* Accounting for Pensions 2010, 49.

[2] Vgl. *Lüdenbach/Hoffmann*, Haufe-Kommentar, §22 Rn 3.

Arbeitgeber für den Arbeitnehmer abgeführten Arbeitnehmerbeiträge stellen allerdings als Gehaltsbestandteile (i.d.R. kurzfristige) Leistungen an Arbeitnehmer gemäß IAS 19 dar (siehe hierzu Abschnitt IV.).

Der ursprüngliche Standard IAS 19 wurde von der Vorgängerorganisation des IASB, dem International Accounting Standards Committee (IASC) im Jahr 1983 unter dem Titel *Accounting for Retirement Benefits in the Financial Statements of Employers* veröffentlicht und infolge einer begrenzten Überarbeitung 1993 in IAS 19 *Retirement Benefit Costs* umbenannt. Der Schwerpunkt lag und liegt auf der Bilanzierung von Leistungen aus betrieblicher Altersvorsorge sowie auf der „korrekten" Erfassung der in diesem Zusammenhang entstehenden Kosten (GuV-Ansatz – *income statement approach*). Die aktuelle Fassung sowie der Name des Standards spiegeln im Wesentlichen die grundlegende Überarbeitung im Jahr 1998 wider (vgl. IAS 19.BC1), darüber hinaus wurde die Definition des Begriffs Planvermögen und damit das Saldierungsgebot des Standards im Jahr 2000 erweitert (vgl. IAS 19.BC68A-75E) sowie die Bilanzierung versicherungsmathematischer Gewinne und Verluste im Jahr 2004 um ein weiteres Wahlrecht zur sofortigen erfolgsneutralen Vollerfassung ergänzt (Vgl. IAS 19.BC48A-EE).

2   **II. Normzweck und Anwendungsbereich.** Die Bilanzierung von Leistungen an Arbeitnehmer gemäß IAS 19 *Employee Benefits* folgt dem im IFRS-Rahmenkonzept niedergelegten Prinzip der Periodenabgrenzung. Aufwendungen bzw. Erträge, die im Zusammenhang mit derartigen Sachverhalten entstehen sind ebenso wie die mit diesen korrespondierenden Verbindlichkeiten (bzw. Vermögenswerte) in der Periode zu erfassen, in welcher die entsprechend entlohnte Gegenleistung vom Arbeitnehmer erbracht wird und nicht erst, wenn es zur tatsächlichen Auszahlung durch das Unternehmen kommt. Zielsetzung von IAS 19 in seiner aktuellen Fassung ist primär die Erfassung eines „korrekten" Periodenaufwands. Es wird hierbei grundsätzlich vom Äquivalenzprinzip von Leistung und Gegenleistung ausgegangen, d.h. die Bildung von Rückstellungen für drohende Verluste aus Arbeitsverhältnissen ist i.d.R. unzulässig, es sei denn, dass der vom Unternehmen erbrachten Leistung (zB bei einer Abfindungszahlung) außer der Unterschrift des Arbeitnehmers unter einen Abfindungsvertrag, keine weitere (Arbeits-)Leistung mehr gegenübersteht. In diesem Fall übersteigen die für das Unternehmen unvermeidbaren Kosten den Gegenwert des vom Unternehmen zu empfangenden wirtschaftlichen Nutzens, weswegen eine Rückstellung zu passivieren ist. Derartige Sachverhalte sind als *termination benefits* durch IAS 19.133ff geregelt.

3   **III. Begriffe.** Der Standard unterteilt die von ihm geregelten Leistungs-Sachverhalte in die folgenden vier Kategorien:

- **Kurzfristige Leistungen an Arbeitnehmer** (*short-term employee benefits*): Ausstehende Löhne und Gehälter, Sozialversicherungsleistungen, Urlaubszahlungen, Lohnfortzahlungen im Krankheitsfall, Gewinnbeteiligungen, Boni und Tantiemen, sowie geldwerte Leistungen, von denen das Unternehmen erwartet, dass sie in weniger als 12 Monaten nach ihrer Erdienung zur Zahlung fällig werden;
- **Leistungen nach Beendigung des Arbeitsverhältnisses** (*post-employment benefits*): i.d.R. Leistungen aus betrieblicher Altersvorsorge, Versicherungsleistungen nach dem Renteneintritt, aber auch medizinische Versorgungsleistungen nach Beendigung des Arbeitsverhältnisses (*post-employment medical benefits*);
- **Sonstige langfristige Leistungen an Arbeitnehmer** (*other long-term employee benefits*): Hierunter fallen unter anderem Jubiläumsleistungen und Gewinnbeteiligungen, von denen das Unternehmen erwartet, dass sie mehr als 12 Monate nach ihrer Erdienung zur Zahlung fällig werden; und
- **Leistungen aus Anlass der Beendigung des Arbeitsverhältnisses** (*termination benefits*): Hierunter fallen im Wesentlichen Abfindungsleistungen (zB im Zusammenhang mit betrieblichen Restrukturierungen).

Im Folgenden wird zunächst auf die Bilanzierung kurzfristiger Leistungen eingegangen, der Schwerpunkt dieses Kapitels liegt jedoch auf Leistungen aus betrieblicher Altersvorsorge.

IV. Kurzfristige Leistungen an Arbeitnehmer. 1. Klassifizierung als „kurzfristig". Die bilanzielle Abbildung kurzfristiger Leistungen an Arbeitnehmer sowie die diesbezüglich erforderlichen Anhangangaben sind in IAS 19.8-23 geregelt. Die Bilanzierung solcher Leistungen ist i.d.R. wenig komplex: Ist das Unternehmen am Bilanzstichtag im Gegenzug für vom Arbeitnehmer erbrachte Arbeitsleistungen noch (anteilige) Gegenleistungen schuldig besteht eine Passivierungspflicht dem Grunde nach. Die Erfassung erfolgt über den Zeitraum der Leistungserbringung, entweder erfolgswirksam oder, falls ein anderer Standard (zB IAS 2 *Inventories* oder IAS 16 *Property, Plant and Equipment*) eine Aktivierung gestattet oder gar vorschreibt, als Teil der Herstellungskosten der entsprechenden Vermögenswerte (vgl. IAS 19.10(b)).

Primärer Treiber für die Klassifizierung als „kurzfristig" (*short-term*) ist, dass der Anspruch des Arbeitnehmers in weniger als zwölf Monaten nach dessen Leistungserbringung zur Zahlung fällig wird. Im englischen Original wird hier der Terminus *due to be settled* verwendet (Vgl. IAS 19.7). Die Präzisierung dieser Formulierung durch den IASB erfolgte im Rahmen des *Annual Improvement Project* 2008 und war einer sprachlichen Inkonsistenz zwischen der bis dahin geltenden Definition von *short-term benefits* (*benefits that fall due…*) und der Definition kurzfristiger Abwesenheitszeiten (*absences that are expected to occur within twelve months after the end of the period*) geschuldet, was in der Vergangenheit zu Divergenzen in der Bilanzierungspraxis geführt hatte.³ Die nun gewählte Formulierung stellt (analog der allgemeinen Abgrenzung kurz- und langfristiger Verbindlichkeiten in IAS 1 *Presentation of Financial Statements* – Vgl. IAS 1.69(c)-(d) i.V.m. IAS 19.BC4C) klar, dass die Klassifizierung als *kurzfristig* nur davon abhängt, ob der Arbeitnehmer berechtigt (*entitled*) ist, vom Unternehmen die Zahlung innerhalb von zwölf Monaten nach dem Bilanzstichtag bzw. nach seiner eigenen Leistungserbringung verlangen zu können. Ob von diesem Recht tatsächlich Gebrauch gemacht wird, ist für die grundsätzliche bilanzielle Darstellung irrelevant. Somit sind bspw. Rückstellungen für ausstehenden Urlaub (*compensated absences*) selbst dann als kurzfristig einzustufen, wenn dem Unternehmen aufgrund historischer Erfahrungen bekannt ist, dass die Arbeitnehmer diesen erst innerhalb eines längeren Zeitraums als zwölf Monaten (zB zwei Jahren) nehmen.⁴

5   Der unter *short-term employee benefits* geregelte Leistungsbereich umfasst primär folgende Positionen (Vgl. IAS 19.8):
- Lohn- und Gehaltsleistungen;
- Sozialversicherungsabgaben,
- vergütete Abwesenheitszeiten (zB Urlaubs- und Elternzeitgelder sowie Lohnfortzahlung im Krankheitsfall);
- Gewinnbeteiligungsleistungen, Boni bzw. Tantiemen.

Allerdings werden über monetäre Leistungen hinaus auch geldwerte Leistungen vom Standard geregelt. Diese beinhalten unter Anderem:
- medizinische Versorgungsleistungen;
- Unterkunft (zB die Zurverfügungstellung von Firmenwohnungen);
- Dienstwagen; und
- vom Arbeitgeber subventionierte Güter (zB Mitarbeitereinkäufe).

6   **2. Erfassung kurzfristiger Leistungen.** Die Pflicht zur Erfassung als Verbindlichkeit (*accrued expense*) resultiert aus dem Bestehen einer rechtlichen oder faktischen Verpflichtung (*legal or constructive obligation*) seitens des Arbeitgebers zum Stichtag. Die Bewertung erfolgt i.d.R. zum Erfüllungsbetrag (Nominalbetrag). Aufgrund des kurzen Zeithorizonts ist eine Diskontierung ebenso wenig erforderlich wie eine komplexe aktuarische Bewertung. Bei geldwerten Leistungen sind die dem Arbeitgeber für die Erbringung der Leistung entstehenden Kosten zu erfassen. Die Bilanzierung geldwerter Leistungen folgt ansonsten denselben Grundsätzen wie die Erfassung monetärer Leistungen.⁵

Bei einem Erfüllungsüberhang seitens des Arbeitgebers hat dieser einen Vermögenswert (*prepaid expense*) zu aktivieren und zwar in dem Maße, in dem ein bestehender Überschuss als einbringbar (*recoverable*) eingeschätzt wird. Eine derartige

---

3   Vgl. *Deloitte (Hrsg.)* IFRS Reporting in the UK, 1732.
4   Vgl. *Deloitte (Hrsg.)* IFRS Reporting in the UK, 1733.
5   Vgl. *Deloitte (Hrsg.)* IFRS Reporting in the UK, 1734.

Situation kann entstehen, wenn der Arbeitgeber zB Vorauszahlungen (Gehaltsvorschüsse) geleistet hat. Es ist somit zu beurteilen, inwieweit das Unternehmen einen rechtlich durchsetzbaren Anspruch gegenüber dem Arbeitnehmer entweder (a) auf Kürzung zukünftiger Zahlungen oder (b) auf Rückzahlung der Vorausleistung hat. Bei geleisteten Gehaltsvorschüssen dürfte ein derartig aktivierungsfähiger Anspruch in der Regel bestehen. Dem gegenüber gestaltet sich die Beurteilung bei der Erfassung von Ansprüchen aus Arbeitszeitkonten komplexer. Derartige Konten regeln ua flexible Arbeitszeiten, so dass Arbeitnehmer im Falle hoher Auslastungen durch Mehrarbeit zusätzliche Ansprüche auf Freizeitausgleich erwerben können. Ebenso ermöglichen Sie dem Arbeitgeber, bei niedriger Auslastung Kapazitäten ohne zusätzliche Kosten für begrenzte Zeiträume freizusetzen bzw. dem Arbeitnehmer, derartige Zeiten durch bezahlten Urlaub zu überbrücken. Im Falle positiver Kontensalden (Erfüllungsrückstände des Arbeitgebers) ist (siehe oben) regelmäßig eine Rückstellung für zukünftige Ausgleichsansprüche zu bilden. Insbesondere im Zuge der Finanz- und Wirtschaftskrise wurde das Instrument der Arbeitszeitkonten von Unternehmen genutzt, um bestehende Freizeitausgleichsansprüche kostenneutral auszugleichen, was oftmals zu negativen Kontenüberhängen führte. In diesem Fall ist zu prüfen, ob und wenn ja in welchem Umfang hieraus ein aktivierungsfähiger Anspruch des Arbeitgebers entsteht.

Das Rechnungslegungs Interpretations Committee (RIC) des DRSC weist darauf hin, dass bei der Prüfung der Aktivierungsfähigkeit derartiger Ansprüche vor dem Hintergrund der geltenden Rechtsprechung darauf abzustellen sei, welcher Partei die Entscheidung darüber obliegt, ob Arbeitszeitkonten durch Minderarbeit einen negativen Saldo aufweisen. Nur wenn die Tragung des Wirtschaftsrisikos durch den Arbeitgeber ausdrücklich und arbeitsrechtlich wirksam abbedungen wurde, so begründen nach Ansicht des RIC auch auf Anordnung des Arbeitgebers entstandene negative Arbeitszeitkonen einen zu aktivierenden Anspruch des Arbeitgebers. Eine Saldierung von positiven mit negativen Arbeitszeitkontensalden wird als nicht zulässig angesehen.[6]

3. Beispiele kurzfristiger Leistungen an Arbeitnehmer. Vergütete Abwesenheitsleistungen. Im Falle ansammelbarer vergüteter Abwesenheitszeiten (*accumulating compensated absences*), wie zum Beispiel auf zukünftige Perioden vortragbare Urlaubsansprüche sind diese zeitanteilig über die Periode zu erfassen, in der der Urlaubsanspruch erdient wird, auch wenn bestehende Ansprüche bei Ausscheiden des Arbeitnehmers verfallen. Zukünftige Fluktuation, d.h. das Ausscheiden von Mitarbeitern mit verfallbaren Urlaubsansprüchen ist im Rahmen der Bewertung, nicht

---

6   Vgl. RIC Anwendungshinweis IFRS (2009/02 Ausgewählte IFRS-Bilanzierungsfragen in Zusammenhang mit der Finanz- und Wirtschaftskrise, 7.

aber beim Ansatz der Rückstellung zu berücksichtigen. Nicht vortragbare Ansprüche (*non-accumulating compensated absences*) sind dem gegenüber erst zum Zeitpunkt der tatsächlichen Inanspruchnahme zu erfassen.

8 **Gewinnbeteiligungsleistungen.** Eine weitere Besonderheit stellt die Erfassung von Gewinnbeteiligungsleistungen dar. Hier geht der Standard, in enger Anlehnung an die in IAS 37 niedergelegten allgemeinen Grundsätze zur Rückstellungsbildung davon aus, dass eine Passivierungspflicht immer dann besteht, wenn das Unternehmen am Stichtag

- aufgrund vergangener Ereignisse
- eine rechtliche oder
- faktische Verpflichtung zur Leistungserfüllung hat; und
- eine verlässliche Schätzung der Verpflichtungshöhe möglich ist.

Insofern führt nicht nur das Vorliegen einer rein legalen Verpflichtung zum Rückstellungsansatz, auch eine aufgrund vergangener Praxis geweckte, berechtigte Erwartung der Arbeitnehmer (betriebliche Übung) kann eine faktische und für das Unternehmen somit praktisch unentziehbare Verpflichtung auslösen. Auch bei faktischen Verpflichtungen besteht eine Passivierungspflicht dem Grunde nach.

9 In der Regel erarbeitet der Arbeitnehmer sich einen Anspruch auf Empfang der Bonuszahlung durch seine Leistung innerhalb einer festgelegten Periode (zB eines Geschäftsjahres). Dies wird auch als Erdienungsperiode (*service period*) bezeichnet. Wenn erdiente Ansprüche bei vorzeitigem Ausscheiden des Arbeitnehmers verfallen, ist die erwartete Personalfluktuation bei der Bewertung der Verpflichtung zu berücksichtigen (Vgl. IAS 19.18). In der Praxis kommt es jedoch oftmals vor, dass Bonuszahlungen an einen Verbleib im Unternehmen nach Ende der Erdienungsperiode im engeren Sinn (also des Geschäftsjahres) geknüpft werden, beispielsweise wenn Boni für ein zum 31. Dezember endendes Geschäftsjahr (t_0) am 31. März des Folgejahres (t_1) gezahlt werden. Dieser zusätzliche Zeitraum wird auch als *loyalty period* bezeichnet. In einem solchen Fall stellt sich die Frage des Erfassungszeitraums, insbesondere ob die *loyalty period* bei der Verteilung der Leistung zu berücksichtigen ist. Da die diesbezügliche Formulierung in IAS 19.18 relativ unpräzise und das illustrierende Beispiel des Standards nicht wirklich hilfreich ist, haben sich in der Praxis zwei Interpretationen herausgebildet:

(a) Als **Erdienungsperiode** wird das Geschäftsjahr angesehen, die *loyalty period* wird nicht berücksichtigt. Da der Referenzeitraum, auf den sich der Bonus bezieht, das Geschäftsjahr ist, erfolgt die Erfassung *pro rata temporis* über zwölf Monate vom 1 Januar bis 31. Dezember t_0. Die erwartete Fluktuation bis zum 31. März t_1 wird in diese Bewertung eingepreist.

(b) Die Knüpfung der Zahlung an den Verbleib im Unternehmen bis zum 31. März t_1 wird als **zusätzliche** Leistungsbedingung (in analoger Anwendung der Bestimmungen zu *vesting conditions* in IFRS 2) interpretiert. Dies führt zu einer Aufwandsverteilung *pro rata temporis* über fünfzehn Monate vom 1. Januar t_0 bis 31. März t_1, also unter Berücksichtigung der *loyalty period*.

Die diesbezüglich in der Kommentarliteratur vertretenen Meinungen sind uneinheitlich,[7] so dass ein faktisches Wahlrecht bestehen dürfte, das jedoch einheitlich für sämtliche vom Unternehmen gewährten Gewinnbeteiligungsleistungen auszuüben ist. Eine frühzeitige Abstimmung derartiger Sachverhalte mit dem Wirtschaftsprüfer ist in jedem Fall empfehlenswert.

V. Leistungen nach Beendigung des Arbeitsverhältnisses. 1. Anwendungsbereich. Der Hauptteil des Standards (IAS 19.24-125) regelt die Erfassung und Darstellung von Leistungen nach Beendigung des Arbeitsverhältnisses (*post-employment benefits*) mit Ausnahme der in IAS 132-144 behandelten Abfindungsleistungen (*termination benefits*). Unter der Kategorie *post-employment benefits* werden i.w. die folgenden Sachverhalte subsumiert (Vgl. IAS 19.24):

- Leistungen aus betrieblicher Altersvorsorge (Pensionsleistungen);
- Lebensversicherungen; und
- medizinische Versorgungszusagen.

In Abhängigkeit vom wirtschaftlichen Gehalt, also dem Grad der Risikoübernahme durch das Unternehmen unterscheidet IAS 19 *post-employment benefit plans* in zwei Kategorien (Vgl. IAS 19.7 i.V.m. IAS 19.25ff):

- beitragsorientierte Pläne (*defined contribution plans*) und
- leistungsorientierte Pläne (*defined benefit plans*).[8]

Im Folgenden werden diese Unterscheidung sowie die sich hieraus ergebenden Bilanzierungsfolgen dargestellt.

2. Beitragsorientierte Pläne. Die Voraussetzung zur Einstufung eines Plans als *defined contribution plan* ist die vollständige Externalisierung **sämtlicher** aus der Pensionszusage erwachsenden Risiken. Nur wenn das berichtende Unternehmen über die Zahlung festgelegter Beiträge hinaus (z.B. an einen externen Versorgungsträger wie einen Fonds oder einen Versicherer) weder einer rechtlichen noch einer faktischen Nachschussverpflichtung ausgesetzt ist, wenn der Versorgungsträger nicht über ausreichende Mittel zur Erfüllung der Ansprüche verfügt (bei Unterdeckung der Verpflichtung oder bei Insolvenz des Versorgungsträgers) ist eine Klassifizierung als

---

[7] KPMG (Hrsg.) Insights (Rn 4.4.70.40) spricht sich für Methode 1 aus, dagegen favorisiert PwC (Hrsg.) Manual of Accounting, 11005, Methode 2. Deloitte (Hrsg.) IFRS Reporting in the UK, 1737, sieht hier ein Wahlrecht, während E&Y (Hrsg.) International GAAP, 2004, auf den Widerspruch des vom IASB im Beispiel zu IAS 19.18 dargestellten Falls, bei dem das Ende des Geschäftsjahres und das Ende der Erdienungsperiode zusammenfallen, lediglich hinweist.

[8] Diese Übersetzung entspricht nicht vollständig der nach deutschem Recht üblichen Unterscheidung.

defined contribution plan möglich. Bei einem *defined contribution plan* sind lediglich in die der Berichtsperiode gezahlten Beiträge zu erfassen. Dies erfolgt entweder erfolgswirksam, oder insofern (siehe oben) die Leistungen im Rahmen der Herstellung von Vermögenswerten erbracht wurden, durch Aktivierung als Herstellungskosten. Für zum Bilanzstichtag bestehende Erfüllungsrückstände (ausstehende Beiträge) ist eine Rückstellung nach den allgemeinen Kriterien zu bilden.

Es müssen daher sowohl das Investitionsrisiko (also das Risiko, dass der Fonds/der Versicherer nicht über genügend Mittel zur Bedienung der Versorgungsansprüche verfügt oder unzureichende Erträge erwirtschaftet) als auch demographische Risiken (dass Leistungen an den/die Arbeitnehmer länger gezahlt werden müssen als aufgrund der zugrundegelegten Sterblichkeitsannahmen erwartet) **vollständig** auf den externen Versorgungsträger bzw. auf die Arbeitnehmer überwälzt sein. Anderenfalls handelt es sich um *defined benefit plans*, für welche die Pflicht zur Passivierung einer nach komplexen versicherungsmathematischen Grundsätzen bewerteten Verbindlichkeit besteht (siehe unten).

12   In Deutschland sieht Art. 28 EGHGB für bestimmte extern ausfinanzierte, so genannte „mittelbare" Pensionsverpflichtungen ein Passivierungs*wahlrecht* vor, was in der Praxis oftmals dazu führt, dass derartige Verpflichtungen nicht im einem nach handelsrechtlichen Grundsätzen aufgestellten Jahres- bzw. Konzernabschluss auftauchen. Als Durchführungswege seien an dieser Stelle Direktversicherungen, Pensions- und Unterstützungskassen sowie Pensionsfonds genannt.[9]

Demgegenüber kommt es, wie oben dargelegt, unter IFRS nur bei Externalisierung sämtlicher Risiken (also auch im Insolvenzfall des Versorgungsträgers) zu einer Off-Balance-Darstellung. Der deutsche Gesetzgeber hat in § 1 Abs.1, Satz 3 BetrAVG eine Subsidiärhaftung des Arbeitgebers im Falle des Zahlungsausfalls externer Versorgungsträger festgeschrieben. In Teilen der Kommentarliteratur wird die Ansicht vertreten, dass etwa „fast risikolose" Direktversicherungen (bei denen der Arbeitnehmer als versicherte Person und Bezugsberechtigter einen Rechtsanspruch gegen den Versicher, nicht aber gegen den Arbeitgeber hat, deren Leistungen sich nach den gezahlten Beiträgen sowie der vom Versicherer erwirtschafteten Verzinsung richten) wirtschaftlich und bilanziell als *defined contribution plans* abzubilden seien. In analoger Anwendung der Prinzipien von IAS 37 wird argumentiert, dass das aus der Arbeitgeber-Subsidiärhaftung erwachsende Residualrisiko lediglich eine Eventualverpflichtung darstelle, dass also der Arbeitgeber lediglich das Bonitätsrisiko des Fonds/Versicherers zu beachten habe. Bei einem entsprechend hohen Rating des Versicherers und entsprechend geringer Insolvenzwahrscheinlichkeit, so wird argumentiert, könne dieses Risiko bilanziell außer Ansatz bleiben.[10]

---

9   Vgl. § 1b, Abs. 2-4 Betr AVG..
10 Vgl. *Lüdenbach/Hoffmann* Haufe-Kommentar, §22 Rn 11 und 65. Siehe hierzu auch allgemein *KPMG* (Hrsg.) Insights, Rn 4.4.120.70.

V. Leistungen nach Beendigung des Arbeitsverhältnisses

Dem gegenüber ist festzuhalten, dass IAS 19 und IAS 37 zwar demselben Grundprinzip folgen, IAS 19 jedoch als *lex specialis* den allgemeineren Normen von IAS 37 bei der Abbildung von Verpflichtungen aus betrieblicher Altersvorsorge vorgeht. Gemäß IAS 19.39 ist bei der Beurteilung, ob durch die Einschaltung eines Versicherers bilanziell ein *defined contribution plan* entsteht, lediglich auf das **Bestehen** einer unmittelbaren oder mittelbaren rechtlichen oder faktischen Verpflichtung zur Leistungserbringung seitens des Unternehmens[11] im Falle der Nichtleistung durch den Versicherer, nicht aber auf die Eintrittswahrscheinlichkeit der tatsächlichen Inanspruchnahme abzustellen. Somit ist eine Einstufung von Pensionsplänen als *defined contribution plans* in Deutschland praktisch unmöglich.[12]

Im Falle der versicherungsförmigen Absicherung von Pensionsverpflichtungen (zB bei Direktversicherungen, Rückdeckungsversicherungen oder kongruent rückgedeckten Unterstützungskassen) kann jedoch **in der Bilanz** materiell das selbe Resultat erzielt werden, wenn nämlich die Versicherungspolicen so genannte „qualifizierende Versicherungspolicen" (*qualifying insurance policies*) darstellen. Seit der Überarbeitung von IAS 19 im Jahr 2000 ist es möglich, auch Versicherungspolicen, die dem Mitarbeiter einen Rechtsanspruch im Fall der Insolvenz des Arbeitgebers einräumen (zB durch Verpfändung an den Arbeitnehmer) als Planvermögen zu betrachten und mit der Pensionsverpflichtung zu saldieren (Vgl. IAS 19.BC68L). Im Falle der betragsmäßigen und zeitlichen Kongruenz von Pensionszusage und Versicherungsleistung ist als beizulegender Zeitwert (*fair value*) der zu saldierenden Versicherungspolice der versicherungsmathematische Barwert der zugrundeliegenden Pensionsverpflichtung anzusetzen (Vgl. IAS 19.104). Dies führt im Ergebnis zu einer Netto-Off-Balance-Darstellung derartiger Pläne, und entspricht in Bilanz und Ergebnisrechnung einer Bilanzierung als *defined contribution plan*. Dennoch stellen derartige Pläne dem Grunde nach *defined benefit plans* dar, weshalb die diesbezüglichen Angabepflichten gemäß IAS 19.120A zu erfüllen sind. Eine frühzeitige Abstimmung derartiger Sachverhalte mit dem Wirtschaftsprüfer ist daher ratsam.

3. Leistungsorientierte Pläne. Leistungsorientierte Pläne (*defined benefit plans*) werden vom Standard als Residualgröße definiert, also als Pläne, welche nicht die Kriterien zur Klassifizierung als *defined contribution plans* erfüllen (Vgl. IAS 19.7), bei denen also der Arbeitgeber Residualrisiken aus der Zusage bzw. deren Finanzierung zurückbehält. Die Bilanzierung von *defined benefit plans* ist i.d.R. wesentlich komplexer. Einerseits besteht eine Passivierungspflicht dem Grunde nach, andererseits

---
11 Vgl. *Deloitte* IFRS Reporting in the UK, 1741..
12 Gegenwärtig werden in Deutschland etwa 20% aller Pensionspläne als defined contribution plans erfasst. Vgl. *Gohdes* IASB-Diskussionspapier: Rechnungslegung von Pensionen, Präsentation auf der öffentlichen Diskussion des DRSC vom 03.06.2008, abrufbar bei http://www.standardsetter.de/drsc/docs/eventstuff.html..

ist die Verwendung aktuarischer Verfahren zur Bewertung der anzusetzenden Verpflichtung für sämtliche Zusagen zwingend vorgeschrieben. Ein Passivierungswahlrecht für mittelbare bzw. Altzusagen wie nach deutschem Handelsrecht besteht nicht.

Die am weitesten verbreitete Form von *defined benefit plans* stellen so genannte **Endgehaltspläne** dar: Der Arbeitgeber erteilt dem Arbeitnehmer eine Zusage zur Zahlung einer fixierten Altersvorsorgeleistung, zB in Form einer lebenslangen Rente in Höhe eines bestimmten Prozentsatzes des letzten Gehalts oder einer Kapitalleistung. Diese Verpflichtung kann entweder durch das Unternehmen selbst (so genannte unmittelbare oder Direktzusage) oder durch einen externen Träger (Planvermögen) zu erfüllen sein. Anders als bei *defined contribution plans* verbleiben aktuarische, demographische und Investitionsrisiken (teilweise oder in Gänze) beim Arbeitgeber. Aus diesem Grund besteht für *defined benefit plans* IAS 19.48ff eine Passivierungspflicht, sowohl für bereits unverfallbare Leistungen (*vested benefits*), da für die bereits eine **rechtliche** Verpflichtung des Arbeitgebers besteht, aber auch noch nicht unverfallbare Leistungen (*unvested benefits*), für die nach Ansicht des IASB am Bilanzstichtag zumindest eine **faktische** Verpflichtung besteht. Unsicherheiten darüber, in welcher Höhe verfallbare Leistungsansprüche tatsächlich unverfallbar werden (zB weil Arbeitnehmer durch Ausscheiden aus dem Unternehmen Ansprüche verlieren) sind im Rahmen der Verpflichtungsbewertung, nicht aber beim Ansatz zu berücksichtigen (Vgl. IAS 19.69 i.V.m. IAS 19.BC14).

15 Verpflichtungen aus leistungsorientierten Plänen sind gemäß IAS 19 in regelmäßigen Abständen nach versicherungsmathematischen Grundsätzen zu bewerten (Vgl. IAS 19.56).[13] Die Bewertung hat hierbei auf den Bilanzstichtag zu erfolgen. Vor dem Stichtag vorgenommene Bewertungen sind im Falle wesentlicher Transaktionen mit Einfluss auf die Pensionsverpflichtung bzw. wesentlicher Änderungen der wirtschaftlichen Umstände zwischen dem Bewertungsdatum und dem Bilanzstichtag entsprechend zu aktualisieren (Vgl. IAS 19.57 i.V.m. IAS 19.BC15).

Bis zu seiner Überarbeitung im Jahr 1998 enthielt IAS 19 praktisch keine definitiven Vorschriften dazu, welches versicherungsmathematische Verfahren bei der Bewertung leistungsorientierter Pensionsverpflichtungen anzuwenden ist (Vgl. IAS 19. BC20). Demzufolge galt bis zu diesem Zeitpunkt eine ganze Reihe von Bewertungsverfahren als zulässig, darunter das in Deutschland übliche Teilwertverfahren, wodurch die zwischenbetriebliche Abschlussvergleichbarkeit stark beeinträchtigt war. Seit 1998 ist als einzig zulässiges Bewertungsverfahren die so genannten „Methode der laufenden Einmalprämien" (*projected unit credit method*), ein Anwartschaftsbarwertverfahren verpflichtend vorgeschrieben (Vgl. IAS 19.64 i.V.m. IAS 19.BC3(d)).[14]

---

13 Vgl. auch *Heuser/Theile* IFRS Handbuch, 435.
14 Siehe hierzu auch *PwC (Hrsg.)* Understanding IAS, 19-5.

V. Leistungen nach Beendigung des Arbeitsverhältnisses

Die Hinzuziehung eines qualifizierten Versicherungsmathematikers (Aktuars) wird vom Standard zwar nicht vorgeschrieben, aber aufgrund der i.d.R. signifikanten Komplexität von Pensionszusagen empfohlen (Vgl. IAS 19.57).

Im Rahmen der *projected unit credit method* werden zunächst die tatsächlich erwarteten, undiskontierten Gesamtkosten geschätzt und diese als Einmalprämien in gleicher Höhe auf die Perioden verteilt, in denen die Leistungsansprüche vom Arbeitnehmer erdient werden. In einem zweiten Schritt werden die so ermittelten Beträge auf den Betrachtungsstichtag abgezinst (Vgl. IAS 19.65).

Beispiel[15]
Bei Beendigung des Arbeitsverhältnisses ist eine Kapitalleistung in Höhe von 1% des Endgehalts für jedes geleistete Dienstjahr zu zahlen. Im ersten Dienstjahr beträgt das Gehalt 10.000, das erwartungsgemäß jedes Jahr um 7% (bezogen auf den Vorjahresstand) ansteigt. Der Diskontierungszinssatz betrage 10% p.a.. Die folgende Tabelle veranschaulicht, wie sich die Verpflichtung für einen Mitarbeiter aufbaut, der erwartungsgemäß am Ende des 5. Dienstjahres ausscheidet, wobei unterstellt wird, dass die versicherungsmathematischen Annahmen keinen Änderungen unterliegen. Zur Vereinfachung wird im Beispiel die ansonsten erforderliche Berücksichtigung der Wahrscheinlichkeit vernachlässigt, dass der Arbeitnehmer vor oder nach diesem Zeitpunkt ausscheidet.

Zu erfassende Verpflichtung					
Leistung erdient in	Jahr 1	Jahr 2	Jahr 3	Jahr 4	Jahr 5
früheren Dienstjahren	0	131	262	393	524
dem laufenden Dienstjahr (1% vom Endgehalt)	131	131	131	131	131
Dem laufenden und früheren Dienstjahren zuzurechnende Einmalprämien	131	262	393	524	655
	Jahr 1	Jahr 2	Jahr 3	Jahr 4	Jahr 5
Verpflichtung zu Beginn des Berichtszeitraums	0	90	197	325	477
Zinsen von 10%	0	9	20	32	48

---

15 Das folgende Beispiel ist dem Standard entnommen und veranschaulicht in vereinfachter Weise das Grundprinzip der Bewertungsmethode (Vgl. Beispiel zu IAS 19.65).

| Laufender Dienstzeitaufwand | 90 | 98 | 108 | 119 | 131 |
| Verpflichtung am Ende des Berichtsjahres | 90 | 197 | 325 | 477 | 655 |

Die jeweilige Verpflichtung zu Beginn des Berichtszeitraums entspricht dem Barwert der Leistungen, die früheren Dienstjahren zugeordnet werden. Der laufende Dienstzeitaufwand entspricht dem Barwert der Leistungen, der der Berichtsperiode zugeordnet werden. Die jeweilige Verpflichtung am Ende einer Berichtsperiode entspricht dem Barwert der Leistungen, die früheren und der laufenden Periode zugeordnet werden.

Bei der Bewertung sind diverse versicherungsmathematischen Annahmen (*actuarial assumptions*), sowohl demographischer als auch finanzieller Natur zu berücksichtigen (Vgl. IAS 19.73):

- Demographische Annahmen über die gegenwärtige und künftige Zusammensetzung der vom Plan betroffenen Arbeitnehmer (und deren Angehöriger). Hierunter fallen Annahmen über:
  - die Sterblichkeit der Begünstigten während und nach Beendigung des Arbeitsverhältnisses,
  - Fluktuationsraten, Invalidisierungsraten und Frühpensionierungsverhalten,
  - den Anteil der begünstigten Arbeitnehmer mit Angehörigen, die für Leistungen qualifizieren werden und
  - Inanspruchnahmeraten für Leistungen medizinischen Versorgungsplänen
- Finanzielle Annahmen sowohl über die Wertentwicklung der Verpflichtung als auch eventuell vorhandenen Planvermögens. Hierunter fallen Annahmen über:
  - den Zinssatz zur Diskontierung der Verpflichtung,
  - das künftige Gehaltsniveau der vom Plan betroffenen Arbeitnehmer (Gehalts- und Karrieretrends),
  - das künftige Leistungsniveau (Rententrends)
  - Kostentrends im Bereich der medizinischen Versorgung (wenn derartige Zusagen gemacht wurden) und
  - den erwarteten Ertrag aus eventuell vorhandenem Planvermögen.

Diese Parameter sind einerseits unvoreingenommen zu wählen, d.h. sie sollten weder zu aggressiv noch übermäßig konservativ gewählt werden, andererseits sind sie aufeinander abzustimmen: Das Verhältnis verschiedener interdependenter Faktoren (zB Inflations-, Gehalts-, und Rententrends, Planvermögensrendite und Diskontierungszinssatz) zueinander ist sachgerecht abzubilden (Vgl. IAS 19.72-5.).[16] Aufgrund der hohen Komplexität der Berechnungsmethode ist eine frühzeitige Abstimmung der zu berücksichtigenden Parameter mit dem Aktuar zu empfehlen.

Die am jeweiligen Bilanzstichtag zu erfassende Netto-Pensionsverpflichtung (*defined benefit liability*) setzt sich aus folgenden Komponenten zusammen (Vgl. IAS 19.54):

16

	Barwert der leistungsorientierten Verpflichtung am Bilanzstichtag
Plus/minus	Noch nicht erfasste versicherungsmathematische Gewinne/Verluste
Minus	Noch nicht erfasster, nachzuverrechnender Dienstzeitaufwand
Minus	Beizulegender Zeitwert vorliegenden Planvermögens

Ergibt sich hieraus ein negativer Betrag, also ein rechnerischer Überschuss des Planvermögens über die Pensionsrückstellung so ist dieser maximal in Höhe des niedrigeren der folgenden Beträge als Vermögenswert anzusetzen (Vgl IAS 19.58):
- dem unter IAS 19.54 berechneten Betrag; und
- der Summe:
  - aller kumulierten, noch nicht erfassten, saldierten versicherungsmathematischen Verluste und nachzuverrechnendem Dienstzeitaufwand; und
  - dem Barwert eines (für das Unternehmen verfügbaren) wirtschaftlichen Nutzens in Form von
    - Rückerstattungen aus dem Plan oder
    - Minderungen künftiger Beitragszahlungen an den Plan.[17]

Diese Vorschrift, auch als Vermögenswertobergrenze (*asset ceiling*) bezeichnet wurde im Zuge der Überarbeitung von IAS 19 im Jahr 1998 in den Standard eingefügt. Das damalige IASC beabsichtigte die Aktivierung rein rechnerischer Überschüsse zu verhindern, wenn diese für das berichtende Unternehmen nicht einbringbar (*recoverable*) seien, sondern sich bspw. lediglich aus der Anwendung der „Korridor-Methode" zur Erfassung versicherungsmathematischer Gewinne bzw. Verluste (siehe unten) ergäben. Lediglich Posten, die die *Asset*-Kriterien des Rahmenkonzepts erfüllen, sollten nach dem Willen des IASC auch als Vermögenswerte erfasst werden dür-

---

16 Siehe auch *Deloitte (Hrsg.)* IFRS Reporting in the UK, 1772.
17 Hervorhebung durch den Verfasser. In der amtlichen deutschen Übersetzung fehlt das Wort „verfügbar". Siehe hierzu auch das Beispiel zu IAS 19.60.

fen. Dies korrespondiert mit dem in IAS 36 *Impairment of Assets* festgelegten Prinzip, dass Vermögenswerte maximal mit ihrem erzielbaren Betrag (*recoverable amount*) angesetzt werden dürfen (Vgl. Vgl. IAS 19.BC 76-78).

17 Die praktische Anwendung der *asset ceiling* führte in der Folgezeit zu erheblichen Bilanzierungsdivergenzen. Umstritten war besonders, **wann** ein wirtschaftlicher Nutzen in Form von Rückerstattungen aus dem Plan oder Minderungen künftiger Beitragszahlungen für das berichtende Unternehmen als „verfügbar" gilt. Da, wie beispielsweise in den Niederlanden, Belgien, der Schweiz aber auch Großbritannien, in der Praxis gesetzliche bzw. einzelvertragliche Mindestdotierungsvorschriften (*minimum funding requirements*) zur externen Ausfinanzierung betrieblicher Altersvorsorgeverpflichtungen bestehen, welche auf der Grundlage anderer Bewertungsregeln als IAS 19 operieren, erwies sich die Frage der „Verfügbarkeit" als schwer lösbar.

Aus diesem Grund veröffentlichte das International Financial Reporting Interpretations Committee (IFRIC) nach zweijähriger Debatte im Juli 2007 die Interpretation IFRIC 14 IAS 19 – *The Limit on a Defined Benefit Asset, Minimum Funding Requirements and their Interaction*. In IFRIC 14 werden drei separate Themenkomplexe adressiert (Vgl. IFRIC 14.6):

- Wann Rückerstattungen oder zukünftige Beitragssenkungen i.S.v. IAS 19.58 als für das berichtende Unternehmen „verfügbar" anzusehen sind sowie die Bewertung des hieraus resultierenden wirtschaftlichen Nutzens;
- Die Auswirkungen von Mindestdotierungsvorschriften auf die Verfügbarkeit zukünftiger Beitragssenkungen; und
- Unter welchen Umständen Mindestdotierungsvorschriften die Erfassung einer (zusätzlichen) Verbindlichkeit erforderlich machen können.

Grundsätzlich gilt nach Ansicht des IFRIC ein wirtschaftlicher Nutzen in Form von Rückerstattungen bzw. zukünftigen Beitragssenkungen nur dann als für das Unternehmen verfügbar (*available*), wenn das Unternehmen ein vorbehaltloses Recht (*unconditional right*) hat, bestehende Überschüsse über die Laufzeit des Altersvorsorgeplans oder bei dessen Abwicklung zu realisieren (Vgl. IFRIC 14.11). Eine sofortige Realisierbarkeit am Bilanzstichtag ist zum Ansatz eines Vermögenswerts nicht erforderlich (Vgl. IFRIC 14.8). Es der maximal verfügbare Betrag anzusetzen: Vom Unternehmen beabsichtigte Verbesserungen der Altersvorsorgeleistungen finden bei der Bewertung des wirtschaftlichen Nutzens keine unmittelbare Berücksichtigung, sondern erst dann, wenn sie vom Unternehmen tatsächlich beschlossen werden (Vgl. IFRIC 14.9). Hat das Unternehmen einen Anspruch auf Rückerstattung des gesamten Überschusses oder eines Prozentsatzes und nicht auf einen festen Betrag, ist der angesetzte Vermögenswert nicht abzuzinsen, auch wenn er erst zu einem späteren Zeitpunkt realisierbar ist, da bereits die Verpflichtung und die Planvermögenswerte auf diskontierter (Zeitwert-) Basis angesetzt werden (Vgl. IFRIC 14.15). Mindestdotie-

V. Leistungen nach Beendigung des Arbeitsverhältnisses

rungsvorschriften haben nach Ansicht des IFRIC keine Auswirkung auf die Höhe des zu erfassenden Vermögenswertes oder der Verbindlichkeit, wenn ein vorbehaltloses Recht auf Rückerstattung oder zukünftige Beitragssenkungen besteht. Die geleisteten Beiträge sind in bei Zahlung dem Planvermögen zuzurechnen, es entsteht keine zusätzliche Verbindlichkeit.

Ist die Rückerstattung oder Beitragsminderung von Faktoren abhängig, die nicht unter der Kontrolle des Unternehmens stehen (wie zB die Zustimmung von Plantreuhändern oder aber weil die Plantreuhänder verpflichtet sind, Überschüsse zur Verbesserung der Leistungen an die Arbeitnehmer zu verwenden), so besteht nach Ansicht des IFRIC kein vorbehaltloses Recht seitens des berichtenden Unternehmens. In diesen Fällen darf ein Vermögenswert maximal in Höhe noch nicht erfolgswirksam erfasster versicherungsmathematischer Verluste und nachzuverrechnendem Dienstzeitaufwand angesetzt werden (Vgl IFRIC 14.12 i.V.m. IFRIC 14.BC 12). Eine Beurteilung derartiger Sachverhalte kann nur auf Einzelfallbasis und auf der Grundlage der jeweiligen Vertragsunterlagen zwischen dem Trägerunternehmen und dem externen Finanzierungsvehikel erfolgen.[18]

Für den Fall, das keine Mindestdotierungsvorschriften bestehen, sind **zukünftige Beitragssenkungen**, auf die das Unternehmen einen vorbehaltlosen Anspruch besitzt, grundsätzlich zum niedrigeren der folgenden Beträge anzusetzen:

- dem Planüberschuss; und
- dem Barwert des zukünftigen Dienstzeitaufwandes über den kürzeren Zeitraum der erwarteten Dauer des Plans und der erwarteten Lebensdauer des Unternehmens

Die Bewertung hat auf der Grundlage derselben Annahmen wie der zur Berechnung der Verpflichtung verwendeten zu erfolgen (zB Diskontierungszinssatz, erwarteter Ertrag aus Planvermögen, Trendannahmen) und die Verhältnisse am Bilanzstichtag widerspiegeln, d.h Leistungs- und Belegschaftsveränderungen sind erst dann zu berücksichtigen, wenn diese tatsächlich erfolgt sind (Vgl. IFRIC 14.9).

Bestehen entweder gesetzliche oder einzelvertragliche Regelungen zur Mindestdotierung, so ist für Beiträge, die sich auf bereits empfangene Leistungen beziehen (*shortfall for past service*), in dem Maße eine zusätzliche Verbindlichkeit anzusetzen, in dem die Beiträge nicht in Form zukünftiger Rückzahlungen oder Beitragssenkungen verfügbar sind, sobald die Verpflichtung zur Beitragszahlung entsteht. Dies führt entweder zur Verringerung eines bestehenden Überschusses oder zur Erhöhung einer bereits bestehenden Verbindlichkeit. Für zukünftige Leistungen erforderliche Mindestbeiträge (*contributions for the future accrual of benefits*), die in Form verfügbarer Beitragsminderungen an das Unternehmen zurückfließen, ist ein Vermögenswert in Höhe des Barwerts des nach IAS 19 berechneten Dienstzeitaufwands abzüglich der geschätzten zukünftigen Mindestfinanzierungsbeiträge zu erfassen. Übersteigen die-

---

18 Siehe hierzu unter anderem *Deloitte (Hrsg.)* IFRS Reporting in the UK, 1755.

se den nach IAS 19 berechneten Dienstzeitaufwand, so ist der Vermögenswert für jedes Jahr, in dem dies der Fall ist, entsprechend zu kürzen (IFRIC 14.20). Allerdings kann der aus zukünftigen Beitragssenkungen verfügbare Vermögenswert niemals kleiner Null sein (Vgl. IFRIC 14.22).

Wenn Überschüsse i.S.v. IFRIC 14 aufgrund Beitragsvorauszahlungen durch das Unternehmen im Rahmen von Mindestdotierungsregelungen entstehen, konnten diese aufgrund der ursprünglichen Formulierung von IFRIC 14.20 nicht als Vermögenswert angesetzt werden. Im Dezember 2009 gab der IASB eine geänderte Fassung von IFRIC 14 heraus, die diesen, vom Board nicht beabsichtigten, Zustand änderte und die Erfassung von Vermögenswerten aus Beitragsvorauszahlungen zuließ.[19]

18 In Deutschland ist die externe Ausfinanzierung von Pensionsverpflichtungen ein relativ neuer Trend. Insofern wird sich in Deutschland aktuell seltener das Szenario eines nach IFRIC 14 zu prüfenden Pensionsüberschusses ergeben, sondern eher im Einzelfall die Frage nach der Erfassung einer zusätzlichen Verbindlichkeit zu stellen sein, insbesondere dann, wenn Beitragsüberschüsse nicht an das Unternehmen ausgeschüttet werden können.

19 **Erfassung von Aufwands- und Ertragskomponenten aus leistungsorientierten Plänen.** Die in der Gewinn und Verlustrechnung zu erfassenden Beträge beinhalten folgende Komponenten (IAS 19.61):
- Dienstzeitaufwand (*current service cost*);
- Zinsaufwand (*interest cost*);
- Erwarteter Ertrag aus Planvermögen (*expected return on plan assets*);
- Erfasste Versicherungsmathematische Gewinne und Verluste (*actuarial gains and losses*);
- Erfasster nachzuverrechnender Dienstzeitaufwand (*past service cost*);
- Erfasste Plankürzungen (*curtailments*) und –abgeltungen (*settlements*); sowie
- Im Zusammenhang mit der Vermögenswertobergrenze (*asset ceiling*) von IAS 19.58(b) erfasste Beträge.

20 **Dienstzeitaufwand.** Hierunter wird der Barwert des vom Arbeitnehmer während der Berichtsperiode hinzuverdienten Pensionsanspruchs verstanden. Dieser ist von zahlreichen finanziellen wie demographischen Annahmen abhängig (Vgl. IAS 19.63f), zum Beispiel:
- der erwarteten Fluktuationsrate,
- der erwarteten Restlebensarbeitszeit,
- Sterbe- und Invaliditätswahrscheinlichkeiten und
- erwarteten Gehalts- und Rentensteigerungen.

---

19 Vgl. IAS PLUS Update Newsletter, Dezember 2009, 1, erhältlich unter www.iasplus.com.

V. Leistungen nach Beendigung des Arbeitsverhältnisses

Die Verteilung von laufendem Dienstzeitaufwand auf die Perioden der Leistungserdienung erfolgt grundsätzlich anhand der in der Versorgungsordnung vereinbarten Leistungsformel (*benefit formula*), es sei denn, dass dies zu einer Aufwandshäufung in späteren Dienstjahren führen würde (so genanntes *backloading*). In diesem Fall erfolgt die Verteilung linear über die Dienstzeit, bis zu dem Zeitpunkt, an dem der Mitarbeiter keine weiteren wesentlichen Leistungen erhält (Vgl. IAS 19.67).

Zinsaufwand. Da es sich bei Verpflichtungen aus betrieblicher Altersvorsorge in der Regel um langfristige Verbindlichkeiten handelt, schreibt IAS 19 die Erfassung zum versicherungsmathematischen Barwert vor. Der Periodenaufwand enthält daher auch einen Zinsanteil aus der Aufzinsung (*unwinding of the discount*) der im Jahresdurchschnitt bestehenden *defined benefit obligation*. Dieser ermittelt sich durch Multiplikation mit dem zum Jahresanfang festgelegten, zum Jahresende erwarteten Zinssatz (Vgl. IAS 19.82). Der IASB folgt einem Stichtagsansatz, die Verwendung längerfristiger Durchschnittszinssätze ist explizit nicht zulässig, da der Board die Ermittlung derartiger Durchschnittswerte als arbiträres Instrument zur künstlichen Ergebnisglättung ablehnt (Vgl. IAS 19.BC33). Der Standard schreibt die Verwendung eines mit der Verpflichtung währungs- und laufzeitkongruenten Stichtags-Marktzinssatzes für festverzinsliche Unternehmensanleihen erstrangiger Bonität (*high quality corporate bonds*) verpflichtend vor (Vgl. IAS 19.78). Eine Ausnahme besteht in Rechtsräumen, in denen kein ausreichend liquider Markt (*deep market*) für derartige Investments existiert: Hier ansässige Unternehmen haben ihre Pensionsverpflichtungen mit dem Zinssatz entsprechend kongruenter Staatsanleihen zu bewerten. Es ist in der Literatur nicht unumstritten, ob – für den Fall, dass in einem Land kein ausreichender Markt für Unternehmensanleihen existiert, anstatt auf Staatsanleihen auch (a) auf synthetisch ermittelte Äquivalenzzinssätze von Unternehmensanleihen anderer Länder oder (b) auf Unternehmensanleihen eines gemeinsamen regionalen Währungsraums (zB des Euro) zurückgegriffen werden darf.

Diese Frage lag dem IFRIC vor, das sich dahingehend geäußert hat, dass der Begriff *country* (Land) in IAS 19.78 eine Herleitung des Zinssatzes nach Methode (a) nicht zulasse, dass jedoch bei Zugriff des Unternehmens auf Anleihen in einer gemeinsamen Währung Methode (b) möglich sei.[20] Im August 2009 veröffentlichte der IASB einen Änderungs-Entwurf (ED 2009/10), welcher zum Ziel hatte, den Rückgriff auf Staatsanleihen in IAS 19.78 abzuschaffen und die Ermittlung einer *high-quality-corporate-bond-rate*, auch nach synthetischen Verfahren, verpflichtend vorzuschreiben. Dieser wurde jedoch im Oktober 2009 wieder zurückgezogen, da sich der Board nicht auf eine einheitliche Linie einigen konnte, so dass IAS 19.78 unverändert in Kraft bleibt.[21]

---

20 Vgl. *IFRIC Update Juni 2005*, S. 4. Siehe hierzu auch *KPMG (Hrsg.)* Insights, Rn 4.4.300.40, ebenso wie *Deloitte (Hrsg.)* IFRS Reporting in the UK, 1781.
21 Siehe hierzu auch die Mitschrift der IASB-Sitzung vom Oktober 2009 auf www.iasplus.de.

22 Der Diskontierungszinssatz berücksichtigt somit lediglich den Zeitwert des Geldes (*time value of money*), nicht aber das Kreditrisiko des Trägerunternehmens[22], der Verpflichtung oder das Anlagerisiko möglicherweise vorhandenen Planvermögens (IAS 19.79 i.V.m. IAS 19.BC27 und BC31). Der Standard selbst schreibt nicht vor, wie der Terminus *high quality corporate bonds* auszulegen ist. In der Praxis wird zumeist ein „AA"-Rating einer der großen Ratingagenturen wie Standard & Poors oder Moodys herangezogen.[23] Teilweise wird der Zinssatz auch durch Ergänzung eines risikolosen Zinssatzes (zB von Bundeswertpapieren) um einen entsprechenden Risiko-Renditeaufschlag (*credit spread*) ermittelt, oftmals kommen auch Bond-Indizes (in Deutschland etwa der *iBoxx € Corporate AA 10+* Index) zur Anwendung. In derartigen Indizes ist eine Auswahl an Bonds mit entsprechendem Rating vertreten. Je nach Altersstruktur des Pensionsplans ist der Zinssatz bei längeren Laufzeiten zu extrapolieren.

Während die Zeit zwischen 2001 (also dem Zusammenbruch der „Internet-Blase") bis Ende 2007 von dauerhaft niedrigen Bondrenditen geprägt waren[24], kam es im Zuge der Finanz- und Wirtschaftskrise 2008 an den internationalen Bondmärkten zu teilweise erheblichen Verwerfungen, damit einhergehend zu einem raschen und signifikanten Anstieg der geforderten Renditen und einer bisher so noch nicht zu beobachtenden Zinssatzvolatilität.[25] Dies war vor allem auf signifikant höhere Bonitätsaufschläge insbesondere bei Wertpapieren von Finanzinstitutionen zurückzuführen. Bis zur Jahresmitte 2010 hat sich die Lage an den internationalen Bondmärkten wieder beruhigt, die Renditen und Spreads entwickeln sich wieder rückläufig. Die nachfolgende Graphik verdeutlicht die Zinsentwicklung der vergangenen drei Jahre:

---

22 Vgl. *KPMG (Hrsg.)* Insights, Rn 4.4.300.60.
23 Vgl. *KPMG (Hrsg.)* Insights, Rn 4.4.300.20; *Deloitte (Hrsg.)* IFRS Reporting in the UK, 1780; *Ernst&Young (Hrsg.)* International GAAP, 1978.
24 So lag der am Markt beobachtbare Zinssatz für einen Mischbestand aus Rentnern und Aktiven Ende 2001 bei rd. 6 %, Ende 2005 bei rd. 4% und Ende 2007 etwas über 5,5%. (Quelle: verschiedene Versicherungsmathematiker).
25 Vgl. auch Lüdenbach/Hoffmann, Haufe-Kommentar, §22 Rn 34.

V. Leistungen nach Beendigung des Arbeitsverhältnisses

Zinsentwicklung 2007 bis 2010

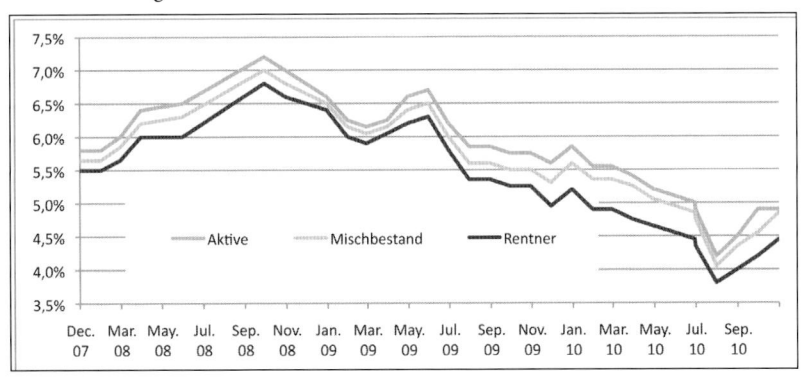

[Diagramm: Liniendiagramm mit drei Kurven (Aktive, Mischbestand, Rentner), Zinsentwicklung von Dez. 07 bis Sep. 10, Werte zwischen ca. 3,5 % und 7,5 %]

Im Zuge der Finanzkrise haben Versicherungsmathematiker die verwendeten Indizes oftmals um bestimmte Bonds mit signifikant erhöhten Renditen (so genannte *outliers*) bereinigten. Eine derartige Bereinigung stellt unserer Ansicht nach eine angabepflichtige Schätzungsänderung, nicht aber um einen Wechsel der Bilanzierungs- und Bewertungsmethode i.S.v. IAS 8 *Accounting Policies, Changes in Accounting Estimates and Errors* dar. Allerdings ist bei der Anpassung Vorsicht geboten: Die pauschale Bereinigung von Index-Portfolien, zB um sämtliche von Finanzinstitutionen emittierten Bonds wird als unzulässig erachtet.[26] Neben den nach IAS 8 zu machenden Angaben sind bei Index-Bereinigungen Angaben zu Schätzungsunsicherheiten (Vgl. IAS 1.125-133) zwingend erforderlich. Einmal vorgenommene Bereinigungen sollten nur bei Vorliegen objektiver Hinweise auf eine Änderung der Situation angepasst werden.

Die Wahl des Diskontierungszinssatzes kann erhebliche Auswirkungen auf die Bewertung der *defined benefit liability* und den zu erfassenden Zinsaufwand bzw. versicherungsmathematische Gewinne und Verluste haben.[27] Aus diesem Grund empfiehlt sich eine frühzeitige Abstimmung zwischen Unternehmen, Aktuar und Wirtschaftsprüfer.

Erwarteter Ertrag aus Planvermögen. Wenn Unternehmen zur Absicherung der Ansprüche von Arbeitnehmern aus betrieblicher Altersvorsorge Vermögenswerte an einen selbständigen, externen Versorgungsträger übertragen (*asset funding*) und diese Übertragung die Kriterien zur Anerkennung als Planvermögen erfüllt, sind die übertragenen Vermögenswerte zum beizulegenden Zeitwert (*fair value*) zu bewerten und mit der Pensionsverpflichtung zu saldieren (siehe unten). In der Gewinn- und Verlustrechnung ist lediglich der am Jahresbeginn auf der Basis von Erwartungswerten und historischen Renditen des vorhandenen Planvermögensportfolios geschätzte,

---

26 Vgl. Deloitte (Hrsg.), IFRS Reporting in the UK, 1782.
27 Vgl. hierzu *Walter* Accounting 10/2007, 3-8.

erwartete Ertrag (über die Laufzeit der zugrundeliegenden Verpflichtung erwartete Dividenden, Zinsen und Bewertungsergebnisse) zu erfassen (Vgl. IAS 19.106). Es erfolgt eine Saldierung mit den **prognostizierten** Aufwandskomponenten, Differenzen zwischen erwartetem und tatsächlichem Ertrag stellen versicherungsmathematische Gewinne- bzw. Verluste dar, deren Behandlung im folgenden Abschnitt erläutert wird.

24 **Erfasste versicherungsmathematische Gewinne und Verluste.** Bei der Bewertung leistungsorientierter Pensionsverpflichtungen folgt IAS 19 einem GuV-orientierten Ansatz (*income statement approach*). Hierbei werden die einzelnen Aufwands- und Ertragskomponenten (und damit auch die Pensionsverpflichtung und der beizulegende Zeitwert vorhandenen Planvermögens) zu Beginn der Berichtsperiode auf der Grundlage der zu Jahresbeginn maßgeblichen, **erwarteten** Annahmen (Plan-Parameter) auf das Ende der Berichtsperiode projiziert. Zum Bewertungsstichtag erfolgt eine Ermittlung des tatsächlichen Verpflichtungsumfangs ebenso wie eine Marktbewertung des Planvermögens unter Verwendung der zu diesem Zeitpunkt geltenden Ist-Parameter. Ergeben sich aus der Bewertung Unterschiede zwischen Plan- und Istwerten (zB aus Veränderungen der aktuarischen Parameter während der Periode), so werden diese, je nach Vorzeichen, als versicherungsmathematische Gewinne bzw. versicherungsmathematische Verluste bezeichnet. In der Praxis entstehen diese am Häufigsten durch das Auseinanderfallen von erwartetem und tatsächlichem Diskontierungszinssatz auf der einen und erwartetem und tatsächlichen Planvermögensertrag auf der anderen Seite.

25 Zur Erfassung derartiger Sachverhalte sieht IAS 19 drei gleichberechtigte Alternativen als Bilanzierungswahlrecht vor:
- **Korridor-Methode:** Erfolgswirksame Erfassung des Teils der kumulierten versicherungsmathematischen Gewinne oder Verluste, der 10 % des höheren Betrags aus der Verpflichtung und dem beizulegenden Zeit vorhandenen Planvermögens übersteigt, über die Restlebensarbeitszeit der aktiven Arbeitnehmer (IAS 19.92);
- Jede **systematische Methode** einer schnelleren erfolgswirksamen Erfassung bis hin zur vollständigen erfolgswirksamen Erfassung in der Periode (IAS 19.93);
- **OCI-Methode:** Erfassung sämtlicher versicherungsmathematischer Gewinne und Verluste zum Zeitpunkt ihrer Entstehung direkt im Eigenkapital über die Darstellung der außerhalb der Gewinn- und Verlustrechnung erfassten Aufwendungen und Erträge (*other comprehensive income* kurz *OCI*)(IAS 19.93A ff)

Eine Entscheidung für eine dieser Erfassungs- und Darstellungsvarianten ist für sämtliche leistungsorientierten Altersvorsorgepläne eines Unternehmens einheitlich auszuüben.

26 Bei der Korridormethode wird die versicherungsmathematische Gesamtverpflichtung (*defined benefit obligation* oder *DBO*) lediglich im Anhang ausgewiesen, in der Bilanz selbst wird lediglich Netto-Rückstellung (*defined benefit liability*) darge-

V. Leistungen nach Beendigung des Arbeitsverhältnisses

stellt, also die *DBO* plus/minus nicht erfasster versicherungsmathematischer Gewinne/Verluste. Den Korridor übersteigende Beträge werden über die Restlebensarbeitszeit der vom Pensionsplan erfassten, aktiven Mitarbeiter erfolgswirksam amortisiert, während innerhalb des Korridors liegende Beträge nur in einer Nebenrechnung, nicht aber in der Erfolgsrechnung erfasst werden. Die Höhe der nicht kumulierten versicherungsmathematischen im Verhältnis zur defined benefit obligation bzw. zum fair value des Planvermögens ist jedes Jahr zu überprüfen: Fallen die kumulierten Beträge von einer Periode zur nächsten unter die 10%-Grenze, so ist die erfolgswirksame Amortisierung auszusetzen und erst dann wieder zu beginnen, wenn der „Korridor" wieder überstiegen wird.[28] Die Korridormethode wurde im Zuge der von IAS 19 im Jahr 1998 in den Standard eingefügt und stammt ursprünglich aus den US-GAAP (SFAS 87). Durch die Nichtberücksichtigung von Bewertungsschwankungen innerhalb der festgelegten Bandbreite ist beabsichtigt Bilanz- bzw. Ergebnisverzerrungen, welche sich aus kurzfristigen, bewertungstechnischen Effekten ergeben und sich möglicherweise langfristig ausgleichen können, zu vermeiden.[29]

Bei Anwendung der OCI-Methode werden sämtliche versicherungsmathematischen Gewinne und Verluste im Zeitpunkt ihrer Entstehung erfasst, dies allerdings erfolgsneutral. Somit wird zwar der vollständige Finanzierungsgrad (*full funded status*) des Plans jederzeit aus der Bilanz selbst und nicht erst durch Rückgriff auf den Anhang ersichtlich, andererseits wird die Gewinn- und Verlustrechnung um derartige Effekte entlastet. Die OCI-Methode wurde im November 2004 auf Drängen des britischen Standardsetters ASB als zusätzliches Wahlrecht in IAS 19 eingefügt[30] und war ursprünglich als SORIE-Methode bekannt (da die Erfassung im so genannten *statement of recognised income and expenses* erfolgte). Im Zuge der Überarbeitung von IAS 1 im Jahr 2007 wurde diese Bezeichnung abgeschafft und für sämtliche erfolgsneutral erfasste Sachverhalte der aus den US-GAAP stammende Begriff des sonstigen Gesamtergebnisses (*other comprehensive income*) einheitlich eingeführt.

Die Anwendung der Korridormethode hat den Vorteil, dass der Netto-Pensionsaufwand langfristig planbar ist. Andererseits sind die den Korridor übersteigende Beträge stets ergebniswirksam zu erfassen. Dem gegenüber entlastet die OCI-Methode zwar das Periodenergebnis, der zwingende Ausweis der *defined benefit obligation* in der Bilanz und die sofortige Erfassung sämtlicher Veränderungen von Pensionsverpflichtung und Planvermögen in der Periode erhöht jedoch die Volatilität des Eigenkapitals und der Bilanzsumme. Unternehmen, die nach der Korridormethode bilan-

27

---

28 Vgl. *KPMG (Hrsg.)* Insights, Rn 4.4.590.10.
29 Der mittel- bis langfristige Ausgleich versicherungsmathematischer Gewinne und Verluste ist, anders als ursprünglich erwartet, nicht zwingend, insbesondere dann, wenn es sich um „offene" Pläne handelt, bei denen stetig neue Mitglieder aufgenommen werden. Siehe hierzu Berger/Walter, DB 2008, 1278.
30 Der britische Standard FRS 17 *Retirement Benefits* sieht prinzipiell dasselbe Bewertungsverfahren wie IAS 19 vor, schreibt jedoch die sofortige erfolgsneutrale Erfassung sämtlicher versicherungsmathematischer Gewinne und Verluste als einzig zulässige Methode vor.

zieren und über eine mögliche Umstellung auf die OCI-Methode nachdenken, sollten aufgrund der weitreichenden bilanziellen Konsequenzen beachten, dass eine derartige Entscheidung einen **freiwilligen** Wechsel der Bilanzierungsmethode i.S.v. IAS 8 darstellt. Da es sich bei der OCI-Methode um ein Wahlrecht handelt, ist ein solcher Wechsel nur dann zulässig, wenn die so im Abschluss enthaltenen Informationen verlässlicher und relevanter sind als die nach der bisherigen Methode ermittelten Werte (Vgl. IAS 8.14(b). Aufgrund der Präferenz des IASB für eine Soforterfassung (Vgl. IAS 19.BC 41f) ist eine Umstellung von der Korridor- auf die OCI-Methode zwar durchaus möglich, ein Wechsel zurück zur Korridormethode erscheint vor diesem Hintergrund nicht sachgerecht. Ebenso ist zu beachten, dass eine Umstellung für sämtliche Pläne des Unternehmens oder des Konzerns einheitlich zu erfolgen hat (siehe oben).

Ob eine Umstellung von der erfolgswirksamen Vollerfassung zur OCI-Methode möglich ist, wird weder in den IFRS noch in der Literatur eindeutig geklärt, sollte also im Zweifel immer mit dem Wirtschaftsprüfer abgestimmt werden.[31] Aufgrund der jüngsten Entwicklungen (siehe Abschnitt XI.) ist allerdings davon auszugehen, dass ein solcher Wechsel möglich ist.[32] Gemäß IAS 8 sind Änderungen von Bilanzierungs- bzw. Bewertungsmethoden grundsätzlich rückwirkend durchzuführen, also unter Anpassung des Eröffnungswerte der betroffenen Bilanzposten und des Eigenkapitals der frühesten dargestellten Vergleichsperiode; es sei denn, dies ist technisch nicht durchführbar. In einem solchen Fall sind außerdem die Angabepflichten von IAS 8 zu beachten.

28   **Erfasster nachzuverrechnender Dienstzeitaufwand.** Von nachzuverrechnendem Dienstzeitaufwand (*past service costs*) spricht man, wenn entweder ein betrieblicher Altersvorsorgeplan erstmalig eingeführt und dabei auch bereits in vergangenen Perioden vom Arbeitnehmer erbrachte Leistungen berücksichtigt werden oder aber ein bestehender Plan nachträglich geändert wird und Arbeitnehmer für in vergangenen Perioden erbrachte Arbeitsleistungen höhere Ansprüche erwerben als ursprünglich vereinbart (Vgl. IAS 19.7 i.V.m. IAS 19.97). Dem gegenüber stellen weder Unterschiede zwischen erwarteten und tatsächlichen Gehaltsanpassungen, noch aus dem Erreichen von Unverfallbarkeitsgrenzen resultierende Leistungserhöhungen, Schätzungen über möglicherweise aufgrund bereits erfasster versicherungsmathematischer Gewinne erforderliche Leistungsanpassungen oder Kürzungen zukünftig zu erdienender Leistungen *past service costs* dar (Vgl. IAS 19.98).

---

31 Vgl. hierzu *KPMG (Hrsg.)* Insights, Rn 4.4.560.30.
32 In ED 2010/3 werden versicherungsmathematische Gewinne bzw. Verluste als Bewertungseffekte (*remeasurements*), angesehen und deren generelle Erfassung im OCI vorgesehen, was mit dem geringeren Prognosewert (*predictive value*) solcher (Einmal-)Effekte begründet wird.

V. Leistungen nach Beendigung des Arbeitsverhältnisses

Für den Fall, dass die von den Änderungen betroffenen Anwartschaften bereits unverfallbar (*vested past service costs*) sind, hat die Aufwandserfassung sofort im Ergebnis der Periode der Planänderung zu erfolgen.[33] Noch unverfallbare Anpassungen (*unvested past service costs*) sind dem gegenüber linear über den durchschnittlichen Zeitraum bis zum Erreichen der Unverfallbarkeit zu erfassen (Vgl. IAS 19.96). Im Rahmen des *Annual Improvements Project 2008* hat der IASB klargestellt, dass nachzuverrechnender Dienstzeitaufwand sowohl positiv sein kann, bei nachträglichen Leistungsverbesserungen, als auch negativ, nämlich im Fall der nachträglichen Leistungskürzung für bereits in vergangenen Perioden erbrachte anspruchsrelevante Arbeitsleistungen (Vgl. IAS 19.7).[34]

Erfasste Plankürzungen und Abgeltungen. Werden bspw. im Rahmen von Stilllegungen, Umstrukturierungen oder Geschäftsfeldaufgaben Altersvorsorgepläne so angepasst, dass entweder wesentlich weniger Arbeitnehmer in der Zukunft in den Genuss von Altersvorsorgeleistungen kommen werden oder alle Arbeitnehmer für **zukünftig** erdiente Ansprüche keine oder nur erheblich geringere Leistungen bekommen werden, spricht man von Plankürzungen (*curtailments*). Bei der Abgrenzung von Plankürzungen und negativem nachzuverrechnenden Dienstzeitaufwand ist demzufolge stets darauf abzustellen, ob sich eine Leistungskürzung auf zukünftig zu erdienende oder in bereits der Vergangenheit erdiente Ansprüche bezieht. Im Zusammenhang mit Plankürzungen entstehende Gewinne bzw. Verluste sind zum Zeitpunkt der Wirksamkeit der Kürzung unmittelbar erfolgswirksam zu erfassen, unter Berücksichtigung noch nicht erfasster versicherungsmathematischer Gewinne oder Verluste (Vgl. IAS 19.109).[35]

29

Eine Planabgeltung (*plan settlement*) liegt vor, wenn ein Unternehmen eine Vereinbarung eingeht (im englischen Original wird der Ausdruck *an entity enters into a transaction* verwendet), mit der sämtliche weiteren rechtlichen oder faktischen Verpflichtungen, entweder für einen Teil oder sämtliche der im Rahmen eines leistungsorientierten Planes zugesagten Leistungen abgegolten werden. Dies kann der Fall sein, wenn der/die betroffene(n) Arbeitnehmer im Gegenzug für eine Einmalzahlung auf ihre ursprünglich erdienten Leistungsansprüche verzichten (Vgl. IAS 19.112) oder beim Erwerb von Versicherungspolicen durch das Unternehmen, wenn sich das Unternehmen hierdurch sämtlicher rechtlicher bzw. faktischer Verpflichtungen zur Leistungserbringung entledigt (Vgl. IAS 19.113).[36]

30

IAS 19

---

33 Vgl. *Deloitte (Hrsg)* IFRS Reporting in the UK, 1788.
34 Vgl. IAS Plus Newsletter – Sonderausgabe Mai 2008, 3, abrufbar auf www.iasplus.com.
35 Siehe ebenso das Beispiel zu IAS 19.115.
36 Hierbei ist allerdings im deutschen Kontext stets die gesetzliche Subsidiärhaftung aufgrund § 1 Abs. 1, S. 3 BetrAVG zu beachten.

Gewinne oder Verluste aus Planabgeltungen sind ebenfalls in der Periode erfolgswirksam zu erfassen. Das IFRIC hat in einer Agenda Decision zu IAS 19 klargestellt, dass es sich bei optionalen Einmalzahlungen, die im Rahmen eines leistungsorientierten Plans und nicht im Rahmen einer gesonderten *transaction* wie zB einer Restrukturierung oder einer individuellen Vereinbarung mit dem Arbeitnehmer gewährt werden, nicht um *settlements* i.S.v. IAS 19 handelt. Die Ausübung bzw. Nichtausübung derartiger Wahlrechte zwischen Renten- und Einmalzahlungen stellen nach Ansicht des IFRIC aktuarische Annahmen dar, welche im Rahmen der Bewertung der *defined benefit obligation* zu berücksichtigen sind. Unterschiede zwischen erwarteten und tatsächlich geleisteten Einmalzahlungen sind als versicherungsmathematische Gewinne bzw. Verluste nach der vom Unternehmen gewählten Erfassungsmethode zu bilanzieren.[37]

Es ist zu beachten, dass in der Praxis *curtailments* und *settlements* oftmals gleichzeitig vorkommen, etwa im Fall von Restrukturierungsprogrammen.

31 **Im Zusammenhang mit der Vermögenswertobergrenze von IAS 19.58(b) erfasste Beträge.** Beträge, die sich aus der Saldierung von Pensionsverpflichtung und beizulegendem Zeitwert des Planvermögens zum Bilanzstichtag ergeben, sind ggf. anzupassen, wenn vorhandene Überschüsse oder geleistete Beiträge für das berichtende Unternehmen nicht in Form von Rückerstattungen oder zukünftigen Beitragssenkungen verfügbar sind (Vgl. IAS 19.58(b)). Im Fall eines rechnerischen Überschusses ist der Vermögenswert zu kürzen, im Fall einer Verbindlichkeit ist diese entsprechend zu erhöhen. Die Erfassung derartiger Anpassungen orientiert sich an der Erfassungsmethode für versicherungsmathematische Gewinne und Verluste: Bei Anwendung der Korridormethode erfolgt die Erfassung erfolgswirksam, nutzt das Unternehmen die OCI-Methode, erfolgsneutral (Vgl. IAS 19.61 (g)).

32 **Darstellungswahlrechte für die erfassten Aufwands- und Ertragskomponenten.** Der Standard schreibt enthält keine Vorschriften dazu, in welchen Teilen der Gesamtergebnisrechnung die oben dargestellten Beträge darzustellen sind. Insbesondere kann der Zinsaufwand (ebenso wie der erwartete Ertrag aus Planvermögen) entweder als Teil des operativen Ergebnisses (also im Netto-Personalaufwand) als auch im Zinsergebnis, somit unterhalb des Ergebnisses vor Zinsen und Steuern (EBIT). Somit ermöglicht IAS 19, je nach bilanzpolitischer Zielsetzung, einen nicht unerheblichen Darstellungsspielraum, dadurch ist die zwischenbetriebliche Abschlussvergleichbarkeit stark eingeschränkt.

Das folgende, stark vereinfachte Beispiel verdeutlicht Weise die bestehenden Darstellungswahlrechte.[38]

---

37 Vgl. IFRIC Update Mai 2008, 4.
38 Aus *Walter* Accounting 10/2007, 5.

V. Leistungen nach Beendigung des Arbeitsverhältnisses

Beispiel

Ein Unternehmen verfügt über einen leistungsorientierten betrieblichen Altersvorsorgeplan, für den am Stichtag eine Netto-Verpflichtung i.H.v. 30 T€ ausgewiesen wird. Diese besteht aus der defined benefit obligation i.H.v. 150 T€; saldiert mit Planvermögen von 120 T€. Annahmegemäß beträgt beträgt der laufende Dienstzeitaufwand des Geschäftsjahres 9,3 T€. Als Diskontierungszinssatz nach IAS 19.78 werden 4.6% angenommen, der Zinsaufwand beträgt somit 6,9 T€ (150 T€ x 4,6%). Als Ertrag aus Planvermögen wird 8,5% erwartet, somit liegt der zu erfassende Betrag bei 10,2 T€ (120 T€ x 8,5%).

Es bestehen keine nicht erfassten versicherungsmathematischen Gewinne oder Verluste. Das Unternehmen tätigt weder Rentenleistungen noch Einzahlungen in das Planvermögen.

Demzufolge beträgt der in der Gewinn- und Verlustrechnung zu erfassende Netto-Pensionsaufwand 6 T€ (9,3 plus 6,9 minus 10,2). Diese Komponenten können nun entweder im operativen oder im Finanzergebnis dargestellt werden.

„Operative Darstellung"		„Finanzielle Darstellung"	
	T€		T€
Umsatzerlöse	150	Umsatzerlöse	150
Materialaufwand	-75	Materialaufwand	-75
Personalaufwand (davon Pensionsaufwand 6T€)	-20	Personalaufwand (davon Pensionsaufwand 9,3 T€)	-23,3
Sonstiger Aufwand/Ertrag	5	Sonstiger Aufwand/Ertrag	5
Ergebnis vor Zinsen und Steuern (EBIT)	60	Ergebnis vor Zinsen und Steuern (EBIT)	56,7

Finanzergebnis	-	Finanzergebnis (10,2 T€ Ertrag PV ./. 6,9 T€ Zinsaufwand)	3,3
Ergebnis vor Steuern	60	Ergebnis vor Steuern	60

Die bestehenden Wahlrechte sind in der unten stehenden Abbildung zusammengefasst.

Abbildung: Aufwands- und Ertragserfassung gemäß IAS 19 (aktuell)[39]

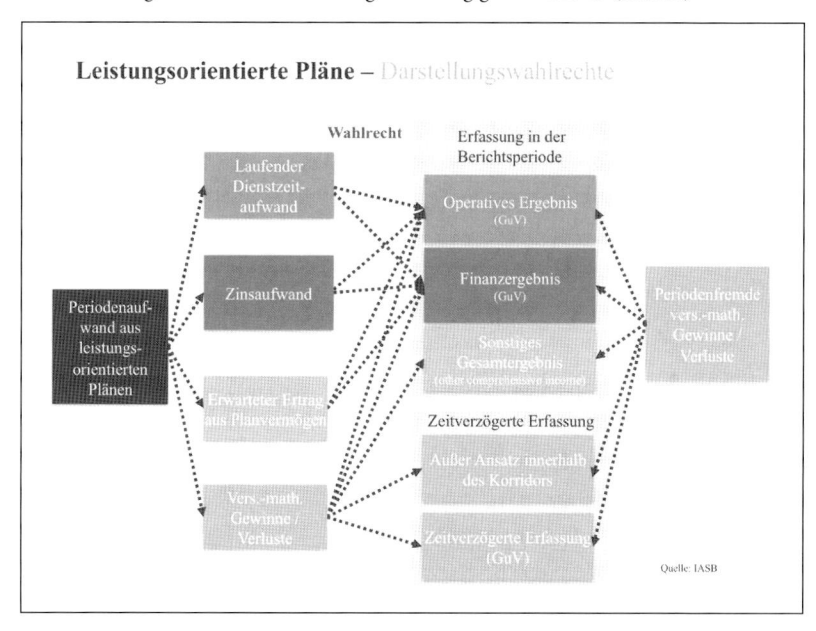

Die Zuordnung erfolgswirksam erfasster versicherungsmathematischer Gewinne / Verluste zum operativen bzw. Finanzergebnis erscheint aufgrund der derzeitigen Regelungsunklarheit möglich. Es sollten aber, je nachdem, ob man Pensionsverpflichtungen als operative Verbindlichkeiten (also solche, die sich aus der Arbeitnehmerleistung im Produktions- bzw. Dienstleistungsprozess ergeben) oder finanzielle Verbindlichkeiten (quasi als „Darlehen" durch den seitens der Arbeitnehmer gewährten

---

[39] Vgl. *IASB (Hrsg.)* Snapshot: Defined Benefit Plans: proposed amendments to IAS 19, 4, verfügbar auf www.ifrs.org.

V. Leistungen nach Beendigung des Arbeitsverhältnisses

langfristigen Zahlungsaufschub) definiert, **sämtliche** erfolgswirksam erfassten versicherungsmathematischen Gewinne entweder der einen oder der anderen Ergebniskomponente zugeordnet werden.

Ein Ausweis bspw. lediglich aus Zinssatzänderungen oder Differenzen von erwartetem und tatsächlichem Planvermögensertrag entstehender Gewinne / Verluste im Finanzergebnis bei gleichzeitiger Erfassung aller anderen Elemente im operativen Ergebnis erscheint nicht sachgerecht: In der Praxis dürfte es kaum unter vertretbarem Aufwand möglich sein, über einen längerfristigen Zeitraum eine exakte Zuordnung einzelner versicherungsmathematischer Gewinne / Verluste durchzuführen bzw. nachzuhalten. Dies gilt insbesondere, wenn bspw. bei Unterschreiten der Korridorgrenze die erfolgswirksame Erfassung versicherungsmathematischer Gewinnen / Verlusten zeitweilig ausgesetzt würde. Ein derartiges Vorgehen würde unserer Ansicht nach die Zielsetzung der Vermittlung relevanter und entscheidungsnützlicher Informationen unterlaufen.

Leistungsorientierte Pläne und Unternehmenszusammenschlüsse. IFRS 3 *Business Combinations* (revised 2008) sieht vor, dass im Rahmen eines Unternehmenszusammenschlusses übernommene Pensionsverpflichtungen sowie korrespondierendes Planvermögen nach der Maßgabe von IAS 19 anzusetzen und zu bewerten sind (Vgl. IFRS 3(2008).26). Es spielt somit im Konzernabschluss des Erwerbers keine Rolle, ob das erworbene Unternehmen, zB durch Anwendung der Korridormethode in seinem bisherigen Einzel- oder Konzernabschluss über nicht erfasste versicherungsmathematische Gewinne bzw. Verluste oder aber durch vor dem Erwerbsstichtag erfolgte Planänderungen entstandene und noch nicht erfasste nachzuverrechnende Dienstzeitaufwendungen verfügt. Im Rahmen der Erstkonsolidierung hat der Erwerber somit die *defined benefit obligation* zu erfassen (Vgl. IAS 19.108), ggf. gekürzt um den beizulegenden Zeitwert bestehenden Planvermögens. Auf Konzernebene werden lediglich nach dem Erwerb anfallende versicherungsmathematische Gewinne oder Verluste nach einer der dafür vorgesehenen Methoden erfasst. Dem gegenüber ändert sich die Bewertung und Erfassung der Pensionsverpflichtung im Einzel- oder Teilkonzernabschluss des erworbenen Unternehmens nicht.[40]

Planvermögen. Vom Unternehmen zur Bedienung von Arbeitnehmeransprüchen aus betrieblichen Altersvorsorgeplänen selbst gehaltene Vermögenswerte (zB Wertpapiere oder flüssige Mittel) sind grundsätzlich im Abschluss separat zu aktivieren und nach den für die jeweiligen Vermögenswertarten geltenden Regeln zu bewerten (z.B. im Falle von Finanzinstrumenten IAS39), da derartige Vermögenswerte bei Insolvenz des Unternehmens in die Insolvenzmasse fallen. IAS 19 sieht jedoch im Fall der externen Ausfinanzierung von Altersvorsorgeverpflichtungen eine Saldierung des

---

[40] Vgl. *Deloitte (Hrsg.)* IFRS Reporting in the UK, 1805.

separierten Vermögens mit der defined benefit obligation vor. Der Standard spricht in diesem Fall von so genanntem Planvermögen (*plan assets*), das grundsätzlich in zwei Klassen eingeteilt ist (Vgl. IAS 19.7):

- Vermögen, das durch einen langfristig ausgelegten Fonds zur Erfüllung von Leistungen an Arbeitnehmer (*long-term employee benefit fund*) gehalten wird; und
- qualifizierte Versicherungspolicen (*qualifying insurance policies*).

Vermögenswerte, welche die nachfolgend dargestellten Kriterien erfüllen, sind zum Bilanzstichtag mit der betrieblichen Altersvorsorgeverpflichtung zu saldieren und mit ihrem beizulegenden Zeitwert (*fair value*) zu bewerten (Vgl. IAS 19.54). An die Anerkennung als Planvermögen werden strenge Maßstäbe angesetzt. Insbesondere müssen derartige Vermögenswerte abschließend dem Zugriff der Unternehmensgläubiger, also auch im Insolvenzfall entzogen sein.

Im Einzelnen hat Vermögen, das durch einen *long-term employee benefit fund* gehalten wird, den folgenden, kumulativ zu erfüllenden Kriterien zu genügen (Vgl. IAS 19.7):

- Die Vermögenswerte müssen von einer rechtlich vom berichtenden Unternehmen unabhängigen, selbständigen Einheit (bspw. einem Fonds) gehalten werden;
- Diese Einheit darf ausschließlich zur Finanzierung und Zahlung der Altersvorsorgeleistungen bestehen;
- Die Vermögenswerte müsen dem Zugriff der Gläubiger des berichtenden Unternehmens entzogen sein, auch im Insolvenzfall; und
- Rückzahlungen an das berichtende Unternehmen müssen ausgeschlossen sein, es sei denn:
  - das verbleibende Vermögen des Fonds reicht aus, um alle Leistungsverpflichtungen gegenüber den vom Pensionsplan erfassten Arbeitnehmer zu erfüllen; oder
  - die Rückzahlung erfolgt für vom Unternehmen bereits gezahlte Leistungen.

Beim Fondsvermögen darf es sich nicht um fällige Forderungen des Fonds gegenüber dem Unternehmen aufgrund ausstehender Beiträge und nicht um vom Unternehmen selbst ausgegebene, nicht übertragbare Finanzinstrumente handeln (zB vinkulierte Namensaktien) (Vgl. IAS 19.103).

Für die Klassifizierung als Planvermögen ist es irrelevant, ob zwischen dem die betriebliche Altersvorsorgezusage erteilenden Unternehmen und dem externen Fonds ein Beherrschungsverhältnis (*control*) i.S.v. IAS 27 *Consolidated and Separate Financial Statements* bzw. SIC-12 *Special Purpose Entities* vorliegt (Vgl. IAS 19.BC67A). Dies könnte bspw. dann bestehen, wenn zwischen dem Vorstand des Unternehmens und den Entscheidungsorganen des Fonds Personenidentität vorliegt. In diesem Fall ist jedoch darauf abzustellen, ob der Vorstand des Fonds bei seinen Entscheidung dem Zweck der Absicherung der Ansprüche der Arbeitnehmer verpflichtet ist bzw. ob

V. Leistungen nach Beendigung des Arbeitsverhältnisses

Transaktionen zwischen Unternehmen und Fonds (bspw. die Gewährung von Darlehen des Fonds an das Unternehmen) einem Drittvergleich standhalten.[41] Der IASB ist der Ansicht, dass die Zweckbindung des Vermögens (ausschließliche Verwendung zur Befriedigung der Pensionsansprüche der Arbeitnehmer) sowie die Auslagerung in eine rechtlich vom Trägerunternehmen unabhängige Einheit die Vermögenswerte weitgehend dem freien unternehmerischen Handeln des Unternehmens entziehen (Vgl. IAS 19.BC68C).

Als qualifizierte Versicherungspolicen gelten Policen (bei denen es sich im Übrigen nicht zwingend um Versicherungsverträge i.S.v. IFRS 4 *Insurance Contracts* handeln muss), welche von einem externen Versicherer erworben wurden. Insbesondere darf es sich beim Versicherer nicht um ein nahe stehendes Unternehmen i.s.v. IAS 24 handeln. Die Leistungen der Versicherung müssen zweckgebunden sein, d.h. an den Versicherer übertragene Mittel dürfen lediglich zur Bedienung der betrieblichen Altersvorsorgeansprüche der Arbeitnehmer verwendet werden. Ebenso wie bei externem Fondsvermögen müssen die Ansprüche aus den Policen den Ansprüchen der Gläubiger des berichtenden Unternehmens insolvenzfest entzogen sein und es muss ein gleichartiges Rückzahlungsverbot bestehen (Vgl. IAS 19.7). In der Praxis lässt sich eine Anerkennung als qualifizierte Versicherungspolice in der Regel durch Verpfändung der Ansprüche aus den Policen an den Arbeitnehmer erreichen.[42] So stellen zB verpfändete Rückdeckungsversicherungen oder von kongruent rückgedeckten Unterstützungskassen gehaltene, verpfändete Versicherungspolicen grundsätzlich *qualifying insurance policies* dar.[43]

Handelt es sich um *qualifying insurance policies*, welche die zugesagten Leistungen betrags- und fälligkeitsmäßig ganz oder teilweise kongruent abdecken, so erlaubt der Standard, als beizulegenden Zeitwert der Versicherungspolicen den Barwert der abgedeckten Verpflichtungen also die *defined benefit obligation* anzunehmen (Vgl. IAS 19.104). Bei einer vollständigen Ausfinanzierung über qualifizierte Versicherungspolicen führt dies zum Ausweis einer Netto-Verpflichtung von Null. Dies entspricht **in der Bilanzdarstellung** einem *defined contribution plan*. Da in Deutschland aufgrund der im BetrAVG festgeschriebenen Subsidiärhaftung des Arbeitgebers allerdings weiterhin eine rechtliche bzw. faktische Nachschussverpflichtung des berichtenden Unternehmens besteht, wenn der Versicherer nicht über ausreichende Mittel zur Befriedigung der fälligen Pensionsansprüche verfügt, liegt auch bei versicherungsförmiger Ausfinanzierung ein leistungsorientierter Plan vor. Die hierfür vorgesehenen Angaben im Anhang können somit nicht umgangen werden. In der Praxis ist darauf zu achten, dass es aufgrund unterschiedlicher zugrundezulegender

---

41 Vgl. IDW RS HFA 2. Tz. 78f, ebenso *Lüdenbach/Hoffmann*, Haufe-Kommentar §22 Rn 22.
42 Vgl. *Thierer* DB 2007, 1093ff, ebenso *Heuser/Theile*, 449.
43 Vgl. *Lüdenbach/Hoffmann*, Haufe-Kommentar, §22 Rn 22 und 63ff.

versicherungsmathematischer Annahmen bzw. gesetzlicher Bestimmungen (zB bei Rückdeckungsversicherungen) mglw. nicht zu einem vollständigen Ausgleich von zugesagter Altersvorsorgeleistung und Versicherungsleistung kommt.

Für den Fall, dass vom Unternehmen erworbene Versicherungspolicen sich nicht als *qualifying insurance policies* eignen (zB mangels Verpfändung an den Arbeitnehmer), so sind die Erstattungsansprüche (*reimbursement rights*) aus den Policen vom Unternehmen als separater Vermögenswert auf der Aktivseite auszuweisen. Von der Bewertung wie auch vom Ertragsausweis werden derartige Policen jedoch wie Planvermögen behandelt (Vgl. IAS 19.104C).

Während sich verpfändete Versicherungspolicen nach herrschender Meinung als Planvermögen eignen, ist umstritten, ob auch andere Vermögenswerte im Wege der Verpfändung Planvermögenscharakter erhalten und sich somit zur Saldierung eignen. So ist es in der Praxis nicht unüblich, das bspw. zur gesetzlich vorgeschriebenen Insolvenzsicherung von Arbeitszeit-Wertkonten und Altersteilzeitverpflichtungen Unternehmen Investmentfondspolicen bei Banken hinterlegen und die hieraus erwachsenden Ansprüche an die betroffenen Arbeitnehmer verpfänden. Bei enger Auslegung des Kriteriums der „rechtlich unabhängigen, selbständigen Einheit" die „ausschließlich zur Finanzierung und Zahlung der Altersvorsorgeverpflichtungen bestehen" darf, würden derartige Policen kein Planvermögen darstellen können, da (konzernexterne) Banken zwar zwar rechtlich unabhängig vom Unternehmen sind[44], in der Regel nicht ausschließlich zur Finanzierung und Zahlung von Altersvorsorgeverpflichtungen bestehen.[45] Demgegenüber kommt es durch die Verpfändung zu einer wirksamen Insolvenzsicherung der betroffenen Vermögenswerte. Ebenso kann argumentiert werden, dass die Fondspolicen bzw. die Depots, in denen diese gehalten werden, wirtschaftlich gesonderte, bilanziell zu betrachtende Einheiten (N.B.: das Englische Original von IAS 19 spricht von entities, nicht aber von legal entities, also Rechtseinheiten) darstellen.[46] Aus diesem Grund können auch verpfändete Investmentfondspolicen oder Fondsanteile Planvermögen i.S.v. IAS 19 darstellen.

36 In Deutschland finden neben Direkt- und Rückdeckungsversicherungen auch Pensions- und Unterstützungskassen, Pensionsfonds neuerdings verstärkt Treuhandkonstruktionen, so genannte „Contractual Trust Arrangements" (CTAs) bei der externen Ausfinanzierung von Ansprüchen aus betrieblicher Altersvorsorge Anwendung. Im Rahmen eines CTA werden in der Regel Vermögenswerte an einen externen Treuhänder (oftmals in der Rechtsform eines eingetragenen Vereins) im Rahmen eines echten Vertrages zu Gunsten Dritter übertragen, wodurch ein so genanntes „doppelseitige Treuhandverhältnis" begründet wird: Gegenüber dem Ar-

---

44 Für den Fall, dass Investmentpolicen von related parties i.S.v. IAS 24 gehalten werden siehe IFRIC Update Januar 2008, 3.
45 Vgl. *Lüdenbach/Hoffmann*, IFRS-Kommentar §22 Rn 63.
46 Dieser Ansicht *Höfer/Meißner*, in DB 2004, 2058.

V. Leistungen nach Beendigung des Arbeitsverhältnisses

beitgeber tritt der Treuhandverein als Verwaltungstreuhänder auf, gegenüber dem Arbeitnehmer als „Sicherungstreuhänder im „Sicherungsfall" (i.d.R. bei Insolvenz des Unternehmens).[47] Nach herrschender Meinung sind CTA-Konstruktionen deutscher Prägung als hinreichend insolvenzfest anzusehen und somit als Planvermögen geeignet, auch wenn eine höchstrichterliche Klärung noch aussteht.[48]

Gemeinschaftliche Pläne mehrerer Arbeitgeber und Konzernpläne. Wenn mehrere Unternehmen, die nicht demselben Konzern angehören, ihre Pensionspläne sowie deren Finanzierung gemeinschaftlich organisieren, spricht man von *multi-employer plans*. Die Bilanzierung derartiger Pläne ist in IAS 19.29-35 geregelt, sie sind nach den allgemeinen Klassifizierungskriterien des Standards entweder als beitragsorientiert oder leistungsorientiert einzustufen (Vgl. IAS 19.29). Bei einer Klassifizierung als leistungsorientierter Plan hat das Unternehmen seinen Anteil an der Verpflichtung sowie am beizulegenden Zeitwert des Planvermögens in seinem Abschluss darzustellen und die nach IAS 19.120A erforderlichen Angaben zu machen, es sei denn, die dafür notwendigen Informationen stehen nicht zur Verfügung (*insufficient information*) (Vgl. IAS 19.29f). Macht ein Unternehmen von dieser Regelung Gebrauch so ist der Plan wie ein beitragsorientierten Plan darzustellen: Es werden lediglich die in der Periode anfallenden Beiträge als Aufwand erfasst bzw. als Herstellungskosten aktiviert.

37

Wenn ein leistungsorientierter „multi-employer" Plan ursprünglich aus Mangel an Informationen wie ein beitragsorientierter Plan bilanziert wird und zum Bilanzstichtag erstmalig ausreichende Informationen zur korrekten Bilanzierung vorliegen, so stellt dies eine Schätzungsänderung i.S.v. IAS 8 dar, keine Änderung von Bilanzierungs- und Bewertungsmethoden. Demzufolge sind entsprechende Anpassungen lediglich prospektiv zu erfassen.[49]

Mit der Überarbeitung von IAS 19 im Dezember 2004 wurde festgelegt, dass ein leistungsorientierter Pensionsplan mehrerer Unternehmen, welche demselben Konzernverbund angehören, kein „multi-employer plan" im Sinne des Standards ist. Derartige Pläne unterliegen als Konzernpläne (*group plans*) gesonderten Vorschriften (Vgl. IAS 19.34f). Besteht eine vertragliche Vereinbarung oder eine Richtlinie zur Weiterbelastung der nach IAS 19 bemessenen Pensionskosten auf die einzelnen Konzernunternehmen, so hat jedes Konzernunternehmen in seinen jeweiligen Kostenanteil im Abschluss zu erfassen. Besteht keine solche Regelung, sind die Gesamtkosten im Abschluss des Konzernunternehmens zu erfassen, welches rechtlicher Träger des Plans ist.

---

47 Vgl. *Sprick/Sartoris*, Bilanzielle Auslagerung von Pensionsverpflichtungen, 199f.
48 Vgl. u.a. *Küppers/Louven/Schröder*, BB 2005, 763ff., ebenso *Passarge*, DB 2005, 2746-2750.
49 Vgl. *Deloitte (Hrsg.)*, IFRS Reporting in the UK, 1745.

38   **VI. Sonstige langfristige Leistungen an Arbeitnehmer.** Sonstige langfristige Leistungen an Arbeitnehmer sind in IAS 19.126-131 geregelt. Hierunter fallen vergütete Abwesenheitszeiten, Jubiläumsgelder, Erwerbsunfähigkeits- und Todesfallleistungen, Gewinn- und Erfolgsbeteiligungen, aufgeschobene Vergütungen, die in mehr als 12 Monaten zur Zahlung fällig werden (Vgl. IAS 19.126). Es gelten dieselben Ansatzvorschriften wie für Leistungen nach Beendigung des Arbeitsverhältnisses, d.h. bei Bestehen einer rechtlichen oder faktischen Verpflichtung seitens des Unternehmens besteht eine Passivierungspflicht dem Grunde nach.

Aufgrund des i.d.R. wesentlich kürzeren Zeithorizonts im Vergleich zu betrieblichen Altersvorsorgeleistungen ist die Bewertung sonstiger langfristiger Leistungen grundsätzlich weniger komplex: Am Bilanzstichtag geschuldete Leistungen sind zum Verpflichtungsbarwert anzusetzen, zur Diskontierung ist ein laufzeit- und währungskongruenter Zinssatz nach IAS 19.78 heranzuziehen für dessen Ermittlung die oben dargestellten Grundsätze gelten. Vom so ermittelten Wert sind zum *fair value* bewertete Vermögenswerte, welche als Planvermögen eingestuft werden abzusetzen (Vgl. IAS 19.128). Die Klassifizierung als Planvermögen folgt den oben dargestellten Grundsätzen. Anders als bei Leistungen aus betrieblicher Altersvorsorge sind versicherungsmathematische Gewinne bzw. Verluste (ebenso wie nachzuverrechnender Dienstzeitaufwand) wegen der wesentlich kürzeren Laufzeiten sofort erfolgswirksam zu erfassen. Wahlrechte, entweder zur Ergebnisglättung per „Korridormethode" oder zur Anwendung der OCI-Methode bestehen nicht (Vgl. IAS 19.129(d)).

Die Erfassung langfristiger Invaliditätsleistungen (*long-term disability benefits*) richtet sich danach, ob die Leistungshöhe von der Verweildauer des Arbeitnehmers im Unternehmen abhängig ist. In diesem Fall erfolgt die Erfassung zeitanteilig, da der Mitarbeiter die höheren Ansprüche durch seiner Arbeitsleistung im Zeitablauf erbringt. Bei der Bewertung sind Annahmen über die Invalidisierungswahrscheinlichkeit zu berücksichtigen, Unterschiede zwischen erwarteten und tatsächlichen Invalidisierungsraten stellen versicherungsmathematische Gewinne bzw. Verluste dar. Der Höhe nach verweildauerunabhängige Leistungen sind in voller Höhe zu dem Zeitpunkt zu erfassen, an dem das die Verpflichtung begründende Ereignis (die Invalidisierung) eintritt (Vgl. IAS 19.130).

39   Dem gegenüber ist die Erfassung von Todesfallleistungen, also Leistungen, welche in dem Falle gezahlt werden, wenn der Arbeitnehmer während des bestehenden Arbeitsverhältnisses stirbt (bspw. Witwen- oder Waisenrenten oder Einmalzahlungen), nicht explizit in IAS 19 geregelt. Aus diesem Grund kam es in der Bilanzierungspraxis zu nicht unerheblichen Divergenzen. In seiner Agenda Decision vom Januar 2008 entschied das IFRIC, dass sich die Erfassung von Todesfallleistungen danach zu richten habe, ob diese

- der Höhe nach verweildauerabhängig sind; und

- ob sie im Rahmen eines leistungsorientierten betrieblichen Altersvorsorgeplans erfolgen.[50]

Verweildauerabhängige Leistungen sind analog IAS 19.130 zeitanteilig bis zum erwarteten Todeszeitpunkt zu erfassen. Erfolgt die Leistung als integraler Bestandteil eines leistungsorientierten Pensionsplans, so besteht für versicherungsmathematische Gewinne bzw. Verluste ein Erfassungswahlrecht gemäß IAS 19.92ff. Anderenfalls (bei sogenannten *stand-alone plans*) sind versicherungsmathematische Gewinne bzw. Verluste sofort erfolgswirksam erfassen.

Der Höhe nach verweildauerunabhängige Leistungen sind nach Ansicht des IFRIC im Falle von *stand-alone-plans* bei Eintritt des die Verpflichtung auslösenden Ereignisses (d.h. bei Tod des Arbeitnehmers) zu erfassen. Todesfallleistungen, die im Rahmen eines leistungsorientierten betrieblichen Altersvorsorgeplans gewährt werden, können bei der Ermittlung der *defined benefit obligation* entweder linear über den Zeitraum bis zum erwarteten Todeszeitpunkt des Mitarbeiters oder aber analog IAS 19.130 als Einmalbetrag im Todeszeitpunkt erfasst werden.[51]

VII. Leistungen aus Anlass der Beendigung des Arbeitsverhältnisses. Die Bilanzierung von Leistungen aus Anlass der Beendigung des Arbeitsverhältnisses (*termination benefits*) ist in IAS 19.132-143 geregelt. Wenn das Unternehmen einen oder mehrere Arbeitnehmer vorzeitig, d.h. vor Eintritt ins Rentenalter freistellt und den/die Arbeitnehmer für den Verlust des Arbeitsplatzes finanziell entschädigt, spricht der Standard von unfreiwilligen Abfindungsleistungen (*involuntary termination benefits*). Wenn Arbeitnehmer ein Angebot zum freiwilligen Arbeitsplatzverzicht im Gegenzug für finanzielle Entschädigung erhalten, handelt es sich um freiwillige Abfindungsleistungen (*voluntary termination benefits*)(Vgl. IAS 19.7). Unter dem Begriff *termination benefits* werden sowohl Einmalzahlungen und verbesserte Altersvorsorgeleistungen subsumiert wie auch Lohnfortzahlungen bei Arbeitsfreistellung (Vgl. IAS 19.135).

40

Für Leistungen aus Anlass der Beendigung des Arbeitsverhältnisses besteht eine Passivierungspflicht dem Grunde nach. Die Verpflichtung ist in voller Höhe zu erfassen, da der Leistung des Unternehmens (Abfindungszahlung) keine zukünftig zu erbringende Arbeitsleistung des Arbeitnehmers gegenübersteht (Vgl. IAS 19.137). Die Gegenbuchung findet erfolgswirksam statt, die Erfassung erfolgt ab dem Zeitpunkt, zu dem das Unternehmen zur Zahlung der vereinbarten Abfindungsleistung nachweislich verpflichtet (*demonstrably committed*) ist (Vgl. IAS 19.133). Für das Vorliegen einer solchen nachweislichen Verpflichtung müssen die folgenden Kriterien erfüllt sein (Vgl. IAS 19.134):

---
50 Vgl. IFRIC Update Januar 2008, 3.
51 Vgl. *Deloitte (Hrsg.)* IFRS Reporting in the UK, 1816. Zur Bilanzierung siehe auch *KPMG (Hrsg.)* Insights, Rn 4.4.1000.10 sowie *E&Y (Hrsg.)* International GAAP, 1959ff.

- Das Unternehmen hat einen detaillierten formalen Plan und hat keine realistische Möglichkeit, sich dem zu entziehen.
- Der detaillierte formale Plan muss wenigstens folgende Angaben enthalten:
  - Standort, Funktion und ungefähre Anzahl der Arbeitnehmer, deren Arbeitsverhältnis beendet werden soll,
  - die Leistungen aus Anlass der Beendigung des Arbeitsverhältnisses, die für jede Arbeitsplatzkategorie oder Funktion vorgesehen sind,
  - den Zeitpunkt der Umsetzung des Plans. Die Umsetzung hat so schnell wie möglich zu beginnen, und die Zeitspanne bis zur vollständig erfolgten Durchführung ist so zu bemessen, dass wesentliche Planänderungen unwahrscheinlich sind.

Analog den Ansatzkriterien für Restrukturierungsrückstellungen (*restructuring provisions*) in IAS 37 ist für das Vorliegen einer nachweislichen Verpflichtung die Kommunikation des Plans an die betroffenen Mitarbeiter bzw. deren Vertreter (zB den Betriebsrat) erforderlich.

Die Bewertung von Abfindungsleistungen erfolgt grundsätzlich zum Erfüllungsbetrag. Für Leistungen, bei denen die tatsächliche Auszahlung in mehr als 12 Monaten nach dem Bilanzstichtag fällig wird, hat zwingend ein Ansatz zum Barwert zu erfolgen. Die Diskontierung erfolgt mit einem laufzeit- und währungskongruenten Stichtags-Kapitalmarktzinssatz gemäß IAS 19.78 (Vgl. IAS 19.139), zu dessen Ermittlung gelten die in Abschnitt V. dargelegten Grundsätze. Wenn das berichtende Unternehmen mehreren Arbeitnehmern ein Angebot zum freiwilligen vorzeitigen Ausscheiden unterbreitet, so ist die Erwartung über die Anzahl der Arbeitnehmer, die dieses Angebot voraussichtlich annehmen werden, bei der Bewertung zu berücksichtigen (Vgl. IAS 19.140).

41 Die Bewertung von Abfindungsleistungen ist in der Regel wenig komplex. Eine Besonderheit stellen jedoch die in Deutschland anzutreffenden Altersteilzeitvereinbarungen (ATZ) dar. Derartige Regelungen bestehen seit 1996 entweder in gesetzlicher oder tarifvertraglicher Form,[52] Arbeitnehmern ab dem 55. Lebensjahr soll auf diesem Wege ein gleitender Übergang in den Ruhestand und den Unternehmen die Verjüngung ihrer Belegschaften ermöglicht werden. Es handelt sich primär um eine konjunkturpolitische Maßnahme, durch die im Gegenzug zum Ausscheiden älterer Arbeitnehmer durch – ursprünglich finanziell geförderte – Einstellung jüngerer und arbeitsloser Menschen eine Belebung des Arbeitsmarktes erreicht werden soll. Im Rahmen des in der Praxis vorherrschenden, so genannten Blockmodells leistet der Arbeitnehmer während einer ersten Phase des ATZ-Verhältnisses (i.d.R. zwischen zwei und drei Jahren) 100 % seiner vertraglich festgelegten Arbeitszeit (Beschäftigungsphase). Hieran schließt sich eine zweite, ebenso lange Phase an, während der

---

[52] Vgl. Lüdenbach/Hoffmann, Haufe-Kommentar, §22 Rn 84.

der Arbeitnehmer vom Unternehmen bis zum eigentlichen Renteneintritt freigestellt (Freistellungsphase). Über die Dauer des gesamten ATZ-Verhältnisses erhält der Arbeitnehmer zwischen 70 und 80% seines ursprünglichen Gehalts. Somit besteht das ATZ-Gehalt rechtlich und bilanziell aus zwei getrennt zu betrachtenden Bestandteilen:
- einem Arbeitsentgelt, das über die gesamten sechs Jahre 50 % eines Vollzeitentgeltes entspricht und durch die Erbringung der vollen Arbeitsleistung während der Beschäftigungsphase für die Freistellungsphase „erdient" wird und
- einer „Aufstockung" als Anreiz zur Aufgabe des Arbeitsplatzes in Höhe des Differenzbetrags (20-30 % p.a.), die ebenfalls über die gesamte Dauer des ATZ-Verhältnisses gezahlt wird.

Die Verpflichtung des Arbeitgebers zur Zahlung des hälftigen Entgeltes während der Freistellungsphase stellt einen regulären Gehaltsbestandteil dar und ist nach den Regeln für sonstige langfristige Leistungen über die Arbeitsphase zu erfassen, da aus Sicht des Arbeitgebers in Höhe des noch nicht entlohnten Anteils ein Erfüllungsrückstand entsteht. Dieser ist als Verbindlichkeitsrückstellung anteilig zum Barwert zu erfassen.[53]

Der Anspruch des Arbeitnehmers auf die Aufstockungsleistungen stellt dem gegenüber nach IAS 19 eine Abfindungsleistung dar. Der Anspruch hierauf entsteht mit Unterzeichnung des ATZ-Vertrags durch den Arbeitnehmer. Wenn ein Unternehmen individuelle ATZ-Vereinbarungen mit einzelnen Mitarbeitern abschließt, so ist der gesamte Aufstockungsbetrag beim Abschluss des entsprechenden Einzelvertrags zurückzustellen. Vielfach bestehen in der Praxis tarifvertragliche oder auf Betriebsvereinbarungen fußende Regelungen, in denen Höchstgrenzen potenziell anspruchsberechtigter Belegschaftsmitglieder festgelegt werden. Wie oben erläutert, sind die Erwartungen des Unternehmens über die Anzahl der Arbeitnehmer, die das Angebot auf Abschluss eines ATZ-Vertrages annehmen, bei der Bewertung der Aufstockungsverpflichtung zu berücksichtigen, da aus Sicht des Unternehmens durch den Abschluss des Tarifvertrags/der Betriebsvereinbarung ein *demonstrable commitment* zur Zahlung der Aufstockungsleistungen entsteht.

VIII. Leistungen an Arbeitnehmer bei der Umstellung auf IFRS. Bei der Umstellung auf IFRS sieht IFRS 1.18 i.V.m. IFRS 1.Appendix D11-12 ein Wahlrecht bei der Bilanzierung leistungsorientierter Verpflichtungen aus betrieblicher Altersvorsorge vor. Bei der Erstellung der nach IFRS 1 erforderlichen Eröffnungsbilanz steht es Unternehmen frei, einen möglichen Differenzbetrag zwischen der nach den bisherigen Rechnungslegungsvorschriften ermittelten Pensionsverpflichtung und der zum Umstellungszeitpunkt nach IAS 19 bewerteten *defined benefit obligation* als versicherungsmathematischen Gewinn oder Verlust gegen die Gewinnrücklagen zu erfassen.

---

53 Vgl. IDW RS HFA 3, Tz.16 unter Verweis auf IAS 37.10 i.V.m. IAS 37.14.

Bei einer vollständig rückwirkenden Bewertung nach IAS 19 müsste ein umstellendes Unternehmen jeden bestehenden Pensionsplan für jeden Bilanzstichtag seit seinem Inkrafttreten und somit auch die (ggf. durch die Korridormethode amortisierten) versicherungsmathematischen Gewinne und Verluste neu berechnen. Da dies in der Regel mit erheblichen Kosten verbunden ist, hat der IASB auf eine verpflichtende rückwirkende Anwendung von IAS 19 verzichtet. Die Anwendung der Korridormethode nach der IFRS-Umstellung steht den Unternehmen jedoch frei.

In Deutschland kann es bei der Umstellung auf IFRS zum Teil zu erheblichen Unterschieden kommen, da unter IAS 19 für sämtliche Pensionsverpflichtungen eine Passivierungspflicht dem Grunde nach besteht. Dies gilt auch für nach handelsrechtlichen Vorschriften als „mittelbar" klassifizierte Verpflichtungen (also über Pensionsfonds, Pensionskassen oder Direktversicherungen ausfinanzierte Pensionspläne) und für vor dem 1. Januar 1987 erteilte Zusagen (so genannte „Altzusagen"). Ein Passivierungswahlrecht wie im HGB ist unter IFRS nicht vorgesehen.[54]

Unterschiede können sich aber auch im Rahmen der Bewertung ergeben. Zwar sieht das Bilanzrechts-Modernisierungsgesetz (BilMoG) die Anwendung der *projected unit credit method* als mögliches Bewertungsverfahren vor und schreibt die Berücksichtigung zukünftiger Gehalts- und Kostensteigerungen vor. Andererseits weicht der nach BilMoG zur Diskontierung von Pensionsverpflichtungen vorgesehene (Durchschnitts-) Kapitalmarktzinssatz in der Regel signifikant von dem nach IAS 19.78 zu nutzenden (Stichtags-) Zinssatz ab.[55] Hieraus können sich unter Umständen wesentliche Unterschiede bei der IFRS-Umstellung ergeben.[56]

43 **IX. Ausweis und Angaben.** Für kurzfristige Leistungen an Arbeitnehmer sind keine besonderen Angabepflichten vorgesehen. Gemäß IAS 1 *Presentation of Financial Statements* sind allerdings allgemeine Angaben über Leistungen an Arbeitnehmer zu machen. Darüber hinaus schreibt IAS 24 *Related Party Disclosures* Angaben bezüglich derartiger Leistungen an Mitglieder der Geschäftsleitung vor (Vgl. IAS 19.23).

44 Bei beitragsorientierten Plänen für Leistungen nach Beendigung des Arbeitsverhältnisses ist lediglich der hierfür als Aufwand erfasste Betrag im Abschluss anzugeben. Angaben über Beiträge im Rahmen von *defined contribution plans* für Mitglieder der Geschäftsleitung können ggf. gemäß IAS 24 erforderlich sein (Vgl. IAS 19.46f).

45 Für leistungsorientierte Pläne sieht der Standard **im Wesentlichen** folgende Angaben vor (Vgl. IAS 19.120):
- die Methode zur Erfassung versicherungsmathematischer Gewinne und Verluste,
- eine allgemeine Beschreibung der Art des Plans,

---

54 Siehe auch *Lüdenbach/Hoffmann* Haufe-Kommentar, §22 Rn 5.
55 Zum 30. September 2010 betrug der handelsrechtliche Diskontierungszinssatz je nach Fristigkeit zwischen 4,9% und 5,3% während die entsprechenden Werte nach IFRS zwischen 3,8% und 4,8% lagen (diverse Quellen).
56 Vgl. *Walter* Accounting 10/2007, 3ff.

IX. Ausweis und Angaben

- eine Überleitungsrechnung der Eröffnungs- und Schlusssalden des Barwertes der leistungsorientierten Verpflichtung, aufgeschlüsselt in die einzelnen Aufwands-, Ertrags- und Liquiditätskomponenten,
- eine Aufteilung der Verpflichtung in fondsfinanzierte und nicht fondsfinanzierte Beträge,
- eine Überleitungsrechnung der Eröffnungs- und Schlusssalden des beizulegenden Zeitwerts des Planvermögens, aufgeschlüsselt in die einzelnen Aufwands-, Ertrags- und Liquiditätskomponenten,
- eine Überleitungsrechnung des Barwertes der Verpflichtung und des beizulegenden Zeitwertes des Planvermögens zu den in der Bilanz angesetzten Werten,
- die gesamten ergebniswirksam erfassten Aufwendungen inklusive der Posten, unter denen diese erfasst wurden,
- eine Aufgliederung der bei Anwendung der OCI-Methode erfolgsneutral erfassten Beträge,
- eine Aufgliederung der wesentlichen Bestandteile des Planvermögens, insbesondere an Eigenkapital- und Schuldtiteln, Immobilien und anderen Vermögenswerten, sowie vom Unternehmen selbst emittierter Finanzinstrumente und vom Unternehmen genutzter Immobilien des Planvermögens,
- die dem erwarteten Ertrag aus Planvermögen zugrundeliegenden Annahmen,
- die wichtigsten versicherungsmathematischen Annahmen: Diskontierungszinssatz, erwartete Erträge aus Planvermögen, Lohn- Gehalts- und Versorgungskostentrends,
- eine Sensitivitätsanalyse für Kostentrends der medizinischen Versorgung,
- Ein Fünfjahresvergleich über die Entwicklung der Verpflichtung und des Planvermögens sowie über erfahrungsbedingte Anpassungen (versicherungsmathematische Gewinne- oder Verluste).

Bei leistungsorientierten *multi-employer plans*, die aufgrund unzureichender Informationen als beitragsorientierte Pläne dargestellt werden, ist die Tatsache anzugeben, dass es sich um einen leistungsorientierten Plan handelt, ebenso ist zu begründen, warum die zur Erfassung als leistungsorientierter Plan notwendigen Informationen nicht zur Verfügung stehen, sowie Angaben dazu zu machen wie sich ein bestehender Überschuss/ein bestehendes Defizit auf zukünftige Beiträge auswirken wird (Vgl. IAS 19.30). Ebenso sind Angaben zu Eventualverpflichtungen nach IAS 37 zu machen, wenn das Unternehmen zB versicherungsmathematischen Verlusten ausgesetzt ist oder für Verpflichtungen anderer Arbeitgeber Risiken aus Nachschussverpflichtungen bestehen (Vgl. IAS 19.32B).

Die Teilnahme an Konzernplänen (*group plans*) stellt für die betroffenen Unternehmen eine *related party transaction* i.S.v. IAS 24 dar. Wenn an einem Konzernplan beteiligte Unternehmen zur Aufstellung eines IFRS-Einzelabschlusses verpflichtet sind, haben sie in diesem Angaben zu bestehenden Konzernumlageregelungen sowie zu Art und Umfang des Plans zu machen. Bei leistungsorientierten Plänen besteht eine Reihe von Befreiungen von den ansonsten gemäß IAS 19.120A erforderlichen Angabepflichten (Vgl. IAS 19.34B).

48 Für sonstige langfristige Leistungen gelten die allgemeinen Angabevorschriften, zuzüglich möglicher Angaben für Leistungen an Mitglieder der Geschäftsleitung nach IAS 24 und IAS 1 bei Wesentlichkeit der entsprechenden Beträge (Vgl. IAS 19.131). Dies trifft grundsätzlich auch für Abfindungsleistungen zu. Im Zusammenhang mit Abfindungsleistungen sind jedoch ggf. zusätzliche Angaben gemäß IAS 37 zu Eventualverbindlichkeiten zu machen, zB wenn am Bilanzstichtag Unsicherheit darüber besteht, wie viele Mitarbeiter ein Angebot auf Abfindung annehmen werden (Vgl. IAS 19.141-143).

49 **X. Inkrafttreten und Übergangsvorschriften.** Die Übergangs[57]- und Erstanwendungsvorschriften des Standards sind in IAS 19.153-161 geregelt. Die wesentlichen Vorschriften von IAS 19 waren erstmalig für am oder nach dem 1. Januar 1999 beginnende Geschäftsjahre anwendbar. Die im Jahr 2000 verabschiedete Änderung des Planvermögensbegriff ebenso wie die damit verbundenen Erfassungs- und Angabevorschriften für Erstattungsansprüche waren erstmalig für am oder nach dem 1. Januar 2001 anwendbar, die aufgrund der Einfügung der OCI-Methode durchgeführten Änderungen für am oder nach dem 16. Dezember 2004 beginnende Geschäftsjahre. Die Änderungen zu multi-employer plans sowie die geänderten Angabevorschriften von IAS 19.120-121 waren erstmalig ab 2006 anwendbar, während die Änderungen, die durch das Annual Improvement Project vom Mai 2008 eingefügt wurden, für am oder nach dem 1. Januar 2009 beginnende Geschäftsjahre erstmalig Anwendung finden. In Übereinstimmung mit IAS 8 sind diese Änderungen grundsätzlich rückwirkend, also durch Anpassung der entsprechenden Vorjahresbeträge abzubilden (Vgl. IAS 19.160f). Der Standard in seiner aktuellen Form ist von der Europäischen Kommission zur Anwendung in der Europäischen Union freigegeben.

IFRIC 14 ist für am oder nach dem 1. Januar 2008 beginnende Geschäftsjahre verpflichtend anzuwenden. Eine frühere Anwendung wird empfohlen. Die Europäische Kommission hat IFRIC 14 im Dezember 2008 zur Anwendung in der Europäischen Union freigegeben, allerdings erst für nach dem 31. Dezember 2008 beginnende Geschäftsjahre, somit ist die verpflichtende Anwendung von IFRIC 14 für nach den in der Europäischen Union freigegebenen IFRS um ein Jahr hinausgezögert. Unternehmen, die ihre Abschlüsse nach diesen Regeln aufstellen, können somit in der nach IAS 1 geforderten Übereinstimmungserklärung keine Übereinstimmung mit den vom IASB herausgegebenen IFRS beanspruchen, wenn die erstmalige Anwendung

---

57 Auf die Übergangsvorschriften wird an dieser Stelle nicht näher eingegangen, da sie sich im Wesentlichen auf die erstmalige Anwendung von IAS 19(1998) im Vergleich zur Vorgängerfassung des Standards sowie die hieraus entstehenden bilanziellen Konsequenzen beziehen.

von IFRIC 14 wesentliche Auswirkungen auf den Abschluss hat. Die Regelungen zur Bilanzierung von Vorauszahlungen im Rahmen von Mindestdotierungsvorschriften sind erstmalig für am oder nach dem 1. Januar 2011 beginnende Geschäftsjahre anzuwenden. Eine frühere Anwendung ist aufgrund der erfolgten Freigabe durch die Europäische Kommission auch für nach EU-endorsed IFRS berichtende Unternehmen möglich.[58]

XI. IFRS für kleine und mittelgroße Unternehmen. Im IFRS-SMEs ist die Bilanzierung von Leistungen an Arbeitnehmer in *Section 28* geregelt. Anteilsbasierte Vergütungen sind ebenso aus dem Anwendungsbereich dieses Abschnitts ausgeschlossen wie unter IAS 19 (Siehe Abschnitt I dieses Kapitels). Die Aufteilung der geregelten Leistungsarten erfolgt analog IAS 19 in kurzfristige Leistungen (Vgl. IFRS-SMEs Abschnitt 28.4), Leistungen nach Beendigung des Arbeitsverhältnisses (Vgl. IFRS-SMEs Abschnitt 28.9), sonstige langfristige Leistungen (Vgl. IFRS SMEs 28.29) sowie Abfindungsleistungen (Vgl. IFRS-SMEs Abschnitt 28.31).

50

Kurzfristige Leistungen sind grundsätzlich zum Nominalwert (also undiskontiert) zu erfassen. Ansammelbare Ansprüche werden über die Periode der Leistungserdienung, nicht ansammelbaren Ansprüchen bei tatsächlicher Inanspruchnahme durch den Arbeitnehmer erfasst (Vgl. IFRS-SMEs Abschnitt 28.6f). Gewinnbeteiligungen und Boni sind bei Vorliegen einer rechtlichen oder faktischen Verpflichtung zu erfassen, wenn der Betrag verlässlich bestimmbar ist (Vgl. IFRS-SMEs Abschnitt 28.8).

Die Unterscheidung in beitrags- bzw. leistungsorientierte Pläne betrieblicher Altersvorsorge erfolgt ebenfalls analog IAS 19. Aufwendungen aus beitragsorientierten Plänen werden bei Zahlung bzw. Fälligkeit der entsprechenden Beiträge erfasst. Der Ansatz leistungsorientierter Verpflichtungen folgt dem Grundsatz der Netto-Bilanzierung: Der versicherungsmathematische Barwert ist mit dem beizulegenden Zeitwert vorhandenen Planvermögens zu saldieren. Sämtliche Änderungen dieser Größen sind in der Periode ihrer Entstehung zu erfassen. Anders als unter IAS 19 ist die „Korridor-Methode" zur Erfassung versicherungsmathematischer Gewinne bzw. Verluste im IFRS SMEs nicht zulässig. Es besteht lediglich ein Wahlrecht, zur erfolgswirksamen bzw. erfolgsneutralen Vollerfassung in der Periode (Vgl. IFRS-SMEs Abschnitt 28.24(a) und (b)). Sämtlicher Dienstzeitaufwand, einschließlich noch unverfallbarer Elemente, ist ebenfalls sofort zu erfassen. Die Bewertung leistungsorientierter Verpflichtungen hat gemäß IFRS-SMEs nur dann mithilfe der *projected unit credit method* zu erfolgen, wenn dies ohne übermäßige Kosten und Aufwand (*without undue cost or effort*) möglich ist. Anderenfalls sind bestimmte Vereinfachungen (wie die Vernachlässigung zukünftiger Gehaltssteigerungen und zukünftiger Leistungserbringung durch aktive Arbeitnehmer sowie vereinfachte Sterblichkeitsannahmen

---

58 Der jeweils aktuelle Stand des „Endorsement"-Prozesses ist auf www.efrag.org abrufbar.

während der aktiven Arbeitszeit) möglich (Vgl. IFRS-SMEs Abschnitt 28.18ff). Bei der Wahl des Diskontierungszinssatzes übernimmt der IFRS-SMEs die Regelungen von IAS 19: Entweder ist ein Stichtagsmarktzins laufzeit- und währungskongruenter festverzinslicher Unternehmensanleihen erstrangiger Bonität zu verwenden oder (falls kein liquider Markt für derartige Investments vorhanden ist) der Stichtagszinssatz entsprechender Staatsanleihen. Einführungen betrieblicher Altersvorsorgepläne sind ebenso wie sämtliche positiven bzw. negativen Planänderungen in der jeweiligen Periode erfolgswirksam zu erfassen (Vgl. IFRS-SMEs Abschnitt 28.21). Somit greift der IFRS-SMEs bei zahlreichen Aspekten der Bewertung und Darstellung leistungsorientierter Verpflichtungen den Vorschlägen zur Änderung von IAS 19 im Rahmen des IASB-Projekts *Employee Benefits* zur Weiterentwicklung der Pensionsbilanzierung vor.

Die Regelungen zur Bilanzierung sonstiger langfristiger Leistungen sind im Wesentlichen mit denen von IAS 19 vergleichbar. Allerdings besteht, anders als unter IAS 19, ein Wahlrecht zur erfolgswirksamen bzw. erfolgsneutralen Vollerfassung versicherungsmathematischer Gewinne bzw. Verluste aus sonstigen langfristigen Leistungen (Vgl. IFRS-SMEs Abschnitt 28.30 i.V.m. IFRS-SMEs Abschnitt 28.23). Auch die Erfassung von Abfindungsleistungen erfolgt im Wesentlichen analog den in IAS 19 vorgegebenen Grundsätzen.

51 **XII. Ausblick.** Seit der Einführung der ersten Standards zur Bilanzierung betrieblicher Altersvorsorgeleistungen sind die dort niedergelegten Regelungen umstritten. Ein immer wiederkehrender Streitpunkt war und ist hierbei die Abbildung leistungsorientierter Pensionspläne. Während von Erstellern stets argumentiert wurde, dass eine Stichtagsbetrachtung und eine damit einhergehende sofortige Erfassung sämtlicher Veränderungen von Verpflichtung und Planvermögen (insbesondere versicherungsmathematischer Gewinne und Verluste) in Bilanz und Ergebnisrechnung dem langfristigen Finanzierungscharakter solcher Leistungen widersprächen, haben sowohl der IASB als auch der FASB, aber auch viele Analysten stets ihre Präferenz für eine solche Betrachtung betont (Vgl. IAS 19.BC2).

Insbesondere die Möglichkeit, Schätzungenauigkeiten (versicherungsmathematische Gewinne/Verluste) entweder ganz außer Ansatz zu lassen oder aber über einen im Zweifel sehr langen Zeitraum zu strecken, war den Standardsetzern ein Dorn im Auge, da ihrer Ansicht nach auf diese Weise die Bilanz als *primary financial statement* nicht den tatsächlichen Verpflichtungsumfang abbildet und somit dem Ziel der Vermittlung entscheidungsnützlicher Informationen nicht gerecht wird. Insbesondere der von den Unternehmen ins Feld geführte mittel- bis langfristige Ausgleich versicherungsmathematischer Gewinne und Verluste hat sich als nicht zwingend erwiesen.[59]

---

59 Vgl. *Berger/Walter* DB 2008, 1278.

XII. Ausblick

Zudem erschweren bestehende Darstellungswahlrechte (Vgl. Abschnitt V) die zwischenbetriebliche Abschlussvergleichbarkeit. Bisher führte allerdings jeder Versuch, die Bilanzierung betrieblicher Altersvorsorgeleistungen zu reformieren, zu Kompromisslösungen, stets unter Beibehaltung der Option zur zeitverzögerten Erfassung von Teilen der pensionsbezogenen Aufwands- bzw. Ertragskomponenten.[60]

52 Um diese Kritikpunkte zu adressieren, hat der IASB im Jahr 2006 ein in zwei Phasen angelegtes Projekt zur grundlegenden Überarbeitung der Vorschriften bzgl. der Rechnungslegung von Altersvorsorgeplänen ins Leben gerufen. Ursprünglich ausgegebenes Ziel der bis 2011 geplanten ersten Phase war die kurzfristige Verbesserung der pensionsbezogenen Abschlussinformationen. Dies sollte erreicht werden durch

- die Abschaffung der Korridormethode;
- eine Neuausrichtung der Klassifikationsgrundsätze für Pensionszusagen.

Durch die Abschaffung der Korridormethode beabsichtigt der Board, die vom ihm favorisierte Stichtagsbetrachtung umzusetzen. In der Bilanz erfasste Vermögenswerte bzw. Verbindlichkeiten sollten den im Rahmenkonzept festgelegten Kriterien genügen: Insbesondere die Korridormethode ermöglicht es, trotz finanzieller Unterdeckung (underfunding) einen rein mathematischen Überschuss in der Bilanz zu aktivieren, auch wenn dieser keinen Vermögenswert im Sinne der IFRS darstellt.

Ebenso beabsichtigte der IASB, als schwierig (*troublesome*) identifizierte Pensionspläne sachgerechter darzustellen. In den vergangenen Jahrzehnten waren Unternehmen dazu übergegangen, bilanzielle und finanzielle Risiken aus Pensionszusagen zu minimieren, einerseits durch die Schließung klassischer *defined benefit plans*, andererseits durch komplexere Modelle wie Karrieredurchschnittspläne (Career-average plans), Investitionspläne mit oder ohne fester Verzinsung (Cash-Balance-Pläne) oder Festrentenzusagen. Aufgrund der dichotomen Klassifizierungsregeln von IAS 19 sind derartige Pläne jedoch mehrheitlich als *defined benefit plans* auszuweisen und zu bewerten.[61]

53 Nachdem sich der IASB auf sein im März 2008 veröffentlichtes Diskussionspapier Preliminary Views on Amendments to IAS 19 Employee Benefits, insbesondere auf seine Vorschläge zur Neuabgrenzung von Pensionszusagen mehrheitlicher Kritik ausgesetzt sah,[62] hat man das Projekt in der Folge auf leistungsorientierte Pensionspläne beschränkt. Eine grundlegende Überarbeitung von Klassifizierung und Bewertung betrieblicher Altersvorsorgepläne ist aktuell für die Zeit nach 2011 geplant. Im April 2010 veröffentlichte der IASB einen Standardentwurf ED 2010/3 *Defined Benefit*

---

60 Für eine Übersicht dieser Entwicklung siehe PwC 2010, Pensions and OPEB and OPEB accounting: A study of the IASB's proposal, 8.
61 Vgl. *Berger/Walter* DB 2008, 1277ff.
62 Vgl. *Berger/Walter* WPg 2009, 906ff.

Plans: Proposed Amendments to IAS 19 mit dem Ziel der kurzfristigen Transparenz- und Vergleichbarkeitsverbesserung pensionsbezogener Abschlussinformationen.[63] Kernpunkte dieses Entwurfs sind:

- die Abschaffung der Wahlrechte zur zeitverzögerten Erfassung bestimmter Veränderungen von leistungsorientierter Verpflichtung und Planvermögen (Korridor-Methode) und Erfassung sämtlicher Komponenten in der Periode ihrer Entstehung;
- die verpflichtende Aufteilung (Disaggregation) der Aufwands- und Ertragskomponenten in erfolgswirksam und erfolgsneutral zu erfassende Bestandteile;
- erweiterte risikoorientierte Angabevorschriften; sowie
- die Änderung der Definitionen: Zusammenfassung von Leistungen nach Beendigung des Arbeitsverhältnisses (*post-employment benefits*) und sonstigen langfristigen Leistungen (*other long-term employee benefits*) in eine Kategorie „Langfristige Leistungen an Arbeitnehmer (*long-term employee benefits*).

In der Bilanz wäre somit zum Stichtag der tatsächliche Erfüllungsrückstand/-überhang auszuweisen, welcher bislang oftmals nur aus dem Anhang ersichtlich war. Während die aktuelle Fassung von IAS 19, wie eingangs beschrieben, einem *income statement approach* folgt, führt der IASB die mit der Einführung der OCI-Methode begonnene Hinwendung zu einem *balance sheet approach* fort. Darüber hinaus sieht der Entwurf zur Darstellung der pensionsbezogenen Aufwands- und Ertragskomponenten folgende Aufteilung (Disaggregation) vor (Vgl. ED 2010/3.119A):

- **Dienstzeitaufwand** (*service costs*), der in der aktuellen Berichtsperiode erdiente Pensionsanspruch, ebenso **Gewinne/Verluste aus Plankürzungen** (*curtailment gains/losses*).

Darstellung: Erfolgswirksame Erfassung im **operativen Ergebnis** (Personalaufwand)
- **Netto-Zinsergebnis aus der Netto-Pensionsverpflichtung bzw. des Netto-Pensionsvermögens** (*net interest on the net defined benefit liability [asset]*), also der Aufwand bzw. Ertrag aus der Verzinsung des Saldos aus versicherungsmathematischem Verpflichtungsbarwert abzüglich des beizulegenden Zeitwerts vorhandenen Planvermögens mit dem Zinssatz nach IAS 19.78.

Darstellung: Erfolgswirksame Erfassung im **Finanzergebnis** (Zinsaufwand/-ertrag).
- **Bewertungseffekte** (*remeasurements*) der Netto-Pensionsverpflichtung bzw. des Netto-Pensionsvermögens (versicherungsmathematischer Gewinne bzw. Verluste, aber auch außerordentlicher Planabgeltungen (*non-routine settlements*) während der Berichtsperiode.

Darstellung: Erfolgsneutrale (Nachsteuer-) Erfassung im *other comprehensive income*.

---

63 Vgl. Presseerklärung des IASB vom 29.4.2010, erhältlich auf www.iasb.org.

XII. Ausblick

Von dieser Vereinheitlichung erhofft sich der IASB zusätzliche Transparenz der im Abschluss enthaltenen Informationen und insofern eine Verbesserung der Entscheidungsnützlichkeit (*decision usefulness*). Hatte der Board zunächst noch die im Diskussionspapier vorgeschlagene Erfassung sämtlicher Komponenten in der Gewinn- und Verlustrechnung (*all-through-profit-or-loss-approach*) favorisiert[64], so wurde dieser Ansatz in ED 2010/3 fallengelassen. Als Gründe hierfür kommen einerseits die fast einhellige Ablehnung dieses Ansatzes im Rahmen der Kommentierungsphase in Betracht,[65] andererseits die unterschiedlichen Prognosewerte (*predictive values*) der individuellen Aufwands- bzw. Ertragskomponenten: Dienstzeitaufwand und Zinsaufwand/-ertrag sind grundsätzlich wiederkehrende Komponenten (*recurring items*) mit operativem bzw. finanziellem Charakter (aus der originären Leistung an den Mitarbeiter im Gegenzug für dessen Arbeitsleistung sowie aus der langfristigen Finanzierung der tatsächlichen Zahlung). Demgegenüber sind Bewertungsschwankungen zB von Planvermögen oder aus der Anpassung aktuarischer Parameter eher zufälliger bzw. nicht wiederkehrender Natur (*non-recurring items*), was nach Ansicht des IASB ihre Erfassung im *other comprehensive income* analog der Behandlung von Available-for-Sale Wertpapieren (IAS 39), Sachanlagen (IAS 16) bzw. immaterieller Vermögenswerte (IAS 38) rechtfertige (Vgl. ED 2010/3.BC14-15).

Der in ED 2010/3 verfolgte Ansatz ist ebenfalls im Zusammenhang mit dem vom IASB in Zusammenarbeit mit dem FASB betriebene Projekt *Financial Statement Presentation* zu sehen, in dessen Rahmen beide Boards im Mai 2010 einen Entwurf zur Darstellung der Gesamtergebnisrechnung veröffentlichten.[66] Nach dem Willen der Standardsetzer sollen Unternehmen zukünftig die Gewinn- und Verlustrechnung (*profit or loss*) und die Darstellung des sonstigen Gesamtergebnisses (*statement of other comprehensive income*) innerhalb einer einheitlichen Aufstellung darstellen (single statement *approach*). Das bisherige Wahlrecht zur separaten Darstellung (*two statement approach*) soll wegfallen, insofern verliert die Trennung der Elemente des *comprehensive income* einen Teil ihrer bisherigen Schärfe.

54

Mit dem unter (b) beschriebenen Netto-Zins-Ansatz weitet der IASB den in IAS 19 bereits heute festgeschriebenen Grundsatz der Netto-Darstellung von Pensionsverpflichtungen und Planvermögen auf die Bewertung bzw. die Ergebnisrechnung aus (Vgl. ED 2010/3.BC23ff). Die Abschaffung des erwarteten Ertrags aus Planvermögen (*expected return on plan assets*) als erfolgswirksam zu erfassender Ergebniskomponente wird mit dessen arbiträrem Charakter und inhärenter Manipulationsanfälligkeit begründet. Es ist allerdings nicht unwahrscheinlich, dass (je

---

64 Für eine detaillierte Darstellung der im Diskussionspapier erörterten Erfassungs- und Darstellungsansätze siehe *Berger/Walter* DB 2008, 1277ff.
65 Vgl. *Berger/Walter* WPg 2009, 906ff.
66 Der Entwurf des IASB trägt den Titel Statement of Profit or Loss and Other Comprehensive Income, der inhaltsgleiche FASB-ED heißt *Statement of Comprehensive Income*.

nach Grad und Art der externen Ausfinanzierung und dem Unterschied zwischen Diskontierungszinssatz nach IAS 19.78 und tatsächlichem Planvermögensertrag) dieser Ansatz erhebliche Auswirkungen auf die Erfolgsrechnung der Unternehmen entfalten wird.[67] Zunächst wird lediglich eine arbiträre Größe (*expected return on plan assets*) durch eine andere (IAS 19.78-Zinssatz) ersetzt und somit die Verzinsung des Planvermögens von dessen tatsächlicher Investitionsrealität entkoppelt. Es ist nicht auszuschließen, dass (im Widerspruch zu der im IFRS-Rahmenkonzept festgelegten Neutralität der Rechnungslegungslegungs-Standards) in betriebswirtschaftliche Investitionsentscheidungen (Zusammensetzung des Planvermögens) eingegriffen wird: Der Trend zum *Liability-Driven-Investment*, also der – zumindest teilweise – Verzicht auf Investitionen in – risiko- und renditeträchtigere – Eigenkapitaltitel zugunsten festverzinslicher Wertpapiere (Bonds) zur Erreichung eines – rein bilanziellen – natürlichen Hedges könnte durch diesen Ansatz verstärkt werden, mit möglicherweise erheblichen Auswirkungen auf die internationalen Kapitalmärkte.[68]

55 Durch ED 2010/3 werden auch die bisherigen Angabevorschriften zu leistungsorientierten Plänen in IAS 19.120-125 gestrichen und durch erweiterte, risikoorientierte Angaben, niedergelegt in ED 2010/3.125A-K, ersetzt. Genau wie bisher sind allgemeine Angaben zu Art und Umfang der betriebenen leistungsorientierten Pläne, den wesentlichen aktuarischen Parametern, Überleitungsrechnungen zur Wertentwicklung von Pensionsverpflichtung und Planvermögen von Stichtag zu Stichtag bzw. den in der Gesamtergebnisrechnung erfassten Beträgen erforderlich. Außerdem soll zukünftig auch der versicherungsmathematische Verpflichtungsbarwert unter Nichtberücksichtigung zukünftiger Gehaltssteigerungen (auch als *accumulated benefit obligation*, ABO bezeichnet) anzugeben sein (Vgl. ED 2010/3.125H).

Aufbauend auf den in IFRS 4 *Insurance Contracts* und IFRS 7 *Financial Instruments: Disclosure* niedergelegten Berichterstattungspflichten über die aus Versicherungsverträgen bzw. Finanzinstrumenten entstehenden Risiken (ED 2010/3.BC51 bzw. BC56ff) sieht der Entwurf detaillierte Angaben zu den aus der Gewährung leistungsorientierter Pensionspläne entstehenden Risiken für die zukünftige Vermögens-, Finanz- und Ertragslage (*amount, timing and uncertainty of future cash flows*) vor. Für jeden **wesentlichen** versicherungsmathematischen Parameter (*each significant actuarial assumption*) sind Sensitivitätsanalysen bezüglich der Auswirkungen „vernünftigerweise möglicher" Parameteränderungen (*reasonably possible changes*) auf die Pensionsverpflichtung zum Stichtag und den in der laufenden Berichtsperiode

---

67 Unterschiede zwischen IAS 19.78-Zinssatz und tatsächlichem Planvermögensertrag würden darüber hinaus ebenfalls im *other comprehensive income* „geparkt". Vgl. hierzu auch *Lane, Clark & Peacock* Accounting for Pensions 2010, 40ff.
68 Der IASB bezeichnet die gewählte Lösung somit auch lediglich als *practical expedient* (am zutreffendsten wohl mit „praktische Notlösung" übersetzt).

XII. Ausblick

erfassten Dienstzeitaufwand vorgesehen.[69] Die zur Bestimmung demographischer Parameter (zB Fluktuation, Sterblichkeit) sowie zur Erstellung der Sensitivitätsanalysen verwendeten Methoden sind offen zu legen, ebenso wie Änderungen hierin im Vergleich zur Vorperiode (Vgl. ED 2010/3.125G(b) sowie ED 2010/3.125I). Außerdem sollen Angaben zu vom Unternehmen verfolgten *Asset-Liability-Matching*-Strategien (zB dem Erwerb von Versicherungsverträgen oder Derivaten zur Absicherung gegen das „Langlebigkeitsrisiko") erforderlich sein (Vgl. ED 2010/3.125J). Qualitative Angaben (*narrative discussion*) zu möglichen Unterschieden zwischen der Beitragshöhe (bspw. an Pensionsfonds oder -versicherungen) und dem nach IAS 19 ermittelten Dienstzeitaufwand innerhalb der nächsten fünf Jahre nach dem Stichtag führen können sind vorgesehen (Vgl. ED 2010/3.125K), ebenso wie eine erhebliche Ausweitung der Angabepflichten zu *multi-employer* und *shared-risk plans* und die Integration von IFRIC 14 in den Korpus des Standards.

Abschließend ist geplant, Leistungen nach Beendigung des Arbeitsverhältnisses (*post-employment benefits*) und sonstige langfristige Leistungen an Arbeitnehmer (*other long-term employee benefits*) zu einer einzigen Kategorie „Langfristige Leistungen an Arbeitnehmer" (*long-term employee benefits*) zusammenzufassen, welche wie folgt definiert ist (ED 2010/3.7):[70]

„**Langfristige Leistungen an Arbeitnehmer** sind Leistungen an Arbeitnehmer (außer Leistungen aus Anlass der Beendigung des Arbeitsverhältnisses), deren Fälligkeit das Unternehmen

- in zwölf oder mehr Monaten nach dem Ende der Berichtsperiode in der der Arbeitnehmer die entsprechende Leistung erbracht hat; oder
- nach der Vollendung des Arbeitsverhältnisses erwartet."

Nach Ansicht des IASB bestehen nach keine wesentlichen Unterschiede zwischen den verschiedenen Arten langfristiger Leistungen (Vgl. ED 2010/3.BC77). Durch die geplanten Regelungen würden die Ansatz-, Bewertungs- und Angabevorschriften für leistungsorientierte Pensionspläne auf Leistungen wie langfristig fällige ergebnisabhängige Boni und Gratifikationen ausgedehnt. Ebenso dürften wesentlich mehr (Nicht-Pensions-) Leistungen als bisher dieser neuen Kategorie zuzuordnen sein, was einen nicht unwesentlichen Kostenfaktor für die Unternehmen darstellen dürfte. Ob dies für den Abschlussnutzer zu einem entsprechenden Nutzenzuwachs führen wird, darf dahingestellt bleiben. Die Kommentierungsphase für ED 2010/3 endete Anfang September 2010. Es ist aktuell nicht abzusehen, ob bzw. inwieweit sich der IASB mit seinen Vorschlägen durchsetzen wird.

---

69 Der Entwurf enthält keinerlei Richtlinien dafür, was als „wesentlich" zu verstehen ist bzw. welche quantitativen Grenzwerte zur Beurteilung der Wesentlichkeit möglicherweise heranzuziehen wären.
70 N.B.: Übersetzung durch den Verfasser.

IAS 20 – Accounting for Government Grants and Disclosure of Government Assistance

Rn	Textauszüge aus IAS 20
20.7	Eine Erfassung von Zuwendungen der öffentlichen Hand, einschließlich nicht monetärer Zuwendungen zum beizulegenden Zeitwert, erfolgt nur dann, wenn eine angemessene Sicherheit darüber besteht, dass: (a) das Unternehmen die damit verbundenen Bedingungen erfüllen wird; und dass (b) die Zuwendungen gewährt werden
20.12	Zuwendungen der öffentlichen Hand sind planmäßig als Ertrag zu erfassen, und zwar im Verlauf der Perioden, die erforderlich sind, um sie mit den entsprechenden Aufwendungen, die sie kompensieren sollen, zu verrechnen. Sie sind dem Eigenkapital nicht unmittelbar zuzuordnen..
20.20	Eine Zuwendung der öffentlichen Hand, die als Ausgleich für bereits angefallene Aufwendungen oder Verluste oder zur sofortigen finanziellen Unterstützung ohne künftig damit verbundenen Aufwand gezahlt wird, ist als Ertrag in der Periode zu erfassen, in der der entsprechende Anspruch entsteht.
20.24	Zuwendungen der öffentlichen Hand für Vermögenswerte, einschließlich nicht monetärer Zuwendungen zum beizulegenden Zeitwert, sind in der Bilanz entweder als passivischer Abgrenzungsposten darzustellen oder bei der Feststellung des Buchwertes des Vermögenswertes abzusetzen.
20.32	Eine Zuwendung der öffentlichen Hand, die rückzahlungspflichtig wird, ist als Berichtigung einer Schätzung zu behandeln (vgl. IAS 8 Rechnungslegungsmethoden, Änderungen von rechnungslegungsbezogenen Schätzungen und Fehler). Die Rückzahlung einer erfolgsbezogenen Zuwendung ist zunächst mit dem nicht amortisierten, passivischen Abgrenzungsposten aus der Zuwendung zu verrechnen. Soweit die Rückzahlung diesen passivischen Abgrenzungsposten übersteigt oder für den Fall, dass ein solcher nicht vorhanden ist, ist die Rückzahlung sofort als Aufwand zu erfassen. Rückzahlungen von Zuwendungen für Vermögenswerte sind durch Zuschreibung zum Buchwert des Vermögenswertes oder durch Verminderung des passivischen Abgrenzungspostens um den rückzahlungspflichtigen Betrag zu korrigieren. Die kumulative zusätzliche Abschreibung, die bei einem Fehlen der Zuwendung bis zu diesem Zeitpunkt zu erfassen gewesen wäre, ist direkt als Aufwand zu berücksichtigen.

Übersicht

	Rn
I. Regelungsgehalt	1 – 2
II. Normzweck und Anwendungsbereich von IAS 20	3 – 4
III. Definition	5 – 9
IV. Erfassung von Zuwendungen der öffentlichen Hand	10 – 22
V. Nicht monetäre Zuwendungen der öffentlichen Hand	23
VI. Darstellung von Zuwendungen für Vermögenswerte	24 – 27
VII. Darstellung von erfolgsbezogenen Zuwendungen	28 – 29
VIII. Rückzahlung von Zuwendungen der öffentlichen Hand	30 – 31
IX. Angaben	32
X. IFRS für kleine und mittelgroße Unternehmen	33
XI. Ausblick	34

I. Regelungsgehalt. IAS 20 **Accounting for Government Grants and Disclosure of Government Assistance** gehört zu den älteren IFRS. Das Board hat bereits wiederholt die Überarbeitung von IAS 20 in Angriff genommen, ohne allerdings sichtbare Fortschritte zu erzielen. Hintergrund für die Überarbeitung von IAS 20 ist die konzeptionelle Schwäche des Standards aus Sicht verschiedener Mitglieder des IASB. So wird die Ansicht vertreten, dass die Regelungen in IAS 20 nicht konsistent sind mit den Asset- und Liability-Definition im IASB Framework.[1] Insbesondere wird die Erfassung einer Liability im Zusammenhang mit dem Erhalt von Zuwendungen der öffentlichen Hand als nicht vereinbar mit der Liability-Definition im Framework angesehen.

Im März 2003 hat das IASB daher entschieden, IAS 20 durch einen **neuen, auf dem IASB Framework basierenden Standard** zu ersetzen. Das IASB hat seitdem IAS 20 zu verschiedenen Gelegenheiten diskutiert und die konzeptionellen Schwächen von IAS 20 angemerkt. Zuletzt hat das IASB im Dezember 2007 IAS 20 im Kontext mit dem Emissions Trading Schemes Project in einer Board Diskussion erörtert. Die Nähe zum Emissions Trading Schemes Project resultiert aus der Tatsache, dass man die kostenlose Gewährung von Emissionsrechten als Zuwendungen der öffentlichen Hand interpretieren kann. Derzeit ist unklar, ob und wann das IASB die aktive Arbeit an IAS 20 wieder aufnehmen wird. Dies mag zum Teil auch darauf zurückzuführen sein, dass nur wenige Constituents die Regelungen in IAS 20 kritisieren. Im Gegenteil, vielfach wird die Ansicht vertreten, dass die Regelungen in IAS 20 zu einer wirtschaftlich adäquaten Darstellung der zugrunde liegenden Sachverhalte führen. Die Vielzahl der Constituents richtet den Schwerpunkt auf die adäquate Abbildung

---

[1] Vgl. *Ernst & Young (Hrsg.)* International GAAP, 1477.

eines Sachverhalts in der Performance-Darstellung, d.h. in der Gewinn- und Verlustrechnung, eines Unternehmens. Sie empfinden entsprechend den Ansatz einer Liability im Zusammenhang mit dem Erhalt einer Zuwendung der öffentlichen Hand als sachgerecht, da er nicht zu einem Gewinn bei erstmaliger Erfassung der Zuwendung führt. Nach ihrer Ansicht sind Zuwendungen der öffentlichen Hand selten unentgeltlich. Das Unternehmen verdient sie durch die Beachtung der Bedingungen und mit der Erfüllung der vorgesehenen Verpflichtungen. Sie sind daher korrespondierend zu den Kosten, die durch die Zuwendung gedeckt werden sollen, als Ertrag zu erfassen.

Angesichts des ambitionierten Arbeitsprogramms des IASB ist eine kurzfristige Überarbeitung von IAS 20 nicht zu erwarten.

3 **II. Normzweck und Anwendungsbereich von IAS 20.** IAS 20 ist auf die Bilanzierung und Darstellung von Zuwendungen der öffentlichen Hand sowie auf die Angabe sonstiger Unterstützungsmaßnahmen der öffentlichen Hand anzuwenden.[2] Auch wenn IAS 20 insbesondere auf Unternehmen Anwendung findet, die in staatsnahen Industrien tätig sind, haben alle Unternehmen Berührungspunkte mit dem Staat, so dass der Anwendungsbereich von IAS 20 grundsätzlich sehr breit ist.[3] So können beispielsweise staatliche Unterstützungen zu Kurzarbeitergeld und Altersteilzeitverträgen je nach Ausgestaltung in den **Anwendungsbereich** von IAS 20 fallen.

4 Folgende Sacherhalte sind vom Anwendungsbereich von IAS 20 ausgenommen:[4]
- die besonderen Probleme, die sich aus der Bilanzierung von Zuwendungen der öffentlichen Hand in Abschlüssen ergeben, die die Auswirkungen von Preisänderungen berücksichtigen, sowie die Frage, wie sich Zuwendungen der öffentlichen Hand auf zusätzliche Informationen ähnlicher Art auswirken;
- Beihilfen der öffentlichen Hand, die sich für ein Unternehmen als Vorteile bei der Ermittlung des zu versteuernden Einkommens auswirken oder die auf der Grundlage der Einkommensteuerschuld bestimmt oder begrenzt werden (wie beispielsweise Steuerstundungen, Investitionssteuergutschriften, erhöhte Abschreibungsmöglichkeiten und ermäßigte Einkommensteuersätze);
- Beteiligungen der öffentlichen Hand an Unternehmen;
- Zuwendungen der öffentlichen Hand, die von IAS 41, *Agruculture*, abgedeckt werden.

5 **III. Definitionen.** Unter die öffentliche Hand fallen laut IAS 20 Regierungsbehörden, Institutionen mit hoheitlichen Aufgaben und ähnliche Körperschaften, unabhängig davon, ob lokal, national oder international.[5]

---

2   Vgl. *Ernst & Young (Hrsg.)*, International GAAP, 1479.
3   Vgl. *Hoffmann* Haufe-Kommentar, 489f.
4   Vgl. *Deloitte (Hrsg.)* iGAAP, 2588.
5   Vgl. *Hoffmann* Haufe-Kommentar, 489.

III. Definitionen

Zuwendungen der öffentlichen Hand sind Beihilfen der öffentlichen Hand, die an ein Unternehmen durch Übertragung von Mitteln gewährt werden und die zum Ausgleich für die vergangene oder künftige Erfüllung bestimmter Bedingungen im Zusammenhang mit der betrieblichen Tätigkeit des Unternehmens dienen. So kann wie bereits oben erwähnt die Gewährung von Emissionsrechten im Rahmen eines Programms zur Emissionsbegrenzung unter die Definition einer Zuwendung der öffentlichen Hand in IAS 20 fallen. Weitere mögliche Anwendungsfälle sind die Gewährung von Zuwendungen der öffentlichen Hand im Zusammenhang mit der Einrichtung von Arbeitsplätzen für spezifizierte Bevölkerungsgruppen.[6]

Von der Definition der Zuwendungen der öffentlichen Hand sind dagegen bestimmte Formen von Beihilfen der öffentlichen Hand ausgeschlossen, die sich nicht angemessen bewerten lassen, sowie Geschäfte mit der öffentlichen Hand, die von der normalen Tätigkeit des Unternehmens nicht unterschieden werden können.

Zuwendungen für Vermögenswerte sind Zuwendungen der öffentlichen Hand, die an die Hauptbedingung geknüpft sind, dass ein Unternehmen, um die Zuwendungsvoraussetzungen zu erfüllen, langfristige Vermögenswerte kauft, herstellt oder auf andere Weise erwirbt. Damit können auch Nebenbedingungen verbunden sein, die die Art oder den Standort der Vermögenswerte oder die Perioden, während derer sie zu erwerben oder zu halten sind, beschränken.

Zuwendungen der öffentlichen Hand sind in vielfacher Weise möglich und variieren sowohl in der Art der gewährten **Beihilfe** als auch in den Bedingungen, die daran üblicherweise geknüpft sind. Der Zweck einer Beihilfe kann darin bestehen, ein Unternehmen zu ermutigen, eine Tätigkeit aufzunehmen, die es nicht aufgenommen hätte, wenn die Beihilfe nicht gewährt worden wäre. Beispielsweise kann eine Zuwendung einen Anreiz setzen, kulturelle Veranstaltungen durchzuführen, die der Allgemeinheit zu Gute kommen. Zuwendungen können auch zum Angebot von Infrastrukturleistungen in strukturschwachen Gebieten führen.

Der Erhalt von Beihilfen der öffentlichen Hand durch ein Unternehmen kann aus zwei Gründen für die Aufstellung des Abschlusses wesentlich sein. Erstens muss bei erfolgter Mittelübertragung eine sachgerechte Behandlung für die Bilanzierung der Übertragung gefunden werden. Zweitens liefert die Angabe des Umfangs von erhaltenen Zuwendungen Informationen über das Ausmaß, in dem das Unternehmen während der Berichtsperiode von derartigen Beihilfen profitiert hat. Dies erleichtert den Vergleich mit Abschlüssen früherer Perioden und mit denen anderer Unternehmen.

---

6   Vgl. *KPMG (Hrsg.)* Insights, 917.

10 **IV. Erfassung von Zuwendungen der öffentlichen Hand.** Zuwendungen der öffentlichen Hand erfolgen in unterschiedlichen, vielfach nicht monetären Formen.[7] IAS 20 sieht eine Erfassung von Zuwendungen der öffentlichen Hand, einschließlich nicht monetärer Zuwendungen **zum beizulegenden Zeitwert**, nur dann vor, wenn eine angemessene Sicherheit dafür besteht, dass:
- das Unternehmen die damit verbundenen Bedingungen erfüllen wird; und dass
- die Zuwendungen gewährt werden.[8]

11 Gemäß IAS 20 werden Zuwendungen der öffentlichen Hand nur erfasst, wenn eine angemessene Sicherheit dafür besteht, dass das Unternehmen die damit verbundenen Bedingungen erfüllen wird und dass die Zuwendungen gewährt werden.[9] Der Standard macht keine näheren Erläuterungen dazu, wann das Kriterium der angemessenen Sicherheit erfüllt ist. Unternehmen, die bereits in der Vergangenheit Zuwendungen erhalten haben, werden ihre Einschätzung basierend auf Erfahrungswerten treffen. Sollte ein Unternehmen auf keine Erfahrungswerte zurückgreifen können, erscheint eine Auslegung im Sinne von virtually certain wie in IAS 37 *Provisions, Contingent Liabilities and Contingent Assets* vertretbar. Dies gilt insbesondere, wenn die resultierende Bilanzierung ein den tatsächlichen Verhältnisses entsprechendes Bild des Unternehmens vermittelt.

12 Die Tatsache allein, dass ein Unternehmen den Zufluss einer Zuwendung bereits erhalten hat, liefert keinen schlüssigen substanziellen Hinweis dafür, dass die mit der Zuwendung verbundenen Bedingungen erfüllt worden sind oder werden. D.h. Unternehmen erfassen auch keine bereits erhaltenen Zuwendungen, wenn keine angemessene Sicherheit über den Verbleib der Zuwendung im Unternehmen besteht.[10]

13 Die **Art, in der eine Zuwendung gewährt wird**, berührt die Bilanzierungsmethode, die auf die Zuwendung anzuwenden ist, nicht. Daher macht es bei der Bilanzierung keinen Unterschied, ob die Zuwendung als Zahlung oder als Kürzung einer Verpflichtung gegenüber der öffentlichen Hand empfangen wurde.

So wird ein erlassbares Darlehen der öffentlichen Hand als finanzielle Zuwendung behandelt, wenn angemessene Sicherheit dafür besteht, dass das Unternehmen die Bedingungen für den Erlass des Darlehens erfüllen wird. Ist eine Zuwendung bereits erfasst worden, so ist jede damit verbundene Eventualschuld oder Eventualforderung gemäß IAS 37 zu behandeln.

---

7 Vgl. *Hoffmann* Haufe-Kommentar, 489f.
8 Vgl. *Deloitte (Hrsg.)* iGAAP, 2589.
9 Vgl. *KPMG (Hrsg.)* Insights, 918.
10 Vgl. *Deloitte (Hrsg.)* iGAAP, 2590.

IV. Erfassung von Zuwendungen der öffentlichen Hand

Zuwendungen der öffentlichen Hand sind planmäßig als **Ertrag** zu erfassen, und zwar im Verlauf der Perioden, die erforderlich sind, um sie mit den entsprechenden Aufwendungen, die sie kompensieren sollen, zu verrechnen.[11] D.h. die Erfassung einer Zuwendung als Asset geht mit der Erfassung einer wertmäßig identischen Liability im Zeitpunkt der erstmaligen Erfassung einher.

Zuwendungen der öffentlichen Hand sind erfolgswirksam zu erfassen und nicht wie von manchen gefordert, erfolgsneutral mit dem Eigenkapital zu verrechnen. IAS 20 gibt folgende Begründung für die erfolgswirksame Behandlung von Zuwendungen:

- da finanzielle Zuwendungen der öffentlichen Hand nicht von den Anteilseignern zugeführt werden, dürfen sie nicht unmittelbar dem Eigenkapital zugeschrieben werden, sondern sind als Ertrag in der entsprechenden Periode zu erfassen;
- Zuwendungen der öffentlichen Hand sind selten unentgeltlich. Das Unternehmen verdient sie durch die Beachtung der Bedingungen und mit der Erfüllung der vorgesehenen Verpflichtungen. Sie sind daher korrespondierend zu den Kosten, die durch die Zuwendung gedeckt werden sollen, als Ertrag zu erfassen; und
- da Einkommensteuern und andere Steuern erfolgsmindernd erfasst werden, ist es logisch, auch finanzielle Zuwendungen der öffentlichen Hand, die eine Ausdehnung der Steuerpolitik darstellen, in der Gewinn- und Verlustrechnung zu erfassen.

Die Zuwendungen der öffentlichen Hand sind planmäßig und sachgerecht als Ertrag zu erfassen, und zwar im Verlauf der Perioden, die erforderlich sind, um sie mit den entsprechenden Aufwendungen zu verrechnen.[12] D.h. die Zuwendungen führen nicht im Zeitpunkt ihrer Erfassung zu einem korrespondierenden Ertrag. IAS 20 argumentiert, dass die erfolgswirksame Erfassung von Zuwendungen auf der Grundlage ihres Zuflusses nicht in Übereinstimmung mit der Grundvoraussetzung der Periodenabgrenzung steht (siehe IAS 1 *Presentation of Financial Statements*). Eine Erfassung als Ertrag bei Zufluss der Zuwendung ist nur zulässig, wenn für die Periodisierung der Zuwendung keine andere Grundlage als die des Zuflusszeitpunktes verfügbar ist. An diesem Passus stoßen sich viele der aktuellen Mitglieder des IASB, weil der Passus nach ihrer Ansicht nicht vereinbar ist mit dem derzeit dominierenden Asset/Liability-Model. Das Asset/Liability-Model stellt die Asset- und Liability-Definitionen in den Mittelpunkt der Betrachtung und leitet die Bewegungen in der Gewinn- und Verlustrechnung aus Änderungen von Assets und Liabilities ab.

In den meisten Fällen sind die Perioden, über welche die im Zusammenhang mit einer Zuwendung anfallenden Aufwendungen erfasst werden, leicht feststellbar, und daher werden Zuwendungen, die mit bestimmten Aufwendungen zusammenhängen,

---

11 Vgl. *Ernst & Young (Hrsg.)* International GAAP, 1484.
12 Vgl. *KPMG (Hrsg.)* Insights, 918f.

in der gleichen Periode wie diese als Ertrag erfasst. Entsprechend werden Zuwendungen für abschreibungsfähige Vermögenswerte über die Perioden und in dem Verhältnis als Ertrag erfasst, in dem die Abschreibung auf diese Vermögenswerte angesetzt wird.[13]

18   Zuwendungen der öffentlichen Hand, die im Zusammenhang mit **nicht abschreibungsfähigen Vermögenswerten** gewährt werden, können ebenfalls die Erfüllung bestimmter Verpflichtungen voraussetzen und werden dann als Erträge während der Perioden erfasst, die durch Aufwendungen infolge der Erfüllung der Verpflichtungen belastet werden. Beispielsweise kann eine Zuwendung in Form von Grund und Boden an die Bedingung gebunden sein, auf diesem Grundstück ein Gebäude zu errichten, und es kann angemessen sein, die Zuwendung auf die Lebensdauer des Gebäudes erfolgswirksam zu verteilen.

19   Zuwendungen können auch **Teil eines Bündels von Fördermaßnahmen** sein, die an eine Reihe von Bedingungen geknüpft sind. In solchen Fällen ist die Feststellung der Bedingungen, die die Aufwendungen der Perioden verursachen, in denen die Zuwendung vereinnahmt wird, sorgfältig durchzuführen. So kann es angemessen sein, einen Teil der Zuwendung auf der einen und einen anderen Teil auf einer anderen Grundlage zu verteilen.[14]

20   Eine Zuwendung der öffentlichen Hand für **bereits angefallene Aufwendungen** oder Verluste sowie für Zuwendungen zum Zweck der sofortigen finanziellen Unterstützung ohne zukünftig damit verbundenem Aufwand ist als Ertrag in der Periode zu erfassen, in der der entsprechende Anspruch entsteht, und zwar als außerordentlicher Posten, wenn die entsprechenden Voraussetzungen vorliegen.

21   Unter bestimmten Umständen kann eine Zuwendung gewährt werden, um ein Unternehmen **sofort** finanziell zu unterstützen, ohne dass mit dieser Zuwendung ein Anreiz verbunden wäre, bestimmte Aufwendungen zu tätigen. Derartige Zuwendungen können auf ein einzelnes Unternehmen beschränkt sein und stehen unter Umständen nicht einer ganzen Klasse von Begünstigten zur Verfügung. Diese Umstände können eine Erfassung einer Zuwendung als Ertrag in der Periode erforderlich machen, in der das Unternehmen für eine Zuwendung in Betracht kommt, und zwar als außerordentlicher Posten, wenn die Voraussetzungen dafür vorliegen, mit entsprechender Angabepflicht, um sicherzustellen, dass ihre Auswirkungen klar zu erkennen sind.[15]

22   Eine Zuwendung der öffentlichen Hand kann einem Unternehmen zum Ausgleich von Aufwendungen oder Verlusten, die bereits in einer vorangegangenen Berichtsperiode entstanden sind, gewährt werden. Solche Zuwendungen sind als Ertrag

---

13   Vgl. *Deloitte (Hrsg.)* iGAAP, 2591.
14   Vgl. *Deloitte (Hrsg.)* iGAAP, 2591.
15   Vgl. *KPMG (Hrsg.)* Insights, 919.

IV. Erfassung von Zuwendungen der öffentlichen Hand

in der Periode zu erfassen, in der der entsprechende Anspruch entsteht, und zwar als außerordentlicher Posten, wenn die Voraussetzungen dafür vorliegen, mit entsprechender Angabepflicht, um sicherzustellen, dass ihre Auswirkungen klar zu erkennen sind.

V. Nicht monetäre Zuwendungen der öffentlichen Hand. Eine Zuwendung der öffentlichen Hand kann als ein nicht monetärer Vermögenswert, wie beispielsweise Grund und Boden oder andere Ressourcen, zur Verwertung im Unternehmen übertragen werden. Unter diesen Umständen sieht IAS 20 als übliches Verfahren, den beizulegenden Zeitwert des nicht monetären Vermögenswertes festzustellen und sowohl die Zuwendung als auch den Vermögenswert zu diesem beizulegenden Zeitwert zu bilanzieren.[16] Als Alternative **wird** erlaubt IAS 20 allerdings auch sowohl den Vermögenswert als auch die Zuwendung als einen Merkposten anzusetzen.[17] In der Praxis kommt es z.B. bei staatlich gewährten Lizenzen häufig vor, dass die Zuwendung als Merkposten (d.h. zu Null) angesetzt wird.[18]

23

VI. Darstellung von Zuwendungen für Vermögenswerte. Zuwendungen der öffentlichen Hand für Vermögenswerte, einschließlich nicht monetärer Zuwendungen zum beizulegenden Zeitwert, sind in der Bilanz entweder als passivischer Abgrenzungsposten darzustellen oder bei der Feststellung des Buchwertes des Vermögenswertes abzusetzen.[19]

24

Der einen Methode zufolge wird die Zuwendung als **passivischer Abgrenzungsposten** behandelt, die während der Nutzungsdauer des Vermögenswertes auf einer planmäßigen und vernünftigen Grundlage als Ertrag zu erfassen ist.

25

Nach der anderen Methode wird die Zuwendung bei **der Feststellung des Buchwertes des Vermögenswertes abgezogen.** Die Zuwendung wird mittels eines reduzierten Abschreibungsbetrages über die Lebensdauer des abschreibungsfähigen Vermögenswertes als Ertrag erfasst.

26

Der Erwerb von Vermögenswerten und die damit zusammenhängenden Zuwendungen können im Cashflow eines Unternehmens größere Bewegungen verursachen. Aus diesem Grund und zur Darstellung der Bruttoinvestitionen in Vermögenswerte werden diese Bewegungen oft als gesonderte Posten in der Kapitalflussrechnung angegeben, und zwar unabhängig davon, ob die Zuwendung von dem entsprechenden Vermögenswert zum Zwecke der Darstellung in der Bilanz abgezogen wird oder nicht.

27

---

16 Vgl. *KPMG (Hrsg.)* Insights, 919.
17 Vgl. *Hoffmann* Haufe-Kommentar, 497.
18 Vgl. *Deloitte (Hrsg.)* iGAAP, 2595f.
19 Vgl. *Deloitte (Hrsg.)* iGAAP, 2596.

28 **VII. Darstellung von erfolgsbezogenen Zuwendungen.** Zum Teil werden erfolgsbezogene Zuwendungen in der Gewinn- und Verlustrechnung als Ertrag dargestellt, entweder getrennt oder unter einem Hauptposten, wie beispielsweise sonstige Erträge, oder sie werden von den entsprechenden Aufwendungen abgezogen.[20]

29 Beide Vorgehensweisen sind laut IAS 20 als akzeptable Methoden zur Darstellung von erfolgsbezogenen Zuwendungen zu betrachten. Die Angabe der Zuwendungen kann für das richtige Verständnis von Abschlüssen notwendig sein. Es ist normalerweise angemessen, die Auswirkung von Zuwendungen auf jeden gesondert darzustellenden Ertrags- oder Aufwandsposten anzugeben.

30 **VIII. Rückzahlung von Zuwendungen der öffentlichen Hand.** Eine Zuwendung, die rückzahlungspflichtig wird, ist als Berichtigung einer Schätzung zu behandeln (vgl. IAS 8, *Accounting Policies, Changes in Accounting Estimates and Errors*).[21] Die Rückzahlung einer erfolgsbezogenen Zuwendung ist zunächst mit dem nicht amortisierten, passivischen Abgrenzungsposten aus der Zuwendung **zu verrechnen.** Soweit die Rückzahlung diesen passivischen Abgrenzungsposten übersteigt oder für den Fall, dass eine solche nicht vorhanden ist, ist die Rückzahlung sofort als Aufwand zu verrechnen.[22] Rückzahlungen von Zuwendungen für Vermögenswerte sind durch Zuschreibung zum Buchwert des Vermögenswertes oder durch Verminderung des passivischen Abgrenzungspostens um den rückzahlungspflichtigen Betrag zu korrigieren. Die kumulative zusätzliche Abschreibung, die bei einem Fehlen der Zuwendung bis zu diesem Zeitpunkt zu erfassen gewesen wäre, ist direkt als Aufwand zu berücksichtigen.[23]

31 Umstände, die Anlass für eine Rückzahlung von Zuwendungen für Vermögenswerte sind, können es erforderlich machen, eine mögliche Minderung des neuen Buchwertes in Erwägung zu ziehen.

32 **IX. Angaben.** IAS 20 verlangt den Ausweis folgender Angaben:[24]

a) die auf Zuwendungen der öffentlichen Hand angewandte Bilanzierungs- und Bewertungsmethode, einschließlich der im Abschluss angewandten Darstellungsmethoden;

b) Art und Umfang der im Abschluss erfassten Zuwendungen der öffentlichen Hand und ein Hinweis auf andere Formen von Beihilfen der öffentlichen Hand, von denen das Unternehmen unmittelbar begünstigt wurde; und

c) unerfüllte Bedingungen und andere Erfolgsunsicherheiten im Zusammenhang mit im Abschlusserfassten Beihilfen der öffentlichen Hand.[25]

---

20 Vgl. *Deloitte (Hrsg.)* iGAAP, 2597f.
21 Vgl. *Ernst & Young (Hrsg.)*, International GAAP, 1487f.
22 Vgl. *KPMG (Hrsg.)* Insights, 921.
23 Vgl. *Deloitte (Hrsg.)* iGAAP, 2598 f.
24 Vgl. *Ernst & Young (Hrsg.)* International GAAP, 1488.
25 Vgl. *Deloitte (Hrsg.)* iGAAP, 2600.

X. IFRS für kleine und mittelgroße Unternehmen. Der IFRS für kleine und mittlere Unternehmen ist sehr kurz gehalten und ist zum Teil an die Regelungen in IAS 41 Landwirtschaft angelehnt. Das gilt insbesondere für die Erfassung von Zuwendungen der öffentlichen Hand in der Gewinn- und Verlustrechnung. Der IFRS für kleine und mittelgroße Unternehmen schreibt die Erfassung in der Gewinn- und Verlustrechnung vor, wenn keine Bedingungen an die Zuwendung der öffentlichen Hand gebunden sind. Sofern beispielsweise der Erhalt einer Zuwendung an das Ausführen bestimmter Aktivitäten geknüpft ist, wird die Zuwendung erst mit Erfüllung der Bedingungen in der Gewinn- und Verlustrechnung erfasst. 33

XI. Ausblick. Wie eingangs erwähnt, hat das Board in der Vergangenheit wiederholt die Notwendigkeit einer Überarbeitung der Regelungen in IAS 20 festgestellt, ohne bisher allerdings sichtbare Fortschritte zu erzielen. Hintergrund für eine Überarbeitung der Regelungen IAS 20 ist die konzeptionelle Schwäche des Standards im Hinblick auf die Asset- und Liability-Definition im IASB Framework. Angesichts des ambitionierten Work Plan des IASB erscheint eine zeitnahe Überarbeitung der Regelungen allerdings fraglich. Dies gilt insbesondere, da weite Teile der IFRS-Anwender keine Notwendigkeit einer Überarbeitung der Regelungen in IAS 20 sehen. Aus Sicht vieler IFRS-Anwender stellt IAS 20 einen etablierten Standard dar, der die Zuwendungen der öffentlichen Hand adäquat abbildet und daher entscheidungsrelevante Informationen für die Nutzer von Jahresabschlüssen liefert. 34

IAS 21 – The Effects of Changes in Foreign Exchange Rates

Rn **Textauszüge aus IAS 21**

21.21 Die Fremdwährungstransaktion ist erstmalig in der funktionalen Währung anzusetzen, indem der Fremdwährungsbetrag mit dem am jeweiligen Tag des Geschäftsvorfalls gültigen Kassakurs zwischen der funktionalen Währung und der Fremdwährung umgerechnet wird.

21.23 Zu jedem Abschlussstichtag sind:

(a) monetäre Posten in einer Fremdwährung zum Stichtagskurs umzurechnen;

(b) nicht monetäre Posten, die zu historischen Anschaffungs- oder Herstellungskosten in einer Fremdwährung bewertet wurden, zum Kurs am Tag des Geschäftsvorfalls umzurechnen; und

(c) nicht monetäre Posten, die zu ihrem beizulegenden Zeitwert in einer Fremdwährung bewertet wurden, zu dem Kurs umzurechnen, der am Tag der Ermittlung des Wertes gültig war.

21.28 Umrechnungsdifferenzen, die sich aus dem Umstand ergeben, dass monetäre Posten zu einem anderen Kurs abgewickelt oder umgerechnet werden als dem, zu dem sie bei der erstmaligen Erfassung während der Berichtsperiode oder in früheren Abschlüssen umgerechnet wurden, sind mit Ausnahme der in IAS 21.32 beschriebenen Fälle im Gewinn oder Verlust der Berichtsperiode zu erfassen, in der diese Differenzen entstehen.

21.30 Wird ein Gewinn oder Verlust aus einem nicht monetären Posten im sonstigen Ergebnis erfasst, ist jeder Umrechnungsbestandteil dieses Gewinns oder Verlusts ebenfalls im sonstigen Ergebnis zu erfassen. Umgekehrt gilt: Wird ein Gewinn oder Verlust aus einem nicht monetären Posten im Gewinn oder Verlust erfasst, ist jeder Umrechnungsbestandteil dieses Gewinns oder Verlusts ebenfalls im Gewinn oder Verlust zu erfassen.

21.32 Umrechnungsdifferenzen aus einem monetären Posten, der Teil einer Nettoinvestition des berichtenden Unternehmens in einen ausländischen Geschäftsbetrieb ist (siehe IAS 21.15), sind im Einzelabschluss des berichtenden Unternehmens oder gegebenenfalls im Einzelabschluss des ausländischen Geschäftsbetriebs im Gewinn oder Verlust zu erfassen. In dem Abschluss, der den ausländischen Geschäftsbetrieb und das berichtende Unternehmen enthält (z.B. dem Konzernabschluss, wenn der ausländische Geschäftsbetrieb ein Tochterunternehmen ist), werden solche Umrechnungsdifferenzen zunächst im sonstigen Ergebnis erfasst und bei einer Veräußerung der Nettoinvestition gemäß IAS 21.48 vom Eigenkapital in den Gewinn oder Verlust umgegliedert.

21.35 Bei einem Wechsel der funktionalen Währung hat das Unternehmen die für die neue funktionale Währung geltenden Umrechnungsverfahren prospektiv ab dem Zeitpunkt des Wechsels anzuwenden.

Übersicht

	Rn
I. Regelungsgehalt	1 – 8
II. Normzweck und Anwendungsbereich	9 – 13
III. Begriffe	14 – 27
IV. Bestimmung der funktionalen Währung	28 – 37
V. Umrechnungsvorschriften für Fremdwährungstransaktionen	38 – 64
1. Ersterfassung von Fremdwährungstransaktionen	38 – 40
2. Behandlung von Fremdwährungsposten an den Stichtagen	41 – 47
3. Monetäre vs. Nichtmonetäre Posten	48 – 56
4. Erfassung der Umrechnungsdifferenzen	57 – 64
a) Grundsätze der Erfassung von Differenzen	57 – 59
b) Differenzen aus Fremdwährungsanleihen	60 – 61
c) Differenzen aus eigenkapitalersetzenden Fremdwährungsdarlehen und -forderungen,	62 – 64
VI. Umrechnung von Fremdwährungsabschlüssen	65 – 106
1. Grundsätze der Umrechnung	65 – 71
2. Umrechnung von Abschlüssen mit Minderheitenanteilen	72 – 73
3. Umrechnung der Eigenkapitalkonten	74 – 83
4. Behandlung von Differenzen bei Teilabgängen	84 – 103
a) Teilabgang bei Rückzahlung oder Umwidmung von eigenkapitalersetzenden Darlehen und Forderungen?	90 – 97
b) Kein Teilabgang aus Dividendenzahlungen	100 – 102
c) Kein Teilabgang aus Verlusten und Wertminderungen	103
VII. Behandung von Umrechnungsdifferenzen in der Kapitalflußrechnung	102 – 116
1. Effekte aus der Umrechnung von Kapitalflußrechnung in die Berichtswährung	106 – 107
2. Effekte aus der Erfassung von Fremdwährungstrans-Aktionen in der Kapitalflußrechnung	108 – 116
a) Effekte bei Verwendung der direkten Methode	109 – 110
b) Effekte bei Verwendung der indirekten Methode	111 – 115
VIII. Ausweis und Angaben	116 – 117
IX. Inkrafttreten und Übergangsvorschriften	118
X. IFRS für kleine und mittelgroße Unternehmen	119
XI. Ausblick	120 – 122

I. Regelungsgehalt. Sofern ein Unternehmen nicht ausschließlich in heimischer Währung handelt, kann es auf zweierlei Weise mit Fremdwährungsgeschäften in Berührung kommen. Entweder sieht es sich zB bei Geschäften mit ausländischen Partnern oder weil ein Produkt üblicherweise in einer bestimmten Fremdwährung gehandelt wird, zum Abschluss eines An- oder Verkaufsgeschäft direkt in fremder Währung veranlasst. Oder es unterhält zur Abwicklung von Geschäften mit dem Ausland eine ausländische Tochtergesellschaft oder sonstige Unternehmenseinheit, deren Bücher in der dortigen, einer von der Heimatwährung des Unternehmens verschiedenen Währung geführt werden.

Im Fall der direkt in Fremdwährung eingegangenen Geschäfte muss ein Unternehmen die daraus resultierenden Veränderungen seiner Vermögens- und Ertragslage in derselben Währung ausdrücken, in der es seine Bilanz und GuV aufstellt. Im Fall der ausländischen Unternehmenseinheit hat es deren in Fremdwährung aufgestellte Bilanz und GuV in die eigene Währung umzurechnen.

IAS 21 regelt, welche Auswirkungen die Einbeziehung direkt in fremder Währung abgeschlossener Geschäfte sowie die Umrechnung der in Fremdwährung ausgedrückten Abschlüsse ausländischer Unternehmenseinheiten auf Bilanz und GuV des bilanzierenden Unternehmens haben. Dabei sind Effekte aus der Einbeziehung direkt in fremder Währung abgeschlossener Geschäfte anders zu behandeln als die Effekte aus der Umrechnung der in Fremdwährung aufgestellten Abschlüsse. Prinzipiell sind erstere Effekte ergebniswirksam zu erfassen, hingegen solche aus der Umrechnung von Fremdwährungsabschlüssen direkt im Eigenkapital zu verbuchen und erst später, bei Abgang der Beteiligung, in die GuV umzugliedern. Die unterschiedliche Behandlung kann, zumal in einem multinationalen Konzernverbund mit weitverzweigten konzerninternen Beziehungen, die Aufstellung des Konzernabschlusses erheblich erschweren. Hinzu kommt, dass infolge der Änderungen des IAS 27 *Consolidated and Seperate Financial Statements* für Jahresabschlüsse mit Stichtag 30. Juni 2010 oder später[1] neue Regelungen zur Behandlung vom Fremdwährungseffekten bei Teilabgängen von Auslandsbeteiligungen gelten, die insgesamt unübersichtlicher als die bisherigen und nicht immer eindeutig sind.

Der Standard enthält darüber hinaus Leitlinien zur Bestimmung der Währung, in der ein Unternehmen seinen Abschluss aufzustellen hat. Für die Abschlusserstellung ist die Währung des Wirtschaftsraums, in dem das Unternehmen primär tätig ist, heranzuziehen. Diese sogenannte ‚funktionale Währung' ist zumeist, aber eben nicht immer, mit der Währung des Sitzlandes des jeweiligen Unternehmens bzw. der jeweiligen Unternehmenseinheit identisch.[2]

---

1 Bzw. bei freiwilliger vorzeitiger Anwendung der Änderungen des IAS 27 entprechend früher.
2 Eine Ausnahme bildet beispielsweise HSBC Holdings plc mit Sitz in London (UK) und US$ als funktionaler Währung: *HSBC Holdings plc Annual Report and Accounts 2009*, S.381.

I. Regelungsgehalt

Das Konzept der funktionalen Währung impliziert, dass zwar jedes einzelne Konzernunternehmen, aber nicht der Konzern als Ganzes, eine funktionale Währung hat. Die einzelnen in der jeweiligen funktionalen Währung aufgestellten Abschlüsse sind für die Umrechnung von Fremdwährungsabschlüssen, in die Berichtswährung des Konzerns umzurechnen. Die Berichtswährung des Konzerns selbst kann frei gewählt werden. In der Praxis ist sie allerdings häufig mit der funktionalen Währung der obersten in den Konzernabschluss einbezogenen Muttergesellschaft identisch.[3]

Manche Unternehmen gewähren ihren Auslandsbeteiligungen Darlehen, die auf die Währung der Auslandsbeteiligung lauten, oder haben sonstige in Auslandswährung zu tilgende Forderungen gegen sie. IAS 21 regelt, dass diese Fremdwährungsdarlehen und -forderungen unter bestimmten Umständen als Teil der Auslandsinvestition zu betrachten und damit zusammenhängende unrealisierte Kursgewinne und -verluste ergebnisunwirksam zu behandeln sind.

Darüber hinaus sind Vorschriften zur Behandlung von Wechselkurseffekten auch anderswo in den IFRS zu finden:

- Bespielsweise werden Auslandsbeteiligungen gelegentlich durch die Aufnahme von Fremdwährungsdarlehen oder durch den Einsatz von Derivaten gegen das Risiko von Wechselkursänderungen gesichert. Die Bilanzierung von Wechselkursgewinnen und -verlusten aus der Bewertung solcher in eine Sicherungsbeziehung eingebundenen Fremdwährungsinstrumente ist nicht in IAS 21, sondern in IAS 39 *Financial Instruments* geregelt.
- In einem mehrstufigen Konzern können die bei den verschiedenen Muttergesellschaften auftretenden Wechselkurseffekte aus der Umrechnung von Abschlüssen ausländischer Geschäftsbetriebe unterschiedlich ausfallen, je nachdem ob die Konsolidierung des ausländischen Geschäftsbetrieben einstufig, also unmittelbar bei der Konzernmutter, oder mehrstufig, also zunächst über eine oder mehrere Zwischengesellschaften, erfolgt. Als Folge davon würde auch der Konzerngewinn- oder -verlust aus dem Abgang eines ausländischen Geschäftsbetriebes je nach Konsolidierungsmethode unterschiedlich ausfallen. Leitlinien zur Ermittlung des auf Konzernebene auszuweisenden Abgangserfolges finden sich in IFRIC 16 *Hedges of a Net investment in a Foreign Operation*.

---

[3] Ausnahmen bilden beispielsweise die folgenden Schweizer Unternehmensgruppen: ABB Ltd mit Sitz in Zürich, Alcon, Inc. mit Sitz in Hünenberg und Syngenta AG mit Sitz in Basel – sowie außerhalb der Schweiz zB Turkcell Iletisim Hizmetleri A.S. mit Sitz in Istanbul. Alle diese Unternehmen sind an der New York Stock Exchange gelistet und stellen Ihren Konzernabschluß in US$ auf, obwohl die funktionale Währung der abschlussstellenden Konzernmutter jeweils deren Heimatwährung, also der Schweizer Franken bzw. die Türkische Lire ist. (Anders als Syngenta und Turkcell bilanzieren ABB und Alcon nicht nach IFRS sondern U.S. GAAP - das Konzept der funktionalen Währung gilt dort aber ebenso.) *ABB Ltd Annual Report 2008 on Form 20-F*, S. 118; *Alcon Inc. 2008 Financial Report*, S. 12; *Syngenta Financial Report 2008*, S. 40, *Turkcell Annual Report 2008*, S. 106.

- Wechselkursänderungen haben auch Einfluss auf die in der Kapitalflussrechnung dargestellten Zahlungsströme sowie auf die Anfangs- und Endbestände von in fremder Währung gehaltenen Barmitteln. Die Behandlung von Zahlungsströmen in Fremdwährung sowie die Darstellung unrealisierter Kursgewinne und -verluste auf Fremdwährungsbarbestände in der Kapitalflussrechnung ist in IAS 7 *Statement of Cash Flows* geregelt.

8 Dieser Beitrag greift die Behandlung von Zahlungsströmen und Zahlungsmittelbeständen in Fremdwährung auf, auch wenn dieses Thema außerhalb des IAS 21 geregelt ist. Die Abbildung von Sicherungsbeziehungen sowie die Wechselkursproblematik bei der Ermittlung des Abgangserfolgs in einem mehrstufigen Konzern, aber auch steuerliche Aspekte (für die IAS 21 im übrigen auf den einschlägigen IAS 12 *Income Taxes* verweist) sind nicht Bestandteil dieses Beitrags.[4]

9 **II. Normzweck und Anwendungsbereich.** Laut Zielsetzung soll IAS 21 Regelungen treffen, „wie Fremdwährungstransaktionen und ausländische Geschäftsbetriebe in den Abschluss eines Unternehmens einzubeziehen sind und wie ein Abschluss in eine Darstellungswährung[5] umzurechnen ist" (IAS 21.1). Dabei sollen insbesondere die bei der Umrechnung jeweils zu verwendenden Wechselkurse festgelegt und die bilanzielle Behandlung der sich daraus ergebenden Kursgewinne und -verluste geklärt werden (IAS 21.2).

10 Als Wechselkurse kommen grundsätzlich in Frage:
- der historische Kurs: entspricht dem am Tag der Fremdwährungstransaktion gültigen Kassakurs,
- der Stichtagskurs: entspricht dem am Bilanzstichtag gültigen Kassakurs,
- der Durchschnittskurs: entspricht dem Durchschnitt der während eines Betrachtungszeitraums (wie Woche oder Monat) gültigen Kassakurse.

11 Fremdwährungstransaktionen können grundsätzlich auch über Derivate abgewickelt werden. Die Bilanzierung von Derivaten, einschliesslich der Fremdwährungsderivate, ist in IAS 39 geregelt und insoweit von IAS 21 ausgenommen (IAS 21.4). Das gleiche gilt für die ebenfalls in IAS 39 abgehandelte Bilanzierung von Fremdwährungssicherungsmaßnahmen (IAS 21.5). Hingegen ist gemäß IAS 21.4 die Umrechnung der in funktionaler Währung ausgedrückten Derivatesalden und -ergebnisse in eine anders lautende Berichtswährung nach den Vorschriften des IAS 21 vorzuneh-

---

4 Zur Abbildung von Sicherungsbeziehungen unter besonderer Berücksichtigung der Regelungen von IFRIC 16 siehe zB *Berger*, KoR 2008, S. 608FF.
5 Gemeint ist die oben bereits erwähnte ‚Berichtswährung', also die Währung, in der ein Abschluss veröffentlicht wird. Statt ‚Darstellungswährung' wird im folgenden der Begriff ‚Berichtswährung' verwendet.

men. Obwohl nicht ausdrücklich erwähnt, wird IAS 21 analog auch bei der Umrechnung sonstiger Hedge-Accounting-Salden[6] und -Ergebniseffekte aus der funktionalen in eine Berichtswährung anzuwenden sein.

Derivative Bestandteile eines ansonsten nicht-derivativen Vertrages sind gemäß IAS 39.11 unter Umständen aus dem nicht-derivativen Basisvertrag herauszulösen und separat als Derivat zu bilanzieren. Hat ein Herauslösen nach IAS 39.11 zu unterbleiben und handelt es sich bei dem Gesamtvertrag um ein Fremdwährungsinstrument, sind entstehende Wechselkursgewinne und -verluste nach IAS 21 zu bilanzieren (IAS 21.4).

Die in IAS 21 festgelegten Umrechnungsvorschriften für die Einbeziehung ausländischer Geschäftsbetriebe in den Konzernabschluss sind nicht nur auf vollkonsolidierte Beteiligungen anzuwenden, sondern auch auf solche, die im Rahmen der Quotenkonsolidierung oder der Equity-Methode einbezogen werden (IAS 21. 3(b)).

III. Begriffe. Ausländischer Geschäftsbetrieb. Ein Tochterunternehmen, ein assoziiertes Unternehmen, ein Joint Venture oder eine Niederlassung des abschlusserstellenden Unternehmens, soweit Tochterunternehmen, assoziiertes Unternehmen, Joint Venture oder Niederlassung in einem anderen Land oder Währungsumfeld als das abschlusserstellende Unternehmen angesiedelt ist bzw. dort die Geschäfte führt.

Auslandsinvestition. Der Anteil des abschlusserstellenden Unternehmens am Nettovermögen eines ausländischen Geschäftsbetriebes.

Berichtswährung. Die Währung, in der ein Abschluss veröffentlicht wird.

Fair Value. Der Betrag, zu dem zwischen sachverständigen, vertragswilligen und voneinander unabhängigen Geschäftsparteien ein Vermögenswert getauscht bzw. eine Schuld beglichen werden könnte.

Fremdwährung. Jede Währung, die nicht die funktionale Währung des abschlusserstellenden Unternehmens ist.

Fremdwährungstransaktion. Jede auf Fremdwährung lautende bzw. in Fremdwährung zahlbare Transaktion einschließlich (a) der An- oder Verkauf von Waren oder Dienstleistungen zu einem in Fremdwährung angegebenen Preis, (b) das Leihen oder Verleihen von auf Fremdwährung lautenden Geldmitteln oder (c) ein sonstiger Erwerb oder Verkauf von Vermögenswerten bzw. eine sonstige Aufnahme oder Tilgung von Schulden, sofern die Vermögenswerte oder Schulden auf eine Fremdwährung lauten (IAS 21.20).

Funktionale Währung. Die Währung des Wirtschaftsumfeldes, in dem das Unternehmen primär tätig ist (siehe Rn 28ff für nähere Erläuterungen).

---

6   ZB eines im Rahmen eines Fair-Value-Hedge angesetzen Firm Committment. Siehe zum Thema Hedge Accounting die Ausführungen zu IAS 39 im vorliegenden Band.

21 **Kassakurs.** Der für die sofortige Auslieferung eines Fremdwährungsbetrages maßgebliche Wechselkurs.[7]

22 **Monetäre Posten.** Gehaltene Barmittel (einschließlich solche in Fremdwährung) sowie Vermögenswerte und Schulden, die einen Anspruch auf den Erhalt bzw. eine Verpflichtung zur Zahlung einer festen oder bestimmbaren Anzahl von Währungseinheiten begründen.

23 **Other Comprehensive Income** (OCI). Ein separater Bestandteil des Eigenkapitals, in dem solche Erträge und Aufwendungen bzw. Gewinne und Verluste zu buchen sind, die (infolge der Vorschriften des IAS 21 oder anderer IFRS) außerhalb der Gewinn- und Verlustrechnung (GuV) zu erfassen sind. Häufig (aber nicht immer) handelt es sich bei OCI-Posten um unrealisierte Erträge und Aufwendungen bzw. Gewinne und Verluste, die zum Zeitpunkt der Realisierung aus dem OCI umzugliedern und in der GuV zu erfassen sind.

24 **Stichtagskurs.** Der am Ende des Bilanzstichtages gültige Kassakurs.

25 **Transaktionskurs.** Der zum Zeitpunkt der Fremdwährungstransaktion gültige Kassakurs.

26 **Umrechnungsdifferenz.** Der Unterschiedsbetrag, der sich ergibt, wenn bei der Umrechnung einer bestimmten Anzahl von Währungseinheiten in eine andere Währung unterschiedliche Wechselkurse verwendet werden.

27 **Wechselkurs.** Das Umtauschverhältnis zweier Währungen.

---

7 Der maßgebliche Kassakurs kann ein Geldkurs oder ein Briefkurs oder das Mittel aus Geld- und Briefkurs ('Mittelkurs') sein. IAS 21 macht zur Verwendung von Geld-, Brief- oder Mittelkursen keine Angaben, es sei denn IAS 21.26, 1. Satz: „*When several exchange rates are available, the rate used is that at which the future cash flows represented by the transaction or balance could have been settled if those cash flows had occured at the measurement date*" wird als Forderung interpretiert, Vermögenswerte mit dem Geldkurs, und Verbindlichkeiten mit dem Briefkurs umzurechnen. In der Literatur wird IAS 21.26 hingegen nicht als eine Regelung zur Verwendung von Geld- und Briefkur-sen verstanden, sondern (in Anlehnung an FAS 52.27(b) bzw. ASC Topic 830-30-45-6 und 52.138 in den U.S. GAAP) als eine Umrechnungsvorschrift für den Umgang mit sogenannten „Dual Rate Regimes" oder „Mulitple Rate Regimes", in denen (wie in einigen Entwicklungsländern üblich) z.B. für Güterströme andere Wechselkurse gelten als für Kapitalströme (vgl. *EY International GAAP*, Kapitel 13, Abschnitt 3.3.1, S. 991, *PwC* (Hrsg.) IFRS Manual, Rn. 7.55; *KPMG* (Hrsg.) Insights, Rn. 2.7.90.30). Die Beschränkung der Vorschrift in IAS 21.26, 1. Satz auf Dual oder Multiple Rate Regimes erscheint plausibel, zumal die gem. IAS 21.22 und 21.40 prinzipiell mögliche Verwendung von Durchschnittskursen (s. Rn 39f. und 67 unten) die Verwendung von Mittelkursen grundsätzlich einschließt und insoweit eine verpflichtende Regelung zur Verwendung von Brief- und Geldkursen kaum beabsichtigt werden dürfte. In der Praxis dürften US-Unternehmen für realisierte Fremdwährungsef-fekte die tatsächlich abgerechneten Brief- und Geldkurse, für die Stichtagsumrechung sowie die Umrechnung in die Berichtswährung häufig die Mittelkurse bei Handelsschluß Verwendung finden. In den USA gelistete Unternehmen, deren funktionale Währung nicht der US$ ist, verwenden, wenn der US$ Berichtswährung ist, in der Praxis sonstige freiwillige Angaben in US$, zur Umrechnung in IAS 21.26, 1. Satz auf den von der Federal Reserve Bank of New York veröffentlichte 'noon buying rate' für Fremdwährungskäufe, also den um 12 Uhr mittags für die City of New York geltenden Geldkurs: *ABB Ltd Annual Report 2008 on Form 20-F*, S. 1, Deutsche Bank Annual Report 2008 on Form 20-F, S. 4.

IV. Bestimmung der funktionalen Währung

IV. Bestimmung der funktionalen Währung. Ein Unternehmen hat nach IAS 21.17 seinen IFRS-Abschluss in seiner funktionalen Währung zu erstellen. Die funktionale Währung ist definitionsgemäß die ‚Währung des Wirtschaftsumfeldes, in dem das Unternehmen primär tätig ist'. IAS 21.9 erläutert, dass damit normalerweise die Währung gemeint ist, in der es in erster Linie Zahlungsmittel generiert bzw. aufwendet. Für die Bestimmung der funktionalen Währung soll ein Unternehmen insbesondere heranziehen: 28

(a) die Währung mit dem größten Einfluss auf die **Verkaufspreise seiner Waren und Dienstleistungen** (welche oftmals, aber eben nicht immer, der Währung entspricht, in der die Verkaufsgeschäfte gepreist und abgerechnet werden) sowie die Währung des Landes, dessen Wettbewerbskräfte und regulatorisches Umfeld hauptsächlich die Verkaufspreise seiner Waren und Dienstleistungen bestimmen

(b) die Währung mit dem größten Einfluss auf die **Lohn-, Material- und sonstigen für Fertigung und Verkauf von Waren sowie die Erbringung von Dienstleistungen erforderlichen Kosten** (welche oftmals, aber eben nicht immer, der Währung entspricht, in der diese Kosten gepreist und abgerechnet werden).

Häufig lässt sich die funktionale Währung eines Unternehmens anhand dieser Kriterien ohne Schwierigkeiten bestimmen. In manchen Fällen jedoch, insbesondere wenn die Währung, in der gewöhnlich die Umsätze erzielt werden, von der Währung abweicht, in der gewöhnlich die Kosten anfallen, führt die Prüfung der Kriterien (a) und (b) zur umsatz- und kostenrelevanten Währung zu keinem eindeutigen Ergebnis. In diesen Fällen schlägt IAS 21.10 vor, zur Bestimmung der funktionalen Währung zusätzlich heranzuziehen: 29

(i) die Währung, in der die aus Finanzierungstätigkeiten (wie die Ausgabe von Schuld- oder Eigenkapitaltiteln) gespeisten Mittel zufließen und

(ii) die Währung, in der die aus betrieblicher Tätigkeit zufließenden Mittel normalerweise gehalten werden.

Darüber hinaus sollen im Fall von Schwierigkeiten bei der Bestimmung der funktionalen Währung eines ausländischen Geschäftsbetriebes und der Klärung der Frage, ob dessen funktionale Währung mit der des abschlussstellenden Unternehmens übereinstimmt, gemäß IAS 21.11 zusätzlich zu (a) und (b) folgende Faktoren berücksichtigt werden: 30

(i) Ob der ausländische Geschäftsbetrieb als **verlängerter Arm des abschlussstellenden Unternehmens** oder weitgehend selbständig tätig ist. Ersteres ist zB der Fall, wenn der ausländische Geschäftsbetrieb ausschließlich vom abschlussstellenden Unternehmen importierte Güter verkauft und die aus dem Verkauf erzielten Einnahmen regelmäßig an dieses weiterleitet. Letzteres ist zB der Fall, wenn der ausländische Geschäftsbetrieb Barmittel und sonstige monetäre Posten überwiegend in seiner Landeswährung hält, und überwiegend in Landeswährung Aufwand generiert, Erträge erwirtschaftet und Fremdmittel aufnimmt.

(ii) Ob **Geschäfte mit dem abschlusserstellenden Unternehmen** einen hohen oder geringen Anteil am Gesamtgeschäftsvolumen des ausländischen Geschäftsbetriebs haben.

(iii) Ob die Cashflows aus der Tätigkeit des ausländischen Geschäftsbetriebes sich direkt auf die **Cashflows des abschlusserstellenden Unternehmens** auswirken und ihm jederzeit zugeleitet werden können.

(iv) Ob die Cashflows aus der Tätigkeit des ausländischen Geschäftsbetriebes, ohne die **Bereitstellung zusätzlicher Mittel** durch das abschlusserstellende Unternehmen, zur Bedienung bestehender und unter normalen Umständen zu erwartender Schuldverpflichtungen ausreichen.

31   Dass die in Rn 29 und Rn 30 genannten Zusatzfaktoren nur dann zur Bestimmung der funktionalen Währung heranzuziehen sind, wenn die in Rn 28 aufgeführten Kriterien zur umsatz- und kostenrelevanten Währung zu keinem eindeutigen Ergebnis führen, ergibt sich aus IAS 21.12, der den in Rn 28 genannten Kriterien (a) und (b) den Vorrang über die Zusatzfaktoren aus Rn 29 und Rn 30 einräumt. Diese Priorisierung erleichtert die Bestimmung der funktionalen Währung in den Fällen, wo die sekundären Zusatzfaktoren eine andere funktionale Währung nahelegen als die Prüfung der primären Kriterien (a) und (b).[8] Steht die funktionale Währung anhand der primären Kriterien bereits fest, erübrigt sich eine Analyse der sekundären Faktoren, auch wenn diese, zumindest für sich genommen, im Ergebnis zu einer anderen funktionalen Währung führen würden.[9]

32   **Beispiel**

Ein französische Mutterunternehmen (mit € als funktionaler Währung) hat eine US-Tochter, die in den Vereinigten Staaten Medikamente herstellt und vertreibt. Die Prüfung der primären Kriterien ergibt, der US$ müsse die funktionale Währung der US-Tochter sein, weil der US$ die Verkaufspreise, aber auch die Höhe der Lohn-, Material- und sonstigen Umsatzkosten maßgeblich bestimmt und weil die preisbestimmenden Wettbewerber und regulatorischen Vorgaben hauptsächlich aus dem US$ Währungsraum stammen. Wird in einem solchen Fall die US-Tochter langfristig durch ein €-Darlehen des Mutterunternehmens finanziert und werden die von der US-Tochter erwirtschafteten Cash Flows regelmäßig an das Mutterunternehmen überwiesen, sind diese Zusatzfaktoren

---

8   Vgl. *PwC (Hrsg.)* IFRS Manual, Rn 7.39.
9   So auch *Ernst&Young (Hrsg.)* International GAAP, Rn 13.2.5 und *PwC (Hrsg.)* IFRS Manual, Rn 7.40 Example 7.

IV. Bestimmung der funktionalen Währung

für die Bestimmung der funktionalen Währung unbeachtlich. Sie wären nur zu berücksichtigen, wenn sich die funktionale Währung anhand der primären Kriterien allein nicht eindeutig bestimmen ließe.[10]

Die Nichtberücksichtigung der sekundären Faktoren im Beispiel 1A verdeutlicht, dass die funktionale Währung sich maßgeblich nach der Währung zu bestimmen hat, in der Umsätze erwirtschaftet und Zahlungen für Umsatzkosten geleistet werden. Erst wenn die funktionale Währung sich nicht eindeutig aus den primär im Rahmen des operativen Geschäfts zu- und abfließenden Cashflows ableiten läßt, sind die sekundären Faktoren zur Beurteilung heranzuziehen:

Beispiel

Geht man in einem Alternativszenario zu 1A davon aus, dass ceteris paribus die Medikamente sämtlich von der Mutter bezogen werden und die Lohn-, Material- und sonstigen Umsatzkosten daher überwiegend in € anfallen, ließe sich die funktionale Währung nicht zuverlässig allein anhand der primären Kriterien bestimmen. Das Mutterunternehmen hätte nunmehr nicht nur das €-Langfristdarlehen und die laufenden Überweisungen der erwirtschafteten Zahlungsmittel in den €-Raum als Zusatzfaktoren zu berücksichtigen, sondern auch die weiteren Faktoren zu prüfen und zB die Frage zu klären, ob die US-Tochter, weil sie ja (neben der gruppeninternen €-Finanzierung und der regelmäßigen Auskehr der erwirtschafteten Cash Flows an die Mutter) ausschließlich von der Mutter hergestellte Produkte vertreibt, nicht im Grunde als verlängerter Arm des Mutterunternehmens fungiert. Gilt in Bezug auf €-Finanzierung und Cash-Auskehrpraxis, dass die US-Tochter gegenüber dem Mutterunternehmen nicht berechtigt ist, anstelle des €-Darlehens US$ Finanzierungsquellen zu nutzen und die erwirtschafteten Cash Flow im US$-Währungsraum anzulegen, kommt man in diesem Alternativszenario zu dem Schluss, wegen der Bindung der Lohn-, Material- und sonstigen Umsatzkosten an den €-Währungsraum sowie der mangelnden Autonomie und starken wirtschaftlichen Abhängigkeit der US-Tochter vom €-Mutterunternehmen sei der € auch die funktionale Währung der US-Tochter.[11]

Gelegentlich wird sowohl die Analyse der primären als auch die Einbeziehung der sekundären Faktoren keine eindeutige Aussage zur funktionalen Währung ermöglichen. In diesen Fällen ist deren Bestimmung insoweit eine Ermessensentscheidung des Unternehmens. Eine Ermessensentscheidung wäre beispielsweise wohl im folgendem Szenario erforderlich:

---

10 So auch *Ernst&Young (Hrsg.)* International GAAP, Rn 13.2.5, dem das Beispiel im Wesentlichen entnommen ist.
11 So *PwC (Hrsg.)* IFRS Manual, Rn 7.40 Example 9.

36 Beispiel[12]

Ein multinationales britisches Unternehmen mit dem Pfund Sterling (GBP) als funktionaler Währung unterhält ein Treasury Centre (TC) in der Schweiz. TC nimmt GBP, US$ und € am Kapitalmarkt auf und verleiht die Mittel an die operativen Einheiten jeweils in deren funktionaler Währung. Es fungiert als Cash Pool für die Gruppe, legt die erhaltenen Barmittel zeitweilig am Geld- und Kapitalmarkt an und steuert die Fremdwährungs- sowie Zinsrisiken der Gruppe über den Einsatz von Derivaten. Aus den Cash Management Aktivitäten fließen TC Dividenden und Zinserträge in GPB, US$ und Euro zu und von den operativen Einheiten erhält es Gebühren, die jeweils in der funktionalen Währung der operativen Einheit abgerechnet werden. Die operativen Kosten fallen sämtlich in Schweizer Franken (CHF) an. Finanziert wird TC durch kurz- und langfristige GPB-Darlehen der Muttergesellschaft.

Kostenseitig wird TC klar durch den CHF dominiert. Die Erträge fließen allerdings in verschiedenen Währungen zu, wobei GPB, US$ und € etwa gleichberechtigt den Hauptanteil stellen und der CHF allenfalls eine untergeordnete Rolle spielt. Hinweise, dass TCs Gebührensätze vom Schweizer Wirtschaftsraum bestimmt würden, gibt es nicht. Eine einzelne Hauptertragswährung ist daher nicht erkennbar, und insoweit lässt sich TCs funktionale Währung, trotz der kostenseitigen Dominanz des CHF, anhand der primären Faktoren allein nicht eindeutig bestimmen.

Bezieht man nunmehr die sekundären Faktoren mit ein, spricht die Finanzierung von TCs Aktivitäten über GBP-Darlehen der Mutter für den GBP als funktionale Währung. Auch scheint TC zur Bündelung der gruppenweiten Finanzaktivitäten mit dem Ziel einer effektiven Risikosteuerung von der Mutter eingesetzt worden zu sein und mag insoweit als deren verlängerter Arm angesehen werden: Dies spricht ebenfalls für den GBP als TC's funktionale Währung.

Sollten auch weitere Fakten keinen Aufschluss geben, liegt es hier wohl letztendlich im Ermessen des Unternehmens zu entscheiden, ob nun CHF oder GBP für TCs Aktivitäten wirtschaftlich relevanter und damit als TCs funktionale Währung anzusehen sind.

37

Die funktionale Währung bestimmt sich anhand der Geschäftsaktivitäten eines Unternehmens und des wirtschaftlichen Umfeldes, in dem es tätig ist. Sofern sich an diesen Aktivitäten bzw. dem Umfeld nichts ändert, ist die funktionale Währung, sobald sie einmal feststeht, unverändert beizubehalten (IAS 21.13). Ein Wechsel der funktionalen Währung infolge geänderter Geschäftsaktivitäten kann nach IAS 21.36

---

12 Das Beispiel ist angelehnt an *PwC (Hrsg.)* IFRS Manual, Rn 7.40 Example 8.

in Frage kommen, wenn sich etwa die Währung, die die Produktpreise eines Unternehmens maßgeblich bestimmt, zB durch eine Verlagerung der Absatztätigkeit in einen anderen Währungsraum, ändert.[13]

V. Umrechnungsvorschriften für Fremdwährungstransaktionen. 1. Ersterfassung von Fremdwährungstransaktionen. Bei der erstmaligen Erfassung einer Fremdwährungstransaktion in der funktionalen Währung ist der Fremdwährungsbetrag gemäß IAS 21.21 mit dem am Transaktionstag gültigen Kassakurs in die funktionale Währung umzurechnen. Transaktionstag ist der Tag, an dem die Transaktion nach den IFRS erstmals anzusetzen ist.

38

Werden Fremdwährungstransaktionen nicht täglich gebucht, oder erfolgt die tägliche Erfassung zunächst in der Fremdwährung selbst oder einer anderen von der funktionalen Währung abweichenden Währung, kann eine nachträgliche Umrechnung mit dem Kassakurs vom Transaktionstag einen erheblichen Aufwand bedeuten. Für diese Fälle sieht IAS 21.22 ersatzweise die Umrechnung mit einem **Durchschnittskurs** vor. Als Beispiele werden Wochen- oder Monatsdurchschnittskurse genannt, und es wird ausdrücklich klargestellt, dass bei „signifikanten Kursschwankungen" die Verwendung eines Durchschnittskurses nicht angemessen ist.

39

Selbst wenn die Verwendung von Durchschnittskursen als Bilanzierungsmethode für die Abbildung von Fremdwährungstransaktionen gewählt wurde, bleibt es dem Bilanzierer unbenommen, einzelne Fremdwährungstransaktionen mit dem Kassakurs des Transaktionstages in der funktionalen Währung zu erfassen. Für die Erfassung wesentlicher Transaktionen mit geringer Häufigkeit, zB den Erwerb einer Sachanlage oder einer Auslandsbeteiligung wird zB in der Literatur die Verwendung von Kassakursen angeraten, wenn nicht als verpflichtend angesehen.[14]

40

2. Behandlung von Fremdwährungsposten an den Stichtagen nach Ersterfassung. Nach ihrer Ersterfassung sind aus Fremdwährungstransaktionen entstehende Bilanzposten unterschiedlich zu behandeln, je nachdem, ob es sich um monetäre oder nichtmonetäre Posten bzw. um Posten handelt, die zum Fair Value bilanziert werden. Gemäß IAS 21.23 sind zu jedem Bilanzstichtag

41

(a) monetäre Posten in Fremdwährung zum Stichtagskurs in die funktionale Währung umzurechnen

---

13 Vgl. *Schruff/Wellbrock*, Wiley IFRS, 999, wo die Verlagerung allerdings auch die Produktionstätigkeit einschließt und sich damit Umsatz- und Umsatzkostenwährung zugleich ändern. Aber auch, wenn allein der Absatz von der Verlagerung betroffen ist, mag ein Wechsel der funktionalen Währung, je nachdem, was die Beurteilung der sekundären Faktoren ergibt, bereits gerechtfertigt sein.
14 Vgl. *Ernst&Young (Hrsg.)* International GAAP, Rn 13.3.2.2. PwC IFRS Manual hält die Verwendung von Kassakursen in solchen Fällen für die gängige Bilanzierungspraxis. Vgl. PwC (Hrsg.) IFRS Manual, Rn 7.52.

(b) nicht-monetäre Posten, die in Fremdwährung zu historischen Kosten angesetzt werden, mit dem historischen Kurs (also dem Kurs bei Ersterfassung) in die funktionale Währung umzurechnen,

(c) nicht-monetäre Posten, die in Fremdwährung zum Fair Value angesetzt werden, mit dem für die Fair-Value-Bewertung relevanten Kurs umzurechnen.[15]

42   Werden in Fremdwährung angeschaffte nicht-monetäre Posten bei Ersterfassung einmalig in die funktionale Währung umgerechnet und danach zu fortgeführten Anschaffungskosten in funktionaler Währung angesetzt, erübrigt sich jede weitere Umrechnung. Auch Abschreibungen oder der Verbrauch von Vorräten in den Umsatzkosten spiegeln in diesem Fall automatisch den jeweils historischen Kurs bei Anschaffung des abzuschreibenden oder verbrauchten Gutes wider. Fall (b) ist insoweit nur einschlägig, wenn Ersterfassung und Fortführung des Buchwertes nicht in funktionaler Währung erfolgen (zB weil die Bücher in heimischer Währung geführt werden und die heimische Währung nicht die funktionale Währung ist). In diesen Fällen ist für die Ermittlung zB von Abschreibungsbeträgen und Buchwerten nicht-monetärer Posten der Rückgriff auf die historischen Anschaffungskurse erforderlich.

43   Zur Feststellung einer *Wertminderung von Vorräten* oder sonstigen nicht-monetären Vermögenswerten sind gemäß IAS 2 *Inventories* und IAS 36 *Impairment of Assets* Nettoveräußerungswerte oder erzielbare Beträge jeweils mit dem Buchwert zu vergleichen. Wurden Vorräte oder sonstige nicht monetäre Vermögenswerte in Fremdwährung angeschafft (und erfolgt der Ansatz zu fortgeführten Anschaffungskosten), ist ein Abwertungsbedarf für diese Bilanzposten zu ermitteln durch einen Vergleich der auf Basis der historischen Anschaffungskurse fortgeführten Buchwerte mit den auf Basis der Stichtageskursverhältnisse ermittelten Nettoveräußerungswerten bzw. erzielbaren Beträgen (IAS 21.25).

44   Diese Regelung kann, wie IAS 21.25 ausführt, zur Folge haben, dass ein in Fremdwährung entstandener Abwertungsbedarf wegen der zwischen Anschaffung und Wertminderungstest eingetretenen Kursänderung in funktionaler Währung nicht besteht:

45   **Beispiel**

Ein Unternehmen mit € als funktionaler Währung hat Vorräte für US$14,000 angeschafft und mit dem Anschaffungskurs von 1,40 US$/€ zu €10,000 angesetzt. Am Stichtag beträgt der Nettoveräußerungswert der Vorräte nur US$13,000, so dass sich in Fremdwährung ein Abwertungsbedarf von US$1,000 ergäbe. Hat der US$ bis zum Stichtag jedoch gegenüber dem € auf 1,25 US$/€ aufgewertet, beläuft sich der Nettoveräußerungswert in funktionaler Währung

---

15   Dieses mit historischen Kursen und Stichtags- bzw. Bewertungstagskursen operierendes Verfahren wird im deutschen Sprachraum als die ‚Zeitbezugsmethode' klassifiziert. Siehe zB *Gassen/Davarcioglu/Fischkin/Küting*, KoR 2007, 172 oder *Bieker*, KoR 2007, 703.

V. Umrechnungsvorschriften für Fremdwährungstransaktionen

auf (US$13,000 / US$/€1,25 =) €10,400. Damit liegt er höher als der Buchwert von €10,000, so dass sich in funktionaler Währung kein Abwertungsbedarf ergibt.

Werden die Konten in funktionaler Währung geführt und Nettoveräußerungswert und erzielbarer Betrag in funktionaler Währung ermittelt (was bei Sachanlagen und Vorräten häufig der Fall sein dürfte), bleibt dieser Sachverhalt in der Regel verborgen, da der in funktionaler Währung fortgeführte Buchwert mit einem in funktionaler Währung ausgedrückten Nettoveräusserungswert bzw. erzielbaren Betrag verglichen wird: Ein Vergleich der entsprechenden Fremdwährungsbeträge wird also gar nicht vorgenommen. Anders natürlich bei dem bereits in Rn 42 skizzierten Fall, dass die Bücher in heimischer Währung geführt werden, die heimische jedoch nicht die funktionale Währung ist. Hier würde der Wertminderungstest wohl zunächst in heimischer Währung erfolgen, und es könnte passieren, dass die Übertragung von Buch- und Vergleichswert in die funktionale Währung wegen der unterschiedlichen Umrechnungskurse einen Abwertungsbedarf negiert, der sich in heimischer Währung durchaus ergeben hat (oder umgekehrt einen Abwertungsbedarf anzeigt, der in heimischer Währung nicht bestand).

46

Der für die Fair-Value-Bewertung relevante Kurs in Fall (c) hängt ua vom gewählten **Bewertungsverfahren** ab. So lässt sich etwa bei Verwendung einer Discounted Cash Flows Methode der Fair Value zB eines auf Fremdwährung lautenden Derivats oder einer im Ausland belegenen Immobilie grundsätzlich auf zweierlei Weise ermitteln:

47

(a) Die zukünftigen Cash Flows in Fremdwährung werden mit dem relevanten Zinssatz des Fremdwährungsraumes abgezinst und dann mit dem Kassakurs des Bewertungstages in die funktionale Währung umgerechnet.

(b) Die zukünftigen Cash Flows in Fremdwährung werden mithilfe von Forward Rates in die funktionale Währung umgerechnet und dann mit dem für den funktionalen Währungsraum relevanten Zinssatz abgezinst.

Verfahren (a) führt auch bei Fair Value Bewertungen immer dann zur Verwendung von Stichtagskursen, wenn die Fair Value Bewertung auf den Verhältnissen am Stichtag beruht (was nicht immer der Fall sein muss bzw. nicht immer möglich ist)

3. Monetäre vs. nicht-monetäre Posten. Für die Folgebewertung von Fremdwährungsposten entscheidend ist, ob es sich um einen monetären oder nicht-monetären Posten handelt. Die Zuordnung ist nicht immer auf Anhieb ersichtlich.

48

Neben den Barmittelbeständen zählen zu den **monetären Posten** lt. Definition in Rn 22 Vermögenswerte und Schulden, die einen Anspruch auf den Erhalt bzw. eine Verpflichtung zur Zahlung einer festen oder bestimmbare Anzahl von Währungseinheiten begründen'. Damit sind zB Forderungen und Verbindlichkeiten aus Liefe-

49

rungen und Leistungen sowie Darlehen, Anleihen und sonstige Schuldinstrumente monetäre Posten. Dasselbe gilt für passivierte Bardividenden sowie Pensions- und sonstige Rückstellungen, soweit die zugrundeliegende Verpflichtung über eine Zahlung zu erfüllen ist (IAS 21.16). Selbst Verträge über den Erhalt (bzw. die Lieferung) einer variablen Anzahl von nicht-monetären Vermögenswerten oder eigenen Aktien sind nach IAS 21.16 monetäre Posten, wenn – aber nur wenn – die zu erhaltende (bzw. zu liefernde) Anzahl so bestimmt wird, dass die zu übertragenden Vermögenswerte oder eigenen Aktien wertmäßig einer festen oder bestimmbaren Anzahl von Währungseinheiten entsprechen.

50   **Nichtmonetäre Posten** zeichnen sich hingegen dadurch aus, dass sie keinerlei Recht auf den Erhalt bzw. keinerlei Verpflichtung zur Zahlung einer festen oder bestimmbaren Anzahl von Währungseinheiten begründen. Beispiele für nichtmonetäre Posten sind Vorräte, Sachanlagen, immaterielle Vermögenswerte, Geschäfts- oder Firmenwerte sowie solche Rückstellungsverpflichtungen, die nicht durch monetäre Vermögenswerte erfüllt werden (IAS 21.16).

51   Aber auch erhaltene bzw. geleistete Anzahlungen sind nicht-monetäre Posten, da sie eine Liefer- oder Leistungsverpflichtung bzw. einen Liefer- oder Leistungsanspruch repräsentieren, aber in der Regel keine (Rück-)Zahlungsverpflichtung bzw. kein Recht auf den Erhalt einer (Rück-)Zahlung begründen (IAS 21.16 und IAS 32.AG11). Eine Rückzahlungsverpflichtung bzw. ein Rückzahlungsanspruch entsteht aus Anzahlungen – wenn überhaupt – erst im Fall einer Vertragsstörung, und ist ggf. auch erst dann als monetärer Posten zu behandeln. Anzahlungen, die in Fremdwährung getätigt wurden, sind damit erstmalig zum Kassakurs am Transaktionstag anzusetzen und anschließend nicht umzubewerten.

52   Analog zu den Anzahlungen sind auch Rechnungsabgrenzungsposten, soweit sie Zahlungen für in Folgeperioden auszuweisenden Aufwand oder Ertrag darstellen, als nicht-monetäre Posten zu behandeln (IAS 21.16).

53   Schließlich sind auch Aktien und sonstige Beteiligungen am Eigenkapital eines Unternehmens als nicht-monetäre Posten anzusehen. Eigenkapitalinstrumente begründen einen Zahlungsanspruch erst, wenn eine Dividende, eine Kapitalherabsetzung oder die Liquidation erklärt wurde. Da ein Unternehmen mit Übertragung des Eigenkapitalinstruments in der Regel nicht verpflichtet wird, eine Dividendenzahlung, Kapitalherabsetzung oder die Liquidation vorzunehmen, begründet der Erwerb eines Eigenkapitaltitels noch keinen Zahlungsanspruch. Selbst bei hochliquiden börsengängigen Aktien entsteht ein solcher Anspruch erst, wenn ein Vertrag mit einem Käufer der Aktien zustande gekommen ist. Eigenkapitalinstrumente erfüllen daher in der Regel nicht die Definition eines monetären Postens. Die Qualifizierung als nicht-

monetärer Posten ergibt sich auch aus IAS 39.AG83, wo es in einem Halbsatz heißt: ‚*For available-for-sale financial assets that are not monetary items under IAS 21 (for example, equity instruments) ....*' [Hervorhebungen des Verfassers].

Einige **Instrumente mit Eigenkapitalcharakter** garantieren eine periodisch zahlbare, dividendenunabhängige Verzinsung oder können vom Inhaber gegen Auszahlung des Buch- oder Marktwertes seines Anteils gekündigt werden. Solche Instrumente sind nach IAS 32 prinzipiell nicht als Eigenkapitalinstrumente zu behandeln.[16] Sie stellen für den Emittenten Schulden dar und sind monetäre Posten, da ihr Erwerb (beim Halter) einen Zahlungsanspruch bzw. (beim Emittenten) eine Zahlungsverpflichtung begründet.

Demgegenüber erlaubt IAS 32.16A ausnahmsweise, dass bestimmte kündbare Instrumente mit Eigenkapitalcharakter unter gewissen Bedingungen als Eigenkapitalinstrumente klassifiziert werden können.[17] Auch wenn diese Instrumente, sofern sie auf Fremdwährung lauten, einen Zahlungsanspruch bzw. eine Zahlungsverpflichtung in Fremdwährung begründen, sind sie beim Emittenten wegen der Klassifizierung als Eigenkapital wie nicht-monetäre Posten zu behandeln, denn als Eigenkapital stellen sie für den Emittenten weder einen Vermögenswert noch ein Schuldinstrument dar und erfüllen insoweit nicht die Definition eines monetären Postens.[18] Eine Umbewertung zum Stichtageskurs hat für diese Instrumente (beim Emittenten) damit zu unterbleiben.

Für den Halter hingegen stellen sie einen Vermögenswert dar und dürften (da sie die Definition eines monetären Postens erfüllen) somit umzubewerten sein. Die Einstufung von Eigenkapitalinstrumenten als nicht-monetär, wie sie IAS 39.AG83 vornimmt (siehe Rn 53), dürfte, da sich IAS 39.AG83 erkennbar nicht mit Spezialfällen der Eigenkapitalklassifizierung, sondern mit dem typischen Eigenkapitalinstrument befasst, vermutlich nicht als hinreichender Beleg dafür gelten, der bloße Eigenkapitalcharakter eines Instrumentes reiche (beim Halter) für eine Klassifizierung als nicht-monetärer Posten bereits aus. Folgt man dieser Überlegung wären diese Instrumente wie monetäre Posten zu behandeln und Umrechnungsdifferenzen (wie im nächsten Abschnitt, Rn 57f beschrieben) ergebniswirksam zu erfassen.

4. Erfassung der Umrechnungsdifferenzen. a)Grundsätze der Erfassung von Differenzen. Umrechnungsdifferenzen, die bei der Glattstellung oder Stichtagesbewertung eines auf Fremdwährung lautenden monetären Postens entstehen, sind sofort ergebniswirksam zu vereinnahmen (IAS 21.28) – es sei denn, der monetäre Posten ist als Sicherungsinstrument in ein Hedge Accounting eingebunden und damit nicht im Anwendungsbereich des IAS 21.[19]

---
16 Vgl. hierzu im Einzelnen den Beitrag zu IAS 32 im vorliegenden Band.
17 Vgl. hierzu auch den Beitrag zu IAS 32 im vorliegenden Band.
18 Vgl. Definition in Rn 22, die sich nur auf ‚Vermögenswerte und Schulden' erstreckt.
19 Vgl. Rn 12. Zum Hedge Accounting s. die Erläuterungen zu IAS 39 in diesem Band.

58 Wird ein monetärer Fremdwährungsposten in einer Periode erfasst und erst in der nächsten glattgestellt, so werden bis zum Stichtag entstandene Kursgewinne oder -verluste durch die Stichtagesbewertung der ersten Periode zugerechnet, während in der nächsten Periode nur noch die Differenz aus dem bei Glattstellung realisiertem Kursgewinn oder -verlust und dem bereits in der ersten Periode vereinnahmten Ergebniseffekt erfasst wird.

59 Bei nicht-monetären Posten, die zum Fair Value bilanziert werden, kann es zu Umrechnungsdifferenzen kommen, wenn der Fair Value zunächst in Fremdwährung bestimmt wird. Solche Umrechnungsdifferenzen sind entweder in der GuV oder direkt im Eigenkapital zu erfassen, je nachdem, wo die dazugehörige Fair Value Änderung zu zeigen ist (IAS 21.30). Werden beispielsweise Sachanlagen nach dem Neubewertungsmodell zum Fair Value bilanziert, sind etwaige Umrechnungsdifferenzen direkt der Neubewertungsrücklage im Eigenkapital zuzuschlagen. Ebenso sind sämtliche Wechselkursgewinne- und -verluste auf in Fremdwährung gehandelte Eigenkapitalinstrumente direkt im Eigenkapital zu erfassen, wenn das Eigenkapitalinstrument als Available-for-Sale klassifiziert wurde (es sei denn, die Einstufung als Eigenkapitalinstrument erfolgte aufgrund von IAS 32.16A und bei dem Instrument handelt es sich um einen monetären Posten[20]). Werden Eigenkapitaltitel hingegen ergebniswirksam zum Fair Value bilanziert, sind etwaige Umrechnungsdifferenzen ebenfalls ergebniswirksam zu erfassen.

60 **b) Behandlung von Umrechnungsdifferenzen aus Fremdwährungsanleihen.** Die ergebniswirksame Erfassung von Umrechnungsdifferenzen gemäß Rn 57 gilt grundsätzlich auch für monetäre Posten, deren laufende Wertveränderungen ansonsten direkt im Eigenkapital gezeigt werden. Beispielsweise sind die Kursgewinne und -verluste einer als Available-for-Sale klassifizierten Fremdwährungsanleihe, soweit sie auf deren amortisierte Kostenbasis entfallen, in die GuV zu buchen, auch wenn ihre Fair Value Änderung ansonsten direkt im Eigenkapital zu erfassen ist.[21] Die Ermittlung dieser Umrechnungsdifferenzen ist wegen der eh komplexen Verbuchung von Available-for-Sale Instrumenten allerdings nicht gerade trivial:

---

20 Vgl. Rn 56 oben, die in diesen Fällen eine ergebniswirksame Erfassung der Umrechnungsdiffe-renzen nahelegt.
21 Dies ist explizit in IAS 39.AG83 geregelt, ergibt sich aber bereits aus der Generalvorschrift in IAS 21.28. Available-for-Sale ist eine von 4 Kategorien, in die Finanzinstrumente nach IAS 39 einzuord-nen sind. Je nach Kategorie variiert die Bilanzierung. Finanzinstrumente der Available-for-Sale Kategorie sind an jedem Stichtag mit dem Fair Value zu bilanzieren, wobei die laufenden Verzin-sung (auf Effektivzinsba-sis) sowie Wechselkurseffekte, soweit sie die amortisierten Kosten betref-fen, in der GuV zu zeigen sind, während sonstige Fair Value Änderungen direkt im Eigenkapital (dh im OCI) erfaßt und erst bei Verkauf bzw. im Wertminderungsfall in die GuV überführt werden. Für weitere Einzelheiten s. den Beitrag zu IAS 39 in diesem Band.

V. Umrechnungsvorschriften für Fremdwährungstransaktionen

Beispiel[22]

Ein Unternehmen mit € als funktionaler Währung erwirbt am 31.12.20X0 einen in 4 Jahren fälligen Bond zum Fair Value von GBP 10 Mio. Der Bond hat eine Nominalbetrag von GBP 12,5 Mio., zahlt einen jährlichen Coupon von 4.7% und hat eine Effektivverzinsung von 10%. Er wird beim Kurs von 1,10 €/GBP mit €11 Mio. angesetzt und als Available-for-Sale eingestuft (also laufend zum Fair Value ('FV') bilanziert, wobei die FV-Änderungen nicht in der GuV, sondern als separater Bestandteil des Eigenkapitals im OCI erfasst werden). 20X1 werden die GBP Zinserträge mit einem Kurs von 1,15 €/GBP und die Couponzahlung am Jahresende sowie der Bilanzposten einschließlich der FV-Änderung im OCI mit einem Stichtageskurs von 1,20 €/GBP erfasst. Nimmt man per 31. Dezember 20X1 einen FV von GBP10.600 an, lässt sich der Buchwert des Bonds wie folgt überleiten:

	GBP Tausend	Kurs €/GBP	€ Tausend
Bond FV am 31.12.20X0	10.000	1,10	11.000
(a) Effekt aus Umrechnung Bond FV 20X0 mit dem Stichtageskurs 20X1	-	(GBP 10.000 x (1,20 – 1,10)	1,000
(b) Zinsertrag 10% von GBP 10 Mio.	1.000	1,15	1.150
(c) Effekt aus Umrechnung Zinsertrag mit dem Stichtageskurs 20X1	-	(GBP 1.000 x (1,20 – 1,15)	50
(d) Coupon 4,7% von GBP 12,5 Mio	-588	1,20	-705
Bond Fortgeführte AK	10.412	1,20	12.495
(e) OCI Eigenkapital (FV Änderung = Bond FV ./. Bond Fortgef. AK)	188	1,20	225
Bond FV am 31.12.20X1	10.600	1,20	12.720

---

[22] Das Beispiel ist angelehnt an IAS 39.E.3.2.

Aus der Couponzahlung am 31. Dezember 20X1 und der im OCI zu erfassenden FV Änderung ergeben sich keine Wechselkurseffekte, da beide mit dem Stichtageskurs umgerechnet werden.[23]

Die aus (a) und (c) resultierenden Wechselkurseffekte von €1.050 sind gemäß IAS 21.28 und IAS 39.AG83 in der GuV zu erfassen, so dass der Buchungssatz (in T€) per 31. Dezember 20X1 lautet:

Bond FV (12.720 ./. 11.000 =)		1.720
Kasse		705
an	OCI (Eigenkapital)	225
	Zinsertrag	1.150
	Kursgewinn	1.050.

62 **c) Behandlung von Umrechnungsdifferenzen aus eigenkapitalersetzenden Fremdwährungsdarlehen oder -forderungen.** Für den Konzern- oder Teilkonzernabschluss gewährt IAS 21.32 eine Ausnahme von der ergebniswirksamen Erfassung von Umrechnungsdifferenzen aus monetären Posten. Die Ausnahme gilt für Fremdwährungsdarlehen oder -forderungen, sofern sie gegenüber Auslandsbeteiligungen bestehen und ihre Tilgung in absehbarer Zukunft weder geplant noch sonst wahrscheinlich ist.[24] Solche Darlehen und Forderungen werden als Teil der Auslandsinvestition betrachtet und Umrechnungsdifferenzen analog den (in Rn 65ff behandelten) Differenzen aus der Einbeziehung von Auslandsbeteiligungen in den Konzernabschluss behandelt, dh zunächst direkt im Eigenkapital erfaßt und erst bei Abgang der Beteiligung ergebniswirksam gestellt.[25]

23 Das (anders als hier) über zwei Perioden ausgeführte Beispiel in IAS 39.E.3.2 macht deutlich, daß auch in der Folgeperiode die im OCI zu zeigende FV-Änderung zunächst in Fremdwährung ermittelt und dann mit dem ggf. geänderten Stichtagskurs in die funktionale Währung umgerechnet wird. Der in der Folgeperiode zu buchende Änderungsbetrag im OCI deckt damit auch den Effekt ab, den eine Stichtagskursänderung auf den (in Fremdwährung ausgedrückten) Fair-Value-Änderungsbetrag im OCI hat. Im Extemfall eines in Fremdwährung über zwei Perioden unveränderten Fair Value im OCI würde die in Periode 2 zu erfassende OCI-Anpassungsbuchung in funktionaler Währung allein den Effekt aus einer Veränderung der Stichtagskurse abbilden. Diese Besonderheit ergibt sich aus den Vorschriften in IAS 39.AG83 und IAS 39.E.3.2, monetäre Available-for-Sale Instrumente seien für Umrechnungszwecke auf Basis der in Fremdwährung amortisierten Kosten zu führen und der im OCI kumulativ zu erfassende Betrag bilde damit stets die Differenz aus den in funktionaler Währung ausgedrückten amortisierten Kosten und dem Fair Value in funktionaler Währung ab. Umrechnungsdifferenzen, die auf die Fair-Value-Komponente entfallen, sind damit zwangsläufig im OCI zu erfassen.
24 Für die Qualifizierung als Fremdwährungsdarlehen und –forderungen ist es unerheblich, ob der Fremdwährungscharakter auf Seiten des Darlehensgebers oder des Darlehensnehmers (oder gar, bei Verwendung einer Drittwährung, auf Seiten beider) besteht. Gibt ein €-Mutterunternehmen beispielsweise einer GBP-Auslandsbeteiligung ein €-Darlehen, qualifiziert das Darlehen im €-Konzernabschluß grundsätzlich für die Ausnahme, auch wenn die Umrechnungsdifferenzen nur aus der Darlehensverbindlichkeit im Abschlußder GBP-Beteiligung herrühren. Insoweit gilt die Ausnah-me grundsätzlich auch für Fremdwährungsverbindlichkeiten. Im Folgenden wird der Klarheit halber aber nur von Fremdwährungsdarlehen und –forderungen gesprochen.
25 Diese Ausnahmeregelung gilt nur für konsolidierte Abschlüsse, dh im Einzelabschluß des Darlehensgebers bzw. Darlehensnehmers sind Umrechnungsdifferenzen aus monetären Posten stets sofort ergebniswirksam zu erfassen (IAS 21.32).

V. Umrechnungsvorschriften für Fremdwährungstransaktionen

Typischerweise sind diese Fremdwährungsdarlehen und -forderungen langfristiger Natur. Allerdings reicht Langfristigkeit allein nicht aus, um für die Ausnahme zu qualifizieren, noch ist eine Klassifizierung als langfristig dafür zwingend erforderlich. Das ausschlaggebende Kriterium ist die Erwartung, dass Darlehen oder Forderung ggf. auch über den Fälligkeitszeitpunkt hinaus auf absehbare Zeit nicht zurückgezahlt werden (und damit dem Schuldner quasi wie Eigenkapital permanent zur Verfügung stehen). Ein 10-jähriges Darlehen qualifiziert damit trotz Langfristigkeit grundsätzlich nicht für die Ausnahme, es sei denn eine unbefristete Verlängerung über den Zehnjahreszeitraum hinaus ist beschlossene Sache oder sonst wahrscheinlich.[26] Hingegen können wegen sofortiger Zahlbarkeit auf Verlangen des Gläubigers u.U. als kurzfristig klassifizierte Forderungen für die Ausnahme qualifizieren, falls nachweislich keine Absicht noch die Erwartung besteht, die jederzeit fälligen Beträge in absehbarer Zukunft zurückzufordern.[27]

Sobald entgegen der ursprünglichen Erwartung eine Rückzahlung zu einem späteren Zeitpunkt absehbar oder sonst wahrscheinlich wird, sind Umrechnungsdifferenzen ab diesem Zeitpunkt ergebniswirksam zu erfassen.[28] Doch wie ist mit den bis dahin im Eigenkapital erfassten Umrechnungsdifferenzen zu verfahren? Teile der Literatur halten wegen fehlender Regelungen in den IFRS eine Umgliederung zum Zeitpunkt, an dem eine Rückzahlung absehbar oder sonst wahrscheinlich wird, für ein zulässiges Verfahren (solange es im Rahmen einer Festlegung konsistent angewendet wird).[29] Zum Teil wird hält auch für diesen Fall die Vorschrift IAS 21.32 für einschlägig gehalten, eine Umgliederung in die GuV habe erst bei Abgang der Auslandsbeteiligung zu erfolgen.[30] Damit wären die bis dato im Eigenkapital aufgelaufenen Um-

---

26 Vgl. *PwC (Hrsg.)* IFRS Manual, Rn 7.95; *Ernst&Young (Hrsg.)* International GAAP, Rn 13.3.4.1. Beide halten jedoch einen Nachweis, der die Absicht einer unbefristeten Verlängerung dokumentiert (zB einen Vorstandsbeschluß oder entsprechende Sitzungsprotokolle) für erforderlich, da bei fester Laufzeit ansonsten von einer geplanten Rückzahlung auszugehen ist.
27 Ebd. Gemäß Wortlaut IAS 21.15 gilt die Ausnahmeregelung allerdings nicht für Forderungen aus Lieferungen und Leistungen („Ford aLL"), wobei unklar ist, ob IAS 21.15 lediglich auf typische oder tatsächlich auf sämtliche Ford aLL zu beziehen ist. *Ernst&Young (Hrsg.)* International GAAP geht offenbar davon aus, daß mit IAS 21.15 beispielhaft ein Typus an Forderungen gekennzeichnet werden sollte, für den die Voraussetzungen für die Ausnahme im Regelfall nicht erfüllt sind. Der Verweis in IAS 21.15 auf Ford aLL wäre in diesem Fall lediglich als Beispiel zu nehmen, daß Forderungen, die laufend entstehen, getilgt werden und neu entstehen, wobei u.U. ein ständiger „Bodensatz" an Forderungen verbleibt, nicht als Teil der Auslandsinvestition betrachtet werden können. Werden Ford aLL hingegen nicht getilgt und ist eine Tilgung in absehbarer Zeit weder geplant noch sonst wahrscheinlich, kommt gemäß *EY International GAAP* für diese Ford aLL eine Behandlung als Teil der Auslandsinvestition und damit eine Erfassung von Umrechnungsdifferenzen direkt im Eigenka-pital durchaus in Frage (*Ernst&Young (Hrsg.)* International GAAP, Rn 13.3.4.1).
28 Vgl. *Ernst&Young (Hrsg.)* International GAAP, Rn 13.3.4.1.
29 Vgl. *PwC (Hrsg.)* IFRS Manual, Rn 7.102.1.
30 Vgl. *Ernst&Young (Hrsg.)* International GAAP, Rn 13.3.4.1.

rechnungsdifferenzen nicht zum Zeitpunkt, an dem eine Rückzahlung absehbar oder sonst wahrscheinlich wird, umzugliedern, sondern erst bei Abgang bzw. Teilabgang der Auslandsbeteiligung.[31]

65 **VI. Umrechnung von Fremdwährungsabschlüssen. 1. Grundsätze der Umrechnung von Fremdwährungsabschlüssen.** Wird eine Auslandsbeteiligung, deren funktionale Währung nicht der Konzernberichtswährung entspricht, als vollkonsolidiertes Tochterunternehmen, als proportional konsolidiertes Joint Venture oder als nach der Equity-Methode bilanzierte Beteiligung in den Konzernabschluss einbezogen, ist der in funktionaler Währung aufgestellte Abschluss der Auslandsbeteiligung in die Konzernberichtswährung umzurechnen. Eine Umrechnung des (in funktionaler Währung aufgestellten) Abschlusses der Konzernmutter ist erforderlich, wenn die funktionale Währung der Konzernmutter von der Konzernberichtswährung abweicht.

66 Bei der Umrechnung eines in funktionaler Währung aufgestellten Abschlusses in eine abweichende Konzernberichtswährung ist gemäß IAS 21.39 und IAS 21.48 wie folgt zu verfahren:[32]

(a) pro Berichtsperiode sind Vermögenswerte und Schulden mit dem Stichtagskurs der jeweiligen Berichtsperiode umzurechnen,

(b) pro Berichtsperiode sind Erträge und Aufwendungen bzw. Gewinne und Verluste (einschließlich der im OCI im Eigenkapital erfassten) mit den jeweiligen Transaktionskursen[33] umzurechnen,

(c) sämtliche sich aus (a) und (b) ergebenden Umrechnungsdifferenzen sind zunächst als separater Bestandteil des Eigenkapitals im OCI zu erfassen und erst bei Abgang der jeweiligen Konzerneinheit in die GuV zu überführen.[34]

---

31 Die Frage, inwieweit ein Teilabgang einer Auslandsbeteiligung bzw. der Abgang einer als Teil der Auslandbeteiligung anzusehenden Forderung als für eine Umgliederung qualifizieren, wird in Rn 93ff. behandelt.
32 Das Verfahren gilt allerdings nicht für Abschlüsse von Konzerngesellschaften, deren funktionale Währung die eines Hochinflationslandes ist. Für die Umrechnung solcher Abschlüsse in eine abweichende Berichtswährung sieht IAS 21.42 grundsätzlich eine Umrechnung sämtlicher Bilanz- und GuV-Posten (sämtlicher Berichtsperioden) zum Stichtagskurs (der jeweils letzten Berichtsperiode) vor, wobei - als Ausnahme von der grundsätzlichen Regelung – Posten, die in einer Vergleichsperi-ode ursprünglich in einer Fremdwährung angefallen sind und erst in die Hochinflationswährung umgerechnet wurden, mit dem Stichtagskurs der jeweiligen Vorperiode umzurechnen sind. Die Behandlung von Abschlüssen in Hochinflationsländern ist in IAS 29 geregelt und nicht Bestandteil dieses Beitrags.
33 S. Definition Ziffer 24.
34 Als Grund für die zunächst ergebnisneutrale Erfassung führt IAS 21.41 an, daß die aus der Umrechnung in die Berichtswährung sich ergebenden Differenzen keinen bzw. nur einen geringen direkten Effekt auf die gegenwärtigen und künftigen operativen Cash Flows haben. In der Tat werden die Umrechnungsdifferenzen erst bei einem Abgang der Beteiligung realisiert, aber nicht infolge deren operativer Tätigkeit.

VI. Umrechnung von Fremdwährungsabschlüssen

Aufgrund des erheblichen Aufwandes, den eine nachträgliche Umrechnung zu Transaktionskursen gemäß (b) mit sich bringen kann, erlaubt IAS 21.40 (analog IAS 21.22 für die erstmalige Erfassung von Fremdwährungstransaktionen) die Verwendung von **Durchschnittskursen**, es sei denn, deren Verwendung führt wegen „signifikanter Kursschwankungen" zu Verfälschungen.

Die infolge (c) entstehenden Umrechnungsdifferenzen haben, wie IAS 21.41 erläutert, zwei Quellen:

(a) die Abweichung des Stichtageskurses der laufenden Periode vom Stichtageskurs der Vorperiode

(b) die Abweichung des Stichtageskurses der laufenden Periode vom Durchschnittskurs (bzw. den Transaktionskursen) der laufenden Periode.

Die **Differenzen aus (a)** entstehen bei der Umrechnung der Nettovermögensposition aus der Eröffnungsbilanz: Ändert sich von Stichtag zu Stichtag der Wechselkurs, kommt es zu wechselkursbedingten Veränderungen der Eröffnungsbilanzwerte in Berichtswährung. Zwar wird der Effekt aus der Umrechnung der Vermögenswerte durch einen gegenläufigen Effekt aus der Umrechnung der Schulden kompensiert, aber die Umrechnung der überschießenden Nettoposition mit unterschiedlichen Kursen führt zu einem Differenzbetrag, für den es keinen Ausgleich gibt und der gemäß IAS 21.39 als separater Bestandteil des Eigenkapitals ins OCI einzustellen ist.

Die **Differenzen aus (b)** entstehen daraus, dass für die Umrechnung der GuV-Konten und damit des Jahresüberschusses (bzw. Jahresfehlbetrags), aber auch für die Umrechnung der direkt im Eigenkapital erfassten OCI-Gewinne und -Verluste (zB aus als Available for Sale eingestuften Finanzinstrumenten) ein anderer Kurs verwendet wird als für die Umrechnung der von den GuV- bzw. OCI-Effekten betroffenen Vermögenswerte und Schulden.

Das Entstehen von Umrechnungsdifferenzen und deren jeweilige Herkunft lassen sich wie folgt illustrieren:

Beispiel

Eine Konzernmutter mit Berichtswährung € erwirbt am 31. Dezember 20X0 eine Auslandsbeteiligung in den USA für US$980 (= Nettovermögensposition der Beteiligung per 12/20X0). Der Anschaffungskurs stimmt mit dem Stichtagskurs der Periode 20X0 stimmen überein und beträgt US$/€1,40. Die Anschaffungskosten in € betragen somit (US$980 / US$/€1,40 =) €700. Im folgenden Berichtsjahr 20X1 gilt ein Durchschnittskurs von US$/€1,25, der Stichtagskurs per 12/20X1 beträgt US$/€1,20. Es ergeben sich folgende Bilanz- und GuV-Werte, jeweils in funktionaler und in €-Berichtswährung:

IAS 21 — Foreign Exchange Rates

Bilanz der US-Auslandsbeteiligung	12/20X1 in US$	US$/€	12/20X1 in €
Anlagevermögen	600	1,20	500
Vorräte	450	1,20	375
Forderungen	300	1,20	250
Barmittelbestände	240	1,20	200
Summe Aktiva	**1.590**	**1,20**	**1.325**
Gezeichnetes Kapital und Kapitalrücklagen	980	1,40	700
Jahresüberschuß	80	1,25	64
OCI Available-for-Sale (AfS) Rücklage	20	1,25	16
OCI Fremdwährungsrücklage	0		120
Summe Eigenkapital	**1.080**		**900**
Diverse Verbindlichkeiten	510	1,20	425
Summe Passiva	**1.590**		**1.325**

GuV der US-Auslandsbeteiligung	20X1 in US$		20X1 in €
Umsätze	1.000	1,25	800
Umsatzkosten	-770	1,25	-616
Vertriebs- und VerwKosten	-100	1,25	-80
Zinsergebnis	-10	1,25	-8
Steuern	-40	1,25	-32
Jahresüberschuß	**80**	**1,25**	**64**

Die gesamte Umrechnungsdifferenz im OCI von €120 setzt sich aus folgenden Komponenten zusammen:

Differenz aus Umrechnung der Vorjahres-Nettovermögensposition (NVP)

	US$		€
NVP Vorjahr zum Stichtagskurs Berichtsjahr	980	1,20	817
NVP Vorjahr zum Stichtagskurs Vorjahr	980	1,40	700
Umrechnungsdifferenz (1)			**117**

Differenz aus Umrechnung GuV und OCI AfS Rücklage

	US$		€
Jahresüberschuß	80		
OCI AfS Rücklage	20		
Jahresüberschuß & OCI AfS Rücklage Stichtagskurs	100	1,20	83
Jahresüberschuß & OCI AfS Rücklage Durchnittskurs	100	1,25	80
Umrechnungsdifferenz (2)			**3**

| **Umrechnungsdifferenzen gesamt (OCI):** | | | **120** |

VI. Umrechnung von Fremdwährungsabschlüssen

In der Konzernbilanz würden Gezeichnetes Kapital und Kapitalrücklage von insgesamt €700 gegen den Buchwert der Auslandsbeteiligung bei der Konzernmutter von €700 zu eliminieren sein, während der Jahresüberschuss von €64, da AFS-Rücklage von €6 und die Umrechnungsdifferenz von €120 als Teil des Konzerneigenkapitals auch nach der Konsolidierung erhalten blieben.

IAS 21

Gemäß IAS 21.48 wäre die Umrechnungsdifferenz allerdings bei einem Abgang der Auslandsbeteiligung in die Konzern-GuV umzugliedern. Beispielsweise würden bei einem Barverkauf der Beteiligung per 12/20X1 zum Buchwert des US$-Eigenkapitals von US$1.080 dem Konzern Barmittel in Höhe von umgerechnet (US$1.080 / US$/€1,20 =) €900 zufließen. Der erzielte Verkaufsgewinn betrüge dann (€900 ./. Anschaffungskosten von €700 =) €200 und enthielte neben dem von der Auslandbeteiligung erwirtschafteten Jahresüberschuss plus OCI-Gewinn von (€64 plus €16 =) €80 eben auch die positive Umrechnungsdifferenz von €120. Die Umrechnungsdifferenz wäre damit (in Form einer Erhöhung der Konzernbarbestände) ‚realisiert' und nunmehr auch ergebniswirksam zu vereinnahmen (ebenso wie der OCI-Gewinn von €16, aber anders als die €64 Jahresüberschuss, die ja bereits vor dem Verkauf GuV-wirksam wurden).[35]

2. Umrechnung von Abschlüssen mit Minderheitenanteilen. Bestehen Minderheitenanteile an der Auslandsbeteiligung sind die darauf entfallenden Umrechnungsdifferenzen gemäß IAS 21.41 den Minderheitenanteilen zuzuschlagen.

72

Beispiel

Hätte die Konzernmutter im vorherigen Beispiel nur 80% der US-Auslandsbeteiligung erworben, wären im US$-Abschluss 20% des Eigenkapitals, also im einzelnen:

20% der Kapitalkonten von US$980:	US$ 196
20% des Jahresüberschusses von US$80:	US$ 16
20% OCI AfS Rücklage von US$20:	<u>US$ 4</u>
Insgesamt:	US$ 216

als Minderheitenanteile ausgewiesen worden.

Die darauf entfallenden Umrechnungsdifferenzen hätten sich zusammengesetzt aus (US$196 / US$/€1,20 – US$196 / US$/€1,40 =) €23.3 Nettovermögenseffekt sowie (US$20 / US$€1,20 – US$20 / US$/€ 1,25 =) €0.7 GuV- und OCI-Effekt,

---

35 Die Buchung bei Verkauf würde in diesem einfachen Fall lauten:
    Per Bank   €900
    Per OCI AfS Rücklage   € 14
    Per OCI Fremdwährungsrücklage   €120
    An   Verschiedene Vermögenswerte und Schulden   €900
            Gewinn aus Abgang AfS Wertpapier   € 14
            Gewinn aus dem Verkauf von Beteiligungen   €120

also in Summe €24 betragen und damit 20% der bisher in der OCI Fremdwährungsrücklage gebuchten €120 entsprochen. Insgesamt hätten sich die Minderheitenanteile („MA") in Berichtswährung wie folgt zusammengesetzt:

MA Gezeichnetes Kapital/Kapitalrücklagen (US$196 / US$/€1,40):	*€140*
MA Jahresüberschuss (US$16 / US$/€1,25):	*€ 13*
MA AfS Rücklage (US$4 / US$/€1,25):	*€ 3*
MA-Anteil Umrechnungsdifferenzen	*€ 24*
MA-Anteil gesamt:	*€180*

Da der Buchwert der Minderheitenanteile den Effekt aus der Umrechnung enthält, werden Minderheiten im umgerechneten Abschluss letztendlich zum Stichtageskurs ausgewiesen (im Beispiel zu US$ 216 / US$/€1,20 = €180).

73 Die Behandlung der Umrechnungsdifferenzen bei Minderheitenanteilen führt dazu, dass beim Abgang der Beteiligung die auf die Minderheitenanteile entfallenden Umrechnungsdifferenzen (weil nicht Teil des OCI) nicht in die GuV umzugliedern sind.[36] Das ist konzeptionell insoweit stimmig, als die auf die Minderheitenanteile entfallenden Umrechnungsdifferenzen bei Beteiligungsabgang nicht vom Konzern realisiert werden.[37]

74 **3. Umrechnung der Eigenkapitalkonten.** Zur Umrechnung der Eigenkapitalkonten trifft IAS 21 in Bezug auf den **Jahresüberschuss bzw. Jahresfehlbetrag** sowie die **OCI-Konten** insoweit Regelungen, als gefordert wird, die bei der Umrechnung von Erträgen und Aufwendungen bzw. Gewinnen und Verlusten entstehenden Differenzen aus Durchschnittskurs- bzw. Transaktionskursbewertung und Stichtagskursbewertung in den separaten OCI-Posten im Eigenkapital einzustellen.[38]

75 Zur Umrechnung des **Gezeichneten Kapitals und der Kapitalrücklagen** („Kapitalkonten') hingegen sind in IAS 21 keine expliziten Vorschriften zu finden. In der Literatur wird z.T. die Auffassung vertreten, der in Berichtswährung ausgedrückte Saldo der Kapitalkonten ergebe sich als Restgröße aus der Umrechnung der Bilanz- und Erfolgskonten (einschließlich der OCI-Konten).[39] In der Tat würde im obigen Beispiel

---

36 Obwohl sich dies bereits aus der Generalvorschrift zur Umgliederung der Umrechnungsdifferenzen bei Beteiligungsabgang in IAS 21.48 ergibt, regelt IAS 21.48B noch einmal ausdrücklich, daß den Minderheitenanteilen zugeordnete Umrechnungsdifferenzen bei Abgang der Beteiligung ergebnisneutral auszubuchen sind.
37 Bei Erwerb und Verkauf einer 80% Beteiligung hätte der Verkaufsgewinn in Rn 73 ceteris paribus 80% von €200 betragen, also €160. Dieser Betrag hätten sich zusammengesetzt aus 80% von €64 = €51,20 erwirtschafteter Jahresgewinn, 80% von €16 = €12,80 realisierter Gewinn aus den (im Rahmen des Beteiligungsverkaufs) verkauften AfS-Wertpapieren und 80% von €120 = €96 realisierte Umrechnungsdifferenz. Die den Minderheitenanteilen zugerechnete Umrechnungsdiffe-renz von €24 würde vom Konzern also auch bei Abgang der Beteiligung nicht realisiert.
38 Vgl. Rn 66 oben.
39 Vgl. z.B. *Gassen/Davarcioglu/Fischkin/Küting* KoR 2007, 173 oder *Pellens/Fülbier/Gassen/Sellhorn*, Internationale Rechnungslegung, 669, beide mit Verweis auf *Oechsle/Müller/Holzwarth* Rechnungslegung nach IFRS, IAS 21, Rn 98.

VI. Umrechnung von Fremdwährungsabschlüssen

nach Umrechnung und Einstellung der Differenzen in die OCI Fremdwährungsrücklage für die Kapitalkonten ein Betrag von €700 verbleiben, der einer Erfassung der Kapitalkonten zum historischen Kurs von US$/€1,40 entspricht.

Die Ermittlung des Berichtswährungssaldos der Kapitalkonten als Restgröße aus dem Umrechnungsvorgang kommt allerdings nur dann einer Erfassung der Kapitalkonten zum historischen Kurs gleich, wenn nach Zugang der Beteiligung keine weiteren Kapitaltransaktionen, insbesondere keine Kapitalerhöhungen vorgenommen werden.

Beispiel

Bei einer US-Auslandsbeteiligung, deren Eigenkapital von US$100 per 12/20X0 zum (Stichtags- = Zugangs)Kurs von US$/€1.25 erstmals in €-Konzernwährung erfasst wurde, wird im Folgejahr 20X1 eine Kapitalerhöhung von US$50 vorgenommen, als der US$/€-Kurs 1.50 beträgt.

Der Jahresüberschuss 20X1 beträgt US$80. Für die Umrechnung des Jahresüberschusses wird ein Durchschnittskurs von 1.30 angesetzt, der Stichtagskurs 12/20X1 beträgt US$/€1,20. Die gemäß IAS 21.39 im OCI zu erfassenden Umrechnungsdifferenzen ergeben sich per Stichtag 12/20X1 dann wie folgt

Differenz aus Umrechnung der Vorjahres-Nettovermögensposition	US$	US$/€	€
NVP-Vorjahr zum Stichtageskurs 12/20X1	100	1,20	83
NVP-Vorjahr zum Stichtageskurs 12/20X0	100	1,25	80
Umrechnungsdifferenz (1)			3
Differenz aus Umrechnung GuV	US$	US$/€	€
Jahresüberschuss Stichtageskurs	80	1,20	67
Jahresüberschuss Durchschnittskurs	80	1,30	62
Umrechnungsdifferenz (2)			5
Umrechnungsdifferenz gesamt			8

Als Restgröße ergibt sich der Kapitalkontensaldo in Berichtswährung wie folgt:

Bilanz der US-Auslandsbeteiligung	12/20X1		12/20X1
	US$	US$/€	€
Summe NVP ($100 + $50 + $80)	230	1,20	192
Gezeichnetes Kapital und Kapitalrücklagen	100		
Zzgl. Kapitalerhöhung	50		
Kapitalkonten gesamt:	**150**	**(192-70)**	**122**
Jahresüberschuss	80	1,30	62
OCI Fremdwährungsrücklage (€3+€5)	0		8
Summe Eigenkapital	230		192

Die Erfassung der US$-Kapitalkontensaldos von US$150 zu €122 nach der Restgrößenmethode entspricht einem Kurs von US$/€1,23 und liegt damit niedriger als die historischen Kurse von US$1,25 (für die Kapitalkonten vor der Kapitalerhöhung) und US$1,50 (für die Kapitalerhöhung).

78 Da hinsichtlich der Kapitalerhöhung die Differenz aus Transaktionskurs (US$/€1,50) und Stichtageskurs (US$/€1,20) durch den lt. IAS 21.39 auf Bilanz- und GuV-Konten beschränkten Umrechnungsvorgang überhaupt nicht erfasst wird, der durch die Erhöhung ausgelöste Anstieg der Nettovermögensposition hingegen den Stichtageskurs (US$/€1,20) widerspiegelt, wird die Kapitalerhöhung bei Verwendung der Restgrößenmethode automatisch zum Stichtageskurs in Berichtswährung erfasst (und nur der Kapitalkontensaldo **vor** Erhöhung zum historischen Kurs von US$/€1,25). Dies zeigt die folgende Verprobung:

Kapitalkontensalden per 12/20X1	US$	US$/€	€
Gezeichnetes Kapital und Kapitalrücklagen	100	1,25	80
Zzgl. Kapitalerhöhung	50	1,20	42
Kapitalkonten gesamt:			**122**

VI. Umrechnung von Fremdwährungsabschlüssen

Neben der Restgrößenmethode wird in der Literatur sowohl die Umrechnung sämtlicher Kapitalkonten mit den Stichtageskursen als auch die Umrechnung mit den jeweils historischen Kapitalzugangskursen als zulässig angesehen.[40]

Bei Verwendung von historischen Kapitalzugangskursen kommt es zu bei Kapitaltransaktionen weiteren Umrechnungsdifferenzen. ZB entsteht wegen der Erfassung einer Kapitalerhöhung mit dem Transaktionskurs und der Umrechnung des durch die Erhöhung ausgelöste Anstiegs der Nettovermögensposition mit den Stichtageskursen eine Differenz in Höhe der Abweichung des Stichtageskurses vom Transaktionskurs.

Beispiel

Im vorherigen Beispiel beliefe sich diese Differenz auf €9:

Umrechnungsdifferenz aus der Kapitalerhöhung	US$	US$/€	€
Kapitalerhöhung Stichtageskurs	50	1,20	42
Kapitalerhöhung Transaktionskurs	50	1,50	33
Umrechnungsdifferenz (3)			9

Die Bilanz sähe bei Verwendung historischer Kurse für die Kapitalkonten in verkürzter dann folgendermaßen aus:

Bilanz der US-Auslandsbeteiligung	12/20X1		12/20X1
	US$	US$/€	€
Summe NVP ($100 + $50 + $80)	230	1,20	192
Gezeichnetes Kapital und Kapitalrücklagen	100	1,25	80
Zzgl. Kapitalerhöhung (Transaktionskurs)	50	1,50	33
Kapitalkonten gesamt:	150		113
Jahresüberschuss	80	1,30	62
OCI Fremdwährungsrücklage (€3 +€5 +€9)	0		17

---

40 Vgl. z.B. *Ernst&Young* (Hrsg.) International GAAP, Rn 13.3.3.3.B oder *PwC* (Hrsg.) IFRS Manual, Rn. 7.77.1.

Summe Eigenkapital	230		192

Die Umrechnungsdifferenz aus der Kapitalerhöhung von €9 sollte insoweit in die OCI-Fremdwährungsrücklage eingestellt (und diese damit auf €17 erhöht) werden, als sie bei Abgang der Beteiligung (zusammen mit den übrigen bereits dort erfassten Umrechnungsdifferenzen) realisiert würde. Würde nämlich die US-Auslandsbeteiligung in Beispiel 6 zum Buchwert des US$-Eigenkapitals von US$230 per 12/20X1 (und damit zum Stichtageskurs von US$/€1,20) verkauft, beliefe sich der Verkaufserlös auf (U$230 / US$/€1,20 =) €192. Die Kosten des Erwerbs in € setzten sich aus ursprünglich (US$100 / US$/€1,25 =) €80 zuzüglich Kapitalerhöhung von (US$50 / US$/€1,50 =) €33 zusammen, beliefen sich also auf insgesamt €113. Der Verkaufsgewinn wäre also (€192 ./. €113 =) €79. Er umfasste die €62 erwirtschafteten Jahresüberschuss sowie die realisierten Umrechnungsdifferenzen von €17. Die Umrechnung der Kapitalkonten mit jeweils historischen Kursen führt damit zu einem Gleichlauf aus bei Beteiligungsabgang realisierten Umrechnungsdifferenzen und dem GuV-Effekt aus der Umgliederung der OCI-Fremdwährungsrücklage.

81 Daraus folgt für die Restgrößenmethode, daß in ihrem Fall (zwischenzeitliche Kapitalerhöhungen vorausgesetzt) nur ein Teil der bei einem Verkauf realisierten Umrechnungsdifferenzen (nämlich statt der €17 nur €8) im Rahmen der Umgliederung der OCI-Fremdwährungsrücklage in die GuV ergebniswirksam würde.[41] Das gilt analog für die Umrechnung sämtlicher Kapitalkonten mit Stichtagskursen (es sei denn, es würden besondere Vorkehrungen getroffen und zB bei der Umrechnung der Kapitalkonten die Differenz zwischen Stichtagskurs und historischem Zugangskurs außerhalb der OCI-Fremdwährungsrücklage als gesonderter Bestandteil des Eigenkapitals erfasst[42]).

82 Die bei der Umrechnung mit den jeweils historischen Zugangskursen zB bei Kapitalerhöhungen entstehenden Differenzen zählen nicht ausdrücklich zu den Posten, die gemäß IAS 21.39 als separater Bestandteil des Eigenkapitals im OCI zu erfassen sind.[43] Dies mag auf das grundsätzliche Fehlen von Vorschriften zur Umrechnung der Kapitalkonten oder, wie zum Teil in der Literatur vermutet, schlicht auf ein Versäumnis zurückzuführen sein[44] – da diese Differenzen jedoch (genau wie die übrigen Differenzen aus dem Umrechnung des dem Konzern zurechenbaren Eigenkapitals) bei Abgang der Beteiligung, und zwar erst bei Abgang der Beteiligung, im Konzern

---

41 Wobei letztendlich natürlich, im wesentlichen durch die veräußerungsbedingte Ausbuchung der bei der Restgrößenmethode entstehenden Differenz zwischen den Kapitalkonten der Beteiligung umd dem Beteiligungsbuchwert bei der Mutter, die gesamten €17 in der GuV erfaßt würden – vgl. Rn 86.
42 Wie z.B. von *Ernst&Young (Hrsg.)* International GAAP für die Umrechnung von Kapitalkonten mit dem Stichtagskurs gefordert: *Ernst&Young (Hrsg.)* International GAAP, Rn 13.3.3.3.A.
43 Vgl. Rn 66.
44 Vgl. *Ernst&Young (Hrsg.)* International GAAP, Rn 13.2.7.1.A.

realisiert werden und nur durch Verwendung jeweils historischer Zugangskurse ein Gleichlauf zwischen den bei Abgang realisierten Umrechnungsdifferenzen und dem GuV-Effekt aus der Umgliederung erzielt wird, erscheint die Umrechnung der Kapitalkonten mit historischen Kursen sinnvoll und durchaus im Einklang mit dem IAS 21.48 zugrundeliegenden Prinzip, die Gewinne und Verluste aus der Umrechnung von Fremdwährungsabschlüsse bei deren Realisierung in der Konzern-GuV zu erfassen.[45]

Zudem vereinfacht die Verwendung von jeweils historischen Kursen den Konsolidierungsprozess, zumindest in dem typischen Fall, dass eine Konzernmutter, deren funktionale Währung zugleich Konzernberichtswährung ist, eine Auslandsbeteiligung mit einer von der Konzernberichtswährung abweichenden funktionalen Währung hält. Wegen der gemäß IAS 21.23 erforderlichen Umrechnung von Beteiligungen zum historischen Kurs,[46] lassen sich Beteiligungsbuchwert bei der Konzernmutter und anteiliges Eigenkapital der Auslandsbeteiligung in Berichtswährung nur dann vollständig, also ohne Differenz, eliminieren, wenn das Eigenkapital der Auslandsbeteiligung ebenfalls zu historischen Kursen umgerechnet wird. Hingegen würde bei einer Stichtagesbewertung der Kapitalkonten bzw. bei Verwendung der Restgrößenmethode bei der Kapitalkonsolidierung ein Differenzbetrag im Konzerneigenkapital verbleiben, der den Konsolidierungsprozess zumindest unübersichtlicher macht, wenn nicht gar erschwert.[47]

4. Behandlung von Umrechnungsdifferenzen bei Teilabgängen. Bei **vollständigem Abgang der Beteiligung** sind die als separater Bestandteil des Eigenkapitals im OCI erfassten Umrechnungsdifferenzen gemäß IAS 21.48 in derselben Perioden wie der Abgangserfolg ergebniswirksam zu erfassen. Für **Teilabgänge** galt bislang (dh für Jahresabschlüsse mit Stichtag vor dem 30. Juni 2010) grundsätzlich eine zum abgehenden Teil proportionale Erfassung der Umrechnungsdifferenzen.[48]

Mit den im Januar 2008 verabschiedeten und im Juni 2009 von der EU ratifizierten Änderungen des IAS 27 *Consolidated and Separate Financial Statements* and gelten für Teilabgänge z.T. neue Regelungen, die (analog der Behandlung von Abgangs- bzw. Teilabgangserfolgen im IAS 27) die ergebniswirksame Erfassung prinzipiell davon abhängig machen, ob mit dem Teilabgang eine Änderung der Macht- und Kontrollverhältnisse einhergeht oder der Teilabgang lediglich als bloße Verschiebung von Kapitalanteilen, ohne einen damit verbundenen Wechsel von Kontrolle oder maßgeblichem Einfluss anzusehen ist.

---

45 Vgl. Rn 73.
46 Vgl. Rn 41 zum Wortlaut von IAS 21.23 und Rn 53 für die Einstufung von Beteiligungen als nichtmonetäre und damit zu historischen Kursen umzurechnende Posten.
47 Wie in Fußnote 42 skizziert, würde dieser Differenzbetrag bei Beteiligungsabgang in der GuV aufschlagen und letztendlich zum selben Abgangserfolg führen wie bei Umrechnung mit historischen Kursen.
48 IAS 21.49 in der vor den Änderungen durch IAS 27 (2008) gültigen Fassung.

86   Eine **Änderung der Macht- und Kontrollverhältnisse** im Sinne von IAS 27 u.F. tritt ein, wenn mit dem Teilabgang (a) die Beteiligung nicht länger (zB mehrheitlich) kontrolliert wird, (b) der vormals bestehende maßgebliche Einfluss verloren geht oder (c) eine gemeinschaftlich Führung aufgeben wird. In diesen Fällen sind gemäß Neuregelung des IAS 21.48A in Verbindung mit IAS 21.48 die gesamten im OCI erfassten Umrechnungsdifferenzen ergebniswirksam zu erfassen.[49] Würde zB ausgehend von der Bilanz per 12/20X1 im Beispiel in Rn 71 75% der US-Auslandsbeteiligung verkauft (und damit die Kontrolle über die Beteiligung an den Käufer übertragen), wäre nicht nur (wie unter der bisherigen Regelung) 75% der Fremdwährungsrücklage in die GuV umzugliedern, sondern die gesamten €120. Der im Konzern verbleibenden Beteiligung von 25% wäre damit unmittelbar nach dem Verkauf keine Umrechnungsdifferenz im OCI zugeordnet – sie würde erst in Folgeperioden neu entstehen.

87   Im Gegensatz dazu sind gemäß IAS 21.48C beim Teilabgang von Tochtergesellschaften, die auch nach Teilabgang weiterhin vom Verkäufer kontrolliert (und vollkonsolidiert) werden, die auf den (künftigen) Minderheitenanteil entfallenden Umrechnungsdifferenzen ergebnisneutral in den Minderheitenanteil umzugliedern. Würden im Verkaufsbeispiel oben (Rn 89) also zB lediglich 20% veräußert (und bliebe die Kontrolle bei der Konzernmutter als der Verkäuferin der Anteile), käme es anstelle einer Ergebniswirkung zu einer Umgliederung der anteiligen Umrechnungsdifferenzen von (20% von €120 =) €24 in den (durch den Verkauf entstehenden) Minderheitenanteil, und das, obwohl der Umrechnungsgewinn durch eine Erhöhung der Barbestände mit dem Verkauf realisiert wurde.[50]

88   Da wie in Rn 72ff beschrieben auf Minderheitenanteile entfallende Umrechnungsdifferenzen auch bei vollständigem Beteiligungsabgang nicht in die GuV umzugliedern sind, ergeben sich aus der unterschiedlichen Behandlung der Differenzen in den betrachteten beiden Szenarien ähnliche Strukturierungsmöglichkeiten wie in Bezug auf die ergebniswirksame oder -neutrale Erfassung von Abgangsgewinnen bzw. -verlusten gemäß IAS 27 Beispielsweise würde der Verkauf von zunächst 20% und anschließend 55% der Anteile im Beispiel oben (Rn 89f) dazu führen, daß statt

---

49   IAS 27.BC54 n.F. z.B. führt in Bezug auf den Kontrollverlust durch Verkauf von Anteilen aus, daß mit dem Verlust der Beherrschungsmöglichkeit das vor dem Verkauf bestehende Mutter-Tochter-Verhältnis aufgelöst wird und selbst wenn die ehemalige Mutter noch Minderheitenanteile behält, die Vermögenswerte und Schulden der ehemaligen Tochter mit dem Verkauf der Verfügungsmacht der vormaligen Mutter entzogen und daher ja auch zu entkonsolidieren sind. Dasselbe hat konse-quenterweise mit diesen Vermögenswerten und Schulden verbundenen Fremdwährungsdifferenzen zu geschehen. Zu den Änderungen des IAS 27 n.F. siehe auch den Abschnitt zu IAS 27 im vorlie-genden Band. Zur Behandlung von Fremdwährungsdifferenzen bei Teilabgängen nach der neuen Regelung s. auch Freiberg PiR 2009, 343ff.

50   Die in 12/20X1 verkauften 20% wurden lt. zugrundeliegendem Beispiel 5 in 12/20X0 für (20% * €700 =) €140 erworben. Ein Verkauf zum anteiligen Eigenkapital der Beteiligung von 20% von US$1.080 = US$216 hätte beim relevanten Verkaufskurs von 1.20 einen Konzernerlös von (US$216 / 1.80 =) €180 erbracht und damit einen Gewinn von (€180 - €140 =) €40. Die hätten sich zusammengesetzt aus 20% *€64 = €12.8 anteilig erwirtschafteter Jahresüberschuß, 20% * €16 = €3.2 anteilig realisierter Gewinn aus Abgang AfS-Papier und €24 anteilig realisierte Umrech-nungsdifferenz.

VI. Umrechnung von Fremdwährungsabschlüssen

eines bei einmaligem Verkauf von 75% erzielten GuV-Umgliederungsgewinns von €120 lediglich €96 an Umrechnungsdifferenzen ergebniswirksam erfasst würden: Denn die im Rahmen des Verkaufs der 20% den Minderheiten zugeschlagene Umrechnungsdifferenz von €24 würde beim Verkauf der 55% ergebnisneutral auszubuchen sein.[51] Ist die OCI-Fremdwährungsrücklage negativ, ließen sich durch Strukturierung ansonsten zu erfassende GuV-Verluste vermeiden. Allerdings gelten für sämtliche Anteilsverkäufe die Vorschriften des IAS 27.33, die bestimmte zeitlich gestaffelte, aber wirtschaftlich als Einheit zu betrachtende Verkaufstransaktionen auch bilanziell als Einheit auffassen und insoweit deren separate bilanzielle Behandlung untersagen. Sind mehrere Verkaufstransaktionen nach IAS 27.33 bilanziell wie ein einziger Verkauf zu behandeln ist zwangsläufig auch mit den Umrechnungsdifferenzen entsprechend zu verfahren und die skizzierte Strategie zur Erzielung von GuV-Effekten insoweit nicht umsetzbar.

Ist eine nicht vollkonsolidierte Konzerneinheit (also beispielsweise ein unter maßgeblichen Einfluss stehendes assoziiertes Unternehmen) von einem Teilabgang betroffen und tritt mit dem Teilabgang keine Änderung der Macht- und Kontrollverhältnisse (wie in Rn 89 erläutert) ein (also wird der Anteil am assoziierten Unternehmen von zB. 40% auf 25% abgestockt, so dass der maßgebliche Einfluss auch nach Abstockung bestehen bleibt), bleibt auch nach Neufassung die bislang geltende Vorschrift bestehen, die auf die nicht vollkonsolidierte Konzerneinheit entfallenden Umrechnungsdifferenzen proportional zum abgehenden Teil in die GuV umzugliedern (IAS 21.48C).

a) Teilabgang bei Rückzahlung oder Umwidmung von eigenkapitalersetzenden Darlehen und Forderungen? Wie bereits in Rn 64 diskutiert, wird in der Literatur wegen fehlender Regelungen in den IFRS in Bezug auf die Handhabung von Umrechnungsdifferenzen, die im Konzernabschluss gemäß IAS 21.32 auf als Teil der Auslandsinvestition gehaltene Darlehen oder Forderungen[52] im OCI erfasst wurden, teilweise die Auffassung vertreten, eine Umgliederung in die GuV sei zulässig zum Zeitpunkt des Abgangs der Forderung oder alternativ zum Zeitpunkt, an dem eine Rückzahlung absehbar oder sonst wahrscheinlich wird. Mit den Änderungen durch IAS 27 ist allerdings fraglich, ob diesbezügliche Regelungen tatsächlich fehlen.

---

51 IAS 21.48B. Vgl auch Ziffer 76, wo die Minderheitenanteile zu keinem Zeitpunkt der Konzernmutter gehörten und deshalb die auf die Minderheitenanteile entfallenden Umrechnungsdifferenzen nie von ihr realisiert würden – demgegenüber werden hier im Beispiel bei der Konzernmutter entstande-ne Umrechnungsdifferenzen, obwohl im Rahmen des 20%igen Anteilsverkaufs realisiert, ergebnis-neutral den Minderheitenanteilen zugerechnet und anschließend (im Rahmen des 55%igen Anteilsverkaufs) ergebnisneutral ausgebucht.
52 Im Folgenden wird der Lesbarkeit halber nur noch auf Darlehen und nicht länger auf ‚Darlehen oder Forderungen' Bezug genommen.

91 Zunächst einmal, und unabhängig von den Änderungen durch IAS 27, scheint unstrittig, dass Umrechnungsdifferenzen aus einem Fremdwährungsdarlehen, sobald es die Voraussetzungen für die Qualifizierung als Teil der Auslandsinvestition (zB wegen einer geplanten Rückzahlung) nicht länger erfüllt, vom diesem Zeitpunkt an in der GuV zu erfassen sind.

92 Strittig hingegen ist, ob die Disqualifizierung des Darlehens als eigenkapitalersetzend (im Gegensatz zur Rückzahlung selbst) bereits als Teilabgang der Nettoinvestition gewertet werden kann.[53]

93 Mit den Änderungen durch IAS 27 erhebt sich aber vielmehr die Frage, ob selbst bei Rückzahlung überhaupt ein Teilabgang im Sinne des IAS 21.48D vorliegt: IAS 21.48D definiert als Teilabgang jede Verringerung an ‚ownership interest', ausgenommen solche, die (wie in Rn 89 ausgeführt) wegen einer durch die Verringerung verursachten Änderung der Macht- und Kontrollverhältnisse als Komplettabgang zu behandeln sind (und damit zu einer Umgliederung der gesamten auf die Beteiligung entfallenden Umrechnungsdifferenzen im OCI führen).

94 Die Antwort auf diese Frage wiederum hängt ab von der Bedeutung eines (in den IFRS nicht definierten) ‚ownership interest'. Wird es (wie in der deutsche Übersetzung) als Beteiligungsquote interpretiert, erfüllt die Rückzahlung eines eigenkapitalersetzenden Darlehens (wegen fehlender Verringerung der Beteiligungsquote) nicht die Definition eines Teilabgangs und somit hätte eine Umgliederung der Umrechnungsdifferenzen (trotz Realisierung) zu unterbleiben.[54] Zwangsläufig dürfte dann auch die bloße Umwidmung eines bislang eigenkapitalersetzenden Darlehen in ein Darlehen mit endlicher Laufzeit nicht zu einer Umgliederung führen.

95 Geht man hingegen davon aus, die Definition eines Teilabgangs sei erfüllt, stellt sich in Bezug auf Darlehen an Tochternehmen die Frage, ob die Umgliederung aus dem OCI womöglich erfolgsneutral vorzunehmen ist. Wie in Rn 90 ausgeführt, sind bei Teilabgängen von Tochtergesellschaften, die nach dem Teilabgang weiterhin kontrolliert werden, gemäß IAS 21.48C die Umrechnungsdifferenzen erfolgsneutral in den Minderheitenanteil umzugliedern. Da bei einer Rückzahlung eines als eigenkapitalersetzend qualifizierenden Darlehens zwar die Kontrolle erhalten bleibt, jedoch kein Minderheitenanteil entsteht (noch irgend erhöht wird), ist fraglich, ob eine erfolgsneutrale Behandlung im Fall von eigenkapitalersetzenden Darlehen im Sinne

---

53 PwC IFRS Manual als Verfechter eines Wahlrechts in Bezug auf den Zeitpunkt der Umgliederung von OCI-Umrechnungsdifferenzen scheinen ihre Auffassung auf diesen in IAS 21 in der Tat nicht geregelten Sachverhalt zu stützen. ;*Ernst&Young (Hrsg.)* International GAAP z.b. sind nicht dieser Auffassung: *EY International GAAP*, Rn 13..3.4.1.F.I.

54 Diese Auffassung vertreten z.B. *Freiberg* und (anscheined) *Ernst&Young (Hrsg.)* International GAAP: *Freiberg*, PiR 2009, 345 und *Ernst&Young (Hrsg.)* International GAAP, Rn 13.2.7.3.B.II und 13. 3.4.1.F.II. Beide berufen sich dabei auf IAS 27.41(e), wo die Lesart ‚Beteiligungsquote' sicherlich näher liegt. *EY International GAAP* verweist zudem auf IAS 27.42(b) und 27.43(b), wo jedoch jedesmal von ‚proportion of ownership interest' die Rede ist: Der Verweis erscheint daher eher kontraproduktiv, denn wenn ‚ownership interest' ‚Beteiligungsquote' bedeutet, wäre der Zusatz ‚proportion of' redundant.

der Umgliederungsvorschrift des IAS 21.48C ist. Immerhin verlangt IAS 21.48C ausdrücklich eine Umgliederung bzw. ‚Zurechnung' (re-attribution) zu den Minderheitenanteilen, so dass eine Beschränkung der Vorschrift nur auf solche Teilabgänge, die zu einer Erhöhung der Minderheitenanteile führen, eine denkbare Auslegung ist.[55] Folgt man dieser Auslegung (und sieht im übrigen die Definition eines Teilabgangs erfüllt), wäre gemäß IAS 21.48C zweiter Satz eine anteilige Umgliederung von OCI-Differenzen in die GuV fällig (wobei dann auch eine Umgliederung zum Zeitpunkt der Umwidmung nicht ausgeschlossen wäre.)

Bei eigenkapitalersetzenden Darlehen an assoziierte Unternehmen und sonstige Beteiligungen, die *keine* Tochtergesellschaften sind, hängt die gemäß IAS 21.48C erforderliche anteilige Umgliederung hingegen allein davon ab, ob eine Reduzierung der Nettoinvestition ohne Verringerung der Beteiligungsquote (wie in Rn 96f ausgeführt) überhaupt einen Teilabgang im Sinne des Standards darstellt.

In Bezug auf die eingangs dieses Abschnitts gestellte Frage nach der Existenz von Regelungen im Standard zur Frage der Umgliederungen bei Abgang eigenkapitalersetzender Darlehen bleibt damit festzuhalten, dass Regelungen zwar durchaus bestehen, aber ihre Bedeutung für die Behandlung abgehender eigenkapitalersetzende Darlehen ziemlich unklar ist.

b) Kein Teilabgang bei Dividendenzahlungen. Bei Dividendenzahlungen wurde in der vor den Änderungen durch IAS 27 (2008) gültigen Fassung von IAS 21.49 ein Teilabgang unterstellt (und damit eine anteilige Umgliederung von Umrechnungsdifferenzen in die GuV erforderlich), soweit es sich dabei um eine Rückzahlung der getätigten Kapitalinvestition, also zB um die Auszahlung von **vor** Beteiligungserwerb erzielten Gewinnen handelte. Ansonsten waren Dividendenzahlungen nicht wie Teilabgänge zu behandeln und eine Umgliederung von Umrechnungsdifferenzen unterblieb.

Diese bislang bestehende Regelung zur Behandlung von Umrechnungsdifferenzen bei Dividendenzahlungen wurde in IAS 21.49 gestrichen und IAS 21.BC35 stellt nunmehr klar, dass eine Dividendenzahlung **in keinem Fall als Abgang oder Teilabgang der Beteiligung zu werten** ist und damit eine Umgliederung von Umrechnungsdifferenzen in die GuV stets zu unterbleiben hat. Ähnlich wie bei der ergebnisneutralen Übertragung von Umrechnungsdifferenzen auf Minderheitenanteile bei bestimmten Teilabgängen von Tochtergesellschaften[56] kommt es damit auch bei Dividendenzahlungen trotz Realisierung von Umrechnungsdifferenzen im Konzern

---

55 So auch *Freiberg*, der diesen Punkt ebenfalls offen läßt: *Freiberg*, PiR 2009, 344.
56 Vgl. Rn 90.

nicht zu einer ergebniswirksamen Erfassung.[57] Anders als bei den Minderheiten zugerechneten Differenzen kommt es jedoch im Fall der Dividendenzahlungen immerhin bei Abgang der Beteiligung zu einer Umgliederung der den ausgeschütteten Dividenden zurechenbaren Differenzen aus dem OCI in die GuV und damit zu einer Ergebniswirkung

100   Ist die Dividende in der **Berichtswährung** Währung der Konzernmutter zu leisten, kann es zwischen Erklärung der Dividende und der Erfassung einer entsprechenden Verbindlichkeit einerseits und der Dividendenzahlung andererseits zu Fremdwährungsgewinnen und -verlusten infolge der gemäß IAS 21.39 erforderlichen Anpassung der Verbindlichkeit an den jeweiligen Stichtageskurse kommen. Derlei Gewinne und Verluste entstehen bei der Erstellung des Abschlusses in funktionaler Währung (und nicht bei der Umrechnung in die Berichtswährung) und sind daher ergebniswirksam zu erfassen. Sie bleiben auch nach der Konsolidierung Teil des Konzernergebnisses, werden also nicht eliminiert.

101   Ist die Dividende hingegen in funktionaler Währung der Auslandsbeteiligung zahlbar, kann es entsprechend bei der Konzernmutter als der Dividendenempfängerin (mit abweichender funktionaler Währung) zu Fremdwährungsgewinnen und -verlusten infolge der Stichtagsbewertung der Dividendenforderung kommen. Auch diese Gewinne und Verluste sind (da sie nicht aus der Umrechnung in eine Berichtswährung herrühren) ergebniswirksam zu erfassen und verbleiben auch nach der Konsolidierung im Konzernergebnis.[58]

102   Derlei Bewertungsgewinne und -verluste lassen sich nur vermeiden bzw. mit einer gewissen Wahrscheinlichkeit verringern, wenn der Zeitpunkt der Dividendenerklärung (und damit die Erfassung der Forderung bzw. Verbindlichkeit) mit dem der Dividendenzahlung zusammenfällt bzw. beide Zeitpunkte möglichst nah beieinanderliegen.

103   **c) Kein Teilabgang bei Verlusten oder Wertminderungen.** Die bisherige Vorschrift in IAS 21.49, dass eine durch Verluste verringerte Nettovermögensposition der Beteiligung bzw. auf Konzernebene vorgenommene Abschreibungen wegen Wertminderung nicht als Teilabgang der Beteiligung zu verstehen sind und insoweit Umgliederungen von Umrechnungsdifferenzen im OCI zu unterbleiben haben, besteht auch nach der Neufassung unverändert fort.

---

[57] Von einer Realisierung der Umrechnungendifferenzen ist auszugehen, als zu historischen Durchschnitts- bzw. historischen Transaktionskosten im Konzern gehaltene Gewinne zum aktuellen Transaktionskurs aus der funktionalen Währung der Auslandsbeteiligung in die (davon abweichende) funktionale Währung des Konzern übertragen werden. Beispielsweise würden Gewinne von US$50, die ursprünglich zu €40 in Berichtswährung umgerechnet wurden, bei einem Ausschüt-tungskurs von 1:1 zu €50 von der Beteiligung zur Mutter übertragen werden: die im OCI der Auslandsbeteiligung in Bezug auf den ausgeschütteten Gewinn gehaltenen €10 wären damit aus Konzernsicht realisiert (ähnlich wie bei einem Verkauf von US$ 50 des Nettovermögens der Beteiligung zu €50).
[58] Vgl. auch *Ernst&Young (Hrsg.)* International GAAP, Rn 13.3.4.2.

VII. Behandlung von Fremdwährungsdifferenzen in der Kapitalflussrechnung

VII. Behandlung von Fremdwährungsdifferenzen in der Kapitalflussrechnung. Die Behandlung von Cashflows in Fremdwährung ist in IAS 7.25 bis IAS 7.28 geregelt. IAS 7.26 schreibt für in funktionaler Währung zu erfassende Fremdwährungscashflows die Umrechnung mit dem Kassakurs am Tage des Cashflows vor. Analog fordert IAS 7.27 die Verwendung der am Tag der Cashflows gültigen Kassakurse für die Umrechnung der Cashflows einer Auslandsbeteiligung. Gemäß IAS 7.27 können (mit den in IAS 21.22 und 40 genannten Einschränkungen[59]) Durchschnittskurse anstelle der am Tag der Cashflows gültigen Kassakurse verwendet werden. IAS 7.28 schließlich regelt, dass unrealisierte Fremdwährungsgewinne und -verluste auf in Fremdwährung gehaltene Barmittelbestände einschließlich infolge einer Umrechnung mit unterschiedlichen Kursen entstehender Differenzen in einer gesonderten Position außerhalb der Cashflows aus operativer sowie aus Investitions- und Finanzierungstätigkeit zu berichten sind.

104 IAS 21

Der gesonderte Posten ist erforderlich, um den sich auch der Kapitalflussrechnung ergebenen Barmittelbestand mit dem in der Bilanz ausgewiesenen in Einklang zu bringen. Er wird von Fremdwährungstransaktionen anders beeinflusst als von der Umrechnung der in funktionaler Währung erstellten Kapitalflussrechnung in die Berichtswährung.

105

1. Effekte aus der Umrechnung der Kapitalflußrechnung in die Berichtswährung. Hinsichtlich der Umrechnung der Kapitalflussrechnung in die Berichtswährung ergeben sich (ähnlich wie bei der Umrechnung von Fremdwährungsabschlüssen) Differenzen aus der Verwendung von unterschiedlichen Kursen für die Umrechnung der Anfangsbestände, Endbestände und der Cashflows selbst. Diese Differenzen sind in dem gesonderten Posten zu erfassen und bestehen, da der Barmittelendbestand wie in der Bilanz zum Stichtageskurs der Berichtsperiode auszuweisen ist, mithin aus:

106

- dem Effekt, den die Abweichung des Stichtageskurses der laufenden Periode vom Stichtageskurs der Vorperiode auf die Umrechnung der Anfangsbestände hat und
- dem Effekt, den die Abweichung des Stichtageskurses der laufenden Periode vom Durchschnittskurs (bzw. den Transaktionskursen) der laufenden Periode auf die Umrechnung der Cashflows hat.

Hinzu kommt, das der gesonderte Posten (wie in Rn 108ff. erläutert) bereits vor der Umrechnung in Berichtswährung einen Saldo aufweisen kann. Die Umrechnung dieses Saldos sollte zweckmäßigerweise zum Stichtageskurs der Berichtsperiode erfolgen, da ansonsten im gesonderten Posten selbst eine Differenz aus der Abweichung des Umrechnungskurses vom Stichtageskurs erzeugt würde, die wiederum über den gesonderten Posten selbst auszugleichen wäre.

107

---

[59] Vgl. Rn 39f. und 67.

2. Effekte aus der Erfassung von Fremdwährungstransaktionen in der Kapitalflussrechnung. Der Effekt, den die Erfassung von Fremdwährungstransaktionen in der Kapitalflussrechnung auf den gesonderten Posten hat, fällt bei Verwendung der direkten Methode genauso aus wie bei Verwendung der indirekten Methode. Wegen der unterschiedlichen Ermittlungsmethoden ist es jedoch sinnvoll, die Effekte für jede Methode separat darzustellen.

a) Effekte bei Verwendung der direkten Methode. Bei Verwendung der direkten Methode werden die Cashflows aus operativer Tätigkeit direkt also ausschließlich in Form von Einzahlungen (zB Zahlungen von Kunden) und Auszahlungen (zB Zahlungen an Lieferanten) ermittelt. Wird eine Zahlung in Fremdwährung geleistet (und im Falle einer erhaltenen Zahlung sofort in funktionale Währung getauscht) ist der mit dem Transaktionskurs in der Kapitalflussrechnung erfasste Cashflow zugleich mit dem Betrag identisch, um den sich der Barmittelbestand erhöht. Es ist insoweit kein gesonderter Posten (noch eine sonstige Anpassung der erfassten Cashflows) zur Überleitung auf den Barmittelbestand in der Bilanz erforderlich.

Unterhält ein Unternehmen hingegen Bank- oder ähnliche Konten in Fremdwährung, so entstehen darüber hinaus unrealisierte Gewinne und Verluste aus der Stichtagsbewertung der Fremdwährungssalden. Diese unrealisierten Währungsgewinne- und -verluste sind gemäß IAS 7.28 in dem gesonderten Posten zu erfassen.

b) Effekte bei Verwendung der indirekten Methode. Bei Verwendung der indirekten Methode werden die Cashflows aus operativer Tätigkeit ausgehend vom Jahresüberschuss durch Herausrechnung nicht zahlungswirksamer Bestandteile (wie Abschreibungen oder lediglich als Forderung verbuchter Umsätze) sowie durch Hinzurechnung von nicht im Jahresüberschuss erfasster, der operativen Tätigkeit zuzurechnender Zahlungen betrieblicher Natur (wie die Tilgung von Kundenforderungen, die bereits in einer Vorperiode umsatzrelevant waren) ermittelt.

Da sich die indirekte Methode nur auf die Ermittlung des Cashflows aus operativer Tätigkeit beschränkt, gilt, soweit es Zahlungsströme aus Investitions- und Finanzierungstätigkeiten betrifft, was in Rn 112 zum Fremdwährungseffekt aus Zahlungen bei der Verwendung der direkten Methode gesagt wurde: Da sich der Barmittelbestand genau um den mit dem Transaktionskurs in der Kapitalflussrechnung erfassten Cashflow aus Investitions- oder Finanzierungstätigkeit erhöht oder vermindert, ist insoweit kein gesonderter Posten zur Überleitung auf den Barmittelbestand in der Bilanz vonnöten.

Soweit der Jahresüberschuss Zahlungen enthält, gilt für den Cashflow aus operativer Tätigkeit dasselbe. Insoweit zwischen der Erfassung von Fremdwährungsumsätzen oder -aufwendungen und dem dazugehörigen Zahlungsvorgang Zeit vergeht, setzt sich die ‚Zahlung' bei der indirekten Methode genau genommen aus dem zum Erfassungskurs (als Teil des Jahresüberschusses) gebuchten Umsatz oder Aufwand plus dem bei Zahlung realisierten (und ebenfalls im Jahresüberschuss enthaltenen) Wechselkursgewinn oder -verlust zusammen. Beide ‚Zahlungskomponenten' zusammengenommen spiegeln genau den Kurs wieder, zu dem der Cashflow realisiert und der Barmittelbestand erhöht wurde, und eine Überleitungsbuchung im gesonderten Posten erübrigt sich insoweit.

Wechselkurseffekte hingegen, die bei Zahlung einer zunächst zahlungsunwirksam erfassten Investition oder Finanzierung realisiert werden, sind zwar sowohl im Jahresüberschuss als auch, je nachdem, im Cashflow aus Investitions- oder Finanzierungstätigkeit enthalten und insoweit zunächst doppelt erfasst. Da sie jedoch nicht Teil des Cashflows aus operativer Tätigkeit sind, werden sie bereits im Rahmen der Überleitung vom Jahresüberschuss auf den operativen Cashflows herausgerechnet und der gesonderte Posten bleibt auch in dieser Hinsicht unberührt.

Auch im Jahresüberschuss enthaltene zahlungsunwirksame Umsätze und Aufwendungen, die stattdessen lediglich zu einer Erhöhung der Forderungen und Verbindlichkeiten geführt haben, lösen, da sie innerhalb der Überleitung zum operativen Cashflow (ebenso wie die Effekte aus der Stichtagsbewertung der dazugehörigen Forderungen und Verbindlichkeiten) komplett eliminiert werden, keine Überleitungsbuchung im gesonderten Posten aus.

Letztendlich bleiben bei Verwendung der indirekten Methode in Bezug auf Fremdwährungstransaktionen für den gesonderten Posten lediglich die bereits bei der Behandlung der direkten Methode in Rn 113 besprochenen unrealisierten Währungsgewinne und -verluste aus der Stichtagsbewertung der Fremdwährungskonten übrig.[60]

VIII. Ausweis und Angaben. Gemäß IAS 21.51ff sind zur Währungsumrechnung eine Reihe von Angaben zu machen. Im wesentlichen sind der Betrag der in die GuV gebuchten Wechselkursdifferenzen, soweit sie nicht im Rahmen einer Fair Value Bewertung erfasst wurden, anzugeben (IAS 21.52(a)) sowie der Betrag der im OCI erfassten Differenzen inklusive einer Überleitungsrechnung, die die Veränderung des OCI Bestandes zwischen Periodenbeginn und Periodenende nachvollziehbar macht (IAS 21.52(b)).

Darüber hinaus zieht nach IAS 21.54 ein Wechsel der funktionalen Währung und nach IAS 21.55 die Verwendung einer von der funktionalen Währung des Abschlusserstellers abweichenden Berichtswährung die Verpflichtung nach sich, die Gründe für den Wechsel bzw. die Verwendung einer nicht-funktionalen Berichtswährung zu erläutern.

---

60 Tatsächlich können noch weitere, hier nicht behandelte Effekte aus bestimmten konzerninternen Transaktionen wie z.B. eliminierungspflichtigen Dividenden, die von einer Konzerntochter in Fremdwährung an die Konzernmutter gezahlt wurde, in dem gesonderten Posten zu erfassen sein: s. z.B. die das Fallbeispiel in *PwC (Hrsg.)* IFRS Manual, Rn. 30.139 und 30.141f.

118 **IX. Inkrafttreten und Übergangsvorschriften.** IAS 21 war erstmalig auf am oder nach dem 1. Januar 2005 beginnende Geschäftsjahre anzuwenden. Der Standard wurde letztmalig mit Veröffentlichung von IFRS 9 Financial Instruments geändert.

119 **X. IFRS für kleine und mittelgroße Unternehmen.** Der IFRS-SMEs enthält in Abschnitt 30 *Foreign Currency Translation* IAS 21 vergleichbare, wenn auch vereinfachte, Vorschriften.

120 **XI. Ausblick.** IAS 21 ist seit 1983 in Kraft und wurde seither verschiedentlich geändert. Das dem Standard zugrundeliegende Prinzip, Effekte aus der Einbeziehung direkt in fremder Währung abgeschlossener Geschäfte ergebniswirksam zu erfassen, hingegen solche aus der Umrechnung von Fremdwährungsabschlüssen zunächst direkt im Eigenkapital zu verbuchen und grundsätzlich erst später, wenn sie bei Abgang der Beteiligung realisiert werden, in die GuV umzugliedern, war indes schon im ursprünglichen Standard angelegt.

121 Auch die 2008 im Rahmen der Revision des IAS 27 vorgenommenen Änderungen bei der Behandlung von Teilabgängen und Dividendenzahlungen sollten an diesem Prinzip grundsätzlich nichts ändern. Ihr wesentlichen Zweck bestand darin, einen Gleichlauf zu erzeugen zwischen der Behandlung von Abgangserfolgen unter dem geänderten IAS 27 und der Behandlung der darauf entfallenden Umrechnungsdifferenzen. Hinsichtlich der Umrechnungsdifferenzen hatte dies allerdings zur Folge, dass bestimmte ergebnisneutral in der OCI-Fremdwährungsrücklage erfasste Umrechnungsdifferenzen zu keinem Zeitpunkt, also auch nicht bei deren Realisierung, in der GuV erfasst werden. Insoweit ist es hier, vielleicht nicht einmal beabsichtigt, in Bezug auf die Realisierung zu einer Abkehr vom ursprünglichen Prinzip gekommen.

122 Eine Überleitung der Vorschriften in IAS 21 ist derzeit nicht geplant.

IAS 23 – Borrowing Costs

Rn	Textauszüge aus IAS 23

23.1   Fremdkapitalkosten, die direkt dem Erwerb, dem Bau oder der Herstellung eines qualifizierten Vermögenswerts zugeordnet werden können, gehören zu den Anschaffungs- oder Herstellungskosten dieses Vermögenswerts. Andere Fremdkapitalkosten werden als Aufwand erfasst.

23.8   Fremdkapitalkosten, die direkt dem Erwerb, dem Bau oder der Herstellung eines qualifizierten Vermögenswerts zugeordnet werden können, sind als Teil der Anschaffungs- oder Herstellungskosten dieses Vermögenswerts zu aktivieren. Andere Fremdkapitalkosten sind in der Periode ihres Anfalls als Aufwand zu erfassen.

23.12 Hat ein Unternehmen Fremdmittel speziell für die Beschaffung eines qualifizierten Vermögenswerts aufgenommen, so bestimmt das Unternehmen die Höhe der für diesen Vermögenswert aktivierbaren Fremdkapitalkosten, indem es von den Fremdkapitalkosten, die aufgrund dieser Fremdkapitalaufnahme in der Periode tatsächlich angefallen sind, etwaige Anlageerträge aus der vorübergehenden Zwischenanlage dieser Mittel abzieht.

23.14 Hat ein Unternehmen Fremdmittel allgemein aufgenommen und für die Beschaffung eines qualifizierten Vermögenswerts verwendet, so hat das Unternehmen den Betrag der aktivierbaren Fremdkapitalkosten zu bestimmen, indem es einen Finanzierungskostensatzes auf die Ausgaben für diesen Vermögenswert anwendet. Als Finanzierungskostensatz ist der gewogene Durchschnitt der Fremdkapitalkosten für die Kredite des Unternehmens zugrunde zu legen, die während der Periode bestanden haben, und nicht nur für solche Kredite, die speziell für die Beschaffung eines qualifizierten Vermögenswerts aufgenommen worden sind. Die während einer Periode aktivierten Fremdkapitalkosten dürfen die in der betreffenden Periode angefallenen Fremdkapitalkosten nicht übersteigen.

23.17 Ein Unternehmen hat mit der Aktivierung der Fremdkapitalkosten als Teil der Anschaffungs- oder Herstellungskosten eines qualifizierten Vermögenswerts am Anfangszeitpunkt zu beginnen. Der Anfangszeitpunkt für die Aktivierung ist der Tag, an dem das Unternehmen alle folgenden Bedingungen erfüllt: (a) es fallen Ausgaben für den Vermögenswert an; (b) es fallen Fremdkapitalkosten an; und (c) es werden die erforderlichen Arbeiten durchgeführt, um den Vermögenswert für seinen beabsichtigten Gebrauch oder Verkauf herzurichten.

23.20 Ein Unternehmen hat die Aktivierung von Fremdkapitalkosten zu unterbrechen, wenn es die aktive Entwicklung eines qualifizierten Vermögenswerts für einen längeren Zeitraum unterbricht.

23.22 Ein Unternehmen hat die Aktivierung von Fremdkapitalkosten zu beenden, wenn alle Arbeiten, die erforderlich sind, um den qualifizierten Vermögenswert für seinen beabsichtigten Gebrauch oder Verkauf herzurichten, im Wesentlichen abgeschlossen sind.

23.24 Wenn ein Unternehmen die Herstellung eines qualifizierten Vermögenswerts in Teilen abgeschlossen hat und die einzelnen Teile nutzbar sind, während der Herstellungsprozess für weitere Teile fortgesetzt wird, hat das Unternehmen die Aktivierung der Fremdkapitalkosten in dem Moment zu beenden, in dem alle Arbeiten, die notwendig sind, um den betreffenden Teil für den beabsichtigten Gebrauch oder Verkauf herzurichten, im Wesentlichen abgeschlossen sind.

Übersicht

	Rn
I. Regelungsgehalt	1
II. Normzweck und Anwendungsbereich	2 – 4
III. Begriffe	5 – 12
IV. Ansatz von Fremdkapitalkosten	13 – 27
V. Ausweis und Angaben	28 – 29
VI. Inkrafttreten und Übergangsvorschriften	30 – 32
VII. IFRS für kleine und mittelgroße Unternehmen	32
VIII. Ausblick	34

1 **I. Regelungsgehalt.** Nicht-finanzielle Vermögenswerte werden nach den Bestimmungen des IASB im Rahmen ihrer Erstbewertung mit ihren Anschaffungs- oder Herstellungskosten inkl. etwaiger Nebenkosten bilanziert. Handelt es sich bei diesen Vermögenswerten um **qualifizierte Vermögenswerte**, so sind angefallene Fremdkapitalkosten als Anschaffungsnebenkosten verpflichtend zu aktivieren. IAS 23 *Borrowing Costs* normiert als Spezialvorschrift zu den Anschaffungs- und Herstellungskosten diese Erfassung von Fremdkapitalkosten. In seiner derzeit aktuellen Fassung (revised 2007) ersetzt er IAS 23 *Borrowing Costs* (1993). Die wichtigste Änderung bestand in der **Abschaffung** des **Wahlrechtes**, Fremdkapitalkosten, die direkt dem Erwerb oder der Herstellung eines **qualifizierten Vermögenswertes** zugeordnet werden können, als Aufwand zu erfassen. Dabei kommen als qualifizierte Vermögenswerte beispielsweise Vorräte (IAS 2), Sachanlagen (IAS 16), immaterielle Vermögenswerte (IAS 38) oder auch als Finanzinvestitionen gehaltenen Immobilien (IAS 40) in Betracht.

2 **II. Normzweck und Anwendungsbereich.** Hintergrund für die verpflichtende Aktivierung von Fremdkapitalkosten qualifizierter Vermögenswerte, ist das im Framework verankerte „matching principle" (F.95). Demnach sollen Aufwendungen für die Anschaffung oder Herstellung von Vermögenswerten solange **erfolgsneutral** erfasst werden, bis die Erträge aus dem Verkauf der Ware in der GuV erfasst werden.

III. Begriffe

Bei qualifizierten Vermögenswerten bestimmt IAS 23, dass angefallene Fremdkapitalkosten zu den Anschaffungs- oder Herstellungskosten gehören und demgemäß zu aktivieren sind.

Als **Grundprinzip** bestimmt IAS 23.1, dass Fremdkapitalkosten, die direkt dem Erwerb, dem Bau oder der Herstellung eines qualifizierten Vermögenswertes zugeordnet werden können, zu den Anschaffungs- oder Herstellungskosten gehören. Dabei befasst sich der Standard nicht mit den **tatsächlichen** oder **kalkulatorischen Kosten** des **Eigenkapitals** einschließlich solcher bevorrechtigter Kapitalbestandteile, die nicht als Schuld zu qualifizieren sind (IAS 23.3). Diese Ungleichbehandlung führt dazu, dass der Buchwert eines qualifizierten Vermögenswertes umso höher ist, je höher der Anteil der Fremdfinanzierung ist, da die Opportunitätskosten durch Eigenkapitalfinanzierung nicht aktiviert werden dürfen.[1]

Ein Unternehmen ist jedoch **nicht verpflichtet**, Fremdkapitalkosten zu aktivieren, die im Zusammenhang mit qualifizierten Vermögenswerten stehen, die zum **beizulegenden Zeitwert** (fair value) bewertet werden (zB biologische Vermögenswerte) (IAS 23.4a). Dasselbe gilt für Vorräte, die in **großen Mengen** wiederholt gefertigt oder auf andere Weise hergestellt werden (IAS 23.4(b)).

III. Begriffe. Zentrale Begriffe des IAS 23 sind die der **Fremdkapitalkosten** und des **qualifizierten Vermögenswertes**.

Fremdkapitalkosten sind nach IAS 23.5 **Zinsen** und weitere im Zusammenhang mit der Aufnahme von Fremdkapital angefallene Kosten eines Unternehmens. Durch diese Bestimmung wird der Umfang der Fremdkapitalkosten **nicht** abschließend normiert. IAS 23.6 konkretisiert jedoch, dass Fremdkapitalkosten folgende Bestandteile beinhalten können:

- Zinsaufwand, der nach der in IAS 39 *Financial Instruments: Recognition and Measurement* beschriebenen Effektivzinsmethode berechnet wird;
- Finanzierungskosten aus Finanzierungs-Leasingverhältnissen, die entsprechend IAS 17 *Leases* bilanziert werden und
- Währungsdifferenzen aus Fremdwährungskrediten, soweit sie als **Zinskorrektur** anzusehen sind. Durch die gewählte Formulierung („soweit") wird deutlich, dass nicht alle Währungsdifferenzen pauschal auf unterschiedliche Zinssätze zurückzuführen und damit als Fremdkapitalkosten zu behandeln sind. Als Beispiel für Währungsdifferenzen, die nicht auf unterschiedliche Zinssätze zurückzuführen sind, nennt das IDW solche, die aus der Veränderung anderer ökonomischer oder

---

[1] Vgl. *Hoffmann* Haufe – Kommentar, §9 Rn 6.

politischer Faktoren wie zB Beschäftigung oder Regierungswechsel resultieren.² Eine bestimmte Methode zur Ermittlung derjenigen Währungsdifferenzen, die als Zinskorrektur angesehen werden können, schreibt IAS 23 indes nicht vor.

6 Darüber hinaus sind beispielsweise Zinsaufwendungen aus zusammengesetzten Finanzinstrumenten (zB Wandelanleihen, wobei eine Aufteilung der Zinsen in eine Eigen- und eine Fremdkapitalkomponente zu erfolgen hat³) und Dividenden aus Finanzinstrumenten, sofern diese Fremdkapital nach IAS 32 darstellen, zu berücksichtigen.⁴,⁵

7 Neben den Zinsen zählen auch weitere im Zusammenhang mit der Aufnahme von Fremdkapital angefallene Kosten zu den Fremdkapitalkosten. In diesem Zusammenhang ist beispielsweise an Vermittlungs- oder Maklergebühren zu denken, die durch die Fremdkapitalaufnahme angefallen sind.

8 Ein **qualifizierter Vermögenswert** ist nach IAS 23.5 ein Vermögenswert, für den **notwendigerweise** ein **beträchtlicher Zeitraum** erforderlich ist, um ihn in seinen **beabsichtigten** gebrauchs- oder verkaufsfähigen Zustand zu versetzen.

9 Der in der englischen Originalfassung verwendete Begriff „**notwendigerweise**" (necessarily) deutet darauf hin, dass die **Art** des Vermögenswertes bei der Beurteilung, ob es sich um einen qualifizierten Vermögenswert handelt, berücksichtigt werden muss. Daneben stellt IAS 23.5 auf den „**beabsichtigten**" gebrauchs- oder verkaufsfähigen Zustand des Vermögenswertes ab, so dass die Absicht des Managements hinsichtlich des Vermögenswertes relevant ist. Beispielsweise sind auf die Ausgaben für den Erwerb eines Vermögenswertes, der separat an Dritte weiterveräußert werden könnte, Fremdkapitalkosten zu aktivieren, **sofern** er zusammen mit anderen Vermögenswerten für die Herstellung eines qualifizierten Vermögenswertes verwendet werden soll.⁶

Beispiel⁷

Ein Immobilienunternehmen leistet Zahlungen für die Erlaubnis zum Bau eines Bürogebäudes. Die Frage ist, ob die mit der Erwerbsfinanzierung zusammenhängenden Fremdkapitalkosten aktiviert werden dürfen oder ob sie als (Zins-) Aufwand der Periode zu behandeln sind.

---

2 Vgl. IDW ERS HFA 37, Rn 8. Beispiele für Währungsdifferenzen, die als Zinskorrektur anzusehen sind finden sich in ADS International, Abschn. 9 Rn 50.
3 Vgl. ADS International, Abschn. 9 Rn 49.
4 Vgl. *Heintges/Urbanczik/Wulbrand* DB 2009, 634 m.w.N. Darüber hinaus diskutieren *Heintges/Urbanczik/ Wulbrand* die Auswirkungen des Hedge Accounting.
5 Weiterhin ergeben sich Abgrenzungsprobleme des Begriffs „Fremdkapitalkosten" bei Avalprovisionen. Zu dieser Thematik vertiefend *Zeyer/Eppinger/Seebacher* PiR 2010, 67ff.
6 Vgl. IDW ERS HFA 37, Rn 4.
7 In Anlehnung an *Heintges/Urbanczik/Wulbrand* DB 2009, 633.

IV. Ansatz von Fremdkapitalkosten

In diesem Fall sind, sofern die anderen Aktivierungsvoraussetzungen erfüllt sind, die mit der Zahlung für die Bauerlaubnis zusammenhängenden Fremdkapitalkosten zu aktivieren, da diese unmittelbar mit dem Bau eines qualifizierten Vermögenswertes (Bau eines Bürogebäudes) zusammenhängen.

Insgesamt ist also bei der Einschätzung, ob es sich um einen qualifizierten Vermögenswert handelt, auf den Einzelfall abzustellen; eine „ausschließliche Orientierung an branchenüblichen Gegebenheiten ist dagegen nicht sachgerecht".[8]

Eine genauere Eingrenzung des Terminus „**beträchtlicher Zeitraum**" gibt IAS 23 nicht. Die Abgrenzung ist dementsprechend durch den Anwender unter Berücksichtigung individueller Gegebenheiten einzelfallbezogen vorzunehmen.[9] Die Literaturmeinung ist jedoch überwiegend, dass ein beträchtlicher Zeitraum dann anzunehmen ist, wenn der Erwerb, Bau oder die Herstellung des Vermögenswertes mehr als ein Jahr in Anspruch nehmen wird.[10]

Je nach Art der Umstände kommen dabei nach IAS 23.7 als qualifizierte Vermögenswerte in Betracht:
- Vorräte,
- Fabrikationsanlagen,
- Energieversorgungseinrichtungen,
- Immaterielle Vermögenswerte und
- als Finanzinvestitionen gehaltene Immobilien.

Keine qualifizierten Vermögenswerte sind hingegen **finanzielle** Vermögenswerte und Vorräte, die über einen **kurzen Zeitraum** gefertigt oder auf andere Weise hergestellt werden (IAS 23.7). Analoges gilt für Vermögenswerte, die bereits bei Erwerb in ihrem beabsichtigten gebrauchs- oder verkaufsfähigen Zustand sind.

IV. Ansatz von Fremdkapitalkosten. Fremdkapitalkosten, die **direkt** dem Erwerb, dem Bau oder der Herstellung eines qualifizierten Vermögenswertes zugeordnet werden können, sind als Teil der Anschaffungs- oder Herstellungskosten dieses Vermögenswertes zu aktivieren (IAS 23.8). Sie werden dann als Teil der Anschaffungs- oder Herstellungskosten aktiviert, sofern wahrscheinlich ist, dass dem Unternehmen hieraus künftiger wirtschaftlicher Nutzen erwächst und die Kosten verlässlich bewertet werden können. Andere Fremdkapitalkosten sind in der Periode ihres Anfalls als Aufwand zu erfassen.

---

8 Vgl. IDW ERS HFA 37, Rn 4.
9 Vgl. ADS International Abschn. 9, Rn 48. Auch *Heintges/Urbanczik/Wulbrand* DB 2009, 633.
10 Vgl. IDW ERS HFA 37, Rn 5 und *Heintges/Urbanczik/Wulbrand* DB 2009, 633. Anderer Auffassung ist KPMG (Hrsg.) Insights, 1083, die bereits einen Zeitraum von mehr als sechs Monaten als beträchtlichen Zeitraum ansieht.

14 Die Fremdkapitalkosten, die direkt dem Erwerb, dem Bau oder der Herstellung eines qualifizierten Vermögenswertes zugeordnet werden können, sind solche Fremdkapitalkosten, die **vermieden** worden wären, wenn die Ausgaben für den qualifizierten Vermögenswert nicht getätigt worden wären (IAS 23.10).

Die **direkte Zurechenbarkeit** von Fremdkapitalkosten zu qualifizierten Vermögenswerten „…zielt auf die Veranlassung der Fremdkapitalaufnahme durch die Anschaffung oder Herstellung des Vermögenswertes…".[11]

15 Die Fremdkapitalaufnahme kann dabei:

(a) objektgebunden sein. Dies ist der Fall, wenn ein Unternehmen **speziell** für die Beschaffung eines bestimmten qualifizierten Vermögenswertes Mittel aufgenommen hat (IAS 23.10). Hierbei können die Fremdkapitalkosten, die sich direkt auf diesen qualifizierten Vermögenswert beziehen ohne weiteres bestimmt werden. In dem Umfang, in dem ein Unternehmen Fremdmittel speziell für die Beschaffung eines qualifizierten Vermögenswertes aufnimmt, ist der Betrag der für diesen Vermögenswert aktivierbaren Fremdkapitalkosten als die **tatsächlich** in der Periode auf Grund dieser Fremdkapitalaufnahme angefallenen Fremdkapitalkosten **abzüglich** etwaiger **Anlageerträge** aus der vorübergehenden Zwischenanlage dieser Mittel zu bestimmen (IAS 23.12).

(b) nicht oder **nur teilweise objektgebunden** sein. Dies kann der Fall sein, wenn ein Unternehmen **nicht speziell** für die Beschaffung eines bestimmten qualifizierten Vermögenswertes Mittel aufgenommen hat. Es ist dann zu prüfen, inwiefern **allgemeine Fremdkapitalaufnahmen** dem Erwerb/Herstellung zugeordnet werden können.[12] In dem Umfang, in dem ein Unternehmen Mittel allgemein aufgenommen und für die Beschaffung eines qualifizierten Vermögenswertes verwendet hat, ist der Betrag der aktivierbaren Fremdkapitalkosten durch Anwendung eines Finanzierungskostensatzes auf die **Ausgaben** für diesen Vermögenswert zu bestimmen. Als Finanzierungskostensatz ist der gewogene Durchschnitt der Fremdkapitalkosten für solche Kredite des Unternehmens zugrunde zu legen, die während der Periode bestanden haben und **nicht** speziell für die Beschaffung qualifizierter Vermögenswerte aufgenommen worden sind. Dabei darf der Betrag der während der Periode aktivierten Fremdkapitalkosten den Betrag der in der betreffenden Periode angefallenen Fremdkapitalkosten nicht übersteigen (IAS 23.14).

---

11   Vgl. ADS International, Abschn. 9, Rn 51.
12   Beispiele für eine gemischte Fremdmittelaufnahme (ein Teil der Finanzierung erfolgt objektgebunden, ein andere Teil aus allgemeinen Mitteln) finden sich in *Heintges/Urbanczik/Wulbrand* DB 2009, 637 und *Hoffmann* Haufe – Kommentar, § 9, Rn 23.

IV. Ansatz von Fremdkapitalkosten

Beispiel

Das **Unternehmen A** erteilt am 1.1.00 dem **Bauunternehmer B** den Auftrag zum Bau einer Fertigungsstraße (hierbei soll es sich annahmegemäß um einen qualifizierten Vermögenswert handeln). Die Kosten belaufen sich insgesamt auf € **500.000**. Bis zur Auftragerteilung sind keine Kosten angefallen und Unternehmen B beginnt unverzüglich mit dem Bau der Fertigungsstraße. Die Bauzeit soll annahmegemäß ein Jahr betragen. Es fallen im Jahr 00 folgende Zahlungen an den B an:

Zahlungstermin	Betrag in €
1.1.00	200.000
30.6.00	100.000
31.12.00	200.000
Summe	**500.000**

Das Unternehmen A nimmt am 1. Januar 00 bei seiner Hausbank ein Darlehen zur Finanzierung der Fertigungsstraße auf: € **500.000 zu 10% p.a.** Das Darlehen wird sofort ausgezahlt. Nicht genutzte Mittel kann A zu **3% p.a.** anlegen.

Berechnung der zu aktivierenden Fremdkapitalkosten:

Zinsaufwendungen: € 500.000 x 10% p.a.   = € **50.000**

Zinserträge: € 300.000 (€ 500.000 – € 200.000) für 6 Monate = € **4.500**

€ 200.000 (€ 300.000 – € 100.000) für 6 Monate = € **3.000**

Gesamt: € 50.000 Zinsaufwand – € 7.500 Zinsertrag   = € **42.500**

Das Unternehmen A aktiviert demnach € **42.500** als Fremdkapitalkosten, die aus der Differenz von Zinsaufwendungen und -erträgen resultieren.

Beispiel

Die **Ausgangslage** entspricht der von Beispiel 1:

Baukosten: € 500.000

Bauzeit: 1 Jahr

Auszahlungen:

Zahlungstermin	Betrag in €
1.1.00	200.000
30.6.00	100.000
31.12.00	200.000

| Summe | 500.000 |

Es wurden **keine** Fremdmittel speziell für das Bauvorhaben aufgenommen. Die Finanzierung erfolgt also über die **allgemeine** Unternehmensfinanzierung: **Betriebsmitteldarlehen A** über € 200.000, das bereits zum Jahresanfang bestand und mit 11 % p.a. verzinst wird.

Betriebsmitteldarlehen B über € 500.000, das am 30.6.00 zu 12% p.a. aufgenommen wurde.

Berechnung der zu aktivierenden Fremdkapitalkosten:

Für das **Betriebsmittelsdarlehen A** fallen Zinsaufwendungen in Höhe von

€ 200.000 x 11% x 12 Monate = € 22.000

Für das **Betriebsmittelsdarlehen B** fallen Zinsaufwendungen in Höhe von

€ 500.000 x 12% x 6 Monate = € 30.000

Die **gesamten Zinszahlungen** betragen also € 22.000 + € 30.000 = **€ 52.000**

Der **gewichtete Darlehensbetrag** errechnet sich wie folgt:

€ 200.000 x 12/12 + € 500.000 x 6/12 = **€ 450.000**

Daraus ergibt sich der **durchschnittliche Finanzierungskostensatz** von:

€ 52.000 : € 450.000 = **11,56%**

Die **aktivierungsfähigen** Fremdkapitalzinsen ergeben sich nun wie folgt:

(€ 200.000 x 11,56% x 12/12) + (€ 100.000 x 11,56% x 6/12) + (€ 200.000 x 11,56% x 0/12) = € 23.120 + 5.780 + 0 = **€ 28.900**

Die zu aktivierenden Fremdkapitalkosten belaufen sich somit auf € 28.900. Etwaige Zinserträge aus der **allgemeinen** Finanzierung dürfen im Übrigen **nicht** von den angefallenen allgemeinen Fremdkapitalkosten abgezogen werden.[13]

16   IAS 23.11 räumt ein, dass es schwierig sein kann, einen direkten Zusammenhang zwischen bestimmten Fremdkapitalaufnahmen und einem qualifizierten Vermögenswert festzustellen und die Fremdkapitalaufnahmen zu bestimmen, die andernfalls hätten vermieden werden können. Solche Schwierigkeiten ergeben sich beispielsweise, wenn die Finanzierungstätigkeit eines Unternehmens zentral koordiniert wird. Schwierigkeiten treten auch dann auf, wenn ein Konzern verschiedene Schuldinstrumente mit unterschiedlichen Zinssätzen in Anspruch nimmt und diese Mittel zu unterschiedlichen Bedingungen an andere Unternehmen des Konzerns ausleiht. Andere Komplikationen erwachsen aus der Inanspruchnahme von Fremdwährungskrediten oder von Krediten, die an Fremdwährungen gekoppelt sind, wenn der Konzern in Hochinflationsländern tätig ist, sowie aus Wechselkursschwankungen. Dies

---

13   Vgl. *Heintges/Urbanczik/Wulbrand* DB 2009, 637.

IV. Ansatz von Fremdkapitalkosten

führt dazu, dass der Betrag der Fremdkapitalkosten, die direkt einem qualifizierten Vermögenswert zugeordnet werden können, schwierig zu bestimmen ist und einer Ermessungsentscheidung bedarf.

IAS 23 enthält also keine spezifischen Regelungen wie die Fremdkapitalkosten bei Konzernfinanzierungen zu ermitteln sind. Nach IAS 23.15 ist es in manchen Fällen angebracht, alle Fremdkapitalaufnahmen des Mutterunternehmens **und** seiner Tochterunternehmen in die Berechnung des gewogenen Durchschnitts der Fremdkapitalkosten einzubeziehen. In anderen Fällen ist es angebracht, dass jedes Tochterunternehmen den für seine eigenen Fremdkapitalaufnahmen geltenden gewogenen Durchschnitt der Fremdkapitalkosten verwendet. Damit sind grundsätzlich beide Methoden anwendbar. Die zweite Möglichkeit ist jedoch nur dann sachgerecht, wenn die Finanzierung des betrachteten Konzernunternehmens **unabhängig** von der sonstigen Konzernfinanzierung ist. Anhaltspunkte für eine unabhängige Konzernfinanzierung können dabei sein:[14]

- Organisatorische Trennung der Finanzierungstätigkeiten,
- Gesonderte Entscheidungsfindung über Finanzierungsfragen,
- Tatsächlich getrennte Kapitalaufnahmen in der Vergangenheit,
- Keine Verschiebung von Finanzmitteln zwischen dem betreffenden Unternehmen und dem übrigen Konzern in der Vergangenheit,
- Keine künftige Möglichkeit zur Verschiebung von Finanzmitteln zwischen dem betreffenden Unternehmen und dem übrigen Konzern.

Ist der Buchwert oder sind die letztlich zu erwartenden Anschaffungs- oder Herstellungskosten des qualifizierten Vermögenswertes höher als der erzielbare Betrag dieses Vermögenswertes oder sein Nettoveräußerungswert, so ist eine außerplanmäßige Abschreibung gemäß den Bestimmungen anderer Standards (beispielsweise nach IAS 16) erforderlich (IAS 23.16). In bestimmten Fällen wird der Betrag der außerplanmäßigen Abschreibung gemäß diesen anderen Standards später wieder zugeschrieben.

Die Aktivierung von Fremdkapitalkosten ist nach IAS 23.17 ab dem Tag vorzunehmen, ab dem folgende drei Bedingungen kumulativ erfüllt sind:

(a) es fallen **Ausgaben** für den Vermögenswert an,

(b) es fallen **Fremdkapitalkosten** an **und**

(c) es werden die erforderlichen **Arbeiten** durchgeführt, um den Vermögenswert für seinen beabsichtigten Gebrauch oder Verkauf herzurichten.

Dabei umfassen nach IAS 23.18 **Ausgaben** für einen qualifizierten Vermögenswert nur solche Ausgaben, die durch Barzahlungen, Übertragung anderer Vermögenswerte oder die Übernahme verzinslicher Schulden erfolgt sind. Die Ausgaben

---
14 Vgl. IDW ERS HFA 37, Rn 22.

werden um alle erhaltenen Abschlagszahlungen und Zuwendungen in Verbindung mit dem Vermögenswert gekürzt (siehe IAS 20). Der durchschnittliche Buchwert des Vermögenswerts während einer Periode einschließlich der früher aktivierten Fremdkapitalkosten ist in der Regel ein vernünftiger Näherungswert für die Ausgaben, auf die der Finanzierungskostensatz in der betreffenden Periode angewendet wird. Dabei ist nach IDW ERS HFA 37 der **durchschnittliche gewichtete Buchwert** des qualifizierten Vermögenswertes maßgeblich.

21 Die **Arbeiten**, die erforderlich sind, um den Vermögenswert für seinen beabsichtigten Gebrauch oder Verkauf herzurichten, umfassen gemäß IAS 23.19 mehr als die physische Herstellung des Vermögenswerts. Darin eingeschlossen sind auch technische und administrative Arbeiten vor dem Beginn der physischen Herstellung, wie beispielsweise die Tätigkeiten, die mit der Beschaffung von Genehmigungen vor Beginn der physischen Herstellung verbunden sind. Davon ausgeschlossen ist jedoch das bloße Halten eines Vermögenswerts ohne jedwede Bearbeitung oder Entwicklung, die seinen Zustand verändert. Beispielsweise werden Fremdkapitalkosten, die während der Erschließung unbebauter Grundstücke anfallen, in der Periode aktiviert, in der die mit der Erschließung zusammenhängenden Arbeiten unternommen werden. Werden jedoch für Zwecke der Bebauung erworbene Grundstücke ohne eine damit verbundene Erschließungstätigkeit gehalten, sind Fremdkapitalkosten, die während dieser Zeit anfallen, nicht aktivierbar.

22 In der Literatur ist unter Bezugnahme auf IAS 23.13 gelegentlich die Meinung vertreten, dass auch ein früherer Aktivierungsbeginn der Fremdkapitalkosten möglich sei.[15] Wird beispielsweise ein speziell zurechenbarer Kredit vor Beginn der Vorbereitungen des Erwerbs, des Baus oder der Herstellung bzw. vor der ersten Ausgabe für den Vermögenswert aufgenommen und ausgezahlt, so könnten die Zinsaufwendungen unter Abzug der Zinserträge bereits zum Zeitpunkt der Kreditaufnahme aktiviert werden. Dazu stellt IDW ERS HFA 37 jedoch klar, dass es aufgrund des eindeutigen Wortlauts von IAS 23.17 unzulässig sei, „…Fremdkapitalkosten zu aktivieren, bevor die erste Ausgabe für den Vermögenswert angefallen ist."[16]

23 Die Fremdkapitalkosten müssen auch dann aktiviert werden, wenn ein **Dritter** den qualifizierten Vermögenswert herstellt. Auch in diesem Fall müssen die drei Kriterien des IAS 23.17 kumulativ erfüllt sein:

(a) Es fallen **Ausgaben** für den Vermögenswert an. Dies ist beim bilanzierenden Unternehmen beispielsweise dann der Fall, wenn es Anzahlungen oder Vorauszahlungen an den Dritten leistet.

(b) Es fallen **Fremdkapitalkosten** an. Diese fallen normalerweise an, wenn eine Finanzierung für den qualifizierten Vermögenswert aufgenommen wurde.

---

15 Vgl. IDW ERS HFA 37, Rn 26 und *Hoffmann* Haufe- Kommentar, §9 Rn 26.
16 Vgl. IDW ERS HFA 37, Rn 26.

IV. Ansatz von Fremdkapitalkosten

(c) Es wird bei dem Dritten mit den erforderlichen Arbeiten begonnen. Dabei kann **nicht** automatisch unterstellt werden, dass die Arbeiten mit Leistung der ersten Anzahlung beginnen. Insofern bedarf es ggf. einer Einschätzung des Managements.[17]

Die Aktivierung von Fremdkapitalkosten ist **auszusetzen**, wenn die aktive Entwicklung eines qualifizierten Vermögenswertes für einen längeren Zeitraum unterbrochen wird (IAS 23.20). Ein Beispiel für die Aussetzung der Aktivierung wäre ein behördlicher Baustop. Hintergrund dieser Regelung ist die Überlegung, dass durch „…eine Verzögerung in der Anschaffung oder Herstellung kein zusätzliches Nutzenpotential geschaffen wird."[18] Würden in der Zeit der Unterbrechung die Fremdkapitalkosten aktiviert, wären überhöhte Anschaffungs- oder Herstellungskosten die Folge. **Unschädlich** hingegen sind vorübergehende Unterbrechungen, die für den Herstellungsprozess **erforderlich** (zB der Reifeprozess bei Wein) oder **unvermeidlich** (zB Schlechtwetterphasen in der Bauindustrie) sind. Darüber hinaus wird im Regelfall die Aktivierung von Fremdkapitalkosten nicht ausgesetzt, wenn das Unternehmen während der Unterbrechung wesentliche technische und administrative Leistungen erbracht hat (IAS 23.21).

Die Aktivierung von Fremdkapitalkosten ist **zu beenden**, wenn im Wesentlichen alle Arbeiten abgeschlossen sind, um den qualifizierten Vermögenswert für seinen beabsichtigten Gebrauch oder Verkauf herzurichten (IAS 23.22). Dies ist in der Regel der Fall, wenn die physische Herstellung des Vermögenswertes abgeschlossen ist, auch wenn noch normale Verwaltungsarbeiten andauern. Auf die **tatsächliche Inbetriebnahme** kommt es jedoch **nicht** an.[19] Die Fertigstellung ist auch dann gegeben, wenn nur noch geringfügige Veränderungen (wie zB die Ausstattung eines Gebäudes nach den Angaben des Käufers) vorgenommen werden (IAS 23.23). Läuft das Darlehen länger als die Herstellung des Vermögenswertes dauert, so dürfen demnach die Fremdkapitalzinsen nicht weiter aktiviert werden, sondern stellen Aufwand der Periode dar.

Es kann Fälle geben, in denen beispielsweise Gruppen von Vermögenswerten hergestellt werden, die aus **selbständig nutzbaren Teilen** bestehen. In diesem Fall können einzelne Teile bereits fertig gestellt sein und andere noch nicht. Für die fertiggestellten Teile endet die Aktivierung von Fremdkapitalkosten, wenn im Wesentlichen alle Arbeiten abgeschlossen sind, um den betreffenden Teil für den beabsichtigten Gebrauch oder Verkauf herzurichten (IAS 23.24). Für die nicht fertig gestellten Teile sind die Fremdkapitalkosten weiter zu aktivieren. Als Beispiel führt IAS 23.25 einen Gewerbepark mit mehreren Gebäuden an, die jeweils einzeln genutzt werden

---

17 Vgl. *Heintges/Urbanczik/Wulbrand* DB 2009, 637 und IDW ERS HFA 37, Rn 26.
18 ADS International, Abschn. 9 Rn 55.
19 Vgl. ADS International, Abschn. 9 Rn 56.

können. Ist ein Gebäude im Wesentlichen fertig gestellt, endet für dieses die Aktivierung der Fremdkapitalkosten. Für die verbleibenden (noch) nicht fertig gestellten Gebäude hingegen sind die Fremdkapitalkosten weiter zu aktivieren.

27 In anderen Fällen hingegen kann es qualifizierte Vermögenswerte geben, die **insgesamt** fertig gestellt sein müssen, bevor irgendein Teil genutzt werden kann. Als Beispiel nennt IAS 23.25 ein Stahlwerk. Hier endet die Aktivierung der Fremdkapitalkosten erst, wenn im Wesentlichen alle Arbeiten an der **gesamten** Anlage abgeschlossen sind, um ihn für seinen beabsichtigten Gebrauch oder Verkauf herzurichten, da die einzelnen Bestandteile der Anlage in einem Funktionszusammenhang stehen.[20]

28 **V. Ausweis und Angaben.** Wurden Fremdkapitalkosten **nicht aktiviert**, weil die Voraussetzungen dafür nicht erfüllt waren, sind diese erfolgswirksam als **Aufwand** der Periode zu erfassen, in der sie angefallen sind.

Fremdkapitalkosten, die **direkt** dem Erwerb, dem Bau oder der Herstellung eines qualifizierten Vermögenswertes zugeordnet werden können, sind als Teil der Anschaffungs- oder Herstellungskosten dieses Vermögenswertes zu aktivieren.

29 In Bezug auf Fremdkapitalkosten sind nach IAS 23.26 folgende Angaben von einem Unternehmen zu machen:

(a) der Betrag der in der Periode aktivierten Fremdkapitalkosten; und

(b) der Finanzierungskostensatz, der bei der Bestimmung der aktivierbaren Fremdkapitalkosten zu Grunde gelegt worden ist.[21]

30 **VI. Inkrafttreten und Übergangsvorschriften.** IAS 23 in der aktuellen Fassung erstmals in der ersten Berichtsperiode eines am **1. Januar 2009** oder danach beginnenden Geschäftsjahres anzuwenden. Eine frühere Anwendung ist zulässig. Wenn ein Unternehmen diesen Standard für Berichtsperioden vor dem 1. Januar 2009 anwendet, so ist diese Tatsache anzugeben.

31 Führt die Anwendung von IAS 23 zu einer Änderung der Bilanzierungs- und Bewertungsmethoden, so ist IAS 23 auf die Fremdkapitalkosten für qualifizierte Vermögenswerten anzuwenden, deren **Anfangszeitpunkt** für die Aktivierung am oder nach dem Tag des Inkrafttretens (1. Januar 2009) liegt. Damit hat sich das IASB für eine prospektive Anwendung entschieden. In IAS 23 BC.15 wird dieses Vorgehen damit begründet, dass die Kosten der Informationsgewinnung bei einer retrospektiven Anwendung, den Nutzen der Information übersteigen.

---

20 Vgl. ADS International, Abschn. 9 Rn 57.
21 In *Hoffmann*, Haufe- Kommentar, §9, Rn 36f findet sich ein Praxisbeispiel zur Berichterstattung von Fremdkapitalkosten.

VIII. Ausblick

IAS 23 räumt dem Bilanzierenden jedoch ein, dass er einen beliebigen Tag **vor** dem Zeitpunkt des Inkrafttretens (1. Januar 2009) bestimmen und IAS 23 auf die Fremdkapitalkosten für **alle** qualifizierte Vermögenswerte anwenden kann, deren Anfangszeitpunkt für die Aktivierung am oder nach dem selbst bestimmten Tag liegt.[22]

VII. IFRS für kleine und mittelgroße Unternehmen. Die bilanzielle Behandlung von Fremdkapitalkosten wird nach IFRS-SMEs Abschnitt 25 Borrowing Costs normiert. IFRS-SMEs Abschnitt 25 bestimmt dabei, dass **alle** Fremdkapitalkosten erfolgswirksam in der Periode als Aufwand erfasst werden, in der sie angefallen sind.

VIII. Ausblick. Nach der Überarbeitung von IAS 23 im Rahmen des sog. short term convergence project wurde dieser vom IASB im März 2007 verabschiedet und Ende 2008 durch die EU in europäisches Recht übernommen. Das IASB sieht eine Überarbeitung von IAS 23 derzeit nicht vor. Ob sich aus der Überarbeitung des Framework Änderungen für IAS 23 ergeben ist derzeit noch nicht absehbar.

---

22 Beispiele für diese Regelungen finden sich in *Heintges/Urbanczik/Wulbrand* DB 2009, 639.

IAS 24 – Related Parties

Rn	Textauszüge aus IAS 24
24.12	Beziehungen zwischen Mutterunternehmen und Tochterunternehmen sind anzugeben, unabhängig davon, ob Geschäfte zwischen diesen nahe stehenden Unternehmen und Personen stattgefunden haben. Das Unternehmen hat den Namen des Mutterunternehmens und, falls abweichend, des obersten beherrschenden Unternehmens anzugeben. Falls weder das Mutterunternehmen noch die oberste beherrschende Partei Abschlüsse veröffentlicht, ist auch der Name des nächsthöheren Mutterunternehmens, das Abschlüsse veröffentlicht, anzugeben.
24.16	Das Unternehmen hat die Vergütungen für Mitglieder des Managements in Schlüsselpositionen insgesamt und für jede der folgenden Kategorien anzugeben: (a) kurzfristig fällige Leistungen an Arbeitnehmer; (b) Leistungen nach Beendigung des Arbeitsverhältnisses; (c) andere langfristig fällige Leistungen; (d) Leistungen aus Anlass der Beendigung des Arbeitsverhältnisses; und (e) anteilsbasierte Vergütungen.
24.17	Falls Geschäfte zwischen nahe stehenden Unternehmen und Personen stattgefunden haben, hat das Unternehmen die Art der Beziehung zu den nahe stehenden Unternehmen und Personen sowie Informationen über die Geschäfte und die ausstehenden Salden anzugeben, um das Verständnis der potentiellen Auswirkungen der Beziehung auf den Abschluss zu ermöglichen. Diese Angabepflichten gelten zusätzlich zu denen in IAS 24.16 über Vergütungen für Mitglieder des Managements in Schlüsselpositionen. Die Mindestangaben umfassen: (a) den Betrag der Geschäftsvorfälle; (b) den Betrag der ausstehenden Salden und ihre Bedingungen und Konditionen, einschließlich einer möglichen Besicherung, sowie die Art der Leistungserfüllung; und Einzelheiten gewährter oder erhaltener Garantien; (c) Rückstellungen für zweifelhafte Forderungen hinsichtlich der ausstehenden Salden; und (d) den während der Periode erfassten Aufwand für uneinbringliche oder zweifelhafte Forderungen gegenüber nahe stehenden Unternehmen und Personen.

24.18　Die nach IAS 24.17 erforderlichen Angaben sind für jede der folgenden Kategorien getrennt zu erstellen:

(a) das Mutterunternehmen;

(b) Unternehmen mit gemeinschaftlicher Führung oder maßgeblichem Einfluss auf das Unternehmen;

(c) Tochterunternehmen;

(d) assoziierte Unternehmen;

(e) Gemeinschaftsunternehmen, bei denen das Unternehmen ein Partnerunternehmen ist;

(f) Mitglieder des Managements in Schlüsselpositionen des Unternehmens oder seines Mutterunternehmens; und

(g) sonstige nahe stehende Unternehmen und Personen.

24.22　Gleichartige Posten dürfen zusammengefasst angegeben werden, es sei denn, eine gesonderte Angabe ist für das Verständnis der Auswirkungen der Geschäftsvorfälle mit nahe stehenden Unternehmen und Personen auf den Abschluss des Unternehmens notwendig.

Übersicht

	Rn
I. Regelungsgehalt	1 – 3
II. Normzweck und Anwendungsbereich	4 – 12
III. Definitionen	13 – 24
IV. Anhangangaben	25 – 45
1. Vorschriften für alle Unternehmen	25 – 41
2. Der öffentlichen Hand nahe stehende Unternehmen	42 – 45
V. Inkrafttreten und Übergangsvorschriften	46 – 47
VI. IFRS für kleine und mittelgroße Unternehmen	48 – 51
VII. Ausblick	52

I. Regelungsgehalt.[1] IAS 24 *Related Parties* schreibt Angaben über nahe stehende Unternehmen und Personen sowie Geschäftsvorfälle mit nahe stehenden Unternehmen und Personen vor. Beziehungen zu nahe stehenden Personen können sich auf die Vermögens- und Finanzlage und die Profitabilität des bilanzierenden Unternehmens auswirken. Dies ist insbesondere der Fall, wenn Geschäftsvorfälle nicht zu zwischen fremden Dritten üblichen Konditionen abgewickelt werden oder bestimmte Geschäfte nur wegen der Beziehung zu einem nahe stehenden Unternehmen oder Person eingegangen werden bzw. auf den Abschluss eines solchen Geschäftes verzichtet wird. **Ziel** des Standards ist es sicherzustellen, dass die Abschlüsse eines Unternehmens

---

1　Für einen Überblick über den Standard siehe auch, *IASCF (Hrsg.)*, Briefing for Executives, 47f; *Buschhüter*, IFRS Praxis, §7 Rn 45ff.

die notwendigen Angaben enthalten, um auf die Möglichkeit hinzuweisen, dass die Vermögens-, Finanz- und Ertragslage eines Unternehmens durch die Existenz nahe stehender Unternehmen und Personen sowie durch Geschäftsvorfälle mit nahe stehenden Unternehmen oder Personen beeinflusst werden könnte.

2 Als **nahe stehende Personen** gelten Personen oder enge Familienangehörige, die die Beherrschung, gemeinschaftliche Beherrschung oder einen wesentlichen Einfluss über ein Unternehmen ausüben oder in dem Unternehmen oder dessen Mutterunternehmen eine Schlüsselposition bekleiden. Zu den nahe stehenden Unternehmen gehören ua alle Unternehmen im Konzernverbund sowie alle assoziierten Unternehmen oder gemeinschaftlich geführten Unternehmen.

3 Angabepflichtig sind zunächst alle Beziehungen zwischen Konzernunternehmen. Die **Angabepflicht** besteht unabhängig davon, ob tatsächlich Geschäftsvorfälle zwischen den Unternehmen stattgefunden haben. Geschäftsbeziehungen mit anderen nahe stehenden Unternehmen, zB assoziierten oder gemeinschaftlich geführten Unternehmen, müssen nur angegeben werden, soweit es tatsächlich zu Geschäftsvorfällen gekommen ist. IAS 24 enthält auch Anhangangabepflichten für die Vergütung von Mitgliedern des Managements in Schlüsselpositionen. Staatsnahe Unternehmen sind unter bestimmten Voraussetzungen von den Angabepflichten in IAS 24 ausgenommen.

4 **II. Normzweck und Anwendungsbereich.** Jedes Unternehmen geht im Rahmen seiner Geschäftstätigkeit Beziehungen zu einer Vielzahl anderer Unternehmen und Personen ein. Einige dieser Beziehungen können sich auf die Vermögens-, Finanz- und Ertragslage des Unternehmens auswirken. Dies ist immer dann der Fall, wenn ein Unternehmen aufgrund solcher Beziehungen Geschäfte abschließt, die es sonst nicht eingegangen wäre, oder Geschäfte zu anderen Konditionen abschließt, als es mit Dritten vereinbart hätte. In Einzelfällen kann die Vermögens-, Finanz- und Ertragslage eines Unternehmens auch durch das bloße Bestehen einer Beziehung zu einem anderen Unternehmen oder einer anderen Person beeinflusst werden. Dies ist beispielsweise dann der Fall, wenn potenzielle Kunden auf eine Geschäftsbeziehung wegen des Bestehens der Verbindung zu einem anderen Unternehmen oder einer anderen Person verzichten.

5 Theoretisch könnte solchen Verzerrungen der Vermögens-, Finanz- und Ertragslage des berichtenden Unternehmens durch eine Anpassung der Wertansätze der Vermögenswerte und Schulden beziehungsweise Aufwendungen und Erträge entgegengewirkt werden. Erwirbt ein Tochterunternehmen beispielsweise einen Vermögenswert von einem anderen Konzernunternehmen zu einem Preis, der unter dem liegt, was ein fremder Dritter für den gleichen Vermögenswert entrichten müsste, könnte dies in Anlehnung an die steuerlichen Regelungen als Kombination eines Erwerbsvorgangs mit einer Einlage in Höhe der Differenz zwischen dem beizulegenden

II. Normzweck und Anwendungsbereich

Zeitwert des Vermögenswertes und dem entrichteten Kaufpreis interpretiert werden. Ein Erwerb über dem Fremdvergleichspreis wäre dann entsprechend als Ausschüttung an das Mutterunternehmen zu sehen. IAS 24 geht diesen Weg nicht und verlangt in der Regel keine Anpassungsbuchungen für Geschäfte mit nahe stehenden Unternehmen und Personen.[2] Stattdessen sieht der Standard umfangreiche Angabepflichten für Beziehungen zu nahe stehenden Unternehmen und Personen vor.[3]

Ziel des Standards ist es nach IAS 24.1 sicherzustellen, dass die Abschlüsse eines Unternehmens die notwendigen Angaben enthalten, um auf die Möglichkeit hinzuweisen, dass die Vermögens-, Finanz- und Ertragslage eines Unternehmens durch die Existenz nahe stehender Unternehmen und Personen sowie durch Geschäftsvorfälle und ausstehende Salden, einschließlich weiterer Zusagen, mit diesen beeinflusst werden könnte.

Der Standard muss gemäß IAS 24.3 von allen Unternehmen bei der Aufstellung von Konzernabschlüssen, separaten oder individuellen Einzelabschlüssen angewendet werden. Stellt das Unternehmen einen solchen Abschluss auf, muss der Standard gemäß IAS 24.2 auf die folgenden Sachverhalte angewendet werden:

- die Identifizierung von Beziehungen zu und Geschäftsvorfällen mit nahe stehenden Unternehmen und Personen,
- die Identifizierung der zwischen dem Unternehmen und nahe stehenden Unternehmen und Personen ausstehenden Salden, einschließlich bestehender Zusagen,
- die Identifizierung der Sachverhalte, die eine Anhangangabe in den zuvor genannten Fällen erfordern und
- die Bestimmung der für die jeweiligen Sachverhalte erforderlichen Angaben.

Im **Konzernabschluss** werden die Vermögenswerte, Schulden, Aufwendungen, Erträge und Zahlungsströme der Konzernunternehmen so zusammengefasst als würde es sich um ein einziges Unternehmen handeln. Geschäftsvorfälle zwischen Konzernunternehmen und konzerninterne Salden werden im Rahmen der Aufstellung des Konzernabschlusses eliminiert. Eine Anhangangabe ist in diesen Fällen nicht erforderlich.[4] Zu beachten ist jedoch, dass IAS 27.4 den Konzern als das Mutterunternehmen und seine Tochterunternehmen definiert. Gemeinschaftlich geführte und assoziierte Unternehmen sind keine Konzernunternehmen und werden nach quatal oder der Equity-Methode bilanziert. Geschäfte zwischen dem berichtenden Unternehmen und seinen gemeinschaftlich geführten oder assoziierten Unternehmen

---

2 Seine Grenzen findet dieser Grundsatz allerdings in der Verpflichtung Geschäftsvorfälle entsprechend ihrem wirtschaftlichen Gehalt abzubilden. Verzichtet der Eigentümer eines Unternehmens beispielsweise auf die Rückzahlung eines Darlehens durch das Unternehmen, könnte der wirtschaftliche Gehalt des Rechtsgeschäftes die bilanzielle Abbildung als erfolgsneutrale Einlage statt als erfolgswirksame Abschreibung des Darlehens nahe legen. Vgl. *KPMG (Hrsg.)* Insights, 1106.
3 Vgl. *Deloitte (Hrsg.)* iGAAP, 1847f; *PwC (Hrsg.)* Manual of Accounting, Rn 29.2; *Ernst & Young (Hrsg.)* International GAAP, 2757.
4 Vgl. *Deloitte (Hrsg.)* iGAAP, 1848.

werden gemäß IAS 31.48 bzw. IAS 28.22 nicht vollständig, sondern nur in Höhe des Anteils des berichtenden Unternehmens an dem gemeinschaftlich geführten oder assoziierten Unternehmen eliminiert. Der verbleibende Anteil anderer Gesellschafter kann daher eine Anhangangabepflicht nach IAS 24 begründen.[5]

9 Im **separaten Einzelabschluss** wird die Konsolidierung der Konzernunternehmen bzw. gemeinschaftlich geführten und assoziierten Unternehmen durch die Bilanzierung der Anteile an dem jeweiligen Unternehmen zu fortgeführten Anschaffungskosten bzw. nach den Vorschriften in IAS 39 *Financial Instruments: Recognition and Measurement* bzw. IFRS 9 *Financial Instruments* ersetzt. Konzerninterne Geschäftsvorfälle und Salden werden im separaten Einzelabschluss in der Regel nicht eliminiert. Es ergibt sich eine Anhangangabepflicht nach den Vorschriften in IAS 24. Die IFRS enthalten keine Definition des Begriffs des **individuellen Einzelabschlusses**. Üblicherweise handelt es sich hierbei aber um den Abschluss eines Unternehmens, das selber über keine Tochterunternehmen, assoziierten oder gemeinschaftlich geführten Unternehmen verfügt. Die Vorschriften in IAS 24 finden daher uneingeschränkt Anwendung.

10 Geschäftsgeheimnisse begründen keine Ausnahme von den Angabepflichten in IAS 24.[6] Auch **Unternehmen der öffentlichen Hand** sind ausdrücklich nicht vom Anwendungsbereich des Standards ausgenommen. IAS 24.25-27 enthalten hierzu aber Sonderregelungen.

11 IAS 24 enthält keine Ausführungen zu der Frage, ob die andere Partei während der gesamten Berichtperiode die Definition eines nahe stehenden Unternehmens oder Person erfüllt haben muss. Dem Zweck des Standards entsprechend wird in der Literatur davon ausgegangen, dass eine Angabepflicht für Beziehungen zwischen konzerninternen Unternehmen besteht, sofern ein (gemeinschaftliches) Beherrschungsverhältnis am Abschlussstichtag, während der Berichtsperiode oder im Zeitpunkt der Veröffentlichung des Abschlusses bestand. Angaben zu Geschäftsvorfällen sind erforderlich, wenn die beiden Parteien bei Abschluss des Geschäftes nahe stehende Unternehmen oder Personen waren. Umgekehrt ist eine Anhangangabe nicht erforderlich, wenn entweder vorher oder nachher, nicht aber während des Geschäftes die Definition eines nahe stehenden Unternehmens oder Person erfüllt war.[7]

12 Zu beachten ist, dass sich aus dem deutschen Recht **weitere Angabepflichten** zu nahe stehenden Unternehmen oder Personen ergeben können. So schreibt §315a Abs. 1 HGB beispielsweise vor, dass bei Aufstellung eines IFRS-Konzernabschlusses zusätzlich §313 Abs. 2 bis 4 und §314 Abs. 1 Nr. 4, 6, 8 und 9 HGB zu beachten sind.

---

5 Vgl. *KPMG (Hrsg.)* Insight, 1113.
6 Vgl. *PwC (Hrsg.)* Manual of Accounting, Rn 29.21.
7 Vgl. *KPMG (Hrsg.)* Insights, 1108; Deloitte (Hrsg.) iGAAP, 1849f; *PwC (Hrsg.)* Manual of Accounting, Rn 29.87.

III. Definitionen

Die meisten Vorschriften beziehen sich auf Angaben zu Beziehungen, die denen zwischen nahe stehenden Unternehmen und Personen ähneln. Im Einzelnen handelt es sich um die folgenden Anhangangabepflichten:

- §313 Abs. 2 bis 4 HGB: Im Konzernanhang sind Angaben zum Anteilsbesitz zu machen.
- §314 Abs. 1 Nr. 6 HGB: Die Vorschrift verpflichtet das Unternehmen weitere Angaben über die Bezüge der Mitglieder des Geschäftsführungsorgans, des Aufsichtrats, des Beirates oder einer ähnlichen Einrichtung zu machen. DRS 17 *Berichterstattung über die Vergütung der Organmitglieder* enthält hierzu weitere konkretisierende Vorschriften.
- §314 Abs. 1 Nr. 8 HGB: Das Unternehmen hat anzugeben, ob für jedes in den Konzernabschluss einbezogene börsennotierte Unternehmen die in §161 AktG vorgeschriebene Erklärung zum Corporate Governance Kodex abgegeben und den Aktionären zugänglich gemacht worden ist.
- §315 Abs. 1 Nr. 9 HGB: Hiernach sind börsennotierte Unternehmen zu Angaben über die in der Berichtsperiode als Aufwand erfassten Abschlussprüferhonorare verpflichtet. IDW Rechnungslegungshinweis (IDW RH HFA) 1.006: *Anhangangaben nach §285 Satz 1 Nr. 17 HGB bzw. §314 Abs. 1 Nr. 9 HGB über das Abschlussprüferhonorar* enthält hierzu weitere Erläuterungen.

Zur handelsrechtlichen Verpflichtung zur Aufstellung eines Konzernlageberichtes vergleiche §315 HGB sowie DRS 15 *Lageberichterstattung* und DRS 15a *Übernahmerechtliche Angaben und Erläuterungen im Konzernlagebericht*.[8]

III. Definitionen. IAS 24.9 definiert ein **nahe stehendes Unternehmen oder Person** als jedes Unternehmen oder Person, das mit dem berichtenden Unternehmen in einer engen Beziehung steht. Eine Person oder ein enges Familienmitglied der Person gelten als dem berichtenden Unternehmen nahe stehend, wenn die Person bzw. das Familienmitglied das berichtende Unternehmen beherrscht, gemeinschaftlich beherrscht oder einen wesentlichen Einfluss ausübt.

Als **enge Familienangehörige** gelten gemäß IAS 24.9 Familienmitglieder, von denen angenommen werden kann, dass sie bei Geschäften mit dem bilanzierenden Unternehmen auf die natürliche Person Einfluss nehmen bzw. selbst beeinflusst werden können. Der Standard nennt Ehegatten bzw. Lebenspartner, Kinder und andere abhängige Personen sowie Kinder und andere abhängige Personen des Ehegatten bzw. Lebenspartners als Beispiele für enge Familienangehörige. Die Beispiele sind aber nicht abschließend zu verstehen. In Einzelfällen kann es für das berichtenden Unternehmen schwierig sein, enge Familienangehörige einer natürlichen Person zu identifizieren. Das Unternehmen ist hier auf die Mithilfe der natürlichen Person

---

8 Vgl. hierzu die Kommentierungen der zitierten Paragraphen in den folgenden Kommentaren: ADS, Beck'scher Bilanzkommentar und Abschnitt M des WP-Handbuches.

angewiesen. Ein gesetzliches Auskunftsrecht besteht nicht. Eine Pflicht zur Mithilfe kann nur aus den allgemeinen Treuepflichten der Anteilseigner und Mitarbeiter gegenüber dem berichtenden Unternehmen abgeleitet werden. Diese Treuepflicht muss jedoch im Einzelfall gegen das ebenfalls gesetzlich geschützte Recht auf Privatsphäre abgewogen werden.[9]

Beispiel

X ist Mehrheitsgesellschafter des Unternehmens A. Seine Tochter Y übt wesentlichen Einfluss auf Unternehmen B aus. Unternehmen A veräußert ein Grundstück an Unternehmen B.

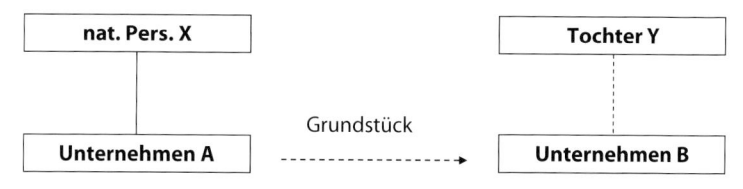

nat. Pers. X		Tochter Y
Unternehmen A	Grundstück ⟶	Unternehmen B

Es handelt sich um einen angabepflichtigen Geschäftsvorfall mit nahe stehenden Personen, da X die Beherrschungsmacht über Unternehmen A hat, Y wesentlichen Einfluss über Unternehmen B ausübt und beide enge Familienangehörige sind.

15 Beherrschung und wesentlicher Einfluss sind in IAS 27 *Consolidated and Separate Financial Statements* bzw. IAS 28 *Investments in Associates* definiert. Der Beherrschungsbegriff umfasst dabei auch Zweckgesellschaften, die nach den Vorschriften von SIC-12 *Consolidation—Special Purpose Entities* konsolidiert werden.[10] IAS 24.9 definiert gemeinschaftliche Führung als die vertraglich vereinbarte Teilhabe an der Führung der wirtschaftlichen Geschäftstätigkeit eines anderen Unternehmens. Die ähnliche Definition in IAS 31.3 *Interests in Joint Ventures* ergänzt hierzu, dass gemeinschaftliche Führung nur dann gegeben ist, wenn die mit dieser Geschäftstätigkeit verbundenen strategischen finanziellen und betrieblichen Entscheidungen die einstimmige Zustimmung der an der gemeinschaftlichen Führung beteiligten Parteien (der Partnerunternehmen) erfordern. Die praktische Bedeutung des abweichenden Wortlautes der beiden Definitionen dürfte dabei eher gering sein, da die Teilhabe an der Führung der wirtschaftlichen Geschäftstätigkeit normalerweise die Zustimmung zu den mit dieser Geschäftstätigkeit verbundenen strategischen finanziellen und

---

9 Senger/Prengel befürworten daher eine enge Auslegung des Begriffs des Familienangehörigen, vgl. *Senger/Prengel* Beck'sches IFRS-Handbuch, §20 Rn 26-28, 39 und 40. Allgemein zum Begriff der engen Familienangehörigen vgl. *KPMG (Hrsg.)* Insights, 1107; *Deloitte (Hrsg.)* iGAAP, 1856; *Ernst & Young (Hrsg.)*, International GAAP, 2766; *Hoffmann* Haufe-Kommentar, §30 Rn 19ff.
10 Vgl. *PwC (Hrsg.)* Manual of Accounting, Rn 29.165.

III. Definitionen

betrieblichen Entscheidungen voraussetzt. Es kann daher in der Regel auf die weitergehenden Erläuterungen zum Begriff der gemeinschaftlichen Führung in IAS 31 zurückgegriffen werden.[11]

Die Definition einer nahe stehenden Person ist gemäß IAS 24.9 auch dann erfüllt, wenn die Person bzw. ein enges Familienmitglied zum **Management in Schlüsselpositionen** des bilanzierenden Unternehmens gehört. IAS 24.9 stellt dabei klar, dass zum Management in Schlüsselpositionen alle Personen gehören, die für die Planung, Leitung und Überwachung der Tätigkeiten des Unternehmens direkt oder indirekt zuständig und verantwortlich sind.[12] Übertragen auf das deutsche Gesellschaftsrecht müssen daher insbesondere die Mitglieder des Vorstands und des Aufsichtsrats einer Aktiengesellschaft, die Geschäftsführer einer Gesellschaft mit begrenzter Haftung sowie die Gesellschafter einer offenen Handelsgesellschaft zum Management in Schlüsselpositionen gerechnet werden. Liegt bei einer Kommanditgesellschaft entsprechend dem Regelstatut die Geschäftsführungsbefugnis ausschließlich beim Komplementär und die Kommanditisten sind von der Geschäftsführung ausgeschlossen, zählt nur dieser zum Management in Schlüsselpositionen. In Ausnahmefällen kann die Geschäftsführung auch von anderen Personen vorgenommen werden. Befindet sich das berichtende Unternehmen beispielsweise in einem Insolvenzverfahren, liegen die Aufgaben des Managements in Schlüsselpositionen beim Insolvenzverwalter, der somit nahe stehende Person des Unternehmens ist.[13]

Zum Management in Schlüsselpositionen gehören schließlich nicht nur die Mitglieder der Geschäftsführungs- und Aufsichtsorgane, hierzu können auch niedrigere Führungsebenen gehören, soweit diese für die Planung, Leitung und Überwachung der Tätigkeiten des Unternehmens zuständig sind.[14] Zum Management in Schlüsselpositionen können auch Mitglieder der Leitungs- und Überwachungsorgane wesentlicher Tochterunternehmen gehören. Als nahe stehende Personen zählen nur die gegenwärtigen Mitglieder des Managements in Schlüsselpositionen. Geschäftsvorfälle mit ehemaligen Mitgliedern der Leitungs- und Aufsichtsorgane des berichtenden Unternehmens begründen keine Angabepflicht. Für die Einordnung als Mitglied des Managements in Schlüsselpositionen ist es schließlich unerheblich, ob das berichtende Unternehmen oder eine andere Partei die Vergütung der Person übernimmt.[15]

---

11 Vgl. *PwC (Hrsg.)* Manual of Accounting, Rn 29.34; Senger/Prengel, Beck'sches IFRS-Handbuch, §20 Rn 11.
12 Vgl. *KPMG (Hrsg.)* Insights, 1108f; *Deloitte (Hrsg.)* iGAAP, 1856f; *Ernst & Young (Hrsg.)* International GAAP, 2763f; *PwC (Hrsg.)* Manual of Accounting, Rn 29.65ff.
13 Vgl. *Senger/Prengel* Beck'sches IFRS-Handbuch, §20 Rn 21.
14 Vgl. *KPMG (Hrsg.)* Insights, 1108; PwC (Hrsg.), Manual of Accounting, Rn 29.68.
15 Vgl. *PwC (Hrsg.)* Manual of Accounting, Rn 29.133.

Beispiel

X ist Mitglied des Vorstandes der A-AG. X ist gleichzeitig Geschäftsführer der B-GmbH, einem Tochterunternehmen der A-AG. X enthält keine gesonderte Vergütung für seine Geschäftsführungstätigkeit bei der B-GmbH.

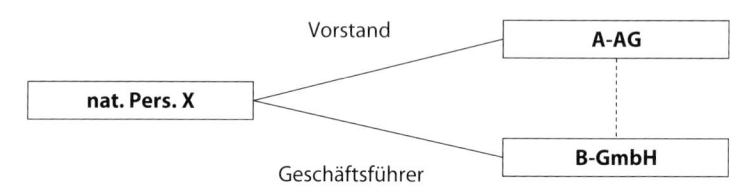

```
                    Vorstand  ┌──────────┐
                ┌─────────────│   A-AG   │
┌──────────────┐│             └──────────┘
│  nat. Pers. X│┤                  ┆
└──────────────┘│             ┌──────────┐
                └─────────────│  B-GmbH  │
                Geschäftsführer└──────────┘
```

X ist Mitglied des Managements in Schlüsselpositionen im Konzernabschluss und separaten Einzelabschluss der A-AG. Darüber hinaus ist X auch Mitglied des Managements in Schlüsselpositionen für den separaten Abschluss bzw. individuellen Einzelabschluss der B-GmbH.

18 Ein **Unternehmen** gilt gemäß IAS 24.9 dem bilanzierenden Unternehmen in den folgenden Fällen als nahe stehend:
- Beide Unternehmen gehören zum gleichen Konzern. Ein Konzern ist in IAS 27.4 als Mutterunternehmen und all seine Tochterunternehmen definiert.
- Ein Unternehmen ist ein assoziiertes Unternehmen oder Joint Venture des anderen Unternehmens bzw. des Konzerns, zu dem das andere Unternehmen gehört.
- Beide Unternehmen sind Joint Ventures einer dritten Partei.
- Ein Unternehmen ist ein Joint Venture und das andere Unternehmen ist ein assoziiertes Unternehmen einer dritten Partei.[16]

Beispiel

Mutterunternehmen A hat zwei Tochterunternehmen B und C sowie zwei assoziierte Unternehmen D und E. A ist gemeinsam mit Investor F an dem Joint Venture G beteiligt.

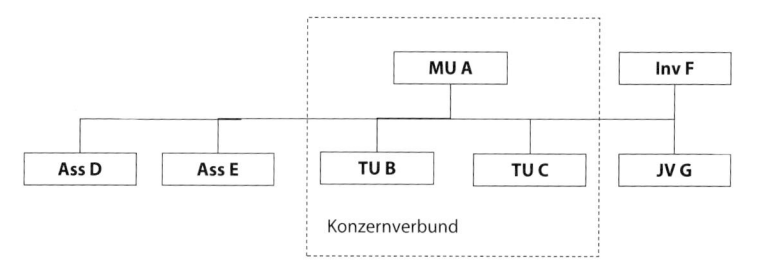

```
                    ┌───────┐        ┌───────┐
                    │ MU A  │        │ Inv F │
                    └───┬───┘        └───┬───┘
        ┌───────┬───────┼───────┬────────┤
    ┌───────┐┌───────┐┌───────┐┌───────┐┌───────┐
    │ Ass D ││ Ass E ││ TU B  ││ TU C  ││ JV G  │
    └───────┘└───────┘└───────┘└───────┘└───────┘
                    Konzernverbund
```

---

16 Für eine Kommentierung der ähnlichen Vorgängerregelung vgl. *KPMG (Hrsg.)* Insights, 1106f; *Deloitte (Hrsg.)* iGAAP, 1851ff; *Ernst&Young (Hrsg.)* International GAAP, 2759ff; *PwC (Hrsg.)* Manual of Accounting, Rn 29.23ff.

III. Definitionen

Für Zwecke des Konzernabschlusses von A sind D, E und G nahe stehende Unternehmen. Stellt A auch einen separaten Einzelabschluss auf sind B, C, D, E, G nahe stehende Unternehmen von A. Für den separaten Einzelabschluss von B sind A, C, D, E, G nahe stehende Unternehmen. Für den separaten Einzelabschluss von D sind A, B, C und G nahe stehende Unternehmen. Für den separaten Einzelabschluss von G sind A, B, C, D, E, und F nahe stehende Unternehmen. Für F ist G ein nahe stehendes Unternehmen.

- Das Unternehmen ist ein zu Gunsten der Arbeitnehmer des Unternehmens oder eines der ihm nahe stehenden Unternehmen bestehender **Pensionsfonds** für Leistungen nach Beendigung des Arbeitsverhältnisses. Die Leistungen des Pensionsfonds müssen dabei nicht allen Mitarbeitern des berichtenden Unternehmens offen stehen. Es reicht, wenn ein Teil der Mitarbeiter, zB das mittlere und höhere Management, zum Kreis der Begünstigten gehören. Umgekehrt, gelten etwa branchenweite Pensionsfonds nicht als nahe stehende Unternehmen, da diese nicht ausschließlich zu Gunsten der Arbeitnehmer des berichtenden Unternehmens oder eines der ihm nahe stehenden Unternehmen eingerichtet wurden.[17] Beachtenswert ist ferner, dass die blosse Existenz eines Pensionsfonds noch keine Angabepflicht auslöst. Eine Angabepflicht besteht nur soweit auch tatsächlich Geschäftsvorfälle mit dem Pensionsfonds stattgefunden haben. Soweit keine anderen Transaktionen angefallen sind, ist das berichtende Unternehmen somit nur in den Jahren zu einer Anhangangabe verpflichtet, in denen es eine Dotierung des Pensionsfonds vorgenommen hat.[18]

- Ein Unternehmen wird von einer dem bilanzierenden Unternehmen nahe stehenden Person beherrscht oder gemeinschaftlich beherrscht.

- Eine Person, die das bilanzierende Unternehmen beherrscht oder gemeinschaftlich beherrscht hat (a) wesentlichen Einfluss auf das andere Unternehmen oder (b) gehört zum Management in Schlüsselpositionen des anderen Unternehmens bzw. eines Mutterunternehmens des anderen Unternehmens.

Beispiel
X ist Mehrheitsgesellschafter des Unternehmens A. Unternehmen B ist Mehrheitsgesellschafter von Unternehmen C. X ist Mitglied des Managements in Schlüsselpositionen von Unternehmen C.

---

17 Vgl. *PwC (Hrsg.)* Manual of Accounting, Rn 29.80.
18 Vgl. *Senger/Prengel* Beck'sches IFRS-Handbuch, §20 Rn 12.

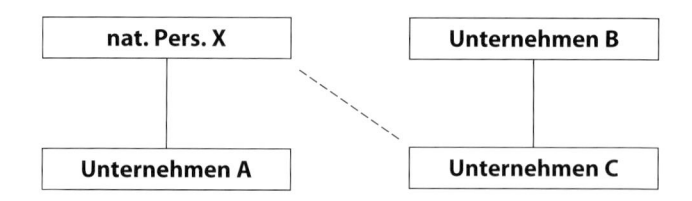

```
┌─────────────────┐        ┌─────────────────┐
│   nat. Pers. X  │        │  Unternehmen B  │
└────────┬────────┘        └─────────────────┘
         │        ╲_____
         │                     ╲
┌─────────────────┐        ┌─────────────────┐
│  Unternehmen A  │        │  Unternehmen C  │
└─────────────────┘        └─────────────────┘
```

X und Unternehmen A und B sind nahe stehende Unternehmen und Personen für Zwecke des separaten Einzelabschlusses von Unternehmen C. X und Unternehmen A sind nahe stehende Unternehmen und Personen für Zwecke des Konzernabschlusses von Unternehmen B, soweit X auch Mitglied des Managements in Schlüsselpositionen im B-Konzern ist. X und Unternehmen C sind nahe stehende Unternehmen und Personen fuer Zwecke des Konzern- oder separaten Einzelabschlusses von Unternehmen A.

19   Die Liste nahe stehender Unternehmen und Personen in IAS 24.9 ist abschließend. Andere Beziehungen zwischen Unternehmen und Personen fallen nicht in den Anwendungsbereich des Standards. Es ist aber zu beachten, dass bei der Anwendung der Definitionen auf konkrete Sachverhalte auf den **wirtschaftlichen Gehalt** der Beziehung und nicht allein auf die rechtliche Gestaltung abzustellen ist. So können die Anhangangabepflichten beispielsweise nicht einfach durch die Einschaltung von Zwischengesellschaften umgangen werden.[19]

20   IAS 24.11 stellt klar, dass die folgenden Beziehungen nicht automatisch zu einer Einordnung der beteiligten Parteien als nahe stehende Unternehmen oder Personen führen müssen:

- Zwei Unternehmen, die lediglich ein Mitglied des Geschäftsführungs- oder Aufsichtsorgans oder ein anderes Mitglied des Managements in Schlüsselpositionen gemeinsam haben

  Beispiel

  X ist Mitglied des Vorstandes der A-AG und hält Aufsichtsratsposten in der B-AG und der C-AG. X ist Mitglied des Managements in Schlüsselpositionen und damit nahe stehende Person für A, B und C. Aber A und B sind nicht automatisch nahe stehende Personen von C.

- Zwei Unternehmen, bei denen ein Mitglied des Managements in Schüsselpositionen des einen Unternehmens wesentlichen Einfluss auf das andere Unternehmen hat
- Zwei Unternehmen, bei denen die gemeinschaftliche Führung eines Joint Ventures liegt. Dieser Grundsatz gilt entsprechend für andere Investoren in einem Joint Venture, die nicht an der gemeinschaftlichen Führung des Joint Ventures beteiligt sind.

---

[19] Vgl. *PwC (Hrsg.)* Manual of Accounting, Rn 29.39; *Hoffman* Haufe-Kommentar, §30 Rn 22.

III. Definitionen

Beispiel

Unternehmen A und B führen gemeinschaftlich das Gemeinschaftsunternehmen C. Daneben beliefert Unternehmen A Unternehmen B mit Rohstoffen, die in dessen Produktionsprozess eingehen.

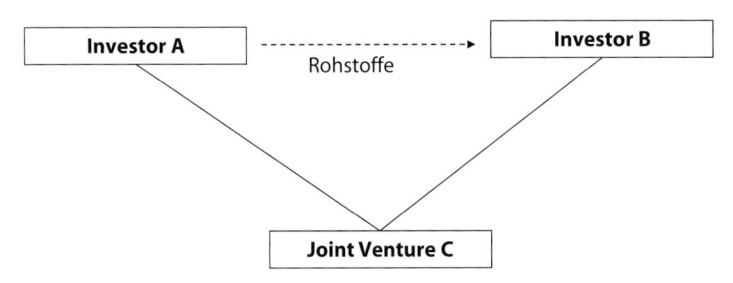

```
    Investor A  --------Rohstoffe-------->  Investor B
            \                              /
             \                            /
              \                          /
               \                        /
                \                      /
                 \                    /
                  \                  /
                   \                /
                   Joint Venture C
```

Unternehmen A muss Anhangangaben über seine Geschäftsbeziehung zu Gemeinschaftsunternehmen C machen. Es bestehen normalerweise keine besonderen Anhangangabepflichten im Hinblick auf seine Geschäftsbeziehungen zu Unternehmen B.[20]

- Kapitalgeber, Gewerkschaften, öffentliche Versorgungsunternehmen oder Behörden und öffentliche Institutionen, soweit sie das bilanzierende Unternehmen nicht beherrschen, gemeinschaftlich beherrschen oder einen wesentlichen Einfluss über das bilanzierende Unternehmen haben.
- Ein Kunde, Lieferant, Franchisegeber, Vertriebspartner oder Generalvertreter, mit dem das bilanzierende Unternehmen ein erhebliches Geschäftsvolumen abwickelt, aufgrund der daraus resultierenden wirtschaftlichen Abhängigkeit.

Die Aussage, dass die zuvor aufgelisteten Beziehungen nicht automatisch zu einer Anhangangabepflicht führen, darf jedoch nicht als generelle Befreiung von den Anhangangabepflichten missverstanden werden. Vielmehr ist eine Analyse der faktischen Verhältnisse gefordert. Übt eine der in der Liste identifizierten Parteien auf das berichtende Unternehmen Einfluss in einer Art und Weise aus, dass das berichtende Unternehmen Geschäfte eingeht oder unterlässt, die es sonst nicht eingegangen wäre bzw. auf die es sonst nicht verzichtet hätte, besteht eine Anhangangabepflicht.[21]

IAS 24 schreibt Angaben zu bestimmten Geschäftsbeziehungen mit nahe stehenden Unternehmen oder Personen sowie über die Vergütung des Managements in Schlüsselpositionen vor. Als **Geschäftsvorfall** mit einem nahe stehenden Unternehmen oder Person gilt gemäß IAS 24.9 die Übertragung von Ressourcen, Dienstleistungen oder anderen Verpflichtungen zwischen nahe stehenden Unternehmen und Personen, unabhängig davon, ob dafür ein Entgelt in Rechnung gestellt wird. Vergü-

---

20 Ein ähnliches Beispiel findet sich in *PwC (Hrsg.)* Manual of Accounting, Rn 29.64.
21 Vgl. *PwC (Hrsg.)* Manual of Accounting, Rn 84.

tungen umfassen gemäß IAS 24.9 jede Form von Vergütung, die als Gegenleistung für Dienstleistungen an das Unternehmen von diesem oder in dessen Namen gezahlt wurden, zu zahlen sind oder bereitgestellt werden. Die Bilanzierung der Vergütungen ist in IAS 19 *Employee Benefits* und IFRS 2 *Share-based Payment* geregelt.

23 Unter den Begriff der Vergütungen fallen:
- **kurzfristig fällige Leistungen an Arbeitnehmer:** zB Löhne, Gehälter und Sozialversicherungsbeiträge, jährlich gezahlte Urlaubs- und Krankengelder, Gewinn- und Erfolgsbeteiligungen (sofern diese innerhalb von 12 Monaten nach Ende der Berichtsperiode gezahlt werden) sowie geldwerte Leistungen (wie medizinische Versorgung, Unterbringung und Dienstwagen sowie kostenlose oder vergünstigte Waren oder Dienstleistungen) für laufend beschäftigte Arbeitnehmer.
- **Leistungen nach Beendigung des Arbeitsverhältnisses:** zB Renten, sonstige Altersversorgungsleistungen, Lebensversicherungen und medizinische Versorgung
- **andere langfristig fällige Leistungen an Arbeitnehmer:** zB Sonderurlaub nach langjähriger Dienstzeit oder vergütete Dienstfreistellungen, Jubiläumsgelder oder andere Leistungen für langjährige Dienstzeit, Versorgungsleistungen im Falle der Erwerbsunfähigkeit und – sofern diese Leistungen nicht vollständig innerhalb von 12 Monaten nach Ende der Berichtsperiode zu zahlen sind – Gewinn- und Erfolgsbeteiligungen sowie später fällige Vergütungsbestandteile.
- **Leistungen aus Anlass der Beendigung des Arbeitsverhältnisses** und
- **aktienbasierte Vergütungen.**[22]

24 IAS 24 enthält schließlich Sonderregeln für **Unternehmen, die der öffentlichen Hand nahe stehen.** Öffentliche Hand bezieht sich dabei gemäß IAS 24.9 auf Regierungsbehörden, Institutionen mit hoheitlichen Aufgaben und ähnliche Körperschaften, unabhängig davon, ob lokal, national oder international. Ein der öffentlichen Hand nahe stehendes Unternehmen, ist ein Unternehmen, das von der öffentlichen Hand beherrscht, gemeinsam beherrscht wird oder über das die öffentlichen Hand einen wesentlichen Einfluss ausübt.

25 **IV. Anhangangaben. 1. Vorschriften für alle Unternehmen.**

IAS 24 enthält im Wesentlichen drei Anhangangabepflichten:

(a) Angaben zu Beziehungen zwischen konzerninternen Unternehmen,

(b) Angaben zu Geschäftsvorfällen mit nahe stehenden Unternehmen,

(c) Angaben zur Vergütung des Managements in Schlüsselpositionen.

26 IAS 24 äußert sich nicht zu der Frage, ob das berichtende Unternehmen die Anhangangaben um Vorjahreszahlen ergänzen muss. IAS 1.36 stellt hierzu allerdings klar, dass das berichtende Unternehmen immer dann Angaben zu Vorjahresbeträgen

---

[22] Vgl. *KPMG (Hrsg.)* Insights, 1111; *Deloitte (Hrsg.)* iGAAP, 1860ff; *Ernst&Young (Hrsg.)* International GAAP, 2775ff; *PwC (Hrsg.)* Manual of Accounting, Rn 29.130ff.

IV. Anhangangaben

machen muss, wenn dies für das Verständnis der Angaben zur gegenwärtigen Berichtsperiode erforderlich ist. Hieraus dürfte sich in der Regel eine Verpflichtung für das berichtende Unternehmen ergeben, Vorjahresvergleiche in die Anhangangaben über nahe stehende Unternehmen und Personen mit einzubeziehen.[23]

Im Folgenden sollen die mit den drei Kategorien verbundenen Anhangangabepflichten näher erläutert werden.

IAS 24

a) Angaben zu Beziehungen zwischen konzerninternen Unternehmen. Gemäß IAS 24.13 sind alle Beziehungen zwischen Mutter- und Tochterunternehmen angabepflichtig. Die Angabepflicht besteht unabhängig von der Frage, ob zwischen den Unternehmen tatsächlich Geschäftsvorfälle stattgefunden haben.[24]

Das berichtende Unternehmen muss den Namen des Mutterunternehmens und falls abweichend, den Namen des obersten beherrschenden Unternehmens oder Person angeben. IAS 1.126(c) verlangt die Angabe des obersten beherrschenden Unternehmens. In der Mehrzahl der Fälle dürften die Vorschriften in IAS 1 und IAS 24 daher zu identischen Angaben führen. Die Angabepflicht in IAS 1 bezieht sich jedoch ausschließlich auf Unternehmen. Unterschiede können sich daher ergeben, wenn es sich bei der obersten beherrschenden Partei um eine natürliche Person handelt, die in die Angabepflicht nach IAS 24, nicht aber nach IAS 1 fällt.[25]

Veröffentlicht weder das Mutterunternehmen noch das oberste beherrschende Unternehmen oder Person Abschlüsse, muss zusätzlich der Name des nächst höheren Mutterunternehmens, das Abschlüsse veröffentlicht, angegeben werden. Die Anhangangabepflicht ergänzt, ersetzt aber nicht die Anhangangabepflichten in IAS 27, 28 und 31.

IAS 24.13 begründet keine Verpflichtung, vergleichbare Angaben zu Beziehungen mit Gemeinschaftsunternehmen oder assoziierten Unternehmen zu machen. Faktisch kann sich eine solche Angabepflicht aber ergeben, wenn die Darstellung der Beziehungen mit Gemeinschaftsunternehmen oder assoziierten Unternehmen für das Verständnis von Geschaeftsvorfällen mit nahe stehenden Unternehmen notwendig ist. Hierauf wird im folgenden Abschnitt näher eingegangen.

---

23 Vgl. *PwC (Hrsg.)* Manual of Accounting, Rn 29.157.
24 Das IASB berät gegenwärtig über eine ähnliche Anhangangabe im Rahmen seines Projektes zur Überarbeitung der Konsolidierungsvorschriften in IAS 27 und SIC-12. Zum Projektfortschritt vgl. die Projektbeschreibung auf der Homepage des IASB; www.iasb.org.
25 Der Wortlaut von IAS 24 spricht von nur einer natürlichen Person. Die Anhangangabepflicht kann sich aber unter Umständen auch auf eine Gruppe von Personen beziehen. Dies ist immer dann der Fall, wenn eine Gruppe von Personen aufgrund vertraglicher Vereinbarung gemeinschaftlich die Beherrschungsmacht über einen Konzern ausübt. Zu weiteren Einzelheiten wird auf die Ausführungen zu Konzernverhältnissen unter gemeinsamer Beherrschung in Abschnitt zu IFRS 3 *Business Combinations* verwiesen. Vgl. *PwC (Hrsg.)* Manual of Accounting, Rn 29.115 und 119.

Buschhüter

32 **b) Angaben zu Geschäftsvorfällen mit nahe stehenden Unternehmen.** Soweit während der Berichtsperiode Geschäftsvorfälle mit nahe stehenden Unternehmen und Personen stattgefunden haben, muss das berichtende Unternehmen gemäß IAS 24.17, die **Art der Beziehung** zu dem nahe stehenden Unternehmen oder Person sowie Informationen über die **Geschäfte und ausstehenden Salden**, einschließlich weiterer **Zusagen**, angeben. Die Anhangangaben müssen so beschaffen sein, dass sie dem Bilanzleser ein Verständnis der Auswirkungen der Beziehung auf den Abschluss ermöglichen.[26] IAS 24.17 schreibt die folgenden Mindestangaben vor:

- den Betrag der Geschäftsvorfälle;
- den Betrag der ausstehenden Salden und (i) ihre Bedingungen und Konditionen, einschließlich einer möglichen Besicherung sowie die Art der Leistungserfüllung, und (ii) Einzelheiten zu gewährten oder erhaltenen Garantien;

Beispiel

Unternehmen A befindet sich in finanziellen Schwierigkeiten. Der alleinige Eigentümer und Geschäftsführer X bürgt daher mit seinem Privatvermögen für einen dem Unternehmen A gewährten Überbrückungskredit. Unternehmen A muss die Besicherung des Krediten durch X und weitere Einzelheiten zu den Konditionen der gewährten Garantie im Anhang angeben. Umgekehrt wäre es auch angabepflichtig gewesen, wenn Unternehmen A dem Geschäftsführer eine Garantie für einen privaten Kredit gewährt hätte.[27]

- Rückstellungen für zweifelhafte Forderungen hinsichtlich der ausstehenden Salden

Den während der Berichtsperiode erfassten Aufwand für uneinbringliche oder zweifelhafte Forderungen gegenüber nahe stehenden Unternehmen und Personen.

33 IAS 24 nennt die folgenden Beispiele für Geschäftsvorfälle zwischen nahe stehenden Unternehmen und Personen: Käufe oder Verkäufe von Gütern, Grundstücken, Bauten und anderen Vermögenswerten; geleistete und bezogene Dienstleistungen; Leasingverhältnisse; Transfers von Dienstleistungen im Bereich der Forschung und Entwicklung; Transfers aufgrund von Lizenzvereinbarungen; Finanzierungen; Bürgschaften, Sicherheiten, die Erfüllung von Verbindlichkeiten auf Rechnung des berichtenden Unternehmens oder durch das berichtende Unternehmen für Rechnung Dritter. Die Liste von Beispielen in IAS 24.20 ist nicht abschließend gemeint. Weitere Beispiele für Geschäftsvorfälle zwischen nahe stehenden Personen umfassen beispielsweise auch Treuhandverhältnisse oder Geschäftsbesorgungsverträge. Angabepflichtig ist auch, wenn das berichtende Unternehmen zu Gunsten des nahe stehenden Unternehmens auf den Abschluss eines bestimmten Geschäftes verzichtet hat.[28]

---

26 Vgl. *KPMG (Hrsg.)* Insights, 1111ff; *Deloitte (Hrsg.)* iGAAP, 1862ff; *Ernst & Young (Hrsg.)* International GAAP, 2772ff; *PwC (Hrsg.)* Manual of Accounting, Rn 29.142ff.
27 Zu einem ähnlichen Beispiel vgl. *PwC (Hrsg.)* Manual of Accounting, Rn 29.170
28 Vgl. *Deloitte (Hrsg.)* iGAAP, 1864; *PwC (Hrsg.)* Manual of Accounting, 29.90 und 91.

IV. Anhangangaben

Die Anhangangaben müssen gemäß IAS 24.18 **für jede der folgenden Kategorien** getrennt vorgenommen werden: 34
- das Mutterunternehmen,
- Unternehmen mit gemeinschaftlicher Führung oder maßgeblichem Einfluss auf das berichtende Unternehmen,
- Tochterunternehmen,
- Assoziierte Unternehmen,
- Gemeinschaftsunternehmen,
- Mitglieder des Managements in Schlüsselpositionen des berichtenden Unternehmens oder seines Mutterunternehmens,
- Sonstige nahe stehende Unternehmen und Personen.

Die Kategorisierung der Beträge darf nach IAS 24.20 entweder in der Bilanz oder im Anhang vorgenommen werden. Gleichartige Posten dürfen gemäß IAS 24.24 **zusammengefasst** werden, soweit die getrennte Angabe nicht für das Verständnis der Geschäftsvorfälle mit nahe stehenden Unternehmen und Personen notwendig ist oder einer Zusammenfassung die Vorschriften des nationalen Rechts entgegenstehen. IAS 24.24 enthält keine weitergehenden Vorschriften dazu wie die Angaben zusammengefasst werden sollen. Denkbar ist daher beispielsweise eine Zusammenfassung nach Art der Geschäfte oder nach Vertragspartnern.[29] 35

Die Anhangangabepflicht besteht unabhängig davon, ob die Geschäftsvorfälle zu Bedingungen abgewickelt wurden, wie sie unter fremden Dritten üblich sind. Es steht dem berichtenden Unternehmen jedoch nach IAS 24.23 frei, darauf hinzuweisen, dass die vereinbarten Konditionen einem **Drittvergleich** standhalten. Die Angabe ist allerdings nur zulässig, wenn dies vom berichtenden Unternehmen belegt werden kann, etwa weil nachgewiesen werden kann, dass das berichtende Unternehmen vergleichbare Geschäfte mit Dritten zu den gleichen Konditionen abgeschlossen hat.[30] 36

Wie bei anderen Anhangangaben auch muss bei den Angaben zu Geschäftsbeziehungen mit nahe stehenden Personen der Wesentlichkeitsgrundsatz beachtet werden.[31] Zu beachten ist, dass ein Geschäft, das für das berichtende Unternehmen für sich genommen unwesentlich wäre, für die Gegenseite erhebliche materielle Bedeutung haben kann. Eine Anhangangabe ist immer dann angemessen, wenn die Transaktion für mindestens eine der beteiligten Parteien wesentlich ist.[32] 37

---

29 Vgl. *PwC (Hrsg.)* Manual of Accounting, 29.149ff.
30 Vgl. *KPMG (Hrsg.)* Insights, 1114, *PwC (Hrsg.)* Manual of Accounting, 29.145; *Hoffmann* Haufe-Kommentar, §30 Rn 27.
31 Nach F.30 sind Informationen wesentlich, wenn ihr Weglassen oder ihre fehlerhafte Darstellung die auf der Basis des Abschlusses getroffenen wirtschaftlichen Entscheidungen der Abschlussadressaten beeinflussen könnten.
32 Vgl. *PwC (Hrsg.)* Manual of Accounting, 29.92ff.

Buschhüter

38　c) **Angaben zur Vergütung des Managements in Schlüsselpositionen.** IAS 24.17 verpflichtet das berichtende Unternehmen die Vergütungen für Mitglieder des Managements in Schlüsselpositionen **insgesamt und für jede der folgenden Kategorien** anzugeben:
- kurzfristig fällige Leistungen an Arbeitnehmer,
- Leistungen nach Beendigung des Arbeitsverhältnisses,
- andere langfristig fällige Leistungen,
- Leistungen aus Anlass der Beendigung des Arbeitsverhältnisses und
- Anteilsbasierte Vergütungen.[33]

39　IAS 24 enthält keine Vorschriften darüber mit welchem Betrag die Managementvergütungen anzugeben sind. In der Mehrzahl der Fälle ergibt sich hieraus keine besondere Schwierigkeit, da die Vergütungen in Geldbeträgen geleistet werden. Problematisch ist aber die Frage, wie geldwerte Leistungen bewertet sollen. Angemessen dürfte hier in der Regel eine Bewertung der geldwerten Leistung mit dem beizulegenden Zeitwert sein. Die Angabe der beim Unternehmen angefallenen Kosten reicht nicht aus. Auch die steuerliche Bewertung der geldwerten Leistung darf nicht ungeprüft übernommen werden, sondern muss zunächst darauf hin untersucht werden, ob das Steuerrecht aus steuerpolitischen Gesichtspunkten Bewertungsvergünstigungen vorsieht, die zu einer vom beizulegenden Zeitwert abweichenden Bewertung führen.

Beispiel

Geschäftsführer X bekommt von Unternehmen A kostenlos eine Dienstwohnung zur Verfügung gestellt. Dem Unternehmen entsteht hieraus Abschreibungsaufwand in Höhe von €12.000 pro Jahr zuzüglich Nebenkosten von €4.000. Die marktübliche Miete für vergleichbare Wohnungen beträgt €18.000 pro Jahr. Unternehmen A muss die geldwerte Leistung an den Geschäftsführer mit €18.000 angeben.

40　Eine Bewertung langfristig fälliger Leistungen an Arbeitnehmer sowie aktienbasierter Vergütungen zum beizulegenden Zeitwert ist nicht ohne weiteres möglich. IFRS 2 und IAS 19 enthalten daher besondere Bewertungsvorschriften. Die Anhangangaben zur Vergütung des Managements in Schlüsselpositionen richten sich nach diesen Bewertungsvorschriften. Der nach IAS 24.17 anzugebende Betrag entspricht somit den beim berichtenden Unternehmen angefallenen Aufwendungen.[34]

41　In der Regel besteht ein besonderes Interesse der Anteilseigner des berichtenden Unternehmens, über die Vergütung des Managements in Schlüsselpositionen informiert zu werden. Auf die Angabe kann daher normalerweise nicht mit dem Hin-

---

33　Vgl. *KPMG (Hrsg.)* Insights, 1111; *Deloitte (Hrsg.)* iGAAP, 1860ff; *Ernst & Young (Hrsg.)* International GAAP, 2775ff; *PwC (Hrsg.)* Manual of Accounting, Rn 29.130ff.
34　Vgl. *PwC (Hrsg.)* Manual of Accounting, 29.136f.

IV. Anhangangaben

weis auf die Unwesentlichkeit der Angaben verzichtet werden.[35] Möglich ist aber die Zusammenfassung gleichartiger Vergütungskomponenten verschiedener Mitglieder des Managements in Schlüsselpositionen. Wurden mit einem bestimmten Mitglied des Managements in Schlüsselpositionen jedoch besondere Vergütungskomponenten vereinbart, ist eine Zusammenfassung mit anderen Gehaltskomponenten nicht möglich und eine gesonderte Angabe erforderlich.[36] Ein Verzicht auf die Anhangangaben, wenn hieraus Rückschlüsse auf die Vergütung einzelner Personen gezogen werden können ist in IAS 24 nicht vorgesehen.[37]

2. Der öffentlichen Hand nahe stehende Unternehmen. Die zuvor dargestellten Anhangabepflichten bringen für viele Großkonzerne einen erheblichen Erfassungsaufwand mit sich. Besondere Anwendungsschwierigkeiten ergeben sich jedoch für der öffentlichen Hand nahe stehende Unternehmen, da sich hier auf Grund der zahlreichen wirtschaftlichen Betätigungsfelder der öffentlichen Hand in der Regel ein unüberschaubares Geflecht aus nahe stehenden Unternehmen und Personen ergibt.

IAS 24.25 **befreit** daher der öffentlichen Hand nahe stehende Unternehmen **von den Angaben zu Geschäftsvorfällen** sowie ausstehenden Salden, einschließlich weiterer Zusagen, mit:
- der öffentlichen Hand, soweit diese das berichtende Unternehmen beherrscht, gemeinschaftlich beherrscht oder einen wesentlichen Einfluss auf das berichtende Unternehmen hat; und
- einem anderen Unternehmen, das dem berichtenden Unternehmen nahe steht, weil beide von derselben Körperschaft der öffentlichen Hand beherrscht oder gemeinschaftlich beherrscht werden bzw. weil die gleiche Körperschaft der öffentlichen Hand einen wesentlichen Einfluss auf beide Unternehmen hat.

Der öffentlichen Hand nahe stehende Unternehmen sind nicht von allen Angabepflichten zu nahe stehenden Personen befreit. IAS 24 befreit der öffentlichen Hand nahe stehende Unternehmen nur von den Angabepflichten zu Geschäftsvorfällen und ausstehenden Salden. Die Angabepflichten zu Beziehungen zwischen konzerninternen Unternehmen und zur Vergütung des Managements in Schlüsselpositionen bestehen weiterhin. Ferner bleiben die Angabepflichten für alle sonstigen Parteien, die in keiner direkten oder indirekten Beziehung zur öffentlichen Hand stehen, bestehen.

Macht ein Unternehmen von der Ausnahme Gebrauch, muss es gemäß IAS 24.26 die folgenden **Anhangangaben** machen:
(a) den Namen der Körperschaft der öffentlichen Hand sowie die Art der Beziehung mit dem berichtenden Unternehmen;
(b) Art und Betrag jedes für sich genommenen wesentlichen Geschäftsvorfalls;

---
35 Vgl. *KPMG (Hrsg.)* Insights, 1111.
36 Vgl. *PwC (Hrsg.)* Manual of Accounting, 29.154ff.
37 Vgl. *Senger/Prengel* Beck'sches IFRS-Handbuch, §20 Rn 45.

(c) Qualitative und quantitative Angaben über das Ausmaß derjenigen Geschäftsvorfälle, die zwar nicht für sich genommen aber in ihrer Gesamtheit wesentlich sind.

Die Angaben in b) und c) müssen in einem Detaillierungsgrad vorgenommen werden, der es den Bilanzadressaten erlaubt, die Auswirkungen der Beziehungen zu nahe stehenden Unternehmen und Personen auf den Abschluss zu verstehen.

Beispiel
Die öffentliche Hand hält Mehrheitsbeteiligungen an den Unternehmen A und B. B hat zwei Tochterunternehmen C und D. X ist Mitglied des Managements in Schlüsselpositionen von A.

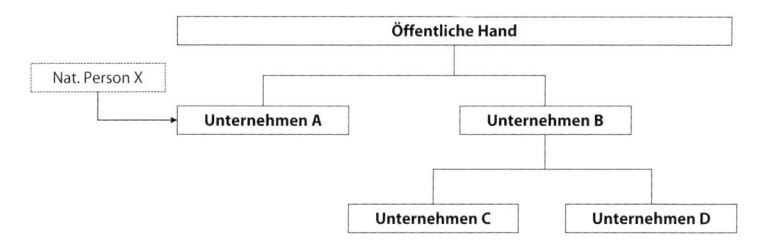

```
                    ┌──────────────────┐
                    │ Öffentliche Hand │
                    └────────┬─────────┘
       ┌──────────────┐      │
       │ Nat. Person X│      │
       └──────────────┘      │
              └──────┬───────┴────────┐
                     │                │
              ┌──────────────┐ ┌──────────────┐
              │ Unternehmen A│ │ Unternehmen B│
              └──────────────┘ └───────┬──────┘
                                       │
                            ┌──────────┴──────────┐
                    ┌──────────────┐      ┌──────────────┐
                    │ Unternehmen C│      │ Unternehmen D│
                    └──────────────┘      └──────────────┘
```

A erfüllt die Voraussetzungen der Ausnahmeregelung für seine direkten Geschäftsbeziehungen mit der öffentlichen Hand sowie für seine Geschäftsbeziehungen mit B, C und D. A kann von der Ausnahmeregelung in IAS 24.25 Gebrauch machen und alternativ die in IAS 24.26 vorgeschriebenen Anhangangaben machen. Die Vergütung von X sowie alle weiteren Geschäftsbeziehungen mit X sind nicht von der Ausnahmeregelung erfasst und angabepflichtig.

46 **V. Inkrafttreten und Übergangsvorschriften.** Die in diesem Abschnitt dargestellte Version von IAS 24 muss gemäß IAS 24.28 für Geschäftsjahre, die am oder nach dem **1. Januar 2011** beginnen, angewendet werden. Die **freiwillige frühere Anwendung** des gesamten Standards oder der Vorschriften für der öffentlichen Hand nahe stehende Unternehmen ist zulässig. Auf die frühere Anwendung der Vorschriften muss aber im Anhang hingewiesen werden. Verzichtet das berichtende Unternehmen auf die freiwillige frühere Anwendung, muss bis zum zwingenden Inkrafttreten des Standards die in 2003 veröffentlichte Fassung von IAS 24 angewendet werden.

47 Die Neufassung von IAS 24 ist **retrospektiv** anzuwenden, dh Vergleichsangaben für Vorjahre müssen im Anhang so gemacht werden, als wäre die Neufassung des Standards bereits in Vorjahren angewendet worden.

IV. Anhangangaben

VI. IFRS für kleine und mittelgroße Unternehmen. Wie IAS 24 sieht auch der IFRS für kleine und mittelgroße Unternehmen in Abschnitt 33 besondere Anhangangaben für nahe stehende Unternehmen und Personen vor. Die Definition eines nahe stehenden Unternehmens oder Person in IFRS-SMEs Abschnitt 33.2 ähnelt der in IAS 24.9, weitet die Definition aber dahin gehend aus, dass auch das Halten **wesentlicher Stimmrechte** zu einer Einordnung als nahe stehendes Unternehmen oder Person führen kann. 48

Gemäß IFRS-SMEs Abschnitt 33.2 gilt eine Person bzw. ein enges Familienmitglied schon dann als dem berichtenden Unternehmen nahe stehend, wenn sie/es wesentliche Stimmrechte an dem Unternehmen hält. IAS 24 verlangt dagegen immer das Vorliegen eines Beherrschungsverhältnisses, gemeinschaftlicher Führung oder wesentlichen Einflusses. In ähnlicher Weise gilt ein anderes Unternehmen gemäß IFRS-SMEs Abschnitt 33.2 auch dann dem berichtenden Unternehmen als nahe stehend, wenn ein Mitglied des Managements in Schlüsselpositionen des berichtenden Unternehmens oder eine Person, die das berichtende Unternehmen beherrscht oder gemeinschaftlich beherrscht, wesentliche Stimmrechte an dem anderen Unternehmen hält. Schließlich gilt ein Unternehmen auch dann als nahe stehend, wenn ein Mitglied des Managements in Schlüsselpositionen des Unternehmens wesentliche Stimmrechte an dem berichtenden Unternehmen hält. 49

Wie in IAS 24 verpflichtet Abschnitt 33 des IFRS-SMEs das berichtende Unternehmen Angaben zu **Beziehungen zwischen konzerninternen Unternehmen**, zu **Geschäftsvorfällen mit nahe stehenden Unternehmen** und zur **Vergütung des Managements in Schlüsselpositionen** zu machen. Unterschiede zwischen IAS 24 und Abschnitt 33 können sich hier bei einigen Detailfragen ergeben. So sieht Abschnitt 33 etwa nur die zusammengefasste Angabe der Vergütung des Managements in Schlüsselpositionen vor. IAS 24.17 sieht eine weitere Aufteilung der Zahl in die unterschiedlichen Vergütungskategorien vor. 50

Ähnlich IAS 24.25-27 sieht IFRS-SMEs Abschnitt 33.11 eine Ausnahme von der Anhangangabepflicht für Geschäftsvorfälle mit nahe stehenden Unternehmen vor, wenn der Geschäftsvorfall mit einer Körperschaft der öffentlichen Hand stattgefunden hat, die das berichtende Unternehmen beherrscht, gemeinschaftlich beherrscht oder wesentlichen Einfluss über das berichtende Unternehmen hat. Die gleiche Ausnahme gilt für Geschäftsvorfälle mit einem anderen Unternehmen, wenn sowohl das berichtende Unternehmen als auch das andere Unternehmen von einer Körperschaft der öffentlichen Hand beherrscht oder gemeinschaftlich beherrscht werden oder wenn die Körperschaft der öffentlichen Hand wesentlichen Einfluss auf beide Unternehmen hat. Der Unterschied zu IAS 24 liegt in der abweichenden Definition der öffentlichen Hand, die im IFRS-SMEs als nationale, regionale oder lokale Regierung 51

IAS 24

definiert wird. IAS 24.9 definiert die öffentliche Hand weiter als jede Regierungsbehörde, Institution mit hoheitlichen Aufgaben oder ähnliche Körperschaft, unabhängig davon, ob lokal, national oder international.

52 **VII. Ausblick.** Mit der Veröffentlichung der **Neufassung von IAS 24** im November 2009 hat das IASB Projekt zur Überarbeitung der Angabepflichten für nahe stehende Unternehmen und Personen nach vierjähriger Beratung und Veröffentlichung zweier Standardentwürfe seinen vorläufigen Abschluss gefunden. Kern des Projektes war die Vereinfachung der Definition nahe stehender Unternehmen und Personen sowie die Einführung besonderer Anhangangabevorschriften für der öffentlichen Hand nahe stehende Unternehmen. Weitere Änderungen der Vorschriften in IAS 24 sind gegenwärtig nicht geplant.[38] Allerdings sind, wie bei allen Standards, **Nachbesserungen** der neuen Vorschriften im Rahmen des Annual Improvements Projektes bzw. einer zwei Jahre nach Inkrafttreten des Standards stattfindenden grundsätzlichen Überprüfung der Praxiserfahrungen mit dem neuen Standard (post-implementation review) möglich.

---

38 Zum IASB-Projekt vgl. Bömelburg/Landgraf/Luce PiR 2007, 243ff; Zülch/Gebhardt PiR 2007, 139ff; Böckem WpG 2009, 644ff.

IAS 27 – Consolidated and Separate Financial Statements

Rn	Textauszüge aus IAS 27
27.9	Ein Mutterunternehmen, ausgenommen Mutterunternehmen gemäß Paragraph 10, hat einen Konzernabschluss aufzustellen, in dem es seine Anteile an Tochterunternehmen gemäß diesem Standard konsolidiert.
27.10	Ein Mutterunternehmen braucht dann, und nur dann, keinen Konzernabschluss aufzustellen, wenn:

(a) das Mutterunternehmen selbst ein hundertprozentiges Tochterunternehmen ist oder ein teilweise im Besitz stehendes Tochterunternehmen eines anderen Unternehmens ist und die anderen Eigentümer, einschließlich der nicht stimmberechtigten, darüber unterrichtet sind, dass das Mutterunternehmen keinen Konzernabschluss aufstellt, und dagegen keine Einwände erheben;

(b) die Schuld- oder Eigenkapitalinstrumente des Mutterunternehmens an keiner Börse (einer nationalen oder ausländischen Wertpapierbörse oder am Freiverkehrsmarkt, einschließlich lokaler und regionaler Börsen) gehandelt werden;

(c) das Mutterunternehmen bei keiner Börsenaufsicht oder sonstigen Aufsichtsbehörde ihre Abschlüsse zum Zweck der Emission von Finanzinstrumenten jeglicher Klasse an einer Wertpapierbörse eingereicht hat oder dies beabsichtigt; und

(d) das oberste oder ein zwischengeschaltetes Mutterunternehmen des Mutterunternehmens einen Konzernabschluss aufstellt, der veröffentlicht wird und den International Financial Reporting Standards entspricht.

27.12	Der Konzernabschluss hat alle Tochterunternehmen des Mutterunternehmens einzuschließen.
27.20	Konzerninterne Salden, Geschäftsvorfälle, Erträge und Aufwendungen sind in voller Höhe zu eliminieren.
27.22	Die Abschlüsse des Mutterunternehmens und seiner Tochterunternehmen, die bei der Aufstellung des Konzernabschlusses verwendet werden, sind auf den gleichen Stichtag aufzustellen. Haben Mutter- und Tochterunternehmen nicht den gleichen Abschlussstichtag, dann stellt das Tochterunternehmen zu Konsolidierungszwecken einen Zwischenabschluss auf den Stichtag des Mutterunternehmens auf, sofern dies nicht undurchführbar ist.
27.23	Wird gemäß IAS 27.22 der Abschluss eines Tochterunternehmens, der bei der Aufstellung des Konzernabschlusses herangezogen wird, zu einem vom Mutterunternehmen abweichenden Stichtag aufgestellt, so sind für die Auswirkungen bedeutender Geschäftsvorfälle oder anderer Ereignisse, die zwischen diesem Stichtag und dem Stichtag des Mutterunternehmens eingetreten sind, Anpassungen vorzunehmen. Die Differenz zwischen den Abschlussstichtagen von Tochterunternehmen und Mutterunternehmen darf auf keinen Fall mehr als drei Monate betragen. Die Länge der Berichtsperioden und die Abweichungen von den Abschlussstichtagen müssen von Periode zu Periode gleich bleiben.

IAS 27 Consolidated Statements

27.24 Bei der Aufstellung eines Konzernabschlusses sind für ähnliche Geschäftsvorfälle und andere Ereignisse unter vergleichbaren Umständen einheitliche Rechnungslegungsmethoden anzuwenden.

27.27 Nicht beherrschende Anteile sind in der Konzernbilanz innerhalb des Eigenkapitals, aber getrennt vom Eigenkapital der Eigentümer des Mutterunternehmens auszuweisen.

27.30 Änderungen der Beteiligungsquote des Mutterunternehmens an einem Tochterunternehmen, die nicht zu einem Verlust der Beherrschung führen, werden als Eigenkapitaltransaktionen bilanziert (d.h. als Transaktionen mit Eigentümern, die in ihrer Eigenschaft als Eigentümer handeln).

27.34 Wenn ein Mutterunternehmen die Beherrschung über ein Tochterunternehmen verliert,

(a) bucht es die Vermögenswerte (einschließlich des Geschäfts- und Firmenwerts) und Schulden des Tochterunternehmens zu deren Buchwerten zum Zeitpunkt des Verlustes der Beherrschung aus;

(b) bucht es den Buchwert aller nicht beherrschenden Anteile an dem ehemaligen Tochterunternehmen zum Zeitpunkt des Verlustes der Beherrschung aus (dazu gehören auch alle diesen zuzuordnenden Bestandteile des sonstigen Ergebnisses);

(c) erfasst es: (i) den beizulegenden Zeitwert der gegebenenfalls erhaltenen Gegenleistung aus der Transaktion, aus den Ereignissen oder Umständen, die zu dem Verlust der Beherrschung geführt haben; und (ii) in dem Falle, dass die zum Verlust der Beherrschung führende Transaktion mit einer Verteilung der Anteile des Tochterunternehmens an die Eigentümer, die in ihrer Eigenschaft als Eigentümer handeln, verbunden ist, diese Verteilung der Anteile;

(d) setzt es alle Anteile, die es am ehemaligen Tochterunternehmen behält, zu dem zum Zeitpunkt des Verlustes der Beherrschung beizulegenden Zeitwert an;

(e) gliedert es die in IAS 27.35 genannten Beträge in den Gewinn oder Verlust um oder überträgt sie direkt in die Gewinnrücklagen, wenn dies von anderen IFRS verlangt wird; und

(f) erfasst es jede daraus resultierende Differenz als einen Gewinn bzw. Verlust im Gewinn oder Verlust, das dem Mutterunternehmen zuzurechnen ist.

27.36 Beim Verlust der Beherrschung eines Tochterunternehmens sind alle an dem ehemaligen Tochterunternehmen gehaltenen Anteile und alle von dem oder an das ehemalige(n) Tochterunternehmen geschuldeten Beträge ab dem Zeitpunkt des Beherrschungsverlustes gemäß den anderen IFRS zu bilanzieren.

I. Regelungsgehalt

27.38 Werden Einzelabschlüsse aufgestellt, dann sind die Anteile an Tochterunternehmen, gemeinschaftlich geführten Unternehmen und assoziierten Unternehmen, die nicht gemäß IFRS 5 Zur Veräußerung gehaltene langfristige Vermögenswerte und aufgegebene Geschäftsbereiche als zur Veräußerung gehalten eingestuft werden (oder zu einer Veräußerungsgruppe gehören, die als zur Veräußerung gehalten eingestuft ist), wie folgt zu bilanzieren: (a) zu Anschaffungskosten, oder (b) in Übereinstimmung mit IAS 39. Für jede Kategorie von Anteilen gelten die gleichen Rechnungslegungsmethoden. Anteile an Tochterunternehmen, gemeinschaftlich geführten Unternehmen und assoziierten Unternehmen, die gemäß IFRS 5 als zur Veräußerung gehalten eingestuft werden (oder zu einer Veräußerungsgruppe gehören, die als zur Veräußerung gehalten eingestuft ist), sind gemäß IFRS 5 zu bilanzieren.

27.40 Anteile an gemeinschaftlich geführten Unternehmen und assoziierten Unternehmen, die im Konzernabschluss gemäß IAS 39 bilanziert werden, sind im Einzelabschluss des Anteilseigners in gleicher Weise zu bilanzieren.

Übersicht

	Rn
I. Regelungsgehalt	1
II. Normzweck und Anwendungsbereich	2 – 3
III. Begriffe	4 – 8
IV. Darstellung des Konzernabschlusses	9 – 10
V. Konsolidierungskreis nach IAS 27	11 – 19
VI. Konsolidierungskreis nach SIC-12	20 – 27
VII. Konsolidierungsgrundsätze	28 – 54
VIII. Änderungen der Anteilsverhältnisse	55 – 63
IX. Separater Einzelabschluss	64 – 66
X. Ausweis und Angaben	67 – 69
XI. Inkrafttreten und Übergangsvorschriften	70
XII. IFRS für kleine und mittelgroße Unternehmen	71 – 72
XIII. Ausblick	73 – 86

I. Regelungsgehalt. IAS 27 regelt die Konzernrechnungslegung sowie die Bilanzierung von Anteilen an Tochterunternehmen, Gemeinschaftsunternehmen und assoziierten Unternehmen in gesonderten Einzelabschlüssen (*Separate financial statements*), die das berichtende Unternehmen freiwillig oder aufgrund gesetzlicher Verpflichtung aufstellt (vgl. IAS 27.IN10). Der Schwerpunkt des Standards liegt auf der Konzernrechnungslegung.

Ausgehend vom Grundsatz, dass ein Konzern die Verbindung mehrerer rechtlich selbständiger Unternehmen zu einer wirtschaftlichen Einheit ist[1] (Einheitsfiktion), versteht IAS 27 den Konzernabschluss als einen Abschluss, der die einbezogenen Unternehmen so darstellt, als ob es sich bei ihnen um ein einziges Unternehmen handelt (vgl. IAS 27.4). Daran anknüpfend gibt IAS 27 Grundsätze zur Erstellung von Konzernabschlüssen vor (*Consolidation procedures*), welche unter Anderem die einheitliche Bilanzierung gleichartiger Geschäftsvorfälle und die Eliminierung von Geschäftsvorfällen zwischen den einbezogenen Unternehmen beinhalten (vgl. IAS 27.IN5f).

Da **Beherrschung** (*Control*) als Grundlage der Konsolidierung nicht notwendigerweise bedeutet, dass das beherrschende Unternehmen (Mutterunternehmen) sämtliche Anteile am beherrschten Unternehmen (Tochterunternehmen) besitzt, geht IAS 27 auch auf die bilanzielle Abbildung der Anteile nicht beherrschender Gesellschafter ein (vgl. IAS 27.IN7). In diesem Zusammenhang wird deutlich, dass Beherrschung auch dann vorliegen kann, wenn das Mutterunternehmen nicht die absolute Mehrheit der Anteile am Tochterunternehmen besitzt (vgl. IAS 27.BC28). Die Regelungen in IAS 27 zielen dabei auf die Aufteilung von Gewinnen/Verlusten und des Nettovermögens auf beherrschende und nicht beherrschende Gesellschafter ab. Des Weiteren regelt IAS 27 die bilanzielle Abbildung von Änderungen der Anteilsverhältnisse, die zu einem Verlust der Beherrschung führen sowie die Bilanzierung von Änderungen an den Anteilsverhältnissen, wenn diese Änderungen nicht das Ende des Mutter-Tochter-Verhältnisses nach sich ziehen (vgl. IAS 27.IN8f).

IAS 27 beinhaltet detaillierte Offenlegungspflichten (*Disclosures*). Diese Pflichten erstrecken sich insbesondere auf Angaben zu den Beziehungen zwischen dem Mutterunternehmen und den Tochterunternehmen und zu Art und Umfang erheblicher Beschränkungen in Bezug auf den Mitteltransfer an das Mutterunternehmen (vgl. IAS 27.IN 11 und 41).

Da das in IAS 27 verankerte *Control*-Konzept bei Zweckgesellschaften nicht immer zu den gewünschten Ergebnissen führt, wurden mit **SIC-12** *Consolidation – Special Purpose Entities* zusätzliche Regelungen geschaffen, welche als Auslegungshilfe zu IAS 27 ergänzend heranzuziehen sind.[2]

2 **II. Normzweck und Anwendungsbereich.** Konzernabschlüsse haben den Zweck, Informationen über die Vermögens-, Finanz- und Ertragslage sowie deren Änderungen zur Verfügung zu stellen. Die Adressaten dieser Informationen in Konzernabschlüssen sind in erster Linie die (potenziellen) Eigenkapitalgeber.[3] Die Vorschriften in den IFRS betreffend den Konzernabschluss erstrecken sich – neben IAS 27 – auf verschiedene Standards. IAS 21 *The effects of changes in foreign exchange rates* re-

---

1 Vgl. *Baetge/Kirsch/Thiele*, Konzernbilanzen, 1.
2 Vgl. *Müller/Overbeck/Bührer*, BB 2005, 27.
3 Vgl. *Baetge/Hayn/Ströher*, Rechnungslegung nach IFRS, IAS 27 Rn 7.

gelt die Währungsumrechnung der Abschlüsse einbezogener Unternehmen. IFRS 3 *Business combinations* behandelt die Erst- und Folgekonsolidierung von Tochterunternehmen, insbesondere die Verrechnung des Beteiligungsbuchwerts beim Mutterunternehmen mit dem Nettovermögen des Tochterunternehmens, die Aufdeckung stiller Reserven/Lasten und des *Goodwill*. IAS 28 *Investments in Associates* und IAS 31 *Interests in Joint Ventures* adressieren die Bilanzierung von Anteilen an assoziierten Unternehmen und Gemeinschaftsunternehmen. Die zentralen Standards zum Konzernabschluss sind jedoch IFRS 3 und IAS 27, da diese sich mit der Definition und der konsolidierungstechnischen Behandlung von Mutter-Tochter-Beziehungen befassen, ohne die es einen Konzernabschluss nicht gibt.[4]

Gemäß IAS 27.1-3 findet der Standard Anwendung auf die Aufstellung und Darstellung von Konzernabschlüssen für eine Gruppe von Unternehmen unter der Beherrschung eines Mutterunternehmens (vgl. IAS 27.1). Der Konzernabschluss umfasst sowohl Mutter- als auch Tochterunternehmen. Die Verpflichtung zur Aufstellung von Konzernabschlüssen erwächst ausschließlich aus der Existenz eines Mutter-Tochter-Verhältnisses. Grundlage dafür ist wiederum das in IAS 27 beschriebene *Control*-Konzept. Daraus folgt, dass eine Konzernrechnungslegungspflicht nicht für Gleichordnungskonzerne besteht.[5] Die freiwillige Aufstellung sogenannter kombinierter Abschlüsse ist allerdings möglich, sofern bestimmte Voraussetzungen erfüllt sind. Ferner ist IAS 27 für die Bilanzierung von Anteilen an Tochterunternehmen, gemeinschaftlich geführten Unternehmen und assoziierten Unternehmen im Einzelabschluss zu beachten, wenn das Mutterunternehmen auf Grund nationaler Bestimmungen oder freiwillig einen solchen Einzelabschluss aufstellt (vgl. IAS 27.3).

Die Methoden der Bilanzierung von Unternehmenszusammenschlüssen und deren Auswirkungen auf die Konsolidierung, einschließlich eines aus dem Zusammenschluss entstehenden *Goodwill* fallen dagegen explizit nicht in den Anwendungsbereich des IAS 27, sondern sind in IFRS 3 geregelt.

III. Begriffe. Gemäß der von der Europäischen Union gebilligten Übersetzung der IFRS definiert sich **Beherrschung** (*Control*) als die Möglichkeit, die Finanz- und Geschäftspolitik eines Unternehmens zu bestimmen, um aus dessen Tätigkeit Nutzen zu ziehen. Diese abstrakt gehaltene Definition wird in IAS 27 anhand verschiedener objektiver Kriterien, die auf das Vorliegen von *Control* hinweisen, näher konkretisiert.[6] Eine strenge Orientierung am Wortlaut der Übersetzung („Möglichkeit") lässt den Schluss zu, dass es für das Vorliegen von *Control* nicht erforderlich ist, die Finanz- und Geschäftspolitik tatsächlich zu bestimmen. Tatsächlich aber definiert der Originaltext *Control* als *power to govern*. Es kommt daher also nicht allein auf die

---

4 Vgl. *Lüdenbach* Haufe-Kommentar, § 32 Rn 2.
5 Vgl. *Baetge/Hayn/Ströher* Rechnungslegung nach IFRS, IAS 27 Rn 42.
6 Vgl. *Baetge/Hayn/Ströher* Rechnungslegung nach IFRS., IAS 27 Rn 15.

Möglichkeit zur Bestimmung der Finanz- und Geschäftspolitik an, vielmehr muss der Anspruch zur Ausübung des beherrschenden Einflusses uneingeschränkt[7] durchsetzbar sein.[8]

5   Ein **Mutterunternehmen** (*parent*) ist gemäß IAS 27.4 ein Unternehmen, welches ein oder mehrere Unternehmen beherrscht. Demnach ist ein Unternehmen ein **Tochterunternehmen** (*subsidiary*), wenn es von einem anderen Unternehmen beherrscht wird. IAS 27 verwendet den nicht definierten Begriff *entity*. Damit wird sichergestellt, dass alle denkbaren Unternehmensformen, zB auch nicht rechtsfähige Vereinigungen oder bestimmte Formen von Treuhandverhältnissen nicht automatisch vom Anwendungsbereich des IAS 27 ausgeschlossen werden können.[9] Gleichzeitig stellt IAS 27.16 explizit klar, dass die Vorgaben des Standards auch für Wagniskapital-Organisationen (*venture capital organisation*), Investmentfonds, Unit Trusts oder ähnliche Unternehmen anzuwenden sind.

6   Der **Konzern** (*group*) ist die Gesamtheit aus Mutterunternehmen und Tochterunternehmen und beschreibt damit den Kreis der voll zu konsolidierenden Unternehmen. Die Gesamtheit der zum Konzern gehörigen Unternehmen ist im **Konzernabschluss** so darzustellen, als ob es sich um ein einziges Unternehmen handelt. Gemeinschaftsunternehmen (IAS 31) und assoziierte Unternehmen (IAS 28) sind zwar gemäß der Konzerndefinition nicht explizit Teil des Konzerns,[10] dennoch sind diese Unternehmen ebenfalls entweder *at equity* oder quotal in den Konzernabschluss einzubeziehen.[11] Damit kann der Konzernabschluss – abweichend von der Definition in IAS 27.4 – als Abschluss angesehen werden, der die gesamte Einflusssphäre des Konzerns abbildet,[12]

7   **Nicht beherrschende Anteile** (*non-controlling interests*) sind gemäß IAS 27.4 die Anteile am Eigenkapital und Ergebnis, welche auf nicht beherrschende Gesellschafter entfallen. Die frühere Bezeichnung Minderheitenanteile wurde aufgegeben, da die Beherrschung auch von Minderheitsgesellschaftern ausgehen kann bzw. Beherrschung nicht notwendigerweise beim Mehrheitsgesellschafter liegt (vgl. IAS 27. BC28).

8   Als **separater Einzelabschluss** wird ein Einzelabschluss eines Unternehmens verstanden, welches entweder Mutterunternehmen, Anteilseigner an einem assoziierten Unternehmen oder Partnerunternehmen eines gemeinschaftlich geführten Unternehmens ist. Im Unterschied zur Vollkonsolidierung werden im Einzelabschluss die Anteile an anderen Unternehmen ausschließlich auf Grundlage der unmittelbaren

---

7   Vgl. *Baetge/Hayn/Ströher* Rechnungslegung nach IFRS, IAS 27 Rn 17.
8   Vgl. *Hayn/Grüne* Konzernabschluss nach IFRS, 9.
9   Vgl. *Watrin/Hoehne/Lammert* Münchener Kommentar, IAS 27, Rn 12.
10 Vgl. *Baetge/Hayn/Ströher* Rechnungslegung nach IFRS, IAS 27 Rn 22.
11 Vgl. *Watrin/Hoehne/Lammert* Münchener Kommentar, IAS 27, Rn 12.
12 Vgl. *Baetge/Hayn/Ströher* Rechnungslegung nach IFRS, IAS 27 Rn 24.

IV. Darstellung des Konzernabschlusses

Kapitalbeteiligung bilanziert. Gemäß IAS 27.6 ist die Aufstellung von separaten Einzelabschlüssen als zusätzliche Information zu Konzernabschlüssen nicht zwingend geboten.

IV. Darstellung des Konzernabschlusses. Grundsätzlich ist jedes Mutterunternehmen dazu verpflichtet, Konzernabschlüsse aufzustellen (IAS 27.9). Ein Mutterunternehmen ist jedoch von dieser Pflicht befreit, sofern alle folgenden Bedingungen erfüllt sind (vgl. IAS 27.10):

- Das Mutterunternehmen ist selbst ein Tochterunternehmen eines anderen Unternehmens, und die anderen Eigentümer, einschließlich der nicht stimmberechtigten, sind darüber unterrichtet und haben keine Einwände dagegen, dass das Mutterunternehmen keinen Konzernabschluss aufstellt.
- Die Schuld- und Eigenkapitalinstrumente des Mutterunternehmens werden an keiner Börse (einer nationalen oder ausländischen Wertpapierbörse oder am Freiverkehrsmarkt, einschließlich lokaler und regionaler Börsen) gehandelt.
- Das Mutterunternehmen hat bei keiner Börsenaufsicht oder sonstigen Aufsichtsbehörde ihre Abschlüsse zum Zweck der Emission von Finanzinstrumenten jeglicher Klasse an einer Wertpapierbörse eingereicht oder beabsichtigt, dies zu tun.
- Das oberste oder ein zwischengeschaltetes Mutterunternehmen des Mutterunternehmens stellt einen Konzernabschluss auf, welcher veröffentlicht wird und den IFRS entspricht.

Wird aufgrund dieser Umstände kein Konzernabschluss aufgestellt, hat das Mutterunternehmen die entsprechenden Vorschriften für den Einzelabschluss in IAS 27 zu beachten.

Aus IFRS 5 *Non-currrent Assets Held for Sale and Discontinued Operations* ergibt sich ferner, dass Tochterunternehmen von der Konsolidierung ausgeschlossen sind, wenn die **Beherrschung nur vorübergehender Natur** ist, da das Tochterunternehmen ausschließlich zum Zweck der Weiterveräußerung erworben und gehalten wird. Diese Fälle sind jedoch eng geregelt, zB muss die Weiterveräußerung vor Ablauf einer Frist von zwölf Monaten ab dem Erwerbszeitpunkt erfolgen (vgl. IFRS 5.8f und 31f). Bei vorübergehender Beherrschung unter den Bedingungen des IFRS 5 ist IFRS 5 zur Bilanzierung des Tochterunternehmens anzuwenden.[13]

Eine erweiternde Auslegung dieser Ausnahmen ist nicht möglich. In allen Fällen, die nicht unter die expliziten Ausnahmen des IAS 27.10 und IFRS 5 fallen, ist beim Bestehen einer Mutter-Tochter-Beziehung ein Konzernabschluss aufzustellen. So darf zB ein Tochterunternehmen nicht von der Konsolidierung ausgeschlossen werden, nur weil es sich beim Anteilseigner um ein Venture Capital-Unternehmen,

---

13 Vgl. *Weber*, Wiley-IFRS, Abschn. 11 Rn 97.

einen Investmentfonds, eine Investmentgesellschaft oder ein ähnliches Unternehmen handelt. Ebenso besteht die Konsolidierungspflicht, wenn sich Mutter- und Tochterunternehmen hinsichtlich ihrer Geschäftstätigkeit voneinander unterscheiden.[14]

11 **V. Konsolidierungskreis nach IAS 27.1. Control-Vermutung und Control-Behauptung nach IAS 27.** Beherrschung liegt vor, wenn das berichtende Unternehmen den durchsetzbaren Anspruch hat, die Geschäftstätigkeit eines anderen Unternehmens zu bestimmen, um aus dessen Tätigkeit Nutzen zu ziehen (vgl. IAS 27.4). Das *Control*-Konzept basiert demnach auf zwei Bedingungen:[15] Entscheidungsmacht und Nutzenziehung. Gemäß der *Implementation Guidance* des IAS 27 ist es unerheblich, ob das Mutterunternehmen von seiner Entscheidungsmacht zur Bestimmung der Geschäftstätigkeit tatsächlich Gebrauch macht. Entscheidend ist, ob das Mutterunternehmen die Entscheidungsmacht besitzt und davon unbedingt Gebrauch machen kann (vgl. IAS 27.IG2).

In IAS 27 wird nicht ausgeführt, in welcher Art und Weise ein Mutterunternehmen Nutzen aus seinem Tochterunternehmen ziehen muss, um die *Control*-Definition zu erfüllen. Grundsätzlich kann der Zufluss finanzieller Mittel als Nutzen im Sinne der Vorschrift verstanden werden, aber auch Zuwendungen in Form von anderen Vermögenswerten, das Erlangen von rechtlichen Vorteilen, Kostenersparnisse, das Entstehen von Wettbewerbschancen oder eine Verringerung von Wettbewerb können mit Nutzen gleichzusetzende Vorteile darstellen.[16]

12 Der Standard konkretisiert die *Control*-Definition durch eine **widerlegbare Control-Vermutung** und eine **unwiderlegbare Control-Behauptung**. Beherrschung wird vermutet, wenn das berichtende Unternehmen, direkt oder indirekt, über mehr als die Hälfte der Stimmrechte an einem anderen Unternehmen verfügt. Die Widerlegung ist nur durch den eindeutigen Nachweis (*clearly demonstrate*) außergewöhnlicher Umstände (*exceptional circumstances*) möglich (vgl. IAS 27.13). Dagegen wird Beherrschung unwiderlegbar angenommen (also behauptet), wenn ein Unternehmen die Hälfte oder weniger als die Hälfte der Stimmrechte an einem anderen Unternehmen besitzt und gleichzeitig:
- kraft einer Vereinbarung mit anderen Stimmrechtsinhabern über mehr als die Hälfte der Stimmrechte verfügen kann oder
- die Finanz- und Geschäftspolitik des anderen Unternehmens gemäß einer Satzung oder einer Vereinbarung bestimmen kann oder
- die Mehrheit der Mitglieder der Geschäftsführungs- und/oder der Aufsichtsorgane ernennen kann und diese Organe die Verfügungsgewalt über das andere Unternehmen besitzen, oder

---

14 Vgl. *Weber*, Wiley-IFRS, Abschn. 11 Rn 98.
15 Vgl. *Reuter*, BB 2006, 1325.
16 Vgl. *Watrin/Hoehne/Lammert*, Münchener Kommentar, IAS 27 Rn 29.

V. Konsolidierungskreis nach IAS 27

- die Mehrheit der Stimmen bei Sitzungen der Geschäftsführungs- und/oder Aufsichtsorgane oder eines gleichwertigen Leitungsgremiums bestimmen kann und diese Organe die Verfügungsgewalt über das andere Unternehmen besitzen (IAS 27.13).

2. Mehrheit der Stimmrechte. Die *Control*-Vermutung nach IAS 27.13 basiert auf der **Mehrheit der Stimmrechte** am Tochterunternehmen. Dies dürfte in der Praxis auch den Hauptanwendungsfall darstellen.[17] Dazu zählen zum einen die Stimmrechte, die das Mutterunternehmen durch seine Kapitalbeteiligung direkt am Tochterunternehmen hält. Zum anderen sind auch jene Stimmrechte zu berücksichtigen, die dem Mutterunternehmen indirekt, also über andere Tochterunternehmen, gehören. Die von einem Tochterunternehmen gehaltenen Stimmrechte an einem anderen Unternehmen sind dem Mutterunternehmen – unabhängig von der Beteiligungshöhe – voll zuzurechnen.[18]

IAS 27 stellt explizit auf die Mehrheit der Stimmrechte ab. In der Regel hat das Unternehmen mit der Mehrheit der Kapitalanteile auch die Mehrheit der Stimmrechte. Es sind aber auch Fälle denkbar, in denen die Mehrheit der Kapitalanteile nicht mit der Mehrheit der Stimmrechte zusammenfällt, zB durch stimmrechtslose Anteile. In diesen Fällen ist der Kapitalanteil für die Beurteilung nicht relevant.[19]

Bei der Beurteilung, ob ein Unternehmen die Finanz- und Geschäftspolitik eines anderen Unternehmens bestimmen kann, sind auch **potenzielle Stimmrechte** zu berücksichtigen, wenn die Stimmrechte im Beurteilungszeitpunkt erlangt werden können. Zu den potenziellen Stimmrechten gehören gegenwärtig ausübbare Aktienoptionen, Schuld- oder Eigenkapitalinstrumente, die in Stammaktien oder ähnliche Instrumente des anderen Unternehmens umgewandelt werden können und dem wandelnden oder ausübenden Unternehmen Stimmrechte an dem anderen Unternehmen verschaffen. Es ist unerheblich, ob das Unternehmen direkt in den Besitz von Stimmrechten gelangt oder ob die Stimmrechte anderer Gesellschafter beschränkt werden (vgl. IAS 27.14).

Der Stimmrechtsanteil ermittelt sich als Quotient aus den direkt und indirekt gehaltenen Stimmrechten und der Gesamtanzahl der ausübbaren Stimmrechte.[20] Bei der Ermittlung der Stimmrechtsgesamtheit muss auf die sogenannten Stimmrechte aus umlaufenden Aktien abgestellt werden. Die Gesamtzahl der Stimmrechte enthält damit folgende Komponenten nicht:

- Stimmrechte, die dem Tochterunternehmen selbst gehören,
- Stimmrechte, die einem Tochterunternehmen des Tochterunternehmens gehören,

---

17 Vgl. *Küting/Weber* Konzernabschluss, 103.
18 Vgl. *Baetge/Hayn/Ströher* Rechnungslegung nach IFRS, IAS 27 Rn 57.
19 Vgl. *PwC (Hrsg.)* The IFRS Manual, 24022.
20 Vgl. *Watrin/Hoehne/Lammert*, Münchener Kommentar, IAS 27, Rn 34.

Schmotz

- Stimmrechte, die einer anderen Person für Rechnung dieser Unternehmen gehören.[21]
- Bei der Ermittlung der eigenen Stimmrechte sind folgende Stimmrechte abzuziehen:
- Rechte, die mit Aktien oder Anteilen verbunden sind, die vom Mutterunternehmen oder von einem anderen Tochterunternehmen für Rechnung einer anderen Person als dem Mutterunternehmen oder einem Tochterunternehmen gehalten werden.
- Rechte, die mit Aktien oder Anteilen verbunden sind, die als Sicherheit gehalten werden, sofern diese Rechte nach erhaltenen Weisungen ausgeübt werden, oder der Besitz dieser Anteile oder Aktien ein laufendes Geschäft im Zusammenhang mit der Gewährung von Darlehen darstellt, sofern die Stimmrechte im Interesse des Sicherungsgebers ausgeübt werden (vgl. Art. 2 Abs. 27. EG-Rl).

16   **3. Widerlegung der Control-Vermutung.** Die auf der Stimmrechtsmehrheit basierende *Control*-Vermutung kann nur durch den eindeutigen Nachweis außergewöhnlicher Umstände widerlegt werden (vgl. IAS 27.13):

- Das Tochterunternehmen gerät unter die Kontrolle staatlicher Behörden, Gerichte, Zwangsverwalter oder Aufsichtsbehörden (IAS 27.32).
- Das Tochterunternehmen wird von einem anderen Unternehmen aufgrund der in IAS 27.13 genannten Bedingungen (vgl. Rn 13) beherrscht.[22]
- Satzungsmäßige Bestimmungen binden alle wesentlichen Entscheidungen an ein über dem Stimmrechtsanteil des Mutterunternehmens liegendes Quorum.[23]
- Vertragliche Vereinbarungen oder satzungsmäßige Bestimmungen verhindern die Möglichkeit der Nutzenziehung durch das Mutterunternehmen.[24]
- Es bestehen Produktionsbeschränkungen/Preisreglementierungen durch staatliche Behörden.[25]

Darüber hinaus können aufgrund der **Öffnungsklausel in IAS 8.12** auch die Überlegungen anderer Standardsetter zur Widerlegung der Beherrschungsvermutung herangezogen werden. Gemäß EITF 96-16 *Investor's Accounting for an Investee When the Investor Has a Majority of the Voting Interests but the Minority Shareholder or Shareholder Have Certain Approval or Veto Rights* führen Minderheitenrechte, die auf die aktive Teilhabe der Minderheiten an regelmäßigen, operativen Entscheidungen ausgerichtet sind, dazu, dass der Mehrheitsgesellschafter das Unternehmen nicht beherrscht.[26]

---

21 Vgl. *Baetge/Hayn/Ströher* Rechnungslegung nach IFRS, IAS 27 Rn 60.
22 Vgl. *Ernst & Young* (Hrsg.) International GAAP, 394.
23 Vgl. *Lüdenbach* Haufe-Kommentar, § 32 Rn 30.
24 Vgl. *Watrin/Hoehne/Lammert*, Münchener Kommentar, IAS 27 Rn 35.
25 Vgl. *Baetge/Hayn/Ströher* Rechnungslegung nach IFRS, IAS 27 Rn 63.
26 Vgl. *Ernst & Young* (Hrsg.) International GAAP, 395; vgl. *Bischof/Roß*, BB 2005, 206, Fn. 51.

4. Verfügung über die Stimmrechtsmehrheit kraft einer Vereinbarung. Beherrschung liegt vor, wenn ein Unternehmen zwar nicht die Mehrheit der Stimmrechte besitzt, aber kraft einer Vereinbarung mit anderen Stimmrechtsinhabern über mehr als die Hälfte der Stimmrechte verfügen kann (vgl. IAS 27.13(a)). Der Besitz von Stimmrechten ist auch hier als direkter und indirekter Besitz zu verstehen. Da der Wortlaut der Vorschrift den Besitz von Stimmrechten jedoch nicht voraussetzt, kann im Sinne des Standards auch der Fall gegeben sein, dass ein Unternehmen ohne eigene Stimmrechte ein anderes Unternehmen beherrscht.[27]

5. Beherrschung aufgrund vertraglicher Vereinbarung oder Satzung. Beherrschung liegt ebenfalls vor, wenn das Unternehmen die Finanz- und Geschäftspolitik des anderen Unternehmens gemäß einer Satzung oder einer Vereinbarung bestimmen kann (vgl. IAS 27.13(b)). Typischer Anwendungsfall ist der Beherrschungsvertrag, welcher auch ohne Kapital- oder Stimmrechtsanteile zu Beherrschung im Sinne des Standards führt.[28]

6. Beherrschung des Leitungsgremiums. Beherrschung resultiert gemäß IAS 27.13 (c)) und (d) auch aus der Fähigkeit des Mutterunternehmens, die Mehrheit der Mitglieder der Leitungsgremien bzw. die Mehrheit der in diesen Gremien auszuübenden Stimmrechte bestimmen zu können. Das Mutterunternehmen muss nicht zwingend auch Gesellschafter des Tochterunternehmens sein.[29] Die Regelung stellt auf die Bestimmung der Finanz- und Geschäftspolitik des Tochterunternehmens durch die Beeinflussung des Abstimmungsverhaltens in den Geschäftsführungs- und/oder den Aufsichtsorganen durch das Mutterunternehmen ab.[30] Daher ist es zwingend notwendig, dass die Bestimmung der Finanz- und Geschäftspolitik des Tochterunternehmens von den betreffenden Gremien tatsächlich ausgeht.[31] Dies ist dann der Fall, wenn den Gremien die Kompetenz zusteht, alle Entscheidungen treffen zu können, die die gewöhnliche Geschäftstätigkeit des Unternehmens mit sich bringt. Entscheidungskompetenzen über das reine operative Tagesgeschäft sind dabei nicht ausreichend, die Kompetenzen müssen zB auch Investitions- und Finanzierungsentscheidungen beinhalten.[32]

VI. Konsolidierungskreis nach SIC-12. 1. Wirtschaftliche Interpretation des Control-Konzepts und Anwendungsbereich. Das in IAS 27 beschriebene *Control*-Konzept stellt auf den Anspruch auf aktiven Eingriff in die Geschäftsführung des Tochterunternehmens[33] sowie auf die Fähigkeit, Nutzen aus der Geschäftstätigkeit des Tochterunternehmens zu ziehen, ab. Das Kriterium des aktiven Eingriffs in die

---
27 Vgl. *Baetge/Hayn/Ströher* Rechnungslegung nach IFRS, IAS 27 Rn 67.
28 Vgl. *Lüdenbach* Haufe-Kommentar, § 32 Rn 40.
29 Vgl. *Busse* von *Colbe/Ordelheide/Gebhardt/Pellens* Konzernabschlüsse, 113.
30 Vgl. *Küting/Weber* Konzernabschluss, 106.
31 Vgl. *Senger/Elprana* Beck'sches IFRS-Handbuch, § 29 Rn 9.
32 Vgl. *Bischof/Roß* BB 2005, 206.
33 Vgl. *Küting/Gattung* KoR 2007, 397.

Geschäftsführung des Tochterunternehmens läuft allerdings ins Leere, wenn die Nutzenziehung und die damit verbundene Übernahme von Chancen und Risiken aus Beziehungen zu anderen Unternehmen nicht aus der Bestimmung der Finanz- und Geschäftspolitik dieser Unternehmen resultiert, da diese **vorherbestimmt** ist. Zur Nutzenziehung ist der aktive und ständige Anspruch auf die Bestimmung der Geschäftstätigkeit auch nicht immer erforderlich.[34] Die Übernahme von Chancen und Risiken geht jedoch rein sachlogisch stets mit einer – wie auch immer ausgestalteten – Einflussnahme einher,[35] auch wenn sich diese formal nicht auf Basis der *Control*-Indikatoren aus IAS 27 nachweisen lässt. Diesem Gedanken trägt SIC-12 als Interpretationsvorschrift[36] Rechnung. Dabei lässt sich SIC-12 weniger von formalen Kriterien (wie in IAS 27), sondern von einer wirtschaftlichen Betrachtungsweise leiten.[37]

Der Anwendungsbereich von SIC-12 umfasst auch Pläne für aktienorientierte Vergütungsprogramme nach IFRS 2 *Share-based Payments*, da diese seit der Verabschiedung des IFRS 2 bilanziert werden, anstatt über diese nur im Anhang zu berichten (vgl. SIC-12.15B ff). Dagegen sind Pensionspläne sowie andere langfristige Mitarbeiterpläne vom Anwendungsbereich des SIC-12 ausgeschlossen.

21 **2. Begriff: Zweckgesellschaft.** Zweckgesellschaften (*Special purpose entities, SPE*) werden in SIC-12 als wirtschaftliche Einheiten mit eng abgegrenzter Zielsetzung beschrieben (vgl. SIC-12.1). SIC-12 nennt beispielhaft die Durchführung eines Leasinggeschäfts, von Forschungs- und Entwicklungsaktivitäten oder die Verbriefung von Finanzinstrumenten. Darüber hinaus führt SIC-12 weitere typische Merkmale von Zweckgesellschaften an, welche aber nicht vollständig sind und keinen verbindlichen Charakter besitzen.[38]

- Den Leitungsgremien der Zweckgesellschaft sind strenge und manchmal dauerhafte Schranken auferlegt, so dass die Geschäftspolitik der Zweckgesellschaft nicht verändert werden kann (Autopilot) (vgl. SIC-12.1).
- Der Gründer oder das Unternehmen, zu dessen Gunsten oder auf dessen Betreiben die Zweckgesellschaft gegründet wurde (Initiator oder Sponsor[39]), transferiert Vermögenswerte zur Zweckgesellschaft und behält bestimmte Rechte und/oder Pflichten an diesen Vermögenswerten zurück, während andere Parteien die Finanzierung der Zweckgesellschaft übernehmen (SIC-12.2).
- Die Gründung einer Zweckgesellschaft erfolgt häufig durch das Unternehmen, welches den Nutzen aus der Zweckgesellschaft zieht.[40]

---

34 Vgl. *Eick/Ehrcke* FS Küting, 231.
35 Vgl. *Schruff/Rothenburger* WPg 2002, 762.
36 Vgl. *Schimmelschmidt/Happe* DB 2004 Beil. 9, 6.
37 Vgl. *Schultz* FS Müller, 715.
38 Vgl. *Küting/Gattung* KoR 2007, 399.
39 Vgl. *Schruff/Rothenburger* WPg 2002, 755.
40 Vgl. *Küting/Gattung* KoR 2007, 399.

3. Control-Indikatoren nach SIC-12. Das Indikatorenkonzept von SIC-12 ist nicht als abschließender Katalog zu verstehen.[41] SIC-12.9 verlangt darüber hinaus eine Beurteilung unter Berücksichtigung aller relevanten Faktoren.

a) Geschäftstätigkeit zugunsten des Sponsors. Die Geschäftstätigkeit der Zweckgesellschaft wird zugunsten der besonderen Geschäftsbedürfnisse des Unternehmens geführt (vgl. SIC-12.10(a)): Die Beherrschung leitet sich hier aus der besonders engen wirtschaftlichen Beziehung zwischen der Zweckgesellschaft und ihrem Sponsor ab,[42] Die Aktivitäten der Zweckgesellschaft können zB auf die Aktivitäten des Sponsors zugeschnitten sein.[43] Dazu werden im Anhang von SIC-12 zwei Beispiele genannt:

- Die Zweckgesellschaft nimmt die langfristige Finanzierung zentraler Aktivitäten des Sponsors wahr.
- Die Zweckgesellschaft übernimmt die Beschaffung von Gütern für den Sponsor, der diese Tätigkeit ohne die Existenz der Zweckgesellschaft selbst wahrnehmen müsste (vgl. SIC-12.App.(a)).

Davon abzugrenzen ist der Umstand der wirtschaftlichen Abhängigkeit der Zweckgesellschaft vom berichtenden Unternehmen, welcher – isoliert – regelmäßig nicht Beherrschung impliziert (vgl. SIC-12.App.(a)).

b) Entscheidungsmacht zur Erlangung der Beherrschung. Das Unternehmen verfügt über die Entscheidungsmacht, die Mehrheit des Nutzens aus der Geschäftstätigkeit der Zweckgesellschaft zu ziehen oder hat dies durch einen „Autopiloten" delegiert (vgl. SIC-12.10(b)). Die Ausführungen im Anhang von SIC-12 deuten darauf hin, dass es bei diesem Indikator vorrangig darum geht, welche Partei die Kontrolle über die Zweckgesellschaft innehat oder erlangen kann. Die Beispiele stellen darauf ab, ob das berichtende Unternehmen

- die Zweckgesellschaft jederzeit auflösen kann oder
- die Satzung oder den Gesellschaftsvertrag der Zweckgesellschaft ändern kann oder
- die Möglichkeit hat, Änderungen der Satzung oder des Gesellschaftsvertrags einseitig zu blockieren (vgl. SIC 12.App.(b)).

Wenn das berichtende Unternehmen zB neben dem Recht zur Auflösung der Zweckgesellschaft die Option besitzt, die wesentlichen Vermögenswerte der Zweckgesellschaft zu erwerben, so kann das berichtende Unternehmen die Kontrolle über diese Vermögenswerte jederzeit erlangen.[44]

Wenn aufgrund eines „Autopiloten" die Auflösung, Satzungsänderungen etc. nur unter Mitwirkung aller beteiligten Parteien möglich ist, wird sich die gegenwärtige bestehende Einflussmacht kaum noch feststellen lassen. Gemäß SIC-12 könnte dann

---

41 Vgl. *Küting/Weber* Konzernabschluss, 107.
42 Vgl. *Kustner* KoR 2004, 314.
43 Vgl. *Schultz* FS Müller, 716.
44 Vgl. *Küting/Gattung* KoR 2007, 401.

aber noch festgestellt werden, zu wessen Gunsten der „Autopilot" eingerichtet wurde. Daraus lässt sich dann ableiten, welche Partei ihre Einflussmacht einmalig und nachhaltig ausgeübt hat.[45]

25 **c) Mehrheit des Nutzens und Mehrheit der Risiken.** Auf Beherrschung kann gemäß SIC-12.10(c) auch der Umstand hinweisen, dass das berichtende Unternehmen die **Mehrheit des Nutzens** aus der Zweckgesellschaft ziehen kann und deshalb unter Umständen Risiken ausgesetzt ist, die mit der Geschäftstätigkeit der Zweckgesellschaft verbunden sind. Das Recht, die Mehrheit des Nutzens aus der Zweckgesellschaft zu ziehen, kann sich aus einer Satzung, einem Vertrag, einer Übereinkunft, einer Treuhandvereinbarung oder sonstigem ergeben (vgl. SIC-12.App.(c)). Durch ein solches Recht ist Beherrschung insbesondere dann angezeigt, wenn das berichtende Unternehmen Transaktionen mit der Zweckgesellschaft durchführt und der Nutzen für das berichtende Unternehmen aus den Erträgen der Zweckgesellschaft resultiert (vgl. SIC-12.App.(c)). Auch hierfür nennt SIC-12 Beispiele:

- Rechte auf die Mehrheit des wirtschaftlichen Nutzens, der von der Zweckgesellschaft in Form von Cash flows, Periodenüberschüssen oder Nettovermögen auf das berichtende Unternehmen übertragen wird.
- Rechte auf die Mehrheit der Residualansprüche bei geplanten Restvermögensverteilungen oder bei Liquidation der Zweckgesellschaft.

Dem berichtenden Unternehmen muss die absolute Mehrheit des Nutzens zustehen,[46] eine einfache Mehrheit (dh zwar mehr als alle anderen Parteien, aber nicht mehr als 50%) ist nicht hinreichend.[47] Dieser Nutzenzufluss muss auch gegen den Willen Dritter durchgesetzt werden können, sodass der Zugriff durch dritte Parteien auf die Chancen aus der Zweckgesellschaft beschränkt ist.[48]

26 SIC-12.10(d) stellt auf die **Risiken** ab und besagt, dass Beherrschung dann gegeben sein kann, wenn das berichtende Unternehmen die Mehrheit der mit der Zweckgesellschaft verbundenen Residual- oder Eigentümerrisiken oder Vermögenswerte behält. In der Praxis sind nicht selten Konstruktionen anzutreffen, in denen das berichtende Unternehmen den Eigenkapitalgebern der Zweckgesellschaft bestimmte Renditen garantiert und das Risiko geringerer Renditen selbst übernimmt,[49] wodurch die Eigenkapitalgeber faktisch nur eine Kreditgeber-Rolle übernehmen (vgl. SIC-12.App.(d)). Als Beispiele hierfür führt SIC-12 an, dass die Kapitalgeber der Zweckgesellschaft:

- keinen wesentlichen Anteil am Nettovermögen der Zweckgesellschaft besitzen,

---

45 Vgl. *Lüdenbach* Haufe-Kommentar, § 32 Rn 72.
46 Vgl. *Helmschrott* WPg 2000, 427.
47 Vgl. IDW HFA 2, Rn 67.
48 Vgl. *Küting/Gattung* KoR 2007, 401.
49 Vgl. *Baetge/Hayn/Ströher* Rechnungslegung nach IFRS, IAS 27 Rn 133.

VII. Konsolidierungsgrundsätze

- keinen Anspruch auf den künftigen wirtschaftlichen Nutzen der Zweckgesellschaft haben,
- grundsätzlich nicht jenen Risiken ausgesetzt sind, die mit dem Reinvermögen oder den Tätigkeiten der Zweckgesellschaft einhergehen,
- als Gegenleistung Schuld- oder Eigenkapitalzinsen erhalten, die unter wirtschaftlicher Betrachtung äquivalent zu der Rendite eines Kreditgebers sind (SIC-12. App.(d)).

Auch hierbei ist Beherrschung an die **absolute Mehrheit** der Risiken geknüpft.[50]

Gemäß dem Wortlaut von SIC-12 sollten Risiken und Chancen separat untersucht werden. Ökonomisch rational handelnde Parteien werden jedoch Chancen und Risiken im Allgemeinen so verteilen, dass die Partei, welche die Mehrheit der Chancen aus der Geschäftstätigkeit einer Zweckgesellschaft innehat, auch in gleichem Umfang entsprechende Risiken eingeht.[51] Daher sollte sich die Mehrheit grundsätzlich sowohl auf Risiken, als auch auf Chancen erstrecken.[52] Führt die Untersuchung der direkten Chancen und Risiken zu dem Ergebnis, dass beide Komponenten offensichtlich ungleich verteilt sind, ist zu prüfen, ob aufgrund weiterer Vereinbarungen zusätzliche Risiken anderer Parteien oder zusätzliche eigene Vorteile (zB günstige Finanzierungskonditionen[53]) zu berücksichtigen sind.[54]

VII. Konsolidierungsgrundsätze. 1. Vereinheitlichung der Bilanzierungsmethoden. Ein allgemeiner Grundsatz der Konsolidierung ist die **Anwendung einheitlicher Bilanzierungsmethoden** für gleiche bzw. ähnliche Geschäftsvorfälle im Konzern (vgl. IAS 27.24). Dies erstreckt sich zum einen auf Ansatz-, Ausweis- und Bewertungsmethoden[55] und zum anderen auf echte (dh ausdrückliche) und unechte (dh aus zB Regelungslücken oder Ermessenserfordernissen) resultierende Wahlrechte.[56] Die Angleichung der Bilanzierungsmethoden wird insbesondere dann notwendig, wenn Einzelabschlüsse nach von IFRS abweichenden nationalen Regelungen aufgestellt werden oder wenn Einzelabschlüsse zwar nach IFRS aufgestellt, Wahlrechte oder Ermessensspielräume aber uneinheitlich ausgeübt werden.[57] Letzterem Sachverhalt wird in der Praxis häufig in Form von **Konzernbilanzierungsrichtlinien** begegnet. Sofern jedoch in den Einzelabschlüssen der konsolidierten Tochterunternehmen von den Konzernvorgaben abgewichen wird, sind die Abweichungen im Rahmen des IFRS II Abschlusses zu korrigieren.[58] IAS 27 erlaubt keine explizite Ausnahme von

---

50 Vgl. *Müller/Overbeck/Bührer* BB 2005, 28.
51 Vgl. *Lüdenbach* Haufe-Kommentar, § 32 Rn 75.
52 Vgl. *Schruff/Rothenburger* WPg 2002, 762.
53 Vgl. *Küting/Gattung* KoR 2007, 405.
54 Vgl. IDW HFA 2, Rn 68.
55 Vgl. *Baetge/Hayn/Ströher* Rechnungslegung nach IFRS, IAS 27 Rn 171.
56 Vgl. *Lüdenbach* Haufe-Kommentar, § 32, Rn 114; zu unechten und echten Wahlrechten vgl. auch *Rammert* Haufe-Kommentar, § 51 Rn 15ff, Rn 24ff.
57 Vgl. *Lüdenbach* Haufe-Kommentar, § 32 Rn 113.
58 Vgl. *Watrin/Hoehne/Lammert* Münchener Kommentar, IAS 27 Rn 152.

diesem Grundsatz. Der Verzicht auf eine Anpassung abweichender Bilanzierungsmethoden kann lediglich mit fehlender Wesentlichkeit gemäß IASB-Rahmenkonzept (vgl. F.29, F.30) begründet werden.[59]

29   2. **Abschlussstichtag.** Die Abschlüsse der beherrschten Unternehmen und der Abschluss des Mutterunternehmens sind der Ausgangspunkt der Konsolidierung (vgl. IAS 27.18). Grundsätzlich sollen die Abschlussstichtage der Tochterunternehmen mit dem des Mutterunternehmens übereinstimmen (vgl. IAS 27.22).[60] Weichen die Stichtage der Tochterunternehmen vom Stichtag des Mutterunternehmens ab, so sollten für die betreffenden Tochterunternehmen entsprechende Zwischenabschlüsse zum Zweck der Konsolidierung aufgestellt werden.[61] IAS 27.22 enthält jedoch gleichzeitig eine Klausel, nach der von der Aufstellung von **Zwischenabschlüssen** abgesehen werden darf, wenn die Aufstellung nicht durchführbar (*impracticable*) ist. Die Aufstellung kann als nicht durchführbar angesehen werden, wenn nicht lösbare Probleme bei der Datenerfassung[62] auftreten oder die Beschaffung erforderlicher Daten mit unverhältnismäßig hohem Aufwand[63] verbunden ist. Gleichwohl dürften im Zeitalter der modernen Informationsübermittlung zeitliche Datenerfassungsprobleme nicht als akzeptabler Grund für eine Nichtdurchführbarkeit angesehen werden.[64]

Sofern bei abweichenden Stichtagen keine Zwischenabschlüsse der Tochterunternehmen aufgestellt werden, kann die Konsolidierung auf den vorhandenen Abschlüssen mit abweichenden Stichtagen basieren. Diese Möglichkeit ist nach IAS 27.23 jedoch insofern eingeschränkt, als die zeitliche Differenz der abweichenden Stichtage nicht länger als drei Monate betragen darf. Folglich sind Zwischenabschlüsse zwingend notwendig, wenn die Abschlussstichtage um mehr als drei Monate voneinander abweichen.[65]

30   Werden zur Konsolidierung Abschlüsse mit einem vom Abschlussstichtag des Mutterunternehmens abweichenden Abschlussstichtag verwendet, so sind gemäß IAS 27.23 Anpassungen für bedeutende Geschäftsvorfälle vorzunehmen, die zwischen dem Abschlussstichtag des Mutterunternehmens und dem abweichenden Abschlussstichtag des Tochterunternehmens eingetreten sind. Die Bedeutsamkeit der anzupassenden Geschäftsvorfälle richtet sich nach ihrer kumulativen Bedeutung für die Darstellung der wirtschaftlichen Lage des Konzerns,[66] zB anhand der Ver-

---

59 Vgl. *Watrin/Hoehne/Lammert* Münchener Kommentar, IAS 27 Rn 153; vgl. *Baetge/Hayn/Ströher* Rechnungslegung nach IFRS, IAS 27 Rn 175.
60 Vgl. *Baetge/Hayn/Ströher* Rechnungslegung nach IFRS, IAS 27 Rn 164.
61 Vgl. *Baetge/Kirsch/Thiele*, Konzernbilanzen, *155*; *Watrin/Hoehne/Lammert,* Münchener Kommentar, IAS 27 Rn 149; *Weber,* Wiley-IFRS, Abschn. 11 Rn 108. *Baetge/Hayn/Ströher* legen den Wortlaut der Vorschrift als Empfehlung aus. Vgl. *Baetge/Hayn/Ströher* Rechnungslegung nach IFRS, IAS 27 Rn 166.
62 Vgl. *Baetge/Kirsch/Thiele* Konzernbilanzen, *S.155*.
63 Vgl. *Baetge/Hayn/Ströher* Rechnungslegung nach IFRS, IAS 27 Rn 166.
64 Vgl. *Watrin/Hoehne/Lammert* Münchener Kommentar, IAS 27 Rn 149.
65 Vgl. *Weber*, Wiley-IFRS, Abschn. 11 Rn 110.
66 Vgl. *Baetge/Hayn/Ströher* Rechnungslegung nach IFRS, IAS 27 Rn 168.

VII. Konsolidierungsgrundsätze

änderung von Verhältniskennzahlen.[67] Beispiele für anzupassende Geschäftsvorfälle können die Abwicklung einmaliger Großaufträge, umfangreiche Abschreibungen oder Veräußerungen von Vermögenswerten des Anlagevermögens sein.[68] Hat nach dem Abschlussstichtag des Tochterunternehmens ein bedeutsamer Geschäftsvorfall stattgefunden und ist dieser im Einzelabschluss somit nicht mehr erfasst, muss der Geschäftsvorfall durch eine Korrekturbuchung im Konzernabschluss berücksichtigt werden.[69]

3. Kapitalkonsolidierung. Ausgangspunkt der Konsolidierung ist die Summenbilanz, in der die Abschlüsse des Mutterunternehmens und der konsolidierten Unternehmen durch Addition gleichartiger Posten der Aktiva, Passiva sowie der Aufwendungen und Erträge zusammengefasst werden (vgl. IAS 27.18). Die Summenbilanz beinhaltet jedoch noch sämtliche Beteiligungsbuchwerte des Mutterunternehmens und ggf. auch der Tochterunternehmen, sofern diese wiederum Mutterunternehmen von Teilkonzernen sind. Gemäß IAS 27.18(a) sind im Rahmen der Kapitalkonsolidierung die Beteiligungsbuchwerte mit dem auf diese Anteile entfallenden Betrag des Eigenkapitals jedes Tochterunternehmens zu verrechnen. Zu weiteren Leitlinien, insbesondere zur Bilanzierung von Geschäftswerten, verweist IAS 27 auf IFRS 3.

4. Schuldenkonsolidierung. a) Grundsätze. Aus der Einheitsfiktion des Konzernabschlusses folgt, dass ein als einzelnes Unternehmen anzusehendes Konglomerat mehrerer konsolidierter Unternehmen mit sich selbst keine Schuldverhältnisse eingehen oder Erlöse generieren kann. Um diesem Grundsatz zu entsprechen, müssen alle aus Kreditgeschäften und sonstigen Verpflichtungen zwischen den einbezogenen Unternehmen resultierenden Bilanzpositionen bei der Konsolidierung weggelassen werden.[70] IAS 27.20 schreibt für die Bilanzpositionen allgemein vor, dass alle konzerninternen Salden und Transaktionen in voller Höhe zu eliminieren sind. Die Schuldenkonsolidierung ist nicht auf die Posten in der Bilanz beschränkt, sondern erstreckt sich auch auf Anhangangaben.[71]

Sofern sich die gegenseitig zu eliminierenden Positionen in gleicher Höhe gegenüberstehen, besteht die Konsolidierung lediglich in einem erfolgsneutralen Weglassen der Posten. Stimmen die Positionen der Höhe nach nicht überein, richtet sich die Behandlung der Differenzen (**Aufrechnungsdifferenzen**) nach der Ursache ihrer Entstehung.[72] Grundsätzlich werden Aufrechnungsdifferenzen nach unechten, stichtagsbezogenen und echten Aufrechnungsdifferenzen unterschieden.[73]

---
67 Vgl. *Baetge/Kirsch/Thiele* Konzernbilanzen, 156.
68 Vgl. *Baetge/Hayn/Ströher* Rechnungslegung nach IFRS, IAS 27 Rn 169.
69 Vgl. *Küting/Weber* Konzernabschluss, 179.
70 Vgl. *Busse* von *Colbe/Ordelheide/Gebhardt/Pellens*, Konzernabschlüsse, 353.
71 Vgl. *Baetge/Hayn/Ströher*, Rechnungslegung nach IFRS, IAS 27 Rn 185.
72 Vgl. *Senger/Brune/Prengel* Beck'sches IFRS-Handbuch, § 33 Rn 183.
73 Vgl. *Senger/Brune/Prengel* Beck'sches IFRS-Handbuch, § 33 Rn 195ff; *Baetge/Hayn/Ströher*, Rechnungslegung nach IFRS, IAS 27 Rn 199; *Watrin/Hoehne/Lammert*, Münchener Kommentar, IAS 27 Rn 172; *Baetge/Kirsch/Thiele* Konzernbilanzen, 283.

Unechte Aufrechnungsdifferenzen beruhen auf buchungstechnischen Unzulänglichkeiten, wie Fehlbuchungen oder zeitlichen Buchungsunterschieden, die mit unterschiedlichen Realisationszeitpunkten bei den betreffenden Unternehmen zusammenhängen.[74] Unechte Aufrechnungsdifferenzen müssen im Konzernabschluss korrigiert werden,[75] da diese als Fehler[76] anzusehen sind.

Beispiel

Konzernunternehmen A begleicht eine Verbindlichkeit gegenüber einem anderen Konzernunternehmen B durch Überweisung. Der Zeitpunkt der Zahlungsanweisung durch A liegt vor dem Abschlussstichtag, während der Geldeingang bei B erst nach dem Abschlussstichtag erfasst wird[77]. Somit besteht am Abschlussstichtag die Forderung bei B weiter, während die korrespondierende Verbindlichkeit bei A bereits ausgebucht ist. Die zum Abschlussstichtag bei B noch bestehende Forderung ist erfolgsneutral in die Flüssigen Mittel umzugliedern.[78]

34 **Stichtagsbezogene Aufrechnungsdifferenzen** sind zeitliche Buchungsunterschiede, die aus der Einbeziehung von Abschlüssen mit abweichenden Stichtagen resultieren. Stichtagsbezogene Aufrechnungsdifferenzen werden im Konzernabschluss wie unechte Aufrechnungsdifferenzen behandelt.[79]

Beispiel

Zum abweichenden Stichtag des Konzernunternehmens A besteht ein konzerninternes Schuldverhältnis, für das A eine Verbindlichkeit gegenüber dem Konzernunternehmen B bilanziert. Der Abschluss von A wird für Zwecke der Konsolidierung nicht auf den Konzernabschlussstichtag angepasst. Nach dem Abschlussstichtag von A aber noch vor dem Konzernabschlussstichtag begleicht A die Verbindlichkeit. Damit enthält die Summenbilanz zwar nicht mehr die Forderung von B, jedoch die Verbindlichkeit bei A. Diese ist gegen die Flüssigen Mittel auszubuchen.

35 **Echte Aufrechnungsdifferenzen** entstehen, wenn sich konzerninterne Ansprüche und Verpflichtungen trotz Verwendung konzerneinheitlicher Bilanzierungsmethoden in unterschiedlicher Höhe gegenüberstehen. Sie ergeben sich zB aus Abschreibungen auf Forderungen, während die entsprechende Verbindlichkeit zum No-

---

74 Vgl. *Senger/Brune/Prengel* Beck'sches IFRS-Handbuch, § 33 Rn 195.
75 Vgl. *Senger/Brune/Prengel*, Beck'sches IFRS-Handbuch, § 33 Rn 196; *Baetge/Hayn/Ströher* Rechnungslegung nach IFRS, IAS 27 Rn 201.
76 Vgl. *Watrin/Hoehne/Lammert* Münchener Kommentar, IAS 27 Rn 174.
77 Vgl. *Winkeljohann/Beyersdorf* Beck'scher Bilanzkommentar, § 303 Rn 51.
78 Vgl. *Senger/Brune/Prengel* Beck'sches IFRS-Handbuch, § 33 Rn 196.
79 Vgl. *Senger/Brune/Prengel* Beck'sches IFRS-Handbuch, § 33 Rn 196; *Baetge/Hayn/Ströher* Rechnungslegung nach IFRS, IAS 27 Rn 202.

VII. Konsolidierungsgrundsätze

minalwert angesetzt wird oder aus korrespondierenden Fremdwährungsforderungen und -verbindlichkeiten, welche jeweils mit unterschiedlichen Kursen umgerechnet werden.[80]

Die Eliminierung echter Aufrechnungsdifferenzen erfolgt in der Weise, dass die Sachverhalte bzw. Vorgänge, welche zur Differenz geführt haben, auf der Konzernstufe vollständig zu stornieren sind.[81] Ist die Differenz im **aktuellen Geschäftsjahr** entstanden, ist die Korrekturbuchung erfolgswirksam vorzunehmen, wenn die differenzauslösende Buchung im Einzelabschluss ebenfalls erfolgswirksam war. Entsprechend erfolgt die Korrekturbuchung erfolgsneutral, wenn die differenzauslösende Buchung im Einzelabschluss erfolgsneutral erfolgte.[82] Echte **Aufrechnungsdifferenzen aus Vorjahren** werden generell erfolgsneutral gegen Gewinnrücklagen verrechnet.[83] Kehren sich echte Aufrechnungsdifferenzen in Folgejahren um, dann ist die ertragswirksame Buchung des Einzelabschlusses bei der Konsolidierung zu neutralisieren.[84]

b) Ausgewählte Sachverhalte. Hat das Mutterunternehmen einen Teil der Einlage beim Tochterunternehmen noch nicht vollständig erbracht (**ausstehende Einlagen auf das gezeichnete Kapital von Tochterunternehmen**), hat das Tochterunternehmen formal eine Forderung gegenüber dem Mutterunternehmen.[85] Eine Differenz kann nunmehr dadurch entstehen, dass nicht eingeforderte Einlagen in der Bilanz des Tochterunternehmens nicht als Forderung gegen das Mutterunternehmen gezeigt, sondern vom Eigenkapital des Tochterunternehmens abgesetzt werden,[86] wogegen das Mutterunternehmen die Einlageverpflichtung passiviert. Diese Differenz kann durch die Stornierung der Verbindlichkeit (per Verbindlichkeit an Beteiligung) korrigiert werden.[87] 36

Konzerninterne Schuldverhältnisse können daraus resultieren, dass ein konsolidiertes Unternehmen Schuldverschreibungen hält, die von einem anderen konsolidierten Unternehmen erworben wurden. Die Papiere im Bestand des einen Konzernunternehmens sind gegen die Anleiheverpflichtung des anderen Konzernunternehmens aufzurechnen.[88] 37

Bei **Drittschuldverhältnissen** hat ein nicht konsolidiertes Unternehmen gleichzeitig Forderungen gegenüber einem konsolidierten Unternehmen und Verbindlichkeiten gegenüber einem anderen konsolidierten Unternehmen. Ausgehend von IAS 27.20, wonach explizit nur konzerninterne Beziehungen zu eliminieren sind, 38

---

80 Vgl. *Küting/Weber* Konzernabschluss, 386.
81 Vgl. *Senger/Brune/Prengel* Beck'sche IFRS-Handbuch, § 33 Rn 198.
82 Vgl. *Hayn/Grüne* Konzernabschluss, 98f.
83 Vgl. *Baetge/Hayn/Ströher* Rechnungslegung nach IFRS, IAS 27 Rn 205.
84 Vgl. *Lüdenbach*, Haufe-Kommentar, § 32 Rn 123.
85 Vgl. *Senger/Brune/Prengel* Beck'sches IFRS-Handbuch, § 33 Rn 186.
86 Vgl. *Baetge/Hayn/Ströher* Rechnungslegung nach IFRS, IAS 27 Rn 189.
87 Vgl. *Lüdenbach* Haufe-Kommentar, § 32 Rn 129.
88 Vgl. *Senger/Brune/Prengel* Beck'sches IFRS-Handbuch, § 33 Rn 187; *Watrin/Hoehne/Lammert* Münchener Kommentar, IAS 27 Rn 164.

kann die Pflicht zur Saldierung von Drittschuldverhältnissen nicht abgeleitet werden. Die Möglichkeit zur Saldierung kann sich nur aus IAS 1.32 ergeben, wonach eine Saldierung von Forderungen und Verbindlichkeiten grundsätzlich nicht zulässig ist, es sei denn, ein anderer Standard gestattet die Verrechnung im speziellen Sachverhalt. Da dies, soweit ersichtlich, nicht der Fall ist, kann auch von der Saldierungsmöglichkeit nicht ausgegangen werden.[89]

39 **5. Aufwands- und Ertragskonsolidierung. a) Grundsätze.** Aus der Einheitsfiktion erwächst – neben der Schuldenkonsolidierung – die Notwendigkeit der Eliminierung sämtlicher Erträge und Aufwendungen aus konzerninternen Liefer- und Leistungsbeziehungen. Dazu gehören zB Umsatzerlöse, Mieterträge, Zinserträge, Konzernumlagen,[90] aber auch konzerninterne Gewinntransfers (Dividenden und sonstige Gewinnvereinnahmungen).[91] Nach erfolgter Aufwands- und Ertragskonsolidierung weist die Konzern-GuV grundsätzlich nur noch Erträge und Aufwendungen mit nicht einbezogenen Unternehmen aus.[92] Außer dem allgemeinen Hinweis, dass die konzerninternen Erträge und Aufwendungen vollständig zu eliminieren sind (vgl. IAS 27.20), enthält die Vorschrift keine weiteren detaillierten Regelungen. Es dürfte aber klar sein, dass nur solche Aufwendungen und Erträge eliminiert werden, die in dem Zeitraum anfallen, in welchem das betreffende Unternehmen ein Mutter- oder Tochterunternehmen im Sinne des *Control*-Konzepts ist. Scheidet ein Unternehmen also aus dem Konsolidierungskreis aus, so sind alle ab dem Ausscheidungszeitpunkt anfallenden Aufwendungen und Erträge mit diesem Unternehmen aus Konzernsicht als realisiert zu betrachten und entsprechend zu bilanzieren.[93]

Eine explizite Ausnahme von der Aufwands- und Ertragskonsolidierung besteht nach IAS 27 nicht. Auf die Aufwands- und Ertragskonsolidierung kann demnach nur aufgrund fehlender Wesentlichkeit verzichtet werden.[94]

40 **b) Aufrechnungsdifferenzen.** Aufrechnungsdifferenzen können auch bei der Aufwands- und Ertragskonsolidierung entstehen. Die Ursache echter Aufrechnungsdifferenzen bei der Schuldenkonsolidierung ist die ungleiche Bewertung von Vermögenswerten und Schulden (zB Wertberichtigung einer Darlehensforderung ohne spiegelbildliche Bewertungsänderung der Verbindlichkeit). Eine solche Ungleichbehandlung gibt es bei Aufwendungen und Erträgen typischerweise nicht.[95] Daher entstehen im Rahmen der Aufwands- und Ertragskonsolidierung regelmäßig nur unechte oder stichtagsbezogene Differenzen, die wiederum wie unechte Differen-

---

89 Vgl. *Senger/Brune/Prengel*, Beck'sches IFRS-Handbuch, § 33 Rn 190; *Baetge/Hayn/Ströher* Rechnungslegung nach IFRS, IAS 27 Rn 196; anderer Ansicht *Watrin/Hoehne/Lammert* Münchener Kommentar, IAS 27 Rn 170.
90 Vgl. *Hayn/Grüne* Konzernabschluss, 100.
91 Vgl. *Watrin/Hoehne/Lammert* Münchener Kommentar, IAS 27 Rn 185.
92 Vgl. *Baetge/Hayn/Ströher* Rechnungslegung nach IFRS, IAS 27 Rn 217.
93 Vgl. *Senger/Brune/Prengel* Beck'sches IFRS-Handbuch, § 33 Rn 213.
94 Vgl. *Watrin/Hoehne/Lammert* Münchener Kommentar, IAS 27 Rn 196.
95 Vgl. *Hayn/Grüne* Konzernabschluss, 101.

VII. Konsolidierungsgrundsätze

zen behandelt werden.[96] Es ist aber zu berücksichtigen, dass konzerninterne Transaktionen oftmals in der Lieferung von Waren bestehen, wobei dem Umsatz des liefernden Konzernunternehmens keine Aufwendungen des empfangenden Konzernunternehmens gegenüber stehen, denn das empfangende Unternehmen hat die Waren aktiviert.[97] Im einfachen (theoretischen) Fall, dass ein Konzernunternehmen A Waren ohne Gewinn an Konzernunternehmen B veräußert und B die Waren aktiviert, müsste die Konsolidierungsbuchung Umsatz aus dem Verkauf und den Aufwand aus der Ausbuchung der Waren bei A miteinander saldieren. Entsteht jedoch aus dem konzerninternen Verkauf ein Zwischengewinn, so ist dieser ebenfalls zu stornieren. Die Zwischenergebniseliminierung ist Bestandteil des folgenden Abschnitts.

6. Zwischenergebniseliminierung. a) Grundsätze. Aus der **Einheitsfiktion** resultierend, sind gemäß IAS 27.21 sämtliche in den Einzelabschlüssen der konsolidierten Unternehmen enthaltenen Zwischengewinne und -verluste bei der Aufstellung des Konzernabschlusses zu eliminieren.[98] In Abgrenzung zur Aufwands- und Ertragskonsolidierung liegt der Schwerpunkt der Zwischenergebniseliminierung darin, konzernintern veräußerte und aktivierte Vermögenswerte zu den Herstellungs- bzw. Anschaffungskosten anzusetzen, die aus Sicht des fiktiven, einheitlichen Unternehmens entstanden sind.[99] Zwischenergebnisse sind für den Zeitraum zu eliminieren, in dem das betreffende Unternehmen konsolidiert ist. Scheidet ein Unternehmen unterjährig aus dem Konzernverbund aus, sind die auf Einzelabschlussebene realisierten Ergebnisse ab dem Zeitpunkt des Ausscheidens nicht mehr zu eliminieren.[100]

Beispiel

Konzernunternehmen A hat Vermögenswerte zu Anschaffungskosten von 100 € erworben und aktiviert. Anschließend werden die Vermögenswerte an Konzernunternehmen B zu einem Preis von 120 € veräußert und im Einzelabschluss von B zu 120 € aktiviert. Zum einen gelten der Umsatzerlös von 120 € sowie der Aufwand aus der Ausbuchung von 100 € bei A aus Konzernsicht nicht als realisiert. Dies wird im Rahmen der Aufwands- und Ertragskonsolidierung berücksichtigt. Zum anderen hat die Vermögensmehrung von 20 € aus Sicht des Konzerns nicht stattgefunden. In der Summenbilanz werden Vermögen und Jahresergebnis bzw. Eigenkapital also um 20 € zu hoch ausgewiesen. Durch die Zwischenergebniseliminierung wird nun sichergestellt, dass die Vermögenswerte im Konzernabschluss auch nach dem konzerninternen Geschäft zu den

---

96 Vgl. *Watrin/Hoehne/Lammert* Münchener Kommentar, IAS 27 Rn 186.
97 Vgl. *Hayn/Grüne* Konzernabschluss, 100.
98 Vgl. *Watrin/Hoehne/Lammert* Münchener Kommentar, IAS 27 Rn 197.
99 Vgl. *Baetge/Hayn/Ströher*, Rechnungslegung nach IFRS, IAS 27 Rn 209; *Hayn/Grüne* Konzernabschluss, 102f.
100 Vgl. *Senger/Brune/Prengel* Beck'sches IFRS-Handbuch, § 33 Rn 222.

ursprünglichen Anschaffungskosten aktiviert werden und der interne Gewinn (*Zwischenergebnis*) nicht ins Konzernergebnis bzw. Konzerneigenkapital einfließt.

42   IAS 27 enthält keine explizite Ausnahmeregelung. Der **Verzicht auf die Zwischenergebniseliminierung** in einzelnen Fällen ist daher wiederum nur aufgrund mangelnder Wesentlichkeit gemäß F.29f des *IFRS Frameworks* aus Sicht des Konzerns möglich.[101] Dementsprechend darf die Zwischenergebniseliminierung unterbleiben, wenn die kumulierten Zwischenergebnisse insgesamt für die Beurteilung der wirtschaftlichen Lage des Konzerns unbedeutend sind. Für diese Entscheidung ist allerdings eine Schätzung der Zwischenergebnisse unabdingbar.[102]

Das Framework gibt keine Leitlinien, wann ein Sachverhalt als unwesentlich eingestuft werden kann. In Teilen des Schrifttums wird ein Grenzwert von 5% des Zwischenergebnisses am gesamten Konzernergebnis vorgeschlagen. Dieser darf jedoch nicht als allgemeingültig angesehen werden, sondern ist in Zweifelsfragen lediglich als Orientierungshilfe zu verstehen.[103]

43   **b) Vorgehen bei der Zwischenergebniseliminierung.** Ausgangspunkt der Zwischenergebniseliminierung ist die Bestimmung der Konzernanschaffungs- bzw. Konzernherstellungskosten. Was unter den (Konzern-) Anschaffungskosten zu verstehen ist, regelt F.100(a) im Allgemeinen. Spezielle Vorschriften hierzu finden sich in anderen IFRS, insbesondere in IAS 2, IAS 16, IAS 18, IAS 23 und IAS 39. Zu den (Konzern-) Herstellungskosten zählen die Anschaffungskosten der Einsatzfaktoren, die Kosten des Herstellungsvorgangs und alle übrigen Kosten, welche entstanden sind, um den Vermögenswert an seinen derzeitigen Ort und in seinen derzeitigen Zustand zu versetzen (vgl. IAS 2.10-18 sowie IAS 16.22). Darüber hinaus gehören auch Fremdkapitalkosten zu den Anschaffungs- bzw. Herstellungskosten, sofern diese der Anschaffung oder der Herstellung direkt zugeordnet werden können (vgl. IAS 23.1). Zusätzlich können aus Konzernsicht auch Aufwendungen zu den Anschaffungs- bzw. Herstellungskosten gehören, die im Einzelabschluss nicht aktiviert werden dürfen. Ein Beispiel hierfür sind Aufwendungen, die aus Sicht des Einzelunternehmens Vertriebskosten[104] sind, aus Konzernsicht jedoch Herstellungskostencharakter haben (zB Kosten für den Transport zwischen Standorten verschiedener Konzernunternehmen).[105]

---

101 Vgl. *Küting/Weber* Konzernabschluss, 394.
102 Vgl. *Senger/Brune/Prengel* Beck'sches IFRS-Handbuch, § 33 Rn 227.
103 Vgl. *Watrin/Hoehne/Lammert* Münchener Kommentar, IAS 27 Rn 215; *Senger/Brune/Prengel* Beck'sches IFRS-Handbuch, § 33 Rn 227.
104 Vertriebskosten sind sowohl nach IFRS als auch nach HGB (nach BilMoG) nicht Bestandteil der Herstellungskosten. Vgl. *Hayn/Waldersee* Vergleich, 81f.
105 Vgl. *Küting/Weber* Konzernabschluss, 397.

VII. Konsolidierungsgrundsätze

Grundsätzlich ergibt sich ein zu eliminierendes Zwischenergebnis aus dem Vergleich des in die Summenbilanz eingegangenen Werts eines Vermögenswerts und dessen Konzernanschaffungs- bzw. Konzernherstellungskosten. Sofern das Zwischenergebnis im aktuellen Berichtsjahr entstanden ist, muss die Differenz vom Wert in der Summenbilanz abgezogen und mit dem Konzernergebnis verrechnet werden.[106] Ist ein Zwischenergebnis auf einen noch aktivierten Vermögenswert in Vorjahren entstanden, erfolgt die Verrechnung mit den Gewinnrücklagen.[107]

44

Da sich der Prozess der Zwischenergebniseliminierung auf Einzeltransaktionsbasis insbesondere beim Vorratsvermögen und bei umfangreichen Liefer- und Leistungsbeziehungen innerhalb des Konzerns mitunter sehr aufwändig gestaltet,[108] kann auf **Vereinfachungsverfahren** zurückgegriffen werden.[109]

45   **IAS 27**

Für **Vorräte** werden im ersten Schritt die zum Abschlussstichtag noch vorhandenen konzerninternen Bestände ermittelt. Dabei können auch Verbrauchsfolgefiktionen zur Anwendung kommen. Die Zwischenergebnisse werden im zweiten Schritt unter Verwendung der Margen berechnet, die vom jeweiligen liefernden Konzernunternehmen zur Anwendung kommen.[110] Sofern ein lieferndes Konzernunternehmen für verschiedene Produkte verschiedene Margen realisiert, kann eine weitere Untergliederung in Produktgruppen angezeigt sein.[111]

c) Ausgewählte Problembereiche. Fraglich ist, wie mit **konzerninternen Verlusten** umzugehen ist. Gemäß IAS 27.21 ist bei verlustbehafteten konzerninternen Veräußerungsgeschäften stets zu prüfen, ob der Verlust eventuell eine Wertminderung konkretisiert (vgl. IAS 27.21), welche aus Konzernsicht zwingend als realisiert anzusehen ist.[112] Die Eliminierung des Verlusts wäre dann nicht gestattet.

46

Beispiel

Speditionsunternehmen A veräußert Transportfahrzeuge an seine Tochtergesellschaft B unter Buchwert und realisiert im Einzelabschluss einen Veräußerungsverlust. Aufgrund schlechter wirtschaftlicher Rahmenbedingungen sind die Fahrzeuge nicht mehr ausgelastet. Der Veräußerungsverlust stellt aus Konzernsicht demnach eine Wertminderung dar, die im Konzernabschluss als solche zu erfassen ist. Im Rahmen der Konsolidierungsbuchungen erfolgt dann lediglich eine Umgliederung des Veräußerungsverlusts zu den Abschreibungen. Die Fahrzeuge werden im Konzernabschluss mit dem im Einzelabschluss von B bilanzierten niedrigeren Wert gezeigt.

---

106 Vgl. *Watrin/Hoehne/Lammert* Münchener Kommentar, IAS 27 Rn 212.
107 Vgl. *Küting/Weber* Konzernabschluss, 403.
108 Vgl. *Lüdenbach* Haufe-Kommentar, § 32 Rn 138.
109 Vgl. *Watrin/Hoehne/Lammert* Münchener Kommentar, IAS 27 Rn 213.
110 Vgl. *Senger/Brune/Prengel* Beck'sches IFRS-Handbuch, § 33 Rn 226.
111 Vgl. *Watrin/Hoehne/Lammert* Münchener Kommentar, IAS 27 Rn 213.
112 Vgl. *Baetge/Hayn/Ströh*er Rechnungslegung nach IFRS, IAS 27 Rn 208; *Lüdenbach* Haufe-Kommentar, § 32 Rn 137.

47 Zwischenergebnisse sind vollständig zu eliminieren, und zwar unabhängig von der Beteiligungshöhe **nicht beherrschender Gesellschafter**. Eine anteilige Eliminierung gemäß Art. 26 Abs. 1 c) der 7. EG-Richtlinie ist nicht gestattet.[113] Im Fall, dass Tochterunternehmen, die nicht zu 100% im Besitz des Mutterunternehmens stehen, Zwischengewinne aus Lieferungen oder Leistungen an das Mutterunternehmen (sogenannte *upstream*-Geschäfte) realisieren, werden zwei Ausweis-Alternativen für zulässig erachtet.[114]

- Das Zwischenergebnis wird in voller Höhe zu Lasten der beherrschenden Gesellschafter eliminiert. Der Anteil nicht beherrschender Gesellschafter wird weder bei der Eliminierung noch bei der Ergebnisverwendung berücksichtigt.

- Das Zwischenergebnis wird in voller Höhe zu Lasten der beherrschenden Gesellschafter eliminiert. Der Anteil nicht beherrschender Gesellschafter wird anteilig in der GuV den nicht beherrschenden Gesellschaftern gemäß IAS 1.83(a) zugeordnet.

48 **7. Latente Steuern im Konzernabschluss. a) Grundsätze.** IAS 27.21 weist darauf hin, dass temporäre Differenzen, resultierend aus der Zwischenergebniseliminierung, gemäß IAS 12 Ertragsteuern zu behandeln sind. Dies folgt sachlogisch aus der **Einheitsfiktion**: Latente Steuern sind im Konzernabschluss wie auch im Einzelabschluss zu bilanzieren, wenn sich Konzernbilanzwerte und deren steuerliche Wertansätze unterscheiden und die Differenzen temporärer Natur sind.[115] Der Konzernbilanz steht für die Berechnung dieser Differenzen keine Konzernsteuerbilanz gegenüber, da der Konzern kein Steuersubjekt ist.[116] Deshalb erfolgt die Berücksichtigung latenter Steuern im Konzernabschluss grob in zwei Schritten.

(a) Die latenten Steuern aus den Einzelabschlüssen fließen in die Summenbilanz ein.

(b) Die latenten Steuern in der Summenbilanz werden durch die Konsolidierungsmaßnahmen korrigiert.

Da sich (a) auf die Ermittlung der latenten Steuern im Einzelabschluss bezieht, wird hier auf die Kommentierung zu IAS 12 verwiesen.

49 **b) Latente Steuern aus Konsolidierungsmaßnahmen.** Wenn IFRS-Wahlrechte in den Einzelabschlüssen nicht einheitlich ausgeübt werden, ergeben sich Veränderungen in den Summen der Latenzen aufgrund der **Vereinheitlichung der Bilanzierungsmethoden** (vgl. Rn 28).

---

113 Vgl. *Baetge/Hayn/Ströher* Rechnungslegung nach IFRS, IAS 27 Rn 158; *Lüdenbach* Haufe-Kommentar, § 32 Rn 214.
114 Vgl. *Senger/Brune/Prengel* Beck'sches IFRS-Handbuch, § 33 Rn 228; *Watrin/Hoehne/Lammert* Münchener Kommentar, IAS 27 Rn 214.
115 Vgl. *Lüdenbach* Haufe-Kommentar, § 32 Rn 186.
116 Vgl. *Senger/Brune/Prengel* Beck'sches IFRS-Handbuch, § 33 Rn 232.

VII. Konsolidierungsgrundsätze

Beispiel

Ein Konzernunternehmen schreibt Vermögenswerte über fünf Jahre ab, steuerlich sind nur vier Jahre zulässig. Daraus ergibt sich im Einzelabschluss eine passive Latenz. Konzerneinheitlich werden die Vermögenswerte über eine Nutzungsdauer von sechs Jahren abgeschrieben, die passive Latenz im Konzernabschluss erhöht sich. Es ist aus verfahrenstechnischen Gründen geboten, die Korrektur der Latenzen aus der Vereinheitlichung der Bilanzierungsmethoden bereits in der IFRS II Bilanz vorzunehmen.[117]

Latente Steuern aus der **Kapitalkonsolidierung** können sich ergeben oder verändern, wenn die beizulegenden Werte der übernommenen Vermögenswerte und Schulden bei der Erstkonsolidierung (vgl. die Ausführungen zu IFRS 3 in deisem Buch) von den Buchwerten in den Einzelabschlüssen abweichen.[118] Hingegen ist die Bildung von Latenzen aus der Erfassung eines *Goodwill* bei der Kapitalkonsolidierung nach IAS 12 nicht zulässig, da der *Goodwill* lediglich als Restgröße betrachtet wird und der Ansatz einer Latenz den Betrag des *Goodwill* wiederum verändert (vgl. IAS 12.21).

Korrekturen der latenten Steuern im Rahmen **der Schuldenkonsolidierung bzw. der Aufwands- und Ertragskonsolidierung** können nur aufgrund von Aufrechnungsdifferenzen notwendig werden.[119] Stehen sich konzerninterne Forderungen und Verbindlichkeiten in gleicher Höhe gegenüber, entstehen bei der Schuldenkonsolidierung keine Aufrechnungsdifferenzen und keine (zusätzlichen) temporären Differenzen, für die latente Steuern im Rahmen der Schuldenkonsolidierung (zusätzlich) bilanziert werden müssen.[120] Insofern werden zwar die konzerninternen Ansprüche neutralisiert, die steuerlichen Auswirkungen jedoch nicht, dh die in der IFRS II bilanzierten Latenzen werden in die Konzernbilanz übernommen.[121]

Aufrechnungsdifferenzen bei der Schuldenkonsolidierung führen regelmäßig zu Differenzen zwischen steuerlichen Ansprüchen und Schulden. Ob die bei der Schuldenkonsolidierung zu berücksichtigenden Effekte auf die Steuerlatenz erfolgswirksam oder erfolgsneutral erfasst werden, richtet sich danach, ob die zugrundeliegenden Aufrechnungsdifferenzen erfolgswirksam oder erfolgsneutral eliminiert wurden (vgl. Rn 35).

Beispiel

Konzernunternehmen A hat eine Forderung gegen Konzernunternehmen B i.H.v. 1.000 € aus der Lieferung einer Ware. B hat eine Schuld in gleicher Höhe passiviert. Es sei angenommen, dass die Lieferung im Vorjahr erfolgte

---

117 Vgl. *Lüdenbach* Haufe-Kommentar, § 32 Rn 189.
118 Vgl. *Küting/Wirth* BB 2003, 625; Schmidbauer DB 2001, 1573.
119 Vgl. *Meyer/Loitz/Quella/Zerwas* Latente Steuern, 138.
120 Vgl. *Lienau* Konzernabschluss, 172; Hartmann Latente Steuern, 52.
121 Vgl. *Meyer/Loitz/Quella/Zerwas* Latente Steuern, 138f.

und die Ware immer noch bei B bilanziert ist. Ferner sei angenommen, dass die IFRS-Werte und die steuerlichen Wertansätze jeweils identisch sind. Eine Wertberichtigung der Forderung bei A um 200 € führt nun zu einer echten Aufrechnungsdifferenz, die bei der Schuldenkonsolidierung erfolgswirksam (weil im aktuellen Jahr entstanden) korrigiert werden muss. Hierbei wird der Wertberichtigungsaufwand von 200 € storniert. Die Wertberichtigung ist jedoch bei A bereits steuerlich wirksam (vorteilhaft) geworden, damit weist der Konzern einen Überschuss an bereits steuerlich geltend gemachten abzugsfähigen Aufwendungen auf, die künftig nicht mehr das steuerliche Ergebnis mindern.[122] Der steuerliche Effekt der Wertberichtigung (40 GE = 200 GE x 20% angenommener Steuersatz) ist deshalb als passive latente Steuer im Konzernabschluss (ebenfalls erfolgswirksam) einzubuchen.

52 Gemäß IAS 27.21 sind auch Bewertungsunterschiede aus der **Zwischenergebniseliminierung** nach den Grundsätzen des IAS 12 steuerlich abzugrenzen. Da im Rahmen der Zwischenergebniseliminierung (vgl. Rn 41ff) die steuerlichen Wertansätze nicht tangiert werden, entsteht eine temporäre Differenz zwischen Konzernbilanzwert und dem einzelbilanziell orientierten steuerlichen Wertansatz.[123] Diese Differenz führt aus Sicht des Konzerns zu einer Steuerlatenz.[124] Die Steuerlatenzen sind in der Periode erfolgswirksam zu erfassen, in welcher der Zwischengewinn ebenfalls erfolgswirksam eliminiert wird. In den Folgeperioden erfolgt die Berücksichtigung der Latenzen – ebenso wie die zugrunde liegende Zwischenergebniseliminierung – erfolgsneutral, sofern sich die Zwischenergebnisse gegenüber der Vorperiode nicht verändert haben.[125]

Beispiel

Konzernunternehmen A veräußert einen Vermögenswert (Herstellungskosten 100 €) an Konzernunternehmen B zu einem Preis von 150 €. Der steuerliche Wertansatz bei B beträgt demnach 150 €. Die Eliminierung des Zwischengewinns von 50 € führt dazu, dass der Wertansatz für steuerliche Zwecke um 50 € höher ist als der Konzernbilanzwert. Diese Differenz ist temporär, da sie spätestens beim Verbrauch oder bei der Veräußerung des Vermögenswerts an Dritte ausgeglichen wird.[126] Ferner ist der Steueraufwand in der Summen-GuV um den Steuereffekt aus dem Zwischengewinn zu hoch, denn aus Konzernsicht wurde der Zwischengewinn (50 €) nicht realisiert, folglich ist der darauf entfallende Steueraufwand von 10 GE (bei einem Steuersatz von 20%) aus Kon-

---

122 Vgl. *Lienau* Konzernabschluss, 174.
123 Vgl. *Watrin/Hoehne/Lammert* Münchener Kommentar, IAS 27 Rn 224.
124 Vgl. *Lüdenbach* Haufe-Kommentar, § 32 Rn 190.
125 Vgl. *Lienau* Konzernabschluss, 184.
126 Vgl. *Meyer/Loitz/Quella/Zerwas* Latente Steuern, 137.

zernsicht ebenfalls nicht entstanden. Daher ist in diesem Fall eine aktive Latenz i.H.v. 10 GE zu buchen.[127] Bei der Eliminierung von Zwischenverlusten wären passive latente Steuern zu berücksichtigen.

c) Bewertung latenter Steuern aus Konsolidierungsmaßnahmen. Gemäß IAS 12.47 sind Steuerlatenzen anhand der Steuersätze zu bewerten, deren Gültigkeit für die Periode zu erwarten ist, in der ein Vermögenswert realisiert oder eine Schuld erfüllt wird. Demnach sind die Differenzen grundsätzlich mit dem Steuersatz des jeweiligen Sitzlandes zu bewerten.[128]

Für die Bewertung temporärer Differenzen aus der **Schuldenkonsolidierung** ist der Steuersatz des Unternehmens anzuwenden, bei dem sich die Aufrechnungsdifferenz ergibt.[129] Das bedeutet, dass grundsätzlich eine einzelfallbezogene Zuordnung der Differenzen zu den betroffenen Konzernunternehmen erforderlich ist.[130] Da sich dies sehr aufwändig gestalten kann, wird auch die Verwendung eines konzerneinheitlichen Steuersatzes als zulässig angesehen.[131]

Die Bewertung der Steuerlatenzen aus der **Zwischenergebniseliminierung** richtet sich nach herrschender Meinung am Steuersatz des empfangenden Unternehmens aus.[132] Die temporäre Differenz entsteht beim Empfänger, da bei diesem in der Steuerbilanz die aus Einzelabschlusssicht relevanten Anschaffungskosten den aktivierten Betrag bestimmen.[133] Auch hier wird vereinfachend die Verwendung von konzerneinheitlichen Steuersätzen als zulässig erachtet.[134]

8. Anteile nicht beherrschender Gesellschafter. Die Vermögenswerte und Schulden der Tochterunternehmen werden vollständig im Konzernabschluss abgebildet, selbst wenn die Anteile am Tochterunternehmen nicht vollständig im Besitz des Mutterunternehmens stehen. Die Anteile der nicht beherrschenden Gesellschafter an den Vermögenswerten und Schulden werden daher saldiert im Eigenkapital als Anteil am Nettovermögen gezeigt (vgl. IAS 27.27, zur Ermittlung des Anteils nicht beherrschender Gesellschafter vgl. Kommentierung zu IFRS 3).

Ebenso haben die nicht beherrschenden Gesellschafter in der Regel einen Anspruch auf das Periodenergebnis des Tochterunternehmens, welches in der Konzern-GuV zunächst ohne Berücksichtigung der Anteile nicht beherrschender Gesellschaf-

---

127 Vgl. *Beermann* Bilanzanalyse, 147.
128 Vgl. *Lüdenbach* Haufe-Kommentar, § 32 Rn 191.
129 Vgl. *Watrin/Hoehne/Lammert* Münchener Kommentar, IAS 27 Rn 227.
130 Vgl. *Lienau*, Konzernabschluss, 178.
131 Vgl. *Lienau*, Konzernabschluss, 179; *Senger/Brune/Prengel* Beck'sches IFRS-Handbuch, § 33 Rn 248; zustimmend: *Watrin/Hoehne/Lammert* Münchener Kommentar, IAS 27 Rn 227.
132 Vgl. *Elprana* IAS 12, 177 mwN.
133 Vgl. *Lienau* Konzernabschluss, 186.
134 Vgl. *Lienau* Konzernabschluss, 179; *Senger/Brune/Prengel* Beck'sches IFRS-Handbuch, § 33 Rn 252; zustimmend: *Watrin/Hoehne/Lammert* Münchener Kommentar, IAS 27 Rn 228.

ter ermittelt wird. Deshalb ist auch der Anteil nicht beherrschender Gesellschafter am Periodenergebnis vom Gesamtergebnis abzuziehen und separat auszuweisen (vgl. IAS 27.28).

Die beteiligungsproportionale Zuordnung des Periodenergebnisses ist auch dann nach IAS 27.28 gefordert, wenn Periodenverluste den Anteil nicht beherrschender Gesellschafter am Konzerneigenkapital übersteigen. Die entstehende Differenz ist dann als negativer Ausgleichsposten für nicht beherrschende Gesellschafter im Konzerneigenkapital darzustellen.[135]

55 **VIII. Änderungen der Anteilsverhältnisse. 1. Entkonsolidierung. a) Ausbuchung der Vermögenswerte und Schulden.** Scheidet ein Unternehmen aus dem Konsolidierungskreis aus, ist eine **Entkonsolidierung** vorzunehmen. Der Zeitpunkt des Ausscheidens bemisst sich an dem Zeitpunkt, zu dem das Mutterunternehmen die Beherrschung über das bisherige Tochterunternehmen verliert. Dabei kommt es nicht ausschließlich auf Änderungen der Mehrheitsverhältnisse an, sondern auf den Zeitpunkt, zu dem *Control*-Definition nicht mehr erfüllt ist.[136]

Die Entkonsolidierung basiert auf den Wertverhältnissen zum Zeitpunkt des Verlusts der Beherrschung durch das Mutterunternehmen[137] und hat das Ziel, den Veräußerungserfolg auf Ebene des Konzernabschlusses zu bestimmen.[138] Aus der **Einheitsfiktion** des Konzerns folgt, dass das Ausscheiden des Unternehmens aus dem Konsolidierungskreis als Abgang der einzelnen Vermögenswerte (inkl. Goodwill), Schulden und ggf. Eventualschulden des Tochterunternehmens zu betrachten ist (vgl. IAS 27.34(a)). Daher ist eine Einzelveräußerung auf Basis der Konzernbuchwerte[139] zu unterstellen.[140] Der Veräußerungserfolg ergibt sich mithin aus der Differenz von Veräußerungserlös und den Konzernbuchwerten der abgehenden Vermögenswerte (inkl. Goodwill) und Schulden.[141] Um die erwirtschafteten Erträge und Aufwendungen sowie das abgehende Nettovermögen ermitteln und voneinander getrennt ausweisen zu können, ist grundsätzlich ein Zwischenabschluss zum Ende der Konzernzugehörigkeit aufzustellen.[142]

56 Forderungen und Verbindlichkeiten gegenüber dem bisherigen Tochterunternehmen wurden bis zum Ausscheiden aus dem Konsolidierungskreis auf Basis der Einheitsfiktion eliminiert (**Schuldenkonsolidierung**). Nach dem Ausscheiden bestehen diese Forderungen und Verbindlichkeiten gegenüber Dritten und sind daher wieder in die Konzernbilanz aufzunehmen. Da dies erfolgswirksam geschieht, wird

---

135 Vgl. *Baetge/Hayn/Ströher* Rechnungslegung nach IFRS, IAS 27 Rn 368
136 Vgl. *Watrin/Hoehne/Pott* KoR 2008, 737.
137 Vgl. *Watrin/Hoehne/Lammert* Münchener Kommentar, IAS 27 Rn 246.
138 Vgl. *Watrin/Hoehne/Pott* KoR 2008, 736.
139 Vgl. *Küting/Weber/Wirth* DStR 2004, 877.
140 Vgl. *Senger/Brune/Elprana* Beck'sches IFRS-Handbuch, § 33 Rn 120.
141 Vgl. *Lüdenbach* Haufe-Kommentar, § 32 Rn 168.
142 Vgl. *Baetge/Hayn/Ströher* Rechnungslegung nach IFRS, IAS 27 Rn 260.

VIII. Änderungen der Anteilsverhältnisse

durch diese Buchungen das Entkonsolidierungsergebnis beeinflusst.[143] Darüber hinaus enden mit dem Ausscheiden des bisherigen Tochterunternehmens aus denselben Gründen die **Zwischenergebniseliminierung** sowie die **Aufwands- und Ertragseliminierung**.[144]

Für die Ausbuchung des **Goodwill** im Rahmen der Entkonsolidierung gilt folgende Fallunterscheidung: 57
- Bilden die ausscheidenden oder bildet das ausscheidende Tochterunternehmen eine zahlungsmittelgenerierende Einheit (*Cash generating unit*, CGU; vgl. die Ausführungen zu IAS 36 in diesem Band), dann ist der gesamte auf diese CGU entfallende Goodwill auszubuchen.
- Bilden die ausscheidenden oder bildet das ausscheidende Tochterunternehmen nur einen Teil einer CGU, dann ist der abgehende Goodwill-Teil auf der Grundlage relativer Unternehmenswerte zu ermitteln.[145] Dabei wird der Unternehmenswert der CGU mit dem Unternehmenswert des oder der abgehenden Unternehmen ins Verhältnis gesetzt.[146]

Ggf. vorhandene Anteile nicht beherrschender Gesellschafter am abgehenden Tochterunternehmen (inkl. der auf die nicht beherrschenden Gesellschafter entfallenden Bestandteile des *Other comprehensive income*, OCI) sind zum Buchwert auszubuchen (vgl. IAS 27.34(b)). Weiterhin sind die während der Konzernzugehörigkeit des bisherigen Tochterunternehmen auf dieses entfallende, im OCI erfassten, Beträge erfolgswirksam aufzulösen (oder in die Gewinnrücklage umzugliedern, sofern dies für den betreffenden Vermögenswert oder die betreffende Schuld von einem anderen IFRS gefordert wird) (vgl. IAS 27.34(b), IAS 27.35). 58

Beispiele: Behandlung von OCI Bestandteilen bei der Entkonsolidierung:
- Gewinne und Verluste, die für ein (auf das ausscheidende Tochterunternehmen entfallendes) Finanzinstrument der Klasse „Zur Veräußerung verfügbar" im OCI erfasst wurden, sind bei Ausbuchung des Finanzinstruments (bei der Entkonsolidierung) erfolgswirksam zu behandeln (vgl. IAS 39.55(b)).
- Finanzmathematische Gewinne oder Verluste bei der Bilanzierung von Pensionsrückstellungen, die gemäß IAS 19.93D im OCI erfasst wurden und auf ein ausscheidendes Tochterunternehmen entfallen, sind erfolgsneutral in die Gewinnrücklage umzugliedern.

Dieses Vorgehen basiert auf der Prämisse, dass die zum OCI korrespondierenden Vermögenswerte und Schulden vom Mutterunternehmen direkt veräußert wurden.[147] Waren am bisherigen Tochterunternehmen nicht beherrschende Gesell-

---
143 Vgl. *Watrin/Hoehne/Pott* KoR 2008, 738f.
144 Vgl. *Baetge/Hayn/Ströher* Rechnungslegung nach IFRS, IAS 27 Rn 264.
145 Vgl. *Küting/Weber/Wirth* DStR 2004, 878.
146 Vgl. *Baetge/Hayn/Ströher* Rechnungslegung nach IFRS, IAS 27 Rn 272.
147 Vgl. *Wenk/Jagosch* KoR 2009, 118.

schafter beteiligt, dann sind die bei der Ausbuchung erfolgsneutral zu behandelnden OCI-Bestandteile, die auf nicht beherrschende Parteien entfallen, entsprechend den nicht beherrschenden Anteilen im Eigenkapital zuzuordnen. Erfolgswirksam bilanzierte OCI-Bestandteile können entweder anteilig (nur das ehemalige Mutterunternehmen betreffend) oder vollständig (inkl. der nicht beherrschenden Anteile) in der GuV erfasst werden. Im letzteren Fall sind die nicht beherrschenden Anteile separat auszuweisen.[148]

b) Entkonsolidierungsergebnis. Das Entkonsolidierungsergebnis kann auf Basis des Veräußerungserlöses (direkte Methode) oder auf Basis des Veräußerungserfolgs aus dem Einzelabschluss des Mutterunternehmens (indirekte Methode) ermittelt werden.[149] Die direkte Methode vergleicht den zum *Fair Value* bewerteten Veräußerungserlös (vgl. IAS 27.34(c)) mit dem konzernbilanziellen Nettovermögen (inkl. stille Reserven und Lasten sowie Goodwill) des bisherigen Tochterunternehmens. Bei der indirekten Methode wird der Veräußerungserfolg im Einzelabschluss des Mutterunternehmens um die in der Vergangenheit ergebniswirksam aufgelösten stillen Reserven und Lasten sowie Goodwill-Abschreibungen und um den ertragswirksamen Gewinn des bisherigen Tochterunternehmens korrigiert.[150]

Es empfiehlt sich jedoch, die direkte Methode anzuwenden, da die indirekte Methode im Fall, dass ein Goodwill Bestandteil der Veräußerung ist, nur dann ohne weitere Korrekturbuchungen zum korrekten Ergebnis führt, wenn das oder die ausscheidenden Tochterunternehmen eine eigenständige CGU bilden.[151] Nach der direkten Methode wird das Entkonsolidierungsergebnis bei Beendigung der Kapitalkonsolidierung über folgendes Schema ermittelt.[152]

---

148 Vgl. *Baetge/Hayn/Ströher* Rechnungslegung nach IFRS, IAS 27 Rn 294.
149 Vgl. *Hayn/Grüne*, Konzernabschluss, 114.
150 Vgl. *Lüdenbach* Haufe-Kommentar, § 32 Rn 168.
151 Vgl. *Senger/Brune/Elprana* Beck'sches IFRS-Handbuch, § 33 Rn 122; *Lüdenbach* Haufe-Kommentar, § 32 Rn 168; *Baetge/Hayn/Ströher* Rechnungslegung nach IFRS, IAS 27 Rn 283.
152 Vgl. *Baetge/Hayn/Ströher* Rechnungslegung nach IFRS, IAS 27 Rn 286.

VIII. Änderungen der Anteilsverhältnisse

	Veräußerungserlös
./.	Anteilige Vermögenswerte des Tochterunternehmens laut IFRS II Bilanz
+	Anteilige Schulden des Tochterunternehmens laut IFRS II Bilanz
./.	Anteilige, noch nicht ergebniswirksam verrechnete stille Reserven aus der Erstkonsolidierung
+	Anteilige, noch nicht ergebniswirksam verrechnete stille Lasten und Eventualschulden aus der Erstkonsolidierung
./.	Anteiliger, noch nicht ergebniswirksam verrechneter Goodwill aus der Erstkonsolidierung
./.	Auf das Tochterunternehmen entfallende, ergebnisneutral im Eigenkapital erfasste Beträge
./.	Ergebnisneutral verrechnete Eigenkapitalveränderungen aufgrund von beteiligungsquotenverändernden Kapitalmaßnahmen des Tochterunternehmens
=	**Entkonsolidierungsergebnis**

2. Übergangskonsolidierung. Mit dem Begriff Übergangskonsolidierung sind jene Konsolidierungsmaßnahmen gemeint, die notwendig werden, wenn es im Zuge von Änderungen des „Grades der Beherrschung" zum Statuswechsel der Einbeziehung in den Konzernabschluss kommt.[153] Dies betrifft grundsätzlich den Wechsel von der Vollkonsolidierung auf eine Quotenkonsolidierung oder auf eine Einbeziehung *at equity* oder auf eine Bilanzierung als Finanzinstrument gemäß IAS 39 und umgekehrt.[154] Behandelt werden hier die Fälle der sogenannten Abwärtskonsolidierung auf Basis der Vollkonsolidierung, dh wenn ein Unternehmen ausgehend von der Vollkonsolidierung anschließend *at equity* oder gemäß IAS 39 bilanziert wird. Auf den Wechsel zur Quotenkonsolidierung wird nicht eingegangen, da die Quotenkonsolidierung nicht länger zulässig ist.[155] Ausgangspunkt der Übergangskonsolidierung basierend auf der Vollkonsolidierung sind stets die im Kapitel „Entkonsolidierung" beschriebenen Maßnahmen.

Im Fall einer **Übergangskonsolidierung auf die Einbeziehung gemäß IAS 39** sind die verbleibenden Anteile zum *Fair Value* zu bilanzieren (vgl. IAS 27.37). Der *Fair Value* der verbleibenden Anteile ist auch bei der Ermittlung des Entkonsolidierungsergebnisses zu berücksichtigen.[156] Die während der Vollkonsolidierung des

---
153 Vgl. *Klaholz/Stibi* KoR 2009, 297.
154 Vgl. *Milla/Butollo* IRZ 2007, 81.
155 Überblick über den ED 9 Joint Arrangements gibt *Leitner* IRZ 2009, 29ff.
156 Vgl. *Baetge/Hayn/Ströher* Rechnungslegung nach IFRS, IAS 27 Rn 300.

bisherigen Tochterunternehmen auf dieses entfallenden OCI-Bestandteile sind vollständig (und nicht nur anteilig, entsprechend des abgehenden Anteils) aufzulösen,[157] entweder erfolgsneutral oder erfolgswirksam, je nachdem welche Erfassung für den betreffenden Vermögenswert oder die betreffende Schuld von den entsprechenden IFRS gefordert wird (vgl. Rn 58).

62 Auch bei der **Übergangskonsolidierung auf die Einbeziehung *at equity*** ist der *Fair Value* der verbleibenden Anteile als Anschaffungskosten der Beteiligung an einem assoziierten Unternehmen zu verwenden (vgl. IAS 27.37). Im Gegensatz zum Vorgehen beim Übergang auf eine Einbeziehung nach IAS 39 werden die das ehemalige Mutterunternehmen betreffenden OCI-Bestandteile des bisherigen Tochterunternehmens nur anteilig (also dem abgehenden Anteil der Beteiligung entsprechend) recycelt.[158] Dieses Vorgehen erwächst sachlogisch aus dem Erfordernis gemäß IAS 28.11, wonach die anteiligen Komponenten des OCI im Zuge der *at equity* Bewertung sowohl im Wert der Beteiligung als auch gesondert im Eigenkapital auf Ebene des Konzernabschlusses fortzuführen sind.[159]

Bei der Einbeziehung *at equity* werden Anteile nicht beherrschender Gesellschafte nicht bilanziert. Daher werden beim Übergang auf die Einbeziehung *at equity* die nicht beherrschenden Anteile vollständig erfolgsneutral ausgebucht.[160]

63 **3. Anteilsauf- und -abstockung ohne Statuswechsel.** Aufstockungen von Mehrheitsbeteiligungen sind als Transaktionen zwischen gleichberechtigten Anteilseignern zu bilanzieren (vgl. IAS 27.30). Es kommt somit lediglich zu einer Verschiebung innerhalb des Eigenkapitals zwischen beherrschenden und nicht beherrschenden Gesellschaftern.[161] Eine Neubewertung des erworbenen Nettovermögens erfolgt nicht. Ebenso wird durch eine Aufstockung ohne Statuswechsel kein zusätzlicher Goodwill erfasst (vgl. IAS 27.BC41), denn es handelt sich um eine Transaktion, die ausschließlich das Eigenkapital des Konzerns betrifft und deshalb keine Auswirkung auf die Bewertung der Vermögenswerte und Schulden in der Konzernbilanz hat.[162]

Gleiches gilt für **Abstockungen** von Mehrheitsbeteiligungen ohne Statuswechsel. Diese Transaktionen führen nur dazu, dass sich die Anteile des Mutterunternehmens und der nicht beherrschenden Gesellschafter am Eigenkapital und den künftigen Ergebnissen des Tochterunternehmens verschieben. Unabhängig davon, ob es sich um eine **Auf- oder Abstockung** der Anteile handelt, ist die Differenz zwischen dem *Fair*

---

157 Vgl. *Milla/Butollo* IRZ 2007, 88; *Watrin/Hoehne/Rieger* IRZ 2009, 307.
158 Vgl. *Milla/Butollo* IRZ 2007, 90, *Watrin/Hoehne/Rieger* IRZ 2009, 307; a.A. *Wenk/Jagosch* KoR 2009, 118.
159 Vgl. *Watrin/Hoehne/Rieger* IRZ 2009, 307.
160 Vgl. *Watrin/Hoehne/Rieger* IRZ 2009, 308.
161 Vgl. *Lüdenbach* Haufe-Kommentar, § 32 Rn 321.
162 Vgl. *Fröhlich* IRZ 2008, 420.

IX. Separater Einzelabschluss

Value der hingegebenen oder erhaltenen Gegenleistung und dem Betrag, um den der Anteil der Gesellschafter anzupassen ist, mit dem Konzerneigenkapital zu verrechnen.[163]

IX. Separater Einzelabschluss. IAS 27 behandelt auch die Bilanzierung von Beteiligungen im separaten Einzelabschluss, unabhängig von der Art ihrer Einbeziehung im Konzernabschluss. Gemäß IAS 27.4 werden die Anteile an Beteiligungsunternehmen (Tochterunternehmen, assoziierte Unternehmen oder Gemeinschaftsunternehmen) im Einzelabschluss auf der Grundlage der unmittelbaren Kapitalbeteiligung anstatt auf Grundlage der vom Beteiligungsunternehmen berichteten Ergebnisse und seines Nettovermögens bilanziert. Insofern handelt es sich um unkonsolidierte Abschlüsse.[164]

Ein Einzelabschluss kann nur dann zusätzlich aufgestellt werden, wenn das berichtende Unternehmen:

- Tochterunternehmen besitzt und nicht von der Aufstellung eines Konzernabschlusses befreit ist oder
- keine Tochterunternehmen besitzt, aber Anteile an Gemeinschaftsunternehmen oder assoziierten Unternehmen hält und damit einen Abschluss aufstellt, in dem diese Anteile *at equity* bilanziert oder quotal konsolidiert werden (je nachdem, welche Bilanzierung geboten ist).[165]

Die Anteile können entweder zu **Anschaffungskosten** (*at cost*) oder **gemäß IAS 39** bilanziert werden (vgl. IAS 27.38).

Wird die Beteiligung zu **Anschaffungskosten** gemäß des Wahlrechts in IAS 27.38 bilanziert, bleibt der Buchwert der Anteile bei der Folgebewertung grundsätzlich unverändert. Ausschüttungen der Beteiligungsunternehmen werden sofort erfolgswirksam vereinnahmt (vgl. IAS 27.38A), unabhängig davon, ob die der Ausschüttung zu Grunde liegenden Gewinne vor oder nach dem Erwerb der Beteiligung entstanden sind.[166]

Allerdings kann eine Ausschüttung, die das erwirtschaftete Gesamtergebnis der abgelaufenen Periode übersteigt, ein Indiz für eine Wertminderung sein (vgl. IAS 36.12(h)). Eine Wertminderung der Beteiligung kann auch dann angezeigt sein, wenn der Beteiligungsbuchwert im Einzelabschluss den Wert des Nettovermögens (inkl. Goodwill) übersteigt, welches auf das Tochter- oder Gemeinschaftsunternehmen bzw. das assoziierte Unternehmen im Konzernabschluss entfällt (vgl. IAS 36.12(h)).

---

163 Vgl. *Hendler/Zülch* WPg 2008, 492.
164 Vgl. *Lüdenbach* Haufe-Kommentar, § 32 Rn 182.
165 Vgl. *Baetge/Hayn/Ströher* Rechnungslegung nach IFRS, IAS 27 Rn 385.
166 Vgl. *Lüdenbach* Haufe-Kommentar, § 32 Rn 185.

66 Die Bilanzierung der Beteiligung gemäß **IAS 39** bedeutet grundsätzlich eine Bilanzierung zum *Fair Value*. Eine Bilanzierung der Beteiligung zu Anschaffungskosten ist nach IAS 39 nur dann möglich, wenn für die Beteiligung kein aktiver Markt existiert und der *Fair Value* nicht verlässlich bestimmt werden kann (vgl. IAS 39.46(c)). Sofern die Anteile zur Veräußerung gehalten werden, bemisst sich der Buchwert nach dem *Fair Value less cost to sell*. (Zur Bilanzierung von Finanzinstrumenten vgl. die Ausführungen zu IAS 39 in diesem Buch)

67 **X. Ausweis und Angaben.** Zusätzlich zu den in IAS 1 Darstellung des Abschlusses geforderten Angaben ergeben sich aus IAS 27.41 folgende zusätzlichen **Angabepflichten im Konzernabschluss**:

- Die Art der Beziehungen zwischen Mutter- und Tochterunternehmen, wenn das Mutterunternehmen nicht die Stimmrechtsmehrheit am Tochterunternehmen besitzt (vgl. IAS 27.41(a)).
- Die Begründung, weshalb trotz Stimmrechtsmehrheit keine Beherrschung vorliegt (vgl. IAS 27.41 (b)).
- Vom Abschlussstichtag des Mutterunternehmens abweichende Abschlussstichtage von Tochterunternehmen sowie die Begründung für die Verwendung von Abschlüssen, für die der Abschlussstichtag von dem des Mutterunternehmens abweicht (vgl. IAS 27.41(c)).
- Art und Umfang bedeutender Beschränkungen von Tochterunternehmen, Finanzmittel an das Mutterunternehmen zu transferieren (in Form von Dividenden, Darlehenstilgungen oder Rückzahlungen von Zuschüssen; vgl. IAS 27.41(d)).
- Eine Darstellung der Effekte aus Änderungen der Anteile an Tochterunternehmen, welche nicht zum Verlust der Beherrschung geführt haben (IAS 27.41(e)).
- Im Fall des Verlusts der Beherrschung ist das Entkonsolidierungsergebnis und das Ergebnis aus der *Fair Value* Bewertung eventuell zurückbehaltener Anteile am ehemaligen Tochterunternehmen anzugeben. Des weiteren ist die Zeile in der GuV zu nennen, in der das Ergebnis erfasst ist (vgl. IAS 27.41(f)).

68 Die **Angabepflichten im Einzelabschluss** eines Mutterunternehmens, das nach IAS 27.10 (vgl. Rn 9) von der Pflicht zur Konzernrechnungslegung befreit ist, umfassen:

- Die Tatsachen, dass es sich um einen Einzelabschluss handelt und dass das Wahlrecht zur Befreiung ausgeübt wurde.
- Namen und Sitzland des Unternehmens, welches einen übergeordneten Konzernabschluss aufstellt sowie Angabe, wo dieser Konzernabschluss erhältlich ist (vgl. IAS 27.42(a)).
- Eine Auflistung der wesentlichen Anteile an Tochter-, Gemeinschafts- oder assoziierten Unternehmen mit Angaben zu Unternehmensnamen, Sitzland, Anteilsquote und – sofern abweichend davon – Stimmrechtsquote (vgl. IAS 17.42 (b)).

- Die Beschreibung, wie diese Anteile bilanziert werden (vgl. IAS 27.42(c)).

Die **Angabepflichten im freiwilligen Einzelabschluss** eines Mutterunternehmens, umfassen:
- Die Tatsache, dass es sich um einen Einzelabschluss handelt und die Gründe für die Erstellung des Einzelabschlusses, sofern dies nicht gesetzlich vorgeschrieben ist (vgl. IAS 27.43(a)).
- Eine Auflistung der wesentlichen Anteile an Tochter-, Gemeinschafts- oder assoziierten Unternehmen mit Angaben zu Unternehmensnamen, Sitzland, Anteilsquote und – sofern abweichend davon – Stimmrechtsquote (vgl. IAS 27.43(b)).
- Eine Beschreibung, wie diese Anteile bilanziert werden (vgl. IAS 27.43(c)).

XI. Inkrafttreten und Übergangsvorschriften. Der aktuell gültige IAS 27 hat in 2008 einige Überarbeitungen erfahren. Die wichtigsten Änderungen betraffen.[167]
- die Bilanzierung weiterer Anteilserwerbe von Mutterunternehmen an Tochterunternehmen,
- die Bilanzierung von Anteilsverkäufen, die nicht den Verlust der Beherrschung nach sich ziehen,
- die Bilanzierung von Anteilsverkäufen, die den Verlust der Beherrschung nach sich ziehen sowie
- die Aufteilung von Verlusten eines Tochterunternehmens auf das Mutterunternehmen und die nicht beherrschenden Gesellschafter.

In der aktuellen Form ist IAS 27 erstmalig auf Abschlüsse anzuwenden, deren Berichtsperiode am oder nach dem 1. Juli 2009 beginnt. Eine frühere Anwendung ist zulässig, sofern auch die in 2008 überarbeiteten Regelungen in IFRS 3 *Unternehmenszusammenschlüsse* entsprechend angewendet werden (vgl. IAS 27.45).

Die Änderungen an IAS 27 sind **grundsätzlich retrospektiv** anzuwenden (vgl. IAS 27.45). Die neuen Bilanzierungsmethoden sind demnach so anzuwenden, als ob diese schon immer bestanden hätten. Die Pro-forma-Angaben im Konzernabschluss erstrecken sich nicht nur auf die Vergleichszahlen der Vorperiode. Auch das Eigenkapital der ältesten im Abschluss dargestellten Berichtsperiode ist unter der Prämisse neu zu berechnen, dass die neuen Bilanzierungsmethoden schon immer galten.[168] Da eine retrospektive Anwendung neuer Vorschriften mitunter äußerst aufwändig oder gar unmöglich ist,[169] sieht IAS 27 für die oben genannten Änderungen eine prospektive Anwendung vor (vgl. IAS 27.45).

XII. IFRS für kleine und mittelgroße Unternehmen. Der IFRS-SMEs beinhaltet mit Abschnitt 9 einen Abschnitt zur Konsolidierung. Wie auch in IAS 27 wird beschrieben, unter welchen Voraussetzungen konsolidierte Abschlüsse erstellt werden

---
167 Vgl. *Buschhüter* IRZ 2009, 301.
168 Vgl. *Schmotz* Pro-forma-Abschlüsse, 31.
169 Vgl. *Buschhüter* IRZ 2009, 301.

und welche Grundsätze bei der Erstellung konsolidierter Abschlüsse gelten. Neben Leitlinien zu Einzelabschlüssen geht Abschnitt 9 auch – anders als IAS 27 – auf kombinierte Abschlüsse ein (vgl. IFRS-SMEs 9.1).

Grundlage für konsolidierte Abschlüsse ist das Vorliegen eines Beherrschungsverhältnisses, welches analog zu IAS 27 an der Einflussmacht zur Bestimmung der Geschäftstätigkeit eines anderen Unternehmens, um aus dessen Tätigkeit Nutzen zu ziehen, anknüpft. Analogie zu IAS 27 besteht auch hinsichtlich der Bedingungen, unter denen Beherrschung widerlegbar vermutet oder unwiderlegbar behauptet wird (vgl. IFRS-SMEs Abschnitt 9.5). Die Beherrschung von Zweckgesellschaften wird in einem separaten Kapitel abgehandelt, welches im Wesentlichen die Kernaussagen des SIC-12 enthält (vgl. IFRS-SMEs Abschnitt 9.10ff).

Die Leitlinien zu den Konsolidierungsmaßnahmen umfassen unter Anderem die Aufrechnung der Beteiligungsbuchwerte gegen die Eigenkapitalpositionen der Tochterunternehmen und die Eliminierung konzerninterner Transaktionen. Der Standard fordert ferner die Verwendung einheitlicher Bilanzierungsmethoden bzw. entsprechende Anpassungen für den Fall, dass gleiche Sachverhalte unterschiedlich bilanziert werden (vgl. IFRS-SMEs Abschnitt 9.17) sowie einheitliche Abschlussstichtage, es sei denn, dies ist nicht zu verwirklichen (vgl. IFRS-SMEs Abschnitt 9.16).

72 Im Gegensatz zu IAS 27 adressiert der *IFRS-SMEs* kombinierte Abschlüsse, welche die Abschlüsse von Unternehmen unter der Beherrschung eines einzelnen Investors zusammenfassen. Bei der Erstellung kombinierter Abschlüssen sind – wie auch bei konsolidierten Abschlüssen – Transaktionen zwischen den einbezogenen Unternehmen und daraus resultierende gegenseitige Ansprüche und Schulden zu eliminieren (vgl. IFRS-SMEs Abschnitt 9.28ff).

73 **XIII. Ausblick. 1. ED 10 Consolidated Financial Statements.** Im Zuge des IASB-Projekts Consolidation wurde im Dezember 2008 der *Exposure Draft* ED 10 *Consolidated Financial Statements* veröffentlicht. Die Notwendigkeit der Überarbeitung von IAS 27 und SIC-12 begründet das IASB mit Inkonsistenzen zwischen IAS 27 und SIC-12. Diese bestehen im Wesentlichen darin, dass IAS 27 als umfassender Konsolidierungsstandard auf dem *Control*-Konzept beruht, während das in SIC-12 zur Konsolidierung von Zweckgesellschaften herangezogene Indikatorenkonstrukt nach herrschender Meinung als *Risk-and-rewards*-Konzept[170] angesehen wird (vgl. ED 10.BC7ff.). Mit ED 10 zielt das IASB auf einen Konsolidierungsstandard ab, der den Konzerntatbestand – auch in Bezug auf die Konzernzugehörigkeit von Zweckgesellschaften, bzw. strukturierten Unternehmen – exklusiv an das *Control*-Konzept knüpft. Der Begriff der strukturierten Unternehmen wurde in ED 10 neu eingeführt,

---

170 Vgl. *Lüdenbach* Haufe-Kommentar, § 32 Rn 76.

XIII. Ausblick

bezeichnet aber im Wesentlichen die in SIC-12 behandelten Zweckgesellschaften. Mit dem neuen Terminus sollen Assoziationen mit dem SIC-12 anhaftenden *Risk-and-rewards*-Modell vermieden werden (ED 10.BC100).[171]

Eine weitere Zielsetzung des Standards resultiert zu einem großen Teil aus den Ergebnissen des *Financial Stability Forums „Report on Enhancing Market and Institutional Resilience"*, welche im Zuge der Finanzkrise 2008/2009 im April 2008 veröffentlicht wurden. Diese Ergebnisse haben in erweiterten Offenlegungsvorschriften in Bezug auf die mit Beziehungen zu strukturierten Unternehmen verbundenen Risiken ihren Niederschlag in ED 10 gefunden.

2. Control-Konzept nach ED 10. Beherrschung wird in ED 10 – wie auch in IAS 27 – anhand von zwei Kriterien definiert. Das berichtende Unternehmen kann die Aktivitäten des anderen Unternehmens bestimmen (*power*) und daher Rückflüsse an sich selbst erwirtschaften (*returns*) (vgl. ED 10.4). Der IASB betont den Zusammenhang zwischen *power* und *returns*: Normalerweise hängt das Ausmaß der Einflussmacht (*power*) davon ab, wie stark sich das berichtende Unternehmen den Chancen und Risiken (*returns*) auszusetzen bereit ist (Link Kriterium vgl. ED 10.13). Deshalb müssen beide Kriterien gleichzeitig erfüllt sein.[172]

Der Begriff der *returns* ist weit gefasst. Die Aufzählung der Beispiele für *returns* in ED 10 beinhaltet neben Dividenden und Ausschüttungen auch Wertänderungen des Anteilsbesitzes, sogenannte *Up-front fees* (zB Erhalt von liquiden Mitteln im Zusammenhang mit der Verbriefung von Forderungen), Zugang zu liquiden Mitteln, Verlustrisiken aus Garantien/Bürgschaften, Restwertansprüche, Steuervorteile, Rückflüsse, auf die nicht beherrschende Parteien keinen Zugriff haben (zB Skaleneffekte) und Kostenreduktionen (vgl. ED 10.11). Die *returns* sind variabel und können positiv und negativ sein (vgl. ED 10.10). Zur Erfüllung des *returns*-Kriteriums ist es nicht erforderlich, dass das berichtende Unternehmen sämtliche Rückflüsse auf sich vereinigt (vgl. ED 10.16, vgl. ED 10.BC56).

Während IAS 27 das **power** Kriterium an der Bestimmung der Finanz- und Geschäftspolitik ausrichtet, geht ED 10 darüber hinaus und definiert *power* als Möglichkeit zur Bestimmung der Aktivitäten des anderen Unternehmens. Dieses umfassendere Verständnis resultiert aus dem Bestreben des IASB, auch die Beherrschung von Zweckgesellschaften mit dem *Control*-Konzept zu regeln, da die Finanz- und Geschäftspolitik von Zweckgesellschaften oftmals fixiert ist und daher nicht mehr laufend bestimmt wird.[173] Daher zerlegt der IASB den Begriff „Bestimmung der Aktivitäten" in zwei verschiedene Ausprägungen: „Bestimmung der strategischen Finanz- und Geschäftspolitik" und „Bestimmung der Aktivitäten eines strukturierten

---
171 Vgl. *Beyhs/Buschhüter/Wagner* KoR 2009, 62.
172 Vgl. *Zülch/Burghardt* PiR 2009, 80.
173 Vgl. *Eick/Ehrcke* FS Küting, 231.

Unternehmens".[174] Anders als beim *returns*-Kriterium kann die Einflussmacht zur Bestimmung der Aktivitäten eines Unternehmens nur bei **einem** Unternehmen liegen (vgl. ED 10.5).

77 Die Fähigkeit zur **Bestimmung der strategischen Finanz- und Geschäftspolitik** wird in Analogie zu IAS 27 vermutet, wenn das berichtende Unternehmen mehr als die Hälfte der Stimmrechte besitzt und die Bestellungs- bzw. Abberufungsrechte der Mitglieder des Leitungsorgans der Stimmrechtsverteilung entsprechen. Voraussetzung ist, dass die Finanz- und Geschäftspolitik unmittelbar durch das Leitungsorgan bestimmt wird (vgl. ED 10.23f). Die Mehrheit der Stimmrechte zieht die Bestimmung der Aktivitäten jedoch dann nicht nach sich, wenn rechtliche Anforderungen, Gründungsdokumente oder vertragliche Vereinbarungen die Ausübung der Stimmrechte in einer Art und Weise beschränken, dass die Bestimmung der Aktivitäten nicht möglich ist, oder aber, wenn die Aktivitäten von einem anderen Unternehmen bestimmt werden (vgl. ED 10.25).

78 Unabhängig von der Stimmrechtsverteilung kann das berichtende Unternehmen ebenfalls die Aktivitäten des anderen Unternehmens bestimmen, wenn es über die **Mehrheit der Stimmen im Leitungsorgan** des anderen Unternehmens verfügt (vgl. ED 10.23). Das *power*-Kriterium gilt auch dann als erfüllt, wenn das berichtende Unternehmen als **dominanter Gesellschafter** (mit relativer Stimmrechtsmehrheit) die Fähigkeit zur Bestimmung der strategischen Geschäfts- und Finanzpolitik des anderen Unternehmens besitzt. Dies wäre bei einer regelmäßigen Präsenzmehrheit auf den Hauptversammlungen der Fall.[175]

79 Die Einflussmacht zur Bestimmung der Aktivitäten eines Unternehmens kann grundsätzlich nur bei **einem** Unternehmen liegen (vgl. ED 10.5). Mitbestimmungsrechte nicht beherrschender Gesellschafter schränken die Einflussmacht des beherrschenden Unternehmens zwar insofern ein, als dass diese nicht uneingeschränkt ist. Sofern die Mitbestimmungsrechte Dritter lediglich den Charakter von Schutzrechten (*protective rights*) haben, gilt das *power*-Kriterium dennoch als erfüllt. Sind die Mitbestimmungsrechte jedoch so ausgestaltet, dass sich daraus ein faktisches Mitspracherecht über die Aktivitäten des Unternehmens ergibt (zB bei einem satzungsmäßigen Quorum, welches höher ist, als die Stimmrechtsquote des Mehrheitsgesellschafters), dann liegt *power* im Sinne des ED 10 nicht vor.[176]

80 Die Möglichkeit zur Bestimmung der Aktivitäten kann sich auch aus Optionen oder Rechten im Zusammenhang mit Wandelinstrumenten ergeben. ED 10 nennt drei Indikatoren, die – jeder für sich genommen – die Möglichkeit zur Bestimmung der Aktivitäten anzeigen:

---

174 Vgl. *Beyhs/Buschhüter/Wagner* KoR 2009, 64; *Alvarez/Büttner* IRZ 2009, 202.
175 Vgl. *Alvarez/Büttner* IRZ 2009, 203.
176 Vgl. *Beyhs/Buschhüter/Wagner* KoR 2009, 63.

XIII. Ausblick

- Das Leitungsorgan bestimmt die strategische Geschäfts- und Finanzpolitik nach dem Willen des Optionshalters.
- Der Stillhalter ist ein Agent des Optionshalters, und dessen Stimmrechte ermöglichen die Bestimmung der strategischen Geschäfts- und Finanzpolitik.
- Mit der Option oder der Wandelmöglichkeit sind weitere bestimmte Rechte für das Unternehmen verbunden, mittels derer es die Macht hat, die Aktivitäten des Unternehmens zu bestimmen (vgl. ED 10.B13).

3. Beherrschung strukturierter Unternehmen nach ED 10. Der Kern der in ED 10 genannten Beschreibung[177] strukturierter Unternehmen ist die Tatsache, dass die Bestimmung der Aktivitäten dieser Unternehmen nicht durch die Kontrolle des Leitungsorgans erfolgt, welches sonst üblicherweise die strategische Geschäfts- und Finanzpolitik eines Unternehmens bestimmt (vgl. ED 10.BC111). Weiterhin nennt ED 10 typische Merkmale strukturierter Unternehmen, die sich von den in SIC-12 genannten Merkmalen aber nicht wesentlich unterscheiden.

Das *Control*-Konzept ist gemäß ED 10 grundsätzlich auch auf strukturierte Unternehmen anzuwenden. Zur Identifikation des Beherrschungsverhältnisses muss untersucht werden, wie die *returns* aus den Aktivitäten des strukturierten Unternehmens auf die beteiligten Parteien verteilt sind und wie Entscheidungen über die Aktivitäten jene Rückflüsse beeinflussen (vgl. ED 10.31). Es sollen dabei alle relevanten Fakten und Umstände berücksichtigt werden. ED 10 nennt dazu die nachfolgend dargestellten Beispiele.

Zweck und Design des strukturierten Unternehmens: Die Auslagerung wesentlicher geschäftsnotwendiger Aktivitäten des berichtenden Unternehmens auf das strukturierte Unternehmen ist ein Indikator dafür, dass das berichtende Unternehmen das strukturierte Unternehmen beherrscht. Es wird als unwahrscheinlich angesehen, dass das berichtende Unternehmen die Kontrolle über diese Aktivitäten tatsächlich abgegeben hat (vgl. ED 10.32).

Rückflüsse: ED 10 formuliert die Vermutung, dass das berichtende Unternehmen ein strukturiertes Unternehmen beherrscht, wenn das berichtende Unternehmen den (variablen) **Rückflüssen** ausgesetzt ist, die für das strukturierte Unternehmen *potentially significant* sind. Hinzutreten muss der Umstand, dass der Anteil an der Variabilität der Rückflüsse für das berichtende Unternehmen höher ist, als für andere Parteien (vgl. ED 10.33). Dieser Indikator gleicht den in SIC-12.10(c) und (d) genannten Merkmalen und beruht auf der Logik, dass ökonomisch handelnde Personen Risiken und Chancen nur dann akzeptieren, wenn sie diese ausreichend steuern können.[178]

---

177 Eine Definition im engeren Sinne liefert ED 10 – wie auch SIC-12 – nicht. Vgl. *Pütz/Ramsauer* WPg 2009, 873.
178 Vgl. *Kirsch/Ewelt* BB 2009, 1576.

Aktivitäten des strukturierten Unternehmens: Aufbauend auf dem Umstand, dass sich strukturierte Unternehmen insbesondere durch die Einschränkung der zulässigen Aktivitäten auszeichnen, formuliert ED 10 ein weiteres Beispiel. Die Partei, die auf Basis der Vorherbestimmung der Aktivitäten des strukturierten Unternehmens die Möglichkeit hat, diejenigen Entscheidungen zu treffen, welche sich auf den Unternehmenserfolg auswirken, beherrscht vermutlich das strukturierte Unternehmen (vgl. ED 10.34). Dabei sind vorrangig verbleibende Entscheidungsmöglichkeiten gemeint. Letzteres beruht auf der Annahme des IASB, dass reine Autopiloten nicht oder nur extrem selten existieren (vgl. ED 10 BC117).

Beispiel

Das berichtende Unternehmen überträgt Forderungen an ein strukturiertes Unternehmen, welches die Forderungen verwaltet und das Inkasso-Geschäft übernimmt. Sobald Forderungen sich als nicht werthaltig herausstellen, nimmt das berichtende Unternehmen die Forderungen wieder zurück. Die Entscheidungen über die nicht werthaltigen Forderungen liegen dann beim berichtenden Unternehmen (vgl. ED 10.35).

Zusammenwirken mehrerer vertraglicher Vereinbarungen: Gemäß ED 10 sind alle vertraglichen Vereinbarungen zu analysieren, die das strukturierte Unternehmen betreffen. Im Beispiel bedeutet dies, dass die Aspekte Forderungsübertragung und Zurücknahme/Steuerung nicht werthaltiger Forderungen nicht isoliert, sondern in der Gesamtheit betrachtet werden müssen (vgl. ED 10.37).

Einbindung von Agenten: Dem berichtenden Unternehmen sind die Handlungen seiner Vertreter zuzurechnen. Beispiel: Nimmt ein externer Dienstleister das Forderungsmanagement im obigen Beispiel wahr, so wird dieser normalerweise als Vertreter des berichtenden Unternehmens anzusehen sein.[179]

Kann das berichtende Unternehmen die **Einschränkungen oder die vorherbestimmte strategische Geschäfts- und Finanzpolitik des strukturierten Unternehmens (ggf. einseitig) ändern**, ergibt sich ein weiteres Indiz auf das Vorliegen eines Beherrschungsverhältnisses (vgl. ED 10.38).

84 **4. Angabepflichten nach ED 10.** Die bestehenden Regelungen IAS 27 und SIC-12 sehen keine Angabepflichten zu konsolidierten und nicht konsolidierten strukturierten Unternehmen vor.[180] Mit ED 10 erfährt der Katalog der geforderten Angaben eine deutliche Ausweitung, insbesondere in Bezug auf strukturierte Unternehmen.[181] Wesentliche neue Angabepflichten[182] laut ED 10 sind:

---

179 Vgl. *Beyhs/Buschhüter/Wagner* KoR 2009, 66.
180 Vgl. *Baetge/Hayn/Ströher* Rechnungslegung nach IFRS, IAS 27 Rn 393.
181 Vgl. *Alvarez/Büttner* IRZ 2009, 203.
182 Vgl. *Baetge/Hayn/Ströher* Rechnungslegung nach IFRS, IAS 27 Rn 394.

XIII. Ausblick

- Beschreibung der Ermessensentscheidungen des Managements in den Fällen, dass
  - ein Unternehmen, dessen Aktivitäten durch Stimmrechte bestimmt werden, trotz fehlender Stimmrechtsmehrheit beherrscht wird,
  - ein Unternehmen, dessen Aktivitäten durch Stimmrechte bestimmt werden, trotz relativer Stimmrechtsmehrheit (dominanter Gesellschafter) nicht beherrscht wird,
  - ein strukturiertes Unternehmen nicht beherrscht wird, obwohl das berichtende Unternehmen Rückflüsse erhält, die wesentlich für das strukturierte Unternehmen sind (vgl. ED 10.48(a)).
- Angabe der Art und der Effekte von Beschränkungen aus der Tatsache resultierend, dass Vermögenswerte und Schulden von Tochterunternehmen gehalten werden, einschließlich des Umfangs, in dem nicht beherrschende Gesellschafter die Aktivitäten dieser Tochterunternehmen beschränken können (vgl. ED 10.48(b) und (c)).
- Art der Beteiligung an nicht beherrschten strukturierten Unternehmen und die damit verbundenen Risiken (vgl. ED 10.48(d)).

Die Angaben zu Beteiligungen an nicht beherrschten strukturierten Unternehmen werden im Anhang zu ED 10 durch einen sehr umfangreichen Katalog von Erfordernissen konkretisiert. Dieser umfasst Angaben zu Art und Ausmaß der **Verbindung zu strukturierten Unternehmen** und zur **Risikoexposition** des berichtenden Unternehmens aus der Verbindung zu strukturierten Unternehmen. Des Weiteren enthält ED 10 detaillierte Vorschriften zur Darstellung dieser Angaben (Periodenvergleiche, Form der Darstellung, Kategorisierung).

In Bezug auf **Art und Ausmaß der Verbindung** muss das berichtende Unternehmen über seine Verbindung zu nicht konsolidierten strukturierten Unternehmen, die es selbst gegründet oder deren Gründung es veranlasst hat oder zu denen am Abschlussstichtag eine Verbindung besteht, informieren. Dazu sind auch Art, Zweck und Aktivitäten des strukturierten Unternehmens, ferner die Erträge aus der Verbindung inkl. einer Beschreibung der Ertragsarten sowie der Wert der auf das strukturierte Unternehmen übertragenen Vermögenswerte (zum Übertragungszeitpunkt) anzugeben (vgl. ED 10.B40).

Mit den Angaben zur **Risikoexposition** aus der Verbindung mit einem strukturierten Unternehmen soll es den Abschlusslesern erleichtert werden, Art, Ausmaß und Änderungen von Markt-, Kredit- und Liquiditätsrisiken einzuschätzen (vgl. ED 10.B38(b)). Im Detail fordert ED 10 folgende Angaben:
- Buchwert der Vermögenswerte und Schulden, die im Zusammenhang mit der Verbindung an strukturierten Unternehmen im Konzernabschluss erfasst sind.
- Angaben der entsprechenden Bilanzpositionen.

- Betrag der Vermögenswerte, die von strukturierten Unternehmen, zu denen eine Verbindung besteht, gehalten werden sowie der Bewertungsbasis, unterschieden nach Herkunft der Vermögenswerte (vom berichtenden Unternehmen und von Dritten).
- Das maximale Verlustrisiko aus der Verbindung zu strukturierten Unternehmen sowie Informationen zur Ermittlung dieses Betrags (vgl. ED 10.B44).

Darüber hinaus sind weitere Angaben zu machen, die relevant für die Risikoeinschätzung sind. Dazu enthält ED 10 einen weiteren sehr umfangreichen Beispielkatalog.[183]

5. Verabschiedung des neuen Konsolidierungs-IFRS. ED 10 wurde Dezember 2008 veröffentlicht. Dem schloss sich eine Kommentierungsphase bis Ende März 2009 an. Der ursprüngliche Plan des IASB sah vor, den endgültigen Standard Ende 2009 zu verabschieden. Auf einer gemeinsamen Sitzung von IASB und FASB im Oktober 2009 wurde jedoch beschlossen, die Überarbeitung der Konsolidierungsstandards in den jeweiligen Regelwerken gemeinsam vorzunehmen. Die Neuüberlegungen des IASB in 2010 mündeten in die Entscheidung, die Angabepflichten in einem separaten IFRS zu regeln. Dieser und der neue IFRS zur Konsolidierung sollen im 1. Quartal 2011 verabschiedet werden. Darüber hinaus beschloss das IASB in 2010 eine Ausnahme für *Investment companies* zuzulassen. Danach werden, wie auch in den US GAAP, *Investment companies* von der Pflicht zur Konzernrechnungslegung befreit. Die Anteile an beherrschten Unternehmen müssen dann zum *Fair Value* bilanziert werden, wobei *Fair Value*-Änderungen in ihrem Entstehungsjahr erfolgswirksam zu erfassen sind. Die Veröffentlichung des Standardentwurfs ist für das 2. Halbjahr 2011 angekündigt.[184]

---

183 Ausführlich beschrieben bei *Beyhs/Buschhüter/Wagner* KoR 2009, 69f.
184 Vgl. www.ifrs.org (Zugriff: 24.01.2011).

IAS 28 – Investments in Associates

Textauszüge aus IAS 28

Rn	
28.13	Anteile an einem assoziierten Unternehmen sind nach der Equity-Methode zu bilanzieren, es sei denn,

(a) die Anteile werden gemäß IFRS 5 Zur Veräußerung gehaltene langfristige Vermögenswerte und aufgegebene Geschäftsbereiche als zur Veräußerung gehalten eingestuft;

(b) es greift die Ausnahme nach IAS 27.10, wonach ein Mutterunternehmen, das auch Anteile an einem assoziierten Unternehmen besitzt, von der Veröffentlichung eines Konzernabschlusses absehen darf; oder

(c) es treffen alle folgenden Punkte zu: (i) der Anteilseigner ist selbst ein hundertprozentiges Tochterunternehmen oder ein teilweise im Besitz stehendes Tochterunternehmen eines anderen Unternehmens und die anderen Anteilseigner, einschließlich der nicht stimmberechtigten, sind darüber unterrichtet, dass der Anteilseigner die Equity-Methode nicht anwendet, und erheben dagegen keine Einwände; (ii) die Schuld- oder Eigenkapitalinstrumente des Anteilseigners werden nicht am Kapitalmarkt (einer nationalen oder ausländischen Wertpapierbörse oder am Freiverkehrsmarkt, einschließlich lokaler und regionaler Börsen) gehandelt; (iii) der Anteilseigner hat seine Abschlüsse nicht zum Zweck der Emission von Finanzinstrumenten jeglicher Klasse am Kapitalmarkt bei einer Börsenaufsicht oder sonstigen Aufsichtsbehörde eingereicht oder beabsichtigt dies zu tun; und (iv) das oberste oder ein zwischengeschaltetes Mutterunternehmen des Anteilseigners stellt einen Konzernabschluss auf, der veröffentlicht wird und den International Financial Reporting Standards entspricht.

28.14	Die in IAS 28.13(a) beschriebenen Anteile sind nach IFRS 5 zu bilanzieren.
28.18	Mit dem Zeitpunkt des Wegfallens des maßgeblichen Einflusses auf ein assoziiertes Unternehmen hat ein Anteilseigner die Anwendung der Equity-Methode einzustellen und die Anteile gemäß IAS 39 zu bilanzieren, vorausgesetzt, das assoziierte Unternehmen wird kein Tochterunternehmen und kein in IAS 31 definiertes Gemeinschaftsunternehmen. Beim Verlust des maßgeblichen Einflusses hat der Anteilseigner alle Anteile, die er am ehemaligen assoziierten Unternehmen behält, zum beizulegenden Zeitwert zu bewerten. Der Gesellschafter hat die Unterschiede zwischen den folgenden Werten im Ergebnis zu erfassen:

(a) dem beizulegenden Zeitwert aller behaltenen Anteile und allen Erlösen aus dem Abgang der übrigen Anteile an dem assoziierten Unternehmen; und

(b) dem Buchwert der Anteile zum Zeitpunkt des Verlustes des maßgeblichen Einflusses.

28.19		Wenn Anteile nicht mehr die Kriterien eines assoziierten Unternehmens erfüllen und gemäß IAS 39 bilanziert werden, ist der beizulegende Zeitwert der Anteile zu dem Zeitpunkt, an dem ein Unternehmen aufhört, assoziiertes Unternehmen zu sein, als beizulegender Zeitwert beim erstmaligen Ansatz eines finanziellen Vermögenswerts gemäß IAS 39 zu betrachten.
28.24		Der Anteilseigner verwendet bei der Anwendung der Equity-Methode den letzten verfügbaren Abschluss des assoziierten Unternehmens. Weicht der Abschlussstichtag des Anteilseigners von dem des assoziierten Unternehmens ab, muss das assoziierte Unternehmen zur Verwendung durch denAnteilseigner einen Zwischenabschluss auf den Stichtag des Anteilseigners aufstellen, es sei denn, dies ist undurchführbar.
28.25		Wird in Übereinstimmung mit IAS 28.24 der bei der Anwendung der Equity-Methode herangezogene Abschluss eines assoziierten Unternehmens zu einem vom Anteilseigner abweichenden Stichtag aufgestellt, so sind für die Auswirkungen bedeutender Geschäftsvorfälle oder anderer Ereignisse, die zwischen diesem Stichtag und dem Abschlussstichtag des Anteilseigners eingetreten sind, Berichtigungen vorzunehmen. Die Differenz zwischen dem Abschlussstichtag des assoziierten Unternehmens und dem Abschlussstichtag des Anteilseigners darf auf keinen Fall mehr als drei Monate betragen. Die Länge der Berichtsperioden und die Abweichungen von den Abschlussstichtagen müssen von Periode zu Periode gleich bleiben.
28.26		Bei der Aufstellung des Abschlusses des Anteilseigners sind für ähnliche Geschäftsvorfälle und Ereignisse unter vergleichbaren Umständen einheitliche Rechnungslegungsmethoden anzuwenden.
28.35		Anteile an assoziierten Unternehmen sind nach IAS 27.38-43 im Einzelabschluss eines Anteilseigners zu bilanzieren.

Übersicht

	Rn
I. Regelungsgehalt..	1 – 6
II. Normzweck und Anwendungsbereich......................................	7 – 10
III. Begriffe	11 – 26
1. Überblick...	11 – 12
2. Assoziiertes Unternehmen / maßgeblicher Einfluss............	13
a) Widerlegbare 20%-Vermutung	14 – 19
b) Indizien für eine Assoziierung...	20 – 22
c) Berücksichtigung potenzieller Stimmrechte	23 – 25
d) Verlust des maßgeblichen Einflusses	26
IV. Anwendung der Equity-Methode..	27 – 109
1. Grundsätzliche Vorgehensweise bei der Equity-Methode...	27 – 29

2. Ausnahmen von der Anwendung der Equity-Methode
   a) Ausnahmen nach IAS 28.13 .... 30 – 31
   b) Besonderheit: Anwendung des IFRS 5 .... 32 – 36
3. Erstbewertung at equity
   a) Zeitpunkt der Erstbewertung, unterjähriger und sukzessiver Erwerb .... 37 – 39
   b) Bestimmung der Anschaffungskosten 40
   c) Anteilige Aufdeckung der stillen Reserven und Lasten 41
   d) Geschäfts- oder Firmenwert bzw. negativer Unterschiedsbetrag .... 42 – 45
4. Folgebewertung der Equity-Beteiligung
   a) Behandlung von Ergebnis- und Dividendenanteilen ...... 46 – 47
   b) Berücksichtigung ergebnisneutralem Einkommens des assoziierten Unternehmens .... 48 – 51
   c) Behandlung von im Kaufpreis enthaltenen stillen Reserven und stillen Lasten .... 52 – 55
   d) Berücksichtigung von Konsolidierungsverfahren .... 56 – 69
   e) Einheitliche Bilanzierungsmethoden / abweichende Bilanzstichtage .... 70 – 75
   f) Berücksichtigung von Verlusten im Rahmen der Folgebewertung .... 76 – 82
   g) Berücksichtigung außerplanmäßiger Abschreibungen auf Equity-Beteiligungen .... 83 – 92
5. Veränderungen der Beteiligungshöhe
   a) Kapitalerhöhung .... 93 – 96
   b) Kapitalherabsetzung .... 96 – 97
   c) Erwerb weiterer Anteile mit Statuswechsel zu einem Tochterunternehmen .... 98 – 99
   d) Veräußerung von Anteilen .... 100 – 104
V. Berücksichtigung latenter Steuern .... 105 – 111
   1. Arten von temporären Differenzen .... 105 – 109
   2. Berücksichtigung von outside basis differences in Abhängigkeit von der Rechtsform .... 110 – 111
VI. Separater Einzelabschluss .... 112 – 119
VII. Ausweis und Angaben .... 120 – 122
VIII. Inkrafttreten und Übergangsvorschriften .... 123 – 124
IX. IFRS für kleine und mittelgroße Unternehmen .... 125 – 126
X. Ausblick .... 127 – 128

IAS 28 — Investments in Associates

1 **I. Regelungsgehalt.** Der Standard regelt die bilanzielle Abbildung von Beteiligungen an Unternehmen, die oberhalb der Schwelle einer „einfachen" Beteiligung und unterhalb der Schwelle eines Tochter- oder Gemeinschaftsunternehmens liegen.

2 Bei **IAS 28** handelt es sich um einen Standard, dessen Anwendung auf den **Konzernabschluss begrenzt** ist. Im Gegensatz zu der korrespondierenden Vorschrift nach US-GAAP ist eine Bewertung von Anteilen an Unternehmen nach der im Standard geregelten Equity-Methode im Einzelabschluss somit nicht möglich (IAS 28.35 mit Verweis auf IAS 27.38-43).

3 Die Bewertung von Anteilen an anderen Unternehmen nach der **Equity-Methode ist auf assoziierte Unternehmen beschränkt.** Darunter sind Unternehmen zu verstehen, auf die durch das beteiligte Unternehmen in gewissem Umfang Einfluss genommen wird. Die Beherrschung des Unternehmens ist aber in jedem Falle ausgeschlossen, da ansonsten IAS 27 zur Anwendung kommen würde.

Eine solche Einflussnahme kann durch verschiedene Umstände oder Zustände begründet werden.

4 Somit ist eine Beteiligung an einem assoziierten Unternehmen von einer so genannten „einfachen Beteiligung" im Konzernabschluss abzugrenzen, die grundsätzlich nach den Vorschriften des IAS 39 zu bewerten ist, also zu Anschaffungskosten oder ggf. zum fair value.

5 Der Unterschied zu einer einfachen Beteiligung besteht bei einer Beteiligung an einem assoziierten Unternehmen darin, dass die **Anschaffungskosten** im Rahmen der Folgebewertung **fortgeschrieben werden** (Equity-Methode) und zwar durch
- anteilige Eigenkapitalveränderungen beim assoziierten Unternehmen (zB Dividenden, realisierte Erträge) und
- Fortschreibung ggf. erfolgter Ansatz- und Bewertungsanpassungen sowie aufgedeckte stille Reserven und stille Lasten in einer Nebenrechnung.

Im Ergebnis soll dadurch eine zeitnahe Darstellung des Beteiligungswertes auf Basis der anteiligen Eigenkapitalveränderung sowie der Fortschreibung der beim Beteiligungserwerb aufgedeckten stillen Reserven und stillen Lasten erfolgen.

6 Eine Bewertung der Beteiligung zum fair value würde demgegenüber bereits eine Antizipation eines Gewinns der Beteiligungsgesellschaft durch die Kapitalmarktteilnehmer vornehmen und somit eine Gewinnrealisation im Beteiligungsbuchwert schon erfolgen.

7 **II. Normzweck und Anwendungsbereich.** IAS 28.1 schreibt die Anwendung des Standards bei der Bilanzierung von Anteilen an assoziierten Unternehmen vor. Dabei kann es sich bei einem assoziierten Unternehmen um eine Kapitalgesellschaft (zB AG, GmbH) oder auch um eine Nicht-Kapitalgesellschaft, wie zB eine Personenge-

III. Begriffe

sellschaft (zB OHG, KG, GbR) handeln. Entscheidend ist allein, dass ein **maßgeblicher Einfluss ausgeübt wird** und das ein Konzernabschluss aufgestellt wird, in den das assoziierte Unternehmen einzubeziehen ist.

IAS 28.3 stellt mit seinem Wortlaut klar, dass ein Abschluss, bei dem die Equity-Methode angewandt wird, keinen Einzelabschluss darstellen kann. Im Umkehrschluss ist deshalb zu folgern, dass die Equity-Methode nur auf Konzernebene Anwendung finden kann. 8

Werden Beteiligungen als Anteile an assoziierten Unternehmen eingestuft, findet IAS 28 dennoch keine Anwendung, wenn es sich bei den Unternehmen, die sich beteiligt haben, entweder um 9

- Wagniskapital-Organisationen, oder
- offenen Investmentfonds, Unit Trust und ähnlichen Unternehmen, einschließlich fondsgebundener Versicherungen handelt,

und

- die beim erstmaligen Ansatz dazu bestimmt wurden, erfolgswirksam zum beizulegenden Zeitwert bewertet zu werden (designierte Finanzinstrumente), oder
- als zu Handelszwecken gehalten eingestuft wurden

und

- gemäß IAS 39 zum beizulegenden Zeitwert bewertet wurden.

Durch die Einschränkung, das die Veränderung des Zeitwertes im Gewinn und Verlust erfasst werden müssen, müssen Wagnis-Organisationen insbesondere dann in einem Konzernabschluss IAS 28 anwenden, wenn deren Beteiligungen (wie normalerweise üblich) über einen Zeitraum von 3-5 Jahren gehalten werden. Dann ist die Veränderung des Zeitwertes im sonstigen Ergebnis und damit erfolgsneutral zu erfassen. Damit werden die vorstehend genannten Voraussetzungen nicht erfüllt und IAS 28 ist anzuwenden. 10

III. Begriffe. 1. Überblick. Wie in den meisten Standards üblich definiert IAS 28.2 wichtige Begriffe, die in der Folge im Standard verwendet werden. Im einzelnen werden definiert: 11

Assoziiertes Unternehmen	Unternehmen, bei dem der Eigentümer über maßgeblichen Einfluss verfügt
Konzernabschluss (IAS 27)	Abschluss einer Unternehmensgruppe
Beherrschung (IAS 27)	Möglichkeit, die Finanz- und Geschäftspolitik eines Unternehmens zu bestimmen und aus dessen Tätigkeit Nutzen zu ziehen

Equity-Methode	Fortschreibung der Anschaffungskosten der Anteile an einem Unternehmen um etwaige Veränderungen am anteiligen Nettovermögen des Beteiligungsunternehmens; anteilige Gewinne oder Verluste des Beteiligungsunternehmens werden erfolgswirksam beim beteiligten Unternehmen erfasst
Gemeinschaftliche Führung (IAS 31)	Vertraglich vereinbarte Aufteilung der Kontrolle der wirtschaftlichen Geschäftstätigkeit, sofern Entscheidungen die einstimmige Zustimmung der beteiligten Partnerunternehmen erfordern
Einzelabschluss	Von einem Mutterunternehmen, einem Eigentümer eines assoziierten Unternehmens oder einem Partnerunternehmen aufgestellter Abschluss, in denen die Anteile auf der Grundlage der unmittelbaren Kapitalbeteiligung anstatt auf Grundlage der vom Beteiligungsunternehmen berichteten Ergebnisse und seines Nettovermögens bilanziert werden
Maßgeblicher Einfluss	Möglichkeit, an den finanz- und geschäftspolitischen Entscheidungen mitzuwirken, nicht aber die Beherrschung oder die gemeinschaftliche Führung der Entscheidungsprozesse
Tochterunternehmen (IAS 27)	Unternehmen (auch Nicht-Kapitalgesellschaft), das von einem anderen Unternehmen beherrscht wird

12 Da einige der oben verwendeten Begriffe bereits im Rahmen der Kommentierung anderer Standards (IAS 27 und IAS 31) näher erläutert wurden, sollen hier nur die Begriffe assoziiertes Unternehmen / maßgeblicher Einfluss weiter erläutert werden. Die Equity-Methode sowie der Begriff Einzelabschluss als solches werden in einem separaten Abschnitt beschrieben bzw. mit abgehandelt.

13 **2. Assoziiertes Unternehmen / maßgeblicher Einfluss.** Ein Beteiligungsunternehmen wird erst dann zu einem assoziierten Unternehmen, wenn das beteiligte Unternehmen einen maßgeblichen Einfluss auf das Beteiligungsunternehmen ausübt.

III. Begriffe

Schwierigkeiten bereitet in diesem Zusammenhang die Entscheidung, wann ein maßgeblicher Einfluss vorliegt. Einen damit einhergehenden Interpretationsspielraum schränkt der Standard in IAS 28.6 durch eine widerlegbare Vermutung ein.

a) Widerlegbare 20%-Vermutung. Die IFRS einen maßgeblichen Einfluss, wenn das beteiligte Unternehmen entweder direkt oder indirekt (über ein Tochterunternehmen) **20% oder mehr der Stimmrechte hält**. Die Obergrenze wird dadurch gezogen, dass eine Beherrschung des Beteiligungsunternehmens nicht vorliegen darf. Ansonsten handelt es sich um ein Tochterunternehmen, für das IAS 27 einschlägig ist. 14

Wird das Beteiligungsunternehmen durch einen anderen Eigentümer beherrscht, dann schließt dies nach der Auffassung der IFRS einen maßgeblichen Einfluss nicht automatisch aus. 15

Bei 20% oder mehr der Stimmrecht an dem Beteiligungsunternehmen bedarf es grundsätzlich keiner weiteren Indizien, dass ein maßgeblicher Einfluss vorliegt. Allerdings können Indizien dafür sprechen, dass ein maßgeblicher Einfluss nicht gegeben ist bzw. nicht ausgeübt werden kann. 16

Hinweise hierfür könnten demnach zB sein. 17
- Mit dem Beteiligungsunternehmen werden Prozesse geführt,
- Es besteht ein ständiger Disput mit den Gremien,
- Verweigerung der Entsendung in Entscheidungsgremien.

Schwieriger ist die Frage zu beantworten, ob **Schwierigkeiten bei der Datenbeschaffung** ein Indiz für einen fehlenden maßgeblichen Einfluss sind. Insbesondere im Rahmen einer Zwischengewinneliminierung bei upstream-Lieferungen (Lieferung vom Beteiligungsunternehmen zum beteiligten Unternehmen) können solche Beschaffungsprobleme auftreten, da das Beteiligungsunternehmen in letzter Konsequenz seine Kalkulation offen legt. Aber auch die Tatsache, dass das Beteiligungsunternehmen einen Jahresabschluss nach HGB präsentiert und dieser für Konsolidierungszwecke auf IAS übergeleitet werden muss, setzt grundsätzlich Informationen durch das Beteiligungsunternehmen voraus. 18

Die Anforderung hierfür muss hoch aufgehängt sein, da sonst ein faktisches Wahlrecht für die Anwendung der Equity-Methode geschaffen wird. Hoch aufhängen bedeutet, dass das beteiligte Unternehmen nachweisen muss, dass trotz aller Anstrengungen die Informationen nicht beschafft werden konnten. ZB durch schriftliche Anforderung der Daten beim Beteiligungsunternehmen oder auch die Zusage einer Kostenübernahme für den Mehraufwand der Datenbereitstellung. 19

Werden die Daten nicht bereitgestellt, dann ist weiter zu unterscheiden.
(a) Das Beteiligungsunternehmen **will** die Daten nicht herausgeben.
(b) Das Beteiligungsunternehmen **kann** die Daten nicht herausgeben.

Im **Fall (a)** ist von einem fehlenden maßgeblichen Einfluss auszugehen, denn dadurch wird dokumentiert, das das beteiligte Unternehmen einen Einfluss nicht geltend machen kann; im **Fall (b)** ist ein maßgeblicher Einfluss gegeben und das beteiligte Unternehmen greift dann auf ggf. geschätzte Werte zurück. Unter Umständen kann unter dem Aspekt der Wesentlichkeit auf eine Konsolidierung verzichtet werden.

Umgekehrt würden Stimmrechte von **weniger als 20%** an dem Beteiligungsunternehmen zu der widerlegbaren Vermutung führen, dass ein **maßgeblicher Einfluss nicht vorliegt**.

Auch hier ist eine Widerlegung der Vermutung durch entsprechende Indizien möglich. Beispiele werden in IAS 28.7 genannt.

20 **b) Indizien für eine Assoziierung.** IAS 28.7 unterscheidet in den dort genannten Beispielen zwischen einer personellen und sachlichen Verflechtung.

Personelle Verflechtung	Sachliche Verflechtung
- Organvertretung im Geschäftsführungs- und / oder Aufsichtsorgan - (maßgebliche) Mitwirkung an der Geschäftspolitik einschließlich Dividendenpolitik des assoziierten Unternehmens (zB Beeinflussung des Produktportfolios oder der Preis- und Absatzpolitik) - Austausch von Führungspersonal zwischen eigenem und assoziiertem Unternehmen	- Wesentliche Geschäftsvorfälle (bzw. wesentlicher Umfang der Geschäftsbeziehung) zwischen dem eigenen und dem assoziierten Unternehmen (zB umfangreiche Lieferungs- und Leistungsverflechtungen) - Bereitstellung von bedeutenden technischen Informationen an das assoziierte Unternehmen (zB Lizenzen)

21 Die oben genannten Kriterien sind zum Teil eindeutig und zum Teil auslegungsbedürftig. Eindeutig in Bezug auf die Organvertretung bzw. dem Austausch von Führungspersonal. Hier bietet sich aus praktischen Überlegungen heraus an, grundsätzlich auf die Tatsache als solches abzustellen, ohne die Intensität zu diskutieren (zB ein oder zwei Unternehmensvertreter in einem mehrköpfigen Aufsichtsrat).

22 Bei den drei verbleibenden Kriterien kommt es dann tatsächlich auf die **Intensität der Ausprägung** an, insbesondere ob langfristige Verträge vorliegen und ob diese für das Beteiligungsunternehmen eine stärkere Bedeutung haben als für das beteiligte Unternehmen. Hier ist unter Würdigung der Gesamtumstände zu entscheiden, ob das Beteiligungsunternehmen tatsächlich beeinflusst wird. Insbesondere kommt es dann auch auf die strategische Bedeutung der Beteiligung für das beteiligte Unternehmen an.

IV. Anwendung der Equity-Methode

c) **Berücksichtigung potenzieller Stimmrechte.** Wie nach IAS 27.14 so sieht auch IAS 28 in IAS 28.8 die Berücksichtigung potenzieller Stimmrechte in Form von Aktienoptionsscheinen, Aktienkaufoptionen, Schuld- oder Eigenkapitalinstrumenten, die in Stammaktien oder in ähnliche Instrumente eines anderen Unternehmens umwandelbar sind, für die Ermittlung der 20%-Grenze vor. Die gilt aber nur, soweit sie am Bilanzstichtag auch tatsächlich ausgeübt werden können. Auf die tatsächliche Ausübung bzw. auf die Handlungsabsichten der Geschäftsleitung kommt es nach IAS 28.9 nicht an. 23

Nach IAS 28.12 spielen die potenziellen Stimmrechte keine Rolle bei der Zurechnung des anteiligen Gewinns oder Verlustes bzw. von Eigenkapitalveränderungen des assoziierten Unternehmens. Die Zurechnung erfolgt nur auf Grundlage der bestehenden Eigentumsanteile. 24

Ist die Ausübung erst zu einem bestimmten Termin oder in Abhängigkeit vom Eintritt eines bestimmten, künftigen Ereignisses, dann können diese noch nicht berücksichtigt werden. Wegen weitergehender Ausführungen wird auf die Kommentierung zu IAS 27 verwiesen. 25

d) **Verlust des maßgeblichen Einflusses.** Nach IAS 28.10 verliert ein Unternehmen seinen maßgeblichen Einfluss, wenn es die Möglichkeit verliert, an dessen finanz- und geschäftspolitischen Entscheidungsprozessen weiter teilzunehmen. Dies könnte eintreten: 26

- durch die **Änderung** der absoluten oder relativen **Eigentumsverhältnisse** (zB mangelnde Teilnahme an einer Kapitalerhöhung oder Veräußerung von Anteilen) oder
- ohne **Änderung** der absoluten oder relativen **Eigentumsverhältnisse** (zB durch die Übernahme der Kontrolle staatlicher Behörden, Gerichte, Zwangsverwalter oder Aufsichtsbehörden oder als Ergebnis vertraglicher Vereinbarungen).

IV. Anwendung der Equity-Methode. 1. Grundsätzlich Vorgehensweise bei der Equity-Methode. IAS 28.17 liefert die Begründung für die Anwendung der Equity-Methode: **Ziel** ist die korrekte **Abbildung der Ertragskraft einer Beteiligung** an einem assoziierten Unternehmen und damit die Verzinsung des eingesetzten Kapitals. 27

Dies gelingt nach Auffassung des IASB nur dadurch, dass im Konzernabschluss anstelle von Dividenden das anteilige Ergebnis des assoziierten Unternehmens abgebildet wird. Die Erfassung von Dividenden ist unter Umständen durch eine Dividendenpolitik beeinflusst, so das ggf. nur geringe oder gar keine Dividenden fließen. Mit einer anteiligen Ergebniserfassung löst man sich von einer solchen Willkür. Damit sind aber auch vom Beteiligungsunternehmen empfangene und im Einzelabschluss abgebildete Dividenden im Konzernabschluss im Rahmen der Equity-Methode wieder zu korrigieren.

28 Die **grundsätzliche Vorgehensweise** bei der Equity-Methode kann aus IAS 28.11 und IAS 28.23 entnommen werden:

1. Schritt	Im Zeitpunkt des Erwerbs erfolgt der Ansatz der Equity-Beteiligung mit den Anschaffungskosten
2. Schritt	Soweit die Anschaffungskosten den Anteil am buchmäßigen Eigenkapital des assoziierten Unternehmens überschreiten, wird diese Differenz in einer außerbilanziellen Nebenrechnung aufgeteilt auf Basis der Zeitwerte auf abnutzbare und nicht abnutzbare Vermögenswerte sowie Schulden und Eventualverbindlichkeiten (anteilige stille Reserven und Lasten) Hinweis: Die stillen Reserven / stillen Lasten lösen grundsätzlich latente Steuern aus (inside basis differences II; dies wirkt sich auf die Höhe eines möglichen Geschäfts- oder Firmenwertes aus)
3. Schritt	Verbleibt aus Schritt 2 noch eine Differenz zu den Anschaffungskosten, dann handelt es sich hierbei um einen Geschäfts- oder Firmenwert (GoF), der gemäß IFRS 3 nicht planmäßig abzuschreiben ist
4. Schritt	Der Buchwert der Anteile erhöht oder verringert sich in der Folge entsprechend dem Anteil am Gewinn oder Verlust des Beteiligungsunternehmens. Minderung des Buchwerts der Anteile um die planmäßige Abschreibung der stillen Reserven Erhöhung des Buchwerts der Anteile um die Inanspruchnahme oderAuflösung stiller Lasten
5. Schritt	Vom Beteiligungsunternehmen empfangene Dividenden vermindern den Buchwert der Anteile

29 **Beispiel**

Die X-AG erwirbt zum 1. Januar 01 einen Anteil von 40% an der Z-GmbH. Die folgenden Daten sind bekannt:

Eigenkapital der Z-GmbH € 300.000

Stille Reserven Maschinen € 400.000 (Restnutzungsdauer 5 Jahre)

Stille Lasten	*€ 150.000 (hälftiger Verbrauch in 01 und 02)*
Jahresergebnis 01	*€ 200.000*
Jahresergebnis 02	*€ 280.000*

IV. Anwendung der Equity-Methode

Dividende in 02 für 01 € 160.000
Anschaffungskosten Anteil Z-GmbH € 250.000
Steuersatz 30%

Vorgehensweise:

1.1.01	1. Schritt	Der Equity-Ansatz im Rahmen der Erstbewertung entspricht den Anschaffungskosten (AK) von € 250.000	
	2. Schritt	Nebenrechnung:	
		AK	€ 250.000
		- anteilige stille Reserven	
		(€ 400.000 x 40%)	- € 160.000
		+ passive latente Steuern	
		(€ 160.000 x 30%)	+€ 48.000
		+ stille Lasten	
		(€ 150.000 x 40%)	+€ 60.000
		- aktive latente Steuern	
		(€ 60.000 x 30%)	- € 18.000
		Verbleibende Differenz	€ 70.000
	3. Schritt	Die verbleibende Differenz von € 70.000 stellt den GoF dar, der nicht planmäßig abzuschreiben ist.	
31.12.01	4. Schritt	Folgebewertung:	
		AK	€ 250.000
		- Abschreibung stiller Reserven	
		(€ 160.000 / 5 Jahre)	- € 32.000
		+ Auflösung passive latente Steuern	
		(€ 32.000 x 30%)	+€ 9.600
		+ Auflösung stille Lasten	
		(€ 60.000 x 50%)	+€ 30.000
		- Auflösung aktive latente Steuern	
		(€ 30.000 x 30%)	- € 9.000
		+ anteiliger Jahresüberschuss	
		(€ 200.000 x 40%)	+€ 80.000
		Equity-Wertansatz	€ 328.600

IAS 28

31.12.02	5. Schritt	Equity-Wertansatz 1.1.02 - Abschreibung stiller Reserven (€ 160.000 / 5 Jahre) + Auflösung passive latente Steuern (€ 32.000 x 30%) + Auflösung stille Lasten (€ 60.000 x 50%) - Auflösung aktive latente Steuern (€ 30.000 x 30%) + anteiliger Jahresüberschuss (€ 280.000 x 40%) - anteilige Dividende (€ 160.000 x 40%) Equity-Wertansatz	€ 328.600 - € 32.000 +€ 9.600 +€ 30.000 - € 9.000 +€ 112.000 - € 64.000 € 375.200

30 **2. Ausnahmen von der Anwendung der Equity-Methode. a) Ausnahmen nach IAS 28.13.** Neben den bereits nach IAS 28.1 erwähnten Ausnahmen von der Anwendung der Equity-Methode nennt IAS 28.13 weitere Ausnahmen:
- die Anteile werden gemäß **IFRS 5** *Non-current Assets Held for Sale and Discontinued Operations* als zur Veräußerung gehalten eingestuft
- ein **Mutterunternehmen** mit Anteilen an assoziierten Unternehmen **erstellt keinen Konzernabschluss** entsprechend der Befreiungsnorm des IAS 27.10 (Mutterunternehmen ist selbst ein Tochterunternehmen und wird in einen Konzernabschluss nach den Regeln der IFRS einbezogen).

31 Darüber hinaus braucht die Equity-Methode durch ein Tochterunternehmen nicht angewendet werden, wenn die nachfolgenden Punkte kumulativ zutreffen:
- ein 100%-tiges Tochterunternehmen oder ein in teilweisem Besitz stehendes Tochterunternehmen wendet die Equity-Methode nicht an und die anderen Beteiligten erheben dagegen keine Einwände,
- die Schuld- oder Eigenkapitalinstrumente des Tochterunternehmens selbst werden nicht am Kapitalmarkt gehandelt,
- das Tochterunternehmen hat seine Abschlüsse nicht zum Zweck der Emission von Finanzinstrumenten jeglicher Klasse am Kapitalmarkt bei einer Börsenaufsichtsbehörde oder sonstigen Aufsichtsbehörde eingereicht oder beabsichtigt dies zu tun,
- das oberste oder ein zwischengeschaltetes Mutterunternehmen des Tochterunternehmens stellt einen Konzernabschluss nach den Regeln der IFRS auf und dieser wird veröffentlicht.

IV. Anwendung der Equity-Methode

b) Besonderheit: Anwendung des IFRS 5. Eine Anwendung der Equity-Methode unterbleibt nach IAS 28.13(a) für den Fall, bei dem die Anteile als zur Veräußerung eingestuft werden. Damit gelten die Regeln des IFRS 5 und das bedeutet:

- die Anteile sind als „non-current assets held for sale" zu qualifizieren;
- die Bewertung erfolgt im Umwidmungszeitpunkt zum bisherigen equity-Ansatz oder zum niedrigeren Nettozeitwert (IFRS 5.15).

Dieser niedrigere Nettozeitwert würde sich im Falle von GmbH-Anteilen oder nicht notierten Aktien aus einer Unternehmensbewertung ableiten und im Falle von börsennotierten Aktien aus einem Börsenkurs.

Für den Zeitraum zwischen Umwidmung und Veräußerungszeitpunkt kommt eine Zuschreibung nicht in Frage, eine Abschreibung nur dann, wenn eine Wertminderung vorliegt (IFRS 5.20).

Für den Fall, dass eine Veräußerungsabsicht nicht mehr besteht oder aber die Veräußerungsabsicht durch Zeitablauf (12 Monate) widerlegt wird, müssen die Anteile nach IAS 28.15 ab diesem Zeitpunkt wieder nach der Equity-Methode bilanziert werden. Die Abschlüsse für die Perioden seit der Einstufung als „zur Veräußerung gehalten" sind entsprechend anzupassen. Es ist also eine retrospektive Anpassung der Vorjahreswerte vorzunehmen und zu erläutern.

Beispiel

Das Management der X-AG beschließt am 30. Juni 01 die 35%-tige Beteiligung an der Z-GmBH zu veräußern, da die Beteiligung nicht mehr in die strategische Ausrichtung des Unternehmens passt. Im Zeitpunkt der Umwidmung beträgt der Equity-Ansatz € 200.000 und der Nettozeitwert € 210.000.

Im Zeitraum 1. Juli 01 - 31. Dezember 01 erwirtschaftet die Z-GmbH einen Verlust in Höhe von € 100.000 €. Der Nettozeitwert wird am 31. Dezember 01 in Höhe von € 190.000 ermittelt.

Zum 30. Juni 02 wurde immer noch kein Erwerber gefunden und das Management beschließt die Beteiligung zunächst beizubehalten.

Die Z-GmbH erwirtschaftet in 02 ein Ergebnis von € 60.000.

01:

Die X-AG führt entsprechend den Regeln des IFRS 5 im Umwidmungszeitpunkt (30. Juni 01) den Equity-Ansatz fort. Zum 31. Dezember 01 erfolgt eine außerplanmäßige Abschreibung in Höhe von €10.000 auf den Nettozeitwert von € 190.000.

02:

Da eine Veräußerung nicht mehr länger im Raum steht, ist eine Rückumwidmung als Equity-Beteiligung vorzunehmen. Das Jahr 01 ist entsprechend anzupassen, dh das die außerplanmäßige Abschreibung zu korrigieren ist und stattdessen eine anteilige Verlustberücksichtigung in Höhe von € 35.000 erfolgt. Folglich wird die Equity-Beteiligung zum 31. Dezember 01 mit einem Wert von € 165.000 ausgewiesen.

Zum 31. Dezember 02 wird die Equity-Beteiligung um € 60.000 x 35% = € 21.000 fortgeschrieben, so dass diese mit einem Wert von € 186.000 ausgewiesen wird.

37 **3. Erstbewertung at equity. a) Zeitpunkt der Erstbewertung, unterjähriger und sukzessiver Erwerb.** Nach IAS 28.23 sind Anteile an einem assoziierten Unternehmen ab dem Zeitpunkt nach der Equity-Methode zu bilanzieren, ab dem die Kriterien für ein assoziiertes Unternehmen erfüllt sind.

Streng genommen wäre damit bei einem **unterjährigen Erwerb** ein Zwischenabschluss auf den Erwerbszeitpunkt vorzunehmen. Ob dies in der Praxis immer durchsetzbar sein wird ist fraglich. Daher sollten nicht zu strenge Maßstäbe an die Exaktheit der Equity-Methode gestellt werden. Liegt der Erwerbszeitpunkt relativ nahe am Bilanzstichtag des Beteiligungsunternehmens (zB bis zu 3 Monaten vorher), so könnten diese Wertverhältnisse herangezogen werden. Bei größeren zeitlichen Abweichungen könnte man ggf. mit Hilfe von Annäherungsrechnungen (zB Zwölftelung des Jahresergebnisses) eine Rückrechnung auf den Erwerbszeitpunkt vornehmen.

38 Schwieriger ist die Frage zu beantworten, wie die Behandlung bei einem **sukzessivem Erwerb** erfolgt. Dieser liegt vor, wenn zB im ersten Schritt nur 10% der Anteile erworben wurden und in einem zweiten Schritt weitere 15%. Erst nach dem zweiten Erwerb liegt dann eine Equity-Beteiligung vor. Regelmäßig wird es bei den im ersten Schritt erworbenen Anteilen um „available-for-sale" Wertpapiere handeln, die nach IAS 39 grundsätzlich zum beizulegenden Zeitwert zu bewerten sind. Dabei werden Anpassungen gegenüber den Anschaffungskosten erfolgsneutral im sonstigen Ergebnis erfasst.

IAS 28 enthält bezüglich der Verfahrensweise keinerlei Regelungen. In diesem Fall ist unter Berücksichtigung von IAS 8.10 eine adäquate Rechnungslegungsmethode zu bestimmen.

Diese könnte man eventuell aus einer analogen Anwendung der Vorschriften des IFRS 3.41 (Sukzessiver Unternehmenszusammenschluss) ableiten, wobei dies nicht zwingend ist. Das würde konkret bedeuten:
- die Bewertung der Equity-Beteiligung erfolgt zum Zeitwert,
- die Anpassung auf den Zeitwert erfolgt erfolgswirksam.

IV. Anwendung der Equity-Methode

Beispiel 39

Die X-GmbH erwirbt 10% am 1 Januar 01 der Anteile an der Z-AG zu einem Preis von € 50.000. Das Eigenkapital der Z-AG beträgt € 200.000. Es werden stille Reserven in Höhe von € 300.000 festgestellt. Ein Geschäfts- oder Firmenwert existiert nicht. Das Jahresergebnis für 01 beträgt € 80.000. Am 31. Dezember 01 beträgt der Zeitwert der Beteiligung € 60.000.

Am 30. Juni 02 erwirbt die X-GmbH weitere 15% der Anteile an der Z-AG zu einem Preis von € 96.000. Das Eigenkapital der Z-AG beträgt infolge einer Thesaurierung des Jahresergebnisses 01 zu diesem Zeitpunkt € 280.000. Das anteilige Ergebnis 02 beträgt € 0. Stille Reserven werden in Höhe von € 360.000 festgestellt und in allen Fällen über 5 Jahre abgeschrieben. Zum 30. Juni 02 ergibt sich somit ein Zeitwert von € 640.000. Die **Behandlung der Alt-Anteile** stellt sich dann wie folgt dar:

01

Da es sich um „available for sale"-Wertpapiere handelt, sind diese nach IAS 39 mit ihrem Zeitwert von € 60.000 anzusetzen. Der Anpassungsbetrag ist erfolgsneutral über das sonstige Ergebnis abzubilden und in eine Rücklage einzustellen.

Buchungssatz: Beteiligung an Rücklage für Zeitwert Afs € 10.000

02

Aus der einfachen Beteiligung wird nunmehr eine Equity-Beteiligung. Unter einer möglichen analogen Anwendung des IFRS 3.41 ergibt sich ein Zeitwert des Alt-Anteils in Höhe von 10% von € 640.000 = € 64.000.

Buchungssätze:
- Beteiligung an Beteiligungserträge € 4.000
- Rücklage für Zeitwert Afs an Beteiligungserträge € 10.000

Die Literatur hält für die **Altanteile** auch eine **retrospektive Anwendung** der Equity-Methode auf Basis der früheren Anschaffungskosten, Zeitwerte und Unterschiedsbeträge für möglich. Danach würde sich die folgende Darstellung ergeben:

01

Bei retrospektiver Anwendung ergibt sich die folgende Rechnung:

Anschaffungskosten	€ 50.000
Afa stille Reserven (20% von € 30.000)	€ -6.000
Anteil am Ergebnis 01	<u>€ 8.000</u>
Buchwert am 31. Dezember 01	€ 52.000

Buchungssätze (Anpassung der Vorjahreszahlen):
- Rücklage für Zeitwert Afs an Beteiligung   € 10.000
- Equity-Beteiligung an Ergebnis assoziierte Unternehmen   € 2.000

02

Prämisse: Ergebnis des Jahres 02 beträgt	€ 0
Buchwert der Alt-Anteile	€ 52.000
Anteil am Ergebnis 02	€ 0
Afa stille Reserven	€ -6.000
Buchwert am 31. Dezember 02	€ 46.000

Buchungssatz:

Ergebnis assoziierte Unternehmen an Equity-Beteiligung   € 6.000

40 **b) Bestimmung der Anschaffungskosten.** Bei Anteilserwerb durch Hingabe eigener Anteile oder durch eine sonstige Sacheinlage werden die Anschaffungskosten durch den beizulegenden Zeitwert der Einlage bestimmt.

Läßt sich der Zeitwert der Einlage nur schwer bestimmen, dann leiten sich die Anschaffungskosten der Anteile aus deren beizulegenden Zeitwert ab (analoge Anwendung des IFRS 3.33).

Besonderheiten ergeben sich für die Anschaffungsnebenkosten (Beurkundungs-, Register- oder Beratungskosten). Diese wären ab 2009 bei einer möglichen analogen Anwendung des IFRS 3.53 erfolgswirksam zu behandeln.

41 **c) Anteilige Aufdeckung der stillen Reserven und Lasten.** Bedingt durch die „one-line-consolidation" erfolgt in einer **Nebenrechnung** die **Fortentwicklung** der im Rahmen des Anteilskaufs **erworbenen stillen Reserven und Lasten.** Diese ergeben sich als Differenz zwischen dem Anteil am Buchwert des Reinvermögens des assoziierten Unternehmens und dem Anteil an dem beizulegenden Zeitwert des identifizierbaren Reinvermögens.

Oftmals wird eine korrekte Aufteilung des Kaufpreises mangels Informationen bezüglich der Zeitwerte nicht möglich sein. In diesem Fall muss im Wege einer Schätzung versucht werden, eine sinnvolle Aufteilung vorzunehmen. Es gelten dabei die Regeln des IFRS 3, das heißt, dass für die Aktiva Markt- oder Ersatzwerte anzusetzen sind bzw. bei Forderungen oder Verbindlichkeiten im Wesentlichen der Barwert.

42 **d) Geschäfts- oder Firmenwert oder negativer Unterschiedsbetrag.** Übersteigt der Kaufpreis den Anteil an dem beizulegenden Zeitwert des identifizierbaren Reinvermögens, dann liegt in Höhe des Differenzbetrags ein Geschäfts- oder Firmenwert (GoF) vor. Nach IAS 28.23(a)wird dieser nicht abgeschrieben. Im Unterschied zum

IV. Anwendung der Equity-Methode

GoF im Rahmen des IFRS 3 i. V. m. IAS 36 unterliegt der **GoF** nach IAS 28 **keinem eigenen Werthaltigkeitstest**. Vielmehr ist die Equity-Beteiligung insgesamt einem Werthaltigkeitstest zu unterziehen (IAS 28.33).

Der GoF findet im Rahmen der one-line-consolidation keinen gesonderten Ausweis. 43

Für den Fall, dass die Anschaffungskosten den Anteil an dem beizulegenden Zeitwert des identifizierbaren Reinvermögens unterschreitet, ergibt sich ein **negativer Unterschiedsbetrag**. Gemäß IAS 28.23(b) ist dieser **erfolgswirksam** zu **vereinnahmen**. 44

Buchungssatz: Equity-Beteiligung an Ertrag aus Equity-Beteiligung

Damit erfolgt im Ergebnis ein **Ausweis** der Anteile an assoziierten Unternehmen über deren **Anschaffungskosten**. 45

4. Folgebewertung der Equity-Beteiligung. a) Behandlung von Ergebnis- und Dividendenanteilen. 46

Nach IAS 28.11 wird der Buchwert der Equity-Beteiligung fortgeschrieben:
- die anteilige **Übernahme positiver Ergebnisanteile** erhöht den Beteiligungsbuchwert;
- die anteilige **Übernahme negativer Ergebnisanteile** verringert den Beteiligungsbuchwert;
- **erhaltene Dividenden** verringern den Beteiligungsbuchwert und zwar in der Periode, in der diese vereinnahmt werden.

Bei der Übernahme negativer Ergebnisanteile ist zu beachten, dass diese grundsätzlich nur insoweit Berücksichtigung finden, bis der Beteiligungsbuchwert null ist. 47

b) Berücksichtigung ergebnisneutralem Einkommens des assoziierten Unternehmens. IFRS kennen durchaus Einkommensteile, die zwar grundsätzlich innerhalb der Gesamtergebnisrechnung ausgewiesen werden, dort aber im sonstigen Ergebnis und damit erfolgsneutral. Hierfür kommen in Frage: 48
- Neubewertung des Anlagevermögens,
- Wertveränderungen von zur Veräußerung verfügbaren Werten (zB Wertpapiere),
- Währungsumrechnungsdifferenzen,
- Wertänderungen von cash flow hedges.

Nach IAS 28.11 übernimmt der Anteilseigner entsprechend seinem Anteil diese Änderungen in seine Beteiligung (erhöhend) und in sein sonstiges Ergebnis (ergebnisneutral). 49

Beispiel 50

Die X-AG hält 30% der Anteile an der Y-AG. Zum 1 Januar 01 beträgt der Equity-Ansatz € 400.000. Bis auf die anteilige Ergebnisübernahme ist der Wertansatz nicht mehr zu verändern. Die Y-AG erzielt in 02 einen Jahresüberschuss von € 0. Sie weist lediglich im sonstigen Ergebnis einen Betrag in Höhe von €

70.000 aus, der aus der Neubewertung eines Grundstücks resultiert. Die X-AG erfasst Ihren Anteil an dem sonstigen Ergebnis in Höhe von 30% von € 70.000 = € 21.000 der Y-AG wie folgt:

Anteile an assoziierten Unternehmen an Neubewertungsrücklage € 21.000

Vorgänge in 02:

Variante 1

Die Y-AG veräußert das Grundstück unter Realisierung stiller Reserven in Höhe von € 80.000. Daraus resultiert ein Jahresüberschuss in Höhe von € 10.000 (Steuern werden vernachlässigt).

Für die X-AG ergeben sich die nachfolgenden Buchungen:
- Anteil an assoziierten Unternehmen an Ergebnis aus assoz. Unternehmen € 3.000
- Neubewertungsrücklage an Gewinnrücklage € 21.000

Variante 2

Die X-AG veräußert Ihren Anteil an der Y-AG zu einem Kaufpreis von € 421.000. Die Lösung für diesen Fall ergibt sich nach IAS 28.19A. Danach hat der Anteilseigner im Falle des Verlusts des maßgeblichen Einflusses, zB durch einen Verkauf, auf derselben Grundlage zu bilanzieren, wie es verlangt würde, wenn das assoziierte Unternehmen die betreffenden Vermögenswerte und Schulden direkt veräußert hätte. Es ergeben sich dann die folgenden Buchungen:
- 1. Bank an Anteile an assoziierten Unternehmen € 421.000
- 2. Neubewertungsrücklage an Gewinnrücklage € 21.000

51 Würde das sonstige Ergebnis der Y-AG available for sale Wertpapiere beinhalten, dann würde in beiden Varianten die zweite Buchung bei der X-AG jeweils gegen die GuV erfolgen.

52 **c) Behandlung von im Kaufpreis enthaltenen stillen Reserven und stillen Lasten.** Wie bereits beschrieben enthält der das anteilige Eigenkapital übersteigende Kaufpreis stille Reserven und ggf. stille Lasten sowie ggf. einen positiven Unterschiedsbetrag (GoF).

53 Die im Kaufpreis enthaltenen stillen Reserven und stillen Lasten sind fortzuschreiben. Soweit stille Reserven also auf abnutzbare Vermögenswerte entfallen, sind diese nach Festlegung einer Restnutzungsdauer zu verteilen (IAS 28.23). Wegen der in den meisten Fällen vorhandenen Schwierigkeit, Informationen über die tatsächlichen **Restnutzungsdauern** zu erhalten, können diese aus Vereinfachungsgründen **geschätzt** werden bzw. es kann auf eine mittlere Restnutzungsdauer abgestellt werden.

IV. Anwendung der Equity-Methode

Bezüglich der stillen Lasten und deren Fortschreibung ist besonderes **Augenmerk** auf den **Grund der stillen Last** zu legen. Denn nur dadurch kann gewährleistet werden, dass deren Auflösung infolge einer Inanspruchnahme zeitlich einigermaßen korrekt eingeschätzt werden kann bzw. verlässlich eine Aussage getroffen werden kann, ob mit einer Inanspruchnahme nicht mehr zu rechnen ist.

Die Abschreibung der stillen Reserven sowie die Auswirkungen aus einer Inanspruchnahme bzw. einer Auflösung der stillen Lasten wird wie folgt erfasst:
- **Stille Reserven:** Ergebnis aus assoziierten Unternehmen an Anteile an assoziierten Unternehmen
- **Stille Lasten:** Anteile an assoziierten Unternehemen an Ergebnis aus assoziierten Unternehmen

d) Berücksichtigung von Konsolidierungsverfahren. IAS 28. 20 stellt klar, dass die für die Anwendung der Equity-Methode sachgerechten Verfahren den in IAS 27 beschriebenen Konsolidierungsverfahren entsprechen. Dazu gehören:
- Zwischenergebniseliminierung
- Schuldenkonsolidierung
- Aufwands- und Ertragskonsolidierung

aa) Zwischenergebniseliminierung. Bei der Zwischenergebniseliminierung sollen Gewinne und Verluste aus Transaktionen zwischen dem Anteilseigner und assoziierten Unternehmen anteilig im Umfang der Beteiligung am assoziierten Unternehmen eliminiert werden (IAS 28.22), wobei der Standard zwischen „Upstream-" und „Downstream-Lieferungen" unterscheidet.

Upstream-Lieferungen. Diese entstehen durch Verkäufe von Vermögenswerten des assoziierten Unternehmens an den Anteilseigner und gelangen damit in den Vollkonsolidierungskreis. Da der Grundgedanke der Zwischenergebniseliminierung eine Korrektur des bilanzierten Vermögenswertes um den aus Konzernsicht noch nicht realisierten Gewinnanteil zum Gegenstand hat, kann dies bei Upstream-Lieferungen bei dem Vermögenswert direkt vorgenommen werden. Grundsätzlich wird aber auch eine Korrektur der Equity-Beteiligung für möglich gehalten. In beiden Fällen ist zu beachten, dass die **erfolgswirksame Korrektur gegen das Ergebnis aus assoziierten Unternehmen** vorzunehmen ist. Es ergibt sich daher die folgende Buchung: Ergebnis aus assoziierten Unternehmen an bezogener Vermögenswert (alternativ: Anteil an assoziierten Unternehmen)

Beispiel

Die X-AG ist mit 30% an der Y-AG beteiligt. Die Y-AG liefert einen PKW an die X-AG zum Preis von € 40.000 und realisiert dabei einen Gewinn in Höhe von € 10.000. Stellt dies den einzigen Umsatz der Gesellschaft dar, dann ergibt

sich ein Jahresüberschuss in Höhe von € 10.000 (Steuern werden vernachlässigt). Dieses Ergebnis wird nach IAS 28 anteilig von der X-AG übernommen. Sie bucht zunächst wie folgt:
- PKW an Verbindlichkeit € 40.000
- Equity-Beteiligung an Ergebnis aus assoziierten Unternehmen € 3.000

Im nächsten Schritt ist die Zwischenergebniseliminierung vorzunehmen:
- Ergebnis aus assoziierten Unternehmen an PKW
  (Equity-Beteiligung) € 3.000

60 In der Praxis kann die Zwischengewinneliminierung in diesem Fall häufig an der fehlenden Information bezüglich der Höhe des Zwischengewinns scheitern. Ist diese Information trotz aller Bemühungen nicht beschaffbar und lässt sich ein Zwischengewinn auch nicht sinnvoll schätzen, dann unterbleibt die Eliminierung mit entsprechender Erläuterung im Anhang

61 **Downstream-Lieferungen.** In diesem Fall verkauft der Anteilseigner einen Vermögenswert an das assoziierte Unternehmen. Der Vermögenswert verlässt den Vollkonsolidierungskreis und steht somit nicht mehr wie im Fall der Upstream-Lieferung für eine Wertkorrektur zur Verfügung. Der Anteilseigner **korrigiert** seine **Ertragsposition und** mangels Vermögenswert seine **Equity-Beteiligung** durch folgende Buchung: Ertragsposition an Anteile an assoziierten Unternehmen

62 **Beispiel**

Die X-AG ist mit 30% an der Y-AG beteiligt. Die X-AG liefert in 01 Waren zum Wert von € 50.000 an die Y-AG. Der im Einzelabschluss der X-AG realisierte Gewinn daraus beträgt € 15.000. Die Y-AG veräußert die Ware in 02 für € 60.000 weiter und realisiert einen Gewinn in Höhe von € 10.000.
- Die X-AG bucht in 01 wie folgt:
- Umsatz (30% von € 50.000) € 15.000
- an Wareneinsatz (30% von € 35.000) € 10.500
- an Equity-Beteiligung (30% von € 15.000) € 4.500
- In 02 ergeben sich die folgenden Buchungen:
- Gewinnrücklagen* € 4.500
- Wareneinsatz € 10.500
- an Umsätze € 15.000

*die Buchung gegen die Gewinnrücklagen dient der Anpassung der Gewinnrücklagen aus dem Einzelabschluss auf den korrekten Betrag laut Konzernabschluss .
- Equity-Beteiligung an Ergebnis aus assoziierten Unternehmen € 3.000

63 Für den Fall, dass der Equity-Anteil bereits auf Null abgewertet wurde und eine

IV. Anwendung der Equity-Methode

Verlustübernahme bilanziell nicht weiter abzubilden ist, sind verschiedene Lösungsansätze denkbar:
- eine Eliminierung wird unterlassen;
- eine Eliminierung des Gewinns erfolgt gegen Eigenkapital oder einen passiven Abgrenzungsposten; anschließend erfolgt eine erfolgsneutrale Auflösung des Eigenkapitals oder Abgrenzungspostens gegen den Anteil, sofern wieder Gewinne erwirtschaftet werden bzw. spätestens bei der Entkonsolidierung.

Mangels konkreter Vorgaben durch IAS 28 selbst, werden **beide Möglichkeiten** für **anwendbar** gehalten.

Bei sogenannten **„sidestream-Lieferungen"**, dh, dass es zu Lieferungen zwischen einem Tochterunternehmen des Anteilseigner und und dem assoziierten Unternehmen kommt, fehlt es an Vorgaben im IAS 28 hinsichtlich der Behandlung von Zwischengewinnen. Die Literatur hält daher solche Zwischengewinne nicht für eliminierungspflichtig.

Behandlung von Zwischengewinnen aus downstream-Lieferungen bei teilweiser oder vollständiger Veräußerung des Anteils. Bei vollständiger Veräußerung des Anteils findet eine Korrektur des Zwischengewinns über den Kaufpreis für die Anteile statt. Im Beispiel zur downstream-Lieferung würde ein Erwerber im Rahmen der Kaufpreisfindung für die Vorräte mindestens deren Buchwert in der Bilanz der Y-AG ansetzen, so dass sich der Gewinn aus der Veräußerung der Equity-Beteiligung um € 4.500 erhöht. Bei teilweiser Veräußerung des Anteils und falls damit ein Statuswechsel zu Finanzinstrumenten verbunden ist, ergibt sich ebenfalls eine Selbstkorrektur. Nach IAS 28.19 erfolgt die Bewertung in diesem Falle zum Fair Value und eine mögliche Differenz ist erfolgswirksam zu erfassen.

bb) Schuldenkonsolidierung; Aufwands- und Ertragskonsolidierung. Obwohl IAS 28.20 auf die Anwendung der Konsolidierungsverfahren nach IAS 27 verweist, stellt sich jedoch die Frage nach einer verpflichtenden Anwendung der Schuldenkonsolidierung sowie der Aufwands- und Ertragskonsolidierung. Eine verpflichtende Anwendung ist zu verneinen. Insgesamt betrachtet sind die Auswirkungen nicht materiell, da es lediglich zu Verschiebungen zwischen GuV- bzw. Bilanzpositionen kommt.

Beispiel

Die X-AG hält 30% der Anteile an der Y-AG. Die X-AG vermietet ein unbebautes Grundstück an die Y-AG zu einem jährlichen Mietzins von € 40.000 sowie ein Bürogebäude zu € 80.000. Am 31. Dezember 01 war die Miete aus dem Bürogebäude noch nicht entrichtet. Der Zahlungseingang erfolgte erst Mitte Januar.

a) **Schuldenkonsolidierung.** Die X-AG weist in ihrer Bilanz eine Forderung in Höhe von € 80.000 aus. Folgt man dem Gedanken der Schuldenkonsolidierung, dann müsste eine Aufrechnung mit der im Jahresabschluss der Y-AG ausgewiesenen Verbindlichkeit erfolgen. Da aber im Rahmen der Equity-Methode keine (anteilige) Übernahme von Vermögenswerten und Schulden in den Konzernabschluss der X-AG erfolgt, kann eine solche Aufrechnung nicht vorgenommen werden. Eine Umsetzung der Schuldenkonsolidierung kann dann gegen die Equity-Beteiligung erfolgen und zwar in Höhe von € 24.000.

Buchungssatz: *Equity-Beteiligung an Forderungen* € 24.000

Die Buchung verdeutlicht, dass zum einen der Vermögenswert Forderungen bei der X-AG verringert wird und zum anderen die Equity-Beteiligung in gleicher Höhe erhöht wird. Dies macht Sinn, da sich bei der Schuldenkonsolidierung auch die Verbindlichkeit des assoziierten Unternehmens verringert und damit bei gleichen Vermögenswerten dessen Eigenkapital steigt. Diese Verbesserung des Eigenkapitals würde dann durch die Erhöhung der Equity-Beteiligung abgebildet werden. Im Zeitpunkt des Zahlungseingangs wäre dann die Buchung wieder zu korrigieren.

b) **Aufwands- und Ertragskonsolidierung.** Die X-AG weist Mieterträge in Höhe von insgesamt € 120.000 aus. Daraus wäre ein Betrag in Höhe von € 120.000 x 30% = € 36.000 zu eliminieren. Eine Konsolidierung müsste dann gegen den Mietaufwand bei der Y-AG stattfinden, der in dem anteilig zu übernehmenden Ergebnis aus assoziierten Unternehmen enthalten ist.

Folglich würde sich der Mietertrag der X-AG vermindern und im Gegenzug das Ergebnis aus assoziierten Unternehmen in gleicher Höhe erhöhen. In der Gesamtbetrachtung wird das Konzernergebnis dadurch im wesentlichen nicht verändert (ggf. durch unterschiedliche Steuersätze bei der Berücksichtigung latenter Steuern).

68 In anderen Kommentierungen wird bezüglich der Durchführung einer Schuldenkonsolidierung bzw. Aufwands- und Ertragskonsolidierung darauf nicht weiter eingegangen. Es liegt daher die Vermutung nahe, dass darauf gänzlich verzichtet werden kann. Dem ist bezüglich der Aufwands- und Ertragskonsolidierung vollumfänglich zuzustimmen. Eine Schuldenkonsolidierung könnte insoweit Sinn machen, als dadurch die Vermögensposition der Gesellschaft bezogen auf Dritte transparenter dargestellt wird. Im konkreten Fall würde zu 30% die X-AG eine Forderung an sich selbst ausweisen. Durch die Schuldenkonsolidierung wandert dieser Anteil der Forderung in eine andere Bilanzposition.

69 In der Praxis wird jedoch regelmäßig weder eine Schuldenkonsolidierung noch eine Aufwands- und Ertragskonsolidierung vorgenommen.

IV. Anwendung der Equity-Methode

e) Einheitliche Bilanzierungsmethoden / abweichende Bilanzstichtage. aa) Einheitliche Bilanzierungsmethoden. Gemäß IAS 28.26 ist der Eigentümer verpflichtet, bei der Aufstellung seines Abschlusses für ähnliche Geschäftsvorfälle und Ereignisse unter vergleichbaren Umständen einheitliche Rechnungslegungsmethoden anzuwenden. Dies bedeutet, dass der Anteilseigner einen Jahresabschluss des assoziierten Unternehmens nach HGB für die Fortschreibung des Beteiligungsbuchwertes grundsätzlich nicht verwenden kann. Nach IAS 28.27 ist der Eigentümer verpflichtet, den **HGB-Abschluss auf einen IFRS-konformen Abschluss anzupassen**. In aller Regel wird das assoziierte Unternehmen wegen der damit verbundenen hohen Kosten nicht ohne weiteres einen IFRS-Abschluss erstellen. Denkbar wäre folgendes:

(a) der Eigentümer übernimmt die mit der vollständigen Überleitung verbundenen Kosten,
(b) der Eigentümer leitet auf Basis der ihm vorliegenden Informationen nur die wesentlichsten Positionen über,
(c) der Eigentümer kann wegen fehlender Informationen nur Schätzungen vornehmen,
(d) der Eigentümer unterlässt eine Anpassung.

Insbesondere bei den letzten beiden Fällen steht die Frage im Raum, inwieweit man von einem wesentlichen Einfluss sprechen kann und damit die Equity-Methode überhaupt zur Anwendung gelangt. Der Eigentümer muss jedoch nachweisen, dass er alles Mögliche unternommen hat, um die Informationen zu erhalten bzw. auf Basis von Schätzungen versucht hat, eine Fortschreibung des Equity-Wertes vorzunehmen. Ansonsten mutiert die Anwendung der Equity-Methode zu einem faktischen Wahlrecht, was so nicht gewollt sein kann.

Ideal wäre es daher, wenn bereits im Zeitpunkt des Erwerbs der Beteiligung eine **klarstellende Regelung** vorliegt, dass entsprechende Informationen für eine Fortschreibung des Equitywertes vorgelegt werden müssen, zumindest aber bei Übernahme der damit verbundenen Kosten durch den Eigentümer.

bb) Abweichende Bilanzstichtage. Nach IAS 28.24 verwendet der Eigentümer bei Anwendung der Equity-Methode den **letzten verfügbaren Abschluss** des assoziierten Unternehmens. Stellt der Eigentümer seinen Jahresabschluss zB auf den 31. Dezember 02 auf und entspricht auch beim assoziierten Unternehmen das Wirtschaftsjahr dem Kalenderjahr, dann ist unter dem Aspekt, die aktuellsten Informationen zu verwenden, der Abschluss des assoziierten Unternehmens zum 31. Dezember 02 zu berücksichtigen, ggf. unter Aufstellung einer Arbeitsbilanz, falls der Jahresabschluss verspätet geliefert wird. Letzter verfügbarer Abschluss bedeutet daher **nicht** die **Verwendung des Vorjahresabschlusses**, also zum 31. Dezember 01.

Weicht das Wirtschaftsjahr des assoziierten Unternehmens von dem des Eigentümers ab, so ist grundsätzlich ein **Zwischenabschluss** auf den Stichtag des Eigentümers aufzustellen, es sei denn, dies wäre undurchführbar.

75 In IAS 28.25 findet sich dann allerdings eine Vereinfachungsregel, die die Verwendung eines vom Stichtag des Eigentümers abweichenden Jahresabschlusses des assoziierten Unternehmens erlaubt, wenn der Zeitraum 3 Monate nicht überschreitet. Zu untersuchen ist dann aber in diesem Fall, inwieweit es in dem **3-Monats-Zeitraum** zu wesentlichen Geschäftsvorfällen oder anderen Ereignissen gekommen ist, die dann noch berichtigend berücksichtigt werden müssen. Zu denken wäre dabei bspw. an die Veräußerung von Geschäftsbereichen oder aber die Bildung umfangreicher Rückstellungen.

76 **f) Berücksichtigung von Verlusten im Rahmen der Folgebewertung.** Kommt es entgegen den Erwartungen bei Erwerb der Anteile in der Folgezeit zu Verlusten bei dem assoziierten Unternehmen, so führt die Verlustberücksichtigung zu einem Abschmelzen des Equity-Wertes. Hierbei ist zu unterscheiden:
- Ergebnisfortschreibung bis der Buchwert null ist.
- Behandlung / Berücksichtigung überschießender Verluste.

77 Im **ersten Fall** stellt sich zunächst die Frage nach dem Umfang des Equity-Wertansatzes gegen den die zuzurechnenden Verluste zu verrechnen sind. Nach IAS 28.29 wird im Verlustfall des assoziierten Unternehmens der nach der Equity-Methode ermittelte Buchwert erweitert um sämtliche langfristigen Anteile, die dem wirtschaftlichen Gehalt nach der Nettoinvestition des Eigentümers in das assoziierte Unternehmen zuzuordnen sind. Darunter versteht IAS 28 zB:
- Vorzugsaktien,
- langfristige Forderungen,
- Darlehen.

Die Beispiele haben dann den Charakter eines **zusätzlichen Finanzierungsbeitrags**, wenn eine Tilgung weder geplant noch in absehbarer Zukunft wahrscheinlich ist.

78 Keinen Finanzierungsbeitrag leisten nach IAS 28.29:
- Forderungen aus Lieferungen und Leistungen sowie
- Forderungen / Darlehen, die adäquat dinglich gesichert sind.

79 Kann der Charakter eines zusätzlichen Finanzierungsbeitrags unterstellt werden, dann wird ein nach Verrechnung mit dem Equity-Wertansatz verbleibender Verlust mit den anderen Bestandteilen des Anteils des Eigentümers am assoziierten Unternehmen verrechnet. Dabei erfolgt die Verrechnung der Bestandteile in umgekehrter Rangreihenfolge. dh entsprechend ihrer Priorität bei der Liquidierung oder mit anderen Worten entsprechend ihrer Nähe zum Eigenkapital.

IV. Anwendung der Equity-Methode

Wird der erweiterte Equity-Ansatz bis zu einem Buchwert von null abgeschmolzen und es verbleiben danach noch nicht berücksichtigte Verlustüberhänge, die zu einem negativen Wertansatz führen würden, dann kommt der **zweite Fall** zum Tragen. Nach IAS 28.30 finden diese überschießende Verluste grundsätzlich keine Berücksichtigung, sondern werden in einer Nebenrechnung festgehalten.

Werden nach dem oben dargestellten Vorgang neue Anteile hinzuerworben, erhöhen deren Anschaffungskosten das Verlustausgleichsvolumen mit der Konsequenz, das die Verluste der Nebenrechnung insoweit erfolgswirksam mit den Neuanteilen zu verrechnen sind. Erzielt das assoziierte Unternehmen später dann wieder Gewinne, dann werden diese in der folgenden Reihenfolge und beschriebenen Art und Weise berücksichtigt:

- Verrechnung mit den in der Nebenrechnung erfassten Verlusten, bis diese vollständig ausgeglichen sind (keine Auswirkung auf die GuV; statistische Verrechnung),
- Zuschreibung der in dem erweiterten Equity-Buchwert erfassten und abgeschriebenen anderen Bestandteilen (erfolgswirksame Erfassung der Zuschreibung),
- Zuschreibung des eigentlichen Equity-Buchwertes (erfolgswirksame Erfassung der Zuschreibung).

Etwas anderes ergibt sich bezüglich der Berücksichtigung von überschießenden Verlusten für den Fall, dass der **Eigentümer gesellschafts- oder schuldrechtlich haftet** bzw. aufgrund einer entsprechenden Haftung schon Zahlungen geleistet hat. In Haftungsfällen wäre dann eine **Verbindlichkeit** oder eine **Rückstellung** ergebniswirksam einzustellen. Hat der Eigentümer schon eine Zahlung geleistet, dann kommt nur die Abschreibung der Forderung auf den Aufwendungsersatzanspruch gegen das assoziierte Unternehmen in Frage.

g) Berücksichtigung außerplanmäßiger Abschreibungen auf Equity-Beteiligungen. Verringert sich der Equity-Wertansatz durch Verluste, ist aber immer noch positiv, dann stellt sich die Frage, ob nicht noch zusätzlich eine Wertminderung zu berücksichtigen ist. IAS 28.31 und 33 geben hierfür eine **zwei-stufige Vorgehensweise** vor:

(a) Überprüfung anhand der Indikatoren des IAS 39.59, ob Gründe für eine außerplanmäßige Abschreibung vorliegen.
(b) Werden Wertminderungsgründe nach der Stufe 1 festgestellt, dann ist der Stichtagswert zu ermitteln. Eine ggf. vorzunehmende außerplanmäßige Abschreibung wird unter Anwendung der Regeln des IAS 36 (erzielbarer Betrag = höherer Wert aus Nettoveräußerungspreis und Nutzungswert) ermittelt.

Dabei gibt IAS 28.33 **zwei mögliche Methoden** vor, um den gegenwärtigen Nutzungswert zu ermitteln:

- aus dem **Barwert** der anteilig dem Eigentümer zuzurechenden **zukünftigen cash flows** des assoziierten Unternehmens inklusive aus dessen endgültigem Abgang; oder
- aus dem **Barwert der erwarteten Ausschüttungen** des assoziierten Unternehmens inklusive aus dessen endgültigem Abgang,

wobei jeweils eine Vollausschüttung zu unterstellen ist. Nach der Auffassung des IASB führen beide Methoden bei sachgerechter Anwendung jeweils zum gleichen Ergebnis. Grundsätzlich kann der Nutzungswert somit im Rahmen einer Unternehmensbewertung ermittelt werden.

85   In aller Regel erfolgt die Ermittlung eines möglichen Abschreibungsbedarfs auf Basis einer Einzelbewertung. IAS 28.34 stellt jedoch klar, dass für den Fall, das das assoziierte Unternehmen keine Mittelzuflüsse aus der fortgesetzten Nutzung erzeugt, die von denen anderer Vermögenswerte des Unternehmens größtenteils unabhängig sind, die Wertminderung ggf. auf der Ebene der Zahlungsmittel generierenden Einheit zu beurteilen ist.

Zu denken wäre dabei bspw. an eine Gesellschaft, die ein Patent an ein produzierendes Tochterunternehmen auslizenziert und ihre Cash Flows ausschließlich aus diesen Lizenzeinnahmen generiert.

86   IAS 28.33 stellt fest, dass immer nur der Buchwert der Equity-Beteiligung als einziger Vermögenswert auf Wertminderung geprüft wird und nicht die einzelnen Vermögenswerte. Anders als nach IAS 36.104 ergibt sich damit folglich, dass ein Wertminderungsaufwand also nicht zuerst gegen den GoF zu verrechnen, sondern er mindert den Wert der Beteiligung als solches. Dies wird in IAS 28.33 explizit durch die Aussage klargestellt, dass ein Wertminderungsaufwand keinem Vermögenswert zuzuordnen ist.

87   Damit sieht sich der Anwender aber vor die Frage gestellt, wie denn nun weiter mit der nach IAS 28.23 geforderten Nebenrechnung zu verfahren ist, wenn eine Zuordnung der Wertminderung nicht gewollt ist. Denn wenn die stillen Reserven von der Wertminderung nicht betroffen sind und somit weiterhin als unversehrt anzusehen sind, dann wäre grundsätzlich die bisherige Abschreibung weiter fortzuführen.

88   Teile der Literatur plädieren aus **praktischen Erwägungen** heraus in einem ersten Schritt für eine **Abschreibung eines GoF** und im zweiten Schritt für eine Abschreibung der übrigen Buchwerte, sofern das assoziierte Unternehmen allein stehend auf Wertminderung getestet wird.

89   Liegt dagegen ein Zahlungsmittel generierende Einheit (CGU) vor, dann ist der Wertminderungsaufwand für die gesamte CGU festgestellt worden, so dass IAS 36 vollumfänglich greift. Danach würde sich folgende Vorgehensweise anbieten:

(a) Es ist zunächst ein auf der Ebene der CGU vorhandener GoF abzuschreiben.

(b) Es ist dann ein buchwertproportionale Verteilung des verbliebenen Wertminderungsaufwands auf die Vermögenswerte der CGU vorzunehmen.

(c) Entfällt insoweit ein Wertminderungsaufwand auf die Equity-Beteiligung, dann gelten die Aussagen bezüglich der Verteilung bei einem allein stehenden assoziierten Unternehmen.

Unabhängig von der Reihenfolge der Verteilung eines Wertminderungsaufwands sollte die **Nebenrechnung weiter fortgeführt** werden, da diese im Zeitpunkt einer späteren möglichen Wertaufholung die korrekte Ermittlung der Wertobergrenze unterstützt. 90

Der Ausweis eines Wertminderungsaufwand ist nach Auffassung der Literatur im Equity-Ergebnis geboten bzw. möglich. 91

Fallen die Gründe für eine Wertminderung weg, dann ist nach IAS 28.33 eine **Wertaufholung** bis zur Höhe des erzielbaren Betrags vorzunehmen, wobei der fortgeführte Beteiligungsbuchwert die Obergrenze darstellt. Strittig war bisher die Frage gewesen, ob sich die Wertaufholung abweichend von der Behandlung bei Tochterunternehmen **auch auf den GoF** bezieht. Eine konkrete Aussage hierzu fehlt im IAS 28.34. Die Auffassung der Literatur ist hierzu unterschiedlich. So wird zum Teil aus dem Umstand abgeleitet, dass sich die Wertminderung nur auf den Equity-Anteil als solches bezieht, eine Wertaufholung auch beim GoF vorzunehmen ist. Andere Stimmen halten beide Auffassungen, Wertaufholungsmöglichkeit bzw. Wertaufholungsverbot, für vertretbar. 92

Da der IASB explizit, trotz damit verbundener praktischer Probleme, auf eine Zuordnung des Wertminderungsaufwands zu einzelnen Vermögenswerten verzichtet, kann im Umkehrschluss eine **Reglementierung einer Wertaufholung beim GoF nicht gewollt sein**. Insoweit schließen wir uns der Auffassung an, dass auch bei einem GoF im Rahmen der Equity-Methode eine **Wertaufholung zulässig** ist.

5. Veränderungen der Beteiligungshöhe. a) Kapitalerhöhung. Bei Kapitalerhöhungen ist zu unterscheiden, ob diese aus Gesellschaftsmitteln vorgenommen werden oder gegen eine Einlage. 93

Wird die Kapitalerhöhung aus **Gesellschaftsmitteln** vorgenommen, dann ist dies ohne Auswirkung auf den Equity-Ansatz, da insoweit lediglich eine Umgliederung innerhalb des Eigenkapitals des assoziierten Unternehmens vorgenommen, etwa von den Gewinnrücklagen in das gezeichnete Kapital. Buchungen ergeben sich auf der Ebene Eigentümers nicht. Erfolgt die Kapitalerhöhung allerdings gegen eine **Einlage**, dann sind die folgenden Fälle zu unterscheiden: 94

IAS 28 — Investments in Associates

Fall 1: Eigentümer nimmt im Umfang seiner bisherigen und zukünftigen Quote an der Kapitalerhöhung teil	**Folge:** Der Equity-Ansatz erhöht sich entsprechend; keine weiteren Auswirkungen.	**Beispiel*:** X-GmbH ist an der Y-GmbH (gez. Kapital: 200) zu 30% beteiligt; BW/AK = 100; Y-GmbH erhöht das gez. Kapital um 50; Equity-Ansatz: 100 + 15 = 115
Fall 2: Eigentümer nimmt überproportional (aber ohne Statuswechsel, dh kein Tochterunternehmen) an der Kapitalerhöhung teil.	**Folge:** Der Equity-Ansatz erhöht sich; die Erhöhung der Beteiligungsquote ist wie ein Erwerb neuer Anteile zu sehen → anteilige stille Reserven ermitteln und GoF	**Beispiel*:** X-GmbH ist an der Y-GmbH (gez. Kapital: 200) zu 30% beteiligt; BW/AK = 100; Y-GmbH erhöht das gezeichnete Kapital um 50; X-GmbH nimmt daran teil und erhöht den Anteil von 30% auf 40% und zahlt dafür 20 und 13 in die Kapitalrücklage; Equity-Ansatz: 100 + 15 + 5 + 13 = 133. Die stillen Reserven für das Grundstück aus den Anteilserwerben betragen: 1. Tranche: 40 2. Tranche: 13

IV. Anwendung der Equity-Methode

Fall 3: Eigentümer nimmt unterproportional (aber ohne Statuswechsel, dh keine einfache Beteiligung) an der Kapitalerhöhung teil.	Folge: Es ist zu untersuchen, wie sich die Zunahme des bilanziellen Eigenkapitals durch die Einlage und den Rückgang der Beteiligungsquote an diesem Eigenkapital wertmäßig zueinander verhalten.	Beispiel X-GmbH ist an der Y-GmbH (gez. Kapital: 200) zu 30% beteiligt; BW/AK = 100; Y-GmbH erhöht das gezeichnete Kapital um 50 sowie die Kapitalrücklage um 33; die X-GmbH nimmt an der Kapitalerhöhung nicht teil; damit sinkt ihr Anteil von 30% auf 24%. Nach der Kapitalerhöhung ist sie also zu Buchwerten mit 24% v. 283 = 67,9% (+ 7,9) zu Zeitwerten mit 24% v. 416 = 100 (unverändert) beteiligt.

* Prämisse: Differenz zwischen AK (€ 100) und anteiligem Eigenkapital (€ 200 x 30% = € ,60) resultiert aus den stillen Reserven eines Grundstücks von 133; es existiert kein GoF

Für das Beispiel 3 ergeben sich 2 denkbare Lösungsansätze:

Lösungsansatz 1: Es wird nur die Erhöhung des anteiligen buchmäßigen Kapitals von 7,9 betrachtet und löst folgende Buchung aus:

Assoziiertes Unternehmen an Ergebnis aus assoziierten Unternehmen 7,9

*Lösungsansatz 2: Es wird zusätzlich zum Lösungsansatz 1 auch die Beteiligungsminderung von 30% auf 24% berücksichtigt. Dies hat insbesondere Auswirkung auf den Anteil an den stillen Reserven. Diese sinken von ursprünglich € 40 auf nunmehr 31,9 und das löst damit folgende, **zusätzliche** Buchung zum Lösungsansatz 1 aus:*

Ergebnis aus assoziierten Unternehmen an assoziiertes Unternehmen ,8,1

In der Literatur werden beide Lösungen mangels konkreter Regelung in IAS 28 für zulässig gehalten.

b) Kapitalherabsetzung. Ähnlich wie bei einer Kapitalerhöhung aus Gesellschaftsmitteln, so kommt es bei einer **vereinfachten Kapitalherabsetzung** zur Verlustdeckung nur zu einer Umgliederung innerhalb des Eigenkapitals; Auswirkungen auf den Equity-Ansatz ergeben sich nicht.

IAS 28 — Investments in Associates

97 Bei einer **effektiven Kapitalherabsetzung** kommt es in Höhe des Herabsetzungsbetrags zu einer erfolgsneutralen Minderung des Beteiligungsansatzes:

Bank an Equity-Beteiligung

98 c) **Erwerb weiterer Anteile mit Statuswechsel zu einem Tochterunternehmen.** Nach IFRS 3.32 (revised 2008) ist auch für die Altanteile der fair value zum Zeitpunkt des Erwerbs der Anteile, die zu dem Statuswechsel geführt haben, anzusetzen. Damit stellen diese Altanteile eine Erweiterung der Anschaffungskosten der neuen Anteile dar.

99 **Beispiel**

Der Konzern X-AG erwirbt in zwei zeitlich auseinander fallenden Tranchen die Mehrheit an der Z-GmbH:

Jahr	Erwerb	Folge	Annahmen
1.1.01	X-AG erwirbt 40% der Anteile an der Z-GmbH zum Kaufpreis von 280	Es liegt ein assoziiertes Unternehmen vor.	EK: 400 Stille Reserven: 150 GoF: 150 Fair value Anteile: 700 Kaufpreis (40%): 280
31.12.02	Erwerb weiterer 60% der Anteile zum Kaufpreis von 840 (Beteiligungsquote: 100%).	Die Z-GmbH ist nun ein Tochterunternehmen geworden; zum 31.12.02 ist eine Erstkonsolidierung vorzunehmen.	EK: 600 Stille Reserven alt: 75 Stille Reserven neu: 325 GoF alt: 150 GoF neu: 250 Fair value Anteile: 1.400 Kaufpreis (60%): 840

Der Equity-Wertansatz entwickelt sich bis zum 31. Dezember 02 wie folgt:

IV. Anwendung der Equity-Methode

1.1.01	AK:	280 (davon stille Reserven: 60; davon GoF: 60)
	Abschreibung:	- 30
31.12.02	Erhöhung EK:	+ 80
	Equity-Wert:	330

Beim Statuswechsel wird folgendes fingiert:
- erfolgswirksamer Abgang der Alttranchen.
- Neueinbuchung der Alttranche zum fair value.

Die nachfolgenden Schritte stellen die Vorgehensweise dar:

IAS 28

- Schritt 1: Ermittlung des fair value der Anteile zum
  Erwerbszeitpunkt   € 1.400
- Schritt 2: Ermittlung des anteiligen fair values
  der Anteile (hier 100%)   € 1.400

  Schritt 3: Abzug des neu bewerteten Eigenkapitals
- EK   € 600
- Stille Reserven   € <u>400</u>

     € 1.000   € 1.000

es verbleibt ein GoF in Höhe von   € 400

Schritt 4: Bildung des Buchungssatzes für die Kapitalkonsolidierung

GoF	€ 400
neu bewertetes EK Z-GmbH	€ 1.000
an Bank	€ 840
an Equity-Beteiligung	€ 330
an Ertrag	€ 230

Der Ertrag setzt sich wie folgt zusammen:
- 40% des GoF neu (€ 250 x 40%)   € 100
- 40% der stillen Reserven neu (€ 325 x 40%)   € 130

Der Ertrag resultiert aus der Tatsache, das diesen Anteilen an dem neuen GoF bzw. neuen stillen Reserven keine Anschaffungskosten gegenüber stehen.

d) Veräußerung von Anteilen. Im Falle einer **Veräußerung sämtlicher Anteile** **(Entkonsolidierung)** gehen die Anteile am assoziierten Unternehmen ab. Mangels eigener Regelungen im IAS 28 kann auf die allgemeinen Grundsätze der Entkonsolidierung vollkonsolidierter Unternehmen zurückgegriffen werden. Aus dem Abgang resultiert aus der Gegenüberstellung des Kaufpreises mit dem Equity-Wertansatz entweder ein Gewinn oder ein Verlust. Der Ausweis kann als sonstiger betrieblicher Aufwand oder sonstiger betrieblicher Ertrag oder auch im Finanzergebnis erfolgen.

100

Wir halten den Ausweis im Finanzergebnis für sachgerechter. **Geht nur ein Teil der Anteile** an dem assoziierten Unternehmen **ab**, dann ist zu unterscheiden, ob damit ein Statuswechsel in eine „normale" Beteiligung verbunden ist oder nicht.

101 Findet ein **Wechsel in eine normale Beteiligung** statt, dann erfolgt gemäß IAS 28.18 die Bewertung der verbleibenden Anteile zum fair value nach IAS 39. Unterschiede zum verbliebenen Equity-Wertansatz sind als Aufwand oder Ertrag zu realisieren.

102 Findet dagegen eine Veräußerung eines Anteils am assoziierten Unternehmen statt, **ohne das es zu einem Statuswechsel kommt**, dann ist grundsätzlich, wie in den anderen Fällen auch, eine Erfolgsrealisation verbunden. Zusätzliche Probleme können sich jedoch dann ergeben, wenn die Equity-Beteiligung im Rahmen eines Sukzessiv-Erwerbs entstanden ist. Es stellt sich dann die Frage, welche Erwerbe von der Veräußerung betroffen sind, denn die Entscheidung darüber hat wiederum Einfluss auf die Höhe des daraus resultierenden Ergebnisses. Nach Auffassung der Literatur kommt grundsätzlich eine **Durchschnittsbetrachtung oder** eine **verbrauchsfolgeähnliche Betrachtung** in Frage.

103 **Beispiel**

Die X-AG erwirbt am 1 Januar 01 20% der Anteile an der Y-GmbH und am 1 Januar 02 weitere 25%. Am 31.12.03 werden 20% der Anteile wieder veräußert. Die nachfolgende Übersicht stellt die Einzelheiten dar:

1.1.01	EK:	1.000		
	Stille Reserven Grdst:	300		
	GoF:	200		
	Gesamtwert Y-GmbH	1.500		
	Kaufpreis (20%)	300		
31.12.01/	EK:	1.200	Equity-Wertansatz	
1.1.02	Stille Reserven Grdst:	300	AK 1.1.01	300
	Stille Reserven BGA*:	160	Ergebnis 01	
	GoF:	240	(200 x 20%)	40
	Gesamtwert Y-GmbH	1.900		340
	Kaufpreis (25%)	475		

IV. Anwendung der Equity-Methode

31.12.02	EK:	1.300	**Equity-Wertansatz**	
	Stille Reserven Grdst:	300	Wertansatz 1.1.02	340
	Stille Reserven BGA*:	128	AK 1.1.02	475
	GoF:	400	Abschreibung	- 8
	Gesamtwert Y-GmbH	2.128	Ergebnis 02	
			(100 x 45%)	45
				852
31.12.03	EK:	1.300	**Equity-Wertansatz**	
	Stille Reserven Grdst:	300	Wertansatz 1.1.03	852
	Stille Reserven BGA*:	96	Abschreibung	- 8
	GoF:	400	Ergebnis 03	0
	Gesamtwert Y-GmbH	2.096		844
	Veräußerungspreis:	419		

* Nutzungsdauer beträgt 5 Jahre

Welcher Wert ist nunmehr dem Veräußerungspreis von 419 gegenüber zu stellen?

Unterstellt man eine **verbrauchsfolgeähnliche Betrachtung**, dann ergeben sich folgende mögliche Werte:

Fifo → *der zuerst erworbene Anteil geht ab:*
- € 300 + € 40 (anteiliges Ergebnis 01) + € 20 (anteiliges Ergebnis 02) = € 360 Equity-Wertansatz
- € 419 - € 360 = € 59 Ertrag
- **Lifo** → *der zuletzt erworbene Anteil geht ab (80% des erworbenen Anteils):*
- € 380 + € 20 (anteiliges Ergebnis 02) - € 12,8 (Abschreibung 02 und 03) = € 387,2 Equity Wertansatz
- € 419 - € 387,2 = € 31,8 Ertrag
- Verbleibende stille Reserven: Grundstück € 75 x 20% = € 15; BGA € 24 x 20% = € 4,8; GoF € 60 x 20% = € 12

Unterstellt man eine **Durchschnittsbetrachtung**, dann ergibt sich die folgende Darstellung:

	EK Z-GmbH	stille Reserven Grundstück	Stille Reserven BGA	GoF	Summe
1. Tranche	€ 200	€ 60	€ 0	€ 40	€ 300
Gewinn 01	€ 40				€ 40

2. Tranche	€ 300	€ 75	€ 40	€ 60	€ 475
Gewinn 02	€ 45				€ 45
Abschreibung 02			- € 8		- € 8
Gewinn 03	€ 0				€ 0
Abschreibung 03			- € 8		- € 8
Summe	€ 585	€ 135	€ 24	€ 100	€ 844
Abgang 20% (44,44% von 45%)	- € 260	- € 60	- € 10,7	- € 44,4	- € 375,1
Restbetrag	€ 325	€ 75	€ 13,3	€ 55,6	€ 468,9
Aufteilung verbleibende stille Reserven: 1. Tranche 2. Tranche		€ 33 € 42	€13,3	€ 22,2 € 33,3	

Insbesondere wenn die stillen Reserven sich auf mehrere abnutzbare Positionen mit unterschiedlichen Nutzungsdauern verteilt, muss eine Ermittlung der stillen Reserven vorgenommen werden, um die Abschreibung sinnvoll weiter führen zu können.

Bei der Durchschnittsbetrachtung ergibt sich folgender Ertrag: € 419 - € 375,1 = € 43,9.

105 **V. Berücksichtigung latenter Steuern. 1. Arten von temporären Differenzen.** Im Rahmen der Equity-Methode können latente Steuern aus drei Arten von temporären Differenzen entstehen, die nachfolgend dargestellt sind:

V. Berücksichtigung latenter Steuern

Art der temporären Differenz	Beschreibung
Inside basis difference I	Differenzen ergeben sich auf der **Ebene des assoziierten Unternehmens** durch Unterschiede zwischen den IFRS-Wertansätzen und den Steuerbilanzwerten.
Inside basis difference II	Differenzen ergeben sich auf der **Ebene des Anteilseigners** durch aufgedeckte stille Differenzen im Rahmen der Equity-Methode.
Outside basis difference	Differenz ergibt sich auf der **Ebene des Anteilseigners** zwischen dem Equity-Wertansatz in der Konzernbilanz (unter Berücksichtigung der Fortschreibung) und dem Wertansatz in der Steuerbilanz. Ziel ist die Abbildung der steuerlichen Konsequenzen, die aus dem Abgang der Beteiligung resultieren.

Beispiel

Die Y-AG beteiligt sich an der X-GmbH mit 25%. Der Anteilserwerb erfolgt am 1.1.01 zu einem Kaufpreis von € 600. Die Daten der X-GmbH stellen sich wie folgt dar:

Datum	Werte nach IFRS		Steuerbilanzwerte	
1.1.01	*EK**:	*€ 1.710*	*EK:*	*€ 1.500*
	Stille Reserven:	*€ 500*	*Stille Reserven:*	*€ 800*
31.12.01	*EK:*	*€ 1.710*	*EK:*	*€ 1.500*
	JÜ vor Steuern:	*€ 800*	*JÜ vor Steuern:*	*€ 800*
	Mehrabschreibung Maschinen:	*- € 60*	*Mehrabschreibung Maschinen:*	*€ 0*
	tatsächl. Steuern:	*€- 240*	*tatsächl. Steuern:*	*- € 240*
	latente Steuern:	*+ € 18*	*latente Steuern:*	*€ 0*
	JÜ nach Steuern:	*€ 518*	*JÜ nach Steuern:*	*€ 560*
	EK gesamt:	*€ 2.228*	*EK gesamt:*	*€ 2.060*

Datum	Werte nach IFRS	Steuerbilanzwerte
31.12.02	EK: € 2.228 JÜ vor Steuern: € 600 Mehrabschreibung Maschinen - € 60 tatsächl. Steuern: - € 180 latente Steuern: + € 18 JÜ nach Steuern: € 378 Divid. aus JÜ 01: - € 500 EK gesamt: € 2.106	EK: € 2.060 Jahresüberschuss: € 600 Mehrabschreibung Maschinen € 0 tatsächl. Steuern: - € 180 latente Steuern: € 0 JÜ nach Steuern: € 420 Divid. aus JÜ 01: - € 500 EK gesamt: € 1.980

* Die Abweichung zwischen dem EK nach IFRS zu dem EK nach der Steuerbilanz ergibt sich durch die Neubewertung des Maschinenparks (+ € 300) und den daraus resultierenden passiven latenten Steuern von 30% (- € 90). Hierbei handelt es sich um inside basis differences I.

Die Restnutzungsdauer beträgt 5 Jahre. Die stillen Reserven entfallen auf Betriebs- und Geschäftsausstattung mit einer Restnutzungsdauer von 8 Jahren.

Der Kaufpreis in Höhe von € 600 verteilt sich wie folgt:

Kaufpreis:	*€ 600,0*
anteiliges EK (€ 1.710 x 25%)	*€ 427,5*
anteilige stille Reserven (€ 500 x 25%)	*+ € 125,0 (inside basis differences II)*
passive latente Steuern auf stille Reserven	*- € 37,5 (30% von 125,0)*
GoF	*€ 260,0*

V. Berücksichtigung latenter Steuern

Der Equity-Wertansatz entwickelt sich wie folgt:

Datum	Equity-Ansatz IFRS	Wertansatz in Steubi	Differenzen
1.1.01	AK: € 600,0	AK: € 600,0	Keine*
31.12.01	AK: € 600,0 Abschreibung: - € 15,6 latente Steuern: + € 4,7 Anteiliges Ergebnis: + € 129,5 Wertansatz: € 718,6		passive latente Steuern: € 37,5 Auflösung inside basis difference II: € 15,6 x 30% = € 4,7 passive latente Steuern: € 32,8
		Wertansatz: € 600,0	outside basis difference**: € 118,6 x 1,5% = € 1,8
31.12.02	Wertansatz: € 718,6 Abschreibung: - € 15,6 latente Steuern: + € 4,7 Anteiliges Ergebnis: + € 94,5 Anteilige Dividende: - € 125,0 Wertansatz: € 677,2		passive latente Steuern: € 32,8 Auflösung inside basis difference II: 15,6 x 30% = € 4,7 passive latente Steuern: € 28,1
		Wertansatz: € 600,0	outside basis difference: 77,2 x 1,5% = € 1,2

IAS 28

* Im Erwerbszeitpunkt der Anteile entspricht der Equity-Wertansatz im Konzernabschluss als accounting base den Anschaffungskosten und damit grundsätzlich auch dem steuerlichen Buchwert der Beteiligung als tax base. Da im Erwerbszeitpunkt keine outside basis difference besteht, sind keine latenten Steuern auf den Equity-Wert zu bilanzieren.

** Die Bewertung der outside basis difference erfolgt auf Basis der Steuerfreiheit von Dividenden bzw. einer späteren Veräußerung der Beteiligung an der X-GmbH und der Berücksichtigung einer nicht abzugsfähigen Betriebsausgabe in Höhe von 5% nach §8b KStG. Der für die Bewertung maßgebliche Steuersatz ermittelt sich wie folgt: 5% x 30% = 1,5%. Bezogen auf das Beispiel 118,6 x 5% x 30% = € 1,8.

106 Eine Berücksichtigung von Steuerlatenzen aus outside basis differences dürfte ggf. nach IAS 12.39 nicht vorgenommen werden, wenn:
- der Eigentümer in der Lage ist, den zeitlichen Verlauf der Auflösung der temporären Differenz zu steuern und
- es ist wahrscheinlich, dass sich die temporäre Differenz in absehbarer Zeit nicht auflösen wird (also keine Dividende oder Beteiligungsveräußerung geplant ist).

107 Das IASB vermutet indes bei assoziierten Unternehmen, dass der maßgebliche Einfluss (20% bis < 50% Beteiligung) des Eigentümers regelmäßig nicht ausreicht, um den zeitlichen Verlauf der Umkehrung der temporären Differenz (Einfluss auf Dividendenpolitik) zu bestimmen (IAS 12.42); bei assoziierten Unternehmen greift dieses Passivierungsgebot daher regelmäßig nicht.

Praxishinweis

Der Zeitpunkt der Beteiligungsveräußerung ist in der Regel durch den Eigentümer bestimmbar; entscheidend ist aber der fehlende Einfluss auf die Dividendenpolitik, dh dass Gewinne thesauriert werden sollen.

108 Während die Steuerlatenzen aus den inside basis differences II nur in der Nebenrechnung Berücksichtigung finden und damit innerhalb des equity-Wertansatz verbleiben bzw. in das Ergebnis aus assoziierten Unternehmen eingehen, werden die Steuerlatenzen aus outside basis differences sowohl in der Bilanz als auch in der GuV zusammen mit anderen Steuerlatenzen ausgewiesen.

109 **2. Berücksichtigung von outside basis differences in Abhängigkeit von der Rechtsform.** Inwieweit outside basis differences zu Steuerlatenzen führen hängt von der Rechtsform des Eigentümers und der des assoziierten Unternehmens ab. Die nachfolgende Darstellung verdeutlicht dies in einer Übersicht:

V. Berücksichtigung latenter Steuern

	Eigentümer	assoziiertes Unternehmen	Auswirkung
1	Kapitalgesellschaft	Kapitalgesellschaft	Die laufenden Ergebnisse sowie die einmaligen Ergebnisse aus der Veräußerung sind nach §8b KStG nicht steuerpflichtig. Eventuelle Differenzen zwischen dem steuerbilanziellen Beteiligungsansatz und dem IFRS-Ansatz haben permanenten Charakter. Steuerlatenzen entstehen lediglich auf die 5%-tige Zurechnung zum Einkommen nach §8b Abs. 5 KStG. **Hinweis:** Die Abbildung der Steuerlatenz ergibt sich aus der Tatsache, dass ein Einfluss auf eine Thesaurierungs- oder Ausschüttungsentscheidung regelmäßig nicht vorliegt.
2	Personengesellschaft	Kapitalgesellschaft	Beim Eigentümer kommt nur die **Gewerbesteuer** in Betracht, wobei Dividenden regelmäßig nach §9 Nr. 2a oder Nr. 7 GewStG steuerfrei sind, wenn die dort genannten Beteiligungsgrenzen erreicht werden. Durch den permanenten Charakter entsteht daher keine Steuerlatenz. Unterliegt der Veräußerungsgewinn einer Gewerbesteuer, dann kontrolliert jedoch der Eigentümer den Veräußerungs- und Umkehrzeitpunkt nach IAS 12.39, so dass auch hierfür keine Steuerlatenz anzusetzen ist. Sie ist allerdings anzusetzen, wenn eine Veräußerung in absehbarer Zeit geplant ist. **Hinweis:** Da bei der Personengesellschaft in der Regel von einer Steuerbefreiung der empfangenen Dividende bezüglich der Gewerbesteuer auszugehen ist, hat der fehlende Einfluss auf die Ausschüttungsentscheidung, anders als bei einer Kapitalgesellschaft als Eigentümer, in diesem Fall keine Bedeutung.

IAS 28

Investments in Associates

	Eigentümer	assoziiertes Unternehmen	Auswirkung
3	Personengesellschaft	Personengesellschaft	Die Ergebnisse des assoziierten Personenunternehmens sind nach Maßgabe von §15 EStG im Rahmen der sogenannten **Spiegelbildmethode** beim Investor unabhängig von der Ausschüttung zu berücksichtigen und zudem eventuelle Abschreibungen auf Firmenwerte und stille Reserven (Ergänzungsbilanz) vorzunehmen. Wegen der Gewerbesteuerfreistellung nach §9 Nr. 2 GewStG ergibt sich trotz dieser Ähnlichkeit zur equity-Methode bei Eigentümern in der Rechtsform einer Personengesellschaft eine permanente Differenz zur IFRS-Bilanz. Im Falle einer Veräußerung des Anteils an der assoziierten Personengesellschaft fällt nach §7 Satz 2 GewStG keine Gewerbesteuer an, soweit er auf natürliche Personen als unmittelbar beteiligte Mitunternehmer entfällt. Somit wäre auch in diesem Fall eine permanente Differenz zur IFRS-Bilanz gegeben. **Folge:** Latente Steuern sind in Fall 3 damit grundsätzlich nicht zu bilden.

V. Berücksichtigung latenter Steuern

	Eigentümer	assoziiertes Unternehmen	Auswirkung
4	Kapitalgesellschaft	Personengesellschaft	Auch in diesem Fall würde entsprechend der Spiegelbildmethode der bei Personengesellschaft festgestellte Gewinn in die Besteuerungssphäre des Mutterunternehmens eingehen. Auf der Ebene des assoziierten Unternehmens entsteht Gewerbesteuer. Auf der Ebene des Eigentümers entsteht durch §9 Nr. 2 GewStG bezüglich des Gewinnanteils lediglich Körperschaftsteuer. In dem Maße, in dem sich zB die Abschreibungsdauern des GoF und der stillen Reserven nach IFRS einerseits und nach der Steuerbilanz andererseits unterscheiden, kann es auch zu Abweichungen zwischen dem konzernbilanziellen equity-Wertansatz und dem steuerlichen Spiegelwert kommen. Diese Differenzen haben den Charakter von inside basis und outside basis differences. Zwecks Vermeidung einer Doppelerfassung unterbleibt die Erfassung als outside basis difference.

Beispiel 110

Die Z-GmbH erwirbt am 1. Januar 01 Anteile an der Y-GmbH & Co.KG von dem bisherigen Kommanditisten A. Der Kaufpreis für 30% der Anteile an der Personengesellschaft beträgt € 310.000. Das feste Kapitalkonto des A beträgt € 160.000. Stille Reserven bestehen in Höhe von € 300.000 für eine Maschine mit einer Restnutzungsdauer von 6 Jahren. Die Differenz von € 60.000 wurde für einen GoF bezahlt, der steuerlich über 15 Jahre abgeschrieben wird. In 01 erzielt die Personengesellschaft einen Jahresüberschuss in Höhe von € 150.000. Die Gewerbesteuer wird vereinfacht mit 14% angenommen und die Körperschaftsteuer / Solidaritätszuschlag vereinfacht mit 16%. Freibeträge sollen außer Acht bleiben.

IAS 28 — Investments in Associates

		Konzernab-schluß Z-GmbH	Gesamthands-bilanz PersGes	Ergänzungsbi-lanz Z-GmbH	Gewerbe-steuer
1.1.01		AK Beteiligung PersGes: € 310.000	Kapitalkonto Z-GmbH: € 160.000	Stille Reserven: € 90.000 GoF: € 60.000 **Mehrkapital: € 150.000**	
31.12.01		Beteiligung: € 310.000 Abschreibung stille Reserven: - € 15.000 Gewinnanteil: € 39.498 € 334.498	Kapitalkonto Z-GmbH: € 160.000 Gewinn-anteil: € 150.000 - €18.340 € 131.660 x 30% = € 39. 498 € 199.498	Stille Reserven: € 90.000 Abschreibung: - € 15.000 Buchwert: € 75.000 GoF: € 60.000 Abschreibung: - € 4.000 Buchwert: € 56.000 **Mehrkapital: € 131.000**	JÜ: 150.000 - € 15.000 - € 4.000 € 131.000 x 14% = € 18.340

Bei der Z-GmbH entsteht Körperschaftsteuer / Solidaritätszuschlag in Höhe von € 3.280 € (€ 39.498 - € 15.000 - € 4.000 = € 20.498 x 16% = € 3.280) aus der Zurechnung des Gewinnanteils unabhängig von einer Gewinnausschüttung.

In der IFRS-Bilanz zeigt die Z-GmbH einen Equity-Wert in Höhe von € 334.498. Unter Berücksichtigung des steuerlichen Spiegelbildwertes zeigt die Z-GmbH in der Steuerbilanz einen „Equity-Wert" von € 330.498 = steuerlicher Beteiligungsbuchwert / steuerliches Kapitalkonto. Die Abweichung resultiert aus der steuerlichen Abschreibung des GoF von € 4.000. Damit würde grundsätzlich eine outside basis difference vorliegen. Da die steuerliche Abschreibung nicht nur das Steuerbilanzkapital der Untergesellschaft, sondern zugleich das steuerliche Kapital der Muttergesellschaft verändert, liegt auch eine inside basis difference vor. Eine Doppelerfassung der Differenz ist nicht möglich.

VI. Separater Einzelabschluss

Bereits auf der Ebene der KG besteht eine Differenz zwischen deren IFRS-Abschluss und der Steuerbilanz (Gesamthands- und Ergänzungsbilanz), da der GoF im Unterschied zum Steuerrecht nach IFRS nicht abgeschrieben wird. Hierauf bildet die KG passive latente Steuern ab und zwar nur bezüglich der Gewerbesteuer. Im Einzelabschluss der Z-GmbH fällt hierauf aber noch zusätzlich Körperschaft von 16% an.

Eine echte ouside basis difference kommt bei Beteiligungen an Personengesellschaft nur selten vor, nämlich bei Währungsumrechnungsdifferenzen. **111**

VI. Separater Einzelabschluss. Die Regelungen der IFRS sind verpflichtend für kapitalmarktorientierte Unternehmen anzuwenden. Bei diesen Unternehmen ist regelmäßig auch eine Konzernstruktur vorhanden, die zu einer Aufstellungspflicht für einen Konzernabschluss durch das Mutterunternehmen führt, es sei denn es greifen die in IAS 27.10 genannten Ausnahmen. Allerdings leitet sich die Konzernerstellungspflicht aus den jeweils nationalen Vorschriften ab. Aus deutscher Sicht sind daher nach §315a HGB die §§290ff HGB anzuwenden. **112** **IAS 28**

Liegt danach eine Konzererstellungspflicht nicht vor, dann ergibt sich aus deutscher Sicht keine Verpflichtung einen Einzelabschluss nach IFRS für Offenlegungszwecke zu erstellen. Nach §325 Abs. 2a Satz 1 HGB können jedoch große Kapitalgesellschaften im Sinne des §267 Abs. 3 HGB an Stelle eines HGB-Einzelabschlusses auch einen IFRS-Einzelabschluss im Bundesanzeiger offen legen. Ein HGB-Einzelabschluss ist aber dennoch aufzustellen. Ein IFRS-Einzelabschluss kann derzeit somit nur neben einen HGB-Einzelabschluss treten. **113**

Vor diesem Hintergrund verdeutlicht die Regelung des IAS 28.36, dass der Standard nicht vorschreibt, welche Unternehmen zur Veröffentlichung bestimmte Einzelabschlüsse zu erstellen haben. **114**

Fälle, in denen ein Unternehmen ohne Verpflichtung zur Erstellung eines Konzernabschlusses seinen Einzelabschluss nach IFRS erstellt, sind vorstellbar, wenn dieser entweder von Kunden bzw. Lieferanten verlangt wird oder aber ggf. internationale Investoren gesucht werden. **115**

Beteiligungen im Einzelabschluss können dann aber mangels eines Konzernabschlusses nicht nach IAS 28 bewertet werden. IAS 28.35 schreibt vielmehr vor, dass die Anteile an assoziierten Unternehmen nach IAS 27.38-43 zu bilanzieren sind. Konkret heißt das, dass diese Anteile entweder zu **116**

- Anschaffungskosten oder
- in Übereinstimmung mit IAS 39 (also fair value)

zu bewerten sind. Das gleiche gilt, wenn neben dem Konzernabschluss nach IFRS ein separater Einzelabschluss nach IFRS erstellt wird.

117   Im Gegensatz zur Behandlung nach der Equity-Methode werden **Dividenden** aus einer Beteiligung im Einzelabschluss nach IAS 18 **als Ertrag** berücksichtigt, sofern realisiert. Eine Aufteilung der Dividende in Gewinne von vor dem Erwerb entstandenen Gewinnen (Altrücklagen) und in von nach dem Erwerb entstandenen Gewinnen ist nach IAS 27.38A nicht vorzunehmen. Sofern mit der Gewinnausschüttung eine Wertminderung i.S.d. IAS 36 der Anteile verbunden ist, ist eine außerplanmäßige Abschreibung vorzunehmen (IAS 36.2).

118   Eine Bewertung der Anteile im Einzelabschluss zu Anschaffungskosten stellt insbesondere bei GmbH-Anteilen in den meisten Fällen die einfachere Variante gegenüber einer fair value Bewertung dar. Eine unter Umständen sehr aufwändige Unternehmensbewertung kann dann regelmäßig unterbleiben. Notwendig wird sie jedoch dann, wenn Anzeichen für eine Wertminderung vorliegen.

119   Erfolgt die Entscheidung für eine fair value-Bewertung, dann sind die Anteile regelmäßig als veräußerbare Werte (available-for-sale assets) zu qualifizieren mit der Folge einer erfolgsneutralen Erfassung der Wertänderungen.

120   **VII. Ausweis und Angaben.** Die nach der Equity-Methode bilanzierten Anteile und die daraus resultierenden Ergebnisse sind in der Bilanz und GuV jeweils gesondert auszuweisen:

- Bilanzausweis*: Finanzanlagen (IAS 1.54(e); IAS 28.38)
- GuV-Ausweis*: innerhalb des Finanzergebnisses als gesonderte Position** (IAS 1.82(a)-(f), 1.83(a); IAS 28.38)

* Ggf. kann auf einen separaten Ausweis unter Hinweis auf den Wesentlichkeitsgrundsatz verzichtet werden, wenn die Beteiligungsbuchwerte an assoziierten Unternehmen vergleichsweise gering sind. Eine Aufgliederung ist dann im Anhang vorzunehmen.

** Alternativ ist eine Zurechnung zum EBIT zulässig, wenn das Equity-Ergebnis als Maßstab für die operative Unternehmensleistung des Mutterunternehmens betrachtet wird.

121   Nach IAS 28.39 hat der Eigentümer seinen Anteil an im sonstigen Ergebnis des assoziierten Unternehmens erfassten Veränderungen in seinem sonstigen Ergebnis zu erfassen.

122   Die im Zusammenhang mit der Equity-Methode verbundenen Anhangsangaben sind primär in IAS 28.37-40 dargestellt. Die nachfolgende Übersicht fasst die notwendigen Angaben unter verschiedenen Gesichtspunkten zusammen:

VI. Separater Einzelabschluss

Angaben zur widerlegbaren Assoziierungsvermutung	Benennung der Gründe • warum eine Beteiligung von < 20% doch als assoziiertes Unternehmen qualifiziert wurde; • warum eine Beteiligung von > 20% nicht als assoziiertes Unternehmen qualifiziert wurde.	IAS 28.37(c) IAS 28.37(d)
Angaben zu at equity bilanzierten Anteilen	• Zusammengefasste finanzielle Informationen über assoziierte Unternehmen (insbesondere Bilanzsumme, Höhe der Schulden / Erlöse / Jahresergebnis). • Angaben zum Anteil an aufgegebenen Geschäftsbereichen des assoziierten Unternehmens. • Angabe des beizulegenden Zeitwertes, falls das assoziierte Unternehmen börsennotiert ist. • Angaben zur Höhe der nicht berücksichtigten überschießenden Verlusten (kumuliert und für die Periode). • Angaben zur Verwendung von abweichend datierten Abschlüssen assoziierter Unternehmen einschließlich Begründung.	IAS 28.37(b) IAS 28.38 IAS 28.37(a) IAS 28.37(g) IAS 28.37(e)
Angaben zu wegen Veräußerungsabsicht oder aus anderen Gründen nicht at equity bilanzierten Anteilen	• Angabe der Tatsache, dass nicht at equity bewertet wurde. • zusammengefasste finanzielle Informationen, entweder einzeln oder in Gruppen (insbesondere Bilanzsumme, Höhe der Schulden / Erlöse / Jahresergebnis).	IAS 28.37(h) IAS 28.37(i)

Sonstige Angaben	• Angaben zu Art und Höhe signifikanter Finanzmitteltransferbeschränkungen des assoziierten Unternehmens an den Eigentümer. • Angaben zu aus der Beteiligung resultierenden Eventualverpflichtungen gemäß IAS 37.	IAS 28.37(f) IAS 28.40
Einzelabschluss	Angabe der für die Anteile angewendeten Bilanzierungsmethoden, dh ob assoziierte Unternehmen zu Anschaffungskosten oder zum fair value bewertet wurden.	IAS 1. 117ff

123 **VIII. Zeitpunkt des Inkrafttretens und Übergangsvorschriften.** IAS 28 ist erstmals in der ersten Berichtsperiode eines am 1. Januar 2005 oder danach beginnenden Geschäftsjahres anzuwenden. Eine frühere Anwendung wird empfohlen mit emtsprechender Angabepflicht.

124 Die Übergangsvorschriften sind wie folgt:

IAS 28.41(a)	Änderung des IAS 1: • Terminilogie • Paragraphen 11 und 39	Änderungen sind erstmals in der ersten Berichtsperiode eines am 1. Januar 2009 oder danach beginnenden Geschäftsjahres anzuwenden. Bei einer früheren Anwendung des IAS 1 sind diese Änderungen entsprechend anzuwenden.
IAS 28.41(b)	Änderung des IAS 27: • Änderung Paragraphen 18 und 19 • Einfügung des Paragraph 19	Änderungen sind erstmals in der ersten Periode eines am 1. Juli 2009 oder danach beginnenden Geschäftsjahres anzuwenden. Bei einer früheren Anwendung des IAS 27 sind diese Ändreungen entsprechend anzuwenden.

IX. IFRS für kleine und mittelgroße Unternehmen

IAS 28.41(c)	IAS 28.1 und 28.33 wurden im Rahmen der Verbesserung der IFRS vom Mai 2008 geändert.	Änderungen sind erstmals in der ersten Berichtsperiode eines am 1. Januar 2009 oder danach beginnenden Geschäftsjahres anzuwenden. Eine frühere Anwendung ist zulässig mit entsprechender Angabepflicht. Die entsprechenden Änderungen von Paragraph 3 des IFRS 7 Finanzinstrumente, Paragraph 1 von IAS 31 und Paragraph 4 von IAS 32 gleichzeitig anzuwenden. Ein Unternehmen kann die Änderungen prospektiv anwenden.

IX. IFRS für kleine und mittelgroße Unternehmen. Das IASB will mit dem im Juli 2009 verabschiedeten Standard für kleine und mittelgroße Unternehmen (IFRS-SMEs) die internationalen Rechnungslegungsnormen auch für den Mittelstand interessant machen und hat daher in diesem Standard zum Teil eigene Regeln aufgestellt und zum Teil auf die Anwendung der bisher gültigen Standards verwiesen. Die in IFRS-SMEs Abschnitt 14 enthaltene Regelung im Hinblick auf die Equity-Methode wird nachfolgend in einer Übersicht dargestellt.

Abschnitt	Regelung	Inhalt der Regelung	Abweichung zu IAS 28
14.1	Anwendungsbereich	Es wird klargestellt, dass der Abschnitt sowohl für den Konzernabschluss von Mutterunternehmen gilt, die selbst Anteile an assoziierten Unternehmen halten und für den Jahresabschluss von Eigentümern, die zwar selbst kein Mutterunternehmen sind (in den Konzern einbezogene Tochterunternehmen), aber eine oder mehrere Beteiligungen an assoziierten Unternehmen halten.	**Keine Abweichung** zu den Regeln des IAS 28.

Ab-schnitt	Regelung	Inhalt der Regelung	Abweichung zu IAS 28
14.2 – 14.3	Definition assoziierte Unternehmen	▪ 14.2 stellt klar, dass bei einem assoziierten Unternehmen ein maßgeblicher Einfluss vorliegen muß; es darf sich weder um ein Tochterunternehmen noch um ein Gemeinschaftsunternehmen handeln. ▪ 14.3 stellt die widerlegbare Vermutung auf, dass bei Stimmrechten ≥ 20% ein maßgeblicher Einfluss vorliegt; bei Stimmrechten < 20% wird ein maßgeblicher Einfluss grundsätzlich verneint, es sei denn ein solcher kann nachgewiesen werden.	**Keine Abweichung** zu den Regeln des IAS 28. **Keine Abweichung** zu den Regeln des IAS 28.
14.4 - 14.10	Bewertung – Wahl einer Bilanzierungsmethode	Nach 14.4 hat der Anwender ein Wahlrecht bezüglich der Bewertung der Anteile an dem assoziierten Unternehmen. Er kann eine Bewertung vornehmen nach dem ▪ Anschaffungskostenmodell; oder ▪ Equity-Methode, oder ▪ Model des beizulegenden Zeitwertes.	**Abweichung:** IAS 28 sieht auf Konzernebene grundsätzlich nur die Equity-Methode vor; Bewertungswahlrechte existieren nur für den Einzelabschluss.

IX. IFRS für kleine und mittelgroße Unternehmen

Ab-schnitt	Regelung	Inhalt der Regelung	Abweichung zu IAS 28
14.5 - 14.7	Anschaffungskostenmodell	<ul><li>Bewertung erfolgt zu Anschaffungskosten abzüglich festgestellter kumulierter Wertminderungen nach Abschnitt 27 (14.5);</li><li>Dividenden und sonstige Ausschüttungen sind grundsätzlich als Ertrag zu erfassen (14.6);</li><li>Der Eigentümer kann Anteile an börsennotierten Unternehmen auch zum beizulegenden Zeitwert bewerten (14.7).</li></ul>	**Abweichung:** IAS 28 sieht das Anschaffungsmodell auf der Konzernebene nicht vor.
14.8 (a) - (i)	Equity-Methode	14.8 stellt im Vorspann klar, dass eine Erstbewertung zum Kaufpreis zuzüglich Nebenkosten erfolgt und bei der Folgebewertung Veränderungen zu berücksichtigen sind.	**Abweichung:** Nach IAS 28 werden Anschaffungsnebenkosten erfolgswirksam behandelt, da IAS 28 bei der Erstbewertung vom fair value ausgeht.
14.8 (a)	Dividenden / sonstige Buchungen	<ul><li>Dividenden des assoziierten Unternehmens reduzieren den Buchwert;</li><li>Veränderungen im sonstigen Ergebnis des assoziierten Unternehmens führen ebenfalls zu einer Veränderung des Buchwertes.</li></ul>	**Keine Abweichung** zu den Regeln des IAS 28.

Ab-schnitt	Regelung	Inhalt der Regelung	Abweichung zu IAS 28
14.8 (b)	Potenzielle Stimmrechte	• Potenzielle Stimmrechte werden bei der Bestimmung des maßgeblichen Einflusses berücksichtigt • Potentielle Stimmrechte bleiben bei der Equity-Konsolidierung außer Ansatz (nur auf Basis der tatsächlichen Anteilsquote).	**Keine Abweichung** zu den Regeln des IAS 28.
14.8 (c)	GoF und Veränderungen bei beizulegenden Zeitwerten	• Ermittlung der Abweichung zwischen Anschaffungskosten und dem Anteil des Eigentümers an dem beizulegenden Zeitwert des Nettovermögens des assoziierten Unternehmens = GoF; • Soweit die Differenz auf abschreibungsfähige stille Reserven entfällt, werden diese im Rahmen der Folgebewertung abgeschrieben; • Der GoF ist über eine geschätzte Nutzungsdauer planmäßig abzuschreiben; kann die Nutzungsdauer nicht geschätzt werden, dann erfolgt die Abschreibung über maximal 10 Jahre (Abschnitt 19.23 (a)).	**Keine Abweichung** zu den Regeln des IAS 28. **Keine Abweichung** zu den Regeln des IAS 28. **Abweichung:** Nach IAS 28 erfolgt keine planmäßige Abschreibung des GoF.
14.8 (d)	Wertminderung	Der Wertminderungstest bezieht sich auf den Equity-Wertansatz als Ganzes; ein GoF wird nicht separat auf Wertminderung getestet.	**Keine Abweichung** zu den Regeln des IAS 28.

IX. IFRS für kleine und mittelgroße Unternehmen

Abschnitt	Regelung	Inhalt der Regelung	Abweichung zu IAS 28
14.8 (e)	Transaktionen zwischen Eigentümer und assoziiertem Unternehmen	Anteilige Eliminierung von Zwischengewinnen bzw. -verlusten aus • downstream Lieferungen und • upstream Lieferungen.	**Keine Abweichung** zu den Regeln des IAS 28.
14.8 (f)	Bilanzstichtag	• Verwendung des aktuellsten Jahresabschlusses des assoziierten Unternehmens (zum Bilanzstichtag des Eigentümers); • Ist dies nicht praktikabel, dann verwendet der Eigentümer den letzten verfügbaren Jahresabschluss des assoziierten Unternehmens (Jahresabschluss kann älter als 3 Monate sein); • Finden dazwischen wesentliche Geschäftsvorfälle oder Ereignisse statt, dann sind diese zu berücksichtigen.	**Keine Abweichung** zu den Regeln des IAS 28. **Abweichung:** IAS 28 sieht vor, dass der Jahresabschluss grundsätzlich nicht älter als 3 Monate sein darf **Keine Abweichung** zu den Regeln des IAS 28.
14.8 (g)	Rechnungslegungsmethoden des assoziierten Unternehmens	Der Eigentümer passt im Falle abweichender Rechnungslegungsmethode den Jahresabschluss des assoziierten Unternehmens durch Korrekturbuchungen auf IFRS an, es sei denn dies ist unpraktikabel.	**Keine Abweichung** zu den Regeln des IAS 28.

IAS 28

Ab-schnitt	Regelung	Inhalt der Regelung	Abweichung zu IAS 28
14.8 (h)	Überschie-ßende Verluste	<ul><li>Verluste reduzieren den Equity-Wertansatz bis maximal 0;</li><li>Überschießende Verluste werden nicht weiter berücksichtigt, sondern in einer Nebenrechnung fortgeführt;</li><li>Überschießende Verluste werden als Rückstellung berücksichtigt, sofern eine Verpflichtung des Eigentümers besteht bzw. schon Zahlungen geleistet wurden.</li></ul>	**Abweichung:** Grundsätzlich besteht Übereinstimmung in der Behandlung überschießender Verluste mit IAS 28. IAS 28 sieht jedoch noch zusätzlich eine Erweiterung des Equity-Wertansatzes für Zwecke der Verlustberücksichtigung um langfristige Anteile vor.

Abschnitt	Regelung	Inhalt der Regelung	Abweichung zu IAS 28
14.8 (i)	Beendigung der Equity-Methode	Beendigung ab dem Zeitpunkt, an dem kein maßgeblicher Einfluss mehr vorliegt Mögliche Fälle: • assoziiertes Unternehmen wird zu einem Tochterunternehmen oder Gemeinschaftsunternehmen: Bewertung des Equity-Anteils zum beizulegenden Zeitwert mit entsprechender erfolgswirksamen Erfassung der Differenz; • voller oder teilweiser Verkauf von Anteilen: Erfolgswirksame Erfassung der Differenz zwischen erhaltenen Werten zuzüglich dem beizulegenden Zeitwert der ggf. verbleibenden Anteile und dem Buchwert der Anteile; • sonstige Gründe: der Eigentümer bestimmt zu diesem Zeitpunkt den Buchwert des Equity-Anteils als neue Anschaffungskostenbasis und wendet dann die Abschnitte 11 und 12 für Finanzinstrumente an.	**Keine Abweichung** zu den Regeln des IAS 28. **Keine Abweichung** zu den Regeln des IAS 28. **Abweichung:** Geht der maßgebliche Einfluss verloren, dann erfolgt eine Bewertung auf Basis des beizulegenden Zeitwertes für Zwecke der Anwendung des IAS 39.

Abschnitt	Regelung	Inhalt der Regelung	Abweichung zu IAS 28
14.9 - 14.10	Modell des beizulegenden Zeitwertes	<ul><li>Die Erstbewertung erfolgt auf Basis des Kaufpreises, jedoch ohne Nebenkosten (14.9);</li><li>An jedem Bilanzstichtag erfolgt die Bewertung zum beizulegenden Zeitwert mit erfolgswirksamer Anpassung;</li><li>Wendet der Eigentümer das Modell des beizulegenden Zeitwertes an und kann dieser unter Kosten-Nutzen-Gesichtspunkten nicht praktikabel ermittelt werden, dann kann das Anschaffungskostenmodell angewandt werden.</li></ul>	**Abweichung:** IAS 28 sieht das Modell des beizulegenden Zeitwertes auf der Konzernebene nicht vor.
14.11	Bilanz	Der Ausweis erfolgt als langfristiger Vermögenswert.	**Keine Abweichung** zu den Regeln des IAS 28.
14.12	Angaben zur Equity-Beteiligung	<ul><li>Rechnungslegungsmethode;</li><li>Buchwert;</li><li>Beizulegender Zeitwert der Anteile, sofern eine Börsennotierung vorliegt.</li></ul>	**Abweichung:** Die nach IAS 28 geforderten Angaben sind umfangreicher.
14.13	Angaben bei Anwendung der Anschaffungskostenmethode	Angabe zu den als Ertrag erfassten Dividenden oder sonstige Ausschüttungen.	**Abweichung:** Keine Angaben, da Methode nach IAS 28 nicht zulässig.

X. Ausblick

Ab-schnitt	Regelung	Inhalt der Regelung	Abweichung zu IAS 28
14.14	Angaben bei Anwendung der Equity-Beteiligung	Angaben zum Anteil am Jahresergebnis; Angaben zum Anteil an aufgegebenen Geschäftsbereichen.	**Abweichung:** Die nach IAS 28 geforderten Angaben sind umfangreicher.
14.15	Angaben bei Anwendung des Modells des beizulegenden Zeitwertes	Beachtung der Anhangsangaben nach Abschnitt 11.41-44.	**Abweichung:** Keine Angaben, da Methode nach IAS 28 nicht zulässig.

X. Ausblick. IAS 31 Instruments in Joint Venture soll durch einen neuen IFRS ersetzt werden. Nach dem Zeitplan des IASB soll ein solcher IFRS bis zum Ende des 3. Quartals 2010 veröffentlicht werden. In dem entsprechenden Exposure Draft (ED) 9 darf bei gemeinschaftlich geführten Unternehmen gemäß ED 9.23-27 eine Quotenkonsolidierung nicht mehr erfolgen, sondern es ist grundsätzlich die Equity-Methode anzuwenden.

In diesem Zusammenhang sollen die folgenden Änderungen in IAS 28 vorgenommen werden:

- Paragrafen, die gestrichen werden sollen: 3 - 5.
- Paragrafen, die angepasst werden sollen: 2, 18, 19A und 37.
- Paragrafen, die hinzugefügt werden sollen: 16A.

Paragraf 16A sieht vor, dass im Falle des Vorliegens der Voraussetzungen des IAS 28.13(c) (keine Anwendung der Equity-Methode) das Unternehmen nur einen Einzelabschluss aufzustellen braucht.

IAS 27 Konzern- und Einzelabschlüsse soll durch einen neuen IFRS ersetzt werden. Nach dem Zeitplan des IASB soll ein solcher IFRS bis zum Ende des 4. Quartals 2010 veröffentlicht werden. In dem entsprechenden ED 10 wurde in Anhang C Anpassung anderer Standards festgestellt, das die Equity-Methode als Konsolidierungsmethode behandelt wird und damit die Beteiligung als Teil des Konzernkreises angesehen wird. Insbesondere durch die Anwendung von Konsolidierungsmaßnahmen (zB Zwischengewinneliminierung). Andere Stimmen sehen die Equity-Methode als eine Bewertungsmethode an. Es wurde in diesem Zusammenhang die Frage aufgeworfen, ob die Definition des maßgeblichen Einflusses und damit die Anwendung der Equity-Methode in einem separaten Projekt näher untersucht werden soll. Ein solches Projekt ist nach derzeitigem Kenntnisstand aber noch nicht initiiert worden.

IAS 31 – Investments in Joint Ventures

Rn	Textauszüge aus IAS 31
31.15	In Bezug auf seine Anteile an gemeinschaftlichen Tätigkeiten hat ein Partnerunternehmen im Abschluss Folgendes anzusetzen: (a) die seiner Verfügungsgewalt unterliegenden Vermögenswerte und die eingegangenen Schulden; und (b) die getätigten Aufwendungen und die anteiligen Erträge aus dem Verkauf von Gütern und Dienstleistungen des Gemeinschaftsunternehmens.
31.21	In Bezug auf seinen Anteil an gemeinschaftlich geführten Vermögenswerten hat ein Partnerunternehmen in seinem Abschluss Folgendes anzusetzen: (a) seinen Anteil an den gemeinschaftlich geführten Vermögenswerten, aufgegliedert nach Art der Vermögenswerte; (b) die im eigenen Namen eingegangenen Schulden; (c) seinen Anteil an den von den Partnerunternehmen in Bezug auf das Gemeinschaftsunternehmen gemeinschaftlich eingegangenen Schulden; (d) die Erlöse aus dem Verkauf oder der Nutzung seines Anteils an den vom Gemeinschaftsunternehmen erbrachten Leistungen zusammen mit seinem Anteil an den vom Gemeinschaftsunternehmen verursachten Aufwendungen; und (e) seine Aufwendungen in Bezug auf seinen Anteil am Gemeinschaftsunternehmen.
31.30	Ein Partnerunternehmen hat seinen Anteil an einem gemeinschaftlich geführten Unternehmen unter Verwendung der Quotenkonsolidierung oder der in IAS 31.38 beschriebenen alternativen Methode anzusetzen. Bei Quotenkonsolidierung ist eines der beiden nachstehend festgelegten Berichtsformate zu verwenden.
31.36	Sobald ein Partnerunternehmen nicht mehr an der gemeinschaftlichen Führung eines gemeinschaftlich geführten Unternehmens beteiligt ist, hat es die Quotenkonsolidierung einzustellen.
31.38	Alternativ zu der in IAS 31.30 beschriebenen Quotenkonsolidierung kann ein Partnerunternehmen seine Anteile an einem gemeinschaftlich geführten Unternehmen nach der Equity-Methode ansetzen.
31.41	Sobald ein Partnerunternehmen nicht mehr an der gemeinschaftlichen Führung eines gemeinschaftlich geführten Unternehmens beteiligt ist oder keinen maßgeblichen Einfluss mehr auf ein solches Unternehmen hat, muss es die Anwendung der Equity-Methode einstellen.

31.42 Anteile an gemeinschaftlich geführten Unternehmen, die gemäß IFRS 5 als zur Veräußerung gehalten eingestuft werden, sind auch gemäß diesem IFRS zu bilanzieren.

31.45 Wenn ein Gesellschafter aufhört, gemeinschaftlich ein Unternehmen zu führen, hat er alle verbleibenden Anteile ab jenem Zeitpunkt gemäß IAS 39 zu bilanzieren, sofern das ehemals gemeinschaftlich geführte Unternehmen kein Tochterunternehmen oder assoziiertes Unternehmen wird. Ab dem Zeitpunkt, ab dem ein gemeinschaftlich geführtes Unternehmen ein Tochterunternehmen eines Gesellschafters wird, sind dessen Anteile gemäß IAS 27 und IFRS 3 Unternehmenszusammenschlüsse (überarbeitet 2008) zu bilanzieren. Der Gesellschafter hat seine Anteile ab dem Zeitpunkt gemäß IAS 28 zu bilanzieren, ab dem das gemeinschaftlich geführte Unternehmen ein assoziiertes Unternehmen des Gesellschafters wird. Beim Verlust der gemeinschaftlichen Führung hat der Gesellschafter alle Anteile, die er am ehemaligen gemeinschaftlich geführten Unternehmen behält, zum beizulegenden Zeitwert zu bewerten. Der Gesellschafter hat die Unterschiede zwischen den folgenden Werten im Ergebnis zu erfassen:

(a) dem beizulegenden Zeitwert aller einbehaltenen Anteile und den Erlösen aus dem Abgang der übrigen Anteile an dem gemeinschaftlich geführten Unternehmen; und

(b) dem Buchwert der Anteile zum Zeitpunkt des Verlustes der gemeinschaftlichen Führung.

31.45A Wenn Anteile nicht mehr die Kriterien eines gemeinschaftlich geführten Unternehmens erfüllen und gemäß IAS 39 bilanziert werden, ist der beizulegende Zeitwert der Anteile zu dem Zeitpunkt, an dem ein Unternehmen aufhört, ein gemeinschaftlich geführtes Unternehmen zu sein, als beizulegender Zeitwert beim erstmaligen Ansatz eines finanziellen Vermögenswerts gemäß IAS 39 zu betrachten.

31.46 Anteile an einem gemeinschaftlich geführten Unternehmen sind im Einzelabschluss eines Partnerunternehmens gemäß den Paragraphen 38-43 des IAS 27 zu bilanzieren.

31.48 Wenn ein Partnerunternehmen Einlagen in ein Gemeinschaftsunternehmen leistet oder Vermögenswerte veräußert, ist bei der Erfassung des Anteils der aus diesem Geschäftsvorfall resultierenden Gewinne oder Verluste der wirtschaftliche Gehalt des Geschäftsvorfalls zu berücksichtigen. Die Vermögenswerte verbleiben beim Gemeinschaftsunternehmen und das Partnerunternehmen muss, unter der Voraussetzung, dass die wesentlichen Risiken und Chancen des Eigentums übertragen wurden, lediglich den Anteil des Gewinnes oder Verlustes erfassen, welcher der Anteilsquote der anderen Partnerunternehmen entspricht. Das Partnerunternehmen hat den vollen Betrag eines jeden Verlustes zu erfassen, wenn sich aus dem Beitrag oder Verkauf substanzielle Hinweise auf eine Minderung des Nettoveräußerungswertes eines kurzfristigen Vermögenswertes oder auf einen Wertminderungsaufwand ergeben.

I. Regelungsgehalt

31.49 Erwirbt ein Partnerunternehmen von einem Gemeinschaftsunternehmen Vermögenswerte, so darf das Partnerunternehmen seinen Anteil am Gewinn des Gemeinschaftsunternehmens aus diesem Geschäftsvorfall erst dann erfassen, wenn es die Vermögenswerte an einen unabhängigen Dritten weiterveräußert. Ein Partnerunternehmen hat seinen Anteil an den Verlusten aus diesen Geschäftsvorfällen wie einen Gewinn zu erfassen, mit der Ausnahme, dass Verluste sofort zu erfassen sind, wenn sie eine Verringerung des Nettoveräußerungswertes von kurzfristigen Vermögenswerten oder einen Wertminderungsaufwand darstellen.

31.51 Ein Gesellschafter eines Gemeinschaftsunternehmens, der nicht an der gemeinschaftlichen Führung beteiligt ist, hat seine Anteile gemäß IAS 39 oder, falls er über maßgeblichen Einfluss beim Gemeinschaftsunternehmen verfügt, gemäß IAS 28 zu bilanzieren.

31.52 Die Betreiber oder Manager eines Gemeinschaftsunternehmens haben alle ihre Entgelte gemäß IAS 18 Umsatzerlöse anzusetzen.

Übersicht

	Rn
I. Regelungsgehalt	1 – 2
II. Normzweck und Anwendungsbereich	3 – 8
III. Begriffe	9 – 21
IV. Gemeinschaftlich geführte Tätigkeiten	22 – 29
V. Gemeinschaftlich geführtes Vermögen	30 – 37
VI. Gemeinschaftsunternehmen	38 – 45
VII. Ausweis und Angaben	46 – 59
VIII. Inkrafttreten und Übergangsvorschriften	60
IX. IFRS für kleine und mittelgroße Unternehmen	61
X. Ausblick	62 – 65

I. Regelungsgehalt. Im Kontext globaler Märkte wenden sich Unternehmen zunehmend kooperativen Strategien zu. Hierbei stellen Joint Ventures eine spezifische Form zwischenbetrieblicher Kooperationen dar, mittels derer im Alleingang nicht realisierbare Marktpositionen angestrebt werden. Durch die Zusammenführung von Ressourcen können die wegen eigener Größe und/oder Kompetenz bestehenden Grenzen überwunden werden. Regelmäßig verschaffen sich Unternehmen durch die Gründung von Joint Ventures Zugang zu Märkten, die außerhalb ihrer gewohnten sachlichen und/oder räumlichen Tätigkeitsfelder liegen. Darüber hinaus grenzen häufig länderspezifische Regularien die wirtschaftlichen Aktivitäten eines ausländischen Unternehmens ein. Kooperationen mit einheimischen Institutionen können hier Abhilfe leisten.[1]

2   Mit IAS 31 *Interests in Joint Ventures* besitzt das IFRS-Normenwerk einen speziellen Standard, welcher sich ausschließlich mit der Bilanzierung derartiger Kooperationen beschäftigt. Ursprünglich wurde IAS 31 im Jahr 1990 verabschiedet. Seitdem ist der Standard wiederholt überarbeitet worden.[2] Zu IAS 31 wurde 1998 SIC-13 *Jointly Controlled Entities – Non-monetary Contributions by Venturers* veröffentlicht.[3] Künftig wird IAS 31 und SIC-13 durch IFRS 11 *Joint Arrangements* ersetzt, der voraussichtlich ab dem 1. Januar 2013 anzuwenden ist.[4]

3   **II. Normzweck und Anwendungsbereich.** Ziel des Standards ist es, zugehörige Begriffe zu definieren und die Berichterstattung über Aktiva und Passiva sowie Erträge und Aufwendungen eines Joint Ventures im Einzel- und Konzernabschluss der kooperierenden Unternehmen zu normieren. Darüber hinaus enthält IAS 31 klarstellende Ausführungen zur Bilanzierung von Anteilen an Joint Ventures im Abschluss eines Gesellschafters ohne Anteil an der gemeinschaftlichen Führung sowie zur Vergütung der Geschäftsführer/Betreiber eines Joint Ventures.

4   IAS 31 beschränkt sich nicht auf die Bilanzierung und Konsolidierung von Gemeinschaftsunternehmen, sondern greift die **bilanzielle Abbildung von gemeinschaftlich geführten wirtschaftlichen Aktivitäten** generell auf. Neben der bilanziellen Abbildung von Gemeinschaftsunternehmen wird weiterhin die Bilanzierung von gemeinschaftlich geführten Tätigkeiten und gemeinschaftlich geführten Vermögen festgelegt.

5   Vom Anwendungsbereich des IAS 31 ausgeschlossen sind Anteile an Gemeinschaftsunternehmen in Besitz von **Wagniskapital-Organisationen**, aktiv sowie passiv gemanagten **Investmentfonds** sowie ähnlichen Unternehmen, einschließlich

---

1   Grundlegend zur Organisationsform eines Joint Venture vgl. *He* Joint Ventures.
2   Ausführlich zur Standardhistorie *Baetge/Klaholz/Harzheim* Rechnungslegung nach IFRS, Rn 4.
3   Änderungen von SIC-13 ergaben sich in Folge der Überarbeitung mehrerer Standards durch das Improvement Project im Dezember 2003.
4   Vgl. hierzu Abschnitt X.

II. Normzweck und Anwendungsbereich

fondsgebundener Versicherungen, sofern diese Anteile als zu Handelszwecken gehalten eingestuft[5] oder beim erstmaligen Ansatz als erfolgswirksam zum beizulegenden Zeitwert designiert[6] werden. In diesen Fällen ist IAS 39 anzuwenden vgl. IAS 31.1.[7]

Nach Ansicht des IASB wird in diesen Fällen eine Bilanzierung der Unternehmensanteile gemäß IAS 39 den Informationsbedürfnissen des Managements und der Anteilseigner besser gerecht als eine Bilanzierung gemäß IAS 31. Eine erhebliche Beeinträchtigung der Vermittlung entscheidungsnützlicher Informationen sieht das IASB hier insbesondere dadurch gegeben, dass es bei diesen Unternehmen regelmäßig zu Änderungen der Beteiligungshöhe kommt und sich somit der Grad der vorliegenden Einflussnahme beständig ändert, welches einen häufigen Wechsel der Methodik der bilanziellen Abbildung (Beteiligungsausweis, Equity-Bilanzierung, Quotenkonsolidierung) nach sich ziehen würde, vgl. IAS 31.BC5-6.

Weiterhin stellen **Anteile an zur Veräußerung gehaltenen Gemeinschaftsunternehmen** nach IAS 31.2(a) einen Ausnahmetatbestand dar. Die vorausgesetzte Realisierung des Buchwertes durch einen Verkauf ist gegeben, wenn der Anteil im gegenwärtigen Zustand zu Bedingungen, die für die Übertragung derartiger Anteile gängig und üblich sind, sofort veräußerbar und eine solche Veräußerung höchstwahrscheinlich ist, vgl. IFRS 5.7.[8] Gemäß IFRS 5 ist hier der niedrige Wert aus Buchwert und beizulegendem Zeitwert abzüglich der Veräußerungskosten anzusetzen, vgl. IFRS 5.15.[9]

---

5   Ein finanzieller Vermögenswert wird nach IAS 39.9(a) als zu Handelszwecken gehalten eingestuft, wenn er:
    - hauptsächlich mit der Absicht erworben wurde, das Finanzinstrument kurzfristig zu verkaufen;
    - Teil eines Portfolios eindeutig identifizierter und gemeinsam gemanagter Finanzinstrumente ist, für das in der jüngeren Vergangenheit Hinweise auf kurzfristige Gewinnmitnahmen bestehen; oder
    - ein Derivat ist (mit Ausnahme von Derivaten, bei denen es sich um eine Finanzgarantie handelt oder die als Sicherungsinstrument designiert wurden und als solche effektiv sind).
6   Ausübung der sogenannten Fair Value Option. Vgl. hierzu IAS 39.9 (b).
7   Die Kommentarliteratur sieht aufgrund bestehender Ermessensspielräume bei der Klassifizierung von Finanzinstrumenten hier ein (faktisches) Wahlrecht zwischen der Anwendung von IAS 31 und 39 gegeben. Vgl. *Baetge/Klahotz/Harzheim* Rechnungslegung nach IFRS, Rn 8d, und *Lüdenbach* Haufe-Kommentar, Rn 9. Gegenwärtig diskutiert der IASB, Tochterunternehmen eines Investmentunternehmens nicht zu konsolidieren, sondern zum Fair Value zu bewerten. Entsprechend soll im künftigen IFRS 10 „Consolidated Financial Statements" eine Definition des Begriffs Investmentunternehmen enthalten sein. Auf diese soll dann auch die derzeitige Aufnahmeregelung Bezug nehmen, welches ggf. zu einer Einschränkung des derzeit gegebenen Ausnahmenbereiches führt. Vgl. hierzu den Arbeitsplan des IASB, abrufbar unter http://www.ifrs.org/Current+Projects/IASB+Projects/IASB+Work+Plan.htm, sowie die entsprechende Projektbeschreibung, einsehbar unter http://www.ifrs.org/Current+Projects/IASB+Projects/Consolidation/IE/Investment+entities.htm (hier Stand vom 22.12.2010).
8   Eingehender zur Abgrenzung des Kriteriums „höchstwahrscheinlich" IFRS 5.8.
9   Strittig ist, ob bei zunächst quotal konsolidierten Gemeinschaftsunternehmen mit Begründung der Veräußerungsabsicht die nach IFRS 5 vorzunehmenden Umqualifizierungen und Umbewertungen auf die anteiligen Vermögenswerte und Schulden oder auf die Beteiligung zu beziehen sind.

8 Darüber hinaus sind von einer bilanziellen Abbildung der Anteile an Gemeinschaftsunternehmen gemäß IAS 31 solche Unternehmen befreit, welche als Mutterunternehmen gemäß IAS 27.10 von der Aufstellung eines Konzernabschlusses befreit sind, vgl. IAS 31.2(b). IAS 31.2. (c) erweitert diese Ausnahmeregelung für Partnerunternehmen, die selbst kein Mutterunternehmen darstellen.

9 **III. Begriffe.** Ein **Joint Venture** ist definiert als „eine vertragliche Vereinbarung; in der zwei oder mehr Partner eine wirtschaftliche Tätigkeit durchführen, die einer gemeinschaftlichen Führung unterliegt", vgl. IAS 31.3.

10 Die **gemeinschaftliche Führung** ist markantes Merkmal eines Joint Ventures. Sie beinhaltet „die vertraglich vereinbarte Teilhabe an der Kontrolle der wirtschaftlichen Geschäftstätigkeit und existiert nur dann, wenn die mit dieser Geschäftstätigkeit verbundene strategische Finanz- und Geschäftspolitik die einstimmige Zustimmung der die Kontrolle teilenden Parteien erfordert", vgl. IAS 31.3.

11 Das Kriterium der gemeinschaftlichen Führung grenzt **Gemeinschaftsunternehmen** von weiteren Unternehmensverbindungen ab.[10] Gleiche Beteiligungsverhältnisse unter den Partnern sind regelmäßig Indiz für das Vorliegen eines Gemeinschaftsunternehmens. Zur Erfüllung des Kriteriums der gemeinschaftlichen Führung müssen diese jedoch nicht vorliegen. D.h. auch ein Unternehmen, dessen Kapital mehrheitlich von einem Gesellschafter gehalten wird, kann ein Gemeinschaftsunternehmen bilden, sofern weiteren Gesellschaftern entsprechende Mitwirkungsrechte an der Finanz- und Geschäftspolitik zugesprochen sind, vgl. IAS 31.11.

12 Die Begriffe Joint Venture und Gemeinschaftsunternehmen werden häufig gleichgesetzt. Zu berücksichtigen gilt, dass Gemeinschaftsunternehmen innerhalb der IFRS-Terminologie lediglich eine von drei Formen wirtschaftlicher Aktivitäten darstellt, welche ein Joint Venture begründen kann. Weitere Ausprägungen eines Joint Ventures bilden gemeinschaftlich geführte Tätigkeiten und gemeinschaftlich geführtes Vermögen, vgl. IAS 31.7.

13 Um Missverständnissen vorzubeugen, bietet sich an, zwischen einem Joint Venture i.w.S. (welches der IFRS-Definition entspricht) und einem Joint Venture i.e.S. (welches sich ausschließlich auf die Form des Gemeinschaftsunternehmens bezieht) zu unterscheiden.

14 Charakteristisch für **gemeinschaftlich geführte Tätigkeiten** ist, dass bei der gemeinschaftlichen Leistungserstellung jedes Partnerunternehmen seine eigenen Ressourcen verwendet, seine eigenen Aufwendungen und Schulden verursacht und seine eigene Finanzierung aufbringt. Üblicherweise bearbeiten die Partnerunternehmen verschiedene Stufen der Leistungserstellung (vertikale Kooperation) und erhalten dafür einen Anteil an den Erlösen der Gesamtleistung, vgl. IAS 31.13ff.

---

10 Zu weiteren Formen von Unternehmensverbindungen vgl. IFRS 3 und IAS 28.

III. Begriffe

Beispielhaft sei verwiesen auf ein Konsortium von Unternehmen, dessen Geschäftstätigkeit in der Luft- und Raumfahrtindustrie angesiedelt ist. Entsprechend der bestehenden Fachkompetenzen übernimmt ein Unternehmen die Fertigung der Motoren, ein anderes die Herstellung des Flugzeugrumpfs sowie der Tragflächen und ein drittes die Aerodynamik. Jedes Unternehmen setzt seine eigenen Ressourcen ein und trägt damit eigenständig Lohn-, Material, Lagerkosten etc. Gemeinschaftlich verursachte Kosten sowie der Erlös aus den gemeinschaftlich erstellten Flugzeugen werden gemäß der bestehenden Vertragsvereinbarungen geteilt.[11]

15

Eine gemeinsame Nutzung von Vermögenswerten durch Partnerunternehmen, welche regelmäßig durch gemeinsames Eigentum begründet ist, führt zu **Vermögenswerten unter gemeinschaftlicher Führung**. Jedes Partnerunternehmen partizipiert an den vom gemeinschaftlichen Vermögen erbrachten Leistungen und beteiligt sich dafür anteilig an den Aufwendungen, vgl. IAS 31.18ff.

16

Häufig treten bei Aktivitäten der Öl-, Gas und Mineralstoffgewinnung Vermögenswerte unter gemeinschaftlicher Führung auf. Ein gebräuchliches Beispiel stellt die gemeinsame Errichtung einer Pipeline dar, die mehreren Unternehmen den Rohstofftransport ermöglicht, vgl. IAS 31.20.

17

Weitere im Zusammenhang mit der Bilanzierung von Joint Ventures relevante Begriffe sind **Beherrschung** und **maßgeblicher Einfluss**. Sie stellen weitere Formen der Einflussnahme innerhalb von Unternehmensverbindungen dar. Ein im Vergleich zur gemeinschaftlichen Führung höherer Grad an Einflussnahme liegt im Fall der Beherrschung – definiert als „die Möglichkeit, die Finanz- und Geschäftspolitik einer wirtschaftlichen Geschäftstätigkeit zu bestimmen, um daraus Nutzen zu ziehen"– vor, vgl. IAS 31.3. Ein geringerer Grad an Einflussnahme liegt im Fall der maßgeblichen Einflussnahme – definiert als die „Möglichkeit, an den finanz- und geschäftspolitischen Entscheidungen der wirtschaftlichen Geschäftstätigkeit teilzuhaben, jedoch nicht die Beherrschung oder gemeinsame Führung der Entscheidungsprozesse"–vor, vgl. IAS 31.3. Der Grad der Einflussnahme (maßgeblicher Einfluss, gemeinschaftliche Führung, Beherrschung) bestimmt die Form der Unternehmensverbindung (Mutter- bzw. Tochterunternehmen, Joint Venture, Assoziiertes Unternehmen) und die Art der Einbeziehung in den Konzernabschluss (Vollkonsolidierung, Quotenkonsolidierung, Einbeziehung gemäß der Equity-Methode).

18

Quotenkonsolidierung und **Equity-Methode** stellen unterschiedliche Arten der Einbeziehung von Joint Ventures und Assoziierten Unternehmen in den Konzernabschluss dar. Bei der ausschließlich auf Joint Ventures i.e.S. anzuwendende Quotenkonsolidierung werden die Bilanzpositionen des Gemeinschaftsunternehmens nicht in voller Höhe, sondern entsprechend dem Beteiligungsanteil in die Konzernbilanz aufgenommen. Damit entfällt der Ausweis von Kapitalanteilen anderer Anteilseig-

19

---

11   Ähnlich IAS 31.14.

ner. Entsprechend der quotalen Aufnahme von Vermögenswerten und Schulden werden auch Erträge und Aufwendungen quotal erfasst.[12] Bei der Equity-Methode, die auf Assoziierte Unternehmen und wahlweise auf Gemeinschaftsunternehmen anzuwenden ist, werden keine Vermögenswerte und Schulden in die Konzernbilanz übernommen. Es erfolgt lediglich eine Modifizierung des eingangs zu Anschaffungskosten bewerteten Beteiligungsbuchwerts (sog. one-line-Konsolidierung) entsprechend der Entwicklung des Eigenkapitals des Assoziierten Unternehmens bzw. des Gemeinschaftsunternehmens. Mit der Gegenbuchung enthält das Konzernergebnis den anteiligen Erfolg.[13]

20 Ein **Partnerunternehmen** ist definiert als „Partner (bzw. Gesellschafter) an einem Joint Venture, der an der gemeinschaftlichen Führung des Joint Venture beteiligt ist", vgl. IAS 31.3. Neben Partnerunternehmen können auch gewöhnliche **Gesellschafter an einem Joint Venture** beteiligt sein. Die besitzen keine Teilhabe an der gemeinschaftlichen Führung des Joint Venture.

21 **Beispiel**

Gemeinschaftsunternehmen G weist folgende Beteiligungsstruktur auf: Die Unternehmen A und B halten jeweils 40 % der Kapital- und Stimmrechte. Die übrigen Kapital- und Stimmrechte von 20 % werden von den Unternehmen C, D und E gehalten. Unter der Bedingung, dass bedeutsame Entscheidungen eine qualifizierte Mehrheit von 75 % erfordern, können Unternehmen A und B die gemeinschaftliche Führung ausüben und damit als Partnerunternehmen eingestuft werden. Ohne vertragliche vereinbarte Vetorechte können die Unternehmen C, D und E nicht in die Finanz- und Geschäftspolitik des (Gemeinschafts-)Unternehmens G eingreifen und stellen daher (gewöhnliche) Gesellschafter dar.

22 **IV. Gemeinschaftlich geführte Tätigkeiten.** In der Praxis treten gemeinschaftlich geführte Tätigkeiten z.B. in Form von Arbeitsgemeinschaften in der Bauindustrie, Emissionskonsortien im Bankensektor und Explorationskonsortien in der Ölindustrie auf.[14] Sie zeichnen sich durch folgende zwei Charakteristika aus:
- Ein Joint Venture in Form einer gemeinschaftlich geführten Tätigkeit stellt kein rechtlich selbstständiges Unternehmen dar.
- Ein Joint Venture in Form einer gemeinschaftlich geführten Tätigkeit verfügt nicht über eigene Vermögenswerte und Schulden.[15]

23 Bei gemeinschaftlich geführten Tätigkeiten erfolgt die Erbringung der Leistung und die Teilung der Erlöse/Erfolge nicht über eine Kapitalgesellschaft, Personenhandelsgesellschaft oder eine andere separate Vermögens- und Finanzstruktur. Der

---

12 Zur Methodik der Quotenkonsolidierung siehe z.B. *Hayn/Grüne* Konzernabschlüsse nach IFRS, 139ff.
13 Einführend zur Methodik der Equity-Bewertung z.B. *Hayn/Grüne* Konzernabschlüsse nach IFRS, 151ff.
14 Vgl. *Lüdenbach* Haufe-Kommentar, Rn 27.
15 Vgl. *Baetge/Klahotz/Harzheim* Rechnungslegung nach IFRS, Rn 19.

IV. Gemeinschaftlich geführte Tätigkeiten

Zusammenschluss zur Durchführung gemeinschaftlich geführter Tätigkeiten basiert alleinig auf vertragliche Vereinbarungen zwischen den Partnerunternehmen. Gemeinschaftlich geführte Tätigkeiten stellen somit reine Innengesellschaften dar. Dieses grenzt gemeinschaftlich geführte Tätigkeiten deutlich von Gemeinschaftsunternehmen ab.

Da **kein unabhängiges rechtliches Unternehmen** bzw. keine eigenständige wirtschaftliche Struktur begründet wird und die Partnerunternehmen regelmäßig jeweils einzeln und im eigenen Namen und für eigene Rechnung auftreten, sind im Außenverhältnis gemeinschaftlich geführte Tätigkeiten häufig nicht offenbar. Dies ist insbesondere der Fall, wenn eines der Partnerunternehmen (Betreiber) im eigenen Namen für die die anderen Partnerunternehmen im Außenverhältnis in Erscheinung tritt.

Jedes Partnerunternehmen verwendet zur Leistungserstellung seine eigenen Ressourcen und verursacht damit seine eigenen Aufwendungen und Schulden. Im Unterschied zu Gemeinschaftunternehmen liegt kein Gesamthandvermögen vor. Gemeinschaftlich geführten Tätigkeiten stellen reine Innengesellschaften ohne Gesellschaftsvermögen dar. Im Gegensatz zu gemeinschaftlich geführten Vermögen verfügen gemeinschaftlich geführte Tätigkeiten auch nicht über Bruchteileigentum.[16]

In der Praxis kommen häufig **Überschneidungen** vor, so dass keine klare Abgrenzung besteht. Sind in einzelnen Produktionsstufen die Vermögenswerte den Partnerunternehmen zuzurechnen, muss dies nicht durchgehend für alle Produktionsstufen der Fall sein. Die Entscheidung, ob die Vermögenswerte den Partnerunternehmen zuzurechnen sind oder ob diese Bruchteilseigentum darstellen, kann für verschiedene Produktionsstufen unterschiedlich ausfallen. Die Einstufung einer wirtschaftlichen Kooperation als gemeinschaftlich geführte Tätigkeit sollte daher unter Abwägung der o.g. Merkmale und unter Einbeziehung des Gesamtkontextes erfolgen.[17] So steht das Vorliegen gemeinsamer Bankguthaben und Bankfinanzierungen einer Einstufung als gemeinschaftlich geführte Tätigkeit nicht entgegen, wenn die Gemeinschaftlichkeit ausschließlich aus abrechnungs- und haftungstechnischen Gründen besteht und keine weiteren gemeinsamen Vermögenswerte vorliegen.[18]

Bei gemeinschaftlich geführten Tätigkeiten hat ein Partnerunternehmen die in seiner Verfügungsmacht stehenden Vermögenswerte und die von ihm eingegangenen Schulden sowie die getätigten Aufwendungen und die anteiligen Erträge aus dem Verkauf von Gütern und Dienstleistungen des Joint Ventures anzusetzen. Da das Partnerunternehmen rechtlicher und wirtschaftlicher Eigentümer der eingesetzten Ressourcen ist, sind die Vermögenswerte, Schulden, Aufwendungen und Erträge sowohl im Einzel- als auch im Konzernabschluss zu erfassen. Berichtigungen oder

---

16 Vgl. *Baetge/Klaholz/Harzheim* Rechnungslegung nach IFRS, Rn 21.
17 Vgl. *Baetge/Klaholz/Harzheim* Rechnungslegung nach IFRS, Rn 25.
18 Vgl. Siehe *Baetge/Klaholz/Harzheim* Rechnungslegung nach IFRS, Rn 24; *Lüdenbach* Haufe-Kommentar, Rn 26.

andere Konsolidierungsverfahren sind in Bezug auf diese Posten regelmäßig nicht notwendig. Abgrenzungsprobleme, wie die Zuordnung des Vorratsvermögens nachgelagerter Produktionsstufen sind bereits auf Ebene des Einzelabschlusses zu lösen.

28 Damit geht es bei der Bilanzierung von gemeinschaftlich geführten Tätigkeiten im Wesentlichen um die Erfassung der aus den gemeinschaftlichen Tätigkeiten resultierenden Erträge und Aufwendungen. Diesbezüglich sind die **allgemeinen Gewinnrealisierungsvorschriften** anzuwenden, d.h. IAS 18 Revenue und IAS 11 Construction Contracts. Entsprechend der Vorschriften des IAS 18 und IAS 11 ist bei der Gewinnrealisierung die zivilrechtliche Abrechnungsstruktur zwischen den Partnerunternehmen zu würdigen.

29 Analog sind die schuldrechtlichen Beziehungen, welche aus den vertraglichen Vereinbarungen der Partnerunternehmen hervorgehen, ausschlaggebend für die bilanzielle Zurechnung von Vorratsvermögen nachgelagerter Produktionsstufen. In der Regel erfolgt mit Übergabe der Eigentums- und Gefahrenübergang auf das belieferte Partnerunternehmen, so dass das Vorratsvermögen nachgelagerter Produktionsstufen dem belieferten Partnerunternehmen zuzurechnen ist.[19]

30 **V. Gemeinschaftlich geführtes Vermögen.** Gemeinschaftlich geführte Unternehmen kommen regelmäßig bei der Öl-, Erdgas- und Mineralstoffgewinnung zur Anwendung, so dass zur Illustration gern eine Pipeline, die zur Rohstoffförderung durch mehrere (Partner)Unternehmen genutzt wird, als praktisches Anwendungsbeispiel herangezogen wird. Entsprechend wird im Standardtext auf eine gemeinschaftlich betriebe Ölpipeline verwiesen, für die jedes der Partnerunternehmen einen vertraglich vereinbarten Anteil an den Betriebs- und Instandhaltungskosten übernimmt. Weiterhin wird im Standardtext beispielhaft auf die gemeinschaftliche Führung eines Gebäudes, bei dem die Partnerunternehmen jeweils den vereinbarten Teil der Gebäudeaufwendungen tragen und entsprechend jeweils den vereinbarten Teil der Mieterträge erhalten, verwiesen, vgl. IAS 31.20.[20]

31 Beide im Standardtext zitierten Beispiele beziehen sich auf Sachanlagen. Gemeinschaftlich geführtes Vermögen kann aber auch immaterielles Vermögen (z.B. Lizensierungen) als auch Finanzvermögen (Aktien etc.) darstellen.[21] Eine gemeinsame Kontenführung, die abrechnungs- oder haftungstechnisch motiviert ist, fällt allerdings nicht hierunter.[22]

---

19 Vgl. *Baetge/Klaholz/Harzheim* Rechnungslegung nach IFRS, Rn 29.
20 Vgl. *Baetge/Klaholz/Harzheim* Rechnungslegung nach IFRS, Rn 36; *Köster* Münchner Kommentar, Rn 59; *Lüdenbach* Haufe-Kommentar, Rn 38.
21 Entsprechend *Lüdenbach* Haufe-Kommentar, Rn 39.
22 Vgl. *Lüdenbach* Haufe-Kommentar, Rn 39.

V. Gemeinschaftlich geführtes Vermögen

Innerhalb des Stufenkonzepts,[23] welches Unternehmensverbindungen nach dem Grad der Verbindungsintensität skaliert, stellen Joint Ventures in Gestalt von gemeinschaftlich geführten Vermögen nach Joint Ventures in Gestalt von gemeinschaftlich geführten Tätigkeiten die nächst höhere Stufe dar. Die stärkere Bindung ist auf das von den Partnern zusammen gehaltene Vermögen zurückzuführen.

32

Die gemeinschaftliche Führung an einem oder mehreren Vermögenswerten geht regelmäßig mit **gemeinschaftlichem Eigentum** einher. Es besteht sog. Bruchteileigentum (welches im deutschen Recht durch die Gesellschaft nach Bruchteilen gemäß § 747 BGB verankert ist)[24]. Gemeinschaftliche Führung bedeutet, dass jedes Partnerunternehmen die Möglichkeit besitzt, über seinen Anteil am gemeinschaftlich genutzten Vermögen zu verfügen. Wie die oberhalb aufgeführten Beispiele verdeutlichen, beinhaltet dies, dass jedem Partnerunternehmen ein Teil an den vom gemeinschaftlichen Vermögen erbrachten Leistungen zusteht und dass jedes Partnerunternehmen einen Teil der Aufwendungen zu tragen hat.[25]

33

Analog zu gemeinschaftlich geführten Tätigkeiten und im Unterschied zu gemeinschaftlich geführten Unternehmen verfügt ein Joint Venture in Form von gemeinschaftlich geführten Vermögenswerten nicht über eine von den Partnerunternehmen unabhängige wirtschaftliche Struktur. Eine Kooperation in Form gemeinschaftlich geführte Vermögenswerte fußt damit nicht auf der Gründung einer Kapitalgesellschaft, einer Personenhandelsgesellschaft oder einer anderen rechtlichen Einheit und verfügt damit nicht per se über Organe, die nach außen in Erscheinung treten.

34

Ein gemeinschaftlicher Außenauftritt ist damit aber nicht ausgeschlossen und im Unterschied zu gemeinschaftlich geführten Tätigkeiten in der Praxis auch häufiger gegeben.[26] So findet der Betrieb der bereits vorab als Beispiel dargestellten gemeinschaftlich betriebenen Pipelines vielfach durch Konsortien[27] statt, welche nach außen durch einen Konsortialführer vertreten werden.

35

Spezielle Vorschriften zur bilanziellen Erfassung von gemeinschaftlich geführten Vermögenswerten, die teils einen klarstellenden und teils einen bestimmenden Charakter aufweisen, sind in IAS 31.21-22 enthalten.[28] Danach hat ein Partnerunternehmen im Einzel- und Konzernabschluss neben den im eigenen Namen

36

---

23 Vgl. z.B. *Pellens/Fülbier/Gassen/Sellhorn* Internationale Rechnungslegung, 752ff.
24 Vgl. hierzu auch *Baetge/Klaholz/Harzheim* Rechnungslegung nach IFRS, Rn 34f; *Köster* Münchner Kommentar, Rn 57; *Lüdenbach* Haufe-Kommentar, Rn 37ff.
25 Dazu auch *Baetge/Klaholz/Harzheim* Rechnungslegung nach IFRS, Rn 34; *Köster* Münchner Kommentar, Rn 59; *Lüdenbach* Haufe-Kommentar, Rn 38.
26 Vgl. *Köster* Münchner Kommentar, Rn 59.
27 Ausführlich zu Unternehmensverbindungen in Form von Konsortien *Baetge/Klaholz/Harzheim* Rechnungslegung nach IFRS, Rn 39.
28 Teilweise wird in der Literatur kein Bedarf an spezifischen Regelungsvorschriften gesehen. Entsprechend *Köster* Münchner Kommentar, Rn 61.

eingegangenen Schulden (z.b. zur Finanzierung des Bruchteileigentums an den gemeinschaftlich geführten Vermögenswerten) und Aufwendungen (z.b. Zinsaufwendungen der Finanzierung des Bruchteileigentums) anzusetzen:
- seinen Anteil am gemeinschaftlich geführten Vermögen, klassifiziert nach der Art des Vermögens (z.b. Sachanlagevermögen, immaterielles Anlagevermögen, Finanzanlagevermögen),
- seinen Anteil an gemeinschaftlich eingegangenen Schulden,
- die Erlöse aus dem Verkauf oder der Nutzung seines Anteils an den vom Joint Venture erbrachten Leistungen zusammen mit seinem Anteil an den vom Joint Venture verursachten Aufwendungen.[29]

37 Analog zur Bilanzierung von gemeinschaftlich geführten Tätigkeiten sind für ein Joint Venture in Form von gemeinschaftlich geführten Vermögenswerten im Regelfall ein eigenständiger Abschluss sowie Berichtigungen oder andere Konsolidierungsverfahren nicht erforderlich.

38 **VI. Gemeinschaftsunternehmen.** Wesentliches Abgrenzungsmerkmal eines Gemeinschaftsunternehmens zu den weiteren Gestaltungsformen eines Joint Ventures (gemeinschaftlich geführte Tätigkeiten und gemeinschaftlich geführtes Vermögen) ist, dass die Partnerunternehmen eine getrennte Vermögens- und Finanzstruktur mit **eigener Rechtspersönlichkeit** schaffen, die neben der eigenen steht. Sie sind häufig auf längere Frist angelegt.

39 Mit seiner eigenen Rechtspersönlichkeit beherrscht ein Gemeinschaftsunternehmen selbst über Vermögenswerte und nimmt selbst Schulden auf. Finanzielle Mittel und Sacheinlagen gehen in die Verfügungsgewalt des Gemeinschaftsunternehmens über. Die Partnerunternehmen besitzen eine Beteiligung, über die sie nicht direkt, sondern nur indirekt auf die dahinter stehenden Vermögenswerte zurückgreifen können. Dies erfolgt über die mit den anderen Partnerunternehmen gemeinsame Bestimmung der Geschäfts- und Finanzpolitik. Anteilig fließt dem Partnerunternehmen der Residualgewinn zu.

40 Aufgrund der vorliegenden rechtlichen Eigenständigkeit sind vom Gemeinschaftsunternehmen separat Bücher zu führen und Abschlüsse zu erstellen, vgl. IAS 31.28. In den Einzelabschlüssen der Partnerunternehmen ist in Übereinstimmung mit IAS 27.37-42 der Anteil am gemeinschaftlich geführten Unternehmen zu Anschaffungskosten oder gemäß IAS 39 auszuweisen, vgl. IAS 31.29 und 46. Für den Konzernabschluss eines Partnerunternehmens wird die Einbeziehung eines Gemeinschaftsunternehmens per Quotenkonsolidierung empfohlen. Alternativ zulässig ist

---

29 Siehe auch *Lüdenbach* Haufe-Kommentar, Rn 40.

VI. Gemeinschaftsunternehmen

auch die Anwendung der Equity-Methode, vgl. IAS 31.30, 38 und 40.[30] Entsprechend verfügt das Partnerunternehmen über ein Bilanzierungswahlrecht,[31] welches allerdings für alle Gemeinschaftsunternehmen einheitlich auszuüben ist, vgl. IAS 8.13.

Bezüglich der Anwendung der Equity-Methode verweist IAS 31 auf IAS 28 *Investments in Associates*, vgl. IAS 31.40. Analog soll auch hier mit einem Verweis auf die Kommentierung zu IAS 28 in diesem Band auf Ausführungen zur Equity-Methode verzichtet werden.

Quotenkonsolidierung bedeutet, dass die Vermögenswerte und Schulden sowie die Aufwendungen und Erträge des Gemeinschaftsunternehmens anteilig in den Konzernabschluss des Partnerunternehmens übernommen werden, vgl. IAS 31.33. Nicht explizit geregelt ist die Ermittlung der Anteilsquote. Grundsätzlich möglich ist eine Bezugnahme auf den Kapital- oder Gewinnanteil.[32] Die anzuwendenden Konsolidierungsverfahren (Kapital-, Schulden-, Aufwands- und Ertragskonsolidierung sowie Zwischenerfolgseliminierung) ähneln den Verfahren zur Vollkonsolidierung eines Tochterunternehmens, vgl. IAS 31.33.

Die Quotenkonsolidierung kann unter Verwendung zweier unterschiedlicher Berichtsformate erfolgen. Einerseits können die anteiligen Vermögenswerte und Schulden sowie Aufwendungen und Erträge des Gemeinschaftsunternehmens zusammen mit den entsprechenden Posten des Partnerunternehmens ausgewiesen werden. Weiterhin können die anteiligen Vermögenswerte und Schulden sowie Aufwendungen und Erträge des Gemeinschaftsunternehmens als separate Posten in den Konzernabschluss aufgenommen werden, sieht IAS 31.30 insb. i.V.m. 34.

Eine Zusammenführung von Posten unter alleiniger Beherrschung mit Posten unter gemeinschaftlicher Führung wird in Hinblick auf den Informationsgehalt von Abschlüssen regelmäßig kritisch gesehen, vgl. IAS 31.40. Entsprechend sind bei Anwendung des erstgenannten Berichtformats zusätzliche Angaben erforderlich.[33]

---

30 Entgegen der in IAS 31 enthaltenden Aussage, dass die Quotenkonsolidierung die bessere Abbildungsalternative darstellt, werden in der Literatur häufig Bedenken gegen die Anwendung der Quotenkonsolidierung geäußert. Vgl. z.B. *Schmidt/Labrenz* KoR 2006, 474f, und *Sigle/Lüdenbach* PiR 2008, S. 27f. Mit ED 9 „Joint Arrangements" spricht sich das IASB jüngst selbst für eine Abschaffung der Quotenkonsolidierung aus. Hierzu Abschnitt X.
31 Zu den sich aus den alternativ zulässigen Methoden ergebenen Unterschieden im Bilanzbild *Schmidt/Labrenz* KoR 2006, 470ff, sowie *Ernst & Young* (Hrsg.) International GAAP, 728f. Zur Nutzung des Methodenwahlrechts vgl. *Keitz* Praxis der IASB-Rechnungslegung, 467ff. Erweiternd *Nölte/Weinreis/Mezhova* PiR 2007, 164ff sowie *Labrenz et al.* KoR 2008, 185ff.
32 Aufgrund entsprechender vertraglicher Vereinbarungen kann der Kapital- vom Gewinnanteil abweichen. In der Praxis üblich ist die Konsolidierung nach dem Kapitalanteil. Über einen Korrekturposten sind auf einen abweichenden Gewinnanteil zurückzuführende Differenzen in der Gesamterfolgsrechnung auszugleichen.
33 Vgl. hierzu die folgenden Ausführungen in Abschnitt IX.

45 Entfällt die gemeinschaftliche Führung, ist die Quotenkonsolidierung einzustellen. Bei einer Bilanzierung gemäß der Equity-Methode ist zu berücksichtigen, dass diese auch bei Vorliegen eines maßgeblichen Einflusses anzuwenden ist, und insofern das Entfallen der gemeinschaftlichen Führung kein zwingendes Kriterium für das Einstellen der Equity-Methode bildet, vgl. IAS 31.36 und 41.[34]

46 **VII. Ausweis und Angaben.** Ausschlaggebend für den **Ausweis** des Joint Venture im Abschluss des Partnerunternehmens ist die Form. Bei gemeinschaftlich geführten Tätigkeiten sind die aus dieser Tätigkeit stammenden Erträge und Aufwendungen zu erfassen. Deren Zuordnung zu den einzelnen Positionen der Erfolgsrechnung erfolgt in der allgemein gültigen Vorgehensweise.

47 Darüber hinaus sind bei gemeinschaftlich geführten Vermögen die anteiligen Vermögenswerte und Schulden in der Bilanz abzubilden. Da für diese keine gesonderten Ausweisvorschriften bestehen, sind sie mit den allein unter der Verfügungsmacht des Partnerunternehmens stehenden Vermögenswerten in einem Posten zusammenzufassen. Entsprechend kommt es hier zu einer Vermischung von Vermögenswerten, die nicht allein unter der Verfügungsmacht es Partnerunternehmens stehen, mit Vermögenswerten, die allein unter der Verfügungsmacht es Partnerunternehmens stehen.

48 Sofern ein Gemeinschaftsunternehmen nach der **Equity-Methode** bilanziert wird, gelten die in IAS 28 enthaltenen Ausweisvorschriften. Vgl. dazu die Kommentierung zu IAS 28 in diesem Band.

49 Nicht vorgesehen ist, Anteile an assoziierten Unternehmen und nach der Equity-Methode bilanzierte Anteile an Gemeinschaftsunternehmen separat auszuweisen. Aufgrund der unterschiedlichen Intensität der Unternehmensverbindungen (maßgeblicher Einfluss und gemeinschaftliche Führung) ist ein gesonderter Ausweis jedoch zu empfehlen.

50 Bezüglich **quotenkonsolidierter Gemeinschaftunternehmen** besteht ein Ausweiswahlrecht. Einerseits können die anteilig erfassten Vermögenswerte und Schulden zusammen mit den entsprechenden Posten der Vermögenswerte und Schulden, die unter alleiniger Kontrolle des Partnerunternehmens stehen, zusammengefasst werden (line-by-line reporting format).

51 Andererseits können die anteilig erfassten Vermögenswerte und Schulden in einem jeweils separaten Posten gesondert ausgewiesen werden (separate-line items reporting format). Möglich sind hier sowohl eine Vorspalte oder auch ein davon-Vermerk, gleichwohl letzterer international nicht üblich ist.[35]

---

34 Zur Bilanzierung eines Verlusts der gemeinschaftlichen Führung vgl. ferner IAS 31.45, welcher u.a. eine erfolgswirksame Neubewertung der Anteile an einem weiterhin bestehenden Investment vorsieht.
35 Entsprechend *Köster* Münchner Kommentar, Rn 140.

VII. Ausweis und Angaben

Ausdrücklich gilt das Wahlrecht für anteilig erfasste Vermögenswerte und Schulden als auch für die anteilig erfassten Erträge und Aufwendungen. Obwohl weitere Abschlussbestandteile, wie die Cash-Flow-Rechnung, im Standard keine explizite Erwähnung finden, sollte das Wahlrecht auf alle Abschlussbestandteile einheitlich angewendet werden.[36]

52

Keinem der beiden Berichtsformate wird ein Vorzug eingeräumt. Festzustellen ist, dass ein separater Ausweis den Hauptkritikpunkt an der Quotenkonsolidierung (Vermengung von unter alleiniger Kontrolle stehenden Vermögenswerten mit gemeinschaftlich geführten Vermögenswerten) entkräftet. Argumentativ gegen das separate-line-item-Berichtsformat sprechen dessen größere Komplexität und die damit einhergehende Gefahr eines unübersichtlichen Bilanzbildes. Mit der Verlagerung der Angaben in den Anhang vermeidet das line-by-line-Berichtsformat diese Gefahr, ermöglicht dem Berichtsadressaten ein eingehendes Bild der Vermögenslage aber nur in Verbindung mit den Anhangangaben.

53

Obwohl die gesonderten Ausweisvorschriften (Wahlrecht für einen separate-line-item-Ausweis) sich allein auf quotenkonsolidierte Gemeinschaftsunternehmen beziehen, empfiehlt sich eine analoge Anwendung auf Joint Ventures in Form von gemeinschaftlich geführten Vermögenswerten. Dies ist insb. der Fall, wenn gemeinschaftlich geführte Vermögenswerte im erheblichen Umfang gegeben sind und damit ein gesonderter Ausweis den unmittelbaren Einblick in die Vermögens- und Ertragslage verbessert.[37]

54

Im **Anhang** des Konzernabschlusses sind vom Partnerunternehmen sämtliche maßgeblichen Joint Ventures aufzulisten und zu beschreiben. Bei Joint Ventures in Form von Gemeinschaftsunternehmen ist die Anteilsquote anzugeben, vgl. IAS 31.56.

55

Ferner ist im Fall von Gemeinschaftsunternehmen die Bilanzierungsweise aufzuzeigen, nach der diese in den Konzernabschluss einbezogen werden (Quotenkonsolidierung oder Anwendung der Equity-Methode), vgl. IAS 31.57.

56

Erfolgt eine Bilanzierung gemäß der Quotenkonsolidierung unter Verwendung des Berichtformats, welches auf einen getrennten Bilanzausweis der anteiligen Vermögenswerte und Schulden sowie Aufwendungen und Erträge des Gemeinschaftsunternehmens verzichtet, ist nicht ersichtlich, ob einzelne Vermögenswerte und Schulden sowie Aufwendungen und Erträge in der alleinigen Verfügungsmacht oder unter gemeinschaftlicher Führung stehen. Für diesen Fall ist als Informationsausgleich im Anhang weiterhin die Summe der dem Partnerunternehmen anteilig zuzurechnenden:

57

- kurzfristigen Vermögenswerte,
- langfristigen Vermögenswerte,

---

36 Vgl. *Köster* Münchner Kommentar, Rn 140.
37 *Köster* Münchner Kommentar, Rn 141 und Rn. 138.

- kurzfristigen Schulden,
- langfristigen Schulden,
- Erträge und
- Aufwendungen

auszuweisen. Entsprechende Angabepflichten bestehen bei Anwendung der Equity-Methode, vgl. IAS 31.56.

58 Darüber hinaus sind in Zusammenhang mit Joint Ventures eingegangene **Eventualschulden** getrennt von anderen Eventualschulden anzugeben, vgl. IAS 31.54. Angabepflichtig sind nach IAS 31.55 ferner:
- alle Kapitalverpflichtungen des Partnerunternehmens in Bezug auf seine Anteile an Joint Ventures und seinen Anteil an Kapitalverpflichtungen, welche gemeinschaftlich mit anderen Partnerunternehmen eingegangen wurden,
- sein Anteil an den Kapitalverpflichtungen der Joint Ventures selbst.

59 Angabepflichten zu gemeinschaftlich geführten Unternehmen sind gemäß IAS 27 auch in den **separaten Einzelabschlüssen** der Partnerunternehmen erforderlich. Hier ist nach IAS 27.42 anzugeben:
- eine Auflistung wesentlicher Anteile an gemeinschaftlich geführten Unternehmen unter Angabe des Namens, des Sitzlandes, der Beteiligungsquote und, soweit abweichend, der Stimmrechtsquote,
- eine Beschreibung der Bilanzierungsmethode.

60 **VIII. Inkrafttreten und Übergangsvorschriften.** IAS 31 war erstmals auf nach dem **1. Januar 2005** beginnende Berichtsperioden anzuwenden.

61 **IX. IFRS für kleine und mittelgroße Unternehmen.** IAS 31 vergleichbare Vorschriften finden sich in IFRS-SMEs Abschnitt 15 *Investments in Joint Ventures*.

62 **X. Ausblick.** Künftig soll IFRS 11 *Joint Arrangements* IAS 31 ersetzen. Damit einhergehen soll eine Harmonisierung mit US-GAAP sowie eine verbesserte bilanziellen Abbildung.[38] Zwischenergebnis dieser Bestrebungen stellt der im September 2007 veröffentlichte Standardentwurf **ED 9 – Joint Arrangements** dar.[39] Die Veröffentlichung des finalen Standards ist für das zweite Quartal 2011 angekündigt. Der Zeitpunkt des Inkrafttretens ist voraussichtlich der 1. Januar 2013.

63 Bereits die neue Standardbezeichnung kündigt Änderungen der Definitionen und der Terminologie an. Unter dem neuen Oberbegriff „gemeinsame Vereinbarungen" (joint arrangements) soll zwischen gemeinsamen Tätigkeiten (joint operations) und Gemeinschaftsunternehmen (joint ventures) unterschieden werden.[40] Vorgese-

---

38 Zur Motivation der Überarbeitung der Standards ED 9 BC5-14. Siehe ferner *Hold-Paetsch* Accounting 207, S. 4f, und *Fink/Ulbrich* PiR 2008, 53.
39 Standardentwurf und weitere Projektinformationen sind abrufbar unter http://www.iasb.org/Current+Projects/IASB+Projects/Joint+Ventures/Joint+Ventures.htm.
40 Vgl. ED 9.3-20.

X. Ausblick

hen ist demnach, den Joint-Venture-Begriff künftig im engeren Sinne auszulegen, d.h. Joint Ventures stehen stets in Verbindung mit einem rechtlich selbständigen Unternehmen. Die bisher als Unterformen eines Joint Ventures geltenden gemeinschaftlich geführten Tätigkeiten und gemeinschaftlich geführten Vermögenswerten werden gemeinsam unter dem Term „gemeinsame Tätigkeiten" fortgeführt.

Die Bilanzierung soll künftig primär auf die aus der Kooperation resultierenden direkten vertraglichen Rechte und Pflichten abstellen.[41] Hiermit verfolgt das IASB das Ziel, dass weniger die rechtliche Ausgestaltung, sondern vielmehr die gegebenen wirtschaftlichen Verhältnisse für die bilanzielle Abbildung ausschlaggebend sind.[42] Verfügt also ein Partnerunternehmen über direkte (Nutzungs-)Rechte an bestimmten Vermögenswerten, sind diese Rechte als eigenständige Vermögenswerte beim Partnerunternehmen zu bilanzieren, auch wenn ein Gemeinschaftsunternehmen rechtlicher Eigentümer der Vermögenswerte ist.[43] In der Bilanz des Gemeinschaftsunternehmens sollen somit lediglich Vermögenswerte erfasst werden, an denen die Partnerunternehmen keine direkten (Nutzungs-)Rechte besitzen. Zu bilanzieren sind nur solche Vermögenswerte, an dessen Nutzenzufluss die Partnerunternehmen indirekt über den aus der Geschäftstätigkeit des Gemeinschaftsunternehmens resultierenden Gewinn profitieren.

64

Beispiel

Partnerunternehmen A und B gründen das Gemeinschaftsunternehmen C, welches dem gemeinschaftlichen Erwerb und der gemeinschaftlichen Nutzung eines Frachtflugzeuges dient. Vertraglich festgelegt ist, dass A das Flugzeug innerhalb der ersten drei Wochentage und B das Flugzeug innerhalb der folgenden drei Wochentage nutzen kann. Für den siebten Wochentag sind Wartungsarbeiten vorgesehen.

Gemäß IAS 31 stellt C ein gemeinschaftlich geführtes Unternehmen dar, in dessen Einzelbilanz das Flugzeug auszuweisen ist. In den Einzelbilanzen der Partnerunternehmen A und B sind die Anteile am Gemeinschaftsunternehmen C als Beteiligung aufzuzeigen. In den Konzernabschlüssen der Partnerunternehmen ist das Gemeinschaftsunternehmen entweder nach der Quotenkonsolidierung oder nach der Equity-Methode einzubeziehen.

Bei der vorgeschlagenen Neuregelung gilt es zu berücksichtigen, dass A und B das Flugzeug direkt nutzen. Ungeachtet dessen, dass C rechtlicher Eigentümer des Flugzeugs ist, ist dieses nicht in der Einzelbilanz von C anzusetzen. Statt dessen sind die Nutzungsrechte am Flugzeug in den (Einzel- und Konzern)Bilanzen von A und B auszuweisen. (Die bilanziellen Erfassung der Nutzungsrechte am

---

41 Vgl. hierzu ED 9.1, wonach das der Bilanzierung zugrundezulegende Hauptprinzip lautet: „Parties to a joint arrangement recognise their contractual rights and obligations arising from the arrangement."
42 Siehe ED 9 IN1.
43 Verdeutlichend hierzu das Flow Chart in ED 9, Appendix B.

Schwedler

Flugzeug in der Einzelbilanz zieht dessen entsprechende bilanzielle Erfassung in der Konzernbilanz nach sich. Sofern innerhalb der Einzelbilanz von C kein bilanzieller Ausweis erfolgt, entfällt die Notwendigkeit zur Konsolidierung.)[44]

65 In den Konzernabschluss der Partnerunternehmen sind Gemeinschaftsunternehmen gemäß der Equity-Methode einzubeziehen. Die Möglichkeit zur Quotenkonsolidierung, die in den USA lediglich im Einzelfall in spezifischen Branchen Anwendung findet,[45] soll es künftig nicht mehr geben.[46] Zu Gunsten der Konvergenz entfällt damit die bislang als bevorzugte Methode geltende Quotenkonsolidierung. Eine Abschätzung der damit einhergehenden Effekte muss im Zusammenhang mit den vorab dargestellten Änderungen erfolgen.

Beispiel

Partnerunternehmen A und B gründen das Gemeinschaftsunternehmen C. Dieses erwirbt ein Frachtflugzeug, mit welchem durch C gemanagte Lieferaufträge bedient werden. Die daraus resultierenden Erträge werden zum Jahresende an die Gesellschafter ausgeschüttet.

Die Bilanzierung gemäß IAS 31 entspricht der im vorangegangen Beispiel 1 dargestellten Behandlungsweise.

Für eine Bilanzierung nach der vorgeschlagenen Neuregelung ist ausschlaggebend, dass die direkte Nutzung des Flugzeugs nicht durch die Partnerunternehmen, sondern durch C selbst erfolgt. Entsprechend ist das Flugzeug in die Einzelbilanz von C aufzunehmen. In die Konzernbilanzen der Partnerunternehmen ist C gemäß der Equity-Methode einzubeziehen.[47]

66 Zukünftig vorgesehen sind ferner:
- Erweiterung der Anhangangaben, um den mit der Abschaffung der Quotenkonsolidierung einhergehenden Informationsverlust aufzufangen. Ziel ist ferner eine Angleichung der in IAS 28 und IAS 31 bestehenden Angabepflichten, motiviert durch die zukünftig bilanzielle Gleichbehandlung von assoziierten Unternehmen und Gemeinschaftsunternehmen.[48] Geplant ist hierzu, sämtliche Angaben, die sich auf Unternehmensverbindungen beziehen, in einem neuen Standard (IFRS 12 „*Disclosure of Intrests with other Entities*") zusammenzuführen.[49]

Ergänzende Vorschriften, wie mit Veränderungen in den gemeinschaftlichen Kontrollverhältnissen bei Joint Ventures umzugehen ist.[50]

---

44 Vgl. *Schwedler* IFRS-Praxis, 355
45 Zum Stand der Konvergenz zwischen IFRS und US-GAAP *Erchinger/Melcher* KoR 2008, 164ff.
46 Vgl. ED 9.23.
47 Vgl. *Schwedler* IFRS Praxis, 356
48 Eingehender zu den erweiterten Angabepflichten *Zülch/Wünsch* PiR 2008, 29ff und *Zülch/Erdamnn/ Wünsch* WPg 2008, 206f.
49 Siehe hierzu unter http://www.ifrs.org/Current+Projects/IASB+Projects/Consolidation/Consol+ disclosure/Consol+dis.htm (hier Stand vom 22.12.2010)
50 Siehe ED 9.28-32. Ausführend hierzu *Hold-Paetsch* Accounting 2007, 6f und *Kafadar* IRZ 2008, 277.

IAS 32 – Financial Instruments: Presentation

Rn	Textauszüge aus IAS 32
32.15	Der Emittent eines Finanzinstruments hat das Finanzinstrument oder dessen Bestandteile beim erstmaligen Ansatz der wirtschaftlichen Substanz der vertraglichen Vereinbarung und den Begriffsbestimmungen für finanzielle Verbindlichkeiten, finanzielle Vermögenswerte und Eigenkapitalinstrumente entsprechend als finanzielle Verbindlichkeit, finanziellen Vermögenswert oder Eigenkapitalinstrument einzustufen.
32.26	Ein Derivat, das einer Vertragspartei die Art der Erfüllung freistellt (der Emittent oder Inhaber kann sich z.B. für einen Ausgleich in bar oder durch den Tausch von Aktien gegen flüssige Mittel entscheiden), stellt einen finanziellen Vermögenswert oder eine finanzielle Verbindlichkeit dar, sofern nicht alle Erfüllungsalternativen zu einer Einstufung als Eigenkapitalinstrument führen würden.
32.28	Der Emittent eines nicht derivativen Finanzinstruments hat anhand der Konditionen des Finanzinstruments festzustellen, ob das Instrument sowohl eine Fremd- als auch eine Eigenkapitalkomponente enthält. Diese Komponenten sind zu trennen und gemäß IAS 32.15 als finanzielle Verbindlichkeiten, finanzielle Vermögenswerte oder Eigenkapitalinstrumente einzustufen.
32.33	Erwirbt ein Unternehmen seine eigenen Eigenkapitalinstrumente zurück, so sind diese Instrumente („eigene Anteile") vom Eigenkapital abzuziehen. Weder Kauf noch Verkauf, Ausgabe oder Einziehung von eigenen Eigenkapitalinstrumenten werden im Gewinn oder Verlust erfasst. Solche eigenen Anteile können vom Unternehmen selbst oder von anderen Konzernunternehmen erworben und gehalten werden. Alle gezahlten oder erhaltenen Entgelte sind direkt im Eigenkapital zu erfassen.
32.35	Zinsen, Dividenden, Verluste und Gewinne im Zusammenhang mit Finanzinstrumenten oder einer ihrer Komponenten, die finanzielle Verbindlichkeiten darstellen, sind im Gewinn oder Verlust als Erträge bzw. Aufwendungen zu erfassen. Ausschüttungen an Inhaber eines Eigenkapitalinstruments sind, gemindert um alle damit verbundenen Ertragsteuervorteile, vom Unternehmen direkt vom Eigenkapital abzusetzen. Die Transaktionskosten einer Eigenkapitaltransaktion sind als Abzug vom Eigenkapital, gemindert um alle damit verbundenen Ertragsteuervorteile, zu bilanzieren.
32.42	Finanzielle Vermögenswerte und Verbindlichkeiten sind nur dann zu saldieren und als Nettobetrag in der Bilanz anzugeben, wenn ein Unternehmen: (a) zum gegenwärtigen Zeitpunkt einen Rechtsanspruch darauf hat, die erfassten Beträge miteinander zu verrechnen; und (b) beabsichtigt, entweder den Ausgleich auf Nettobasis herbeizuführen, oder gleichzeitig mit der Verwertung des betreffenden Vermögenswertes die dazugehörige Verbindlichkeit abzulösen. Wenn die Übertragung eines finanziellen Vermögenswertes die Voraussetzungen für eine Ausbuchung nicht erfüllt, dürfen der übertragene Vermögenswert und die verbundene Verbindlichkeit bei der Bilanzierung nicht saldiert werden (siehe IAS 39, IAS 32.36).

Übersicht

	Rn
I. Regelungsgehalt	1 – 4
II. Normzweck und Anwendungsbereich	5 – 7
III. Begriffe	8 – 15
IV. Ausweis	16 – 46
1. Kassainstrumente	20 – 26
2. Derivate	27 – 33
3. Sonderfall: Kündbare Instrumente	34 – 42
4. Sonderfall: Unternehmen mit fester Lebensdauer	43 – 45
V. Hybride Finanzinstrumente	46 – 51
VI. Eigene Anteile	52 – 53
VII. Dividenden, Zinsen, Gewinne und Verluste	54 – 55
VIII. Saldierung	56 – 59
IX. Inkrafttreten und Übergangsvorschriften	60 – 65
X. IFRS für kleine und mittelgroße Unternehmen	66 – 76
XI. Ausblick	77

I. Regelungsgehalt. IAS 32 *Financial Instruments: Presentation* regelt im Wesentlichen die Abgrenzung von Eigen- und Fremdkapital eines Unternehmens für emittierte Finanzinstrumente. Daneben enthält IAS 32 auch Regelungen zur Bilanzierung von hybriden Finanzinstrumenten (zB Wandelanleihen), zum Ausweis von eigenen Anteilen im Bestand, Zinsen, Dividenden und sonstigen Gewinnen und Verlusten sowie zur Aufrechnung von finanziellen Vermögenswerten und Verbindlichkeiten. IAS 32 regelt nicht die Bewertung von emittierten Finanzinstrumenten, die als Konsequenz seiner Vorschriften als finanzielle Verbindlichkeit klassifiziert wurden. Diese ist in IAS 39 *Financial Instruments: Recognition and Measurement* bzw. künftig in IFRS 9 *Financial Instruments*[1] geregelt. Obwohl IAS 32 ursprünglich auch Angabevorschriften für Finanzinstrumente enthielt, wurde dieser Abschnitt mit der Veröffentlichung von IFRS 7 *Financial Instruments: Disclosures* gestrichen. Interpretiert wird IAS 32 durch IFRIC 2 *Members' Shares in Co-operative Entities and Similar Instruments* sowie IFRIC 19 *Extinguishing Financial Liabilities with Equity Instruments*.[2] Daneben enthält IAS 32 einige wichtige Definitionen, die für IAS 39, IFRS 7 und IFRS 9 von Bedeutung sind.

---

[1] IFRS 9 wird IAS 32 und IAS 39 phasenweise vollständig ersetzen. Momentan sind jedoch die Regeln zur Bilanzierung von Finanzinstrumenten abschließend in IAS 32 und IAS 39 geregelt.
[2] Diese Interpretation wird im Abschnitt zu IAS 39 in diesem Band beschrieben.

II. Normzweck und Anwendungsbereich

Die Abgrenzung zwischen Eigen- und Fremdkapital ist von Bedeutung für diverse Kennzahlen in der Bilanzanalyse wie zB den Verschuldungsgrad (*leverage ratio*) eines Unternehmens oder bestimmte kapitalbezogene Kreditauflagen (*debt covenants*). Aufgrund der Bedeutung für Investoren und andere Anwender (zB Banken) liegt die Abgrenzung zwischen Eigen- und Fremdkapital regelmäßig im Fokus der Enforcement-Behörden, in Deutschland die Deutsche Prüfstelle für Rechnungslegung e.V. – DPR.[3] Bei Ausgabe (Emission) eines Finanzinstruments muss ein Unternehmen bei erstmaligem Ansatz eine Klassifizierung des Vertrags (bzw. unter bestimmten Umständen seiner Komponenten) entweder als Fremd- oder Eigenkapital für Ausweiszwecke vornehmen. Dabei hat die Klassifizierung auf Grundlage des wirtschaftlichen Gehalts der vertraglichen Vereinbarungen zu erfolgen – die rechtliche Form bzw. Bezeichnung ist dabei nicht von Relevanz und entfaltet bestenfalls indikative Wirkung. Grundsätzlich darf ein Instrument keine vertraglichen Zahlungsverpflichtungen beinhalten, um sich als Eigenkapitalinstrument im IFRS-Abschluss zu qualifizieren. Für derivative Finanzinstrumente, welche Eigenkapitalinstrumente des Unternehmens zum Basiswert haben, gelten zusätzliche Vorschriften. Im deutschen Rechtsraum ergeben sich Unterschiede zur handelsrechtlichen Bilanzierung, insbesondere im Bereich der Personenhandelsgesellschaften, obwohl das IASB mit einer Änderung der Vorschriften in IAS 32 im Jahr 2008 die Klassifizierung der Anteile an diesem Gesellschaftstyp überarbeitete.

Ebenfalls von großer Bedeutung in IAS 32 sind die Vorschriften für hybride Finanzinstrumente auf Seiten des Emittenten (die Bilanzierung aus Sicht des Inhabers regelt IAS 39). Als hybride Finanzinstrumente bezeichnet man im Kontext von IAS 32 Kombinationen aus Eigen- und Fremdkapitalinstrumenten, die in einem Vertrag niedergelegt sind. Liegt ein hybrides Finanzinstrument vor, ist dieses in seine Komponenten zu trennen. Dabei erfolgt die Zerlegung nach dem Restwertverfahren, bei dem zuerst der Wert der Fremdkapitalkomponente ermittelt wird und danach, durch Subtraktion vom Gesamtwert des Instruments, der Wert der Eigenkapitalkomponente.

Letztendlich ist noch hervorzuheben, dass IAS 32 einen Ansatz von Eigenkapitalanteilen im eigenen Bestand als Aktivposten ablehnt. Somit ist jede Rücknahme von eigenen Anteilen als Abzug vom Eigenkapital des Unternehmens zu bilanzieren.

II. Normzweck und Anwendungsbereich. Gemäß IAS 32.2 ist Zielsetzung des Standards, Prinzipien für den Ausweis von Finanzinstrumenten als Schulden oder Eigenkapital in der Bilanz des Emittenten sowie wie für die Aufrechnung von Finanzaktiva und -passiva aufzustellen. Dabei ergänzen die Vorschriften in IAS 32 diejenigen in IAS 39 und IFRS 7 (vgl. IAS 32.3).

---

3   Vgl. *PwC (Hrsg.)* Manual of Accounting, 7001.

6 Die Vorschriften in IAS 32 sind von allen Unternehmen, unabhängig von Branchenzugehörigkeit, Größe oder Rechtsform, für alle Finanzinstrumente (gemäß der Definition in IAS 32.11) anzuwenden. Dabei bestehen insgesamt fünf Ausnahmen vom Anwendungsbereich (vgl. IAS 32.4):

- Anteile an verbundenen und assoziierten Unternehmen sowie Joint Ventures, die nach den Vorschriften in IAS 27 *Consolidated and Separate Financial Statements*, IAS 28 *Investments in Associates* bzw. IAS 31 *Interests in Joint Ventures* bilanziert werden (vgl. IAS 32.4(a)). Davon ausgenommen sind diejenigen Anteile, bei denen diese Standards eine Bilanzierung nach den Vorschriften von IAS 39 zulassen. In diesen Fällen sind auch die Vorschriften von IAS 32 anzuwenden. Darüber hinaus sind die Regelungen ausnahmslos auf alle Derivate über solche Anteile anzuwenden.
- Gemäß IAS 19 *Employee Benefits* zu bilanzierende **Rechte und Pflichten eines Arbeitgebers aus Leistungsplänen** gegenüber Arbeitnehmern (vgl. IAS 32.4(b)).
- **Versicherungsverträge** (wie in IFRS 4 *Insurance Contracts* definiert; vgl. IAS 32.4(d)). Jedoch sind die Vorschriften auf eingebettete Derivate, bei denen IAS 39 eine Trennung vorsieht, anzuwenden. Hat sich der Emittent einer Finanzgarantie entschieden, die Vorschriften von IAS 39 anzuwenden, so ist IAS 32 auch hier einschlägig.
- **Finanzinstrumente mit ermessensabhängigen Überschussbeteiligungen**, die im Anwendungsbereich von IFRS 4 sind (vgl. IAS 32.4(e)). Hier ist das berichtende Unternehmen von den Regelungen in IAS 32.15-32 sowie IAS 32.AG25-35[4] befreit, muss aber alle anderen Anforderungen von IAS 32 beachten. Daneben ist der Standard auf eingebettete und nach IAS 39 abgespaltene Derivate anzuwenden.
- **Finanzinstrumente, Verträge und Pflichten aus anteilsbasierten Vergütungen,** auf die IFRS 2 *Share-based Payment* Anwendung findet (vgl. IAS 32.4(f)). Davon ausgenommen sind wiederum Verträge über bestimmte nicht-finanzielle Posten, falls die Regeln in IAS 32.8-10 diese Verträge in den Anwendungsbereich von IAS 32 bringen. Daneben sind IAS 32.33-34 auf eigene Anteile anzuwenden, die im Rahmen von Vereinbarungen über anteilsbasierte Vergütungen erworben, verkauft, emittiert oder eingezogen werden.

7 Der Standard ist zudem anzuwenden auf Warenterminkontrakte, die nicht in die Eigenbedarfsausnahme fallen (vgl. IAS 32.8-10 und AG20-AG24; siehe dazu die Ausführungen zu IAS 39 in diesem Band).

8 **III. Begriffe.** IAS 32.11 definiert sechs Termini, die nachfolgend näher erläutert werden.

---

4   Diese Rn regeln die Trennung nach Eigen- und Fremdkapital.

III. Begriffe

Ein **Finanzinstrument** (*financial instrument*) ist ein **Vertrag**, der bei einer Vertragspartei einen finanziellen Vermögenswert und bei der anderen Vertragspartei eine finanzielle Verbindlichkeit bzw. ein Eigenkapitalinstrument begründet. Dingliche, immaterielle oder im Rahmen einer Leasingvereinbarung gehaltene Vermögenswerte gelten nicht als Finanzinstrumente (vgl. IAS 32.AG10), da sie kein unmittelbares Recht zum Erhalt von Zahlungsmitteln oder anderen finanziellen Vermögenswerten darstellen.[5] Wesentlich für die Erfüllung der Definition ist das **Bestehen eines Vertrags**. Gemäß IAS 32.13 bezieht sich der Begriff des „Vertrags" (bzw. „vertraglich") auf eine Vereinbarung zwischen zwei oder mehr Parteien, die **eindeutige wirtschaftliche Konsequenzen** nach sich zieht. Diesen Konsequenzen können sich die Vertragsparteien in der Regel nicht entziehen, da die Vertragsbedingungen meist **rechtlich durchsetzbar** sind. Die **Schriftform** ist für das Erfüllen der Definition eines Vertrags grundsätzlich **nicht erforderlich** (wenn auch üblich). Auch eine Kombination mehrerer Verträge, an deren Ende ein Austausch von liquiden Mitteln oder anderen finanziellen Vermögenswerten steht, stellt ein Finanzinstrument dar (vgl. IAS 32.AG7). Vermögenswerte oder Schulden, denen kein Vertragsverhältnis zu Grunde liegt, beispielsweise aus hoheitlichen Vorschriften, sind keine finanziellen Vermögenswerte oder finanziellen Verbindlichkeiten und liegen somit nicht im Anwendungsbereich von IAS 32 (vgl. IAS 32.AG12). Dies gilt zB für **Ertragsteuern** (auf die dann jedoch IAS 12 Income Taxes Anwendung findet). Falls es sich bei dem zu beurteilenden Vertrag um ein **Leasingverhältnis** handelt, so ist IAS 32 anzuwenden, wenn eine Einstufung als Finanzierungsleasingverhältnis (*finance lease*) erfolgt ist (vgl. IAS 32.AG9). Handelt es sich um ein Mietleasingverhältnis (*operating lease*), ist dieses als schwebendes Dauerschuldverhältnis aufzufassen und somit, mit Ausnahme der jeweils fälligen Zahlungen, kein Finanzinstrument (vgl. IAS 32.AG9).

IAS 32 betrachtet die folgenden Vermögenswerte als **finanzielle Vermögenswerte** (*financial assets*):

- Zahlungsmittel,
- **Eigenkapitalinstrumente** eines anderen Unternehmens,
- Vertragliche Rechte zum **Erhalt** von Zahlungsmitteln oder anderen finanziellen Vermögenswerten von einem anderen Unternehmen bzw. zum **Tausch** von finanziellen Vermögenswerten oder finanziellen Verbindlichkeiten zu möglicherweise vorteilhaften Bedingungen,
- Verträge, die in eigenen Anteilen des Unternehmens erfüllt werden (können) und im Falle von Kassainstrumenten den Erhalt einer variablen Anzahl von eigenen Anteilen vorsehen. Bei derivativen Finanzinstrumenten muss mindestens eine der Komponenten „Gegenleistung" oder „Anzahl eigener Anteile" variabel sein, damit eine Klassifizierung als finanzieller Vermögenswert in Betracht kommt.

---

5   Finanzinstrumente generieren aus sich heraus Zahlungsmittel bzw. andere finanzielle Vermögenswerte. Bei ihnen ist somit kein unmittelbarer Wertschöpfungsprozess notwendig wie zB bei einer Maschine.

Kündbare Instrumente iSv. IAS 32.16A und 16B, Anteile an Unternehmen mit begrenzter Lebensdauer iSv. IAS 32.16C und 16D sowie Verträge über den künftigen Erhalt oder die Abgabe von eigenen Anteilen stellen für die Zwecke dieser Abgrenzung keine eigenen Anteile dar.

Daneben stellen geleistete Anzahlungen keine finanziellen Vermögenswerte dar, weil deren zukünftiger Nutzen im Erhalt von Gütern oder Dienstleistungen liegt und regelmäßig nicht im Erhalt von Zahlungsmitteln oder finanziellen Vermögenswerten (vgl. IAS 32.AG11).

11   Die Definition einer **finanziellen Verbindlichkeit** (*financial liability*) ist i.w. spiegelbildlich zur Begriffsabgrenzung eines finanziellen Vermögenswerts. Als Ausnahme zu der Definition stellen Instrumente, die vollständig entweder die Bedingung in IAS 32.16A und 16B oder IAS 32.16C und 16D erfüllen, gewillkürte Eigenkapitalinstrumente dar, obwohl sie die Definition einer finanziellen Verbindlichkeit erfüllen. Des Weiteren hat das IASB im Oktober 2009 eine Änderung an IAS 32 vorgenommen, die Rechte, Optionen und Bezugsrechte zum Erhalt einer festen Anzahl eigener Eigenkapitalinstrumente gegen einen festen Betrag in beliebiger Währung betrifft und diese zu Eigenkapital willkürt, falls diese Instrumente allen derzeitigen Anteilnehmern in derselben Klasse von nicht-derivativen Eigenkapitalinstrumenten offeriert werden.[6] Ursprünglich wurden solche Derivate als Fremdkapital klassifiziert, wenn die Vertragswährung von der funktionalen Währung des berichtenden Unternehmens abwich.[7]

12   Ein **Eigenkapitalinstrument** (*equity instrument*) ist ein Vertrag, der einen Anspruch auf das Residualvermögen eines Unternehmens begründet, also einen Anspruch auf das Nettoreinvermögen (Vermögenswerte abzüglich Schulden). Auch wenn IAS 32 Eigenkapital als Restgröße definiert, muss man diese Definition im Kontext der Definitionen eines finanziellen Vermögenswerts und insbesondere einer finanziellen Verbindlichkeit sehen. Nur ein Finanzinstrument, das definitionsgemäß weder ein finanzieller Vermögenswert noch eine finanzielle Verbindlichkeit darstellt, kann als Eigenkapitalinstrument klassifiziert werden (und somit im Eigenkapital ausgewiesen werden). Somit ist die Definition eines Eigenkapitalinstruments für sich genommen bedeutungslos für die Anwendung von IAS 32, hilft aber bei der Auslegung der Vorschriften.

13   Der **beizulegende Zeitwert** (*fair value*) ist der Betrag, zu dem zwischen sachverständigen, vertragswilligen und voneinander unabhängigen Geschäftspartnern ein Vermögenswert getauscht oder eine Schuld beglichen werden könnte. Dabei ist festzuhalten, dass es sich beim beizulegenden Zeitwert um ein **Bewertungskonzept** handelt und nicht um einen **konkreten Wert**. Diesem Bewertungskonzept liegt

---

6   Vgl. *Deloitte (Hrsg.)* iGAAP, 247ff.
7   Vgl. IFRS Update April 2005, 2.

III. Begriffe

eine hypothetische Transaktion zum Bewertungsstichtag zugrunde. Dabei ist der Wertbegriff des beizulegenden Zeitwerts in den IFRS regelmäßig als sog. *exit price* ausgestaltet,[8] der eine Veräußerung eines Vermögenswerts bzw. die Übertragung einer Schuld an einen Dritten als Grundlage für die Bewertung heranzieht.

Kündbare Instrumente sind Finanzinstrumente, die vom Inhaber gegen Übertragung von Zahlungsmitteln oder anderen finanziellen Vermögenswerten an den Emittenten zurückgegeben werden können (also eine eingebettete Put-Option besitzen). Daneben umfasst die Definition auch Finanzinstrumente, die eine automatische Ausübung des Kündigungsrechts bei Eintritt eines unsicheren zukünftigen Ereignisses oder dem Tod bzw. der Verrentung des Inhabers vorsehen. Obwohl solche kündbaren Instrumente aufgrund der inhärenten Zahlungsverpflichtung des emittierenden Unternehmens die Definition eines Eigenkapitalinstruments iSv. IAS 32.16 nicht erfüllen, stellen sie aufgrund einer Änderung der ursprünglichen Fassung von IAS 32 im Jahr 2008 nunmehr unter bestimmten Vorasusetzungen gewillkürtes Eigenkapital für Ausweis- und Bewertungszwecke nach IFRS dar.

14

Daneben werden die bestehenden Definitionen aus IAS 39 für 16 weitere Begriffe übernommen (vgl. IAS 32.12):

- Fortgeführte Anschaffungskosten eines finanziellen Vermögenswerts oder einer finanziellen Verbindlichkeit (*amortised cost of a financial asset or financial liability*),
- Ausbuchung (*derecognition*),
- Derivat (*derivative*),
- Effektivzinsmethode (*effective interest method*),
- Finanzieller Vermögenswert oder finanzielle Verbindlichkeit, die erfolgswirksam zum beizulegenden Zeitwert bewertet wird (*financial asset or financial liability at fair value through profit or loss*),
- Finanzgarantie (*financial guarantee contract*),
- Feste Verpflichtung (*firm commitment*),
- Geplante Transaktion (*forecast transaction*);
- Wirksamkeit eines Sicherungsgeschäfts (*hedge effectiveness*),
- Gesichertes Grundgeschäft (*hedged item*),
- Sicherungsinstrument (*hedging instrument*),
- Bis zur Endfälligkeit zu haltende Finanzinvestitionen (*held-to-maturity investments*),
- Kredite und Forderungen (*loans and receivables*),
- Marktüblicher Kauf oder Verkauf (*regular way purchase or sale*),
- Transaktionskosten (*transaction costs*).

---

8   Das IASB Projekt *Fair Value Measurement*, das zum Ziel hat, die Bewertungsvorschriften für beizulegende Zeitwerte zu bündeln, postuliert ebenfalls ein *exit price*-Konzept.

15 Der im Standard verwendete Begriff „Unternehmen" umfasst sämtliche Einzelpersonen, Personengesellschaften, Kapitalgesellschaften, Treuhänder und öffentliche Institutionen (vgl. IAS 32.14).

16 **IV. Ausweis.** IAS 32.15-27 regeln die Abgrenzung von Eigen- und Fremdkapitalinstrumenten für Ausweiszwecke. Die Vorschriften werden durch die Anwendungsleitlinien IAS 32.AG13-14J sowie AG25-29A ergänzt und erläutert.

17 Gemäß IAS 32.15 ist ein Finanzinstrument zum Zeitpunkt des erstmaligen Ansatzes entweder als finanzielle Verbindlichkeit (also Fremdkapital) oder Eigenkapital einzustufen und entsprechend in der Bilanz auszuweisen. Diese Klassifizierung hat neben einer Ausweiskonsequenz auch Bewertungskonsequenzen, da finanzielle Verbindlichkeiten in den Anwendungsbereich von IAS 39 gelangen und somit einer regelmäßigen Folgebewertung zu fortgeführten Anschaffungskosten bzw. zum beizulegenden Zeitwert unterliegen, während bei Verbleib im Anwendungsbereich von IAS 32 keine Folgebewertung stattfindet. Bei Eigenkapitalderivaten kommt auch ein Ausweis als finanzieller Vermögenswert in Betracht (bei positivem beizulegendem Zeitwert). Die Beurteilung wird im Zeitpunkt des erstmaligen Ansatzes vorgenommen und nachträglich nicht mehr revidiert, es sein denn, die vertraglichen Bedingungen werden substanziell geändert bzw. in den Anwendungsfällen von IAS 39.16A-D kommt es zu einer Änderung der Rahmenbedingungen.

18 Obwohl bei der Beurteilung eines emittierten Finanzinstruments die Vertragsbedingungen eine herausragende Bedeutung einnehmen (bestimmen sie doch letztendlich die aus einem Instrument ggf. resultierende Verpflichtung zur Zahlung/Übertragung anderer Finanzinstrumente), ist immer primär auf den **wirtschaftlichen Gehalt** des Vertrags abzustellen (vgl. IAS 32.18). Somit ist die Bezeichnung oder juristische Einstufung ohne Relevanz für den bilanziellen Ausweis. Entscheidendes Kriterium für die Abgrenzung zwischen Eigen- und Fremdkapital ist das (Nicht-)Bestehen einer Zahlungsverpflichtung (bzw. Pflicht zur Übertragung von finanziellen Vermögenswerten) des Emittenten – diese kann auch bedingter Natur sein. Dabei sind folgende Sachverhalte unbeachtlich (vgl. IAS 32.AG26):
- die Vornahme von Ausschüttungen in der Vergangenheit,
- die Absicht, künftig Ausschüttungen vorzunehmen,
- eine mögliche nachteilige Auswirkung auf den Kurs der Stammaktien des Emittenten, falls keine Ausschüttungen vorgenommen werden (aufgrund von Beschränkungen hinsichtlich der Zahlung von Dividenden auf Stammaktien, wenn keine Dividenden auf Vorzugsaktien gezahlt werden),
- die Höhe der Rücklagen des Emittenten,
- eine Gewinn- oder Verlusterwartung des Emittenten für eine Berichtsperiode oder
- die Fähigkeit oder Unfähigkeit des Emittenten, die Höhe seines Gewinns oder Verlusts zu beeinflussen.

IV. Ausweis

Für Derivate gibt es weiterführende Vorschriften (s.u.). Daneben sind die Ausnahmen in IAS 32.16A-D zu beachten.

Nachfolgend werden die Vorschriften in IAS 32 für Kassainstrumente, Derivate sowie die Sonderfälle „Kündbare Instrumente" und „Unternehmen mit fester Lebensdauer" dargestellt. 19

1. Kassainstrumente. Bei einem Kassainstrument (zB aufgenommenes Darlehen) ist für die Einstufung als Eigen- oder Fremdkapital für Zwecke der IFRS entscheidend, ob eine **vertragliche Verpflichtung des Emittenten zur Übertragung flüssiger Mittel bzw. anderer finanzieller Vermögenswerte** besteht. Dabei müssen Zahlungen nicht *ex ante* ausgeschlossen sein, sie müssen jedoch im Ermessen des Unternehmens stehen. Deutlich wird dies am Beispiel der klassischen Aktie, wo auf Beschluss der Hauptversammlung eine Ausschüttung (also eine Auszahlung) innerhalb des gesetzlichen Rahmens vorgenommen werden kann, falls keine besonderen Vertragsklauseln bestehen. Solche Aktien stellen Eigenkapital iSv. IAS 32 dar, da keine vertragliche Verpflichtung zur Zahlung bzw. Übertragung finanzieller Vermögenswerte besteht.[9] Entsteht jedoch die Verpflichtung durch Ausübung eines Rechts des Inhabers des Instruments, dann liegt ein Ressourcenabfluss nicht im Ermessen des Emittenten und das Instrument ist als finanzielle Verbindlichkeit zu klassifizieren (vgl. IAS 32.19(b)). Bei der Beurteilung ist es nicht von Bedeutung, ob ein ökonomischer Zwang besteht, eine Zahlung bzw. eine Übertragung von finanziellen Vermögenswerten vorzunehmen (sog. *economic compulsion*), falls sich aus dem Vertrag selbst keine Auszahlungspflicht ergibt. Diese Auffassung hat das IFRIC in einer Agendaentscheidung bestätigt.[10] Dabei stellt das IFRIC klar, dass eine vertragliche Zahlungsverpflichtung entweder direkt oder indirekt festgelegt sein kann – jedoch muss sich die Verpflichtung zwingend aus dem zugrundeliegenden Vertragsverhältnis ergeben. 20

Beispielhaft sei hier eine ewig laufende Anleihe genannt, die keine Auszahlungspflicht von Zinsen vorsieht, die nicht gezahlten Zinsen jedoch kumuliert und ein Emittentenkündigungsrecht alle drei Jahre einräumt. Bei Nichtausübung erfolgt jedoch eine Zinserhöhung von jeweils 10%. Wegen der fehlenden vertraglichen Auszahlungspflicht sehen die IFRS einen Ausweis als Eigenkapital vor, obwohl die Zinssprungklausel (*step up clause*) den Emittenten wirtschaftlich in der ganz überwiegenden Anzahl der Fälle dazu zwingen wird, die Anleihe zu tilgen. Die Wahrscheinlichkeit der Ausübung des Kündigungsrechts ist hierbei für die Beurteilung ohne Belang.

---

9   Vgl. *KPMG (Hrsg.)* Insights, Rn 3.11.80.20.
10 Vgl. IFRIC Update Mai 2006, 5.

21 Bedingte Erfüllungsvereinbarungen (sog. *contingent settlement provisions*) führen idR. zu einem Fremdkapitalausweis, da die Zahlungsverpflichtung nicht im Ermessen des Unternehmens oder der Gegenpartei steht (vgl. IAS 32.25). Beispiele für solche bedingten Erfüllungsvereinbarungen sind:
- Entwicklung eines Aktien- oder Rohstoffindex,
- Entwicklung eines Verbraucherpreisindex,
- Änderungen in den steuerlichen Rahmenbedingungen,
- Künftiger Umsatz des Emittenten,
- Künftiges Jahresergebnis des Emittenten,
- Künftiger Verschuldungsgrad

Jedoch regelt IAS 32.25 auch drei **Ausnahmen** von der Anwendbarkeit der Vorschrift. Die erste bezieht sich auf den materiellen Gehalt einer solchen Vereinbarung. Falls diese wirklichkeitsfremd (*not genuine*) ist, dann ist die Klausel nicht zu berücksichtigen (vgl. IAS 32.25(a)). Der IASB sieht eine Klausel dann als wirklichkeitsfremd an, wenn der Eintritt der Bedingung extrem selten, höchst ungewöhnlich und sehr unwahrscheinlich ist (vgl. IAS 32.AG28). Aus der Einschätzung der Wahrscheinlichkeit lässt sich jedoch keine Analogie auf andere Sachverhalte ableiten. Dabei ist insbesondere auf die Eintrittswahrscheinlichkeit der Bedingung abzustellen, mithin greift diese Regelung nur in sehr seltenen Fällen (Beispiel: Die Bedingung sieht eine Zahlung für den Fall vor, dass der Mond in den nächsten fünf Jahren auf die Erde fällt). Des Weiteren ist eine Verpflichtung zur Übertragung von Zahlungsmitteln oder anderen finanziellen Vermögenswerten für die Klassifizierung als Eigenkapital unschädlich, falls sie sich nur im Falle der Liquidation des Unternehmens ergibt (jedoch nicht bei Insolvenz, da diese nicht zwingend zur Beendigung des Unternehmens führt) ergibt (vgl. IAS 32.25(b)). Zudem werden kündbare Instrumente iSv. IAS 32.16A und 16B von den Vorschriften zu bedingten Erfüllungsvereinbarungen ausgenommen (vgl. IAS 32.25(c)).

22 Des Weiteren ist für die Beurteilung unerheblich, ob der Emittent seinen vertraglichen Verpflichtungen nachkommen kann (vgl. IAS 32.19). Als Beispiele nennt der Standard das Nichtvorhandensein von Devisen zur Tilgung einer finanziellen Verbindlichkeit in fremder Währung oder die Notwendigkeit zur Einholung einer behördlichen Genehmigung zur Übertragung von Zahlungsmitteln. Hier wird wiederum deutlich, dass die Vertragskonditionen das dominierende Element in der Beurteilung sind, denn auch hier steht die vertragliche Pflicht zur Auskehrung dem Grunde nach nicht in Frage. Von den Vorgaben in IAS 32.19 sind kündbare Instrumente iSv. IAS 32.16A und 16B und von Unternehmen mit begrenzter Lebensdauer emittierte Instrumente iSv. IAS 32.16C und 16D ausgenommen.

23 Auch **implizite Auszahlungsverpflichtungen** sind in die Abgrenzungsentscheidung einzubeziehen. IAS 32.20 nennt hierzu zwei Beispiele:

IV. Ausweis

- Ein Finanzinstrument kann eine nicht-finanzielle Verpflichtung enthalten, die nur dann erfüllt werden muss, wenn das Unternehmen keine Ausschüttungen vornimmt oder das Instrument nicht zurücknimmt. Wenn ein Unternehmen also die Übertragung von Zahlungsmitteln oder finanziellen Vermögenswerten nur durch Erfüllung der nicht-finanziellen Verpflichtung vermeiden kann, dann stellt das Finanzinstrument eine finanzielle Verbindlichkeit dar.
- Ein Finanzinstrument räumt bei Fälligkeit ein Wahlrecht ein, es entweder in Zahlungsmitteln oder anderen finanziellen Vermögenswerten oder in eigenen Anteilen zu erfüllen. Dabei wird der Wert der zu liefernden eigenen Anteile so ermittelt, dass er deutlich über der Baralternative liegt. Auch hier liegt nach Ansicht des IASB eine finanzielle Verbindlichkeit vor, da die Erfüllung immer in Zahlungsmitteln oder anderen finanziellen Vermögenswerten erfolgen wird.

Umgekehrt kann sich implizit auch eine Verneinung einer Zahlungsverpflichtung ergeben, wenn Satzung oder Gesetz einen Transfer von Zahlungsmitteln oder anderen finanziellen Vermögenswerten beschränken oder untersagen. So kann das Gesetz das Vorhalten eines bestimmten Mindestkapitals vorsehen und eine Erfüllung des Instruments würde zur Unterschreitung des Mindestkapitals führen (vgl. auch IFRIC 2). Hier ist eine Einzelfallprüfung angezeigt. Es sei darauf hingewiesen, dass mangelnde Liquidität eine Einstufung als Fremdkapital nicht verhindert.

Kassainstrumente, die eine **Erfüllung in eigenen Eigenkapitalinstrumenten** vorsehen, sind nur dann als Eigenkapital nach IAS 32 zu klassifizieren, wenn sie keine vertragliche Verpflichtung zur Erfüllung in einer variablen Anzahl an eigenen Eigenkapitalinstrumenten enthalten. Mithin qualifizieren sich also nur solche Instrumente, die ein festes Umtauschverhältnis vorsehen. Geleistete oder empfangene Leistungen im Kontrahierungszeitpunkt sind dabei unmittelbar und ohne Erfolgswirkung im Eigenkapital zu erfassen (vgl. IAS 32.21 und AG27(a)).

Für die typischen deutschen Gesellschaftsformen lässt sich die tendenzielle Einstufung als Fremd- oder Eigenkapital wie folgt darstellen – jedoch ist immer für den Einzelfall zu prüfen, ob die Tendenzaussage zutrifft:

Gesellschaftsform	Tendenzielle Einstufung	Bemerkung
Aktiengesellschaft (AG)	Eigenkapital	Gilt für Grundkapital, Kapitalrücklage, Gewinnrücklagen, Gewinnvortrag und Jahresüberschuss Bei Vorzugsaktien kann sich eine Verbindlichkeit iHd. Barwerts der erwarteten Vorzugsdividenden ergeben[11]
Europäische Aktiengesellschaft (SE)	Eigenkapital	Gilt für Grundkapital, Kapitalrücklage, Gewinnrücklagen, Gewinnvortrag und Jahresüberschuss
Kommanditgesellschaft auf Aktien (KGaA)	Kommanditkapital in Aktien: Eigenkapital Anderes Kommanditkapital sowie Komplementärkapital: EK/FK	Anderes Kommanditkapital sowie Komplementärkapital muss auf die Vorschriften in IAS 32.16A und 16B hin untersucht werden
Gesellschaft mit beschränkter Haftung (GmbH)	Stammkapital: EK	
Genossenschaft (eG)	Geschäftsguthaben: FK Rücklagen: EK	
Personenhandelsgesellschaften (OHG, KG)	EK/FK	Bei Erfüllung der Kriterien in IAS 32.16A und 16B: EK Bei Nichterfüllung der Kriterien in IAS 32.16A und 16B: FK

---

[11] Vgl. *KPMG (Hrsg.)* Eigenkapital vs Fremdkapital nach IFRS, 77ff.

IV. Ausweis

2. Derivate. Die Regelungen zum Ausweis von derivativen Finanzinstrumenten (Derivaten) als Fremd- oder Eigenkapital, deren Basiswert (*underlying*) eigene Anteile sind, gestalten sich komplex und sind sicherlich auch von Missbrauchsüberlegungen getrieben, da bei Einstufung als Eigenkapitalinstrument kein Aufwand aus der Folgebewertung entstehen kann. Auf Konzernebene gilt zu beachten, dass solche Derivate auch Derivate über Anteile von Tochterunternehmen umfassen.[12]

Grundsätzlich kommt eine Einwertung eines Eigenkapitalderivats als Eigenkapital nur dann infrage, wenn die Erfüllung durch Lieferung (Erhalt) einer **festen** Anzahl eigener Eigenkapitalinstrumente erfolgt und die Gegenleistung im Erhalt (oder in der Zahlung) eines **festen** Betrags an Geldmitteln oder einem anderen finanziellen Vermögenswert besteht (vgl. IAS 32.16). Dabei ist bei der Analyse, ob es sich um einen festen Betrag handelt, grundsätzlich von der funktionalen Währung des Berichtsunternehmens iSv. IAS 21 auszugehen. Dh sollte die Vertragswährung ungleich der funktionalen Berichtswährung sein, scheidet eine Klassifizierung als Eigenkapital aus. Jedoch hat das IASB diese Regelung im Oktober 2009 abgeändert, so dass bestimmte Bezugsrechte diese Regelung nicht zu erfüllen brauchen, falls die Rechte anteilsproportional für eine Klasse von Eigenkapitalinstrumenten emittiert an die bisherigen Anteilseigner werden (vgl. IAS 32.11(b)(ii) idF. vom Oktober 2009). Eine analoge Anwendung auf andere Sachverhalte ist nicht zulässig.

Im Fall der Einstufung eines Eigenkapitalderivats als Eigenkapital wird eine eventuell erhaltene Prämie als Eigenkapitalerhöhung bilanziert, eine gezahlte als Eigenkapitalherabsetzung. In der Folge finden Änderungen im beizulegenden Zeitwert keinen Niederschlag in der Bilanz oder GuV – damit wird hier vom sonst üblichen Gebot der Zeitwertbilanzierung von Derivaten abgewichen. Dies ist aber nur konsequent, da Eigenkapital als Restgröße definiert ist und somit selbst keiner Bewertung unterworfen ist.

Eine **Ausnahme** vom Grundsatz, dass Derivate in ihrer Gesamtheit entweder Eigenkapital oder einen finanziellen Vermögenswert oder eine Schuld darstellen, stellt die Bilanzierung folgender Derivatetypen dar:
- Geschriebener Terminverkaufskontrakt über eigene Eigenkapitalinstrumente ohne Erfüllungsalternativen.
- Geschriebener Terminverkaufskontrakt über eigene Eigenkapitalinstrumente mit Erfüllungsalternativen, wobei eine der Alternativen die Erfüllung durch Lieferung der eigenen Eigenkapitalinstrumente ist.
- Geschriebene Verkaufsoption über eigene Eigenkapitalinstrumente ohne Erfüllungsalternativen.

---

12 Vgl. *Deloitte (Hrsg.)* iGAAP, 165.

- Geschriebene Verkaufsoption über eigene Eigenkapitalinstrumente mit Erfüllungsalternativen, wobei eine der Alternativen die Erfüllung durch Lieferung der eigenen Eigenkapitalinstrumente ist.

Für die o.g. Instrumente ist in Höhe des Barwerts der impliziten Verpflichtung eine finanzielle Verbindlichkeit anzusetzen, welche gemäß den Vorschriften von IAS 39 zu bewerten ist. Die Gegenbuchung erfolgt im Eigenkapital (vgl. IAS 32.23). Bilanziell stellt sich damit der Erwerb von Anteilen als bereits vollzogen dar.[13] Daher wird oftmals von einer synthetischen Verbindlichkeit gesprochen (vgl. IAS 32.DO1).[14]

29 Sieht ein derivatives Finanzinstrument **Erfüllungsalternativen** für eine der Vertragsparteien vor (zB Nettoerfüllung in bar oder Lieferung der eigenen Anteile), dann ist das gesamte Instrument als finanzieller Vermögenswert oder finanzielle Verbindlichkeit zu klassifizieren (vgl. IAS 32.26). Davon ausgenommen sind Verträge, bei denen alle Erfüllungsalternativen zu einer Eigenkapitalklassifizierung führen würden.

30 Falls ein Derivat nicht als Eigenkapitalinstrument iSv. IAS 32 klassifiziert wird, ist eine Bilanzierung nach den Vorschriften von IAS 39 angezeigt, was idR. eine erfolgswirksame Bewertung zum beizulegenden Zeitwert nach sich zieht.

31 **Beispiel**

Ein Unternehmen erwirbt am 10. März 201X 500 Kaufoptionen über seine eigenen Aktien. Die funktionale Währung des Unternehmens sei mit der Vertragswährung identisch. Der Ausübungspreis beträgt € 30 je Aktie. Es handelt sich um eine Option europäischen Typs, deren Fälligkeitszeitpunkt der 10. Oktober 201X ist. Bei Ausübung findet eine physische Lieferung der Anteile gegen Leistung des Ausübungspreises statt.

Es handelt sich um ein Derivat über eigene Eigenkapitalinstrumente, welches die Bedingungen in IAS 32.16(b) erfüllt. Damit ist ein Ausweis als Eigenkapital nach IFRS angezeigt.

32 **Beispiel**

Ein Unternehmen erwirbt am 10. März 201X 500 Kaufoptionen über seine eigenen Aktien. Die funktionale Währung des Unternehmens sei mit der Vertragswährung identisch. Der Ausübungspreis beträgt € 30 je Aktie. Es handelt sich um eine Option europäischen Typs, deren Fälligkeitszeitpunkt der 10. Oktober 201X ist. Bei Ausübung findet eine Nettoerfüllung durch Zahlung des inneren Werts der Option statt.

---

13 Vgl. *Deloitte (Hrsg.)* iGAAP, 235.
14 Vgl. *KPMG (Hrsg.)* Eigenkapital vs Fremdkapital nach IFRS, 38.

IV. Ausweis

Es handelt sich um ein Derivat über eigene Eigenkapitalinstrumente, welches die Bedingungen in IAS 32.16(b) nicht erfüllt. Damit ist ein Ausweis als Fremdkapital nach IFRS angezeigt. Für Bewertungszwecke ist IAS 39 einschlägig, was eine erfolgswirksame Folgebewertung zum beizulegenden Zeitwert nach sich zieht.

Beispiel 33
Ein Unternehmen schreibt am 10. März 201X 500 Verkaufsoptionen über seine eigenen Aktien. Die funktionale Währung des Unternehmens sei mit der Vertragswährung identisch. Der Ausübungspreis beträgt 30 EUR je Aktie. Es handelt sich um eine Option europäischen Typs, deren Fälligkeitszeitpunkt der 10. Oktober 201X ist. Bei Ausübung findet eine physische Lieferung der Anteile gegen Leistung des Ausübungspreises statt.
Es handelt sich um ein Derivat über eigene Eigenkapitalinstrumente iSv. IAS 32.23. Es ist somit eine finanzielle Verbindlichkeit in Höhe des Barwerts des Glattstellungsbetrags zu erfassen, wobei die Gegenbuchung im Eigenkapital erfolgt. In der Folge ist die finanzielle Verbindlichkeit gemäß den Vorschriften in IAS 39 zu bilanzieren.

3. Sonderfall: Kündbare Instrumente. In Deutschland führten die Vorschriften 34 in IAS 32 insbesondere bei **Personenhandelsgesellschaften** zu dem Phänomen, dass diese kein Eigenkapital nach IFRS ausweisen konnten, da die zugrundeliegenden Verträge idR. ein nicht ausschließbares Kündigungsrecht des Gesellschafters vorsehen. Dies hat nicht nur Konsequenzen für den Ausweis der Gesellschafteranteile in der Bilanz – durch die Klassifizierung als finanzielle Verbindlichkeit gelangen diese auch in den Anwendungsbereich von IAS 39 und sind fortlaufend zu bewerten. Da der Rückzahlungsbetrag mit dem Unternehmenserfolg schwankt, hilft auch nicht die Bilanzierung zu fortgeführten Anschaffungskosten, weil IAS 39.49 bei kündbaren Instrumenten einen Ansatz mit dem (ggf. diskutierten) Rückzahlungsbetrag zum frühestmöglichen Kündigungszeitpunkt vorsieht. Auch in anderen Ländern ergaben sich vergleichbare Probleme und das IASB sah sich mit steigender Kritik an den damals geltenden Regelungen konfrontiert.

Das IASB hat diese Kritik zum Anlass genommen, die Vorschriften in IAS 32 zu 35 kündbaren Instrumenten zu überarbeiten. Im Februar 2008 wurden dann Änderungen an IAS 32 veröffentlicht, die auch bei kündbaren Instrumenten unter eng definierten Umständen einen Eigenkapitalausweis ermöglichen – es handelt sich hier ganz klar um eine Ausnahme, da kündbare Instrumente die Definition einer finanziellen Verbindlichkeit erfüllen. Der zugrundeliegende Gedanke der Regelung ist der ansonsten bestehende Eigenkapitalcharakter des Instruments, wenn man das Kündigungsrecht ausklammert. Die Ausnahme iF. einer Willkürung zu Eigenkapital gilt, wenn kumulativ fünf Bedingungen erfüllt werden (vgl. IAS 32.16A):

(a) Das Instrument sichert dem Inhaber einen anteiligen Anspruch auf das Reinvermögen des Unternehmens im Falle der Liquidation zu.

(b) Das Instrument gehört der nachrangigsten Klasse von Instrumenten an, dh das Instrument wird im Falle der Abwicklung nicht vorrangig bedient.

(c) Alle Instrumente der Klasse weisen dieselben Ausstattungsmerkmale auf.

(d) Es bestehen mit Ausnahme der Verpflichtung bei Kündigung keine weiteren Verpflichtungen zur Zahlung, zur Übertragung von finanziellen Vermögenswerten, zum Tausch von Finanzinstrumenten unter potenziell nachteiligen Bedingungen oder zur Erfüllung in eigenen Anteilen.

(e) Die Summe aller aus dem Instrument erwarteten zukünftigen Zahlungen entspricht im Wesentlichen der Ergebnisentwicklung des Unternehmens, der Veränderung im bilanzierten Reinvermögen oder dem Zeitwert des bilanzierten und nicht-bilanzierten Reinvermögens.

Die hier genannten Bedingungen werden nachfolgend erörtert.

36 **a) Anspruch auf das Reinvermögen des Unternehmens im Falle der Liquidation.** Das kündbare Instrument muss einen beteiligungsproportionalen Anspruch auf das Reinvermögen für den Fall einräumen, dass das Unternehmen liquidiert wird (vgl. IAS 32.16A(a)). Dabei ist der beteiligungsproportionale Anspruch auf folgende Weise zu ermitteln:

$$\textit{Nettoreinvermögen des Unternehmens bei Liquidation} \times \frac{\textit{Anzahl der durch den Kapitalgeber gehaltenen Anteile}}{\textit{Gesamtanzahl der Anteile}}$$

Der Referenzpunkt ist hier idR. das vereinbarte Kapital (also geleistete und noch ausstehende Einlagen). Weitere bestehende Ansprüche des Gesellschafters sind hier nicht zu berücksichtigen. Dabei sind auch weitere Zahlungsansprüche eines Gesellschafters aus anderen Verträgen, die sich nicht aus der Kapitalgeberstellung ergeben, für die Beurteilung nicht relevant (z.B. Arbeitsverträge). Dies ist im deutschen Rechtsraum etwa für die Kommanditgesellschaft einschlägig. Hier kommt das IASB zum Schluss, dass der zusätzliche Vergütungsanspruch des Komplementärs im Vergleich zum Kommanditisten sich aus der zusätzlichen Übernahme der unbegrenzten Haftung ergibt und somit nicht in die Evaluierung der Proportionalität einbezogen werden sollte (vgl. IAS 32.AG14G). Die vorrangige Bedienung eines Kapitalanteils im Falle der Liquidation ist hingegen schädlich für einen Eigenkapitalausweis (vgl. IAS 32.AG14C).

37 **b) Zugehörigkeit zur nachrangigsten Kapitalklasse.** Des Weiteren muss das zu beurteilende Instrument der nachrangigsten Kapitalklasse des Unternehmens angehören (vgl. IAS 32.16A(b)(i)). Relevant ist hierbei der Rang auf Basis einer angenom-

IV. Ausweis

menen Abwicklung zum Bilanzstichtag. Dabei darf zuvor keine Umwandlung notwendig sein, um in die nachrangigste Kapitalklasse zu gelangen (vgl. IAS 32.16A(b)(ii)).

c) Gleiche Ausstattungsmerkmale. Daneben müssen alle Instrumente in der nachrangigsten Klasse die gleichen (*identical*) Ausstattungsmerkmale aufweisen (vgl. IAS 32.16A(c)). Die hM. in Deutschland geht hier davon aus, dass bei der Betrachtung ausschließlich auf die Vertragsteile abgestellt werden soll, welche die Beteiligung am Erfolg bzw. Liquidationsüberschuss regeln – reine Informationsrechte können somit aus der Analyse ausgeklammert werden. Diese müssen dann jedoch in der Tat identisch sein, es genügt nicht, dass die Ausstattungsmerkmale „vergleichbar" oder „ähnlich" sind.

d) Keine weiteren Zahlungsverpflichtungen. Als viertes Kriterium dürfen sich aus dem Instrument, mit Ausnahme der Rückzahlungsverpflichtung bei Rückgabe, keine weiteren Zahlungsverpflichtungen ergeben (vgl. IAS 32.16A(d)). Davon ausgenommen sind jedoch Zahlungsansprüche, die sich nicht aus der Gesellschafterstellung heraus ergeben und einem Drittvergleich standhalten (vgl. IAS 32.AG14I). Es besteht gemäß IAS 32.AG14J für folgende Vertragstypen die Einstandsvermutung, dass diese für eine Eigenkapitalklassifizierung unschädlich sind:
- Instrumente, deren gesamte Zahlungsströme im Wesentlichen auf einzelnen Vermögenswerten des Unternehmens basieren,
- Instrumente, deren gesamte Zahlungsströme auf einem Prozentsatz vom Unternehmensumsatz basieren,
- Verträge, die zum Ziel haben, einzelne Mitarbeiter für die von ihnen erbrachten Dienstleistungen zu entlohnen,
- Verträge, die eine Zahlung eines nicht signifikanten Anteils des Jahresüberschusses für erbrachte Dienstleistungen bzw. gelieferte Güter vorsehen.

Jegliche darüber hinaus bestehende Zahlungsverpflichtung führt zu einem Ausweis des Vertrags als finanzielle Verbindlichkeit.

e) Summe der erwarteten Zahlungsströme entspricht der Unternehmensentwicklung. Als letzte Bedingung fordert das IASB, dass die Summe der zukünftig erwarteten Zahlungsströme aus dem Instrument im Wesentlichen den Erfolg, die Veränderung des bilanzierten Reinvermögens oder des Unternehmenswerts über die Laufzeit widerspiegeln muss (vgl. IAS 32.16A(e)). Falls bilanzielle Größen Grundlage für die Ermittlung des Abfindungsanspruchs sind, müssen diese Ergebnisgrößen nach IFRS berechnet werden, was in der Praxis häufig nicht der Fall sein dürfte (vgl. IAS 32.AG14E) – ein Rückgriff auf die Rechnungslegung nach nationalen Regeln ist nur im Ausnahmefall möglich, wenn die Unterschiede zu einer IFRS-Bilanzierung von untergeordneter Bedeutung sind. Auch dies wird in Deutschland trotz der Annäherung des HGB an die IFRS durch das BilMoG nur in Ausnahmen der Fall sein.

Daneben ist die Auslegung des Terminus „im Wesentlichen" (*substantially*) von Bedeutung. Auch wenn der Begriff vom IASB nicht weiter konkretisiert wird, so interpretiert die Praxis den in anderen Standards verwandten Begriff „*substantially all*" als „ca. 90%", was als Referenzpunkt für die Auslegung im Kontext von IAS 32.16A(e) herangezogen werden kann.[15] Eine weitere Frage ergibt sich aus der Betrachtungsebene. IdR. basieren Abfindungsvereinbarungen auf den bilanziellen Größen bzw. dem Unternehmenswert des einzelnen Unternehmens (und nicht des Konzerns). Somit ist fraglich, ob eine Klassifizierung auf Ebene des Einzelabschlusses für den Konzern beibehalten werden kann. Auch wenn sich die IFRS hierzu nicht explizit äußern, ist von einer erneuten Überprüfung der Kriterien auf Konzernebene auszugehen (aA. Blaum 2009, Rz. 36).

42 **f) Umgliederungen.** Grundsätzlich ist die Einwertung eines emittierten Finanzinstruments als Eigen- oder Fremdkapital einmalig bei Zugang vorzunehmen (vgl. IAS 32.15). Für kündbare Instrumente gilt abweichend davon, dass eine Umgliederung in Eigenkapital vorzunehmen ist, sobald diese die Bedingungen in IAS 32.16A und 16B erfüllen (vgl. IAS 32.16E). Sollten sich jedoch die Bedingungen ändern bzw. nicht mehr erfüllt sein, dann hat eine Umgliederung in die finanziellen Verbindlichkeiten zu erfolgen.

43 **Beispiel**

Unternehmen A hat im Jahr 2000 Stammaktien emittiert. Diese stellen die nachrangigste Klasse an Kapitalien dar. 2001 emittiert das Unternehmen kündbare Anteile, die alle Bedingungen in IAS 32.16A und 16B mit Ausnahme der Bedingung in IAS 32.16A(b) erfüllen, da die Stammaktien die nachrangigste Kapitalklasse bilden. In 2004 kauft Unternehmen A alle Stammaktien zurück. Ab diesem Zeitpunkt erfüllen die kündbaren Instrumente die Bedingung in IAS 32.16A(b) und die Instrumente sind in das Eigenkapital umzugliedern.

Eine Umgliederung von Fremd- in Eigenkapital hat dabei (erfolgsneutral) zum Buchwert im Zeitpunkt der Umgliederung zu erfolgen (vgl. IAS 32.16F(b)). Ist eine Umgliederung von Eigen- in Fremdkapital angezeigt, so hat diese zum beizulegenden Zeitwert zu erfolgen. Dabei ist die Differenz zwischen beizulegendem Zeitwert und Buchwert im Umgliederungszeitpunkt erfolgsneutral im Eigenkapital zu erfassen (vgl. IAS 32.16F(a)).

44 **4. Sonderfall: Unternehmen mit fester Lebensdauer.** Manche Unternehmen werden mit einer *ex ante* definierten Lebensdauer gegründet (sog. *limited life entities* – zB zur Abwicklung eines bestimmten Projekts). Somit liegt eine vorab definierte Rückzahlungsverpflichtung des Emittenten vor, nämlich bei Abwicklung des Unternehmens nach Ablauf der vereinbarten Lebensdauer. Auch hier sieht IAS 32

---

15 Vgl Deloitte (Hrsg), iGAAP, 503.

eine **Ausnahme** vor, um einen Ausweis als Eigenkapital zu ermöglichen. Wie für die kündbaren Instrumente ist der Eigenkapitalausweis an bestimmte Kriterien gebunden (vgl. IAS 32.16C):

- Der Inhaber hat einen anteiligen Anspruch auf das Reinvermögen des Unternehmens im Falle der (vorab vereinbarten) Liquidation – dabei hat die anteilige Ermittlung auf der gleichen Basis zu erfolgen wie bei den kündbaren Instrumenten.
- Das Instrument gehört zur nachrangigsten Klasse von Instrumenten (keine vorrangige Bedienung bei Liquidation), wobei keine vorherige Wandlung vonnöten sein darf, um zu dieser Klasse zu gehören.
- Alle Instrumente müssen hinsichtlich der vertraglichen Verpflichtung zur Auskehrung des anteiligen Reinvermögens identisch sein.

Zur Vermeidung von Missbrauch der Vorschriften dürfen daneben keine Instrumente vorhanden sein, welche die Reinvermögensmehrungen des Unternehmens zu Lasten der o.g. Instrumente beschränken. Dazu führt IAS 32.16D aus, dass keine anderen Instrumente emittiert sein dürfen:

- deren gesamte Zahlungsströme im Wesentlichen auf dem Jahreserfolg, der Änderung im bilanzierten Reinvermögen oder der Änderung des Unternehmenswerts basieren (unter Ausschluss der Auswirkungen des Instruments) sowie
- den Residualanspruch der Inhaber des Instruments beschränken bzw. fixieren.

Auch hier sind mit den Inhabern geschlossene nicht-finanzielle Verträge von der Berücksichtigung ausgenommen, solange sie dem Drittvergleich standhalten.

Auch für Kapitalien bei Unternehmen mit fester Lebensdauer gelten die Vorschriften zur Umgliederung in IAS 32.16F. An dieser Stelle wird auf die entsprechenden Ausführungen im Abschnitt zu den kündbaren Instrumenten verwiesen.

V. Hybride Finanzinstrumente. Unter hybriden Finanzinstrumenten (*compound financial instruments* – in Abgrenzung zum strukturierten Produkt, welches im Englischen als *hybrid instrument* bezeichnet wird) versteht man Verträge, die sowohl Eigen- als auch Fremdkapitalkomponenten enthalten. Nach IAS 32.28 muss der Emittent (und nur für diesen gelten diese Vorschriften – aus Sicht des Inhabers handelt es sich immer um ein strukturiertes Produkt im Anwendungsbereich von IAS 39 – vgl. IAS 32.AG30) eines Kassainstruments prüfen, ob es sich um ein solches hybrides Finanzinstrument handelt. Ist dies der Fall, muss **das Instrument in seine Bestandteile aufgespalten und jeweils dem Eigen- und Fremdkapital zugeschlüsselt werden**. Die Zerlegungspflicht wird vom IASB damit begründet, dass auch einzelne Instrumente mit der gleichen ökonomischen Wirkung hätten emittiert werden können und eine getrennte Bilanzierung daher sachgerecht ist (vgl. IAS 32.29). Klassisches Beispiel für ein Instrument, dass einer solchen Prüfung unterzogen werden muss, ist die Wandelanleihe, welche dem Inhaber das Recht (manchmal auch die Pflicht) einräumt, den Nennbetrag in Aktien zu erhalten (vgl. auch IAS 32.AG31). Dabei ist die vermeintliche Eigenkapitalkomponente daraufhin zu untersuchen, ob sie die Eigenkapitalbedingungen in IAS 32 erfüllt. Ist dem nicht so, muss das gesamte Instrument als finanzielle Verbindlichkeit klassifiziert werden. In den überwiegenden Fällen liegt dann aus Sicht von IAS 39 ein strukturiertes Produkt vor, welches ein eingebettetes Derivat enthält, das aufgrund der unterschiedlichen Risikoprofile (Eigenkapitalrisiko vs. Zinsänderungs- und Bonitätsrisiko) trennungspflichtig ist. Daneben ist auch bei einer abgetrennten Fremdkapitalkomponente im Rahmen der Bilanzierung nach IAS 39 zu prüfen, ob weitere trennungspflichtige eingebettete Derivate vorliegen.

48 Die Einwertung eines hybriden Finanzinstruments erfolgt einmalig, insbesondere sind Änderungen in der Ausübungswahrscheinlichkeit von Wandeloptionen nicht von Relevanz (vgl. IAS 32.30).

49 Ist ein hybrides Instrument als aufspaltungspflichtig iSv. IAS 32.28 identifiziert worden, kommt das sog. **Restwertverfahren** zur Anwendung (vgl. IAS 32.31). Dabei wird nach IAS 32.32 in einem ersten Schritt der beizulegende Zeitwert der Fremdkapitalkomponente (einschließlich etwaiger anderer eingebetteter Derivate, die keine Eigenkapitalinstrumente sind) ermittelt – dieser bildet den Buchwert der Fremdkapitalkomponenten bei Erstansatz.[16] Die Fremdkapitalkomponente fällt in den Anwendungsbereich von IAS 39 und wird dementsprechend folgebewertet. Dabei werden zur Ermittlung des beizulegenden Zeitwerts der Fremdkapitalkomponente die vertraglichen Zahlungsströme mit einem Zinssatz diskontiert, der die Marktrendite für ein Instrument gleicher Ausstattung (einschließlich Bonität) ohne ein entsprechendes Wandlungsrecht widerspiegelt. In einem zweiten Schritt wird der so ermittelte Wert vom beizulegenden Zeitwert des Gesamtinstruments abgezogen. Die Differenz bildet den Wert der Eigenkapitalkomponente ab – diese unterliegt keiner Folgebewertung, da sie im Anwendungsbereich von IAS 32 verbleibt. Das Verfahren spiegelt den Residualcharakter von Eigenkapital in der Definition des IASB wider (vgl. IAS 32.31).

50 Bei Ausübung eines Wandlungsrechts ist die Verbindlichkeitskomponente in das Eigenkapital umzubuchen (vgl. IAS 32.AG32). Die ursprüngliche Eigenkapitalkomponente (Optionsprämie für das gewährte Wandlungsrecht) verbleibt im Eigenkapital, kann jedoch ggf. in einen anderen Posten im Eigenkapital umgebucht werden. Dabei darf kein Gewinn oder Verlust entstehen. Bei vorzeitiger Rücknahme des Instruments ist das Entgelt (nebst Transaktionskosten) genauso aufzuteilen, wie bei der ursprünglichen Aufspaltung der Instrumente (vgl. IAS 32.AG33). Falls nach der Aufteilung des Entgelts eine Differenz verbleibt, ist diese ebenfalls im gleichen Verhältnis aufzuteilen und erfolgsneutral (Eigenkapitalkomponente) bzw. erfolgswirksam (Fremdkapitalkomponente) zu erfassen (vgl. IAS 32.AG34).

---

16 Vgl. *Deloitte (Hrsg.)* iGAAP, 195.

Bei Wandelanleihen stellt sich regelmäßig die Frage, ob das Wandlungsrecht (ein Derivat in Form einer geschriebenen Kaufoption) die Definition eines Eigenkapitalinstruments erfüllt (*fixed-for-fixed*-Regelung). Oftmals sehen die Anleihebedingungen für bestimmte Fälle eine Anpassung des Wandlungsverhältnisses vor. Typische Fälle sind:

- Aktiensplits bzw. -zusammenlegungen,
- Bar- oder Aktiendividenden,
- Kapitalerhöhungen,
- Bezugsrechte für Altaktionäre,
- Ausgabe weiterer Wandlungsanleihen,
- Change-of-Control-Klauseln.

Viele dieser Anpassungsklauseln dienen dem Schutz der Anleiheinhaber vor Verwässerung ihrer potenziellen Anteile.[17] Wenn Anpassungen des Wandlungsverhältnisses die ökonomische Position des Inhabers einer Wandelanleihe nicht verändern, ist dies nicht als Verletzung der *fixed-for-fixed*-Regelung zu werten.[18] Somit stehen solche Klauseln einer Klassifizierung des Wandlungsrechts als Eigenkapital nicht entgegen.

Ist eine Wandelanleihe in einer von der funktionalen Währung des Berichtsunternehmens abweichenden Währung denominiert, so hat dies eine Klassifizierung des gesamten hybriden Instruments als Fremdkapital zur Folge.[19]

Für den Fall, dass ein Unternehmen die Konversion einer Wandelanleihe forcieren möchte, wird oftmals das Wandlungsverhältnis nachträglich zu Gunsten des Inhabers der Wandelanleihe angepasst bzw. ein zusätzliches Entgelt bei vorzeitiger Wandlung geboten (auch Kombinationen daraus sind möglich). Bei solchen Konstellationen ist die Differenz, zum Zeitpunkt der Änderung der Bedingungen, zwischen dem beizulegenden Zeitwert des Entgelts, dass der Inhaber bei Wandlung des Instruments gemäß den geänderten Bedingungen erhält, und dem beizulegenden Zeitwert des Entgelts, dass der Inhaber gemäß den ursprünglichen Bedingungen erhalten hätte, als Aufwand zu erfassen (vgl. IAS 39.AG35).

VI. Eigene Anteile. Erwirbt ein Unternehmen eigene Anteile zurück, welche als Eigenkapital nach IAS 32 ausgewiesen worden sind, so sind diese **vom Eigenkapital in Abzug zu bringen** (Tilgung) (vgl. IAS 32.33). Dieser Vorgang ist erfolgsneutral abzubilden. Ein Ausweis als „eigene Anteile im Bestand" auf der Aktivseite kommt nicht in Betracht,[20] insbesondere da gehaltene eigene Anteile nicht die Definition eines Vermögenswerts im Rahmenkonzept erfüllen.[21] Der Betrag der gehaltenen ei-

---

17 Vgl. IDW HFA 9, Rn 34.
18 Vgl. *Deloitte (Hrsg.)* iGAAP, 220.
19 Vgl. *Deloitte (Hrsg.)* iGAAP, 215f.
20 Vgl. IDW HFA 9, Rn 41.
21 Vgl. *KPMG (Hrsg.)* Eigenkapital vs Fremdkapital nach IFRS, 37.

genen Anteile ist jedoch für jede Klasse gesondert in der Bilanz oder im Anhang anzugeben (vgl. IAS 32.34 iVm. IAS 1.79(a)(iv)). Daneben sind Angaben zu machen für den Fall, dass eigene Anteile von nahestehenden Personen bzw. Unternehmen iSv. IAS 24 erworben wurden.[22] Treuhänderisch gehaltene eigene Anteile (zB erwerben Kreditinstitute regelmäßig ihre eigenen Aktien im Auftrag ihrer Kunden) sind jedoch nicht als Rücknahme abzubilden, mithin also nicht vom Eigenkapital in Abzug zu bringen (vgl. IAS 32.AG36). Der Rückerwerb eigener Anteile mit Handelsabsicht ist ebenfalls als Rücknahme abzubilden.[23]

54 Erfolgt zu einem späteren Zeitpunkt eine erneute Ausgabe der Anteile, sind diese wie eine Neuemission zu behandeln, also alle Schritte in IAS 32 erneut zu durchlaufen.

55 **VII. Dividenden, Zinsen, Gewinne und Verluste.** Der Ausweis einer Erfolgskomponente ist unmittelbar abhängig von der **Einwertung** des betroffenen Instruments als Eigen- oder Fremdkapital (vgl. IAS 32.36). Ist ein Finanzinstrument als **Fremdkapital** (finanzielle Verbindlichkeit) klassifiziert worden, so müssen Zinsen, Dividenden, Gewinne und Verluste in der GuV erfasst werden (vgl. IAS 32.35 iVm. IAS 32.41). Im Gegensatz dazu sind Auskehrungen an Inhaber von **Eigenkapitalinstrumenten** in Form von Dividenden direkt als Eigenkapitalminderung zu erfassen. Bei Dividendenbeschluss ist gemäß IAS 10.12 eine finanzielle Verbindlichkeit zu erfassen (Gegenbuchung zur Eigenkapitalminderung). Die rechtliche Beurteilung des Instruments spielt dabei keine Rolle – ebenso nicht die Bezeichnung.

56 **Transaktionskosten** (unter Berücksichtigung etwaiger Ertragsteuervorteile) für die Emission oder den Rückerwerb von Eigenkapitalinstrumenten sind vom Eigenkapital in Abzug zu bringen (vgl. IAS 32.37). Dabei muss es sich jedoch um inkrementelle Kosten handeln, also um Kosten, die vermeidbar wären, würde die Transaktion nicht durchgeführt werden. Hierunter fallen typischerweise Aufwendungen wie Emissionskosten, Beratungskosten oder Registrierungskosten. Kosten für eine fehlgeschlagene Eigenkapitaltransaktion sind sofort als Aufwand zu erfassen. Für hybride Finanzinstrumente ist eine Aufteilung der Transaktionskosten auf die jeweiligen Eigen- und Fremdkapitalkomponenten notwendig. Hierbei ist das gleiche Verhältnis zu wählen wie bei der Aufteilung des aufgenommenen Kapitals aus der Transaktion. Beziehen sich die Kosten auf mehr als eine Transaktion (zB eine Privatplatzierung eines Teils des Kapitals mit gleichzeitiger Börsennotierung eines anderen Teils) so ist eine rationale Allokationsbasis zu wählen, die konsistent mit vergleichbaren Transaktionen ist (vgl. IAS 32.38). In Einklang mit IAS 1 sind die vom Eigenkapital in Abzug gebrachten Transaktionskosten offenzulegen (vgl. IAS 32.39). Ebenso sind die direkt im Eigenkapital erfassten Ertragsteuern gemäß IAS 12 offenzulegen. Hierbei sind die im Eigenkapital erfassten laufenden und latenten Steuern einzubeziehen.

---

22 Vgl. *Deloitte (Hrsg.)* iGAAP, 231.
23 Vgl. IFRIC Update August 2002, 3.

VIII. Saldierung

VIII. Saldierung. Grundsätzlich besteht innerhalb der IFRS ein **Saldierungsverbot** (vgl. IAS 1.32), außer ein spezifischer IFRS sieht eine Saldierung zwingend oder wahlweise vor. IAS 32 enthält eine solche Ausnahmeregelung (vgl. IAS 32.42). Danach ist ein finanzieller Vermögenswert mit einer finanziellen Verbindlichkeit zwingend zu verrechnen, falls:

- das Unternehmen einen gegenwärtig einklagbaren Rechtsanspruch besitzt, die erfassten Beträge gegeneinander aufzurechnen und
- das Unternehmen beabsichtigt, eine solche Aufrechnung herbeizuführen bzw. den finanziellen Vermögenswert und die finanzielle Verbindlichkeit zum gleichen Zeitpunkt zu verwerten.

Diese Regelungen gelten jedoch nicht für fehlgeschlagene Ausbuchungen gemäß IAS 39.36. Der dabei verbleibende finanzielle Vermögenswert und die damit zusammenhängende finanzielle Verbindlichkeit dürfen nicht miteinander verrechnet werden.

Es muss betont werden, dass o.g. Kriterien kumulativ erfüllt sein müssen. Selbst bei der rechtlichen Möglichkeit zur Saldierung muss auch die Absicht bestehen, diese durchzuführen (vgl. IAS 32.46). Des Weiteren gilt es zu beachten, dass der Rechtsanspruch zur Aufrechnung nicht aufschiebend bedingt sein darf, also zum Berichtsstichtag rechtlich durchsetzbar sein muss.

Die Saldierung wird nur dann als sachgerecht angesehen, wenn der Nettoausweis den wirtschaftlichen Gehalt iSe. Abbildung der künftigen Zahlungsströme widerspiegelt (vgl. IAS 32.43). In Abgrenzung zur Ausbuchung kann aus einer Saldierung von Finanzinstrumenten kein Gewinn oder Verlust resultieren (vgl. IAS 32.44).

Globalaufrechnungsvereinbarungen (*master netting arrangements*), die häufig im Finanzdienstleistungssektor Anwendung finden (v.a. bei Derivaten), sind nicht hinreichend für eine Aufrechnung, da es sich dabei nicht um einen gegenwärtigen durchsetzbaren Anspruch handelt (vgl. IAS 32.50). Vielmehr sind diese Vereinbarungen bedingte Ansprüche zur Aufrechnung für den Fall des Ausfalls bzw. der Kündigung eines Instruments durch die Gegenpartei mit dem Ziel der Ausfallrisikominimierung.

IAS 32.49 nennt weitere Situationen, in denen eine Saldierung aufgrund der Nichterfüllung der Bedingungen in IAS 32.42 nicht statthaft ist:

- **Synthetische Finanzinstrumente:** mittels mehrerer Finanzinstrumente sollen die Eigenschaften eines einzelnen Finanzinstruments nachgebildet werden (zB Nachbildung eines Festsatzkredits mittels eines variabel verzinslichen Darlehens und eines Zinsswaps).
- **Risikoidentität:** Finanzielle Vermögenswerte und Verbindlichkeiten, die zwar die gleichen Risikoeigenschaften besitzen, jedoch mit unterschiedlichen Vertragsparteien abgeschlossen wurden (bspw. Swapportfolien).

- **Sicherheiten:** Vermögenswerte, die als Sicherheit für eine finanzielle Verbindlichkeit ohne Rückgriffmöglichkeit (*non-recourse financial liability*) gestellt wurden.
- Finanzielle Vermögenswerte, die innerhalb eines **Treuhandvermögens** zur Begleichung einer Schuld abgegrenzt wurden, ohne dass der Gläubiger diese als erfüllend angenommen hat.
- **Versicherungsansprüche:** Aus verlustverursachenden Ereignissen entstandene Verpflichtung, bei der erwartet wird, dass sie durch einen Versicherungsanspruch kompensiert wird.

61 **IX. Inkrafttreten und Übergangsvorschriften.** Die ursprüngliche Fassung von IAS 32 war für Geschäftsjahre beginnend am oder nach dem **1. Januar 2005** anzuwenden. Eine vorzeitige Anwendung war zulässig, sofern dies im Anhang offengelegt wurde. Die erstmalige Anwendung war retrospektiv vorzunehmen.

62 Die Änderungen zu kündbaren Instrumenten sowie Unternehmen mit begrenzter Lebensdauer (veröffentlicht im Februar 2008) waren für Geschäftsjahre beginnend am oder nach dem **1. Januar 2009** anzuwenden. Eine vorzeitige Anwendung war zulässig, sofern dies im Anhang offengelegt wurde und gleichzeitig alle Änderungen an IAS 1, IAS 39, IFRS 7 und IFRIC 2 vorzeitig angewendet wurden. Die erstmalige Anwendung war retrospektiv vorzunehmen.

63 Durch die in 2007 überarbeitete Fassung von IAS 1 wurden Folgeänderungen an IAS 32 vorgenommen, die für Geschäftsjahre beginnend am oder nach dem 1. Januar 2009 anzuwenden waren. IFRS 3 (überarbeitet in 2008) hat die ursprüngliche Textziffer 4(c) gelöscht. Diese Änderung war für Geschäftsjahre beginnend ab dem 1. Juli 2009 anzuwenden.

64 Die Änderungen aus den jährlichen Verbesserungen 2008 waren erstmals in der ersten Berichtsperiode eines am **1. Januar 2009** oder danach beginnenden Geschäftsjahres anzuwenden. Eine frühere Anwendung war zulässig. Falls ein Unternehmen diese Änderungen auf eine frühere Periode angewendet, so hatte es diese Tatsache anzugeben und die entsprechenden Änderungen von Paragraph 3 des IFRS 7, Paragraph 1 des IAS 28 und Paragraph 1 des IAS 31 und (überarbeitet Mai 2008) gleichzeitig anzuwenden. Ein Unternehmen konnte die Änderungen prospektiv anwenden.

65 Die Änderungen zur Bilanzierung von Bezugsrechten aus Oktober 2009 war für Geschäftsjahre beginnend ab dem 1. Januar 2010 anzuwenden. Eine vorzeitige Anwendung war erlaubt, sofern dies im Anhang offengelegt wird.

66 Die aus IFRS 9 resultierenden Änderungen sind dann anzuwenden, wenn IFRS 9 erstmalig Anwendung findet.

67 **X. IFRS für kleine und mittelgroße Unternehmen.** IFRS-SMEs Abschnitt 22 *Liabilities and Equity* regelt die Abgrenzung zwischen Eigen- und Fremdkapital nach dem IFRS für kleine und mittelständische Unternehmen.

X. IFRS für kleine und mittelgroße Unternehmen

Dabei ist das **Grundprinzip** der Abgrenzung dasselbe wie in IAS 32. Eigenkapital ist der Anspruch an den Vermögenswerten nach Abzug aller Schulden des Unternehmens, mithin das Nettoreinvermögen (vgl. IFRS-SMEs Abschnitt 22.3). Dabei wird Eigenkapital jedoch positiv definiert als:

- Einlagen der Eigner des Unternehmens,
- zuzüglich der Vermögensmehrungen durch Jahresüberschüsse, die im Unternehmen verbleiben,
- abzüglich der Vermögensminderungen durch Jahresfehlbeträge,
- abzüglich der Ausschüttungen an die Eigner des Unternehmens.

Auch im IFRS-SMEs existiert **gewillkürtes Eigenkapital**, das die Definition in IFRS-SMEs Abschnitt 22.3 nicht erfüllt. IFRS-SMEs Abschnitt 22.4 legt diese Liste abschließend fest:

- Kündbare Instrumente, die dem Inhaber ein Recht zur Rückgabe des Instruments an das Unternehmen gegen liquide Mittel oder sonstige finanzielle Vermögenswerte einräumen bzw. die bei Eintritt eines ungewissen künftigen Ereignisses bzw. dem Tod oder der Verrentung des Inhabers automatisch zurückgenommen(-erworben) werden. Dabei sind Nebenbedingungen zu erfüllen, die mit denen in IAS 32 zu kündbaren Instrumenten enthaltenen vergleichbar sind.
- Instrumente bzw. Teile von Instrumenten, die nachrangig gegenüber allen anderen Kapitalklassen sind, wenn eine Pflicht zur Auskehrung eines beteiligungsproportionalen Anteils am Nettoreinvermögen nur bei Liquidation des Unternehmens besteht.

Für Genossenschaftsanteile ist eine Eigenkapitalklassifizierung nur dann möglich, wenn das Unternehmen ein unbedingtes Recht zur Verweigerung der Rücknahme hat oder die Rücknahme durch Gesetz, Regulierung oder die Satzung verboten ist (vgl. IFRS-SMEs Abschnitt 22.6).

Ein Unternehmen hat dann eine Eigenkapitalerhöhung zu bilanzieren, falls die Instrumente emittiert sind und die Gegenpartei zur Leistung von liquiden Mitteln oder sonstigen Ressourcen an das Unternehmen verpflichtet ist (vgl. IFRS SMEs Abschnitt 22.7). Dabei hat die Bewertung zum beizulegenden Zeitwert der liquiden Mittel bzw. der sonstigen erhaltenen oder zu erhaltenden Ressourcen zu erfolgen. Bei späterer Erfüllung der Leistung ist der Barwert anzusetzen, sofern der Abzinsungseffekt wesentlich ist (vgl. IFRS-SMEs Abschnitt 22.8). Transaktionskosten sind in Abzug vom Eigenkapital zu bringen. Dabei ist ein Ertragsteuervorteil zu berücksichtigen (vgl. IFRS-SMEs Abschnitt 22.9). Die Darstellung einer Kapitalerhöhung überlässt der IFRS-SMEs den jeweiligen Landesgesetzen (vgl. IFRS-SMEs Abschnitt 22.10).

Für die Emission von Optionen, Bezugsrechten, Bezugsscheinen sowie vergleichbaren Instrumenten gelten die gleichen Vorschriften wie für Kassaemissionen (vgl. IFRS-SMEs Abschnitt 22.11).

73 Anteilsdividenden sowie Anteilssplits ändern nicht den Gesamtbetrag des ausgewiesenen Eigenkapitals, jedoch ist eine kraft gesetzlicher Vorschriften notwendige Umgliederung im Eigenkapital statthaft (vgl. IFRS-SMEs Abschnitt 22.12).

74 **Wandelanleihen und vergleichbare zusammengesetzte Finanzinstrumente** sind wie in IAS 32 in ihre Eigen- und Fremdkapitalkomponenten zu zerlegen. Auch hier kommt das Restwertverfahren zum Einsatz. Transaktionskosten sind auf Basis der relativen beizulegenden Zeitwerte von Eigen- und Fremdkapitalkomponente aufzuteilen (vgl. IFRS-SMEs Abschnitt 22.13). Die Aufteilung ist in Folgeperioden nicht anzupassen (vgl. IFRS-SMEs Abschnitt 22.14). Die Differenz zwischen dem Buchwert der Fremdkapitalkomponente und dem Nominalbetrag ist nach der Effektivzinsmethode über die Laufzeit zu verteilen (vgl. IFRS-SMEs Abschnitt 22.15).

75 **Eigene Anteile** im Bestand sind vom Eigenkapital bei Rückerwerb in Abzug zu bringen (vgl. IFRS-SMEs Abschnitt 22.16). Der vom Eigenkapital abzuziehende Betrag bemisst sich am beizulegenden Zeitwert der hingegebenen Gegenleistung. Es darf dabei kein Gewinn oder Verlust entstehen.

76 Ausschüttungen an die Anteilseigner vermindern das Eigenkapital, dabei ist ein Ertragsteuervorteil zu berücksichtigen (vgl. IFRS-SMEs Abschnitt 22.17). Sachdividenden sind mit Beschluss als Verbindlichkeit zu erfassen (vgl. IFRS-SMEs Abschnitt 22.18). Dabei ist die Verbindlichkeit mit dem beizulegenden Zeitwert der auszukehrenden Vermögenswerte zu bemessen. Dieser Wert ist zu jedem Berichtsstichtag und im Zeitpunkt der Erfüllung der Sachdividendenverpflichtung in Höhe der Änderungen des beizulegenden Zeitwerts anzupassen. Dabei erfolgt die Gegenbuchung im Eigenkapital.

77 Der IFRS-SMEs stellt auch klar, dass im **Konzernabschluss** Minderheiten im Eigenkapital auszuweisen sind (vgl. IFRS-SMEs Abschnitt 22.19). Transaktionen zwischen Mehrheitsanteilseignern und Minderheiten, die nicht in einem Kontrollverlust münden, sind als Transaktionen zwischen Anteilseignern zu bilanzieren. Das hat zur Folge, dass bei solchen Transaktionen kein Gewinn oder Verlust bzw. Änderungen in den Buchwerten von Vermögenswerten (einschließlich dem Goodwill) erfasst werden dürfen.

78 **XI. Ausblick.** Das IASB überabeitet derzeit in einem **gemeinsamen Projekt** mit dem US-amerikanischen Rechnungslegungsgremium FASB die Vorschriften zur Abgrenzung von Eigen- und Fremdkapital. Das Projekt wurde im Herbst 2010 unterbrochen, um Ressourcen für Konvergenzprojekte mit höherer Priorität freizusetzen. Mit einer Wiederaufnahme des gemeinsamen Projektes ist derzeit nicht vor Mitte 2011 zu rechnen.

IAS 33 – Earnings per Share

Rn	Textauszüge aus IAS 33

33.9 Ein Unternehmen hat für den den Stammaktionären des Mutterunternehmens zurechenbaren Gewinn oder Verlust das unverwässerte Ergebnis je Aktie zu ermitteln; sofern ein entsprechender Ausweis erfolgt, ist auch der diesen Stammaktionären zurechenbare Gewinn oder Verlust aus dem fortzuführenden Geschäft darzustellen.

33.10 Das unverwässerte Ergebnis je Aktie ist zu ermitteln, indem der den Stammaktionären des Mutterunternehmens zustehende Gewinn oder Verlust (Zähler) durch die gewichtete durchschnittliche Zahl der innerhalb der Berichtsperiode im Umlauf gewesenen Stammaktien (Nenner) dividiert wird.

33.12 Zur Ermittlung des unverwässerten Ergebnisses je Aktie verstehen sich die Beträge, die den Stammaktionären des Mutterunternehmens zugerechnet werden können im Hinblick auf: (a) den Gewinn oder Verlust aus dem fortzuführenden Geschäft, der auf das Mutterunternehmen entfällt; und (b) der dem Mutterunternehmen zuzurechnende Gewinn oder Verlust als die Beträge in (a) und (b), bereinigt um die Nachsteuerbeträge von Vorzugsdividenden, Differenzen bei Erfüllung von Vorzugsaktien sowie ähnlichen Auswirkungen aus der Einstufung von Vorzugsaktien als Eigenkapital.

33.19 Zur Berechnung des unverwässerten Ergebnisses je Aktie ist die Zahl der Stammaktien der gewichtete Durchschnitt der während der Periode im Umlauf gewesenen Stammaktien.

33.26 Der gewichtete Durchschnitt der in der Periode und allen übrigen dargestellten Perioden in Umlauf befindlichen Stammaktien ist zu berichtigen, wenn ein Ereignis eintritt, das die Zahl der in Umlauf befindlichen Stammaktien verändert, ohne dass damit eine entsprechende Änderung der Ressourcen einhergeht.

33.30 Ein Unternehmen hat die verwässerten Ergebnisse je Aktie für den den Stammaktionären des Mutterunternehmens zurechenbaren Gewinn oder Verlust zu ermitteln; sofern ein entsprechender Ausweis erfolgt, ist auch der jenen Stammaktionären zurechenbare Gewinn oder Verlust aus dem fortzuführenden Geschäft darzustellen.

33.31 Zur Berechnung des verwässerten Ergebnisses je Aktie hat ein Unternehmen den den Stammaktionären des Mutterunternehmens zurechenbaren Gewinn oder Verlust und den gewichteten Durchschnitt der in Umlauf befindlicher Stammaktien um alle Verwässerungseffekte potenzieller Stammaktien zu bereinigen.

33.33 Zur Berechnung des verwässerten Ergebnisses je Aktie hat ein Unternehmen den den Stammaktionären des Mutterunternehmens zurechenbaren gemäß IAS 33.12 ermittelten Gewinn oder Verlust um die Nachsteuerwirkungen folgender Posten zu bereinigen: (a) alle Dividenden oder sonstigen Posten im Zusammenhang mit verwässernden potenziellen Stammaktien, die bei Berechnung des den Stammaktionären des Mutterunternehmens zurechenbaren Gewinns oder Verlusts, der gemäß IAS 33.12 ermittelt wurde, abgezogen werden; (b) alle Zinsen, die in der Periode im Zusammenhang mit verwässernden potenziellen Stammaktien erfasst wurden; und (c) alle sonstigen Änderungen im Ertrag oder Aufwand, die sich aus der Umwandlung der verwässernden potenziellen Stammaktien ergäben.

33.36 Bei der Berechnung des verwässerten Ergebnisses je Aktie entspricht die Zahl der Stammaktien dem gemäß IAS 33.19 und 26 berechneten gewichteten Durchschnitt der Stammaktien plus dem gewichteten Durchschnitt der Stammaktien, die bei Umwandlung aller verwässernden potenziellen Stammaktien in Stammaktien ausgegeben würden. Die Umwandlung verwässernder potenzieller Stammaktien in Stammaktien gilt mit dem Beginn der Periode als erfolgt oder, falls dieses Datum auf einen späteren Tag fällt, mit dem Tag, an dem die potenziellen Stammaktien emittiert wurden.

33.41 Potenzielle Stammaktien sind nur dann als verwässernd zu betrachten, wenn ihre Umwandlung in Stammaktien das Ergebnis je Aktie aus dem fortzuführenden Geschäft kürzen bzw. den Periodenverlust je Aktie aus dem fortzuführenden Geschäft erhöhen würde.

33.45 Bei der Berechnung des verwässerten Ergebnisses je Aktie hat ein Unternehmen von der Ausübung verwässernder Optionen und Optionsscheine des Unternehmens auszugehen. Die angenommenen Erlöse aus diesen Instrumenten werden so behandelt, als wären sie im Zuge der Emission von Stammaktien zum durchschnittlichen Marktpreis der Stammaktien während der Periode angefallen. Die Differenz zwischen der Zahl der ausgegebenen Stammaktien und der Zahl der Stammaktien, die zum durchschnittlichen Marktpreis der Stammaktien während der Periode ausgegeben worden wären, ist als Ausgabe von Stammaktien ohne Entgelt zu behandeln.

33.58 Hat ein Unternehmen einen Vertrag geschlossen, bei dem es zwischen einer Erfüllung in Stammaktien oder in liquiden Mitteln wählen kann, so hat das Unternehmen davon auszugehen, dass der Vertrag in Stammaktien erfüllt wird, wobei die daraus resultierenden potenziellen Stammaktien im verwässerten Ergebnis je Aktie zu berücksichtigen sind, sofern ein Verwässerungseffekt vorliegt.

33.60 Bei Verträgen, die nach Wahl des Inhabers in Stammaktien oder liquiden Mitteln erfüllt werden können, ist bei der Berechnung des verwässerten Ergebnisses je Aktie die Option mit dem stärkeren Verwässerungseffekt zugrunde zu legen.

33.63 Verträge, die das Unternehmen zum Rückkauf seiner eigenen Aktien verpflichten (wie geschriebene Verkaufsoptionen und Terminkäufe), kommen bei der Berechnung des verwässerten Ergebnisses je Aktie zum Tragen, wenn ein Verwässerungseffekt vorliegt. Wenn diese Verträge innerhalb der Periode „im Geld" sind (d.h. der Ausübungs- oder Erfüllungspreis den durchschnittlichen Marktpreis in der Periode übersteigt), so ist der potenzielle Verwässerungseffekt auf das Ergebnis je Aktie folgendermaßen zu ermitteln: (a) es ist anzunehmen, dass am Anfang der Periode eine ausreichende Menge an Stammaktien (zum durchschnittlichen Marktpreis während der Periode) emittiert werden, um die Mittel zur Vertragserfüllung zu beschaffen; (b) es ist anzunehmen, dass die Erlöse aus der Emission zur Vertragserfüllung (also zum Rückkauf der Stammaktien) verwendet werden; und (c) die zusätzlichen Stammaktien (die Differenz zwischen den als emittiert angenommenen Stammaktien und den aus der Vertragserfüllung vereinnahmten Stammaktien) sind in die Berechnung des verwässerten Ergebnisses je Aktie einzubeziehen.

33.64 Nimmt die Zahl der in Umlauf befindlichen Stammaktien oder potenziellen Stammaktien durch eine Kapitalisierung, eine Emission von Gratisaktien oder einen Aktiensplitt zu bzw. durch einen umgekehrten Aktiensplitt ab, so ist die Berechnung des unverwässerten und verwässerten Ergebnisses je Aktie für alle dargestellten Perioden rückwirkend zu berichtigen. Treten diese Änderungen nach dem Abschlussstichtag, aber vor der Genehmigung zur Veröffentlichung des Abschlusses ein, sind die Berechnungen je Aktie für den Abschluss, der für diese Periode vorgelegt wird, sowie für die Abschlüsse aller früheren Perioden auf der Grundlage der neuen Zahl an Aktien vorzunehmen. Dabei ist anzugeben, dass die Berechnungen pro Aktie derartigen Änderungen in der Zahl der Aktien Rechnung tragen. Darüber hinaus sind für alle dargestellten Perioden die unverwässerten und verwässerten Ergebnisse je Aktie auch im Hinblick auf die Auswirkungen von rückwirkend berücksichtigten Fehlern und Anpassungen, die durch Änderungen der Rechnungslegungsmethoden bedingt sind, anzupassen.

Übersicht

	Rn
I. Regelungsgehalt	1 – 6
II. Normzweck und Anwendungsbereich	7 – 11
III. Begriffe	12 – 19
IV. Bewertung	20 – 63
1. Unverwässertes Ergebnis je Aktie	20 – 36
a) Ergebnis	22 – 28
b) Aktien	29 – 36
2 Verwässertes Ergebnis je Aktie	37 – 59
a) Ergebnis	39 – 42
b) Aktien	43 – 59
3. Partizipierende Eigenkapitalinstrumente	

und Stammaktien mehrerer Gattungen .... 60 – 63
V. Rückwirkende Anpassungen 64
VI. Ausweis und Angaben .... 65 – 70
VII. Inkrafttreten und Übergangsvorschriften 71
VIII. IFRS für kleine und mittelgroße Unternehmen 72
IX. Ausblick .... 73 – 75

1 **I. Regelungsgehalt**[1]. Eine wichtige Kennzahl der Bilanzanalyse ist das Ergebnis je Aktie (Earnings per Share, EPS). Es handelt sich hierbei um eine Rentabilitätskennzahl, die üblicherweise in zwei Varianten ermittelt wird, dem unverwässerten und dem verwässerten Ergebnis je Aktie (Basic EPS, Diluted EPS). Der Standard enthält Vorschriften zu Ermittlung und Ausweis beider Varianten, die die Vergleichbarkeit des Ergebnisses je Aktie verschiedener Unternehmen bzw. des gleichen Unternehmens in unterschiedlichen Berichtsperioden erhöhen sollen.

2 Durch Ermittlung des **unverwässerten Ergebnisses je Aktie** wird den Bilanzadressaten ein Maßstab für die Beteiligung der Stammaktien an der Ertragskraft des Unternehmens während der Berichtsperiode zur Verfügung gestellt. Die Kennzahl ermittelt sich durch Division des den Stammaktionären des Mutterunternehmens zustehenden Periodenergebnisses (Zähler) durch die gewichtete durchschnittliche Anzahl der innerhalb der Berichtsperiode im Umlauf gewesenen Stammaktien (Nenner). IAS 33 schreibt jedoch für Zähler und Nenner Anpassungsrechnungen vor. Danach müssen insbesondere die Nachsteuerbeträge von Vorzugsdividenden und sonstige im Zusammenhang mit Vorzugsaktien getätigte Zahlungen vom Periodenergebnis abgezogen werden. Die Nennergröße gibt die gewichtete durchschnittliche Anzahl der während der Berichtsperiode im Umlauf gewesenen Stammaktien an. Die Gewichtung trägt der Tatsache Rechnung, dass die Zahl der ausstehenden Stammaktien während der Berichtsperiode zB aufgrund von Aktienemissionen und Aktienrückkäufen schwanken kann.

3 Das unverwässerte Ergebnis je Aktie verzerrt jedoch immer dann das Bild der Rentabilität je Aktie, wenn das bilanzierende Unternehmen potenzielle Stammaktien (zB Aktienoptionen oder Wandelschuldverschreibungen) ausstehen hat. Das **verwässerte Ergebnis je Aktie** dient daher als Maßstab für die Beteiligung jeder Stammaktie an der Ertragskraft des Unternehmens unter Berücksichtigung der Verwässerungseffekte potenzieller Stammaktien. Das Informationsziel des verwässerten Ergebnisses je Aktie bedingt Anpassungen des Zählers und Nenners des unverwässerten Ergebnisses je Aktie. Dividenden, Zinsen sowie sonstige Aufwendungen und Erträge für potenzielle Stammaktien, die das Ergebnis je Aktie verwässern, werden in

---

1 Für einen Überblick über die Vorschriften in IAS 33 vgl. auch *IASCF (Hrsg.)* Briefing for Executives, 33; *Pellens/Fülbier/Gassen*, Internationale Rechnungslegung, 755ff; *Buschhüter* IFRS Praxis, §7 Rn 76ff; *KPMG (Hrsg.)* IFRS-Visuell, 95f.

II. Normzweck und Anwendungsbereich

die Zählergröße zurückgerechnet. Die gewichtete durchschnittliche Anzahl der im Umlauf befindlichen Stammaktien wird um die gewichtete durchschnittliche Anzahl der Stammaktien erhöht, die sich aus der Ausübung oder Umwandlung potenzieller Stammaktien ergeben. Faktisch wird so ein Ergebnis je Aktie ermittelt, das die Ausübung bzw. Wandlung aller potenziellen Stammaktien, die das Ergebnis je Aktie verwässern unterstellt.

Der Standard enthält in Abhängigkeit von der Art der potenziellen Stammaktien unterschiedliche Berechnungsvorschriften für das verwässerte Ergebnis je Aktie. Optionen, Optionsscheine und ähnlicher Instrumente werden nach der sog. **Treasury-Stock Methode** in das Ergebnis je Aktie einbezogen. Hierbei wird zunächst die Ausübung aller ausstehenden Optionsrechte, die das Ergebnis je Aktie verwässern, zu Beginn der Berichtsperiode unterstellt. In einem zweiten Schritt wird dann angenommen, dass die hypothetischen Erlöse aus der Ausübung der Optionsrechte vom Unternehmen in zum durchschnittlichen Marktpreis erworbene eigene Anteile angelegt werden.

Instrumente, die in Stammaktien gewandelt werden können (convertible instruments), die das Ergebnis je Aktie verwässern, werden nach der sog. **If-Converted Methode** einbezogen. Danach wird die Ausübung des Wandlungsrechtes zu Beginn der Berichtsperiode angenommen. Im Zusammenhang mit dem wandelbaren Instrument angefallene Aufwendungen und Erträge werden zurückgerechnet und die Emission der Stammaktien zu Beginn der Berichtsperiode angenommen.

Das unverwässerte und verwässerte Ergebnis je Aktie müssen in der Gesamtergebnisrechnung bzw. in der Gewinn- und Verlustrechnung für den Gewinn- und Verlust aus dem fortzuführenden Geschäft (profit or loss from continuing operations) und den dem Mutterunternehmen zuzurechnenden Gewinn oder Verlust (profit or loss attributable to the parent entity) ausgewiesen werden. IAS 33 schreibt zusätzlich Anhangangaben zur Ermittlung des Ergebnisses je Aktie vor.

II. Normzweck und Anwendungsbereich. Ziel des Standards ist gemäß IAS 33.1 die Entwicklung von **Leitlinien für die Ermittlung und Darstellung des Ergebnisses je Aktie**, um den Vergleich der Ertragskraft zwischen unterschiedlichen Unternehmen für die gleiche Berichtsperiode und unterschiedlichen Berichtsperioden für das gleiche Unternehmen zu verbessern. Die Vorschriften zielen in erster Linie auf eine Vereinheitlichung der Ermittlung der in den Nenner einzubeziehenden Aktien ab. Die Vergleichbarkeit der Zählergröße bleibt dagegen eingeschränkt, da ein einheitlich ermitteltes Periodenergebnis Korrekturrechnungen für alle in den IFRS bestehenden Wahlrechte und Ermessensspielräume voraussetzen würde. Für die Praxis der Jahresabschlussanalyse bedeutet dies, dass vom Finanzanalysten normalerweise über die Vorschriften in IAS 33 hinausgehende **Anpassungen** vorgenommen werden

Buschhüter

müssen. Die Bedeutung des Standards liegt darin, dass eine aus dem Periodenergebnis abgeleitete Ausgangsgröße für die eigenen Anpassungen des Finanzanalysten zur Verfügung gestellt wird.[2]

8   IAS 33.2 verpflichtet jedes Unternehmen, das einen Einzelabschluss oder als Mutterunternehmen einen Konzernabschluss nach IFRS aufstellt und dessen Stammaktien oder potenziellen Stammaktien, zB Optionen oder Wandelschuldverschreibungen, **öffentlich gehandelt** (publicly traded) werden, das Ergebnis je Aktie anzugeben. Der Begriff des öffentlichen Handels ist weit auszulegen. Der Standard stellt klar, dass der Begriff sowohl den Handel an einer in- oder ausländischen Börse als auch den außerbörslichen Handel, einschließlich an lokalen und regionalen Märkten, umfasst. Das Kriterium des öffentlichen Handels ist unabhängig von der tatsächlichen Umschlagshäufigkeit der (potenziellen) Stammaktien erfüllt, sobald die theoretische Möglichkeit eines Handels der Wertpapiere besteht.[3] Das Ergebnis je Aktie muss angegeben werden, sobald die Stammaktien oder potenziellen Stammaktien zumindest während eines Teils der Berichtsperiode öffentlich gehandelt wurden. Es muss dann für alle dargestellten Berichtsperioden angegeben werden.[4]

9   Ein Unternehmen kann schon **vor dem öffentlichen Handel** seiner Stammaktien oder potenziellen Stammaktien zur Angabe des Ergebnisses je Aktie verpflichtet sein. IAS 33.2 verpflichtet ein Unternehmen auch dann, das Ergebnis je Aktie anzugeben, wenn die Wertpapiere zwar noch nicht öffentlich gehandelt werden, das Unternehmen aber seinen Abschluss zwecks Emission von Stammaktien auf einem öffentlichen Markt bei einer Wertpapieraufsichts- oder anderen Regulierungsbehörde (securities commission or other regulatory organisation) eingereicht hat. Die Angabepflicht setzt voraus, dass das Unternehmen aktive Maßnahmen zur Vorbereitung des öffentlichen Handels eingeleitet hat. Die bloße Absicht eines Börsenganges begründet keine Angabepflicht.[5]

10   Besteht für ein Unternehmen keine Pflicht zur Angabe des Ergebnisses je Aktie, darf es dies **freiwillig** angeben. In diesem Fall muss das Ergebnis je Aktie gemäß IAS 33.3 zwingend nach den Vorschriften des Standards ermittelt werden. Die Angabe alternativer Ergebniskennzahlen ist nur im Rahmen der Vorschriften dieses Standards erlaubt.[6]

11   Veröffentlicht ein Unternehmen **sowohl Einzel- als auch Konzernabschluss** muss der Standard nur auf den Konzernabschluss angewendet werden. Ermittelt das Unternehmen auf freiwilliger Basis trotzdem das Ergebnis je Aktie für den Ein-

---

2   Vgl. *PwC (Hrsg.)* IFRS Manual of Accounting, Rn 14.40f; *Ernst & Young (Hrsg.)* International GAAP, 2676f; Freiberg, Haufe-Kommentar, §35 Rn 1f.
3   Vgl. *KPMG (Hrsg.)* Insights, 1060; *Deloitte (Hrsg.)* iGAAP, 2158; *Beine/Schütte*, Wiley IFRS, Abschnitt 18 Rn 8.
4   Vgl. *KPMG (Hrsg.)* Insights, 1061.
5   Vgl. *KPMG (Hrsg.)* Insights, 1060; Beine/Schütte, Wiley IFRS, Abschnitt 18 Rn 8
6   Vgl. Rn 71f.

zelabschluss, darf dieses gemäß IAS 33.4 u. 4A nur in der Gesamtergebnisrechnung bzw. Gewinn- und Verlustrechnung des Einzelabschlusses, nicht aber im Konzernabschluss, ausgewiesen werden.[7]

III. Begriffe. Periodenergebnis: Das Periodenergebnis (profit or loss) wird in den IFRS nicht definiert. IAS 1.88 stellt aber klar, dass in die Ermittlung des Periodenergebnisses alle Aufwendungen und Erträge eingehen müssen. Das Periodenergebnis ist damit die Saldogröße der Gewinn- und Verlustrechnung. Dividendenausschüttungen und andere Eigenkapitalmaßnahmen wirken sich auf das Periodenergebnis ebenso wenig aus wie das sonstige Ergebnis (other comprehensive income). Das Periodenergebnis ermittelt sich unabhängig davon, ob an dem Konzern nicht-beherrschende Gesellschafter beteiligt sind. Es wird gemäß IAS 1.3 erst in einem zweiten Schritt auf die Gesellschafter des Mutterunternehmens und nicht-beherrschende Gesellschafter aufgeteilt.

Stammaktien: IAS 33.5 definiert Stammaktien (ordinary shares) als Eigenkapitalinstrumente, die allen anderen Arten von Eigenkapitalinstrumenten nachgeordnet sind. IAS 32.11 bezeichnet dabei solche Verträge als Eigenkapitalinstrumente, die einen Residualanspruch an den Vermögenswerten nach Abzug der dazugehörigen Schulden begründen. Ein Eigenkapitalinstrument gilt gemäß IAS 33.6 als nachrangig, wenn sein Inhaber erst einen Anteil am Periodenergebnis erhält, nachdem andere Aktienarten, wie zB Vorzugsaktien (preference shares), bedient wurden.

Der Begriff der Stammaktie in IAS 33 darf nicht ohne weiteres mit Stammaktien im Sinne des deutschen Aktienrechts gleichgesetzt werden, sondern muss unter Umständen weiter oder enger ausgelegt werden. Das IDW hat sich in seiner Stellungnahme IDW RS HFA 2 mit der Frage beschäftigt, ob und wann deutsche Vorzugsaktien die Definition einer Stammaktie nach IAS 33 erfüllen. Das IDW kommt zu dem Schluss, dass es sich bei **stimmrechtslosen Vorzugsaktien** im Sinne des §139 AktG normalerweise nicht um Stammaktien nach IAS 33 handelt. Da bei stimmrechtslosen Vorzugsaktien die in der Satzung bestimmte Dividende an die Vorzugsaktionäre auszuschütten ist, bevor eine Ausschüttung an die übrigen Aktionäre erfolgen darf, handelt es sich nach Ansicht des IDW bei stimmrechtslosen Vorzugsaktien in der Regel nicht um Stammaktien im Sinne von IAS 33. Vorzugsaktien können aber ausnahmsweise die Definition einer Stammaktie nach IAS 33 erfüllen, wenn die Satzung so ausgestaltet ist, dass die Vorzugsdividende an die Dividende der Stammaktien gekoppelt ist und damit ein Dividendenzuschlag gewährt wird, der nicht vorrangig bedient wird.[8]

---

7   Vgl. *Deloitte (Hrsg.)* iGAAP, S 2157f; *KPMG (Hrsg.)* Insights, 1061.
8   Vgl. IDW RS HFA 2 Rn 26.

15 In der Vergangenheit wurde zum Teil die Ansicht vertreten, dass alle stimmrechtslosen Vorzugsaktien die Definition einer Stammaktie nach IAS 33 erfüllen. Begründet wurde dies mit dem Hinweis, dass Vorzugsaktien im Sinne von §139 AktG zwar gegenüber Stammaktien deutschen Rechts bevorzugte Dividendenrechte gewähren, diesen ansonsten aber bezüglich der durch sie verbrieften Rechte gleichgestellt sind. Insbesondere sind beide Aktienarten bei der Verteilung des Residualvermögens gleichgestellt. Das IDW entgegnet dem durch Verweis auf den Wortlaut von IAS 33.6, nach dem die Teilhabe am Residualvermögen nicht maßgeblich für die Zuordnung nach IAS 33 ist.[9]

16 **Potenzielle Stammaktien**: IAS 33.5 definiert potenzielle Stammaktien (potential ordinary shares) als Finanzinstrumente oder sonstige Verträge, die ihren Inhabern ein Anrecht auf Stammaktien verbriefen. Beispiele potenzieller Stammaktien sind ua Optionen, Optionsscheine und ähnliche Instrumente (options, warrants and their equivalents), also Finanzinstrumente, die ihren Inhaber zum Kauf von Stammaktien berechtigen. Umgekehrt gehören aber auch Verkaufsoptionen (put options) auf Stammaktien, dh Verträge, die es dem Inhaber ermöglichen, über einen bestimmten Zeitraum Stammaktien zu einem bestimmten Kurs zu verkaufen, zu den potenziellen Stammaktien. Zu den potenziellen Stammaktien gehören nach IAS 33.7 schließlich auch alle finanziellen Verbindlichkeiten oder Eigenkapitalinstrumente, einschließlich Vorzugsaktien, die in Stammaktien umgewandelt werden können (financial liabilities or equity instruments, including preference shares, that are convertible into ordinary shares). Die Einordnung eines Finanzinstruments als potenzielle Stammaktie setzt voraus, dass sich deren Ausübung tatsächlich auf den Bestand der in Umlauf befindlichen Stammaktien auswirken würde. Dies ist der Fall, soweit das Finanzinstrument eine zwingende oder wahlweise Erfüllung durch Lieferung von Aktien vorsieht. Sieht das Finanzinstrument zwingend die Erfüllung durch Barausgleich vor, handelt es sich nicht um eine potenzielle Stammaktie.[10]

17 Zu den potenziellen Stammaktien gehören auch sog. **bedingt emissionsfähige Aktien** (potential ordinary shares). Dies sind gemäß IAS 33.5 Stammaktien, die gegen eine geringe oder gar keine Zahlung oder andere Art von Entgelt ausgegeben werden, sofern bestimmte Voraussetzungen einer Übereinkunft zur Ausgabe bedingt emissionsfähiger Aktien erfüllt sind. Unter einer **Übereinkunft zur Ausgabe bedingt emissionsfähiger Aktien** (contingent share agreement) versteht IAS 33.5 dabei eine Vereinbarung, zur Ausgabe von Aktien für die bestimmten Voraussetzungen erfüllt sein müssen. Eine Vereinbarung über die Ausgaben bedingt emissionsfähiger Aktien ist insbesondere bei Unternehmenszusammenschlüssen üblich, wenn Veräußerer

---
9 Vgl. IDW RS HFA 2 Rn 26. Zur Diskussion in Deutschland vgl. *Beine/Schütte* Wiley Kommentar, Abschnitt 18 Rn 13ff; *Freiberg* Haufe-Kommentar, §35 Rn 5f. Siehe auch die grundsätzlichen Ausführungen in *Deloitte* (Hrsg.) iGAAP, 2189f.
10 Vgl. *Deloitte* (Hrsg.) iGAAP, 2159f.

IV. Bewertung

und Erwerber die Ausgabe weiterer Aktien vereinbaren, soweit das erworbene Unternehmen bedingte Umsatz- oder Ertragsziele erfüllt. Der Standard enthält keine weiteren Anwendungshinweise, wann eine Zahlung als gering anzusehen ist. Die Einordnung einer Vereinbarung als Vereinbarung über die Ausgabe bedingt emissionsfähige Stammaktien wird daher oft im Ermessen des Bilanzierenden liegen.[11]

Potenzielle Stammaktien geben ihren Inhabern die Möglichkeit, an der künftigen Wertschöpfung des Unternehmens teilzuhaben, ohne an diesem gegenwärtig beteiligt zu sein. Das unverwässerte Ergebnis je Aktie gibt daher nur ein unvollständiges Bild der Unternehmensrentabilität wieder, wenn es die Auswirkungen potenzieller Stammaktien auf die zukünftige Unternehmensrentabilität nicht berücksichtigt. Das verwässerte Ergebnis je Aktie vermittelt dem Bilanzadressaten insofern ein realistischeres Bild der Unternehmensrentabilität, das die Verwässerungseffekte potenzieller Stammaktien berücksichtigt. IAS 33.5 definiert **Verwässerung** (dilution) als jede Reduzierung des Ergebnisses je Aktie bzw. Erhöhung des Verlusts je Aktie aufgrund der Annahme, dass wandelbare Instrumente umgewandelt, Optionen oder Optionsscheine ausgeübt oder Stammaktien unter bestimmten Voraussetzungen ausgegeben werden. Umgekehrt, ist unter **Verwässerungsschutz** (antidilution) jede Erhöhung des Ergebnisses je Aktie bzw. Reduzierung des Verlusts je Aktie aufgrund der Annahme, dass wandelbare Instrumente umgewandelt, Optionen oder Optionsscheine ausgeübt oder Stammaktien unter bestimmten Voraussetzungen ausgegeben werden zu verstehen.[12]

IAS 33.8 verweist auf die zusätzlichen Definitionen in IAS 32 *Financial Instruments; Presentation*. Dort werden ua die Begriffe Finanzinstrument, finanzieller Vermögenswert, finanzielle Verbindlichkeit, Eigenkapitalinstrument und beizulegender Zeitwert definiert.

IV. Bewertung. 1. Unverwässertes Ergebnis je Aktie. Das unverwässerte Ergebnis je Aktie dient gemäß IAS 33.11 als Maßstab des Anteils der Stammaktien des Mutterunternehmens an der Ertragskraft des Unternehmens in der Berichtsperiode. Es handelt sich somit um eine Ertragskennzahl. Die Aussagekraft der Kennzahl wird jedoch dadurch eingeschränkt, dass eine mit der zukünftigen Ausübung potenzieller Stammaktien einhergehende mögliche Verwässerung des Ergebnisses je Aktie unberücksichtigt bleibt. Viele Finanzanalysten konzentrieren sich daher auf die Analyse des verwässerten Ergebnisses je Aktie. Praktische Bedeutung kommt dem unverwässerten Ergebnis je Aktie daher in erster Linie als **Vergleichswert und Ausgangspunkt**

---

11 Auf diese Schwierigkeit haben ua zahlreiche Comment Letter zu ED IAS 33 *Simplifying Earnings per Share* hingewiesen. Vgl. Observer Note 10B zur IASB Sitzung im April 2009.
12 Zur Frage, ob sich ein Finanzinstrument verwässernd auf das Ergebnis je Aktie auswirkt, vgl. Rn 40 und 61ff.

für die Ermittlung des verwässerten Ergebnisses je Aktie zu. Bei Unternehmen mit einfacher Kapitalstruktur bewegen sich die Unterschiede zwischen unverwässertem und verwässertem Ergebnis je Aktie allerdings oft nur im niedrigen Nachkommabereich.

21 Das unverwässerte Ergebnis je Aktie muss nach IAS 33.9 für den **den Stammaktionären des Mutterunternehmens zustehenden Gewinn und Verlust** sowie, falls ein entsprechender Ausweis erfolgt, für den **Gewinn und Verlust aus dem fortzuführenden Geschäft** berechnet werden. Die Kennzahl ermittelt sich gemäß IAS 33.10 indem der den Aktionären des Mutterunternehmens zustehende Gewinn und Verlust (Zähler) durch die gewichtete durchschnittliche Zahl der innerhalb der Berichtsperiode im Umlauf gewesenen Stammaktien (Nenner) dividiert wird. Auf die Ermittlung der Zähler- und Nennergröße soll im Folgenden näher eingegangen werden.

22 a) **Ergebnis.** Ausgangsgröße für die Ermittlung des den Stammaktionären des Mutterunternehmens zustehenden Gewinn oder Verlustes ist der in der Gesamtergebnisrechnung oder Gewinn- und Verlustrechnung ausgewiesene **Gewinn und Verlust.** Dieser muss jedoch für die Ermittlung des unverwässerten Ergebnisses je Aktie in zweifacher Weise korrigiert werden. Einerseits soll nur der auf die Gesellschafter des Mutterunternehmens entfallende Gewinn und Verlust in die Zählergröße eingehen. Die Zählergröße ist daher um den auf **nicht-beherrschende Gesellschafter** entfallenden Anteil am Gewinn und Verlust zu korrigieren.[13] Andererseits gehen nicht etwa die anteiligen Gewinne und Verluste aller Gesellschafter des Mutterunternehmens in die Zählergröße ein, sondern nur die Gewinne und Verluste der **Stammaktionäre** des Mutterunternehmens. Hieraus kann sich insbesondere ein weiterer Anpassungsbedarf ergeben, wenn das Mutterunternehmen **Vorzugsaktien** ausgegeben hat.

23 IAS 33.12 stellt klar, dass die Zählergröße um die Nachsteuerbeträge von Vorzugsdividenden, Differenzen bei der Erfüllung von Vorzugsaktien sowie ähnliche Auswirkungen aus der Einstufung von Vorzugsaktien als Eigenkapital zu bereinigen ist. Bezüglich der erforderlichen Korrektur muss zwischen Aktien mit oder ohne nachzuzahlendem Vorzug (kumulative und nicht-kumulative Vorzugsaktien) unterschieden werden. Handelt es sich um eine Aktie mit nachzuzahlendem Vorzug, ist ein Dividendenanspruch bis zu einer festgelegten Höhe auch dann zu befriedigen, wenn den Stammaktionären keine Dividende ausbezahlt wird. Kann der Dividendenanspruch in einem Jahr nicht oder nicht vollständig bezahlt werden, so ist der Rückstand in Folgeperioden nachzuzahlen.

24 §139 Abs. 1 AktG bestimmt, dass nur für Aktien, die mit einem nachzuzahlenden Vorzug bei der Verteilung des Gewinns ausgestattet sind, das Stimmrecht ausgeschlossen werden darf. Die Mehrzahl der in Deutschland im Umlauf befindlichen Vorzugsaktien sind daher kumulative Vorzugsaktien.[14] Hat das Unternehmen **kumu-**

---

13 Vgl. *Deloitte (Hrsg.)* iGAAP, 2160; Freiberg, Haufe-Kommentar, §35 Rn 10.
14 Vgl. *Raiser*, Kapitalgesellschaften, §17 Rn 6ff.

IV. Bewertung

lative Vorzugsaktien ausgegeben, ist der Zähler nach IAS 33.14 um den Dividendenanspruch zu kürzen und zwar unabhängig davon, ob für die Periode eine Dividendenausschüttung beschlossen wurde oder nicht. Es findet aber keine Korrektur für für frühere Perioden gezahlte oder beschlossene Dividenden auf kumulative Vorzugsaktien statt.[15] IAS 33 geht nicht auf die Frage ein, ob eine Zählerkorrektur auf für bedingt kumulative Dividendenansprüche erforderlich ist. Dies ist beispielsweise der Fall, wenn ein Unternehmen wandelbare Vorzugsaktien ausgibt, deren Wandlung, den Verlust eines Anspruchs auf Nachzahlung nicht geleisteter Dividendenausschüttungen mit sich bringt. Die Literatur geht in diesem Fall davon aus, dass eine Zählerkorrektur bis zur tatsächlichen Ausübung des Wandlungsrechts sachgerecht ist.[16]

Hat das Unternehmen **nicht-kumulative Vorzugsaktien** ausgegeben, müssen für die Periode beschlossene Vorzugsdividenden vom Periodenergebnis abgezogen werden. Dies sind alle in derselben Periode beschlossenen Dividenden, die entweder bereits ausgezahlt wurden oder als Verbindlichkeit im Abschluss erfasst wurden. Umgekehrt dürfen Dividendenbeschlüsse für die Periode, die erst nach dem Abschlussstichtag getroffen wurden, nach den Vorschriften in IAS 10 *Events after the Balance Sheet Date* nicht berücksichtigt werden, vgl. IAS 33.14 und IAS 10.12.[17]

Für Vorzugsdividenden, die bereits als Aufwand in der Gesamtergebnisrechnung oder Gewinn- und Verlustrechnung erfasst wurden, besteht kein Korrekturbedarf. Dies ist der Fall, wenn die Vorzugsaktie gemäß IAS 32.11 i.V.m. IAS 32.15-27 als Fremdkapital klassifiziert wurde und die Vorzugsdividende als Zinsaufwand erfasst wurde.

Differenzen bei der Erfüllung von Vorzugsaktien können etwa bei Rückkauf der Vorzugsaktien durch den Emittenten entstehen. Übersteigt der beizulegende Zeitwert der zurückgekauften Vorzugsaktien deren Buchwert, stellt der Differenzbetrag eine Belastung der Gewinnrücklagen des Unternehmens dar und ist von dem den Stammaktionären des Mutterunternehmens zuzurechnenden Gewinn und Verlust abzuziehen. Gleiches gilt, wenn der Emittent die Konditionen wandelbarer Vorzugsaktien ändert, um eine Wandlung durch die Aktionäre attraktiver zu machen. In diesen Fällen muss der Zähler um den Betrag korrigiert werden, um den der beizulegende Zeitwert der Stammaktien bzw. eines sonstigen gezahlten Entgeltes den beizulegenden Zeitwert der unter den ursprünglichen Umwandlungsbedingungen auszugebenden Stammaktien übersteigt. Übersteigt der Buchwert der Vorzugsaktien den beizulegenden Zeitwert des für sie gezahlten Entgelts, ist die Differenz dem Zähler hinzuzurechnen.[18]

---

15 Vgl. *Deloitte (Hrsg.)* iGAAP, 2161ff; *PwC (Hrsg.)* IFRS Manual, Rn 14.52f; *KPMG (Hrsg.)* Insights, 1062f; *Ernst & Young (Hrsg.)* International GAAP, 2695f.
16 Vgl. *Deloitte (Hrsg.)* iGAAP, 2162.
17 Vgl. *KPMG (Hrsg.)* Insights, 1062f; *Deloitte (Hrsg.)* iGAAP, 2161f.
18 Vgl. *Deloitte (Hrsg.)* iGAAP, S 2162ff; *PwC (Hrsg.)* IFRS Manual, Rn 14.54ff.

28 Ähnliche Auswirkungen wie aus der Erfüllung von Vorzugsaktien können sich ua bei Vorzugsaktien ergeben, die mit niedrigen Ausgangsdividenden ausgestattet sind, da die Aktien mit einem Abschlag emittiert wurden (increasing rate preference shares). Zur Behandlung solcher Fälle wird auf IAS 33.15 und Example 1 zu IAS 33 verwiesen.[19]

29 **b) Aktien.** Der Nenner des unverwässerten Ergebnisses je Aktie gibt gemäß IAS 33.19 die **gewichtete durchschnittliche Anzahl der innerhalb der Berichtsperiode im Umlauf gewesenen Stammaktien** wieder. Nach IAS 33.20 soll die Verwendung des Periodendurchschnitts dabei der Tatsache Rechnung tragen, dass die Anzahl der ausstehenden Stammaktien etwa aufgrund von Aktienemissionen oder -rückkäufen Schwankungen unterliegen kann. Der Durchschnitt berechnet sich aus der Anzahl der Stammaktien zu Beginn der Periode, bereinigt um die Zahl der Stammaktien, die während der Periode ausgegeben oder zurückgekauft wurden, multipliziert mit der Anzahl der Tage, an denen sich die Aktien im Umlauf befanden, geteilt durch die Gesamtzahl der Tage der Berichtsperiode. Die Ermittlung des Durchschnittswertes muss dabei nicht zwingend tagesgenau erfolgen. Unterliegt die Zahl der ausstehenden Stammaktien nur geringen Schwankungen in der Berichtsperiode erscheint eine Durchschnittsbildung auf Basis von Wochen- oder Monatswerten vertretbar.[20]

Beispiel[21]

		Ausstehende Stammaktien
1. Januar		1.000
1. April	Ausgabe 500 neuer Stammaktien	1.500
1. September	Erwerb 200 eigener Aktien	1.300
31. Dezember		1.300

Berechnung der durchschnittlichen Anzahl ausstehender Stammaktien:

$1.000 \times 12/12 + 500 \times 9/12 - 200 \times 4/12 = 1.308$

30 **Neue Stammaktien** sollen nach IAS 33.21 grundsätzlich mit Fälligkeit des Entgelts für die Aktien in die Berechnung der durchschnittlichen Anzahl der innerhalb der Berichtsperiode im Umlauf gewesenen Stammaktien einbezogen werden. Im Einzelnen sind die folgenden Fälle zu unterscheiden:

---

19 Vgl. *Deloitte (Hrsg.)* iGAAP, 2164f. *Ernst & Young (Hrsg.)* International GAAP, 2695f.
20 Vgl. *Deloitte (Hrsg.)* iGAAP, 2170f; *PwC (Hrsg.)* IFRS Manual, Rn 1465ff; *Ernst & Young (Hrsg.)* International GAAP, 2681f; *Freiberg*, Haufe-Kommentar, §35 Rn 15f; *Beine/Schütte*, Wiley IFRS, Abschnitt 18, Rn 20.
21 Vgl. *Buschhüter*, IFRS Praxis, §7 Rn 87.

IV. Bewertung

(a) **Erwerb von Vermögenswerten bzw. Tilgung von Schulden:** Stammaktien, die gegen Barzahlung ausgegeben werden, gelten mit Fälligkeit der Zahlung als ausgegeben. Werden Stammaktien gegen den Erwerb von Vermögenswerten oder für die Erbringung von Dienstleistungen ausgegeben, gelten die Stammaktien mit Zugang des Vermögenswertes bzw. Erbringung der Dienstleistung als ausgegeben. Stammaktien, die als Entgelt im Rahmen eines Unternehmenszusammenschlusses ausgegeben werden, gelten gemäß IAS 33.22 im Erwerbszeitpunkt als ausgegeben.[22] Stammaktien, die zwecks Tilgung einer Verbindlichkeit ausgegeben werden, gelten ab dem Erfüllungstag als ausgegeben.

(b) **Wandelbare Instrumente:** Werden Stammaktien in Folge des Ausübung des Wandlungsrechts einer Wandelschuldverschreibung ausgegeben, gelten sie ab dem Tag als ausgegeben, an dem keine Zinsen für die Schuldverschreibung mehr anfallen. Eine Sonderregel gilt hier allerdings für wandlungspflichtige Instrumente. Stammaktien, die in Folge der Wandlung wandlungspflichtiger Instrumente ausgegeben werden, gelten gemäß IAS 33.23 bereits mit Vertragsabschluss als ausgegeben.

(c) **Sonderfälle:** Dividendenbeschlüsse können den Aktionären unter bestimmten Umständen ein Wahlrecht einräumen, die Dividende entweder als Barzahlung oder in Form neuer Stammaktien zu erhalten (scrip dividends). Die Stammaktien, gelten in diesem Fall mit Ausübung des Wahlrechts als ausgegeben.[23] Stammaktien, die anstelle von Zinsen oder Tilgungen auf Finanzinstrumente ausgegeben wurden, gelten ab dem Tag als ausgegeben, an dem keine Zinsen mehr anfallen.[24]

Eigene Anteile gehen nicht in die Berechnung der in der Berichtsperiode im Umlauf gewesenen Stammaktien ein. Zu den eigenen Anteilen gehören auch alle Stammaktien, die von konsolidierten Tochterunternehmen, einschließlich Zweckgesellschaften, gehalten werden. Zu beachten ist in diesem Zusammenhang aber, dass Pensionsfonds, gemäß SIC-12 *Consolidation: Special Purpose Entities* von der Konsolidierungspflicht ausgenommen sein können. Von Pensionsfonds gehaltene Stammaktien gelten dann nicht als eigene Anteile und gehen in die Berechnung der Nennergröße ein.[25] **Nicht voll einbezahlte Stammaktien** werden nach IAS 33.A15 und A16

---

22 Zur Ermittlung des Ergebnisses je Aktie bei umgekehrten Unternehmenserwerben vergleiche die Kommentierung zu IFRS 3 *Business Combinations*.
23 Das FASB diskutiert zur Zeit weitere Detailfragen zur Ausgabe von Scrip Dividends in Proposed Accounting Standards Update *Equity (Topic 505) and Earnings per Share (Topic 260): Accounting for Stock Dividends, Including Distributions to Shareholders with Components of Stock and Cash*.
24 Vgl. *PwC (Hrsg.)* IFRS Manual, Rn 14.68; *Ernst & Young (Hrsg.)* International GAAP, 2678f; *Freiberg*, Haufe-Kommentar, §35 Rn 17.
25 *Deloitte (Hrsg.)* iGAAP, 2190f; *PwC (Hrsg.)* IFRS Manual, Rn 14.71f; *KPMG (Hrsg.)* Insights, 1065, *Beine/Schütte* Wiley IFRS, Abschnitt 18 Rn 24

bei der Berechnung des unverwässerten Ergebnis je Aktie in dem Umfang als Bruchteil einer Stammaktie angesehen, in dem sie während der Periode in Relation zu einer voll bezahlten Stammaktie dividendenberechtigt sind.[26]

32 Unter **bedingt emissionsfähigen Aktien** versteht man gemäß IAS 33.5 Stammaktien, die gegen eine geringe oder gar keine Zahlung oder andere Art von Entgelt ausgegeben werden, sofern bestimmte Voraussetzungen erfüllt sind. Praktische Bedeutung erlangen bedingt emissionsfähige Aktien insbesondere im Zusammenhang mit der Vereinbarung bedingter Kaufpreiszahlungen bei Unternehmenszusammenschlüssen. Ein gängiges Beispiel bedingt emissionsfähiger Aktien ist die Ausgabe zusätzlicher Stammaktien durch den Erwerber, falls das veräußerte Unternehmen in Folgeperioden bestimmte Umsatz- oder Ertragsziele erfüllt, einen bestimmten Meilenstein in der Forschung erzielt oder wichtige Mitarbeiter im Unternehmen verbleiben. Bedingt emissionsfähige Aktien werden gemaess IAS 33.24 erst ab dem Moment in die Nennergröße einbezogen, in dem alle erforderlichen Voraussetzungen erfüllt, dh die Bedingungen eingetreten, sind.[27] IAS 33.24 stellt aber klar, dass **Stammaktien, die ausschließlich nach Ablauf einer bestimmten Zeitspanne emissionsfähig sind** keine bedingt emissionsfähigen Aktien darstellen, da der Ablauf der Zeitspanne als einzige Bedingung keiner Unsicherheit unterliegt. Solche Stammaktien sind daher schon während dieser Zeitspanne in der Nennergröße zu berücksichtigen.[28]

Beispiel

Unternehmen A erwirbt alle Anteile an Unternehmen B gegen Ausgabe von 10.000 Stammaktien. A verpflichtet sich zusätzlich zur Ausgabe 5.000 weiterer Stammaktien, wenn B in den ersten beiden Jahren nach dem Unternehmenserwerb einen Umsatz von jeweils mehr als € 10 Mio. erzielt. B erfüllt in beiden Jahren die Umsatzvorgaben.

Die bedingt emissionsfähigen Aktien gehen ab dem dritten Jahr nach der Unternehmensübernahme in die Berechnung des unverwässerten Ergebnisses je Aktie ein, da erst zu diesem Zeitpunkt alle Bedingungen erfüllt sind.

Abwandlung

A verpflichtet sich zur Ausgabe 2.500 weiterer Stammaktien, wenn B im ersten Folgejahr ein Umsatzziel von € 10 Mio. erfüllt. Zusätzlich verpflichtet sich A zur Ausgabe weiterer 2.500 Stammaktien, wenn B auch im zweiten Folgejahr ein Umsatzziel von € 10 Mio. erfüllt.

---

26 Vgl. *Deloitte (Hrsg.)* iGAAP, 2173f; *PwC (Hrsg.)* IFRS Manual, Rn 14.69; *KPMG (Hrsg.)* Insights, 1066; *Beine/Schütte*, Wiley IFRS, Abschnitt 18, Rn 30f.
27 Vgl. *Deloitte (Hrsg.)* iGAAP, 2174ff; *PwC (Hrsg.)* IFRS Manual, Rn 14.77; *KPMG (Hrsg.)* Insights, 1065f; *Ernst & Young (Hrsg.)* International GAAP, 2720ff.
28 *Deloitte (Hrsg.)* iGAAP, 2179f.

IV. Bewertung

In dem Beispiel gehen 2.500 Stammaktien in die Berechnung des unverwässerten Ergebnisses je Aktie für das zweite Folgejahr ein. Ab dem dritten Folgejahr werden alle 5.000 Stammaktien bei der Berechnung berücksichtigt.

Bedingt rückgabefähige Aktien (dh unter Vorbehalt des Rückrufs stehende Stammaktien, shares subject to recall) gelten als nicht im Umlauf befindlich bis der Rückrufvorbehalt nicht mehr gilt.[29]

IAS 33.26 bestimmt schließlich, dass der gewichtete Durchschnitt der im Umlauf befindlichen Stammaktien für Kapitalmaßnahmen angepasst werden muss, die zwar die Zahl der in Umlauf befindlichen Aktien verändern, sich aber nicht auf die dem Unternehmen zur Verfügung stehenden Mittel auswirken. Beispiele hierfür sind die **Ausgabe von Gratisaktien bzw. Gratiselemente bei anderen Emissionen**, ein Aktiensplit bzw. die Zusammenlegung von Aktien, vgl. IAS 33.27. Die Anpassung muss rückwirkend so vorgenommen werden, als ob die Aktien zu Beginn der ersten dargestellten Periode ausgegeben bzw. eingezogen worden wären.

Beispiel

Annahmen

Gewinn im Jahr 01	*€1.000*
Gewinn im Jahr 02	*€1.600*
Ausstehende Stammaktien	*200*

Im Juli 02 nimmt das Unternehmen einen Aktiensplit im Verhältnis 2 zu 1 vor.

Berechnung des unverwässerten Ergebnisse je Aktie

Abschluss Jahr 01: €1.000 / 200 Stammaktien = €5,00/Aktie

Abschluss Jahr 02: €1.600 / 400 Stammkatien = €4,00/Aktie

Anpassung der Vorjahreszahl: €1.000 / 400 Stammaktien = €2,50/Aktie

Die Anpassung der Nennergröße verkompliziert sich in **Mischfällen**, die Gratiselemente mit der Ausgabe bzw. Einziehung von Stammaktien gegen Entgelt verbinden. Zum Beispiel ist es in der Praxis nicht unüblich, Aktienbezugsrechte zu einem Preis, der unter dem beizulegenden Zeitwert der Aktien liegt, auszugeben. Wird allen gegenwärtigen Aktionären die Ausgabe von Bezugsrechten angeboten, wird gemäß IAS 33.A2 für alle Perioden vor der Bezugsrechtsausgabe die Zahl der in Umlauf befindlichen Stammaktien wie folgt ermittelt:

---

29 Vgl. *Deloitte* (Hrsg.) iGAAP, 2178f; *KPMG* (Hrsg.) Insights, 1066; *Ernst & Young* (Hrsg.) International GAAP, 2683; *Beine/Schütte*, Wiley IFRS, Abschnitt 18 Rn 32f.

Zahl der sich vor der Ausgabe in Umlauf befindlichen Aktien
x beizulegender Zeitwert je Aktie unmittelbar vor der Bezugsrechtsausübung
/ theoretischer Zeitwert je Aktie nach dem Bezugsrecht.

36   Der theoretische Zeitwert je Aktie nach dem Bezugsrecht entspricht der Summe der Marktwerte der Aktien unmittelbar vor Ausübung der Bezugsrechte und den Erlösen aus der Ausübung der Bezugsrechte geteilt durch die Anzahl der nach Ausübung der Bezugsrechte in Umlauf befindlichen Stammaktien.[30]

Beispiel

Annahmen

Gewinn	€1.000
Ausstehende Stammaktien	200
Börsenkurs der Stammaktien	€10

Das Unternehmen gibt für je zwei ausstehende Stammaktien eine neue Stammaktie zu einem Ausgabepreis von €5 aus.

Berechnung

Theoretischer Zeitwert je Aktie nach Bezugsrecht:

((€10 x 200) + (€5 x 100)) / (200 + 100) = 8,33

Anpassungsfaktor:

€10 Zeitwert vor Bezugsrecht / €8,33 Zeitwert nach Bezugsrecht = 1,20

Unverwässertes Ergebnis je Aktie: €1.000 / (200 x 1,20) = 4,17

37   **2. Verwässertes Ergebnis je Aktie.** Die Berechnung des verwässerten Ergebnisses je Aktie dient gemäß IAS 33.32 dem gleichen Ziel wie das unverwässerte Ergebnis je Aktie. Beide Kennzahlen sollen dem Bilanzleser einen Maßstab für die Beteiligung jeder Stammaktie an der Ertragskraft des Unternehmens an die Hand geben. Im Gegensatz zum unverwässerten Ergebnis je Aktie berücksichtigt das verwässerte Ergebnis je Aktie hierbei aber auch im Umlauf befindliche potenzielle Stammaktien, dh solche Finanzinstrumente oder sonstigen Verträge, die dem Inhaber ein Anrecht auf Stammaktien verbriefen, vgl. IAS 33.5. Zu den potenziellen Stammaktien gehören daher Optionen und Optionsscheine ebenso wie wandelbare Instrumente oder bedingt emissionsfähige Stammaktien.

38   In die Berechnung des verwässerten Ergebnisses je Aktie gehen nur solche potenziellen Stammaktien ein, die sich verwässernd auf die Ertragskennzahl auswirken. Nach IAS 33.5 versteht man unter **Verwässerung** (dilution) eine Reduzierung des Ergebnisses je Aktie bzw. eine Erhöhung des Verlustes je Aktie aufgrund der An-

---

30   Vgl. *Deloitte (Hrsg.)* iGAAP, 2180ff; *PwC (Hrsg.)* IFRS Manual, Rn 14.80ff; *Ernst & Young (Hrsg.)* International GAAP, 2683ff, *Beine/Schütte* Wiley IFRS, Abschnitt 18, Rn 25f.

IV. Bewertung

nahme, dass wandelbare Instrumente umgewandelt, Optionen oder Optionsscheine ausgeübt oder Stammaktien unter bestimmten Voraussetzungen ausgegeben werden. Vergleichsgrundlage für den Verwässerungseffekt ist gemäß IAS 33.41 und 42 der um die zur Berechnung des unverwässerten Ergebnisses je Aktie erforderlichen Korrekturen angepasste Gewinn oder Verlust aus der fortzuführenden Geschäftstätigkeit. Das verwässerte Ergebnis je Aktie muss dann aber für den den Stammaktionären des Mutterunternehmens zustehenden Gewinn oder Verlust und den Gewinn oder Verlust aus dem fortzuführenden Geschäft ausgewiesen werden.

a) Ergebnis. Das verwässerte Ergebnis je Aktie unterstellt die **hypothetische Umwandlung aller verwässernden potenziellen Stammaktien zu Beginn der Berichtsperiode**. In der Berichtsperiode würden dann keine mit den potenziellen Stammaktien zusammenhängende Aufwendungen und Erträge mehr anfallen. IAS 33.33 stellt daher klar, dass für die Ermittlung des verwässerten Ergebnisses je Aktie, zusätzlich zu den bereits bei der Berechnung des unverwässerten Ergebnisses je Aktie anfallenden Korrekturen, alle im Zusammenhang mit potenziellen Stammaktien aufwandswirksam erfassten **Zinsen, Dividenden oder sonstige Posten** zum Periodenergebnis zurückgerechnet werden müssen. Darüber hinaus muss das Periodenergebnis um alle sonstigen Änderungen der Aufwendungen oder Erträge, die sich aus der Umwandlung der potenziellen Stammaktien ergeben, korrigiert werden. Zu den mit potenziellen Stammaktien verbundenen Aufwendungen gehören gemäß IAS 33.34 auch nach der Effektivzinsmethode bilanzierte Transaktionskosten und Disagien. Es sind auch alle Wertänderungen erfolgswirksam zum beizulegenden Zeitwert zu erfassender potenzieller Stammaktien zu korrigieren. Alle Anpassungen erfolgen nach Berücksichtigung von Steuern.[31]

Neben den soeben beschriebenen unmittelbaren Auswirkungen auf das Periodenergebnis, müssen auch bestimmte **indirekte Aufwands- und Ertragseffekte** korrigiert werden. IAS 33.35 führt hier das Beispiel eines **Gewinnbeteiligungsplans für Arbeitnehmer** an. Reduziert etwa die hypothetische Umwandlung potenzieller Stammaktien den in der Gesamtergebnisrechnung bzw. Gewinn- und Verlustrechnung erfassten Zinsaufwand, erhöht sich die Bemessungsgrundlage für die Gewinnbeteiligung der Arbeitnehmer und es ergibt sich ein höherer Personalaufwand, der bei der Ermittlung des verwässerten Ergebnisses je Aktie zu berücksichtigen ist. Fraglich ist indes, wie weit die Vorschrift ausgelegt werden muss. So könnte ja beispielsweise argumentiert werden, dass ein geringerer Zinsaufwand, neue Investitionen des Unternehmens ermöglichen würde, die dann ihrerseits wieder zu einem erhöhten Abschreibungsaufwand führen würden, der sich wiederum auf das Gewinnbeteiligungsprogramm der Mitarbeiter auswirkt. Die Literatur schiebt solchen Überlegun-

---

31 Vgl. *Deloitte (Hrsg.)* iGAAP, 2192, 2201 und 2204; *PwC (Hrsg.)* IFRS Manual, Rn 14.104.

gen, nicht zuletzt aus praktischen Erwägungen, einen Riegel vor und berücksichtigt nur solche indirekten Aufwands- und Ertragseffekte, die sich automatisch aus der Umwandlung der potenziellen Stammaktien ergeben.[32]

41 Während die Vorschriften in der Regel ohne weiteres auf wandelbare Instrumente angewendet werden können, ergeben sich bei **Optionen, Optionsscheinen oder ähnlichen Instrumenten** bzw. bedingt emissionsfähigen Stammaktien Besonderheiten, die im Folgenden kurz dargestellt werden sollen. Als Eigenkapitalinstrumente klassifizierte Optionen, führen i.d.R. zu keinem Aufwand und bedingen somit keinerlei Ergebnisanpassungen. Bei Optionen, die als Fremdkapital klassifiziert werden, handelt es sich in der Regel um Derivate, die erfolgswirksam zum beizulegenden Zeitwert bewertet werden. Die Zählergröße muss hier um die Änderungen des beizulegenden Zeitwertes korrigiert werden. **Mitarbeiteroptionen**, die nach IFRS 2 *Share-based Payment* bilanziert werden, bedingen normalerweise keine Anpassungen der Zählergröße, da der Personalaufwand unabhängig von der Ausübung der Optionen mit der Erbringung der Arbeitsleistung durch die Mitarbeiter anfällt. Bei **anteilsbasierten Vergütungen mit Barausgleich** sollte die Zählergröße nur um solche Aufwendungen und Erträge korrigiert werden, die nicht angefallen wären, wenn es sich bei der anteilsbasierten Vergütung um ein Eigenkapitalinstrument gehandelt hätte.[33]

42 **Bedingt emissionsfähige Stammaktien** bedingen normalerweise keine Zähleranpassungen für die Berichtsperiode. Für die Beurteilung bedingt emissionsfähiger Stammaktien, ist die Frage entscheidend, ob alle Bedingungen am Ende der Berichtsperiode erfüllt sind. Bedingt emissionsfähige Stammaktien wirken sich daher nicht auf das laufende Periodenergebnis aus.[34]

43 **b) Aktien.** Ausgangspunkt der Berechnung der Nennergröße ist gemäß IAS 33.36 der für das unverwässerte Ergebnis je Aktie ermittelte gewichtete **Durchschnitt der während der Periode im Umlauf gewesenen Stammaktien.** Hierzu wird nun der gewichtete **Durchschnitt der Stammaktien, die sich bei der angenommenen Umwandlung aller verwässernden potenziellen Stammaktien ergeben würden**, hinzugerechnet. Die potenziellen Stammaktien gelten ab dem ersten Tag der Berichtsperiode als umgewandelt. Wurden die potenziellen Stammaktien erst später ausgegeben, werden sie nur anteilig berücksichtigt und gelten ab dem Emissionsstichtag als umgewandelt. Umgekehrt werden potenzielle Stammaktien, die in der Berichtsperiode ausgelaufen oder verfallen sind, nur bis zu diesem Tag berücksichtigt. Potenzielle Stammaktien, die in der Berichtsperiode tatsächlich in Stammaktien umgewandelt wurden, werden bis zum Umwandlungsstichtag berücksichtigt. Nach dem Umwandlungsstichtag gehen die tatsächlich ausgegebenen Stammaktien in die Berechnung

---

32 Vgl. *KPMG (Hrsg.)* Insights, 1068f.
33 Vgl. *Deloitte (Hrsg.)* iGAAP, 2208ff; *KPMG (Hrsg.)* Insights, 1066; *Ernst & Young (Hrsg.)* International GAAP, 2709f.
34 Vgl. *Deloitte (Hrsg.)* iGAAP, 2215; Ernst & Young (Hrsg.) International GAAP, 2720ff.

IV. Bewertung

des unverwässerten Ergebnisses je Aktie ein, vgl. IAS 33.38. Wie schon bei der Ermittlung des unverwässerten Ergebnisses je Aktie muss die Durchschnittsbildung nicht immer tagesgenau erfolgen. Unterliegt die Anzahl potenzieller Stammaktien nur geringen Schwankungen im Zeitablauf, kann eine wochen- oder monatsgenaue Durchschnittsbildung ausreichend sein.[35] Die Durchschnittsbildung erfolgt gemäß IAS 33.37 für jede dargestellte Berichtsperiode unabhängig von einander.

Gemäß IAS 33.39 muss die Bestimmung der Zahl der zu berücksichtigenden potenziellen Stammaktien entsprechend den für die potenziellen Stammaktien geltenden Bedingungen erfolgen. Ergibt sich hieraus **mehr als ein mögliches Szenario** für die Umwandlung der potenziellen Stammaktien in Stammaktien, wird die aus Sicht des Inhabers der potenziellen Stammaktie vorteilhafteste, bzw. für die bestehenden Stammaktionäre des Unternehmens nachteiligste, Variante angenommen. 44

Die Berechnung des verwässerten Ergebnisses je Aktie unterstellt die Ausübung aller ausstehenden **Optionen, Optionsscheine und ähnlicher Instrumente**, die das Ergebnis je Aktie verwässern. Das Ergebnis je Aktie wird immer dann durch die Ausübung der Optionsrechte verwässert, wenn der Ausübungspreis unter dem durchschnittlichen Kurspreis der Stammaktie liegt. Ist dies der Fall, vermuten IAS 33.45 und 46 die Ausübung aller ausstehenden Optionsrechte zu Beginn der Berichtsperiode. In einem zweiten Schritt wird dann angenommen, dass die hypothetischen Erlöse aus der Ausübung der Optionsrechte vom Unternehmen in zum durchschnittlichen Marktpreis erworbene eigene Anteile angelegt werden. Dieses Verfahren wird oft als **Treasury-Stock Methode** bezeichnet.[36] 45

Beispiel[37]

Angaben:

Periodenergebnis	*€10.000*
Stammaktien	*1.000*
Durchschnittlicher Börsenpreis der Stammaktien:	*€20*
Optionen:	*200*
Ausübungspreis der Optionen:	*€10*

---

35 Vgl. Rn 31 und die dort angegebenen weiterführenden Literaturhinweise.
36 Vgl. *Deloitte (Hrsg.)* iGAAP, 2203ff; *KPMG (Hrsg.)* Insights, 1069ff; *PwC (Hrsg.)* IFRS Manual, Rn 14.117ff; *Ernst & Young (Hrsg.)* International GAAP, 2712f.
37 Vgl. *Buschhüter*, IFRS Praxis, §7 Rn 94.

Berechnung des verwässerten Ergebnisses je Aktie:

Erlöse aus der angenommen Ausübung der Optionen:	200 x € 10	= € 2.000
Rückkauf eigener Stammaktien:	€2.000/€ 20	= 100
Erhöhung des Stammaktienbestandes:	200 – 100	= 100
Unverwässertes Ergebnis je Aktie:	€10.000 / 1.000	= € 10.00
Verwässertes Ergebnis je Aktie:	€10.000 / (1.000 + 100)	= € 9.09

46 IAS 33.A4 und A5 beschäftigen sich mit der Bestimmung des **durchschnittlichen Marktpreises** der Stammaktien. Wie schon bei der Ermittlung der durchschnittlich Zahl im Umlauf befindlicher Stammaktien, schreibt IAS 33 auch bei der Ermittlung des durchschnittlichen Marktpreises nicht zwingend eine tagesgenaue Durchschnittsbildung vor. Unterliegt der Marktpreis nur geringen Schwankungen, reicht eine Durchschnittsbildung auf Basis von Wochen oder Monatspreisen aus. In der Regel kann für die Berechnung des durchschnittlichen Marktpreises auf die Schlusskurse der Stammaktien zurückgegriffen werden. Erhebliche **Preisschwankungen** können aber im Einzelfall auch eine Durchschnittsbildung aus Höchst- und Tiefpreisen erforderlich machen, um zu einem repräsentativen Marktpreis zu kommen. Soweit veränderte Marktbedingungen keine Anpassungen erforderlich machen, soll der durchschnittliche Marktpreis stets nach der gleichen Methode ermittelt werden.[38]

47 IAS 33 lässt es weitgehend offen, wie **fiktive Erlöse** aus der angenommenen Ausübung der Optionsrechte bestimmt werden sollen. IAS 33.47A stellt für anteilsbasierte Vergütungsvereinbarungen, die in den Anwendungsbereich von IFRS 2 fallen, fest, dass die fiktiven Erlöse neben dem Ausübungspreis der Option auch die beizulegenden Zeitwerte aller Güter oder Dienstleistungen umfassen sollen, die dem Unternehmen zukünftig aufgrund der vertraglichen Vereinbarung zu liefern bzw. erbringen sind. IAS 33 äußert sich hingegen nicht zu der Frage, ob bei als Fremdkapital klassifizierten Optionen auch der **Wegfall der Verbindlichkeit** als Erlös aus der Ausübung des Optionsrechtes gewertet werden soll. Ebenso unklar, ist ob **Steuereffekte** in die Berechnung der hypothetischen Erlöse einbezogen werden müssen. Der Standardentwurf *Simplifying Earnings per Share* schlägt in diesem Zusammenhang vor, dass sowohl der Wegfall von Verbindlichkeiten als auch Steuereffekte aus der Ausübung von Optionen in die Berechnung der angenommenen Erlöse aus der Ausübung der Optionen eingehen sollen.[39]

48 **Optionen auf wandelbare Instrumente** werden gemäß IAS 33.A6 bei der Berechnung der Zählergröße berücksichtigt, wenn die Durchschnittskurse sowohl der wandelbaren Instrumente als auch der nach Umwandlung zu beziehenden Stammak-

---
38 Vgl. *Deloitte (Hrsg.)* iGAAP, 2210ff; KPMG (Hrsg.) Insights, 1070f.
39 Vgl. Rn 75.

IV. Bewertung

tien über dem Ausübungspreis der Optionen liegen. IAS 33.A7-A9 enthalten weitere Anwendungshinweise für Fälle, in denen die Ausübung von Optionen an besondere Vertragsbedingungen geknüpft ist.[40]

Verträge, die einen Rückkauf eigener Anteile durch das Unternehmen vorsehen, werden nach IAS 33.63 bei der Ermittlung des verwässerten Ergebnisses je Aktie berücksichtigt, wenn sie das Ergebnis je Aktie verwässern. Dies sind insbesondere **geschriebene Verkaufsoptionen** (Written Put Options). Die Anpassung des verwässerten Ergebnisses je Aktie wird für solche Verträge spiegelbildlich zur Treasury Stock Methode vorgenommen und wird daher oft als **Reverse Treasury Stock Methode** bezeichnet. Die Reverse Treasury Stock Methode nimmt an, dass das Unternehmen zu Beginn der Berichtsperiode in ausreichendem Umfang Stammaktien zum durchschnittlichen Marktpreis des Berichtszeitraums emittiert, um aus den Erlösen seine vertraglichen Verpflichtungen erfüllen zu können. Die Erfüllung der vertraglichen Verpflichtung wird dann wie der Ankauf eigener Stammaktien zum vertraglich vereinbarten Preis behandelt. Die Ermittlungsmethodik bedingt, dass sich ein Verwässerungseffekt nur dann ergibt, wenn der vertraglich vereinbarte Preis über dem durchschnittlichen Börsenkurs liegt.[41]

49

Beispiel

Annahmen

Gewinn	*€10.000*
Stammaktien	*1.000*
Durchschnittlicher Börsenpreis	*€10*
Verkaufsoptionen	*200*
Ausübungspreis der Verkaufsoptionen	*€20*

Berechnung

Kapitalbedarf aus der angenommenen Ausübung der Verkaufsoptionen:

100 x €20	*= €4.000*
Ausgabe neuer Stammaktien zur Deckung des Kapitalbedarfs:	
€4.000 / €10	*= 400*
Erhöhung des Stammaktienbestandes: 400-200	*= 200*
Verwässertes Ergebnis je Aktie: €10.000 / (1.000 + 200)	*= €8,33*

---

40 Vgl. Deloitte (Hrsg.) iGAAP, 2212f.
41 Vgl. Deloitte (Hrsg.) iGAAP, 2225f; *KPMG (Hrsg.)* Insights, 1071f; *PwC (Hrsg.)* IFRS Manual, Rn 14.167f; *Ernst & Young (Hrsg.)* International GAAP, 2715; Wiechmann/Scharfenberg, Beck'sches IFRS-Handbuch, §16 Rn 20.

| 50 | Vom Unternehmen **gehaltene Kauf- oder Verkaufsoptionen** auf eigene Aktien verwässern das Ergebnis je Aktie grundsätzlich nicht und werden deshalb gemäß IAS 33.62 bei der Ermittlung des verwässerten Ergebnisses je Aktie nicht berücksichtigt.[42]
| 51 | IAS 33 enthält keine expliziten Vorschriften, wie **Termingeschäfte** (forwards) in das verwässerte Ergebnis je Aktie einzubeziehen sind. Ihrem Wesen nach können Termingeschäfte jedoch als **Kombination mehrerer Optionsgeschäfte** interpretiert werden. Ein Termingeschäft zum Kauf eigener Anteile entspricht seinem Wesen nach einer geschriebenen Verkaufsoption in Verbindung mit einer gehaltenen Kaufoption. Die gehaltene Kaufoption wirkt sich gemäß IAS 33.62 nicht verwässernd auf das Ergebnis je Aktie aus. Ein Termingeschäft zum Kauf eigener Anteile sollte daher entsprechend den Vorschriften in IAS 33.63 für geschriebene Verkaufsoptionen abgebildet werden. Umgekehrt kann ein Termingeschäft zum Verkauf eigener Anteile als Verbindung einer geschriebenen Kaufoption und einer gehaltenen Verkaufsoption interpretiert werden. Die gehaltene Verkaufsoption wirkt sich wiederum nicht verwässernd auf das Ergebnis je Aktie aus. Ein Termingeschäft zum Verkauf eigener Aktie sollte folglich entsprechend den Vorschriften für geschriebene Kaufoptionen in IAS 33.45 erfasst werden.[43]
| 52 | Für die Umwandlung **wandelbarer Instrumente** gelten gemäß IAS 33.49 die allgemeinen Grundsätze, dh die Instrumente gelten zu Beginn der Berichtsperiode als umgewandelt. Diese Vorgehensweise wird oft als **If-Converted Methode** bezeichnet. Zu Besonderheiten bei der Rückzahlung oder vorgenommen Umwandlung wandelbarer Vorzugsaktien vgl. IAS 33.51.[44]

Beispiel

Annahmen

Gewinn	*€8.000*
Stammaktien	*2.000*
Wandelschuldverschreibungen	*1.000*
Zinsen auf Wandelschuldverschreibungen	*€1.000*

Die Wandelschuldverschreibungen können in je eine Aktie umgewandelt werden.

Verwässertes Ergebnis je Aktie:

(€8.000 + €1.000) / (2.000 / 1.000) = €3,00

---

42 Vgl. *Deloitte (Hrsg.)* iGAAP, 2225; *KPMG (Hrsg.)* Insights, 1071; *PwC (Hrsg.)* IFRS Manual, Rn 14.166; *Ernst & Young (Hrsg.)* International GAAP, 2716f.
43 Vgl. *Deloitte (Hrsg.)* iGAAP, 2226f.
44 Vgl. *Deloitte (Hrsg.)* iGAAP, 2200ff; *KPMG (Hrsg.)* Insights, 1074; *PwC (Hrsg.)* IFRS Manual, Rn 14.114ff; *Ernst & Young (Hrsg.)* International GAAP, 2705ff; *Freiberg* Haufe-Kommentar, §35 Rn 42ff.

IV. Bewertung

Sind **nicht voll eingezahlte Stammaktien** dividendenberechtigt, gehen sie anteilig in die Berechnung des unverwässerten Ergebnisses je Aktie ein. Nicht voll eingezahlte Stammaktien, die nicht dividendenberechtigt sind, haben Optionscharakter und werden gemäß IAS 33.A16 analog zu den Vorschriften zu Optionen, Optionsscheinen und ähnlichen Instrumenten in das verwässerte Ergebnis je Aktie einbezogen. Der unbezahlte Restbetrag gilt dann als für den Kauf von Stammaktien verwendeter Erlös. Die Zahl der in den Nenner einbezogenen Aktien ist die Differenz zwischen der Zahl der gezeichneten Aktien und der Zahl der Aktien, die als gekauft gelten.[45]

53

Bedingt emissionsfähige Aktien sind gemäß IAS 33.5 Stammaktien, die gegen eine geringe oder gar keine Zahlung oder andere Art von Entgelt ausgegeben werden, sofern bestimmte Voraussetzungen erfüllt sind. Bedingt emissionsfähige Aktien, die zwar noch nicht umgewandelt sind, für die aber alle Bedingungen bereits erfüllt sind, gehen nach IAS 33.24 in die Berechnung des unverwässerten Ergebnisses je Aktie ein. Bedingt emissionsfähige Aktien, für die noch nicht alle Bedingungen erfüllt sind, werden bei der Ermittlung des verwässerten Ergebnisses je Aktie nach den Vorschriften in IAS 33.52-56 berücksichtigt. Für die Berechnung des verwässerten Ergebnisses je Aktie wird dabei unterstellt, dass das Ende des Zeitraumes, in dem die Bedingung eintreten kann, mit dem Ende der Berichtsperiode zusammenfällt. Wäre die Bedingung am Ende der Berichtsperiode erfüllt, gelten die Stammaktien, ab dem ersten Tag der Berichtsperiode bzw. dem späteren Tag der Ausgabe der bedingt emissionsfähigen Aktien als ausgegeben. Ist die Bedingung am Ende der Berichtsperiode nicht erfüllt, werden die bedingt emissionsfähigen Aktien bei der Bestimmung des verwässerten Ergebnisses je Aktie nicht berücksichtigt. Rückwirkende Anpassungen von Vorperioden sind aber nicht erlaubt.[46]

54

Beispiel

Unternehmen A erwirbt alle Anteile an Unternehmen B gegen Ausgabe von 10.000 Stammaktien. A verpflichtet sich zusätzlich zur Ausgabe 5.000 weiterer Stammaktien, wenn B in den ersten beiden Jahren nach dem Unternehmenserwerb einen Umsatz von jeweils mehr als € 10 Mio. erzielt. B erfüllt in beiden Jahren die Umsatzvorgaben.

Die bedingt emissionsfähigen Aktien gehen in den ersten beiden Jahren nach der Unternehmensübernahme in die Berechnung des verwässerten Ergebnisses je Aktie ein. Ab dem dritten Jahr werden die bedingt emissionsfähigen Aktien bei der Berechnung des unverwässerten Ergebnisses je Aktie berücksichtigt.

---

45 Vgl. *Deloitte (Hrsg.)* iGAAP, 2231; *KPMG (Hrsg.)* Insights, 1072; *PwC (Hrsg.)* IFRS Manual, Rn 14.113; *Ernst & Young (Hrsg.)* International GAAP, 2717f; *Wiechmann/Scharfenberg* Beck'sches IFRS-Handbuch, §16 Rn 22.
46 Vgl. *Deloitte (Hrsg.)* iGAAP, 2215ff; *KPMG (Hrsg.)* Insights, 1074ff; *PwC (Hrsg.)* IFRS Manual, Rn 14.145ff; *Ernst & Young (Hrsg.)* International GAAP, 2720ff; *Wiechmann/Scharfenberg* Beck'sches IFRS-Handbuch, §16 Rn 26ff.

55 Die Gewährung von **Mitarbeiteroptionen** ist in der Regel an Bedingungen geknüpft. Trotzdem behandelt IAS 33 nicht alle Mitarbeiteroptionen als bedingt emissionsfähige Aktien. Gemäß IAS 33.48 werden Mitarbeiteroptionen mit festen oder bestimmbaren Laufzeiten und verfallbare Stammaktien bei der Berechnung des verwässerten Ergebnisses je Aktie nach den Vorschriften für Optionen, Optionsscheine oder ähnliche Instrumente und nicht etwa nach den Vorschriften für bedingt emissionsfähige Stammaktien berücksichtigt, obwohl sie eventuell von einer Anwartschaft abhängig sind. Umgekehrt werden leistungsabhängige Mitarbeiteroptionen aber als bedingt emissionsfähige Stammaktien behandelt, weil ihre Ausgabe neben dem Ablauf einer Zeitspanne auch von der Erfüllung bestimmter Bedingungen abhängig ist.[47]

56 Bedingungen können nicht nur an die Emission von Stammaktien, sondern auch an die Emission potenzieller Stammaktien geknüpft werden. **Bedingt emissionsfähige potenzielle Stammaktien** gehen nach IAS 33.57 nur dann in die Berechnung des verwässerten Ergebnisses je Aktie ein, wenn sowohl die Voraussetzungen für die Berücksichtigung der bedingt emissionsfähigen Instrumente als auch für die Berücksichtigung der zugrunde liegenden potenziellen Stammaktien bei der Berechnung des verwässerten Ergebnisses je Aktien gegeben sind. Die Auswirkungen auf das Ergebnis je Aktie werden entsprechend den Vorschriften für die zugrunde liegenden potenziellen Stammaktien ermittelt. Bedingt emissionsfähige Optionen werden daher beispielsweise nur dann berücksichtigt wenn am Ende der Berichtsperiode alle Bedingungen erfüllt sind und die Optionen sich verwässernd auf das Ergebnis je Aktie auswirken. Auf die Optionen ist dann die Treasury Stock Methode anzuwenden.[48]

57 Die vertraglichen Bestimmungen potenzieller Stammaktien können vorsehen, dass die **Erfüllung wahlweise in Stammaktien oder in liquiden Mitteln** erfolgen kann. Liegt das Wahlrecht beim Unternehmen, muss für die Berechnung des verwässerten Ergebnisses je Aktie gemäß IAS 33.58 die Erfüllung durch Ausgabe von Stammaktien angenommen werden. Liegt das Wahlrecht bei den Inhabern der potenziellen Stammaktien, wird die Erfüllungsvariante bei der Berechnung des verwässerten Ergebnisses je Aktie berücksichtigt, die den größten Verwässerungseffekt mit sich bringt.[49]

58 Im **Konzernverbund** ist es möglich, dass nicht nur das Mutterunternehmen sondern auch Tochterunternehmen, assoziierte Unternehmen oder gemeinsam geführte Unternehmen potenzielle Stammaktien ausgeben. Die potenziellen Stammaktien können sich auf Stammaktien des Mutterunternehmens oder Stammaktien des Tochterunternehmens, assoziierten Unternehmens oder gemeinsam geführten

---

47 Vgl. *KPMG (Hrsg.)* Insights, 1077ff; *Wiechmann/Scharfenberg* Beck'sches IFRS-Handbuch, §16 Rn 32.
48 Vgl. *Deloitte (Hrsg.)* iGAAP, 2221f; *PwC (Hrsg.)* IFRS Manual, Rn 14.157; *Ernst & Young (Hrsg.)* International GAAP, 2727f.
49 Vgl. *Deloitte (Hrsg.)* iGAAP, 2222ff; *PwC (Hrsg.)* IFRS Manual, Rn 14.159ff; *Wiechmann/Scharfenberg* Beck'sches IFRS-Handbuch, §16 Rn 36f.

IV. Bewertung

Unternehmens beziehen, vgl. IAS 33.40. Beziehen sich diese potenziellen Stammaktien auf **Stammaktien des Mutterunternehmens**, werden sie behandelt, als hätte das Mutterunternehmen selbst die potenziellen Stammaktien ausgegeben. Potenzielle Stammaktien, die sich auf **Stammaktien des Tochterunternehmens, assoziierten Unternehmens oder gemeinsam geführten Unternehmens** beziehen, werden gemäß IAS 33.A11 im separaten Einzelabschluss des emittierenden Unternehmens nach den allgemeinen Regeln für potenzielle Stammaktien berücksichtigt. Die potenziellen Stammaktien werden dann im Verhältnis des Anteilsbesitzes am Tochterunternehmen, assoziierten Unternehmen oder gemeinsam geführten Unternehmen in das verwässerte Ergebnis je Aktie des Konzernabschlusses des Mutterunternehmens einbezogen.[50]

c) **Ermittlung des Verwässerungseffektes.** Der Verwässerungseffekt potenzieller Stammaktien wird für jede Emission oder Emissionsfolge gesondert festgestellt. Die Reihenfolge, in der die Verwässerungseffekte potenzieller Stammaktien überprüft werden, kann sich dabei auf die Frage auswirken, ob potenzielle Stammaktien sich verwässernd auf das Ergebnis je Aktie auswirken. IAS 33.44 schreibt daher vor, dass potenzielle Stammaktien in der **Reihenfolge vom höchsten bis zum geringsten Verwässerungseffekt** berücksichtigt werden müssen. Dies hat zur Folge, dass Optionen in der Regel zuerst berücksichtigt werden, da deren Ausübung sich normalerweise nicht auf den Zähler sondern nur auf den Nenner der Kennzahl auswirkt. Optionen wirken sich immer dann verwässernd auf das Ergebnis je Aktie aus, wenn der Ausgabepreis unter dem durchschnittlichen Marktpreis der Stammaktien liegt, dh die Option in-the-money ist.[51]

59

Beispiel

Annahmen:

Gewinn aus der fortzuführenden Geschäftstätigkeit nach Abzug von Vorzugsdividenden	*€10.000*
Den Stammaktionären des Mutterunternehmens zustehender Gewinn	*€8.000*
Ausstehende Stammaktien	*2.000*
Durchschnittlicher Börsenkurs der Stammaktien	*€50*
Optionen mit einem Ausübungspreis von €40	*200*

---

50 Vgl. *Deloitte (Hrsg.)* iGAAP, 2229f; *KPMG (Hrsg.)* Insights, 1072f; *PwC (Hrsg.)* IFRS Manual, Rn 14.134ff; *Ernst & Young (Hrsg.)* International GAAP, 2724ff.
51 Vgl. *Deloitte (Hrsg.)* iGAAP, 2195ff; Ernst & Young (Hrsg.) International GAAP, 2703ff; Wiechmann/Scharfenberg, Beck'sches IFRS-Handbuch, §16 Rn 33ff.

Wandelbare Vorzugsaktien mit einem Dividendenrecht von je €10.
Die Vorzugsaktien können in je zwei Stammaktien gewandelt werden   200
Wandelschuldverschreibungen mit einem Nennwert von
€20 und einer Verzinsung von 10% auf den Nennwert.
Die Wandelschuldverschreibungen können in je eine Stammaktie
umgetauscht werden   100

Ermittlung der Verwässerungseffekte

	Ergebnis	Aktie	Ergebnis je zusätzlicher Aktie
Optionen		200x(€50-€40)/€50=	
	0,00	40	€0,00
Vorzugsaktien	200x€10=	200x2=	
	€2.000	400	€5,00
Wandelschuld-verschreibungen	100x€20x10%= €200	100	€2,00

Verwässertes Ergebnis je Aktie

	Ergebnis	Aktie	Ergebnis je Aktie	Verwässerung
	€10.000	2.000	€5,00	
Optionen	€0,00	40		
	€10.000	2.040	€4,90	Verwässernd
Wandelschuld-Verschreibungen	€200	100		
	€10,200	2.140	€4,77	Verwässernd
Vorzugsaktien	€2.000	400		
	€12.200	2.540	€4,80	Verwässerungs-schutz

Verwässertes Ergebnis je Aktie aus fortzuführender Geschäftstätigkeit = €4,77
Verwässertes Ergebnis je Aktie der Stammaktionäre des Mutterunternehmens
(€8.000+€200) / 2.140 = €3,83

3. Partizipierende Eigenkapitalinstrumente und Stammaktien mehrerer Gattungen. Hat ein Unternehmen **Stammaktien mehrerer Gattungen** (two-class ordinary shares) ausgegeben, muss für jede Gattung das unverwässerte und verwässerte Ergebnis je Aktie gesondert ausgewiesen werden. IAS 33.A13(b) spricht von unterschiedlichen Aktiengattungen, wenn die Stammaktien an einer Dividendenausschüt-

IV. Bewertung

tung in unterschiedlicher Höhe teilhaben, ohne jedoch vorrangige oder vorhergehende Rechte zu haben. Das unverwässerte und verwässerte Ergebnis je Aktie muss auch für andere **partizipierende Eigenkapitalinstrumente** (participating equity instruments) ermittelt werden, also Instrumente, die nach einer festgelegten Formel, zB zwei zu eins, an den Dividenden der Stammaktien (uU bis zu einem bestimmten Höchstbetrag) beteiligt werden. Die Vorschrift bezieht sich ausschließlich auf Eigenkapitalinstrumente. Eine Pflicht zur Ermittlung des Ergebnisses je Aktie für partizipierende Fremdkapitalinstrumente besteht hingegen nicht. Die Ermittlung des Ergebnisses je Aktie für partizipierende Eigenkapitalinstrumente ist ein mathematisch notwendiger Schritt bei der Ermittlung der Ergebniskennzahl für Stammaktien. Es besteht keine **Ausweispflicht** für das Ergebnis je Aktie für partizipierende Eigenkapitalinstrumente.[52]

IAS 33.A14 enthält detaillierte Vorschriften zur Aufteilung des **unverwässerten Ergebnisses je Aktie** auf unterschiedliche Aktiengattungen und partizipierende Eigenkapitalinstrumente. Vereinfacht ausgedrückt muss das Unternehmen danach das Periodenergebnis entsprechend der erklärten oder vertraglich vorgeschriebenen Dividendenzahlungen zuzüglich dem theoretischen Anteil am nicht ausgeschütteten Periodenergebnis aufteilen. Im Einzelnen sieht IAS 33.A14 die folgenden Rechenschritte vor:

61

(a) Zunächst wird der den Stammaktionären des Mutterunternehmens zurechenbare Gewinn oder Verlust um den Betrag der Dividenden angepasst, der in der Periode für jede Aktiengattung erklärt wurde, sowie um den vertraglichen Betrag der Dividenden oder Zinsen auf Gewinnschuldverschreibungen, der für die Periode zu zahlen ist.

(b) In einem zweiten Schritt wird dann der verbleibende Gewinn oder Verlust den Stammaktien und partizipierenden Eigenkapitalinstrumenten in dem Verhältnis zugeteilt, in dem jedes Instrument am Gewinn oder Verlust beteiligt ist, so, als sei der gesamte Gewinn oder Verlust ausgeschüttet worden.

(c) Der den unterschiedlichen Aktiengattungen oder partizipierenden Eigenkapitalinstrumenten zuzuweisende Gewinn oder Verlust ermittelt sich dann durch Addition der in (a) und (b) ermittelten Beträge.

(d) Zur Ermittlung des Ergebnisses je Aktie wird schließlich der den unterschiedlichen Aktiengattungen oder partizipierenden Eigenkapitalinstrumenten zugewiesene Gewinn oder Verlust durch die Zahl der in Umlauf befindlichen Instrumente geteilt.[53]

---

52 Vgl. *KPMG (Hrsg.)* Insights, 1061f; *PwC (Hrsg.)* IFRS Manual, Rn 14.57ff; *Deloitte (Hrsg.)* iGAAP, 2167ff.
53 Zur Berechnungsmethodik und weiteren Beispielen, vgl. *Ernst & Young (Hrsg.)* International GAAP, 2696ff; *PwC (Hrsg.)* IFRS Manual, Rn 14.60ff; *Deloitte (Hrsg.)* iGAAP, 2697f; Wiechmann/Scharfenberg, Beck'sches IFRS-Handbuch, §16 Rn 38ff.

IAS 33 — Earnings per Share

Beispiel[54]

Annahmen

Periodenergebnis:	€ 10.000
Class A Shares	1.000
Class B Shares	1.000

Es handelt sich bei den Class B Shares um stimmrechtslose Vorzugsaktien, die Anspruch auf eine Dividende in Höhe von 110% der auf Class A Shares gezahlten Dividende haben.

Die Hauptversammlung beschließt eine Dividende von € 2,00 je Class A Share. Das Unternehmen zahlt daher auf Class B Shares eine Dividende von € 2,20.

Berechnung

Periodenergebnis:	€ 10.000
Dividende Class A Shares:	- € 2.000
Dividende Class B Shares:	<u>- € 2.200</u>
Einbehaltenes Periodenergebnis:	€ 5.800

Einbehaltenes Periodenergebnis Class A Shares:

€ 5.800 x 1.000 / (1000 x 1,1 + 1000) = € 2.762

€ 2.762 / 1.000 = € 2,76

Einbehaltenes Periodenergebnis Class B Shares:

€ 5.800 x 1.000 x 1,1 / (1000 x 1,1 + 1000) = € 3.038

€ 3.038 / 1.000 = € 3,04

Ergebnis	Class A €	Class B €
Dividende	2,00	2,20
Einbehaltenes Periodenergebnis	2,76	3,04
Unverwässertes Ergebnis je Aktie	4,76	5,24

62 Zur Berechnung des **verwässerten Ergebnisses je Aktie** wird für die Aktiengattungen und partizipierenden Eigenkapitalinstrumente, die in Stammaktien umgewandelt werden können, eine Umwandlung angenommen, soweit sich hieraus ein verwässernder Effekt ergibt. Zusätzlich wird entsprechend der Vorschriften in IAS

---

54 Vgl. *Buschhüter*, IFRS-Praxis, §7 Rn 90.

33.A14 die Ausübung bzw. Umwandlung aller verwässernden potenziellen Stammaktien, die als ausgegeben gelten, unterstellt. Im Anschluss hieran wird das verwässerte Ergebnis je Aktie unter Anwendung der zuvor dargestellten Rechenschritte ermittelt.

Während die grundsätzlichen Rechenschritte zur Ermittlung des Ergebnisses je Aktiengattung oder partizipierenden Eigenkapitalinstrumentes vergleichsweise einfach erscheinen, ergeben sich bei der tatsächlichen Anwendung der Vorschriften zahlreiche Detailfragen. Die US-amerikanischen Rechnungslegungsgremien haben sich mittlerweile in mehreren Interpretation mit Auslegungsfragen der vergleichbaren **US-GAAP Regelungen** in SFAS No. 128 *Earnings per Share* beschäftigt. Im Einzelnen handelt es sich dabei um:

- EITF Issue No. 03-6 *Participating Securities and the Two-Class Method under FASB Statement No. 128* (ASC 260-10-45-60ff und 260-10-55-24ff.).
- EITF Issue No. 07-4 *Application of the Two-Class Method under FASB Statement No. 128 to Master Limited Partnerships* (ASC 260-10-05-03ff., 260-10.15-05ff., 260-10-45-72ff., 260-10-55-103ff., 260-10-65-01).
- FSP-No. EITF 03-6-1 *Determining Whether Instruments Granted in Share-Based Payment Transactions Are Participating Securities* (ASC 260-10-45-61A und 68B, 260-10-55-76Aff., 260-10-65-02).
- Proposed FSP-No. 128-a *Computational Guidance for Computing Diluted EPS under the Two-Class Method* (Der Entwurf wurde in den IASB Standardentwurf ED IAS 33 *Simplifying Earnings per Share* übernommen)[55].

Die Interpretationen sind für die Anwendung von IAS 33.A13 und A14 nicht verbindlich und können an dieser Stelle nicht im Einzelnen besprochen werden. Es sei allerdings darauf hingewiesen, dass das Studium dieser Interpretationen wertvolle Hinweise für die Anwendung von IAS 33.A13 und A14 geben kann.

V. Rückwirkende Anpassung. IAS 33.64 verlangt in den folgenden Fällen eine rückwirkende Anpassung des Ergebnisses je Aktie:

- Die Zahl der im Umlauf befindlichen Aktien hat sich während der Berichtsperiode verändert, ohne dass sich hieraus eine Änderung der dem Unternehmen zur Verfügung stehenden Ressourcen ergeben hat. Dies ist beispielsweise der Fall, wenn das Unternehmen einen **Aktiensplit** vornimmt oder **Gratisaktien** ausgibt. Geht eine Kapitalmaßnahme hingegen mit einer Änderung der Ressourcen einher, weil etwa bei einer Aktienemission nur einem Teil der Aktionäre ein Bonus gewährt wird, darf das Ergebnis je Aktie nicht rückwirkend angepasst werden. Die Frage, ob eine Kapitalmaßnahme mit einer Ressourcenänderung einhergeht, ist einmalig zum Zeitpunkt der Kapitalmaßnahme und nicht etwa gesondert für

---

55 Vgl. ED IAS 33 *Simplifying Earnings per Share*, BC8.

jede dargestellte Berichtsperiode festzustellen.[56] Die rückwirkende Anpassung des Ergebnisses je Aktie ist auch erforderlich, wenn die Kapitalmaßnahme zwar nach dem Abschlussstichtag aber noch vor der Genehmigung zur Veröffentlichung des Abschlusses vorgenommen wird.[57]

- In Übereinstimmung mit den Vorschriften in IAS 8 *Accounting Policies, Changes in Accounting Estimates and Errors* können auch **Fehlerkorrekturen** oder **Änderungen der Rechnungslegungsmethoden** eine rückwirkende Anpassung des Ergebnisses je Aktie erforderlich machen. Schätzungsänderungen dürfen hingegen nicht rückwirkend angepasst werden.

- In der Literatur wird zum Teil auch darauf hingewiesen, dass eine rückwirkende Anpassung des Ergebnisses je Aktie im Zusammenhang mit **Unternehmenszusammenschlüssen**, die zu Buchwerten, etwa nach der Pooling-of-Interest Methode abgebildet werden, gerechtfertigt sein kann.[58] IFRS 3 *Bussiness Combinations* schreibt für die Mehrzahl der Unternehmenszusammenschlüsse die Erwerbsmethode vor. Der Ansatz von Buchwerten kann aber beispielsweise bei Zusammenschlüssen von Unternehmen oder Geschäftsbetrieben unter gemeinsamer Beherrschung sachgerecht sein.

Die rückwirkende Anpassung ist so vorzunehmen, als hätte der Geschäftsvorfall zu Beginn der ältesten dargestellten Berichtsperiode stattgefunden.

65 **VI. Ausweis und Angaben.** Das Ergebnis je Aktie muss in der **Gesamtergebnisrechnung** ausgewiesen werden. Die bloße Angabe im Anhang reicht nicht aus. Stellt das Unternehmen, gemäß IAS 1.81 eine **gesonderte Gewinn- und Verlustrechnung** auf, ist das Ergebnis je Aktie in dieser auszuweisen. Das Unternehmen muss das unverwässerte und verwässerte Ergebnis je Aktie für den den Stammaktionären des Mutterunternehmens zuzurechnenden Gewinn oder Verlust sowie den Gewinn und Verlust aus dem fortzuführenden Geschäft ausweisen. Weist das Unternehmen zusätzlich das **Ergebnis aufgegebener Geschäftsbereiche** (discontinued operations) aus, sind hierfür ebenfalls das unverwässerte und verwässerte Ergebnis je Aktie anzugeben. Fallen die Beträge negativ aus, weist das Unternehmen einen Verlust je Aktie aus.

66 Der Ausweis des unverwässerten und verwässerten Ergebnisses je Aktie erfolgt gleichrangig für alle dargestellten Perioden. Stimmen unverwässertes und verwässertes Ergebnis je Aktie in allen Perioden überein, darf der Ausweis in einer Zeile erfolgen. Weichen die beiden jedoch nur in einer der dargestellten Berichtsperioden von einander ab, ist der getrennte Ausweis für alle Berichtsperioden erforderlich. Das

---

56 Vgl. *KPMG (Hrsg.)* Insights, 1084.
57 Vgl. *KPMG (Hrsg.)* Insights, 1083f; *PwC (Hrsg.)* Manual of Accounting, Rn 14.168ff; *Deloitte (Hrsg.)* iGAAP, 2235f; *Ernst & Young (Hrsg.)* International GAAP, 2729f.
58 Vgl. *Ernst & Young (Hrsg.)* International GAAP, 2728. Observer Note 8A der IFRIC Sitzung im November 2009 stellt hierzu jedoch fest, dass der Mitarbeiterstab des IASB geteilter Meinung ist, ob die Anwendung der Pooling-of-Interest Methode rückwirkende Anpassungen erfordert.

VI. Ausweis und Angaben

Ergebnis je Aktie muss **für jede Stammaktiengattung** angegeben werden. Es besteht hingegen keine Ausweispflicht für das Ergebnis je Aktie für andere Eigenkapitalinstrumente, wie Vorzugsaktien oder partizipierende Eigenkapitalinstrumente.[59]

IAS 33.70 schreibt zusätzlich die folgenden **Anhangangaben** vor:

67

(a) die Beträge, die das Unternehmen bei der Berechnung des unverwässerten und verwässerten Ergebnisses je Aktie als Zähler verwendet, sowie eine Überleitung der entsprechenden Beträge zu dem dem Mutterunternehmen zurechenbaren Gewinn oder Verlust. Der Überleitungsrechnung muss dabei zu entnehmen sein, wie sich die einzelnen Instrumente auf das Ergebnis je Aktie auswirken.

(b) den gewichteten Durchschnitt der Stammaktien, der bei der Berechnung des unverwässerten und verwässerten Ergebnisses je Aktie als Nenner verwendet wurde, sowie eine Überleitungsrechnung der Nenner zueinander. Der Überleitungsrechnung muss wiederum zu entnehmen sein, wie sich die einzelnen Instrumente auf das Ergebnis je Aktie auswirken (antidilutive potential ordinary shares).

(c) die Instrumente (einschließlich bedingt emissionsfähiger Aktien), die das unverwässerte Ergebnis je Aktie in Zukunft potenziell verwässern könnten, aber nicht in die Berechnung des verwässerten Ergebnisses je Aktie eingegangen sind, weil sie für die dargestellte(n) Periode(n) einer Verwässerung entgegenwirken.

(d) eine Beschreibung der Transaktionen mit Stammaktien oder potenziellen Stammaktien, die **nach dem Abschlussstichtag** stattgefunden haben und die – wenn sie vor dem Abschlussstichtag stattgefunden hätten, die Zahl der am Ende der Periode in Umlauf befindlichen Stammaktien oder potenziellen Stammaktien erheblich verändert hätten. IAS 33.71 führt hierzu die folgenden Beispiele an: (a) die Ausgabe von Aktien gegen liquide Mittel oder gegen Tilgung zum Abschlussstichtag bestehender Schulden oder in Umlauf befindlicher Vorzugsaktien; (b) die Rücknahme im Umlauf befindlicher Stammaktien; (c) die Umwandlung oder Ausübung der Bezugsrechte potenzieller, sich zum Abschlussstichtag im Umlauf befindlicher Stammaktien in Stammaktien; (d) die Ausgabe von Optionen, Optionsscheinen oder wandelbaren Instrumenten; und (e) die Erfüllung von Bedingungen, die die Ausgabe bedingt emissionsfähiger Aktien zur Folge haben. Transaktionen, für die eine rückwirkende Anpassung des Ergebnisses je Aktie gemäß IAS 33.64 vorgenommen wurde, sind von der Anhangangabepflicht befreit.[60]

---

[59] Vgl. *PwC (Hrsg.)* IFRS Manual, Rn 14.173ff; *Deloitte (Hrsg.)* iGAAP, 2233f; *Ernst & Young (Hrsg.)* International GAAP, 2727f.
[60] Vgl. *PwC (Hrsg.)* IFRS Manual, Rn 14178ff; *Deloitte (Hrsg.)* iGAAP, 2235ff; *Ernst & Young (Hrsg.)* International GAAP, 2728f; Wiechmann/Scharfenberg, Beck'sches IFRS-Handbuch, §16 Rn 45ff.

68 IFRS 7 *Financial Instruments: Disclosures* schreibt in vielen Fällen die Angabe der **Vertragsbedingungen von Finanzinstrumenten** und sonstigen Verträgen vor, die die Definition potenzieller Stammaktien in IAS 33.5 erfüllen. Besteht ausnahmsweise keine Angabepflicht, empfiehlt IAS 33.72 die freiwillige Angabe solcher Vertragsbedingungen, die die Bestimmung des unverwässerten oder verwässerten Ergebnisses je Aktie beeinflussen.

69 Es steht dem Unternehmen nach IAS 33.73 frei im Anhang weitere Ergebniskennzahlen anzugeben, die an den gewichteten Durchschnitt der während der Periode im Umlauf gewesenen Stammaktien anknüpfen (zB EBIT/Aktie oder EBITDA/Aktie). Das Unternehmen muss dann die unverwässerte und verwässerte Ergebniskennzahl angeben und die Nennergröße (Zahl der Aktien) für die beiden Kennzahlen nach den Vorschriften in IAS 33 ermitteln. Zusätzlich muss es die Grundlage zur Ermittlung des Zählers angeben und klarstellen, ob es sich um Vor- oder Nachsteuerbeträge handelt. Knüpft die Zählergröße an einen Posten an, der nicht eigenständig in der Gesamtergebnisrechnung bzw. Gewinn- oder Verlustrechnung ausgewiesen wird, muss das Unternehmen eine Überleitungsrechnung zwischen dem verwendeten Posten zu einem in der Gesamtergebnisrechnung bzw. Gewinn- oder Verlustrechnung ausgewiesenen Posten angeben.

70 Die unmittelbare **Angabe alternativer Ergebniskennzahlen** in der Gesamtergebnisrechnung bzw. Gewinn- und Verlustrechnung muss hingegen kritisch gesehen werden. Obwohl diese Schlussfolgerung bei wörtlicher Auslegung von IAS 33.73 nicht ausgeschlossen erscheint, weist die Fachliteratur darauf hin, dass dies der Intention der Vorschrift wohl widersprechen dürfte.[61] Das IASB schlägt in dem Standardentwurf *Simplifying Earnings per Share* eine entsprechende Klarstellung vor, die den Ausweis alternativer Ergebniskennzahlen in der Gesamtergebnisrechnung bzw. in der Gewinn- und Verlustrechnung ausdrücklich verbietet.[62]

71 **VII. Inkrafttreten und Übergangsvorschriften**. Die gegenwärtige Fassung von IAS 33 musste erstmals in der ersten Berichtsperiode eines am **1. Januar 2005** oder danach beginnenden Geschäftsjahres angewendet werden (IAS 33.74). Der Standard wurde zuletzt durch die Neufassung von IAS 1, IFRS 8 *Operating Segments* und Phase II des Projektes zu Business Combinations geändert. Diese Änderungen mussten für Geschäftsjahre ab dem 1. Januar 2009 bzw. im Falle des Business Combinations Projektes ab dem 1. Juli 2009 angewendet werden (IAS 33.74A).[63] Der Standard ersetzt gemäß IAS 33.75 u. 76 die Vorgängerfassung IAS 33 (1997) sowie SIC-24 *Earnings Per Share—Financial Instruments and Other Contracts that May Be Settled in Shares*.[64]

---

61 Vgl. *KPMG (Hrsg.)* Insights, 1085f; *PwC (Hrsg.)* IFRS Manual, Rn 14.187f; *Deloitte (Hrsg.)* eIFRS, 2233.
62 Vgl. ED IAS 33.67.
63 IAS 33.74A enthält keinen ausdrücklichen Hinweis auf die Änderungen durch IFRS 8 und Phase II des Business Combination Projektes. Der Zeitpunkt des Inkrafttretens kann hier aus den in den jeweiligen Originalveröffentlichungen enthaltenen Consequential Amendments abgelesen werden.
64 Vgl. Freiberg, Haufe-Kommentar, §35 Rn 56f; Beine/Schuette, Willey IFRS, Abschnitt 18 Rn 65f.

VIII. IFRS für kleine und mittelgroße Unternehmen. Der *IFRS for Small and Medium-sized Entities* sieht **keine Ausweispflicht für das Ergebnis je Aktie** vor. Entscheidet sich ein Unternehmen freiwillig zur Angabe des Ergebnisses je Aktie, ist dessen Ermittlung nach den Vorschriften in IAS 33 zwar empfehlenswert, aber nicht zwingend vorgeschrieben (IFRS-SMEs Abschnitt 10.6).

72

IX. Ausblick. Der US-amerikanische Standard SFAS No. 128 *Earnings per Share* enthält im Wesentlichen inhaltsgleiche Vorschriften zur Berechnung des unverwässerten und verwässerten Ergebnisses je Aktie. SFAS No. 128 und IAS 33 weichen aber in einigen Detailfragen von einander ab.[65] IASB und FASB bemühen sich daher im Rahmen eines Konvergenzprojektes um die weitere Vereinheitlichung der Berechnungsmethodik.[66] Im August 2008 haben die beiden Rechnungslegungsgremien Vorschläge veröffentlicht, wie die Berechnung des Ergebnisses je Aktie weiter vereinheitlicht und gleichzeitig vereinfacht werden könnte:[67]

73

- **Unverwässertes Ergebnis je Aktie**: IAS 33.23 schreibt vor, dass Stammaktien, die aufgrund der Umwandlung eines wandlungspflichtigen Instrumentes ausgegeben werden, bei der Ermittlung des unverwässerten Ergebnisses je Aktie ab dem Datum des Vertragsabschlusses berücksichtigt werden müssen.[68] SFAS No. 128 enthält keine expliziten Vorschriften zur Berücksichtigung von wandlungspflichtigen Instrumenten. Nach den Vorschlägen der beiden Rechnungslegungsgremien, sollen wandlungspflichtig Instrumente künftig nur noch dann in die Ermittlung des unverwässerten Ergebnisses je Aktie eingehen, wenn es sich um partizipierende Instrumente handelt, da nur solche Instrumente ihrem Inhaber das gegenwärtige Recht einräumen, gemeinsam mit den Stammaktionären am Periodenergebnis teilzuhaben und somit dem Aussageziel des Ergebnisses je Aktie als Erfolgskennzahl entsprechen.

    IAS 33.24 bestimmt, dass bedingt emissionsfähige Aktien ab dem Datum, an dem alle erforderlichen Voraussetzungen erfüllt sind, in die Ermittlung des unverwässerten Ergebnisses je Aktie miteinbezogen werden. Danach werden beispielsweise Aktien, die bei Erfüllung zuvor bestimmter Erfolgsziele an Mitarbeiter ausgegeben werden, unabhängig von der Frage, zu welchem Zeitpunkt die Aktien ausgegeben werden, im Zeitpunkt der Erfüllung der Erfolgsziele in das unverwässerte Ergebnis je Aktie einbezogen.[69] Die Standardentwürfe stellen klar, dass nur solche bedingt emissionsfähigen Instrumente in das unverwässerte Ergebnis

---

65 Vgl. zu den Abweichungen im Detail KPMG (Hrsg.) IFRS compared to US GAAP, 305ff.
66 Zum Projekthintergrund vgl. ED IAS 33 BC1-BC9.
67 Für eine ausführliche Darstellung der Standardentwürfe vgl. *Buschhüter*, IRZ 2008, 401ff; *Jehle*, PiR 2008, 323ff; *Möhring*, KoR 2008, 721ff; *Schütte*, DB 2009, 857ff.
68 Vgl. Rn 32.
69 Vgl. Rn 34.

je Aktie eingehen sollen, die gegenwärtig ausgeübt werden können. Nur diese Instrumente geben ihrem Inhaber die Möglichkeit gegenwärtig gemeinsam mit den Aktionären am Periodenergebnis teilzuhaben.

- **Verwässertes Ergebnis je Aktie**: Die beiden Rechnungslegungsgremien stellen sich hier die Frage, ob die unterstellte Ausübung bzw. Wandlung potenzieller Stammaktien, tatsächlich den besten Maßstab für die Ertragskraft des Unternehmens in der Berichtsperiode darstellt. Dies ist insbesondere für potenzielle Stammaktien fraglich, die nach IAS 39 erfolgswirksam zum beizulegenden Zeitwert bewertet werden. IASB und FASB gehen davon aus, dass die erfolgswirksame Bewertung zum beizulegenden Zeitwert die wirtschaftlichen Auswirkungen potenzieller Stammaktien auf die derzeitigen Stammaktionäre bereits vollständig abbildet und somit keine Notwendigkeit für weitere Anpassungen des verwässerten Ergebnisses je Aktie besteht. Die beiden Standardentwürfe schlagen daher vor, solche Finanzinstrumente von den weiteren Berechnungsschritten des verwässerten Ergebnisses je Aktie auszunehmen.

  Für potenzielle Stammaktien, die nicht erfolgswirksam zum beizulegenden Zeitwert bewertet werden, sind weiterhin die Vorschriften zur Ermittlung des verwässerten Ergebnisses je Aktie in IAS 33 anzuwenden.[70] Allerdings soll zukünftig die Emission der Stammaktien zum Börsenkurs nicht mehr verteilt über die gesamte Berichtsperiode, sondern am Ende der Berichtsperiode angenommen werden.

- **Partizipierende Instrumente**: Der Standardentwurf des IASB schlägt vor, die Vorschriften für partizipierende Eigenkapitalinstrumente künftig auch auf partizipierende Fremdkapitalinstrumente anzuwenden.

  Zusätzlich schlagen die beiden Rechnungslegungsgremien Änderungen vor, wie partizipierende Instrumente bei der Berechnung des verwässerten Ergebnisses je Aktie berücksichtigt werden sollen. Die Standards schreiben hierzu bisher lediglich vor, dass immer dann von der Umwandlung partizipierender Instrumente in der Form potenzieller Stammaktien in Stammaktien auszugehen ist, wenn sich daraus ein verwässernder Effekt ergibt.[71] Dieser recht allgemein gehaltene Grundsatz hat in der Praxis zu zahlreichen Anwendungsfragen geführt, die sich die Standardentwürfe durch deutlich detailliertere Regelungen zu beantworten bemühen. Insbesondere sehen die Standardentwürfe einen Test vor, der prüft, ob sich die Umwandlung partizipierender Instrumente oder Stammaktien einer anderen Gattung stärker verwässernd auf das Ergebnis je Aktie auswirkt als die zuvor beschriebene Berechnungsmethodik. Nur für den Fall, dass die Umwandlung der Instrumente zu einem stärker verwässerten Ergebnis führt, wird die Umwandlung der Instrumente in Stammaktien angenommen.

---

70 Vgl. Rn 39ff.
71 Vgl. Rn 62ff.

IX. Ausblick

Partizipierende Instrumente, die erfolgswirksam zum beizulegenden Zeitwert bewertet werden, sind wiederum von den Anwendungsvorschriften für partizipierende Instrumente befreit.

Die Vorschläge des IASB und FASB unterlagen **heftiger Kritik**. Insbesondere wurde der Zeitpunkt des Projektes bemängelt. Neben dem hier dargestellten Konvergenzprojekt führen die beiden Rechnungslegungsgremien derzeit gemeinsame Projekte zur Darstellung des IFRS- bzw. US GAAP Abschlusses sowie zur Abgrenzung von Eigen- und Fremdkapital durch. Beide Projekte können sich auf die Berechnung und Ausweis des Ergebnisses je Aktie auswirken und bei Projektabschluss eine erneute Überarbeitung der Kennzahl bedingen. Daneben wurden Zweifel an der vorgeschlagenen Behandlung erfolgswirksam zum beizulegenden Zeitwert bewerteter Finanzinstrumente vorgetragen. Die Zweifel beziehen sich insbesondere auf den Verlust von Informationen über den Verwässerungseffekt, den die Ausübung oder Umwandlung solcher potenzieller Stammaktien mit sich bringen könnte.[72]

Das IASB hat das **Projekt im Frühjahr 2009 unterbrochen**, um zusätzliche Ressourcen für andere mit der Finanzkrise verbundene Projekte freizustellen. Mit einer Entscheidung über die Fortführung des Projektes wird nicht vor dem Frühjahr 2011 gerechnet.[73]

---

72 Vgl. IASB Update, April 2009, S 2 und Observer Notes 10-10B zur April Sitzung des IASB.
73 Zum aktuellen Projektstand vgl. http://www.iasb.org/Current+Projects/IASB+Projects/Earnings+per+Share/Earnings+per+Share+-+Treasury+Stock+Method.htm (22. Februar 2010).

IAS 34 – Interim Financial Reporting[1]

Rn	Textauszüge aus IAS 34
34.8	Ein Zwischenbericht hat mindestens die folgenden Bestandteile zu enthalten: (a) eine verkürzte Bilanz; (b) eine verkürzte Gesamtergebnisrechnung, dargestellt als: (i) eine verkürzte Gesamtergebnisrechnung; oder (ii) eine verkürzte gesonderte Gewinn- und Verlustrechnung und eine verkürzte Gesamtergebnisrechnung; (c) eine verkürzte Eigenkapitalveränderungsrechnung; (d) eine verkürzte Kapitalflussrechnung; und (e) ausgewählte erläuternde Anhangangaben.
34.8A	Wenn ein Unternehmen die Ergebnisbestandteile in einer gesonderten Gewinn- und Verlustrechnung gemäß IAS 1.81 (überarbeitet 2007) darstellt, so hat es die verkürzten Zwischenberichtsdaten in diesem Abschlussbestandteil auszuweisen.
34.9	Wenn ein Unternehmen einen vollständigen Abschluss in seinem Zwischenbericht veröffentlicht, haben Form und Inhalt der Bestandteile des Abschlusses die Anforderungen des IAS 1 an vollständige Abschlüsse zu erfüllen.
34.10	Wenn ein Unternehmen einen verkürzten Abschluss in seinem Zwischenbericht veröffentlicht, hat dieser verkürzte Abschluss mindestens jede der Überschriften und Zwischensummen zu enthalten, die in seinem letzten Abschluss eines Geschäftsjahres enthalten waren, sowie die von diesem Standard vorgeschriebenen ausgewählten erläuternden Anhangangaben. Zusätzliche Posten oder Anhangangaben sind einzubeziehen, wenn ihr Weglassen den Zwischenbericht irreführend erscheinen lassen würde.
34.11	Das unverwässerte und verwässerte Ergebnis je Aktie sind für die Zwischenberichtsperiode in dem Abschlussbestandteil anzugeben, der die Ergebnisbestandteile für diese Periode darstellt.
34.11A	Wenn ein Unternehmen die Ergebnisbestandteile in einer gesonderten Gewinn- und Verlustrechnung gemäß IAS 1.81 (überarbeitet 2007) darstellt, so hat es das unverwässerte und verwässerte Ergebnis je Aktie in diesem Abschlussbestandteil auszuweisen.

---

[1] In Anlehung an *Meyer/Meyer* IFRS-Praxis, §4C Rn 119ff.

III. Mindestinhalt von Zwischenberichten

Übersicht

	Rn
I. Regelgehalt	1
II. Normzweck und Anwendungsbereich	2
III. Mindestinhalt von Zwischenberichten	3 – 5
IV. Ansatz und (Folge-)Bewertung in Zwischenberichten	6 – 10
V. Berücksichtigung von Steuern in Zwischenberichten	11
VI. Ausweis und Angaben	12
VII. Inkrafttreten und Übergangsvorschriften	13 – 16
VIII. IFRS für kleine und mittelgroße Unternehmen	17
IX. Ausblick	18

I. Regelungsgehalt. Eine IAS 34 regelt den **Mindestinhalt von Zwischenberichten**. Zwischenberichte sind Finanzberichte, die einen vollständigen oder verkürzten Abschluss für eine Zwischenberichtsperiode beinhalten. Zwischenberichtsperioden umfassen einen Zeitraum der kürzer als das Geschäftsjahr ist (Monats-, Quartals-, Halbjahresabschlüsse sowie alle übrigen unterjährigen Perioden). 1

II. Normzweck und Anwendungsbereich. Mit dem Standard wird nicht vorgegeben, welche Unternehmen in welcher Frequenz (i. d. R. Halbjahres- und Quartalsberichte) und innerhalb welcher Frist (i. d. R. spätestens 60 Tage nach Stichtag) Zwischenberichte offen zu legen haben. Hier ist stattdessen auf die länderspezifischen Regelungen zu verweisen (IAS 34.1). Gegenstand des Standards ist ausschließlich die Regelung des Mindestinhalts von freiwillig (z. B. privatrechtlich) oder pflichtgemäß in Übereinstimmung mit IFRS aufgestellten Zwischenberichten. 2

III. Mindestinhalt von Zwischenberichten. Der Mindestinhalt eines Zwischenberichts umfasst jeweils im Vergleich zum Jahresabschluss in verkürzter Darstellung Bilanz, Gewinn- und Verlustrechnung (inkl. verwässertem und unverwässertem Ergebnis je Aktie), Kapitalflussrechnung, Eigenkapitalspiegel sowie ausgewählte Angaben (IAS 34.IN 5 und 8). 3

Die **freiwillige Ergänzung** von Inhalten steht einer Standardkonformität nicht entgegen. Sofern der vorhergehende Jahresabschluss ein Konzernabschluss war, sind darauf folgende Zwischenberichte auch aus Konzernsicht aufzustellen (IAS 34.14). Bei der Erstellung und Offenlegung von Zwischenberichten ist davon auszugehen, dass dem Adressaten der letzte Jahresbericht bekannt ist. Dies vorausgesetzt, soll der Zwischenbericht lediglich neue Informationen über die im Zeitablauf geänderte Vermögens-, Finanz- und Ertragslage verschaffen (IAS 34.15). 4

5   Worin die erlaubte **Verkürzung** der einzelnen Bestandteile bestehen darf, wird im Standard nicht genau ausgeführt. Zwischensummen und Überschriften sind entsprechend der Verwendung im Jahresabschluss sowie aus vorangegangenen Zwischenberichten des laufenden Geschäftsjahres beizubehalten (IAS 34.10). Verkürzungen oder Auslassungen dürfen darüber hinaus nicht irreführend sein. I. d. R. wird die zulässige Verkürzung anhand der Wesentlichkeit beurteilt. IAS 34.23 stellt klar, dass für die Wesentlichkeitsbeurteilung lediglich Relationen innerhalb des Zwischenberichts heranzuziehen sind, nicht aber Relationen zu vorangegangenen Zwischen- und Jahresberichten oder erwarteten Folgeperioden. Einzige Ausnahme stellt hierzu die Gewinn- und Verlustrechnung dar, da hier nicht nur die aktuelle (z. B. 3 Monate im 3. Quartal, ab jetzt Q3), sondern auch die kumulierte Darstellung (z. B. 9 Monate für Q3) des Zwischenberichts eine separate Relation erfordert. Dies vorausgesetzt ergibt sich die Mindestgliederung der einzelnen Bestandteile anhand folgender Standards:

Bilanz	IAS 1.68, IAS 1.68A, IAS 1.69
Gewinn- und Verlustrechnung inkl. Ergebnis je Aktie	IAS 1.81ff. IAS 33
Kapitalflussrechnung	IAS 7
Eigenkapitalspiegel	IAS 1.68 (o) – (p), IAS 1.69, IAS 1.96f., i. V. m. IAS 1.101, IAS 34.8 (c), IAS 34.13

6   **IV. Ansatz und (Folge-)Bewertung in Zwischenberichten.** Ansatz- und Bewertungsmethoden müssen bis auf wenige ausdrückliche Ausnahmen denen im Jahresabschluss entsprechen (vgl. IAS 34.IN7 und 29). Die Zwischenberichterstattung nach IFRS verfolgt damit abweichend von US-GAAP bis auf einige Ausnahmen den sog. eigenständigen Ansatz (discrete approach). Somit sind zur Beurteilung der einzelnen Sachverhalte die zum Jahresabschluss angewendeten IFRS auch im Zwischenbericht einschlägig.

7   Abweichend vom Jahresabschluss ist in Zwischenberichten vorzugehen, sofern:
- zum Stichtag des Zwischenberichts die Änderung von Bilanzierungs- und Bewertungsmethoden für den folgenden Jahresabschluss bereits beschlossen wurde (IAS 34.28).
- die Bewertung von einer nur auf das Gesamtjahr zu bemessenden Größe abhängt, ist die jährliche Größe zu schätzen und der auf die Zwischenperiode entfallende Anteil im Zwischenbericht zu berücksichtigen. IAS 34.B1, B7 und B23 führen diesbezüglich Sozialversicherungs- und Leasingaufwand sowie Kaufpreisänderungen (Boni oder Skonti) als Beispiele aus. Sollten sich in späteren Perioden bis

V. Berücksichtigung von Steuern in Zwischenberichten

zum Jahresabschluss Änderungen zur Jahresschätzung ergeben, sind die Effekte daraus in der späteren Zwischenberichtsperiode erfolgswirksam zu erfassen. Eine Korrektur des vorherigen Zwischenberichts erfolgt nicht (IAS 34.35f.).

Bei der Beurteilung, ob Aktiva oder Passiva im Zwischenbericht anzusetzen sind, ist ausschließlich auf die Beurteilung zum Zwischenberichtsstichtag abzustellen; vgl. IAS 34.30(b) und 32 i V. m. F. 49). Bzgl. der Aktivierung immaterieller Vermögenswerte konkretisiert IAS 34.B8, dass eine Aktivierung auch nicht in der Erwartung, dass die Ansatzkriterien im weiteren Zeitablauf erreicht werden, gerechtfertigt ist. Sollten die Ansatzkriterien in späteren Abschlüssen erfüllt werden, ist der in einem Zwischenbericht wg. Nichterfüllung der Ansatzkriterien zur Aktivierung gezeigte Aufwand auch später weiterhin als Aufwand auszuweisen. 8

Planmäßige Abschreibungen sind pro rata temporis zu erfassen. IAS 36 behandelt den Werthaltigkeitstest von Vermögenswerten, die nicht planmäßig abgeschrieben werden. Sollten Hinweise auf eine Wertminderung vorliegen, ist auch für Zwischenberichtsperioden ein Werthaltigkeitstest durchzuführen. Sollte sich die Wertminderung auf Goodwill oder Eigenkapitalinstrumente beziehen, so sind diese (abweichend vom grundsätzlich geltenden discrete approach) auch bei späterer Wertaufholung durch ein im Zwischenbericht ausgewiesenes Impairment nach IFRIC 10 irreversibel im Buchwert gemindert. Zur Bewertung von Vorräten bedarf es im Zwischenbericht i.d.R. keiner gesonderten Inventur (IAS 34.C1). 9

Die Häufigkeit der Zwischenberichterstattung soll die Höhe des Jahresergebnisses nicht beeinflussen. I.d.R. ist die vorweggenommene, anteilige Erfassung von Aufwendungen, die im Geschäftsjahr einmalig entstehen werden, geboten. Hierzu zählen Lohn- und Gehaltskomponenten wie Bonifikationen, Urlaubs- oder Weihnachtsgeld genauso wie Jahresabschluss- und Prüfungskosten. Ebenso sind zu erwartende Bonifikationen und Rabattansprüche die bei Erreichen eines bestimmten Jahresumsatzes auf Lieferanten- und Kundenseite gewährt werden zu schätzen und ratierlich in der Gewinn- und Verlustrechnung des Zwischenberichts vorweg zu nehmen. 10

V. Berücksichtigung von Steuern in Zwischenberichten. Basis für die Schätzung des anteiligen Ertragsteueraufwands für eine Zwischenperiode ist ein auf das Geschäftsjahr geschätzter durchschnittlicher Ertragsteuersatz (IAS 34.IN8). Da Unternehmen und Konzerne gleich oft Steuersubjekt in verschiedenen Ländern sind, empfiehlt es sich die Schätzung für jeden wesentlichen Steuerrechtskreis separat vorzunehmen und separat auf das Zwischenberichtsergebnis anzuwenden. Vereinfachend ist ebenso die Ermittlung eines gewichteten Durchschnittssteuersatzes denkbar (IAS 34.B14). Änderungen dieser Schätzung sind in folgenden Zwischenberichten im späteren Periodenergebnis zu erfassen (vgl. IAS 34.30(c) i. V. m. IAS 12.37). Die in früheren Zwischenberichtsperioden gezeigten geschätzten Steueraufwendungen sind nach 11 beizubehalten (IAS 34.35f). Gleiches gilt für die Änderung von Steuersätzen.[2] Bei bestehendem Ergebnisabführungsvertrag (EAV) ist die anteilige Ergebnisabführung im Zwischenbericht nicht vorweg zu nehmen.

12   **VI. Ausweis und Angaben.** Sofern nicht an anderer Stelle im Zwischenbericht enthalten, sind im Anhang nach IAS 34.16 folgende Angaben zu ergänzen,
- Erklärung zur kontinuierlichen Verwendung von Bilanzierungs- und Bewertungsmethoden,
- Erläuterungen zu saisonalen oder konjunkturellen Einflüssen,
- Ungewöhnliche Effekte mit Einfluss auf Bilanz, Ergebnis oder Cash Flow,
- Änderungen von Schätzungen,
- Ausgabe oder Rückkauf von Eigenkapital oder Schuldverschreibungen,
- Gezahlte Dividenden,
- Ereignisse nach Ende der Zwischenberichtsperiode,
- Kauf, Verkauf oder Verschmelzung von Unternehmen[3],
- Änderungen von Eventualschulden oder Eventualforderungen.

13   Sofern bisher IAS 14 für den Jahresabschluss einen Segmentbericht fordert, ist der Aufriss zu Umsatz und Ergebnis für das primäre Berichtsformat ebenfalls im Anhang des Zwischenberichts zu ergänzen.[4] Ab dem Geschäftsjahr 2009 ersetzt IFRS 8 die bisherige Regelung durch IAS 14. Mit Blick auf die Darstellung der Segmente wird im Zwischenbericht dann zusätzlich das Segmentvermögen (sofern wesentlich abweichend zur Vorperiode), eine Überleitungsrechnung sowie Erläuterungen zu Änderungen in der Segmentierung zu berichten sein.

14   Die genannten Bestandteile sind teilweise für verschiede Vergleichsperioden oder Zeiträume anzugeben. Dazu gehört[5]:

(a) Bilanz:
- zum Stichtag der aktuellen Zwischenberichtsperiode (Jahr 02),
- zum Ende des letzten dem Zwischenbericht unmittelbar vorausgehenden Geschäftsjahres (Q4, Jahr 01).

(b) Gewinn- und Verlustrechnung:
- für die aktuelle Zwischenberichtsperiode (z. B. 3 Monate für Q3, Jahr 02),
- für die gleiche Zwischenberichtsperiode des Vorjahres (z. B. 3 Monate für Q3, Jahr 01),
- Variante 1 (Year to date):
  - für die seit Ende des letzten Geschäftsjahres bis zum Stichtag der Zwischenberichtsperiode aufgelaufene Zahlen (z. B. 9 Monate Q3, Jahr 02) sowie

---

2   Vertiefend zur Berücksichtigung von Steuersatzänderungen: *Loitz*, DStR 2007, 2048ff.
3   Entsprechend IFRS 3.66-73.
4   Vgl. IAS 34.16(g).
5   Vgl. 24.20 i.V.m. Anhang A.

- die im Vorjahr bis zum Stichtag kumulierten Zahlen (z. B. 9 Monate für Q3, Jahr 01)
- Variante 2:
  Eine Darstellung aller aufgelaufenen Zwischenberichtsperioden einzeln (z. B. 3 Monate für Q1, 3 Monate für Q2, 3 Monate für Q3), ergänzt um eine Summe sowie die entsprechenden Vorjahresangaben.

(c) Eigenkapitalspiegel:
- für die seit Ende des letzten Geschäftsjahres bis zum Stichtag der Zwischenberichtsperiode aufgelaufenen Zahlen (z. B. 9 Monate für Q3, Jahr 02),
- entsprechende Vorjahreszahlen (z. B. 9 Monate für das Q3, Jahr 01),

(d) Kapitalflussrechnung:
- für die seit Ende des letzten Geschäftsjahres bis zum Stichtag der Zwischenberichtsperiode aufgelaufene Zahlen (z. B. 9 Monate für Q3, Jahr 02),
- entsprechende Vorjahreszahlen (z. B. 9 Monate für Q3, Jahr 01),

(e) Anhangangaben sind i. d. R. für den Zeitraum seit Beginn des Geschäftsjahres bis zum Stichtag des Zwischenberichts kumuliert anzugeben.

Für Unternehmen deren Geschäfte ein hohes Maß an saisonaler Schwankung aufweisen, empfiehlt IAS 34.21 zusätzlich die Darstellung von Jahres- (12 Monate bis zum Stichtag, also 12 Monate bis Q3, Jahr 02) und Vorjahreswerten.

VII. Inkrafttreten und Übergangsvorschriften. Die aktuell anzuwendende Version des IAS 34 wurde 1998 genehmigt und ist seit dem Geschäftsjahr 1999 anzuwenden. Seither erfuhr der Standard einzelne Änderungen (amendments), wie zuletzt 2008 durch IFRS 3 (Phase 2). Die normative Basis wird seit 2006 (Geschäftsjahr 2007) durch IFRIC 10 ergänzt. Mit dieser Interpretation wird die Behandlung unterjähriger Werthaltigkeitsprüfungen gemäß IAS 36 konkretisiert.

VIII. IFRS für kleine und mittelgroße Unternehmen. Das IFRS-SMEs enthält keine IAS 34 vergleichbaren Vorschriften.

IX. Ausblick. Eine Überarbeitung von IAS 34 ist nicht geplant.

IAS 36 – Impairment of Assets

Rn	Textauszüge aus IAS 36
36.9	Ein Unternehmen hat an jedem Bilanzstichtag einzuschätzen, ob irgendein Anhaltspunkt dafür vorliegt, dass ein Vermögenswert wertgemindert sein könnte. Wenn ein solcher Anhaltspunkt vorliegt, hat das Unternehmen den erzielbaren Betrag des Vermögenswerts zu schätzen.
36.10	Unabhängig davon, ob irgendein Anhaltspunkt für eine Wertminderung vorliegt, muss ein Unternehmen auch
	(a) einen immateriellen Vermögenswert mit einer unbestimmten Nutzungsdauer oder einen noch nicht nutzungsbereiten immateriellen Vermögenswert jährlich auf Wertminderung überprüfen, indem sein Buchwert mit seinem erzielbaren Betrag verglichen wird. Diese Überprüfung auf Wertminderung kann zu jedem Zeitpunkt innerhalb des Geschäftsjahres durchgeführt werden, vorausgesetzt, sie wird immer zum gleichen Zeitpunkt jedes Jahres durchgeführt. Verschiedene immaterielle Vermögenswerte können zu unterschiedlichen Zeiten auf Wertminderung geprüft werden. Wenn ein solcher immaterieller Vermögenswert jedoch erstmals in der aktuellen jährlichen Periode angesetzt wurde, muss dieser immaterielle Vermögenswert vor Ende der aktuellen jährlichen Periode auf Wertminderung geprüft werden;
	(b) den bei einem Unternehmenszusammenschluss erworbenen Geschäfts- oder Firmenwert jährlich auf Wertminderung gemäß den Paragraphen 80-99 überprüfen.
36.12	Bei der Beurteilung, ob irgendein Anhaltspunkt vorliegt, dass ein Vermögenswert wertgemindert sein könnte, hat ein Unternehmen mindestens die folgenden Anhaltspunkte zu berücksichtigen:
	Externe Informationsquellen
	(a) Während der Periode ist der Marktwert eines Vermögenswerts deutlich stärker gesunken als dies durch den Zeitablauf oder die gewöhnliche Nutzung zu erwarten wäre.
	(b) Während der Periode sind signifikante Veränderungen mit nachteiligen Folgen für das Unternehmen im technischen, marktbezogenen, ökonomischen oder gesetzlichen Umfeld, in welchem das Unternehmen tätig ist, oder in Bezug auf den Markt, für den der Vermögenswert bestimmt ist, eingetreten oder werden in der nächsten Zukunft eintreten.
	(c) Die Marktzinssätze oder andere Markttrendien haben sich während der Periode erhöht und solche Erhöhungen werden sich wahrscheinlich auf den Abzinsungssatz, der für die Berechnung des Nutzungswerts herangezogen wird, auswirken und den erzielbaren Betrag des Vermögenswerts wesentlich vermindern.
	(d) Der Buchwert des Nettovermögens des Unternehmens ist größer als seine Marktkapitalisierung.

Interne Informationsquellen

(e) Es liegen substanzielle Hinweise für eine Überalterung oder einen physischen Schaden eines Vermögenswerts vor.

(f) Während der Periode haben sich signifikante Veränderungen mit nachteiligen Folgen für das Unternehmen in dem Umfang oder der Weise, in dem bzw. der der Vermögenswert genutzt wird oder aller Erwartung nach genutzt werden wird, ereignet oder werden für die nähere Zukunft erwartet. Diese Veränderungen umfassen die Stilllegung des Vermögenswerts, Planungen für die Einstellung oder Restrukturierung des Bereiches, zu dem ein Vermögenswert gehört, Planungen für den Abgang eines Vermögenswerts vor dem ursprünglich erwarteten Zeitpunkt und die Neueinschätzung der Nutzungsdauer eines Vermögenswerts als begrenzt anstatt unbegrenzt.

(g) Das interne Berichtswesen liefert substanzielle Hinweise dafür, dass die wirtschaftliche Ertragskraft eines Vermögenswerts schlechter ist oder sein wird als erwartet.

36.30   In der Berechnung des Nutzungswerts eines Vermögenswerts müssen sich die folgenden Elemente widerspiegeln:

(a) eine Schätzung der künftigen Cashflows, die das Unternehmen durch den Vermögenswert zu erzielen erhofft;

(b) Erwartungen im Hinblick auf eventuelle wertmäßige oder zeitliche Veränderungen dieser künftigen Cashflows;

(c) der Zinseffekt, der durch den risikolosen Zinssatz des aktuellen Markts dargestellt wird;

(d) der Preis für die mit dem Vermögenswert verbundene Unsicherheit; und

(e) andere Faktoren, wie Illiquidität, die Marktteilnehmer bei der Preisgestaltung der künftigen Cashflows, die das Unternehmen durch den Vermögenswert zu erzielen erhofft, widerspiegeln würden.

36.33   Bei der Ermittlung des Nutzungswerts muss ein Unternehmen:

(a) die Cashflow-Prognosen auf vernünftigen und vertretbaren Annahmen aufbauen, die die beste vom Management vorgenommene Einschätzung der ökonomischen Rahmenbedingungen repräsentieren, die für die Restnutzungsdauer eines Vermögenswerts bestehen werden. Ein größeres Gewicht ist dabei auf externe Hinweise zu legen;

(b) die Cashflow-Prognosen auf den jüngsten vom Management genehmigten Finanzplänen/Vorhersagen aufbauen, die jedoch alle geschätzten künftigen Mittelzuflüsse bzw. Mittelabflüsse, die aus künftigen Restrukturierungen oder aus der Verbesserung bzw. Erhöhung der Ertragskraft des Vermögenswerts erwartet werden, ausschließen sollen. Auf diesen Finanzplänen/Vorhersagen basierende Prognosen sollen sich auf einen Zeitraum von maximal fünf Jahren erstrecken, es sei denn, dass ein längerer Zeitraum gerechtfertigt werden kann;

(c) die Cashflow-Prognosen jenseits des Zeitraums schätzen, auf den sich die jüngsten Finanzpläne/Vorhersagen beziehen, unter Anwendung einer gleich bleibenden oder rückläufigen Wachstumsrate für die Folgejahre durch eine Extrapolation der Prognosen, die auf den Finanzplänen/Vorhersagen beruhen, es sei denn, dass eine steigende Rate gerechtfertigt werden kann. Diese Wachstumsrate darf die langfristige Durchschnittswachstumsrate für die Produkte, die Branchen oder das Land bzw. die Länder, in dem/denen das Unternehmen tätig ist, oder für den Markt, in welchem der Vermögenswert genutzt wird, nicht überschreiten, es sei denn, dass eine höhere Rate gerechtfertigt werden kann.

36.39 In die Schätzungen der künftigen Cashflows sind die folgenden Elemente einzubeziehen:

(a) Prognosen der Mittelzuflüsse aus der fortgesetzten Nutzung des Vermögenswerts;

(b) Prognosen der Mittelabflüsse, die notwendigerweise entstehen, um Mittelzuflüsse aus der fortgesetzten Nutzung eines Vermögenswerts zu erzielen (einschließlich der Mittelabflüsse zur Vorbereitung des Vermögenswerts für seine Nutzung), die direkt oder auf einer vernünftigen und stetigen Basis dem Vermögenswert zugeordnet werden können; und

(c) Netto-Cashflows, die ggf. für den Abgang des Vermögenswerts am Ende seiner Nutzungsdauer eingehen (oder gezahlt werden).

36.44 Künftige Cashflows sind für einen Vermögenswert in seinem gegenwärtigen Zustand zu schätzen. Schätzungen der künftigen Cashflows dürfen nicht die geschätzten künftigen Mittelzu- und abflüsse umfassen, deren Entstehung erwartet wird, aufgrund

(a) einer künftigen Restrukturierung, zu der ein Unternehmen noch nicht verpflichtet ist; oder

(b) einer Verbesserung oder Erhöhung der Ertragskraft des Vermögenswerts.

36.50 In den Schätzungen der künftigen Cashflows sind folgende Elemente nicht enthalten:

(a) Mittelzu- oder -abflüsse aus Finanzierungstätigkeiten; oder

(b) Ertragsteuereinnahmen oder -zahlungen.

36.52 Die Schätzung der Netto-Cashflows, die für den Abgang eines Vermögenswerts am Ende seiner Nutzungsdauer eingehen (oder gezahlt werden), muss dem Betrag entsprechen, den ein Unternehmen aus dem Verkauf des Vermögenswerts zwischen sachverständigen, vertragswilligen und voneinander unabhängigen Geschäftspartnern nach Abzug der geschätzten Veräußerungskosten erzielen könnte.

36.55 Bei dem Abzinsungssatz (den Abzinsungssätzen) muss es sich um einen Zinssatz (Zinssätze) vor Steuern handeln, der (die) die gegenwärtigen Marktbewertungen folgender Faktoren widerspiegelt (widerspiegeln):

(a) den Zinseffekt; und

(b) die speziellen Risiken eines Vermögenswerts, für die die geschätzten künftigen Cashflows nicht angepasst wurden.

36.59 Dann, und nur dann, wenn der erzielbare Betrag eines Vermögenswerts geringer als sein Buchwert ist, ist der Buchwert des Vermögenswerts auf seinen erzielbaren Betrag zu verringern. Diese Verringerung stellt einen Wertminderungsaufwand dar.

36.60 Ein Wertminderungsaufwand ist sofort im Gewinn oder Verlust zu erfassen, es sei denn, dass der Vermögenswert zum Neubewertungsbetrag nach einem anderen Standard (beispielsweise nach dem Neubewertungsmodell in IAS 16) erfasst wird. Jeder Wertminderungsaufwand eines neu bewerteten Vermögenswerts ist als eine Neubewertungsabnahme in Übereinstimmung mit diesem anderen Standard zu behandeln.

36.62 Wenn der geschätzte Betrag des Wertminderungsaufwands größer ist als der Buchwert des Vermögenswerts, hat ein Unternehmen dann, und nur dann, eine Schuld anzusetzen, wenn dies von einem anderen Standard verlangt wird.

36.63 Nach der Erfassung eines Wertminderungsaufwands ist der Abschreibungs-/Amortisationsaufwand eines Vermögenswerts in künftigen Perioden anzupassen, um den berichtigten Buchwert des Vermögenswerts, abzüglich eines etwaigen Restwerts systematisch über seine Restnutzungsdauer zu verteilen.

36.66 Wenn irgendein Anhaltspunkt dafür vorliegt, dass ein Vermögenswert wertgemindert sein könnte, ist der erzielbare Betrag für den einzelnen Vermögenswert zu schätzen. Falls es nicht möglich ist, den erzielbaren Betrag für den einzelnen Vermögenswert zu schätzen, hat ein Unternehmen den erzielbaren Betrag der zahlungsmittelgenerierenden Einheit zu bestimmen, zu der der Vermögenswert gehört (die zahlungsmittelgenerierende Einheit des Vermögenswerts).

36.70 Wenn ein aktiver Markt für die von einem Vermögenswert oder einer Gruppe von Vermögenswerten produzierten Erzeugnisse und erstellten Dienstleistungen besteht, ist dieser Vermögenswert oder diese Gruppe von Vermögenswerten als eine zahlungsmittelgenerierende Einheit zu identifizieren, auch wenn die produzierten Erzeugnisse oder erstellten Dienstleistungen ganz oder teilweise intern genutzt werden. Wenn die von einem Vermögenswert oder einer zahlungsmittelgenerierenden Einheit erzeugten Mittelzuflüsse von der Berechnung interner Verrechnungspreise betroffen sind, so hat ein Unternehmen die bestmöglichste Schätzung des Managements über den (die) künftigen Preis(e), der (die) bei Transaktionen zu marktüblichen Bedingungen erzielt werden könnte(n), zu verwenden, indem

(a) die zur Bestimmung des Nutzungswerts des Vermögenswerts oder der zahlungsmittelgenerierenden Einheit verwendeten künftigen Mittelzuflüsse geschätzt werden; und

(b) die künftigen Mittelabflüsse geschätzt werden, die zur Bestimmung des Nutzungswerts aller anderen von der Berechnung interner Verrechnungspreise betroffenen Vermögenswerte oder zahlungsmittelgenerierenden Einheiten verwendet werden.

36.72 Zahlungsmittelgenerierende Einheiten sind von Periode zu Periode für die gleichen Vermögenswerte oder Arten von Vermögenswerten stetig zu identifizieren, es sei denn, dass eine Änderung gerechtfertigt ist.

36.75 Der Buchwert einer zahlungsmittelgenerierenden Einheit ist in Übereinstimmung mit der Art, in der der erzielbare Betrag einer zahlungsmittelgenerierenden Einheit bestimmt wird, zu ermitteln.

36.80 Zum Zweck der Überprüfung auf eine Wertminderung muss ein Geschäfts- oder Firmenwert, der bei einem Unternehmenszusammenschluss erworben wurde, vom Übernahmetag an jeder der zahlungsmittelgenerierenden Einheiten bzw. Gruppen von zahlungsmittelgenerierenden Einheiten des erwerbenden Unternehmens, die aus den Synergien des Zusammenschlusses Nutzen ziehen sollen, zugeordnet werden, unabhängig davon ob andere Vermögenswerte oder Schulden des erwerbenden Unternehmens diesen Einheiten oder Gruppen von Einheiten bereits zugewiesen worden sind. Jede Einheit oder Gruppe von Einheiten, zu der der Geschäfts- oder Firmenwert so zugeordnet worden ist,

(a) hat die niedrigste Ebene innerhalb des Unternehmens darzustellen, zu der der Geschäfts- oder Firmenwert für interne Managementzwecke überwacht wird; und

(b) darf nicht größer sein als ein Geschäftssegment, wie es gemäß Paragraph 5 des IFRS 8 Geschäftssegmente vor der Zusammenfassung der Segmente festgelegt ist.

36.84 Wenn die erstmalige Zuordnung eines bei einem Unternehmenszusammenschluss erworbenen Geschäfts- oder Firmenwerts nicht vor Ende der jährlichen Periode, in der der Unternehmenszusammenschluss stattfand, erfolgen kann, muss die erstmalige Zuordnung vor dem Ende der ersten jährlichen Periode, die nach dem Erwerbsdatum beginnt, erfolgt sein.

36.86 Wenn ein Geschäfts- oder Firmenwert einer zahlungsmittelgenerierenden Einheit zugeordnet wurde, und das Unternehmen einen Geschäftsbereich dieser Einheit veräußert, so ist der mit diesem veräußerten Geschäftsbereich verbundene Geschäfts- oder Firmenwert

(a) bei der Feststellung des Gewinns oder Verlustes aus der Veräußerung im Buchwert des Geschäftsbereiches enthalten; und

(b) auf der Grundlage der relativen Werte des veräußerten Geschäftsbereichs und dem Teil der zurückbehaltenen zahlungsmittelgenerierenden Einheit zu bewerten, es sei denn, das Unternehmen kann beweisen, dass eine andere Methode den mit dem veräußerten Geschäftsbereich verbundenen Geschäfts- oder Firmenwert besser widerspiegelt.

36.87 Wenn ein Unternehmen seine Berichtsstruktur in einer Art reorganisiert, die die Zusammensetzung einer oder mehrerer zahlungsmittelgenerierender Einheiten, zu denen ein Geschäfts- oder Firmenwert zugeordnet ist, ändert, muss der Geschäfts- oder Firmenwert zu den Einheiten neu zugeordnet werden. Diese Neuzuordnung hat unter Anwendung eines relativen Wertansatzes zu erfolgen, der dem ähnlich ist, der verwendet wird, wenn ein Unternehmen einen Geschäftsbereich innerhalb einerzahlungsmittelgenerierenden Einheit veräußert, es sei denn, das Unternehmen kann beweisen, dass eine andere Methode den mit den reorganisierten Einheiten verbundenen Geschäfts- oder Firmenwert besser widerspiegelt.

36.88 Wenn sich der Geschäfts- oder Firmenwert, wie in IAS 36.81 beschrieben, auf eine zahlungsmittelgenerierende Einheit bezieht, dieser jedoch nicht zugeordnet ist, so ist die Einheit auf eine Wertminderung hin zu prüfen, wann immer es einen Anhaltspunkt gibt, dass die Einheit wertgemindert sein könnte, indem der Buchwert der Einheit ohne den Geschäfts- oder Firmenwert mit dem erzielbaren Betrag verglichen wird. Jeglicher Wertminderungsaufwand ist gemäß Paragraph 104 zu erfassen.

36.90 Eine zahlungsmittelgenerierende Einheit, der ein Geschäfts- oder Firmenwert zugeordnet worden ist, ist jährlich und, wann immer es einen Anhaltspunkt gibt, dass die Einheit wertgemindert sein könnte, zu prüfen, indem der Buchwert der Einheit, einschließlich des Geschäfts- oder Firmenwerts, mit dem erzielbaren Betrag verglichen wird. Wenn der erzielbare Betrag der Einheit höher ist als ihr Buchwert, so sind die Einheit und der ihr zugeordnete Geschäfts- oder Firmenwert als nicht wertgemindert anzusehen. Wenn der Buchwert der Einheit höher ist als ihr erzielbarer Betrag, so hat das Unternehmen den Wertminderungsaufwand gemäß IAS 36.104 zu erfassen.

36.96 Die jährliche Prüfung auf Wertminderung für zahlungsmittelgenerierende Einheiten mit zugeordnetem Geschäfts- oder Firmenwert kann im Laufe der jährlichen Periode jederzeit durchgeführt werden, vorausgesetzt, dass die Prüfung immer zur gleichen Zeit jedes Jahr stattfindet. Verschiedene zahlungsmittelgenerierende Einheiten können zu unterschiedlichen Zeiten auf Wertminderung geprüft werden. Wenn einige oder alle Geschäfts- oder Firmenwerte, die einer zahlungsmittelgenerierenden Einheit zugeordnet sind, bei einem Unternehmenszusammenschluss im Laufe der aktuellen jährlichen Periode erworben wurden, so ist diese Einheit auf Wertminderung vor Ablauf der aktuellen jährlichen Periode zu überprüfen.

36.97 Wenn die Vermögenswerte, aus denen die zahlungsmittelgenerierende Einheit besteht, zu der der Geschäfts- oder Firmenwert zugeordnet worden ist, zur selben Zeit auf Wertminderung geprüft werden wie die Einheit, die den Geschäfts- oder Firmenwert enthält, so sind sie vor der den Geschäfts- oder Firmenwert enthaltenen Einheit zu überprüfen. Ähnlich ist es, wenn die zahlungsmittelgenerierenden Einheiten, aus denen eine Gruppe von zahlungsmittelgenerierenden Einheiten besteht, zu der der Geschäfts- oder Firmenwert zugeordnet worden ist, zur selben Zeit auf Wertminderung geprüft werden wie die Gruppe von Einheiten, die den Geschäfts- oder Firmenwert enthält; in diesem Fall sind die einzelnen Einheiten vor der den Geschäfts- oder Firmenwert enthaltenen Gruppe von Einheiten zu überprüfen.

36.99 Die jüngste ausführliche Berechnung des erzielbaren Betrags einer zahlungsmittelgenerierenden Einheit, der ein Geschäfts- oder Firmenwert zugeordnet worden ist, der in einer vorhergehenden Periode ermittelt wurde, kann für die Überprüfung dieser Einheit auf Wertminderung in der aktuellen Periode benutzt werden, vorausgesetzt, dass alle folgenden Kriterien erfüllt sind:

(a) die Vermögenswerte und Schulden, die diese Einheit bilden, haben sich seit der letzten Berechnung des erzielbaren Betrages nicht wesentlich geändert;

(b) die letzte Berechnung des erzielbaren Betrags ergab einen Betrag, der den Buchwert der Einheit wesentlich überstieg; und

(c) auf der Grundlage einer Analyse der seit der letzten Berechnung des erzielbaren Betrags aufgetretenen Ereignisse und geänderten Umstände ist die Wahrscheinlichkeit, dass bei einer aktuellen Ermittlung der erzielbare Betrag niedriger als der aktuelle Buchwert des Vermögenswerts sein würde, äußerst gering.

36.102 Bei der Überprüfung einer zahlungsmittelgenerierenden Einheit auf eine Wertminderung hat ein Unternehmen alle Vermögenswerte des Unternehmens zu bestimmen, die zu der zu prüfenden zahlungsmittelgenerierenden Einheit in Beziehung stehen. Wenn ein Teil des Buchwerts eines Vermögenswerts des Unternehmens

(a) auf einer vernünftigen und stetigen Basis dieser Einheit zugeordnet werden kann, hat das Unternehmen den Buchwert der Einheit, einschließlich des Teils des Buchwerts des Vermögenswerts des Unternehmens, der der Einheit zugeordnet ist, mit deren erzielbaren Betrag zu vergleichen. Jeglicher Wertminderungsaufwand ist gemäß IAS 36.104 zu erfassen.

(b) nicht auf einer vernünftigen und stetigen Basis dieser Einheit zugeordnet werden kann, hat das Unternehmen (i) den Buchwert der Einheit ohne den Vermögenswert des Unternehmens mit deren erzielbaren Betrag zu vergleichen und jeglichen Wertminderungsaufwand gemäß IAS 36.104 zu erfassen; (ii) die kleinste Gruppe von zahlungsmittelgenerierenden Einheiten zu bestimmen, die die zu prüfende zahlungsmittelgenerierende Einheit einschließt und der ein Teil des Buchwerts des Vermögenswerts des Unternehmens auf einer vernünftigen und stetigen Basis zugeordnet werden kann; und (iii) den Buchwert dieser Gruppe von zahlungsmittelgenerierenden Einheiten, einschließlich des Teils des Buchwerts des Vermögenswerts des Unternehmens, der dieser Gruppe von Einheiten zugeordnet ist, mit dem erzielbaren Betrag der Gruppe von Einheiten zu vergleichen. Jeglicher Wertminderungsaufwand ist gemäß IAS 36.104 zu erfassen.

36.104 Ein Wertminderungsaufwand ist dann, und nur dann, für eine zahlungsmittelgenerierende Einheit (die kleinste Gruppe von zahlungsmittelgenerierenden Einheiten, der ein Geschäfts- oder Firmenwert bzw. ein Vermögenswert des Unternehmens zugeordnet worden ist) zu erfassen, wenn der erzielbare Betrag der Einheit (Gruppe von Einheiten) geringer ist als der Buchwert der Einheit (Gruppe von Einheiten). Der Wertminderungsaufwand ist folgendermaßen zu verteilen, um den Buchwert der Vermögenswerte der Einheit (Gruppe von Einheiten) in der folgenden Reihenfolge zu vermindern:

(a) zuerst den Buchwert jeglichen Geschäfts- oder Firmenwerts, der der zahlungsmittelgenerierenden Einheit (Gruppe von Einheiten) zugeordnet ist; und

(b) dann anteilig die anderen Vermögenswerte der Einheit (Gruppe von Einheiten) auf Basis der Buchwerte jedes einzelnen Vermögenswerts der Einheit (Gruppe von Einheiten).

Diese Verminderungen der Buchwerte sind als Wertminderungsaufwendungen für einzelne Vermögenswerte zu behandeln und gemäß IAS 36.60 zu erfassen.

36.105 Bei der Zuordnung eines Wertminderungsaufwands gemäß IAS 36.104 darf ein Unternehmen den Buchwert eines Vermögenswerts nicht unter den höchsten der folgenden Werte vermindern:

(a) seinen beizulegenden Zeitwert abzüglich der Verkaufskosten (sofern bestimmbar);

(b) seinen Nutzungswert (sofern bestimmbar); und

(c) Null.

Der Betrag des Wertminderungsaufwands, der andernfalls dem Vermögenswert zugeordnet worden wäre, ist anteilig den anderen Vermögenswerten der Einheit (Gruppe von Einheiten) zuzuordnen.

36.108 Nach Anwendung der Anforderungen des Paragraphen 104 und 105 ist eine Schuld für jeden verbleibenden Restbetrag eines Wertminderungsaufwands einer zahlungsmittelgenerierenden Einheit dann, und nur dann, anzusetzen, wenn dies von einem anderen Standard verlangt wird.

36.110 Ein Unternehmen hat an jedem Berichtsstichtag zu prüfen, ob irgendein Anhaltspunkt vorliegt, dass ein Wertminderungsaufwand, der für einen Vermögenswert mit Ausnahme eines Geschäfts- oder Firmenwerts in früheren Perioden erfasst worden ist, nicht länger besteht oder sich vermindert haben könnte. Wenn ein solcher Anhaltspunkt vorliegt, hat das Unternehmen den erzielbaren Betrag dieses Vermögenswerts zu schätzen.

36.111 Bei der Beurteilung, ob irgendein Anhaltspunkt vorliegt, dass ein Wertminderungsaufwand, der für einen Vermögenswert mit Ausnahme eines Geschäfts- oder Firmenwerts in früheren Perioden erfasst wurde, nicht länger besteht oder sich verringert haben könnte, hat ein Unternehmen mindestens die folgenden Anhaltspunkte zu berücksichtigen:

Externe Informationsquellen

(a) der Marktwert eines Vermögenswerts ist während der Periode signifikant gestiegen;

(b) während der Periode sind signifikante Veränderungen mit günstigen Folgen für das Unternehmen in dem technischen, marktbezogenen, ökonomischen oder gesetzlichen Umfeld, in welchem das Unternehmen tätig ist oder in Bezug auf den Markt, auf der den Vermögenswert abzielt, eingetreten, oder werden in der näheren Zukunft eintreten;

(c) die Marktzinssätze oder andere Markttrenditen für Finanzinvestitionen sind während der Periode gesunken, und diese Rückgänge werden sich wahrscheinlich auf den Abzinsungssatz, der für die Berechnung des Nutzungswerts herangezogen wird, auswirken und den erzielbaren Betrag des Vermögenswerts wesentlich erhöhen;

Interne Informationsquellen

(d) während der Periode haben sich signifikante Veränderungen mit günstigen Folgen für das Unternehmen in dem Umfang oder der Weise, in dem bzw. der ein Vermögenswert genutzt wird oder aller Erwartung nach genutzt werden soll, ereignet oder werden für die nächste Zukunft erwartet. Diese Veränderungen enthalten Kosten, die während der Periode entstanden sind, um die Ertragskraft eines Vermögenswerts zu verbessern bzw. zu erhöhen oder den Betrieb zu restrukturieren, zu dem der Vermögenswert gehört;

(e) das interne Berichtswesen liefert substanzielle Hinweise dafür, dass die wirtschaftliche Ertragskraft eines Vermögenswerts besser ist oder sein wird als erwartet.

36.114 Ein in früheren Perioden für einen Vermögenswert mit Ausnahme eines Geschäfts- oder Firmenwerts erfasster Wertminderungsaufwand ist dann, und nur dann, aufzuheben, wenn sich seit der Erfassung des letzten Wertminderungsaufwands eine Änderung in den Schätzungen ergeben hat, die bei der Bestimmung des erzielbaren Betrags herangezogen wurden. Wenn dies der Fall ist, ist der Buchwert des Vermögenswerts auf seinen erzielbaren Betrag zu erhöhen, es sei denn, es ist in IAS 36.117 anders beschrieben. Diese Erhöhung ist eine Wertaufholung.

36.117 Der infolge einer Wertaufholung erhöhte Buchwert eines Vermögenswerts mit Ausnahme von einem Geschäfts- oder Firmenwert darf nicht den Buchwert übersteigen, der bestimmt worden wäre (abzüglich der Amortisationen oder Abschreibungen), wenn in den früheren Jahren kein Wertminderungsaufwand erfasst worden wäre.

36.119 Eine Wertaufholung eines Vermögenswerts, mit Ausnahme von einem Geschäfts- oder Firmenwert, ist sofort im Gewinn oder Verlust zu erfassen, es sei denn, dass der Vermögenswert zum Neubewertungsbetrag nach einem anderen Standard (beispielsweise nach dem Modell der Neubewertung in IAS 16) erfasst wird. Jede Wertaufholung eines neu bewerteten Vermögenswerts ist als eine Wertsteigerung durch Neubewertung gemäß diesem anderen Standard zu behandeln.

36.121 Nachdem eine Wertaufholung erfasst worden ist, ist der Abschreibungs-/Amortisationsaufwand des Vermögenswerts in künftigen Perioden anzupassen, um den berichtigten Buchwert des Vermögenswerts, abzüglich eines etwaigen Restbuchwerts systematisch auf seine Restnutzungsdauer zu verteilen.

36.122 Eine Wertaufholung für eine zahlungsmittelgenerierende Einheit ist den Vermögenswerten der Einheit, bis auf den Geschäfts- oder Firmenwert, anteilig des Buchwerts dieser Vermögenswerte zuzuordnen. Diese Erhöhungen der Buchwerte sind als Wertaufholungen für einzelne Vermögenswerte zu behandeln und gemäß IAS 36.119 zu erfassen.

36.123 Bei der Zuordnung einer Wertaufholung für eine zahlungsmittelgenerierende Einheit gemäß IAS 36.122 ist der Buchwert eines Vermögenswerts nicht über den niedrigeren der folgenden Werte zu erhöhen:

(a) seinen erzielbaren Betrag (sofern bestimmbar); und

(b) den Buchwert, der bestimmt worden wäre (abzüglich von Amortisationen oder Abschreibungen), wenn in früheren Perioden kein Wertminderungsaufwand für den Vermögenswert erfasst worden wäre.

Der Betrag der Wertaufholung, der andernfalls dem Vermögenswert zugeordnet worden wäre, ist anteilig den anderen Vermögenswerten der Einheit, mit Ausnahme des Geschäfts- oder Firmenwerts, zuzuordnen.

36.124 Ein für den Geschäfts- oder Firmenwert erfasster Wertminderungsaufwand darf nicht in den nachfolgenden Perioden aufgeholt werden.

Übersicht

	Rn
I. Regelungsgehalt	1 – 4
II. Normzweck und Anwendungsbereich	5 – 8
III. Begriffe	9 – 13
IV. Identifizierung eines Vermögenswertes, der wertgemindert sein könnte	14 – 22
V. Bewertung des erzielbaren Betrages	23
1. Grundsätze zur Ermittlung des erzielbaren Betrags	23 – 25
2. Beizulegender Zeitwert abzüglich Veräußerungskosten	26 – 33
3. Nutzungswert	34 – 55
VI. Erfassung und Bewertung eines Wertminderungsaufwandes	56 – 60
VII. Zahlungsmittelgenerierende Einheiten und Geschäfts- oder Firmenwert	61
1. Abgrenzung zahlungsmittelgenerierender Einheiten	61 – 64
2. Ermittlung des Buchwerts der zahlungsmittelgenerierenden Einheit	65 – 67
3. Zuordnung von Geschäfts- oder Firmenwerten zu einer zahlungsmittelgenerierenden Einheit	68 – 71
4. Wertminderung bei firmenwerttragenden zahlungsmittelgenerierenden Einheiten	72 – 75
VIII. Wertaufholung	76 – 82
IX. Ausweis und Angaben	83 – 91
X. Inkrafttreten und Übergangsvorschriften	92 – 93
XI. IFRS für kleine und mittelgroße Unternehmen	94
XII. Ausblick	95

I. Regelungsgehalt

I. Regelungsgehalt. IAS 36 *Impairment of Assets* ist der zentrale Standard für die Erfassung und Bewertung von Wertminderungen im Rahmen der Folgebewertung von Vermögenswerten. Das Ziel des Standards besteht darin, sicherzustellen, dass Vermögenswerte nicht mit einem über dem erzielbaren Betrag liegenden Wert in der Bilanz ausgewiesen werden (IAS 36.1). Die International Financial Reporting Standards (IFRS) sind durch eine starke *Fair Value* Orientierung gekennzeichnet. Aufgrund der Zukunftsbezogenheit dieser Werte sind oftmals subjektive Schätzungen notwendig. IAS 36 stellt daher einen Kontrollmechanismus bereit, der als regulierendes Element zugunsten einer zuverlässigen Rechnungslegung verstanden werden kann.

Der Regelungsgehalt von IAS 36 umfasst folgende Fragestellungen:
- Was ist unter einem Wertminderungsbedarf zu verstehen?
- Wie sind wertgeminderte Vermögenswerte zu identifizieren?
- Wie sind zahlungsmittelgenerierende Einheiten (ZGE) zu bestimmen?
- Wie bemisst sich ein Wertminderungsbedarf?
- Wie ist ein Wertminderungsbedarf zu erfassen?
- Wie ist ein Wertminderungsbedarf auf die betroffenen Vermögenswerte zu verteilen?
- Wie ist ein Geschäfts- oder Firmenwert bei den Wertminderungen zu behandeln?
- Was geschieht bei Wegfall der Gründe für die Wertminderung?
- Welche Angaben müssen bezüglich Wertminderungen im Jahresabschluss erfolgen?

Zentrales Kriterium des IAS 36 ist der Wertminderungstest (*Impairment Test*). Demnach ergibt sich ein Wertminderungsbedarf, wenn der erzielbare Betrag eines Vermögenswerts oder einer Gruppe von Vermögenswerten geringer ist als der entsprechende Buchwert. Der erzielbare Betrag ist dabei der höhere Wert aus beizulegendem Zeitwert abzüglich Veräußerungskosten und Nutzungswert. Unterstellt wird hierbei, dass ein Unternehmen die ökonomisch sinnvollste Verwertung aus den beiden Alternativen Veräußerung und Weiternutzung im Unternehmen wählt. Die Möglichkeit, Vermögenswerte zu Gruppen zusammenzufassen steht im Gegensatz zum Einzelbewertungsgrundsatz. Dieser Ansatz ist allerdings nötig, da der erzielbare Betrag regelmäßig für einzelne Vermögenswerte nicht ermittelt werden kann.

Für viele immaterielle Vermögenswerte (wie auch für den Goodwill), ist eine Veräußerung unabhängig von anderen Vermögenswerten nicht möglich. Die Ermittlung ihres beizulegenden Zeitwerts abzüglich Veräußerungskosten scheidet dann in der Regel aus. Die Bestimmung eines Nutzungswerts setzt hingegen die Schätzung zukünftiger Nutzenzuflüsse voraus, die in aller Regel nicht isoliert für jeden einzelnen

Vermögenswert abgeleitet werden können. Aus diesem Grund folgt IAS 36 einem Stufenkonzept, bei dem das Vorliegen eines Wertminderungsbedarfs nacheinander auf vier verschiedenen Ebenen geprüft werden muss:[1]
- auf Ebene einzelner Vermögenswerte,
- auf Ebene der ZGE ohne zugeordnetem Goodwill,
- auf Ebene der ZGE mit zugeordnetem Goodwill,
- auf Ebene der Gruppen von ZGE mit zugeordnetem Goodwill.

Kann auf einer Ebene kein Werthaltigkeitstest durchgeführt werden, weil der erzielbare Betrag nicht ermittelbar ist, so sind der Vermögenswert bzw. die Gruppe von Vermögenswerten mit anderen Vermögenswerten oder Gruppen von Vermögenswerten zusammenzufassen und ein Werthaltigkeitstest ist auf der übergeordneten Ebene durchzuführen (IAS 36.66).

5 **II. Normzweck und Anwendungsbereich.** Ziel des Standards ist gemäß IAS 36.1, Verfahren vorzugeben, mit denen sichergestellt werden kann, dass die Vermögenswerte eines Unternehmens nicht mit einem höheren Wert als ihrem erzielbaren Betrag bilanziert werden. IAS 36 schreibt hierzu vor, wie ein Wertminderungsbedarf zu ermitteln und zu erfassen ist. Ebenso konkretisiert der Standard das Vorgehen bei der Aufhebung eines Wertminderungsaufwands. In vielen Bereichen bleibt der Standard allerdings unbestimmt, so dass Spielräume für Interpretationen entstehen. Für die Praxis bedeutet dies, dass insbesondere bei der Abgrenzung der ZGE, bei der Schätzung der zukünftigen Nutzenzuflüsse und des Kapitalisierungszinssatzes für die Ermittlung des Nutzungswerts, Probleme entstehen können. Zudem bleiben trotz der umfangreichen Ausführungen des IAS 36 verschiedene theoretische Fragestellungen offen. Beispiele hierfür sind die Herleitung des Kapitalisierungszinssatzes und die Goodwill-Hochrechnung bei Minderheitenanteilen.

6 Der Grundgedanke des IAS 36 ist mit dem aus dem Handelsgesetzbuch (HGB) bekannten Niederstwertprinzip vergleichbar. Der Standard zielt durch eine Abwertung von wertgeminderten Vermögenswerten zum einen darauf ab, ein den tatsächlichen Verhältnissen entsprechendes Bild der Vermögenslage zu erreichen, zum anderen wird durch die erfolgswirksame Erfassung von Wertminderungen die Ertragslage periodengerecht abgebildet.[2] Im Gegensatz zur Unschärfe des handelsrechtlichen Begriffs des beizulegenden Werts konkretisiert IAS 36 den Wertminderungsbedarf über die beiden Konzepte des beizulegenden Zeitwerts abzüglich Veräußerungskosten und Nutzungswert.[3]

---

1 Vgl. IDW RS HFA 16, Rn 80.
2 Vgl. *Kuhner/Hitz* Münchener Kommentar, IAS 36 Rn 1.
3 Vgl. *Kuhner/Hitz* Münchener Kommentar, IAS 36 Rn 2f.

III. Begriffe

IAS 36 ist auf alle Vermögenswerte anzuwenden, für die Wertminderungen in anderen Standards nicht explizit geregelt sind. Der Standard hat damit eine Auffangfunktion.[4] Konkret umfasst der **Anwendungsbereich von IAS 36** ua den Wertminderungsbedarf folgender Bilanzpositionen:
- Grundstücke und Gebäude;
- Maschinen und maschinelle Anlagen;
- immaterielle Vermögenswerte;
- Geschäfts- oder Firmenwerte;
- Beteiligungen an Tochterunternehmen, assoziierten Unternehmen und Joint Ventures (IAS 36.4).

Nicht in den Anwendungsbereich von IAS 36 fallen hingegen ua Vorräte, Vermögenswerte aus Fertigungsaufträgen, latente Steueransprüche, Vermögenswerte aus Leistungen an Arbeitnehmer, finanzielle Vermögenswerte, die unter IAS 39 *Finanzinstrumente: Ansatz und Bewertung* fallen, als Finanzinvestition gehaltene Immobilien, die zum beizulegendem Zeitwert bewertet werden, sowie langfristige, zur Veräußerung gehaltene Vermögenswerte (IAS 36.2).

Liegt für die vom Anwendungsbereich des IAS 36 grundsätzlich betroffenen Vermögenswerte eine Weiterveräußerungsabsicht vor, so sind – sofern die Kriterien des IFRS 5 *Non-current Assets Held for Sale and Discontinued Operations* erfüllt sind – anstelle des IAS 36 die Bewertungsvorschriften des IFRS 5 anzuwenden. Gemäß IAS 36.12(f) ist die Weiterveräußerungsabsicht ein Indikator für eine Wertminderung. Unmittelbar vor einer Umklassifizierung in die Kategorie „zur Veräußerung gehalten" hat daher ein Wertminderungstest zu erfolgen (IFRS 5.18).

III. Begriffe. Im Zentrum des IAS 36 steht der Begriff der **Wertminderung**. Das Vorliegen eines Wertminderungsbedarfs wird im Rahmen eines Werthaltigkeitstests ermittelt. Ein Vermögenswert gilt als wertgemindert, wenn sein Buchwert höher ist als der erzielbare Betrag. Der hieraus resultierende Wertminderungsaufwand entspricht der Differenz beider Werte. Eine genaue Definition der für IAS 36 relevanten Begriffe findet sich in IAS 36.6.

Der **Buchwert** ist der Betrag, mit dem ein Vermögenswert nach Abzug aller kumulierten Abschreibungen (Amortisationen) und aller kumulierten Wertminderungsaufwendungen im Jahresabschluss angesetzt wird (IAS 36.6). Demgegenüber hat der **erzielbare Betrag** keine eigenständige inhaltliche Bedeutung. Er definiert sich vielmehr als der höhere der beiden Beträge aus beizulegendem Zeitwert abzüglich Veräußerungskosten und Nutzungswert. Der erzielbare Betrag berücksichtigt somit die beiden Verwendungsalternativen, denen die Unternehmensleitung gegenübersteht: Verkauf oder fortgesetzte Nutzung des Vermögenswerts. Eine rationale Un-

---
4 Vgl. *Brücks/Kerkhoff/Richter* Internationales Bilanzrecht, IAS 36 Rn 1.

ternehmensleitung wird dabei diejenige Alternative wählen, die den höchsten Wert bietet.[5] Sofern der erzielbare Betrag für einzelne Vermögenswerte nicht ermittelbar ist, ist stattdessen auf die ZGE abzustellen.

11   Eine **Zahlungsmittelgenerierende Einheit** (ZGE) ist die kleinste identifizierbare Gruppe von Vermögenswerten, die Mittelzuflüsse erzeugen, die weitestgehend unabhängig von den Mittelzuflüssen anderer Vermögenswerte oder anderer Gruppen von Vermögenswerten sind (IAS 36.6). Die Abgrenzung richtet sich folglich nach der Art, wie die Unternehmensleitung das Unternehmen steuert. ZGE können somit nach Produktlinien, Geschäftsfeldern, regionalen Tätigkeitsfeldern oder juristischen Einheiten gebildet werden.

Zu den Mittelzuflüssen gehören alle Zuflüsse von Zahlungsmitteln oder Zahlungsmitteläquivalenten, die von außen an das Unternehmen fließen (IAS 36.69). Auch Vermögenswerte oder Gruppen von Vermögenswerten, die Erzeugnisse erstellen, welche lediglich unternehmensintern genutzt oder weiterverarbeitet werden, können eine eigenständige ZGE bilden. Voraussetzung dafür ist, dass für die Erzeugnisse ein aktiver Markt besteht, auf dem diese alternativ veräußert werden könnten (IAS 36.70-71).

Bei der Bildung der ZGE ist ausgehend vom einzelnen Vermögenswert zu prüfen, ob diesem Vermögenswert unabhängige Mittelzuflüsse zugeordnet werden können. Falls dies nicht der Fall ist, sind weitere Vermögenswerte hinzuzunehmen, bis eine Ermittlung unabhängiger Mittelzuflüsse möglich ist.[6] Besonderheiten ergeben sich bei der Zurechnung von Geschäfts- oder Firmenwerten auf eine ZGE. Hierbei kann es auch notwendig werden, mehrere ZGE ohne Geschäfts- oder Firmenwerte zu einer übergeordneten, firmenwertragenden Einheit zusammenzuschließen.

12   Der **beizulegende Zeitwert abzüglich Veräußerungskosten** eines Vermögenswerts ist der Betrag, der durch den Verkauf eines Vermögenswerts oder einer ZGE in einer Transaktion zu Marktbedingungen zwischen sachverständigen, vertragswilligen Parteien nach Abzug der Veräußerungskosten erzielt werden könnte (IAS 36.6).

Als bestmöglicher Indikator werden bindende Kaufverträge zwischen unabhängigen Geschäftspartner angesehen. Liegen solche nicht vor, so ist auf den Marktpreis abzustellen. Sind weder bindende Kaufverträge noch aktive Märkte verfügbar, verweist IAS 36 auf alternative Verfahren zur Ermittlung des beizulegenden Zeitwerts. Dabei kommen grundsätzlich die Ergebnisse der jüngsten Transaktionen für ähnliche Vermögenswerte innerhalb derselben Branche in Frage (IAS 36.27). Daneben kann der beizulegende Zeitwert in diesen Fällen aber auch über Discounted Cash Flow-Verfahren (DCF-Verfahren) ermittelt werden.

---

5   Vgl. *Kümpel* BB 2002, 984; *Peemöller* Wiley-VCH, Abschn. 8 Rn 90.
6   Vgl. *Brücks/Kerkhoff/Richter* Internationales Bilanzrecht, IAS 36 Rn 213.

Als Veräußerungskosten gelten alle dem Verkauf direkt zurechenbaren Kosten, zB verkaufsbedingte Steuern, Demontagekosten oder Rechtskosten. Zurechenbar sind lediglich externe Kosten, dh die Kosten der mit dem Verkauf beschäftigten Abteilung gelten nicht als Veräußerungskosten.[7]

Im Gegensatz zum beizulegenden Zeitwert kommt der **Nutzungswert** innerhalb der IFRS Standards lediglich in IAS 36 zur Anwendung.[8] Er verkörpert dabei den Wert, der dem Unternehmen durch fortgesetzte Nutzung des Vermögenswerts bzw. der ZGE zukommt. Der Nutzungswert ergibt sich durch Diskontierung der zukünftig erwarteten Zahlungsüberschüsse. Gemäß IAS 36.31 umfasst die Bestimmung des Nutzungswerts daher zwei Schritte: die Schätzung der künftigen Cashflows und des Veräußerungserlös des Vermögenswerts bzw. der ZGE sowie die Anwendung eines angemessenen Abzinsungssatzes.

Die Ausführungen in IAS 36 zum Nutzungswert sind sehr ausführlich und umfassen neben allgemeinen Anforderungen insbesondere Fragestellungen zur Grundlage für die Schätzungen der künftigen Cashflows, zur Zusammensetzung der Schätzungen der künftigen Cashflows, zur Berücksichtigung von Cashflows in Fremdwährung sowie zum Abzinsungssatz (IAS 36.30 – 36.57).

IV. Identifizierung eines Vermögenswerts, der wertgemindert sein könnte

Ein Vermögenswert ist in seinem Wert gemindert, wenn sein Buchwert seinen erzielbaren Betrag übersteigt. Obwohl IAS 36.8 den Begriff „Vermögenswert" verwendet, beziehen sich die Regelungen sowohl auf einzelne Vermögenswerte als auch auf die ZGE. Bei der Werthaltigkeitsprüfung von Geschäfts- oder Firmenwerten ist auf die firmenwerttragende ZGE bzw. Gruppe von ZGE abzustellen.

Nach IAS 36 ist zwischen der (quantitativen) Prüfung auf Wertminderung (Werthaltigkeitstest) und der (qualitativen) Prüfung, ob ein Werthaltigkeitstest durchzuführen ist, zu unterscheiden.[9] Dabei gibt es zwei unterschiedliche Sachverhalte, die einen Werthaltigkeitstest auslösen.

Grundsätzlich ist ein **Werthaltigkeitstest** immer dann vorzunehmen, wenn ein **Anhaltspunkt für eine Wertminderung** (*triggering event*) vorliegt (Indikator als Auslöser). Die Prüfung, ob ein solcher Anhaltspunkt vorliegt, muss für jeden Vermögenswert zu jedem Abschlussstichtag erfolgen. Als Abschlussstichtag gilt neben dem Geschäftsjahresende auch der Stichtag von Zwischenabschlüssen.[10]

Ausgenommen von diesem Grundsatz sind immaterielle Vermögenswerte mit unbestimmter Nutzungsdauer, noch nicht nutzungsbereite immaterielle Vermögenswerte (zB aktivierte Entwicklungskosten) sowie derivativ erworbene Geschäfts- oder

---
7 Vgl. *Ernst & Young (Hrsg.)* International GAAP, 1239f.; *Brücks/Kerkhoff/Richter* Internationales Bilanzrecht, IAS 36 Rn 148 und Rn 155.
8 Vgl. *Brücks/Kerkhoff/Richter* Internationales Bilanzrecht, IAS 36 Rn 4.
9 Vgl. *Ernst & Young (Hrsg.)* International GAAP, 1234f.
10 Vgl. *PwC (Hrsg.)* IFRS Manual of Accounting, Rn 18.54.

Firmenwerte. Für diese ist zusätzlich – zur abschlussstichtagsbezogenen Prüfung auf *triggering events* – jährlich ein Werthaltigkeitstest durchzuführen, auch wenn keine Anhaltspunkte für eine Wertminderung beobachtet wurden (Jahresablauf als Auslöser). Auch wenn Zwischenabschlüsse aufgestellt werden, muss der Werthaltigkeitstest nur jährlich durchgeführt werden; allerdings ist in diesem Fall zu jedem Zwischenabschluss (qualitativ) zu prüfen, ob Anhaltspunkte für eine Wertminderung vorliegen, die einen (quantitativen) Werthaltigkeitstest auslösen.

16 Wenn ein Anhaltspunkt für eine Wertminderung vorliegt und daher ein Werthaltigkeitstest erforderlich wird, hat die Unternehmensleitung zunächst zu prüfen, ob es sich bei dem betroffenen Vermögenswert um eine ZGE handelt. Dafür ist die Ermittlung seines erzielbaren Betrags erforderlich. Ist der erzielbare Betrag für den einzelnen Vermögenswert nicht ermittelbar, muss die Unternehmensleitung die ZGE identifizieren, der der Vermögenswert zugeordnet ist.[11]

Die Prüfung auf Wertminderungsindikatoren hat auf der gleichen Ebene zu erfolgen, auf der auch der Werthaltigkeitstest durchgeführt wird, dh auf der Ebene einzelner Vermögenswerte, der ZGE oder mehrerer ZGE und nicht nur auf der höchsten Ebene firmenwerttragender ZGE.[12] Gleichwohl können aus der Prüfung übergeordneter ZGE auch Indikatoren für die Wertminderung einzelner Vermögenswerte ersichtlich werden (IAS 36.98).

Ist die Werthaltigkeit auf Ebene von ZGE zu prüfen, so folgt die Vorgehensweise den darin enthaltenen Vermögenswerten: ZGE ohne zugeordneten Geschäfts- oder Firmenwerten oder immaterielle Vermögenswerte mit begrenzter Nutzungsdauer sind nur bei Vorliegen von Anhaltspunkten einem Werthaltigkeitstest zu unterziehen. ZGE mit zugeordneten Geschäfts- oder Firmenwerten oder immateriellen Vermögenswerten mit unbestimmter Nutzungsdauer sind hingegen zusätzlich jährlich auf ihre Werthaltigkeit hin zu prüfen, sofern der betreffende immaterielle Vermögenswert nicht alleine jährlich geprüft werden kann.

17 Der jährlich verpflichtende **Werthaltigkeitstest für immaterielle Vermögenswerte** mit unbestimmter Nutzungsdauer, noch nicht nutzungsbereite immaterielle Vermögenswerte sowie für Geschäfts- oder Firmenwerte bzw. für die entsprechende ZGE kann jeweils zu einem beliebigen Zeitpunkt innerhalb des Geschäftsjahres durchgeführt werden, muss nach dem Stetigkeitsgrundsatz allerdings jedes Jahr zum gleichen Zeitpunkt erfolgen (IAS 36.10, IAS 36.96). Eine Verschiebung des Stichtags für die Werthaltigkeitsprüfung ist jedoch zulässig, solange zwischen zwei aufeinander folgenden Stichtagen nicht mehr als 12 Monate liegen.[13] Für unterschiedliche Vermögenswerte kann die Prüfung zu unterschiedlichen Zeitpunkten erfolgen. Dies ist

---

11 Vgl. *Baetge/Krolak/Thiele/Hain*, Rechnungslegung nach IFRS, IAS 36 Rn 22.
12 Vgl. *KPMG (Hrsg.)* Insights, 653.
13 Vgl. *Brücks/Kerkhoff/Richter* Internationales Bilanzrecht, IAS 36 Rn 116.

IV. Identifizierung eines Vermögenswerts, der wertgemindert sein könnte

aus praktischer Sicht relevant, um die Prüfungstätigkeiten zeitlich zu entzerren sowie um dem Umstand Rechnung zu tragen, dass i.d.R. nicht für alle ZGE die benötigten Informationen zum gleichen Zeitpunkt verfügbar sind.[14] Aus praktischer Sicht ist es sinnvoll, die Werthaltigkeitstests erst nach Abschluss des jährlichen Planungszyklus durchzuführen, da die Ermittlung des erzielbaren Betrags zukunftsorientiert ist und aktuelle Planungsrechnungen voraussetzt.[15]

Bei einer erstmaligen Aktivierung ist der erste Werthaltigkeitstest jedoch bis zum Ablauf des jeweiligen Geschäftsjahrs – nicht bis zum nächsten Zwischenabschluss – durchzuführen. Dies gilt für erstmalig aktivierte immaterielle Vermögenswerte ebenso wie für im Laufe des Geschäftsjahrs erworbene Geschäfts- oder Firmenwerte, bei denen entsprechend die zugehörige ZGE bis zum Ablauf des Geschäftsjahrs auf ihre Werthaltigkeit geprüft werden muss. Dies gilt auch dann, wenn die entsprechende ZGE vor dem Unternehmenserwerb im Laufe des Geschäftsjahrs bereits geprüft wurde. In diesem Fall ist sie erneut – nun unter Berücksichtigung des neu hinzugekommenen Firmenwerts – einem Werthaltigkeitstest zu unterziehen.[16]

Wird ein bislang noch nicht nutzungsbereiter immaterieller Vermögenswert fertig gestellt bzw. genutzt, so hängt seine Behandlung im Rahmen der Werthaltigkeitsprüfung von seiner Nutzungsdauer ab: Bei unbestimmter Nutzungsdauer ist auch weiterhin ein jährlicher Werthaltigkeitstest durchzuführen, bei bestimmter Nutzungsdauer hat ein Werthaltigkeitstest nur noch bei Vorliegen von Anhaltspunkten für eine Wertminderung zu erfolgen.

IAS 36.12 enthält einen Mindestkatalog an Indikatoren, bei deren Vorliegen ein Werthaltigkeitstest durchzuführen ist. IAS 36.13 weist jedoch ausdrücklich darauf hin, dass diese Indikatoren nicht erschöpfend sind und andere Anhaltspunkte für eine Wertminderung ebenso verpflichtend zu einer Ermittlung des erzielbaren Betrags führen. IAS 36.14 verweist zudem auf Hinweise aus dem internen Berichtswesen, die einen Wertminderungsbedarf anzeigen können.

Grundsätzlich lassen sich die Anhaltspunkte für eine Wertminderung in zwei Kategorien aufteilen: **externe und interne Informationsquellen.** Die in IAS 36.12 aufgelisteten Indikatoren lauten wie folgt:

---

14 Vgl. *Brücks/Kerkhoff/Richter* Internationales Bilanzrecht, IAS 36 Rn 117.
15 Vgl. IDW RS HFA 16, Rn 11.
16 Vgl. *Deloitte (Hrsg.)* iGAAP, 555.

Externe Informationsquellen	Interne Informationsquellen
(a) Während der Periode ist der Marktwert eines Vermögenswerts deutlich stärker gesunken als dies durch Zeitablauf oder die gewöhnliche Nutzung zu erwarten wäre. (b) Während der Periode sind signifikante Veränderungen mit nachteiligen Folgen für das Unternehmen im technischen, marktbezogenen, ökonomischen oder gesetzlichen Umfeld, in welchem das Unternehmen tätig ist, oder in Bezug auf den Markt, für den der Vermögenswert bestimmt ist, eingetreten oder werden in der nächsten Zukunft eintreten. (c) Die Marktzinssätze oder andere Marktrenditen haben sich während der Periode erhöht und solche Erhöhungen werden sich wahrscheinlich auf den Abzinsungssatz, der für die Berechnung des Nutzungswerts herangezogen wird, auswirken und den erzielbaren Betrag des Vermögenswerts wesentlich vermindern. (d) Der Buchwert des Nettovermögens des Unternehmens ist größer als seine Marktkapitalisierung.	(a) Es liegen substantielle Hinweise für eine Überalterung oder einen physischen Schaden eines Vermögenswerts vor. (b) Während der Periode haben sich signifikante Veränderungen mit nachteiligen Folgen für das Unternehmen in dem Umfang oder der Weise, in dem bzw. der der Vermögenswert genutzt wird oder aller Erwartung nach genutzt werden wird, ereignet oder werden für die nähere Zukunft erwartet. Diese Veränderungen umfassen die Stilllegung des Vermögenswerts, Planungen für die Einstellung oder Restrukturierung des Bereichs, zu dem ein Vermögenswert gehört, Planungen für den Abgang eines Vermögenswerts vor dem ursprünglich erwarteten Zeitpunkt und die Neueinschätzung der Nutzungsdauer eines Vermögenswerts als bestimmt anstatt unbestimmt. (c) Das interne Berichtswesen liefert substanzielle Hinweise dafür, dass die wirtschaftliche Ertragskraft eines Vermögenswerts schlechter ist oder sein wird als erwartet.

19 **Beispiel**

Das börsennotierte Unternehmen U AG befindet sich seit einigen Jahren in einer andauernden Verlustsituation. Vor 3 Jahren wurden Restrukturierungsprogramme beschlossen und umgesetzt. Die strategische Planung sah für das vorige Geschäftsjahr ein ausgeglichenes Ergebnis vor. Dieses Ziel konnte aufgrund der nur langsam anziehenden Konjunktur nicht erreicht werden. Die Planung wurde daraufhin angepasst, so dass ein ausgeglichenes Ergebnis nach der Restrukturierung für das abgelaufene Geschäftsjahr prognostiziert wurde. Trotz der

IV. Identifizierung eines Vermögenswerts, der wertgemindert sein könnte

wieder stark anziehenden Konjunktur, hat die U AG starke Umsatzeinbrüche im Weihnachtsgeschäft erfahren mit der Folge eines hohen Verlusts im abgelaufenen Geschäftsjahr.

Die erneute Verlustsituation der U AG bei allgemeiner Erholung des Marktes stellt einen triggering event (Indikator für eine Wertminderung) dar. Die U AG muss daher neben dem jährlich verpflichtenden Wertminderungstest für Firmenwerte, den sie routinemäßig nach der Budgeterstellung im September durchführt, einen zusätzlichen Wertminderungstest zum Bilanzstichtag 31. Dezember vornehmen. In diesen Wertminderungstest sind nicht nur die Firmenwerte, sondern auch sämtliche langfristigen Vermögenswerte (insbesondere die Produktionsanlagen) einzubeziehen.

Für Berichtsjahre, die am oder nach dem 1. Januar 2009 beginnen, ist ein **Werthaltigkeitstest für im Einzelabschluss bilanzierte Beteiligungen** an Tochtergesellschaften sowie Anteilen an assoziierten Unternehmen und gemeinschaftlich kontrollierten Unternehmen durchzuführen, aus denen Dividenden bezogen werden, sofern

- der Beteiligungsbuchwert im Einzelabschluss höher ist als die Buchwerte der zugehörigen Vermögenswerte, Schulden und Firmenwerte im Konzernabschluss,
- die Dividende das Gesamtergebnis des gehaltenen Unternehmens übersteigt.

Dieser neu eingeführte Indikator ist vor dem Hintergrund einer Änderung an IAS 27 zu sehen. Bisher wurden Ausschüttungsansprüche, die vor Begründung eines Beteiligungsverhältnisses entstanden sind, aber erst danach ausgeführt wurden, bei Ausschüttung gegen den Wert der Beteiligung gebucht. Nach der Änderung an IAS 27 werden alle Ausschüttungen, unabhängig davon, wann der Anspruch darauf entstanden ist, als Ertrag erfasst. Damit werden auch Ausschüttungsansprüche, für die bei Übernahme der Beteiligung ein Preis bezahlt wurde, bei deren Ausschüttung als Ertrag erfasst. Über den Umweg eines Werthaltigkeitstest kommt es, unter der Voraussetzung, dass tatsächlich eine Wertminderung nach IAS 36 vorliegt, dann doch wieder zu einer Reduktion des Buchwerts der Beteiligung mit einer entsprechenden Aufwandsbuchung.

Nach dem Abschlussstichtag, aber vor der Abschlussveröffentlichung eingetretene Ereignisse können Anhaltspunkte dafür sein, dass eine Wertminderung bereits zum Abschlussstichtag bestanden hat. Der betroffene Vermögenswert wäre dann bereits zum Abschlussstichtag einem Werthaltigkeitstest zu unterziehen. Ist die Wertminderung hingegen erst unmittelbar durch das Ereignis und damit nach dem Abschlussstichtag entstanden, so wird der Indikator nicht berücksichtigt. Allerdings sind gemäß IAS 10 *Events after the Reporting Period* entsprechende Anhangsangaben zu machen.[17]

---

17 Vgl. *PwC (Hrsg.)* Manual of Accounting, Rn 18.66.

22 Eine Erleichterung für die jährlich zu prüfenden Vermögenswerte schafft IAS 36.15. Danach darf – dem Wesentlichkeitsgedanken folgend – ein (quantitativer) Werthaltigkeitstest auch für immaterielle Vermögenswerte mit unbestimmter Nutzungsdauer, für noch nicht nutzungsbereite immaterielle Vermögenswerte sowie für Geschäfts- oder Firmenwerte unterbleiben, sofern eine frühere Berechnung einen deutlichen Überschuss des erzielbaren Betrags über den Buchwert (Bewertungsreserve) offenbart hat und keine Ereignisse eingetreten sind, die auf einen wesentlichen Rückgang dieser Reserve schließen lassen. Eine Konkretisierung der hierzu erforderlichen Voraussetzungen findet sich in IAS 36.24 für immaterielle Vermögenswerte und IAS 36.99 für Geschäfts- oder Firmenwerte. Hinsichtlich eines Anstiegs des Marktzinsniveaus führt IAS 36.16 explizit aus, dass ein formaler Werthaltigkeitstest dann nicht durchgeführt werden muss, wenn

- der für die Berechnung des Nutzungswerts angewendete Abzinsungssatz nicht von der Erhöhung des Marktzinsniveaus beeinflusst wird, weil sich beispielsweise vor allem die kurzfristigen Zinssätze erhöht haben, der Vermögenswert aber noch eine lange Restnutzungsdauer hat
- der für die Berechnung des Nutzungswerts angewendete Abzinsungssatz zwar wahrscheinlich von der Erhöhung des Marktzinsniveaus beeinflusst wird, eine frühere Sensitivitätsanalyse aber gezeigt hat, dass daraus kein wesentlicher Wertminderungsbedarf entsteht, etwa weil die künftigen Cashflows mit dem Zinsanstieg ebenfalls ansteigen werden oder weil eine signifikante „Bewertungsreserve" bestand.

Diese Erleichterung gilt indes nur für jene Vermögenswerte, die nach IAS 36.10 jährlich auf ihre Werthaltigkeit zu prüfen sind. Die Pflicht zur Durchführung eines Werthaltigkeitstests aufgrund von Anhaltspunkten für eine Wertminderung bleibt davon unberührt.

Außerdem ist bei Anwendung der Erleichterungsvorschrift des IAS 36.15 auf ZGE darauf zu achten, dass sich seit dem letzten Werthaltigkeitstest die Zusammensetzung der ZGE nicht wesentlich verändert hat.[18]

Problematisch ist IAS 36.15 dahingehend, dass die Durchführung eines Werthaltigkeitstests von einer nicht genauer definierbaren Wesentlichkeitsgrenze abhängt. Ab wann sich ein Ereignis „wesentlich" auf den erzielbaren Betrag auswirkt, von welchem Punkt an die mit Hilfe einer Sensitivitätsanalyse ermittelte Reaktion des erzielbaren Betrags auf einen Risikofaktor als „sensibel" einzustufen ist und ob die Bewertungsreserve früherer Werthaltigkeitstests „erheblich" ist, bleibt dabei offen[19] und ist somit letztlich in das Ermessen des Bilanzierenden gestellt.

---

18 Vgl. *Bartels/Jonas* Beck'sches IFRS-Handbuch, §27 Rn 8.
19 Vgl. *Baetge/Krolak/Thiele/Hain* Rechnungslegung nach IFRS, IAS 36 Rn 34.

V. Bewertung des erzielbaren Betrags

V. Bewertung des erzielbaren Betrags. 1. Grundsätze zur Ermittlung des erzielbaren Betrags. Der Fall eines Wertminderungsbedarfs tritt nach IAS 36 dann ein, wenn der erzielbare Betrag den Buchwert eines Vermögenswerts unterschreitet. Der erzielbare Betrag ist der höhere Wert aus beizulegendem Zeitwert abzüglich Veräußerungskosten (im Folgenden auch „Nettoveräußerungswert") und Nutzungswert. Während der Nettoveräußerungswert die Marktseite widerspiegelt, indem ein Verkauf des Vermögenswerts unterstellt wird, stellt der Nutzungswert einen unternehmensspezifischen Wert dar, der sich aus der fortgesetzten Nutzung des Vermögenswerts ergibt.[20] Beide Wertmaßstäbe werden vom IASB als gleichwertig betrachtet (IAS 36.BCZ17).[21] Ferner kommt es nicht auf die tatsächliche Verwendung des Vermögenswerts an: Sollte der Nutzungswert kleiner, der Nettoveräußerungswert allerdings größer als der Buchwert sein, so liegt auch dann kein Wertminderungsbedarf vor, wenn die Unternehmensleitung eine fortgesetzte Nutzung des Vermögenswerts plant und seine Veräußerung explizit ablehnt.[22]

23

Kann der erzielbare Betrag für einen einzelnen Vermögenswert nicht ermittelt werden, so ist dieser Vermögenswert solange mit anderen Vermögenswerten zu gruppieren, bis der erzielbare Betrag für diese Gruppe aus Vermögenswerten ermittelbar ist. Der Wertminderungsbedarf solcher ZGE wird im Standard analog zum Abwertungsbedarf einzelner Vermögenswerte behandelt (IAS 36.18). Allerdings stellt sich dabei die Frage nach der Verteilung einer Wertminderung auf die in der ZGE enthaltenen Vermögenswerte (und ggf. Geschäfts- oder Firmenwerte). Der erste Schritt im Rahmen des Werthaltigkeitstests ist somit die Bestimmung des Bewertungsobjekts.[23]

24

Um den erzielbaren Betrag mit dem Buchwert vergleichen zu können, muss das berichtende Unternehmen grundsätzlich beide Werte, den Nettoveräußerungswert und den Nutzungswert eines Vermögenswerts, bestimmen. IAS 36.19 stellt allerdings explizit klar, dass für die Ermittlung des erzielbaren Betrags die Ermittlung nur eines der beiden Werte ausreicht, wenn dieser bereits über dem Buchwert liegt. In diesem Fall besteht kein Wertminderungsbedarf, weshalb auf eine formale Berechnung des anderen Wertmaßstabs verzichtet werden kann.

25

Darüber hinaus sieht IAS 36 weitere Vereinfachungsregeln vor:
- Nach IAS 36.20 kann der Nutzungswert alleine als erzielbarer Betrag verwendet werden, wenn für einen Vermögenswert kein Nettoveräußerungswert ermittelbar ist.

---

20 Vgl. *Peemöller*, Wiley-VCH, Abschn. 8 Rn 90; *Bartels/Jonas* Beck'sches IFRS-Handbuch, § 27 Rn 18.
21 Hinsichtlich der Gründe für diese Gleichrangigkeit vgl. *Baetge/Krolak/Thiele/Hain* Rechnungslegung nach IFRS, IAS 36 Rn 38.
22 Vgl. *PwC (Hrsg.)* IFRS Manual of Accounting, Rn 18.75.1.
23 Vgl. *Brücks/Kerkhoff/Richter*, Internationales Bilanzrecht, IAS 36 Rn 137.

- Nach IAS 36.21 kann der Nettoveräußerungswert alleine als erzielbarer Betrag verwendet werden, wenn davon auszugehen ist, dass der Nutzungswert nicht wesentlich höher ist. Dies gilt insbesondere bei zu Veräußerungszwecken gehaltenen Vermögenswerten, weil hier der Nutzungswert aus den Nettoveräußerungserlösen besteht.
- Nach IAS 36.23 können anstelle genauer Berechnungen auch Schätzungen, Durchschnittswerte oder abgekürzte Verfahren zur näherungsweisen Ermittlung von Nettoveräußerungswert oder Nutzungswert verwendet werden. Durch diese Erleichterung ist es u.U. möglich, auf die exakte Ermittlung des Nutzungswerts zu verzichten, wenn durch Plausibilitätsüberlegungen gezeigt werden kann, dass der Nutzungswert nahe am Nettoveräußerungswert liegt.[24]
- Nach IAS 36.24 darf der erzielbare Betrag für immaterielle Vermögenswerte mit unbestimmter Nutzungsdauer unverändert aus den jüngsten in Vorjahren durchgeführten ausführlichen Werthaltigkeitstest übernommen werden, sofern (a) der Vermögenswert Teil einer ZGE ist, die bereits auf ihre Werthaltigkeit geprüft wurde und sich die Zusammensetzung dieser Einheit seit dem letzten ausführlichen Werthaltigkeitstest nicht wesentlich geändert hat, (b) die letzte Berechnung ergab, dass der erzielbare Betrag deutlich über dem Buchwert lag und (c) seit der letzten ausführlichen Berechnung keine Ereignisse aufgetreten sind, die darauf schließen lassen, dass der erzielbare Betrag bei einer aktuellen Berechnung unter dem Buchwert liegt. Sind alle drei Bedingungen kumulativ erfüllt, kann der erzielbare Betrag auch über mehrere Jahre hinweg „fortgeschrieben" werden.[25]

26　**2. Beizulegender Zeitwert abzüglich Veräußerungskosten.** Nach IAS 36.6 ist der **beizulegende Zeitwert abzüglich Veräußerungskosten** als der Betrag definiert, der durch den Verkauf eines Vermögenswerts oder einer ZGE in einer Transaktion zu Marktbedingungen zwischen sachverständigen, vertragswilligen Parteien nach Abzug der Veräußerungskosten erzielt werden könnte. Er verkörpert damit die Markterwartungen bezüglich der zukünftigen Zahlungsüberschüsse eines Vermögenswerts bzw. einer ZGE.[26] Der beizulegende Zeitwert abzüglich Veräußerungskosten darf allerdings nicht das Ergebnis eines Zwangsverkaufs sein, außer die Unternehmensleitung ist tatsächlich zum sofortigen Verkauf gezwungen (IAS 36.27). Nur sofern es keine Anhaltspunkte für eine hinreichend zuverlässige Schätzung des beizulegenden Zeitwerts abzüglich Veräußerungskosten gibt, ist auf seine Ermittlung zu verzichten. In diesem Fall ergibt sich der erzielbare Betrag ausschließlich aus dem Nutzungswert (IAS 36.20).

24　Vgl. PwC (Hrsg), IFRS Manual of Accounting, Rn 18.76.
25　Vgl. *Brücks/Kerkhoff/Richter* Internationales Bilanzrecht, IAS 36 Rn 145.
26　Vgl. *Baetge/Krolak/Thiele/Hain* Rechnungslegung nach IFRS, IAS 36 Rn 43.

V. Bewertung des erzielbaren Betrags

Als **Veräußerungskosten** gelten alle diejenige Aufwendungen, die nötig sind, um den Vermögenswert in einen veräußerungsbereiten Zustand zu versetzen. IAS 36.28 nennt explizit Gerichts- und Anwaltskosten, Transaktionssteuern, Kosten für die Beseitigung des Vermögenswerts sowie alle direkt dem Verkauf zurechenbaren zusätzlichen Kosten. Kosten für die Beendigung von Arbeitsverhältnissen sowie Aufwendungen im Zusammenhang mit einer Reorganisation des Geschäftsbereichs gelten hingegen nicht als direkt zurechenbare Kosten und dürfen daher nicht berücksichtigt werden. Gleiches gilt für Finanzierungskosten und Steuern.[27] In der Literatur werden die Veräußerungskosten mit 1% – 3% des beizulegenden Zeitwerts quantifiziert.[28]

27

Nach IAS 16 *Property, Plant and Equipment* sowie nach IAS 38 *Intangible Assets* ist eine Folgebewertung von materiellen oder immateriellen Vermögenswerten zum beizulegenden Zeitwert (Neubewertungsmethode) zulässig. Da der beizulegende Zeitwert auch im Rahmen des Werthaltigkeitstests als Wertmaßstab angewendet wird, erscheint ein Abwertungsbedarf in solchen Fällen auf den ersten Blick ausgeschlossen. Da IAS 36 aber auf den beizulegenden Zeitwert abzüglich Veräußerungskosten abstellt, liegt der Wertmaßstab des Wertminderungstests stets um die Höhe der Veräußerungskosten unter dem Buchwert des Vermögenswerts. Unabhängig davon, ob der beizulegende Zeitwert als Marktwert oder über ein Bewertungsverfahren ermittelt wird, sieht IAS 36.5 vor, dass nach einer Neubewertung ein Werthaltigkeitstest durchzuführen ist. Nur in dem Fall, in dem der beizulegende Zeitwert als Marktwert ermittelt wird und die Veräußerungskosten unwesentlich sind, kann auf einen Werthaltigkeitstest verzichtet werden (IAS 36.5(a)(i)). Insbesondere beim Einsatz von Bewertungsverfahren ist der Wertminderungstest als ein Korrektiv für eine nicht marktorientierte Bewertung zu sehen.[29]

28

IAS 36 kennt verschiedene methodische Ansätze, um den beizulegenden Zeitwert zu ermitteln. Diese stehen in einem hierarchischen Verhältnis zueinander, dh IAS 36 gibt eine klare Rangfolge vor, nach der die einzelnen Methoden zur Anwendung kommen. Oberste Priorität genießt dabei die marktpreisgestützte Ermittlung.[30]

29

IAS 36.25 sieht den in einem **bindenden Kaufvertrag** zwischen unabhängigen Geschäftspartnern festgelegten Preis als bestmöglichen Schätzer des beizulegenden Zeitwerts an. Dabei ist davon auszugehen, dass ein bindender Kaufvertrag für einen gattungsgleichen Gegenstand ausreicht, da ein bindender Kaufvertrag für den zu bewertenden Vermögenswert unmittelbar zu einer Bewertung nach IFRS 5 führen würde.[31]

---

27 Vgl. *Deloitte (Hrsg.)* iGAAP, 561; *Brücks/Kerkhoff/Richter*, Internationales Bilanzrecht, IAS 36 Rn 155.
28 Vgl. *Schmusch/Laas* WPg 2006, 1052.
29 Vgl. *PwC (Hrsg.)* Manual of Accounting, Rn 18.43; *Ernst & Young (Hrsg.)* International GAAP, 1234f.
30 Vgl. *Kuhner/Hitz* Münchner Kommentar, IAS 36 Rn 34.
31 Vgl. *Kuhner/Hitz* Münchner Kommentar, IAS 36 Rn 34.

30 Als zweitbeste Methode nennt IAS 36.26 den **Marktpreis auf einem aktiven Markt**. Ein aktiver Markt setzt voraus, dass die gehandelten Güter homogen sind, im Normalfall jederzeit ein Handelspartner gefunden werden kann und die Preise öffentlich verfügbar sind (IAS 36.6). Dabei ist zunächst auf den aktuellen Angebotspreis abzustellen. Steht ein solcher nicht zur Verfügung, kann stattdessen auf den Preis der zuletzt zustande gekommenen Transaktion zurückgegriffen werden, sofern zwischen dem Zeitpunkt der letzten Transaktion und dem Bewertungszeitpunkt keine Ereignisse eingetreten sind, die eine signifikante Veränderung der wirtschaftlichen Verhältnisse hervorgerufen haben. Abgesehen von finanziellen Vermögenswerten dürfte das Vorliegen eines aktiven Markts für die meisten Vermögenswerte jedoch daran scheitern, dass ein aktiver Markt homogene, gehandelte Produkte voraussetzt. Diese Voraussetzung wird in den meisten Fällen nicht erfüllt sein, da etwa Maschinen regelmäßig auf die Bedürfnisse des Unternehmens zugeschnitten sind und daher nicht ohne weiteres verkauft werden können. Für andere Vermögenswerte wie Fahrzeuge dürfte der beizulegende Zeitwert hingegen eher aus einem Marktpreis ableitbar sein.

31 Ist weder ein bindender Kaufvertrag noch ein Marktpreis verfügbar, so hat das Unternehmen gemäß IAS 36.27 den beizulegenden Zeitwert „auf der Grundlage der besten verfügbaren Information" zu ermitteln. Dabei sind die Ergebnisse der jüngsten Transaktionen für ähnliche Vermögenswerte innerhalb derselben Branche heranzuziehen. Ähnliche Vermögenswerte stimmen hinsichtlich der wesentlichen wertrelevanten Eigenschaften weitgehend mit dem Bewertungsobjekt überein.[32] Zur Wertermittlung werden bei dieser Methode **marktpreisorientierte Bewertungsverfahren** (Multiplikatorverfahren) herangezogen. Dabei wird eine Ergebnisgröße des Vergleichsobjekts zu dem bei einer Transaktion erzielten Kaufpreis ins Verhältnis gesetzt. Dieser Multiplikator wird anschließend auf die Ergebnisgröße des Bewertungsobjekts angewendet. Um eine Vergleichbarkeit des aus einem Multiplikator ermittelten beizulegenden Zeitwerts mit dem Buchwert des Vermögenswerts bzw. der ZGE sicherzustellen, muss eine Ergebnisgröße vor Finanzierung gewählt werden, etwa das Ergebnis vor Zinsen und Steuern (EBIT), vor Zinsen, Steuern und Abschreibungen (EBITDA) oder die Umsatzerlöse.[33] Würde hingegen etwa das Jahresergebnis verwendet, so würde über den Multiplikator nur der den Eigentümern zustehende Teil des erzielbaren Betrags ermittelt. Da der Buchwert allerdings unabhängig von der Finanzierung in voller Höhe ausgewiesen wird, wären beide Maßstäbe nicht vergleichbar.

Bei der Werthaltigkeitsprüfung einer erst vor kurzem erworbenen ZGE stellt der bezahlte Kaufpreis regelmäßig den besten Schätzer für den Marktpreis dar, sofern dieser mit unabhängigen Dritten zustande kam. Er ist jedoch um die Auswirkungen zwischenzeitlich eingetretener Ereignisse zu korrigieren.[34]

---
32 Vgl. IDW RS HFA 16, Rn 22.
33 Vgl. *Bartels/Jonas* Beck'sches IFRS-Handbuch, §27 Rn 45.
34 Vgl. *KPMG (Hrsg.)* Insights, 656.

V. Bewertung des erzielbaren Betrags

Sind auch keine marktpreisorientierten Bewertungsverfahren anwendbar, weil etwa keine vergleichbaren Transaktionen vorliegen oder deren Anpassung an das spezifische Bewertungsobjekt nicht objektiv möglich ist, ist auf **kapitalwertorientierte Bewertungsverfahren** abzustellen. Dazu sind – analog zum Nutzungswert – die zukünftigen freien Cashflows des Vermögenswerts bzw. der ZGE zu schätzen und diese mit den gewogenen Kapitalkosten auf den Bewertungszeitpunkt abzuzinsen. Der beizulegende Zeitwert entspricht dem so ermittelten Barwert. Nicht zulässig ist hingegen eine Ermittlung des beizulegenden Zeitwerts anhand von Wiederbeschaffungskosten, weil eine kostenorientierte Bewertung nicht auf die zukünftigen Nutzenzuflüsse abstellt (IAS 36.BCZ29).

32

Der beizulegende Zeitwert soll auch bei einer kapitalwertorientierten Bewertung marktbezogen ermittelt werden. Alle getroffenen Annahmen sind daher aus Markterwartungen abzuleiten, insofern unterscheidet sich etwa ein aus einem Barwertkalkül abgeleiteter beizulegender Zeitwert vom Nutzungswert, der ebenfalls einem Barwertkalkül entspringt, dabei aber unternehmensspezifische Annahmen zugrunde legt.[35] Unter Markterwartungen sind öffentlich zugängliche Informationen zu verstehen. Hierzu zählen neben Kapitalmarktdaten insbesondere Marktstudien und die von Branchenanalysten veröffentlichten Wachstumsprognosen. Branchenunübliche Kosten (etwa für überdimensionierte Dienstwagenflotten oder „Managerbenefits") werden nicht berücksichtigt, weil diese von einem rationalen Käufer unverzüglich beseitigt würden.[36] Synergien dürfen nur insoweit Eingang in das Barwertkalkül finden, als diese von allen potenziellen Erwerbern gleichermaßen realisiert werden könnten (sog. unechte Synergien).[37] Gleichermaßen ist für die Bewertung – insbesondere für die Ermittlung der gewogenen Kapitalkosten – eine branchenübliche Kapitalstruktur zugrunde zu legen, unabhängig von der gegenwärtig tatsächlich bestehenden Verschuldungssituation, weil davon auszugehen ist, dass ein Erwerber zur branchentypischen Finanzierungsstruktur zurückkehren wird.[38] Steuervorteile aus der Abschreibung des Vermögenswerts sollten bei kapitalwertorientierten Verfahren berücksichtigt werden, da diese im Marktpreis ebenfalls implizit enthalten sind.[39] Bei der Bewertung von Unternehmensanteilen dürfen Kontrollprämien ebenso wenig Eingang in die Berechnung des beizulegenden Zeitwerts finden wie Auf- oder Abschläge aufgrund von Blockverkäufen.[40]

---

35 Vgl. *Bartels/Jonas* Beck'sches IFRS-Handbuch; §27 Rn 39. Kritisch zur Umsetzbarkeit: *Hoffmann* Haufe-Kommentar, §11 Rn 19.
36 Vgl. *PwC (Hrsg.)* IFRS Manual of Accounting, Rn 18.124.7.
37 Vgl. *Bartels/Jonas* Beck'sches IFRS-Handbuch, §27 Rn 39.
38 Vgl. *PwC (Hrsg.)* Manual of Accounting, Rn 18.124.5.
39 Vgl. *Bartels/Jonas* Beck'sches IFRS-Handbuch, §27 Rn 40.
40 So auch *Baetge/Krolak/Thiele/Hain* Rechnungslegung nach IFRS, IAS 36 Rn 47; *KPMG (Hrsg.)* Insights, 656. Anderer Ansicht: *Brücks/Kerkhoff/Richter* Internationales Bilanzrecht, IAS 36 Rn 150.

33   Besondere Bewertungsverfahren sind für die Werthaltigkeitsprüfung immaterieller Vermögenswerte notwendig. Hier gibt es in der Regel weder bindende Verträge noch einen aktiven Markt. Auch vergleichbare Transaktionen dürften eher die Ausnahme sein. Insofern ist bei immateriellen Vermögenswerten regelmäßig auf kapitalwertorientierte Bewertungsverfahren abzustellen. Ausnahmen bestehen insbesondere bei lizenzierten Patenten oder Markenrechten sowie bei immateriellen Vermögenswerten, die im Rahmen eines Unternehmenserwerbs zugegangen sind und für die deshalb aus der Kaufpreisallokation ein beizulegender Zeitwert bekannt sein muss.

Immaterielle Vermögenswerte werden in der Regel anhand eines der drei folgenden Verfahren bewertet, da eine direkte Ableitung von Zahlungsmittelzuflüssen aus einem Vermögenswert (Methode der unmittelbaren Cashflow-Prognose) nur in seltenen Fällen möglich ist:
- Methode der Lizenzpreisanalogie,
- Residualwertmethode,
- Mehrgewinnmethode.

Bei der Methode der Lizenzpreisanalogie werden aus marktüblichen Lizenzraten die fiktiven Lizenzzahlungen ermittelt, die das Unternehmen durch die Verfügungsmacht über den immateriellen Vermögenswert einspart. Diese werden auf den Bewertungszeitpunkt abgezinst und zu ihrem Barwert verdichtet. Dieser Wert entspricht dem beizulegenden Zeitwert des Vermögenswerts.

Im Rahmen der Residualwertmethode wird der immaterielle Vermögenswert mit anderen (materiellen und immateriellen) Vermögenswerten, den sog. unterstützenden Vermögenswerten, gruppiert, bis der Gruppe insgesamt Mittelzuflüsse zugeordnet werden können. Für die unterstützenden Vermögenswerte werden dann fiktive Nutzungsgebühren veranschlagt, die von den Überschüssen der Vermögenswertgruppe in Abzug gebracht werden. Die verbleibenden Überschüsse werden dem immateriellen Vermögenswert zugerechnet und bilden, diskontiert und summiert, dessen beizulegenden Zeitwert.

Bei der Mehrgewinnmethode werden die zukünftig erwarteten Zahlungsüberschüsse des Unternehmens bzw. der ZGE unter Berücksichtigung des immateriellen Vermögenswerts mit den erwarteten Zahlungsüberschüssen, die sich ohne den immateriellen Vermögenswert ergeben würden, verglichen. Die Differenzen aller zukünftiger Cashflows werden dann auf den Bewertungszeitpunkt abgezinst, diese entsprechen aufsummiert dem beizulegenden Zeitwert des Vermögenswerts.

34   **3. Nutzungswert.** IAS 36.6 definiert den **Nutzungswert** als „Barwert der künftigen Cashflows, der voraussichtlich aus einem Vermögenswert oder einer Zahlungsmittel generierenden Einheit abgeleitet werden kann". Er wird gemäß IAS 36.31 in zwei Schritten ermittelt:
- Schätzung der zukünftigen Cashflows,

V. Bewertung des erzielbaren Betrags

- Diskontierung der zukünftigen Cashflows mit einem angemessenen Abzinsungssatz

Um einen Nutzungswert für einen Vermögenswert ermitteln zu können, müssen diesem Vermögenswert unabhängige Zahlungsströme aus der betrieblichen Nutzung zugeordnet werden können. Voraussetzung dafür ist i.d.R. eine vertragliche Festlegung, etwa in Form von Leasing-, Miet- oder Lizenzverträgen. Können einem Vermögenswert keine unabhängigen Zahlungsströme zugeordnet werden, kann der Nutzungswert nur auf der Ebene einer übergeordneten ZGE ermittelt werden. In diesem Fall verändert sich das Bewertungsobjekt. Diese Problematik stellt sich indes nur dann, wenn für den einzelnen Vermögenswert kein beizulegender Zeitwert abzüglich Veräußerungskosten ermittelt werden kann oder dieser unterhalb des Buchwerts liegt. Nur in diesen Fällen wird die Ermittlung des Nutzungswerts überhaupt notwendig. 35

a) Schätzung der Cashflows. Zum bewertungsrelevanten Cashflow eines Vermögenswerts bzw. einer ZGE gehören alle während der Nutzungsdauer erwarteten Mittelzuflüsse sowie die zu ihrer Erzielung notwendigen Mittelabflüsse (inkl. Kosten für die tägliche Wartung und vernünftig zurechenbare Gemeinkosten (IAS 36.41)). Zudem sind die am Ende der Nutzungsdauer erwarteten Zahlungen aus dem Abgang des Vermögenswerts mit einzubeziehen. Dabei ist analog zur Ermittlung des beizulegenden Zeitwerts abzüglich Veräußerungskosten vorzugehen. Der erwartete Veräußerungspreis ist jedoch aus den gegenwärtigen Preisen für ähnliche Vermögenswerte am Ende ihrer Nutzungsdauer abzuleiten; diese sind um Inflationserwartungen zu bereinigen. 36

Für die Cashflowschätzung ist sicherzustellen, dass die zur Ermittlung des Nutzungswerts berücksichtigten Vermögenswerte auch in den Buchwert der ZGE Eingang finden, um beide Wertmaßstäbe vergleichbar zu machen.

Basis für die Cashflowschätzungen sind die neuesten von der Unternehmensleitung genehmigten Planungsrechnungen des Unternehmens. Noch nicht vom Management genehmigte Planungen stellen keine zulässige Basis für die Ermittlung des Nutzungswerts dar.[41] Wenn sich die wirtschaftlichen Bedingungen seit der letzten Planbestätigung durch das Management verschlechtert haben oder die Unsicherheit über die wirtschaftlichen Bedingungen erhöht hat – etwa im Rahmen einer Wirtschaftskrise – so kann eine Korrektur der Prognosen notwendig werden.[42] 37

Der Planungszeitraum sollte fünf Jahre nicht überschreiten; ein längerer Planungszeitraum ist nur zulässig, wenn die Unternehmensleitung für die Vergangenheit eine verlässliche Prognose auch über den Fünfjahreszeitraum hinaus nachweisen

---

[41] Vgl. *PwC (Hrsg.)* Manual of Accounting, Rn 18.165.
[42] Vgl. *PwC (Hrsg.)* Manual of Accounting, Rn 18.166.1.

38 Als Cashflows sind nur diejenigen erwarteten Nettozahlungsüberschüsse heranzuziehen, die der Vermögenswert bzw. die ZGE in seinem/ihrem gegenwärtigen Zustand erzielen kann (IAS 36.44). Cashflow Veränderungen aufgrund zukünftig geplanter Maßnahmen (zB eine Restrukturierung, zu der das Unternehmen noch nicht verpflichtet ist oder lediglich geplante Kosteneinsparungen) dürfen nicht berücksichtigt werden (IAS 36.45).[44] Zukünftig erwartete Cashflowsteigerungen aufgrund einer Verbesserung der Ertragskraft des Vermögenswerts dürfen erst dann berücksichtigt werden, wenn das Unternehmen die zur Realisierung der Ertragskraftsteigerung notwendigen Ausgaben getätigt hat (IAS 36.48).[45] Da solche Cashflows im Rahmen betriebswirtschaftlicher Planungen jedoch häufig berücksichtigt werden, muss hier regelmäßig eine Überleitung erfolgen.[46] Zudem bestehen Abgrenzungsschwierigkeiten, weil Erhaltungsinvestitionen im Cashflow zu berücksichtigen sind, Erweiterungsinvestitionen hingegen nicht.[47]

Cashflows aus im Bau befindlichen Anlagen dürfen zwar in voller Höhe angesetzt werden, allerdings sind zusätzlich die noch anfallenden Kosten bis zur Fertigstellung mit aufzunehmen, da der Buchwert der im Bau befindlichen Vermögenswerte noch nicht die endgültige Höhe bei Fertigstellung erreicht hat.[48] IAS 36.50 schließt zudem Cashflows aus Finanzierungstätigkeiten (unabhängig davon, ob es sich um Finanzierungsgeschäfte mit Dritten oder um Intra-Company-Transaktionen handelt) sowie Ertragsteuereinnahmen und –ausgaben explizit aus der Cashflowermittlung aus.[49] Der Cashflow nach IAS 36 ist somit als freier Cashflow konzipiert, dh als Zahlungsüberschuss der nach Investitionen ins Anlage- und Vorratsvermögen verbleibt, um an die Anteilseigner, Gläubiger und den Fiskus verteilt zu werden.

39 Resultieren die Mittelzuflüsse oder –abflüsse einer ZGE aus Transaktionen mit anderen Unternehmensbereichen und sind diese durch Verrechnungspreise beeinflusst, so sind die Prognose-Cashflows so anzupassen, dass sie einer Transaktion un-

---
43 Vgl. *Baetge/Krolak/Thiele/Hain*, Rechnungslegung nach IFRS, IAS 36 Rn 54.
44 Die Berücksichtigung der erwarteten Cashflows aus einer geplanten Restrukturierung richten sich nach den Kriterien des IAS 37 *Provisions, Contingent Liabilities and Contingent Assets*. Erst wenn für die geplante Restrukturierung eine Rückstellung zulässig ist, dürfen auch die damit einhergehenden Cashflows für die Nutzungswertermittlung berücksichtigt werden; vgl. *PwC (Hrsg.)* Manual of Accounting, Rn 18.194f.
45 Zur Auslegung vgl. *Brücks/Kerkhoff/Richter* Internationales Bilanzrecht, IAS 36 Rn 167 sowie *Lüdenbach/Hoffmann* WPg 2004, 1075ff.
46 Vgl. *KPMG (Hrsg.)* Insights, 663; *Brücks/Kerkhoff/Richter* Internationales Bilanzrecht, IAS 36 Rn 160; *Baetge/Krolak/Thiele/Hain* Rechnunslegung nach IFRS, IAS 36 Rn 53.
47 Vgl. *Ernst & Young (Hrsg.)* International GAAP, 1250.
48 Vgl. *PwC (Hrsg.)* Manual of Accounting, Rn 18.206.1f.
49 In der Praxis wird allerdings häufig einer Nachsteuer-Basis bewertet, indem sowohl der Cashflow als auch der Kapitalisierungszinssatz nach Unternehmenssteuern angesetzt wird; vgl. *PwC (Hrsg.)* IFRS Manual of Accounting, Rn 18.174.

ter fremden Dritten entsprechen (IAS 36.71). Dies gilt u. E. auch dann, wenn die Transaktionen zwischen unterschiedlichen rechtlichen Einheiten eines Konzerns stattfinden.[50] Der Standard nimmt keine Rücksicht auf die tatsächliche Verwendung der Leistungen, die eine ZGE erzeugt, solange eine Verwertung am externen Markt grundsätzlich möglich wäre.

Cashflows in Fremdwährung werden in fremder Währung geschätzt und mit den länderspezifischen Zinssätzen zu einem Barwert in Fremdwährung verdichtet. Die Umrechnung des Barwerts in inländische Währung erfolgt zum Devisenkassakurs (IAS 36.54). Dies gilt auch dann, wenn aufgrund von Handelsbeschränkungen ein Umtausch zum Devisenkassakurs nicht oder nur eingeschränkt möglich ist (IAS 36. BCZ46).[51] Da die Ermittlung des erzielbaren Betrags auch unterjährig erfolgen kann, der Wechselkurs sich aber auf den Tag der Berechnung des Nutzungswerts beziehen muss, kann der für Zwecke des Werthaltigkeitstests verwendete Umrechnungskurs vom Umrechnungskurs am Bilanzstichtag abweichen.[52]

40

Inflationserwartungen können auf zwei Arten berücksichtigt werden: In einer realen Rechnung werden die zukünftigen Cashflows in heutigen Preisen ausgedrückt und diese mit einem realen Zinssatz diskontiert. Diese Methode vermeidet es, eine explizite Schätzung der Inflationsentwicklung vornehmen zu müssen, hat allerdings den Nachteil, dass inflationsbereinigte, reale Zinssätze nicht beobachtbar sind. Alternativ können die Cashflows im Planungszeitraum inflationiert werden. Dies setzt die Verwendung nominaler Diskontierungszinssätze voraus. I.d.R. ist es einfacher, eine Einschätzung der zukünftigen Inflationsraten zu bekommen als eine Schätzung der zukünftigen realen Zinssätze vorzunehmen. Zur Inflationsschätzung kann auf historische Werte sowie auf Zielvorgaben der Notenbanken zurückgegriffen werden. Es muss jedoch beachtet werden, dass sich die Inflationserwartungen nicht am allgemeinen Preisniveau orientieren dürfen, sondern auf die Leistungen der zu bewertenden Vermögenswerte abgestimmt sein müssen.

41

Besteht ein Vermögenswert aus mehreren Bestandteilen mit unterschiedlicher Nutzungsdauer oder besteht eine ZGE aus mehreren Vermögenswerten mit unterschiedlicher Nutzungsdauer, so sind die Cashflows zwar für die Nutzungsdauer des gesamten Vermögenswerts bzw. der gesamten ZGE zu schätzen, die Ersatzbeschaffungen für die zwischenzeitlich ausscheidenden Bestandteile bzw. Vermögenswerte sind jedoch als Wartungskosten in den Cashflowschätzungen zu berücksichtigen (IAS 36.49). Die Gesamtnutzungsdauer einer ZGE bemisst sich entweder nach der Nutzungsdauer des „führenden" Vermögenswerts, der die Bewertungseinheit prägt, oder nach der Nutzungsdauer des Vermögenswerts der am längsten genutzt wird.[53] In

42

---

50 A.A. *KPMG* (Hrsg.) Insights, 663.
51 So auch *Baetge/Krolak/Thiele/Hain* Rechnungslegung nach IFRS, IAS 36 Rn 66.
52 Vgl. *Ernst & Young* (Hrsg.) International GAAP, 1252.
53 Vgl. *Hoffmann* Haufe-Kommentar, §11 Rn 23; *Kuhner/Hitz* Münchner Kommentar, IAS 36 Rn 63.

der Regel wird der führende Vermögenswert auch die längste Nutzungsdauer aufweisen. Dies muss aber nicht zwingend der Fall sein. Ist einer ZGE ein Geschäfts- oder Firmenwert bzw. ein immaterieller Vermögenswert mit unbestimmter Nutzungsdauer zugeordnet, so sind diese Vermögenswerte nicht automatisch als führende Vermögenswerte einzustufen.[54]

Abhängig davon welche Nutzungsdauer für eine ZGE angesetzt wird, ergeben sich spezielle Schätzprobleme. Weist der als führend betrachtete Vermögenswert eine eher kurze Restnutzungsdauer auf, so stellt sich die Frage nach den Veräußerungserlösen der in der ZGE enthaltenen Vermögenswerte mit einer längeren Nutzungsdauer. Umgekehrt ergibt sich unter der Annahme einer langen Restnutzungsdauer der Bewertungseinheit das Problem, die Wiederbeschaffung der zwischenzeitlich zu ersetzenden Vermögenswerte mit einer kurzen Nutzungsdauer schätzen zu müssen. Letztlich ist für beide Fälle nur eine grobe Annäherung auf der Basis von Fiktionen und Annahmen möglich.[55]

43 In der Praxis erfolgen Planungsrechnungen häufig anhand von Aufwands- und Ertragspositionen und nicht, wie von IAS 36 verlangt, in Form von Zahlungsmittelzuflüssen und –abflüssen. Eine vereinfachende Gleichsetzung von Ergebnis vor Zinsen und Steuern (EBIT) mit dem Cashflow ist nicht zulässig, da im EBIT auch nicht zahlungswirksame Komponenten wie beispielsweise Abschreibungen und eine Rückstellungsbildung bzw. –auflösung enthalten sind. Eine Überleitungsrechnung ist insofern nötig. Dabei ist zudem auch der Resterlös aus dem Abgang des Vermögenswerts bzw. der ZGE zu berücksichtigen.[56]

44 Die Cashflow-Prognosen müssen nach IAS 36.33 auf „vernünftigen und vertretbaren Annahmen" bezüglich der für die Restnutzungsdauer herrschenden ökonomischen Rahmenbedingungen aufbauen. Dazu gehören Annahmen über die Entwicklung von Marktvolumen und Marktanteilen, Wettbewerberstruktur, Preisentwicklungen, Inputfaktorpreisen, Auslastung der Produktionslinien, erzielbare Rabatte sowie Inflation.[57] Nach IAS 36.33(a) hat eine Verifizierung der Planannahmen durch externe Informationsquellen zu erfolgen. Hierzu zählen etwa Angaben aus amtlichen Statistiken, Verbandsstatistiken sowie Angaben von Marktinformationsdiensten.[58] Zudem müssen die Prognosen mit Vergangenheitsdaten des Unternehmens bzw. der ZGE abgeglichen werden. Eine besondere Gewichtung negativer Erwartungen – etwa in Form eines Vorsichtsprinzips – darf bei der Schätzung der Cashflows jedoch nicht erfolgen, da dies der Anforderung unverzerrter Erwartungen widerspräche.[59] In jedem

---

54 Vgl. *KPMG (Hrsg.)* Insights, 660f.
55 Vgl. *Hoffmann* Haufe-Kommentar, §11 Rn 28.
56 Vgl. *KPMG (Hrsg.)* Insights, 662; *Baetge/Krolak/Thiele/Hain* Rechnungslegung nach IFRS, IAS 36 Rn 53.
57 Vgl. *PwC* Manual of Accounting, Rn 18.173.3.
58 Vgl. *Baetge/Krolak/Thiele/Hain* Rechnungslegung nach IFRS, IAS 36 Rn 52.
59 Vgl. *Kuhner/Hitz* Münchner Kommentar, IAS 36 Rn 62.

Fall muss die Unternehmensleitung die Angemessenheit ihrer Annahmen anhand der Ursachen für Abweichungen vergangener Planungen überprüfen (IAS 36.34), um etwaige Fehleinschätzungen korrigieren zu können.

Gemäß IAS 36.33(c) hat die Cashflowprognose für die Zeit nach der Detailplanungsphase anhand einer Extrapolation der aus den Finanzplänen abgeleiteten Prognosen zu erfolgen. Für diese anschließende Fortführungsphase schreibt IAS 36.36 eine konstante oder im Zeitablauf fallende Wachstumsrate vor. Diese kann aus dem langfristigen historischen Branchenwachstum abgeleitet werden. U.E. ist dies aber nur dann zulässig, wenn die entsprechende Branche bereits einen eingeschwungenen Zustand erreicht hat. In jungen Wachstumsbranchen dürfte der vergangene Wachstumspfad aufgrund von Marktdurchdringungs- und Sättigungsüberlegungen kein sinnvoller Indikator für die zukünftige Entwicklung darstellen. In jedem Fall ist die Wachstumsrate nach IAS 36.33(c) nach oben durch die langfristige Durchschnittswachstumsrate der jeweiligen Produkte, Branchen, Länder und Märkte begrenzt. Dabei handelt es sich um vier voneinander unabhängige Grenzwerte, von denen der jeweils niedrigste Wert die Obergrenze für die Wachstumsannahme darstellt.[60] Eine Wachstumsrate von null oder sogar ein negatives Wachstum ist grundsätzlich möglich. Eine Wachstumsrate über der Obergrenze ist nur dann zulässig, wenn sie durch objektive Informationen unterlegt werden kann. Dies kann zB am Beginn eines Produktlebenszyklus der Fall sein.

Wenn die zu bewertende ZGE einen Geschäfts- oder Firmenwert enthält oder entsprechende immaterielle Vermögenswerte mit unbestimmter Nutzungsdauer umfasst, die als führende Vermögenswerte einzustufen sind und daher die ZGE als Ganzes eine unbestimmte Nutzungsdauer aufweist, so ist auch der Bewertungszeitraum auf unbestimmte Zeit anzusetzen.[61] Für die zweite Phase muss daher eine ewige Rente, ggf. unter Berücksichtigung eines nachhaltigen Wachstumsfaktors, angesetzt werden. Ein Restwert ist in diesem Fall nicht zulässig, da aufgrund der unbestimmten Nutzungsdauer eine abschließende Veräußerung nicht möglich ist. Eine ewige Rente darf jedoch nur dann unterstellt werden, wenn sich das Unternehmen in einem „eingeschwungenen Zustand" befindet.[62] Ist dies nach fünf Jahren noch nicht der Fall, ist ein verlängerter Detailplanungszeitraum gerechtfertigt.[63]

Von besonderer Bedeutung für die Ermittlung des Nutzungswerts ist die Ableitung der nachhaltig erzielbaren Zahlungsüberschüsse. Da die Rentenphase regelmäßig einen sehr hohen Anteil am Nutzungswert des Vermögenswerts bzw. der ZGE

---

[60] A.A. *Kuhner/Hitz* Münchner Kommentar, IAS 36 Rn 66, die derjenigen Größe den Vorzug geben, die im Einzelfall die präziseste Schätzung ermöglicht.
[61] Vgl. *Hoffmann* Haufe-Kommentar, §11 Rn 23; *PwC* (Hrsg.) Manual of Accounting, Rn 18.168.
[62] Vgl. *Brücks/Kerkhoff/Richter* Internationales Bilanzrecht, IAS 36 Rn 164; *KPMG* (Hrsg.) Insights, 619.
[63] Vgl. *Brücks/Kerkhoff/Richter* Internationales Bilanzrecht, IAS 36 Rn 164; *Lineau/Zülch* KoR 2006, 319.

ausmacht, ist die Ausgangsbasis, auf die die nachhaltige Wachstumsrate angewendet wird von großer Wichtigkeit. In der Literatur werden zwei verschiedene Ansatzpunkte zur Ableitung des nachhaltigen Cashflows diskutiert:

- Cashflow am Ende der Detailplanungsphase und
- Durchschnittlicher Cashflow der Detailplanungsphase.

Für die erste Vorgehensweise spricht, dass bei Anwendung eines Durchschnittscashflows – ein Wachstumspfad in der Detailplanungsphase unterstellt – der Übergang in die Rentenphase von einem unrealistischen Einbruch der Zahlungsüberschüsse begleitet wird. Allerdings wird bei Fortschreibung des letzten Cashflows der Detailplanungsphase unterstellt, der höchste Zahlungsüberschuss der expliziten Planung würde in allen Folgejahren auf ewig erneut erreicht bzw. bei nachhaltigem ewigem Wachstum sogar noch übertroffen. Dies macht nur dann Sinn, wenn das letzte Detailplanungsjahr bereits einen eingeschwungenen Zustand verkörpert.[64] Ist dies nicht der Fall, besteht die Gefahr einer Überbewertung. Diese Gefahr wird bei der zweiten Methode vermieden. Dafür ist die Wahl eines Durchschnittscashflows willkürlich und nicht realistisch. Der Bewerter geht bei dieser Vorgehensweise somit von einer absehbar falschen Cashflowplanung aus. In der Praxis der Unternehmensbewertung hat sich die erste Methode durchgesetzt.

47 IAS 36.A2 erlaubt für die Berechnung des Nutzungswerts mit dem traditionellen Ansatz und dem erwarteten Cashflow-Ansatz zwei alternative Vorgehensweisen. Die beiden Methoden unterscheiden sich hinsichtlich der Art der Berücksichtigung des Risikos. Beim traditionellen Ansatz werden die Cashflows im Zähler des Barwertkalküls einwertig durch die wahrscheinlichsten Schätzwerte ausgedrückt. Diese sind mit einem risikoangepassten Zinssatz zu diskontieren. Beim erwarteten Cashflow-Ansatz werden anstelle der wahrscheinlichsten Schätzwerte hingegen die Erwartungswerte der zukünftigen Cashflows verwendet. Diese zeichnen sich durch eine Verdichtung mehrerer explizit formulierter Szenarien aus. Da bei der Nutzungswertermittlung auf die vom Management genehmigte Unternehmensplanung abzustellen ist, dürfen aber nur solche Planungsszenarien in die Berechnung einfließen, die ohnehin zur Unternehmenssteuerung verwendet werden.[65]

Im Rahmen der erwarteten Cashflow-Methode sind sowohl die Risikozuschlagsmethode als auch die Sicherheitsäquivalenzmethode zulässig. Bei ersterer werden die Erwartungswerte der Cashflows mit risikoangepassten Kalkulationszinssätzen abgezinst, bei der Sicherheitsäquivalenzmethode werden hingegen die Erwartungswerte der Cashflows um einen das Risiko berücksichtigenden Abschlag vermindert und das so ermittelte Sicherheitsäquivalent mit dem risikolosen Zinssatz abgezinst. Beide Methoden müssen – bei konsistenter Anwendung – zum gleichen Ergebnis führen.

---

64 Vgl. *KPMG (Hrsg.)* Insights, 660.
65 Vgl. *Wirth* Firmenwertbilanzierung nach IFRS, 57.

V. Bewertung des erzielbaren Betrags

Entgegen der Auffassung verschiedener Autoren[66] ist für die Anwendung der Sicherheitsäquivalenzmethode die Kenntnis der Risikonutzenfunktion des Bewertungssubjekts nicht erforderlich. IAS 36.55 verlangt explizit eine marktorientierte Ableitung des Diskontierungssatzes. Bei Verwendung der Risikozuschlagsmethode, etwa in Form des Capital Asset Pricing Model (CAPM), ist keine Risikonutzenfunktion notwendig, da dabei explizit vom Entscheidungsumfeld des jeweiligen Bewertungssubjekts abstrahiert wird. Gleichermaßen ist bei einer kapitalmarktorientiert abgeleiteten Sicherheitsäquivalenzmethode lediglich auf die Einschätzungen der Kapitalmarktteilnehmer abzustellen und das individuelle Entscheidungsumfeld des Bewertungssubjekts zu vernachlässigen.

Kapitalmarktorientierte Sicherheitsäquivalenzmethode und kapitalmarktorientierte Risikozuschlagsmethode lassen sich formal ineinander überführen. Auch wenn die Sicherheitsäquivalenzmethode daher zwar keine höheren Informationsanforderungen als die Risikozuschlagsmethode verlangt, hat sich letztere doch in der Praxis durchgesetzt.[67]

b) Diskontierungszinssatz. Die Ausführungen in IAS 36 zum Abzinsungssatz sind relativ kurz gehalten und grundsätzlicher Natur.[68] IAS 36.55 verlangt lediglich, dass es sich um einen Zinssatz vor Steuern handelt, der die gegenwärtigen Marktbewertungen hinsichtlich des Zinseffekts und der vermögenswertspezifischen Risiken berücksichtigt. Der Kapitalisierungszins muss demnach marktorientiert ermittelt werden. IAS 36.56 konkretisiert dies dahingehend, dass der Zinssatz entweder aus der am Markt erzielbaren Rendite vergleichbarer Vermögenswerte oder aus den durchschnittlich gewichteten Kapitalkosten eines börsennotierten Unternehmens mit gleicher Risikostruktur abgeleitet werden muss. Mit anderen Worten ergibt sich der Abzinsungssatz primär aus dem aktuellen vermögenswertspezifischen Marktzins.[69] Bereits im Cashflow berücksichtigte Risiken dürfen im Diskontierungszins nicht noch einmal erfasst werden.[70] Da der Zinssatz die vermögenswertspezifischen Risiken berücksichtigen muss, sind für unterschiedliche Vermögenswerte bzw. ZGE unterschiedliche Diskontierungssätze zu verwenden.

Ist der aktuelle vermögenswertspezifische Marktzins nicht ermittelbar, so dürfen gemäß IAS 36.57 zur Schätzung des Abzinsungssatzes auch „Ersatzfaktoren" verwendet werden. Zu diesen zählen (IAS 36.A17):
- die durchschnittlich gewichteten Kapitalkosten des Unternehmens, die mit Hilfe des Capital Asset Pricing Models bestimmt werden können,
- der Zinssatz für Neukredite des Unternehmens,

---
66 So zB *Bartels/Jonas* Beck'sches IFRS-Handbuch, §27 Rn 59; Wirth, Firmenwertbilanzierung nach IFRS, 59.
67 Vgl. *Kuhner/Hitz* Münchner Kommentar, IAS 36 Rn 61.
68 So auch *Brücks/Kerkhoff/Richter* Internationales Bilanzrecht, IAS 36 Rn 169.
69 Vgl. *Hoffmann* Haufe-Kommentar, §11 Rn 24.
70 Vgl. *PwC (Hrsg.)* Manual of Accounting, Rn 18.215.

- andere marktübliche Fremdkapitalzinssätze.

Diese Ersatzfaktoren stellen jedoch nur die Ausgangsbasis dar, die anschließend anzupassen ist, um einerseits alle vermögenswertspezifischen Risiken marktgerecht zu berücksichtigen und andererseits Risiken, die keinen Einfluss auf die erwarteten Cashflows haben, auszuschließen (IAS 36.A18). Wie genau dies erfolgen soll, wenn keine Marktdaten vorhanden sind – andernfalls käme es ja überhaupt nicht zur Anwendung von Ersatzfaktoren – lässt IAS 36 aber offen.

49 Werden der Zinssatz für Neukredite des Unternehmens oder andere marktübliche Fremdkapitalzinssätze als Ausgangspunkt für die Ermittlung des Abzinsungssatzes verwendet, so sind diese um das zusätzliche Risiko, das ein Anteilseigner im Vergleich zu einem Fremdkapitalgeber übernimmt, zu erhöhen.[71] Zudem ist darauf zu achten, dass der Zinssatz für Neukredite des Unternehmens eine Zinskomponente für das Ausfallrisiko des Unternehmen enthält, die für den einzelnen Vermögenswert bzw. die ZGE nicht zutrifft.[72] In der Praxis wird jedoch in den meisten Fällen auf die durchschnittlich gewichteten Kapitalkosten (WACC) als Ausgangsbasis zurückgegriffen. Da die für die Berechnung des Nutzungswerts heranzuziehenden Cashflows als freie Cashflows konzipiert sind, ist eine Verwendung des WACC als Diskontierungsfaktor konsistent, insbesondere wenn die erwartete Cashflow-Methode in der Ausgestaltung als Risikozuschlagsmethode angewendet wird.

Die **durchschnittlich gewichteten Kapitalkosten (WACC)** ergeben sich als Mittelwert der Eigen- und Fremdkapitalkosten, wobei als Gewichtungsfaktoren die Eigen- bzw. Fremdkapitalquote verwendet werden:

$$WACC = r_{EK} \cdot \frac{EK}{GK} + r_{FK} \cdot (1-s) \cdot \frac{FK}{GK}$$

mit EK = Eigenkapitalkosten, r_{FK} = Fremdkapitalkosten, EK / GK = Eigenkapitalquote, FK / GK = Fremdkapitalquote und s = kombinierter Unternehmensteuersatz. In die Gewichtungsfaktoren müssen die Marktwerte von Eigen- und Fremdkapital einfließen, welche regelmäßig nicht identisch mit den Buchwerten sind. Als Marktwert des Fremdkapitals kann jedoch vereinfachend der Buchwert des Fremdkapitals herangezogen werden, sofern seit Fremdkapitalaufnahme keine gravierenden Änderungen des Zinsniveaus eingetreten sind. Der Term (1 – s) drückt aus, dass Fremdkapitalzinsen auf Unternehmensebene steuerlich abzugsfähig sind. Hier zeigt sich besonders deutlich, dass es sich beim WACC um eine Nachsteuer-Größe handelt. Somit ist Teilen der Literatur zu widersprechen, die die von IAS 36 geforderte Finanzierungsneutralität des Diskontierungszinssatzes bei Anwendung des WACC als erfüllt sehen, indem sie auf die Neutralität der Finanzierung bei Nichtberücksichti-

---

[71] Vgl. IDW RS HFA 16, Rn 114. Auch Kuhner/Hitz weisen darauf hin, dass ein Fremdkapitalzinssatz kein angemessener Kalkulationszinsfuß sein kann; vgl. *Kuhner/Hitz* Münchner Kommentar, IAS 36 Rn 78.
[72] Vgl. *Ernst & Young (Hrsg.)* International GAAP, 1254.

gung dieses Steuereffektes hinweisen.[73] Dies würde nur zutreffen, wenn auch die Eigenkapitalkosten als eine Vorsteuer-Größe in den WACC eingehen würden. Bei Anwendung von Kapitalmarktmodellen wie dem CAPM können die Eigenkapitalkosten aber nur als Nachsteuer-Rendite ermittelt werden. Bei Verwendung durchschnittlich gewichteter Kapitalkosten geht die Kapitalstruktur daher in den Diskontierungssatz ein. Gleichwohl ist dies durch die explizite Nennung des WACC als möglicher Maßstab für den Abzinsungssatz in IAS 36.A19 standardkonform.[74] Die Berücksichtigung des Steuervorteils von Fremdkapital in der WACC-Formel ist zudem konsistent, da es ohne diesen „Tax Shield Faktor" zu einer Vermischung von Vorsteuer- und Nachsteuerrenditen käme. Die Anforderung, Vorsteuer-Zinssätze zu verwenden, muss daher – wenn überhaupt – auf andere Weise erfüllt werden.

Der Marktwert des Eigenkapitals stellt den Bewerter vor größere Probleme, da dieser (bzw. der Wert des Gesamtkapitals, in den der Wert des Eigenkapitals eingeht) die gesuchte Zielgröße selbst ist. Es besteht insoweit ein Zirkularitätsproblem, das nur durch ein iteratives Verfahren gelöst werden kann, bei dem der WACC solange angepasst wird, bis der daraus ermittelte Unternehmenswert und die hieraus abgeleiteten Eigen- und Fremdkapitalquoten zu den gewichteten Kapitalkosten passen. In der Literatur wird vorgeschlagen, hilfsweise auf die Marktkapitalisierung der ZGE bzw. des Unternehmens abzustellen, sofern eine Börsennotierung besteht. Ist dies nicht der Fall, kann auf die durchschnittliche Finanzierungsstruktur vergleichbarer börsennotierter Unternehmen abgestellt werden, wobei deren Marktkapitalisierung als Schätzer für den Eigenkapitalwert verwendet wird.[75] Primär ist die Kapitalstruktur jedoch unternehmensspezifisch zu ermitteln.[76] Die Problematik der Ermittlung der Eigen- und Fremdkapitalquote kann auch dadurch umgangen werden, indem eine Zielkapitalstruktur unterstellt wird. Diese hat sich allerdings auf die Marktwerte von Eigen- und Fremdkapital zu beziehen und kann nicht aus Bilanzrelationen abgeleitet werden.

Die Bestimmung der **Eigenkapitalkosten** erfolgt i.d.R. anhand des CAPM. Nach diesem Kapitalmarktmodell setzt sich die erwartete Rendite der Eigenkapitalgeber aus dem risikolosen Zinssatz und einem Risikozuschlag zusammen: 50

$$r_{EK} = r_f + b \cdot (r_M - r_f).$$

Der risikolose Zinssatz r_f spiegelt die Rendite nicht ausfallgefährdeter Wertpapiere mit fester Verzinsung wider. r_M bezeichnet die Marktrendite und β den Beta-Faktor des Bewertungsobjekts. Typischerweise werden Bundesanleihen zur Bestimmung des

---

73 So etwa *Lienau/Zülch* KoR 2006, 324; *Baetge/Krolak/Thiele/Hain*, Rechnungslegung nach IFRS, IAS 36 Rn 70.
74 Vgl. *Brücks/Kerkhoff/Richter* Interntionales Bilanzrecht, IAS 36 Rn 169.
75 Vgl. *Bartels/Jonas* Beck'sches IFRS-Handbuch, §27 Rn 84.
76 So auch *Dörschell/Franken/Schulte* Der Kapitalisierungszinssatz in der Unternehmensbewertung, 287.

risikolosen Zinssatzes herangezogen. Der risikolose Zinssatz sollte zukunftsorientiert aus der zum Bewertungsstichtag gültigen Zinsstrukturkurve abgeleitet werden. Von der Deutschen Bundesbank werden hierzu die notwendigen Daten auf der Homepage veröffentlicht. Um der Forderung des IAS 36.A21 nach einem periodeneinheitlichen Zinssatz gerecht zu werden, empfiehlt es sich, die laufzeitabhängigen Zinssätze der Zinsstrukturkurve in einen barwertäquivalenten Zinssatz umzurechnen, der zum gleichen Unternehmenswert wie eine Diskontierung mit laufzeitabhängigen Zinssätzen führt.[77]

51 Der Risikozuschlag ergibt sich als Produkt aus Betafaktor und Marktrisikoprämie. Die Marktrisikoprämie ist für alle Vermögenswerte und ZGE identisch, da diese keine bewertungsobjektspezifische Größe darstellt. Sie spiegelt die Überrendite riskanter Anlageformen über die risikolose Rendite wider. Eine Vielzahl von Studien hat sich in der Vergangenheit mit der Ermittlung dieser Größe beschäftigt. Da eine zukunftsbezogene Schätzung der Marktrisikoprämie nicht möglich ist, wird hilfsweise auf den langfristigen historischen Durchschnitt abgestellt. Aus diesem Grund verändert sich die für Bewertungszwecke herangezogene Marktrisikoprämie im Zeitablauf nur sehr langsam. Das IDW verweist bei seiner Empfehlung insbesondere auf die Studien von Stehle.[78] Dieser ermittelt eine Marktrisikoprämie nach Einkommensteuer (35%) zwischen 6,66% und 7,04%.[79] Das IDW hält für Zwecke der Unternehmensbewertung eine Marktrisikoprämie nach Einkommensteuern zwischen 4% und 5% für angemessen.[80] Dies entspricht einer Marktrisikoprämie vor Einkommensteuern von zwischen 4,5% und 5,5%.

52 Im Gegensatz zur Marktrisikoprämie ist der Betafaktor ein höchst vermögenswertspezifischer Parameter. Er verkörpert das nicht diversifizierbare Risiko aus den Zahlungsüberschüssen des Bewertungsobjekts. Seine kapitalmarktorientierte Ermittlung setzt eine Börsennotierung voraus. Im Idealfall ist die ZGE selbst börsennotiert. In diesem (relativ seltenen) Fall kann der Betafaktor unmittelbar aus der Kovarianz der Aktienrendite der ZGE mit der Rendite eines Marktindizes berechnet werden. Liegt jedoch keine Börsennotierung des Bewertungsobjekts vor, so kann der aus dem Aktienkurs des Unternehmens abgeleitete Unternehmensbetafaktor als Hilfsgröße herangezogen werden, der jedoch an das spezifische Risiko der ZGE anzupassen ist. Ist auch das Unternehmen als Ganzes nicht börsennotiert, so kann der Betafaktor nur aus einer Gruppe vergleichbarer Unternehmen (Peer Group) abgeleitet werden.

---

77 Vgl. zur Ermittlung des risikolosen Zinssatzes für Bewertungszwecke: *Hachmeister/Wiese* WPg 2009, 54ff.
78 Insbesondere *Stehle* WPg 2004, 906ff.
79 Vgl. *Stehle* WPg 2004, 921.
80 Vgl. Hinweise des Fachausschusses für Unternehmensbewertungen und Betriebswirtschaft (FAuB) des IDW zu den Auswirkungen der Finanzmarkt- und Konjunkturkrise auf Unternehmesbewertungen. Diese Werte werden auch im WP-Handbuch 2008 für angemessen erachtet; vgl. *IDW (Hrsg.)* WP- Handbuch 2008 Bd. II A Rn 299.

V. Bewertung des erzielbaren Betrags

Hierzu sind solche börsennotierten Unternehmen zu identifizieren, die ein zum Bewertungsobjekt vergleichbares Geschäftsmodell aufweisen. Für diese ist jeweils der zugehörige Betafaktor zu berechnen. Der Betafaktor der ZGE kann dann als Mittelwert oder Median der Peer Group-Betas ermittelt werden.[81]

Finanzierungsneutralität setzt voraus, dass mit steigender Verschuldung auch die Eigenkapitalkosten ansteigen.[82] Veränderungen der Kapitalstruktur schlagen sich daher bei der Ermittlung des WACC nicht nur in den Gewichtungsfaktoren der Eigen- und Fremdkapitalkosten nieder, sondern auch in der Höhe der Eigenkapitalkosten selbst. Da die zur Ermittlung der Betafaktoren herangezogenen Aktienkursrenditen implizit aber die unternehmensspezifische Kapitalstruktur des jeweiligen Unternehmens enthalten, müssen sie an den tatsächlichen Verschuldungsgrad des Bewertungsobjekts angepasst werden. Hierzu sind die empirisch bestimmten Betafaktoren zunächst zu „unlevern", dh um die Wirkung der Kapitalstruktur der zur Betafaktorbestimmung verwendeten Unternehmen zu bereinigen und anschließend zu „relevern", dh um die Kapitalstruktur des Bewertungsobjekts zu ergänzen:

Unlevern: $$\beta^{unverschuldet} = \frac{\beta^{verschuldet}}{1+(1-s)\cdot\frac{FK}{EK}}$$

mit FK/EK als Verschuldungsgrad der börsennotierten Vergleichsunternehmen

Relevern: $$\beta^{verschuldet} = \beta^{unverschuldet} \cdot \left(1+(1-s)\cdot\frac{FK}{EK}\right)$$

Mit FK/EK als Kapitalstruktur des Bewertungsobjekts, so wie sie sich im WACC widerspiegelt.

Die **Fremdkapitalkosten** sind bonitätsabhängig zu ermitteln.[83] Dies wirft jedoch Probleme auf, da die Grenzkosten einer Fremdkapitalaufnahme i.d.R. nicht beobachtbar sind, solange das Unternehmen nicht unmittelbar in Kreditverhandlungen steht. Sofern das Unternehmen Anleihen am Kapitalmarkt emittiert hat, können die Fremdkapitalkosten direkt aus deren Effektivverzinsung ermittelt werden. Verfügt das Unternehmen über ein Rating, kann alternativ auf die Effektivverzinsung der Anleihen anderer Unternehmen mit der gleichen Ratingklasse zurückgegriffen werden. Als dritte Möglichkeit können die Fremdkapitalkosten auch aus dem Zinsaufschlag („Spread") gegenüber dem risikolosen Zinssatz abgeleitet werden, den das Unterneh-

---
81 Zu möglichen Verfahren zur Betafaktorermittlung bei nicht börsennotierten ZGE; vgl. *Lienau/Zülch* KoR 2006, 325.
82 Vgl. *Hachmeister* Der Discounted Cash-flow als Maß der Unternehmenswertsteigerung, 125ff.
83 Vgl. *Hoffmann* Haufe-Kommentar, §11 Rn 26. Zum daraus resultierenden Widerspruch in IAS 36 mit der Annahme finanzierungsneutraler Kapitalkosten; vgl. *Kuhner/Hitz* Münchner Kommentar, IAS 36 Rn 76.

men bei seiner letzten Kreditaufnahme vertraglich vereinbart hat.[84] Unter der Annahme eines im Zeitablauf konstanten Bonitätsspreads können die Fremdkapitalzinsen durch Aufschlag des Spreads auf den zum Bewertungsstichtag gültigen risikolosen Zinssatz ermittelt werden.[85] Schließlich können die Fremdkapitalkosten durch den durchschnittlichen Kreditzinssatz des Unternehmens angenähert werden. Bei allen genannten Methoden ist jedoch zu beachten, dass der so abgeleitete Fremdkapitalkostensatz unternehmensbezogen ist und an die besonderen Bonitätsrisiken der zu bewertenden Einheit angepasst werden muss.

54   IAS 36.55 macht explizit deutlich, dass der Abzinsungssatz – analog zur Ermittlung der Cashflows nach IAS 36.50(b) – keine Steuereffekte beinhalten darf. Es muss sich damit um einen Zinssatz vor (Unternehmen-)Steuern handeln. Dabei stößt der Bewerter jedoch auf ein praktisches Problem, da am Kapitalmarkt regelmäßig nur Nachsteuer-Renditen zu beobachten sind. Dies gilt insbesondere auch für die marktorientiert abgeleiteten durchschnittlich gewichteten Kapitalkosten (WACC), da diese zur Ermittlung der Eigenkapitalkosten auf einem Kapitalmarktmodell wie dem CAPM basieren, das ein Nachsteuer-Modell ist. Zudem wird bei der Ermittlung der Betafaktoren aus Kapitalmarktdaten auf Aktien- bzw. Indexrenditen zurückgegriffen, die aus Nachsteuer-Preisfindungskalkülen hervorgegangen sind. Da IAS 36 explizit eine kapitalmarkttheoretische Ermittlung der Kapitalkosten verlangt, besteht insofern eine Inkonsistenz zur geforderten Vorsteuer-Betrachtung.[86]

Wenn die Grundlage für die Ermittlung des Abzinsungssatzes ein Nachsteuer-Zins ist, verlangt IAS 36.A20, dass aus diesem ein Vorsteuer-Zinssatz zur Berechnung des Nutzungswerts abgeleitet wird. Dies gestaltet sich allerdings als schwierig, sofern der auf Vorsteuer-Basis ermittelte Nutzungswert von ökonomischem Gehalt sein soll. Ein einfaches Hochrechnen durch Division des Nachsteuer-Zinssatzes durch den Faktor (1 – Steuersatz) führt nur dann zu einem annähernd richtigen Ergebnis, wenn sich die aus der Abschreibung resultierenden steuerlichen Vorteile im Zeitablauf gleichmäßig verteilen, dh bei linearer Abschreibung. Insbesondere bei der Bewertung einer ZGE sind jedoch häufig originäre immaterielle Vermögenswerte enthalten, die sofort aufwandswirksam werden, so dass über die Bewertungseinheit insgesamt kein linearer Abschreibungsverlauf vorliegt.[87] Zudem entstehen Verzerrungen, wenn die ZGE über Verlustvorträge verfügt.[88] Grundsätzlich führen alle Unterschiede zwischen

---

84 Vgl. *Ernst & Young* (Hrsg.) International GAAP, 1255.
85 Im Zuge der Finanz- und Wirtschaftskrise hat sich allerdings gezeigt, dass Bonitätsspreads in sehr kurzen Zeiträumen starken Schwankungen unterliegen können. Hierbei handelte es sich allerdings um eine Extremsituation. I.d.R. werden die Schwankungen des Bonitätsspreads gering sein.
86 Vgl. *Dörschell/Franken/Schulte* Der Kapitalisierungszinssatz in der Unternehmensbewertung, 286.
87 Vgl. *Hoffmann* Haufe-Kommentar, §11 Rn 27.
88 Vgl. *Ernst & Young* (Hrsg.) International GAAP, 1293f.

V. Bewertung des erzielbaren Betrags

den Buchwerten eines Vermögenswerts in der IFRS-Bilanz und der Steuerbilanz zu Verzerrungen im Verhältnis zwischen der Vorsteuer- und Nachsteuerrendite.[89] Ein einfaches Hochrechnen ist daher nur in der Rentenphase zulässig.[90]

Alternativ kann der Vorsteuer-Zinssatz iterativ ermittelt werden. Dahinter steht die Annahme, dass der auf Vorsteuer-Basis ermittelte Nutzungswert mit dem Nutzungswert auf Nachsteuer-Basis identisch ist (IAS 36.BCZ85).[91] Daher ist es theoretisch möglich, zuerst einen Nachsteuer-Nutzungswert zu berechnen und anschließend die dafür verwendeten Cashflows um Steuereffekte zu bereinigen und – ausgehend vom bekannten Nutzungswert – nach dem zugehörigen Diskontierungszins aufzulösen.[92]

In IAS 36.BCZ94 wird ausgeführt, dass der auf Nachsteuer-Basis berechnete Nutzungswert eine zutreffende Größe für die Ermittlung des erzielbaren Betrags ist. In der Literatur wird daher auch die Auffassung vertreten, dass eine Wertermittlung auf Nachsteuer-Größen zulässig sei.[93] Gleichwohl lässt sich die Ermittlung eines Vorsteuer-Zinssatzes nicht vermeiden, da IAS 36.130(g) die Angabe des für die Ermittlung des Nutzungswerts herangezogenen Zinssatzes im Anhang erforderlich macht, sofern der Vermögenswert wertgemindert ist und der Wertminderungsbedarf auf Basis des Nutzungswerts festgestellt wurde.[94] Darüber hinaus sind für jede ZGE mit zugeordneten Firmenwerten oder immateriellen Vermögenswerten mit unbegrenzter Nutzungsdauer Angaben zum (Vorsteuer-)Zinssatz bei der Ermittlung des Nutzungswerts zu machen (IAS 36.134(d) i.V.m. IAS 36.55).

Beispiel 55

Die U AG führt ihren Impairment Test für die bilanzierten Firmenwerte zum Bilanzstichtag 31. Dezember 2010 durch. Im Folgenden wird der Impairment Test für eine ZGE dargestellt. Der Fremdkapitalzinssatz von 6,5% wird als Durchschnitt der am Kapitalmarkt zuletzt gezeichneten Anleihen der Konkurrenten der U AG auf dem europäischen Kapitalmarkt (Peer Group) ermittelt. Der Basiszinssatz von 4,25% sowie die verschuldeten Betafaktoren der Peer Group Unternehmen werden aus Informationsdatenbanken gewonnenen. Die unverschuldeten Betafaktoren werden wie folgt aus den am Kapitalmarkt beobachtbaren Betafaktoren, Marktkapitalisierungen und Finanzverbindlichkeiten der Peer Group Unternehmen berechnet:

---

89 Vgl. *KPMG (Hrsg.)* Insights, 668; *PwC (Hrsg.)* Manual of Accounting, Rn 18.222.
90 Vgl. IDW RS HFA 16, Rn 111.
91 Tatsächlich führt eine korrekt angewendete Vorsteuer-Bewertung regelmäßig zu anderen Ergebnissen als eine Nachsteuer-Bewertung. Dies liegt insbesondere an Unterschieden zwischen dem Buchwert in der IFRS-Bilanz und der Steuerbilanz; vgl. *PwC (Hrsg.)* Manual of Accounting, Rn 18.221.
92 Vgl. *Brücks/Kerkhoff/Richter* Rechnungslegung nach IFRS, IAS 36 Rn 168.
93 So etwa *Bartels/Jonas* Beck'sches IFRS-Handbuch, §27 Rn 77; *Kuhner/Hitz* Münchner Kommentar, IAS 36 Rn 79.
94 Vgl. *PwC (Hrsg.)* IFRS Manual of Accounting, Rn 18.217; *Bartels/Jonas* Beck'sches IFRS-Handbuch, §27 Rn 59.

Unternehmen	(1) levered beta	(2) Marktkapitalisierung EUR	(3) Nettofinanzverbindlichkeiten EUR	(4) Verschuldungsgrad (3)/(2)	(5) unlevered beta (1) / (1+(1-s) x (4))
A	0,85	125.396.000	62.000.000	49,4%	0,6315
B	0,99	241.580.000	85.000.000	35,2%	0,7944
C	1,15	1.375.900.000	345.678.900	25,1%	0,9780
D	1,25	778.632.000	70.000.000	9,0%	1,1760
E	1,42	86.325.000	0	0,0%	1,4200
Summe					4,9998
Mittelwert					1,0000

Der Gewerbesteuer-Hebesatz für das abgelaufene und die zukünftigen Geschäftsjahre beträgt unverändert 400%. Der Verschuldungsgrad der U AG zum Bilanzstichtag 31. Dezember 2010 ist 1,5. Die U AG ermittelt den WACC zur Durchführung des Wertminderungstest am 31. Dezember 2010 wie folgt:

KSt	15,00%	**Ermittlung Beta Faktor:**		
SolZ (5,5% x KSt)	5,50%	A unverschuldeter Betafaktor Peergroup		1,0
KSt und SolZ	15,83%	B Verschuldungsgrad		1,5
GewSt-Hebesatz	400,00%	C Steuersatz		27,61%
GewSt	14,00%	D Relevered Beta		2,0859
Unternehmens-Ertragsteuersatz	**27,61%**	= A*(1+(1-C)*B)		

Fremdkapitalkosten		**Eigenkapitalkosten**	
		Basiszinssatz	4,25%
Fremdkapitalzinssatz vor Ertragsteuern	6,50%	Marktrisikoprämie	5,00%
x (1- Steuersatz) =	0,7239	Betafaktor	2,0858575
Fremdkapitalzinssatz nach Ertragsteuern	**4,71%**	**Eigenkapitalkostensatz**	**14,68%**

Marktwert Fremdkapital	70,0%	Marktwert Eigenkapital	30,0%

WACC nach Steuern	**7,70%**

x 1/(1-Ertragsteuersatz)	1,38

WACC vor Steuern	**10,63%**

Der WACC nach Steuern berechnet sich aus dem Fremdkapitalkostensatz nach Berücksichtigung des Steuerminderungseffekts (tax shield) von 4,71%, dem Eigenkapitalkostensatz von 14,68% und dem Zielverschuldungsgrad von 70%. Der Eigenkapitalkostensatz ergibt sich aus dem Basiszinssatz von 4,25% (dieser wurde abgeleitet aus der Zinsstrukturkurve und extrapoliert für unendliche Laufzeiten äquivalent zum Firmenwert), der Marktrisikoprämie von 5% (hier wurde die Obergrenze des in Deutschland als angemessen betrachtetes Intervall angesetzt) sowie des verschuldeten Betafaktors (dieser wurde anhand des ermittelten unverschuldeten Betafaktors und des Verschuldungsgrads von 1,5 der U AG berechnet). Ein zusätzlicher Aufschlag zur Berücksichtigung des spezifischen Risikos des bilanzierten Firmenwerts ist im vorliegenden Fall nicht einschlägig. Den Zielverschuldungsgrad leitet der Vorstand der U AG aus dem aktuellen Marktwert des Eigenkapitals und eines für die U AG aus derzeitiger Sicht maximal möglichen Fremdkapitalbestands (Bankdarlehen) von € 300

V. Bewertung des erzielbaren Betrags

Mio. zum Ende der Detailplanungsphase ab. Der Marktwert des Eigenkapitals wird aus den geplanten Cashflows und dem WACC nach Steuern ermittelt. Da der WACC nach Steuern wiederum vom Marktwert des Eigenkapitals abhängt, kann die Berechnung in diesem Fall nur iterativ erfolgen. Der Nutzungswert der ZGE der U AG sowie der Marktwert des Eigenkapitals werden folgendermaßen hergeleitet:

Bestimmung der zu bewertenden Cashflows und Ermittlung des Nutzungswertes

a) Bestimmung der zu bewertenden Cashflows

Operativer Cash flow vor Steuern		Plan 2011 Mio.	Plan 2012 Mio.	Plan 2013 Mio.	Plan 2014 Mio.	Plan 2015 Mio.	Plan Endwert Mio.
EBIT		86,0	88,0	92,0	96,0	102,5	
Abschreibungen		5,0	8,0	12,0	16,0	20,0	
Veränderung Rückstellungen		1,0	2,0	3,0	4,0	5,0	
Brutto Cash flow		92,0	98,0	107,0	116,0	127,5	
Investitionen		20,0	20,0	20,0	20,0	20,0	
Veränderung Working Capital		1,0	2,0	3,0	4,0	5,0	
Operativer Cash flow vor Steuern		71,0	76,0	84,0	92,0	102,5	102,5
Steuern	27,61%	23,7	24,3	25,4	26,5	28,3	28,3
CF nach Steuern		47,3	51,7	58,6	65,5	74,2	74,2

Endwert: Invest=Afa

b) Ermittlung des Nutzungswertes

Wachstumsfaktor	1,00%						
Diskontierungszinssatz (WACC) nach Steuern	7,70%						
Barwertfaktor		0,9285	0,8622	0,8005	0,7433	0,6902	10,3052
Barwert Cashflows		43,9	44,6	46,9	48,7	51,2	764,7
Nutzungswert gem. IAS 36	1.000,0						
Marktwert verzinsliches Fremdkapital	300						
Marktwert des Eigenkapitals	700,0						

Da ein simples Hochschleusen des WACC nach Ertragsteuern auf einen Vorsteuerwert nicht zu exakten Nutzungswerten führt, erfolgt die Berechnung des Nutzungswerts nach Ertragsteuern. Für die Angaben im Anhang ist der Vorsteuer-Diskontierungszinssatz zu ermitteln. Daher wird dieser iterativ aus dem Nutzungswert (€ 1.000 Mio.) ermittelt.

Bestimmung der zu bewertenden Cashflows und Ermittlung des Nutzungswertes

a) Bestimmung der zu bewertenden Cashflows

Operativer Cash flow vor Steuern	Plan 2011 Mio.	Plan 2012 Mio.	Plan 2013 Mio.	Plan 2014 Mio.	Plan 2015 Mio.	Plan Endwert Mio.
EBIT	86,0	88,0	92,0	96,0	102,5	
Abschreibungen	5,0	8,0	12,0	16,0	20,0	
Veränderung Rückstellungen	1,0	2,0	3,0	4,0	5,0	
Brutto Cash flow	92,0	98,0	107,0	116,0	127,5	
Investitionen	20,0	20,0	20,0	20,0	20,0	
Veränderung Working Capital	1,0	2,0	3,0	4,0	5,0	
Operativer Cash flow vor Steuern	71,0	76,0	84,0	92,0	102,5	102,5

b) Ermittlung des Nutzungswertes

Wachstumsfaktor	1,00%						
Diskontierungszinssatz (WACC) vor Steuern (Residualgröße)	10,21%						
Barwertfaktor		0,9074	0,8233	0,7471	0,6779	0,6151	6,6805
Barwert Cash flows		64,4	62,6	62,8	62,4	63,1	684,8
Nutzungswert gem. IAS 36	1.000,0						
Nutzungswert nach Steuern	1.000,0						
Differenz:	0,0						

Der dem WACC nach Steuern von 7,70% entsprechende Vorsteuerwert beträgt 10,21% und nicht 10,63% (hochgeschleust).

56 VI. Erfassung und Bewertung eines Wertminderungsaufwandes. Im Rahmen des Werthaltigkeitstests werden der Buchwert des Bewertungsobjekts und dessen erzielbarer Betrag miteinander verglichen. Ausschließlich dann, wenn der erzielbare Betrag eines Vermögenswerts geringer ist als sein Buchwert, ist der Buchwert des Vermögenswerts auf seinen erzielbaren Betrag zu verringern. Diese Verringerung wird als Wertminderungsaufwand bezeichnet (IAS 36.59). Das konkrete Vorgehen bei der Erfassung eines Wertminderungsaufwands hängt davon ab, ob es sich um[95]

- einen einzelnen Vermögenswert,
- eine ZGE ohne zugeordnetem Geschäfts- oder Firmenwert,
- eine ZGE mit zugeordnetem Geschäfts- oder Firmenwert
- oder eine Gruppe von ZGE, denen nur gemeinsam ein Geschäfts- oder Firmenwert zugeordnet werden kann, handelt.

Grundsätzlich geht die Erfassung einer Wertminderung auf Ebene eines einzelnen Vermögenswerts der Erfassung auf Ebene einer ZGE vor (bottom up-Ansatz).[96]

57 Die Verfahrensweise bei einem einzelnen Vermögenswert ist abhängig von der Bewertungskategorie des wertgeminderten Vermögenswerts. Es ist dabei zwischen einer Bewertung zu **fortgeführten Anschaffungskosten** (Anschaffungskostenmethode) und der Neubewertungsmethode nach IAS 16 bzw. IAS 38 zu unterscheiden.

---

95 In Anlehnung an *Hoffmann* Haufe-Kommentar, §11 Rn 31.
96 Vgl. *Kuhner/Hitz* Münchner Kommentar, IAS 36 Rn 97.

VI. Erfassung und Bewertung eines Wertminderungsaufwandes

Ein Wertminderungsaufwand eines Vermögenswerts der zu fortgeführten Anschaffungskosten bilanziert wird, ist in voller Höhe ergebniswirksam im Periodenergebnis zu erfassen.[97]

Auch zum beizulegenden Zeitwert bewertete Vermögenswerte (Neubewertungsmethode) sind einem Werthaltigkeitstest zu unterziehen. Kommt für einen Vermögenswert die **Neubewertungsmethode** zum Einsatz, hängt die Erfolgswirksamkeit eines Wertminderungsaufwands davon ab, ob für den Vermögenswert eine Neubewertungsrücklage besteht. Sollte dies der Fall sein, so wird diese zunächst ergebnisneutral aufgelöst. Übersteigt der Wertminderungsaufwand den Betrag der Neubewertungsrücklage, so wird der die Neubewertungsrücklage übersteigende Betrag erfolgswirksam im Periodenergebnis erfasst.[98]

Nachdem eine Wertminderung vorgenommen wurde, ist der Abschreibungsplan des Vermögenswerts für die zukünftigen Perioden entsprechend anzupassen, um den berichtigten Buchwert abzüglich eines eventuell verbleibenden Restbuchwerts, systematisch über die Restnutzungsdauer zu verteilen (IAS 36.63). Auch für den Fall, dass lediglich ein Anhaltspunkt für eine Wertminderung vorliegt, der letztendlich aber nicht zur Erfassung eines Wertminderungsaufwands führt, kann es notwendig sein, die Restnutzungsdauer eines Vermögenswerts, die Abschreibungsmethode oder den geschätzten Restwert zu überprüfen und ggf. anzupassen (IAS 36.17).

Ein **Wertminderungsaufwand auf Ebene einer ZGE** ist nur dann zu erfassen, wenn der erzielbare Betrag der Einheit geringer ist als der Buchwert der Einheit. Eine ZGE als solche verfügt über keinen bilanzierten Buchwert. Eine festgestellte Wertminderung ist deshalb auf die Buchwerte der zur ZGE gehörenden einzelnen Vermögenswerte zu verteilen, um die Wertminderung auch buchhalterisch abbilden zu können. Die Verteilung des Wertminderungsaufwands erfolgt zunächst vollständig auf den der ZGE zugeordneten Geschäfts- oder Firmenwert (IAS 36.104(a)). Ein über den Buchwert des Geschäfts- oder Firmenwerts hinausgehender Wertminderungsaufwand wird danach buchwertproportional auf die einzelnen Vermögenswerte (IAS 36.104(b) verteilt. Eine verursachungsgerechte Aufteilung ist nicht möglich.[99] Ein Wertminderungsaufwand ist nur auf diejenigen langlebigen Vermögenswerte einer ZGE zu verteilen, die selbst in den Anwendungsbereich des IAS 36 fallen.[100] Sind beispielsweise Vorräte einer ZGE zugeordnet, so ist bei diesen kein anteiliger Wertminderungsaufwand zu erfassen. Hinsichtlich der Verteilung auf die langlebigen Vermögenswerte ist zu beachten, dass der Buchwert eines Vermögenswerts nicht unter den höchsten der nachfolgenden Werte reduziert werden darf (IAS 36.105): beizule-

---

97 Vgl. *Ernst & Young* (Hrsg.) International GAAP, 1257.
98 Vgl. *Deloitte* (Hrsg.) iGAAP, 602.
99 Vgl. *Wirth* Firmenwertbilanzierung nach IFRS, 91.
100 Vgl. *Hoffmann* Haufe-Kommentar, §11 Rn 67; *Wirth* Firmenwertbilanzierung nach IFRS, 92; *Küting/Wirth* KoR 2005, 203. Brücks/Kerkhoff/Richter sprechen von einer Verteilung auf die „sonstigen Vermögenswerte"; vgl. *Brücks/Kerkhoff/Richter* Internationales Bilanzrecht, IAS 36 Rn 268.

gender Zeitwert abzüglich Veräußerungskosten, Nutzungswert und Null. Sollte diese Wertuntergrenze bei einem Vermögenswert greifen und dadurch nicht der gesamte, dem Vermögenswert zugeordnete Wertminderungsaufwand bei diesem berücksichtigt werden können, so ist der Differenzbetrag auf die restlichen Vermögenswerte der ZGE buchwertproportional zu verteilen.[101] Verbleibt nach Abschreibung aller Vermögenswerte auf ihren niedrigsten zulässigen Wert ein nicht verteilbarer Wertminderungsaufwand, so führt dies nicht zum entstehen einer Schuld, es sei denn ein anderer Standard verlangt dies (IAS 36.108)[102]; vorrangig ist hier IAS 37 zu nennen.[103] Die Erfolgswirksamkeit einer auf die Vermögenswerte verteilten Wertminderung ist abhängig von der Bewertungskategorie der jeweiligen Vermögenswerte.

60 Kann für keinen Vermögenswert einer ZGE der erzielbare Betrag ermittelt werden, so ist ein Wertminderungsaufwand willkürlich auf die Vermögenswerte, mit Ausnahme eines Geschäfts- oder Firmenwerts, zu verteilen (IAS 36.106). Kann für einen einzelnen Vermögenswert der erzielbarer Betrag nicht ermittelt werden, weil keine isolierte Nutzungswertbestimmung möglich ist, so stellt der Standard klar, dass in diesem Fall eine Wertminderung nur dann zu erfassen ist, wenn der beizulegende Zeitwert abzüglich Verkaufskosten unterhalb des Buchwerts liegt.[104] Eine Wertminderung auf Ebene eines einzelnen Vermögenswerts kann unterbleiben, wenn selbiger einer ZGE zugeordnet ist und diese in ihrer Gesamtheit keine Wertminderung erfährt (IAS 36.107 (b)). Dies gilt auch dann, wenn der einzelne Vermögenswert objektiv im Wert gemindert aber noch nutzbar ist.[105]

Stellt ein Tochterunternehmen mit Minderheitenanteil oder ein Teil dieses Tochterunternehmens selbst eine ZGE ohne zugeordneten Firmenwert dar, so wird der Wertminderungsaufwand zwischen dem Mutterunternehmen und dem Minderheitenanteil aufgeteilt. Die Aufteilung erfolgt auf der gleichen Basis wie auch der Gewinn- oder Verlust verteilt wird (IAS 36.C6). In aller Regel dürfte die Gewinnaufteilung entsprechend den Beteiligungsquoten geschehen, sofern gesellschaftsvertraglich nichts anderes vereinbart ist.[106]

61 **VII. Zahlungsmittelgenerierende Einheiten und Geschäfts- oder Firmenwert. 1. Abgrenzung zahlungsmittelgenerierender Einheiten.** Die IFRS verlangen grundsätzlich eine Einzelbewertung aller Vermögenswerte.[107] Da nach dem Konzept des erzielbaren Betrags die Ermittlung eines Nutzungswerts geboten sein kann, ist zur Durchführung des Werthaltigkeitstests eine Schätzung der zukünftigen mit dem

---

101 *Ernst & Young (Hrsg.)* International GAAP, 1259.
102 Dies gilt auch für eine Wertminderung bei einem einzelnen Vermögenswert.
103 *PwC (Hrsg.)* IFRS Manual of Accounting, Rn 18.237.
104 *Brücks/Kerkhoff/Richter* Internationales Bilanzrecht, IAS 36 Rn 271.
105 Vgl. *PwC (Hrsg.)* IFRS Manual of Accounting, Rn 18.244; *Ernst & Young (Hrsg.)* International GAAP 1259f; *Hoffmann* Haufe-Kommentar, §11 Rn 68; *Brücks/Kerkhoff/Richter* Internationales Bilanzrecht, IAS 36 Rn 271.
106 *Küting/Weber/Wirth* KoR 2008, 148.
107 Vgl. *Wirth* Firmenwertbilanzierung nach IFRS, 11.

VII. Zahlungsmittelgenerierende Einheiten und Geschäfts- oder Firmenwert

Vermögenswert verbundenen Zahlungsüberschüsse notwendig. In vielen Fällen ist dies auf der Ebene einzelner Vermögenswerte nicht möglich. So können etwa für ein Fahrzeug oder eine selbst genutzte Software ebenso wenig eigenständige Cashflows abgegrenzt werden wie für einen entgeltlich erworbenen Geschäfts- oder Firmenwert. In solchen Fällen ist vom Grundsatz der Einzelbewertung zugunsten einer absatzmarktbezogenen Gesamtbewertung[108] abzuweichen (IAS 36.66). Die auf ihre Werthaltigkeit zu prüfenden Vermögenswerte sind dann solange zu gruppieren, bis der Gruppe als Ganzes eigenständige Cashflows zugerechnet werden können.

In jedem Fall hat die Gruppierung von Vermögenswerten ausgehend von dem auf Werthaltigkeit zu prüfenden Vermögenswert zu erfolgen. Es gibt daher keine allgemeingültige Aufteilung des Geschäftsbetriebs in ZGE. Vielmehr passt sich die Bewertungseinheit an das Bewertungsobjekt an.[109] Eine ZGE sollten zumindest so groß gewählt werden, dass direkt zurechenbare Kosten nicht aufgeschlüsselt werden müssen. Zudem sollte sie nicht ein Maß überschreiten, bei dem eine separate Zahlungsstromsteuerung möglich ist.[110]

Die Abgrenzung der ZGE richtet sich nach der Struktur der Unternehmenssteuerung (IAS 36.69). Hierzu gehört auch die Fragestellung, wie die Unternehmensleitung Entscheidungen über die Einstellung oder Fortsetzung der Unternehmenstätigkeiten bzw. den Abgang einzelner Vermögenswerte trifft. In der Praxis erfolgt die Bildung der ZGE häufig anhand von Werken, Produktlinien, rechtlich selbstständigen Tochterunternehmen oder regional abgegrenzten Einheiten (IAS 36.69). Bei der Abgrenzung der ZGE ist indes der Stetigkeitsgrundsatz zu beachten. Umgruppierungen von Vermögenswerten sind daher nur bei gerechtfertigten Änderungen möglich (IAS 36.72), dh wenn sich die Struktur der Unternehmenssteuerung verändert. Dies kann beispielsweise bei Restrukturierungen oder Akquisitionen der Fall sein.[111] In diesem Fall ist eine Anhangsangabe erforderlich, sofern für die ZGE ein Wertminderungsaufwand erfasst oder aufgehoben wurde (IAS 36.73).

Das wesentliche Merkmal einer ZGE besteht darin, dass diese Zahlungsströme generiert, die weitgehend unabhängig von anderen Einheiten sind. IAS 36.69 versteht unter Zahlungsströmen alle Zuflüsse von Zahlungsmitteln oder Zahlungsmitteläquivalenten von Parteien außerhalb des Unternehmens. IAS 36 listet verschiedene Beispiele auf, die die Identifizierung von ZGE verdeutlichen. Im Kern steht jeweils die Fragestellung, ob es sich bei den betrachteten Bewertungseinheiten um einen abgrenzbaren Leistungsverbund handelt, unabhängig davon, ob dessen Leistungen am externen Markt oder innerbetrieblich verwertet werden. Für die Abgrenzung von

---

108 Vgl. *Kuhner/Hitz* Münchner Kommentar, IAS 36 Rn 95.
109 Vgl. *Schmusch/Laas* WPg 2006, 1049; *Kuhner/Hitz* Münchner Kommentar, IAS 36 Rn 99.
110 Vgl. *Ernst & Young (Hrsg.)* International GAAP, 1242.
111 Vgl. *Baetge/Krolak/Thiele/Hain* Rechnungslegung nach IFRS, IAS 36 Rn 85; *Brücks/Kerkhoff/Richter* Internationales Bilanzrecht, IAS 36 Rn 216; *Wirth* Firmenwertbilanzierung nach IFRS, 18.

großer Bedeutung ist ua, inwiefern die geplanten Zahlungsüberschüsse verschiedener Unternehmensbereiche voneinander abhängen. Wird eine gegebene Gesamtproduktionsmenge etwa auf zwei Fertigungsstandorte aufgeteilt, so sind die Zahlungsströme beider Werke nicht unabhängig von einander (IAS 36.IE13). Ebenso stellt sich bei vertikal integrierten Unternehmen die Frage, ob die einzelnen Produktionsstufen voneinander unabhängig sind. Wenn die Produktionsmenge eines Vorprodukts maßgeblich von der Absatzmenge des Endprodukts abhängig ist, sind die erzielbaren Mittelzuflüsse nicht unabhängig von der nachgelagerten Produktionseinheit.[112] Allerdings schreibt IAS 36.70 explizit vor, dass sofern für die jeweiligen Zwischenprodukte ein aktiver Markt besteht und diese daher auch eine unternehmensexterne Verwendung finden könnten, eine separate Bewertungseinheit zu bilden ist. Dies wird jedoch nur dann der Fall sein, wenn es sich um standardisierte, homogene Güter handelt.[113] Außerdem tritt die Regelung des IAS 36.70 im Zweifel hinter das Kriterium unabhängiger Zahlungsströme zurück: Wenn aus unternehmenspolitischen oder strategischen Gründen die Dispositionsfreiheit der Vorproduktstufe insofern eingeschränkt ist, als die Frage der Fortführung oder Einstellung nicht unabhängig von anderen Produktionsstufen beantwortet werden kann, ist auch dann keine eigenständige Bewertungseinheit zu bilden, wenn die Zwischenprodukte auf einem aktiven Markt gehandelt würden.[114] Da Mittelzuflüsse zudem i.d.R. nicht ohne die Leistungen von Zentralbereichen wie Einkauf oder Verwaltung erzielt werden, müssen auch die dort eingesetzten Vermögenswerte (anteilig) in die ZGE aufgenommen werden.[115]

Durch die Umgehung des Einzelbewertungsgrundsatzes kann es innerhalb der ZGE zu einem Wertausgleich über- und unterbewerteter Vermögenswerte kommen.[116] Im Zeitablauf entstehende Wertminderungen und Werterhöhungen einzelner Vermögenswerte werden unter dem Dach der Bewertungseinheit saldiert. Damit wird zugleich das dem Werthaltigkeitstest zugrunde liegende Vorsichtsprinzip relativiert. Dies gilt insbesondere im Zusammenhang mit einem selbst geschaffenen Geschäfts- oder Firmenwert. Da sich der Nutzungswert aus dem Zahlungsstrom ergibt, der durch das Zusammenspiel von materiellen und immateriellen Vermögenswerten entsteht, umfasst er folglich auch den originären Firmenwert der Bewertungseinheit. Da ein bilanzieller Ansatz originärer Firmenwerte jedoch unzulässig ist (IAS 38.36), kommt es zu einer Verzerrung zwischen Buchwert und erzielbarem Betrag der firmenwerttragenden ZGE. Der originäre Firmenwert kann dabei Wertminderungen anderer Vermögenswerte innerhalb der Bewertungseinheit kompensieren und so

---

112 Vgl. *Bartels/Jonas* Beck'sches IFRS-Handbuch, §27 Rn 95; Firmenwertbilanzierung nach IFRS xxx, 16.
113 Vgl. *Bartels/Jonas* Beck'sches IFRS-Handbuch, §27 Rn 95; *Kuhner/Hitz* Münchner Kommentar, IAS 36 Rn 104.
114 Vgl. *Kuhner/Hitz* Münchner Kommentar, IAS 36 Rn 103.
115 Vgl. *Wirth* Firmenwertbilanzierung nach IFRS, 13.
116 Vgl. *Wirth* Firmenwertbilanzierung nach IFRS, 12; *Baetge/Krolak/Thiele/Hain*, Rechnungslegung nach IFRS, IAS 36 Rn 86; *Brücks/Kerkhoff/Richter* Internationales Bilanzrecht, IAS 36 Rn 216; *Hoffmann* Haufe-Kommentar, §11 Rn 40.

einen Wertminderungsbedarf auf Ebene der ZGE verhindern. Dies ist indes unproblematisch, weil es gemäß IAS 36.BCZ43-44 auf die Werthaltigkeit der ausgewiesenen Buchwerte stärker ankommt als darauf, ob diese zum Teil auch auf einem originären Firmenwert beruhen.[117]

2. Ermittlung des Buchwerts der zahlungsmittelgenerierenden Einheit. In den Buchwert einer ZGE müssen alle Vermögenswerte eingehen, die einen Beitrag zu dem Zahlungsstrom leisten, der für die Berechnung des erzielbaren Betrags herangezogen wird (IAS 36.75). Nach IAS 36.76(a) sind dies nur die Vermögenswerte, die der ZGE direkt zugerechnet oder auf der Grundlage einer vernünftigen und stetigen Basis zugeordnet werden können, soweit sie bei der Bestimmung des Nutzungswerts ebenfalls Eingang finden. Direkt zurechenbare Vermögenswerte dienen lediglich der Erzielung von Mittelzuflüssen einer einzigen ZGE.[118] Vermögenswerte, für die dies nicht zutrifft, werden als Vermögenswerte des Unternehmens oder gemeinschaftlich genutzte Vermögenswerte bezeichnet. Zum Buchwert einer ZGE sind auch Vermögenswerte des Umlaufvermögens zu rechnen, sofern deren Cashflows im erzielbaren Betrag berücksichtigt wurden. Insbesondere ist eine Berücksichtigung des Working Capitals im Buchwert der ZGE dann notwendig, wenn die Cashflows des Working Capitals im erzielbaren Betrag enthalten sind. Wurden die Cashflows des Working Capitals alternativ aus dem erzielbaren Betrag eliminiert, darf der Buchwert der ZGE kein Working Capital umfassen.[119] Schulden sind nur dann in den Buchwert einzubeziehen, wenn der erzielbare Betrag nicht ohne Berücksichtigung der Schuld bestimmt werden kann (IAS 36.76(b)). I.d.R. trifft dies für gesetzliche und vertragliche Verpflichtungen zu, etwa im Rahmen einer Rekultivierung, oder bei der Übernahme von Arbeitnehmern, wenn gleichzeitig auch deren betriebliche Altersversorgung mit übernommen wird. Da der erzielbare Betrag auf einer Vorsteuer-Basis aufsetzt, sind im Buchwert der ZGE sämtliche Steuerposten (latente Steuern, Steuerverbindlichkeiten und -rückstellungen, Steuererstattungsansprüche) zu eliminieren.[120] Der Buchwert einer ZGE umfasst damit:[121]

- alle direkt zuordenbaren Vermögenswerte,
- zzgl. anteiliger Buchwert des zuzuordnenden Geschäfts- oder Firmenwerts,
- zzgl. anteilige Buchwerte von zuzuordnenden gemeinschaftlichen Vermögenswerten,
- abzgl. zugehörige Rückstellungen und Verbindlichkeiten, soweit diese nach IAS 36.76(b) zu berücksichtigen sind.

---

117 Vgl. *Baetge/Krolak/Thiele/Hain* Rechnungslegung nach IFRS, IAS 36 Rn 87.
118 Vgl. *Bartels/Jonas* Beck'sches IFRS-Handbuch, §27 Rn 98.
119 Vgl. *KPMG (Hrsg.)* Insights, 672.
120 Vgl. *Hoffmann* Haufe-Kommentar, §11 Rn 47; *Bartels/Jonas* Beck'sches IFRS-Handbuch, §27 Rn 105.
121 Vgl. *Hoffmann* Haufe-Kommentar, §11 Rn 47.

66 Größere Fragestellungen ergeben sich insbesondere hinsichtlich der Zuordnung von gemeinschaftlich genutzten Vermögenswerten sowie beim Geschäfts- oder Firmenwert.

Gemeinschaftliche genutzte Vermögenswerte erbringen Leistungen für alle Unternehmensbereiche. Sie erzielen keine von anderen Vermögenswerten oder Gruppen von Vermögenswerten unabhängigen Mittelzuflüsse und können somit keiner ZGE direkt zugeordnet werden. Die Buchwerte dieser Vermögenswerte müssen daher auf mehrere ZGE verteilt werden. Als Beispiele werden in IAS 36.100 explizit das Gebäude der Hauptverwaltung, EDV-Ausrüstung oder Forschungszentren genannt. Die Verteilung der Buchwerte gemeinschaftlich genutzter Vermögenswerte kann anhand von Schlüsselungsgrößen erfolgen. Hierfür kommen insbesondere die Buchwerte oder Umsatzerlöse der ZGE sowie Mitarbeiterzahlen in Betracht.[122]

Liegt ein Anhaltspunkt für eine Wertminderung bei einem gemeinschaftlich genutzten Vermögenswert des Unternehmens vor, so sind die erzielbaren Beträge aller ZGE zu ermitteln, die einen Anteil an dem betreffenden Vermögenswert zugewiesen erhalten (IAS 36.101). Umgekehrt ist im Rahmen des Werthaltigkeitstests einer ZGE zu prüfen, ob ihr ein Teilbereich gemeinschaftlich genutzter Vermögenswerte auf einer vernünftigen und stetigen Basis zugeordnet werden kann. Ist dies der Fall, so ist der Buchwert unter Berücksichtigung dieses Anteils dem erzielbaren Betrag gegenüber zu stellen. Kann eine vernünftige und stetige Zuordnung nicht vollzogen werden, so ist zunächst ein Werthaltigkeitstest ohne den gemeinschaftlich genutzten Vermögenswert vorzunehmen und ein bestehender Wertminderungsbedarf zu verteilen. Anschließend ist die ZGE so lange mit anderen ZGE zusammenzufassen, bis der Gruppe von ZGE ein Anteil am gemeinschaftlich genutzten Vermögenswert zugeordnet werden kann (IAS 36.102). Häufig ist dies jedoch erst auf Ebene des Gesamtunternehmens möglich.[123]

67 **Beispiel**

Unternehmen U AG hat den erzielbaren Betrag über den Nutzungswert ermittelt (Fortführung des Beispiels von Rn 55). Der erzielbare Betrag in Höhe von € 1.000 Mio. wird dem Buchwert der ZGE gegenübergestellt. Der Buchwert der ZGE wird folgendermaßen ermittelt:

---

122 Vgl. *Brücks/Kerkhoff/Richter* Internationales Bilanzrecht, IAS 36 Rn 266; *Bartels/Jonas* Beck'sches IFRS-Handbuch, §27 Rn 110.
123 Vgl. *Hoffmann* Haufe-Kommentar, §11 Rn 48.

VII. Zahlungsmittelgenerierende Einheiten und Geschäfts- oder Firmenwert

Ermittlung des Buchwertes der CGU

Operatives Vermögen:	Mio.
1. Indirekte Ermittlung	
Summe Aktiva	1.080
./. Finanzanlagen	25
./. zinstragende Assets	75
./. sonstige Forderungen Konzern	5
./. Steuerposten	35
operatives Vermögen	940
2. direkte Ermittlung (Probe)	
Anlagevermögen (ohne Firmenwert)	340
Vorräte	55
Forderungen aus LuL	35
	430
+ anteiliger Firmenwert	485
+ Corporate Assets anteilig	25
operatives Vermögen	940
	EUR

Nicht zinstragende Schulden:	Mio.
Summe Schulden	545
./.Finanzverbindlichkeiten	300
./.Steuerposten und sonstige	199
	46
Probe:	
Verbindlichkeiten LuL	28
Rückstellungen (operativ)	13
Anzahlungen	5
nicht zinstragende Schulden	46
	EUR

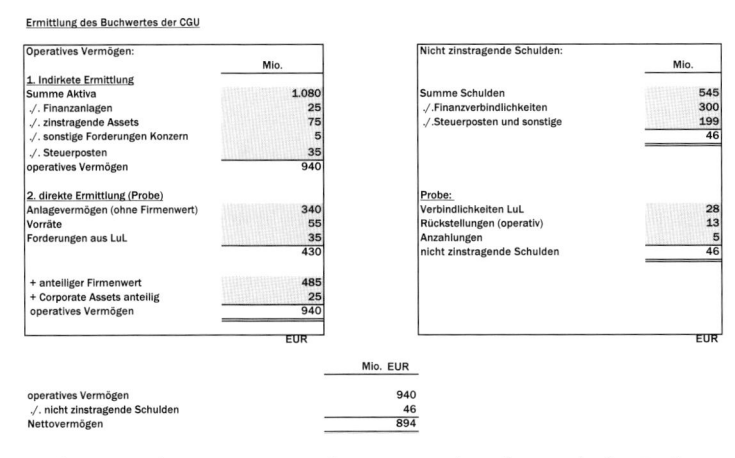

	Mio. EUR
operatives Vermögen	940
./. nicht zinstragende Schulden	46
Nettovermögen	894

Da der ermittelte Nutzungswert (€ 1.000 Mio.) größer ist als der Buchwert der betrachteten ZGE (€ 894 Mio.), ergibt sich kein Abwertungsbedarf.

3. Zuordnung von Geschäfts- oder Firmenwerten zu einer zahlungsmittelgenerierenden Einheit. Der nach IFRS 3 *Business Combinations* zu bilanzierende derivative Geschäfts- oder Firmenwert unterliegt für die Folgebewertung den Regelungen des IAS 36. Eine planmäßige Abschreibung eines Geschäfts- oder Firmenwerts ist seit dem 1. Januar 2005 nicht mehr vorgesehen (Impairment Only Approach).[124]

Ein entgeltlich erworbener Geschäfts- oder Firmenwert ist nach IAS 36.80 für einen Werthaltigkeitstest auf diejenigen ZGE oder Gruppen von ZGE zu verteilen, die aus den Synergien des Zusammenschlusses voraussichtlich Nutzen ziehen. Einen eigenständigen Werthaltigkeitstest für den Geschäfts- oder Firmenwert sieht IAS 36 nicht vor, da der Geschäfts- oder Firmenwert als solcher keine eigenständigen, von anderen Vermögenswerten unabhängige, Cashflows generiert.[125] Die Verteilung eines Geschäfts- oder Firmenwerts auf die ZGE hat auf der Berichts- und Steuerungsebene zu erfolgen, auf welcher selbiger für interne Managementzwecke überwacht wird. Dies können beispielsweise einzelne Betriebe oder sogar isolierte Vertragspositionen sein.[126] Die höchste zulässige Ebene für eine Verteilung des Geschäfts- oder Firmenwerts ist nach IAS 36.80(b) ein operatives Segment gem. IFRS 8 *Operating Segments* vor der Zusammenfassung der Segmente für Berichtszwecke. Es ist nicht notwendig, alleine für den Werthaltigkeitstest ein separates Berichtswesen aufzubauen, sofern eine interne Überwachung maximal auf Ebene operativer Segmente stattfindet.[127] Die Allokation des Firmenwerts ist unabhängig davon, wie die durch den Unternehmens-

---

124 Vgl. *Ernst & Young (Hrsg.)* International GAAP, 1260.
125 Vgl. *Castedello/Klingbeil/Schröder* WPg 2006, 1033f.
126 Vgl. *Kuhner/Hitz* Münchner Kommentar, IAS 36 Rn 120.
127 Vgl. *Brücks/Kerkhoff/Richter* Internationales Bilanzrecht, IAS 36 Rn 231.

kauf erworbenen sonstigen Vermögenswerte auf die ZGE verteilt werden. Es ist möglich, dass einer ZGE (anteilig) ein Geschäfts- oder Firmenwert zugeordnet werden muss, obwohl selbige über keine Vermögenswerte oder Schulden aus der Transaktion verfügt.[128] In der Praxis wird ein Geschäfts- oder Firmenwert regelmäßig nicht einer einzelnen ZGE zurechenbar sein, sondern lediglich einer Gruppe von ZGE.[129] Der einer ZGE oder Gruppe von ZGE zugeordnete Goodwill kann auch mehrere Geschäfts- oder Firmenwerte aus unterschiedlichen Transaktionen beinhalten.[130] Ist eine Quantifizierung der den ZGE zufließenden Synergien nicht möglich, kann die Firmenwertallokation hilfsweise auch anhand anderer Größen, wie den beizulegenden Zeitwerten der ZGE oder ihrer Ergebnisgrößen (EBIT, EBITDA), erfolgen.[131]

70   Beim Verkauf einer gesamten firmenwerttragenden ZGE ist der ihr zugeordnete Geschäfts- oder Firmenwert bei der Ermittlung des Abgangserfolgs zu berücksichtigen. Wird ein Geschäftsbetrieb veräußert, der Teil einer firmenwerttragenden ZGE ist, so muss der Geschäfts- oder Firmenwert auf den verbleibenden und den zu veräußernden Teil der ZGE aufgeteilt werden. Hierfür ist die Methode der relativen (Buch)Werte von zurückbehaltenem und veräußertem Geschäftsbereich zu verwenden. Gleiches gilt, wenn aus einer Gruppe von ZGE, denen nur gemeinsam ein Geschäfts- oder Firmenwert zugeordnet werden kann, eine einzelne ZGE veräußert wird.[132] Es steht einem Unternehmen jedoch frei, eine Aufteilungsmethode zu verwenden die die tatsächliche Verteilung besser abbildet, wenn es dieses nachweisen kann (IAS 36.86). Entsprechend der Methode der relativen (Buch)Werte ist auch bei einer Reallokation des Geschäfts- oder Firmenwerts nach einer Umstrukturierung von firmenwerttragenden ZGE oder Gruppen von ZGE, denen nur gemeinsam ein Geschäfts- oder Firmenwert zugeordnet ist, zu verfahren.[133]

71   Die **erstmalige Zuordnung eines erworbenen Geschäfts- oder Firmenwerts** auf die davon profitierenden ZGE, sollte bis zum Ende der Berichtsperiode abgeschlossen sein, in der der Unternehmenszusammenschluss erfolgt ist. Ist dies nicht möglich, so hat die Verteilung bis spätestens zum Ende der darauf folgenden Berichtsperiode zu geschehen. Die Regelung des IAS 36.84 weicht dabei von den Bestimmungen in IFRS 3 hinsichtlich der erstmaligen Aufteilung ab, der zumindest eine vorläufige Zuteilung innerhalb der ersten Periode fordert.[134]

---

128 Vgl. *PwC (Hrsg.)* Manual of Accounting, Rn 18.225.13; *Kuhner/Hitz* Münchner Kommentar, IAS 36 Rn 116.
129 Vgl. *Castedello/Klingbeil/Schröder* WPg 2006, 1034; *Kuhner/Hitz* Münchner Kommentar, IAS 36 Rn 120.
130 Vgl. *Hoffmann* Haufe-Kommentar, §11 Rn 31.
131 Vgl. IDW RS HFA 16, Rn 94. Kritisch hierzu *Kuhner/Hitz* Münchner Kommentar, IAS 36 Rn 118.
132 Vgl. *Deloitte (Hrsg.)* iGAAP, 576.
133 Vgl. *PwC (Hrsg.)* IFRS Manual of Accounting, Rn 18.225.20.
134 Vgl. *Deloitte (Hrsg.)* iGAAP, 575f.

VII. Zahlungsmittelgenerierende Einheiten und Geschäfts- oder Firmenwert

4. Wertminderung bei firmenwerttragenden zahlungsmittelgenerierenden Einheiten. Für einen Wertminderungstest einer firmenwerttragenden ZGE, ist deren Buchwert (einschließlich Geschäfts- oder Firmenwert) dem erzielbaren Betrag der Einheit gegenüber zu stellen. Übersteigt der Buchwert den erzielbaren Betrag, liegt eine Wertminderung vor. Für eine Verteilung des Wertminderungsaufwands sieht IAS 36.104 folgendes Muster vor:

- Zuerst muss der Buchwert eines der ZGE zugeordneten Geschäfts- oder Firmenwerts abgeschrieben werden,
- danach ist der Wertminderungsaufwand buchwertproportional auf die der ZGE zugeordnete langfristigen Vermögenswerte zu verteilen.

Ist einer ZGE ein Geschäfts- oder Firmenwert zugeordnet, so hat ein Wertminderungstest zunächst auf Ebene der einzelnen Vermögenswerte zu erfolgen, falls Anzeichen für eine Wertminderung dieser vorliegen. Sollte sich ein Wertminderungsaufwand für einen einzelnen Vermögenswert ergeben, so ist dieser zuerst in seinem Wert zu berichtigen, bevor ein Werthaltigkeitstest für den Geschäfts- oder Firmenwert auf Ebene der ZGE, unter Berücksichtigung der angepassten Buchwerte der wertgeminderten Vermögenswerte, stattfinden kann. In der Praxis wird diese Besonderheit in der Bewertungsfolge kaum Relevanz haben, da Vermögenswerte, die einer ZGE zugeordnet sind, im Regelfall über keine eigenen weitestgehend unabhängigen Cashflows verfügen, die eine Einzelbewertung dieser Vermögenswerte ermöglichen würden.[135] Die gleiche Hierarchie gilt auch, wenn ein Geschäfts- oder Firmenwert einer Gruppe von ZGE zugeordnet wurde. In dieser Konstellation sind die einzelnen ZGE zuerst ohne Geschäfts- oder Firmenwert auf ihre Werthaltigkeit zu prüfen und ggf. im Wert zu berichtigen. In einem zweiten Schritt ist dann die gesamte Gruppe von ZGE inklusive Geschäfts- oder Firmenwerte einem Werthaltigkeitstest zu unterziehen.[136]

Im Falle eines Konzernabschlusses, in den auch Tochterunternehmen mit Minderheitsgesellschaftern einbezogen sind, gibt es einige Besonderheiten für den Werthaltigkeitstest eines Geschäfts- oder Firmenwerts zu beachten. Mit der Veröffentlichung des überarbeiteten IFRS 3 im Jahre 2008 wurde neben der purchased goodwill-Methode auch die sog. full goodwill-Methode für die Bilanzierung von Unternehmenszusammenschlüssen eingeführt. Hinsichtlich der beiden Bilanzierungsmethoden besteht ein Wahlrecht.[137]

Für beide Konsolidierungsmethoden gilt, dass auch bei einem Kapitalanteil des Mutterunternehmens von weniger als 100% die Vermögenswerte und Schulden in vollem Umfang in den Konzernabschluss einbezogen werden (Vollkonsolidierung). Unterschiede ergeben sich hingegen bei der Behandlung des derivativ erworbenen Geschäfts- oder Firmenwerts.

---

135 Vgl. *Ernst & Young (Hrsg.)* International GAAP, 1265.
136 Vgl. *Deloitte (Hrsg.)* iGAAP, 556.
137 Vgl. *Kuhner/Hitz* Münchner Kommentar, IAS 36 Rn 128; *Harr/Eppinger/Zeyer* PiR 2009, 1.

74 Der Geschäfts- oder Firmenwert ermittelt sich bei der **purchased goodwill-Methode** aus der Differenz von Kaufpreis und anteilig erworbenem Nettovermögen; damit wird in der Konzernbilanz nur der auf den Mehrheitseigner entfallende Geschäfts- oder Firmenwert ausgewiesen. Der auf die Minderheiten entfallende Geschäfts- oder Firmenwert ist im Konzernabschluss nicht enthalten. Bei Anwendung der purchased goodwill-Methode enthält der Buchwert einer firmenwerttragenden ZGE oder Gruppe von Einheiten somit den gesamten Buchwert des Nettovermögens, unabhängig von der Beteiligungsquote des Mutterunternehmens, aber nur den Anteil am goodwill, der auf das Mutterunternehmen entfällt.[138] Der Nutzungswert als Vergleichsmaßstab für einen Wertminderungstest wird hingegen für 100 % der Anteile und damit unter Einschluss des gesamten Geschäfts- oder Firmenwerts ermittelt. In diesem Fall sieht IAS 36.C4 für den Werthaltigkeitstest vor, dass der Buchwert der ZGE, um den auf die Minderheiten entfallende Geschäfts- oder Firmenwert, fiktiv durch Hochrechnung zu erweitern ist. Aus dem Standard selbst geht nicht hervor, wie genau die Hochrechnung zu erfolgen hat. Denkbar ist sowohl eine buchwertproportionale Approximation oder eine Wertermittlung mittels eines Discounted Cashflow Verfahrens. Aus den Ausführungen in IAS 36.IE65 kann jedoch geschlossen werden, dass eine vereinfachte buchwertproportionale Hochrechnung auf Basis des für den Mehrheitseigner ermittelten goodwill ausreichend ist.[139] Es ist aber anzumerken, dass eine proportionale Hochrechnung theoretisch nicht konsistent ist. Dabei werden auch Synergieeffekte und die ggf. vom Mehrheitseigner entrichtete Kontrollprämie hochgerechnet, über die die Minderheiten nicht verfügen können bzw. die diese nicht entrichtet haben.[140] Der so erweiterte Buchwert der ZGE ist für den Vergleich mit dem erzielbaren Betrag der ZGE heranzuziehen. Ein ggf. festgestellter Wertminderungsaufwand ist zuerst vom fiktiv erweiterten Geschäfts- oder Firmenwert abzuziehen. Dabei ist der Wertminderungsaufwand entsprechend der Beteiligungsquote auf das Mutterunternehmen und die Minderheiten aufzuteilen, wobei nur der auf das Mutterunternehmen entfallende Anteil als Wertminderungsaufwand für den Geschäfts- oder Firmenwert erfolgswirksam erfasst wird (IAS 36.C8). Der auf die Minderheiten entfallende Wertminderungsanteil am Geschäfts- oder Firmenwert wird lediglich in einer Nebenrechnung erfasst und ist damit nicht erfolgswirksam.[141] Übersteigt der Wertminderungsaufwand den fiktiven Gesamtbuchwert des Geschäfts- oder Firmenwerts, so ist der übersteigende Betrag auf die langfristigen Vermögenswerte der ZGE zu verteilen. Die Buchwerte der Vermögenswerte umfassen auch den auf die Minderheiten entfallenden Anteil, der zu verrechnende Wertminderungsaufwand wird daher entsprechend den allgemeinen Regelungen erfasst.[142] Die Aufteilung der

---

138 Vgl. *Ernst & Young (Hrsg.)* International GAAP, 1266.
139 So auch *Küting/Weber/Wirth* KoR 2008, 146.
140 Vgl. *Wirth* Firmenwertbilanzierung nach IFRS, 227.
141 Vgl. *Kuhner/Hitz* Münchner Kommentar, IAS 36 Rn 127.
142 Vgl. *Ernst & Young (Hrsg.)* International GAAP, 1268.

bei den Vermögenswerten erfassten Wertminderungen zwischen Mehr- und Minderheitenanteil erfolgt entsprechend dem vereinbarten Gewinnverteilungsschlüssel (IAS 36.C6).

Bei Anwendung der **full goodwill**-Methode wird auch der auf die Minderheiten entfallende Geschäfts- oder Firmenwert in der Konzernbilanz aufgedeckt und ausgewiesen. Die bei der purchased goodwill-Methode notwendige Hochrechnung des Geschäfts- oder Firmenwerts für den Werthaltigkeitstest entfällt damit.[143] Es ist dabei zu beachten, dass im Vergleich zur purchased goodwill-Metode der gesamte für den Geschäfts- oder Firmenwert festgestellte Wertberichtigungsbedarf erfolgswirksam erfasst wird. Die Aufteilung zwischen Mutterunternehmen und Minderheiten erfolgt mittels des gleichen Schlüssels wie die Gewinnverteilung (IAS 36.C6). Hinsichtlich des sonstigen Vorgehens ergeben sich keine Unterschiede zu den für die purchased goodwill-Methode gemachten Ausführungen. Kritisch zu betrachten ist die Aufteilung eines Wertminderungsaufwands zwischen Mehr- und Minderheitseigner, wenn das Mutterunternehmen bei Erwerb eine Kontrollprämie bezahlt hat, die auch in den Geschäfts oder Firmenwert eingeht. Da ein Wertminderungsaufwand entsprechend dem Gewinnverteilungsschlüssel aufgeteilt wird, wird ein Teil des Aufwands aus der Abschreibung der Kontrollprämie auch beim Minderheitenanteil erfasst, obwohl bei dessen Erstbewertung keine Kontrollprämie berücksichtigt wurde und der damit eigentlich auch nicht im Wert zu berichtigen ist.[144]

VIII. Wertaufholung. Nach Erfassung eines Wertminderungsaufwands hat ein Unternehmen an jedem darauf folgenden Berichtsstichtag zu prüfen, ob ein Anhaltspunkt dafür vorliegt, dass ein Wertminderungsaufwand, der in einer früheren Periode erfasst wurde, nicht länger besteht oder sich vermindert haben könnte. Dies gilt sowohl für einzelne Vermögenswerte als auch für ZGE (IAS 36.109 und 36.110). Wenn ein solcher Anhaltspunkt vorliegt, hat das Unternehmen den erzielbaren Betrag dieses Vermögenswerts oder der ZGE zu schätzen. Eine Ausnahme stellt die Abschreibung eines Geschäfts- oder Firmenwerts dar, die niemals rückgängig gemacht wird, da für den Geschäfts- oder Firmenwert ein generelles Wertaufholungsverbot besteht (IAS 36.124).

Für die Prüfung, ob Anhaltspunkte dafür vorliegen, dass ein Wertminderungsaufwand, der in Vorperioden erfasst wurde, nicht länger besteht oder sich vermindert haben könnte, hat ein Unternehmen mindestens die nachfolgend in IAS 36.111 aufgeführten **Indikatoren für eine Wertaufholung** zu berücksichtigen:
- der Marktwert eines Vermögenswerts hat sich während der Periode deutlich erhöht,

---

143 Vgl. *KPMG (Hrsg.)* Insights, 651f.
144 Vgl. *Küting/Weber/Wirth* KoR 2008, 147.

- während der Periode hat sich das technische, ökonomische, gesetzliche oder marktbezogene Umfeld, in dem das Unternehmen tätig ist, erheblich verbessert, oder es ist in näherer Zukunft damit zu rechnen,
- die am Markt beobachtbaren Zinssätze für Finanzinvestitionen sind gesunken und es ist wahrscheinlich, dass sich dieser Rückgang auch auf den Diskontierungszinssatz zur Bestimmung des Nutzungswerts positiv auswirkt,
- die Bedingungen im (geplanten) Einsatzbereich eines Vermögenswerts haben sich deutlich positiv entwickelt. Dies kann beispielsweise durch Investitionsmaßnahmen geschehen, die die Ertragskraft verbessern,
- aus dem internen Berichtswesen ergeben sich Informationen, dass sich die Ertragskraft eines Vermögenswerts nachhaltig verbessert hat oder verbessern wird.

Die Indikatoren für eine Wertaufholung sind weitestgehend spiegelbildlich zu denen für eine Wertminderung und werden in externe und interne Faktoren unterschieden.[145] Im Vergleich zu den Indikatoren für eine Wertminderung fehlen für eine Wertaufholung jeweils ein interner und ein externer Indikator. Bei den externen Anhaltspunkten handelt es sich dabei um die Umkehrung des Indikators, bei dem der Buchwert des Nettovermögens eines Unternehmens größer ist als dessen Marktkapitalisierung. Für die internen Anhaltspunkte fehlt ein entsprechendes Pendant zum Indikator hinsichtlich Überalterung oder Beschädigung eines Vermögenswerts. Eine Erklärung dafür, warum für eine Wertaufholung diese beiden Indikatoren nicht zu berücksichtigen sind, liefert der Standard nicht. Es ist jedoch davon auszugehen, dass sich Werterhöhungen, die sich aus der Umkehrung dieser beiden Indikatoren ergeben, von den übrigen Indikatoren mit abgedeckt werden.[146] Die Formulierung „as a minimum" in IAS 36.111 lässt darauf schließen, dass die Aufzählung der Indikatoren nicht abschließend ist. Ein Unternehmen kann auch bei Auftreten weiterer nicht im Standard genannter Anhaltspunkte dazu verpflichtet sein, eine Wertaufholung zu prüfen.[147]

78 Ein in früheren Perioden erfasster Wertminderungsaufwand ist nur dann aufzuheben oder zu verringern, wenn sich seit der Erfassung des letzten Wertminderungsaufwands eine Änderung in den Schätzungen ergeben hat, die bei der Bestimmung des erzielbaren Betrags herangezogen wurden. Sollte dies der Fall sein, so ist der Buchwert eines Vermögenswerts auf seinen erzielbaren Betrag zu erhöhen. Diese Erhöhung ist eine Wertaufholung (IAS 36.114).

---

145 Vgl. *Kuhner/Hitz* Münchner Kommentar, IAS 36 Rn 132.
146 Vgl. *PwC (Hrsg.)* Manual of Accounting, Rn 18.270; *Ernst & Young (Hrsg.)* International GAAP, 1275.
147 Vgl. *Baetge/Krolak/Thiele/Hain* Rechnungslegung nach IFRS, IAS 36 Rn 113; *Scheinpflug* Beck'sches IFRS-Handbuch, §5 Rn 206.

VIII. Wertaufholung

Eine Wertaufholung spiegelt eine Erhöhung des geschätzten Leistungspotenzials eines Vermögenswerts, entweder durch Nutzung oder Verkauf wider, für den ein Unternehmen ein Wertminderungsaufwand festgestellt hat. Eine solche Änderung des Nutzungspotenzials kann sich ergeben durch (IAS36.115):

- eine Änderung der Berechnungsgrundlage des erzielbaren Betrags (Anwendung des Konzepts des beizulegenden Zeitwerts abzüglich Veräußerungskosten oder des Nutzungswerts),
- eine Änderung in der Höhe oder dem zeitlichen Anfall der geschätzten zukünftigen Cashflows oder des Abzinsungssatzes, falls der erzielbare Betrag auf dem Nutzungswert basiert,
- eine Änderung der Schätzung der Bestandteile des beizulegenden Zeitwerts abzüglich Veräußerungskosten, falls der erzielbare Betrag auf diesem Bewertungskonzept basiert.

Eine Wertaufholung, die alleine auf Zeit- oder Zinseffekten beruht ist nicht möglich.[148] Erhöht sich der Barwert der zukünftig erwarteten Cashflows nur dadurch, dass die Zahlungszeitpunkte näher rücken, ohne dass sich das dem Vermögenswert innewohnende Leistungspotenzial erhöht hat, führt diese Steigerung des Nutzungswerts zu keiner Wertaufholung. Dieses Vorgehen wird damit begründet, dass sich durch das reine verstreichen von Zeit am eigentlichen Grund für die vormals erfasste Wertminderung nichts ändert.[149] Diese Restriktion sieht IAS 36.116 selbst nur ausdrücklich beim Nutzungswert vor, sie ist jedoch auch bei einer modellbasierten Ermittlung des beizulegenden Zeitwerts zu beachten.[150] Sollten sich zusätzlich zum reinen Zeitablauf aber auch die Cashflow-Erwartungen erhöht haben, so ist der Wertanteil, der aus dem Zeiteffekt resultiert, bei der Nutzungswertbestimmung nicht zu eliminieren (IAS 36. BCZ186).

Wenn ein Anhaltspunkt dafür vorliegt, dass ein in vergangenen Perioden erfasster Wertminderungsaufwand für einen Vermögenswert nicht länger besteht oder sich vermindert haben könnte, sollte ein Unternehmen auch eine Überprüfung der Restnutzungsdauer, der Abschreibungsmethode und des Restwerts des Vermögenswerts durchführen. Dies gilt unabhängig davon, ob tatsächlich ein Wertminderungsaufwand rückgängig gemacht wird (IAS 36.113).

Der aufgrund einer Wertaufholung zu erhöhende Buchwert eines einzelnen Vermögenswerts, mit Ausnahme eines Geschäfts- oder Firmenwerts, darf nicht den fortgeführten Buchwert (abzüglich planmäßiger Abschreibungen) des Vermögenswerts überschreiten, der sich ergeben hätte, wenn in früheren Jahren kein Wertminderungsaufwand gebucht worden wäre (IAS 36.117). Der fortgeführte Buchwert als Wertobergrenze erfordert, nach Vornahme einer außerplanmäßigen Abschreibung

---

148 Vgl. *KPMG (Hrsg.)* Insights, 674.
149 Vgl. *PwC (Hrsg.)* IFRS Manual of Accounting, Rn 18.272.
150 Vgl. *Kuhner/Hitz* Münchner Kommentar, IAS 36 Rn 134.

eine Schattenbuchführung, die eine Ermittlung des in einer Periode höchstens zulässigen Zuschreibungsbetrags ermöglicht.[151] Eine Wertaufholung eines Vermögenswerts, der zu fortgeführten Anschaffungskosten bilanziert wird, ist als Ertrag in der Gewinn- und Verlustrechnung zu erfassen (IAS 36.119). Nachdem eine Wertaufholung vorgenommen wurde, ist der Abschreibungsplan des Vermögenswerts für die zukünftigen Perioden entsprechend anzupassen, um den berichtigten Buchwert des Vermögenswerts abzüglich eines eventuell verbleibenden Restbuchwerts systematisch über die Restnutzungsdauer zu verteilen (IAS 36.121).

80 Eine Erhöhung des Buchwerts über den fortgeführten Buchwert (abzüglich planmäßiger Abschreibung) hinaus, der sich ergeben hätte, wenn in den früheren Jahren kein Wertminderungsaufwand erfasst worden wäre, ist eine **Neubewertung**. Für die Bilanzierung einer solchen Neubewertung hat ein Unternehmen die jeweils für den entsprechenden Vermögenswert relevanten Standards zu beachten (IAS 36.119). Für Sachanlagen ist dies IAS 16, für immaterielle Vermögenswerte IAS 38.[152] Eine Wertaufholung eines neu bewerteten Vermögenswerts wird im sonstigen Ergebnis, mit einer entsprechenden Erhöhung der Neubewertungsrücklage für diesen Vermögenswert, erfasst. Bis zu dem Betrag jedoch, zu dem ein Wertminderungsaufwand für denselben neu bewerteten Vermögenswert vorher aufwandswirksam erfasst wurde, wird eine Wertaufholung ebenso ertragswirksam erfasst (IAS 36.120).

81 Eine Wertaufholung für eine ZGE ist den Vermögenswerten dieser Einheit, mit Ausnahme des Geschäfts- oder Firmenwerts, buchwertproportional zuzuordnen. Bei der Erhöhung der Buchwerte der einzelnen Vermögenswerte, sind die Regelungen des IAS 36.119 analog anzuwenden. Bei der Zuordnung einer Wertaufholung auf die einzelnen Vermögenswerte ist zu beachten, dass die jeweiligen Buchwerte den geringeren Wert aus erzielbarem Betrag (falls bestimmbar) und fortgeführte Anschaffungskosten (abzüglich planmäßiger Abschreibung) nicht übersteigen dürfen.[153] Eine Wertaufholung ist nur bei denjenigen Vermögenswerten vorzunehmen, bei denen vormals auch ein Wertminderungsaufwand erfasst wurde.[154] Sollte die einem Vermögenswert zugeordnete Wertaufholung den zulässigen Höchstwert überschreiten, so ist der überschießende Betrag den restlichen Vermögenswerten der ZGE, buchwertproportional zuzuschlagen.[155] Verbleibt nach Zuschreibung aller Vermögenswerte einer ZGE auf ihren zulässigen Höchstbetrag eine Differenz zum erzielbaren Betrag der ZGE, so verfällt dieser.[156]

---

151 Vgl. *Hoffmann* Haufe-Kommentar, §11 Rn 81.
152 Hinsichtlich der Detailregelungen sei an dieser Stelle auf die jeweiligen Kapitel verwiesen.
153 Vgl. *Ernst & Young (Hrsg.)* International GAAP, 1278.
154 Vgl. *Deloitte (Hrsg.)* iGAAP, 613.
155 Vgl. *PwC (Hrsg.)* IFRS Manual of Accounting, Rn 18.284.
156 Vgl. *Brücks/Kerkhoff/Richter*, Internationales Bilanzrecht, IAS 36 Rn 286.

Ein für den Geschäfts- oder Firmenwert erfasster Wertminderungsaufwand darf nicht rückgängig gemacht werden (IAS 36.124). Diese Regelung des Standards ist vor dem Hintergrund zu sehen, dass es sich bei einer Werterholung um einen vom Unternehmen selbst geschaffenen originären Geschäfts- oder Firmenwert handeln könnte und nicht um eine Werterholung des derivativ erworbenen Geschäfts- oder Firmenwerts. Eine Aktivierung von selbst geschaffenen Geschäfts- oder Firmenwerten schließt IAS 38 jedoch aus.[157] Eine Wertaufholung des Geschäfts- oder Firmenwerts ist auch dann ausgeschlossen, wenn für eine Zwischenberichtsperiode ein Wertminderungsaufwand erfasst wurde, sich bis zur Aufstellung eines nachfolgenden Zwischenberichts oder des Jahresabschlusses aber eine Werterholung eingestellt hat.[158]

IX. Ausweis und Angaben. Hinsichtlich des Ausweises der Wertminderungen und Wertaufholungen in der Gesamtergebnisrechnung ist zwischen erfolgswirksamen und erfolgsneutralen Wertänderungen zu unterscheiden. Die in Zusammenhang mit der Neubewertungsmethode erfolgsneutral erfassten Beträge werden im sonstigen Ergebnis (Other Comprehensive Income) ausgewiesen. Für die erfolgswirksam zu erfassenden Beträge sieht IAS 36 keinen gesonderten Posten innerhalb der Gewinn- und Verlustrechnung vor. Diese sind entsprechend den allgemein gültigen Grundsätzen des IAS 1 abzubilden. Besonders bedeutende Wertminderungen oder Wertaufholungen sind gesondert in der GuV darzustellen.[159]

Die umfangreichen **Offenlegungsvorschriften** im Zusammenhang mit der Wertminderung von Vermögenswerten finden sich in IAS 36.126-36.137. Durch die Zusammenfassung des Werthaltigkeitstests von einzelnen Vermögenswerten einerseits, als auch des Geschäfts- oder Firmenwerts andererseits, lassen sich die Anhangsangaben nur schwer systematisieren. Grundsätzlich kann man die Anhangsangaben aber in die nachfolgend dargestellten Bereiche unterteilen:[160]
- einzelne Vermögenswerte,
- Gruppe von einzelnen Vermögenswerten,
- ZGE ohne Geschäfts- oder Firmenwert bzw. ohne immaterielle Vermögenswerte mit unbestimmter Nutzungsdauer,
- ZGE mit Geschäfts- oder Firmenwert und/oder immateriellen Vermögenswerten mit unbestimmter Nutzungsdauer.

Für jede Gruppe von einzelnen Vermögenswerten hat ein Unternehmen die folgenden Angaben zu machen (IAS 36.126):
- die Höhe der in der Gewinn- und Verlustrechnung während der Periode erfassten Wertminderungsaufwendungen und Wertaufholungen sowie die Posten der Gesamtergebnisrechnung, die davon betroffen sind,

---

157 Vgl. *Ernst & Young (Hrsg.)* International GAAP, 1266.
158 Vgl. *KPMG (Hrsg.)* Insights, 674.
159 Vgl. *Bartels/Jonas* Beck'sches IFRS-Handbuch, §27 Rn 149f.
160 Vgl. *Hoffmann* Haufe-Kommentar, §11 Rn 83.

- die Höhe der Wertminderungsaufwendungen und Wertaufholungen der neu bewerteten Vermögenswerte, die während der Periode im sonstigen Ergebnis erfasst wurden.

Eine Gruppe von Vermögenswerten ist in IAS 36.127 definiert als „eine Zusammenfassung von Vermögenswerten, die sich durch eine ähnliche Art und Verwendung im Unternehmen auszeichnen." Die geforderten Informationen können gemeinsam mit anderen Informationen für die jeweilige Gruppe von Vermögenswerten angegeben werden. Beispielhaft nennt IAS 36.128 eine Verknüpfung mit der in IAS 16 geforderten Überleitungsrechnung des Buchwerts der Sachanlagen am Anfang und am Ende der Berichtsperiode, also eine Integration in den Sachanlagespiegel.[161] Erstellt ein Unternehmen einen Segmentbericht gem. IFRS 8, so ist zusätzlich für jedes Segment über die erfolgswirksam und erfolgsneutral erfassten Wertminderungen und Wertaufholungen zu berichten (IAS 36.129(a) und (b)).

86 Sind aus Perspektive des Unternehmens Wertminderungen oder Wertaufholungen für einen einzelnen Vermögenswert einschließlich Geschäfts- oder Firmenwert oder eine ZGE als wesentlich einzuschätzen, so sind zusätzliche folgende Angaben zu machen (IAS 136.130):

- die Höhe der Wertminderung oder Wertaufholung sowie die Ereignisse und Umstände, die zu der Erfassung geführt haben,
- für jeden einzelnen Vermögenswert: die Art des Vermögenswerts und zu welchem berichtspflichtigen Segment dieser ggf. gehört,
- für jede ZGE: eine Beschreibung der ZGE, sowie die Höhe des erfassten oder aufgehobenen Wertminderungsaufwands und ggf. zu welchem berichtspflichtigen Segment diese Einheit gehört. Sollte sich die Zusammensetzung der Vermögenswerte in der ZGE verändert haben, ist auch darüber zu berichten,
- auf welcher Grundlage der erzielbare Betrag ermittelt wird. Liegt dem erzielbaren Betrag der beizulegende Zeitwert abzüglich Veräußerungskosten zu Grunde, so ist die hierfür verwendete Grundlage anzugeben (beispielsweise, ob auf Preise an einem aktiven Markt abgestellt wird). Ergibt sich der erzielbaren Betrag über den Nutzungswert, so sind der aktuelle und der im Vorjahr verwendete Abzinsungssatz anzugeben.

87 Für alle nicht wesentlichen Wertminderungen und Wertaufholungen ist jeweils die Gesamtsumme anzugeben. Daneben ist über die wichtigsten Gruppen von Vermögenswerten zu berichten, die von den jeweiligen Wertänderungen betroffen sind und die dafür jeweils ausschlaggebenden Ereignisse oder Umstände (IAS 36.131). Einem Unternehmen wird empfohlen über die in einer Periode verwendeten grundlegenden Annahmen zur Bestimmung des erzielbaren Betrags zu informieren (IAS 36.132). Eine Verpflichtung hierzu besteht nicht.

---

[161] Vgl. *Bartels/Jonas* Beck'sches IFRS-Handbuch, §27 Rn 150.

IX. Ausweis und Angaben

Besonders umfangreiche Anhangsangaben sieht IAS 36 für den Geschäfts- oder Firmenwert sowie für immaterielle Vermögenswerte mit unbestimmter Nutzungsdauer und die damit in Zusammenhang stehenden ZGE vor.[162] Ein Unternehmen hat für jede ZGE oder Gruppe von Einheiten, der ein Geschäfts- oder Firmenwert bzw. ein immaterieller Vermögenswert mit unbegrenzter Nutzungsdauer zugeordnet ist, welcher signifikant ist im Vergleich zum Gesamtbuchwert des Geschäfts- oder Firmenwerts oder der immateriellen Vermögenswerte mit unbegrenzter Nutzungsdauer, gesonderte Angaben zu machen (IAS 36.134). Diese Informationen sind als wiederkehrende Pflichtangaben zu verstehen und unabhängig von einer Wertminderung immer in den Anhang aufzunehmen, sofern das Unternehmen einen Geschäfts- oder Firmenwert bzw. immaterielle Vermögenswerte mit unbestimmter Nutzungsdauer in der Bilanz ausweist.[163] Zu den verpflichtenden Angaben für jede ZGE oder Gruppe von Einheiten gehört (IAS 36.134):

- der Buchwert des zugeordneten Geschäfts- oder Firmenwerts bzw. der zugeordneten immateriellen Vermögenswerte mit unbegrenzter Nutzungsdauer,
- die Basis, auf der der erzielbare Betrag bestimmt worden ist.

Wird der erzielbare Betrag als Nutzungswert ermittelt sind weitere Informationen notwendig:
- eine Beschreibung der wesentlichen Annahmen für die Cashflow-Prognose,
- eine Beschreibung, ob die Annahmen auf vergangenen Erfahrungen oder externen Informationsquellen beruhen. Weichen die Annahmen von vergangenen Erfahrungen oder externen Informationsquellen ab, ist dies zu begründen,
- der Zeitraum, für den das Management die Cashflows geplant hat. Wird ein Planungszeitraum von mehr als fünf Jahren verwendet, ist dies zu begründen,
- die Wachstumsrate, die zur Fortschreibung der Cashflow-Prognosen jenseits des Detailplanungszeitraums benutzt wird und ggf. eine Begründung für die Anwendung einer Wachstumsrate, die die durchschnittliche Wachstumsrate für die Produkte, Industriezweige oder Länder übersteigt, in welchen die ZGE tätig ist,
- der auf die Cashflow-Prognose angewendete Diskontierungszinssatz.

Wird der erzielbare Betrag als beizulegender Zeitwert abzüglich Veräußerungskosten ermittelt, ist die angewendete Methode anzugeben. Wird der beizulegende Zeitwert abzüglich Verkaufskosten nicht anhand eines direkt beobachtbaren Marktpreises bestimmt, sind weitere Angaben gefordert:
- eine Beschreibung der wesentlichen Annahme, nach der das Management den beizulegenden Zeitwert abzüglich Veräußerungskosten bestimmt,

---

162 Kritisch zum Informationsnutzen der Angaben: *Hoffmann* Haufe-Kommentar, §11 Rn 92.
163 Vgl. *Bartels/Jonas* Beck'sches IFRS-Handbuch, §27 Rn 154.

- eine Beschreibung, welcher Ansatz zur Ermittlung der wesentlichen Annahme verwendet wird und ob diese Annahme auf eigenen Erfahrungen oder externen Quellen beruhen. Wird von internen Erfahrungswerten oder externen Quellen abgewichen, ist dies zu begründen.

Wird der beizulegende Zeitwert abzüglich Veräußerungskosten über ein Discounted Cashflow-Verfahren bestimmt, sind zudem die auch zum Nutzungswertverfahren geforderten Angaben zur Cashflow-Prognose, Wachstumsrate und zum Diskontierungszinssatz zu machen.

Hält es das Management für möglich, dass durch die Änderung einer wesentlichen Annahme der darauf aufgebaute erzielbare Betrag den Buchwert unterschreitet, sind des weiteren anzugeben: der Wert mit dem der erzielbare Betrag den Buchwert aktuell übersteigt, der aus der Annahme resultierende Wert und der Betrag, um den sich die Annahme maximal ändern darf, damit der erzielbare Betrag nicht unter den Buchwert sinkt. Hierbei handelt es sich um eine Sensitivitätsanalyse bezüglich der kritischen Annahmen bei der Durchführung des Wertminderungstests.

89 Auch für den Fall, dass einer ZGE oder einer Gruppe von Einheiten ein nicht signifikanter Anteil am Geschäfts- oder Firmenwert bzw. an den immateriellen Vermögenswerten mit unbestimmter Nutzungsdauer zugewiesen wird, ist dieser Sachverhalt im Anhang anzugeben. Daneben muss auch die Summe der Buchwerte der Geschäfts- oder Firmenwerte bzw. der immateriellen Vermögenswerte mit unbegrenzter Nutzungsdauer, der diesen Einheiten oder Gruppen von Einheiten zugeordnet ist, angegeben werden. Basieren darüber hinaus die erzielbaren Beträge mehrerer dieser Einheiten oder Gruppen von Einheiten auf denselben wesentlichen Annahmen und ist der diesen Einheiten insgesamt zugeordnete Geschäfts- oder Firmenwert bzw. immaterielle Vermögenswerte mit unbestimmter Nutzungsdauer signifikant, so ist dies anzugeben. Des Weiteren sind für diese Einheiten folgende Angaben gefordert (IAS 36.135):

- die Summe der Buchwerte des den Einheiten oder Gruppen von Einheiten zugeordneten Geschäfts- oder Firmenwerts bzw. der immateriellen Vermögenswerte mit unbestimmter Nutzungsdauer,
- eine Beschreibung der wesentlichen Annahmen,
- eine Erläuterung des Managementansatzes zur Bestimmung der wesentlichen Annahmen und ob diese Werte vergangene Erfahrungen widerspiegeln, die sich ggf. mit externen Informationsquellen decken. Weichen die Annahmen von vergangenen Erfahrungen oder externen Informationsquellen ab, ist dies zu begründen,
- hält es das Management für möglich, dass sich eine wesentliche Annahme dahingehend ändert, dass die darauf aufgebaute Summe der erzielbaren Beträge der Einheiten die Summe der Buchwerte dieser Einheiten unterschreitet, sind des

weiteren anzugeben: der Wert, mit dem der erzielbare Betrag den Buchwert aktuell übersteigt, der aus der Annahme resultierende Wert und der Betrag, um den sich die Annahme maximal ändern darf, damit der erzielbare Betrag nicht unter den Buchwert sinkt.

Zieht ein Unternehmen nach IAS 36.24 oder IAS 36.99 zur Ermittlung des erzielbaren Betrags die Vorjahreswerte heran, so sind die Informationspflichten auf die Berechnung dieser Werte zu beziehen (IAS36.136). 90

Ist ein in der Berichtsperiode erworbener Geschäfts- oder Firmenwert bis zum Abschlussstichtag nicht vollständig auf die davon profitierenden Einheiten verteilt, so muss der Betrag des nicht zugeordneten Geschäfts- oder Firmenwerts, unter Angabe der dafür verantwortlichen Gründe, angegeben werden (IAS 36.133).

Beispiel 91
(Auszug aus dem Geschäftsbericht der Deutschen Telekom AG zum 31. Dezember 2009)

Die Deutsche Telekom führte zum 31. Dezember 2009 ihre jährlichen Werthaltigkeitstests für die bilanzierten Goodwills durch. Die nachfolgende Tabelle enthält eine Übersicht der vom Konzern angewandten Perioden für die Cash-Flow-Prognosen, die zur Extrapolation der Cash-Flow-Prognosen genutzten Wachstumsraten und die auf die Cash-Flow-Prognosen angewandten Diskontierungszinssätze, gegliedert nach operativen Segmenten:

	Angewandte Perioden in Jahren	Wachstumsraten in%	Diskontierungszinssätze in%
Deutschland	10	1,0	6,51
USA	10	2,5	7,97
Europa	10	2,0	7,23 – 8,26
Süd- und Osteuropa	10	1,3 – 2,3	7,75 – 11,24
Systemgeschäft	10	1,5	7,71

Den Bewertungen der ZGE liegen Prognosen zugrunde, die auf den vom Management genehmigten Finanzplänen beruhen und auch für interne Zwecke verwendet werden. Der gewählte Planungshorizont spiegelt die Annahmen für kurz- bis mittelfristige Marktentwicklungen wider. Cash-Flows, die über den Planungshorizont hinausgehen, werden anhand geeigneter Wachstumsraten berechnet. Zu den wesentlichen Annahmen, auf denen die Ermittlung des beizulegenden Zeitwerts abzüglich Veräußerungskosten durch das Management beruht, gehören folgende im Wesentlichen intern ermittelte Annahmen, die hauptsächlich vergangene Erfahrungen widerspiegeln: Umsatzentwicklung, Kundengewinnungs- und Kundenbindungskosten, Kündigungsraten, Investitionen, Marktanteile sowie Wachstumsraten. Diskontierungszinssätze werden auf Basis externer vom Markt abgeleiteter Größen bestimmt. Sollten sich künftig wesentliche Veränderungen in den oben aufgeführten Annahmen ergeben, so würde dies Einfluss auf die beizulegenden Zeitwerte der ZGE haben. Diese möglichen Veränderungen von Annahmen könnten sich bei den ZGE in den Ländern des operativen Segments Süd- und Osteuropa durch zukünftige Entwicklungen der angespannten makroökonomischen Lage, des anhaltend harten Wettbewerbs sowie die in einigen dieser Länder neu erhobenen bzw. angehobenen Mobilfunksteuern stärker und ggf. negativ auswirken.

Auf der Basis der zum Abschlussstichtag vorliegenden Erkenntnisse und Erwartungen des Markt- und Wettbewerbsumfelds ergaben die Werthaltigkeitstests zum Jahresende für folgende ZGE ein Wertminderungsbedarf:

in Mio. €	31.12.2009	Segmentzugehörigkeit
Griechenland – Mobilfunk	203	Süd- und Osteuropa
Griechenland – Festnetz	130	Süd- und Osteuropa
Rumänien – Mobilfunk	66	Süd- und Osteuropa
T-Mobile Austria Gruppe	47	Europa
Slowakei – Festnetz	37	Süd- und Osteuropa
Übrige	45	Süd- und Osteuropa
	528	

Die Wertminderungen resultieren im Wesentlichen aus dem länderspezifischen Risiko im Zusammenhang mit der aktuellen Finanz- und Staatskrise in Griechenland. Darüber hinaus waren hauptsächlich die negativen Entwicklungen im Zusammenhang mit der Finanzmarktkrise ursächlich für weitere Wertminderungen.

Wären bei den Werthaltigkeitstests der Goodwills der ZGE, bei denen am Jahresende Wertminderungen in Höhe von insgesamt 0,5 Mrd. € erfasst wurden, die zugrunde gelegten Diskontierungssätze um 0,5 Prozentpunkte höher gewesen, hätten sich um 0,5 Mrd. € höhere Wertminderungen ergeben. Wären die Diskontierungssätze hingegen um 0,5 Prozentpunkte niedriger gewesen, hätten sich um 0,4 Mrd. € niedrigere Wertminderungen ergeben. Wären die bei diesen Werthaltigkeitstests zugrunde gelegten Wachstumsraten um 0,5 Prozentpunkte niedriger gewesen, hätte dies eine um 0,3 Mrd. € höhere Wertminderung und bei 0,5 Prozentpunkte höheren Wachstumsraten eine um 0,3 Mrd. € niedrigere Wertminderung zur Folge gehabt.

X. Inkrafttreten und Übergangsvorschriften. Die derzeit auf EU-Ebene verbindliche Fassung von IAS 36 stammt aus dem Jahr 2004 und wurde am 31. Dezember 2004, zusammen mit IFRS 3 (alte Fassung) und IAS 38, veröffentlicht. Unabhängig davon war die erstmalige Anwendung vorgeschrieben, für Berichtsperioden die am oder nach dem 31. März 2004 begannen bzw. für ab diesem Zeitpunkt abgeschlossene Unternehmenstransaktionen und die damit verbundenen neu bilanzierten Geschäfts- oder Firmenwerte bzw. immateriellen Vermögenswerte (IAS 36.139(a) u (b)). Eine frühere freiwillige Anwendung war zulässig.

92

In Zusammenhang mit der Überarbeitung von IAS 1 (überarbeitet 2007) kam es zu einer Änderung der Paragraphen 61, 120, 126 und 129. Diese Änderungen waren erstmals in Geschäftsjahren anzuwenden, die am oder nach dem 1. Januar 2009 begannen. Eine frühere Anwendung war zulässig (IAS 36.140A). Das Endorsement durch die EU erfolgte am 17. Dezember 2008.

Mit der Einführung der full goodwill-Methode in IFRS 3 (überarbeitet 2008) wurden die Paragraphen 65, 81, 85 und 139 geändert, die Paragraphen 91-95 und 138 gestrichen und Anhang C hinzugefügt. Der Werthaltigkeitstest für den Geschäfts- oder Firmenwert wurde damit an die full goodwill-Methode angepasst. Diese Änderungen waren erstmals in Geschäftsjahren anzuwenden, die am oder nach dem 1. Juli 2009 begannen. Waren IFRS 3 (überarbeitet 2008) auf eine frühere Periode angewendet, waren die Änderungen an IAS 36 entsprechend auch früher anzuwenden (IAS 36.140B). Das Endorsement durch die EU erfolgte am 3. Juni 2009.

Mit dem jährlichen Änderungsverfahren vom Mai 2008 kam es zu einer Anpassung an IAS 36.134(e). Dabei wurden die Berichtspflichten deutlich erweitert, falls der beizulegende Zeitwert abzüglich Veräußerungskosten modellbasiert ermittelt wird. Diese Anpassung war erstmals für Geschäftsjahre zu berücksichtigen, die am oder nach dem 1. Januar 2009 begannen. Eine frühere Anwendung war zulässig, musste aber im Anhang angegeben werden (IAS 36.140C). Das Endorsement durch die EU erfolgte am 23. Januar 2009.

Mit der Änderung an IFRS 1 und IAS 27 *Cost of an Investment in a Subsidiary, Jointly Controlled Entity or Associate* wurde Paragraph 12 (h) neu eingeführt. Danach können auch übermäßige Ausschüttungen aus einem Tochterunternehmen einen Anhaltspunkt für eine Wertminderung darstellen. Diese Änderung ist auf Geschäftsjahre anzuwenden, die am oder nach dem 1. Januar 2009 beginnen. Wurden die Änderungen an IFRS 1 und IAS 27 früher angewendet, so war auch Paragraph 12 (h) ab diesem Zeitpunkt anzuwenden (IAS 36.140D). Das Endorsement durch die EU erfolgte am 23. Januar 2009.

93 IFRS Erstanwender haben zum Zeitpunkt des Übergangs den in der Bilanz ausgewiesenen Geschäfts- oder Firmenwert immer auf seine Werthaltigkeit zu prüfen. Ein festgestellter Wertminderungsaufwand ist mit den Gewinnrücklagen zu verrechnen. Für alle anderen Vermögenswerte, die in den Anwendungsbereich von IAS 36 fallen, sind umfangreiche Ausnahme- und Sonderregelungen für Erstanwender vorgesehen.[164]

94 **XI. IFRS für kleine und mittelgroße Unternehmen.** Die IFRS Vorschriften zum Wertminderungstest für kleine und mittelgroße Unternehmen (IFRS for SMEs) wurden im Verhältnis zu IAS 36 stark vereinfacht. Ursächlich hierfür sind im Wesentlichen die Begrenzung der wirtschaftlichen Nutzungsdauer für immaterielle Vermögenswerte einschließlich des Geschäfts- oder Firmenwerts - sofern die Nutzungsdauer nicht verlässlich geschätzt werden kann, sollen 10 Jahre angesetzt werden - sowie die Aufhebung der Unterscheidung derselben in solche mit bestimmbarer (begrenzter) und unbestimmter (unbegrenzter) Nutzungsdauer (IFRS-SMEs Abschnitt 19.23(a)). Als Folge davon sind immaterielle Vermögenswerte einschließlich Geschäfts- oder Firmenwerte planmäßig über die Nutzungsdauer abzuschreiben (IFRS-SMEs Abschnitt 19.23 iVm IFRS-SMEs Abschnitt 18.19-24). Werthaltigkeitsprüfungen (*impairment tests*) sind nur noch bei Vorliegen von Anzeichen einer Wertminderung (*triggering events*) durchzuführen (IFRS-SMEs Abschnitt 27.7-10). Die Verpflichtung zur Durchführung eines jährlichen Wertminderungstests entfällt damit.

Die qualitative Vorgehensweise bei der Wertminderung nach IFRS-SMEs und nach HGB entsprechen sich daher weitgehend.

Hinsichtlich der quantitativen Vorgehensweise bei der Wertminderung sind die Regelungen in IFRS-SMEs Abschnitt 27 im Vergleich zu IAS 36 deutlich verringert worden. Eine Wertminderung liegt immer dann vor, wenn der Buchwert eines Vermögenswerts (einer ZGE) dessen (deren) erzielbaren Betrag übersteigt (IFRS-SMEs Abschnitt 27.21-23). Am Konzept des erzielbaren Betrags, einschließlich der Bewertungsmethoden beizulegender Zeitwerts abzüglich Veräußerungskosten und Nutzungswert, hat sich jedoch grundsätzlich nichts geändert. Aufgrund der derzeit bestehenden Zweifelsfragen zu IAS 36, wird daher bei der Bewertung verstärkt auf die Regelungen und Kommentierungen zu IAS 36 zurückgegriffen werden müssen. Eine Vereinfachung ist in diesem Bereich mangels Regelungen nicht ersichtlich.

Das Konzept der ZGE ist weiterhin in den IFRS for SMEs integriert: Kann der erzielbare Betrag eines Vermögenswerts nicht ermittelt werden, ist auf die darüber liegende ZGE abzustellen.

---

164 Vgl. hierzu *Ernst & Young (Hrsg.)* International GAAP, 307f.

Ein erworbener Geschäfts- oder Firmenwert ist analog zu IFRS 3 bereits zum Zeitpunkt des Unternehmenszusammenschlusses einer ZGE bzw. einer Gruppe von ZGE zuzuordnen (IFRS-SMEs Abschnitt 27.24-27). Eine Vereinfachung besteht für den Fall, dass eine Zuordnung nach IAS 36.80ff. nicht zuverlässig möglich ist. In diesem Fall darf ein aus dem Erwerb eines Tochterunternehmens stammender Geschäfts- oder Firmenwert vereinfacht diesem Unternehmen zugeordnet werden, sofern dieses Unternehmen weiterhin als Einheit existiert. Ist dieses Unternehmen jedoch in den Unternehmensverbund (zB durch Verschmelzung) integriert worden, dann ist der Geschäfts- oder Firmenwert für Zwecke des Wertminderungstests der Gruppe der integrierten Unternehmen zuzuordnen (IFRS-SMEs Abschnitt 27.27).

Die Aufteilung der Wertminderung auf den Geschäfts- oder Firmenwert und die sonstigen immateriellen Vermögenswerte sowie die Regelungen zur Wertaufholung entspricht im Grundsatz ebenfalls den Regelungen in IAS 36. So kann zB die Wertminderung eines Firmenwerts nicht rückgängig gemacht werden. Eine ermittelte Wertminderung ist jedoch zwingend erfolgswirksam in der Gesamtergebnisrechnung (Gewinn- und Verlustrechnung) auszuweisen, da die Neubewertungsmethode (IAS 16 und IAS 38) nicht in die IFRS for SMEs übernommen wurde.

Sehr erfreulich ist die - im Gegensatz zu IAS 36 - nur geringen Anzahl von Vorschriften zu den Anhangsangaben. Hier wird im Wesentlichen die Angabe zu Wertminderungen und Wertaufholungen je Klasse von Vermögenswerten und der Ausweis in der Gesamtergebnisrechnung (Gewinn- und Verlustrechnung) gefordert.

XII. Ausblick. Das IASB hat im Mai 2009 den Entwurf ED/2009/5 *Fair Value Measurement* (ED FVM) veröffentlicht. Der Standardentwurf ist das Ergebnis eines gemeinsamen Fair Value Projektes mit dem US-amerikanischen Standardsetter FASB. Dieses Projekt hat die standardübergreifende Bestimmung des beizulegenden Zeitwerts als Ziel. Eingeführt wird eine dreistufige Hierarchie an Inputfaktoren zur Ermittlung des beizulegenden Zeitwerts. Die Stufen richten sich nach der Objektivität der Inputfaktoren (ED FVM 45ff.): auf Preisnotierungen für identische Vermögenswerte und Schulden auf einem aktiven Markt basierende Informationen (Stufe 1), am Markt beobachtbare, aber für den Bewertungszweck angepasste Informationen (Stufe 2) und unternehmensinterne Inputfaktoren (Stufe 3).

Für die Ermittlung des beizulegenden Zeitwerts ist immer das Bewertungsverfahren anzuwenden, für das mehr beobachtbare Inputfaktoren vorliegen. Folgende Bewertungsverfahren werden genannt: *market approach* (marktbasiertes Verfahren), *income approach* (aufwands- bzw. zahlungsstrombasiertes Verfahren) und *cost approach* (kostenbasiertes Verfahren).

Die Einführung einer Bewertungshierarchie durch ED FVM wird insbesondere bei der Ermittlung des Nettoveräußerungswerts (*fair value less costs to sell*) eine materielle Folgewirkung auf IAS 36 – hinsichtlich der stärkeren Orientierung an beobachtbare Marktfaktoren – haben.

IAS 37 – Provisions, Contingent Liabilities and Contingent Assets

Rn	Textauszüge aus IAS 37
37.14	Eine Rückstellung ist dann anzusetzen, wenn (a) einem Unternehmen aus einem Ereignis der Vergangenheit eine gegenwärtige Verpflichtung (rechtlich oder faktisch) entstanden ist; (b) der Abfluss von Ressourcen mit wirtschaftlichem Nutzen zur Erfüllung dieser Verpflichtung wahrscheinlich ist; und (c) eine verlässliche Schätzung der Höhe der Verpflichtung möglich ist. Sind diese Bedingungen nicht erfüllt, ist keine Rückstellung anzusetzen.
37.15	Vereinzelt gibt es Fälle, in denen unklar ist, ob eine gegenwärtige Verpflichtung existiert. In diesen Fällen führt ein Ereignis der Vergangenheit zu einer gegenwärtigen Verpflichtung, wenn unter Berücksichtigung aller verfügbaren substanziellen Hinweise für das Bestehen einer gegenwärtigen Verpflichtung zum Abschlussstichtag mehr dafür als dagegen spricht.
37.31	Ein Unternehmen darf keine Eventualforderungen ansetzen.
37.36	Der als Rückstellung angesetzte Betrag stellt die bestmögliche Schätzung der Ausgabe dar, die zur Erfüllung der gegenwärtigen Verpflichtung zum Abschlussstichtag erforderlich ist.
37.42	Bei der bestmöglichen Schätzung einer Rückstellung sind die unvermeidbar mit vielen Ereignissen und Umständen verbundenen Risiken und Unsicherheiten zu berücksichtigen.
37.45	Bei einer wesentlichen Wirkung des Zinseffekts ist im Zusammenhang mit der Erfüllung der Verpflichtung eine Rückstellung in Höhe des Barwerts der erwarteten Ausgaben anzusetzen.
37.47	Der (die) Abzinsungssatz (-sätze) ist (sind) ein Satz (Sätze) vor Steuern, der (die) die aktuellen Markterwartungen im Hinblick auf den Zinseffekt sowie die für die Schuld spezifischen Risiken widerspiegelt. Risiken, an die die Schätzungen künftiger Cashflows angepasst wurden, dürfen keine Auswirkung auf den (die) Abzinsungssatz (-sätze) haben.
37.48	Künftige Ereignisse, die den zur Erfüllung einer Verpflichtung erforderlichen Betrag beeinflussen können, sind bei der Höhe einer Rückstellung zu berücksichtigen, sofern es ausreichende objektive substanzielle Hinweise auf deren Eintritt gibt.
37.51	Gewinne aus dem erwarteten Abgang von Vermögenswerten sind bei der Bildung einer Rückstellung nicht zu berücksichtigen.

IAS 37 — Contingent Liabilities

37.53 Wenn erwartet wird, dass die zur Erfüllung einer zurückgestellten Verpflichtung erforderlichen Ausgaben ganz oder teilweise von einer anderen Partei erstattet werden, ist die Erstattung nur zu erfassen, wenn es so gut wie sicher ist, dass das Unternehmen die Erstattung bei Erfüllung der Verpflichtung erhält. Die Erstattung ist als separater Vermögenswert zu behandeln. Der für die Erstattung angesetzte Betrag darf die Höhe der Rückstellung nicht übersteigen.

37.54 In der Gesamtergebnisrechnung kann der Aufwand zur Bildung einer Rückstellung nach Abzug der Erstattung netto erfasst werden.

37.59 Rückstellungen sind zu jedem Abschlussstichtag zu prüfen und anzupassen, damit sie die bestmögliche Schätzung widerspiegeln. Wenn es nicht mehr wahrscheinlich ist, dass mit der Erfüllung der Verpflichtung ein Abfluss von Ressourcen mit wirtschaftlichem Nutzen verbunden ist, ist die Rückstellung aufzulösen.

37.61 Eine Rückstellung ist nur für Ausgaben zu verbrauchen, für die sie ursprünglich gebildet wurde.

37.63 Im Zusammenhang mit künftigen betrieblichen Verlusten sind keine Rückstellungen anzusetzen.

37.66 Hat ein Unternehmen einen belastenden Vertrag, ist die gegenwärtige vertragliche Verpflichtung als Rückstellung anzusetzen und zu bewerten.

37.72 Eine faktische Verpflichtung zur Restrukturierung entsteht nur, wenn ein Unternehmen

(a) einen detaillierten, formalen Restrukturierungsplan hat, in dem zumindest die folgenden Angaben enthalten sind:

(i) der betroffene Geschäftsbereich oder Teil eines Geschäftsbereichs;

(ii) die wichtigsten betroffenen Standorte;

(iii) Standort, Funktion und ungefähre Anzahl der Arbeitnehmer, die für die Beendigung ihres Beschäftigungsverhältnisses eine Abfindung erhalten werden;

(iv) die entstehenden Ausgaben; und

(v) der Umsetzungszeitpunkt des Plans; und

(b) bei den Betroffenen eine gerechtfertigte Erwartung geweckt hat, dass die Restrukturierungsmaßnahmen durch den Beginn der Umsetzung des Plans oder die Ankündigung seiner wesentlichen Bestandteile den Betroffenen gegenüber durchgeführt wird.

37.78 Aus dem Verkauf von Bereichen entsteht keine Verpflichtung, bis dass das Unternehmen den Verkauf verbindlich abgeschlossen hat, d.h. ein bindender Kaufvertrag existiert.

37.80 Eine Restrukturierungsrückstellung darf nur die direkt im Zusammenhang mit der Restrukturierung entstehenden Ausgaben enthalten, die sowohl:

(a) zwangsweise im Zuge der Restrukturierung entstehen und

(b) nicht mit den laufenden Aktivitäten des Unternehmens im Zusammenhang stehen.

Übersicht

	Rn
I. Regelungsgehalt	1 – 3
II. Normzweck und Anwendungsbereich	4 – 5
III. Begriffe	6
IV. Ansatz	7 – 18
V. Bewertung	19 – 25
VI. Erstattungen	26 – 27
VII. Anpassung der Rückstellungen	28 – 29
VIII. Verbrauch der Rückstellungen	30
IX. Anwendung der Bilanzierungs- und Bewertungsvorschriften	31 – 35
X. Ausweis und Angaben	36 – 40
XI. Inkrafttreten und Übergangsvorschriften	41
XII. IFRS für kleine und mittelgroße Unternehmen	42 – 46
XIII. Ausblick	47 – 55

I. Regelungsgehalt.[1] IAS 37 *Provisions, Contingent Liabilities and Contingent Assets* wurde im Juli 1998 vom IASC verabschiedet und war erstmals auf das am 1. Juli 1999 oder danach beginnende Geschäftsjahr anzuwenden. Der Standard regelt die Bilanzierung und Angaben von **Rückstellungen, Eventualschulden und Eventualforderungen**. Seit 2005 befindet sich IAS 37 in Überarbeitung beim IASB. Dieses Kapitel behandelt das derzeit gültige Regelungswerk in IAS 37. Im Abschnitt „Ausblick" werden die aktuellen Vorschläge des IASB zur zukünftigen Bilanzierung von Rückstellungen und Nicht-finanziellen Verbindlichkeiten dargestellt.

Zielsetzung von IAS 37 ist es, dem Bilanzleser ausreichend Informationen zu geben, um die Art, Fälligkeit und Höhe von Rückstellungen, Eventualschulden und Eventualforderungen zu beurteilen. Gemäß den IFRS sind zu passivierende Schulden zweistufig anhand der allgemeinen Kriterien des Rahmenkonzepts (*Framework*) bestimmt. In Rn 60 wird eine Verbindlichkeit definiert und in Rn 91 werden An-

---

[1] Für einen Überblick über die Vorschriften des IAS 37 vgl. auch *Hachmeister/Zeyer* Internationales Bilanzrecht, IAS 37; *KPMG (Hrsg.)* IFRS Visuell, 105ff; KPMG (Hrsg.) *International Financial Reporting Standards*, 98ff; *Ernst & Young (Hrsg.)* International GAAP, 1919ff.

satzkriterien festgelegt, die erfüllt sein müssen, bevor eine Passivierung möglich ist. IAS 37 greift die allgemeine Definition und Ansatzkriterien einer Verbindlichkeit des Rahmenkonzepts auf und konkretisiert sie weiter.

3   Der Standard differenziert Verpflichtungen in **passivierungspflichtige Rückstellungen** (*provisions*) und **abgegrenzte Schulden** (*accruals*) sowie in **Eventualschulden** (*contingent liabilities*), die nicht bilanziert werden. Im Gegensatz zu den passivierungspflichtigen Rückstellungen und den angabepflichtigen Eventualschulden fehlt es den weiteren nicht-finanziellen Verpflichtungen am Vergangenheitsbezug oder sie unterliegen keiner aufschiebenden Bedingung.

4   **II. Normzweck und Anwendungsbereich.** IAS 37 ist anzuwenden auf die Bilanzierung und Bewertung von Rückstellungen, Eventualschulden und Eventualforderungen. **Rückstellungen** können dadurch von Verbindlichkeiten aus Lieferungen und Leistungen sowie abgegrenzten Schulden unterschieden werden, dass bei ihnen Unsicherheiten hinsichtlich des Zeitpunkts oder der Höhe der künftig erforderlichen Ausgaben bestehen. Verbindlichkeiten aus Lieferungen und Leistungen sind Schulden zur Zahlung von erhaltenen oder gelieferten Gütern oder Dienstleistungen, die vom Lieferanten in Rechnung gestellt oder formal vereinbart wurden. **Abgegrenzte Schulden** sind Schulden zur Zahlung von erhaltenen oder gelieferten Gütern oder Dienstleistungen, die weder bezahlt wurden, noch vom Lieferanten in Rechnung gestellt oder formal vereinbart wurden. Auch wenn zur Bestimmung der Höhe oder des zeitlichen Eintretens der abgegrenzten Schulden gelegentlich Schätzungen erforderlich sind, ist die Unsicherheit im Allgemeinen deutlich geringer als bei Rückstellungen. Abgegrenzte Schulden werden häufig als Teil der Verbindlichkeiten aus Lieferungen und Leistungen und sonstige Verbindlichkeiten ausgewiesen, wohingegen der Ausweis von Rückstellungen separat erfolgt.

5   Der Standard nimmt vom **Anwendungsbereich** folgende Sachverhalte explizit aus:
- Rückstellungen, Eventualschulden und Eventualforderungen, die aus **noch zu erfüllenden Verträgen** resultieren (es sei denn der Vertrag ist belastend). Unter noch zu erfüllenden Verträgen werden solche Verträge verstanden, unter denen beide Parteien ihre Verpflichtungen in keiner Weise oder teilweise zu gleichen Teilen erfüllt haben. In IAS 37 werden zwei Typisierungen getroffen. Zum einen sind durch die Konkretisierung als zu erfüllender Vertrag nur eingeleitete Vorhaben ausgeschlossen; ihnen fehlt es an einer gegenwärtigen Verpflichtung aus einem Ereignis der Vergangenheit. Zum anderen wird von einer Ausgeglichenheitsvermutung ausgegangen, solange keine objektiven Tatsachen bekannt sind, ist davon auszugehen dass Ansprüche und Verpflichtungen aus dem Vertrag einander ausgeglichen gegenüberstehen. Die Annahme eines belastenden Vertrags ist als Ausnahme, nicht als Regel anzusehen.

III. Begriffe

- Rückstellungen, Eventualschulden und Eventualverbindlichkeiten, die von einem **anderen Standard** abgedeckt werden. Diese Sonderregelungen haben Vorrang vor den Regelungen des IAS 37. Dazu zählen die Bilanzierung von Fertigungsaufträgen (IAS 11), die Bilanzierung von Ertragssteuern (IAS 12), die Bilanzierung von Leasingverhältnissen (IAS 17), die Bilanzierung von Versicherungsverträgen (IFRS 4), die Bilanzierung von Leistungen an Arbeitnehmer (IAS 19) und Eventualschulden, die bei einem Unternehmenszusammenschluss durch einen Erwerber übernommen werden (IFRS 3) sowie die Erfassung von Erträgen (IAS 18).
- IAS 37 ist ferner nicht auf **Finanzinstrumente** anzuwenden, die in den Anwendungsbereich von IAS 39 bzw. IAS 32 oder IFRS 9 fallen. Als finanzielle Verbindlichkeiten gelten damit alle Geldverbindlichkeiten, unabhängig von der Frage ob sie verbrieft oder unverbrieft sind. Beispiele sind: Verbindlichkeiten aus Lieferungen und Leistungen, Verbindlichkeiten gegenüber Kreditinstituten, Wechselverbindlichkeiten, Anleiheschulden, Schuldtitel, Derivate.

III. Begriffe. IAS 37.10 enthält folgende Begriffsdefinitionen:

- Eine **Rückstellung** ist eine Schuld, die bezüglich ihrer Fälligkeit oder ihrer Höhe ungewiss ist.
- Eine **Schuld** ist eine gegenwärtige Verpflichtung des Unternehmens, die aus Ereignissen der Vergangenheit entsteht und deren Erfüllung für das Unternehmen erwartungsgemäß mit einem Abfluss von Ressourcen mit wirtschaftlichen Nutzen verbunden ist.
- Ein **verpflichtendes Ereignis** ist ein Ereignis, das eine rechtliche oder faktische Verpflichtung schafft, aufgrund derer das Unternehmen keine realistische Alternative zur Erfüllung der Verpflichtung hat.
- Eine **rechtliche Verpflichtung** ist eine Verpflichtung, die sich ableitet aus (a) einem Vertrag (aufgrund seiner expliziten oder impliziten Bedingungen); (b) Gesetzen; oder (c) sonstigen unmittelbaren Auswirkungen der Gesetze.
- Eine **faktische Verpflichtung** ist eine aus den Aktivitäten eines Unternehmens entstehende Verpflichtung, wenn (a) das Unternehmen durch sein bisher übliches Geschäftsgebaren, öffentlich angekündigte Maßnahmen oder eine ausreichend spezifische, aktuelle Aussage anderen Parteien gegenüber die Übernahme gewisser Verpflichtungen angedeutet hat; und (b) das Unternehmen dadurch bei den anderen Parteien eine gerechtfertigte Erwartung geweckt hat, dass es diesen Verpflichtungen nachkommt.
- Eine **Eventualverbindlichkeit** ist (a) eine mögliche Verpflichtung, die aus vergangenen Ereignissen resultiert und deren Existenz durch das Eintreten oder Nichteintreten eines oder mehrerer unsicherer künftiger Ereignisse erst noch bestätigt wird, die nicht vollständig unter der Kontrolle des Unternehmens stehen; oder (b) eine gegenwärtige Verpflichtung, die auf vergangenen Ereignissen beruht, jedoch

nicht angesetzt wird, weil: (i) ein Abfluss von Ressourcen mit wirtschaftlichem Nutzen zur Erfüllung dieser Verpflichtung nicht wahrscheinlich ist, oder (ii) die Höhe der Verpflichtung nicht ausreichend verlässlich geschätzt werden kann.
- Eine **Eventualforderung** ist ein möglicher Vermögenswert, der aus vergangenen Ereignissen resultiert und dessen Existenz durch das Eintreten oder Nichteintreten eines oder mehrerer unsicherer künftiger Ereignisse erst noch bestätigt wird, die nicht vollständig unter der Kontrolle des Unternehmens stehen.
- Ein **belastender Vertrag** ist ein Vertrag, bei dem die unvermeidbaren Kosten zur Erfüllung der vertraglichen Verpflichtungen höher sind als der erwartete wirtschaftliche Nutzen.
- Eine **Restrukturierungsmaßnahme** ist ein Programm, das vom Management geplant und kontrolliert wird und entweder (a) das von dem Unternehmen abgedeckte Geschäftsfeld; oder (b) die Art, in der dieses Geschäft durchgeführt wird, wesentlich verändert.

7 **IV. Ansatz.** Gemäß IAS 37.14 ist eine Rückstellung dann anzusetzen, wenn ein Unternehmen aus einem Ereignis der Vergangenheit eine gegenwärtige Verpflichtung (rechtlich oder faktisch) hat; der Abfluss von Ressourcen mit wirtschaftlichem Nutzen zur Erfüllung dieser Verpflichtung wahrscheinlich ist, und eine verlässliche Schätzung der Höhe der Verpflichtung möglich ist. Sind diese Bedingungen nicht erfüllt, ist keine Rückstellung anzusetzen. Für Eventualschulden und Eventualforderungen sind lediglich Anhangangaben zu machen. Es erfolgt kein Ansatz in der Bilanz.

8 IAS 37 unterscheidet somit zwischen **passivierungspflichtigen Rückstellungen** – die als Schulden erfasst werden, da sie gegenwärtige Verpflichtungen sind und zur Erfüllung der Verpflichtungen ein Abfluss von Mitteln mit wirtschaftlichem Nutzen wahrscheinlich ist; und **Eventualverbindlichkeiten** – die nicht als Schulden erfasst werden, da sie entweder
- **mögliche Verpflichtungen** sind, weil die Verpflichtung des Unternehmens noch bestätigt werden muss, die zu einem Abfluss von Ressourcen mit wirtschaftlichem Nutzen führen kann; oder
- gegenwärtige Verpflichtungen sind, die nicht den Ansatzkriterien dieses Standards genügen, entweder weil ein Abfluss von Ressourcen mit wirtschaftlichem Nutzen zur Erfüllung dieser Verpflichtungen **nicht wahrscheinlich** ist oder weil die Höhe der Verpflichtung **nicht ausreichend verlässlich geschätzt** werden kann.

9 **a) Gegenwärtige Verpflichtung aus Ereignis der Vergangenheit.**
- **Gegenwärtig**: Verpflichtung muss bereits bestehen. In Zweifelsfällen muss das Bestehen der Verpflichtung eher wahrscheinlich als unwahrscheinlich sein.

IV. Ansatz

- **Verpflichtung**: Verpflichtung muss gegenüber einer anderen Partei bestehen. Grund der Verpflichtung kann rechtlicher (gesetzlich oder vertraglich) oder faktischer Art sein.
- Das Unternehmen hat **keine realistische Alternative**, sich der Verpflichtung zu entziehen.

Gemäß IAS 37.17 ist ein Ereignis der Vergangenheit, das zu einer gegenwärtigen Verpflichtung führt, ein **verpflichtendes Ereignis**, wenn ein Unternehmen keine realistische Alternative zur Erfüllung der durch dieses Ereignis entstandenen Verpflichtung hat. Das ist nur der Fall, 10

(a) wenn die Erfüllung einer Verpflichtung rechtlich durchgesetzt werden kann; oder

(b) wenn, im Falle einer faktischen Verpflichtung, das Ereignis (das aus einer Handlung des Unternehmens bestehen kann) gerechtfertigte Erwartungen bei anderen Parteien hervorruft, dass das Unternehmen die Verpflichtung erfüllen wird.

In der Bilanz eines Unternehmens werden ausschließlich diejenigen Verpflichtungen angesetzt, die zum Abschlussstichtag bestehen. Rückstellungen werden nur für diejenigen aus Ereignissen der Vergangenheit resultierenden Verpflichtungen angesetzt, die unabhängig von der künftigen Geschäftstätigkeit (zB die künftige Fortführung der Geschäftstätigkeit) eines Unternehmens entstehen. 11

Eine Verpflichtung betrifft immer eine **andere Partei**, gegenüber der die Verpflichtung besteht. Die Kenntnis oder Identifikation der Partei, gegenüber der die Verpflichtung besteht, ist jedoch nicht notwendig – sie kann sogar gegenüber der Öffentlichkeit in ihrer Gesamtheit bestehen. IAS 37.16 geht davon aus, dass es in fast allen Fällen eindeutig sein wird, ob ein Ereignis der Vergangenheit zu einer gegenwärtigen Verpflichtung geführt hat. In Ausnahmefällen, zum Beispiel in einem Rechtsstreit, kann über die Frage gestritten werden, ob bestimmte Ereignisse eingetreten sind oder diese aus einer gegenwärtigen Verpflichtung resultieren. In diesem Fall bestimmt ein Unternehmen unter Berücksichtigung aller verfügbaren substanziellen Hinweise, einschließlich zB der Meinung von Sachverständigen, ob zum Abschlussstichtag eine gegenwärtige Verpflichtung besteht. 12

b) Wahrscheinlicher Ressourcenabfluss. Damit eine Schuld die Voraussetzungen für den Ansatz erfüllt, muss nicht nur eine gegenwärtige Verpflichtung existieren, auch der Abfluss von Ressourcen mit wirtschaftlichem Nutzen muss im Zusammenhang mit der Erfüllung der Verpflichtung **wahrscheinlich** sein. In IAS 37.23 wird ein Abfluss von Ressourcen oder ein anderes Ereignis als wahrscheinlich angesehen, wenn **mehr dafür als dagegen** spricht. Konkret soll die Wahrscheinlichkeit, dass das Ereignis eintritt, größer sein als die Wahrscheinlichkeit, dass es nicht eintritt. Ist die 13

Existenz einer gegenwärtigen Verpflichtung nicht wahrscheinlich, so gibt das Unternehmen eine Eventualverbindlichkeit an, sofern ein Abfluss von Ressourcen mit wirtschaftlichem Nutzen nicht unwahrscheinlich ist.

14 Auch wenn IAS 37.15 den auf Erwartungen basierenden Spielraum für den Ansatz einer Rückstellung mit dem Kriterium „wenn mehr dafür als dagegen spricht" konkretisiert, ist die Bilanzierung von Rückstellungen von erheblichen Annahmen und Schätzungen bestimmt, die einen großen Bilanzierungsspielraum eröffnen.[2] Das IASB verzichtete bewusst auf eine quantitative Eingrenzung der Wahrscheinlichkeit um Accounting Arbitrage zu vermeiden. Trotzdem wird die Formulierung „wenn mehr dafür als dagegen spricht" in der Literatur so interpretiert, dass bei einer Wahrscheinlichkeit von 51% die Grenze zum Ansatz einer Rückstellung erreicht ist.[3] Bei der Beurteilung von Einzelsachverhalten hilft diese Interpretation des Wahrscheinlichkeitsbegriffs allerdings kaum weiter.

15 Bei einer **Vielzahl ähnlicher Verpflichtungen** (zB Produktgarantien) wird die Wahrscheinlichkeit eines Mittelabflusses bestimmt, indem die Gruppe der Verpflichtungen als Ganzes betrachtet wird. Auch wenn die Wahrscheinlichkeit eines Abflusses im Einzelfall gering sein dürfte, kann ein Abfluss von Ressourcen zur Erfüllung dieser Gruppe von Verpflichtungen insgesamt durchaus wahrscheinlich sein. Ist dies der Fall, wird eine Rückstellung angesetzt.

16 **c) erlässliche Schätzung der Verpflichtung.** Die Verwendung von Schätzungen ist ein wesentlicher Bestandteil bei der Aufstellung von Abschlüssen und beeinträchtigt nicht deren **Verlässlichkeit**. Dies gilt insbesondere im Falle von Rückstellungen, die naturgemäß in höherem Maße unsicher sind. Von äußerst seltenen Fällen abgesehen dürfte ein Unternehmen jedoch in der Lage sein, ein Spektrum möglicher Ergebnisse zu bestimmen und daher auch eine Schätzung der Verpflichtung vornehmen zu können, die für den Ansatz einer Rückstellung ausreichend verlässlich ist. Gemäß IAS 37.26 kann eine bestehende Schuld nicht angesetzt werden, wenn keine verlässliche Schätzung möglich ist. In diesem seltenen Fall wird die Schuld als Eventualschuld angegeben.

Die Unsicherheit über das Bestehen in Höhe und Fälligkeit einer Verpflichtung zählt zu den prägenden Eigenschaften einer Rückstellung, da nach IAS 37.14 auch dann eine Rückstellung einzubuchen ist, wenn die Verpflichtung wahrscheinlich besteht.

17 **d) Eventualverbindlichkeit.** Ein Unternehmen darf gemäß IAS 37.27 keine Eventualverbindlichkeit in der Bilanz ansetzen. Statt dessen sind **Angaben** gemäß IAS 37.86 zu machen, sofern die Möglichkeit eines Abflusses von Ressourcen mit wirtschaftlichem Nutzen nicht unwahrscheinlich ist. Eventualverbindlichkeiten kön-

---

[2] Vgl. *Hachmeister/Zeyer* Internationales Bilanzrecht, IAS 37 Rn 136ff.
[3] Vgl. *Ernst & Young* International GAAP, 1930ff.

V. Bewertung

nen sich anders entwickeln, als ursprünglich erwartet. Daher sind sie laufend daraufhin zu beurteilen, ob ein Abfluss von Ressourcen mit wirtschaftlichem Nutzen wahrscheinlich geworden ist. Ist ein Abfluss von künftigem wirtschaftlichem Nutzen für einen zuvor als Eventualverbindlichkeit behandelten Posten wahrscheinlich, so wird eine Rückstellung im Abschluss des Berichtszeitraums angesetzt, in dem die Änderung in Bezug auf die Wahrscheinlichkeit auftritt.

Beispiel

Haftet ein Unternehmen gesamtschuldnerisch für eine Verpflichtung, wird der Teil der Verpflichtung, dessen Übernahme durch andere Parteien erwartet wird, als Eventualverbindlichkeit behandelt. Das Unternehmen setzt eine Rückstellung für den Teil der Verpflichtung an, für den ein Abfluss von Ressourcen mit wirtschaftlichem Nutzen wahrscheinlich ist.

e) **Eventualforderungen.** Ein Unternehmen darf keine Eventualforderungen in der Bilanz ansetzen. Statt dessen sind **Angaben** gemäß IAS 37.89 zu machen, wenn der Zufluss wirtschaftlichen Nutzens wahrscheinlich ist. Eventualforderungen entstehen normalerweise aus ungeplanten oder unerwarteten Ereignissen, durch die dem Unternehmen die Möglichkeit eines Zuflusses von wirtschaftlichem Nutzen entsteht. Eventualforderungen dürfen nicht im Abschluss angesetzt werden, da dadurch Erträge erfasst würden, die möglicherweise nie realisiert werden. Ist die Realisation von Erträgen jedoch so gut wie sicher, ist gemäß IAS 37.33 der betreffende Vermögenswert nicht mehr als Eventualforderung anzusehen und dessen Ansatz ist angemessen. 18

Beispiel

Ein Anspruch, den ein Unternehmen in einem gerichtlichen Verfahren mit unsicherem Ausgang durchzusetzen versucht.

V. Bewertung. Die Bewertung einer Rückstellung erfolgt gemäß IAS 37.36 nach dem **Best-Estimate Konzept**. Demnach stellt der Rückstellungsbetrag die **bestmögliche Schätzung** der Ausgabe dar, die zur Erfüllung der gegenwärtigen Verpflichtung zum Bilanzstichtag erforderlich ist. Eine Verpflichtung ist mit einem aktuellen fristenkongruenten Marktzins abzuzinsen, wenn der Effekt wesentlich ist. Zukünftige Ereignisse, die die Höhe der Verpflichtung beeinflussen können, sind bereits zu berücksichtigen, wenn es objektive Hinweise dafür gibt. Rückgriffsansprüche dürfen nicht mit der Rückstellung saldiert werden, in der Gewinn- und Verlustrechnung ist eine Saldierung dagegen zulässig. 19

Gemäß IAS 37.37 ist die bestmögliche Schätzung der zur Erfüllung der gegenwärtigen Verpflichtung erforderlichen Ausgabe der Betrag, den das Unternehmen bei vernünftiger Betrachtung zur Erfüllung der Verpflichtung zum Abschlussstichtag oder zur Übertragung der Verpflichtung auf einen Dritten zu diesem Termin zahlen müsste. Damit wird zwischen einer unternehmensinternen und einer externen Marktbewertung unterschieden. Nach der **internen Bewertung** ist der Erfüllungsbe- 20 trag anzusetzen, der vom Unternehmen nach vernünftiger kaufmännischer Beurteilung zur Erfüllung am Bilanzstichtag gezahlt werden müsste. Die **externe Bewertung** entspricht jenem Betrag, den das Unternehmen einem Dritten für die Übertragung der Verbindlichkeit zahlen müsste (Ablösebetrag). Der sich aus den unterschiedlichen Perspektiven der Bewertung ergebende Spielraum erscheint problematisch.[4] Der Standard regelt nicht, ob das Unternehmen ein Wahlrecht zwischen dem Erfüllungsbetrag gegenüber dem Anspruchsberechtigten oder dem Ablösebetrag an einen Dritten hat. Der Standard betont, dass die Erfüllung oder Übertragung einer Verpflichtung zum Abschlussstichtag i. d. R. unmöglich oder über die Maßen teuer sein kann. Es handelt sich um eine Fiktion der Erfüllung oder der Übertragung am Bilanzstichtag.

21 Die Berücksichtigung von **Unsicherheiten in der Bewertung** ist in IAS 37 nicht im Sinne des handelsrechtlichen Vorsichtsprinzips zu interpretieren. Es sollte nicht der höchste Betrag aus einer Bandbreite möglicher Schätzungen gewählt und auch keine doppelte Erfassung der Risiken vorgenommen werden. IAS 37.43 beschreibt Risiko als die Unsicherheit zukünftiger Entwicklungen. Das Risiko kann den Betrag erhöhen, mit dem eine Schuld bewertet wird. Bei einer Beurteilung unter unsicheren Umständen ist zwar Vorsicht angebracht, damit Erträge bzw. Vermögenswerte nicht überbewertet und Aufwendungen bzw. Schulden nicht unterbewertet werden. Unsicherheiten rechtfertigen jedoch nicht die Bildung übermäßiger Rückstellungen oder eine vorsätzliche Überbewertung von Schulden.

22 a) **Vielzahl an Verpflichtungen.** Handelt es sich um eine Vielzahl an Verpflichtungen ist gemäß IAS 37.39 die Höhe der Rückstellung durch **Gewichtung aller möglichen Ergebnisse** mit den damit verbundenen Wahrscheinlichkeiten zu schätzen (Erwartungswertmethode). Daher wird je nach Eintrittswahrscheinlichkeit eines Verlustbetrags, eine unterschiedlich hohe Rückstellung gebildet. Bei einer Bandbreite möglicher Ergebnisse, innerhalb derer die Wahrscheinlichkeit der einzelnen Punkte gleich groß ist, wird der Mittelpunkt der Bandbreite verwendet.

Beispiel

Ein Unternehmen verkauft Güter mit einer Gewährleistung, nach der Kunden eine Erstattung der Reparaturkosten für Produktionsfehler erhalten, die innerhalb der ersten sechs Monate nach Kauf entdeckt werden. Bei kleineren Fehlern an allen verkauften Produkten würden Reparaturkosten in Höhe von € 1 Mio entstehen. Bei größeren Fehlern an allen verkauften Produkten würden Reparaturkosten in Höhe von € 4 Mio entstehen. Erfahrungswert und künftige Erwartungen des Unternehmens deuten darauf hin, dass 75% der verkauften

---

4 vgl. *Hachmeister/Zeyer* Internationales Bilanzrecht, IAS 37 Rn 245.

Güter keine Fehler haben werden, 20% kleinere Fehler und 5% größere Fehler aufweisen dürften. Der Erwartungswert für die Reparaturkosten beträgt: (75% von Null) + (20% von € 1 Mio.) + (5% von € 4 Mio.) = € 400.000

b) Einzelne Verpflichtung. Handelt es sich um die Bewertung einer einzelnen Verpflichtung ist gemäß IAS 37.40 grundsätzlich vom **Wert mit der größten Eintrittswahrscheinlichkeit** auszugehen. Aber auch in einem derartigen Fall betrachtet das Unternehmen die Möglichkeit anderer Ergebnisse. Wenn andere mögliche Ergebnisse entweder größtenteils über oder größtenteils unter dem wahrscheinlichsten Ergebnis liegen, ist die bestmögliche Schätzung ein höherer bzw. niedrigerer Betrag.

Beispiel
Wenn ein Unternehmen einen schwerwiegenden Fehler in einer großen, für einen Kunden gebauten Anlage beseitigen muss und das einzeln betrachtete, wahrscheinlichste Ergebnis sein mag, dass die Reparatur beim ersten Versuch erfolgreich ist und € 1.000 kostet, wird dennoch eine höhere Rückstellung gebildet, wenn ein wesentliches Risiko besteht, dass weitere Reparaturen erforderlich sind.

c) Barwert. IAS 37.45 sieht vor, den Erfüllungsbetrag abzuzinsen falls die Auswirkung der Abzinsung wesentlich ist. Der Barwert berücksichtigt die geringere ökonomische Belastung einer Rückstellung mit einem späteren Erfüllungstermin im Vergleich zur Erfüllung am Bilanzstichtag. Ab welcher Größenordnung eine Abzinsung wesentliche Auswirkungen hat, wird im Standard nicht konkretisiert. Im Allgemeinen wird dies dann der Fall sein, wenn die Auszahlung nicht vor Ablauf eines Jahres nach dem Bilanzstichtag zu erwarten ist. Der Rückstellungsbetrag wird im Zeitablauf erhöht und diese Erhöhung wird als Fremdkapitalkosten erfolgswirksam erfasst. Gemäß IAS 37.47 ist der zu verwendende Diskontsatz ein auf die Restlaufzeit bezogener **fristenkongruenter Zinssatz**, der die aktuellen Markterwartungen im Hinblick auf den Zinseffekt sowie die für die Schuld spezifischen Risiken widerspiegelt.

d) Zukünftige Ereignisse. Künftige Ereignisse, die den zur Erfüllung einer Verpflichtung erforderlichen Betrag beeinflussen können, sind bei der Höhe einer Rückstellung zu berücksichtigen, sofern es **ausreichende objektive substanzielle Hinweise** auf deren Eintritt gibt. Erwartete künftige Ereignisse können bei der Bewertung von Rückstellungen von besonderer Bedeutung sein. Zum Beispiel müssen am Bilanzstichtag vorhersehbare Preissteigerungen, technische Weiterentwicklungen oder Gesetzesänderungen in die Bewertung einfließen, falls ausreichend substantielle Hinweise dafür vorliegen. Eine reine Ermessensentscheidung des Managements ist nicht ausreichend.

VI. Erstattungen. Im Zusammenhang mit rückstellungsbegründeten Verpflichtungen kann für das Unternehmen die Möglichkeit bestehen, aufgrund von Versicherungen, Entschädigungen oder Gewährleistungen einen Teil der Verpflichtung oder

den gesamten Betrag von einem Dritten erstattet zu bekommen. Der Erstattungsanspruch wird nicht mit der Rückstellung saldiert, sondern vielmehr als **separater Vermögenswert** behandelt. Bei der Aktivierung des Erstattungsanspruchs sind zwei Sachverhalte zu beachten:
- Zum einen darf der Erstattungsanspruch den Rückstellungsbetrag nicht übersteigen.
- Zum anderen sind die Wahrscheinlichkeitsanforderungen an die Aktivierung des Erstattungsanspruchs höher als für die Passivierung der Verpflichtung, da es für die Aktivierung so gut wie sicher sein muss, dass es zu einer entsprechenden Erstattung kommt, während die Rückstellung bereits dann zu passivieren ist, wenn mehr Gründe für als gegen die Verpflichtung sprechen.

27 In der **Gewinn- und Verlustrechnung** kann (im Gegensatz zum Bruttoausweis in der Bilanz) der Aufwand zur Bildung einer Rückstellung nach Abzug der Erstattung **netto** erfasst werden.

28 **VII. Anpassung der Rückstellungen.** Damit die in der Bilanz erfassten Rückstellungen die bestmögliche Schätzung widerspiegeln, sind **sie zu jedem Bilanzstichtag** zu prüfen und ggf. anzupassen. Wenn es nicht mehr wahrscheinlich ist, dass mit der Erfüllung der Verpflichtung ein Abfluss von Ressourcen mit wirtschaftlichem Nutzen verbunden ist, ist die Rückstellung gemäß IAS 37.59 aufzulösen.

29 Änderungen der Schätzungen über die Höhe des erwarteten Erfüllungsbetrags gelten nicht als Fehler i.S.v. IAS 8.41-42 *Accounting Policies, Changes in Accounting Estimates and Errors*, sondern sind nach den allgemeinen Regeln für **Änderungen von Schätzungen** nach IAS 8.32-38 zu behandeln. Sie werden somit als Änderungsbetrag in der Periode erfolgswirksam erfasst, in der die neuen Erkenntnisse bekannt geworden sind. In jedem Fall sind gemäß IAS 37.84(b) hinsichtlich der Anpassung der Rückstellungsbeträge aus Vorperioden besondere Angaben zu machen. Sollten veränderte Schätzungen zu einer niedrigeren Rückstellung führen, so erfolgt die Auflösung über die sonstigen betrieblichen Erträge. Auch die Angemessenheit des Kalkulationszinses bei der Bestimmung der Kapitalkosten ist an jedem Bilanzstichtag zu prüfen.

30 **VIII. Verbrauch der Rückstellungen.** Eine Rückstellung ist nur für Ausgaben zu verbrauchen, für die sie ursprünglich gebildet wurde. Gegen die ursprüngliche Rückstellung dürfen nur Ausgaben aufgerechnet werden, für die sie auch gebildet wurde. Die Aufrechnung einer Ausgabe gegen eine für einen anderen Zweck gebildete Rückstellung würde die Wirkung zweier unterschiedlicher Ereignisse verbergen.

31 **IX. Anwendung der Bilanzierungs- und Bewertungsvorschriften.** IAS 37 konkretisiert die Anforderungen für den Ansatz und die Bewertung von Rückstellungen in drei besonderen Anwendungsfällen:

- **Künftige betriebliche Verluste:** dürfen nicht zurückgestellt werden, da diese nicht die Definition einer Schuld und den allgemeinen Ansatzkriterien für Rückstellungen entsprechen. Vielmehr ist die Erwartung künftiger betrieblicher Verluste ein Anzeichen für eine mögliche Wertminderung bestimmter Vermögenswerte. Aus diesem Grund hat ein Unternehmen Wertminderungen nach IAS 36 *Impairment of Assets* zu prüfen.
- **Belastende Verträge** sind Verträge bei denen die unvermeidbaren Kosten höher sind als der erwartete wirtschaftliche Nutzen. Hat ein Unternehmen einen belastenden Vertrag, ist die gegenwärtige vertragliche Verpflichtung als Rückstellung anzusetzen und zu bewerten. Die zu passivierende Rückstellung für drohende Verluste aus schwebenden Geschäften entspricht den Erfüllungskosten oder den aus der Nichterfüllung des Vertrags resultierenden Entschädigungszahlungen oder Strafgeldern. Dabei sind Wertminderungen von Vermögenswerten, die sich im Zusammenhang mit schwebenden Geschäften ergeben, gemäß IAS 37.69 vorrangig durch Abschreibung der Vermögenswerte zu berücksichtigen. Besteht für das Unternehmen die Möglichkeit, sich aus dem belastenden Vertrag durch eine einseitige Kündigung und ohne dafür entstehende Kosten zu befreien, darf es keine Rückstellung ansetzen.
- **Restrukturierungen:** IAS 37 hebt Restrukturierungsmaßnahmen in besonderem Maße hervor. Der Standard versteht unter einer Restrukturierungsmaßnahme ein Programm, das vom Management geplant und kontrolliert wird und entweder das von dem Unternehmen abgedeckte Geschäftsfeld oder die Art, in der das Geschäft durchgeführt wird, wesentlich verändert. Beispiele nennt IAS 37.70: Verkauf oder Schließung eines Geschäftszweigs, Stilllegung oder Verlegung eines Standorts, Änderung in der Managementstruktur, wesentliche Reorganisation mit Auswirkungen auf den Schwerpunkt der Geschäftstätigkeit des Unternehmens.

Eine Rückstellung für Restrukturierungskosten darf von einem Unternehmen nur angesetzt werden, wenn sowohl die allgemeinen Ansatzkriterien für Rückstellungen, als auch die in IAS 37.72-83 konkretisierten Ansatzkriterien für die Bildung von **Restrukturierungsrückstellungen** erfüllt werden. Demnach entsteht eine faktische Verpflichtung zur Restrukturierung nur, wenn ein Unternehmen
- einen detaillierten, formalen **Restrukturierungsplan** hat, in dem zumindest die folgenden Angaben enthalten sind:
  - der betroffene Geschäftsbereich oder Teil eines Geschäftsbereichs,
  - die wichtigsten betroffenen Standorte,
  - Standort, Funktion und ungefähre Anzahl der Arbeitnehmer, die für die Beendigung ihres Beschäftigungsverhältnisses eine Abfindung erhalten werden,
  - die entstehenden Ausgaben und
  - der Umsetzungszeitpunkt des Plans; und

- bei den Betroffenen eine gerechtfertigte **Erwartung** geweckt hat, dass die Restrukturierungsmaßnahmen durch den Beginn der Umsetzung des Plans oder die Ankündigung seiner wesentlichen Bestandteile den Betroffenen gegenüber durchgeführt wird.

33 Wichtig bei der bilanziellen Anerkennung von Restrukturierungsmaßnahmen sind der **Beginn der Maßnahmen** sowie ihr **Zeitrahmen**. Voraussetzung dafür, dass ein Plan durch die Bekanntgabe an die Betroffenen zu einer faktischen Verpflichtung führt, ist, dass der Beginn der Umsetzung zum frühest möglichen Zeitpunkt geplant ist und in einem Zeitrahmen vollzogen wird, der bedeutende Änderungen am Plan unwahrscheinlich erscheinen lässt. Allein durch einen Restrukturierungsbeschluss des Managements oder eines Aufsichtsorgans vor dem Abschlussstichtag entsteht noch keine faktische Verpflichtung zum Abschlussstichtag.

34 Die notwenige **Außenverpflichtung** wird im Falle des Verkaufs von Bereichen rechtlich durch einen bindenden **Verkaufsvertrag** dokumentiert. Aus dem Verkauf von Bereichen entsteht keine Verpflichtung, bis dass das Unternehmen den Verkauf verbindlich abgeschlossen hat, dh ein bindender Kaufvertrag existiert. Auch wenn das Unternehmen eine Entscheidung zum Verkauf eines Bereichs getroffen und diese Entscheidung öffentlich angekündigt hat, kann der Verkauf nicht als verpflichtend angesehen werden, solange kein Käufer identifiziert wurde und kein bindender Kaufvertrag existiert. Bevor nicht ein bindender Kaufvertrag besteht, kann das Unternehmen seine Meinung noch ändern und wird tatsächlich andere Maßnahmen ergreifen müssen, wenn kein Käufer zu akzeptablen Bedingungen gefunden werden kann. Wenn der Verkauf eines Bereichs im Rahmen einer Restrukturierung geplant ist, werden die Vermögenswerte des Bereichs nach IAS 36 auf Wertminderung geprüft. Im Falle der Stilllegung eines Geschäftsbereichs entsteht die faktische Verpflichtung durch die Ankündigung der wesentlichen Maßnahmen gegenüber den Betroffenen. Wenn zwischen der Bekanntgabe und dem Beginn der Restrukturierung eine längere Verzögerung besteht, oder der Zeitraum für die Umsetzung mehrere Jahre umfasst, ist es unwahrscheinlich, dass von der Unternehmensleitung bei Dritten eine Erwartung der Restrukturierung geweckt wird.

Beispiel

Die Unternehmensleitung eines Automobilherstellers beschließt, zum Jahresende 2009 die Produktion eines Oberklassenfahrzeugs einzustellen und beauftragt einen verantwortlichen Vorstand mit der Ausarbeitung eines konkreten Restrukturierungsplans, insbesondere hinsichtlich der zu erwartenden Kosten und der Zukunft des Produktionsstandortes. Dem vorgelegten Restrukturierungsplan wurde im Rahmen einer Vorstandssitzung Anfang Dezember 2009 zugestimmt und es wurden Maßnahmen zu dessen Umsetzung unmittelbar eingeleitet: Entsprechende Informationen wurden an die betroffenen Mitarbeiter

X. Ausweis und Angaben

des Standort, die betroffene Region sowie die betroffenen Lieferanten geleitet. Als Zeitpunkt der Umsetzung der Maßnahme wurde Februar 2010 genannt. Fazit: Es ist eine Rückstellung zum 31. Dezember 2009 in Höhe der bestmöglichen Schätzung des entstehenden Aufwands für die durchzuführende Restrukturierungsmaßnahme zu bilden.

Für die **Bewertung** der Restrukturierungsrückstellung dürfen nur die direkt im Zusammenhang mit der Restrukturierung entstehenden Ausgaben enthalten sein, die zwangsweise im Zuge der Restrukturierung entstehen und die nicht mit den laufenden Aktivitäten des Unternehmens im Zusammenhang stehen. Damit die entstehenden Auszahlungen ermittelt und belegt werden können, müssen die erwarteten Ansprüche der Mitarbeiter (aufgrund gesetzlicher oder vertraglicher Mindestanforderungen an Sozialpläne oder freiwillige Abfindungszahlungen) dargelegt werden. Darüber hinaus ist die **Wahrscheinlichkeit** anzugeben, mit der erwartet wird, dass die betroffenen Mitarbeiter die Angebote für ein freiwilliges Ausscheiden annehmen.[5] IAS 37.72 verlangt dabei nur, dass die Abfindung für die Gesamtheit der Mitarbeiter verlässlich abgeschätzt werden kann. Ausgaben für den zukünftigen Geschäftsbetrieb, wie beispielsweise Aufwendungen für Umschulung oder Versetzung weiterbeschäftigter Mitarbeiter; Marketing oder Investitionen in neue Systeme und Vertriebsnetze, sind explizit nicht rückstellungsfähig. Diese Ausgaben entstehen für die künftige Geschäftstätigkeit und stellen gemäß IAS 37.81 zum Abschlussstichtag keine Restrukturierungsverpflichtungen dar.

X. Ausweis und Angaben. Die Angabepflichten für Rückstellungen sind sehr weitgehend. Rückstellungen sind in Gruppen zusammenzufassen, die im Hinblick auf die erforderlichen Angaben möglichst einheitlich sind. Für jede **Gruppe von Rückstellungen** ist gemäß IAS 37.84 eine Überleitungsrechnung mit folgenden Angaben zu machen:

- Buchwert zu Beginn und zum Ende der Berichtsperiode,
- zusätzliche, in der Berichtsperiode gebildete Rückstellungen, einschließlich der Erhöhung von bestehenden Rückstellungen,
- während der Berichtsperiode verwendete (dh entstandene und gegen die Rückstellung verrechnete) Beträge,
- nicht verwendete Beträge, die während der Berichtsperiode aufgelöst wurden und
- die Erhöhung des während der Berichtsperiode aufgrund des Zeitablaufs abgezinsten Betrags und die Auswirkung von Änderungen des Abzinsungssatzes.

Die Angabe von **Vergleichsinformationen mit Vorperioden** sind nicht erforderlich. Ein Unternehmen hat jedoch gemäß IAS 37.85 für jede Gruppe von Rückstellungen die Art der Verpflichtung und der erwarteten Fälligkeiten resultierender Nutzen-

---

5 Vgl. *Hachmeister/Zeyer* Internationales Bilanzrecht, IAS 37 Rn 391.

abflüsse zu beschreiben; Unsicherheiten hinsichtlich des Betrags oder der Fälligkeiten dieser Abflüsse, die wesentlichen Annahmen für künftige Ereignisse sowie die Höhe aller erwarteten Erstattungen anzugeben.

38 Für jede **Gruppe von Eventualverbindlichkeiten** sind gemäß IAS 37.86 neben einer Beschreibung, soweit praktikabel, die folgenden Angaben zu machen: eine Schätzung der finanziellen Auswirkungen; die Angabe von Unsicherheiten hinsichtlich des Betrags oder der Fälligkeiten von Abflüssen; sowie die Möglichkeit einer Erstattung. Wenn aus denselben Umständen eine Rückstellung und eine Eventualverbindlichkeit entstehen, erfolgt die nach IAS 37.84-86 erforderlichen Angabe vom Unternehmen in einer Art und Weise, die den Zusammenhang zwischen der Rückstellung und der Eventualverbindlichkeit aufzeigt.

39 **Eventualforderungen** sind gemäß IAS 37.89 kurz zu beschreiben und, wenn praktikabel, ist eine Schätzung der finanziellen Auswirkungen anzugeben. Werden erforderliche Angaben aus Gründen der Praktikabilität nicht gemacht, so ist diese Tatsache anzugeben.

40 In äußerst seltenen Fällen erlaubt IAS 37.92 eine **Befreiung von Angabepflichten**, wenn damit gerechnet werden kann, dass die teilweise oder vollständige Angabe von Informationen gemäß IAS 37.84-89 die Lage des Unternehmens in einem Rechtsstreit mit anderen Parteien über den Gegenstand der Rückstellungen, Eventualverbindlichkeiten oder Eventualforderungen ernsthaft beeinträchtigt. In diesen Fällen muss das Unternehmen die Angaben nicht machen, es hat jedoch den allgemeinen Charakter des Rechtsstreits darzulegen, sowie die Tatsache, dass gewisse Angaben nicht gemacht wurden und die Gründe dafür.

41 **XI. Inkrafttreten und Übergangsvorschriften**. IAS 37 war erstmals in der Berichtsperiode des am 1. Juli 1999 oder danach beginnenden Geschäftsjahres anzuwenden.

42 **XII. IFRS für kleine und mittelgroße Unternehmen**. Die allgemeinen Bilanzierungsregeln von Rückstellungen, Eventualschulden und Eventualforderungen für kleine und mittelständische Unternehmen entsprechen denen in IAS 37. Eine **Rückstellung** ist gemäß IFRS-SMEs Abschnitt 21.4 dann **anzusetzen**, wenn ein Unternehmen aus einem Ereignis der Vergangenheit eine gegenwärtige Verpflichtung (rechtlich oder faktisch) hat; der Abfluss von Ressourcen mit wirtschaftlichem Nutzen zur Erfüllung dieser Verpflichtung wahrscheinlich ist und eine verlässliche Schätzung der Höhe der Verpflichtung möglich ist. Sind diese Bedingungen nicht erfüllt, ist keine Rückstellung anzusetzen.

43 Ebenso erfolgt die **Bewertung** einer Rückstellung für kleine und mittelständische Unternehmen nach dem Best-Estimate Konzept in IAS 37. Gemäß IFRS-SMEs Abschnitt 21.7 ist die bestmögliche Schätzung der zur Erfüllung der gegenwärtigen

Verpflichtung erforderlichen Ausgabe der Betrag, den das Unternehmen bei vernünftiger Betrachtung zur Erfüllung der Verpflichtung zum Abschlussstichtag oder zur Übertragung der Verpflichtung auf einen Dritten zu diesem Termin zahlen müsste. Dabei sind Verpflichtungen mit einem aktuellen fristenkongruenten Marktzins abzuzinsen, wenn der Effekt wesentlich ist.

Analog zu den Regelungen in IAS 37.27-28 sind **Eventualschulden** nicht in der Bilanz anzusetzen, wenn die Ansatzkriterien nicht erfüllt sind und es nicht hinreichend wahrscheinlich ist, dass die Verbindlichkeit zum Abschlussstichtag besteht. Die Angabe einer Eventualschuld ist verpflichtend, es sei denn der Abfluss ökonomischer Ressourcen ist vernachlässigbar. Ist ein Zufluss von wirtschaftlichem Nutzen wahrscheinlich, so hat ein Unternehmen eine kurze Beschreibung der Art der Eventualforderungen zum Abschlussstichtag und, wenn praktikabel, eine Schätzung der finanziellen Auswirkungen zu machen. 44

Die **Angaben** zu Rückstellungen, Eventualschulden und Eventualforderungen sind für kleine und mittelständische Unternehmen wesentlich geringer. Es ist jedoch eine Überleitungsrechnung vom Buchwert der Rückstellungen vom Anfang bis zum Ende der Rechnungslegungsperiode zu machen. 45

Im Anhang zum IFRS werden explizite **Anwendungsbeispiele** genannt, darunter zu Restrukturierungsrückstellungen, belastende Verträge, zukünftige betriebliche Verluste, Gewährleistungsansprüche, sowie Schließung einer Division. 46

XIII. Ausblick. IAS 37 befindet sich seit 2005 in **Überarbeitung beim IASB.**[6] Entgegen erster Vorschläge im Exposure Draft, plant das IASB nun einen völlig neuen IFRS zur bilanziellen Behandlung von Nicht-finanziellen Verbindlichkeiten und keine überarbeitete Fassung von IAS 37 zu veröffentlichen. Im Januar 2010 hat das IASB, einen *Re-Exposure Draft* zur Überarbeitung von IAS 37 veröffentlicht.[7] In der Folge der eingegangenen Stellungnahmen zum ersten Exposure Draft hat das IASB die Bewertungsprinzipien für Rückstellungen noch weiter konkretisiert und sah sich gezwungen, diese neuen Prinzipien nochmals zur Stellungnahme zu veröffentlichen. Der *Re-Exposure Draft* bezieht sich explizit nur auf die neuen Bewertungsprinzipien. 47

Der im Juni 2005 veröffentlichte Exposure Draft „*Amendments to IAS 37 Provisions, Contingent Liabilities and Contingent Assets*" stellt eine grundlegende Modifizierung der Ansatz und Bewertungsregeln von Rückstellungen in IAS 37 dar. Die vorgesehenen Änderungen ergaben sich ursprünglich vor allem aus Konvergenzprojekten des IASB und FASB und dem Ziel eine übereinstimmende Behandlung von Rückstellungen, Eventualschulden und Eventualforderungen einzuführen. Im Rahmen dieser 48

---

6 Vgl. Exposure Draft „Amendments to IAS 37 Provisions, Contingent Liabilities and Contingent Asset", June 2005.
7 Vgl. Exposure Draft Measurement of Liabilities in IAS 37 (limited Re-exposure of proposed amendment to IAS 37), January 2010.

Projekte wurden die Begriffe „Rückstellung" und „Eventualschuld" aus dem Standard gestrichen und fortan, sofern sie die Definition einer Verbindlichkeit erfüllen, unter Nicht-finanzielle Verbindlichkeiten subsumiert. Eventualforderungen wurden bis auf die in Verbindung mit Nicht-finanziellen Verbindlichkeiten stehenden Erstattungsansprüche aus dem Standard ausgelagert.

49 Der **Anwendungsbereich** des neuen IFRS für Nicht-finanzielle Verbindlichkeiten gilt für alle Rückstellungen, die nicht von anderen IFRS abgedeckt werden. Gemäß dem vorab veröffentlichten Arbeitsentwurf[8] des neuen IFRS ist vorgesehen, dass ua folgende Verbindlichkeiten explizit nicht in den Geltungsbereich fallen: Steuerverbindlichkeiten, Pensionsverpflichtungen, finanzielle Verbindlichkeiten sowie Verbindlichkeiten, die in den Anwendungsbereich von IAS 18, IAS 20, IAS 17, IAS 11 und IFRS 2 fallen. Auch sollen Versicherungsverbindlichkeiten ausgeschlossen werden, obwohl die aktuellen Bewertungskriterien für Nicht-finanzielle Verbindlichkeiten und Versicherungsverträge sehr ähnlich sind.[9]

50 Als fundamentalen Unterschied zu den geltenden Regeln in IAS 37 beabsichtigt das IASB das **Wahrscheinlichkeitskriterium** für den Abfluss ökonomischer Ressourcen (more likely than not) für den Ansatz einer Nicht-finanziellen Verbindlichkeit zu streichen. In der Zukunft wird nicht eine Wahrscheinlichkeit, die größer als 50% ist, über den Ansatz einer Rückstellung entscheiden. Eine Nicht-finanzielle Verbindlichkeit ist demnach auch dann anzusetzen, wenn die Wahrscheinlichkeit, des Ressourcenabflusses geringer als 50% ist. Entscheidend ist die **Möglichkeit des zukünftigen Ressourcenabflusses** und die **Erfüllung der Ansatzkriterien**. Demnach sind konzeptionell auch mögliche Verpflichtungen, die gemäß IAS 37 als Eventualschuld im Anhang auszuweisen waren, als Verpflichtung in der Bilanz mit einem entsprechenden wahrscheinlichkeitsgewichteten Betrag zu zeigen. Der Wegfall dieses Ansatzkriteriums für Rückstellungen wurde in den Stellungnahmen zum Standardentwurf[10] stark kritisiert, denn auch geringe Wahrscheinlichkeiten sind bei der Einbeziehung von Risiken und zukünftigen Ereignissen zu berücksichtigen.

51 Das IASB sieht darin jedoch nur eine **Präzisierung der Regeln des bestehenden IAS 37**. Der zukünftige IFRS sieht vor, eine Verpflichtung dann anzusetzen, wenn ein Unternehmen eine gegenwärtige Verpflichtung hat, in einer bestimmten Art zu handeln oder zu gewährleisten, und diese Verantwortung gegenüber einem Dritten besteht und unabhängig von zukünftigen Ereignissen ist. Diese Verpflichtung beschreibt der zukünftige Standard als „*present obligation*" oder „*stand ready obligation*", von der erwartet wird, dass sie mit einem Ressourcenabfluss für das Unternehmen verbunden ist. Die Existenz einer Verpflichtung wird im zukünftigen Standard durch Beispiele

---

8   Vgl. Working Draft IFRS Liabilities (abgerufen von der Website des IASB am 19 February 2010).
9   vgl. Observer Note 6A zur Januar 2010 Sitzung des IASB.
10 vgl. Stellungnahmen zum Exposure Draft „Amendments to IAS 37 Provisions, Contingent Liabilities and Contingent Asset", June 2005, unter www.iasb.org.

XIII. Ausblick

konkretisiert, aber explizit hat es das IASB abgelehnt, ein quantitatives Wahrscheinlichkeitskriterium anzugeben. Nach Ansicht des IASB ist die stand ready obligation an sich bereits eine Bedingung, die einen Ressourcenabfluss zur Erfüllung der Verpflichtung darstellt. Ein separates Wahrscheinlichkeitskriterium ist daher nicht mehr erforderlich. Ausserdem sieht der zukünftige Standard in Bezug auf Einzelverpflichtung vor, dass auch diese in der Bilanz auszuweisen sind, wenn ihre Eintrittswahrscheinlichkeit geringer als 50 % ist. Hier ist anzumerken, dass die Bewertung einer solchen Einzelverpflichtung zum Erwartungswert zunehmend zweifelhafter wird, je geringer die Eintrittswahrscheinlichkeit ist. Falls das Management die Ansatzkriterien für eine Verpflichtung als nicht erfüllt ansieht, hat das Unternehmen Anhangangaben über eine mögliche Verpflichtung zu machen – ähnlich wie zur bisherigen Eventualverpflichtung.

Nach dem im Re-exposure vorgestellten **Bewertungsmodell** im neuen IFRS ist eine Verpflichtung zu dem Betrag zu bewerten, den das Unternehmen bei vernünftiger Betrachtung zu zahlen bereit ist, um sich von der Verpflichtung zu befreien.[11] Das IASB sieht dies in drei Situationen gewährleistet, wobei das Board die erste am wahrscheinlichsten und die letzten beiden als selten betrachtet:

1. erforderlicher Barwert zukünftiger Cash Flows, um als Unternehmen selbst die Verpflichtung zu erfüllen, oder
2. erforderliche Zahlung, um sich als Unternehmen von der Verpflichtung zu trennen, oder
3. erforderliche Zahlung, um als Unternehmen die Verpflichtung an einen Dritten zu veräußern.

52

Von den drei Werten ist der **jeweils günstigere Wert** anzusetzen. Dies ist eine Präzisierung gegenüber dem Exposure Draft von 2005, der vorsah, dass eine Rückstellung zu dem Betrag zu bewerten ist, den das Unternehmen bei vernünftiger Betrachtung zur Erfüllung der Verpflichtung oder zur Übertragung der Verpflichtung auf einen Dritten zu zahlen bereit ist.

Gegenüber dem geltenden IAS 37 hat das IASB damit explizit die Bewertungsterminologie „best estimate" in IAS 37 abgeschafft und sieht in jedem Fall eine Bewertung der Verpflichtung zum **wahrscheinlichkeitsgewichten Barwert** zukünftiger Zahlungen vor. Letztendlich erlaubt das IASB aber nach wie vor Verbindlichkeiten entweder zum unternehmensspezifischen Wert (Erfüllungsbetrag) oder zum Marktwert zu bewerten.

53

---

11 Vgl. Exposure Draft Measurement of Liabilities in IAS 37 (limited Re-exposure of proposed amendment to IAS 37), January 2010.

54   Allerdings gibt es auch konkrete Änderungen gegenüber IAS 37. So präzisiert der Appendix B zum neuen IFRS, dass Dienstleistungsverpflichtungen in jedem Fall zum Marktwert zu bewerten sind („an amount that the entity would rationally pay a contractor at the future date to undertake the service on its behalf"), ausgenommen davon werden allerdings Versicherungsverbindlichkeiten. Diese Bewertungsregel ist kritisch anzumerken, denn wie bei Versicherungsverträgen wird in den allermeisten Fällen das Unternehmen die Dienstleitung selbst ausführen und nicht auf einen anderen Dienstleister übertragen.

55   **Restrukturierungsrückstellungen** sind in der Zukunft erst dann zu erfassen, wenn das Unternehmen eine gegenwärtige Verpflichtung im Hinblick auf diese Kosten hat, und die Kosten tatsächlich eingetreten sind. Eine reine Ankündigung und Planung einer Restrukturierung durch das Management reicht nicht aus. In diesem Punkt wurde eine Konvergenz mit den bestehenden US GAAP erzielt.

IAS 38 – Intangible Assets

Rn	Textauszüge aus IAS 33
38.12	Ein Vermögenswert ist identifizierbar, wenn: (a) er separierbar ist, d.h. er kann vom Unternehmen getrennt und verkauft, übertragen, lizenziert, vermietet oder getauscht werden. Dies kann einzeln oder in Verbindung mit einem Vertrag, einem identifizierbaren Vermögenswert oder einer identifizierbaren Schuld unabhängig davon erfolgen, ob das Unternehmen dies zu tun beabsichtigt; oder(b) er aus vertraglichen oder anderen gesetzlichen Rechten entsteht, unabhängig davon, ob diese Rechte vom Unternehmen oder von anderen Rechten und Verpflichtungen übertragbar oder separierbar sind.
38.21	Ein immaterieller Vermögenswert ist dann anzusetzen, aber nur dann, wenn (a) es wahrscheinlich ist, dass dem Unternehmen der erwartete künftige wirtschaftliche Nutzen aus dem Vermögenswert zufließen wird; und (b) die Anschaffungs- oder Herstellungskosten des Vermögenswerts verlässlich bewertet werden können.
38.22	Ein Unternehmen hat die Wahrscheinlichkeit eines erwarteten künftigen wirtschaftlichen Nutzens anhand von vernünftigen und begründeten Annahmen zu beurteilen. Diese Annahmen beruhen auf der bestmöglichen Einschätzung seitens des Managements in Bezug auf die wirtschaftlichen Rahmenbedingungen, die über die Nutzungsdauer des Vermögenswerts bestehen werden.
38.24	Ein immaterieller Vermögenswert ist bei Zugang mit seinen Anschaffungs- oder Herstellungskosten zu bewerten.
38.42	Forschungs- oder Entwicklungsausgaben, die (a) sich auf ein laufendes Forschungs- oder Entwicklungsprojekt beziehen, das gesondert oder bei einem Unternehmenszusammenschluss erworben und als ein immaterieller Vermögenswert angesetzt wurde; und (b) nach dem Erwerb dieses Projekts anfallen, sind gemäß den IAS 38.54-62 zu bilanzieren.
38.48	Ein selbst geschaffener Geschäfts- oder Firmenwert darf nicht aktiviert werden.
38.54	Ein aus der Forschung (oder der Forschungsphase eines internen Projekts) entstehender immaterieller Vermögenswert darf nicht angesetzt werden. Ausgaben für Forschung (oder in der Forschungsphase eines internen Projekts) sind in der Periode als Aufwand zu erfassen, in der sie anfallen.

38.57 Ein aus der Entwicklung (oder der Entwicklungsphase eines internen Projekts) entstehender immaterieller Vermögenswert ist dann und nur dann anzusetzen, wenn ein Unternehmen Folgendes nachweisen kann:

(a) Die Fertigstellung des immateriellen Vermögenswerts kann technisch soweit realisiert werden, dass er genutzt oder verkauft werden kann.

(b) Das Unternehmen beabsichtigt, den immateriellen Vermögenswert fertig zu stellen und ihn zu nutzen oder zu verkaufen.

(c) Das Unternehmen ist fähig, den immateriellen Vermögenswert zu nutzen oder zu verkaufen.

(d) Die Art und Weise, wie der immaterielle Vermögenswert voraussichtlich einen künftigen wirtschaftlichen Nutzen erzielen wird; das Unternehmen kann u.a. die Existenz eines Markts für die Produkte des immateriellen Vermögenswerts oder für den immateriellen Vermögenswert an sich oder, falls er intern genutzt werden soll, den Nutzen des immateriellen Vermögenswerts nachweisen.

(e) Adäquate technische, finanzielle und sonstige Ressourcen sind verfügbar, so dass die Entwicklung abgeschlossen und der immaterielle Vermögenswert genutzt oder verkauft werden kann.

(f) Das Unternehmen ist fähig, die dem immateriellen Vermögenswert während seiner Entwicklung zurechenbaren Ausgaben verlässlich zu bewerten.

38.63 Selbst geschaffene Markennamen, Drucktitel, Verlagsrechte, Kundenlisten sowie ihrem Wesen nach ähnliche Sachverhalte dürfen nicht als immaterielle Vermögenswerte angesetzt werden.

38.68 Ausgaben für einen immateriellen Posten sind in der Periode als Aufwand zu erfassen, in der sie anfallen, es sei denn, dass:

(a) sie Teil der Anschaffungs- oder Herstellungskosten eines immateriellen Vermögenswerts sind, der die Ansatzkriterien erfüllt (siehe IAS 38.18-67); oder

(b) der Posten bei einem Unternehmenszusammenschluss erworben wird und nicht als immaterieller Vermögenswert angesetzt werden kann. Ist dies der Fall, sind sie Teil des Betrags, der zum Erwerbszeitpunkt als Geschäfts- oder Firmenwert bilanziert wurde (siehe IFRS 3).

38.71 Ausgaben für einen immateriellen Posten, die ursprünglich als Aufwand erfasst wurden, sind zu einem späteren Zeitpunkt nicht als Teil der Anschaffungs- oder Herstellungskosten eines immateriellen Vermögenswerts anzusetzen.

38.72 Ein Unternehmen hat als seine Rechnungslegungsmethode entweder das Anschaffungskostenmodell gemäß IAS 38.74 oder das Neubewertungsmodell gemäß IAS 38.75 zu wählen. Wird ein immaterieller Vermögenswert nach dem Neubewertungsmodell bilanziert, sind alle anderen Vermögenswerte seiner Gruppe ebenfalls nach demselben Modell zu bilanzieren, es sei denn, dass kein aktiver Markt für diese Vermögenswerte existiert.

38.74 Nach erstmaligem Ansatz ist ein immaterieller Vermögenswert mit seinen Anschaffungs- oder Herstellungskosten anzusetzen, abzüglich aller kumulierten Amortisationen und aller kumulierten Wertminderungsaufwendungen.

38.75 Nach erstmaligem Ansatz ist ein immaterieller Vermögenswert mit einem Neubewertungsbetrag fortzuführen, der sein beizulegender Zeitwert zum Zeitpunkt der Neubewertung ist, abzüglich späterer kumulierter Amortisationen und späterer kumulierter Wertminderungsaufwendungen. Im Rahmen der unter diesen Standard fallenden Neubewertungen ist der beizulegende Zeitwert unter Bezugnahme auf einen aktiven Markt zu ermitteln. Neubewertungen sind mit einer solchen Regelmäßigkeit vorzunehmen, dass der Buchwert des Vermögenswerts nicht wesentlich von seinem beizulegenden Zeitwert am Abschlussstichtag abweicht.

38.81 Kann ein immaterieller Vermögenswert einer Gruppe von neu bewerteten immateriellen Vermögenswerten aufgrund der fehlenden Existenz eines aktiven Markts für diesen Vermögenswert nicht neu bewertet werden, ist der Vermögenswert mit seinen Anschaffungs- oder Herstellungskosten anzusetzen, abzüglich aller kumulierten Amortisationen und Wertminderungsaufwendungen.

38.82 Kann der beizulegende Zeitwert eines neu bewerteten immateriellen Vermögenswerts nicht länger unter Bezugnahme auf einen aktiven Markt bestimmt werden, entspricht der Buchwert des Vermögenswerts seinem Neubewertungsbetrag, der zum Zeitpunkt der letzten Neubewertung unter Bezugnahme auf den aktiven Markt ermittelt wurde, abzüglich aller späteren kumulierten Amortisationen und Wertminderungsaufwendungen.

38.85 Führt eine Neubewertung zu einer Erhöhung des Buchwerts eines immateriellen Vermögenswerts, ist die Wertsteigerung im sonstigen Ergebnis zu erfassen und im Eigenkapital unter der Position Neubewertungsrücklage zu kumulieren. Allerdings wird der Wertzuwachs in dem Umfang im Gewinn oder Verlust erfasst, wie er eine in der Vergangenheit im Gewinn oder Verlust erfasste Abwertung desselben Vermögenswerts aufgrund einer Neubewertung rückgängig macht.

38.86 Führt eine Neubewertung zu einer Verringerung des Buchwerts eines immateriellen Vermögenswerts, ist die Wertminderung im Gewinn oder Verlust zu erfassen. Eine Verminderung ist jedoch im sonstigen Ergebnis zu erfassen, soweit sie das Guthaben der entsprechenden Neubewertungsrücklage nicht übersteigt. Durch die im sonstigen Ergebnis erfasste Verminderung reduziert sich der Betrag, der im Eigenkapital unter der Position Neubewertungsrücklage kumuliert wird.

38.88　Ein Unternehmen hat festzustellen, ob die Nutzungsdauer eines immateriellen Vermögenswerts begrenzt oder unbegrenzt ist, und wenn begrenzt, dann die Laufzeit dieser Nutzungsdauer bzw. die Anzahl der Produktions- oder ähnlichen Einheiten, die diese Nutzungsdauer bestimmen. Ein immaterieller Vermögenswert ist von einem Unternehmen so anzusehen, als habe er eine unbegrenzte Nutzungsdauer, wenn es aufgrund einer Analyse aller relevanten Faktoren keine vorhersehbare Begrenzung der Periode gibt, in der der Vermögenswert voraussichtlich Netto-Cashflows für das Unternehmen erzeugen wird.

38.94　Die Nutzungsdauer eines immateriellen Vermögenswerts, der aus vertraglichen oder gesetzlichen Rechten entsteht, darf den Zeitraum der vertraglichen oder anderen gesetzlichen Rechte nicht überschreiten, kann jedoch kürzer sein, je nachdem über welche Periode das Unternehmen diesen Vermögenswert voraussichtlich einsetzt. Wenn die vertraglichen oder anderen gesetzlichen Rechte für eine begrenzte Dauer mit der Möglichkeit der Verlängerung übertragen werden, darf die Nutzungsdauer des immateriellen Vermögenswerts die Verlängerungsperiode(n) nur mit einschließen, wenn es bewiesen ist, dass das Unternehmen die Verlängerung ohne erhebliche Kosten unterstützt. Die Nutzungsdauer eines zurückerworbenen Rechts, das bei einem Unternehmenszusammenschluss als immaterieller Vermögenswert angesetzt wird, ist die restliche in dem Vertrag vereinbarte Periode, durch den dieses Recht zugestanden wurde, und darf keine Verlängerung enthalten.

38.97　Der Abschreibungsbetrag eines immateriellen Vermögenswerts mit einer begrenzten Nutzungsdauer ist planmäßig über seine Nutzungsdauer zu verteilen. Die Abschreibung beginnt, sobald der Vermögenswert verwendet werden kann, d.h. wenn er sich an seinem Standort und in dem vom Management beabsichtigten betriebsbereiten Zustand befindet. Die Abschreibung ist an dem Tag zu beenden, an dem der Vermögenswert gemäß IFRS 5 als zur Veräußerung gehalten eingestuft (oder in eine als zur Veräußerung gehalten eingestufte Veräußerungsgruppe aufgenommen) wird, spätestens jedoch an dem Tag, an dem er ausgebucht wird. Die Amortisationsmethode hat dem erwarteten Verbrauch des zukünftigen wirtschaftlichen Nutzens des Vermögenswerts durch das Unternehmen zu entsprechen. Kann dieser Verlauf nicht verlässlich bestimmt werden, ist die lineare Abschreibungsmethode anzuwenden. Die für jede Periode anfallenden Amortisationen sind im Gewinn oder Verlust zu erfassen, es sei denn, dieser oder ein anderer Standard erlaubt oder fordert, dass sie in den Buchwert eines anderen Vermögenswerts einzubeziehen sind.

38.100　Der Restwert eines immateriellen Vermögenswerts mit einer begrenzten Nutzungsdauer ist mit Null anzusetzen, es sei denn, dass

(a) eine Verpflichtung seitens einer dritten Partei besteht, den Vermögenswert am Ende seiner Nutzungsdauer zu erwerben; oder

(b) ein aktiver Markt für den Vermögenswert besteht, und: (i) der Restwert unter Bezugnahme auf diesen Markt ermittelt werden kann; und (ii) es wahrscheinlich ist, dass ein solcher Markt am Ende der Nutzungsdauer des Vermögenswerts bestehen wird.

38.104 Die Amortisationsperiode und die Amortisationsmethode sind für einen immateriellen Vermögenswert mit einer begrenzten Nutzungsdauer mindestens zum Ende jedes Geschäftsjahres zu überprüfen. Unterscheidet sich die erwartete Nutzungsdauer des Vermögenswerts von vorangegangenen Schätzungen, ist die Amortisationsperiode entsprechend zu ändern. Hat sich der erwartete Abschreibungsverlauf des Vermögenswerts geändert, ist eine andere Amortisationsmethode zu wählen, um dem veränderten Verlauf Rechnung zu tragen. Derartige Änderungen sind als Änderungen einer rechnungslegungsbezogenen Schätzung gemäß IAS 8 zu berücksichtigen.

38.107 Ein immaterieller Vermögenswert mit einer unbegrenzten Nutzungsdauer darf nicht abgeschrieben werden.

38.109 Die Nutzungsdauer eines immateriellen Vermögenswerts, der nicht abgeschrieben wird, ist in jeder Periode zu überprüfen, ob für diesen Vermögenswert weiterhin die Ereignisse und Umstände die Einschätzung einer unbegrenzten Nutzungsdauer rechtfertigen. Ist dies nicht der Fall, ist die Änderung der Einschätzung der Nutzungsdauer von unbegrenzt auf begrenzt als Änderung einer rechnungslegungsbezogenen Schätzung gemäß IAS 8 anzusetzen.

38.112 Ein immaterieller Vermögenswert ist auszubuchen: (a) bei Abgang; oder (b) wenn kein weiterer wirtschaftlicher Nutzen von seiner Nutzung oder seinem Abgang zu erwarten ist.

38.113 Die aus der Ausbuchung eines immateriellen Vermögenswerts resultierenden Gewinne oder Verluste sind als Differenz zwischen dem eventuellen Nettoveräußerungserlös und dem Buchwert des Vermögenswerts zu bestimmen. Diese Differenz ist bei Ausbuchung des Vermögenswerts im Gewinn oder Verlust zu erfassen (sofern IAS 17 Leasingverhältnisse bei Sale-and-leaseback-Transaktionen nichts anderes verlangt). Gewinne sind nicht als Erlöse auszuweisen.

Übersicht

	Rn
I. Regelungsgehalt	1
II. Normzweck und Anwendungsbereich	10
III. Begriffe	20
IV. Ansatz und Bewertung	38
1. Grundlagen	38
2. Gesonderte Anschaffung	44
3. Erwerb im Rahmen eines Unternehmenszusammenschlusses	57
a) Grundlagen	58
b) Die Bestimmung beizulegender Zeitwerte	62
4. Erwerb durch eine Zuwendung der öffentlichen Hand	71

5. Tausch von Vermögenswerten 73
6. Selbst geschaffener Geschäfts- oder Firmenwert 76
7. Selbst geschaffene immaterielle Vermögenswerte 78
    a) Ansatz 79
    b) Bewertung 94
V. Erfassung eines Aufwandes 98
VI. Folgebewertung 105
    1. Anschaffungskostenmodell 107
    2. Neubewertungsmodell 108
    3. Bestimmung der Amortisationen 117
        a) Unbestimmte Nutzungsdauer 121
        b) Begrenzte Nutzungsdauer 122
VII. Stilllegungen und Abgänge 128
VIII. Ausweis und Angaben 131
IX. Inkrafttreten und Übergangsvorschriften 138
X. IFRS für kleine und mittelgroße Unternehmen 143
XI. Ausblick 148

1 **I. Regelungsgehalt.** IAS 38 *Intangible Assets* regelt die Abbildung von immateriellen Vermögenswerten, die ein Unternehmen erworben oder selbst geschaffen hat. Der Standard befasst sich mit der Frage, welche immateriellen Vermögenswerte angesetzt werden können bzw. müssen, und behandelt darüber hinaus die Erst- und Folgebewertung.

2 Immaterielle Vermögenswerte sind definiert als **identifizierbare, nicht monetäre Vermögenswerte** ohne physische Substanz. Zentrales Merkmal eines solchen Vermögenswertes ist die Identifizierbarkeit, die den Vermögenswert vom Goodwill abgrenzt. Ein Vermögenswert ist identifizierbar, wenn er entweder separierbar ist oder auf gesetzlichen oder vertraglichen Rechten beruht. Ein weiteres grundlegendes Merkmal eines Vermögenswertes nach IFRS ist, dass er unter der Beherrschung des Unternehmens stehen muss. Darüber hinaus muss er einen künftigen wirtschaftlichen Nutzen generieren.

3 Ein immaterieller Vermögenswert wird dann angesetzt, wenn er die Definitionsmerkmale eines solchen erfüllt und darüber hinaus die Ansatzkriterien **Wahrscheinlichkeit des Nutzenzuflusses** und **verlässliche Bewertbarkeit** erfüllt sind. IAS 38 enthält weitere Kriterien und Hinweise für unterschiedliche Erwerbsszenarien. Im Rahmen einer gesonderten Anschaffung sind die Ansatzkriterien grundsätzlich stets als erfüllt anzusehen. Die Anschaffungskosten umfassen in diesem Fall den Erwerbspreis und alle direkt zurechenbaren Kosten für die Vorbereitung des Vermögenswertes

I. Regelungsgehalt

auf seine beabsichtigte Nutzung. Wird ein immaterieller Vermögenswert im Rahmen eines Unternehmenszusammenschlusses erworben, entsprechen die **Anschaffungskosten** dem beizulegenden Zeitwert des Vermögenswerts zum Erwerbszeitpunkt. Die hinreichend sichere Bewertbarkeit bzw. die Bestimmbarkeit des Zeitwertes wird in diesem Fall von IAS 38 unterstellt. Der Standard enthält darüber hinaus Hinweise zur Bewertung eines solchen Vermögenswertes.

Erwirbt ein Unternehmen einen immateriellen Vermögenswert von der öffentlichen Hand, hat es ein Wahlrecht nach IAS 20 *Accounting for Government Grants and Disclosure of Government Assistance,* den Vermögenswert entweder zum beizulegenden Zeitwert oder zum Nominalwert anzusetzen. Erwirbt das Unternehmen den Vermögenswert im Rahmen eines Tausches gegen nicht-monetäre Vermögenswerte, entsprechen die Anschaffungskosten des Vermögenswertes grundsätzlich dem beizulegenden Zeitwert, es sei denn der Transaktion fehlt es an wirtschaftlicher Substanz.

Einen Kernbestandteil des IAS 38 bilden die **Regelungen zur Abbildung selbst geschaffener immaterieller Vermögenswerte**. Der Standard unterscheidet diesbezüglich zwischen einer Forschungs- und einer Entwicklungsphase. Während der Forschungsphase sind alle anfallenden Kosten sofort als Aufwand zu erfassen. Während der Entwicklungsphase sind die anfallenden Kosten zu aktivieren, wenn spezifische Kriterien kumulativ erfüllt sind. Die Kriterien sind: technische Realisierbarkeit, Fertigstellungs- und Nutzungsabsicht, Fähigkeit zur Nutzung oder zum Verkauf, Existenz einer Art und Weise der Nutzengenerierung (zB Existenz eines Marktes), adäquate technische, finanzielle und sonstige Ressourcen, Fähigkeit zur verlässlichen Bewertbarkeit der zurechenbaren Ausgaben. Kann ein Unternehmen nachweisen, dass alle Kriterien erfüllt sind, werden ab diesem Zeitpunkt die anfallenden Kosten als immaterieller Vermögenswert aktiviert. Eine Nachaktivierung einmal als Aufwand erfasster Kosten scheidet aus. IAS 38 verfolgt einen Vollkostenansatz. Des Weiteren unterliegt der immaterielle Vermögenswert vor seiner Fertigstellung einem jährlichen Werthaltigkeitstest.

Der Standard schreibt vor, dass alle Ausgaben für einen immateriellen Posten als Aufwand zu erfassen sind, sofern sie nicht Teil der Anschaffungs- oder Herstellungskosten eines immateriellen Vermögenswertes sind oder der Posten im Rahmen eines Unternehmenszusammenschlusses erworben wurde. Der Standard nennt Beispiele für so zu erfassende Ausgaben, dazu gehören Ausgaben für die Gründung und den Anlauf des Geschäftsbetriebs, für Aus- und Weiterbildung, für Werbekampagnen und Maßnahmen der Verkaufsförderung und für die Verlegung und die Umorganisation von Unternehmensteilen.

Der Standard enthält ein Wahlrecht für die **Folgebewertung**, immaterielle Vermögenswerte entweder nach dem Anschaffungskostenmodell oder nach dem Neubewertungsmodell zu bewerten. Nach dem Anschaffungskostenmodell wird der

Vermögenswert mit den Anschaffungskosten abzüglich kumulierter Amortisationen und Wertminderungsaufwendungen erfasst. Im Rahmen des Neubewertungsmodells wird der Vermögenswert mit dem beizulegenden Zeitwert zum Zeitpunkt der Neubewertung abzüglich kumulierter Amortisationen und Wertminderungsaufwendungen angesetzt. Der so ermittelte Wert darf nicht wesentlich von dem beizulegenden Zeitwert abweichen. Voraussetzung für die Inanspruchnahme des Neubewertungsmodells ist das Vorliegen eines aktiven Marktes für den immateriellen Vermögenswert. Grundsätzlich muss das Wahlrecht für eine gesamte Gruppe von Vermögenswerten ausgeübt werden. Neubewertungsgewinne werden grundsätzlich in einer Neubewertungsrücklage im Eigenkapital erfasst während Neubewertungsverluste grundsätzlich im Ergebnis erfasst werden.

8   Die Nutzungsdauer eines immateriellen Vermögenswertes kann begrenzt oder „unbestimmt" sein. Ist die Nutzungsdauer unbestimmt, unterliegt der immaterielle Vermögenswert keiner planmäßigen Abschreibung, ist allerdings mindestens einmal jährlich auf Wertminderungsbedarf zu testen. Ein Vermögenswert mit begrenzter Nutzungsdauer wird planmäßig über seine Nutzungsdauer amortisiert. Die Abschreibung beginnt, sobald der Vermögenswert in betriebsbereitem Zustand ist, und endet mit dem Tag an dem der Vermögenswert nach IFRS 5 als zur Veräußerung gehalten eingestuft oder ausgebucht wird. Die Abschreibungsmethode muss den erwarteten Nutzenverzehr widerspiegeln. Im Zweifel kommt die lineare Abschreibung zur Anwendung. Grundsätzlich ist ein Restwert mit einem Wert von Null bei der Ermittlung der Abschreibungen zu berücksichtigen. Die Nutzungsdauer und die Abschreibungsmethode sind mindestens zum Ende jeden Geschäftsjahres zu überprüfen.

9   Einen Überblick über IAS 38 geben die beiden folgenden Abbildungen. Die einzelnen Elemente werden im Rahmen des Textes näher erläutert.

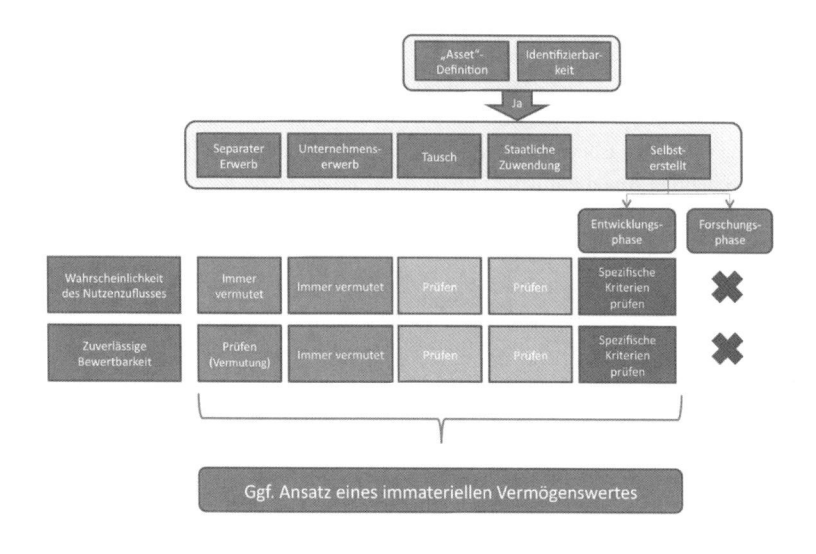

I. Regelungsgehalt

Ansatz eines immateriellen Vermögenswertes

	„Asset"-Definition	Identifizierbarkeit
		Ja

	Separater Erwerb	Unternehmenserwerb	Tausch	Staatliche Zuwendung	Selbsterstellt
					Entwicklungsphase / Forschungsphase
Wahrscheinlichkeit des Nutzenzuflusses	Immer vermutet	Immer vermutet	Prüfen	Prüfen	Spezifische Kriterien prüfen / ✖
Zuverlässige Bewertbarkeit	Prüfen (Vermutung)	Immer vermutet	Prüfen	Prüfen	Spezifische Kriterien prüfen / ✖

Ggf. Ansatz eines immateriellen Vermögenswertes

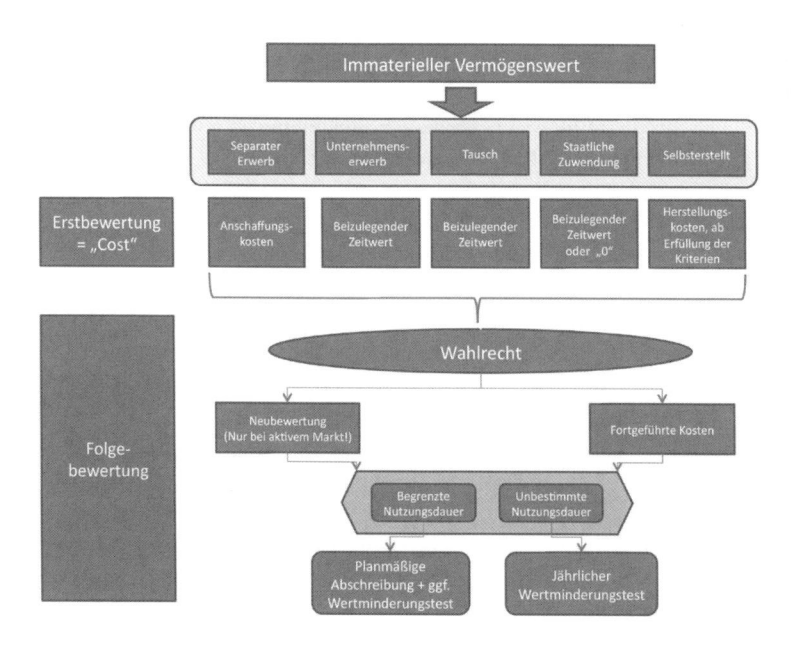

Immaterieller Vermögenswert

	Separater Erwerb	Unternehmenserwerb	Tausch	Staatliche Zuwendung	Selbsterstellt
Erstbewertung = „Cost"	Anschaffungskosten	Beizulegender Zeitwert	Beizulegender Zeitwert	Beizulegender Zeitwert oder „0"	Herstellungskosten, ab Erfüllung der Kriterien

Wahlrecht

Folgebewertung:
- Neubewertung (Nur bei aktivem Markt!)
- Fortgeführte Kosten
  - Begrenzte Nutzungsdauer → Planmäßige Abschreibung + ggf. Wertminderungstest
  - Unbestimmte Nutzungsdauer → Jährlicher Wertminderungstest

IAS 38

10 **II. Normzweck und Anwendungsbereich.** IAS 38 *Intangible Assets* regelt gemäß IAS 38.1 die Abbildung immaterieller Vermögenswerte, die nicht von einem anderen Standard erfasst sind. Die Zielsetzung des Standards ist, **Kriterien für den Ansatz und Bestimmungen für die Erst- und Folgebewertung** für die Vermögenswerte in seinem Anwendungsbereich vorzugeben. Darüber hinaus enthält er Vorschriften zu entsprechenden **Angabepflichten** im Anhang.

11 IAS 38.2 legt fest, dass der Standard grundsätzlich für die bilanzielle Abbildung aller immateriellen Vermögenswerte (zur Definition vgl. Rn 20ff.) anzuwenden ist. Allerdings gibt es hiervon **Ausnahmen**. Ausgenommen sind zunächst alle immateriellen Vermögenswerte, die in den Anwendungsbereich eines anderen Standards fallen. Außerdem ausgenommen sind immaterielle Vermögenswerte in Form eines finanziellen Vermögenswertes gemäß der Definition in IAS 32 *Financial Instruments: Presentation*. Darüber hinaus sind Vermögenswerte im Anwendungsbereich des IFRS 6 *Exploration for and Evaluation of Mineral Resources* sowie Ausgaben für die Erschließung oder Förderung und Abbau von Mineralien, Öl, Erdgas und ähnlichen nicht regenerativen Ressourcen ebenfalls aus dem Anwendungsbereich des IAS 38 ausgeschlossen.

12 IAS 38.3 nennt einzelne Standards, die die Abbildung von immateriellen Vermögenswerten beschreiben, die dann nicht in den Anwendungsbereich des IAS 38 fallen. Zunächst genannt werden IAS 2 *Inventories* und IAS 11 *Construction Contracts* (vgl. näher die entsprechenden Abschnitte). Das bedeutet, dass immaterielle Vermögenswerte, die die entsprechenden Definitionen von **Vorräten** oder **Fertigungsaufträgen** erfüllen, nicht nach den Vorschriften des IAS 38 abzubilden sind. Dies könnte zB bestimmte Formen der Auftragsforschung oder Programmrechte, die von Fernsehsendern gehalten werden,[1] erfassen. Auch wenn IAS 38 nicht explizit auf IAS 18 *Revenue* verweist, könnte dennoch die Erstellung immaterieller Vermögenswerte auch in den Anwendungsbereich dieses Standards, speziell unter die Regelungen zu Dienstleistungsaufträgen fallen. Dies könnte zB die Erstellung oder Modifikation von Software im Kundenauftrag betreffen. Im Einzelfall ist sorgfältig zu prüfen, welcher Standard Anwendung findet. In Grenzfällen wird eine Zuordnung wohl nicht immer eindeutig ausfallen können.[2]

13 Latente Steueransprüche im Sinne des IAS 12 *Income Taxes* sind ebenfalls aus dem Anwendungsbereich des Standards ausgeschlossen. IAS 12 enthält ua spezifische Kriterien für den Ansatz und Vorschriften zur Bewertung von aktiven latenten Steuern.

---

1 Vgl. *PwC (Hrsg.)* IFRS Manual, 351.
2 Vgl. zur Abgrenzung des Anwedungsbereichs von IAS 38 auch ausführlich ADS international, Rn 10ff.

II. Normzweck und Anwendungsbereich

Ebenfalls aus dem Anwendungsbereich des IAS 38 ausgeschlossen sind **Leasingverhältnisse** im Anwendungsbereich des IAS 17 *Leases* (vgl. näher im entsprechenden Abschnitt). IAS 17.4 definiert ein Leasingverhältnis als eine „Vereinbarung, bei der der Leasinggeber dem Leasingnehmer gegen eine Zahlung oder eine Reihe von Zahlungen das Recht auf Nutzung eines Vermögenswerts für einen vereinbarten Zeitraum überträgt". Die Definition stellt primär auf eine Nutzungsüberlassung gegen Entgelt ab. Damit sind zB Erbbaurechte, die nach HGB häufig als immaterielle Vermögensgegenstände bilanziert werden, aus dem Anwendungsbereich des IAS 38 ausgeschlossen.[3] Nach IAS 38.5 fällt die Nutzungsüberlassung von immateriellen Vermögenswerten grundsätzlich in den Anwendungsbereich des IAS 17. Ausgenommen aus dem Anwendungsbereich des IAS 17 sind allerdings Lizenzvereinbarungen (zB über Filme, Videoaufnahmen, Manuskripte, Patente und Urheberrechte). Das bedeutet, dass solche Lizenzvereinbarungen, wie in IAS 38.5 klargestellt, in den Anwendungsbereich des IAS 38 fallen. IAS 17 erläutert die Ausnahmeregelungen zu Lizenzvereinbarungen allerdings nicht detailliert, so dass es in praxi zu der Frage kommen kann, welcher Standard anzuwenden ist.[4] Spezielles Augenmerk sollte hier auf Vereinbarungen gelegt werden, die als „Softwareleasing" beschrieben werden. Fallen diese Vereinbarungen in den Anwendungsbereich des IAS 38, ähnelt die bilanzielle Behandlung der Software stark der Abbildung eines Finanzierungsleasing.

14

Finanzielle Vermögenswerte werden nicht durch IAS 38 abgedeckt. Auf sie finden IAS 32 *Financial Instruments: Presentation*, und je nach Einzelfall IAS 39 *Financial Instruments: Recognition and Measurement*, IAS 27 *Consolidated and Separate Financial Statements*, IAS 28 *Investments in Associates* oder IAS 31 *Interests in Joint Ventures* Anwendung. Die Definition eines finanziellen Vermögenswertes findet sich in IAS 32. Damit ist eine Vielzahl von Vermögenswerten, die als immateriell zu charakterisieren sind, aus dem Anwendungsbereich des IAS 38 ausgeschlossen. Dies betrifft beispielsweise Anteile an anderen Unternehmen, Forderungen aus Lieferungen und Leistungen, langfristig gewährte Darlehen, usw. Insgesamt kann diese Ausnahme als eine der wesentlichsten Begrenzungen des Anwendungsbereichs angesehen werden.

15

Außerdem nicht im Anwendungsbereich des IAS 38 fallen **Geschäfts- oder Firmenwerte**, die im Rahmen eines Unternehmenszusammenschlusses erworben wurden. Auf diese findet IFRS 3 *Business Combinations* Anwendung. Zu beachten ist, dass IFRS 3 alle Formen von Unternehmenszusammenschlüssen einschließt, zB Share Deals, Asset Deals und Verschmelzungen. Selbst geschaffene Geschäfts- oder Firmenwerte fallen allerdings in den Anwendungsbereich des IAS 38. IAS 38.48 enthält diesbezüglich ein explizites Aktivierungsverbot.

16

---

3 Vgl. ADS international, Rn 13.
4 Vgl. ausführlich zu der Problematik auch ADS international, Rn 14ff; siehe auch, *KPMG (Hrsg.)* Insights, Rn 3.3.30.15.

17 Abgegrenzte Anschaffungskosten und immaterielle Vermögenswerte im Anwendungsbereich des IFRS 4 sind ebenfalls aus dem Anwendungsbereich des IAS 38 ausgeschlossen. Zu beachten ist, dass IFRS 4 nur für Versicherer und nicht für Versicherte anzuwenden ist.

18 Langfristige immaterielle Vermögenswerte – die grundsätzlich in den Anwendungsbereich des IAS 38 fallen – werden nach IFRS 5 *Non-current Assets Held for Sale and Discontinued Operations* abgebildet, wenn die Voraussetzungen für eine Klassifizierung als **zur Veräußerung gehalten** vorliegen. Das bedeutet unter anderem, dass, sofern die Voraussetzungen zur Klassifizierung als zur Veräußerung gehalten vorliegen, der Vermögenswert einem separaten Ausweis unterliegt, planmäßige Amortisationen eingestellt werden und ein spezifischer Wertminderungstest – niedrigerer Wert aus Buchwert und beizulegendem Zeitwert abzüglich Veräußerungskosten – durchgeführt wird. Die entsprechenden Regeln zur Folgebewertung in IAS 38 sind damit in diesem Fall faktisch außer Kraft gesetzt.

19 Eine wesentliche Problematik in Hinblick auf den Anwendungsbereich kann die **Abgrenzung zwischen materiellen und immateriellen Vermögenswerten** darstellen. Software kann zB auf CDs, also einem physischen Medium, gespeichert werden oder Betriebssysteme sind auf Computern installiert. IAS 38.4 bestimmt, dass ein Unternehmen sein Ermessen einsetzt, um zu bestimmen, welches Element eines Vermögenswertes wesentlicher ist. Dieses Element bestimmt, welcher Standard zur Anwendung kommt. So stellt IAS 38.4 fest, dass Software ohne die eine entsprechende Hardware nicht betriebsbereit ist, ein integraler Bestandteil der entsprechenden Hardware ist und somit IAS 16 *Property, Plant and Equipment* zur Anwendung kommt.[5] Dies betrifft wohl zB auch Betriebssysteme auf Computern. Bei einer Software auf CD dürfte hingegen der immaterielle Charakter wohl eindeutig überwiegen. Ist eine installierte Software kein integraler Bestandteil der Hardware, wird sie separat bilanziert. In IAS 38.5 wird weiter ausgeführt, dass Vermögenswerte mit physischer Substanz nichtsdestotrotz ebenfalls insgesamt in den Anwendungsbereich des IAS 38 fallen können, wenn das immaterielle Element dominiert. Dies kann zB bei der Erstellung eines Prototypen der Fall sein.

20 **III. Begriffe.** IAS 38.8 enthält die im Standard verwendeten Definitionen. Die zentrale Definition dürfte wohl die eines immateriellen Vermögenswertes darstellen: „Ein **immaterieller Vermögenswert** ist ein identifizierbarer, nicht monetärer Vermögenswert ohne physische Substanz." Diese Definition enthält verschiedene Elemente, die im Folgenden näher erläutert werden. Zunächst muss ein entsprechender Vermögenswert die Definition eines Vermögenswertes erfüllen. Er darf keine physische Substanz besitzen, darf aber ebenfalls nicht monetär sein. Darüber hinaus muss er

---

5 Die Software kann dann nichtsdestotrotz ggf. als eine Komponente unter dem Komponentenansatz des IAS 16 zu indentifizieren sein. Vgl. *Ernst & Young (Hrsg.)* International GAAP, 1059f.

III. Begriffe

identifizierbar sein. Wird die Definition eines immateriellen Vermögenswertes erfüllt, wird er – wie in IAS 38.10 beschrieben – grundsätzlich angesetzt, ansonsten werden anfallende Kosten als Aufwand erfasst. Eine Ausnahme bildet allerdings ein erworbener Geschäfts- oder Firmenwert.

Vermögenswerte werden in IAS 38.8 in Übereinstimmung mit dem „*Framework for the Preparation and Presentation of Financial Statements*" definiert. Vermögenswerte sind Ressourcen, „die aufgrund von Ereignissen der Vergangenheit von einem Unternehmen beherrscht" werden und von denen erwartet wird, „dass dem Unternehmen durch sie künftiger wirtschaftlicher Nutzen zufließt". Vermögenswerte stellen also ein Nutzenpotenzial dar, das unter der Beherrschung des Unternehmens steht. Insbesondere die **Beherrschung** durch das Unternehmen kann im Einzelfall von großer Bedeutung sein. Wird zum Beispiel Know-How entwickelt, stellt sich die Frage, ob das Unternehmen dieses Wissen „beherrscht". Um den Begriff der Beherrschung zu erläutern greift IAS 38.13-16 auf den Begriff der Verfügungsgewalt zurück. Das Kriterium der Beherrschung ist erfüllt, wenn das Unternehmen hinreichende Verfügungsgewalt besitzt, sich den Nutzen aus dem Vermögenswert zu verschaffen, und es den Zugriff Dritter auf den Nutzen, den der Vermögenswert generiert, begrenzen kann. Besonderes Augenmerk sollte dabei wohl darauf gelegt werden, dass Dritte von dem Nutzen (weitestgehend) ausgeschlossen werden können.

21

Eine Möglichkeit für ein Unternehmen, eine entsprechende Verfügungsgewalt zu besitzen, ist eine entsprechende Rechtsposition (juristisch durchsetzbare Ansprüche). So können zB ein Urheberrecht oder Arbeitnehmern vertraglich auferlegte Vertraulichkeitspflichten entsprechende Rechtspositionen begründen. Allerdings ist eine solche Rechtsposition zwar hinreichend, aber nicht notwendig, um die Verfügungsgewalt zu begründen. Auch andere Möglichkeiten, die Verfügungsgewalt zu inne zu haben, kann zum Vorliegen eines Vermögenswertes führen. Im Einzelfall wird ein Unternehmen dies dann aber wohl nachweisen können müssen.

22

IAS 38.15 beschreibt ein Team von Fachkräften des Unternehmens, das durch gestiegene Fähigkeiten aufgrund von Schulungsmaßnahmen zukünftigen Nutzen für das Unternehmen generieren wird. Allerdings stellt eine Schulungsmaßnahme i.d.R. keinen Vermögenswert dar, da das Unternehmen keine hinreichende Verfügungsmacht über diese Fähigkeiten hat, auch wenn es wahrscheinlich ist, dass die Mitarbeiter die Fähigkeiten dem Unternehmen weiter zur Verfügung stellen.[6] Als weitere Beispiele nennt IAS 38.16 Kundenstamm, Marktanteile, Kundenbeziehungen und Kundenloyalität als Nutzenpotenziale bei denen regelmäßig keine hinreichende Verfügungsgewalt vorliegt.[7] Findet allerdings eine Transaktion, wie ein Tausch, statt, kann diese Bedingung ggf. doch als erfüllt angesehen werden, da die Transaktion an

23

IAS 38

---

6   Vgl. auch *Deloitte (Hrsg.)* iGAAP, 353.
7   Zu Kundenbeziehungen vgl. auch *PwC (Hrsg.)* IFRS Manual, Rn 15.16.

24 Der **Nutzen**, den ein immaterieller Vermögenswert für das Unternehmen entfalten kann, ist weit gefasst. IAS 38.17 beschreibt dies folgendermaßen: „Der künftige wirtschaftliche Nutzen aus einem immateriellen Vermögenswert kann Erlöse aus dem Verkauf von Produkten oder der Erbringung von Dienstleistungen, Kosteneinsparungen oder andere Vorteile, die sich für das Unternehmen aus der Eigenverwendung des Vermögenswerts ergeben, enthalten."

sich einen Nachweis der Verfügungsgewalt darstellen kann. Ein weiteres Beispiel für einen immateriellen Vermögenswert, über den ein Unternehmen Verfügungsgewalt haben kann, ist ein Vertrag mit einem Fußballspieler, der verhindert, dass der Spieler für einen anderen Club aktiv wird und ggf. übertragen werden kann.[8]

25 Ist die Definition eines Vermögenswertes erfüllt, verlangt IAS 38 über die ansonsten übliche Definition eines Vermögenswertes hinausgehend, dass dieser identifizierbar ist. Dies ist laut IAS 38.11 das zentrale Unterscheidungsmerkmal von einen Geschäfts- oder Firmenwert, welcher nicht identifizierbare Nutzenpotenziale, zB aus Synergien, darstellt.

26 Ein immaterieller Vermögenswert ist identifizierbar, wenn er entweder separierbar ist oder aus vertraglichen oder anderen Rechten entsteht. In IAS 38.12 werden diese beiden Möglichkeiten der Identifizierbarkeit näher beschrieben. **Separierbarkeit** ist dann gegeben, wenn der Vermögenswert „vom Unternehmen getrennt und verkauft, übertragen, lizenziert, vermietet oder getauscht werden [kann]. Dies kann einzeln oder in Verbindung mit einem Vertrag, einem identifizierbaren Vermögenswert oder einer identifizierbaren Schuld unabhängig davon erfolgen, ob das Unternehmen dies zu tun beabsichtigt". Das bedeutet, dass Separierbarkeit weit gefasst ist und deutlich über Einzelveräußerbarkeit oder Einzelverwertbarkeit hinaus geht.[9] Basiert der immaterielle Vermögenswert auf Rechten, ist es unerheblich, ob diese Rechte übertragbar sind oder eine Übertragung nur mit anderen Rechten und/oder Verpflichtungen erfolgen kann.

27 Diese Identifizierbarkeit spielt in praxi eine zentrale Rolle bei der Beantwortung der Frage, ob ein immaterieller Vormögenswert separat angesetzt wird. Der wohl prominenteste Anwendungsfall ist die Analyse welche immateriellen Vermögenswerte bei einem Unternehmenserwerb identifiziert und dann separat zum beizulegenden Zeitwert angesetzt werden.[10]

---

8 Vgl. *KPMG (Hrsg.)* Insights, Rn 3.3.60.30.
9 Schädlich ist es allerdings, wenn der Vermögenswert nur zusammen mit einer selbständigen wirtschaftlichen Einheit („business") übertragen werden kann. Dann ist eine Abgrenzung von Goodwill gerade nicht möglich. Vgl. ADS international, Rn 50.
10 Vgl. mit weiteren Nachweisen der deutschen Rechtsordnung auch ADS international, Rn 62ff.

IFRS 3.IE16ff nennt exemplarisch folgende immateriellen Vermögenswerte, die grundsätzlich als identifizierbar im Rahmen eines Unternehmenszusammenschlusses anzusehen sind. Alle aufgezählten Vermögenswerte werden als auf Rechten basierend angesehen, es sei denn es ist „non-contractual" vermerkt.

Marketing-related intangible assets
- Trademarks, trade names, service marks, collective marks and certification marks
- Trade dress (unique colour, shape or package design)
- Newspaper mastheads
- Internet domain names
- Non-competition agreements

Customer-related intangible assets
- Customer lists (Non-contractual)
- Order or production backlog
- Customer contracts and related customer relationships
- Non-contractual customer relationships (Non-contractual)

Artistic-related intangible assets
- Plays, operas and ballets
- Books, magazines, newspapers and other literary works
- Musical works such as compositions, song lyrics and advertising jingles
- Pictures and photographs
- Video and audiovisual material, including motion pictures or films, music videos and television programmes

Contract-based intangible assets
- Licensing, royalty and standstill agreements
- Advertising, construction, management, service or supply contracts
- Lease agreements (whether the acquiree is the lessee or the lessor)
- Construction permits
- Franchise agreements
- Operating and broadcast rights
- Servicing contracts, such as mortgage servicing contracts
- Employment contracts
- Use rights, such as drilling, water, air, timber cutting and route authorities

Technology-based intangible assets
- Patented technology
- Computer software and mask works
- Unpatented technology (Non-contractual)
- Databases, including title plants (Non-contractual)
- Trade secrets, such as secret formulas, processes and recipes

29 Insbesondere für selbsterstellte immaterielle Vermögenswerte unterscheidet IAS 38 zwischen Forschung und Entwicklung. **Forschung** ist definiert als „eigenständige und planmäßige Suche mit der Aussicht, zu neuen wissenschaftlichen oder technischen Erkenntnissen zu gelangen". **Entwicklung** ist „die Anwendung von Forschungsergebnissen oder von anderem Wissen auf einen Plan oder Entwurf für die Produktion von neuen oder beträchtlich verbesserten Materialien, Vorrichtungen, Produkten, Verfahren, Systemen oder Dienstleistungen. Die Entwicklung findet dabei vor Beginn der kommerziellen Produktion oder Nutzung statt." (IAS 38.8) Allein die Definitionen stellen bereits klar, dass Forschung und Entwicklung zusammenhängen können. Allerdings ist nicht unbedingt eine zeitliche Abgrenzung zwischen Forschung und Entwicklung angemessen. Vielmehr hat eine sachliche Abgrenzung zu erfolgen. Während Forschung regelmäßig im Sinne einer Grundlagenforschung zu verstehen ist, stellt Entwicklung eher die Anwendung von Wissen für ein konkretes Ziel dar[11] (vgl. näher auch unten).

30 „**Monetäre Vermögenswerte** sind im Bestand befindliche Geldmittel und Vermögenswerte, für die das Unternehmen einen festen oder bestimmbaren Geldbetrag erhält." (IAS 38.8) Diese Vermögenswerte stellen regelmäßig finanzielle Vermögenswerte dar, die aus dem Anwendungsbereich des IAS 38 ausgeschlossen sind.

31 **Buchwert** wird in IAS 38.8 definiert als „Betrag, mit dem ein Vermögenswert in der Bilanz nach Abzug aller der auf ihn entfallenden kumulierten Amortisationen und kumulierten Wertminderungsaufwendungen angesetzt wird." Während IAS 38 die Regelungen im Hinblick auf Amortisationen enthält, findet grundsätzlich IAS 36 *Impairment of Assets* für die Bestimmung des Wertminderungsaufwands Anwendung. Wertminderungsaufwand ist definiert als „der Betrag, um den der Buchwert eines Vermögenswerts seinen erzielbaren Betrag übersteigt".

32 Im Hinblick auf **Amortisationen** enthält IAS 38.8 folgende Regelungen die sich in entsprechenden Begriffsdefinitionen niederschlagen: Ausgangspunkt der Ermittlung der Amortisationen sind regelmäßig die Anschaffungskosten eines immateriellen Vermögenswertes: „Die **Anschaffungs- oder Herstellungskosten** sind der zum Erwerb oder zur Herstellung eines Vermögenswerts entrichtete Betrag an Zahlungsmitteln oder Zahlungsmitteläquivalenten bzw. der beizulegende Zeitwert einer anderen Entgeltform zum Zeitpunkt des Erwerbs bzw. der Herstellung, oder wenn zutreffend, der diesem Vermögenswert beim erstmaligen Ansatz zugewiesene Betrag in Übereinstimmung mit den spezifischen Anforderungen anderer IFRS, wie zB IFRS 2 *Anteilsbasierte Vergütung*." (IAS 38.8) Für Unternehmenszusammenschlüsse ist der Ausgangsbetrag grundsätzlich der beizulegende Zeitwert der erworbenen immateri-

---

11 Vgl. zur Abgrenzung zB auch *PwC (Hrsg.)* IFRS Manual, Tz 15.45ff.

ellen Vermögenswerte. Der sogenannte Abschreibungsbetrag ermittelt sich dann als „Differenz zwischen Anschaffungs- oder Herstellungskosten eines Vermögenswerts oder eines Ersatzbetrages und dem Restwert" (IAS 38.8).

„Der **Restwert** eines immateriellen Vermögenswerts ist der geschätzte Betrag, den ein Unternehmen gegenwärtig bei Abgang des Vermögenswerts nach Abzug der geschätzten Veräußerungskosten erhalten würde, wenn der Vermögenswert alters- und zustandsgemäß schon am Ende seiner Nutzungsdauer angelangt wäre." (IAS 38.8) IAS 38 enthält allerdings spezifische Restriktionen den Restwert betreffend, die weiter unten dargestellt werden. 33

Abschreibungen (Amortisationen) sind in IAS 38.8 definiert als „die systematische Verteilung des gesamten Abschreibungsbetrags eines immateriellen Vermögenswerts über dessen Nutzungsdauer." Dabei ist die Nutzungsdauer entweder „der Zeitraum, über den ein Vermögenswert voraussichtlich von einem Unternehmen nutzbar ist", oder „die voraussichtlich durch den Vermögenswert im Unternehmen zu erzielende Anzahl an Produktionseinheiten oder ähnlichen Maßgrößen". Damit kommt zumindest sowohl eine zeitabhängige als auch eine leistungsabhängige Abschreibung in Betracht. Zu beachten ist ferner, dass es sich um eine betriebsindividuelle Nutzungsdauer und nicht um eine wirtschaftliche Nutzungsdauer handelt.[12] 34

Entscheidet sich ein Unternehmen für die Neubewertung von immateriellen Vermögenswerten im Rahmen der Folgebewertung, ist dies nur möglich, wenn es einen **aktiven Markt** für den immateriellen Vermögenswert gibt. Was einen aktiven Markt ausmacht, ist in IAS 38.8 festgelegt. Für das Vorliegen eines aktiven Marktes müssen folgende drei Bedingungen kumulativ erfüllt sein: 35

- „die auf dem Markt gehandelten Produkte sind homogen",
- „vertragswillige Käufer und Verkäufer können in der Regel jederzeit gefunden werden" und
- „Preise stehen der Öffentlichkeit zur Verfügung".

Die Handelbarkeit von oder der regelmäßige Handel mit immateriellen Vermögenswerten allein ist also nicht hinreichend für einen aktiven Markt. So werden zB Filmrechte häufig gehandelt. Da diese Rechte aufgrund des unterschiedlichen Inhalts allerdings wohl regelmäßig keine homogenen Güter, also Güter gleicher Beschaffenheit, darstellen, und regelmäßig auch keine Preise in der Öffentlichkeit zur Verfügung stehen, kann ggf. geschlossen werden, dass kein aktiver Markt hierfür vorliegt. Auch Transaktionen im Hinblick auf Markennamen, Drucktitel, Patente, Warenzeichen etc. führen aufgrund der Einzigartigkeit dieser Vermögenswerte nach IAS 38.78 nicht zum Vorliegen eines aktiven Marktes. Faktisch existieren wenige Märkte für immaterielle Vermögenswerte, die der Definition gerecht werden. Ein Beispiel für 36

---

12 Vgl. auch *PwC (Hrsg.)* IFRS Manual, Rn 15.189. Zur Bestimmung einer Nutzungsdauer vgl. auch *Deloitte (Hrsg.)* iGAAP, 393ff.

einen Markt, der als aktiv anzusehen ist, ist wohl der Handel mit Emissionsrechten in Deutschland. Emissionsrechte stellen zweifellos homogene Güter dar. Diese Rechte werden an der European Energy Exchange in Leipzig gehandelt. Damit stehen wohl regelmäßig Käufer und Verkäufer zur Verfügung und auch die Preise für die Emissionsrechte sind regelmäßig öffentlich verfügbar.[13]

37 Der **beizulegende Zeitwert** ist definiert als „der Betrag, zu dem zwischen sachverständigen, vertragswilligen und von einander unabhängigen Geschäftspartnern ein Vermögenswert getauscht werden könnte." (IAS 38.8) Diese Definition stellt auf eine (fiktive) Markttransaktion at arm's length ab. Notverkäufe und Änliches sind nicht von der Definition des beizulegenden Zeitwertes abgedeckt.

38 **IV. Ansatz und Bewertung. 1. Grundlagen.** Ein immaterieller Vermögenswert ist gemäß IAS 38.18 anzusetzen, wenn er die Definition eines immateriellen Vermögenswertes (siehe III. Begriffe) und darüber hinaus weitere Ansatzkriterien erfüllt. Als Ansatzkriterien schreibt IAS 38.21 – in Übereinstimmung mit dem Framework – vor, dass es wahrscheinlich sein muss, dass der künftige wirtschaftliche Nutzen dem Unternehmen zufließen wird und dass die Anschaffungs- oder Herstellungskosten des Vermögenswertes verlässlich bewertet werden können. IAS 38 definiert allerdings nicht, was **wahrscheinlich** in diesem Zusammenhang bedeutet. IFRS 5 und IFRS 3 definieren den Begriff „wahrscheinlich" als „es spricht mehr dafür als dagegen". Dieser Maßstab von einer Eintrittswahrscheinlichkeit von über 50% könnte wohl auch als Beurteilungsmaßstab im Rahmen des IAS 38 zugrunde gelegt werden.[14] Allerdings ist eine Beurteilung dieses Kriteriums für gesonderte Erwerbe von immateriellen Vermögenswerte (IAS 38.25ff) und Erwerbe von immateriellen Vermögenswerten im Rahmen von Unternehmenszusammenschlüssen (IAS 38.33ff) obsolet, da für diese Erwerbsfälle, wie weiter unten dargestellt, die Erfüllung des Kriteriums als immer gegeben angesehen wird.

39 Die Ansatzkriterien gelten nach IAS 38.18 nicht nur für den erstmaligen Ansatz, sondern auch für nachträglich anfallende Kosten wie Erweiterungen, Ersatz oder Wartung des Vermögenswertes. IAS 38.20 stellt allerdings fest, dass das Wesen immaterieller Vermögenswerte häufig dergestalt ist, dass in der Regel keine Erweiterungen bzw. den Ersatz von Teilen (Komponenten) gibt. Daher folgt das IASB, dass nachträgliche Aufwendungen wahrscheinlich der Erhaltung des Nutzenpotenzials dienen und daher weder die Definition noch die Ansatzkriterien eines immateriellen Vermögenswertes erfüllt sind. Außerdem sieht es das IASB als häufig schwierig an, die Aufwendungen einem bestimmten immateriellen Vermögenswert und nicht dem Unternehmen als Ganzem zuzuordnen. Daher wird gefolgert, dass nachträgliche

---

[13] Informationen zur European Energy Exchange finden sich im Internet unter: http://www.eex.com/de/ (Stand: Dezember 2009). Dort sind auch das Handelsvolumen und entsprechende Marktpreise verfügbar.
[14] Vgl. auch *Deloitte (Hrsg.)* iGAAP, 358, und *PwC (Hrsg.)* IFRS Manual, Rn 15.27.

IV. Ansatz und Bewertung

Aufwendungen selten aktiviert werden können. Ein Komponentenansatz, wie er für Sachanlagevermögen von IAS 16 gefordert wird, kommt in dieser Hinsicht also in praxi nach IAS 38 regelmäßig nicht in Betracht.

Bei der Beurteilung der Ansatzkriterien ist regelmäßig eine **Ermessensentscheidung** des Managements notwendig. In Hinblick auf die Wahrscheinlichkeitseinschätzung legt IAS 38.22 fest, dass die Annahmen auf bestmöglichen Einschätzungen des Managements hinsichtlich der wirtschaftlichen Rahmenbedingungen und der Nutzungsdauer des Vermögenswertes erfolgen sollen. Weiterhin sieht IAS 38.23 vor, dass externen Quellen im Rahmen der Ermessensentscheidung größeres Gewicht einzuräumen ist. Eine solche Einschätzung ist in praxi regelmäßig am schwierigsten für selbstgeschaffene immaterielle Vermögenswerte. IAS 38 hält allerdings weitere Kriterien bereit, die bei dieser Einschätzung helfen können. Die Überlegungen in IAS 38 stehen im Einklang mit den Vorgaben zur Bestimmung von Cash Flows zur Bestimmung eines Nutzungswertes im Rahmen des IAS 36.33ff, so dass ggf. auf Teile dieser Vorgaben zur Ermittlung des zukünftigen Nutzenpotenzials zurückgegriffen werden kann. 40

Es ist nach IFRS nicht explizit gefordert, dass der zukünftige wirtschaftliche Nutzen die Anschaffungs- oder Herstellungskosten übersteigt. Bleibt der zukünftige Nutzen hinter den Kosten zurück, wird dies faktisch über die Vorschriften zu Wertminderungen abgedeckt. 41

Die Erstbewertung eines immateriellen Vermögenswertes erfolgt laut IAS 38.24 zu Anschaffungs- oder Herstellungskosten. IAS 38 sieht also grundsätzlich keine Erstbewertung mit dem beizulegenden Zeitwert vor. Allerdings werden für verschiedene Szenarien – wie im Folgenden dargestellt – beizulegende Zeitwerte als Anschaffungs- oder Herstellungskosten festgelegt. 42

Sowohl im Hinblick auf den Ansatz als auch im Hinblick auf die Erstbewertung enthält der Standard detailliertere Ausführungen für verschiedene Formen der „Beschaffung" eines immateriellen Vermögenswertes. Diese Vorgaben werden im Folgenden dargestellt und erläutert. 43

2. Gesonderte Anschaffung. Im Hinblick auf die Ansatzvorschriften des Standards enthält IAS 38.25 für die gesonderte Anschaffung von immateriellen Vermögenswerten die unwiderlegbare[15] Vermutung, dass das Ansatzkriterium der Wahrscheinlichkeit des Nutzenzuflusses stets als erfüllt anzusehen ist. Begründet wird dies unter anderem damit, dass sich die Wahrscheinlichkeit des Nutzenzuflusses stets in den Anschaffungskosten widerspiegelt. 44

---

15 Vgl. auch ADS international, Rn 83.

45 Auch führt der Standard in Paragraph 26 aus, dass die Anschaffungskosten in diesen Fällen gewöhnlicherweise verlässlich bewertet werden können. Damit besteht faktisch die Vermutung, dass alle immateriellen Vermögenswerte, die im Rahmen eines gesonderten Erwerbs beschafft wurden, anzusetzen sind.

46 Die Anschaffungskosten umfassen den Erwerbspreis sowie alle direkt zurechenbaren Kosten für die Vorbereitung des Vermögenswertes auf seine beabsichtigte Nutzung. IAS 38.27 führt weiter aus, dass ebenfalls Einfuhrzölle und nicht erstattbare Umsatzsteuern in die Anschaffungskosten einzubeziehen sind. Der Erwerbpreis ist jedoch zu kürzen um Rabatte, Boni und Skonti. Nicht ausgeführt wird allerdings, ob nicht in Anspruch genommene Skonti ebenfalls zu einer Anpassung des Erwerbspreises führen. Werden Zahlungsziele eingeräumt, die über die normalen Zahlungsziele hinausgehen, stellt der entsprechende Barpreis nach IAS 38.32 die Anschaffungskosten dar. In praxi ist nicht auszuschließen, dass es durchaus problematisch sein kann, „normale" Zahlungsziele und den entsprechenden Barpreis zu ermitteln. Dann ist wiederum eine Ermessensentscheidung des Managements gefragt. Es dürfte dann im Einzelfall möglich sein, den Barpreis im Rahmen einer Barwertermittlung der zukünftigen Zahlungsströme zu approximieren. Als Zins könnte dabei ein fristenkongruenter Refinanzierungszins des Unternehmens in Frage kommen.

47 Als problematisch können sich variable Zahlungen für den Erwerb eines immateriellen Vermögenswertes erweisen. Zum einen könnte argumentiert werden, dass die Zahlungen zu antizipieren sind und nach IAS 32 und IAS 39 eine entsprechende Verbindlichkeit zu erfassen ist. Sind diese Zahlungen aber zB abhängig von mit einer Lizenz erwirtschaften Umsätzen kann ggf. auch argumentiert werden, dass eine gegenwärtige Verpflichtung erst mit Umsatzerzielung entsteht. Dann sind entsprechende Beträge ggf. nicht in die Anschaffungskosten des immateriellen Vermögenswertes einzubeziehen.[16]

48 Es ist zu beachten, dass bei einem Erwerb eines immateriellen Vermögenswertes gegen die Hingabe aktienbasierter Vergütungen IFRS 2 Anwendung findet. Dies betrifft zB „Einlagen" von immateriellen Vermögenswerten (sofern zulässig). Nach IFRS 2.10 ist bei Vorliegen von in Eigenkapitalinstrumenten beglichenen Transaktionen der immaterielle Vermögenswert mit dem beizulegenden Zeitwert anzusetzen.[17]

49 Die **Anschaffungsnebenkosten** können sowohl interne Kosten, wie direkt zurechenbare Leistungen an Arbeitnehmer, als auch externe Kosten, wie Honorare, umfassen sofern sie anfallen um den Vermögenswert in seinen betriebsbereiten Zustand zu versetzen. Nicht aktivierungsfähig sind allerdings nicht anschaffungs- oder herstellungsbezogene Verwaltungs- und andere Gemeinkosten.[18] Explizit ausgeschlossen

---

16 Vgl. *KPMG (Hrsg.)* Insights, Rn 3.3.100.50f.
17 Vgl. ADS international, Tz 23 f und 181f.
18 Vgl. *Ernst & Young (Hrsg.)* International GAAP, 1063.

IV. Ansatz und Bewertung

von der Aktivierung sind nach IAS 38.29 auch Kosten für die Einführung eines neuen Produkts/einer neuen Dienstleistung und Kosten für Standortverlegungen sowie für neue Kundengruppen.

Sobald ein Vermögenswert sich in dem von Management gewünschten betriebsbereiten Zustand befindet, können keine weiteren Kosten mehr als Teil der Anschaffungskosten aktiviert werden (vgl. näher IAS 38.30). Dies ist auch der Zeitpunkt, zu dem grundsätzlich die Abschreibung eines immateriellen Vermögenswertes beginnt.

Als problematisch kann sich die Frage erweisen, wann ein immaterieller Vermögenswert betriebsbereit ist. Dies kann am Beispiel von Mobilfunklizenzen verdeutlicht werden. Erwirbt ein Unternehmen solche Lizenzen, könnte zum einen angenommen werden, dass diese sofort betriebs- bzw. einsatzbereit sind, da Rechte immer sofort einsatzbereit sind. Auf der anderen Seite kann argumentiert werden, dass die Lizenz erst einsatzbereit ist, wenn das entsprechende Mobilfunknetz aufgebaut ist.

Folgt man der zweiten Argumentation, bedeutet dies, dass es sich bei der Mobilfunklizenz regelmäßig um einen Vermögenswert handeln dürfte „für den ein beträchtlicher Zeitraum erforderlich ist, um ihn in seinen beabsichtigten gebrauchsfähigen Zustand zu versetzen". Für solche „qualifizierten Vermögenswerte" sieht IAS 23 *Borrowing Costs* vor, dass entsprechend anfallende Fremdkapitalkosten zu aktivieren sind. Die Aktivierung erfolgt grundsätzlich bis zu dem Zeitpunkt, in dem sich der Vermögenswert in betriebsbereitem Zustand befindet. Des Weiteren sieht IAS 36.10 für noch nicht nutzungsbereite immaterielle Vermögenswerte einen mindestens jährlichen Wertminderungstest vor.

Ein weiteres praktisches Problem wird im Standard nicht näher erläutert: Wie sind die Anschaffungskosten eines immateriellen Vermögenswertes zu bestimmen, wenn mehrere Vermögenswerte und / oder Dienstleistungen in einem **Bündel** erworben wurden? Wie stellen sich zB die Anschaffungskosten von Software dar, wenn sie in einem Paket mit entsprechenden Schulungsmaßnahmen erworben wurden? Kosten für Schulungsmaßnahmen sind nach IAS 38 als Aufwand zu erfassen. Ein reines Abstellen auf die in einer Rechnung angegebenen Beträge kann ggf. zu nicht sachgerechten Ergebnissen führen. Daher sind alle Aufteilungen praktisch zu hinterfragen. IFRS 3.2(b) verlangt beim Erwerb eines Bündels von Vermögenswerten eine Aufteilung basierend auf relativen Zeitwerten der einzelnen Vermögenswerte.[19] Dies erscheint ggf. auch sachgerecht, falls Dienstleistungen und Vermögenswerte in einem Bündel erworben werden.

Ein Abgrenzungsproblem ergibt sich im Hinblick auf **Anschaffungskosten eines Vertrages**. Werden einer dritten Partei Kommissionen gezahlt, wenn diese Verträge mit Kunden akquiriert, könnte dies regelmäßig als Anschaffungskosten des Vertrages

---

19 Vgl. *KPMG (Hrsg.)* Insights, Rn 3.3.100.90f.

angesehen werden. Sofern alle Ansatzkriterien erfüllt sind, kommt ein Ansatz des Vertrages in Betracht. Diese Problematik ist auch bekannt als „Subscriber Acquisitions Costs". Ein Beispiel sind Mobilfunkverträge, bei denen ein externer Dritter bei Vertragsabschluss eine Kommission vom Mobilfunkanbieter erhält. In praxi wird die Auffassung vertreten, dass diese Kosten bei Vorliegen eines Laufzeitvertrages (mit einer Vertragsstrafe bei vorzeitiger Kündigung) und nur in Höhe „sicherer Mindestumsätze" (bzw. Vertragstrafen im Falle von vorzeitigen Kündigungen) angesetzt werden dürfen. Außerdem wird die Auffassung vertreten, dass nur sog. „incremental costs" aktiviert werden dürfen. Das bedeutet also, dass zB die Gehälter der eigenen Vertriebsmitarbeiter nicht anteilig aktivierbar sind.[20]

55 Werden allerdings Vergünstigungen direkt an den Vertragspartner gewährt, stellt sich die Situation schwieriger dar. Diese Vergütungen können in Geldzahlungen oder auch sonstigen Werten, wie Sachgütern, bestehen. Zum einen könnte argumentiert werden, dass sich bei diesen Zuwendungen analog zu Kommissionen um Anschaffungskosten eines Vertrages handelt. Eine andere Sichtweise, die sich insbesondere bei Geldzahlungen erschließt, ist, dass diese Zahlungen effektiv im Rahmen der Umsatzerfassung zu berücksichtigen sind und der Umsatz um den gewährten Betrag gekürzt wird. Würde ein Mobilfunkkunde mit einen Laufzeitvertag also zB eine monetäre Zuwendung zum Vertragsabschluss erhalten, wäre der Umsatz aus dem Vertrag zu kürzen. Unklar ist dann allerdings weiterhin, ob der Umsatz sofort gekürzt wird oder der Betrag abgegrenzt und über die Laufzeit des Vertrages verrechnet wird. Wird eine nicht-monetäre Vergütung – zB eine Mobilfunkgerät – gewährt, ist zu analysieren, ob es sich nicht um eine separate Komponente des Vertrages handelt, auf die ein Teil des vertraglichen Umsatzes zu allokieren ist.[21]

56 Ein weiteres Praxisproblem kann sich ergeben, wenn ein Unternehmen Forschungs- und Entwicklungsaktivitäten auslagert bzw. zukauft. Dann ist in jedem Einzelfall zu beurteilen, ob es sich um einen Erwerb eines immateriellen Vermögenswertes oder um Forschungs- und Entwicklungsaktivitäten des Unternehmens handelt. Insbesondere sollte bei der Analyse auf eine Verteilung der Risiken eingegangen werden. Kommen dem Auftraggeber die wesentlichen Chancen und Risiken aus der Forschung / Entwicklung zu, handelt es sich regelmäßig nicht um den Erwerb eine immateriellen Vermögenswerts, sondern um Forschung / Entwicklung des Auftraggebers.[22]

58 **3. Erwerb im Rahmen eines Unternehmenszusammenschlusses. a) Grundlagen.** Die Identifizierung und Bewertung immaterieller Vermögenswerte im Rahmen von Unternehmenszusammenschlüssen hat mit der Einführung des sog. **Impair-**

---

20 Zu dem Themenkomplex vgl. *KPMG (Hrsg.)* Insights, Rn 3.3.160.
21 Zu dem Themenkomplex vgl. *KPMG (Hrsg.)* Insights, Rn 4.2.340.
22 Vgl. *Ernst & Young (Hrsg.)* International GAAP, 1062 f ; ADS international, Rn 114; Hoffmann, Haufe-Kommentar, Rn 15.

ment only-Ansatzes, bei dem ein Geschäfts- oder Firmenwert nicht mehr planmäßig abgeschrieben, sondern nur noch mindestens jährlich einem Wertminderungstest unterzogen wird, größere Bedeutung gewonnen (zur Abbildung von Unternehmenszusammenschlüssen vgl. den entsprechenden Abschnitt). Die separat angesetzten immateriellen Vermögenswerte reduzieren einen Geschäfts- oder Firmenwert und unterliegen ggf. einer planmäßigen Amortisation. In praxi haben sich Spezialisten für den Bereich des Ansatzes und der Bewertung immaterieller Vermögenswerte etabliert.

Für Unternehmenszusammenschlüsse führt IAS 38.33 aus, dass die Anschaffungskosten eines immateriellen Vermögenswertes im Sinne des IAS 38 dem **beizulegenden Zeitwert** zum Erwerbszeitpunkt entsprechen. Darüber hinaus wird erläutert, dass sich die Wahrscheinlichkeit des Nutzenzuflusses im beizulegenden Zeitwert des Vermögenswertes widerspiegelt. Daraus schließt der Standard, dass eine Erwartung eines Nutzenzuflusses vorhanden ist und dass damit das Ansatzkriterium der Wahrscheinlichkeit des Nutzenzuflusses immer als erfüllt anzusehen ist. Damit ein immaterieller Vermögenswert separat angesetzt werden kann, muss das Merkmal der Identifizierbarkeit gegeben sein, das heißt, der Vermögenswert ist entweder separierbar oder er beruht auf gesetzlichen oder vertraglichen Rechten. Ist dies gegeben, schließt der Standard ebenfalls, dass in diesem Falle hinreichende Informationen für eine verlässliche Bewertung des Vermögenswertes zur Verfügung stehen und auch dieses Ansatzkriterium damit erfüllt ist. Mit anderen Worten: Liegt ein immaterieller Vermögenswert beim erworbenen Unternehmen vor, dh insbesondere, dass der Vermögenswert identifizierbar ist, gilt die nicht widerlegbare Vermutung, dass alle Ansatzkriterien erfüllt sind.

Verfolgt das erworbene Unternehmen ein Forschungs- und/oder Entwicklungsprojekt, ist dieses ggf. ebenfalls separat anzusetzen, falls es die Definition eines immateriellen Vermögenswertes erfüllt und der Vermögenswert identifizierbar ist. Dies gilt nach IAS 38.34 explizit auch für Forschungsprojekte. Allerdings wird in praxi wohl in diesem Fällen häufig die Erfüllung der Definition eines Vermögenswertes bzw. dessen Identifizierbarkeit zu verneinen sein. Andererseits wird bei einer Erfüllung der Kriterien wohl regelmäßig auch der beizulegende Zeitwert ermittelbar sein.[23]

In den Folgeperioden anfallende Ausgaben für die erworbenen Forschungs- und Entwicklungsprojekte, für die ein immaterieller Vermögenswert im Rahmen der Abbildung des Unternehmenszusammenschlusses angesetzt wurde, sind laut IAS 38.42 nach den Vorschriften für selbst geschaffene immaterielle Vermögenswerte abzubilden. Das bedeutet, dass Forschungsausgaben und Entwicklungsausgaben für Projekte, bei denen die spezifischen Ansatzkriterien (siehe unten) nicht erfüllt sind, sofort als Aufwand erfasst werden. Entwicklungsausgaben für Projekte, bei denen die An-

---
23 Vgl. auch *Deloitte* (Hrsg.) iGAAP, 2213.

satzkriterien erfüllt sind, werden aktiviert. Wie die im Rahmen des Unternehmenszusammenschlusses ermittelten Forschungs- und Entwicklungskosten zu behandeln sind, ist allerdings unklar. Es greifen grundsätzlich die allgemeinen Regeln des IAS 38.[24]

62 **b) Die Bestimmung beizulegender Zeitwerte.** In IAS 38.35-41 finden sich einige Vorgaben zur Bestimmung beizulegender Zeitwerte von immateriellen Vermögenswerten, die im Rahmen eines Unternehmenszusammenschlusses erworben wurden. Von großer Bedeutung ist, dass bei der Bestimmung der Zeitwerte die **Perspektive eines Marktteilnehmers** einzunehmen ist. Erwerberspezifische Aspekte, wie die Absicht, einen immateriellen Vermögenswert nicht zu nutzen, bleiben bei der Bewertung unberücksichtigt.[25]

63 In IAS 38 wird wiederholt dargestellt, dass für einen identifizierbaren immateriellen Vermögenswert regelmäßig hinreichend Informationen vorliegen, um einen beizulegenden Zeitwert zu bestimmen. Danach macht der Standard Ausführungen zur Bestimmung von „Bewertungseinheiten". Ist ein immaterieller Vermögenswert separierbar, aber nur zusammen mit anderen materiellen oder immateriellen Vermögenswerten, so ist diese Gruppe von Vermögenswerten als ein Vermögenswert – insbesondere für Zwecke der Bewertung – anzusehen, falls sich die beizulegenden Zeitwerte der einzelnen Vermögenswerte nicht hinreichend zuverlässig ermitteln lassen. Dies könnte zB im Einzelfall bei einem Atomkraftwerk und der entsprechenden Betriebsgenehmigung der Fall sein.[26] Weiter führt IAS 38 aus, dass sich hinter dem Begriff der Marke häufig Warenzeichen, Firmenname, Geheimverfahren, Rezepte etc. verbergen. Liegen komplementäre Vermögenswerte dieser Art vor, werden sie ebenfalls zu einem Vermögenswert zusammengefasst, falls sich die beizulegenden Zeitwerte der einzelnen dahinter stehenden Vermögenswerte nicht hinreichend zuverlässig ermitteln lassen. Eine entsprechende Zusammenfassung kommt optional in Betracht, wenn die verschiedenen Vermögenswerte die gleiche Nutzungsdauer aufweisen.

64 Der Standard führt aus, dass **aktive Märkte** die zuverlässigste Quelle für beizulegende Zeitwerte darstellen. Grundsätzlich ist der Angebotspreis auf solchen Märkten zu verwenden. Sind keine Angebotspreise verfügbar, kann eine Ableitung aus den letzten vergleichbaren Geschäftsvorfällen abgeleitet werden.

65 Existiert kein aktiver Markt, muss ein **Bewertungsverfahren** zur Anwendung kommen. IAS 38 gibt nicht konkret vor, welche Bewertungsverfahren anzuwenden sind. Die Verfahren haben allerdings aktuelle Geschäftsvorfälle und Industriepraktiken widerzuspiegeln.

---

24 Vgl. *Deloitte (Hrsg.)* iGAAP, 2213.
25 Vgl. *PwC (Hrsg.)* IFRS Manual, Tz 15.135ff.
26 Vgl. *Deloitte (Hrsg.)* iGAAP, 2203.

IV. Ansatz und Bewertung

Das **Institut der Wirtschaftsprüfer** in Deutschland hat in seinen Rechnungslegungsstandards IDW *RS HFA 16 Bewertungen bei der Abbildung von Unternehmenserwerben und bei Werthaltigkeitsprüfungen nach IFRS* und IDW *S 5 Grundsätze zur Bewertung immaterieller Vermögenswerte* die gängigsten Verfahren zur Bewertung immaterieller Vermögenswerte zusammengefasst.[27]

66

Es kommen eine Vielzahl von Verfahren für die Bestimmung beizulegender Zeitwerte in Betracht, die je nach Einzelfall auszuwählen sind. Ggf. sind auch mehrere Verfahren anzuwenden und die Ergebnisse gegeneinander zu verproben. Liegt ein Preis auf einem aktiven Markt vor, erübrigt sich faktisch die Anwendung eines Bewertungs-„verfahrens". Liegt kein aktiver Markt vor, kommt die **Ableitung des Preises aus anderen, ähnlichen Transaktionen** in Betracht. Eine einfache Übernahme dieser Preise scheidet jedoch grundsätzlich aus. Vielmehr hat eine Anpassung an die Tatsachen und Umstände des Einzelfalls zu erfolgen. Dies kann sich praktisch als ausgesprochen schwierig darstellen.[28]

67

Ist eine Ableitung des beizulegenden Zeitwertes aus Transaktionen nicht möglich, kommt die **Anwendung von kapitalwertorientierten Verfahren** in Betracht. Diese basieren auf abgezinsten Cashflows. Ein solches Verfahren ist die sog „multi-period excess earnings method". Bei diesem Verfahren wird unterstellt, dass das Unternehmen nur den zu bewertenden immateriellen Vermögenswert besitzt und alles andere, das zur Leistungserstellung notwendig ist „mieten" muss. Dies schließt zB andere materielle und immaterielle Vermögenswerte und die Arbeitnehmerschaft ein. Diese sog. „contributory assets charges" werden von den erwarteten Zahlungsströmen abgezogen und der Barwert der Nettozahlungsströme ermittelt. Andere Barwertverfahren sind die sog. „relief from royalty method", bei der der Barwert der potenziellen Lizenzzahlungen für den zu bewertenden Vermögenswert ermittelt wird, oder die Methode der unmittelbaren Cashflow-Prognose, bei der versucht wird, den Barwert des Zahlungsstroms des zu bewertenden Vermögenswertes direkt zu bestimmen.[29] In der Regel wird auf den Barwert der Zahlungsströme der sog. „Tax Amortisation Benefit" (TAB) zugeschlagen, der die Vorteile aus der (fiktiven) steuerlichen Abzugsfähigkeit repräsentiert, um den beizulegenden Zeitwert zu ermitteln.[30] Ein solcher TAB wird in praxi regelmäßig berücksichtigt, unabhängig davon, ob tatsächlich eine

68

---

27 Vgl. IDW RS HFA 16, IDW S 5, IDW S 5 Fortsetzung. Auch das International Valuation Standards Council (IVSC) legte Anfang 2009 einen Entwurf zur Bewertung immaterieller Vermögenswerte vor: Exposure Draft: Revised International Valuation Guidance Note No. 4 – Valuation of Intangible Assets. Der Entwurf ist im Internet erhältlich unter http://www.ivsc.org/pubs/index.html#drafts (Stand: Dezember 2009). Ein Überblick über die Bestimmung eines beizulegenden Zeitwertes findet sich auch bei Deloitte, iGAAP, S 365ff.
28 Vgl. auch IDW S 5, Rn 21.
29 Vgl. näher IDW S 5, Rn 22ff.
30 Vgl. IDW S 5, Rn 45ff.

steuerliche Abzugsfähigkeit – zB im Rahmen eines Asset Deal – gegeben ist oder nicht. Dieses Vorgehen genügt der impliziten Einzelerwerbsfiktion zur Abbildung von Unternehmenserwerben.

69 Als letzte Gruppe von anwendbarer Verfahren können im Einzelfall **kostenorientierte Verfahren** in Betracht kommen. Dazu werden die potenziellen Anschaffungskosten des gleichen oder eines funktionsgleichen Vermögenswertes bestimmt und angemessen modifiziert.[31]

70 IFRS 3 kennt eine Ausnahme im Hinblick auf die Bewertung immaterieller Vermögenswerte, die im Rahmen von Unternehmenszusammenschlüssen erworben wurden. Diese betrifft sog. „zurückerworbene Rechte". Hat zB Unternehmen A einem Unternehmen B das exklusive Recht gewährt, seine Marke in Nordamerika zu verwenden, und erwirbt Unternehmen A später Unternehmen B und damit im Rahmen eines Unternehmenszusammenschlusses dieses Recht „zurück", hat es dieses als zurückerworbenes Recht bei der Abbildung des Unternehmenserwerbes anzusetzen, da es die Ansatzkriterien des IAS 38 bzw. IFRS 3 erfüllt. Für diese zurückerworbenen Rechte wird zur Bewertung nur die Restlaufzeit des zugrunde liegenden Vertrages berücksichtigt. Eventuelle Vertragsverlängerungen, wie sie bei der Bestimmung beizulegender Zeitwerte ggf. zu berücksichtigen wären, sind bei der Bestimmung eines Wertes nach IFRS 3.29 nicht zu beachten (vgl. auch IFRS 3.B35 und B36).

71 **4. Erwerb durch die Zuwendung der öffentlichen Hand.** Erwirbt ein Unternehmen einen immateriellen Vermögenswert durch eine Zuwendung der öffentlichen Hand (entweder kostenlos oder durch nominale Gegenleistung), findet IAS 20 *Accounting for Government Grants and Disclosure of Government Assistance* Anwendung. IAS 20.23 gewährt ein Wahlrecht, den Vermögenswert entweder mit dem beizulegenden Zeitwert oder zum Nominalwert anzusetzen. Dieses Wahlrecht besteht laut IAS 38.44 auch für immaterielle Vermögenswerte.

72 Ein zentrales Beispiel für die Zuwendung immaterieller Vermögenswerte stellt die Zuteilung von Emissionsrechten durch den Staat dar. Diese können dann sowohl mit dem beizulegenden Zeitwert als auch faktisch mit „Null" bewertet werden.[32]

73 **5. Tausch von Vermögenswerten.** IAS 38.45-47 macht spezielle Vorgaben, wie ein Erwerb eines immateriellen Vermögenswertes im Tausch gegen einen nicht-monetären Vermögenswert oder eine Kombination aus monetären und nicht-monetären Vermögenswerten zu erfassen ist. Grundsätzlich bestimmen sich die Anschaffungskosten des immateriellen Vermögenswertes nach dem beizulegenden Zeitwert des hingegebenen Vermögenswertes. Dieser Grundsatz gilt nicht, wenn der Transaktion

---

31 Vgl. *Ernst & Young (Hrsg.)* International GAAP, 1110ff.
32 Das IASB veröffentlichte IFRIC 3 *Emission Rights* zur Bilanzierung von Emissionsrechten. Diese Interpretation wurde aber später im Jahr 2005 durch das IASB zurückgezogen. Das IASB arbeitet an einem Projekt zur Abbildung dieser Rechte. Vgl. zu Bilanzierungsalternativen zB *Hoffmann*, Haufe-Kommentar, Rn 38ff; *KPMG (Hrsg.)* Insights, Rn 3.3.170.

die **wirtschaftliche Substanz** fehlt oder weder der beizulegende Zeitwert des erworbenen immateriellen Vermögenswertes noch der beizulegende Zeitwert des hingegebenen Vermögenswertes verlässlich bestimmbar sind.

Die wirtschaftliche Substanz wird durch Analyse der Veränderungen zukünftiger Cashflows bestimmt. Dabei werden sowohl das Risiko, der zeitliche Anfall und der Betrag der Cashflows als auch der sog. „unternehmensspezifische Wert" ins Kalkül gezogen (vgl. näher IAS 38.46). Hinsichtlich einer zuverlässigen Bewertbarkeit legt IAS 38.47 für Tauschvorgänge fest, dass diese gegeben ist, falls „die Schwankungsbandbreite der vernünftigen Schätzungen des beizulegenden Zeitwerts für diesen Vermögenswert nicht signifikant ist oder .. die Eintrittswahrscheinlichkeiten der verschiedenen Schätzungen innerhalb dieser Bandbreite vernünftig geschätzt und bei der Schätzung des beizulegenden Zeitwerts verwendet werden können."

74

Tauschvorgänge stellen in ihrer Reinform wohl kein häufiges Phänomen der Praxis dar. Eine „Sonderform" des Tauschvorganges findet sich allerdings in **IFRIC 12 Service Concession Arrangements**. IFRIC 12 kommt in speziellen Fällen zur Anwendung, in denen Privatinvestoren staatliche Infrastrukturaufgaben wahrnehmen, wie zB das Betreiben von Straßen und Flughäfen. Findet IFRIC 12 Anwendung, bilanziert der Betreiber kein Sachanlagevermögen für die Infrastruktur. Erbringt er Bau- oder Ausbauleistungen und Betriebsleistungen im Hinblick auf die Infrastruktur, erfasst er einen Ertrag gemäß IAS 18 *Revenue* oder IAS 11 *Construction Contracts* und gleichzeitig je nach Vertragsgestaltung einen finanziellen Vermögenswert oder einen immateriellen Vermögenswert in Form eines Konzessionsrechts. Ein immaterieller Vermögenswert wird erfasst, wenn der Betreiber „als Gegenleistung ein Recht erhält, von den Benutzern der öffentlichen Dienstleistungen eine Gebühr zu verlangen", und ihm kein „unbedingter Zahlungsanspruch" zukommt. Dieser immaterielle Vermögenswert ist dann zunächst mit dem beizulegenden Zeitwert zu bewerten.[33]

75

6. Selbst geschaffener Geschäfts- oder Firmenwert. Geschäfts- oder Firmenwerte sind „ex definitione" nicht identifizierbar. Des Weiteren führt IAS 38 aus, dass die Herstellungskosten dieses Vermögenswertes nicht verlässlich bestimmbar sind. Damit erfüllt der Geschäfts- oder Firmenwert nicht die Ansatzvoraussetzungen für einen immateriellen Vermögenswert nach IAS 38. Für selbst geschaffene Geschäfts- oder Firmenwerte besteht daher ein Aktivierungsverbot gemäß IAS 38.48.

76

Zu beachten ist, dass erworbene Geschäfts- oder Firmenwerte nicht in den Anwendungsbereich des IAS 38 fallen und nach IFRS 3.32 zwingend zu aktivieren sind. Dies gilt auch dann noch, wenn der derivative Geschäfts- oder Firmenwert faktisch sukzessive durch einen originären Geschäfts- oder Firmenwert ersetzt wird.[34]

77

---

33 Zu Einzelheiten vgl. IFRC 12.11-27. Vgl. näher *KPMG (Hrsg.)* First Impressions IFRIC 12, 7ff.
34 Vgl. IFRS 3 (2004).BC140.

78 **7. Selbst geschaffene immaterielle Vermögenswerte.** Selbst geschaffene immaterielle Vermögenswerte sind nach IAS 38 ggf. zu aktivieren. Der Standard stellt fest, dass es gerade bei diesen Vermögenswerten schwierig sein kann festzustellen, ob die Aktivierungsvoraussetzungen erfüllt sind. Daher macht IAS 38 weitergehende spezifische Vorgaben für diese Beschaffungsform von immateriellen Vermögenswerten. Die Vorgaben gehen über reine Forschungs- und Entwicklungsaktivitäten hinaus, betreffen also alle selbst geschaffenen immateriellen Vermögenswerte.

79 **a) Ansatz.** Es ist gemäß IAS 38.52 zwischen einer Forschungsphase und einer Entwicklungsphase bei der Schaffung von immateriellen Vermögenswerten zu unterscheiden. Forschung und Entwicklung werden von IAS 38 definiert. Den entsprechenden Phasen kommt allerdings eine „umfassendere Bedeutung" zu (vgl. IAS 38.52).[35] Die Grundideen der Definitionen lassen sich allerdings für die Bestimmung der Phasen verwenden. Das würde bedeuten, dass während der Forschungsphase grundsätzlich nach neuen Erkenntnissen gesucht wird, während die Entwicklungsphase prinzipiell auf ein konkretes Ergebnis abzielt. Ist es schwierig, die Phasen abzugrenzen, sind laut IAS 38.53 im Zweifel Ausgaben als in der Forschungsphase angefallen anzusehen.

80 Als Beispiele für Aktivitäten der **Forschungsphase** nennt IAS 38.56 Aktivitäten zur Erlangung neuer Erkenntnisse; die Suche nach sowie die Beurteilung und Auswahl von Anwendungen für Forschungsergebnisse, die Suche nach und die Formulierung, der Entwurf und die Beurteilung von Alternativen für Materialien, Vorrichtungen, Produkte, Verfahren, Systeme oder Dienstleistungen. Das bedeutet also, dass alle Aktivitäten bis zu einer Auswahl einer Alternative grundsätzlich in die Forschungsphase fallen. Die Entwicklungsphase setzt dann faktisch an der Forschungsphase an. IAS 38.59 nennt unter anderen folgende Beispiele für Aktivitäten der Entwicklungsphase: Entwurf, Konstruktion und Testen von Prototypen und Modellen, Entwurf von Werkzeugen unter Verwendung neuer Technologien; ggf. Entwurf, Konstruktion und Betrieb einer Pilotanlage; und Entwurf, Konstruktion und Testen einer ausgewählten Alternative für neue oder verbesserte Materialien, Vorrichtungen, Produkte, Verfahren, Systeme oder Dienstleistungen. Alle diese Aktivitäten zielen also auf einen konkret nutzbaren immateriellen Vermögenswert ab.

81 Alle Ausgaben in der Forschungsphase eines Projektes zur Erstellung eines immateriellen Vermögenswertes sind sofort als **Aufwand zu erfassen**; eine Aktivierung scheidet aus (vgl. IAS 38.54).

82 In der **Entwicklungsphase** eines Projektes, also in einem Stadium, in dem das Projekt weiter voran geschritten ist als in der Forschungsphase, sind dann ggf. anfallende Ausgaben **zu aktivieren.** Die Aktivierung erfolgt ab dem Zeitpunkt, ab dem

---

35 Vgl. auch *Ernst & Young (Hrsg.)* International GAAP, 1079ff; *PwC (Hrsg.)* IFRS Manual, Rn 15.46; ADS international, Rn 96ff.

IV. Ansatz und Bewertung

spezifische Kriterien kumulativ erfüllt sind. Eine Nachaktivierung einmal als Aufwand erfasster Kosten scheidet nach IAS 38.71 aus. Das bedeutet faktisch, dass unterjährig der Zeitpunkt zu bestimmen ist, an dem alle Ansatzkriterien erfüllt sind und dass ab diesem Zeitpunkt die angefallenen Ausgaben (siehe unten) zu aktivieren sind.[36]

Das Erfüllen folgender Kriterien für eine Aktivierung des selbst geschaffenen immateriellen Vermögenswertes muss in der Entwicklungsphase kumulativ nachgewiesen werden können (vgl. IAS 38.57): 83

(a) „Die Fertigstellung des immateriellen Vermögenswerts kann technisch soweit realisiert werden, dass er genutzt oder verkauft werden kann."

(b) „Das Unternehmen beabsichtigt, den immateriellen Vermögenswert fertig zu stellen und ihn zu nutzen oder zu verkaufen."

(c) „Das Unternehmen ist fähig, den immateriellen Vermögenswert zu nutzen oder zu verkaufen."

(d) „Die Art und Weise, wie der immaterielle Vermögenswert voraussichtlich einen künftigen wirtschaftlichen Nutzen erzielen wird; das Unternehmen kann ua die Existenz eines Markts für die Produkte des immateriellen Vermögenswerts oder für den immateriellen Vermögenswert an sich oder, falls er intern genutzt werden soll, den Nutzen des immateriellen Vermögenswerts nachweisen."

(e) „Adäquate technische, finanzielle und sonstige Ressourcen sind verfügbar, so dass die Entwicklung abgeschlossen und der immaterielle Vermögenswert genutzt oder verkauft werden kann."

(f) „Das Unternehmen ist fähig, die dem immateriellen Vermögenswert während seiner Entwicklung zurechenbaren Ausgaben verlässlich zu bewerten."

Sind alle diese Kriterien erfüllt, muss der immaterielle Vermögenswert aktiviert werden. Es handelt sich bei der Frage nach der Aktivierung konzeptionell nicht um ein Wahlrecht. Allerdings sind die Ermessensspielräume des Managements im Hinblick auf die Beurteilung der einzelnen Kriterien groß, so dass an dieser Stelle teilweise auch von einem „faktischen Wahlrecht" gesprochen wird.[37]

Zu (a) Insbesondere bei neuartigen Produkten oder Ähnlichem kann der Nachweis der technischen Machbarkeit schwierig sein. Bei etablierten Produkten, die einer größeren Überarbeitung unterliegen, wie die Überarbeitung einer Modellreihe eines etablierten Automobilherstellers, dürfte dieser Nachweis eher gelingen. 84

Zu (b) Grundsätzlich wird man wohl unterstellen können, dass Unternehmen, die sich in einer Entwicklungsphase eines Projektes befinden, die Entwicklung zu Ende führen wollen und auch beabsichtigen, das Ergebnis der Entwicklung zu nut- 85

---
36 Vgl. ADS international, Rn 105.
37 Vgl. zB *Hoffmann* Haufe-Kommentar, Rn 29.

zen. Entscheidet ein Unternehmen aber beispielsweise, dass eine Entwicklung nach einem bestimmten Termin/Budget eingestellt wird, wenn die Entwicklung bis zum Erreichen der Grenze nicht erfolgreich ist, ergeben sich bei dieser Beurteilung ggf. größere Probleme.

86 **Zu (c)** Ein Aspekt der Fähigkeit der Nutzung ist, ob das rechtliche Umfeld die Verwendung des immateriellen Vermögenswertes gestattet. Ist es beispielsweise ausgeschlossen, dass ein der Entwicklung unterliegendes Produkt legal in Verkehr gebracht werden kann, ist dieses Kriterium nicht erfüllt.

87 **Zu (d)** Der Nachweis eines zukünftigen Nutzens kann sich wiederum insbesondere bei neuartigen Produkten, Dienstleistungen, Verfahren etc. als schwierig darstellen. Die umfassende Weiterentwicklung etablierter Produkte kann hier durchaus bessere Ansatzpunkte bieten. Für Produkte und Dienstleistungen ist dabei die Existenz eines (potentiellen) Marktes eine Kernüberlegung. Aber auch Entwicklungen, die voraussichtlich rein unternehmensintern genutzt werden, fallen in den Anwendungsbereich des IAS 38. IAS 38.60 legt fest, dass zur Beurteilung eines zukünftigen wirtschaftlichen Nutzen die Grundsätze in IAS 36, ggf. einschließlich der Konzeption der zahlungsmittelgenerierenden Einheit, angewendet werden. Das bedeutet, dass ggf. zukünftige Zahlungsströme auf der Basis der Vorgaben des IAS 36 zur Bestimmung des Nutzungswertes zu ermitteln sind. Eine sinnvolle Bestimmung der Zahlungsströme scheint nur möglich, wenn sowohl die voraussichtlich noch anfallenden Entwicklungsaufwendungen als auch die Zahlungsströme aus der Nutzung des fertiggestellten Projektes bestimmt werden.

88 Der Nachweis eines Marktes kann unter anderem vom Entwicklungsstadium des Produktes, der Produktgruppe oder von speziellen Risiken einer Branche abhängen. So wird sich der Nachweis eines Marktes für eine neue Modellreihe eines etablierten Automobilherstellers häufig erbringen lassen. Auf der anderen Seite ist in der Pharmaindustrie zu beobachten, dass häufig keine Entwicklungskosten aufgrund der Unsicherheiten in Bezug auf die sich in der Entwicklungsphase befindlichen Medikamente aktiviert werden.[38] Dabei ist auch zu beachten, dass regelmäßig eine Zulassung der Medikamente zur Vermarktung erforderlich ist.[39] Eine Beurteilung nach IAS 38 findet für jede Entwicklung gesondert statt, so dass die Pharmaunternehmen zB keine Portfoliobetrachtung aller Medikamente in der Entwicklungsphase vornehmen können.[40]

---

38 Vgl. zB *Ernst & Young (Hrsg.)* International GAAP, 1108f; *Deloitte (Hrsg.)* iGAAP, 380.
39 Vgl. zum Einfluss entsprechender Regulierungen auch *PwC (Hrsg.)* IFRS Manual, Rn 15.60.
40 Vgl. ähnlich *PwC (Hrsg.)* IFRS Manual, Rn 15.43.

IV. Ansatz und Bewertung

Zu (e) Ein Unternehmen muss ebenfalls hinreichende Ressourcen nachweisen. Dies ist im Zweifel für ein „Start up"-Unternehmen wiederum schwieriger als für ein etabliertes Unternehmen. IAS 38.61 sieht vor, die Beurteilung auf Basis der Unternehmensplanung vorzunehmen. Dabei sollte auch die Fähigkeit zur Sicherung der Ressourcen ins Kalkül gezogen werden.

Zu (f) Auch die Ausgaben müssen dem Projekt zuverlässig zugerechnet werden können. Dies ist die Voraussetzung für das Erfüllen des Ansatzkriteriums „verlässliche Bewertbarkeit". Des Weiteren ist wohl darauf zu achten, dass die Analyse in Einklang mit anderen Erklärungen des Managements, zB in der Risikoberichterstattung im Lagebericht, steht.[41]

Mit **SIC 32 Intangible Assets—Web Site Costs** existiert eine spezifische Auslegung für einen speziellen selbst geschaffenen immateriellen Vermögenswert. Darin wird festgestellt, dass unternehmenseigene Internetseiten grundsätzlich einen immateriellen Vermögenswert im Sinne des IAS 38 darstellen. SIC-32.8 stellt fest, dass die allgemeinen Ansatzvoraussetzungen erfüllt sein müssen. Primär abgestellt wird auf den Nachweis des zukünftigen wirtschaftlichen Nutzens. Werden mit der Seite Umsätze generiert, kann ein solcher ggf. nachgewiesen werden. Dient die Seite eher dem Marketing bzw. der Verkaufsförderung, ist der Nutzen laut SIC-32 nicht nachweisbar und eine Aktivierung entsprechender Kosten scheidet aus. Darüber hinaus entwickelt die Interpretation Leitlinien dafür, welche Kosten aktiviert werden können, und verwendet dabei ein Phasenmodell für die Erstellung einer Internetseite:

- Planungsstadium: Aufwand, da es „Forschung" entspricht;
- Stadien Einrichtung und Entwicklung der Infrastruktur, Entwicklung des graphischen Designs und inhaltliche Entwicklung: grundsätzlich Aktivierung der anfallenden Kosten im Sinne des IAS 38 möglich/geboten;
- Betriebsstadium: alle anfallenden Kosten sind Aufwand.

Alle im Zusammenhang mit Werbung und Verkaufsförderung stehenden Ausgaben, wie zB Produkt-Fotografien, sind jedenfalls als Aufwand zu erfassen.

Nach einer Aktivierung der Kosten einer Internetseite gelten die allgemeine Vorschriften des IAS 38. Das SIC stellt allerdings in seiner Interpretation fest: „Die bestmöglich geschätzte Nutzungsdauer einer Internetseite hat kurz zu sein."[42] Dies mag praktisch für viele immaterielle Vermögenswerte gelten.

Es existieren diverse weitere selbsterstellte immaterielle Vermögenswerte, die ggf. einer Aktivierung unterliegen. Dazu zählen zB selbst entwickelte Software oder die Aktivierung von Kosten im Zusammenhang mit der Registrierung von Chemikalien in der Europäischen Union, gemeinhin bekannt als „REACH costs"[43].

---

41 Vgl. zu weiteren Ausführungen zu allen Kriterien ADS international, Rn 103ff.
42 SIC 32.10.
43 Zur Abbildung von „REACH costs" vgl. *KPMG (Hrsg.)* Insights, Rn 3.3.175.

94　**b) Bewertung.** Herstellungskosten nach IFRS umfassen grundsätzlich Vollkosten. Die **Herstellungskosten** umfassen alle Kosten, die nach der Erfüllung der Ansatzkriterien anfallen. Eine Nachaktivierung einmal als Aufwand erfasster Kosten scheidet nach IAS 38.65 aus.

95　Die Herstellungskosten umfassen alle direkt zurechenbaren Kosten im Zusammenhang mit dem Entwurf, der eigentlichen Herstellung und dem Versetzen in einen betriebsbereiten Zustand. Dies sind beispielsweise Leistungen an Arbeitnehmer und Amortisationen von Patenten und Lizenzen, die zur Herstellung des Vermögenswertes verwendet werden (vgl. IAS 38.66). Dies schließt auch Werte ein, die ggf. geschlüsselt werden müssen, wie beispielsweise Abschreibungen von Gebäuden und andere Gemeinkosten. „Direkt zurechenbar" ist also nicht im Sinne von „Grenzkosten" („incremental") auszulegen. Vertriebs- und allgemeine Verwaltungskosen sind nach IAS 38.67 jedoch nicht aktivierungsfähig. Auch Ineffizienzen und Kosten für Schulungsmaßnahmen sind kein Teil der Herstellungskosten.

96　Selbst geschaffene immaterielle Vermögenswerte dürften regelmäßig die Definition von qualifizierten Vermögenswerten im Sinne des IAS 23 erfüllen. Als Folge sind in diesen Fällen Fremdkapitalkosten nach den Vorschriften des IAS 23 während der Entwicklungsphase zu aktivieren (vgl. näher die Ausführungen in dem entsprechenden Abschnitt).

97　Des Weiteren ist zu beachten, dass ein noch nicht nutzungsbereiter immaterieller Vermögenswert nach IAS 36.10 einem jährlichen Wertminderungstest unterliegt. Dies erfasst auch „aktivierte Entwicklungskosten" noch nicht nutzungsbereiter Projekte. Die Daten, die zur Durchführung des Wertminderungstests verwendet werden, dienen – wie dargestellt – auch als Grundlage für die Einschätzung, ob eine Entwicklung zukünftigen wirtschaftlichen Nutzen mit sich bringt.

98　**V. Erfassung eines Aufwands.** An verschiedenen Stellen zeigt IAS 38 Ausgaben auf, die einer sofortigen Erfassung als Aufwand unterliegen, da die Ansatzkriterien für immaterielle Vermögenswerte nicht erfüllt werden. Grundsätzlich sind nach IAS 38.68 sogar alle Ausgaben für immaterielle Vermögenswerte sofort als Aufwand zu erfassen. Von diesem Grundsatz bestehen zwei **Ausnahmen**. Die erste Ausnahme ist die Erfüllung der vorstehend dargestellten Ansatzkriterien für einen immateriellen Vermögenswert. Die zweite Ausnahme bezieht sich auf Unternehmenszusammenschlüsse, bei denen Ausgaben für nicht separat ansatzfähige immaterielle Vermögenswerte als Teil des Geschäfts- oder Firmenwertes aktiviert werden.

99　Viele Ausgaben eines Unternehmens bringen zukünftigen Nutzen mit sich. Ohne diese Einschätzung würde das Management wohl regelmäßig die entsprechenden Ausgaben nicht tätigen. Allerdings sind in einer Vielzahl der Fälle die Aktivierungsvoraussetzungen des IAS 38 nicht gegeben. IAS 38.69 adressiert die folgenden spezifischen Fälle, in denen sofort ein Aufwand zu erfassen ist.

V. Erfassung eines Aufwands

Alle **Kosten für Aus- und Weiterbildung** sind sofort als Aufwand zu erfassen. Für diese kann zB argumentiert werden, dass dem Unternehmen die Kontrolle über den wirtschaftlichen Nutzen fehlt. 100

Auch **Ausgaben für Werbekampagnen und Maßnahmen der Verkaufsförderung** sind sofort als Aufwand zu erfassen. Dabei ist es grundsätzlich unerheblich, ob sich diese Kosten auf einzelne Produkte oder das gesamte Geschäft beziehen.[44] In diesem Zusammenhang wurden insbesondere Katalogkosten diskutiert. Versandhäuser verteilen Kataloge als eine Form des „Marktplatzes". Es stellte sich mithin die Frage, ob dieser Marktplatz als immaterieller Vermögenswert aktivierungsfähig ist.[45] Das IASB sah sich zu einer Klarstellung durch Anpassung des IAS 38 veranlasst. Die Vorschriften zur Aufwandserfassung wurden ergänzt um den Zusatz „including mail order catalogues". Allgemeingültig wurde ausgeführt, dass ein Aufwand im Falle von entsprechenden Gütern immer dann erfasst wird, wenn das Unternehmen Zugriff auf diese Güter hat. Ein solcher Zugriff liegt bereits dann vor, wenn die Güter vom Verkäufer vertragsgemäß hergestellt wurden und das Unternehmen diese (gegen Entgelt) abrufen kann. Ausgaben für Dienstleistungen werden dann aufwandswirksam erfasst, wenn die Dienstleistungen vom Dienstleister vertragsgemäß erbracht werden (vgl. insgesamt IAS 38.69-69A). Geleistete Anzahlungen, zB für TV-Werbezeiten, können also auch nach der Klarstellung des IAS 38 zunächst noch aktiviert werden.[46] 101

Nicht aktivierungsfähig sind ebenfalls Ausgaben für die **Verlegung und Umorganisationen** des Ganzen oder von Teilen des Unternehmens. Es ist zu beachten, dass nach IAS 37.81 in diesen Fällen auch im Vorfeld grundsätzlich die Bildung einer Restrukturierungsrückstellung ausscheidet. 102

Gründungskosten und Kosten für den Anlauf des Geschäftsbetriebs sind explizit nicht aktivierungsfähig. Dies schließt auch Kosten für neue Betriebsstätten und die Einführung neuer Produkte ein. Allerdings ist im Einzelfall zu analysieren, ob angefallene Kosten nicht nach anderen Standards, zB IAS 16 *Property, Plant, and Equipment*, zu aktivieren sind. Außerdem ist zu beachten, dass Kosten für die Kapitalbeschaffung grundsätzlich nach IAS 32 und IAS 39 zu bilanzieren sind. 103 IAS 38

Dem Aktivierungsverbot unterliegen nach IAS 38.63 auch **Aufwendungen für selbst geschaffene Markennamen, Drucktitel, Verlagsrechte, Kundenlisten sowie ihrem Wesen nach ähnliche Sachverhalte.** Der Standard begründet dies damit, dass diese Ausgaben nicht von denen für die Unternehmensentwicklung als Ganzes, also wohl von selbst geschaffenem Geschäfts- oder Firmenwert, unterschieden 104

---
44 Vgl. *KPMG (Hrsg.)* Insights, Rn 3.3.150.20.
45 Der ADS international unterscheidet zwischen den Katalogen und dem Katalogmaster. Für die Kataloge wird eine Aktivierungsverbot bejaht, während festgestellt wird, dass auf den Katalogmaster die Kriterien des SIC-32 anzuwenden sind. Vgl. ADS international, Rn 119. Ob und inwieweit diese Meinung nach der Anpassung des IAS 38 noch aufrecht erhalten wird, bleibt abzuwarten.
46 Vgl. *Ernst & Young (Hrsg.)* International GAAP, 1087ff.

werden können. Daher sind entsprechende „Entwicklungsaufwendungen" sofort als Aufwand zu erfassen. Werden diese immateriellen Vermögenswerte allerdings im Rahmen einer Transaktion, wie zB einer gesonderten Anschaffung oder einem Unternehmenszusammenschluss, erworben, unterliegen sie – sofern alle Ansatzvoraussetzungen erfüllt sind – allerdings einer Ansatzpflicht.

105 **VI. Folgebewertung.** Die Folgebewertung immaterieller Vermögenswerte ist für alle immateriellen Vermögenswerte unabhängig von ihrer ursprünglichen Beschaffung einheitlich geregelt. IAS 38.72ff sieht ein **Wahlrecht für die Folgebewertung** vor. Entweder kann das Anschaffungskostenmodell gewählt werden oder alternativ das Neubewertungsmodell. Dieses Wahlrecht kann jeweils für Gruppen von Vermögenswerten ausgeübt werden[47], die in ihrer Art und ihrem Verwendungszweck ähnlich sind. Das Wahlrecht steht damit nicht für jeden immateriellen Vermögenswert individuell zur Verfügung.

106 Eine zentrale Einschränkung erfährt das Wahlrecht allerdings dadurch, dass das Neubewertungsmodell grundsätzlich nur für immaterielle Vermögenswerte angewendet werden kann, für die ein aktiver Markt existiert. IAS 38.78 stellt fest, dass ein solcher Markt für immaterielle Vermögenswerte normalerweise nicht existiert. Allerdings können solche Märkte ggf. im Einzelfall doch existieren, zB für Taxilizenzen oder Emissionsrechte.[48] Eine ähnliche Restriktion existiert für die Neubewertungsoption im Sachanlagevermögen nach IAS 16 nicht.

107 **1. Anschaffungskostenmodell.** Beim Anschaffungskostenmodell wird – laut IAS 38.74 – ein immaterieller Vermögenswert zu Anschaffungskosten abzüglich aller kumulierten Amortisationen und kumulierten Wertminderungsaufwendungen angesetzt. Die Ermittlung der planmäßigen Amortisationen (Abschreibungen) wird weiter unten beschrieben. Ein potenzieller Wertminderungsaufwand wird nach IAS 36 ermittelt (vgl. näher die Ausführungen im entsprechenden Abschnitt). Ein Wertminderungstest ist durchzuführen, wenn es Anhaltspunkte für eine Wertminderung gibt. Besitzt ein immaterieller Vermögenswert eine „unbestimmte" Nutzungsdauer ist ein solcher Test gemäß IAS 36.10 mindestens einmal jährlich durchzuführen.

108 **2. Neubewertungsmodell.** Im Rahmen des Neubewertungsmodells sind nach IAS 38.75 die immateriellen Vermögenswerte in einer Gruppe mit ihrem beizulegenden Zeitwert zum Zeitpunkt der Neubewertung abzüglich kumulierter Amortisationen und kumulierter Wertminderungsaufwendungen in den Folgeperioden anzusetzen. Dies bedeutet, dass eine Neubewertung grundsätzlich nicht immer jährlich vorzunehmen ist sowie dass zwischen den einzelnen Neubewertungen „planmäßige und außerplanmäßige Abschreibungen" erfolgen. Allerdings schreibt IAS 38 vor, dass Neubewertungen in einer solchen Frequenz vorzunehmen sind, dass der Buchwert

---

47 Zur Abgrenzung einer Gruppe vgl. *PwC (Hrsg.)* IFRS Manual, Rn 15.166ff.
48 Vgl. auch *PwC (Hrsg.)* IFRS Manual, Rn 15.174f.

VI. Folgebewertung

nicht wesentlich von dem beizulegenden Zeitwert des immateriellen Vermögenswertes abweicht. Was als wesentlich anzusehen ist, ist auf Basis des Wesentlichkeitsgrundsatzes – wie er im Framework festgelegt ist – zu beurteilen. IAS 38.79 führt aus, dass das Ausmaß der Schwankungen der beizulegenden Zeitwerte ein Kriterium für die Beurteilung der Häufigkeit der vorzunehmenden Neubewertungen ist.

Wird für eine Gruppe von immateriellen Vermögenswerten die Neubewertung gewählt, sind zum Zeitpunkt der Neubewertung alle Zeitwerte der immateriellen Vermögenswerte der Gruppe auf Basis eines aktiven Marktes zu bestimmen. Ausgenommen davon sind Vermögenswerte der Gruppe, für die kein aktiver Markt existiert (vgl. IAS 38.73, .79). In diesen Ausnahmefällen wird der Vermögenswert laut IAS 38.81 mit fortgeführten Anschaffungskosten angesetzt. Entfällt ein aktiver Markt, wird der Betrag der letzten Neubewertung um Amortisationen und Wertminderungen fortgeführt (vgl. IAS 38.82). **109**

Es existieren zwei Situationen, in denen das Neubewertungsmodell nach IAS 38.76 nicht angewendet werden darf. Dies betrifft zunächst **Vermögenswerte, die zuvor nicht als Vermögenswerte angesetzt wurden**. Ist also zB ein selbst geschaffener immaterieller Vermögenswert zunächst nicht angesetzt worden, da die Ansatzvoraussetzungen in IAS 38 nicht erfüllt waren, kann eine „Nachaktivierung" dieses Vermögenswertes über das Neubewertungsmodell nicht vorgenommen werden. Außerdem kann das Neubewertungsmodell nicht verwendet werden, um einen sog. **Day 1 Gain** zu erfassen. Der erstmalige Ansatz eines immateriellen Vermögenswertes zu einem von den Anschaffungs- oder Herstellungskosten abweichenden Betrag ist nicht zulässig. Allerdings ist ggf. wohl nicht auszuschließen, dass nach dem erstmaligen Ansatz eine entsprechende Neubewertung erfolgen kann. Erfüllt beispielsweise ein selbst geschaffener immaterieller Vermögenswert die Ansatzvoraussetzungen erst relativ spät in der Entwicklungsphase, können während der Entwicklungsphase wohl nur die Herstellungskosten aktiviert werden. Nach Abschluss der Entwicklungsphase kann dann bei Vorliegen der Anwendungsvoraussetzungen – was als eher unwahrscheinlich anzusehen ist – das Neubewertungsmodell aber wohl zum Einsatz kommen. **110**

Führt eine Neubewertung zu einer Erhöhung des Buchwertes, wird die Differenz grundsätzlich im Eigenkapital in einer Neubewertungsrücklage erfasst. Im Falle einer Reduktion des Buchwertes wird der entsprechende Betrag grundsätzlich im Gewinn oder Verlust der Periode erfasst (vgl. IAS 38.85-86). **111**

Liegt eine Neubewertungsrücklage vor, so ist eine Wertminderung zunächst mit dieser zu „verrechnen", bevor ein die Rücklage übersteigender Betrag im Gewinn oder Verlust der Periode erfasst wird. Gleicht eine Wertsteigerung einen in Vorperioden erfassten Wertminderungsaufwand aus, ist insoweit ein entsprechender Ertrag zu erfassen, bevor eine entsprechende Neubewertungsrücklage erfasst wird. **112**

Fuchs

113   Die Neubewertungsrücklage wird nicht „recycled", das heißt es erfolgt keine Umbuchung von dort erfassten Beträgen in den Gewinn oder Verlust der Periode. Vielmehr können „realisierte Beträge" direkt in die Gewinnrücklagen umgebucht werden. Eine Realisierung kann bei Abgang oder durch Nutzung erfolgen (vgl. näher IAS 38.87).

114   Veränderungen der Neubewertungsrücklage sind gemäß IAS 1 *Presentation of Financial Statements* im „sonstigen Ergebnis" (Other Comprehensive Income) zu erfassen.

115   Das Neubewertungsmodell bietet die Chance, Vermögenswerte mit ihrem „aktuellen Wert" darzustellen. Insgesamt stellt die Neubewertung von immateriellen Vermögenswerten eine eher „konservative" Bilanzierung im Hinblick auf das Jahresergebnis dar. Während Wertsteigerungen erfolgsneutral erfasst werden und grundsätzlich nie das Periodenergebnis berühren, werden Minderungen des beizulegenden Zeitwertes prinzipiell sofort erfolgswirksam erfasst, auch dann wenn eine Erfassung von Wertminderungen nach IAS 36 nicht notwendig sein sollte. Im Falle von Wertsteigerungen ergibt sich ein erhöhter Aufwand im Vergleich zum Anschaffungskostenmodell, insbesondere in Form von höheren Abschreibungen.

116   In der Praxis ist das Neubewertungsmodell in Deutschland derzeit weder für Sachanlagen noch für immaterielle Vermögenswerte weit verbreitet. Der wohl einzig relevante Anwendungsfall im Bereich der immateriellen Vermögenswerte dürfte in Deutschland sowieso nur die Abbildung von Emissionsrechten sein. In anderen Ländern findet es jedoch durchaus Anwendung, zB in Großbritannien.

117   **3. Bestimmung der Amortisationen.** Sowohl im Anschaffungskostenmodell als auch im Neubewertungsmodell sind (planmäßige) Amortisationen grundsätzlich vorgesehen. Ein Unternehmen hat nach IAS 38.88 zunächst zu bestimmen, ob die Nutzungsdauer des immateriellen Vermögenswertes begrenzt oder unbestimmt ist.[49] „Ein immaterieller Vermögenswert ist von einem Unternehmen so anzusehen, als habe er eine unbegrenzte Nutzungsdauer, wenn es aufgrund einer Analyse aller relevanten Faktoren keine vorhersehbare Begrenzung der Periode gibt, in der der Vermögenswert voraussichtlich Netto-Cashflows für das Unternehmen erzeugen wird."[50] Das bedeutet also, dass ein immaterieller Vermögenswert eine unbestimmte Nutzungsdauer hat, wenn kein Ende seiner Nutzung absehbar ist. Eine unendliche Nutzungsdauer ist hier aber – wie von IAS 38.91 klargestellt – nicht gefragt. Eine unendliche Nutzung eines immateriellen Vermögenswertes ist wohl auch faktisch

---

49   Die deutsche Übersetzung des IAS 38 aus dem Jahre 2008 verwendet in diesem Zusammenhang die Begriffe „begrenzt" bzw. „unbegrenzt", während die englische Originalfassung zwischen „finite" und „indefinite" unterscheidet. Die deutsche Übersetzung des IAS 36 verwendet inkonsistenterweise in diesem Zusammenhang den Begriff „unbestimmt", der „indefinite" zutreffender übersetzt, daher wird hier dieser Begriff verwendet. Zu der Originalunterscheidung vgl. auch *Ernst & Young (Hrsg.)* International GAAP, 1094.
50   IAS 38.88.

VI. Folgebewertung

unmöglich. Auf der anderen Seite darf unbestimmt auch nicht so verstanden werden, dass eine unbestimmte Nutzungsdauer vorliegt nur weil eine Schätzung einer „klar begrenzten" Nutzungsdauer schwierig ist.

Bei der Bestimmung der Nutzungsdauer sind **rechtliche und wirtschaftliche Einflussgrößen** einzubeziehen (vgl. IAS 38.95). IAS 38.90 nennt Beispiele für Faktoren, die bei der Bestimmung der Nutzungsdauer beachtenswert sind. Diese schließen unter anderen die voraussichtliche Nutzung des Vermögenswerts durch das Unternehmen, typische Produktlebenszyklen und öffentliche Informationen über die geschätzte Nutzungsdauer von ähnlichen Vermögenswerten, technische, technologische, kommerzielle oder andere Arten der Veralterung, die Stabilität der Branche und Änderungen in der Gesamtnachfrage, voraussichtliche Handlungen seitens der Wettbewerber, die Höhe der Erhaltungsausgaben, den Zeitraum der Verfügungsgewalt über den Vermögenswert und rechtliche oder ähnliche Beschränkungen und die Nutzungsdauern anderer Vermögenswerte des Unternehmens ein.[51] Erhaltungsaufwendungen sind nach IAS 38.91 nur insoweit bei der Beurteilung der Frage nach einer unbestimmten Nutzungsdauer zu berücksichtigen, wie sie das gegenwärtige Nutzenpotenzial erhalten. Investitionen in die Erhöhung des Nutzenpotenzials sind separat zu beurteilen.

118

Resultiert ein immaterieller Vermögenswert aus gesetzlichen oder vertraglichen Rechten, darf die Schätzung der Nutzungsdauer den Zeitraum der Existenz dieser Rechte nicht übersteigen, kann allerdings kürzer sein. Eine mögliche Verlängerung der Rechte kann und muss nur für die Bestimmung der Nutzungsdauer in Betracht gezogen werden, wenn eine voraussichtliche Verlängerung ohne das Anfallen von zusätzlichen signifikanten Kosten nachgewiesen werden kann (vgl. IAS 38.94).[52] Unabhängig von der nach Maßstäben des IAS 38 normalerweise zu ermittelnden Nutzungsdauer wird bei im Rahmen von Unternehmenszusammenschlüssen zurückerworbenen Rechten nach IFRS 3.55 in jedem Fall nur die Restvertragslaufzeit als Nutzungsdauer angesetzt.

119

Insgesamt spricht der Standard in IAS 38.92 die Vermutung aus, dass Nutzungsdauern immaterieller Vermögenswerte eher kurz sind. Als immaterielle Vermögenswerte mit unbestimmter Nutzungsdauer kommen zB Markennamen und unbegrenzt verlängerbare Sendelizenzen in Betracht. Es ist allerdings zu beachten, dass dies immer eine Einzelfallentscheidung ist, dh, dass zB nicht alle Markennamen per se eine unbestimmte Nutzungsdauer aufweisen.[53]

120

---

51 Zu Faktoren, die speziell bei der Beurteilung zu beachten sind, ob eine Marke eine unbestimmte Nutzungsdauer besitzt, vgl. *KPMG (Hrsg.) Insights*, Rn 3.3.190.85.
52 Zur weiteren Auslegung dieses Maßstabes vgl. IAS 38.96.
53 IAS 38 enthält einen Anhang mit „Illustrative Examples", die die Bestimmung von Nutzungsdauern verdeutlichen.

121 a) **Unbestimmte Nutzungsdauer.** Beschließt das Management eines Unternehmens, dass ein immaterieller Vermögenswert eine unbestimmte Nutzungsdauer aufweist, wird dieser Vermögenswert nicht planmäßig amortisiert. Er unterliegt vielmehr einem mindestens jährlichen Wertminderungstest nach IAS 36.10 (vgl. IAS 38.107-108). Darüber hinaus ist jährlich zu überprüfen, ob die Annahme einer unbestimmten Nutzungsdauer noch zu rechtfertigen ist. Ist dies nicht der Fall, stellt diese Tatsache ein auslösendes Ereignis für einen Wertminderungstest nach IAS 36 dar. Darüber hinaus ist diese Änderung der Nutzungsdauer als Schätzungsänderung im Sinne des IAS 8 *Accounting Policies, Changes in Accounting Estimates and Errors* anzusehen (vgl. IAS 38.109-110). Gemäß IAS 8.36 sind Änderungen von Schätzungen prospektiv abzubilden (vgl. näher die Ausführungen im entsprechenden Abschnitt). Das bedeutet, dass der Buchwert des immateriellen Vermögenswertes ab dem Zeitpunkt der Änderung der Einschätzung über die „neue" Nutzungsdauer verteilt wird (siehe auch die folgenden Ausführungen).

122 b) **Begrenzte Nutzungsdauer.** Besitzt ein immaterieller Vermögenswert eine begrenzte Nutzungsdauer, ist er planmäßig zu amortisieren. Dazu wird der Abschreibungsbetrag über die Nutzungsdauer des Vermögenswertes verteilt. Neben den Anschaffungs- oder Herstellungskosten wird bei der Ermittlung des Abschreibungsbetrages prinzipiell ebenfalls ein **Restwert** berücksichtigt. Anders als für Sachanlagevermögen wird für immaterielle Vermögenswerte aber grundsätzlich unterstellt, dass der Restwert Null beträgt. Davon existieren lediglich zwei Ausnahmen: Hat sich eine Dritter verpflichtet, den Vermögenswert am Ende der Nutzungsdauer zu erwerben, ist ein Restwert zu berücksichtigen. Dann ist wohl der Restwert auf Basis des entsprechenden Vertrages einzuschätzen. Die andere Ausnahme besteht, wenn ein aktiver Markt für den immateriellen Vermögenswert besteht und weitere Voraussetzungen erfüllt sind. Dann ist der Restwert auf Basis aktueller Marktpreise zu bestimmen. Übersteigt ein geschätzter Restwert den Buchwert des Vermögenswertes, werden die Abschreibungen ausgesetzt, negative Abschreibungen werden nicht erfasst (vgl. IAS 38.100-103).

123 Die Amortisationsmethode hat laut IAS 38.97 den Nutzenverzehr durch das Unternehmen widerzuspiegeln. Es ist grundsätzlich eine Vielzahl von **Abschreibungsmethoden** zulässig. Angefangen bei der linearen Abschreibung über degressive Abschreibungen bis hin zu Leistungsabschreibungen (vgl. IAS 38.98). Ist der Nutzenverzehr nicht verlässlich bestimmbar, verlangt IAS 38 die lineare Abschreibung. Diese Abschreibungsmethode erscheint bei vielen immateriellen Vermögenswerten auch sachgerecht. So ist die Nutzung und damit der Nutzen von Computersoftware wohl gleichmäßig solange diese Software im Einsatz ist. Gestrichen wurde allerdings vor Kurzem die Aussage in IAS 38.98, dass „selten, wenn überhaupt, überzeugende substanzielle Hinweise zur Rechtfertigung einer Amortisationsmethode für immaterielle

VI. Folgebewertung

Vermögenswerte mit begrenzter Nutzungsdauer vor[liegen], die zu einem niedrigeren kumulierten Amortisationsbetrag führt als die lineare Methode". Nunmehr lässt sich darüber streiten, ob eine umsatzabhängige Abschreibung, bei der der Abschreibungsbetrag basierend auf dem Verhältnis des aktuellen Umsatzes der Periode zum geschätzten (Rest-)Gesamtumsatz bestimmt wird, zulässig ist. Es könnte allerdings argumentiert werden, dass sich im Umsatz der Nutzen für das Unternehmen widerspiegelt und somit eine umsatzabhängige Abschreibung den Nutzenverzehr widergibt.[54]

Die planmäßigen Amortisationen beginnen laut IAS 38.97, sobald der Vermögenswert verwendungsbereit ist, „dh wenn er sich an seinem Standort und in dem vom Management beabsichtigten betriebsbereiten Zustand befindet". Die Abschreibung endet zum früheren Zeitpunkt aus

- Klassifikation des Vermögenswertes als zur Veräußerung gehalten nach IFRS 5 (siehe dazu die Ausführungen im entsprechenden Abschnitt) und
- Ausbuchung des Vermögenswertes (siehe VII: Stilllegungen und Abgänge).

Insbesondere der **Beginn der Abschreibungen** kann sich in praxi als problematisch erweisen. Wie oben dargestellt ist zB bei Mobilfunklizenzen die Frage, ob eine Lizenz erst abgeschrieben wird, wenn das entsprechende Funknetzwerk aufgebaut ist, oder ob sie als Recht sofort einsatzbereit ist. Viele Unternehmen in Deutschland folgen der ersten Alternative.[55] Folgt man der These, dass umsatzabhängige Abschreibungen nach IAS 38 zulässig sind, verliert dieses Problem allerdings ohnehin an Brisanz.

Gesondert zu beurteilen sind ggf. Verzögerungen des Einsatzes eines immateriellen Vermögenswertes aufgrund von reinen Managemententscheidungen. Ist beispielsweise eine selbsterstellte Software bereits technisch einsatzbereit, wird die Einführung aber aufgrund einer Managemententscheidung verzögert, sollte mit der Abschreibung nichtsdestotrotz grundsätzlich begonnen werden.[56]

Sowohl die Amortisationsperiode als auch die Amortisationsmethode sind laut IAS 38.104 (mindestens) am Geschäftsjahresende zu überprüfen. Haben sich die Einschätzungen des Managements im Hinblick auf Nutzungsdauer oder Nutzenverzehr geändert, sind die Nutzungsdauer bzw. die Abschreibungsmethode anzupassen. Beide Anpassungen gelten als Schätzungsänderung im Sinne des IAS 8. Schätzungsänderungen werden prospektiv abgebildet (vgl. näher im entsprechenden Abschnitt). Das bedeutet, dass der (Rest-)Buchwert des immateriellen Vermögenswertes ab dem Zeitpunkt der Änderung der Einschätzung über die „neue" Nutzungsdauer mit der „neuen" Abschreibungsmethode verteilt wird.

---

54 Vgl. befürwortend *KPMG (Hrsg.)* Insights, Rn 3.3.230.40ff, mit entsprechenden Anwendungshinweisen.
55 Befürwortend zB auch *Deloitte (Hrsg.)*, iGAAP, 402; vgl. auch ADS international, Rn 161.
56 Vgl. *KPMG (Hrsg.)* Insights, Rn 3.3.240.30.

128 **VII. Stilllegungen und Abgänge.** IAS 38.112-117 regelt, wann ein immaterieller Vermögenswert auszubuchen ist und wie eventuelle Erlöse zu erfassen sind. Ein immaterieller Vermögenswert wird bei Abgang ausgebucht oder wenn kein weiterer wirtschaftlicher Nutzen aus Nutzung oder Abgang erwartet wird. Das Abgangsdatum wird nach den Grundsätzen des IAS 18 zur Erfassung von Umsatzerlösen bestimmt (vgl. dazu die Ausführungen im entsprechenden Abschnitt). Das bedeutet wohl, dass die Kriterien für die Umsatzerfassung nach IAS 18.14ff für die Erfassung von Umsatzerlösen aus dem Verkauf von Gütern angewendet werden.

129 Da der Abgang in einer Vielzahl von Varianten erfolgen kann, ist jeweils der richtige Standard zur Abbildung der Transaktion zu ermitteln. Vielfach wird IAS 18 Anwendung finden, da der Vermögenswert veräußert wird. Dann sind sowohl Kriterien für die Umsatzerfassung als auch die entsprechenden Bewertungsvorschriften anwendbar. In anderen Fällen (zB Sale and Leaseback) könnten die Vorschriften des IAS 17 *Leases* Anwendung finden.[57]

130 In einigen Fällen kann auch IFRS 5 zur Anwendung kommen. Wenn die Kriterien zur Klassifikation als zur Veräußerung gehalten erfüllt sind, wird der immaterielle Vermögenswert separat ausgewiesen (ggf. als Teil einer Veräußerungsgruppe) und die planmäßigen Abschreibungen werden eingestellt (vgl. die Ausführungen im entsprechenden Abschnitt). Ansonsten ist eine Einstellung der planmäßigen Abschreibungen nach IAS 38.117 grundsätzlich untersagt.

131 **VIII. Ausweis und Angaben.** Gemäß IAS 1.54 sind immaterielle Vermögenswerte separat auszuweisen. Nach IAS 1.55 ist der Posten weiter zu untergliedern, wenn es für das Verständnis des Abschlusses erforderlich ist. Es existieren keine spezifischen Ausweisvorschriften für die Abschreibungen. Allerdings ist zu beachten, dass diese ggf. in die Herstellungskosten anderer Vermögenswerte einzubeziehen sind.[58]

132 IAS 38 kennt eine Vielzahl von Anhangangaben. Diese werden im Folgenden dargestellt bzw. wiedergegeben.

133 IAS 38 sieht Angabepflichten für jede Gruppe von Vermögenswerten vor. Eine Gruppe wird nach IAS 38.119 basierend auf Ähnlichkeit im Hinblick auf Art und Verwendungszweck abgegrenzt. Eine entsprechende Gruppierung erfolgt auch bei Ausübung des Wahlrechts zwischen Anschaffungskostenmodell und Neubewertungsmodell. Die Angabepflichten verlangen eine Unterscheidung zwischen selbst geschaffenen und sonstigen immateriellen Vermögenswerten. Folgende Angaben – die einen „Anlagespiegel" für immaterielle Vermögenswerte einschließen – sieht IAS 38.118 vor:

„(a) ob die Nutzungsdauern unbegrenzt oder begrenzt sind, und wenn begrenzt, die zu Grunde gelegten Nutzungsdauern und die angewandten Amortisationssätze;

---
57 Zur teilweisen Ausbuchung eines immateriellen Vermögenswertes vgl. ADS international, Rn 131f.
58 Vgl. *KPMG (Hrsg.)* Insights, Rn 3.3.250.10.

(b) die für immaterielle Vermögenswerte mit begrenzten Nutzungsdauern verwendeten Amortisationsmethoden;

(c) der Bruttobuchwert und die kumulierte Amortisation (zusammengefasst mit den kumulierten Wertminderungsaufwendungen) zu Beginn und zum Ende der Periode;

(d) der/die Posten der Gesamtergebnisrechnung, in dem/denen die Amortisationen auf immaterielle Vermögenswerte enthalten sind;

(e) eine Überleitung des Buchwerts zu Beginn und zum Ende der Periode unter gesonderter Angabe der:

 (i) Zugänge, wobei solche aus unternehmensinterner Entwicklung, solche aus gesondertem Erwerb und solche aus Unternehmenszusammenschlüssen separat zu bezeichnen sind;

 (ii) Vermögenswerte, die gemäß IFRS 5 als zur Veräußerung gehalten eingestuft werden oder zu einer als zur Veräußerung gehalten eingestuften Veräußerungsgruppe gehören, und andere Abgänge;

 (iii) Erhöhungen oder Verminderungen während der Periode aufgrund von Neubewertungen ... und von im sonstigen Ergebnis erfassten oder aufgehobenen Wertminderungsaufwendungen gemäß IAS 36 (falls vorhanden);

 (iv) Wertminderungsaufwendungen, die während der Periode im Gewinn oder Verlust gemäß IAS 36 erfasst wurden (falls vorhanden);

 (v) Wertminderungsaufwendungen, die während der Periode im Gewinn oder Verlust gemäß IAS 36 rückgängig gemacht wurden (falls vorhanden);

 (vi) jede Amortisation, die während der Periode erfasst wurde;

 (vii) Nettoumrechnungsdifferenzen aufgrund der Umrechnung von Abschlüssen in die Darstellungswährung und der Umrechnung einer ausländischen Betriebsstätte in die Darstellungswährung des Unternehmens; und

 (viii) sonstige Buchwertänderungen während der Periode".

Darüber hinaus verlangt IAS 38.122 folgende spezifische Angaben: 134

„(a) für einen immateriellen Vermögenswert, dessen Nutzungsdauer als unbegrenzt eingeschätzt wurde, den Buchwert dieses Vermögenswerts und die Gründe für die Einschätzung seiner unbegrenzten Nutzungsdauer. Im Rahmen der Begründung muss das Unternehmen den/die Faktor(en) beschreiben, der/die bei der Ermittlung der unbegrenzten Nutzungsdauer des Vermögenswerts eine wesentliche Rolle spielte(n);

(b) eine Beschreibung, den Buchwert und den verbleibenden Amortisationszeitraum eines jeden einzelnen immateriellen Vermögenswerts, der für den Abschluss des Unternehmens von wesentlicher Bedeutung ist;

(c) für immaterielle Vermögenswerte, die durch eine Zuwendung der öffentlichen Hand erworben und zunächst mit dem beizulegenden Zeitwert angesetzt wurden …:

   (i) den beizulegenden Zeitwert, der für diese Vermögenswerte zunächst angesetzt wurde;

   (ii) ihren Buchwert; und

   (iii) ob sie in der Folgebewertung nach dem Anschaffungskostenmodell oder nach dem Neubewertungsmodell bewertet werden;

(d) das Bestehen und die Buchwerte immaterieller Vermögenswerte, mit denen ein beschränktes Eigentumsrecht verbunden ist, und die Buchwerte immaterieller Vermögenswerte, die als Sicherheit für Verbindlichkeiten begeben sind;

(e) der Betrag für vertragliche Verpflichtungen für den Erwerb immaterieller Vermögenswerte".

135 Übt ein Unternehmen sein Wahlrecht so aus, dass die Neubewertungsmethode Anwendung findet, hat es folgende Angaben nach IAS 38.124 zu machen:

„(a) für jede Gruppe immaterieller Vermögenswerte:

   (i) den Stichtag der Neubewertung;

   (ii) den Buchwert der neu bewerteten immateriellen Vermögenswerte; und

   (iii) den Buchwert, der angesetzt worden wäre, wenn die neu bewertete Gruppe von immateriellen Vermögenswerten nach dem Anschaffungskostenmodell … bewertet worden wäre;

(b) den Betrag der sich auf immaterielle Vermögenswerte beziehenden Neubewertungsrücklage zu Beginn und zum Ende der Periode unter Angabe der Änderungen während der Periode und jeglicher Ausschüttungsbeschränkungen an die Anteilseigner; und

(c) die Methoden und wesentlichen Annahmen, die zur Schätzung des beizulegenden Zeitwerts der Vermögenswerte geführt haben".

136 Daneben ist noch die Summe der als Aufwand erfassten Ausgaben für Forschung und Entwicklung der Periode anzugeben (vgl. IAS 38.126). Ferner empfiehlt das IASB in IAS 38.128 die Offenlegung von noch genutzten aber bereits vollständig abgeschriebenen immateriellen Vermögenswerten sowie eine Beschreibung immaterieller Vermögenswerte, die aufgrund eines „grandfathering" nicht angesetzt wurden. Aus diesen Angaben kann der Abschlussadressat dann wohl insbesondere ableiten, ob das Management die Einschätzung der Nutzungsdauern zutreffend vorgenommen hat.

Außerdem sind Angabepflichten anderer Standards zu beachten. Hier sind speziell Angabepflichten nach IAS 36 zu Wertminderungen (vgl. auch IAS 38.36) und Angabepflichten nach IAS 8 zu Schätzungsänderungen, insbesondere im Hinblick auf Änderungen der Amortisationsdauer und/oder -methode (vgl. auch IAS 38.121), zu nennen. 137

IX. Inkrafttreten und Übergangsvorschriften.
IAS 38 ist bereits seit dem 31. März 2004 anzuwenden.[59] 138

Der Anwendungsbereich des IAS 38 wurde durch IFRS 6 *Exploration for and Evaluation of Mineral Resources* angepasst. Diese Änderung trat am 1. Januar 2006 in Kraft (vgl. IAS 38.130A). 139

Des Weiteren wurde die Terminologie des Standards in Anlehnung an die Überarbeitung des IAS 1 angepasst und Änderungen im Bereich der Neubewertung vorgenommen. Diese Änderungen sind anzuwenden für Geschäftsjahre die am oder nach dem 1. Januar 2009 beginnen. Wurde IAS 1 vorzeitig angewandt, waren auch diese Anpassungen anzuwenden (vgl. IAS 38.130B). 140

IAS 38 wurde durch IFRS 3 *Business Combinations* (2008) ebenfalls angepasst. Die Änderungen betreffen primär die Schnittstelle des IAS 38 mit der Abbildung von Unternehmenszusammenschlüssen und sind in den vorstehenden Ausführungen berücksichtigt. Die Änderungen sind in der ersten Berichtsperiode, die, oder einem Geschäftsjahr das, am oder nach dem 1. Juli 2009 beginnt, prospektiv anzuwenden. Eine Anpassung immaterieller Vermögenswerte aus früheren Unternehmenszusammenschlüssen erfolgt nicht. Wird IFRS 3 vorzeitig angewendet, sind auch die entsprechenden Anpassungen vorzeitig anzuwenden (vgl. IAS 38.130C) 141

Die letzte Anpassung des IAS 38 erfolgte im Rahmen der jährlichen Überarbeitung der IFRS (Annual Improvements Project). Hier fanden Klarstellungen im Hinblick auf als Aufwand zu erfassende Kosten (Stichwort „Katalogkosten" als Ausgangspunkt) und das Löschen des oben erwähnten Texts im Hinblick auf Abschreibungen statt. Diese Anpassungen sind auf Geschäftsjahre, die am oder nach den 1. Januar 2009 beginnen, anzuwenden. Eine vorzeitige Anwendung ist zulässig (vgl. IAS 38.130D). Da keine spezifischen Übergangsvorschriften festgelegt wurden, greifen die Vorschriften des IAS 8 ein. 142

X. IFRS für kleine und mittelgroße Unternehmen.
Der IFRS für kleine und mittelgroße Unternehmen enthält spezifische Vorschriften zu immateriellen Vermögenswerten in Abschnitt 18: *Intangible assets other than goodwill*. Dieser Abschnitt befasst sich mit immateriellen Vermögenswerten analog zu IAS 38 (vgl. IFRS-SMEs Abschnitt 18.1). 143

---

59 Aufgrund der Tatsache, dass der Anwendungsbeginn mehrere Jahre zurückliegt, wird auf eine detailliertere Beschreibung der Übergangsvorschriften verzichtet. Die entsprechenden Regelungen finden sich in IAS 38.130ff.

Fuchs

144 Die **Definition** eines immateriellen Vermögenswertes entspricht prinzipiell der Definition in IAS 38 (vgl. IFRS-SMEs Abschnitt 18.2-3). Auch enthält der Standard im Prinzip die gleichen Ansatzkriterien für immaterielle Vermögenswerte wie IAS 38 (Wahrscheinlichkeit des Nutzenzuflusses und verlässliche Bewertbarkeit). Für den gesonderten Erwerb gilt ebenfalls die Annahme, dass die Wahrscheinlichkeit des Nutzenzuflusses gegeben ist. Für immaterielle Vermögenswerte, die im Rahmen eines Unternehmenszusammenschlusses erworben wurden, gilt, dass sie grundsätzlich angesetzt werden, da ihr beizulegender Zeitwert grundsätzlich hinreichend zuverlässig bestimmt werden kann. Allerdings wird in diesem Standard – anders als in IAS 38 – zugestanden, dass bei immateriellen Vermögenswerten, die auf gesetzlichen oder vertraglichen Rechten basieren, ggf. keine verlässliche Ermittlung des Zeitwertes möglich ist, wenn die Vermögenswerte nicht von dem Geschäfts- oder Firmenwert separierbar sind oder sie zwar separierbar sind, aber keine Geschichte oder Nachweise über Transaktionen bzgl. gleicher oder ähnlicher Vermögenswerte vorliegen und die Bewertung auf „unbewertbaren Variablen" ("immeasureable variables") beruhen würde. In diesen Fällen wird ein solcher immaterieller Vermögenswert nicht angesetzt (vgl. IFRS-SMEs 18.4-8).

145 Der **erstmalige Ansatz** erfolgt nach dem IFRS-SMEs zu Anschaffungs- oder Herstellungskosten. Die Vorgaben für die verschiedenen Beschaffungsformen entsprechen im Wesentlichen (aber stark verkürzt) den Vorgaben des IAS 38. Es ergeben sich allerdings zwei zentrale Abweichungen. Erfolgt der Erwerb eines immateriellen Vermögenswertes im Rahmen einer Zuwendung der öffentlichen Hand, ist er mit dem beizulegenden Zeitwert anzusetzen. Die Erfassung mit einem nominellen Wert scheidet aus. Die wohl gravierendste Abweichung des IFRS-SME findet sich im Bereich der selbst geschaffenen immateriellen Vermögenswerte. Für diese besteht nach dem IFRS-SMEs ein Ansatzverbot. Dies schließt alle Forschungs- und Entwicklungsaktivitäten ein (Vgl. IFRS-SMEs Abschnitt 18.9-16).

146 Für die **Folgebewertung** steht nur das Anschaffungskostenmodell zur Verfügung. Das Neubewertungsmodell scheidet nach dem IFRS-SME aus. Die Vorgaben für die Folgebewertung sind in wesentlichen Zügen deckungsgleich mit denen des IAS 38. Aber auch hier ergeben sich zwei zentrale Unterschiede zu IAS 38: Für den IFRS-SMEs ist davon auszugehen, dass alle immateriellen Vermögenswerte eine begrenzte Nutzungsdauer haben. Dh alle Vermögenswerte sind planmäßig abzuschreiben. Lässt sich die Nutzungsdauer nicht zuverlässig bestimmen, gibt der Standard zudem 10 Jahre als anzunehmende Nutzungsdauer vor (vgl. IFRS-SMEs 18.18-24).

147 Der IFRS-SME enthält einen eigenen Abschnitt zu **Angabepflichten**, die im Vergleich zu IAS 38 etwas kürzer ausfallen (Vgl. IFRS-SMEs Abschnitt 18.27-29).

XI. Ausblick

XI. Ausblick. IAS 38 stellt sich als ein relativ stabiler Standard dar. Er hat in den vergangenen Jahren keiner wesentlichen Anpassung unterlegen. Auch hat das IASB kein größeres Projekt auf seiner Agenda, das IAS 38 ersetzen soll. Allerdings bleibt abzuwarten, inwieweit das Projekt des IASB zur Bilanzierung von Emissionsrechten Rückwirkungen auf IAS 38 haben wird.[60] 148

Die größte Auswirkung auf IAS 38 könnte das **Projekt des IASB zur Veröffentlichung von Vorschriften zur Bestimmung beizulegender Zeitwerte** haben. Die allgemeinen Grundsätze zur Bestimmung beizulegender Zeitwerte, wie sie im Entwurf ED/2009/5 *Fair Value Measurement* veröffentlicht wurden, würde die Ausführungen in IAS 38 zur Bestimmung beizulegender Zeitwerte obsolet machen. Ein endgültiger Standard wird im 1. Quartal 2011 erwartet.[61] 149

Noch immer werden in praxi viele Teilaspekte des IAS 38 diskutiert. Die praktische Anwendung der Vorschriften kann sich in Einzelfällen als schwirig erweisen und bedarf oft Ermessensentscheidungen seitens des Managements. Nichtsdestotrotz spricht nichts für eine baldige Überarbeitung der entsprechenden Vorschriften. 150

---

60 Ein Entwurf eines Standards wird im 2. Halbjahr 2011 erwartet (Stand: Oktober 2010).
61 Stand: Oktober 2010.

IAS 39 – Financial Instruments: Recognition and Measurement

Rn	Textauszüge aus IAS 39
39.11	Ein eingebettetes Derivat ist vom Basisvertrag zu trennen und nur dann nach Maßgabe des vorliegenden Standards als Derivat zu bilanzieren, wenn:

(a) seine wirtschaftlichen Merkmale und Risiken nicht eng mit den wirtschaftlichen Merkmalen und Risiken des Basisvertrags verbunden sind (siehe IAS 39.A30 und A33);

(b) ein eigenständiges Instrument mit den gleichen Bedingungen wie das eingebettete Derivat die Definition eines Derivats erfüllen würde; und

(c) das strukturierte (zusammengesetzte) Finanzinstrument nicht ergebniswirksam zum beizulegenden Zeitwert bewertet wird (d.h. ein Derivat, das in einem ergebniswirksam zum beizulegenden Zeitwert bewerteten finanziellen Vermögenswert oder einer finanziellen Verbindlichkeit eingebettet ist, ist nicht eigenständig).

Wird ein eingebettetes Derivat getrennt, so ist der Basisvertrag, wenn es sich dabei um ein Finanzinstrument handelt, nach vorliegendem Standard und wenn es sich nicht um ein Finanzinstrument handelt, nach anderen einschlägigen Standards zu bilanzieren. Nicht geregelt wird in diesem Standard, ob ein eingebettetes Derivat in der Bilanz gesondert auszuweisen ist.

39.11A	Wenn ein Vertrag ein oder mehrere eingebettete Derivate enthält, kann ein Unternehmen ungeachtet IAS 39.11 den gesamten hybriden (zusammengesetzten) Vertrag als erfolgswirksam zum beizulegenden Zeitwert bewerteten finanziellen Vermögenswert bzw. finanzielle Verbindlichkeit einstufen. Davon ausgenommen sind Fälle, in denen

(a) das/die eingebettete(n) Derivat(e) die vertraglich vorgeschriebenen Cashflows nur unerheblich verändert/verändern; oder

(b) bei erstmaliger Beurteilung eines vergleichbaren hybriden (zusammengesetzten) Instruments ohne oder mit nur geringem Analyseaufwand ersichtlich ist, dass eine Abtrennung des bzw. der eingebetteten Derivats/Derivate unzulässig ist, wie beispielsweise bei einer in einen Kredit eingebetteten Vorfälligkeitsoption, die den Kreditnehmer zu einer vorzeitigen Rückzahlung des Kredits etwa in Höhe der fortgeführten Anschaffungskosten berechtigt.

39.12	Wenn ein Unternehmen nach diesem Standard verpflichtet ist, ein eingebettetes Derivat getrennt von seinem Basisvertrag zu erfassen, eine gesonderte Bewertung des eingebetteten Derivats aber weder bei Erwerb noch an den folgenden Abschlussstichtagen möglich ist, so hat es den gesamten hybriden (zusammengesetzten) Vertrag als erfolgswirksam zum beizulegenden Zeitwert bewertet einzustufen.

39.14 Ein Unternehmen hat einen finanziellen Vermögenswert oder eine finanzielle Verbindlichkeit nur dann in seiner Bilanz anzusetzen, wenn es Vertragspartei des Finanzinstruments wird. (Zum marktüblichen Erwerb eines finanziellen Vermögenswerts siehe IAS 39.38.)

39.16 Vor Beurteilung der Frage, ob und in welcher Höhe gemäß den IAS 39.17-23 eine Ausbuchung zulässig ist, bestimmt ein Unternehmen, ob diese Paragraphen auf einen Teil des finanziellen Vermögenswerts (oder einen Teil einer Gruppe ähnlicher finanzieller Vermögenswerte) oder auf einen finanziellen Vermögenswert (oder eine Gruppe ähnlicher finanzieller Vermögenswerte) in seiner Gesamtheit anzuwenden ist, und verfährt dabei wie folgt.

(a) Die IAS 39.17-23 sind nur dann auf einen Teil eines finanziellen Vermögenswerts (oder einen Teil einer Gruppe ähnlicher finanzieller Vermögenswerte) anzuwenden, wenn der Teil, der für eine Ausbuchung in Erwägung gezogen wird, eine der drei folgenden Voraussetzungen erfüllt.

(i) Der Teil enthält nur speziell abgegrenzte Cashflows eines finanziellen Vermögenswerts (oder einer Gruppe ähnlicher finanzieller Vermögenswerte). Geht ein Unternehmen beispielsweise einen Zinsstrip ein, bei dem der Vertragspartei ein Anrecht auf die Zinszahlungen, nicht aber auf die Tilgungen aus dem Schuldinstrument erhält, sind auf die Zinszahlungen die IAS 39.17-23 anzuwenden.

(ii) Der Teil umfasst lediglich einen exakt proportionalen (pro rata) Teil an den Cashflows eines finanziellen Vermögenswerts (oder einer Gruppe ähnlicher finanzieller Vermögenswerte). Geht ein Unternehmen beispielsweise eine Vereinbarung ein, bei der die Vertragspartei ein Anrecht auf 90 Prozent aller Cashflows eines Schuldinstruments erhält, sind auf 90 Prozent dieser Cashflows die IAS 39.17-23 anzuwenden. Bei mehr als einer Vertragspartei wird von den einzelnen Parteien nicht verlangt, dass sie einen entsprechenden Anteil an den Cashflows haben, sofern das übertragende Unternehmen einen exakt proportionalen Teil hat.

(iii) Der Teil umfasst lediglich einen exakt proportionalen (pro rata) Teil an speziell abgegrenzten Cashflows eines finanziellen Vermögenswerts (oder einer Gruppe ähnlicher finanzieller Vermögenswerte). Geht ein Unternehmen beispielsweise eine Vereinbarung ein, bei der die Vertragspartei ein Anrecht auf 90 Prozent der Zinszahlungen eines Schuldinstruments erhält, sind auf 90 Prozent dieserZinszahlungen die IAS 39.17-23 anzuwenden. Bei mehr als einer Vertragspartei wird von den einzelnen Parteien nicht verlangt, dass sie einen proportionalen Teil an den speziell abgegrenzten Cashflows haben, sofern das übertragende Unternehmen einen exakt proportionalen Teil hat.

(b) In allen anderen Fällen sind die IAS 39.17-23 auf den finanziellen Vermögenswert (oder auf die Gruppe ähnlicher finanzieller Vermögenswerte) insgesamt anzuwenden. Wenn ein Unternehmen beispielsweise

(i) sein Anrecht auf die ersten oder letzten 90 Prozent der Zahlungseingänge aus einem finanziellen Vermögenswert (oder einer Gruppe finanzieller Vermögenswerte), oder (ii) sein Anrecht auf 90 Prozent der Cashflows aus einer Gruppe von Forderungen überträgt, gleichzeitig aber eine Garantie abgibt, dem Käufer sämtliche Zahlungsausfälle bis in Höhe von 8 Prozent des Kapitalbetrags der Forderungen zu erstatten, sind die IAS 39.17-23 auf den finanziellen Vermögenswert (oder die Gruppe ähnlicher finanzieller Vermögenswerte) insgesamt anzuwenden.

In den IAS 39.17-26 bezieht sich der Begriff ‚finanzieller Vermögenswert' entweder auf einen Teil eines finanziellen Vermögenswerts (oder einen Teil einer Gruppe ähnlicher finanzieller Vermögenswerte) wie unter (a) beschrieben oder einen finanziellen Vermögenswert (oder eine Gruppe ähnlicher finanzieller Vermögenswerte) insgesamt.

39.17 Ein Unternehmen darf einen finanziellen Vermögenswert nur dann ausbuchen, wenn:

(a) sein vertragliches Anrecht auf Cashflows aus einem finanziellen Vermögenswert ausläuft; oder

(b) es den finanziellen Vermögenswert den IAS 39.18 und 19 entsprechend überträgt und die Übertragung für eine Ausbuchung gemäß IAS 39.20 in Frage kommt. (Zum marktüblichen Verkauf finanzieller Vermögenswerte siehe IAS 39.38.)

39.18 Ein Unternehmen überträgt nur dann einen finanziellen Vermögenswert, wenn es entweder:

(a) sein vertragliches Anrecht auf den Bezug von Cashflows aus dem finanziellen Vermögenswert überträgt; oder

(b) sein vertragliches Anrecht auf den Bezug von Cashflows aus finanziellen Vermögenswerten zwar behält, sich im Rahmen einer Vereinbarung, die die Bedingungen in IAS 39.19 erfüllt, aber vertraglich zur Zahlung der Cashflows an einen oder mehrere Empfänger verpflichtet.

39.19 Behält ein Unternehmen sein vertragliches Anrecht auf den Bezug von Cashflows aus einem finanziellen Vermögenswert (dem „ursprünglichen Vermögenswert"), verpflichtet sich aber vertraglich zur Zahlung dieser Cashflows an ein oder mehrere Unternehmen (die „Endempfänger"), so behandelt es die Transaktion nur dann als eine Übertragung eines finanziellen Vermögenswerts, wenn folgende drei Bedingungen erfüllt sind.

(a) Das Unternehmen ist nur dann zu Zahlungen an die Endempfänger verpflichtet, wenn es die entsprechenden Beträge aus dem ursprünglichen Vermögenswert vereinnahmt. Kurzfristige Vorauszahlungen, die das Unternehmen zum vollständigen Einzug des geliehenen Betrags zuzüglich aufgelaufener Zinsen zum Marktzinssatz berechtigen, verstoßen gegen diese Bedingung nicht.

(b) Das Unternehmen darf den ursprünglichen Vermögenswert laut Übertragungsvertrag weder verkaufen noch verpfänden, es sei denn, dies dient der Absicherung seiner Verpflichtung, den Endempfängern die Cashflows zu zahlen.

(c) Das Unternehmen ist verpflichtet, die für die Endempfänger eingenommenen Cashflows ohne wesentliche Verzögerung weiterzuleiten. Auch ist es nicht befugt, solche Cashflows während der kurzen Erfüllungsperiode vom Inkassotag bis zum geforderten Überweisungstermin an die Endempfänger zu reinvestieren, außer in Zahlungsmittel oder Zahlungsmitteläquivalente (im Sinne von IAS 7 Kapitalflussrechnungen), wobei die Zinsen aus solchen Finanzinvestitionen an die Endempfänger weiterzugeben sind.

39.20 Überträgt ein Unternehmen einen finanziellen Vermögenswert (siehe IAS 39.18), so hat es zu bewerten, in welchem Umfang die mit dem Eigentum dieses Vermögenswerts verbundenen Risiken und Chancen bei ihm verbleiben. In diesem Fall gilt Folgendes:

(a) Wenn das Unternehmen so gut wie alle mit dem Eigentum des finanziellen Vermögenswerts verbundenen Risiken und Chancen überträgt, hat es den finanziellen Vermögenswert auszubuchen und alle bei dieser Übertragung entstandenen oder behaltenen Rechte und Verpflichtungen gesondert als Vermögenswerte oder Verbindlichkeiten anzusetzen.

(b) Wenn das Unternehmen so gut wie alle mit dem Eigentum des finanziellen Vermögenswerts verbundenen Risiken und Chancen behält, hat es den finanziellen Vermögenswert weiterhin zu erfassen.

(c) Wenn das Unternehmen so gut wie alle mit dem Eigentum des finanziellen Vermögenswerts verbundenen Risiken und Chancen weder überträgt noch behält, hat es zu bestimmen, ob es die Verfügungsgewalt über den finanziellen Vermögenswert behalten hat. In diesem Fall gilt Folgendes:

(i) Wenn das Unternehmen die Verfügungsgewalt nicht behalten hat, ist der finanzielle Vermögenswert auszubuchen und sind alle bei dieser Übertragung entstandenen oder behaltenen Rechte und Verpflichtungen gesondert als Vermögenswerte oder Verbindlichkeiten anzusetzen.

(ii) Wenn das Unternehmen die Verfügungsgewalt behalten hat, ist der finanzielle Vermögenswert nach Maßgabe des anhaltenden Engagements des Unternehmens weiter zu erfassen (siehe IAS 39.30).

39.24 Überträgt ein Unternehmen einen finanziellen Vermögenswert unter den für eine vollständige Ausbuchung erforderlichen Bedingungen und behält dabei das Recht, diesen Vermögenswert gegen eine Gebühr zu verwalten, hat es für diesen Verwaltungs-/Abwicklungsvertrag entweder einen Vermögenswert oder eine Verbindlichkeit aus dem Bedienungsrecht zu erfassen. Wenn diese Gebühr voraussichtlich keine angemessene Vergütung für die Verwaltung bzw. Abwicklung durch das Unternehmen darstellen, ist eine Verbindlichkeit für die Verwaltungs- bzw. Abwicklungsverpflichtung zum beizulegenden Zeitwert zu erfassen.

Wenn die Gebühr für die Verwaltung bzw. Abwicklung eine angemessene Kompensierung voraussichtlich übersteigt, ist ein Vermögenswert aus dem Verwaltungsrecht zu einem Betrag zu erfassen, der auf der Grundlage einer Verteilung des Buchwerts des größeren finanziellen Vermögenswerts gemäß IAS 39.27 bestimmt wird.

39.25 Wenn ein finanzieller Vermögenswert infolge einer Übertragung vollständig ausgebucht wird, die Übertragung jedoch dazu führt, dass das Unternehmen einen neuen finanziellen Vermögenswert erhält bzw. eine neue finanzielle Verbindlichkeit oder eine Verbindlichkeit aus der Verwaltungs- bzw. Abwicklungsverpflichtung übernimmt, hat das Unternehmen den neuen finanziellen Vermögenswert, die neue finanzielle Verbindlichkeit oder die Verbindlichkeit aus der Verwaltungs- bzw. Abwicklungsverpflichtung zum beizulegenden Zeitwert zu erfassen.

39.26 Bei der vollständigen Ausbuchung eines finanziellen Vermögenswerts ist die Differenz zwischen:

(a) dem Buchwert und

(b) der Summe aus (i) dem erhaltenen Entgelt (einschließlich jedes neu erhaltenen Vermögenswerts abzüglich jeder neu übernommenen Verbindlichkeit) und (ii) aller kumulierten Gewinne oder Verluste, die im sonstigen Ergebnis erfasst wurden (siehe IAS 39.55(b)), im Gewinn oder Verlust zu erfassen.

39.27 Ist der übertragene Vermögenswert Teil eines größeren Vermögenswerts (z.B. wenn ein Unternehmen Zinszahlungen, die Teil eines Schuldinstruments sind, überträgt, siehe IAS 39.16(a)) und der übertragene Teil die Bedingungen für eine vollständige Ausbuchung erfüllt, ist der frühere Buchwert des größeren finanziellen Vermögenswerts zwischen dem Teil, der weiter erfasst wird, und dem Teil, der ausgebucht wird, auf der Grundlage der relativen beizulegenden Zeitwerte dieser Teile am Übertragungstag aufzuteilen. Zu diesem Zweck ist ein einbehaltener Vermögenswert aus dem Verwaltungsrecht als ein Teil, der weiter erfasst wird, zu behandeln. Die Differenz zwischen:

(a) dem Buchwert, der dem ausgebuchten Teil zugeordnet wurde, und

(b) der Summe aus (i) dem für den ausgebuchten Teil erhaltenen Entgelt (einschließlich jedes neu erhaltenen Vermögenswerts abzüglich jeder neu übernommenen Verbindlichkeit) und (ii) aller kumulierten ihm zugeordneten Gewinne oder Verluste, die im sonstigen Ergebnis erfasst wurden (siehe IAS 39.55(b)),

ist im Gewinn oder Verlust zu erfassen. Ein kumulierter Gewinn oder Verlust, der im sonstigen Ergebnis erfasst wurde, wird zwischen dem Teil, der weiter erfasst wird, und dem Teil, der ausgebucht wurde, auf der Grundlage der relativen beizulegenden Zeitwerte dieser Teile aufgeteilt.

39.29 Führt eine Übertragung nicht zu einer Ausbuchung, da das Unternehmen so gut wie alle mit dem Eigentum des übertragenen Vermögenswerts verbundenen Risiken und Chancen behalten hat, so hat das Unternehmen den übertragenen Vermögenswert in seiner Gesamtheit weiter zu erfassen und für das erhaltene Entgelt eine finanzielle Verbindlichkeit zu erfassen. In den folgenden Perioden hat das Unternehmen alle Erträge aus dem übertragenen Vermögenswert und alle Aufwendungen für die finanzielle Verbindlichkeit zu erfassen.

39.30 Wenn ein Unternehmen so gut wie alle mit dem Eigentum eines übertragenen Vermögenswerts verbundenen Risiken und Chancen weder überträgt noch behält und die Verfügungsgewalt über den übertragenen Vermögenswert behält, hat es den übertragenen Vermögenswert nach Maßgabe seines anhaltenden Engagements weiter zu erfassen. Ein anhaltendes Engagement des Unternehmens an dem übertragenen Vermögenswert ist in dem Maße gegeben, in dem es Wertänderungen des übertragenen Vermögenswerts ausgesetzt ist. Zum Beispiel:

(a) Wenn das anhaltende Engagement eines Unternehmens der Form nach den übertragenen Vermögenswert garantiert, ist der Umfang dieses anhaltenden Engagements entweder der Betrag des Vermögenswerts oder der Höchstbetrag des erhaltenen Entgelts, den das Unternehmen eventuell zurückzahlen müsste („der garantierte Betrag"), je nachdem, welcher von beiden der Niedrigere ist.

(b) Wenn das anhaltende Engagement des Unternehmens der Form nach eine geschriebene oder eine erworbene Option (oder beides) auf den übertragenen Vermögenswert ist, so ist der Umfang des anhaltenden Engagements des Unternehmens der Betrag des übertragenen Vermögenswerts, den das Unternehmen zurückkaufen kann. Im Fall einer geschriebenen Verkaufsoption auf einen Vermögenswert, der zum beizulegenden Zeitwert bewertet wird, ist der Umfang des anhaltenden Engagements des Unternehmens allerdings auf den beizulegenden Zeitwert des übertragenen Vermögenswerts oder den Ausübungspreis der Option – je nachdem, welcher von beiden der Niedrigere ist - begrenzt (siehe IAS 39.A48).

(c) Wenn das anhaltende Engagement des Unternehmens der Form nach eine Option ist, die durch Barausgleich oder vergleichbare Art auf den übertragenen Vermögenswert erfüllt wird, wird der Umfang des anhaltenden Engagements des Unternehmens in der gleichen Weise wie bei Optionen, die nicht durch Barausgleich erfüllt werden, ermittelt (siehe Buchstabe (b)).

39.31 Wenn ein Unternehmen einen Vermögenswert weiterhin nach Maßgabe seines anhaltenden Engagements erfasst, hat es auch eine damit verbundene Verbindlichkeit zu erfassen. Ungeachtet der anderen Bewertungsvorschriften dieses Standards werden der übertragene Vermögenswert und die damit verbundene Verbindlichkeit so bewertet, dass den Rechten und Verpflichtungen, die das Unternehmen behalten hat, Rechnung getragen wird. Die verbundene Verbindlichkeit wird so bewertet, dass der Nettobuchwert aus übertragenem Vermögenswert und verbundener Verbindlichkeit:

(a) den fortgeführten Anschaffungskosten der von dem Unternehmen behaltenen Rechte und Verpflichtungen entspricht, falls der übertragene Vermögenswert zu fortgeführten Anschaffungskosten bewertet wird; oder

(b) gleich dem beizulegenden Zeitwert der von dem Unternehmen behaltenen Rechte und Verpflichtungen ist, wenn diese eigenständig bewertet würden, falls der übertragene Vermögenswert zum beizulegenden Zeitwert bewertet wird.

39.32 Das Unternehmen hat alle Erträge aus dem übertragenen Vermögenswert weiterhin nach Maßgabe seines anhaltenden Engagements zu erfassen sowie alle Aufwendungen für damit verbundene Verbindlichkeiten.

39.33 Bei der Folgebewertung werden Änderungen im beizulegenden Zeitwert des übertragenen Vermögenswerts und der damit verbundenen Verbindlichkeit gemäß IAS 39.55 gleichartig erfasst und nicht miteinander saldiert.

39.34 Erstreckt sich das anhaltende Engagement des Unternehmens nur auf einen Teil eines finanziellen Vermögenswerts (z.B. wenn ein Unternehmen die Option behält, einen Teil des übertragenen Vermögenswerts zurückzukaufen, oder nach wie vor einen Residualanspruch hat, der nicht dazu führt, dass es so gut wie alle mit dem Eigentum verbundenen Risiken und Chancen behält, und das Unternehmen auch weiterhin die Verfügungsgewalt besitzt), hat das Unternehmen den früheren Buchwert des finanziellen Vermögenswerts zwischen dem Teil, der von ihm gemäß des anhaltenden Engagements weiter erfasst wird, und dem Teil, den es nicht länger erfasst, auf Grundlage der relativen beizulegenden Zeitwerte dieser Teile am Übertragungstag, aufzuteilen. Zu diesem Zweck gelten die Bestimmungen des IAS 39.28. Die Differenz zwischen:

(a) dem Buchwert, der dem nicht länger erfassten Teil zugeordnet wurde; und

(b) der Summe aus (i) dem für den nicht länger erfassten Teil erhaltenen Entgelt und (ii) allen ihm zugeordneten kumulierten Gewinne oder Verluste, die direkt im sonstigen Ergebnis erfasst wurden (siehe IAS 39.55(b)), ist im Gewinn oder Verlust zu erfassen. Ein kumulierter Gewinn oder Verlust, der im sonstigen Ergebnis erfasst wurde, wird zwischen dem Teil, der weiter erfasst wird, und dem Teil der nicht länger erfasst wird, auf der Grundlage der relativen beizulegenden Zeitwerte dieser Teile aufgeteilt.

39.36 Wird ein übertragener Vermögenswert weiterhin erfasst, darf er nicht mit der verbundenen Verbindlichkeit saldiert werden. Ebenso wenig darf ein Unternehmen Erträge aus dem übertragenen Vermögenswert mit Aufwendungen saldieren, die für die verbundene Verbindlichkeit angefallen sind (siehe IAS 32 IAS 39.42).

39.37 Bietet der Übertragende dem Empfänger nicht zahlungswirksame Sicherheiten (wie Schuld- oder Eigenkapitalinstrumente), hängt die Bilanzierung der Sicherheit durch den Übertragenden und den Empfänger davon ab, ob Letzterer das Recht hat, die Sicherheit zu verkaufen oder weiter zu verpfänden, und davon, ob der Übertragende ausgefallen ist. Zu bilanzieren ist die Sicherheit wie folgt:

(a) Hat der Empfänger das vertrags- oder gewohnheitsmäßige Recht, die Sicherheit zu verkaufen oder weiter zu verpfänden, dann hat der Übertragende sie in seiner Bilanz getrennt von anderen Vermögenswerten neu einzustufen (z.B. als verliehenen Vermögenswert, verpfändetes Eigenkapitalinstrument oder Rückkaufforderung).

(b) Verkauft der Empfänger die an ihn verpfändete Sicherheit, hat er für seine Verpflichtung, die Sicherheit zurückzugeben, den Veräußerungserlös und eine zum beizulegenden Zeitwert zu bewertende Verbindlichkeit zu erfassen.

(c) Ist der Übertragende dem Vertrag zufolge ausgefallen und nicht länger zur Rückforderung der Sicherheit berechtigt, so hat er die Sicherheit auszubuchen und der Empfänger sie als seinen Vermögenswert anzusetzen und zum beizulegenden Zeitwert zu bewerten, bzw. - wenn er die Sicherheit bereits verkauft hat - seine Verpflichtung zur Rückgabe der Sicherheit auszubuchen.

(d) Mit Ausnahme der Bestimmungen unter (c) hat der Übertragende die Sicherheit weiterhin als seinen Vermögenswert anzusetzen und darf der Empfänger die Sicherheit nicht als einen Vermögenswert ansetzen.

39.38 Ein marktüblicher Kauf oder Verkauf eines finanziellen Vermögenswerts ist entweder zum Handelsoder zum Erfüllungstag anzusetzen bzw. auszubuchen (siehe Anhang A IAS 39.A53-A56).

39.39 Ein Unternehmen darf eine finanzielle Verbindlichkeit (oder einen Teil derselben) nur dann aus seiner Bilanz entfernen, wenn diese getilgt ist – d. h. die im Vertrag genannten Verpflichtungen erfüllt oder aufgehoben sind oder auslaufen.

39.40 Ein Austausch von Schuldinstrumenten mit grundverschiedenen Vertragsbedingungen zwischen einem bestehenden Kreditnehmer und Kreditgeber ist wie eine Tilgung der ursprünglichen finanziellen Verbindlichkeit und ein Ansatz einer neuen finanziellen Verbindlichkeit zu behandeln. Gleiches gilt, wenn die Vertragsbedingungen einer bestehenden finanziellen Verbindlichkeit oder eines Teils davon wesentlich geändert werden (wobei keine Rolle spielt, ob dies auf die finanziellen Schwierigkeiten des Schuldners zurückzuführen ist oder nicht).

39.41 Die Differenz zwischen dem Buchwert einer getilgten oder auf eine andere Partei übertragenen finanziellen Verbindlichkeit (oder eines Teils derselben) und dem gezahlten Entgelt, einschließlich übertragener nicht zahlungswirksamer Vermögenswerte oder übernommener Verbindlichkeiten, ist im Gewinn oder Verlust zu erfassen.

39.43 Beim erstmaligen Ansatz eines finanziellen Vermögenswerts oder einer finanziellen Verbindlichkeit hat ein Unternehmen diese zu ihrem beizulegenden Zeitwert zu bewerten, bei finanziellen Vermögenswerten oder Verbindlichkeiten, die nicht erfolgswirksam zum beizulegenden Zeitwert bewertet werden, zudem unter Einbeziehung von Transaktionskosten, die direkt dem Erwerb des Vermögenswerts oder der Emission der Verbindlichkeit zuzurechnen sind.

39.46 Mit Ausnahme der nachfolgend genannten finanziellen Vermögenswerte hat ein Unternehmen finanzielle Vermögenswerte, einschließlich derivativer Finanzinstrumente mit positivem Marktwert, nach dem erstmaligen Ansatz zu deren beizulegendem Zeitwert zu bewerten, ohne die Transaktionskosten, die u.U. beim Verkauf oder einer anders gearteten Veräußerung anfallen, in Abzug zu bringen:

(a) Kredite und Forderungen im Sinne von IAS 39.9, die unter Anwendung der Effektivzinsmethode zu fortgeführten Anschaffungskosten bewertet werden;

(b) bis zur Endfälligkeit zu haltende Finanzinvestitionen im Sinne von IAS 39.9, die unter Anwendung der Effektivzinsmethode zu fortgeführten Anschaffungskosten bewertet werden; und

(c) Finanzinvestitionen in Eigenkapitalinstrumente, für die kein auf einem aktiven Markt notierter Preis vorliegt und deren beizulegender Zeitwert nicht verlässlich ermittelt werden kann, sowie Derivate auf solche nicht notierte Eigenkapitalinstrumente, die nur durch Andienung erfüllt werden können; diese sind mit den Anschaffungskosten zu bewerten (siehe Anhang A IAS 39.A80 und A81).

Als gesicherte Grundgeschäfte designierte finanzielle Vermögenswerte sind nach den Bilanzierungsvorschriften für Sicherungsgeschäfte der IAS 39.89-102 zu bewerten. Alle finanziellen Vermögenswerte außer denen, die erfolgswirksam zum beizulegenden Zeitwert bewertet werden, sind gemäß den IAS 39.58-70 und Anhang A IAS 39.A84-A93 auf Wertminderung zu überprüfen.

39.47 Nach ihrem erstmaligen Ansatz sind alle finanziellen Verbindlichkeiten unter Anwendung der Effektivzinsmethode zu fortgeführten Anschaffungskosten zu bewerten. Davon ausgenommen sind:

(a) finanzielle Verbindlichkeiten, die erfolgswirksam zum beizulegenden Zeitwert bewertet werden. Solche Verbindlichkeiten, einschließlich derivativer Finanzinstrumente mit negativem Marktwert, sind zum beizulegenden Zeitwert zu bewerten, mit Ausnahme einer derivativen Verbindlichkeit auf ein nicht notiertes Eigenkapitalinstrument, dessen beizulegender Zeitwert nicht verlässlich ermittelt werden und das nur durch Andienung erfüllt werden kann; eine solche Verbindlichkeit ist zu den Anschaffungskosten zu bewerten.

(b) finanzielle Verbindlichkeiten, die entstehen, wenn die Übertragung eines finanziellen Vermögenswerts nicht zu einer Ausbuchung berechtigt oder die Bilanzierung unter Zugrundelegung eines anhaltenden Engagements erfolgt. Bei der Bewertung derartiger finanzieller Verbindlichkeiten ist nach den IAS 39.29 und 31 zu verfahren.

(c) die in IAS 39.9 definierten finanziellen Garantien. Nach dem erstmaligen Ansatz hat der Emittent eines solchen Vertrags (sofern IAS 39.47(a) oder (b) nicht anwendbar ist) bei dessen Bewertung den höheren der beiden folgenden Beträge zugrunde zu legen: (i) dem gemäß IAS 37 bestimmten Betrag; und (ii) dem ursprünglich erfassten Betrag (siehe IAS 39.43), gegebenenfalls abzüglich der gemäß IAS 18 erfassten kumulierten Amortisationen.

(d) Zusagen, einen Kredit unter dem Marktzinssatz zur Verfügung zu stellen. Nach erstmaligem Ansatz hat das Unternehmen, das eine solche Zusage erteilt (außer für den Fall, dass IAS 39.47(a) Anwendung findet), bei deren Bewertung den höheren der beiden folgenden Beträge zugrunde zu legen: (i) dem gemäß IAS 37 bestimmten Betrag; und (ii) dem ursprünglich erfassten Betrag (siehe IAS 39.43), gegebenenfalls abzüglich der gemäß IAS 18 erfassten kumulierten Amortisationen.

Als gesicherte Grundgeschäfte designierte finanzielle Verbindlichkeiten sind nach den Bilanzierungsvorschriften für Sicherungsgeschäfte der IAS 39.89-102 zu bewerten.

39.48 Zur Bestimmung des beizulegenden Zeitwerts eines finanziellen Vermögenswerts oder einer finanziellen Verbindlichkeit für die Zwecke des vorliegenden Standards, des IAS 32 oder des IFRS 7 hat ein Unternehmen die IAS 39.A69-A82 des Anhangs A anzuwenden.

39.50 Ein Unternehmen darf ein Finanzinstrument nicht in die oder aus der Kategorie der erfolgswirksam zum beizulegenden Zeitwert zu bewertenden Finanzinstrumente umgliedern, solange dieses gehalten wird oder begeben ist.

39.51 Falls es aufgrund einer geänderten Absicht oder Fähigkeit nicht länger sachgerecht ist, eine Finanzinvestition als bis zur Fälligkeit zu halten einzustufen, ist eine Umgliederung als zur Veräußerung verfügbar und eine Neubewertung zum beizulegenden Zeitwert vorzunehmen und die Differenz zwischen dem Buchwert und dem beizulegenden Zeitwert gemäß IAS 39.55(b) zu erfassen.

39.52 Wann immer Verkäufe oder Umgliederungen eines mehr als unerheblichen Betrags von bis zur Endfälligkeit zu haltenden Finanzinvestitionen keine der in IAS 39.9 genannten Bedingungen erfüllen, sind alle übrigen bis zur Endfälligkeit zu haltenden Finanzinstrumente in „zur Veräußerung verfügbar" umzugliedern. Bei solchen Umgliederungen ist die Differenz zwischen dem Buchwert und dem beizulegenden Zeitwert gemäß IAS 39.55(b) zu erfassen.

39.53 Wird für einen finanziellen Vermögenswert oder eine finanzielle Verbindlichkeit eine verlässliche Bewertung verfügbar, die bislang nicht vorlag, und muss der Vermögenswert oder die Verbindlichkeit zum beizulegenden Zeitwert bewertet werden, wenn eine verlässliche Bewertung verfügbar ist (siehe IAS 39.46(c) und 47), ist der Vermögenswert oder die Verbindlichkeit zum beizulegenden Zeitwert neu zu bewerten und die Differenz zwischen dem Buchwert und dem beizulegenden Zeitwert gemäß IAS 39.55 zu erfassen.

39.54 Falls es aufgrund einer geänderten Absicht oder Fähigkeit oder in dem seltenen Fall, dass der beizulegende Zeitwert nicht länger verlässlich bestimmt werden kann (siehe IAS 39.46(c) und 47), oder aufgrund der Tatsache, dass die in IAS 39.9 genannten „zwei vorangegangenen Geschäftsjahre" abgelaufen sind, nunmehr sachgerecht ist, einen finanziellen Vermögenswert oder eine finanzielle Verbindlichkeit anstatt zum beizulegenden Zeitwert zu den Anschaffungskosten oder fortgeführten Anschaffungskosten anzusetzen, so wird der zu diesem Zeitpunkt zum beizulegenden Zeitwert bewertete Buchwert des finanziellen Vermögenswerts oder der finanziellen Verbindlichkeit zu den neuen Anschaffungs- bzw. fortgeführten Anschaffungskosten. Jeder gemäß IAS 39.55(b) im sonstigen Ergebnis erfasste frühere Gewinn oder Verlust aus diesem Vermögenswert ist folgendermaßen zu behandeln:

(a) Bei einem finanziellen Vermögenswert mit fester Laufzeit ist der Gewinn oder Verlust über die Restlaufzeit der bis zur Endfälligkeit zu haltenden Finanzinvestition mittels der Effektivzinsmethode im Gewinn oder Verlust aufzulösen. Auch jede Differenz zwischen den neuen fortgeführten Anschaffungskosten und dem bei Endfälligkeit rückzahlbaren Betrag ist mittels der Effektivzinsmethode über die Restlaufzeit des finanziellen Vermögenswerts aufzulösen, wobei wie bei einer Verteilung von Agien und Disagien zu verfahren ist. Wird nachträglich eine Wertminderung für den finanziellen Vermögenswert festgestellt, ist jeder im sonstigen Ergebnis erfasste Gewinn oder Verlust gemäß IAS 39.67 vom Eigenkapital in den Gewinn oder Verlust umzugliedern.

(b) Im Falle eines finanziellen Vermögenswerts ohne feste Laufzeit ist der Gewinn oder Verlust im Gewinn oder Verlust zu erfassen, wenn der finanzielle Vermögenswert verkauft oder anderweitig abgegeben wird. Wird nachträglich eine Wertminderung für den finanziellen Vermögenswert festgestellt, ist jeder im sonstigen Ergebnis erfasste Gewinn oder Verlust gemäß IAS 39.67 vom Eigenkapital in den Gewinn oder Verlust umzugliedern.

39.55 Gewinne oder Verluste, die aus einer Änderung des beizulegenden Zeitwerts von finanziellen Vermögenswerten oder Verbindlichkeiten, die nicht Teil eines Sicherungsgeschäfts sind, resultieren (siehe die IAS 39.89-102), sind wie folgt zu erfassen:

(a) Gewinne oder Verluste aus einem finanziellen Vermögenswert bzw. einer finanziellen Verbindlichkeit, der/die erfolgswirksam zum beizulegenden Zeitwert bewertet wird, sind im Gewinn oder Verlust zu erfassen.

(b) Ein Gewinn oder Verlust aus einem zur Veräußerung verfügbaren finanziellen Vermögenswert ist solange im sonstigen Ergebnis zu erfassen, mit Ausnahme von Wertberichtigungen (siehe IAS 39.67-70) und von Gewinnen und Verlusten aus der Währungsumrechnung (siehe Anhang A IAS 39.A83), bis der finanzielle Vermögenswert ausgebucht wird. Zu diesem Zeitpunkt ist der zuvor im sonstigen Ergebnis erfasste kumulierte Gewinn oder Verlust vom Eigenkapital in den Gewinn oder Verlust umzugliedern und als Umgliederungsbetrag auszuweisen (siehe IAS 1 Darstellung des Abschlusses (überarbeitet 2007). Die mittels der Effektivzinsmethode berechneten Zinsen (siehe IAS 39.9) sind dagegen im Gewinn oder Verlust zu erfassen (siehe IAS 18). Dividenden auf zur Veräußerung verfügbare Eigenkapitalinstrumente sind mit der Entstehung des Rechtsanspruchs des Unternehmens auf Zahlung im Gewinn oder Verlust zu erfassen (siehe IAS 18).

39.56 Gewinne oder Verluste aus finanziellen Vermögenswerten und Verbindlichkeiten, die zu ihren fortgeführten Anschaffungskosten angesetzt werden (siehe IAS 39.46 und 47), werden bei Ausbuchung oder Wertminderung des finanziellen Vermögenswerts/der finanziellen Verbindlichkeit sowie im Rahmen von Amortisationen im Gewinn oder Verlust erfasst. Bei finanziellen Vermögenswerten oder Verbindlichkeiten, die gesicherte Grundgeschäfte darstellen (siehe IAS 39.78-84 und Anhang A IAS 39.A98-A101) erfolgt die Bilanzierung der Gewinne bzw. Verluste dagegen gemäß den IAS 39.89-102.

39.57 Bilanziert ein Unternehmen finanzielle Vermögenswerte zum Erfüllungstag (siehe IAS 39.38 und Anhang A IAS 39.A53 und A56), sind Änderungen beim beizulegenden Zeitwert eines Vermögenswerts, der in der Zeit zwischen dem Handelstag und dem Erfüllungstag entgegenzunehmen ist, nicht für solche zu erfassen, die zu ihren Anschaffungskosten oder fortgeführten Anschaffungskosten angesetzt werden (davon ausgenommen sind Wertberichtigungen). Bei Vermögenswerten, die zum beizulegenden Zeitwert angesetzt werden, wird die Änderung des beizulegenden Zeitwerts jedoch gemäß IAS 39.55 entweder im Gewinn oder Verlust oder im Eigenkapital erfasst.

39.58   Ein Unternehmen hat an jedem Abschlussstichtag zu ermitteln, ob es objektive Hinweise darauf gibt, dass bei einem finanziellen Vermögenswert oder einer Gruppe von finanziellen Vermögenswerten eine Wertminderung eingetreten ist. Liegen derartige Hinweise vor, hat das Unternehmen zur Bestimmung der Höhe der Wertberichtigung IAS 39.63 (für zu fortgeführten Anschaffungskosten angesetzte finanzielle Vermögenswerte), IAS 39.66 (für zu Anschaffungskosten angesetzte finanzielle Vermögenswerte) oder IAS 39.67 (für zur Veräußerung verfügbare finanzielle Vermögenswerte) anzuwenden.

39.63   Gibt es einen objektiven Hinweis darauf, dass bei Krediten und Forderungen oder bis zur Endfälligkeit zu haltenden Finanzinvestitionen, die zu fortgeführten Anschaffungskosten bilanziert werden, eine Wertminderung eingetreten ist, so ergibt sich die Höhe des Verlusts aus der Differenz zwischen dem Buchwert des Vermögenswerts und dem Barwert der erwarteten künftigen Cashflows (mit Ausnahme künftiger, noch nicht erlittener Kreditausfälle), abgezinst mit dem ursprünglichen Effektivzinssatz des finanziellen Vermögenswerts (d.h. dem bei erstmaligem Ansatz ermittelten Zinssatz). Der Buchwert des Vermögenswerts ist entweder direkt oder unter Verwendung eines Wertberichtigungskontos zu reduzieren. Der Verlustbetrag ist im Gewinn oder Verlust zu erfassen.

39.65   Verringert sich die Höhe der Wertberichtigung in einer der folgenden Perioden und kann diese Verringerung objektiv auf einen nach der Erfassung der Wertminderung aufgetretenen Sachverhalt (wie die Verbesserung des Bonitätsratings eines Schuldners) zurückgeführt werden, ist die früher erfasste Wertberichtigung entweder direkt oder durch Anpassung des Wertberichtigungskontos rückgängig zu machen. Dies darf zum Zeitpunkt der Wertaufholung jedoch nicht dazu führen, dass der Buchwert des finanziellen Vermögenswerts über den Betrag der fortgeführten Anschaffungskosten hinausgeht, der sich ergeben hätte, wenn die Wertminderung nicht erfasst worden wäre. Der Betrag der Wertaufholung ist im Gewinn oder Verlust zu erfassen.

39.66   Gibt es objektive Hinweise darauf, dass bei einem nicht notierten Eigenkapitalinstrument, das nicht zum beizulegenden Zeitwert angesetzt wird, weil sein beizulegender Zeitwert nicht verlässlich ermittelt werden kann, oder bei einem derivativen Vermögenswert, der mit diesem nicht notierten Eigenkapitalinstrument verknüpft ist und nur durch Andienung erfüllt werden kann, eine Wertminderung eingetreten ist, so ergibt sich der Betrag der Wertberichtigung als der Differenz zwischen dem Buchwert des finanziellen Vermögenswerts und dem Barwert der geschätzten künftigen Cashflows, die mit der aktuellen Marktrendite eines vergleichbaren finanziellen Vermögenswerts abgezinst werden (siehe IAS 39.46(c) und Anhang A IAS 39.A80 und A81). Solche Wertberichtigungen dürfen nicht rückgängig gemacht werden.

39.67 Wenn ein Rückgang des beizulegenden Zeitwerts eines zur Veräußerung verfügbaren finanziellen Vermögenswerts im sonstigen Ergebnis erfasst wurde und ein objektiver Hinweis auf Wertminderung dieses Vermögenswerts vorliegt (siehe IAS 39.59), ist der im sonstigen Ergebnis angesetzte kumulierte Verlust aus dem Eigenkapital in den Gewinn oder Verlust umzugliedern und als Umgliederungsbetrag auszuweisen, auch wenn der finanzielle Vermögenswert nicht ausgebucht wurde.

39.68 Der gemäß IAS 39.67 vom Eigenkapital in den Gewinn oder Verlust umgegliederte kumulierte Verlust ist die Differenz zwischen den Anschaffungskosten (abzüglich etwaiger Tilgungen und Amortisationen) und dem aktuellen beizulegenden Zeitwert, abzüglich etwaiger, bereits früher im Gewinn oder Verlust erfasster Wertberichtigungen dieses finanziellen Vermögenswerts.

39.69 Im Gewinn oder Verlust erfasste Wertberichtigungen für ein gehaltenes Eigenkapitalinstrument, das als zur Veräußerung verfügbar eingestuft wird, dürfen nicht im Gewinn oder Verlust rückgängig gemacht werden.

39.70 Wenn sich der beizulegende Zeitwert eines Schuldinstruments, das als zur Veräußerung verfügbar eingestuft wurde, in einer folgenden Periode erhöht und sich diese Erhöhung objektiv auf ein Ereignis zurückführen lässt, das nach der Verbuchung der Wertminderung im Gewinn oder Verlust eingetreten ist, ist die Wertberichtigung rückgängig zu machen und der Betrag der Wertaufholung im Gewinn oder Verlust zu erfassen.

39.71 Besteht zwischen einem Sicherungsinstrument und einem in den IAS 39.85-88 und Anhang A IAS 39.A102-A104 beschriebenen gesicherten Grundgeschäft eine designierte Sicherungsbeziehung, so werden die Gewinne und Verluste aus dem Sicherungsinstrument und dem gesicherten Grundgeschäft nach den IAS 39.89-102 bilanziert.

39.82 Handelt es sich bei dem gesicherten Grundgeschäft nicht um einen finanziellen Vermögenswert oder eine finanzielle Verbindlichkeit, so ist es entweder als ein gegen Währungsrisiken oder als ein insgesamt gegen alle Risiken gesichertes Geschäft zu bestimmen, denn zu ermitteln, in welchem Verhältnis die Veränderungen bei Cashflows und beizulegendem Zeitwert den einzelnen Risiken zuzuordnen sind, wäre mit Ausnahme des Währungsrisikos äußerst schwierig.

39.86 Es gibt drei Arten von Sicherungsgeschäften:

(a) Absicherung des beizulegenden Zeitwerts: Eine Absicherung des Risikos, dass sich der beizulegende Zeitwert eines bilanzierten Vermögenswerts oder einer bilanzierten Verbindlichkeit oder einer bilanzunwirksamen festen Verpflichtung oder eines genau bezeichneten, auf ein bestimmtes Risiko zurückzuführenden Teils eines solchen Vermögenswerts, einer solchen Verbindlichkeit oder festen Verpflichtung ändert und welches Aufwirkungen auf den Gewinn oder Verlust haben könnte.

(b) Absicherung von Zahlungsströmen: Eine Absicherung gegen das Risiko schwankender Zahlungsströme, das (i) auf ein bestimmtes mit dem bilanzierten Vermögenswert oder der bilanzierten Verbindlichkeit (wie beispielsweise ein Teil oder alle künftigen Zinszahlungen einer variabel verzinslichen Schuld) oder dem mit einer erwarteten und mit hoher Wahrscheinlichkeit eintretenden künftigen Transaktion verbundenes Risiko zurückzuführen ist und (ii) Auswirkungen auf den Gewinn oder Verlust haben könnte.

(c) Absicherung einer Nettoinvestition in einen ausländischen Geschäftsbetrieb, im Sinne von IAS 21.

39.88 Eine Sicherungsbeziehung erfüllt nur dann die Voraussetzungen für die Bilanzierung von Sicherungsgeschäften gemäß den IAS 39.89-102, wenn alle folgenden Bedingungen erfüllt sind:

(a) Zu Beginn der Absicherung sind sowohl die Sicherungsbeziehung als auch die Risikomanagementzielsetzungen und -strategien, die das Unternehmen im Hinblick auf die Absicherung verfolgt, formal festzulegen und zu dokumentieren. Diese Dokumentation hat die Festlegung des Sicherungsinstruments, des Grundgeschäfts oder der abgesicherten Transaktion und die Art des abzusichernden Risikos zu beinhalten sowie eine Beschreibung, wie das Unternehmen die Wirksamkeit des Sicherungsinstruments bei der Kompensation der Risiken aus Änderungen des beizulegenden Zeitwerts oder der Cashflows des gesicherten Grundgeschäfts bestimmen wird.

(b) Es wird davon ausgegangen, dass das Ziel, Änderungen bei beizulegendem Zeitwert oder Cashflows, die dem abgesicherten Risiko zuzuordnen sind, und für diese spezielle Sicherungsbeziehung ursprünglich dokumentierten Risikomanagementstrategie entsprechend zu kompensieren, mit der betreffenden Absicherung mit hoher Wahrscheinlichkeit erreicht wird (siehe Anhang A IAS 39.A105-A113).

(c) Bei Absicherungen von Zahlungsströmen muss eine der Absicherung zugrunde liegende erwartete künftige Transaktion eine hohe Eintrittswahrscheinlichkeit haben und Risiken im Hinblick auf Schwankungen der Zahlungsströme ausgesetzt sein, die sich letztlich im Gewinn oder Verlust niederschlagen könnten.

(d) Die Wirksamkeit des Sicherungsgeschäfts ist verlässlich bestimmbar, d. h. der beizulegende Zeitwert oder die Cashflows des Grundgeschäfts, die auf das abgesicherte Risiko zurückzuführen sind, und der beizulegende Zeitwert des Sicherungsinstruments können verlässlich bestimmt werden (siehe IAS 39.46 und 47 und Anhang A IAS 39.A80 und A81 für die Regelungen zur Bestimmung des beizulegenden Zeitwerts).

(e) Das Sicherungsgeschäft wird fortlaufend bewertet und für sämtliche Rechnungslegungsperioden, für die es designiert wurde, als faktisch hoch wirksam beurteilt.

39.89 Erfüllt die Absicherung des beizulegenden Zeitwerts im Verlauf der Periode die in IAS 39.88 genannten Voraussetzungen, so ist sie wie folgt zu bilanzieren:

(a) der Gewinn oder Verlust aus der erneuten Bewertung des Sicherungsinstruments zum beizulegenden Zeitwert (für ein derivatives Sicherungsinstrument) oder die Währungskomponente seines gemäß IAS 21 bewerteten Buchwerts (für nicht derivative Sicherungsinstrumente) ist im Gewinn oder Verlust zu erfassen; und

(b) der Buchwert eines Grundgeschäfts ist um den dem abgesicherten Risiko zuzurechnenden Gewinn oder Verlust aus dem Grundgeschäft anzupassen und im Gewinn oder Verlust zu erfassen. Dies gilt für den Fall, dass das Grundgeschäft ansonsten zu den Anschaffungskosten bewertet wird. Der dem abgesicherten Risiko zuzurechnende Gewinn oder Verlust ist im Gewinn oder Verlust zu erfassen, wenn es sich bei dem Grundgeschäft um einen zur Veräußerung verfügbaren finanziellen Vermögenswert handelt.

39.91 Ein Unternehmen hat die in IAS 39.89 dargelegte Bilanzierung von Sicherungsgeschäften künftig einzustellen, wenn:

(a) das Sicherungsinstrument ausläuft oder veräußert, beendet oder ausgeübt wird (in diesem Sinne gilt ein Ersatz oder die Fortsetzung eines Sicherungsinstruments durch ein anderes nicht als Auslaufen oder Beendigung, sofern ein derartiger Ersatz oder eine derartige Fortsetzung Teil der dokumentierten Sicherungsstrategie des Unternehmens ist);

(b) das Sicherungsgeschäft nicht mehr die in IAS 39.88 genannten Kriterien für eine Bilanzierung solcher Geschäfte erfüllt; oder

(c) das Unternehmen die Designation zurückzieht.

39.92 Jede auf IAS 39.89(b) beruhende Berichtigung des Buchwerts eines gesicherten Finanzinstruments, das zu fortgeführten Anschaffungskosten bewertet wird (oder im Falle einer Absicherung eines Portfolios gegen Zinsänderungsrisiken des gesonderten Bilanzpostens, wie in IAS 39.89A beschrieben), ist im Gewinn oder Verlust aufzulösen. Sobald es eine Berichtigung gibt, kann die Auflösung beginnen, sie darf aber nicht später als zu dem Zeitpunkt beginnen, an dem das Grundgeschäft nicht mehr um Änderungen des beizulegenden Zeitwerts, die auf das abzusichernde Risiko zurückzuführen sind, angepasst wird.

Die Berichtigung basiert auf einem zum Zeitpunkt des Amortisationsbeginns neu berechneten Effektivzinssatz. Wenn jedoch im Falle einer Absicherung des beizulegenden Zeitwerts gegen Zinsänderungsrisiken eines Portfolios finanzieller Vermögenswerte oder finanzieller Verbindlichkeiten (und nur bei einer solchen Absicherung) eine Amortisation unter Einsatz eines neu berechneten Effektivzinssatzes nicht durchführbar ist, so ist der Korrekturbetrag mittels einer linearen Amortisationsmethode aufzulösen. Der Korrekturbetrag ist bis zur Fälligkeit des Finanzinstruments oder im Falle der Absicherung eines Portfolios gegen Zinsänderungsrisiken bei Ablauf des entsprechenden Zinsanpassungstermins vollständig aufzulösen.

39.95 Erfüllt die Absicherung von Zahlungsströmen im Verlauf der Periode die in IAS 39.88 genannten Voraussetzungen, so hat die Bilanzierung folgendermaßen zu erfolgen:

(a) der Teil des Gewinns oder Verlusts aus einem Sicherungsinstrument, der als effektive Absicherung ermittelt wird (siehe IAS 39.88) ist im sonstigen Ergebnis zu erfassen; und

(b) der unwirksame Teil des Gewinns oder Verlusts aus dem Sicherungsinstruments ist im Gewinn oder Verlust zu erfassen.

39.97 Resultiert eine Absicherung einer erwarteten Transaktion später im Ansatz eines finanziellen Vermögenswerts oder einer finanziellen Verbindlichkeit, sind die damit verbundenen, im sonstigen Ergebnis erfassten Gewinne oder Verluste gemäß IAS 39.95 in derselben Periode oder denselben Perioden vom Eigenkapital in den Gewinn oder Verlust umzugliedern und als Umgliederungsbetrag auszuweisen (siehe IAS 1 (überarbeitet 2007), in der/denen der erworbene Vermögenswert oder die übernommene Verbindlichkeit den Gewinn oder Verlust beeinflusst (z.B. in den Perioden, in denen Zinserträge oder Zinsaufwendungen erfasst werden). Erwartet ein Unternehmen jedoch, dass der gesamte oder ein Teil des im sonstigen Ergebnis erfassten Verlusts in einer oder mehreren der folgenden Perioden nicht wieder hereingeholt wird, hat es den voraussichtlich nicht wieder hereingeholten Betrag in den Gewinn oder Verlust umzubuchen.

39.98 Resultiert eine Absicherung einer erwarteten Transaktion später im Ansatz eines nicht finanziellen Vermögenswerts oder einer nicht finanziellen Verbindlichkeit oder wird eine erwartete Transaktion für einen nicht finanziellen Vermögenswert oder eine nicht finanzielle Verbindlichkeit zu einer festen Verpflichtung, für die die Bilanzierung für die Absicherung des beizulegenden Zeitwerts angewandt wird, hat das Unternehmen den nachfolgenden Punkt (a) oder (b) anzuwenden:

(a) Die entsprechenden Gewinne und Verluste, die gemäß IAS 39.95 im sonstigen Ergebnis erfasst wurden, sind in den Gewinn oder Verlust derselben Periode oder der Perioden umzugliedern, in denen der erworbene Vermögenswert oder die übernommene Verbindlichkeit den Gewinn oder Verlust beeinflusst (wie z.B. in den Perioden, in denen Abschreibungsaufwendungen oder Umsatzkosten erfasst werden) und als Umgliederungsbeträge auszuweisen (siehe IAS 1 (überarbeitet 2007)). Erwartet ein Unternehmen jedoch, dass der gesamte oder ein Teil des im sonstigen Ergebnis erfassten Verlusts in einer oder mehreren Perioden nicht wieder hereingeholt wird, hat es den voraussichtlich nicht wieder hereingeholten Betrag vom Eigenkapital in den Gewinn oder Verlust umzugliedern und als Umgliederungsbetrag auszuweisen.

(b) Die entsprechenden Gewinne und Verluste, die gemäß IAS 39.95 im sonstigen Ergebnis erfasst wurden, werden entfernt und Teil der Anschaffungskosten im Zugangszeitpunkt oder eines anderweitigen Buchwerts des Vermögenswerts oder der Verbindlichkeit.

39.99 Ein Unternehmen hat sich bei seiner Rechnungslegungsmethode entweder für Punkt (a) oder für (b) des IAS 39.98 zu entscheiden und diese Methode konsequent auf alle Sicherungsbeziehungen anzuwenden, auf die sich IAS 39.98 bezieht.

39.100 Bei anderen als den in IAS 39.97 und 98 angeführten Absicherungen von Zahlungsströmen sind die Beträge, die im sonstigen Ergebnis erfasst wurden, in derselben Periode oder denselben Perioden, in denen die abgesicherte erwartete Transaktion das Periodenergebnis beeinflusst (z.b., wenn ein erwarteter Verkauf stattfindet) vom Eigenkapital in den Gewinn oder Verlust umzugliedern und als Umgliederungsbeträge auszuweisen (siehe IAS 1 (überarbeitet 2007)).

39.101 In allen nachstehenden genannten Fällen hat ein Unternehmen die in den IAS 39.95-100 beschriebene Bilanzierung von Sicherungsgeschäften einzustellen:

(a) Das Sicherungsinstrument läuft aus oder wird veräußert, beendet oder ausgeübt (in diesem Sinne gilt ein Ersatz oder die Fortsetzung eines Sicherungsinstruments durch ein anderes nicht als Auslaufen oder Beendigung, sofern ein derartiger Ersatz oder eine derartige Fortsetzung Teil der dokumentierten Sicherungsstrategie des Unternehmens ist). In diesem Fall verbleibt der kumulierte Gewinn oder Verlust aus dem Sicherungsinstrument, der seit der Periode, als die Sicherungsbeziehung als wirksam eingestuft wurde, im sonstigen Ergebnis erfasst wird (siehe IAS 39.95(a)), als gesonderter Posten im Eigenkapital, bis die vorhergesehene Transaktion eingetreten ist. Tritt die Transaktion ein, so kommen IAS 39.97, 98 und 100 zur Anwendung.

(b) Das Sicherungsgeschäft erfüllt nicht mehr die in IAS 39.88 genannten Kriterien für die Bilanzierung solcher Geschäfte. In diesem Fall verbleibt der kumulierte Gewinn oder Verlust aus dem Sicherungsinstrument, der seit der Periode, als die Sicherungsbeziehung als wirksam eingestuft wurde, im sonstigen Ergebnis erfasst wird (siehe IAS 39.95(a)), als gesonderter Posten im Eigenkapital, bis die vorhergesehene Transaktion eingetreten ist. Tritt die Transaktion ein, so kommen IAS 39.97, 98 und 100 zur Anwendung.

(c) Mit dem Eintritt der erwarteten Transaktion wird nicht mehr gerechnet, so dass in diesem Fall alle entsprechenden kumulierten Gewinne oder Verluste aus dem Sicherungsinstrument, die seit der Periode, als die Sicherungsbeziehung als wirksam eingestuft wurde, im sonstigen Ergebnis erfasst werden (siehe IAS 39.95(a)), vom Eigenkapital in den Gewinn oder Verlust umzugliedern und als Umgliederungsbetrag auszuweisen sind. Auch wenn der Eintritt einer erwarteten Transaktion nicht mehr hoch wahrscheinlich ist (siehe IAS 39.88(c)), kann damit jedoch immer noch gerechnet werden.

(d) Das Unternehmen zieht die Designation zurück. Für Absicherungen einer erwarteten Transaktion verbleibt der kumulierte Gewinn oder Verlust aus dem Sicherungsinstrument, der seit der Periode, als die Sicherungsbeziehung als wirksam eingestuft wurde, im sonstigen Ergebnis erfasst wird (siehe IAS 39.95(a)), als gesonderter Posten im Eigenkapital, bis die erwartete Transaktion eingetreten ist oder deren Eintritt nicht mehr erwartet wird. Tritt die Transaktion ein, so kommen IAS 39.97, 98 und 100 zur Anwendung. Wenn der Eintritt der Transaktion nicht mehr erwartet wird, ist der im sonstigen Ergebnis erfasste kumulierte Gewinn oder Verlust vom Eigenkapital in den Gewinn oder Verlust umzugliedern und als Umgliederungsbetrag auszuweisen.

39.102 Absicherungen einer Nettoinvestition in einen ausländischen Geschäftsbetrieb, einschließlich einer Absicherung eines monetären Postens, der als Teil der Nettoinvestition behandelt wird (siehe IAS 21), sind in gleicher Weise zu bilanzieren wie die Absicherung von Zahlungsströmen:

(a) der Teil des Gewinns oder Verlusts aus einem Sicherungsinstrument, der als effektive Absicherung ermittelt wird (siehe IAS 39.88) ist im sonstigen Ergebnis zu erfassen; und

(b) der ineffektive Teil ist im Gewinn oder Verlust zu erfassen. Der Gewinn oder Verlust aus einem Sicherungsinstrument, der dem effektiven Teil der Sicherungsbeziehung zuzurechnen ist und im sonstigen Ergebnis erfasst wurde, ist bei der Veräußerung oder teilweisen Veräußerung des ausländischen Geschäftsbetriebs gemäß IAS 21, IAS 39.48-49 vom Eigenkapital in den Gewinn oder Verlust umzugliedern und als Umgliederungsbetrag (siehe IAS 1 (überarbeitet 2007)) auszuweisen.

Übersicht

	Rn
I. Regelungsgehalt	1 – 3
II. Normzweck und Anwendungsbereich	4 – 26
1. Ausnahmen aufgrund der Konkurrenz mit anderen IFRS	7
2. Ausnahmen bezüglich der Bilanzierung als schwebendes Geschäft	8 – 26
a) Ausnahme für bestimmte Verträge für Unternehmenszusammenschlüsse	9 – 12
b) Ausnahme für bestimmte Arten von Kreditzusagen	13 – 15
c) „Eigenbedarfsausnahme"	16 – 26
III. Bilanzierungseinheit	27 – 50
1. Definition eines Derivats	28 – 31
2. Eingebettete Derivate	32 – 45
a) Voraussetzung der Abtrennung vom Basisvertrag	33 – 41
b) Art und Weise der Abtrennung vom Basisvertrag	42 – 45
3. Zusammenfassung von Verträgen	46 – 47
4. Zweifelsfragen zur Bilanzierungseinheit	48 – 50
IV. Ansatz	51 – 52
V. Ausbuchung	53 – 101
1. Ausbuchung von finanziellen Vermögenswerten	54 – 89
a) Grundlegendes	54 – 56
b) Konsolidierung aller Tochtergesellschaften	57
c) Anwendung auf gesamten Vermögenswert oder Teile	58 – 61
d) Auslaufen der Ansprüche auf Zahlungsmittel	62
e) Übertragung der Rechte auf Zahlungsmittel	63 – 67
f) Übertragung aller wesentlichen Chancen und Risiken aus dem Vermögenswert	68 – 75
g) Rückbehalt der wesentlichen Chancen und Risiken	76 – 78
h) Keine Übertragung bzw. kein Rückbehalt der wesentlichen Chancen und Risiken	79 – 89
2. Ausbuchung von finanziellen Verbindlichkeiten	90 – 101
a) Allgemeine Vorschriften	90 – 95
b) Tilgung finanzieller Verbindlichkeiten durch Eigenkapitalinstrumente	96 – 101
VI. Kategorisierung	102 – 131
1. Kategorisierung nach IAS 39	103 – 124
2. Kategorisierung nach IFRS 9	125 – 128

3. Umgliederungen nach IAS 39	129
4. Umgliederungen nach IFRS 9	130
VII. Erstmalige Bewertung	132 – 135
VIII. Folgebewertung	136 – 171
1. Folgebewertung nach IAS 39	136 – 142
a) Finanzielle Vermögenswerte	136 – 139
b) Finanzielle Verbindlichkeiten	140 – 142
2. Folgebewertung nach IFRS 9	143
3. Bewertungsmethoden zur Folgebewertung	144 – 153
a) Beizulegender Zeitwert	144 – 145
b) Fortgeführte Anschaffungskosten	146 – 153
4. Erfassung von Gewinnen und Verlusten	154 – 160
5. Wertminderungen	161 – 172
a) Objektive Hinweise auf eine Wertminderung	162 – 164
b) Bemessung einer Wertminderung und Wertaufholung	165 – 172
IX. Sicherungsgeschäfte (hedging)	173 – 248
1. Hintergrund	174 – 177
2. Sicherungsinstrumente	178 – 184
3. Gesicherte Grundgeschäfte	185 – 201
a) Finanzielle Posten als gesichertes Grundgeschäft	192 – 196
b) Nicht-finanzielle Posten als gesichertes Grundgeschäft	197 – 201
4. Die Bilanzierung von Sicherungsgeschäften	202 – 248
a) Die verschiedenen Arten von Sicherungsgeschäften	202 – 205
b) Die Voraussetzungen für die Bilanzierung von Sicherungsgeschäften	206 – 229
c) Die Bilanzierung einer Absicherung des beizulegenden Zeitwerts	230 – 237
d) Die Bilanzierung einer Absicherung von Zahlungsströmen	238 – 248
X. Inkrafttreten und Übergangsvorschriften	249 – 251
1. IAS 39	249
2. IFRS 9	250 – 251
XI. IFRS für kleine und mittelgroße Unternehmen	252 – 260
1. Überblick über die Struktur der Vorschriften	252 – 254
2. Einfache Finanzinstrumente	255
3. Komplexe Finanzinstrumente	256 – 260

I. Regelungsgehalt

XII. Ausblick .... 261 – 263
XIII. Angaben gem. IFRS 7 264
    1. Normzweck und Anwendungsbereich .... 264 – 266
    2. Struktur und Art der Angaben .... 267 – 294
        a) Bilanzbezogene Angaben .... 269 – 270
        b) Auf die Gesamtergebnisrechnung bezogene
           Angaben.. 272 – 273
        c) Weitere Angaben .... 275 – 280
        d) Angaben zu Risiken aus Finanzinstrumenten.... 281 – 294

I. Regelungsgehalt. Die Bilanzierung von Finanzinstrumenten wird derzeit durch das IASB umfassend neu geregelt. Auf der aktiven Agenda des IASB befinden sich derzeit Projekte bezüglich der Ausbuchung von Finanzinstrumenten (Derecognition), der Unterscheidung von Eigen- und Fremdkapitalinstrumenten sowie der Bilanzierung von Finanzinstrumenten im Allgemeinen. Das letztere Projekt – die Ablösung von IAS 39 *Financial Instruments: Recognition and Measurement* – ist in mehrere Phasen unterteilt. Die erste Phase bezüglich der Kategorisierung und Bewertung finanzieller Vermögenswerte ist im November 2009 mit der Veröffentlichung von IFRS 9 *Financial Instruments* abgeschlossen worden. Für die Kategorisierung und Bewertung finanzieller Verbindlichkeiten hat das IASB im Mai 2010 den Standardentwurf *Fair Value Option für finanzielle Verbindlichkeiten* mit dem Ziel einer Verabschiedung eines Standards im selben Jahr veröffentlicht. Die zweite Phase betrifft die Bilanzierung von Wertminderungen finanzieller Vermögenswerte. Im November 2009 hat das IASB daneben den Standardentwurf *Financial Instruments: Amortised Cost and Impairment* veröffentlicht. Die dritte Phase betrifft die Bilanzierung von Sicherungsgeschäften, für die ein Standardentwurf im zweiten Halbjahr 2010 erwartet wird.

Dieses Kapitel befasst sich mit dem Ansatz und der Bewertung von Finanzinstrumenten, einschließlich der Bilanzierung von Sicherungszusammenhängen. Die betreffenden Regelungen befinden sich in den Standards IAS 39 und IFRS 9. Obwohl sich IFRS 9 noch im Übernahmeprozess befindet und daher noch nicht in EU-Recht umgesetzt worden ist, werden die neuen Regelungen dieses Standards in dieses Kapitel einbezogen. Das berücksichtigt, dass es Unternehmen gibt, die ihren Abschluss nach den vom IASB verabschiedeten IFRS ohne etwaige Änderungen durch die EU im Rahmen des Übernahmeprozesses aufstellen. Die übrigen vom IASB geplanten Änderungen im Rahmen des Projekts zur Ablösung von IAS 39 sind noch nicht endgültig verabschiedet,[1] sondern befinden sich noch im Standardsetzungsprozess. Die-

---

[1] Zum Redaktionsschluss dieses Kapitels (Ende Mai 2010).

ses Kapitel geht daher nicht auf diese geplanten Änderungen ein, da sie noch nicht verbindliche Regelungen darstellen und sich im Laufe des Standardsetzungsprozesses noch mit hoher Wahrscheinlichkeit ändern werden.

3 Die Unterscheidung von Eigen- und Fremdkapitalinstrumenten wird in einem anderen Kapitel (zu IAS 32 *Financial Instruments: Presentation*) behandelt. Dieses Kapital behandelt nicht die besonderen Regelungen im Rahmen der erstmaligen Anwendung von IFRS gemäß IFRS 1 *First-time Adoption of International Financial Reporting Standards*.

4 **II. Normzweck und Anwendungsbereich.** Der **Normzweck** von IAS 39 ist die Festlegung von Prinzipien für den Ansatz (und die Ausbuchung) und die Bewertung von finanziellen Vermögenswerten und Verbindlichkeiten sowie bzgl. bestimmter Verträge zum Kauf oder Verkauf nicht-finanzieller Posten. Dies schließt die Bilanzierung von Sicherungsgeschäften ein.

5 Der **Anwendungsbereich** von IAS 39 ist von zahlreichen Ausnahmen geprägt. Dies ist die Folge der sehr allgemein gehaltenen Definition des Begriffs Finanzinstrument: „Ein Finanzinstrument ist ein Vertrag, der gleichzeitig bei dem einen Unternehmen zu einem finanziellen Vermögenswert und bei dem anderen Unternehmen zu einer finanziellen Verbindlichkeit oder einem Eigenkapitalinstrument führt." (IAS 39.8 i.V.m. 32.11). Diese Definition ist der Ausgangspunkt des Anwendungsbereichs von IAS 39, der alle Finanzinstrumente umfasst, die nicht explizit ausgenommen sind. Umgekehrt sind bestimmte Verträge über den Kauf oder Verkauf nicht-finanzieller Posten, d.h. Güter und Dienstleistungen, in den Anwendungsbereich des IAS 39 einbezogen, obwohl sie die Definition des Finanzinstruments nicht erfüllen. Hierbei handelt es sich um solche Verträge, die durch Ausgleich in bar oder in anderen Finanzinstrumenten so erfüllt werden können, dass sie in ihrem wirtschaftlichen Gehalt Finanzinstrumenten gleichkommen (finanzieller Nettoausgleich). Für diese Art von Verträgen besteht jedoch wiederum eine Ausnahme von der Einbeziehung in den Anwendungsbereich von IAS 39, soweit der Vertrag dem Eigenbedarf des Unternehmens dient (im Folgenden Eigenbedarfsausnahme). Diese Ausnahme von der Einbeziehung wird in diesem Kapitel zusammen mit anderen Ausnahmen vom Anwendungsbereich behandelt, obwohl es sich konzeptionell betrachtet um eine Beschränkung der Einbeziehung von Nicht-Finanzinstrumenten in den Anwendungsbereich des IAS 39 handelt.

6 Die Ausnahmen vom Anwendungsbereich des IAS 39 lassen sich grob wie folgt kategorisieren:

- Ausnahmen aufgrund der Konkurrenz der Anwendung von IAS 39 mit anderen Standards.

II. Normzweck und Anwendungsbereich

- Ausnahmen, die der vereinfachten Bilanzierung einer Transaktion als schwebendes Geschäft dienen (einschließlich des Eigenbedarfs bezüglich Verträgen über den Kauf oder Verkauf nicht-finanzieller Posten mit finanziellem Nettoausgleich).

1. Ausnahmen aufgrund der Konkurrenz mit anderen IFRS. Der Anwendungsbereich von IAS 39 enthält Ausnahmen im Hinblick auf die Anwendung anderer IFRS, denen der Vorrang gegeben wird, um eine Überschneidung von Anwendungsbereichen und somit konkurrierende Vorschriften zu vermeiden. Finanzinstrumente, die aus Sicht des Emittenten als Eigenkapitalinstrumente gemäß IAS 32 bilanziert werden, sind daher vom Anwendungsbereich des IAS 39 ausgenommen (IAS 39.2(d)). Die übrigen Ausnahmen im Hinblick auf die Anwendung anderer IFRS entsprechen den Ausnahmen vom Anwendungsbereich des IAS 32, auf die daher verwiesen wird.

2. Ausnahmen bezüglich der Bilanzierung als schwebendes Geschäft. Die Ausnahmen von Finanzinstrumenten vom Anwendungsbereich des IAS 39, die zur Bilanzierung als schwebendes Geschäft führen, betreffen bestimmte Verträge für Unternehmenszusammenschlüsse, bestimmte Arten von Kreditzusagen und – für den Zweck der Gliederung dieses Kapitels – den Eigenbedarf bezüglich Verträgen über den Kauf oder Verkauf nicht-finanzieller Posten mit finanziellem Nettoausgleich.

a) Ausnahme für bestimmte Verträge für Unternehmenszusammenschlüsse. Die Ausnahme für bestimmte Verträge für Unternehmenszusammenschlüsse (IAS 39.2(g)) war für lange Zeit Gegenstand unterschiedlicher Interpretationen. Daher hat das IASB 2009 im Rahmen des „Annual Improvement" Prozesses IAS 39.2(g) geändert, um zwei Aspekte klarzustellen: erstens die Art von Vertrag und zweitens die Art von Unternehmenszusammenschluss, die jeweils unter die Ausnahme fallen.

Hinsichtlich der Vertragsart ist die Ausnahme nunmehr explizit auf solche Verträge beschränkt, die Termingeschäfte sind. Daher fallen Vereinbarungen, die als Optionsgeschäft ausgestaltet sind, in den Anwendungsbereich des IAS 39. Dadurch soll sicher gestellt werden, dass nur solche Vereinbarungen unter die Ausnahme fallen, die definitiv zu einem Unternehmenszusammenschluss führen. Aufgrund der Diskussionen des IASB im Vorfeld der Verabschiedung der Änderung ist der Begriff Termingeschäft eng auszulegen. So ist z.B. ein „synthetisches Termingeschäft", d.h. die Kombination einer Call-Option und einer geschriebenen Put-Option mit jeweils gleichem Ausübungspreis, Ausübungsfrist und Bezugsgröße, nicht als Termingeschäft im Sinne von IAS 39.2(g) zu werten. Die enge Auslegung der Neuregelung hat insbesondere auch Auswirkung auf Vereinbarungen mit Zustimmungsvorbehalt bezüglich Organen (z.B. Aufsichtsrat oder Aktionärsversammlung) der beteiligten Vertragsparteien. Sofern diese nicht zeitgleich bei beiden Vertragsparteien erfolgt, wird ein Kaufvertrag mit Zustimmungsvorbehalt für den Zeitraum zwischen den Zustimmungszeitpunkten bei den Vertragsparteien zu einer Option. Dabei wird die Vertragspartei, die zuerst die erforderliche Zustimmung herbeiführt, zum Stillhalter der Option bis die andere Vertragspartei die ihrerseits die erforderliche Zustimmung herbeiführt. Die andere Vertragspartei ist entsprechend Inhaber der Option (Long Position). Erst nachdem alle erforderlichen Zustimmungen von beiden Vertragsparteien herbeigeführt worden sind, fällt der Vertrag unter die Ausnahme.

11 Die Neufassung des IAS 39.2(g) verlangt außerdem, dass die Laufzeit des Termingeschäfts nicht den Zeitraum überschreitet, der normalerweise erforderlich ist, um etwaige erforderliche Genehmigungen einzuholen und die Transaktion zu vollenden. Erforderliche Genehmigungen im Sinne dieser Vorschrift sind solche seitens Dritter, z.B. von Kartellbehörden. Wie zuvor ausgeführt, betrifft ein Zustimmungsvorbehalt auf Seiten der Vertragsparteien die Vertragsart und kann einer Qualifizierung als Termingeschäft entgegen stehen.

12 Die Neufassung des IAS 39.2(g) stellt ferner hinsichtlich der Art des Unternehmenszusammenschlusses, die unter die Ausnahme fällt, klar, dass es sich um einen Unternehmenszusammenschluss i.S.v. IFRS 3 *Business Combinations* handeln muss. Transaktionen, die den Erwerb von Anteilen an assoziierten Unternehmen betreffen, fallen daher in den Anwendungsbereich des IAS 39.

13 **b) Ausnahme für bestimmte Arten von Kreditzusagen. Kreditzusagen** sind feste Verpflichtungen, Darlehen unter vorab festgelegten Bedingungen zu gewähren. Kreditzusagen mit einem bestimmten (nicht notwendigerweise festen) Zinsatz für einen bestimmten Zeitraum sind Optionsgeschäfte, bei denen der potentielle Darlehensgeber als Stillhalter fungiert. Diese Kreditzusagen erfüllen die Definition eines Derivats und sind daher im Anwendungsbereich des IAS 39 es sei denn, sie fallen unter die Ausnahme vom Anwendungsbereich gemäß IAS 39.2(h). Für Kreditzusagen betrifft die Ausnahme jedoch nicht die Anwendung von IAS 39 insgesamt sondern ist in ihrem Umfang dahingehend beschränkt, dass die Vorschriften des IAS 39 zur Ausbuchung von Finanzinstrumenten in jedem Fall Anwendung finden.

14 Hintergrund der Ausnahme einiger Kreditzusagen vom Anwendungsbereich des IAS 39 ist die Bilanzierung der aus diesen Kreditzusagen resultierenden Darlehen zu fortgeführten Anschaffungskosten. Die Ausnahme bezweckt, dass für diese Kreditzusagen keine Änderungen des beizulegenden Zeitwerts aufgrund von Schwankungen des Markzinsniveaus oder des Risikoaufschlags erfasst werden. Entsprechend gilt die Ausnahme sowohl für das Unternehmen, das die Kreditzusage gewährt, als auch für die Gegenpartei (d.h. den potentiellen Darlehensnehmer). Allerdings unterliegen alle von der Ausnahme erfassten Kreditzusagen den Vorschriften des IAS 37 *Provisions, Contingent Liabilities and Contingent Assets*. Dies betrifft insbesondere die Rückstellungsbildung für belastende Verträge (IAS 37.66-69). Dies führt in der Praxis zu Pro-

II. Normzweck und Anwendungsbereich

blemen, weil das Kreditrisikomanagement von Unternehmen oft einheitliche Verfahren unabhängig davon hat, ob das Kreditrisiko sich auf eine noch nicht bilanzwirksame Kreditzusage oder eine bereits bilanzwirksame Forderung bezieht.[2]

Die Ausnahme umfasst alle Kreditzusagen die nicht in die folgenden drei Kategorien fallen: 15

(a) Kreditzusagen, die das die Zusage erteilende Unternehmen als Folge der Ausübung der Fair Value Option[3] (IAS 39.9) erfolgswirksam zum beizulegenden Zeitwert bewertet.[4] Sofern jedoch ein Unternehmen die finanziellen Vermögenswerte, die aus von ihm erteilten Kreditzusagen resultieren, in der Vergangenheit für gewöhnlich kurz nach deren Entstehung verkauft hat, ist die erfolgswirksame Bewertung zum beizulegenden Zeitwert für solche Kreditzusagen verpflichtend. Diese Verpflichtende Bilanzierung umfasst alle Kreditzusagen derselben Klasse. Der Begriff „Klasse" ist in IAS 39 nicht definiert. Im Hinblick auf Angabepflichten enthält IFRS 7 *Financial Instruments: Disclosures* Regelungen für die Bestimmung von „Klassen" von Finanzinstrumenten (IFRS 7.6 und B1-B3). Daraus lässt sich ableiten, dass eine Klasse eine Gruppierung ist, die zumindest zwischen Finanzinstrumenten unterscheidet, die verschiedenen Bewertungsmethoden (d.h. fortgeführte Anschaffungskosten und beizulegender Zeitwert) unterliegen. In der Praxis wird die Gruppierung in Klassen im Rahmen der Ausnahme für Kreditzusagen oft auf einer tieferen Ebene vorgenommen, z.B. auf Produktebene. Eine Bank, die regelmäßig Hypothekendarlehen für Gewerbeimmobilien kurz nach der Inanspruchnahme der Kreditzusage veräußert, kann diese Kreditzusagen als eine Klasse identifizieren, die in den Anwendungsbereich von IAS 39 fällt. Wenn dieselbe Bank Kreditzusagen für Wohnungsbaudarlehen gewährt und die daraus resultierenden Darlehen im Bankbuch hält, bilden diese Kreditzusagen eine eigene Klasse, die vom Anwendungsbereich des IAS 39 ausgenommen ist. Je nach Art und Umfang der Geschäftstätigkeit können sich auch verschiedene Klassen von Kreditzusagen innerhalb des Bereichs Gewerbeimmobilienfinanzierung ergeben.

(b) Kreditzusagen mit finanziellem Nettoausgleich, d.h. Verträge, die durch Ausgleich in bar oder in anderen Finanzinstrumenten so erfüllt werden können. Darunter fällt auch der Umstand, dass ein Unternehmen die aus seinen Kreditzusagen resultierenden finanziellen Vermögenswerte in der Vergangenheit für gewöhnlich kurz nach deren Entstehung verkauft hat.[5] Die Inanspruchnahme einer Kreditzusage in in Teilbeträgen (zB bei einer Kreditlinie) für sich genommen stellt keinen finanziellen Nettoausgleich dar.

---

2 Zur Bilanzierung von Wertminderungen von finanziellen Vermögenswerten siehe Rn 161-172.
3 Unterabschnitt (b) der Definition der Kategorie „erfolgswirksam zum beizulegenden Zeitwert bewertet".
4 Zur Fair Value Option siehe Rn 110.
5 Siehe Unterabschnitt (a). in dieser Randnummer.

(c) Kreditzusagen zu Zinskonditionen unterhalb des Marktzinssatzes. Für die Beurteilung, ob die Zinskonditionen dem Marktzinsniveau entsprechen ist, auf den Zeitpunkt der Gewährung der Kreditzusage abzustellen. Spätere Änderungen des Marktzinsniveaus haben dagegen keinen Einfluss auf die Ausnahme von Anwendungsbereich des IAS 39.[6]

Die Kreditzusagen in den Kategorien (a) und (b) sind als Derivate erfolgswirksam zum beizulegenden Zeitwert zu bilanzieren, es sei denn sie unterliegen als Sicherungsinstrument den besonderen Vorschriften für die Bilanzierung von Sicherungsgeschäften. Obwohl auch die Kreditzusagen in Kategorie (c). Derivate sind, unterliegen sie besonderen Vorschriften zur Folgebewertung (ähnlich derer für finanzielle Garantien).[7]

16 c) **Eigenbedarfsausnahme.** Grundsätzlich sind Verträge über den künftigen Kauf bzw. Verkauf von nicht-finanziellen Posten zu einem fest vereinbarten Preis (Warentermingeschäfte) vom Anwendungsbereich des IAS 39 ausgeschlossen (sog. „own use exemption" oder Eigenbedarfsausnahme), obwohl sie die Definition von Derivaten erfüllen:

1. Solche Verträge benötigen idR. keine Anfangsauszahlung.
2. Ihr Wert schwankt mit dem einer Basisvariablen (Waren).
3. Sie werden zu einem späteren Zeitpunkt erfüllt.

Dieser Ausschluss gilt bis auf den Ausnahmetatbestand, dass Warentermingeschäfte durch Nettoausgleich erfüllt werden können[8] und gemäß IAS 39.5 als gewillkürte Finanzinstrumente (hier: Derivate) zu bilanzieren sind. Dabei umfasst ein Nettoausgleich die Erfüllung in bar, durch andere Finanzinstrumente oder den Tausch von Finanzinstrumenten. Ein möglicher Nettoausgleich ist jedoch unschädlich, wenn das Unternehmen nachweisen kann, dass die Warentermingeschäfte gemäß dem erwarteten Einkaufs-, Verkaufs- oder Nutzungsbedarf des Unternehmens abgeschlossen wurden und die Verträge weiterhin zu diesem Zwecke gehalten werden. Ziel der Regelung war es, Warentermingeschäfte, die ökonomisch und intentional eher Finanzinstrumente sind, in den Anwendungsbereich zu bringen, gleichzeitig aber übliche Warentermingeschäfte aus dem Anwendungsbereich auszuklammern. Somit ist die güterwirtschaftliche Wertschöpfung das wesentliche Abgrenzungskriterium für die

---

6 Für vom Anwendungsbereich des IAS 39 ausgenommene Kreditzusagen kann ein späterer Anstieg des Markzinsniveaus jedoch Relevanz für die Beurteilung belastender Verträge gemäß IAS 37 haben (siehe Rn 14).
7 Zur Folgebewertung siehe Rn 141.
8 Vgl. *PwC (Hrsg.)* IFRS Manual, 3012.

II. Normzweck und Anwendungsbereich

Anwendbarkeit der Eigenbedarfsausnahme.[9] Die Eigenbedarfsausnahme stellt kein Wahlrecht dar.[10] Daneben sind für Warentermingeschäfte im Anwendungsbereich von IAS 39 auch die Angaben nach IFRS 7 erforderlich.[11]

Sofern ein Warentermingeschäft nicht im Anwendungsbereich von IAS 39 liegt, handelt es sich um ein „normales" schwebendes Geschäft iSv. IAS 37.1 und 3. Dabei finden die Rückstellungsvorschriften in IAS 37 nur Anwendung auf belastende Verträge.[12] Ggf. sind jedoch eingebettete Derivate aus einem Warentermingeschäft abzutrennen, obwohl der Basisvertrag nicht im Anwendungsbereich von IAS 39 liegt.

IAS 39.6 identifiziert mögliche (alternative) Mechanismen eines Nettoausgleichs bei Warentermingeschäften:

(a) Die Vertragsbedingungen gestatten mindestens einem Kontrahenten, den Vertrag durch Ausgleich in bar oder einem anderen Finanzinstrument bzw. durch Tausch von Finanzinstrumenten zu erfüllen.

(b) Die Möglichkeit zu einem Ausgleich in bar oder einem anderen Finanzinstrument bzw. durch Tausch von Finanzinstrumenten ist zwar nicht explizit in den Vertragsbedingungen vorgesehen, doch erfüllt das Unternehmen ähnliche Verträge für gewöhnlich durch Ausgleich in bar oder einem anderen Finanzinstrument bzw. durch Tausch von Finanzinstrumenten (sei es mit der Vertragspartei, durch Abschluss gegenläufiger Verträge oder durch Verkauf des Vertrags vor dessen Ausübung oder Verfall).

(c) Bei ähnlichen Verträgen nimmt das Unternehmen den Vertragsgegenstand für gewöhnlich an und veräußert ihn kurz nach der Anlieferung wieder, um Gewinne aus kurzfristigen Schwankungen der Preise oder der Händlermargen zu erzielen.

(d) Der nicht finanzielle Posten, der Gegenstand des Vertrags ist, kann jederzeit in Zahlungsmittel umgewandelt werden.

Verträge, bei denen die Bedingungen in (b) oder (c) erfüllt sind, können niemals unter die Eigenbedarfsausnahme fallen, da bei ihnen (unwiderlegbar) davon ausgegangen wird, dass sie nicht für den Eigenbedarf abgeschlossen wurden (IAS 39.6).[13] In diesen Situationen wird der Vertrag als Derivat erfolgswirksam zum beizulegenden Zeitwert gemäß IAS 39 bilanziert.

Die Vertragstypen (b) und (c) unterscheiden sich im Wesentlichen darin, dass bei (c) im Gegensatz zu (b) tatsächlich eine physische Lieferung des nicht-finanziellen Postens erfolgt, dieser jedoch kurz danach weiterveräußert wurde. Die kurzfristige Weiterveräußerung ist allerdings noch nicht hinreichend für eine Bilanzierung nach

---

9 Vgl. IDW RS HFA 25, Rn. 13.
10 Vgl. IDW RS HFA 25, Rn. 6.
11 Vgl. *Deloitte (Hrsg.)* iGAAP 22 und Rn 266ii.
12 Vgl. IDW RS HFA 25, Rn. 4.
13 Vgl. *PwC (Hrsg.)* 3013.

IAS 39, vielmehr muss auch eine Intention zur Erzielung von Gewinnen aus kurzfristigen Schwankungen der Preise oder der Händlermargen bestehen. Diese Absicht kann nur durch eine Würdigung aller relevanten Faktoren beurteilt werden. Von Bedeutung können hier u.a. sein:[14]

- Art des operativen Geschäfts sowie dessen Steuerung – Findet eine güterwirtschaftliche Wertschöpfung statt?
  - Veredlung der Ware.
  - Losgrößentransformation.
  - Räumliche und zeitliche Transformation.
- Art der Erfolgsrealisierung – Was ist der primäre Treiber des Erfolgs?
  - Ausnutzung von kurzfristigen Preisschwankungen.
  - Realisierung von kurzfristigen Schwankungen in der Händlermarge.

21 Es gilt zu beachten, dass die Einordnung eines Vertrags als Typ (b) oder (c) für ähnliche Verträge gleich zu erfolgen hat. Demnach haben schädliche Verträge eine Abfärbewirkung auf ähnliche Verträge, außer es kann eine Änderung des Verhaltens nachgewiesen werden.[15] Daher ist es von besonderer Bedeutung, auf welcher Basis Verträge als „ähnlich" (similar) gruppiert werden, da auf diese grundsätzlich die gleiche Bilanzierung Anwendung findet. In der Literatur werden u.a. folgende Faktoren vorgeschlagen:[16]

- gleiche wirtschaftliche Zielsetzung;
- gleiche/gemeinsame Märkte für Güter;
- substitutionale Beziehungen zwischen den Gütern; und
- einheitliche organisatorische Verantwortlichkeit im Rahmen des Risikomanagements.

22 In der Literatur wird die Auffassung vertreten, dass gleiche Verträge mit unterschiedlicher Intention nicht ähnlich sind.[17] Durch Etablierung einer Buchstruktur (Eigenbedarfsbuch vs. Handelsbuch) kann dieser Nachweis *ex ante* geführt werden. Dabei muss jedoch eine Zuordnung zu den jeweiligen Büchern bei erstmaligem Ansatz erfolgen. Nachträgliche Umschichtungen von Verträgen zwischen den Büchern sind grundsätzlich schädlich.

23 Für den einzelnen Vertrag kann sich der Verwendungszweck ändern. Für den Fall, dass ein Warentermingeschäft außerhalb von IAS 39 bilanziert wurde, sich aber in der Folge der Verwendungszweck geändert hat, ist diese Zweckänderung prospek-

---

14 Vgl. IDW RS HFA 25, Rn. 14.
15 Vgl. IDW RS HFA 25, Rn. 17.
16 Vgl. IDW RS HFA 25, Rn. 19.
17 Bspw. IDW RS HFA 25, Rn. 22; *Deloitte (Hrsg.)* iGAAP 31f.

II. Normzweck und Anwendungsbereich

tiv zu bilanzieren. D.h. ab dem Zeitpunkt der Zweckänderung ist der beizulegende Zeitwert des Vertrags erstmalig in der Bilanz zu erfassen und fortlaufend zu bewerten. Eine retrospektive Anpassung ist nicht zulässig, da es sich nicht um einen Bilanzierungsfehler handelt.[18]

Für Verträge vom Typ (a) und (d) kann das Unternehmen den Nachweis führen, dass die Verträge aus Eigenbedarfserwägungen geschlossen und gehalten werden. Davon ausgenommen sind jedoch geschriebene Optionen über den Kauf oder Verkauf eines nicht-finanziellen Postens mit Nettoerfüllungsmöglichkeit. Diese sind immer als Derivat im Sinne von IAS 39 erfolgswirksam zum beizulegenden Zeitwert anzusetzen und fortlaufend zu bewerten (IAS 39.7). Dies wird damit begründet, dass mit geschriebenen Optionen der Warenfluss und somit die güterwirtschaftliche Wertschöpfung nicht steuerbar ist.[19] Ebenso verhält es sich bei Verträgen vom Typ (a)* Liegt die Möglichkeit zur Nettoerfüllung bei der Gegenpartei, muss davon ausgegangen werden, dass der Eigenbedarfsnachweis nicht erbracht werden kann und die Verträge in den Anwendungsbereich von IAS 39 fallen.[20] Dies heißt im Umkehrschluss, dass sich gekaufte Optionen grundsätzlich für die Eigenbedarfsausnahme eignen.[21]

24

Es stellt sich die Frage, ob jede Form der Optionalität, die durch das Unternehmen zugesagt wird, schädlich ist. Dies ist vor allem in der Energiebranche von Bedeutung, wo oftmals Optionalität in Form von Mehrmengenoptionen zugesagt wird (sog. volumetrische Flexibilität). Für Verträge mit Endkunden ist diese Frage bereits durch das IFRIC[22] geklärt worden. Dem IFRIC wurde die Frage gestellt, ob eine volumetrische Flexibilität in Energielieferverträgen zwischen Energieversorgern und Endkunden den Charakter einer geschriebenen Option hat und somit aus Sicht des Energieversorgers in den Anwendungsbereich von IAS 39 fällt. Zwar lehnte das IFRIC die Aufnahme der Fragestellung auf die Agenda ab, jedoch machte es in seiner Ablehnungsentscheidung klar, dass die genannten Verträge nicht in den Anwendungsbereich von IAS 39 fallen, da es den Endkunden an der konkreten Realisationsmöglichkeit der Option zur Gewinnerzielung mangelt, obwohl diese abstrakt vorliegt. Wie solche Verträge bei Gegenparteien zu beurteilen sind, die auch die konkrete Verwertungsfähigkeit haben, lässt das IFRIC offen. Es ist jedoch davon auszugehen, dass es sich hier um geschriebene Optionen iSd. Standards handelt und eine Derivatebilanzierung angezeigt ist.

25

Eine ähnlich gelagerte Problematik ergibt sich bei Verträgen, die eine Mindestabnahmemenge zu einem festen Preis vorsehen, jedoch als „Puffer" eine volumetrische Flexibilität ebenfalls zu einem festen Preis einräumen (z.B. Abnahme von mindestens

26

---
18 Vgl. IDW RS HFA 25, Rn. 7.
19 Vgl. IDW RS HFA 25, Rn. 37.
20 Vgl. *Deloitte (Hrsg.)* iGAAP 30f.
21 Vgl. auch *Deloitte (Hrsg.)* iGAAP, 30.
22 Das IFRIC wurde 2010 in „IFRS Interpretations Committee" umbenannt.

80KWh plus bis zu 20 zusätzliche KWh). Da IAS 39 Verträge idR. als ein einziges Bilanzierungsobjekt betrachtet, sofern spezifische Regelungen dem nicht entgegenstehen, ist davon auszugehen, dass auch solche Verträge, sofern man die optionale Komponente als geschriebene Option iSd. Standards betrachtet, in toto als Derivate zu bilanzieren sind.[23] Allerdings hat das IFRS Interpretations Committee zwischenzeitlich diese Frage in einer Agendaentscheidung behandelt und diese Frage ausdrücklich offen gelassen.[24]

27 **III. Bilanzierungseinheit.** Die Bestimmung der Bilanzierungseinheit hat besondere Bedeutung für die Bilanzierung von Finanzinstrumenten. Die Ursache liegt darin, dass sich Finanzinstrumente in besonderer Weise zur Strukturierung eignen. Daher enthält IAS 39 eigene Vorschriften zur Bilanzierung **eingebetteter Derivate** (embedded derivatives) um zu verhindern, dass die Ansatz und Bewertungsvorschriften für Derivate umgangen werden, indem Derivate in Verträge über nicht-derivative Transaktionen einbezogen werden (IAS 39.BC37). Im Gegensatz dazu liegt die Bedeutung eingebetteter Derivate für IFRS 9 allein darin, wie sie sich auf die Cashflowbezogenen Vertragsmerkmale des Finanzinstruments auswirken.[25] Eine Abtrennung eingebetteter Derivate vom Basisvertrag erfolgt nach IFRS 9 nicht (IFRS 9.4.7).[26]

28 **1. Definition eines Derivats.** Die Definition eines eingebetteten Derivats beruht auf der Definition eines Derivats, auf die daher zuerst eingegangen wird. Ein **Derivat** ist ein Vertrag, der entweder ein Finanzinstrument oder ein Vertrag über den Kauf oder Verkauf nicht-finanzieller Posten mit finanziellem Nettoausgleich im Anwendungsbereich des IAS 39 ist,[27] und folgende Kriterien kumulativ erfüllt:

(a) Der Wert des Vertrags ändert sich in Abhängigkeit einer festgelegten Bezugsgröße (Basis) wie z.B. einem Zinssatz, Rohstoffpreis, Wechselkurs, Bonitätsrating oder anderen Variablen (einschließlich von Indizes auf solche Variablen). Für die Beurteilung dieses Kriteriums umfassen die Bezugsgrößen jedoch keine nichtfinanziellen Variablen, die vertragsparteispezifisch sind.

(b) Bei Vertragsschluss ist entweder keine Nettoinvestition erforderlich oder sie ist geringer als für alternative Vertragstypen, deren Wert erwartungsgemäß ähnlich auf Änderungen der Marktbedingungen reagiert.

(c) Der Vertrag wird an einem späteren Datum erfüllt.

Diese Kriterien werden in den nachfolgenden Randnummern näher erläutert.

---

23 Vgl. *Deloitte* (Hrsg.) iGAAP 28f.
24 Siehe zur Bilanzierungseinheit in diesen Fällen Rn 49f.
25 Zur Auswirkung auf die Bilanzierung gemäß IFRS 9 siehe Rn 125-128.
26 Dies betrifft die Aktivseite, d.h. hybride Finanzinstrumente, deren Basisvertrag ein finanzieller Vermögenswert ist und damit im Anwendungsbereich von IFRS 9 liegt.
27 Siehe Rn 4.

III. Bilanzierungseinheit

Für die Auslegung des ersten Kriteriums (a) der Definition eines Derivats hat die Fragestellung, wann eine Bezugsgröße eine nicht-finanzielle vertragsparteispezifische Variable ist, die größte Bedeutung in der Praxis. Erhebliche Unterschiede in der Interpretation beziehen sich auf zwei Aspekte. Erstens besteht die Frage, ob die Bezugnahme auf nicht-finanzielle vertragsparteispezifische Variablen bezweckt, lediglich Versicherungsverträge von der Definition eines Derivats auszuschließen. Zweitens besteht die Frage, ob Kennzahlen wie EBITDA, Umsatzerlöse oder ähnliche Größen als „nicht-finanziell" anzusehen sind. Das IFRIC hatte sich ursprünglich 2006 mit diesen Fragestellungen befasst und vorläufig entschieden, dass das Kriterium nicht lediglich Versicherungsverträge von der Definition eines Derivats ausschließt und dass die Formulierung des Kriteriums hinsichtlich der Beurteilung von Kennzahlen wie EBITDA, Umsatzerlöse oder ähnlicher Größen als „nicht-finanziell" unklar ist. Um die unterschiedliche Auslegung in der Praxis zu beenden, beschloss das IFRIC im Januar 2007, den Sachverhalt an das IASB zwecks Klarstellung mittels einer Anpassung von IAS 39 weiterzuleiten.[28] Das IASB schlug daraufhin eine Streichung der Bezugnahme auf nicht-finanzielle vertragsparteispezifische Variablen vor. Aufgrund der Stellungnahmen zu diesem Änderungsvorschlag wurde dieser jedoch nicht weiter verfolgt. Stattdessen beabsichtigt das IASB eine erneute Diskussion im Rahmen der Projekts zur Ablösung von IAS 39.[29] Vor diesem Hintergrund bleibt dieser Themenkreis weiterhin ungeklärt. Dabei ist zu beachten, dass Verträge, die Zahlungen in Abhängigkeit von Kennzahlen wie wie EBITDA oder Umsatzerlösen vorsehen, auch wenn sie nicht als Derivat bilanziert werden, dennoch Finanzinstrumente sein können, die in den Anwendungsbereich von IAS 39 fallen. Allerdings erfolgt dann gegebenenfalls die Folgebewertung zu fortgeführten Anschaffungskosten statt zum beizulegenden Zeitwert.[30]

29

Das zweite Kriterium (b) hinsichtlich der Nettoinvestition bei Vertragsschluss zielt auf die Hebelwirkung von Derivaten. Für Optionen ist der relevante Vergleichsmaßstab für die Nettoinvestition der Wert des Bezugsobjekts bei Abschluss des Optionsvertrags. Obwohl für Optionen oft die Optionsprämie bei Vertragsschluss (d.h. im Voraus) gezahlt wird, ist diese Nettoinvestition geringer als der Wert des Bezugsobjekts. Auch Verträge, die einen Austausch von Bezugsobjekten bei Vertragsschluss vorsehen (z.B. bestimmte Währungsswaps bei denen die Währungsbeträge zu Vertragsbeginn getauscht werden), erfüllen das Nettoinvestitionskriterium, da der Tausch zu keiner Investition auf Nettobasis führt (IAS 39.AG11). Sofern eine Vertragspartei erhebliche Vorauszahlungen bei Vertragsschluss leistet, ist sorgfältig zu prüfen, ob diese der Nettoinvestition in das Bezugsobjekt entsprechen. So erfordert z.B. ein im Voraus bezahltes Termingeschäft eine Nettoinvestition in Höhe des Kassa-

30

---

28 Siehe IFRIC Update vom Januar 2007, Seite 4.
29 Siehe Rn 1.
30 Siehe Rn 136-141.

preises und erfüllt nicht die Definition eines Derivats (IAS 39 IG B.9). Etwaige Sicherheitsleistungen einschließlich sogenannter „Margin-Zahlungen" sind nicht als Teil der Nettoinvestition zu behandeln, sondern separat zu bilanzieren (IAS 39 IG B.10).

31 Die Beurteilung des dritten Kriteriums (c) hinsichtlich der Vertragserfüllung an einem späteren Datum erfordert in der Regel kein Ermessen. Hierbei ist lediglich zu beachten, dass bei Optionsverträgen auch eine Nichtausübung durch den Inhaber eine Vertragserfüllung seitens des Stillhalters darstellt (IAS 39 IG B.7). Die Definition eines Derivats in IAS 39 umfasst sowohl Verträge mit Nettoausgleich (z.B. mittels Zahlung des beizulegenden Zeitwerts des Derivats bei Fälligkeit) als auch **Verträge mit Bruttoausgleich** (z.B. Erfüllung eines Termingeschäfts zum Erwerb einer Anleihe durch Übertragung der Anleihe gegen Zahlung des Terminkaufpreises) (IAS 39. AG10). Sofern es sich bei dem Derivat um einen Vertrag über den Kauf oder Verkauf nicht-finanzieller Posten mit finanziellem Nettoausgleich handelt,[31] ist zu prüfen, ob er aufgrund der Eigenbedarfsausnahme als schwebendes Geschäft zu behandeln ist. Falls das der Fall ist, erfüllt der Vertrag nicht die Definition eines Derivats, da er vom Anwendungsbereich des IAS 39 ausgenommen ist.[32]

32 **2. Eingebettete Derivate.** Ein eingebettetes Derivat unterscheidet sich von einem freistehenden Derivat dadurch, dass es ein integraler Bestandteil eines **strukturierten (hybriden) Finanzinstruments** mit einer nicht-derivativen Komponente – dem sogenannten **Basisvertrag** (host contract) – ist. Dadurch verändert sich ein Teil der Cashflows des strukturierten Finanzinstruments ähnlich wie die eines freistehenden Derivats. Ist ein Derivat unabhängig von anderen Vertragsbestandteilen übertragbar, so handelt es sich um ein freistehendes Derivat (z.B. ein Bezugsrecht, das separat von der Stammaktie handelbar ist). Gleiches gilt, wenn die verschiedenen Vertragsbestandteile mit verschiedenen Vertragsparteien abgeschlossen werden (IAS 39.10).

33 **a) Voraussetzung der Abtrennung vom Basisvertrag.** Ein eingebettetes Derivat ist getrennt vom Basisvertrag als eine eigene Bilanzierungseinheit zu behandeln, wenn folgende kumulative Kriterien erfüllt sind:

(a) Die wirtschaftlichen Merkmale und Risiken des eingebetteten Derivats sind nicht eng mit denen des Basisvertrags verbunden.

(b) Als freistehendes Instrument mit ansonsten denselben Vertragskonditionen würde das eingebettete Derivat die Definition eines Derivats erfüllen.

(c) Das eingebettete Derivat ist nicht Bestandteil eines strukturierten Finanzinstruments, das insgesamt erfolgswirksam zum beizulegenden Zeitwert bewertet wird.

Diese Kriterien werden in den nachfolgenden Randnummern näher erläutert.

---

31 Siehe Rn 4 und 16
32 Siehe Rn 28.

III. Bilanzierungseinheit

Die Beurteilung, ob die wirtschaftlichen Merkmale und Risiken eines eingebetteten Derivats eng mit denen des Basisvertrags verbunden sind, gehört zu den komplexesten Bilanzierungsfragen. Dies liegt daran, dass dieses Kriterium eine Erleichterungsregel für eine auf die Verhinderung von Umgehungstatbeständen gerichtete Vorschrift ist. Hintergrund dieser Erleichterungsregel ist, dass bei einer engen wirtschaftlichen Beziehung zwischen eingebettetem Derivat und Basisvertrag die Wahrscheinlichkeit geringer ist, dass die Strukturierung des Finanzinstruments im Hinblick auf die bilanzielle Auswirkung erfolgte (IAS 39.BC37). Dieser Beweggrund führt zwangsläufig zu einem widersprüchlichen und willkürlichen Katalog von „Beispielen" (IAS 39.AG30 und AG33). Mangels eines klaren, logisch schlüssigen übergeordneten Normzwecks stellen diese Beispiele daher faktisch eine Liste von Regeln dar, die für Analogieschlüsse weitgehend unbrauchbar ist.

Generell gilt, dass bei einem Basisvertrag mit wirtschaftlichen Merkmalen und Risiken eines Eigenkapitalinstruments nur solche eingebetteten Derivate als eng verbunden gelten, die Eigenkapitalmerkmale bzgl. desselben Unternehmens (d.h. Emittenten) aufweisen (IAS 39.AG27).

Die für die Praxis wichtigsten Beispiele einer engen Verbindung der wirtschaftlichen Merkmale und Risiken des eingebetteten Derivats mit denen des Basisvertrags sind:

(a) **Eingebettete Fremdwährungsderivate (IAS 39.AG33(d)).** Voraussetzung ist, dass diese in einen Versicherungsvertrag oder einen nicht-finanziellen Basisvertrag (z.B. ein schwebendes Geschäft hinsichtlich eines nicht-finanziellen Postens) eingebettet sind sowie weder Hebelwirkung noch Optionscharakter besitzen. Ferner müssen Zahlungen in einer der folgenden Währungen bedungen sein:

- der funktionalen Währung einer wesentlichen Vertragspartei; hier stellt sich in der Praxis das Problem, die funktionale Währung anderer Vertragsparteien zu ermitteln (z.B. für nicht nach IFRS bilanzierende Unternehmen, einzelne Konzerngesellschaften oder natürliche Personen).

- der Währung, in der nach IAS 39 IG C.8 auf weltweiter Basis regelmäßig der Preis des nicht-finanziellen Postens festgelegt wird; dies betrifft vor allem Rohstoffe (z.B. Rohöl, Gold, Silber, Kupfer, Eisenerz) sowie Großraumflugzeuge.[33]

- der Währung, die üblicherweise für Kaufverträge verwendet wird, die nichtfinanzielle Posten im wirtschaftlichen Gebiet, in dem das Geschäft erfolgt, betreffen; dies sind z.B. sogenannte „stabile" oder „harte" Währungen, die üblicherweise entweder statt der lokalen Währung im Binnenhandel oder im

---

[33] Siehe z.B. *Deloitte (Hrsg.)*, iGAAP, 928 (mit Verweis auf Abstract EIC 169 des Canadian Institute of Chartered Accountants), *PwC (Hrsg.)* IFRS Manual – Financial instruments, Rn 5.87 und 5.87.3.

Außenhandel verwendet werden; in der Praxis erfordert die Beurteilung, ob eine solche Währung vorliegt, eine individuelle Analyse (wobei es mehr als eine solche Währung gleichzeitig je wirtschaftlichem Gebiet geben kann).[34]

(b) **Eingebettete Derivate in Leasingverträgen (IAS 39.AG33(f)**. Voraussetzung ist, dass das eingebettete Derivat eine der drei folgenden Bezugsgrößen aufweist:

- einen Inflationsindex, der keine Hebelwirkung hat und sich auf Inflation im wirtschaftlichen Gebiet des jeweiligen Unternehmens bezieht.
- Bedingte Mietzahlung auf Basis von Umsätzen.
- Bedingte Mietzahlungen auf Basis variabler Zinssätze.

(c) **Eingebettete Caps und Floors (IAS 39.AG33(b))**. Caps und Floors sind Optionsgeschäfte, die Ober- bzw. Untergrenzen für Parameter (z.B. Preise, Zinssätze, Indizes) festlegen. Ein Collar ist eine Kombination aus Caps und Floors, d.h. sie legen eine Bandbreite fest, innerhalb derer sich ein Parameter bewegt. Ein Cap ist „im Geld", wenn der relevante Parameter oberhalb der Obergrenze liegt (z.B. ein Strompreis-Cap mit einem Ausübungspreis von 70 €/MWh ist im Geld, sobald der Strompreis diesen Wert übersteigt). Entsprechend umgekehrt verhält es sich mit einem Floor (d.h. dieser ist im Geld, wenn der relevante Parameter unterhalb der Untergrenze liegt). Ein Collar ist dementsprechend im Geld, wenn der relevante Parameter außerhalb der durch Ober- und Untergrenze definierten Bandbreite liegt. Die wirtschaftlichen Merkmale und Risiken eines eingebetteten Caps oder Floors sind in folgenden Fällen eng mit denen des Basisvertrags verbunden:

- Die Caps oder Floors sind Zinsinstrumente ohne Hebelwirkung, deren Basisvertrag ein Schuldinstrument oder Versicherungsvertrag ist, und sind im Zeitpunkt des Abschlusses des Vertrags nicht im Geld. Für die Beurteilung, ob ein Zinscap oder -floor im Geld ist, wird in der Praxis auf den Kassawert des entsprechenden Referenzzinssatzes abgestellt.[35] Wenn z.B. die Terminzinssätze die Obergrenze eines Caps überschreiten, aber der Kassazins unterhalb oder auf der Obergrenze liegt, wird daher von einer engen Verbindung der wirtschaftlichen Merkmale und Risiken des eingebetteten Caps mit denen des Basisvertrags ausgegangen. Da die Beurteilung im Zeitpunkt des Abschlusses des Basisvertrags erfolgt, ändert sich diese nicht aufgrund der nachfolgenden Zinsentwicklung.
- Die Caps oder Floors sind in Verträge über den Kauf oder Verkauf von Vermögenswerten wie z.B. Rohstoffen eingebettet, haben keine Hebelwirkung, und sind im Zeitpunkt des Abschlusses des Basisvertrags nicht im Geld. Bei diesen Verträgen handelt es sich oft um Termingeschäfte. In solchen fällen

---

34 Siehe z.B. *Deloitte (Hrsg.)* iGAAP, 929; *PwC (Hrsg.)* IFRS Manual – Financial instruments, Rn 5.89f.
35 So auch *Ernst & Young (Hrsg.)* International GAAP, 2161.

stellt sich die Frage, ob für die Beurteilung, ob Caps oder Floors im Geld sind, auf den Kassapreis oder den Terminpreis abzustellen ist. Die Bewertung von Terminkontrakten sowie der Regelungszweck der Vorschrift sprechen in diesen Fällen dafür, für die Beurteilung den Terminpreis heranzuziehen. Obwohl in IAS 39 nur Caps und Floors ausdrücklich genannt sind, ist für Collars entsprechend zu verfahren.[36]

Neben den zuvor genannten Beispielen einer engen Verbindung der wirtschaftlichen Merkmale und Risiken des eingebetteten Derivats mit denen des Basisvertrags enthält IAS 39 noch weitere Beispiele für folgende Situationen:

- in Schuldinstrumente oder Versicherungsverträge eingebettete Zinsderivate mit Hebelwirkung (IAS 39.AG33(a)).

- in Doppelwährungsanleihen oder -darlehen eingebettete Fremdwährungsderivate (IAS 39.AG33(c)). Hier ist jedoch zu berücksichtigen, dass ungeachtet einer Beurteilung der wirtschaftlichen Merkmale und Risiken des eingebetteten Fremdwährungsderivats als eng verbunden mit denen des Basisvertrags eine separate Bilanzierung der beiden Währungskomponenten erforderlich ist.[37] Diese erfolgt jedoch nicht als Folge der Aufspaltung eines Basisvertrags nach den Regeln für eingebettete Derivate sondern im Rahmen der allgemeinen Bewertungsvorschriften in IAS 39 und IAS 21.

- Optionen zur vorzeitigen Rückzahlung, die in aus einem sogenannten „Bondstripping" entstandene Zins- oder Kapitalstrips eingebettet sind (IAS 39.AG33(e)).

- in Finanzinstrumente oder Versicherungsverträge eingebettete Derivate, die Zahlungen erfordern, deren Betrag in Anteilen an (internen oder externen) Investmentfonds bemessen ist (IAS 39.AG33(g)).

- in Versicherungsverträge eingebettete Derivate, die aufgrund der engen Verflechtung mit dem Basisvertrag nicht separat bewertet werden können (IAS 39.AG33(h)).

Umgekehrt enthält IAS 39 Beispiele, in denen die wirtschaftlichen Merkmale und Risiken des eingebetteten Derivats *nicht* eng mit denen des Basisvertrags verbunden sind. Die für die Praxis wichtigsten Beispiele sind:

(a) **Eingebettete Optionen bzgl. einer vorzeitigen Rückzahlung (IAS 39.AG30(g)).** Diese Derivate sind entweder in Schuldinstrumente oder Versicherungsverträge eingebettet. Neben einer Option zur vorzeitigen Rückzahlung können diese Derivate auch als Kauf- oder Verkaufoption ausgestaltet sein, die zu einer vorzeitigen Tilgung mittels Erwerb durch den Schuldner vor der Fälligkeit des Instruments

---

36 So auch *PwC (Hrsg.)* IFRS Manual – Financial instruments, Rn 5.40, 5.42 und 5.83.
37 Vgl. *PwC (Hrsg.)* IFRS Manual – Financial instruments, Rn 9.163.1ff.

führen. Als Ausnahme vom Grundsatz sind die wirtschaftlichen Merkmale und Risiken dieser eingebetteten Derivate jedoch dann eng mit denen des Basisvertrags verbunden sofern eine der folgenden Situationen vorliegt:

- der Ausübungspreis der Option an jedem möglichen Ausübungszeitpunkt annähernd entspricht den fortgeführten Anschaffungskosten (bei Schuldinstrumenten) oder dem Buchwert (bei Versicherungsverträgen) des Basisvertrags.
- der Ausübungspreis der Option zur vorzeitigen Rückzahlung entschädigt den Gläubiger für etwaige entgangene Zinsen. Diese Entschädigung darf höchstens den ungefähren Barwert der entgangenen Zinsen für die Restlaufzeit des Basisvertrags betragen. Die entgangenen Zinsen werden berechnet als die auf den Darlehensbetrag entfallende Zinsdifferenz zwischen dem Effektivzinssatz des Basisvertrags und dem Zinssatz für eine Alternativinvestition in eine vergleichbare Anlage über die Restlaufzeit des Basisvertrags. Diese Ausnahme trägt den in der Praxis häufig vereinbarten Vorfälligkeitsentschädigungen Rechnung, die bei einer vorzeitigen Darlehenstilgung neben Darlehensbetrag und aufgelaufenen Zinsen zahlbar sind. Für die Beurteilung dieses Kriteriums ist in der Praxis zu beachten, dass die beschriebene Vorgehensweise Effekten aufgrund der Zinsstrukturkurve unterliegt. Wird z.B. ein Darlehen mit einer ursprünglichen Laufzeit von 10 Jahren zwei Jahre vor Fälligkeit getilgt, so weist die relevante Alternativinvestition einen Zinssatz in Abhängigkeit der Instrumente mit zweijähriger Laufzeit auf. Selbst wenn sich das Zinsniveau insgesamt nicht ändert, hat daher die Form der Zinsstrukturkurve Einfluss auf die Beurteilung.

Bei wandelbaren Schuldinstrumenten nimmt der Schuldner die Beurteilung dieses Kriteriums vor der Aufspaltung in Eigen- und Fremdkapitalkomponenten gemäß IAS 32 vor.

(b) Eingebettete Regelungen zur Laufzeitverlängerung (IAS 39.AG30(c)). Diese Derivate sind in Schuldinstrumente eingebettet und können entweder als Option oder als automatische Regelung zur Verlängerung der Restlaufzeit ausgestaltet sein. Wenn der Inhaber des Schuldinstruments geschriebene Call-Optionen auf dieses an Dritte ausgibt und der Emittent des Schuldinstruments dadurch bei Ausübung der Option verpflichtet werden kann, sich an der Vermarktung des Schuldinstruments zu beteiligen oder sie zu erleichtern, so ist die Call-Option aus Sicht des Emittenten als Verlängerungsoption zu behandeln. Als Ausnahme vom Grundsatz sind die wirtschaftlichen Merkmale und Risiken dieser eingebetteten Derivate jedoch dann eng mit denen des Basisvertrags verbunden sofern im Zeitpunkt der Laufzeitverlängerung eine näherungsweise Anpassung der

Verzinsung an das dann herrschende Marktzinsniveau erfolgt. Teilweise wird die Auffassung vertreten, dass eine Verlängerungsoption als Kreditzusage betrachtet werden kann.[38] Folgt man dieser Auffassung, ist zu beachten, dass Kreditzusagen, die vom Anwendungsbereich des IAS 39 ausgenommen sind,[39] nicht die Definition eines Derivats erfüllen.[40] Folglich erfüllen eingebettete Regelungen zur Laufzeitverlängerung, die nach dieser Auffassung als Kreditzusagen außerhalb des Anwendungsbereichs von IAS 39 angesehen werden, auch nicht die Definition eines eingebetteten Derivats.[41] Ob diese Auffassung eine mögliche Interpretation von IAS 39 darstellt, ist mangels eines klaren, logisch schlüssigen übergeordneten Normzwecks der Regelungen zu eingebetteten Derivaten[42] schwer zu beurteilen. Es erscheint jedoch vertretbar, wenn als Ergebnis der Auslegung von IAS 39 eine Kreditzusage nicht allein aufgrund der Tatsache, dass sie in ein Schuldinstrument eingebettet ist, als Derivat nach IAS 39 bilanziert wird, während eine freistehende Kreditzusage mit ansonsten gleichen Konditionen nicht als Derivat bilanziert würde. Die Regelungen zu eingebetteten Derivaten zur Laufzeitverlängerung sind auch ein Beispiel für die Widersprüchlichkeit der Vorschriften für eingebettete Derivate.[43] Wirtschaftlich betrachtet sind z.b. Optionen zur Laufzeitverlängerung und zur vorzeitigen Rückzahlung[44] äquivalente Mechanismen, die sich nur dadurch unterscheiden, welche der vertraglich möglichen Fälligkeiten aus der Ausübung der Option oder deren Nichtausübung resultiert. Dennoch werden die wirtschaftlich gleichen Mechanismen nach IAS 39 allein nach ihrer rechtlichen Ausgestaltung verschieden behandelt.[45]

(c) **Eingebettete Regelungen zur Umwandlung in Eigenkapital (IAS 39.AG30(f)).**
Diese Derivate sind in wandelbare Schuldinstrumente eingebettete Regelungen, die die Umwandlung des Schuldinstruments in Eigenkapitalinstrumente des Emittenten bewirken (z.b. die Umwandlungsoption in einer Wandelschuldverschreibung). Aus Sicht des Inhabers sind die wirtschaftlichen Merkmale und Risiken dieser eingebetteten Derivate nicht eng mit denen des Basisvertrags verbunden. Der Emittent hat dagegen zu beurteilen, ob das eingebettete Derivat ein Eigenkapitalinstrument gemäß IAS 32 darstellt. In diesem Fall ist das eingebettete Derivat unter Anwendung von IAS 32 von der Fremdkapitalkomponente des zusammengesetzten Finanzinstruments zu trennen. Derivate, die Eigenkapitalinstrumente darstellen, sind vom Anwendungsbereich des IAS 39 ausgenommen.[46]

---

38 Vgl. *PwC (Hrsg.)* IFRS Manual – Financial instruments, Rn 5.46.1.
39 Siehe Rn 15.
40 Siehe Rn 28.
41 Siehe Rn 33.
42 Siehe Rn 34.
43 Siehe Rn 34.
44 Siehe Unterabschnitt (a) in dieser Rn.
45 Vgl. *Deloitte (Hrsg.)* iGAAP, 895.
46 Siehe Rn 7.

38 Neben den zuvor genannten Beispielen, in denen die wirtschaftlichen Merkmale und Risiken des eingebetteten Derivats *nicht* eng mit denen des Basisvertrags verbunden sind, enthält IAS 39 noch weitere Beispiele für folgende Situationen:

- in Schuldinstrumente eingebettete Verkaufsoptionen mit einem variablen Ausübungspreis in Abhängigkeit von Preisen für oder Indizes auf Eigenkapitalinstrumente oder Rohstoffe, die den Emittenten zum Rückkauf des Instruments verpflichten (IAS 39.AG30(a)).

- in Eigenkapitalinstrumente eingebettete Kaufoptionen, die den Rückkauf durch den Emittenten zu einem festgelegten Preis erlauben(IAS 39.AG30(b)). Dies gilt aus Sicht des Inhabers. Der Emittent hat dagegen zu beurteilen, ob das eingebettete Derivat ein Eigenkapitalinstrument gemäß IAS 32 darstellt. In diesem Fall ist das eingebettete Derivat unter Anwendung von IAS 32 von der Fremdkapitalkomponente des zusammengesetzten Finanzinstruments zu trennen. Derivate, die Eigenkapitalinstrumente darstellen, sind vom Anwendungsbereich des IAS 39 ausgenommen.[47]

- in Schuldinstrumente oder Versicherungsverträge eingebettete Derivate, die den Betrag von Zins- oder Tilgungszahlungen and den Wert eines Eigenkapitalinstruments koppeln (IAS 39.AG30(d)).

- in Schuldinstrumente oder Versicherungsverträge eingebettete Derivate, die den Betrag von Zins- oder Tilgungszahlungen and den Wert eines Rohstoffes koppeln (IAS 39.AG30)).

- in Schuldinstrumente **eingebettete Kreditderivate**, die es dem Sicherungsnehmer ermöglichen, das Kreditrisiko von Finanzinstrumenten unabhängig davon, ob er diese besitzt, auf die andere Vertragspartei zu überwälzen (IAS 39.AG30(h)). Dieses betrifft z.B. sogenannte „**Credit Linked Notes**" (CLNs), d.h. Anleihen, deren Rückzahlung von der Kreditwürdigkeit von Referenzunternehmen (d.h. anderen Unternehmen als dem Emittenten) abhängt. Ferner hat dieses Beispiel Bedeutung für die Beurteilung sogenannter „**Collateralised Debt Obligations**" (CDOs). In der Praxis hat dieses Beispiel dazu geführt, dass für synthetische CDOs nach IFRS die wirtschaftlichen Merkmale und Risiken des eingebetteten Kreditderivats als *nicht* eng mit denen des Basisvertrags verbunden angesehen werden. Im Gegensatz wird in der Praxis bei sogenannten „Cash CDOs" von einer wirtschaftlich engen Verbindung ausgegangen.

---

47 Siehe Rn 7.

III. Bilanzierungseinheit

Die zweite Voraussetzung für die Trennung eines eingebetteten Derivats vom Basisvertrag ist, dass es als freistehendes Instrument mit ansonsten denselben Vertragskonditionen würde die Definition eines Derivats erfüllen würde.[48] Für diese Beurteilung wird daher auf die Ausführungen zur Definition eines Derivats in Rn. 28-31 verwiesen.

39

Die dritte Voraussetzung für die Trennung eines eingebetteten Derivats vom Basisvertrag ist, dass das eingebettete Derivat nicht Bestandteil eines strukturierten Finanzinstruments ist, das insgesamt erfolgswirksam zum beizulegenden Zeitwert bewertet wird.[49] In der Praxis wird diese Voraussetzung aus Effizienzgesichtspunkten zuerst geprüft, da sie einfach zu beurteilen ist und die schwierigere Beurteilung der beiden anderen Voraussetzungen überflüssig macht, sofern das strukturierte Finanzinstrument erfolgswirksam zum beizulegenden Zeitwert bilanziert wird. Es besteht eine enge Verbindung dieser dritten Voraussetzung zur sogenannten „Fair Value Option", d.h. dem *Wahlrecht*, ein Finanzinstrument erfolgswirksam zum beizulegenden Zeitwert zu bilanzieren. Die Fair Value Option ist z.B. verfügbar, wenn ein strukturiertes Finanzinstrument ein oder mehrere eingebettete Derivate enthält und diese die andernfalls vertraglich bedungenen Cashflows mehr als nur unwesentlich verändern und nicht bereits ohne aufwendige Analyse deutlich ist, dass ihre Abspaltung unzulässig ist (IAS 39.11A). Entsprechend erfüllen strukturierte Finanzinstrumente mit eingebetteten Derivaten, die explizit als Beispiel für eine enge Verbindung ihrer wirtschaftlichen Merkmale und Risiken mit denen des Basisvertrags aufgeführt sind, diese Voraussetzung nicht.

40

Die Beurteilung, ob ein eingebettetes Derivat vom seinem Basisvertrag zu trennen und separat als Derivat zu bilanzieren ist, erfolgt im Zeitpunkt, in dem das Unternehmen zum ersten Mal Vertragspartei wird. Diese Beurteilung wird nachfolgend nur dann überprüft, wenn es entweder zu einer Änderung der Vertragsbedingungen mit erheblicher Auswirkung auf die vertraglichen Cashflows kommt oder ein finanzieller Vermögenswert von der Kategorie erfolgswirksam zum beizulegenden Zeitwert bewertet in eine andere Kategorie umgegliedert wird. In diesen Fällen ist eine Neubeurteilung des eingebetteten Derivats vorzunehmen. Ob eine Änderung der vertraglichen Cashflows wesentlich ist, bestimmt sich anhand eines Vergleichs der Cashflows des strukturierten Finanzinstruments vor und nach der vertraglichen Änderung (IFRIC 9.7). Kann ein abzuspaltendes eingebettetes Derivat nicht separat bewertet werden, so ist das strukturierte Finanzinstrument insgesamt der Kategorie erfolgswirksam zum beizulegenden Zeitwert bewertet zuzuordnen. Dies gilt sowohl im Zeitpunkt des erstmaligen Ansatzes oder einer etwaigen Umgliederung als auch an nachfolgenden Bilanzierungsstichtagen (IAS 39.12).

41

---

48 Siehe Rn 33(b).
49 Siehe Rn 33(c).

42 **b) Art und Weise der Abtrennung vom Basisvertrag.** Liegt die Voraussetzung einer Abtrennung eines eingebetteten Derivats von seinem Basisvertrag vor, so ist die Abtrennung in Abhängigkeit des Typs des eingebetteten Derivats sowie dessen Anzahl vorzunehmen. Dabei ist zu beachten, dass die Art und Weise der Abtrennung nicht zu einem eingebetteten Derivat mit solchen Eigenschaften führt, die nicht bereits deutlich im strukturierten Finanzinstrument vorhanden sind (IAS 39 IG C.1). So darf z.B. insbesondere bei einem strukturierten Finanzinstrument mit dem Charakter eines festverzinslichen Instruments die Aufspaltung nicht zu einem Basisvertrag mit dem Charakter eines variabel verzinslichen Instruments führen (und umgekehrt).

43 Bei eingebetteten Derivaten *ohne Optionscharakter* erfolgt die Abtrennung vom Basisvertrag auf der Grundlage der explizit vertraglich festgelegten oder der implizit im Vertrag enthaltenen Konditionen. Dabei ist das eingebettete Derivat so zu kalibrieren, dass es im Zeitpunkt seiner Abtrennung einen beizulegenden Zeitwert von Null hat (IAS 39.AG28). Ein Beispiel ist ein Schuldinstrument dessen Zins- und Tilgungszahlungen and den Wert von Rohöl indexiert sind.[50] Das eingebettete Derivat ist in diesem Fall ein sogenannter „Basisswap", der variable Zins- und Tilgungszahlungen in variable Rohöl-indexierte Zins- und Tilgungszahlungen umwandelt. Damit verbleibt ein Basisvertrag mit variabler Verzinsung (z.B. in Abhängigkeit von LIBOR, wenn das der übliche Referenzzinssatz für variabel verzinsliche Schuldinstrumente ist) und der eingebettete Basisswap (Rohöl versus LIBOR) ist so zu kalibrieren, dass er einen beizulegenden Zeitwert von Null im Zeitpunkt der Abtrennung hat. Wenn dagegen die Rohöl-Indexierung nur die Tilgungszahlung betrifft und die Zinszahlungen Festbeträge sind, so ist der Basisvertrag ein festverzinsliches Instrument und das eingebettete Derivat ist ein Rohöl-Termingeschäft mit demselben Fälligkeitsdatum wie das strukturierte Finanzinstrument und einem Nominalbetrag, der dem für die Indexierung im Vertrag festgelegten Volumen entspricht. Der Terminpreis ist so zu bestimmen, dass der beizulegende Zeitwert des Termingeschäfts im Zeitpunkt der Abtrennung des eingebetteten Derivats null beträgt.

44 Bei eingebetteten Derivaten *mit Optionscharakter* erfolgt die Abtrennung vom Basisvertrag auf der Grundlage der explizit vertraglich bedungenen Konditionen, die das Optionsmerkmal ausmachen (IAS 39.AG28). Im Gegensatz zu eingebetteten Derivaten *ohne Optionscharakter* hat ein eingebettetes Derivat *mit Optionscharakter* im Zeitpunkt seiner Abtrennung daher regelmäßig einen von null abweichenden beizulegenden Zeitwert. Der Zeitwert ist größer null bei erworbenen Optionen (long) und von kleiner null bei geschriebenen Optionen (short). Lediglich bei eingebetteten Derivaten, die sogenannte „Zero Cost Collars" sind, ergibt sich ein beizulegender Zeitwert von null im Zeitpunkt der Abtrennung, da sich die beizulegenden Zeitwerte von erworbener und geschriebener Option ausgleichen.

---

50 Siehe Rn 38.

Sind mehrere Derivate in einen Basisvertrag eingebettet, sogenannte „multiple eingebettete Derivate", so werden diese so behandelt, als wären sie ein einziges, zusammengesetztes eingebettetes Derivat, es sei denn: 45

- die eingebetteten Derivate umfassen sowohl solche, die Eigenkapitalinstrumente gemäß IAS 32 darstellen, als auch andere, die Vermögenswerte oder Schulden sind; in diesem Fall sind die Eigenkapital darstellenden eingebetteten Derivate getrennt von den anderen zu bilanzieren oder
- die eingebetteten Derivate beziehen sich auf verschiedene Risiken und sind ohne Weiteres trennbar und voneinander unabhängig, so dass sie getrennt voneinander bilanziert werden.

3. Zusammenfassung von Verträgen. Die Regelungen für eingebettete Derivate betreffen die Fragestellung, wann ein Vertrag für Bilanzierungszwecke als zwei (oder mehr) Bilanzierungseinheiten zu behandeln ist. In anderen Fällen stellt sich die umgekehrte Frage, wann zwei (oder mehr) Verträge als eine Bilanzierungseinheit zu behandeln sind. Es gilt der Grundsatz, dass Verträge, die unabhängig voneinander übertragen, abgetreten oder erfüllt werden können zur Bilanzierung als separate Finanzinstrumente führen. Dies gilt auch dann, wenn Verträge in engem Zusammenhang stehen. Werden z.B. ein variabel verzinsliches Darlehen und ein auf dieses abgestimmter Zins-Swap, der die variablen Zinszahlungen dieses Schuldinstruments in feste Zahlungsbeträge umwandelt, zeitgleich abgeschlossen, so sind beide Verträge separate Bilanzierungseinheiten. Obwohl das Darlehen und das Zinsderivat zusammen betrachtet als ein „synthetisches" Festzinsdarlehen angesehen werden können, ist eine Bilanzierung als Festzinsdarlehen unzulässig (IAS 39 IG C.6). Daher kann der Zusammenhang zwischen den beiden Verträgen nur mittels der Anwendung der Regeln zur Bilanzierung von Sicherungsgeschäften bilanziell berücksichtigt werden. 46

In bestimmten Fällen gebietet jedoch die wirtschaftliche Betrachtungsweise Abweichungen von diesem Grundsatz. Werden z.B. gleichzeitig ein fest- und ein variabel verzinslicher Darlehensvertrag mit demselben Darlehensbetrag und derselben Fälligkeit geschlossen, bei denen die beiden Vertragsparteien jeweils Darlehensgeber in einem und Darlehensnehmer im anderen Vertrag sind, so haben die beiden Verträge zusammen betrachtet die wirtschaftliche Wirkung eines Zinsswaps. Da sich die Zahlungen des Darlehensbetrags vollständig ausgleichen, verbleiben die Zinszahlungen, welche dazu führen, dass die eine Vertragspartei feste Zinszahlungen leistet und variable Zinszahlungen erhält und umgekehrt die andere Vertragspartei variable Zinszahlungen leistet und feste Zinszahlungen erhält. In diesem Fall sind beide Darlehensverträge für bilanzielle Zwecke zusammen zu betrachten und als Derivat 47 zu behandeln (IAS 39 IG B.6). Verallgemeinert man dieses Szenario, so lassen sich folgende Anhaltspunkte für eine gemeinsame Betrachtung verschiedener Verträge als ein Finanzinstrument ableiten (IAS 39 IG B.6):

- zeitgleicher Abschluss der Verträge im Hinblick aufeinander;
- Identität der jeweiligen Vertragsparteien;
- die Verträge beziehen sich auf dasselbe Risiko;
- Fehlen eines offensichtlichen wirtschaftlichen Bedarfs oder substanziellen Geschäftszwecks für die Strukturierung als separate Verträge, denen eine Transaktionsstruktur mit einem einzigen Vertrag nicht Rechnung tragen kann.

Die Würdigung dieser Kriterien ist im Einzelfall vorzunehmen und wie alle Fälle wirtschaftlicher Betrachtungsweise entsprechend ermessensbehaftet.

48 **4. Zweifelsfragen zur Bilanzierungseinheit.** Neben den in IAS 39 und den zugehörigen Leitlinien zur Anwendung[51] behandelten Fragestellungen zur Bilanzierungseinheit haben sich in der Praxis weitere Fragestellungen ergeben, für die es keine konkreten Regelungen gibt. Dies betrifft insbesondere die Frage, ob Verträge für Bilanzierungszwecke auch dann in verschiedene Bilanzierungseinheiten aufgeteilt werden können, wenn letztere keine eingebetteten Derivate und Basisverträge sind.

49 Im Zusammenhang mit der **Eigenbedarfsausnahme**,[52] die den Anwendungsbereich des IAS 39 beeinflusst, hat das IFRS Interpretations Committee[53] die Frage behandelt, ob Verträge über die Lieferung nicht-finanzieller Posten (die jederzeit in Zahlungsmittel umgewandelt werden können) mit **flexiblem Volumen** als ein einziger oder zwei verschiedene Verträge zu behandeln sind.[54] Es geht um Verträge, bei denen ein Teil des Liefervolumens vertraglich als Festmenge festgelegt ist, die zu einem Festpreis geliefert wird, während der Käufer das Recht hat, eine bestimmte zusätzliche Menge zu einem vorab festgelegten Festpreis zu beziehen. Solche Verträge sind z.B. typisch für die Elektrizitätswirtschaft, aber auch in anderen Industrien üblich (i.d.R. Industrien mit hohem Rohstoffverbrauch). Die Bilanzierungspraxis ist derzeit uneinheitlich. Teilweise werden solche Verträge als eine Bilanzierungseinheit behandelt und teilweise als zwei verschiedene, wobei der Vertrag für Bilanzierungszwecke in getrennte Teile für die Festmenge und die variable (Zusatz-)Menge aufgeteilt wird. Teilweise werden diese beiden Alternativen auch im Wahlrecht hinsichtlich der Rechnungslegungsmethode gesehen.

50 Das IFRS Interpretations Committee hat trotz der uneinheitlichen Bilanzierungspraxis eine Stellungnahme unter Verweis auf das Projekt zur Ablösung von IAS 39 auf der aktiven Agenda des IASB abgelehnt. Insbesondere hat das IFRS Interpretations

---

51 „Guidance on Implementing" (IG).
52 Siehe Rn 4.
53 Vormals „IFRIC".
54 IFRS Interpretations Committee Sitzungen im November 2009 sowie im Januar und März 2010.

V. Ausbuchung

Committee in seiner Stellungnahme keine Andeutung gemacht, welche der in der Bilanzierungspraxis vorkommenden Alternativen IFRS-konform oder unzulässig ist. Daher ist davon auszugehen, dass die derzeitige uneinheitliche Bilanzierungspraxis bis zu einer Neuregelung durch das IASB fortbesteht.

IV. Ansatz. Der **erstmalige Ansatz** eines Finanzinstruments erfolgt grundsätzlich im Zeitpunkt des Vertragsschlusses (IAS 39.14). Dies betrifft z.B. Darlehensgewährungen oder Verträge, die Derivate sind. Soweit Kreditzusagen vom Anwendungsbereich des IAS 39 ausgenommen sind,[55] erfolgt der erstmalige Ansatz als Finanzinstrument im Zeitpunkt der Auszahlung des Darlehensbetrags statt bei Vertragsschluss. Bei Zahlungsmitteln (z.B. Bargeld, Sichteinlagen bei Kreditinstituten) ist ein Vertragsschluss aufgrund der Art des Gegenstands nicht zutreffend. Stattdessen ist hier der Zeitpunkt des Zahlungsmittelzugangs maßgeblich. 51

Von dem Grundsatz des erstmaligen Ansatzes im Zeitpunkt des Vertragsschlusses bestehen folgende Ausnahmen: 52

- Verträge über den Kauf oder Verkauf von Gütern und den Bezug oder das Erbringen von Dienstleistungen, die als **schwebende Geschäfte** behandelt werden. Die mit diesen Geschäften verbundenen Forderungen und Verbindlichkeiten aus Lieferungen und Leistungen werden erst dann angesetzt, wenn der Auftragnehmer seine Verpflichtung ganz oder mindestens teilweise erbracht hat (IAS 39.AG35(b)). Soweit es sich bei diesen Geschäften um Verträge über den Kauf oder Verkauf nicht-finanzieller Posten mit finanziellem Nettoausgleich handelt,[56] ist zu prüfen, ob sie aufgrund der Eigenbedarfsausnahme als schwebende Geschäfte zu behandeln sind.

- Im Rahmen der Vorschriften zur Ausbuchung finanzieller Vermögenswerte können bestimmte Derivate einer Ausbuchung übertragener finanzieller Vermögenswerte entgegenstehen (IAS 39.AG34). Diese Derivate sind von den Ansatzvorschriften ausgenommen, da die betreffenden finanziellen Vermögenswerte ungeachtet ihrer rechtlichen Übertragung weiterhin vom übertragenden Unternehmen angesetzt werden. Andernfalls würde sich eine Doppelerfassung des Sachverhalts ergeben. Umgekehrt werden rechtlich übertragene finanzielle Vermögenswerte, die beim übertragenden Unternehmen nicht zur Ausbuchung führen, vom empfangenden Unternehmen nicht als Vermögenswert angesetzt.

V. Ausbuchung. Unter Ausbuchung (**derecognition**) versteht man die Entfernung eines Vermögenswertes, Schuld bzw. Eigenkapital von der Bilanz. Für Zwecke von IAS 39 sind aufgrund der unterschiedlichen Ausbuchungskonzepte finanzielle 53

---

55 Siehe Rn 13-15.
56 Siehe Rn 4 und 16.

Vermögenswerte und finanzielle Verbindlichkeiten zu unterscheiden. Die Ausbuchung von Eigenkapitalinstrumenten iSv. IAS 32 wird nachfolgend nicht weiter behandelt.

54   **1. Ausbuchung von finanziellen Vermögenswerten. a) Grundlegendes.** Das Ausbuchungsmodell für finanzielle Vermögenswerte in IAS 39 stellt eine Kombination aus Kontroll- und Risiken/Chancen-Test dar.[57] Ziel der Vorschriften ist es, eine vollständige Ausbuchung eines finanziellen Vermögenswertes nur dann zuzulassen, wenn das Unternehmen nach einer Übertragung den Risiken aus dem finanziellen Vermögenswert (bspw. dem Bonitätsrisiko) nicht mehr ausgesetzt ist. Dabei ist entscheidend, dass die Risiken-/Chancenüberprüfung eine Indikation von Kontrolle (im Sinne einer Kontrolle der Nutzenziehung aus einem finanziellen Vermögenswert) darstellen soll. Das IAS 39-Ausbuchungsmodell ist geprägt von einer sog. „Klebrigkeit" (**stickiness**) von finanziellen Vermögenswerten, d.h. es ist verhältnismäßig einfach, ein Finanzinstrument in der Bilanz zu aktivieren, aber ungleich schwieriger, es davon wieder zu entfernen. Während für eine Aktivierung idR. die Tatsache genügt, dass ein Unternehmen Vertragspartei eines Instruments wird, welches aus seiner Sicht einen finanziellen Vermögenswert darstellt (IAS 39.14), reicht zur Ausbuchung nicht nur die Übertragung des Anspruches aus rechtlicher Sicht. Vielmehr muss auch das wirtschaftliche Risiko übertragen worden sein – was bei bestimmten Transaktionen (z.B. bestimmten Verbriefungen) oftmals nicht der Fall ist. Aber auch bei üblichen Transaktionen wie Forderungsverkäufen (**factoring** bzw. Forfaitierung) stellen sich regelmäßig die Ausbuchungsvorschriften als komplex in der Anwendung dar, da oftmals Teile der Risiken, insbesondere das Ausfallrisiko, vom übertragenden Unternehmen zurückbehalten wird.

55   Grundsätzlich hat die Ausbuchung eines finanziellen Vermögenswerte zu erfolgen, falls (IAS 39.17):
- die vertraglichen Ansprüche auf die Zahlungen aus dem finanziellen Vermögenswert erlöschen oder
- das Berichtunternehmen den finanziellen Vermögenswert iSv. IAS 39 überträgt und diese Übertragung die Anforderungen an eine Ausbuchung in IAS 39 erfüllen.

56   Die Kombination aus Kontroll- und Risiken-/Chancentest (und die daraus resultierende Komplexität) wird durch den Entscheidungsbaum in IAS 39.AG36 deutlich:

---

57   Siehe *Deloitte (Hrsg.)* iGAAP - Financial Instruments, 488.

V. Ausbuchung

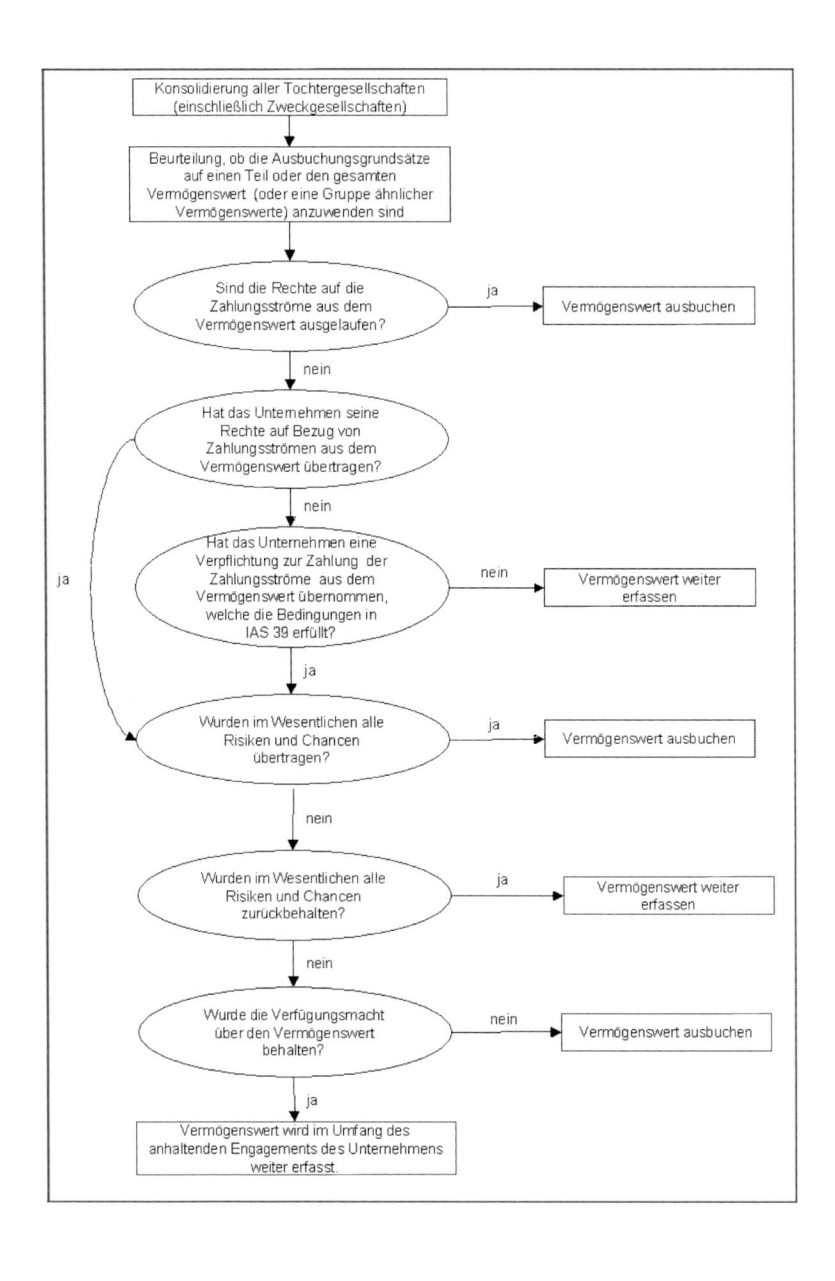

```
┌─────────────────────────────────────────────┐
│  Konsolidierung aller Tochtergesellschaften │
│     (einschließlich Zweckgesellschaften)    │
└─────────────────────────────────────────────┘
                      │
                      ▼
┌─────────────────────────────────────────────┐
│  Beurteilung, ob die Ausbuchungsgrundsätze  │
│     auf einen Teil oder den gesamten        │
│   Vermögenswert (oder eine Gruppe ähnlicher │
│       Vermögenswerte) anzuwenden sind       │
└─────────────────────────────────────────────┘
                      │
                      ▼
         ╱ Sind die Rechte auf die ╲        ja
        (    Zahlungsströme aus dem  )─────────► Vermögenswert ausbuchen
         ╲ Vermögenswert ausgelaufen?╱
                      │ nein
                      ▼
         ╱ Hat das Unternehmen seine ╲
        (    Rechte auf Bezug von      )
         ╲ Zahlungsströmen aus dem    ╱
           Vermögenswert übertragen?
                      │ nein
                      ▼
         ╱ Hat das Unternehmen eine  ╲       nein
   ja   (  Verpflichtung zur Zahlung der )────► Vermögenswert weiter
   ┌────(    Zahlungsströme aus dem      )     erfassen
   │     ╲ Vermögenswert übernommen,    ╱
   │       welche die Bedingungen in
   │         IAS 39 erfüllt?
   │                  │ ja
   │                  ▼
   │     ╱ Wurden im Wesentlichen alle ╲   ja
   │    (      Risiken und Chancen       )────► Vermögenswert ausbuchen
   │     ╲        übertragen?          ╱
   │                  │ nein
   │                  ▼
   │     ╱ Wurden im Wesentlichen alle ╲   ja
   │    (      Risiken und Chancen       )────► Vermögenswert weiter
   │     ╲       zurückbehalten?       ╱          erfassen
   │                  │ nein
   │                  ▼
   │     ╱ Wurde die Verfügungsmacht    ╲ nein
   │    (     über den Vermögenswert     )────► Vermögenswert ausbuchen
   │     ╲         behalten?            ╱
   │                  │ ja
   │                  ▼
   │  ┌─────────────────────────────────────┐
   └─►│ Vermögenswert wird im Umfang des    │
      │ anhaltenden Engagements des        │
      │ Unternehmens weiter erfasst.        │
      └─────────────────────────────────────┘
```

Im Folgenden sollen die jeweiligen Schritte des Prüfschemas darstellt werden.

57 **b) Konsolidierung aller Tochtergesellschaften.** Zuerst gilt es, die Beurteilungsebene für die Ausbuchungsentscheidung festzulegen: Einzel- oder Konzernabschluss. Ist die Beurteilungsebene der Konzern, dann muss zuerst eine Konsolidierung gemäß IAS 27 vorgenommen werden. Dies schließt auch alle Zweckgesellschaften iSv. SIC-12 ein. Erst dann werden die Vorschriften in IAS 39.16-23 iVm. AG34-AG52 angewendet (IAS 39.15). Dies stellt sicher, dass auch Übertragungen unter Nutzung von Zweckgesellschaften von den Ausbuchungsregeln erfasst werden (IAS 39.BC64). Relevant ist diese Unterscheidung vor allem bei **Verbriefungstransaktionen**, die in der Regel solche Zweckgesellschaften zwischenschalten.

58 **c) Anwendung auf gesamten Vermögenswert oder Teile.** Im nächsten Schritt ist zu ermitteln, was das Beurteilungsobjekt für die Ausbuchungsprüfung ist (IAS 39.16). Grundsätzlich sind zu unterscheiden:

(a) Teile von finanziellen Vermögenswerten

(b) Einzelne Vermögenswerte

(c) Gruppen von ähnlichen Vermögenswerten

59 Startpunkt sollte dabei immer der einzelne Vermögenswert sein, somit erscheinen (a) und (c) Ausnahmen von diesem Grundsatz.[58] Die Ausbuchungsvorschriften finden jedoch analog auf jedes Beurteilungsobjekt Anwendung.

60 Als Beurteilungsobjekt ist ein Teil eines Vermögenswertes festzulegen, falls dieser folgendes darstellt:

(a) Gesondert abgegrenzte Zahlungen eines finanziellen Vermögenswertes, bspw. die Zinszahlungen eines Schuldtitels wie bei einem Zinsstrip.

(b) Exakt proportionaler Teil der Zahlungen aus einem finanziellen Vermögenswert, bspw. 80% aller Zahlungen aus einem Wertpapier.

(c) Exakt proportionaler Teil an gesondert abgegrenzten Zahlungen eines finanziellen Vermögenswertes, also eine Kombination aus (a) und (b) – bspw. 80% aus den Zinszahlungen eines Darlehens.

61 Als zweite Ausnahme kann die Bildung von **Gruppen finanzieller Vermögenswerte** für Zwecke der Ausbuchungsbeurteilung angesehen werden. Dabei ist das entscheidende Kriterium die Ähnlichkeit der zu gruppierenden Instrumente. Der Standard schweigt sich dazu aus, was als ähnlich betrachtet werden kann. Es erscheint zielführend, die in Frage kommenden Instrumente hinsichtlich ihrer Ausstattungsmerkmale zu vergleichen, die deren Werttreiber darstellen (Zinsbedingungen, Kündigungsrechte, Währung, etc.). Unterschiede müssen per definitionem zulässig sein,

---

[58] Siehe *Berger/Kaczmarska* KoR 2008, 316f.

V. Ausbuchung

ansonsten würde es sich um identische Instrumente handeln.[59] Bestimmte Arten von Finanzinstrumenten können aufgrund ihrer Wertindividualität nicht als ähnlich angesehen, insbesondere Eigenkapitalinstrumente. Daneben hat das IFRIC in einer vorläufigen Agendaentscheidung aus dem November 2006 festgestellt, dass Derivate und Kassainstrumente nicht ähnlich sind. Dies hat zur Konsequenz, dass bei Übertragungen, die beide Instrumententypen enthalten, jeweils Derivate und Kassainstrumente gesondert auf eine Ausbuchung zu prüfen sind.[60] Daneben wurde bei dieser vorläufigen Agendaentscheidung festgehalten, dass übertragene Derivate, die während der Laufzeit sowohl Vermögenswerte (positiver beizulegender Zeitwert) als auch Verbindlichkeiten (negativer beizulegender Zeitwert) sein können (z.B. Zinsswaps), sowohl die Ausbuchungskriterien für finanzielle Vermögenswerte als auch Verbindlichkeiten erfüllen müssen.[61] Letztendlich wurde jedoch diese Agendaentscheidung vor dem Hintergrund des laufenden IASB-Projekts zur Ausbuchung nicht finalisiert, kann jedoch einen möglichen Interpretationsansatz aufzeigen.

d) Auslaufen der Ansprüche auf Zahlungsmittel. Sobald die vertraglichen Rechte auf Zahlungsmittel aus einem finanziellen Vermögenswert auslaufen, ist dieser auszubuchen (IAS 39.17(a)) – dies ist regelmäßig bei Erfüllung der Fall. Laufen nur Teile dieser Rechte aus (z.B. bei einem Ratenkredit) dann ist nur dieser Teil auszubuchen. Solche Rechte können auch ohne den Erhalt von Zahlungsmittel verfallen, z.B. bei nicht ausgeübten gekauften Optionen.

62

e) Übertragung der Rechte auf Zahlungsmittel. Auch die Übertragung der Rechte auf Zahlungsmittel (oder andere finanzielle Vermögenswerte) können (oder können nicht) zu einer Ausbuchung eines finanziellen Vermögenswertes führen (IAS 39.17(b)). „**Übertragung**" (**transfer**) ist dabei ein in IAS 39 festgelegter Begriff. Eine Übertragung liegt danach nur dann vor, falls das Berichtsunternehmen (IAS 39.18):

63

(a) entweder die vertragliche Ansprüche auf die Zahlungen aus dem finanziellen Vermögenswert übertragen hat; oder

(b) die vertraglichen Ansprüche auf die Zahlungen aus dem finanziellen Vermögenswert zurückbehalten hat, jedoch eine vertragliche Verpflichtung eingegangen ist, diese Zahlungen an einen oder mehrere Empfänger im Rahmen einer Durchleitvereinbarung iSv. IAS 39.19 weiterzuleiten.

Dabei gilt zu beachten, dass die Übertragung iSv. (a) auch bei Insolvenz rechtlichen Bestand hat, egal ob dies durch ein Aus- oder Absonderungsrecht zu Gunsten des übernehmenden Unternehmens sichergestellt wird.[62] Daneben stellt sich die Fra-

64

---

59 Siehe *Deloitte (Hrsg.)* iGAAP - Financial Instruments, 495.
60 Siehe IFRIC Update November 2006, 12.
61 Siehe IFRIC Update November 2006, 12.
62 Siehe IDW RS HFA 9.119.

ge, was unter einer **Durchleitvereinbarung** iSd. Standards zu verstehen ist. Ermittelt werden soll, ob das Berichtsunternehmen nach der Übertragung nur noch als Agent handelt. IAS 39.19 sieht das Berichtsunternehmen in der Rolle eines Agenten falls:

(a) Es nur dann zu Zahlungen an die Endempfänger verpflichtet ist, wenn es die entsprechenden Beträge aus dem ursprünglichen Vermögenswert vereinnahmt. Kurzfristige Vorauszahlungen, die das Unternehmen zum vollständigen Einzug des geliehenen Betrags zuzüglich aufgelaufener Zinsen zum Marktzinssatz berechtigen, verstoßen gegen diese Bedingung nicht.

(b) Es den ursprünglichen Vermögenswert laut Übertragungsvertrag weder verkaufen noch verpfänden darf, es sei denn, dies dient der Absicherung seiner Verpflichtung, den Endempfängern die Cashflows zu zahlen.

(c) Es verpflichtet ist, die für die Endempfänger eingenommenen Cashflows ohne wesentliche Verzögerung weiterzuleiten. Auch ist es nicht befugt, solche Cashflows während der kurzen Erfüllungsperiode vom Inkassotag bis zum geforderten Überweisungstermin an die Endempfänger zu reinvestieren, außer in Zahlungsmittel oder Zahlungsmitteläquivalente (im Sinne von IAS 7 *Statement of Cash Flows*), wobei die Zinsen aus solchen Finanzinvestitionen an die Endempfänger weiterzugeben sind.

65 Die Formulierung „ohne wesentliche Verzögerung" in (c) ist interpretationsbedürftig und vom Einzelfall abhängig. Es kann davon ausgegangen werden, dass weder eine sofortige Durchleitung zwingend noch eine längerer Zeitraum statthaft ist.[63] Daher ist eine Gesamtwürdigung der Transaktion nebst dem dazugehörigen Vertragswerk dahingehend vorzunehmen, was die Motivation einer etwaigen Verzögerung ist. Oftmals sind es rein administrative Gründe, die zu einer Verzögerung in der Durchleitung führen. Beispielsweise ist dies der Fall, wenn die Zahlungen über einen Monat hinweg an verschiedenen, nicht festgelegten Tagen eintreffen können, die Durchleitung aber zur Prozessoptimierung erst am Ende des Monats für den Gesamtsaldo erfolgt.

66 Die Durchleitungsprüfung in IAS 39.18(b) iVm. IAS 39.19 ist nur notwendig, wenn nicht alle Rechte an den Zahlungsströmen übertragen werden. Dabei wurde dem IFRIC 2005 die Frage gestellt, ob dies in allen Situation gelte. Das IFRIC hat darauf in einer vorläufigen Entscheidung festgestellt, dass die Durchleitungsvereinbarungsvorschriften regelmäßig nur auf disproportionale Übertragungen anzuwenden sind – proportionale Übertragungen (z.B. 30% aller Zahlungen aus einem Portfolio von finanziellen Vermögenswerten) unterliegen diesen Vorschriften nicht, sondern sind gemäß IAS 39.18(a) zu bilanzieren.[64]

---

63 Siehe *Deloitte (Hrsg.)* iGAAP 2010 - Financial Instruments, 498.
64 Siehe IFRIC Update November 2006, 12.

V. Ausbuchung

Das Bestehen der Durchleitungsprüfung legt jedoch nur fest, ob es sich um eine Übertragung im Sinne des Standards handelt, obwohl die Rechte aus einem finanziellen Vermögenswert nicht übertragen wurden. Für eine Ausbuchung ist desweiteren die Übertragung der wesentlichen Chancen und Risiken notwendig.[65]

67

f) Übertragung aller wesentlichen Chancen und Risiken aus dem Vermögenswert. Dieser Schritt spiegelt die bereits oben angesprochene **Risikobetrachtung** im Ausbuchungsmodell nach IAS 39 wider. Dabei wird die Risikoposition des Berichtsunternehmens vor und nach der Übertragung ermittelt (Vorher-Nachher-Vergleich) ermittelt. Führt die Analyse zur Ausbuchung, erfolgt keine erneute Einbuchung des finanziellen Vermögenswertes für den Fall, dass sich die Bedingungen ändern (IAS 39.AG41) – dies darf nur bei einem erneuten Erwerb erfolgen. Es lassen sich im Wesentlichen drei mögliche Ergebnisse dieser Analyse unterscheiden:

68

- Das übertragende Berichtsunternehmen überträgt im Wesentlichen alle Chancen und Risiken aus dem Vermögenswert. In diesem Fall hat das Unternehmen den Vermögenswert auszubuchen. Ggf. sind weitere Vermögenswerte und Schulden zu bilanzieren.

- Das übertragende Berichtsunternehmen behält im Wesentlichen alle Chancen und Risiken aus dem Vermögenswert. In diesem Fall hat das Unternehmen den Vermögenswert weiterhin vollumfänglich zu bilanzieren. Aus der Übertragung erhaltene Leistungen sind als Verbindlichkeit zu erfassen (Abbildung analog einer besicherten Kreditaufnahme).

- Das übertragende Berichtsunternehmen behält weder die wesentlichen Chancen und Risiken aus dem Vermögenswert zurück noch überträgt es sie. In diesem Fall ist zu unterscheiden:

  - Die Verfügungsgewalt wird nicht vom Unternehmen zurückbehalten (das empfangende Unternehmen kann den Vermögenswert einseitig veräußern). In diesem Fall hat das Unternehmen den Vermögenswert auszubuchen. Ggf. sind weitere Vermögenswerte und Schulden zu bilanzieren.

  - Die Verfügungsgewalt wird vom Unternehmen zurückbehalten. Dann ist eine Vermögenswert/Verbindlichkeit in Höhe des anhaltenden Engagements (continuing involvement) zu bilanzieren.

In der Praxis ist vor allem die Auslegung des Begriffs „im Wesentlichen alle" von Bedeutung bei der **Risiken-/Chancenübertragung**. Dabei gibt der Standard keine unmittelbare Konkretisierung dieses Begriffs vor. Es wird vielmehr in das Ermessen des Bilanzierenden gelegt, wie er diese Grenze definiert. Jedoch finden sich in IAS 39 an anderen Stellen Hinweise, wie diese Grenze zu interpretieren ist. Insbesondere bei den Vorschriften zur Ausbuchung von finanziellen Verbindlichkeiten wird bei

69

---

65 Siehe *PwC (Hrsg.)* Manual of Accounting – Financial instruments, 8020.

Vertragsneuverhandlung eine Barwertdifferenz von mindestens 10% als „substanziell unterschiedlich" (substantially different) konkretisiert (IAS 39.AG62). Dies kann, unter Beachtung der jeweiligen Besonderheiten der zu beurteilenden Transaktion, als Richtschnur Anwendung finden.

70 Obwohl bei vielen Vermögenswertübertragungen die Einwertung der Risiken-/Chancenübertragung ohne quantitative Analyse, d.h. ohne Berechnungen, möglich ist, ist dies in Grenzfällen oftmals unvermeidlich (IAS 39.22). Bei dieser Berechnung muss das Berichtsunternehmen seine Chancen-/Risikoposition vor und nach der Übertragung ermitteln. Dies geschieht gemäß IAS 39.21 durch den Vergleich der Variabilität des Betrags und des zeitlichen Anfalls der (Netto-)Zahlungsströme des übertragenen Vermögenswerts vor und nach Übertragung.

71 Bei der Berechnung sind angemessene Markttrendiiten bei der Diskontierung heranzuziehen. Daneben sind alle vernünftigerweise möglichen Szenarien zu berücksichtigen und denjenigen Szenarien höheres Gewicht beizumessen, deren Eintrittswahrscheinlichkeit höher ist. Mithin handelt es sich hier also um eine Erwartungswertermittlung. Der Standard selbst gibt jedoch keine Methode für die Ermittlung vor, auch keine Beispiele.

72 Es bietet sich aufgrund der offensichtlichen Ausprägung des Modells als Erwartungswertansatz die Anwendung statistischer Verfahren zur Ermittlung der Variabilität an. In der Praxis häufig anzutreffen ist insbesondere die **Anwendung der Standardabweichung**, um zu ermitteln, wie viel Variabilität auf die Gegenpartei übertragen wurde. In die zu berücksichtigenden Szenarien sind je nach übertragenen Instrument typischerweise folgende Risiken zu berücksichtigen:[66]

- Ausfallrisiko,
- Zinsänderungsrisiko,
- Fremdwährungsrisiko,
- Risiko des verspäteten Zahlungseingangs (bei fehlender Kompensation durch Schuldner),
- Risiko des verfrühten Zahlungseingangs,
- Risiko der rechtlichen Existenz eines Zahlungsanspruches.

73 Bei der Risiken-/Chancenanalyse ist stets eine Einzelwürdigung der Transaktion vorzunehmen. Dies ist insbesondere bei **hochstrukturierten Transaktionen**, wie sie zum Beispiel bei Verbriefungstransaktionen anzutreffen sind, zu beachten. So können z.B. Derivate und Garantien das Chancen-/Risikenprofil in erheblichem Maße abändern, so dass diese zwingend in die Analyse einzubeziehen sind. Daneben gilt es zu beachten, dass sich die Chancen-/Risikenanalyse auf den übertragenen Ver-

---

66 Siehe IDW RS HFA 9.130.

V. Ausbuchung

mögenswert bezieht, andere Chancen und Risiken aus der Transaktion, die nicht unmittelbar aus dem Vermögenswert entstehen sind insoweit unbeachtlich.[67] Dies trifft zum Beispiel auf das Liquiditätsrisiko bei Verbriefungsvehikeln zu (also das Risiko, die emittierten Anleihen nicht bedienen zu können, weil nicht genug Zahlungsmittel zur Verfügung stehen), da dieses Risiko aus dem Vehikel selbst entsteht, nicht aus den ihm übertragenen Vermögenswerten.

Bei Übertragung eines festverzinslichen Schuldtitels ist eine Ausbuchung nicht ausgeschlossen, wenn gleichzeitig die beiden Vertragsparteien einen Zinsswap vereinbaren, der aus Sicht des übertragenden Unternehmens feste in variable Zinszahlungen über den gleichen Nominalwert führt. Dies gilt jedoch nur, falls die Zahlungen aus dem Zinsswap nicht abhängig von Zahlungen des übertragenen Schuldtitels sind (IAS 39.AG51(p)). 74

Beispiele, in dem ein Berichtsunternehmen im Wesentlichen alle Chancen und Risiken übertragen hat sind (IAS 39.AG39): 75

- Unbedingter Verkauf eines finanziellen Vermögenswerts;
- Verkauf eines finanziellen Vermögenswerts in Kombination mit einer Option, den finanziellen Vermögenswert zu dessen beizulegendem Zeitwert zum Zeitpunkt des Rückkaufs zurückzukaufen; und
- Verkauf eines finanziellen Vermögenswerts in Kombination mit einer Verkaufs- oder Kaufoption, die weit aus dem Geld ist (d. h. einer Option, die so weit aus dem Geld ist, dass es äußerst unwahrscheinlich ist, dass sie vor Fälligkeit im Geld sein wird).

g) Rückbehalt der wesentlichen Chancen und Risiken. Ergibt der Chancen-/Risikotest, dass das Berichtsunternehmen die wesentlichen Chancen und Risiken aus dem Vermögenswert trotz Übertragung zurückbehalten hat, ist der Vermögenswert in Gänze weiterhin beim Unternehmen zu bilanzieren (IAS 39.20(b)). Dabei finden sich in IAS 39.AG40 Beispiele für Transaktionen, bei denen eine Ausbuchung nicht statthaft ist: 76

- ein Verkauf, kombiniert mit einem Rückkauf (**repurchase agreement**), bei dem der Rückkaufpreis festgelegt ist oder dem Verkaufspreis zuzüglich einer Verzinsung entspricht; es handelt sich hier im wesentlichen um eine Darlehensvereinbarung – hier bleibt das übertragende Unternehmen unmittelbar dem Preisrisiko des übertragenen Instruments ausgesetzt, behält also die wesentlichen Chancen und Risiken aus dem Papier zurück.
- eine **Wertpapierleihe** – auch hier bleibt das übertragende Unternehmen den Preisrisiken des Wertpapiers ausgesetzt und hat somit das Wertpapier nach IAS 39 weiterhin zu bilanzieren.

---

67   Siehe *Deloitte (Hrsg.)* iGAAP 2010 - Financial Instruments, 512f.

- ein Verkauf eines finanziellen Vermögenswerts, gekoppelt mit einem **Total Return Swap**, bei dem das Marktrisiko auf das Unternehmen zurückübertragen wird – hier wird das Preisrisiko durch den Total Return Swap wieder unmittelbar auf das übertragende Unternehmen zurückgegeben, es zahlt im wesentlichen einen Darlehenszins. Das übertragende Unternehmen hat daher weiterhin das Instrument zu bilanzieren.

- ein Verkauf eines finanziellen Vermögenswerts in Kombination mit einer **Verkaufs- oder Kaufoption, die weit im Geld ist** (d. h. einer Option, die so weit im Geld ist, dass es äußerst unwahrscheinlich ist, dass sie vor Fälligkeit aus dem Geld sein wird) – da bei solchen Transaktionen die Ausübung der Optionen sehr wahrscheinlich ist, verbleiben die Chancen und Risiken aus dem übertragenen Finanzinstrument im wesentlichen beim Unternehmen, daher hat es das Finanzinstrument weiterhin zu bilanzieren.

- ein Verkauf kurzfristiger Forderungen, bei dem das Unternehmen eine **Garantie** auf Entschädigung des Empfängers für wahrscheinlich eintretende Kreditausfälle übernimmt – hier ist die Kurzfristigkeit entscheidend, denn somit spielt das Zinsänderungsrisiko kaum eine Rolle und das Ausfallrisiko ist der primäre Risikotreiber. Dieses verbleibt durch die Garantie beim Unternehmen und somit auch die wesentlichen Chancen und Risiken. Als Konsequenz hat das übertragende Unternehmen die Forderung weiterhin zu bilanzieren.

77 Bei Rückkaufvereinbarungen, sog. **Repos**, handelt es sich um typische Transaktionen zur kurzfristigen Liquiditätsbeschaffung, **Wertpapierleihen** hingegen werden typischerweise eingesetzt, um Leerverkäufe von Wertpapieren zu decken.

78 Für den Fall, dass bei der Übertragung die Verfügungsgewalt nicht übergeht, hat das Unternehmen weiterhin den Vermögenswert zu bilanzieren (es erfolgt also keine Ausbuchung) und erfasst zusätzlich eine Verbindlichkeit für das erhaltene Entgelt (Darstellung in Bruttoform bzw als besicherte Kreditaufnahme). Es ergibt sich für den übertragenen Vermögenswert keine Änderung in der Klassifizierung, im Wertmaßstab und in der Erfolgsrealisation.[68] Daneben dürfen weder der Vermögenswert und die entstandene Verbindlichkeit noch aus diesen entstehende Erträge und Aufwendungen miteinander verrechnet werden (IAS 39.36), obwohl dies oftmals unter den Aufrechnungsvorschriften in IAS 32 zulässig wäre. Hier überschreibt IAS 39.36 jedoch als Spezialvorschrift die allgemeine Vorschrift in IAS 32.42ff. Ist ein Derivat Bestandteil der Vermögensübertragung wird es zur Vermeidung einer Doppelzählung nicht gesondert bilanziert (IAS 39.AG49).

---

68 Siehe *Deloitte* (Hrsg.) iGAAP 2010 - Financial Instruments, 523.

V. Ausbuchung

h) Keine Übertragung bzw. kein Rückbehalt der wesentlichen Chancen und Risiken. Für den Fall, dass das übertragende Unternehmen weder alle Chancen und Risiken aus dem übertragenen finanziellen Vermögenswert überträgt noch zurückbehält, ist in einem weiteren Schritt der Rückbehalt der Verfügungsgewalt (control) über den übertragenen Vermögenswert zu prüfen.

79

Dabei sind folgende Fallkonstellationen zu unterscheiden (IAS 39.20(c)):

80

- **Das übertragende Unternehmen hat nach der Übertrgung keine Verfügungsgewalt mehr über den Vermögenswert.** In diesem Falle ist der finanzielle Vermögenswert auszubuchen. Gleichzeitig sind bei der Transaktion entstehende bzw. zurückbehaltene finanzielle Vermögenswerte bzw. Verbindlichkeiten (z.b. Garantien) zu aktivieren resp. zu passivieren. Deren Ansatz erfolgt zum beizulegenden Zeitwert (IAS 39.25). Für Abwicklungs- bzw. Verwaltungsvereinbarungen, die für das übertragende Unternehmen nachteilig sind, ist eine entsprechende Verbindlichkeit einzubuchen (IAS 39.24). Ergibt sich aus einer solchen Vereinbarung ein positiver Wertbeitrag, so ist entsprechend ein Vermögenswert zu aktivieren.

- **Das übertragende Unternehmen hat nach der Übertragung weiterhin die Verfügungsgewalt über den Vermögenswert.** In diesem Falle hat das Unternehmen den übertragenen finanziellen Vermögenswert weiterhin in Höhe seines anhaltenden Engagements zu bilanzieren.

Hieraus ergibt sich unmittelbar die Frage, wann das Unternehmen die Verfügungsgewalt zurückbehält. Das ist dann der Fall, wenn das Unternehmen in der Lage ist, den Vermögenswert zu veräußern. Hat das empfangende Unternehmen jedoch die **praktische Möglichkeit** (practical ability), den Vermögenswert in seiner Gesamtheit an eine nichtverbundene Vertragspartei zu veräußern und ist diese Fähigkeit einseitig und ohne für die Übertragung weitere Einschränkungen zu verhängen (z.B. eine Kaufoption, um den Vermögenswert wieder „zurückholen" zu können), ausübbar, dann hat das übertragende Unternehmen die Verfügungsgewalt verloren (IAS 39.23). In allen anderen Fällen hat es die Verfügungsgewalt zurückbehalten. Für in einem aktiven Markt gehandelte Instrumente ist von einer Veräußerungsfähigkeit durch das empfangende Unternehmen auszugehen, da es im Zweifel den Vermögenswert in diesem Markt bei einer verpflichtenden oder optionalen Rückgabe erwerben kann (IAS 39.AG42). Der Empfänger verfügt gemäß IAS 39.AG43 nur dann über die tatsächliche Fähigkeit zur Veräußerung des übertragenen Vermögenswerts, wenn er ihn als Ganzes veräußern und von dieser Fähigkeit einseitig Gebrauch machen kann, ohne dass die Übertragung zusätzlichen Beschränkungen unterliegt. Die entscheidende Frage lautet, welche Möglichkeiten der Empfänger tatsächlich hat und nicht, welche vertraglichen Verfügungsmöglichkeiten oder -verbote ihm in Bezug auf den übertragenen Vermögenswert zustehen bzw. auferlegt sind. Gemäß IAS 39.AG43 gilt insbesondere:

81

- ein vertraglich eingeräumtes Recht auf Veräußerung eines übertragenen Vermögenswerts hat kaum eine tatsächliche Auswirkung, wenn für den übertragenen Vermögenswert kein Markt vorhanden ist; und
- die Fähigkeit, einen übertragenen Vermögenswert zu veräußern, hat kaum eine tatsächliche Auswirkung, wenn von ihr nicht frei Gebrauch gemacht werden kann. Aus diesem Grund gilt:
  - die Fähigkeit des Empfängers, einen übertragenen Vermögenswert zu veräußern, muss von den Handlungen Dritter unabhängig sein (d. h. es muss sich um eine einseitige Fähigkeit handeln) und
  - der Empfänger muss in der Lage sein, den übertragenen Vermögenswert ohne einschränkende Bedingungen oder Auflagen für die Übertragung zu veräußern (z. B. Bedingungen bezüglich der Bedienung eines Kredits oder eine Option, die den Empfänger zum Rückkauf des Vermögenswerts berechtigt).

Dabei ist die fehlende Wahrscheinlichkeit einer Weiterveräußerung für sich genommen kein Indiz der Verfügungsmacht des übertragenden Unternehmens (IAS 39.AG44).

82 Bei **vollständiger Ausbuchung** eines **gesamten** finanziellen Vermögenswertes ist in der Gewinn- und Verlustrechnung folgende Differenz zu erfassen:
- Buchwert
- der Summe aus:
  - dem erhaltenen Entgelt (einschließlich jedes neu erhaltenen Vermögenswerts abzüglich jeder neu übernommenen Verbindlichkeit)
  - aller kumulierten Gewinne oder Verluste, die gemäß IAS 39.55(b) im sonstigen Ergebnis erfasst wurden (bei als zur Veräußerung verfügbaren klassifizierten Vermögenswerten).

83 Bei **vollständiger Ausbuchung eines Teils** eines finanziellen Vermögenswerts (zum Beispiel bei Veräußerung nur der Zinszahlungen) hat eine Aufteilung auf Basis der relativen beizulegenden Zeitwerte zu erfolgen. Danach ist in der Gewinn- und Verlustrechnung folgende Differenz zu erfassen:
- Buchwert, der dem ausgebuchten Teil zugeordnet wurde
- der Summe aus:
  - dem für den ausgebuchten Teil erhaltenen Entgelt (einschließlich jedes neu erhaltenen Vermögenswerts abzüglich jeder neu übernommenen Verbindlichkeit)
  - aller kumulierten ihm zugeordneten Gewinne oder Verluste, die gemäß IAS 39.55(b) im sonstigen Ergebnis erfasst wurden (bei als zur Veräußerung verfügbaren klassifizierten Vermögenswerten).

V. Ausbuchung

Dabei hat die Aufteilung des im sonstigen Ergebnis erfassten Betrags ebenfalls auf Basis der relativen beizulegenden Zeitwerte zu erfolgen.

Die Ermittlung der relativen beizulegenden Zeitwerte für die entsprechenden Teile hat zuerst auf Basis von Preisen bei vergangenen ähnlichen Transaktionen (vom Unternehmen selbst oder anderen Marktteilnehmern) zu erfolgen. Gibt es für den Teil, der weiter erfasst wird, keine Preisnotierungen oder aktuelle Markttransaktionen zur Belegung des beizulegenden Zeitwerts, so besteht die bestmögliche Schätzung in der Differenz zwischen dem beizulegenden Zeitwert des größeren finanziellen Vermögenswerts als Ganzem und dem vom Empfänger für den ausgebuchten Teil vereinnahmten Entgelt (IAS 39.28). Daneben finden bei der Ermittlung des weiterhin bilanzierten Teils die Vorschriften zur Ermittlung von beizulegenden Zeitwerten in IAS 39.48-49 sowie IAS 39.AG69-AG82 Anwendung (IAS 39.AG46). 84

Für den Fall, dass das Unternehmen bei der Übertragung weder alle wesentlichen Chancen und Risiken aus dem Vermögenswert zurückbehält noch überträgt und gleichzeitig die Verfügungsgewalt über den Vermögenswert hat, ist eine Bilanzierung des **anhaltenden Engagement** (continuing involvement) angezeigt (IAS 39.30). Die Idee hinter der Bilanzierung des anhaltenden Engagements ist die bilanzielle Abbildung der verbleibenden Risikoexposition des Unternehmens nach der Übertragung. Beispiele für die aus diesem Prinzip resultierenden Wertansätze sind (IAS 39.30): 85

- Wenn das anhaltende Engagement eines Unternehmens der Form nach den übertragenen Vermögenswert garantiert, ist der Umfang dieses anhaltenden Engagements entweder der Betrag des Vermögenswerts oder der Höchstbetrag des erhaltenen Entgelts, den das Unternehmen eventuell zurückzahlen müsste (der garantierte Betrag), je nachdem, welcher von beiden der Niedrigere ist.

- Wenn das anhaltende Engagement des Unternehmens der Form nach eine geschriebene oder eine erworbene Option (oder beides) auf den übertragenen Vermögenswert ist, so ist der Umfang des anhaltenden Engagements des Unternehmens der Betrag des übertragenen Vermögenswerts, den das Unternehmen zurückkaufen kann. Im Fall einer geschriebenen Verkaufsoption auf einen Vermögenswert, der zum beizulegenden Zeitwert bewertet wird, ist der Umfang des anhaltenden Engagements des Unternehmens allerdings auf den beizulegenden Zeitwert des übertragenen Vermögenswerts oder den Ausübungspreis der Option – je nachdem, welcher von beiden der Niedrigere ist – begrenzt.

- Wenn das anhaltende Engagement des Unternehmens der Form nach eine Option ist, die durch Barausgleich oder vergleichbare Art auf den übertragenen Vermögenswert erfüllt wird, wird der Umfang des anhaltenden Engagements des Unternehmens in der gleichen Weise wie bei Optionen, die nicht durch Barausgleich erfüllt werden, ermittelt.

86 Es wird darüber hinaus auch eine Verbindlichkeit passiviert. Dabei ist die Bewertung von Vermögenswert und Verbindlichkeit abhängig davon, ob der Vermögenswert zu fortgeführten Anschaffungskosten oder zum beizulegenden Zeitwert bewertet wird (IAS 39.31):

- Wird der Vermögenswert zu fortgeführten Anschaffungskosten bewertet, so muss der Nettobuchwert aus Vermögenswert und Verbindlichkeit den fortgeführten Anschaffungskosten der zurückbehaltenen Rechte und Pflichten entsprechen.
- Wird der Vermögenswert zum beizulegenden Zeitwert bewertet, so muss der Nettobuchwert aus Vermögenswert und Verbindlichkeit dem beizulegenden Zeitwert der zurückbehaltenen Rechte und Pflichten entsprechen.

87 Für alle Übertragungen gilt daneben, dass bei geschriebenen **Ausfallgarantien**, die eine vollständige Ausbuchung verhindert haben, der verbleibende Vermögenswert mit dem niedrigeren Betrag aus dem Buchwert und dem Höchstbetrag des erhaltenen Entgelts, den das Unternehmen eventuell zurückzahlen müsste, bewertet wird (IAS 39.AG48).

88 Auch hier gilt das oben bereits erwähnte **Aufrechnungsverbot** von Vermögenswert/ Verbindlichkeit bzw. Erträgen/Aufwendungen (IAS 39.32 i.V.m. IAS 39.33). Daneben ist für die passivierte Verbindlichkeit die Fair-Value-Option nicht verfügbar, um eine mit dem Vermögenswert konsistente Bewertung sicherzustellen (IAS 39.35).

89 Bei Teilübertragungen ist wiederum eine Allokation des Ursprungsbuchwerts auf Basis der relativen beizulegenden Zeitwerte vorzunehmen (IAS 39.34). Die Rechenschritte sind mit den oben dargestellten identisch. Ein Beispiel aus IAS 39.AG52 soll die Rechenlogik verdeutlichen.

Beispiel

Es wird angenommen, dass ein Unternehmen ein Portfolio vorzeitig rückzahlbarer Kredite mit einem Kupon- und Effektivzinssatz von 10 Prozent und einem Kapitalbetrag und fortgeführten Anschaffungskosten in Höhe von € 10.000 besitzt. Das Unternehmen schließt eine Transaktion ab, mit der der Empfänger gegen eine Zahlung von € 9.115 ein Recht auf die Tilgungsbeträge in Höhe von € 9.000 zuzüglich eines Zinssatzes von 9,5 Prozent auf diese Beträge erwirbt. Das Unternehmen behält die Rechte an € 1.000 der Tilgungsbeträge zuzüglich eines Zinssatzes von 10 Prozent auf diesen Betrag zuzüglich der Überschussspanne von 0,5 Prozent auf den verbleibenden Kapitalbetrag in Höhe von € 9.000. Die Zahlungseingänge aus vorzeitigen Rückzahlungen werden zwischen dem Unternehmen und dem Empfänger im Verhältnis von 1:9 aufgeteilt; alle Ausfälle werden jedoch vom Anteil des Unternehmens in Höhe von € 1.000 abgezogen, bis

V. Ausbuchung

dieser Anteil erschöpft ist. Der beizulegende Zeitwert der Kredite zum Zeitpunkt der Transaktion beträgt € 10.100 und der geschätzte beizulegende Zeitwert der Überschussspanne von 0,5 Prozent beträgt € 40.

Das Unternehmen stellt fest, dass es einige mit dem Eigentum verbundene wesentliche Risiken und Chancen (beispielsweise ein wesentliches Vorauszahlungsrisiko) übertragen, jedoch auch einige mit dem Eigentum verbundene wesentliche Risiken und Chancen (aufgrund seines nachrangigen zurückbehaltenen Anteils) behalten hat und außerdem weiterhin die Verfügungsgewalt ausübt. Es wendet daher das Konzept des anhaltenden Engagements an.

Bei der Anwendung dieses Standards analysiert das Unternehmen die Transaktion als (a) Beibehaltung eines zurückbehaltenen Anteils von € 1.000 sowie (b) Nachordnung dieses zurückbehaltenen Anteils, um dem Empfänger eine Kreditsicherheit für Kreditausfälle zu gewähren.

Das Unternehmen berechnet, dass € 9.090 (90 % × € 10.100) des erhaltenen Entgelts in Höhe von € 9.115 der Gegenleistung für einen Anteil von 90 Prozent entsprechen. Der Rest des erhaltenen Entgelts (€ 25) entspricht der Gegenleistung, die das Unternehmen für die Nachordnung seines zurückbehaltenen Anteils erhalten hat, um dem Empfänger eine Kreditsicherheit für Kreditausfälle zu gewähren. Die Überschussspanne von 0,5 Prozent stellt ebenfalls eine für die Kreditsicherheit erhaltene Gegenleistung dar. Dementsprechend beträgt die für die Kreditsicherheit erhaltene Gegenleistung insgesamt € 65 (€ 25 + € 40).

Das Unternehmen berechnet den Gewinn oder Verlust aus der Veräußerung auf Grundlage des 90-prozentigen Anteils an den Cashflows. Unter der Annahme, dass zum Zeitpunkt der Übertragung keine gesonderten beizulegenden Zeitwerte für den übertragenen Anteil von 10 Prozent und den zurückbehaltenen Anteil von 90 Prozent verfügbar sind, teilt das Unternehmen den Buchwert des Vermögenswerts gemäß Paragraph 28 wie folgt auf:

	Geschätzter beizulegender Zeitwert	Prozentsatz	Zugewiesener Buchwert
Übertragener Anteil	9.090	90 %	9.000
Zurückbehaltener Anteil	_1.010_	_10 %_	_1.000_
Summe	**10.100**		**10.000**

Zur Berechnung des Gewinns oder Verlusts aus dem Verkauf des 90-prozentigen Anteils an den Cashflows zieht das Unternehmen den zugewiesenen Buchwert des übertragenen Anteils von der erhaltenen Gegenleistung ab. Daraus ergibt sich ein Wert von € 90 (€ 9090 – € 9.000). Der Buchwert des vom Unternehmen zurückbehaltenen Anteils beträgt € 1.000.

Außerdem erfasst das Unternehmen das anhaltende Engagement, das durch Nachordnung seines zurückbehaltenen Anteils für Kreditverluste entsteht. Folglich setzt es einen Vermögenswert in Höhe von € 1.000 (den Höchstbetrag an Cashflows, den es aufgrund der Nachordnung nicht erhalten würde) und eine zugehörige Verbindlichkeit in Höhe von € 1.065 an (den Höchstbetrag an Cashflows, den es aufgrund der Nachordnung nicht erhalten würde, d. h. € 1.000 zuzüglich des beizulegenden Zeitwerts der Nachordnung in Höhe von € 65).

Unter Einbeziehung aller vorstehenden Informationen wird die Transaktion wie folgt gebucht:

	Soll	Haben
Ursprünglicher Vermögenswert	–	9.000
Angesetzter Vermögenswert bezüglich Nachordnung des Residualanspruchs	1.000	–
Vermögenswert für das in Form einer Überschussspanne erhaltene Entgelt	40	–
Gewinn oder Verlust (Gewinn bei der Übertragung)	–	90
Schuld	–	1.065
Erhaltene Zahlung	9.115	–
Summe	**10.155**	**10.155**

Unmittelbar nach der Transaktion beträgt der Buchwert des Vermögenswerts € 2.040, bestehend aus € 1.000 (den Kosten, die dem den zurückbehaltenen Anteil zugewiesen sind) und € 1.040 (dem zusätzlichen anhaltenden Engagement des Unternehmens aufgrund der Nachordnung seines zurückbehaltenen Anteils für Kreditverluste, wobei in diesem Betrag auch die Überschussspanne von € 40 enthalten ist).

In den Folgeperioden erfasst das Unternehmen zeitproportional das für die Kreditsicherheit erhaltene Entgelt (€ 65), grenzt die Zinsen auf den erfassten Vermögenswert unter Anwendung der Effektivzinsmethode ab und erfasst etwaige Kreditwertminderungen auf die angesetzten Vermögenswerte. Als Beispiel für Letzteres soll angenommen werden, dass im darauffolgenden Jahr ein Kreditwertminderungsaufwand für die zugrunde liegenden Kredite in Höhe von € 300

V. Ausbuchung

anfällt. Das Unternehmen schreibt den angesetzten Vermögenswert um € 600 ab (€ 300 für seinen zurückbehaltenen Anteil und € 300 für das zusätzliche anhaltende Engagement, das durch Nachordnung des zurückbehaltenen Anteils für Kreditverluste entsteht) und verringert die erfasste Verbindlichkeit um € 300. Netto wird der Gewinn oder Verlust also mit einer Kreditwertminderung von € 300 belastet.

2. Ausbuchung von finanziellen Verbindlichkeiten. a) Allgemeine Vorschriften. Die Vorschriften zur Ausbuchung von finanziellen Verbindlichkeiten in IAS 39 gestalten sich ungleich einfacher als für Finanzaktiva. IAS 39.39 legt fest, dass eine finanzielle Verbindlichkeit (bzw. ein Teil davon) nur dann ausgebucht werden darf, wenn diese getilgt ist – d. h. die im Vertrag genannten Verpflichtungen erfüllt oder aufgehoben sind oder auslaufen. Die Aufhebung einer Verpflichtung kann von Rechts wegen erfolgen oder durch Verhandlung mit dem Gläubiger (IAS 39.AG57). Der Rückerwerb von Schuldtiteln gilt als Tilgung, auch wenn das Unternehmen ein Eigenhändler ist oder kurzfristig eine erneute Platzierung des Instruments anstrebt (IAS 39.AG58).

Für den Fall, dass ein Unternehmen einen Dritten dafür bezahlt, eine bestehende Schuld zu tilgen (**in substance defeasance**), gilt die finanzielle Verbindlichkeit nicht als getilgt, bis auch das Berichtsunternehmen rechtlich keine Verpflichtung mehr hat (IAS 39.AG59). Übernimmt das Berichtsunternehmen eine neue Verpflichtung im Gegenzug für den Verzicht des Gläubigers auf seinen Anspruch ist zwar die bestehende finanzielle Verbindlichkeit auszubuchen, gleichzeitig aber eine neue finanzielle Verbindlichkeit zu passivieren (IAS 39.AG60). Zum Beispiel ist dies der Fall, wenn das Berichtsunternehmen seine Verpflichtung auf einen Dritten überträgt, gleichzeitig aber die Zahlungen durch den Dritten garantiert, d.h. bei Ausfall dieses Dritten die Zahlungen übernimmt. Hier wäre zwar die ursprüngliche finanzielle Verbindlichkeit auszubuchen, gleichzeitig aber die Garantie einzubuchen.

Des Weiteren ist bei einem **Austausch von Schuldinstrumenten zu wesentlich verschiedenen Bedingungen** eine Ausbuchung angezeigt genauso wie bei einer Neuverhandlung der Konditionen, wenn sich die neuen Bedingungen wesentlich von den ursprünglichen Konditionen unterscheiden (IAS 39.40) – dabei spielt es keine Rolle, ob es zu dieser Neuverhandlung aufgrund von finanziellen Schwierigkeiten des Schuldners gekommen ist. Wie bereits oben dargestellt, wird davon ausgegangen, dass bei einem (Netto-) Barwertunterschied von 10% zwischen den verbleibenden Zahlungen gemäß dem Ursprungsvertrag und den Zahlungen aus dem ausgetauschten bzw. neuverhandelten Vertrag (einschließlich erhaltener bzw. gezahlter Gebühren) sich die Vertragsbedingungen wesentlich unterscheiden (IAS 39.AG62). Dabei ist für die Diskontierung der ursprüngliche Effektivzins der finanziellen Verbindlichkeit gemäß IAS 39.9 anzuwenden. Effekte aus Anwendung der Vorschriften zur bilanziellen

Abbildung von Sicherungsbeziehungen (hedge accounting) sind auszublenden. Es gilt auch zu beachten, dass selbst bei Bilanzierung der finanziellen Verbindlichkeit als erfolgswirksam zum beizulegenden Zeitwert bewertet für die Beurteilung der Effektivzins bei erstmaligem Ansatz heranzuziehen ist. Im Einzelfall kann diese Ermittlung, insbesondere nachträglich, schwierig sein.

93 Eine ggf. entstehende Differenz zwischen Buchwert und geleistetem Entgelt, welches sowohl zahlungswirksame als auch zahlungsunwirksame Komponenten sowie übernommene Verpflichtungen miteinschließt, ist in der Gewinn- und Verlustrechnung zu erfassen (IAS 39.41).

94 Anfallende Gebühren oder sonstige Aufwendungen sind bei einem **Schuldinstrumenttausch** bzw. einer -modifikation als Teil des Abgangerfolgs zu erfassen, sofern sich die neuen Vertragsbedingungen wesentlich vom ursprünglichen Instrument unterscheiden (also eine Ausbuchung iSv. IAS 39 angezeigt ist). Falls es zu keiner Ausbuchung kommt, sind solche Aufwendungen als Anpassung des Buchwerts der ursprünglichen finanziellen Verbindlichkeit zu behandeln und dementsprechend über die Restlaufzeit des Instruments gemäß der Effektivzinsmethode zu amortisieren (IAS 39.AG62).

95 Für den Fall, dass nur ein **Teil einer bestehenden finanziellen Verbindlichkeit** auszubuchen ist (bspw. bei einem teilweisen Rückerwerb einer Anleihe), erfolgt die Buchwertminderung im relativen Verhältnis der beizulegenden Zeitwerte im Zeitpunkt der Teilausbuchung.

96 **b) Tilgung finanzieller Verbindlichkeiten durch Eigenkapitalinstrumente.** Im Rahmen der Finanzmarktkrise erfreuten sich sog. **debt for equity swaps** wachsender Beliebtheit. Diese sind ein Mittel für einen Schuldner, der sich in finanziellen Schwierigkeiten befindet, seine Schulden durch Übertragung von eigenen Eigenkapitalinstrumenten zu tilgen. Die mit solchen Transaktionen verbundenen Bilanzierungsfragen veranlassten das IFRIC im November 2009 eine Interpretation, IFRIC 19 *Extinguishing Financial Liabilities with Equity Instruments*, zu veröffentlichen. IFRIC 19 ist für Geschäftsjahre anzuwenden, die am oder nach dem 1. Juli 2010 beginnen, wobei eine vorzeitige Anwendung statthaft ist, sofern dies im Anhang offengelegt wird (IFRS 19.12). Die Interpretation ist gemäß IAS 8 *Accounting Policies, Changes in Accounting Estimates and Errors* als Änderung einer Bilanzierungsmethode retrospektiv anzuwenden (IFRIC 19.13).

97 Der Anwendungsbereich dieser Interpretation erstreckt sich nur auf die Bilanzierung beim Schuldner und darf nicht auf folgende Situationen angewendet werden (IFRIC 19.3):

- der Gläubiger ist gleichzeitig direkter oder indirekter Anteilseigner und in seiner Eigenschaft als gegenwärtiger, direkter oder indirekter Anteilseigner handelt.

- der Gläubiger und das Unternehmen werden vor und nach der Transaktion von derselben Partei/denselben Parteien beherrscht und der wirtschaftliche Gehalt der Transaktion eine Kapitalausschüttung des Unternehmens oder eine Kapitaleinlage in das Unternehmen einschließt.
- die ursprünglichen Vertragsbedingungen der finanziellen Verbindlichkeit sehen die Möglichkeit einer Tilgung durch die Ausgabe von Eigenkapitalinstrumenten vor.

Die Interpretation stellt klar, dass die emittierten Eigenkapitalinstrumente des Schuldners einen Teil des Entgelts iSv. IAS 39.41 darstellen. Dies ist in den Augen des IFRIC damit zu begründen, dass die Transaktion wirtschaftlich identisch auch in zwei Transaktionen aufgespalten werden könnte:

- Emission von Eigenkapitalinstrumenten gegen Barmittel.
- Verwendung der Barmittel zur Tilgung der Schuld.

Mithin wird bei diesen **debt for equity swaps** nur die Barmittelseite dieser Transaktionen miteinander aufgerechnet. Beide Durchführungswege sollten aufgrund der wirtschaftlichen gleichen Substanz auch bilanziell gleich abgebildet werden.

Die emittierten Eigenkapitalinstrumente sind mit ihrem beizulegenden Zeitwert im Zeitpunkt der Tilgung der finanziellen Verbindlichkeit zu bewerten. Eine Ausnahme gilt, wenn der beizulegende Zeitwert der Eigenkapitalinstrumente nicht zuverlässig ermittelt werden kann. Dann sind die Eigenkapitalinstrumente mit dem beizulegenden Zeitwert der getilgten finanziellen Verbindlichkeit zu bewerten. Mit Ausnahme einer (unwahrscheinlichen) Wertidentität wird sich aus solchen Transaktionen also regelmäßig eine Erfolgswirkung iSv. IAS 39.41 ergeben. Dieser Gewinn oder Verlust ist daneben gesondert in der Gewinn- oder Verlustrechnung darzustellen, alternativ im Anhang offenzulegen (IFRIC 19.11).

Bei **nur teilweiser Tilgung** einer finanziellen Verbindlichkeit im Rahmen einer solchen Transaktion hat das Berichtsunternehmen zu beurteilen, ob das gezahlte Entgelt auch eine Teilmodifikation der verbleibenden finanziellen Verbindlichkeit darstellt (IFRIC 19.8). Wenn dies der Fall ist, ist die Gegenleistung auf den getilgten und den modifizierten Teil der finanziellen Verbindlichkeit aufzuteilen. Dieser Betrag ist auch bei der sich anschließenden Beurteilung der Modifikation hinsichtlich eines Ausbuchungstatbestandes iSv. IAS 39.40 einzubeziehen.

VI. Kategorisierung. Die IFRS teilen Finanzinstrumente zum Zweck ihrer Bewertung in verschiedene Kategorien ein. Die beiden derzeit für die Bewertung von Finanzinstrumenten gültigen IFRS (d.h. IAS 39 und IFRS 9)[69] unterscheiden sich hierbei sowohl hinsichtich ihrer Struktur als auch in der Art und Anzahl der Kategorien. Im Folgenden wird zuerst auf IAS 39 und dann auf IFRS 9 eingehen.

---

69 Siehe Rn 1f.

103   **1. Kategorisierung nach IAS 39.** Die Kategorisierung von Finanzinstrumenten nach IAS 39 erfolgt auf der Basis der *Definitionen* der einzelnen **Kategorien von Finanzinstrumenten.** IAS 39 hat folgende (Haupt-)[70]Kategorien für finanzielle Vermögenswerte:

- Erfolgswirksam zum beizulegenden Zeitwert bewertet,
- Bis zur Endfälligkeit zu haltende Finanzinvestitionen,
- Kredite und Forderungen,
- Zur Veräußerung verfügbare finanzielle Vermögenswerte.

104   Die Hauptkategorien für finanzielle Verbindlichkeiten in IAS 39 sind:

- Erfolgswirksam zum beizulegenden Zeitwert bewertet,
- Alle übrigen finanziellen Verbindlichkeiten (d.h. solche, die weder zum erfolgswirksam zum beizulegenden Zeitwert bewertet werden noch einer anderen besonderen Folgebewertung unterliegen). Dies ist keine in IAS 39 definierte Kategorie sondern ergibt sich aus den Vorschriften zur Folgebewertung finanzieller Verbindlichkeiten und wird daher im entsprechenden Abschnitt behandelt.[71]

105   Die nachfolgenden Rn. erläutern die einzelnen Kategorien näher. Dabei wird die Kategorie „erfolgswirksam zum beizulegenden Zeitwert bewertet" für finanzielle Vermögenswerte und finanzielle Verbindlichkeiten zusammengefasst behandelt.

106   Die Kategorie **erfolgswirksam zum beizulegenden Zeitwert bewertet** umfasst zwei Unterkategorien (IAS 39.9):

- Zu Handelszwecken gehalten,
- Fair Value Option.

107   Die Kategorisierung von Finanzinstrumenten als „**zu Handelszwecken gehalten**" (held for trading) ergibt sich als *verbindliche* Zuordnung aufgrund eines von drei Merkmalen. Erstens, Finanzinstrumente, die hauptsächlich zwecks Verkaufs oder Wiedererwerbs in naher Zukunft erworben oder abgeschlossen wurden. Folglich sind die Umstände im Zeitpunkt des erstmaligen Ansatzes des Finanzinstruments maßgeblich. Diese Absicht spiegelt sich regelmäßig in einem häufigen Umschlag der Finanzinstrumente wider, mittels dessen kurzfristige Preisschwankungen ausgenutzt oder Händlermargen erzielt werden (IAS 39.AG14). Bei finanziellen Verbindlichkeiten liegt dies z.B. bei **Leerverkäufen** (dem sog. short selling) oder dem **Eigenhandel** des Emittenten in Verbindlichkeiten vor (IAS 39.AG15(b)-(c)). Davon zu unterscheiden ist, ob eine Verbindlichkeit der Finanzierung von Handelsaktivitäten dient.

---

[70] Als Hauptkategorien werden hier diejenigen bezeichnet, die explizit als eine eigene Kategorie definiert sind (sowie die daraus folgende Residualkategorie derjenigen Verbindlichkeiten, die nicht der Kategorie „erfolgswirksam zum beizulegenden Zeitwert bewertet" angehören).
[71] Siehe Rn 140.

VI. Kategorisierung

Dieser Umstand ist nicht gleichbedeutend mit einer Handelsabsicht und führt folglich für sich genommen nicht zur Kategorisierung als zu Handelszwecken gehalten (IAS 39.AG15).

Zweitens umfasst die Kategorie zu Handelszwecken gehalten diejenigen Finanzinstrumente, bei denen sich die kurzfristige Gewinnerzielungsabsicht aus der Zugehörigkeit zu einem Portfolio mit empirischem Beleg kurzfristiger Gewinnmitnahmen in jüngerer Vergangenheit ergibt. Im Vergleich zum ersten Kriterium stellt dieses Kriterium auf die Portfolioebene ab, d.h. ein Finanzinstrument ist auch dann zu Handelszwecken gehalten, wenn die Handelsabsicht nicht für das einzelne Finanzinstrument vorliegt, aber sich aus dem Portfoliokontext ergibt. Für die Beurteilung ist auf die Umstände (d.h. Portfoliozugehörigkeit) im Zeitpunkt des erstmaligen Ansatzes des Finanzinstruments abzustellen.

108

Drittens fallen alle Derivate zwingend in die Kategorie zu Handelszwecken gehalten, es sei denn, das Derivat[72] ist eine *finanzielle Garantie*[73] oder ein Sicherungsinstrument, auf das die Vorschriften über die Bilanzierung von Sicherungsgeschäften Anwendung finden. Dieses Kriterium hat in der Praxis große Bedeutung, weil in vielen Fällen Unternehmen Derivate im Rahmen des Risikomanagements zur wirtschaftlichen Absicherung gegen Risiken verwenden, aber nicht die Regelungen zur Bilanzierung von Sicherungsgeschäften anwenden (sei es, weil dies gar nicht erst versucht wird oder aber die strengen Voraussetzungen nicht erfüllt werden können). Obwohl die Kategorisierung dieser Derivate eindeutig ist, führt unter diesen Umständen die Bezeichnung als zu Handelszwecken gehalten oft zu Missverständnissen in der Interpreation der Abschlüsse.

109

Die zweite Unterkategorie der Finanzinstrumente, die erfolgswirksam zum beizulegenden Zeitwert bewertet werden, ist die sogenannte **„Fair Value Option"**. Im Gegensatz zur Unterkategorie „zu Handelszwecken gehalten" handelt es sich hierbei *nicht* um eine *verbindliche* Zuordnung, *sondern* um das *Wahlrecht*, ein Finanzinstrument als erfolgswirksam zum beizulegenden Zeitwert bewertet einzustufen. Das Wahlrecht kann nur im Zeitpunkt des erstmaligen Ansatzes des Finanzinstruments ausgeübt werden und die Entscheidung ist unwiderruflich. Die Fair Value Option hat drei alternative Voraussetzungen, von denen (mindestens) eine erfüllt sein muss, damit das Wahlrecht zur Einstufung als erfolgswirksam zum beizulegenden Zeitwert bewertet besteht:

110

(a) Die Einstufung als erfolgswirksam zum beizulegenden Zeitwert bewertet dient der Vermeidung der Aufspaltung eines strukturierten Finanzinstruments in seinen Basisvertrag und ein oder mehrere eingebettete Derivate;

---
72 Siehe Rn 28ff.
73 Siehe Rn 141.

(b) Die Einstufung als als erfolgswirksam zum beizulegenden Zeitwert bewertet kann eine Rechnungslegungsanomalie vermeiden oder mindestens erheblich verringern und führt somit zu relevanteren Informationen;

(c) Das Management und die Beurteilung der Wertentwicklung einer Gruppe von Finanzinstrumenten erfolgt auf Basis des beizulegenden Zeitwerts, so dass die Einstufung als erfolgswirksam zum beizulegenden Zeitwert bewertet zu relevanteren Informationen führt.

Auf die einzelnen Voraussetzungen wird in den nachfolgenden Rn. kurz eingegangen.

111 Hinsichtlich der **Vermeidung der Aufspaltung strukturierter Finanzinstrumente** mittels Ausübung der Fair Value Option wird auf die Ausführungen zu eingebetteten Derivaten verwiesen.[74]

112 Eine **Rechnungslegungsanomalie** (accounting mismatch) im Sinne der zweiten Voraussetzung liegt vor, wenn die Ansatz- oder Bewertungsvorschriften dazu führen, dass Vermögenswerte und Verbindlichkeiten verschieden bewertet werden oder die Wertänderungen verschieden erfasst werden (z.b. erfolgswirksam als Teil von Gewinn oder Verlust im Gegensatz zu einer Erfassung im sonstigen Ergebnis) (IAS 39.AG4D). So kann z.b. ein Unternehmen finanzielle Vermögenswerte oder Derivate haben, die erfolgswirksam zum beizulegenden Zeitwert bewertet werden, während mit diesen in Zusammenhang stehende finanzielle Verbindlichkeiten (z.B. die finanziellen Vermögenswerte finanzierende oder durch die Derivate abgesicherte Verbindlichkeiten) zu fortgeführten Anschaffungskosten bewertet werden (IAS 39. AG4E(c)). In diesen Fällen kann eine Einstufung dieser finanziellen Verbindlichkeiten als erfolgswirksam zum beizulegenden Zeitwert bewertet eine Verzerrung des Ergebnisses in der Gewinn- und Verlustrechnung vermeiden.[75] Die zweite Voraussetzung der Fair Value Option bzgl. der Vermeidung von Rechnungslegungsanomalien wird in der Praxis oft als Alternative zur Bilanzierung als Sicherungsgeschäft angesehen. Der Vorteil ist, dass die oft aufwendigen und schwer zu erfüllenden Voraussetzungen für die Bilanzierung als Sicherungsgeschäft – insbesondere die Anforderungen an die Wirksamkeit der Sicherungsbeziehung – vermieden werden können. Der Nachteil ist, dass die Ausübung der Fair Value Option nur beim erstmaligen Ansatz des Finanzinstruments erfolgen kann und unwiderruflich ist. Die Fair Value Option ist daher wesentlich weniger flexibel als eine Bilanzierung als Sicherungsgeschäft. Im Rahmen der globalen Finanzkrise mit den einhergehenden extremen Schwankungen der Risikoaufschläge[76] hat die Ausübung der Fair Value Option allerdings bei vielen Unter-

---

74 Siehe Rn 40.
75 IAS 39.AG4E enthält weitere Beispiele.
76 Der Risikoaufschlag (sogenannter „credit spread") ist die Differenz zwischen der Verzinsung eines Instruments und dem risikofreien ZinssaRn. In der Praxis wird der Risikoaufschlag auch oft als Differenz zu einem üblichen Referenzinsatz (z.B. LIBOR) ausgedrückt.

VI. Kategorisierung

nehmen zu einer unvorhergesehenen Verzerrung der Gewinn- und Verlustrechnung geführt. Das lag daran, dass die Schwankung des beizulegenden Zeitwerts finanzieller Verbindlichkeiten aufgrund der Veränderung der eigenen Bonität des jeweiligen Unternehmens nicht oder nur in geringem Umfang durch gegenläufige Wertschwankungen bei finanziellen Vermögenswerten oder Derivaten kompensiert wurde. Aufgrund dieser Erfahrung ist in der Praxis künftig mit einer erheblich vorsichtigeren Ausübung der Fair Value Option zur Vermeidung von Rechnungslegungsanomalien zu rechnen.

Bei der Ausübung der Fair Value Option zur Vermeidung von Rechnungslegungsanomalien ist auch zu beachten, dass diese nicht willkürlich erfolgen darf, sondern mindestens eine erhebliche Verringerung der Rechnungslegungsanomalie bewirken muss. Dies hat Auswirkungen auf den Umfang, in dem die Ausübung zu erfolgen hat. So ist z.B. die Ausübung für ein einzelnes Finanzinstrument aus einer Gruppe unzulässig, wenn dadurch nur eine minimale Verringerung der Rechnungslegungsanomalie erfolgt, während durch die Einstufung der gesamten Gruppe als erfolgswirksam zum beizulegenden Zeitwert bewertet eine erhebliche Verringerung bewirkt werden könnte (IAS 39.AG4G). 113

Management und Beurteilung der Wertentwicklung einer Gruppe von Finanzinstrumenten auf Basis des beizulegenden Zeitwerts im Sinne der dritten Voraussetzung erfordert, dass dies auf Basis einer dokumentierten Risikomanagement- oder Anlagestrategie erfolgt und dass die interne Berichterstattung an die Personen in Schlüsselpositionen auf dieser Bewertungsbasis erfolgt (IAS 39.9). Dabei ist keine umfangreiche Dokumentation erforderlich, um den Nachweis zu erbringen, dass die Voraussetzung erfüllt ist (IAS 39.AG4K). In der Praxis werden die Anforderungen an die Dokumentation im Risikomanagement und das interne Berichtswesen häufig bereits dazu führen, dass die Dokumentation gleichzeitig auch die Anforderungen aus Rechnungslegungssicht erfüllt. Die einzige Zusatzanforderung für die Ausübung der Fair Value Option ist dann lediglich, dass diese Ausübung im Zeitpunkt des erstmaligen Ansatzes der betreffenden Finanzinstrumente eindeutig dokumentiert ist. Ein Beispiel einer Steuerung auf Basis des beizulegenden Zeitwerts ist z.B. die Steuerung eines Portfolios auf Gesamtrendite-Basis, d.h. unter Berücksichtigung von Ertrag aus Zinsen und Dividenden sowie von Änderungen des beizulegenden Zeitwerts (IAS 39.AG4I(a)). 114

Ähnlich zur zweiten Voraussetzung der Ausübung der Fair Value Option[77] ist auch hier zu beachten, dass die Ausübung nicht willkürlich erfolgen darf. Entsprechend dem Zweck der dritten Voraussetzung ist die Fair Value Option für *alle* diese 115

---

[77] Siehe Rn 113.

Voraussetzung erfüllenden Finanzinstrumente, die einer gemeinsamen Steuerung und Beurteilung ihrer Wertentwicklung unterliegen, auszuüben (vorbehaltlich, dass dies bei deren erstmaligem Ansatz erfolgen muss) (IAS 39.AG4J).

116 Die Kategorie „bis zur Endfälligkeit zu haltende Finanzinvestitionen" dient dazu, einem Unternehmen für von ihm gehaltene börsennotierte Schuldinstrumente die Bewertung zu fortgeführten Anschaffungskosten zu ermöglichen. Die wesentliche Voraussetzung dafür ist, dass das Unternehmen diese finanziellen Vermögenswerte grundsätzlich[78] bis zu deren Endfälligkeit hält. Diese Bedingung beruht darauf, dass nicht aus dem Bonitätsrisiko resultierende Schwankungen des beizulegenden Zeitwerts, wie z.B. aufgrund von Änderungen des Marktzinsniveaus oder eines Liquiditätsabschlags, sich bis zur Endfälligkeit wieder umkehren.[79] Für Unternehmen, die Schuldtitel bis zur Endfälligkeit halten, haben diese Wertschwankungen daher nur Interimscharakter, da sie nicht realisiert werden.

117 Konkret ergeben sich aus der Definition (IAS 39.9) der Kategorie „bis zur Endfälligkeit zu haltende Finanzinvestitionen" folgende kumulative Voraussetzungen für eine Einbeziehung von Finanzinstrumenten in diese Kategorie:

- der finanzielle Vermögenswert hat feste oder bestimmbare Zahlungen und ist kein derivatives Finanzinstrument,
- der finanzielle Vermögenswert hat eine feste Laufzeit und
- das Unternehmen hat sowohl die Absicht als auch die Fähigkeit, den finanziellen Vermögenswert bis zur Endfälligkeit zu halten.

118 Wertpapiere im Bestand der **Liquiditätsreserve** eines Unternehmens erfüllen die Voraussetzungen häufig nicht, da es an der Halteabsicht des einzelnen Instruments bis zur Endfälligkeit mangelt (IAS 39.AG16(b)). Finanzinstrumente, die dem Inhaber eine **Vorfälligkeitsoption** gewähren, erfüllen die Voraussetzung aus demselben Grund ebenfalls nicht (IAS 39.AG19). Ferner enthält IAS 39 eine Bestimmung, die einem Unternehmen jegliche Nutzung der Kategorie bis zur Endfälligkeit zu haltende Finanzinvestitionen untersagt, wenn es im laufenden oder den beiden vorangehenden Geschäftsjahren einen mehr als unwesentlichen Teil dieser finanziellen Vermögenswerte verkauft oder in eine andere Kategorie umgegliedert hat (**Tainting**), vgl. IAS 39.9. Als nicht schädlich im Sinne dieser Bestimmung gelten Verkäufe und Umgliederungen, die so kurz vor Endfälligkeit erfolgen, dass Marktzinsänderungen den beizulegenden Zeitwert nicht mehr wesentlich beeinflussen, oder erst erfolgen, nachdem der Kapitalbetrag im wesentlichen bereits durch planmäßige oder vorzeitige Zahlungen getilgt war. Ferner sind Verkäufe und Umgliederungen aufgrund einmaliger, vom Unternehmen weder vorhersehbarer noch kontrollierbarer Umstände unschädlich für die Beurteilung der Halteabsicht für andere finanzielle Vermö-

---
78 Zu den Ausnahmen siehe Rn 118.
79 Im Englischen wird dies als „pull to par" Effekt bezeichnet.

VI. Kategorisierung

genswerte (z.b. eine wesentlich Bonitätsverschlechterung beim Emittenten oder ein wesentlicher Strukturwandel des Unternehmens im Rahmen eines Unternehmenszusammenschlusses oder –veräußerung) (IAS 39.AG22). Aufgrund dieser restriktiven Voraussetzungen hat die Kategorie „bis zur Endfälligkeit zu haltende Finanzinvestitionen" in der Praxis nur eine geringe Bedeutung.

Außerdem darf der finanzielle Vermögenswert nicht in eine andere Kategorie fallen. Daher sind folgende finanziellen Vermögenswerte unabhängig von ihren Eigenschaften und der Halteabsicht des Unternehmens bis zur Endfälligkeit *nicht* Teil der Kategorie bis zur Endfälligkeit zu haltende Finanzinvestitionen:

- finanzielle Vermögenswerte, die das Unternehmen durch Ausübung der Fair Value Option als erfolgswirksam zum beizulegenden Zeitwert bewertet eingestuft hat,[80]
- finanzielle Vermögenswerte, die das Unternehmen in Ausübung seines Wahlrechts als zur Veräußerung verfügbare finanzielle Vermögenswerte eingestuft hat[81] oder
- finanzielle Vermögenswerte, die die Definition der Kategorie Kredite und Forderungen erfüllen.

Die Kategorie „**Kredite und Forderungen**" (IAS 39.9) umfasst diejenigen finanziellen Vermögenswerte, die feste oder bestimmbare Zahlungen haben und keine derivativen Finanzinstrumente sind. Ferner darf der finanzielle Vermögenswert keine Notierung in einem aktiven Markt haben, andernfalls ist eine Kategorisierung als bis zur Endfälligkeit zu haltende Finanzinvestitionen zu prüfen,[82] wenn eine Bewertung zu fortgeführten Anschaffungskosten angestrebt wird. Ein Anteil an einer Gruppe von finanziellen Vermögenswerten erfüllt nur dann die Definition von Krediten und Forderungen, wenn die Gruppe ausschließlich finanzielle Vermögenswerte umfasst, die selbst die Definition von Krediten und Forderungen erfüllen. Bei der Kategorisierung von Anteilen an Gruppen von finanziellen Vermögenswerten ist daher eine Analyse der Finanzinstrumente, die die Gruppe ausmachen, erforderlich.

Beispiele für Kredite und Forderungen sind **Forderungen aus Lieferungen und Leistungen**, Darlehen, Schuldverschreibungen (sofern diese nicht in einem aktiven Markt notiert sind) und Bankeinlagen (IAS 39.AG26). Bei **Verbriefung** solcher finanzieller Vermögenswerte erfüllt das daraus resultierende Finanzinstrument häufig nicht mehr die Definition von Krediten und Forderungen, weil entweder ein in einem aktiven Markt notiertes Finanzinstrument entsteht oder ein Anteil an einer Gruppe, die auch Finanzinstrumente umfasst, die nicht die Definition von Krediten und Forderungen erfüllen (z.B. Zinsswaps).

---
80 Siehe Rn 110.
81 Siehe Rn 123-124.
82 Siehe Rn 116-119.

122 Außerdem darf der finanzielle Vermögenswert nicht in eine andere Kategorie fallen. Daher sind folgende finanziellen Vermögenswerte unabhängig von ihren Eigenschaften *nicht* Teil der Kategorie „Kredite und Forderungen":

- finanzielle Vermögenswerte, die in die Kategorie „erfolgswirksam zum beizulegenden Zeitwert bewertet" fallen, weil entweder die Absicht zur Veräußerung unmittelbar oder in naher Zukunft nach dem erstmaligen Ansatz besteht oder die Fair Value Option[83] ausgeübt wurde,
- finanzielle Vermögenswerte, die das Unternehmen in Ausübung seines Wahlrechts als „zur Veräußerung verfügbare finanzielle Vermögenswerte" eingestuft hat[84] oder
- finanzielle Vermögenswerte, bei denen der Inhaber aufgrund anderer Ursachen als des Kreditriskos potenziell nicht im Wesentlichen seine ursprüngliche Investition wiedererlangt (was zur Kategorisierung als zur Veräußerung verfügbare finanzielle Vermögenswerte führt). Hierbei ist zu beachten, dass Wechselkursverluste *nicht* als Ursache eines potenziellen Verlusts der ursprünglichen Investition anzusehen sind. Dies liegt daran, dass das Wechselkursrisiko kein Vertragsmerkmal im engeren Sinne ist, sondern aus der funktionalen Währung des Inhabers resultiert und entsprechend durch die Vorschriften zur Währungsumrechnung des IAS 21 berücksichtigt wird. Ein Beispiel für einen finanziellen Vermögenswert mit potenziellem Verlust der ursprünglichen Investition ist ein sogenannter „**Interest-only Strip**"[85], der aus dem **Bondstripping** einer Schuldverschreibung mit vorzeitiger Rückzahlbarkeit entstanden ist (IAS 39.BC29). Im Fall der vorzeitigen Rückzahlung entfallen weitere Zinszahlungen, was beim Inhaber des Interest-only Strips wirtschaftlich einem (mindestens teilweisen) Ausfall eines Annuitätendarlehens entspricht.

123 Die Kategorie **zur Veräußerung verfügbare finanzielle Vermögenswerte (IAS 39.9)** umfasst diejenigen finanziellen Vermögenswerte, die entweder ein Unternehmen in Ausübung seines Wahlrechts als solche eingestuft hat oder die in keine der drei anderen Kategorien finanzieller Vermögenswerte fallen. Insoweit stellt diese Kategorie die Residualkategorie für die Aktivseite dar.

124 Das Wahlrecht zur Einstufung eines finanziellen Vermögenswerts als zur Veräußerung verfügbar besteht im Zeitpunkt des erstmaligen Ansatzes bei finanziellen Vermögenswerten, die ansonsten die Definition der Kategorie bis zur Endfälligkeit zu haltende Finanzinvestitionen oder Kredite und Forderungen erfüllen würden.

---

83 Siehe Rn 110.
84 Siehe Rn 123-124.
85 Teilweise auch als „isoliert gehandelter Zins" bezeichnet.

VI. Kategorisierung

2. Kategorisierung nach IFRS 9. Der neue Standard zur Bilanzierung von Finanzinstrumenten – IFRS 9 – betrifft **vorerst nur die Aktivseite**.[86] Im Gegensatz zu IAS 39 erfolgt die Kategorisierung von Finanzinstrumenten nach IFRS 9 nicht auf der Basis von *Definitionen* einzelner Kategorien von Finanzinstrumenten, sondern mittels zweier kumulativer Kriterien, die für die Folgebewertung zwischen den beiden Bewertungsmethoden beizulegender Zeitwert und fortgeführte Anschaffungskosten entscheiden. Ferner besteht nach IFRS 9 die **Fair Value Option**, wenn dadurch eine Rechnungslegungsanomalie vermieden oder mindestens erheblich verringert werden kann (d.h. wie unter der zweiten Voraussetzung der Fair Value Option nach IAS 39).[87]

125

Die beiden kumulativen Kriterien, mittels derer IFRS den Wertmaßstab für die Folgebewertung für finanzielle Vermögenswerte bestimmt, betreffen (IFRS 9.4.1):

126

- das **Geschäftsmodell** des Unternehmens; und
- die **Cashflow-bezogenen Vertragsmerkmale** des Finanzinstruments.

Aufgrund der Stellungnahmen zum Standardentwurf änderte das IASB die **Reihenfolge der beiden Kriterien**, so dass IFRS 9 zuerst das Geschäftsmodell-bezogene Kriterium behandelt (IFRS 9.BC21). Allerdings hat dies *keine* inhaltliche Auswirkung auf das Ergebnis, d.h. die Bestimmung der Bewertungskategorie. Es liegt in der Logik eines kumulativen Kriteriums, dass alle Voraussetzungen (ausnahmslos) erfüllt sein müssen. Daher ist die Reihenfolge der Beurteilung der einzelnen Kriterien ausschließlich eine Frage der Effizienz der Implementierung von IFRS 9 in den betrieblichen Prozessen. Bei Banken wird es i.d.R. effizienter sein, zuerst das Geschäftsmodell-bezogene Kriterium zu beurteilen, da sich z.B. für das **Handelsbuch** die Beurteilung des Vertragsmerkmal-bezogenen Kriteriums erübrigt. Umgekehrt kann es für viele Industrieunternehmen effizienter sein, zuerst das Vertragsmerkmal-bezogene Kriterium zu beurteilen, weil das Geschäftsmodell (ggf. unter Ausklammerung des Treasurybereichs) oftmals offenkundig die Voraussetzung für die Bewertung zu fortgeführten Anschaffungskosten erfüllt. Entgegen dem Wortlaut in der Grundlage für die Schlussfolgerungen bzgl. IFRS 9 (IFRS 9.BC21) sind Unternehmen in der Praxis *nicht* durch die im Standard gewählte Reihenfolge der Kriterien in der Umsetzung der Beurteilung dieser Kriterien in seinen Rechnungslegungsprozessen gebunden, sondern jedes Unternehmen kann die jeweils in seinen Umständen effizienteste Reihenfolge wählen (z.B. auch unterschiedlich je nach Unternehmensbereich).

Ein finanzieller Vermögenswert ist – vorbehaltlich der Ausübung der Fair Value Option[88] – für die Folgebewertung zu fortgeführten Anschaffungskosten zu bewerten, wenn beide folgenden Bedingungen (d.h. kumulativ) erfüllt sind (IFRS 9.4.2):

127

---

86 Siehe Rn 1f. und IFRS 9.2.1.
87 Siehe Rn 110 (Unterparagraph ii.) und 112f.
88 Siehe Rn 125.

- **Geschäftsmodell**: der finanzielle Vermögenswert unterliegt einem Geschäftsmodell, welches zum Ziel hat, Vermögenswerte zur Vereinnahmung der vertraglichen Zahlungen (Cashflows) zu halten.

- **Cashflow-bezogene Vertragsmerkmale**: die Vertragsbedingungen des finanziellen Vermögenswerts führen an festgelegten Zeitpunkten zu Zahlungen (Cashflows), die *ausschließlich* Tilgungs- und Zinszahlungen auf den ausstehenden Kapitalbetrag darstellen. Zinsen im Sinne dieses Kriteriums sind Zahlungen als Entgelt für den Zeitwert des Geldes und das mit dem jeweils ausstehenden Kapitalbetrag verbundene Kreditrisiko (IFRS 9.4.3). Dabei ist der Begriff der Zinsen jedoch nicht zu eng auszulegen. Wirtschaftliche Transaktionen enthalten regelmäßig einen Gewinnanteil (einschließlich eines Beitrags zur Deckung von durch die Transaktion entstandenen oder noch entstehenden Kosten). Daher steht in der praktischen Anwendung eine Gewinnmarge der Beurteilung vertraglicher Zahlungen als Zinsen nicht entgegen.

128 Alle finanziellen Vermögenswerte, die diese Bedingungen nicht erfüllen, sind zum beizulegenden Zeitwert zu bewerten. Dies gilt für alle Eigenkapitalinstrumente aus Sicht des Investors,[89] weil diese nicht das Kriterium bzgl. der Cashflow-bezogenen Vertragsmerkmale erfüllen. So sind z.B. typischerweise die „Zinszahlungen" auf **Hybridkapitalinstrumente** (z.B. sogenannte **Trust Preferred Securities**) mindestens teilweise im Ermessen des Emittenten und stellen daher keine Zinszahlungen im Sinn von IFRS 9 dar.

129 **3. Umgliederung nach IAS 39.** Umgliederungen sind Änderungen der Kategorie eines Finanzinstruments nach dessen erstmaligem Ansatz. IAS 39 beschränkt Umgliederungen in Abhängigkeit einzelner Kategorien wie folgt:

(a) in die Kategorie erfolgswirksam zum beizulegenden Zeitwert bewertet: ein Wechsel in diese Kategorie ist unzulässig (IAS 39.50). Derivate, die zuvor als Sicherungsinstrument in einer Sicherungsbeziehung zur Absicherung von Zahlungsströmen oder Nettoinvestitionen behandelt wurden, sind jedoch erfolgswirksam zum beizulegenden Zeitwert zu bewerten, sobald die Voraussetzungen für die Bilanzierung als Sicherungsinstrument entfallen (IAS 39.50A(a)). Außerdem ist ein Derivat, das sich auf ein nicht auf einem aktiven Markt notiertes Eigenkapitalinstrument bezieht und durch Übertragung dieser Instrumente zu erfüllen ist, in diese Kategorie umzugliedern, wenn der beizulegende Zeitwert dieses Eigenkapitalinstruments verlässlich ermittelbar wird. Die Differenz zwischen beizulegendem Zeitwert und dem vorherigen Buchwert ist erfolgswirksam in der Gewinn- und Verlustrechnung zu erfassen (IAS 39.53 i.V.m. 55(a)).

---

[89] Aus Sicht des Emittenten findet IAS 32 auf die Bilanzierung von Eigenkapitalinstrumenten Anwendung.

VI. Kategorisierung

(b) aus der Kategorie erfolgswirksam zum beizulegenden Zeitwert bewertet: ein Wechsel aus dieser Kategorie ist unzulässig für Finanzinstrumente, für die die Fair Value Option[90] ausgeübt wurde, sowie für Derivate (IAS 39.50(a)-(b)) und generell für finanzielle Verbindlichkeiten. Derivate, die als Sicherungsinstrument Teil einer Sicherungsbeziehung zur Absicherung von Zahlungsströmen oder Nettoinvestitionen behandelt werden, sind jedoch aus der Kategorie erfolgswirksam zum beizulegenden Zeitwert bewertet herauszunehmen, sobald die Voraussetzungen für die Bilanzierung als Sicherungsinstrument erfüllt sind (IAS 39.50A(b)). Ein Unternehmen darf nicht-derivative finanzielle Vermögenswerte, für die es *nicht* die Fair Value Option ausgeübt hat und die die Definition der Kategorie Kredite und Forderungen erfüllen würden, wenn sie nicht ursprünglich als zu Handelszwecken gehalten hätten bilanziert werden müssen, in die Kategorie Kredite und Forderungen umgliedern. Entgegen einer strengen Auslegung des Wortlauts stellt die Praxis für die Erfüllung der Definition der Kategorie Kredite und Forderungen auf den Zeitpunkt der Umgliederung statt vorhergehende Zeitpunkte ab, d.h. die Definition ist auch dann erfüllt, wenn es zwar im Zeitpunkt des erstmaligen Ansatzes einen **aktiven Markt** für den finanziellen Vermögenswert gab, dieser aber im Zeitpunkt der Umgliederung nicht mehr aktiv ist. Diese Auslegung entspricht dem Zweck der im Oktober 2008 vorgenommenen Änderung aus Anlass der Finanzkrise und ist daher nicht zu beanstanden. Voraussetzung einer solchen Umgliederung ist, dass das Unternehmen die Fähigkeit und Absicht hat, diese finanziellen Vermögenswerte mindestens für die absehbare Zukunft zu halten. In diesem Fall entsprechen die fortgeführten Anschaffungskosten im Zeitpunkt der Umgliederung dem beizulegenden Zeitwert zu diesem Zeitpunkt (IAS 39.50(c) i.V.m. 50D). Alle anderen als die in diesem Absatz zuvor genannten finanziellen Vermögenswerte[91] dürfen nur dann aus der der Kategorie erfolgswirksam zum beizulegenden Zeitwert bewertet umgegliedert werden, wenn das Unternehmen für diese keine kurzfristige Veräußerungsabsicht mehr hat. Ferner ist dies nur in *seltenen* Umständen zulässig (IAS 39.50(c) i.V.m. 50B-C). IAS 39 führt nicht näher aus, was seltene Umstände ausmacht.[92] Jedoch hat das IASB diese Umgliederungsmöglichkeit im Oktober 2008 aus Anlass der **Finanzkrise** geschaffen, woraus sich der Kontext für die Auslegung von „seltenen Umständen" ergibt. Andere seltene Umstände können ggf. dann vorliegen, wenn sich außerhalb einer Finanzkrise das Geschäftsmodell eines Unternehmens fundamental ändert, z.B. durch Aufgabe des Geschäftsmodells eines ganzen Segments wie Investmentbanking. Reine Portfolioverschiebungen zwischen Segmenten erfüllen dieses Kriterium dagegen nicht. Im Fall einer Umgliederung entsprechen die Anschaffungsko-

---

90 Siehe Rn 110ff.
91 Einschließlich derer, die die Oberbegriffe Finanzinstrument oder Derivat mit umfassen.
92 In der Grundlage für die Schlussfolgerungen wird auf einmalige, ungewöhnliche Umstände, deren Wiederholung in naher Zukunft unwahrscheinlich ist, Bezug genommen (siehe IAS 39.BC104D).

sten oder die fortgeführten Anschaffungskosten im Zeitpunkt der Umgliederung dem beizulegenden Zeitwert in diesem Zeitpunkt. Außerdem ist ein nicht auf einem aktiven Markt notiertes Eigenkapitalinstrument aus der Kategorie erfolgswirksam zum beizulegenden Zeitwert bewertet umzugliedern, wenn der beizulegende Zeitwert dieses Eigenkapitalinstruments nicht mehr verlässlich ermittelbar ist. Dasselbe gibt für Derivate, die sich auf solche Eigenkapitalinstrumente beziehen und durch Übertragung dieser Instrumente zu erfüllen sind. In diesen Fällen stellt der beizulegende Zeitwert im Zeitpunkt der Umgliederung die Anschaffungskosten dar (IAS 39.54).

(c) **in die Kategorie „bis zur Endfälligkeit zu haltende Finanzinvestitionen"**: Umgliederungen in diese Kategorie können sich als Folge in der Fähigkeit oder Absicht des Unternehmens, ein Schuldinstrument der Kategorie zur Veräußerung verfügbare finanzielle Vermögenswerte nunmehr bis zur Endfälligkeit zu halten, ergeben (IAS 39.54). Ferner kann eine Umgliederung aus der Kategorie erfolgswirksam zum beizulegenden Zeitwert bewertet unter den zuvor genannten seltenen Umständen (siehe Unterabschnitt (b) in dieser Rn.) zu einer Umgliederung in die Kategorie bis zur Endfälligkeit zu haltende Finanzinvestitionen führen. Außerdem kann sich eine Umgliederung in die Kategorie bis zur Endfälligkeit zu haltende Finanzinvestitionen aus dem Ablauf der Sperrfrist für die Nutzung dieser Kategorie nach einem sog. **Tainting**[93] ergeben.

(d) **aus der Kategorie „bis zur Endfälligkeit zu haltende Finanzinvestitionen"**: Umgliederungen aus dieser Kategorie können sich ergeben, wenn das Unternehmen nicht länger die Fähigkeit oder Absicht hat, ein Schuldinstrument bis zur Endfälligkeit zu halten (IAS 39.51). Umgliederungen ergeben sich auch als Folge des sog. Tainting[94], das jegliche Nutzung dieser Kategorie während einer Sperrfrist untersagt, so dass alle in der Kategorie „bis zur Endfälligkeit zu haltende Finanzinvestitionen" befindlichen finanziellen Vermögenswerte umzugliedern sind. In beiden Fällen erfolgt die Umgliederung in die Kategorie „zur Veräußerung verfügbare finanzielle Vermögenswerte". Die Differenz zwischen Buchwert vor Umgliederung und dem beizulegenden Zeitwert in diesem Zeitpunkt ist im sonstigen Ergebnis zu erfassen.

(e) **in die Kategorie Kredite und Forderungen**: Umgliederungen in diese Kategorie können sich aus der Umgliederung von finanziellen Vermögenswerten der Kategorien erfolgswirksam zum beizulegenden Zeitwert bewertet und zur Veräußerung verfügbare finanzielle Vermögenswerte ergeben, wenn ein Unternehmen nunmehr die Fähigkeit und Absicht hat, diese finanziellen Vermögenswerte mindestens für die absehbare Zukunft zu halten und die finanziellen Vermögenswerte

---

93 Siehe Rn 118.
94 Siehe Rn 118.

VI. Kategorisierung

die Definition der Kategorie „Kredite und Forderungen" erfüllen (IAS 39.50D-E). Der beizulegende Zeitwert im Zeitpunkt der Umgliederung stellt die fortgeführten Anschaffungskosten in diesem Zeitpunkt dar. Bei einer Umgliederung aus der Kategorie „zur Veräußerung verfügbare finanzielle Vermögenswerte" sind sowohl zuvor im sonstigen Ergebnis erfasste Gewinne und Verluste als auch der Unterschiedsbetrag zwischen den fortgeführten Anschaffungskosten im Zeitpunkt der Umgliederung und dem Rückzahlungsbetrag bei Endfälligkeit gemäß der **Effektivzinsmethode** über die Restlaufzeit erfolgswirksam zu erfassen. Im Falle einer Wertminderung ist der Gesamtbetrag etwaiger zuvor im sonstigen Ergebnis erfasster Gewinne und Verluste sofort erfolgswirksam zu erfassen.

(f) **aus der „Kategorie Kredite und Forderungen":** IAS 39 erlaubt keine Umgliederungen aus dieser Kategorie.

(g) **in die Kategorie „zur Veräußerung verfügbare finanzielle Vermögenswerte":** Umgliederungen in diese Kategorie können sich aus Umgliederungen aus der Kategorie „bis zur Endfälligkeit zu haltende Finanzinvestitionen" ergeben (siehe Unterabschnitt (d) in dieser Rn.) Ferner können Umgliederungen aus der Kategorie „erfolgswirksam zum beizulegenden Zeitwert" bewertet unter den zuvor genannten seltenen Umständen (siehe Unterabschnitt (b) in dieser Rn.) zu einer Umgliederung in die Kategorie „zur Veräußerung verfügbare finanzielle Vermögenswerte" führen. Außerdem ist ein nicht auf einem aktiven Markt notiertes Eigenkapitalinstrument in die Kategorie zur Veräußerung verfügbare finanzielle Vermögenswerte umzugliedern, wenn der beizulegende Zeitwert dieses Eigenkapitalinstruments verlässlich ermittelbar wird. In diesen Fällen ist die Differenz zwischen vorherigem Buchwert und dem beizulegenden Zeitwert im Zeitpunkt der Umgliederung bis zu einer späteren Veräußerung oder Wertminderung im sonstigen Ergebnis zu erfassen (IAS 39.53 i.V.m. IAS 39.55).

(h) **aus der Kategorie „zur Veräußerung verfügbare finanzielle Vermögenswerte":** Umgliederungen aus dieser Kategorie können sich aus Umgliederungen in die Kategorie „bis zur Endfälligkeit zu haltende Finanzinvestitionen" ergeben (siehe Unterabschnitt (c) in dieser Rn.) Ferner können sich Umgliederungen aus der Kategorie „zur Veräußerung verfügbare finanzielle Vermögenswerte" in die Kategorie „Kredite und Forderungen" aus einer Änderung der Fähigkeit und Absicht eines Unternehmens, diese finanziellen Vermögenswerte nunmehr mindestens für die absehbare Zukunft zu halten, ergeben (siehe Unterabschnitt (e) in dieser Rn.) Außerdem ist ein nicht auf einem aktiven Markt notiertes Eigenkapitalinstrument aus der Kategorie zur Veräußerung verfügbare finanzielle Vermögenswerte umzugliedern und zu Anschaffungskosten zu bewerten, wenn der beizulegende Zeitwert dieses Eigenkapitalinstruments nicht mehr verlässlich ermittelbar ist. In diesen Fällen stellt der beizulegende Zeitwert im Zeitpunkt der Umgliederung die Anschaffungskosten dar. Zuvor im sonstigen Ergebnis erfasste Gewinne und Verluste werden erst bei einer späteren Veräußerung oder Wertminderung erfolgswirksam in der Gewinn- und Verlustrechnung erfasst (IAS 39.54(b)).

130 **4. Umgliederungen nach IFRS 9.** Umgliederungen nach IFRS 9 ergeben sich ausschließlich bei einer **Änderung des Geschäftsmodells (IFRS 9.4.9).**[95] IFRS 9 stellt klar, dass solche Umstände sehr selten sind, z.b. im Zusammenhang mit einem fundamentalen Strukturwandel im Zusammenhang mit einem Unternehmenszusammenschluss oder der Einstellung eines Geschäftsbereichs (IFRS 9.B5.9). Insbesondere sind reine Absichtsänderungen bzgl. individueller finanzieller Vermögenswerte, vorübergehende Änderungen von Marktgegebenheiten wie **Liquiditätsschwankungen** (für sich genommen – ohne dass dies einen fundamentalen, permanenten Strukturwandel auslöst) oder die Übertragung finanzieller Vermögenswerte zwischen Unternehmensbereichen mit verschiedenen Geschäftsmodellen keine Änderung des Geschäftsmodells i.S.v. IFRS 9 (IFRS 9.B5.11).

131 Eine Änderung des Geschäftsmodells wird erst prospektiv zum Beginn der auf diese Änderung folgenden Berichtsperiode (Umgliederungszeitpunkt) wirksam (IFRS 9.5.3.1). Bei einem Wechsel von einer Folgebewertung zu fortgeführten Anschaffungskosten zu einer zum beizulegenden Zeitwert ist der Unterschied zwischen diesen Beträgen (ermittelt zum Umgliederungszeitpunkt) erfolgswirksam in der Gewinn- und Verlustrechnung zu erfassen (IFRS 9.5.3.2). Umgekehrt stellt bei einem Wechsel von einer Folgebewertung zum beizulegenden Zeitwert zu einer zu fortgeführten Anschaffungskosten der beizulegende Zeitwert (ermittelt zum Umgliederungszeitpunkt) den neuen Buchwert im Umgliederungszeitpunkt dar (IFRS 9.5.3.3).

132 **VII. Zugangsbewertung.** Die Vorschriften zur Zugangsbewertung von Finanzinstrumenten nach IAS 39 und IFRS 9 sind gleich. Die nachfolgenden Ausführungen beziehen sich daher soweit sie finanzielle Vermögenswerte betreffen gleichermaßen auf diese beiden Standards.

133 Die Bewertung von Finanzinstrumenten bei Zugang, die erfolgswirksam zum beizulegenden Zeitwert bewertet werden, erfolgt zum beizulegenden Zeitwert. Für alle anderen finanziellen Vermögenswerte werden dem beizulegenden Zeitwert **Transaktionskosten** hinzugerechnet und bei finanziellen Verbindlichkeiten entsprechend abgezogen (IAS 39.43; IFRS 9.5.1.1)). Transaktionskosten sind definiert (IAS 39.9) als zusätzliche Kosten, die ohne die Transaktion, die zum erstmaligen Ansatz des Finanzinstruments führt, nicht entstanden wären und der Transaktion unmittelbar zurechenbar sind. Beispiele sind Provisionen, Gebühren, Abgaben und Steuern. Dabei ist es unerheblich, ob diese an externe Parteien (z.B. Berater, Makler, Börsen, Finanzintermediäre oder Behörden) oder Mitarbeiter des Unternehmens (z.B. interne Provisionen) gezahlt werden. Daher sind interne und externe Gemeinkosten keine

---

95 Zum Geschäftsmodell siehe Rn 127.

Transaktionskosten, d.h. solche Kosten dürfen nicht einzelnen Transaktionen zugeschlüsselt werden. Folglich sind z.B. Finanzierungskosten und interne Verwaltungskosten nicht in die erstmalige Bewertung einzubeziehen (IAS 39.AG13).

Die Verwendung des beizulegenden Zeitwerts zum Zweck der Zugangsbewertung hat in zwei Umständen praktische Bedeutung: 134

- **Abweichung des beizulegenden Zeitwerts vom Transaktionspreis**: weicht der beizulegende Zeitwert vom Transaktionspreis (ausschließlich etwaiger Transaktionskosten) ab, so ist die Art der Ermittlung des beizulegenden Zeitwerts entscheidend für die Bilanzierung. Ist der beizulegende Zeitwert entweder ein direkt (d.h. für das gleiche Finanzinstrument) beobachtbarer Marktpreis oder das Ergebnis eines Bewertungsverfahrens, das ausschließlich an Märkten beobachtbare Parameter verwendet, so ist die Differenz zwischen Transaktionspreis und beizulegendem Zeitwert sofort erfolgswirksam als Gewinn oder Verlust zu erfassen (**day one gain/loss**). Wird der beizulegende Zeitwert dagegen auf eine andere Art ermittelt (d.h. unter Verwendung wesentlicher nicht an einem Markt beobachtbarer Variablen), so ist eine Differenz zwischen Transaktionspreis und beizulegendem Zeitwert nur nach der erstmaligen Bewertung und nur insoweit zu erfassen, wie er auf Änderungen eines Faktors beruht, den Marktteilnehmer bei der Preisbildung berücksichtigen würden. Solche Faktoren umfassen auch den Zeitablauf (IAS 39.AG76-76A). Allerdings lassen die Vorschriften offen, welche Verteilungsmethoden für die Differenz konkret in Betracht kommen. Im Hinblick auf die Frage, ob eine lineare Verteilung über die Laufzeit des Finanzinstruments zulässig sei, lehnte das IASB eine Klarstellung ab und gab lediglich den Hinweis, dass eine solche Verteilung in einigen Fällen angemessen sein könne, in anderen dagegen nicht (IAS 39.BC222(v)(ii)). Dazu ist anzumerken, dass eine lineare Verteilung nur in Ausnahmefällen die Preisbildung durch Marktteilnehmer widerspiegelt. Dies liegt daran, dass Zinsberechnungen (und damit die Einbeziehung des **Zeitwerts des Geldes**) mit Ausnahme vereinfachter unterjähriger Verzinsung auf Exponentialrechnung statt linearer Mathematik beruhen. Insbesondere der Faktor Zeit kann daher regelmäßig *nicht* als Grundlage einer linearen Verteilung angeführt werden, sondern erfordert im Gegenteil eine nicht-lineare Verteilung. In der Praxis finden als angemessene Verteilungsmethoden z.B. die folgende Vorgehensweisen Anwendung: eine Erfassung der Differenz in dem Zeitpunkt, in dem erstmals alle verwendeten Variablen an einem Markt beobachtbar sind (z.B. wenn in die Berechnung einfließende Terminpreise erstmals in den Zeitraum der Terminkurve fallen, der an einem aktiven Markt beobachtbar ist). Eine andere Methode ist die Kalibrierung der Ermittlung des beizulegenden Zeitwerts auf den Transaktionspreis, indem eine nicht an einem aktiven Markt beobachtbare Variable angepasst wird. Diese Variable wird dann an den folgenden Bewertungsstichtagen in gleicher Weise wie zum Zeitpunkt der erstmaligen Bewertung angepasst. Bei Finanzinstrumenten mit periodischen Zahlungen wie z.b. Swaps mit monatlichen oder quartalsweisen Nettozahlungen ergibt sich implizit eine Erfassung der ursprünglichen Differenz über die Laufzeit (jedoch auf einer nicht-linearen Basis).

- **Abweichung zwischen Transaktion und Finanzinstrument**: Wenn das zwischen den Parteien gezahlte Entgelt sich nicht ausschließlich auf das Finanzinstrument bezieht, sondern auch andere Aspekte betrifft, umfasst die Transaktion mehr als nur das Finanzinstrument. Das Entgelt stellt unter diesen Umständen daher nicht den Transaktionspreis des Finanzinstruments (allein) dar. Daher ist der Transaktionspreis auf den beizulegenden Zeitwert des Finanzinstruments einerseits und seine übrigen Bestandteile andererseits aufzuteilen. Diese übrigen Bestandteile sind separat unter Heranziehung der IFRS insgesamt hinsichtlich ihrer Bilanzierung zu würdigen (IAS 39.AG64). Gewährt z.B. ein Mutterunternehmen einem Tocherunternehmen ein **unverzinsliches Darlehen** zum Nominalwert, so beträgt der beizulegende Zeitwert des Darlehens für den Zweck dessen erstmaliger Bewertung den Barwert des Tilgungsbetrags diskontiert mit dem Zinssatz, der vom Tochterunternehmen für ein nach Höhe, Fälligkeit und Besicherung (Kreditrisiko) sowie etwaiger anderer Ausstattungsmerkmale (u.a. Nullkupon) vergleichbares Darlehen als marktgerechter Zins zu entrichten wäre. Der Unterschiedsbetrag zwischen dem gezahlten Nominalwert und dem niedrigeren beizulegenden Zeitwert stellt eine Kapitaleinlage des Mutterunternehmens beim Tochterunternehmen dar und ist als solche zu bilanzieren. Ein anderes Beispiel sind sogenannte **Lockangebote** (oder **loss leader**), bei denen ein Unternehmen Finanzprodukte unter Marktwert anbietet, um Marktanteile zu gewinnen. Wenn z.B. eine Bank ein Darlehen mit einer unterverzinslichen Anfangsperiode (die nicht durch nachfolgende überverzinsliche Perioden insgesamt auf Marktniveau ausgeglichen wird) ausreicht, um Neukunden zu gewinnen, so erfolgt die erstmalige Bewertung durch die Bank zum beizulegenden Zeitwert und die Differenz zum höheren Auszahlungsbetrag des Darlehens stellt Vertriebsaufwand dar, der sofort in vollem Umfang erfolgswirksam zu erfassen ist.

135 Die Zugangsbewertung von **Forderungen aus Lieferungen und Leistungen** ist ein Sachverhalt, bei dem die IFRS-Vorschriften einerseits und die Praxis andererseits in einem problematischen Verhältnis stehen. IAS 39 erfordert die erstmalige Bewertung aller Finanzinstrumente zum beizulegenden Zeitwert (ggf. mit Anpassung für Transaktionskosten). In der Praxis werden kurzfristige Forderungen aus Lieferungen und Leistungen bei ihrem erstmaligen Ansatz regelmäßig zum **Nominalwert** bewertet. Dies wird oft damit gerechtfertigt, dass IAS 39 explizit im Hinblick auf die Bewertung zum beizulegenden Zeitwert ausführt, dass kurzfristige Forderungen und

Verbindlichkeiten ohne festgelegten Zinssatz mit dem ursprünglichen **Rechnungsbetrag** bewertet werden können, sofern der Abzinsungseffekt unwesentlich ist (IAS 39. AG79). Dabei ist jedoch zu beachten, dass IAS 39 diese Vereinfachung davon abhängig macht, dass ihr Effekt nicht wesentlich ist, und dass diese Wesentlichkeitsbeurteilung auch den Effekt des Kreditrisikos einbeziehen muss. Dies liegt daran, dass der relevante Diskontierungszinssatz das mit der jeweiligen Forderung verbundene Kreditrisiko widerspiegeln muss (IAS 39.AG79 und AG82(b)).[96] Eine Wesentlichkeitsbeurteilung, die auf der Laufzeit der Forderung und dem riskofreien Zinsniveau oder dem den Swapsätzen zu Grunde liegenden Kreditrisiko (z.b. LIBOR Zinsniveau) beruht, ist daher nicht im Einklang mit IAS 39. Auch ein Verweis auf IAS 18 *Revenue* führt zum selben Ergebnis, da Umsatzerlöse zum *beizulegenden Zeitwert* des zu beanspruchenden Entgelts (d.h. des Zahlungsversprechens) statt zum Nominalwert zu bewerten sind (IAS 18.9). In der Praxis wird dagegen erst bei mittel- und langfristigen Forderungen eine Abzinsung und damit auch eine Bewertung des Kreditrisikos vorgenommen.

VIII. Folgebewertung. 1. Folgebewertung nach IAS 39. a) Finanzielle Vermögenswerte. Die Folgebewertung nach IAS 39 folgt weitgehend den Kategorien[97], die der Standard für Finanzinstrumente definiert (IAS 39.45). Grundsätzlich erfolgt die Folgebewertung zum beizulegenden Zeitwert oder zu fortgeführten Anschaffungskosten mit einigen Sonderregelungen für bestimmte Finanzinstrumente, die speziellen Bewertungsmethoden unterliegen. Für nicht zum beizulegenden Zeitwert bewertete Finanzinstrumente kann sich ferner aufgrund der Vorschriften zur Bilanzierung für Sicherungsgeschäfte eine Abweichung von der normalen Folgebewertung ergeben (siehe dazu den Abschnitt „Bilanzierung von Sicherungsgeschäften").

136

Für finanzielle Vermögenswerte ergibt sich die Folgebewertung in Abhängigkeit ihrer Kategorisierung wie folgt:

137

- **Erfolgswirksam zum beizulegenden Zeitwert bewertet**: beizulegender Zeitwert.
- **Bis zur Endfälligkeit zu haltende Finanzinvestitionen**: fortgeführte Anschaffungskosten.
- **Kredite und Forderungen**: fortgeführte Anschaffungskosten.
- **Zur Veräußerung verfügbare finanzielle Vermögenswerte**: beizulegender Zeitwert.

Für Finanzinvestitionen in Eigenkapitalinstrumente besteht eine Ausnahme von der Bewertung zum beizulegenden Zeitwert, wenn diese Instrument nicht auf einem **aktiven Markt** notiert sind und auch mittels Bewertungsverfahren der beizulegende Zeitwert nicht verlässlich ermittelbar ist. Dies gilt auch für derivative Finanzinstru-

138

---
96 IAS 18.11(a) enthält eine entsprechende Regelung im Zusammenhang mit Forderungen aus Lieferungen und Leistungen.
97 Siehe Rn 103f.

mente, die sich auf solche Eigenkapitalinstrumente beziehen und durch Übertragung dieser Instrumente (d.h. physisch) zu erfüllen sind. Die Bewertung dieser Eigenkapitalinstrumente und derivativen Finanzinstrumente erfolgt zu deren Anschaffungskosten ggf. abzüglich Wertminderung (IAS 39.46(c)).

139 In der Praxis ist diese Ausnahme teilweise sehr weitgehend angewandt worden, so dass für Anteile an nicht notierten Unternehmen die Bewertung zu Anschaffungskosten eher die Regel als die Ausnahme darstellt. Dies ist im Hinblick auf die Anwendungsleitlinien zu dieser Ausnahme problematisch. Diese stellen klar, dass die Schätzung des beizulegenden Zeitwerts für von Dritten erworbene finanzielle Vermögenswerte in der Regel *möglich* ist (IAS 39.AG81). Daher ist die weit verbreitete Praxis, nicht notierte Eigenkapitalinstrumente wie z.b. **GmbH-Anteile** allein mangels Notierung an einer Börse zu Anschaffungskosten zu bewerten, fragwürdig.

140 **b) Finanzielle Verbindlichkeiten.** Für finanzielle Verbindlichkeiten ergibt sich die Folgebewertung in Abhängigkeit ihrer Kategorisierung wie folgt:

- **Erfolgswirksam zum beizulegenden Zeitwert bewertet**: beizulegender Zeitwert.
- **Alle übrigen finanziellen Verbindlichkeiten** (dies sind finanzielle Verbindlichkeiten, die weder zum erfolgswirksam zum beizulegenden Zeitwert bewertet werden noch einer der im Folgenden beschriebenen besonderen Folgebewertungen unterliegen): fortgeführte Anschaffungskosten.

141 Daneben bestehen folgende besondere Folgebewertungen für finanzielle Verbindlichkeiten:

- **Derivate auf nicht notierte Eigenkapitalinstrumente**: im Einklang mit der Ausnahme bzgl. finanzieller Vermögenswerte[98] besteht auch für derivative Finanzinstrumente die Verbindlichkeiten sind eine Ausnahme von der Bewertung zum beizulegenden Zeitwert. Dies betrifft derivative Verbindlichkeiten, die sich auf Eigenkapitalinstrumente ohne Notierung auf einem aktiven Markt beziehen, deren beizulegender Zeitwert nicht verlässlich ermittelbar ist, wenn das Derivat durch Übertragung solcher Eigenkapitalinstrumente zu erfüllen ist. Die Bewertung dieser Derivate erfolgt zu Anschaffungskosten (IAS 39.47(a)).
- **Finanzielle Verbindlichkeiten als Folge der Übertragung finanzieller Vermögenswerte**: in bestimmten Fällen ergibt sich als Folge der Bilanzierung von Übertragungen finanzieller Vermögenswerte, die nicht zu deren vollständiger Ausbuchung führen, eine Verbindlichkeit *sui generis*. Solche Verbindlichkeiten unterliegen einer besonderen Folgebewertung, die im Zusammenhang mit den Vorschriften zur Ausbuchung finanzieller Vermögenswerte geregelt ist (IAS 39.47(b)).

---

98 Siehe Rn 138.

VIII. Folgebewertung

- **Finanzielle Garantien:** eine finanzielle Garantie ist definiert als Vertrag zwischen Garantiegeber und Garantienehmer, der bestimmte Entschädigungszahlungen im Fall eines Verlusts des Garantienehmers aufgrund nicht fristgemäßer Zahlung eines bestimmten Schuldners unter den Bedingungen eines Schuldinstruments erfordert. Die Folgebewertung einer finanziellen Garantie erfolgt zum höheren Betrag aus (i) demjenigen, der sich gemäß IAS 37 (für eine Rückstellung) ergeben würde, und (ii) dem Betrag bei erstmaliger Bewertung abzüglich der kumulierten als Ertrag gemäß IAS 18 erfassten Beträge (IAS 39.47(c)).

- **Kreditzusagen zu Zinskonditionen unterhalb des Marktzinssatzes:** obwohl solche Kreditzusagen derivative Finanzinstrumente sind (IAS 39.BC15), erfolgt die Folgebewertung nicht zum beizulegenden Zeitwert, sondern wie die für finanzielle Garantien.[99]

2. Folgebewertung nach IFRS 9. Für die Folgebewertung nach IFRS 9 wird auf die Ausführungen zur Kategorisierung verwiesen (siehe Abschnitt „**Kategorisierung nach IFRS 9**").

3. Bewertungsmethoden zur Folgebewertung. a) Beizulegender Zeitwert. Der **beizulegende Zeitwert** ist in IAS 39[100] (und durch Bezugnahme darauf in gleicher Weise in IFRS 9[101]) definiert als derjenige Betrag, der dem Tausch eines finanziellen Vermögenswerts oder der Begleichung einer finanziellen Verbindlichkeit in einer Transaktion zwischen sachverständigen, vertragswilligen voneinander unabhängigen Parteien zugrunde liegen würde. Aus dieser Definition folgt, dass der beizulegende Zeitwert unter Annahme der **Unternehmensfortführung** bestimmt wird, so dass Werte, die Transaktionen oder eine Liquidation unter Zwang oder Notverkäufe widerspiegeln, außer Acht bleiben (IAS 39.AG69).

Die Bestimmung des beizulegenden Zeitwerts nach IAS 39 (und damit auch IFRS 9) erfolgt auf der Basis der folgenden Hierarchie:

- **Preisnotierungen auf einem aktiven Markt:** liegen solche Preisnotierungen vor, so sind diese als beizulegender Zeitwert zu verwenden, da sie den besten objektiven Hinweis auf den beizulegenden Zeitwert darstellen (IAS 39.AG71).

- **Bewertungsverfahren:** die Bestimmung des beizulegenden Zeitwerts von Finanzinstrumenten, die nicht auf einem aktiven Markt notiert sind, erfolgt mittels Bewertungsverfahren. Generell muss ein Bewertungsverfahren alle Faktoren einbeziehen, die von Marktteilnehmern berücksichtigt werden würden, und im Einklang mit anerkannten wirtschaftlichen Methoden zur Preisfindung für Finanzinstrumente stehen (IAS 39.AG76). Wenn es ein unter Marktteilnehmern weit verbreitetes Bewertungsverfahren gibt, das sich als gute Näherung für tat-

---

99 Siehe den zweiten Unterpunkt in dieser Rn.
100 Siehe IAS 39.9.
101 Siehe IFRS 9, Anhang A.

sächliche Transaktionspreise erwiesen hat, so ist dieses Verfahren zu wählen. Generell hat ein Bewertungsverfahren so weit wie möglich Marktdaten statt unternehmensspezifischer Daten zu verwenden. Die Art der verwendeten Daten hat Auswirkungen auf die Bilanzierung einer etwaigen Abweichung des beizulegenden Zeitwerts vom Transaktionspreis (siehe die Ausführungen zur erstmaligen Bewertung in Rn. 134). **Bewertungsmethoden** umfassen z.b. die Verwendung von Informationen aus Markttransaktionen in jüngerer Vergangenheit oder aktuellen beizulegenden Zeitwerten ähnlicher Finanzinstrumente, Barwertverfahren und Optionspreismodelle (IAS 39.48A).

145 In der Praxis hat die Bestimmung beizulegender Zeitwerte zu zahlreichen Problemen geführt. Dies betrifft insbesondere die Einbeziehung des **Kreditrisikos** in den beizulegenden Zeitwert. So sehen z.b. viele Standardprogramme zur Ermittlung beizulegender Zeitwerte keine expliziten Eingabeparameter für das Kreditrisiko vor. Bei Derivaten, die wechselseitige Zahlungen der Vertragsparteien auf Brutto- oder Nettobasis vorsehen (z.b. Zinsswaps), ist zudem das Kreditrisiko aller Parteien (d.h. auch das des bilanzierenden Unternehmens) zu berücksichtigen. Dies wird zusätzlich dadurch erschwert, dass das Kreditrisiko des jeweils zu bewertenden Finanzinstruments maßgeblich ist, was aufgrund von Kreditsicherheiten, der Rangfolge im Insolvenzfall etc. von der Bonität der Vertragspartei abweichen kann. Die Art und Verfahren der Einbeziehung des Kreditrisikos in die Bestimmung beizulegender Zeitwerte befindet sich für komplexe Produkte derzeit noch in der Entwicklung.

146 **b) Fortgeführte Anschaffungskosten.** Die Bewertungsmethode „fortgeführte Anschaffungskosten" ist für IAS 39 und IFRS 9 identisch (IAS 39.9; IFRS 9, Appendix A). Die Beschreibung dieser Bewertungsmethode erfolgt weitgehend mittels der beiden Definitionen von „fortgeführte Anschaffungskosten eines finanziellen Vermögenswerts oder einer finanziellen Verbindlichkeit" und „Effektivzinsmethode", die gegenseitig auf einander Bezug nehmen. Die beiden Definitionen beschreiben die Bewertungsmethode aus zwei verschiedenen Perspektiven, was das Verständnis der Bewertungsmethode in der Praxis erschwert hat.

147 Die Definition „fortgeführte Anschaffungskosten eines finanziellen Vermögenswerts oder einer finanziellen Verbindlichkeit" beschreibt die Bewertung als denjenigen Betrag, der sich aus der Anpassung des Betrags bei erstmaligem Ansatz für die (kumulierte) Amortisation eines Unterschiedsbetrags zwischen diesem Betrag und dem Fälligkeitsbetrag, Tilgungen und Wertminderungen ergibt. Diese Beschreibung spiegelt die traditionelle Sichtweise eines anschaffungskostenbasierten Betrags wider, der dann für Abgrenzungsbuchungen etc. angepasst wird. Allerdings ist zu beachten, dass für die Bestimmung der kumulierten Amortisation die **Effektivzinsmethode** an-

VIII. Folgebewertung

zuwenden ist. Das präzisere und umfassendere Verständnis der Bewertungskategorie ergibt sich daher – insbesondere für kompliziertere Fälle – aus der Definition der Effektivzinsmethode.

Die Definition der „Effektivzinsmethode" beschreibt die Bewertung – indirekt – als den **mittels des Effektivzinssatzes ermittelten Barwert der geschätzten künftigen Cashflows** des Finanzinstruments. Dabei sind die Cashflows auf Basis der Vertragskonditionen wie z.B. bzgl. vorzeitiger Rückzahlungen zu schätzen. Nur wenn eine solche Schätzung nicht verlässlich möglich ist, kann stattdessen die maximale Vertragslaufzeit herangezogen werden. Für Gruppen von Finanzinstrumenten besteht die widerlegbare Vermutung, dass eine verlässliche Schätzung möglich ist. Für die Bestimmung des Effektivzinssatzes sind alle zwischen den Vertragsparteien gezahlten Gebühren, die gem. IAS 18 integraler Bestandteil der Effektivverzinsung sind, **Transaktionskosten** sowie **Agien** und **Disagien** einzubeziehen. Im Gegensatz dazu sind künftige Kreditausfälle von der Schätzung der Cashflows auszunehmen. Bei finanziellen Vermögenswerten, die mit einem hohen Abschlag erworben werden, der bereits objektive Hinweise auf Kreditausfälle widerspiegelt, sind diese Kreditausfälle jedoch bei der Schätzung der Cashflows zum Zweck der Effektivzinssatzermittlung einzubeziehen (IAS 39.AG5). Die Ermittlung der fortgeführten Anschaffungskosten als Barwert führt auch dazu, dass sich auch nach Erfassung einer Wertminderung auf einen finanziellen Vermögenswert weiterhin ein Zinsertrag ergibt (IAS 39.AG93). Dies ist auf den Effekt des Anstiegs des Barwerts aufgrund des Zeitfortschritts, d.h. der sich verkürzenden Abzinsungsperiode (sog. „**unwinding**" Effekt) zurückzuführen. Daher ergibt sich nach IFRS immer ein Zinsertrag, es sei denn, ein finanzieller Vermögenswert ist vollständig wertberichtigt (d.h. hat einen Buchwert von Null).

Der Effektivzinssatz ist derjenige Zinssatz, der die geschätzten künftigen Cashflows des Finanzinstruments auf dessen Buchwert abzinst (IAS 39.9). Es handelt sich somit um einen **internen Zinsfuß**, der mittels Iteration zu bestimmen ist. In der Praxis sind iterative Berechnungen nur schwierig in IT-Systeme zu integrieren, insbesondere da die relevanten Cashflows oft über die vertraglich bedingenen hinausgehen (z.B. Transaktionskosten) oder Schätzungen im Rahmen vertraglich vereinbarter Bandbreiten erfordern (z.B. Annahmen bzgl. vorzeitiger Rückzahlung). Für größere Gruppen oder Portfolien ist die Erfassung der erforderlichen Rohdaten für geschätzte Cashflows und die nachfolgende Ermittlung eines internen Zinsfußes mittels **Iteration** ebenfalls schwierig. Für geschlossene Portfolien kann die Berechnung zwar wie für ein einzelnes Finanzinstrument vorgenommen werden, aber für die in der Praxis vorherrschenden offenen Portfolien werden in der Regel Näherungslösungen verwendet. Dabei handelt es sich z.B. um eine Erfassung der Transaktionskosten auf Portfolioebene, für die ein Amortisationsprofil ermittelt wird, das als Anpassung des Zinsertrags (oder –aufwands) dem Ergebnis einer Effektivzinsberechnung nahe kommt. Die Ermittlung des Amortisationsprofils ist in Abhängigkeit der konkreten Umstände mehr oder minder kompliziert (z.B. linear oder nicht-linear).

150   Für **festverzinsliche** Finanzinstrumente wird der Effektivzinssatz im Zeitpunkt des erstmaligen Ansatzes bestimmt und dann für die gesamte Laufzeit konstant gehalten (der sog. ursprüngliche Effektivzinssatz) (IAS 39.AG8). Dies gilt auch, wenn im Rahmen der Folgebewertung eine Wertminderung zu bilanzieren ist (IAS 39.AG84). Aufgrund der Verwendung eines konstanten Effektivzinssatzes führt jede Änderung in der Schätzung der künftigen Cashflows zu einer Abweichung des Barwerts dieser Cashflows von dem Buchwert, der sich ohne Schätzungsänderung ergeben hätte. Diese Differenz ist sofort (d.h. in der Periode, in der die Schätzung revidiert wurde) erfolgswirksam in der Gewinn- und Verlustrechnung zu erfassen (IAS 39.AG8). Solche Schätzungsänderungen betreffen z.B. Annahmen bzgl. der vorzeitigen Rückzahlung eines Finanzinstruments.

151   Für **variabel verzinsliche** Finanzinstrumente ist die Anwendung der Effektivzinsmethode komplizierter als bei festverzinslichen Finanzinstrumenten. Ursache ist, dass der Effektivzinssatz nicht wie bei festverzinslichen Finanzinstrumenten für die gesamte Laufzeit konstant gehalten wird, sondern sich mit jeder Änderung des Marktzinsniveaus ändert (IAS 39.AG7). Dies liegt daran, dass jede Änderung der **Zinsstrukturkurve** des Referenzzinssatzes die Terminzinssätze und damit die darauf beruhende Schätzung der künftigen variablen Zins-Cashflows ändert. Sofern der Buchwert des variabel verzinslichen Finanzinstruments dem Nominalwert entspricht, hat die Änderung der Zinsstrukturkurve keinen Effekt im Vergleich zu einer Nominalwertbilanzierung mit Zinsabgrenzung auf Basis des jeweils festgelegten Zinskoupons (d.h. bgzl. der jeweils laufenden Zinsperiode). In solchen Fällen heben sich die Auswirkungen der Änderung Schätzung der künftigen variablen Zins-Cashflows einerseits und der Änderung der Diskontierungszinssätze andererseits auf. Daher entspricht bei zu pari emittierten oder erworbenen variabel verzinslichen Darlehen oder Anleihen der Zinsertrag oder -aufwand oft dem anteiligen Koupon (oder anteiligen Koupons) der für die jeweilige(n) Periode(n) entsprechend dem bedungenen Referenzzinssatz festgelegt wurde.

152   Weicht jedoch der Buchwert mehr als nur unwesentlich vom Nominalwert ab, so kann die Änderung der Zinsstrukturkurve Auswirkungen auf den Buchwert des Finanzinstruments haben. Dies ist z.B. bei signifikanten Transaktionskosten, Agien oder Disagien, oder nach der Erfassung einer Wertminderung der Fall. Die Anwendung der Effektivzinsmethode in diesen Fällen ist in der Praxis uneinheitlich und umstritten. Im Mai und Juli 2008 hat das IFRIC die Anwendung der Effektivzinsmethode im Zusammenhang mit inflationsindexierten Produkten und anderen vertraglich vereinbarten Änderungen von Zinszahlungen diskutiert (z.B. im Hinblick auf

VIII. Folgebewertung

Anpassungen von Zinszahlungen aufgrund der Änderung der Bonität des Schuldners im Hinblick auf vertraglich festgelegte Kennzahlen oder Ratings).[102] Das IFRIC verwies die Frage an das IASB zwecks Klarstellung der Regelungen in IAS 39. Das IASB diskutierte die Anwendung der Effektivzinsmethode im Oktober 2008 und kam zum vorläufigen Ergebnis, dass ein variabel verzinsliches Finanzinstrument eine Variabilität der vertraglichen Cashflows in Abhängigkeit von Änderungen von Markt-Variablen aufweist, und dass *diese Art* der Cashflow-Variabilität bei Ermittlung des Effektivzinssatzes nicht berücksichtigt wird.[103] Diese Änderungen sollten im Rahmen des „Annual Improvement Process" umgesetzt werden, sind aber im Hinblick auf das aktive Projekt zur Ablösung von IAS 39 nicht vollendet worden. Der im November 2009 vom IASB veröffentlichte Standardentwurf *Financial Instruments: Amortised Cost and Impairment* sieht eine Anwendung der Effektivzinsmethode vor, die für variabel verzinsliche Finanzinstrumente eine Verwendung von Cashflow Schätzungen auf Basis von Terminzinssätzen erfordert. Bis zur Vollendung dieses Projektabschnitts bzgl. der Bewertungsmethode „fortgeführte Anschaffungskosten" ist daher eine weiterhin uneinheitliche Praxis bzgl. der zuvor genannten Fragestellungen zu erwarten. Je nach Auslegung der Regelungen können sich daher auch[104] bei variabel verzinslichen Finanzinstrumenten Gewinne und Verluste aus Schätzungsänderungen der künftigen Cashflows ergeben.

Bei variabel verzinslichen Finanzinstrumenten ist die Behandlung von Transaktionskosten, Agien und Disagien davon abhängig, auf welchen Zeitraum sie sich jeweils beziehen. Ein Agio oder Disagio, das die Änderung des beizulegenden Zeitwerts eines Instruments während der aktuellen Zinsperiode aufgrund der bereits zu Periodenbeginn erfolgten Zinsfestlegung widerspiegelt, ist über die verbleibende Laufzeit dieser Zinsperiode zu verteilen. Dagegen sind Transaktionskosten, die die Gesamt- oder verbleibende Restlaufzeit betreffen, sowie bonitätsbedingte Agien oder Disagien über die jeweils verbleibende Restlaufzeit des Finanzinstruments zu verteilen (IAS 39.AG6).

4. Erfassung von Gewinnen und Verlusten. Die Erfassung von Gewinnen und Verlusten, die sich im Rahmen der Folgebewertung[105] ergeben, erfolg in Abhängigkeit der Bewertungskategorien.

Die Gewinne und Verluste aus Änderungen des beizulegenden Zeitwerts für Finanzinstrumente der Kategorie „**erfolgswirksam zum beizulegenden Zeitwert bewertet**" werden in der jeweiligen Periode, in der sie entstehen, in der Gewinn- und Verlustrechnung erfasst.

---

102 Siehe IFRIC Update vom Juli 2008, 3.
103 Siehe IASB Update vom Oktober 2008, 2.
104 Siehe Rn 150 bzgl. festverzinslicher Finanzinstrumente.
105 Zu Gewinnen und Verlusten, die im Rahmen der erstmaligen Bewertung auftreten können, siehe Rn 134.

156 Für **zur Veräußerung verfügbare finanzielle Vermögenswerte** sind Gewinne und Verluste aus Änderungen des beizulegenden Zeitwerts wie folgt zu unterscheiden (IAS 39.55(b) und AG83):

- Die Änderungen des beizulegenden Zeitwerts im Hinblick auf Wertminderungen, den nach der Effektivzinsmethode ermittelten Zinsertrag (für Investitionen in Schuldinstrumente), den Dividenertrag gem. IAS 18 (für Investitionen in Eigenkapitalinstrumente) sowie für Investitionen in *Schuldinstrumente* in einer Fremdwährung den Wechselkursgewinn oder -verlust werden erfolgswirksam in der Gewinn- und Verlustrechnung erfasst.

- Alle übrigen Änderungen des beizulegenden Zeitwerts sind im sonstigen Ergebnis zu erfassen, bis der jeweilige Vermögensert ausgebucht wird. Im Zeitpunkt der Ausbuchung wird der kumulative im sonstigen Ergebnis erfasste Gewinn- oder Verlust in den Abgangserfolg einbezogen und damit erfolgswirksam.

157 Für Investitionen in Schuldinstrumente in einer Fremdwährung wird der erfolgswirksam zu erfassende Wechselkursgewinn oder -verlust unter Anwendung von IAS 21 auf Basis der fortgeführten Anschaffungskosten in der Fremdwährung erfasst. Der erfolgsneutral im sonstigen Ergebnis zu erfassende Gewinn oder Verlust ergibt sich als der Änderung der Differenz zwischen fortgeführten Anschaffungskosten und beizulegendem Zeitwert in der funktionalen Währung des bilanzierenden Unternehmens (IAS 39 IG E.3.2).

158 Eine von den zuvor genannten Regelungen abweichende Erfassung in der Gewinn- und Verlustrechnung oder im sonstigen Ergebenis kann sich aufgrund der Vorschriften zur Bilanzierung für Sicherungsgeschäfte ergeben.[106]

159 Für zu **fortgeführten Anschaffungskosten** bewertete Finanzinstrumente (d.h. die Kategorien „bis zur Endfälligkeit zu haltende Finanzinvestitionen", „Kredite und Forderungen" sowie zu fortgeführten Anschaffungskosten bewertete finanzielle Verbindlichkeiten) werden Gewinne und Verluste im Zeitpunkt der Ausbuchung in den Abgangserfolg einbezogen und damit erfolgswirksam. Auf Wertminderungen beruhende Verluste sowie Gewinne aus Wertaufholungen werden dagegen sofort erfolgswirksam in der Gewinn- und Verlustrechnung erfasst (IAS 39.56). Außerdem können sich Gewinne und Verluste im Zusammenhang mit Schätzungsänderungen bzgl. künftiger Cashflows ergeben, die im Rahmen der Effektivzinsmethode sofort ergebniswirksam erfasst werden.[107]

160 Eine von den zuvor genannten Regelungen abweichende Erfassung in der Gewinn- und Verlustrechnung oder im sonstigen Ergebenis kann sich aufgrund der Vorschriften zur Bilanzierung für Sicherungsgeschäfte ergeben.[108]

---

106 Siehe Rn 202ff.
107 Siehe Rn 150 und 152.
108 Siehe Rn 202ff.

VIII. Folgebewertung

5. Die Wertminderungen. Die Bilanzierung von Wertminderungen nach IAS 39 beruht auf dem sog. „**incurred loss**" Modell. Demzufolge liegt eine Wertminderung ausschließlich dann vor, wenn sich aufgrund eines Ereignisses nach dem Zeitpunkt des erstmaligen Ansatzes objektive Hinweise auf eine Wertminderung ergeben (IAS 39.58-59). IAS 39 führt Beispiele von objektiven Hinweisen auf eine Wertminderung an, die teilweise nach Art des finanziellen Vermögenswerts differenzieren. Liegen solche Hinweise vor, ist ein ggf. bestehender Wertminderungsbedarf zu ermitteln und sofort in der Gewinn- und Verlustrechnung zu erfassen. Die Bemessung des Wertminderungsaufwands erfolgt in Abhängigkeit der Bewertungskategorien.

161

a) Objektive Hinweise auf eine Wertminderung. Objektive Hinweise auf eine Wertminderung umfassen u.a. die folgenden Beispiele (IAS 39.59):

162

- Der Emittent oder Schuldner befindet sich in erheblichen finanziellen Schwierigkeiten. Die Herabstufung eines Bonitätsratings für sich genommen ist kein ausreichender Anhaltspunkt für eine Wertminderung. Allerdings kann eine solche Herabstufung in Verbindung mit anderen Informationen ein objektiver Hinweis sein. In ähnlicher Weise ist eine Verringerung des beizulegenden Zeitwerts bzgl. der Ursachen zu analysieren, um z.B. die Auwirkung eines Anstiegs des riskofreien Zinssatzes zu eliminieren (IAS 39.60).

- Nichterfüllung des Vertrags, z.B. Zahlungsausfall oder -verzug.

- Der Kreditgeber macht dem Kreditnehmer im Hinblick auf finanzielle Schwierigkeiten Zugeständnisse, die ansonsten nicht gewährt werden würden.

- Eine Insolvenz oder ein sonstiges Sanierungsverfahren des Kreditnehmers wird wahrscheinlich.

- Der aktive Markt für einen finanziellen Vermögenswert verschwindet aufgrund finanzieller Schwierigkeiten. Die Einstellung der Notierung eines börsennotierten Wertpapiers für sich genommen ist kein ausreichender Anhaltspunkt für eine Wertminderung, sondern ist auf eine Verbindung zu finanziellen Schwierigkeiten des Emittenten zu untersuchen (IAS 39.60).

- Wenn für eine Gruppe von finanziellen Vermögenswerten eine messbare Verringerung der erwarteten künftigen Cashflows seit deren erstmaligem Ansatz besteht, die auf beobachtbaren Daten beruht (selbst wenn die Verringerung noch nicht auf einzelne finanzielle Vermögenswerte in der Gruppe zurückgeführt werden kann). Dies betrifft z.B. nachteilige Veränderungen im Zahlungsstatus von Kreditnehmern in der Gruppe wie Minimumzahlungen oder Limiterreichung bei Kreditkarteninhabern. Ein anderes Beispiel sind Daten bzgl. der Korrelation von volkswirtschaftlichen oder regionalen wirtschaftlichen Rahmenbedingungen mit Kreditausfällen in der Gruppe wie bei einem Anstieg der Arbeitslosenquote oder einem Verfall der Immobilienpreise in den relevanten Gebieten des Wohnsitzes des Kreditnehmers oder Standorts der als Sicherheit dienenden Immobilie. Ferner kann z.B. auf Branchenebene ein Rückgang des Ölpreises für Unternehmenskredite in dieser Branche eine nachteilige Veränderung bei Kreditausfällen signalisieren. Diese Art von Hinweisen beruht auf dem sog. „incurred but not reported (**IBNR**)" Konzept (IAS 39.AG90). In der Praxis hat insbesondere die Auslegung der Frage, welche Informationen unter einem IBNR Ansatz einen objektiven Hinweis auf eine Wertminderung darstellen, für erhebliche Unterschiede beim Zeitpunkt der Erfassung von Wertminderungen geführt. Dies ist einer der Gründe, warum das IASB derzeit die Bilanzierung von Wertminderungen bei Finanzinstrumenten reformiert.[109]

163 Für Investitionen in Eigenkapitalinstrumente umfassen objektive Hinweise auf eine Wertminderung u.A. die folgenden Beispiele (IAS 39.61):

- Informationen bzgl. wesentlicher für den Emittenten nachteiliger Änderungen in dessen technologischen, marktbezogenen, wirtschaftlichen oder rechtlichen Umfeld.
- Ein wesentlicher oder länger anhaltender Rückgang des beizulegenden Zeitwerts unter die Anschaffungskosten des Eigenkapitalinstruments. Dieses Kriterium war in der globalen **Finanzkrise** erheblichem Druck ausgesetzt und hat zu Unterschieden in seiner Auslegung geführt. Das IFRIC hat verschiedene Fragestellungen zu diesem Kriterium im Mai und Juli 2009 diskutiert und im Rahmen einer Agendaentscheidung folgende Auffassung vertreten:[110]
  - das Kriterium ist nicht kumultativ, d.h. ein Rückgang des beizulegenden Zeitwerts der *entweder* wesentlich *oder* länger anhaltend ist, stellt bereits einen objektiven Hinweis auf eine Wertminderung dar (das Kriterium kann daher nicht auf einen wesentlichen und länger anhaltenden Rückgang beschränkt werden);
  - wenn ein wesentlicher oder länger anhaltender Rückgang des beizulegenden Zeitwerts vorliegt, stellt dies einen objektiven Hinweis auf eine Wertminderung dar, so dass eine erfolgswirksame Wertberichtigung vorgenommen werden *muss*;
  - die Tatsache, dass der Rückgang des beizulegenden Zeitwerts im Einklang mit der allgemeinen Entwicklung des relevanten Markts steht, rechtfertigt nicht die Schlussfolgerung, dass das Eigenkapitalinstrument nicht wertgemindert ist;

---

109 Siehe Rn 1.
110 Siehe IFRIC Update vom Juli 2009, 5.

VIII. Folgebewertung

- das Vorliegen eines wesentlichen oder länger anhaltenden Rückgangs des beizulegenden Zeitwerts kann nicht durch Prognose einer erwarteten Erholung der Marktwerte kompensiert werden (solche Prognosen sind für die Beurteilung des Kriteriums irrelevant); und

- für Eigenkapitalinstrumente in Fremdwährung ist die Beurteilung, ob ein wesentlicher oder länger anhaltender Rückgang des beizulegenden Zeitwerts unter die Anschaffungskosten des Eigenkapitalinstruments vorliegt, auf Basis der Werte in der funktionalen Währung des Investors vorzunehmen (d.h. ein objektiver Hinweis auf eine Wertminderung kann sich auch allein aufgrund von Wechselkursänderungen ergeben).

Für zu fortgeführten Anschaffungskosten bewertete finanzielle Vermögenswerte enthält IAS 39 darüber hinaus auch Vorschriften bzgl. der Gruppierung für die Beurteilung, ob objektive Hinweise für eine Wertminderung vorliegen. Es ergibt sich folgende Vorgehensweise (IAS 39.64):

164

- Für individuell bedeutsame finanzielle Vermögenswerte ist zuerst eine Beurteilung auf individueller Basis vorzunehmen.

- Für nicht individuell bedeutsame finanzielle Vermögenswerte kann eine Beurteilung auf individueller Basis erfolgen. Andernfalls ist eine Beurteilung auf kollektiver Basis erforderlich.

- Alle auf individueller Basis beurteilten finanziellen Vermögenswerte, für die sich auf dieser Basis keine objektiven Hinweise auf eine Wertminderung ergeben haben, sind in Gruppen mit ähnlichen Kreditrisikomerkmalen zusammenzufassen und zusätzlich auf dieser Basis zu beurteilen. Wenn ein Unternehmen keine ähnlichen finanziellen Vermögenswerte hat, die eine solche Gruppierung ermöglichen, unterbleibt die zusätzliche Beurteilung (IAS 39.AG87).

- Sobald ein finanzieller Vermögenswert in einer Gruppe einzeln als wertgemindert identifiziert werden kann, ist er aus der Gruppe zu entfernen und einzeln zu beurteilen IAS 39.AG88). Einzeln als wertgemindert identifizierte finanzielle Vermögenswerte, für die eine Wertberichtigung erfasst ist, dürfen nicht in eine kollektive Beurteilung einbezogen werden.

b) Bemessung einer Wertminderung und Wertaufholung. Für zu **fortgeführten Anschaffungskosten** bewertete finanzielle Vermögenswerte (d.h. die Kategorien „bis zur Endfälligkeit zu haltende Finanzinvestitionen" und „Kredite und Forderungen") wird die Wertminderung als Differenz zwischen dem Buchwert und dem Barwert der geschätzten künftigen Cashflows ermittelt. Bei der Ermittlung des Barwerts sind diejenigen Kreditausfälle zu berücksichtigen, für die bereits objektive Hinweise aufgrund eines vergangenen Ereignisses vorliegen. Kreditausfälle, die ebenfalls bereits erwartet werden, für die aber noch keine objektiven Hinweise aufgrund vergange-

165

ner Ereignisse vorliegen, sind dagegen nicht in die Barwertermittlung einzubeziehen (IAS 39.63). In der Praxis hat diese Unterscheidung des erwarteten Kreditausfalls in einen bereits objektiv eingetretenen und einen darüber hinaus erwarteten, aber noch nicht hinreichend konkretisierten Teil zu erheblichen Schwierigkeiten geführt. Insbesondere vor dem Hintergrund des sog. „incurred but not reported (**IBNR**)" Konzepts[111] ist diese Differenzierung von Kreditausfällen schwer fassbar, wenn überhaupt willkürfrei möglich.

166 Der relevante Diskontierungszinssatz bei der Barwertermittlung hängt von der Art des finanziellen Vermögenswerts ab:

- Für **festverzinsliche** finanzielle Vermögenswerte ist der ursprüngliche Effektivzinssatz[112] maßgeblich (IAS 39.63).
- Für **variabel verzinsliche** finanzielle Vermögenswerte ist dagegen der aktuelle Effektivzinssatz heranzuziehen,[113] d.h. der Effektivzinssatz nach Anpassung für Änderungen des Markzinsniveaus (IAS 39.AG84).

167 Als Vereinfachung kann eine Wertminderung auf Basis des beizulegenden Zeitwerts des finanziellen Vermögenswerts statt des Barwerts der mit dem Effektivzinssatz diskontierten erwarteten künftigen Cashflows ermittelt werden. Voraussetzung ist, dass der beizulegende Zeitwert ein beobachtbarer Marktpreis ist (IAS 39.AG84). Ferner können **formel-basierte Ansätze** oder **statistischen Methoden** zur Bemessung von Wertminderungen bei Gruppen von finanziellen Vermögenswerten verwendet werden. Allerdings müssen solche Verfahren folgende Mindestanforderungen erfüllen (IAS 39.AG92):

- Das Verfahren berücksichtigt den Effekt des Zeitwerts des Geldes (d.h. es dürfen keine undiskontierten Cashflows statt Barwerten verwendet werden).
- Die einbezogenen Cashflows (und damit die erwarteten Kreditausfälle) beziehen sich auf die gesamte Restlaufzeit des finanziellen Vermögenswerts (nicht nur z.B. das nächste Jahr).
- Das Verfahren berücksichtigt das Alter der finanziellen Vermögenswerte innerhalb des Portfolios.
- Es darf keine Wertminderung beim erstmaligen Ansatz des finanziellen Vermögenswerts (d.h. Auswirkung auf die Gewinn- und Verlustrechnung) geben. Somit sind **Pauschalwertberichtigungen** unzulässig, die – mindestens auch – Forde-

---

111 Siehe Rn 162.
112 Siehe Rn 150.
113 Siehe Rn 151ff.

VIII. Folgebewertung

rungen im Zeitpunkt ihres erstmaligen Ansatzes oder unmittelbar danach (ohne dass ein Ereignis eingetreten ist, das einen objektiven Hinweis auf eine Wertminderung darstellt) einbeziehen.[114]

Kreditsicherheiten sind bei der Ermittlung der geschätzten künftigen Cashflows zu berücksichtigen. Der relevante Cashflow ist der sich aus einer Zwangsvollstreckung ergebende nach Abzug der Kosten für Zwangsvollstreckung und Verwertung. Dies gilt unabhängig davon, ob eine Zwangsvollstreckung wahrscheinlich ist (IAS 39.AG84). Eine Kreditsicherheit wird erst dann nach den Vorschriften eines anderen Standards unmittelbar erfasst, wenn die Ansatzkriterien desjenigen Standards erfüllt sind (IAS 39.IG E.4.8) (z.b. IAS 16 *Property, Plant and Equipment* für Maschinen, die sicherungsübereignet waren). **Kreditgarantien**, die Garantieverträge sind, werden wie andere Kreditsicherheiten bei der Ermittlung der geschätzten künftigen Cashflows berücksichtigt. Jedoch ist zu beachten, dass viele Verträge über die Absicherung von Kreditrisiken Derivate statt Garantieverträge darstellen.[115] Derivate (z.B. Credit Default Swaps) dürfen nicht in die Bemessung der Wertminderung des zu fortgeführten Anschaffungskosten bewerteten finanziellen Vermögenswerts einbezogen werden, sondern sind als separates Finanzinstrument zu bilanzieren. In keinem Fall darf eine Doppelerfassung stattfinden.

168

Eine **Wertaufholung** ist erfolgswirksam in der Gewinn- und Verlustrechnung zu erfassen, wenn sich die Höhe der Wertberichtigung verringert und diese Verringerung objektiv auf ein Ereignis nach Erfassung der Wertminderung zurückgeführt werden kann (IAS 39.65). Dabei können Umstände, die das Gegenteil von objektiven Hinweisen auf eine Wertminderung[116] darstellen, herangezogen werden. Die Wertaufholung darf nicht dazu führen, dass der Buchwert denjenigen übersteigt, der sich ohne vorherige Wertminderung ergeben hätte. D.h. für die Praxis die fortgeführten Anschaffungskosten schattenmäßig mitzuführen, um diese Organe zu ermitteln.

169

Für zu **Anschaffungskosten** bewertete finanzielle Vermögenswerte[117] wird die Wertminderung als Differenz zwischen dem Buchwert und dem Barwert der geschätzten künftigen Cashflows ermittelt. Der relevante Diskontierungszinssatz ist die aktuelle Marktrendite eines ähnlichen finanziellen Vermögenswerts. Für Wertminderungen dieser finanziellen Vermögenswerte besteht ein **Wertaufholungsverbot** (IAS 39.66).

170 IAS 39

Für **zur Veräußerung verfügbare finanzielle Vermögenswerte** entspricht die Wertminderung dem kumulierten im sonstigen Ergebnis erfassten Verlust. Dieser ist bei vorliegen eines objektiven Hinweises auf eine Wertminderung vom kumulier-

171

---

114 Zu den Implikationen des im Zeitpunkt des erstmaligen Ansatzes bestehenden Kreditrisikos siehe Rn 135.
115 Siehe Rn 109.
116 Siehe Rn 162.
117 Siehe Rn 138.

ten sonstigen Ergebnis in die Gewinn- und Verlustrechnung umzugliedern, d.h. in voller Höhe erfolgswirksam zu erfassen (IAS 39.67). Dies gilt auch dann, wenn sich z.b. für ein Schuldinstrument eine geringe Wertminderung auf Basis des Wertminderungstests für zu fortgeführten Anschaffungskosten bewertete finanzielle Vermögenswerte ergeben würde. Mit anderen Worten, wenn eine Wertminderung vorliegt, erfolgt der Wertminderungstest immer auf Basis des beizulegenden Zeitwerts, ungeachtet der Tatsache, dass der beizulegende Zeitwert auch nicht kreditrisikobezogene Wertänderungen umfasst (z.b. aufgrund von Änderungen des **risikofreien Zinssatzes**).

172 Für **Wertaufholungen** ist nach der Art des finanziellen Vermögenswerts zu unterscheiden:

- Für Eigenkapitalinstrumente gilt ein Wertaufholungsverbot, d.h. ein späterer Anstieg des beizulegenden Zeitwerts darf nicht erfolgswirksam in der Gewinn- und Verlustrechnung erfasst werden, sondern stattdessen im sonstigen Ergebnis (IAS 39.69).

- Für Schuldinstrumente ist ein späterer Anstieg des beizulegenden Zeitwerts erfolgswirksam in der Gewinn- und Verlustrechnung als Wertaufholung zu erfassen, wenn er sich objektiv auf ein Ereignis nach der Erfassung der Wertminderung zurückführen lässt.

173 **IX. Sicherungsgeschäfte (hedging).** Die Bilanzierung von Sicherungsgeschäften (**hedge accounting**) gehört zu den kompliziertesten Fragestellungen der IFRS. Ein allgemeiner IFRS Kommentar kann dieses Spezialgebiet nicht umfassend behandeln, so dass im Folgenden ausschließlich die Grundzüge behandelt werden. Daher wird hier nicht auf die Bilanzierung von Sicherungsgeschäften bzgl. der Absicherung des beizulegenden Zeitwerts gegen Zinsänderungen auf Portfolioebene, die besonderen Vorschriften unterliegt (IAS 39.81A, 89A und AG114-AG132), eingegangen. Die Bilanzierung der Absicherung einer Nettoinvestition in einen ausländischen Geschäftsbetrieb wird im Kapitel zur Fremdwährungsumrechnung behandelt.

174 **1. Hintergrund.** Die Bilanzierung von Sicherungsgeschäften in IAS 39 wurde im Zusammenhang mit der Bilanzierung von derivativen Finanzinstrumenten entwickelt. Im Hinblick auf die grundsätzlich erfolgswirksame Bilanzierung von Derivaten zum beizulegenden Zeitwert dienen die besonderen Regelungen bzgl. Sicherungsgeschäften dazu, die Auswirkung dieser Bilanzierung in der Gewinn- und Verlustrechnung zu begrenzen. Dies geschieht auf der Grundlage der Kompensation (offset) von Änderungen des beizulegenden Zeitwerts oder der Cashflows, die auf Seiten des Sicherungsinstruments und des gesicherten Grundgeschäfts auftreten.

IX. Sicherungsgeschäfte (hedging)

Die Bestimmung von Sicherungsinstrument und des zugehörigen gesicherten Grundgeschäfts ist daher die zentrale Fragestellung der Bilanzierung von Sicherungsgeschäften. Sie wirkt sich auf die Wirksamkeit der Sicherungsbeziehung aus und damit auch darauf, ob die Voraussetzungen für die Bilanzierung als Sicherungsgeschäft erfüllt sind, sowie auf den in der Gewinn- und Verlustrechnung für den unwirksamen (d.h. nicht gegenseitig kompensierenden) Teil der Änderungen des beizulegenden Zeitwerts oder der Cashflows zu erfassenden Betrag.

175

Vor diesem Hintergrund wird auch deutlich, dass die Bilanzierung von Sicherungsgeschäften in IAS 39 nicht primär dazu dient, Informationen über die Risikomanagementstratgie eines Unternehmens, soweit sie auf Derivaten oder anderen Finanzinstrumenten beruht, zu vermitteln. Stattdessen ist der Zweck primär darauf beschränkt, Inkongruenzen oder Rechnungslegungsanomalien in Folge der Bilanzierung von Derivaten abzumildern. Dies hat in der Praxis zu einer erheblichen Divergenz zwischen der IFRS Bilanzierung und dem **Risikomanagement** von Unternehmen geführt. Mit anderen Worten, die Bilanzierung von Sicherungsgeschäften hat sich in vielen Fällen zu einem rein bilanziellen „Kunstgebilde" entwickelt (daher auch das aktive Projekt des IASB zur Reform der Bilanzierung von Sicherungsgeschäften[118]).

176

Eine Sicherungsbeziehung besteht zwischen Sicherungsinstrumenten einerseits und gesicherten Grundgeschäften andererseits. IAS 39 enthält Regelungen zur Bestimmung dieser beiden Bestandteile jeder Sicherungsbeziehung und regelt dann die Voraussetzungen, unter denen sich eine Sicherungsbeziehung für die besonderen Regelungen zur Bilanzierung von Sicherungsgeschäften qualifiziert. Diese besonderen Regelungen werden für drei verschiedene Arten von Sicherungsbeziehungen differenziert.[119]

177

2. Sicherungsinstrumente. Sicherungsinstrumente sind grundsätzlich auf derivative Finanzinstrumente beschränkt (IAS 39.72). Dabei kann es sich sowohl um freistehende Derivate als auch um diejenigen eingebetteten Derivate handeln, die von ihrem Basisvertrag abgespalten wurden (IAS 39.11 und IG F.1.2). **Geschriebene Optionen** (written options) können ungeachtet ihres Charakters als Derivat nicht als Sicherungsinstrument bestimmt werden, es sei denn, sie dienen der Absicherung einer erworbenen Option. Dabei kann die erworbene Option freistehend oder in ein anderes Finanzinstrument eingebettet sein (IAS 39.AG94). Im Falle einer freistehenden erworbenen Option stellt sich allerdings die Frage, was die Bilanzierung als Sicherungsbeziehung bewirken soll, da bereits die Bilanzierung als Derivat zur erfolgswirksamen Erfassung der Änderung des beizulegenden Zeitwerts in der Gewinn- und Verlustrechnung führt.

178

---

118 Siehe Rn 1.
119 Siehe Rn 202.

179 Ob eine erworbene Option vorliegt, ist auf Basis des jeweiligen Vertrags zu beurteilen. Bei Finanzinstrumenten, die sowohl geschriebene als auch erworbene Optionscharakteristika enthalten (z.b. **Zins-Collars**, also einer Kombination aus einem Zins-Cap und einem Zins-Floor) kommt es darauf an, ob bei einer Gesamtbetrachtung auf *Nettobasis* eine geschriebene Option vorliegt. Folgende (kumulative) Faktoren indizieren, dass – bei Nettobetrachtung – keine geschriebene Option vorliegt (IAS 39 IG F.1.3):

- die Vertragspartei erhält keine Optionsprämie, weder bei Vertragsschluss noch über die Laufzeit, während derer die verschiedenen Optionskomponenten kombiniert sind; und
- bis auf die Ausübungspreise oder -kurse (sog. strikes) sind alle anderen Vertragsmerkmale der geschriebenen und erworbenen Optionskomponenten identisch (z.B. Referenzzinsatz, Währung, Laufzeit, etc.) Dabei darf die Bezugsgröße (z.B. der Nominalbetrag) der geschriebenen Optionskomponente diejenige der erworbenen Optionskomponente nicht übersteigen. Wird z.B. ein Collar für den Verkauf von Rohöl abgeschlossen, darf die Referenzmenge für den Rohöl-Cap (Preisobergrenze) nicht größer sein als die Referenzmenge für den Rohöl-Floor (Preisuntergrenze). Bei Absicherung des Rohöl-Einkaufs gilt dies entsprechend umgekehrt.

Sogenannte **Zero-Cost-Collar**, bei denen keine Prämie zwischen den Parteien gezahlt wird, qualifizieren sich demnach als Sicherungsinstrumente (aus Sicht beider Parteien). Da die Beurteilung auf Basis des jeweiligen Vertrags erfolgt (IAS 39.77), kann die Kombination zweier separater Optionsverträge, die in Kombination einen Collar darstellen (sog. **synthetischer Collar**), nicht als Sicherungsinstrument bestimmt werden. Obwohl die wirtschaftliche Wirkung der eines Collars entspricht, ist nur die erworbene Option zur Bestimmung als Sicherungsinstrument verfügbar.

180 Als Ausnahme können *nicht-derivative* finanzielle Vermögenswerte oder Verbindlichkeiten als Sicherungsinstrument (ausschließlich) für die Absicherung des Währungsrisikos bestimmt werden (IAS 39.72). Alle anderen nicht-derivativen Finanzinstrumente sind dagegen nicht für die Bestimmung als Sicherungsinstrument verfügbar. Dies hat insbesondere Auswirkungen auf hybride Finanzinstrumente,[120] bei denen das eingebettete Derivat nicht abgespalten wird. In diesen Fällen ist das eingebettete Derivat integraler Bestandteil des hybriden Finanzinstruments und somit (im Gegensatz zu abgespaltenen eingebetteten Derivaten[121]) ein nicht-derivatives Finanzinstrument und daher grundsätzlich nicht für eine Bestimmung als Sicherungsinstrument verfügbar.

---

120 Siehe Rn 32.
121 Siehe Rn 178.

IX. Sicherungsgeschäfte (hedging)

Alle Sicherungsinstrumente müssen aus Sicht des bilanzierenden Unternehmens Verträge mit externen Parteien darstellen (IAS 39.73). Daher sind Verträge zwischen Konzerngesellschaften auf Ebene des Konzernabschlusses nicht für eine Bestimmung als Sicherungsinstrument verfügbar. Dagegen können auf Ebene des Einzelabschlusses einer Konzerngesellschaft Verträge mit anderen Konzerngesellschaften als Sicherungsinstrument bestimmt werden. Hintergrund dieser Beschränkung ist, dass konzerninterne Transaktionen im Rahmen der Konsolidierung eliminiert werden und ein konzerninternes Sicherungsgeschäft nicht zur Abwälzung von Risiken außerhalb des Konzerns sondern lediglich zu deren konzerninternen Umverteilung führt (IAS 39.BC170).

181

Sicherungsinstrumente können entweder in ihrer Gesamtheit oder in den folgenden Komponenten als Bestandteil einer Sicherungsbeziehung bestimmt werden:

182

- **Optionen** können in ihren Zeitwert und ihren inneren Wert aufgespalten werden. Der innere Wert kann als Sicherungsinstrument bestimmt werden mit der Folge, dass der Zeitwert wie ein freistehendes Derivat behandelt wird (IAS 39.74(a)).

- **Termingeschäfte** können in ihre Zinskomponente und ihren Kassakurs aufgespalten werden. Die mit dem Kassakurs verbundenen Wertänderungen des Termingeschäfts können als Sicherungsinstrument bestimmt werden mit der Folge, dass die mit der Zinskomponente verbundenen Wertänderungen des Termingeschäfts wie ein freistehendes Derivat behandelt werden (IAS 39.74(b)). Der Begriff des Termingeschäfts in IFRS ist demnach enger als nach dem Wertpapierhandelsgesetz (§2 Abs. 2 Nr. 1 WpHG) und umfasst nur Festgeschäfte. Der als „Zinskomponente" bezeichnete Bestandteil des Termingeschäfts ist dabei weit auszulegen. Eine Zinskomponente im engeren Sinn ergibt sich insbesondere bei Devisentermingeschäften sowie bei Zinstermingeschäften. Bei Warentermingeschäften dagegen ist der nach Abspaltung der Kassakurskomponente verbleibende Bestandteil keine reine Zinskomponente sondern umfasst Haltekosten im weiteren Sinne (cost of carry). Dies sind z.B. Kosten für die Lagerung von Rohstoffen. Daher ist für die Auslegung von IAS 39 die Zinskomponente als genereller Terminauf- oder -abschlag auszulegen (statt eines rein zinsbezogenen Auf- oder Abschlags).

- Ein **Teilbetrag** des Nominalvolumens eines Sicherungsinstruments kann als Bestandteil einer Sicherungsbeziehung bestimmt werden mit der Folge, dass der verbleibenden Teilbetrag wie ein freistehendes Derivat behandelt wird. Eine Aufteilung der Laufzeit des Sicherungsinstruments in Teilabschnitte zum Zweck der Bestimmung als Bestandteil einer Sicherungsbeziehung ist dagegen unzulässig (IAS 39.75). Daher ist ein Sicherungsinstrument stets für seine gesamte (Rest-) Laufzeit im Zeitpunkt der Bestimmung als Bestandteil einer Sicherungsbeziehung in diese einzubeziehen. Dies ist jedoch nicht damit zu verwechseln, dass die Laufzeit des Sicherungsinstruments nicht die des gesicherten Grundgeschäfts überschreiten dürfe. Wenn z.B. ein Zinsswap zwei Tage nach Laufzeitende des gesicherten Darlehens ausläuft hat dies Auswirkungen auf die Wirksamkeit der Sicherungsbeziehung aber verhindert nicht generell die Bestimmung des Zinsswaps als Sicherungsinstrument.

183 Ein einzelnes Sicherungsinstrument kann darüber hinaus auch zur Absicherung verschiedener Risiken verwendet werden. Die Risiken können sich dabei auf verschiedene gesicherte Grundgeschäfte beziehen (z.b. Fremdwährungsverbindlichkeiten und -forderungen) und verschiedene Arten von Sicherungsbeziehungen darstellen (z.B. Absicherung von beizulegenden Zeitwerten und Zahlungsströmen) (IAS 39.776 und IG F.1.12). Solche Situationen treten z.b. im Zusammenhang mit der gleichzeitigen Absicherung verschiedener Währungen oder von Währungs- und Zinsrisiken mittels eines Sicherungsinstruments (z.B. Zins- und Währungsswap, sog. **„Cross Currency Interest Rate Swap"**) auf. Für eine Bestimmung als Sicherungsinstrument zur Absicherung verschiedener Risiken bestehen folgende kumulative Voraussetzungen (IAS 39.76):

- die abgesicherten Risiken können eindeutig identifiziert werden;
- die Wirksamkeit des Sicherungsgeschäfts kann belegt werden; und
- die eindeutige Zuordnung des Sicherungsinstruments zu den jeweiligen Risikopositionen kann sichergestellt werden.

Aus diesen Beschränkungen folgt auch, dass *alle* risikobezogenen Bestandteile des Sicherungsinstruments Teil einer Sicherungsbeziehung sein müssen. Wenn ein risikobezogener Bestandteile nicht Teil einer Sicherungsbeziehung wäre, würde dies die Beschränkungen bzgl. der Aufteilung von Sicherungsinstrumente in Komponenten[122] unterlaufen.

184 Ferner können mehrere verschiedene Sicherungsgeschäfte zusammengefasst und gemeinsam als Sicherungsinstrument in einer einzigen Sicherungsbeziehung bestimmt werden. Dabei können derivative und nicht-derivative Sicherungsinstrumente kombiniert werden, selbst dann, wenn sich einzelne Risiken zwischen den Sicherungsinstrumenten (statt im Hinblick auf das gesicherte Grundgeschäft) kompensieren. Hierbei ist jedoch zu beachten, dass diese Kompensation von Risiken zwischen den Sicherungsinstrumenten nicht die Beschränkungen bzgl. der Bestimmung einer **geschriebenen Option** als Sicherungsinstrument[123] erweitert, sondern nachrangig ist. Daher kann eine geschriebene Option (oder Vertragsmerkmale eines Finanzinstruments, die eine solche darstellen) nicht in Kombination mit einer erworbenen Option gemeinsam als Sicherungsinstrument bestimmt werden (IAS 39.77).

---

122 Siehe Rn 182.
123 Siehe Rn 178.

IX. Sicherungsgeschäfte (hedging)

3. Gesicherte Grundgeschäfte. IAS 39 enthält eine Vielzahl von Regelungen 185
bzgl. der Art von Vermögenswerten, Schulden und Transaktionen, die als gesicherte Grundgeschäfte bestimmt werden können. Die Regelungen differenzieren nach verschiedenen Dimensionen der Art des Gegenstands oder der Transaktion (existierend oder künftiges Ereignis, Kategorisierung finanzieller Vermögenswerte, konzernintern oder -extern, finanziell oder nicht-finanziell) sowie ob es sich um eine Bestimmung auf Einzel- oder auf Gruppenbasis handelt.

Gesicherte Grundgeschäfte nach IAS 39 umfassen (IAS 39.78): 186

- in der Bilanz angesetzte Vermögenswerte und Schulden. Ausgenommen sind Derivate (freistehende und abgespaltene eingebettete Derivate), es sei denn, es handelt sich um eine erworbene Option, die das gesicherte Grundgeschäft in der Absicherung des beizulegenden Zeitwerts durch eine geschriebene Option ist (IAS 39 IG F.2.1). Außerdem dürfen als „bis zur Endfälligkeit zu haltende Finanzinvestitionen" kategorisierte finanzielle Vermögenswerte nicht als gesicherte Grundgeschäfte bzgl. des Zinsänderungsrisikos (sowohl bzgl. der Absicherung des beizulegenden Zeitwerts als auch von Zahlungsströmen) oder des Risikos vorzeitiger Rückzahlung bestimmt werden (IAS 39.79 und IG F.2.9).

- nicht in der Bilanz angesetzte feste Verpflichtungen (z.B. schwebende Beschaffungs- oder Absatzgeschäfte);

- hoch wahrscheinliche, erwartete Transaktionen (highly probable **forecast transactions**), z.B. bugetierte Beschaffungs- oder Absatzgeschäfte, für die noch keine vertraglichen Verpflichtungen bestehen; und

- Nettoinvestitionen in ausländische Geschäftsbetriebe[124].

Die gesicherten Grundgeschäfte können einer Sicherungsbeziehung sowohl auf 187
Einzelbasis als auch als Gruppe zugeordnet werden, sofern die Bestandteile der Gruppe ein vergleichbares Risikoprofil aufweisen (IAS 39.78). Ein vergleichbares Risikoprofil liegt vor, wenn die jeweiligen Posten gleichartig sind und demselben Risikofaktor unterliegen, der mit der Sicherungsbeziehung abgesichert wird. Darüber hinaus muss die Erwartung bestehen, dass bzgl. des abgesicherten Risikos die Änderung des beizulegenden Zeitwerts jedes einzelnen Postens der Gruppe annähernd proportional zur Änderung des beizulegenden Zeitwerts der Gruppe insgesamt ist (IAS 39.83). Obwohl IAS 39 keine weitere Erläuterung enthält, wie „annähernd proportional" auszulegen ist, hat sich in der Praxis teilweise in Anlehnung an U.S. GAAP[125] eine 10%-Regel gebildet. Eine solche Interpretation ist jedoch keineswegs zwingend, da IAS 8 die Regelungen anderer Standardsetzer als unterste Ebene in der Hierarchie von Quellen nennt und deren Berücksichtigung nicht verbindlich ist (IAS 8.13). Generell ist jeglicher Rückgriff auf U.S. GAAP für die Auslegung von IFRS Regelun-

---
124 Diese werden in diesem Kapitel nicht weiter behandelt (siehe Rn 173).
125 Siehe ASC 815-20-55-14 (vormals SFAS 133.21).

gen zur Bilanzierung von Sicherungsgeschäften fragwürdig, weil die Regelungen der beiden Rechnungslegungssysteme in dieser Hinsicht erheblich divergieren. Gruppen mit Bestandteilen, deren Änderung des beizulegenden Zeitwerts sich *gegensätzlich* zu derjenigen der Gruppe verhalten kann, erfüllen das Kriterium einer annähernd proportionalen Wertänderung dagegen nicht.

188   Eine Bestimmung von gesicherten Grundgeschäften als **Nettoposition** aus Vermögenswerten und Verbindlichkeiten oder positiven und negativen Cashflows aus verschiedenen Transaktionen ist unzulässig (IAS 39.84). Allerdings kann ein Unternehmen einen Teil einer solchen Nettoposition auf Bruttobasis als Sicherungsgeschäft bestimmen (IAS 39.AG101). So kann z.B. ein Unternehmen mit EUR als funktionaler Währung bei einer Nettoposition eines Zahlungsmittelabflusses in Fremdwährung von 100 USD, die aus 500 USD Zahlungsmittelzuflüssen und 600 USD Zahlungsmittelabflüssen besteht, 100 USD der 600 USD als gesichertes Grundgeschäft bestimmen. Im Hinblick auf die Auswirkung auf den Periodengewinn stehen sich beide Alternativen gleich. Unterschiede gibt es jedoch im Hinblick auf die einzelnen Posten in der Gewinn- und Verlustrechnung, d.h. welche Posten im Hinblick auf den Gewinn oder Verlust aus dem Sicherungsgeschäft angepasst werden, sowie ggf. im Falle der Änderung von Schätzungen von Betrag und Zeitpunkt des Zahlungsmittelabflusses, die sich nach IAS 39 nur auf die als gesichertes Grundgeschäft bestimmten 100 USD beziehen.

189   Ähnlich zu den Regelungen für Sicherungsinstrumente[126] müssen gesicherte Grundgeschäfte aus Sicht des bilanzierenden Unternehmens grundsätzlich Verträge oder Transaktionen mit externen Parteien darstellen. Daher können Verträge und Transaktionen zwischen Konzerngesellschaften grundsätzlich nur auf Ebene des Einzelabschlusses einer Konzerngesellschaft als gesicherte Grundgeschäfte bestimmt werden. Hiervon bestehen zwei Ausnahmen (IAS 39.80):

- konzerninterne monetäre Posten, die zwischen zwei Geschäftsbetrieben mit unterschiedlichen funktionalen Währungen bestehen, so dass in der Konzern-Gewinn- und -verlustrechnung ein Wechselkursgewinn oder -verlust verbleibt. Solche Posten können bzgl. ihres *Währungsrisikos* als gesichertes Grundgeschäft bestimmt werden.

- hoch wahrscheinliche erwartete Transaktionen zwischen Geschäftsbetrieben mit unterschiedlichen funktionalen Währungen, die aus Sicht eines der beteiligen Geschäftsbetriebe ein Fremdwährungsgeschäft darstellen, und deren Währungsrisiko die Konzern-Gewinn- und -verlustrechnung beeinflussen wird. Solche erwarteten Transaktionen können bzgl. ihres *Währungsrisikos* als gesichertes Grundgeschäft bestimmt werden. Beispiele für künftige Transaktionen, die *nicht* die Konzern-Gewinn- und -verlustrechnung beeinflussen werden, sind konzern-

---

126 Siehe Rn 181.

IX. Sicherungsgeschäfte (hedging)

interne Belastungen für Zinsen, **Lizenzgebühren** oder **Verwaltungspauschalen** ohne Anknüpfung an konzernexterne Transaktionen. Solche erwarteten Transaktionen können auf Konzernebene nicht als gesicherte Grundgeschäfte bestimmt werden. Im Gegensatz dazu werden z.b. künftige konzerninterne Lieferungen von Vorräten für den konzernexternen Weiterverkauf durch das empfangende Konzernunternehmen die Konzern-Gewinn- und -verlustrechnung beeinflussen. Daher können solche erwarteten Transaktionen auf Konzernebene als gesicherte Grundgeschäfte bestimmt werden (IAS 39.AG99A). Lizenzentgelte, die von einem Konzernunternehmen einem anderen belastet werden, das die Lizenz an *konzernexterne* Unternehmen gewährt und von diesen Lizenzentgelte erhält, beeinflussen die Konzern-Gewinn- und -verlustrechnung ähnlich wie die zuvor genannte Lieferung von Vorräten und können ebenfalls auf Konzernebene als gesicherte Grundgeschäfte bestimmt werden. Ähnlich verhält es sich mit künftigen konzerninternen Lieferungen von Sachanlagen, die über den Abschreibungsaufwand in der funktionalen Währung des empfangenden Konzernunternehmens die Konzern-Gewinn- und -verlustrechnung beeinflussen werden (IAS 39. AG99A).

Diese beiden Ausnahmen für konzerninterne Fremdwährungsposten und -transaktionen beziehen sich auf bestehende konzerninterne Forderungen und Verbindlichkeiten sowie erwartete Transaktionen, umfassen jedoch nicht konzerninterne *feste Verpflichtungen*, deren Währungsrisiko die Konzern-Gewinn- und -verlustrechnung beeinflussen wird. Im Hinblick auf die Beweggründe für die beiden gewährten Ausnahmen ist es nicht nachvollziehbar, warum feste Verpflichtungen unter ansonsten gleichen Voraussetzungen nicht als gesicherte Grundgeschäfte bestimmt werden können. Die Auswirkungen sind denen von erwarteten Transaktionen vergleichbar, nur dass die Unsicherheit bzgl. der Durchführung der Transaktion aufgrund des Bestehens einer rechtlich verbindlichen Vereinbarung höher als bei erwarteten Transaktionen ist. Daher kann logisch abgeleitet werden, dass feste Verpflichtungen ceteris paribus mindestens die Bilanzierung rechtfertigen, die für erwartete Transaktionen zulässig ist. Somit ist es als zulässig zu erachten, konzerninterne feste Verpflichtungen ebenso wie erwartete Transaktionen auf Konzernebene als gesicherte Grundgeschäfte bzgl. des Währungsrisikos zu bestimmen, wenn die für erwartete Transaktionen geltenden Voraussetzungen entsprechend erfüllt sind.[127]

IAS 39 enthält Beschränkungen bzgl. der Möglichkeit, nur Komponenten eines gesicherten Grundgeschäfts statt des Grundgeschäfts in seiner Gesamtheit als Bestandteil einer Sicherungsbeziehung zu bestimmen. Diese Beschränkungen unterscheiden sich danach, ob das gesicherte Grundgeschäft ein finanzieller oder ein nicht-finanzieller Posten ist.

---

127 Ähnlich *Ernst & Young (Hrsg.)* International GAAP, 2540.

192 a) **Finanzielle Posten als gesichertes Grundgeschäft.** Finanzielle Posten können in Komponenten zerlegt und auf dieser Basis als gesichertes Grundgeschäft bestimmt werden, sofern die Wirksamkeit des Sicherungsgeschäfts messbar ist. Das bedeutet, Komponenten müssen identifizierbar sein und als solche verlässlich bewertet werden können (IAS 39.81). Damit ergeben sich folgende Möglichkeiten einer Aufteilung in Komponenten:

(a) proportional zum Nominalwert (z.b. 70% des Nennwerts eines Darlehens);

(b) nach vertraglich spezifizierten Cashflows (z.b. die auf die ersten beiden Zinszahlungen folgenden acht Zinszahlungen einer variabel verzinslichen Anleihe mit 20 Zinszahlungen, d.h. die Coupons drei bis 10);

(c) zeitproportional (z.b. das den beizulegenden Zeitwert betreffende Zinsänderungsrisiko, das sich auf die ersten fünf Jahre der insgesamt 10-jährigen Gesamtlaufzeit einer festverzinslichen endfälligen Anleihe bezieht, d.h. die Zinszahlungen während der ersten fünf Jahre sowie den auf die ersten fünf Jahre der Laufzeit entfallenden Teil der Änderung des beizulegenden Zeitwerts des Tilgungszahlung bei Endfälligkeit) (IAS 39 IG F.2.17);

(d) nach Art des Risikos.

193 Die Aufteilung finanzieller Posten in Komponenten nach **Art des Risikos** (**Risikokomponenten**) gehört zu den schwierigsten Fragestellungen der Bilanzierung von Sicherungsgeschäften. Eine geläufige Risikokomponente ist der Teil des **Zinsänderungsrisikos**, der sich auf einen Benchmark-Zinssatz bezieht (z.B. **Euribor** oder **LIBOR**). Alternativ kann auch das auf den risikofreien Zinssatz bezogene Zinsänderungsrisiko als Risikokomponente verwendet werden. Aufgrund der Entwicklung der Staatsverschuldung im Zuge der globalen Finanzkrise ist jedoch der **risikofreie Zinssatz** mittlerweile zu einem weitgehend hypothetischen Konstrukt geworden, so dass davon auszugehen ist, das seine Verwendung an Bedeutung verliert (oder zumindest einen Benchmark-Zinssatz statt eines risikofreien darstellt). Bei der Bestimmung von Zins-Risikokomponenten als gesichertes Grundgeschäft ist zu beachten, dass die Risikokomponente nicht auf Cashflows beruhen darf, die die Gesamt-Cashflows des Finanzinstruments übersteigen. Dies betrifft z.B. Unternehmen oder Finanzinstrumente mit höchster Bonität, die eine geringere Verzinsung als zum Benchmark-Zinssatz aufweisen. Wenn z.B. eine Anleihe mit LIBOR *minus* 30 Basispunkten verzinst wird, darf keine LIBOR Benchmark-Zinskomponente als gesichertes Grundgeschäft bestimmt werden (mit einer „negativen Residualkomponente" in Höhe des Kapitalwerts von 30 Basispunkten über die Restlaufzeit). In diesen Fällen muss stattdessen das gesicherte Grundgeschäft auf der Basis aller Cashflows bestimmt werden (d.h. Nennwert verzinst zu LIBOR *minus* 30 Basispunkte). Allerdings kann zur Verbesserung der Wirksamkeit des Sicherungsgeschäfts die Relation zwischen gesichertem Grundgeschäft und Sicherungsinstrument variiert werden (d.h. von 1:1

abweichend bestimmt werden) (IAS 39.AG99C). Wenn jedoch umgekehrt der Benchmark-Zinssatz über dem vertraglichen Zinssatz eines festverzinslichen Instruments liegt, kann dennoch die Benchmark-Zinskomponente als gesichertes Grundgeschäft bestimmt werden, wenn die *Effektivverzinsung* des festverzinslichen Instruments den Benchmark-Zinssatz übersteigt. Dies kann z.b. auftreten, wenn das Zinsniveau seit Ausgabe des festverzinslichen Instruments gestiegen und damit dessen Kurs entsprechend gefallen ist (IAS 39.AG99D).

Eine andere Risikokomponente, die als gesichertes Grundgeschäft bestimmt werden kann, ist das **Währungsrisiko** von auf Fremdwährung lautenden Finanzinstrumenten. Bei nicht-monetären Finanzinstrumenten wie z.b. Aktien ist allerdings zu beachten, dass das Währungsrisiko deutlich identifizierbar sein muss. Dies ist nur dann der Fall, wenn die Aktie nicht in einem Markt gehandelt wird, dessen Quotierungen in derselben Währung wie die funktionale Währung des bilanzierenden Unternehmens erfolgen und die Dividendenzahlungen ebenfalls nicht in dieser funktionalen Währung erfolgen (IAS 39 IG F.2.19). Bei der Absicherung des Währungsrisikos von monetären Finanzinstrumenten wie Forderungen oder Anleihen ist zu erwägen, ob die Regelungen zur Bilanzierung von Sicherungsgeschäften überhaupt eine nennenswerte Auswirkung haben. Wird z.b. das Währungsrisiko mittels eines nicht-derivativen Sicherungsinstruments[128] abgesichert, so hat die Anwendung der Regelungen zur Bilanzierung von Sicherungsgeschäften keine Auswirkung, da die Umrechnung von monetären Fremdwährungsposten nach IAS 21 bereits zur erfolgswirksamen Erfassung der Wechselkursgewinne und -verluste für beide Finanzinstrumente führt (IAS 39 IG F.1.1). Bei Absicherung des Währungsrisikos mittels Derivaten ergibt sich aufgrund der (sofortigen) erfolgswirksamen Umrechnung des gesicherten Grundgeschäfts gemäß IAS 21 regelmäßig kein wesentlicher Effekt. Dies gilt auch bei Bilanzierung als Absicherung von Zahlungsströmen, da die zunächst im sonstigen Ergebnis erfassten Gewinne und Verluste aus der Änderung des beizulegenden Zeitwerts des Derivats in der Periode in die Gewinn- und Verlustrechnung umzugliedern sind, in der die auf das gesicherte Grundgeschäft entfallenden Wechselkursgewinne und -verluste die Gewinn- und Verlustrechnung beeinflussen. Aufgrund der (sofortigen) erfolgswirksamen Umrechnung des gesicherten Grundgeschäfts gemäß IAS 21 erfolgt somit die Umgliederung der Beträge in derselben Periode in der sie im sonstigen Ergebnis erfasst werden, so dass sich keine kumulierten Beträge im Eigenkapital aufbauen (IAS 39 IG F.3.3 und F.3.4). Die Anwendung der Regelungen zur Bilanzierung von Sicherungsgeschäften auf das Währungsrisiko von monetären Finanzinstrumenten ist in der Praxis in der Regel nur bei langfristigen Sicherungsbeziehungen oder komplexeren Sicherungsbeziehungen, die Währungs- und Zinsrisiko kombinieren, von Bedeutung. Wenn z.B. ein langfristiger Fremdwährungsposten mittels eines De-

---

128 Siehe Rn 180.

rivats abgesichert wird, kann die Abweichung zwischen Kassa- und Terminkursen einen nennenswerte Auswirkung bekommen. Ein anderes Beispiel ist die Absicherung eines festverzinslicher Fremdwährungsposten mittels eines kombinierten Zins- und Währungsswaps (**Cross Currency Interest Rate Swap**), bei der sich aufgrund der im Derivat enthaltenen sog. „**Basis**" ein nennenswerter Effekt ergeben kann.

195 Die Absicherung des Ausfall- oder **Kreditrisikos** als separate Risikokomponente ist in der Praxis bisher auf erhebliche Schwierigkeiten gestoßen. Das Kreditrisiko eines Finanzinstruments lässt sich nur schwer isolieren, weil es keinen Markt gibt, der das Kreditrisiko separat in der Form handelt, in der es in einem nicht-derivativen Finanzinstrument wie einem Darlehen oder einer Anleihe enthalten ist. Das typische Derivat zur Absicherung des Kreditrisikos ist ein **Credit Default Swap** (**CDS**). Hierbei handelt es sich um ein Derivat, bei dem eine Partei ein bestimmtes Kreditrisiko für eine bestimmte Adresse (Schuldner oder Schuldinstrument) oder bezogen auf einen Index für eine bestimmte Laufzeit gegen Zahlung einer Prämie von einer anderen Partei übernimmt. Die Prämie kann eine Einmalzahlung, über die Laufzeit verteilte periodische Zahlungen oder eine Kombination davon sein. Aufgrund der Unterschiede zwischen derivativen und nicht-derivativen Finanzinstrumenten ist die Arbitrage zwischen CDS und den entsprechenden Anleihen nicht perfekt. Außerdem weichen CDS und entsprechende Anleihen in Ausstattungsmerkmalen voneinander ab (z.B. die sog. „cheapest to deliver" Option in CDS, die Default-Kriterien oder die Fälligkeit). Dazu kommen Verwerfungen aufgrund von Unterschieden in Angebot und Nachfrage in den jeweiligen Märkten. Aufgrund dieser Unterschiede kann der Marktpreis oder die Marktrendite von CDS nicht direkt als Anhaltspunkt für eine Kreditrisiko-Komponente einer Anleihe oder eines Darlehens herangezogen werden. In der Praxis ist daher der Versuch, für CDS eine Bilanzierung als Sicherungsgeschäft auf Basis der Bestimmung des Kreditrisikos einer Anleihe oder eines Darlehens (Risikokomponente) als gesichertes Grundgeschäft zu erzielen, bislang häufig erfolglos geblieben.

196 Die Möglichkeit, das mit einem finanziellen Posten verbundene **Inflationsrisiko** als separate Risikokomponente zu betrachten und als gesichertes Grundgeschäft zu bestimmen, war in der Praxis lange umstritten. Mittels einer Änderung von IAS 39 hat das IASB klar gestellt, dass das Inflationsrisiko zwecks Bestimmung als gesichertes Grundgeschäft nur dann als separate Risikokomponente identifiziert werden kann, wenn es sich um im Vertrag explizit bestimmte Teile der Cashflows einer in der Bilanz angesetzten inflationsindexierten Anleihe handelt und diese nicht die anderen (restlichen) Cashflows des Instruments beeinflussen (IAS 39.AG99F).

197 **b) Nicht-finanzielle Posten als gesichertes Grundgeschäft.** Im Gegensatz zu finanziellen Posten können **nicht-finanzielle Posten** grundsätzlich nicht in Komponenten nach der Art des Risikos zerlegt werden. Die einzige Ausnahme ist ein mit

IX. Sicherungsgeschäfte (hedging)

dem nicht-finanziellen Posten verbundenes Währungsrisiko, das separat als gesichertes Grundgeschäft bestimmt werden kann. Daher kann ein Unternehmen z.b. den Verkauf von Vorräten in Höhe eines (Mindest-)Volumens von 1 Mio. USD gegen das Risiko von Wechselkursänderungen gegenüber dem Euro absichern und nur bzgl. dieses Risikos als gesichertes Grundgeschäft bestimmen, d.h. ohne andere Risiken wie z.b. das Risiko einer Änderung des Verkaufspreises einzubeziehen. Ansonsten ist ein nicht-finanzieller Posten bzgl. der Gesamtheit seiner Risiken als gesichertes Grundgeschäft zu bestimmen.

Diese strikte Beschränkung bzgl. der Bestimmung von Komponenten nach der Art des Risikos hat in der Praxis zu erheblichen Schwierigkeiten bei der Absicherung von Transaktionen gegen Rohstoff-Preisrisiken und Inflationsrisiken geführt. Verträge über die Lieferung von **Erdgas** enthalten z.b. oft **Preisformeln**, die den Preis von Erdgas in Abhängigkeit verschiedener bestimmter Treibstoffsorten (wie z.b. Sorten von leichtem Heizöl), einer Inflationsindexierung und einem variablen Transportkosten-Bestandteil bestimmen. In diesen Fällen kann das aus einer Heizöl-Indexierung resultierende Risiko von Preisschwankungen nicht separat als gesichertes Grundgeschäft bestimmt werden. Ähnliche Probleme bestehen bei **Stromlieferverträgen**, deren Preis oft an Brennstoffe (z.b. Gas, Rohöl oder Kohle) und Produktionskosten des Energieerzeugers (z.b. mittels einer Indexierung an Investitionsgüter, Löhne oder Erzeugerpreise) ist.

Die Beschränkung bzgl. der Bestimmung von Komponenten nach der Art des Risikos bereitet auch Probleme bei Transaktionen von Rohstoffen oder rohstoffnahen Produkten, die bzgl. des sog. „Benchmark" (oder Standard) Preisrisikos abgesichert werden. Das **Benchmark Preisrisiko** bezieht sich auf das Risiko von Preisänderungen des Rohstoffs im Hinblick auf seine Preisnotierung in einem standardisierten Handel, wie z.b. an Rohstoffbörsen. Ein Unternehmen, das **Kaffee** einer bestimmten Sorte aus einem bestimmten Herkunftsland bezieht und sich gegen das Kaffeepreisrisiko mittels eines börsengehandelten Terminkontrakts absichert, kann z.b. nicht dieses Benchmark-Preisrisiko auf Basis von Qualität, Herkunftsland und Erfüllungsort laut Terminkontrakt als gesichertes Grundgeschäft bestimmen. Stattdessen ist das gesicherte Grundgeschäft auf Basis von Qualität, Herkunftsland und Erfüllungsort der Kaffeeeinkäufe des Unternehmens zu bestimmen. Ein ähnliches Beispiel ist die die Absicherung des künftigen Verbrauchs von **Kerosin** in der Luftfahrtindustrie. Aufgrund der hohen Marktliquidität für Rohöl-bezogene Derivate insbesondere im mittel- und langfristigen Bereich werden von den Luftfahrtgesellschaften regelmäßig Rohöl-Termingeschäfte oder -optionen verwendet. In diesen Fällen kann das auf Rohöl-preisänderungen entfallende Preisrisiko künftiger Kerosinkäufe nicht separat als gesichertes Grundgeschäft bestimmt werden. Allerdings kann ein Unternehmen das Verhältnis von Sicherungsgeschäften zu gesicherten Grundgeschäften (**hedge** ratio) variieren, um die Wirksamkeit der Wirksamkeit des Sicherungsgeschäfts zu verbessern. Dies bedeutet, die Relation zwischen gesichertem Grundgeschäft und Sicherungsinstrument kann abweichend von 1:1 bestimmt werden (IAS 39.AG100). Die optimale Relation wird mittels **Regressionsanalyse** ermittelt.

200   Nicht-finanzielle Posten können allerdings proportional zum Nominalwert oderbetrag aufgeteilt und die daraus resultierenden Komponenten separat als gesichertes Grundgeschäft bestimmt werden. So kann z.b. 70% einer festen Verpflichtung zum Erwerb von 100.000 Barrel Rohöl als gesichertes Grundgeschäft bestimmt werden. Von großer praktischer Relevanz ist die Möglichkeit, ein bestimmtes Nominalvolumen einer Gruppe von erwarteten Transaktionen als gesichertes Grundgeschäft zu bestimmen. Ein Unternehmen mit Verkäufen in Fremdwährung kann z.b. die ersten 3 Mio. USD an Verkäufen in einem bestimmten Monat als gesichertes Grundgeschäft zu bestimmen. Hierbei ist zu beachten, dass die Bestimmung eindeutig sein muss. Daher kann z.b. nicht 50% des Umsatzes in USD in einem Monat als gesichertes Grundgeschäft bestimmt werden, weil erst am Monatsende feststehen würde, was das gesicherte Grundgeschäft gewesen ist (IAS 39 IG F.3.10).

201   Außerdem ist das **Zeitfenster** bei erwarteten Transaktionen als gesicherten Grundgeschäften hinreichend genau und innerhalb einer grundsätzlich engen Bandbreite ab dem wahrscheinlichsten Transaktionsdatum zu bestimmen (IAS 39, IG F.3.11). Generell ist eine Bandbreite von drei Monaten[129] als Obergrenze dessen anzusehen, was noch als enge Bandbreite interpretiert werden kann.

202   **4. Die Bilanzierung von Sicherungsgeschäften. a) Die verschiedenen Arten von Sicherungsgeschäften.** IAS 39 unterteilt die Sicherungsgeschäfte in drei verschiedene Arten (IAS 39.86):

- die Absicherung des beizulegenden Zeitwerts;
- die Absicherung von Zahlungsströmen; und
- die Absicherung einer Nettoinvestition in einen ausländischen Geschäftsbetrieb (diese Art von Sicherungsgeschäft wird im Kapitel zur Fremdwährungsumrechnung behandelt).

203   Die Absicherung des beizulegenden Zeitwerts (**fair value hedge**) bezieht sich auf das Risiko, dass sich der beizulegende Zeitwert von in der Bilanz angesetzten Vermögenswerten oder Schulden oder von nicht in der Bilanz angesetzten festen Verpflichtungen ändert. Das Risiko kann sich dabei auf den Posten insgesamt oder eine separat als gesichertes Grundgeschäft bestimmbare Komponente des Postens[130] beziehen. Ferner muss es sich bei dem abgesicherten Risiko um ein Risiko handeln, das Auswirkungen auf das Periodenergebnis haben *kann*. Dies bedeutet, dass es ausreicht,

---
129 Eines der Beispiele der Implementation Guidance zu IAS 39 erwähnt eine drei-monatige Periode (siehe IG F.3.10).
130 Siehe Rn 185-201.

IX. Sicherungsgeschäfte (hedging)

wenn sich *potenziell* Auswirkungen auf den Periodenerfolg ergeben. Daher können z.b. als „Kredite und Forderungen" kategorisierte finanzielle Vermögenswerte, die gegen zinsinduzierte Schwankungen des beizulegenden Zeitwerts abgesichert werden, als gesichertes Grundgeschäft bestimmt werden. Obwohl Zinsschwankungen nicht die Bewertung festverzinslicher finanzieller Vermögenswerte zu fortgeführten Anschaffungskosten beeinflussen, würde sich bei einem Verkauf des Vermögenswerts vor seiner Fälligkeit die zinsinduzierte Änderung des beizulegenden Zeitwerts als Teil des Veräußerungsgewinns oder -verlusts im Periodenergebnis niederschlagen (IAS 39 IG F.2.13).

Die Absicherung von Zahlungsströmen (**cash flow hedge**) bezieht sich auf das Risiko der Schwankung von Zahlungsströmen aufgrund eines bestimmten Risikos in Verbindung mit (IAS 39.86(b)):

- in der Bilanz angesetzten Vermögenswerten oder Schulden *oder*
- hoch wahrscheinlichen erwarteten Transaktionen.

Auch wenn nicht ausdrücklich in IAS 39 genannt, können auch in der Bilanz nicht angesetzte feste Verpflichtungen die Ursache des abgesicherten Risikos sein.[131] Genauso wie bei einer Absicherung des beizulegenden Zeitwerts muss es sich bei dem abgesicherten Risiko um ein Risiko handeln, das Auswirkungen auf das Periodenergebnis haben *kann*. Dabei kann diese Auswirkung auch indirekt sein. So kann z.B. die beabsichtigte künftige Aufnahme eines festverzinslichen Darlehens gegen das Zinsänderungsrisiko abgesichert und als gesichertes Grundgeschäft im Rahmen einer Absicherung von Zahlungsströmen bestimmt werden. Obwohl die Darlehensaufnahme an sich keine Auswirkungen auf das Periodenergebnis hat, beeinflusst die Änderung des Zinsniveaus bis zur Aufnahme des Darlehens die darauf zu zahlenden Zinsen und damit künftige Periodenergebnisse (IAS 39 IG F.2.2).

Für die Absicherung des Währungsrisikos *fester Verpflichtungen* (**firm commitments**) besteht ein Wahlrecht, diese entweder als eine Absicherung des beizulegenden Zeitwerts oder als eine Absicherung von Zahlungsströmen zu behandeln (IAS 39.87). Dieses Wahlrecht spiegelt wider, dass das Währungsrisiko sowohl die Zahlungsströme als auch den beizulegenden Zeitwert des gesicherten Grundgeschäfts beeinflusst (IAS 39.BC154). Die praktische Bedeutung dieses Wahlrechts ist, dass ein gesichertes Grundgeschäft, das als (hoch wahrscheinliche) erwartete Transaktion beginnt und später zu einer festen Verpflichtung wird, die Sicherungsbeziehung für alle Phasen als Absicherung von Zahlungsströmen bilanziert werden kann. Da die Art des Sicherungsgeschäfts in diesem Fall beibehalten wird, ist im Zeitpunkt des Entstehens der festen Verpflichtung keine erneute Bestimmung als gesichertes Grundgeschäft im Rahmen der Absicherung des beizulegenden Zeitwerts erforderlich. Auch eine etwa-

---

[131] Dies ergibt sich daraus, dass die Absicherung des Währungsrisikos fester Verpflichtungen als eine Absicherung von Zahlungsströmen behandelt werden kann (siehe IAS 39.87).

ige im Anschluss an die feste Verpflichtung entstehende Fremdwährungsforderung oder -verbindlichkeit kann bzgl. des Währungsrisikos als Absicherung von Zahlungsströmen behandelt werden.[132] Daher kann auch eine Sicherungsbeziehung mit drei Phasen (d.h. ein gesichertes Grundgeschäft in Form einer erwarteten Transaktion, einer festen Verpflichtung und einer Fremdwährungsforderung oder -verbindlichkeit) einheitlich als Absicherung von Zahlungsströmen behandelt werden.

b) Die Voraussetzungen für die Bilanzierung von Sicherungsgeschäften

Die Bilanzierung von Sicherungsgeschäften nach IFRS ist ein Wahlrecht, das nur bei Erfüllung einer Reihe restriktiver Voraussetzungen besteht. Das Wahlrecht kann einzeln für jede Sicherungsbeziehung ausgeübt werden, d.h. es besteht kein Stetigkeitsgebot. Um sich für die Bilanzierung von Sicherungsgeschäften zu qualifizieren, sind folgende Voraussetzungen *kumulativ* zu erfüllen:

- **Dokumentation**: die Sicherungsbeziehung und die mit ihr verfolgte Zielsetzung müssen spätestens im Zeitpunkt des Beginns der Sicherungsbeziehung dokumentiert sein.

- **Eintrittswahrscheinlichkeit erwarteter Transaktionen**: handelt es sich bei dem gesicherten Grundgeschäft um eine erwartete künftige Transaktion, so muss diese eine hohe Eintrittswahrscheinlichkeit haben.

- **Mindestgrad der Wirksamkeit**: es besteht die Erwartung, dass das Sicherungsgeschäft in „hohem Maße" wirksam ist.

- **Messbarkeit der Wirksamkeit**: die Wirksamkeit des Sicherungsgeschäfts muss verlässlich bestimmbar sein.

- **Tatsächliche Wirksamkeit**: das Sicherungsgeschäft muss für alle Rechnungslegungsperioden, die die Laufzeit der Sicherungsbeziehung umfasst, tatsächlich in hohem Maße wirksam gewesen sein.

Die **Dokumentation** der Sicherungsbeziehung hat folgende Aspekte zu umfassen:

- die mit der Absicherung verfolgten Risikomanagementzielsetzungen und -strategien;

- die genauen Bestandteile der Sicherungsbeziehung, d.h. das Sicherungsinstrument, das gesicherte Grundgeschäft sowie die Art des abgesicherten Risikos;

- wie die Wirksamkeit des Sicherungsgeschäfts bestimmt wird; dies erfordert eine Beschreibung der dazu verwendeten Methoden einschließlich der Art ihrer Auswertung (siehe auch die Ausführungen zu den Voraussetzungen bzgl. der Wirksamkeit des Sicherungsgeschäfts in diesem Abschnitt).

---

132 Siehe Rn 194.

IX. Sicherungsgeschäfte (hedging)

Die gesamte Dokumentation muss spätestens in dem Zeitpunkt, ab dem das Sicherungsinstrument als Sicherungsgeschäft bestimmt ist, vorliegen (d.h. zu Beginn der Laufzeit der Sicherungsbeziehung). Eine nachträgliche Dokumentation oder Nachdatierung ist nicht zulässig (IAS 39 IG F.3.8), d.h. die Bilanzierung als Sicherungsgeschäft kann nicht beginnen, bevor die Dokumentation komplett vorliegt.

In der Praxis haben sich verschiedene Ansätze entwickelt, die Dokumentationserfordernisse effizient zu erfüllen. So sind Softwarelösungen verfügbar, die Teile der Dokumentation automatisieren. Dies betrifft z.B. die Bestimmung von Derivaten als Sicherungsinstrument und die Erfassung und Zuordnung der durch sie gesicherten Grundgeschäfte. Die Effizienz der Dokumentation kann auch durch die **Verwendung von Querverweisen** erhöht werden. Wenn ein Unternehmen bestimmte Arten von Sicherungsgeschäften häufig abschließt, kann z.B. die Dokumentation von Risikomanagementzielsetzungen und -strategien, die Art des abgesicherten Risikos, die Art von Sicherungsgeschäft (d.h. Absicherung des beizulegenden Zeitwerts oder Absicherung von Zahlungsströmen) und die Beschreibung, wie die Wirksamkeit des Sicherungsgeschäfts bestimmt wird, in einem zentralen Dokument (**master document**) wie z.b. einem Bilanzierungshandbuch erfolgen. Dies kann für verschiedene Arten von Strategien oder Absicherungen getrennt erfolgen, so dass eine Bezugnahme auf die jeweils einschlägige Art von Strategie oder Absicherung möglich ist (z.B. mittels Nummerierung als Strategie 1 etc.) Die Dokumentation des jeweiligen Sicherungsgeschäfts kann dann auf die entsprechende Dokumentation dieser Aspekte im zentralen Dokument Bezug nehmen.

208

Für die Dokumentation, wie die Wirksamkeit des Sicherungsgeschäfts bestimmt wird, ist es empfehlenswert, nicht nur eine rein verbale Beschreibung vorzunehmen, sondern eine eine konkrete Beispielrechnung hinzuzufügen. Ein konkretes **Berechnungsbeispiel** hat einen höheren Bestimmtheitsgrad als rein verbale Beschreibungen und auch den Vorteil, dass das bilanzierende Unternehmen sicherstellt, die beschriebene Berechnung auch tatsächlich durchführen zu können.

209

Hinsichtlich der **Eintrittswahrscheinlichkeit erwarteter Transaktionen** ist zu beachten, dass sich dieses Kriterium *ausschließlich* auf gesicherte Grundgeschäfte bezieht, die *erwartete künftige Transaktionen* sind. In der Praxis wird dieses Kriterium teilweise auf alle gesicherten Grundgeschäfte, die eine Absicherungen von Zahlungsströmen darstellen, angewendet. Diese Auslegung von IAS 39 ist jedoch nicht sachgerecht. Aus der Definition der Absicherungen von Zahlungsströmen (IAS 39.86(b)) folgt, dass erwartete Transaktionen eine Untergruppe dieser Art von Sicherungsbeziehung sind.[133] Daher ist z.B. bei der Absicherung von in der Bilanz angesetzten variabel verzinslichen Finanzinstrumenten gegen Schwankungen der Zinszahlungen

210

---

133 Siehe Rn 204.

keine gesonderte Würdigung im Hinblick auf eine hohe Eintrittswahrscheinlichkeit der künftigen Zinszahlungen erforderlich (d.h. dieses Kriterium ist in diesen Fällen nicht einschlägig).

211 Die erforderliche **hohe Eintrittswahrscheinlichkeit** stellt einen erheblich höheren Schwellenwert dar, als eine lediglich überwiegende Wahrscheinlichkeit (d.h. mehr als 50%). Die Beurteilung der Eintrittswahrscheinlichkeit erwarteter Transaktionen erfordert Ermessen. Eine bloße Absicht des Unternehmens ist nicht hinreichend, um dieses Kriterium zu erfüllen. Indizien und Nachweise, die eine *hohe* Eintrittswahrscheinlichkeit hinreichend untermauern sind z.B.:

- das Volumen und die Häufigkeit ähnlicher Transaktionen in der Vergangenheit,
- die finanzielle und operative Kapazität des Unternehmens, die Transaktion durchzuführen,
- die Bindung wesentlicher Resourcen im Hinblick auf die Transaktion (z.B. der Betrieb einer Fertigungslinie, die diejenigen Rohstoffe verbraucht, deren künftiger Bezug die erwartete Transaktion ausmacht),
- das Ausmaß von Verlusten oder Betriebsunterbrechungen, die auftreten können, wenn die erwartete Transaktion nicht erfolgt,
- die Wahrscheinlichkeit der Verwendung alternativer Arten von Transaktionen, um das mit der erwarteten Transaktion verfolgte Ziel zu erreichen oder
- das Budget oder der Geschäftsplan.

Außerdem ist bei der Beurteilung der Höhe der Eintrittswahrscheinlichkeit zu beachten, wie weit die erwarteten Transaktionen in der Zukunft liegen und wie deren Volumen sich zu historischen Erfahrungswerten verhält (IAS 39 IG F.3.7).

212 Bei der Bestimmung von erwarteten Transaktionen empfiehlt es sich, einen angemessen Spielraum zwischen dem erwarteten Transaktionsvolumen und dem als gesichertes Grundgeschäft bestimmten Volumen zu belassen. Wenn die Schätzung des erwarteten Transaktionsvolumens revidiert werden muss und das als gesichertes Grundgeschäft bestimmte Volumen unterschreitet, führt dies zu sofort erfolgswirksam zu erfassender Unwirksamkeit in der Sicherungsbeziehung und kann auch dazu führen, dass die Bilanzierung als Sicherungsgeschäft zu beenden ist. In der Praxis wird dieses Problem häufig dadurch zu vermeiden versucht, dass das nominale Transaktionsvolumen in **Bänder** aufgeteilt wird,[134] die jeweils separat als Sicherungsbeziehung bestimmt werden. So kann z.B. ein nominales Bezugsvolumen im Wert von 100.000 USD in zehn Bänder von jeweils 10.000 USD zerlegt und als zehn separate Sicherungsbeziehungen bestimmt werden. Hierbei ist allerdings zu beachten, dass bei dieser Vorgehensweise das Risiko eines Rückgangs des Transaktionsvolumens

---

134 Siehe Rn 192 und 200.

IX. Sicherungsgeschäfte (hedging)

unter das als gesichertes Grundgeschäft bestimmte Volumen durch das Risiko des Nichteintritts der erwarteten Transaktion ersetzt wird. Wenn das tatsächliche Volumen z.B. auf 90.000 USD sinkt, so ergibt sich statt einer Abweichung von 10% zwischen Sicherungsinstrument und gesichertem Grundgeschäft ein kompletter Ausfall einer erwarteten Transaktion (d.h. des Bands von 90.001 bis 100.000 USD). Hierbei ist zu beachten, dass eine Vorgeschichte von erwarteten Transaktionen, die zunächst als gesichertes Grundgeschäft bestimmt wurden, aber dann nicht eingetreten sind, die Fähigkeit des Unternehmens zu hinreichend verlässlichen Schätzungen der Eintrittswahrscheinlichkeit erwarteter Transaktionen und damit generell die Bestimmung solcher erwarteten Transaktionen als gesicherte Grundgeschäfte in Frage stellt (IAS 39 IG F.3.7). Diese Konsequenz sollte bei der Entscheidung über die Strategie, wieviel Spielraum belassen wird und inwieweit eine Aufteilung von Transaktionsvolumina in Bandbreiten erfolgt, die als separate Sicherungsbeziehungen behandelt werden, beachtet werden.

Die Voraussetzungen in IAS 39 bzgl. der Eintrittswahrscheinlichkeit erwarteter Transaktionen nehmen auch darauf Bezug, dass das Risiko der Schwankung von Zahlungsströmen letztlich das Periodenergebnis beeinflussen können muss. Dies ist jedoch bereits in der Definition der Absicherung von Zahlungsströmen[135] verankert und daher keine zusätzliche Anforderung.

213

Die Vorraussetzungen hinsichtlich der **Wirksamkeit bzw. Effektivität** von Sicherungsgeschäften umfassen verschiedene Anforderungen und werden zusammen auch als „**Wirkamkeitstest oder Effektivitätstest**" bezeichnet. Dieser Wirksamkeitstest umfasst zwei Elemente (IAS 39.88(b) und (e), AG105):

214

- den *prospektiven Test*, der sich auf die Erwartung bezieht, dass das Sicherungsgeschäft für die jeweils verbleibende Restlaufzeit der Sicherungsbeziehung in hohem Maße wirksam sein wird (wobei der erste prospektive Test auf den Beginn der Sicherungsbeziehung entfällt);
- den *retrospektiven Test*, der sich darauf bezieht, ob die Wirksamkeit des Sicherungsgeschäfts in der Vergangenheit (d.h. während der bereits verstrichenen Laufzeit der Sicherungsbeziehung) tatsächlich ein hohes Maß erreicht hat.

Grundvoraussetzung jedes Wirksamkeitstests ist, dass sowohl der beizulegende Zeitwert des Sicherungsinstruments als auch der beizulegende Zeitwert oder die Cashflows des Grundgeschäfts (ggf. separat bestimmt als Komponente)[136] verlässlich ermittelt werden können (IAS 39.88(d)).

215

Die Wirksamkeit des Sicherungsgeschäfts wird anhand der Kompensation gemessen, die das Sicherungsinstrument bzgl. der Änderungen des beizulegenden Zeitwerts oder der Cashflows, die dem abgesicherten Risiko zuzuordnen sind, erzielt.

216

---

135 Siehe Rn 204.
136 Siehe Rn 193ff.

Diese Beurteilung muss in Einklang mit der ursprünglich dokumentierten Risikomanagementstrategie stehen (IAS 39.88(b)). Die Beurteilung der Kompensation kann auf verschiedene Weise erfolgen, z.B. mittels Vergleich der bisherigen Änderungen des beizulegenden Zeitwerts oder der Cashflows des Sicherungsinstruments mit den bisherigen Änderungen des beizulegenden Zeitwerts oder der Cashflows des gesicherten Grundgeschäfts (auf Basis der Dokumentation der Sicherungsbeziehung, d.h. es kann sich dabei um einen Posten insgesamt oder eine separat als gesichertes Grundgeschäft bestimmbare Komponente des Postens[137] handeln). Dies ist die sog. „**Dollar Offset**" Methode. Alternativ kann die Kompensation auch anhand einer Analyse der statistischen Korrelation zwischen dem beizulegenden Zeitwert oder den Cashflows des gesicherten Grundgeschäfts und denen des Sicherungsinstruments beurteilt werden (d.h. mittels **Regressionsanalyse**) (IAS 39.AG105(a)).

217 In der Praxis hat teilweise die Verwendung sog. „**hypothetischer Derivate**" zur Beurteilung der Wirksamkeit von Sicherungsgeschäften für Verwirrung gesorgt. Ein hypothetisches Derivat ist ein Derivat, dessen Änderung des beizulegenden Zeitwerts diejenige des abgesicherten Risikos vollständig (d.h. zu 100%) kompensieren würde. Es handelt sich *nicht* um eine eigene Methode zur Messung der Wirksamkeit sondern vielmehr um eine mögliche Weise, die Änderung des beizulegenden Zeitwerts des gesicherten Grundgeschäfts, soweit sie auf das abgesicherte Risiko entfällt, zu ermitteln. Die so ermittelte Änderung des beizulegenden Zeitwerts bzgl. des Grundgeschäfts kann dann z.B. im Rahmen der Dollar Offset mit der Änderung des beizulegenden Zeitwerts des Sicherungsinstruments verglichen oder aber als Eingangsdaten im Rahmen einer Regressionsanalyse verwendet werden. Wichtig ist, dass die Verwendung eines hypothetischen Derivats zu keinem anderen Ergebnis führen darf, als es sich aus einer „direkten" Ermittlung der Änderung des beizulegenden Zeitwerts bzgl. des Grundgeschäfts ergeben würde.

218 Im Hinblick auf den retrospektiven Wirksamkeitstest konkretisiert IAS 39 das mindestens erforderliche „hohe Maß" an Wirksamkeit als eine **Bandbreite zwischen 80% und 125%**. Die Obergrenze von 125% ist dadurch bedingt, dass durch diese Definition die Entscheidung, welcher Wert als Zähler oder Nenner verwendet wird, keine Auswirkung auf die Beurteilung hat, ob das Sicherungsgeschäft eine Wirksamkeit innerhalb der Bandbreite aufweist (IAS 39.AG105(b)). Obwohl IAS 39 diese quantitive Bandbreite nur für den retrospektiven Test festlegt, ist für den prospektiven Test dieselbe Bandbreite heranzuziehen. Dies ergibt sich daraus, dass die Mindestanforderung sowohl für den prospektiven als auch den retrospektiven Test als in „hohem Maße" wirksam beschrieben wird (IAS 39.88(b) und (e)), als auch aus der Zwecksetz-

---

137 Siehe Rn 193ff.

IX. Sicherungsgeschäfte (hedging)

zung der beiden Tests. Der prospektive Test soll sicherstellen, dass die Sicherungsbeziehung tatsächlich zu einem hohen Kompensationsgrad führt und der retrospektive Test soll dies im Nachgang überprüfen.

Die Beurteilung der Wirksamkeit hat nach IFRS hinsichtlich des **retrospektiven Tests** *immer* quantitativ zu erfolgen (IAS 39.88(e), IG F.4.7). Im Gegensatz zu U.S. GAAP kann daher auch bei Übereinstimmung aller relevanten Parameter oder Vertragsmerkmale zwischen Sicherungsinstrument und gesichertem Grundgeschäft keine vollständige Wirksamkeit (d.h. 100%) angenommen werden (d.h. die sog. „**short cut**" Methode ist nach IFRS nicht erlaubt). Insbesondere erfüllt bei Sicherungsinstrumenten in Form von Swaps der lediglich Vergleich der variablen Zahlungen mit denen des gesicherten Grundgeschäfts (die sog. „**change in variable cash flows**" Methode) nicht die Anforderungen von IAS 39 (IAS 39 IG F.5.5).

219

Für den **prospektiven Test** dagegen enthält IAS 39 kein explizites Erfordernis für einen quantitativen Test. Zwar sind alle als Beispiele genannten Beurteilungsweisen (**Dollar Offset** und **Regressionsanalyse**)[138] quantitative Verfahren, jedoch ist die Dollar Offset Methode im Zeitpunkt des ersten prospektiven Tests zu Beginn der Sicherungsbeziehung nicht anwendbar, da sich noch keine *Änderungen* des beizulegenden Zeitwerts oder der Cashflows von Sicherungsinstrument und gesichertem Grundgeschäft (innerhalb der Laufzeit der Sicherungsbeziehung) ergeben haben können. Daher hat sich in der Praxis in den Fällen, in denen die Dollar Offset Methode für die Beurteilung der Wirksamkeit gewählt wird, ein Vorgehen entwickelt, bei dem (zumindest) der *erste* prospektive Test zu Beginn der Sicherungsbeziehung auf qualitativer Basis erfolgt (z.B. durch Analyse aller relevanten Parameter oder Vertragsmerkmale). In einfachen Szenarien, wenn alle relevanten Parameter oder Vertragsmerkmale vollständig übereinstimmen, wird ein prospektiver Test auf einer qualitativen Basis auch generell, d.h. während der gesamten Laufzeit der Sicherungsbeziehung, als zulässig erachtet.[139] Wenn ein Unternehmen eine quantitative Methode für den Wirksamkeitstest wählt, *kann* diese Methode sowohl für den prospektiven als auch den retrospektiven Test gleichzeitig verwendet werden.[140] Bei der Wahl eines qualitiativen prospektiven Tests ist dies dagegen nicht möglich, da der retrospektive Test quantitativ sein muss.

220

Der Wirksamkeitstest hat ferner den **Effekt des Zeitwert des Geldes** zu berücksichtigen, d.h. er muss auf diskontierter Basis erfolgen (IAS 39.AG112). Dies gilt auch für die Absicherung von Zahlungsströmen, ungeachtet der (unglücklichen) Bezugnahme in IAS 39 auf die „Änderungen bei beizulegendem Zeitwert *oder Cashflows*" (z.B. IAS 39.88(b)). Daher kann bei Absicherungen von Zahlungsströmen die Be-

221

---

138 Siehe Rn 215.
139 Vgl. *PwC (Hrsg.)* IFRS Manual – Financial instruments, Rn 10.147 und 10.160.
140 So auch *PwC (Hrsg.)* IFRS Manual – Financial instruments, Rn 10.150.

urteilung der Wirksamkeit *nicht* auf undiskontierter Basis erfolgen. Das IFRIC hat diese Fragestellung zu diesem Kriterium im Januar und März 2007 diskutiert und im Rahmen einer Agendaentscheidung ebenfalls diese Auffassung vertreten.[141]

222 Die Auswirkung des **Kreditrisikos** auf den beizulegenden Zeitwert des Sicherungsinstruments ist ebenfalls in die Beurteilung der Wirksamkeit einzubeziehen (IAS 39.AG109 und IG F.4.3). Eine Verschlechterung der Bonität der anderen Vertragspartei des Sicherungsinstruments hat verschiedene Auswirkungen in Abhängigkeit der Art der Sicherungsbeziehung (IAS 39 IG F.4.3):

(a) *Absicherung des beizulegenden Zeitwerts*: die Verschlechterung der Bonität beeinflusst den beizulegenden Zeitwert des Sicherungsinstruments ohne dass es einen entsprechenden (kompensierenden) Effekt beim gesicherten Grundgeschäft gibt. Dies verschlechtert die Wirksamkeit des Sicherungsgeschäfts, was dazu führen kann, dass die Anforderungen des Wirksamkeitstests nicht mehr erfüllt werden.

(b) *Absicherung von Zahlungsströmen*: wenn die Verschlechterung der Bonität einen Ausfall der anderen Vertragspartei wahrscheinlich werden lässt, kann das Unternehmen nicht länger davon ausgehen, dass die Sicherungsbeziehung mit hoher Wahrscheinlichkeit eine Kompensation der Änderungen bei Cashflows des Sicherungsgeschäfts und des gesicherten Grundgeschäfts erreicht. Damit werden die Anforderungen des Wirksamkeitstests nicht mehr erfüllt. Selbst wenn der Ausfall der anderen Vertragspartei noch nicht wahrscheinlich ist, beeinflusst die Verschlechterung der Bonität beeinflusst den beizulegenden Zeitwert des Sicherungsinstruments und verschlechtert damit die Wirksamkeit des Sicherungsgeschäfts[142] (siehe Unterabschnitt (a) in dieser Rn.)

Änderungen in der Bonität der anderen Vertragspartei des Sicherungsinstruments haben allerdings nicht nur im Falle einer Verschlechterung Auswirkungen auf die Wirksamkeit des Sicherungsgeschäfts, sondern auch bei Verbesserungen, da letztere ebenfalls den beizulegenden Zeitwert des Sicherungsinstruments beeinflussen. Bei Vertragsparteien unterschiedlicher Bonität kann zudem eine Änderung der Kreditrisiko-Spannen (**credit spreads**) die Wirksamkeit des Sicherungsgeschäfts beeinflussen.

223 Obwohl IAS 39 die Diskussion der Auswirkung des Kreditrisikos auf die Wirksamkeit von Sicherungsgeschäften auf Änderungen in der Bonität der anderen Vertragspartei des Sicherungsinstruments beschränkt, kann auch die Bonität des bilanzierenden Unternehmens selbst relevant sein.[143] Dies ist von der Art des jeweiligen Sicherungsinstruments abhängig. Bei Sicherungsinstrumenten, die – mindestens potenziell – Zahlungen beider Vertragsparteien vorsehen, wird der beizulegende

---

141 Siehe IFRIC Update vom März 2007, S. 5.
142 Vgl. *PwC (Hrsg.)*, IFRS Manual of accounting – Financial instruments 2010, Rn 10.156.
143 Vgl. *Deloitte (Hrsg.)* iGAAP - Financial Instruments, 650.

IX. Sicherungsgeschäfte (hedging)

Zeitwert des Sicherungsinstruments von Änderungen in der Bonität *beider* Vertragsparteien beeinflusst. Solche Sicherungsinstrumente sind z.B. Zinsswaps, bei denen sich in Abhängigkeit des Zinsniveaus Zahlungen an das oder von dem bilanzierenden Unternehmen ergeben können. Daher beeinflusst eine Änderung in der Bonität des bilanzierenden Unternehmens – sowohl eine Verbesserung wie eine Verschlechterung – auch die Wirksamkeit des Sicherungsgeschäfts. Für die Beurteilung ist allerdings das jeweilige Sicherungsinstrument an sich maßgeblich. Die Verwendung von **Sicherheiten** kann z.b. dazu führen, dass das die Kreditqualität des Sicherungsinstruments selbst weitgehend oder vollkommen unabhängig von der Bonität einer oder beider Vertragsparteien ist. Bei börsengehandelten Derivaten, die einem **Clearing** unterliegen, ist z.B. das Kreditrisiko der Vertragsparteien unerheblich. Die zunehmende Verbreitung der Besicherung von sog. **OTC** (over the counter) Derivaten, d.h. bilateralen Verträgen ohne Clearing, führt ebenfalls dazu, dass die Bonität der Vertragsparteien einen geringen Einfluss auf den beizulegenden Zeitwert hat. Bei Sicherungsinstrumenten, die aus Sicht des bilanzierenden Unternehmens stets einen Vermögenswert darstellen, ergeben sich dagegen keine Auswirkungen einer Änderungen in der Bonität des bilanzierenden Unternehmens auf die Wirksamkeit des Sicherungsgeschäfts. Der beizulegende Zeitwert von erworbenen Optionen[144] oder Fremdwährungsforderungen ist z.b. unabhängig von der Bonität des Inhabers.

Bei der Verwendung von **Optionen** als Sicherungsinstrument gab es in der Vergangenheit in der Praxis widersprüchliche Ansichten, wie der Wirksamkeitstest anzuwenden ist. Das IASB hat mittels einer Änderung von IAS 39 (IAS 39.AG99BA) klar gestellt, dass zur Bestimmung der Wirksamkeit des Sicherungsgeschäfts in diesen Fällen eine Annahme, dass das gesicherte Grundgeschäft einen Zeitwert einer Option aufweist, unzulässig ist. Daher ist die Änderung des beizulegenden Zeitwerts oder der Cashflows des gesicherten Grundgeschäft auf derselben Basis wie der *innere* Wert einer Option zu ermitteln. Die Wertänderung ergibt sich daher auf der Grundlage des Vergleichs zwischen dem (erwarteten) Preis oder Cashflow des gesicherten Grundgeschäfts mit dem abgesicherten Niveau (das so gewählt werden kann, dass es dem Ausübungspreis der Option entspricht). Da die aus dem Zeitwert der Option resultierende Änderung des beizulegenden Zeitwerts des Sicherungsgeschäfts kein Pendant im gesicherten Grundgeschäft hat, ergibt sich bei Bestimmung der Option in ihrer Gesamtheit als Sicherungsgeschäft eine Beeinträchtigung der Wirksamkeit des Sicherungsgeschäfts. Das führt zu einem hohen Risiko, dass das Sicherungsgeschäft die Voraussetzungen bzgl. der Wirksamkeit nicht erfüllt. Seit der Änderung von IAS 39 ist es daher in der Praxis empfehlenswert, bei Optionen generell eine Aufspaltung in Zeitwert und inneren Wert vorzunehmen und nur den inneren Wert als Siche-

---

[144] Dies gilt nur im engen Sinn auf Bruttobasis, d.h. bei Optionen, die keine geschriebenen Optionselemente umfassen (wie z.B. Collars, die erworbene und geschriebene Optionselemente kombinieren).

rungsinstrument zu bestimmen.[145] Da die Einbeziehung des Zeitwerts der Option in die Sicherungsbeziehung ohnehin nur zu sofort erfolgswirksam in der Gewinn- und Verlustrechnung zu erfassender Unwirksamkeit[146] führt, hat die Nichtaufspaltung keinerlei Vorteil (jedoch den Nachteil der Beeinträchtigung des Wirksamkeitstests).

225 Bei der Verwendung der **Dollar Offset** Methode[147] haben sich in der Praxis häufig Probleme ergeben, wenn die Änderung des beizulegenden Zeitwerts oder der Cashflows des Sicherungsinstruments und des gesicherten Grundgeschäfts geringfügig sind. Bei Sicherungsgeschäften, die nicht vollständig wirksam sind (d.h. 100%), können kleine Unterschiede in absoluten Beträgen zu großen prozentualen Abweichungen führen. Wenn sich z.B. der beizulegenden Zeitwert eines € 100m Zinsswaps um € 1.000 ändert während sich der beizulegenden Zeitwert des gesicherten Grundgeschäfts (z.B. das Benchmark-Zinsrisiko eines Darlehens) um 1.500 EUR ändert, so beträgt die Wirksamkeit nur 66,7% (oder alternativ 150%)[148] und liegt damit außerhalb der erforderlichen Bandbreite zwischen 80% und 125%.

226 Teilweise wird in der Praxis versucht, dieses Problem durch die Anwendung der Dollar Offset Methode auf kumulativer statt periodischer Basis zu lösen.[149] Die **kumulative Dollar Offset Methode** vergleicht die Änderung des beizulegenden Zeitwerts oder der Cashflows in Bezug auf den Zeitraum seit Beginn der Sicherungsbeziehung bis zum jeweiligen Bilanzstichtag. Die **periodische Dollar Offset Methode** dagegen vergleicht die Änderung des beizulegenden Zeitwerts oder der Cashflows in Bezug auf die aktuelle Berichtsperiode (d.h. den Zeitraum zwischen dem vorhergehenden Wirksamkeitstest und dem Bilanzstichtag). Ein Unternehmen kann für jede einzelne Sicherungsbeziehung zwischen diesen beiden Formen der Dollar Offset Methode wählen, wobei die gewählte Methode in die Dokumentation zu Beginn der Sicherungsbeziehung einzubeziehen ist (IAS 39 IG F.4.2).

227 Bei Wahl der **kumulativen Dollar Offset Methode** ist jedoch zu beachten, dass bei Sicherungsbeziehungen, in denen das Sicherungsinstrument ein Swap ist, der zu Beginn der Sicherungsbeziehung bereits im Geld oder aus dem Geld ist, spätestens beim letzten retrospektiven Test die Bandbreite zwischen 80% und 125% verfehlt wird. Dies liegt daran, dass sich die Änderung des beizulegenden Zeitwerts oder der Cashflows bzgl. des gesicherten Grundgeschäfts über die *Gesamtlaufzeit* der Sicherungsbeziehung auf Null ausgleichen (d.h. eine kumulative Änderung von Null haben), während sich beim Sicherungsinstrument eine kumulative Änderung von größer oder kleiner Null ergibt (aufgrund der auf den beizulegenden Zeitwert im Zeitpunkt des Beginns der Sicherungsbeziehung entfallenden Änderung des beizule-

---

145 Siehe Rn 182.
146 Siehe Rn 234.
147 Siehe Rn 215.
148 Siehe Rn 218.
149 Vgl. *PwC (Hrsg.)* IFRS Manual – Financial instruments, Rn 10. 165.

genden Zeitwerts). Daher ergibt sich eine Wirksamkeit von Null (oder alternativ von unendlich),[150] so dass in der letzten Periode der Sicherungsbeziehung die Voraussetzungen für die Bilanzierung als Sicherungsgeschäft nicht mehr vorliegen.[151]

IAS 39 enthält keine konkreten Vorgaben, wie die Mindestanforderung der Bandbreite zwischen 80% und 125% an die Wirksamkeit von Sicherungsgeschäften auf **statistische Verfahren** anzuwenden ist. Unternehmen, die für den Wirksamkeitstest z.B. eine **Regressionsanalyse** verwenden, haben daher angemessene *konkrete* Schwellenwerte für die Auswertung der Regressionsanalyse als Mindestanforderung an die Wirksamkeit des Sicherungsgeschäfts zu bestimmen und in die Dokumentation zu Beginn der Sicherungsbeziehung einzubeziehen (IAS 39.IG F.4.4). In der Praxis sind folgende Schwellenwerte bzgl. der Auswertung einer (linearen) Regressionsanalyse üblich:[152]

(a) Die Steigung der Regressionsgeraden liegt zwischen -0,8 und -1,25. Dabei ist diejenige Steigung relevant, die sich ggf. *nach* Anpassung der Relation zwischen gesichertem Grundgeschäft und Sicherungsinstrument ergibt.[153]

(b) Das Bestimmtheitsmaß (R^2 oder auch Determinationskoeffizient) beträgt mindestens 80%.

(c) Die Ergebnisse sind statistisch signifikant, nachgewiesen mittels Teststatistik (F-Test) auf Basis eines 95% Konfidenzniveaus.

228

Die **Frequenz des Wirksamkeitstests** muss mindestens so hoch sein, dass die Wirksamkeit eines Sicherungsgeschäfts zu jedem Berichtsstichtag ermittelt wird. Dies gilt sowohl für Jahresabschlüsse als auch für Zwischenabschlüsse (IAS 39.AG106). In der Praxis bedeutet dies, dass bei einem periodischen[154] Wirksamkeitstest die Wirksamkeit für den Zeitraum des jeweiligen Geschäftsjahres oder Zwischenberichtsperiode bestimmt wird. Bei einem kumulativen[155] Wirksamkeitstest wird die Wirksamkeit auf Basis des Zeitraums von Beginn der Sicherungsbeziehung bis zum jeweiligen Abschlussstichtag bestimmt.

229

c) Die Bilanzierung einer Absicherung des beizulegenden Zeitwerts. Die Bilanzierung der Absicherung des beizulegenden Zeitwerts (**fair value hedge**) verändert grundsätzlich nicht die Bilanzierung des Sicherungsinstruments sondern nur die des gesicherten Grundgeschäfts.

230

---

150 Siehe Rn 218.
151 Zu den Auswirkungen siehe Rn 237 und 248.
152 Siehe z.B. *Deloitte (Hrsg.)* iGAAP - Financial Instruments, 726ff; *PwC (Hrsg.)* IFRS Manual – Financial instruments, Rn 10.175 und *Ernst & Young (Hrsg.)* International GAAP, 2589.
153 Siehe Rn 193 und 199.
154 Siehe Rn 226.
155 Siehe Rn 226.

231 Die Bilanzierung des **Sicherungsinstruments** im Rahmen der Absicherung des beizulegenden Zeitwerts bleibt für die folgenden Arten von Sicherungsinstrumenten unverändert:

- *Derivative* Finanzinstrumente. Die Gewinne und Verluste aus Änderungen des beizulegenden Zeitwerts werden ohnehin erfolgswirksam in der Gewinn- und Verlustrechnung erfasst.[156]
- *Nicht-derivative* finanzielle Vermögenswerte oder Verbindlichkeiten,[157] bei denen es sich um *monetäre* finanzielle Posten handelt (d.h. Fremdwährungsforderungen und -verbindlichkeiten). Die Wechselkursgewinne und -verluste dieser Finanzinstrumente werden bereits nach IAS 21 sofort erfolgswirksam in der Gewinn- und Verlustrechnung erfasst (IAS 21.28). Dies gilt auch bei monetären finanziellen Vermögenswerten, die als zur Veräußerung verfügbare finanzielle Vermögenswerte kategorisiert sind (IAS 39.AG95).
- *Nicht-derivative* finanzielle Vermögenswerte, bei denen es sich um *nicht-monetäre* finanzielle Posten handelt und deren Wechselkursgewinne und -verluste in der Gewinn- und Verlustrechnung erfasst werden (z.B. Investitionen in Eigenkapitalinstrumente der Kategorie „erfolgswirksam zum beizulegenden Zeitwert bewertet").[158]

232 Dagegen ändert sich die Bilanzierung des Sicherungsinstruments im Rahmen der Absicherung des beizulegenden Zeitwerts, wenn es sich beim Sicherungsinstrument um einen *nicht-derivativen* finanziellen Vermögenswert handelt, der ein *nicht-monetärer* Posten ist und dessen Wechselkursgewinne und -verluste im sonstigen Ergebnis erfasst werden (d.h. Investitionen in Eigenkapitalinstrumente der Kategorie „zur Veräußerung verfügbare finanzielle Vermögenswerte"[159]). Für diese Sicherungsinstrumente sind die Wechselkursgewinne und -verluste während der Laufzeit der Sicherungsbeziehung statt im sonstigen Ergebnis in der Gewinn- und Verlustrechnung zu erfassen (IAS 39.89(a)). Dagegen können Investitionen in Eigenkapitalinstrumente, die mangels verlässlicher Bestimmbarkeit ihres beizulegenden Zeitwerts zu Anschaffungskosten bewertet werden,[160] nicht als Sicherungsinstrument dienen (IAS 39.AG96).

233 Für das **gesicherte Grundgeschäft** ändert sich die Bilanzierung wie folgt:

(a) Erfolgt die Bewertung des gesicherten Grundgeschäfts nicht bereits zum beizulegenden Zeitwert, so ist dessen Buchwert um die auf das abgesicherte Risiko entfallende Änderung des beizulegenden Zeitwerts des Grundgeschäftes anzupassen. Diese Anpassung ist sofort als Gewinn oder Verlust ergebniswirksam in der

---

156 Siehe Rn 155.
157 Siehe Rn 180.
158 Siehe Rn 155.
159 Siehe Rn 156.
160 Siehe Rn 138 und 170.

IX. Sicherungsgeschäfte (hedging)

Gewinn- und Verlustrechnung zu erfassen (IAS 39.89(b)). Dies betrifft gesicherte Grundgeschäfte, die zu fortgeführten Anschaffungskosten (z.B. festverzinsliche Darlehen) oder Anschaffungskosten (z.B. Rohstoffvorräte) bewertet werden.

(b) Handelt es sich beim gesicherten Grundgeschäft um eine *feste Verpflichtung*, so wird die kumulierte Änderung des beizulegenden Zeitwerts, die auf das gesicherte Risiko entfällt, als Vermögenswert oder Verbindlichkeit in der Bilanz angesetzt (IAS 39.93). Die Bilanzierung als Sicherungsgeschäft geht daher den normalen Ansatzkriterien für schwebende Geschäfte[161] vor. Die Änderung dieses Bilanzpostens ist sofort als Gewinn oder Verlust ergebniswirksam in der Gewinn- und Verlustrechnung zu erfassen. Im Zeitpunkt des Erfüllungsgeschäfts wird der Buchwert entsprechend in die Bewertung der Transaktion einbezogen (IAS 39.94). Bei der Absicherung des Einkaufs von Sachanlagen im Rahmen einer festen Verpflichtung gegen Währungsrisiken werden z.B. die Anschaffungskosten dieser Sachanlagen um den Buchwert der festen Verpflichtung angepasst. Werden Verkaufserlöse aus einer festen Verpflichtung gegen Währungsrisiken abgesichert, werden z.B. die Umsatzerlöse aus der Transaktion um den Buchwert der festen Verpflichtung angepasst.

(c) Ist das gesicherte Grundgeschäft ein zur Veräußerung verfügbarer finanzieller Vermögenswert, so erfolgt die Bewertung bereits zum beizulegenden Zeitwert. Daher ist nur die Erfassung des Gewinns oder Verlusts aus der Änderung des beizulegenden Zeitwerts dahingehend zu ändern, dass der auf das abgesicherte Risiko entfallende Gewinn oder Verlust sofort erfolgswirksam in der Gewinn- und Verlustrechnung statt im sonstigen Ergebnis erfasst wird (IAS 39.89(b)).

Wenn nur bestimmte Risiken statt des gesamten Grundgeschäfts abgesichert werden, so bleibt die Bilanzierung von Änderungen des beizulegenden Zeitwerts des Grundgeschäfts im Hinblick auf diese nicht abgesicherten Risiken unverändert (IAS 39.90).

Aufgrund der Erfassung der Änderung des beizulegenden Zeitwerts sowohl des Sicherungsinstruments als auch des gesicherten Grundgeschäfts (soweit auf das abgesicherte Risiko entfallend) in der Gewinn- und Verlustrechnung ist bei der Absicherung des beizulegenden Zeitwerts automatisch sichergestellt, dass ein ggf. nicht kompensierter Teil der Änderung des beizulegenden Zeitwerts auf Seiten des Sicherungsinstruments oder des gesicherten Grundgeschäfts automatisch sofort erfolgswirksam erfasst wird. Ein solcher nicht kompensierter Teil der Änderung des beizulegenden Zeitwerts tritt auf, wenn das Sicherungsgeschäft nicht vollständig (d.h. 100%) wirksam ist und wird auch als „**Unwirksamkeit bzw. Ineffektivität**" (**hedge ineffectiveness**) bezeichnet.

---

161 Siehe Rn 52.

235 In folgenden Fällen ist die Bilanzierung als Sicherungsgeschäft (prospektiv) zu beenden (IAS 39.91):

- Die Voraussetzungen für die Bilanzierung als Sicherungsgeschäft sind nicht mehr erfüllt.[162]
- Das Sicherungsinstrument entfällt. Dies ist der Fall, wenn das Sicherungsinstrument nicht mehr besteht, weil es ausgelaufen ist (d.h. seine Fälligkeit erreicht hat) oder veräußert, beendet oder ausgeübt wurde. Wenn ein Unternehmen im Rahmen seiner Sicherungsstrategie ein Sicherungsinstrument verlängert (**rollover**) oder durch ein anderes ersetzt ist dies nicht als Auslaufen oder Beendigung des Sicherungsinstruments zu werten. Allerdings ist diese Strategie explizit in die Dokumentation zu Beginn der Sicherungsbeziehung einzubeziehen.
- Das Unternehmen hebt die Bestimmung als Sicherungsgeschäft auf. Dies steht nach IAS 39 jederzeit im freien Ermessen des Unternehmens.

236 Die Folge der prospektiven Beendigung der Bilanzierung als Sicherungsgeschäft ist, dass die besondere Bilanzierung des gesicherten Grundgeschäfts[163] und ggf. des Sicherungsgeschäfts[164] endet. Soweit der Buchwert des gesicherten Grundgeschäfts angepasst wurde,[165] ergibt sich die Folgebilanzierung nach Beendigung der Bilanzierung als Sicherungsgeschäft wie folgt:

- Für zu Anschaffungskosten bewertete gesicherte Grundgeschäfte stellt der angepasste Buchwert die neuen Anschaffungskosten dar. Wurden z.B. Rohstoffvorräte bzgl. der Änderung[166] des beizulegenden Zeitwerts abgesichert, so werden diese mit ihrem diesbzgl. angepassten Buchwert in die Material- oder Umsatzkosten im Zeitpunkt ihres Verkaufs oder im Zeitpunkt ihres Verbrauchs in die Herstellungskosten anderer Vermögenswerte einbezogen.
- Handelt es sich beim gesicherten Grundgeschäft um eine feste Verpflichtung, so bleibt deren Buchwert, der als Vermögenswert oder Verbindlichkeit erfasst wurde, bis zum Zeitpunkt des Erfüllungsgeschäfts unverändert.[167] Im Zeitpunkt des Erfüllungsgeschäfts wird der Buchwert entsprechend in die Bewertung der Transaktion einbezogen.
- Für zu fortgeführten Anschaffungskosten bewertete Finanzinstrumente ist der Anpassungsbetrag im Rahmen der **Effektivzinsmethode**[168] zu amortisieren. Die Amortisation kann beginnen, sobald ein Anpassungsbetrag besteht und muss

---

162 Siehe Rn 206.
163 Siehe Rn 233.
164 Siehe Rn 232.
165 Siehe Rn 233(a)
166 Siehe Rn 233(b)
167 Ausgenommen Fälle, in denen ein Vermögenswert wertgemindert ist.
168 Siehe Rn 146-153.

spätestens ab Beendigung der Bilanzierung als Sicherungsgeschäft erfolgen. Der Effektivzinssatz ist im Zeitpunkt des Beginns der Amortisation des Anpassungsbetrags (neu) zu ermitteln (IAS 39.92).

Wenn das Nichterfüllen des **Wirksamkeitstests** zur Beendigung der Bilanzierung als Sicherungsgeschäft führt, so ist diese Bilanzierung ab dem Zeitpunkt zu beenden, in dem der Wirksamkeitstest das letzte Mal erfüllt wurde. Dies ist regelmäßig das Ende der vorhergehenden Berichtsperiode. Wenn ein Unternehmen jedoch das Nichterfüllen des Wirksamkeitstests auf ein bestimmtes Ereignis oder eine Änderung von Umständen zurückführen kann und die Wirksamkeit des Sicherungsgeschäfts für den vorhergehenden Zeitraum nachweisen kann, so wird die Bilanzierung als Sicherungsgeschäft erst ab dem Zeitpunkt des Eintritts dieses Ereignisses oder dieser Änderung der Umstände beendet (IAS 39.AG113). Wenn der Wirksamkeitstest z.B. aufgrund des mit dem Sicherungsinstrument verbundenen Kreditrisikos scheitert, lässt sich dies in der Praxis oft auf einen bestimmten Zeitpunkt nach dem Ende der vorhergehenden Berichtsperiode zurückführen (z.B. eine Ratingherabstufung oder ein starker Ausschlag im sog. „credit spread" für ein Unternehmen).

d) Die Bilanzierung einer Absicherung von Zahlungsströmen. Die Bilanzierung der Absicherung von Zahlungsströmen (**cash flow hedge**) verändert sowohl die Bilanzierung des Sicherungsinstruments als auch die des gesicherten Grundgeschäfts.

Die Bilanzierung des Sicherungsinstruments im Rahmen der Absicherung von Zahlungsströmen ändert sich dahingehend, dass derjenige Teil des Gewinns oder Verlusts, der die auf das abgesicherte Risiko entfallende Änderung der Cashflows des gesicherten Grundgeschäfts (bewertet zum beizulegenden Zeitwert)[169] kompensiert, im sonstigen Ergebnis statt erfolgswirksam in der Gewinn- und Verlustrechnung erfasst wird. Ein etwaiger verbleibender Teil des Gewinns oder Verlusts aus dem Sicherungsinstrument stellt keine wirksame Absicherung des gesicherten Risikos dar (sog. **Unwirksamkeit**)[170] und verbleibt entsprechend in der Gewinn- und Verlustrechnung (IAS 39.95). Der Gewinn oder Verlust aus dem Sicherungsinstrument ist die Änderung des beizulegenden Zeitwerts bei Derivaten bzw. der Wechselkursgewinn oder -verlust bei nicht-derivativen Sicherungsinstrumenten.

Die genaue Ermittlung der im sonstigen Ergebnis und in der Gewinn- und Verlustrechnung zu erfassenden Teile des Gewinns oder Verlusts aus dem Sicherungsinstrument[171] basiert auf dem für das jeweilige Sicherungsgeschäft im *kumulierten*

---

169 Die Änderung der Cashflows bei der Absicherung von Zahlungsströmen kann nicht auf undiskontierter Basis erfolgen. Dies gilt sowohl für Zwecke des Wirksamkeitstests (siehe Rn 221) als auch die Ermittlung des wirksamen und des unwirksamen Teils des Gewinns oder Verlusts aus dem Sicherungsgeschäft (siehe IAS 39.96(a)(ii) mit explizitem Verweis auf den beizulegenden Zeitwert).
170 Siehe Rn 234.
171 Ggf. kann ein über den Gewinn oder Verlust aus dem Sicherungsinstrument hinausgehender Betrag zusätzlich erfolgswirksam in der Gewinn- und Verlustrechnung zu erfassen sein (siehe Rn 243).

sonstigen Ergebnis (d.h. im Eigenkapital – die sog. **cash flow hedge reserve**) erfassten Betrag. Dieser Betrag ergibt sich als der geringere der beiden folgenden Beträge auf der Basis absoluter[172] Größen (IAS 39.96(a)):

- dem kumulativen Gewinn oder Verlust aus dem Sicherungsinstrument vom Beginn der Sicherungsbeziehung bis zum Bilanzstichtag und
- dem beizulegenden Zeitwert der kumulativen Änderung der erwarteten Cashflows aus dem gesicherten Grundgeschäft (soweit sie auf das abgesicherte Risiko entfallen) vom Beginn der Sicherungsbeziehung bis zum Bilanzstichtag. Die Bewertung der Änderung der erwarteten Cashflows zum beizulegenden Zeitwert bedeutet, dass eine Betrachtung zum *Barwert* zu erfolgen hat (d.h. eine Betrachtung undiskontierter Cashflows ist nicht zulässig).

241 Wenn nach Anpassung des kumulierten sonstigen Ergebnisses (d.h. des Eigenkapitals) an den so bestimmten Betrag noch ein Teil des Gewinns oder Verlusts aus dem Sicherungsinstrument verbleibt, ist dieser verbleibende Teil erfolgswirksam in der Gewinn- und Verlustrechnung zu erfassen (IAS 39.96(b)).

242 Die Auswirkung der Absicherung von Zahlungsströmen auf einzelne Perioden ist aufgrund der Ermittlung des Eigenkapitalpostens als geringerer aus zwei Beträgen (der sog. **„lower of" Test**) komplex. Eine Folge ist z.B., dass im Fall einer sog. „Untersicherung" (oft als **underhedge** bezeichnet) der gesamte kumulative Gewinn oder Verlust des Sicherungsinstruments (seit Beginn der Sicherungsbeziehung) erfolgsneutral im kumulierten sonstigen Ergebnis erfasst wird. Eine Untersicherung liegt vor, wenn der kumulative Gewinn oder Verlust aus dem Sicherungsinstrument geringer ist als die Änderung bzgl. des abgesicherten Risikos, so dass letzteres nicht vollständig kompensiert wird. Bei einer Untersicherung ergibt sich somit (*kumulativ* betrachtet) keine Auswirkung auf die Gewinn- und Verlustrechnung, obwohl das Sicherungsgeschäft nicht vollständig (d.h. 100%) wirksam war.

243 Allerdings kann sich in einer Periode, an deren Ende eine Untersicherung vorliegt, dennoch eine Auswirkung auf die Gewinn- und Verlustrechnung ergeben.

Beispiel

Periode:	P_0	P_1	P_2
Sicherungsgeschäft	0	10	20
Gesichertes Grundgeschäft	0	– 8	– 21
Kumuliertes sonstiges Ergebnis	0	– 8	– 20
Gewinn/Verlust	0	2	– 2

---

172 Dies bedeutet negative Beträge werden als positive Beträge behandelt (d.h. mit -1 multipliziert).

IX. Sicherungsgeschäfte (hedging)

In Periode 2 beträgt Änderung des Betrags im kumulierten sonstigen Ergebnis 12 (Haben). Diese Änderung ist erforderlich, um den Saldo von 8 (Haben) zu Periodenbeginn auf den zum Periodenende ermittelten Wert von 20 (Haben) zu erhöhen. Der Gewinn aus dem Sicherungsgeschäft beträgt in Periode 2 jedoch nur 10 (Soll). Daher ist in Periode 2 ein Betrag von 2 (Soll) erfolgswirksam als Verlust gegen die Gewinn- und Verlustrechnung zu erfassen. In diesem Szenario ergibt sich somit eine Auswirkung auf die Gewinn- und Verlustrechnung obwohl am Periodenende eine Untersicherung vorliegt. Auf kumulativer Basis ist die Auswirkung auf die Gewinn- und Verlustrechnung dagegen Null, da der Verlust in Periode 2 die Umkehr des in Periode 1 als Folge einer Übersicherung erfassten Gewinns darstellt. Das Beispiel zeigt außerdem, dass sich eine Auswirkung auf die Gewinn- und Verlustrechnung ergeben kann, die nicht Teil des Gewinns oder Verlusts aus dem Sicherungsgeschäft ist (sondern über diesen hinaus geht).

Wenn ein Sicherungsinstrument statt in seiner Gesamtheit nur bzgl. einer seiner Komponenten als Bestandteil einer Sicherungsbeziehung bestimmt wird, so bleibt die Bilanzierung des nicht in die Sicherungsbeziehung einbezogenen Teils des Sicherungsinstruments unverändert (IAS 39.96(c)).[173]

Aufgrund der Bilanzierung als Absicherung von Zahlungsströmen verändert sich die **Bilanzierung des gesicherten Grundgeschäfts** in Abhängigkeit seiner jeweiligen Art wie folgt:

- *Künftige finanzielle Vermögenswerte oder Verbindlichkeiten*: wenn die erwartete Transaktion zum Ansatz eines finanziellen Vermögenswerts oder einer finanziellen Verbindlichkeit führt, so ist der zuvor im kumulierten sonstigen Ergebnis erfasste Betrag in denselben Perioden vom Eigenkapital in die Gewinn- und Verlustrechnung umzugliedern, in denen das gesicherte Grundgeschäft im Hinblick auf das abgesicherte Risiko erfolgswirksam wird (IAS 39.97). Wenn z.B. der erwartete Erwerb einer Anleihe mittels eines Forward-Zinsswaps gegen das Zinsänderungsrisiko abgesichert wird, so wird der zwischen Beginn der Sicherungsbeziehung und dem Zeitpunkt des Erwerbs der Anleihe im kumulierten sonstigen Ergebnis erfasste Betrag über die Laufzeit der Anleihe als Anpassung des Zinsertrags in die Gewinn- und Verlustrechnung umgegliedert (so dass sich der Zinsertrag auf Basis des abgesicherten effektiven Zinssatzes ergibt). Dabei ist zu beachten, dass ein im kumulierten sonstigen Ergebnis erfasster Verlust sofort erfolgswirksam in die Gewinn- und Verlustrechnung umzugliedern ist, sobald nicht mehr damit gerechnet wird, dass er in künftigen Perioden ausgeglichen wird (IAS 39.97). Wenn sich z.B. im Fall der Absicherung des erwarteten Erwerbs einer Anleihe nach deren Erwerb eine Wertminderung ergibt, so ist nicht nur

---

[173] Siehe Rn 182.

der Buchwert der Anleihe in die Betrachtung einzubeziehen, sondern auch der im Hinblick auf diese Anleihe noch im kumulierten sonstigen Ergebnis erfasste Betrag aus der Absicherung von Zahlungsströmen.

- *Künftige nicht-finanzielle Vermögenswerte oder Verbindlichkeiten*: wenn die erwartete Transaktion zum Ansatz eines nicht-finanziellen Vermögenswerts oder einer nicht-finanziellen Verbindlichkeit führt, hat ein Unternehmen ein *Methodenwahlrecht*. Die erste Alternative ist, dieselbe Bilanzierung wie im Fall von künftigen *finanziellen* Vermögenswerten oder Verbindlichkeiten anzuwenden (IAS 39.98(a)) (siehe Unterabschnitt i in dieser Rn.) Die zweite Alternative ist, den im kumulierten sonstigen Ergebnis erfassten Betrag als integralen Bestandteil der erstmaligen Bewertung des nicht-finanziellen Vermögenswerts oder der nicht-finanziellen Verbindlichkeit zu behandeln. Dazu wird der gesamte Betrag in einem Schritt aus dem kumulierten sonstigen Ergebnis ausgebucht und in den Buchwert des gesicherten Grundgeschäfts einbezogen (**basis adjustment**) (IAS 39.98(b)). Bei dieser Alternative ist zu beachten, dass das Gesamtergebnis (d.h. die Summe aus Gewinn oder Verlust und dem sonstigen Ergebnis) verzerrt werden kann. Bei der Absicherung des Erwerbs einer Sachanlage gegen das Währungsrisiko beeinflusst z.B. die Umgliederung des Wechselkursgewinnes oder -verlusts aus dem Sicherungsgeschäft vom kumulierten sonstigen Ergebnis in die Anschaffungskosten der Sachanlage das Gesamtergebnis in Höhe des gesamten Betrags in der Periode der Anschaffung der Sachanlage (IAS 39 IG F.1.7). Im Vergleich dazu würde das Gesamtergebnis bei Wahl der ersten Alternative in Teilbeträgen über die Nutzungsdauer der Sachanlage in das Gesamtergebnis einbezogen. Da es sich um ein Methodenwahlrecht handelt, hat ein Unternehmen eine der beiden Alternativen zu wählen und dann stetig auf alle erwarteten Transaktion, die zum Ansatz eines nicht-finanziellen Vermögenswerts oder einer nicht-finanziellen Verbindlichkeit führen, anzuwenden (IAS 39.99).

- *Alle übrigen erwarteten Transaktionen*: wenn die erwartete Transaktion nicht zum Ansatz eines Vermögenswerts oder einer Verbindlichkeit führt, so ist der zuvor im kumulierten sonstigen Ergebnis erfasste Betrag in denselben Perioden vom Eigenkapital in die Gewinn- und Verlustrechnung umzugliedern, in denen das gesicherte Grundgeschäft im Hinblick auf das abgesicherte Risiko erfolgswirksam wird (IAS 39.100). Bei der Absicherung von erwarteten Instandhaltungsaufwendungen oder erwarteten Verkäufen wird z.B. der zwischen Beginn der Sicherungsbeziehung und dem Zeitpunkt der Transaktion im kumulierten sonstigen Ergebnis erfasste Betrag in der Periode, in der der Instandhaltungsaufwand bzw. die Umsatzerlöse anfielen, in die Gewinn- und Verlustrechnung umgegliedert.

IX. Sicherungsgeschäfte (hedging)

In folgenden Fällen ist die Bilanzierung als Sicherungsgeschäft (prospektiv) zu beenden (IAS 39.101):

246

- Die Voraussetzungen für die Bilanzierung als Sicherungsgeschäft sind nicht mehr erfüllt.[174] Wenn dies auf das Unterschreiten der erforderlichen „hohen Eintrittswahrscheinlichkeit"[175] im Hinblick auf eine erwartete Transaktion zurückzuführen ist, so ergeben sich unterschiedliche Konsequenzen in Abhängigkeit davon, ob mit dem Eintreten der erwarteten Transaktion noch gerechnet wird. Diese Schwelle spiegelt eine niedrigere Eintrittswahrscheinlichkeit wider als die „hohe Eintrittswahrscheinlichkeit" (IAS 39.101(c)).

- Das Sicherungsinstrument entfällt. Dies ist der Fall, wenn das Sicherungsinstrument nicht mehr besteht, weil es ausgelaufen ist (d.h. seine Fälligkeit erreicht hat) oder veräußert, beendet oder ausgeübt wurde. Wenn ein Unternehmen im Rahmen seiner Sicherungsstrategie ein Sicherungsinstrument verlängert (**rollover**) oder durch ein anderes ersetzt ist dies nicht als Auslaufen oder Beendigung des Sicherungsinstruments zu werten. Allerdings ist diese Strategie explizit in die Dokumentation zu Beginn der Sicherungsbeziehung einzubeziehen.

- Das Unternehmen hebt die Bestimmung als Sicherungsgeschäft auf. Dies steht nach IAS 39 jederzeit im freien Ermessen des Unternehmens.

Die Folge der prospektiven Beendigung der Bilanzierung als Sicherungsgeschäft ist, dass die besondere Bilanzierung des des Sicherungsgeschäfts[176] endet. Für das gesicherte Grundgeschäft ergibt sich die Folgebilanzierung nach Beendigung der Bilanzierung als Sicherungsgeschäft wie folgt:

247

- Der zwischen Beginn der Sicherungsbeziehung und dem Zeitpunkt der Beendigung der Bilanzierung als Sicherungsgeschäft im kumulierten sonstigen Ergebnis erfasste Betrag wird grundsätzlich[177] bis zum Eintritt der erwarteten Transaktion unverändert gelassen. Bei Eintritt der erwarteten Transaktion erfolgt die Bilanzierung des gesicherten Grundgeschäfts in Abhängigkeit seiner jeweiligen Art wie bei Sicherungsbeziehungen, die nicht vorzeitig beendet wurden (siehe Rn. 245).

- Wenn nicht mehr mit dem Eintreten der erwarteten Transaktion gerechnet wird,[178] wird der zwischen Beginn der Sicherungsbeziehung und dem Zeitpunkt der Beendigung der Bilanzierung als Sicherungsgeschäft im kumulierten sonstigen Ergebnis erfasste Betrag sofort in voller Höhe erfolgswirksam in die in die Gewinn- und Verlustrechnung umgegliedert (IAS 39.101(c)).

---

174 Siehe Rn 206.
175 Siehe Rn 206
176 Siehe Rn 239-244.
177 Ausgenommen sind Fälle, in denen eine Wertminderung vorliegt (siehe Rn 245) sowie die im folgenden Unterabschnitt ii dieser Rn genannten Fälle.
178 Siehe Rn 246 ersten Unterpunkt.

248 Wenn das Nichterfüllen des Wirksamkeitstests zur Beendigung der Bilanzierung als Sicherungsgeschäft führt, so gelten für den relevanten Zeitpunkt dieselben Überlegungen wie bei der Absicherung des beizulegenden Zeitwerts (siehe Rn. 237).

249 **X. Inkrafttreten und Übergangsvorschriften. 1. IAS 39.** Die derzeit gültige Fassung von IAS 39 beruht auf der Version, die im Rahmen des „Improvement Projects" entwickelt wurde, um eine stabile Plattform für 2005 für die Erstanwendung von IFRS in der Europäischen Union, Australien und Neuseeland zu schaffen. Diese Fassung hat seitdem zahlreiche Änderungen erfahren. Zu den wichtigsten zählen:

- *Option der Bilanzierung zum beizulegenden Zeitwert (fair value option)*: im Juni 2005 veröffentlichte das IASB Änderungen, die die Ausübbarkeit der Option zur Bilanzierung zum beizulegenden Zeitwert vom Vorliegen mindestens einer von drei Voraussetzungen abhängig machte. Diese Änderungen unterlagen komplexen Übergangsvorschriften in Abhängigkeit davon, ob die Erstanwendung vor oder nach dem 1. Januar 2006 erfolgte.

- *Finanzielle Garantien (financial guarantee contracts)*: im August 2005 veröffentlichte das IASB Änderungen zur Bilanzierung von finanziellen Garantien sowie zur Anwendungskonkurrenz zwischen IFRS 4 *Insurance Contracts* und IAS 39. Die Übergangsvorschriften erlaubten bilanzierenden Unternehmen, die bereits zuvor IFRS 4 auf diese Art von Verträgen angewendet hatten, weiterhin IFRS 4 statt IAS 39 anzuwenden. Diese Änderungen traten für Geschäftsjahre beginnend am oder nach dem 1. Januar 2006 in Kraft.

- *Qualifizierende gesicherte Grundgeschäfte*: als Reaktion auf vom IFRIC[179] diskutierte Fragen, wie das Inflationsrisiko und der Zeitwert von Optionen in die Bestimmung von gesicherten Grundgeschäften einbezogen werden können, wurden im Juli 2008 diesbzgl. spezielle Regelungen zu IAS 39 hinzugefügt. Diese Änderungen traten für Geschäftsjahre beginnend am oder nach dem 1. Juli 2009 in Kraft. Der Übergang auf die neuen Vorschriften erfolgte rückwirkend.

- *Umgliederungen*: als Reaktion auf die globale Finanzkrise wurden Möglichkeiten zur Umgliederung von nicht-derivativen finanziellen Vermögenswerten aus Kategorien mit einer Bewertung zum beizulegenden Zeitwert in Kategorien mit einer Bewertung zu fortgeführten Anschaffungskosten geschaffen. Diese Änderungen wurden im Oktober 2008 veröffentlicht, gefolgt von einer Klarstellung bzgl. des Inkrafttretens und der Übergangsvorschriften im November 2008. Diese Änderungen traten mit Rückwirkung zum 1. Juli 2008 in Kraft.

250 **2. IFRS 9.** Die Anwendung von IFRS 9 ist für Geschäftsjahre ab dem 1. Januar 2013 verpflichtend (IFRS 9.8.1.1). Eine vorzeitige Anwendung ist erlaubt, in der Europäischen Union mangels Umsetzung in EU-Recht (**Endorsement**) bisher aber

---

179 Das IFRIC wurde 2010 in „IFRS Interpretations Committee" umbenannt.

noch nicht möglich. Hierbei ist zu beachten, dass sich aufgrund der noch verbleibenden Phasen des Projekts zur Ablösung von IAS 39 sowie des Projekts bzgl. „insurance contracts" eine Verschiebung des Inkrafttretens von IFRS 9 ergeben kann (IFRS 9.BC93).

Die Anwendung von IFRS 9 erfolgt grundsätzlich retrospektiv. Es bestehen folgende wesentliche Ausnahmen von diesem Grundsatz: 251

- IFRS 9 ist nicht auf finanzielle Vermögenswerte anzuwenden, die bereits vor dem Datum der erstmaligen Anwendung ausgebucht worden sind, d.h. im Hinblick auf diese finanziellen Vermögenswerte sind weder Vorjahreszahlen noch Zahlen für das aktuelle Geschäftsjahr anzupassen. Dabei können Unternehmen als Datum der erstmaligen Anwendung jedes Datum zwischen dem 12. November 2009 und dem 31. Dezember 2010 wählen. Ab dem 1. Januar 2011 ist das Datum der erstmaligen Anwendung der Beginn der Berichtsperiode, in der IFRS 9 erstmalig angewendet wird (IFRS 9.8.2.1-8.2.2).

- Die Beurteilung des Geschäftsmodell-bezogenen Kriteriums[180] für die Kategorisierung finanzieller Vermögenswerte erfolgt auf der Grundlage der Verhältnisse im Zeitpunkt des Datums der erstmaligen Anwendung statt des Zeitpunkts des erstmaligen Ansatzes (IFRS 9.8.2.4).

- Ein Unternehmen kann die Option zur erfolgswirksamen Bilanzierung zum beizulegenden Zeitwert (**fair value option**) sowie die Option zum Ausweis der Änderung des beizulegenden Zeitwerts bestimmter Investitionen in Eigenkapitalinstrumente auf der Grundlage der Verhältnisse im Zeitpunkt des Datums der erstmaligen Anwendung ausüben. Diese Wahlrechtsausübung gilt dann retrospektiv (IFRS 9.8.2.7). In ähnlicher Weise kann ein Unternehmen eine vorherige Ausübung der fair value option widerrufen. Wenn die Voraussetzungen der fair value option im Zeitpunkt des Datums der erstmaligen Anwendung nicht mehr erfüllt ist, *muss* die Ausübung der fair value option widerrufen werden (IFRS 9.8.2.8).

- Die Verhältnisse im Zeitpunkt des Datums der erstmaligen Anwendung sind ferner maßgeblich für die Ausübung oder den Widerruf einer zuvor ausgeübten fair value option bzgl. finanzieller Verbindlichkeiten. Dies gilt für die fair value option für finanzielle Verbindlichkeiten im Hinblick auf die Vermeidung oder erhebliche Verringerung einer Rechnungslegungsanomalie (IFRS 9.8.2.9).

- Wenn die Ermittlung der fortgeführten Anschaffungskosten für vergangene Perioden undurchführbar (IAS 8.5) ist, so ist der beizulegende Zeitwert im Zeitpunkt im Zeitpunkt des Datums der erstmaligen Anwendung als die neuen fortgeführ-

---

180 Siehe Rn 127.

ten Anschaffungskosten heranzuziehen. Für die Vergleichszahlen ist ebenfalls der der jeweilige beizulegende Zeitwert als fortgeführte Anschaffungskosten zu verwenden (IFRS 9.8.2.10).

- Investitionen in Eigenkapitalinstrumente oder damit zusammenhängende Derivate, die gem. der Ausnahmeregelung in IAS 39 zu Anschaffungskosten bewertet wurden,[181] sind im Zeitpunkt der erstmaligen Anwendung zum beizulegenden Zeitwert zu bewerten. Der Unterschiedsbetrag zum vorherigen Buchwert ist direkt mit dem Eröffnungssaldo der Gewinnrücklagen (retained earnings) zu verrechnen (IFRS 9.8.2.11).

- Unternehmen, die IFRS 9 für Berichtsperioden vor dem 1. Januar 2012 anwenden, brauchen ihre Vergleichsperioden nicht anzupassen. In dem Fall sind etwaige Unterschiedsbeträge zwischen dem vorherigen und dem neuen Buchwert mit dem Eröffnungssaldo des Eigenkapitals zu Beginn der Berichtsperiode, die das Datum der erstmaligen Anwendung umfasst, zu verrechnen (IFRS 9.8.2.12).

252 **XI. IFRS für kleine und mittelgroße Unternehmen. 1. Überblick über die Struktur der Vorschriften.** Die Bilanzierung von Finanzinstrumenten ist aufgrund der damit verbundenen Komplexität eine besondere Herausforderung für kleine und mittelständische Unternehmen. Für den *IFRS for Small and Medium-sized Entities* (IFRS-SMEs) hat das IASB daher eine besondere Vorgehensweise gewählt. Die Bilanzierung von Finanzinstrumenten wird in **zwei verschiedene Kapitel** unterteilt. Abschnitt 11 behandelt einfache (basic) Finanzinstrumente und Abschnitt 12 behandelt die komplexeren Finanzinstrumente.

Ein Unternehmen hat ein **Wahlrecht** zwischen der Anwendung der Abschnitte 11 und 12 des **IFRS-SMEs** einerseits und der Ansatz- und Bewertungsvorschriften des **IAS 39** i.V.m. den Angabevorschriften der Abschnitte 11 und 12 des IFRS-SMEs. Dabei handelt es sich um ein Methodenwahlrecht, das dem Stetigkeitsgebot unterliegt (IFRS-SMEs Abschnitt 11.2).

253 Mit der Trennung der Vorschriften zur Bilanzierung von Finanzinstrumenten in zwei verschiedene Kapitel beabsichtigt das IASB, *innerhalb* des IFRS-SMEs eine Differenzierung vorzunehmen, die für Unternehmen mit ausschließlich einfachen Finanzinstrumenten eine zusätzliche Erleichterung schafft. Die Abschnitte 11 und 12 haben aufeinander abgestimmte Anwendungsbereiche, was Unternehmen mit ausschließlich einfachen Finanzinstrumenten ermöglicht, außerhalb des Anwendungsbereichs von Abschnitt 12 zu bleiben. In diesen Fällen braucht sich das Unternehmen gar nicht erst mit den Regelungen für die komplexeren Finanzinstrumente in Abschnitt 12 (z.B. Finanzderivate) zu befassen (IFRS-SMEs Abschnitt 11.1).

---

181 Siehe Rn 138.

XI. IFRS für kleine und mittelgroße Unternehmen

Einfache Finanzinstrumente, die in den Anwendungsbereich des Abschnitts 11 fallen, sind (IFRS-SMEs Abschnitt 11.5) z.B.:

- Bargeld;
- Sicht- und Termineinlagen bei Kreditinstituten;
- Geldmarktpapiere wie Commercial Paper oder Wechsel, die das Unternehmen als Aktiva hält;
- Forderungen und Verbindlichkeiten aus Lieferungen und Leistungen, einschließlich von Wechseln, sowie Darlehensforderungen und -verbindlichkeiten;
- Anleihen und ähnliche Schuldinstrumente;
- Anlagen in nicht-wandelbare (non-convertible) und nicht-andienbare (non-puttable) Vorzugsaktien (preference shares)[182] sowie nicht-andienbare Stammaktien;
- Kreditzusagen *an*[183] das bilanzierende Unternehmen, für die kein Nettoausgleich in Zahlungsmitteln möglich ist.

254

2. Einfache Finanzinstrumente. Die in Abschnitt 11 geregelten einfachen Finanzinstrumente werden grundsätzlich zu fortgeführten Anschaffungskosten bewertet. Ausnahmen gelten für:

255

- Kreditzusagen *an* das bilanzierende Unternehmen werden zu Anschaffungskosten abzüglich etwaiger Wertminderungen bewertet. Wenn das Unternehmen kein Entgelt für die erhaltene Kreditzusage entrichtet hat, erfolgt die Bewertung daher zu einem Buchwert von Null.

- Anlagen in nicht-wandelbare und nicht-andienbare Vorzugsaktien sowie nicht-andienbare Stammaktien werden erfolgswirksam zum beizulegenden Zeitwert bilanziert, sofern sie entweder öffentlich gehandelt (z.B. bei einer Börsennotierung) werden oder ihr beizulegender Zeitwert anderweitig verlässlich ermittelt werden kann. In allen anderen Fällen erfolgt die Bewertung zu Anschaffungskosten abzüglich etwaiger Wertminderungen.

3. Komplexe Finanzinstrumente. Die in Abschnitt 12 geregelten komplexen Finanzinstrumente werden grundsätzlich erfolgswirksam zum beizulegenden Zeitwert bilanziert. Eine Ausnahme gilt für vom bilanzierenden Unternehmen gehaltene Eigenkapitalinstrumente, die nicht öffentlich gehandelt werden und deren beizulegender Zeitwert auch nicht anderweitig verlässlich ermittelbar ist. Die Ausnahme umfasst auch Finanzinstrumente, die durch Übertragung solcher Eigenkapitalinstrumente zu

256

---

182 Die Verwendung des Begriffs „preference share" in der englischen Fassung ist unglücklich, da international sehr verschiedene Ausgestaltungen möglich sind. Im Vergleich dazu ist die Vorzugsaktie des deutschen Aktienrechts eher restriktiv reglementiert.
183 Kreditzusagen *durch* das bilanzierende Unternehmen an eine andere Partei sind dagegen im Regelfall als komplexes Instrument gem. Abschnitt 12 zu bilanzieren.

erfüllen sind. Alle Finanzinstrumente, die dieser Ausnahmen unterliegen, werden zu Anschaffungskosten abzüglich etwaiger Wertminderungen bewertet (IFRS-SMEs Abschnitt 12.8).

257 Abschnitt 12 enthält auch Regelungen zur Bilanzierung von Sicherungsgeschäften (**hedge accounting**). Für Unternehmen, die nicht vom Wahlrecht der Anwendung von IAS 39 Gebrauch machen, ist die Bilanzierung von Sicherungsgeschäften nach Abschnitt 12 auf einen abschließenden Katalog von häufig auftretenden, relativ einfachen Kombinationen bestimmter Risiken und Sicherungsgeschäfte beschränkt.

258 Die in IFRS-SMEs Abschnitt 12.17 für die Bilanzierung von Sicherungsgeschäften **erlaubten Risiken** sind:

- das Zinsrisiko bzgl. eines zu fortgeführten Anschaffungskosten bewerteten Schuldinstruments,
- das mit einer festen Verpflichtung oder einer erwarteten Transaktion mit hoher Eintrittswahrscheinlichkeit verbundene Währungsrisiko oder das Zinsrisiko,
- das Preisrisiko von Rohstoffvorräten oder Rohstoffein- oder -verkäufen (in der Form einer festen Verpflichtung oder einer erwarteten Transaktion mit hoher Eintrittswahrscheinlichkeit) und
- das mit einer Nettoinvestition in einen ausländischen Geschäftsbetrieb verbundene Währungsrisiko.

259 Die in IFRS-SMEs Abschnitt 12.18 für die Bilanzierung von Sicherungsgeschäften **erlaubten Sicherungsinstrumente** müssen folgende kumulative Voraussetzungen erfüllen:

- es handelt sich um Zinsswaps, Währungsswaps, Devisentermingeschäfte oder Rohstofftermingeschäfte,
- der Vertrag besteht mit einer externen Vertragspartei,
- das Derivat hat eine Bezugsgröße (notional amount), die mit der des abgesicherten Grundgeschäfts (z.B. Darlehensbetrag oder Transaktionsvolumen in Fremdwährung oder Tonnen) übereinstimmt,
- das Derivat hat eine Fälligkeit vor derjenigen des gesicherten Grundgeschäfts und
- das Derivat hat keine Vorfälligkeits- oder Verlängerungsoptionen.

260 Unternehmen, für die dieser Katalog erlaubter Sicherungsbeziehungen zu restriktiv ist, bleibt daher nur die Ausübung des Methodenwahlrechts dahingehend, dass die Ansatz- und Bewertungsvorschriften von IAS 39 angewendet werden. Insbesondere die fehlende Verfügbarkeit von Optionen als Sicherungsinstrument wird sich für viele Unternehmen mit einem modernen Risikomanagement als nicht akzeptabel erweisen.

XII. Ausblick

XII. Ausblick. Wie bereits zu Anfang dieses Kapitels[184] erwähnt, wird die Bilanzierung von Finanzinstrumenten derzeit vom IASB umfassend neu geregelt. Dabei stellen sich dem IASB mehrere Probleme:

- Das U.S. Financial Accounting Standards Board (FASB) verfolgt eine fundamental andere Richtung bzgl. der Bilanzierung von Finanzinstrumenten. Das FASB strebt ein weitgehend auf der Bewertung zum beizulegenden Zeitwert beruhendes Bilanzierungsmodell für Finanzinstrumente an, während sich das IASB mit IFRS 9 auf ein sog. „mixed measurement model" festgelegt hat, d.h. die Verwendung von zwei verschiedenen Bewertungskategorien (beizulegender Zeitwert und fortgeführte Anschaffungskosten). Im Vergleich zum Projekt des IASB zur Ablösung von IAS 39 hat das FASB auch erheblich weniger Interesse an der Bilanzierung von Sicherungsgeschäften und strebt lediglich begrenzte Verbesserungen statt einer umfassenden Reform an. Die angestrebte Annäherung zwischen IASB und FASB im Bereich der Bilanzierung von Finanzinstrumenten ist daher fraglich geworden.

- Die Ansichten bzgl. der Bilanzierung von Finanzinstrumenten sind sehr verschieden. Es wird für das IASB zunehmend schwierig, eine hinreichende Mehrheit zu finden, die neue Vorschläge unterstützt. Die wachsende Vielfalt von Ländern, die IFRS anwenden, trägt auch zu dieser Entwicklung bei.

- Im Hinblick auf die nächste Welle von Ländern, die IFRS als Bilanzierungsstandards übernehmen wollen, hat das IASB die Absicht, alle größeren Projekte auf der aktiven Agenda bis Ende Juni 2011 abzuschließen. Das hat Auswirkungen auf die für die jeweiligen Projekte verfügbare Zeit in Board-Sitzungen. Da das IASB den Projekten bzgl. „leasing", „revenue recognition", „insurance contracts" und der Ablösung von IAS 39 Priorität einräumt, wird es schwierig, andere Projekte wie z.B. bezüglich der Ausbuchung von Finanzinstrumenten (Derecognition) oder der Unterscheidung von Eigen- und Fremdkapitalinstrumenten bis 2011 abzuschließen.

Aufgrund der Priorität des Projekts zur Ablösung von IAS 39 ist davon auszugehen, dass das IASB die drei Hauptphasen bis Mitte 2011 abschließen wird. Die erste Phase bezüglich der Kategorisierung und Bewertung finanzieller Vermögenswerte ist bereits im November 2009 mit der Veröffentlichung von IFRS 9 *Financial Instruments* abgeschlossen worden. Die Kategorisierung und Bewertung finanzieller Verbindlichkeiten auf der Grundlage des im Mai 2010 veröffentlichten Standardentwurfs *Fair Value Option für finanzielle Verbindlichkeiten* erscheint ebenfalls realistisch. Die zweite Phase bzgl. der Bewertung zu fortgeführten Anschaffungskosten und der Bilanzierung von Wertminderungen finanzieller Vermögenswerte erscheint ebenfalls möglich (auch wenn dies ggf. wie bzgl. der finanziellen Verbindlichkeiten einen zweiten

---

184 Siehe Rn 1.

Standardentwurf, sog. „Re-exposure", einschließen könnte). Der Abschluss der dritten Phase zur Bilanzierung von Sicherungsgeschäften ist technisch die anspruchsvollste Phase. Andererseits ist damit zu rechnen, dass diese Phase die größte Zustimmung findet, wenn man davon ausgeht, dass das IASB die Regelungen vereinfacht und mehr Szenarien als bisher einer Bilanzierung als Sicherungsgeschäft zugänglich macht. Vor diesem Hintergrund erscheint es möglich, dass das IASB auch die dritte Phase bis Mitte 2011 abschließt. Dies erforderte jedoch die Ausklammerung des Portfolio- oder Makrohedging. Dieser komplexe Teil soll zu einem späteren Zeitpunkt zur Diskussion gestellt werden.

263 In der **Europäischen Union** befindet sich IFRS 9 noch im Übernahmeprozess und ist daher noch nicht in EU-Recht umgesetzt worden. Es ist nicht ersichtlich, wie die EU zu einer einheitlichen Meinung oder mindestens einer politisch tragfähigen Mehrheit bzgl. der Entscheidung zur Übernahme von IFRS 9 in EU-Recht kommen will. Es bleibt abzuwarten, ob die noch verbleibenden Projektphasen zu Ergebnissen kommen, die die Verhältnisse in der EU ändern. Strategisch kann die EU kein Interesse daran haben, sich aus der Rechnungslegung nach IFRS zu verabschieden und stattdessen eine parallele EU-Rechnungslegung zu entwickeln. Dieser Versuch war mit den Richtlinien zuvor bereits eindrucksvoll gescheitert. Das Taktieren von Brüssel wird allerdings dazu führen, dass der europäische Einfluss auf die IFRS Entwicklung abnimmt und ggf. sogar dazu, dass europäische Unternehmen mit internationaler Ausrichtung freiwillig direkt IFRS anwenden und die Version nach EU-Recht zu einer reinen Pflichtübung wird.

264 **XIII. Angaben gem. IFRS 7. 1. Normzweck und Anwendungsbereich.** Während die Angabepflichten regelmäßig einen integralen Abschnitt desjenigen Standards bilden, auf den sie sich beziehen, besteht bzgl. der Angaben zu Finanzinstrumenten mit IFRS 7 ein gesonderter Standard. Dies liegt an der Entwicklung der Standards für die Bilanzierung von Finanzinstrumenten. Ursprünglich hatte das IASC mit einem Standard begonnen, der Angabepflichten speziell für Banken und ähnliche Finanzinstitutionen vorsah (der ehemalige IAS 30). Die späteren Standards IAS 32 und IAS 39 enthielten ursprünglich ihre eigenen Angabepflichten. Das IASB gelangte zur Auffassung, dass Informationen über die Risiken, denen Unternehmen ausgesetzt sind, und wie diese Risiken gesteuert werden, an Bedeutung gewinnen. Daher hat das IASB die Angabepflichten für Finanzinstrumente in einem Standard zusammengefasst und dabei insbesondere die Angaben zu Risikokonzentrationen, Ausfallrisiko, Liquiditätsrisiko und Marktrisiken reformiert.

265 Der Anwendungsbereich von IFRS 7 erstreckt sich auf alle Finanzinstrumente mit folgenden Ausnahmen für:

- Anteile an Tochterunternehmen, assoziierten Unternehmen und Gemeinschaftsunternehmen, auf die IAS 27 *Consolidated and Separate Financial Statements*, IAS 28 *Investments in Associates* oder IAS 31 *Interests in Joint Ventures* Anwendung finden(IFRS 7.3(a)).
- Rechte und Verpflichtungen eines Arbeitgebers aus Altersversorgungsplänen, die gem. IAS 19 *Employee Benefits* bilanziert werden(IFRS 7.3(b)).
- Versicherungsverträge gem. IFRS 4. Allerdings gelten die Angabepflichten von IFRS 7 für in Versicherungsverträge eingebettete Derivate, die gem. IAS 39 von separat bilanziert werden. Dasselbe gilt für diejenigen finanziellen Garantien, auf die IAS 39 angewendet[185] wird (IFRS 7.3(d)).
- Rechte und Verpflichtungen aus anteilsbasierten Vergütungen, die gem. IFRS 2 *Share-based Payment* bilanziert werden (IFRS 7.3(e)).

Dagegen sind folgende Sachverhalte im Anwendungsbereich von IFRS 7:

- Finanzierungsleasingverhältnisse sowie die aus einem Operating-Leasingverhältnis im Hinblick auf jeweils fälligen oder abgegrenzten Zahlungen angesetzten Forderungen oder Verbindlichkeiten, da diese Posten Finanzinstrumente sind (IAS 32.AG9).
- Verträge über den Kauf oder Verkauf nicht-finanzieller Posten, die gem. IAS 39[186] als Finanzinstrument bilanziert werden (IFRS 7.5).
- Bilanzunwirksame Finanzinstrumente wie z.B. Kreditzusagen, die vom Anwendungsbereich des IAS 39 ausgenommen sind[187] und daher nicht als Finanzinstrument in der Bilanz angesetzt werden (IFRS 7.4).

2. Struktur und Art der Angaben. Im folgenden wird nicht einzeln auf jede in IFRS 7 geforderte Angabe eingegangen. Stattdessen werden allgemein die Struktur und die Art der Angaben erklärt. Lediglich einige ausgewählte, besonders herausfordernde Angaben werden im Einzelnen erläutert.

Einige Angaben gem. IFRS 7 sind separat für jede **Klasse von Finanzinstrumenten** zu machen. Zu diesem Zweck hat ein Unternehmen die Finanzinstrumente so in Klassen zu gruppieren, dass der Art der anzugebenden Information und den Eigenschaften der Finanzinstrumente angemessen Rechnung getragen wird. Die Angaben sind so zu machen, dass sie sich auf die einzelnen Bilanzposten überleiten lassen (IFRS 7.6). Diese Klassen sind unternehmensspezifisch und daher nicht mit den Kategorien in IAS 39[188] oder IFRS 9[189] identisch (IFRS 7.B1). Allerdings müssen die vom Unternehmen bestimmten Klassen mindestens zwischen Finanzinstrumenten, die

---

185 Siehe Rn 249
186 Siehe Rn 4 und 16ff.
187 Siehe Rn 13ff.
188 Siehe Rn 103-124.
189 Siehe Rn 125-128.

zu fortgeführten Anschaffungskosten und solchen, die zum beizulegenden Zeitwert bewertet werden, unterscheiden. Ferner müssen Finanzinstrumente außerhalb des Anwendungsbereichs von IFRS 7 als separate Klasse behandelt werden (IFRS 7.B2).

269 a) Bilanzbezogene Angaben. IFRS 7 verlangt zahlreiche Angaben, die der Erläuterung von Bilanzposten für Finanzinstrumente dienen. Diese Angaben betreffen:

- eine Aufgliederung nach den Kategorien gem. IAS 39 oder IFRS 9,
- besondere Angaben für diejenigen Kredite oder Forderungen sowie finanziellen Verbindlichkeiten, für die das Unternehmen die Fair Value Option[190] ausgeübt hat,
- Umgliederungen finanzieller Vermögenswerte,
- Ausbuchungen (Derecognition),
- Kreditsicherheiten,
- Wertberichtigungskonten,
- multiple Derivate mit voneinander abhängigen Werten, die in zusammengesetzte Finanzinstrumente (mit Eigen- und Fremdkapitalkomponenten) eingebettet sind und
- Verbindlichkeiten, deren Vertragskonditionen vom Unternehmen nicht eingehalten wurden (z.B. Zahlungsverzug).

270 Für Kredite oder Forderungen sowie finanzielle Verbindlichkeiten, für die das Unternehmen die Fair Value Option ausgeübt hat, ist der Teilbetrag der Änderung des beizulegenden Zeitwerts anzugeben, der auf eine Änderung des **Ausfallrisikos** (Credit Risk) zurückzuführen ist. Diese Angabe ist für die jeweilige Berichtsperiode sowie auf kumulierter Basis erforderlich (IFRS 7.9(c), 10(a)). Die Isolierung des Effekts einer Änderung des Ausfallrisikos auf den beizulegenden Zeitwert eines Finanzinstruments ist schwierig. IFRS 7 erlaubt die Ermittlung dieses Effekts auf *indirekte* Weise, indem von der gesamten Änderung des beizulegenden Zeitwerts diejenige Änderung subtrahiert wird, die auf Änderungen von Marktbedingungen bzgl. des Zinsrisikos, des Währungsrisikos oder anderer Preisrisiken (z.B. Rohstoffpreise) zurückzuführen ist. Allerdings steht es jedem Unternehmen offen, eine alternative Methode zu wählen, die zu einem genaueren Ergebnis führt.

271 In der Praxis wird weitgehend die im Anhang zu IFRS 7 (IFRS 7.B4) dargestellte vereinfachte Vorgehensweise herangezogen. Wenn ein Finanzinstrument lediglich dem Zinsrisiko als relevante Änderung von Marktbedingungen unterliegt, kann der auf die Änderung des Ausfallrisikos zurückzuführende Betrag der Änderung des beizulegenden Zeitwerts in drei Schritten ermittelt werden:

---

190 Siehe Rn 110ff.

(a) Im ersten Schritt wird zu Periodenbeginn der interne Zinsfuß des Finanzinstruments auf Basis seines beizulegenden Zeitwerts und der noch ausstehenden vertraglichen Zahlungen ermittelt. Von diesem internen Zinsfuß wird der laufzeitkongruente Referenzzinssatz (z.b. LIBOR oder Euribor) abgezogen, um den individuellen Spread des Finanzinstruments zu Periodenbeginn zu ermitteln. Die Ermittlung des beizulegenden Zeitwerts in diesen Fällen ist oftmals schwierig. Während für Verbindlichkeiten teilweise ein beobachtbarer Marktpreis zur Verfügung steht, ist dies aufgrund der Definition der Kategorie „Kredite und Forderungen" für diese finanziellen Vermögenswerte nicht der Fall. In Fällen ohne beobachtbaren Marktpreis ist daher auf andere Bewertungsverfahren (z.b. Multiplikatormethoden) zurückzugreifen.

(b) Im zweiten Schritt wird am Periodenende der Barwert der noch ausstehenden vertraglichen Zahlungen ermittelt. Als Diskontierungszinssatz wird dafür der aktuelle laufzeitkongruente Referenzzinssatz zu Periodenende zuzüglich des zuvor zum Periodenbeginn ermittelten individuellen Spreads verwendet.

(c) Im dritten Schritt wird der so ermittelte Barwert mit dem beizulegenden Zeitwert des Finanzinstruments zum Periodenende verglichen. Die Differenz zwischen diesen beiden Werten kann für die Angabe des Effekts der Änderung des Ausfallrisikos auf den beizulegenden Zeitwert verwendet werden.

b) Auf die Gesamtergebnisrechnung bezogene Angaben. Im Hinblick auf die Gesamtergebnisrechnung verlangt IFRS 7 Angaben, die der Aufgliederung von Posten der Gewinn- und Verlustrechnung sowie des sonstigen Ergebnisses im Hinblick auf Erträge, Aufwendungen, Gewinne und Verluste im Zusammenhang mit Finanzinstrumenten dienen.

272

Bei der Angabe von gem. der Effektivzinsmethode ermitteltem Zinsertrag und Zinsaufwand ist zu beachten, dass diese Angabepflicht nur für diejenigen Finanzinstrumente gilt, die *nicht* erfolgswirksam zum beizulegenden Zeitwert bewertet werden (IFRS 7.20(b)). Da diese Angabe auf Zinsbeträge beschränkt ist, die mittels der Effektivzinsmethode ermittelt worden sind, dürfen keine anderen, nicht gem. der Effektivzinsmethode ermittelten Beträge, einbezogen werden. Die Praxis, auch anders ermittelte Zinsbeträge und andere finanzielle Erträge und Aufwendungen in den als „Zinsertrag" oder „Zinsaufwand" angegebenen Betrag einzubeziehen, ohne dass explizit eine separate und eindeutige Angabe der gem. der Effektivzinsmethode ermittelten Beträge erfolgt, ist daher nicht IFRS-konform und nur unter Wesentlichkeitsaspekten zu rechtfertigen.

273

Im Hinblick auf Finanzinstrumente der Kategorie erfolgswirksam zum beizulegenden Zeitwert bewertet ist inbesondere zu beachten, dass die aus ihnen resultierenden Gewinne und Verluste aus Änderungen des beizulegenden Zeitwerts keinen Zinsertrag oder Zinsaufwand im Sinne der Effektivzinsmethode darstellen. Aufgrund

274

der erstmaligen Bewertung dieser Finanzinstrumente zum beizulegenden Zeitwert *ohne* Anpassung für Transaktionskosten (IAS 39.43; IFRS 9.5.1.1) ist die Effektivzinsmethode für diese Kategorie nicht anwendbar, da die Transaktionskosten nicht in den Effektivzinssatz einbezogen und über die Laufzeit des Finanzinstruments verteilt werden können. Die Angabe des Zinsertrags oder Zinsaufwands für Finanzinstrumente der Kategorie erfolgswirksam zum beizulegenden Zeitwert bewertet kann daher allenfalls als (freiwillige) pro-forma Angabe erfolgen. Daher darf ein Zinsertrag oder Zinsaufwand für Finanzinstrumente dieser Kategorie auf Basis des Zinskupons nicht so anzugeben werden, dass er mit der Pflichtangabe gem. IFRS 7 auf Basis der Effektivzinsmethode verwechselt werden kann.

275   c) **Weitere Angaben.** Neben den auf die Bilanz und die Gesamtergebnisrechnung bezogenen Angaben verlangt IFRS 7 weitere Angaben im Hinblick auf:

- die Bilanzierung von Sicherungsgeschäften und
- den beizulegenden Zeitwert.

276   Die Angaben bzgl. der **Bilanzierung von Sicherungsgeschäften** betreffen:

- die Art der Sicherungsbeziehung,
- die Sicherungsinstrumente und deren beizulegender Zeitwert,
- die Art der gesicherten Risiken,
- Erläuterungen von im Hinblick auf die Absicherung von beizulegenden Zeitwerten, Zahlungsströmen und Nettoinvestitionen in ausländische Geschäftsbetriebe in der Gewinn- und Verlustrechnung sowie im sonstigen Ergebnis erfasster Beträge und
- weitere Erläuterungen bzgl. der Absicherung von Zahlungsströmen im Hinblick auf die Perioden, in denen abgesicherte Grundgeschäfte voraussichtlich eintreten und erwartete Transaktionen, mit deren Eintritt nicht mehr gerechnet wird.

277   Die Angaben zum beizulegenden Zeitwert wurden im März 2009 durch das Projekt „Improving Disclosures about Financial Instruments" geändert. Die wesentliche Auswirkung dieser Änderung auf die Angaben zum beizulegenden Zeitwert war die Übernahme der Hierarchie beizulegender Zeitwerte (**Fair Value Hierarchy**) aus U.S. GAAP.

278   Die Angaben zum beizulegenden Zeitwert lassen sich wie folgt zusammenfassen:

- die Methoden und bei Verwendung von Bewertungsverfahren die Annahmen sowie etwaige Änderungen des Verfahrens einschließlich der Begründung der Änderungen;
- eine Aufgliederung der beizulegenden Zeitwerte je Klasse von Finanzinstrumenten nach der Ebene in der Hierarchie beizulegender Zeitwerte, in die sie jeweils fallen;

- wesentliche Umgliederungen zwischen den ersten beiden Ebenen der Hierarchie beizulegender Zeitwerte;
- eine Überleitung des Saldos beizulegender Zeitwerte in der dritten Ebene der Hierarchie beizulegender Zeitwerte vom Periodenbeginn zum Periodenende;
- der Teilbetrag der Gewinne und Verluste aus Änderungen des beizulegenden Zeitwerts in der dritten Ebene der Hierarchie, der auf am Periodenende noch in der Bilanz erfasste Finanzinstrumente entfällt;
- wenn sich der beizulegende Zeitwert in der dritten Ebene der Hierarchie wesentlich ändern würde, wenn andere durchaus mögliche Bewertungsannahmen verwendet würden, ist diese Tatsache anzugeben sowie der Effekt, der sich aus den alternativen Annahmne ergeben würde; und
- bei Abweichung des beizulegenden Zeitwerts vom Transaktionspreis in Fällen, in denen der beizulegende Zeitwert unter Verwendung auch nicht an einem Markt beobachtbarer Variablen ermittelt wird,[191] ist die noch in künftigen Perioden zu erfassende Differenz zwischen Transaktionspreis und beizulegendem Zeitwert anzugeben sowie die Bilanzierungsmethode bzgl. der Erfassung dieser Differenz.

Die Hierarchie beizulegender Zeitwerte ergibt sich auf der Basis desjenigen Eingangswerts (Input), der in die niedrigste Ebene der Bewertungshierarchie fällt und für den beizulegenden Zeitwert ingesamt signifikant ist. Die Bewertungshierarchie der Eingangswerte ist wie folgt (IFRS 7.27A):

(a) in einem aktiven Markt notierte Preise (ohne Anpassungen) für identische Vermögenswerte oder Verbindlichkeiten (erste Ebene, sog. **Level 1**);

(b) andere Eingangswerte als die in die erste Ebene einbezogenen notierten Preise, sofern sie entweder direkt (d.h. Preise) oder indirekt (d.h. aus Preisen abgeleitet) für den jeweiligen Vermögenswert oder die jeweilige Verbindlichkeit beobachtbar sind (zweite Ebene, sog. **Level 2**);

(c) Eingangswerte, die nicht auf beobachtbaren Marktdaten beruhen (dritte Ebene, sog. **Level 3**).

Die Bestimmung der Hierarchieebene, in die ein beizulegender Zeitwert fällt, ist in der Praxis mit zahlreichen Zweifelsfragen verbunden. Einige dieser Zweifelsfragen werden vermutlich erst durch das Projekt des IASB zu *Fair Value Measurement*, das voraussichtlich in der Herausgabe eines eigenen Standards für die Ermittlung von beizulegenden Zeitwerten führt, gelöst werden. Dieses Projekt wird die Beispiele und Klarstellungen in U.S. GAAP zu diesem Thema übernehmen. Andere Zweifelsfragen und Praxisprobleme werden auch danach bestehen, z.B. das Problem, die von profes-

---

191 Siehe Rn 134.

sionellen Anbietern von Finanzdaten (wie z.B. Bloomberg, Reuters oder markit) in die Ebenen einzuordnen. Die dafür erforderlichen Hintergrundinformationen, wie die Daten beschafft wurden, sind teilweise nicht einfach zu erhalten.

281 **d) Angaben zu Risiken aus Finanzinstrumenten.** Im Hinblick auf Art und Ausmaß von Risiken aus Finanzinstrumenten verlangt IFRS 7 qualitative und quantitative Angaben.[192] Die qualitativen Angaben beziehen sich auf die Art der Risiken und ihre Ursachen, die Ziele, Leitlininen, und Prozesse des Unternehmens im Hinblick auf das Management dieser Risiken sowie die Methoden zur Risikomessung. Außerdem hat ein Unternehmnen Änderungen in diesen Aspekten anzugeben (IFRS 7.33).

282 Die quantitativen Angaben zu Risiken aus Finanzinstrumenten umfassen:

- allgemeine Angaben, die die am Bilanzstichtag bestehenden Risiken aus Finanzinstrumenten quantifizieren sowie Risikokonzentrationen aufzeigen;
- Angaben zu Ausfallrisiken;
- Angaben zum Liquiditätsrisiko; und
- Angaben zu Marktrisiken.

283 Die Angaben zu **Ausfallrisiken** umfassen:

- Angaben zum maximalen Ausfallrisiko, wobei diese Angabe nicht für diejenigen Finanzinstrumente erforderlich ist, deren Buchwert in der Bilanz das maximale Ausfallrisiko darstellt;
- eine Beschreibung von Kreditsicherheiten und anderen Verbesserungen der Kreditqualität sowie deren finanzieller Auswirkung auf das maximale Ausfallrisiko;
- für finanzielle Vermögenswerte, die weder in Verzug noch wertgemindert sind, Informationen zur Kreditqualität;
- für finanzielle Vermögenswerte, die entweder in Verzug oder wertgemindert sind, Analysen zum Alter von in Verzug befindlichen aber nicht wertgeminderten finanziellen Vermögenswerten sowie Analysen bzgl. einzeln als wertgemindert identifizierter finanzieller Vermögenswerte (einschließlich der dabei verwendeten Kriterien);
- Angaben zu finanziellen und nicht-finanziellen Vermögenswerten, die das Unternehmen als Folge der Vollstreckung von Kreditsicherheiten erhalten hat und die zum Bilanzstichtag in der Bilanz angesetzt sind.

284 Die Angaben zum **Liquiditätsrisiko** umfassen:

---

[192] Die Angabepflichten wurden durch die „Annual Improvements" im Mai 2010 geändert. Die folgenden Ausführungen beziehen diese Änderungen bereits ein.

XIII. Angaben gem. IFRS 7

- eine Analyse der Fälligkeiten von nicht-derivativen finanziellen Verbindlichkeiten (einschließlich vom Unternehmen begebener finanzieller Garantien[193]) auf der Basis der vertraglichen Restlaufzeiten;
- eine Analyse der Fälligkeiten auf Basis der vertraglichen Restlaufzeiten für diejenigen derivativen finanziellen Verbindlichkeiten, für die vertragliche Laufzeiten wesentlich für ein Verständnis des Zeitpunkts ihrer Cashflows ist; und
- eine Beschreibung, wie das Unternehmen das Liquiditätrisiko im Hinblick auf diese finanziellen Verbindlichkeiten steuert.

IFRS 7 enthält zahlreiche Ausführungen, wie die Angaben zum Liquiditätsrisiko genau zu machen sind. So ist z.B. für die Angaben zum Liquiditätsrisiko ein eingebettetes Derivat nicht vom Basisvertrag abzuspalten, sondern das hybride Finanzinstrument als nicht-derivative finanzielle Verbindlichkeit zu behandeln (IFRS 7.B11A). Für derivative finanzielle Verbindlichkeiten wird näher erläutert, wann die Darstellung der vertraglichen Restlaufzeiten erforderlich ist. Bei Derivaten, die zu Sicherungszwecken verwendet werden, ist eine Angabe erforderlich, ebenso wie für alle Kreditzusagen (IFRS 7.B11B). Dabei kommt es nicht darauf an, ob die Voraussetzung für die Bilanzierung als Sicherungsgeschäft erfüllt werden. Die Auswirkung auf das Liquiditätsrisiko ergibt sich vielmehr aus der Tatsache, dass solche Derivate entsprechend dem Sicherungszweck gehalten werden, um über ihre Laufzeit die vertraglichen Cashflows zu vereinnahmen oder auszutauschen. Von der Angabepflicht der vertraglichen Restlaufzeit sind daher nur diejenigen derivativen Verbindlichkeiten ausgenommen, mit denen das Unternehmen handelt, d.h. die einem häufigen Umschlag unterliegen und daher vorwiegend zu Cashflows aus Veräußerung, Transfer oder Glattstellung statt Durchführung des Vertrags über seine Restlaufzeit führen. 285

Für die Beurteilung der Restlaufzeit ist bei Finanzinstrumenten, die der Gegenpartei ein Wahlrecht bzgl. des Zeitpunkts von Zahlungen einräumen, auf den frühesten Zeitpunkt abzustellen, zu dem eine Zahlung verlangt werden kann (z.B. bei amerikanischen[194] Optionen). Bei finanziellen Garantien ist der maßgebliche Zeitpunkt entsprechend der früheste Zeitpunkt, zu dem die Garantie in Anspruch genommen werden kann (IFRS 7.B11C). 286

Bei der Ermittlung der Beträge für die Cashflows ist zu beachten, dass die Angaben zum Liquiditätsrisiko gem. IFRS 7 auf der Basis von undiskontierten vertraglichen Cashflows zu machen sind. Daher sind z.B. für eine Darlehensverbindlichkeit alle periodischen Zinszahlungen in das jeweils einschlägige Zeitband einzubeziehen. Dies gilt entsprechend auch für die Rückzahlung des Kapitalbetrags, wenn diese gestaffelt erfolgt. Bei variablen Zinsen ist der Referenzzins zum Bilanzstichtag für die restliche Laufzeit zu Grunde zu legen (IFRS 7.B11D). 287

---
193 Siehe Rn 109.
194 Amerikanische Optionen sind jederzeit während ihrer Laufzeit ausübbar.

288 Obwohl die Analyse der Fälligkeiten grundsätzlich nur finanzielle Verbindlichkeiten betrifft, kann auch eine Fälligkeitsanalyse für bestimmte finanzielle Vermögenswerte erforderlich sein. Dies ist der Fall, wenn ein Unternehmen finanzielle Vermögenswerte zum Liquiditätsmanagement hält und Informationen über diese Vermögenswerte erforderlich ist, damit Abschlussadressaten Art und Umfang des Liquiditätsrisikos beurteilen können (IFRS 7.B11E).

289 Die Angaben zu **Marktrisiken** gehören zu den schwierigsten Angaben in IFRS 7. Marktrisiken umfassen (IFRS 7, Appendix A):
- Zinsänderungsrisiko;
- Währungsrisiko;
- andere Preisrisiken (z.B. im Hinblick auf Änderungen bei Rohstoffpreisen oder Aktienkursen).

290 Die erforderlichen Angaben umfassen (IFRS 7.40):
- eine Sensitivitätsanalyse für jedes Marktrisiko, das am Bilanzstichtag besteht;
- die dabei verwendeten Methoden und Annahmen;
- Änderungen bei den Methoden und Annahmen einschließlich einer Begründung.

Die **Sensitivitätsanalyse** hat die Auswirkung von Änderungen des jeweiligen Risikoparameters auf Gewinn oder Verlust sowie das Eigenkapital darzustellen. Dabei ist zu beachten, dass eine disaggregierte Darstellung erforderlich sein kann, wenn andernfalls zu unterschiedliche Unternehmensbereiche zusammengefasst würden (z.B. wenn ein Unternehmen geografische Beriche mit sehr hoher Inflation und niedriger Inflation hat, oder einen Geschäftsbereich, der mit Finanzinstrumenten handelt) (IFRS 7.B17).

291 Die Sensitivitätsanalyse gem. IFRS 7 ist jedoch keine „pro-forma" Ergebnisrechnung, d.h. ein Unternehmen gibt nicht an, wie der Gewinn oder Verlust des Geschäftsjahres ausgefallen wäre, wenn z.B. ein anderes Zinsniveau oder andere Wechselkurse bestanden hätten. Stattdessen wird die Auswirkung von Änderungen des jeweiligen Risikoparameters auf Basis der Risikopositionen am Abschlussstichtag ermittelt (IFRS 7.B18(a)). Allerdings wirkt sich die Kategorisierung von Finanzinstrumenten auf die Sensitivitätsanalyse aus. So sind die Preisschwankungen von als zur Veräußerung verfügbar kategorisierten finanziellen Vermögenswerten nur im Fall einer Wertminderung relevant für den Gewinn oder Verlust der Periode während sich alle Wertschwankungen mindestens über das sonstige Ergebnis auf das Eigenkapital auswirken (IFRS 7.B27). In der Praxis wird die Auswirkung auf Gewinn oder Verlust sowie das Eigenkapital häufig auf der Basis vor Ertragsteuern gemacht. Dies liegt daran, dass die Folgewirkungen der Marktrisikoänderungen auf die Ertragsteuern oft nicht verlässlich ermittelt werden können (z.B. bei bestehenden Verlustvorträgen, Er-

gebnisabführungsverträgen, unterschiedlichen Steuersätzen für verschiedene Arten von Gewinnen und Verlusten, etc.) Ungeachtet des Wortlauts in IFRS 7 ist daher eine Angabe auf der Basis vor Ertragsteuern nicht zu beanstanden. Dies ergibt sich auch daraus, dass IFRS 7 keine „pro-forma" Ergebnisrechnung verlangt (die in vielen Fällen aber zur Bestimmung des Effekts nach Ertragsteuern erforderlich wäre).

Der Prognosehorizont für die Sensitivitätsanalyse beträgt regelmäßig ein Jahr (IFRS 7.B19(b)). Daher hat ein Unternehmen diejenigen Änderungen des jeweiligen Risikoparameters zu berücksichtigen, die innerhalb eines Jahres für möglich gehalten werden (reasonably possible). Dies ist demnach kein Stresstest oder „Worst Case" Szenario (IFRS 7.B19(a)). Bei variabel verzinslichen Instrumenten ist z.b. der Effekt der Änderung des Referenzzinssatzes über ein Jahr auf den Zinsaufwand oder -ertrag eines Jahres anzugeben. Die Sensitivitätsanalyse kann auf Basis einer Bandbreite erfolgen, ohne den Effekt von Änderungen des jeweiligen Risikoparameters innerhalb der Bandbreite gesondert darzustellen (IFRS 7.B18(b)). Hält ein Unternehmen z.B. eine Zinsänderung des Leitzinses von plus oder minus 70 Basispunkten für möglich, so kann es die Auswirkung eines Zinsanstiegs und einer Zinssenkung um 70 Basispunkte auf den Gewinn oder Verlust sowie das Eigenkapital angeben. Allerdings ist zu beachten, dass die Angabe nicht irreführend sein darf. Wenn ein Unternehmen z.B. Finanzinstrumente hat, die zu asymmetrischen Auswirkungen führen (z.B. ein Zinscap), so ist ein Hinweis auf diesen asymmetrischen Effekt in die Angabe aufzunehmen.

IFRS 7 erlaubt einem Unternehmen eine **alternative Sensitivitätsanalyse** statt der zuvor genannten darzustellen (IFRS 7.41). Voraussetzung dafür ist, dass diese alternative Sensitivitätsanalyse:

- die wechselseitigen Abhängigkeiten zwischen Risikovariablen widerspiegelt und
- vom Unternehmen zur Steuerung der finanziellen Risiken verwendet wird.

Daher kann diese alternative Sensitivitätsanalyse (z.B. auf einer Value-at-Risk-Basis) nicht allein für Angabezwecke gem. IFRS 7 erstellt werden, um die in IFRS 7 als Standardangabe (IFRS 7.40) beschriebene Sensitivitätsanalyse zu vermeiden. Wenn ein Unternehmen eine alternative Sensitivitätsanalyse zur Angabe gem. IFRS 7 verwendet, sind zusätzliche Angaben erforderlich, wie das Unternehmen diese Sensitivitätsanalyse erstellt hat, welche wesentlichen Annahmen ihr zu Grunde liegen, welche Ziele mit ihr verfolgt werden und Erläuterungen falls die verwendete Methode nicht vollständig die beizulegenden Zeitwerte der Finanzinstrumente widerspiegelt (IFRS 7.41).

Für den Fall, dass die vom Unternehmen dargestellte Sensitivitätsanalyse nicht repräsentativ für das mit einem Finanzinstrument verbundene Risiko ist, hat das Unternehmen auf diese Tatsache hinzuweisen und zu begründen, warum es zu dieser Einschätzung gelangt ist. Diese Situation kann sich z.B. ergeben, wenn die der Risikopositionen am Abschlussstichtag untypisch für die unterjährigen Risikopositionen sind (IFRS 7.42). In diesen Fällen hat ein Unternehmen zusätzliche Angaben zu machen, die repräsentativ sind (IFRS 7.35 und BC48). Dies kann z.B. auf Basis der durchschnittlichen, maximalen und minimalen Risikoposition während des Geschäftsjahrs erfolgen (IFRS 7.IG20).

IAS 40 – Investment Property

Übersicht

Rn	Textauszüge aus IAS 40
40.16	Als Finanzinvestition gehaltene Immobilien sind dann, und nur dann, als Vermögenswert anzusetzen, wenn (a) es wahrscheinlich ist, dass dem Unternehmen der künftige wirtschaftliche Nutzen, der mit den als Finanzinvestition gehaltenen Immobilien verbunden ist, zufließen wird; und (b) die Anschaffungs- oder Herstellungskosten der als Finanzinvestition gehaltenen Immobilien verlässlich bewertet werden können.
40.20	Als Finanzinvestition gehaltene Immobilien sind bei Zugang mit ihren Anschaffungs- oder Herstellungskosten zu bewerten. Die Transaktionskosten sind in die erstmalige Bewertung mit einzubeziehen.
40.25	Die anfänglichen Kosten geleaster Immobilien, die als Finanzinvestition eingestuft sind, sind gemäß den in IAS 17.20 enthaltenen Vorschriften für Finanzierungsleasingverhältnisse anzusetzen, d.h. in Höhe des beizulegenden Zeitwerts des Vermögenswerts oder mit dem Barwert der Mindestleasingzahlungen, sofern dieser Wert niedriger ist. Gemäß dem gleichen Paragraphen ist ein Betrag in gleicher Höhe als Schuld anzusetzen.
40.30	Mit den in IAS 40.32A und 34 dargelegten Ausnahmen hat ein Unternehmen als seine Rechnungslegungsmethoden entweder das Modell des beizulegenden Zeitwerts gemäß IAS 40.33-55 oder das Anschaffungskostenmodell gemäß IAS 40.56 zu wählen und diese Methode auf alle als Finanzinvestition gehaltene Immobilien anzuwenden.
40.32A	Ein Unternehmen kann (a) entweder das Modell des beizulegenden Zeitwerts oder das Anschaffungskostenmodell für alle als Finanzinvestition gehaltene Immobilien wählen, die Verbindlichkeiten bedecken, aufgrund derer die Höhe der Rückzahlungen direkt von dem beizulegenden Zeitwert von bestimmten Vermögenswerten einschließlich von als Finanzinvestition gehaltenen Immobilien bzw. den Kapitalerträgen daraus bestimmt wird; und (b) entweder das Modell des beizulegenden Zeitwerts oder das Anschaffungskostenmodell für alle anderen als Finanzinvestition gehaltenen Immobilien wählen, ungeachtet der in (a) getroffenen Wahl.
40.33	Nach dem erstmaligen Ansatz hat ein Unternehmen, welches das Modell des beizulegenden Zeitwerts gewählt hat, alle als Finanzinvestition gehaltenen Immobilien mit Ausnahme der in IAS 40.53 beschriebenen Fälle mit dem beizulegenden Zeitwert zu bewerten.
40.34	Ist eine im Rahmen eines Operating-Leasingverhältnisses geleaste Immobilie als Finanzinvestition gemäß Paragraph 6 eingestuft, besteht die in IAS 40.30 genannte Wahlfreiheit nicht, sondern es muss das Modell des beizulegenden Zeitwerts angewendet werden.

40.35 Ein Gewinn oder Verlust, der durch die Änderung des beizulegenden Zeitwerts der als Finanzinvestition gehaltenen Immobilien entsteht, ist im Gewinn oder Verlust der Periode zu berücksichtigen, in der er entstanden ist.

40.38 Der beizulegende Zeitwert von als Finanzinvestition gehaltenen Immobilien spiegelt die Marktbedingungen am Abschlussstichtag wider.

40.53 Es besteht die widerlegbare Vermutung, dass ein Unternehmen in der Lage ist, den beizulegenden Zeitwert einer als Finanzinvestition gehaltenen Immobilie fortwährend verlässlich zu bestimmen. In Ausnahmefällen liegen jedoch eindeutige substanzielle Hinweise dahingehend vor, dass ein Unternehmen, das eine als Finanzinvestition gehaltene Immobilie erstmals erwirbt (oder wenn eine bereits vorhandene Immobilie nach Abschluss der Erstellung oder Entwicklung erstmals als Finanzinvestition gehalten wird oder nach einer Nutzungsänderung), nicht in der Lage ist, den beizulegenden Zeitwert der als Finanzinvestition gehaltenen Immobilie fortlaufend verlässlich zu bestimmen. Dieses wird dann, aber nur dann der Fall sein, wenn vergleichbare Markttransaktionen selten und anderweitige zuverlässige Schätzungen für den beizulegenden Zeitwert (beispielsweise basierend auf diskontierten Cashflow-Prognosen) nicht verfügbar sind. In solchen Fällen hat ein Unternehmen die als Finanzinvestition gehaltene Immobilie nach dem Anschaffungskostenmodell in IAS 16 zu bewerten. Der Restwert der als Finanzinvestition gehaltenen Immobilie ist mit Null anzunehmen. Das Unternehmen hat IAS 16 bis zum Abgang der als Finanzinvestition gehaltenen Immobilie anzuwenden.

40.55 Hat ein Unternehmen eine als Finanzinvestition gehaltene Immobilie bisher zum beizulegenden Zeitwert bewertet, hat es die Immobilie bis zu deren Abgang (oder bis zu dem Zeitpunkt, ab dem die Immobilie selbst genutzt oder für einen späteren Verkauf im Rahmen der gewöhnlichen Geschäftstätigkeit entwickelt wird) weiterhin zum beizulegenden Zeitwert zu bewerten, auch wenn vergleichbare Markttransaktionen seltener auftreten oder Marktpreise seltener verfügbar sind.

40.56 Sofern sich ein Unternehmen nach dem erstmaligen Ansatz für das Anschaffungskostenmodell entscheidet, hat es seine gesamten als Finanzinvestition gehaltenen Immobilien nach den Vorschriften des IAS 16 für dieses Modell zu bewerten, ausgenommen solche, die gemäß IFRS 5 Zur Veräußerung gehaltene langfristige Vermögenswerte und aufgegebene Geschäftsbereiche als zur Veräußerung gehalten eingestuft werden (oder zu einer als zur Veräußerung gehalten eingestuften Veräußerungsgruppe gehören). Als Finanzinvestition gehaltene Immobilien, die die Kriterien für eine Einstufung als zur Veräußerung gehalten erfüllen (oder zu einer als zur Veräußerung gehalten eingestuften Veräußerungsgruppe gehören), sind in Übereinstimmung mit IFRS 5 zu bewerten.

40.57 Übertragungen in den oder aus dem Bestand der als Finanzinvestition gehaltenen Immobilien sind dann, und nur dann vorzunehmen, wenn eine Nutzungsänderung vorliegt, die sich wie folgt belegen lässt: (a) Beginn der Selbstnutzung als Beispiel für eine Übertragung von als Finanzinvestition gehaltenen zu vom Eigentümer selbst genutzten Immobilien; (b) Beginn der Entwicklung mit der Absicht des Verkaufs als Beispiel für eine Übertragung von als Finanzinvestition gehaltenen Immobilien in das Vorratsvermögen; (c) Ende der Selbstnutzung als Beispiel für eine Übertragung der von dem Eigentümer selbst genutzten Immobilie in den Bestand der als Finanzinvestition gehaltenen Immobilien; (d) Beginn eines Operating-Leasingverhältnisses mit einer anderen Partei als Beispiel für eine Übertragung aus dem Vorratsvermögen in als Finanzinvestition gehaltene Immobilien; oder (e) das Ende der Erstellung oder Entwicklung als Beispiel für eine Übertragung von Immobilien, die sich in der Erstellung oder Entwicklung befinden (geregelt in IAS 16), in die als Finanzinvestition gehaltenen Immobilien.

40.60 Bei einer Übertragung von als Finanzinvestition gehaltenen und zum beizulegenden Zeitwert bewerteten Immobilien in den Bestand der vom Eigentümer selbst genutzten Immobilien oder Vorräte entsprechen die Anschaffungs- oder Herstellungskosten der Immobilien für die Folgebewertung gemäß IAS 16 oder IAS 2 deren beizulegendem Zeitwert zum Zeitpunkt der Nutzungsänderung.

40.61 Wird eine vom Eigentümer selbstgenutzte zu einer als Finanzinvestition gehaltenen Immobilie, die zum beizulegenden Zeitwert bewertet wird, hat ein Unternehmen bis zu dem Zeitpunkt der Nutzungsänderung IAS 16 anzuwenden. Das Unternehmen hat einen zu diesem Zeitpunkt bestehenden Unterschiedsbetrag zwischen dem nach IAS 16 ermittelten Buchwert der Immobilien und dem beizulegenden Zeitwert in der selben Weise wie eine Neubewertung gemäß IAS 16 zu behandeln.

40.63 Bei einer Übertragung von den Vorräten in die als Finanzinvestition gehaltenen Immobilien, die dann zum beizulegenden Zeitwert bewertet werden, ist ein zu diesem Zeitpunkt bestehender Unterschiedsbetrag zwischen dem beizulegenden Zeitwert der Immobilie und dem vorherigen Buchwert im Gewinn oder Verlust zu erfassen.

40.65 Wenn ein Unternehmen die Erstellung oder Entwicklung einer selbst hergestellten und als Finanzinvestition gehaltenen Immobilie abschließt, die dann zum beizulegenden Zeitwert bewertet wird, ist ein zu diesem Zeitpunkt bestehender Unterschiedsbetrag zwischen dem beizulegenden Zeitwert der Immobilie und dem vorherigen Buchwert im Gewinn oder Verlust zu erfassen.

40.66 Eine als Finanzinvestition gehaltene Immobilie ist bei ihrem Abgang oder dann, wenn sie dauerhaft nicht mehr genutzt werden soll und ein zukünftiger wirtschaftlicher Nutzen aus ihrem Abgang nicht mehr erwartet wird, auszubuchen (und damit aus der Bilanz zu entfernen).

40.69 Gewinne oder Verluste, die bei Stilllegung oder Abgang von als Finanzinvestition gehaltenen Immobilien entstehen, sind als Unterschiedsbetrag zwischen dem Nettoveräußerungserlös und dem Buchwert des Vermögenswerts zu bestimmen und in der Periode der Stilllegung bzw. des Abgangs im Gewinn oder Verlust zu erfassen (es sei denn, dass IAS 17 bei Sale-and-leaseback-Transaktionen etwas anderes erfordert).

40.72 Entschädigungen von Dritten für die Wertminderung, den Verlust oder die Aufgabe von als Finanzinvestition gehaltenen Immobilien sind bei Erhalt der Entschädigung im Gewinn oder Verlust zu erfassen.

Übersicht

	Rn
I. Regelungsgehalt	1 – 8
II. Normzweck und Anwendungsbereich	9 – 11
III. Begriffe	12 – 20
IV. Ansatz	21
V. Bewertung	22 – 53
1. Zugangsbewertung	22 – 25
2. Folgebewertung	26 – 53
a) Verfügbare Rechnungslegungsmethoden	26 – 30
b) Zeitwertmodell	31 – 51
c) Anschaffungskostenmodell	52 – 53
VI. Übertragungen	54 – 60
VII. Abgänge und Entschädigungen von Dritten	61 – 66
VIII. Angaben	67 – 72
1. Allgemein	67 – 68
2. Zeitwertmodell	69 – 71
3. Anschaffungskostenmodell	72 – 72
IX. Inkrafttreten und Übergangsvorschriften	73 – 80
1. Inkrafttreten	73 – 75
2. Übergangsvorschriften	76 – 80
a) Zeitwertmodell	76 – 78
b) Anschaffungskostenmodell	79 – 80
X. IFRS für kleine und mittelgroße Unternehmen	81
XII. Ausblick	82 – 83

I. Regelungsgehalt

I. Regelungsgehalt[1]. Die IFRS differenzieren im Rahmen der Rechnungslegungsregeln für Immobilien nach verschiedenen Kriterien, so dass in Abhängigkeit von diesen Kriterien die Anwendung unterschiedlicher IFRS wie folgt zur Anwendung kommen kann[2]:

- die Immobilie (im Bau) wird im Rahmen der gewöhnlichen Geschäftstätigkeit zur Veräußerung gehalten (Vorratsvermögen – IAS 2)[3],
- die Immobilie befindet sich im Bau- bzw. Entwicklungsstadium – im Auftrag und auf Rechnung eines Dritten (Aktivposten mit Forderungscharakter – IAS 11)[4],
- die Immobilie (im Bau) wird vom bilanzierenden Unternehmen im Rahmen des betrieblichen Leistungserstellungsprozesses genutzt und nicht als Finanzinvestition gehalten (Sachanlagevermögen – IAS 16)[5],
- die Immobilie (im Bau) wird als Finanzinvestition gehalten (als Finanzinvestition gehaltene Immobilie – IAS 40), oder
- die Immobilie (im Bau) ist außerhalb der laufenden Geschäftstätigkeit zum Verkauf bestimmt (zur Veräußerung gehaltende Immobilie – IFRS 5)[6].

Die Besonderheit einer Bilanzierung für als Finanzinvestition gehaltene Immobilien (verkürzt oft auch „Renditeimmobilien"; beide Begriffe werden im Folgenden synonym verwendet) gem. IAS 40 besteht darin, dass der Standard im Rahmen der Folgebewertung dem Bilanzierenden ein **Wahlrecht** einräumt, entweder zu fortgeführten Anschaffungs- oder Herstellungskosten zu bilanzieren („at cost" bzw. **Anschaffungskostenmodell**) oder eine erfolgswirksame Bewertung zum beizulegenden Zeitwert vorzunehmen („at fair value" bzw. **Zeitwertmodell**).

Bei Ausübung des Wahlrechts zur Folgebilanzierung der als Finanzinvestition gehaltenen Immobilien auf Basis des **Anschaffungskostenmodells** orientiert sich die Bewertung an den entsprechenden Regelungen des IAS 16 *Property, Plant and Equipment*. Dem zufolge ist der Vermögenswert zu seinen Anschaffungskosten abzüglich der kumulierten Abschreibungen und kumulierter Wertminderungsaufwendungen anzusetzen[7]. Entscheidet sich das bilanzierende Unternehmen hingegen für eine Folgebewertung auf Basis des **Zeitwertmodells**, so hat die Bewertung in Folgeperioden zum jeweiligen beizulegenden Zeitwert zu erfolgen, wobei Wertänderungen im Gewinn oder Verlust der Periode ihrer Entstehung zu berücksichtigen sind.

---

1 Für einen Überblick über die Vorschriften in IAS 40 vgl. zB *IASCF (Hrsg.)* Briefing for Executives, 45; *Pellens et. al.* Internationale Rechnungslegung, 335ff; *Engel-Ciric* IFRS Praxis, §5D Rn 159ff; *KPMG (Hrsg.)* IFRS visuell, 121ff.
2 Vgl. zB *Klinger/Müller* 75ff; *Ingold* PiR 2006, 111; *Künkele/Zwirner* IRZ 2009, 97ff.
3 Vgl. das Kapitel zu IAS 2 *Inventories*.
4 Vgl. das Kapitel zu IAS 11 *Construction Contracts*.
5 Vgl. das Kapitel zu IAS 16 *Property, Plant and Equipment*.
6 Vgl. das Kapitel zu IFRS 5 *Non-current Assets Held for Sale and Discontinued Operations*.
7 Das Neubewertungsmodell gem. IAS 16 *Property, Plant and Equipment* ist im Rahmen der Folgebewertung nach IAS 40 nicht anwendbar; vgl. zB *Hoffmann/Freiberg* Haufe-Kommentar, §16 Rn 45; *Jung*, Beck'sches IFRS-Handbuch, §6 Rn 39.

3   Auch Leasingnehmern, die eine Immobilie im Rahmen eines **Operating-Leasingverhältnisses** nutzen, steht die Anwendung des IAS 40 offen, sofern die Immobilie aus der Sicht des Leasingnehmers der Definition einer Renditeimmobilie entspricht. Das Wahlrecht zur Folgebewertung wird einem Leasingnehmer jedoch nicht gewährt, der dafür optiert, den Leasinggegenstand als Renditeimmobilie zu behandeln und in Übereinstimmung mit den Vorschriften des IAS 40 für diese Immobilie bilanziert. In diesem Fall schreibt der Standard zwingend vor, dass eine solche Immobilie nach dem Erstansatz zum beizulegenden Zeitwert zu bewerten ist.

4   Das **Modell des beizulegenden Zeitwerts** gem. IAS 40 weicht von dem **Neubewertungsmodell,** das im Rahmen der IFRS für einige nicht-finanzielle Vermögenswerte gewährt wird, ab. Nach dem Neubewertungsmodell sind Erhöhungen des Buchwerts über einen sich nach dem Anschaffungs- bzw. Herstellungskostenmodell ergebenden Wert als Neubewertungsrücklage im sonstigen Ergebnis zu erfassen und im Eigenkapital unter der Position Neubewertungsrücklage zu kumulieren. Nach dem Modell des beizulegenden Zeitwerts gem. IAS 40 sind hingegen alle Wertveränderungen im Gewinn oder Verlust der Periode zu berücksichtigen, in der sie entstanden sind.

5   IAS 40 verlangt, dass das vom bilanzierenden Unternehmen gewählte **Folgebewertungsmodell einheitlich** auf alle als Finanzinvestition gehaltene Immobilien anzuwenden ist.[8] Andererseits besteht für einen Leasingnehmer in Bezug auf jede einzelne im Rahmen eines Operating-Leasingverhältnisses genutzte Immobilie die Möglichkeit, IAS 40 anzuwenden (wobei in diesem Fall – wie oben ausgeführt – für die Folgebewertung zwingend das Zeitwertmodell anzuwenden ist). Optiert das bilanzierende Unternehmen jedoch in nur einem Fall zur Anwendung des IAS 40 auf eine im Rahmen eines Operating-Leasingverhältnisses genutzte Immobilie, so muss für alle anderen Renditeimmobilien das Zeitwertmodell angewendet werden (das grundsätzliche Wahlrecht erlischt in diesem Fall).

6   Wenn ein Unternehmen sich dazu entschieden hat, im Rahmen von IAS 40 das Modell des beizulegenden Zeitwerts anzuwenden, kann es in Ausnahmefällen beim Erwerb einer als Finanzinvestition gehaltenen Immobilie eindeutige substantielle Nachweise dafür geben, dass der **beizulegende Zeitwert nicht fortlaufend verlässlich bestimmbar** ist. Dieser Fall kann darüber hinaus auch vorliegen, wenn bisher nicht als Finanzinvestition eingestufte Immobilien bzw. selbst errichtete oder entwickelte Immobilien nach Fertigstellung erstmals als Renditeimmobilien eingestuft werden. In solchen Fällen verlangt der Standard von dem bilanzierenden Unternehmen, die Bewertung bis zum Abgang der als Finanzinvestition gehaltenen Immobilie nach dem Anschaffungskostenmodell vorzunehmen. In diesen Fällen ist jedoch kein Restwert anzusetzen.

---

8   Mit einer Ausnahme gem. IAS 40.32A, die unter Rn 28 dargestellt ist.

II. Normzweck und Anwendungsbereich

Der **Wechsel** von einem **Bewertungsmodell** zum anderen ist nur für den Fall zulässig, dass der Wechsel zu einer sachgerechteren Darstellung führt. Dabei gilt es als höchst unwahrscheinlich, dass ein Wechsel vom Modell des beizulegenden Zeitwerts zum Anschaffungskostenmodell eine sachgerechtere Darstellung zur Folge hat.

IAS 40 verweist in Bezug auf die Vorschriften zur Klassifizierung von Leasingverträgen, die Rechnungslegung für Operating- und Finanzierungs-Leasingverhältnisse sowie hinsichtlich einiger Angaben für geleaste, als Finanzinvestition gehaltene Immobilien auf **IAS 17 Leases**. Wenn eine im Rahmen eines Operating-Leasingverhältnisses geleaste Immobilie als Renditeimmobilie eingestuft und entsprechend bilanziert wird, so gehen die Regelungen des IAS 40 denen des IAS 17 vor. Im Ergebnis wird somit für das Leasingverhältnis bilanziert, als ob es sich um ein Finanzierungs-Leasingverhältnis handelt. IAS 17.14-18 sind für die Klassifizierung von im Rahmen eines Leasingverhältnisses genutzte Grundstücke und Gebäude anzuwenden. Im Besonderen wird in IAS 17.18 klargestellt, unter welchen Voraussetzungen es nicht notwendig ist, den Grundstücks- und den Gebäudeteil eines solchen Leasingverhältnisses getrennt zu bewerten.

II. Normzweck und Anwendungsbereich. Ziel des Standards ist gemäß IAS 40.1 die **Regelung der Bilanzierung** für als Finanzinvestition gehaltene Immobilien und damit verbundene **Angabeerfordernisse**. Auf Basis dieser Regelungen soll dem Abschlussadressaten in Bezug auf Renditeimmobilien eine Beurteilung der Vermögenslage und insbesondere der Investitionspolitik des Unternehmens ermöglicht werden. Darüber hinaus wird durch IAS 40 eine verbesserte Darstellung der Ertragslage bezweckt, da über Veränderungen des Reinvermögens, soweit sie durch Renditeimmobilien induziert sind, separat zu berichten ist. Einer Bewertung der als Finanzinvestition gehaltenen Immobilien zum beizulegenden Zeitwert wird – insbesondere vom IASB und im Vergleich zum Anschaffungskostenmodell – eine sachgerechtere Darstellung und eine erhöhte Informationsrelevanz zugesprochen.[9] Als Finanzinvestition gehaltene Immobilien nehmen insofern eine Sonderstellung ein, als sie substanziell Sachanlagevermögen und funktional Finanzinvestitionen darstellen[10], es sich also um Vermögenswerte handelt, die (regelmäßig) nicht dem originären Unternehmenszweck dienen, sondern zur Erzielung von Mieteinnahmen bzw. zum Zwecke der Wertsteigerung gehalten werden. Die als Finanzinvestition gehaltenen Immobilien erzeugen demnach Zahlungsströme, die weitgehend unabhängig von anderen, vom Unternehmen gehaltenen Vermögenswerten anfallen.

Im Rahmen einer **positiven Abgrenzung** verpflichtet IAS 40.2 jedes Unternehmen in Bezug auf den Ansatz und die Bewertung von als Finanzinvestition gehaltenen Immobilien sowie für die Angaben zu diesen Immobilien zur Anwendung des

---

9 Vgl. *Zülch* PiR 2005, 67; diesbezüglich kritisch äußern sich *Beck/Rehkugler* KoR 2009, 488ff.
10 Vgl. *Hoffmann/Freiberg* Haufe-Kommentar, §16 Rn 3.

Standards. Von der Anwendung des Standards ausgenommen und somit **negativ abgegrenzt** sind zum einen nach IAS 41 *Agriculture* zu behandelnde biologische Vermögenswerte, die mit landwirtschaftlicher Tätigkeit in Zusammenhang stehen (IAS 40.4 (a)). Zum anderen sind die Regelungen des Standards gem. IAS 40.4 (b) nicht auf Abbau- und Schürfrechte sowie Bodenschätze (zB Öl, Erdgas) und ähnliche nicht regenerative Ressourcen anzuwenden.

11 Gemäß IAS 40.3 sind die Bewertungsvorschriften des Standards auch **im Abschluss eines Leasingnehmers** auf als Finanzinvestition gehaltene Immobilien anzuwenden, die als Finanzierungsleasing bilanziert werden. Darüber hinaus sind die Vorschriften des IAS 40 auch auf die Immobilien eines Leasinggebers (hier: Operating-Leasingverhältnis) anzuwenden, sofern diese Immobilien als Finanzinvestition gehalten werden. Es wird in IAS 40.3 klarstellend darauf hingewiesen, dass der Standard keine Sachverhalte regelt, die in IAS 17 behandelt werden (das umfasst zB die Einstufung der Leasingverhältnisse, die Erfassung von Leasingerträgen, bestimmte Bewertungsvorschriften, die in IAS 17 festgelegt sind, die Bilanzierung von Sale-and-Leaseback – Transaktionen und Vorschriften zu den Angaben).

12 **III. Begriffe. Als Finanzinvestition gehaltene Immobilien** sind gem. IAS 40.5 Immobilien, die zur Erzielung von Mieteinnahmen und / oder zum Zwecke der Wertsteigerung gehalten werden und nicht (1) zur Herstellung oder Lieferung von Gütern bzw. zur Erbringung von Dienstleistungen oder für Verwaltungszwecke oder (2) im Rahmen der gewöhnlichen Geschäftstätigkeit des Unternehmens verkauft werden. Unter dem Begriff der Immobilien sind in diesem Zusammenhang Grundstücke oder Gebäude (bzw. Teile von Gebäuden)[11] sowie Grundstücke mit aufstehenden Gebäuden zu verstehen. Solche Immobilien können einerseits vom Eigentümer und andererseits vom Leasingnehmer im Rahmen eines Finanzierungsleasingverhältnisses gehalten werden. Davon abzugrenzen sind **vom Eigentümer selbst genutzte Immobilien**, die zum Zwecke der Herstellung oder der Lieferung von Gütern bzw. der Erbringung von Dienstleistungen oder für Verwaltungszwecke vom Eigentümer oder vom Leasingnehmer im Rahmen eines Finanzierungs-Leasingverhältnisses gehalten werden.

13 Durch das *Improvements Project* des IASB wurde 2003 in IAS 40 (Paragraph 6) ein **Wahlrecht für Leasingnehmer** eingefügt, dem zufolge eine **im Rahmen eines Operating-Leasingverhältnisses genutzte Immobilie** als Renditeimmobilie eingestuft werden kann (und für sie entsprechend zu bilanzieren ist), falls die folgenden Voraussetzungen erfüllt sind. Zunächst muss die Immobilie der Definition einer als Finanzanlage gehaltenen Immobilie gem. IAS 40.5 entsprechen. Darüber hinaus muss das Unternehmen für diesen Vermögenswert das Zeitwertmodell anwenden. Diese

---

11 Zu der Frage, inwieweit auch Mobilien in den Anwendungsbereich des IAS 40 fallen, vgl. *Freiberg* PiR 2009, 54ff.

Regelung stellt eine beachtliche Ausnahme von dem Grundsatz dar, dem zufolge für bilanzielle Zwecke ein Vermögenswert dem wirtschaftlichen Eigentümer zugerechnet wird.[12] Konkrete Anwendungsfälle können sich insbesondere im Fall von Erbbaurechten ergeben, für die ein Leasingnehmer grundsätzlich gemäß den Vorschriften für Operating-Leasingverhältnisse zu bilanzieren hat.[13] Das Wahlrecht des IAS 40.6 kann der Leasingnehmer individuell für jede im Rahmen eines Operating-Leasingverhältnisses genutzte Immobilie ausüben. Es ist allerdings zu beachten, dass für alle als Finanzinvestition gehaltenen Immobilien (auch solche, bei denen es sich um Eigentum des bilanzierenden Unternehmens handelt) gemäß dem Zeitwertmodell zu bilanzieren ist, sobald sich das bilanzierende Unternehmen dafür entscheidet, für eine im Rahmen eines Operating-Leasingverhältnisses genutzte Immobilie nach IAS 40 (zwingend gem. dem Zeitwertmodell) vorzugehen. Weiterhin ist klarzustellen, dass Gegenstand des Wahlrechts nach IAS 40.6 nicht die im Rahmen des Operating-Leasingvertrages genutzte Immobilie, sondern das entsprechende Nutzungsrecht (*right-of-use*) ist.[14]

Der Standard führt in IAS 40.8 **Beispiele** für Immobilien auf, die der Definition einer **als Finanzinvestition gehaltenen Immobilie** entsprechen. Hierbei handelt es sich um:

14

- Grundstücke und Gebäude, die dauerhaft für Wertzuwächse gehalten werden und deren Verwendungszweck nicht darin besteht, kurzfristig im Rahmen der gewöhnlichen Geschäftstätigkeit verkauft oder im betrieblichen Leistungserstellungsprozess eingesetzt zu werden,
- Grundstücke und Gebäude, die im Rahmen einer gegenwärtig noch unbestimmten Nutzung gehalten werden. Ist von dem bilanzierenden Unternehmen für eine Immobilie (noch) nicht festgelegt, ob sie zur Selbstnutzung oder für den kurzfristigen Verkauf im Rahmen der gewöhnlichen Geschäftstätigkeit gehalten wird, so ist die Immobilie als Renditeimmobilie zu behandeln. Dies gilt auch für die Fälle, in denen die Immobilie bisher im betrieblichen Leistungserstellungsprozess eingesetzt wurde, dies derzeit jedoch nicht mehr der Fall ist bzw. eine Stilllegung erfolgte[15],
- ein im Besitz des bilanzierenden Unternehmens befindliches Gebäude (bzw. ein im Rahmen eines Finanzierungs-Leasingverhältnisses genutztes Gebäude, so dass das wirtschaftliche Eigentum an diesem Gebäude dem bilanzierenden Unternehmen zuzurechnen ist), das im Rahmen eines oder mehrerer Operating-Leasingverhältnisse vermietet wird. Dies gilt auch für leer stehende Gebäude, die zur (künftigen) Vermietung im Rahmen eines oder mehrerer Operating-Leasingverhältnisse gehalten werden,

---

12 Vgl. *Kümpel/Becker* PiR 2006, 86.
13 Vgl. *Zülch* Internationales Bilanzrecht, IAS 40 Rn 118.
14 Vgl. *Zülch* Internationales Bilanzrecht, IAS 40 Rn 120.
15 Vgl. hierzu IAS 40.57 (c) zu den Übertragungsvorschriften bzw. Rn 54ff.

- Grundstücke und Gebäude, die derzeit für die künftige Nutzung als Finanzinvestition noch entwickelt oder erstellt werden.

15 Analog finden sich in IAS 40.9 erläuternde **Beispiele**, in denen **keine als Finanzinvestition gehaltene Immobilien** vorliegen, so dass sie nicht in den Anwendungsbereich des IAS 40 fallen. Hierbei handelt es sich um:

- zum Verkauf im Rahmen der gewöhnlichen Geschäftstätigkeit vorgesehene oder noch im Erstellungs- bzw. Entwicklungsprozesses für einen solchen Verkauf befindliche Immobilien (hierbei handelt es sich regelmäßig um Anwendungsfälle des IAS 2),

- Immobilien, die für Dritte erstellt oder entwickelt werden (hierbei handelt es sich regelmäßig um Anwendungsfälle des IAS 11),

- Immobilien, die vom (wirtschaftlichen) Eigentümer selbst genutzt werden (hierbei handelt es sich regelmäßig um Anwendungsfälle des IAS 16). Hierzu zählen auch Immobilien, die (1) zukünftig vom Eigentümer selbst genutzt werden sollen, die (2) für die künftige Entwicklung und anschließende Selbstnutzung gehalten werden, und die (3) von Arbeitnehmern genutzt werden (beispielsweise im Falle von Werkswohnungen)[16],

- vom Eigentümer selbst genutzte Immobilien, die zur Weiterveräußerung bestimmt sind (hierbei kann es sich um Anwendungsfälle des IFRS 5 handeln, sofern die entsprechenden Voraussetzungen erfüllt sind),

- im Rahmen eines Finanzierungs-Leasingverhältnisses an ein anderes Unternehmen vermietete Immobilien (in diesem Fall ist der Leasinggeber nicht der wirtschaftliche Eigentümer der Immobilie, so dass eine Bilanzierung nach IAS 40 für den Leasinggeber ausscheidet).

16 IAS 40.10 sieht im Falle der sog. Mischnutzung eine differenzierte Vorgehensweise vor. Eine **Mischnutzung** liegt vor, wenn eine Immobilie zum einen teilweise zur Erzielung von Mieteinnahmen und / oder zum Zwecke der Wertsteigerung gehalten wird, und andererseits teilweise auch für die Herstellung oder Lieferung von Gütern bzw. die Erbringung von Dienstleistungen oder für Verwaltungszwecke gehalten wird. Falls die jeweiligen Teile der Immobilie gesondert verkauft oder im Rahmen eines Finanzierungsleasingverhältnisses gesondert vermietet werden können, hat das Unternehmen diese Teile getrennt zu bilanzieren. Ist dies hingegen nicht der Fall, stellen die gehaltenen Immobilien nur dann insgesamt eine Finanzinvestition dar, wenn der Anteil, der für Zwecke der Herstellung oder der Lieferung von Gütern bzw.

---

16 Dies gilt unabhängig davon, ob die Arbeitnehmer einen marktgerechten Mietzins zahlen oder nicht. Dass von Arbeitnehmern genutzte Immobilien die Funktion als Renditeimmobilie abgesprochen wird, stößt im Schrifttum teilweise auf Kritik, kann aber letztlich damit begründet werden, dass die Bindung und ggf. Motivation der Mitarbeiter im Vordergrund steht und der Erzielung von (Miet-) Erträgen lediglich eine untergeordnete Bedeutung zukommt; so auch *Jung*, Beck'sches IFRS-Handbuch, §6 Rn 12.

der Erbringung von Dienstleistungen oder für Verwaltungszwecke gehalten wird, unbedeutend ist. Eine diesbezügliche Quantifizierung hat der IASB bewusst nicht zur Verfügung gestellt (*principles-based accounting*[17]) – im Schrifttum werden als Maßstab vor allem der prozentuale Anteil der betrieblich genutzten Fläche an der Gesamtfläche vorgeschlagen und entsprechende Prozentwerte diskutiert, die sich in etwa zwischen 5% und 30% bewegen.[18] Jedes Unternehmen hat unter Beachtung der Vorschriften des IAS 8 *Accounting Policies, Changes in Accounting Estimates and Errors* entsprechende Kriterien festzulegen[19] und diese stetig anzuwenden.

Weiterhin bilanziert ein Unternehmen für eine Immobilie, für die den Mietern **Nebenleistungen** zur Verfügung gestellt werden, nur dann nach den Vorschriften des IAS 40, wenn diese Nebenleistungen für die Vereinbarung insgesamt unbedeutend sind. Dies ist zB bei Sicherheits- und Instandhaltungsleistungen für ein Verwaltungsgebäude gem. IAS 40.11 der Fall. Besitzt und führt ein Unternehmen hingegen ein Hotel, ist der den Gästen angebotene Hotelservice von wesentlicher Bedeutung für die gesamte Vereinbarung, so dass es sich in diesem Fall gem. IAS 40.12 nicht um eine als Finanzinvestition gehaltene Immobilie handelt.

17

Da es zur Feststellung, ob eine Immobilie die Kriterien einer Finanzinvestition erfüllt, einer sorgfältigen und einheitlichen Beurteilung in Übereinstimmung mit den Definitionen und den damit verbundenen Leitlinien des IAS 40 bedarf, hat das bilanzierende Unternehmen entsprechende **Kriterien festzulegen** (IAS 40.14). Bei der Festlegung dieser Kriterien hat die Geschäftsleitung des Unternehmens auch die Vorschriften des IAS 8.11f entsprechend zu berücksichtigen.

18

Besitzt ein Unternehmen Immobilien, die es an sein Mutterunternehmen oder ein anderes Tochterunternehmen vermietet und die von diesen genutzt werden (**konzerninterne Vermietung**), so stellen diese Immobilien im Konzernabschluss keine als Finanzinvestition gehaltenen Immobilien dar. Im Einzelabschluss des Leasinggebers wird für die Immobilie hingegen in Übereinstimmung mit den Regelungen des IAS 40 bilanziert, soweit die entsprechenden Voraussetzungen erfüllt sind (IAS 40.15).

19

Darüber hinaus werden in IAS 40.5 die Begriffe Buchwert, Anschaffungs- und Herstellungskosten sowie der beizulegende Zeitwert definiert – weitestgehend in Übereinstimmung mit einem Begriffsverständnis, das dem anderer IFRS entspricht. Der Betrag, mit dem ein Vermögenswert in der Bilanz erfasst wird, ist als **Buchwert** definiert. Als **Anschaffungs- oder Herstellungskosten** ist der zum Erwerb oder zur Herstellung eines Vermögenswerts entrichtete Betrag an Zahlungsmitteln oder Zahlungsmitteläquivalenten oder der beizulegende Zeitwert einer anderen Entgeltform zum Zeitpunkt des Erwerbs oder der Herstellung oder, falls zutreffend, der Betrag,

20

---
17 Vgl. *Pellens et. al.*, Internationale Rechnungslegung, 980f.
18 Anstelle vieler vgl. zB *Hoffmann/Freiberg* Haufe-Kommentar, §16 Rn 16 einschließlich einiger Hinweise zu entsprechenden Prozentsätzen, wie sie in anderen Ländern empfohlen werden.
19 Vgl. hierzu auch die Ausführungen zu IAS 40.14 bzw. Rn 18.

der diesem Vermögenswert beim erstmaligen Ansatz gemäß den besonderen Bestimmungen anderer IFRS beigelegt wird, definiert. Der **beizulegende Zeitwert** ist der Betrag, zu dem ein Vermögenswert zwischen sachverständigen, vertragswilligen und voneinander unabhängigen Geschäftspartnern getauscht werden könnte.

21 **IV. Ansatz.** Die **Ansatzvorschriften** des IAS 40 folgen einer **zweistufigen Konzeption**. Gemäß IAS 40.16 sind als Finanzinvestition gehaltene Immobilien ausschließlich dann als Vermögenswert anzusetzen, wenn es (1) wahrscheinlich ist, dass der zukünftige, mit der als Finanzinvestition gehaltenen Immobilie verbundene wirtschaftliche Nutzen dem Unternehmen wahrscheinlich zufließen wird und (2) sich die Anschaffungs- oder Herstellungskosten verlässlich ermitteln lassen. Die mit den allgemeinen Ansatzvorschriften der IFRS für Vermögenswerte übereinstimmenden Ansatzvoraussetzungen werden in IAS 40.17-19 vor allem in Bezug auf die Messbarkeit der Kosten weiter spezifiziert (Zeitpunkt der Beurteilung der Anschaffungs- oder Herstellungskosten, Kosten der täglichen Instandhaltung, Komponentensatz).

22 **V. Bewertung. 1. Zugangsbewertung.** Beim Zugang sind als Finanzinvestition gehaltene Immobilien zu ihren **Anschaffungs- oder Herstellungskosten** unter Einbeziehung der Transaktionskosten zu bewerten (IAS 40.20). Diese Regelung ist auch von Leasinggebern für als Renditeimmobilien gehaltene Immobilen anzuwenden, die im Rahmen von Operating-Leasingverhältnissen vermietet werden.[20] Im Erwerbsfall ist eine als Finanzinvestition gehaltene Immobilie in Höhe der Summe des Kauf- bzw. Erwerbspreises zuzüglich der Anschaffungsnebenkosten und der nachträglichen Anschaffungskosten anzusetzen, wobei sämtliche Anschaffungspreisminderungen (zB Rabatte und Boni) abzusetzen sind. Als Anschaffungsnebenkosten sind direkt zurechenbare Kosten (zB Honorare und Gebühren für die Rechtsberatung sowie andere Transaktionskosten) zu berücksichtigen. **Nicht** zu den **Anschaffungs- oder Herstellungskosten** als Finanzinvestition gehaltener Immobilien zählen gem. IAS 40.23 Anlaufkosten, vor Erreichen der geplanten Belegungsquote anfallende anfängliche Betriebsverluste oder bei der Erstellung oder Entwicklung anfallende, ungewöhnlich hohe Materialabfälle, Personalkosten oder Kosten für andere Ressourcen. Die Anschaffungs- oder Herstellungskosten **auf Ziel** erworbener und als Finanzinvestition gehaltener Immobilien entsprechen gem. IAS 40.24 dem Gegenwert bei Barzahlung. Die Differenz zwischen diesem Betrag und der zu leistenden Gesamtzahlung ist über den Zeitraum des Zahlungsziels als Zinsaufwand zu erfassen.

23 Gemäß IAS 40.25 sind geleaste, als Finanzinvestition eingestufte Immobilien ‚zu den anfänglichen Kosten gemäß den in IAS 17.20 enthaltenen Vorschriften für **Finanzierungs-Leasingverhältnisse** anzusetzen (dies gilt im Übrigen auch für Operating-Leasingverhältnisse, die in Übereinstimmung mit IAS 40.6 als Renditeimmo-

---

20 Vgl. *Jung*, Beck'sches IFRS-Handbuch, §6 Rn 32.

V. Bewertung

bilien eingestuft werden[21]). Die Bewertung erfolgt somit in Höhe des beizulegenden Zeitwerts des Vermögenswertes oder mit dem Barwert der Mindestleasingzahlungen, sofern dieser Wert niedriger ist. Ein Betrag in gleicher Höhe ist entsprechend als Schuld anzusetzen. Für diesen Zweck werden alle für ein Leasingverhältnis geleisteten Sonderzahlungen den Mindestleasingzahlungen zugerechnet und sind daher in den Anschaffungs- oder Herstellungskosten des Vermögenswertes enthalten, werden jedoch von den Schulden ausgenommen. Ist eine geleaste Immobilie als Finanzinvestition klassifiziert, wird das Recht an der Immobilie und nicht die Immobilie selbst mit dem beizulegenden Zeitwert bilanziert. Anwendungsleitlinien zur Bestimmung des beizulegenden Zeitwerts von Immobilien sind in IAS 40.33-52 enthalten und gelten auch für die Bestimmung des beizulegenden Zeitwerts, wenn dieser Wert für die Anschaffungs- oder Herstellungskosten beim erstmaligen Ansatz herangezogen wird.

Es besteht die Möglichkeit, dass eine (oder mehrere) als Finanzinvestition gehaltene Immobilie(n) im **Tausch** gegen einen (oder mehrere) nicht monetären Vermögenswert oder eine Kombination aus monetären und nicht monetären Vermögenswerten erworben wird (werden). Die folgenden, IAS 40.27 erläuternden Ausführungen beziehen sich auf einen Tausch von zwei nicht monetären Vermögenswerten, finden aber auch auf alle anderen im vorstehenden Satz genannten Tauschvorgänge Anwendung. Die **Anschaffungs- oder Herstellungskosten im Tausch erworbener und als Finanzinvestition gehaltener Immobilien** werden grundsätzlich erfolgswirksam mit dem beizulegenden Zeitwert des hingegebenen Vermögenswertes bewertet.[22] Auch wenn ein Unternehmen den hingegebenen Vermögenswert nicht sofort ausbuchen kann, ist der erworbene Vermögenswert gleichwohl nach dieser Art zu bewerten. Falls jedoch (a) der Tauschvorgang keinen wirtschaftlichen Gehalt hat oder (b) eine zuverlässige Ermittlung des beizulegenden Zeitwerts weder des erhaltenen noch des hingegebenen Vermögenswertes möglich ist, wird die erworbene Immobilie zum Buchwert des hingegebenen Vermögenswertes bewertet. Bei der Beurteilung, ob ein **Tauschgeschäft wirtschaftliche Substanz** hat, orientiert sich ein Unternehmen gem. IAS 40.28 an der voraussichtlichen Änderung des Umfangs der künftigen Cashflows als Folge der Tauschtransaktion. Das Ergebnis der im Folgenden dargestellten Analysen kann eindeutig sein, ohne dass ein Unternehmen detaillierte Kalkulationen durchführen muss.[23] Ein Tauschgeschäft hat wirtschaftliche Substanz, wenn entweder (a) die Zusammensetzung (Risiko, Zeit und Höhe) des Cashflows des erhaltenen Vermögenswertes sich von der Zusammensetzung des Cashflows des übertragenen Vermögenswertes unterscheidet oder (b) der unternehmensspezifische Wert jenes

24

---

21 Vgl. *Ballwieser* Rechnungslegung nach IFRS, IAS 40 Rn 31; anscheinend a.A. *Zülch* Internationales Bilanzrecht, IAS 40 Rn 192.
22 Vgl. *Zülch* Internationales Bilanzrecht, IAS 40 Rn 197 sowie die folgenden Ausführungen in Rn 25.
23 Es ist grundsätzlich davon auszugehen, dass der wirtschaftliche Gehalt eines Tauschgeschäfts umso offenkundiger ist, je deutlicher sich die getauschten Vermögenswerte voneinander unterscheiden; vgl. auch *ADS International*, Abschnitt 10 Rn 116.

Teils der Geschäftstätigkeit des Unternehmens, der vom Tauschvorgang betroffen ist, sich durch den Tauschvorgang ändert. Damit ein Tauschgeschäft mit wirtschaftlicher Substanz vorliegt, muss sich darüber hinaus die zuvor nach den beiden Alternativen (a) und (b) aufgezeigte Differenz im Wesentlichen auf den beizulegenden Zeitwert der getauschten Vermögenswerte beziehen. Der unternehmensspezifische Wert des Teils der Geschäftstätigkeiten des Unternehmens, der von der Transaktion betroffen ist, ist zur Bestimmung, ob ein Tauschgeschäft wirtschaftliche Substanz hat, auf Basis von Cashflows nach Steuern zu ermitteln.

25 Sind **für einen Vermögenswert keine vergleichbaren Markttransaktionen vorhanden,** so gilt gem. IAS 40.29 sein beizulegender Zeitwert gleichwohl als verlässlich ermittelbar, wenn eine der beiden folgenden Voraussetzungen erfüllt ist:

- die Schwankungsbandbreite der vernünftigen Schätzungen des beizulegenden Zeitwerts ist für diesen Vermögenswert nicht signifikant oder
- die Eintrittswahrscheinlichkeiten der verschiedenen Schätzungen innerhalb dieser Bandbreite können vernünftig geschätzt und bei der Schätzung des beizulegenden Zeitwerts verwendet werden.

Ist das Unternehmen in der Lage[24], entweder den beizulegenden Zeitwert des erhaltenen oder den des hingegebenen Vermögenswerts verlässlich zu bestimmen, so wird der beizulegende Zeitwert des hingegebenen Vermögenswertes zur Bewertung der Anschaffungs- oder Herstellungskosten verwendet, es sei denn, der beizulegende Zeitwert des erhaltenen Vermögenswertes ist eindeutiger zu ermitteln.

26 **2. Folgebewertung. a) Verfügbare Rechnungslegungsmethoden.** Ein Unternehmen hat gem. IAS 40.30 als seine **Rechnungslegungsmethode** im Rahmen der Folgebewertung für Renditeimmobilien entweder das Modell des beizulegenden Zeitwertes (IAS 40.33-55) oder das Anschaffungskostenmodell (IAS 40.56) zu wählen und diese Methode einheitlich auf alle Renditeimmobilien anzuwenden. Zu dieser grundsätzlichen Wahlmöglichkeit bestehen zwei Ausnahmen gem. IAS 40.32A bzgl. bestimmter fremdfinanzierter Renditeimmobilien sowie gem. IAS 40.34 für den Fall, dass ein Leasingnehmer sich für das Zeitwertmodell in Bezug auf eine Renditeimmobilie im Rahmen eines Operating-Leasingverhältnisses entscheidet.[25]

27 Es ist darauf hinzuweisen, dass IAS 40 von allen Unternehmen die **Bestimmung des beizulegenden Zeitwerts** der als Finanzinvestition gehaltenen Immobilien verlangt. Entscheidet sich nämlich ein Unternehmen gegen die Bewertung der Renditeimmobilien zum Zeitwert, so hat die Bestimmung des Zeitwerts gleichwohl für Zwecke der Angaben in den *Notes* zu erfolgen (IAS 40.32). Obwohl ein Unterneh-

---

24 Es ist darauf hinzuweisen, dass in dem von der EU gebilligten Standard in deutscher Sprache fälschlich auf den Fall abgestellt wird, in dem das Unternehmen nicht in der Lage ist, die beiden genannten Werte zu bestimmen.
25 Siehe hierzu auch Rn 13.

V. Bewertung

men nicht dazu verpflichtet ist, wird im Standard empfohlen, den Zeitwert der als Finanzinvestition gehaltenen Immobilien auf der Grundlage einer Bewertung durch einen unabhängigen Gutachter, der eine entsprechende berufliche Qualifikation und aktuelle Erfahrungen mit der Lage und der Art der zu bewertenden Immobilien hat, zu bestimmen.[26]

Ein Unternehmen kann sich gem. IAS 40.32A hinsichtlich des ihm zugestandenen **Wahlrechts zur Bewertung nach dem Zeitwertmodell** unabhängig in Bezug auf die beiden folgenden Kategorien von Renditeimmobilien entscheiden. Zunächst besteht die Möglichkeit, entweder das Zeitwertmodell oder das Anschaffungskostenmodell für alle als Finanzinvestition gehaltenen Immobilien zu wählen, die Verbindlichkeiten bedecken, aufgrund derer die Höhe der Rückzahlungen direkt von dem beizulegenden Zeitwert von bestimmten Vermögenswerten einschließlich von als Finanzinvestition gehaltenen Immobilien bzw. den Kapitalerträgen daraus bestimmt wird.[27] Unabhängig von der getroffenen Wahl in Bezug auf die zuvor definierte Gruppe von Renditeimmobilien besteht darüber hinaus das gleiche Wahlrecht für alle anderen als Finanzinvestition gehaltenen Immobilien. Ist jedoch eine im Rahmen eines Operating-Leasingverhältnisses geleaste Immobilie als Finanzinvestition gemäß IAS 40.6 klassifiziert (und somit zwingend nach dem Zeitwertmodell zu bewerten), besteht die genannte Wahlfreiheit weder für die eine noch die andere Kategorie; es muss vielmehr zwingend das Modell des beizulegenden Zeitwerts auf alle Renditeimmobilen angewendet werden (IAS 40.34).

28

Wählt ein Unternehmen **verschiedene Modelle für die beiden in IAS 40.32A beschriebenen Kategorien**[28], sind Verkäufe (bzw. Transfers oder Übertragungen[29]) von Renditeimmobilien zwischen Beständen von Vermögenswerten, die nach verschiedenen Modellen bewertet werden, zum beizulegenden Zeitwert anzusetzen und die kumulativen Änderungen des beizulegenden Zeitwertes sind erfolgswirksam zu erfassen. Wird eine Renditeimmobilie von einem Bestand, für den bisher das Anschaffungskostenmodell verwendet wird, an einen Bestand, für den das Zeitwertmodell verwendet wird, übertragen, ist die Differenz zwischen dem bisherigen Buchwert und dem beizulegenden Zeitwert dieser Renditeimmobilie im Ergebnis der Periode

29

---

26 Zumindest für Jahresabschlusszwecke hat sich die Bewertung durch unabhängige Gutachter weitgehend als Branchenstandard etabliert; vgl. hierzu *Heintges/Boggel/Wulbrand* DB 2009, 2042.
27 Gem. IAS 40.32B unterhalten einige Versicherer und andere Unternehmen einen internen Immobilienfonds, der fiktive Anteilseinheiten ausgibt, die teilweise von Investoren in verbundenen Verträgen und teilweise vom Unternehmen gehalten werden. IAS 40.32A untersagt einem Unternehmen, die im Fonds gehaltenen Immobilien teilweise zu Anschaffungskosten und teilweise zum beizulegenden Zeitwert zu bewerten (es wird vielmehr eine einheitliche Vorgehensweise für diese Teilmenge der Renditeimmobilien vorgeschrieben).
28 Wie oben ausgeführt ist dies nur möglich, wenn für keine Renditeimmobilie im Rahmen eines Operating-Leasingverhältnisses nach den Vorschriften des IAS 40 bilanziert wird.
29 In dem von der EU gebilligten Standard in deutscher Sprache wird ausschließlich auf „Verkäufe" Bezug genommen; im Rahmen einer sachgerechten Anwendung der Vorschrift ist die Regelung auch über reine Verkaufsgeschäfte hinaus auszudehnen. Vgl. auch *ADS International*, Abschnitt 10 Rn 129.

zu erfassen. Im einem umgekehrten Übertragungsfall ist der beizulegende Zeitwert der Immobilie zum Zeitpunkt der Übertragung als deren Anschaffungskosten anzusehen (IAS 40.32C).

30 Gemäß IAS 8 gilt, dass eine **freiwillige Änderung einer Rechnungslegungsmethode** nur dann vorgenommen werden darf, wenn die Änderung zu einer sachgerechteren Darstellung der Ereignisse oder Geschäftsvorfälle in den Abschlüssen des Unternehmens führt. Es ist gem. IAS 40.31 unwahrscheinlich, dass ein Wechsel vom Modell des beizulegenden Zeitwerts zum Anschaffungskostenmodell eine sachgerechtere Darstellung zur Folge hat. Durch diese sehr deutliche Einschränkung hinsichtlich eines solchen Methodenwechsels bringt der IASB seine Auffassung zum Ausdruck, dass er dem Zeitwertmodell eine höhere Informationsrelevanz sowie Entscheidungsnützlichkeit zumisst. Umgekehrt wird ein Wechsel der Rechnungslegungsmethode vom Anschaffungskosten- zum Zeitwertmodell grundsätzlich entsprechend IAS 8.14(b) argumentiert und vollzogen werden können.

31 **b) Zeitwertmodell. Nach dem erstmaligen Ansatz** hat ein Unternehmen, falls und soweit es das Zeitwertmodell gewählt hat, die betroffenen Renditeimmobilien mit dem beizulegenden Zeitwert zu bewerten.[30] Ein Gewinn oder Verlust, der durch die Änderung des beizulegenden Zeitwerts dieser Renditeimmobilien entsteht, ist im Ergebnis der Periode (erfolgswirksam) zu berücksichtigen, in der er entstanden ist (IAS 40.33 und 35). Eine Ausnahme für die Anwendung des Zeitwertmodells gilt nur für die Fälle, in denen der Zeitwert nicht fortlaufend verlässlich bestimmt werden kann (siehe hierzu weiter unten zu IAS 40.53). Zur Klarstellung ist darauf hinzuweisen, dass im Rahmen der Folgebewertung auf Basis des Zeitwertmodells keine planmäßigen Abschreibungen auf Gebäude zu berücksichtigen sind.

32 Der **beizulegende Zeitwert von Renditeimmobilien** entspricht dem Preis, zu dem die Immobilien zwischen sachverständigen, vertragswilligen und voneinander unabhängigen Geschäftspartnern getauscht werden könnten (konzeptionell wird somit von einem originären Marktpreis ausgegangen).[31] Auf dieser Basis sind insbesondere geschätzte Preise ausgeschlossen, die durch Nebenabreden oder besondere Umstände erhöht oder gesenkt werden. Dies kann zB bei untypischen Finanzierungen, Sale-and-Leaseback-Vereinbarungen oder besonderen, in Verbindung mit dem Verkauf gewährten Vergünstigungen bzw. Zugeständnissen der Fall sein (IAS 40.36f.). Darüber hinaus kann auch **keine Bewertung zum Nutzungswert** (*value in use*) im

---

30 Zur Bedeutung der Bewertung von Renditeimmobilien auf Basis des beizulegenden Zeitwerts vgl. *Petersen/Zwirner* PiR 2008, 218ff.
31 In Bezug auf die dem IAS 40 zugrundeliegenden Leitlinien zur Definition des beizulegenden Zeitwerts bei Immobilien hat sich der IASB sehr eng an die vom *International Valuation Standards Committee* (IVSC) entwickelten Bewertungsstandards angelehnt. Das IVSC hat seinen Sitz – wie der IASB – in London und ist ein privatrechtlicher Zusammenschluss anerkannter nationaler Bewertungsverbände. Vgl. IAS 40.B52ff sowie *Zülch* Internationales Bilanzrecht, IAS 40 Rn 223ff und *Ernstberger/Kraus* KoR 2008, 388ff.

V. Bewertung

Sinne von IAS 36 *Wertminderung von Vermögenswerten* erfolgen, da dieses unternehmensspezifische[32] Bewertungsmodell auf dem Barwert der künftigen Zahlungsströme basiert, die dem bilanzierenden Unternehmen aus der Nutzung des Vermögenswerts und einer eventuellen anschließenden Veräußerung zufließen. Im Nutzungswert werden Erwartungen des Unternehmens widergespiegelt, die unter Berücksichtigung der Auswirkungen unternehmensspezifischer Faktoren nur für das jeweilige Unternehmen zutreffen können, nicht aber im Allgemeinen für Unternehmen anwendbar sind; dem Grundgedanken einer Folgebewertung im Rahmen des Zeitwertmodells auf Basis hypothetischer Marktteilnehmer würde demnach nicht entsprochen werden.

Unter dem Begriff **„sachverständige Geschäftspartner"** sind im Sinne des Standards sowohl vertragswillige Käufer als auch vertragswillige Verkäufer zu verstehen, die ausreichend über die Art und die Merkmale der Renditeimmobilien, ihre gegenwärtige und mögliche Nutzung und über die Marktbedingungen zum Bilanzstichtag informiert sind. Ein **vertragswilliger Käufer** ist jemand, der zum Kauf motiviert, aber nicht gezwungen ist. Ein solcher Käufer ist weder übereifrig noch ist er dazu entschlossen, um jeden Preis zu kaufen. Der angenommene Käufer würde keinen höheren Preis als den bezahlen, der von einem Markt, bestehend aus sachverständigen und vertragswilligen Käufern und Verkäufern, gefordert würde (IAS 40.42). Ein **vertragswilliger Verkäufer** ist gem. IAS 40.43 weder übereifrig noch zum Verkauf gezwungen; auch ist er nicht dazu bereit, zu jedem Preis zu verkaufen. Ein vertragswilliger Verkäufer ist daran interessiert, die Renditeimmobilien zu dem nach den Marktgegebenheiten bestmöglichen erzielbaren Preis zu verkaufen. Die tatsächlichen Verhältnisse des gegenwärtigen Eigentümers der als Finanzinvestition gehaltenen Immobilien sind nicht Teil dieser Betrachtung, da der vertragswillige Verkäufer ein hypothetischer Eigentümer ist. Ein vertragswilliger Verkäufer würde beispielsweise nicht die besondere steuerliche Situation des gegenwärtigen Immobilieneigentümers berücksichtigen. Die Definition des beizulegenden Zeitwerts bezieht sich gem. IAS 40.44 weiterhin auf Transaktionen zwischen **unabhängigen Geschäftspartnern**. Eine solche Transaktion ist ein Geschäftsabschluss zwischen Parteien, die keine besondere oder spezielle Beziehung zueinander haben, die marktuntypische Transaktionspreise begründet. Es ist zu unterstellen, dass die Transaktion zwischen einander nicht nahe stehenden, voneinander unabhängig handelnden Unternehmen stattfindet.

33

Bei der **Bestimmung des beizulegenden Zeitwerts** sind gem. IAS 40.37ff die dem Unternehmen gegebenenfalls beim Verkauf oder bei einem anders gearteten Abgang entstehenden Transaktionskosten nicht abzuziehen.[33] So sind bspw. Transaktionskosten wie Grunderwerbsteuer, Notar- und Maklergebühren im Rahmen der Folgebewertung nicht zu berücksichtigen. Bei der Bestimmung sind weiterhin die

34

---

32 Vgl. *Ballwieser* IFRS-Rechnungslegung, 84.
33 Vgl. hierzu insbesondere *Pörschke* KoR 2010, 148ff.

Marktbedingungen am Bilanzstichtag widerzuspiegeln, so dass sich der beizulegende Zeitwert jeweils auf einen bestimmten Zeitpunkt bezieht. Die in dem Standard hervorgehobene Stichtagsorientierung wird damit begründet, dass sich die Marktbedingungen im Zeitablauf ändern können und der auf Basis einer Schätzung zu einem anderen Zeitpunkt als dem Abschlussstichtag ermittelte beizulegende Zeitwert falsch oder unangemessen sein kann. Die Definition des beizulegenden Zeitwerts geht zudem vom gleichzeitigen Austausch und der Erfüllung des Kaufvertrags ohne jede Preisänderung aus, die zwischen sachverständigen, vertragswilligen und voneinander unabhängigen Geschäftspartnern vereinbart werden könnte, wenn Austausch und Erfüllung nicht gleichzeitig stattfinden, dh dass der Vertragsabschluss und die Vertragserfüllung gleichzeitig stattfinden.

35 In IAS 40.40 erfolgt eine **Klarstellung, welche den Wert beeinflussenden Faktoren in die Bewertung von Renditeimmobilien einzubeziehen sind**. Die Vorschrift hat einen beispielhaft aufzählenden Charakter und ist nicht abschließend. Zunächst sind die Mieterträge aus den gegenwärtigen Mietverhältnissen sowie angemessene und vertretbare Annahmen, die dem entsprechen, was sachverständige und vertragswillige Geschäftspartner für Mieterträge aus zukünftigen Mietverhältnissen nach den aktuellen Marktbedingungen annehmen würden, zu berücksichtigen. Weiterhin hat der beizulegende Zeitwert auf einer ähnlichen Grundlage alle Mittelabflüsse (einschließlich Mietzahlungen und anderer Abflüsse) widerzugeben, die in Bezug auf die Immobilie zu erwarten sind (unabhängig davon, ob diese Mittelabflüsse als Verbindlichkeiten im Abschluss erfasst sind oder erst zu einem späteren Zeitpunkt in der Bilanz angesetzt werden).

36 Zur Ermittlung bzw. Bestimmung des beizulegenden Zeitwerts sieht IAS 40 verschiedene Verfahren vor, die sich als eine zweistufige Bewertungskonzeption[34] wie folgt darstellen: Die im Rahmen des Standards vorgesehenen Stufen sind in der folgenden Übersicht dargestellt:

---

34 Im Schrifttum findet sich vorwiegend eine als dreistufig dargestellte Wertfindungskonzeption; vgl. zB *Klinger/Müller* IFRS & Immobilien, 86 und *Jung* Beck'sches IFRS-Handbuch §6 Rn 57ff; eine davon abweichende, ebenfalls dreistufige Konzeption findet sich bei *Zülch* Internationales Bilanzrecht, IAS 40 Rn 223ff. Für die drei in IAS 40.46 aufgezeigten Bewertungsverfahren ist jedoch keine Rangordnung vorgegeben. Die bilanzierenden Unternehmen haben zur Wertfindung zwar grundsätzlich alle drei Quellen auszuschöpfen, es sei denn, die Ermittlung sachgerechter Werte erscheint auf Basis einer der Quellen im Einzelfall als ausreichend. Vor diesem Hintergrund wird hier im Rahmen einer zweistufigen Einteilung lediglich zwischen den Regelungen nach IAS 40.45 und denen nach IAS 40.46 differenziert.

V. Bewertung

Stufe	Vorschrift des Standards:	Beschreibung
1	IAS 40.45	Ableitung aus dem **Marktwert ähnlicher Immobilien**.
2 a)	IAS 40.46 (a)	Ableitung aus dem **Marktwert von Immobilien abweichender Art**.
2 a)	IAS 40.46 (b)	Ableitung aus **zeitnahen Preisen ähnlicher Immobilien von einem weniger aktiven Markt**.
2 c)	IAS 40.46 (c)	Bestimmung auf Basis **diskontierter Cashflow-Prognosen**.

Gemäß der **ersten Stufe der Wertfindungskonzeption** erhält das bilanzierende Unternehmen den **bestmöglichen substanziellen Hinweis für den beizulegenden Zeitwert** gem. IAS 40.45 durch auf einem **aktiven Markt** festgestellte[35], aktuelle Preise ähnlicher Immobilien, die sich am gleichen Ort und im gleichen Zustand befinden und Gegenstand vergleichbarer Mietverhältnisse und anderer, mit den Immobilien zusammenhängender Verträge sind. Ein Unternehmen hat dafür Sorge zu tragen, jegliche Unterschiede hinsichtlich Art, Lage oder Zustand der Immobilien in den Vertragsbedingungen der Mietverhältnisse und in anderen, mit den Immobilien zusammenhängenden Verträgen festzustellen. Der IASB hat in IAS 40 bewusst eine Beschreibung des „aktiven Marktes" gewählt, die von der in den IFRS sonst üblicherweise verwendeten Definition[36] abweicht, da jede Immobilie einzigartig ist und somit das für einen aktiven Markt konstituierende Charakteristikum eines „Handels homogener Produkte" nicht vorliegt.[37] Vor diesem Hintergrund wird erklärlich, dass IAS 40.45 auf „Preise ähnlicher Immobilien" abstellt. Ausgangspunkt für diese bevorzugte Methode zur Bestimmung des beizulegenden Zeitwerts (Stufe 1) ist ein beobachtbarer Transaktionspreis einer entsprechenden Vergleichsimmobilie.

37

Aufgrund der wenig transparenten Immobilienmärkte, des häufig fehlenden Einblicks in einzelne Transaktionen sowie der regelmäßig individuellen Charakteristika einer jeden Immobilie ist die Bestimmung des beizulegenden Zeitwerts einer Renditeimmobilie häufig nicht nach dem Wertfindungsverfahren der ersten Stufe möglich[38]. Liegen aktuelle Preise eines aktiven Marktes in der nach IAS 40.45 verlangten Art nicht vor, berücksichtigt ein Unternehmen im Rahmen der **folgenden, zweiten**

38

---

35 In dem von der EU gebilligten Standard in deutscher Sprache wird der praxisferne Begriff „notierte ... Preise" verwendet, auf den hier nicht zurückgegriffen werden soll.
36 Vgl. hierzu die in IAS 36.6, IAS 38.8 und IAS 41.8 verwendeten Definitionen des „aktiven Marktes".
37 Vgl. hierzu zB *Theile* IFRS Handbuch, Rn 1447.
38 Vgl. *Beck* KoR 2004, 500.

Stufe der Wertfindungskonzeption Informationen verschiedenster Quellen gem. IAS 40.46, die als „**anerkannte Immobilienbewertungsmethoden**" bezeichnet werden können und folgende Vorgehensweisen beinhalten:

(a) aktuelle Preise eines aktiven Markts für Immobilien abweichender Art, anderen Zustands oder Standorts (oder solche, die abweichenden Leasingverhältnissen oder anderweitigen Verträgen unterliegen), die angepasst werden, um diese Unterschiede widerzuspiegeln (**Stufe 2** – erste Variante),

(b) vor kurzem auf einem weniger aktiven Markt erzielte Preise für ähnliche Immobilien, die angepasst werden, um die Änderungen der wirtschaftlichen Rahmenbedingungen seit dem Zeitpunkt der Transaktion, zu dem diese Preise erzielt wurden, widerzuspiegeln (**Stufe 2** – zweite Variante) und

(c) diskontierte Cashflow-Prognosen, die auf einer verlässlichen Schätzung von zukünftigen Cashflows beruhen, gestützt durch die Vertragsbedingungen bestehender Mietverhältnisse und anderer Verträge sowie (wenn möglich) durch externe substanzielle Hinweise wie aktuelle marktübliche Mieten für ähnliche Immobilien am gleichen Ort und im gleichen Zustand und für die Abzinsungssätze verwendet wurden, die die gegenwärtigen Bewertungen des Marktes hinsichtlich der Unsicherheit der Höhe und des zeitlichen Anfalls künftiger Cashflows widerspiegeln (**Stufe 2** – dritte Variante).

In einigen Fällen können die aus verschiedenen, oben aufgeführten Quellen bei der Bewertung zu berücksichtigenden Informationen zu **unterschiedlichen Schlussfolgerungen** bezüglich des beizulegenden Zeitwerts der als Finanzinvestition gehaltenen Immobilien führen. Ein Unternehmen hat gem. IAS 40.47 die Gründe für diese Unterschiede zu berücksichtigen, um zu dem verlässlichsten Schätzwert innerhalb einer Bandbreite vernünftiger Abschätzungen des beizulegenden Zeitwerts zu gelangen.

39 Für das Vergleichswertverfahren (**Stufe 2** – **erste Variante**) wird weithin angenommen, dass es lediglich für unbebaute Grundstücke zur Anwendung kommen kann, da die Unterschiede hinsichtlich der werterheblichen Merkmale eines bebauten Grundstücks nach diesem Verfahren kaum ermessensfrei und sachlich-objektiv berücksichtigt werden können.[39] Ausnahmen können jedoch im Falle von standardisierten oder weitgehend einheitlichen Objekten, wie zB bei Reihenhäusern, vorliegen. Hinsichtlich der wertbeeinflussenden, im Rahmen des Vergleichsverfahrens nach IAS 40.46 (a) zu berücksichtigenden Faktoren wird auf das Schrifttum verwiesen.[40] Auch im Rahmen der **zweiten Variante der Stufe 2** nach IAS 40.46(b) ist im Rahmen eines Vergleichsverfahrens ein vor kurzem auf einem weniger aktiven Markt erzielter Preis für eine ähnliche Immobilie als Bewertungsgrundlage heranzuziehen.

---

39 Vgl. *Eberhartinger/Wiedermann-Ondrej* Münchener Kommentar, IAS 40 Rn 69.
40 Vgl. zB *Hoffmann/Freiberg* Haufe-Kommentar, § 16 Rn 63; *Engel-Ciric* IFRS-Praxis, §5 Rn 184.

V. Bewertung

Es sind entsprechend weitere Anpassungen vorzunehmen, um die Änderungen der wirtschaftlichen Rahmenbedingungen seit dem Transaktionszeitpunkt zu berücksichtigen.

Weiterhin hat das bilanzierende Unternehmen auf **Stufe 2 (dritte Variante)** der Wertfindungsverfahren Informationen aufgrund der Discounted Cashflow- oder Ertragswert-Methode zu berücksichtigen. Diese aus der Praxis der Unternehmensbewertungen stammende Bewertungsmethode weist eine hohe Komplexität auf und ist mit nicht unerheblichen Unsicherheiten behaftet.[41] Die Ermittlung des beizulegenden Zeitwerts erfolgt in diesem Fall durch die Diskontierung erwarteter künftiger Zahlungsströme bzw. Nettomietzahlungen auf den Bewertungszeitpunkt. Die abzuzinsenden Netto-Cashflows können zB wie folgt bestimmt werden: 40

    Erwartete Nettokaltmiete
- Mietausfallwagnis
- nicht umlagefähige Betriebskosten
- Verwaltungskosten
-   Instandhaltungen
=   Netto-Cash-Flow

Nach dem Zwei-Phasen Modell wird diese Netto-Cash-Flow-Größe i.d.R. zunächst für 3 bis 5 Jahre (die sog. Detailplanungsphase) für jedes einzelne Jahr prognostiziert. Für die zweite, über diesen Zeithorizont hinausgehende Phase wird von konstanten (bzw. steigenden oder rückläufigen) Einzahlungsüberschüssen ausgegangen, die in der Form der ewigen Rente anfallen. Nach dieser Vorgehensweise ergibt sich der beizulegende Zeitwert der Renditeimmobilie als Summe der Barwerte aus der Detailplanungsphase und des Restwerts in Form des Barwerts der ewigen Rente aus der zweiten Planungsphase. Aus dem Zinssatz einer laufzeitäquivalenten, risikoarmen Anlage wird üblicherweise der Diskontierungszinssatz abgeleitet. Dieser Zinssatz wird sodann um einen Risikozuschlag ergänzt, um die mit der Investition in Immobilien verbundene Unsicherheit im Vergleich zu der risikoarmen Anlage entsprechend zu berücksichtigen. Im Rahmen einer alternativen Vorgehensweise besteht darüber hinaus die Möglichkeit, Risikoabschläge bei der Schätzung der Einzahlungsüberschüsse in Form von geringeren Netto-Cahflows in Bezug auf die Renditeimmobilie zu berücksichtigen und anschließend diese mit dem Marktzins für eine risikoarme Anlage zu diskontieren.[42]

---

41 Vgl. *Böckem/Schurbohm* KoR 2002, 46f.
42 Vgl. *Engel-Ciric* IFRS-Praxis, §5 Rn 188ff; für ein detailliertes Rechenbeispiel wird zB auf *Klinger/Müller* IFRS & Immobilien, 91ff sowie *Paul* Praxishandbuch der Unternehmensbewertung, 767ff verwiesen.

41 Im Schrifttum wird in Bezug auf konkret anzuwendende Immobilienbewertungsverfahren ua auf die folgenden national und international anerkannten Verfahren verwiesen[43]:

	Deutsche Verfahren	Internationale Verfahren
Normierte Verfahren	Vergleichswertverfahren (§§13 und 14 WertV)	Sales Comparison Approach
	Ertragswertverfahren (§§15 – 20 WertV)	Income Capitalisation Approach
	Sachwertverfahren (§§21 – 25 WertV)	Cost Approach
Nicht normierte Verfahren	Discounted Cashflow-Methode Residualwertverfahren	Discounted Cashflow-Methode Residualwertverfahren

Bei den drei in der Verordnung über Grundsätze für die Ermittlung der Verkehrswerte von Grundstücken (Werteermittlungsverordnung – WertV) normierten Verfahren handelt es sich um gängige Praxisverfahren des öffentlichen Baurechts zur Bestimmung des Verkehrswertes gem. §194 BauGB. Hinsichtlich des Vergleichswertverfahrens sowie das Ertragswertverfahrens ist davon auszugehen, dass diese Verfahren im Rahmen der ersten beiden Varianten der Stufe 2 (IAS 40.46(a) und (b)) Anwendung finden können.[44]

42 Der beizulegende Zeitwert der als Finanzinvestition gehaltenen Immobilien spiegelt gem. IAS 40.51 **weder zukünftige Ausgaben zur Verbesserung oder Wertsteigerung noch den damit einhergehenden künftigen Nutzen** wider. Im Umkehrschluss sind wertsteigernde Maßnahmen der und damit einhergehende künftige Nutzen nur dann bei der Ermittlung des beizulegenden Zeitwerts zu berücksichtigen, wenn entsprechende Zahlungen zum Abschlussstichtag bereits erfolgt sind. Darüber hinaus sind von dem Verbot solche zukünftigen Ausgaben ausgenommen, die der Werterhaltung der Renditeimmobilie dienen.[45] Insbesondere im Fall von werterhöhenden (Grund-) Sanierungen von Renditeimmobilien, die ggf. mit einer vorübergehenden vollständigen Entmietung der Immobile einhergehen, können sich aufgrund der Vorschrift des IAS 40.51 nicht unerhebliche Ergebnisbelastungen ergeben, da der Miet-

---

43 Darstellung entnommen *Engel-Ciric* IFRS-Praxis, §5 Rn 181.
44 Vgl. *Böckem/Schurbohm* KoR 2002, 44ff; für weitere Einzelheiten wird auf entsprechende Spezialkommentierungen verwiesen, zB *Kleiber et. al.* Verkehrswertermittlung von Grundstücken; hinsichtlich international verbreiteter Verfahren vgl. zB *Kormaier* KoR 2006, 378ff.
45 Vgl. *Freiberg* PiR 2007, 24.

V. Bewertung

ausfall während der Sanierungsphase zu einer erfolgswirksam zu erfassenden Minderung des beizulegenden Zeitwerts führt, die sanierungsbedingt möglichen späteren Mieterhöhungen bzw. die Verlängerung des Nutzungszeitraums bei der Bestimmung des beizulegenden Zeitwerts hingegen noch nicht berücksichtigt werden dürfen.[46]

Bei der Bestimmung des beizulegenden Zeitwerts von als Finanzinvestition gehaltenen Immobilien hat das Unternehmen gem. IAS 40.50 **Vermögenswerte und Schulden, die bereits als solche einzeln im Abschluss erfasst wurden, nicht erneut anzusetzen**. Als Beispiele zur Vermeidung solcher Doppelerfassungen werden im Standard genannt:

- Ausstattungsgegenstände wie Aufzüge oder Klimaanlagen sind häufig integrale Bestandteile eines Gebäudes und sind gewöhnlich in den beizulegenden Zeitwert der Renditeimmobilien einzubeziehen (keine gesonderte Erfassung als Sachanlage),
- Möbel sind in dem beizulegenden Zeitwert von im möblierten Zustand vermieteten Bürogebäuden gewöhnlich enthalten; die Mieteinnahmen beziehen sich auf das möblierte Bürogebäude (keine gesonderte Erfassung dieser Möbel als Sachanlagen),
- im Voraus bezahlte oder abgegrenzte Mieten aus Operating-Leasingverhältnissen sind nicht im beizulegenden Zeitwert einer als Finanzinvestition gehaltenen Immobilien enthalten (Erfassung als gesonderte Schuld oder gesonderter Vermögenswert),
- der beizulegende Zeitwert geleaster Renditeimmobilien spiegelt die erwarteten Cashflows wider (einschließlich erwarteter, bedingter Leasingzahlungen). Wurden bei der Bewertung der Immobilie auf Basis des beizulegenden Zeitwerts auch alle erwarteten Zahlungsverpflichtungen berücksichtigt, müssen für Rechnungslegungszwecke diesbezüglich bereits im Abschluss erfasste Schulden beim Wert der Renditeimmobilie entsprechend berücksichtigt werden (dh dem beizulegenden Zeitwert wieder zugeschlagen werden).

Darüber hinaus ist darauf hinzuweisen, dass der beizulegende Zeitwert nicht die subjektiven, **üblicherweise bei der Ermittlung des Nutzungswertes gem. IAS 36 zu beachtenden Faktoren** berücksichtigt, soweit sie sachverständigen und vertragswilligen Käufern und Verkäufern nicht ohne Weiteres zur Verfügung stehen würden (IAS 40.49). Hierbei handelt es sich zB um:

- Portfoliozuschläge bei Immobilien an verschiedenen Standorten,
- Synergieeffekte zwischen Renditeimmobilien und anderen Vermögenswerten,

---

46 Vgl. *Zülch* Internationales Bilanzrecht, IAS 40 Rn 262f; *Zülch/Willms* BB 2005, 372ff; *Freiberg* PiR 2007, 23ff.

- ausschließlich für den gegenwärtigen Eigentümer relevante Rechtsansprüche, gesetzliche Einschränkungen oder Steuervorteile bzw. -belastungen.

45 Bei einem **zu Marktpreisen abgeschlossenen Finanzierungs-Leasingverhältnis**[47] sollte der beizulegende Zeitwert eines Rechts an einer geleasten Immobilie gem. IAS 40.41 zum Zeitpunkt des Erwerbs, abzüglich aller erwarteten Leasingzahlungen (einschließlich der Leasingzahlungen in Zusammenhang mit den erfassten Schulden), Null sein. Unabhängig davon, ob geleaste Vermögenswerte und Schulden für Rechnungslegungszwecke mit dem beizulegenden Zeitwert oder mit dem Barwert der Mindestleasingzahlungen gemäß IAS 17.20 angesetzt werden, ändert sich dieser beizulegende Zeitwert nicht. Wird ein geleaster Vermögenswert, dessen Anschaffungskosten gemäß IAS 40.25 bestimmt wurden, nunmehr zum beizulegenden Zeitwert gemäß IAS 40.33 bewertet, so darf dieser Vorgang zu keinem anfänglichen Gewinn oder Verlust führen (sofern der beizulegende Zeitwert nicht zu verschiedenen Zeitpunkten ermittelt wird). Dies könnte hingegen dann der Fall sein, wenn nach dem ersten Ansatz für die Folgebewertung das Zeitwertmodell gewählt wird.

46 Immobilien, die für die künftige Nutzung als Finanzinvestition erstellt oder entwickelt werden, wurden im Rahmen des *Annual Improvements Project* 2008 in den Katalog der nach IAS 40 zu bilanzierenden Renditeimmobilien aufgenommen (IAS 40.8(c))[48]. Sobald ein Unternehmen in der Lage ist, den beizulegenden Zeitwert einer zuvor zu den Anschaffungs- oder Herstellungskosten bewerteten **Renditeimmobilie, die noch entwickelt oder erstellt wird**, verlässlich zu bestimmen, hat es diese Immobilie gem. IAS 40.53A zum beizulegenden Zeitwert anzusetzen. Es gilt die Vermutung, dass der beizulegende Zeitwert dieser Immobilie zum Zeitpunkt der Fertigstellung bzw. des Abschlusses der Entwicklung verlässlich bestimmt werden kann. Sollte dem nicht so sein, ist die Immobilie gemäß IAS 40.53 nach dem Anschaffungskostenmodell des IAS 16 zu bewerten. Die Vermutung, dass der beizulegende Zeitwert einer sich **noch in Entwicklung oder Erstellung befindlichen Renditeimmobile** verlässlich bestimmbar ist, kann lediglich beim erstmaligen Ansatz widerlegt werden. Hat ein Unternehmen eine Renditeimmobilie bereits während der Bau- bzw. Entwicklungsphase mit dem beizulegenden Zeitwert bewertet, so kann es zum Zeitpunkt der Fertigstellung bzw. des Abschlusses der Entwicklungsarbeiten nicht den Standpunkt einnehmen, der beizulegende Zeitwert dieser Immobilie sei nicht verlässlich bestimmbar (IAS 40.53B). Die Bewertung einer noch in Erstellung befindlichen Renditeimmobilie zum beizulegenden Zeitwert ist regelmäßig mit einer nicht unerheblichen Ungewissheit verbunden, da aktive Märkte (auch für vergleichbare Objekte) wohl nur in seltenen Ausnahmefällen vorhanden sein dürften. Eine Bewertung auf Basis diskontierter Cashflow-Prognosen wird teilweise nur dann als

---

47 Bzw. bei einem Operating-Leasingverhältnis, das wie ein Finanzierungs-Leasingverhältnis behandelt wird; siehe hierzu Rn 13.
48 Vgl. *Zaugg/Krämer/Meyer* IRZ 2009, 531ff.

V. Bewertung

sachgerecht angesehen, wenn die bis zur Fertigstellung des Objekts noch anfallenden Baukosten ausreichend sicher abschätzbar sind und das Objekt einen hohen Vorvermietungsanteil aufweist.[49]

Sofern ein Unternehmen erwartet, dass der Barwert der mit einer als Finanzinvestition gehaltenen Immobilie verbundenen Auszahlungen (hier: andere als die Auszahlungen, die sich auf erfasste Schulden beziehen) den Barwert der damit zusammenhängenden Einzahlungen übersteigt, hat es zu prüfen und zu beurteilen, ob eine **Schuld** gem. IAS 37 *Contingent Liabilities* **anzusetzen** ist (IAS 40.52). 47

Es besteht gem. IAS 40.53 die widerlegbare Vermutung, dass **ein Unternehmen in der Lage ist, den beizulegenden Zeitwert einer als Finanzinvestition gehaltenen Immobilie fortwährend verlässlich zu bestimmen.** 48

Gem. IAS 40.48 können jedoch **eindeutige substanzielle Hinweise vorliegen, die darauf hindeuten,** dass der **beizulegende Zeitwert der Renditeimmobilie nicht fortlaufend verlässlich bestimmbar** ist. Dies ist zB dann der Fall, wenn ein Unternehmen: 49

- eine als Finanzinvestition gehaltene Immobilie erstmals erwirbt oder
- eine bereits vorhandene Immobilie:
  - nach Abschluss der Erstellung oder Entwicklung erstmals als Finanzinvestition hält oder
  - einer anderen als der bisherigen Nutzung zuführt,

und die Bandbreite vernünftiger Schätzungen für den beizulegenden Zeitwert so groß und die Eintrittswahrscheinlichkeiten der verschiedenen Ergebnisse so schwierig zu ermitteln sind, dass die Zweckmäßigkeit der Verwendung eines einzelnen Schätzwerts für den beizulegenden Zeitwert bezweifelt werden muss.

Nur wenn vergleichbare Markttransaktionen selten und anderweitige zuverlässige Schätzungen für den beizulegenden Zeitwert (beispielsweise basierend auf diskontierten Cashflow-Prognosen) nicht verfügbar sind, ist dies für die in der vorhergehenden Randziffer dargestellten Fallkonstellationen als eindeutiger substanzieller Hinweis dahingehend zu verstehen, dass das bilanzierende Unternehmen nicht in der Lage ist, den **beizulegenden Zeitwert der Renditeimmobilie fortlaufend verlässlich zu bestimmen** (IAS 40.53). In solchen Fällen hat ein Unternehmen die als Finanzinvestition gehaltenen Immobilien nach dem Anschaffungskostenmodell des IAS 16 zu bewerten. Der Restwert der als Finanzinvestition gehaltenen Immobilie ist mit Null anzunehmen. Das Unternehmen hat IAS 16 bis zum Abgang dieser als Finanzinvestition gehaltenen Immobilie anzuwenden, dh an diesem Bewertungsmodell ist auch dann weiter festzuhalten, wenn sich zu einem späteren Zeitpunkt eine Situation einstellt, der zufolge wieder von einem fortlaufend verlässlich bestimmbaren beizu- 50

---

49 Vgl. *Jung* Beck'sches IFRS-Handbuch, §6 Rn 49.

legenden Zeitwert auszugehen ist.[50] In den Ausnahmefällen, in denen ein Unternehmen aus den genannten Gründen gezwungen ist, eine Renditeimmobilie nach dem Anschaffungskostenmodell des IAS 16 zu bewerten, bewertet es gem. IAS 40.54 seine gesamten sonstigen als Finanzinvestition gehaltenen Immobilien zum beizulegenden Zeitwert. In diesen Fällen kann ein Unternehmen zwar für eine einzelne als Finanzinvestition gehaltene Immobilie das Anschaffungskostenmodell anwenden, hat jedoch für alle anderen Immobilien weiterhin nach dem Modell des beizulegenden Zeitwerts zu bilanzieren.

51   IAS 40.55 schreibt den Unternehmen schließlich vor, eine als Finanzinvestition gehaltene Immobilie, die **bisher zum beizulegenden Zeitwert bewertet** wurde, bis zu deren Abgang oder bis zu dem Zeitpunkt, ab dem die Immobilie durch das Unternehmen selbst genutzt oder für einen späteren Verkauf im Rahmen der gewöhnlichen Geschäftätigkeit entwickelt wird, **auch weiterhin zum beizulegenden Zeitwert zu bewerten**, selbst wenn vergleichbare Markttransaktionen seltener auftreten oder Marktpreise seltener verfügbar sind. Die Bewertung zu einem Stichtag, für den vergleichbare Markttransaktionen bzw. Marktpreise nicht verfügbar sind, hat somit auf Basis des letzten zur Verfügung stehenden beizulegenden Zeitwerts zu erfolgen bzw. sich an diesem zu orientieren.[51] Ein Wechsel zum Anschaffungskostenmodell ist in solchen Fällen ausgeschlossen.

52   **c) Anschaffungskostenmodell.** Entscheidet sich ein Unternehmen nach dem erstmaligen Ansatz für das **Anschaffungskostenmodell**, so hat es seine gesamten als Finanzinvestition gehaltenen Immobilien gem. IAS 40.56 nach den Vorschriften des IAS 16 für dieses Modell zu bewerten. Gemäß IAS 16 sind die unter Berücksichtigung des Komponentenansatzes[52] und zu Anschaffungs- oder Herstellungskosten bilanzierten Renditeimmobilien in Folgeperioden um planmäßige Abschreibungen zu vermindern. Darüber hinaus sind ggf. außerplanmäßige Abschreibungen bzw. Wertminderungen und eventuelle spätere Zuschreibungen gem. IAS 36 zu berücksichtigen. Die Neubewertungsmethode gem. IAS 16.31ff kann hingegen nicht für Renditeimmobilien angewendet werden.[53] Durch die Wahl für das Anschaffungskostenmodell kann sich ein Unternehmen allerdings nicht der Pflicht zur Bestimmung der beizulegenden Zeitwerte der Renditeimmobilien entziehen, da gem. IAS 40.79 (e) eine entsprechende Angabepflicht besteht.

53   Ausgenommen von der Bewertung nach dem Anschaffungskostenmodell sind solche **Renditeimmobilien**, die gemäß **IFRS 5** als zur Veräußerung gehalten klassifiziert werden oder zu einer als zur Veräußerung gehalten klassifizierten Veräußerungsgruppe gehören. Hinsichtlich solcher Renditeimmobilien hat die Bewertung in

---

50 Vgl. *Zülch* Internationales Bilanzrecht, IAS 40 Rn 274.
51 Vgl. *Theile* IFRS Handbuch, Rn 1452.
52 Vgl. hierzu zB *Pellens et. al.* Internationale Rechnungslegung, 312.
53 Vgl. zB *Hoffmann/Freiberg* Haufe-Kommentar, § 16 Rn 45; *Jung* Beck'sches IFRS-Handbuch, §6 Rn 39.

Übereinstimmung mit IFRS 5 zu erfolgen. Darüber hinaus kann eine Folgebewertung im Rahmen des Anschaffungskostenmodells bei Renditeimmobilien im Falle eines Operating-Leasingverhältnisses nicht zur Anwendung kommen – die Bewertung hat in diesem Fall vielmehr zwingend zum beizulegenden Zeitwert zu erfolgen (IAS 40.34).[54]

VI. Übertragungen.
In IAS 40.57-65 werden **Verwendungswechsel,** dh Übertragungen in den oder aus dem Bestand der als Finanzinvestition gehaltenen Immobilien abschließend geregelt – dem steht die beispielhafte Illustration der einzelnen Tatbestände im Standard nicht entgegen. Solche Verwendungswechsel sind demnach nur dann vorzunehmen, wenn eine Nutzungsänderung vorliegt, die sich wie folgt belegen lässt (IAS 40.57):

54

- der **Beginn der Selbstnutzung** als Beispiel für eine Übertragung von als Finanzinvestition gehaltenen zu vom Eigentümer selbst genutzten Immobilien,

- der **Beginn der Entwicklung oder des Umbaus mit der Absicht des Verkaufs** als Beispiel für eine Übertragung von als Finanzinvestition gehaltenen Immobilien in das Vorratsvermögen. Trifft ein Unternehmen hingegen die Entscheidung, eine Renditeimmobilie **ohne Entwicklung oder Umbau** zu veräußern, hat es die Immobilie solange weiter als Finanzinvestition und nicht als Vorratsvermögen zu behandeln, bis die Immobilie ausgebucht und damit aus der Bilanz entfernt wird. Aus Sicht des IASB liegt in diesem Fall keine ausreichend nachgewiesene Veräußerungsabsicht vor, so dass eine Übertragung nicht vorgenommen werden kann. In ähnlicher Weise wird bezüglich einer vorhandenen Renditeimmobilie ab dem Beginn einer **Sanierung zum Zwecke der weiteren zukünftigen Nutzung als Finanzinvestition** verfahren – die Immobilie ist weiterhin als Finanzinvestition einzustufen und während der Sanierung nicht in den Bestand der vom Eigentümer selbst genutzten Immobilien umzugliedern,

- das **Ende der Selbstnutzung** als Beispiel für eine Übertragung der von dem Eigentümer selbst genutzten in den Bestand der als Finanzinvestition gehaltenen Immobilien,

- der **Beginn eines Operating-Leasingverhältnisses mit einer anderen Partei** als Beispiel für eine Übertragung aus dem Vorratsvermögen in als Finanzinvestition gehaltene Immobilien oder

- das **Ende der Erstellung oder Entwicklung** als Beispiel für eine Übertragung von Immobilien, die sich in der Erstellung oder Entwicklung befinden (geregelt in IAS 16) in die Kategorie der als Finanzinvestition gehaltenen Immobilien.

---

54 Vgl. Rn 28.

55 Die zugehörigen Bewertungsfragen werden in IAS 40.59-65 geregelt. Zunächst wird darauf hingewiesen, dass die bilanzielle Darstellung von Übertragungen vergleichsweise unproblematisch ist, wenn ein Unternehmen das **Anschaffungskostenmodell** anwendet. In diesem Fall führen Übertragungen zwischen als Finanzinvestition gehaltenen, vom Eigentümer selbst genutzten Immobilien oder Vorräten für Bewertungs- oder Angabezwecke weder zu einer Buchwertänderung der übertragenen Immobilien noch zu einer Veränderung ihrer Anschaffungs- oder Herstellungskosten und auch zu keiner Ergebnisauswirkung in der Gewinn- und Verlustrechnung.

56 Spezifischer Vorschriften bedarf es hingegen bei Verwendungswechseln, sofern das bilanzierende Unternehmen das **Zeitwertmodell** für als Finanzinvestition gehaltene Immobilien anwendet. Der Standard stellt in IAS 40.60-65 entsprechende, bei Fragen des Ansatzes und der Bewertung zu berücksichtigende Regelungen zur Verfügung.

57 Werden **als Finanzinvestition gehaltene und zum beizulegenden Zeitwert bewertete Immobilien in den Bestand der vom Eigentümer selbst genutzten Immobilien oder Vorräte übertragen**, entsprechen die Anschaffungs- oder Herstellungskosten der Immobilien für die Folgebewertung gemäß IAS 16 oder IAS 2 deren beizulegendem Zeitwert zum Zeitpunkt der Nutzungsänderung (IAS 40.60).

58 Wird eine **vom Eigentümer selbstgenutzte Immobilie** aufgrund eines Verwendungswechsels **zu einer als Finanzinvestition gehaltenen Immobilie, die zum beizulegenden Zeitwert bewertet wird**, hat ein Unternehmen gem. IAS 40.61f bis zu dem Zeitpunkt der Nutzungsänderung IAS 16 anzuwenden. Einen zu diesem Zeitpunkt bestehenden Unterschiedsbetrag zwischen dem nach IAS 16 ermittelten Buchwert der Immobilien und dem beizulegenden Zeitwert hat das Unternehmen in der selben Weise zu behandeln, wie eine Neubewertung gemäß IAS 16 zu behandeln ist. Mit anderen Worten:

- jede auftretende Minderung des Buchwerts der Immobilie ist im Ergebnis zu erfassen. In dem Umfang, in dem jedoch ein der Immobilie zuzurechnender Betrag in die Neubewertungsrücklage eingestellt ist, ist die Abwertung gegen diese vorzunehmen,
- eine sich ergebende Erhöhung des Buchwerts ist folgendermaßen zu behandeln:
  - soweit die Erhöhung einen früheren Wertminderungsaufwand für diese Immobilie aufhebt, ist die Erhöhung im Ergebnis zu erfassen. Der im Ergebnis erfasste Betrag darf den Betrag nicht übersteigen, der zur Aufstockung auf den Buchwert benötigt wird, der sich ohne die Erfassung des Wertminderungsaufwands – abzüglich mittlerweile vorgenommener Abschreibungen – ergeben hätte,

VII. Abgänge und Entschädigungen von Dritten

- ein noch verbleibender Teil der Erhöhung wird im sonstigen Ergebnis erfasst (dh innerhalb des Eigenkapitals wird die Neubewertungsrücklage erhöht). Bei einem anschließenden Abgang der Renditeimmobilie kann die Neubewertungsrücklage unmittelbar in die Gewinnrücklagen umgebucht werden. Die Übertragung von der Neubewertungsrücklage in die Gewinnrücklagen erfolgt nicht über die Gewinn- und Verlustrechnung.

Bei **Immobilien, die bisher gem. IAS 2 unter den Vorräten bilanziert wurden und nunmehr in die Kategorie der Renditeimmobilien übertragen** (und dann zum beizulegenden Zeitwert bewertet) **werden**, ist gem. IAS 40.63 ein zu diesem Zeitpunkt bestehender Unterschiedsbetrag zwischen dem beizulegenden Zeitwert der Immobilie und dem vorherigen Buchwert im Ergebnis zu erfassen; dies entspricht der Behandlung einer Veräußerung von Vorräten. 59

Bei Abschluss der **Erstellung oder Entwicklung einer selbst hergestellten und als Finanzinvestition gehaltenen Immobilie, die im Anschluss zum beizulegenden Zeitwert bewertet wird**, ist gem. IAS 40.65 ein zu diesem Zeitpunkt bestehender Unterschiedsbetrag zwischen dem beizulegenden Zeitwert der Immobilie und dem vorherigen Buchwert im Ergebnis zu erfassen. 60

VII. Abgänge und Entschädigungen von Dritten. Die **Ausbuchung** einer als Finanzinvestition gehaltenen Immobilie ist gem. IAS 40.66 (a) bei ihrem Abgang oder (b) dann, wenn sie dauerhaft nicht mehr genutzt werden soll und ein zukünftiger wirtschaftlicher Nutzen aus ihrem Abgang nicht mehr erwartet wird, vorzunehmen und somit aus der Bilanz zu entfernen. 61

Der Abgang einer Renditeimmobilie kann durch den **Verkauf** oder den **Abschluss eines Finanzierungsleasingverhältnisses** erfolgen. Bei der Bestimmung des Abgangszeitpunkts hat das bilanzierende Unternehmen gem. IAS 40.67 die Bedingungen des IAS 18 hinsichtlich der Erfassung von Erträgen aus dem Verkauf von Waren und Erzeugnissen anzuwenden und die diesbezüglichen Anwendungsleitlinien im Anhang zu IAS 18 zu berücksichtigen. Beim Abgang infolge des Abschlusses eines Finanzierungsleasings oder einer Sale-and-Leaseback-Transaktion ist IAS 17 anzuwenden. 62

Des Weiteren geht der Standard auf ausgewählte Aspekte in Zusammenhang mit dem **Komponentenansatz**[55] gem. IAS 16 ein. Wenn ein Unternehmen gemäß den Ansatzvorschriften des Standards (IAS 40.16) die Kosten für die Ersetzung eines Teils einer als Finanzinvestition gehaltenen Immobilie im Buchwert berücksichtigt, hat es gem. IAS 40.68 den Buchwert eines entsprechend ersetzten Teils auszubuchen. Bei als Finanzinvestition gehaltenen Immobilien, die nach dem Anschaffungskostenmodell bilanziert werden, kann es (entgegen der im Rahmen der IFRS vorgesehenen bilanzi- 63

---

[55] Vgl. hierzu bereits oben Rn 52.

ellen Behandlung) vorkommen, dass ein ersetztes Teil nicht gesondert abgeschrieben wurde. Sollte die Ermittlung des Buchwerts des ersetzten Teils für ein Unternehmen praktisch nicht durchführbar sein, kann das Unternehmen die Kosten für die Ersetzung als Anhaltspunkt für die Anschaffungskosten des ersetzten Teils zum Zeitpunkt seines Kaufs oder seiner Erstellung verwenden. Bei Anwendung des Zeitwertmodells ist der Komponentenansatz hingegen nicht anzuwenden.[56] Bei diesem Modell spiegelt der beizulegende Zeitwert der Renditeimmobilien im Rahmen einer marktorientierten Gesamtbetrachtung die Wertminderung des zu ersetzenden Teils bereits wider. Der IASB geht davon aus, dass es auch Fälle geben kann, in denen es trotz Anwendung des Zeitwertmodells schwierig sein kann, zu erkennen, um wie viel der beizulegende Zeitwert für das ersetzte Teil gemindert werden sollte. Ist eine Minderung des beizulegenden Zeitwerts für das ersetzte Teil praktisch nicht durchführbar, können alternativ die Kosten für die Ersetzung in den Buchwert des Vermögenswertes einbezogen werden. Allerdings hat in solchen Fällen anschließend eine Neubewertung des beizulegenden Zeitwerts zu erfolgen, wie sie bei Zugängen ohne eine Ersetzung erforderlich wäre.

64 **Gewinne oder Verluste, die bei Stilllegung oder Abgang** von Renditeimmobilien **entstehen**, sind gem. IAS 40.69 als Unterschiedsbetrag zwischen dem Nettoveräußerungserlös und dem Buchwert des Vermögenswertes zu bestimmen und in der Periode der Stilllegung bzw. des Abgangs im Ergebnis zu erfassen. Von dieser Vorgehensweise ist abzuweichen, wenn IAS 17 bei Sale-and-Leaseback-Transaktionen etwas anderes erfordert. Die **erhaltene Gegenleistung** beim Abgang einer Renditeimmobilie ist gem. IAS 40.70 zunächst mit dem beizulegenden Zeitwert zu erfassen. Insbesondere dann, wenn die Zahlung für eine als Finanzinvestition gehaltene Immobilie nicht sofort erfolgt bzw. der Kaufpreis gestundet wird, ist die erhaltene Gegenleistung beim Erstansatz in Höhe des Gegenwerts des Barpreises zu erfassen. Der Unterschiedsbetrag zwischen dem Nennbetrag der Gegenleistung und dem Gegenwert bei Barzahlung wird als Zinsertrag gemäß IAS 18 nach der Effektivzinsmethode erfasst.

65 Gem. IAS 40.71 wendet ein Unternehmen IAS 37 oder – soweit sachgerecht – andere Standards auf etwaige **Schulden** an, **die nach dem Abgang einer Renditeimmobilie verbleiben**.

66 Erhält das bilanzierende Unternehmen **Entschädigungen von Dritten** für die Wertminderung, den Untergang oder die Außerbetriebnahme von Renditeimmobilien, so sind diese bei Erhalt der Entschädigung gem. IAS 40.72 im Ergebnis zu erfassen. Wertminderungen oder der Untergang von als Finanzinvestition gehaltenen Immobilien, damit verbundene Ansprüche auf oder Zahlungen von Entschädigungen

---

56 Vgl. *Böckem/Schurbohm-Ebneth* KoR 2003, 341.

VIII. Angaben

von Dritten und jeglicher nachfolgende Kauf oder die nachfolgende Erstellung von Ersatzvermögenswerten stellen einzelne wirtschaftliche Ereignisse dar und sind gem. IAS 40.73 gesondert wie folgt zu bilanzieren:

- Wertminderungen von als Finanzinvestition gehaltenen Immobilien werden gemäß IAS 36 erfasst,
- Stilllegungen oder Abgänge von als Finanzinvestition gehaltenen Immobilien werden gemäß IAS 40.66-71 erfasst,
- Entschädigungen von Dritten für die Wertminderung, den Untergang oder die Außerbetriebnahme von als Finanzinvestition gehaltenen Immobilien werden bei Erhalt der Entschädigung im Ergebnis erfasst und
- die Kosten von Vermögenswerten, die instandgesetzt, als Ersatz gekauft oder erstellt wurden, werden gemäß IAS 40.20-29 ermittelt.

VIII. Angaben. 1. Allgemein. Gemäß IAS 40.74ff werden vom bilanzierenden Unternehmen **umfangreiche Offenlegungen und Angaben** gefordert, die weitgehend jeden im Standard angesprochenen Aspekt der Bilanzierung von Renditeimmobilien für Abschlusszwecke abdecken[57]. Dabei ergänzen die Angabepflichten des IAS 40 die Angabepflichten, die einem Unternehmen nach IAS 17 obliegen. Gemäß IAS 17 gelten für den Eigentümer einer Renditeimmobilie die Angabepflichten für einen Leasinggeber zu den von ihm abgeschlossenen Leasingverhältnissen. Ein Unternehmen, welches eine Immobilie im Rahmen eines Finanzierungs- oder Operating-Leasingverhältnisses als Finanzinvestition hält, macht die Angaben eines Leasingnehmers zu den Finanzierungsleasingverhältnissen sowie die Angaben eines Leasinggebers zu allen Operating-Leasingverhältnissen, die das Unternehmen abgeschlossen hat.

Die folgenden Angaben sind von einem Unternehmen gem. IAS 40.75 zu machen:

(a) das **im Rahmen der Folgebewertung angewendete Modell**: Zeitwertmodell oder Anschaffungskostenmodell,

(b) bei Anwendung des Zeitwertmodells: ob und unter welchen Umständen eine **Klassifizierung und Bilanzierung im Rahmen von Operating-Leasingverhältnissen gehaltenen Immobilien als Finanzinvestition** erfolgt,

(c) sofern **Schwierigkeiten bei der Zuordnung einer Immobilie zu den Renditeimmobilien** bestehen (siehe IAS 40.14): die vom Unternehmen verwendeten Kriterien zur Unterscheidung der Immobilien in:
 (i) als Finanzinvestition gehalten,
 (ii) vom Eigentümer selbst genutzt, und

---

57 Dass diese umfangreichen und komplexen Anhangerläuterungen nicht immer ohne Probleme bewältigt werden, wurde durch empirische Analysen nachgewiesen; siehe hierzu *Müller/Wobbe/Reinke* IRZ 2009, 255f.

(iii) zum Verkauf im Rahmen der gewöhnlichen Geschäftstätigkeit gehalten,

(d) die **angewendeten Methoden und wesentlichen Annahmen zur Bestimmung des beizulegenden Zeitwerts der Renditeimmobilien**, einschließlich einer Aussage, ob die Bestimmung durch Marktdaten unterlegt wurde oder auf Grund der Art der Immobilien und in Ermangelung vergleichbarer Marktdaten überwiegend auf anderen (vom Unternehmen anzugebenden) Faktoren beruht,

(e) **das Ausmaß, in dem der beizulegende Zeitwert der Renditeimmobilien** (wie in den Abschlüssen bewertet oder angegeben) **auf der Grundlage einer Bewertung durch einen unabhängigen Gutachter basiert**, der eine entsprechende berufliche Qualifikation und aktuelle Erfahrungen mit der Lage und der Art der zu bewertenden Immobilien hat. Wurde eine solche Bewertung nicht vorgenommen, ist diese Tatsache anzugeben,

(f) die **im Ergebnis erfassten Beträge** für:
(i) Mieteinnahmen aus Renditeimmobilien;
(ii) betriebliche Aufwendungen (einschließlich Reparaturen und Instandhaltungen), die denjenigen Renditeimmobilien direkt zurechenbar sind, mit denen während der Berichtsperiode Mieteinnahmen erzielt wurden;
(iii) betriebliche Aufwendungen (einschließlich Reparaturen und Instandhaltungen), die denjenigen Renditeimmobilien direkt zurechenbar sind, mit denen während der Berichtsperiode keine Mieteinnahmen erzielt wurden;
(iv) die kumulierte Änderung des beizulegenden Zeitwertes, die beim Verkauf einer Renditeimmobilie von einem Bestand von Vermögenswerten, in dem das Anschaffungskostenmodell verwendet wird, an einen Bestand, in dem das Modell des beizulegenden Zeitwertes verwendet wird, erfolgswirksam erfasst wurde (siehe IAS 40.32C),

(g) die **Existenz und die Höhe von Beschränkungen** hinsichtlich der Veräußerbarkeit von Renditeimmobilien oder der Überweisung bzw. den Transfer von Erträgen und Veräußerungserlösen,

(h) **vertragliche Verpflichtungen**, Renditeimmobilien zu kaufen, zu erstellen oder zu entwickeln, oder solche für Reparaturen, Instandhaltungen oder Verbesserungen.

69 **2. Zeitwertmodell.** Zusätzlich zu den nach IAS 40.75 erforderlichen Angaben hat **ein Unternehmen, welches das Zeitwertmodell gemäß IAS 40.33-55 anwendet**, entsprechend IAS 40.76 eine Überleitungsrechnung zu erstellen, die die Entwicklung des Buchwerts der als Finanzinvestition gehaltenen Immobilien zu Beginn und zum Ende der Berichtsperiode zeigt. Dabei hat das Unternehmen Folgendes darzustellen[58]:

---

[58] Im Schrifttum wird hierzu empfohlen, ein Zeitwertgitter zu erstellen und offenzulegen; vgl. *Zülch* Internationales Bilanzrecht, IAS 40 Rn 316.

VIII. Angaben

(a) **Zugänge**, wobei diejenigen Zugänge gesondert anzugeben sind, die auf einen Erwerb und die auf nachträgliche, im Buchwert eines Vermögenswertes erfasste Anschaffungskosten entfallen,

(b) **Zugänge**, die **aus** dem Erwerb im Rahmen von **Unternehmenszusammenschlüssen** resultieren,

(c) **Vermögenswerte, die gemäß IFRS 5 als zur Veräußerung gehalten klassifiziert** werden oder zu einer als zur Veräußerung gehalten klassifizierten Veräußerungsgruppe gehören, und andere Abgänge,

(d) **Nettogewinne oder -verluste** aus der Anpassung des beizulegenden Zeitwerts,

(e) **Nettoumrechnungsdifferenzen** aus der Umrechnung von Abschlüssen in eine andere Darstellungswährung und aus der Umrechnung eines ausländischen Geschäftsbetriebs in die Darstellungswährung des berichtenden Unternehmens,

(f) **Übertragungen** in den bzw. aus dem Bestand der Vorräte und der vom Eigentümer selbst genutzten Immobilien und

(g) **andere Änderungen.**

Wird die **Bewertung** einer als Finanzinvestition gehaltenen Immobilie für die Abschlüsse **erheblich angepasst**, beispielsweise um – wie in IAS 40.50 beschrieben – einen doppelten Ansatz von Vermögenswerten oder Schulden zu vermeiden, da für sie bereits ein gesonderter Bilanzansatz als Vermögenswert oder Schuld vorgenommen wurde, hat das Unternehmen gem. IAS 40.77 eine **Überleitungsrechnung** zwischen der ursprünglichen Bewertung und der in den Abschlüssen enthaltenen, angepassten Bewertung zu erstellen. Dabei sind der Gesamtbetrag, um den der Vermögenswert für bilanziell bereits erfasste Schulden wieder erhöht wurde und alle anderen wesentlichen Anpassungen gesondert anzugeben. 70

In den in IAS 40.53 beschriebenen Ausnahmefällen („… nicht in der Lage, den beizulegenden Zeitwert … fortlaufend verlässlich zu bestimmen"), in denen ein Unternehmen als Finanzinvestition gehaltene Immobilien nach dem Anschaffungskostenmodell gemäß IAS 16 bewertet, hat die in IAS 40.76 vorgeschriebene **Überleitungsrechnung** die Beträge dieser als Finanzinvestition gehaltenen Immobilien **getrennt** von den Beträgen der anderen als Finanzinvestition gehaltenen Immobilien auszuweisen. Zusätzlich hat ein Unternehmen gem. IAS 40.78 in Bezug auf diese Renditeimmobilien Folgendes anzugeben: 71

(a) eine **Beschreibung** der als Finanzinvestition gehaltenen Immobilien,

(b) eine **Erklärung**, warum der beizulegende Zeitwert nicht verlässlich bestimmt werden kann,

(c) **wenn möglich, die Schätzungsbandbreite**, innerhalb derer der beizulegende Zeitwert höchstwahrscheinlich liegt und

d) **bei Abgang von Renditeimmobilien, die nicht zum beizulegenden Zeitwert bewertet wurden**:
   (1) den Umstand, dass das Unternehmen als Finanzinvestition gehaltene Immobilien veräußert hat, die nicht zum beizulegenden Zeitwert bewertet wurden;
   (2) den Buchwert dieser als Finanzinvestition gehaltenen Immobilien zum Zeitpunkt des Verkaufs; und
   (3) den als Gewinn oder Verlust erfassten Betrag.

72   **3. Anschaffungskostenmodell** Zusätzlich zu den nach IAS 40.75 erforderlichen Angaben hat das Unternehmen, welches das **Anschaffungskostenmodell gemäß IAS 40.56 anwendet**, Folgendes gem. IAS 40.79 anzugeben:

a) die verwendeten **Abschreibungsmethoden**;

b) die zugrunde gelegten **Nutzungsdauern oder Abschreibungssätze**;

c) den **Bruttobuchwert und die kumulierten Abschreibungen** (zusammengefasst mit den kumulierten Wertminderungsaufwendungen) zu Beginn und zum Ende der Periode;

d) eine **Überleitungsrechnung**, welche die Entwicklung **des Buchwertes** der als Finanzinvestition gehaltenen Immobilien **zu Beginn und zum Ende der gesamten Berichtsperiode** zeigt; im Einzelnen müssen die folgenden Angaben enthalten sein:
   (1) Zugänge, wobei solche aus Zugängen neu erworbener Renditeimmobilien und solche aufgrund von nachträglichen Anschaffungskosten separat anzugeben sind;
   (2) Zugänge, die aus dem Erwerb im Rahmen von Unternehmenszusammenschlüssen resultieren;
   (3) Vermögenswerte, die gemäß IFRS 5 als zur Veräußerung gehalten klassifiziert werden oder zu einer als zur Veräußerung gehalten klassifizierten Veräußerungsgruppe gehören, und andere Abgänge;
   (4) Abschreibungen;
   (5) den Betrag der Wertminderungsaufwendungen, der während der Berichtsperiode gemäß IAS 36 erfasst wurde, und den Betrag an wieder aufgehobenen Wertminderungsaufwendungen;
   (6) Nettoumrechnungsdifferenzen aus der Umrechnung von Abschlüssen in eine andere Darstellungswährung und aus der Umrechnung eines ausländischen Geschäftsbetriebs in die Darstellungswährung des berichtenden Unternehmens;
   (7) Übertragungen in den bzw. aus dem Bestand der Vorräte und der vom Eigentümer selbst genutzten Immobilien; und
   (8) sonstige Änderungen; sowie

(e) den **beizulegenden Zeitwert** der Renditeimmobilien. In den in IAS 40.53 beschriebenen **Ausnahmefällen**, in denen ein Unternehmen den beizulegenden Zeitwert der Renditeimmobilien nicht verlässlich bestimmen kann, ist Folgendes anzugeben:
(i) eine Beschreibung der als Finanzinvestition gehaltenen Immobilien;
(ii) eine Erklärung, warum der beizulegende Zeitwert nicht verlässlich ermittelt werden kann; und
(iii) wenn möglich, die Schätzungsbandbreite, innerhalb derer der beizulegende Zeitwert höchstwahrscheinlich liegt.

IX. Inkrafttreten und Übergangsvorschriften.

1. Inkrafttreten. IAS 40 ist gem. Paragraph 85 erstmals in der **ersten Berichtsperiode eines am 1. Januar 2005 oder danach beginnenden Geschäftsjahres** anzuwenden. Eine frühere Anwendung wird empfohlen. Wenn ein Unternehmen diesen Standard für Berichtsperioden anwendet, die vor dem 1. Januar 2005 beginnen, so ist diese Tatsache anzugeben. 73

Infolge der Überarbeitung des IAS 1 *Presentation of Financial Statements* (überarbeitet 2007) wurde die in allen IFRS verwendete Terminologie geändert[59]. Außerdem wurde IAS 40.62 geändert. Diese Änderungen sind erstmals in der **ersten Berichtsperiode eines am 1. Januar 2009 oder danach beginnenden Geschäftsjahres** anzuwenden. Wird IAS 1 (überarbeitet 2007) auf eine frühere Periode angewandt, sind diese Änderungen entsprechend auch anzuwenden (IAS 40.85A). 74

Die Paragraphen 8, 9, 48, 53, 54 und 57 des IAS 40 wurden im Rahmen der Verbesserungen der IFRS (**Annual Improvements Process**) vom Mai 2008 geändert, IAS 40.22 wurde gestrichen und IAS 40.53A-53B[60] wurden hinzugefügt. Ein Unternehmen kann die Änderungen prospektiv erstmals in der ersten Berichtsperiode eines am 1. Januar 2009 oder danach beginnenden Geschäftsjahres anwenden. Ein Unternehmen kann die Änderungen auf sich noch in Erstellung befindliche Renditeimmobilien für Stichtage vor dem 1. Januar 2009 anwenden, sofern die jeweils beizulegenden Zeitwerte der sich noch in Erstellung befindlichen Renditeimmobilien zu den jeweiligen Stichtagen bestimmt wurden. Eine frühere Anwendung ist zulässig. Wendet ein Unternehmen diese Änderungen auf eine frühere Periode an, so ist dies anzugeben und gleichzeitig sind die Änderungen auf IAS 40.5 und IAS 16.81E anzuwenden (IAS 40.85B). 75

2. Übergangsvorschriften. a) Zeitwertmodell. Die Übergangsvorschriften gem. IAS 40.80 stellen darauf ab, dass ein Unternehmen, das bisher IAS 40 (2000) angewendet hat und sich erstmals dafür entscheidet, einige oder alle im Rahmen von Ope- 76

---

59 Änderungen, die sich in dieser Hinsicht in Bezug auf IAS 40 ergeben haben, sind hier nicht dargestellt; zu IAS 1 (überarbeitet 2007) siehe zB *Bischof/Molzahn* IRZ 2008, 171ff.
60 Zu Zweifelsfragen in Zusammenhang mit der Bilanzierung von im Bau befindlichen Renditeimmobilien bei erstmaliger Anwendung des IAS 40 (rev. 2008) vgl. *Dietrich/Wolter* IRZ 2010, 67ff sowie *Dietrich/Ranker* IRZ 2010, 113ff.

rating-Leasingverhältnissen geleasten Immobilien als Finanzinvestition zu klassifizieren und zu bilanzieren. Aufgrund fehlender Aktualität wird auf diese Vorschrift nicht weiter eingegangen.

77 Der Standard schreibt gem. IAS 40.81 eine **andere Behandlung als nach IAS 8** vor. Nach IAS 8 sind Vergleichsinformationen anzupassen, es sei denn, dies ist in der Praxis nicht durchführbar bzw. wirtschaftlich nicht vertretbar.

78 Wenn ein Unternehmen zum ersten Mal diesen Standard anwendet, umfasst die **Anpassung des Eröffnungsbilanzwertes** der Gewinnrücklagen gem. IAS 40.82 die Umgliederung aller Beträge, die für als Finanzinvestition gehaltene Immobilien in der Neubewertungsrücklage erfasst wurden.

79 **b) Anschaffungskostenmodell.** IAS 8 ist gem. IAS 40.83 auf alle Änderungen der Bilanzierungs- und Bewertungsmethoden anzuwenden, die vorgenommen werden, wenn ein Unternehmen **diesen Standard zum ersten Mal anwendet** und sich für das Anschaffungskostenmodell entscheidet. Die Auswirkungen einer Änderung der Bilanzierungs- und Bewertungsmethoden beinhalten die Umgliederung aller Beträge, die für Renditeimmobilien in der Neubewertungsrücklage erfasst wurden.

80 Die Anforderungen gem. IAS 40.27-29 bezüglich der erstmaligen Bewertung von Renditeimmobilien, die durch einen Tausch von Vermögenswerten erworben werden, sind gem. IAS 40.84 nur prospektiv auf künftige Transaktionen anzuwenden.

81 **X. IFRS für kleine und mittelgroße Unternehmen.** Der *IFRS for Small and Medium-sized Entities* (**IFRS for SMEs**) regelt Abschnitt 16 im Rahmen von insgesamt 11 Textziffern die Bilanzierung für als Finanzinvestition gehaltene Immobilien[61]. Bereits im ersten Kapitelteil zum Anwendungsbereich (IFRS-SMEs Abschnitt 16.1) wird klargestellt, dass im Gegensatz zu IAS 40 für die Folgebewertung kein explizites Wahlrecht gewährt wird – die Bewertung hat sich vielmehr an den spezifischen Bewertungsgegebenheiten einer jeden Immobilie zu orientieren. Für den Fall, dass der jeweils beizulegende Zeitwert fortlaufend verlässlich und ohne einen unverhältnismäßig hohen Aufwand (*without undue cost or effort*) ermittelt werden kann, ist für die Renditeimmobilien nach dem Zeitwertmodell zu bilanzieren. Ist diese Voraussetzung hingegen nicht erfüllt, hat zwingend eine Bewertung zum Anschaffungskostenmodell gemäß Abschnitt 17 des IFRS-SMEs zu erfolgen. Eine Angabe des beizulegenden Zeitwerts ist in diesem Fall nicht erforderlich. Eine weitere Besonderheit und einen Unterschied zu IAS 40 stellt die Vorgehensweise bei der Mischnutzung einer Immobilie dar (IFRS-SMEs Abschnitt 16.4). Grundsätzlich und unabhängig vom jeweiligen prozentualen Anteil der verschiedenen Nutzungen hat eine Trennung einer solchen Immobilie in eine Renditeimmobilie und in eine Sachanlage zu erfolgen. Hiervon ist nur dann abzusehen, wenn der beizulegende Zeitwert der abgetrennten Renditeim-

---

61 Vgl. *Beiersdorf/Eierle/Haller* DB 2009, 1554.

mobilie nicht fortlaufend verlässlich ohne einen unverhältnismäßig hohen Aufwand ermittelt werden kann. In diesem Fall ist für die Immobile gesamtheitlich gem. Kapitel 17 des IFRS-SMEs als Sachanlagevermögen zu bilanzieren. Insgesamt ist im IFRS-SMEs die Regelungsdichte und -tiefe im Vergleich zu IAS 40 deutlich geringer – das gilt auch für die Vorschriften IFRS-SMEs 16.8f zu Übertragungen und IFRS-SMEs 16.10f zu den Angaben.

XII. Ausblick. Eine **Überarbeitung** bzw. umfangreiche Änderungen des IAS 40 sind vom IASB derzeit **nicht vorgesehen**.

82

Im Rahmen seines nunmehr **dritten Zyklus zur jährlichen Verbesserung der IFRS** (ED/2009/11 *Improvements to IFRSs*) hat der IASB im August 2009 in Bezug auf IAS 40 eine Anpassung der Regelungen zu den Übertragungen (IAS 40.57-60) vorgeschlagen. Durch diese Änderung soll in Bezug auf die Vorschriften für Renditeimmobilien, für die eine Verkaufsabsicht besteht, eine einheitliche Behandlung nach IAS 40 erreicht werden. Demnach soll ein Verwendungswechsel bzw. eine Übertragung künftig nicht mehr durch den Beginn von Umbauarbeiten an einer Renditeimmobile mit der Absicht des Verkaufs (Übertragung von Renditeimmobilie in das Vorratsvermögen) ausgelöst werden. Vielmehr ist vorgesehen, dass in diesem Fall nur dann eine Übertragung möglich ist, wenn die Vorschriften des IFRS 5 einschlägig sind. Andernfalls ist die Renditeimmobile bis zum tatsächlichen Abgang weiterhin nach den Vorschriften des IAS 40 zu bilanzieren.[62] Aller Voraussicht nach ist jedoch davon auszugehen, dass dieser Änderungsvorschlag nicht in das IFRS-Regelwerk übernommen wird, da er eine weitreichende materielle Änderung des Standards darstellen würde und über den Charakter der *Annual Improvements*, weniger dringliche, aber trotzdem notwendige Nachbesserungen der IFRS per Sammelstandard umzusetzen, deutlich hinausgeht.

83

---

62 Vgl. *Fink/Müller* PiR 2009, 323.

C. Sonderfragen

IFRS 4 – Insurance Contracts

Übersicht

	Rn
I. Einführung	1 – 2
II. Normzweck und Anwendungsbereich	3 – 4
III. Begriffe	5 – 9
IV. Eingebettete Derivate	10
V. Zerlegung von Versicherungsverträgen mit Investmentkomponenten	11
VI. Beibehaltung der bisherigen Bilanzierungsmethoden	12 – 14
VII. Änderungen der Bilanzierungsmethoden	15
VIII. Verträge mit Überschussbeteiligung	16 – 17
IX. Ausweis und Angaben	18 – 19
X. Ausblick	20 – 21

I. Einführung[1]. Seit langer Zeit gibt es die Bemühungen, die Bilanzierung von Versicherungsverträgen weltweit zu harmonisieren. Der Vorgänger des IASB, das IASC, hatte bereits 1997 ein Steering Committee ernannt und beauftragt, Vorschläge für die Bilanzierung von Versicherungsverträgen zu erarbeiten. Das IASB nahm das Projekt *Insurance Contracts* in 2001 auf mit dem Ziel, einen Standard mit Anwendung ab 1.1.2005 – dem Datum der verpflichtenden Anwendung der IFRS-Rechnungslegung in den Abschlüssen börsennotierter EU Konzerne – zu veröffentlichen. Jedoch teilte das Board das Projekt in zwei Phasen auf. Am 31. März 2004 veröffentlichte das IASB den IFRS 4 *Insurance Contracts*. Die sogenannte Phase I des IFRS zur Bilanzierung von Versicherungsverträgen wird allgemein als Übergangsregelung angesehen, bevor im Rahmen der Phase II der endgültige Standard zur Bilanzierung von Versicherungsverträgen vorliegt. IFRS 4 ist der erste internationale Rechnungslegungsstandard zur Bilanzierung von Versicherungsverträgen.

---

[1] Weiterführende Literatur zu IFRS 4: *Bache /Hofmann* IRZ 2007, 123 ff; *Ebbers* Internationales Bilanzrecht, IFRS 4; *Ebbers*, WPg. 2004, 1377ff.; *Engeländer/Kölschbach*, Versicherungswirtschaft 2004, 574 ff; *Ernst & Young (Hrsg.)*, Insurance and Investment Contracts; *Kläs/Bonin* Unternehmen, Versicherungen und Rechnungswesen, 199ff; *KPMG (Hrsg.)* Insurance Accounting under IFRS; *KPMG (Hrsg.)* Die Umsetzung von IFRS 4 in den Konzernabschlüssen deutscher Versicherungsunternehmen; *Nguyen* Rechnungslegung von Versicherungsunternehmen; *PwC (Hrsg.)* Reporting under the new regime: A survey of 2005 IFRS insurance annual reports; *Rockel/Helten/Loy/Ott/Sauer* Versicherungsbilanzen.

III. Begriffe

Das übergeordnete Ziel des IASB in der Phase I war es, neben einigen Vorschriften zur Bilanzierung von Versicherungsverträgen, Anhangangaben zur Erläuterung der Bilanzposten, der Gewinn- und Verlustrechnung sowie der Zahlungsströme aus Versicherungsverträgen im Regelwerk des IASB einzuführen. Den Versicherungsunternehmen wurde damit im Wesentlichen die Möglichkeit gegeben, mit ihrer bisherigen Bilanzierungspraxis fortzufahren, solange bis das IASB die Phase II des Projekts abschließt. IFRS 4 steht in enger Wechselwirkung zu IAS 39.[2] Insbesondere erfordert die Definition von Versicherungsverträgen in IFRS 4 eine Abgrenzung zu Investmentverträgen, die unter den Geltungsbereich von IAS 39 fallen. Nur für Verträge, die die Definition eines Versicherungsvertrages erfüllen, erlaubt IFRS 4 mit der bisherigen Bewertung fortzufahren. Abhängig von dem Portfolio des Versicherungsunternehmen waren mit der Definition Umklassifizierungen von Verträgen und eine entsprechende Anpassung der Bilanzierung verbunden. Die Vorschriften des geltenden IFRS 4 werden im Folgenden erläutert.

II. Normzweck und Anwendungsbereich. Gegenstand von IFRS 4 ist die **Bilanzierung von Versicherungsverträgen**. Während bei Rückversicherungsverträgen die Bilanzierung für beide Vertragspartner geregelt wird, wird für Erstversicherungsverträge lediglich die Bilanzierung beim **Versicherungsunternehmen** behandelt. Erstversicherungsnehmer fallen nicht in den Anwendungsbereich des IFRS 4.

IFRS 4 regelt auch die Bilanzierung von **Investmentverträgen mit Überschussbeteiligung** (sogenannte discretionary participating features), die als Finanzinstrumente eigentlich IAS 39 zuzuordnen sind. Es handelt sich hierbei um Investmentprodukte, die wegen ihrer ermessensabhängigen Überschussbeteiligung Lebensversicherungsprodukten ähneln. Sie beinhalten ein Recht des Versicherungsnehmers, zusätzlich zu einer garantierten Mindestleistung Überschusszahlungen zu erhalten. Diese Sonderregelung ist damit zu erklären, dass das IASB den gesamten Komplex der discretionary participating features in Phase II des Insurance Contracts Projekts regeln will. Entscheidend für die Zuordnung als Versicherungsvertrag oder Investmentvertrag ist die Definition eines Versicherungsvertrages in IFRS 4 .

III. Begriffe. In IFRS 4 ist ein **Versicherungsvertrag** definiert als: „Ein Vertrag, nach dem eine Partei (der Versicherer) ein signifikantes Versicherungsrisiko von einer anderen Partei (dem Versicherungsnehmer) übernimmt, indem sie vereinbart, dem Versicherungsnehmer eine Entschädigung zu leisten, wenn ein spezifiziertes ungewisses zukünftiges Ereignis (das versicherte Ereignis) den Versicherungsnehmer nachteilig betrifft." Durch qualitative Beschreibungen und Beispiele im Appendix B und in der *Implementation Guidance* zu IFRS 4 vermittelt das IASB ein Verständnis, wie die Begriffe der Definition zu interpretieren sind.

---

2 Der folgende Beitrag bezieht sich auf IAS 39 für die Bilanzierung von Finanzinstrumenten, da IFRS 9 noch nicht von der EU verabschiedet (*endorsed*) worden ist und wesentliche Teilbereiche noch in der Diskussion beim IASB sind.

6 Die Definition nimmt Bezug auf ein spezifiziertes unsicheres zukünftiges Ereignis als Auslöser für eine Leistung. Unsicher muss zumindest sein, ob und wann ein versichertes Ereignis eintritt oder welche Höhe die Zahlung durch den Versicherer hat. Dabei kann gemäß IFRS 4.B2-B4 das Ereignis bereits eingetreten aber die finanziellen Folgen noch unsicher sein.

7 Der Standard grenzt ein Versicherungsrisiko als jedes vom Vertragsnehmer auf den Vertragsgeber übertragene Risiko ab, dass kein Finanzrisiko darstellt. Finanzrisiko wird in IFRS 4 definiert als: „*Das Risiko einer möglichen künftigen Änderung von einem oder mehreren eines genannten Zinssatzes, Wertpapierkurses, Rohstoffpreises, Wechselkurses, Preis- oder Zinsindexes, Bonitätsratings oder Kreditindexes oder einer anderen Variablen, vorausgesetzt, dass im Fall einer nicht-finanziellen Variablen die Variable nicht spezifisch für eine der Parteien des Vertrages ist.*" Insbesondere fallen damit Finanzinstrumente, die kein Versicherungsrisiko beinhalten, aus dem Anwendungsbereich des IFRS 4 für Versicherungsverträge heraus.

8 Wesentlicher Bestandteil der Definition eines Versicherungsvertrages ist der Transfer von „**signifikantem Versicherungsrisiko**" vom Versicherungsnehmer auf den Versicherungsgeber. Das Übertragen von Risiko ist das Wesen eines Versicherungsvertrages. Die entscheidende Frage ist jedoch, wann ein Risiko als „signifikant" einzustufen ist. Gemäß IFRS 4.B23 gilt ein Versicherungsrisiko dann als signifikant, wenn es für den Versicherer zu zusätzlichen signifikanten Verpflichtungen führen kann. Das IASB spezifiziert nicht näher, ab wann eine Änderung in der Verpflichtung signifikant ist. Empfehlungen zur Quantifizierung des Versicherungsrisikos wurden in IFRS 4.BC33 bewusst abgelehnt, da nach Auffassung des Boards sonst *Accounting Arbitrage* entstehen würde. Grundsätzlich ist die Definition eines Versicherungsvertrages in IFRS 4 vage formuliert. So definiert IFRS 4.B26 einen Vertrag dann als Versicherungsvertrag, wenn die Leistung, die im Todesfall gezahlt würde, den Betrag der im Überlebensfall (bei Storno oder bei Vertragsende) gezahlt würde, um einen signifikanten Betrag übersteigt.

9 Sofern ein Vertrag bei Abschluss oder später als Versicherungsvertrag klassifiziert wird, verbleibt er im Anwendungsbereich des IFRS 4, auch wenn später die Versicherungsvertragseigenschaft nicht mehr besteht. Stellt der Vertrag bei Vertragsabschluss formal noch keinen Versicherungsvertrag dar, ist aber zu erwarten, dass er später einen Versicherungsvertrag darstellt, zB durch Vereinbarung einer Option auf eine garantierte Rentenzahlung zu einem späteren Zeitpunkt, ist er gemäß IFRS 4.B29 von Anfang an als Versicherungsvertrag zu behandeln.

10 **IV. Eingebettete Derivate.** Gemäß IAS 39.11 sind bestimmte eingebettete Derivate vom Trägerkontrakt zu trennen und zum fair value zu bewerten. Wertänderungen sind erfolgswirksam zu erfassen. Eine der Voraussetzungen zur Zerlegung ist, dass das Derivat Charakteristika und Risiken beinhaltet, die nicht in engem Zusammen-

IV. Eingebettete Derivate

hang mit den Charakteristika und Risiken des zugrunde liegenden Trägerkontrakts stehen. Gemäß IFRS 4.7 gilt IAS 39 auch für ein in einem Versicherungsvertrag eingebettetes Derivat, es sei denn das Derivat ist ein Versicherungsvertrag. Damit entfallen die meisten in Versicherungsverträgen eingebettete Optionen und Garantien (wie zB Rentenoptionen) von der Zerlegungspflicht. Auch explizit ausgenommen von der Zerlegungspflicht sind gemäß IFRS 4.8 Optionen des Versicherungsnehmers auf garantierte Rückkaufswerte. Soweit Rückkaufswerte fest vorgegeben sind, gewährt das IASB somit eine Ausnahme von der Regel in IAS 39 und sieht von einer Trennung ab. Ist der Wert der **Rückkaufoption** jedoch variabel zB durch Kopplung an einen Aktienindex oder anderes Finanzinstrument, ist die Option separat zu bilanzieren und zum beizulegenden Zeitwert (*fair value*) zu bewerten.

V. Zerlegung von Versicherungsverträgen mit Investmentkomponenten. 11
Viele Versicherungsverträge enthalten neben dem Versicherungsschutz auch eine Sparkomponente. Für kombinierte Versicherungsverträge, die sowohl eine Versicherungskomponente als auch eine Sparkomponente beinhalten, verlangt das IASB unter bestimmten Umständen eine Zerlegung und getrennte Bilanzierung der Komponenten. Das IASB hat die Fälle von „*Unbundling*" im IFRS 4 aber sehr begrenzt. Eine Verpflichtung zur Zerlegung von Versicherungskomponente und Sparkomponente besteht gemäß IFRS 4.10(a) nur, wenn sowohl eine getrennte Bewertung der Investmentkomponente möglich ist, als auch ansonsten Rechte und Pflichten aus der Investmentkomponente bei einer Bilanzierung als Einheit mit der Versicherungskomponente nicht berücksichtigt würden. In diesem Fall, ist die Versicherungskomponente als Versicherungsvertrag gemäß IFRS 4 und die Investmentkomponente gemäß IAS 39 zu bilanzieren. Die Investmentkomponente darf separat bilanziert werden soweit sie eigenständig bewertbar ist. Falls eine getrennte Bewertung nicht möglich ist, untersagt IFRS 4.10(c) jedoch die Zerlegung. Eine Zerlegung der jeweiligen Komponenten der Prämienanteile, die in der Regel als Gesamtpaket kalkuliert und gemanaged werden, ist mit hohem systemtechnischen Aufwand für Versicherungsunternehmen verbunden.

VI. Beibehaltung der bisherigen Bilanzierungsmethoden. Gemäß IFRS 4.13 12
dürfen Versicherungsunternehmen grundsätzlich ihre bisherigen Bilanzierungsmethoden für Versicherungsverträge während der Phase I fortsetzen, unabhängig davon ob sie bisher schon einen IFRS konformen Abschluss erstellt haben oder ob es sich um IFRS Erstanwender handelt. Da das Regelwerk des IASB bisher keine Regelungen zur Bilanzierung von Versicherungsverträgen enthielt, werden Versicherer explizit von der Anwendung der Paragraphen 8 bis 12 von IAS 8 *Accounting Policies, Changes in Accounting Estimates and Errors* ausgenommen, die Kriterien für den Fall vorsehen, dass ein spezifischer Sachverhalt nicht in den IAS geregelt ist. Um die Entwicklung

individueller Interpretationen des IASB Frameworks zu vermeiden, wird die Bilanzierung von Versicherungsverträgen explizit von der Anwendung des Frameworks ausgenommen.

13 IFRS 4.25 verdeutlicht, dass Versicherungsunternehmen versicherungstechnische Verbindlichkeiten undiskontiert in der Bilanz ausweisen dürfen, soweit dies bislang gängige Bilanzierungspraxis war. Gleichwohl ist ein Übergang auf eine derartige Bilanzierungspraxis verboten, da dies eine zusätzliche Abweichung von den vorläufigen Vorschlägen des IASB bezüglich der Phase II bedeuten würde. IFRS 4.14(a) untersagt das IASB explizit während der Phase I den Ansatz von **Katastrophen- und Schwankungsrückstellungen**.

14 Des Weiteren führt IFRS 4 einen sogenannten „**Liability Adequacy-Test**" verpflichtend ein, soweit dieser in den bisherigen Bilanzierungsmethoden noch nicht berücksichtigt wurde. Danach muss zu jedem Bilanzstichtag der Barwert der erwarteten Zahlungsströme aus den Versicherungsverträgen mit den jeweiligen Buchwerten verglichen werden und gegebenenfalls eine Abschreibung der Aktiva oder eine Aufstockung der Passiva erfolgswirksam vorgenommen werden. Dabei sind alle vertraglich vereinbarten Zahlungsströme einschließlich der Schadensabwicklungskosten und Leistungspflichten aus eingebetteten Optionen und Garantien zu berücksichtigen. Zum **Diskontierungszins** enthält IFRS 4 keine Vorgaben.

15 **VII. Änderungen der Bilanzierungsmethoden.** Unter dem Vorbehalt, dass Änderungen in den Bilanzierungsmethoden zu mehr Verlässlichkeit und Relevanz der veröffentlichten Informationen für die Bilanzadressaten führt, erlaubt das IASB bereits während der Phase I Änderungen einzuführen. In diesem Sinne erlaubt IFRS 4 die Diskontierung von ausgewählten Versicherungsverbindlichkeiten mit aktuellen Marktzinsen und das sogenannte „**shadow accounting**" aus den US GAAP während der Phase I einzuführen, bzw. erlaubt es beizubehalten. Beim shadow accounting handelt es sich darum, ergebnisneutrale Bewertungsunterschiede, beispielsweise unrealisierte Gewinne und Verluste aus bestimmten Finanzanlagen, so zwischen Versicherungsnehmer und Aktionär aufzuteilen, wie es bei einem realisierten Gewinn oder Verlust der Fall wäre.

16 **VIII. Verträge mit Überschussbeteiligung.** IFRS 4 enthält Sonderregeln für Verträge, die dem Versicherungsnehmer ein vertragliches Recht übertragen, zusätzlich zu einer garantierten Mindestleistung Überschussbeteiligungen zu erhalten, die im Ermessen des Management liegen (*discretionary participating features*). Die separaten Regeln für die ermessensabhängige Überschussbeteiligung beziehen sich teilweise auf die in Großbritannien übliche Praxis, Überschüsse, über deren Aufteilung zwischen Versicherungsnehmern und Aktionären des Unternehmens noch nicht entschieden wurde, in einem besonderen Bilanzposten zwischen Eigenkapital und Fremdkapital

X. Ausblick

auszuweisen. IFRS 4 verbietet einen solchen Ausweis. Der Standard regelt sowohl **Versicherungsverträge mit einer ermessensabhängigen Überschussbeteiligung** als auch Investmentverträge mit einer solchen Überschussbeteiligung.

Unter IFRS 4 fällt auch die deutsche Überschussbeteiligung, soweit es sich nicht um fonds- oder indexgebundene Versicherungsverträge sowie vollständig frei im Ermessen des Managements liegenden Zinsfestlegungen handelt. Bei einer in deutschen Einzelabschlüssen ausgewiesenen **Rückstellung für Beitragsrückerstattung** (RfB) handelt es sich um eine Verbindlichkeit, sie fällt also in ihrer Gesamtheit unter IFRS 4. 17

IX. Ausweis und Angaben. Ein wesentliches Ziel von IFRS 4 ist es, Anhangangaben zu fordern, die die im Abschluss bilanzierten Vermögenswerte, Verbindlichkeiten, Aufwendungen und Erträge erläutern und die Informationen über die Fälligkeit und die Unsicherheit zukünftiger **Cash Flows aus Versicherungsverträgen** geben. In IFRS 4.36-39 wurden diese zwei Prinzipien im Standard mit weiteren Erläuterungen verankert. In IFRS 4 IG11-71 nennt das IASB dazu umfangreiche Einzelheiten. 18

Versicherungsunternehmen haben die mit den aus Versicherungsverträgen erwarteten Zahlungsströmen verbundenen Unsicherheiten zu erläutern. Dem Bilanzleser soll ein Verständnis von Betrag, Zeitpunkt und Risiken zukünftiger Zahlungsströme aus Versicherungsverträgen vermittelt werden. Dazu sollen die Ziele des **Risikomanagements des Versicherungsunternehmens** beschrieben werden. Des Weiteren sollen Versicherungsunternehmen Angaben zum **Versicherungsrisiko** machen, sowohl brutto (vor Absicherung durch Rückversicherung) als auch netto (nach Absicherung durch Rückversicherung). 19

X. Ausblick. Die **Phase II** des zukünftigen IFRS für Versicherungsverträge wird seit 2009 parallel von IASB und FASB diskutiert. In dem aktuellen Zeitplan wird die Fertigstellung eines IFRS für Versicherungsverträge für Juni 2011 angekündigt.[3] Jedoch sind die zukünftigen Grundsätze zur Bewertung und Gewinnrealisierung von Versicherungsverträgen nach wie vor unklar. Zum einen spiegelt das Versicherungsprojekt sehr grundsätzliche Konzepte zur Bewertung und Erlöserfassung wider, die das IASB und FASB zur Zeit kontrovers in Parallelprojekten diskutieren. Zum anderen gehen die aktuellen Entscheidungen des IASB und des FASB trotz Konvergenzbemühungen derzeit auseinander. Mit dem Verbot, Gewinne aus Versicherungsverträgen bei Vertragsbeginn zu realisieren, wurden von IASB und FASB jedoch gemeinsame neue Weichenstellungen gesetzt, die zu begrüßen sind. 20

Die durch die Krise an den Finanzmärkten hervorgerufene Fokussierung auf die Bewertung von Finanzinstrumenten haben zu neuen Entscheidungen der Standardsetter geführt. Änderungen in IAS 39, die das IASB im November 2009 in IFRS 9 21

---

3 Vgl. Aktueller Zeitplan des IASB unter http://www.iasb.org

veröffentlicht hat, sind von zentraler Bedeutung für die Versicherungsbilanzen, um eine Bewertungseinheit zwischen **Versicherungsverbindlichkeiten** und den sie **bedeckenden Kapitalanlage**n zu ermöglichen.

IFRS 6 – Exploration for and Evaluation of Mineral Ressources

Übersicht

	Rn
I. Regelungsgehalt	1 – 2
II. Normzweck und Anwendungsbereich	3
III. Begriffe	4 – 7
IV. Ansatz von Vermögenswerten für Exploration und Evaluierung	8 – 9
V. Bewertung von Vermögenswerten für Exploration und Evaluierung	10 –12
VI. Wertminderungen	13 – 14
VII. Ausweis und Angaben	15 – 16
VIII. Inkrafttreten	17
IX. Ausblick	18

I. Regelungsgehalt. Ziel von IFRS 6 *Exploration for and Evaluation of Mineral Ressources* ist es, rohstofffördernden Unternehmen die Umstellung auf IFRS zu erleichtern, indem in begrenztem Umfang die Fortführung der bisher nach nationalem Recht angewandten Bilanzierungsmethoden erlaubt wird. Der Regelungsgehalt des Standards beschränkt sich auf den Ansatz, die Bewertung und den Ausweis von Vermögenswerten für Exploration und Evaluierung. Die Exploration und Evaluierung von Bodenschätzen bezeichnet dabei die Suche nach Bodenschätzen nachdem das Unternehmen die Rechte zur Exploration eines bestimmten Gebietes erhalten hat, sowie die Feststellung der technischen Durchführbarkeit und der ökonomischen Realisierbarkeit der Gewinnung der Bodenschätze.

Der Standard erlaubt dem berichtenden Unternehmen, die bisher nach nationalem Recht angewandten Bilanzierungsmethoden zum Ansatz von Vermögenswerten für Exploration und Evaluierung auch nach Umstellung auf IFRS beizubehalten. Die hiernach zu bilanzierenden Vermögenswerte müssen bei ihrem erstmaligen Ansatz zu Anschaffungs- oder Herstellungskosten bewertet werden. Für die Folgebewertung ergibt sich ein Wahlrecht die Vermögenswerte entweder zu fortgeführten Anschaffungs- oder Herstellungskosten oder nach dem Neubewertungsmodell, d.h. zum beizulegenden Zeitwert, zu bewerten. Darüber hinaus enthält IFRS 6 auch Vorschriften zur Erfassung und Bewertung von Wertminderungen von Vermögenswerten für Exploration und Evaluierung. Das berichtende Unternehmen soll schließlich Angaben machen, welche die in seinem Abschluss erfassten Beträge für die Exploration und Evaluierung von Bodenschätzen kennzeichnen und erläutern.

3 **II. Normzweck und Anwendungsbereich.** Ziel des Standards ist es gemäß IFRS 6.1, die Rechnungslegung für die Exploration und Evaluierung von Bodenschätzen festzulegen. Der Standard enthält zu diesem Zweck begrenzte Vorschriften zu Ansatz und Bewertung von Vermögenswerten für Exploration und Evaluierung. Der Standard enthält **keine Vorschriften zu anderen Bilanzierungsfragen der Rohstofffördernden Industrie.** Insbesondere enthält der Standard keine Vorschriften zur bilanziellen Abbildung von Ausgaben, die angefallen sind bevor das berichtende Unternehmen die Rechte zur Exploration eines bestimmten Gebietes erhalten hat bzw. nach dem Nachweis der technischen Durchführbarkeit und der ökonomischen Realisierbarkeit der Gewinnung von Bodenschätzen.

4 **III. Begriffe.** IFRS 6 entwickelt in Appendix A die Definition der Vermögenswerte für Exploration und Evaluierung in drei Schritten. Der Standard definiert zunächst die **Exploration und Evaluierung von Bodenschätzen** als die Suche nach Bodenschätzen, einschließlich Mineralien, Öl, Erdgas und ähnlichen nicht regenerativen Ressourcen, nachdem das Unternehmen die Rechte zur Exploration eines bestimmten Gebietes erhalten hat, sowie die Feststellung der technischen Durchführbarkeit und der ökonomischen Realisierbarkeit der Gewinnung der Bodenschätze.

5 In einem zweiten Schritt definiert IFRS 6 **Ausgaben für Exploration und Evaluierung** als solche Ausgaben, die einem Unternehmen in Zusammenhang mit der Exploration und Evaluierung von Bodenschätzen entstehen, bevor die technische Durchführbarkeit und die ökonomische Realisierbarkeit einer Gewinnung der Bodenschätze nachgewiesen werden kann.

6 **Vermögenswerte für Exploration und Evaluierung** sind dann Ausgaben für Exploration und Evaluierung, die gemäß den Rechnungslegungsmethoden des Unternehmens als Vermögenswerte angesetzt werden.

7 Weitere Begriffsdefinitionen können anderen Standards entnommen werden. Hierzu gehören:

IV. Ansatz von Vermögenswerten für Exploration und Evaluierung

Anschaffungs- oder Herstellungskosten	Der zum Erwerb oder zur Herstellung eines Vermögenswerts entrichtete Betrag an Zahlungsmitteln oder Zahlungsmitteläquivalenten bzw. der beizulegende Zeitwert einer anderen Entgeltform zum Zeitpunkt des Erwerbs bzw. der Herstellung bzw. wenn zutreffend, der diesem Vermögenswert beim erstmaligen Ansatz zugewiesene Betrag in Übereinstimmung mit den spezifischen Anforderungen anderer IFRS, wie z.B. IFRS 2. (IAS 16.6 und IAS 38.8)
Beizulegender Zeitwert	Der Betrag, zu dem zwischen sachverständigen, vertragswilligen und voneinander unabhängigen Geschäftspartnern unter marktüblichen Bedingungen ein Vermögenswert getauscht oder eine Schuld beglichen werden könnte. (z.B. IAS 39.9)
Neubewertungsbetrag	Der beizulegende Zeitwert eines Vermögenswertes am Tag der Neubewertung abzüglich nachfolgender kumulierter planmäßiger Abschreibungen und nachfolgender kumulierter Wertminderungsaufwendungen. (IAS 16.31)
Wertminderung	Der Betrag, um den der Buchwert eines Vermögenswertes seinen erzielbaren Betrag übersteigt. (IAS 16.6, IAS 36.6 und IAS 38.8)

IV. Ansatz von Vermögenswerten für Exploration und Evaluierung. Die IFRS enthalten gegenwärtig keine expliziten Vorschriften zum Ansatz von Vermögenswerten für Exploration und Evaluierung. IFRS 6.6 stellt daher klar, dass zur **Entwicklung von Bilanzierungsmethoden** auf die allgemeinen Grundsätze in Paragraph 10 von IAS 8 *Accounting Policies, Changes in Accounting Estimates and Errors* zurückzugreifen ist. IAS 8.10 besagt, dass beim Fehlen eines IFRS, der ausdrücklich auf einen Geschäftsvorfall oder sonstige Ereignisse oder Bedingungen zutrifft, das Management darüber zu entscheiden hat, welche Rechnungslegungsmethode zu entwickeln und anzuwenden ist. Die gewählte Rechnungslegungsmethode muss dabei jedoch zu Informationen führen, die für die Bedürfnisse der wirtschaftlichen Entscheidungsfindung von Bedeutung und zuverlässig sind, in dem Sinne, dass der Abschluss:

- die Vermögens-, Finanz- und Ertragslage sowie die Cashflows des Unternehmens den tatsächlichen Verhältnissen entsprechend darstellt,
- den wirtschaftlichen Gehalt von Geschäftsvorfällen und sonstigen Ereignissen und Bedingungen widerspiegelt und nicht nur deren rechtliche Form,
- neutral ist, d.h. frei von verzerrenden Einflüssen,
- vorsichtig und

- in allen wesentlichen Gesichtspunkten vollständig ist.

9   IFRS 6.7 **befreit** das berichtende Unternehmen jedoch **von den speziellen Vorschriften in IAS 8.11 und 12**, die für die Entwicklung von Rechnungslegungsrichtlinien eine Hierarchie zu berücksichtigender Normen vorschreiben. Insbesondere ist das berichtende Unternehmen nicht verpflichtet sich bei der Entwicklung von Bilanzierungsrichtlinien an den Vorschriften anderer IFRS bzw. des Frameworks oder den Vorschriften anderer Rechnungslegungsgremien zu orientieren. Die Befreiung soll dem berichtenden Unternehmen die Möglichkeit geben die bisher angewandten Rechnungslegungsmethoden zum Ansatz von Vermögenswerten für Exploration und Evaluierung auch nach der Umstellung des Rechnungswesens auf IFRS solange beizubehalten, bis das IASB neue Bilanzierungsvorschriften entwickelt hat.

10 **V. Bewertung von Vermögenswerten für Exploration und Evaluierung.** Vermögenswerte für Exploration und Evaluierung müssen gemäß IFRS 6.8 beim **erstmaligen Ansatz** mit den **Anschaffungs- oder Herstellungskosten** bewertet werden. Das berichtende Unternehmen ist dabei gehalten, eine Methode festzulegen, aus der sich ergibt, ob bestimmte Ausgaben Bestandteil der Anschaffungs- oder Herstellungskosten von Vermögenswerten für Exploration und Evaluierung sind. Beispiele für Ausgaben, die in die erstmalige Bewertung von Vermögenswerten für Exploration und Evaluierung eingehen könnten, sind etwa (a) der Erwerb von Rechten zur Exploration, (b) topographische, geologische, geochemische und geophysikalische Studien, (c) Probebohrungen, (d) Erdbewegungen, (e) Probeentnahmen sowie (f) Tätigkeiten im Zusammenhang mit der Beurteilung der technischen Durchführbarkeit und der ökonomischen Realisierbarkeit der Gewinnung von Bodenschätzen.

11 Die **Folgebewertung** von Vermögenswerten für Exploration und Evaluierung erfolgt entweder zu **fortgeführten Anschaffungs- oder Herstellungskosten** oder zum beizulegenden Zeitwert (fair value) entsprechend dem **Neubewertungsmodell**. Die Vorschriften zur Folgebewertung entsprechen insofern den Regeln zur Folgebewertung immaterieller Vermögenswerte (IAS 38 *Intangible Assets*) bzw. von Vermögenswerten des Sachanlagevermögens (IAS 16 *Property, Plant and Equipment*).

12 Das berichtende Unternehmen darf gemäß IFRS 6.13 seine Rechnungslegungsmethoden zur Bewertung von Vermögenswerten für Exploration und Evaluierung nur dann ändern, wenn diese Änderung den Abschluss für die wirtschaftliche Entscheidungsfindung der Bilanzadressaten relevanter macht, ohne weniger verlässlich zu sein, oder verlässlicher macht, ohne weniger relevant zu sein. Die Beurteilung richtet sich nach den Kriterien in IAS 8.

13 **VI. Wertminderungen.** Die Erfassung von Wertminderungen richtet sich grundsätzlich nach den Vorschriften in IAS 36 *Impairment of Assets*. IFRS 6.18 stellt in diesem Zusammenhang fest, dass Vermögenswerte für Exploration und Evaluierung auf eine eventuell bestehende Wertminderung überprüft werden sollen, wenn Tatsachen

VI. Wertminderungen

und Umstände darauf hindeuten, dass der Buchwert eines Vermögenswertes für Exploration und Evaluierung seinen erzielbaren Betrag übersteigt. IFRS 6.19 und 20 enthalten dabei **besondere Vorschriften zur Identifizierung von Wertminderungen**, die die allgemeinen Vorschriften in IAS 36.8-17 ersetzen. Hiernach ergeben sich Hinweise auf eine mögliche Wertminderung von Vermögenswerten für Exploration und Evaluierung insbesondere aus den folgenden Tatsachen:

- Der Zeitraum, für den das Unternehmen das Recht zur Exploration eines bestimmten Gebietes erworben hat, ist während der Berichtsperiode abgelaufen oder wird in naher Zukunft ablaufen und voraussichtlich nicht verlängert werden.
- Erhebliche Ausgaben für die weitere Exploration und Evaluierung von Bodenschätzen in einem bestimmten Gebiet sind weder veranschlagt noch geplant.
- Die Exploration und Evaluierung von Bodenschätzen in einem bestimmten Gebiet haben nicht zur Entdeckung wirtschaftlich förderbarer Mengen an Bodenschätzen geführt und das Unternehmen hat beschlossen, seine Aktivitäten in diesem Gebiet einzustellen.
- Es liegen genügend Daten vor, aus denen hervorgeht, dass die Erschließung eines bestimmten Gebiets zwar wahrscheinlich fortgesetzt wird, der Buchwert des Vermögenswerts für Exploration und Evaluierung durch eine erfolgreiche Erschließung oder Veräußerung jedoch voraussichtlich nicht vollständig wiedererlangt werden kann.

Nach IFRS 6.21 liegt es im Ermessen des berichtenden Unternehmens, eine Methode zu entwickeln nach der Vermögenswerte für Exploration und Evaluierung **zahlungsmittelgenerierenden Einheiten** (cash generating units) zugeordnet werden.

VII. Ausweis und Angaben. Vermögenswerte für Exploration und Evaluierung müssen gemäß IFRS 6.15 je nach Art entweder als materielle (z.B. Fahrzeuge und Bohrinseln) oder immaterielle Vermögenswerte (z.B. Bohrrechte) ausgewiesen werden. Ein Vermögenswert für Exploration und Evaluierung darf nicht mehr als solcher ausgewiesen werden, wenn die technische Durchführbarkeit und die ökonomische Realisierbarkeit einer Gewinnung von Bodenschätzen nachgewiesen werden kann.

Ziel der Anhangangaben ist gemäß IFRS 6.23 die Bereitstellung von Informationen, die die im Abschluss erfassten Beträge für die Exploration und Evaluierung von Bodenschätzen kennzeichnen und erläutern. IFRS 6.24 schreibt zu diesem Zweck zwei besondere Anhangangabepflichten vor:

- Das berichtende Unternehmen muss seine Rechnungslegungsmethoden für die Ausgaben für Exploration und Evaluierung, einschließlich des Ansatzes von Vermögenswerten für Exploration und Evaluierung angeben.
- Es soll darüber hinaus die Höhe der Vermögenswerte, Schulden, Erträge und Aufwendungen sowie der Cash flows aus betrieblicher und Investitionstätigkeit, die aus der Exploration und Evaluierung resultieren, angeben.

17 **VIII. Inkrafttreten.** IFRS 6 war erstmals auf am oder nach dem **1. Januar 2006** beginnenden Geschäftsjahre anzuwenden. Die freiwillige frühere Anwendung war empfohlen, wenn auch angabepflichtig.

18 **IX. Ausblick.** Das IASB betreibt gegenwärtig ein **Forschungsprojekt** zur Entwicklung von Bilanzierungsvorschriften für die rohstofffördernde Industrie. Das IASB hat zu diesem Zweck im April 2010 das Discussion Paper DP/2010/1 veröffentlicht, das eine ausführliche Auseinandersetzung mit den besonderen Bilanzierungsfragen der rohstofffördernden Industrie enthält. Mit der Veröffentlichung eines Standardentwurfs ist jedoch nicht vor dem Jahre 2012 zu rechnen.[1]

---

1 Vgl. hierzu http://www.ifrs.org/Current+Projects/IASB+Projects/Extractive+Activities/Summary.htm (abgerufen am 10. Dezember 2010).

IAS 26 – Retirement and Benefit Plans

Übersicht

	Rn
I. Regelungsgehalt, Normzweck und Anwendungsbereich	1
II. Ausweis, Bewertung und Angaben...	2 – 4
III. Praktische Relevanz..	5
IV. Inkrafttreten und Übergangsvorschriften	6
V. Ausblick...	7

I. Regelungsgehalt, Normzweck und Anwendungsbereich. Der 1987 vom damaligen International Accounting Standards Committee (IASC) veröffentlichte und – abgesehen von geringfügigen Formatierungsanpassungen – in seiner ursprünglichen Form belassene Standard IAS 26 *Accounting and Reporting by Retirement Benefit Plans* regelt die Bilanzierung und Berichterstattung von Altersvorsorgeplänen, also Pensionsfonds, Pensionskassen, Unterstützungskassen, Trusts oder ähnlicher Finanzierungsvehikel für Altersvorsorgezusagen, wenn diese einen an die Gesamtheit der Begünstigten gerichteten Abschluss nach den Vorschriften der IFRS aufstellen. Demgegenüber ist die Erfassung und Darstellung der zugrundeliegenden Leistungen bzw. von Planvermögen im Abschluss des die Zusage erteilenden Unternehmens (des Arbeitgebers) in IAS 19 *Employee Benefits* geregelt. Aufgrund der vielfältigen rechtlichen Ausgestaltungen derartiger Pläne sind die Regeln des Standards sehr allgemein gehalten.

II. Ausweis, Bewertung und Angaben. Der Standard regelt Ausweis und Bewertung von Altersvorsorgeverpflichtungen sowie des vorhandenen Deckungskapitals im Abschluss des Altersvorsorgeplans. Analog der in IAS 19 vorgenommen Klassifizierung werden derartige Pläne in beitragsorientierte (*defined contribution*) und leistungsorientierte (*defined benefit*) Pläne unterteilt, für die unterschiedliche Ausweis- und Angabepflichten gelten. Abschlüsse beitragsorientierter Pläne haben eine Aufstellung des zur Erbringung der Leistungen vorhandenen Nettovermögens sowie eine Beschreibung der Finanzierungsregelungen anzugeben. Darüber hinaus sieht der Standard die folgenden Angaben vor, vgl. IAS 26.16:

- eine Beschreibung der maßgeblichen Tätigkeiten in der Periode und der Auswirkung aller Änderungen in Bezug auf den Versorgungsplan sowie seiner Mitglieder und der Vertragsbedingungen,
- Aufstellungen zu den Geschäftsvorfällen und der Ertragskraft der Kapitalanlagen der Periode sowie zu der Vermögens- und Finanzlage des Versorgungsplans am Ende der Periode und
- eine Beschreibung der Kapitalanlagepolitik.

Primäres Ziel ist hierbei die Vermittlung von Informationen über erhaltene Beiträge und die allgemeine *Governance* des Versorgungswerks, da die von den Begünstigten zu erhaltenden Leistungen Leistung ausschließlich von der sachgemäßen Verwendung der Beiträge und den vom Versorgungswerk erwirtschafteten Renditen abhängen.

Die Abschlüsse leistungsorientierter Pläne enthalten ein Darstellungswahlrecht. Es ist einerseits möglich, eine einheitliche Aufstellung des zur Leistungserbringung vorhandenen Nettovermögens, des versicherungsmathematischen Barwerts der zugesagten Altersversorgungsleistungen (aufgeteilt nach verfallbaren und unverfallbaren Ansprüchen) sowie des hieraus resultierenden Netto-Überschusses oder Defizits anzugeben. Alternativ kann eine Darstellung des zur Leistungserbringung vorhandenen Nettovermögens um eine separate Angabe des versicherungsmathematischen Barwerts der zugesagten Leistungen ergänzt werden, es reicht jedoch auch ein Verweis auf ein separates, dem Abschluss beigefügtes aktuarisches Gutachten, vgl. IAS 26.17f.

3 Bei der Bewertung der versicherungsmathematischen Leistungsverpflichtung im Abschluss des Versorgungsplans besteht, anders als unter IAS 19 (im Abschluss des Arbeitgebers) bei der Berücksichtigung bzw. Nichtberücksichtigung zukünftiger Gehaltssteigerungen ein Wahlrecht, allerdings ist die verwendete Methode, ebenso wie Änderungen versicherungsmathematischer Annahmen mit wesentlicher Auswirkung auf die Bewertung der Verpflichtung anzugeben (Vgl. IAS 26.18). Eine Stichtagsbewertung ist nicht zwingend vorgeschrieben, was der Tatsache geschuldet ist, dass in vielen Rechtsräumen Bewertungen lediglich alle drei Jahre verpflichtend vorgeschrieben sind (IAS 26.17 i.V.m. IAS 26.27). Folgende zusätzliche Angaben sind nach IAS 26.22 im Abschluss zu machen:

- eine Beschreibung der maßgeblichen Tätigkeiten in der Periode und der Auswirkung aller Änderungen in Bezug auf den Versorgungsplan, sowie seiner Mitglieder und der Vertragsbedingungen,
- Aufstellungen zu den Geschäftsvorfällen und der Ertragskraft der Kapitalanlagen der Periode sowie zu der Vermögens- und Finanzlage des Versorgungsplans am Ende der Periode,
- versicherungsmathematische Angaben, entweder als Teil der Aufstellungen oder durch einen separaten Bericht und
- eine Beschreibung der Kapitalanlagepolitik.

Ziel ist es, den Begünstigten relevante Informationen über die Finanzlage des Versorgungswerks und die Fähigkeit des Trägerunternehmens zur Erbringung zukünftiger Beiträge, sowie zur Investment-Performance und Effizienz des Versorgungsplans zu geben.

Das Planvermögen beitrags- und leistungsorientierter Pläne ist zum beizulegenden Zeitwert zu bewerten. Bei marktgängigen Investments ist hier der Marktwert zugrunde zu legen. Wenn der beizulegende Zeitwert eines Vermögenswerts nicht ermittelt werden kann, ist im Abschluss zu begründen, warum dies der Fall ist.

Darüber hinaus sind gemäß IAS 26.34 die folgenden Informationen verpflichtend anzugeben, unabhängig davon, ob es sich um einen beitrags- oder leistungsorientierten Plan handelt:

- eine Bewegungsbilanz des für Leistungen zur Verfügung stehenden Nettovermögens,
- eine Zusammenfassung der maßgeblichen Bilanzierungs- und Bewertungsmethoden und
- eine Beschreibung des Plans und der Auswirkung aller Änderungen im Plan während der Periode.

Darüber hinaus sind detaillierte Aufgliederungen des zur Leistungserbringung vorhandenen Nettovermögens, der Arbeitgeberbeiträge, Investmenterträge, der vom Plan erbrachten Versorgungsleistungen sowie allgemeine Angaben zu Finanzierungsregeln erforderlich. Es können ebenfalls weitergehende Angaben zur Planart (beitrags- oder leistungsorientiert) sowie zu den Begünstigten und denen ihnen zugesagten Leistungen auf freiwilliger Basis angegeben werden (Vgl. IAS 26.35f).

III. Praktische Relevanz. Aufgrund der Tatsache, dass Altersvorsorgepläne in vielen Ländern weder zur Aufstellung von IFRS-Abschlüssen verpflichtet sind[1] noch waren[2], hat IAS 26 so gut wie keine praktische Relevanz. Ebenso gibt es im IFRS-SMEs keinen entsprechenden Abschnitt zu dieser Thematik. In Deutschland ergeben sich die Berichtspflichten für Altersvorsorgepläne im Wesentlichen aus dem Betriebsrenten- sowie dem Aufsichtsrecht.

IV. Inkrafttreten und Übergangsvorschriften. IAS 26 war erstmals für am oder nach dem 1. Januar 1998 beginnende Geschäftsjahre anwendbar, spezielle Übergangsvorschriften bestehen nicht.

---

1 Vgl. *Lüdenbach/Hoffmann* Haufe-Kommentar, 2154, ebenso *Deloitte (Hrsg.)*, IFRS Reporting in the UK, 5.
2 Vgl. PwC *(Hrsg.)* Understanding IAS, 26-1.

7 **V. Ausblick.** Der ursprüngliche Text von IAS 26 wurde bei der Reform des IASB im Jahr 2001 unverändert übernommen und ist weiterhin anwendbar. Eine tiefgreifendere Überarbeitung hat bis heute nicht stattgefunden, was wohl auch den mangelnden praktischen Relevanz des Standards geschuldet ist. Das Projekt *Employee Benefits* des IASB hat die Bilanzierung von Altersvorsorgeplänen in seiner ersten Phase ausgeklammert und sich lediglich der Erfassung von Altersvorsorgezusagen im Abschluss des Trägerunternehmens gewidmet. Vorschläge zur Reform von IAS 26 wurden lediglich vom britischen Standardsetter, dem Accounting Standards Board im Rahmen der *Pro-Active Accounting in Europe* (PAAinE) Initiative in dem im Januar 2008 veröffentlichten Diskussionspapier *The Financial Reporting of Pensions* unterbreitet.[3] Möglicherweise wird sich der IASB in einer zweiten Phase, nach 2011 mit dieser Thematik im Rahmen einer umfassenden Reform der Pensionsbilanzierung befassen. Ob und in welcher Form dies jedoch tatsächlich geschehen wird, ist zum gegenwärtigen Zeitpunkt nicht absehbar.

---

3 Vgl. PAAinE Diskussionspapier *The Financial Reporting of Pensions*, Kapitel 11, erhältlich auf www.efrag.org.

IAS 29 – Financial Reporting in Hyperinflationary Economies

Übersicht

	Rn
I. Regelungsgehalt	1
II. Normzweck und Anwendungsbereich	2 – 3
III. Anpassung des Abschlusses	4 – 6
IV. Beendigung der Hochinflation in einer Volkswirtschaft	7
V. Ausweis und Angaben	8 – 9
VI. Inkrafttreten	10
VII. Ausblick	11

I. Regelungsgehalt. Sind Konzernunternehmen in Hochinflationsländern tätig, können sich hieraus Verzerrungen der Vermögens-, Finanz- und Ertragslage des berichtenden Unternehmens ergeben. IAS 29 *Financial Reporting in Hyperinflationary Economies* enthält daher Vorschriften zur Anpassung von Einzel- und Konzernabschlüssen von Unternehmen, deren funktionale Währung in einem Hochinflationsland liegt. Kern der Vorschriften ist eine Umrechnung der Abschlussposten in die am Abschlussstichtag geltende Maßeinheit (dies ist in der Regel die lokale Währung unter Berücksichtigung der Inflationsrate am Abschlussstichtag). Zusätzlich enthält der Standard Anhangangabepflichten, die die Basis für die Behandlung der Inflationsauswirkungen im Abschluss erläutern sollen.

II. Normzweck und Anwendungsbereich. IAS 29.2 erklärt, dass in einem Hochinflationsland eine Berichterstattung über die Vermögens-, Finanz- und Ertragslage in der lokalen Währung nicht zweckmäßig ist, da der Kaufkraftverlust so enorm ist, dass der **Vergleich** mit Beträgen, die aus früheren Geschäftsvorfällen und anderen Ereignissen resultieren, sogar innerhalb einer Bilanzierungsperiode irreführend ist. IAS 29 enthält daher Vorschriften zur Anpassung des Abschlusses des berichtenden Unternehmens, die die Vergleichbarkeit wieder herstellen sollen.

Der Standard ist gemäß IAS 29.1 auf **Einzel- und Konzernabschlüsse** von Unternehmen anzuwenden, deren **funktionale Währung in einem Hochinflationsland** liegt. IAS 21.8 definiert die funktionale Währung als die Währung des primären Geschäftsumfelds, in dem das Unternehmen tätig ist. IAS 29 legt nicht fest, ab welcher Inflationsrate **Hochinflation** vorliegt. IAS 29.3 nennt aber die folgenden Anhaltspunkte, die auf Hochinflation hindeuten:

- Die Bevölkerung bevorzugt es, ihr Vermögen in nicht monetären Vermögenswerten oder in einer relativ stabilen Fremdwährung zu halten. Beträge in Inlandswährung werden unverzüglich investiert, um die Kaufkraft zu erhalten.

- Die Bevölkerung rechnet nicht in der Inlandswährung, sondern in einer relativ stabilen Fremdwährung. Preise können in dieser Währung angegeben werden.
- Verkäufe und Käufe auf Kredit werden zu Preisen getätigt, die den für die Kreditlaufzeit erwarteten Kaufkraftverlust berücksichtigen, selbst wenn die Laufzeit nur kurz ist.
- Zinssätze, Löhne und Preise sind an einen Preisindex gebunden.
- Die kumulative Inflationsrate innerhalb von drei Jahren nähert sich oder überschreitet 100%.

4 **III. Anpassung des Abschlusses.** Die **zentralen Grundsätze** zur Anpassung des Abschlusses finden sich in IAS 29.8 und 9. Hiernach muss der Abschluss eines Unternehmens, dessen funktionale Währung die eines Hochinflationslandes ist, unabhängig davon, ob er auf dem Konzept der historischen Anschaffungs- und Herstellungskosten (historical cost) oder dem der Tageswerte (current cost) basiert, in der am Bilanzstichtag geltenden Maßeinheit ausgedrückt werden. Vorjahresvergleichszahlen, sowie alle anderen Angaben zu früheren Perioden müssen ebenfalls in der am Bilanzstichtag geltenden Maßeinheit angegeben werden. Hat das berichtende Unternehmen in einer Periode der Inflation mehr monetäre Forderungen als Verbindlichkeiten, so verliert es an Kaufkraft, während ein Unternehmen mit mehr monetären Verbindlichkeiten als Forderungen an Kaufkraft gewinnt. Der Gewinn- oder Verlust aus der Nettoposition der monetären Posten ist in den Gewinn oder Verlust einzubeziehen und gesondert anzugeben.

5 **Für Abschlüsse auf der Basis historischer Anschaffungs- oder Herstellungskosten** ergeben sich hieraus insbesondere die folgenden Anpassungen (vgl. im Einzelnen IAS 29.11-28 und 32-37):
- Bilanzbeträge, die noch nicht in der am Abschlussstichtag geltenden Maßeinheit ausgedrückt sind, werden anhand eines allgemeinen Preisindexes angepasst.
- Bilanzbeträge, die zum beizulegenden Zeitwert oder zum Nettoveräußerungswert bewertet werden, bedürfen keiner weiteren Anpassung, da sie zu den am Bilanzstichtag geltenden Beträgen geführt werden.
- Monetäre Posten werden nicht angepasst, da sie bereits in der am Abschlussstichtag geltenden Maßeinheit ausgedrückt sind.
- Das Eigenkapital wird bei erstmaliger Anwendung von IAS 29 mit Ausnahme der nicht ausgeschütteten Ergebnisse sowie etwaiger Neubewertungsrücklagen, vom Zeitpunkt seiner Zuführung anhand eines allgemeinen Preisindexes angepasst. Alle in früheren Perioden entstandenen Neubewertungsrücklagen werden eliminiert. Angepasste, nicht ausgeschüttete Ergebnisse werden aus allen anderen Beträgen in der angepassten Bilanz abgeleitet.

III. Anpassung des Abschlusses

- In Folgeperioden wird das Eigenkapital jeweils vom Beginn der Periode oder ggf. vom Zeitpunkt einer späteren Zuführung an anhand eines allgemeinen Preisindexes angepasst.
- Posten der Gesamtergebnisrechnung bzw. der Gewinn- und Verlustrechnung müssen anhand des allgemeinen Preisindexes angepasst werden und zwar ab den Zeitpunkt, zu dem die jeweiligen Erträge und Aufwendungen erstmals im Abschluss erfasst wurden.
- Alle Posten der Kapitalflussrechnung müssen in der am Abschlussstichtag geltenden Maßeinheit ausgedrückt werden.
- Vergleichszahlen für vorangegangene Perioden müssen ebenfalls in der am Bilanzstichtag geltenden Maßeinheit angegeben werden.

Wird der **Abschluss auf der Basis von Tageswerten** erstellt, ergeben sich die folgenden Anpassungen (vgl. IAS 29.29-37): 6

- In der Bilanz werden die zu Tageswerten angegebenen Posten nicht angepasst, da sie bereits in der am Abschlussstichtag geltenden Maßeinheit angegeben sind.
- In der Gesamtergebnisrechnung bzw. in der Gewinn- und Verlustrechnung müssen alle Beträge anhand eines allgemeinen Preisindexes in die am Abschlussstichtag geltende Maßeinheit umgerechnet werden.
- Alle Posten der Kapitalflussrechnung müssen in der am Abschlussstichtag geltenden Maßeinheit ausgedrückt werden.
- Vergleichszahlen für vorangegangene Perioden müssen ebenfalls in der am Bilanzstichtag geltenden Maßeinheit angegeben werden.

IV. Beendigung der Hochinflation in einer Volkswirtschaft. Wenn ein bisheriges Hochinflationsland nicht mehr als solches eingestuft wird und das berichtende Unternehmen aufhört, seinen Abschluss gemäß der Vorschriften in IAS 29 anzupassen, sind gemäß IAS 29.38 die Beträge, die in der am Ende der vorangegangenen Berichtsperiode geltenden Maßeinheit ausgedrückt sind, als Grundlage für die Buchwerte in seinem darauf folgenden Abschluss heranzuziehen. 7

V. Ausweis und Angaben. Es ist nicht zulässig die in IAS 29 geforderten Informationen in Form einer Ergänzung zu einem nicht angepassten Abschluss darzustellen. Auch von einer separaten Darstellung des Abschlusses vor der Anpassung wird ausdrücklich abgeraten, vgl. IAS 29.7. 8

Gemäß IAS 29.40 sind weitere **Angaben** notwendig, um die Basis für die Behandlung der Inflationsauswirkungen im Abschluss zu verdeutlichen. Die Anhangangaben sind auch dazu bestimmt, dem Bilanzadressaten weitere Informationen an die Hand zu geben, die für das Verständnis dieser Basis und der daraus resultierenden Beträge notwendig sind. Gemäß IAS 29.39 müssen im Einzelnen die folgenden Anhangangaben gemacht werden: 9

a) dass der Abschluss und die Vergleichszahlen für frühere Perioden aufgrund von Änderungen der allgemeinen Kaufkraft der funktionalen Währung angepasst wurden und daher in der am Abschlussstichtag geltenden Maßeinheit angegeben sind,

b) ob der Abschluss auf dem Konzept historischer Anschaffungs- und Herstellungskosten oder dem Konzept der Tageswerte basiert und

c) Art sowie Höhe des Preisindexes am Abschlussstichtag sowie Veränderungen des Indexes während der aktuellen und der vorangegangenen Periode.

10   **VI. Inkrafttreten.** IAS 29 war erstmals in der ersten Berichtsperiode eines am **1. Januar 1990** oder danach beginnenden Geschäftsjahres anzuwenden.

11   **VII. Ausblick.** Eine Überarbeitung des Standards ist gegenwärtig nicht geplant. Im Dezember 2010 hat das IASB allerdings Änderungen zu den Vorschriften in IFRS 1 *First-time Adoption* of IFRSs vorgenommen, die sich mit der erstmaligen Anwendung der IFRSs im Anschluss an Perioden mit Hochinflation befassen.[1]

---

1   Vgl. hierzu http://www.ifrs.org/Current+Projects/IASB+Projects/Additional+Exemptions+for+First-time+Adopters+-+Amendments+to+IFRS+1/Amendments+to+IFRS+1.htm (abgerufen im Dezember 2010).

IAS 41 – Agriculture

Übersicht

	Rn
I. Regelungsgehalt	1
II. Normzweck und Anwendungsbereich	2 – 3
III. Begriffe	4 – 6
IV. Ansatz und Bewertung	7 – 13
V. Gewinne und Verluste	14 – 16
VI. Zuwendungen der öffentlichen Hand	17
VII. Ausweis und Angaben	18 – 19
VIII. Inkrafttreten	20
IX. Ausblick	21

I. Regelungsgehalt. IAS 41 *Agriculture* ist ein industriespezifischer Standard, der die Bilanzierung von landwirtschaftlichen Tätigkeiten regelt und deren Darstellung im Abschluss festlegt. IAS 41 regelt unter anderem die Bilanzierung biologischer Vermögenswerte während der Periode des Wachstums, des Rückgangs, der Fruchtbringung und der Vermehrung sowie die Erstbewertung landwirtschaftlicher Erzeugnisse zum Zeitpunkt der Ernte. Er verlangt vom Zeitpunkt des erstmaligen Ansatzes der biologischen Vermögenswerte bis zum Zeitpunkt der Ernte eine Bewertung zum beizulegenden Zeitwert abzüglich der geschätzten Verkaufskosten, es sei denn, der beizulegende Zeitwert kann beim erstmaligen Ansatz nicht verlässlich bewertet werden. IAS 41 behandelt jedoch nicht die Verarbeitung von landwirtschaftlichen Erzeugnissen nach der Ernte, wie beispielsweise die Verarbeitung von Weintrauben zu Wein und Wolle zu Garn.

II. Normzweck und Anwendungsbereich. IAS 41 ist auf folgende Sachverhalte anzuwenden, wenn sie mit einer landwirtschaftlichen Tätigkeit im Zusammenhang stehen:
- biologische Vermögenswerte,
- landwirtschaftliche Erzeugnisse zum Zeitpunkt der Ernte und
- Zuwendungen der öffentlichen Hand, die durch die Paragraphen 34 bis 35 abgedeckt werden.

IAS 41 findet zum Zeitpunkt der Ernte nur Anwendung auf landwirtschaftliche Erzeugnisse, welche die Früchte der biologischen Vermögenswerte des Unternehmens darstellen. Danach ist IAS 2 *Inventories* oder ein anderer anwendbarer Standard anzuwenden. D.h. IAS 41 behandelt nicht die Verarbeitung landwirtschaftlicher Erzeugnisse nach der Ernte, wie beispielsweise die Verarbeitung von Trauben zu Wein durch den Winzer, der die Trauben selbst angebaut hat. Obwohl diese Verarbeitung eine logische und natürliche Ausdehnung landwirtschaftlicher Tätigkeit sein kann, und die stattfindenden Vorgänge eine gewisse Gleichartigkeit zur biologischen Transformation aufweisen können, ist in IAS 41 eine solche Verarbeitung nicht in der Definition der landwirtschaftlichen Tätigkeit eingeschlossen.

3   Die Tabelle enthält Beispiele von biologischen Vermögenswerten, landwirtschaftlichen Erzeugnissen und Produkten, die das Ergebnis der Verarbeitung nach der Ernte darstellen:

Biologische Vermögenswerte	Landwirtschaftliche Erzeugnisse	Produkte aus Weiterverarbeitung
Schafe	Wolle	Garne, Teppiche
Bäume einer Waldflur	Gefällte Baumstämme	Bauholz, Nutzholz
Pflanzen	Baumwolle Geerntete Zuckerrohre	Fäden, Kleidung Zucker
Milchvieh	Milch	Käse
Schweine	Rümpfe geschlachteter Tiere	Würste, geräucherte Schinken
Büsche	Blätter	Tee, getrockneter Tabak
Weinstöcke	Weintrauben	Wein
Obstbäume	Gepflücktes Obst	Verarbeitetes Obst

4   **III. Begriffe. Landwirtschaftliche Tätigkeit** ist das Management der absatzbestimmten biologischen Transformation biologischer Vermögenswerte in **landwirtschaftliche Erzeugnisse** oder in zusätzliche biologische Vermögenswerte durch ein Unternehmen. Ein landwirtschaftliches Erzeugnis ist die Frucht der biologischen Vermögenswerte des Unternehmens. Ein **biologischer Vermögenswert** ist ein lebendes Tier oder eine lebende Pflanze. Die **biologische Transformation** umfasst den Prozess des Wachstums, des Rückgangs, der Fruchtbringung und der Vermehrung, welcher qualitative oder quantitative Änderungen eines biologischen Vermögenswertes verursacht. **Ernte** ist die Abtrennung des Erzeugnisses von dem biologischen Vermögenswert oder das Ende der Lebensprozesse eines biologischen Vermögenswertes.

IAS 41 definiert einen **aktiven Markt** als einen Markt, der die nachstehenden Bedingungen kumulativ erfüllt:
- Die auf dem Markt gehandelten Produkte sind homogen;
- vertragswillige Käufer und Verkäufer können in der Regel jederzeit gefunden werden; und
- Preise stehen der Öffentlichkeit zur Verfügung.

Der **beizulegende Zeitwert** ist der Betrag, zu dem zwischen sachverständigen, vertragswilligen und voneinander unabhängigen Geschäftspartnern ein Vermögenswert getauscht oder eine Schuld beglichen werden könnte. Der beizulegende Zeitwert eines Vermögenswertes basiert auf seinem gegenwärtigen Ort und Zustand. Daraus geht hervor, dass beispielsweise der beizulegende Zeitwert eines Rindes auf einem Hof dem jeweiligen Marktpreis des Rindes abzüglich der Transportkosten und anderer Kosten, die durch das Angebot des Rindes auf diesem Markt entstehen, entspricht.

IV. Ansatz und Bewertung. Biologische Vermögenswerte und landwirtschaftliche Erzeugnisse sind **anzusetzen**, wenn:
- das Unternehmen den Vermögenswert auf Grund von Ereignissen der Vergangenheit kontrolliert; und
- es wahrscheinlich ist, dass ein mit dem Vermögenswert verbundener künftiger wirtschaftlicher Nutzen dem Unternehmen zufließen wird; und
- der beizulegende Zeitwert oder die Anschaffungs- oder Herstellungskosten des Vermögenswertes verlässlich bewertet werden können.

Das IASB wendet damit die **Vermögenswertdefinition** aus dem IASB Framework ebenfalls auf biologische Vermögenswerte und landwirtschaftliche Erzeugnisse an. Die Kontrolle kann beispielsweise durch das rechtliche Eigentum an einem Rind durch das Brandzeichen oder eine andere Markierung bei Erwerb, Geburt oder Entwöhnung des Kalbes von der Mutterkuh bewiesen werden. Der künftige Nutzen wird gewöhnlich durch die Bewertung der wesentlichen körperlichen Eigenschaften ermittelt.

Biologische Vermögenswerte sind beim **erstmaligen Ansatz** und an jedem Bilanzstichtag zu ihrem **beizulegenden Zeitwert abzüglich der geschätzten Verkaufskosten** zu bewerten; ausgenommen sind biologische Vermögenswerte, deren beizulegender Zeitwert nicht verlässlich bestimmt werden kann. Diese Regelung ist konsistent mit dem Kriterium der verlässlichen Bewertbarkeit im IASB *Framework*, das auch in anderen Standards Anwendung findet (z.B. der Ansatz nicht börsennotierter Finanzinstrumente in IAS 39 *Financial Instruments: Recognition and Measurement*).

9 Landwirtschaftliche Erzeugnisse, geerntet aus biologischen Vermögenswerten, sind im **Zeitpunkt der Ernte** ebenfalls mit dem beizulegenden Zeitwert abzüglich der geschätzten Verkaufskosten zu bewerten. Zu diesem Zeitpunkt stellt eine solche Bewertung die Anschaffungs- oder Herstellungskosten für die nachfolgende Anwendung von IAS 2 *Inventories* oder einem anderen anwendbaren Standard dar.

10 Die **Verkaufskosten** schließen Provisionen an Makler und Händler, Abgaben an Aufsichtsbehörden und Warenterminbörsen sowie Verkehrsteuern und Zölle ein. Nicht zu den Verkaufskosten gehören Transport- und andere notwendige Kosten, um Vermögenswerte einem Markt zuzuführen. D.h. es ist unerheblich für den Ansatz eines Vermögenswerts im Geltungsbereich von IAS 41, ob und in welcher Höhe Kosten anfallen, um den Vermögenswert zu veräußern.

11 Die **Ermittlung des beizulegenden Zeitwertes** für einen biologischen Vermögenswert oder ein landwirtschaftliches Erzeugnis kann vereinfacht werden durch die **Gruppierung** von biologischen Vermögenswerten oder landwirtschaftlichen Erzeugnissen nach wesentlichen Eigenschaften, beispielsweise nach Alter oder Qualität. Unternehmen schließen oft Verträge ab, um ihre biologischen Vermögenswerte oder landwirtschaftlichen Erzeugnisse zu einem späteren Zeitpunkt zu verkaufen. Solche Verträge sichern dem Verkäufer vorab einen vertraglich fixierten Preis für eine spätere Lieferung einer festgelegten Ware. Die Vertragspreise sind allerdings nicht notwendigerweise für die Ermittlung des beizulegenden Zeitwerts relevant, da der beizulegende Zeitwert die gegenwärtige Marktsituation widerspiegelt, in welcher ein vertragswilliger Käufer und Verkäufer eine Geschäftsbeziehung eingehen. Demnach ist der beizulegende Zeitwert eines biologischen Vermögenswertes oder eines landwirtschaftlichen Erzeugnisses aufgrund der Existenz eines Vertrages nicht anzupassen. Sollte der Vertrag über den Verkauf eines biologischen Vermögenswertes oder landwirtschaftlichen Erzeugnisses aufgrund von Änderungen der Marktgegebenheiten nach Abschluss zu einem belastender Vertrag werden, finden die Regelungen in IAS 37 *Provisions, Contingent Liabilities and Contingent Assets* Anwendung. D.h. das Unternehmen erfasst Aufwand aus einem belastenden Vertrag bereits während der Laufzeit des Vertrags, sofern der Vertrag für das Unternehmend belastend ist.

12 Wenn für einen biologischen Vermögenswert oder ein landwirtschaftliches Erzeugnis ein **aktiver Markt** existiert, ist der notierte Preis in diesem Markt die angemessene Grundlage für die Bestimmung des beizulegenden Zeitwertes für diesen Vermögenswert. Wenn ein Unternehmen Zugang zu verschiedenen aktiven Märkten hat, nutzt das Unternehmen den relevantesten Markt. Der relevante Markt ist der Markt, den das Unternehmen voraussichtlich nutzen wird. Wenn ein aktiver Markt nicht existiert, legt ein Unternehmen —sofern vorhanden —einen oder mehrere der folgenden Punkte für die Bestimmung des beizulegenden Zeitwertes zu Grunde:

- den jüngsten Markttransaktionspreis, vorausgesetzt, dass keine wesentliche Änderung der wirtschaftlichen Rahmenbedingungen zwischen dem Transaktionszeitpunkt und dem Bilanzstichtag eingetreten ist,
- Marktpreise für ähnliche Vermögenswerte mit einer Anpassung, um die Unterschiede widerzuspiegeln und
- Branchen-Benchmarks, wie der Wert einer Obstplantage, ausgedrückt durch Exportkisten, Scheffel oder Hektar, oder wie der Wert der Rinder, ausgedrückt durch Kilogramm Fleisch.

Führt die Anwendung der vorgenannten Kriterien zu keinen einheitlichen Schlussfolgerungen für den beizulegenden Zeitwert eines biologischen Vermögenswertes oder eines landwirtschaftlichen Erzeugnissen, sind die Gründe für diese Unterschiede mit dem Ziel zu analysieren, innerhalb einer relativ engen Bandbreite vernünftiger Schätzungen die verlässlichste Schätzung für den beizulegenden Zeitwert zu erhalten. Sollten marktbestimmte Preise nicht für einen biologischen Vermögenswert in seinem gegenwärtigen Zustand verfügbar sein, ist für die Ermittlung des beizulegenden Zeitwerts der **Barwert der erwarteten Netto-Cashflows** abgezinst mit einem aktuellen marktbestimmten Vorsteuer-Zinssatz zu verwenden. Für manche Vermögenswerte im Geltungsbereich von IAS 41 bilden die **Anschaffungs- oder Herstellungskosten** den beizulegenden Zeitwert näherungsweise ab. Dies gilt insbesondere wenn:

- nur geringfügige biologische Transformationen seit der erstmaligen Kostenverursachung stattgefunden haben oder
- der Einfluss der biologischen Transformation auf den Preis voraussichtlich nicht wesentlich ist (beispielsweise das Anfangswachstum in einem 30 jährigen Produktionszyklus eines Kiefernbestandes).

V. Gewinne und Verluste. Ein Gewinn oder Verlust, der beim **erstmaligen Ansatz** eines biologischen Vermögenswertes oder durch nachfolgende Änderungen des beizulegenden Zeitwerts abzüglich der geschätzten Verkaufskosten eines biologischen Vermögenswertes entsteht, ist in das Ergebnis der Periode einzubeziehen, in der er entstanden ist. Ein Gewinn kann beim erstmaligen Ansatz eines biologischen Vermögenswertes entstehen, wenn beispielsweise ein Kalb geboren wird. IAS 41 resultiert damit im Vergleich zu anderen Standards in einer früheren Gewinnerfassung, da die Gewinne nicht erst im Zeitpunkt der Weiterveräußerung des entsprechenden Vermögenswerts realisiert werden.

IAS 41 unterstellt, dass der beizulegende Zeitwert für einen biologischen Vermögenswert in der Regel **verlässlich bewertet** werden kann. Diese Annahme kann jedoch lediglich beim erstmaligen Ansatz eines biologischen Vermögenswertes widerlegt werden, für den marktbestimmte Preise oder Werte nicht vorhanden sind und für den alternative Schätzungen des beizulegenden Zeitwerts als eindeutig nicht verlässlich gelten. In solch einem Fall ist dieser biologische Vermögenswert mit seinen **Anschaffungs- oder Herstellungskosten** abzüglich aller kumulierten Abschreibungen und aller kumulierten Wertminderungsaufwendungen zu bewerten. Sobald der beizulegende Zeitwert eines solchen biologischen Vermögenswertes verlässlich ermittelbar wird, hat ein Unternehmen ihn zum beizulegenden Zeitwert abzüglich der geschätzten Verkaufskosten zu bewerten. Es ist zu beachten, dass die Annahme einer verlässlichen Schätzbarkeit lediglich beim erstmaligen Ansatz widerlegt werden kann. Ein biologischer Vermögenswert ist konsistent mit dem beizulegenden Zeitwert abzüglich der geschätzten Verkaufskosten zu bewerten, sofern er zu einem früheren Zeitpunkt nach diesem Prinzip angesetzt wurde.

16 In jedem Fall bewertet ein Unternehmen landwirtschaftliche Erzeugnisse im Zeitpunkt der Ernte zum beizulegenden Zeitwert abzüglich der geschätzten Verkaufskosten. IAS 41 unterstellt daher, dass der beizulegende Zeitwert der landwirtschaftlichen Erzeugnisse zum Zeitpunkt der Ernte immer verlässlich bewertet werden kann. Bei der Ermittlung der Anschaffungs- oder Herstellungskosten, der kumulierten Abschreibungen und der kumulierten Wertminderungsaufwendungen berücksichtigt ein Unternehmen IAS 2 *Inventories*, IAS 16 *Property, Plant and Equipment* und IAS 36 *Impairment of Assets*.

17 **VI. Zuwendungen der öffentlichen Hand.** Eine unbedingte Zuwendung der öffentlichen Hand, die mit einem biologischen Vermögenswert im Zusammenhang steht, der zum beizulegenden Zeitwert abzüglich der geschätzten Verkaufskosten bewertet wird, ist nur dann als Ertrag zu erfassen, wenn die Zuwendung der öffentlichen Hand **einforderbar** wird. Wenn eine Zuwendung der öffentlichen Hand, einschließlich einer Zuwendung der öffentlichen Hand für die Nichtausübung einer bestimmten landwirtschaftlichen Tätigkeit, dagegen mit einer Bedingung verbunden ist, ist die Zuwendung der öffentlichen Hand nur dann als Ertrag zu erfassen, wenn die mit der Zuwendung der öffentlichen Hand verbundenen Bedingungen erfüllt sind. Beispielsweise kann eine Zuwendung der öffentlichen Hand verlangen, dass ein Unternehmen eine bestimmte Fläche fünf Jahre bewirtschaftet und die Rückzahlung aller Zuwendungen der öffentlichen Hand fordern, wenn weniger als fünf Jahre bewirtschaftet wird. In diesem Fall wird die Zuwendung der öffentlichen Hand nicht als Ertrag erfasst, bis die fünf Jahre vergangen sind. Wenn die Zuwendung der öffentlichen Hand es jedoch erlaubt, einen Teil der Zuwendung der öffentlichen Hand aufgrund des Zeitablaufes zu behalten, erfasst das Unternehmen die Zuwendung der öffentlichen Hand zeitproportional als Ertrag. Auch wenn IAS 41 dies nicht explizit ausführt, folgt aus den Regelungen in IAS 41 zwangsläufig, dass ein bedingter Zuschuss zur Erfassung einer Verbindlichkeit führt. Die Verbindlichkeit ist erst aufzulösen, wenn das begünstigte Unternehmen die mit dem Zuschuss verbundenen Bedingungen erfüllt.

VII. Ausweis und Angaben. IAS 41 verlangt verschiedene Angaben im Zusammenhang mit biologischen Vermögenswerten und landwirtschaftlichen Erzeugnissen. So ist beispielsweise der Gesamtbetrag des Gewinnes oder Verlustes anzugeben, der während der laufenden Periode beim erstmaligen Ansatz biologischer Vermögenswerte und landwirtschaftlicher Erzeugnisse und durch die nachfolgende Änderung des **beizulegenden Zeitwerts** abzüglich der geschätzten Verkaufskosten der biologischen Vermögenswerte entsteht. Unternehmen haben weiterhin jede Gruppe der biologischen Vermögenswerte zu beschreiben. 18

Wenn ein Unternehmen biologische Vermögenswerte am Periodenende zu ihren **Anschaffungs- oder Herstellungskosten** (und nicht zum beizulegenden Zeitwert abzüglich Veräußerungskosten) bewertet, sind folgende Angaben zu machen: 19
- eine Beschreibung der biologischen Vermögenswerte,
- eine Erklärung, warum der beizulegende Zeitwert nicht verlässlich bewertet werden kann,
- sofern möglich eine Schätzungsbandbreite, innerhalb welcher der beizulegende Zeitwert höchstwahrscheinlich liegt,
- die verwendete Abschreibungsmethode,
- die verwendeten Nutzungsdauern oder Abschreibungssätze und
- den Bruttobuchwert und die kumulierten Abschreibungen (zusammengefasst mit den kumulierten Wertminderungsaufwendungen) zu Beginn und zum Ende der Periode.

VIII. Inkrafttreten. IAS 41 war erstmals für an oder nach dem 1. Januar 2003 beginnende Geschäftsjahr anzuwenden. Die freiwillige frühere Anwendung war empfohlen, wenn auch angabepflichtig. 20

IX. Ausblick. Eine Überarbeitung des Standards ist derzeit nicht vorgesehen. 21

Stichwortverzeichnis

fette Zahlen = Paragraph
andere Zahlen = Randnummer
RG = Rechtliche Grundlage
AdI = Arbeitsweise des IASB

A

Abfindungszahlung **IFRS 2** 121
Abgrenzung des Unternehmenszusammenschlusses von anderen Geschäftsvorfällen **IFRS 3** 140
Abgrenzung zahlungsmittel generierender Einheiten **IAS 36** 61
Ableitung von Steuerergebnis zum bilanziellen Gewinn **IAS 12** 117
Ableitung von Steuerergebnis zum bilanziellen Gewinn vor Steuern **IAS 12** 116
Abschaffung des Wahlrechts **IAS 23** 1
Abschlussstichtag **IAS 1** 35
Abschreibungen (Amortisationen) **IAS 16** 46; **IAS 38** 34
Abschreibungsbetrag **IAS 38** 32
Abschreibungsmethode **IAS 16** 35
Abschreibungsvolumen **IAS 16** 36
Abschreibungszeitraum **IAS 16** 41
Abtrennung vom Basisvertrag **IAS 39** 42
Abweichende Bilanzstichtage **IAS 28** 76
Abwertung eines latenten Steueranspruchs **IAS 12** 115
Abzinsung **IAS 18** 18
Abzinsungsverbot **IAS 12** 34, 93

Abzugsfähige temporäre Differenzen (deductible temporary differences) **IAS 12** 12
– bei Anteilen an Tochterunternehmen, Zweigniederlassungen und assoziierten Unternehmen sowie Anteile an Gemeinschaftsunter-nehmen **IAS 12** 78
– bei Unternehmenszusammen-men-schlüssen **IAS 12** 75
– durch zeitliche Divergenz **IAS 12** 74
– bei steuerfreien Zuschüssen **IAS 12** 84
– durch nicht genutzte Verluste und Steuergutschriften **IAS 12** 85
Accounting Regulatory Committee **RG** 26
aktienbasierte Vergütungen **IAS 12** 27; **IAS 24** 23
Aktivierung von „abzugsfähigen temporären Differenzen" (DTA) **IAS 12** 61
Aktivprozesse **IAS 10** 19
allgemeinen Gewinnrealisierungs-vorschriften **IAS 31** 28
Altanteile **IAS 28** 40

Altersvorsorgepläne **IAS 26** 1
Amortisationen **IAS 38** 31, 32
Amortisationsmethode **IAS 38** 124
andere langfristig fällige Leistungen an Arbeitnehmer **IAS 24** 23
andere Standardsetter **IAS 8** 18
Änderung latenter Steueransprüche beim Erwerber aus Anlass eines Unternehmens-zusammenschlusses **IAS 12** 121
Änderung von Bilanzierungs- und Bewertungsmethoden **IAS 8** 3
Änderungen der Steuersätze **IAS 12** 115
Änderungen im angewandten Steuersatz **IAS 12** 116
Änderungen von rechnungslegungs-bezogenen Schätzungen **IAS 8** 4
anerkannte Branchenpraktiken **IAS 8** 19
Angabe der ertragsteuerlichen Konsequenzen von Dividenden **IAS 12** 120
Angaben **IAS 12** 114
Angaben bei Unternehmen mit Verlusthistorie und ohne ausreichenden zu versteuernden Gewinn **IAS 12** 123
Angaben zu Beziehungen zwischen konzerninternen Unternehmen **IAS 24** 27
Angaben zu Geschäftsvorfällen mit nahe stehenden Unternehmen **IAS 24** 31
Angaben zur Vergütung des Managements in Schlüsselpositionen **IAS 24** 37

Angabepflichten **IAS 27** 67; **IAS 27** 84; **IAS 38** 148
Angabepflichten im Einzelabschluss **IAS 27** 68
Angabepflichten im freiwilligen Einzelabschluss **IAS 27** 69
Angekündigte Steuersätze **IAS 12** 89
Anhaltspunkt für eine Wertminderung (triggering event) **IAS 36** 15
Anhangabgabepflichten **IFRS 3** 155; **IAS 24** 25
Anhangangaben **IAS 16** 61, 67; **IAS 38** 133
Anpassungseffekt nicht bestimmbar **IAS 8** 48
Anrechnungsverfahren **IAS 12** 35
Ansatz **IAS 16** 22
Ansatzkriterien **IAS 38** 39, 145
Anschaffungs- oder Herstellungskosten **IAS 16** 3, 26, 35; **IAS 38** 32
Anschaffungskosten **IAS 38** 46
Anschaffungskostenmethode **IAS 16** 34
Anschaffungskostenmodell **IAS 38** 106, 108; **IAS 40** 1
Anschaffungsnebenkosten **IAS 38** 50
Anteile nicht beherrschender Gesellschafter **IFRS 3** 107
anteilsbasierte Vergütungsvereinbarung **IFRS 2** 30
„anteilsbasierte" Vergütungssysteme **IFRS 2** 5
anwendbarer Steuersatz **IAS 12** 117
Anwendung eines neuen Standards **IAS 8** 42

Anwendung einheitlicher Bilanzierungsmethoden **IAS 27** 28
Anwendungsbereich **IFRS 3** 14
Anwendungsbereich **IFRS 5** 8
Anwendungsbereich von IAS 36 **IAS 36** 7
Anwendungsleitlinien **IAS 8** 12
Asset-Deal **IAS 12** 51
assoziiertes Unternehmen **IAS 12** 54; **IAS 27** 6, 64; **IAS 28** 4
Aufbau des internen Berichtswesens **IFRS 8** 7
aufbereitete saldierte Vermögens- und Schuldgrößen **IFRS 8** 58
aufgegebene Geschäftsbereiche (discontinued operations) **IAS 12** 116
Aufgegebener Geschäftsbereich **IFRS 5** 24
Aufrechnung **IAS 12** 112
Aufrechnungsdifferenzen **IAS 27** 33, 35, 40, 51
Aufrechnungsrecht **IAS 12** 112
Aufrechnungsverbot **IAS 39** 88
Aufteilung **IAS 33** 63
Auftragskosten **IAS 11** 24
Aufwands- und Ertragskonsolidierung **IAS 28** 57
Aus- und Weiterbildung **IAS 38** 101
Ausbuchung **IAS 16** 55
Ausfallgarantien **IAS 39** 87
Ausgaben für Exploration und Evaluierung **IFRS 6** 5
Ausnahmen von der Anwendung der Equity-Methode **IAS 28** 31

Ausschüttungssteuersatz **IAS 12** 92
außerbilanzielle Hinzurechnungen **IAS 12** 21
außerplanmäßige Abschreibungen **IAS 28** 87
Austausch von Führungspersonal **IAS 28** 22
Ausweis **IFRS 5** 69
Ausweis der Steuerergebnisse **IAS 12** 113
Ausweis und Angaben **IAS 16** 59
– Anlagevermögen **IAS 16** 59
auszubuchen **IAS 38** 129
auszuweisen **IAS 38** 132

B
Balance sheet **IAS 1** 29
Balance Sheet Liability Methode **IAS 12** 125
Barwert **IAS 28** 88
Barwert der erwarteten Ausschüttungen **IAS 28** 88
Basis eines Passiv-Postens **IAS 12** 26
Basis eines Vermögenswertes **IAS 12** 25
Basis for Cunclusions **IFRS 2** 20
bedeckende Kapitalanlagen **IFRS 4** 21
Bedingt emissionsfähige Aktien **IAS 33** 56
Bedingt emissionsfähige potenzielle Stammaktien **IAS 33** 58
Bedingt emissionsfähige Stammaktien bedingen normalerweise keine Zähleranpassungen für die Berichtsperiode **IAS 33** 44
Bedingte Kaufpreiszahlungen **IFRS 3** 150
Bedingte Mietzahlungen **IAS 17** 26

Beginn der Abschreibung **IAS 16** 38
Begrenzte Nutzungsdauer des immateriellen Vermögenswertes **IAS 38** 118
Begriffe **IAS 16** 13
begünstigte Steuersätze **IAS 12** 91
Beherrschung
Beherrschung (Control) **IAS 27** 1, 3; **IAS 31** 18; **IAS 38** 21
beizulegende Zeitwert **IFRS 2** 63; **IAS 16** 42, 44; **IAS 18** 12; **IAS 38** 37, 63
beizulegender Zeitwert abzüglich Veräußerungskosten **IAS 36** 12, 26
Belastende Verträge **IAS 37** 6, 31
Benchmark Preisrisiko **IAS 39** 199
Berichtswährungssaldo der Kapitalkonten **IAS 21** 76
Berücksichtigung von Verlusten im Rahmen der Folgebewertung **IAS 28** 79
berücksichtigungspflichtige Ereignisse **IAS 10** 7
Best-Estimate **IAS 37** 19
Bestandteile des Abschlusses **IAS 1** 5
Bestimmung des bezulegenden Zeitwerts **IAS 40** 34
Beteiligungen im Einzelabschluss **IAS 28** 124
Betriebsausgabenabzug für Zinsaufwendungen **RG** 25
betriebsbereiter Zustand **IAS 16** 33
Betriebsbereitschaft **IAS 16** 31
Bewertung **IAS 16** 26
Bewertung von Abfindungsleistungen **IAS 19** 41

Bewertungserleichterungen **IFRS 2** 149
Bewertungszeitraum **IFRS 3** 136
Bilanzieller Gewinn vor Steuern (Accounting profit) **IAS 12** 13
Bilanzierung von latenten Steuerschulden und Steuererstattungsansprüchen **IAS 12** 36
Bilanzierung von tatsächlichen Steuerschulden und Steuererstattungs-ansprüchen **IAS 12** 32
Bilanzierung von Versicherungsverträgen **IFRS 4** 3
bilanzorientierte Abgrenzung **IAS 12** 11
bill-and-hold-sales **IAS 18** 47
bindenden Kaufvertrag **IAS 36** 29
Binominalmodelle **IFRS 2** 87
biologische Transformation **IAS 41** 4
biologische Vermögenswert **IAS 41** 4
Black-Schole-Modell **IFRS 2** 86
Board-Strukturen **IAS 10** 11
Boardmitglieder **AdI** 36
Buchwert **IAS 36** 10; **IAS 38** 31
Business Combination **IAS 12** 7

C
Call-Option **IAS 39** 37
carrying amount **IAS 12** 3
Cash Flow
 – aus betrieblicher Tätigkeit **IAS 7** 14, 24
 – aus Finanzierungstätigkeit **IAS 7** 16, 30
 – aus Investitionstätigkeit **IAS 7** 15, 27
 – aus Versicherungsverträgen **IFRS 4** 18
 – indirekte Methode **IAS 7** 24

– in Fremdwährung **IAS 36** 40
– Klassifizierung **IAS 7** 13
Centros **RG** 6
Collateralised Debt Obligations **IAS 39** 38
completed-contract-Methode **IAS 11** 29
Control **IAS 27** 3, 11, 12

D

Darstellung **IAS 27** 9
date of transition **IFRS 1** 11
Datenbeschaffung **IAS 28** 19
debt for equity swaps **IAS 39** 96
deemed cost **IFRS 1** 13
deffered tax asset (DTA) **IAS 12** 3
deffered tax liability (DTL) **IAS 12** 3
Definition **IAS 38** 145
Definition von Erträgen **IAS 18** 3
dem bilanzorientierten Temporary Konzept **IAS 12** 29
der öffentlichen Hand nahe stehende Unternehmen **IAS 24** 42
Derivate auf nicht notierte Eigenkapitalinstrumente **IAS 39** 141
Die Phase II des zukünftigen IFRS für Versicherungsverträge **IFRS 4** 20
Differenzen aus dem erstmaligen Ansatz eines Geschäfts- oder Firmenwertes **IAS 12** 49
Differenzen aus dem erstmaligen Ansatz eines Vermögenswertes oder einer Schuld **IAS 12** 52
Discounted Cash Flows Methode der Fair Value **IAS 21** 47
Diskontierungszins **IFRS 4** 14

Diskontierungszinssatz **IAS 36** 48
Diskussionsentwürfen **AdI** 45
Dividenden **IAS 12** 21
Doppelbesteuerungsabkommen **IAS 12** 21
Doppelcharakter der Forderung **IAS 17** 59
Downstream-Lieferungen **IAS 28** 62
Drei-Monats-Zeitraum **IAS 28** 78
Drohverlustrückstellungen **IAS 12** 29
Durchführung der Methodenänderung **IAS 8** 42
Durchleitungsvereinbarung **IAS 39** 64
durchschnittlich gewichteten Kapitalkosten (WACC) **IAS 36** 49
durchschnittlicher Steuersatz **IAS 12** 117

E

Echte Aufrechnungsdifferenzen **IAS 27** 35
ED 10 **IAS 27** 73
ED/2009/2 Income Taxes **IAS 12** 129
effektive Kapitalherabsetzung **IAS 28** 102
Effektivzinsmethode **IAS 39** 129
Efforts-expended-Methode **IAS 11** 26
EFRAG-TEG (Technical Expert Group) **RG** 26
Eigenbedarfausnahme **IAS 39** 16, 49
Eigenkapital **IAS 1** 40
Eigenkapitalanteile **IFRS 3** 48
Eigenkapitaleffekt **IFRS 1** 30
Eigenkapitalinstrument **IAS 32** 12; **IFRS 2** 42

Eigenkapitalkosten **IAS 36** 50
Eigenkapitalveränderung-srechnung **IAS 8** 61
Eigentümer **IFRS 3** 48
Einführung neuer Steuern **IAS 12** 115
eingebettete Derivate **IAS 39** 27; **IFRS 4** 10
Eingekapitalquote **RG** 25
Einheitliche Bilanzierungsmethoden **IAS 28** 73
Einheitsfiktion **IAS 27** 1, 32, 39, 41, 48, 55
Einlage **IAS 28** 97
Einwertung **IAS 32** 55
Einzelabschluss **IAS 27** 8, 63
Einzelbewertung **IAS 28** 89
Einzelfälle latenter Steueransprüche (DTA **IAS 12** 74
enge Familienangehörige **IAS 24** 14
Entkonsolidierung **IAS 27** 54
Entkonsolidierungsergebnis **IAS 27** 56, 58
entscheidungsnützliche Informationen **IAS 8** 1, 34
Entwicklung **IAS 38** 29
Equity-Methode **IAS 28** 2; **IAS 31** 19
Ereignisse nach dem Abschlussstichtag **IAS 10** 6
Erfasster nachzuverrechnender Dienstzeitaufwand **IAS 19** 28
erfolgsneutral **IAS 17** 80
Erfüllung vor dem Unternehmens-zusammenschluss bestehender Beziehungen **IFRS 3** 86
Erfüllung wahlweise in Stammaktien oder in liquiden Mitteln **IAS 33** 59

Erfüllungswahlrecht **IFRS 2** 135
Ergänzungsbilanz **IAS 12** 24
Ergebnisabführungsvertrag **IAS 10** 29
Ergebnisneutrale Erfassung von Positionen im sonstigen Ergebnis oder im Eigenkapital **IAS 12** 104
Ergebnisneutrale Erfassung von Steuern aus Unternehmens-zusammenschlüssen **IAS 12** 107
ergebnisneutrales Einkommen **IAS 28** 49
erhaltene Dividenden **IAS 28** 47
Ermessensspielräume **IAS 1** 11
Ermessungsentscheidung **IAS 8** 28
Ermittlung des erzielbaren Betrags **IAS 36** 23
Erstbewertung **IFRS 5** 53
Erstbewertung at equity **IAS 28** 38
Erste Erfassung latenter Steuern **IAS 12** 36
Ersterfassung **IAS 21** 38
erstmalige Wahl der Neubewertungsmethode **IAS 8** 41
erstmalige Zuordnung eines erworbenen Geschäfts- oder Firmenwerts **IAS 36** 71
erstmaligee Ansatz **IFRS 6** 10
Ertragserfassung von Zinsen **IAS 18** 94
Ertragsteuern **IAS 12** 14
erwartete Volatilität **IFRS 2** 80
Erwerber **IFRS 3** 37
Erwerbsmethode **IFRS 3** 53
Erwerbszeitpunkt **IFRS 3** 72
erworbene Unternehmen **IFRS 3** 37
erzielbarer Betrag **IAS 36** 10

European Financial Reporting Advisory Group (EFRAG) **RG** 26
Eventualforderung **IAS 37** 6
Eventualforderungen **IFRS 3** 100
Eventualverbindlichkeiten
　IFRS 3 98, 146; **IAS 37** 6
explizites Passivierungsverbot
　IAS 10 26
Exploration und Evaluierung von Bodenschätzen **IFRS 6** 4
externe und interne Informationsquellen **IAS 36** 18

F

fair value **IFRS 1** 14
fair value option **IAS 39** 251
faktische Verpflichtung **IAS 37** 6
falsche Angaben im Jahresabschluss **IAS 8** 56
FASB **AdI** 13
Fehlanwendung von zuverlässigen Informationen **IAS 8** 56
Fehlerkorrektur **IAS 8** 4
Fertigungsauftrag **IAS 11** 7;
　IAS 18 8
Festpreisvertrag **IAS 11** 8
finanzielle Vemögenswerte
　IAS 32 10
finanzielle Verbindlichkeit
　IAS 32 11
Finanzierungsaufwand **IAS 17** 63
Finanzierungsbeitrag **IAS 28** 81
Finanzierungskosten **IAS 16** 28
Finanzierungsleasing **IAS 12** 56;
　IAS 17 15
Finanzinstrumente **IAS 32** 9;
　IFRS 3 90
Finanzkrise **AdI** 18
Folgebewertung **IAS 16** 34;
　IAS 38 147; **IAS 39** 136;
　IFRS 5 64; **IFRS 6** 11

Forschung **IAS 38** 29
Forschungs- oder Entwicklungskosten **IAS 12** 45
Forschungskosten **IAS 12** 27
fortgeführte Anschaffungskosten **IAS 36** 57
Fortschreibung der Anschaffungskosten der Anteile
　IAS 28 12
freiwillige Änderung der Rechnungslegungsmethode **IAS 8** 37
freiwillige frühere Anwendung
　IAS 24 46; **IFRS 3** 180
Fremdkapitalkosten **IAS 23** 5;
　IAS 36 53
Fremdwährungstransaktionen
　IAS 21 11
Fresh-Start Accounting **IFRS 3** 29
full goodwill-Methode **IAS 36** 75
funktionale Währung **IAS 12** 54

G

garantierter Restwert **IAS 17** 30
gehaltene Kauf- oder Verkaufsoptionen **IAS 33** 52
Geltende Steuersätze **IAS 12** 88
Gemeinschaftsunternehmen
　IAS 12 54; **IAS 27** 6, 64;
　IFRS 3 15
Generalüberholungen **IAS 16** 23
geringwertige Wirtschaftsgüter
　IAS 16 39
Geschäfts- oder Firmenwertes
　IAS 12 36; **IAS 38** 77
Geschäftsbetrieb **IFRS 3** 38
Geschäftsvorfall mit einem nahe stehenden Unternehmen
　IAS 24 22
geschriebene Verkaufsoptionen
　IAS 33 51

gesetzliche Gewinnverteilung
IAS 10 34
gesonderte Anschaffung **IAS 38** 45
Gewerbesteuer **IAS 12** 32
Gewerbeverlust **IAS 12** 32
gewerbliche Personengesellschaft **IAS 12** 24
gewillkürtes Eigenkapital
IAS 32 69
Gewinn und Verlust **IAS 33** 23
Gewinnbeteiligungsleistungen
IAS 19 8
Gewinnreduzierungen **IAS 11** 30
Globalaufrechnungsvereinbarungen **IAS 32** 59
Good-Will-Impairmenttest
IFRS 1 45
Grad der Abhängigkeit **IFRS 8** 70
größenabhängige Erleichterungen **IAS 1** 6
Großinspektionen **IAS 16** 23
Grundsatz der Cohesiveness
IAS 1 75
Grundsatz der restrospektiven Umstellung **IFRS 1** 25
Gründungskosten **IAS 38** 104
Gründungstheorie **RG** 6
Gruppe von Vermögenswerten
IFRS 3 16

H
Hauptbestandteile des Steuerergebnisses **IAS 12** 115
Herstellungskosten **IAS 38** 95
Hochinflation **IAS 29** 3
Hochinflationsländer **IAS 29** 1
hochstrukturierte Transaktionen
IAS 39 73
Hybride Finanzinstrumente
IAS 32 47

I
IAS-Verordnung **RG** 1
identifizierbar **IAS 38** 25
If-Converted Methode **IAS 33** 54
IFRS **AdI** 54
IFRS Foundation **AdI** 25
IFRS fuer kleine und mittelständische Unternehmen **IAS 12** 128; **IAS 16** 66; **IAS 24** 48; **IAS 38** 144; **IFRS 3** 188
immaterieller Vermögenswert
IAS 38 20; **IFRS 3** 75
Immobilienbauvertrag
IAS 18 129
Imparitätsprinzip **IAS 12** 29
implizite Auszahlungsverpflichtungen **IAS 32** 23
Income Statement Liability Methode **IAS 12** 125
incurred loss Modell **IAS 39** 161
Indikatoren für eine Klassifizierung als Finanzierungsleasing
IAS 17 53
Indikatoren für eine Wertaufholung **IAS 36** 77
Indizien für eine Assoziierung
IAS 28 21
Informationsverbesserung
IAS 8 35
Initial Recognition Exemption
IAS 12 8, 36, 52, 57
Inkrafttreten **IAS 33** 73; **IFRS 3** 179; **IFRS 5** 79
Inkrafttreten und Übergangsvorschriften **IAS 38** 139
innere Wert **IFRS 2** 63
Inside basis difference I
IAS 28 111

Inside basis difference II
IAS 28 111
Inspire Art **RG** 6
Instrumente mit Eigenkapital-
charakter **IAS 21** 54
Intentionen des Managments
IAS 8 48
Interessenzusammenführungs-
methode **IFRS 3** 52
International Accounting Stan-
dards Board (IASB) **AdI** 9
International Accounting Stan-
dards Committee **AdI** 7
interne Organisations- und
Leitstruktur **IFRS 8** 7
Interpretationskomitee **AdI** 58
Investment Tax Credits
IAS 12 129
Investmentverträge mit Über-
schussbeteiligung **IFRS 4** 4
IOSCO **AdI** 8

J

Jährliche Überprüfung von
latenten Steueransprüchen
IAS 12 73, 94
Joint Venture **IAS 31** 9; **IFRS 2** 29

K

Kapitalerhöhung **IAS 28** 97
Kapitalertragsteuern **IAS 12** 105
Kapitalflussrechnung **IAS 7**
 - Anwendungsbereich **IAS 7** 3-8
 - Aktivitätsformat **IAS 7** 18
 - Betriebliche Tätigkeit **IAS 7** 3, 14, 22-25
 - Cash Conversion **IAS 7** 6
 - Darstellung **IAS 7** 17
 - direkte Methode **IAS 7** 22
 - Finanzierungstätigkeit **IAS 7** 3, 16, 30-32

 - Finanzmittelnachweis **IAS 7** 19, 33-34, 39
 - Free Cash Flows **IAS 7** 7
 - Impairment Test **IAS 7** 7
 - Investitionstätigkeit **IAS 7** 3, 15, 27-29, 48
 - Minderheiten **IAS 7** 51-53
 - für SME **IAS 7** 57-58
 - Solvenz **IAS 7** 5
 - Stetigkeit **IAS 7** 21, 44
 - Ursachenrechnung **IAS 7** 18, 54
 - Zahlungsmittel **IAS 7** 51-53
 - Zahlungsmitteläquivalente **IAS 7** 57-58
Kapitalherabsetzung **IAS 28** 101
kapitalmarktorientierte Gesell-
schaften **RG** 5
Kapitalmaßnahmen **IAS 33** 35
Kapitalrücklage **IFRS 2** 102
kapitalwertorientierte Bewer-
tungsverfahren **IAS 36** 32
Kapitalwertorientierte Verfahren
IFRS 3 81
Katastrophen- und Schwan-
kungsrückstellungen **IFRS 4** 13
Klassifizierung **IFRS 5** 31
„Klebigkeit" von finanziellen
Vermögenswerten **IAS 39** 54
Kombinationsmodelle **IFRS 2** 50
Komitologie-Verfahren **RG** 3
Komponentenansatz **IAS 16** 23; **IAS 40** 63
Komprimierung von Information
IAS 1 17
Konsolidierungsgrundsätze
IAS 27 28
Konvergenz **AdI** 12
Konvergenzprojekt **IAS 33** 75
Konzern **RG** 25

Konzernabschluss **IAS 12** 53
Konzernsteuerquote **IAS 12** 73
Körperschaftsteuer **IAS 12** 32
Körperschaftsteuerguthaben
 IAS 12 35
Kosten der Altersvorsorge
 IAS 12 62
Kosten für den Abbruch und die Demontage **IAS 16** 27
Kosten für den Anlauf des Geschäftsbetriebs **IAS 38** 104
Kostenorientierte Verfahren **IFRS 3** 82
Kostenzuschlagsvertrag **IAS 11** 9
Kreditzusagen **IAS 39** 13
Kriterien **IAS 38** 84
kumulierte Effekte **IAS 8** 43
Kündbare Instrumente **IAS 32** 14
Kundenbindungsprogramme
 IAS 18 16
kundenspezifische Fertigung
 IAS 11 4
Künftige betriebliche Verluste
 IAS 37 31
kurzfristig fällige Leistungen an Arbeitnehmer **IAS 24** 23
kurzfristiges Nettobetriebskapital **IAS 1** 33

L
landwirtschaftliche Erzeugnisse
 IAS 41 4
landwirtschaftliche Tätigkeiten
 IAS 41 2
Langfristiger Vermögenswert
 IFRS 5 18
Latente Steueransprüche (DTA)
 IAS 12 15
latente Steuern **IAS 16** 52;
 IFRS 3 101

Latente Steuerschulden (DTL)
 IAS 12 16
Laufzeit eine Leasingverhältnisses **IAS 17** 21
Leasingverhältnis **IAS 17** 14
Leasingverträge **IFRS 3** 92
Leistungen an Arbeitnehmer
 IFRS 3 96
Leistungen aus Anlass der Beendigung des Arbeitsverhältnisses **IAS 24** 23
Leistungen nach Beendigung des Arbeitsverhältnisses **IAS 24** 23
Leistungsfortschritt **IAS 11** 14
lex fori **RG** 7
Liability Adequacy-Test **IFRS 4** 14
Liquiditätskriterien **IAS 1** 37
Lockangebote **IAS 39** 134
lokale Steuern **IAS 12** 117
„lower of" Test **IAS 39** 242

M
Management in Schlüsselpositionen **IAS 24** 16
Management-Ansatz **IFRS 8** 2
Marktpreis auf einem aktiven Markt. **IAS 36** 30
marktpreisorientierte Bewertungsverfahren **IAS 36** 31
Marktpreisorientierte Verfahren
 IFRS 3 80
maßgeblicher Einfluss **IAS 28** 8;
 IAS 31 18
materielle Vermögenswerte
 IAS 16 1
Mehrheit der Stimmrechte
 IAS 27 13
Mehrkomponentengeschäft
 IAS 18 24
Mehrkomponentenverträge
 IAS 18 143

Memorandum of Understanding **AdI** 14
Methodik der Fehlerkorrektur **IAS 8** 60
Mindestbesteuerung nach § 10d EStG **IAS 12** 65
Mindestleasingzahlungen **IAS 17** 101
Mischnutzung **IAS 40** 16
mit den potenziellen Stammaktien zusammenhängende Aufwendungen und Erträge **IAS 33** 41
Monetäre Vermögenswerte **IAS 38** 30
Monitoring Board **AdI** 30
more likely than not ist **IAS 12** 63
Mutterunternehmen **IAS 27** 5

N

nachgelagerte Erfassung erworbener latenter Steuern eines Unternehmenszusammenschlusses **IAS 12** 116
nachträglich anfallende Kosten **IAS 38** 40
nahe stehendes Unternehmen oder Person **IAS 24** 13
Nebenleistung **IAS 40** 17
Nebenrechnung **IAS 28** 83
negative Einkünfte mit Bezug zu Drittstaaten **IAS 12** 21
negativer Unterschiedsbetrag **IAS 28** 43
Netto-Pensionsverpflichtung **IAS 19** 16
Neubewertung **IAS 12** 58; **IAS 36** 80
Neubewertung von Vermögenswerten **IAS 12** 58
Neubewertungs-Modell **IAS 16** 42
Neubewertungsmethode **IAS 16** 34; **IAS 36** 57
Neubewertungsmodell **IAS 38** 106, 109
Neubewertungsrücklage **IAS 16** 51; **IAS 38** 112
Neufassung von IAS 24 im November 2009 **IAS 24** 52
nicht abziehbare Aufwendungen **IAS 12** 21
nicht abzugsfähige Betriebsausgaben **IAS 12** 21
nicht voll eingezahlte Stammaktien **IAS 33** 55
Nicht-beherrschende Anteile **IAS 27** 7
Non-IFRICS **IAS 8** 13
Norwalk Agreement **AdI** 13; **IAS 12** 129
Nutzungsdauer **IAS 38** 118, 147
Nutzungswert **IAS 28** 88; **IAS 36** 13; **IAS 36** 34

O

objektgebunden **IAS 23** 15
Offenlegungsvorschriften **IAS 36** 84
Öffentliche Hand **IAS 24** 24
öffentlicher Handel **IAS 33** 9
„one-line-consolidation" **IAS 28** 42
Operation-Leasingverhältnis **IAS 17** 16
Optionen auf wandelbare Instrumente **IAS 33** 50
Optionen, Optionsscheine oder ähnliche Instrumente **IAS 33** 43, 47
Optionsrechte **IFRS 2** 75
Organschaften **IAS 12** 10
Organvertretung **IAS 28** 22

P

other comprehensive income **IAS 16** 48
Outside Basis Differenzen **IAS 12** 78; **IAS 28** 111
Passivierung von „zu versteuernden temporären Differenzen" (DTL) **IAS 12** 41
passivischer Abgrenzungsposten **IAS 20** 25
Passivprozess **IAS 10** 19
Pensionsfond **IAS 24** 18; **IAS 26** 1
Pensionsrückstellungen nach § 6a EStG **IAS 12** 29
percentage-of-completion-Methode **IAS 11** 27
periodenfremde tatsächliche Steuern **IAS 12** 115
Permanente Differenzen **IAS 12** 17, 29, 31
Personelle Verflechtung **IAS 28** 21
phasengleiche Gewinnvereinnahmung **IAS 18** 105
Planabgeltung **IAS 19** 30
planmäßig zu amortisieren **IAS 38** 123
Planmäßige Abschreibungen **IAS 34** 9
Planmodifikation **IFRS 2** 110
Planungszeitraum **IAS 12** 66
Planvermögen **IAS 19** 33
Potenzielle Stammaktien **IAS 33** 17
potenzielle Stimmrechte **IAS 27** 14; **IAS 28** 24
pre-acquisition DTA **IAS 12** 116
predecessor accounting **IFRS 3** 26
Principal-Agent-Konflikt **IFRS 2** 3
Prinzip der Periodenabgrenzung **IAS 19** 2
probable **IAS 12** 63
Projekt „Revenue Recognition" **IAS 18** 154
Prospektive Anwendung **IAS 8** 8
provisorischer Werte **IFRS 3** 137
purchased goodwill-Methode **IAS 36** 74

Q

qualifizierende Versicherungspolicen **IAS 19** 13
qualifizierter Vermögenswert **IAS 23** 5
quasi-permanente Differenzen **IAS 12** 29
Quotenkonsolidierung **IAS 31** 19

R

Realisierungszeitpunkt von Umsatzerlöse **IAS 18** 2
Rechnungslegungsanomalie **IAS 39** 112
Rechnungslegungsmethoden **IAS 8** 4, 20
Rechnungslegungsprämisse **IAS 10** 36
Rechnungslegungsverfahren **AdI** 39
rechtliche Verpflichtung **IAS 37** 6
Regelung des Mindestinhalts **IAS 34** 2
Regelungsgehalt **IAS 24** 1
Regelungslücken **IAS 8** 4
Regelungslücken **IAS 8** 15
Regressionsanalyse **IAS 39** 220
Relevanz **IAS 8** 5
Renditeimmobilien **IAS 40** 53
Research Kosten **IAS 12** 62
Restrukturierungen **IAS 37** 31
Restrukturierungsmaßnahme **IAS 37** 6
Restrukturierungsplan **IAS 37** 31

Restrukturierungsrückstellung **IAS 37** 31; **IFRS 3** 74
Restwert **IAS 38** 33, 123
Restwertgarantie **IAS 17** 57
Restwertverfahren **IAS 32** 49
retrospektive Anpassung **IAS 8** 46
Reverse Treasury Stock Methode **IAS 33** 51
Risiko-/Chancenübertragung **IAS 39** 69
Risikomanagement des Versicherungsunternehmens **IFRS 4** 19
Rückkaufoption **IFRS 4** 10
Rückklassifizierung **IFRS 5** 43
Rücklage nach § 6b EStG **IAS 12** 27, 45
Rücklagen **IAS 12** 29
Rückstellung **IAS 12** 29; **IAS 37** 6
Rückstellung für Beitragsrückerstattung **IFRS 4** 17
Rückstellungen, Eventualschulden und Eventualforderungen **IAS 37** 1
Rückwirkende Anpassung **IAS 8** 8; **IAS 33** 66
Rückwirkende Anwendung **IAS 8** 8

S

Sachanlagen **IAS 16** 1
Sachliche Verflechtung **IAS 28** 21
Saldierung tatsächlicher Steuern **IAS 12** 111
Sale- und Lease-Back-Gestaltungen **IAS 12** 69
Satement of financial position **IAS 1** 29
Satzungsrevision **AdI** 20
schädlicher Beteiligungserwerb **IAS 12** 32

Schätzung der Cashflows **IAS 36** 36
Schätzung des zu versteuernden Gewinnes bei Verlusthistorie **IAS 12** 71
Schätzung des zu versteuernder Gewinnes **IAS 12** 66
Schuld **IAS 37** 6
Schulden konsolidierung **IAS 27** 53; **IAS 28** 57
Schuldinstrumententausch **IAS 39** 94
schwebende Geschäfte **IAS 39** 52
Segmentberichterstattung **IFRS 8** 1
Segmentmanagements **IFRS 8** 24
Selbst geschaffene immaterielle Vermögenswerte **IAS 38** 79, 146
Sensitivitätsanalyse **IAS 39** 290
separate Depotkonten **IAS 17** 91
separate reporting entity approach **IFRS 3** 25
Separater Einzelabschluss **IAS 28** 119
shadow accounting **IFRS 4** 15
Share Deal **IAS 12** 50
Shareholder-Value-Ansatz **IFRS 2** 1
SIC-21 Income-Taxes - Recovery of Revalued Non-Depriciable Assets **IAS 12** 9
SIC-25 Income Taxes - Changes in the Tax Status of an Entity or its Shareholdes **IAS 12** 9, 97
„sidestream-Lieferungen" **IAS 28** 65
signifikantes Versicherungsrisiko **IFRS 4** 8
Sitztheorie **RG** 6

Snapshots **AdI** 52
sofortigen Erfassung als Aufwand **IAS 38** 99
Sonderbilanz **IAS 12** 24
Stammaktien **IAS 33** 14
Standard für kleine und mittlere Unternehmen (KMU) **IAS 8** 70; **IAS 28** 133
Standardentwürfen **AdI** 48
Standards Advice Review Group (SARG) **RG** 26
ständiges Beratungsgremium **AdI** 62
Statuswechsel **IAS 28** 103, 108
Stetigkeit **IAS 8** 20
Stetigkeitsdruchbrechung **IAS 8** 29
Steuer aus Änderungen der Rechnungslegungsmethoden **IAS 12** 115
Steueraufwand **IAS 12** 22
Steuerbezogene Eventualverbindlichkeiten **IAS 12** 116
Steuerbezogene Eventualverbindlichkeiten und Eventualforderungen **IAS 12** 122
Steuerertrag **IAS 12** 23
Steuerfreie Einnahmen **IAS 12** 21
Steuerfreie Zuschüsse **IAS 12** 45
Steuergestaltungsmöglichkeiten **IAS 12** 67
Steuerliche Basis **IAS 12** 24
Steuerliche Basis von bilanziell nicht ausgewiesenen Sachverhalten **IAS 12** 27
Steuerminderung durch Verrechnung mit gestaltetem zu versteuernden Gewinnen **IAS 12** 67

Steuerminderung durch Verrechnung mit künftigen zu versteuernden Gewinnen **IAS 12** 66
Steuerminderung durch Verrechnung mit latenten Steuerschulden **IAS 12** 65
Steuern auf temporäre Differenzen **IAS 12** 115
Steuern aus anteilsbasierten Vergütungen **IAS 12** 101
Steuern bei nachgelagerten Dividendenzahlungen **IAS 12** 116
Steuersatz **IAS 12** 129
Stichtagsbezogene Aufrechnungsdifferenzen **IAS 27** 34
Stilllegungen und Abgänge **IAS 38** 129
Stimmrechte **IAS 27** 12
Stimmrechtslose **IAS 33** 15
Stundung **IAS 12** 33
Subleasing-Konstruktion **IAS 17** 102
Subscriber Acquisitions Costs **IAS 38** 55
sukzessiver Erwerb **IAS 28** 39

T

Tag der Bewährung **IFRS 2** 35
Tatsächliche Ertragsteuern **IAS 12** 28
Tausch **IAS 16** 30; **IAS 38** 74
Tauschgeschäft **IAS 40** 24
tax base **IAS 12** 3
Tax Credits **IAS 12** 129
Teilabgang der Nettoinvestion **IAS 21** 92
Teileinkünfteverfahren **IAS 12** 21
Temporäre Differenzen **IAS 12** 29; **IAS 28** 111

Temporäre Differenzen im Zusammenhang mit Anteilen **IAS 12** 119
temporary Konzept **IAS 12** 11
Termingeschäfte **IAS 33** 52
Thesaurierungssteuersatz **IAS 12** 92
Timing Differenzen **IAS 12** 45, 74
Timing Konzept **IAS 12** 29
Tochterunternehmen **IAS 27** 5
Treasury-Stock Methode **IAS 33** 47
Trusts **IAS 26** 1

U
Übergangskonsolidierung **IAS 27** 59
Übergangsvorschrift **IAS 8** 31
Übergangsvorschriften **IFRS 3** 179
Überleitung von der Bruttoinvestition **IAS 17** 74
Übernahme negativer Ergebnisanteile **IAS 28** 47
Übernahme positiver Ergebnisanteile **IAS 28** 47
überschießende Verluste **IAS 28** 79
Überseering **RG** 6
umgekehrter Unternehmenserwerb **IFRS 3** 66
Umgliederungsbeträge **IAS 1** 56
Umklassifizierung **IFRS 5** 42
Umlagevereinbarungen **IAS 12** 10
Umrechnung der Kapitalflußrechnung **IAS 21** 106
Umsatzerlös **IAS 17** 84; **IAS 18** 11
Umsatzkosten **IAS 17** 84
unbestimmte Nutzungsdauer des immateriellen Vermögenswertes **IAS 38** 118

unbestimmte Nutzungsdauer **IAS 38** 122
Unbundling **IFRS 4** 11
Undurchführbar **IAS 8** 8
Unechte Aufrechnungsdifferenzen **IAS 27** 33
unechte Wahlrechte **IAS 8** 28
unterjähriger Erwerb **IAS 28** 38
Unternehmen auf Gegenseitigkeit **IFRS 3** 36
Unternehmenszusammenschluss **IAS 38** 59, 145; **IFRS 3** 37
Unternehmenszusammenschlüsse auf rein vertraglicher Basis **IFRS 3** 36
Unterstützungskassen **IAS 26** 1
unwesentliche Segmente **IFRS 8** 40
Upstream-Lieferungen **IAS 28** 59

V
Veränderung der Neubewertungsrücklage **IAS 1** 55
Veränderungen der Beteiligungshöhe **IAS 28** 97
verantwortlichen Unternehmerinstanz **IFRS 8** 20
Veräußerung **IAS 28** 108
Veräußerung eigener Anteile **IAS 12** 106
Veräußerung sämtlicher Anteile **IAS 28** 105
Veräußerungsgewinne bei Anteilen an Gesellschaften **IAS 12** 21
Veräußerungsgruppe **IFRS 5** 20
Veräußerungskosten **IAS 36** 27
verdeckte Leasingsverhältnisse **IFRS 1** 60

vereinfachte Kapitalherabsetzung **IAS 28** 101
Verfügungsgewalt **IAS 38** 21
Verfügungsrecht **IAS 18** 37
Vergleichbarkeit **IAS 8** 1
Vergleichsperiode **IAS 8** 43
Vergütete Abwesenheitsleistungen **IAS 19** 7
Verkaufsförderung **IAS 38** 102
verlässliche Bestimmbarkeiten der Erträge **IAS 18** 66
Verlautbarungen **IAS 8** 18
Verlegung und Umorganisationen **IAS 38** 103
Verlust des maßgeblichen Einflusses **IAS 28** 27
Verluste aus (typisch) stillen Gesellschaften **IAS 12** 21
Verluste aus gewerblicher Tierzucht **IAS 12** 21
Verluste aus Termingeschäften **IAS 12** 21
Verluste bei beschränkter Haftung **IAS 12** 21
Verluste im Zusammenhang mit Steuerstundungsmodellen **IAS 12** 21
Verluste verfallen **IAS 12** 72
Verlusthistorie **IAS 12** 85
Verlustrückträge **IAS 12** 28, 32
Verlustvorträge **IAS 12** 8
Vermögenswerte **IAS 38** 21
Vermögenswerte für Entschädigungsleistungen **IFRS 3** 89
Vermögenswerte für Entschädigungsleistungen **IFRS 3** 148
Vermögenswerte für Exploration und Evaluierung **IFRS 6** 6
verpflichtendes Ereignis **IAS 37** 6
Verschmelzungen **IAS 12** 50
Versicherungsrisiko **IFRS 4** 19
Versicherungsunternehmen **IFRS 4** 3
Versicherungsverbindlichkeiten **IFRS 4** 21
Versicherungsvertrag **IFRS 4** 5
Versicherungsverträge **IFRS 3** 105
Versicherungsverträge mit einer ermessensabhängigen Überschussbeteiligung **IFRS 4** 16
vertikale integrierte Segmente **IFRS 8** 18
virtuellen Optionen **IFRS 2** 48
Vororganschaftliche Verluste **IAS 12** 10
Vorräte **IAS 2** 8
– Angaben **IAS 2** 80f.
– Ansatz **IAS 2** 2
– Anschaffungskosten **IAS 2** 15ff.
– Anwendungsbereich **IAS 2** 4ff.
– Ausweis **IAS 2** 9, 78
– Durchschnittsmethode **IAS 2** 63ff.
– FIFO-Verfahren **IAS 2** 61f.
– für SME **IAS 2** 86
– Geleistete Anzahlungen **IAS 2** 9, 78
– Herstellungskosten **IAS 2** 24ff.
– Kuppelproduktion **IAS 2** 40f.
– Nettoveräußerungswert **IAS 2** 11, 66ff.
– Retrograde Ermittlung **IAS 2** 56ff.
– Sonstige Kosten **IAS 2** 42ff.

- Standardkostenmethode **IAS 2** 53ff.
- von Dienstleistungs-unternehmen **IAS 2** 10, 48f.
- Wertaufholung **IAS 2** 74, 76
- Wertminderung **IAS 2** 13, 72, 76

W

Wagniskapital-Organisationen **IAS 31** 5
Wahlrechtsausübung **IAS 8** 27
Wahrscheinlichkeit der künftigen Steuerminderung **IAS 12** 63
Währungsrisiko **IAS 39** 194
Wandelanleihen **IAS 32** 50
wandelbarer Instrumente **IAS 33** 54
Wechsel in eine normale Beteiligung **IAS 28** 107
Werbekampagnen **IAS 38** 102
Wertaufhellende Ereignisse **IAS 10** 16
Wertaufholung **IAS 28** 96; **IAS 36** 76
Wertaufholungen **IAS 16** 54
Wertfindungskonzeption **IAS 40** 37
Werthaltigkeitstest **IAS 36** 15
Werthaltigkeitstest für im Einzelabschluss bilanzierte Beteiligungen **IAS 36** 20
Werthaltigkeitstest für immaterielle Vermögenswerte **IAS 36** 17
Wertminderung **IAS 16** 53; **IAS 36** 9; **IFRS 6** 13
Wertminderungsaufwand auf Ebene einer ZGE **IAS 36** 59

Wertminderungsaufwendungen **IAS 38** 31
Wertungsbeeinflussende Ereignisse **IAS 10** 22
wesentliche Fehler **IAS 8** 3
Widerlegbare 20 %-Vermutung **IAS 28** 15
Willkür **IAS 8** 52
willkürfrei **IAS 8** 25
Wirksamkeitstest **IAS 39** 214
wirtschaftliches Gehalt **IAS 32** 18

Z

Zahlungsmittelgenerierende Einheit **IAS 36** 11
Zeithonorare **IAS 18** 71
Zeitwertansatz **IAS 12** 58
Zeitwertmodell **IAS 40** 1
zero-profit-margin-Methode **IAS 11** 28; **IAS 18** 76
Ziel des Standards **IAS 24** 6; **IAS 33** 8
Zielsetzung **IFRS 3** 12
Zinsaufwand **IAS 19** 21
Zinsschranke **IAS 12** 15; **RG** 24
Zu versteuernde temporäre Differenzen **IAS 12** 31
- bei Anteilen an Tochterunternehmen, Zweigniederlassungen und assoziierten Unternehmen sowie Anteile an Gemeinschaftsunter-nehmen (IAS 12.38) **IAS 12** 53
- bei Differenzen aus ergebnisneutralen Ansatzdifferenzen außerhalb eines Unternehmens-zusammenschlusses **IAS 12** 56

- bei Finanzinstrumenten **IAS 12** 60
- bei Neu- oder Zeitbewertung **IAS 12** 58
- bei Unternehmenszusammenschlüssen **IAS 12** 45
- durch zeitliche Divergenz **IAS 12** 45

Zu versteuernder Gewinn **IAS 12** 30
Zugangszeitpunkt **IFRS 2** 59
zukünftige Beitragssenkung **IAS 19** 17
zukünftiger cash flows **IAS 28** 88
zukunftsbezogene Angaben **IAS 1** 67
Zuordnung von Geschäfts- oder Firmenwerten zu einer zahlungsmittelgenerierenden Einheit **IAS 36** 68
Zur Veräußerung gehaltene langfristige Vermögenswerte **IFRS 3** 95
zurückerworbene Rechte **IAS 38** 71
Zurückerworbene Rechte **IFRS 3** 85, 145
Zusammenschlüsse von Unternehmen oder Geschäftsbetrieben unter gemeinsamer Beherrschung **IFRS 3** 18
Zuverlässigkeit **IAS 8** 5
Zuwendungen der öffentlichen Hand **IAS 12** 8; **IAS 16** 29; **IAS 20** 6; **IAS 38** 72, 146
Zuwendungen für Vermögenswerte **IAS 20** 7
Zweckgesellschaft **IFRS 3** 57
Zwischenergebniseliminierung **IAS 28** 57